BIBLIOTHÈQUE
DE LA PLÉIADE

BEAUMARCHAIS

Œuvres

ÉDITION ÉTABLIE PAR PIERRE LARTHOMAS
AVEC LA COLLABORATION
DE JACQUELINE LARTHOMAS

nrf

GALLIMARD

CE VOLUME CONTIENT :

Notices, documents,
notes et variantes.

Liste des acteurs

Note bibliographique

Table alphabétique des textes
contenus dans cette édition

INTRODUCTION

Les deux longues Causeries *que Sainte-Beuve consacre à Beaumarchais en 1852*[1] *nous semblent, par un paradoxe qui n'est qu'apparent, à la fois de leur époque et de la nôtre : de leur époque, parce que nous savons beaucoup plus de choses que le critique; de la nôtre, parce que finalement l'idée que l'on se fait en général de Beaumarchais et de son œuvre n'a guère varié en ces cent trente dernières années. Les Mémoires contre Goëzman sont remarquables et la critique le dit; mais qui les lit, en dehors des spécialistes? Quant au théâtre, il semble que le jugement de Sainte-Beuve ne puisse être remis en question : « L'œuvre dramatique de Beaumarchais se compose uniquement de deux pièces,* Le Barbier *et* Le Mariage de Figaro*; le reste est si fort au-dessous de lui qu'il n'en faudrait même point parler pour son honneur*[2]*.» Et, bien que ces deux chefs-d'œuvre soient sans cesse repris, combien ne les connaissent qu'indirectement, par l'entremise de Mozart et de Rossini! Bref, Beaumarchais et son œuvre sont plus célèbres que véritablement connus.*

Sainte-Beuve conclut sa longue étude par cette réflexion qui en marque les limites : « Tel est, ce me semble, le point actuel où en est la critique sur Beaumarchais, à la veille des documents nouveaux que M. de Loménie doit y introduire [...] le jour où le spirituel biographe en aura fait l'usage qu'il est capable d'en faire, bien des doutes seront

1. Les 14 et 21 juin (*Causeries du lundi*, Garnier, s.d., t. VI, p. 201-260).
2. *Ibid.*, p. 225.

éclaircis [...][1]. » Beaucoup l'ont été, en effet, depuis 1852 — si beaucoup restent à éclaircir —, grâce à des recherches dont il importe de marquer brièvement les étapes.

Nous disposons avant tout, pour juger de l'homme et de l'œuvre, de deux ensembles considérables de documents : les premiers, redécouverts par Loménie[2], sont restés depuis la propriété de la famille Beaumarchais; les seconds, découverts à Londres, furent rachetés en 1863[3] et se trouvent à la Comédie-Française. C'est grâce à eux que L. de Loménie put écrire son remarquable ouvrage Beaumarchais et son temps *en 1856, et E. Lintilhac son* Beaumarchais et ses œuvres *en 1887. La seconde étude n'avait pas la rigueur de la première, mais le mérite d'étudier la genèse de l'œuvre. Quelles que soient les qualités de ces recherches, il était impossible aux deux critiques de dépouiller en si peu de temps une masse aussi considérable de documents. La tâche est loin d'être terminée et sans doute reste-t-il beaucoup à découvrir et à publier.*

Depuis 1887, on a beaucoup cherché : on s'est efforcé de retracer les étapes d'une existence au plus haut point tumultueuse, de cataloguer et d'étudier les différentes œuvres. Gudin de La Brenellerie, qui était l'ami intime de Beaumarchais depuis 1770 et lui était toujours resté fidèle, avait écrit une biographie pour servir de préface à son édition des œuvres en 1809, mais elle ne fut publiée, par Maurice Tourneux, qu'en 1888[4]. Depuis, les biographies se sont succédé, certaines très récentes, qui ont peu à peu éclairé bien des aspects d'une vie sur plusieurs points mystérieuse. En même temps, et surtout à partir de 1850, les éditions se sont renouvelées : les unes, comme celle, remarquable, de d'Heylli et Marescot, s'efforcent de donner des pièces le texte le plus exact possible en reprenant des manuscrits originaux; les autres, comme celle d'Édouard Fournier en 1876, essayent de regrouper en un seul volume l'essentiel du théâtre, la quasi-totalité des mémoires et un certain nombre de lettres, sous le titre trompeur

1. Ouvr. cité, p. 260.
2. Sur les circonstances de cette découverte, voir L. de Loménie, *Beaumarchais et son temps*, Paris, Michel-Lévy, 1856, 2 vol., t. I, p. 1-6.
3. Sur les conditions de ce rachat, voir l'édition de d'Heylli et Marescot du *Théâtre complet de Beaumarchais*, Paris, Académie des bibliophiles, 1869, 4 vol., t. II, p. 205-220; voir aussi E. Lintilhac, *Beaumarchais et ses œuvres*, Paris, Hachette, 1887, rééd. Slatkine, Genève, 1970, p. 434-437.
4. Sur les raisons de ce retard, voir Loménie, ouvr. cité, p. 9-12. Sur les ouvrages de Gudin de La Brenellerie, voir la Chronologie et la Bibliographie.

Œuvres complètes de Beaumarchais. *Le titre est trompeur, car même de nos jours des ouvrages de moindre importance restent inédits : étant donné le nombre de manuscrits dont nous disposons*[1]*, on peut se demander si une édition méritera un jour de porter légitimement ce titre. Ces réserves faites, il faut constater qu'après une longue période de stagnation et presque d'indifférence, les recherches, depuis une trentaine d'années, se sont multipliées*[2]*. Les deux éditions d'E.-J. Arnould et de J.-B. Ratermanis permettent de comparer, pour les deux chefs-d'œuvre, le texte définitif et celui des manuscrits. Des œuvres jusqu'alors inédites ont été publiées, qu'il s'agisse des pensées réunies par Gérard Bauer sous le titre de* Notes et réflexions, *de la parade* Zizabelle mannequin, *ou de l'intermède espagnol* Le Sacristain. *L'édition de la correspondance est en cours : elle contiendra des milliers de lettres. Les biographes ont essayé en même temps, soit d'éclaircir certains problèmes*[3]*, soit de donner une vue d'ensemble d'une existence mouvementée et souvent mystérieuse. Bien des points demeurent obscurs et il reste beaucoup à découvrir, mais, en cette fin de siècle,* notre *Beaumarchais ne peut plus être celui de Sainte-Beuve. Il faut essayer de préciser en quoi et pourquoi, même si l'entreprise est difficile.*

Encore de nos jours, l'homme n'a pas bonne réputation. Trop vite riche, trop intrigant, trop ambitieux, et sur bien des points trop Figaro, Beaumarchais, après quelques années de prestige, voit de son vivant sa renommée se ternir, sa popularité disparaître. En 1774, au moment de l'affaire Goëzman où l'on peut mettre en doute sa bonne foi, il a l'opinion publique pour lui ; en 1787, au moment de l'affaire Kornman dans laquelle il obtiendra la condamnation de ses adversaires[4]*, il est suspect à beaucoup et il est déjà facile d'ameuter la foule contre lui. Durant la Révolution, il aura bien du mal à persuader les ministres ou les gens de la rue qu'il est bon citoyen, patriote.*

Envoyé régulièrement en mission à l'étranger, il sera considéré

1. Jusqu'à sa mort, Beaumarchais a été un travailleur infatigable. En 1798, il écrit des rapports sur les sujets les plus variés : la sépulture de Turenne, l'impôt sur le sel, etc.

2. Nous renvoyons à la Note bibliographique, à la fin de ce volume.

3. Par exemple Janette C. Gatty, dans son remarquable ouvrage sur l'affaire des fusils de Hollande (voir la Note bibliographique).

4. Voir le texte de l'arrêt de la Cour du Parlement (*Œuvres complètes de Beaumarchais*, éd. Fournier, Paris, Laplace, Sanchez et Cie, 1876, p. 476).

comme émigré. On lui prêtera injustement les pires desseins et, en 1799, bien qu'il ait eu la mort la plus paisible, le bruit courra qu'il s'est suicidé. Qu'on ait médit de lui ou qu'on l'ait plus souvent calomnié, il en est resté quelque chose. Sans nier les défauts et les fautes, peut-être est-il temps de porter un jugement plus équitable.

Ni l'homme ni sa vie ne se laissent aisément circonscrire. « J'ai tout vu, tout fait, tout usé », dit Figaro à la fin de son grand monologue[1] *: moins toutefois que son créateur, qui fut, écrit Jean Fabre, « horloger, harpiste, courtisan, munitionnaire, sous-traitant, spéculateur, négociant, négrier, entremetteur, forestier, plaideur et juge mage, démarcheur, agent double, détective, maître chanteur, diplomate, armateur, pamphlétaire, auteur dramatique, philanthrope, démagogue, patriote, ministre de l'Intérieur (ou presque)*[2] *». Une vie aussi complexe, où s'entremêlent tant d'activités si diverses, n'est pas facile à raconter. Quelle importance donner à tel événement? Comment interpréter tel autre? Les biographes signalent sans insister qu'en 1772 mourut à l'âge de trois ans huit mois son fils Pierre-Augustin. Chez un homme qui avait au plus haut point le sens de la famille et qui sera plus tard le père passionné d'Eugénie, la blessure dut être profonde, et cette disparition plus tragique que le différend avec le comte de La Blache*[3]*. Mais, ce qui est plus grave, dans une existence dont certaines péripéties étaient volontairement secrètes, bien des faits restent pour nous obscurs : on sait finalement peu de chose sur le voyage à Vienne de 1774 et l'on en est encore à se demander si la tentative d'assassinat relatée dans les deux lettres écrites sur le Danube*[4] *a eu réellement lieu. Si elle est imaginée, quel prodigieux menteur se révèle ici Beaumarchais, et avec quelles précautions devons-nous utiliser certaines de ses confidences! Ces obscurités rendent difficile la tâche et une vie aussi dispersée se résume mal en un seul volume. De là, le caractère trop rapide et pour tout dire un peu décevant de tant de biographies : on nous donne les faits, mais on ne les explique guère, sans doute parce qu'il y faudrait plusieurs ouvrages et qu'il faudrait aussi être juriste, financier, diplomate, agent secret, bref tout ce que fut un homme qui vivait tellement dans son*

1. Voir *Le Mariage de Figaro*, acte V, sc. III, p. 471.
2. *Histoire des littératures*, Encyclopédie de la Pléiade, t. III, p. 753.
3. Voir la Chronologie, p. XXVIII.
4. *Correspondance*, éd. Brian N. Morton, Paris, Nizet, 1969, t. II, p. 66-85.

époque que raconter sa vie est impossible sans retracer l'histoire de la France dans la seconde moitié du XVIIIe *siècle. Beaucoup d'études sur des points précis*[1] *seront encore nécessaires avant que nous puissions avoir enfin une vue d'ensemble pas trop déformée d'une existence riche entre toutes.*

Il est dans ces conditions hasardeux de porter un jugement équitable sur l'homme, mais on peut affirmer qu'il vaut mieux sans aucun doute que sa réputation. Et tout d'abord, on l'a trop souvent identifié avec un de ses personnages; il en a peut-être certains traits, mais Figaro reste un être de théâtre qui ne saurait avoir la complexité de son créateur. Il faut remarquer en premier lieu que Beaumarchais est prodigieusement doué : beauté physique, sensualité, adresse manuelle — il perfectionne aussi bien la harpe que la montre —, sens musical, sens des affaires, de la diplomatie, des relations humaines, intelligence extrême, grande sensibilité, une puissance de travail peu commune, beaucoup de courage et un grand amour de son pays, il a tout. Et il fait tout, ce qu'on lui reproche. Il a d'ailleurs résumé sa vie dans une Apologie pour lui-même[2] *d'une grande lucidité :*

Avec de la gaieté et même de la bonhomie, j'ai eu des ennemis sans nombre, et n'ai pourtant jamais croisé, jamais couru la route de personne. À force de m'*arraisonner*[3], j'ai trouvé la cause de tant d'inimitiés; en effet, cela devait être.

Dès ma folle jeunesse, j'ai joué de tous les instruments; mais je n'appartenais à aucun corps de musiciens, les gens de l'art me détestaient.

J'ai inventé quelques bonnes machines; mais je n'étais pas du corps des mécaniciens, l'on y disait du mal de moi.

Je faisais des vers, des chansons; mais qui m'eût reconnu pour poète ? J'étais fils d'un horloger.

1. Comme, par exemple, l'excellent article de Jacques Seebacher, « Autour de Figaro : Beaumarchais, la famille de Choiseul et le financier Clavière » (*Revue d'Histoire littéraire de la France*, 62e année, n° LXII, p. 198-228).

2. Dans les *Œuvres complètes de Beaumarchais*, éd. Moland, Paris, Garnier, 1874, p. 715-716. Pour tous les faits repris dans ce texte, voir la Chronologie.

3. De me raisonner. Le mot est en italique, parce que vieux et peu usité. Il ne se trouve pas dans le *Dictionnaire de l'Académie*; et Féraud (*Dictionnaire critique de la langue française*, Marseille, chez Jean Mossy, 1787) cite le *Dictionnaire de Trévoux* (éd. de 1743), qui « avertit que ce mot est vieux et bas, et tout au plus bon pour le style familier ».

N'aimant pas le jeu du loto, j'ai fait des pièces de théâtre, mais on disait : « De quoi se mêle-t-il? ce n'est pas un auteur, car il fait d'immenses affaires et des entreprises sans nombre. »

Faute de rencontrer qui voulût me défendre, j'ai imprimé de grands mémoires pour gagner des procès qu'on m'avait intentés, et que l'on peut nommer atroces; mais on disait : « Vous voyez bien que ce ne sont point là des factums comme les font nos avocats. Il n'est pas ennuyeux à périr; souffrira-t-on qu'un pareil homme prouve sans nous qu'il a raison? » *Inde irae.*

J'ai traité avec les ministres de grands points de réformation dont nos finances avaient besoin; mais on disait : « De quoi se mêle-t-il? cet homme n'est point financier. »

Luttant contre tous les pouvoirs, j'ai relevé l'art de l'imprimerie française par les superbes éditions de Voltaire, entreprise regardée comme au-dessus des forces d'un particulier; mais je n'étais point imprimeur, on a dit le diable de moi. J'ai fait battre à la fois les maillets[1] de trois ou quatre papeteries sans être manufacturier; j'ai eu les fabricants et les marchands pour adversaires.

J'ai fait le haut commerce dans les quatre parties du monde; mais je n'étais point déclaré négociant. J'ai eu quarante navires à la fois sur la mer; mais je n'étais point armateur, on m'a dénigré dans nos ports.

Un vaisseau de guerre à moi de cinquante-deux canons a eu l'honneur de combattre en ligne avec ceux de Sa Majesté à la prise de Grenade. Malgré l'orgueil maritime, on a donné la croix au capitaine de mon vaisseau, à mes autres officiers des récompenses militaires, et moi, qu'on regardait comme un intrus, j'y ai gagné de perdre ma flottille, que ce vaisseau convoyait.

Et cependant de tous les Français, quels qu'ils soient, je suis celui qui a fait le plus pour la liberté de l'Amérique, génératrice de la nôtre, dont seul j'osai former le plan et commencer l'exécution malgré l'Angleterre, l'Espagne et la France même; mais je n'étais point classé parmi les négociateurs, mais j'étais étranger aux bureaux des ministres, *inde irae.*

Lassé de voir nos habitations alignées et nos jardins sans poésie, j'ai bâti une maison qu'on cite; mais je n'appartiens point aux arts, *inde irae.*

Qu'étais-je donc? Je n'étais rien que moi, et moi tel que je suis resté, libre au milieu des fers, serein dans les plus grands dangers,

1. Les maillets sont de grosses masses de bois, munies à leurs extrémités de deux pièces de fer appelées clous, dont les papetiers se servaient pour diviser les chiffons destinés à être mis en pâte pour faire du papier.

faisant tête à tous les orages, menant les affaires d'une main et la guerre de l'autre, paresseux comme un âne et travaillant toujours; en butte à mille calomnies, mais heureux dans mon intérieur, n'ayant jamais été d'aucune coterie, ni littéraire, ni politique, ni mystique, n'ayant fait de cour à personne, et partant repoussé de tous.

En outre, lorsqu'on analyse le caractère de Beaumarchais, il n'est pas un trait qui n'appelle immédiatement son contraire; il veut « cheminer » et changer d'« état », mais il n'oublie pas que son père était horloger; ses maîtresses ne se comptent pas, mais il est très attaché à Marie-Thérèse, sa troisième femme, qui lui a donné Eugénie; les affaires le passionnent, mais il est toujours prêt à défendre les opprimés; athée et anticlérical, il protège les protestants et lutte pour que leurs droits soient reconnus; il aime l'argent mais fait de lourds sacrifices pour que les fusils de Hollande restent à la France; il a des ennemis redoutables, mais il n'a pas moins d'amis qui lui demeurent fidèles. Citons le témoignage de Nicolas Ruault :

Beaumarchais a des ennemis et en grand nombre. Je tiens que cela lui fait honneur, car il ne mérite pas d'en avoir. On le traite en grand homme : il devrait en être fier. Pour moi qui le connais depuis plus de dix années, qui vis chez lui et avec lui depuis trois ans, je vous jure en vérité qu'il est un brave et honnête homme. Je ne lui connais qu'un défaut; c'est un peu trop de vanité. Je vous le dis et le dirais à lui-même s'il pouvait en guérir[1].

Vaniteux, il l'était, mais à l'inverse de la plupart, avec de bonnes raisons de l'être. Un seul regret toutefois dans cette vie que Beaumarchais avant de mourir jugeait à juste titre bien remplie : il n'a pas fait la carrière politique qu'il méritait. S'intéressant à tout, et ses notes en témoignent, il eût voulu être ministre et il en avait l'étoffe, ses écrits politiques le prouvent. « Ministre de l'Intérieur (ou presque)[2] »..., mais lorsque la Révolution a tout balayé et lorsque celui qui aurait pu le nommer n'a plus que quelques mois à vivre. Et au moment où une pénible surdité[3] — ce qu'on oublie trop souvent —

1. *Gazette d'un Parisien sous la Révolution*, Paris, Librairie académique Perrin, 1976; lettre à son frère du 28 décembre 1783, p. 35.
2. Voir p. XII.
3. « Je suis sourd, moi, comme une urne sépulcrale », écrit-il (lettre à M. T*** du 27 août 1797, éd. Fournier citée, p. 688). Voir aussi, p. 1053, le récit de la réunion du conseil (*Mémoires sur l'affaire des fusils de Hollande*, « Cinquième époque »).

l'isole du monde et le prive des plaisirs de société qu'il a tant aimés. Sur le rôle réel qu'il a joué, tantôt public, tantôt secret, durant les règnes de Louis XV et Louis XVI et pendant la Révolution, bien des obscurités demeurent, et sur des points souvent importants; cependant, l'évolution de ses idées politiques et sociales se laisse facilement percevoir. C'est son origine qui l'explique : il est fils d'horloger, et, trop intelligent et trop sensible pour renier son père, supportera une grande partie de sa vie les conséquences de cette naissance roturière. Anobli par l'achat d'une charge, c'est-à-dire devenu noble sans jamais l'être vraiment, devant à ses mérites d'être introduit à la cour, de faire de la musique avec les filles du roi, de jouer le rôle difficile de conseiller, il sera jalousé et méprisé : non par les gens de qualité, le prince de Conti ou le duc de Choiseul par exemple, qui savent reconnaître et utiliser son habileté, mais par des nobles qui doivent leur place plus à leurs ancêtres qu'à leur valeur personnelle. Ce mépris, Beaumarchais le leur rend bien : homme d'affaires, négociant, et ce mot pour lui dit tout, il a conscience d'être cent fois plus utile à la nation que ces courtisans qui tirent gloire de ne rien faire[1]. De là, dans Le Mariage de Figaro, ces remarques acerbes, souvent empruntées, dont on a parfois surestimé la portée sociale et politique. Elles dénoncent certains abus, elles n'annoncent ni n'appellent une Révolution, qui devait surprendre Beaumarchais, comme elle surprit la plupart de ses contemporains, victimes ou bénéficiaires. En 1789, après sa double réussite financière et théâtrale, l'auteur du Mariage de Figaro et le farouche partisan des insurgents américains est doublement suspect : aux yeux du roi, qui n'apprécie guère le grand monologue de Figaro; auprès du peuple, qui jalouse un homme dont la richesse s'étale avec tant d'ostentation. Il est symbolique que la maison aux deux cents fenêtres ait été construite tout près de la Bastille et visible de tous ceux qui démolissaient la vieille forteresse[2]. Beaumarchais peut se faire appeler de nouveau Caron ou Caron Beaumarchais, au détriment de qui a-t-il accumulé tant de biens? C'est la cause de la méfiance du peuple et des politiques à l'égard de ce profiteur qui inutilement donne des gages et proteste de sa bonne foi. Très vite, et les écrits sur les fusils de Hollande en témoignent, il est effrayé par les menaces, découragé par les excès de toute sorte, scandalisé par les bouleversements politiques.

1. Voir, à ce sujet, *Les Deux Amis*, acte II, sc. x, p. 223.
2. Voir l'année 1787 de la Chronologie.

La Révolution n'est pas tendre pour lui et les siens, qui ne doivent leur salut qu'au dévouement d'une femme ou à la mort d'un tyran[1]. *En mars 1793, la page émouvante qui termine le commentaire du décret d'accusation réclame « la paix, des lois, une constitution*[2] ». *En 1796, à son retour d'exil, la Convention a fait place au Directoire. Le vieillard qu'est devenu Beaumarchais se dit toujours « énergique défenseur de la justice et de l'humanité*[3] », *mais essaie, en même temps, de refaire « sa fortune aux trois quarts détruite par une persécution de quatre années*[4] ». *Là encore, les difficultés sont grandes, comme le montrent les lettres envoyées à Ramel, le ministre des Finances*[5]. *Il meurt en mai 1799, moins de six mois avant le coup d'État du 18-Brumaire, sans connaître Bonaparte qui avait pourtant exprimé le désir de le voir*[6]. *Gudin de La Brenellerie écrit en 1809, non sans emphase : « Un seul bonheur lui manqua, ce fut de voir sa patrie sortir de l'horrible anarchie où elle était plongée, et passer subitement de cet état d'abjection au plus haut état de gloire où jamais aucune nation soit parvenue*[7]. »

Reste son œuvre, aussi complexe que sa vie, inégale, dont il est difficile d'avoir une vue d'ensemble. On voudrait établir une liste complète des écrits, depuis les vers de circonstance et les chansons jusqu'aux rapports, aux mémoires, en passant par les œuvres dramatiques. La tâche est malaisée, sinon impossible. Des écrits existent, qu'il n'a pas signés et qui sont peut-être de lui, comme cette Souscription *imprimée en 1783 par la Société littéraire typographique*[8] ;

1. En août 1792 et août 1794. Voir n. 2, p. 941, et la Chronologie, p. XXXVIII et XXXIX.
2. Voir p. 1119.
3. Lettre au citoyen Baudin du 15 vendémiaire an VI (6 octobre 1797), éd. Fournier citée, p. 688.
4. Lettre à M. T*** du 18 prairial an V (6 juin 1797), *ibid.*, p. 687; voir p. 1486.
5. Voir, en particulier, Loménie, *Beaumarchais et son temps*, éd. citée, t. II, p. 503-504.
6. Loménie, ouvr. cité, t. II, p. 512. Voir, à la même page, les deux quatrains écrits à la gloire de Bonaparte.
7. *Œuvres complètes de Pierre-Augustin Caron de Beaumarchais*, Paris, Léopold Collin, 1809, 7 vol., t. V, p. 447.
8. *Souscription pour un acte de bienfaisance et Mémoire à consulter pour un enfant sans état civil dont la mère est privée de sa liberté et le père menacé d'un procès criminel.* Cette brochure de 48 pages se termine par un « Avis impartial » signé « Les imprimeurs de la Société littéraire typographique ». Beaumarchais y a-t-il collaboré, ou s'est-il contenté d'écrire l'introduction non signée, mais qui est bien dans son style?

il se peut, en revanche, que des parades et les Mémoires contre Goëzman soient dans une certaine mesure le fruit de la collaboration de Beaumarchais avec ses proches, avec sa sœur Julie surtout. Comment le savoir? On sait – et il l'a dit – qu'il était très attentif aux opinions des autres, était capable de se corriger, si la critique lui paraissait justifiée. Mais qu'il ait écrit lui-même ses pièces, les brouillons sont là pour en témoigner et révéler quel travail se cache sous une apparente facilité.

Que l'œuvre soit inégale, il serait vain de le nier. Piètre versificateur, Beaumarchais n'attachait sans doute aucune importance aux poèmes d'inspirations variées qu'ont recueillis les différents éditeurs; le livret de Tarare, *plus travaillé, n'est guère mieux écrit. Restent la prose et le dialogue dramatique, tous deux de premier ordre, et, avant tout, les Mémoires contre Goëzman et les deux chefs-d'œuvre espagnols,* Le Barbier de Séville *et* Le Mariage de Figaro. *Si l'on voulait à tout prix établir un rapport entre des ouvrages si dissemblables par les genres et les intentions, on pourrait remarquer qu'il s'agit là d'écrits polémiques; que l'homme d'affaires lutte dans sa vie et de sa plume contre La Blache ou le juge Goëzman; que l'auteur dramatique dresse les uns contre les autres ses personnages, la jeunesse contre la vieillesse qui veut jouir d'elle, le couple de serviteurs contre un maître qui abuse de son autorité. « Ma vie est un combat », avait-il coutume de dire; il aurait pu le dire tout aussi bien de son œuvre.*

Son théâtre paraît étrangement disparate; à nous, plus qu'aux contemporains qui, en dehors d'un petit cercle d'amis, n'ont pas connu les parades. Quels rapports, serait-on tenté de dire, entre Zizabelle et Suzanne, entre l'échec des Deux Amis *et le triomphe du* Mariage de Figaro, *entre une comédie poissarde comme* Les Députés de la Halle et du Gros-Caillou *et un livret comme* Tarare? *Et quelle importance attachait leur auteur, dans une vie aussi bien remplie, à des œuvres qu'il a qualifiées, à deux ou trois reprises, de « rêveries de son bonnet de nuit »? Enfin, comment expliquer une carrière dramatique aussi déroutante, ce passage des parades aux drames sérieux, des drames sérieux aux deux chefs-d'œuvre, et le retour au drame après avoir écrit un opéra? Sans doute est-il difficile de répondre à ces questions; cependant on peut attirer l'attention sur un certain nombre de points. Il faut remarquer d'abord que le théâtre a été un délassement du soir ou de la nuit pour cet homme d'affaires surmené, mais qui n'a pas cessé de nourrir une pensée moins frivole qu'on ne le croit et toujours préoccupée – les* Notes et réflexions *le prouvent – de* comprendre le pourquoi des choses. S'il y a un Beaumarchais méconnu, c'est le Beaumarchais théoricien qui définit ses démarches, justifie ses œuvres dans leurs préfaces et, surtout, reprend et précise, dans l'*Essai sur le genre dramatique sérieux*, les théories de Diderot – avec, chez le disciple, beaucoup plus de rigueur et de concision que chez le maître, et l'art de poser les vrais problèmes de dramaturgie ou d'écriture dramatique. Il suffit de bien lire, c'est-à-dire avec l'attention qu'ils méritent, ces écrits théoriques pour comprendre que ce théâtre est avant tout l'expression d'un tempérament complexe, d'une sensibilité qui « [s]e presse de rire de tout, de peur d'être obligé d'en pleurer[1] » : portée au plaisir et à la joie d'amuser les autres, mais en même temps très vulnérable et prompte à s'émouvoir. De là, dans l'œuvre, une disparate qui n'est qu'apparente. Gudin de La Brenellerie, qui connaissait bien Beaumarchais pour avoir vécu avec lui pendant près de trente ans, écrit pour résumer son œuvre : « Je crois, comme La Harpe, qu'il avait plus de talents encore pour la comédie que pour le drame; mais il avait un fond de moralité qui le ramenait toujours à peindre des situations pathétiques[2]. » Ainsi s'explique que l'homme qui fait jouer ses parades à Étiolles écrive à la même époque *Eugénie*, que *La Mère coupable* transforme des personnages de comédie en personnages de mélodrame, que plusieurs genres, de la parade à l'opéra, soient cultivés, que l'œuvre la plus complexe, *Le Mariage de Figaro*, hésite parfois, et par son sujet et dans son style, comme le constate la préface, entre la comédie et le drame sérieux[3]. Et pourtant, au-delà de ces oppositions, se révèlent deux obsessions qui donnent à l'ensemble de l'œuvre son unité. La première a été bien soulignée par Gudin : toutes ses pièces, même son opéra, sont des plaidoyers en faveur des femmes[4], d'un sexe que l'auteur a tant aimé, qui lui a donné ses plus grands plaisirs, et qui lui a sans doute sauvé la vie[5]. Ce point précisé, on comprend mieux que

1. *Le Barbier de Séville*, acte I, sc. II, p. 295.
2. *Œuvres complètes de [...] Beaumarchais*, éd. citée, t. VII, p. 307.
3. Voir p. 353 et suiv.
4. Lieu cité (n. 2 de cette page) : « Il condamnait hautement l'injustice des hommes à leur égard; il ne pouvait souffrir qu'on se jouât de leur innocence, et qu'on les abandonnât après les avoir trompées; ou qu'on les tyrannisât après les avoir épousées, et qu'on les délaissât bien garrottées dans des liens dont on s'affranchissait en employant leur dot à entretenir des maîtresses. Voilà le point de moralité qu'il a débattu dans toutes ses pièces, tantôt en faisant pleurer sur leur sort, tantôt en faisant rire de leurs oppresseurs. »
5. Voir n. 2 p. 941.

Beaumarchais renonce avec tant de regret aux tirades enflammées de Marceline et recueille ce passage, faute de mieux, dans sa préface[1]*; que certains thèmes parcourent toute l'œuvre : et avant tout celui de l'enfant naturel, à quoi se rattachent les autres, thème du faux mariage, de l'enfant volé ou élevé en cachette et ensuite reconnu, thème de la peur de l'inceste. Thèmes d'époque, dira-t-on; certes. Mais traités ici avec une rigueur et une continuité significatives.*

La seconde obsession, qui se rattache étroitement à la première, est soulignée dans la préface au Mariage de Figaro *: « J'ai pensé, je pense encore, qu'on n'obtient ni grand pathétique, ni profonde moralité, ni bon et vrai comique au théâtre, sans des situations fortes et qui naissent toujours d'une disconvenance sociale dans le sujet qu'on veut traiter*[2]*. » Cette notion de « disconvenance sociale » est pour nous difficile à définir; néanmoins toute l'œuvre n'est qu'un ensemble de variations sur ce thème. Qu'il s'agisse de Cassandre refusant à Isabelle son Jean-Bête, ou de Clarendon, « homme puissant et vicieux », qui persécute Eugénie, « faible fille, sans appui, trompée, vertueuse et délaissée »; qu'Aurelly, négociant honnête et de ce fait utile à la nation, dénonce un « nouveau noble » qui « croit toujours se commettre lorsqu'il salue un roturier »; que Bartholo, simple médecin, veuille épouser Rosine, « jeune personne d'extraction noble »; que le comte essaie de séduire Suzanne et que les inégalités de conditions dressent l'un contre l'autre un grand d'Espagne et son serviteur; que Tarare, simple soldat, détrône son souverain, ou qu'un aventurier comme Bégearss veuille épouser la fille d'Almaviva, « grand seigneur espagnol*[3] *» : toujours et partout sont soulignées ces disconvenances psychologiques, sentimentales, pour tout dire « sociales », qui donnent à ce théâtre, de la première à la dernière œuvre, sa tension dramatique. Une variante de* Jean-Bête à la foire[4] *annonce déjà les passages les plus féroces du grand monologue de Figaro. C'est ce morceau de bravoure, justement célèbre, et dont la longueur effrayait l'auteur lui-même, qui révèle le mieux combien sont étroits les liens entre l'œuvre et la vie : sorte de parabase où Figaro peu à peu fait place à*

1. *Le Mariage de Figaro*, acte III, sc. XVI. Voir p. 446-447 et les variantes, et p. 367-368.
2. P. 355.
3. Voir respectivement *Jean-Bête à la foire*, sc. III, p. 66 et suiv.; préface du *Mariage de Figaro*, p. 358; *Les Deux Amis*, acte I, sc. XI, p. 212; listes des personnages du *Barbier de Séville*, p. 289, et de *La Mère coupable*, p. 605.
4. Voir var. *a*, p. 90 (et var. *c*, p. 92).

Beaumarchais, qui, lui aussi, juge que, de par ses origines, il n'a pas eu dans la société, malgré sa richesse et des titres de noblesse achetés, la place qu'il mérite. C'est ce qu'exprime encore l'opéra, si on veut bien en lire le livret : dans un Orient de fantaisie, il met aux prises un roi, « homme féroce et sans frein », et un simple soldat, « révéré pour ses grandes vertus ». Le soldat triomphe et la Nature et le Génie du Feu proclament ensemble la « grande idée philosophique » qui a nourri la vie et toute l'œuvre de Beaumarchais *:*

Homme! ta grandeur, sur la terre,
N'appartient point à ton état :
Elle est toute à ton caractère[1].

Le mot « état », ici comme dans toute l'œuvre, désigne, de manière très large, la place que l'on occupe dans la société. « Caractère » résume l'ensemble des qualités qui, en dehors de toute préoccupation métaphysique, font de l'être humain véritablement un homme. *Homme, Beaumarchais l'a été, dans toute la force du terme. Sa vie mérite mieux que sa réputation, et son œuvre, fruit de la volonté et du génie, n'est pas simplement comique ou émouvante. Il reste à souhaiter que des études attentives et fréquentes mettent en valeur, non seulement sa variété, mais encore, risquons le mot, sa profondeur.*

1. Voir la liste des personnages, p. 522; la préface, p. 503; et la scène finale, p. 596.

CHRONOLOGIE[1]

1722

André-Charles Caron, né en 1698 dans une famille briarde et protestante, est reçu maître horloger — il a abjuré l'année précédente — et épouse Marie-Louise Pichon. De cette union naîtront dix enfants en quinze ans. Quatre mourront en bas âge. La famille habite rue Saint-Denis, près de la rue de la Ferronnerie.

1725

Naissance de Marie-Josèphe, la future Mme Guilbert.

1731

Naissance de Marie-Louise, *Lisette*, la future fiancée de Clavijo.

1732

Naissance de Pierre-Augustin, septième enfant du ménage Caron. Il est baptisé le lendemain à Saint-Jacques-de-la-Boucherie.

1734

Naissance de Madeleine-Françoise, *Fanchon*.

1735

Naissance de Marie-Julie, *La Bécasse*, qui restera fille.

1. On trouvera, concernant chaque œuvre et accompagnant sa Notice, une chronologie plus complète.

1737

Naissance de Jeanne-Marguerite, *Tonton*. La famille Caron est très unie. Pierre-Augustin, seul garçon survivant, lui sera toujours très attaché et la protégera.

1742-1745

Pierre-Augustin passe trois années à l'école des métiers d'Alfort. Il semble y avoir appris un peu de latin et fréquente, les jours de congé, les Minimes de Vincennes. Il travaille ensuite dans l'atelier de son père.

1748

Marie-Josèphe épouse Louis Guilbert, maître maçon. Le ménage part s'installer à Madrid. Lisette l'accompagne.

Vers 1749-1750

Lassé de ses incartades, son père chasse Pierre-Augustin de la maison. Il lui faudra l'intervention d'amis de la famille qui l'ont recueilli pour obtenir son pardon. Mais il doit approuver par écrit les conditions sévères de son retour.

1753

Pierre-Augustin, qui a inventé un nouveau système d'échappement, le montre à Lepaute, horloger du roi. Lepaute présente cette invention comme sienne à l'Académie des sciences. Furieux, Pierre-Augustin envoie à l'Académie, le *13 novembre*, un long rapport appuyé sur des preuves matérielles incontestables.

1754

23 février : l'Académie lui délivre un certificat attestant qu'il est bien l'inventeur. Désormais connu, il reçoit des commandes pour la cour, est présenté au roi et à la reine.

1755

Nouveau perfectionnement apporté au système d'échappement, et nouvelle polémique avec le Suisse Romilly : l'Académie des sciences déclare en juin que les deux hommes sont pareillement inventeurs.

Pierre-Augustin Caron fait la connaissance de Franquet, qui, malade, lui vend sa charge de contrôleur clerc d'office de la Maison du roi. L'acte de transfert de la charge est du *9 novembre*.

1756

3 janvier : mort de M. Franquet. Les relations avec sa veuve deviennent plus intimes.

Mai : Lépine s'associe avec le père Caron et épouse Madeleine-Françoise.

27 novembre : Pierre-Augustin épouse à Saint-Nicolas-des-Champs Madeleine-Catherine Aubertin, veuve Franquet, d'environ dix ans son aînée. Il habite rue de Braque avec sa belle-famille.

1757

Pierre-Augustin Caron se fait appeler Caron de Beaumarchais, du nom d'une terre dont sa femme vient d'hériter.

Mort de sa femme, après huit jours de maladie, dans la *nuit du 29 au 30 septembre*. Le contrat de mariage n'ayant été « insinué » que le *11 octobre*, Beaumarchais ne peut hériter et se retrouve « nu », « dans la rigueur du terme, accablé de dettes ». Il sera de plus en procès avec les Aubertin, parents de sa femme.

Novembre : il s'installe au 17 de la rue Basse-du-Rempart et y restera jusqu'en 1763.

En 1757 ou 1758, il entre en relation avec Le Normand d'Étiolles, banquier et mari infortuné de la marquise de Pompadour.

1758

Août : mort de sa mère.

1759

Beaumarchais sait se rendre indispensable auprès de Mesdames, les filles du roi : Adélaïde, Victoire, Sophie et Louise; il leur achète instruments et partitions, leur donne des leçons de musique, leur apprend à jouer de la harpe, instrument qu'il vient de perfectionner.

Cette année-là ou l'année suivante, il fait la connaissance, peut-être chez Le Normand, du financier et négociant Pâris-Duverney. Le Normand est son neveu.

1760

Les liens entre Pâris-Duverney et Beaumarchais se resserrent peu à peu.

Août : par l'entremise de Mesdames, Beaumarchais obtient que le roi visite, le *18*, l'École militaire, fondée en 1751 et œuvre de Pâris-Duverney. Le financier, reconnaissant, associe Beaumarchais à ses affaires de vivres et va faire sa fortune.

1761

Décembre : répondant au vœu de son fils, André-Charles Caron signe l'acte de résiliation de son commerce d'horloger.

Le même mois, Beaumarchais achète cinquante-cinq mille livres — Pâris-Duverney en a fourni cinquante mille —, au père de son futur beau-frère Janot de Miron, la charge de conseiller secrétaire du roi, charge qui lui confère la noblesse et le droit de porter légalement le nom de Beaumarchais.

1762

Janvier : Beaumarchais achète au début de l'année, moyennant la somme considérable de cinq cent soixante mille livres que lui avance encore Pâris-Duverney, la charge de grand maître des eaux et forêts, charge qu'il est obligé de revendre, s'étant heurté à l'hostilité des autres grands maîtres.

Dans ces premières années 1760, il écrit ses parades, jouées à Étiolles pour la fête de son ami Le Normand.

1763

Janvier : achat d'une maison sise au 26 de la rue de Condé. Beaumarchais y recueille son père et ses deux sœurs cadettes. Il y habitera jusqu'en 1773.

Août : achat de la charge de lieutenant général des chasses. Le *11 septembre*, prestation de serment devant le chancelier de Lamoignon. Beaumarchais dès lors est sous l'autorité directe du duc de La Vallière.

Projet de mariage avec une jeune Créole amie de la famille, Pauline Le Breton.

1764

Beaumarchais obtient l'autorisation de se rendre en Espagne, où il doit marier sa sœur Lisette, solliciter le paiement de dettes considérables et s'acquitter de missions semi-officielles. Il part le *20 avril*, muni de lettres de recommandation pour l'ambassadeur de France et de cent soixante mille livres de billets au porteur délivrés par Pâris-Duverney.

18 mai : arrivée à Madrid. Si l'on en croit le quatrième Mémoire contre Goëzman, le premier mois est consacré à régler l'affaire Clavijo. Séjour en Espagne brillant et agité. Vie commune avec la marquise de La Croix, qu'il donne au roi comme maîtresse.

1765

22 mars : Beaumarchais quitte Madrid. Les projets grandioses ont échoué : fourniture de vivres pour les troupes espagnoles; transformation de la Sierra Morena en terre fertile, grâce à des canaux; fondation d'une compagnie française pour commercer avec la Louisiane, etc. Clavijo n'a pas épousé et n'épousera pas Lisette.

9 ou 10 avril : arrivée à Paris, après avoir fait étape à Bordeaux, Tours et Orléans.

Mai : Beaumarchais revend soixante-dix mille livres sa charge de conseiller secrétaire du roi.

1766

Janvier : remariage de son père avec Mme Henry.

Février : rupture des fiançailles de Beaumarchais avec Pauline Le Breton, qui épousera quelques mois plus tard le chevalier de Séguiran.

Durant l'été, voyages en Touraine : début de l'exploitation, avec Pâris-Duverney, de deux mille arpents de la forêt de Chinon.

1767

29 janvier : première représentation à la Comédie-Française d'*Eugénie*.

Affaire Lesueur : démêlés avec son laquais César Lesueur, qui lui a servi de prête-nom pour l'adjudication de la forêt de Chinon.

1768

11 avril : mariage avec Geneviève-Madeleine Wattebled, veuve de Lévêque, garde général des Menus-Plaisirs, mort en décembre 1767.

14 décembre : naissance d'Augustin de Beaumarchais.

La même année, meurent la seconde femme du père Caron et le mari de Pauline Le Breton.

1769

Durant l'été, séjour à Rivarennes, près de Tours, pour surveiller l'exploitation de la forêt de Chinon. Affaires diverses avec Pâris-Duverney.

1770

Début de l'amitié de Beaumarchais avec Gudin de La Brenellerie.

13 janvier : première représentation des *Deux Amis*.

7 mars : naissance d'une fille, Aimable-Eugénie, qui ne vit que quelques jours.

1er avril : signature avec Pâris-Duverney de l'acte réglant définitivement leurs affaires.

Juin : Beaumarchais tombe malade et reste près de deux mois au lit, à Paris ou dans sa maison de Pantin.

17 juillet : mort de Pâris-Duverney, à l'âge de quatre-vingt-six ans, laissant ses biens au comte de La Blache, son neveu par alliance.

20 novembre : mort de Mme de Beaumarchais, à l'âge de trente-neuf ans. Sa fortune, importante, était en viager.

Décembre : négociations avec le comte de La Blache, qui seront infructueuses.

1771

Nouveaux voyages en Touraine, où les affaires de la forêt de Chinon mettent Beaumarchais dans une situation difficile.

Octobre : début d'un procès avec La Blache, qui conteste l'arrêté de compte entre son oncle et Beaumarchais.

1772

Février : Mémoire contre La Blache. Le *22*, Beaumarchais gagne son procès en première instance, jugement confirmé le mois suivant. Son adversaire fait appel devant le parlement de Paris.

Octobre : mort de son fils Augustin, à l'âge de trois ans et huit mois.

Décembre : mort de sa sœur Jeanne-Marguerite, épouse Miron.

1773

3 janvier : Le Barbier de Séville est reçu à la Comédie-Française.

Février : le *11*, altercation avec le duc de Chaulnes, qui accuse Beaumarchais de lui ravir sa maîtresse, une actrice, Mlle Ménard. Le duc est emprisonné le *19* au château de Vincennes, et Beaumarchais le *26* au For-l'Évêque. Il y restera jusqu'au *8 mai*.

Avril : le *1er*, Goëzman est nommé rapporteur du procès La Blache devant le parlement Maupeou.

Le *6*, sur rapport défavorable de Goëzman, Beaumarchais perd son procès, ce qui pratiquement le ruine.

Mai : remis en liberté et chassé de sa maison de la rue de Condé, il se réfugie chez son beau-frère Lépine.

Juin : Goëzman porte plainte contre Beaumarchais. Un arrêt de la Cour, le *21*, ordonne l'ouverture d'une enquête.

Juillet : le *10*, Beaumarchais est décrété « d'ajournement personnel[1] ».

Octobre : le *18*, Beaumarchais obtient dans l'affaire La Blache un « arrêt de soit communiqué » qui pratiquement oblige à reprendre la procédure.

De septembre à décembre : publication des trois premiers Mémoires contre Goëzman, auxquels répondent les adversaires de Beaumarchais.

23 décembre : Goëzman est, lui aussi, décrété d'ajournement personnel.

1. Voir p. 692 et n. 2.

1774

Février : le *10*, publication du quatrième Mémoire contre Goëzman, ce qui entraîne l'interdiction de représenter *Le Barbier de Séville*.

Le *26*, arrêt rendu dans l'affaire Goëzman : Beaumarchais et Mme de Goezman sont *blâmés*[1].

Mars : le *5*, les quatre Mémoires sont brûlés dans la cour du Palais.

Le *17*, arrêt rendu contre Goëzman.

En ce début d'année, Beaumarchais fait la connaissance de Marie-Thérèse de Willer-Mawlas, avec qui il va vivre désormais; il ne l'épousera qu'en 1786.

De mars au début de mai : premier séjour en Flandres et à Londres. À la demande de Louis XV, Beaumarchais obtient de Théveneau de Morande la destruction d'un libelle contre Mme Du Barry.

Juin : Mémoire adressé sur cette question à Louis XVI — Louis XV est mort le *10 mai*. Nouvelle mission et, à la fin du mois, nouveau départ pour Londres.

Juillet : Beaumarchais rencontre à Londres, les *22 et 23*, Angelucci, auteur du pamphlet *Avis à la branche espagnole [...]*, qu'il fait détruire. À la suite de cette affaire, séjour aussi en Hollande.

Août : toujours à la poursuite d'Angelucci, départ de Beaumarchais pour Vienne où il arrive le *20*, blessé et se disant victime d'une mauvaise rencontre, probablement imaginaire. Reçu le lendemain à la cour, il paraît suspect et est retenu prisonnier dans sa chambre jusqu'au *23 septembre*.

Octobre : de retour à Paris au début du mois, Beaumarchais rédige pour les ministres ses *Idées élémentaires sur le rappel des Parlements*[2]. Le Parlement Maupeou sera chassé le *12 novembre*.

Novembre : l'affaire La Blache est de nouveau devant le Conseil du roi. L'arrêt de blâme du *26 février* est cassé.

Décembre : le *9*, Mémoire du comte de La Blache contre Beaumarchais.

29 décembre : *Le Barbier de Séville* est approuvé par le censeur Crébillon fils.

1775

Janvier : le *16*, publication du Mémoire contre La Blache.

Le *28*, l'arrêt du 6 avril 1773 est cassé. L'affaire La Blache sera portée devant le parlement d'Aix-en-Provence.

Le *31*, permis d'imprimer *Le Barbier de Séville*, signé Le Noir.

Février : arrêt vouant à la destruction le Mémoire contre La Blache.

1. Voir l'Extrait du jugement, p. 1517.
2. Voir cette Chronologie à juin 1788, p. XXXVI.

Le *23*, première représentation du *Barbier de Séville*.

Avril : nouveau séjour à Londres; premières tractations de Beaumarchais avec le chevalier d'Éon[1].

Le *18*, second remariage de son père.

De juillet à décembre : nouveaux voyages en Angleterre et en Flandres avec le titre de chargé de mission. Nouvelles tractations et accord avec le chevalier d'Éon.

Dès le mois d'août, premiers Mémoires au roi sur l'Angleterre et sur l'aide à apporter aux insurgés américains[2].

Octobre : mort d'André-Charles Caron, à l'âge de soixante-dix-sept ans.

À la fin de l'année, rencontre à Londres d'Arthur Lee et brouille avec le chevalier d'Éon.

Cette année voit le début de la correspondance avec Vergennes, correspondance qui va se poursuivre jusqu'à la mort de ce dernier en 1787[3]; et les premières difficultés avec la Comédie-Française, à propos des droits d'auteur.

1776

De janvier à mai : séjours à Londres : nouvelles négociations avec le chevalier d'Éon.

Fin février : Mémoire adressé « au Roi seul » sur l'Angleterre et l'Amérique[4].

10 juin : Beaumarchais reçoit du Trésor public, par l'intermédiaire de Vergennes, un million de livres pour financer l'expédition de secours secrets aux insurgents d'Amérique. Fondation, dans ce dessein, de la maison de commerce Roderigue Hortalez et Cie.

Du 16 juin au 3 juillet : voyage à Bordeaux en compagnie de Gudin de La Brenellerie pour l'achat de bateaux et de munitions.

23 juin : publication à Londres du premier numéro du *Courrier de l'Europe*, que l'on appellera souvent le « journal de Beaumarchais[5] » !

Août : le *3*, mort du prince de Conti qui avait toujours protégé Beaumarchais.

Septembre : le *6*, arrêt du Parlement qui annule le jugement du 26 février 1774 et réhabilite Beaumarchais dans tous ses droits.

1. Agent secret de Louis XV, le chevalier d'Éon possédait des papiers compromettants. Louis XVI avait chargé Beaumarchais d'en obtenir la restitution (voir la *Correspondance*, éd. Morton, Paris, Nizet, 1969, t. II, p. 134-135).

2. Les textes de ces Mémoires se trouvent dans la *Correspondance*, éd. citée, t. II, p. 137-142.

3. Vergennes avait succédé à d'Aiguillon au ministère des Affaires étrangères. Sa correspondance avec Beaumarchais est très importante.

4. Son texte se trouve dans l'édition Loménie des œuvres de Beaumarchais, t. II, p. 93-106 ; et dans la *Correspondance*, éd. citée, t. II, p. 171-176.

5. Sur ce journal, souvent porte-parole de Beaumarchais, voir l'article de G. von Proschwitz, « Le *Courrier de l'Europe* et la guerre d'Indépendance », *Annales de Bretagne*, t. LXXXIV, année 1977, nº 11, p. 235-245.

Octobre : Beaumarchais loue à l'architecte Louis Le Tellier l'hôtel dit des Ambassadeurs de Hollande[1], et y installe les bureaux de sa maison de commerce.

Novembre : nouvelle demande de comptes à la Comédie-Française.

Décembre : au début du mois, voyage au Havre pour inspecter huit navires; mais ceux-ci sont déchargés sur ordre du gouvernement, l'ambassadeur d'Angleterre s'étant plaint[2].

1777

Janvier : le *5*, naissance d'Eugénie de Beaumarchais.

Le *6*, lettre aux Comédiens-Français pour leur demander des comptes.

Avril : achat du bateau *L'Hippopotame*, qui est rebaptisé *Le Fier Roderigue*. *D'avril à juin*, les bateaux retenus jusqu'alors par le gouvernement peuvent enfin lever l'encre.

Juin et juillet : Vergennes fait verser à Beaumarchais des sommes importantes qui permettent d'équiper les insurgents d'Amérique.

3 juillet : réunion chez Beaumarchais des auteurs dramatiques. Nomination d'une commission, qui remet le *12 août* au maréchal de Duras le compte rendu de ses travaux.

Octobre : le *Mémoire particulier pour les ministres du Roi et manifeste pour l'État*[3] est remis au comte de Vergennes; texte important, dont le gouvernement va s'inspirer.

Octobre et novembre : voyage pour affaires, en compagnie de Gudin de La Brenellerie, à Orléans, Tours, Poitiers, La Rochelle, Rochefort, Bordeaux, Marseille, Avignon, Lyon.

1778

Janvier : le *18*, nouvelle réunion chez Beaumarchais des auteurs dramatiques. Poursuite des tractations avec la Comédie-Française.

Avril : après la signature, le 6 février, du traité d'amitié entre la France et les États-Unis, Beaumarchais passe contrat le *16 avril* avec les Américains pour le paiement des fournitures.

Mai : séjour à Marseille, avant que reprenne à Aix-en-Provence le procès La Blache, porté devant le parlement de cette ville.

Juillet : séjour à Aix; Beaumarchais y écrit les deux mémoires intitulés *Réponse ingénue [...]* et *Le Tartare à la légion*[4].

Le *21*, le parlement d'Aix rend son arrêt, en tout point favorable à Beaumarchais.

1. Cet hôtel se trouve au numéro 47 de la rue Vieille-du-Temple, dans le Marais.

2. Les Anglais surveillaient les mouvements des navires, craignant à juste titre qu'ils ne transportent des armes en Amérique.

3. Son texte se trouve dans Loménie, ouvr. cité, t. II, p. 559-566 ; et dans la *Correspondance*, t. III, p. 208-216.

4. On trouvera ces deux textes dans l'édition Fournier citée des *Œuvres complètes [...]*, p. 372-408 et 408-425.

Le *31*, règlement définitif entre les deux parties.

Août : retour à Paris et reprise des négociations concernant les droits d'auteur; visite le *17* au duc de Duras et le *28* au maréchal de Richelieu.

Septembre : le *10*, lettre aux « gazetiers et journalistes[1] », leur demandant de rendre public l'arrêt de la cour d'Aix.

Bien qu'accablé de soucis, en particulier commerciaux, Beaumarchais recommence « à s'amuser aux frivoles jeux du théâtre » : *Le Mariage de Figaro* est terminé dès cette année-là.

1779

Janvier : le *15*, lettre du président du Congrès des États-Unis, au sujet des sommes dues à Beaumarchais, sommes qui ne seront jamais remboursées.

Au cours de cette année, rédaction de plusieurs mémoires : entre autres, un *Mémoire à Vergennes sur la ferme générale* ; et, en février, remise le *26* à chaque ministre du roi de l'*Observation d'un citoyen* en faveur des négociants protestants de Bordeaux.

De février à juin : voyage à Bordeaux et à Rochefort.

Juillet : le *6*, l'île de la Grenade est reprise par le comte d'Estaing : *Le Fier Roderigue* s'illustre dans ce combat, mais est détruit.

Le *23*, un arrêt du Parlement casse le décret d'ajournement personnel de juillet 1773; Beaumarchais retrouve sa charge de secrétaire du roi.

Décembre : publication, contre l'Angleterre, des *Observations sur le mémoire justificatif de la Cour de Londres* — mémoire qui venait de paraître et dont l'auteur était Gibbon; texte condamné le *19* par le Conseil d'État, à cause d'une phrase malheureuse[2].

Beaumarchais date de cette année 1779 le début de sa « disgrâce de Versailles et de ses entours »; cette année voit la fin de sa liaison avec Mme de Godeville, et le début d'une vaste entreprise : l'édition des œuvres de Voltaire.

1780

Durant toute l'année, négociations dans l'affaire des auteurs : en janvier, tractations avec les Comédiens-Français; en avril, dîner chez Beaumarchais des auteurs et des acteurs; rédaction en août du *Compte rendu de l'affaire des auteurs dramatiques et des Comédiens-Français*. Le *9 décembre* enfin, un arrêt du Conseil d'État fixe les droits des auteurs dramatiques.

En décembre aussi, le *9*, la Société littéraire typographique s'installe en Allemagne, à Kehl.

1. De même pour ce texte, *ibid.*, p. 426-427.

2. Pour le texte de ce mémoire, voir l'édition Fournier citée, p. 476-488. La phrase incriminée faisait allusion à la France libérée « de l'abaissement auquel on l'avait soumise en fixant [...] le petit nombre de vaisseaux qu'on daignait encore nous souffrir ». Beaumarchais dut publier une seconde édition expurgée de cette erreur historique.

1781

Janvier : parution du prospectus de souscription pour l'édition dite de Kehl des œuvres de Voltaire.

Beaumarchais souscrit à un emprunt de la Compagnie des eaux des frères Périer.

Février : mémoire adressé à Vergennes, *Réflexions sur les secours à donner à l'Amérique*.

Mai : le *18*, nouvel arrêt, complétant celui du 9 décembre 1780, dans l'affaire des droits d'auteur.

Juin : la polémique avec les Comédiens-Français se poursuit.

Juillet et août : nouveau voyage dans le Sud-Ouest, Bordeaux, La Rochelle.

Septembre : le *29*, *Le Mariage de Figaro* est reçu à l'unanimité à la Comédie-Française.

Octobre : début de l'affaire Kornman. À un dîner chez le prince de Nassau, Beaumarchais décide de défendre Mme Kornman[1].

Novembre : mort de Maurepas, ministre d'État et grand ami de Beaumarchais.

Cette année-là et l'année suivante, Beaumarchais obtient trois arrêts contradictoires contre les héritiers de sa première femme. Il leur pardonne.

Il cesse de s'occuper de la forêt de Chinon, dont il n'a pas tiré grand bénéfice.

Il profite du retour de Silas Deane en France pour réclamer aux Américains ce qu'ils lui doivent : sans succès.

1782

Intense activité financière et commerciale : Beaumarchais devient le principal actionnaire puis l'administrateur de la Compagnie des eaux. Il prête sept cent soixante-trois mille livres au duc de Choiseul. Le cardinal de Rohan lui demande de vérifier les comptes de l'hôpital des Quinze-Vingts, dont Kornman est le caissier.

En revanche, il cède sa charge de contrôleur clerc d'office de la chancellerie du Palais à son associé dans ses affaires avec l'Amérique, le jeune Théveneau de Francy, qui, tuberculeux, mourra l'année suivante.

Au *début de l'année*, lettre adressée au lieutenant de police et manifestement destinée au roi[2]. Beaumarchais y défend *Le Mariage de Figaro*, dont les lectures se succèdent. En *juillet*, avis défavorable du deuxième censeur, Suard.

Août : départ pour le Sud-Ouest — Rochefort, La Rochelle, Bordeaux, Bayonne —, où Beaumarchais va rester cinq mois. Depuis avril, qui a vu la défaite de la flotte française, il a lancé une souscription pour la reconstruction de la flotte et y intéresse les chambres de commerce.

1. Voir l'année 1787 de cette Chronologie.
2. Voir p. 1154-1157.

1783

Février : le *12*, reprise, longtemps attendue[1], des *Deux Amis*.

En ce début d'année, grosses difficultés financières, exposées le *15 mars* dans une lettre à Vergennes; difficultés résolues le mois suivant : le gouvernement donne à Beaumarchais plus de neuf cent mille livres.

13 juin : la représentation du *Mariage de Figaro* sur le théâtre des Menus-Plaisirs est interdite au dernier moment par le roi.

Le même mois, lettre de Beaumarchais au Congrès des États-Unis pour demander le remboursement des sommes qui lui sont dues.

Au cours de l'été, voyage de quelques jours à Londres pour affaires.

26 septembre : représentation du *Mariage de Figaro* à Gennevilliers, chez le comte de Vaudreuil.

Publication, cette année-là, des premiers volumes de l'édition de Voltaire.

1784

Janvier : le *19*, Beaumarchais touche de nouveau, de la part du roi, plus de cinq cent soixante-dix mille livres pour le dédommagement de ses pertes sur mer.

Au cours des *trois premiers mois* de l'année, longue lettre au baron de Breteuil et supplique au roi en faveur du *Mariage de Figaro*[2].

Avril : le *27*, première, triomphale, du *Mariage de Figaro*.

12 août : lettre au *Journal de Paris*[3] pour proposer la création d'un institut de bienfaisance, projet qui, à Paris, ne verra pas le jour.

Septembre et octobre : représentation à Versailles de l'opéra de Paisiello *Le Barbier de Séville*, créé en 1782.

2 octobre : cinquantième représentation du *Mariage de Figaro* au bénéfice des mères nourrices.

Cette année-là, Julie publie *L'Existence réfléchie ou Coup d'œil moral sur le prix de la vie*. Le livret de *Tarare* est accepté par l'Académie royale de musique.

1785

Janvier : les créanciers de Choiseul, qui mourra en mai, nomment Beaumarchais principal syndic.

Mars : le 2, lettre, qui paraît le *6*, au *Journal de Paris*[4]. Une allusion aux « lions et tigres » qu'il a dû vaincre pour faire jouer *Le Mariage de Figaro* provoque la colère du roi. Beaumarchais est arrêté et enfermé à Saint-Lazare *du 8 au 13*.

1. Voir la chronologie de cette pièce, p. 1271.
2. Voir p. 1157-1164.
3. Éd. Fournier citée, p. 661-663.
4. *Ibid.*, p. 674-675.

Le *22*, il se démet de sa charge de lieutenant général des chasses.

Mars ou avril : long Mémoire au roi pour se défendre[1]; ce mémoire est aussi envoyé au roi de Suède, en même temps qu'une édition du *Mariage de Figaro*.

Début d'avril : Le Mariage de Figaro et sa préface sont publiés, l'interdit ayant été levé.

3 juin : arrêt du Conseil d'État du roi contre l'édition de Kehl des œuvres de Voltaire, ordonnant la suppression des trente volumes parus.

19 août : Le Barbier de Séville est repris à la cour; Marie-Antoinette joue Rosine.

Novembre : reprise d'*Eugénie*.

Cette année-là, polémique avec Mirabeau au sujet de la Compagnie des eaux. Beaumarchais publie *En réponse à l'ouvrage qui a pour titre: « Sur les actions de la Compagnie des Eaux »*. Mirabeau répond à cette réponse.

1786

Janvier : Boudard de Saint-James prête trois cent cinquante mille livres à Beaumarchais.

Février: Beaumarchais reçoit du roi huit cent mille livres — en solde de tout compte — pour les pertes subies par sa flotte en 1778 et 1779.

Mars : le *8*, il épouse Marie-Thérèse de Willer-Mawlaz, avec qui il vit depuis douze ans. Eugénie a neuf ans.

Le *28*, avis favorable du censeur Bret sur *Tarare*.

1er mai : première, au Burgtheater de Vienne, des *Noces de Figaro* de Mozart.

Novembre : un acte règle les conditions de paiement des manuscrits de Voltaire achetés au libraire Panckoucke.

1787

Janvier : le *4*, lettre à Calonne, qui sera renvoyé en avril : Beaumarchais offre d'être membre de la future assemblée des notables; le *8*, réponse aimable, mais évasive, de Calonne.

Février : mort de Vergennes, ministre des Affaires étrangères, un des plus sûrs appuis de Beaumarchais.

Le *20*, Mémoire, en faveur de Kornman, de l'avocat Bergasse : le banquier Kornman avait fait enfermer sa femme, maîtresse d'un familier du comte de Nassau, pour s'emparer de sa dot; Beaumarchais avait fait libérer Mme Kornman. C'est le début d'une guerre de libelles qui durera jusqu'au printemps de 1789.

Avril : le *12*, nouvelle attaque de Kornman et Bergasse. Beaumarchais y répond par plusieurs mémoires, dont un le *17 mai*[2]; Kornman contre-attaque les *23 et 27 mai*, puis le mois suivant.

1. Voir p. 1166-1171.
2. Éd. Fournier citée, p. 428-476.

Juin : le *8*, première représentation de *Tarare*; l'auteur, accaparé par l'affaire Kornman, en avait vainement demandé l'ajournement.

Le *26*, Beaumarchais obtient pour deux cent quatre mille livres l'adjudication d'un terrain près de la Bastille. Il va y faire construire par l'architecte Lemoyne une somptueuse demeure[1].

Juillet : nouvelle lettre au président du Congrès américain pour réclamer les sommes dues.

Août : le *19*, nouvelle représentation du *Barbier de Séville* à la cour. L'auteur y est convié et fêté.

1787 voit le début de la liaison de Beaumarchais avec Amélie Houret de La Marinaie.

1788

Juin : publication d'un nouveau mémoire *pour le sieur Bergasse dans la cause du sieur Kornman.* Beaumarchais porte plainte en diffamation et publie son *Court mémoire* suivi de pièces à l'appui : on y trouve les *Idées élémentaires [...]* écrites en octobre 1774[2].

Août : publication des *Observations du sieur Bergasse* sur le *Court mémoire.*

1789

Mars : publication du troisième Mémoire contre Kornman[3], mémoire envoyé à chacun des juges.

2 avril : un arrêt de la Cour du parlement condamne Kornman et Bergasse comme calomniateurs. Mais l'opinion est hostile à Beaumarchais.

13 mai : lettre au lieutenant de police pour signaler qu'on rôde autour de la nouvelle maison qui se termine, qu'on a placardé les portes et cassé les bas-reliefs.

Au printemps, Beaumarchais est élu président du district des Blancs-Manteaux.

Juillet : le *15*, il pénètre avec vingt-quatre hommes en armes dans la Bastille.

Août : il est chargé de surveiller la démolition de la Bastille. Le *22*, il fait don à son district de douze mille livres.

Le *12*, à la suite d'une dénonciation, il est exclu de l'Assemblée des représentants.

Septembre : le *2*, longue *Requête à MM. les Représentants de la commune de Paris*[4], où Beaumarchais réfute toutes les accusations lancées contre lui. Le *15*, il est invité à reprendre sa place à l'Assemblée.

1. Cette demeure somptueuse se trouvait sur l'emplacement des maisons portant les numéros 2 à 20 de l'actuel boulevard Beaumarchais.

2. Pour le *Court mémoire*, voir éd. Fournier citée, p. 441-442. Le texte de 1774 se trouve p. 442-444.

3. *Ibid.*, p. 450-476.

4. *Ibid.*, p. 489-500.

1790

Avril : Beaumarchais envoie six mille livres à l'Institut de bienfaisance maternelle de Lyon.

Juillet : le *14*, il héberge huit cents fédérés de province et refuse tout dédommagement.

Août : le *3*, reprise de *Tarare*, avec un nouveau dénouement, « le Couronnement de Tarare ».

Septembre : réconciliation avec Mirabeau, à l'occasion d'un échange de lettres pour une opération immobilière.

Cette année-là, Beaumarchais écrit *La Mère coupable*, qui sera achevée en janvier 1791. Les soixante-dix volumes de l'édition de Voltaire ont paru. C'est un échec sur le plan financier : deux mille cinq cents souscripteurs seulement, la moitié du chiffre prévu.

Tentatives infructueuses pour obtenir le paiement des créances américaines.

1791

Janvier : le *13*, décret de la Constituante protégeant les droits des auteurs dramatiques.

Février : La Mère coupable est acceptée à la Comédie-Française.

Au printemps, installation de la famille Beaumarchais dans la magnifique demeure, enfin achevée, du boulevard Saint-Antoine; installation qui coïncide avec le départ d'Eugénie de son couvent, le 1er mai. Son père, pour la circonstance, compose une « Vieille ronde gauloise et civique[1] ».

Août : Beaumarchais rédige un *Rapport fait aux auteurs dramatiques*[2] sur la Comédie-Française. Le rapport est lu, le *12*, aux auteurs qui l'approuvent.

Le *31*, le Théâtre du Marais ouvre ses portes.

À l'automne, Beaumarchais envisage déjà de se rendre en Amérique pour se faire payer.

Novembre : alerté par La Hogue, son associé, il commence à s'inquiéter d'achat d'armes, armes qui font cruellement défaut à la France.

Décembre : lecture, le *23*, devant le Comité d'instruction publique, d'une pétition *contre l'usurpation des propriétés des auteurs par les directeurs de spectacles*[3]. Le même mois, Beaumarchais retire à la Comédie-Française *La Mère coupable*.

1792

Janvier : reprise du *Mariage de Figaro*; Figaro y joue de l'émigrette.

Début mars : le libraire Delahaye propose à Beaumarchais l'achat d'armes. L'affaire des fusils de Hollande commence. Marché conclu avec Delahaye le *16*.

1. Éd. Fournier citée, p. 777-778. On y trouve le texte et la musique.
2. *Ibid.*, p. 625-632.
3. *Ibid.*, p. 632-638.

Avril : le *3*, signature du « traité des fusils », avec le ministre de Graves.

Le *16*, lettre à Manuel, qui l'accusait de devoir à l'État cent écus d'arriéré. Beaumarchais rappelle ses générosités.

Juin : après le renvoi des ministres girondins, le roi envisage un moment de nommer Beaumarchais ministre de l'Intérieur. Le *4*, il est dénoncé à l'Assemblée comme accapareur d'armes. Le *7*, il répond à Chabot, son accusateur.

Le *26*, première représentation de *La Mère coupable* au Théâtre du Marais.

Juillet : nouveau traité signé avec les ministres sur l'achat des armes.

Août : le *11*, la maison de Beaumarchais est fouillée; on n'y trouve rien de suspect.

Le *23*, Beaumarchais est arrêté chez lui, conduit le *27* à l'Abbaye, délivré par Manuel le *29*. Il échappe ainsi aux massacres de septembre.

Septembre : il obtient le *18* un passeport, le *19* une nouvelle attestation de civisme, et peut ainsi quitter la France. Arrivée au Havre le *22*.

Octobre : le *2*, il est à Londres, et le *10*, en Hollande, où il espère régler l'affaire des fusils.

Novembre : le *23*, il est décrété d'accusation par la Convention, sur la dénonciation de Lecointre. Les scellés sont mis chez lui *fin novembre*.

Décembre : de Londres, où il est revenu, il envoie le *16* sa pétition à la Convention. À la fin du mois, il est incarcéré à Londres à la prison du Ban du roi pour dettes.

1793

Rédaction à Londres et publication en France des six « Époques ».

Février : le *10*, suspension pour deux mois du décret d'accusation. Le *14*, les scellés sont levés sur la maison de Beaumarchais qui est de retour à Paris le *26*, après avoir payé rançon à Londres.

Mars : publication à Paris du commentaire, daté du *6*, du décret d'accusation[1].

Mai : Beaumarchais comparaît devant le Comité de salut public. Reconnu innocent le *7*, et chargé une nouvelle fois d'acheter les armes de Hollande, il obtient le *25* son passeport et, un peu plus tard, de l'argent pour sa mission.

Juin : malade, il ne part que le *28*, d'abord pour la Suisse.

Août : arrivé en Angleterre le *4*, il est reconnu et refoulé; il s'embarque pour Ostende le *16*. Il y restera malade pendant près de trois mois.

1. On trouvera ici les textes de la *Pétition*, des six « Époques » et du commentaire, p. 931-1119.

Novembre : daté du *25*, compte rendu au Comité de salut public. Ce texte ne sera transmis qu'en janvier 1794[1].

Décembre : le Comité de salut public arrête que Beaumarchais, en mission, ne saurait être considéré comme un émigré.

1794

Mars : le *14*, l'arrêt du Comité de salut public est annulé; Beaumarchais est placé sur la liste des émigrés.

Juillet : le *5*, la femme, la fille et la sœur — Julie — de Beaumarchais sont emprisonnées à Paris.

Août : le *8*, Eugénie et sa mère sont libérées; la chute de Robespierre les a sauvées de l'échafaud. Julie, oubliée, reste en prison encore quatre mois.

Le *15*, Mme de Beaumarchais divorce, comme l'y oblige la loi sur les émigrés.

Le *20*, Beaumarchais a une entrevue à La Haye avec les dirigeants hollandais. Il veut servir d'intermédiaire pour conclure la paix. Son offre est repoussée.

Octobre : de Hollande, il se réfugie en Allemagne, où il vivra son temps d'exil, principalement à Hambourg.

Le *6*, les Anglais s'emparent des fusils de Hollande et obtiennent, le *18*, de les transporter en Angleterre.

Décembre : le *4*, Beaumarchais écrit à sa fille, de Lübeck, une longue lettre[2] où il exprime le désir de revenir en France pour se disculper.

1795

Avril : le *10*, requête pour le remboursement des sommes dues — une de plus — adressée au peuple américain; en vain.

Le *13*, pétition des citoyennes Beaumarchais en faveur de l'exilé, appuyée le *15* par le conventionnel Robert Lindet.

Le *30*, mémoire de Beaumarchais au Comité de salut public[3].

Mai : le *20*, dans une lettre adressée à Pitt, Beaumarchais propose de s'entremettre pour assurer la paix entre l'Angleterre et la France. Pitt fait répondre que l'auteur de la lettre est indésirable en Angleterre.

Juin : rachat des fusils de Hollande par les Anglais; ils sont définitivement perdus pour la France.

Le *30*, le Comité de sûreté générale rapporte l'arrêté déclarant Beaumarchais émigré. Mais des difficultés administratives empêchent son retour.

Août : le *5*, nouvelle lettre, de Hambourg, au Comité de salut public[4].

1. Sur ce compte rendu, voir J.-C. Gatty, *Beaumarchais sous la Révolution*, p. 241 et suiv.
2. Éd. Fournier citée, p. 685-686.
3. Voir J.-C. Gatty, ouvr. cité, p. 286-288.
4. *Ibid.*, p. 302-304.

Septembre : reprise de *Tarare.*

1796

Mme de Beaumarchais, secondée par Lindet qui écrit à plusieurs reprises au ministre de la Police, lutte pour obtenir le retour de son ex-mari.

Juin : Beaumarchais est définitivement rayé de la liste des émigrés. Il apprend la nouvelle dix jours plus tard. Il part aussitôt.

Juillet : après être passé à Rotterdam et à Anvers, il arrive enfin à Paris, le *5*.

Le *10*, mariage de sa fille Eugénie avec André-Toussaint Delarue.

1797

Janvier : création d'une commission chargée d'examiner les comptes de Beaumarchais dans l'affaire des fusils de Hollande.

Avril : le *30*, Beaumarchais et Marie-Thérèse se remarient; voir l'année 1794.

Mai : le *5*, reprise de *La Mère coupable* par les Comédiens-Français, au théâtre de la rue Feydeau. L'auteur est acclamé.

Au début du mois, les Beaumarchais qui logeaient dans un appartement modeste, 18, rue du Paradis-Poissonnière, se réinstallent dans leur grande maison dont le séquestre a été enfin levé.

Juin : le *14*, lettre au ministre de l'Intérieur, pour défendre de nouveau les droits des auteurs dramatiques.

Octobre : demande à Talleyrand d'un passeport pour l'Amérique, passeport qui n'est pas accordé.

1798

Janvier : la commission chargée en janvier 1797 d'examiner les comptes déclare Beaumarchais créancier de l'État. Il refuse le compromis et demande la création d'une autre commission qui, en avril, le déclare débiteur.

Mai : le *9*, mort de Julie, au domicile de son frère.

Juin : lettre au ministre des Finances.

Juillet : lettre de Mme de Beaumarchais à ce même ministre. La situation du couple est difficile.

Août : nouveaux débats de la commission, qui dureront jusqu'en janvier.

Cette année-là, Beaumarchais rédige plusieurs mémoires sur les sujets les plus divers et entretient une correspondance amoureuse avec Amélie Houret de La Marinaie.

1799

1er janvier : dans l'affaire des fusils de Hollande, Beaumarchais est de nouveau déclaré débiteur.

Février : mémoire envoyé à ce sujet au ministre des Finances.

Avril : publication des deux lettres sur Voltaire et Jésus-Christ dans le *Journal de Paris*[1].

Mai : le 7, lettre à Talleyrand pour le prier d'intercéder en sa faveur.

Dans la *nuit du 17 au 18 mai*, Beaumarchais meurt d'apoplexie pendant son sommeil.

1802

Un arrêté de la commission de comptabilité règle définitivement les comptes de l'affaire des fusils de Hollande.

Publication, sans nom d'auteur, d'une *Vie privée, politique, littéraire* de Beaumarchais.

1809

Publication par Gudin de La Brenellerie des *Œuvres complètes de Pierre-Augustin Caron de Beaumarchais*, en sept volumes.

1812

Réédition du livre paru en 1802, avec un nouveau titre : *Beaumarchaisiana*, et le nom de l'auteur, Cousin d'Avallon.

1816

Mort de Mme de Beaumarchais.

Première représentation, à Rome, du *Barbier de Séville* de Rossini. L'œuvre sera représentée pour la première fois à Paris en 1819.

1822

Transfert des restes de Beaumarchais au cimetière du Père-Lachaise.

1863

Achat des manuscrits de Londres pour la Comédie-Française.

1888

Publication tardive par M. Tourneux de l'*Histoire de Beaumarchais* de Gudin de La Brenellerie, écrite en 1809.

1897

Inauguration de la statue de Beaumarchais au carrefour des rues des Tournelles et Saint-Antoine.

1. Voir l'édition Gudin citée des œuvres complètes, t. VII, p. 131-137.

NOTE SUR LA PRÉSENTE ÉDITION

On trouvera dans cette édition deux sortes d'œuvres : d'une part, les œuvres dramatiques de Beaumarchais, éditées jadis dans cette collection sous le titre *Théâtre*; d'autre part, deux des nombreux mémoires rédigés par un homme que tout intéressait et qui a écrit sur les sujets les plus divers[1].

Les œuvres dramatiques sont faciles à classer. On peut aisément distinguer celles qui ont été créées sur des théâtres publics : Comédie-Française, Opéra, Théâtre du Marais, de celles qui ont été jouées dans des salons. Suivant l'ordre chronologique, nous donnons d'abord les secondes, que les éditeurs ont jusqu'ici réunies sous le titre commode de *Parades*; mais elles ne sont pas toutes des parades et nous avons préféré les grouper sous le titre beaucoup plus exact de *Théâtre de société*, cette expression désignant ce théâtre de salon ou de famille si florissant au XVIIIe siècle[2]. Aux textes déjà connus, nous sommes heureux d'ajouter deux œuvres jusqu'à ce jour inédites : une pièce en un acte[3], à partir d'un conte de Marmontel, *Laurette*, pièce que Lintilhac avait rapprochée — sans raison selon nous — du premier drame, *Eugénie*; et un livret d'opéra, *Samson*[4], adaptation d'un livret de Voltaire portant le même titre, dont la critique a souligné depuis peu l'intérêt.

Les éditions du XIXe siècle, dites des *Œuvres complètes*, ont rassemblé un certain nombre de mémoires, toujours les mêmes. Nous avons retenu deux ensembles, qui nous ont paru les plus beaux : les Mémoires contre Goëzman et les Mémoires sur l'affaire des fusils de Hollande. Les premiers sont les plus connus — moins,

1. Par exemple, sur un projet de pont sur la Seine, sur un projet de percement de l'isthme de Panama, sur le projet d'un autel de la Patrie pour la fête de la Fédération (voir Lintilhac, ouvr. cité, pièces justificatives nos 45, 47 et 49).

2. Ajoutons que c'est d'après les manuscrits conservés à la Comédie-Française, dans le premier volume des Papiers de Beaumarchais, que nous reproduisons la musique de deux des pièces réunies dans la section *Théâtre de société* de cette édition.

3. Voir p. 1121-1133.

4. Voir p. 1436-1450.

d'ailleurs, qu'ils ne le méritent — et leurs qualités de pensée et d'écriture ont été tout de suite admirées, notamment par Voltaire[1]; les seconds sont un témoignage précieux non seulement sur la vie de l'auteur lui-même, mais encore et surtout sur la Révolution.

On trouvera, entourant toutes ces œuvres et les éclairant, un certain nombre de documents — très souvent des lettres. Nous les avons placés soit à la suite de chaque Notice, soit après l'ensemble des textes, sous le titre *Appendices*.

Nous nous sommes efforcé de présenter aux lecteurs des textes sûrs et de lui en faciliter la lecture. Chaque œuvre posant des problèmes particuliers, on trouvera dans chaque Note sur le texte les justifications nécessaires. Nous nous sommes simplement permis, conformément aux principes de cette collection, de moderniser l'orthographe, ce qui nous a paru légitime à un double titre : d'abord parce que les œuvres ici rassemblées sont presque toutes écrites en prose, ensuite parce que Beaumarchais était un partisan résolu d'une orthographe « moderne[2] ». Seules faisaient difficulté les parades, où les mots, comme on sait, sont volontairement déformés; dans ce cas, et dans ce cas seulement, nous avons laissé au texte sa forme primitive, nous contentant de corriger un petit nombre de lapsus évidents. En ce qui concerne la ponctuation, les œuvres dramatiques ne posent guère de problèmes; il n'en est pas de même pour les Mémoires, où la phrase est souvent longue. Nous avons respecté autant que possible les usages du XVIIIe siècle, sauf dans les cas très rares où ils risquaient de déconcerter le lecteur.

La présentation des variantes est conforme au protocole de la Bibliothèque de la Pléiade[3]. Nous n'avons pas cru utile de relever la totalité des variantes de chaque œuvre. Notons cependant que pour *Le Barbier de Séville* et *Le Mariage de Figaro* elles sont plus importantes que pour les autres textes rassemblés dans ce volume. Les manuscrits, très remaniés, posent des problèmes redoutables de

1. Voir, dans sa *Correspondance*, le tome XI de l'édition de la Bibliothèque de la Pléiade, *passim*, et en particulier p. 617.

2. « Nos graves ettimologistes ne conservent aux mots leur ancienne et bizâre orthographe que pour avoir l'honneur d'en expliquer la racine. Mais, au fond, cela n'est d'aucune utilité et ne fait que retarder l'épurement des langues » (*Notes et réflexions*, éd. G. Bauer, Paris, Hachette, 1961, p. 114).

3. Le deux-points (:) indique, à l'intérieur d'une variante, le passage à une leçon provenant d'un nouvel état différent du texte.

L'insertion d'une barre oblique (/) marque le passage à la ligne.

L'abréviation *add.* signale un passage ajouté, la mention *biffé* un passage supprimé ou remplacé, l'abréviation *corr.* un passage qui résulte de corrections.

Lorsque les derniers mots communs au texte définitif et à l'état dont nous rendons compte sont placés beaucoup plus haut que le mot qui porte l'appel de variante, nous les situons ; ainsi, on a, par exemple, « Il est de ma compagnie. *[p. 426, 8 lignes en bas de page]* ».

Les passages rapportés du texte définitif sont reproduits intégralement lorsqu'ils sont très courts. Dans le cas contraire, ils sont désignés par les premiers et les derniers mots séparés par des points de suspension entre crochets : [...]. Ces points de suspension renvoient toujours au texte définitif : pour désigner un fragment identique à un passage précédemment relevé dans un autre état de la même variante mais différent du texte définitif, on note entre crochets les mots *comme dans* suivis du sigle de l'état précédemment rapporté : *[comme dans F]*.

Les passages rapportés des différents états du texte de Beaumarchais sont imprimés en caractères romains. Les sigles, abréviations et commentaires de l'éditeur le sont en caractères italiques.

transcription. Mais nous avons pensé que le lecteur serait intéressé par la genèse des deux chefs-d'œuvre, dont l'apparente facilité n'a été obtenue qu'au terme d'un travail acharné.

Les notes, comme toutes notes, ont pour but d'éclairer le texte, de le rendre *lisible* pour un lecteur moderne. Elles doivent donc être de tous ordres : biographiques, historiques, juridiques, etc. — En ce qui concerne les Mémoires, ceux-ci avaient toujours été publiés sans commentaire; nous avons essayé de résoudre toutes les difficultés, sans avoir la prétention d'y être toujours parvenu. On s'étonnera peut-être, d'autre part, du nombre de notes de lexicologie, même pour les textes les plus connus. Mais notre langue a beaucoup évolué depuis le XVIIIe siècle et, Beaumarchais étant volontiers néologue, son vocabulaire réserve bien des surprises. Nous avons voulu prémunir le lecteur contre un certain nombre d'erreurs trop souvent commises et lui permettre de donner à chaque terme sa juste valeur. De là, le recours aux dictionnaires de l'époque[1].

La note bibliographique placée en fin de volume ne vise pas à l'exhaustivité, mais s'efforce de définir l'état présent des recherches concernant Beaumarchais.

Nous avons ajouté une Liste des acteurs qui créèrent les différents rôles, et une Table alphabétique des textes contenus dans cette édition qui devrait, ainsi, pouvoir être utilisée commodément. Au moment où se termine notre travail, nous souhaitons que ce volume, malgré ses imperfections, puisse inciter le lecteur à poursuivre les recherches sur un homme pour lequel la postérité a été souvent injuste et sur une œuvre où il reste tant à découvrir.

1. Nous avons cité très fréquemment le *Dictionnaire de l'Académie française*, dont deux éditions, celle de 1762 et celle de 1798, encadrent l'œuvre de Beaumarchais. Nous avons fait suivre la définition d'un mot de la seule mention *Académie*, lorsque le mot se trouve ainsi défini dans les deux éditions ; nous avons ajouté à la mention *Académie* la date de l'édition (*1762* ou *1798*) quand la définition citée apparaît uniquement dans cette édition.

THÉÂTRE DE SOCIÉTÉ

COLIN ET COLETTE

Scène

ACTEURS[1]

THIBAUT.
COLIN.
MATHURINE.
COLETTE[2].

La scène est à la campagne.

SCÈNE PREMIÈRE

COLETTE, COLIN,
dans le fond du théâtre[3], cueillant des fleurs.

COLETTE : Colin, Colin ! où donc est-il ? Mais je le vois qui s'amuse à cueillir des fleurs. Sans doute qu'il me les destine. Ah ! que j'aurai de plaisir à les recevoir de sa main ! Mais que vois-je ? il prend lui-même la peine d'en former un bouquet, il le baise. Ah ! Colin, Colin, que je ressens bien vivement ces preuves naïves de ton amour !

COLIN, *accourant et cachant son bouquet* : Bonjour, Colette. Qu'avez-vous ? vous me paraissez émue.

COLETTE : Oh ! ce n'est rien ; mais qu'avez-vous vous-même ? Votre gaieté en ce jour surpasse celle de tous les autres jours.

COLIN : Je ne me suis jamais senti tant de joie.

COLETTE : M'aimeriez-vous plus que de coutume ?

COLIN : Oh ! cela n'est pas possible.

COLETTE *rit* : Ah! ah! ah!

COLIN : De quoi riez-vous, Colette?

COLETTE : De votre embarras.

COLIN : Eh! d'où naîtrait-il?

COLETTE : Allons, allons, cessez de vous contraindre, ce bouquet que vous cachez m'eﬆ sans doute deﬆiné, attendez-vous que je vous le prenne pour me l'offrir[a]?

COLIN : Que voulez-vous dire?

COLETTE : Allons, vous faites l'enfant?

COLIN : Je l'ignore.

COLETTE : Finissez donc, monsieur Colin! voulez-vous attendre que je ne sois plus d'humeur à l'accepter?

COLIN : Oui.

COLETTE : Et d'où vient?

COLIN : C'eﬆ qu'il n'eﬆ pas pour vous.

COLETTE : Qu'entends-je? quoi! ces fleurs que je vous ai vu cueillir avec tant d'attention, ce bouquet que vous avez pris plaisir à former, que je vous ai vu baiser avec joie...

COLIN : N'eﬆ pas pour vous.

COLETTE : Et c'eﬆ vous qui me le refusez!

COLIN : Oui.

COLETTE, *vivement* : Va, ingrat! ne te montre jamais devant mes yeux. Je vais fuir les endroits où je pourrais te rencontrer et j'abandonne à ma rivale tous les droits que j'avais sur ton cœur.

COLIN : Ah! Colette, arrêtez!

COLETTE : Non, je ne veux rien entendre.

COLIN : Ce n'eﬆ qu'un jeu...

COLETTE : Laisse-moi, perfide! tu ne jouiras pas longtemps de ton triomphe, et ta tendre Colette saura bientôt mettre fin à une vie qu'elle ne chérissait que pour toi.

SCÈNE II

COLETTE, COLIN, THIBAUT

THIBAUT : Eh morgué[1]! qu'avez-vous donc, mes enfants? Comme vous vous querellez! On dirait déjà que vous étiez mari et femme. Te voilà tout en larmes, Colette. Oh! ventregué! Monsieur Colin, ce n'eﬆ ni biau ni honnête, il faut avoir pû de complaisance pour le biau sexe.

COLIN : Eh ! mon oncle, ne me jugez pas sans m'entendre. Colette ignore...

COLETTE, *vivement* : Non, perfide, je n'ignore rien, et je ne suis que trop instruite...

THIBAUT, *à Colette* : Laisse-le parler, Colette...

COLETTE, *vivement* : Je ne saurais, j'étouffe.

THIBAUT : Tu auras ton tour...

COLETTE, *vivement* : Comment justifiera-t-il son procédé ?

THIBAUT : Nous allons voir...

COLETTE : L'ingrat ! sur le point de m'épouser !

THIBAUT, *à Colin* : Comment ! ceci est donc bien sérieux ?

COLIN : Me serait-il permis enfin de dire un mot ?

COLETTE, *vivement* : Que va-t-il dire ?

THIBAUT : Voyons.

COLETTE, *vivement* : Ah ! que les hommes sont fourbes !

COLIN : Souffrez...

COLETTE, *vivement* : Après tant de serments...

COLIN : Que je vous instruise...

COLETTE : De m'aimer toujours...

THIBAUT, *impatient* : Oh ! dame ! Colette ! si tu veux que je sache de quoi il s'agit, il faut du moins que tu te taises.

COLETTE : Comment ! vous n'êtes pas encore au fait ?

THIBAUT : Et le moyen ?...

COLETTE, *vivement* : Je vois bien que vous êtes de son parti.

THIBAUT : Mais...

COLETTE, *vivement* : Vous m'auriez rendu justice.

THIBAUT : Je...

COLETTE, *vivement* : Tout le monde me trahit.

THIBAUT, *vivement* : La peste m'étouffe si...

SCÈNE III

MATHURINE, SUSDITS ACTEURS

MATHURINE, *accourant* : Et à quoi vous amusez-vous donc là ? Tout le village est assemblé pour célébrer la fête du seigneur de ce château ; ils sont tous mis en rond pour convenir ce qu'ils feront pour le divertir : les uns préparons des feux d'artifices, d'autres voulons jouer des comédies ; le magister[1] qui a pu d'esprit compose des chansons, il a déjà déchiré plus d'une rame de papier, il dit qu'il n'est embarrassé que de la rime ; mais not' palfermier[2] Colas, qui n'entend ni rime ni raison, a dit qu'il voulait le mettre au fait. Qu'attendez-vous donc là, les bras croisés, tandis que tout le monde eſt occupé?

THIBAUT : Rendez-nous plus de juſtice; je nous sentons tous animés du même zèle, et si je ne nous diſtinguons pas, ce ne sera pas not' faute. Mais il s'agit d'un petit différend entre nos deux amoureux. Vous savez comme ils s'aimaient hier. Eh bien! ils ne peuvent pas se souffrir aujourd'hui.

MATHURINE : Eh! d'où vient?

THIBAUT : Colette va te l'expliquer.

COLETTE : Colin me refuse son bouquet!

MATHURINE : Ah! Colin, ce n'eſt pas honnête!

COLIN : Puis-je en faire un larcin au seigneur de ce château?

COLETTE, *tendrement* : Quoi! c'eſt à lui que vous le deſtiniez?...

COLIN, *sur le même ton* : Et quel autre que lui pourrait le dérober à Colette?...

COLETTE : Ah! Colin, que j'ai d'excuses à vous faire! Mais du moins m'en donnerez-vous la moitié? car je veux aussi lui présenter quelque chose.

COLIN : Belle Colette, comme nos deux cœurs n'en font qu'un, ce bouquet sera leur image. Et pour qu'il ait du plaisir à le recevoir, ce sera vous qui, pour nous deux, le lui présenterez.

THIBAUT : Et queux personnages ferons-nous donc, nous autres? J'avons pour lui le même cœur, pour que vous le sachiez, et je prétendons être tout de notre long couchés dans ce même bouquet.

MATHURINE : Oui, nous avons ça de commun avec tout le village.

COLIN : Nous y comptons bien.

THIBAUT : En çà, mes enfants, puisque nous voilà tous d'accord, allons nous préparer pour célébrer de notre mieux la fête du seigneur de ce château.

LES DÉPUTÉS DE LA HALLE ET DU GROS-CAILLOU[1]

Scène de poissardes[2] et de maîtres pêcheux

ACTEURS

LA MÈRE FANCHETTE.
LA MÈRE CHAPLU.
CADET HEUSTACHE.
JÉRÔME[3].

LA MÈRE FANCHETTE, *à Cadet Heustache qui veut entrer le premier* : Hé! mais vraiment, c'te pauvre p'tite bête[4], donnez-l'y à faire, il l'a ben gagné. Encore un coup, Cadet, j'te le dis, qu'tu n'entreras pas t'avant nous; et qu'la mère Fanchette qu'est moi, z'et la commère Chaplu que v'là n'auront z'en verté[5] d'Dieu pas fait six bonn' lieues[6] sans r'proche et n'seront pas vénues tout z'exprès d'la Halle pour qu'un fichu mareigner[7] d'eau douce comm'toi lieux passe d'sus l'corps d'vant la présence d'honnête compagnée[8]. Entends-tu, bouffi?

CADET : Si j't'entendons? Ah! que d'reste. Pardi, tu brailles assez fort pour ça, et on voit bin qu'tu comptes souper en ville, car t'as mis ta belle gueule; mais moi, j'te dis et j'te douze, c'est vingt-deux[9], que si tu viens d'la Halle avec ta marchandise, j'venons du Gros-Caillou avec la nôtre, c'est z'encore pus loin, et qu'en dépit d'la différence d'not' cévilité à l'endret du biau sesque[10], j'entrerons d'vant vous, et à votre barbe encore. Tiens, commère, fiche-toi bien dans la tête, une bonne fois pour tout, qu'jamais fille ni femme, fût-elle plus belle qu'la mère à Curpidon[11], n'a fait z'et ne fera jamais rester Cadet à la porte nulle part.

JÉRÔME : Ni Jérôme non plus, vante-t'en z'en et du bon vent. Va, tu as raison, Cadet, d'soutenir l'honneur de not' sec[1].

LA MÈRE FANCHETTE : Hé! j'nous fichons d'vote sec comme d'vote mouillé!

JÉRÔME, *lui prenant la main* : Mais sarpédié[2], la mère Fanchette, faut raisonner une fois la raison. Et...

LA MÈRE FANCHETTE, *le repoussant* : Nous magne[3] pas tant, hé! monsieur Jérôme! ça nous amollit.

CADET : Bon. Hé! d'queu chienne d'nature est donc ta piau[4]? nous, j'sommes tout au rebours; apparemment sans doute qu'c'est l'air du Gros-Caillou qui cause cela.

LA MÈRE FANCHETTE, *montrant son derrière* : Oui, tu baiseras là!... Mais tiens, Cadet[5], jasons bonnes gens à bonnes gens : n'veux-tu pas recomparager[6] vot' présent au nôtre, voyons; tandis que l'pus biau de vot' affaire n'est jamais qu'un méchant plat de barbillon! et qu'nous je v'nons offrir d'la marée fraîche, qui fleure comme baume, et la pus belle raie... mais la pus belle raie qu'main d'homme ait maniée depuis dix ans.

CADET : Va, va, en manière d'présentation d'présent, n'y a que l'cœur qui fait. Et l'un dans l'autre, la mère Fanchette, not'barbillon vaut ben vot'raie, toute bouclée qu'elle pisse être!

LA MÈRE CHAPLU : Mais quoi qu'ça t'fait, à toi, commère? Laisse-le z'entrer, pique c'est l'entêtement d'lieux obstination[7]. Au bout d'tout, n'suis-je t'y pas venu ensemblement à l'occasion du sujet d'la bonne fête de ce brave seigneur? Quoi qui pens'ra d'nous si j'allons nous chanter pouilles[8] d'vant li comme des gens d'la lie du peupe, au lieu d'li débargouiller[9] c'te belle z'arrangue qu'j'avons tant z'eu d'peine z'à ficher dans la çarvelle d'note tête?

JÉRÔME : Ah! sacrenom pas d'un chien, la mère Chaplu! Tiens, tu raisonnes comme une peinture! Et t'as pu d'esprit qu'un colombat[10] doré sur tranche.

LA MÈRE CHAPLU : C'est vrai, all' s'élève tout d'un coup de d'même qu'une soupe au lait. Et ne te souviens-tu pas de c'que te disait ta pauvre tante Saumon[11] : qu'une femme, au lieur de s'fâcher, avait toujours plus d'acquêt d'prendre les choses en douceur?

CADET : Alle avait raison, la bonne mère, et j'sons itou z'assez dans l'usage de c't'habitude-là, nous autres.

LA MÈRE FANCHETTE : Et Jésus! bonne Vierge! Madame,

d'la douceur à la façon d'ta manière, semble avis qu'tu ne serais venue z'ici qu'pour prendre leux parti[1], à ces hommes.

LA MÈRE CHAPLU : Qui, moi? Apprends, gueule d'empeigne[2], qu'la mère Chaplu n'a jamais rien pris à personne et qu'personne n'a jamais rien pris à la mère Chaplu qu'en tout bien z'et en tout honneur. Tout l'monde n'te r'semble pas, Dieu merci!

LA MÈRE FANCHETTE : Hé! mais, mon doux Sauveur! ne faites donc pas com'ça, madame Chaplu, dans l'état où qu'vous êtes j'appréhenderais qu'vous n'donniez une échauffaison à vot'lait ou qui n'vienne à s'répandre!

LA MÈRE CHAPLU : Trédamme[3], ça pourrait z'arriver pour ce qui est de quant à l'égard de nous, mais tu ne risques rien sus c't artique-là, toi, car ton laid[4] est tout répandu, et il y a longtemps qu'on n'voit qu'ça chez toi, depuis les pieds jusqu'à la tête, chérubin d'enfer.

LA MÈRE FANCHETTE : Hé! dis donc, Cadet, ne v'là ti pas t'encore une physiolomie bin relichée[5], pour s'ficher des autres?

LA MÈRE CHAPLU : Mieux r'lichée que toi et qu'toute ta race de Caïn, mine de Belzébuth! menton d'bouis[6], nez d'doguin, cul d'chignoles[7], tête de mort, visage sans viande!

LA MÈRE FANCHETTE : Voyez un peu c'te grosse dodue comme alle nous méprise. Est-ce à cause que tu as les tétons comme une affiche?

LA MÈRE CHAPLU : Oui, l'aze[8] te fiche!

LA MÈRE FANCHETTE, *faisant la révérence* : Grand marci, commère, c'est le fait d'une bonne chrétienne d'souhaiter aux autres c'qu'alle voudrait tenir. C'pendant tiens, ma Chaplu, t'es ben heureuse de m'prendre dans ma bonne lune, j'te l'dis, et si c'n'était l'respect d'la considérance[9] du respectable monde qui m'entend, j't'aurions putôt lâché un litron d'F.[10] par les oreilles et une bardée[11] de coups de poing sur la portraiture[12] qu'tu n'aurais r'gardé par où, oui!

JÉRÔME, *à la mère Fanchette* : Hé! fi donc, commère, est-ce qu'il est z'ici question d's'agir d'ça?

LA MÈRE FANCHETTE : Ôte-toi d'là, toi, ou j'te r'mouche[13].

LA MÈRE CHAPLU, *les mains sur les hanches* : Une bardée de coups de poing à la mère Chaplu? une bardée de coups de poing? Eh! mais viens-y donc, nymphe de la Salpêtrière[14], soubrette de la rue Fromenteau[15], blouque[16] d'oreille d'gibet, débiteuse d'maux d'aventure[17], viens-y donc, moule d'enfants trouvés!

LA MÈRE FANCHETTE : Moule d'enfants trouvés, hé bien! c'eſt signe d'une bonne marque : c'eſt que j'avons du mérite; mais toi, tu ne seras jamais qu'un moule à diables!

LA MÈRE CHAPLU : Qu'il t'emporte, le bon saint!

LA MÈRE FANCHETTE : Ah! t'as bin raison d'l'appeler saint, car il a souvent fait des miracles sur toi, sans ceux qui f'ra encore si tu n'es pendue bientôt...

LA MÈRE CHAPLU : Pendue, nous? hé! à cause d'pourquoi donc ça, sultane favorite du fameux peccata d'la barrière d'Sève[1]? Eſt-ce que je n'sommes pas honnête femme, voyons?

LA MÈRE FANCHETTE : Oh! c'eſt tout vu, tout vu c'eſt, n'y a qu'faire de mircloscope[2] pour ça, et tu r'sembles à une honnête femme comme ton nez à mon derrière. Mais dors tranquille, va, c'eſt que j'badinions et tu n'seras jamais pendue, car c'eſt toi qui pends les autres. On t'connaît pour ça à la Halle et partout, et on dit même que c'qu'il y a d'bon z'à toi, c'eſt que tu les s'coues bigrement, mais qu'tu n'les étrangles guère.

LA MÈRE CHAPLU, *en fureur* : Je ne les étranglons guère? je ne les étranglons guère? Ah! chienne d'écrevisse du quai Neuf[3], j't'allons montrer comme j'les étranglons, ou l'Diable nous arrache quatre de tes dents.

Comme on n'a pu les empêcher de se joindre, elles se décoiffent.

LA MÈRE FANCHETTE : Ah! gueuse, tu m'égratignes.

LA MÈRE CHAPLU : Ah! chienne, tu me mords.

On les sépare avec peine et elles se recoiffent.

CADET : Hé! Sarpédié, mesdames, v'là une nouvelle manière de présenter un bouquet.

JÉRÔME : Je n'croyons pas pourtant qu'vous en ameniez la mode, mais savez-vous bin qu'un autre que l'seigneur de ce château pourrait fort bin vous faire tout bellement sauter par la fenêtre, peur d'salir ses escaliers, et qu'vous l'y devez une fière excuse sur la contenance du procédé de vos façons?

LA MÈRE FANCHETTE : T'as raison, Jérôme, et j'li f'sons d'bon cœur et à toute la compagnie qui voudra p't-être bin nous pardonner c'te p'tite diſtraction.

LA MÈRE CHAPLU : J'avons d'autant plus lieu d'compter sus c't'espérance qu'ces messieurs et ces dames sont à même de savoir aussi bin qu'nous qu'il n'y a rien dans le monde d'si chatouilleux qu'l'honneur.

Mais tiens, Cadet, pour revenir à ce bieau compliment qu'j'avions envoyé faire faire sous les charniers[1], n'v'là ti pas qu'la conteſtation d'not'dispute nous l'a fait z'oublier net comme un torchon?

CADET : J'som'étonné d'ça, car de ta nature t'es t'accoutumée z'à bien retenir, toi. Mais ça n'fait zaguères : au manquement d'vot' défaut, j'allons faire pour les deux bandes, et dire au bourgeois[2], sans tant chercher midi à quatorze heures, que... sus l'bruit... et pardié, oui, sus l'bruit... d'la... réputation... du... bon cœur... d'sa renommée qu'j'avons sans vanité répandu partout à pleines mains, du d'puis l'jour d'la petite loterie, dont duquel j'ons t'eu l'honneur que d'tirer d'vant lui, l'an passé; si bin donc... enfin... que... sans vous interrompre pour r'venir à... ah! oui... à notre compliment. C'qu'il y a d'bon à moi, c'eſt que jamais je m'embrouille. J'ly dirons donc qu'sus c'bruit-là, après avoir bu l'rogomme[3] à sa santé, j'sons parti drès l'matin en manière de dépitation, roides comme barres, vous d'la Halle avec votre raie, six soles et douze merlans, et nous du Gros-Caillou z'avec deux belles carpes laitées, six tanches, quatres anguilles et quinze barbillons, que j'ons r'monté à tou not' bachot[4] jusqu'ici pour l'y apporter tout ça en guise d'une façon de bouquet, et qu's'i le reçoit d'aussi bonne amiqué[5] que j'ly offrons, j'n'aurons en verté d'Dieu pas r'gret au chemin ni à la coûtance!

JÉRÔME : À cela j'ajouterons t'une petite chansonnette d'la décomposition du cousin Bel-Humeur :

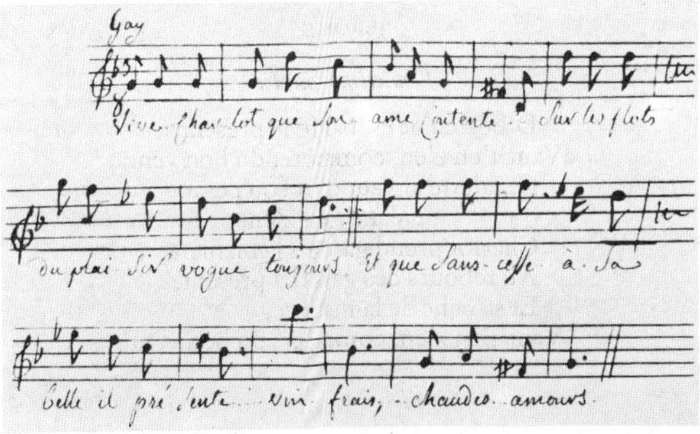

LA MÈRE FANCHETTE, *même air.*

Tendre maman, d'aise votre cœur nage;
Dans ce cher fieux[1], vous vous mirez toujours.
Il vous faillit[2] pour un si bon ouvrage
Vin frais, chaudes amours.

LA MÈRE CHAPLU

JÉRÔME

Deuxième couplet

D'bon cœur eſt baillé le présent,
Vant't'en z'en, commère, du bon vent.
Ça fait qu'il vaut d'or son pesant
Vant't'en z'en.
Charlot prend garde à la manière,
Au rebours des gars d'à présent,
Et se fiche de la matière,
Vant't'en z'en, commère, du bon vent.

LA MÈRE FANCHETTE, *à Cadet.*

Troisième couplet

Sons-je ti bons amis t’à présent?
Vant’t’en z’en, compère, du bon vent.

LA MÈRE FANCHETTE, *l’embrassant.*

Je t’aime comme mon enfant
Vant’t’en z’en.

À la symphonie :

Messieurs, lâchez quelques notes,
Puisque j’avons l’esprit content :
Faut remuer le pot z’aux crottes.

CADET

Vant’t’en z’en, mais non pas d’un bon vent.

CADET, *montrant sa jambe.*

Quatrième couplet

Drès que l’guibon[1] z’est impotent,
Vant’t’en z’en, commère, du bon vent,
L’entrechat n’est pas bin brillant.
Vant’t’en z’en.
Grand marci de la préférence,
Tu n’trouverais ça brin plaisant,
Si j’t’allions rater la cadence.

Ensemble :

Vant’t’en z’en, compère / commère, du bon vent.

CADET : Aussi, comme dit c’t’autre, aimons-je t’y mieux nous enfuir que nous exposer à faire une lâcheté[2]. Et j’allons tout de c’pas remettre not’présent à monsieur l’maître, car j’comptons bin, not’ bourgeois, qu’c’est vous qui fournira la sauce, dà.

LES BOTTES DE SEPT LIEUES[1]

Parade en un acte

NOMS DES ACTEURS

CASSANDRE, *père d'Isabelle.*
ISABELLE, *fille de Cassandre, amoureuse de Léandre.*
LÉANDRE, *amant d'Isabelle.*
GILLES, *valet de Cassandre.*
ARLEQUIN, *valet de Léandre*[2].

La scène est proche de Montfaucon,
vis-à-vis la maison de M. Cassandre.

ANNONCES[3]

ARLEQUIN et GILLES, *sortant de deux coulisses opposées, crient ensemble* : Les bottes de sept lieues, messieurs, mesdames, les bottes de sept lieues! allons vite, z'il n'y a pas de temps t'à perdre et nous vont commencer drès toute à cte heure[4].

GILLES : C'est z'icy que l'on voit cette fameuse paire de fées, ces fameuses bottes du fameux Petit Poucet, que la fameuse histoire, composée par ce fameux Monsieur Perrault, z'a rendues si fameuses dans tout le fameux univers du monde entier, par la fameuse et unique vertu z'ent'autres de s'agrandir et s'apetisser suivant la jambe plus ou moins fameuse de celui qui les chausse[5]. Vertu malheureusement z'inconnue, messieurs, de toutes les plus fameuses fées passées, présentes et à venir.

ARLEQUIN : Le titre z'est d'une singulière singularité, messieurs et dames, mais la chose l'est z'encore davantage. Aussi n'allez pas, suivant la mode, jugeant de l'homme par l'habit z'et de la pièce par l'étriquette du sac[1], prendre note parade pour quelqu'à propos de bottes[2]. C'est du tâtez-y[3], messieurs, c'est du tâtez-y. Ne vous amusez point plus longtemps avec ces dames; prenez vos billets et entrez dedans.

GILLES : Vous allez voir paraître, messieurs, mesdames, cette fameuse Isabelle sans pareille, cette actrice tinimitable qui joue la comédie comme ceux qui l'ont z'inventée z'en personnes naturelles.

ARLEQUIN : D'autres que nous, messieurs, vous crieraient z'à tue-tête que tous les princes et seigneurs d'Allemagne, d'Italie, de Danemark, d'Espagne, d'Angleterre, de Russie, de Maroc, d'Hollande, d'Égypte, de Portugal, de la Chine et de la Cochinchine l'ont vue z'et revue, mais nous ne sont pas de ces charlatans, messieurs, et de ces aboyeux de foire qui ont besoin de parer leur marchandise, t'et nous pouvons nous vanter sans risque que chez notre Zisabelle la viande prie les gens[4].

GILLES : Nous conviendrons t'à la vérité, messieurs, que cette z'incomparable Zirsabelle, t'avant que de venir z'en France, a été z'effectivement en Perse[5], z'en Suède t'et même z'en Bavière. Mais là comme z'ici elle ne s'est exercée que dans des sociétés particulières[6], et n'a jamais mis le pied sur z'aucun thiâte public, non, messieurs, t'et personne, mort z'ou vif, ne peut se vanter de l'y avoir vu mettre, ni à Paris ni en province, ni dans les pays étrangers tant deçà que delà les mers.

SCÈNE PREMIÈRE

ISABELLE, *seule.*

Je souhaite de tout mon cœur que mon ch'père[7] z'ait ses affaires t'en aussi bon état qu'il veut nous le faire z'accroire; mais en tout cas t'il faut qu'elles le tracassent furieusement pour l'avoir t'obligé de sortir de si bon matin z'avec notre valet Gilles.

Les bonnes gens, me croyant z'apparemment dans un profond sommeil, ne m'ont point z'enfermée t'à l'ordinaire. Vous voirez[8] qu'ils l'ont z'oublié ou qu'ils n'ont jamais su que fille à mon âge z'a toujours

Elle chante ce vers :

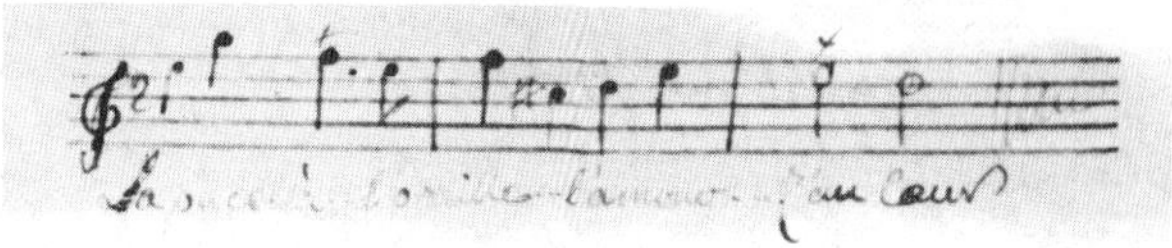

Hélas! t'à propos de cela, feu ma ch'mère disait z'avec grande raison qu'une fille, t'avant d'être pourvue par mariage, z'était z'exposée à avaler bien des couleuves. Pauve z'Isabelle! t'il me paraît que l'amour ne te promet pas toujours poires molles[1]. En effet je ne sais ce qu'il me garde z'encore, mais ce maudit z'enfant se fit[2] tellement z'à cogner z'à ma porte et le fait z'avec tant d'opiniâtreté z'en faveur du beau Liandre, notre voisin, que je n'ai pu z'à la fin l'empêcher d'entrer dedans.

Non, je ne me comprends pas moi-même, car z'enfin t'après m'avoir vue z'attraper quatre fois, à dix-sept ans que j'ai, par ces vilains garçons, comment puis-je t'au jour d'aujourd'hui m'exposer de nouveau t'au risque d'une cinquième aventure? Eh! pourquoi me plonger d'avance dans l'affliction d'une tristesse douteuse et incertaine? Résistons tant que nous pourrons, t'à la bonne heure! mais quand nous sommes t'aussi z'une fois t'obligés de céder z'à la force, faisons-le de bonne grâce, oui, et c'est, je crois, ce dernier parti qu'il me faut prendre. Z'au bout du compte, qu'ai-je z'à me reprocher? Ce cher Liandre, d'un côté, tarabustait terriblement ma vertu depuis quelques jours t'en çà[3], et de l'autre, M. Cassandre, mon père, dont Dieu veuille avoir l'âme s'il venait z'à dégeler[4], me tenait z'et me tient encore dans la contrainte d'une gêne si gênante, surtout depuis la mort de ma ch'mère, qu'il ne veut pas tant seulement[5] laisser entrer cheux nous la queue d'un homme; tellement que je serais réduite à n'en point voir si, drès que lui z'et Gilles sont z'endormis, je n'avais soin de me saisir des clefs et de me rendre z'ici toutes les nuits pour m'entretenir z'un brin z'avec mon cher Liandre.

Mais malgré le plaisir que nous trouvons t'à le faire z'ensemble, je sens que cela prend trop sur mon repos t'et que la force de mon tempérament succomberait z'à la fin t'à une telle fatigue; une fille n'est pas de fer. Z'une fois aussi ai-je résolu pour afin de[6] me tirer de l'esclavage d'une telle captivité, z'et je veux converser sur cela t'avec mon cher z'amant. Mais le voici fort z'à propos, et z'on a bien raison de dire que quand on parle du loup, t'on en voit la queue.

SCÈNE II

ISABELLE, LÉANDRE, ARLEQUIN

ARLEQUIN : Malepeste! monsieur, comme ces jeunes filles sont matineuses quand l'amour leur trotte dans la tête! À peine z'est-il sept heures et voilà déjà mamzelle z'Isabelle t'aux champs, elle qui, suivant le droit de bourgeoisie[1], n'a coutume de se lever qu'à onze.

LÉANDRE : Laisse-nous t'ensemble z'et fais le guet pendant ce temps, t'à crainte de surprise.

ARLEQUIN : Ah! rapportez-vous-en z'à moi; vous savez bien, monsieur, que ce n'est pas la première fois qu'Arlequin z'a eu l'honneur d'exercer l'office de garde-manteau[2].

Il sort.

SCÈNE III

ISABELLE, LÉANDRE

LÉANDRE : J'ai z'été z'averti, ma toute belle, par mon valet z'Arlequin, que votre vieux bourru de père z'était z'allé t'à Paris suivi de Gilles, et comme la tendresse de mon amour s'est fait z'une loi de saisir t'avec vous toutes les occasions t'aux cheveux, je profite z'avec la satisfaction du plus grand plaisir de cette favorable absence pour vous entretenir un moment de la vive flamme du feu de ma brillante ardeur.

ISABELLE : Ah! cher z'amant, je ne sais là où qu'vous allez pêcher tout ce que vous me dites, mais vous avez des manières d'expressions qui s'expriment z'autrement que tout le monde.

LÉANDRE : C'est que vos yeux, ma divine, ne sont pas faits comme les ceux des autres et, suivant le l'art militaire que j'ai si longtemps t'étudié z'en qualité de milicien[3], selon la place on dresse les batteries.

ISABELLE : Que cela z'est galant!

LÉANDRE : Hé parbleu! comme dit l'autre, suivant les gens l'encens, et il serait ridicule de faire les préparatifs du Port-Mahon[4] pour assiéger Bicêtre[5]; mais à propos de Bicêtre, savez-vous bien que j'aimerais quasi presqu'autant me voir z'englouti dans la profondeur de l'abîme du plus affreux galbanum[1] que de vivre dans la contrainte z'où votre benêt de père vous tient?

ISABELLE : Il eſt véritablement vrai de dire que le sort de ma deſtinée t'eſt ben z'à plaindre, mais z'où la bête, cher z'amant, z'eſt attachée, z'il faut qu'elle broute. Z'et que faire?

LÉANDRE : Comment! que faire? Ce que font tous les autres t'en pareil cas, t'et ce que je vous ai déjà proposé tant de fois, parbleu! Mamselle. Puisque M. Cassandre ne veut point consentir à l'hyménée de notre mariage, laissez-vous t'enlever.

ISABELLE : Me laisser z'enlever! Ah! cher z'amant, je sais que vous m'avez assez mis le feu sous le ventre[2] z'à ce sujet, mais tenez, il me siérait mal de faire la petite bouche[3] z'avec vous; t'aussi vous avouerai-je naturellement que ce n'eſt pas tant la chose que la manière qui m'effraie. Z'une fille bien élevée comme moi, et qui sans trop de prévatisation[4] passe t'avec juſtice pour la plus vertueuse des environs de Montfaucon, d'où qu'nous sommes nés natifs moi z'et vous, ne doit-elle pas s'observer plus qu'une autre?

LÉANDRE : J'en conviens, mon aimable z'Isabelle; mais notre mariage réparerait la brèche que pourrait z'avoir...

ISABELLE : Ah! pardine! vous ne m'en coulez pas mal[5], z'et voilà t'en effet z'une belle chose que le mariage pour réparer le tort fait à l'honneur des filles! Z'encore une fois, cher Liandre, je vous le répète, les coups que j'appréhende le plus de recevoir du public, sont les ceux de la langue; je me moque du reſte. Arrangez-vous là-dessus. Partant que[6] mon pauvre honneur soit z'à couvert, je n'en demande pas davantage; et si vous trouviez quelque comment[7] pour qu'il ne parût pas que j'y consentisse, je veux que trente mille diables me tordent le cou si je ne me laissais t'enlever par vous, toute brandie[8], vingt fois pour une.

LÉANDRE : Ah! ma délicieuse, si nous ne sommes plus t'en dispute que sur la manière, sous vingt-quatre heures vous êtes t'à moi crins, queue z'et oreilles. Comptez qu'une façon ne m'a jamais t'effrayé, et qu'aidé de l'intelligence d'Arlequin j'enlèverais la sultane favorite du Grand Monomotapa[9] z'à la barbe de tous les Conſtantinopolitains et de leurs janissaires!

SCÈNE IV

ISABELLE, LÉANDRE, ARLEQUIN

ARLEQUIN, *tout essoufflé* : Gare les bœufs, monsieur ! le daron[1] z'est au bout de la ruelle, et Gilles le suit, chargé comme une bourrique, mamselle.

ISABELLE, *d'un air tendre* : Retirez-vous, cher z'amant.

LÉANDRE, *lui baisant la main* : Ah ! charmante z'Isabelle, quand ne me tienderez-vous plus t'un si cruel discours ?

Elle rentre.

SCÈNE V

LÉANDRE, ARLEQUIN

ARLEQUIN : De mon métier, je ne suis guère t'homme à m'embarrasser des affaires des autres, t'à moins que je ne croie z'y trouver mon profit, ceci soit dit sans vous déplaire, mon cher maître. Cependant, je serais fort curieux de savoir ce que ce benêt de Gilles porte avec tant de peine et qui semble rendre le bonhomme Cassandre si gai... Mais les voici ! Cachons-nous t'et z'écoutons. Peut-être quelque mot de leur conversation nous mettra-t-il z'au fait.

SCÈNE VI

LÉANDRE, ARLEQUIN, *cachés* ; CASSANDRE,
GILLES, *chargé d'une valise qui paraît très lourde.*

CASSANDRE, *s'arrêtant tout court* : Gilles ?

GILLES : Monsieur !

CASSANDRE : Mets bas.

GILLES : Comment, que je mette bas ? Et pour qui me prenez-vous donc ? Est-ce que j'ai la mine d'une jument poulinière ou de quelques autres semblables bêtes, monsieur Cassandre ?

CASSANDRE : Eh ! non, je veux tant seulement te dire que tu

te débarrasses de cette valise, t'afin que je pusse[1] causer t'ici sans témoin z'avec toi t'avant que de rentrer z'au logis.

GILLES, *mettant la valise à terre* : Je n'approuve point du tout cette causerie-là, moi, parce que votre chienne de valise t'est si lourde que j'ai grandement besoin de boire z'un coup.

CASSANDRE : Va, va, cela ne tardera pas, et je serai court.

GILLES : Ah! la chose ne vous sera pas difficile, monsieur, mais tant mieux, voilà ce que j'aime, moi, et je ne suis point de l'avis de feu Mme Cassandre qui ne cessait de vous chicaner là-dessus.

CASSANDRE : Eh! mon pauvre Gilles, laissons les morts t'en paix.

GILLES : Oh! père Cassandre, n'ayez point peur, je n'irai point lui souffler au derrière pour la faire revenir. Gilles vous aime trop pour cela.

CASSANDRE : Je n'ignore pas ton attachement pour moi, aussi vais-je te donner...

GILLES, *tendant la main* : Ah! monsieur...

CASSANDRE, *continuant* : ... une preuve de ma confiance.

GILLES : C'est dommage que vous n'ayez été fille, monsieur.

CASSANDRE : Pourquoi cela?

GILLES : C'est qu'il ne vous en aurait pas coûté grand déboursé pour faire venir l'eau à la bouche au monde... Mais revenons à nos flûtes[2].

CASSANDRE : Cette valise que tu trouves si pesante doit l'être z'en effet, puisque, outre quelques nippes, elle renferme vingt mille écus qui m'appartiennent.

GILLES : Vingt mille écus, monsieur Cassandre! Eh! mais, sans trop de curiosité, est-ce que vous auriez volé un coche?...

CASSANDRE : Ces vingt mille écus proviennent de la succession de feu mon cousin M. Gobillard le vuidangeux[3], dont je suis l'unique héritier.

GILLES : Diantre! je n'aurais jamais cru qu'il fît si bon à fourrer son nez dans ce commerce-là.

CASSANDRE : Comme l'argent mort ne rapporte rien[4]...

GILLES : On voit bien, sur votre respect, père Cassandre, que le grand âge vous fait radoter. Qu'appelez-vous de l'argent mort? Est-ce que vous avez jamais vu trépasser un écu?

CASSANDRE : Que tu as l'esprit bouché, mon pauvre Gilles! Par de l'argent mort, z'on entend, comme je viens de te le dire, un fonds qui ne rapporte rien. Or, z'afin de ne point tomber dans cet inconvénient, je vais partir pour Coulommiers z'avec un confiseur de la rue des Lombards[1] que le mauvais état de ses affaires t'oblige z'à vendre t'une maison qu'il a dans ce lieu.

GILLES : Mordié ! père Cassandre, c'eſt se goburger[2] de moi tout à fait que de vouloir me faire z'accroire que dans une ville comme Paris, où l'on ne parle que de sentiment z'et de goût, z'un confiturier se ruine tandis qu'un vidangeux s'enrichit. Oh ! cela choque le bon sens, et à bien prendre le tout...

CASSANDRE : Malgré tes réflexions t'à contretemps, cela z'eſt pas moins vrai. Or, pendant mon voyage, je te laisse [le soin[a]] de ce précieux trésor t'et de ma fille z'Isabelle, te recommandant surtout de ne point lui laisser parler z'à ce grand z'escogriffe de Liandre, qui nonobſtant mes défenses ne laisse pas de rôder perpétuellement z'autour de cheux nous.

GILLES : Vous avez raison, monsieur, chat z'échaudé craint l'eau froide. Et d'ailleurs je soupçonne ce vivant-là[3] d'être z'assez de votre goût et d'aimer surtout z'en manière de fille les fonds qui rapportent. Mais laissez-moi faire, Gilles n'eſt pas t'un sot, père Cassandre ; bien fin qui l'attraperait z'et vous pouvez battre aux routes[4] quand il vous plaira.

CASSANDRE : Le voyage ne sera pas long.

GILLES : Oh ! quand vous seriez cent z'ans z'et un jour, tenez, cela me serait z'égal ; je réponds de tous vos fonds et si les filles, comme l'on le dit, ressemblent z'au salpêtre, la vôtre, monsieur, court risque de péter rudement pendant votre absence, car j'aurai soin de tenir la vôtre fièrement z'enfermée et cette clef ne sortira pas de ma boutonnière.

CASSANDRE : Cela z'eſt fort bien t'imaginé, mon cher Gilles.

Ils portent la valise à eux deux et rentrent.

ARLEQUIN : Parbleu ! mon cher maître, ce serait une bonne capture t'à faire : vingt mille écus t'et une jolie fille qui vous aime.

LÉANDRE : Z'il eſt vrai que mamselle z'Isabelle m'aime et que je n'en saurais douter z'après les preuves non z'équivoques que j'en reçois tous les jours ; t'et surtout depuis la permission qu'elle vient z'enfin de me donner de l'enlever. Mais comment venir z'à bout de cet animal de Gilles ? Tu as entendu comme M. Cassandre lui a défendu de me laisser parler z'à sa fille?

ARLEQUIN : Oh! z'il y a bien des choses dans le monde dont z'au premier coup d'œil l'entrée paraît diablement difficile, et qui, en les approfondissant un peu, prouvent tout le contraire. Je ne me rebute point z'aisément, moi, z'et l'occurrence de ce voyage me fait z'espérer de trouver z'après quelques réflexions le moyen d'escamoter la fille et les vingt mille écus.

LÉANDRE : Ah! quant à l'argent, ce n'est pas ce qui me tente, z'et quoique feu mon bonhomme de père ne fût qu'un marchand de peaux de lapins, ce que j'ai devant moi suffit pour rendre z'Isabelle z'heureuse t'et moi aussi.

ARLEQUIN : Ah! ce que vous avez devant vous peut z'être beau et bon, mais vingt mille écus joints t'à cela ne troubleraient pas, je crois, la paix du ménage. Ce désintéressement mal placé me démonte, et à vous entendre parler, les petits enfants vous prendraient pour un de ces vilains ogres qui n'aimaient que la chair fraîche. Mais...

Il se frotte le front comme un homme qui réfléchit, puis il se met à rire.

LÉANDRE: Qu'as-tu donc z'à rire de cette force?

ARLEQUIN, *riant toujours* : Partons vite, mon cher maître, cette idée m'en fait venir z'une autre, qui, toute singulière qu'elle paraisse, pourrait fort bien nous réussir.

Ils sortent.

SCÈNE VII

CASSANDRE, ISABELLE, GILLES, *avec une clef à sa boutonnière.*

CASSANDRE : Encore z'une fois, ma fille, je vous défends de parler z'à Léandre. Cet homme ne me convient z'en aucune façon et j'ai mes raisons pour ne point z'aimer ces lorgneux de filles.

ISABELLE : Mais queu mal y a-t-il donc à cela? Z'un évêque regarde bien z'un chien[1], mon ch'père.

CASSANDRE : Oh! il regarde ce qu'il regarde et moi je défends ce que je défends et veux t'être z'obéi. Je vous le répète, mamselle, je n'aime point les gogueluréaux[2] qui, du matin z'au soir, guettant z'une fille comme le chat fait la souris, ne font sans cesse que tourner autour du pot avec elle.

ISABELLE : Ah ! ni moi non plus, t'assurément, mais, Dieu merci, Liandre n'agit pas d'même t'envers mon endroit, et si vous connaissiez comme moi, mon ch'père, la droiture de ses intentions...

CASSANDRE : Oh ! morbleu, il n'y a droiture qui y tienne et je vous ordonne absolument de l'éviter.

ISABELLE : Moi, mon ch'père, oh ! je n'aurai jamais ce cœur-là.

CASSANDRE : Nous le verrons... Gilles !

GILLES : Monsieur ?

CASSANDRE : Songe que tu me répondras de sa conduite.

GILLES : La commission z'est chatouilleuse, mais cette clef vous en répondra mieux que moi.

Cassandre sort.

SCÈNE VIII

ISABELLE, GILLES

GILLES : Allons, mamselle, rentrez.

ISABELLE : Oui, traître, je rentre. *(À part.)* Mais si mon cher z'amant me tient ce qu'il m'a promis, ce ne sera pas pour longtemps, et z'on appelle cela reculer pour mieux sauter.

SCÈNE IX

GILLES, *seul.*

On n'a, ma foi, pas tort d'avoir raison de dire que la fortune z'est ben capricieuse ; aussi est-ce une fumelle[1] et, comme dit l'autre, de d'même que le froid z'arrive toujours t'au plus mal vêtu, l'eau va aussi sans cesse t'à la rivière. En effet, demandez-moi z'un peu si ce vieux fou de Cassandre, bon écarrisseux[2] de Montfaucon et déjà riche, avait besoin d'avoir z'affaire de la succession du père Gobillard, tandis que moi, pauvre Gilles, verrais tous les gadouards[3] t'et les écorcheux de Paris tortiller de l'œil[4] sans hériter tant seulement d'un misérable tonneau de merde ni de la peau d'un chien mort.

SCÈNE X

LÉANDRE, ARLEQUIN, *déguisés*, GILLES

ARLEQUIN, *portant une paire de bottes sur les épaules* : Voici notre homme.

LÉANDRE : Non, mon cher z'Arlequin, t'il est impossible que Gilles nous reconnaisse t'au travers du déguisement d'une telle métamorphose.

ARLEQUIN : Oh ! parbleu, je lui en défie ; à peine puis-je me reconnaître moi-même.

GILLES : À qui en veulent ces originaux ?

ARLEQUIN : Si vous me secondez comme il faut, je vous proteste qu'avant qu'il soit peu je vous rendrai maître de la clef et de la serrure.

GILLES : Cela fait deux minois[1] qui ne me reviennent point du tout.

ARLEQUIN : Il nous écoute, z'entrons t'en matière sans faire semblant de le voir. *(Haut à Léandre.)* Oui, seigneur, vous avez bien, très bien fait, fort bien fait z'encore de refuser les cent mille écus que le Grand Mogol vous offrit hier au soir de cette paire de bottes.

GILLES : Refuser cent mille écus d'une paire de bottes !

ARLEQUIN, *baisant les bottes* : Ah ! chères bottes, bottes de mon âme, si j'étais possesseur d'un semblable trésor, je ne le troquerais pas contre tout l'empire de la Mésopotamie !

LÉANDRE : Si j'ai t'eu raison de lui faire ce refus, j'ai z'agi encore avec la sagesse d'une plus grande prudence z'en profitant de la vertu z'attachée z'à ces divines bottes pour m'éloigner promptement des États de ce vilain z'empereur qui ne parlait pas moins, comme tu le sais, de me faire z'empaler sur-le-champ comme un poulet d'Inde[2].

ARLEQUIN : Vraiment oui, il n'en allait que de là, et je n'en aurais pas été quitte z'à meilleur marché. Voyez-vous, il faut que ces méchantes gens-là n'aiment guère le christianisme ! Encore passe si, en vous privant de vos bottes, l'on vous eût dédommagé d'une telle perte par quelque place de Bacha à trois queues[3], par exemple, ou d'eunuque blanc : cela z'est, dit-on, fort z'honnête et très lucratif ; mais... qu'avez-vous, seigneur ? vous me paraissez dans l'embarras de quelques inquiétudes ?

LÉANDRE, *fouillant dans ses poches* : Oui… c'est z'une lettre que je me suis t'engagé de remettre ce soir t'à un banquier de Paris, et je l'ai oubliée ce matin z'à Rome sur la cheminée du signor Fourbini, qui m'avait chargé de cette commission.

GILLES : Il l'a oubliée ce matin à Rome ! Ah ! ah ah ah ! Si cet homme-là n'est pas fou, il m'a l'air de n'être guère à jeun.

LÉANDRE : Donne-moi mes bottes que j'aille chercher cette lettre tout à l'heure, et reste t'ici z'à m'attendre.

ARLEQUIN : Vous ne tarderez donc pas, seigneur ?

LÉANDRE : Non, je ne ferai que le chemin z'et c'est l'affaire d'une centaine d'enjambées.

Il sort.

SCÈNE XI

ARLEQUIN, GILLES

ARLEQUIN *tire une petite râpe avec un bout de tabac et dit* : Si c'eût z'été moi qui eût z'oublié cette lettre, j'aurais t'été un sot, z'un faquin, z'une bête, z'un étourdi, z'un butor z'et le reste, mais comme mon maître z'a fait la faute, c'est z'une peccadille qui ne vaut pas la peine d'en parler.

Il râpe en chantant le couplet suivant :

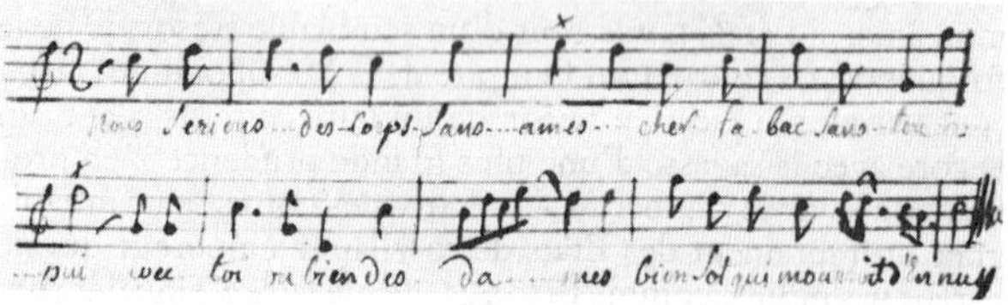

Il fait différents lazzi[1] *en mettant du tabac dans sa main.*

GILLES : Cet homme me paraît jovial et j'ai z'envie de l'aborder pour lui tirer z'un brin les vers du nez.

ARLEQUIN, *lui présentant du tabac* : Monsieur en prend-il ?

GILLES : Non, monsieur, mais j'en use quelquefois quand il est bon.

ARLEQUIN : Oh ! cela z'étant, vous pouvez t'essayer du mien z'en toute sûreté : l'empereur de la Chine n'en renifle point d'autres, z'et je tiens celui-ci de son porte-coton[1] qui, lundi dernier, m'en fit présent de deux livres t'à Pékin.

GILLES : À Pékin ! mais, monsieur, z'il me semble que je me suis laissé dire comme ça qu'il y a bien loin d'ici à Pékin ?

ARLEQUIN : Oh non ! z'il peut z'y avoir quelque cinq ou six mille lieues, tout au plus.

GILLES : Comment, jarnombille[2] ! vous appelez cela rien ?

ARLEQUIN : Je ne dis pas que ce ne soit z'un chemin t'assez considérable pour vous t'et bien d'autres, mais pour mon maître z'et moi, c'eſt une misère.

GILLES : Hé ! mais vous avez donc quelque diable, monsieur, qui vous sert de voiture ?

ARLEQUIN : Fi donc ! Eſt-ce que vous prenez le diable pour un crocheteur[3] ? Apprenez que nous n'allons jamais qu'à pied, et c'eſt ce qui fait que nous allons si vite.

GILLES : Vous vous êtes donc fait dérater[4] ?

ARLEQUIN : Point du tout. Comme vous ne paraissez pas t'avoir z'eu de l'éducation, z'il n'eſt pas que vous n'ayez lu z'ou entendu dire qu'il y avait z'une fois t'un bûcheron z'et z'une bûcheronne qui avaient sept garçons dont le dernier z'étant venu au monde pas plus gros que cela *(il montre son pouce)* fut appelé le Petit...

[GILLES : ... Poucet[5] !]

ARLEQUIN : Juſtement[a].

GILLES : Ben, je sais cette hiſtoire sur le bout de mon doigt, et j'ai z'été bercé avec cela.

ARLEQUIN : Eh ! bien, le Petit Poucet, puisque Petit Poucet il y a, sut si bien se pousser qu'en... se poussant, Petit Poucet... fit pousser d'autres petits Poucets, qui en firent pousser d'autres t'aussi... d'où d'autres sortirent z'encore, tellement que, de petits Poucets en petits Poucets, la fameuse paire de bottes de sept lieues t'a passé jusqu'à mon maître, qui eſt le dernier de la race des Poucets.

GILLES : Eſt-il possible ?

ARLEQUIN : Cela eſt z'aussi vrai comme vous êtes t'un homme d'esprit.

GILLES, *faisant une grande révérence en se carrant* : Ah ! monsieur !

ARLEQUIN : Or, ces bottes t'ont z'encore z'une vertu dont l'hiſtoire ne fait pas mention : c'eſt que le valet de celui qui les porte fait z'autant de chemin que lui sans être botté, quand ils voyagent z'ensemble s'entend. Aussi ai-je fait z'au moins sept ou huit cents fois le tour du monde depuis quatre ans que pour m'attacher z'à ce maître je quittai Nogent-sur-Seine, mon pays natal.

GILLES : Comment! vous êtes de Nogent-sur-Seine, vous?

ARLEQUIN : Oui, moi, eh! qu'y a-t-il donc d'extraordinaire z'à cela? Est-ce qu'il ne faut pas être de quelque part?

GILLES : Oui, sans doute, mais parbleu! je ne l'aurais jamais deviné z'à la couleur du teint de votre visage[1].

ARLEQUIN : J'étais t'aussi blanc que vous t'en quittant Nogent, z'et cette couleur me vient d'un coup de soleil, mais pour faire passer cela j'attends la rosée de mai[2].

GILLES : Eh! mais, dites donc, beau brunet, vous avez connu apparemment Gilles Bambinois[3] ?

ARLEQUIN : Belle demande, puisque je suis son neveu!

GILLES : Son neveu! et de cette manière vous êtes donc le fils de la mère Bridoie?

ARLEQUIN : Tout juste, et c'est ce qui fait que je m'appelle Bridoison[4].

GILLES, *lui sautant au col* : Ah! ventrebille! je suis bien aise de vous voir, cousin!

ARLEQUIN : Comment, cousin?

GILLES : Oui, pardinne! nous sommes cousins quand vous ne le voudriez pas, puisque le Gilles Bambinois t'est mon père...

ARLEQUIN, *pleurant* : Ah! cher cousin, dites qu'il l'était, car le pauvre homme z'est enterré il y a huit jours z'et j'ai laissé t'avant z'hier votre mère presque t'à l'agonie.

GILLES, *pleurant* : Mon père mort et ma mère t'à l'agonie, hi, hi, hi, hi, ah! ah! cela me traverse le cœur jusqu'aux fins fonds des boyaux, mon cher cousin[5].

ARLEQUIN : Il est vrai, cousin, que cela t'est fort z'affligeant, mais le pis que j'y trouve, c'est votre absence du pays dont z'est fort capable de profiter le cousin... là... comment l'appelez-vous?...

GILLES : Qui? le cousin Riffart?

ARLEQUIN : Oui, le cousin Riffart et sa grande haquenée[6] de femme qui ne vaut pas...

GILLES : Mais il n'est pas marié, cousin; vous voulez t'apparemment dire sa sœur, la grand'Michelle?

ARLEQUIN : Oui, la grand'Michelle! Ce sont bien les deux plus méchantes nourritures[7] que le diable z'ait jamais faites, t'et vous ne seriez pas le premier z'à qui ils aient z'escroqué des successions. Moi qui vous parle, je sais ce qu'en vaut l'aune, z'et sans eux, hélas! je ne serais pas réduit à servir comme je le fais.

GILLES : Mais, cousin, quelle emplâtre[1] mettre z'à cela?

ARLEQUIN, *réfléchissant* : Ma foi, la meilleure emplâtre serait votre présence, et à votre place je partirais sur-le-champ; face d'homme fait vertu[2], et peut-être z'arriverez-vous t'encore z'assez à temps pour avoir le plaisir de voir rendre l'âme z'à votre pauvre mère.

GILLES : Il eſt vrai que ce serait z'une grande consolation pour moi, mais je suis obligé d'attendre le retour de M. Cassandre mon maître, qui m'a laissé le gardien de mamselle z'Isabelle, sa fille, z'et de cette maison z'où pour cause je la tiens renfermée par son ordre.

ARLEQUIN : Et son voyage sera-t-il long?

GILLES : Non, il doit revenir z'après-demain z'au plus tard.

ARLEQUIN : Quoique le terme soit court, votre pauvre mère pourrait fort bien prendre congé de la compagnie z'en attendant, si elle ne l'a déjà fait... Mais z'il me vient z'une idée z'excellente : si z'en faveur du cousinage, mon maître vous voulait prêter ses bottes, vous pourriez ce soir, lorsque Isabelle serait couchée, donner t'un coup de pied jusqu'au pays. Et comme il ne faut que trois enjambées t'et quelque chose pour faire vingt-deux lieues[3], vous auriez le temps de voir ce qui se passe par vous-même et d'être revenu z'avant le réveil de votre maîtresse.

GILLES : Cela z'eſt, mordié! bien trouvé, cousin. Mais croyez-vous que votre maître veuille me rendre ce service?

ARLEQUIN : Je ne réponds t'encore de rien, quoiqu'il ne me refuse guère, mais nous en aurons bientôt le cœur net, car le voici.

SCÈNE XII

LÉANDRE, ARLEQUIN, GILLES

GILLES : Peſte! quel voyageur! Si tout le monde z'avait de ces bottes-là, je ne donnerais pas quatre sols de la ferme des Poſtes[4]!

ARLEQUIN : Eh bien! monsieur, votre lettre?

LÉANDRE, *la lui remettant* : La voici, et tu n'auras qu'à la porter ce soir z'à son adresse. Mais quel eſt cet homme?

ARLEQUIN : Monsieur, c'est mon cousin germain, le fils de ce pauvre défunt Gilles Bambinois, mon oncle, dont vous savez que nous avons laissé la veuve t'à l'extrémité. J'aurais t'une petite grâce t'à vous demander pour lui z'et que je vous prie de ne me pas refuser.

LÉANDRE : De quoi z'est-il question de s'agir?

ARLEQUIN : Comme sa présence serait nécessaire z'au pays et que nous restons t'ici deux jours, pendant lesquels vos bottes vous sont z'inutiles, t'il s'agirait, monsieur, de les lui prêter jusqu'à demain.

LÉANDRE : Prêter mes bottes! Mais tu n'y penses pas! Z'est-ce que de semblables bottes se prêtent? Et puis, d'ailleurs, saurait-il en faire usage?

ARLEQUIN : Du côté de la confiance, vous n'avez rien z'à risquer, monsieur, z'il n'y a jamais t'eu que de très t'honnêtes gens dans ma famille, vous le savez, z'et z'à l'égard de la manière de se servir de ces bottes, c'est l'ouvrage d'un moment[1] que de mettre z'au fait z'un homme t'aussi rempli d'instinct que le cousin Gilles.

GILLES : Ah! vous avez bien de la bonté, cousin.

LÉANDRE : Tu me réponds donc de lui?

ARLEQUIN : Comme de moi-même.

GILLES, *se jetant aux genoux de Léandre* : Et moi, seigneur de la Petite Pouceterie, je vous réponds de vos bottes corps pour corps.

LÉANDRE : Allons, débotte-moi, et voyons si l'intelligence de sa conception z'est telle que tu le dis.

ARLEQUIN *ôte les bottes de Léandre et les met à Gilles avec force lazzi* : Allons, haut le pied, cousin!

GILLES *tombe* : Ahi, ahi! heureusement que je me suis retenu sur le nez.

ARLEQUIN : Oui, cela a sauvé tes joues et ce n'est rien que cela. Vite, l'autre jambe!

GILLES *tombe encore* : Ahi, ahi, ahi! mais cet apprentissage me paraît rudement rude.

ARLEQUIN : Oh! dame, cousin, z'on n'a rien sans peine dans ce monde, et z'au surplus, c'est toujours t'autant de fait, car te voilà justement dans la posture nécessaire z'à la première leçon.

GILLES, *sur son séant* : Quelle chienne de cérémonie!

LÉANDRE, *pendant qu'Arlequin attache les deux éperons de Gilles avec une ficelle, tire une corde de sa poche dont il lui lie les bras en disant* : Voilà cette fameuse corde filée des propres cheveux de la fée z'Arpentine[1], qui préserve de dangers tout voyageur qui a z'eu le bonheur de se voir z'une fois lié par z'elle.

Il lui prend sa clef sans qu'il s'en aperçoive et entre chez Isabelle pendant qu'Arlequin amuse Gilles.

SCÈNE XIII

ARLEQUIN, GILLES

ARLEQUIN, *d'un air mystérieux, avec un bouchon de liège brûlé, lui fait une paire de crocs et une mentonnière[2], en disant* : Ceci z'est la dernière z'opération après laquelle tu peux t'aller z'à tous les diables sans crainte, mais comme tu me parais t'un peu fatigué, cousin, je vais t'au-devant de mon maître qui est z'allé chercher z'une bouteille de vin chez le père Cassandre pour te faire boire z'un coup.

GILLES : Que dites-vous, cousin?

ARLEQUIN : Sans adieu.

SCÈNE XIV

GILLES, *seul.*

GILLES, *le voyant entrer chez Cassandre et s'apercevant qu'il n'a plus sa clef, fait des efforts inutiles pour se débarrasser et dit* : Ah! misérable! qu'ai-je fait! ma pauvre clef! Chien de cousin de Lucifer! z'au voleur! t'au guet! z'à la garde! au feu!

ISABELLE, *dedans la maison, crie en même temps* : Z'à moi, Gilles! t'au meurtre! z'au secours!

SCÈNE XV

ISABELLE, LÉANDRE, ARLEQUIN, GILLES

ISABELLE, *conduite d'une main par Léandre et de l'autre par Arlequin portant la valise, dit à Gilles* : Ah! coquin de Gilles! me laisser z'ainsi t'enlever z'à tes yeux! Est-ce là ce que tu avais promis t'à mon ch'père? Sois t'assuré, scélérat! que si je puis parvenir t'à lui donner de mes chères nouvelles, je n'oublierai pas de lui recommander de te faire pendre.

LÉANDRE : Tous vos cris sont z'inutiles, mamselle, et vous nous suiverez.

ARLEQUIN : Adieu, cousin, bon voyage. Si tu chemines toujours comme cela, les semelles de tes bottes dureront longtemps.

SCÈNE XVI

GILLES, *seul.*

Ah! bandits, z'ah! traîtres, race de Caïn! Mais que dira mon cher maître quand z'il verra son argent z'et sa fille t'enlevés? Ne va-t-il pas croire que j'ai trempé dans tout ça?

SCÈNE XVII

CASSANDRE, GILLES

CASSANDRE : Mon voyage z'eſt remis z'à demain t'et je n'en suis pas fâché z'après tout, parce que cela me donnera le temps de terminer quelques affaires.

GILLES, *sans voir Cassandre* : Ah! pauvre père Cassandre, qu'allez-vous devenir?

CASSANDRE : Mais que vois-je? Gilles lié! Et que signifient ces bottes?

GILLES, *se retournant* : Ah! qui que vous soyez, t'ayez pitié de moi!

CASSANDRE, *effrayé, en se reculant* : Oh! serait-ce quelque lutin qui aurait pris les habits de Gilles pour m'épouvanter? Oui, certainement, c'eſt ma défunte qui me joue z'encore ce tour-là!

GILLES : Ah! non, monsieur, c'eſt bien moi-même, je vous jure!

CASSANDRE : Et qui t'a donc équipé de cette manière?

GILLES : Hélas! que vous dirai-je? ce chenapan de cousin Bridoison, qui eſt le plus grand coquin, monsieur, que la terre z'ait jamais porté... mon pauvre père enterré depuis huit jours... ma mère à l'agonie... Rome... le Grand Mogol... Pékin... le porte-coton de l'Empereur de la Chine... Nogent-sur-Seine... le Bacha à trois queues... Isabelle... le Petit Poucet z'enfin... et... que sais-je, moi?

CASSANDRE : Quel diable de galimatias me fais-tu là? Il faut qu'il soit devenu fou, z'et je ne m'étonne pas qu'on ait pris le parti de le lier.

GILLES : Eh ! non, je ne suis pas fou, monsieur ; ce que je vous dis là n'est que trop véritablement vrai, z'et pour vous le couper court, Isabelle vient d'être z'enlevée.

CASSANDRE : Comment ! ma fille z'enlevée ! Et tu as souffert z'une pareille action ?

GILLES : Ah ! j'en souffrirais bien d'autres dans l'état z'où que je suis, et vous-même z'en ma place n'auriez pu z'empêcher qu'on n'emmenât la fille et la valise.

CASSANDRE, *le prenant au collet* : Comment, bourreau ! ma chère valise est z'enlevée t'aussi ?... Ah ! misérable ! tu seras pendu, et eusses-tu dix mille vies, je te les arracherais du corps l'une après l'autre !

SCÈNE XVIII

CASSANDRE, LÉANDRE *dans son habit ordinaire*, ISABELLE, GILLES

LÉANDRE, *tenant Isabelle par la main* : La constellation de l'étoile favorable de mon heureuse planète m'ayant fait z'accourir t'aux cris de mamselle, que quatre brigands voulaient forcer d'entrer dans une charrette z'au pied de Montfaucon, ma valeur z'ordinaire t'est venue z'à bout de la retirer de leurs pattes, t'et je viens, monsieur, z'avec le plus grand plaisir la remettre entre les vôtres.

CASSANDRE : Et ma valise, monsieur, ma valise ?

LÉANDRE : Mon valet z'Arlequin nous suit et vous la rapporte.

SCÈNE XIX ET DERNIÈRE

TOUS LES ACTEURS PRÉCÉDENTS *et* ARLEQUIN, *portant la valise.*

ARLEQUIN : Je ne sais ce qu'il y a là-dedans, mais cela z'est d'une pesanteur diablement lourde !

CASSANDRE, *à Léandre, qui aide Arlequin à se débarrasser de la valise* : Ah ! monsieur, comment pourrai-je jamais m'acquitter z'envers vous d'un pareil service ?

LÉANDRE : L'inclination de mon amour vous étant connue depuis longtemps, monsieur, il ne tient qu'à vous de me gratter par où ça me démange, en m'accordant l'aimable main de la charmante z'Isabelle.

CASSANDRE : Z'il y aurait de l'injustice z'à moi de vous refuser une partie de ce que je n'aurais plus sans vous ; t'ainsi je vous donne z'Isabelle de tout mon cœur, et je garde la valise.

ARLEQUIN : Toujours pêche qui en prend z'un[1].

ISABELLE : Grand merci, mon ch'père. Z'en faveur de mon mariage je pardonne à Gilles, que [je] comptais pourtant bien z'avoir le plaisir de voir pendre.

CASSANDRE : J'avais la même espérance, mais je lui pardonne z'aussi, ma fille.

ARLEQUIN : Cela z'étant z'ainsi, je vais lui donner la clef des champs pour le dédommager de la celle qu'il s'est laissé prendre.

GILLES, *faisant un saut* : J'en suis quitte z'à meilleur marché que je ne pensais, et j'avais t'en effet terriblement peur que mon voyage ne se terminât z'en l'air[2].

VAUDEVILLE

LE PÈRE CASSANDRE

ISABELLE

Deuxième couplet

Damis, dont l'humeur est jalouse,
Cache à son juge son épouse,
Et Damis, près de lui toujours,
Fait z'une lieue z'en quinze jours.
Que par cette belle, z'au contraire,
Il fasse donner son placet,
Pour aller vite il n'a que faire
Des bottes du Petit Poucet.

ARLEQUIN

Troisième couplet

L'amant qui se met en campagne,
Si trop de respect l'accompagne,
Près de l'objet de ses amours
Fait z'une lieue z'en quinze jours.
Mais s'il attaque en téméraire
Tout à la fois bouche et corset,
Pour aller vite il n'a que faire
Des bottes du Petit Poucet.

LÉANDRE

Quatrième couplet

Sa monture il faut qu'on ménage
Quand l'on veut faire un long voyage.

ISABELLE

Fi donc! mon cher, ah! quel discours!

GILLES, *à Isabelle.*

Gare la lieue en quinze jours!

ARLEQUIN, *au parterre.*

Quand z'on prêche si tôt misère[1],
Aisément z'on se passerait
De ce qu'on appelle à Cythère
Les bottes du Petit Poucet.

GILLES, *au parterre.*

Cinquième couplet

Que le Diable emporte les bottes !
   Je me suis vautré dans les crottes,
   Mais quoi ! les sots devraient toujours
   Faire une lieue z'en quinze jours.
Souvent z'arrive le contraire
   Et Gilles s'en consolerait,
S'il voyait content le parterre
   Des bottes du Petit Poucet[1].

LÉANDRE MARCHAND D'AGNUS[1], MÉDECIN ET BOUQUETIÈRE

Parade

ACTEURS

CASSANDRE, *père d'Isabelle et de Colombine.*
LÉANDRE, *amant d'Isabelle.*
ARLEQUIN, *valet de Léandre.*
COLOMBINE, *fille de Cassandre.*
ISABELLE, *maîtresse de Léandre.*
GILLES, *valet de Cassandre.*
Violons.

SCÈNE PREMIÈRE

LÉANDRE, ARLEQUIN

LÉANDRE, *se promenant* : Ah! malheureux Léandre!

ARLEQUIN, *l'apercevant* : C'est mon maître qui revient de l'armée d'la guerre.

LÉANDRE : Z'infortuné Léandre!

ARLEQUIN, *le suivant* : Monsieur!

LÉANDRE : J'ai beau crier comme un brûlé...

ARLEQUIN : Monsieur!

LÉANDRE : Courir comme un z'empoisonné...

ARLEQUIN : Monsieur, monsieur!

LÉANDRE : Grimacer comme un z'échappé du purgatoire...

ARLEQUIN : Monsieur!

LÉANDRE : ... Je ne vois point mon valet z'Arlequin.

ARLEQUIN : Me vl'à.

LÉANDRE : Z'il me revengerait[2].

ARLEQUIN : Me v'là, hé! tête de cruche.

LÉANDRE : Il aurait fiché[1] des coups à cet enragé de Gilles.

ARLEQUIN : Êtes-vous sourd? Me v'là.

Léandre se retourne si fort qu'ils se choquent et tombent par terre.

ARLEQUIN, *se relevant* : Pardi, monsieur mon maître, faut que vous soyez devenu sourd, aveugle et muet de naissance; depuis t'un quart d'heure, vous courez en parlant tout seul, les yeux ouverts comme un lapin au gîte, et vous m'avez crevé la fressure[2] d'un coup de poing dans le nez.

LÉANDRE : Ah! mon cher Arlequin, tu me vois t'abîmé dans un débordement de douleur causé par un chagrin dont je suis désolé.

ARLEQUIN : Mon cher maître, vous me percez le cœur de Parque en Parque[3]. Eſt-ce que vous avez été en prison?

LÉANDRE : C'eſt bien pire.

ARLEQUIN : Passé par les verges?

LÉANDRE : Encore pus pire.

ARLEQUIN : Fouetté et marqué?

LÉANDRE : V'là une belle fichaise auprès de mon état!

ARLEQUIN : Quoi donc? pendu, étranglé, aux galères, et puis exilé hors du royaume, peut-être?

LÉANDRE : Que dis-tu, z'ami? Tout ça n'approche pas de l'éclatant[a] z'inconvénient qui vient de me couler sur la tête!

ARLEQUIN : À moins d'être sorcier z'ou lieutenant de police, on ne devine point...

LÉANDRE : Tu connais la charmante Zirsabelle?

ARLEQUIN : Oui.

LÉANDRE : Tu sais comme je l'adore à la fureur?

ARLEQUIN : Oui.

LÉANDRE : Zé bien, depuis deux ans que j'en suis t'aimé comme un ogre et qu'on veut disposer M. le bonhomme Cassandre, son vieux ladre de père, à rendre juſtice à trois petits Léandre dont (paroles ne puent pas[4]) le Ciel a béni le mariage, que nous devons épouser z'ensemble Zirsabelle et moi, en les mettant sous le poil de l'Église[5]...

ARLEQUIN, *l'interrompant* : V'là qu'eſt affreux! ça crie vendange.

LÉANDRE, *se promenant* : Au bout de ça, z'un gentilhomme de famille tel[b] que moi, recevoir un affront sur les épaules par un gredin, un fesse-manant[6] comme Gilles! z'un maraud me manquer de respeſt! ciel, terre, mer, étoiles!...

ARLEQUIN : Reprenez vot'vent, mon cher maître, et contez-moi tout comme ça vous a pris.

LÉANDRE : Z'écoute, Arlequin, la romance[1] de[a] la misérable aventure de mon histoire z'et frémis!

Léandre chante.

Air : « Si je voulions être un tantet coquette[2]. »

V'là pourtant c'que c'est qu'd'êtr' gentilshomme
Z'un jour je n'pensais t'encore à rien
J'rencontr' Zirsabelle, j'l'y demandis comme
Qu'al s'portait, a'm' répondit : Fort bien.
D'abord j'fus t'ému par c'te réponse.
Tout d'un coup j'm'enfonce
Dans un compliment.
Z'elle qui sent ça s'baisse et sans qu'j'y pense
M'lâche une révérence
Et m'v'là son z'amant.

Deuxième couplet

Z'un jour d'sainte Nanette[3] qu'était sa fête
J'y achète un bouquet qui m'coûte six sous.
J'la trouve sur son lit qu'était toute prête
Z'à prendre un cristère avec grand goût.
Moi qui suis d'eune politesse extrême,
J'veux d'abord moi-même
Li donner ce lavement,
Z'et sans l'arrivée d'Monsieur Cassandre
Z'elle allait le prendre
Z'amoureusement.

Troisième couplet

Jugez quel étonnement de surprise,
Moi qu'avais le canon[4] z'au bout des doigts!
Zisabelle dit : Cher z'amant, queu crise!
Mon ch'père voit mon honneur aux abois,
J'la r'garde, al me r'garde, nous nous r'gardîmes...

ARLEQUIN, *interrompant* : Sang des cuisses[5], si[b] vous m'contez ça long et déplorable comme un opéra!... Dites-moi tout uniment...

LÉANDRE, *vivement* : Z'et bien, mon cher Arlequin, quand

je vis que j'allais être écartelé sous la foudre d'une grêle de coups de bâton, z'à la première parole de M. Cassandre, je profite z'honnêtement de ce qu'il a t'encore la bouche ouverte de surprise : j'li plante la seringue dedans z'et je pousse si adroitement qu'il prend tout jusqu'à la lie sans en perdre une bouchée, ce qui lui rafraîchit les entrailles du cœur et calma pour le moment l'emportement de sa colère.

ARLEQUIN : Vous li avez donné la question pour l'empêcher de faire des questions.

LÉANDRE : La douleur que j'eus du chagrin de ne plus voir ma chère Zirsabelle me fit sur-le-champ z'acheter une charge à la guerre d'Allemagne[1] pour servir le Roi z'en qualité de grassier[2] dans le Havre de Grâce[3]. Mais z'un beau jour je[a] me ressouviens d'Zisabelle, j'vous laisse le régiment en bonne santé, et je m'en reviens. V'là-t-il pas que le guet z'à pied monte derrière un pot de chambre[4] et que le guet z'à cheval prend la galiote[5] pour courir après moi.

ARLEQUIN : Aïe, aïe, aïe !

LÉANDRE : Mais comme j'étais monté sur les fesses d'un chasse-marée[6], j'arrivai t'à bon port en cinglant des deux[7].

ARLEQUIN : Ah ! je respire.

LÉANDRE : Drès que je mets pied z'à terre à Paris, je monte derrière un fiacre pour arriver plus tôt chez elle, et malgré mille obstacles z'et un dévoiement qui m'est envoyé par la déesse Fortune, je viens à la porte de la rue du bonhomme Cassandre[8].

ARLEQUIN : Nous v'là sauvés...

LÉANDRE : V'là t'il pas ce fichu géographe de Gilles qui tenait la chandelle avec quoi z'on éclaire les chiens quand z'on les congédie, et qui me reconduit z'avec jusqu'au coin. Ce drôle-là z'en veut sûrement z'au mariage de ma chère Zirsabelle ou z'il est prêt d'escalader son honneur.

ARLEQUIN : Il trouvera la besogne diablement avancée.

LÉANDRE : Non. Z'il vaut mieux que je mette l'épée t'à la main z'et que je vienne tuer le père, la fille, tous mes ride-vaux[9], et que je m'empoisonne ensuite d'un grand coup z'au travers du corps. Après j'irai rejoindre le régiment pour éviter les poursuites qu'on pourrait faire contre z'une action z'aussi barbare.

ARLEQUIN : Monsieur mon maître, la mort ne viendra peut-être que trop tôt nous serrer le chiflet[10] à six pieds de terre. Croyez-moi : déguisez-vous plutôt t'en Anglais qui vend des cantiques de sainte Geneviève ; j'ai là z'un habit de Turc qui nous servira t'à ça z'à merveille, et nous irons bien près de la maison d'Mlle Isabelle pour espionner ce qui[a] s'y passe.

LÉANDRE : Ce que tu dis là z'est raisonnable, mon cher Arlequin. Ah! que le proverbe a bien raison de dire qu'un valet poli z'est le plus grand présent que le Ciel dans sa colère...

ARLEQUIN : Paix! v'là M. Cassandre et ce galefretier[1] de Gilles.

LÉANDRE : Sortons.

SCÈNE II

CASSANDRE, GILLES

GILLES : Parguenne, monsieur le bonhomme Cassandre, j'l'ai rossé d'une bonne importance! Mais aussi faut convenir qu'ous êtes un chien malheureux[b] comme une pierre[2].

CASSANDRE : Tu vois, mon ami Gilles, j'travaille depuis trente ans comme un serpent, je me donne un casse-cul[3] terrible tout le long de l'année, et z'au bout, ça...

GILLES : Parguenne, faut qu'ous ayez marché sus eune planète ben maligne[4], monsieur Cassandre. Vous avez été autrefois au pilori, z'un accident vous a flanqué pour six mois à Bicêtre[5], votre première femme vous battait comme un chien, vous avez fait amende honorable il y a trois ans, votre seconde vous a encorné comme un bœuf, vous avez la mine d'un singe, vous êtes fait comme un scorpion, bête comme un cochon, votre fille Colombine vous mène par le nez comme un sot, vot'fille Zisabelle est la cause suffisante[6] de trois marmots dont votre famille s'est z'accrue depuis deux ans, et sans mon gérôme qui a tricoté[7] aujourd'hui le biau Léandre, z'on vous dindonnait[8] peut-être d'un quatrième[9].

CASSANDRE : Tiens, maraud! v'là pour tes mots à double entente[10]!

GILLES : Ah! oui, monsieur Cassandre, c'est comme ça que vous reconnaissez... ah! vous allez voir aussi de queu bois je me mouche[11]. Je ne suis pas t'un ingrat, tu vas en avoir dans les tripes et partout, vieux bouquin[12]!

Il le bat.

CASSANDRE : Ah! juste ciel du firmament! Gilles ose mettre son pied dans le ventre de celui qui li met le pain z'à la main z'et qui li a fait sa fortune!

GILLES : Oui, z'une fortune de douze sols par mois pour servir et torcher ce vieux graillonneur[1], garder et amuser ses filles, les lacer, frotter partout ! Prends encore ça !

Ils se battent. Cassandre tombe.

GILLES : Vous v'là donc z'à terre, monsieur Cassandre ?

CASSANDRE : Ah ! je suis tout disséqué, tout vermoulu !

GILLES : N'avez-vous pas besoin d'un peu d'huile de cotteret[2] ?

CASSANDRE : Gilles, je n'aurais jamais cru ça de vous : z'un garçon que j'aurais mis dans ma chemise[3].

GILLES : Ne vous êtes-vous pas fait mal au nez ?

CASSANDRE : Sans doute, coquin z'indigne !

GILLES : Faut le tenir le plus chaud que vous pourrez. Approchez seulement.

Gilles approche son cul.

CASSANDRE : Comment ? z'insolent ! me dire ces choses après m'avoir battu z'en ma présence !

GILLES : Vous vouliez me mettre dans vot'chemise, moi je vous rends ça bien plus chaud.

CASSANDRE, *en se relevant* : Ah ! v'là ma fille Zirsabelle qui vient. Ne parlez pas de ça, z'entendez-vous, Gilles ?

SCÈNE III

ISABELLE, CASSANDRE, GILLES

ISABELLE : Z'auteur de ma vie, qu'eſt-ce donc qu'on vous fait !

CASSANDRE : C'eſt z'un rien, ma fille, nous jasions, Gilles et moi.

ISABELLE : Mon père, j'suis vot'enfant, mais si Gilles vous a dit queque chose déshonnête, vous me voyez toute prête z'à lui marcher sur le ventre.

CASSANDRE : Ah ! mon Dieu non, c'eſt z'une petite vivacité ; faut ben passer queque chose à ses domeſtiques. D'ailleurs, c'eſt un brave garçon qui a t'encore galvaudé[4] aujourd'hui z'un galant qui voulait entrer dans note famille par la fenêtre.

ISABELLE, *à part* : Ah ! si c'était Léandre !... Oh ! z'amour de mon inclination !

CASSANDRE : Que dis-tu de Léandre ?

ISABELLE : Rien, mon père. Je n'en parle pas.

CASSANDRE : C'est que c'est lui au moins que Gilles a rossé ?

GILLES : Monsieur le bonhomme Cassandre, vous prenez toujours mon cul pour vos chausses... Dès que[1] mameselle n'en parle pas...

ISABELLE : Eh quoi ! mon père, vous souffrez que ce chien galeux de Gilles vous dise comme ça des sottises à bouche que veux-tu, z'et qu'il renvoie à coups de pied les gendres qui viennent pour vous engendrer[2] d'eux ?

CASSANDRE : Oh ! pour celui-là, il ne tâtera de toi z'à l'avenir que d'une dent[3].

ISABELLE : Souffrez, mon ch'père, que j'embrasse les pas de vos genoux. Mon cœur z'adore le beau Léandre. Il y a plus de deux ans que not' mariage est z'écrit au ciel et z'est fait sur la terre, sous la cheminée[4].

CASSANDRE : Queu platitude ! queu bêtise ! un homme de rien, qui n'a pas tant seulement des souliers z'aux pieds pour aller à cheval quand il voyage.

ISABELLE : Sainte Barbe ! Un homme de rien ? Z'un bon gentilshomme, fils naturel d'un guet[5] z'à pied de Paris, dont que son père lui a fait z'avoir l'investiture de la survivance d'une charge de corporal[6] dans ce corps-là, z'un homme de rien ?

CASSANDRE : Item deuxièmement, je sais ce que je dis : z'il ne te convient pas.

ISABELLE : Sainte Marie Bobine[7] ! Et pour queu raison ?

CASSANDRE : Vous avez donc z'oublié, sesque[8] indigne, le crève-cœur qu'il a fait z'à votre père, le jour de ste seringue, dont même vot'honneur allait peut-être encore s'ébrécher si je n'étais pas venu à l'appui ?

ISABELLE : Ah ! mon cher père, vous ragotez[9] toujours la même turelure[10], sans compter que c'est z'un jeune homme qui a queuque chose devant lui, car je le sais bien.

CASSANDRE : Écoute, ma fille, il y a dix-huit ans que ta mère est morte et v'là que tu entres dans ta seizième année[11]. Je ne veux pas t'empêcher de forligner z'en mariage[12], ben[a] au lieur[13], mais pour celui-là...

ISABELLE : Ah ! mon ch'père, s'il faut que j'en épouse t'un autre z'en farce d'église[14], j'aime mieux me jeter entre les bras d'un cloître qu'est dans la rue des Cordeliers[15], ou z'embrasser le voile d'un couvent tant que l'âme me battra z'au corps[16].

CASSANDRE, *levant la canne* : Queu chaleur d'emportement, fille dématurée[17] !

SCÈNE IV

LÉANDRE *en marchand d'agnus avec un nez*, ARLEQUIN *jouant du violon*, CASSANDRE, GILLES, ISABELLE

GILLES : Laissez ça là, vous autres, v'là t'un marchand de reliques; voyons ce qu'il dit de bon.

Ils s'approchent tous.

LÉANDRE, *montrant une pancarte avec un bâton, chante.*

Z'un bon bourgeois de renom
Z'étant possédé du démon,
Z'il entreprit le voyage
D'la Sainte-Face de Besançon[1].
La priant z'il eut l'avantage
De revenir sans guérison.

Deuxième couplet

Z'un autre miraque nouveau
Z'à l'encontre d'un porteur d'eau :
Z'en puisant dedans la rivière
Dans l'eau z'il se laissa tomber.
Z'admirez la grâce pleinière,
Jamais t'on n'la pu rattraper.

(Il parle.) Par la permission d'Notre-Dame de Mont-Carmel...

GILLES : En v'là ben d'un autre, celui-là! Est-ce[a] qu'il se fiche de nous, ce vieux marchand de chiflets?

LÉANDRE *lui donnant un grand coup de bâton* : Paix là! *(Il crie.)* Messieurs et dames, le fameux cantique de sainte Nanette, comme quoi z'après des tourments sans nombre z'elle retrouva son mari qui avait été condamné z'aux mines pendant un an.

GILLES : Z'aux mines? Il y a longtemps que vous nous faites la mine[2], monsieur le chanteur.

LÉANDRE : Z'animal! tu l'aurais bien plus belle si je te l'avais fait; mais z'écoute, ou ben tais-toi.

Il chante.

Sur l'air du « Cantique de saint Roch[1] ».

Vous dont le cœur dévot et catholique
N'a de plaisirs que ceux d'un bon chrétien,
Prêtez l'oreille à ce pieux cantique
Fait z'en l'honneur d'une femme de bien.
Son saint exemple
Que l'on contemple
Met tout[a] en feu
Les serviteurs de Dieu.

Deuxième couplet

Vous saurez tous que cette brave dame
Naquit z'un jour du fait de ses parents.
Tout lui croissait : le corps, l'esprit et l'âme,
Mais nul orgueil n'avait de ses talents.
Car à l'ouvrage,
Dans le ménage,
Elle employait
Les deux mains qu'elle avait.

Troisième couplet

Tout un chacun la vantait à la ronde,
Pour l'épouser s'offrait maint beau garçon.
Bien eût voulu contenter tout le monde,
Car elle avait le cœur sensible et bon.
Mais dès cet âge,
Modeste et sage,
De son honneur
Elle garda la fleur.

Quatrième couplet

Mais quand fallut z'entrer en mariage,
À sa prudence il en coûta beaucoup.
Si peu de prise offrait z'au badinage
Que son mari n'en put venir à bout.
Z'il eut beau faire
Pour cette affaire,
De plus d'un an
N'obtint le sacrement.

Cinquième couplet

Craignant un peu le plaisir de la couche,
Par pénitence elle portait sa croix,

Fermant les yeux et détournant la bouche,
Et surtout priant notre grand saint[a] François.
Le saint l'exauce,
Pour cette cause
À son cordon[1]
Elle a dévotion.

Sixième couplet

Pour une affaire à tous deux étrangère
Son saint époux la quitta z'un beau jour.
En voyageant dessus et dessous terre,
Il fut z'un an sans espoir de retour.
Chacun opine :
Z'on croit qu'aux mines,
Quoique bien né,
Il était condamné.

Septième couplet

De son mari voyant la longue absence
Qui de l'amour emportait les plaisirs,
Elle força son corps à l'abstinence
Et de sa chair sut vaincre les désirs.
Chaste et discrète
Dans sa chambrette[b],
Dormant au lit
Seulette chaque nuit.

Huitième couplet

Puis les matins fallait voir notre sainte
Z'offrir au Ciel son jeûne et son chagrin.
Son bon ange lui dit, oyant sa plainte :
« Dieu permettra que ça prenne une fin.
Prenez courage.
Le saint personnage
Va revenir
Vierge, apôtre et martyr. »

Neuvième couplet

Que de vertus brillent chez elle en foule !
Louons surtout ses sentiments chrétiens.
Heureux l'élu qui dessus son saint moule
Cherche à mouler de petits citoyens !

À cet ouvrage
Tout rend hommage.
Et puissions-nous
Jouir d'un bien si doux!

Dixième couplet

De cette sainte aujourd'hui c'est la fête[1],
Z'accourez tous avec dévotion.
Pour la prier d'une manière honnête
Dressons nos cœurs à son intention.
Après l'antienne
Que chacun vienne
Pour l'encenser
Lui bailler un baiser[2].

Fin

GILLES : Eh ben! v'là-t-il pas de beaux fichus miraques pour faire tant de train! Est-ce là toute votre marchandise, monsieur le vendeur de menteries? Z'il a l'air dégagé comme un dindon qui se noie!

LÉANDRE *chante.*

Air : l'ariette du « Cocher » dans « Le Maréchal[3] ».

Si j'ai l'air de bas aloi[4]
Z'en débitant des sornettes,
J'ai souvent z'un autre emploi :
C'est d'amuser les fillettes
Et cht cht cht cht...
Je sais prendre le ton
Qui z'amorce un tendron.
S'il[a] me vient une follette,
Je la mène en ma chambrette,
Je li chante, je li chante, je chante une chansonnette
Z'en lui prenant le menton.
Mais[b] quand je suis dans la place
J'attire la populace
Et brrrrrrrr...
Chacun veut avoir sa place.
Dès que je chante,
La foule augmente,
On court, on court, on court, on court...

Les fiacres[1] dans la bagarre
Ont beau faire et crier gare,
Le peuple eſt devenu sourd,
Le peuple eſt sourd.

Si j'ai l'air, etc., *en haut*[2].

LÉANDRE (*Il le bat avec Cassandre.*) : À toi, Gilles!... Et v'là pour les incrédules qui rient et se moquent de Mahomet z'en présence des puissances céleſtes.

Un grand coup à Cassandre.

CASSANDRE : Comment! z'on me manque de respeƈt! Mes fusils, mes hallebardes, mes rondaches, mes piſtolets, mes pertuisanes[3]!
GILLES : Un bâton, un bâton!
ISABELLE : Au feu! z'au feu!
GILLES : À moi la livrée[4]!
ISABELLE : À moi mousquetaires, gardes du corps, pages!
CASSANDRE : Au secours! au secours!

Tout le monde se bat.

LÉANDRE : Palsembleu! je veux tuer ce maudit vieillard, assommer ce punais de valet et z'éventrer cette insolente carogne d'Irsabelle...

Ils se sauvent tous. Isabelle reſte.

SCÈNE V

ISABELLE, LÉANDRE, ARLEQUIN

LÉANDRE, *à genoux ôtant son nez* : ...que j'aime de tout mon cœur[5].
ISABELLE : Ah! sainte Jérusalem! c'eſt mon cher z'amant.
LÉANDRE : Pardonnez, charmante Zisabelle, si j'ai fiché le tour[6] t'à monsieur vot'père z'et à Gilles : c'eſt pour à celle fin de les renvoyer sains et saufs, et que nous puissions parler z'un moment.
ISABELLE : Personnage aimable, redressez-vous.
LÉANDRE : Z'en attendant z'une poſture plus commode, permettez-moi de vous embrasser t'à genoux.

ISABELLE : Ah! mon cher z'amant, je suis donc encore tout de mon long dans vot'amour?

LÉANDRE : Depuis la tête jusqu'aux pieds, mon aimable Zisabelle. Ah! vous êtes belle à mes yeux comme ste déesse[1] qui mangea des pommes dans le verger de Paris, et quand[a] vous seriez pu laide que le visage que la pudeur de ma modestie m'empêche de nommer devant l'honorable compagnie, je vous aimerais t'encore.

ISABELLE : Mais sauvez-vous, mon adorable Léandre, car mon père z'est vicieux et colérique. S'il revenait...

LÉANDRE : V'là mon valet z'Arlequin qui va faire le[b] coq six-grue[2] pendant que je vous en conterai.

ARLEQUIN : Oui, oui, je vais garder les manteaux[3]... À peine ont-ils une chemise!...

ISABELLE : Mais quelles ressources nous reste-t-il donc?

LÉANDRE : Vous me donnez là de beaux caleçons d'été! z'il semble que tout soit perdu! Quelles ressources[4]? Ne nous reste-t-il pas l'enlèvement, la fuite, la fournication, l'adultère, et[c] cætera?

ISABELLE : Ah! mon cher z'amant, ce sont des niches que je serais t'au désespoir de vous faire.

LÉANDRE : Pardon, beauté farouche! la poison[5] pourrait bien m'affranchir de tout ceci, et si j'étais dans l'usage de m'en servir, je ne serais pas dans un si funeste z'embarras, car la vie m'est comme z'un zeste quand je ne vous vois pas.

ISABELLE[d] : Et moi z'aussi, z'adorable Léandre, les siècles me paraissent des jours en votre absence; vot' peinture est si fort z'engravée[6] dans ma poitrine que je ne dors pas les trois quarts de ma vie.

LÉANDRE : J'aurai donc l'honneur de vous faire t'enlever par mon valet z'Arlequin.

ARLEQUIN : Monsieur mon maître, je n'enlève que pour mon compte. Que chacun file sa corde[7], s'il vous plaît.

LÉANDRE : Pourquoi donc ai-je un valet, maraud? est-ce pour me servir moi-même?

ARLEQUIN : Pour vingt francs de gages par an...

LÉANDRE : Si tu me fais mettre l'épée t'à la main, je te donnerai cent coups de fouet z'avec ma canne à pomme d'or!

ARLEQUIN : Êtes-vous ben lourde, mameselle?

ISABELLE : Comme deux personnes, pas tout à fait.

ARLEQUIN : Sauve qui put! v'là le vieux lapin.

ISABELLE : Ah! j'entends mon père qui raquillonne[8]... Z'il a une arme à feu, z'il pourrait vous escarbouiller[1] les entrailles dans l'infidèle nuit du monument[2].

LÉANDRE : Je vais donc profiter d'un autre tartagème pour m'insinuer dans l'intérieur de chez vous.

SCÈNE VI

CASSANDRE, GILLES, ISABELLE

CASSANDRE : Où eſt-il? où eſt-il cet infernal maraud qui vous rosse toute une maison? Je veux t'être emmuselé[3] comme un forçat si je ne li coupe le jarret, en cas que j'aie le malheur de le rencontrer[4] !

GILLES : Z'et moi, quoiqu'il m'ait mis la main en pomme cuite, je veux li coller l'âme au ventre et lui ôter la vie pour le reſte de ses jours tant qu'il vivra!

ISABELLE, *montrant l'opposé du chemin* : Il eſt z'allé par là z'après avoir plié sa boutique.

CASSANDRE : Z'on eſt allé quérir le médecin. Rentrez pour le recevoir.

SCÈNE VII

COLOMBINE, LÉANDRE *en docteur.*

COLOMBINE : Eſt-ce vous qu'êtes le médecin, monsieur?

LÉANDRE : Oui, charmante enfant. Z'êtes-vous du nombre de ſte famille qui a été blessée z'à t'une bataille de coups de bâton?

COLOMBINE : Hélas! monsieur, ce n'eſt pas moi qu'étais à la bataille, j'ai t'une autre maladie.

LÉANDRE : Quelle maladie avez-vous, pour que je vous dise ce que c'eſt?

COLOMBINE : Je n'en sais rien; z'une grande fille comme moi qu'eſt languissante, on dit que c'eſt de l'amour. Moi je ne dis pas ça, car il faut bien que je garde mon quand à qu'eſt-ce devant un quet'z'un[5] comme ces messieurs, mais si c'était d'l'amour, j'voudrais ben m'faire guérir tout comme une autre.

LÉANDRE : Et savez-vous comme on en guérit?

COLOMBINE : Dame! je ne me connais pas à ça, moi, je ne

suis pas architecte comme ma sœur... Mais qu'on me l'apprenne ou non, ça m'eſt ben indubitable.

LÉANDRE : Mais vot'sœur n'a-t-elle pas aussi queque maladie?

COLOMBINE : Oh! ma sœur se porte bien z'à l'exception que tous les ans elle eſt zhydropique pendant queut'temps, mais ça se passe à la campagne.

LÉANDRE : Et M. Gilles ne tourne-t-il pas autour d'elle de ben près?

COLOMBINE : Tenez, le v'là! z'il vous le dira lui-même[a].

SCÈNE VIII

GILLES, LÉANDRE *en médecin*, COLOMBINE[b]

GILLES, *avec un doigt entouré d'une grosse poupée* : Ah! monsieur le médecin, on vous[c] cherche par mer et par terre, comme z'une aiguille dans le pied d'un cheval[1].

LÉANDRE : Qu'avez-vous, mon ami?

GILLES *chante*.

Air : ariette de « Mon pauvre cœur » dans « Le Peintre amoureux[2] ».

J'ay ben du mal z'à t'un endroit.

LÉANDRE

Voyons.

GILLES

J'en souffre au bout du doigt.
Quand ça m'travaille
Aïe aïe aïe aïe
J'vous pousse des cris.

LÉANDRE

Bon, c'eſt z'un panaris.

Ensemble :

GILLES	LÉANDRE	
J'vous pousse des cris	Z'un panaris,	} *bis*
Qu'chacun z'en eſt surpris.	Z'un panaris.	}

GILLES

C'eſt z'une enflure
Qui z'eſt dure
Z'outre mesure.

LÉANDRE

C'eſt là sa nature.

Ensemble :

GILLES

Quand z'on veut l'panser,
Ce que j'en souffre, ce que
[j'endure
F'rait renier Dieu z'à t'un
[trépassé.

LÉANDRE

Z'il faut
Le fourrer
bis
Dans un lieu chaud et serré.

GILLES

Dame ! quand ça renfle
C'eſt sans exemple,
J'vous pousse des cris.

LÉANDRE

Mais c'eſt z'un panaris.

Ensemble :

GILLES

J'vous pousse des cris
Que chacun z'en eſt surpris.

LÉANDRE

Z'un panaris.
Z'un panaris. } *bis*

LÉANDRE : Avez-vous de l'argent, mon ami ?

GILLES : Je vous donnerai z'un mois de mes gages qui font bel et bien douze sols et demi.

LÉANDRE, *lui tiraillant le doigt le fait crier* : Tu garderas plutôt ton panaris douze ans, double vilain[a] !

COLOMBINE : Monsieur le médecin, depuis que je suis pâle je n'ai plus de voix dans le gosier. Z'autrefois, quand je chantais, z'on aurait juré que j'avais avalé z'une douzaine de rossignols.

LÉANDRE : Si ça ne vous fichait pas malheur, mameselle, j'vous prierais ben encore d'essayer pour moi.

GILLES : Ah ! morgué, ce n'eſt rien que sa voix ! Elle a

l'esprit z'orné, z'elle a lu Bécasse, la Loyola, l'Aretin, *Le Pédagogue chrétien* et la Béguine en[a] déshabillé.

LÉANDRE : Ce sont là des livres qu'une demoiselle de qualité, fille d'un bon bourgeois[1]...

SCÈNE IX

CASSANDRE, ISABELLE, LÉANDRE[b], GILLES, COLOMBINE

CASSANDRE : Monsieur, v'là ma fille qu'est toute éclopée de tantôt, faut ben qu'on lui ait fait z'avaler z'un clou, car elle est si roide qu'al ne peut pas se plier z'à ma volonté.

LÉANDRE[c], *chantant avec* ISABELLE

Air : le duo de « Blaise est terrible » dans « Le Savetier[2] ».

Qu'avez-vous donc ?

ISABELLE

La fièvre.

LÉANDRE

Voyons, tâtons, tâtons.

ISABELLE

Non, non, non, non !

LÉANDRE

Je m'en vais lui prendre le menton.

ISABELLE

Ah ! ah ! j'ai la fièvre.

LÉANDRE

Elle a fait son dépôt sur la lèvre.

ISABELLE

Ah ! j'ai la fièvre.

LÉANDRE

Donnez la lèvre.

ISABELLE

La fièvre.

LÉANDRE

La lèvre.

ISABELLE

Ah ! ah ! j'ai la fièvre, j'ai la fièvre.

LÉANDRE

Hé vraiment, vous tremblez comme un lièvre !

ISABELLE

La fièvre.

LÉANDRE

Un lièvre !
Donnez, donnez.

ISABELLE

Ah ! ah ! j'ai la fièvre,
J'ai la fièvre.

LÉANDRE

Donnez donc la lèvre !
Votre lèvre !
Qu'avez-vous donc ?

ISABELLE

La fièvre.

En recommençant[a].

LÉANDRE, *tout bas* : Ne voyez-vous pas, ma charmante, que je suis votre z'admirable Léandre ?

GILLES, *qui écoute* : Ah ! c'est Léandre ! Un bâton, un bâton !

Léandre, en s'enfuyant, jette le bonhomme Cassandre par terre et se sauve. Gilles arrive avec un bâton et en courant. Il tombe par-dessus Cassandre. Ils se roulent et se battent ; les filles les séparent.

CASSANDRE : Rentrons, rentrons, cette journée-ci eſt malencontreuse en diable.

ISABELLE : Eſt-il possible que je n'aie pas reconnu plus tôt mon cher z'amant! Loin de disputer la lèvre, je lui aurais accordé toute la personne de ma figure.

Ils sortent.

SCÈNE X

LÉANDRE, ARLEQUIN

LÉANDRE, *en bouquetière, avec beaucoup de bouquets* : Crois-tu, mon cher z'Arlequin, que Mlle Zirsabelle tombe enfin sous tous mes déguisements d'opéra?

ARLEQUIN : Il faudrait que monsieur son père fût z'une divinité pour qu'elle en réchappe; il n'y a que ce merle de Gilles qu'eſt toujours à guetter comme z'un oiseau autour d'un chat...

LÉANDRE : N'importe! z'il ne sera pas dit qu'un gentilshomme d'honneur craindra d'être rebouisé[1] par un vieux pénard[2] et z'un animal dans la lune comme Gilles. Tiens-toi z'au guet pour la renlever quand il sera temps. *(Il crie.)* Des bouquets pour Nanon, Nanette[3]!

ISABELLE, *à sa fenêtre avec Colombine* : La bouquetière! la bouquetière!

LÉANDRE : Qu'eſt-ce qu'appelle?

ISABELLE : La bouquetière! avez-vous des roses de Provins[4]?

LÉANDRE, *à part* : Ah! c'eſt ma Zirsabelle. *(Haut.)* Fi donc, mameselle! c'eſt bon pour un apothicuflaire[5].

COLOMBINE : Avez-vous des jonquilles?

LÉANDRE : Ça ne siérait guère avec vos pâles couleurs.

ISABELLE : Qu'avez-vous donc?

Léandre fait le détail de ses bouquets[6].

ISABELLE : Je vas descendre.

CASSANDRE, *à la fenêtre* : Quelqu'un a parlé t'à ma fille d'en bas, voyons si ce ne serait pas t'encore queut' maligne pièce qui voudrait m'en couler[7]? Écoutons.

ISABELLE, *dans la rue* : La femme! la femme!

LÉANDRE : Ah! ma chère Zirsabelle, c'eſt bien dans ce

moment qu'il faut que vous escaladiez par-dessus toutes les défenses pour venir z'avec moi!

ISABELLE : Ah! mon cher z'amant, permettez que j'aille enlever nos deux enfants, car il faut pas qu'une fille d'honneur z'abandonne tout pour son plaisir. Mais si Gilles paraît?

LÉANDRE : Qui? cet apocryphe[1] de Gilles? S'il vient, ah! je vous prendrai z'un bâton z'et je le déchirerai t'à belles dents.

CASSANDRE, *à la fenêtre* : Gilles! Gilles!

Gilles accourt et fait tomber la bouquetière. Cassandre vient, rosse Léandre à terre. Gilles se relève et frappe sur les deux.

ISABELLE *sort*[2] : Je me jette à vos jambes, mon cher papa. Vous voyez ben que le destin me destine à passer ma destinée z'avec le beau Léandre, qui vous a toujours respecté et Gilles aussi.

CASSANDRE : Oui, en nous estringolant[3] de coups! Mais enfin, puisque les mariages sont z'écrits z'au ciel comme je n'en puis douter par tout ce qui m'arrive aujourd'hui, je consens que vous vous épousiez devant ou derrière l'église[4], comme vous le voudrez.

LÉANDRE *et* ISABELLE *aux pieds de Cassandre* : Quelles grâces de bénédictions nous devons vous rendre!

Des joueurs d'aubades arrivent.

COLOMBINE *leur dit* : Prenez donc garde, vous autres, d'écraser les bouquets qui sont tombés. Z'aidez-nous plutôt z'à les ramasser z'et chantez avec nous ce que nous allons dire pour l'aubade de l'aimable Nanette que nous célébrons[a 5].

On chante le dernier chœur :

Guieu[6] vous mainquenne,
Guieu vous mainquenne
En joie et en santé.
De l'an passé vous prend-il souvenance?
J'équions trétous les députés
Pour vous faire la révérence.
J'ons le même amour
Et je dirons toujours
Le même discours :
Dame Nanette,
Z'un cœur près de vous,
Comme une allumette,

Comme une allumette
Prend feu tout d'un coup.

LÉANDRE

On aperçoit, à votre air noble et grand
Que pour vous seule on a fait cette fête,
Et je serais, ma foi, garant
Que vous y ferez des conquêtes.

CHŒUR

J'ons le même, *etc.*

GILLES

J'avons quitté les chiens et les troupiaux,
Tous les moutons bondissont dans la plaine
Et jusqu'aux plus petits agneaux
Prennent part au plaisir qui vars vous nous amène.

CHŒUR

J'ons le même, *etc.*

ISABELLE

L'aimable Nanette,
Dame de céans,
Est une follette
Pleine d'agréments.

CHŒUR : *même chose.*

ISABELLE

Sa taille est poupette[1],
Ses yeux sont brillants,
Sa mine est finette,
Son esprit charmant.

CHŒUR

Sa taille, *etc.*
J'ons le même amour
Et je dirons toujours, *etc.*

Tous les acteurs et symphonistes vont présenter les bouquets qu'ils ont ramassés.

JEAN-BÊTE À LA FOIRE

ACTEURS[1]

[JEAN-BÊTE, *amant d'Isabelle.*
ARLEQUIN, *valet de Jean-Bête.*
CASSANDRE, *père d'Isabelle.*
GILLES, *valet de Cassandre.*
ISABELLE, *maîtresse de Jean-Bête.*]

SCÈNE PREMIÈRE[2]

JEAN-BÊTE, ARLEQUIN

JEAN-BÊTE; *il va et vient en colère* : Ah! malheureux Jean-Bête!

ARLEQUIN *le suivant* : Monsieur!...

JEAN-BÊTE : Z'infortuné Jean-Bête!

ARLEQUIN : Monsieur!...

JEAN-BÊTE : J'ai beau crier comme un brûlé[a]...

ARLEQUIN : Monsieur!...

JEAN-BÊTE : Courir comme un z'empoisonné[b]...

ARLEQUIN : Monsieur! Monsieur!...

JEAN-BÊTE : Grimacer comme une pucelle qui z'accouche...

ARLEQUIN[c] *donne un coup de batte*[3] : Monsieur, Monsieur...

JEAN-BÊTE, *sans l'apercevoir* : Je ne vois point mon valet z'Arlequin.

ARLEQUIN, *un coup* : Me v'là.

JEAN-BÊTE : Z'il m'aurait revengé...

ARLEQUIN, *un coup* : Me v'là.

JEAN-BÊTE[a] : ...Il aurait fiché des coups à cet enragé de Gilles!

ARLEQUIN, *redoublant les coups* : Êtes-vous sourd? Me v'là!

Jean-Bête se retourne. Ils se choquent, ils tombent.

JEAN-BÊTE, *se relevant en colère* : Maraud! Punais! Cheval[1]!... quand j't'appelle depuis une heure!

ARLEQUIN : Pardi, monsieur, faut qu'vous soyez devenu tout d'un coup sourd, aveugle et muet de naissance, vous m'appelez, je réponds.

JEAN-BÊTE : Tu m'as répondu, double vilain?

ARLEQUIN : Demandez plutôt z'à la compagnie...

JEAN-BÊTE : Et qu'est-ce que tu f'sais ici?

ARLEQUIN : Mon ouvrage; depuis t'un quart d'heure je m'occupe à battre vot'habit; en vous retournant, vous m'avez crevé la fressure[2] au bas du ventre d'un coup de poing dans le nez.

JEAN-BÊTE : Ah! mon cher Arlequin, tu me vois t'abîmé dans un débordement de douleur.

ARLEQUIN : Vous me percez le cœur de Parque en Parque[3]... Est-ce qu'on vous a flanqué t'en prison?

JEAN-BÊTE : Ça me serait, je t'assure, ben inférieur!

ARLEQUIN : Est-ce qu'on vous aurait passé par les verges?

JEAN-BÊTE : Pus pire encore, pus méprisable!

ARLEQUIN : Fouetté z'et marqué par le bourreau?

JEAN-BÊTE : Je prendrais ça de la part d'où ça m'vient.

ARLEQUIN : Fourré z'une basse-fosse dans le cul, peut-être[b]?

JEAN-BÊTE : V'là z'une belle fichaise auprès de mon état...

ARLEQUIN : Quoi donc? pendu? z'étranglé? z'aux galères? z'et puis t'exilé z'hors du royaume?

JEAN-BÊTE, *d'un ton théâtral* : Tout cela peut-il z'approcher de l'éclatant z'inconvénient qui vient de me couler sur la tête?

ARLEQUIN : Z'à moins d'être sorcier ou lieutenant de police, on ne devine point.

JEAN-BÊTE : Tu connais la charmante Zirzabelle?

ARLEQUIN : S'te jeune personne z'avec qui vous jouiez l'autre jour au cheval fondu, à trou-madame? z'à pet-en-gueule[4]?

JEAN-BÊTE : Tu veux dire Mlle Tripette, écosseuse à la toilette[1] ?

ARLEQUIN : Ah ! ah ! celle chez qui vous vous amusez quelquefois à faire l'enfant ?

JEAN-BÊTE : Eh non ! Tu parles de manselle Tiremonde[2], maîtresse sage-femme, qui z'accouche pour les autres et découche pour elle-même.

ARLEQUIN : C'est donc celle qui de désespoir, quand vous êtes parti, voulait z'entrer aux Cordeliers[3] z'en qualité de sœur converse ?

JEAN-BÊTE : Z'elle-même.

ARLEQUIN : La fille de M. le bonhomme Cassandre ?

JEAN-BÊTE : C'est toi qui l'as nommée[4].

ARLEQUIN : Vous auriez dû me dire ça pluton qu'plutarque ; on aurait vu...

JEAN-BÊTE : Tu sais comme je l'adore à la fureur...

ARLEQUIN : ... z'à la rage, à la frénésie, z'à la barbarie !

JEAN-BÊTE : Z'eh bien ! depuis deux ans que j'en suis t'aimé comme un lion, et que nous cherchons t'à disposer M. le bonhomme Cassandre, son vieux ladre de père, à rendre justice à l'équité z'en adoptant trois petits Jeanbêtes dont qu'paroles ne puent point[5], le ciel a béni le mariage que nous devons t'épouser, Z'Irzabelle et moi, z'en les mettant sous le poil de l'Église[6]...

ARLEQUIN : Vlà qu'est horrible... Vlà qu'est affreux, ça crie vendange.

JEAN-BÊTE : À qui en as-tu donc ? je ne t'ai encore rien dit ; tu cries comme[a] une anguille qui a perdu son bâton[7].

ARLEQUIN : Ah ! c'est que je me doute bien qu'il y a queut chose à peu près semblable à ce que je me doute.

JEAN-BÊTE *se promène avec agitation* : Z'un gentilshomme de ma façon recevoir un affront par un gredin, z'un fessemathieu comme[b] Gilles ! Ce n'est pas pour les coups que je parle ; je n'suis pas t'orgueilleux, ni si près r'gardant, mais d'être insulté par un vil citoyen[c], z'un obscur plébéien, z'un Gilles ! Ciel ! Terre ! Mer ! Étoile !

ARLEQUIN : Reprenez vot'vent[8], mon cher maître, et contez-moi ça, je vous prie.

JEAN-BÊTE : Z'écoute, mon cher Arlequin, z'une romance qui est l'échantillon de mon histoire.

ARLEQUIN : Il y a z'un champignon dans vot'histoire ?

JEAN-BÊTE : Je te parle de ma misérable aventure. Ah ! ça écoute, ou ben tais-toi.

Air : « Si j'voulions être un tantet coquette[1]. »

V'là pourtant ce que c'est que d'être gentishomme !
Un jour, je n'pensais t'encore à rien ;
J'rencontre Z'Irzabelle. J'lui d'mandis comme
Qu'el's'portait. Z'al'm'répondit : « Fort bien. »
D'abord, j'fus tému par ste réponse :
Tout d'un coup j'm'enfonce...
Dans un compliment ;
Z'elle qui sent ça, s'baisse, et, sans qu'j'y pense,
M'lâche une révérence...
Et m'v'là son z'amant.

Deuxième couplet

Z'un jour d'sainte Babet qu'était sa fête,
J'y agette un bouquet qui m'coûte six sous ;
J'la trouve sur son lit, qu'était toute prête
Z'à prendre un cristèr'z'avec grand goût.
Moi qui suis d'une politesse extrême,
J'veux d'abord moi-même
Lui donner ç'lavement ;
Z'et sans l'arrivée d'M. Cassandre,
Elle allait le prendre
Z'amoureusement.

Troisième couplet

Voyez queul étonnement de surprise !
Moi qu'avais l'canon[2] zau bout des doigts...
Z'Irzabelle dit : « Cher z'amant, qu'eu crise !
Mon ch'père voit mon honneur aux abois. »
J'la r'garde, al'm regarde, nous nous r'gardîmes...

ARLEQUIN, *l'interrompant* : Sang des cuisses ! si vous allez nous conter ça long et déplorable comme l'Opéra de Paris[3]... dites-nous tout uniment...

JEAN-BÊTE, *vivement* : Z'é bien ! mon cher Arlequin, quand je vis que j'allais t'être écartelé sous la foudre d'une grêle de coups de bâton, z'avant la première parole du bonhomme Cassandre, je profite z'honnêtement de ce qu'il a t'encore la bouche ouverte de surprise, j'lui plante la seringue dedans ; et je pousse si z'adroitement qu'il prend tout jusqu'à la lie sans en perdre une bouchée, ce qui lui rafraîchit les entrailles du cœur et calma pour un moment l'emportement de sa colère morbifique[4].

ARLEQUIN : Vous lui avez donné là z'une question qui a bien dû l'empêcher de vous en faire.

JEAN-BÊTE : Et quand j'vis que je ne voyais plus ma chère Z'Irzabelle, z'à qui monsieur son ch'père représenta z'à grands coups dans le cul de son pied[1] que ce p'tit amusement lui déplaisait, la douleur me fit z'acheter z'une charge de soldat zà la guerre d'Allemagne ; mais comme nous étions déjà tà Sèves[2] dans le chemin de la gloire, l'amour vint lui couper l'herbe sous le pied zà ste guenon ; z'en me rappelant Zirsabelle, je vous laisse la revue z'en bonne santé et je m'en reviens t'à Paris par la commodité du chemin. Vlà t'y pas que le guet zà pied monte dans le caraba[3], zet le guet à cheval qui prend la gaillote pour courir après moi, patata, patata, patata !...

ARLEQUIN : Pouf, aïe, aïe, aïe !

JEAN-BÊTE : Mais comme j'm'étais fourré dans le pot de chambre[4] de la cour d'un de mes amis, j'évitai l'abordage et j'arrivai t'à bon porc, en cinglant des deux.

ARLEQUIN : Ah ! je respire.

JEAN-BÊTE : Drès que je mets pied zà terre à Paris, je monte derrière un fiacre[5] pour arriver plus tôt, et[a] malgré mille z'obstacles zet un dévoiement qui m'est zenvoyé par la déesse Fortune, je me vois t'enfin à la porte du bonhomme Cassandre[6].

ARLEQUIN : Nous vlà sauvés, mais j'ai zeu peur.

JEAN-BÊTE : L'impatience m'a pris, zet ce matin, comme je m'étais lâché, chez ma Zirzabelle, vlà t'il pas ce fichu géographe de Gilles qui vous prend la chandelle avec quoi z'on éclaire les chiens quand z'on les congédie[7]...

ARLEQUIN : Ah[b] ! ah ah ah ! Le manche à Babet ?

JEAN-BÊTE : ... et qui me reconduit z'avec jusqu'au bout du cul-de-sac en me disant : Excusez, monsieur, si je ne vas pas pu loin, c'est que le manche à dadais est cassé.

ARLEQUIN : Ah[c] ! l'indigne gueux ! Mais s'te gondrille[8] donc ? Est-ce que vous, vous n'aviez pas pu le relicher[9] t'avec ?

JEAN-BÊTE : Tu m'y fais songer. Je n'ai pas pensé t'à m'en servir. Ce drôle-là z'en veut sûrement à la virginité de[d] ma chère Zirzabelle.

ARLEQUIN : Ça pourrait être en vérité ; car c'est zun enfonceux de portes ouvertes.

JEAN-BÊTE, *furieux* : Non. Z'il vaut mieux que je vienne massacrer le père, la fille, Gilles, enfin tous mes ri-de-vaux, z'et que je m'empoisonne après d'un grand coup de plat d'épée z'au travers de l'âme.

ARLEQUIN : Ah, monsieur, ste vengeance-là z'est vile et même puérile. La mort ne viendra que trop tôt vous serrer le chifflet[1] à six pieds de terre; ne lui cherchons pas noise, croyez-moi; déguisez-vous plutôt en Anglais qui vend de l'orviatan. J'ai là un habit de Turc qui sera tà merveille pour ça; nous voilà dans le temps de la foire; nous pourrons trouver le moyen de vous revenger de s't'escogriffe de Gilles; et c'est d'autant pus aisé que manselle Z'Irzabelle z'est ici, z'avec monsieur son père.

JEAN-BÊTE : Z'Irzabelle à la foire?... queu z'émotion d'entrailles!

Il tombe sur Arlequin.

ARLEQUIN : Est-ce votre dévoiement qui vous prend?

JEAN-BÊTE : Z'hélas!

ARLEQUIN *le soutient* : Ce que c'est que l'amour de la tendresse du sesque[2] fulminin[a].

JEAN-BÊTE : Maraud! Tu me dis ça sans préparation...

ARLEQUIN : Vraiment, ignorez-vous que M. le bonhomme Cassandre y fait z'un gros commerce de mouchures de chandelles pour faire des croix et[b] de plures d'oignons pour les enterrements?

JEAN-BÊTE : Et sa fille?

ARLEQUIN : Elle a sa petite boutique[3] devant elle, attachée à son ventre, et gagne fort gentiment sa vie z'en vendant des pommes de reinette. Ah! c'est un grand plaisir de l'entendre crier z'à la foire : « J'ai la reinette, j'ai la reinette... Calvil' blanc! calvil'rouge!... Les gros rembours[4], les gros! » que ça vous donne envie de mordre à même. Et le soir, quand le jour est entré dans la nuit, comme elle a beaucoup de sagesse, elle en fait un p'tit trafic. Oh! diable, elle f'ra une bonne maison.

JEAN-BÊTE : Ce que tu dis là z'est très probable et très juridique[5], mon cher Zarlequin.

ARLEQUIN : Paix! v'là M. Cassandre avec ce galefretier de Gilles.

JEAN-BÊTE : Z'allons-nous-en; car ma colère me reprend avec mon dévoiement.

Ils sortent.

SCÈNE II

CASSANDRE, GILLES *son valet.*

GILLES : Eh bien, monsieur le bonhomme Cassandre? Vous l'ai-je rossé là d'une fière importance? Mais aussi, faut convenir qu'ous êtes un pauvre chien malheureux comme une pierre.

CASSANDRE : Tu vois, mon ami Gilles! je travaille depuis trente ans comme un serpent; je me donne un casse-cul terrible, tout le long de l'année; et z'au bout de ça...

GILLES : Pardienne, faut que vous ayez marché sur qu'eux planète ben maléfice[1], monsieur Cassandre! Vous avez été jadis au pilori; z'un accident vous a flanqué pour six mois t'à Bicêtre[2]; feu Mme Cassandre vous battait comme un plâtre; vous avez fait z'amende honorable il y a trois ans[3]; vous avez la figure d'un singe, vous êtes fait comme un scorpion, lourd comme un bœuf, bête comme une carpe, sale comme un porc[4], puant[a] comme un cul-de-sac. Votre Z'Irzabelle la pucelle vous mène par le nez comme un sot et vous a dindonné de trois marmots dont que vot'famille s'eſt z'accrue z'en deux ans, et sans mon Jérôme[5] qui vous a tricoté z'un beau Léandre ce matin, il allait z'en fricasser peut-être un quatrième.

CASSANDRE, *le battant* : Tiens, maraud, v'là pour t'apprendre à dire des mots à double entendre.

GILLES : Ah oui, monsieur Cassandre, c'eſt comme ça que vous reconnaissez mes services? Ah, vous allez voir de queu bois je me mouche. Je ne suis pas t'un ingrat; tu vas en avoir dans les tripes et partout, vieux bouquin[6]!

Il le bat. Cassandre tombe.

CASSANDRE[b] : Ah! je suis tout disséqué, tout vermoulu!

GILLES : Par bonheur il n'y a que la tête qui z'a porté. N'avez-vous[c] pas besoin d'un peu d'huile de cotteret[7]?

CASSANDRE : Monsieur Gilles, je n'aurais jamais cru ça de vous, z'un garçon que nous aimions t'à l'adoration, que j'aurais mis dans ma chemise!

GILLES : Vous vouliez donc me faire dévorer tout vivant? Çà, vous ne vous êtes pas fait mal au nez?

CASSANDRE : Sans doute, coquin z'indigne!

GILLES : Faut le tenir le plus chaud que vous pourrez. *(Gilles avance son derrière.)* Vous qu'aimez les porcelaines : c'eſt ça qui serait z'un beau morceau, s'il n'était pas de deux pièces !

CASSANDRE : Comment, z'insolent ! Me faire des impuretés après m'avoir battu z'en ma présence, ce qu'eſt z'un grand manque d'égards à l'endroit d'un maître ! *(Il se bouche le nez.)* Savez-vous, monsieur de Gilles, que si je n'avais pas pour vous t'un peu de respect humain...

Il se bouche le nez.

GILLES : Queu mine que c'eſt ça donc, monsieur Cassandre ?

CASSANDRE : Vilain z'impur, quand tu t'es z'approché de moi, j'ai[a] senti t'une poison[1] !... Vous devriez ben queux[b] fois[2] le matin vous laver les mains dans le ruisseau... z'avant de retourner la salade, pas vrai ?

GILLES : T'nez, monsieur Cassandre, vlà vot'fille qui vient, rouge comme un cocodrille[3].

CASSANDRE, *se relevant* : Ne lui parlez pas de ça t'au moins ; entendez-vous, Gilles ?

SCÈNE III

CASSANDRE, GILLES, ISABELLE

ISABELLE, *accourant* : Z'auteur de ma vie, qu'eſt-ce donc qu'on vous fait ?

CASSANDRE : C'eſt z'un rien, ma fille. Nous jasions, Gilles et moi.

ISABELLE : Mon ch'père[4], on dit que je suis vot'enfant ; mais si ce barbet galeux de Gilles vous a fait queut'impolitesse, vous me voyez toute prête à lui marcher z'à quatre pieds sur le ventre, à lui escarbouiller[5] les rognons, à lui pocher les yeux au beurre noir, à lui...

CASSANDRE : Ah, mon Dieu, non ! ma fille. C'eſt z'une petite vivacité. Faut ben passer queut'chose à ses domestiques ; d'ailleurs, c'eſt z'un brave garçon qui a t'encore galvaudé z'un galant z'aujourd'hui, qui voulait z'entrer dans not'famille par la lucarne de mon grenier.

ISABELLE[c] : Ah ! si c'était mon cher z'amant !

CASSANDRE : Hem ! que marmottes-tu là de z'amant ?

ISABELLE : Moi, mon ch'père ? je n'en parle tant seulement pas.

CASSANDRE : C'eſt que c'en eſt un au moins que Gilles a rossé ce matin.

GILLES : Monsieur Cassandre, vous prenez toujours mon cul pour vos chausses[1]... Drès que manzelle n'en parle pas...

ISABELLE : Eh quoi! mon cher papa, vous souffrez qu'un eſturgeon de valet, qui n'eſt pas digne tant seulement de décrotter les souliers de mon chien, vous dise comme ça des sottises à bouche que veux-tu et renvoie à coups de bâton les gendres qui viennent m'engendrer d'eux en s'engendrant à moi par le canal du mariage[2]?

CASSANDRE : Ce que tu dis là eſt bien écrit, ma fille, et même z'éloquent comme l'almanach de Liège[3]; mais[a], pour ce gendre-là, z'il a chié dans ma malle jusqu'au cadenas; eſt-ce que c'eſt z'honnête, ma fille? Je m'en rapporte à Gilles. Quand z'un seigneur comme il faut fréquente z'avec une delle[4] bien élevée, z'il ne souffre jamais qu'une famille entre là-dedans; si z'un malheur a des suites, il fait z'en sorte qu'un père ne débourse rien. Je ne dis pas qu'on ne se divertisse honnêtement; mais me laisser sur les bras z'une douzaine de petits messieurs Léandres! Les Enfants-Trouvés[5] sont-ils faits pour les chiens? Je suis d'une colère!...

ISABELLE *se met à ses pieds* : Ah! mon ch'père, j'embrasse les pas de vos genoux. Vous savez que les mariages sont z'écrits au ciel, et surtout le nôtre qu'eſt déjà ébauché sur la terre sous la cheminée[6]!

CASSANDRE : Queu platitude! queu bêtise! qu'eux aveuglement! un homme de rien!

ISABELLE : Comment, z'un homme de rien? z'un gentilshomme, fils naturel d'un guet[7] z'à pied[b] de Paris, z'un homme de rien!

CASSANDRE : Je ne prétends pas pour ça toucher t'à sa noblesse, manselle. Mais je sais bien ce que je dis. Z'il ne me convient pas!

ISABELLE : Sainte Marie Bobine! Et pour queu raison?

CASSANDRE : Vous z'avez donc z'oublié, sesque indigne, le crève-cœur qu'il a fait zà vot'ch'père le jour de s'te seringue dont que même vot'honneur allait peut-être s'ébrécher si je n'étais pas venu t'à l'appui?

ISABELLE : ...Sans compter que c'eſt z'un gentilshomme qui a queux chose[c] devant lui[8]; on eſt jeune : eh bien, si l'un z'a quelques fonds, pour peu que l'autre ait de l'avance, on se démène ensemble, on travaille, on se pousse, et l'on vit.

CASSANDRE : Écoute, ma fille; faut t'être raisonnable. Il y a vingt ans que ta mère eſt morte, et v'là que tu z'entres dans ta dix-huitième année. Je ne veux pas t'empêcher de forligner z'en légitime mariage; mais aussi, manzelle, y ne fallait pas refuser M. Cadet.

ISABELLE : Cadet la gingeotte? le ptit gadouard[1] d'La Courtille[2]?... Pouah!

CASSANDRE : Ptit gadouard? Mameselle! ce mépris... C'eſt bel et ben z'un marchand vidangeur sans odeur!

ISABELLE : Oui? ça fait z'un mari ben propre et ben torché quand z'y rentre!

CASSANDRE : Quand z'y rentre, quand z'y rentre! et s'il ne rentrait jamais, bégueule[3]! qui a cinq ou six baquets ben garnis! un bon commerce; ben nourrissant; toujours double gain : l'argent z'et la marchandise. Mais si vous n'en voulez point, n'en dégoûtez pas les autres. Pour moi, je vous en souhaite...

ISABELLE : Oui, souhaitez dans une main et crachez dans l'autre : vous verrez dans laquelle qu'il en reſtera plus.

CASSANDRE[a], *en colère* : À qui en a-t-elle donc aujourd'hui, ſte acariâte? Suis-je ton père enfin?

ISABELLE : Père ou non, qu'eſt-ce que ça me fait?

CASSANDRE : Oh! nous savons ben que penser d'ces beaux muguets[4] de Léandres; il en faut vraiment aux delles Z'Irzabelles[5]. Mais[b] pour celui-ci...

Il joue sur ses lèvres avec ses doigts.

ISABELLE : Eh, mon ch'père, vous ragouttez toujours la même turelure[6]; et moi, si z'on ne me donne pas mon amoureux, j'irai me jeter dans les bras d'un cloître jusqu'au dernier moment de ma mort; v'là comme je suis...

CASSANDRE *lève sa canne* : Queu chaleur d'emportement, fille dématurée[7]!

ISABELLE *pleure* : On n'a qu'un pauvre z'amant pour tout plaisir, on vous l'ôte! et c'eſt z'un père cruel qui vous l'ôte! Ah, ciel!

CASSANDRE : Qui vous l'ôte, qui vous l'ôte! Et sans doute qui vous l'ôte...! Ne voudra-t-elle pas bientôt que je lui métamorphose tous ses joujoux d'enfant en z'amants? ça conviendrait bien à z'un père noble! On a ben raison de dire que l'oisiveté eſt le père ou la mère de[c] tout vice, je ne sais pas ben lequel! mais parce que mam'elle eſt une grande fainiante qui n'sait pas s'occuper toute seule et qui ne saurait faire œuvre de ses dix doigts, il lui faut toujours z'un amant pendu à sa ceinture avec[a] le cul bouché d'un siège. Et, remue-toi, grande lâche; tricote, fais comme ta mère; couds, couds, c'était ça, une femme!

ISABELLE : C'eſt ben aisé t'à dire : couds, couds! Mais toujours faire sa besogne toute seule, ça z'ennuie t'à la fin!

CASSANDRE : Eſt-ce que nous n'sommes pas t'ici, Gilles et moi, toute la journée?

ISABELLE : Oui!... la belle compagnie qu'un Gilles à m'garder qui eſt mon z'eunuque noir[1], comme si j'étais t'un sérail! et z'un père qui dort ou qui rognone[2] toujours! Autant vaut son écuelle vuide que rien dedans[3].

GILLES : Le z'eunuque noir, moi? Je ferais bien aussi le Bachard[4] si vous vouliez; comme j'ai toujours la clef de votre réduit z'à ma ceinture, au lieu de reſter à la porte, j'entrerais queut'fois. Ça vous divertirait peut-être.

ISABELLE : Vous croyez, monsieur Gilles, parce que votre phrase eſt z'entrelardée que je ne la comprends pas? Dieu merci, je ne suis pas t'une bête. Mais je vous avertis que la première fois que vous vous lâcherez sur le chapitre de mon compte à mots couverts, je[b] vous couvrirai la face d'un moule de gands[5] en présence de mon ch'père.

Elle lui donne un soufflet.

GILLES : Pardi, mameselle, c'était z'inutile de le promettre.

CASSANDRE : On ne sait sur quelle étoile elle a marché[6] z'aujourd'hui. D'où sortez-vous, bécasse[7]? répondez.

ISABELLE : De chez le limonadier du coin z'à prendre quelques tasses de café z'au chocolat avec, z'entre les deux, une mouillette[8] à l'eau-de-vie.

CASSANDRE : C'eſt de l'eau de veau[9], mameselle, que le médecin vous a dit de la prendre.

ISABELLE : À l'eau-de-vie, à l'eau de veau, mon ch'père, on peut ben se tromper queut'fois!

CASSANDRE : Pourquoi n'êtes-vous pas dans ſte foire?

ISABELLE : J'ai la migraine.

CASSANDRE : Z'à vendre vot'rainette?

ISABELLE : Je ne peux pas, moi, vendre des pommes crues pendant que j'ai la tête en pommes cuites.

CASSANDRE : Et toujours z'un trou dans chaque cheville[10]. Z'une fille n'a jamais le dernier avec un homme.

GILLES : Eh, laissez ça, vous autres; tenez, v'là un motapa[11] d'Égypte qui nous dira peut-être notre bonne aventure.

SCÈNE IV

JEAN-BÊTE *déguisé en Anglais avec un habit de Turc*, ARLEQUIN *déguisé en ours et marchant à quatre pattes*, CASSANDRE, GILLES, ISABELLE, POPULACE

JEAN-BÊTE

Ici, messieurs, c'eſt la victoire
Des grands spectacles de la foire :
Un ours sorti des noirs climats
Où les femmes sont frigidas[1] ;
Il danse comme Alcibiade,
Il eſt galant comme Amilcar,
Aussi généreux qu'un César,
Aussi brave qu'un Miltiade.
Donnez la patte, mon mignon.
Fort bien : vous aurez du bonbon.
Les plus beaux tours de passe-passe,
Le fameux pigeon qui trépasse
Et retourne chez les vivants;
Et cent autres tours excellents.
Entrez, chalandes et chalands[2].
Ici l'on arrache les dents
Et les cheveux sans accidents.
Marchandises de contrebande,
Des cantharides[3] de Hollande.
Écoutez, seigneurs les galants :
Votre serviteur Tchicabelle
Crève les yeux si proprement
À tous surveillants d'une belle
Que le jaloux tient la chandelle
Sans s'en douter aucunement.
De cette paſtille nouvelle,
J'éveille les feux d'un amant :
J'en vends en France énormément;
Votre serviteur Tchicabelle,
Lequel possède les secrets
Et l'art des toilettes nouvelles
Qui double l'effet des attraits,
Montre aux dames, aux demoiselles,

Et même gratis aux plus belles,
Comme il faut busquer un corset[1]
Pour rendre la taille plus fine,
Et serrer d'en bas le lacet
Pour exhausser[a2] la poitrine;
Comment, par les plis d'un jupon,
L'on fait bondir la croupe en rond,
Et comment l'art de la chaussure,
Un soulier de couleur obscure,
Grande boucle et le haut talon,
Rend le pied furtif et mignon.
Sur tous points ma méthode est sûre.
Pour faire jouer la figure,
Je leur montre qu'il est prudent
D'opposer le beau feu du rouge
Au vif éclat du diamant,
Que prendre demi-bain ou douge[3],
Matin et soir exactement,
Est se conduire sagement
Pour être bastante[4] à toute heure;
Que soigner ses secrets appâts,
Friser les cheveux au compas
D'une adresse supérieure,
Au beau sexe est le grand moyen
D'attirer tous les gens de bien.
Femme leste[5], accorte et parée
Est plus qu'à demi désirée,
Telle qui m'entend le sait bien.
Les matins pour cet art utile,
Votre serviteur montre en ville,
Et chez les belles ne prend rien,
Loterie, extraits, ternes, ambes[6].

GILLES

Monsieur le Turc, de quoi sont les lots?

JEAN-BÊTE

Coups de pied au travers des jambes,
Capables de briser les os.

GILLES

Ceux qui z'y mettront s'ront ben sots.

JEAN-BÊTE

Opiat pour les maux de ventre,
Aux belles grand soulagement.
Mon opiat, en peu de temps,
Fait que le fruit d'amusement
Sort aussi doucement qu'il entre.

ISABELLE

Vous prétendez donc qu'ça vient tout doux ?
Z'en combien de temps, monsieur, dites-vous ?

JEAN-BÊTE

Moins de dix mois, mademiselle.

ISABELLE

Pardine ! la recette eſt nouvelle.

GILLES

Z'on a t'aussitôt fait cheu nous
D'aller chercher t'une bonne sage-femme.
Aye, aye, aye, aye : crac ! en trois coups,
V'là la d'moiselle fill'mère et femme[a].

JEAN-BÊTE

Sage-femme eſt aussi fort bon
Pour le mal dont eſt queſtion ;
Mais mon opiat le surpasse.
À Landau, cité d'Alesace[1],
J'ai guéri, messieurs, en honneur,
Les trois filles d'un procureur,
Qui résidaient à la grand-place,
Et d'un clerc tenaient mal de cœur.
Ne pouvant les épouser toutes,
Craignant surtout le serre-fort[2],
Le grand clerc faisait banqueroute[3]
Et cheminait devers Francfort.
Je fus admis dans les ruelles ;
Je donnai de l'opiat aux belles.
L'opiat opéra si bien
Qu'à Landau reſta l'vaurien.

CASSANDRE

Oui, mais pour sauver l'personnage,
Vous donniez, monsieur l'magicien,
Un r'mèd'qui n'eſt pas trop chrétien.

JEAN-BÊTE

C'est que vous n'entendez pas bien :
Du clerc je détruisis l'ouvrage
En y substituant le mien !

CASSANDRE

Ah ! ah ! j'vois tout' la manigance.
Mais, d'abord, j'n'y comprenais rien.

JEAN-BÊTE

Messieurs, de leur reconnaissance
Vous ne vous doutez pas, je pense.
En échange de cent florins
Qui devaient me tomber aux mains,
Le procureur, en homme habile,
Me fit expulser de la ville ;
Je n'eus d'eux que les grands chemins.

GILLES

Faut z'avouer qu'il y a d'fiers coquins !

JEAN-BÊTE

À Vienne, grande capitale,
Où gît la cour impériale,
Chez nous se formait grand concours
Lorsque nous faisions danser l'ours,
Grande foule, rumeur, scandale,
Lorsque nous annoncions nos tours.
Pour[a] écarter la populace,
Je me vis enfin obligé
De mettre à douze francs la place :
Le gain paraissait assuré[b],
Nous n'avons jamais étrenné !

GILLES

À c' prix-là, je l'crois, Jean-Gros-Né[c1] !

JEAN-BÊTE

Nous vînmes ensuite à Florence,
Cité noble en magnificence.
Là sont accueillis les talents.
Chez nous bientôt grande affluence,
Les places n'étant qu'à six francs.

Il fallait voir toute la ville
Inonder notre domicile.
Aussi, messieurs, à ce prix-là,
Notre jeu jamais n'étrenna...

GILLES

Et queu pitié ! fichue misère !

JEAN-BÊTE

Le pays, à mon savoir-faire
N'étant pas autrement prospère,
D'autant moins que l'hôte, un vrai fat,
Voulait d'argent, non d'opiat,
Je fis mes tours de telle sorte
Que, par un insigne bonheur,
Le grand-duc il me fit l'honneur
De m'envoyer une cohorte
Qui nous mit en-delà la porte
(Ce trait-là vaut bien qu'on y pense)
Avec une permission
De retourner à pied en France[a].

GILLES

Gn'y a pas là d'quoi remplir la panse.

JEAN-BÊTE

Les gens de ma profession
Vivent de réputation.

GILLES

Ils n'mourront pas d'indigestion.

JEAN-BÊTE

France, tu nous vis à ton tour
— Sans cela tu fusses jalouse —
À Marseille, galant séjour,
À Bordeaux, messieurs, à Toulouse ;
En modérant, de jour en jour,
De trente sous la place à douze,
Grâce à la générosité
Du Français, curieux, avide
En tout genre de nouveauté,
Notre spectacle tant vanté
N'a jamais désempli... de vuide.

GILLES

Pargué, v'là qu'est ben débuté!
C'métier-là doit ben faire envie!

JEAN-BÊTE

Ainsi, malgré les envieux,
À Vienne, en France, en Italie,
Nous avons reçu dans tous lieux
Les honneurs de l'ignominie.
Après avoir charmé la cour,
Messieurs, le peuple aura son tour;
Ce pauvre peuple, il me fait peine,
Il n'a qu'un jour dans la semaine
Pour son chétif amusement.
De plus, il a fort peu d'argent.
Je veux donc lui faire la grâce
De m'établir dans cette place :
Est-ce dix sous? huit sous? six sous?
Que pour ce beau jeu l'on exige?
C'est bien peu pour de tels prodiges.
Quoi? cinq sous? quatre sous? trois sous?
Non, messieurs, point d'impatience,
Des places, vous en aurez tous;
En faveur du peuple de France,
Je mets le parterre à deux sous.
Profitez de la circonstance.
Si quelqu'un, messieurs, parmi vous,
Manque de fonds, j'ai la ressource :
Du voisin qu'il tire la bourse!

GILLES

Z'y ne l'entend pas mal, Guilleri[1],
Pour nous fair'mettre au pilori.

JEAN-BÊTE

Pour commencer, sautez, Florine[2];
Sur vous, j'ai fondé ma cuisine.
De plus, j'ai certaine poularde
Qui, pendant que l'on me regarde,
Me pond des œufs tant excellents
Que je m'en régale en tous temps.

Il mange un œuf.

Soit que j'agisse[a] ou que je cause,
Toujours j'en trouve un bien venant.

Il montre l'œuf.

GILLES

Pargué, s'tour-là z'est surprenant!

JEAN-BÊTE

Messieurs, examinez la chose.

Il mange l'œuf.

Il n'en faut plus qu'un demi-cent.

GILLES

Si l'Roi voyait s't'oiseau charmant,
Putôt pour vous l'ach'ter, j'parie,
Qu'il vendrait tout'sa ménagerie.
Ça vaut, morgué, z'un ortolan!

JEAN-BÊTE

En attendant de plus beaux tours,
Messieurs, voyez danser mon ours.

Arlequin en ours danse sur les pieds de derrière mais en sautant il donne un soufflet à Gilles qui veut aller prendre un bâton. Arlequin lui saute sur les épaules, l'abat et le pétrit. Cassandre veut bailler de sa canne à l'ours, Jean-Bête vient à son secours et rosse Cassandre avec un grand fouet.

SCÈNE V[1]

JEAN-BÊTE, ARLEQUIN, ISABELLE

Ils s'enfuient tous. Isabelle fait des cris d'accouchée. Jean-Bête la retient, ôte son nez postiche, Arlequin ôte sa peau d'ours.

ISABELLE *s'écrie* : Ah! sainte Jérusalem! c'est mon cher z'amant!

JEAN-BÊTE *se met à genoux* : Pardon, charmante Z'Irzabelle, si nous avons fiché le tour[2] à monsieur votre père et à Gilles;

c'eſt pour à celle fin de[1] les renvoyer sains et saufs, et que nous puissions nous parler un moment de notre flamme, à la face des oiseaux du ciel et de la terre.

ISABELLE : Personnage aimable, redressez-vous.

JEAN-BÊTE : Le don de mon cœur vous z'eſt dû z'à tant de titres; ah! permettez-moi de vous l'zinsinuer encore t'à genoux...

ISABELLE[a] : Je le veux ben, cher zamour; mais si vous connaissiez mes peines, ben différentes de ma personne!... car je vous en cache pus de moitié.

JEAN-BÊTE : Ne me cachez rien, cher tendron; je veux tout voir, je veux tout voir, je veux tout savoir.

ISABELLE : J'ai t'u beau dire à mon ch'père que le deſtin me deſtine à filer ma deſtinée z'avec vous, z'il eſt coriace comme un mulet zà la volonté de mon désir; mais t'enfin on ne me mariera pas sans que j'dise oui. Mon ch'père fera comme il l'entendra, ça m'eſt indubitable.

JEAN-BÊTE[b] : Ah! charmante amante, écoutez ma réponse en vers que j'ai t'appris par cœur...

ISABELLE : Monsieur Jean-Bête, ce que vous allez me dégoiser[2] eſt plein d'tendresse et d'esprit, j'en suis sûre; mais retirez-vous; pour Dieu! retirez-vous. Mon père eſt colérique et vicieux; s'il revenait z'avec Gilles, z'il vous rosserait tant que mort s'ensuive; vous me pressez trop fort, vous me déchirez, retirez-vous, pour Dieu! décampez...

JEAN-BÊTE[c] : Ne craignez rien, charmante z'Irzabelle; et permettez seulement que mes gens fassent les coqs si grues[3] z'autour de nous pendant que je vous inonderai de ma flamme.

ISABELLE : Combien sont-ils vos gens?

JEAN-BÊTE : Ils sont un.

ISABELLE : Allons! qu'ils veillent donc tous ensemble.

JEAN-BÊTE : Eſt-ce que je voudrais vous exposer? Croyez que je suis aussi sûr d'eux que de moi-même... Allons, Zarlequin, fais la patrouille[4] près de ſte porte.

ISABELLE : Mais qu'eux ressources avons-nous donc contre la volonté d'un père?

JEAN-BÊTE : Qu'eux ressources dites-vous? Ne nous reſte-t-il pas l'enlèvement, le rat[5], la fornication, l'adultère, la désolation, la tribulation, etc., etc., sans le reſte?

ISABELLE : Ah, mon cher z'amant, ce sont là des p'tites niches que je s'rais t'au désespoir de vous faire.

JEAN-BÊTE : J'aurai[d] donc l'honneur de vous faire enlever

par mon valet z'Arlequin; et pourvu que vous ne vous effrayiez pas du bruit...

ISABELLE : M'effrayer du bruit, cher z'amant légitime! On m'a toujours dit que j'étais fille du régiment de Royal-Artillerie[a1] z'et que le bonhomme Cassandre n'était qu'mon père z'apocriffe, autrement dit mon bâtard.

JEAN-BÊTE : Allons, Arlequin, enlève maneselle à brasse-corps[2].

ARLEQUIN : Doucement, doucement, monsieur mon maître, que chacun file sa corde[3], s'il vous plaît.

JEAN-BÊTE : Pourquoi donc ai-je un valet, maraud? Est-ce pour me servir moi-même? J'ai t'une maîtresse à z'enlever; je veux que tu l'enlèves.

ARLEQUIN : Pour quinze francs de gages par an, il faut que tout le gros ouvrage de la maison m'tombe sur le corps!

JEAN-BÊTE : Je te remettrai z'en ours.

ARLEQUIN : Êtes-vous ben lourde, mameselle?

ISABELLE : À peu près comme deux personnes; pas t'encore tout à fait.

ARLEQUIN, *faisant le geste de la prendre par les reins pour la charger sur son épaule*[4] : Allons, venez çà, j'ai de la componction[5].

ISABELLE[b] *criant* : Euh! ben donc! ben donc! Z'insolent, est-ce qu'on enlève une demoiselle de condition cul par sur tête et les quatre pattes en l'air comme un chat retourné?

ARLEQUIN : Ça ne vous convient pas, mameselle? Gn'y a rien de fait. Bonjour! enlevez-vous vous-même.

JEAN-BÊTE : Effectivement, mon valet z'Arlequin, quand z'une demoiselle est d'un certain sesque, on ne sait pas toujours de quoi zi retourne. Ça n'aurait qu'à lui faire avorter son lait.

ARLEQUIN, *regardant derrière lui crie* : Sauve qui put[6]! vlà le vieux vilain.

ISABELLE : Ah! j'entends Gilles qui jure et mon père qui raquillonne[7].

JEAN-BÊTE : Tâche de les dissuader du ch'min, z'Arlequin! que j'aie le temps de me sauver et d'employer un autre tartagème pour me couler encore une fois dans l'intérieur de chez mameselle.

ARLEQUIN, *les poussant chacun d'un côté* : Tirez, la belle; détalez, le galant, v'là justement z'une assiette cassée dans ce coin-là; je vas me déguiser t'en raccommodeux de faïence et m'amuser t'à leurs dépens.

SCÈNE VI

CASSANDRE, GILLES,
ARLEQUIN, *[qui] ôte sa veste sur laquelle il s'assied*[1].

CASSANDRE, *avec un grand bâton qu'il traîne* : Où est-il? où est-il, st'infernal marchand d'opiat?

GILLES, *armé d'une tête à perruque*[2] *et de son pied* : Et son enragé d'ours?

CASSANDRE : Je veux t'être emmuselé comme un forçat...

GILLES : Je veux t'être vuidé comme un poulet farci si...

ARLEQUIN, *faisant semblant de ne pas les voir et de percer un morceau d'assiette avec la pointe de son couteau, chante* :

Il ly avait promis
Afin qu'al me... prise[3]...

CASSANDRE, *reprenant* : Oui, je veux t'être emmuselé comme un forçat...

GILLES : Oui, je veux t'être vuidé comme un poulet...

ARLEQUIN, *chantant* :

D'la mettre à Paris
Z'ouvrière en ch'mise.

Bon.

GILLES *s'arrête et regarde Arlequin* : Quel diable de tableau z'à la silhouette[4] est venu s'établir là devant not' porte! Monsieur[a] Cassandre, venez donc voir.

ARLEQUIN, *chantant* :

Les filles sont comme ça :
L'cœur est leux z'amorce.

CASSANDRE : Ne vois-tu[b] pas que c'est un honnête citoyen de Chambéry[5] qui travaille en vaisselle plate d'hazard[6]?

ARLEQUIN, *chantant* :

Prenez-les par là,
Z'elles n'ont pus de force.

Bon.

GILLES : S'il y a quelque temps qu'il est là, z'il pourra nous dire ce qu'est devenu le Turc[7] et son diable d'ours.

ARLEQUIN[a], *chantant* :

La farira dondaine gué,
Lon farira don dé.

CASSANDRE : Tu as raison Gilles... Hé, l'ami!

ARLEQUIN, *chantant* :

Un jour, j'l'aperçus
Seul avec ma belle.

GILLES : Parle-nous donc, visage de cul de chaudron[1] !

ARLEQUIN :

Le v'là qui s'met dessus
L'herbette auprès d'elle.

Bon.

CASSANDRE, *le touchant avec le bout de son bâton* : Eh, l'ami? l'ami? dis-nous t'un peu...

ARLEQUIN, *lui donnant un grand coup de sa batte* : Bonjour, messieurs, vous ne m'aviez jamais vu? Eh ben! vlà que vous me voyez.

GILLES : Comme tu dis, barbouillé!

ARLEQUIN, *branlant sa batte* : Réparateur de cheminées, raccommodeur d'assiettes et rebouiseur[2] de plats, messieurs. *(Il donne un coup à Gilles.)* Gare de mon jour!

CASSANDRE : C'est fort bien fait, mais dis-nous[b] t'un peu, mon garçon...

ARLEQUIN : Messieurs, votre serviteur : je n'ai rien à vous dire; j'n'ai point vu l'homme que vous cherchez qui vous a exterminés.

CASSANDRE : Ah, ah! et comment sais-tu que nous cherchons t'un homme qui nous a t'exterminés?

ARLEQUIN : C'est vous qui le dites.

GILLES[c] : Or sais-tu bien, poêlon[3], que nous allons te fourrer les deux poings dans le gosier et te retourner comme une peau de lapin, si tu ne nous dis pas ce qu'il est devenu.

ARLEQUIN, *chantant* : Turelututu, chapeau pointu... N'est-ce pas un homme à pied, déguisé t'en Anglais avec un habit de Turc pour vendre des drogues et débiter des menteries, qu'vous cherchez?

CASSANDRE : Justement.

GILLES : Et qui a z'un enragé d'ours?

ARLEQUIN : Oh ben! celui qu'jai vu est habillé en pêcheux, qui vend des goujons par la ville et monté sur un âne, monsieur...

GILLES[a] : Répondez, père Cassandre. C'eſt à vous qu'on parle.

CASSANDRE : J'entends bien ; mais enfin, à âne ou à pied...

GILLES : Mon ami, de quel côté z'a-t-il tourné ?

ARLEQUIN : Ah ! de quel côté ? Vous voyez bien ce cul-de-sac à main droite, si bien garni de fleurs et de mâches — paroles[b] ne puent pas[1] — tout le long du mur ?

GILLES : À main droite ?

CASSANDRE : Je le connais... C'eſt toujours où je vais quand je m'sens... Oh ! S'il a donné dedans, il eſt pris.

GILLES : Par le nez d'abord ! Il y eſt donc z'entré ?

ARLEQUIN : Au contraire, il a enfilé t'une grande rue à main gauche, où il y a ſte maison qui fait le coin.

CASSANDRE : A-t-il dit dans queul quartier il allait ?

ARLEQUIN : Oui. Il a nommé un certain faubourg dont le nom finit en *au*.

GILLES : Ah, ah ! le faubourg Saint-Martin ?

ARLEQUIN : Non ; c'eſt un nom en *au*.

CASSANDRE : Le faubourg Saint-Honoré ?

ARLEQUIN : En *au*, je vous dis ! c'eſt le faubourg... le faubourg[c]... ah... le faubourg Saint-Antoine ! Je savais bien qu'à la fin je le trouverais.

CASSANDRE : En *au*, le faubourg Saint-Antoine ? C'eſt z'apparemment de la nouvelle oſthographe de ce Voltaire[2] ? Ça ne fait rien ; il faut toujours courir après lui. Et y a-t-il longtemps qu'il eſt parti d'ici ?

ARLEQUIN : Il y a environ... sept à huit jours.

GILLES : Qu'eux alibi foireux[3] eſt-ce qu'il nous chante ici, ce galipot[4] ?

ARLEQUIN : Des alibi foireux ?

CASSANDRE : Et parguienne, sans doute ! L'homme qu'il nous faut t'était z'ici t'encore, y n'y a pas t'un quart d'heure.

ARLEQUIN : Ah ! s'il tétait, ce n'eſt donc pas celui-là, car le mien z'eſt sevré comme ma nourrice.

GILLES[d] *à Arlequin* : Grouin[5], mon ami, eſt-ce que tu te fiches de nous ?

ARLEQUIN : Avec plaisir... Ah, messieurs, je sais trop ce que je vous dois pour y manquer, mais si vous avez beaucoup de queſtions à me faire, dépêchez ; car votre compagnie commence à m'ennuyer.

CASSANDRE : Nous ne faisons que d'arriver.

ARLEQUIN : Il n'ye a qu'un moment que je vous connais, et je suis déjà dégoûté de vous !

GILLES : Comment dis-tu ça, mannequin ?

ARLEQUIN, *se levant* : Je ne m'appelle pas mannequin. Z'on me nomme Arlequin, fils de Vilbrequin, issu de Maroquin, surnommé Chasse-Coquin[1].

Il les rosse avec sa batte, les pousse, ils tombent l'un sur l'autre. La tête à perruque roule par terre.

GILLES, *criant* : Ah ! monsieur Charlequin Vilbrequin ! Maroquin ! z'au guet ! z'au guet !

ARLEQUIN : Je vous apprendrai à z'estropier mon nom, faquin !

GILLES, *par terre, lui faisant la moue* : Ounh ! Oumh ! oumh ! vilain ours[2].

SCÈNE VII

CASSANDRE, *par terre*, GILLES, *par terre*,
ISABELLE, *avec un inventaire*[3] *de pommes.*

[ISABELLE :] J'entends du bruit devant not'porte, est-ce que mon z'amant serait revenu ?

CASSANDRE, *criant* : Ah ! l'enragé !

GILLES, *criant* : Ah ! l'endiablé !

ISABELLE, *voyant la tête à perruque* : Ah ! ah ! il faut que mon ch'père ait passé par ici, car v'là sa tête qui roule, à perruque dans la rue[4].

[CASSANDRE, GILLES,] *tous*[a] *deux, en se relevant* : Aïe, aïe, aïe !

ISABELLE *les aperçoit* : Eh ! qu'est-ce que vous faites donc là, mon ch'père, avec Gilles, dans le tas d'ordures ?

CASSANDRE : Je suis t'éreinté.

GILLES : Je suis t'abîmé.

ISABELLE : Est-ce que vous avez revu s't'homme de tantôt ?

CASSANDRE : Non, c'est z'un marchand de faïence cassée. Nous revenions Gilles et moi, pour le chercher ; aïe, aïe, aïe !

ISABELLE : Qui, ce marchand de faïence ?

CASSANDRE : Et non ; pour chercher s't'homme de tantôt. Nous l'avons trouvé z'ici, z'assis par terre. Aïe, aïe !

ISABELLE : Qui assis ? s't'homme de tantôt ?

CASSANDRE : Eh ! mon Dieu, non ! C'est le marchand de faïence que nous avons trouvé t'assis. Nous avions pris t'un bâton chacun, Gilles et moi, pour le mettre à la raison, aïe, aïe !

ISABELLE : À la raison, ce marchand de faïence?

CASSANDRE : Et non! langue de Jéricho[1]! pour mettre à la raison s't'homme de tantôt! mais comme nous lui parlions amicablement[2], Gilles et moi, z'il nous a rossés à tripe-abattue. Aïe, aïe!

ISABELLE : Eh! mais c'est s't'homme de tantôt qui vous a rossé, mon ch'père, à qui contez-vous ça? est-ce que je n'y étais pas, moi qui suis t'encore toute enflée des coups que j'ai reçus de lui!

GILLES : Quoi! du marchand de faïence?

ISABELLE : Eh, non! de s't'homme de tantôt! Queu galimatias de faïence mêlez-vous donc là-dedans?

GILLES : Galimatias! sans doute, quand j'en ai mon doigt tout à fait z'en suppuration! mais[a] si je ne lui coupe pas les deux jarrets d'un seul coup, flon! je veux ben qu'on dise de moi que je ne m'appelle pas Annibal-Alexandre de Gilles[b], le plus brave des hommes.

ISABELLE : Est-ce qu'il n'a pas de nom, ce marchand de faïence?

GILLES : Un nom superbe! Il dit qu'il s'appelle Charlequin, fy[3] de Vilbrequin; mais moi, je crois en vérité que c'est cet enragé d'ours qui s'est fait Savoyard, car il lui ressemble!...

ISABELLE, *riant* : Est-ce que ça s'peut donc, z'imbécile?

GILLES : Pourquoi pas? J'ai vu plus de cent maris qui étaient devenus ours, oui qui dansaient z'en ville, et qui faisaient au logis : houm, houn, houn, quand un ours aurait pris sa revanche!

CASSANDRE : Eh! mais taisez-vous donc, langues de Capharnaüm[4]! Z'ils font un bruit que je n'y vois goutte; s'te journée-ci est malencontreuse en diable. Rentrons en attendant le médecin que j'ai t'envoyé chercher par un Savoyard de mes amis.

GILLES : Tenez. Le v'là z'avec son aide de camp qui porte la bannière de la médecine.

CASSANDRE : Retirez-vous t'un moment, ma fille.

Elle sort.

SCÈNE VIII[1]

GILLES, JEAN-BÊTE *en médecin*, ARLEQUIN *en apothicaire, une seringue à la main*, CASSANDRE

GILLES, *avec un doigt entouré d'une grosse poupée* : Ah! monsieur le médecin, z'on vous attend z'avec une impatience superbe.

JEAN-BÊTE : Qu'avez-vous, mon ami? Montrez-moi de quoi y tourne.

GILLES *chante.*

Air : ariette de « Mon pauvre cœur »,
dans « Le Peintre amoureux[2] *».*

J'ai ben du mal z'à t'un endroit...

JEAN-BÊTE

Voyons.

GILLES

J'en souffre au bout du doigt.
Quand ça m'travaille,
Aïe, aïe, aïe, aïe,
J'vous pousse des cris...

JEAN-BÊTE

Bon : c'est z'un panaris.

Ensemble :

GILLES

J'vous pouss'des cris
Qu'chacun z'en est surpris

JEAN-BÊTE

Z'un panaris.
Z'un panaris.

GILLES

C'est z'une enflure
Qui z'est dure
Z'outre mesure.

JEAN-BÊTE

C'est là sa nature.

Ensemble :

GILLES

Quand on veut l'panser,
Ce que j'en souffr', ce que [j'endure
Ferait renier Dieu z'à t'un [trépassé.

JEAN-BÊTE

Il faut le fourrer
Dans un lieu chaud et serré.

GILLES

Dame! quand ça renfle,
C'est sans exemple.
J'vous pousse des cris!

JEAN-BÊTE

Mais c'est un panaris.

Ensemble :

GILLES

J'vous pousse des cris
Qu'chacun z'en est surpris.

JEAN-BÊTE

Z'un panaris,
Z'un panaris.

JEAN-BÊTE : Monsieur Piston, ceci vous regarde, opérez.

ARLEQUIN : Manquez-vous d'argent, mon ami?

GILLES : C'est par où je brille. Est-ce que vous savez guérir aussi de s'te maladie-là, monsieur Piston?

ARLEQUIN : Si j'en avais le secret dans ce temps-ci, je serais trop z'affairé z'auprès des grands pour m'amuser t'aux petits. Mais[a] c'est qu'nous avons deux façons de traiter z'un mal : nous l'allongeons à ceux qui paient, et le raccourcissons à messieurs les gratis[1].

GILLES : Ah ben, là, traitez-moi sans façon, comme ces derniers, je n'ai pas le moyen d'être malade en vérité.

ARLEQUIN : Ça va t'être fait dans un moment.

Il met la seringue contre sa joue comme pour voir si le lavement est à son point.

GILLES : Est-ce que vous allez m'en couler d'une douce[2] pour guérir mon doigt?

ARLEQUIN, *posant la seringue à terre* : N'ayez pas peur, tout ce qui coûte seulement deux liards n'entre jamais dans le traitement des gratis. *(Il tâte le doigt doucement.)* Ça vous fait-il bien mal quand on y touche?

GILLES, *se plaignant* : Ah ! ah ! ah ! ou, ou, i, i, i.

ARLEQUIN *le tâte plus fort* : Tant mieux ! Et quand z'on le presse ?

GILLES, *criant un peu* : Ah ! ah ! ah ! ou, ou, i, i, i.

ARLEQUIN : Tant mieux !

Il lui tortille le doigt de toute sa force[a].

GILLES *crie de toute sa force* : Ah ! ah ! ah ! ah !

ARLEQUIN : V'là qu'est fini ; demain, si ça ne va pas mieux nous recommencerons.

GILLES, *se plaignant* : Ah ! ah ! ah ! Je ne crois pas ça ! Queu diable de traitement que celui de messieurs les gratis !

SCÈNE IX

JEAN-BÊTE *en médecin*, ARLEQUIN *en apothicaire*, GILLES, CASSANDRE, ISABELLE

ISABELLE : Est-ce vous qu'êtes le médecin de Monsieur ?

JEAN-BÊTE : Seriez-vous, charmante enfant, de s'te famille[b] infortunée qui à la foire aujourd'hui a zété blessée z'à t'une bataille de coups de bâton ?

ISABELLE : Oui, monsieur.

JEAN-BÊTE : Ayez confiance en moi : je m'appelle M. Moribond, médecin de Montpellier. Quelle maladie avez-vous pour que je vous dise ce que c'est ?

GILLES, *riant* : M. Moribond ! Z'il porte[c] le nom de ses pratiques !

ARLEQUIN, *lui donnant un coup de pied dans le cul et se remettant gravement* : Faut pas z'interrompre la consultation, faut pas z'interrompre !

GILLES : Ah mon doigt, ah mon doigt ! Eh ben ! regardez si z'on ne jurerait pas que c'est encore s't'enragé d'ours !

JEAN-BÊTE *lui donne un coup de pied dans le cul et se remet gravement* : Mon ami, si vous êtes de la maison, permettez que je parle à mameselle, que je l'entretienne...

GILLES : Toute nue, pour son hiver. Mais, messieurs, est-ce que vous ne sauriez parler sans gesculer ?

JEAN-BÊTE, *chantant avec* ISABELLE[1]

Air : le duo de « Blaise est terrible », dans « Le Savetier ».

Qu'avez-vous donc ?

ISABELLE

La fièvre.

JEAN-BÊTE

Voyons, tâtons, tâtons.

ISABELLE

Non, non, non, non.

JEAN-BÊTE

Je m'en vais lui prendre le menton.

ISABELLE

Ah! ah! j'ai la fièvre.

JEAN-BÊTE

Elle a fait son dépôt sur la lèvre.

ISABELLE

Ah! j'ai la fièvre.

JEAN-BÊTE

Donnez-la, la lèvre.

ISABELLE

La fièvre.

JEAN-BÊTE

La lèvre.

ISABELLE

Ah! ah! j'ai la fièvre, j'ai la fièvre!

JEAN-BÊTE

Eh! vraiment, vous tremblez comme un lièvre.

ISABELLE

La fièvre!

JEAN-BÊTE

Un lièvre. Donnez donc.

ISABELLE

Ah ! ah ! j'ai la fièvre, j'ai la fièvre.

JEAN-BÊTE

Donnez donc la lèvre. Votre lèvre.
Qu'avez-vous donc ?

ISABELLE

La fièvre.

En recommençant.

JEAN-BÊTE : Z'il n'reste plus qu'à vous guérir. Savez-vous comment je vais m'y prendre, mameselle ?

ISABELLE : Monsieur, je ne me connais pas t'à ça, je ne suis pas t'architeque.

JEAN-BÊTE : Ni moi non plus. Mon remède est z'un grand tropique[1] qui s'applique sur la poitrine.

ISABELLE : Mais si ça m'fait mal, monsieur ?

JEAN-BÊTE : Il y a t'une certaine façon de poser l'appareil qui le rend moins douloureux. Ne craignez rien, mameselle. C'est moi-même qui vous le poserai.

ISABELLE : Et quand y faudra me l'ôter, monsieur, si vous n'y êtes plus ?

JEAN-BÊTE[a] : La règle de la médecine, mameselle, en fait de tropique et d'appareil, est que celui qui le met est z'ordinairement celui qui l'ôte.

ISABELLE : S'te règle-là me paraît fort naturelle. Et vous voudrez donc ben...

JEAN-BÊTE : Z'avant peu, mameselle, vous verrez ma façon de panser.

ISABELLE[b] : Monsieur, vous n'aurez pas t'affaire à z'une ingrate, je vous assure.

JEAN-BÊTE, *à Cassandre* : S'te demoiselle-là me paraît ben élevée. Monsieur lui est-y de quèque chose ?

CASSANDRE : Feue Mme Troufignon[2], ma femme, née Troufignon, z'était sa mère. Je ne vous dis que ça ?

JEAN-BÊTE : Ça ne répond pas tout à fait z'à la question. Mais de quelle branche des Troufignons, s'il vous plaît ?

CASSANDRE : Ah... je ne vous dirai pas bien... des plus grands, des meilleurs. Mais, comme on sait, dans ce pays-ci tous les Troufignons sont z'excellents.

JEAN-BÊTE : Cela z'est certain. C'est que j'en ai connu un

certain grand qu'avait longtemps servi en Flandres en Allemagne[1], et qui s'était encore fort z'agrandi dans ce pays-là.

CASSANDRE : Y n'était pourtant que l'cadet[2] de ma femme, et ma fille qu'est Troufignon par l'endroit de sa mère, a z'hérité de ce grand-là qu'vous avez connu et qu'était son oncle.

JEAN-BÊTE : Et, dites-moi : mameselle n'a-t-elle jamais t'eu que s'te maladie-ci ?

CASSANDRE : Pardonnez-moi, monsieur. On a déjà dit plusieurs fois qu'elle était z'idropique. C'était comme queut' chose... mais, au bout de quèque temps, elle allait z'à la campagne, et ça se passait toujours, heureusement !

JEAN-BÊTE : J'entends : le ventre douloureux ? Tendu ?

ISABELLE : Oui, monsieur.

JEAN-BÊTE : ...Qui pâtissait beaucoup ?

ISABELLE : Oui, monsieur.

JEAN-BÊTE : Et à s't'heure pâtit-y ? ou ne pâtit-y pas ?

ISABELLE : Pâtit pas tant, pâtit pourtant. Ça vat-et ça vient.

JEAN-BÊTE : Bon, bon, bon. Ce s'rait ben dommage ! une demoiselle d'un aussi joli tempérament !

CASSANDRE : Monsieur ce n'est rien que ce que vous voyez ! Z'elle a l'esprit z'orné[3], z'elle a lu Bécasse, La Loyola, l'Aretin, *Le Pédagogue chrétien*, *La Béguine en déshabillé*...

JEAN-BÊTE : Ce sont là des histoires qu'une demoiselle de qualité, fille d'un bon bourgeois, doit certainement z'étudier.

ISABELLE : Il faut ben z'instruire avec des contes moraux[4] l'innocence d'une jeunesse nubile, comme je puis t'être ?

CASSANDRE : Ah ! si elle n'était pas z'enflée de l'histoire de s't'homme de tantôt, vous l'entendriez chanter z'un ptit air...

ISABELLE : Monsieur, mon ch'père badine ; y sait bien que je suis dans la mue. Z'autrefois je vous dégoisais ça, on aurait dit que j'avais t'avalé z'une douzaine de rossignols.

CASSANDRE : Comment, ma fille ! vous qu'avez des complaisances dont toute la ville se ressouvient, parce que monsieur z'est étranger faut-y qu'il soit le seul à qui vous refusiez t'une galanterie ?

ISABELLE : Pourquoi me tarasbuter[5] ? Vous savez, mon ch'père, que je suis douce comme un mouton, mais que je n'aime pas qu'on me viole ; je n'aime pas qu'on me viole !

CASSANDRE : Monsieur, v'là sa vraie maladie. Faut que quelst'un ly ait fait z'avaler une manière de clou, car elle est si raide qu'je ne peux plus la ployer z'à ma volonté.

JEAN-BÊTE : Je vais dans le moment, monsieur, lui faire toucher z'au doigt et à l'œil ce qu'une fille doit sentir pour z'un père de votre acabit[1].

CASSANDRE : Monsieur, je suis bien sensible...

JEAN-BÊTE, *à part, à Isabelle* : Est-ce que vous ne me reconnaissez pas, ma Z'irzabelle !

ISABELLE, *à part* : Oh ! sainte Épiphanie ! c'est mon Jean-Bête ! *(Haut.)* Mon ch'père, v'là qu'est fini. Vous m'avez mit entre les mains de monsieur : je m'y tiens. Je n'aurai t'à l'avenir rien de caché pour lui, je vais chanter, danser, chifler[2], etc. Voulez-vous t'autre chose de moi, monsieur Moribond ?

GILLES : Jarni ! queu z'enjoleux de filles !

ISABELLE *chante.*

Air : « Je reviens cent fois plus amoureux[3]. »

Je reviens plus grosse que jamais[4]
De m'unir à lui désormais.
Et z'en passe de faire plaisir
À l'objet de mon tendre désir.
Je conçois
De très bonne foi
Qu'il a souffert dans mes chaînes,
Mais d'vant moi,
Heureusement j'ai d'quoi
Lui faire oublier ses peines.

JEAN-BÊTE : Mameselle, du depuis que j'ai vu vot'belle poitrine, je prie monsieur vot'père de trouver bon que je vous épouse en face d'église[5]. J'ai toujours respecté messieurs les bonhommes Cassandre.

CASSANDRE : Monsieur...

JEAN-BÊTE : J'ose le dire, il y a des bonhommes Cassandre dans tous les états.

CASSANDRE : Monsieur...

JEAN-BÊTE : J'en ai vu. J'en ai vu dans l'épée, dans la robe et la finance ; et partout z'ils sont très estimés z'et parents en droite ligne des Gobe-mouches[6] en politique qui[a] sont z'aussi fort z'étendus.

CASSANDRE : Monsieur, monsieur, vous nous faites beaucoup d'honneur de vouloir bien entrer dans ma famille par le canal de ma fille...

JEAN-BÊTE[b] : D'autant plus que vous rencontrez en moi,

z'outre un médecin très éclatant, le beau Léandre qui a déjà t'eu l'avantage d'administrer à mamaselle le sacrement d'fornication, z'en attendant mieux.

GILLES, *en riant* : Ah! C'est celui à qui j'ai chatouillé les côtelettes ce matin? Ah! ah! ah! ah...

ARLEQUIN *lui donne un coup de pied au cul et se remet gravement* : Faut pas interrompre comme ça le fil d'une conversation.

GILLES, *se frottant la fesse* : Pardine, v'là z'un maudit apoticuflaire[1] toujours.

CASSANDRE, *en colère* : Comment! vous êtes, monsieur, celui qui a t'encanaillé ma fille et qui lui a si longtemps fourré *(il tousse)* l'amour dans la tête? Je vous avais donné ma parole; je vous la rôte — on sait que messieurs les beaux Léandre ont de tout temps été les ennemis jurés des bonhommes Cassandre, et que, de père en flûte, ils leur ont toujours fait des niches. Isabelle n'est pas pour vous.

JEAN-BÊTE[a] : Monsieur, si j'ai t'ébauché[2] mameselle vot'fille, je ne demande pas mieux que de l'achever de peindre, mais il est temps de vous dire à quelle fin tous mes tartagèmes et déguisements d'opéra. Z'outre que mameselle a déjà z'été z'amoureuse de moi, folle de moi, grosse de moi, z'accouchée de moi pu de cent fois, z'il serait fâcheux qu'étant z'encore dans le cas de produire bientôt z'un nouveau z'emblème de notre amour, on l'empêchât de rendre ce petit fruit-là tout doucement comme elle l'a pris; et pour vous le couper court[3], mossieur, je ne suis pas t'un véritable beau Liandre[4] comme vous le croyez. Je m'appelle Jean-Bête, auteur de parades, fils de Jean-Broche, petit-fils de Jean-Fonce, arrière-petit-fils de Jean-Logne, issu de Jean-Farine, qui sortait de Jean-des-Vignes, lequel descendait en droite ligne de Jean-sans-Terre, et de Jean-sans-Aveu[5], qui sont z'une famille aussi z'illustre que les bonhommes Cassandre; vous saurez t'en outre qu'un de mes grands-pères...

CASSANDRE : Du côté des hommes ou des femmes?

JEAN-BÊTE : De tous les côtés, monsieur, de tous les côtés.

CASSANDRE : Mais était-il votre grand-père paternel?

JEAN-BÊTE : Certainement, monsieur; mon grand-père paternel, maternel, tanternel[6], et[b] que tout le monde a connu. Il fut ce fameux Jean-Broche qui fourrait z'un fer rouge dans le cul des passants sur le Pont-Neuf, pendant le grand hiver[7]. Ceux qui ne s'en souciaient pas lui payaient z'au moins le charbon, ce qui fit sa fortune en peu de temps. Son fils devint secrétaire du roi, langueyeur de porc[8], monsieur;

son petit-fils maître des raquettes, intendant z'en province et z'aujourd'hui conseiller-rapporteur z'en la cour, qu'eſt mon cousin Lalure; Jean-Broche, mameselle, que vous connaissez sûrement, Jean-Broche le père, Jean-Broche la mère, Jean-Broche la fille et toute la famille Jean-Broche tiennent de très près aux Troufignons dont qu'vous sortez, parce que feu Manon Jean-Broche, ma grand-tante, en eut z'un en mariage qui avait z'une grande balafre au milieu de la barbe, qu'il avait z'attrapée dans la marche d'Ancône, en Ilatie[1], ce qui lui rendait la bouche de travers, et ne laissait pas de lui gâter un peu le visage. Mais le mariage ne s'en fit pas moins en Languedoc, à Tarascon[a], et il n'y a pas longtemps qu'ils sont morts z'à Beaune, où z'une branche de messieurs Jean-Bête, qui z'y fleurit extrêmement, leur fait faire tous les ans un beau service avec un cataplasse[2] magnifique, ousqu'on y débite un discours superbe et catalogue[3] au sujet; v'là, monsieur Cassandre, quelle eſt ma poſtérité passée, présente et future.

ISABELLE *se met à genoux* : Mon ch'père, je me jette à vos jambes. Je ne savais pas[b] que mon cher Jean-Bête fût aussi Jean-Broche du côté des femmes; mais je m'en suis toujours doutée à ses bonnes façons pour moi.

CASSANDRE : Monsieur, monsieur, z'en ce cas-là c'eſt z'une grande différence! Vous parlez des bonhommes Cassandres. Où eſt-ce qu'il y a z'une famille aussi z'étendue que celle des messieurs Jean-Bête; c'eſt bien d'eux qu'on peut dire qu'i n'y a pas d'état dans le monde où z'ils ne remplissent les premières places! mais il y avait longtemps que je désirais rencontrer z'un de messieurs Jean-Bête qui eût la bonne foi de porter son véritable nom, sans avoir pu y réussir. Z'on a beau les reconnaître[4], igny en a pas un qui dise tout[c] uniment comme vous : « Messieurs, je m'appelle Jean-Bête, fils de Jean-Broche, petit-fils de Jean-Fonce, etc. » Ah! monsieur, z'en faveur d'une pareille sincérité, je me fais un honneur infini de vous donner ma fille, d'autant que, l'ayant visitée, entretenue, eſtimée plus[d] de cent fois z'à bouche que veux-tu, vous devez savoir ce qu'en vaut l'aune, l'un de l'autre. Approchez, mes enfants. Je n'ai pas t'une pièce de douze sous t'à vous donner, mais ma bénédiction ne vous manquera pas plus que l'eau du puits. Quel quantième avons-nous t'aujourd'hui, Gilles?

GILLES : Je n'en sais rien, monsieur Cassandre; mais gn'y a qu'à compter. C'était vendredi le premier dimanche du mois; jeudi prochain eſt le Mardi gras. Il eſt ben aisé t'à ſte heure...

CASSANDRE *les unit* : Je me reconnais. Nous tenons demain le trente-deux... Ma fille, voilà M. Jean-Bête, je vous le mets dans la main. Usez-en maintenant comme des navets[1] de votre jardin; et vous monsieur Jean-Bête, voilà ma fille que je vous accorde. La voulez-vous pour votre femme naturelle? *(Jean-Bête, un genouil[2] en terre[a] devant Isabelle sans parler.)* Vous ne répondez pas?

JEAN-BÊTE *serre Isabelle dans ses bras sans se lever* : Monsieur Cassandre, qui consent ne dit mot[3].

CASSANDRE : Je ne veux pas t'en entendre davantage, et qui comprend z'eſt heureux. Vous m'avez charmé d'une seule parole, et puisque les mariages sont z'écrits au ciel, comme je le vois par tout ce qui m'arrive aujourd'hui, je n'ai rien de plus pressé que de vous z'épouser[4] bien vite l'un et l'autre devant z'ou derrière le chœur de l'église[b5].

★

Scènes ajoutées à la parade de « Jean-Bête à la foire », qui furent composées à la hâte pour la fête de M. Le Normand d'Étiolles; elles pourraient servir de canevas pour célébrer un prénom quelconque — sous condition que le sujet prêterait à cette louange aussi touchante qu'ingénieuse. Si on voulait jouer la parade, il faudrait en retrancher la queſtion de Cassandre sur le quantième ou la faire quadrer[6] avec le jour de la fête, etc.; celle qui donna lieu à toutes ces folies fut célébrée dans le château d'Étiolles en 1770, ou 11 — à ce que je crois[7].

SCÈNE PREMIÈRE

CSSANDRE, GILLES, ISABELLE, JEAN-BÊTE, ARLEQUIN

CASSANDRE : Qu'eux quantième avons-nous aujourd'hui, Gilles?

GILLES : Je n'en sais rien, monsieur Cassandre : mais n'y a qu'à compter. C'était vendredi le 1er dimanche du mois — jeudi prochain, c'eſt le Mardi gras, il eſt ben aisé à ſte heure...

CASSANDRE : Ah! je me reconnais, nous tenons t'aujourd'hui le trente-quatre, fête de saint Charles, et z'un jour trop zagréable dans le canton pour que nous ne l'employions pas t'à nous réjouir comme les autres[8].

ISABELLE : Et de quoi guérit-il, saint Charles? Saint Roch, z'est pour la rage, saint Hubert pour la peste, saint François z'a t'un cordon assez méritoire[1] : chacun a son petit district; qu'est-ce qu'il z'a fait, saint Charles, mon ch'père?

CASSANDRE : Ce qui z'a fait? Et pardienes, t'es donc sourde? Est-ce que tu ne les entends pas tous crier? Stici : « Z'il a sauvé not'père. » Stila[2] : « Z'il a marié not'fille. » S't'autre : « Il fait subsister not'ménage. » Dans ce coin-ci : « J'équions ruinés sans lui »; dans ce coin-là : « Z'il est le souquien des familles. » Un peu plus loin : « Z'il est le père des pauvres[3]. » Et tertous ensemble : « Puisse-t-il vivre encore cent ans! » *(Il crie en se bouchant les oreilles.)* Eh, messieurs! messieurs! je vous crois, je le désire aussi, mais vous nous gueulez tous aux oreilles, que c'est un train z'à rendre les gens sourds!

ISABELLE : Où voyez-vous donc tout ça, mon ch'père? N'y a personne ici. Est-ce qu'il devient z'imbécile, donc?

JEAN-BÊTE : Tout ce qu'il a dit z'est vrai, ma chère Z'Irsabelle. Excepté qu'il a z'orné la fin de son discours d'une image d'théorique[4]. Monsieur vot'père est z'un Cicéron qui z'a toujours brillé dans le style ratoire.

GILLES : Oh! dame, quand il s'y met, c'est z'un vrai Volterre à terre[5]!

ARLEQUIN *lui donne un coup de pied au cul et se remet gravement* : Ce qu'on dit là n'vous regarde pas. Z'on parle d'un Charles et vous vous appelez Gilles.

GILLES : Morguienne! avertissez donc quand vous frappez, on se rangera!

ISABELLE : Mon cher z'amant, je crois que vous m'en contez t'un peu. Et ce n'est pas bien à vous, ni à mon ch'père. Ousqu'il[a] y a t'un saint dans ce monde-ci, qui ne soit pas depuis ben longtemps dans l'autre? Moi, je n'en ai jamais vu que dans la châsse Saint-Ovide et dans l'almonac.

JEAN-BÊTE : Je vais, ma charmante, vous expliquer ça tout aussi clair que six et six font quinze. C'est qu'ils disent comme ça qu'ils chôment à la fois deux saints du même nom[6] : le Charles qui z'est mort et que personne ne connaît et le Charles qui est vivant et que tout le monde z'aime; l'ancien qu'est bon (dit M. le Curé), pour l'autre monde, et le nouveau que nous savons tous qu'est ben pus meilleur pour celui-ci; s't'ilà qu'on z'écorche en latin au lutrin et s't'ici qui mérite ben qu'on le caresse en bon français; enfin le saint Charles de Rome[7] qui ne nous vient z'en passade une fois par an que pour user not'encens t'et nos cierges; et le saint Charles d'Étiolles que chacun de nous retrouve à tout moment dans ses besoins pressants. Pour moi, je suis de leux avis. J'honore beaucoup les bourgeois du calendrier mais les saints que je fête le plus volontiers sont les gens qui font du bien!

GILLES : Vivat aussi! C'était la Toussaint, il y a trois jours; n'ayez pas peur qu'ils aient fourré st'ici dans la mêlée z'avec toute la bande; il leur est trop cher pour ça!

ARLEQUIN, *un coup de pied au cul à Gilles et se remet gravement* : Mais qu'est-ce qui vous demande vot'avis? Vous mettez toujours vot'nez dans les matières des autres.

GILLES, *se frottant la fesse* : Oh! c'est ben là z'un vrai propos de seringue; va! maudit vise-au-trou[1]! Si tu n'avais pas t'une arme aussi z'entrante, je t'aurais déjà t'éreinté[2].

CASSANDRE, *à Jean-Bête* : Mais pisque vous en savez tant, not'gendre, expliquez-nous donc z'aussi comment que ça se fait que deux saints s'appellent de même?

JEAN-BÊTE : Ah! c'est que le nom de famille de l'ancien z'a servi de nom de baptême au nouveau. V'là comme, z'en fait de saints, ça s'est toujours z'enfilé de l'un z'à l'autre dans tous les siècles des siècles. Par exemple, moi qu'ai l'honneur d'être M. Jean-Bête *(il ôte son chapeau, tous font de même)*, le saint dont auquel j'ai succédé z'au nom, s'appelait de famille : Jean. S't'ilà qui voudra z'hériter du mien (je suppose), z'un chacun voit ben comment z'il faudra qu'il se nomme.

ISABELLE : Queux esprit spirituel que mon Jean-Bête! C'est z'une chiclopédie[3]!

CASSANDRE : Mais, not'gendre, quand z'on a quet'chose à dire z'à l'un des deux saints, comment fait-on pour les reconnaître?

JEAN-BÊTE : Ah! ah! ah! Demandez-leux à tous s'il y en a z'un seul qui s'y trompe! Ils vont se mettre à genoux cagneux devant celui-là : « Saint Charles Boromé, priez pour nous »? Non; z'y viennent tout bonnement à celui-ci : « Saint Charles Bien-Aimé, obligez-nous. » Je ne sais pas si le Boromé z'accorde toujours ce qu'on lui demande, mais pour le Bien-Aimé, z'il est sûr qu'il n'y manque jamais!

GILLES : Ah! laissons en paix ce La Ramée[4], et chantons tous le Bien-Aimé!

ARLEQUIN, *un coup de pied au cul à Gilles, et se remet gravement* : Ce garçon-là z'est incorrigeable. Z'on ne peut pas lui former le tempérament z'au silence!

GILLES, *se frottant la fesse* : Ah! jerni, t'encore?

CASSANDRE : À qui que t'en as donc toujours, Gilles? Z'on n'entend que lui, ce Jérémie!

GILLES : Oui, gérésol, pisqu'il faut le dire en musique; toujours son vilain pied z'à mon cul, ça-a-mi-là. J'ai mes fesses en beu far-ci! z'et mon croupion en dé-lab-ré; z'entends-tu, vieux, ce sol-ut[1]?

CASSANDRE : Queux inondations de platitudes[2]!

SCÈNE II

LES ACTEURS PRÉCÉDENTS, LES PAYSANS DU VILLAGE

UN JEUNE GARÇON : Ah! monsieur Jean-Bête, faites-nous donc des couplets pour chanter quand nous irons au-devant de not'seigneur, z'avec nos bouquets et nos guirlandes.

JEAN-BÊTE : Quoi! vous n'avez ni chansons, ni vers à lui lâcher?

UNE JEUNE FILLE : Nous avons cherché z'un poète dans tout le village par mer et par terre. Mais nous n'en avons pas tant seulement pu z'attraper la queue d'un.

JEAN-BÊTE : Ah! qu'il va t'être charmé de vot'accident!

LA JEUNE FILLE : Pourquoi donc ça?

JEAN-BÊTE *chante.*

D'compliments z'il en a par d'sus la tête.
Queux gau[3] pour lui! z'il va passer sa fête
Sans vermisseaux, sans couplets ennuyeux.
C'est ben gracieux,
Très gracieux,
Fort gracieux[4]!

Tout le monde répète en chorus[5] :

C'est ben gracieux.
Très gracieux,
Fort gracieux!

JEAN-BÊTE

Deuxième couplet

N'savez-vous pas qu'c'est un homme modeste,
Qui craint l'z'éloges et les fuit com'la peste?
Je l'vois là-bas qui m'approuve des yeux.
C'est ben gracieux, *etc.*

JEAN-BÊTE *continue.*

Troisième couplet[a]

Dit'lui : « J'devions vous jouer chacun z'un rôle;
Mais d'puis huit jours, j'ons perdu l'maît' d'école
Qui f'sait nos vers. » Il répondra : « Tant mieux! »
C'est ben gracieux, *etc.*

Quatrième couplet

Qu'tous les garçons lui fass'la révérence;
Qu'parmi les filles la pus gentill' s'avance,
Et vous l'baise en godinette[1] sur les yeux!
V'là c'qu'est gracieux, *etc.*

JEAN-BÊTE *parle* : Ce n'est pas là encore ma seule raison pour vous r'fuser des couplets, mais c'est que j'ai juré de n'en plus faire. Si vous saviez ce qui m'est zarrivé s't'été!...

ISABELLE : Et quoi donc, mon Jean-Bête?

JEAN-BÊTE *chante.*

Cinquième couplet

J'fais des vers en prose pour une Nanette[2].
Elle me r'mercie; les v'là dans sa pochette.
Quat'jours après, j'les r'trouvis dans les lieux!
C'est ben gracieux, *etc.*

CHŒUR

C'est ben gracieux, *etc.*

GILLES, *riant* : Ah! ah! ah! ah! V'là ben l'pus bon! Le dernier, c'est le couplet d'l'auteur! Ah! ben, tenez, monsieur Jean-Bête, je vous conseille s'te fois-ci d'être constipé pendant quinze jours. Car vous pourriez ben rencontrer, dans le ptit endroit que vous venez de dire, tout ce que vous nous avez fait z'étudier z'aujourd'hui.

ARLEQUIN, *un coup de pied au cul de Gilles, et se remet gravement* : Tu peux être sûr que toutes les fois que tu parleras, c'est pour ton cul mon pied. Je te l'garde.

GILLES, *en colère, se frottant la fesse* : Ah! c'est trop fort à la fin! Est-ce que tu ne sais pas qu'on ne touche là qu'avec le nez? Lâche que tu z'es? Tu n'oserais te mesurer avec moi à z'armes égales!

ARLEQUIN : Je n'oserais, dis-tu?

GILLES : Quitte donc ta seringue puisque tu vois que je n'ai pas de pot de chambre pour te répondre.

ARLEQUIN *jette sa seringue* : Tu vas voir si j'ai besoin d'elle pour te manger le blanc du cul jusqu'à la prunelle! *(Il ôte sa robe.)* Reconnais-moi donc : je suis l'ours!

GILLES, *effrayé* : Ah!

JEAN-BÊTE *ôte sa robe de médecin* : Et moi le Turc!

TOUT LE MONDE, *surpris* : Ah!

LE CHEVALIER *armé de toutes pièces de l'intermède espagnol*[1] *entre et dit* : Et moi le diable! Car il faut qu'il se fourre partout.

Tout le monde crie et s'enfuit. Il reste seul au milieu du théâtre en silence; il est garni, sur ses armes, d'artifices de table de la tête aux pieds, avec des estoupilles[2] *qui se communiquent. Deux personnages, habillés comme dans la scène des Ombres de l'intermède, arrivent, tenant dans chaque main une gerbe allumée. Ils tournent et mettent le feu à deux gerbes que tient de même le chevalier armé, avec lesquelles il allume le reste de son artifice.*

Pendant ce temps-là, l'orchestre, avec cors de chasse en pleine trompe[3] *et timbales, joue la marche du roi de Prusse*[4] *comme dans les fêtes publiques.*

ARLEQUIN, *en ours, rentre à cheval sur les épaules de Gilles, qui court comme un homme qui fuit et s'arrête enfin devant les spectateurs* : Messieurs, si notre spectacle vous a paru froid, au moins serez-vous forcés de convenir qu'il a fini chaudement[a].

COUPLETS CHANTÉS LE MÊME JOUR POUR LA FÊTE DE M. LE NORMAND D'ÉTIOLLES

Un paysan accourt tout essoufflé avec sa femme et ses enfants.

Premier couplet chanté par LUCAS

Mes chers amis, pourriez-vous m'enseigner
Zun bon seigneur dont q'chacun parle?
Je n'sais pas trop comment vous l'désigner;
C'pendant zon dit qu'il a nom Charles.

Non Charle-quin (jarni[1]),
Si grand coquin (s'fit-i'),
Qu'il dévasta la terre ronde;
Mais le Charlot d'ici (pargué),
Qui n'a d'autre souci (morgué)
Que de rendre heureux le pauvre monde!

Deuxième couplet

Quand il promet, son bon cœur est l'garant
Qu'il ira plus loin que sa parole;
C'pendant queux z'un m'a dit qu'il est Normand!
Oui, mais c'est L'Normand d'Étiolles.
Tant d'aut' seigneurs (jarni)
Ont des hauteurs (s'fit-i'),
Et s'font haïr partout à la ronde.
Chez lui ses paysans (pargué)
Sont comme ses enfants (morgué) :
Ça s'appelle aimer le pauvre monde.

Troisième couplet

Hier au soir, en pensant à Charlot,
J'poussis t'un peu not' minagère[2].
« Non, non, Lucas, j'entends à demi-mot;
J'nons qu'trop d'enfants. – Eh! laiss'-toi faire :
Charlot viendra (jarni),
Les nourrira (s'fit-i');
Tout l'pays d'ses bienfaits abonde. »
Au seul nom d'not'seigneur (pargué),
Margot m'ouvrit son cœur (morgué) :
Tout ça fait plaisir au pauv'monde!

Quatrième couplet

Quand l'paysan a d'l'amour sans argent,
Ah! l'plaisir va comme j'te pousse;
Mais not'seigneur, qui sait c'qui faut zau cœur,
Leux fait la cadence du pouce[3] :
« Allez, enfants (jarni),
Boutez-vous d'dans (s'fit-i'),
Sans le mariage rien n'se féconde. »
V'là comm', d'un seul mot (pargué),
Not'ben-aimé Charlot (morgué)
Vous fait z'engueurner[4] le pauvre monde.

Cinquième couplet

L'hiver dernier j'eut un maudit procès
Qui m'donna ben d'la tablature[1] !
J'm'en vas vous l'dire : on m'avait mit t'exprès
Sous c'te nouvell' magistrature[2].
Charlot venait (jarni),
Me consolait (s'fit-i') :
« Ami, ta cause est bonne et ronde. »
Ah ! Comme i' m'ont jugé (morgué) !
V'là-t-i' pas qu'est bien chié (chanté) ?
Est-c' qu'on blâme ainsi le pauvre monde ?

Sixième couplet

Monsieur l'curé, dit qu'pour êtr'écuré[3]
Faut tous l'zans aller t'à confesse ;
Qu'c'est zun devoir : chacun a beau l'savoir,
On zy va comm'les chiens qu'on fesse.
Mais quand i'faut (jarni)
V'nir au château (s'fit-i')
Pour fêter Charlot à la ronde,
Être ou non invité (pargué)
Pour boire à sa santé (morgué),
Dam', faut voir courir le pauvre monde.

Septième couplet

Si j'suis jamais marguillier[4] z'une fois,
Que d'fêt' j'ôtrons dans not'village !
Le Mardi gras, la Saint-Martin, les Rois,
Bon ceux-là ; tout l'rest' nuit à l'ouvrage :
Sont-i' plus saints (jarni)
Qu'ceux d'la Toussaint (s'fit-i') ?
Mais pour Charles et Manon la Blonde[5],
Comme nous les requiendrons (pargué)
Pour nos deux bons patrons (morgué) !
V'là les saints qu'i'faut au pauv'monde !

ZIZABELLE MANNEQUIN[1]

Comédie-parade mêlée d'ariettes[2]

ACTEURS

LÉANDRE.
GILLES.
ZIZABELLE.

SCÈNE PREMIÈRE

LÉANDRE, GILLES

LÉANDRE, *seul* :

Ariette n° 1[3]

Quand z'on connaît la politesse
Et qu'on z'est un garçon d'honneur,
Tout' fois qu'on peut zà sa maîtresse
Offrir z'un cœur
Gonflé d'ardeur,
Montrer z'un cœur
Qui fasse honneur,
On li dira
Tout-ci tout-ça,
Ce qu'on voudra,
Ah!
C'est un grand plaisir que ça!

Mais dans certains moments d'envie,
Quand on donn'rait les cheveux qu'on a

Pour un doux baiser de sa mie
Et qu'par malheur on n'l'a pas là
Pour en passer sa fantaisie,
On en dira
Tout-ci tout-ça,
Ah!
C'est un vrai tourment que ça!

V'là pourtant la queue du roman de mon histoire, et ous qu'en[1] est réduit z'un gentilhomme comme moi : je suis t'amoureux de mameselle Zizabelle; je lui fais proposer en mariage ma main matrimoniale par l'entremise de M. de Gilles[2] mon valet et mon compère; elle y consent; je lui fais présent en conséquence d'une paire de souliers neufs pour la noce, et pis la veille, crac, sous prétesque de voir le grand monde et de m'apporter z'en dot un fonds plus considérable a s'en va courir le guilledoux.

GILLES, *paraissant* : Parguenne aussi, not'bourgeois, sauf vot' respect, i faut convenir que vous êtes ben bête de vous échauffer pour si peu de chose le souvenir de l'imagination au point d'en attraper peut-être une inflammation du bas-ventre.

LÉANDRE : Ça z'est ben aisé à dire, mon cher Gilles, mais je vois ben que tu ne sais pas ousque le bas me blesse...

Ariette n° 2

Si j'suis fou de mon Isabelle
Et si j'y rêve nuit et jour,
C'est qu'à la taille la plus belle
A vous joint un pied fait au tour;
Et que personne n'a comme elle
C'qu'il faut pour inspirer l'amour.
Trouve-moi d'Paris à Versailles
Une fille qu'ait son talent.
À mon bas gn'atil une maille,
A se prête à ça poliment,
Et sous l'aiguille qui travaille
Je vois l'trou qui s'bouche à l'instant.

Si j'suis fou de mon Isabelle, *etc.*

GILLES : Je sais t'aussi ben que vous de quoi qui retourne sur le compte du chapitre de Mlle Zizabelle, mais pendant que vous sécherez d'amour pour elle, qui qui vous répondra qu'a ne s'en bat pas l'œil, et qu'a ne s'amuse pas tà la moutarde peut-être.

LÉANDRE : S'en battre l'œil, s'amuser t'à la moutarde[1], elle, ma chère zamante, zune fille remplie et pleine comme un œuf de toutes les perfections les plus parfaites et les plus surnaturelles! Valet z'ingrat, serviteur perfide, z'est-ce là la reconnaissance que vous devez t'à z'une personne qui z'a tant remis de pièces à votre chemise?... Est-ce là?... Est-ce là?...

GILLES : Jérusalem! mon cher maître! queu déluge de bêtise! qué déportement de galimatias que vous me faites là, sur la tête d'une épingle[2]. Je suis juste, il est vrai et certain que manezelle Zizabelle a t'une main en fait de couture comme il n'y a guère, mais malgré ça...

Ariette n° 3

Ah! si mes pères m'avaient fait
Jeune, leste et dret[3] comme un cierge,
Fussé-je amoureux d'une vierge,
J'la planterais là quand a m'quitt'rait.
Sans m'en cacher,
Sans me fâcher,
Surtout sans jamais m'attacher,
J'irais cherchant fortune
De la blonde à la brune;
Enfin, vous le dirai-je net,
Je f'rais autant d'trous à la lune[4]
Que la belle m'en ferait.

LÉANDRE : V'là t'une plaisante morale que vous me débitez là, monsieur de Gilles!

GILLES : Oui-da, monsieur, ça vous a-t-il un peu diverti? Ça me fait plaisir.

LÉANDRE, *en fourrant son chapeau et du ton le plus sévère* : Savez-vous, monsieur de Gilles, que si vous n'étiez pas mon valet, et que je n'eusse pas pour vous t'un peu de respect z'humain, je vous donnerais z'une paire de coups dans le cul?

GILLES : Savez-vous, monsieur, que si ce n'était l'estime que j'ai pour mon maître, je vous le rendrais...

LÉANDRE, *toujours froidement* : À la bonne heure! Finissons cette plaisanterie-là!... Mais souvenez-vous d'être plus circonspect z'à l'avenir z'à l'endroit de Mlle Zizabelle et que cette petite correction-là vous corrige! Allez chercher du cidre pour notre dîner et ne paraissez pas sous mes yeux d'ici t'à dix minutes. Je suis bien aise d'ailleurs de me retirer un peu du monde pour laisser t'à mon imagination le temps de digérer l'impertinence de vos propos. Allez et n'oubliez pas de rentrer par la porte de derrière.

Léandre rentre.

SCÈNE II

GILLES, *seul.*

Je ne sais pas quoi t'cest que c'te fantaisie-là qu'il a depuis le départ de Mlle Zizabelle : i ne veut plus que je passe par la porte de la boutique. Ouais! est-ce qu'il ferait entrer par cette porte, comme dit s't'autre, z'une fiche de consolation[1]. Je soupçonne là qu'eut andouille[2] sous roche... Ah pargué, j'en tâterai ou vous serez ben fin. Allons chercher du cidre... et revenons ben vite.

Il sort.

SCÈNE III

ZIZABELLE, *seule, entrant par le côté opposé à celui par lequel Gilles est sorti. Elle chante dans la coulisse avant d'entrer.*

Au jardin de ma tante
Luya z'un coq qui chante
La nuit et le jour.

Zizabelle entre.

Et vive la jeunesse
Qui n'rit, qui n'rit que d'amour.

En fin finable[3] me v'là donc zarrivée. Ouf! Ouf!... faut convenir...

Elle s'assied sur une pierre qui est près de la boutique de l'appartement de Léandre.

... qu'une fille qui z'a des sentiments est ben à plaindre quand a n'a rien devant elle et qu'i faut qu'a court le monde pour se faire un petit fonds.

Ariette n° 4

Je n'avais rien quand mon amant
Me recherchait z'en mariage.
Je lui rapporte en ce moment
De quoi fonder notre ménage.
Voilà justement
Et voilà comment
Une fille sage
Qui z'a de l'esprit
Le met, le met, le met z'à profit.

Je ne connaissais que Paris
Quand z'un abbé fringant et leste[1]
Voulut me fair' voir du pays.
Grâce à ses soins j'en ai vu d'reste!
Et voilà comment
Voilà justement,
Quand on z'est modeste
Et qu'on z'a de l'esprit,
On le met, on le met z'à profit.

Queux plaisir mon cher Léandre va t'avoir en me revoyant. Car je suis sûre et certaine d'être toujours dans le souvenir de ses intentions. V'là sa chère porte. Entrerai-je, n'entrerai-je-ti-pas? Il zy a longtemps qu'i n'm'a vue, ce cher joyau de mon âme. Si j'entre tout brandi[2] chez lui comme il z'entrait cheux moi, ça z'est capable de le foudre[3] et de mettre son cœur en cannelle[4]... Mais v'là Gilles, son valet...

SCÈNE IV

ZIZABELLE, GILLES

GILLES *arrive avec une bouteille de cidre sous son bras et compte des liards au fond du théâtre sans voir Zizabelle* : Trois sols de cidre, six liards de fromage et puis un, deux, trois, quatre, cinq et six liards, ça fait ben six sols que j'avais; c'est le compte[5].

ZIZABELLE *à Gilles qui passe* : Gilles, monsieur de Gilles...

GILLES : V'là t'une manière de voix qui ressemble ben... Comment? c'est vous, mademoiselle Zizabelle?

ZIZABELLE : Moi-même, mon cher Gilles, en chair et en os!

GILLES : Ah! queux plaisir vous allez faire à votre cher z'amant Liandre! Il eſt dans z'un chagrin de vot'absence, dans un état ousque si vous n'y mettez pas la main... Enfin v'là que vous v'là, c'eſt le plus principal... Avec vot' permission que je vous prenne un p'tit baiser... *(Elle lui donne un soufflet.)* Ahi! Ahi!...

ZIZABELLE

Ariette n° 5

Fi donc, fi donc, monsieur,
Ménagez ma pudeur.
Vous devez me connaître.
Modérez votre ardeur,
Je suis fille d'honneur
Autant qu'on le peut être.
Un baiser n'eſt pas fait pour vous,
Je le garde à mon cher Liandre[1]
Puisqu'il doit être mon époux.
C'eſt lui seul qui doit me le prendre.
Fi donc, fi donc, *etc.*

GILLES : C'eſt jusse, mademoiselle, et je vous demande pardon et excuse de vous avoir manqué. Vous êtes donc toujours amoureuse comme une chatte de M. Liandre?

ZIZABELLE : Ah! mon cher Gilles!

Air : « Je reviens cent fois plus amoureux[2]. »

Je reviens plus grosse que jamais
De m'unir à lui désormais,
Et z'en passe de faire plaisir
À l'objet de mon tendre désir.
Je conçois
De très bonne foi
Qu'il a souffert dans mes chaînes;
Mais d'vant moi,
Heureusement j'ai d' quoi
Lui faire oublier ses peines.

GILLES : Vous nous rapportez donc ben de l'argent de vot' voyage?

ZIZABELLE : Mais j'ai t'économisé ce petit trésor-là!

GILLES : Ah! voyons, voyons donc pour voir que je voye...

ZIZABELLE : Fi donc! z'animal, ce n'eſt pas pour vot' nez,

c'eſt sur quoi nous devons nous établir, mon cher Liandre et moi.

GILLES : Comment mardi[1] ! ign'a là de quoi li acheter au moins t'une charge de crieux de billets de loterie[2] !

ZIZABELLE : Mais vraiment je l'espère ben aussi, afin de lui donner z'un état dans le monde.

GILLES : Pardine, manezelle, faut que vous ayez ben travaillé pour vous faire z'un pareil fonds, car z'une fille zà sa couture...

ZIZABELLE : Oh ! oui, mais i z'y a couture et couture, et en fait d'ça, tu sais comme je couds t'une chemise, une robe, comme je vous arrange z'une botte.

GILLES : Ah ! c'eſt vrai ça... mais à propos de bottes[3], eſt-ce que vous ne faissiez que ça...

ZIZABELLE : Que ça ? Ah pardienne oui ! Tiens, j'ai fait z'un pantalon à un commandeur de Malthe[4] qui z'y allait comme de cire[5].

GILLES : Et puis ?

ZIZABELLE : Et puis des rabats à des abbés.

GILLES : Diable ! Quand une honnête fille se met z'à faire des rabats, il y a ben à en rabattre !

ZIZABELLE : Tais-toi, z'insolent, ou je t'apprendrai z'à dire de mauvaises pensées sur le métier de la couture !

GILLES : Ah çà ! mais dites donc, manezelle, eſt-ce que vous n'entrez pas là-dedans voir votre cher zamant pour lui montrer zet lui communiquer...

ZIZABELLE : Non, mon cher Gilles, je veux li ménager zun coup de thyâtre de surprise en me voyant, qui...

GILLES : Entrez, entrez, pourquoi t'eſt-ce que...

ZIZABELLE : Mais je te dis et je te douze[6] que je me retire, que je te défends de rien dire z'à ton maître de l'arrivée de ma présence, et que tu encoureras le courroux de mon indignation si tu ne te conformes pas t'aux ordres de ma volonté.

GILLES : Et ousque vous allez comme ça de plein pied ?...

ZIZABELLE : Z'ousque je vas ? Je vas prendre une tasse de café au chocolat[7] cheux la marchande d'eau-de-vie t'ici proche. Attends-moi zici.

Elle sort.

SCÈNE V

[Gilles, Léandre]

gilles : Oui, mademoiselle... sans adieu. Oh ! al a beau dire zet beau faire, Mlle Zizabelle, faut z'absolument que j'apprenne son arrivée zà mon cher maître...

Ariette n° 6

Ah ! quel plaisir il va z'avoir
Quand il saura qu'il va la voir !
Depuis qu'il eſt loin de ses charmes,
Devenu sec comme un briquet[1],
Il a tant répandu de larmes
Qu'il en a rempli z'un baquet.

Ah ! quel plaisir, *etc.*
Quand il saura, *etc.*

Dans sa douleur triſte et profonde
N'voulait-i' pas faire son paquet
Pour décamper dans l'autre monde ?
Sans son valet
Il s'en allait,
C'en était fait,
Il décampait,
Le rôt brûlait,
Il s'éteignait,
Il finissait !
Amour... de tes feux v'là l'effet !

Ah ! quel plaisir, *etc.*
Quand il saura, *etc.*

Allons, allons, n'perdons pas de temps. Mais i m'semble que je l'entends jaboter[2]. Avec qui z'eſt-ce qu'il eſt là donc, là-dedans tout seul ?

léandre, *en dedans* : Oui, beauté zirnumaine, vous ferez toujours mes délices !...

gilles : Il parle z'à une personne naturelle.

léandre : Z'une belle ingrate avait fait le plaisir de ma vie, et vous, quoique[1] ne me répondiez pas plus qu'une souche, vous en serez la consolation...

GILLES : À qui diable z'en a-t-il? Regardons un peu par la serrure qu'eſt-ce qui z'eſt dans cette chambre basse avec M. Léandre : c'eſt commode, ça, z'une chambre basse. *(Il regarde.)* Ah! morbleu... comment diable?... une cornette avec z'un désespoir[2], la robe à falbala[3], le falbala dans les airs, tout ça me trouble zau point l'esprit que, s...

Il donne de la tête dans la porte et l'enfonce.

SCÈNE VI

LÉANDRE *sortant, furieux*, GILLES

Duo n° 7

LÉANDRE, *prenant Gilles au collet.*

Comment, maraud, comment, c'eſt toi
Qui z'ose entrer ainsi chez moi?

GILLES

Eh! doucement, c'eſt moi, c'eſt moi,
Je vais vous dire le pourquoi.

LÉANDRE

Je ne veux rien entendre.

GILLES

Je venais vous apprendre...

LÉANDRE

Non, non, non, non!...
Morbleu!

GILLES

Écoutez donc :
C'eſt que...

Ensemble :

LÉANDRE

Ah ! morbleu, je suis furieux.
Va-t'en, crains que je ne
[t'assomme.
Dans mon courroux je serais
[homme
À t'arracher les yeux,
La barbe et les cheveux.
Je suis, je suis furieux !...

GILLES

Doucement !
Un moment !
N'en faites rien
Ou je vous réponds bien
Que vous verriez bientôt
[comme
Nous serions, nous serions
[deux.

LÉANDRE, *amoureusement.*

Charmant objet à qui je
[rends les armes
Ah ! pourquoi me trouvé-je
[ici
Quand j'allais voir, grâce à
[vos charmes,
Des étoiles en plein midi[1].

GILLES

Il est fou !
Oui ma foi,
Pour le coup
Je le crois !
Quel travers !
Je m'y perds !

LÉANDRE,
reprenant Gilles au collet.

Ah ! morbleu, *etc.*

GILLES

Doucement, *etc.*

GILLES : Mais pardine, monsieur, permettez que je vous dise paravant[2] tout...

LÉANDRE : Encore, malheureux t'impertinent ? Je ne sais t'à quoi z'i tient que[3] je ne me fasse tenir z'à quatre pour t'escalventrer[4] le visage à coups de pied dans le cul.

GILLES : Oh ! pardine, je voudrais ben voir ça pour voir.

LÉANDRE, *lui donnant un coup de pied dans le cul* : Tiens, porte ça à ta chapelle !...

GILLES, *lui ôtant son chapeau et lui rendant son coup de pied* : Avec votre permission, mettez ça zà la vôtre.

LÉANDRE *bat Gilles* : Comment, scélérat, tu bats ton maître ? Tiens, tiens, tiens, voilà pour t'apprendre z'à respecter zun gentilhomme qui sert dans les messieurs de l'écuelle[5] depuis deux ans de fils en père.

Il sort.

GILLES, *seul* : Oh ! pour celui-là z'il eſt trop fort ! Je n'aurais rien dit z'à sa maîtresse manezelle Zizabelle, mais elle va tout savoir.

SCÈNE VII

GILLES, ZIZABELLE

GILLES : Ah ! vous voilà, manezelle ? Tant mieux !

ZIZABELLE : Qu'eſt-ce donc que t'as, mon garçon ? Tu me parais tout blasphème et tout saturne[1] ?

GILLES : Des soufflets, des coups de pied dans le cul z'à son compère !...

ZIZABELLE : Pourquoi donc ça ? Eſt-ce que tu z'aurais mis des cheveux dans sa soupe !

GILLES : Non, mademoiselle...

ZIZABELLE : C'eſt peut-être que tu z'as oublié de mettre des fonds z'à sa culotte neuve ?

GILLES : Eh ! non, mademoiselle, vous ne savez ce que vous dites !...

LÉANDRE, *en dedans*[2].

Air : « Cher souvenir[3]. *»*

Oui pour toujours,
Cher pot-au-feu d'mes amours !

GILLES *à Zizabelle.*

L'entendez-vous ?

LÉANDRE, *en dedans.*

Suite du même air.

Vous ferez mes beaux jours,
J'oublie z'une infidèle !

ZIZABELLE *à Gilles.*

Perd-il l'esprit ?...

LÉANDRE, *en dedans.*

Tout eſt dit,
Je prends mon parti
Et ce n'eſt plus pour elle
Que le four chauffe ici[4].

Oui, puisqu'une inhumaine m'a planté là, puisque je suis t'obligé de prendre mon cul pour mes chausses[1], je n'aimerai plus que vous!...

Air : « Ne v'là-t-il pas que j'aime[2]. »

Je jure, par votre estomac
Aussi dur que la pierre,
De ne plus prendre de tabac
Dedans sa tabatière.

GILLES : Eh! ben, c'est-ti moi z'ou vous qui z'en tenez, manezelle?

ZIZABELLE : L'impertinent! Que n'ai-je t'ici son pot de chambre pour lui en casser la face!

Air : « Lubin a la préférence[3]. »

Si j'en croyais
Ma colère,
Ah! j'irais...
J'entrerais...
Je l'étranglerais...
Je tuerais
Sa parsonnière[4],
Et pis vous verrions après.
Est-ce là
Le prix de ma constance?...
Mais v'là...
Que je tombe en fayence[5]!
Ah! quelle vapeur!
Quelle douleur!
C'procédé-là m'tourne le cœur...
Gilles, mon ami...
Mets-moi z'ici...
Va m'chercher...

GILLES : Oui.
ZIZABELLE : ... Un peu de vinaigre en diligence.
GILLES : Du rouge?...
ZIZABELLE : Du blanc.
GILLES : Du blanc?
ZIZABELLE : Oui, du blanc!
GILLES : Je reviens à l'instant.

Il sort.

SCÈNE VIII

ZIZABELLE, *évanouie et assise sur une pierre*; LÉANDRE

LÉANDRE, *sans voir Zizabelle* : Tout ça z'eſt bel et bon, mais je ne peux pas tenir z'un moment z'en place, faut que je prenne l'air.

Ariette n° 8

L'amour eſt un mal ben étrange
Le mien, je crois, me rendra fou.
Je vais, je viens sans savoir où...
Quand il faut que je boive, je mange,
Au lieu d'manger je bois t'un coup!

L'amour, *etc.*
Le mien, *etc.*

Avec une conſtance d'ange
J'devais t'être heureux tout mon sou
C'pendant
Pourtant
J'm'y casse l'cou.

L'amour eſt un mal ben étrange,
Le mien, je crois, me rendra fou.

Mais... ai-je la berlue?... en croirai-je les yeux de mes regards? juſtes dieux! juſte Ciel! c'eſt-ti vous, ma charmante?...

ZIZABELLE : Z'arrêtez, t'infidèle, z'impertinent. Osez-vous me parler face à face après ce que je viens de voir de mes deux oreilles?

LÉANDRE : Quoi que c'eſt donc, ma mignonne, qui vous trotte dans la pensée de l'imagination?

ZIZABELLE : Tu crois que tu me passeras la plume par le bec[1] z'et que je ne dirai mot?

LÉANDRE : Mais, ma moutonne, vous raisonnez là comme z'une seringue qui boit de l'huile avec z'une fourchette[2].

ZIZABELLE : Quoi! scélérat, ce n'eſt pas t'assez après [avoir[3]] donné ton cœur, de me l'ôter comme ça z'impoliment? Tu m'agoniseras[4] t'encore d'un déluge de mauvais propos? Si je n'étais pas douce et honnête, vois-tu, je te crèverais le gigier[1], je t'arracherais tes cheveux d'empreuse[2]... je te...

Elle veut battre Léandre qui se défend.

LÉANDRE : Mais, mais, ma délicieuse, arrêtez les transports de vos pieds, de vos mains! Vous m'enrhumerez t'avec ces mauvaises plaisanteries-là!...

ZIZABELLE : Z'on t'a vu là-dedans li prendre à travers le trou le falbala de la serrure de son jupon[3].

LÉANDRE : Mais écoutez-moi, je vous proteste...

ZIZABELLE : Va, va, je n'ai que faire de tes portes d'attestation[4], tu n'as qu'à les pendre z'à ta boutique en manière d'enseigne, ça z'apprendra z'aux filles à qui tu ne promets pas poire molle à ne pas venir cuire à ton four[5].

LÉANDRE : Je parierais mes cheveux contre votre chemise que c'est ce coquin de Gilles qui vous aura lâché z'un quolibet comme ça!

SCÈNE IX

GILLES, LÉANDRE, ZIZABELLE

GILLES : Tenez, mademoiselle, v'là de l'eau-de-vie, z'en guise de vinaigre.

LÉANDRE : Z'halte-là, maraud! Quoi que c'est que les coqs-à-l'âne dont vous avez été chiffonner l'esprit de manezelle?

GILLES : Ma foi, monsieur, c'est la monnaie des coups de pied que vous m'avez donnés dans le cul.

LÉANDRE : Et qu'est-ce que z'a de commun ton derrière avec ma charmante Zizabelle?

GILLES : Pardine, j'aime ben ça! Est-ce que vous croyez que manezelle est sourde comme un quinze-vingt[6]? Est-ce qu'elle n'était pas là t'avec moi pendant que vous faisiez là-dedans vos portes d'attestation avec une autre demoiselle[7] que je n'ai pas l'honneur de connaître et qui z'est peut-être encore là dans cette chambre basse que voilà!

Trio

ISABELLE	LÉANDRE	GILLES
Va, va,	C'est toi, faquin,	Elle a tout vu,
Crois-moi, ne te [cache pas!	C'est toi, coquin,	Elle a tout vu.

Va, j'ai tout vu,
Oui, j'ai tout su,
Tout entendu,
Ah! qui l'eût dit, [ah! qui l'eût cru,
À quoi réduis-tu [ma vertu!
Il faut, il faut, dans [mon courroux,
Que je t'assomme [encore de coups.

Qui m'as perdu,
Qui m'as vendu,
Tout doux, tout [doux
Entendons-nous!
Modérez donc [votre courroux!
Je devrais t'as-[sommer de coups

Allons, allons, la [paix, la paix!
Amants parfaits,
La paix, la paix!
Réunissez-vous [pour jamais!
Les coups pour [vous
Ne sont pas faits!

Tous trois se battent. Après la bataille, silence pendant lequel chacun ramasse, Zizabelle son bonnet, Léandre sa perruque, Gilles son chapeau, etc.

LÉANDRE : Ah! çà, manezelle, z'en deux mots comme en mille faut vous éclaircir le fait. Cruelle, z'ingrate, z'injuste, z'irnumaine, ouvrez les yeux tà la lumière comme je vas t'ouvrir cette porte qui renferme l'objet de vos soupçons t'injurieux.

Léandre va ouvrir la porte et revient.

Paraissez, innocente tête à perruque[1]... favorable mannequin qui z'étiez pour moi l'image de la divine Zizabelle et qui me consoliez du désespoir de son absence. Parlez pour moi du moins, t'en n'disant mot.

GILLES : Houlà! Mlle Zizabelle est double : en voilà t'une en chair et en os, l'autre en étoupe et en filasse! J'aurai ben du malheur si je n'en ai pas au moins une des deux!

ZIZABELLE : Ah! cher Liandre, je me rends. Votre innocence justifiée z'et reconnue me fend le cœur et l'âme de parc en parc[2]. Je vois aussi clair qu'en plein jour que je n'étais qu'une bête...

LÉANDRE : Une bête vous, ah! Ciel! ah dieux!

GILLES : Tant il est vrai de dire avec je ne sais plus quel philosophe qu'on ne saurait faire boire z'un âne s'il n'a soif et que des soupçons injurieux ne peuvent partir et sortir que d'une tête à perruque[3].

VAUDEVILLE

LÉANDRE

Le mariage est l'bonheur suprême.
Quand on z'a l'cœur fait pour aimer,
Tu m'as plu, je t'ai plu de même
Voici l'instant de nous plumer[1]
Nous essuyerons ben queuq'tracasserie,
Faut s'attendre à ça entre époux,
Mais
Un p'tit brin de folie
Dans la vie
N'en rend les plaisirs que plus doux.

ZIZABELLE

Soyons fous toujours l'un de l'autre!
C'te folie-là z'a ses attraits.
Autrement j'tenverrai z'au piautre[2]
Si ton amour traîne jamais.
Loin de toi z'et de moi la mélancolie,
La gaieté ragaillardit les désirs.
Et puis
Un p'tit brin de folie
Dans la vie
N'en rend que plus doux les plaisirs.

GILLES

Vous avez bâclé votre affaire,
L'amour vous unit, v'là qu'est bien :
Il nous reste autre chose à faire
Pour qu'à nos jeux i n'manque rien.
Offrons-en l'hommage à la compagnie,
Puisse-t-ell' dire au gré de nos désirs
(Igna ben queuque chose à dire
À ça mais malgré ça)
Sans un p'tit brin de folie,
Dans la vie,
Il n'est point de vrais plaisirs.

EUGÉNIE

Drame

Une seule démarche hasardée m'a mise à la merci de tout le monde.

Eugénie, acte III, sc. IV.

ESSAI
SUR LE GENRE
DRAMATIQUE SÉRIEUX

Je n'ai point le mérite d'être auteur ; le temps et les talents m'ont également manqué pour le devenir ; mais il y a environ huit ans[1] que je m'amusai à jeter sur le papier quelques idées sur le drame sérieux ou intermédiaire entre la tragédie héroïque et la comédie plaisante. De plusieurs genres de littérature, sur lesquels j'avais le choix d'essayer mes forces, le moins important peut-être était celui-ci ; ce fut par là même qu'il obtint la préférence. J'ai toujours été trop sérieusement occupé pour chercher autre chose qu'un délassement honnête dans les Lettres. *Neque semper arcum tendit Apollo*[2]. Le sujet me plaisait, il m'entraîna ; mais je ne tardai pas à sentir que j'avais tort de vouloir convaincre par le raisonnement, dans un genre où il ne faut que persuader par le sentiment. Alors je désirai avec passion de pouvoir substituer l'exemple au précepte. Moyen infaillible de faire des prosélytes lorsqu'on réussit ! mais qui expose le malheureux qui échoue au double chagrin de manquer son but et de rester chargé du ridicule d'avoir présumé de ses forces.

Trop échauffé pour être capable de cette dernière réflexion, je composai le drame que je donne aujourd'hui. *Miss Fanny*, *Miss Jenny*, *Miss Polly*, etc., charmantes productions[3] ! Eugénie eût gagné sans doute à vous avoir pour modèles ; mais elle était avant que vous eussiez vous-mêmes l'existence, sans laquelle on ne sert de modèle à personne. Je renvoie vos auteurs à la petite nouvelle espagnole du comte de Belflor, dans *Le Diable boiteux*[4]. Elle fut la source où j'en puisai l'idée. Le faible parti que j'en ai tiré leur laissera peu de regrets de n'avoir pu m'être bons à quelque chose.

La fabrique du plan, ce travail rapide qui ne fait que jeter des masses, indiquer des situations, donner l'ébauche aux caractères, marchant avec chaleur, ne vit point ralentir mon courage; mais lorsqu'il fallut couper le sujet, l'étendre, le mettre en œuvre, ma tête, refroidie par les détails de l'exécution, connut la difficulté, s'effraya de l'entreprise, abandonna drame et dissertation. Et, tel qu'un enfant, rebuté des efforts qu'il a faits pour dérober des fruits trop élevés, se dépite et finit par se consoler en cueillant des fleurs au pied de l'arbre même, une chanson ou des vers à Thémire[1] me firent oublier la peine inutile que j'avais prise.

Peu de temps après, M. Diderot donna son *Père de famille*[2]. Le génie de ce poète[3], sa manière forte, le ton mâle et vigoureux de son ouvrage, devaient[4] m'arracher le pinceau de la main; mais la route qu'il venait de créer avait tant de charmes pour moi que je consultai moins ma faiblesse que mon goût. Je repris mon drame avec une nouvelle ardeur. J'y mis la dernière main, et je l'ai depuis donné aux comédiens. Ainsi l'enfant, que le succès d'un homme rend opiniâtre, atteint quelquefois aux fruits qu'il avait désirés. Heureux, en les goûtant, s'il ne les trouve pas remplis d'amertume! Voilà l'histoire de la pièce[5].

Maintenant qu'elle est jouée, je vais examiner toutes les clameurs et les censures qu'elle a occasionnées; mais je ne relèverai que celles qui frappent directement sur le genre dans lequel je me suis plu à travailler, parce que c'est le seul point qui puisse intéresser aujourd'hui le public. Je m'impose à jamais silence sur les personnalités[6]. *Jam dolor in morem venit meus* (Ovide[7]). Je laisserai de même sans réponse tout ce qu'on a dit contre l'ouvrage, persuadé que le plus grand honneur qu'on ait pu lui faire, après celui de s'en amuser au théâtre, a été de ne pas le juger indigne de toute critique.

Et que l'on ne croie pas que je me pare ici d'une fausse modestie. Mon sang-froid sur la censure rigoureuse de la première représentation[8] ne partait ni d'indifférence, ni d'orgueil; il fut le fruit de ce raisonnement, qui me parut net et sans réplique : si la critique est judicieuse, l'ouvrage n'a donc pu l'éviter; ce n'est point le cas de m'en plaindre, mais celui de le rectifier au gré des censeurs, ou de l'abandonner tout à fait. Si quelque animosité secrète échauffe les esprits, j'ai deux motifs de tranquillité pour un. Voudrais-je avoir moins bien fait au prix de fermer la bouche à l'envie? et pourrais-je me flatter de la désarmer quand je ferais mieux?

J'ai vu des gens se fâcher de bonne foi de voir que le genre dramatique sérieux se faisait des partisans. « Un genre équivoque, disaient-ils : on ne sait ce que c'est. Qu'est-ce qu'une pièce dans laquelle il n'y a pas le mot pour rire, où cinq mortels actes de prose traînante, sans sel comique, sans maximes, sans caractères, nous tiennent suspendus au fil d'un événement romanesque qui n'a souvent pas plus de vraisemblance que de réalité? N'est-ce pas ouvrir la porte à la licence, et favoriser la paresse, que de souffrir de tels ouvrages? La facilité de la prose dégoûtera nos jeunes gens du travail pénible des vers, et notre théâtre retombera bientôt dans la barbarie d'où nos poètes ont eu tant de peine à le tirer. Ce n'est pas que quelques-unes de ces pièces ne m'aient attendri, je ne sais comment; mais c'est qu'il serait affreux qu'un pareil genre prît : outre qu'il ne convient point du tout à notre nation, chacun sait ce qu'en ont pensé des auteurs célèbres dont l'opinion fait autorité. Ils l'ont proscrit comme un genre également désavoué de Melpomène et de Thalie[1]. Faudra-t-il créer une Muse nouvelle pour présider à ce cothurne trivial, à ce comique échassé[2]? Tragi-comédie, tragédie bourgeoise, comédie larmoyante, on ne sait quel nom donner à ces productions monstrueuses! Et qu'un chétif auteur ne vienne pas se targuer des suffrages momentanés du public, juste salaire du travail et du talent des comédiens!... Le public!... qu'est-ce encore que le public? Lorsque cet être collectif vient à se dissoudre, que les parties s'en dispersent, que reste-t-il pour fondement de l'opinion générale, sinon celle de chaque individu, dont les plus éclairés ont une influence naturelle sur les autres qui les ramène tôt ou tard à leur avis? D'où l'on voit que c'est au jugement du petit nombre, et non à celui de la multitude, qu'il faut s'en rapporter. »

C'est assez : osons répondre à ce torrent d'objections, que je n'ai affaiblies ni fardées en les rapportant. Commençons par nous rendre notre juge favorable en défendant ses droits. Quoi qu'en disent les censeurs, le public assemblé n'en est pas moins le seul juge des ouvrages destinés à l'amuser; tous lui sont également soumis; et vouloir arrêter les efforts du génie dans la création d'un nouveau genre de spectacle, ou dans l'extension de ceux qu'il connaît déjà, est un attentat contre ses droits, une entreprise contre ses plaisirs. Je conviens qu'une vérité difficile sera plutôt[1] rencontrée, mieux saisie, plus sainement jugée par un petit nombre de personnes éclairées que par la multitude en rumeur, puisque sans cela cette vérité ne devrait pas être appelée difficile; mais les objets de goût, de sentiment, de pur effet, en un mot de spectacle, n'étant jamais admis que sur la sensation puissante et subite qu'ils produisent dans tous les spectateurs, doivent-ils être jugés sur les mêmes règles? Lorsqu'il est moins question de discuter et d'approfondir que de sentir, de s'amuser ou d'être touché, n'est-il pas aussi hasardé de soutenir que le jugement du public ému est faux et mal porté qu'il le serait de prétendre qu'un genre de spectacle dont toute une nation aurait été vivement affectée, et qui lui plairait généralement, n'aurait pas le degré de bonté[2] convenable à cette nation? De quel poids seront contre le goût du public les satires de quelques auteurs sur le drame sérieux, surtout lorsque leurs plaisanteries calomnient des ouvrages charmants en ce genre sortis de leur plume[3]? Outre qu'il faut être conséquent, c'est que l'arme légère et badine du sarcasme n'a jamais décidé d'affaires; elle est seulement propre à les engager, et tout au plus permise contre ces poltrons d'adversaires qui, retranchés derrière des monceaux d'autorités, refusent de prêter le collet[4] aux raisonneurs en rase campagne. Elle convient encore à nos beaux-esprits de société, qui ne font qu'effleurer ce qu'ils jugent, et sont comme les troupes légères ou les enfants perdus[5] de la littérature. Mais ici, par un renversement singulier, les graves auteurs plaisantent et les gens du monde discutent. J'entends citer partout de grands mots et mettre en avant, contre le genre sérieux, Aristote, les Anciens, les poétiques, l'usage du théâtre, les règles, et surtout les règles, cet éternel lieu commun des critiques, cet épouvantail des esprits ordinaires. En quel genre a-t-on vu les règles produire des chefs-d'œuvre? N'est-ce pas au contraire les grands exemples qui de tout temps ont servi de base et de fondement à ces règles, dont on fait une entrave au génie en intervertissant l'ordre des choses? Les hommes eussent-ils jamais avancé dans les arts et les sciences, s'ils avaient servilement respecté les bornes trompeuses que leurs prédécesseurs y avaient prescrites? Le Nouveau Monde serait encore dans le néant pour nous, si le hardi navigateur génois n'eût pas foulé aux pieds ce *nec plus ultra* des colonnes d'Alcide[6], aussi menteur qu'orgueilleux. Le génie curieux, impatient, toujours à l'étroit dans le cercle des connaissances acquises, soupçonne quelque chose de plus que ce qu'on sait; agité par le sentiment qui le presse, il se tourmente, entreprend, s'agrandit; et rompant enfin la barrière du préjugé, il s'élance au-delà des bornes connues. Il s'égare quelquefois, mais c'est lui seul qui porte au loin dans la nuit du possible le fanal vers lequel on s'empresse de le suivre. Il a fait un pas de géant, et l'Art s'est étendu... Arrêtons-nous. Il ne s'agit point ici de disputer avec feu, mais de discuter froidement. Réduisons donc à des termes simples une question qui n'a jamais été bien posée. Pour la porter au tribunal de la raison, voici comment je l'énoncerais :

Est-il permis d'essayer d'intéresser un peuple, au théâtre, et de faire couler ses larmes sur un événement[1] *tel qu'en le supposant véritable et passé sous ses yeux entre des citoyens, il ne manquerait jamais de produire cet effet sur lui?* Car tel est l'objet du genre honnête et sérieux. Si quelqu'un est assez barbare, assez classique[2], pour oser soutenir la négative, il faut lui demander si ce qu'il entend par le mot drame ou pièce de théâtre n'est pas le tableau fidèle des actions des hommes. Il faut lui lire les romans de Richardson[3], qui sont de vrais drames, de même que le drame est la conclusion et l'instant le plus intéressant d'un roman quelconque. Il faut lui apprendre, s'il l'ignore, que plusieurs scènes de *L'Enfant prodigue*, *Nanine* tout entière, *Mélanide*, *Cénie*, *Le Père de famille*, *L'Écossaise*, *Le Philosophe sans le savoir*[4], ont déjà fait connaître de quelles beautés le genre sérieux est susceptible, et nous ont accoutumés à nous plaire à la peinture touchante d'un malheur domestique, d'autant plus puissante sur nos cœurs qu'il semble nous menacer de plus près. Effet qu'on ne peut jamais espérer au même degré de tous les grands tableaux de la tragédie héroïque.

Avant que d'aller plus loin, j'avertis que ce qui me reste à dire est étranger à nos fameux tragiques. Ils auraient également brillé dans toute autre carrière; le génie naît de lui-même, il ne doit rien aux sujets et s'applique à tous. Je disserte sur le fond des choses, en respectant le mérite des auteurs. Je compare les genres et ne discute point les talents. Voici donc mon assertion.

Il est de l'essence du genre sérieux d'offrir un intérêt plus pressant, une moralité plus directe que la tragédie héroïque, et plus profonde que la comédie plaisante, toutes choses égales d'ailleurs.

J'entends déjà mille voix s'élever et crier à l'impie; mais je demande pour toute grâce qu'on m'écoute avant que de prononcer l'anathème. Ces idées sont trop neuves pour n'avoir pas besoin d'être développées.

Dans la tragédie des Anciens, une indignation involontaire contre leurs dieux cruels est le sentiment qui me saisit à la vue des maux dont ils permettent qu'une innocente victime soit accablée. Œdipe, Jocaste, Phèdre, Ariane, Philoctète, Oreste[1], et tant d'autres, m'inspirent moins d'intérêt que de terreur. Êtres dévoués[2] et passifs, aveugles instruments de la colère ou de la fantaisie de ces dieux, je suis effrayé bien plus qu'attendri sur leur sort. Tout est énorme dans ces drames : les passions, toujours effrénées, les crimes, toujours atroces, y sont aussi loin de la nature qu'inouïs dans nos mœurs ; on n'y marche que parmi des décombres, à travers des flots de sang, sur des monceaux de morts, et l'on n'arrive à la catastrophe[3] que par l'empoisonnement, l'assassinat, l'inceste ou le parricide. Les larmes qu'on[4] y répand quelquefois sont pénibles, rares, brûlantes ; elles serrent le front longtemps avant que de couler. Il faut des efforts incroyables pour nous les arracher, et tout le génie d'un sublime auteur y suffit à peine.

D'ailleurs les coups inévitables du destin n'offrent aucun sens moral[5] à l'esprit. Quand on ne peut que trembler et se taire, le pire n'est-il pas de réfléchir ? Si l'on tirait une moralité d'un pareil genre de spectacle, elle serait affreuse, et porterait au crime autant d'âmes, à qui la fatalité servirait d'excuse, qu'elle en découragerait de suivre le chemin de la vertu, dont tous les efforts dans ce système ne garantissent de rien. S'il n'y a pas de vertus sans sacrifices, il n'y a point aussi de sacrifices sans espoir de récompense. Toute croyance de fatalité dégrade l'homme en lui ôtant la liberté, hors laquelle il n'y a nulle moralité dans ses actions.

D'autre part, examinons quelle espèce d'intérêt les héros et les rois proprement dits excitent en nous dans la tragédie héroïque, et nous reconnaîtrons peut-être que ces grands événements, ces personnages fastueux qu'elle nous présente, ne sont que des pièges tendus à notre amour-propre, auxquels le cœur se prend rarement. C'est notre vanité qui trouve son compte à être initiée dans les secrets d'une Cour superbe, à entrer dans un conseil qui va changer la face d'un État, à percer jusqu'au cabinet d'une reine dont la vue du trône nous serait permise à peine. Nous aimons à nous croire les confidents d'un prince malheureux, parce que ses chagrins, ses larmes, ses faiblesses, semblent rapprocher sa condition de la nôtre ou nous consolent de son élévation; sans nous en apercevoir, chacun de nous cherche à agrandir sa sphère, et notre orgueil se nourrit du plaisir de juger au théâtre ces maîtres du monde, qui partout ailleurs peuvent nous fouler aux pieds. Les hommes sont plus dupes d'eux-mêmes qu'ils ne croient; le plus sage est souvent mû par des motifs dont il rougirait s'il s'en était mieux rendu compte. Mais si notre cœur entre pour quelque chose dans l'intérêt que nous prenons aux personnages de la tragédie, c'est moins parce qu'ils sont héros ou rois que parce qu'ils sont hommes et malheureux. Est-ce la reine de Messène qui me touche en Mérope? C'est la mère d'Égisthe[1] : la seule nature a des droits sur notre cœur.

Si le théâtre est le tableau fidèle de ce qui se passe dans le monde, l'intérêt qu'il excite en nous a donc un rapport nécessaire à notre manière d'envisager les objets réels. Or je vois que souvent un grand prince au faîte du bonheur, couvert de gloire, et tout brillant de succès, n'obtient de nous que le sentiment stérile de l'admiration, qui est étranger à notre cœur. Nous ne sentons peut-être jamais si bien qu'il nous est cher, que lorsqu'il tombe dans quelque disgrâce[2]; cet enthousiasme si touchant du peuple, qui fait l'éloge et la récompense des bons rois, ne le saisit guère qu'au moment qu'il les voit malheureux ou qu'il craint de les perdre. Alors sa compassion pour l'homme souffrant est un sentiment si vrai, si profond, qu'on dirait qu'il peut acquitter tous les bienfaits du monarque heureux. Le véritable intérêt du cœur, sa vraie relation, est donc toujours d'un homme à un homme, et non d'un homme à un roi. Aussi, bien loin que l'éclat du rang augmente en moi l'intérêt que je prends aux personnages tragiques, il y nuit au contraire. Plus l'homme qui pâtit est d'un état qui se rapproche du mien, et plus son malheur a de prise sur mon âme. « Ne serait-il pas à désirer (dit M. Rousseau) que nos sublimes auteurs daignassent descendre un peu de leur continuelle élévation, et nous attendrir quelquefois pour l'humanité souffrante, de peur que, n'ayant de la pitié que pour des héros malheureux, nous n'en ayons jamais pour personne[3]? »

Que me font à moi, sujet paisible d'un État monarchique du dix-huitième siècle, les révolutions d'Athènes et de Rome? Quel véritable intérêt puis-je prendre à la mort d'un tyran du Péloponnèse? au sacrifice d'une jeune princesse en Aulide[4]? Il n'y a dans tout cela rien à voir pour moi, aucune moralité qui me convienne. Car qu'est-ce que moralité? C'est le résultat fructueux et l'application personnelle des réflexions qu'un événement nous arrache. Qu'est-ce que l'intérêt? C'est le sentiment involontaire par lequel nous nous adaptons cet événement, sentiment qui nous met en la place de celui qui souffre, au milieu de sa situation. Une comparaison prise au hasard dans la nature achèvera de rendre mon idée sensible à tout le monde. Pourquoi la relation du tremblement de terre qui engloutit Lima et ses habitants à trois mille lieues de moi me trouble-t-elle, lorsque celle du meurtre juridique de Charles Ier, commis à Londres, ne fait que m'indigner[1]? C'est que le volcan ouvert au Pérou pouvait faire son explosion à Paris, m'ensevelir sous ses ruines, et peut-être me menace encore; au lieu que je ne puis jamais appréhender rien d'absolument semblable au malheur inouï du roi d'Angleterre. Ce sentiment est dans le cœur de tous les hommes; il sert de base à ce principe certain de l'Art, qu'il n'y a moralité ni intérêt au théâtre sans un secret rapport du sujet dramatique à nous. Il reste donc pour constant que la tragédie héroïque ne nous touche que par le point où elle se rapproche du genre sérieux en nous peignant des hommes, et non des rois; et que les sujets qu'elle met en action étant si loin de nos mœurs, et les personnages si étrangers à notre état civil, l'intérêt en est moins pressant que celui d'un drame sérieux, et la moralité moins directe, plus aride, souvent nulle et perdue pour nous, à moins qu'elle ne serve à nous consoler de notre médiocrité, en nous montrant que les grands crimes et les grands malheurs sont l'ordinaire partage de ceux qui se mêlent de gouverner le monde.

Après ce qu'on vient de lire, je ne crois pas avoir besoin de prouver qu'il y a plus d'intérêt dans un drame sérieux que dans une pièce comique. Tout le monde sait que les sujets touchants nous affectent davantage que les sujets plaisants, à égal degré de mérite. Il suffira seulement de développer les causes de cet effet aussi constant que naturel, et d'examiner l'objet moral dans la comparaison des deux genres.

La gaieté légère nous distrait; elle tire, en quelque façon, notre âme hors d'elle-même, et la répand autour de nous : on ne rit bien qu'en compagnie. Mais, si le tableau gai du ridicule amuse un moment l'esprit au spectacle, l'expérience nous apprend que le rire qu'excite en nous un trait lancé meurt absolument sur sa victime, sans jamais réfléchir[2] jusqu'à notre cœur. L'amour-propre[3], soigneux de se soustraire à l'application, se sauve à la faveur des éclats de l'assemblée, et profite du tumulte général pour écarter tout ce qui pourrait nous convenir dans l'épigramme. Jusque-là le mal n'est pas grand, pourvu qu'on n'ait livré à la risée publique qu'un pédant, un fat, une coquette, un extravagant, une imbécile, une bamboche[1], en un mot tous les ridicules de la société. Mais la moquerie qui les punit est-elle l'arme avec laquelle on doit attaquer le vice? Est-ce en plaisantant qu'on croit l'atterrer[2]? Non seulement on manquerait son but, mais on ferait précisément le contraire de ce qu'on s'était proposé. Nous le voyons arriver[3] dans la plupart des pièces comiques; à la honte de la morale, le spectateur se surprend trop souvent à s'intéresser pour le fripon contre l'honnête homme, parce que celui-ci est toujours le moins plaisant des deux. Mais si la gaieté des scènes a pu m'entraîner un moment, bientôt, humilié de m'être laissé prendre au piège des bons mots ou du jeu théâtral, je me retire mécontent de l'auteur, de l'ouvrage et de moi-même. La moralité du genre plaisant est donc ou peu profonde, ou nulle, ou même inverse de ce qu'elle devrait être au théâtre.

Il n'en est pas ainsi de l'effet d'un drame touchant, puisé dans nos mœurs. Si le rire bruyant est ennemi de la réflexion, l'attendrissement, au contraire, est silencieux; il nous recueille[4], il nous isole de tout. Celui qui pleure au spectacle est seul; et plus il le sent, plus il pleure avec délices, et surtout dans les pièces du genre honnête et sérieux qui remuent le cœur par des moyens si vrais, si naturels. Souvent, au milieu d'une scène agréable, une émotion charmante fait tomber des yeux des larmes abondantes et faciles, qui se mêlent aux traces du sourire et peignent sur le visage l'attendrissement et la joie. Un conflit si touchant n'est-il pas le plus beau triomphe de l'Art, et l'état le plus doux pour l'âme sensible qui l'éprouve?

L'attendrissement a de plus cet avantage moral sur le rire, qu'il ne se porte sur aucun objet, sans agir en même temps sur nous par une réaction puissante.

Le tableau du malheur d'un honnête homme frappe au cœur, l'ouvre doucement, s'en empare, et le force bientôt à s'examiner soi-même. Lorsque je vois la vertu persécutée, victime de la méchanceté, mais toujours belle, toujours glorieuse, et préférable à tout, même au sein du malheur, l'effet du drame n'est point équivoque, c'est à elle seule que je m'intéresse; et alors, si je ne suis pas heureux moi-même, si la basse envie fait ses efforts pour me noircir, si elle m'attaque dans ma personne, mon honneur ou ma fortune, combien je me plais à ce genre de spectacle! et quel beau sens moral je puis en tirer! Le sujet m'y porte naturellement; comme je ne m'intéresse qu'au malheureux qui souffre injustement, j'examine si par légèreté de caractère, défaut de conduite, ambition démesurée, ou concurrence malhonnête, je me suis attiré la haine qui me poursuit, et ma conclusion est sûrement de chercher à me corriger. Ainsi je sors du spectacle meilleur que je n'y suis entré, par cela seul que j'ai été attendri.

Si l'injure qu'on me fait est criante et vient plus du fait d'autrui que du mien, la moralité du drame attendrissant sera plus douce encore pour moi; je descendrai dans mon cœur avec plaisir, et là, si j'ai rempli tous mes devoirs envers la société, si je suis bon parent, maître équitable, ami bienfaisant, homme juste et citoyen utile, le sentiment intérieur me consolant de l'injure étrangère, je chérirai le spectacle qui m'aura rappelé que je tire de l'exercice de la vertu la plus grande douceur à laquelle un homme sage puisse prétendre, celle d'être content de lui, et je retournerai pleurer avec délices au tableau de l'innocence ou de la vertu persécutée.

Ma situation est-elle heureuse au point que le drame ne puisse m'offrir aucune application personnelle, ce qui est pourtant assez rare, alors la moralité tournant toute au profit de ma sensibilité, je me saurai gré d'être capable de m'attendrir sur des maux qui ne peuvent me menacer ni m'atteindre; cela me prouvera que mon âme est bonne et ne s'éloigne pas de la pratique des vertus bienfaisantes. Je sortirai satisfait, ému, et aussi content du théâtre que de moi-même.

Quoique ces réflexions soient sensiblement vraies, je ne les adresse pas indistinctement à tout le monde. L'homme qui craint de pleurer, celui qui refuse de s'attendrir, a un vice dans le cœur, ou de fortes raisons de n'oser y rentrer pour compter avec lui-même; ce n'est pas à lui que je parle, il est étranger à tout ce que je viens de dire. Je parle à l'homme sensible, à qui il est souvent arrivé de s'en aller aussitôt après un drame attendrissant. Je m'adresse à celui qui préfère l'utile et douce émotion où le spectacle l'a jeté à la diversion des plaisanteries de la petite pièce[1], qui, la toile baissée[2], ne laissent rien dans le cœur.

Pour moi, lorsqu'un sujet tragique m'a vivement affecté, mon âme s'en occupe délicieusement pendant l'intervalle des deux pièces, et je sens longtemps que je me prête à regret à la seconde. Il me semble alors que mon cœur se referme par degrés, comme une fleur ouverte aux premiers soleils du printemps se resserre le soir, à mesure que le froid de la nuit succède à la chaleur du jour.

Quelqu'un a prétendu que le genre sérieux devait avoir plus de succès dans les provinces qu'à Paris, parce que, disait-il, on vaut mieux là qu'ici[1], et que plus on est corrompu, moins on se plaît à être touché. Il est certain que celui qui fit interdire son père, enfermer son fils, qui vit dans le divorce avec sa femme, qui dédaigne son obscure famille, qui n'aime personne, et qui fait, en un mot, profession publique de mauvais cœur, ne peut voir dans ce genre de spectacle qu'une censure amère de sa conduite, un reproche public de sa dureté ; il faut qu'il fuie ou qu'il se corrige, et le premier lui convient toujours davantage. Son visage le trahirait, son maintien accuserait sa conscience : *Heu ! quam difficile est crimen non prodere vultu !* dit Ovide[2]. Et l'on ne peut s'empêcher d'avouer que ces désordres sont plus sensibles dans la capitale que partout ailleurs. Mais cette réflexion est aussi trop affligeante pour être poussée plus loin ; j'aime mieux tourner son propre argument contre mon observateur, et le succès d'*Eugénie* m'y servira d'autant mieux que cette pièce, faiblement travaillée, fait peut-être moins d'honneur à l'esprit qu'au cœur de son auteur. Puisque c'est en faveur du sentiment et de l'honnêteté de la morale qu'on a fait grâce aux défauts de l'ouvrage, il en faut conclure que Paris ne le cède point en sensibilité aux provinces du royaume ; et pour moi, je crois que, si les vices qui frappent mon censeur y semblent plus communs, c'est seulement en raison composée[3] du plus grand nombre d'hommes que cette ville rassemble, et de l'élévation du théâtre[4] sur lequel ils sont placés.

On reproche au genre noble et sérieux de manquer de nerf, de chaleur, de force ou de sel comique, car le *vis comica*[5] des Latins renferme toutes ces choses. Voyons si ce reproche est fondé. Tout objet trop neuf pour présenter en soi des règles positives de discussion se juge par analogie à des objets de même nature, mais plus connus. Appliquons cette méthode à la question présente. Le drame sérieux et touchant tient le milieu entre la tragédie héroïque et la comédie plaisante. Si je l'examine par le côté où il s'élève au tragique, je me demande : la chaleur et la force d'un être théâtral se tirent-elles de son état civil ou du fond de son caractère ? Un coup d'œil sur les modèles que la nature fournit à l'art imitateur m'apprend que la vigueur de caractère n'appartient pas plus au prince qu'au particulier. Trois hommes s'élèvent du sein de Rome et se partagent l'empire du monde. Le premier est lâche et pusillanime; le second, vaillant, présomptueux et féroce; et le troisième, un fourbe adroit, qui dépouille les deux autres. Mais Lépide, Antoine et Octave montèrent au triumvirat avec un caractère qui décida seul de la différence de leur sort dans la jouissance de l'usurpation commune. Et la mollesse de l'un, la violence de l'autre et l'astuce du dernier auraient eu également leur effet, quand il ne se fût agi entre eux que du partage d'une succession privée. Tout homme est lui-même par son caractère; il est ce qu'il plaît au sort par son état[1], sur lequel ce caractère influe beaucoup; d'où il suit que le drame sérieux, qui me présente des hommes vivement affectés par un événement, est susceptible d'autant de nerf, de force ou d'élévation que la tragédie héroïque, qui me montre aussi des hommes vivement affectés, dans des conditions seulement plus relevées. Si j'observe le drame noble et grave par le point où il touche au comique, je ne puis disconvenir que le *vis comica* ne soit un moyen indispensable de la bonne comédie; mais alors je demanderai pourquoi l'on imputerait au genre sérieux un défaut de chaleur qui, s'il existe, ne peut provenir que de la maladresse de l'auteur? Puisque ce genre prend ses personnages au sein de la société, comme la comédie gaie, les caractères qu'il leur suppose doivent-ils avoir moins de vigueur, sortir avec moins de force, dans la douleur ou la colère d'un événement qui engage l'honneur et la vie, que lorsque ces caractères sont employés à démêler des intérêts moins pressants, dans de simples embarras ou dans des sujets purement comiques? Aussi, quand tous les drames que j'ai ci-devant cités manqueraient de force comique, ce que je suis bien loin de penser, quand même *Eugénie*, dont j'ose à peine parler après tous ces modèles, serait encore plus faible, la question ne devrait jamais rouler que sur le plus ou le moins de capacité des auteurs, et non sur un genre qui de sa nature est le moins boursouflé mais le plus nerveux de tous. De même qu'il serait imprudent de dire du mal de l'épopée quand *L'Iliade* et *La Henriade* n'existeraient pas, et encore que nous n'eussions à citer pour tout exemple en ce genre que le *Clovis* ou *La Pucelle* (j'entends celle de Chapelain[2]).

Il s'élève une autre question, sur laquelle je dirai mon sentiment avec d'autant plus de liberté qu'elle n'est point formée en objection contre le genre que je défends. On demande si le drame sérieux ou tragédie domestique doit s'écrire en prose ou en vers. Par cette question, je vois déjà qu'il n'est point indifférent de l'écrire d'une ou d'autre manière, et c'est beaucoup. Mais il n'y a pas moyen d'appliquer à ce fait la méthode analogique, comme au précédent : ici toutes raisons de préférence manquent, hors celles qui peuvent se tirer de la nature même des choses. Établissons-les donc avec soin : l'exemple de M. de La Mothe, quoique un peu étranger à la question[1], ne servira pas moins à y répandre un grand jour. L'essai malheureux qu'il fit de la prose dans son *Œdipe* entraîne beaucoup d'esprits et les porte à se décider en faveur des vers. D'un autre côté, M. Diderot, dans son admirable[2] ouvrage sur l'art dramatique, se décide pour la prose, mais seulement par sentiment et sans entrer dans les raisons qu'il a de la préférer[3]. Les partisans des vers, dans le fait de M. de La Mothe, avaient aussi jugé par sentiment; les uns et les autres ont également raison parce qu'ils sont d'accord au fond[4]. Ce n'est que faute d'explication qu'ils semblent divisés, et cette opposition apparente est précisément ce qui juge la question.

Puisque M. de La Mothe voulait rapprocher son langage de celui de la nature, il ne devait pas choisir le sujet tragique de son drame dans les familles de Cadmus, de Tantale, ou d'Atrée et Thyeste[5]. Ces temps héroïques et fabuleux, où l'on voit agir pêle-mêle et se confondre partout les dieux et les héros, grossissent à notre imagination les objets qu'ils nous présentent, et portent avec eux un merveilleux pour lequel le rythme pompeux et cadencé de la versification semble avoir été inventé, et auquel il s'amalgame parfaitement. Ainsi les héros d'Homère, qui ne paraissent que grands et superbes dans l'épopée, seraient gigantesques dans l'histoire en prose. Son langage[6] trop vrai et trop voisin de nous est comme l'atelier du sculpteur où tout est colossal. La poésie est le vrai piédestal qui met ces groupes énormes au point d'optique favorable à l'œil; et il en est de la tragédie héroïque comme du poème épique. On eut donc raison de blâmer M. de La Mothe d'avoir traité le sujet héroïque d'*Œdipe* en langage familier. Peut-être eût-il fait une faute non moins grande contre la vérité, la vraisemblance et le bon goût, s'il eût traité en vers magnifiques un événement malheureux, arrivé parmi nous, entre des citoyens. Car, suivant cette règle de la poétique d'Aristote : *Comœdia enim deteriores, Tragœdia meliores quam nunc sunt, imitari conantur*[7]. Si la tragédie doit nous représenter les hommes plus grands, et la comédie moindres qu'ils ne sont réellement, l'imitation de l'un et l'autre genres n'ayant pas une exacte vérité, leur langage n'a pas besoin d'être rigoureusement asservi aux règles de la nature. On fait faire à l'esprit humain autant de pas qu'on veut vers le merveilleux dès qu'on lui a fait une fois franchir les barrières du naturel; les sujets n'ayant plus alors qu'une vérité poétique ou de convention, il s'accommode aisément de tout. Voilà pourquoi la tragédie s'écrit avec succès en vers, et la comédie indifféremment de l'une ou de l'autre manière. Mais le genre sérieux, qui tient le milieu entre les deux autres, devant nous montrer les hommes absolument tels qu'ils sont, ne peut pas se permettre la plus légère liberté contre le langage, les mœurs ou le costume[1] de ceux qu'il met en scène. « Mais, direz-vous, le langage de la tragédie est très différent de celui de l'épopée; plus uni, moins chargé de métaphores, et se rapprochant davantage de la nature, qui empêche qu'il ne s'adapte avec succès au genre sérieux? » C'est bien dit. Faites seulement un pas de plus, et concluez avec moi que plus ce langage s'en rapprochera, mieux il conviendra au genre; ce qui ramène tout naturellement à préférer la prose, et c'est ce qu'a sous-entendu M. Diderot. En effet si l'art du comédien consiste à me faire oublier le travail que l'auteur s'est donné d'écrire son ouvrage en vers, autant valait-il qu'il ne prît pas une peine dont tout le mérite est dans la difficulté vaincue; genre de beauté qui fait peut-être honneur au talent, mais qui n'intéresse jamais personne en faveur du fond de l'ouvrage. Qu'on ne perde pas de vue cependant que c'est relativement au drame sérieux que je raisonne ainsi. Si je traitais un drame comique, peut-être voudrais-je à la gaieté du sujet joindre encore le charme de la poésie. Son coloris, moins vrai mais plus brillant que celui de la prose, donne à l'ouvrage l'air riche et fleuri d'un parterre. Si l'harmonie des vers ôte un peu de naturel aux choses fortes, en revanche elle échauffe les endroits faibles, et surtout est très propre à embellir les détails badins d'une pièce sans intérêt. Je ne sais point mauvais gré à l'homme qui me conduit à la promenade, de me faire admirer toutes les beautés qui ornent son parc, et d'éloigner le terme de mon plaisir par l'agrément des détails et la variété des objets; mais celui qui m'arrache à ma tranquillité pour m'entraîner avec lui dans une poursuite pénible, celui dont on enlève la femme, la fille, l'honneur ou le bien, peut-il s'amuser en chemin? Nous ne marchons que pour arriver; s'il s'arrête en une carrière douloureuse, s'il me laisse entrevoir qu'il eſt moins pressé que moi de sortir des cruels embarras que ma compassion seule me fait partager, j'abandonne l'insensé, ou je fuis un barbare qui se joue de ma sensibilité.

Le genre sérieux n'admet donc qu'un ſtyle simple, sans fleurs ni guirlandes; il doit tirer toute sa beauté du fond, de la texture[1], de l'intérêt et de la marche du sujet. Comme il eſt aussi vrai que la nature même, les sentences et les plumes du tragique, les pointes et les cocardes[2] du comique, lui sont absolument interdites; jamais de maximes[3], à moins qu'elles ne soient mises en action. Ses personnages doivent toujours y paraître sous un tel aspect qu'ils aient à peine besoin de parler pour intéresser. Sa véritable éloquence eſt celle des situations, et le seul coloris qui lui soit permis eſt le langage vif, pressé, coupé, tumultueux et vrai des passions, si éloigné du compas[4] de la césure et de l'affectation de la rime, que tous les soins du poète ne peuvent empêcher d'apercevoir dans son drame s'il eſt en vers. Pour que le genre sérieux ait toute la vérité qu'on a droit d'exiger de lui, le premier objet de l'auteur doit être de me transporter si loin des coulisses, et de faire si bien disparaître à mes yeux tout le badinage d'acteurs[5], l'appareil théâtral, que leur souvenir ne puisse pas m'atteindre une seule fois dans tout le cours de son drame. Or le premier effet de la conversation rimée, qui n'a qu'une vérité de convention, n'eſt-il pas de me ramener au théâtre et de détruire par conséquent toute l'illusion qu'on a prétendu me faire? C'eſt dans le salon de Vanderk que j'ai tout à fait perdu de vue Préville et Brisard, pour ne voir que le bon Antoine et son excellent maître, et m'attendrir véritablement avec eux[6]. Croyez-vous que cela me fût arrivé de même, s'ils m'eussent récité des vers? Non seulement j'aurais retrouvé les acteurs dans les personnages, mais, qui pis eſt, à chaque rime j'aurais aperçu le poète dans les acteurs. Alors toute la vérité si précieuse de cette pièce s'évanouissait; et cet Antoine si vrai, si pathétique, m'eût paru aussi gauche et maussade avec son langage emprunté, qu'un naïf paysan qu'on affublerait d'un riche habit de livrée, avec la prétention de me le montrer au naturel. Je pense donc, comme M. Diderot, que le genre sérieux doit s'écrire en prose. Je pense qu'il ne faut pas qu'elle soit chargée d'ornements, et que l'élégance doit toujours y être sacrifiée à l'énergie, lorsqu'on eſt forcé de choisir entre elles.

Mon ouvrage eſt fort avancé si j'ai réussi à convaincre mes

lecteurs que le genre sérieux existe, qu'il est bon, qu'il offre un intérêt très vif, une moralité directe et profonde, et ne peut avoir qu'un langage, qui est celui de la nature; qu'outre les avantages communs avec les autres genres, il a de grandes beautés propres à lui seul; que c'est une carrière neuve, où le génie peut prendre un essor étendu, puisqu'elle embrasse tous les états de la vie et toutes les situations de chaque état; où l'on peut de nouveau s'emparer avec succès des grands caractères de la comédie, qui sont à peu près épuisés sous leur titre propre; enfin qu'il peut sortir de ce genre de spectacle une source abondante de plaisirs et de leçons pour la société. Reste à savoir si j'ai rempli dans le drame d'*Eugénie* tout ce que cet essai semble exiger de son auteur; je suis loin de m'en flatter. La théorie de l'art peut être le fruit de l'étude et des réflexions; mais l'exécution appartient au génie, qui ne s'apprend point.

Je n'ajouterais pas un mot de plus, si je n'avais aujourd'hui qu'à venger de sa chute un ouvrage tombé que j'aurais eu la faiblesse de croire bon. Mais il n'est peut-être pas indifférent d'assigner ici les véritables causes du succès d'une pièce dont on a dit autant de mal en y pleurant de bonne grâce. Cette contradiction apparente a cela de bon qu'elle ne peut faire la critique du drame sans faire en même temps l'éloge du genre, et c'est ce que je voulais surtout établir.

Un intérêt vif et soutenu, dit-on, a fait seul le succès d'*Eugénie*. D'accord; mais cet intérêt n'est ni l'effet du hasard ni celui d'une boutade[1] heureuse, comme on m'a fait l'honneur de le penser : il est la conséquence naturelle de principes vrais, qui n'ont pas besoin, comme les modèles de convention, d'être aperçus[2] pour être sentis, parce qu'ils sont puisés dans la Nature qui ne trompe pas plus les ignorants que les savants. En les analysant avec moi, le lecteur verra bien que si mon drame n'est pas mieux fait, c'est moins parce que j'ai marché en aveugle dans un pays perdu que pour avoir mal exécuté ce que j'avais beaucoup combiné. Le drame lui-même suivra cette analyse; ainsi mes moyens et mes fautes étant sous les yeux de tout le monde, et montrant que le bien appartient à la chose et le mal à moi seul, serviront également à ceux qui voudront essayer de moissonner ce nouveau champ d'honneur.

Le sujet de mon drame est le désespoir où l'imprudence et la méchanceté d'autrui peuvent conduire une jeune personne innocente et vertueuse, dans l'acte le plus important de la vie humaine[1]. J'ai chargé ce tableau d'incidents qui pouvaient encore en augmenter l'intérêt; mais j'ai serré l'intrigue de telle sorte que le moins d'acteurs possible accomplissent tous les événements de ce jour, afin de réunir le double avantage, essentiel au genre sérieux, d'être fort dans les choses et simple dans la manière de les traiter. J'ai donné à tous mes personnages des caractères non pris au hasard, ni propres à contraster ensemble (ce moyen, comme l'a très bien prouvé M. Diderot, est petit, peu vrai, et convient tout au plus à la comédie gaie[2]); mais je les ai choisis tels qu'ils concourussent de la manière la plus naturelle à renforcer l'intérêt principal qui porte sur Eugénie; et combinant ensuite le jeu de tous ces caractères avec le fond de mon roman[3], j'ai trouvé, pour résultat, le fil de la conduite que chacun y devait tenir, et presque ses discours.

J'avais dit : ce n'est pas assez que mon héroïne soit graduellement tourmentée dans cette soirée jusqu'à l'excès de la douleur et du désespoir; je dois, pour la rendre aussi intéressante[4] qu'elle est malheureuse, en faire un modèle de raison, de noblesse, de dignité, de vertu, de douceur et de courage; je veux qu'elle soit seule, et ne tire sa force que d'elle-même; je vais donc tellement l'entourer que son père, son amant, sa tante, son frère, et jusqu'aux étrangers, tout ce qui aura quelque relation avec cette victime dévouée[5], ne fasse pas un pas, ne dise pas un mot qui n'aggrave le malheur dont je veux l'accabler aujourd'hui.

J'avais dit encore : ce n'est pas assez que la masse des incidents pèse sur cette infortunée; pour accroître le trouble et l'intérêt, je veux que la situation de tous les personnages soit continuellement en opposition avec leurs désirs et le caractère que je leur ai donné, et que l'événement qui les rassemble ait toujours des aspects aussi douloureux que différents pour chacun d'eux. Ainsi Eugénie, toute remplie de sa faute, voudra la diminuer en l'avouant à son père; elle en sera détournée par sa tante et son époux. Aussitôt qu'elle aura préféré son devoir à toute autre considération, des lumières[6] affreuses, des incidents funestes suivront cet aveu, et la mettront, avant la fin du drame, en un tel état que l'on ne puisse s'empêcher de trembler pour sa raison et pour sa vie.

Le comte de Clarendon, amoureux d'Eugénie, mais emporté par l'ambition, désirera cacher sous des apparences trompeuses la perfidie que cette passion lui fait faire à sa maîtresse; son amour prêt à le trahir, et les incidents de cette soirée, le mettront sans cesse au point d'être démasqué. Lorsque la tendresse, le repentir et l'honneur le ramèneront aux pieds d'Eugénie, il ne rencontrera partout que hauteurs, duretés et refus ; ainsi sa situation, toujours opposée à son caractère et à son intérêt, le troublera sans relâche d'un bout à l'autre du roman.

Le baron Hartley, bon père, mais homme violent, voudra faire approuver à Mme Murer l'établissement qu'il a projeté pour Eugénie ; mais il ne trouvera dans sa fille que silence et douleur, dans sa sœur qu'aigreur et emportements. Aussitôt qu'il saura qu'Eugénie est femme du comte de Clarendon, aussitôt que son amour pour elle l'aura porté à lui pardonner son mariage, à le ratifier même, il apprendra que tout n'est qu'une horrible fausseté ; furieux, il voudra se venger ; ses mesures seront rompues[1] ; il confiera cette vengeance à son fils, l'événement du combat le rendra plus malheureux qu'il n'était ; ainsi, le faisant passer sans cesse de la colère à la douleur, et de la douleur au désespoir, j'aurai rempli à son égard la tâche que je me suis imposée sur tous les personnages.

Mme Murer, fière, despotique, imprudente, et croyant avoir tout fait pour assurer le bonheur de sa nièce, éprouvera, par les soupçons d'Eugénie, par l'éloignement obstiné de son frère, et par les discours peu mesurés du capitaine, une contrariété mortifiante pour son orgueil. À peine l'aveu d'Eugénie à son père et la paix rétablie auront-ils remis son amour-propre à l'aise, que la certitude d'avoir été jouée la jettera dans une fureur incroyable. Elle combinera sa vengeance et s'en croira certaine ; l'arrivée de son neveu renversera ce nouvel édifice ; enfin, l'état affreux d'Eugénie, les reproches de cette infortunée et les siens propres porteront la mort dans son âme, plus malheureuse encore de les avoir mérités que de s'en voir accablée !

Sir Charles, frère d'Eugénie, ne paraîtra qu'avec un homme qui vient de lui sauver la vie, et auquel il se flattera d'avoir bientôt d'autres obligations aussi importantes ; dans l'instant il apprendra que cet homme a déshonoré et trahi lâchement sa sœur. L'honneur le forcera tout à la fois d'être ingrat envers son bienfaiteur, de détester celui qu'il allait aimer de toute son âme, et de sauver, contre son intérêt, un monstre qu'il ne peut plus qu'avoir en horreur. Bientôt il voudra s'en venger d'une manière honorable, le sort des armes trompera son espoir. Il ne sera pas moins à plaindre que les autres. Ainsi le trouble général se fortifiant par le concours des troubles particuliers et l'événement principal devenant de plus en plus affreux pour tout le monde, l'intérêt du drame pourra s'accroître jusqu'à un degré infini.

C'est ainsi que j'ai raisonné mon plan. Une autre cause principale, mais plus cachée, de l'intérêt de ce drame, est l'attention scrupuleuse que j'ai eue d'instruire le spectateur de l'état respectif et des desseins de tous les personnages. Jusqu'à présent les auteurs avaient souvent pris autant de peines pour nous ménager des surprises passagères que j'en ai mis à faire précisément le contraire. Écrivain de feu, philosophe poète à qui la Nature a prodigué la sensibilité, le génie et les lumières, célèbre Diderot, c'est vous qui le premier avez fait une règle dramatique de ce moyen sûr et rapide de remuer l'âme des spectateurs[1]. J'avais osé le prévoir dans mon plan; mais c'est la lecture de votre immortel ouvrage qui m'a rassuré sur son effet. Je vous ai l'obligation d'en avoir osé faire la base de tout l'intérêt de mon drame. Il pouvait être plus adroitement mis en œuvre, mais la faiblesse de l'application n'en prouve que mieux l'efficacité du moyen.

En effet, dès qu'on sait qu'Eugénie est enceinte, qu'elle se croit et n'est pas la femme de Clarendon, qu'il doit en épouser une autre demain, que le frère de cette infortunée est à Londres secrètement et peut arriver d'un moment à l'autre, que son père ignore tout et va peut-être l'apprendre à l'instant, on prévoit qu'une catastrophe affreuse sera le fruit du premier coup de lumière qui éclairera les personnages. Alors le moindre mot qui tend à les tirer de l'ignorance où ils sont les uns à l'égard des autres jette le spectateur dans un trouble dont il est surpris lui-même. Comme le danger qu'ils ignorent est toujours présent à ses yeux, qu'il espère ou craint longtemps avant eux, il approuve ou blâme leur conduite; il voudrait avertir celle-ci, arrêter celui-là. J'ai vu des gens sensibles et naïfs[2], aux représentations de cette pièce, s'écrier dans les instants où Eugénie abusée, trahie, est en pleine sécurité : *Ah! la pauvre malheureuse!* Dans ceux où le lord élude les questions qu'on lui fait, échappe aux soupçons et emporte l'estime et l'amour de ceux qu'il trompe, je les ai entendus crier : *Va-t'en, scélérat!* La vérité qui presse arrache ces exclamations involontaires, et voilà l'éloge qui plaît à l'auteur et le paye de ses peines. L'on doit surtout remarquer que les morceaux qui ont déchiré l'âme dans cette pièce ne sont ni des phrases plus fortes, ni des choses imprévues; ils n'offrent que l'expression simple et vraie de la nature, à l'instant d'une crise[1] d'autant plus pénible pour le spectateur qu'il l'a vue se former lentement sous ses yeux, et par des moyens communs et faibles en apparence. Ceux qui liront *Eugénie* dans le véritable esprit où ce drame a été composé sentiront souvent que l'auteur a plus réfléchi qu'on ne croit, lorsqu'il a préféré de dire plus en peu de mots que mieux en beaucoup de paroles. Alors le premier acte, qu'ils avaient peut-être trouvé long et froid, leur paraîtra si nécessaire qu'il serait impossible de prendre le moindre intérêt aux autres si l'on n'avait pas vu celui-là. C'est lui qui nous incorpore à cette malheureuse famille et nous fait prendre, sans nous en apercevoir, un rôle d'ami dans la pièce. Plus il y a de choses fortes ou extraordinaires dans un drame et plus on doit les racheter par des incidents communs, qui seuls fondent la vérité. (C'est encore M. Diderot qui dit cela[2].) Que ne dit-il pas, cet homme étonnant! Tout ce qu'on peut penser de vrai, de philosophique et d'excellent sur l'art dramatique, il l'a renfermé dans le quart d'un in-douze[3]. J'aimerais mieux avoir fait cet ouvrage... Revenons au mien.

Après avoir décidé le caractère et la conduite de chaque personnage, j'ai cherché s'il y avait quelque principe certain pour les faire parler convenablement à leur rôle. Dans un plan bien disposé, le fond des choses à dire est toujours donné par celui des choses à faire; mais le ton de chacun n'en reste pas moins subordonné au génie et aux lumières de l'auteur, qui peut se tromper, soit en voyant mal ces rapports qu'il a dû combiner, soit en exécutant faiblement ce qu'il a bien préconçu[4]. J'ai dit: ceux qu'un grand intérêt occupe ne recherchent point leurs phrases, ils sont simples comme la nature; lorsqu'ils se passionnent, ils peuvent devenir forts, énergiques, mais ils n'ont jamais ce qu'on appelle dans le monde de l'esprit. J'écrirai donc le fond du drame le plus simplement qu'il me sera possible. Le seul Clarendon pourra montrer de l'esprit, c'est-à-dire de l'affectation, quand il voudra tromper; lorsqu'il sera de bonne foi, il n'aura dans la bouche que les choses naturelles et fortes que je trouverais dans mon cœur si j'étais à sa place.

Aux premiers actes, Eugénie sera noble, tendre et modeste dans ses discours; ensuite touchante dans la douleur et presque muette dans le désespoir, comme toutes les âmes extrêmement sensibles. L'excès du malheur lui fera-t-il regarder la mort comme un refuge désirable et certain, alors son style, aussi exalté que son âme, sera modelé sur sa situation, et un peu plus grand que nature.

Le baron, homme juste et simple dans ses mœurs, en aura constamment la tournure et le style; mais aussitôt qu'une forte passion l'animera, il jettera feu et flamme, et de ce brasier sortiront des choses vraies, brûlantes et inattendues.

Le ton de Mme Murer sera le plus constant de tous. Le fond de son caractère étant de ne douter de rien, la bonté, l'aigreur, la contradiction, la fureur, en un mot, tout ce qu'elle dira portera l'empreinte de l'orgueil qui est toujours aussi confiant et superbe en paroles qu'imprudent et maladroit en actions.

Sir Charles doit être uni, reconnaissant, dans sa première scène avec le comte de Clarendon; furieux, hors de lui, mais sublime s'il se peut, lorsque des ressentiments légitimes l'arracheront à sa tranquillité[1].

Si l'on me blâme d'avoir écrit ce drame trop simplement, j'avoue que je suis inexcusable, car je me suis donné beaucoup de peines pour l'écrire ainsi. Telle réponse qui paraît négligée a été substituée à une réplique plus travaillée qu'on y voyait d'abord. Mais qu'il est difficile d'être simple! Je me rappelle à ce sujet une lecture que je fis de l'ouvrage, il y a deux ou trois ans, à plusieurs gens de lettres. Après l'avoir attentivement écouté, l'un d'eux me dit, avec une franchise estimable qui fut un coup de lumière pour moi : « Voulez-vous imprimer ce drame ou le faire jouer? — Pourquoi? — C'est qu'il est bien différent d'écrire pour être lu ou d'écrire pour être parlé[2]. Si vous le destinez à l'impression, n'y touchez pas, il va bien; si vous voulez le faire jouer un jour, montez-moi sur cet arbre si bien taillé, si touffu, si fleuri; effeuillez, arrachez tout ce qui montre la main du jardinier. La nature ne met dans ses productions ni cet apprêt, ni cette profusion. Ayez la vertu d'être moins élégant, vous en serez plus vrai. » Je n'hésitai pas. Avec plus de génie, je me serais rendu plus simple encore, sans cesser d'être intéressant. Mais quand le style plat, aussi voisin du naïf en poésie que le pauvre l'est du simple en sculpture, m'aurait trompé, quand il me ferait échouer dix fois de suite, je m'accuserais, sans cesser de croire que le genre sérieux et touchant doit être écrit très simplement.

Voilà les principes sur lesquels j'ai composé le drame d'*Eugénie*. Cette analyse du plan me paraît donner les véritables raisons de l'intérêt que la pièce a inspiré. La lecture de l'ouvrage qui suit cet exposé, montrant combien l'exécution est restée au-dessous du projet, justifiera de même les critiques qu'on en a faites. *Eugénie* cessera d'être un problème pour beaucoup de gens, qui ne conçoivent pas encore comment l'enthousiasme et le dédain ont pu, dans le même temps, partager le public sur le même objet. À l'égard de ceux qui, sans examen comme sans appel, ont jugé la pièce absolument détestable, peut-être seront-ils à bon droit soupçonnés d'être hors d'état d'en juger une plus mauvaise encore[1].

EUGÉNIE

Drame

PERSONNAGES	ACTEURS[1]
LE BARON HARTLEY, père d'Eugénie,	M. Préville*.
LE LORD COMTE DE CLARENDON, amant d'Eugénie, cru son époux,	M. Bellecourt.
MME MURER, tante d'Eugénie,	Mme Préville.
EUGÉNIE, fille du baron,	Mlle Doligny.
SIR CHARLES, frère d'Eugénie,	M. Vélène.
COWERLY, capitaine de haut bord[2], ami du baron,	M. Grandval.
DRINK, valet de chambre du comte de Clarendon,	M. Auger.
BETSY, femme de chambre d'Eugénie,	Mlle Fanier.
ROBERT, premier laquais de Mme Murer,	M. Feulie.
Personnages muets : des valets armés.	

Habillement des personnages, suivant le costume de l'état de chacun en Angleterre[3].

Le baron Hartley, vieux gentilhomme du pays de Galles, doit avoir un habit gris et veste rouge à petit galon d'or; une culotte grise, des bas gris roulés, des jarretières noires sur les bas, de petites boucles à ses souliers carrés et à talons hauts; une perruque à la brigadière[4] ou

* N. B. : Les directeurs de troupes sont avertis que ce n'est point en sa qualité de premier comique aux Français que le rôle du baron Hartley a été destiné à M. Préville, mais parce qu'il est grand comédien. J'ai vu gâter en province le rôle d'Antoine, dans *Le Philosophe sans le savoir*; le valet comique, sachant que M. Préville l'avait joué à Paris, s'en empara et se donna la torture pour rendre plaisant un rôle dans lequel M. Préville nous avait fait pleurer.

un ample bonnet, un grand chapeau à Ragotzi[1]; une cravate nouée et passée dans une boutonnière de l'habit; un surtout de velours noir par-dessus tout l'habillement.

Le comte de Clarendon, jeune homme de la cour : un habit à la française des plus riches et des plus élégants; dans les IVe et V[e] actes, un frac[2] tout uni à revers de même étoffe.

Mme Murer, riche veuve du pays de Galles : une robe anglaise toute ronde, de couleur sérieuse, à bottes, sans engageantes, sur un corps[3] serré descendant bien bas; un grand fichu carré à dentelles anciennes, attaché en croix sur la poitrine; un tablier très long, sans bavette, avec une large dentelle au bas; des souliers de même étoffe que la robe; une barrette anglaise à dentelles sur la tête, et par-dessus un chapeau de satin noir à rubans de même couleur.

Eugénie : une robe anglaise toute ronde, de couleur gaie, à bottes, comme celle de Mme Murer; le tablier de même que sa tante; des souliers blancs; un chapeau de paille doublé et bordé de rose; une barrette anglaise à dentelles sous son chapeau.

Sir Charles : un frac de drap bleu de roi à revers de même étoffe, boutons de métal plats, veste rouge croisée à petit galon; culotte noire, bas de fil gris; grand chapeau uni, cocarde noire; les cheveux redoublés en queue grosse et courte; manchettes plates et unies.

M. Cowerly, capitaine de haut bord : grand uniforme de marine anglaise; habit de drap bleu de roi à parements et revers de drap blanc, un galon d'or à la mousquetaire; veste blanche, même galon; double galon aux manches et aux poches de l'habit; boutons de métal en bosse unis; grand chapeau bordé, cocarde noire fort apparente; cheveux en cadenettes[4].

Drink : habit brun à boutonnières d'or et à taille courte, fait à l'anglaise.

Betsy, jeune fille du pays de Galles : une robe anglaise de toile peinte toute ronde, à bottes; très petites manchettes; fichu carré et croisé sur la poitrine; tablier de batiste très long; barrette à l'anglaise sur la tête; point de chapeau[5].

La scène est à Londres, dans une maison écartée, appartenant au comte de Clarendon.

Pour l'intelligence de plusieurs scènes, dont tout l'effet dépend du jeu théâtral, j'ai cru devoir joindre ici la disposition exacte du salon. Aux deux côtés du fond, on voit deux portes : celle à droite est censée le passage par où l'on monte chez Mme Murer; celle à gauche est l'appartement d'Eugénie. Sur la partie latérale du salon, à droite, est la porte qui mène au jardin; vis-à-vis, à gauche, est celle d'entrée, par où les visites s'annoncent. Du plafond descend un lustre allumé; sur les côtés sont des cordons de sonnettes dont on fait usage. Cette vue du salon est l'aspect relatif aux spectateurs. En lisant la pièce on sentira la nécessité de connaître cette disposition des lieux, que j'ai indiquée en partie dans le dialogue de la première scène[6].

ACTE PREMIER

Le théâtre représente un salon à la française[1] du meilleur goût. Des malles et des paquets indiquent qu'on vient d'arriver. Dans un des coins est une table chargée d'un cabaret à thé[2]. Les dames sont assises auprès. Mme Murer lit un papier anglais[3] près de la bougie. Eugénie tient un ouvrage de broderie. Le baron est assis derrière la table. Betsy est debout à côté de lui, tenant d'une main un plateau avec un petit verre dessus, de l'autre une bouteille de marasquin empaillée : elle verse un verre au baron, et regarde après de côté et d'autre[4].

SCÈNE PREMIÈRE

LE BARON HARTLEY, MME MURER,
EUGÉNIE, BETSY

BETSY : Comme tout ceci est beau ! Mais c'est la chambre de ma maîtresse qu'il faut voir !

LE BARON, *après avoir bu, remettant son verre sur le plateau* : Celle-ci à droite ?

BETSY : Oui, monsieur ; l'autre est un passage par où l'on monte chez Madame.

LE BARON : J'entends : ici dessus.

MME MURER : Vous ne sortez pas, monsieur ? il est six heures.

LE BARON : J'attends un carrosse... Eh bien ! Eugénie, tu ne dis mot. Est-ce que tu me boudes ? Je ne te trouve plus si gaie qu'autrefois.

EUGÉNIE : Je suis un peu fatiguée du voyage, mon père.

LE BARON : Tu as pourtant couru le jardin tout l'après-midi avec ta tante.

EUGÉNIE : Cette maison est si recherchée[5]...

MME MURER : Il est vrai qu'elle est d'un goût... comme tout ce que le comte fait faire. On ne trouve rien à désirer ici.

EUGÉNIE, *à part* : Que celui à qui elle appartient.

Betsy sort.

SCÈNE II[a]

EUGÉNIE, LE BARON, MME MURER, ROBERT

ROBERT : Monsieur, une voiture...

LE BARON, *à Robert, en se levant* : Mon chapeau, ma canne...

MME MURER : Robert, il faudra vider ces malles et remettre un peu d'ordre ici.

ROBERT : On n'a pas encore eu le temps de se reconnaître.

LE BARON, *à Robert* : Où dis-tu que loge le capitaine?

ROBERT : Dans Suffolk Street[1], tout auprès du Bagno.

LE BARON : C'est bon.

Robert sort.

SCÈNE III

MME MURER, LE BARON, EUGÉNIE

MME MURER *(le ton de Mme Murer, dans toute cette scène, est un peu dédaigneux)* : J'espère que vous n'oublierez pas de vous faire écrire[2] chez le lord comte de Clarendon, quoiqu'il soit à Windsor : c'est un jeune seigneur fort de mes amis, qui nous prête cette maison pendant notre séjour à Londres, et vous sentez que ce sont là de ces devoirs...

LE BARON, *la contrefaisant* : Le lord comte un tel, un grand seigneur, fort mon ami; comme tout cela remplit la bouche d'une femme vaine[3] !

MME MURER : Ne voulez-vous pas y aller, monsieur?

LE BARON : Pardonnez-moi, ma sœur; voilà trois fois que vous le dites; j'irai en sortant de chez le capitaine Cowerly.

MME MURER : Comme il vous plaira pour celui-là; je ne m'y intéresse, ni ne veux le voir ici.

LE BARON : Comment! le frère d'un homme qui va épouser ma fille!

MME MURER : Ce n'est pas une affaire faite.

LE BARON : C'est comme si elle l'était.

MME MURER : Je n'en crois rien. La belle idée de marier votre fille à ce vieux Cowerly qui n'a pas cinq cents livres sterling de revenu, et qui est encore plus ridicule que son frère le capitaine!

LE BARON : Ma sœur, je ne souffrirai jamais qu'on avilisse en ma présence un brave officier, mon ancien ami[1].

MME MURER : Fort bien ; mais je n'attaque ni sa bravoure, ni son ancienneté ; je dis seulement qu'il faut à votre fille un mari qu'elle puisse aimer.

LE BARON : De la manière dont les hommes d'aujourd'hui sont faits, c'est assez difficile.

MME MURER : Raison de plus pour le choisir aimable[2].

LE BARON : Honnête.

MME MURER : L'un n'exclut pas l'autre.

LE BARON : Ma foi, presque toujours. Enfin j'ai donné ma parole à Cowerly.

MME MURER : Il aura la bonté de vous la rendre.

LE BARON : Quelle femme ! Puisqu'il faut vous dire tout, ma sœur, il y a entre nous un dédit[3] de deux mille guinées. Croyez-vous qu'on ait aussi la bonté de me le rendre ?

MME MURER : Vous comptiez bien sur mon opposition quand vous avez fait ce bel arrangement ; il pourra vous coûter quelque chose, mais je ne changerai rien au mien. Je suis veuve et riche, ma nièce est sous ma conduite, elle attend tout de moi, et depuis la mort de sa mère le soin de l'établir me regarde seule. Voilà ce que je vous ai dit cent fois, mais vous n'entendez rien.

LE BARON, *brusquement* : Il est donc assez inutile que je vous écoute : je m'en vais. Adieu, mon Eugénie ; tu m'obéiras, n'est-ce pas ?

Il la baise au front, et sort.

SCÈNE IV

Mme Murer, Eugénie

MME MURER : Qu'il m'amène ses Cowerly ! (*Après un peu de silence.*) À votre tour, ma nièce, je vous examine... Je conçois que la présence de votre père vous gêne, dans l'ignorance où il est de votre mariage : mais avec moi que signifie cet air ? J'ai tout fait pour vous : je vous ai mariée... Le plus bel établissement des trois royaumes[4] ! Votre époux est obligé de vous quitter, vous êtes chagrine, vous brûlez de le rejoindre à Londres : je vous y amène, tout cède à vos désirs...

EUGÉNIE, *tristement* : Cette ignorance de mon père

m'inquiète, madame; d'un autre côté, Milord... Devions-nous[1] le trouver absent, lorsque nos lettres lui ont annoncé le jour de notre arrivée?

MME MURER : Il est à Windsor avec la Cour. Un homme de son rang n'est pas toujours le maître de quitter...

EUGÉNIE : Il a bien changé!

MME MURER : Que voulez-vous dire?

EUGÉNIE : Que s'il avait eu ces torts lorsque vous m'ordonnâtes de recevoir sa main, je ne me serais pas mise dans le cas de les lui reprocher aujourd'hui.

MME MURER : Lorsque je vous ordonnai, Miss! À vous entendre, on croirait que je vous fis violence; et cependant, sans moi, victime d'un ridicule entêtement, mariée sans dot, femme d'un vieillard ombrageux, et surtout confinée pour la vie au château de Cowerly... Car rien ne peut détacher votre père de son insipide projet.

EUGÉNIE : Mais si le comte a cessé de m'aimer?

MME MURER : En serez-vous moins Milady Clarendon?... Et puis, quelle idée! Un homme qui a tout sacrifié au bonheur de vous posséder!

EUGÉNIE, *pénétrée* : Il était tendre alors! Que de larmes il versa lorsqu'il fallut nous séparer! Je pleurais aussi, mais je sentais que les plus grandes peines ont leur douceur quand elles sont partagées... Quelle différence!

MME MURER : Vous oubliez donc votre nouvel état, et combien l'espoir de la voir bientôt mère rend une jeune femme plus chère à son mari? Ne lui avez-vous pas écrit cette nouvelle intéressante[2]?

EUGÉNIE : Son peu d'empressement n'en est que plus affligeant.

MME MURER : Et moi je vous dis que vos soupçons l'outragent.

EUGÉNIE : Avec quel plaisir je m'avouerais coupable!

MME MURER : Vous l'êtes plus que vous ne pensez; et cette tristesse, ces larmes, ces inquiétudes... Croyez-vous tout cela bien raisonnable?

EUGÉNIE : Grâces aux considérations qui tiennent notre mariage secret, il faut bien que je dévore mes peines[3]. Mais[a] aussi, Milord, n'être pas à Londres le jour que nous y arrivons!

MME MURER : Son valet de chambre est ici; je vais envoyer chez lui pour vous tranquilliser.

Elle sonne.

SCÈNE V

DRINK, MME MURER, EUGÉNIE

DRINK, *à Eugénie* : Que veut Milady ?

MME MURER : Encore Milady ? On lui a défendu cent fois de vous nommer ainsi !

EUGÉNIE, *avec bonté* : Dis-moi, Drink, quand ton maître revient-il à Londres ?

DRINK : On l'attend à tout moment ; les relais sont sur la route depuis le matin.

MME MURER : Vous l'entendez. Rentrons, ma nièce. *(À Drink.)* Vous, allez voir s'il est arrivé.

DRINK : Bon[1], Madame ! il serait accouru...

SCÈNE VI

DRINK, *seul.*

S'il me paye pour mentir, il faut avouer que je m'en acquitte loyalement ; mais ça me fait de la peine... C'est un ange que cette fille-là. Quelle douceur ! Elle apprivoiserait des tigres. Oui, il faut être pire qu'un tigre pour avoir pu tromper une femme aussi parfaite, et l'abandonner après. Mon maître, oui, je le répète, mon maître, quoique moins âgé, est cent fois plus scélérat que moi.

SCÈNE VII

LE COMTE DE CLARENDON, DRINK

LE COMTE, *lui frappant sur l'épaule* : Courage, Mons[2] Drink !

DRINK, *étonné* : Qui diantre vous savait là, Milord ? On vous croit à Windsor.

LE COMTE : Vous disiez donc que le plus scélérat de nous deux, ce n'est pas vous ?

DRINK, *d'un ton un peu résolu* : Ma foi, Milord, puisque vous l'avez entendu...

LE COMTE : Ce lieu eſt sûr apparemment ?

DRINK : Il n'y a personne. La nièce eſt chez la tante, le bonhomme de père eſt sorti.

LE COMTE, *surpris* : Le père eſt avec elles ?

DRINK : Sans lui, et sans un vieux procès qu'on a déterré je ne sais où, aurait-on trouvé un prétexte à ce voyage ?

LE COMTE : Surcroît d'embarras ! Et elles sont ici ?...

DRINK : ... D'hier au soir.

LE COMTE : Que dit-on de mon absence ?

DRINK : Mademoiselle a beaucoup pleuré.

LE COMTE : Ah ! je suis plus affligé qu'elle. Mais n'a-t-il rien percé du projet de mariage ?

DRINK : Oh ! le diable gagne trop à vos desseins pour y nuire.

LE COMTE, *avec humeur* : Je crois que le maraud s'ingère...

DRINK : Parlons, Milord, sans vous fâcher. Voilà une fille de condition[1] qui croit être votre femme.

LE COMTE : Et qui ne l'eſt pas, veux-tu dire ?

DRINK : Et qui ne peut tarder à être inſtruite que vous en épousez une autre. Quand je pense à ce dernier trait, après le diabolique artifice qui l'a fait tomber dans nos griffes... Un contrat supposé, des regiſtres contrefaits, un miniſtre de votre façon... Dieu sait... Tous les rôles diſtribués à chacun de nous, et joués... Quand je me rappelle la confiance de cette tante, la piété de la nièce pendant la ridicule cérémonie, et dans votre chapelle encore... Non, je crois aussi fermement qu'il n'y aura jamais pour vous, ni pour votre intendant qui fit le miniſtre, ni pour nous qui servîmes de témoins[2]...

LE COMTE *fait un geſte furieux qui coupe la parole à Drink, et après une petite pause dit froidement* : Monsieur Drink, vous êtes le plus sot coquin que je connaisse. *(Il tire sa bourse et la lui donne.)* Vous n'êtes plus à moi, sortez ; mais si la moindre indiscrétion...

DRINK : Eſt-ce que j'ai jamais manqué à Milord ?

LE COMTE : Je déteſte les valets raisonneurs, et je me défie surtout des fripons scrupuleux.

DRINK : Eh bien, je ne dirai plus un seul mot : usez de moi comme il vous plaira. Mais pour la demoiselle, en vérité c'eſt dommage.

LE COMTE : Vous faites l'homme de bien ; mais à la vue de l'or votre conscience s'apaise... Je ne suis pas votre dupe.

DRINK : Si vous le croyez, mon maître, voilà la bourse.

LE COMTE, *refusant de la prendre* : Cela suffit ; mais qu'il ne vous arrive jamais... Approchez. Puisqu'on ne sait rien de ce fatal mariage...

DRINK : Fatal ! qui vous force à le conclure ?

LE COMTE : Le roi, qui a parlé ; mon oncle, qui presse ; des avantages qu'on ne rencontre pas deux fois en la vie. *(À part.)* Et plus que tout, la honte que j'aurais de dévoiler mon odieuse conduite.

DRINK : Mais comment cacher ici ?...

LE COMTE, *rêvant* : Oh ! je... Quand une fois je serai marié... Et puis, elles ne verront personne... Cette maison, quoique assez près de mon hôtel, est dans un quartier perdu... Je ferai en sorte qu'elles repartent bientôt. Va toujours m'annoncer : cette visite préviendra les soupçons...

DRINK, *se retournant* : Les soupçons ! Qui diable oserait seulement penser ce que nous exécutons, nous autres ?

LE COMTE : Il a raison. *(Il le rappelle.)* Écoute, écoute.

DRINK : Milord ?

LE COMTE, *à lui-même en se promenant* : Je crois que la tête a tourné en même temps à tout le monde. *(À Drink.)* Ont-elles déjà reçu des lettres ?

DRINK : Pas encore.

LE COMTE, *à lui-même en se promenant* : C'est mon intendant... Parce qu'il est prêt à rendre l'âme... Il me mande... Il me fait une frayeur avec ses remords... Le malheureux !... Après m'avoir lui-même jeté dans tous ces embarras... Je crains qu'avant de mourir il ne me joue le tour d'écrire ici la vérité. *(À Drink.)* Tu iras toi-même à la poste.

DRINK : Oui, Milord.

LE COMTE : Prends-y garde au moins. Il ne faudrait qu'une lettre comme celle que j'en reçois... Tu connais son écriture.

DRINK : J'entends. Tout ce qui viendra de là...

LE COMTE : Fort bien. Va m'annoncer.

Drink sort par la porte qui monte chez Mme Murer.

SCÈNE VIII

LE COMTE, *seul, se promenant avec inquiétude.*

Que je suis loin de l'air tranquille que j'affecte !... Elle croit être ma femme... Elle m'écrit... Sa lettre me poursuit... Elle espère qu'un fils me rendra bientôt notre union plus chère...

Elle aime les souffrances de son nouvel état... Misérable ambition!... Je l'adore, et j'en épouse une autre... Elle arrive, et l'on me marie... Mon oncle... Oh! s'il savait... Peut-être... Non, il me déshériterait... *(Il se jette dans un fauteuil.)* Que de peines! d'intrigues!... Si l'on calculait bien ce qu'il en coûte pour être méchant... *(Se levant brusquement.)* Les réflexions de cet homme m'ont troublé... Comme si je n'avais pas assez du cri de ma conscience, sans être encore assailli des remords de mes valets... Elle va venir... Ah! je ne pourrai jamais soutenir sa vue. L'ascendant de sa vertu m'écrase[1]... La voici... Qu'elle est belle!

SCÈNE IX

Mme Murer, Eugénie, le Comte

Eugénie, en courant, arrive la première; puis elle s'arrête tout à coup en rougissant.

LE COMTE, *s'avançant vers elle, et lui prenant la main avec quelque embarras* : Un mouvement plus naturel vous faisait précipiter vos pas, Eugénie. Aurais-je eu le malheur de mériter?... *(À Mme Murer qui entre, en la saluant.)* Ah! madame, pardon! vous me voyez confus de m'être laissé prévenir.

MME MURER : Vous vous moquez, Milord. Est-ce dans une maison à vous qu'il convient de faire des façons?

LE COMTE, *prenant la main d'Eugénie* : Que j'ai souffert, ma chère Eugénie, de la dure nécessité de m'éloigner au moment de votre arrivée! J'aurais désobéi à mon oncle, au roi même, si l'intérêt de notre union...

EUGÉNIE, *soupirant* : Ah! Milord!

MME MURER : Elle s'afflige.

LE COMTE, *vivement* : Et de quoi? Vous m'effrayez! Parlez, je vous prie.

EUGÉNIE : Rappelez-vous, Milord, l'extrême répugnance que j'eus à recevoir votre main à l'insu de nos parents.

LE COMTE : J'en ai trop soupiré pour l'oublier jamais.

EUGÉNIE, *avec douleur* : Votre présence me soutenait contre mes réflexions; mais bientôt des souvenirs cruels m'assaillirent en foule... Les derniers conseils d'une mère mourante... La faute que je commettais contre mon père absent...

L'air de mystère qui accompagna l'auguste cérémonie dans votre château...

MME MURER : N'était-il pas indispensable ?

EUGÉNIE : Votre départ, nécessaire pour vous, mais douloureux pour moi... *(Baissant la voix.)* Mon état...

LE COMTE *lui baise la main* : Votre état, Eugénie ! Ce qui met le sceau à mon bonheur peut-il vous affliger ? *(À part.)* Infortunée !

EUGÉNIE, *tendrement* : Ah ! qu'il me serait cher s'il ne m'exposait pas !...

LE COMTE : Je me croirai bien malheureux si ma présence n'a pas la force de dissiper ces nuages. Mais qu'exigez-vous de moi ? Ordonnez.

EUGÉNIE : Puisqu'il m'est permis de demander, je désire que vous employiez auprès de mon père cet art de persuader, ah ! que vous possédez si parfaitement.

LE COMTE : Ma chère Eugénie !

EUGÉNIE : Je souhaiterais que nous nous occupassions tous à le tirer d'une ignorance qui ne peut durer plus longtemps sans crime et sans danger pour moi.

MME MURER : Le comte seul peut décider la question.

LE COMTE, *avec timidité* : Je suivrai vos volontés en tout. Mais à Londres ?... Si près de mon oncle !... S'exposer... Cette colère si redoutable de votre père... Je pensais que l'on pourrait remettre cet aveu délicat à notre retour au pays de Galles.

EUGÉNIE, *vivement* : Où vous viendrez ?

LE COMTE : J'espérais vous y rejoindre avant peu.

EUGÉNIE, *tendrement* : Que ne l'écriviez-vous ? Un seul mot de ce dessein nous eût empêchés de venir à Londres.

LE COMTE, *vivement* : Quand vous n'auriez pas suivi d'aussi près la nouvelle que j'ai reçue de votre résolution, je me serais bien gardé d'y rien changer. Mon empressement égalait le vôtre. *(D'un ton très affectueux.)* Aurais-je voulu suspendre un voyage qui a mille attraits pour moi ?

MME MURER : Il est charmant !

EUGÉNIE, *baissant les yeux* : Je n'ai plus qu'une plainte à faire ; me la pardonnerez-vous, Milord ?

LE COMTE : Ne me cachez rien, je vous en conjure.

EUGÉNIE, *avec embarras* : Un cœur sensible s'inquiète de tout. Il m'a semblé voir dans vos lettres une espèce d'affectation à éviter de m'honorer du nom de votre femme. J'ai craint...

LE COMTE, *un peu décontenancé* : Ainsi donc on me réduit à justifier ma délicatesse même! Vos soupçons m'y contraignent; je le ferai. *(Prenant un ton plus rassuré.)* Tant que je fus votre amant, Eugénie, je brûlai d'acquérir le titre précieux d'époux; marié, j'ai cru devoir en oublier les droits, et ne jamais faire parler que ceux de l'amour. Mon but, en vous épousant, fut d'unir la douce sécurité des plaisirs honnêtes aux charmes d'une passion vive et toujours nouvelle. Je disais : quel lien que celui qui nous fait un devoir du bonheur!... Vous pleurez, Eugénie!

EUGÉNIE, *lui tendant les bras et le regardant avec passion* : Ah! laisse-les couler... La douceur de celles-ci efface l'amertume des autres. Ah! mon cher époux! la joie a donc aussi ses larmes!

LE COMTE, *troublé* : Eugénie!... *(À part.)* Dans quel trouble elle me jette!

MME MURER : Eh bien, ma nièce?

EUGÉNIE, *avec joie* : Je n'en croirai plus mon cœur : il fut trop timide[1].

LE BARON, *dehors, sans être aperçu* : Pas un schelling[2] avec.

MME MURER : Reconnaissez mon frère au bruit qu'il fait en rentrant.

LE COMTE, *à part* : Il faut avoir une âme féroce pour résister à tant de charmes.

SCÈNE X

LE BARON, LE COMTE, MME MURER, EUGÉNIE

LE BARON, *en entrant, crie dehors* : Renvoyez-le, vous dis-je. *(À lui-même en avançant.)* L'indigne séjour! la sotte ville! et surtout l'impertinent usage d'aller voir des gens qu'on sait absents!

MME MURER : Toujours emporté!

LE BARON : Eh bien! eh bien! ma sœur! ce n'est pas vous que cela regarde!

MME MURER : Je le crois, monsieur; mais que doit penser de vous Milord Clarendon?

LE BARON, *saluant* : Ah! pardon, Milord.

MME MURER : Il vient ici vous offrir ses bons offices auprès de vos juges.

LE BARON, *au comte* : Excusez; l'on vous dira que j'ai passé à votre hôtel.

LE COMTE : Je suis fâché, monsieur...

LE BARON, *se tournant vers sa fille* : Bonjour, mon Eugénie.

LE COMTE, *à lui-même, se rappelant la dernière phrase d'Eugénie* : La joie a donc aussi ses larmes !

LE BARON, *au comte* : Comment la trouvez-vous, Milord ? Mais vous vous connaissiez déjà ; son frère et elle, voilà tout ce qui me reste... Elle était gaie autrefois ; les filles deviennent précieuses[1] en grandissant. Ah ! quand elle sera mariée !... À propos de mariage, j'allais oublier de vous faire un compliment...

LE COMTE, *interrompant* : À moi, monsieur ? Je n'en veux recevoir que sur le bonheur que j'ai en ce moment de présenter mes respects à ces dames.

LE BARON : Eh ! non, non ; c'est sur votre mariage.

MME MURER, *vivement* : Son mariage !

EUGÉNIE, *à part, avec frayeur* : Ah ! Ciel !

LE COMTE, *d'un air contraint* : Vous voulez rire.

LE BARON : Ma foi, je ne l'ai pas deviné. Votre suisse a dit que vous étiez à la Cour pour un mariage...

LE COMTE, *interrompant* : Ah ! ah !... Oui : c'est... c'est un de mes parents. Vous savez que, pour peu qu'on tienne à quelqu'un, on va pour la signature...

LE BARON : Non : il dit que cela vous regarde.

LE COMTE, *embarrassé* : Discours de valets... Il est bien vrai que mon oncle, ayant eu dessein de m'établir, m'a proposé depuis peu une fille de qualité[2] fort riche ; *(regardant Eugénie)* mais je lui ai montré tant de répugnance pour un engagement qu'il a eu la bonté de ne pas insister. Cela s'est su, et peut-être trop répandu. Voilà l'origine d'un bruit qui n'a et n'aura jamais de fondement réel.

LE BARON : Pardon, au moins. Je ne l'ai pas dit pour vous fâcher. Un joli homme comme vous, couru des belles...

MME MURER : Mon frère va s'égayer. Trouvez bon, messieurs, que nous nous retirions.

LE COMTE, *saluant* : Ce sera moi, si vous le voulez bien. J'ai quelques affaires pressées... Je vous demande la permission, mesdames, de vous voir le plus souvent...

MME MURER : Jamais aussi souvent que nous le désirons, Milord.

Le comte sort, le baron l'accompagne : ils se font des politesses.

SCÈNE XI

MME MURER, EUGÉNIE

MME MURER : Avec quelle adresse et quelle honnêteté pour vous il vient de s'expliquer !

EUGÉNIE, *honteuse d'un petit mouvement de frayeur, se jette dans les bras de sa tante* : Grondez donc votre folle de nièce... À un certain mot de mon père, n'ai-je pas éprouvé un serrement de cœur affreux !... Il m'avait caché ces bruits dans la crainte de m'affliger... Comme il m'a regardée en répondant !... Ah ! ma tante, que je l'aime !

MME MURER *l'embrasse* : Ma nièce, vous êtes la plus heureuse des femmes.

Elles vont chez le baron par la porte d'entrée.

FIN DU PREMIER ACTE

JEU D'ENTRACTE[1]

Un domestique entre. Après avoir rangé les sièges qui sont autour de la table à thé, il en emporte le cabaret et vient remettre la table à sa place auprès du mur de côté. Il enlève des paquets dont quelques fauteuils sont chargés, et sort en regardant si tout est bien en ordre.

L'action théâtrale ne reposant jamais, j'ai pensé qu'on pourrait essayer de lier un acte à celui qui le suit par une action pantomime[2] qui soutiendrait, sans la fatiguer, l'attention des spectateurs, et indiquerait ce qui se passe derrière la scène pendant l'entracte. Je l'ai désignée entre chaque acte. Tout ce qui tend à donner de la vérité est précieux dans un drame sérieux, et l'illusion tient plus aux petites choses qu'aux grandes. Les Comédiens-Français, qui n'ont rien négligé pour que cette pièce fît plaisir, ont craint que l'œil sévère du public ne désapprouvât tant de nouveautés à la fois; ils n'ont pas osé hasarder les entractes[3]. Si on les joue en société, on verra que ce qui n'est qu'indifférent, tant que l'action n'est pas engagée, devient assez important entre les derniers actes.

ACTE II

SCÈNE PREMIÈRE

DRINK *seul, un paquet de lettres à la main. Il se retourne en entrant et crie au facteur qui s'en va :*

À moi seul, entendez-vous? *(Il avance dans le salon.)* Un homme averti en vaut deux, dit-on. Voyons ce que le facteur vient de me remettre. Il faut servir un maître qui rosse aussi fort qu'il récompense bien. *(Il lit une adresse.)* Hem, m, m, à Monsieur, Monsieur le baron Hartley[1]. Voilà pour le père. Quelque sanglier forcé, quelque chien éreinté[2], etc., etc. *(Il en lit une autre.)* Hem, m, m..., Armée d'Irlande : c'est du fils. Ceci doit encore passer; l'ordre ne porte pas d'arrêter les paquebots[3]. *(Il en regarde une troisième.)* Hem, m, m, Lancastre[4]! voici qui paraît suspect. *(Il lit.)* À Madame, Madame Murer, près du parc Saint-James... Pour la tante... c'est l'écriture de M. Williams, notre marieur, l'intendant de Milord... main-basse sur celle-ci. Peste! la jeune personne eût appris... À propos, il se meurt, dit mon maître. Voyons un peu ce qu'il écrit; puisque je ne dois pas la remettre, je puis bien la lire. Il n'y a pas plus de mal à l'un qu'à l'autre, et l'on apprend quelquefois... *(Il hésite un peu, et enfin, rompant le cachet, il lit.)* « Madame, je touche au moment terrible où je vais rendre compte de toutes les actions de ma vie. » *(Il parle.)* Un intendant!... le compte sera long. *(Il lit.)* « Les remords me pressent, et je veux réparer autant qu'il est en moi, par cet avis tardif, le crime dont je me suis rendu coupable en portant le jeune lord, comte de Clarendon, à tromper votre malheureuse nièce par un mariage simulé. » *(Il parle.)* Mon maître s'était douté de cette lettre!... c'est un vrai démon pour les précautions!

SCÈNE II

Le Comte, Drink

LE COMTE, *arrivant par le jardin avec précaution* : Est-ce toi, Drink?

DRINK : Milord?

LE COMTE : Un mot, et je m'enfuis.

DRINK : Je vous écoute.

LE COMTE : J'avais oublié... J'étais si troublé en sortant... Mon mariage, qui se fait demain, est dans la bouche de tout le monde; on ne parle d'autre chose... Il faut empêcher qu'aucune visite, aujourd'hui surtout, ne vienne ici souffler le vent de la discorde.

DRINK : Elles ne connaissent personne à Londres.

LE COMTE : Je sais que le père est fort l'ami d'un certain capitaine Cowerly qui ne manque jamais le lever de mon oncle; brave homme, mais dont le défaut est d'apprendre le soir à toute la ville les secrets qu'on lui a dits à l'oreille le matin dans les maisons.

DRINK : Quelle figure est-ce?

LE COMTE : Tu ne connais que lui. Du temps de la petite, il a soupé dix fois dans ce salon.

DRINK : Quoi! ce bavard qui vous a brouillé depuis avec Laure en lui rapportant que Lady Alton avait passé un jour entier ici?

LE COMTE : Où diable vas-tu chercher Lady Alton?

DRINK : Ah! vraiment non! c'est plus nouveau que cela. C'était donc une des deux Ofalsen[1]? Ma foi, je confonds les époques, il en est tant venu!

LE COMTE : Eh non! C'est celui qui a marié cette fille soi-disant d'honneur de la reine à ce benêt d'Harlington, quand je la quittai.

DRINK : Ah! j'y suis, j'y suis.

LE COMTE : S'il se présentait...

DRINK : Laissez-moi faire. Il en sera de lui comme du facteur, dont j'ai fort à propos barré le chemin.

LE COMTE : Je te l'avais recommandé.

DRINK : C'est ce que je disais. Mon maître n'oublie rien.

LE COMTE : Eh bien?

DRINK, *s'approchant d'un air de confidence* : J'ai détourné une furieuse lettre de ce Williams pour la tante.

LE COMTE, *lui coupant la parole* : Paix ! C'est Eugénie.

SCÈNE III

EUGÉNIE, LE COMTE, DRINK

EUGÉNIE, *faisant un cri de surprise* : Ah ! Milord !

LE COMTE, *à Drink* : Je ne puis l'éviter. Laisse-nous.

SCÈNE IV[a]

EUGÉNIE, LE COMTE

EUGÉNIE, *avec joie* : Apprenez la plus agréable nouvelle...

LE COMTE : Si elle intéresse mon Eugénie...

EUGÉNIE : Mon père est enchanté de vous. Ah ! j'en étais bien sûre ! Il faisait votre éloge à l'instant. Je me serais mise de bon cœur à ses pieds pour le remercier. Il me rendait fière de mon époux. Je me suis sentie prête à lui tout avouer.

LE COMTE, *ému* : Vous me faites trembler ! exposer tout ce que j'aime au brusque effet de son ressentiment !

EUGÉNIE, *vivement* : Je sais qu'il est violent ; mais il est mon père. Il est juste, il est bon. Venez, Milord, que notre profond respect le désarme. Entrons, ce moment sera le plus heureux...

LE COMTE, *embarrassé* : Eugénie ! quoi, vous voulez ?... quoi, sans nulle précaution ?...

EUGÉNIE, *avec beaucoup de feu* : Si jamais je te fus chère, c'est aujourd'hui qu'il faut me le prouver. Donne-moi cette marque de ton amour. Viens, depuis trop longtemps les soupçons odieux outragent ta femme ; les regards méchants la poursuivent. Fais cesser un si pénible état ; déchire le voile qui l'expose à rougir. Tombons aux genoux de mon père. Viens, il ne nous résistera pas.

LE COMTE, *à part* : Quel embarras ! *(À Eugénie.)* Souffrez au moins que je le revoie encore avant pour affermir ses bonnes dispositions.

EUGÉNIE, *lui prenant la main* : Non : elles peuvent changer. La première impression est pour toi. Non, je ne te quitterai plus.

SCÈNE V

MME MURER, EUGÉNIE, LE COMTE

LE COMTE, *apercevant Mme Murer* : Ah! madame, venez m'aider à lui faire entendre raison.

MME MURER : Le comte ici! J'aurais dû m'en douter à l'air d'empressement dont elle est sortie. Mais de quoi s'agit-il?

LE COMTE : Sur quelques mots en ma faveur échappés à son père, sa belle âme s'est échauffée. Elle veut, elle exige que nous lui fassions à l'instant un aveu de notre union.

MME MURER : Ah! Milord, gardez-vous-en bien! Mon avis, au contraire, est que vous vous retiriez promptement. S'il s'éveillait et vous trouvait ici, ce prompt retour lui ferait soupçonner…

LE COMTE, *cachant sa joie sous un air empressé* : Tout serait perdu! Je m'arrache d'auprès d'elle avec moins de chagrin, puisque c'est à sa sûreté que je fais ce sacrifice.

Il sort.

SCÈNE VI[a]

MME MURER, EUGÉNIE

EUGÉNIE *le regarde aller, et après un peu de silence dit douloureusement* : Il s'en va!

MME MURER : Mais vous avez donc tout à coup perdu l'esprit?

EUGÉNIE : Être réduite à composer avec son devoir; n'oser regarder son père : voilà ma vie. Je suis confuse en sa présence; sa bonté me pèse, sa confiance me fait rougir, et ses caresses m'humilient. Il est si accablant de recevoir des éloges, et de sentir qu'on ne les mérite pas[1].

MME MURER : Mais à Londres où le comte a tant de ménagements à garder… D'ailleurs, votre état ne rend pas encore cet aveu indispensable.

EUGÉNIE : N'est-il pas plus aisé de prévenir un mal que d'en arrêter les progrès? Le temps fuit, l'occasion échappe, les convenances diminuent[2], l'embarras de parler augmente, et le malheur arrive.

MME MURER : Votre époux est trop délicat pour vous exposer...

EUGÉNIE, *vivement* : N'avez-vous pas trouvé, comme moi, un peu d'apprêt dans son air, de recherches dans son langage? cela me frappe à présent que j'y réfléchis. Cette touchante simplicité qu'il avait à la campagne était bien préférable.

MME MURER : Dès qu'il s'éloigne, l'imagination travaille.

SCÈNE VII

MME MURER, EUGÉNIE, DRINK

MME MURER, *à Drink qui tient un paquet* : Qu'est-ce que c'est?

DRINK : Des lettres que le facteur vient d'apporter.

MME MURER, *parcourant les adresses* : D'Irlande : voici des nouvelles. *(Drink range le salon et écoute la conversation.)*

EUGÉNIE, *avec vivacité* : De mon frère?

MME MURER : Non. C'est une lettre de son cousin, qui sert dans le même corps.

Elle lit tout bas.

EUGÉNIE : Point de lettres de Sir Charles[1] ? Il est bien étonnant!...

MME MURER, *à Drink qui ouvre une malle* : Laissez cela. Betsy serrera nos habits.

Drink sort.

SCÈNE VIII

MME MURER, EUGÉNIE

EUGÉNIE, *pendant que Mme Murer lit bas* : Son silence me surprend et m'afflige.

MME MURER, *d'un ton composé*[2] : S'il vous afflige, Miss, la lettre de Sir Henri ne me paraît pas propre à vous consoler. Votre frère n'a pas reçu nos dernières; c'est un terrible état que le métier de la guerre!

EUGÉNIE, *troublée* : Mon frère est mort!

MME MURER : Ai-je dit un mot de cela?

EUGÉNIE : Je n'ai pas une goutte de sang.

MME MURER : Puisque votre effroi va au-devant de mes précautions, lisez vous-même.

EUGÉNIE *lit en tremblant* : « Mon cousin, grièvement insulté par son colonel, l'a forcé de se battre et l'a désarmé. Son ennemi vient de le dénoncer ; ce qui a obligé Sir Charles à prendre secrètement la route de Londres. Mais le colonel le suit, pour l'accuser chez le ministre. » Ah ! mon frère !

SCÈNE IX

LE BARON, MME MURER, EUGÉNIE

LE BARON : Eh bien ! parce que je m'endors un moment en jasant avec vous...

EUGÉNIE, *troublée* : Mon frère s'est battu.

LE BARON : D'où savez-vous cela ?

EUGÉNIE : C'est ce que mande Sir Henri.

MME MURER, *avec importance* : Et il a désarmé son homme ; si ce n'était pas son colonel...

LE BARON : Son colonel tout comme un autre.

EUGÉNIE : Mon père, ma tante, occupons-nous tous des moyens de le sauver.

MME MURER : Où le prendre ?

EUGÉNIE : Mon cousin dit qu'il est à Londres.

MME MURER : Mais il ne sait pas que nous y sommes.

EUGÉNIE, *baissant les yeux* : Milord Clarendon ne pourrait-il pas ?...

MME MURER, *d'un air dédaigneux* : Le cher lord ! Ah ! oui, si Monsieur lui fait la grâce d'accepter ses services !

LE BARON, *lui rendant son air* : Ma foi, ce serait ma dernière ressource[1]. Donne-moi la lettre, Eugénie. *(Il lit bas.)* Diable ! *(Il lit tout haut.)* « Quand il ne réussirait pas à le perdre[2], avertissez Sir Charles d'être toujours sur ses gardes ; le colonel a la réputation de se défaire des gens par toutes sortes de voies... » Bon ! cela ne peut pas être ! un officier...

MME MURER : Cet[a] événement me ramène à ce que je vous disais tantôt, monsieur ; si, au lieu de destiner votre fille à un vieux militaire sans fortune, vous trouviez bon que l'on eût pour elle des vues plus relevées... Les protections aujourd'hui...

LE BARON : Nous y voilà encore ! Ma sœur, une bonne fois

pour toutes, afin de n'y jamais revenir : vous aimez les lords, les gens de haut parage[1], et moi je les déteste; ma fille m'est trop chère pour la sacrifier à votre vanité et la rendre malheureuse.

MME MURER : Et pourquoi malheureuse?

LE BARON : Est-ce que je ne connais pas vos petits grands seigneurs? Voyez-les dans les unions même les plus égales pour la fortune. Une fille est mariée aujourd'hui, trahie demain, abandonnée dans quatre jours; l'infidélité, l'oubli, la galanterie ouverte[2], les excès les plus condamnables ne sont qu'un jeu pour eux. Bientôt le désordre de la conduite entraîne celui des affaires; les fortunes se dissipent, les terres s'engagent, se vendent; encore la perte des biens est-elle souvent le moindre des maux qu'ils font partager à leurs malheureuses compagnes.

MME MURER : Mais quel rapport ce tableau, faux ou vrai, a-t-il à l'objet que nous traitons? Vous faites le procès à la jeunesse, et nullement à la qualité[3]; c'est dans cet état, au contraire, que les hommes ont le plus de ressources. S'ils se sont dérangés, un jour ils deviennent sages, et alors les grâces de la Cour...

LE BARON : Arrivent tout à point pour réparer leurs sottises, n'est-ce pas? Peut-on[a] solliciter des récompenses, quand on n'a rien fait pour son pays? Et quand le principe des demandes est aussi honteux, n'est-il pas absurde de faire fond d'avance sur des grâces qui peuvent être mille fois mieux appliquées? Mais je veux encore que son importunité les arrache[4]. Eh bien, je lui préférerai toujours un brave officier qui les aura méritées sans les obtenir; et cet homme, c'est Cowerly. S'il ne tient rien des faveurs de la Cour, il a l'estime de toute l'armée : l'un vaut bien l'autre, je crois.

MME MURER : Mais, monsieur...

LE BARON, *impatient* : Mais, madame, si vous êtes éprise à ce point de vos lords, que n'en épousez-vous quelqu'un, vous-même?

MME MURER, *fièrement* : Vous mériteriez que je le fisse, et que je transportasse tous mes biens dans une famille étrangère.

LE BARON, *la saluant* : À votre aise, ma sœur. Pour mes enfants, moins de fortune, moins d'extravagance, moins d'occasion de sottises.

EUGÉNIE, *à part* : Toujours en querelle; que je suis malheureuse!

SCÈNE X[a]

ROBERT, LE BARON, MME MURER, EUGÉNIE

ROBERT : Le capitaine Cowerly demande à vous voir.

LE BARON : Il ne pouvait arriver plus à propos. Qu'il entre !

SCÈNE XI

LE BARON, MME MURER, EUGÉNIE

MME MURER : Un moment, s'il vous plaît, que nous soyons parties. Je vous l'ai dit, c'est un homme que je ne puis souffrir.

LE BARON : Mais quelle politesse avez-vous donc, vous autres? Un de nos amis communs, et qui va nous appartenir.

SCÈNE XII

LE CAPITAINE COWERLY, LE BARON,
MME MURER, EUGÉNIE

LE CAPITAINE, *d'un ton bruyant* : Bonjour, mon très cher.

LE BARON : Bonjour, capitaine. Nous jouons aux barres[1] !

LE CAPITAINE : En rentrant chez moi, j'ai trouvé ce billet que vous y avez laissé ; mais, en honneur, je m'en retournais sans vous voir.

LE BARON : Et pourquoi ?

LE CAPITAINE : Un de vos gens, le plus obstiné valet (je ne sais où je l'ai vu), prétendait qu'il n'y avait personne au logis.

LE BARON : Je n'ai point donné d'ordre... Ma sœur !

MME MURER, *sèchement* : Ni moi. À peine arrivés, nous n'attendions aucune visite.

LE CAPITAINE : En ce cas, baron, j'aurai doublement à me féliciter d'avoir forcé la porte si je puis vous être utile, et si ces dames veulent bien agréer mes hommages.

LE BARON : Capitaine, c'est ma sœur, et voici bientôt la tienne. *(Montrant sa fille.)*

LE CAPITAINE, *à Eugénie* : J'envie, mademoiselle, le sort de mon frère. En vous voyant, on n'est plus étonné des précautions qu'il a prises pour assurer son bonheur[1].

MME MURER, *d'un air distrait* : Comme[a] dit fort bien Monsieur, les précautions sont toujours utiles en affaires : chacun prend les siennes.

LE CAPITAINE, *cherchant des yeux* : Mais où donc est-il ?

LE BARON : Qui ?

LE CAPITAINE : Votre fils.

LE BARON : Mon fils ? Qui le sait ?

MME MURER : À quoi tend cette question, monsieur ?

LE CAPITAINE : N'est-ce pas son affaire qui vous attire tous à Londres ?

LE BARON : Pas un mot de cela : un maudit procès dont je ne sais autre chose sinon que j'ai raison... Mais connaîtrais-tu déjà l'aventure de mon fils ?

LE CAPITAINE : C'est une misère, une vétille, moins que rien.

LE BARON : Sans doute ; il n'y a que la subordination[2]...

MME MURER, *sèchement* : J'admire comment Monsieur a le don de tout deviner ; nous en recevons la première nouvelle à l'instant.

LE CAPITAINE : Moi, je l'ai vu, madame.

EUGÉNIE : Mon frère ?

LE CAPITAINE : Oui, mademoiselle.

LE BARON : Où ? Quand ? Comment ?

LE CAPITAINE : Au parc, avant-hier, sur la brune[3]. Sir Charles est ici secrètement depuis cinq jours ; il ne sort que le soir, parce qu'il s'est battu contre son colonel ; il se fait appeler le chevalier Campley. N'est-ce pas cela ?

MME MURER : Nous n'en savons pas tant.

EUGÉNIE : Où pourrons-nous le trouver, monsieur ?

LE BARON : En quel lieu loge-t-il ?

LE CAPITAINE : Ma foi, je n'en sais rien ; mais je lui ai fait promettre de me venir voir. J'arrangerai son affaire : j'ai quelque crédit, comme vous savez.

MME MURER, *dédaigneusement* : La seule chose dont nous ayons besoin est justement celle que Monsieur ignore.

LE CAPITAINE : Mais, madame, je n'ai pas pu le prendre à la gorge pour lui faire déclarer sa demeure ; et en lisant tout à l'heure le billet du baron, je croyais de bonne foi le rencontrer ici.

MME MURER : Cela est d'autant plus malheureux que, dans

le besoin où il eſt d'un protecteur, nous en avons un qui peut beaucoup auprès du miniſtre.

LE CAPITAINE : Oh! ce pays-ci eſt tout plein de gens qui font profession de pouvoir plus qu'ils ne peuvent réellement. Quel eſt-il? Je vous dirai bientôt...

MME MURER, *dédaigneusement* : Ce n'eſt que le comte de Clarendon.

LE CAPITAINE : Le neveu de Milord Duc?

MME MURER : Pas davantage.

LE CAPITAINE : Je le crois. Son oncle l'idolâtre; il eſt fort de mes amis. Je me charge, si vous voulez...

MME MURER, *d'un air vain* : Il me fait aussi l'honneur d'être un peu des miens.

LE BARON : C'eſt lui qui nous loge.

LE CAPITAINE : Vous avez raison. Je regardais en entrant... Mais ce valet a détourné mon attention... Eh parbleu! c'eſt un homme à lui. Je disais bien... Je reconnais tout ceci. Nous avons fait quelquefois de jolis soupers dans ce salon : c'eſt, comme il l'appelle à la française, sa petite maison[1].

MME MURER, *fièrement* : Petite maison, monsieur?

LE BARON : Eh! petite ou grande! faut-il disputer sur un mot? Il suffit qu'il nous la prête... Il était ici il n'y a pas une heure.

LE CAPITAINE : Aujourd'hui? Je l'aurais parié à Windsor.

LE BARON : Il en arrivait.

LE CAPITAINE : C'eſt ma foi vrai. J'oubliais que le mariage se fait à Londres.

MME MURER et EUGÉNIE, *en même temps* : Le mariage!

LE CAPITAINE : Oui, demain. Mais vous m'étonnez : il n'eſt pas possible que vous l'ignoriez, si vous l'avez vu réellement aujourd'hui.

LE BARON : Je le savais bien, moi.

MME MURER, *dédaigneusement* : Hum... C'eſt comme la petite maison. Que voulez-vous dire? Quel mariage?

LE CAPITAINE : Le plus grand mariage d'Angleterre : la fille du comte de Wincheſter; un gouvernement que le roi donne au jeune lord en présent de noces. Mais c'eſt une chose publique et que tout Londres sait!

EUGÉNIE, *à part* : Dieux! Où me cacher?

MME MURER : Je vais gager qu'il n'y a pas un mot de vrai à tout cela.

LE CAPITAINE : Quoi! sérieusement? Dès que[2] Madame nie les faits, je n'ai plus rien à dire.

LE BARON : Il est vrai, capitaine, qu'il s'en est beaucoup défendu tantôt.

LE CAPITAINE : Mais moi qui passe ma vie avec son oncle, moi qu'on a consulté sur tout ! ce sera comme il vous plaira, au reste. Ainsi donc les livrées faites, les carrosses et les diamants achetés, l'hôtel meublé, les articles signés[1] sont autant de chimères ?

EUGÉNIE, *à part* : Ah ! malheureuse !

LE BARON : Mais, ma sœur, cela me paraît assez positif : qu'avez-vous à répondre ?

MME MURER : Que Monsieur a rêvé tout ce qu'il dit. Parce que je sais de très bonne part, moi, que le comte a d'autres engagements.

LE CAPITAINE : Ah ! oui. Quelque illustre infortunée dont il aura ajouté la conquête à la liste nombreuse de ses bonnes fortunes. Nous connaissons l'homme. Je[a] me souviens effectivement d'avoir entendu dire qu'un goût provincial l'avait tenu quelque temps éloigné de la capitale.

MME MURER, *dédaigneusement* : Un goût provincial ?

LE BARON, *riant* : Quelque jeune innocente à qui il aura fait faire des découvertes, et dont il s'est amusé apparemment ?

LE CAPITAINE : Voilà tout.

LE BARON, *d'un air content* : C'est bon, c'est bon. Je ne suis pas fâché que de temps en temps une pauvre abandonnée serve d'exemple aux autres, et tienne un peu ces demoiselles en respect devant les suites de leurs petites passions. Et les père et mère ! moi, c'est cela qui me réjouit.

EUGÉNIE, *à part* : Je ne puis plus soutenir le supplice où je suis.

LE CAPITAINE : Mademoiselle me paraît incommodée.

LE BARON : Ma fille ?... Qu'as-tu donc, ma chère enfant ?

EUGÉNIE, *tremblante* : Je ne me sens pas bien, mon père.

MME MURER : Je vous l'avais dit aussi, ma chère nièce ; nous devions nous retirer. Venez, laissons ces messieurs se raconter leurs merveilleuses anecdotes[2].

SCÈNE XIII[b]

LE BARON, LE CAPITAINE

LE BARON : Pardon, capitaine.

LE CAPITAINE, *lui prenant la main* : Adieu, baron, je prends bien de la part...

LE BARON, *le ramenant* : Ah çà, mon fils, je te prie, comment dis-tu qu'il se fait appeler ?

LE CAPITAINE : Le chevalier Campley.

LE BARON : Campley ? Si je n'écris pas ce nom-là, je ne m'en souviendrai jamais... C'est que j'ai là une lettre qui menace d'assassins... Il ne va que la nuit... seul... Tout cela est inquiétant.

LE CAPITAINE : J'irai demain au soir au parc, et si je le trouve, je lui sers moi-même d'escorte jusqu'ici.

LE BARON : À merveille.

Ils sortent par la porte du vestibule.

FIN DU DEUXIÈME ACTE

JEU D'ENTRACTE

Betsy sort de la chambre d'Eugénie, ouvre une malle et en tire plusieurs robes l'une après l'autre, qu'elle secoue, qu'elle déplisse, et qu'elle étend sur le sofa du fond du salon. Elle ôte ensuite de la malle quelques ajustements et un chapeau galant de sa maîtresse, qu'elle s'essaye avec complaisance devant une glace, après avoir regardé si personne ne peut la voir. Elle se met à genoux devant une seconde malle, et l'ouvre pour en tirer de nouvelles hardes. Au milieu de ce travail, Drink et Robert entrent en se disputant : c'est là l'instant où l'orchestre doit cesser de jouer[1] *et où l'acte commence.*

ACTE III

SCÈNE PREMIÈRE

BETSY, DRINK, ROBERT

DRINK, *à Robert, en disputant* : Et moi je te prie de te mêler de tes affaires. Quand je refuse la porte à quelqu'un, es-tu fait pour l'annoncer ?

ROBERT : Mais, c'est que vous ignorez que le capitaine Cowerly est l'intime ami de Monsieur.

DRINK, *plus haut, en colère* : L'intime ami du diable! Est-ce à toi d'entrer dans les raisons? Es-tu valet de chambre ici?

BETSY, *à genoux, se retourne* : Chut... Parlez plus bas. Ma maîtresse est chez elle; elle est incommodée.

Elle prend des robes sous son bras et va pour entrer chez Eugénie.

DRINK, *courant après* : Miss, Miss, n'avez-vous plus rien à prendre dans les malles ?

Il veut l'embrasser.

BETSY, *s'esquivant* : Ah ! sans doute... Non, vous pouvez les emporter.

Elle entre chez Eugénie.

SCÈNE II

DRINK, ROBERT

DRINK *revient prendre la malle* : Que cela t'arrive encore!
ROBERT : Voilà bien du bruit pour rien.

Ils enlèvent une malle et sortent.

SCÈNE III

EUGÉNIE, BETSY

Eugénie sort de chez elle, marche lentement comme quelqu'un enseveli dans une rêverie profonde. Betsy, qui la suit, lui donne un fauteuil; elle s'assied en portant son mouchoir à ses yeux sans parler. Betsy la considère quelque temps, fait le geste de la compassion, soupire, prend d'autres hardes et rentre dans la chambre de sa maîtresse.

SCÈNE IV

EUGÉNIE, *assise, d'un ton bien douloureux.*

J'ai beau rêver, je ne puis percer l'obscurité qui m'environne. Quand je cherche à me rassurer, tout m'accable...

Personne dans le sein de qui répandre ma douleur!... *(Les valets viennent chercher la deuxième malle. Eugénie reste en silence tant qu'ils sont dans le salon.)* Des valets à qui je n'ai plus même le droit de commander. Une seule démarche hasardée m'a mise à la merci de tout le monde[1]... Oh ma mère! c'est bien aujourd'hui que je dois vous pleurer! *(Elle se lève vivement.)* C'est trop souffrir... Quand cet aveu me rendrait la plus malheureuse des femmes, je dirai tout à mon père. L'état le plus funeste est moins pénible que mon agitation... Mais les craintes de ma tante... ses défenses... Tout aujourd'hui doit céder au respect filial. Ah malheureuse! c'était alors qu'il fallait penser ainsi. Dieux[2]! le voici[a]!

Elle tombe dans son siège.

SCÈNE V

EUGÉNIE, LE BARON

LE BARON : Tu es ressortie, mon enfant; ton état m'inquiète.

EUGÉNIE, *à part* : Que lui dirai-je?

Elle veut se lever, son père la fait rasseoir.

LE BARON, *avec bonté* : Tes yeux sont rouges : tu as pleuré. Ma sœur t'aura sans doute...

EUGÉNIE, *tremblante* : Non, non, monsieur; ses bontés et les vôtres seront toujours présentes à ma mémoire.

LE BARON : Ta tante prétend que je t'ai affligée tantôt. Je badinais avec le capitaine, et le tout pour la contrarier un moment : car elle est engouée de ce milord, qui franchement est bien le plus mauvais sujet... Dès qu'on en dit un mot, elle vous saute aux yeux. Que nous importe qu'il se soit amusé d'une folle et qu'il l'ait abandonnée? Ce n'est pas la centième. On ferait peut-être mieux de ne pas rire de ces choses-là; mais lorsqu'elles n'intéressent personne, et que les détails en sont plaisants... C'est une drôle de femme avec son esprit... Au reste[b], si notre conversation t'a déplu, je t'en demande pardon, mon enfant.

EUGÉNIE, *à part* : Je suis hors de moi[3]!

LE BARON, *tirant un siège auprès d'elle, et la baisant avant de s'asseoir* : Viens, mon Eugénie, baise-moi. Tu es sage, toi, honnête, douce : tu mérites toute ma tendresse.

EUGÉNIE, *troublée, se lève* : Mon père!...

LE BARON, *attendri* : Qu'as-tu, mon enfant? Tu ne m'aimes plus du tout.

EUGÉNIE, *se laissant tomber à genoux* : Ah! mon père...

LE BARON, *étonné* : Qu'avez-vous donc, Miss? Je ne vous reconnais plus.

EUGÉNIE, *tremblante* : C'est moi...

LE BARON, *vivement* : Quoi? c'est moi.

EUGÉNIE, *éperdue, se cachant le visage* : Vous la voyez...

LE BARON, *brusquement* : Vous m'impatientez. Qu'est-ce que je vois?

EUGÉNIE, *morte de frayeur* : C'est moi... Le comte... Mon père...

LE BARON, *avec violence* : C'est moi... Le comte... Mon père... Achevez : parlerez-vous? *(Eugénie se cache la tête entre les genoux de son père, sans répondre.)* Seriez-vous cette malheureuse?

EUGÉNIE, *sentant que les soupçons vont trop loin, lui dit d'une voix étouffée par la crainte* : Je suis mariée.

LE BARON *se lève et la repousse avec indignation* : Mariée! Sans mon consentement!

Eugénie tombe : un mouvement de tendresse fait courir le baron à sa fille pour la relever.

SCÈNE VI

MME MURER *accourant*, LE BARON, EUGÉNIE

MME MURER : Quel vacarme! quels cris! À qui en avez-vous donc, monsieur?

LE BARON *relevait tendrement sa fille; il la jette sur son fauteuil et reprend toute sa colère* : Ma sœur, ma sœur, laissez-moi. Je vous ai confié l'éducation de ma fille; félicitez-vous : l'insolente miss mariée à l'insu de ses parents!

MME MURER, *froidement* : Point du tout : je le sais.

LE BARON, *en colère* : Comment, vous le savez?

MME MURER, *froidement* : Oui, je le sais.

LE BARON : Et qui suis-je donc, moi?

MME MURER, *froidement* : Vous êtes un homme très violent, et le plus déraisonnable gentilhomme d'Angleterre.

LE BARON, *étouffant de fureur* : Eh mais... Eh mais, vous me feriez mourir avec votre sang-froid et vos injures. On m'ose déclarer...

MME MURER, *fièrement* : Voilà son tort. Je le lui avais défendu. C'est par là seulement qu'elle mérite tout l'effroi que vous lui causez.

EUGÉNIE, *pleurant* : Ma tante, vous l'irritez encore. Suis-je assez malheureuse !

MME MURER, *fièrement* : Laissez-moi parler, Milady.

LE BARON : Milady ?

MME MURER : Oui, Milady ; et c'est moi qui l'ai mariée de mon autorité privée au lord comte de Clarendon.

LE BARON, *outré* : À ce milord ?

MME MURER : À lui-même.

LE BARON : Je devais bien me douter que votre misérable vanité...

MME MURER, *s'échauffant* : Quelles objections avez-vous à faire ?

LE BARON : Contre lui ? mille. Et une seule les renferme toutes ; c'est un libertin déclaré.

MME MURER : Vous en avez fait tantôt un éloge si magnifique.

LE BARON : Il est bien question de cela ! Je louais son esprit, sa figure, un certain éclat, des avantages qui le distinguent, mais qui me l'auraient fait redouter plus qu'un autre, dès qu'il en abuse au mépris de ses mœurs et de sa réputation.

MME MURER : Vous êtes toujours outré ! Eh bien, il s'est autrefois permis des libertés qu'il est le premier à condamner aujourd'hui : car c'est un homme plein d'honneur.

LE BARON : Avec les hommes, et scélérat avec les femmes : voilà le mot ! Mais votre sexe a toujours eu dans le cœur un sentiment secret de préférence pour les gens de ce caractère.

EUGÉNIE, *tout en larmes* : Ah ! mon père ! si vous le connaissiez mieux, vous regretteriez...

LE BARON : C'est toi qui pleureras de l'avoir méconnu[1]... Une femme juger son séducteur !

MME MURER : Mais moi ?...

LE BARON, *furieux* : Vous ?... vous êtes mille fois...

MME MURER : Point de mots, des choses !

LE BARON, *avec feu* : C'est un homme incapable de remords sur[2] un genre de fautes dont la multiplicité seule fait ses délices; fomentant de gaieté de cœur dans la famille d'autrui des désordres qui feraient son désespoir dans la sienne; plein de mépris pour toutes les femmes, parmi lesquelles il cherche ses victimes ou choisit les complices de ses dérèglements.

MME MURER : Mais[a] vous conviendrez que sa femme est au moins exceptée de ce mépris général; et plus vous reconnaissez de mérite à votre fille, plus elle est propre à le ramener.

LE BARON : Je vous remercie pour elle, ma sœur. Ainsi donc le bonheur que vous lui avez ménagé est d'être attachée au sort d'un homme sans mœurs, de partager les affections banales de son mari avec vingt femmes méprisables. La voilà destinée, en attendant une réformation incertaine, à répandre des larmes dont il aura peut-être la bassesse de se faire un triomphe à ses yeux; la fille la plus modeste est devenue l'esclave d'un libertin dont le cœur corrompu regarde comme un ridicule la tendresse et la fidélité qu'il exige de sa femme. Je te croyais plus délicate, Eugénie.

EUGÉNIE, *du ton du ressentiment que le respect réprime* : En vérité, monsieur, je me flatte que jamais le modèle d'un portrait aussi vil n'aurait été dangereux pour moi.

MME MURER, *avec impatience* : Mais c'est que le comte n'est point du tout l'homme que vous dépeignez. Peut-être a-t-il, dans le feu de la première jeunesse, un peu trop négligé de faire parler avantageusement de ses mœurs; mais...

LE BARON : Et quel garant[1] a pu vous donner pour l'avenir celui qui jusqu'à présent a méprisé la censure publique sur le point le plus important?

MME MURER : Quel garant? Tout ce qui inspire la confiance, cimente l'estime et augmente la bonne opinion; la franchise de son caractère, qui le rend supérieur au déguisement, même dans ce qui lui est contraire; la noblesse de ses procédés avec ses inférieurs; sa générosité pour ses domestiques, et la bonté de son cœur qui le porte à soulager tous les malheureux.

EUGÉNIE, *avec amour* : Ce n'est pas un ennemi de la vertu, je vous assure, mon père.

LE BARON : Voilà comme on érige tout en vertus dans ceux qu'on veut défendre. Il est humain, il est grand, généreux, obligeant : tout cela n'est-il pas bien méritoire? Amenez-moi quelqu'un pour qui ces choses-là ne soient pas un plaisir? Et qu'en voulez-vous conclure?

MME MURER : Qu'un homme aussi noble, aussi bienfaisant pour tout le monde, ne peut pas devenir injuste et cruel uniquement pour l'objet de son amour.

LE BARON, *adouci* : Je le voudrais, mais[a]...

EUGÉNIE : Ne lui faites pas, je vous prie, le tort d'en douter.

LE BARON, *plus doucement* : Mon enfant, l'âme d'un libertin est inexplicable ; mais tu te flattes en vain d'un changement de conduite. Les plaisanteries du capitaine sur sa dernière aventure n'avaient pas rapport à des temps antérieurs à son mariage avec toi.

MME MURER : C'est où je vous attendais. Tout cet amer badinage a porté sur votre fille, dont l'union mystérieuse a donné jour à mille fausses conjectures ; mais quand vous saurez qu'il l'adore...

LE BARON, *haussant les épaules* : Il l'adore : c'est encore un de leurs termes, *adorer*. Toujours au-delà du vrai ! Les honnêtes gens aiment leurs femmes ; ceux qui les trompent les adorent ! mais les femmes veulent être adorées !

MME MURER[b] : Vous penserez différemment, lorsque vous apprendrez qu'un gage de la plus parfaite union...

LE BARON : Comment ?

MME MURER, *du ton de quelqu'un qui croit en dire assez* : Lorsque avant peu...

LE BARON, *à sa fille* : Bon ! Est-ce qu'elle dit vrai ?

EUGÉNIE, *fléchissant le genou* : Ah, mon père ! comblez par votre bénédiction le bonheur de votre fille !

LE BARON, *la relevant avec tendresse* : Réellement ? Eh bien... eh bien... eh bien, mon enfant, puisque c'est ainsi, j'approuve tout. *(À part.)* Aussi bien est-ce un mal sans remède.

EUGÉNIE : De quel poids mon cœur est soulagé !

MME MURER, *avec joie* : Milady, embrassez votre père.

LE BARON, *baisant Eugénie* : Laisse là Milady : sois toujours mon Eugénie.

EUGÉNIE *(Avec feu.)* : Toute la vie, mon père ! *(Par exclamation.)* Ah ! Milord, quel jour heureux pour nous !

LE BARON, *du ton d'un homme que ce mot de milord ramène à d'autres idées* : Mais dites-moi donc un peu, vous autres : puisqu'elle est la femme de ce milord, que diable veulent-ils dire avec cet autre mariage ? Car aussi on n'y comprend rien.

MME MURER : Il vous l'a dit tantôt. Discours de valets, bruits populaires.

EUGÉNIE : J'en ai été troublée malgré moi.

LE BARON : C'est que cela n'est pas net au moins.

MME MURER : Drink est son homme de confiance : il n'y a qu'à l'interroger vous-même.

Elle sonne.

SCÈNE VII

(Cette scène marche rapidement.)

LE BARON, MME MURER, DRINK, EUGÉNIE

LE BARON : Vous avez raison; je saurai bientôt... *(Saisissant Drink au collet.)* Viens ici, fripon : dis-moi tout ce que tu sais du mariage.

DRINK *regarde autour de lui d'un air embarrassé* : Du mariage! Est-ce qu'on aurait appris?... Oh! maudit intendant!...

LE BARON, *vivement* : Cet intendant? Parleras-tu?... Faut-il?...

DRINK, *effrayé* : Non, non, monsieur... Il n'est pas besoin que vous vous fâchiez pour cela. C'est le mariage que vous demandez?

LE BARON : Oui.

DRINK *(À part.)* : Il faut mentir ici. *(Haut.)* Il est véritable, le mariage.

LE BARON : Véritable? Eh bien, ma sœur?

MME MURER : Il vous ment.

DRINK : Je ne mens pas, monsieur.

LE BARON, *avec violence* : Tu ne mens pas, misérable?

DRINK, *à part* : Allons, tout est découvert; quelque autre lettre sera venue.

LE BARON : Raconte-moi le fait; je veux l'entendre mot à mot de ta bouche.

DRINK : Monsieur... puisque vous le savez aussi bien que moi...

LE BARON : Traître!

MME MURER, *retenant le baron* : Mon frère[a] !

LE BARON : Qu'il laisse son verbiage et qu'il avoue.

DRINK, *cherchant et tirant une lettre de sa poche* : Puisqu'il n'y a plus moyen de dissimuler... Voici une lettre de M. Williams, l'intendant de Milord.

LE BARON, *lui arrachant la lettre* : Pour qui?

DRINK : Elle eſt adressée à Madame.

MME MURER : À moi ? D'où me vient cette préférence ? et quel rapport cet intendant...

DRINK, *surpris* : Comment, quel rapport ? C'eſt le même qui a fait le mariage...

MME MURER, *prenant la lettre du baron* : D'honneur, si j'y entends quelque chose. Elle eſt décachetée !

LE BARON : Mais apprends-moi comment il peut penser à se marier, étant l'époux de ma fille ?

DRINK, *tout à fait troublé* : Quoi, monsieur ! C'eſt du nouveau mariage que vous parlez ?

LE BARON : Et duquel donc ?

MME MURER *a lu* : Ah ! le scélérat !

Elle porte les mains à son visage, qu'elle couvre de la lettre chiffonnée.

LE BARON : Qu'eſt-ce que c'eſt ?

DRINK : Me voilà perdu, je n'ai plus qu'à quitter l'Angleterre.

Il sort.

SCÈNE VIII

LE BARON, MME MURER, EUGÉNIE

MME MURER, *avec horreur* : Il nous a trompés indignement ! Ma nièce n'eſt pas sa femme.

EUGÉNIE, *les bras levés* : Dieu tout-puissant !

Elle tombe dans un fauteuil.

MME MURER : Son intendant a servi de miniſtre, et toute la race[1] infernale de complices.

LE BARON, *frappant du pied* : Rage ! fureur ! ô femmes, qu'avez-vous fait ?

MME MURER, *effrayée* : Mon frère[a], par pitié, suspendez vos reproches ! Ne voyez-vous pas l'état où elle eſt ?

EUGÉNIE, *se relevant* : Non, ne l'arrêtez pas ! Je n'ai plus rien à craindre que de vivre... Mon père, j'implore votre colère...

LE BARON, *hors de lui* : Et tu l'as méritée... Sexe perfide !

Femmes[1], à jamais le trouble et le déshonneur des familles! Noyez-vous maintenant dans des larmes inutiles... Avez-vous cru vous soustraire à mon obéissance? Avez-vous cru violer impunément le plus saint des devoirs?... Tu l'as osé; toutes tes démarches se sont trouvées fausses; tu as été séduite, trompée, déshonorée, et le Ciel t'en punit par l'abandon de ton père et sa malédiction.

EUGÉNIE, *s'élançant vers le baron et le retenant à bras-le-corps* : Ah! mon père! ayez pitié de mon désespoir! révoquez l'épouvantable arrêt que vous venez de prononcer!

LE BARON, *attendri, la repousse doucement* : Ôtez-vous de mes yeux : vous m'avez rendu le plus misérable des hommes.

Il sort.

SCÈNE IX

MME MURER, EUGÉNIE

EUGÉNIE, *courant dans les bras de sa tante* : Ah! madame[a], m'abandonnerez-vous aussi?

MME MURER : Non, mon enfant; écoutez-moi.

EUGÉNIE : Ah! ma tante! venez, secondez-moi : courons nous jeter aux pieds de mon père, implorons ses bontés, et sortons tous d'une odieuse maison...

MME MURER : Ce n'est pas mon avis : il faut y rester au contraire, et écrire au comte que vous l'attendez ici ce soir.

EUGÉNIE, *avec horreur* : Lui!... moi!... vous me faites frémir!

MME MURER : Il le faut. Il viendra, vous l'accablerez de reproches, j'y joindrai les miens; il apprendra que votre père veut implorer le secours des lois : la crainte ou le repentir peut le ramener.

EUGÉNIE, *outrée* : Et je serais assez lâche, après son indignité!... Je devrais respecter un jour celui que je ne peux plus estimer! J'irais au pied des autels jurer la fidélité au parjure, la soumission à l'homme sans foi, et une tendresse éternelle au perfide qui m'a sacrifiée! Plutôt mourir mille fois!

MME MURER, *fermement* : Prenez garde, Miss, qu'ici l'opprobre serait le fruit du découragement.

EUGÉNIE, *au désespoir* : L'opprobre! m'en reste-t-il encore à redouter? Dégradée par tant d'outrages, abandonnée de tout le monde, anéantie sous la malédiction de mon père, en horreur à moi-même, je n'ai plus qu'à mourir!

Elle rentre dans sa chambre.

SCÈNE X

MME MURER, *seule, la regarde aller.*

Elle me quitte et n'écrit pas... *(Elle se promène.)* Un père en fureur qui ne connaît plus rien; une fille au désespoir qui n'écoute personne; un amant scélérat qui comble la mesure... Quelle horrible situation! *(Elle rêve un moment.)* Vengeance, soutiens mon courage! Je vais écrire moi-même au comte : s'il vient... Traître, tu payeras cher les peines que tu nous causes!

FIN DU TROISIÈME ACTE

JEU D'ENTRACTE[a]

Un domestique entre, range le salon, éteint le lustre et les bougies de l'appartement. On entend une sonnette de l'intérieur : il écoute et indique par son geste que c'est Mme Murer qui sonne. Il y court. Un moment après, il repasse avec un bougeoir allumé et sort par la porte du vestibule. Il rentre sans lumière, suivi de plusieurs domestiques auxquels il parle bas, et ils passent tous à petit bruit chez Mme Murer qui est alors censée leur donner ses ordres. Les valets repassent dans le salon, courent dehors par le vestibule et rentrent chez Mme Murer par le même salon, armés de couteaux de chasse, d'épées et de flambeaux non allumés. Un moment après, Robert entre par le vestibule, une lettre à la main, un bougeoir dans l'autre. Comme c'est la réponse du comte de Clarendon qu'il rapporte, il se presse de passer chez Mme Murer pour la lui remettre. Il y a ici un petit intervalle de temps sans mouvement, et le quatrième acte commence.

ACTE IV

SCÈNE PREMIÈRE

MME MURER; ROBERT, *portant un bougeoir, rallume les bougies qui ont été éteintes sur la table pendant l'entracte. Le salon est obscur.*

MME MURER *tient un billet, et, en marchant, se parle à elle-même* : Il viendra. *(Au laquais.)* Vous avez été bien longtemps!

ROBERT : Il n'était pas rentré : j'ai attendu. Et puis c'est un tapage dans l'hôtel! Il se marie demain; tout est sens dessus dessous : on ne savait où prendre de l'encre et du papier.

MME MURER, *à part* : Il viendra... Écoute, Robert, fais exactement ce que je vais t'ordonner. Va dans le jardin, tout auprès de la petite porte; tiens-toi là sans remuer, et quand tu entendras le bruit d'une clef dans la serrure, viens vite ici m'en donner avis.

ROBERT : Il doit donc entrer par là?

MME MURER : Faites ce qu'on vous dit.

Robert sort par la porte du jardin.

SCÈNE II

MME MURER, *seule, se promenant et frappant du billet sur sa main.*

Il viendra!... Je te tiens donc à mon tour, fourbe insigne! Le parti est violent... c'est le plus sûr... Il convient si bien au caractère du père... Je dois pourtant l'en prévenir. *(Elle regarde sa montre.)* J'ai le temps... Il est à consoler sa fille; il a jeté son feu maintenant... c'est comme je le veux... Il faut dompter cet homme pour le ramener. Le voici! Qu'il a l'air accablé!

SCÈNE III

Le Baron, Mme Murer

MME MURER, *d'un ton sombre* : Eh bien! monsieur, êtes-vous satisfait? Il s'en est peu fallu que votre fille ne soit morte de frayeur.

Le baron s'assied sans rien dire près de la table, et s'appuie la tête sur les mains, d'un air accablé.

MME MURER, *continuant* : Des éclats! de la fureur! sans choix de personnes[1]!

LE BARON, *sourdement* : Ceux qui ont fait le mal le reprochent aux autres.

MME MURER : Un homme livré à ses emportements!

LE BARON, *désespéré* : Vous abusez de mon état et de ma patience. Vous avez juré de me faire mourir de chagrin. Laissez-nous, gardez votre héritage; il est trop cher : aussi bien ma malheureuse fille n'en aura-t-elle peut-être bientôt plus besoin.

Il se lève et se promène avec égarement.

MME MURER : Vous n'avez jamais su prendre un parti.

LE BARON : Je l'ai pris, mon parti.

MME MURER : Quel est-il?

LE BARON, *marchant plus vite et gesticulant violemment* : J'irai à la Cour... oui, je vais y aller... Je tombe aux pieds du roi[2]; il ne me rejettera pas. *(Mme Murer hoche de la tête.)* Et pourquoi me rejetterait-il? Il est père. Je l'ai vu embrasser ses enfants.

MME MURER[a] : La belle idée! Et que lui direz-vous!

LE BARON, *s'arrêtant devant elle* : Ce que je lui dirai? Je lui dirai : « Sire... Vous êtes père, bon père... je le suis aussi; mais j'ai le cœur déchiré sur mon fils et sur ma fille. Sire, vous êtes humain, bienfaisant... Quand un des vôtres fut en danger, nous pleurions tous de vos larmes; vous ne serez pas insensible aux miennes. Mon fils s'est battu, mais en homme d'honneur; il sert Votre Majesté comme son bisaïeul, qui fut emporté sous les yeux du feu roi; il sert comme mon père, qui fut tué en défendant la patrie dans les derniers troubles; il sert comme je servais lorsque j'eus l'honneur d'être blessé en

Allemagne[1]... » J'ouvrirai mon habit... il verra mon estomac[2]... mes blessures. Il m'écoutera!... Et j'ajouterai : « Un suborneur est venu, en mon absence, violer notre retraite et l'hospitalité; il a déshonoré ma fille par un faux mariage... Je vous demande à genoux, Sire, grâce pour mon fils et justice pour ma fille. »

MME MURER : Mais ce suborneur est un homme qualifié[3], puissant.

LE BARON, *vivement* : S'il est qualifié, je suis gentilhomme... Enfin je suis un homme... Le roi est juste; à ses pieds toutes ces différences d'état ne sont rien, ma sœur; il n'y a d'élévation que pour celui qui regarde d'en bas; au-dessus tout est égal; et j'ai vu le roi parler avec bonté au moindre de ses sujets comme au plus grand.

Il va et vient.

MME MURER, *d'un ton ferme* : Croyez-moi, monsieur le baron, nous suffirons à notre vengeance.

LE BARON *n'a entendu que le dernier mot* : Oui, vengeance... et qu'on le livre à toute la rigueur des lois!

MME MURER, *très ferme* : Les lois! la puissance et le crédit les étouffent souvent; et puis c'est demain qu'il prétend se marier. Il faut le prévenir; incertitude! lenteur! est-ce ainsi qu'on se venge? Eh! la justice naturelle reprend ses droits partout où la justice civile ne peut étendre les siens[4]. *(Après un peu de silence, d'un ton plus bas.)* Enfin, mon frère, il est temps de vous dire mon secret; avant deux heures le comte sera votre gendre, ou il est mort.

LE BARON : Comment cela?

MME MURER *s'approche de lui* : Écoutez-moi. J'ai envoyé à Milord Duc un détail très étendu des atrocités de son neveu, sans néanmoins lui rien dire de mon projet; ensuite... votre fille n'a jamais voulu s'y prêter; mais j'ai écrit pour elle au scélérat qu'elle l'attend ce soir.

LE BARON : Il ne viendra pas.

MME MURER, *lui montrant le billet* : Au coup de minuit... voici sa réponse. J'ai fait armer vos gens et les miens; vous le surprendrez chez elle. J'ai ici un ministre[5] tout prêt; qu'il tremble à son tour!

LE BARON, *surpris* : Quoi, ma sœur, un guet-apens! Des pièges!

MME MURER, *avec impatience* : Y a-t-on regardé de si près pour nous faire le plus sanglant outrage?

LE BARON : Vous avez raison; mais quand il arrivera, j'irai au-devant de lui, je l'attaquerai.

MME MURER, *avec effroi* : Il vous tuera.

LE BARON : Il me tuera? Eh bien, je n'aurai pas survécu à mon déshonneur.

SCÈNE IV[a]

MME MURER, *seule.*

Va, vieillard indocile! je saurai me passer de toi. J'ai fait le mal, c'eſt à moi seule à le réparer.

SCÈNE V

MME MURER, ROBERT

ROBERT, *accourant* : Madame, j'ai entendu essayer une clef à la serrure; je suis accouru de toutes mes forces.

MME MURER : Rentrons vite. Je vais prendre ma nièce chez elle; éteignez, éteignez.

Le laquais éteint les bougies; ils sortent.

SCÈNE VI

LE COMTE, SIR CHARLES

Le comte eſt en frac, le chapeau sur la tête et l'épée au fourreau dans une main; de l'autre, il conduit Sir Charles qui a son épée nue sous le bras. Le salon eſt obscur.

LE COMTE : Vous êtes ici en sûreté, monsieur; cette maison eſt à moi, quoique j'aie usé de myſtère en y entrant... Mais n'êtes-vous pas blessé?

SIR CHARLES : Je n'ai qu'un coup à mon habit; mais apprenez-moi de grâce, monsieur, à qui j'ai l'obligation de la vie. Sans votre heureuse rencontre, sans votre généreux courage, j'aurais infailliblement succombé[1] : ces quatre coquins en voulaient à mes jours.

LE COMTE : Ce service n'est rien ; vous eussiez sûrement fait la même chose en pareil cas : on m'appelle le comte de Clarendon.

SIR CHARLES, *vivement* : Quoi, c'est le comte de Clarendon !... J'étais destiné à vous tout devoir, Milord, et à tenir de vous l'honneur et la vie.

LE COMTE : Comment serais-je assez heureux ?...

SIR CHARLES : Je vous suis adressé de Dublin.

LE COMTE : Vous êtes le chevalier Campley, pour qui ma sœur et ma cousine m'ont écrit d'Irlande des lettres si pressantes, et que j'ai trouvé sur la liste des visites à ma porte ?

SIR CHARLES : C'est moi-même. Depuis cinq jours je m'y suis présenté tous les soirs ; aujourd'hui vous veniez de sortir à pied ; l'on m'a indiqué votre route, j'ai couru, et j'étais prêt à vous rejoindre lorsqu'ils m'ont attaqué ; c'est la deuxième fois depuis mon arrivée ; mais ce soir, sans[a] vous, Milord...

LE COMTE : Je suis enchanté de cette rencontre : le bien que ces dames me disent de vous...

SIR CHARLES : Je me suis annoncé sous le nom de Campley, quoique ce ne soit pas le mien.

LE COMTE : Ma sœur me mande qu'une affaire d'honneur vous force à le déguiser ici.

SIR CHARLES : Contre mon colonel. Il me poursuit ; mais vous jugez, à ce qui m'arrive, quel homme est cet adversaire.

LE COMTE : Cela est horrible ! nous en parlerons demain. Vous ne me quitterez pas de la nuit, crainte d'accident. Je vous ferai donner un lit chez moi. J'éprouve pourtant un singulier embarras à votre sujet.

SIR CHARLES : Ordonnez de moi, je vous prie.

LE COMTE : La circonstance m'oblige à vous faire un aveu. Je suis attendu dans cette maison pour une explication secrète ; j'y venais à pied, lorsque j'ai eu le bonheur de vous être utile.

SIR CHARLES, *souriant* : Ne perdez pas avec moi un temps précieux.

LE COMTE : Non : ce n'est pas ce que vous pensez sûrement. Mais vous savez que les mariages d'intérêt rompent souvent des liaisons agréables : c'est précisément mon histoire. Une fille charmante qui s'est donnée à moi, et que j'aime à la folie, loge ici depuis quelques jours avec sa famille ; elle a eu vent de mon mariage, on m'a écrit ce soir : je viens... assez embarrassé, je l'avoue.

SIR CHARLES : C'est une grisette[1], sans doute ?

LE COMTE : Ah ! rien moins ! Voilà ce qui m'afflige et qui m'embarrasse. J'ai même un soupçon que ceci pourra bien avoir un jour des suites... Il y a un frère... Mais je crois entendre le signal convenu. Souffrez que je vous laisse un moment au jardin : vous voyez jusqu'où va déjà ma confiance en votre amitié.

Le comte[a] *le mène au jardin, revient et ferme la porte après lui.*

SCÈNE VII

MME MURER, EUGÉNIE ; LE COMTE *a posé son épée sur le fauteuil le plus près de la porte* ; BETSY *tient une lumière, elle rallume les bougies sur la table et se retire ensuite.*

MME MURER, *attirant Eugénie à elle* : C'est trop résister, Eugénie, je le veux absolument.

LE COMTE, *d'un air empressé* : J'arrive l'effroi dans l'âme. Un billet que j'ai reçu ce soir m'a glacé le sang ; et les deux heures qui ont précédé ce moment ont été les plus cruelles de ma vie.

MME MURER, *fièrement* : Ce n'est pas votre exactitude qu'il faut défendre.

LE COMTE : Quel sombre accueil ! À quoi dois-je l'attribuer ?

MME MURER, *indignée* : Descendez dans votre cœur.

LE COMTE : Que dites-vous ? Ces vains bruits d'un mariage auraient-ils opéré ?...

EUGÉNIE, *vivement, à elle-même* : Affreuse dissimulation !

MME MURER, *lui fermant la bouche de sa main* : N'épuisez pas le reste de vos forces, ma chère nièce. *(Au comte.)* Ainsi, tout ce qu'on rapporte à ce sujet n'est donc qu'un faux bruit ?

Eugénie s'assied et couvre son visage de son mouchoir.

LE COMTE[b], *moins ferme* : Daignez revenir sur le passé et jugez vous-même : comment se pourrait-il ?...

MME MURER, *l'examinant* : Vous vous troublez...

LE COMTE, *troublé* : Si je ne suis pas cru, j'aurai pour moi... j'invoquerai les bontés de ma chère Eugénie.

MME MURER, *froidement* : Pourquoi n'osez-vous l'appeler votre femme ?

EUGÉNIE, *outrée, à elle-même* : Qui m'aurait dit que mon indignation pût s'accroître encore !

LE COMTE, *absolument déconcerté* : En vérité, madame, je ne conçois rien à ces étranges discours.

MME MURER, *avec fureur* : Démens donc, vil corrupteur, le témoignage de tes odieux complices ; démens celui de ta conscience qui imprime sur ton front la difformité du crime confondu : lis !

Elle lui donne la lettre de Williams. Le comte la lit. Mme Murer le regarde avec attention pendant qu'il lit.

LE COMTE[a] *a lu et dit à part* : Tout est connu.

MME MURER : Il reste anéanti.

LE COMTE, *hésitant* : Je le suis en effet ; et je dois m'accuser, puisque toutes les apparences me condamnent. Oui, je suis coupable. La frayeur de vous perdre et la crainte d'un oncle trop puissant m'ont fait commettre la faute de m'assurer de vous par des voies illégitimes ; mais je jure de tout réparer.

MME MURER, *à part* : Et plus tôt que tu ne crois.

LE COMTE, *plus vite* : Vous fûtes outragée sans doute, Eugénie ; mais votre vertu en est-elle moins pure ? a-t-elle pu souffrir un instant de mon injustice ? Un profond secret met votre honneur à couvert ; et si vous daignez accepter ma main, à qui aurai-je fait tort qu'à moi ? L'amant et l'époux ne se confondront-ils pas aux yeux de mon Eugénie ? Ah ! l'égarement d'un jour une fois pardonné sera suivi d'un bonheur inaltérable.

EUGÉNIE *se lève et le regarde avec dédain* : Ô le plus faux des hommes ! fuis loin de moi ! J'ai en horreur tes justifications. Va jurer aux pieds d'une autre femme des sentiments que tu ne connus jamais. Je ne veux t'appartenir à aucun titre : je sais mourir.

Elle entre dans sa chambre.

MME MURER, *au comte, en entrant après elle et emportant la lumière* : L'abandonnerez-vous en cet état affreux ?

LE COMTE, *avec chaleur* : Non, je la suis.

SCÈNE VIII

LE COMTE, *seul.*

Elle se croit déshonorée, il suffit; elle est à moi, elle sera à moi. Ah! qu'ai-je[a] fait! Pour l'abandonner, il ne fallait pas la revoir.

SCÈNE IX

LE COMTE, SIR CHARLES *rentrant.*

SIR CHARLES, *dans l'obscurité* : Milord?
LE COMTE : Est-ce vous, chevalier Campley?
SIR CHARLES : C'est moi.
LE COMTE : Pardon; encore un moment et nous sortons ensemble.

Il veut entrer chez Eugénie.

SIR CHARLES, *l'arrêtant par le bras* : Mais ne craignez-vous rien, Milord? Pour une heure aussi avancée, je vois bien du monde sur pied.
LE COMTE, *n'écoutant point* : Ce sont des valets; je vous rejoins.

SCÈNE X

SIR CHARLES, *seul, d'un air de méfiance.*

Il y a un grand mouvement dans cette maison : on va, l'on court. J'ai vu du monde dans le jardin; on vient d'en fermer la porte... Il a l'air troublé, milord... L'explication doit avoir été orageuse.

SCÈNE XI

SIR CHARLES, MME MURER

MME MURER *sort de la chambre d'Eugénie sans lumière et dit à elle-même en marchant* : Le voilà à ses genoux, l'instant est favorable : allons.

Elle traverse le salon et sort par la porte du jardin.

SCÈNE XII

SIR CHARLES, *seul, écoute, et, n'entendant plus rien, dit* :

Ha! ha! cette voix a un rapport singulier... *(Il se promène en faisant le geste de quelqu'un qui rejette une idée bizarre.)* C'est un homme bien lâche que ce colonel!... car ces gens n'étaient pas des voleurs... Mais quelle foule de biens réunis dans la rencontre de Milord Clarendon! mon libérateur! l'homme qui doit solliciter ma grâce auprès du roi! Que de titres pour l'aimer!... J'entends du bruit... je vois de la lumière : écoutons.

SCÈNE XIII

MME MURER, SIR CHARLES

MME MURER *rentre et dit à des gens qui sont derrière elle* : N'entrez que quand on vous le dira; vous vous rangerez tous vers la porte, et à sa sortie vous fondrez sur lui et l'arrêterez. Prenez bien garde qu'il ne vous échappe.

Elle traverse le salon en silence et rentre chez Eugénie. Les laquais retournent au jardin.

SIR CHARLES, *après avoir écouté* : Il y a de la trahison! Serais-je assez heureux pour être à mon tour utile à mon nouvel ami?...

SCÈNE XIV

LE BARON, SIR CHARLES

LE BARON *entre par la porte du vestibule, le chapeau sur la tête et l'épée au côté, sans lumière* : Le projet de ma sœur m'inquiète; Clarendon serait-il ici?

SIR CHARLES *tire son épée, et, marchant fièrement au baron, lui met la pointe sur le cœur et lui dit* : Qui que vous soyez, n'avancez pas.

LE BARON *crie, en portant la main à la garde de l'épée* : Quel eﬆ donc l'insolent?...

SIR CHARLES, *d'un ton encore plus fier* : N'avance pas, ou tu es mort!

SCÈNE XV

LE BARON, SIR CHARLES. *Des valets armés entrent précipitamment avec des flambeaux allumés par la porte du jardin.*

LE BARON, *reconnaissant Sir Charles* : Mon fils!

SIR CHARLES : Ô Ciel! mon père[1]!

LE BARON : Par quel bonheur es-tu chez moi à cette heure?

SIR CHARLES : Chez vous? Et quel eﬆ donc cet appartement?

Montrant celui où il a vu entrer le comte.

LE BARON : C'eﬆ celui de ta sœur.

SIR CHARLES, *avec un mouvement terrible* : Ah! grands dieux! quelle indignité!

SCÈNE XVI

MME MURER, LE BARON, SIR CHARLES, LES GENS

MME MURER, *accourant au bruit, et s'écriant d'étonnement* : Sir Charles!... C'eﬆ le Ciel qui nous l'envoie.

SIR CHARLES, *au désespoir* : Affreux événement! Je n'ai plus que le choix d'être ingrat ou déshonoré.

MME MURER : Il[a] va sortir.

SIR CHARLES, *troublé* : Ma sœur! mon libérateur! Je suis épouvanté de ma situation.

MME MURER : Osez-vous balancer?

SIR CHARLES, *les dents serrées* : Balancer?... Non, je suis décidé.

MME MURER, *aux valets* : Approchez tous.

SCÈNE XVII

Mme Murer, le Baron, Sir Charles, les Gens, Betsy, le Comte, Eugénie

EUGÉNIE, *au bruit, ouvre sa porte, et, retenant le comte, dit* : Ils sont armés ! Ô dieux ! ne sortez pas.

LE COMTE, *la repoussant* : Je suis trahi. *(À Sir Charles.)* Mon ami, donnez-moi mon épée. *(Sir Charles, qui tient toujours son épée nue, court se saisir de celle du comte.)*

Presque en même temps.
EUGÉNIE, *effrayée* : C'est mon frère !
LE COMTE : Son frère !
SIR CHARLES, *furieux* : Oui, son frère !

LE COMTE, *à Eugénie, avec mépris* : Ainsi donc vous m'attiriez dans un piège abominable !

EUGÉNIE, *troublée* : Il m'accuse !

LE COMTE : Votre colère, vos dédains n'étaient qu'une feinte pour leur donner le loisir de me surprendre.

EUGÉNIE, *tombant mourante sur un fauteuil; Betsy la soutient* : Voilà le dernier malheur.

MME MURER, *au comte* : Tous ces discours sont inutiles : il faut l'épouser sur-le-champ, ou périr.

LE COMTE, *avec indignation* : Je céderais au vil motif de la crainte ? Ma main serait le fruit d'une basse capitulation ?... Jamais.

MME MURER : Qu'as-tu donc promis tout à l'heure ?

LE COMTE, *sur le même ton* : Je rendais hommage à la vertu malheureuse; sa douleur était plus forte qu'un million de bras armés. Elle amollissait mon cœur, elle allait triompher; mais je méprise des assassins.

LE BARON : M'as-tu cru capable de l'être ? Juges-tu de moi par le déshonneur où tu nous plonges ?

MME MURER, *fortement, aux valets* : Saisissez-le.

SIR CHARLES *se jette entre le comte et les valets* : Arrêtez.

MME MURER, *plus fort* : Saisissez-le, vous dis-je.

SIR CHARLES, *d'une voix et d'un geste terribles* : Le premier qui fait un pas...

LE BARON, *aux valets* : Laissez faire mon fils.

Mme Murer va se jeter sur un fauteuil en croisant ses mains sur son front comme une personne au désespoir.

SIR CHARLES, *au comte, du ton d'un homme qui contient une grande colère* : Ma présence vous rend ici, Milord, ce que vous avez fait pour moi : nous sommes quittes. Les moyens qu'on emploie contre vous sont indignes de gens de notre état. Voilà votre épée. *(Il la lui présente.)* C'est désormais contre moi seul que vous en ferez usage. Vous êtes libre, Milord, sortez. Je vais assurer votre retraite : nous vous verrons demain[1].

LE COMTE, *étonné, regardant Eugénie et Sir Charles tour à tour, dit à plusieurs reprises* : Monsieur, je... j'y compte... Je vous attendrai chez moi.

Il regarde de nouveau Eugénie en soupirant comme un homme désolé. Il sort par la porte du jardin; le baron retient les valets et lui livre le passage.

SCÈNE XVIII

EUGÉNIE, LE BARON, MME MURER, LEURS GENS, SIR CHARLES

MME MURER, *furieuse, se relevant et s'adressant à son neveu* : C'était[a] donc pour l'arracher de nos mains que tu t'es rencontré ici?

SIR CHARLES, *troublé* : Vous me plaindrez tous, lorsque vous saurez... Vous serez vengés, n'en doutez pas... Mais cette Eugénie dont toute sa famille était si vaine...

MME MURER, *d'un ton furieux* : Sir Charles... vengez votre sœur, et ne l'accusez pas. Elle est l'innocente victime... Entrons chez elle; venez, vous frémirez de mon récit.

SIR CHARLES, *pénétré de douleur* : Elle n'est pas coupable! Ah! ma sœur, pardonne mon erreur. Reçois... *(Il lui prend les mains.)* Elle ne m'entend pas. *(À sa tante.)* Ne songez qu'à la secourir.

Mme Murer, Betsy et Robert qui se détache du groupe des valets, emmènent Eugénie dans sa chambre, par-dessous les bras.

SCÈNE XIX

LE BARON, SIR CHARLES, LES GENS

SIR CHARLES, *du ton le plus terrible, en prenant la main du baron* : Et vous, mon père! recevez pour elle le serment que je fais... Oui, si la rage qui me possède ne m'a pas étouffé, si le feu qui dévore le sang de cette infortunée ne l'a pas tari avant le jour, je jure par vous qu'une vengeance éclatante aura devancé sa mort!

LE BARON : Viens, mon cher fils.

Ils entrent chez Eugénie. Les laquais sortent par la porte du vestibule avec leurs flambeaux.

FIN[a] DU QUATRIÈME ACTE

JEU D'ENTRACTE

Betsy sort de l'appartement d'Eugénie, très affligée, un bougeoir à la main, car il est pleine nuit. Elle va chez Mme Murer et en rapporte une cave à flacons qu'elle pose sur la table du salon, ainsi que sa lumière. Elle ouvre la cave et examine si ces flacons sont ceux qu'on demande. Elle porte ensuite la cave chez sa maîtresse, après avoir allumé les bougies qui sont sur la table. Un instant après, le baron sort de chez sa fille d'un air pénétré, tenant d'une main un bougeoir allumé et de l'autre cherchant une clef dans ses goussets; il s'en va par la porte du vestibule qui conduit chez lui, et en revient promptement avec un flacon de sels, ce qui annonce qu'Eugénie est dans une crise affreuse. Il rentre chez elle. On sonne de l'intérieur, un laquais arrive au coup de sonnette. Betsy vient de l'appartement de sa maîtresse en pleurant et lui dit tout bas de rester au salon pour être plus à portée. Elle sort par le vestibule. Le laquais s'assied sur le canapé du fond et s'étend en bâillant de fatigue. Betsy revient avec une serviette sur son bras, une écuelle de porcelaine couverte à la main; elle rentre chez Eugénie. Un moment après, les acteurs paraissent, le valet se retire, et le cinquième acte commence. Il serait assez bien que l'orchestre, pendant cet entracte, ne jouât que de la musique douce et triste, même avec des sourdines, comme si ce n'était qu'un bruit éloigné de quelque maison voisine : le cœur de tout le monde est trop en presse[1] *dans celle-ci pour qu'on puisse supposer qu'il s'y fait de la musique.*

ACTE V

SCÈNE PREMIÈRE

SIR CHARLES, MME MURER, *sortant de la chambre d'Eugénie.*

MME MURER : Passons ici maintenant qu'elle est un peu calmée, nous y parlerons avec plus de liberté.

SIR CHARLES, *d'un ton terrible* : Après ce que vous venez de me dire, après tout ce que j'ai appris... l'outrage et l'horreur sont à leur comble. Ma fureur ne connaît plus de bornes. Le sort en est jeté : il va périr.

SCÈNE II

MME MURER, SIR CHARLES, EUGÉNIE, *sortant de sa chambre, l'air troublé, l'habillement en désordre, les cheveux à bas, sans collier ni rouge et absolument décoiffée.*

EUGÉNIE : Qu'ai-je entendu ? Mon frère...

SIR CHARLES, *lui baisant la main* : Chère et malheureuse Eugénie ! si je n'ai pu prévenir le crime, au moins j'aurai la triste satisfaction de le punir.

EUGÉNIE, *cherchant à le retenir* : Arrêtez... Quel fruit attendez-vous ?...

SIR CHARLES, *avec fermeté* : Ma sœur, quand on n'a plus le choix des moyens, il faut se faire une vertu de la nécessité.

EUGÉNIE, *d'une voix altérée* : Vous parlez de vertu ! et vous allez égorger votre semblable !

SIR CHARLES, *indigné* : Mon semblable ! un monstre !

EUGÉNIE : Il vous a sauvé la vie.

SIR CHARLES, *fièrement* : Je ne lui dois plus rien.

EUGÉNIE, *éperdue* : Grand Dieu ! sauvez-moi de mon désespoir... Mon frère... au nom de la tendresse, et surtout au nom du malheur qui m'accable... Serais-je moins infortunée, moins perdue, quand le nom d'un parjure... quand son souvenir sera effacé sur la terre?... *(Plus fort.)* Et si votre présomption se trouvait punie par le fer de votre ennemi, quel coup affreux pour un père! Vous, l'appui de sa vieillesse, vous allez mettre au hasard cette vie dont il a tant besoin!... *(d'une voix brisée)* pour une malheureuse fille que tous vos efforts ne peuvent plus sauver. Je vais mourir.

Mme Murer[a] *se jette sur un siège contre la table et appuie sa tête dessus.*

SIR CHARLES, *avec feu* : Tu vivras... pour jouir de ta vengeance.

EUGÉNIE, *désespérée, du ton le plus violent* : Non, je n'en suis pas digne. En faut-il des preuves? Ah! je me méprise trop pour les dissimuler. Tout perfide qu'il est, mon cœur se révolte encore pour lui; je sens que je l'aime malgré moi. Je sens que si j'ai le courage de le mépriser vivant, rien ne pourra m'empêcher de le pleurer mort[1]. Je détesterai votre victoire; vous me deviendrez odieux; mes reproches insensés vous poursuivront partout; je vous accuserai de l'avoir enlevé au repentir.

SIR CHARLES, *en colère* : L'honneur outragé s'indigne de tes discours et méprise tes larmes. Adieu, je vole à mon devoir.

EUGÉNIE, *égarée* : Ah! barbare, arrêtez... Quelle horrible marque d'attachement allez-vous m'offrir?

Mme Murer la retient, Sir Charles sort.

SCÈNE III[b]

EUGÉNIE, MME MURER, BETSY

EUGÉNIE, *continuant avec égarement* : Le spectacle de son épée sanglante arrachée du sein de mon époux... *(D'un ton étouffé.)* Mon époux! Quel nom j'ai prononcé! Mes yeux se troublent... les sanglots me suffoquent...

Mme Murer et Betsy l'asseyent.

MME MURER : Modérez l'excès de votre affliction.

EUGÉNIE, *pleurant amèrement* : Non! l'on ne connaîtra jamais la moitié de mes tourments! L'insensé qu'il est! s'il savait quel cœur il a déchiré!

MME MURER, *pleurant aussi* : Consolez-vous, ma chère fille; l'horrible histoire sera ensevelie dans un profond secret. Espérez, mon enfant.

EUGÉNIE, *hors d'elle-même* : Non, je n'espérerai plus : je suis lasse de courir au-devant du malheur. Eh! plût à Dieu que je fusse entrée dans la tombe le jour qu'au mépris du respect de mon père, je me rendis à vos instances! Votre cruelle tendresse a creusé l'abîme où l'on m'a entraînée.

MME MURER, *avec saisissement* : Quoi!... vous aussi, Miss!...

EUGÉNIE, *troublée* : Je m'égare... Ah! pardon, madame! oubliez une malheureuse... *(D'une voix ténébreuse.)* Où donc est Sir Charles?... Il ne m'a pas entendue... Le sang va couler... Mon frère ou son ennemi percé de coups!

SCÈNE IV[a]

LES ACTEURS PRÉCÉDENTS; LE BARON *entre.*

EUGÉNIE *lui crie avec désespoir* : Mon père, vous l'avez laissé sortir!

LE BARON, *pénétré* : Crois-tu mon cœur moins déchiré que le tien? N'augmente pas mes peines, lorsque le courage de ton frère va tout réparer, *(à part)* ou nous rendre doublement à plaindre.

EUGÉNIE, *au désespoir, avec feu* : Pouvez-vous l'espérer, mon père? La vengeance de sa famille ne vivra-t-elle pas pour faire tomber votre fils à son tour? Nos parents, aussi fiers que les siens, laisseront-ils cette mort impunie? Quel est donc le terme où le carnage devra s'arrêter? Est-ce quand le sang des deux maisons sera tout à fait épuisé?

LE BARON, *en colère* : Imprudente! Un cœur aussi crédule, avec autant de moyens de t'en garantir!

Betsy sort par le vestibule.

SCÈNE V

EUGÉNIE, MME MURER, LE BARON, SIR CHARLES, *sans épée.*

LE BARON, *apercevant Sir Charles* : Mon fils!...

MME MURER : Si tôt de retour!

LE BARON : Sommes-nous vengés ?

SIR CHARLES, *d'un air consterné* : Ô mon père ! vous voyez un malheureux... À deux pas d'ici, j'ai trouvé le comte, il a voulu me parler ; sans l'écouter, je l'ai forcé de se défendre ; mais lorsque je le chargeais le plus vigoureusement... ô rage !... mon épée s'est rompue...

LE BARON : Eh bien, mon fils ?...

SIR CHARLES : « Vous n'avez plus d'arme, m'a dit froidement le comte ; je ne regarde point cette affaire comme terminée ; j'approuve votre ressentiment ; je connais, comme vous, les lois de l'honneur ; nous nous verrons dans peu... » Il est parti...

MME MURER : Pour aller terminer son mariage : voilà ce que j'avais prévu.

SIR CHARLES, *d'un ton désespéré* : Je suis prêt à m'arracher la vie. Ma sœur ! ma chère Eugénie ! Je t'avais promis un défenseur, le sort a trompé mon attente.

EUGÉNIE, *assise, d'un ton mourant* : Le Ciel a eu pitié de mes larmes, il n'a pas permis qu'un autre fût entraîné dans ma ruine... Ô mon père !... ô mon frère !... serez-vous plus inflexibles que lui ? La douleur qui me tue va laver la tache que j'ai imprimée sur toute ma famille. *(Ici sa voix baisse par degrés.)* Mais ce sacrifice lui suffit ; j'étais seule coupable, et le juste Ciel veut que j'expie ma faute par le déshonneur, le désespoir et la mort.

Elle tombe épuisée, Mme Murer la reçoit dans ses bras.

SCÈNE VI[a]

LE BARON, SIR CHARLES, MME MURER, EUGÉNIE, *les yeux fermés, renversée sur le fauteuil*, BETSY

BETSY, *accourant* : On frappe à coups redoublés.

MME MURER : À l'heure qu'il est... si matin... courez. Qu'on n'ouvre pas.

Betsy sort.

SCÈNE VII

MME MURER, LE BARON, SIR CHARLES, EUGÉNIE

LE BARON : Pourquoi?

MME MURER : Il y a tout à craindre... un homme aussi méchant... son oncle...

LE BARON : Que peut-on nous faire?

MME MURER : Après ce qui s'est passé cette nuit, mon frère... un ordre supérieur... votre fils... que sait-on?

SIR CHARLES : Il n'est pas capable de cette lâcheté.

MME MURER : Il est capable de tout.

SCÈNE VIII

LES MÊMES ACTEURS, BETSY *accourant.*

BETSY, *tout essoufflée* : C'est le comte de Clarendon.

SIR CHARLES, MME MURER, *ensemble* : Clarendon...

LE BARON : Je le voudrais.

BETSY : Je l'ai vu dans la cour... le même habit. Il me suit.

SCÈNE IX ET DERNIÈRE

LES MÊMES; LE COMTE DE CLARENDON
entre précipitamment, sans épée.

LE BARON, *avec horreur* : C'est lui!

MME MURER : Il veut la voir mourir.

LE BARON : Il mourra avant elle. *(Il avance vers lui et met l'épée à la main.)* Défends-toi, perfide!

SIR CHARLES, *se jetant au-devant* : Mon père, il est sans armes.

LE COMTE : J'ai cru que le repentir était la seule qui convînt au coupable. *(Il court se mettre aux genoux d'Eugénie.)* Eugénie, tu triomphes. Je ne suis plus cet insensé qui s'avilissait en te trompant; je te jure un amour, un respect éternels. *(Se levant avec effroi.)* Ô Ciel! l'horreur et la mort m'environnent! Que s'est-il donc passé?

SIR CHARLES, *pleurant* : Ces nouvelles arrivent trop tard;

l'objet de tant de larmes n'est plus en état de recevoir aucune consolation.

LE COMTE, *vivement* : Non, non. L'excès de la douleur seul a porté le trouble dans ses esprits.

MME MURER, *pleurant* : Hélas ! nous n'espérons plus rien.

Betsy est debout derrière le fauteuil de sa maîtresse, et s'essuie les yeux avec son tablier.

LE COMTE, *effrayé* : Craindriez-vous pour elle ? Ah ! laissez-moi me flatter que je ne suis pas si coupable. *(D'un ton plus doux.)* Eugénie ! chère épouse ! Cette voix qui avait tant d'empire sur ton cœur ne peut-elle plus rien sur toi ?

Il lui prend la main.

EUGÉNIE, *rappelée à elle par le mouvement qu'elle reçoit, regarde en silence, fait un mouvement d'horreur en voyant le comte, se retourne et dit*[a] : Dieux !... J'ai cru le voir...

LE COMTE, *se remettant à ses pieds* : Oui, c'est moi.

EUGÉNIE, *dans les bras de sa tante, dit en frissonnant, sans regarder* : C'est lui !...

LE COMTE : L'ambition m'égarait, l'honneur et l'amour me ramènent à vos pieds... Nos beaux jours ne sont pas finis.

EUGÉNIE, *les yeux fermés et levant les bras* : Qu'on me laisse... qu'on me laisse...

LE COMTE, *avec feu* : Non, jamais. Écoutez-moi. Cette nuit, en vous quittant, le cœur plein d'amour pour vous et d'admiration pour un si noble ennemi, *(il montre Sir Charles en se levant)* j'ai couru me jeter aux pieds de mon oncle et lui faire un aveu de tous mes attentats. Le repentir m'élevait au-dessus de la honte. Il a vu mes remords, ma douleur ; il a lu l'acte faux qui atteste mon crime et votre vertu. Mon désespoir et mes larmes l'ont fait consentir à mon union avec vous ; il serait venu lui-même ici vous l'annoncer ; mais, le dirai-je ? il a craint que je ne pusse jamais obtenir mon pardon. Prononcez, Eugénie, décidez de mon sort.

EUGÉNIE, *d'une voix faible, lente et coupée* : C'est vous !... J'ai recueilli le peu de forces qui me restent pour vous répondre... ne m'interrompez point... je rends grâce à la générosité de Milord Duc... je vous crois même sincère en ce moment... mais l'état humiliant dans lequel vous n'avez pas craint de me plonger... l'opprobre dont vous avez couvert celle que vous deviez chérir, ont rompu tous les liens...

LE COMTE, *vivement* : N'achevez pas. Je puis vous être odieux ; mais vous m'appartenez ! mes forfaits nous ont tellement unis l'un à l'autre...

EUGÉNIE, *douloureusement* : Malheureux !... qu'osez-vous rappeler ?

LE COMTE, *avec feu* : J'oserai tout pour vous obtenir. Au défaut d'autres droits, je rappellerai mes crimes pour m'en faire des titres. Oui, vous êtes à moi. Mon amour, les outrages dont vous vous plaignez, mon repentir, tout vous enchaîne et vous ôte la liberté de refuser ma main ; vous n'avez plus le choix de votre place, elle est fixée au milieu de ma famille ; interrogez l'honneur, consultez vos parents, ayez la noble fierté de sentir ce que vous vous devez.

LE BARON, *au comte* : Ce qu'elle se doit est de refuser l'offre que vous lui faites. Je ne suis pas insensible à votre procédé, mais j'aime mieux la consoler toute ma vie du malheur de vous avoir connu que de la livrer à celui qui a pu la tromper une fois. Sa fermeté lui rend toute mon estime.

LE COMTE, *pénétré* : Laissez-vous toucher, Eugénie ; je ne survivrais pas à des refus obstinés.

EUGÉNIE *veut se lever pour sortir, sa faiblesse la fait retomber assise* : Cessez de me tourmenter par de vaines instances ; le parti que j'ai pris est inébranlable : j'ai le monde en horreur.

LE COMTE, *regardant autour de lui, s'adresse enfin à Mme Murer* : Madame, je n'espère plus qu'en vous.

MME MURER, *fièrement* : Je consens qu'elle vous pardonne, si vous pouvez vous pardonner à vous-même.

LE COMTE, *d'une voix forte et d'un ton de dignité* : Vous[a] avez raison, celui qui s'est rendu si criminel est à jamais indigne de partager son sort. Vous n'ajouterez rien dont je ne sois pénétré d'avance... *(À Eugénie avec plus de chaleur.)* Mais, cruelle ! quand le ciel et la terre déposent contre mon indignité, aucun murmure ne se fait-il entendre dans ton sein ? et l'être infortuné qui te devra bientôt le jour n'a-t-il pas des droits plus sacrés que ta résolution ? C'est pour lui que j'élève une voix coupable ; lui raviras-tu, par une double cruauté, l'état qui lui est dû ? et l'amour outragé ne cédera-t-il pas au cri de la nature ? *(En s'adressant à tous.)* Barbares ! si vous ne vous rendez pas à ces raisons, vous êtes tous, s'il se peut, plus inhumains, plus féroces que le monstre qui a pu outrager sa vertu et qui meurt de douleur à vos pieds. *(Il tombe aux genoux du baron.)* Mon père !

LE BARON, *le relevant, lui serre les mains, et après un moment de silence* : Je vous la donne.

LE COMTE *s'écrie* : Eugénie !

LE BARON, *à Eugénie* : Rendons-nous, ma fille ; celui qui se repent de bonne foi est plus loin du mal que celui qui ne le connut jamais[1].

Eugénie regarde son père, laisse tomber sa main dans celle du comte, et va parler. Le comte lui coupe la parole.

LE COMTE, *par exclamation* : Elle me pardonne !

EUGÉNIE, *après un soupir* : Va, tu mérites de vaincre, ta grâce est dans mon sein[2] ; et le père d'un enfant si désiré ne peut jamais m'être odieux. Ah ! mon frère ! ah, ma tante ! la vue du contentement que je fais naître en vous tous me remplit de joie à mon tour.

Mme Murer l'embrasse avec joie.

LE COMTE, *transporté* : Eugénie me pardonne ! ah ! la mienne est extrême ! cet événement va nous rendre tous aussi heureux que vous êtes dignes de l'être, et que j'ai peu mérité de le devenir.

SIR CHARLES, *au comte* : Généreux ami, que d'éloges nous vous devons !

LE COMTE : Je rougirais de moi si je n'avais aspiré qu'à les obtenir ; le bonheur avec Eugénie, la paix avec moi-même, et l'estime des honnêtes gens : voilà le seul but auquel j'ose prétendre.

LE BARON, *avec joie* : Mes enfants, chacun de vous a fait son devoir aujourd'hui ; vous en recevez la récompense. N'oubliez donc jamais qu'il n'y a de vrais biens sur la terre que dans l'exercice de la vertu.

LE COMTE, *baisant la main d'Eugénie avec enthousiasme* : Ô ma chère Eugénie[a] !

Tous se rassemblent autour d'elle et la toile tombe.

FIN DU CINQUIÈME ET DERNIER ACTE

LES DEUX AMIS
OU
LE NÉGOCIANT DE LYON

Drame en cinq actes en prose

Qu'opposerez-vous aux faux jugements, à l'injure, aux clameurs?
Rien.

Les Deux Amis, acte IV, sc. VII.

AVERTISSEMENT[1]

Pour faciliter les positions théâtrales aux acteurs de province ou de société qui joueront ce drame, on a fait imprimer, au commencement de chaque scène, le nom des personnages, dans l'ordre où les Comédiens-Français se sont placés, de la droite à la gauche, au regard des spectateurs. Le seul mouvement du milieu des scènes reste abandonné à l'intelligence des acteurs.

Cette attention de tout indiquer peut paraître minutieuse aux indifférents, mais elle est agréable à ceux qui se destinent au théâtre ou qui en font leur amusement, surtout s'ils savent avec quel soin les Comédiens-Français, les plus consommés dans leur art, se consultent et varient leurs positions théâtrales aux répétitions, jusqu'à ce qu'ils aient rencontré les plus favorables, qui sont alors consacrées, pour eux et leurs successeurs, dans le manuscrit déposé à leur bibliothèque.

C'est en faveur des mêmes personnes que l'on a partout indiqué la pantomime. Elles sauront gré à celui qui s'est donné quelques peines pour leur en épargner; et si le drame, par cette façon de l'écrire, perd un peu de sa chaleur à la lecture[2], il y gagnera beaucoup de vérité à la représentation.

PERSONNAGES	ACTEURS
AURELLY, riche négociant de Lyon, homme vif, honnête, franc et naïf,	M. Préville.
MÉLAC père, receveur général des fermes[3] à Lyon, philosophe sensible[4],	M. Brizard.
PAULINE, nièce d'Aurelly, élevée par Mélac père, jeune personne au-dessus de son âge,	Mlle Doligny.

MÉLAC fils, élevé avec Pauline, jeune homme bouillant, et d'une sensibilité excessive,	M. Molé.
SAINT-ALBAN, fermier général en tournée, homme du monde estimable,	M. Belcourt.
DABINS, caissier d'Aurelly, protégé de Mélac père, homme de jugement, et fort attaché à son protecteur,	M. Pin[1].
ANDRÉ, domestique de la maison, garçon très simple,	M. Feulie[2].

La scène est à Lyon, dans le salon commun d'une maison occupée par Aurelly et par Mélac.

ACTE PREMIER

Il est dix heures du matin. Le théâtre représente un salon; à l'un des côtés est un clavecin ouvert avec un pupitre chargé de musique. Pauline en peignoir est assise devant; elle joue une pièce. Mélac, debout à côté d'elle, en léger habit du matin, ses cheveux relevés avec un peigne, un violon à la main, l'accompagne. La toile se lève aux premières mesures de l'andante.*

SCÈNE PREMIÈRE[a]

PAULINE, MÉLAC FILS

PAULINE, *après que la pièce est jouée* : Comment trouvez-vous cette sonate?

MÉLAC FILS : Votre brillante exécution la fait beaucoup valoir.

PAULINE : C'est votre avis que je demande, et non des éloges.

MÉLAC FILS : Je le dis aussi; elle me plairait moins sous les doigts d'un autre.

* Pendant que les acteurs sont censés faire de la musique, les premiers violons de l'orchestre jouent, avec des sourdines, un andante que les seconds dessus et les basses accompagnent en pinçant, ce qui complète l'illusion du petit concert que le spectacle représente[3]. L'auteur a fait imprimer à la suite du drame l'andante composé exprès pour cet ouvrage et qui a été exécuté avec applaudissement à Paris toutes les fois qu'on a joué *Les Deux Amis*.

PAULINE *se lève* : Fort bien; mais je m'en vais, je n'ai point encore vu mon oncle.

MÉLAC FILS *l'arrête* : Il est sorti, il va...

PAULINE : À la Bourse, apparemment?

MÉLAC FILS : Je le crois. Le paiement s'ouvre demain. Ce temps critique et dangereux pour les négociants de Lyon exige qu'ils se voient...

PAULINE[a] : Il s'est retiré bien tard cette nuit!

MÉLAC FILS : Ils ont longtemps jasé[1]. Mon père se plaignait à lui des fermiers généraux, qui me refusent la survivance[2] de sa place de receveur général des fermes.

PAULINE : Bien malhonnêtement, sans doute?

MÉLAC FILS : Sous prétexte qu'ils l'ont donnée. « Voilà comme vous êtes, lui disait votre oncle. Ne demandant jamais, un autre sollicite, il obtient le prix de vos longs services. » Mais savez-vous ce que j'ai pensé, Pauline? C'est que si quelqu'un dans la compagnie nous a desservis, ce ne peut être que Saint-Alban.

PAULINE : Que vous êtes injuste! J'ai vu tout ce qu'il a écrit en votre faveur.

MÉLAC FILS : On fait voir ce qu'on veut.

PAULINE : Vous vous plaisez bien à l'accuser.

MÉLAC FILS : Pas tant que vous à le défendre.

PAULINE, *fâchée* : Vous m'impatientez. Depuis son départ, il faut donc se résoudre à voir toutes nos conversations rentrer dans celle-ci?

MÉLAC FILS, *d'un air fin* : Allons, la paix. Ils ont ensuite parlé de votre établissement... du mien... Mon père m'a fait signe, je me suis retiré; mais, en sortant, j'ai entendu qu'il disait un mot... Ah! Pauline...

Il veut lui prendre la main.

PAULINE *se recule* : Eh[b] bien, monsieur!

MÉLAC FILS : Un certain mot...

PAULINE *l'interrompt* : Je ne suis pas curieuse. Parlons de la petite fête que nous préparons à mon oncle, à l'occasion de ses lettres de noblesse : y songez-vous?

MÉLAC FILS : J'ai tout arrangé dans ma tête. Nous commencerons par un concert; peu de monde, nous et nos maîtres[3]. Sur la fin, on viendra l'avertir qu'on le demande. Pendant son absence, un tapis, deux paravents feront[c] l'affaire, et nous lui donnerons la plus jolie petite pièce...

PAULINE : Oh! point de comédie!

MÉLAC FILS : Pourquoi?

PAULINE : Vous connaissez la faiblesse de ma poitrine.

MÉLAC FILS : On ne crie pas la comédie; ce n'est qu'en parlant qu'on la joue bien. Figure charmante! organe flexible et touchant! de l'âme surtout... Que vous manque-t-il? Une jeune actrice se fait toujours assez entendre lorsqu'elle a le talent de se faire écouter[1].

PAULINE : Oh! ce n'est ni d'éloquence ni d'adresse qu'on vous accusera de manquer, pour ramener les gens à vos idées... Et les couplets que je vous ai demandés?

MÉLAC FILS, *tendrement* : Vous craignez qu'on ne les oublie? injuste Pauline!...

PAULINE *l'interrompt en s'asseyant* : Essayons encore une pièce avant de m'habiller.

MÉLAC FILS, *s'assurant de l'accord du violon* : Volontiers.

PAULINE : Donnez-moi le nouveau livre.

MÉLAC FILS, *avec humeur* : Pourquoi ne pas suivre le même[2]?

PAULINE : Pour sortir un peu de l'ancien genre. Au reste, comme c'était uniquement pour vous...

MÉLAC FILS, *d'un air incrédule* : Oui, pour moi!

PAULINE, *riant* : Voilà bien les ingrats! cherchant toujours à diminuer l'obligation, pour n'être point tenus de la reconnaissance! Cette musique n'est-elle pas plus piquante, plus variée?

MÉLAC FILS, *mécontent* : Piquante, variée, délicieuse! C'est le beau Saint-Alban qui vous l'a choisie à Paris.

PAULINE : Et toujours Saint-Alban[a]! Vous êtes bien étrange! Votre souverain bonheur serait que personne ne m'aimât!

MÉLAC FILS : Je ne serai donc jamais heureux.

PAULINE : Vous voudriez... qu'on ne pût me souffrir.

MÉLAC FILS : Je ne désire point l'impossible.

PAULINE, *gaiement* : Hé! il ne faudrait pas trop vous presser pour vous le faire avouer ingénument.

MÉLAC FILS : Non; mais il est assez simple que je n'aime point un homme qui affiche des sentiments pour vous.

PAULINE : Pour le venger de cette humeur, vous accompagnerez sa favorite.

MÉLAC FILS : Oh! non.

Il pose le violon sur une chaise.

PAULINE : Vous me refusez?

MÉLAC FILS : J'aime mieux demander pardon de tout ce que j'ai dit.

Il se met à genoux.

PAULINE : Et moi je le veux.

MÉLAC FILS : C'est une tyrannie.

PAULINE, *plaisantant* : Obéissez, ou je ne vous appelle plus mon frère.

MÉLAC FILS, *d'un air hypocrite, en se relevant* : Si ce nom vous déplaît, vous avez un autre moyen de m'y faire renoncer.

PAULINE : Et c'est?

MÉLAC FILS : De m'en permettre un plus doux.

SCÈNE II

PAULINE, MÉLAC FILS, MÉLAC PÈRE

Mélac père paraît dans le fond.

PAULINE : Je ne vous entends pas.

MÉLAC FILS : Vous ne m'entendez pas? Je vais...

PAULINE, *lui coupant la parole* : Je vais... Je vais jouer la pièce : m'accompagnerez-vous, oui, ou non?

MÉLAC FILS *lui baise les mains* : Pardon, pardon; mais pour celle-ci, en vérité, elle est trop difficile.

PAULINE, *avec une petite moue* : Hum... Mauvais caractère! je sais ce qui vous la fait voir ainsi. *(Il lui baise les mains, elle se fâche.)* Finissez, monsieur de Mélac. Je vous l'ai déjà dit, ces libertés m'offensent; laissez mes mains.

MÉLAC FILS : Qui pourrait refuser... *(il continue à lui baiser les mains)* un juste hommage... à leur dextérité.

Mélac père se retire avec mystère.

SCÈNE III

MÉLAC FILS, PAULINE

PAULINE, *s'échappant* : Encore? obstiné! mutin[1]! disputeur! audacieux! jaloux!... Car vous méritez tous ces noms-là. Vous refusez de m'accompagner, vous en aurez ce soir la honte publique!

SCÈNE IV

MÉLAC FILS, *seul.*

Mon cœur la suit... Ah! Pauline... Je plaisante avec elle... Je dispute... Je l'obstine[1]... Sans ce détour, je n'oserais jamais... Si mon père m'eût obtenu cette survivance, mon état une fois fait... « Je le veux absolument, dit-elle, obéissez... » J'aime à la voir prendre ainsi possession de moi sans qu'elle s'en doute... *(Il va fermer le clavecin.)* Oui; mais elle a beau dire, je ne jouerai point la musique de son Saint-Alban... Que je le hais avec son esprit, sa richesse et son air affectueux! Il avait bien affaire[2] de rester trois semaines ici, ce beau fermier général! On l'envoie en tournée...

SCÈNE V

MÉLAC FILS, MÉLAC PÈRE

MÉLAC PÈRE, *jouant l'étonné* : Tout seul, mon fils? Il me semblait avoir entendu de la musique.

MÉLAC FILS : C'était Pauline, mon père; elle est allée s'habiller.

MÉLAC PÈRE : Mais vous, Mélac, vous n'êtes pas décemment : ces cheveux...

MÉLAC FILS : Elle était en peignoir elle-même.

MÉLAC PÈRE : Cette aimable confiance de l'innocence n'autorise point à lui manquer.

MÉLAC FILS : Moi, lui manquer, mon père!

MÉLAC PÈRE : Oui, mon fils, c'est lui manquer que de vous montrer à ses yeux dans ce désordre. Parce qu'elle ignore le danger, ou vous estime assez pour n'en point craindre avec vous, est-ce une raison d'oublier ce que vous devez à son sexe, à son âge, à son état?

MÉLAC FILS : Je ne vais point chez elle ainsi. Ce salon nous est commun, nous y avons toujours étudié le matin... Quand on demeure ensemble... Mais, mon père, jusqu'à présent vous ne m'avez rien dit... Est-ce monsieur Aurelly qui fait cette remarque?

MÉLAC PÈRE : Son oncle? Non, mon ami. Aussi simple

qu'honnête, Aurelly ne suppose jamais le mal où il ne le voit pas; mais tout occupé de son commerce, il s'est reposé sur moi des mœurs et de l'éducation de sa nièce, et je dois la garantir par mes soins...

MÉLAC FILS : La garantir!

MÉLAC PÈRE : Elle n'est plus un enfant[1], mon fils; et ces familiarités d'autrefois...

MÉLAC FILS, *un peu déconcerté* : J'espère ne jamais m'oublier devant elle, et lui montrer toujours autant de respect que je renferme d'attachement.

MÉLAC PÈRE : Pourquoi le renfermer, s'il n'est que raisonnable? Riez avec elle, dans la société, devant moi, devant son oncle, très bien; mais c'est lorsque vous la trouvez seule, mon fils, qu'il faut la respecter. La première punition de celui qui manque à la décence est d'en perdre bientôt le goût; une faute en amène une autre, elles s'accumulent; le cœur se déprave, on ne sent plus le frein de l'honnêteté que pour s'armer contre lui : on commence par être faible, on finit par être vicieux.

MÉLAC FILS, *déconcerté* : Mon père, ai-je donc mérité une aussi sévère réprimande?

MÉLAC PÈRE, *d'un ton plus doux* : Des avis ne sont point des reproches. Allez, mon fils; mais n'oubliez jamais que la nièce de votre ami, du bienfaiteur de votre père, doit être sacrée pour vous. Souvenez-vous qu'elle n'a point de mère qui veille à sa sûreté. Songez que mon honneur et le vôtre doivent être ici les appuis de son innocence et de sa réputation. Allez vous habiller.

SCÈNE VI

MÉLAC PÈRE, *seul.*

S'il s'était douté que je l'eusse vu, il eût mis à se disculper toute l'attention qu'il a donnée à ma morale. On ne se ment pas à soi-même; et s'il a tort, il se fera bien sans moi l'application de la leçon. Ceci me rappelle avec quel soin Aurelly détournait la conversation hier au soir, quand je la mis sur l'établissement de sa nièce. Sa nièce!... Mais est-il bien vrai qu'elle le soit?... Son embarras en m'en parlant semblait tenir... de la confusion... Je me perds dans mes soupçons... Quoi qu'il en soit, je ne veux pas que mon ami puisse jamais me reprocher d'avoir fermé les yeux sur leur conduite.

SCÈNE VII

MÉLAC PÈRE ; ANDRÉ, *en papillotes*[1] *et en veste du matin, un balai*[2] *de plumes sous son bras, entre, regarde de côté et d'autre, et s'en retourne*[3].

ANDRÉ : Il n'y est pas, monsieur Dabins.

MÉLAC PÈRE : Qu'est-ce ?

ANDRÉ : Ah ! ce n'est rien. C'est ce gros monsieur...

MÉLAC PÈRE : Quel monsieur ?

ANDRÉ, *d'un ton niais* : Celui qui vient... Qui m'a tant fait rire le jour de cette histoire...

MÉLAC PÈRE : Est-ce qu'il n'a pas de nom ?

ANDRÉ : Si fait, il a un nom. Monsieur... monsieur... C'est qu'il s'appelle encore autrement.

MÉLAC PÈRE : Autrement que quoi ?

ANDRÉ : Je l'ai bien entendu peut-être... Paris, deux et demi ; Marseille, Canada, trente-huit, que sais-je ?

MÉLAC PÈRE, *riant de pitié* : Ah ! l'agent de change ?

ANDRÉ : C'est ça.

MÉLAC PÈRE : Mais[a] ce n'est pas moi qu'il cherche ?

ANDRÉ : C'est monsieur Dabins.

MÉLAC PÈRE : Qu'il passe à la caisse d'Aurelly.

ANDRÉ : Il en vient ; ce caissier n'est-il pas déjà sorti !

MÉLAC PÈRE : Un jour comme celui-ci ! Il est donc fou ?

ANDRÉ : Je ne sais pas.

MÉLAC PÈRE : Voyez à sa chambre, au jardin, partout.

ANDRÉ *va et revient* : Moi, j'ai mon ouvrage... et si je le trouve pas, qu'est-ce qu'il faut que je lui dise ?

MÉLAC PÈRE : Rien. Car on ne finirait plus...

SCÈNE VIII

MÉLAC PÈRE, *seul.*

Qui croirait qu'un garçon aussi simple fût le fait d'un homme bouillant, d'Aurelly ? Sa règle est assez juste : aux gens de cet état, moins d'esprit, moins de corruption.

SCÈNE IX

DABINS, MÉLAC PÈRE

MÉLAC PÈRE : On vous cherche, monsieur Dabins.

DABINS, *d'un air effrayé* : Depuis une heure, monsieur, j'épie le moment de vous trouver seul.

MÉLAC PÈRE : Que me voulez-vous ?

DABINS : Puis-je parler en liberté ?

MÉLAC PÈRE : Vous êtes pâle, défait, votre voix est tremblante !

DABINS : Ah ! monsieur.

MÉLAC PÈRE : Expliquez-vous.

DABINS : Comment vous apprendre le malheur ?...

MÉLAC PÈRE : Sortez de ce trouble. Parlez.

DABINS : Cette lettre que je reçois à l'instant...

MÉLAC PÈRE : Que dit-elle de sinistre ?

DABINS : Vous aimez monsieur Aurelly ?

MÉLAC PÈRE : Si je l'aime ! Vous me faites trembler.

DABINS : À moins d'un miracle, il faut qu'il manque à ses paiements demain. Il faut...

MÉLAC PÈRE, *regardant de tous côtés* : Malheureux ! si quelqu'un vous entendait... Vous perdez le sens... D'où savez-vous ?... Cela ne saurait être.

DABINS : J'ai prévu votre surprise et votre douleur ; mais le fait n'est que trop avéré.

MÉLAC PÈRE : Avéré ! dites-vous ? *(À part.)* Je n'ose l'interroger. *(Haut.)* Monsieur Dabins, songez-vous à l'importance... ? *(À part.)* Il m'a troublé.

DABINS[a] : Monsieur Aurelly avait, à Paris, pour huit cent mille francs d'effets.

MÉLAC PÈRE : Chez son ami monsieur de Préfort[1], je le sais.

DABINS : Il me dit, il y a quelque temps, d'écrire à ce correspondant de les vendre, et de m'envoyer tout le papier[2] sur Lyon qu'on pourrait trouver.

MÉLAC PÈRE : Après ?

DABINS : Au lieu d'argent que j'attendais aujourd'hui, son fils me dépêche un courrier qui a gagné douze heures sur celui de la poste.

MÉLAC PÈRE : Eh bien ! ce courrier ?

DABINS : M'apprend qu'au moment de négocier nos effets, monsieur de Préfort s'est trouvé atteint d'un mal violent qui l'a emporté en deux jours, et qu'on a mis aussitôt le scellé sur son cabinet.

MÉLAC PÈRE : Pourquoi cet effroi? Je regrette Préfort; mais il laisse une fortune immense. Aurelly réclamera ses effets, qui lui seront remis. C'est[a] tout au plus un retard. Achevez.

DABINS : J'ai tout dit. Notre paiement était fondé sur ces rentrées, qui n'ont jamais manqué; nous n'avons pas dix mille francs en caisse.

MÉLAC PÈRE : Et vous devez en payer demain?

DABINS : Six cent mille. Il y a de quoi perdre l'esprit.

MÉLAC PÈRE : Il me quitte : il ne sait donc point?...

DABINS : Voilà mon embarras. Vous connaissez sa probité, ses principes... Il en mourra!.. Un homme si bon, si bienfaisant!.. Mais, monsieur, il n'y a que vous qui puissiez vous charger de lui apprendre...

MÉLAC PÈRE : Il n'est pas possible qu'Aurelly n'ait pas chez lui de quoi parer à cet accident.

DABINS : Il a du bien, d'excellents immeubles, cette maison, sa terre; mais avoir à payer demain six cent mille francs, et pas un sou...

MÉLAC PÈRE : Attendez. Je lui connais cent mille écus qu'un ami, m'a-t-il dit, lui a confiés.

DABINS : Il ne les a plus : monsieur de Préfort s'était chargé de les convertir en effets pareils à ceux qu'il lui avait procurés. Aujourd'hui tout est là; tout manque à la fois.

MÉLAC PÈRE : Onze cent mille francs arrêtés au moment de payer!

DABINS : Il périt au milieu des richesses.

MÉLAC PÈRE[b] *se promène* : Vous l'avez dit, il en mourra; l'homme le plus vertueux! le plus sage!... une réputation si intacte! S'il suspend ses paiements, s'il faut que son honneur... Il en mourra, l'infortuné : voilà ce qu'il y a de bien certain.

Il se promène plus vite.

DABINS : Si l'on eût reçu la nouvelle huit jours plus tôt...

MÉLAC PÈRE : C'est un homme perdu.

DABINS : Ces lettres de noblesse encore lui font tant de jaloux! Vous verrez, monsieur, les amis que lui laissera l'infortune : il n'y a peut-être pas un négociant dans Lyon qui ne fût bien aise au fond du cœur... Trouver de l'argent! il ne faut pas s'en flatter.

MÉLAC PÈRE *se promène* : J'ai bien ici cent mille francs à moi.

DABINS : Qu'est-ce que cela?

MÉLAC PÈRE, *rêvant* : En effet, qu'est-ce que cela?

DABINS : À peine le sixième de ce qu'il nous faut.

MÉLAC PÈRE *s'arrête* : Monsieur Dabins?

DABINS : Monsieur?

MÉLAC PÈRE : Où est votre courrier?

DABINS : Je l'ai fait cacher.

MÉLAC PÈRE : Monsieur Dabins, allez m'attendre dans mon cabinet. Ne voyez personne, enfermez-vous, enfermez-vous soigneusement. Je vous rejoins, j'ai besoin de me recueillir...

DABINS : Sur la manière de lui annoncer?...

MÉLAC PÈRE : C'est lui. Partez, sans dire un mot.

SCÈNE X

MÉLAC PÈRE, DABINS, AURELLY

AURELLY : Bonjour, Mélac. Ah! te voilà, Dabins? J'ai trouvé l'agent de change qui te cherche; il emporte mes deux effets sur Pétersbourg. Eh bien? nos fonds de Paris?

Il ôte son épée[1], *qu'il pose sur une chaise.*

MÉLAC PÈRE, *vivement* : C'est ce dont il me parlait, en me demandant si je n'avais pas quelques papiers à échanger, pour simplifier son opération.

AURELLY : Comme tu es rouge, Mélac!

MÉLAC PÈRE : Ce n'est rien.

AURELLY, *à Dabins qui sort* : Monsieur Dabins, le bordereau de tous mes paiements en état pour ce soir.

Dabins sort.

SCÈNE XI

MÉLAC PÈRE, AURELLY

AURELLY, *gaiement* : Je t'ai bien désiré tout à l'heure à l'intendance, tu m'aurais vu batailler...

MÉLAC PÈRE : Contre qui?

AURELLY : Ce nouveau noble, si plein de sa dignité, si gros d'argent et si bouffi d'orgueil qu'il croit toujours se commettre lorsqu'il salue un roturier.

MÉLAC PÈRE, *distrait* : Moins il y a de distance entre les hommes, plus ils sont pointilleux pour la faire remarquer[1].

AURELLY : Celui-ci, qui jusqu'à l'époque de mes lettres de noblesse ne m'avait jamais regardé, s'avise de me complimenter aujourd'hui d'un ton supérieur : « Je me flatte, m'a-t-il dit, que vous quittez enfin le commerce avec la roture. »

MÉLAC PÈRE, *à part* : Ah ! Dieux !

AURELLY : Quoi ?

MÉLAC PÈRE, *s'efforçant de rire* : Je crois l'entendre.

AURELLY : « Au contraire, monsieur, ai-je répondu ; je ne puis mieux reconnaître le nouveau bien que je lui dois qu'en continuant à l'exercer avec honneur. »

MÉLAC PÈRE, *embarrassé* : Ah ! mon ami ! le commerce expose à de si terribles revers !

AURELLY : Tu m'y fais songer : l'agent de change ne s'explique pas ; mais, à son air, je gagerais que le paiement ne se passera pas sans quelque banqueroute considérable.

MÉLAC PÈRE : Je ne vois jamais ce temps de crise sans éprouver un serrement de cœur sur le sort de ceux à qui il peut être fatal.

AURELLY : Et moi, je dis que la pitié qu'on a pour les fripons[2] n'est qu'une misérable faiblesse, un vol qu'on fait aux honnêtes gens. La race des bons est-elle éteinte pour... ?

MÉLAC PÈRE : Je ne parle point des fripons.

AURELLY, *avec chaleur* : Les malhonnêtes gens reconnus sont moins à craindre que ceux-ci : l'on s'en méfie ; leur réputation garantit au moins de leur mauvaise foi.

MÉLAC PÈRE : Fort bien ; mais...

AURELLY : Mais un méchant qui travailla vingt ans à passer pour honnête homme porte un coup mortel à la confiance quand son fantôme d'honneur disparaît : l'exemple de sa fausse probité fait qu'on n'ose plus se fier à la véritable.

MÉLAC PÈRE, *douloureusement* : Mon cher Aurelly, n'y a-t-il donc point de faillites excusables ? Il ne faut qu'une mort, un retard de fonds, il ne faut qu'une banqueroute frauduleuse un peu considérable pour en entraîner une foule de malheureuses.

AURELLY : Malheureuses ou non, la sûreté du commerce ne permet pas d'admettre ces subtiles différences, et les faillites qui sont exemptes de mauvaise foi ne le sont presque jamais de témérité.

MÉLAC PÈRE : Mais c'est outrer les choses que de confondre ainsi...

AURELLY : Je voudrais qu'il y eût là-dessus des lois si sévères qu'elles forçassent enfin tous les hommes d'être justes.

MÉLAC PÈRE : Eh! mon ami, les lois contiennent les méchants sans les rendre meilleurs[1], et les mœurs les plus pures ne peuvent sauver un honnête homme d'un malheur imprévu.

AURELLY : Monsieur, la probité du négociant importe à trop de gens pour qu'on lui fasse grâce en pareil cas.

MÉLAC PÈRE : Mais écoutez-moi...

AURELLY : Je vais plus loin. Je soutiens que l'honneur des autres est engagé à ce que celui qui ne paye pas soit flétri publiquement.

MÉLAC PÈRE, *mettant ses mains sur son visage* : Ah! bon Dieu!

AURELLY : Oui, flétri. S'il est malheureux, entre mourir et paraître indigne de vivre, le choix est bientôt fait, je crois; qu'il meure de douleur, mais que son exemple terrible augmente la prudence ou la bonne foi de ceux qui l'ont sous les yeux!

MÉLAC PÈRE, *s'échauffant* : Vous condamnez sans distinction à l'opprobre un infortuné comme un coupable?

AURELLY : Je n'y mets pas de différence.

MÉLAC PÈRE : Quoi! si l'un de vos amis, victime des événements...?

AURELLY : Je serais son juge le plus sévère.

MÉLAC PÈRE, *le regardant fixement* : Si c'était moi?

AURELLY : Si c'était toi? *(À part.)* Son air m'a fait trembler.

MÉLAC PÈRE : Vous ne répondez pas?

AURELLY, *fièrement* : Si c'était vous?... *(Avec effusion.)* Mais premièrement tu n'es pas négociant; et voilà comme tu fais toujours : quand tu ne peux convaincre mon esprit, tu attaques mon cœur!

MÉLAC PÈRE, *à part* : Ô Ciel! comment lui apprendre?...

SCÈNE XII

MÉLAC PÈRE, PAULINE, AURELLY

PAULINE, *habillée* : Ah! voilà mon oncle de retour.

MÉLAC PÈRE, *à part, avec douleur* : Et sa nièce!

PAULINE[a] : Bonjour, mon cher oncle; avez-vous mieux reposé cette nuit que la précédente?

AURELLY : Fort bien; et toi?

PAULINE : Votre conversation si sérieuse du souper m'a un peu agitée : elle m'a laissé une impression... J'ai peu dormi.

AURELLY, *en riant* : Nous aurons soin, à l'avenir, de monter nos bavardages sur un ton plus gai. Nous ne devons pas troubler les nuits de celle qui nous rend les jours si agréables.

Pauline l'embrasse.

MÉLAC PÈRE, *à part* : Sa sécurité me[b] perce l'âme.

AURELLY : Ah çà! mon enfant, quel amusement nous disposes-tu aujourd'hui?

PAULINE : Cet après-midi? Grand assaut de musique entre l'obstiné Mélac et moi, vous serez les juges. Vous savez qu'il donne la préférence au violon sur tout autre instrument.

AURELLY, *gaiement* : Et toi, tu défends le clavecin à outrance?

PAULINE : Je soutiens l'honneur du clavecin. La loi du combat est que le vaincu sera réduit à ne faire qu'accompagner l'autre, qui brillera seul tout le reste du concert; et je vous confie que j'ai de quoi le faire mourir de dépit.

AURELLY : Bravo! Bravo!

MÉLAC PÈRE, *d'un ton pénétré* : Ne ferions-nous pas mieux, mes amis, de remettre ce concert? Tant de gens sont à Lyon dans le trouble et l'inquiétude : « Il semble (dira-t-on) que ceux-ci fassent parade de leur aisance pour insulter à l'embarras où les autres sont plongés. » On comparera cette joie déplacée avec le désespoir qui poignarde peut-être en ce moment d'honnêtes gens qui ne s'en vantent pas.

AURELLY, *riant* : Ah, ah, ah! vois-tu comment ce grave philosophe détruit nos projets d'un seul mot? Il faut bien lui céder pour avoir la paix. Remets ton cartel[1] à quelque autre jour.

MÉLAC PÈRE[c], *à part, en sortant* : Allons sauver, s'il se peut, l'honneur et la vie à ce malheureux.

SCÈNE XIII

PAULINE, AURELLY

AURELLY : Mais... Il a quelque chose aujourd'hui... N'as-tu pas remarqué ?

PAULINE : En effet, j'ai cru lui voir un nuage...

AURELLY : Ah ! la philosophie a aussi ses humeurs.

PAULINE : Que disiez-vous donc ?

AURELLY : Nous parlions faillites, banqueroutes.

PAULINE : C'est cela. Son âme est si sensible que le malheur même de ceux qu'il ne connaît pas l'afflige.

SCÈNE XIV

PAULINE, ANDRÉ, AURELLY

ANDRÉ, *criant et courant* : Monsieur ! Monsieur !

PAULINE *fait un cri de surprise* : Ah !...

AURELLY : Qu'est-ce donc ?

ANDRÉ, *avec joie* : Le valet de chambre de monsieur le Grand Fermier* descend de cheval dans la cour.

AURELLY, *avec humeur* : Eh bien ! vous ne pouvez pas dire cela sans courir et nous crier aux oreilles ?

PAULINE : Il m'a fait une frayeur...

ANDRÉ : Dame, est-ce que ce n'est rien, donc ? Monsieur le Grand Fermier qui arrive !

AURELLY : Saint-Alban ?

ANDRÉ : Monsieur de La Fleur l'a laissé à la dernière poste.

PAULINE, *avec humeur* : Quand nous l'aurions appris deux minutes plus tard...

AURELLY, *à Pauline* : Quel dommage que le concert soit dérangé ! Tu voulais des juges : en voici un que tu ne récuserais pas... Il repasse bien tôt ! Qu'on fasse[a] rafraîchir son courrier.

ANDRÉ : Bon ! il n'a fait qu'un saut dans l'office. Pour un valet de chambre, on ne dira pas qu'il est fier, lui !

AURELLY : Suis-moi.

ANDRÉ : Quel appartement faut-il disposer ?

AURELLY : Suis-moi, te dis-je ; je vais donner des ordres.

* Les gens du peuple de toutes les provinces méridionales de la France nomment ainsi les fermiers du roi[1].

SCÈNE XV

PAULINE, *seule, avec chagrin.*

Saint-Alban !... c'est son amour qui le ramène... J'ai le cœur serré. *(Elle soupire.)* La persécution de celui-ci, la jalousie qu'elle donne à Mélac, et surtout la nécessité de cacher sous un air libre un sentiment que je ne puis dompter... En vérité, mon état devient plus pénible de jour en jour.

FIN DU PREMIER ACTE

ACTE II

SCÈNE PREMIÈRE

MÉLAC FILS, *en habit de ville* ; PAULINE

PAULINE, *avec une gaieté affectée* : Pour quelqu'un qui a fait une aussi belle toilette, vous avez une terrible humeur.

MÉLAC FILS : C'est votre gaieté qui me la donne, mademoiselle ; c'est ce retour précipité. Saint-Alban doit rester trois mois en tournée ; il en passe un ici[1], et à peine est-il parti qu'on le voit revenir.

PAULINE : S'il a des affaires à Paris ?

MÉLAC FILS : La Fleur dit qu'il n'y va pas. Un tel empressement ne regarde que vous, mademoiselle.

PAULINE, *en riant* : Depuis quand suis-je mademoiselle ? Les doux noms de frère et de sœur...

MÉLAC FILS, *avec feu* : Saint-Alban vous aime : il est riche, en place, estimé ; je vois tout mon malheur. Il vous aime, il vous obtiendra, et j'en mourrai de chagrin.

PAULINE, *gaiement* : Dites-moi, je vous prie, où vous prenez toutes les folies qui vous échappent.

MÉLAC FILS[a] : Écoutez, Pauline. Vous faites profession de sincérité ; assurez-moi qu'il ne vous a rien dit, et je serai calmé.

contrarient et s'excluent!... Si je laisse périr mon ami, pouvant le sauver, mon ingratitude... son malheur... mes reproches... sa douleur... la mienne... Je sens tout cela... Mon cœur se déchire. Si je dispose un moment en sa faveur des fonds qu'on me laisse... Après tout, ils ne courent aucun risque. *(Il*[a] *soupire.)* Scrupules! prudence! je vous entends : vous m'éloignez du malheureux qui souffre; mais la compassion qui m'en rapproche est si puissante!... Voudrais-je[b] être plus heureux à condition de devenir dur, inhumain, ingrat?... C'en est fait; où la raison est insuffisante, le sentiment doit triompher : s'il m'égare, au moins je serai seul à plaindre; et, mon ami sauvé, mon malheur ne me laissera pas sans consolation.

SCÈNE V

MÉLAC PÈRE; DABINS *arrive avec un gros paquet de lettres de change dans une main, un papier dans l'autre.*

MÉLAC PÈRE : Le compte est-il juste, monsieur Dabins? Dans le trouble où nous sommes, on se trompe aisément. Rappelons les articles, avant de nous séparer. Sept mille cinq cents louis en or[1] que vous avez passés vous-même par le jardin.

DABINS : Monsieur, le bordereau des sommes est en tête de ma reconnaissance[2]. *(Il la lui remet.)*

MÉLAC PÈRE *lit*[c] : « Je soussigné, caissier de monsieur Aurelly, ai reçu de monsieur de Mélac, receveur général des fermes à Lyon, la somme de six cent mille livres... » Cela va bien; disposez vos paiements sans éclat, comme si vos effets eussent été négociés à Paris; moi, j'attends ma chaise pour partir.

DABINS : Et vous insistez sur ce qu'il ne sache pas?...

MÉLAC PÈRE : Quel que soit son danger, je le connais, la crainte de me nuire lui ferait tout refuser.

DABINS : Ainsi vous le quittez[3] de la reconnaissance?

MÉLAC PÈRE : Exiger de la reconnaissance, c'est vendre ses services; mais[d] ce n'est pas ici le cas. Aurelly m'a souvent donné l'exemple de ce que je fais pour lui.

DABINS : Oh! monsieur! votre vertu s'exagère...

MÉLAC PÈRE : Non, cher Dabins; depuis trente ans que je lui dois mon état et mon bien-être, voici la seule occasion que j'aie eue de prendre ma revanche. Je quittais le service, où j'avais eu bientôt consumé le chétif patrimoine d'un cadet de ma province[1]. Je revenais chez moi, blessé, réformé[2], ruiné, sans biens, ni ressources. Le hasard me fit rencontrer ici ce digne Aurelly, mon ami dès l'enfance. Avec quelle tendresse il m'offrit un asile! Il sollicita, il obtint, à mon insu, la place que j'occupe encore; il fit plus, il vainquit ma répugnance pour un état aussi éloigné de celui que j'avais embrassé. « Prenez, prenez, me dit-il, et si vous craignez que l'état n'honore pas assez l'homme, ce sera l'homme qui honorera l'état. Plus l'abus d'un métier est facile, moins il faut l'être[3] au choix des gens qui doivent l'exercer; et qui sait, dans celui-ci, le bien qu'un homme vertueux peut faire, tout le mal qu'il peut empêcher? » Son zèle éloquent me gagna, il m'instruisit au travail; il me servit de père. Ô mon cher Aurelly!

DABINS[a] : Vous m'avez interdit toute représentation[4]?

MÉLAC PÈRE : N'ajoutez pas un mot. Les cent mille francs que vous tenez en lettres de change sont à moi; puis-je en user mieux au gré de mon cœur? À l'égard du reste, Saint-Alban est en tournée pour trois mois... Aurelly aura le temps nécessaire...

DABINS : Mais, d'un moment à l'autre, il peut vous venir tel ordre...

MÉLAC PÈRE : Je vous ai dit que je vais à Paris : j'y aurai bientôt recouvré les effets d'Aurelly; j'en ferai de l'argent, si l'on m'en demande. Ce n'est ici qu'un bon office, comme vous voyez.

DABINS : Monsieur, je vous admire.

MÉLAC PÈRE : Allez, mon ami, qu'il ne vous retrouve point avec moi.

SCÈNE VI

MÉLAC PÈRE, *seul. Il s'assied.*

Ah! respirons un moment. Cette nouvelle m'avait étouffé... Il riait, le malheureux homme, en regardant sa nièce. Chaque plaisanterie qui lui échappait me faisait frémir. *(Il se lève.)* Quand je pense qu'il était possible que cet argent m'eût été redemandé! Au lieu de venir à son secours, il eût fallu lui annoncer... Ah! Dieux!...

SCÈNE VII

DABINS, *accourant avec effroi*; MÉLAC PÈRE

DABINS : Monsieur de Saint-Alban...

MÉLAC PÈRE : Eh bien?

DABINS : Il arrive.

MÉLAC PÈRE : Saint-Alban?

DABINS : On le conduit ici. Je suis rentré, pour vous sauver la première surprise[1].

Il s'enfuit.

SCÈNE VIII

MÉLAC PÈRE, *seul.*

Saint-Alban!... Que ne suis-je parti? S'il allait me parler d'argent! Au pis aller, je lui dirais... Je pourrais lui dire que les receveurs particuliers n'ont pas encore... Un mensonge?... Il vaudrait mieux cent fois... Mais je m'alarme, et peut-être il ne fait que passer.

SCÈNE IX

AURELLY, SAINT-ALBAN, MÉLAC PÈRE, MÉLAC FILS

SAINT-ALBAN : Pardonnez à mon empressement, messieurs, l'incivilité de me montrer en habit de voyage.

MÉLAC FILS, *à part, avec humeur* : Son empressement! il n'en dit pas l'objet.

MÉLAC PÈRE, *à Saint-Alban* : Vous voyez que j'y suis moi-même.

SAINT-ALBAN : Partez-vous?

MÉLAC PÈRE : Avec bien du regret, monsieur, puisque vous arrivez.

AURELLY : Cette course est brusque.

MÉLAC PÈRE : Elle est nécessaire.

AURELLY : Si c'est, comme le dit ton fils, des affaires de compagnie...

MÉLAC PÈRE, *embarrassé* : De compagnie... relatives à la compagnie... Puis-je voir, sans déplaisir, passer ma survivance à quelque étranger ?

AURELLY, *riant* : Ah ! ah ! ah ! ah !

SAINT-ALBAN : Il m'eſt bien agréable d'arriver à temps pour vous arrêter.

AURELLY : Eſt-ce que je l'aurais laissé partir ? *(À Mélac père.)* Tu peux renvoyer les chevaux de poſte.

MÉLAC PÈRE : Pour quelle raison ?

SAINT-ALBAN : C'eſt que la place que vous allez solliciter eſt accordée à monsieur votre fils.

MÉLAC FILS, *avec surprise* : L'emploi de mon père ?

AURELLY *le contrefait plaisamment* : Eh oui ! l'emploi de mon père.

MÉLAC FILS, *à part* : Ah ! Pauline !

SAINT-ALBAN *remet un papier à Mélac père* : En voici l'assurance. Quelque désir que j'aie eu de vous servir en cette affaire, je ne puis vous cacher que vous en devez toute la faveur aux sollicitations de monsieur Aurelly.

MÉLAC PÈRE : Monsieur, son généreux caractère ne se dément point. Mais un autre avait, dit-on, obtenu cette grâce.

AURELLY, *gaiement* : C'était moi.

MÉLAC PÈRE : Ce solliciteur dont le crédit ?...

AURELLY : C'était moi.

MÉLAC FILS : Cet homme qui avait pris les devants ?...

AURELLY : C'était moi. Je m'en occupais depuis longtemps : ne m'a-t-il pas élevé une nièce charmante ?

MÉLAC FILS, *vivement* : Oui, charmante.

SAINT-ALBAN : Ah ! charmante, en effet.

Mélac fils rougit de son transport. Saint-Alban le fixe avec curiosité.

AURELLY, *prenant les mains de Mélac père* : Ne m'a-t-il pas promis d'étendre ses soins jusqu'à mon fils, lorsqu'il sera en âge d'en profiter ? Il faut bien que j'établisse le sien. Ah ! ah ! ah ! ah !...

MÉLAC PÈRE, *à part* : À quel ami je rends service !

MÉLAC FILS, *vivement, à Aurelly* : C'était donc cela qu'hier soir... vous feigniez... Quelle surprise ! Ah ! monsieur !... *(À part.)* Je ne me sens pas de joie. Courons annoncer cette nouvelle à Pauline.

Il sort en courant.

SCÈNE X

AURELLY, SAINT-ALBAN, MÉLAC PÈRE

MÉLAC PÈRE : Eh bien!... l'étourdi, qui oublie de vous faire ses remerciements!

AURELLY : Tu renvoies les chevaux?

MÉLAC PÈRE : Mon voyage est indispensable.

AURELLY : Encore?

SAINT-ALBAN, *à Aurelly* : Si c'est pour ce que je présume, je suppléerai à sa course. Mais, avant que d'en parler, recevez mon compliment, monsieur, sur la distinction flatteuse que vous venez d'obtenir. Le plus digne usage des lettres de noblesse est, sans doute, de décorer des citoyens aussi utiles que vous.

AURELLY : Utiles. Voilà le mot. Qu'un homme soit philosophe, qu'il soit savant, qu'il soit sobre, économe ou brave; eh bien!... tant mieux pour lui! Mais qu'est-ce que je gagne à cela, moi? L'utilité dont nos vertus et nos talents sont pour les autres[1] est la balance où je pèse leur mérite.

SAINT-ALBAN : C'est à peu près sur ce pied que chacun les estime.

MÉLAC PÈRE, *à part* : Comment faire maintenant pour partir?

AURELLY[a] : Moi, par exemple, je me cite parce qu'il en est question, je fais battre journellement deux cents métiers dans Lyon. Le triple de bras est nécessaire aux apprêts de mes soies. Mes plantations de mûriers et mes vers en occupent autant. Mes envois se détaillent chez tous les marchands du royaume; tout cela vit, tout cela gagne, et, l'industrie portant le prix des matières au centuple, il n'y a pas une de ces créatures, à commencer par moi, qui ne rende gaiement à l'État un tribut proportionné au gain que son émulation lui procure.

SAINT-ALBAN : Jamais il ne perdra cette belle chaleur.

AURELLY : Et tout l'or que la guerre disperse, messieurs, qui le fait rentrer à la paix? Qui osera disputer au commerce l'honneur de rendre à l'État épuisé le nerf et les richesses qu'il n'a plus? Tous les citoyens sentent l'importance de cette tâche : le négociant seul la remplit. Au moment que le guerrier se repose, le négociant a le bonheur d'être à son tour l'homme de la patrie.

SAINT-ALBAN : Vous avez raison.

AURELLY : Mais laissons cette conversation, monsieur. Qui[1] vous ramène[a] si tôt en cette ville ?

SAINT-ALBAN : Probablement le même objet qui faisait partir monsieur de Mélac. Ma compagnie me rappelle : elle me charge... Vous permettez que nous traitions devant vous ?

AURELLY : Vous vous moquez. Pour peu que...

SAINT-ALBAN : Il n'y a point de mystère. L'objet de ma mission est de rassembler tous les fonds de cette province épars dans les caisses de nos divers receveurs et de les faire passer sur-le-champ à Paris.

MÉLAC PÈRE, *à part* : Qu'entends-je ?

AURELLY : Ce n'est pas l'affaire d'un moment.

SAINT-ALBAN : J'avais d'abord cru l'opération plus pénible ; mais j'ai appris dans ma tournée que j'avais des grâces à rendre à l'exactitude[2] de monsieur de Mélac. Il m'a sauvé les trois quarts de l'ouvrage.

MÉLAC PÈRE, *interdit* : Monsieur...

AURELLY : Ah ! vous pouvez vous flatter, messieurs, que vous n'avez pas beaucoup de receveurs de cette fidélité[3] ; il est exact et toujours prêt. Il ne fait pas travailler vos fonds, lui.

SAINT-ALBAN : Nous estimons trop monsieur de Mélac pour lui faire un mérite d'une chose aussi simple. Commençons donc par envoyer cet argent si désiré. Alors, dégagé de tous soins, je pourrai jouir du plaisir de philosopher quelques jours avec vous. *(Mélac père paraît plongé dans une profonde rêverie. Saint-Alban continue à Aurelly.)* À propos, monsieur, vous ne me dites rien de mademoiselle votre nièce, la plus aimable...

AURELLY : Monsieur, il lui est arrivé un grand malheur.

SAINT-ALBAN : Un malheur ?

AURELLY : Oui, monsieur. Elle avait arrangé pour ce soir le plus beau, le plus brillant concert...

SAINT-ALBAN : Qui peut avoir renversé ce charmant projet ?

AURELLY : Faut-il le demander ? notre philosophe. Il nous a remontré qu'en ce temps de crise, mille honnêtes gens étaient peut-être au désespoir sur les paiements, et que ce ton de fête... Voyez son air consterné dès qu'on en parle.

MÉLAC PÈRE, *revenant à lui* : Je... je rêvais aux diverses sommes qui m'ont été remises.

SAINT-ALBAN : J'ai l'état ici. Environ cinq cent mille francs. Voulez-vous que nous passions dans votre cabinet?

MÉLAC PÈRE, *embarrassé* : Si vous vous reposiez quelques jours?

AURELLY : Eh! mais tu pars!

MÉLAC PÈRE, *plus troublé* : Je différerais...

SAINT-ALBAN : Ah! bon Dieu! me reposer! Il y a cinq nuits que je n'arrête point; et ce n'est qu'après m'être bien assuré que tous les fonds de la province étaient en vos mains que j'ai repris ma route pour cette ville.

MÉLAC PÈRE, *à part* : Tout est perdu.

SAINT-ALBAN, *d'un ton dégagé* : Je suis d'une paresse... l'ennemi juré du travail! J'ai toutes les peines du monde à m'arracher à l'inaction pour m'occuper d'affaires; mais aussi, quand je suis lancé, je ne m'arrête plus que tout ne soit terminé. Il est assez plaisant que cette impatience d'être oisif me tienne lieu du mérite contraire aux yeux de ma compagnie.

AURELLY : Moi, je vous conseille de vous enfermer avant le dîner; la diligence part cette nuit, vous pourrez y placer le caisson.

SAINT-ALBAN : C'est bien dit.

AURELLY : S'ils font les difficiles[1], ils ont un fort ballot à moi, votre argent prendra sa place : il est plus pressé que mon envoi.

SAINT-ALBAN : Rien de plus obligeant.

AURELLY : Allons, allons, débarrassez-vous[2] la tête.

MÉLAC PÈRE, *outré, à Aurelly* : Et vous... n'embarrassez pas la vôtre, mon officieux[3] ami.

AURELLY : Comment donc?

MÉLAC PÈRE, *déconcerté, à Saint-Alban* : Monsieur, vous me prenez dans un moment... au dépourvu...

SAINT-ALBAN : Que dites-vous, monsieur?

MÉLAC PÈRE : Je dis... *(À part.)* Ah! je sens la rougeur qui me surmonte... *(Haut.)* Il faut l'avouer; ce que vous me demandez est impossible.

SAINT-ALBAN : Impossible! Et vous partiez?

MÉLAC PÈRE : Il est vrai.

SAINT-ALBAN : Savez-vous, monsieur, quels soupçons l'on pourrait prendre?...

AURELLY, *vivement* : Fi donc, monsieur de Saint-Alban!

SAINT-ALBAN, *à Aurelly* : Je vous demande pardon; mais l'air, le ton, les discours, me paraissent si clairs! Ce voyage...

AURELLY : N'y a-t-il pas mille raisons?...

SAINT-ALBAN : Un instant, je vous prie. Avez-vous touché le montant de toutes les recettes, monsieur de Mélac ?

MÉLAC PÈRE, *accablé* : Je ne puis le nier.

SAINT-ALBAN : Pouvez-vous faire partir aujourd'hui tout l'argent que vous devez avoir ? *(Mélac père ne répond rien.)* Parlez, monsieur, car mes ordres sont tels que, sur votre réponse, il faut que je prenne un parti sur-le-champ.

Mélac père rêve, sa tête appuyée sur sa main.

AURELLY, *vivement* : Vous ne répondez pas ?

MÉLAC PÈRE, *outré, à Aurelly* : Cruel homme ! *(À Saint-Alban, d'un air accablé.)* Je ne le puis avant trois semaines au moins.

SAINT-ALBAN : Trois semaines ! Il ne m'est pas permis d'accorder trois jours. L'argent est annoncé. C'est avec regret, monsieur...

MÉLAC PÈRE : Je ne saurais l'empêcher ; mais jamais tant de douleurs à la fois n'ont assailli un honnête homme.

Il sort.

AURELLY, *criant* : Vous sortez ?

SCÈNE XI

AURELLY, SAINT-ALBAN

SAINT-ALBAN : Y concevez-vous quelque chose ?

AURELLY : Je crois que la tête lui a tourné.

SAINT-ALBAN : Vous sentez que je ne peux me dispenser...

AURELLY : Ne prenez point encore de parti.

SAINT-ALBAN : Monsieur... quoi que vous puissiez dire...

AURELLY : Ayez confiance en moi. Mélac n'est pas capable d'une action vile ni malhonnête.

SAINT-ALBAN : Songez donc qu'il partait ! Je répondrais de l'événement à ma compagnie[1].

AURELLY, *vivement* : Monsieur... vous allez perdre un honnête homme ; son fils, son état, son honneur, tout est abîmé[2], ruiné.

SAINT-ALBAN : J'en suis au désespoir ; mais, n'étant que chargé d'ordres, il ne m'est pas permis de faire de grâces[3].

AURELLY : N'a-t-il pas ses cautions[1] ? Que voulez-vous de plus? Je me fais garant de tout. Donnez-moi le temps d'éclaircir...

SAINT-ALBAN : Un mot, à mon tour. Je ne dois pas prendre le change. Il ne s'agit plus de caution ici. C'est cinq cent mille francs qu'il faut, que j'ai annoncés, que la compagnie attend : avancerez-vous cette somme aujourd'hui?

AURELLY : À la veille du paiement? Tout le crédit du plus riche banquier ne lui ferait pas trouver un sac[2] dans Lyon.

SCÈNE XII

AURELLY, PAULINE, SAINT-ALBAN

PAULINE, *inquiète* : Qu'a donc monsieur de Mélac, mon oncle? Il sort d'avec vous dans un état affreux. J'ai voulu lui parler, il s'est enfermé brusquement sans me répondre.

AURELLY : Eh! mon enfant! Il se trouve un vide de cinq cent mille francs dans sa caisse, on ne sait ni comment ni pourquoi. Je veux m'éclaircir; monsieur de Saint-Alban refuse le temps nécessaire.

PAULINE, *effrayée* : Ah! monsieur! si vous avez de l'estime pour nous...

SAINT-ALBAN, *tendrement* : De l'estime!...

AURELLY : Seulement jusqu'à demain, que je puisse découvrir...

PAULINE : Jusqu'à demain, monsieur... Nous refuserez-vous cette grâce?

SAINT-ALBAN : Ah! mademoiselle, je donnerais ma vie pour vous obliger; mais mon devoir a des droits sacrés que vous ne pouvez méconnaître, vous qui remplissez si bien tous les vôtres.

AURELLY : Différer d'un jour, est-ce une faveur incompatible?...

SAINT-ALBAN[a] : N'abusez point de votre ascendant : il ne convient à ma mission ni à mon honneur que je vous écoute plus longtemps.

PAULINE, *outrée* : Comme il vous plaira, monsieur; mais j'ai assez de confiance en l'honnêteté de monsieur de Mélac pour croire qu'on se trompe à son égard, et qu'il n'aura besoin ni de l'appui de ses amis, ni des grâces de ses chefs.

SAINT-ALBAN : Puissiez-vous dire vrai, mademoiselle! Mais, dans l'état où sont les choses, il n'est pas décent que j'accepte un logement dans cette maison. Pardon si je vous quitte.

AURELLY, *avec chaleur* : Et moi, je ne vous quitte pas, en quelque endroit que vous alliez.

SCÈNE XIII

PAULINE, *seule, dans l'accablement.*

Qu'ai-je dit?... Un trouble affreux m'avait saisie... Je ne l'ai pas assez ménagé... Ma frayeur a-t-elle trahi mon secret? Ô Mélac! S'il avait lu dans mon cœur!... Quel mal j'aurais peut-être fait à ton père!... Il vient!

SCÈNE XIV

PAULINE, MÉLAC FILS

MÉLAC FILS *entre d'un air transporté* : Pauline, Pauline, il faut que ma joie éclate à vos yeux!

PAULINE : Votre joie!

MÉLAC FILS : Vous savez que rien ne m'intéresse, que ce qui peut nous rapprocher...

PAULINE : Quel moment prenez-vous!... Et quel ton!...

MÉLAC FILS : Dussiez-vous me traiter d'importun, d'audacieux, c'est celui d'un amant qui peut désormais vous offrir son cœur et sa main.

PAULINE : L'un de nous est hors de sens.

MÉLAC FILS : C'est moi! C'est moi! la joie qui me transporte...

PAULINE : La joie!

MÉLAC FILS : Votre oncle ne sort-il pas d'ici?

PAULINE : Tout ce que j'entends est si contraire à ses discours...

MÉLAC FILS : Il aura voulu vous inquiéter.

PAULINE : M'inquiéter!... Comment?... Pourquoi m'effrayer?

MÉLAC FILS : Ce n'est qu'un badinage obligeant[1].

PAULINE, *avec dépit* : On n'en fait pas d'aussi cruel.

MÉLAC FILS : Quelle charmante colère! Elle me ravit; elle me touche plus que ma survivance même.

PAULINE : Je ne vous entends pas.

MÉLAC FILS, *vivement* : Ils n'ont rien dit!... La survivance, oui je l'ai enfin; Saint-Alban nous en a remis l'assurance; votre oncle, qui le savait, ne nous l'a caché que pour jouir de notre surprise. Dans l'excès de ma joie, je les ai quittés pour vous en apporter la nouvelle; et, depuis un quart d'heure, je maudis les fâcheux qui m'arrêtent. Ah Pauline! au lieu de partager cette joie...

PAULINE, *d'un ton étouffé* : Vous n'avez rien appris de plus?

MÉLAC FILS : Non.

PAULINE *(à part)* : Je ne puis me résoudre à lui percer l'âme.

MÉLAC FILS : Vous pleurez, ma chère Pauline!

PAULINE : Malheureux!... Vous veniez m'annoncer une nouvelle charmante, il faut que je vous en apprenne une horrible.

MÉLAC FILS : On veut nous séparer?

PAULINE, *hésitant* : Ah! Mélac! si ce qu'on dit est vrai... votre père...

MÉLAC FILS : Mon père?

PAULINE : On soupçonne...

MÉLAC FILS : Quoi?

PAULINE : Qu'il aurait détourné les fonds...

MÉLAC FILS : L'argent de sa caisse?

PAULINE : Voilà ce qu'ils ont dit.

MÉLAC FILS : Quelle horreur!

PAULINE : Saint-Alban n'en a plus trouvé.

MÉLAC FILS : C'est une imposture[1]; hier au soir j'y comptai cinq cent mille livres; mais il vous aime, et, s'il cherche à nuire à mon père, croyez que c'est pour m'éloigner de vous.

PAULINE : Puissiez-vous n'avoir pas d'autre malheur à redouter! Non, mon cher Mélac, vous n'aurez jamais de rivaux dans le cœur de Pauline.

MÉLAC FILS : Vous m'aimez!

PAULINE : Que cet aveu soutienne votre courage! nous en aurons besoin. Saint-Alban est jaloux. Le sort de votre père me fait trembler.

MÉLAC FILS : Lui faites-vous, Pauline, l'injure de le croire coupable?

PAULINE : Ah! ne voyez que mon effroi. Mais nous perdons un temps précieux. Courez à votre père, allez le consoler.

MÉLAC FILS : Je vais l'enflammer de courroux contre un traître.

PAULINE : S'il n'y avait que Saint-Alban qui l'accusât... mais mon oncle lui-même...

MÉLAC FILS : Votre oncle !

PAULINE : Il va revenir. Vous connaissez sa franchise, elle ne lui permet pas toujours de garder avec les malheureux les ménagements dont ils ont tant besoin...

MÉLAC FILS : Vous me glacez le sang.

PAULINE : Soyez présent aux explications : que votre bon esprit en prévienne l'aigreur. Si votre père eſt embarrassé, mon oncle eſt le seul dont on puisse espérer un prompt secours...

MÉLAC FILS, *troublé* : Quoi ! votre oncle eſt persuadé...

PAULINE : Craignez surtout de vous oublier avec lui : songez que notre sort en dépend. *(Avec une grande effusion.)* Mon cher Mélac... Dans le péril qui nous menace, ah !... vous m'aurez assez méritée si vous réussissez à m'obtenir.

MÉLAC FILS : Ô mélange inouï !... Non, je ne puis comprendre... N'importe, vous serez obéie. Je me contiendrai. Vous connaîtrez, Pauline, s'il[a] eſt des ordres remplis comme ceux que l'amour exécute[1].

Il lui baise la main, et ils sortent.

FIN DU SECOND ACTE

ACTE III

SCÈNE PREMIÈRE

MÉLAC PÈRE, MÉLAC FILS

MÉLAC PÈRE, *avec chagrin* : Ne me suivez pas, mon fils.

MÉLAC FILS : Eh ! le puis-je, mon père ?

MÉLAC PÈRE : Je vous l'ordonne.

MÉLAC FILS : Vous abandonner dans un moment si fâcheux !

MÉLAC PÈRE : Votre douleur m'importune... elle m'offense.

MÉLAC FILS : Je connais trop mon père pour soupçonner rien qui lui soit injurieux. Mais si votre bonté me laissait percer un myſtère...

MÉLAC PÈRE : Mon fils !

MÉLAC FILS : Refuserez-vous de m'indiquer les moyens de vous servir, d'adoucir au moins vos peines ?

MÉLAC PÈRE : Il est des devoirs dont ton âge et ta vivacité t'empêcheraient de sentir toute l'obligation.

MÉLAC FILS : Vous m'avez appris à respecter tous ceux qui sont sacrés pour vous. Ayez confiance aux principes de votre fils : ce sont les vôtres.

MÉLAC PÈRE, *avec bonté* : Mon ami, tu commences ta carrière quand je finis la mienne ; et l'on voit différemment. L'intérêt du passé touche peu les jeunes gens, ils sacrifient beaucoup à l'espérance. Mais quand la vieillesse vient nous rider le visage et nous courber le corps, dégoûtés du présent, effrayés sur l'avenir, que reste-t-il à l'homme ? L'unique plaisir d'être content du passé. *(D'un ton plus ferme.)* J'ai fait ce que j'ai dû ; je vous défends de me presser davantage.

MÉLAC FILS : Les suites de cette journée me font mourir de frayeur.

MÉLAC PÈRE : Saint-Alban est généreux, il ne se déterminera pas légèrement à perdre un homme dont il a pensé du bien jusqu'à ce jour.

MÉLAC FILS : Ah ! mon père, si c'est là l'espoir qui soutient votre courage, le mien m'abandonne entièrement. Saint-Alban est notre ennemi.

MÉLAC PÈRE : Ne faisons point injure, mon fils, à celui qui n'écoute que la voix de son devoir.

MÉLAC FILS, *vivement* : Il aime Pauline. Il n'est revenu que pour elle, il me croit son rival. Jugez s'il nous hait, et si la jalousie ne lui fera pas pousser les choses...

MÉLAC PÈRE : Elle pourrait l'indisposer. Mais quelle apparence que Saint-Alban ?...

MÉLAC FILS : En me confiant ce secret, Pauline ne m'a pas caché combien elle s'alarme pour vous.

MÉLAC PÈRE : D'où naîtrait sa jalousie ? Nuire à ses desseins ! Nous ! Y a-t-il un seul instant de notre vie où nous ne missions tous nos soins à faire entrer Aurelly dans des vues aussi avantageuses pour sa nièce, s'il avait la folie de s'y refuser ? Courez donc le tirer d'erreur, mon fils. Mais non : il convient que ce soit moi-même, et ce soir...

Il fait un mouvement pour sortir.

MÉLAC FILS, *se mettant devant lui* : Ah[a] ! mon père, arrêtez...

Elle m'aime, elle vient de me l'avouer. N'aurai-je donc reçu sa foi que pour la trahir à l'instant?

MÉLAC PÈRE, *surpris* : Reçu sa foi!

MÉLAC FILS : Le premier usage que je ferais des droits qu'elle m'a donnés serait de les transmettre à mon ennemi?

MÉLAC PÈRE, *s'échauffant* : Des droits? Quel discours! Quel délire!

MÉLAC FILS : La céder à Saint-Alban me couvrirait de honte inutilement.

MÉLAC PÈRE : Mon fils...

MÉLAC FILS : Pauline outragée me mépriserait, sans ratifier cet indigne traité.

MÉLAC PÈRE, *en colère* : Quoi donc, monsieur? Me croyez-vous déjà si méprisable? Mon infortune a-t-elle éteint en vous le respect? Vous ne m'écoutez plus...

MÉLAC FILS : Ah mon père! Ah! Pauline!

MÉLAC PÈRE : Vous seriez-vous flatté qu'elle se donnerait à vous malgré son oncle? Vous la connaissez mal. Aurelly n'a jamais eu de vues sur vous, j'en suis certain. Quels sont donc vos projets?

MÉLAC FILS : Je suis au désespoir.

SCÈNE II

AURELLY, MÉLAC PÈRE, MÉLAC FILS

AURELLY *se met dans un fauteuil en s'essuyant le visage et dit* : Me voilà revenu.

MÉLAC FILS, *tremblant* : Vous quittez Saint-Alban, monsieur; n'avez-vous rien gagné sur cet homme impitoyable?

AURELLY, *brusquement* : Saint-Alban n'est point dur; c'est un homme juste. Chargé par sa compagnie d'ordres pressants, il trouve un vide immense dans la caisse où il venait puiser des ressources; il m'a objecté mes principes, je suis resté muet. Il allait faire saisir les papiers de monsieur...

MÉLAC FILS, *effrayé* : Saisir les papiers!

AURELLY : À peine ai-je obtenu de lui le temps de venir prendre quelque éclaircissement sur une aventure aussi incroyable.

MÉLAC PÈRE : Il m'est affreux de vous affliger, mais je n'en puis donner aucun, mon ami.

AURELLY : Je rougirais toute ma vie d'avoir été le vôtre si vous étiez coupable d'une si basse infidélité[1].

MÉLAC PÈRE : Rougissez donc... car je le suis.

AURELLY, *s'échauffant* : Vous l'êtes!

MÉLAC FILS : Cela ne se peut pas.

AURELLY, *d'un ton plus doux* : Avez-vous eu l'imprudence d'obliger quelqu'un avec ces fonds? Parlez. Au moins vous avez une reconnaissance, un titre, une excuse, qui permette à vos amis de s'employer pour vous?

MÉLAC PÈRE, *vivement* : Je n'ai pas dit que j'eusse prêté l'argent.

AURELLY : Vous l'aviez lundi.

MÉLAC FILS, *tremblant* : Hier encore je l'ai vu, mon père.

AURELLY : Cent mille francs à vous, destinés à l'établissement de votre fils, où sont-ils?

MÉLAC PÈRE : Toutes les pertes du monde me toucheraient moins que l'impossibilité de justifier ma conduite.

AURELLY : Vous gardez le silence avec moi?

MÉLAC FILS : Mon père...

MÉLAC PÈRE : Plus vous êtes mon ami, moins je puis parler.

AURELLY : Votre ami!... je ne le suis plus.

MÉLAC FILS : Ah! monsieur!

AURELLY : « Si c'était moi », me disait-il ce matin[2]. Ainsi donc, en défendant les malhonnêtes gens, c'était ta cause que tu plaidais?

MÉLAC PÈRE : Je n'ai plaidé que celle des infortunés.

AURELLY : Avec quel sang-froid!... Je mourrais de douleur si rien de semblable...

MÉLAC PÈRE, *vivement* : Ami, je n'en suis que trop certain.

AURELLY : Et tu soutiens mes reproches!

MÉLAC PÈRE : Plût au Ciel que j'eusse pu les éviter!

AURELLY : En fuyant honteusement.

MÉLAC PÈRE : Moi, fuir!

AURELLY : Ne partiez-vous pas? Je ne parle point du tort que tu fais à tes garants; mais, malheureux, n'avez-vous donc attendu, pour vous déshonorer, que le temps nécessaire pour apprendre à n'en point rougir?

MÉLAC FILS, *pénétré* : Ah! monsieur!

MÉLAC PÈRE, *avec dignité* : N'avez-vous jamais été blâmé pour l'action même dont votre vertu se glorifiait?

AURELLY, *s'échauffant* : Invoquer la vertu, lorsqu'on manque à l'honneur!

MÉLAC FILS, *d'un ton sombre* : Monsieur...

MÉLAC PÈRE, *avec douleur* : Aurelly, je puis beaucoup souffrir de vous.

AURELLY, *avec feu* : Les voilà donc, ces philosophes ! Ils font indifféremment le bien ou le mal, selon qu'il sert à leurs vues !...

MÉLAC FILS, *plus fort* : Monsieur Aurelly !...

AURELLY : Vantant à tous propos la vertu, dont ils se moquent, et ne songeant qu'à leurs intérêts, dont ils ne parlent jamais !...

MÉLAC FILS, *s'échauffant* : Monsieur Aurelly !...

AURELLY, *plus vite* : Comment un principe d'honnêteté les arrêterait-il, eux qui n'ont jamais fait le bien que pour tromper impunément les hommes ?

MÉLAC PÈRE, *avec douleur* : J'ai pu quelquefois me tromper moi-même...

AURELLY, *en fureur* : Un honnête homme qui s'est trompé ne rougit pas de mettre sa conduite au grand jour.

MÉLAC PÈRE : Il est des moments où, forcé de se taire, il doit se contenter du témoignage de son cœur.

AURELLY, *hors de lui* : Le témoignage de son cœur ! L'intérêt personnel renverse ici toutes les idées !

MÉLAC PÈRE, *emporté par la chaleur d'Aurelly* : Eh bien ! injuste ami... *(À part.)* Ah ! Dieux ! qu'allais-je faire ?

AURELLY : Tu voulais parler ?

MÉLAC PÈRE, *avec chagrin* : Je ne répondrai plus.

Il va s'asseoir.

AURELLY, *indigné* : Va ! tu me fais bien du mal ; tu me rends à jamais soupçonneux, méfiant et dur. Toutes les fois que je verrai l'empreinte de la vertu sur le visage de quelqu'un, je me souviendrai de toi.

MÉLAC FILS, *en colère* : Finissez, monsieur !

AURELLY : Je dirai : « Ce masque imposteur m'a séduit trop longtemps », et je fuirai cet homme.

MÉLAC FILS : Finissez, vous dis-je ! Quittez ce ton outrageant ! De quel droit osez-vous le prendre avec mon père ?

AURELLY : Quel droit, jeune homme ? Celui que toute âme honnête a sur un coupable.

MÉLAC FILS : L'est-il à votre égard ?

AURELLY : Oui, puisqu'il se manque à lui-même.

MÉLAC FILS, *outré* : Arrêtez, ou je ne garde plus de mesure avec vous...

MÉLAC PÈRE, *se levant* : Quel emportement, mon fils! Il a raison; et si j'avais à rougir de ma conduite, les reproches de cet honnête homme... Laissez-nous.

SCÈNE III

AURELLY, PAULINE, MÉLAC FILS, MÉLAC PÈRE

PAULINE : Un instant a détruit le bonheur et la paix de notre maison! Ah! mon oncle!

AURELLY : Tu me vois entre la conduite du père, qui m'indigne, et la présomption du fils, qui me menace.

PAULINE : Lui!... vous, Mélac!

MÉLAC FILS, *tremblant* : Il outrage mon père sans ménagement. J'ai longtemps souffert...

PAULINE, *bas* : Imprudent!

MÉLAC FILS : Pauline!

MÉLAC PÈRE, *à son fils* : Sortez : je vous l'ordonne.

MÉLAC FILS, *furieux* : Oui, je sors. *(À part.)* Mais l'odieux instigateur de tant de cruauté...

PAULINE, *avec effroi* : Il va se perdre!

MÉLAC PÈRE *saisit le bras de son fils* : Qu'avez-vous dit?

MÉLAC FILS, *hors de lui* : J'ai dit... *(il se retient pour cacher son projet)* que je ne vis jamais tant de cruauté.

Il sort.

SCÈNE IV

AURELLY, PAULINE, MÉLAC PÈRE

PAULINE, *le regardant aller avec effroi* : Ciel! détournez les malheurs qui nous menacent aujourd'hui.

AURELLY : Il s'obstine au silence, et je ne puis rien découvrir.

PAULINE, *à Mélac père* : Ah! mon bon ami, pourquoi craignez-vous de déposer votre secret dans le sein de mon oncle? Il vous aime de si bonne foi!

AURELLY, *indigné* : Moi, je l'aime?

PAULINE, *avec ardeur* : Oui, vous l'aimez : ne vous en défendez pas.

AURELLY, *douloureusement* : Eh bien ! oui, je l'aime, et c'est ma honte ; mais je ne l'estime plus, voilà mon malheur. Il m'est affreux de renoncer à l'opinion que j'avais de lui. La perte entière de ma fortune m'eût été moins sensible.

MÉLAC PÈRE, *attendri* : Aurelly, attends quelques jours avant de juger ton ami. Ta généreuse colère me pénètre de respect. Crois que, sans les plus fortes raisons...

AURELLY : En est-il contre mes instances ? Parle, malheureux. Coupable ou non, si je puis te servir...

PAULINE : Voyez la douleur où vous nous plongez.

MÉLAC PÈRE, *pénétré* : Mes chers amis, l'honneur me défend de parler. Je ne suis pas encore coupable ; je le deviendrais si je restais ici plus longtemps. La moindre indiscrétion... Ce moment difficile ne peut-il être justifié par ma constante amitié pour vous ? Croyez que, pour se plaire avec d'aussi honnêtes gens, il faut l'être soi-même.

Il sort.

SCÈNE V

AURELLY, PAULINE

PAULINE : Je sens qu'il dit vrai.

AURELLY, *encore échauffé* : Quel argument ! Et les fripons aussi se plaisent avec les honnêtes gens, car ils trouvent leur compte dans la bonne foi de ceux-ci. *(Plus doux.)* Cependant, il faut l'avouer, il m'a remué jusqu'au fond de l'âme.

PAULINE : Non, il n'est pas coupable. Il aura rendu quelque grand service, dont tout le mérite à ses yeux est peut-être de rester ignoré.

AURELLY : Mais manquer de fidélité !...

PAULINE : Avec un homme du caractère de monsieur de Mélac, je suis tentée de respecter tout ce que je ne puis comprendre.

AURELLY : Quelque usage qu'il ait fait de ces fonds, il est inexcusable... Et partir !

PAULINE : Une voix intérieure me dit que ce crime apparent est peut-être, en lui, le dernier effort d'une vertu sublime. *(D'un ton moins assuré.)* Et son malheureux fils, mon oncle, ne vous fait-il pas compassion ? À quelle extrémité l'amour de son père vient de le porter contre vous, qu'il chérit si parfaitement !

AURELLY : Il est vif, mais son cœur est honnête. Eh! ma Pauline, ce que je regrette le plus est de n'avoir pu fonder sur lui le bonheur de mes vieux jours.

PAULINE, *à part* : Qu'entends-je? *(Haut.)* Ah! monsieur, n'abandonnez pas votre ami : soyez sûr qu'il justifiera ce que vous aurez fait pour lui.

AURELLY : Ta faiblesse diminue la honte que j'avais de la mienne. Tu me presses de le servir... Apprends que je l'ai tenté. J'ai offert ma garantie à Saint-Alban.

PAULINE : Il la refuse?

AURELLY : Il m'a montré des ordres si formels!... Il ne peut différer d'envoyer la somme annoncée.

PAULINE, *d'un ton insinuant* : N'y a-t-il donc aucun moyen de la faire, cette somme?

AURELLY : Cinq cent mille francs! À la veille du paiement? Crois, mon enfant, que, sans les fonds que Dabins reçoit de Paris en ce moment, j'eusse été moi-même fort embarrassé.

PAULINE : Vous m'avez dit si souvent que vous aviez beaucoup de ces effets que l'on pouvait fondre[1] au besoin.

AURELLY : Il est vrai qu'il m'en reste à Paris pour cinq cent mille francs, chez mon ami Préfort.

PAULINE : Chez monsieur de Préfort... Et ne sont-ils pas bons?

AURELLY : Excellents, pareils à ceux dont il me fait passer la valeur aujourd'hui. Mais tout ne m'appartient pas : il y a cent mille écus[2] auxquels je ne puis toucher. C'est un dépôt... sacré.

PAULINE : Votre fortune est plus que suffisante pour assurer cette somme à son propriétaire.

AURELLY, *avec chaleur* : Voulez-vous que je me rende coupable de l'abus de confiance que je reproche à ce malheureux? La seule chose peut-être sur laquelle il ne puisse y avoir de composition, c'est un dépôt. De l'argent prêté, on l'a reçu pour s'en servir, mille raisons peuvent en faire excuser le mauvais emploi; mais un dépôt... Il faut mourir auprès.

PAULINE : Si l'on parlait à celui de qui vous le tenez?

AURELLY : Apprends qu'il n'en a ramassé les fonds que pour acquitter une dette... immense. Il les destine à réparer, s'il peut, des torts!... Mais tu m'accuserais de dureté... Tu veux le voir? Parle-lui, j'y consens : il est prêt à t'entendre, et cet homme... c'est moi.

PAULINE, *avec joie* : Ah ! je respire. Nos amis seront sauvés.

AURELLY : Avant que d'être généreux, Pauline, il faut être juste.

PAULINE : Qui oserait vous taxer de ne pas l'être ?

AURELLY : Toi-même, à qui je vais enfin confier le secret de cet argent. Écoute, et juge-moi... Je fus jeune et sensible autrefois. La fille d'un gentilhomme (peu riche à la vérité) m'avait permis de l'obtenir de ses parents : ma demande fut rejetée avec dédain. Dans le désespoir où ce refus nous mit, nous n'écoutâmes que la passion. Un mariage secret nous unit. Mais la famille hautaine, loin de le confirmer, renferma cette malheureuse victime, et l'accabla de tant de mauvais traitements, qu'elle perdit la vie en la donnant à une fille... que les cruels dérobèrent à tous les yeux.

PAULINE : Cela est bien inhumain !

AURELLY : Je la crus morte avec sa mère : je les pleurai longtemps. Enfin j'épousai la nièce du vieux Chardin, celui qui m'a laissé cette maison de commerce. Mais le hasard me fit découvrir que ma fille était vivante. Je me donnai des soins[1]. Je la retirai secrètement ; et, depuis la mort de ma femme, j'ai pris tous les ans, sur ma dépense, une somme propre à lui faire un sort indépendant du bien de mon fils. Voilà quelle est la malheureuse propriétaire de ces cent mille écus : crois-tu, mon enfant, qu'il y ait un dépôt plus sacré !

PAULINE : Non... ; il n'en est pas.

AURELLY : Puis-je toucher à cet argent ?

PAULINE : Vous ne le pouvez pas. Pauvre Mélac ! Mais vous êtes attendri ; je le suis moi-même. Pourquoi donc cette infortunée m'est-elle inconnue ? Pourquoi me faites-vous jouir d'un bien-être et d'un état qui lui sont refusés ?

AURELLY : Tu connais le préjugé. Ma nièce est honorablement chez moi, ma fille ne pouvait y demeurer sans scandale ; et celui qui a manqué à ses mœurs, n'en est pas moins tenu de respecter celles des autres.

PAULINE, *avec chaleur* : Je brûle de m'acquitter envers elle, de tout ce que je vous dois : allons la trouver. Faisons-lui part de nos peines. Elle est votre fille ; peut-elle n'être pas compatissante et généreuse ?

AURELLY : Que dis-tu, Pauline ? Tout son bien ! le seul dédommagement de son infortune, tu veux le lui arracher ?

PAULINE : Nous aurons fait notre devoir envers nos amis.

AURELLY : Elle se doit la préférence.

PAULINE : Elle peut nous l'accorder.

AURELLY : Mettez-vous en sa place... Une telle proposition...

PAULINE : Ah ! comme j'y répondrais !

AURELLY : Si elle nous refuse ?

PAULINE : Nous ne l'en aimerons pas moins ; mais n'ayons aucun reproche à nous faire.

AURELLY : Tu l'exiges ?

PAULINE, *vivement* : Mille, mille raisons me font un devoir de la connaître.

AURELLY, *d'une voix étouffée* : Ah ! ma Pauline !

PAULINE : Qu'avez-vous ?

AURELLY : Ta sensibilité m'ouvre l'âme, et mon secret...

PAULINE : Ne regrettez pas de me l'avoir confié.

AURELLY : Mon secret... s'échappe avec mes larmes.

PAULINE : Mon oncle !...

AURELLY : Ton oncle !

PAULINE : Quels soupçons !

AURELLY : Tu vas me haïr.

PAULINE : Parlez.

AURELLY[a] : Ô précieuse enfant !

PAULINE : Achevez !

AURELLY *lui tend les bras* : Tu es cette fille chérie.

PAULINE *s'y jette à corps perdu* : Mon père !

AURELLY *la soutient* : Ma fille ! ma fille ! la première fois que je me permets ce nom, faut-il le prononcer si douloureusement ?

PAULINE *veut se mettre à genoux* : Ah mon père !

AURELLY *la retient* : Mon enfant... console-moi : dis-moi que tu me pardonnes le malheur de ta naissance. Combien de fois j'ai gémi de t'avoir fait un sort si cruel !

PAULINE, *avec un grand trouble* : N'empoisonnez pas la joie que j'ai d'embrasser un père si digne de toute mon affection.

AURELLY : Eh bien ! ma Pauline ! Ma chère Pauline ! (Car ta mère, que j'ai tant aimée, se nommait ainsi.) Ordonne. Exige. Tu m'as arraché mon secret : mais pouvais-je disposer de ton bien sans ton aveu ?

PAULINE : C'est le vôtre, mon père. Ah ! s'il m'appartenait !...

AURELLY : Il est à toi : plus des deux tiers est le fruit de l'économie[1] avec laquelle tu gouvernes cette maison. Prescris-moi seulement la conduite que tu veux que je tienne aujourd'hui.

PAULINE, *vivement* : Peut-elle être douteuse ? Mon père,

allez, prenez ce bien; offrez ces effets à Saint-Alban; qu'ils servent à le désarmer, à sauver nos amis.

AURELLY : Que te reſtera-t-il?

PAULINE : Vos bontés.

AURELLY : Je puis mourir.

PAULINE : Cruel que vous êtes!

AURELLY *la serre contre son sein* : Mon cœur eſt plein; le tien l'eſt aussi. Retire-toi. Il faut que je me remette un moment du trouble où cette conversation m'a jeté.

PAULINE, *avec un sentiment profond* : Ah! Mélac!... Que je suis heureuse!...

Elle sort.

SCÈNE VI

AURELLY, *seul.*

Je suis tout ému. Quel prix la reconnaissance de cette enfant met aux soins qu'il[1] s'eſt donnés pour son éducation!... Allons donc. Il faut le tirer de ce mauvais pas, toute misérable qu'eſt sa conduite. Ce qu'il ne mérite plus, je me le dois... pour l'honneur d'une amitié de cinquante ans... pour son fils, qui eſt un bon sujet... Le plus pressé maintenant, c'eſt de voir le fermier général. *(Il soupire.)* Non, je ne regrette pas l'argent; mais c'eſt qu'au fond du cœur, je ne fais plus le moindre cas de cet homme-là[a][2].

FIN DU TROISIÈME ACTE

ACTE IV

SCÈNE PREMIÈRE

ANDRÉ, *seul.*

« Imbécile! Benêt! Fais par-ci, va-t'en là. Qu'on ferme ma porte pour tout le monde. Laisse entrer monsieur Saint-Alban[3]. » Mille ordres à la fois! Comme si on était un sorcier pour retenir tout ça!... Parce qu'ils sont en querelle, il faut qu'un pauvre domestique... Euh! que je voudrais bien!... Je voudrais que chacun ne fût pas plus égaux l'un que l'autre. Les maîtres seraient bien attrapés!... Oui! et mes gages, qui est-ce qui me les paierait?

SCÈNE II

SAINT-ALBAN, ANDRÉ

SAINT-ALBAN : Monsieur Aurelly est-il au logis, André?

ANDRÉ : Non, monsieur, pour personne; mais ce n'est pas pour Monsieur que je dis ça. Il faut que vous entriez, vous. Il va descendre. Monsieur veut-il que je l'aille avertir?

SAINT-ALBAN : Non, il peut être occupé; j'attendrai. *(Il se promène, et dit à lui-même :)* Le devoir me presse d'agir... l'amour me retient... la jalousie... Non! jamais mon cœur ne fut plus tourmenté. S'aimeraient-ils? La douleur qu'elle a laissé voir ce matin était trop vive...! André?

ANDRÉ : Monsieur m'appelle?

SAINT-ALBAN, *à part* : Ce garçon est naïf; faisons-le jaser. *(Haut, en s'asseyant.)* Mon cher André?

ANDRÉ : Monsieur est plus bon que je ne mérite.

SAINT-ALBAN : Où est ta jeune maîtresse?

ANDRÉ : Ah monsieur! On était si gai les autres voyages, quand vous arriviez! Ce n'est pas par intérêt que je le dis; mais de ce que vous ne logez plus ici, ça fait une peine à tout le monde... Mameselle pleure, pleure, pleure! et notre maître... On a servi le dîner : monsieur de Mélac, son fils, personne ne s'est mis à table; ni Monsieur non plus... ni Mameselle non plus.

SAINT-ALBAN, *à lui-même* : Ni mademoiselle non plus! pleurer! ne rien prendre! Il y a plus que de l'amitié; la reconnaissance ne va pas si loin.

ANDRÉ : Moi, je suis si triste, qu'en vérité, hors mes repas, tout est resté à faire aujourd'hui.

SAINT-ALBAN : Mais, dis-moi, André : est-ce qu'on ne parle pas quelquefois de la marier?

ANDRÉ : Oh! que oui, très souvent : bien des gens de Lyon l'ont demandée; mais bernique, pas pour un diantre[1], notre maître s'y entête.

SAINT-ALBAN : Et ces refus paraissent-ils la contrarier? l'affliger?

ANDRÉ : Elle ? ah ! vous la connaissez bien ! Un mari ? elle s'en soucie... comme moi ; pourvu qu'elle soit obligeante à ravir, qu'elle veille sur toute la maison, qu'elle épargne le bien de son oncle, et qu'elle donne tout son chétif avoir aux pauvres gens, elle est gaie comme un pinson.

SAINT-ALBAN, *à part* : Quel éloge ! dans une bouche maladroite ! Il m'enflamme ! *(Il tire sa bourse.)* Tiens, ami, prends ceci et dis-moi encore...

ANDRÉ : Un louis ! Oh ! mais... si ce que Monsieur voudrait savoir était un mal...

SAINT-ALBAN : Non, c'est ton honnêteté que je récompense. Nous raisonnons... Entre tous les gens qui ont des vues sur la demoiselle j'aurais pensé que le jeune Mélac...

ANDRÉ : Eh bien ! Monsieur me croira s'il voudra ; mais cette idée-là m'est aussi venue plus de cent fois pour eux. Pas vrai que ça ferait un bien gentil ménage ?

SAINT-ALBAN, *avec chagrin* : Elle et lui ?

ANDRÉ : Ah ! c'est qu'elle est si joliment tournée à son humeur ! et c'est qu'il l'aime ! il l'aime !

SAINT-ALBAN, *à lui-même* : Il l'aime !... Pourquoi m'en troubler ? J'ai dû m'y attendre[1]. *(Haut.)* Qui ne l'aimerait pas ?

ANDRÉ : Il n'y a que ceux qui ne l'ont jamais vue.

SAINT-ALBAN : Et... crois-tu que ta jeune maîtresse lui accorde du retour ?

ANDRÉ, *cherchant à comprendre* : Du retour ?

SAINT-ALBAN : Oui.

ANDRÉ, *riant niaisement* : Ah ! ah ! ah ! je vois bien à peu près ce que Monsieur veut dire. Mais tenez, il ne faut pas mentir : en conscience, tout ce que je sais, c'est que je sais bien que je n'en sais rien.

SAINT-ALBAN, *à lui-même* : S'il en était préféré, dans l'intimité où vivent leurs parents, aurait-on manqué de les unir ?

ANDRÉ : Ils ne sont pas désunis pour ça. Quoiqu'elle le gronde toujours, il ne saurait être une heure sans venir faire le patelin[2] autour d'elle ; et quand il peut attraper quelque morale[3], il s'en va content !...

SAINT-ALBAN : C'est assez, ami. *(À lui-même :)* Sans doute ils attendaient cette survivance pour conclure... et moi je l'apporte ! Je forge l'obstacle que je redoute ! Ah ! ma jalousie s'en irrite... Qu'on est prêt d'être injuste quand on est amoureux !

ANDRÉ, *à part* : Il faut que ces grands génies aient bien de l'esprit, de pouvoir penser comme ça tout seuls à quelque chose. J'ai beau faire, moi; dès que je veux songer à penser, je m'embrouille, et l'envie de dormir me prend tout de suite.

Il sort, en voyant entrer son maître.

SCÈNE III

SAINT-ALBAN, AURELLY

AURELLY : Ah! monsieur, pardon, vous m'avez prévenu, j'allais passer chez vous.

SAINT-ALBAN : Je viens vous dire qu'il m'est impossible de différer plus longtemps. Cette journée presque entière, accordée à vos instances, n'a mis aucun changement dans nos affaires.

AURELLY : Elle en a mis beaucoup.

SAINT-ALBAN : A-t-on trouvé les fonds?

AURELLY : J'en fais bon[1] pour Mélac.

SAINT-ALBAN : Vous payez les cinq cent mille francs?

AURELLY : Cent mille écus que j'emprunte, le reste à moi; le tout en un mandat sur mon correspondant de Paris, payable à votre arrivée.

SAINT-ALBAN, *à part* : Le mariage est certain; on ne fait pas de tels sacrifices... *(Haut.)* J'admire votre générosité. Je recevrai la somme que vous offrez; mais... je ne puis me dispenser de rendre compte...

AURELLY : Quelle nécessité?

SAINT-ALBAN : Ce que vous faites pour Mélac ne le lave pas de l'abus de confiance dont il s'est rendu coupable.

AURELLY : Lorsqu'on ne vous fait rien perdre!

SAINT-ALBAN : La même chose peut arriver encore, et vous ne serez pas toujours d'humeur...

AURELLY : En ce cas, monsieur... je reprends ma parole : c'est son honneur seul qui me touche, et si je ne le sauve pas en acquittant sa dette, il est inutile que je me dépouille gratuitement.

SAINT-ALBAN : Vous désapprouvez ma conduite?

AURELLY : Je n'entends rien à votre politique. Que Mélac soit coupable de mauvaise foi, ou seulement d'imprudence, en rejetant mes conditions vous risquez...

SAINT-ALBAN : Je ne les rejette pas; mais il faut m'expliquer[1].

AURELLY : J'écoute.

SAINT-ALBAN : Vous voulez sa grâce entière?

AURELLY : Sans restriction.

SAINT-ALBAN : J'irai, pour vous obliger, jusqu'au dernier terme de mon pouvoir.

AURELLY : Quelle étendue y donnez-vous?

SAINT-ALBAN : Celle que vous y donneriez vous-même. Vous n'exigez pas que je sauve sa réputation aux dépens de mon honneur?

AURELLY : Il y aurait encore plus d'absurdité que d'injustice à le proposer.

SAINT-ALBAN : Les intérêts de la compagnie à couvert par vos offres, on peut faire grâce à votre homme de l'opprobre qu'il a mérité; mais je deviendrais coupable si je lui confiais plus longtemps une recette...

AURELLY : Vous lui ôtez sa place!

SAINT-ALBAN : La lui laisseriez-vous?

AURELLY : Ah! monsieur, je vous prie...

SAINT-ALBAN : Faites un pas de plus.

AURELLY : Comment?

SAINT-ALBAN : Vous avez de l'honneur : osez me le conseiller. *(Aurelly baisse la tête sans répondre.)* J'espère que vous distinguerez ce que je puis accorder, et ce que le devoir m'interdit : j'accepte l'argent, je me tairai, mais j'exige qu'il se défasse à l'instant de son emploi, sous le prétexte qu'il voudra.

AURELLY : J'avoue qu'il n'est pas digne de le garder; mais son fils? cette survivance? tant de démarches pour l'obtenir?...

SAINT-ALBAN : Son fils! qui nous en répondrait?

AURELLY : Moi.

SAINT-ALBAN : C'est beaucoup faire pour eux.

AURELLY : J'ai vingt moyens de m'assurer de lui.

SAINT-ALBAN, *rêvant* : J'avoue que... je... je n'ai point d'objection personnelle contre le jeune homme; et, dans le dessein où je suis de vous demander une grâce pour moi-même...

AURELLY : Je pourrais vous obliger?

SAINT-ALBAN : Sur un point de la plus haute importance.

AURELLY, *vivement* : Tenez-moi pour déshonoré si je vous refuse.

SAINT-ALBAN : Puisque vous m'encouragez, je vais parler. Vous connaissez ma fortune, mes mœurs; vous avez une nièce adorable, elle m'a charmé, je l'aime, et je vous demande sa main, comme la plus précieuse faveur...

AURELLY, *stupéfait* : Vous me demandez... ma Pauline?

SAINT-ALBAN : Auriez-vous pris des engagements?

AURELLY, *embarrassé* : En vérité, ce n'est pas cela; mais, si vous la connaissiez mieux...

SAINT-ALBAN : Je l'ai plus étudiée que vous ne pensez.

AURELLY : Cette enfant n'a pas de fortune.

SAINT-ALBAN : Sur un mérite comme le sien, c'est une différence imperceptible.

AURELLY, *à part* : Comment sortir de ce nouvel embarras?

SAINT-ALBAN : Vous m'avez flatté que je ne serais point rejeté.

AURELLY : Monsieur!... vous n'êtes pas fait pour l'être...

SAINT-ALBAN : Et cependant...

AURELLY, *embarrassé* : Soyez certain qu'elle est trop honorée de votre recherche, et que l'obstacle ne viendra pas de ma part. Mais...

SAINT-ALBAN : Vous me la refusez?

AURELLY : Croyez que... Avant de vous répondre, il faut que je prévienne ma nièce.

SAINT-ALBAN : Souvenez-vous, monsieur, que vous n'avez point d'engagement.

AURELLY : Et l'affaire de Mélac?

SAINT-ALBAN : Ce soir, nous en terminerons deux à la fois.

SCÈNE IV

AURELLY *seul.*

Il sort mécontent. Qu'est-ce que ce monde, et comme on est ballotté!... Le père et le fils sont perdus s'il se croit refusé... Et comment oser l'accepter? L'argent! l'argent les sauvera-t-il encore? N'importe, ôtons-lui ce prétexte de leur nuire... Et demandez-moi pourquoi tout ce désordre? Parce qu'un misérable homme, qu'il ne faudrait jamais regarder si l'on faisait son devoir, oublie le sien, et pour un vil intérêt...

SCÈNE V

AURELLY, DABINS

AURELLY *continue* : D'où sortez-vous donc, Dabins? Voilà quatre fois que j'entre au bureau pour vous parler.

SCÈNE VI

MÉLAC PÈRE, DABINS, AURELLY

AURELLY, *apercevant M. de Mélac* : Ah! voici l'autre! Il vaut mieux s'en aller que de se mettre en colère.

SCÈNE VII

DABINS, MÉLAC PÈRE

MÉLAC PÈRE, *le regardant aller* : Ô respectable ami! *(À Dabins :)* Qu'avez-vous à m'annoncer de si pressé, monsieur Dabins?

DABINS : Monsieur, c'est avec douleur que je le dis : il[a] n'est plus temps de se taire, il faut tout déclarer.

MÉLAC PÈRE, *échauffé* : Qu'est-ce à dire, tout déclarer?

DABINS : L'affaire est sur le point d'éclater; les apparences vous accusent.

MÉLAC PÈRE : Les apparences ne peuvent inquiéter que celui qui s'est jugé coupable.

DABINS : Qu'opposerez-vous aux faux jugements, à l'injure, aux clameurs[1]?

MÉLAC PÈRE : Rien : le silence, et la fermeté que donne l'estime de soi-même.

DABINS : Les biens de votre ami sont suffisants... on prendra des mesures...

MÉLAC PÈRE, *impatient* : Et si je dis un mot, il manque demain matin.

DABINS, *du même ton* : Et si vous ne le dites pas, vous êtes perdu ce soir même... Non, je ne puis souffrir...

MÉLAC PÈRE, *violemment* : Monsieur Dabins, souvenez-vous que votre père mourant ne vous a pas vainement recommandé à ma bienfaisance ; souvenez-vous que je vous ai élevé, que je vous ai placé chez Aurelly, que mon estime seule vous a valu sa confiance. Voulez-vous la perdre, cette estime ? et le premier devoir de l'honnête homme n'est-il pas de garder le secret confié ?

DABINS : Eh, monsieur ! quand la discrétion fait plus de maux qu'elle ne peut en prévenir...

MÉLAC PÈRE : À qui de nous deux appartient le jugement de mes intérêts ? Mais je m'échauffe, et deux mots vous fermeront la bouche. De quoi s'agit-il en ce commun effroi ? De peser les risques de chacun, et d'écarter le plus pressant ?

DABINS : Oui, monsieur.

MÉLAC PÈRE : Si je me préfère à mon ami, quel sera son sort ? La confiance publique dont un négociant est honoré ne souffre pas deux atteintes. Quoi qu'on puisse alléguer, après un défaut de paiement, le coup fatal au crédit est porté ; c'est un mal sans remède, et pour Aurelly c'est la mort.

DABINS : Il y a tout lieu de le craindre.

MÉLAC PÈRE : Si je me tais, un soupçon tient, il est vrai, mon honneur en souffrance ; mais, à l'aveu d'un service que les grands biens d'Aurelly rendent tout naturel, avec quelque rigueur qu'on me juge, il est même douteux qu'on m'en fasse un reproche. Ayant donc à choisir entre sa perte inévitable et le danger incertain qui me menace, croyez-vous que j'aie pris conseil d'une aveugle amitié qui pût déshonorer mon jugement ? Non, monsieur : j'ai prononcé, comme un tiers l'aurait fait, en préférant non ce qui me convient, mais ce qui convient aux circonstances ; non ce que je puis, mais ce que je dois. Vous m'avez entendu ?

DABINS : Monsieur, je[a] me tairai ; mais, pour l'exemple des hommes, il faudrait bien que de pareils traits...

MÉLAC PÈRE : Laissons la maxime et l'éloge aux oisifs. Faisons notre devoir ; le plaisir de l'avoir rempli est le seul prix vraiment digne de l'action. Que fait mon fils ? J'en suis inquiet. L'avez-vous vu ?

DABINS : Ah ! c'est pour lui surtout que je vous presse ; il a répandu devant moi des larmes si amères, et m'a quitté avec une impatience, un sentiment si douloureux !... Mais[b] quel danger de vous confier à lui ? Encouragé par votre exemple, il se calmerait, il vous consolerait.

MÉLAC PÈRE : Me consoler ! Mon ami, l'expérience de toute ma vie m'a montré que le courage de renfermer ses peines augmente la force de les repousser; je me sens déjà plus faible avec vous que dans la solitude. Eh! quel secours tirerais-je de mon fils? Je crains moins sa douleur que son enthousiasme; et si je suis à peine maître de mon secret, comment contiendrais-je cette âme neuve et passionnée?...

SCÈNE VIII

MÉLAC PÈRE, DABINS, MÉLAC FILS
plongé dans une noire rêverie.

MÉLAC PÈRE : Le voici. Vous l'avez bien dépeint.

Ils se retirent au fond du salon.

DABINS : Eh, parlez-lui, monsieur.
MÉLAC PÈRE : Sauvons-nous d'un attendrissement inutile.

SCÈNE IX

MÉLAC FILS, *seul. Il marche lentement, d'un air absorbé, et s'échauffe par degrés en parlant.*

Ah! cet odieux Saint-Alban! je l'ai cherché partout sans le rencontrer... Le déshonneur de mon père est-il déjà public? On s'éloigne... on me fuit... Je perds, en un instant, la fortune, l'honneur, toutes mes espérances... et Pauline... Pauline! Elle m'évite à présent... La générosité est un accès... la chaleur[a] d'un moment... Mais la réflexion a bientôt détruit ce premier prestige[1] de la sensibilité.

SCÈNE X[b]

PAULINE, MÉLAC FILS

Pauline a entendu les dernières phrases de son amant : elle voit sa douleur et s'approche avec une vive émotion.

MÉLAC FILS *l'aperçoit et continue* : Qu'une stérile compassion ne vous ramène pas, mademoiselle. Je sais que je vous ai perdue. Je connais toute l'horreur de mon sort. Laissez-moi seul à ma douleur.

PAULINE : Cruel !...

MÉLAC FILS : Vos consolations ne pourraient que l'irriter.

PAULINE : Comme le malheur vous rend injuste et dur ! La crainte qu'on ne pense mal de vous vous donne mauvaise opinion du cœur de tout le monde. Votre ardente vivacité vous a déjà fait manquer à mon oncle...

MÉLAC FILS, *avec feu* : Il insultait mon père. Avec quelle cruauté il lui développait tout ce que notre situation a d'odieux ! S'il n'eût pas été votre oncle...

PAULINE : Ingrat ! à l'instant où vous allez tout lui devoir, pendant que son attachement lui fait payer toute la somme à Saint-Alban.

MÉLAC FILS, *avec joie* : Que dites-vous ? Il nous sauve l'honneur ?

PAULINE : Il va plus loin... son cœur, qui vous chérit...

MÉLAC FILS, *vivement* : Achevez, Pauline, achevez : ne craignez pas de mettre le comble à ma joie. Il me donne sa nièce ?

PAULINE, *timidement* : Ah ! Mélac... ne parlez plus de sa malheureuse nièce.

MÉLAC FILS : Comment ?

PAULINE : Sa fille !

MÉLAC FILS : Sa fille !

PAULINE : Sa fille, fruit d'une union ignorée, qui vous connaît, qui vous aime, offre à votre père cent mille écus qu'elle tient des dons et des épargnes du sien...

MÉLAC FILS, *avec indignation* : Au prix de m'épouser !... Nous n'étions pas assez avilis ; il nous manquait cet opprobre.

PAULINE, *pleurant* : J'ai bien prévu que votre âme orgueilleuse rejetterait un pareil bienfait.

MÉLAC FILS, *furieux* : Il me fait horreur ! le service et celui qui l'offre, et celle qui le rend, je les déteste tous... C'était donc pour cela qu'il éloignait toute idée de notre union ? Il me gardait cette honte : il me méprisait même avant que le malheur m'eût réduit à souffrir tous les outrages. Mais, je le jure à vos pieds, Pauline, fût-elle cent fois plus généreuse, la fille sans nom, sans état, et désavouée de ses parents, ne m'appartiendra jamais.

PAULINE : Vous la connaissez mal ; elle n'a eu en vue que votre père.

MÉLAC FILS : Mon père ! Faut-il donc nous sauver d'une infamie par une autre ?... Vous pleurez, ma chère Pauline ? Craignez-vous que la nécessité ne me fasse enfin contracter un indigne engagement ?

PAULINE, *outrée* : Non, je ne suis plus même assez heureuse pour le craindre. Vous avez prononcé votre arrêt et le mien. Cette infortunée, que vous insultez avec tant d'inhumanité...

MÉLAC FILS, *effrayé* : Cette infortunée?

PAULINE : Elle eſt devant vos yeux.

MÉLAC FILS : Vous?

PAULINE, *tombant sur un siège* : J'avais le cœur percé de cette nouvelle, et vous avez achevé de le déchirer.

MÉLAC FILS, *à ses pieds* : Ô douleur!... Pauline! ne me tendiez-vous ce piège que pour me rendre aussi coupable?

PAULINE : Laissez-moi.

MÉLAC FILS : Pourquoi ne pas m'apprendre?...

PAULINE : L'avez-vous permis? Votre emportement a fait sortir de votre bouche l'affreuse vérité. Monsieur, il n'eſt plus temps de désavouer vos sentiments.

MÉLAC FILS *se relève furieux* : Osez-vous bien vous prévaloir d'une erreur qui fut votre ouvrage? Osez-vous m'opposer le désordre d'un désespoir que vous avez causé vous-même? Je voyais les puissants ressorts qu'on faisait agir contre nous. Je disais : « Je la perds! » Je m'armais, à vos yeux, de toute la force dont je prévoyais avoir besoin. Suis-je donc un dénaturé? un monſtre? Et quel eſt l'homme assez barbare pour imputer à d'innocentes créatures un mal qu'elles ne purent empêcher?

PAULINE, *pleurant* : Non, non.

MÉLAC FILS, *plus vite* : La faute de leurs parents leur ôte-t-elle une qualité? une seule vertu? Au contraire, Pauline, et vous en êtes la preuve, il semble que la nature se plaise à les dédommager de nos cruels préjugés par un mérite plus essentiel.

PAULINE : Ce préjugé n'en eſt pas moins respectable.

MÉLAC FILS, *avec chaleur* : Il eſt injuſte, et je mettrai ma gloire à le fouler aux pieds.

PAULINE : Il subsiſtera dans les autres.

MÉLAC FILS : Mon bonheur dépend de vous seule.

PAULINE : On se lasse bientôt d'un choix qui n'eſt approuvé de personne.

MÉLAC FILS : Le mien mérite une honorable exception.

PAULINE : Il ne l'obtiendra pas.

MÉLAC FILS : Il m'en sera plus cher. N'aggravez pas un malheur idéal[1]. Ah! soyez plus juſte envers vous; tout ce qui ne dépend pas du caprice des hommes, vous l'avez avec profusion, et si mon amour pouvait augmenter, cette injure du sort l'accroîtrait encore.

PAULINE, *avec dignité* : Mélac, une femme doit avoir droit au respect de son mari. Je rougirais devant le mien... N'en parlons plus. Je n'en fais pas moins à votre père le sacrifice de toute ma fortune. Une retraite profonde est l'asile qui me convient : heureuse si votre souvenir n'y trouble pas mes jours !

Elle se lève.

MÉLAC FILS, *au désespoir* : Quel cœur avez-vous donc reçu de la nature ? Vous vous jouez de mon tourment ! Pauline, renoncez à cet odieux projet, ou je ne réponds plus... Jour à jamais détestable !... Je sens un désordre... Ah ! j'en perdrai la vie...

Il se jette sur un siège.

PAULINE : Il m'effraye ! je ne puis le quitter. Mélac, mon ami, mon frère.

MÉLAC FILS, *avec égarement* : Moi votre ami ! moi votre frère ! Non, je ne vous suis rien. Allez, cruelle, vous ne me surprendrez plus. Le trait empoisonné que vous avez enfoncé dans mon cœur n'en sortira qu'avec ma vie. Me tendre un piège affreux ! et me rendre garant des propos insensés que le désespoir m'a fait tenir ! Ah ! cela est d'une cruauté !...

PAULINE : Écoutez-moi, Mélac.

MÉLAC FILS : Je ne vous écoute plus. Vous ne m'avez jamais aimé. Je n'écoute plus une femme qui emploie un indigne détour pour renoncer à moi.

PAULINE, *avec un grand trouble* : Eh bien ! mon cher Mélac, je n'y renonce pas. Tant d'amour me touche, plus qu'il ne convient peut-être à la malheureuse Pauline. Je n'y renonce pas ; mais au nom de ton père, sors de cet égarement qui me tue.

MÉLAC FILS, *se levant* : Vous voyez bien, Pauline, ce que vous me promettez... vous le voyez bien. Si jamais vous rappelez... si jamais... *(Il tombe à ses genoux avec ardeur.)* Jurez-moi que vous oublierez les blasphèmes que j'ai horreur d'avoir proférés devant vous. Jurez-le-moi.

PAULINE : Puisses-tu les oublier toi-même !

MÉLAC FILS : Jurez-moi que vous me rendez votre cœur.

PAULINE : Te le rendre, ingrat ! il n'a pas cessé d'être à toi.

MÉLAC FILS, *se relevant* : Eh bien ! pardon. Je suis indigne de toute grâce, et, si j'ai l'audace de la solliciter...

SCÈNE XI[a]

AURELLY, PAULINE, MÉLAC FILS

PAULINE, *à Mélac, avec effroi* : Voici mon père.

MÉLAC FILS *va au-devant d'Aurelly* : Ah ! monsieur, si le plus amer repentir pouvait effacer de coupables emportements ! si le plus vif regret de vous avoir offensé...

AURELLY : Offensé ! Non, mon ami ; j'ai moins vu ta colère que l'honnête sentiment qui la rachetait. Ton respect filial m'a touché. Demande à Pauline ce que je lui en ai dit.

MÉLAC FILS : Je connais les effets de votre amitié, et ma reconnaissance...

AURELLY : Elle me plaît ; mais tu ne m'en dois que pour ma bonne volonté : tout est bien loin d'être terminé.

PAULINE : Malgré vos offres ?

MÉLAC FILS : Qui a donc suspendu ?...

AURELLY : La chose la plus étonnante. Je parle à Saint-Alban, il accepte le paiement ; mais il n'en allait pas moins écrire à sa compagnie. L'honneur, l'état, la survivance, tout était perdu.

MÉLAC FILS : Le cruel !

AURELLY : Grands débats. Il paraît se rendre. Je crois tout fini : je l'embrasse en souhaitant de pouvoir l'obliger à mon tour. Il me prend au mot : dans l'excès de ma joie, j'y engage mon honneur. *(À Pauline.)* Écoute la conclusion.

MÉLAC FILS, *à part* : Je tremble.

AURELLY : « Vous avez une nièce charmante ; je l'aime, je l'adore, et je vous demande sa main. »

PAULINE : Juste Ciel !

MÉLAC FILS, *à part* : Je l'avais prévu.

AURELLY, *à Pauline* : Tu conçois quel a été mon embarras pour lui répondre.

PAULINE : Je vois le mal. Il est irréparable.

AURELLY, *bas, à Pauline* : Non ; mais lorsqu'il m'a demandé ta main, je n'ai pas dû[1], sans te consulter, aller lui confier le secret de ta naissance. Je viens exprès pour cela : que lui dirai-je ?

PAULINE, *d'un ton réfléchi* : Croyez-vous qu'il traitât rigoureusement monsieur de Mélac s'il était refusé ?

AURELLY : Refusé ! De quel droit le sommerais-je de sa parole[2] en manquant à la mienne ? C'est bien alors que tout serait perdu... Mais que faire? Il veut tout terminer à la fois, il attend une réponse.

PAULINE *regarde Mélac, et dit en soupirant* : Permettez qu'il la reçoive de moi. Qu'il vienne.

MÉLAC FILS, *à part, avec effroi* : Qu'il vienne!

PAULINE : Il est important que je lui parle.

AURELLY : Il sera ici dans un moment. Mon enfant, je connais tes principes, dispose de toi-même à ton gré : je ne puis mettre en de plus sûres mains des intérêts si chers à mon cœur.

SCÈNE XII

PAULINE, MÉLAC FILS

MÉLAC FILS, *tremblant* : Mademoiselle...

PAULINE : Vous voyez que le danger de votre père est pressant : quel intérêt oserait se montrer auprès de celui-là?

MÉLAC FILS : Ah! mon père! mon père!... *(En hésitant.)* Ainsi vous rappelez Saint-Alban?

PAULINE : Il est indispensable que je le voie; consentez-y, Mélac, il le faut... Il faut me rendre ma parole.

MÉLAC FILS, *avec une colère renfermée* : Non, vous pouvez me trahir; mais il ne me sera pas reproché d'y avoir contribué par un lâche consentement.

PAULINE, *tendrement* : Te le demanderais-je, ingrat, si j'avais dessein d'en abuser? Qui vous dit que je veuille l'épouser?

MÉLAC FILS : Serez-vous la maîtresse de vos refus?

PAULINE : Vous n'êtes pas généreux d'accabler ainsi mon âme. Ah! j'avais des forces contre ma douleur, je n'en ai plus contre la vôtre.

MÉLAC FILS : Pauline!

PAULINE : Pense à ton père, à ton père respectable, et tu rougiras d'attendre de moi l'exemple du courage que tu devais me donner.

MÉLAC FILS, *étouffé par la douleur* : Je sens que je ne puis vivre sans votre estime, il me faut la mienne. Il faut sauver mon père... aux dépens de mes jours... Ah! Pauline!

PAULINE : Ah! Mélac!

Ils sortent chacun de leur côté.

FIN DU QUATRIÈME ACTE[a]

ACTE V

SCÈNE PREMIÈRE

PAULINE, *seule, tenant un billet à la main. Elle paraît dans une grande agitation; elle se promène, s'assied, se lève, et dit :*

Voici l'instant qui doit décider de notre sort. *(Elle lit.)* Il attend mes ordres, dit-il... Audacieux qu'ils sont, avec leur soumission insultante!... Pourquoi trembler? l'aveu que je vais lui faire ne peut que m'honorer. Ah!... je pleure, et je me soutiens à peine. Mon état ne se conçoit pas. S'il me surprenait à pleurer... *(Elle s'assied.)* Eh bien, qu'il me voie! ne suis-je pas assez malheureuse pour qu'on me pardonne un peu de faiblesse?

SCÈNE II

ANDRÉ, PAULINE

ANDRÉ, *annonçant* : Monsieur Saint-Alban.
PAULINE : Un moment, André.

Elle essuie ses yeux, se promène, se regarde dans une glace et soupire.

ANDRÉ : Mais, mameselle, monsieur Saint-Alban...
PAULINE, *avec impatience* : Répétez encore.
ANDRÉ : Il sort de chez votre oncle. Oh! il a un habit...
PAULINE, *à elle-même* : C'est en vain. Il m'est impossible... *(S'asseyant.)* Faites entrer.

SCÈNE III

SAINT-ALBAN, PAULINE, ANDRÉ

SAINT-ALBAN, *en habit de ville, entre d'un air mal assuré; il reste assez loin derrière Pauline* : Je me rends à vos ordres, mademoiselle.

PAULINE *se lève et salue. (À part.)* : À mes ordres?

Sa respiration se précipite et l'empêche de parler. Elle lui montre un siège, en l'invitant du geste à s'y reposer.

SAINT-ALBAN *s'approche, la regarde, et après un assez long silence* : Ma vue paraît vous causer quelque altération[1]. Et cependant, monsieur Aurelly vient de m'assurer...

André avance un siège à Saint-Alban.

PAULINE, *avec peine d'abord, et prenant du courage par degrés* : Oui... c'est moi qui l'en ai prié. Asseyez-vous[a], monsieur. Cet air contraint vous convient beaucoup moins qu'à celle que vos intentions rendent confuse et malheureuse.

Elle s'assied. André sort[b].

SCÈNE IV

Saint-Alban, Pauline

SAINT-ALBAN : Malheureuse! à Dieu ne plaise que je voulusse vous obtenir à ce prix!

PAULINE : Cependant vous abusez de la reconnaissance que je dois à monsieur de Mélac pour exiger ma main...

SAINT-ALBAN *s'assied* : Faites-moi la grâce de vous souvenir que mon amour n'a pas attendu cet événement pour se déclarer. Vous savez si j'ai souhaité vous devoir à vous-même et commencer ma recherche[2] par acquérir votre estime...

PAULINE : Que vous comptez pour assez peu de chose.

SAINT-ALBAN : Daignez m'apprendre comment je prouverais mieux le cas que j'en fais.

PAULINE : Le voici, monsieur. Si vous croyez votre honneur engagé de[3] rendre un compte rigoureux à votre compagnie, puis-je estimer un homme qui ne paraît se souvenir de ses devoirs que pour les sacrifier au premier goût qu'il veut satisfaire? Et, si vous avez feint seulement de croire à cette obligation pour vous en prévaloir ici, que penser de celui qui se joue de l'infortune des autres et fait dépendre l'honneur d'une famille respectable du caprice de l'amour et des refus d'une jeune fille?

SAINT-ALBAN, *un peu déconcerté* : Je n'ai à rougir d'aucun oubli de mes devoirs. Mais, en supposant que le désir de vous plaire eût été capable de m'égarer... je l'avouerai, mademoiselle, je n'en attendais pas de vous le premier reproche.

PAULINE : Le premier! vous l'avez reçu de vous-même, lorsque vous avez mis votre silence à prix.

SAINT-ALBAN, *vivement* : Mon silence! Quelque importance qu'on y attache, il est promis sans condition; et c'est sans craindre pour vos amis que vous êtes libre de me percer le cœur en refusant ma main.

PAULINE, *fermement* : Peut-être avez-vous cru que j'avais quelque fortune, ou que mon oncle suppléerait...

SAINT-ALBAN, *vivement* : Pardon si j'interromps encore; je me suis déclaré sur ce point. De tous les biens que vous pourriez m'apporter, je ne veux que vous : c'est vous seule que je désire.

PAULINE : Votre générosité, monsieur, excite la mienne, car il y en a, sans doute, à vous avouer (quand je pourrais le taire) un motif de refus plus humiliant pour moi que le manque de fortune.

SAINT-ALBAN : Votre père m'a tout dit. *(Pauline paraît extrêmement surprise[1].)* Je vous admire, et voici ma réponse : Je suis indépendant; l'amour vous destina ma main, la réflexion en confirme le don, si votre cœur est aussi libre que le mien vous est engagé; mais, sur ce point seulement, j'ose exiger la plus grande franchise.

PAULINE : Vous agissez si noblement que le moindre détour serait un crime envers vous. Sachez donc mon secret le plus pénible. *(Ils se lèvent, Pauline soupire et baisse les yeux.)* Toute ma jeunesse passée avec Mélac, la même éducation reçue ensemble, une conformité de principes, de talents, de goûts, peut-être d'infortunes...

SAINT-ALBAN, *péniblement* : Vous l'aimez?

PAULINE : C'est le dernier aveu que vous devait ma reconnaissance.

SAINT-ALBAN : À quelle épreuve mettez-vous ma vertu!

PAULINE : J'ai beaucoup compté sur elle.

SCÈNE V

SAINT-ALBAN, PAULINE; MÉLAC FILS *paraît dans le fond.*

SAINT-ALBAN : Je vois ce que vous espérez de moi.

PAULINE, *avec chaleur* : Je vous dirai tout. Je ne craindrai point de fournir à la vertu des armes contre le malheur. Mélac avait mon cœur et ma parole; mais lorsque mon père nous a fait entendre à quel prix vous mettiez la grâce du sien[1], il a sacrifié toutes ses espérances au salut de son père.

SAINT-ALBAN, *lentement* : Avant ce jour... savait-il votre sort?

PAULINE : Nous l'ignorions également.

SAINT-ALBAN, *très vivement* : Il ne vous aime pas.

PAULINE : Il mourra de douleur.

SAINT-ALBAN : À l'instant qu'il apprend le secret de votre naissance, il vous cède! il affecte une générosité... Mademoiselle, je n'étendrai pas mes réflexions, dans la crainte de vous déplaire, mais il ne vous aime pas.

MÉLAC FILS *s'avance furieux* : Ô Ciel! je ne l'aime pas!

SAINT-ALBAN, *froidement* : Monsieur!... qui vous savait si près?

MÉLAC FILS : Je ne l'aime pas, dites-vous?

SAINT-ALBAN : Je n'ai jamais déguisé ma pensée.

MÉLAC FILS : Vous m'imputez à crime un sacrifice que vous avez rendu nécessaire?

SAINT-ALBAN, *froidement* : Le sort de ceux qui écoutent est d'entendre rarement leur éloge.

MÉLAC FILS : M'accuser de ne pas l'aimer!

SAINT-ALBAN : J'en suis fâché, je l'ai dit.

MÉLAC FILS, *avec douleur* : L'avez-vous cru, Pauline?

PAULINE : Vous nous perdez.

MÉLAC FILS, *avec emportement* : N'attendons rien d'un homme aussi injuste.

SAINT-ALBAN, *fermement* : Monsieur, trop de chaleur rend quelquefois imprudent.

MÉLAC FILS, *d'un ton amer* : Et trop de prudence, monsieur...

PAULINE, *à Mélac, vivement* : Je vous défends d'ajouter un mot.

MÉLAC FILS, *à Pauline* : M'accuser de ne pas vous aimer, quand on me réduit à l'extrémité de renoncer à vous ou d'en être à jamais indigne!

PAULINE : Vous oubliez votre père!

MÉLAC FILS, *regardant Saint-Alban d'un air menaçant* : Si je l'oubliais, Pauline...

PAULINE[a], *à Saint-Alban* : Le désespoir l'aveugle.

MÉLAC FILS, *avec une fureur froide* : Un mot va nous accorder. Vous avez, dit-on, promis de ne rien écrire contre mon père?

SAINT-ALBAN, *se possédant* : Vous m'interrogez?

MÉLAC FILS : L'avez-vous promis?

PAULINE, *à Mélac* : Il s'y eſt engagé.

SAINT-ALBAN, *avec chaleur, à Pauline* : Pour aucune autre considération que la vôtre, mademoiselle.

MÉLAC FILS, *les dents serrées de fureur* : Ah!... c'eſt aussi ce qui m'empêche de vous disputer sa main. Elle eſt à vous... Mais soyez galant homme. *(Il s'approche de lui.)* Osez tenir parole à mon père, et vous verrez...

SAINT-ALBAN, *surpris* : Oser!...

PAULINE, *se jetant entre deux* : Monsieur de Saint-Alban!

SAINT-ALBAN, *fièrement* : Oui, monsieur, j'oserai tenir parole à votre père.

PAULINE, *éperdue* : Ah! grands dieux!

SAINT-ALBAN, *du même ton* : Et toute nouvelle qu'eſt cette façon d'intercéder, elle ne nuira pas à monsieur de Mélac.

PAULINE, *à Saint-Alban* : Il va tomber à vos genoux... Il ne sait pas... *(À Mélac :)* Cruel ennemi de vous-même! apprenez qu'il s'engage au silence; que lui seul peut vous conserver l'emploi...

MÉLAC FILS : Je le refuse.

PAULINE : Insensé!

MÉLAC FILS : Quel bienfait, Pauline! J'en dépouillerais mon père! je le payerais de votre perte, et j'en serais redevable à mon ennemi!

SAINT-ALBAN, *avec dignité* : Monsieur...

PAULINE, *à Mélac* : Quel[b] eſt donc le but de ces fureurs?

MÉLAC FILS : S'il ménage mon père, il vous épouse; il eſt trop récompensé. Mais attaquer mes sentiments pour vous!...

PAULINE, *outrée* : Vos sentiments!... Quels droits osez-vous faire valoir? Ne m'avez-vous pas rendu ma parole?

MÉLAC FILS : L'honneur m'a-t-il permis de la garder? vous vous privez de tout pour sauver mon père...

SAINT-ALBAN : Quoi! ces cent mille écus, qu'on dit empruntés?...

MÉLAC FILS : Sont à elle; c'est son bien, tout ce qu'elle possède au monde.

SAINT-ALBAN : Sont à elle! *(À part.)* Ah! dieux! que de vertus!

Il rêve profondément.

MÉLAC FILS, *avec force* : Ai-je donc trop exigé de vous deux, en me sacrifiant, que l'un n'insultât pas à l'infortuné qu'il opprime! que l'autre honorât ma perte d'une larme, d'un regret! Il vous épousait de même et je mourais en silence.

PAULINE, *à Mélac, avec colère* : Eh! fallait-il venir ainsi... *(Les pleurs lui coupent la parole; elle se jette sur un siège et dit à elle-même :)* Malheureuse faiblesse!

MÉLAC FILS, *vivement* : Ne me dérobez pas vos larmes, Pauline. C'est le seul bien qui me reste au monde.

PAULINE, *outrée, se relevant* : Oui, je pleure; mais... c'est de dépit de ne pouvoir m'en empêcher.

MÉLAC FILS : J'ai donc tout perdu!

PAULINE : Votre violence a tout détruit.

SCÈNE VI

SAINT-ALBAN, MÉLAC FILS, AURELLY, PAULINE

AURELLY, *accourant* : On se querelle ici? Mélac!

SAINT-ALBAN, *après un peu de silence* : Non, monsieur, on est d'accord. Vous m'avez assuré que vous laissiez mademoiselle absolument libre sur le choix d'un époux : ce choix est fait. *(À Pauline :)* Non, je n'établirai point mon bonheur sur d'aussi douloureux sacrifices. Il n'en serait plus un pour moi, s'il vous coûtait le vôtre.

MÉLAC FILS, *pénétré* : Qu'entends-je? Ah! monsieur!

SAINT-ALBAN : Faisons la paix, mon heureux rival. Je pouvais épouser une femme adorable, dont l'honneur et la générosité eussent assez assuré mon repos[1]; mais son cœur est à vous.

MÉLAC FILS : Combien je suis coupable!

SAINT-ALBAN : Amoureux : et les plus ardents sont ceux qui offensent le moins. J'étais moi-même injuste.

AURELLY, *à Pauline* : Tu l'aimais donc?

PAULINE, *baisant la main de son père* : Ce jour m'a éclairée sur tous mes sentiments.

AURELLY : Mes enfants, vous êtes bien sûrs de moi : mais abuserons-nous du service que nous rendons à son père pour lui arracher un consentement que sa fierté désavouera peut-être?

PAULINE : Ah! quelle triste lumière! ai-je pu m'aveugler à ce point!

MÉLAC FILS : Pauline, vous savez s'il vous chérit!

SAINT-ALBAN, *à Mélac* : Priez-le de passer ici; n'armez pas son âme, en le prévenant, contre les coups qu'on va lui porter. Ne lui dites rien...

MÉLAC FILS : Monsieur, vous tenez ma vie en vos mains.

AURELLY : Tu perds un temps précieux.

Mélac sort.

SCÈNE VII

SAINT-ALBAN, AURELLY, PAULINE

AURELLY : En l'attendant, dégageons notre parole envers vous, monsieur. Voici un ordre à monsieur de Préfort, mon correspondant de Paris, de vous compter, à votre arrivée, cinq cent mille francs.

SAINT-ALBAN : Monsieur de Préfort, dites-vous?

AURELLY : En bons papiers, lisez.

SAINT-ALBAN : Quelque bons qu'ils puissent être, vous savez que ce n'est pas là de l'argent prêt[1].

AURELLY : Des effets qui se négocient d'un moment à l'autre?

SAINT-ALBAN : Depuis six jours, celui à qui vous m'adressez n'en a négocié aucun.

AURELLY : Qui dit cela? J'ai reçu de lui, ce matin, six cent mille francs échangés cette semaine.

SAINT-ALBAN : De Préfort?

AURELLY : Mon paiement ne roule pas sur autre chose.

SAINT-ALBAN : Le courrier d'aujourd'hui m'apprend qu'il est mort.

AURELLY : Quelle histoire?

SAINT-ALBAN : On n'a pas dû me tromper... Mais n'avez-vous pas vos lettres?...

AURELLY : Je les attends.

Il sonne.

SCÈNE VIII

SAINT-ALBAN, AURELLY, PAULINE, ANDRÉ

AURELLY, *à André* : Qu'on appelle Dabins, et qu'il vienne au plus tôt. *(À Saint-Alban.)* C'est mon homme de confiance et mon caissier, il nous mettra d'accord...

André sort.

SCÈNE IX

SAINT-ALBAN[a], AURELLY, DABINS, PAULINE

AURELLY, *à Dabins* : Ah!... mes lettres?

DABINS *lui en présente un gros paquet* : Les voici... je venais...

AURELLY : Réponds à Monsieur.

SAINT-ALBAN : Ces papiers...

AURELLY : Oui... *(À Dabins.)* N'as-tu pas reçu, ce matin, six cent mille francs échangés contre une partie de mes effets?

DABINS, *hésitant, à Aurelly* : Monsieur...

AURELLY, *en colère* : Les avez-vous reçus, oui ou non?

SAINT-ALBAN : Il faut répondre.

AURELLY : Où donc est le mystère? Il a été comme un fou toute la journée. Les avez-vous reçus?

DABINS, *embarrassé, à Aurelly* : Monsieur... On peut voir ma caisse; elle est au comble.

AURELLY, *à Saint-Alban* : J'en étais bien sûr. Ainsi, j'ajoute aux sommes que je vous remets pour monsieur de Mélac...

DABINS, *étonné* : Vous acquittez monsieur de Mélac?

AURELLY : Que va-t-il dire?

DABINS : Dans quelle erreur étais-je!

AURELLY : Parlez.

SAINT-ALBAN : Je vois clairement qu'il n'est point venu de fonds de Paris.

AURELLY, *à Dabins* : Mes effets n'ont pas été vendus?

DABINS, *vivement* : Non, monsieur, ils n'ont pu l'être; c'est la nouvelle que j'ai reçue ce matin.

AURELLY, *hors de lui* : Avec quoi donc paies-tu?

DABINS, *un moment sans parler, étouffé par la joie* : Avec six cent mille francs que m'a prêtés monsieur de Mélac.

AURELLY : Juste Ciel !

PAULINE : Mon père !

SAINT-ALBAN : Ah ! quel homme !

DABINS, *criant* : Cinq cent mille francs de sa caisse, cent mille à lui ; je ne puis me taire plus longtemps.

PAULINE : Que j'en suis glorieuse ! mon âme a deviné la sienne...

SCÈNE X

SAINT-ALBAN, AURELLY, MÉLAC PÈRE,
PAULINE, DABINS

PAULINE, *apercevant Mélac père, se précipite à ses pieds* : Ô le plus généreux !...

MÉLAC PÈRE : Que faites-vous, Pauline ?

AURELLY : Je dois les embrasser aussi.

Il veut se jeter à genoux.

MÉLAC PÈRE *le retient* : Mes amis !...

SCÈNE XI ET DERNIÈRE

SAINT-ALBAN, AURELLY, MÉLAC PÈRE,
PAULINE, MÉLAC FILS, DABINS

MÉLAC FILS, *s'écriant* : Aux pieds de mon père !

MÉLAC PÈRE : Dabins ! vous m'avez trahi !

DABINS, *avec joie* : Pouvais-je garder votre secret en apprenant que Monsieur acquittait votre dette ?

MÉLAC PÈRE : Il vient à mon secours ? *(À part.)* Ô vertu ! voilà ta récompense. *(À Aurelly.)* Ami ! quelles sont donc tes ressources ?

SAINT-ALBAN : Tout le bien de mademoiselle en dépôt dans ses mains.

MÉLAC PÈRE : De notre Pauline ? Ah ! mon cher Aurelly !

AURELLY : Tu te perdais pour moi !

MÉLAC PÈRE : Mais toi...

AURELLY[a] : Peux-tu comparer de l'argent, lorsqu'il t'en coûtait l'état et l'honneur ?

MÉLAC PÈRE : Je m'acquittais envers mon bienfaiteur malheureux ; mais toi ! dans tes soupçons sur ma probité, devais-tu quelque chose à ton coupable ami ?

MÉLAC FILS, *avec joie* : Ah ! mon père !

SAINT-ALBAN : Eh bien, monsieur Aurelly ! Puis-je accepter, en paiement, le mandat[1] que vous m'offrez ?

MÉLAC PÈRE, *avec effroi* : Quel mandat ?

AURELLY, *pénétré, à Saint-Alban* : Vous[a] serez satisfait, monsieur ; mon premier sentiment lui était bien dû ; le second me rend tout entier à mon malheur.

MÉLAC PÈRE : Voilà ce que j'ai craint !

AURELLY : Je n'avais à vous offrir, pour mon ami, que des effets qui se trouvent embarrassés, je reprends mon mandat. Votre argent est encore dans ma caisse, et Dieu me garde d'en user. Dabins, reportez-le chez monsieur de Mélac, et moi... je vais subir mon sort.

MÉLAC PÈRE : Arrêtez : je ne le reçois pas.

AURELLY : Qu'est-ce à dire, Mélac ?

MÉLAC PÈRE : Malheureux Dabins !...

AURELLY : Me croyez-vous assez indigne...

MÉLAC PÈRE : Monsieur de Saint-Alban ! il serait horrible à vous d'abuser d'un secret que vous ne devez qu'à notre confiance. Non, je jure que l'argent n'y rentrera pas.

AURELLY : Veux-tu me causer plus de chagrins que tu n'as espéré de m'en épargner[2] ?

MÉLAC FILS, *avec ardeur* : Monsieur Aurelly, ne refusez point...

PAULINE : Monsieur de Saint-Alban !...

MÉLAC FILS, *à Saint-Alban* : Vous aimez la vertu.

MÉLAC PÈRE : Laisserez-vous périr son plus digne soutien ?

AURELLY, *avec enthousiasme* : Que[b] faites-vous, mes amis ? Pour m'empêcher d'être malheureux, vous devenez tous coupables. Oubliez-vous qu'un excès de générosité vient d'égarer l'homme le plus juste ? Et, s'il eut tort de toucher à cet argent, qui m'excuserait d'oser le retenir[3] ?

MÉLAC PÈRE : Le consentement que nous lui demandons.

AURELLY : Qu'il se laisse soupçonner ? L'amitié t'a rendu capable de cet effort ; mais, si je n'ai pu sans crime accepter ce service de toi, quel nom mérite la séduction[4] que vous employez tous pour l'obtenir de lui ? *(À Saint-Alban :)* Vous êtes de sang-froid, monsieur, jugez-nous.

SAINT-ALBAN : De sang-froid ! Ah ! messieurs ! ô famille respectable ! me croyez-vous une âme insensible, pour l'attaquer avec cette violence ? Vous demandez un jugement !...

MÉLAC FILS : Et nous jurons de l'accomplir.

SAINT-ALBAN : Il eſt écrit dans le cœur de tous les gens honnêtes; permettez seulement que j'y ajoute un mot. Aurelly, prouvez-moi votre eſtime en m'acceptant pour seul créancier.

AURELLY : Vous, monsieur?

SAINT-ALBAN : Je l'exige. Et vous, monsieur de Mélac, conservez votre place, honorez-la longtemps. Unissez à votre fils cette jeune personne, qui s'en eſt rendue si digne en sacrifiant pour vous toute sa fortune.

MÉLAC PÈRE : Ce serait ma plus chère envie. Mon fils l'adore, et si mon ami ne s'y opposait pas...

AURELLY, *confus* : Savez-vous qui elle eſt?

MÉLAC PÈRE, *avec effusion* : J'aurais bien dû le deviner! le cœur d'un père se trahit mille fois le jour. Elle eſt ta fille, ta généreuse fille, et je te la demande pour mon fils.

AURELLY : Tu me la demandes! Ah! mon ami!

Ils se jettent dans les bras l'un de l'autre.

MÉLAC FILS, *à Pauline* : Mon père consent à notre union!

PAULINE : C'eſt le plus grand de ses bienfaits.

SAINT-ALBAN : Aurelly, rendez-moi votre mandat, je pars; soyez tranquille. Vos effets de Paris me seront remis promptement, ou je supplée à tout.

AURELLY : De vos biens?

SAINT-ALBAN : Puissent-ils être toujours aussi heureusement employés! Vous m'avez appris comme on jouit de ses sacrifices. En vain je vous admire, si votre exemple ne m'élève pas jusqu'à l'honneur de l'imiter. Nous compterons à mon retour.

Chacun exprime son admiration.

AURELLY[a], *transporté* : Monsieur... je me sens digne d'accepter ce service, car à votre place j'en aurais fait autant. Pressez donc votre retour; venez marier ces jeunes gens que vous comblez de bienfaits.

MÉLAC PÈRE : Pourquoi retarder leur bonheur? Unissons-les ce soir même. Eh! quelle joie, mes amis, de penser qu'un jour aussi orageux pour le bonheur n'a pas été tout à fait perdu pour la vertu!

FIN DU CINQUIÈME ET DERNIER ACTE[b]

LE BARBIER DE SÉVILLE

OU

LA PRÉCAUTION INUTILE

Comédie en quatre actes en prose

Et j'étais père, et je ne pus mourir!
Voltaire, *Zaïre*, acte II[1].

LETTRE MODÉRÉE
SUR LA CHUTE ET LA CRITIQUE
DU « BARBIER DE SÉVILLE »

L'AUTEUR, VÊTU MODESTEMENT ET COURBÉ, PRÉSENTANT SA PIÈCE AU LECTEUR

Monsieur,

J'ai l'honneur de vous offrir un nouvel opuscule[1] de ma façon. Je souhaite vous rencontrer dans un de ces moments heureux où, dégagé de soins[2], content de votre santé, de vos affaires, de votre maîtresse, de votre dîner, de votre estomac, vous puissiez vous plaire un moment à la lecture de mon *Barbier de Séville*; car il faut tout cela pour être homme amusable et lecteur indulgent.

Mais si quelque accident a dérangé votre santé, si votre état est compromis, si votre belle a forfait à ses serments, si votre dîner fut mauvais ou votre digestion laborieuse, ah! laissez mon *Barbier*; ce n'est pas là l'instant; examinez l'état de vos dépenses, étudiez le *factum* de votre adversaire, relisez ce traître billet surpris à Rose, ou parcourez les chefs-d'œuvre de Tissot[3] sur la tempérance, et faites des réflexions politiques, économiques, diététiques[4], philosophiques ou morales.

Ou si votre état est tel qu'il vous faille absolument l'oublier, enfoncez-vous dans une bergère, ouvrez le journal établi dans Bouillon avec Encyclopédie, approbation et privilège[5], et dormez vite une heure ou deux.

Quel charme aurait une production légère au milieu des plus noires vapeurs? Et que vous importe, en effet, si Figaro le barbier s'est bien moqué de Bartholo le médecin en aidant un rival à lui souffler sa maîtresse? On rit peu de la gaieté d'autrui, quand on a de l'humeur pour son propre compte.

Que vous fait encore si ce barbier espagnol, en arrivant dans Paris, essuya quelques traverses, et si la prohibition de ses exercices[6] a donné trop d'importance aux rêveries de mon bonnet? On ne s'intéresse guère aux affaires des autres que lorsqu'on eſt sans inquiétude sur les siennes.

Mais enfin tout va-t-il bien pour vous? Avez-vous à souhait double eſtomac, bon cuisinier, maîtresse honnête et repos imperturbable? Ah! parlons, parlons; donnez audience à mon *Barbier*.

Je sens trop, Monsieur, que ce n'eſt plus le temps où, tenant mon manuscrit en réserve, et semblable à la coquette qui refuse souvent ce qu'elle brûle toujours d'accorder[1], j'en faisais quelque avare lecture à des gens préférés, qui croyaient devoir payer ma complaisance par un éloge pompeux de mon ouvrage.

Ô jours heureux! Le lieu, le temps, l'auditoire à ma dévotion et la magie d'une lecture adroite assurant mon succès, je glissais sur le morceau faible en appuyant les bons endroits; puis, recueillant les suffrages du coin de l'œil avec une orgueilleuse modeſtie, je jouissais d'un triomphe d'autant plus doux que le jeu d'un fripon[2] d'acteur ne m'en dérobait pas les trois quarts pour son compte.

Que reſte-t-il, hélas! de toute cette gibecière[3]? À l'inſtant qu'il faudrait des miracles pour vous subjuguer, quand la verge de Moïse y suffirait à peine, je n'ai plus même la ressource du bâton de Jacob; plus d'escamotage, de tricherie, de coquetterie, d'inflexions de voix, d'illusion théâtrale, rien. C'eſt ma vertu toute nue que vous allez juger.

Ne trouvez donc pas étrange, Monsieur, si, mesurant mon ſtyle à ma situation, je ne fais pas comme ces écrivains qui se donnent le ton de vous appeler négligemment « lecteur, ami lecteur, cher lecteur, bénin » ou « benoît lecteur[4] », ou de telle autre dénomination cavalière, je dirais même indécente, par laquelle ces imprudents essayent de se mettre au pair avec leur juge, et qui ne fait bien souvent que leur en attirer l'animadversion. J'ai toujours vu que les airs[5] ne séduisaient personne, et que le ton modeſte d'un auteur pouvait seul inspirer un peu d'indulgence à son fier lecteur.

Eh! quel écrivain en eut jamais plus besoin que moi? Je voudrais le cacher en vain : j'eus la faiblesse autrefois, Monsieur, de vous présenter, en différents temps, deux triſtes[6] drames, productions monſtrueuses[7], comme on sait! Car entre la tragédie et la comédie, on n'ignore plus qu'il n'exiſte rien[8]; c'eſt un point décidé, le maître l'a dit[9], l'école en retentit, et pour moi, j'en suis tellement convaincu, que si je voulais aujourd'hui mettre au théâtre une mère éplorée, une épouse trahie, une sœur éperdue, un fils déshérité, pour les présenter décemment au public, je commencerais par leur supposer un beau royaume où ils auraient régné de leur mieux, vers l'un des archipels[1] ou dans tel autre coin du monde; certain, après cela, que l'invraisemblance du roman[2], l'énormité des faits, l'enflure des caractères, le gigantesque des idées et la bouffissure du langage, loin de m'être imputés à reproche, assureraient encore mon succès.

Présenter des hommes d'une condition moyenne, accablés et dans le malheur, fi donc! On ne doit jamais les montrer que bafoués. Les citoyens ridicules et les rois malheureux, voilà tout le théâtre existant et possible, et je me le tiens pour dit; c'est fait, je ne veux plus quereller avec personne.

J'ai donc eu la faiblesse autrefois, Monsieur, de faire des drames qui n'étaient pas « du bon genre », et je m'en repens beaucoup[3].

Pressé depuis par les événements, j'ai hasardé de malheureux mémoires[4], que mes ennemis n'ont pas trouvés « du bon style », et j'en ai le remords cruel.

Aujourd'hui, je fais glisser sous vos yeux une comédie fort gaie, que certains maîtres de goût n'estiment pas « du bon ton », et je ne m'en console point.

Peut-être un jour oserai-je affliger votre oreille d'un opéra[5], dont les jeunes gens d'autrefois diront que la musique n'est pas « du bon français », et j'en suis tout honteux d'avance.

Ainsi, de fautes en pardons et d'erreurs en excuses, je passerai ma vie à mériter votre indulgence, par la bonne foi naïve avec laquelle je reconnaîtrai les unes en vous présentant les autres.

Quant au *Barbier de Séville*, ce n'est pas pour corrompre votre jugement que je prends ici le ton respectueux; mais on m'a fort assuré que, lorsqu'un auteur était sorti, quoique échiné, vainqueur au théâtre, il ne lui manquait plus que d'être agréé par vous, Monsieur, et lacéré dans quelques journaux, pour avoir obtenu tous les lauriers littéraires. Ma gloire est donc certaine si vous daignez m'accorder le laurier de votre agrément; persuadé que plusieurs de messieurs les journalistes ne me refuseront pas celui de leur dénigrement.

Déjà l'un d'eux, établi dans Bouillon avec approbation et privilège[6], m'a fait l'honneur encyclopédique d'assurer à ses abonnés que ma pièce était sans plan, sans unité, sans caractères, vide d'intrigue et dénuée de comique.

Un autre[1], plus naïf encore, à la vérité sans approbation, sans privilège et même sans Encyclopédie, après un candide exposé de mon drame, ajoute au laurier de sa critique cet éloge flatteur de ma personne : « La réputation du sieur de Beaumarchais est bien tombée; et les honnêtes gens sont enfin convaincus que lorsqu'on lui aura arraché les plumes du paon, il ne restera plus qu'un vilain corbeau noir, avec son effronterie et sa voracité. »

Puisqu'en effet j'ai eu l'effronterie de faire la comédie du *Barbier de Séville*, pour remplir l'horoscope entier[2], je pousserai la voracité jusqu'à vous prier humblement, Monsieur, de me juger vous-même, et sans égard aux critiques passés, présents et futurs; car vous savez que, par état, les gens de feuilles[3] sont souvent ennemis des gens de lettres; j'aurai même la voracité de vous prévenir qu'étant saisi de mon affaire, il faut que[4] vous soyez mon juge absolument, soit que vous le vouliez ou non, car vous êtes mon lecteur.

Et vous sentez bien, Monsieur, que si, pour éviter ce tracas ou me prouver que je raisonne mal, vous refusiez constamment de me lire, vous feriez vous-même une pétition de principe au-dessous de vos lumières : n'étant pas mon lecteur, vous ne seriez pas celui à qui s'adresse ma requête.

Que si, par dépit de la dépendance où je parais vous mettre, vous vous avisiez de jeter le livre en cet instant de votre lecture, c'est, Monsieur, comme si, au milieu de tout autre jugement, vous étiez enlevé du tribunal par la mort ou tel accident qui vous rayât du nombre des magistrats. Vous ne pouvez éviter de me juger qu'en devenant nul, négatif, anéanti; qu'en cessant d'exister en qualité de mon lecteur.

Eh! quel tort vous fais-je en vous élevant au-dessus de moi? Après le bonheur de commander aux hommes, le plus grand honneur, Monsieur, n'est-il pas de les juger?

Voilà donc qui est arrangé. Je ne reconnais plus d'autre juge que vous, sans excepter messieurs les spectateurs, qui, ne jugeant qu'en premier ressort, voient souvent leur sentence infirmée à votre tribunal.

L'affaire avait d'abord été plaidée devant eux au théâtre, et ces messieurs ayant beaucoup ri, j'ai pu penser que j'avais gagné ma cause à l'audience. Point du tout; le journaliste, établi dans Bouillon, prétend que c'est de moi qu'on a ri. Mais ce n'est là, Monsieur, comme on dit en style de palais, qu'une mauvaise chicane de procureur[5] : mon but ayant été d'amuser les spectateurs, qu'ils aient ri de ma pièce ou de moi, s'ils ont ri de bon cœur, le but est également rempli, ce que j'appelle avoir gagné ma cause à l'audience.

Le même journaliste assure encore, ou du moins laisse entendre, que j'ai voulu gagner quelques-uns de ces messieurs en leur faisant des lectures particulières, en achetant d'avance leur suffrage par cette prédilection[1]. Mais ce n'est encore là, Monsieur, qu'une difficulté de publiciste allemand[2]. Il est manifeste que mon intention n'a jamais été que de les instruire; c'étaient des espèces de consultations que je faisais sur le fond de l'affaire. Que si les consultants, après avoir donné leur avis, se sont mêlés parmi les juges, vous voyez bien, Monsieur, que je n'y pouvais rien de ma part, et que c'était à eux de se récuser par délicatesse, s'ils se sentaient de la partialité pour mon barbier andalou.

Eh! plût au Ciel qu'ils en eussent un peu conservé pour ce jeune étranger, nous aurions eu moins de peine à soutenir notre malheur éphémère! Tels sont les hommes : avez-vous du succès, ils vous accueillent, vous portent, vous caressent, ils s'honorent de vous; mais gardez de broncher : au moindre échec, ô mes amis, souvenez-vous qu'il n'est plus d'amis.

Et c'est précisément ce qui nous arriva le lendemain de la plus triste soirée. Vous eussiez vu les faibles amis du barbier se disperser, se cacher le visage ou s'enfuir; les femmes, toujours si braves quand elles protègent, enfoncées dans les coqueluchons jusqu'aux panaches[3] et baissant des yeux confus; les hommes courant se visiter, se faire amende honorable du bien qu'ils avaient dit de ma pièce, et rejetant sur ma maudite façon de lire les choses tout le faux plaisir qu'ils y avaient goûté. C'était une désertion totale, une vraie désolation[4].

Les uns lorgnaient à gauche en me sentant passer à droite, et ne faisaient plus semblant de me voir[5] : ah dieux! D'autres, plus courageux, mais s'assurant bien si personne ne les regardait, m'attiraient dans un coin pour me dire : « Eh! comment avez-vous produit en nous cette illusion? car il faut en convenir, mon ami, votre pièce est la plus grande platitude du monde.

— Hélas! messieurs, j'ai lu ma platitude, en vérité, tout platement comme je l'avais faite; mais, au nom de la bonté que vous avez de me parler encore après ma chute et pour l'honneur de votre second jugement, ne souffrez pas qu'on redonne la pièce au théâtre; si, par malheur, on venait à la jouer comme je l'ai lue, on vous ferait peut-être une nouvelle tromperie, et vous vous en prendriez à moi de ne plus savoir quel jour vous eûtes raison ou tort; ce qu'à Dieu ne plaise! »

On ne m'en crut point; on laissa rejouer la pièce, et pour le coup je fus prophète en mon pays. Ce pauvre Figaro, *fessé* par la cabale *en faux-bourdon* et presque enterré le vendredi, ne fit point comme Candide, il prit courage[1]; et mon héros se releva le dimanche, avec une vigueur que l'austérité d'un carême entier et la fatigue de dix-sept séances publiques[2] n'ont pas encore altérée. Mais qui sait combien cela durera? Je ne voudrais pas jurer qu'il en fût seulement question dans cinq ou six siècles, tant notre nation est inconstante[a] et légère!

Les ouvrages de théâtre, Monsieur, sont comme les enfants des femmes[b3] : conçus avec volupté, menés à terme avec fatigue, enfantés avec douleur et vivant rarement assez pour payer les parents de leurs soins, ils coûtent plus de chagrins qu'ils ne donnent de plaisirs. Suivez-les dans leur carrière; à peine ils voient le jour que, sous prétexte d'enflure, on leur applique les censeurs; plusieurs en sont restés en chartre[4]. Au lieu de jouer doucement avec eux, le cruel parterre les rudoie et les fait tomber. Souvent en les berçant, le comédien les estropie. Les perdez-vous un instant de vue, on les retrouve, hélas! traînant partout, mais dépenaillés, défigurés, rongés d'extraits[5] et couverts de critiques. Échappés à tant de maux, s'ils brillent un moment dans le monde, le plus grand de tous les atteint, le mortel oubli les tue; ils meurent, et, replongés au néant, les voilà perdus à jamais dans l'immensité des livres.

Je demandais à quelqu'un pourquoi ces combats, cette guerre animée entre le parterre et l'auteur, à la première représentation des ouvrages, même de ceux qui devaient plaire un autre jour. « Ignorez-vous, me dit-il, que Sophocle et le vieux Denys sont morts de joie d'avoir remporté le prix des vers au théâtre[6]? Nous aimons trop nos auteurs pour souffrir qu'un excès de joie nous prive d'eux en les étouffant; aussi, pour les conserver, avons-nous grand soin que leur triomphe ne soit jamais si pur qu'ils puissent en expirer de plaisir. »

Quoi qu'il en soit des motifs de cette rigueur, l'enfant de mes loisirs, ce jeune, cet innocent *Barbier*, tant dédaigné le premier jour, loin d'abuser le surlendemain de son triomphe ou de montrer de l'humeur à ses critiques, ne s'en est que plus empressé de les désarmer par l'enjouement de son caractère.

Exemple rare et frappant, Monsieur, dans un siècle d'ergotisme[1] où l'on calcule tout jusqu'au rire; où la plus légère diversité d'opinions fait germer des haines éternelles; où tous les jeux tournent en guerre; où l'injure qui repousse l'injure est à son tour payée par l'injure, jusqu'à ce qu'une autre effaçant cette dernière en enfante une nouvelle, auteur de plusieurs autres, et propage ainsi l'aigreur à l'infini, depuis le rire jusqu'à la satiété, jusqu'au dégoût, à l'indignation même du lecteur le plus caustique.

Quant à moi, Monsieur, s'il est vrai, comme on l'a dit, que tous les hommes soient frères, et c'est une belle idée, je voudrais qu'on pût engager nos frères les gens de lettres à laisser, en discutant, le ton rogue et tranchant à nos frères les libellistes, qui s'en acquittent si bien! ainsi que les injures à nos frères les plaideurs... qui ne s'en acquittent pas mal non plus! Je voudrais surtout qu'on pût engager nos frères les journalistes à renoncer à ce ton pédagogue et magistral avec lequel ils gourmandent les fils d'Apollon et font rire la sottise aux dépens de l'esprit.

Ouvrez un journal : ne semble-t-il pas voir un dur répétiteur, la férule ou la verge levée sur des écoliers négligents, les traiter en esclaves au plus léger défaut dans le devoir? Eh! mes frères, il s'agit bien de devoir ici? la littérature en est le délassement et la douce récréation!

À mon égard au moins, n'espérez pas asservir dans ses jeux mon esprit à la règle[2]; il est incorrigible, et, la classe du devoir une fois fermée, il devient si léger et badin que je ne puis que jouer avec lui. Comme un liège emplumé qui bondit sur la raquette, il s'élève, il retombe, égaye mes yeux, repart en l'air, y fait la roue, et revient encore. Si quelque joueur adroit veut entrer en partie et ballotter[3] à nous deux le léger volant de mes pensées, de tout mon cœur; s'il riposte avec grâce et légèreté, le jeu m'amuse et la partie s'engage. Alors on pourrait voir les coups portés, parés, reçus, rendus, accélérés, pressés, relevés même avec une prestesse, une agilité propre à réjouir autant les spectateurs qu'elle animerait les acteurs.

Telle, au moins, Monsieur, devrait être la critique, et c'est ainsi que j'ai toujours conçu la dispute entre les gens polis qui cultivent les lettres.

Voyons, je vous prie, si le journaliste de Bouillon a conservé dans sa critique ce caractère aimable et surtout de candeur[4] pour lequel on vient de faire des vœux.

« La pièce eſt une farce[1] », dit-il.

Passons sur les qualités. Le méchant nom qu'un cuisinier étranger donne aux ragoûts français ne change rien à leur saveur. C'eſt en passant par ses mains qu'ils se dénaturent. Analysons la farce de Bouillon.

« La pièce, a-t-il dit, n'a pas de plan[2]. »

Eſt-ce parce qu'il eſt trop simple qu'il échappe à la sagacité de ce critique adolescent ?

Un vieillard amoureux prétend épouser demain sa pupille ; un jeune amant plus adroit le prévient, et ce jour même en fait sa femme, à la barbe et dans la maison du tuteur. Voilà le fond, dont on eût pu faire, avec un égal succès, une tragédie, une comédie, un drame, un opéra, *et cætera. L'Avare* de Molière eſt-il autre chose ? Le grand *Mithridate*[3] eſt-il autre chose ? Le genre d'une pièce, comme celui de toute aċtion, dépend moins du fond des choses que des caraċtères[4] qui les mettent en œuvre.

Quant à moi, ne voulant faire, sur ce plan, qu'une pièce amusante et sans fatigue, une espèce d'*imbroille*[5], il m'a suffi que le machiniſte[6], au lieu d'être un noir scélérat, fût un drôle de garçon, un homme insouciant, qui rit également du succès et de la chute de ses entreprises, pour que l'ouvrage, loin de tourner en drame sérieux, devînt une comédie fort gaie ; et de cela seul que le tuteur eſt un peu moins sot que tous ceux qu'on trompe au théâtre, il a résulté[a] beaucoup de mouvement dans la pièce, et surtout la nécessité d'y donner plus de ressort aux intrigants[7].

Au lieu de reſter dans ma simplicité comique, si j'avais voulu compliquer, étendre et tourmenter mon plan à la manière tragique ou *dramique*[8], imagine-t-on que j'aurais manqué de moyens dans une aventure dont je n'ai mis en scènes que la partie la moins merveilleuse ?

En effet, personne aujourd'hui n'ignore qu'à l'époque hiſtorique où la pièce finit gaiement dans mes mains, la querelle commença sérieusement à s'échauffer, comme qui dirait derrière la toile, entre le doċteur et Figaro, sur les cent écus[9]. Des injures on en vint aux coups. Le doċteur, étrillé par Figaro, fit tomber en se débattant le *rescille*[10] ou filet qui coiffait le barbier, et l'on vit, non sans surprise, une forme de spatule imprimée à chaud sur sa tête rasée. Suivez-moi, Monsieur, je vous prie.

À cet aspeċt, moulu de coups qu'il eſt, le médecin s'écrie avec transport : « Mon fils ! ô Ciel, mon fils ! mon cher fils!... » Mais avant que Figaro l'entende, il a redoublé de horions sur son cher père. En effet, ce l'était.

Ce Figaro, qui pour toute famille avait jadis connu sa mère, est fils naturel de Bartholo. Le médecin, dans sa jeunesse, eut cet enfant d'une personne en condition[1], que les suites de son imprudence firent passer du service au plus affreux abandon.

Mais avant de les quitter, le désolé Bartholo, frater[2] alors, a fait rougir sa spatule, il en a timbré son fils à l'occiput, pour le reconnaître un jour, si jamais le sort les rassemble. La mère et l'enfant avaient passé six années dans une honorable mendicité, lorsqu'un chef de bohémiens, descendu de Luc Gauric[3], traversant l'Andalousie avec sa troupe, et consulté par la mère sur le destin de son fils, déroba l'enfant furtivement[4], et laissa par écrit cet horoscope à sa place :

Après avoir versé le sang dont il est né,
Ton fils assommera son père infortuné :
Puis, tournant sur lui-même et le fer et le crime,
Il se frappe, et devient heureux et légitime.

En changeant d'état sans le savoir, l'infortuné jeune homme a changé de nom sans le vouloir; il s'est élevé sous celui de Figaro; il a vécu. Sa mère est cette Marceline, devenue vieille et gouvernante chez le docteur, que l'affreux horoscope de son fils a consolé de sa perte. Mais aujourd'hui, tout s'accomplit.

En saignant Marceline au pied, comme on le voit dans ma pièce, ou plutôt comme on ne l'y voit pas[5], Figaro remplit le premier vers :

Après avoir versé le sang dont il est né.

Quand il étrille innocemment le docteur, après la toile tombée, il accomplit le second vers :

Ton fils assommera son père infortuné[6].

À l'instant, la plus touchante reconnaissance a lieu entre le médecin, la vieille et Figaro : *c'est vous! c'est lui! c'est toi! c'est moi!* Quel coup de théâtre[7] ! Mais le fils, au désespoir de son innocente vivacité, fond en larmes et se donne un coup de rasoir, selon le sens du troisième vers :

Puis, tournant sur lui-même et le fer et le crime,
Il se frappe, et...

Quel tableau ! En n'expliquant point si du rasoir il se coupe la gorge ou seulement le poil du visage, on voit que j'avais le choix de finir ma pièce au plus grand pathétique[1]. Enfin, le docteur épouse la vieille, et Figaro, suivant la dernière leçon...

... devient heureux et légitime.

Quel dénouement ! Il ne m'en eût coûté qu'un sixième acte. Et quel sixième acte ! Jamais tragédie au Théâtre-Français... Il suffit. Reprenons ma pièce en l'état où elle a été jouée et critiquée. Lorsqu'on me reproche avec aigreur ce que j'ai fait, ce n'est pas l'instant de louer ce que j'aurais pu faire.

« La pièce est invraisemblable dans sa conduite », a dit encore le journaliste établi dans Bouillon avec approbation et privilège.

Invraisemblable ? Examinons cela par plaisir.

Son Excellence M. le comte Almaviva, dont j'ai depuis longtemps l'honneur d'être ami particulier, est un jeune seigneur, ou pour mieux dire était, car l'âge et les grands emplois en ont fait depuis un homme fort grave, ainsi que je le suis devenu moi-même. Son Excellence était donc un jeune seigneur espagnol, vif, ardent, comme tous les amants de sa nation, que l'on croit froide et qui n'est que paresseuse.

Il s'était mis secrètement à la poursuite d'une belle personne qu'il avait entrevue à Madrid et que son tuteur a bientôt ramenée au lieu de sa naissance. Un matin qu'il se promenait sous ses fenêtres à Séville, où depuis huit jours il cherchait à s'en faire remarquer, le hasard conduisit au même endroit Figaro le barbier. « Ah ! le hasard ! dira mon critique, et si le hasard n'eût pas conduit ce jour-là le barbier dans cet endroit, que devenait la pièce ? — Elle eût commencé, mon frère, à quelque autre époque. — Impossible, puisque le tuteur, selon vous-même, épousait le lendemain[2]. — Alors il n'y aurait pas eu de pièce, ou, s'il y en avait eu, mon frère, elle aurait été différente. Une chose est-elle invraisemblable, parce qu'elle était possible autrement ? »

Réellement, vous avez un peu d'humeur. Quand le cardinal de Retz nous dit froidement : « Un jour j'avais besoin d'un homme ; à la vérité, je ne voulais qu'un fantôme ; j'aurais désiré qu'il fût petit-fils d'Henri le Grand, qu'il eût de longs cheveux blonds ; qu'il fût beau, bien fait, bien séditieux ; qu'il eût le langage et l'amour des Halles : et voilà que le hasard me fait rencontrer à Paris M. de Beaufort, échappé de la prison du Roi; c'était juſtement l'homme qu'il me fallait[1]. » Va-t-on dire au coadjuteur : « Ah! le hasard! Mais si vous n'eussiez pas rencontré M. de Beaufort? Mais ceci, mais cela... »?

Le hasard donc conduisit en ce même endroit Figaro le barbier, beau diseur, mauvais poète, hardi musicien, grand fringueneur[2] de guitare et jadis valet de chambre du comte; établi dans Séville, y faisant avec succès des barbes, des romances et des mariages, y maniant également le fer du phlébotome[3] et le piſton du pharmacien; la terreur des maris, la coqueluche des femmes, et juſtement l'homme qu'il nous fallait. Et comme, en toute recherche, ce qu'on nomme passion n'eſt autre chose qu'un désir irrité par la contradiction[4], le jeune amant, qui n'eût peut-être eu qu'un goût de fantaisie pour cette beauté, s'il l'eût rencontrée dans le monde, en devient amoureux, parce qu'elle eſt enfermée, au point de faire l'impossible pour l'épouser.

Mais vous donner ici l'extrait[5] entier de la pièce, Monsieur, serait douter de la sagacité, de l'adresse avec laquelle vous saisirez le dessein de l'auteur, et suivrez le fil de l'intrigue, en la lisant. Moins prévenu que le journal de Bouillon, qui se trompe avec approbation et privilège sur toute la conduite de cette pièce, vous verrez que *tous les soins de l'amant* ne *sont* pas *deſtinés à remettre simplement une lettre*[6], qui n'eſt là qu'un léger accessoire à l'intrigue, mais bien à s'établir dans un fort défendu par la vigilance et le soupçon, surtout à tromper un homme qui, sans cesse éventant la manœuvre, oblige l'ennemi de se retourner assez leſtement pour n'être pas désarçonné d'emblée.

Et lorsque vous verrez que tout le mérite du dénouement consiſte en ce que le tuteur a fermé sa porte en donnant son passe-partout à Bazile, pour que lui seul et le notaire pussent entrer et conclure son mariage, vous ne laisserez pas d'être étonné qu'un critique aussi équitable se joue de la confiance de son lecteur, ou se trompe au point d'écrire, et dans Bouillon encore : « Le comte s'eſt donné la peine de monter au balcon par une échelle avec Figaro, quoique la porte ne soit pas fermée[7]. »

Enfin, lorsque vous verrez le malheureux tuteur, abusé par toutes les précautions qu'il prend pour ne le point être, à la fin forcé de signer au contrat du comte et d'approuver ce qu'il n'a pu prévenir, vous laisserez au critique à décider si ce tuteur était un *imbécile*[1] de ne pas deviner une intrigue dont on lui cachait tout, lorsque lui critique, à qui l'on ne cachait rien, ne l'a pas devinée plus que le tuteur.

En effet, s'il l'eût bien conçue, aurait-il manqué de louer tous les beaux endroits de l'ouvrage?

Qu'il n'ait point remarqué la manière dont le premier acte annonce et déploie avec gaieté tous les caractères de la pièce, on peut lui pardonner.

Qu'il n'ait pas aperçu quelque peu de comédie dans la grande scène du second acte[2], où, malgré la défiance et la fureur du jaloux, la pupille parvient à lui donner le change sur une lettre remise en sa présence, et à lui faire demander pardon à genoux du soupçon qu'il a montré, je le conçois encore aisément.

Qu'il n'ait pas dit un seul mot de la scène de stupéfaction de Bazile[3] au troisième acte, qui a paru si neuve au théâtre et a tant réjoui les spectateurs, je n'en suis point surpris du tout.

Passe encore qu'il n'ait pas entrevu l'embarras où l'auteur s'est jeté volontairement au dernier acte, en faisant avouer par la pupille à son tuteur que le comte avait dérobé la clef de la jalousie; et comment l'auteur s'en démêle en deux mots, et sort en se jouant de la nouvelle inquiétude qu'il a imprimée au spectateur[4]. C'est peu de chose en vérité.

Je veux bien qu'il ne lui soit pas venu à l'esprit que la pièce, une des plus gaies qui soient au théâtre, est écrite sans la moindre équivoque, sans une pensée, un seul mot dont la pudeur, même des petites loges[5], ait à s'alarmer, ce qui pourtant est bien quelque chose, Monsieur, dans un siècle où l'hypocrisie de la décence est poussée presque aussi loin que le relâchement des mœurs. Très volontiers. Tout cela sans doute pouvait n'être pas digne de l'attention d'un critique aussi majeur.

Mais comment n'a-t-il pas admiré ce que tous les honnêtes gens n'ont pu voir sans répandre des larmes de tendresse et de plaisir? je veux dire la piété filiale de ce bon Figaro, qui ne saurait oublier sa mère!

« Tu connais donc ce tuteur? » lui dit le comte au premier acte. « Comme ma mère », répond Figaro[6]. Un avare aurait dit : « Comme mes poches ». Un petit-maître eût répondu : « Comme moi-même ». Un ambitieux : « Comme le chemin de Versailles »; et le journaliste de Bouillon : « Comme mon libraire », les comparaisons de chacun se tirant toujours de l'objet intéressant. « Comme ma mère », a dit le fils tendre et respectueux !

Dans un autre endroit encore : « Ah ! vous êtes charmant ! » lui dit le tuteur[1]. Et ce bon, cet honnête garçon, qui pouvait gaiement assimiler cet éloge à tous ceux qu'il a reçus de ses maîtresses, en revient toujours à sa bonne mère, et répond à ce mot : « Vous êtes charmant ! – Il est vrai, monsieur, que ma mère me l'a dit autrefois. » Et le journal de Bouillon ne relève point de pareils traits ! Il faut avoir le cerveau bien desséché pour ne pas les voir, ou le cœur bien dur pour ne pas les sentir !

Sans compter mille autres finesses de l'Art répandues à pleines mains dans cet ouvrage. Par exemple, on sait que les comédiens ont multiplié chez eux les emplois à l'infini : emplois de grande, moyenne et petite amoureuse ; emplois de grands, moyens et petits valets ; emplois de niais, d'important, de croquant, de paysan, de tabellion, de bailli ; mais on sait qu'ils n'ont pas encore appointé celui de bâillant. Qu'a fait l'auteur pour former un comédien peu exercé au talent d'ouvrir largement la bouche au théâtre ? Il s'est donné le soin de lui rassembler dans une seule phrase toutes les syllabes bâillantes du français : « Rien... qu'en... l'en... en... ten... dant... parler[2] », syllabes en effet qui feraient bâiller un mort, et parviendraient à desserrer les dents même de l'envie !

En[a] cet endroit admirable où, pressé par les reproches du tuteur qui lui crie : « Que direz-vous à ce malheureux qui bâille et dort tout éveillé ? et l'autre qui depuis trois heures éternue à se faire sauter le crâne et jaillir la cervelle, que leur direz-vous ? » Le naïf barbier répond : « Eh parbleu ! je dirai à celui qui éternue : “ Dieu vous bénisse ! ” et : “ Va te coucher ”, à celui qui bâille[3]. » Réponse en effet si juste, si chrétienne et si admirable, qu'un de ces fiers critiques, qui ont leurs entrées au paradis, n'a pu s'empêcher de s'écrier : « Diable ! l'auteur a dû rester au moins huit jours à trouver cette réplique ! »

Et le journal de Bouillon, au lieu de louer ces beautés sans nombre, use encre et papier, approbation et privilège, à mettre un pareil ouvrage au-dessous même de la critique ! On me couperait le cou, Monsieur, que je ne saurais m'en taire.

N'a-t-il pas été jusqu'à dire, le cruel ! que, « pour ne pas voir expirer ce barbier sur le théâtre, il a fallu le mutiler, le changer, le refondre, l'élaguer, le réduire en quatre actes et le purger d'un grand nombre de pasquinades, de calembours, de jeux de mots, en un mot, de bas comique[1] ».

À le voir ainsi frapper comme un sourd, on juge assez qu'il n'a pas entendu le premier mot de l'ouvrage qu'il décompose. Mais j'ai l'honneur d'assurer ce journaliste, ainsi que le jeune homme qui lui taille ses plumes et ses morceaux, que, loin d'avoir purgé la pièce d'aucun des *calembours*, *jeux de mots*, etc., qui lui eussent nui le premier jour, l'auteur a fait rentrer dans les actes restés au théâtre tout ce qu'il en a pu reprendre à l'acte au portefeuille[2]: tel un charpentier économe cherche, dans ses copeaux épars sur le chantier, tout ce qui peut servir à cheviller et boucher les moindres trous de son ouvrage.

Passerons-nous sous silence le reproche aigu qu'il fait à la jeune personne d'avoir « tous les défauts d'une fille mal élevée »? Il est vrai que, pour échapper aux conséquences d'une telle imputation, il tente à la rejeter sur autrui, comme s'il n'en était pas l'auteur, en employant cette expression banale : « On trouve à la jeune personne[3] », etc. On trouve !...

Que voulait-il donc qu'elle fît? Quoi? Qu'au lieu de se prêter aux vues d'un jeune amant très aimable et qui se trouve un homme de qualité, notre charmante enfant épousât le vieux podagre[4] médecin? Le noble établissement qu'il lui destinait là! Et parce qu'on n'est pas de l'avis de Monsieur, on a « tous les défauts d'une fille mal élevée »!

En vérité, si le journal de Bouillon se fait des amis en France par la justesse et la candeur de ses critiques, il faut avouer qu'il en aura beaucoup moins au-delà des Pyrénées, et qu'il est surtout un peu bien dur pour les dames espagnoles.

Eh! qui sait si Son Excellence Mme la comtesse Almaviva, l'exemple des femmes de son état et vivant comme un ange avec son mari, quoiqu'elle ne l'aime plus, ne se ressentira pas un jour[5] des libertés qu'on se donne à Bouillon, sur elle, avec approbation et privilège?

L'imprudent journaliste a-t-il au moins réfléchi que Son Excellence ayant, par le rang de son mari, le plus grand crédit dans les bureaux, eût pu lui faire obtenir quelque pension sur la *Gazette d'Espagne* ou la *Gazette* elle-même, et que dans la carrière qu'il embrasse il faut garder plus de ménagements pour les femmes de qualité? Qu'est-ce que cela me fait à moi? L'on sent bien que c'est pour lui seul que j'en parle!

Il est temps de laisser cet adversaire, quoiqu'il soit à la tête des gens qui prétendent que, « n'ayant pu me soutenir en cinq actes, je me suis mis en quatre pour ramener le public[1] ». Eh! quand cela serait? Dans un moment d'oppression, ne vaut-il pas mieux sacrifier un cinquième de son bien que de le voir aller tout entier au pillage?

Mais ne tombez pas, cher lecteur... (Monsieur, veux-je dire), ne tombez pas, je vous prie, dans une erreur populaire qui ferait grand tort à votre jugement.

Ma pièce, qui paraît n'être aujourd'hui qu'en quatre actes, est réellement et de fait en cinq, qui sont le premier, le deuxième, le troisième, le quatrième et le cinquième, à l'ordinaire[2].

Il est vrai que, le jour du combat, voyant les ennemis acharnés, le parterre ondulant, agité, grondant au loin comme les flots de la mer, et trop certain que ces mugissements sourds, précurseurs des tempêtes, ont amené plus d'un naufrage, je vins à réfléchir que beaucoup de pièces en cinq actes (comme la mienne), toutes très bien faites d'ailleurs (comme la mienne), n'auraient pas été au diable en entier (comme la mienne), si l'auteur eût pris un parti vigoureux (comme le mien).

« Le dieu des cabales est irrité », dis-je aux comédiens avec force :

Enfants! un sacrifice est ici nécessaire.

Alors, faisant la part au Diable et déchirant mon manuscrit : « Dieu des siffleurs, moucheurs, cracheurs, tousseurs et perturbateurs, m'écriai-je, il te faut du sang! Bois mon quatrième acte et que ta fureur s'apaise! »

À l'instant vous eussiez vu ce bruit infernal qui faisait pâlir et broncher les acteurs, s'affaiblir, s'éloigner, s'anéantir, l'applaudissement lui succéder, et des bas-fonds du parterre un *bravo* général s'élever, en circulant, jusqu'aux hauts bancs du paradis.

De cet exposé, Monsieur, il suit que ma pièce est restée en cinq actes, qui sont le premier, le deuxième, le troisième au théâtre, le quatrième au Diable et le cinquième avec les trois premiers. Tel auteur même vous soutiendra que ce quatrième acte, qu'on n'y voit point, n'en est pas moins celui qui fait le plus de bien à la pièce, en ce qu'on ne l'y voit point.

Laissons jaser le monde; il me suffit d'avoir prouvé mon dire; il me suffit, en faisant mes cinq actes, d'avoir montré mon respect pour Aristote, Horace, Aubignac[3] et les

Modernes; et d'avoir mis ainsi l'honneur de la règle à couvert.

Par le second arrangement, le Diable a son affaire[1]; mon char n'en roule pas moins bien sans la cinquième roue, le public est content, je le suis aussi. Pourquoi le journal de Bouillon ne l'est-il pas? – Ah! pourquoi! C'est qu'il est bien difficile de plaire à des gens qui, par métier, doivent ne jamais trouver les choses gaies assez sérieuses, ni les graves assez enjouées.

Je me flatte, Monsieur, que cela s'appelle raisonner principes et que vous n'êtes pas mécontent de mon petit syllogisme.

Reste à répondre aux observations dont quelques personnes ont honoré le moins important des drames hasardés depuis un siècle au théâtre.

Je mets à part les lettres écrites aux comédiens, à moi-même, sans signature et vulgairement appelées anonymes[2]; on juge à l'âpreté du style que leurs auteurs, peu versés dans la critique, n'ont pas assez senti qu'une mauvaise pièce n'est point une mauvaise action, et que telle injure, convenable à un méchant homme, est toujours déplacée à un méchant écrivain. Passons aux autres.

Des connaisseurs ont remarqué que j'étais tombé dans l'inconvénient de faire critiquer des usages français par un plaisant de Séville à Séville, tandis que la vraisemblance exigeait qu'il s'égayât[a 3] sur les mœurs espagnoles. Ils ont raison; j'y avais même tellement pensé que, pour rendre la vraisemblance encore plus parfaite, j'avais d'abord résolu d'écrire et de faire jouer la pièce en langage espagnol; mais un homme de goût m'a fait observer qu'elle en perdrait peut-être un peu de sa gaieté pour le public de Paris, raison qui m'a déterminé à l'écrire en français; en sorte que j'ai fait, comme on voit, une multitude de sacrifices à la gaieté, mais sans pouvoir parvenir à dérider le journal de Bouillon.

Un autre amateur, saisissant l'instant qu'il y avait beaucoup de monde au foyer, m'a reproché, du ton le plus sérieux, que ma pièce ressemblait à *On ne s'avise jamais de tout*[4]. « Ressembler, monsieur! Je soutiens que ma pièce est *On ne s'avise jamais de tout*, lui-même.

– Et comment cela? – C'est qu'on ne s'était pas encore avisé de ma pièce. » L'amateur resta court, et l'on en rit d'autant plus que celui-là qui me reprochait *On ne s'avise jamais de tout*, est un homme qui ne s'est jamais avisé de rien.

Quelques jours après, ceci est plus sérieux, chez une dame incommodée, un monsieur grave, en habit noir, coiffure bouffante et canne à corbin[1], lequel touchait légèrement le poignet de la dame, proposa civilement plusieurs doutes sur la vérité des traits que j'avais lancés contre les médecins. « Monsieur, lui dis-je, êtes-vous ami de quelqu'un d'eux? Je serais désolé qu'un badinage... – On ne peut pas moins; je vois que vous ne me connaissez pas, je ne prends jamais le parti d'aucun, je parle ici pour le corps en général. » Cela me fit beaucoup chercher quel homme ce pouvait être. « En fait de plaisanterie, ajoutai-je, vous savez, monsieur, qu'on ne demande jamais si l'histoire est vraie, mais si elle est bonne. – Eh! croyez-vous moins perdre à cet examen qu'au premier? – À merveille, docteur, dit la dame. Le monstre qu'il est! n'a-t-il pas osé parler mal aussi de nous? Faisons cause commune. »

À ce mot de docteur, je commençai à soupçonner qu'elle parlait à son médecin. « Il est vrai, madame et monsieur, repris-je avec modestie, que je me suis permis ces légers torts, d'autant plus aisément qu'ils tirent moins à conséquence.

« Eh! qui pourrait nuire à deux corps puissants, dont l'empire embrasse l'univers et se partage le monde? Malgré les envieux, les belles y régneront toujours par le plaisir, et les médecins par la douleur, et la brillante santé nous ramène à l'Amour, comme la maladie nous rend à la médecine.

« Cependant, je ne sais si, dans la balance des avantages, la Faculté ne l'emporte pas un peu sur la Beauté. Souvent on voit les belles nous renvoyer aux médecins; mais plus souvent encore les médecins nous gardent et ne nous renvoient plus aux belles.

« En plaisantant donc, il faudrait peut-être avoir égard à la différence des ressentiments et songer que si les belles se vengent en se séparant de nous, ce n'est là qu'un mal négatif; au lieu que les médecins se vengent en s'en emparant, ce qui devient très positif;

« Que, quand ces derniers nous tiennent, ils font de nous tout ce qu'ils veulent; au lieu que les belles, toutes belles qu'elles sont, n'en font jamais que ce qu'elles peuvent;

« Que le commerce des belles nous les rend bientôt moins nécessaires; au lieu que l'usage des médecins finit par nous les rendre indispensables;

« Enfin, que l'un de ces empires ne semble établi que pour assurer la durée de l'autre, puisque, plus la verte jeunesse est livrée à l'amour, plus la pâle vieillesse appartient sûrement à la médecine.

« Au reste, ayant fait contre moi cause commune, il était juste, madame et monsieur, que je vous offrisse en commun mes justifications. Soyez donc persuadés que, faisant profession d'adorer les belles et de redouter les médecins, c'est toujours en badinant que je dis du mal de la Beauté; comme ce n'est jamais sans trembler que je plaisante un peu la Faculté.

« Ma déclaration n'est point suspecte à votre égard, mesdames, et mes plus acharnés ennemis sont forcés d'avouer que, dans un instant d'humeur où mon dépit contre une belle allait s'épancher trop librement sur toutes les autres, on m'a vu m'arrêter tout court au vingt-cinquième couplet, et, par le plus prompt repentir, faire ainsi, dans le vingt-sixième, amende honorable aux belles irritées :

Sexe charmant, si je décèle
Votre cœur en proie au désir,
Souvent à l'amour infidèle,
Mais toujours fidèle au plaisir,
D'un badinage, ô mes déesses!
Ne cherchez point à vous venger :
Tel glose, hélas! sur vos faiblesses
Qui brûle de les partager[1].

« Quant à vous, monsieur le docteur, on sait assez que Molière... — Au désespoir, dit-il en se levant, de ne pouvoir profiter plus longtemps de vos lumières : mais l'humanité qui gémit ne doit pas souffrir de mes plaisirs. » Il me laissa, ma foi, la bouche ouverte avec ma phrase en l'air. « Je ne sais pas, dit la belle malade en riant, si je vous pardonne; mais je vois bien que notre docteur ne vous pardonne pas. — Le nôtre, madame? Il ne sera jamais le mien. — Eh! pourquoi? — Je ne sais; je craindrais qu'il ne fût au-dessous de son état, puisqu'il n'est pas au-dessus des plaisanteries qu'on en peut faire.

« Ce docteur n'est pas de mes gens. L'homme assez consommé dans son art pour en avouer de bonne foi l'incertitude, assez spirituel pour rire avec moi de ceux qui le disent infaillible, tel est mon médecin. En me rendant ses soins qu'ils appellent des visites, en me donnant ses conseils qu'ils nomment des ordonnances[a], il remplit dignement et sans faste la plus noble fonction d'une âme éclairée et sensible. Avec plus d'esprit, il calcule plus de rapports, et c'est tout ce qu'on peut dans un art aussi utile qu'incertain. Il me raisonne, il me console, il me guide, et la nature fait le reste. Aussi, loin de s'offenser de la plaisanterie, est-il le premier à l'opposer au pédantisme. À l'infatué[1] qui lui dit gravement : " De quatre-vingts fluxions de poitrine que j'ai traitées cet automne, un seul malade a péri dans mes mains ", mon docteur répond en souriant : " Pour moi, j'ai prêté mes secours à plus de cent cet hiver; hélas! je n'en ai pu sauver qu'un seul. " Tel est mon aimable[2] médecin. Je le connais. Vous permettez bien que je ne l'échange pas contre le vôtre. Un pédant n'aura pas plus ma confiance en maladie qu'une bégueule n'obtiendrait mon hommage en santé[3]. Mais je ne suis qu'un sot. Au lieu de vous rappeler mon amende honorable au beau sexe, je devais lui chanter le couplet de la bégueule[4] ; il est tout fait pour lui.

Pour égayer ma poésie,
Au hasard j'assemble des traits ;
J'en fais, peintre de fantaisie,
Des tableaux, jamais des portraits.
La femme d'esprit, qui s'en moque,
Sourit finement à l'auteur ;
Pour l'imprudente qui s'en choque,
Sa colère est son délateur.

— À propos de chanson, dit la dame, vous êtes bien honnête d'avoir été donner votre pièce aux Français! moi qui n'ai de petite loge qu'aux Italiens ! Pourquoi n'en avoir pas fait un opéra-comique? Ce fut, dit-on, votre première idée[5]. La pièce est d'un genre à comporter de la musique.

— Je ne sais si elle est propre à la supporter, ou si je m'étais trompé d'abord en le supposant; mais sans entrer dans les raisons qui m'ont fait changer d'avis, celle-ci, madame, répond à tout :

« Notre musique dramatique ressemble trop encore à notre musique chansonnière pour en attendre[6] un véritable intérêt ou de la gaieté franche. Il faudra commencer à l'employer sérieusement au théâtre quand on sentira bien qu'on ne doit y chanter que pour parler[7] ; quand nos musiciens se rapprocheront de la nature, et surtout cesseront de s'imposer l'absurde loi de toujours revenir à la première partie d'un air après qu'ils en ont dit la seconde. Est-ce qu'il y a des reprises et des rondeaux[8] dans un drame ? Ce cruel radotage est la mort de l'intérêt et dénote un vide insupportable dans les idées. »

Moi qui ai toujours chéri la musique sans inconstance et même sans infidélité, souvent, aux pièces qui m'attachent le plus, je me surprends à pousser de l'épaule, à dire tout bas avec humeur : « Eh! va donc, musique! pourquoi toujours répéter? N'es-tu pas assez lente? Au lieu de narrer vivement, tu rabâches! au lieu de peindre la passion, tu t'accroches aux mots[1]! Le poète se tue à serrer l'événement, et toi tu le délayes! Que lui sert de rendre son style énergique et pressé, si tu l'ensevelis sous d'inutiles fredons[2]? Avec ta stérile abondance, reste, reste aux chansons pour toute nourriture, jusqu'à ce que tu connaisses le langage sublime et tumultueux des passions. »

En effet, si la déclamation est déjà un abus de la narration[3] au théâtre, le chant, qui est un abus de la déclamation, n'est donc, comme on voit, que l'abus de l'abus. Ajoutez-y la répétition des phrases et voyez ce que devient l'intérêt. Pendant que le vice ici va toujours en croissant, l'intérêt marche à sens contraire; l'action s'alanguit; quelque chose me manque; je deviens distrait; l'ennui me gagne; et si je cherche alors à deviner ce que je voudrais, il m'arrive souvent de trouver que je voudrais la fin du spectacle.

Il est un autre art d'imitation, en général beaucoup moins avancé que la musique, mais qui semble en ce point lui servir de leçon. Pour la variété seulement, la danse élevée[4] est déjà le modèle du chant.

Voyez le superbe Vestris ou le fier d'Auberval[5] engager un pas de caractère. Il ne danse pas encore; mais, d'aussi loin qu'il paraît, son port libre et dégagé fait déjà lever la tête aux spectateurs. Il inspire autant de fierté qu'il promet de plaisirs. Il est parti... Pendant que le musicien redit vingt fois ses phrases et monotone[6] ses mouvements, le danseur varie les siens à l'infini.

Le voyez-vous s'avancer légèrement à petits bonds, reculer à grands pas et faire oublier le comble de l'art par la plus ingénieuse négligence? Tantôt sur un pied, gardant le plus savant équilibre, et suspendu sans mouvement pendant plusieurs mesures, il étonne, il surprend par l'immobilité de son aplomb... Et soudain, comme s'il regrettait le temps du repos, il part comme un trait, vole au fond du théâtre, et revient, en pirouettant, avec une rapidité que l'œil peut suivre à peine.

L'air a beau recommencer, rigaudonner[7], se répéter, se radoter[8], il ne se répète point, lui! Tout en déployant les mâles beautés d'un corps souple et puissant, il peint les mouvements violents dont son âme eſt agitée; il vous lance un regard passionné que ses bras mollement ouverts rendent plus expressif; et, comme s'il se lassait bientôt de vous plaire, il se relève avec dédain, se dérobe à l'œil qui le suit, et la passion la plus fougueuse semble alors naître et sortir de la plus douce ivresse. Impétueux, turbulent, il exprime une colère si bouillante et si vraie qu'il m'arrache à mon siège et me fait froncer le sourcil. Mais, reprenant soudain le geſte et l'accent d'une volupté paisible, il erre nonchalamment avec une grâce, une mollesse, et des mouvements si délicats qu'il enlève autant de suffrages qu'il y a de regards attachés sur sa danse enchanteresse[1].

Compositeurs! chantez comme il danse, et nous aurons, au lieu d'opéras, des mélodrames[2]! Mais j'entends mon éternel censeur (je ne sais plus s'il eſt d'ailleurs ou de Bouillon), qui me dit : « Que prétend-on par ce tableau? Je vois un talent supérieur, et non la danse en général. C'eſt dans sa marche ordinaire qu'il faut saisir un art pour le comparer, et non dans ses efforts les plus sublimes. N'avons-nous pas... »

Je l'arrête à mon tour. Eh quoi! si je veux peindre un coursier et me former une juſte idée de ce noble animal, irai-je le chercher hongre et vieux, gémissant au timon du fiacre, ou trottinant sous le plâtrier qui siffle? Je le prends au haras, fier étalon, vigoureux, découplé, l'œil ardent, frappant la terre et soufflant le feu par les naseaux, bondissant de désirs et d'impatience, ou fendant l'air, qu'il électrise, et dont le brusque hennissement réjouit l'homme et fait tressaillir toutes les cavales de la contrée. Tel eſt mon danseur.

Et quand je crayonne un art, c'eſt parmi les plus grands sujets qui l'exercent que j'entends choisir mes modèles; tous les efforts du génie... Mais je m'éloigne trop de mon sujet; revenons au *Barbier de Séville*... ou plutôt, Monsieur, n'y revenons pas. C'eſt assez pour une bagatelle. Insensiblement je tomberais dans le défaut reproché trop juſtement à nos Français, de toujours faire de petites chansons sur les grandes affaires, et de grandes dissertations sur les petites.

Je suis, avec le plus profond respect,

Monsieur,

Votre très humble et très obéissant serviteur,

L'AUTEUR.

LE BARBIER DE SÉVILLE
OU
LA PRÉCAUTION INUTILE[1]

Comédie en quatre actes en prose

PERSONNAGES[a]

[LE COMTE ALMAVIVA, grand d'Espagne, amant inconnu de Rosine.
BARTHOLO, médecin, tuteur de Rosine.
ROSINE, jeune personne d'extraction noble, et pupille de Bartholo.
FIGARO, barbier de Séville.
DON BAZILE, organiste, maître à chanter de Rosine.
LA JEUNESSE, vieux domestique de Bartholo.
L'ÉVEILLÉ, autre valet de Bartholo, garçon niais et endormi.
UN NOTAIRE.
UN ALCADE, homme de justice.
PLUSIEURS ALGUAZILS ET VALETS avec des flambeaux.]

(Les habits des acteurs doivent être dans l'ancien costume[2] espagnol.)

LE COMTE ALMAVIVA, grand d'Espagne, amant[3] inconnu de Rosine, paraît au premier acte en veste et culotte de satin; il est enveloppé d'un grand manteau brun, ou cape espagnole; chapeau noir rabattu, avec un ruban de couleur autour de la forme. Au deuxième acte : habit uniforme de cavalier[4] avec des moustaches et des bottines. Au troisième, habillé en bachelier[5]; cheveux ronds, grande fraise au cou; veste, culotte, bas et manteau d'abbé. Au quatrième acte, il est vêtu superbement à l'espagnole avec un riche manteau; par-dessus tout, le large manteau brun dont il se tient enveloppé.

BARTHOLO, médecin, tuteur de Rosine : habit noir, court, boutonné; grande perruque; fraise et manchettes relevées; une ceinture noire; et quand il veut sortir de chez lui, un long manteau écarlate.

ROSINE, jeune personne d'extraction noble, et pupille de Bartholo : habillée à l'espagnole.

FIGARO, barbier de Séville : en habit de majo[a1] espagnol. La tête couverte d'une rescille[2], ou filet; chapeau blanc, ruban de couleur autour de la forme; un fichu de soie, attaché fort lâche à son cou; gilet et haut-de-chausse de satin, avec des boutons et boutonnières frangés d'argent; une grande ceinture de soie; les jarretières nouées avec des glands qui pendent sur chaque jambe; veste de couleur tranchante, à grands revers de la couleur du gilet; bas blancs et souliers gris.

DON BAZILE, organiste, maître à chanter de Rosine : chapeau[b] noir rabattu, soutanelle[3] et long manteau, sans fraise ni manchettes.

LA JEUNESSE, vieux domestique de Bartholo.

L'ÉVEILLÉ, autre valet de Bartholo, garçon niais et endormi. Tous deux habillés en Galiciens; tous les cheveux dans la queue; gilet couleur de chamois; large ceinture de peau avec une boucle; culotte bleue et veste de même, dont les manches, ouvertes aux épaules pour le passage des bras, sont pendantes par-derrière.

UN NOTAIRE.

UN ALCADE[4], homme de justice, avec une longue baguette blanche à la main.

PLUSIEURS ALGUAZILS[5] ET VALETS avec des flambeaux[6].

La scène est à Séville, dans la rue et sous les fenêtres de Rosine, au premier[c] acte, et le reste de la pièce dans la maison du docteur Bartholo[7].

ACTE PREMIER

Le théâtre représente une rue de Séville, où toutes les croisées sont grillées.

SCÈNE PREMIÈRE

LE COMTE, *seul, en grand manteau brun et chapeau rabattu. Il tire sa montre en se promenant.*

Le jour est moins avancé que je ne croyais. L'heure à laquelle elle a coutume de se montrer derrière sa jalousie est encore éloignée. N'importe; il vaut mieux arriver trop tôt que de manquer l'instant de la voir. Si quelque aimable de la cour pouvait me deviner à cent lieues de Madrid, arrêté tous les matins sous les fenêtres d'une femme à qui je n'ai jamais parlé, il me prendrait pour un Espagnol du temps d'Isabelle. Pourquoi non? Chacun court après le bonheur. Il est pour moi dans le cœur de Rosine. Mais quoi! suivre une femme à Séville, quand Madrid et la cour offrent de toutes parts des plaisirs si faciles? Et c'est cela même que je fuis. Je[a] suis las des conquêtes que l'intérêt, la convenance ou la vanité nous présentent sans cesse. Il est si doux d'être aimé pour soi-même; et si je pouvais m'assurer sous ce déguisement... Au diable l'importun[b]!

SCÈNE II

FIGARO, LE COMTE, *caché.*

FIGARO, *une guitare sur le dos attachée en bandoulière avec un large ruban; il chantonne gaiement, un papier et un crayon à la main :*

(N° 1[1])

Bannissons le chagrin,
Il nous consume :
Sans le feu du bon vin,
Qui nous rallume,
Réduit à languir,
L'homme, sans plaisir,
Vivrait comme un sot,
Et mourrait bientôt.

Jusque-là ceci ne va pas mal, hein, hein!

... Et[c] mourrait bientôt.
Le vin et la paresse
Se disputent mon cœur...

Eh non! ils ne se le disputent pas, ils y règnent paisiblement ensemble...

Se partagent... mon cœur.

Dit-on « se partagent »?... Eh! mon Dieu, nos faiseurs d'opéras-comiques n'y regardent pas de si près. Aujourd'hui, ce qui ne vaut pas la peine d'être dit, on le chante[2]. *(Il chante.)*

Le vin et la paresse
Se partagent mon cœur...

Je voudrais finir par quelque chose de beau, de brillant, de scintillant, qui eût l'air d'une pensée. *(Il met un genou en terre et écrit en chantant.)*

Se partagent mon cœur.
Si l'une a ma tendresse...
L'autre fait mon bonheur.

Fi donc! c'eſt plat. Ce n'eſt pas ça... Il me faut une opposition, une antithèse :

Si l'une... eſt ma maîtresse,
L'autre...

Eh! parbleu, j'y suis!...

L'autre eſt mon serviteur.

Fort bien, Figaro!... *(Il écrit en chantant.)*

Le vin et la paresse
Se partagent mon cœur;
Si l'une eſt ma maîtresse,
L'autre eſt mon serviteur,
L'autre eſt mon serviteur,
L'autre eſt mon serviteur.

Hein, hein, quand il y aura des accompagnements là-dessous, nous verrons encore, messieurs de la cabale, si je ne sais ce que je dis. *(Il aperçoit le comte.)* J'ai vu cet abbé-là quelque part.

Il se relève.

LE COMTE, *à part* : Cet homme ne m'eſt pas inconnu.

FIGARO : Eh non, ce n'eſt pas un abbé! Cet air altier et noble...

LE COMTE : Cette tournure grotesque...

FIGARO : Je ne me trompe point; c'eſt le comte Almaviva.

LE COMTE : Je crois que c'eſt ce coquin de Figaro.

FIGARO : C'eſt lui-même, monseigneur.

LE COMTE : Maraud! si tu dis un mot...

FIGARO : Oui, je vous reconnais; voilà les bontés familières dont vous m'avez toujours honoré.

LE COMTE : Je ne te reconnaissais pas, moi. Te voilà si gros et si gras...

FIGARO : Que voulez-vous, monseigneur, c'eſt la misère.

LE COMTE : Pauvre petit! Mais que fais-tu[a] à Séville? Je t'avais autrefois recommandé dans les bureaux pour un emploi.

FIGARO : Je l'ai obtenu, monseigneur, et ma reconnaissance...

LE COMTE : Appelle-moi Lindor[1]. Ne vois-tu pas, à mon déguisement, que je veux être inconnu?

FIGARO : Je me retire.

LE COMTE : Au contraire. J'attends ici quelque chose; et deux hommes qui jasent sont moins suspects qu'un seul qui se promène. Ayons l'air de jaser[2]. Eh bien, cet emploi?

FIGARO : Le ministre, ayant égard à la recommandation de Votre Excellence, me fit nommer sur-le-champ garçon apothicaire.

LE COMTE : Dans les hôpitaux de l'armée?

FIGARO : Non; dans les haras d'Andalousie.

LE COMTE[b], *riant* : Beau début!

FIGARO : Le poste n'était pas mauvais; parce qu'ayant le district des pansements et des drogues, je vendais souvent aux hommes de bonnes médecines de cheval...

LE COMTE : Qui tuaient les sujets du roi!

FIGARO : Ah! ah! il n'y a point de remède universel; mais qui n'ont pas laissé de guérir quelquefois des Galiciens, des Catalans, des Auvergnats.

LE COMTE[c] : Pourquoi donc l'as-tu quitté?

FIGARO : Quitté? C'est bien lui-même; on m'a desservi auprès des Puissances.

L'envie aux doigts crochus, au teint pâle et livide[3]...

LE COMTE : Oh grâce! grâce, ami! Est-ce que tu fais aussi des vers? Je t'ai vu là griffonnant sur ton genou, et chantant dès le matin.

FIGARO : Voilà précisément[d] la cause de mon malheur, Excellence. Quand on a rapporté au ministre que je faisais, je puis dire assez joliment, des bouquets à Chloris[4], que j'envoyais des énigmes aux journaux, qu'il courait des madrigaux de ma façon; en un mot, quand il a su que j'étais imprimé tout vif, il a pris la chose au tragique, et m'a fait ôter mon emploi, sous prétexte que l'amour des lettres est incompatible avec l'esprit des affaires.

LE COMTE : Puissamment raisonné! et tu ne lui fis pas représenter...

FIGARO : Je me crus trop heureux d'en être oublié; persuadé qu'un Grand nous fait assez de bien quand il ne nous fait pas de mal[1].

LE COMTE[a] : Tu ne dis pas tout. Je me souviens qu'à mon service tu étais un assez mauvais sujet.

FIGARO : Eh! mon Dieu, monseigneur, c'est qu'on veut que le pauvre soit sans défaut.

LE COMTE : Paresseux, dérangé...

FIGARO : Aux vertus qu'on exige dans un domestique, Votre Excellence connaît-elle beaucoup de maîtres qui fussent dignes d'être valets[2] ?

LE COMTE, *riant* : Pas mal. Et tu t'es retiré en cette ville?

FIGARO : Non pas tout de suite.

LE COMTE, *l'arrêtant* : Un moment... J'ai cru que c'était elle... Dis toujours, je t'entends de reste.

FIGARO : De retour à Madrid, je voulus essayer de nouveau mes talents littéraires, et le théâtre me parut un champ d'honneur...

LE COMTE : Ah! miséricorde!

FIGARO *(Pendant sa réplique, le comte regarde avec attention du côté de la jalousie.)* : En vérité[b], je ne sais comment je n'eus pas le plus grand succès, car j'avais rempli le parterre des plus excellents travailleurs; des mains... comme des battoirs! J'avais interdit les gants, les cannes, tout ce qui ne produit que des applaudissements sourds; et d'honneur, avant la pièce, le café[3] m'avait paru dans les meilleures dispositions pour moi. Mais les efforts de la cabale...

LE COMTE : Ah! la cabale! monsieur l'auteur tombé!

FIGARO : Tout comme un autre : pourquoi pas? Ils m'ont sifflé; mais si jamais je puis les rassembler...

LE COMTE : L'ennui te vengera bien d'eux?

FIGARO : Ah! comme je leur en garde[4], morbleu!

LE COMTE : Tu jures! Sais-tu qu'on n'a que vingt-quatre heures au Palais pour maudire ses juges[5] ?

FIGARO : On a vingt-quatre ans au théâtre; la vie est trop courte pour user un pareil ressentiment.

LE COMTE : Ta joyeuse colère me réjouit. Mais tu ne me dis pas ce qui t'a fait quitter Madrid.

FIGARO : C'est mon bon ange, Excellence, puisque je suis assez heureux pour retrouver mon ancien maître. Voyant à Madrid que la république des Lettres était celle des loups, toujours armés les uns contre les autres, et[c] que, livrés au mépris où ce risible acharnement les conduit, tous les insectes, les moustiques, les cousins, les critiques, les maringouins[1], les envieux, les feuillistes[2], les libraires, les censeurs, et tout ce qui s'attache à la peau des malheureux gens de lettres, achevait de déchiqueter et sucer le peu de substance qui leur restait; fatigué d'écrire, ennuyé de moi, dégoûté des autres, abîmé de dettes et léger d'argent; à la fin convaincu que l'utile revenu du rasoir est préférable aux vains honneurs de la plume, j'ai quitté Madrid, et, mon bagage en sautoir, parcourant philosophiquement les deux Castilles, la Manche, l'Estramadure, la Sierra Morena, l'Andalousie; accueilli dans une ville, emprisonné dans l'autre, et partout supérieur aux événements; loué par ceux-ci, blâmé par ceux-là; aidant au bon temps, supportant le mauvais; me[a] moquant des sots, bravant les méchants; riant de ma misère et faisant la barbe à tout le monde[3]; vous me voyez enfin établi dans Séville, et prêt à servir de nouveau Votre Excellence en tout ce qu'il lui plaira de m'ordonner.

LE COMTE : Qui t'a donné une philosophie aussi gaie?

FIGARO : L'habitude du malheur. Je me presse de rire de tout, de peur d'être obligé d'en pleurer[4]. Que regardez-vous donc toujours de côté?

LE COMTE : Sauvons-nous.

FIGARO : Pourquoi?

LE COMTE : Viens donc, malheureux! tu me perds.

Ils se cachent.

SCÈNE III

BARTHOLO, ROSINE (*La jalousie du premier étage s'ouvre, et Bartholo et Rosine se mettent à la fenêtre.*)

ROSINE : Comme le grand air fait plaisir à respirer! Cette jalousie s'ouvre si rarement...

BARTHOLO : Quel papier tenez-vous là?

ROSINE : Ce sont des couplets de *La Précaution inutile* que mon maître à chanter m'a donnés hier.

BARTHOLO : Qu'est-ce que *La Précaution inutile*?

ROSINE : C'est une comédie nouvelle.

BARTHOLO : Quelque drame encore! Quelque sottise d'un nouveau genre*!

* Bartholo n'aimait pas les drames. Peut-être avait-il fait quelque tragédie dans sa jeunesse.

ROSINE : Je n'en sais rien.

BARTHOLO : Euh, euh! les journaux et l'autorité nous en feront raison. Siècle barbare!...

ROSINE : Vous injuriez toujours notre pauvre siècle.

BARTHOLO : Pardon de la liberté, qu'a-t-il produit pour qu'on le loue? Sottises de toute espèce : la liberté de penser, l'attraction, l'électricité, le tolérantisme, l'inoculation, le quinquina, l'Encyclopédie et les drames[1]...

ROSINE[a] *(Le papier lui échappe et tombe dans la rue.)* : Ah! ma chanson! ma chanson est tombée en vous écoutant; courez, courez donc, monsieur; ma chanson! elle sera perdue!

BARTHOLO : Que diable aussi, l'on tient ce qu'on tient.

Il quitte le balcon.

ROSINE *regarde en dedans et fait signe dans la rue* : S't, s't, *(le comte paraît)* ramassez vite et sauvez-vous.

Le comte ne fait qu'un saut, ramasse le papier et rentre.

BARTHOLO *sort de la maison et cherche* : Où donc est-il? Je ne vois rien.

ROSINE : Sous le balcon, au pied du mur.

BARTHOLO : Vous[b] me donnez là une jolie commission! Il est donc passé quelqu'un?

ROSINE : Je n'ai vu personne.

BARTHOLO, *à lui-même* : Et moi qui ai la bonté de chercher... Bartholo, vous n'êtes qu'un sot, mon ami : ceci doit vous apprendre à ne jamais ouvrir de jalousies sur la rue.

Il rentre.

ROSINE, *toujours au balcon* : Mon excuse est dans mon malheur : seule, enfermée, en butte à la persécution d'un homme odieux, est-ce un crime de tenter à sortir d'esclavage?

BARTHOLO, *paraissant au balcon* : Rentrez, signora; c'est ma faute si vous avez perdu votre chanson, mais ce malheur ne vous arrivera plus, je vous jure.

Il ferme la jalousie à la clef.

SCÈNE IV

LE COMTE, FIGARO *(Ils entrent avec précaution.)*

LE COMTE : À présent qu'ils sont retirés, examinons cette chanson, dans laquelle un mystère est sûrement renfermé. C'est un billet!

FIGARO : Il demandait[a] ce que c'est que *La précaution inutile*!

LE COMTE *lit vivement* : « Votre empressement excite ma curiosité; sitôt que mon tuteur sera sorti, chantez indifféremment, sur l'air connu de ces couplets, quelque chose qui m'apprenne enfin le nom, l'état et les intentions de celui qui paraît s'attacher si obstinément à l'infortunée Rosine. »

FIGARO, *contrefaisant la voix de Rosine* : Ma chanson! ma chanson est tombée; courez, courez donc, *(il rit)* ah! ah! ah! ah! Oh! ces femmes! voulez-vous donner de l'adresse à la plus ingénue? enfermez-la.

LE COMTE : Ma chère Rosine!

FIGARO : Monseigneur, je ne suis plus en peine des motifs de votre mascarade; vous faites ici l'amour en perspective.

LE COMTE : Te voilà instruit[b], mais si tu jases...

FIGARO : Moi, jaser! je n'emploierai point pour vous rassurer les grandes phrases d'honneur et de dévouement dont on abuse à la journée; je n'ai qu'un mot : mon intérêt vous répond de moi; pesez tout à cette balance et...

LE COMTE : Fort bien. Apprends donc que le hasard m'a fait rencontrer au Prado[1], il y a six mois, une jeune personne d'une beauté... Tu viens de la voir!... Je l'ai fait chercher en vain par tout Madrid. Ce n'est que depuis peu de jours que j'ai découvert qu'elle s'appelle Rosine, est d'un sang noble, orpheline et mariée à un vieux médecin de cette ville, nommé Bartholo.

FIGARO : Joli[c] oiseau, ma foi! difficile à dénicher! Mais qui vous a dit qu'elle était femme du docteur?

LE COMTE : Tout le monde.

FIGARO : C'est une histoire qu'il a forgée en arrivant de Madrid, pour donner le change aux galants et les écarter; elle n'est encore que sa pupille, mais bientôt...

LE COMTE, *vivement* : Jamais. Ah, quelle nouvelle! J'étais résolu de tout oser pour lui présenter mes regrets, et je la trouve libre! Il n'y a pas un moment à perdre, il faut m'en faire aimer, et l'arracher à l'indigne engagement qu'on lui destine. Tu connais donc ce tuteur?

FIGARO : Comme ma mère[1].

LE COMTE : Quel homme est-ce?

FIGARO, *vivement* : C'est un beau, gros, court, jeune vieillard, gris pommelé[2], rusé, rasé, blasé, qui guette et furète et gronde et geint tout à la fois.

LE COMTE, *impatienté* : Eh! je l'ai vu. Son caractère?

FIGARO : Brutal, avare, amoureux et jaloux à l'excès de sa pupille, qui le hait à la mort.

LE COMTE : Ainsi, ses moyens de plaire sont...

FIGARO : Nuls.

LE COMTE : Tant mieux. Sa probité?

FIGARO : Tout juste autant qu'il en faut pour n'être point pendu.

LE COMTE : Tant mieux. Punir un fripon en se rendant heureux...

FIGARO : C'est faire à la fois le bien public et particulier : chef-d'œuvre de morale, en vérité, monseigneur!

LE COMTE : Tu dis que la crainte des galants lui fait fermer sa porte?

FIGARO : À tout le monde : s'il pouvait la calfeutrer...

LE COMTE : Ah! diable! tant pis. Aurais-tu de l'accès chez lui?

FIGARO[a] : Si j'en ai ? *Primo*, la maison que j'occupe appartient au docteur, qui m'y loge *gratis*.

LE COMTE : Ah! ah!

FIGARO : Oui. Et moi, en reconnaissance, je lui promets dix pistoles par an, *gratis* aussi.

LE COMTE, *impatienté* : Tu es son locataire?

FIGARO : De plus, son barbier, son chirurgien, son apothicaire; il ne se donne pas dans sa maison un coup de rasoir, de lancette ou de piston, qui ne soit de la main de votre serviteur[3].

LE COMTE *l'embrasse* : Ah! Figaro, mon ami, tu seras mon ange, mon libérateur, mon dieu tutélaire.

FIGARO : Peste! comme l'utilité vous a bientôt rapproché les distances! parlez-moi des gens passionnés!

LE COMTE : Heureux Figaro! tu vas voir ma Rosine! tu vas la voir! Conçois-tu ton bonheur?

FIGARO : C'est bien là un propos d'amant! Est-ce que je l'adore, moi? Pussiez-vous prendre ma place[b]!

LE COMTE : Ah! si l'on pouvait écarter tous les surveillants!...

FIGARO : C'eſt à quoi je rêvais[1].

LE COMTE : Pour douze heures seulement!

FIGARO : En occupant les gens de leur propre intérêt, on les empêche de nuire à l'intérêt d'autrui.

LE COMTE : Sans doute. Eh bien?

FIGARO, *rêvant* : Je cherche dans ma tête si la pharmacie ne fournirait pas quelques petits moyens innocents...

LE COMTE : Scélérat!

FIGARO : Eſt-ce que je veux leur nuire? Ils ont tous besoin de mon miniſtère. Il ne s'agit que de les traiter ensemble.

LE COMTE : Mais ce médecin peut prendre un soupçon.

FIGARO : Il faut marcher si vite que le soupçon n'ait pas le temps de naître. Il me vient une idée!... Le régiment de Royal-Infant[2] arrive en cette ville.

LE COMTE : Le colonel eſt de mes amis.

FIGARO : Bon. Présentez-vous chez le docteur en habit de cavalier, avec un billet de logement; il faudra bien qu'il vous héberge; et moi, je me charge du reſte.

LE COMTE : Excellent!

FIGARO : Il ne serait même pas mal que vous eussiez l'air entre deux vins...

LE COMTE : À quoi bon?

FIGARO : Et le mener un peu leſtement sous cette apparence déraisonnable.

LE COMTE : À quoi bon?

FIGARO : Pour qu'il ne prenne aucun ombrage, et vous croie plus pressé de dormir que d'intriguer chez lui.

LE COMTE : Supérieurement vu! Mais que n'y vas-tu, toi?

FIGARO : Ah! oui, moi! Nous serons bien heureux s'il ne vous reconnaît pas, vous qu'il n'a jamais vu. Et comment vous introduire après?

LE COMTE : Tu as raison.

FIGARO : C'eſt que vous ne pourrez peut-être pas soutenir ce personnage difficile. Cavalier... pris de vin...

LE COMTE : Tu te moques de moi. *(Prenant un ton ivre.)* N'eſt-ce point ici[a] la maison du docteur Bartholo, mon ami?

FIGARO : Pas mal, en vérité; vos jambes seulement un peu plus avinées. *(D'un ton plus ivre.)* N'eſt-ce pas ici la maison...

LE COMTE : Fi donc! tu as l'ivresse du peuple.

FIGARO : C'eſt la bonne; c'eſt celle du plaisir.

LE COMTE[b] : La porte s'ouvre.

FIGARO : C'est notre homme : éloignons-nous jusqu'à ce qu'il soit parti.

SCÈNE V[a]

LE COMTE *et* FIGARO *cachés*, BARTHOLO

BARTHOLO *sort en parlant à la maison* : Je reviens à l'instant; qu'on ne laisse entrer personne. Quelle sottise à moi d'être descendu! Dès qu'elle m'en priait, je devais bien me douter... Et Bazile qui ne vient pas! Il devait tout arranger pour que mon mariage se fît secrètement demain; et point de nouvelles! Allons voir ce qui peut l'arrêter.

SCÈNE VI[b]

LE COMTE, FIGARO

LE COMTE : Qu'ai-je entendu? Demain il épouse Rosine en secret!

FIGARO : Monseigneur, la difficulté de réussir ne fait qu'ajouter à la nécessité d'entreprendre.

LE COMTE : Quel est donc ce Bazile qui se mêle de son mariage?

FIGARO : Un pauvre hère qui montre la musique à sa pupille, infatué de son art, friponneau, besoineux[1], à genoux devant un écu, et dont il sera facile de venir à bout, monseigneur... *(Regardant à la jalousie.)* La v'là! la v'là!

LE COMTE : Qui donc?

FIGARO : Derrière sa jalousie, la voilà! la voilà! Ne regardez pas, ne regardez donc pas!

LE COMTE : Pourquoi?

FIGARO : Ne vous écrit-elle pas : « Chantez indifférement? » c'est-à-dire, chantez comme si vous chantiez... seulement pour chanter? Oh! la v'là! la v'là!

LE COMTE : Puisque[c] j'ai commencé à l'intéresser sans être connu d'elle, ne quittons point le nom de Lindor que[d] j'ai pris; mon triomphe en aura plus de charmes. *(Il déploie le papier que Rosine a jeté.)* Mais comment chanter sur cette musique? Je ne sais pas faire de vers, moi!

FIGARO : Tout[e] ce qui vous viendra, monseigneur, est

excellent; en amour, le cœur n'est pas difficile sur les productions de l'esprit... et prenez ma guitare.

LE COMTE : Que veux-tu que j'en fasse? j'en joue si mal!

FIGARO : Est-ce qu'un homme comme vous ignore quelque chose[a]? Avec le dos de la main : from, from, from... Chanter sans guitare à Séville! vous seriez bientôt reconnu, ma foi, bientôt dépisté!

Figaro se colle au mur sous le balcon.

LE COMTE *chante en se promenant et s'accompagnant sur sa guitare :*

(N° 2)

Premier couplet[b]

Vous l'ordonnez, je me ferai connaître.
Plus inconnu, j'osais vous adorer :
En me nommant, que pourrais-je espérer?
N'importe, il faut obéir à son maître.

FIGARO, *bas* : Fort bien, parbleu! Courage, monseigneur!

LE COMTE :

Deuxième couplet

Je suis Lindor, ma naissance est commune,
Mes vœux sont ceux d'un simple bachelier;
Que n'ai-je, hélas! d'un brillant chevalier
À vous offrir le rang et la fortune!

FIGARO : Eh comment diable! Je ne ferais pas mieux, moi qui m'en pique.

LE COMTE :

Troisième couplet

Tous les matins, ici, d'une voix tendre,
Je chanterai mon amour sans espoir;
Je bornerai mes plaisirs à vous voir;
Et puissiez-vous en trouver à m'entendre!

FIGARO : Oh! ma foi, pour celui-ci!... *(Il s'approche et baise le bas de l'habit de son maître.)*

LE COMTE : Figaro?

FIGARO : Excellence?

LE COMTE : Crois-tu que l'on m'ait entendu?

ROSINE, *en dedans, chante (Air du « Maître en droit*[1] »*)* :

Tout me dit que Lindor eſt charmant,
Que je dois l'aimer conſtamment...

On entend une croisée qui se ferme avec bruit.

FIGARO : Croyez-vous qu'on vous ait entendu cette fois?

LE COMTE : Elle a fermé sa fenêtre; quelqu'un apparemment eſt entré chez elle.

FIGARO : Ah! la pauvre petite, comme elle tremble en chantant! Elle eſt prise, monseigneur.

LE COMTE : Elle se sert du moyen qu'elle-même a indiqué. « Tout me dit que Lindor eſt charmant. » Que de grâces! que d'esprit!

FIGARO : Que de ruse! que d'amour!

LE COMTE : Crois-tu qu'elle se donne à moi, Figaro?

FIGARO : Elle passera plutôt à travers cette jalousie que d'y manquer.

LE COMTE : C'en eſt fait, je suis à ma Rosine... pour la vie!

FIGARO : Vous oubliez, monseigneur, qu'elle ne vous entend plus.

LE COMTE[a] : Monsieur Figaro, je n'ai qu'un mot à vous dire : elle sera ma femme; et si vous servez bien mon projet en lui cachant mon nom... tu m'entends, tu me connais...

FIGARO : Je me rends. Allons, Figaro, vole à la fortune, mon fils.

LE COMTE : Retirons-nous, crainte de nous rendre suspects.

FIGARO, *vivement* : Moi, j'entre ici, où, par la force de mon art, je vais d'un seul coup de baguette endormir la vigilance, éveiller l'amour, égarer la jalousie, fourvoyer l'intrigue et renverser tous les obſtacles. Vous, monseigneur, chez moi, l'habit de soldat, le billet de logement, et de l'or dans vos poches.

LE COMTE : Pour qui de l'or?

FIGARO, *vivement* : De l'or, mon Dieu! de l'or : c'eſt le nerf de l'intrigue.

LE COMTE : Ne te fâche pas, Figaro, j'en prendrai beaucoup.

FIGARO, *s'en allant* : Je vous rejoins dans peu.

LE COMTE : Figaro?

FIGARO : Qu'eſt-ce que c'eſt?

LE COMTE[b] : Et ta guitare?

FIGARO *revient* : J'oublie ma guitare, moi? Je suis donc fou!

Il s'en va.

LE COMTE : Et ta demeure, étourdi?

FIGARO *revient* : Ah! réellement je suis frappé! Ma boutique à quatre pas d'ici, peinte en bleu, vitrage en plomb, trois palettes en l'air, l'œil dans la main, *Consilio manuque*, FIGARO[1].

Il s'enfuit.

FIN DU PREMIER ACTE[a]

ACTE II

Le théâtre représente l'appartement de Rosine. La croisée dans le fond du théâtre est fermée par une jalousie grillée[b].

SCÈNE PREMIÈRE

ROSINE, *seule, un bougeoir à la main.*
Elle prend du papier sur la table et se met à écrire.

Marceline est malade, tous les gens sont occupés, et personne ne me voit écrire. Je ne sais si ces murs ont des yeux et des oreilles, ou si mon Argus[2] a un génie malfaisant qui l'instruit à point nommé, mais je ne puis dire un mot ni faire un pas dont il ne devine sur-le-champ l'intention... Ah! Lindor!... *(Elle cachette la lettre.)* Fermons toujours[c] ma lettre, quoique j'ignore quand et comment je pourrai la lui faire tenir. Je l'ai vu, à travers ma jalousie, parler longtemps au barbier Figaro. C'est un bon homme qui m'a montré quelquefois de la pitié; si je pouvais l'entretenir un moment!

SCÈNE II

ROSINE, FIGARO

ROSINE, *surprise* : Ah! monsieur Figaro, que je suis aise de vous voir!

FIGARO : Votre santé, madame?

ROSINE : Pas trop bonne, monsieur Figaro. L'ennui me tue.

FIGARO : Je le crois ; il n'engraisse que les sots.

ROSINE : Avec qui parliez-vous donc là-bas[1] si vivement ? Je n'entendais pas, mais...

FIGARO : Avec un jeune bachelier de mes parents, de la plus grande espérance, plein d'esprit, de sentiments, de talents, et d'une figure[2] fort revenante.

ROSINE : Oh ! tout à fait bien, je vous assure ! Il se nomme ?...

FIGARO : Lindor. Il n'a rien. Mais, s'il n'eût pas quitté brusquement Madrid, il pouvait y trouver quelque bonne place.

ROSINE : Il[a] en trouvera, monsieur Figaro, il en trouvera. Un jeune homme tel que vous le dépeignez n'est pas fait pour rester inconnu.

FIGARO, *à part* : Fort bien. *(Haut.)* Mais il a un grand défaut, qui nuira toujours à son avancement.

ROSINE : Un défaut, monsieur Figaro ! Un défaut ! en êtes-vous bien sûr ?

FIGARO : Il est amoureux.

ROSINE : Il est amoureux ! et vous appelez cela un défaut[3] ?

FIGARO : À la vérité, ce n'en est un que relativement à sa mauvaise fortune.

ROSINE : Ah ! que le sort est injuste ! Et nomme-t-il la personne qu'il aime ? Je suis d'une curiosité...

FIGARO : Vous êtes la dernière, madame, à qui je voudrais faire une confidence de cette nature.

ROSINE, *vivement* : Pourquoi, monsieur Figaro ? Je suis discrète ; ce jeune homme vous appartient[4], il m'intéresse infiniment... Dites donc !

FIGARO, *la regardant finement* : Figurez-vous la plus jolie petite mignonne, douce, tendre, accorte[5] et fraîche, agaçant l'appétit, pied furtif[6], taille adroite, élancée, bras dodus, bouche rosée, et des mains ! des joues, des dents ! des yeux !...

ROSINE : Qui reste en cette ville ?

FIGARO : En ce quartier.

ROSINE : Dans cette rue peut-être ?

FIGARO : À deux pas de moi.

ROSINE : Ah ! que c'est charmant... pour monsieur votre parent. Et cette personne est ?...

FIGARO : Je ne l'ai pas nommée ?

ROSINE, *vivement* : C'est la seule chose que vous ayez oubliée, monsieur Figaro. Dites donc, dites donc[b] vite ; si l'on rentrait, je ne pourrais plus savoir...

ROSINE : Et qui peut y pénétrer que vous, monsieur ?

BARTHOLO : J'aime mieux craindre sans sujet que de m'exposer sans précaution ; tout est plein de gens entreprenants, d'audacieux... N'a-t-on pas ce matin encore ramassé lestement votre chanson pendant que j'allais la chercher ? Oh ! je...

ROSINE : C'est bien mettre à plaisir de l'importance à tout ! Le vent peut avoir éloigné ce papier, le premier venu, que sais-je ?

BARTHOLO : Le vent, le premier venu !... Il n'y a point de vent, madame, point de premier venu dans le monde ; et c'est toujours quelqu'un posté là exprès qui ramasse les papiers qu'une femme a l'air de laisser tomber par mégarde.

ROSINE : A l'air, monsieur ?

BARTHOLO : Oui, madame, a l'air.

ROSINE, *à part* : Oh ! le méchant vieillard !

BARTHOLO : Mais tout cela n'arrivera plus, car je vais faire sceller cette grille.

ROSINE : Faites mieux ; murez les fenêtres tout d'un coup[1]. D'une prison à un cachot, la différence est si peu de chose !

BARTHOLO : Pour celles qui donnent sur la rue ? Ce ne serait peut-être pas si mal... Ce barbier[a] n'est pas entré chez vous, au moins ?

ROSINE : Vous donne-t-il aussi de l'inquiétude ?

BARTHOLO : Tout comme un autre.

ROSINE : Que vos répliques sont honnêtes !

BARTHOLO : Ah ! fiez-vous à tout le monde, et vous aurez bientôt à la maison une bonne femme pour vous tromper, de bons amis pour vous la souffler, et de bons valets pour les y aider.

ROSINE : Quoi ! vous n'accordez pas même qu'on ait des principes contre la séduction de monsieur Figaro ?

BARTHOLO : Qui diable entend quelque chose à la bizarrerie des femmes ? et combien j'en ai vu de ces vertus à principes...

ROSINE, *en colère* : Mais[b], monsieur, s'il suffit d'être homme pour nous plaire, pourquoi donc me déplaisez-vous si fort ?

BARTHOLO, *stupéfait* : Pourquoi ?... Pourquoi ?... Vous ne répondez pas à ma question sur ce barbier.

ROSINE, *outrée* : Eh bien oui, cet homme est entré chez moi, je l'ai vu, je lui ai parlé. Je ne vous cache pas même que je l'ai trouvé fort aimable ; et puissiez-vous en mourir de dépit !

Elle sort.

SCÈNE V

BARTHOLO, *seul.*

Oh ! les Juifs ! les chiens de valets ! La Jeunesse ? L'Éveillé ? L'Éveillé maudit !

SCÈNE VI

BARTHOLO, L'ÉVEILLÉ

L'ÉVEILLÉ *arrive en bâillant, tout endormi* : Aah, aah, ah, ah...

BARTHOLO : Où étais-tu[a], peste d'étourdi, quand ce barbier est entré ici ?

L'ÉVEILLÉ : Monsieur, j'étais... ah, aah, ah...

BARTHOLO : À machiner quelque espièglerie[1] sans doute ? Et tu ne l'as pas vu ?

L'ÉVEILLÉ : Sûrement je l'ai vu ; puisqu'il m'a trouvé tout malade, à ce qu'il dit ; et faut bien que ça soit vrai, car j'ai commencé à me douloir[2] dans tous les membres, rien qu'en l'en entendant parl... Ah, ah, aah...

BARTHOLO *le contrefait* : Rien qu'en l'en entendant !... Où donc est ce vaurien de La Jeunesse ? Droguer ce[b] petit garçon sans mon ordonnance ! Il y a quelque friponnerie là-dessous.

SCÈNE VII[c]

LES ACTEURS PRÉCÉDENTS
(LA JEUNESSE *arrive en vieillard, avec une canne en béquille ; il éternue plusieurs fois.*)

L'ÉVEILLÉ, *toujours bâillant* : La Jeunesse ?

BARTHOLO : Tu éternueras dimanche[3].

LA JEUNESSE : Voilà plus de cinquante... cinquante fois... dans un moment ! *(Il éternue*[4].) Je suis brisé.

BARTHOLO : Comment ! Je vous demande à tous deux s'il est entré quelqu'un chez Rosine, et vous ne me dites pas que ce barbier...

L'ÉVEILLÉ, *continuant de bâiller* : Est-ce que c'est quelqu'un donc, monsieur Figaro? Aah, ah...

BARTHOLO[a] : Je parie que le rusé s'entend avec lui.

L'ÉVEILLÉ, *pleurant comme un sot* : Moi... Je m'entends!...

LA JEUNESSE, *éternuant* : Eh mais, monsieur, y a-t-il... y a-t-il de la justice?...

BARTHOLO : De la justice! C'est bon entre vous autres misérables, la justice! Je suis votre maître, moi, pour avoir toujours raison.

LA JEUNESSE, *éternuant* : Mais, pardi, quand une chose est vraie...

BARTHOLO : Quand une chose est vraie! Si je ne veux pas qu'elle soit vraie, je prétends bien qu'elle ne soit pas vraie. Il n'y aurait qu'à permettre à tous ces faquins-là d'avoir raison, vous verriez bientôt ce que deviendrait l'autorité.

LA JEUNESSE[b], *éternuant* : J'aime autant recevoir mon congé. Un service terrible, et toujours un train d'enfer.

L'ÉVEILLÉ, *pleurant* : Un pauvre homme de bien est traité comme un misérable.

BARTHOLO : Sors donc, pauvre homme de bien. *(Il les contrefait.)* Et t'chi et t'cha; l'un m'éternue au nez, l'autre m'y bâille.

LA JEUNESSE : Ah! monsieur, je vous jure que sans Mademoiselle, il n'y aurait... il n'y aurait pas moyen de rester dans la maison.

Il sort en éternuant.

BARTHOLO : Dans quel état ce Figaro les a mis tous! Je vois ce que c'est : le maraud voudrait me payer mes cent écus sans bourse délier[c].

SCÈNE VIII[d]

BARTHOLO, DON BAZILE; FIGARO,
caché dans le cabinet, paraît de temps en temps, et les écoute.

BARTHOLO *continue* : Ah[e]! Don Bazile, vous veniez donner à Rosine sa leçon de musique?

BAZILE : C'est ce qui presse le moins.

BARTHOLO : J'ai passé chez vous sans vous trouver.

BAZILE : J'étais sorti pour vos affaires. Apprenez[f] une nouvelle assez fâcheuse.

BARTHOLO : Pour vous?

BAZILE : Non, pour vous. Le comte Almaviva eſt en cette ville.

BARTHOLO : Parlez bas. Celui qui faisait chercher Rosine dans tout Madrid?

BAZILE : Il loge à la grande place et sort tous les jours déguisé.

BARTHOLO : Il n'en faut point douter, cela me regarde. Et que faire?

BAZILE : Si c'était un particulier[1], on viendrait à bout de l'écarter.

BARTHOLO : Oui, en s'embusquant le soir, armé, cuirassé...

BAZILE : *Bone Deus!* Se compromettre! Susciter une méchante affaire, à la bonne heure, et, pendant la fermentation, calomnier à dire d'experts; *concedo*[2].

BARTHOLO : Singulier moyen de se défaire d'un homme!

BAZILE : La calomnie, monsieur[3]? Vous ne savez guère ce que vous dédaignez; j'ai vu les plus honnêtes gens près d'en être accablés. Croyez qu'il n'y a pas de plate méchanceté, pas d'horreurs, pas de conte absurde, qu'on ne fasse adopter aux oisifs d'une grande ville, en s'y prenant bien : et nous avons ici des gens d'une adresse!... D'abord un bruit léger, rasant le sol comme hirondelle avant l'orage, *pianissimo* murmure et file, et sème en courant le trait empoisonné. Telle bouche le recueille, et *piano*, *piano* vous le glisse en l'oreille adroitement. Le mal eſt fait, il germe, il rampe, il chemine, et *rinforzando* de bouche en bouche il va le diable[4]; puis tout à coup, ne sais comment, vous voyez Calomnie se dresser, siffler, s'enfler, grandir à vue d'œil. Elle s'élance, étend son vol, tourbillonne, enveloppe, arrache, entraîne, éclate et tonne, et devient, grâce au Ciel, un cri général, un *crescendo*[5] public, un *chorus* universel de haine et de proscription. Qui diable y résiſterait?

BARTHOLO : Mais quel radotage me faites-vous donc là, Bazile? Et quel rapport ce *piano-crescendo* peut-il avoir à ma situation?

BAZILE : Comment, quel rapport? Ce qu'on fait partout, pour écarter son ennemi, il faut le faire ici pour empêcher le vôtre d'approcher.

BARTHOLO : D'approcher? Je prétends bien épouser Rosine avant qu'elle apprenne seulement que ce comte existe.

BAZILE : En ce cas, vous n'avez pas un inſtant à perdre.

BARTHOLO : Et à qui tient-il[a], Bazile ? Je vous ai chargé de tous les détails de cette affaire.

BAZILE : Oui. Mais vous avez lésiné sur les frais ; et dans l'harmonie du bon ordre, un mariage inégal[1], un jugement inique, un passe-droit évident, sont des dissonances qu'on doit toujours préparer et sauver par l'accord parfait de l'or.

BARTHOLO, *lui donnant de l'argent* : Il faut en passer par où vous voulez ; mais finissons.

BAZILE : Cela s'appelle parler. Demain tout sera terminé ; c'est à vous d'empêcher que personne, aujourd'hui, ne puisse instruire la pupille.

BARTHOLO : Fiez-vous-en à moi. Viendrez-vous ce soir, Bazile ?

BAZILE : N'y comptez pas. Votre mariage seul m'occupera toute la journée ; n'y comptez pas.

BARTHOLO *l'accompagne* : Serviteur.

BAZILE : Restez, docteur, restez donc.

BARTHOLO : Non pas. Je veux fermer sur vous la porte de la rue.

SCÈNE IX

FIGARO, *seul, sortant du cabinet.*

Oh ! la bonne précaution ! Ferme, ferme la porte de la rue, et moi je vais la rouvrir au comte en sortant. C'est un grand maraud que ce Bazile ! heureusement il est encore plus sot. Il faut un état, une famille, un nom, un rang, de la consistance enfin, pour faire sensation dans le monde en calomniant. Mais un Bazile ! il médirait qu'on ne le croirait pas.

SCÈNE X

ROSINE, *accourant* ; FIGARO

ROSINE : Quoi ! vous êtes encore là, monsieur Figaro ?

FIGARO : Très heureusement pour vous, mademoiselle. Votre tuteur et votre maître de musique, se croyant seuls ici, viennent de parler à cœur ouvert...

ROSINE : Et vous les avez écoutés, monsieur Figaro ? Mais savez-vous que c'est fort mal ?

FIGARO : D'écouter? C'est pourtant tout ce[a] qu'il y a de mieux pour bien entendre. Apprenez que votre tuteur se dispose à vous épouser demain.

ROSINE : Ah! grands dieux!

FIGARO : Ne craignez rien, nous lui donnerons tant d'ouvrage qu'il n'aura pas le temps de songer à celui-là.

ROSINE : Le voici qui revient; sortez donc par le petit escalier. Vous me faites mourir de frayeur.

Figaro s'enfuit.

SCÈNE XI[b]

BARTHOLO, ROSINE

ROSINE : Vous étiez ici avec quelqu'un, monsieur?

BARTHOLO : Don Bazile que j'ai reconduit, et pour cause. Vous eussiez mieux aimé que c'eût été monsieur Figaro?

ROSINE : Cela m'est fort égal, je vous assure.

BARTHOLO : Je voudrais bien savoir ce que ce barbier avait de si pressé à vous dire?

ROSINE : Faut-il parler sérieusement? Il m'a rendu compte[c] de l'état de Marceline, qui même n'est pas trop bien, à ce qu'il dit.

BARTHOLO : Vous rendre compte! Je vais parier qu'il était chargé de vous remettre quelque lettre.

ROSINE : Et de qui, s'il vous plaît?

BARTHOLO : Oh! de qui? De quelqu'un que les femmes ne nomment jamais. Que sais-je, moi? Peut-être la réponse au papier de la fenêtre.

ROSINE, *à part* : Il n'en a pas manqué une seule. *(Haut.)* Vous mériteriez bien que cela fût.

BARTHOLO *regarde les mains de Rosine* : Cela est. Vous avez écrit.

ROSINE, *avec embarras* : Il serait assez plaisant que vous eussiez le projet de m'en faire convenir.

BARTHOLO, *lui prenant la main droite* : Moi! point du tout; mais votre doigt encore taché d'encre! hein? rusée signora[1]!

ROSINE, *à part* : Maudit homme!

BARTHOLO, *lui tenant toujours la main* : Une femme se croit bien en sûreté parce qu'elle est seule.

ROSINE : Ah[d]! sans doute... La belle preuve!... Finissez donc, monsieur, vous me tordez le bras. Je me suis brûlée en chiffonnant autour de cette bougie, et l'on m'a toujours dit qu'il fallait aussitôt tremper dans l'encre; c'est ce que j'ai fait.

BARTHOLO : C'est ce que vous avez fait? Voyons donc si un second témoin[1] confirmera la déposition du premier. C'est ce cahier de papier où je suis certain qu'il y avait six feuilles; car je les compte tous les matins, aujourd'hui encore.

ROSINE, *à part* : Oh! imbécile!

BARTHOLO, *comptant* : Trois, quatre, cinq...

ROSINE : La sixième...

BARTHOLO : Je vois bien qu'elle n'y est pas, la sixième[a].

ROSINE, *baissant les yeux* : La sixième? je l'ai employée à faire un cornet pour des bonbons que j'ai envoyés à la petite Figaro.

BARTHOLO : À la petite Figaro? Et la plume qui était toute neuve, comment est-elle devenue noire! est-ce en écrivant l'adresse de la petite Figaro?

ROSINE, *à part*[b] : Cet homme a un instinct de jalousie!... *(Haut.)* Elle m'a servi à retracer une fleur effacée sur la veste que je vous brode au tambour.

BARTHOLO : Que cela est édifiant! Pour qu'on vous crût, mon enfant, il faudrait ne pas rougir en déguisant coup sur coup la vérité; mais c'est ce que vous ne savez pas encore.

ROSINE : Eh! qui ne rougirait pas, monsieur, de voir tirer des conséquences aussi malignes des choses le plus innocemment faites?

BARTHOLO : Certes, j'ai tort; se brûler le doigt, le tremper dans l'encre, faire des cornets aux bonbons pour la[c] petite Figaro, et dessiner ma veste au tambour! quoi de plus innocent? Mais que de mensonges entassés pour cacher un seul fait!... « Je suis seule, on ne me voit point; je pourrai mentir à mon aise »; mais le bout du doigt reste noir! la plume est tachée, le papier manque; on ne saurait penser à tout. Bien certainement, signora, quand j'irai par la ville, un bon double tour me répondra de vous.

SCÈNE XII[d]

LE COMTE, BARTHOLO, ROSINE

LE COMTE, *en uniforme de cavalerie, ayant l'air d'être entre deux vins et chantant* : Réveillons-la[2], *etc.*

BARTHOLO[e] : Mais que nous veut cet homme? Un soldat! Rentrez chez vous, signora.

LE COMTE *chante* : Réveillons-la *(et s'avance vers Rosine).* Qui[a] de vous deux, mesdames, se nomme le docteur Balordo[1] ? *(À Rosine, bas :)* Je suis Lindor.

BARTHOLO : Bartholo !

ROSINE, *à part* : Il parle de Lindor.

LE COMTE : Balordo, Barque à l'eau, je m'en moque comme de ça[2]. Il s'agit seulement de savoir laquelle des deux... *(À Rosine, lui montrant un papier :)* Prenez cette lettre.

BARTHOLO : Laquelle ! vous voyez bien que c'est moi ! Laquelle ! Rentrez donc, Rosine, cet homme paraît avoir du vin.

ROSINE : C'est pour cela, monsieur ; vous êtes seul. Une femme en impose quelquefois.

BARTHOLO : Rentrez, rentrez ; je ne suis pas timide[3].

SCÈNE XIII[b]

LE COMTE, BARTHOLO

LE COMTE : Oh ! je vous ai reconnu d'abord à votre signalement.

BARTHOLO, *au comte, qui serre la lettre* : Qu'est-ce que c'est donc que vous cachez là dans votre poche ?

LE COMTE : Je le cache dans ma poche pour que vous ne sachiez pas ce que c'est.

BARTHOLO : Mon signalement[c] ! Ces gens-là croient toujours parler à des soldats !

LE COMTE : Pensez-vous que ce soit une chose si difficile à faire que votre signalement ?

Le chef branlant, la tête chauve,
Les yeux vairons[4], le regard fauve,
L'air farouche d'un Algonquin[5]...

BARTHOLO[d] : Qu'est-ce que cela veut dire ? Êtes-vous ici pour m'insulter ? Délogez à l'instant.

LE COMTE : Déloger ! Ah, fi ! que c'est mal parler ! Savez-vous lire, docteur... Barbe à l'eau ?

BARTHOLO : Autre question saugrenue !

LE COMTE : Oh ! que cela ne vous fasse point de peine, car, moi qui suis pour le moins aussi docteur que vous...

BARTHOLO : Comment cela ?

LE COMTE : Est-ce que je ne suis pas le médecin des chevaux

du régiment? Voilà pourquoi l'on m'a exprès logé chez un confrère.

BARTHOLO[a] : Oser comparer un maréchal[1] !...

LE COMTE :

Air : « Vive le vin[2] ».

Sans chanter :

Non, docteur, je ne prétends pas
Que notre art obtienne le pas
Sur Hippocrate et sa brigade.

En chantant :

Votre savoir, mon camarade,
Est d'un succès plus général;
Car, s'il n'emporte point le mal,
Il emporte au moins le malade.

C'est-il poli, ce que je vous dis là?

BARTHOLO : Il vous sied bien, manipuleur[3] ignorant, de ravaler ainsi le premier, le plus grand et le plus utile des arts!

LE COMTE : Utile tout à fait pour ceux qui l'exercent.

BARTHOLO : Un art dont le soleil s'honore d'éclairer les succès.

LE COMTE : Et dont la terre s'empresse de couvrir les bévues[4].

BARTHOLO : On voit bien, malappris, que[b] vous n'êtes habitué de parler qu'à des chevaux.

LE COMTE : Parler à des chevaux? Ah, docteur, pour un docteur d'esprit... N'est-il pas de notoriété que le maréchal guérit toujours ses malades sans leur parler; au lieu que le médecin parle beaucoup aux siens...

BARTHOLO : Sans les guérir, n'est-ce pas?

LE COMTE : C'est vous qui l'avez dit.

BARTHOLO[c] : Qui diable envoie ici ce maudit ivrogne?

LE COMTE : Je crois que vous me lâchez des épigrammes, l'Amour!

BARTHOLO : Enfin, que voulez-vous, que demandez-vous?

LE COMTE, *feignant une grande colère* : Eh bien donc, il s'enflamme! Ce que je veux? Est-ce que vous ne le voyez pas?

SCÈNE XIV[a]

ROSINE, LE COMTE, BARTHOLO

ROSINE, *accourant* : Monsieur le soldat, ne vous emportez point, de grâce! *(À Bartholo :)* Parlez-lui doucement, monsieur; un homme qui déraisonne.

LE COMTE : Vous avez raison; il déraisonne, lui, mais nous sommes raisonnables, nous! Moi poli, et vous jolie... enfin suffit! La vérité, c'est que je ne veux avoir affaire qu'à vous dans[b] la maison.

ROSINE : Que puis-je pour votre service, monsieur le soldat?

LE COMTE : Une petite bagatelle, mon enfant. Mais s'il y a[c] de l'obscurité dans mes phrases...

ROSINE : J'en saisirai l'esprit.

LE COMTE, *lui montrant la lettre* : Non, attachez-vous à la lettre, à la lettre[1]. Il s'agit seulement... mais je dis en tout bien, tout honneur, que vous me donniez à coucher, ce soir.

BARTHOLO : Rien que cela?

LE COMTE : Pas davantage. Lisez le billet doux que notre maréchal des logis vous écrit.

BARTHOLO : Voyons. *(Le comte cache la lettre et lui donne un autre papier. Bartholo lit.)* « Le docteur Bartholo recevra, nourrira, hébergera, couchera... »

LE COMTE, *appuyant* : Couchera.

BARTHOLO : « Pour une nuit seulement, le nommé Lindor, dit L'Écolier, cavalier au régiment... »

ROSINE : C'est lui, c'est lui-même.

BARTHOLO, *vivement, à Rosine* : Qu'est-ce qu'il y a?

LE COMTE : Eh bien, ai-je tort, à présent, docteur Barbaro?

BARTHOLO : On dirait que cet homme se fait un malin plaisir de m'estropier de toutes les manières possibles. Allez au diable! Barbaro! Barbe à l'eau! et dites à votre impertinent maréchal des logis que, depuis mon voyage à Madrid, je suis[d] exempt de loger des gens de guerre.

LE COMTE, *à part* : Ô Ciel! fâcheux contretemps!

BARTHOLO : Ah! ah! notre ami, cela vous contrarie et vous dégrise un peu! Mais n'en décampez pas moins à l'instant.

LE COMTE, *à part* : J'ai pensé[e] me trahir! *(Haut.)* Décamper! Si vous êtes exempt des gens de guerre, vous n'êtes pas exempt de politesse, peut-être? Décamper! Montrez-moi votre brevet d'exemption; quoique[a] je ne sache pas lire, je verrai bientôt...

BARTHOLO : Qu'à cela ne tienne. Il est dans ce bureau.

LE COMTE, *pendant qu'il y va, dit, sans quitter sa place* : Ah! ma belle Rosine!

ROSINE : Quoi, Lindor, c'est vous?

LE COMTE : Recevez au moins cette lettre.

ROSINE : Prenez garde, il a les yeux sur nous.

LE COMTE : Tirez votre mouchoir, je la laisserai tomber.

Il s'approche.

BARTHOLO : Doucement[b], doucement, seigneur soldat, je n'aime point qu'on regarde ma femme de si près.

LE COMTE : Elle est votre femme?

BARTHOLO : Eh! quoi donc?

LE COMTE : Je vous ai pris pour son bisaïeul paternel, maternel, sempiternel[1]; il y a au moins trois générations entre elle et vous.

BARTHOLO *lit un parchemin* : « Sur les bons et fidèles témoignages qui nous ont été rendus... »

LE COMTE *donne un coup de main sous les parchemins, qui les envoie au plancher* : Est-ce que j'ai besoin de tout ce verbiage?

BARTHOLO[c] : Savez-vous bien, soldat, que si j'appelle mes gens, je vous fais traiter sur-le-champ comme vous le méritez?

LE COMTE : Bataille? Ah! volontiers, bataille! c'est mon métier à moi! *(Montrant son pistolet de ceinture.)* Et voici de quoi leur jeter de la poudre aux yeux. Vous n'avez peut-être jamais vu de bataille, madame?

ROSINE : Ni ne veux en voir.

LE COMTE : Rien n'est pourtant aussi gai que bataille. Figurez-vous *(poussant le docteur)* d'abord que l'ennemi est d'un côté du ravin, et les amis de l'autre. *(À Rosine, en lui montrant la lettre :)* Sortez le mouchoir. *(Il crache à terre.)* Voilà le ravin, cela s'entend.

Rosine tire son mouchoir[d], le comte laisse tomber sa lettre entre elle et lui.

BARTHOLO, *se baissant* : Ah! ah!

LE COMTE *la reprend et dit* : Tenez... moi qui allais vous apprendre ici les secrets de mon métier... Une femme bien discrète en vérité! Ne voilà-t-il pas un billet doux qu'elle laisse tomber de sa poche?

BARTHOLO : Donnez, donnez.

LE COMTE : *Dulciter*[1], papa! chacun son affaire. Si une ordonnance de rhubarbe était tombée de la vôtre?

ROSINE *avance la main* : Ah! je sais ce que c'eſt, monsieur le soldat.

Elle prend la lettre, qu'elle cache dans la petite poche de son tablier.

BARTHOLO : Sortez-vous enfin?

LE COMTE : Eh bien, je sors; adieu, docteur; sans rancune. Un petit compliment, mon cœur[a] : priez la mort de m'oublier encore quelques campagnes; la vie ne m'a jamais été si chère.

BARTHOLO : Allez toujours; si j'avais ce crédit-là sur la mort...

LE COMTE : Sur la mort? Ah! docteur! vous[b] faites tant de choses pour elle qu'elle n'a rien à vous refuser.

Il sort.

SCÈNE XV[c]

BARTHOLO, ROSINE

BARTHOLO *le regarde aller* : Il eſt enfin parti. *(À part.)* Dissimulons.

ROSINE : Convenez pourtant, monsieur, qu'il eſt bien gai ce jeune soldat! À travers son ivresse, on voit qu'il ne manque ni d'esprit, ni d'une certaine éducation.

BARTHOLO : Heureux, m'amour, d'avoir pu nous en délivrer! mais n'es-tu pas un peu curieuse de lire avec moi le papier qu'il t'a remis?

ROSINE : Quel papier?

BARTHOLO : Celui qu'il a feint de ramasser pour te le faire accepter.

ROSINE : Bon! c'eſt la lettre de mon cousin l'officier, qui était tombée de ma poche.

BARTHOLO : J'ai idée, moi, qu'il l'a tirée de la sienne.

ROSINE : Je l'ai très bien reconnue.

BARTHOLO : Qu'eſt-ce qu'il coûte d'y regarder?

ROSINE : Je ne sais pas seulement ce que j'en ai fait.

BARTHOLO, *montrant la pochette*[2] : Tu l'as mise là.

ROSINE : Ah ! ah ! par distraction.

BARTHOLO : Ah ! sûrement. Tu vas voir que ce sera quelque folie.

ROSINE, *à part* : Si je ne le mets pas en colère, il n'y aura pas moyen de refuser.

BARTHOLO : Donne donc, mon cœur.

ROSINE : Mais quelle idée avez-vous en insistant, monsieur ? est-ce encore quelque méfiance ?

BARTHOLO : Mais, vous, quelle raison avez-vous de ne pas le montrer ?

ROSINE : Je vous répète, monsieur, que ce papier n'est autre que la lettre de mon cousin, que vous m'avez rendue hier toute décachetée ; et puisqu'il en est question, je vous dirai tout net que cette liberté me déplaît excessivement.

BARTHOLO : Je ne vous entends pas !

ROSINE : Vais-je examiner les papiers qui vous arrivent ? Pourquoi vous donnez-vous les airs de toucher à ceux qui me sont adressés ? Si c'est jalousie, elle m'insulte ; s'il s'agit de l'abus d'une autorité usurpée, j'en suis plus révoltée encore.

BARTHOLO : Comment, révoltée ! Vous ne m'avez jamais parlé ainsi.

ROSINE : Si je me suis modérée jusqu'à ce jour, ce n'était pas pour vous donner le droit de m'offenser impunément.

BARTHOLO : De quelle offense parlez-vous ?

ROSINE : C'est qu'il est inouï qu'on se permette d'ouvrir les lettres de quelqu'un.

BARTHOLO : De sa femme ?

ROSINE : Je ne la suis pas encore. Mais pourquoi lui donnerait-on la préférence d'une indignité qu'on ne fait à personne ?

BARTHOLO : Vous voulez me faire prendre le change et détourner mon attention du billet, qui, sans doute, est une missive de quelque amant ! mais je le verrai, je vous assure.

ROSINE : Vous ne le verrez pas. Si vous m'approchez, je m'enfuis de cette maison, et je demande retraite au premier venu.

BARTHOLO : Qui ne vous recevra point.

ROSINE : C'est ce qu'il faudra voir.

BARTHOLO : Nous ne sommes pas ici en France, où l'on donne toujours raison aux femmes ; mais, pour vous en ôter la fantaisie, je vais fermer la porte.

ROSINE, *pendant qu'il y va* : Ah Ciel ! que faire ?... Mettons vite à la place la lettre de mon cousin, et donnons-lui beau jeu à la prendre.

Elle fait l'échange et met la lettre du cousin dans la pochette, de façon qu'elle sort un peu.

BARTHOLO, *revenant* : Ah ! j'espère maintenant la voir.
ROSINE : De quel droit, s'il vous plaît ?
BARTHOLO : Du droit le plus universellement reconnu, celui du plus fort.
ROSINE : On me tuera[a] plutôt que de l'obtenir de moi.
BARTHOLO, *frappant du pied* : Madame ! madame !...
ROSINE *tombe sur un fauteuil et feint de se trouver mal* : Ah ! quelle indignité !...
BARTHOLO : Donnez cette lettre ou craignez ma colère.
ROSINE, *renversée* : Malheureuse Rosine !
BARTHOLO : Qu'avez-vous donc ?
ROSINE : Quel avenir affreux !
BARTHOLO : Rosine !
ROSINE : J'étouffe de fureur !
BARTHOLO : Elle se trouve mal.
ROSINE : Je m'affaiblis[b], je meurs.
BARTHOLO, *à part* : Dieux ! la lettre ! Lisons-la sans qu'elle en soit instruite.

Il lui tâte le pouls et prend la lettre qu'il tâche de lire en se tournant un peu.

ROSINE, *toujours renversée* : Infortunée ! ah !...
BARTHOLO *lui quitte le bras, et dit à part* : Quelle rage a-t-on d'apprendre ce qu'on craint toujours de savoir[1] !
ROSINE : Ah ! pauvre Rosine !
BARTHOLO : L'usage des odeurs[2]... produit[c] ces affections spasmodiques.

Il lit par-derrière le fauteuil en lui tâtant le pouls. Rosine se relève un peu, le regarde finement, fait un geste de tête, et se remet sans parler.

BARTHOLO, *à part* : Ô Ciel ! c'est la lettre de son cousin. Maudite inquiétude ! Comment l'apaiser maintenant ? Qu'elle ignore au moins que je l'ai lue !

Il fait semblant de la soutenir et remet la lettre dans la pochette.

ROSINE *soupire* : Ah!...

BARTHOLO : Eh bien! ce n'est rien, mon enfant; un petit mouvement de vapeurs, voilà tout; car ton pouls n'a seulement pas varié.

Il va prendre un flacon sur la console.

ROSINE, *à part* : Il a remis la lettre : fort bien!

BARTHOLO : Ma chère Rosine, un peu de cette eau spiritueuse[1].

ROSINE : Je ne veux rien de vous; laissez-moi.

BARTHOLO[a] : Je conviens que j'ai montré trop de vivacité sur ce billet.

ROSINE : Il s'agit bien du billet! C'est votre façon de demander les choses qui est révoltante.

BARTHOLO, *à genoux* : Pardon; j'ai bientôt senti tous mes torts, et tu me vois à tes pieds, prêt à les réparer.

ROSINE : Oui, pardon! lorsque vous croyez que cette lettre ne vient pas de[b] mon cousin.

BARTHOLO : Qu'elle soit d'un autre ou de lui, je ne veux aucun éclaircissement.

ROSINE, *lui présentant la lettre* : Vous voyez qu'avec de bonnes façons, on obtient tout de moi. Lisez-la.

BARTHOLO : Cet honnête procédé dissiperait mes soupçons, si j'étais assez malheureux pour en conserver.

ROSINE : Lisez-la donc, monsieur.

BARTHOLO *se retire* : À Dieu ne plaise que je te fasse une pareille injure!

ROSINE : Vous me contrariez de la refuser.

BARTHOLO : Reçois en réparation cette marque de ma parfaite confiance. Je vais voir la pauvre Marceline, que ce Figaro a, je ne sais pourquoi, saignée du pied; n'y viens-tu pas aussi?

ROSINE : J'y monterai dans un moment.

BARTHOLO : Puisque la paix est faite, mignonne, donne-moi ta main. Si tu pouvais m'aimer! ah, comme tu serais heureuse!

ROSINE, *baissant les yeux* : Si vous pouviez me plaire, ah! comme je vous aimerais[2]!

BARTHOLO : Je te plairai, je te plairai; quand je te dis que je te plairai!

Il sort.

ROSINE *le regarde aller* : Ah! Lindor! Il dit qu'il me

plaira!... Lisons cette lettre qui a manqué de me causer tant de chagrin. *(Elle lit et s'écrie.)* Ah!... J'ai lu trop tard : il me recommande de tenir une querelle ouverte avec mon tuteur; j'en avais une si bonne, et je l'ai laissée échapper! En recevant[a] la lettre, j'ai senti que je rougissais jusqu'aux yeux. Ah! mon tuteur a raison. Je suis bien loin d'avoir cet usage du monde, qui, me dit-il souvent, assure le maintien des femmes en toute occasion! mais un homme injuste parviendrait à faire une rusée de l'innocence même.

FIN DU SECOND ACTE

ACTE III

SCÈNE PREMIÈRE

BARTHOLO, *seul et désolé.*

Quelle humeur! quelle humeur! Elle paraissait apaisée... Là, qu'on me dise qui diable lui a fourré dans la tête de ne plus vouloir prendre leçon de Don Bazile! Elle sait qu'il se mêle de mon mariage... *(On heurte à la porte.)* Faites tout au monde pour plaire aux femmes; si vous omettez un seul petit point... je dis un seul... *(On heurte une seconde fois.)* Voyons qui c'est.

SCÈNE II

BARTHOLO, LE COMTE *en bachelier.*

LE COMTE : Que la paix et la joie habitent toujours céans!

BARTHOLO, *brusquement* : Jamais souhait ne vint plus à propos. Que voulez-vous?

LE COMTE : Monsieur, je suis Alonzo, bachelier, licencié...

BARTHOLO : Je n'ai pas besoin de précepteur.

LE COMTE : ...élève de Don Bazile[b], organiste du grand couvent, qui a l'honneur de montrer la musique à madame votre...

BARTHOLO : Bazile ! Organiste ! qui a l'honneur ! Je le sais, au fait.

LE COMTE *(À part.)* : Quel homme ! *(Haut.)* Un mal subit qui le force à garder le lit...

BARTHOLO : Garder le lit ! Bazile ! Il a bien fait d'envoyer ; je vais le voir à l'instant.

LE COMTE *(À part.)* : Oh diable ! *(Haut.)* Quand je dis le lit, monsieur, c'est... la chambre que j'entends.

BARTHOLO : Ne fût-il qu'incommodé... Marchez devant, je vous suis.

LE COMTE[a], *embarrassé* : Monsieur, j'étais chargé... Personne ne peut-il nous entendre ?

BARTHOLO *(À part.)* : C'est quelque fripon. *(Haut.)* Eh ! non, monsieur le mystérieux ! Parlez sans vous troubler, si vous pouvez.

LE COMTE *(À part.)* : Maudit vieillard ! *(Haut.)* Don Bazile m'avait chargé de vous apprendre...

BARTHOLO : Parlez haut, je suis sourd d'une oreille.

LE COMTE, *élevant la voix* : Ah ! volontiers. Que le comte Almaviva, qui restait à la grande place...

BARTHOLO, *effrayé* : Parlez bas, parlez bas !

LE COMTE, *plus haut* : ... En est délogé ce matin. Comme c'est par moi qu'il a su que le comte Almaviva...

BARTHOLO : Bas ; parlez bas ; je vous prie.

LE COMTE, *du même ton* : ... Était en cette ville, et que j'ai découvert que la signora Rosine lui a écrit...

BARTHOLO : Lui a écrit ? Mon cher ami, parlez plus bas, je vous en conjure. Tenez, asseyons-nous et jasons d'amitié. Vous avez découvert, dites-vous, que Rosine...

LE COMTE, *fièrement* : Assurément. Bazile, inquiet pour vous de cette correspondance, m'avait prié de vous montrer sa lettre ; mais la manière dont vous prenez les choses...

BARTHOLO : Eh ! mon Dieu ! je les prends bien. Mais ne vous est-il donc pas possible de parler plus bas ?

LE COMTE : Vous êtes sourd d'une oreille, avez-vous dit !

BARTHOLO[b] : Pardon, pardon, seigneur Alonzo, si vous m'avez trouvé méfiant et dur ; mais je suis tellement entouré d'intrigants, de pièges... Et puis votre tournure, votre âge, votre air... Pardon, pardon. Eh bien ! vous avez la lettre ?

LE COMTE : À la bonne heure sur ce ton, monsieur ; mais je crains qu'on ne soit aux écoutes.

BARTHOLO : Eh ! qui voulez-vous ? Tous mes valets sur les

dents[1] ! Rosine enfermée de fureur ! Le Diable est entré chez moi. Je vais encore m'assurer...

Il va ouvrir doucement la porte de Rosine.

LE COMTE, *à part* : Je me suis enferré de dépit... Garder la lettre à présent ! Il faudra m'enfuir : autant vaudrait n'être pas venu... La lui montrer... Si je puis en prévenir Rosine, la montrer est un coup de maître.

BARTHOLO *revient sur la pointe des pieds* : Elle est assise auprès de sa fenêtre, le dos tourné à la porte, occupée à relire une lettre de son cousin l'officier, que j'avais décachetée... Voyons donc la sienne.

LE COMTE *lui remet la lettre de Rosine* : La voici. *(À part.)* C'est ma lettre qu'elle relit.

BARTHOLO *lit* : « Depuis que vous m'avez appris votre nom et votre état. » Ah ! la perfide, c'est bien là sa main.

LE COMTE, *effrayé* : Parlez donc bas à votre tour.

BARTHOLO : Quelle obligation, mon cher !...

LE COMTE : Quand tout[a] sera fini, si vous croyez m'en devoir, vous serez le maître... D'après un travail que fait actuellement Don Bazile avec un homme de loi...

BARTHOLO : Avec un homme de loi, pour mon mariage ?

LE COMTE : Sans doute. Il m'a chargé de vous dire que tout peut être prêt pour demain. Alors, si elle résiste[b]...

BARTHOLO : Elle résistera.

LE COMTE *veut reprendre la lettre, Bartholo la serre* : Voilà l'instant où je puis vous servir ; nous lui montrerons sa lettre, et, s'il le faut, *(plus mystérieusement)* j'irai jusqu'à lui dire que je la tiens d'une femme à qui le comte l'a sacrifiée ; vous sentez que le trouble, la honte, le dépit, peuvent la porter sur-le-champ...

BARTHOLO, *riant* : De la calomnie ! mon cher ami, je vois bien maintenant que vous venez de la part de Bazile... Mais[c] pour que ceci n'eût pas l'air concerté, ne serait-il pas bon qu'elle vous connût d'avance ?

LE COMTE *réprime un grand mouvement de joie* : C'était assez l'avis de Don Bazile ; mais comment faire ? Il est tard... au peu de temps qui reste...

BARTHOLO : Je[d] dirai que vous venez en sa place. Ne lui donnerez-vous pas bien une leçon ?

LE COMTE : Il n'y a rien que je ne fasse pour vous plaire. Mais prenez garde que toutes ces histoires de maîtres supposés sont de vieilles finesses, des moyens de comédie[1] ; si elle va se douter ?...

BARTHOLO : Présenté par moi ? Quelle apparence ? Vous avez plus l'air d'un amant déguisé que d'un ami officieux[2].

LE COMTE : Oui ? Vous croyez donc que mon air peut aider à la tromperie ?

BARTHOLO : Je le donne au plus fin à deviner. Elle est ce soir d'une humeur horrible. Mais quand elle ne ferait que vous voir... Son clavecin est dans ce cabinet. Amusez-vous en l'attendant, je vais faire l'impossible pour l'amener.

LE COMTE : Gardez-vous bien de lui parler de la lettre.

BARTHOLO : Avant l'instant décisif ? Elle perdrait tout son effet. Il ne faut pas me dire deux fois les choses ; il ne faut pas me les dire deux fois.

Il s'en va.

SCÈNE III[a]

LE COMTE, *seul.*

Me voilà sauvé. Ouf ! Que ce diable d'homme est rude à manier ! Figaro le connaît bien. Je me voyais mentir ; cela me donnait un air plat et gauche ; et il a des yeux !... Ma foi, sans l'inspiration subite de la lettre, il faut l'avouer, j'étais éconduit comme un sot. Ô Ciel ! on dispute là-dedans. Si elle allait s'obstiner à ne pas venir ! Écoutons... Elle refuse de sortir de chez elle, et j'ai perdu le fruit de ma ruse. *(Il retourne écouter.)* La voici ; ne nous montrons pas d'abord[b].

Il entre dans le cabinet.

SCÈNE IV

LE COMTE, ROSINE, BARTHOLO

ROSINE, *avec une colère simulée* : Tout ce que vous direz est inutile, monsieur. J'ai pris mon parti, je ne veux plus entendre parler de musique.

BARTHOLO : Écoute donc, mon enfant ; c'est le seigneur Alonzo, l'élève et l'ami de Don Bazile, choisi par lui pour être un de nos témoins. La musique[c] te calmera, je t'assure.

ROSINE : Oh! pour cela, vous pouvez vous en détacher; si je chante ce soir!... Où donc eﬆ-il ce maître que vous craignez de renvoyer? Je vais, en deux mots, lui donner son compte et celui de Bazile. *(Elle aperçoit son amant. Elle fait un cri.)* Ah!...

BARTHOLO : Qu'avez-vous?

ROSINE, *les deux mains sur son cœur, avec un grand trouble* : Ah! mon Dieu, monsieur... Ah! mon Dieu, monsieur...

BARTHOLO : Elle se trouve encore mal... Seigneur Alonzo?

ROSINE : Non, je ne me trouve pas mal... mais c'eﬆ qu'en me tournant... Ah!

LE COMTE : Le pied vous a tourné, madame?

ROSINE : Ah! oui, le pied m'a tourné. Je me suis fait un mal horrible.

LE COMTE : Je m'en suis bien aperçu.

ROSINE, *regardant le comte* : Le coup m'a porté au cœur.

BARTHOLO : Un siège, un siège. Et pas un fauteuil ici?

Il va le chercher.

LE COMTE : Ah! Rosine!

ROSINE : Quelle imprudence!

LE COMTE[a] : J'ai mille choses essentielles à vous dire.

ROSINE : Il ne nous quittera pas.

LE COMTE : Figaro va venir nous aider.

BARTHOLO *apporte un fauteuil* : Tiens, mignonne, assieds-toi. Il n'y a pas d'apparence, bachelier, qu'elle prenne de leçon ce soir; ce sera pour un autre jour. Adieu.

ROSINE, *au comte* : Non, attendez, ma douleur eﬆ un peu apaisée. *(À Bartholo :)* Je sens que j'ai eu tort avec vous, monsieur. Je veux vous imiter en réparant sur-le-champ...

BARTHOLO : Oh! le bon petit naturel de femme! Mais après une pareille émotion, mon enfant, je ne souffrirai pas que tu fasses le moindre effort. Adieu, adieu, bachelier.

ROSINE, *au comte* : Un moment, de grâce! *(À Bartholo :)* Je croirai, monsieur, que vous n'aimez pas à m'obliger si vous m'empêchez de vous prouver mes regrets en prenant ma leçon.

LE COMTE, *à part, à Bartholo* : Ne la contrariez[b] pas, si vous m'en croyez.

BARTHOLO : Voilà qui eﬆ fini, mon amoureuse. Je suis si loin de chercher à te déplaire que je veux reﬆer là tout le temps que tu vas étudier.

ROSINE : Non, monsieur : je sais que la musique n'a nul attrait pour vous.

BARTHOLO : Je t'assure que ce soir elle m'enchantera.

ROSINE, *au comte, à part* : Je suis au supplice.

LE COMTE, *prenant un papier de musique sur le pupitre* : Est-ce là ce que vous voulez chanter, madame ?

ROSINE : Oui, c'est un morceau très agréable de *La Précaution inutile.*

BARTHOLO : Toujours *La Précaution inutile* ?

LE COMTE : C'est ce qu'il y a de plus nouveau aujourd'hui[a]. C'est une image du printemps, d'un genre assez vif. Si Madame veut l'essayer...

ROSINE, *regardant le comte* : Avec grand plaisir : un tableau du printemps me ravit; c'est la jeunesse de la nature. Au sortir de l'hiver, il semble que le cœur acquière un plus haut degré de sensibilité; comme un esclave enfermé depuis longtemps goûte avec plus de plaisir le charme de la liberté qui vient de lui être offerte.

BARTHOLO, *bas au comte* : Toujours des idées romanesques en tête.

LE COMTE, *bas* : En sentez-vous l'application ?

BARTHOLO : Parbleu !

Il va s'asseoir dans le fauteuil qu'a occupé Rosine.

ROSINE *chante** :

(N° 3)

Quand, dans la plaine,
L'amour ramène
Le printemps
Si chéri des amants,
Tout reprend l'être,
Son feu pénètre
Dans les fleurs,

* Cette ariette, dans le goût espagnol[1], fut chantée le premier jour à Paris, malgré les huées, les rumeurs et le train usités au parterre en ces jours de crise et de combat. La timidité de l'actrice l'a depuis empêchée d'oser la redire, et les jeunes rigoristes du théâtre l'ont fort louée de cette réticence. Mais si la dignité de la Comédie-Française y a gagné quelque chose, il faut convenir que *Le Barbier de Séville* y a beaucoup perdu. C'est pourquoi, sur les théâtres où quelque peu de musique ne tirera pas tant à conséquence, nous invitons tous directeurs à la restituer, tous acteurs à la chanter, tous spectateurs à l'écouter, et tous critiques à nous la pardonner, en faveur du genre de la pièce et du plaisir que leur fera le morceau.

Et dans les jeunes cœurs.
On voit les troupeaux
Sortir des hameaux;
Dans tous les coteaux,
Les cris des agneaux
Retentissent;
Ils bondissent;
Tout fermente,
Tout augmente;
Les brebis paissent
Les fleurs qui naissent;
Les chiens fidèles
Veillent sur elles;
Mais Lindor, enflammé,
Ne songe guère
Qu'au bonheur d'être aimé
De sa bergère.

MÊME AIR

Loin de sa mère,
Cette bergère
Va chantant,
Où son amant l'attend;
Par cette ruse
L'amour l'abuse;
Mais chanter,
Sauve-t-il du danger?
Les doux chalumeaux,
Les chants des oiseaux,
Ses charmes naissants,
Ses quinze ou seize ans,
Tout l'excite,
Tout l'agite;
La pauvrette
S'inquiète;
De sa retraite,
Lindor la guette;
Elle s'avance;
Lindor s'élance;
Il vient de l'embrasser :
Elle, bien aise,
Feint de se courroucer,
Pour qu'on l'apaise.

PETITE REPRISE

Les soupirs,
Les soins, les promesses,
Les vives tendresses,
Les plaisirs,
Le fin badinage,
Sont mis en usage;
Et bientôt la bergère
Ne sent plus de colère.
Si quelque jaloux
Trouble un bien si doux,
Nos amants, d'accord,
Ont un soin extrême...
De voiler leur transport;
Mais quand on s'aime,
La gêne ajoute encor
Au plaisir même.

En l'écoutant, Bartholo s'est assoupi. Le comte, pendant la petite reprise, se hasarde à prendre une main qu'il couvre de baisers. L'émotion ralentit le chant de Rosine, l'affaiblit, et finit même par lui couper la voix au milieu de la cadence, au mot « extrême ». L'orchestre suit le mouvement de la chanteuse, affaiblit son jeu et se tait avec elle. L'absence du bruit qui avait endormi Bartholo le réveille. Le comte se relève, Rosine et l'orchestre reprennent subitement la suite de l'air. Si la petite reprise se répète, le même jeu recommence, etc.

LE COMTE : En vérité, c'est un morceau charmant, et Madame l'exécute avec une intelligence...

ROSINE : Vous me flattez, seigneur; la gloire est tout entière au maître.

BARTHOLO, *bâillant* : Moi, je crois que j'ai un peu dormi pendant le morceau charmant. J'ai mes malades. Je vas, je viens, je toupille[1], et sitôt que je m'assieds, mes pauvres jambes...

Il se lève et pousse le fauteuil.

ROSINE, *bas, au comte* : Figaro ne vient point!

LE COMTE : Filons le temps[1].

BARTHOLO : Mais, bachelier[a], je l'ai déjà dit à ce vieux Bazile : est-ce qu'il n'y aurait pas moyen de lui faire étudier des choses plus gaies que toutes ces grandes arias, qui vont en haut, en bas, en roulant, hi, ho, a, a, a, a, et qui me semblent autant d'enterrements? Là, de ces petits airs qu'on chantait dans ma jeunesse, et que chacun retenait facilement. J'en savais autrefois... Par exemple... *(Pendant la ritournelle, il cherche en se grattant la tête et chante en faisant claquer ses pouces et dansant des genoux comme les vieillards.)*

Veux-tu, ma Rosinette,
Faire emplette
Du roi des maris?...

(Au comte, en riant :) Il y a Fanchonnette dans la chanson; mais j'y ai substitué Rosinette, pour la lui rendre plus agréable et la faire cadrer aux circonstances. Ah, ah, ah, ah! Fort bien? pas vrai?

LE COMTE, *riant* : Ah! ah, ah! Oui, tout au mieux.

SCÈNE V

FIGARO, *dans le fond*; ROSINE, BARTHOLO, LE COMTE

BARTHOLO *chante* :

(N° 4)

Veux-tu, ma Rosinette,
Faire emplette
Du roi des maris?
Je ne suis point Tircis[2];
Mais la nuit, dans l'ombre,
Je vaux encor mon prix;
Et quand il fait sombre,
Les plus beaux chats sont gris.

(Il répète la reprise en dansant. Figaro, derrière lui, imite ses mouvements.)

Je ne suis point Tircis, *etc.*

(Apercevant[b] Figaro.) Ah! Entrez, monsieur le barbier; avancez, vous êtes charmant!

FIGARO *salue* : Monsieur, il est vrai que ma mère me l'a dit autrefois; mais je suis un peu déformé depuis ce temps-là. *(À part, au comte :)* Bravo, monseigneur! *(Pendant toute cette scène, le comte fait ce qu'il peut pour parler à Rosine, mais l'œil inquiet et vigilant du tuteur l'en empêche toujours, ce qui forme un jeu muet de tous les acteurs, étranger au débat du docteur et de Figaro.)*

BARTHOLO[a] : Venez-vous purger encore, saigner, droguer, mettre sur le grabat toute ma maison?

FIGARO : Monsieur, il n'est pas tous les jours fête; mais, sans compter les soins quotidiens, Monsieur a pu voir que, lorsqu'ils en ont besoin, mon zèle n'attend pas qu'on lui commande...

BARTHOLO : Votre zèle n'attend pas! Que direz-vous, monsieur le zélé, à ce malheureux qui bâille et dort tout éveillé? Et l'autre qui, depuis trois heures, éternue à se faire sauter le crâne et jaillir la cervelle! que leur direz-vous?

FIGARO : Ce que je leur dirai?

BARTHOLO : Oui!

FIGARO : Je leur dirai... Eh, parbleu! je dirai à celui qui éternue « Dieu vous bénisse » et « va te coucher » à celui qui bâille[1]. Ce n'est pas cela, monsieur, qui grossira le mémoire.

BARTHOLO : Vraiment non; mais c'est la saignée et les médicaments qui le grossiraient, si je voulais y entendre[2]. Est-ce par zèle aussi que vous avez empaqueté les yeux de ma mule? et votre cataplasme lui rendra-t-il la vue?

FIGARO : S'il ne lui rend pas la vue, ce n'est pas cela non plus qui l'empêchera d'y voir.

BARTHOLO : Que je le trouve sur le mémoire[3]!... On n'est pas de cette extravagance-là!

FIGARO : Ma foi, monsieur, les hommes n'ayant guère à choisir qu'entre la sottise et la folie, où je ne vois pas de profit, je veux au moins du plaisir; et vive la joie! Qui sait si le monde durera encore trois semaines[4]?

BARTHOLO : Vous feriez bien mieux, monsieur le raisonneur, de me payer mes cent écus[5] et les intérêts sans lanterner, je vous en avertis.

FIGARO : Doutez-vous[b] de ma probité, monsieur? Vos cent écus! j'aimerais mieux vous les devoir toute ma vie que de les nier un seul instant.

BARTHOLO : Et dites-moi un peu comment la petite Figaro a trouvé les bonbons que vous lui avez portés[6]?

FIGARO : Quels bonbons ? que voulez-vous dire ?

BARTHOLO : Oui, ces bonbons, dans ce cornet fait avec cette feuille de papier à lettres, ce matin.

FIGARO : Diable emporte si...

ROSINE, *l'interrompant* : Avez-vous eu soin au moins de les lui donner de ma part, monsieur Figaro ? Je vous l'avais recommandé.

FIGARO : Ah ! ah ! Les bonbons de ce matin ? Que je suis bête, moi ! j'avais perdu tout cela de vue... Oh ! excellents, madame, admirables !

BARTHOLO : Excellents ! Admirables ! Oui sans doute, monsieur le barbier, revenez sur vos pas ! Vous faites là un joli métier, monsieur !

FIGARO : Qu'eſt-ce qu'il a donc, monsieur ?

BARTHOLO : Et qui vous fera une belle réputation, monsieur !

FIGARO : Je la soutiendrai, monsieur !

BARTHOLO : Dites que vous la supporterez, monsieur !

FIGARO : Comme il vous plaira, monsieur !

BARTHOLO : Vous le prenez bien haut, monsieur ! Sachez que quand[a] je dispute avec un fat, je ne lui cède jamais.

FIGARO *lui tourne le dos* : Nous différons en cela, monsieur ! moi je lui cède toujours[1].

BARTHOLO : Hein ? qu'eſt-ce qu'il dit donc, bachelier ?

FIGARO : C'eſt que vous croyez avoir affaire à quelque barbier de village, et qui ne sait manier que le rasoir ? Apprenez, monsieur, que j'ai travaillé de la plume à Madrid, et que sans les envieux...

BARTHOLO : Eh ! que n'y reſtiez-vous, sans venir ici changer de profession ?

FIGARO : On fait comme on peut ; mettez-vous à ma place.

BARTHOLO : Me mettre à votre place ! Ah ! parbleu, je dirais de belles sottises !

FIGARO : Monsieur, vous ne commencez pas trop mal ; je m'en rapporte à votre confrère qui eſt là rêvassant...

LE COMTE, *revenant à lui* : Je... je ne suis pas le confrère de Monsieur.

FIGARO : Non ? Vous voyant ici à consulter, j'ai pensé que vous poursuiviez le même objet.

BARTHOLO, *en colère* : Enfin, quel sujet vous amène ? Y a-t-il quelque lettre à remettre[b] encore ce soir à Madame ? Parlez, faut-il que je me retire ?

FIGARO : Comme vous rudoyez le pauvre monde ! Eh ! parbleu, monsieur, je viens vous raser, voilà tout : n'est-ce pas aujourd'hui votre jour?

BARTHOLO : Vous[a] reviendrez tantôt.

FIGARO : Ah! oui, revenir! Toute la garnison prend médecine demain matin; j'en ai obtenu l'entreprise par mes protections. Jugez donc comme j'ai du temps à perdre! Monsieur passe-t-il chez lui?

BARTHOLO : Non, Monsieur ne passe point chez lui. Eh mais... qui empêche[1] qu'on ne me rase ici?

ROSINE, *avec dédain* : Vous êtes honnête! Et pourquoi pas dans mon appartement?

BARTHOLO : Tu te fâches? Pardon, mon enfant, tu vas achever de prendre ta leçon; c'est pour ne pas perdre un instant le plaisir de t'entendre.

FIGARO, *bas, au comte* : On ne le tirera pas d'ici! *(Haut.)* Allons[b], L'Éveillé, La Jeunesse; le bassin, de l'eau, tout ce qu'il faut à Monsieur.

BARTHOLO : Sans doute, appelez-les! Fatigués, harassés, moulus de votre façon[2], n'a-t-il pas fallu les faire coucher?

FIGARO : Eh bien! j'irai tout chercher; n'est-ce pas dans votre chambre? *(Bas, au comte :)* Je vais l'attirer dehors.

BARTHOLO *détache son trousseau de clefs et dit par réflexion* : Non, non, j'y vais moi-même. *(Bas, au comte, en s'en allant :)* Ayez les yeux sur eux, je vous prie.

SCÈNE VI

FIGARO, LE COMTE, ROSINE

FIGARO : Ah! que nous l'avons manqué belle! il allait me donner le trousseau. La clef de la jalousie n'y est-elle pas?

ROSINE : C'est la plus neuve de toutes.

SCÈNE VII

BARTHOLO, FIGARO, LE COMTE, ROSINE

BARTHOLO[c] *revenant, à part* : Bon! je ne sais ce que je fais de laisser ici ce maudit barbier. *(À Figaro :)* Tenez. *(Il lui donne le trousseau.)* Dans mon cabinet, sous mon bureau; mais ne touchez à rien.

FIGARO : La peste ! il y ferait bon, méfiant comme vous êtes ! *(À part, en s'en allant :)* Voyez comme le Ciel protège l'innocence !

SCÈNE VIII

BARTHOLO, LE COMTE, ROSINE

BARTHOLO, *bas, au comte* : C'est le drôle qui a porté la lettre au comte.

LE COMTE, *bas* : Il m'a l'air d'un fripon.

BARTHOLO : Il ne m'attrapera plus.

LE COMTE : Je crois qu'à cet égard le plus fort est fait.

BARTHOLO : Tout considéré, j'ai pensé qu'il était plus prudent de l'envoyer dans ma chambre que de le laisser avec elle.

LE COMTE : Ils n'auraient pas dit un mot que je n'eusse été en tiers.

ROSINE : Il est bien poli, messieurs, de parler bas sans cesse ! Et ma leçon ?

Ici l'on entend un bruit, comme de la vaisselle renversée[a].

BARTHOLO, *criant* : Qu'est-ce que j'entends donc ! Le cruel barbier aura tout laissé tomber par l'escalier, et les plus belles pièces de mon nécessaire !...

Il court dehors.

SCÈNE IX

LE COMTE, ROSINE

LE COMTE : Profitons du moment que l'intelligence[1] de Figaro nous ménage. Accordez-moi, ce soir, je vous en conjure, madame, un moment d'entretien indispensable pour vous soustraire à l'esclavage où vous allez[b] tomber.

ROSINE : Ah, Lindor !

LE COMTE : Je puis monter à votre jalousie ; et quant à la lettre que j'ai reçue de vous ce matin, je me suis vu forcé...

SCÈNE X

ROSINE, BARTHOLO, FIGARO, LE COMTE

BARTHOLO : Je ne m'étais pas trompé; tout est brisé, fracassé.

FIGARO : Voyez le grand malheur pour tant de train! On[a] ne voit goutte sur l'escalier. *(Il montre la clef au comte.)* Moi, en montant, j'ai accroché une clef...

BARTHOLO : On prend garde à ce qu'on fait. Accrocher une clef! L'habile homme!

FIGARO : Ma foi, monsieur, cherchez-en un plus subtil.

SCÈNE XI

LES ACTEURS PRÉCÉDENTS, DON BAZILE

ROSINE, *effrayée, à part* : Don Bazile!...

LE COMTE, *à part* : Juste Ciel!

FIGARO, *à part* : C'est le diable!

BARTHOLO *va au-devant de lui* : Ah! Bazile, mon ami, soyez le bien rétabli. Votre accident n'a donc point eu de suites? En vérité, le seigneur Alonzo m'avait fort effrayé sur votre état; demandez-lui, je partais pour vous aller voir, et s'il ne m'avait point retenu...

BAZILE, *étonné* : Le seigneur Alonzo?

FIGARO *frappe du pied* : Eh quoi! toujours des accrocs? Deux heures pour une méchante barbe... Chienne de pratique!

BAZILE[b], *regardant tout le monde* : Me ferez-vous bien le plaisir de me dire, messieurs?...

FIGARO : Vous lui parlerez quand je serai parti.

BAZILE : Mais encore faudrait-il...

LE COMTE : Il faudrait vous taire, Bazile. Croyez-vous apprendre à Monsieur quelque chose qu'il ignore? Je lui ai raconté que vous m'aviez chargé de venir donner une leçon de musique à votre place.

BAZILE, *plus étonné* : La leçon de musique!... Alonzo!...

ROSINE, *à part, à Bazile* : Eh! taisez-vous.

BAZILE : Elle aussi!

LE COMTE, *bas, à Bartholo* : Dites-lui donc tout bas que nous en sommes convenus.

BARTHOLO, *à Bazile, à part* : N'allez pas nous démentir, Bazile, en disant qu'il n'est pas votre élève; vous gâteriez tout.

BAZILE : Ah! ah!

BARTHOLO, *haut* : En vérité, Bazile[a], on n'a pas plus de talent que votre élève.

BAZILE, *stupéfait* : Que mon élève!... *(Bas.)* Je venais pour vous dire que le comte est déménagé.

BARTHOLO, *bas* : Je le sais, taisez-vous.

BAZILE, *bas* : Qui vous l'a dit?

BARTHOLO, *bas* : Lui, apparemment!

LE COMTE[b], *bas* : Moi, sans doute : écoutez seulement.

ROSINE[c], *bas, à Bazile* : Est-il si difficile de vous taire?

FIGARO, *bas, à Bazile* : Hum! Grand escogriffe! Il est sourd!

BAZILE, *à part* : Qui diable est-ce donc qu'on trompe ici? Tout le monde est dans le secret[1]!

BARTHOLO, *haut* : Eh bien, Bazile, votre homme de loi?...

FIGARO : Vous avez toute la soirée pour parler de l'homme de loi.

BARTHOLO, *à Bazile* : Un mot; dites-moi seulement si vous êtes content de l'homme de loi.

BAZILE, *effaré* : De l'homme de loi?

LE COMTE, *souriant* : Vous ne l'avez pas vu, l'homme de loi?

BAZILE, *impatienté* : Eh! non, je ne l'ai pas vu, l'homme de loi.

LE COMTE, *à Bartholo, à part* : Voulez-vous donc qu'il s'explique ici devant elle? Renvoyez-le.

BARTHOLO, *bas, au comte* : Vous avez raison. *(À Bazile :)* Mais quel mal vous a donc pris si subitement?

BAZILE, *en colère* : Je ne vous entends[d] pas.

LE COMTE *lui met, à part, une bourse dans la main* : Oui, Monsieur vous demande ce que vous venez faire ici, dans l'état d'indisposition où vous êtes.

FIGARO : Il est pâle comme un mort!

BAZILE : Ah! je comprends...

LE COMTE : Allez[e] vous coucher, mon cher Bazile : vous n'êtes pas bien, et vous nous faites mourir de frayeur. Allez vous coucher.

FIGARO : Il a la physionomie toute renversée. Allez vous coucher.

BARTHOLO : D'honneur, il sent la fièvre d'une lieue. Allez vous coucher.

ROSINE : Pourquoi donc êtes-vous sorti? On dit que cela se gagne. Allez vous coucher.

BAZILE, *au dernier étonnement* : Que[a] j'aille me coucher?

TOUS LES ACTEURS ENSEMBLE : Eh! sans doute.

BAZILE, *les regardant tous* : En effet, messieurs, je crois que je ne ferai pas mal de me retirer; je sens que je ne suis pas ici dans mon assiette ordinaire.

BARTHOLO : À demain, toujours; si vous êtes mieux!

LE COMTE : Bazile, je serai chez vous de très bonne heure.

FIGARO : Croyez-moi, tenez-vous bien chaudement dans votre lit.

ROSINE : Bonsoir, monsieur Bazile.

BAZILE, *à part* : Diable emporte si j'y comprends rien; et sans cette bourse...

TOUS : Bonsoir, Bazile, bonsoir.

BAZILE , *en s'en allant* : Eh bien! bonsoir donc, bonsoir.

Ils l'accompagnent tous en riant[1].

SCÈNE XII

LES ACTEURS PRÉCÉDENTS, *excepté* BAZILE

BARTHOLO, *d'un ton important* : Cet[b] homme-là n'est pas bien du tout.

ROSINE : Il a les yeux égarés.

LE COMTE : Le grand air l'aura saisi.

FIGARO : Avez-vous vu comme il parlait tout seul? Ce que c'est que de nous! *(À Bartholo :)* Ah çà, vous décidez-vous, cette fois?

Il lui pousse un fauteuil très loin du comte et lui présente le linge.

LE COMTE : Avant de finir, madame, je dois vous dire un mot essentiel[c] au progrès de l'art que j'ai l'honneur de vous enseigner.

Il s'approche et lui parle bas à l'oreille.

BARTHOLO, *à Figaro* : Eh mais! il semble que vous le fassiez exprès de vous approcher et de vous mettre devant moi pour m'empêcher de voir...

LE COMTE, *bas, à Rosine* : Nous avons la clef de la jalousie, et nous serons ici à minuit.

FIGARO *passe le linge au cou de Bartholo* : Quoi[a] voir ? Si c'était une leçon de danse, on vous passerait d'y regarder ; mais du chant... Aïe, aïe !

BARTHOLO : Qu'eſt-ce que c'eſt ?

FIGARO : Je ne sais ce qui m'eſt entré dans l'œil.

Il rapproche sa tête.

BARTHOLO : Ne frottez donc pas.

FIGARO : C'eſt le gauche. Voudriez-vous me faire le plaisir d'y souffler un peu fort ?

BARTHOLO *prend la tête de Figaro, regarde par-dessus, le pousse violemment et va derrière les amants écouter leur conversation.*

LE COMTE, *bas, à Rosine* : Et quant à votre lettre, je me suis trouvé tantôt dans un tel embarras pour reſter ici...

FIGARO, *de loin, pour avertir* : Hem !... hem !...

LE COMTE : Désolé de voir encore mon déguisement inutile...

BARTHOLO, *passant entre deux* : Votre déguisement inutile !

ROSINE[b], *effrayée* : Ah !...

BARTHOLO : Fort bien, madame, ne vous gênez pas. Comment ! sous mes yeux mêmes, en ma présence, on m'ose outrager de la sorte !

LE COMTE : Qu'avez-vous donc, seigneur ?

BARTHOLO : Perfide Alonzo !

LE COMTE[c] : Seigneur Bartholo, si vous avez souvent des lubies comme celle dont le hasard me rend témoin, je ne suis plus étonné de l'éloignement que Mademoiselle a pour devenir votre femme.

ROSINE : Sa femme ! Moi ! Passer mes jours auprès d'un vieux jaloux, qui, pour tout bonheur, offre à ma jeunesse un esclavage abominable !

BARTHOLO : Ah ! qu'eſt-ce que j'entends !

ROSINE : Oui, je le dis tout haut : je donnerai mon cœur et ma main à celui qui pourra m'arracher de cette horrible prison, où ma personne et mon bien sont retenus contre toutes les lois.

Rosine sort[d].

SCÈNE XIII[a]

BARTHOLO, FIGARO, LE COMTE

BARTHOLO : La colère me suffoque.

LE COMTE : En effet, seigneur, il est difficile qu'une jeune femme...

FIGARO : Oui, une jeune femme, et un grand âge, voilà ce qui trouble la tête d'un vieillard.

BARTHOLO : Comment ! lorsque[b] je les prends sur le fait !... Maudit barbier ! il me prend des envies...

FIGARO : Je me retire, il est fou.

LE COMTE : Et moi aussi ; d'honneur, il est fou.

FIGARO : Il est fou, il est fou...

Ils sortent.

SCÈNE XIV[c]

BARTHOLO, *seul, les poursuit.*

Je suis fou ! Infâmes surborneurs ! émissaires du diable, dont vous faites ici l'office, et qui puisse vous emporter tous !... Je suis fou !... Je les ai vus comme je vois ce pupitre... et me soutenir effrontément !... Ah ! il n'y a que Bazile qui puisse m'expliquer ceci. Oui, envoyons-le chercher. Holà, quelqu'un !... Ah ! j'oublie que je n'ai personne... Un voisin, le premier venu, n'importe. Il y a de quoi perdre l'esprit ! il y a de quoi perdre l'esprit !

FIN DU TROISIÈME ACTE[d]

Pendant l'entracte, le théâtre s'obscurcit ; on entend un bruit d'orage, et l'orchestre joue celui qui est gravé dans le recueil de la musique du « Barbier[1] *» (N° 5).*

ACTE IV

SCÈNE PREMIÈRE

Le théâtre est obscur[a].

BARTHOLO, DON BAZILE, *une lanterne de papier*[1] *à la main.*

BARTHOLO : Comment, Bazile, vous ne le connaissez pas? ce que vous dites est-il possible?

BAZILE : Vous m'interrogeriez cent fois que je vous ferais toujours la même réponse. S'il vous a remis la lettre de Rosine, c'est sans doute un des émissaires du comte. Mais, à la magnificence du présent qu'il m'a fait, il se pourrait que ce fût le comte lui-même.

BARTHOLO : Quelle apparence? Mais[b] à propos de ce présent, eh! pourquoi l'avez-vous reçu?

BAZILE : Vous aviez l'air d'accord; je n'y entendais rien; et dans les cas difficiles à juger, une bourse d'or me paraît toujours un argument sans réplique. Et puis, comme dit le proverbe, ce qui est bon à prendre...

BARTHOLO : J'entends, est bon...

BAZILE : À garder[2].

BARTHOLO, *surpris* : Ah! ah!

BAZILE : Oui, j'ai arrangé comme cela plusieurs petits proverbes avec des variations. Mais, allons au fait : à quoi vous arrêtez-vous?

BARTHOLO : En ma place, Bazile, ne feriez-vous pas les derniers efforts pour la posséder?

BAZILE : Ma foi non, docteur. En toute espèce de biens, posséder est peu de chose; c'est jouir qui rend heureux[3] : mon avis est qu'épouser une femme dont on n'est point aimé, c'est s'exposer...

BARTHOLO : Vous craindriez les accidents?

BAZILE : Hé! hé! monsieur... on en voit beaucoup, cette année. Je ne ferais point violence à son cœur.

BARTHOLO : Votre valet[4], Bazile. Il vaut mieux qu'elle pleure de m'avoir que moi je meure de ne l'avoir pas.

BAZILE : Il y va de la vie? Épousez, docteur, épousez.

BARTHOLO : Aussi ferai-je, et cette nuit même.

BAZILE : Adieu donc. Souvenez-vous[a], en parlant à la pupille, de les rendre tous plus noirs que l'enfer.

BARTHOLO : Vous avez raison.

BAZILE : La calomnie, docteur, la calomnie. Il faut toujours en venir là.

BARTHOLO : Voici la lettre de Rosine, que cet Alonzo m'a remise; et il m'a montré, sans le vouloir, l'usage que j'en dois faire auprès d'elle.

BAZILE : Adieu : nous serons tous ici à quatre heures.

BARTHOLO : Pourquoi pas plus tôt?

BAZILE : Impossible : le notaire est retenu.

BARTHOLO : Pour un mariage.

BAZILE : Oui, chez le barbier Figaro; c'est sa nièce qu'il marie.

BARTHOLO : Sa nièce? il n'en a pas.

BAZILE : Voilà ce qu'ils ont dit au notaire.

BARTHOLO : Ce drôle est du complot... Que diable!...

BAZILE : Est-ce que vous penseriez?...

BARTHOLO : Ma foi, ces gens-là sont si alertes[1] ! Tenez, mon ami, je ne suis pas tranquille. Retournez chez le notaire. Qu'il vienne ici sur-le-champ avec vous.

BAZILE : Il pleut, il fait un temps du diable; mais rien ne m'arrête pour vous servir. Que faites-vous donc?

BARTHOLO : Je vous reconduis : n'ont-ils pas fait estropier tout mon monde par ce Figaro! Je suis seul ici.

BAZILE : J'ai ma lanterne.

BARTHOLO : Tenez, Bazile, voilà mon passe-partout, je vous attends, je veille; et vienne qui voudra, hors le notaire et vous, personne n'entrera de la nuit.

BAZILE : Avec ces précautions, vous êtes sûr de votre fait.

SCÈNE II[b]

ROSINE, *seule, sortant de sa chambre.*

Il me semblait avoir entendu parler. Il est minuit sonné; Lindor ne vient point! Ce mauvais temps même était propre à le favoriser. Sûr de ne rencontrer personne... Ah! Lindor! si vous m'aviez trompée! Quel bruit entends-je?... Dieux! c'est mon tuteur. Rentrons.

SCÈNE III

ROSINE, BARTHOLO

BARTHOLO *rentre avec de la lumière* : Ah! Rosine, puisque vous n'êtes pas encore rentrée dans votre appartement...

ROSINE : Je vais me retirer.

BARTHOLO[a] : Par le temps affreux qu'il fait, vous ne reposerez pas, et j'ai des choses très pressées à vous dire.

ROSINE : Que me voulez-vous, monsieur? N'eſt-ce donc pas assez d'être tourmentée le jour?

BARTHOLO : Rosine, écoutez-moi.

ROSINE : Demain je vous entendrai.

BARTHOLO : Un moment, de grâce.

ROSINE, *à part* : S'il allait venir!

BARTHOLO *lui montre sa lettre* : Connaissez-vous cette lettre?

ROSINE *la reconnaît* : Ah! grands dieux!...

BARTHOLO : Mon intention, Rosine, n'eſt point de vous faire de reproches : à votre âge on peut s'égarer; mais je suis votre ami, écoutez-moi.

ROSINE : Je n'en puis plus.

BARTHOLO : Cette lettre que vous avez écrite au comte Almaviva...

ROSINE, *étonnée* : Au comte Almaviva?

BARTHOLO : Voyez quel homme affreux eſt ce comte : aussitôt qu'il l'a reçue, il en a fait trophée; je la tiens d'une femme à qui il l'a sacrifiée.

ROSINE : Le comte Almaviva!...

BARTHOLO : Vous avez peine à vous persuader cette horreur. L'inexpérience, Rosine, rend votre sexe confiant et crédule; mais apprenez dans quel piège on vous attirait. Cette femme m'a fait donner avis de tout, apparemment pour écarter une rivale aussi dangereuse que vous. J'en frémis! le plus abominable complot, entre Almaviva, Figaro et cet Alonzo, cet élève supposé de Bazile, qui porte un autre nom et n'eſt que le vil agent du comte, allait vous entraîner dans un abîme dont rien n'eût pu vous tirer.

ROSINE, *accablée* : Quelle horreur!... quoi Lindor!... quoi ce jeune homme!...

BARTHOLO, *à part* : Ah! c'eſt Lindor.

ROSINE : C'est pour le comte Almaviva... C'est pour un autre...

BARTHOLO : Voilà ce qu'on m'a dit en me remettant votre lettre.

ROSINE, *outrée* : Ah! quelle indignité!... Il en sera puni. Monsieur, vous avez désiré de m'épouser?

BARTHOLO : Tu connais la vivacité de mes sentiments.

ROSINE : S'il peut vous en rester encore, je suis à vous.

BARTHOLO : Eh bien! le notaire[a] viendra cette nuit même.

ROSINE : Ce n'est pas tout; ô Ciel! suis-je assez humiliée!... Apprenez que dans peu le perfide ose entrer par cette jalousie dont ils ont eu l'art de vous dérober la clef.

BARTHOLO, *regardant au trousseau* : Ah! les scélérats! Mon enfant, je ne te quitte plus.

ROSINE, *avec effroi* : Ah! monsieur, et s'ils sont armés?

BARTHOLO : Tu as raison; je perdrais ma vengeance. Monte chez Marceline; enferme-toi chez elle à double tour. Je vais chercher main-forte, et l'attendre auprès de la maison. Arrêté comme voleur, nous aurons le plaisir d'en être à la fois vengés et délivrés! Et compte que mon amour te dédommagera...

ROSINE, *au désespoir* : Oubliez seulement mon erreur. *(À part.)* Ah, je m'en punis assez!

BARTHOLO, *s'en allant* : Allons nous embusquer[1]. À la fin je la tiens.

Il sort.

SCÈNE IV[b]

ROSINE, *seule.*

Son amour me dédommagera!... Malheureuse!... *(Elle tire son mouchoir, et s'abandonne aux larmes.)* Que faire?... Il va venir. Je veux rester, et feindre avec lui, pour le contempler un moment dans toute sa noirceur. La bassesse de son procédé sera mon préservatif... Ah! j'en ai grand besoin. Figure noble! air doux! une voix si tendre!... et ce n'est que le vil agent d'un corrupteur! Ah, malheureuse! malheureuse!... Ciel! on ouvre la jalousie!

Elle se sauve.

SCÈNE V[a]

LE COMTE, FIGARO, *enveloppé d'un manteau, paraît à la fenêtre.*

FIGARO *parle en dehors* : Quelqu'un s'enfuit; entrerai-je?

LE COMTE, *en dehors* : Un homme?

FIGARO : Non.

LE COMTE : C'est Rosine que ta figure atroce[1] aura mise en fuite.

FIGARO *saute dans la chambre* : Ma foi, je le crois... Nous voici enfin arrivés, malgré la pluie, la foudre et les éclairs.

LE COMTE, *enveloppé d'un long manteau* : Donne-moi la main. *(Il saute à son tour.)* À nous[b] la victoire!

FIGARO *jette son manteau* : Nous sommes tout percés. Charmant temps pour aller en bonne fortune! Monseigneur, comment trouvez-vous cette nuit?

LE COMTE : Superbe pour un amant.

FIGARO : Oui, mais pour un confident?... Et si quelqu'un allait nous surprendre ici?

LE COMTE : N'es-tu pas avec moi? J'ai bien une autre inquiétude : c'est de la déterminer à quitter sur-le-champ la maison du tuteur.

FIGARO : Vous avez pour vous trois passions toutes-puissantes sur le beau sexe : l'amour, la haine, et la crainte.

LE COMTE *regarde dans l'obscurité* : Comment lui annoncer brusquement que le notaire l'attend chez toi pour nous unir? Elle trouvera mon projet bien hardi. Elle va me nommer audacieux.

FIGARO : Si elle vous nomme audacieux, vous l'appellerez cruelle. Les femmes aiment beaucoup qu'on les appelle cruelles[2]. Au surplus[c], si son amour est tel que vous le désirez, vous lui direz qui vous êtes; elle ne doutera plus de vos sentiments.

SCÈNE VI[a1]

LE COMTE, ROSINE, FIGARO
(Figaro allume toutes les bougies qui sont sur la table.)

LE COMTE : La voici. Ma belle Rosine!...

ROSINE, *d'un ton très composé*[2] : Je commençais, monsieur, à craindre que vous ne vinssiez pas.

LE COMTE : Charmante inquiétude!... Mademoiselle, il[b] ne me convient point d'abuser des circonstances pour vous proposer de partager le sort d'un infortuné; mais, quelque asile que vous choisissiez, je jure mon honneur...

ROSINE : Monsieur, si le don de ma main n'avait pas dû suivre à l'instant celui de mon cœur, vous ne seriez pas ici. Que la nécessité justifie à vos yeux ce que cette entrevue a d'irrégulier!

LE COMTE : Vous, Rosine! la compagne d'un malheureux! sans fortune, sans naissance!...

ROSINE : La naissance, la fortune! Laissons là les jeux du hasard, et si vous m'assurez que vos intentions sont pures...

LE COMTE, *à ses pieds* : Ah! Rosine! je vous adore!...

ROSINE, *indignée* : Arrêtez, malheureux!... vous osez profaner!... Tu m'adores!... Va! tu n'es plus dangereux pour moi; j'attendais ce mot pour te détester. Mais avant de t'abandonner au remords qui t'attend, *(en pleurant)* apprends que je t'aimais; apprends que je faisais mon bonheur de partager ton mauvais sort. Misérable Lindor! j'allais tout quitter pour te suivre. Mais le lâche abus que tu as fait de mes bontés, et l'indignité de cet affreux comte Almaviva à qui tu me vendais, ont fait rentrer dans mes mains ce témoignage de ma faiblesse. Connais-tu cette lettre?

LE COMTE, *vivement* : Que votre tuteur vous a remise?

ROSINE, *fièrement* : Oui, je lui en ai l'obligation.

LE COMTE : Dieux, que je suis heureux! Il la tient de moi. Dans mon embarras, hier, je m'en suis servi pour arracher sa confiance, et je n'ai pu trouver l'instant de vous en informer. Ah, Rosine! il est donc vrai que vous m'aimez véritablement!...

FIGARO : Monseigneur, vous cherchiez une femme qui vous aimât pour vous-même...

ROSINE : Monseigneur!... Que dit-il?

LE COMTE, *jetant son large manteau, paraît en habit magnifique* : Ô la plus aimée des femmes! il n'eſt plus temps de vous abuser : l'heureux homme que vous voyez à vos pieds n'eſt point Lindor; je suis le comte Almaviva, qui meurt d'amour et vous cherche en vain depuis six mois.

ROSINE *tombe dans les bras du comte* : Ah!...

LE COMTE, *effrayé* : Figaro?

FIGARO : Point d'inquiétude, monseigneur; la douce émotion de la joie n'a jamais de suites fâcheuses; la voilà, la voilà qui reprend ses sens! Morbleu qu'elle eſt belle!

ROSINE : Ah! Lindor!... Ah monsieur! que je suis coupable! j'allais me donner cette nuit même à mon tuteur.

LE COMTE : Vous, Rosine!

ROSINE : Ne voyez que ma punition! J'aurais passé ma vie à vous déteſter. Ah Lindor! le plus affreux supplice n'eſt-il pas de haïr, quand on sent qu'on eſt faite pour aimer[1] ?

FIGARO *regarde à la fenêtre* : Monseigneur, le retour eſt fermé; l'échelle eſt enlevée.

LE COMTE : Enlevée!

ROSINE, *troublée* : Oui, c'eſt moi... c'eſt le docteur. Voilà le fruit de ma crédulité. Il m'a trompée. J'ai tout avoué, tout trahi : il sait que vous êtes ici et va venir avec main-forte.

FIGARO *regarde encore* : Monseigneur! on ouvre la porte de la rue.

ROSINE, *courant dans les bras du comte, avec frayeur* : Ah Lindor!...

LE COMTE, *avec fermeté* : Rosine, vous m'aimez. Je ne crains personne; et vous serez ma femme. J'aurai[a] donc le plaisir de punir à mon gré l'odieux vieillard!...

ROSINE : Non, non, grâce pour lui, cher Lindor! Mon cœur eſt si plein que la vengeance ne peut y trouver place.

SCÈNE VII[b]

LE NOTAIRE, DON BAZILE, LES ACTEURS PRÉCÉDENTS

FIGARO : Monseigneur, c'eſt notre notaire.

LE COMTE : Et l'ami Bazile avec lui!

BAZILE : Ah! qu'eſt-ce que j'aperçois?

FIGARO : Eh! par quel hasard, notre ami...

BAZILE : Par quel accident, messieurs...

LE NOTAIRE[c] : Sont-ce là les futurs conjoints?

LE COMTE : Oui, monsieur. Vous deviez unir la signora Rosine et moi cette nuit, chez le barbier Figaro ; mais nous avons préféré cette maison, pour des raisons que vous saurez. Avez-vous notre contrat ?

LE NOTAIRE : J'ai donc l'honneur de parler à Son Excellence monseigneur[a] le comte Almaviva ?

FIGARO : Précisément.

BAZILE, *à part* : Si c'est pour cela qu'il m'a donné le passe-partout...

LE NOTAIRE : C'est que j'ai deux contrats de mariage, monseigneur ; ne confondons point : voici le vôtre ; et c'est ici celui du seigneur Bartholo avec la signora... Rosine aussi. Les demoiselles apparemment sont deux sœurs qui portent le même nom.

LE COMTE : Signons toujours. Don Bazile voudra bien nous servir de second témoin.

Ils signent.

BAZILE : Mais, Votre Excellence... je ne comprends pas...

LE COMTE : Mon maître Bazile, un rien vous embarrasse et tout vous étonne.

BAZILE : Monseigneur... Mais si le docteur...

LE COMTE, *lui jetant une bourse* : Vous faites l'enfant ! Signez donc vite.

BAZILE, *étonné* : Ah ! ah !...

FIGARO : Où donc est la difficulté de signer ?

BAZILE, *pesant la bourse* : Il n'y en a plus ; mais c'est que moi[b], quand j'ai donné ma parole une fois, il faut des motifs d'un grand poids...

Il signe.

SCÈNE VIII ET DERNIÈRE

BARTHOLO, UN ALCADE, DES ALGUAZILS, DES VALETS *avec des flambeaux et* LES ACTEURS PRÉCÉDENTS[c]

BARTHOLO *voit le comte baiser la main de Rosine et Figaro qui embrasse grotesquement Don Bazile ; il crie en prenant le notaire à la gorge* : Rosine avec ces fripons[1] ! arrêtez tout le monde. J'en tiens un au collet.

LE NOTAIRE : C'est votre notaire.

BAZILE : C'est votre notaire. Vous moquez-vous?

BARTHOLO : Ah! Don Bazile! Eh! comment êtes-vous ici?

BAZILE : Mais plutôt vous, comment n'y êtes-vous pas?

L'ALCADE, *montrant Figaro* : Un moment; je connais celui-ci. Que viens-tu faire en cette maison, à des heures indues?

FIGARO : Heure indue? Monsieur voit bien qu'il est aussi près du matin que du soir. D'ailleurs, je suis de la compagnie de Son Excellence le comte Almaviva.

BARTHOLO : Almaviva!

L'ALCADE : Ce ne sont donc pas des voleurs?

BARTHOLO : Laissons cela. Partout ailleurs[a], monsieur le comte, je suis le serviteur de Votre Excellence; mais vous sentez que la supériorité du rang est ici sans force. Ayez, s'il vous plaît, la bonté de vous retirer.

LE COMTE : Oui, le rang doit être ici sans force; mais ce qui en a beaucoup est la préférence que Mademoiselle vient de m'accorder sur vous, en se donnant à moi volontairement.

BARTHOLO : Que dit-il, Rosine?

ROSINE : Il dit vrai. D'où[b] naît votre étonnement? Ne devais-je pas cette nuit même être vengée d'un trompeur? Je le suis.

BAZILE : Quand je vous disais que c'était le comte lui-même, docteur!

BARTHOLO : Que m'importe à moi? Plaisant mariage! Où sont les témoins?

LE NOTAIRE : Il n'y manque rien. Je suis assisté de ces deux messieurs.

BARTHOLO : Comment, Bazile! vous avez signé?

BAZILE : Que voulez-vous? Ce diable d'homme a toujours ses poches pleines d'arguments irrésistibles.

BARTHOLO : Je me moque de ses arguments. J'userai de mon autorité.

LE COMTE : Vous l'avez perdue en en abusant.

BARTHOLO : La demoiselle est mineure.

FIGARO : Elle vient de s'émanciper.

BARTHOLO : Qui te parle à toi, maître fripon?

LE COMTE : Mademoiselle[c] est noble et belle; je suis homme de qualité, jeune et riche; elle est ma femme; à ce titre qui nous honore également, prétend-on me la disputer?

BARTHOLO : Jamais on ne l'ôtera de mes mains.

LE COMTE : Elle n'est plus en votre pouvoir. Je la mets sous l'autorité des lois; et Monsieur, que vous avez amené vous-même, la protégera contre la violence que vous voulez lui faire. Les vrais magistrats sont les soutiens de tous ceux qu'on opprime.

L'ALCADE : Certainement. Et cette inutile résistance au plus honorable mariage indique assez sa frayeur sur la mauvaise administration des biens de sa pupille, dont il faudra qu'il rende compte.

LE COMTE : Ah! qu'il consente à tout et je ne lui demande rien.

FIGARO : Que la quittance de mes cent écus : ne perdons pas la tête.

BARTHOLO, *irrité* : Ils étaient tous contre moi; je me suis fourré la tête dans un guêpier!

BAZILE : Quel guêpier? Ne pouvant avoir la femme, calculez, docteur, que l'argent vous reste; et...

BARTHOLO : Eh! laissez-moi donc en repos, Bazile! Vous ne songez qu'à l'argent. Je me soucie bien de l'argent, moi! À la bonne heure, je le garde; mais croyez-vous que ce soit le motif qui me détermine?

Il signe.

FIGARO, *riant* : Ah, ah, ah, monseigneur; ils sont de la même famille.

LE NOTAIRE : Mais, messieurs, je n'y comprends plus rien. Est-ce qu'elles ne sont pas deux demoiselles qui portent le même nom?

FIGARO : Non, monsieur, elles ne sont qu'une.

BARTHOLO, *se désolant* : Et moi qui leur ai enlevé l'échelle, pour que le mariage fût plus sûr! Ah! je me suis perdu faute de soins.

FIGARO : Faute de sens. Mais soyons vrais, docteur; quand la jeunesse[a] et l'amour sont d'accord pour tromper un vieillard, tout ce qu'il fait pour l'empêcher peut bien s'appeler à bon droit *La Précaution inutile*[1].

FIN DU QUATRIÈME ET DERNIER ACTE[b]

LA FOLLE JOURNÉE

OU

LE MARIAGE DE FIGARO

Comédie en cinq actes en prose

En faveur du badinage,
Faites grâce à la raison.

Vaudeville de la pièce[1].

PRÉFACE

En écrivant cette préface, mon but n'est pas de rechercher oiseusement[1] si j'ai mis au théâtre une pièce bonne ou mauvaise; il n'est plus temps pour moi; mais d'examiner scrupuleusement, et je le dois toujours, si j'ai fait une œuvre blâmable.

Personne n'étant tenu de faire une comédie qui ressemble aux autres, si je me suis écarté d'un chemin trop battu, pour des raisons qui m'ont paru solides, ira-t-on me juger, comme l'ont fait MM. tels, sur des règles qui ne sont pas les miennes? imprimer puérilement que je reporte l'art à son enfance, parce que j'entreprends de frayer un nouveau sentier à cet art dont la loi première, et peut-être la seule, est d'amuser en instruisant? Mais ce n'est pas de cela qu'il s'agit.

Il y a souvent très loin du mal que l'on dit d'un ouvrage à celui qu'on en pense. Le trait qui nous poursuit, le mot qui importune reste enseveli dans le cœur, pendant que la bouche se venge en blâmant presque tout le reste. De sorte qu'on peut regarder comme un point établi au théâtre, qu'en fait de reproche à l'auteur, ce qui nous affecte le plus est ce dont on parle le moins.

Il est peut-être utile de dévoiler aux yeux de tous ce double aspect des comédies, et j'aurai fait encore un bon usage de la mienne, si je parviens, en la scrutant, à fixer l'opinion publique sur ce qu'on doit entendre par ces mots : Qu'est-ce que LA DÉCENCE THÉÂTRALE?

À force de nous montrer délicats[2], fins connaisseurs, et d'affecter, comme j'ai dit autre part[3], l'hypocrisie de la décence auprès du relâchement des mœurs, nous devenons des êtres nuls, incapables de s'amuser et de juger de ce qui leur convient, faut-il le dire enfin? des bégueules rassasiées[1] qui ne savent plus ce qu'elles veulent ni ce qu'elles doivent aimer ou rejeter. Déjà ces mots si rebattus, *bon ton*, *bonne compagnie*, toujours ajustés au niveau de chaque insipide coterie et dont la latitude est si grande qu'on ne sait où ils commencent et finissent, ont détruit la franche et vraie gaieté qui distinguait de tout autre le comique de notre nation.

Ajoutez-y le pédantesque abus de ces autres grands mots, *décence* et *bonnes mœurs*, qui donnent un air si important, si supérieur que nos jugeurs de comédies seraient désolés de n'avoir pas à les prononcer sur toutes les pièces de théâtre, et vous connaîtrez à peu près ce qui garrotte le génie, intimide tous les auteurs, et porte un coup mortel à la vigueur de l'intrigue, sans laquelle il n'y a pourtant que du bel esprit à la glace[2] et des comédies de quatre jours.

Enfin, pour dernier mal, tous les états[3] de la société sont parvenus à se soustraire à la censure dramatique : on ne pourrait mettre au théâtre *Les Plaideurs* de Racine, sans entendre aujourd'hui les Dandins et les Brid'oisons[4], même des gens plus éclairés, s'écrier qu'il n'y a plus ni mœurs ni respect pour les magistrats.

On ne ferait point le *Turcaret*[5], sans avoir à l'instant sur les bras fermes, sous-fermes, traites et gabelles, droits-réunis, tailles, taillons, le trop-plein, le trop-bu, tous les impositeurs royaux[6]. Il est vrai qu'aujourd'hui *Turcaret* n'a plus de modèles. On l'offrirait sous d'autres traits, l'obstacle resterait le même.

On ne jouerait point *les fâcheux*, *les marquis*, *les emprunteurs* de Molière, sans révolter à la fois la haute, la moyenne, la moderne et l'antique noblesse. Ses *Femmes savantes* irriteraient nos féminins bureaux d'esprit[7] ; mais quel calculateur peut évaluer la force et la longueur du levier qu'il faudrait, de nos jours, pour élever jusqu'au théâtre l'œuvre sublime du *Tartuffe*? Aussi l'auteur qui se compromet avec le public, *pour l'amuser, ou pour l'instruire*, au lieu d'intriguer[8] à son choix son ouvrage, est-il obligé de tourniller[9] dans des incidents impossibles, de persifler[10] au lieu de rire, et de prendre ses modèles hors de la société, crainte de se trouver mille ennemis, dont il ne connaissait aucun en composant son triste drame.

J'ai donc réfléchi que si quelque homme courageux ne secouait pas toute cette poussière, bientôt l'ennui des pièces françaises porterait la nation au frivole opéra-comique, et plus loin encore, aux boulevards, à ce ramas infect de tréteaux élevés à notre honte, où la décente liberté, bannie du théâtre français, se change en une licence effrénée, où la jeunesse va se nourrir de grossières inepties, et perdre, avec ses mœurs, le goût de la décence et des chefs-d'œuvre de nos maîtres[1]. J'ai tenté d'être cet homme, et si je n'ai pas mis plus de talent à mes ouvrages, au moins mon intention s'est-elle manifestée dans tous.

J'ai pensé, je pense encore, qu'on n'obtient ni grand pathétique, ni profonde moralité, ni bon et vrai comique au théâtre, sans des situations fortes et qui naissent toujours d'une disconvenance sociale dans le sujet qu'on veut traiter[2]. L'auteur tragique, hardi dans ses moyens, ose admettre le crime atroce : les conspirations, l'usurpation du trône, le meurtre, l'empoisonnement, l'inceste, dans *Œdipe* et *Phèdre*; le fratricide dans *Vendôme*; le parricide dans *Mahomet*; le régicide dans *Macbeth*[3], etc., etc. La comédie, moins audacieuse, n'excède pas les disconvenances, parce que ses tableaux sont tirés de nos mœurs, ses sujets de la société. Mais comment frapper sur l'avarice, à moins de mettre en scène un méprisable avare? démasquer l'hypocrisie sans montrer, comme Orgon, dans le *Tartuffe*, un abominable hypocrite *épousant sa fille et convoitant sa femme*[4]? un homme à bonnes fortunes, sans le faire parcourir un cercle entier de femmes galantes? un joueur effréné, sans l'envelopper de fripons, s'il ne l'est pas déjà lui-même?

Tous ces gens-là sont loin d'être vertueux; l'auteur ne les donne pas pour tels; il n'est le patron d'aucun d'eux; il est le peintre de leurs vices. Et parce que le lion est féroce, le loup vorace et glouton, le renard rusé, cauteleux, la fable est-elle sans moralité? Quand l'auteur la dirige contre un sot que la louange enivre, il fait choir du bec du corbeau le fromage dans la gueule du renard; sa moralité est remplie; s'il la tournait contre le bas flatteur, il finirait son apologue ainsi : « Le renard s'en saisit, le dévore, mais le fromage était empoisonné[5]. » La fable est une comédie légère, et toute comédie n'est qu'un long apologue; leur différence est que dans la fable les animaux ont de l'esprit, et que dans notre comédie les hommes sont souvent des bêtes, et, qui pis est, des bêtes méchantes.

Ainsi, lorsque Molière, qui fut si tourmenté par les sots, donne à *L'Avare* un fils prodigue et vicieux qui lui vole sa cassette et l'injurie en face, est-ce des vertus ou des vices qu'il tire sa moralité? Que lui importent ses fantômes? c'est vous qu'il entend corriger. Il est vrai que les afficheurs et balayeurs littéraires[1] de son temps ne manquèrent pas d'apprendre au bon public combien tout cela était horrible! Il est aussi prouvé que des envieux très importants, ou des importants très envieux, se déchaînèrent contre lui. Voyez le sévère Boileau, dans son épître au grand Racine, venger son ami qui n'est plus, en rappelant ainsi les faits :

L'ignorance et l'erreur à ses naissantes pièces
En habits de marquis, en robes de comtesses,
Venaient pour diffamer son chef-d'œuvre nouveau,
Et secouaient la tête à l'endroit le plus beau.
Le commandeur voulait la scène plus exacte;
Le vicomte, indigné, sortait au second acte :
L'un, défenseur zélé des dévots mis en jeu,
Pour prix de ses bons mots, le condamnait au feu;
L'autre, fougueux marquis, *lui déclarant la guerre,*
Voulait venger la Cour immolée au parterre[2].

On voit même dans un placet de Molière à Louis XIV qui fut si grand en protégeant les arts, et sans le goût éclairé duquel notre théâtre n'aurait pas un seul chef-d'œuvre de Molière, on voit ce philosophe auteur se plaindre amèrement au roi que, pour avoir démasqué les hypocrites, ils imprimaient partout qu'il était « un libertin, un impie, un athée, un démon vêtu de chair, habillé en homme[3] »; et cela s'imprimait avec APPROBATION ET PRIVILÈGE de ce roi qui le protégeait : rien là-dessus n'est empiré.

Mais, parce que les personnages d'une pièce s'y montrent sous des mœurs vicieuses, faut-il les bannir de la scène? Que poursuivrait-on au théâtre? les travers et les ridicules? cela vaut bien la peine d'écrire! ils sont chez nous comme les modes; on ne s'en corrige point, on en change.

Les vices, les abus, voilà ce qui ne change point, mais se déguise en mille formes sous le masque des mœurs dominantes; leur arracher ce masque et les montrer à découvert, telle est la noble tâche de l'homme qui se voue au théâtre. Soit qu'il moralise en riant, soit qu'il pleure en moralisant, Héraclite ou Démocrite[4], il n'a pas un autre devoir; malheur à lui s'il s'en écarte. On ne peut corriger les hommes qu'en les faisant voir tels qu'ils sont. La comédie utile et véridique n'est point un éloge menteur, un vain discours d'académie.

Mais gardons-nous bien de confondre cette critique générale, un des plus nobles buts de l'art, avec la satire odieuse et personnelle : l'avantage de la première est de corriger sans blesser. Faites prononcer au théâtre par l'homme juste, aigri de l'horrible abus des bienfaits : « tous les hommes sont des ingrats »; quoique chacun soit bien près de penser comme lui, personne ne s'offensera. Ne pouvant y avoir un ingrat sans qu'il existe un bienfaiteur[1], ce reproche même établit une balance égale entre les bons et mauvais cœurs; on le sent, et cela console. Que si l'humoriste[2] répond qu'« un bienfaiteur fait cent ingrats », on répliquera justement qu'« il n'y a peut-être pas un ingrat qui n'ait été plusieurs fois bienfaiteur » : cela console encore. Et c'est ainsi qu'en généralisant, la critique la plus amère porte du fruit sans nous blesser; quand la satire personnelle, aussi stérile que funeste, blesse toujours et ne produit jamais. Je hais partout cette dernière, et je la crois un si punissable abus que j'ai plusieurs fois d'office invoqué la vigilance du magistrat pour empêcher que le théâtre ne devînt une arène de gladiateurs, où le puissant se crût en droit de faire exercer ses vengeances par les plumes vénales et malheureusement trop communes qui mettent leur bassesse à l'enchère.

N'ont-ils donc pas assez, ces grands, des mille et un feuillistes, faiseurs de bulletins, afficheurs[3], pour y trier les plus mauvais, en choisir un bien lâche, et dénigrer qui les offusque? On tolère un si léger mal parce qu'il est sans conséquence et que la vermine éphémère démange un instant et périt; mais le théâtre est un géant qui blesse à mort tout ce qu'il frappe. On doit réserver ses grands coups pour les abus et pour les maux publics.

Ce n'est donc ni le vice[4] ni les incidents qu'il amène qui font l'indécence théâtrale; mais le défaut de leçons et de moralité. Si l'auteur, ou faible ou timide, n'ose en tirer de son sujet, voilà ce qui rend sa pièce équivoque ou vicieuse.

Lorsque je mis *Eugénie* au théâtre (et il faut bien que je me cite, puisque c'est toujours moi qu'on attaque), lorsque je mis *Eugénie* au théâtre, tous nos jurés-crieurs à la décence[5] jetaient des flammes dans les foyers[6] sur ce que j'avais osé montrer un seigneur libertin habillant ses valets en prêtres et feignant d'épouser une jeune personne qui paraît enceinte au théâtre[7], sans avoir été mariée.

Malgré leurs cris, la pièce a été jugée, sinon le meilleur, au moins le plus moral des drames, constamment jouée sur tous les théâtres et traduite dans toutes les langues[1]. Les bons esprits ont vu que la moralité, que l'intérêt y naissaient entièrement de l'abus qu'un homme puissant et vicieux fait de son nom, de son crédit, pour tourmenter une faible fille, sans appui, trompée, vertueuse et délaissée. Ainsi tout ce que l'ouvrage a d'utile et de bon naît du courage qu'eut l'auteur d'oser porter la disconvenance sociale au plus haut point de liberté.

Depuis, j'ai fait *Les Deux Amis*, pièce dans laquelle un père avoue à sa prétendue nièce qu'elle est sa fille illégitime[2]; ce drame est aussi très moral, parce qu'à travers les sacrifices de la plus parfaite amitié, l'auteur s'attache à y montrer les devoirs qu'impose la nature sur les fruits d'un ancien amour, que la rigoureuse dureté des convenances sociales, ou plutôt leur abus, laisse trop souvent sans appui.

Entre autres critiques de la pièce, j'entendis, dans une loge auprès de celle que j'occupais, un jeune *important*[3] de la Cour qui disait gaiement à des dames : « L'auteur, sans doute, est un garçon fripier, qui ne voit rien de plus élevé que des commis des fermes et des marchands d'étoffes; et c'est au fond d'un magasin qu'il va chercher les nobles amis qu'il traduit à la scène française[4] ! — Hélas! monsieur, lui dis-je en m'avançant, il a fallu du moins les prendre où il n'est pas impossible de les supposer. Vous ririez bien plus de l'auteur, s'il eût tiré deux vrais amis de l'Œil-de-bœuf et des carrosses[5] ? Il faut un peu de vraisemblance, même dans les actes vertueux. »

Me livrant à mon gai caractère[6], j'ai depuis tenté, dans *Le Barbier de Séville*, de ramener au théâtre l'ancienne et franche gaieté, en l'alliant avec le ton léger de notre plaisanterie actuelle; mais comme cela même était une espèce de nouveauté, la pièce fut vivement poursuivie. Il semblait que j'eusse ébranlé l'État; l'excès des précautions qu'on prit et des cris qu'on fit contre moi décelait surtout la frayeur que certains vicieux de ce temps avaient de s'y voir démasqués. La pièce fut censurée quatre fois, cartonnée trois fois sur l'affiche[7] à l'instant d'être jouée, dénoncée même au parlement d'alors[8]; et moi, frappé de ce tumulte, je persistais à demander que le public restât le juge de ce que j'avais destiné à l'amusement du public.

Je l'obtins au bout de trois ans. Après les clameurs, les éloges; et chacun me disait tout bas : « Faites-nous donc des pièces de ce genre, puisqu'il n'y a plus que vous qui osiez rire en face. »

Un auteur désolé par la cabale et les criards, mais qui voit sa pièce marcher, reprend courage, et c'eſt ce que j'ai fait. Feu M. le prince de Conti[1], de patriotique mémoire (car en frappant l'air de son nom, l'on sent vibrer le vieux mot *patrie*), feu M. le prince de Conti, donc, me porta le défi public de mettre au théâtre ma préface du *Barbier*, plus gaie, disait-il, que la pièce, et d'y montrer la famille de Figaro, que j'indiquais dans cette préface[2]. « Monseigneur, lui répondis-je, si je mettais une seconde fois ce caractère sur la scène, comme je le montrerais plus âgé, qu'il en saurait quelque peu davantage, ce serait bien un autre bruit, et qui sait s'il verrait le jour! » Cependant, par respect, j'acceptai le défi : je composai cette *Folle Journée*, qui cause aujourd'hui la rumeur. Il daigna la voir[3] le premier. C'était un homme d'un grand caractère, un prince auguste, un esprit noble et fier : le dirai-je? il en fut content.

Mais quel piège, hélas! j'ai tendu au jugement de nos critiques en appelant ma comédie du vain nom de *Folle Journée*! Mon objet était bien de lui ôter quelque importance; mais je ne savais pas encore à quel point un changement d'annonce peut égarer tous les esprits. En lui laissant son véritable titre, on eût lu *L'Époux suborneur*. C'était pour eux une autre piste; on me courait différemment. Mais ce nom de *Folle Journée* les a mis à cent lieues de moi : ils n'ont plus rien vu dans l'ouvrage que ce qui n'y sera jamais; et cette remarque un peu sévère sur la facilité de prendre le change a plus d'étendue qu'on ne croit. Au lieu du nom de *George Dandin*, si Molière eût appelé son drame : *La Sottise des alliances*, il eût porté bien plus de fruit; si Regnard eût nommé son *Légataire* : *La Punition du célibat*, la pièce nous eût fait frémir. Ce à quoi il ne songea pas, je l'ai fait avec réflexion. Mais qu'on ferait un beau chapitre sur tous les jugements des hommes et la morale du théâtre, et qu'on pourrait intituler : *De l'influence de l'affiche*!

Quoi qu'il en soit, *La Folle Journée* reſta cinq ans au portefeuille[4]; les Comédiens[5] ont su que je l'avais, ils me l'ont enfin arrachée. S'ils ont bien ou mal fait pour eux, c'eſt ce qu'on a pu voir depuis. Soit que la difficulté de la rendre excitât leur émulation, soit qu'ils sentissent, avec le public, que pour lui plaire en comédie, il fallait de nouveaux efforts, jamais pièce aussi difficile n'a été jouée avec autant d'ensemble; et si l'auteur (comme on le dit) eſt reſté au-dessous de lui-même, il n'y a pas un seul acteur dont cet ouvrage n'ait établi, augmenté ou confirmé la réputation. Mais revenons à sa lecture, à l'adoption des Comédiens.

Sur l'éloge outré qu'ils en firent[1], toutes les sociétés voulurent le connaître, et dès lors il fallut me faire des querelles[2] de toute espèce ou céder aux instances universelles. Dès lors aussi les grands ennemis de l'auteur ne manquèrent pas de répandre à la Cour qu'il blessait dans cet ouvrage, d'ailleurs « un tissu de bêtises », la religion, le gouvernement, tous les états de la société, les bonnes mœurs, et qu'enfin la vertu y était opprimée et le vice triomphant, « comme de raison », ajoutait-on[3]. Si les graves messieurs qui l'ont tant répété me font l'honneur de lire cette préface, ils y verront au moins que j'ai cité bien juste; et la bourgeoise intégrité que je mets à mes citations n'en fera que mieux ressortir la noble infidélité des leurs.

Ainsi dans *Le Barbier de Séville* je n'avais qu'ébranlé l'État; dans ce nouvel essai, plus infâme et plus séditieux, je le renversais de fond en comble. Il n'y avait plus rien de sacré si l'on permettait cet ouvrage. On abusait l'autorité par les plus insidieux rapports; on cabalait auprès des corps puissants; on alarmait les dames timorées; on me faisait des ennemis sur le prie-Dieu des oratoires : et moi, selon les hommes et les lieux, je repoussais la basse intrigue par mon excessive patience, par la roideur de mon respect, l'obstination de ma docilité, par la raison, quand on voulait l'entendre.

Ce combat a duré quatre ans[4]. Ajoutez-les aux cinq du portefeuille, que reste-t-il des allusions qu'on s'efforce à voir dans l'ouvrage? Hélas! quand il fut composé, tout ce qui fleurit aujourd'hui n'avait pas même encore germé. C'était tout un autre univers.

Pendant ces quatre ans de débat je ne demandais qu'un censeur; on m'en accorda cinq ou six[5]. Que virent-ils dans l'ouvrage, objet d'un tel déchaînement? la plus badine des intrigues. Un grand seigneur espagnol, amoureux d'une jeune fille qu'il veut séduire, et les efforts que cette fiancée, celui qu'elle doit épouser et la femme du seigneur réunissent pour faire échouer dans son dessein un maître absolu que son rang, sa fortune et sa prodigalité rendent tout-puissant pour l'accomplir[6]. Voilà tout, rien de plus. La pièce est sous vos yeux.

D'où naissaient donc ces cris perçants? De ce qu'au lieu de poursuivre un seul caractère vicieux, comme le Joueur, l'Ambitieux, l'Avare, ou l'Hypocrite, ce qui ne lui eût mis sur les bras qu'une seule classe d'ennemis, l'auteur a profité d'une composition légère, ou plutôt a formé son plan de façon à y faire entrer la critique d'une foule d'abus qui désolent la société. Mais, comme ce n'est pas là ce qui gâte un ouvrage aux yeux du censeur éclairé, tous, en l'approuvant, l'ont réclamé pour le théâtre. Il a donc fallu l'y souffrir; alors les grands du monde ont vu jouer avec scandale

Cette pièce où l'on peint un insolent valet
Disputant sans pudeur son épouse à son maître.

M. GUDIN[1].

Oh! que j'ai de regret[2] de n'avoir pas fait de ce sujet moral une tragédie bien sanguinaire! Mettant un poignard à la main de l'époux outragé, que je n'aurais pas nommé Figaro, dans sa jalouse fureur je lui aurais fait noblement poignarder le puissant vicieux; et comme il aurait vengé son honneur dans des vers carrés, bien ronflants, et que mon jaloux, tout au moins général d'armée, aurait eu pour rival quelque tyran bien horrible et régnant au plus mal sur un peuple désolé, tout cela, très loin de nos mœurs, n'aurait, je crois, blessé personne; on eût crié : « Bravo! ouvrage bien moral! » Nous étions sauvés, moi et mon Figaro sauvage.

Mais ne voulant qu'amuser nos Français et non faire ruisseler les larmes de leurs épouses, de mon coupable amant j'ai fait un jeune seigneur de ce temps-là, prodigue, assez galant, même un peu libertin, à peu près comme les autres seigneurs de ce temps-là. Mais qu'oserait-on dire au théâtre d'un seigneur, sans les offenser tous, sinon de lui reprocher son trop de galanterie? N'est-ce pas là le défaut le moins contesté par eux-mêmes? J'en vois beaucoup, d'ici, rougir modestement (et c'est un noble effort) en convenant que j'ai raison.

Voulant donc faire le mien coupable, j'ai eu le respect généreux de ne lui prêter aucun des vices du peuple. Direz-vous que je ne le pouvais pas, que c'eût été blesser toutes les vraisemblances? Concluez donc en faveur de ma pièce, puisque enfin je ne l'ai pas fait.

Le défaut même dont je l'accuse n'aurait produit aucun mouvement comique, si je ne lui avais gaiement opposé l'homme le plus dégourdi de sa nation, le *véritable* Figaro, qui, tout en défendant Suzanne, sa propriété, se moque des projets de son maître et s'indigne très plaisamment[3] qu'il ose jouter de ruse avec lui, maître passé dans ce genre d'escrime.

Ainsi, d'une lutte assez vive entre l'abus de la puissance,

l'oubli des principes, la prodigalité, l'occasion, tout ce que la séduction a de plus entraînant, et le feu, l'esprit, les ressources que l'infériorité, piquée au jeu, peut opposer à cette attaque, il naît dans ma pièce un jeu plaisant d'intrigue, où l'*époux suborneur*, contrarié, lassé, harassé, toujours arrêté dans ses vues, est obligé, trois fois dans cette journée[1], de tomber aux pieds de sa femme, qui, bonne, indulgente et sensible, finit par lui pardonner : c'est ce qu'elles font toujours[2]. Qu'a donc cette moralité de blâmable, messieurs?

La trouvez-vous un peu badine pour le ton grave que je prends? accueillez-en une plus sévère qui blesse vos yeux dans l'ouvrage, quoique vous ne l'y cherchiez pas : c'est qu'un seigneur assez vicieux pour vouloir prostituer à ses caprices tout ce qui lui est subordonné, pour se jouer dans ses domaines de la pudicité de toutes ses jeunes vassales, doit finir, comme celui-ci, par être la risée de ses valets. Et c'est ce que l'auteur a très fortement prononcé, lorsqu'en fureur, au cinquième acte, Almaviva, croyant confondre une femme infidèle, montre à son jardinier un cabinet, en lui criant : « Entres-y, toi, Antonio; conduis devant son juge l'infâme qui m'a déshonoré »; et que celui-ci lui répond : « Il y a, parguenne, une bonne Providence! Vous en avez tant fait dans le pays qu'il faut bien aussi qu'à votre tour[3]!... »

Cette profonde moralité se fait sentir dans tout l'ouvrage; et s'il convenait à l'auteur de démontrer aux adversaires qu'à travers sa forte leçon il a porté la considération pour la dignité du coupable plus loin qu'on ne devait l'attendre de la fermeté de son pinceau, je leur ferais remarquer que, croisé dans tous ses projets, le comte Almaviva se voit toujours humilié, sans être jamais avili.

En effet, si la comtesse usait de ruse pour aveugler sa jalousie dans le dessein de le trahir, devenue coupable elle-même, elle ne pourrait mettre à ses pieds son époux, sans le dégrader à nos yeux. La vicieuse intention de l'épouse brisant un lien respecté, l'on reprocherait justement à l'auteur d'avoir tracé des mœurs blâmables; car nos jugements sur les mœurs se rapportent toujours aux femmes; on n'estime pas assez les hommes pour tant exiger d'eux sur ce point délicat. Mais, loin qu'elle ait ce vil projet, ce qu'il y a de mieux établi dans l'ouvrage est que nul ne veut faire une tromperie au comte mais seulement l'empêcher d'en faire à tout le monde. C'est la pureté des motifs qui sauve ici les moyens du reproche; et, de cela seul que la comtesse ne veut que ramener son mari, toutes les confusions qu'il éprouve sont certainement très morales, aucune n'est avilissante.

Pour que cette vérité vous frappe davantage, l'auteur oppose à ce mari peu délicat la plus vertueuse des femmes par goût et par principes.

Abandonnée d'un époux trop aimé, quand l'expose-t-on à vos regards? Dans le moment critique où sa bienveillance pour un aimable enfant, son filleul, peut devenir un goût dangereux, si elle permet au ressentiment qui l'appuie de prendre trop d'empire sur elle. C'est pour faire mieux sortir l'amour vrai du devoir que l'auteur la met un moment aux prises avec un goût naissant qui le combat. Oh! combien on s'est étayé de ce léger mouvement dramatique pour nous accuser d'indécence! On accorde à la tragédie que toutes les reines, les princesses, aient des passions bien allumées qu'elles combattent plus ou moins, et l'on ne souffre pas que, dans la comédie, une femme ordinaire puisse lutter contre la moindre faiblesse! Ô grande *influence de l'affiche*! jugement sûr et conséquent! Avec la différence du genre, on blâme ici ce qu'on approuvait là. Et cependant en ces deux cas c'est toujours le même principe : point de vertu sans sacrifice.

J'ose en appeler à vous, jeunes infortunées que votre malheur attache à des Almaviva! Distingueriez-vous toujours votre vertu de vos chagrins, si quelque intérêt importun, tendant trop à les dissiper, ne vous avertissait enfin qu'il est temps de combattre pour elle? Le chagrin de perdre un mari n'est pas ici ce qui nous touche; un regret aussi personnel est trop loin d'être une vertu! Ce qui nous plaît dans la comtesse, c'est de la voir lutter franchement contre un goût naissant qu'elle blâme et des ressentiments légitimes. Les efforts qu'elle fait alors pour ramener son infidèle époux, mettant dans le plus heureux jour les deux sacrifices pénibles de son goût et de sa colère, on n'a nul besoin d'y penser pour applaudir à son triomphe; elle est un modèle de vertu, l'exemple de son sexe et l'amour du nôtre.

Si cette métaphysique[1] de l'honnêteté des scènes, si ce principe avoué de toute décence théâtrale n'a point frappé nos juges à la représentation, c'est vainement que j'en étendrais ici le développement, les conséquences; un tribunal d'iniquité n'écoute point les défenses de l'accusé qu'il est chargé de perdre; et ma comtesse n'est point traduite au parlement de la nation, c'est une commission qui la juge[2].

On a vu la légère esquisse de son aimable caractère dans la

charmante pièce d'*Heureusement*[1]. Le goût naissant que la jeune femme éprouve pour son petit cousin l'officier n'y parut blâmable à personne, quoique la tournure des scènes pût laisser à penser que la soirée eût fini d'autre manière, si l'époux ne fût pas rentré, comme dit l'auteur, « heureusement ». Heureusement aussi l'on n'avait pas le projet de calomnier cet auteur : chacun se livra de bonne foi à ce doux intérêt qu'inspire une jeune femme honnête et sensible qui réprime ses premiers goûts; et notez que dans cette pièce, l'époux ne paraît qu'un peu sot; dans la mienne il eſt infidèle; ma comtesse a plus de mérite.

Aussi, dans l'ouvrage que je défends, le plus véritable intérêt se porte-t-il sur la comtesse; le reſte eſt dans le même esprit.

Pourquoi Suzanne la camariſte[2], spirituelle, adroite et rieuse, a-t-elle aussi le droit de nous intéresser? C'eſt qu'attaquée par un séducteur puissant, avec plus d'avantage qu'il n'en faudrait pour vaincre une fille de son état, elle n'hésite pas à confier les intentions du comte aux deux personnes les plus intéressées à bien surveiller sa conduite : sa maîtresse et son fiancé[3] ; c'eſt que, dans tout son rôle, presque le plus long de la pièce, il n'y a pas une phrase, un mot, qui ne respire la sagesse et l'attachement à ses devoirs. La seule ruse qu'elle se permette eſt en faveur de sa maîtresse, à qui son dévouement eſt cher, et dont tous les vœux sont honnêtes.

Pourquoi, dans ses libertés sur son maître, Figaro m'amuse-t-il, au lieu de m'indigner? C'eſt que, l'opposé des valets, il n'eſt pas, et vous le savez, le malhonnête homme de la pièce : en le voyant forcé par son état de repousser l'insulte avec adresse, on lui pardonne tout, dès qu'on sait qu'il ne ruse avec son seigneur que pour garantir ce qu'il aime et sauver sa propriété.

Donc, hors le comte et ses agents, chacun fait dans la pièce à peu près ce qu'il doit. Si vous les croyez malhonnêtes parce qu'ils disent du mal les uns des autres, c'eſt une règle très fautive. Voyez nos honnêtes gens du siècle : on passe la vie à ne faire autre chose! Il eſt même tellement reçu de déchirer sans pitié les absents que moi, qui les défends toujours, j'entends murmurer très souvent : « Quel diable d'homme, et qu'il eſt contrariant! Il dit du bien de tout le monde! »

Eſt-ce mon page, enfin, qui vous scandalise? et l'immoralité qu'on reproche au fond de l'ouvrage serait-elle dans l'accessoire? Ô censeurs délicats! beaux esprits sans fatigue!

inquisiteurs pour la morale, qui condamnez en un clin d'œil les réflexions de cinq années ! soyez justes une fois, sans tirer à conséquence[1]. Un enfant de treize ans, aux premiers battements du cœur, cherchant tout sans rien démêler, idolâtre, ainsi qu'on l'est à cet âge heureux, d'un objet céleste pour lui dont le hasard fit sa marraine, est-il un sujet de scandale ? Aimé de tout le monde au château, vif, espiègle et brûlant, comme tous les enfants spirituels, par son agitation extrême, il dérange dix fois, sans le vouloir, les coupables projets du comte. Jeune adepte de la nature[2], tout ce qu'il voit a droit de l'agiter ; peut-être il n'est plus un enfant, mais il n'est pas encore un homme, et c'est le moment que j'ai choisi pour qu'il obtînt de l'intérêt sans forcer personne à rougir. Ce qu'il éprouve innocemment, il l'inspire partout de même. Direz-vous qu'on l'aime d'amour ? Censeurs ! ce n'est pas là le mot : vous êtes trop éclairés pour ignorer que l'amour, même le plus pur, a un motif intéressé : on ne l'aime donc pas encore ; on sent qu'un jour on l'aimera. Et c'est ce que l'auteur a mis avec gaieté dans la bouche de Suzanne, quand elle dit à cet enfant : « Oh ! dans trois ou quatre ans, je prédis que vous serez le plus grand petit vaurien[3] !... »

Pour lui imprimer plus fortement le caractère de l'enfance, nous le faisons exprès tutoyer par Figaro. Supposez-lui deux ans de plus, quel valet dans le château prendrait ces libertés ? Voyez-le à la fin de son rôle ; à peine a-t-il un habit d'officier, qu'il porte la main à l'épée aux premières railleries du comte, sur le quiproquo d'un soufflet[4]. Il sera fier, notre étourdi ! mais c'est un enfant, rien de plus. N'ai-je pas vu nos dames, dans les loges, aimer mon page à la folie ? Que lui voulaient-elles ? hélas ! rien : c'était de l'intérêt aussi ; mais, comme celui de la comtesse, un pur et naïf intérêt, un intérêt... sans intérêt.

Mais est-ce la personne du page ou la conscience du seigneur qui fait le tourment du dernier, toutes les fois que l'auteur les condamne à se rencontrer dans la pièce ? Fixez ce léger aperçu[5], il peut vous mettre sur sa voie ; ou plutôt apprenez de lui que cet enfant n'est amené que pour ajouter à la moralité de l'ouvrage, en vous montrant que l'homme le plus absolu chez lui, dès qu'il suit un projet coupable, peut être mis au désespoir par l'être le moins important, par celui qui redoute le plus de se rencontrer sur sa route.

Quand mon page aura dix-huit ans, avec le caractère vif et bouillant que je lui ai donné, je serai coupable, à mon tour, si je le montre sur la scène. Mais à treize ans qu'inspire-t-il? quelque chose de sensible et doux qui n'est ni amitié ni amour, et qui tient un peu de tous deux.

J'aurais de la peine à faire croire à l'innocence de ces impressions[1], si nous vivions dans un siècle moins chaste, dans un de ces siècles de calcul où, voulant tout prématuré, comme les fruits de leurs serres chaudes, les grands mariaient leurs enfants à douze ans, et faisaient plier la nature, la décence et le goût aux plus sordides convenances, en se hâtant surtout d'arracher, de ces êtres non formés, des enfants encore moins formables dont le bonheur n'occupait personne et qui n'étaient que le prétexte d'un certain trafic d'avantages qui n'avait nul rapport à eux, mais uniquement à leur nom. Heureusement nous en sommes bien loin[2], et le caractère de mon page, sans conséquence pour lui-même, en a une relative au comte, que le moraliste aperçoit, mais qui n'a pas encore frappé le grand commun de nos jugeurs.

Ainsi, dans cet ouvrage, chaque rôle important a quelque but moral. Le seul qui semble y déroger est le rôle de Marceline.

Coupable d'un ancien égarement, dont son Figaro fut le fruit, elle devrait, dit-on, se voir au moins punie par la confusion de sa faute, lorsqu'elle reconnaît son fils. L'auteur eût pu même en tirer une moralité plus profonde : dans les mœurs qu'il veut corriger, la faute d'une jeune fille séduite est celle des hommes, et non la sienne. Pourquoi donc ne l'a-t-il pas fait?

Il l'a fait, censeurs raisonnables! étudiez la scène suivante, qui faisait le nerf du troisième acte[3] et que les Comédiens m'ont prié de retrancher, craignant qu'un morceau si sévère n'obscurcît la gaieté de l'action.

Quand Molière a bien humilié la coquette ou coquine du *Misanthrope*, par la lecture publique de ses lettres à tous ses amants, il la laisse avilie sous les coups qu'il lui a portés[4]; il a raison : qu'en ferait-il? vicieuse par goût et par choix, veuve aguerrie, femme de cour, sans aucune excuse d'erreur, et fléau d'un fort honnête homme, il l'abandonne à nos mépris, et telle est sa moralité. Quant à moi, saisissant l'aveu naïf de Marceline au moment de la reconnaissance, je montrais cette femme humiliée et Bartholo qui la refuse, et Figaro, leur fils commun, dirigeant l'attention publique sur les vrais fauteurs du désordre où l'on entraîne sans pitié toutes les jeunes filles du peuple douées d'une jolie figure.

Telle est la marche de la scène[5].

BRID'OISON, *parlant de Figaro qui vient de reconnaître sa mère en Marceline* : C'est clair : i-il ne l'épousera pas.

BARTHOLO : Ni moi non plus.

MARCELINE : Ni vous! et votre fils? Vous m'aviez juré...

BARTHOLO : J'étais fou. Si pareils souvenirs engageaient, on serait tenu d'épouser tout le monde.

BRID'OISON : E-et si l'on y regardait de si près, pè-personne n'épouserait personne.

BARTHOLO : Des fautes si connues! une jeunesse déplorable!

MARCELINE, *s'échauffant par degrés* : Oui, déplorable, et plus qu'on ne croit! Je n'entends pas nier mes fautes, ce jour les a trop bien prouvées! mais qu'il est dur de les expier après trente ans d'une vie modeste! J'étais née, moi, pour être sage, et je la suis devenue sitôt qu'on m'a permis d'user de ma raison. Mais dans l'âge des illusions, de l'inexpérience et des besoins, où les séducteurs nous assiègent, pendant que la misère nous poignarde, que peut opposer une enfant à tant d'ennemis rassemblés? Tel nous juge ici sévèrement, qui, peut-être, en sa vie a perdu dix infortunées!

FIGARO : Les plus coupables sont les moins généreux; c'est la règle.

MARCELINE, *vivement* : Hommes plus qu'ingrats, qui flétrissez par le mépris les jouets de vos passions, vos victimes! c'est vous qu'il faut punir des erreurs de notre jeunesse; vous et vos magistrats, si vains du droit de nous juger, et qui nous laissent enlever, par leur coupable négligence, tout honnête moyen de subsister. Est-il un seul état pour les malheureuses filles? Elles avaient un droit naturel à toute la parure des femmes : on y laisse former mille ouvriers de l'autre sexe.

FIGARO, *en colère* : Ils font broder jusqu'aux soldats!

MARCELINE, *exaltée* : Dans les rangs même plus élevés, les femmes n'obtiennent de vous qu'une considération dérisoire; leurrées de respects apparents, dans une servitude réelle; traitées en mineures pour nos biens, punies en majeures pour nos fautes! ah, sous tous les aspects, votre conduite avec nous fait horreur ou pitié!

FIGARO : Elle a raison!

LE COMTE, *à part* : Que trop raison!

BRID'OISON : Elle a, mon-on Dieu! raison.

MARCELINE : Mais que nous font, mon fils, les refus d'un homme injuste? ne regarde pas d'où tu viens, vois où tu vas; cela seul importe à chacun. Dans quelques mois, ta fiancée ne dépendra plus que d'elle-même; elle t'acceptera, j'en réponds : vis entre une épouse, une mère tendres qui te chériront à qui mieux mieux. Sois indulgent pour elles, heureux pour toi, mon fils; gai, libre et bon pour tout le monde : il ne manquera rien à ta mère.

FIGARO : Tu parles d'or, maman, et je me tiens à ton avis. Qu'on est sot, en effet! il y a des mille, mille ans que le monde roule, et dans cet océan de durée où j'ai par hasard attrapé quelques chétifs trente ans qui ne reviendront plus, j'irais me tourmenter pour savoir à qui je les dois! tant pis pour qui s'en inquiète! Passer ainsi la vie à chamailler, c'est peser sur le collier sans relâche, comme les malheureux chevaux de la remonte des fleuves qui ne reposent pas, même quand ils s'arrêtent, et qui tirent toujours, quoiqu'ils cessent de marcher. Nous attendrons.

J'ai bien regretté ce morceau, et maintenant que la pièce est connue, si les Comédiens avaient le courage de le restituer à ma prière, je pense que le public leur en saurait beaucoup de gré. Ils n'auraient plus même à répondre, comme je fus forcé de le faire à certains censeurs du beau monde qui me reprochaient, à la lecture, de les intéresser pour une femme de mauvaises mœurs : « Non, messieurs, je n'en parle pas pour excuser ses mœurs, mais pour vous faire rougir des vôtres sur le point le plus destructeur de toute honnêteté publique : *la corruption des jeunes personnes*; et j'avais raison de le dire, que vous trouvez ma pièce trop gaie, parce qu'elle est souvent trop sévère. Il n'y a que façon de s'entendre.

– Mais votre Figaro est un soleil tournant[1], qui brûle, en jaillissant, les manchettes de tout le monde. – Tout le monde est exagéré. Qu'on me sache gré du moins s'il ne brûle pas aussi les doigts de ceux qui croient s'y reconnaître : au temps qui court, on a beau jeu sur cette matière au théâtre. M'est-il permis de composer en auteur qui sort du collège, de toujours faire rire des enfants sans jamais rien dire à des hommes? et ne devez-vous pas me passer un peu de morale, en faveur de ma gaieté, comme on passe aux Français un peu de folie, en faveur de leur raison[2] ? »

Si je n'ai versé sur nos sottises qu'un peu de critique badine, ce n'est pas que je ne sache en former de plus sévères : quiconque a dit tout ce qu'il sait dans son ouvrage, y a mis plus que moi dans le mien. Mais je garde une foule d'idées qui me pressent pour un des sujets les plus moraux du théâtre, aujourd'hui sur mon chantier : *La Mère coupable*; et si le dégoût dont on m'abreuve me permet jamais de l'achever, mon projet étant d'y faire verser des larmes à toutes les femmes sensibles, j'élèverai mon langage à la hauteur de mes situations, j'y prodiguerai les traits de la plus austère morale, et je tonnerai fortement sur les vices que j'ai trop ménagés. Apprêtez-vous donc bien, messieurs, à me tourmenter de nouveau : ma poitrine a déjà grondé; j'ai noirci beaucoup de papier au service de votre colère.

Et vous, honnêtes indifférents, qui jouissez de tout sans prendre parti sur rien, jeunes personnes modestes et timides qui vous plaisez à ma *Folle Journée* (et je n'entreprends sa défense que pour justifier votre goût), lorsque vous verrez dans le monde un de ces hommes tranchants critiquer vaguement la pièce, tout blâmer sans rien désigner, surtout la trouver indécente, examinez bien cet homme-là; sachez son rang, son état, son caractère, et vous connaîtrez sur-le-champ le mot qui l'a blessé dans l'ouvrage.

On sent bien que je ne parle pas de ces écumeurs littéraires[1] qui vendent leurs bulletins ou leurs affiches à tant de liards[2] le paragraphe. Ceux-là, comme l'abbé Bazile, peuvent calomnier : *ils médiraient qu'on ne les croirait pas*[3].

Je parle moins encore de ces libellistes honteux qui n'ont trouvé d'autre moyen de satisfaire leur rage, l'assassinat étant trop dangereux, que de lancer du cintre de nos salles des vers infâmes[4] contre l'auteur, pendant que l'on jouait sa pièce. Ils savent que je les connais; si j'avais eu dessein de les nommer, ç'aurait été au ministère public : leur supplice est de l'avoir craint, il suffit à mon ressentiment. Mais on n'imaginera jamais jusqu'où ils ont osé élever les soupçons du public sur une aussi lâche épigramme! semblables à ces vils charlatans du Pont-Neuf, qui, pour accréditer leurs drogues, farcissent d'ordres, de cordons[5], le tableau qui leur sert d'enseigne.

Non, je cite nos importants, qui, blessés, on ne sait pourquoi, des critiques semées dans l'ouvrage, se chargent d'en dire du mal, sans cesser de venir aux noces.

C'est un plaisir assez piquant de les voir d'en bas au spectacle, dans le très plaisant embarras de n'oser montrer ni satisfaction ni colère; s'avançant sur le bord des loges, prêts à se moquer de l'auteur, et se retirant aussitôt pour celer un peu de grimace; emportés par un mot de la scène, et soudainement rembrunis par le pinceau[6] du moraliste; au plus léger trait de gaieté, jouer tristement les étonnés, prendre un air gauche en faisant les pudiques et regardant les femmes dans les yeux, comme pour leur reprocher de soutenir un tel scandale; puis, aux grands applaudissements, lancer sur le public un regard méprisant, dont il est écrasé; toujours prêts à lui dire, comme ce courtisan dont parle Molière, lequel, outré du succès de *L'École des femmes*, criait des balcons au public : « Ris donc, public, ris donc[7] ! » En vérité c'est un plaisir, et j'en ai joui bien des fois.

Celui-là m'en rappelle un autre. Le premier jour de *La Folle Journée*, on s'échauffait dans le foyer (même d'honnêtes plébéiens[8]) sur ce qu'ils nommaient spirituellement « mon audace ». Un petit vieillard sec et brusque, impatienté de tous ces cris, frappe le plancher de sa canne et dit en s'en allant : « Nos Français sont comme les enfants, qui braillent quand on les éberne[1]. » Il avait du sens, ce vieillard. Peut-être on pouvait mieux parler[2], mais pour mieux penser, j'en défie.

Avec cette intention de tout blâmer, on conçoit que les traits les plus sensés ont été pris en mauvaise part. N'ai-je pas entendu vingt fois un murmure descendre des loges à cette réponse de Figaro :

LE COMTE : Une réputation détestable !
FIGARO : Et si je vaux mieux qu'elle ? y a-t-il beaucoup de seigneurs qui puissent en dire autant[3] ?

Je dis, moi, qu'il n'y en a point ; qu'il ne saurait y en avoir, à moins d'une exception bien rare. Un homme obscur ou peu connu peut valoir mieux que sa réputation, qui n'est que l'opinion d'autrui. Mais de même qu'un sot en place en paraît une fois plus sot parce qu'il ne peut plus rien cacher, de même un grand seigneur, l'homme élevé en dignités, que la fortune et sa naissance ont placé sur le grand théâtre, et qui, en entrant dans le monde, eut toutes les préventions pour lui, vaut presque toujours moins que sa réputation s'il parvient à la rendre mauvaise. Une assertion si simple et si loin du sarcasme devait-elle exciter le murmure ? si son application paraît fâcheuse aux grands peu soigneux de leur gloire, en quel sens fait-elle épigramme sur ceux qui méritent nos respects ? et quelle maxime plus juste au théâtre peut servir de frein aux puissants et tenir lieu de leçon à ceux qui n'en reçoivent point d'autres ?

Non qu'il faille oublier (a dit un écrivain sévère, et je me plais à le citer, parce que je suis de son avis), « non qu'il faille oublier, dit-il, ce qu'on doit aux rangs élevés : il est juste au contraire que l'avantage de la naissance soit le moins contesté de tous, parce que ce bienfait gratuit de l'hérédité, relatif aux exploits, vertus ou qualités des aïeux de qui le reçut, ne peut aucunement blesser l'amour-propre de ceux auxquels il fut refusé ; parce que dans une monarchie, si l'on ôtait les rangs intermédiaires, il y aurait trop loin du monarque aux sujets ; bientôt on n'y verrait qu'un despote et des esclaves ; le maintien d'une échelle graduée du laboureur au potentat intéresse également les hommes de tous les rangs, et peut-être est le plus ferme appui de la constitution monarchique ».

Mais quel auteur parlait ainsi? qui faisait cette profession de foi sur la noblesse, dont on me suppose si loin? C'était Pierre-Augustin Caron de Beaumarchais, plaidant par écrit au parlement d'Aix, en 1778, une grande et sévère question qui décida bientôt de l'honneur d'un noble et du sien[1]. Dans l'ouvrage que je défends, on n'attaque point les états, mais les abus de chaque état; les gens seuls qui s'en rendent coupables ont intérêt à le trouver mauvais; voilà les rumeurs expliquées; mais quoi donc, les abus sont-ils devenus si sacrés qu'on n'en puisse attaquer aucun sans lui trouver vingt défenseurs?

Un avocat célèbre, un magistrat respectable iront-ils donc s'approprier le plaidoyer d'un Bartholo, le jugement d'un Brid'oison[2]? Ce mot de Figaro sur l'indigne abus des plaidoiries de nos jours (« c'est dégrader le plus noble institut[3] ») a bien montré le cas que je fais du noble métier d'avocat, et mon respect pour la magistrature ne sera pas plus suspecté, quand on saura dans quelle école j'en ai recherché la leçon, quand on lira le morceau suivant, aussi tiré d'un moraliste, lequel, parlant des magistrats, s'exprime en ces termes formels :

« Quel homme aisé voudrait, pour le plus modique honoraire, faire le métier cruel de se lever à quatre heures pour aller au Palais tous les jours s'occuper, sous des formes prescrites, d'intérêts qui ne sont jamais les siens; d'éprouver sans cesse l'ennui de l'importunité, le dégoût des sollicitations, le bavardage des plaideurs, la monotonie des audiences, la fatigue des délibérations et la contention d'esprit nécessaire aux prononcés des arrêts, s'il ne se croyait pas payé de cette vie laborieuse et pénible par l'estime et la considération publique? et cette estime est-elle autre chose qu'un jugement qui n'est même aussi flatteur pour les bons magistrats qu'en raison de sa rigueur excessive contre les mauvais? »

Mais quel écrivain m'instruisait ainsi par ses leçons? Vous allez croire encore que c'est Pierre-Augustin? Vous l'avez dit : c'est lui, en 1773, dans son quatrième Mémoire[4], en défendant jusqu'à la mort sa triste existence attaquée par un soi-disant magistrat. Je respecte donc hautement ce que chacun doit honorer, et je blâme ce qui peut nuire.

« Mais dans cette *Folle Journée*, au lieu de saper les abus, vous vous donnez des libertés très répréhensibles au théâtre; votre monologue surtout contient, sur les gens disgraciés, des traits qui passent la licence! — Eh! croyez-vous, messieurs, que j'eusse un talisman pour tromper, séduire, enchaîner la censure et l'autorité, quand je leur soumis mon ouvrage? que je n'aie pas dû justifier ce que j'avais osé écrire? » Que fais-je dire à Figaro, parlant à l'homme déplacé? « Que les sottises imprimées n'ont d'importance qu'aux lieux où l'on en gêne le cours[1]. » Est-ce donc là une vérité d'une conséquence dangereuse? Au lieu de ces inquisitions puériles et fatigantes, et qui seules donnent de l'importance à ce qui n'en aurait jamais, si, comme en Angleterre, on était assez sage ici pour traiter les sottises avec ce mépris qui les tue, loin de sortir du vil fumier qui les enfante, elles y pourriraient en germant, et ne se propageraient point. Ce qui multiplie les libelles est la faiblesse de les craindre; ce qui fait vendre les sottises est la sottise de les défendre.

Et comment conclut Figaro? « Que sans la liberté de blâmer, il n'est point d'éloge flatteur; et qu'il n'y a que les petits hommes qui redoutent les petits écrits. » Sont-ce là des hardiesses coupables, ou bien des aiguillons de gloire[2]? des moralités insidieuses ou des maximes réfléchies, aussi justes qu'encourageantes?

Supposez-les le fruit des souvenirs. Lorsque, satisfait du présent, l'auteur veille pour l'avenir, dans la critique du passé, qui peut avoir droit de s'en plaindre? et si, ne désignant ni temps, ni lieu, ni personnes, il ouvre la voie, au théâtre, à des réformes désirables, n'est-ce pas aller à son but?

La Folle Journée explique donc comment, dans un temps prospère, sous un roi juste et des ministres modérés, l'écrivain peut tonner sur les oppresseurs sans craindre de blesser personne. C'est pendant le règne d'un bon prince qu'on écrit sans danger l'histoire des méchants rois; et, plus le gouvernement est sage, est éclairé, moins la liberté de dire est en presse[3]; chacun y faisant son devoir, on n'y craint pas les allusions; nul homme en place ne redoutant ce qu'il est forcé d'estimer, on n'affecte[4] point alors d'opprimer chez nous cette même littérature, qui fait notre gloire au-dehors et nous y donne une sorte de primauté que nous ne pouvons tirer d'ailleurs.

En effet, à quel titre y prétendrions-nous? Chaque peuple tient à son culte et chérit son gouvernement. Nous ne sommes pas restés plus braves que ceux qui nous ont battus à leur tour. Nos mœurs plus douces, mais non meilleures, n'ont rien qui nous élève au-dessus d'eux. Notre littérature seule, estimée de toutes les nations, étend l'empire de la langue française et nous obtient de l'Europe entière une prédilection avouée[1] qui justifie, en l'honorant, la protection que le gouvernement lui accorde.

Et comme chacun cherche toujours le seul avantage qui lui manque, c'est alors qu'on peut voir dans nos académies l'homme de la cour siéger avec les gens de lettres, les talents personnels et la considération héritée se disputer ce noble objet, et les archives académiques se remplir presque également de papiers et de parchemins.

Revenons à *La Folle Journée*.

Un monsieur de beaucoup d'esprit, mais qui l'économise un peu trop, me disait un soir au spectacle : « Expliquez-moi donc, je vous prie, pourquoi, dans votre pièce, on trouve autant de phrases négligées qui ne sont pas de votre style? — De mon style, monsieur? Si par malheur j'en avais un, je m'efforcerais de l'oublier quand je fais une comédie, ne connaissant rien d'insipide au théâtre comme ces fades camaïeux où tout est bleu, où tout est rose, où tout est l'auteur, quel qu'il soit. »

Lorsque mon sujet me saisit, j'évoque tous mes personnages et les mets en situation : « Songe à toi, Figaro, ton maître va te deviner. Sauvez-vous vite, Chérubin, c'est le comte que vous touchez. Ah! comtesse, quelle imprudence, avec un époux si violent! » Ce qu'ils diront, je n'en sais rien; c'est ce qu'ils feront qui m'occupe. Puis, quand ils sont bien animés, j'écris sous leur dictée rapide, sûr qu'ils ne me tromperont pas, que je reconnaîtrai Bazile, lequel n'a pas l'esprit de Figaro, qui n'a pas le ton noble du comte, qui n'a pas la sensibilité de la comtesse, qui n'a pas la gaieté de Suzanne, qui n'a pas l'espièglerie du page, et surtout aucun d'eux la sublimité de Brid'oison. Chacun y parle son langage : eh! que le dieu du naturel les préserve d'en parler d'autre! Ne nous attachons donc qu'à l'examen de leurs idées, et non à rechercher si j'ai dû leur prêter mon style.

Quelques malveillants ont voulu jeter de la défaveur sur cette phrase de Figaro : « Sommes-nous des soldats qui tuent et se font tuer pour des intérêts qu'ils ignorent? Je veux savoir, moi, pourquoi je me fâche[2] ». À travers le nuage d'une conception indigeste[3] ils ont feint d'apercevoir *que je répands une lumière décourageante sur l'état pénible du soldat, et il y a des choses qu'il ne faut jamais dire*. Voilà dans toute sa force l'argument de la méchanceté; reste à en prouver la bêtise.

Si, comparant la dureté du service à la modicité de la paye, ou discutant tel autre inconvénient de la guerre et comptant la gloire pour rien, je versais de la défaveur sur ce plus noble des affreux métiers, on me demanderait justement compte d'un mot indiscrètement échappé. Mais, du soldat au colonel, au général exclusivement, quel imbécile homme de guerre a jamais eu la prétention qu'il dût pénétrer les secrets du cabinet pour lesquels il fait la campagne? C'est de cela seul qu'il s'agit dans la phrase de Figaro. Que ce fou-là se montre, s'il existe; nous l'enverrons étudier sous le philosophe Babouc, lequel éclaircit disertement ce point de discipline militaire[1].

En raisonnant sur l'usage que l'homme fait de sa liberté dans les occasions difficiles, Figaro pouvait également opposer à sa situation tout état qui exige une obéissance implicite; et le cénobite zélé, dont le devoir est de tout croire sans jamais rien examiner, comme le guerrier valeureux, dont la gloire est de tout affronter sur des ordres non motivés, de *tuer et se faire tuer pour des intérêts qu'il ignore*. Le mot de Figaro ne dit donc rien, sinon qu'un homme libre de ses actions doit agir sur d'autres principes que ceux dont le devoir est d'obéir aveuglément.

Qu'aurait-ce été, bon Dieu! si j'avais fait usage d'un mot qu'on attribue au Grand Condé, et que j'entends louer à outrance par ces mêmes logiciens qui déraisonnent sur ma phrase? À les croire, le Grand Condé montra la plus noble présence d'esprit, lorsque arrêtant Louis XIV prêt à pousser son cheval dans le Rhin, il dit à ce monarque : « Sire, avez-vous besoin du bâton de maréchal? »

Heureusement on ne prouve nulle part que ce grand homme ait dit cette grande sottise. C'eût été dire au roi, devant toute son armée : « Vous moquez-vous donc, Sire, de vous exposer dans un fleuve? Pour courir de pareils dangers, il faut avoir besoin d'avancement ou de fortune! »

Ainsi l'homme le plus vaillant, le plus grand général du siècle, aurait compté pour rien l'honneur, le patriotisme et la gloire! un misérable calcul d'intérêt eût été, selon lui, le seul principe de la bravoure! il eût dit là un affreux mot! et si j'en avais pris le sens pour l'enfermer dans quelque trait, je mériterais le reproche qu'on fait gratuitement au mien.

Laissons donc les cerveaux fumeux louer ou blâmer, au hasard, sans se rendre compte de rien, s'extasier sur une sottise qui n'a pu jamais être dite, et proscrire un mot juste et simple qui ne montre que du bon sens.

Un autre reproche assez fort, mais dont je n'ai pu me laver, est d'avoir assigné pour retraite à la comtesse un certain couvent d'Ursulines[1]. « Ursulines ! » a dit un seigneur, joignant les mains avec éclat ; « Ursulines ! » a dit une dame en se renversant de surprise sur un jeune Anglais de sa loge ; « “ Ursulines ! ” ah Milord ! si vous entendiez le français !... — Je sens, je sens beaucoup, madame, dit le jeune homme en rougissant. — C'est qu'on n'a jamais mis au théâtre aucune femme aux “ Ursulines ” ! Abbé, parlez-nous donc ! L'abbé (toujours appuyée sur l'Anglais), comment trouvez-vous “ Ursulines ” ? — Fort indécent », répond l'abbé sans cesser de lorgner Suzanne. Et tout le beau monde a répété : « “ Ursulines ” est fort indécent. » Pauvre auteur ! on te croit jugé, quand chacun songe à son affaire. En vain j'essayais d'établir que dans l'événement de la scène[2], moins la comtesse a dessein de se cloîtrer, plus elle doit le feindre et faire croire à son époux que sa retraite est bien choisie ; ils ont proscrit mes « Ursulines » !

Dans le plus fort de la rumeur, moi, bon homme, j'avais été jusqu'à prier une des actrices qui font le charme de ma pièce de demander aux mécontents à quel autre couvent de filles ils estimaient qu'il fût *décent* que l'on fît entrer la comtesse ? À moi, cela m'était égal, je l'aurais mise où l'on aurait voulu : aux Augustines, aux Célestines, aux Clairettes, aux Visitandines, même aux Petites Cordelières[3], tant je tiens peu aux Ursulines ! Mais on agit si durement !

Enfin, le bruit croissant toujours, pour arranger l'affaire avec douceur, j'ai laissé le mot « Ursulines » à la place où je l'avais mis : chacun alors, content de soi, de tout l'esprit qu'il avait montré, s'est apaisé sur « Ursulines », et l'on a parlé d'autre chose.

Je ne suis point, comme l'on voit, l'ennemi de mes ennemis. En disant bien du mal de moi ils n'en ont point fait à ma pièce, et s'ils sentaient seulement autant de joie à la déchirer que j'eus de plaisir à la faire, il n'y aurait personne d'affligé. Le malheur est qu'ils ne rient point ; et ils ne rient point à ma pièce parce qu'on ne rit point à la leur. Je connais plusieurs amateurs[4] qui sont même beaucoup maigris depuis le succès du *Mariage* : excusons donc l'effet de leur colère.

À des moralités d'ensemble et de détail, répandues dans les flots d'une inaltérable gaieté, à un dialogue assez vif dont la facilité nous cache le travail, si l'auteur a joint une intrigue aisément filée, où l'art se dérobe sous l'art, qui se noue et se dénoue sans cesse à travers une foule de situations comiques, de tableaux piquants et variés qui soutiennent, sans la fatiguer, l'attention du public pendant les trois heures et demie que dure le même spectacle[1] (essai que nul homme de lettres n'avait encore osé tenter!), que restait-il à faire à de pauvres méchants que tout cela irrite? attaquer, poursuivre l'auteur par des injures verbales, manuscrites, imprimées : c'est ce qu'on a fait sans relâche. Ils ont même épuisé jusqu'à la calomnie pour tâcher de me perdre dans l'esprit de tout ce qui influe en France sur le repos d'un citoyen[2]. Heureusement que mon ouvrage est sous les yeux de la nation, qui depuis dix grands mois[3] le voit, le juge et l'apprécie. Le laisser jouer tant qu'il fera plaisir est la seule vengeance que je me sois permise. Je n'écris point ceci pour les lecteurs actuels; le récit d'un mal trop connu touche peu; mais dans quatre-vingts ans il portera son fruit. Les auteurs de ce temps-là compareront leur sort au nôtre, et nos enfants sauront à quel prix on pouvait amuser leurs pères.

Allons au fait; ce n'est pas tout cela qui blesse. Le vrai motif qui se cache et qui dans les replis du cœur produit tous les autres reproches, est renfermé dans ce quatrain :

> Pourquoi ce Figaro qu'on va tant écouter
> Est-il avec fureur déchiré par les sots?
> *Recevoir, prendre et demander :*
> *Voilà le secret en trois mots.*

En effet, Figaro, parlant du métier de courtisan, le définit dans ces termes sévères[4]. Je ne puis le nier, je l'ai dit. Mais reviendrai-je sur ce point? Si c'est un mal, le remède serait pire : il faudrait poser méthodiquement ce que je n'ai fait qu'indiquer, revenir à montrer qu'il n'y a point de synonyme en français entre *l'homme de la cour*, *l'homme de cour*, et *le courtisan par métier*.

Il faudrait répéter qu'*homme de la cour* peint seulement un noble état; qu'il s'entend de l'homme de qualité vivant avec la noblesse et l'éclat que son rang lui impose; que, si cet *homme de la cour* aime le bien par goût, sans intérêt, si, loin de jamais nuire à personne, il se fait estimer de ses maîtres, aimer de ses égaux et respecter des autres, alors cette acception reçoit un nouveau lustre, et j'en connais plus d'un que je nommerais avec plaisir s'il en était question.

Il faudrait montrer qu'*homme de cour*, en bon français, est moins l'énoncé d'un état que le résumé d'un caractère adroit, liant, mais réservé, pressant la main de tout le monde en glissant chemin à travers[1], menant finement son intrigue avec l'air de toujours servir, ne se faisant point d'ennemis, mais donnant, près d'un fossé, dans l'occasion, de l'épaule au meilleur ami pour assurer sa chute et le remplacer sur la crête, laissant à part tout préjugé qui pourrait ralentir sa marche, souriant à ce qui lui déplaît et critiquant ce qu'il approuve, selon les hommes qui l'écoutent; dans les liaisons utiles de sa femme ou de sa maîtresse, ne voyant que ce qu'il doit voir, enfin...

> *Prenant tout, pour le faire court,*
> *En véritable* homme de cour[2].
>
> LA FONTAINE.

Cette acception n'est pas aussi défavorable que celle du *courtisan par métier*[3], et c'est l'homme dont parle Figaro.

Mais, quand j'étendrais la définition de ce dernier, quand, parcourant tous les possibles, je le montrerais avec son maintien équivoque, haut et bas à la fois, rampant avec orgueil, ayant toutes les prétentions sans en justifier une, se donnant l'air du *protègement*[4] pour se faire chef de parti, dénigrant tous les concurrents qui balanceraient son crédit, faisant un métier lucratif de ce qui ne devrait qu'honorer, vendant ses maîtresses à son maître, lui faisant payer ses plaisirs, etc., etc., et quatre pages d'etc., il faudrait toujours revenir au distique[5] de Figaro : « Recevoir, prendre et demander : voilà le secret en trois mots. »

Pour ceux-ci, je n'en connais point; il y en eut, dit-on, sous Henri III, sous d'autres rois encore, mais c'est l'affaire de l'historien; et, quant à moi, je suis d'avis que les vicieux du siècle en sont comme les saints : qu'il faut cent ans pour les canoniser. Mais, puisque j'ai promis la critique de ma pièce[6], il faut enfin que je la donne.

En général son grand défaut est *que je ne l'ai point faite en observant le monde; qu'elle ne peint rien de ce qui existe et ne rappelle jamais l'image de la société où l'on vit; que ses mœurs basses et corrompues n'ont pas même le mérite d'être vraies*. Et c'est ce qu'on lisait dernièrement dans un beau discours imprimé, composé par un homme de bien, auquel il n'a manqué qu'un peu d'esprit pour être un écrivain médiocre[7]. Mais, médiocre ou non, moi qui ne fis jamais usage de cette allure oblique et torse avec laquelle un sbire qui n'a pas l'air de vous regarder vous donne du stylet au flanc, je suis de l'avis de celui-ci. Je conviens qu'à la vérité, la génération passée ressemblait beaucoup à ma pièce, que la génération future lui ressemblera beaucoup aussi; mais que, pour la génération présente, elle ne lui ressemble aucunement; que je n'ai jamais rencontré ni mari suborneur, ni seigneur libertin, ni courtisan avide, ni juge ignorant ou passionné, ni avocat injuriant, ni gens médiocres avancés[1], ni traducteur bassement jaloux; et que, si des âmes pures, qui ne s'y reconnaissent point du tout, s'irritent contre ma pièce et la déchirent sans relâche, c'est uniquement par respect pour leurs grands-pères et sensibilité pour leurs petits-enfants. J'espère, après cette déclaration, qu'on me laissera bien tranquille; ET J'AI FINI.

CARACTÈRES ET HABILLEMENTS DE LA PIÈCE

LE COMTE ALMAVIVA doit être joué très noblement, mais avec grâce et liberté. La corruption du cœur ne doit rien ôter au *bon ton* de ses manières. Dans les mœurs *de ce temps-là*, les grands traitaient en badinant toute entreprise sur les femmes. Ce rôle est d'autant plus pénible à bien rendre que le personnage est toujours sacrifié. Mais, joué par un comédien excellent (M. Molé), il a fait ressortir tous les rôles et assuré le succès de la pièce.

Son vêtement du premier et second acte est un habit de chasse, avec des bottines à mi-jambe de l'ancien costume espagnol. Du troisième acte jusqu'à la fin, un habit superbe de ce costume[2].

LA COMTESSE, agitée de deux sentiments contraires, ne doit montrer qu'une sensibilité réprimée, ou une colère très modérée; rien surtout qui dégrade aux yeux du spectateur son caractère aimable et vertueux. Ce rôle, un des plus difficiles de la pièce, a fait infiniment d'honneur au grand talent de Mlle Saint-Val cadette.

Son vêtement du premier, second et quatrième acte est une lévite[3] commode, et nul ornement sur la tête : elle est chez elle et censée incommodée. Au cinquième acte, elle a l'habillement et la haute coiffure de Suzanne.

FIGARO. L'on ne peut trop recommander à l'acteur qui jouera ce rôle de bien se pénétrer de son esprit, comme l'a fait M. Dazincourt. S'il y voyait autre chose que de la raison assaisonnée de gaieté et de saillies, surtout s'il y mettait la moindre charge, il avilirait un rôle que le premier comique du théâtre, M. Préville, a jugé devoir honorer le talent de tout comédien qui saurait en saisir les nuances multipliées et pourrait s'élever à son entière conception.

Son vêtement comme dans *Le Barbier de Séville*.

SUZANNE. Jeune personne adroite, spirituelle et rieuse, mais non de cette gaieté presque effrontée de nos soubrettes[1] corruptrices; son joli caractère est dessiné dans la préface[2], et c'est là que l'actrice qui n'a point vu Mlle Contat doit l'étudier pour le bien rendre.

Son vêtement des quatre premiers actes est un juste blanc à basquines[3], très élégant, la jupe de même, avec une toque appelée depuis par nos marchandes : « à la Suzanne ». Dans la fête du quatrième acte[4], le comte lui pose sur la tête une toque à long voile, à hautes plumes et à rubans blancs. Elle porte au cinquième acte la lévite de sa maîtresse, et nul ornement sur la tête.

MARCELINE est une femme d'esprit, née un peu vive, mais dont les fautes et l'expérience ont réformé le caractère. Si l'actrice qui le joue s'élève avec une fierté bien placée à la hauteur très morale qui suit la reconnaissance du troisième acte[5], elle ajoutera beaucoup à l'intérêt de l'ouvrage.

Son vêtement est celui des duègnes espagnoles, d'une couleur modeste, un bonnet noir sur la tête.

ANTONIO ne doit montrer qu'une demi-ivresse qui se dissipe par degrés, de sorte qu'au cinquième acte on n'en aperçoive presque plus.

Son vêtement est celui d'un paysan espagnol, où les manches pendent par-derrière; un chapeau et des souliers blancs.

FANCHETTE est une enfant de douze ans, très naïve. Son petit habit est un juste brun avec des ganses et des boutons d'argent, la jupe de couleur tranchante, et une toque noire à plumes sur la tête. Il sera celui des autres paysannes de la noce.

CHÉRUBIN. Ce rôle ne peut être joué, comme il l'a été, que par une jeune et très jolie femme; nous n'avons point à nos théâtres de très jeune homme assez formé pour en bien sentir les finesses. Timide à l'excès devant la comtesse, ailleurs un charmant polisson, un désir inquiet et vague est le fond de son caractère. Il s'élance à la puberté, mais sans projet, sans connaissances, et tout entier à chaque événement; enfin il est ce que toute mère, au fond du cœur, voudrait peut-être que fût son fils, quoiqu'elle dût beaucoup en souffrir.

Son riche vêtement, aux premier et second actes, est celui d'un page de cour espagnol, blanc et brodé d'argent; le léger manteau bleu sur l'épaule, et un chapeau chargé de plumes. Au quatrième acte, il a le corset, la jupe et la toque des jeunes paysannes qui l'amènent. Au cinquième acte, un habit uniforme[6] d'officier, une cocarde et une épée.

BARTHOLO. Le caractère et l'habit comme dans *Le Barbier de Séville*; il n'est ici qu'un rôle secondaire.

BAZILE. Caractère et vêtement comme dans *Le Barbier de Séville*; il n'est aussi qu'un rôle secondaire.

BRID'OISON doit avoir cette bonne et franche assurance des bêtes qui n'ont plus leur timidité. Son bégaiement n'est qu'une grâce de plus qui doit être à peine sentie, et l'acteur se tromperait lourdement et jouerait à contresens s'il y cherchait le plaisant de son rôle. Il est tout entier dans l'opposition de la gravité de son état au ridicule du caractère; et moins l'acteur le chargera, plus il montrera de vrai talent.

Son habit est une robe de juge espagnol, moins ample que celle de nos procureurs, presque une soutane; une grosse perruque, une gonille ou rabat espagnol au col, et une longue baguette blanche à la main[1].

DOUBLE-MAIN. Vêtu comme le juge, mais la baguette blanche plus courte.

L'HUISSIER OU ALGUAZIL. Habit, manteau, épée de Crispin[2], mais portée à son côté sans ceinture de cuir. Point de bottines, une chaussure noire, une perruque blanche naissante[3] et longue à mille boucles, une courte baguette blanche.

GRIPPE-SOLEIL. Habit de paysan, les manches pendantes; veste de couleur tranchée, chapeau blanc.

UNE JEUNE BERGÈRE. Son vêtement comme celui de Fanchette.

PÉDRILLE. En veste, gilet, ceinture, fouet et bottes de poste, une réçille[4] sur la tête, chapeau de courrier.

PERSONNAGES MUETS, les uns en habits de juges, d'autres en habits de paysans, les autres en habits de livrée.

PLACEMENT DES ACTEURS

Pour faciliter les jeux du théâtre, on a eu l'attention d'écrire au commencement de chaque scène le nom des personnages dans l'ordre où le spectateur les voit. S'ils font quelque mouvement grave dans la scène, il est désigné par un nouvel ordre de noms, écrit en marge[5] à l'instant qu'il arrive. Il est important de conserver les bonnes positions théâtrales; le relâchement dans la tradition donnée par les premiers acteurs en produit bientôt un total dans le jeu des pièces, qui finit par assimiler les troupes négligentes aux plus faibles comédiens de société[6].

LA FOLLE JOURNÉE
OU
LE MARIAGE DE FIGARO[1]

Comédie en cinq actes, en prose[2]

PERSONNAGES[a]	[ACTEURS]
LE COMTE ALMAVIVA, grand corrégidor[3] d'Andalousie	M. Molé
LA COMTESSE, sa femme	Mlle Saint-Val
FIGARO, valet de chambre du comte, et concierge[4] du château	M. Dazincourt
SUZANNE, première camariste[5] de la comtesse, et fiancée de Figaro	Mlle Contat
MARCELINE, femme de charge[6]	Mme Bellecourt et ensuite Mlle La Chassaigne
ANTONIO, jardinier du château, oncle de Suzanne et père de Fanchette	M. Belmont
FANCHETTE, fille d'Antonio	Mlle Laurent
CHÉRUBIN, premier page du comte	Mlle Olivier
BARTHOLO, médecin de Séville	M. Desessarts
BAZILE, maître de clavecin de la comtesse	M. Vanhove
DON GUSMAN BRID'OISON, lieutenant du siège	M. Préville et ensuite M. Dugazon

DOUBLE-MAIN, greffier, secrétaire de don Gusman	M. Marsy
UN HUISSIER-AUDIENCIER	M. La Rochelle
GRIPPE-SOLEIL, jeune pastoureau[1]	M. Champville
UNE JEUNE BERGÈRE	Mlle Dantier
PÉDRILLE, piqueur du comte	M. Florence[2]

TROUPE DE VALETS
TROUPE DE PAYSANNES } personnages muets
TROUPE DE PAYSANS

La scène est au château d'Aguas-Frescas[3],
à trois lieues de Séville.

ACTE PREMIER

Le théâtre représente une chambre à demi démeublée; un grand fauteuil de malade est au milieu. Figaro, avec une toise[4], mesure le plancher. Suzanne attache à sa tête, devant une glace, le petit bouquet de fleurs d'orange appelé chapeau de la mariée[5].

SCÈNE PREMIÈRE

FIGARO, SUZANNE

FIGARO : Dix-neuf pieds sur vingt-six.

SUZANNE : Tiens[a], Figaro, voilà mon petit chapeau; le trouves-tu mieux ainsi?

FIGARO *lui prend les mains* : Sans comparaison, ma charmante. Oh! que ce joli bouquet virginal, élevé sur la tête d'une belle fille, est doux, le matin des noces, à l'œil amoureux d'un époux!...

SUZANNE *se retire* : Que mesures-tu donc là, mon fils ?

FIGARO : Je regarde, ma petite Suzanne, si ce beau lit que Monseigneur nous donne aura bonne grâce ici.

SUZANNE : Dans cette chambre ?

FIGARO : Il nous la cède.

SUZANNE : Et moi je n'en veux point.

FIGARO : Pourquoi ?

SUZANNE : Je n'en veux point.

FIGARO : Mais encore ?

SUZANNE : Elle me déplaît.

FIGARO : On dit une raison.

SUZANNE : Si je n'en veux pas dire ?

FIGARO : Oh ! quand elles sont sûres de nous !

SUZANNE : Prouver que j'ai raison serait accorder que je puis avoir tort. Es-tu mon serviteur, ou non ?

FIGARO : Tu prends de l'humeur contre la chambre du château la plus commode, et qui tient le milieu des deux appartements. La nuit, si Madame est incommodée, elle sonnera de son côté ; zeste[1] ! en deux pas tu es chez elle. Monseigneur veut-il quelque chose ? il n'a qu'à tinter[2] du sien ; crac ! en trois sauts me voilà rendu.

SUZANNE : Fort bien ! mais quand il aura « tinté » le matin pour te donner quelque bonne et longue commission, zeste ! en deux pas, il est à ma porte, et crac ! en trois sauts...

FIGARO : Qu'entendez-vous par ces paroles ?

SUZANNE : Il faudrait m'écouter tranquillement.

FIGARO : Eh qu'est-ce qu'il y a ? bon Dieu !

SUZANNE : Il y a, mon ami, que las de courtiser les beautés des environs, M. le comte Almaviva veut rentrer au château, mais non pas chez sa femme ; c'est sur la tienne, entends-tu, qu'il a jeté ses vues, auxquelles il espère que ce logement ne nuira pas. Et c'est ce que le loyal Bazile, honnête agent de ses plaisirs et mon noble maître à chanter, me répète chaque jour en me donnant leçon.

FIGARO : Bazile ! ô mon mignon ! si jamais volée de bois vert appliquée sur une échine a dûment redressé la moelle épinière à quelqu'un...

SUZANNE : Tu croyais, bon garçon ! que cette dot qu'on me donne était pour les beaux yeux de ton mérite[3] ?

FIGARO : J'avais assez fait pour l'espérer[4].

SUZANNE : Que les gens d'esprit sont bêtes[5] !

FIGARO : On le dit.

SUZANNE : Mais c'est qu'on ne veut pas le croire !

FIGARO : On a tort.

SUZANNE : Apprends qu'il la destine à obtenir de moi, secrètement, certain quart d'heure, seul à seule, qu'un ancien droit du seigneur[1]... Tu sais s'il était triste !

FIGARO : Je le sais tellement que, si monsieur le comte, en se mariant, n'eût pas aboli ce droit honteux, jamais je ne t'eusse épousée dans ses domaines.

SUZANNE : Eh bien ! s'il l'a détruit, il s'en repent ; et c'est de ta fiancée qu'il veut le racheter en secret aujourd'hui.

FIGARO, *se frottant la tête* : Ma tête s'amollit de surprise ; et mon front fertilisé...

SUZANNE[a] : Ne le frotte donc pas !

FIGARO : Quel danger ?

SUZANNE, *riant* : S'il y venait un petit bouton... Des gens superstitieux...

FIGARO : Tu ris, friponne ! Ah[b] ! s'il y avait moyen d'attraper ce grand trompeur, de le faire donner dans un bon piège, et d'empocher son or !

SUZANNE : De l'intrigue et de l'argent ; te voilà dans ta sphère.

FIGARO : Ce n'est pas la honte qui me retient.

SUZANNE : La crainte ?

FIGARO : Ce n'est rien d'entreprendre une chose dangereuse, mais d'échapper au péril[2] en la menant à bien : car, d'entrer chez quelqu'un la nuit, de lui souffler sa femme et d'y recevoir cent coups de fouet pour la peine, il n'est rien plus aisé ; mille sots coquins l'ont fait. Mais...

On sonne[c] de l'intérieur.

SUZANNE : Voilà Madame éveillée ; elle m'a bien recommandé d'être la première à lui parler le matin de mes noces.

FIGARO : Y a-t-il encore quelque chose là-dessous ?

SUZANNE : Le berger dit que cela porte bonheur aux épouses délaissées. Adieu, mon petit Fi, Fi, Figaro. Rêve à notre affaire.

FIGARO : Pour m'ouvrir l'esprit, donne un petit baiser.

SUZANNE : À mon amant[3] aujourd'hui ? Je t'en souhaite ! Et qu'en dirait demain mon mari ?

Figaro l'embrasse.

SUZANNE : Hé bien ! hé bien !

FIGARO : C'est que tu n'as pas d'idée de mon amour.

SUZANNE, *se défripant* : Quand cesserez-vous, importun, de m'en parler du matin au soir ?

FIGARO, *mystérieusement* : Quand je pourrai te le prouver du soir jusqu'au matin.

On sonne une seconde fois.

SUZANNE[a], *de loin, les doigts unis sur sa bouche* : Voilà votre baiser, monsieur; je n'ai plus rien à vous.

FIGARO *court après elle* : Oh! mais ce n'est pas ainsi que vous l'avez reçu...

SCÈNE II

FIGARO, *seul.*

La charmante fille! toujours riante, verdissante[1], pleine[b] de gaieté, d'esprit, d'amour et de délices! mais sage!... *(Il marche vivement en se frottant les mains.)* Ah, monseigneur! mon cher monseigneur! vous voulez m'en donner... à garder[2]? Je cherchais aussi pourquoi, m'ayant nommé concierge, il m'emmène à son ambassade et m'établit courrier de dépêches[3]. J'entends, Monsieur le Comte : trois promotions à la fois; vous, compagnon ministre[4]; moi, casse-cou politique[5], et Suzon, dame du lieu, l'ambassadrice de poche[6]; et puis fouette courrier! pendant que je galoperais d'un côté, vous feriez faire de l'autre à ma belle un joli chemin! Me crottant, m'échinant pour la gloire de votre famille; vous, daignant concourir à l'accroissement de[c] la mienne! Quelle douce réciprocité! Mais, Monseigneur, il y a de l'abus. Faire à Londres, en même temps, les affaires de votre maître et celles de votre valet! représenter à la fois le roi et moi, dans une cour étrangère, c'est trop de moitié, c'est trop. Pour toi, Bazile! fripon mon cadet[7]! je veux t'apprendre à clocher devant les boiteux[8]; je veux... non, dissimulons avec eux pour les enferrer l'un par l'autre. Attention sur la journée, monsieur Figaro! D'abord avancer l'heure de votre petite fête, pour épouser plus sûrement; écarter une Marceline qui de vous est friande en diable; empocher l'or et les présents; donner le change aux petites passions de Monsieur le Comte; étriller rondement monsieur du Bazile et...

SCÈNE III

MARCELINE, BARTHOLO, FIGARO

FIGARO *s'interrompt* : ... Héééé, voilà le gros docteur, la fête sera complète. Hé, bonjour, cher docteur de mon cœur. Est-ce[a] ma noce avec Suzon qui vous attire au château ?

BARTHOLO, *avec dédain* : Ah ! mon cher monsieur, point du tout.

FIGARO : Cela serait bien généreux !

BARTHOLO : Certainement, et par trop sot.

FIGARO : Moi qui eus le malheur de troubler la vôtre !

BARTHOLO[b] : Avez-vous autre chose à nous dire ?

FIGARO : On n'aura pas pris soin de votre mule[1] !

BARTHOLO, *en colère* : Bavard[c] enragé ! laissez-nous.

FIGARO : Vous vous fâchez, docteur ? les gens de votre état sont bien durs ! pas plus de pitié des pauvres animaux... en vérité... que si c'était des hommes ! Adieu, Marceline : avez-vous toujours envie de plaider contre moi ?

Pour n'aimer pas, faut-il qu'on se haïsse[2] ?

Je m'en rapporte au docteur.

BARTHOLO : Qu'est-ce que c'est ?

FIGARO : Elle vous le contera de reste.

Il sort[3].

SCÈNE IV[d]

MARCELINE, BARTHOLO

BARTHOLO *le regarde aller* : Ce drôle est toujours le même ! et à moins qu'on ne l'écorche vif, je prédis qu'il mourra dans la peau du plus fier insolent...

MARCELINE *le retourne* : Enfin vous voilà donc, éternel docteur ? toujours si grave et compassé qu'on pourrait mourir en attendant vos secours, comme on s'est marié jadis malgré vos précautions.

BARTHOLO : Toujours amère et provocante ! Eh bien, qui[4]

rend donc ma présence au château si nécessaire? Monsieur le comte a-t-il eu quelque accident?

MARCELINE : Non, docteur.

BARTHOLO : La Rosine[1], sa trompeuse comtesse, est-elle incommodée, Dieu merci?

MARCELINE : Elle languit.

BARTHOLO[a] : Et de quoi?

MARCELINE : Son mari la néglige.

BARTHOLO, *avec joie* : Ah, le digne époux qui me venge!

MARCELINE : On ne sait comment définir le comte; il est jaloux et libertin[2].

BARTHOLO : Libertin par ennui, jaloux[b] par vanité; cela va sans dire.

MARCELINE : Aujourd'hui, par exemple, il marie notre Suzanne à son Figaro qu'il comble en faveur de cette union...

BARTHOLO : Que Son Excellence a rendue nécessaire!

MARCELINE : Pas tout à fait; mais dont Son Excellence voudrait égayer en secret l'événement avec l'épousée...

BARTHOLO : De M. Figaro? C'est un marché qu'on peut conclure avec lui.

MARCELINE : Bazile assure que non.

BARTHOLO : Cet autre maraud loge ici? C'est une caverne[3]! Eh, qu'y fait-il?

MARCELINE : Tout le mal dont il est capable. Mais le pis que j'y trouve est cette ennuyeuse passion qu'il a pour moi depuis si longtemps.

BARTHOLO : Je me serais débarrassée[4] vingt fois de sa poursuite.

MARCELINE : De quelle manière?

BARTHOLO : En l'épousant.

MARCELINE : Railleur fade et cruel, que ne vous débarrassez-vous de la mienne à ce prix? ne le devez-vous pas? où est le souvenir de vos engagements[c]? qu'est devenu celui de notre petit Emmanuel, ce fruit d'un amour oublié, qui devait nous conduire à des noces?

BARTHOLO[d], *ôtant son chapeau* : Est-ce pour écouter ces sornettes que vous m'avez fait venir de Séville? Et cet accès d'hymen qui vous reprend si vif...

MARCELINE : Eh bien! n'en parlons plus. Mais si rien n'a pu vous porter à la justice de m'épouser, aidez-moi donc du moins à en épouser un autre.

BARTHOLO : Ah! volontiers : parlons. Mais quel mortel abandonné du Ciel et des femmes?...

MARCELINE : Eh! qui pourrait-ce être, docteur, sinon le beau, le gai, l'aimable[1] Figaro?

BARTHOLO : Ce fripon-là?

MARCELINE : Jamais fâché; toujours en belle humeur; donnant le présent à la joie, et s'inquiétant de l'avenir tout aussi peu que du passé; sémillant, généreux! généreux...

BARTHOLO : Comme un voleur.

MARCELINE : Comme un seigneur[a]. Charmant enfin; mais c'est le plus grand monstre!

BARTHOLO : Et sa Suzanne?

MARCELINE : Elle ne l'aurait pas, la rusée, si vous vouliez m'aider, mon petit docteur, à faire valoir un engagement que j'ai de lui.

BARTHOLO[b] : Le jour de son mariage?

MARCELINE : On en rompt de plus avancés : et si je ne craignais d'éventer un petit secret des femmes!...

BARTHOLO : En ont-elles pour le médecin du corps?

MARCELINE : Ah, vous savez que je n'en ai pas pour vous! Mon sexe est ardent, mais timide : un certain charme a beau nous attirer vers le plaisir, la femme la plus aventurée[2] sent en elle une voix qui lui dit : sois belle si tu peux, sage si tu veux; mais sois considérée, il le faut. Or, puisqu'il faut être au moins considérée, que toute femme en sent l'importance, effrayons d'abord la Suzanne sur la divulgation des offres qu'on lui fait.

BARTHOLO : Où cela mènera-t-il?

MARCELINE : Que la honte la prenant au collet, elle continuera de refuser le comte, lequel pour se venger, appuiera l'opposition que j'ai faite à son mariage; alors le mien devient certain.

BARTHOLO : Elle[c] a raison. Parbleu, c'est un bon tour que de faire épouser ma vieille gouvernante au coquin qui fit enlever ma jeune maîtresse[3].

MARCELINE, *vite* : Et qui croit ajouter à ses plaisirs en trompant mes espérances.

BARTHOLO[d], *vite* : Et qui m'a volé dans le temps cent écus[4] que j'ai sur le cœur.

MARCELINE : Ah! quelle volupté!...

BARTHOLO : De punir un scélérat...

MARCELINE : De l'épouser, docteur, de l'épouser!

SCÈNE V[a]

MARCELINE, BARTHOLO, SUZANNE

SUZANNE, *un bonnet de femme avec un large ruban dans la main, une robe de femme sur le bras* : L'épouser! l'épouser! qui donc? Mon Figaro?

MARCELINE, *aigrement* : Pourquoi non? Vous l'épousez bien!

BARTHOLO, *riant* : Le bon argument de femme en colère! Nous parlions, belle Suzon, du bonheur qu'il aura de vous posséder[b].

MARCELINE : Sans compter Monseigneur dont on ne parle pas.

SUZANNE, *une révérence* : Votre servante[1], Madame; il y a toujours quelque chose d'amer dans vos propos.

MARCELINE, *une révérence* : Bien la vôtre, Madame; où donc est l'amertume? N'est-il pas juste qu'un libéral[2] seigneur partage un peu la joie qu'il procure à ses gens?

SUZANNE : Qu'il procure?

MARCELINE : Oui, Madame.

SUZANNE[c] : Heureusement la jalousie de Madame est aussi connue que ses droits sur Figaro sont légers.

MARCELINE : On eût pu les rendre plus forts en les cimentant à la façon de Madame.

SUZANNE : Oh! cette façon, Madame, est celle des dames savantes[3].

MARCELINE[d] : Et l'enfant ne l'est pas du tout! Innocente comme un vieux juge!

BARTHOLO, *attirant Marceline* : Adieu, jolie fiancée de notre Figaro.

MARCELINE, *une révérence* : L'accordée secrète de Monseigneur.

SUZANNE, *une révérence* : Qui vous estime beaucoup, Madame.

MARCELINE, *une révérence* : Me fera-t-elle aussi l'honneur de me chérir un peu[e], Madame?

SUZANNE, *une révérence* : À cet égard, Madame n'a rien à désirer.

MARCELINE, *une révérence* : C'est une si jolie personne que Madame!

SUZANNE, *une révérence* : Eh! mais assez pour désoler Madame[1].

MARCELINE, *une révérence* : Surtout bien respectable!

SUZANNE, *une révérence* : C'est aux duègnes[2] à l'être.

MARCELINE, *outrée* : Aux duègnes! aux duègnes!

BARTHOLO, *l'arrêtant* : Marceline!

MARCELINE : Allons, docteur; car je n'y tiendrais pas. Bonjour[a], Madame. *(Une révérence.)*

SCÈNE VI

SUZANNE, *seule.*

Allez, Madame! allez, pédante! je crains aussi peu vos efforts que je méprise vos outrages. Voyez cette vieille sibylle[3]! parce qu'elle a fait quelques études et tourmenté la jeunesse de Madame[4], elle veut tout dominer au château! *(Elle jette la robe qu'elle tient sur une chaise.)* Je ne sais plus ce que je venais prendre.

SCÈNE VII

SUZANNE, CHÉRUBIN

CHÉRUBIN, *accourant* : Ah, Suzon! depuis deux heures j'épie le moment de te trouver seule. Hélas! tu te maries, et moi je vais partir.

SUZANNE : Comment mon mariage éloigne-t-il du château le premier page de Monseigneur?

CHÉRUBIN, *piteusement* : Suzanne, il me renvoie.

SUZANNE *le contrefait* : Chérubin, quelque sottise!

CHÉRUBIN : Il m'a trouvé hier au soir chez ta cousine Fanchette, à qui je faisais répéter son petit rôle d'innocente, pour la fête de ce soir : il s'est mis dans une fureur en me voyant! « Sortez, m'a-t-il dit, petit... » Je n'ose pas prononcer devant une femme le gros mot qu'il a dit... « Sortez; et demain vous ne coucherez pas au château. » Si Madame, si ma belle marraine[b] ne parvient pas à l'apaiser, c'est fait, Suzon, je suis à jamais privé du bonheur de te voir.

SUZANNE : De me voir ! moi ? c'est mon tour ! Ce n'est donc plus pour ma maîtresse que vous soupirez en secret ?

CHÉRUBIN : Ah ! Suzon, qu'elle est noble et belle ! mais qu'elle est imposante !

SUZANNE[a] : C'est-à-dire que je ne le suis pas, et qu'on peut oser avec moi...

CHÉRUBIN : Tu sais trop bien, méchante, que je n'ose pas oser. Mais que tu es heureuse ! à tous moments la voir, lui parler, l'habiller le matin et la déshabiller le soir, épingle à épingle... ah ! Suzon ! je donnerais... Qu'est-ce que tu tiens donc là ?

SUZANNE, *raillant* : Hélas ! l'heureux bonnet et le fortuné ruban qui renferment la nuit les cheveux de cette belle marraine...

CHÉRUBIN, *vivement* : Son ruban de nuit ! donne-le-moi, mon cœur.

SUZANNE, *le retirant* : Eh ! que non pas ; « son cœur ! » Comme il est familier donc ! si ce n'était pas un morveux sans conséquence[1]... *(Chérubin arrache le ruban.)* Ah ! le ruban !

CHÉRUBIN *tourne autour du grand fauteuil* : Tu diras qu'il est égaré, gâté ; qu'il est perdu. Tu diras tout ce que tu voudras.

SUZANNE *tourne après lui* : Oh ! dans trois ou quatre ans, je prédis que vous serez le plus grand petit vaurien !... Rendez-vous le ruban ?

Elle veut le reprendre.

CHÉRUBIN *tire une romance de sa poche* : Laisse, ah, laisse-le-moi, Suzon ; je te donnerai ma romance[b], et pendant que le souvenir de ta belle maîtresse attristera tous mes moments, le tien y versera le seul rayon de joie qui puisse encore amuser mon cœur.

SUZANNE *arrache la romance* : Amuser votre cœur, petit scélérat ! vous croyez parler à votre Fanchette ; on vous surprend chez elle ; et vous soupirez pour Madame ; et vous m'en contez à moi, par-dessus le marché !

CHÉRUBIN, *exalté* : Cela est vrai, d'honneur ! je ne sais plus ce que je suis ; mais depuis quelque temps je sens ma poitrine agitée ; mon cœur palpite[c] au seul aspect d'une femme ; les mots *amour* et *volupté* le font tressaillir et le troublent. Enfin le besoin de dire à quelqu'un *je vous aime* est devenu pour moi si pressant[2] que je le dis tout seul, en courant dans le parc, à ta maîtresse, à toi, aux arbres, aux nuages, au vent qui les emporte avec mes paroles perdues. Hier je rencontrai Marceline...

SUZANNE, *riant* : Ah, ah, ah, ah !

CHÉRUBIN : Pourquoi non ? elle eſt femme ! elle eſt fille ! une fille ! une femme ! ah que ces noms sont doux ! qu'ils sont intéressants[1] !

SUZANNE : Il devient fou !

CHÉRUBIN : Fanchette eſt douce ; elle m'écoute au moins ; tu ne l'es pas, toi !

SUZANNE : C'eſt bien dommage ; écoutez donc Monsieur !

Elle veut arracher le ruban.

CHÉRUBIN *tourne en fuyant* : Ah ! ouiche ! on ne l'aura, vois-tu, qu'avec ma vie. Mais, si tu n'es pas contente du prix, j'y joindrai mille baisers.

Il lui donne chasse à son tour.

SUZANNE *tourne en fuyant* : Mille soufflets, si vous approchez. Je vais m'en plaindre à ma maîtresse ; et loin de supplier pour vous, je dirai moi-même à Monseigneur : C'eſt bien fait, Monseigneur ; chassez-nous ce petit voleur ; renvoyez à ses parents un petit mauvais sujet qui se donne les airs d'aimer Madame, et qui veut toujours m'embrasser par contrecoup.

CHÉRUBIN *voit le comte entrer ; il se jette derrière le fauteuil avec effroi* : Je suis perdu !

SUZANNE : Quelle frayeur ?

SCÈNE VIII[a]

SUZANNE, LE COMTE, CHÉRUBIN *caché.*

SUZANNE *aperçoit le comte* : Ah !... *(Elle s'approche du fauteuil pour masquer Chérubin*[b]*.)*

LE COMTE *s'avance* : Tu es émue, Suzon ! tu parlais seule, et ton petit cœur paraît dans une agitation... bien pardonnable, au reſte, un jour comme celui-ci.

SUZANNE, *troublée* : Monseigneur, que me voulez-vous ? Si l'on vous trouvait avec moi...

LE COMTE : Je serais désolé qu'on m'y surprît ; mais tu sais tout l'intérêt que je prends à toi. Bazile ne t'a pas laissé ignorer mon amour. Je n'ai rien qu'un inſtant pour t'expliquer mes vues ; écoute[c].

Il s'assied dans le fauteuil.

SUZANNE, *vivement* : Je n'écoute rien.

LE COMTE *lui prend la main* : Un seul mot. Tu sais que le roi m'a nommé son ambassadeur à Londres. J'emmène avec moi Figaro; je lui donne un excellent poste; et comme le devoir d'une femme est de suivre son mari...

SUZANNE : Ah! si j'osais parler!

LE COMTE *la rapproche de lui* : Parle, parle, ma chère; use aujourd'hui d'un droit que tu prends sur moi pour la vie.

SUZANNE, *effrayée* : Je n'en veux point, Monseigneur, je n'en veux point. Quittez-moi, je vous prie.

LE COMTE : Mais dis auparavant.

SUZANNE, *en colère* : Je ne sais plus ce que je disais.

LE COMTE : Sur le devoir des femmes.

SUZANNE : Eh bien! lorsque Monseigneur enleva la sienne de chez le docteur, et qu'il l'épousa par amour, lorsqu'il abolit pour elle un certain affreux droit du seigneur...

LE COMTE, *gaiement* : Qui faisait bien de la peine aux filles! Ah Suzette! ce droit charmant! si tu venais en jaser sur la brune[1] au jardin, je mettrais un tel prix à cette légère faveur...

BAZILE[a] *parle en dehors* : Il n'est pas chez lui, Monseigneur[2].

LE COMTE *se lève* : Quelle est cette voix?

SUZANNE : Que je suis malheureuse!

LE COMTE : Sors, pour qu'on n'entre pas.

SUZANNE[b], *troublée* : Que je vous laisse ici?

BAZILE *crie en dehors* : Monseigneur était chez Madame, il en est sorti : je vais voir.

LE COMTE : Et pas un lieu pour se cacher! ah! derrière ce fauteuil... assez mal; mais renvoie-le bien vite.

Suzanne lui barre le chemin; il la pousse doucement, elle recule, et se met ainsi entre lui et le petit page; mais pendant que le comte s'abaisse et prend sa place, Chérubin tourne et se jette effrayé sur le fauteuil à genoux, et s'y blottit. Suzanne prend la robe qu'elle apportait, en couvre le page et se met devant le fauteuil.

SCÈNE IX

LE COMTE *et* CHÉRUBIN *cachés*, SUZANNE, BAZILE

BAZILE : N'auriez-vous pas vu Monseigneur, mademoiselle ?

SUZANNE, *brusquement* : Hé ! pourquoi l'aurais-je vu ? Laissez-moi.

BAZILE *s'approche* : Si vous étiez plus raisonnable, il n'y aurait rien d'étonnant à ma question. C'est Figaro qui le cherche.

SUZANNE : Il cherche donc l'homme qui lui veut le plus de mal après vous ?

LE COMTE, *à part* : Voyons un peu comme il me sert.

BAZILE[a] : Désirer du bien à une femme, est-ce vouloir du mal à son mari ?

SUZANNE : Non, dans vos affreux principes, agent de corruption.

BAZILE : Que vous demande-t-on ici que vous n'alliez prodiguer à un autre ? Grâce à la douce cérémonie, ce qu'on vous défendait hier, on vous le prescrira demain.

SUZANNE : Indigne !

BAZILE : De[b] toutes les choses sérieuses le mariage étant la plus bouffonne[1], j'avais pensé...

SUZANNE, *outrée* : Des horreurs ! Qui vous permet d'entrer ici ?

BAZILE : Là, là, mauvaise ! Dieu vous apaise ! il n'en sera que ce que vous voulez ; mais ne croyez pas non plus que je regarde Monsieur Figaro comme l'obstacle qui nuit à Monseigneur ; et sans le petit page...

SUZANNE, *timidement* : Don[2] Chérubin ?

BAZILE *la contrefait* : *Cherubino di amore*[3], qui tourne autour de vous sans cesse, et qui ce matin encore, rôdait ici pour y entrer quand je vous ai quittée ; dites que cela n'est pas vrai ?

SUZANNE : Quelle imposture ! Allez-vous-en, méchant homme !

BAZILE : On est un méchant homme parce qu'on y voit clair. N'est-ce pas pour vous aussi cette romance dont il fait mystère ?

SUZANNE[c], *en colère* : Ah ! oui, pour moi !...

BAZILE : À moins qu'il ne l'ait composée pour Madame ! en

effet, quand il sert à table on dit qu'il la regarde avec des yeux!... mais, peste, qu'il ne s'y joue pas! Monseigneur est *brutal*[1] sur l'article.

SUZANNE, *outrée* : Et vous bien scélérat, d'aller semant de pareils bruits pour perdre un malheureux enfant tombé dans la disgrâce de son maître.

BAZILE : L'ai-je inventé? Je le dis parce que tout le monde en parle.

LE COMTE *se lève*[a] : Comment, tout le monde en parle!

SUZANNE* : Ah Ciel!

BAZILE : Ah! ah!

LE COMTE : Courez, Bazile, et qu'on le chasse.

BAZILE : Ah! que je suis fâché d'être entré!

SUZANNE, *troublée* : Mon Dieu! Mon Dieu!

LE COMTE, *à Bazile* : Elle est saisie. Asseyons-la dans ce fauteuil.

SUZANNE *le repousse vivement*[b] : Je ne veux pas m'asseoir. Entrer ainsi librement, c'est indigne!

LE COMTE : Nous sommes deux avec toi, ma chère. Il n'y a plus le moindre danger!

BAZILE : Moi je suis désolé de m'être égayé sur le page puisque vous l'entendiez. Je n'en usais ainsi que pour pénétrer ses sentiments, car au fond...

LE COMTE : Cinquante pistoles, un cheval, et qu'on le renvoie à ses parents.

BAZILE : Monseigneur, pour un badinage?

LE COMTE : Un petit libertin que j'ai surpris encore hier avec la fille du jardinier.

BAZILE : Avec Fanchette?

LE COMTE : Et dans sa chambre.

SUZANNE, *outrée* : Où Monseigneur avait sans doute affaire aussi!

LE COMTE, *gaiement* : J'en aime assez la remarque.

BAZILE : Elle est d'un bon augure.

LE COMTE, *gaiement* : Mais non! j'allais chercher ton oncle Antonio, mon ivrogne de jardinier[c], pour lui donner des ordres. Je frappe, on est longtemps à m'ouvrir; ta cousine a l'air empêtré; je prends un soupçon, je lui parle, et tout en causant j'examine. Il y avait derrière la porte une espèce de rideau, de portemanteau, de je ne sais pas quoi, qui couvrait des hardes; sans faire semblant de rien je vais doucement,

* Chérubin dans le fauteuil. Le Comte. Suzanne. Bazile[2].

doucement lever ce rideau*, *(pour imiter le geste, il lève la robe du fauteuil)* et je vois... *(Il aperçoit le page.)* Ah...

BAZILE : Ha ! ha[a] !

LE COMTE : Ce tour-ci vaut l'autre.

BAZILE : Encore mieux.

LE COMTE, *à Suzanne* : À merveille, mademoiselle : à peine fiancée vous faites de ces apprêts[1] ? C'était pour recevoir mon page que vous désiriez d'être seule ? Et vous, monsieur, qui ne changez point de conduite, il vous manquait de vous adresser, sans respect pour votre marraine, à sa première camariste, à la femme de votre ami ! mais je ne souffrirai pas que Figaro, qu'un homme que j'estime et que j'aime soit victime d'une pareille tromperie : était-il avec vous, Bazile ?

SUZANNE, *outrée* : Il[b] n'y a tromperie ni victime ; il était là lorsque vous me parliez.

LE COMTE, *emporté* : Puisses-tu mentir en le disant ! son plus cruel ennemi n'oserait lui souhaiter ce malheur.

SUZANNE : Il me priait d'engager Madame à vous demander sa grâce. Votre arrivée l'a si fort troublé qu'il s'est masqué de ce fauteuil.

LE COMTE, *en colère* : Ruse d'enfer ! je m'y suis assis en entrant.

CHÉRUBIN : Hélas, Monseigneur, j'étais tremblant derrière.

LE COMTE : Autre fourberie ! je viens de m'y placer moi-même.

CHÉRUBIN : Pardon, mais c'est alors que je me suis blotti dedans.

LE COMTE, *plus outré* : C'est donc une couleuvre, que ce petit... serpent-là ! il nous écoutait !

CHÉRUBIN : Au contraire, Monseigneur, j'ai fait ce que j'ai pu pour ne rien entendre.

LE COMTE : Ô perfidie ! *(À Suzanne :)* Tu n'épouseras pas Figaro[c].

BAZILE : Contenez-vous, on vient[d].

LE COMTE, *tirant Chérubin du fauteuil et le mettant sur ses pieds* : Il resterait là devant toute la terre !

* Suzanne. Chérubin dans le fauteuil. Le Comte. Bazile.

SCÈNE X

CHÉRUBIN, SUZANNE, FIGARO, LA COMTESSE, LE COMTE, FANCHETTE, BAZILE[a]; *beaucoup de valets, paysannes, paysans vêtus en habits de fête.*

FIGARO[b], *tenant une toque de femme garnie de plumes blanches et de rubans blancs, parle à la comtesse* : Il n'y a que vous, Madame, qui puissiez nous obtenir cette faveur.

LA COMTESSE : Vous les voyez, monsieur le comte, ils me supposent un crédit que je n'ai point : mais comme leur demande n'est pas déraisonnable...

LE COMTE, *embarrassé* : Il faudrait qu'elle le fût beaucoup...

FIGARO, *bas à Suzanne* : Soutiens bien mes efforts.

SUZANNE, *bas à Figaro* : Qui ne mèneront à rien.

FIGARO, *bas* : Va toujours.

LE COMTE, *à Figaro* : Que voulez-vous?

FIGARO : Monseigneur, vos vassaux, touchés de l'abolition d'un certain droit fâcheux, que votre amour pour Madame...

LE COMTE : Eh bien, ce droit n'existe plus, que veux-tu dire?

FIGARO, *malignement* : Qu'il est bien temps que la vertu d'un si bon maître éclate; elle m'est d'un tel avantage aujourd'hui que je désire être le premier à la célébrer à mes noces.

LE COMTE, *plus embarrassé* : Tu te moques, ami! l'abolition d'un droit honteux n'est que l'acquit[1] d'une dette envers l'honnêteté. Un Espagnol peut vouloir conquérir la beauté par des soins[2]; mais en exiger le premier, le plus doux emploi, comme une servile redevance, ah! c'est la tyrannie d'un Vandale, et non le droit avoué d'un noble Castillan.

FIGARO, *tenant Suzanne par la main* : Permettez donc que cette jeune créature, de qui votre sagesse a préservé l'honneur, reçoive de votre main publiquement la toque virginale, ornée de plumes et de rubans blancs, symbole de la pureté de vos intentions; adoptez-en la cérémonie pour tous les mariages, et qu'un quatrain chanté en chœur rappelle à jamais le souvenir[c]...

LE COMTE, *embarrassé* : Si je ne savais pas qu'amoureux, poète et musicien sont trois titres d'indulgence pour toutes les folies...

FIGARO : Joignez-vous à moi, mes amis!

TOUS ENSEMBLE : Monseigneur! Monseigneur!

SUZANNE, *au comte* : Pourquoi fuir un éloge que vous méritez si bien?

LE COMTE, *à part* : La perfide[a]!

FIGARO : Regardez-la donc, monseigneur; jamais plus jolie fiancée ne montrera mieux la grandeur de votre sacrifice.

SUZANNE : Laisse là ma figure, et ne vantons que sa vertu.

LE COMTE, *à part* : C'eſt un jeu que tout ceci.

LA COMTESSE : Je me joins à eux, monsieur le comte; et cette cérémonie me sera toujours chère, puisqu'elle doit son motif à l'amour charmant que vous aviez pour moi.

LE COMTE : Que j'ai toujours, madame; et c'eſt à ce titre que je me rends.

TOUS ENSEMBLE : Vivat!

LE COMTE, *à part* : Je suis pris. *(Haut.)* Pour que la cérémonie eût un peu plus d'éclat, je voudrais seulement qu'on la remît à tantôt. *(À part[b].)* Faisons vite chercher Marceline.

FIGARO, *à Chérubin* : Eh bien, espiègle! vous n'applaudissez pas?

SUZANNE : Il eſt au désespoir; Monseigneur le renvoie.

LA COMTESSE : Ah! monsieur, je vous demande[c] sa grâce.

LE COMTE : Il ne la mérite point.

LA COMTESSE : Hélas! il eſt si jeune!

LE COMTE : Pas tant que vous le croyez.

CHÉRUBIN, *tremblant* : Pardonner généreusement n'eſt pas le droit du seigneur auquel vous avez renoncé en épousant Madame.

LA COMTESSE[d] : Il n'a renoncé qu'à celui qui vous affligeait tous.

SUZANNE : Si Monseigneur avait cédé le droit de pardonner, ce serait sûrement le premier qu'il voudrait racheter en secret.

LE COMTE, *embarrassé* : Sans doute.

LA COMTESSE : Eh! pourquoi le racheter?

CHÉRUBIN, *au comte* : Je fus léger dans ma conduite, il eſt vrai, Monseigneur; mais jamais la moindre indiscrétion dans mes paroles...

LE COMTE, *embarrassé* : Eh bien, c'eſt assez...

FIGARO : Qu'entend-il?

LE COMTE, *vivement* : C'eſt assez, c'eſt assez, tout le monde exige son pardon, je l'accorde, et j'irai plus loin : je lui donne une compagnie dans ma légion.

TOUS ENSEMBLE : Vivat !

LE COMTE : Mais c'est à condition qu'il partira sur-le-champ pour joindre[1] en Catalogne.

FIGARO : Ah ! Monseigneur, demain.

LE COMTE *insiste* : Je le veux.

CHÉRUBIN : J'obéis.

LE COMTE : Saluez votre marraine, et demandez sa protection. *(Chérubin met un genou en terre devant la comtesse, et ne peut parler.)*

LA COMTESSE, *émue* : Puisqu'on ne peut vous garder seulement aujourd'hui, partez, jeune homme. Un nouvel état vous appelle ; allez le remplir dignement. Honorez votre bienfaiteur. Souvenez-vous de cette maison, où votre jeunesse a trouvé tant d'indulgence. Soyez soumis, honnête et brave ; nous prendrons part à vos succès.

Chérubin se relève et retourne à sa place[a].

LE COMTE : Vous êtes bien émue, madame !

LA COMTESSE : Je ne m'en défends pas. Qui sait le sort d'un enfant jeté dans une carrière aussi dangereuse ? Il est allié de mes parents ; et de plus, il est mon filleul.

LE COMTE, *à part* : Je vois que Bazile avait raison. *(Haut.)* Jeune homme, embrassez Suzanne... pour la dernière fois.

FIGARO[2] : Pourquoi cela, monseigneur ? Il viendra passer ses hivers. Baise-moi donc aussi, capitaine ! *(Il l'embrasse.)* Adieu, mon petit Chérubin. Tu vas mener un train de vie bien différent, mon enfant : dame ! tu ne rôderas plus tout le jour au quartier des femmes : plus d'échaudés, de goûters à la crème ; plus de main chaude ou de colin-maillard. De bons soldats, morbleu ! basanés, mal vêtus ; un grand fusil bien lourd ; tourne à droite, tourne à gauche, en avant, marche à la gloire ; et ne va pas broncher en chemin ; à moins qu'un bon coup de feu...

SUZANNE[b] : Fi donc, l'horreur !

LA COMTESSE : Quel pronostic !

LE COMTE : Où donc est Marceline ? Il est bien singulier qu'elle ne soit pas des vôtres !

FANCHETTE : Monseigneur, elle a pris le chemin du bourg, par le petit sentier de la ferme.

LE COMTE : Et elle en reviendra ?...

BAZILE : Quand il plaira à Dieu.

FIGARO : S'il[c] lui plaisait qu'il ne lui plût jamais...

FANCHETTE : Monsieur le Docteur lui donnait le bras.

LE COMTE, *vivement* : Le docteur est ici ?

BAZILE : Elle s'en est d'abord[1] emparée..

LE COMTE, *à part* : Il ne pouvait venir plus à propos.

FANCHETTE : Elle avait l'air bien échauffé, elle parlait tout haut en marchant, puis elle s'arrêtait, et faisait comme ça, de grands bras... et Monsieur le Docteur lui faisait comme ça de la main, en l'apaisant : elle paraissait si courroucée ! elle nommait mon cousin Figaro.

LE COMTE *lui prend le menton* : Cousin... futur.

FANCHETTE, *montrant Chérubin* : Monseigneur, nous avez-vous pardonné d'hier[2] ?...

LE COMTE *interrompt*[3] : Bonjour, bonjour, petite.

FIGARO : C'est son chien d'amour qui la berce ; elle aurait troublé notre fête.

LE COMTE, *à part* : Elle la troublera, je t'en réponds. *(Haut.)* Allons, madame, entrons. Bazile, vous passerez chez moi.

SUZANNE, *à Figaro* : Tu me rejoindras, mon fils ?

FIGARO, *bas à Suzanne* : Est-il bien enfilé[4] ?

SUZANNE, *bas* : Charmant garçon[5] !

Ils sortent tous.

SCÈNE XI

CHÉRUBIN, FIGARO, BAZILE[a]

Pendant qu'on sort, Figaro les arrête tous deux et les ramène.

FIGARO : Ah çà, vous autres ! la cérémonie adoptée, ma fête de ce soir en est la suite ; il faut bravement nous recorder[6] : ne faisons point comme ces acteurs qui ne jouent jamais si mal que le jour où la critique est le plus éveillée. Nous n'avons point de lendemain qui nous excuse, nous. Sachons bien nos rôles aujourd'hui.

BAZILE, *malignement* : Le mien est plus difficile que tu ne crois.

FIGARO, *faisant, sans qu'il le voie, le geste de le rosser* : Tu es loin aussi de savoir tout le succès qu'il te vaudra.

CHÉRUBIN : Mon ami, tu oublies que je pars.

FIGARO : Et toi, tu voudrais bien rester !

CHÉRUBIN : Ah ! si je le voudrais !

FIGARO : Il faut ruser. Point[b] de murmure à ton départ. Le manteau de voyage à l'épaule; arrange ouvertement ta trousse[1], et qu'on voie ton cheval à la grille; un temps de galop jusqu'à la ferme; reviens à pied par les derrières; Monseigneur te croira parti : tiens-toi seulement hors de sa vue; je me charge de l'apaiser après la fête.

CHÉRUBIN : Mais Fanchette qui ne sait pas son rôle!

BAZILE : Que diable lui apprenez-vous donc, depuis huit jours que vous ne la quittez pas?

FIGARO[a] : Tu n'as rien à faire aujourd'hui, donne-lui par grâce une leçon.

BAZILE : Prenez garde, jeune homme, prenez garde! le père n'est pas satisfait; la fille a été souffletée; elle n'étudie pas avec vous : Chérubin! Chérubin! vous lui causerez des chagrins! « Tant va la cruche à l'eau »!...

FIGARO : Ah! voilà notre imbécile, avec ses vieux proverbes! Eh bien! pédant! que dit la sagesse des nations? « Tant va la cruche à l'eau qu'à la fin... »

BAZILE : Elle s'emplit[2].

FIGARO[b], *en s'en allant* : Pas si bête, pourtant, pas si bête!

FIN DU PREMIER ACTE

ACTE II

Le théâtre représente une chambre à coucher superbe, un grand lit en alcôve, une estrade au-devant. La porte pour entrer s'ouvre et se ferme à la troisième[c] *coulisse à droite, celle d'un cabinet à la première coulisse à gauche. Une porte dans le fond, va chez les femmes*[3]. *Une fenêtre s'ouvre de l'autre côté*[4].

SCÈNE PREMIÈRE

SUZANNE, LA COMTESSE *entrent par la porte à droite*[d].

LA COMTESSE *se jette dans une bergère* : Ferme la porte, Suzanne, et conte-moi tout, dans le plus grand détail.

SUZANNE : Je n'ai rien caché à Madame.

LA COMTESSE : Quoi, Suzon, il voulait te séduire?

SUZANNE : Oh ! que non ! Monseigneur n'y met pas tant de façons avec sa servante : il voulait m'acheter.

LA COMTESSE : Et le petit page était présent ?

SUZANNE : C'est-à-dire, caché derrière le grand fauteuil. Il[a] venait me prier de vous demander sa grâce.

LA COMTESSE : Eh ! pourquoi ne pas s'adresser à moi-même ? est-ce que je l'aurais refusé[1], Suzon ?

SUZANNE : C'est ce que j'ai dit : mais ses regrets de partir, et surtout de quitter Madame ! « Ah ! Suzon, qu'elle est noble et belle ! mais qu'elle est imposante[2] ! »

LA COMTESSE[b] : Est-ce que j'ai cet air-là, Suzon ? moi qui l'ai toujours protégé.

SUZANNE : Puis il a vu votre ruban de nuit que je tenais, il s'est jeté dessus...

LA COMTESSE, *souriant* : Mon ruban ?... quelle enfance[3] !

SUZANNE : J'ai voulu le lui ôter ; madame, c'était un lion ; ses yeux brillaient... « Tu[c] ne l'auras qu'avec ma vie », disait-il, en forçant sa petite voix douce et grêle.

LA COMTESSE, *rêvant* : Eh bien, Suzon ?

SUZANNE : Eh bien, madame, est-ce qu'on peut faire finir ce petit démon-là ? ma marraine par-ci ; je voudrais bien par l'autre ; et parce qu'il n'oserait seulement baiser la robe de Madame, il voudrait toujours m'embrasser, moi.

LA COMTESSE[d], *rêvant* : Laissons... laissons ces folies... Enfin, ma pauvre Suzanne, mon époux a fini par te dire... ?

SUZANNE : Que si je ne voulais pas l'entendre, il allait protéger Marceline.

LA COMTESSE *se lève et se promène, en se servant fortement de l'éventail* : Il ne m'aime plus du tout.

SUZANNE : Pourquoi tant de jalousie ?

LA COMTESSE : Comme tous les maris, ma chère ! uniquement par orgueil. Ah ! je l'ai trop aimé ! je l'ai lassé de mes tendresses, et fatigué de mon amour ; voilà mon seul tort avec lui. Mais je n'entends pas que cet honnête aveu[e] te nuise, et tu épouseras Figaro. Lui seul peut nous y aider : viendra-t-il ?

SUZANNE : Dès qu'il verra partir la chasse.

LA COMTESSE, *se servant de l'éventail*[f] : Ouvre un peu la croisée sur le jardin. Il fait une chaleur ici !...

SUZANNE : C'est que Madame parle et marche avec action[4].

Elle va ouvrir la croisée du fond.

LA COMTESSE, *rêvant longtemps* : Sans cette constance à me fuir... Les hommes[g] sont bien coupables !

SUZANNE *crie de la fenêtre*[a] : Ah! voilà Monseigneur qui traverse à cheval le grand potager, suivi de Pédrille, avec deux, trois, quatre lévriers.

LA COMTESSE : Nous avons du temps devant nous. *(Elle s'assied.)* On frappe, Suzon?

SUZANNE *court ouvrir en chantant* : Ah! c'est mon Figaro! ah! c'est mon Figaro!

SCÈNE II

FIGARO, SUZANNE; LA COMTESSE, *assise*[b].

SUZANNE : Mon cher ami, viens donc. Madame est dans une impatience!...

FIGARO : Et toi, ma petite Suzanne? Madame n'en doit prendre aucune. Au fait, de quoi s'agit-il? d'une misère. M. le comte trouve notre jeune femme aimable, il voudrait en faire sa maîtresse; et c'est bien naturel.

SUZANNE : Naturel?

FIGARO : Puis il m'a nommé courrier de dépêches, et Suzon conseiller d'ambassade. Il n'y a pas là d'étourderie.

SUZANNE : Tu finiras?

FIGARO : Et parce que Suzanne, ma fiancée, n'accepte pas le diplôme, il va favoriser les vues de Marceline; quoi de plus simple encore? Se venger de ceux qui nuisent à nos projets en renversant les leurs; c'est ce que chacun fait; ce que nous allons faire nous-mêmes. Eh bien! voilà tout pourtant.

LA COMTESSE[c] : Pouvez-vous, Figaro, traiter si légèrement un dessein qui nous coûte à tous le bonheur?

FIGARO : Qui dit cela, madame?

SUZANNE : Au lieu de t'affliger de nos chagrins...

FIGARO : N'est-ce pas assez que je m'en occupe? Or, pour agir aussi méthodiquement que lui, tempérons d'abord son ardeur de nos possessions, en l'inquiétant sur les siennes.

LA COMTESSE : C'est bien dit; mais comment?

FIGARO : C'est déjà fait, madame; un faux avis donné sur vous...

LA COMTESSE : Sur moi? la tête vous tourne!

FIGARO : Oh! c'est à lui qu'elle doit tourner.

LA COMTESSE : Un homme aussi jaloux!...

FIGARO : Tant mieux : pour tirer parti des gens de ce caractère, il ne faut qu'un peu leur fouetter le sang; c'est ce que les femmes entendent si bien ! Puis, les tient-on fâchés tout rouge, avec un brin d'intrigue on les mène où l'on veut, par le nez, dans le Guadalquivir. Je[a] vous ai fait rendre à Bazile un billet inconnu[1], lequel avertit Monseigneur qu'un galant doit chercher à vous voir aujourd'hui pendant le bal.

LA COMTESSE : Et vous vous jouez ainsi de la vérité sur le compte d'une femme d'honneur !

FIGARO : Il y en a peu, Madame, avec qui je l'eusse osé, crainte de rencontrer juste.

LA COMTESSE : Il faudra que je l'en remercie !

FIGARO : Mais dites-moi s'il n'est pas charmant de lui avoir taillé ses morceaux de la journée[2], de façon qu'il passe à rôder, à jurer après sa dame, le temps qu'il destinait à se complaire avec la nôtre ? Il est déjà tout dérouté : galopera-t-il celle-ci ? surveillera-t-il celle-là ? dans son trouble d'esprit, tenez, tenez, le voilà qui court la plaine, et force un lièvre qui n'en peut mais. L'heure du mariage arrive en poste[3] ; il n'aura pas pris de parti contre ; et jamais il n'osera s'y opposer devant Madame.

SUZANNE : Non ; mais Marceline, le bel esprit, osera le faire, elle.

FIGARO : Brrr. Cela m'inquiète bien, ma foi ! Tu[b] feras dire à Monseigneur que tu te rendras sur la brune au jardin.

SUZANNE : Tu comptes sur celui-là[4] ?

FIGARO : Oh ! dame ! écoutez donc ; les gens qui ne veulent rien faire de rien, n'avancent rien et ne sont bons à rien. Voilà mon mot.

SUZANNE : Il est joli !

LA COMTESSE : Comme son idée : vous consentiriez qu'elle s'y rendît ?

FIGARO : Point du tout. Je[c] fais endosser un habit de Suzanne à quelqu'un : surpris par nous au rendez-vous, le comte pourra-t-il s'en dédire ?

SUZANNE : À qui mes habits ?

FIGARO : Chérubin.

LA COMTESSE : Il est parti.

FIGARO : Non pas pour moi : veut-on me laisser faire ?

SUZANNE : On peut s'en fier à lui pour mener une intrigue.

FIGARO : Deux, trois, quatre à la fois ; bien embrouillées, qui se croisent. J'étais né pour être courtisan.

SUZANNE : On dit que c'est un métier si difficile !

FIGARO : Recevoir, prendre, et demander ; voilà le secret en trois mots[5].

LA COMTESSE[a] : Il a tant d'assurance qu'il finit par m'en inspirer.

FIGARO : C'est mon dessein.

SUZANNE : Tu disais donc?

FIGARO : Que pendant l'absence de Monseigneur je vais vous envoyer le Chérubin : coiffez-le, habillez-le; je le renferme et l'endoctrine; et puis dansez, Monseigneur.

Il sort.

SCÈNE III

SUZANNE, LA COMTESSE, *assise.*

LA COMTESSE[b], *tenant sa boîte à mouches*[1] : Mon Dieu, Suzon, comme je suis faite[2] !... ce jeune homme qui va venir!...

SUZANNE : Madame ne veut donc pas qu'il en réchappe?

LA COMTESSE *rêve devant sa petite glace* : Moi?... tu verras comme je vais le gronder.

SUZANNE : Faisons-lui chanter sa romance.

Elle la met sur la comtesse.

LA COMTESSE[c] : Mais c'est qu'en vérité, mes cheveux sont dans un désordre...

SUZANNE, *riant* : Je n'ai qu'à reprendre ces deux boucles, Madame le grondera bien mieux.

LA COMTESSE, *revenant à elle* : Qu'est-ce que vous dites donc, mademoiselle?

SCÈNE IV

CHÉRUBIN, *l'air honteux*,
SUZANNE, LA COMTESSE *assise*[d].

SUZANNE : Entrez, monsieur l'officier; on est visible.

CHÉRUBIN *avance en tremblant* : Ah, que ce nom m'afflige, Madame! il m'apprend qu'il faut quitter des lieux... une marraine si... bonne!...

SUZANNE : Et si belle!

CHÉRUBIN, *avec un soupir* : Ah! oui.

SUZANNE *le contrefait* : « Ah! oui. » Le bon jeune homme!

avec ses longues paupières hypocrites. Allons, bel oiseau bleu[1], chantez la romance à Madame.

LA COMTESSE *la déplie* : De qui... dit-on qu'elle eſt ?

SUZANNE : Voyez la rougeur du coupable : en a-t-il un pied sur les joues ?

CHÉRUBIN : Eſt-ce qu'il eſt défendu... de chérir...

SUZANNE *lui met le poing sous le nez* : Je dirai tout, vaurien !

LA COMTESSE : Là... chante-t-il ?

CHÉRUBIN : Oh ! Madame, je suis si tremblant !...

SUZANNE, *en riant* : Et gnian, gnian, gnian, gnian, gnian, gnian, gnian ; dès que[2] Madame le veut, modeſte auteur ! Je vais l'accompagner.

LA COMTESSE : Prends ma guitare[a].

La comtesse, assise, tient le papier pour suivre. Suzanne eſt derrière son fauteuil, et prélude en regardant la musique par-dessus sa maîtresse. Le petit page eſt devant elle, les yeux baissés. Ce tableau eſt juſte la belle eſtampe d'après Van Loo[3], *appelée* La Conversation espagnole*.

ROMANCE

Air : « Marlbroug s'en va-t-en guerre[4]. »

Premier couplet

Mon coursier hors d'haleine,
(Que mon cœur, mon cœur a de peine !)
J'errais de plaine en plaine,
Au gré du deſtrier.

Deuxième couplet

Au gré du deſtrier,
Sans varlet, n'écuyer ;
Là près d'une fontaine**[b],
(Que mon cœur, mon cœur a de peine !)
Songeant à ma marraine,
Sentais mes pleurs couler.

* Chérubin. La Comtesse. Suzanne.

** Au speċtacle, on a commencé la romance à ce vers en disant : *Auprès* d'une fontaine...

Troisième couplet

Sentais mes pleurs couler,
Prêt à me désoler ;
Je gravais sur un frêne
(Que mon cœur, mon cœur a de peine !)
Sa lettre sans la mienne[a] ;
Le Roi vint à passer.

Quatrième couplet

Le Roi vint à passer,
Ses barons, son clergier.
« Beau page, dit la reine,
(Que mon cœur, mon cœur a de peine !)
Qui vous met à la gêne[1] ?
Qui vous fait tant plorer ?

Cinquième couplet

Qui vous fait tant plorer ?
Nous faut le déclarer.
– Madame et Souveraine,
(Que mon cœur, mon cœur a de peine !)
J'avais une marraine,
Que toujours adorai*.

Sixième couplet

Que toujours adorai :
Je sens que j'en mourrai.
– Beau page, dit la reine,
(Que mon cœur, mon cœur a de peine !)
N'est-il qu'une marraine ?
Je vous en servirai.

Septième couplet

Je vous en servirai ;
Mon page vous ferai ;
Puis à ma jeune Hélène,
(Que mon cœur, mon cœur a de peine !)
Fille d'un capitaine,
Un jour vous marirai.

* Ici la comtesse arrête le page en fermant le papier. Le reste ne se chante pas au théâtre.

Huitième couplet

Un jour vous marirai.
— Nenni, n'en faut parler;
Je veux, traînant ma chaîne,
(Que mon cœur, mon cœur a de peine!)
Mourir de cette peine;
Mais non m'en consoler[1]. »

LA COMTESSE : Il y a de la naïveté... du sentiment même.

SUZANNE *va poser la guitare sur un fauteuil** : Oh! pour du sentiment, c'eſt un jeune homme qui... Ah çà[a]! monsieur l'officier, vous a-t-on dit que pour égayer la soirée[2], nous voulons savoir d'avance si un de mes habits vous ira passablement?

LA COMTESSE : J'ai peur que non.

SUZANNE *se mesure avec lui* : Il eſt de ma grandeur. Ôtons d'abord le manteau. *(Elle le détache.)*

LA COMTESSE : Et si quelqu'un entrait?

SUZANNE : Eſt-ce que nous faisons du mal donc? Je vais fermer la porte; *(elle court)* mais c'eſt la coiffure que je veux voir.

LA COMTESSE : Sur ma toilette, une baigneuse[3] à moi.

Suzanne entre dans le cabinet dont la porte eſt au bord du théâtre.

SCÈNE V[b]

CHÉRUBIN, LA COMTESSE, *assise.*

LA COMTESSE : Jusqu'à l'inſtant du bal le comte ignorera que vous soyez au château. Nous lui dirons après que le temps d'expédier[4] votre brevet nous a fait naître l'idée...

CHÉRUBIN *le lui montre* : Hélas! Madame, le voici; Bazile me l'a remis de sa part.

LA COMTESSE : Déjà? l'on a craint d'y perdre une minute. *(Elle lit.)* Ils se sont tant pressés qu'ils ont oublié d'y mettre son cachet.

Elle le lui rend.

* Chérubin. Suzanne. La Comtesse.

SCÈNE VI[a]

CHÉRUBIN, LA COMTESSE, SUZANNE

SUZANNE *entre avec un grand bonnet* : Le cachet, à quoi?

LA COMTESSE : À son brevet.

SUZANNE : Déjà?

LA COMTESSE : C'est ce que je disais. Est-ce là ma baigneuse?

SUZANNE *s'assied près de la comtesse** : Et la plus belle de toutes. *(Elle chante avec des épingles dans sa bouche :)*

Tournez-vous donc envers ici[1],
Jean de Lyra, mon bel ami.

(Chérubin se met à genoux[2]*. Elle le coiffe.)* Madame[b], il est charmant!

LA COMTESSE : Arrange son collet, d'un air un peu plus féminin.

SUZANNE[c] *l'arrange* : Là... mais voyez donc ce morveux, comme il est joli en fille! j'en suis jalouse, moi! *(Elle lui prend le menton.)* Voulez-vous bien n'être pas joli comme ça?

LA COMTESSE : Qu'elle est folle! Il faut relever la manche, afin que l'amadis prenne mieux[3]... *(Elle la retrousse.)* Qu'est-ce qu'il a donc au bras? un ruban!

SUZANNE : Et un ruban à vous. Je suis bien aise que Madame l'ait vu. Je lui avais dit que je le dirais, déjà! Oh! si Monseigneur n'était pas venu, j'aurais bien repris le ruban; car je suis presque aussi forte que lui.

LA COMTESSE : Il y a du sang! *(Elle détache le ruban.)*

CHÉRUBIN, *honteux* : Ce matin[d], comptant partir, j'arrangeais la gourmette de mon cheval; il a donné de la tête, et la bossette m'a effleuré le bras.

LA COMTESSE : On n'a jamais mis un ruban[e]...

SUZANNE : Et surtout un ruban volé. Voyons donc... ce que la bossette... la courbette... la cornette du cheval... Je[f] n'entends rien à tous ces noms-là[4]. Ah! qu'il a le bras blanc! c'est comme une femme! plus blanc que le mien! regardez donc, Madame! *(Elle les compare.)*

* Chérubin. Suzanne. La Comtesse.

LA COMTESSE, *d'un ton glacé* : Occupez-vous plutôt de m'avoir du taffetas gommé, dans ma toilette.

Suzanne lui pousse la tête, en riant ; il tombe sur les deux mains. Elle entre dans le cabinet au bord du théâtre[a].

SCÈNE VII[b]

CHÉRUBIN *à genoux*, LA COMTESSE *assise.*

LA COMTESSE *reste un moment sans parler, les yeux sur son ruban. Chérubin la dévore de ses regards* : Pour mon ruban, monsieur... comme c'est celui dont la couleur m'agrée le plus... j'étais fort en colère de l'avoir perdu.

SCÈNE VIII

CHÉRUBIN *à genoux*, LA COMTESSE *assise*, SUZANNE

SUZANNE, *revenant* : Et la ligature à son bras ?

Elle remet à la comtesse du taffetas gommé et des ciseaux[c].

LA COMTESSE : En allant lui chercher tes hardes[1], prends le ruban d'un autre bonnet.

Suzanne sort par la porte du fond, en emportant le manteau du page.

SCÈNE IX[d]

CHÉRUBIN *à genoux*, LA COMTESSE *assise*[e].

CHÉRUBIN, *les yeux baissés* : Celui qui m'est ôté m'aurait guéri en moins de rien.

LA COMTESSE : Par quelle vertu ? *(Lui montrant le taffetas.)* Ceci vaut mieux.

CHÉRUBIN, *hésitant* : Quand un ruban... a serré la tête... ou touché la peau d'une personne...

LA COMTESSE, *coupant la phrase* : ... étrangère, il devient bon pour les blessures? J'ignorais cette propriété. Pour l'éprouver, je garde celui-ci qui vous a serré le bras. À la première égratignure... de mes femmes, j'en ferai l'essai.

CHÉRUBIN, *pénétré* : Vous le gardez, et moi, je pars.

LA COMTESSE : Non pour toujours.

CHÉRUBIN : Je suis si malheureux!

LA COMTESSE, *émue* : Il pleure à présent! c'est ce vilain Figaro avec son pronostic!

CHÉRUBIN, *exalté* : Ah! je voudrais toucher au terme qu'il m'a prédit! sûr de mourir à l'instant, peut-être ma bouche oserait...

LA COMTESSE *l'interrompt et lui essuie les yeux avec son mouchoir* : Taisez-vous, taisez-vous, enfant. Il n'y a pas un brin de raison dans tout ce que vous dites. *(On frappe à la porte, elle élève la voix.)* Qui frappe ainsi chez moi?

SCÈNE X[a]

CHÉRUBIN, LA COMTESSE, LE COMTE, *en dehors.*

LE COMTE, *en dehors* : Pourquoi donc enfermée?

LA COMTESSE, *troublée, se lève* : C'est mon époux! grands dieux!... *(À Chérubin qui s'est levé aussi :)* Vous sans manteau, le col et les bras nus! seul avec moi! cet air de désordre, un billet reçu, sa jalousie!...

LE COMTE, *en dehors* : Vous n'ouvrez pas?

LA COMTESSE : C'est que... je suis seule.

LE COMTE[b], *en dehors* : Seule! Avec qui parlez-vous donc?

LA COMTESSE, *cherchant* : ... Avec vous sans doute.

CHÉRUBIN, *à part* : Après les scènes d'hier, et de ce matin, il me tuerait sur la place!

Il court au cabinet de toilette, y entre, et tire la porte sur lui.

SCÈNE XI[c]

LA COMTESSE, *seule, en ôte la clef et court ouvrir au comte.*

Ah! quelle faute! quelle faute!

SCÈNE XII

LE COMTE, LA COMTESSE

LE COMTE, *un peu sévère* : Vous[a] n'êtes pas dans l'usage de vous enfermer !

LA COMTESSE, *troublée* : Je... je chiffonnais... oui, je chiffonnais avec Suzanne ; elle est passée un moment chez elle.

LE COMTE *l'examine* : Vous avez l'air et le ton bien altérés !

LA COMTESSE : Cela n'est pas étonnant... pas étonnant du tout... je vous assure... nous parlions de vous... elle est passée, comme je vous dis...

LE COMTE : Vous parliez de moi !... Je suis ramené par l'inquiétude : en montant à cheval, un billet qu'on m'a remis, mais auquel je n'ajoute aucune foi, m'a... pourtant agité.

LA COMTESSE : Comment, monsieur ?... quel billet ?

LE COMTE : Il faut avouer, madame, que vous ou moi sommes entourés d'êtres... bien méchants ! On me donne avis que dans la journée, quelqu'un que je crois absent doit chercher à vous entretenir.

LA COMTESSE : Quel que soit cet audacieux, il faudra qu'il pénètre ici ; car mon projet est de ne pas quitter ma chambre de tout le jour.

LE COMTE : Ce soir, pour la noce de Suzanne ?

LA COMTESSE : Pour rien au monde ; je suis très incommodée.

LE COMTE : Heureusement le docteur est ici. *(Le page fait tomber une chaise dans le cabinet.)* Quel bruit entends-je ?

LA COMTESSE, *plus troublée* : Du bruit ?

LE COMTE : On a fait tomber un meuble.

LA COMTESSE : Je... je n'ai rien entendu, pour moi.

LE COMTE : Il faut que vous soyez furieusement préoccupée !

LA COMTESSE : Préoccupée ! de quoi[b] ?

LE COMTE : Il y a quelqu'un dans ce cabinet, madame.

LA COMTESSE : Hé... qui voulez-vous qu'il y ait, monsieur ?

LE COMTE : C'est moi qui vous le demande ; j'arrive.

LA COMTESSE : Hé mais... Suzanne apparemment qui range.

LE COMTE : Vous avez dit qu'elle était passée chez elle !

LA COMTESSE : Passée... ou entrée là ; je ne sais lequel.

LE COMTE : Si c'est Suzanne, d'où vient le trouble où je vous vois ?

LA COMTESSE : Du trouble pour ma camariste?

LE COMTE : Pour votre camariste, je ne sais; mais pour du trouble, assurément[a].

LA COMTESSE : Assurément, monsieur, cette fille vous trouble, et vous occupe beaucoup plus que moi.

LE COMTE, *en colère* : Elle m'occupe à tel point, madame, que je veux la voir à l'instant.

LA COMTESSE : Je crois en effet, que vous le voulez souvent; mais voilà bien les soupçons les moins fondés...

SCÈNE XIII

LE COMTE, LA COMTESSE; SUZANNE *entre avec des hardes et pousse la porte du fond.*

LE COMTE[b] : Ils en seront plus aisés à détruire. *(Il parle au cabinet.)* Sortez, Suzon; je vous l'ordonne.

Suzanne s'arrête auprès de l'alcôve dans le fond.

LA COMTESSE[c] : Elle est presque nue, monsieur; vient-on troubler ainsi des femmes dans leur retraite? Elle essayait des hardes que je lui donne en la mariant; elle s'est enfuie quand elle vous a entendu.

LE COMTE : Si elle craint tant de se montrer, au moins elle peut parler. *(Il se tourne vers la porte du cabinet.)* Répondez-moi, Suzanne; êtes-vous dans ce cabinet?

Suzanne, restée au fond, se jette dans l'alcôve et s'y cache.

LA COMTESSE, *vivement, parlant au cabinet* : Suzon, je vous défends de répondre. *(Au comte :)* On n'a jamais poussé si loin la tyrannie!

LE COMTE *s'avance au cabinet* : Oh! bien, puisqu'elle ne parle pas, vêtue ou non[d], je la verrai.

LA COMTESSE *se met au-devant* : Partout ailleurs je ne puis l'empêcher; mais j'espère aussi que chez moi...

LE COMTE : Et moi j'espère savoir dans un moment[1] quelle est cette Suzanne mystérieuse. Vous demander la clef serait, je le vois, inutile! mais il est un moyen sûr de[e] jeter en dedans cette légère porte. Holà! quelqu'un!

LA COMTESSE : Attirer vos gens, et faire un scandale public d'un soupçon qui nous rendrait la fable du château ?

LE COMTE : Fort bien, madame ; en effet, j'y suffirai ; je vais à l'instant prendre chez moi ce qu'il faut[a]... *(Il marche pour sortir et revient.)* Mais pour que tout reste au même état, voudrez-vous bien m'accompagner sans scandale et sans bruit, puisqu'il[1] vous déplaît tant ?... une chose aussi simple, apparemment, ne me sera pas refusée !

LA COMTESSE, *troublée* : Eh ! monsieur, qui songe à vous contrarier ?

LE COMTE : Ah ! j'oubliais la porte qui va chez vos femmes ; il faut que je la ferme aussi, pour que vous soyez pleinement justifiée.

Il va fermer la porte du fond et en ôte la clef.

LA COMTESSE, *à part* : Ô Ciel ! étourderie funeste !

LE COMTE, *revenant à elle* : Maintenant que cette chambre est close, acceptez mon bras, je vous prie ; *(il élève la voix)* et quant à la Suzanne du cabinet, il faudra qu'elle ait la bonté de m'attendre, et le moindre[b] mal qui puisse lui arriver à mon retour...

LA COMTESSE : En vérité, monsieur, voilà bien la plus odieuse aventure...

Le comte l'emmène et ferme la porte à la clef.

SCÈNE XIV[c]

SUZANNE, CHÉRUBIN

SUZANNE *sort de l'alcôve, accourt au cabinet et parle à la serrure* : Ouvrez, Chérubin, ouvrez vite, c'est Suzanne ; ouvrez et sortez.

CHÉRUBIN *sort** : Ah ! Suzon, quelle horrible scène !

SUZANNE : Sortez, vous n'avez pas une minute.

CHÉRUBIN, *effrayé* : Eh ! par où sortir ?

SUZANNE : Je n'en sais rien, mais sortez.

CHÉRUBIN : S'il n'y a pas d'issue ?

* Chérubin, Suzanne.

SUZANNE : Après la rencontre de tantôt, il vous écraserait, et[a] nous serions perdues. Courez conter à Figaro...

CHÉRUBIN : La fenêtre du jardin n'est peut-être pas bien haute. *(Il court y regarder.)*

SUZANNE, *avec effroi* : Un grand étage! impossible! Ah! ma pauvre maîtresse! Et mon mariage, ô Ciel!

CHÉRUBIN *revient* : Elle donne sur la melonnière; quitte à gâter une couche ou deux...

SUZANNE *le retient et s'écrie* : Il va se tuer!

CHÉRUBIN, *exalté* : Dans un gouffre allumé, Suzon! oui, je m'y jetterais, plutôt que de lui nuire... Et ce baiser va me porter bonheur.

Il l'embrasse et court sauter par la fenêtre.

SCÈNE XV[b]

SUZANNE, *seule, un cri de frayeur.*

Ah!... *(Elle tombe assise un moment. Elle va péniblement regarder à la fenêtre et revient.)* Il[c] est déjà bien loin. Oh! le petit garnement! aussi leste que joli! si celui-là manque de femmes[d]... Prenons sa place au plus tôt. *(En entrant dans le cabinet.)* Vous pouvez à présent, monsieur le comte, rompre la cloison, si cela vous amuse; au diantre qui répond un mot!

Elle s'y enferme.

SCÈNE XVI[e]

LE COMTE, LA COMTESSE *rentrent dans la chambre.*

LE COMTE, *une pince à la main, qu'il jette sur le fauteuil* : Tout est bien comme je l'ai laissé. Madame, en m'exposant à briser cette porte, réfléchissez aux suites : encore une fois, voulez-vous l'ouvrir?

LA COMTESSE : Eh, monsieur, quelle horrible humeur peut altérer ainsi les égards entre deux époux? Si l'amour vous dominait au point de vous inspirer ces fureurs, malgré leur déraison je les excuserais; j'oublierais peut-être, en faveur du motif, ce qu'elles ont d'offensant pour moi. Mais la seule vanité peut-elle jeter dans cet excès un galant homme?

LE COMTE : Amour ou vanité, vous ouvrirez la porte; ou je vais à l'instant[a]...

LA COMTESSE, *au-devant* : Arrêtez, monsieur, je vous prie. Me croyez-vous capable de manquer à ce que je me dois?

LE COMTE : Tout ce qu'il vous plaira, madame; mais je verrai qui est dans ce cabinet.

LA COMTESSE, *effrayée* : Eh bien, monsieur, vous le verrez. Écoutez-moi... tranquillement.

LE COMTE : Ce n'est donc pas Suzanne?

LA COMTESSE, *timidement* : Au moins n'est-ce pas non plus une personne... dont vous deviez rien redouter... Nous disposions une plaisanterie... bien innocente en vérité, pour ce soir... et je vous jure...

LE COMTE : Et vous me jurez?

LA COMTESSE : Que nous n'avions pas plus de dessein de vous offenser l'un que l'autre.

LE COMTE, *vite* : L'un que l'autre? c'est un homme?

LA COMTESSE : Un enfant, monsieur.

LE COMTE : Hé qui donc?

LA COMTESSE : À peine osé-je le nommer!

LE COMTE, *furieux* : Je le tuerai.

LA COMTESSE : Grands dieux!

LE COMTE : Parlez donc!

LA COMTESSE : Ce jeune... Chérubin...

LE COMTE[b] : Chérubin! l'insolent! voilà mes soupçons et le billet expliqués.

LA COMTESSE, *joignant les mains* : Ah! monsieur, gardez de penser...

LE COMTE, *frappant du pied* : *(À part.)* Je trouverai partout ce maudit page! *(Haut.)* Allons, madame, ouvrez; je sais tout maintenant. Vous[c] n'auriez pas été si émue en le congédiant ce matin, il serait parti quand je l'ai ordonné, vous n'auriez pas mis tant de fausseté dans votre conte de Suzanne, il ne se serait pas si soigneusement caché, s'il n'y avait rien de criminel.

LA COMTESSE : Il a craint de vous irriter en se montrant.

LE COMTE, *hors de lui, crie au cabinet* : Sors donc, petit malheureux!

LA COMTESSE *le prend à bras-le-corps, en l'éloignant* : Ah! monsieur, monsieur, votre colère me fait trembler pour lui. N'en croyez pas un injuste soupçon, de grâce; et que le désordre où vous l'allez trouver...

LE COMTE : Du désordre!

LA COMTESSE : Hélas oui ; prêt à s'habiller en femme, une coiffure à moi sur la tête, en veste et sans manteau, le col ouvert, les bras nus ; il allait essayer...

LE COMTE : Et vous vouliez garder votre chambre ! Indigne épouse ! ah ! vous la garderez... longtemps ; mais il faut avant que j'en chasse un insolent, de manière à ne plus le rencontrer nulle part.

LA COMTESSE *se jette à genoux, les bras élevés* : Monsieur le comte, épargnez un enfant ; je ne me consolerais pas d'avoir causé...

LE COMTE : Vos frayeurs aggravent son crime.

LA COMTESSE : Il n'est pas coupable, il partait : c'est moi qui l'ai fait appeler.

LE COMTE, *furieux* : Levez-vous. Ôtez-vous... Tu es bien audacieuse d'oser me parler pour un autre !

LA COMTESSE : Eh bien ! je m'ôterai, monsieur, je me lèverai ; je vous remettrai même la clef du cabinet : mais, au nom de votre amour...

LE COMTE : De mon amour ! Perfide !

LA COMTESSE *se lève et lui présente la clef* : Promettez-moi que vous laisserez aller cet enfant sans lui faire aucun mal ; et puisse après tout votre courroux tomber sur moi, si je ne vous convaincs pas...

LE COMTE, *prenant la clef* : Je n'écoute plus rien.

LA COMTESSE[a] *se jette sur une bergère, un mouchoir sur les yeux* : Oh ! Ciel ! il va périr.

LE COMTE *ouvre la porte et recule* : C'est Suzanne !

SCÈNE XVII[b]

La Comtesse, le Comte, Suzanne

SUZANNE *sort en riant* : « Je le tuerai, je le tuerai. » Tuez-le donc, ce méchant page !

LE COMTE, *à part* : Ah ! quelle école[1] ! *(Regardant la comtesse qui est restée stupéfaite.)* Et vous aussi, vous jouez l'étonnement ?... Mais peut-être elle n'y est pas seule.

Il entre.

SCÈNE XVIII[a]

La Comtesse *assise*, Suzanne

SUZANNE *accourt à sa maîtresse* : Remettez-vous, madame, il est bien loin, il a fait un saut...

LA COMTESSE : Ah, Suzon, je suis morte.

SCÈNE XIX

La Comtesse *assise*, Suzanne, le Comte

LE COMTE *sort du cabinet d'un air confus. Après un court silence* : Il n'y a personne, et pour le coup j'ai tort. Madame... vous jouez fort bien la comédie.

SUZANNE, *gaiement* : Et moi, Monseigneur?

La comtesse, son mouchoir sur sa bouche[b] *pour se remettre, ne parle pas**.

LE COMTE *s'approche* : Quoi, madame, vous plaisantiez?

LA COMTESSE, *se remettant un peu* : Eh! pourquoi non, monsieur?

LE COMTE : Quel affreux badinage! et par quel motif, je vous prie?...

LA COMTESSE : Vos folies méritent-elles de la pitié?

LE COMTE : Nommer folies ce qui touche à l'honneur!

LA COMTESSE, *assurant son ton par degrés* : Me suis-je unie à vous pour être éternellement dévouée[1] à l'abandon et à la jalousie, que vous seul osez concilier?

LE COMTE : Ah! madame, c'est sans ménagement[2].

SUZANNE : Madame n'avait qu'à vous laisser appeler les gens.

LE COMTE : Tu as raison[c], et c'est à moi de m'humilier... Pardon, je suis d'une confusion!...

SUZANNE : Avouez, Monseigneur, que vous la méritez un peu!

LE COMTE : Pourquoi donc ne sortais-tu pas lorsque je t'appelais? Mauvaise!

* Suzanne. La Comtesse, assise. Le Comte.

SUZANNE : Je me rhabillais de mon mieux, à grand renfort d'épingles, et Madame qui me le défendait avait bien ses raisons pour le faire.

LE COMTE : Au lieu de rappeler mes torts[a], aide-moi plutôt à l'apaiser.

LA COMTESSE : Non, monsieur; un pareil outrage ne se couvre point[1]. Je vais me retirer aux Ursulines[2], et je vois trop qu'il en est temps[b].

LE COMTE : Le pourriez-vous sans quelques regrets?

SUZANNE : Je suis sûre, moi, que le jour du départ serait la veille des larmes.

LA COMTESSE : Eh! quand cela serait, Suzon? j'aime mieux le regretter que d'avoir la bassesse de lui pardonner; il m'a trop offensée.

LE COMTE : Rosine!...

LA COMTESSE : Je ne la suis plus, cette Rosine que vous avez tant poursuivie! Je suis la pauvre comtesse Almaviva, la triste femme délaissée, que vous n'aimez plus.

SUZANNE : Madame!

LE COMTE, *suppliant*[c] : Par pitié!

LA COMTESSE : Vous n'en aviez aucune pour moi.

LE COMTE[d] : Mais aussi ce billet... Il m'a tourné le sang!

LA COMTESSE : Je n'avais pas consenti qu'on l'écrivît.

LE COMTE : Vous le saviez?

LA COMTESSE : C'est cet étourdi de Figaro...

LE COMTE[e] : Il en était?

LA COMTESSE : ... qui l'a remis à Bazile.

LE COMTE : Qui m'a dit le tenir d'un paysan. Ô perfide chanteur! lame à deux tranchants! c'est toi qui payeras pour tout le monde.

LA COMTESSE : Vous demandez pour vous un pardon que vous refusez aux autres : voilà bien les hommes! Ah! si jamais je consentais à pardonner en faveur de[3] l'erreur où vous a jeté ce billet, j'exigerais que l'amnistie fût générale.

LE COMTE : Eh bien! de tout mon cœur, comtesse. Mais comment réparer une faute aussi humiliante?

LA COMTESSE *se lève* : Elle l'était pour tous deux.

LE COMTE : Ah! dites pour moi seul. Mais je suis encore à concevoir comment les femmes prennent si vite et si juste l'air et le ton des circonstances. Vous rougissiez, vous pleuriez, votre visage était défait... D'honneur il l'est encore.

LA COMTESSE, *s'efforçant de sourire* : Je rougissais... du ressentiment de vos soupçons[4]. Mais les hommes sont-ils assez délicats pour distinguer l'indignation d'une âme honnête outragée[a], d'avec la confusion qui naît d'une accusation méritée[1] ?

LE COMTE, *souriant* : Et ce page en désordre, en veste et presque nu...

LA COMTESSE, *montrant Suzanne* : Vous le voyez devant vous. N'aimez-vous pas mieux l'avoir trouvé que l'autre? en général, vous ne haïssez pas de rencontrer celui-ci.

LE COMTE, *riant plus fort* : Et ces prières, ces larmes feintes...

LA COMTESSE : Vous me faites rire, et j'en ai peu d'envie.

LE COMTE : Nous croyons valoir quelque chose en politique, et nous ne sommes que des enfants. C'est vous, c'est vous, madame, que le roi devrait envoyer en ambassade à Londres! Il faut que votre sexe ait fait une étude bien réfléchie de l'art de se composer pour réussir à ce point!

LA COMTESSE : C'est toujours vous qui nous y forcez.

SUZANNE : Laissez-nous prisonniers sur parole, et vous verrez si nous sommes gens d'honneur.

LA COMTESSE : Brisons là, monsieur le comte. J'ai peut-être été trop loin; mais mon indulgence en un cas aussi grave doit au moins m'obtenir la vôtre.

LE COMTE : Mais vous répéterez que vous me pardonnez.

LA COMTESSE : Est-ce que je l'ai dit, Suzon?

SUZANNE : Je ne l'ai pas entendu, madame.

LE COMTE : Eh bien! que ce mot vous échappe.

LA COMTESSE : Le méritez-vous, ingrat?

LE COMTE : Oui, par mon repentir.

SUZANNE : Soupçonner un homme dans le cabinet de Madame!

LE COMTE : Elle m'en a si sévèrement puni!

SUZANNE : Ne pas s'en fier à elle quand elle dit que c'est sa camariste[b]!

LE COMTE : Rosine, êtes-vous donc implacable?

LA COMTESSE[c] : Ah! Suzon! que je suis faible! quel exemple je te donne! *(Tendant la main au comte.)* On ne croira plus à la colère des femmes.

SUZANNE : Bon! madame, avec eux ne faut-il pas toujours en venir là?

Le comte baise ardemment la main de sa femme.

SCÈNE XX

SUZANNE, FIGARO, LA COMTESSE, LE COMTE[a]

FIGARO, *arrivant tout essoufflé* : On disait Madame incommodée. Je suis vite accouru... je vois avec joie qu'il n'en est rien.

LE COMTE, *sèchement* : Vous êtes fort attentif[1] !

FIGARO : Et c'est mon devoir. Mais puisqu'il n'en est rien, Monseigneur, tous vos jeunes vassaux des deux sexes sont en bas avec les violons et les cornemuses, attendant, pour m'accompagner, l'instant où vous permettrez que je mène ma fiancée...

LE COMTE : Et qui surveillera la comtesse au château?

FIGARO : La veiller! elle n'est pas malade.

LE COMTE : Non; mais cet homme absent qui doit l'entretenir?

FIGARO : Quel homme absent?

LE COMTE : L'homme du billet que vous avez remis à Bazile.

FIGARO : Qui dit cela?

LE COMTE : Quand je ne le saurais pas d'ailleurs, fripon! ta physionomie qui t'accuse me prouverait déjà que tu mens.

FIGARO : S'il en est ainsi, ce n'est pas moi qui mens, c'est ma physionomie.

SUZANNE : Va, mon pauvre Figaro, n'use pas ton éloquence en défaites[2] ; nous avons tout dit.

FIGARO : Et quoi dit? vous me traitez comme un Bazile!

SUZANNE : Que tu avais écrit le billet de tantôt pour faire accroire à Monseigneur, quand il entrerait, que le petit page était dans ce cabinet où je me suis enfermée.

LE COMTE : Qu'as-tu à répondre?

LA COMTESSE : Il n'y a plus rien à cacher, Figaro; le badinage est consommé.

FIGARO, *cherchant à deviner* : Le badinage... est consommé?

LE COMTE : Oui, consommé. Que dis-tu là-dessus?

FIGARO : Moi! je dis... que je voudrais bien qu'on en pût dire autant de mon mariage; et si vous l'ordonnez...

LE COMTE : Tu conviens donc enfin du billet?

FIGARO : Puisque Madame le veut, que Suzanne le veut, que vous le voulez vous-même, il faut bien que je le veuille aussi : mais à votre place, en vérité, Monseigneur, je ne croirais pas un mot de tout ce que nous vous disons.

LE COMTE : Toujours mentir contre l'évidence ! à la fin cela m'irrite.

LA COMTESSE, *en riant* : Eh, ce pauvre garçon ! pourquoi voulez-vous, monsieur, qu'il dise une fois la vérité ?

FIGARO, *bas à Suzanne* : Je l'avertis de son danger ; c'est tout ce qu'un honnête homme peut faire.

SUZANNE, *bas* : As-tu vu le petit page ?

FIGARO, *bas* : Encore tout froissé[1].

SUZANNE, *bas* : Ah, pécaïre[2] !

LA COMTESSE : Allons, monsieur le comte, ils brûlent de s'unir : leur impatience est naturelle ! entrons pour la cérémonie.

LE COMTE, *à part* : Et Marceline, Marceline... *(Haut.)* Je voudrais être... au moins vêtu.

LA COMTESSE[a] : Pour nos gens ! Est-ce que je le suis ?

SCÈNE XXI

FIGARO, SUZANNE, LA COMTESSE, LE COMTE, ANTONIO[b]

ANTONIO, *demi-gris, tenant un pot de giroflées écrasées* : Monseigneur ! Monseigneur !

LE COMTE : Que me veux-tu, Antonio ?

ANTONIO[c] : Faites donc une fois[3] griller les croisées qui donnent sur mes couches. On jette toutes sortes de choses par ces fenêtres ; et tout à l'heure encore on vient d'en jeter un homme.

LE COMTE : Par ces fenêtres ?

ANTONIO : Regardez comme on arrange mes giroflées !

SUZANNE, *bas à Figaro* : Alerte, Figaro ! alerte.

FIGARO : Monseigneur[d], il est gris dès le matin.

ANTONIO : Vous n'y êtes pas. C'est un petit reste d'hier. Voilà comme on fait des jugements... ténébreux[4].

LE COMTE, *avec feu* : Cet homme ! cet homme ! où est-il ?

ANTONIO : Où il est ?

LE COMTE : Oui.

ANTONIO : C'est ce que je dis. Il faut me le trouver déjà. Je suis votre domestique; il n'y a que moi qui prends soin de votre jardin; il y tombe un homme, et vous sentez... que ma réputation en est effleurée[1].

SUZANNE, *bas à Figaro* : Détourne, détourne.

FIGARO : Tu boiras donc toujours?

ANTONIO : Et si je ne buvais pas, je deviendrais enragé.

LA COMTESSE : Mais en prendre ainsi sans besoin...

ANTONIO : Boire sans soif et faire l'amour en tout temps, madame, il n'y a que ça qui nous distingue des autres bêtes[2].

LE COMTE, *vivement* : Réponds-moi donc ou je vais te chasser.

ANTONIO : Est-ce que je m'en irais?

LE COMTE : Comment donc?

ANTONIO, *se touchant le front* : Si vous n'avez pas assez de ça pour garder un bon domestique, je ne suis pas assez bête, moi, pour renvoyer un si bon maître.

LE COMTE *le secoue avec colère* : On a, dis-tu, jeté un homme par cette fenêtre?

ANTONIO : Oui, Mon Excellence[3]; tout à l'heure, en veste blanche, et qui s'est enfui, jarni[4], courant...

LE COMTE[a], *impatienté* : Après?

ANTONIO : J'ai bien voulu courir après; mais je me suis donné contre la grille une si fière gourde[5] à la main que je ne peux plus remuer ni pied ni patte de ce doigt-là.

Levant le doigt.

LE COMTE : Au moins tu reconnaîtrais l'homme?

ANTONIO : Oh! que oui-da!... si je l'avais vu pourtant!

SUZANNE[b], *bas à Figaro* : Il ne l'a pas vu.

FIGARO : Voilà bien du train pour un pot de fleurs! combien te faut-il, pleurard! avec ta giroflée? Il est inutile de chercher, Monseigneur, c'est moi qui ai sauté.

LE COMTE : Comment? c'est vous!

ANTONIO : « Combien te faut-il, pleurard? » Votre corps a donc bien grandi depuis ce temps-là? car je vous ai trouvé beaucoup plus moindre et plus fluet!

FIGARO : Certainement; quand on saute, on se pelotonne[6]...

ANTONIO : M'est avis que c'était plutôt... qui dirait, le gringalet de page.

LE COMTE : Chérubin, tu veux dire?

FIGARO : Oui, revenu tout exprès avec son cheval, de la porte de Séville, où peut-être il est déjà.

ANTONIO : Oh! non, je ne dis pas ça, je ne dis pas ça; je n'ai pas vu sauter de cheval, car je le dirais de même.

LE COMTE : Quelle patience!

FIGARO : J'étais dans la chambre des femmes en veste blanche : il fait un chaud!... J'attendais là ma Suzannette, quand j'ai ouï tout à coup la voix de Monseigneur et le grand bruit qui se faisait : je ne sais quelle crainte m'a saisi à l'occasion de ce billet; et s'il faut avouer ma bêtise, j'ai sauté sans réflexion sur les couches, où je me suis même un peu foulé le pied droit.

Il frotte son pied.

ANTONIO : Puisque c'est vous, il est juste de vous rendre ce brimborion de papier qui a coulé[1] de votre veste en tombant.

LE COMTE *se jette dessus* : Donne-le-moi.

Il ouvre le papier et le referme[a].

FIGARO, *à part* : Je suis pris.

LE COMTE, *à Figaro* : La frayeur ne vous aura pas fait oublier ce que contient ce papier, ni comment il se trouvait dans votre poche?

FIGARO, *embarrassé, fouille dans ses poches et en tire des papiers* : Non sûrement... Mais c'est que j'en ai tant. Il faut répondre à tout... *(Il regarde un des papiers.)* Ceci[b]? ah! c'est une lettre de Marceline, en quatre pages; elle est belle!... Ne serait-ce pas la requête de ce pauvre braconnier en prison?... non, la voici... J'avais l'état des meubles du petit château dans l'autre poche...

Le comte rouvre le papier qu'il tient.

LA COMTESSE, *bas à Suzanne* : Ah dieux! Suzon. C'est le brevet d'officier.

SUZANNE, *bas à Figaro* : Tout est perdu, c'est le brevet.

LE COMTE *replie le papier* : Eh bien! l'homme aux expédients, vous ne devinez pas?

ANTONIO, *s'approchant de Figaro** : Monseigneur dit si vous ne devinez pas!

FIGARO *le repousse* : Fi donc! vilain, qui me parle dans le nez!

LE COMTE[c] : Vous ne vous rappelez pas ce que ce peut être?

FIGARO : A, a, a, ah! *Povero*[2]! ce sera le brevet de ce malheu-

* Antonio. Figaro. Suzanne. La Comtesse. Le Comte.

reux enfant, qu'il m'avait remis et que j'ai oublié de lui rendre. O, o, o, oh! étourdi que je suis! que fera-t-il sans son brevet? Il faut courir...

LE COMTE : Pourquoi vous l'aurait-il remis?

FIGARO, *embarrassé* : Il... désirait qu'on y fît quelque chose.

LE COMTE *regarde son papier* : Il n'y manque rien.

LA COMTESSE, *bas à Suzanne* : Le cachet.

SUZANNE, *bas à Figaro* : Le cachet manque.

LE COMTE, *à Figaro* : Vous ne répondez pas?

FIGARO : C'est... qu'en effet il y manque peu de chose. Il dit que c'est l'usage...

LE COMTE : L'usage! l'usage! l'usage de quoi?

FIGARO : D'y apposer le sceau de vos armes. Peut-être aussi que cela ne valait pas la peine.

LE COMTE *rouvre le papier et le chiffonne de colère* : Allons, il est écrit que je ne saurai rien. *(À part.)* C'est ce Figaro qui les mène et je ne m'en vengerais pas!

Il veut sortir avec dépit[a].

FIGARO, *l'arrêtant* : Vous sortez sans ordonner mon mariage?

SCÈNE XXII

BAZILE, BARTHOLO, MARCELINE, FIGARO, LE COMTE, GRIPPE-SOLEIL, LA COMTESSE, SUZANNE, ANTONIO; VALETS[b] DU COMTE, SES VASSAUX

MARCELINE, *au comte* : Ne l'ordonnez pas, Monseigneur! Avant de lui faire grâce[1], vous nous devez justice. Il a des engagements avec moi.

LE COMTE, *à part* : Voilà ma vengeance arrivée.

FIGARO : Des engagements! de quelle nature? Expliquez-vous.

MARCELINE : Oui, je m'expliquerai, malhonnête!

La comtesse s'assied sur une bergère. Suzanne est derrière elle.

LE COMTE[c] : De quoi s'agit-il, Marceline?

MARCELINE : D'une obligation de mariage.

FIGARO : Un billet, voilà tout, pour de l'argent prêté.

MARCELINE, *au comte* : Sous condition de m'épouser. Vous êtes[d] un grand seigneur, le premier juge de la province...

LE COMTE : Présentez-vous au tribunal ; j'y rendrai justice à tout le monde.

BAZILE, *montrant Marceline* : En ce cas, Votre Grandeur permet que je fasse aussi valoir mes droits sur Marceline ?

LE COMTE, *à part* : Ah ! voilà mon fripon du billet.

FIGARO : Autre fou de la même espèce !

LE COMTE, *en colère, à Bazile* : Vos droits[a] ! vos droits ! Il vous convient bien de parler devant moi, maître sot !

ANTONIO, *frappant dans sa main* : Il ne l'a, ma foi, pas manqué du[b] premier coup : c'est son nom.

LE COMTE : Marceline[c], on suspendra tout jusqu'à l'examen de vos titres, qui se fera publiquement dans la grand-salle[d] d'audience. Honnête Bazile ! agent fidèle et sûr ! allez au bourg chercher les gens du Siège[1].

BAZILE : Pour son affaire ?

LE COMTE : Et vous m'amènerez le paysan du billet.

BAZILE : Est-ce que je le connais ?

LE COMTE : Vous résistez !

BAZILE : Je ne suis pas entré au château pour en faire les commissions.

LE COMTE[e] : Quoi donc ?

BAZILE : Homme à talent sur l'orgue du village, je montre le clavecin à Madame, à chanter à ses femmes, la mandoline aux pages ; et mon emploi surtout est d'amuser votre compagnie avec ma guitare, quand il vous plaît de l'ordonner.

GRIPPE-SOLEIL *s'avance* : J'irai bien[f], Monsigneu, si cela vous plaira.

LE COMTE : Quel est ton nom, et ton emploi ?

GRIPPE-SOLEIL : Je suis Grippe-Soleil, mon bon Signeu ; le petit patouriau des chèvres, commandé pour le feu d'artifice. C'est fête aujourd'hui dans le troupiau ; et je sais oùs-ce qu'est toute l'enragée boutique à procès du pays.

LE COMTE : Ton zèle me plaît ; vas-y : mais vous, *(à Bazile)* accompagnez Monsieur en jouant de la guitare, et chantant pour l'amuser en chemin. Il est de ma compagnie.

GRIPPE-SOLEIL, *joyeux* : Oh ! moi, je suis de la... ?

Suzanne l'apaise de la main, en lui montrant la comtesse.

BAZILE, *surpris* : Que j'accompagne Grippe-Soleil en jouant ?...

LE COMTE : C'est votre emploi. Partez, ou je vous chasse.

Il sort.

SCÈNE XXIII

LES ACTEURS PRÉCÉDENTS, *excepté* LE COMTE

BAZILE, *à lui-même* : Ah ! je[a] n'irai pas lutter contre le pot de fer, moi qui ne suis...

FIGARO : Qu'une cruche.

BAZILE[b], *à part* : Au lieu d'aider à leur mariage, je m'en vais assurer le mien avec Marceline. *(À Figaro :)* Ne conclus rien, crois-moi, que je ne sois de retour.

Il va prendre la guitare sur le fauteuil du fond.

FIGARO *le suit* : Conclure ! oh ! va, ne crains rien ; quand même tu ne reviendrais jamais... Tu n'as pas l'air en train de chanter[1] ; veux-tu que je commence ?... allons gai, haut, la-mi-la[2], pour ma fiancée.

Il se met en marche à reculons[c], danse en chantant la séguedille suivante. Bazile accompagne, et tout le monde le suit.

SÉGUEDILLE :

Air noté.

Je préfère à richesse,
La sagesse
De ma Suzon ;
Zon, zon, zon,
Zon, zon, zon,
Zon, zon, zon,
Zon, zon, zon.
Aussi sa gentillesse
Est maîtresse
De ma raison ;
Zon, zon, zon,
Zon, zon, zon,
Zon, zon, zon,
Zon, zon, zon.

Le bruit s'éloigne, on n'entend pas le reste[d].

SCÈNE XXIV

SUZANNE, LA COMTESSE

LA COMTESSE, *dans sa bergère* : Vous voyez, Suzanne, la jolie scène que votre étourdi m'a value avec son billet.

SUZANNE : Ah! madame, quand je suis rentrée du cabinet, si vous aviez vu votre visage! il s'est terni tout à coup; mais[a] ce n'a été qu'un nuage; et par degrés vous êtes devenue rouge, rouge, rouge!

LA COMTESSE : Il a donc sauté par la fenêtre?

SUZANNE : Sans hésiter, le charmant enfant! léger... comme une abeille!

LA COMTESSE : Ah! ce fatal jardinier! Tout cela m'a remuée au point... que je ne pouvais rassembler deux idées.

SUZANNE : Ah! madame, au contraire; et c'est là que j'ai vu combien l'usage du grand monde donne d'aisance aux dames comme il faut, pour mentir sans qu'il y paraisse.

LA COMTESSE : Crois-tu que le comte en soit la dupe? et s'il trouvait cet enfant au château!

SUZANNE : Je vais recommander de le cacher si bien...

LA COMTESSE : Il faut qu'il parte. Après ce qui vient d'arriver, vous croyez bien que je ne suis pas tentée de l'envoyer au jardin à votre place.

SUZANNE : Il est certain que je n'irai pas non plus. Voilà donc mon mariage encore une fois...

LA COMTESSE *se lève* : Attends... Au lieu d'un autre ou de toi, si j'y allais moi-même?

SUZANNE : Vous, madame?

LA COMTESSE : Il n'y aurait personne d'exposé... Le comte alors ne pourrait nier... Avoir puni sa jalousie et lui prouver son infidélité, cela serait... Allons : le bonheur d'un premier hasard[1] m'enhardit à tenter le second. Fais-lui savoir promptement que tu te rendras au jardin. Mais surtout que personne...

SUZANNE : Ah! Figaro.

LA COMTESSE : Non, non. Il voudrait mettre ici du sien. Mon masque de velours[2] et ma canne; que j'aille y rêver sur la terrasse.

Suzanne entre dans le cabinet de toilette[b].

SCÈNE XXV

LA COMTESSE, *seule.*

Il est assez effronté, mon petit projet! *(Elle se retourne.)* Ah! le ruban! mon joli ruban! je t'oubliais! *(Elle le prend sur sa bergère et le roule.)* Tu ne me quitteras plus... tu me rappelleras la scène où ce malheureux enfant... Ah! monsieur le comte, qu'avez-vous fait?... Et moi, que fais-je en ce moment?...

SCÈNE XXVI

LA COMTESSE, SUZANNE
(La comtesse met furtivement le ruban dans son sein.)

SUZANNE : Voici la canne et votre loup.

LA COMTESSE : Souviens-toi que je t'ai défendu d'en dire un mot à Figaro.

SUZANNE, *avec joie* : Madame, il est charmant votre projet. Je viens d'y réfléchir. Il rapproche tout, termine tout, embrasse tout[1]; et, quelque chose qui arrive, mon mariage est maintenant certain.

Elle baise la main de sa maîtresse. Elles sortent.

FIN DU SECOND ACTE

Pendant l'entracte, des valets arrangent la salle d'audience : on apporte les deux banquettes à dossier des avocats, que l'on place aux deux côtés du théâtre, de façon que le passage soit libre par-derrière. On pose une estrade à deux marches dans le milieu du théâtre, vers le fond, sur laquelle on place le fauteuil du comte. On met la table du greffier et son tabouret de côté sur le devant, et des sièges pour Brid'oison et d'autres juges, des deux côtés de l'estrade du comte[a 2].

ACTE III

Le théâtre représente une salle du château, appelée salle du trône et servant de salle d'audience, ayant sur le côté une impériale en dais[1] *et, dessous, le portrait du roi*[2].

SCÈNE PREMIÈRE

LE COMTE, PÉDRILLE, *en veste et botté, tenant un paquet cacheté.*

LE COMTE[a], *vite* : M'as-tu bien entendu?
PÉDRILLE : Excellence, oui.

Il sort.

SCÈNE II

LE COMTE *seul, criant.*

Pédrille?

SCÈNE III

LE COMTE, PÉDRILLE *revient.*

PÉDRILLE : Excellence?
LE COMTE : On ne t'a pas vu?
PÉDRILLE : Âme qui vive.
LE COMTE : Prenez[3] le cheval barbe.
PÉDRILLE : Il est à la grille du potager, tout sellé.
LE COMTE : Ferme, d'un trait, jusqu'à Séville.
PÉDRILLE : Il n'y a que trois lieues, elles sont bonnes.
LE COMTE : En descendant, sachez si le page est arrivé.
PÉDRILLE : Dans l'hôtel[4]?
LE COMTE : Oui; surtout depuis quel temps.

PÉDRILLE : J'entends.
LE COMTE : Remets-lui son brevet et reviens vite.
PÉDRILLE : Et s'il n'y était pas?
LE COMTE : Revenez plus vite et m'en rendez compte. Allez.

SCÈNE IV[a]

LE COMTE *seul, marche en rêvant.*

J'ai fait une gaucherie en éloignant Bazile!... la colère n'est bonne à rien. Ce billet remis par lui, qui m'avertit d'une entreprise sur la comtesse; la camariste enfermée quand j'arrive; la maîtresse affectée d'une terreur fausse ou vraie; un homme qui saute par la fenêtre, et l'autre après qui avoue... ou qui prétend que c'est lui... Le fil m'échappe. Il y a là-dedans une obscurité... Des libertés chez mes vassaux, qu'importe à gens de cette étoffe? Mais la comtesse! si quelque insolent attentait... où m'égaré-je? En vérité quand la tête se monte, l'imagination la mieux réglée devient folle comme un rêve! Elle s'amusait; ces ris étouffés, cette joie mal éteinte! Elle se respecte, et mon honneur... où diable on l'a placé! De l'autre part où suis-je? cette friponne de Suzanne a-t-elle trahi mon secret?... Comme il n'est pas encore le sien... Qui donc[1] m'enchaîne à cette fantaisie? j'ai voulu vingt fois y renoncer... Étrange effet de l'irrésolution! si je la voulais sans débat, je la désirerais mille fois moins. Ce Figaro se fait bien attendre! il faut le sonder adroitement, *(Figaro paraît dans le fond; il s'arrête)* et tâcher, dans la conversation que je vais avoir avec lui, de démêler d'une manière détournée s'il est instruit ou non de mon amour pour Suzanne.

SCÈNE V

LE COMTE, FIGARO

FIGARO, *à part*[b] : Nous y voilà.
LE COMTE : ... S'il en sait par elle un seul mot...
FIGARO, *à part* : Je m'en suis douté.
LE COMTE : ... je lui fais épouser la vieille.

FIGARO, *à part* : Les amours de M. Bazile[a].

LE COMTE : ...Et voyons ce que nous ferons de la jeune.

FIGARO, *à part* : Ah! ma femme, s'il vous plaît.

LE COMTE *se retourne* : Hein? quoi? qu'eſt-ce que c'eſt?

FIGARO *s'avance* : Moi, qui me rends à vos ordres.

LE COMTE : Et pourquoi ces mots?

FIGARO : Je n'ai rien dit.

LE COMTE *répète* : « Ma femme, s'il vous plaît »?

FIGARO : C'eſt... la fin d'une réponse que je faisais : « Allez le dire à ma femme, s'il vous plaît. »

LE COMTE *se promène* : « Sa femme »!... Je voudrais bien savoir quelle affaire peut arrêter Monsieur, quand je le fais appeler?

FIGARO, *feignant d'assurer son habillement* : Je m'étais sali sur ces couches en tombant[1] ; je me changeais.

LE COMTE : Faut-il une heure?

FIGARO : Il faut le temps.

LE COMTE : Les domeſtiques ici... sont plus longs à s'habiller que les maîtres!

FIGARO : C'eſt qu'ils n'ont point de valets pour les y aider.

LE COMTE : ...Je n'ai pas trop compris ce qui vous avait forcé tantôt de courir un danger inutile, en vous jetant...

FIGARO : Un danger! on dirait que je me suis engouffré tout vivant...

LE COMTE[b] : Essayez de me donner le change en feignant de le prendre, insidieux valet! vous entendez fort bien que ce n'eſt pas le danger qui m'inquiète, mais le motif.

FIGARO : Sur un faux avis, vous arrivez furieux, renversant tout, comme le torrent de la Morena; vous cherchez un homme; il vous le faut, ou vous allez briser les portes, enfoncer les cloisons! je me trouve là par hasard; qui sait dans votre emportement si...

LE COMTE, *interrompant* : Vous pouviez fuir par l'escalier.

FIGARO : Et vous, me prendre au corridor.

LE COMTE, *en colère* : Au corridor! *(À part.)* Je m'emporte, et nuis à ce que je veux savoir.

FIGARO[c], *à part* : Voyons-le venir, et jouons serré.

LE COMTE, *radouci* : Ce n'eſt pas ce que je voulais dire, laissons cela. J'avais... oui, j'avais quelque envie de t'emmener à Londres, courrier de dépêches... mais toutes réflexions faites...

FIGARO : Monseigneur a changé d'avis?

LE COMTE : Premièrement, tu ne sais pas l'anglais.

FIGARO : Je sais *God-dam*.

LE COMTE : Je n'entends pas.

FIGARO : Je dis que je sais *God-dam*.

LE COMTE : Eh bien?

FIGARO : Diable! c'est une belle langue que l'anglais; il en faut peu pour aller loin. Avec *God-dam*[1] en Angleterre, on ne manque de rien nulle part. Voulez-vous tâter d'un bon poulet gras? entrez dans une taverne, et faites seulement ce geste au garçon. *(Il tourne la broche.) God-dam!* on vous apporte un pied de bœuf salé sans pain. C'est admirable! Aimez-vous à boire un coup d'excellent bourgogne ou de clairet[2]? rien que celui-ci. *(Il débouche une bouteille.) God-dam!* on vous sert un pot de bière, en bel étain, la mousse aux bords. Quelle satisfaction! Rencontrez-vous une de ces jolies personnes qui vont trottant menu, les yeux baissés, coudes en arrière, et tortillant un peu des hanches? mettez mignardement[3] tous les doigts unis sur la bouche. Ah! *God-dam!* elle vous sangle un soufflet de crocheteur[4]. Preuve qu'elle entend. Les Anglais, à la vérité, ajoutent par-ci, par-là quelques autres mots en conversant; mais il est bien aisé de voir que *God-dam* est le fond de la langue[5]; et si Monseigneur n'a pas d'autre motif de me laisser en Espagne...

LE COMTE, *à part* : Il veut venir à Londres; elle n'a pas parlé.

FIGARO, *à part* : Il croit que je ne sais rien; travaillons-le un peu dans son genre.

LE COMTE[a][6] : Quel motif avait la comtesse pour me jouer un pareil tour?

FIGARO : Ma foi, monseigneur, vous le savez mieux que moi.

LE COMTE[b] : Je la préviens sur tout[7] et la comble de présents.

FIGARO : Vous lui donnez, mais vous êtes infidèle. Sait-on gré du superflu à qui nous prive du nécessaire?

LE COMTE[c] : ...Autrefois tu me disais tout.

FIGARO : Et maintenant je ne vous cache rien.

LE COMTE : Combien la comtesse t'a-t-elle donné pour cette belle association?

FIGARO : Combien me donnâtes-vous pour la tirer des mains du docteur? Tenez, monseigneur, n'humilions pas l'homme qui nous sert bien, crainte d'en faire un mauvais valet.

LE COMTE : Pourquoi faut-il qu'il y ait toujours du louche en ce que tu fais?

FIGARO : C'est qu'on en voit partout quand on cherche des torts.

LE COMTE : Une réputation détestable !

FIGARO : Et si je vaux mieux qu'elle ? y a-t-il beaucoup de seigneurs[a] qui puissent en dire autant ?

LE COMTE : Cent fois je t'ai vu marcher à la fortune, et jamais aller droit.

FIGARO : Comment voulez-vous ? la foule est là : chacun veut courir, on se presse, on pousse, on coudoie, on renverse, arrive qui peut ; le reste est écrasé. Aussi c'est fait ; pour moi, j'y renonce.

LE COMTE : À la fortune ? *(À part.)* Voici du neuf.

FIGARO : *(À part.)* À mon tour[1] maintenant. *(Haut[b].)* Votre Excellence m'a gratifié de la conciergerie du château ; c'est un fort joli sort ; à la vérité je ne serai pas le courrier étrenné[2] des nouvelles intéressantes ; mais en revanche, heureux avec ma femme au fond de l'Andalousie...

LE COMTE : Qui t'empêcherait de l'emmener à Londres ?

FIGARO : Il faudrait la quitter si souvent que j'aurais bientôt du mariage par-dessus la tête.

LE COMTE : Avec du caractère et de l'esprit, tu pourrais un jour t'avancer dans les bureaux.

FIGARO : De l'esprit pour s'avancer ? Monseigneur se rit du mien. Médiocre et rampant ; et l'on arrive à tout.

LE COMTE : ...Il[c] ne faudrait qu'étudier un peu sous moi la politique.

FIGARO : Je la sais.

LE COMTE : Comme l'anglais, le fond de la langue !

FIGARO : Oui, s'il y avait de quoi[d] se vanter. Mais feindre d'ignorer ce qu'on sait, de savoir tout ce qu'on ignore, d'entendre ce qu'on ne comprend pas, de ne point ouïr ce qu'on entend, surtout de pouvoir au-delà de ses forces ; avoir souvent pour grand secret de cacher qu'il n'y en a point ; s'enfermer pour tailler des plumes et paraître profond, quand on n'est, comme on dit, que vide et creux ; jouer bien ou mal un personnage ; répandre des espions et pensionner des traîtres ; amollir des cachets ; intercepter des lettres ; et tâcher d'ennoblir la pauvreté des moyens par l'importance des objets : voilà toute la politique, ou je meure[3] !

LE COMTE : Eh ! c'est l'intrigue que tu définis !

FIGARO : La politique, l'intrigue, volontiers ; mais comme je les crois un peu germaines[4], en fasse qui voudra. « J'aime mieux ma mie, ô gué[5] ! » comme dit la chanson du bon roi.

LE COMTE, *à part* : Il veut rester. J'entends... Suzanne m'a[a] trahi.

FIGARO, *à part* : Je l'enfile[1] et le paye en sa monnaie.

LE COMTE : Ainsi tu espères gagner ton procès contre Marceline ?

FIGARO : Me[b] feriez-vous un crime de refuser une vieille fille, quand Votre Excellence se permet de nous souffler toutes les jeunes ?

LE COMTE, *raillant* : Au tribunal, le magistrat s'oublie et ne voit plus que l'ordonnance.

FIGARO : Indulgente aux grands, dure aux petits...

LE COMTE[c] : Crois-tu donc que je plaisante ?

FIGARO : Eh ! qui le sait, Monseigneur ? *Tempo è galant' uomo*[2], dit l'italien ; il dit toujours la vérité : c'est lui qui m'apprendra qui me veut du mal ou du bien.

LE COMTE, *à part* : Je vois qu'on lui a tout dit ; il épousera la duègne.

FIGARO, *à part* : Il[d] a joué au fin avec moi ; qu'a-t-il appris ?

SCÈNE VI[e]

LE COMTE, UN LAQUAIS, FIGARO

LE LAQUAIS, *annonçant* : Don Gusman Brid'oison[3].

LE COMTE : Brid'oison ?

FIGARO : Eh ! sans doute. C'est le juge ordinaire ; le lieutenant du siège ; votre prud'homme[4].

LE COMTE : Qu'il attende.

Le laquais sort.

SCÈNE VII

LE COMTE, FIGARO

FIGARO *reste un moment à regarder le comte qui rêve* : ... Est-ce là ce que Monseigneur voulait ?

LE COMTE, *revenant à lui* : Moi ?... Je disais d'arranger ce salon pour l'audience publique.

FIGARO : Hé, qu'est-ce qu'il manque ? le grand fauteuil pour vous, de bonnes chaises aux prud'hommes, le tabouret du greffier, deux banquettes aux avocats, le plancher pour le beau monde, et la canaille derrière. Je vais renvoyer les frotteurs.

Il sort.

SCÈNE VIII[a]

LE COMTE, *seul.*

Le maraud m'embarrassait! en disputant[1], il prend son avantage, il vous serre, vous enveloppe... Ah[b]! friponne et fripon! vous vous entendez pour me jouer! Soyez amis, soyez amants, soyez ce qu'il vous plaira, j'y consens; mais, parbleu, pour époux...

SCÈNE IX

SUZANNE, LE COMTE

SUZANNE, *essoufflée* : Monseigneur... pardon, Monseigneur.

LE COMTE, *avec humeur* : Qu'eſt-ce qu'il y a, mademoiselle?

SUZANNE : Vous êtes en colère!

LE COMTE : Vous voulez quelque chose apparemment?

SUZANNE, *timidement* : C'eſt que ma maîtresse a ses vapeurs. J'accourais[c] vous prier de nous prêter votre flacon d'éther. Je l'aurais rapporté dans l'inſtant.

LE COMTE *le lui donne* : Non, non, gardez-le pour vous-même. Il ne tardera pas à vous être utile.

SUZANNE : Eſt-ce que les femmes de mon état ont des vapeurs, donc? c'eſt un mal de condition[2] qu'on ne prend que dans les boudoirs.

LE COMTE : Une fiancée bien éprise, et qui perd son futur...

SUZANNE : En payant Marceline avec la dot que vous m'avez promise...

LE COMTE : Que je vous ai promise, moi[d]?

SUZANNE *baissant les yeux* : Monseigneur, j'avais cru l'entendre.

LE COMTE : Oui, si vous consentiez à m'entendre vous-même.

SUZANNE, *les yeux baissés* : Et n'eſt-ce pas mon devoir d'écouter Son Excellence?

LE COMTE : Pourquoi donc, cruelle fille ! ne me l'avoir pas dit plus tôt ?

SUZANNE : Est-il jamais trop tard pour dire la vérité ?

LE COMTE : Tu te rendrais sur la brune au jardin ?

SUZANNE : Est-ce que je ne m'y promène pas tous les soirs ?

LE COMTE : Tu m'as traité ce matin si durement !

SUZANNE : Ce matin ? et le page derrière le fauteuil[a] ?

LE COMTE : Elle a raison, je l'oubliais. Mais pourquoi ce refus obstiné, quand Bazile, de ma part ?...

SUZANNE : Quelle nécessité qu'un Bazile ?...

LE COMTE : Elle a toujours raison. Cependant il y a un certain Figaro à qui je crains bien que vous n'ayez tout dit !

SUZANNE : Dame ! oui, je lui dis tout — hors ce qu'il faut lui taire.

LE COMTE, *en riant* : Ah ! charmante ! Et, tu me le promets ? Si tu manquais à ta parole, entendons-nous, mon cœur : point de rendez-vous, point de dot, point de mariage.

SUZANNE, *faisant la révérence* : Mais aussi, point de mariage, point de droit du seigneur, Monseigneur.

LE COMTE : Où prend-elle ce qu'elle dit ? d'honneur j'en raffolerai ! Mais ta maîtresse attend le flacon...

SUZANNE, *riant et rendant le flacon* : Aurais-je pu vous parler sans un prétexte ?

LE COMTE *veut l'embrasser* : Délicieuse[b] créature !

SUZANNE *s'échappe* : Voilà du monde.

LE COMTE, *à part* : Elle est à moi.

Il s'enfuit.

SUZANNE : Allons vite rendre compte à Madame.

SCÈNE X

SUZANNE, FIGARO

FIGARO : Suzanne, Suzanne ! où cours-tu donc si vite en quittant Monseigneur ?

SUZANNE : Plaide à présent, si tu le veux ; tu viens de gagner ton procès.

Elle s'enfuit.

FIGARO *la suit* : Ah ! mais, dis donc...

SCÈNE XI

Le Comte *rentre seul.*

« Tu viens de gagner ton procès! » Je donnais là dans un bon piège! Ô mes chers insolents! je vous punirai de façon... Un bon arrêt, bien juste... mais s'il allait payer la duègne... avec quoi?... s'il payait... Eeeeh! n'ai-je pas le fier Antonio, dont le noble orgueil dédaigne en Figaro un inconnu pour sa nièce? En caressant cette manie... pourquoi non? dans le vaste champ de l'intrigue, il faut savoir tout cultiver, jusqu'à la vanité d'un sot. *(Il appelle.)* Anto...

Il voit entrer Marceline, etc.[1]. *Il sort.*

SCÈNE XII

Bartholo, Marceline, Brid'oison

marceline, *à Brid'oison* : Monsieur, écoutez mon affaire.

brid'oison, *en robe*[a], *et bégayant un peu*[2] : Eh bien! pa-arlons-en verbalement.

bartholo : C'est une promesse de mariage.

marceline : Accompagnée d'un prêt d'argent.

brid'oison : J'en-entends, *et caetera*, le reste.

marceline : Non, monsieur, point d'*et caetera*.

brid'oison : J'en-entends : vous avez la somme?

marceline : Non, monsieur, c'est moi qui l'ai prêtée.

brid'oison : J'en-entends bien : vou-ous redemandez l'argent?

marceline : Non, monsieur; je demande qu'il m'épouse.

brid'oison : Eh, mais, j'en-entends fort bien; et lui, veu-eut-il vous épouser?

marceline : Non, monsieur; voilà tout le procès!

brid'oison : Croyez-vous que je ne l'en-entende pas, le procès?

marceline : Non, monsieur. *(À Bartholo :)* Où sommes-nous? *(À Brid'oison :)* Quoi! c'est vous qui nous jugerez?

brid'oison : Est-ce que j'ai a-acheté ma charge pour autre chose?

MARCELINE, *en soupirant* : C'est un grand abus que de les vendre !

BRID'OISON : Oui, l'on-on ferait mieux de nous les donner pour rien. Contre[a] qui plai-aidez-vous ?

SCÈNE XIII[b]

BARTHOLO, MARCELINE, BRID'OISON ; FIGARO *rentre en se frottant les mains.*

MARCELINE, *montrant Figaro* : Monsieur, contre ce malhonnête homme.

FIGARO, *très gaiement, à Marceline* : Je vous gêne, peut-être. Monseigneur revient dans l'instant, monsieur le conseiller.

BRID'OISON : J'ai[c] vu ce ga-arçon-là quelque part ?

FIGARO : Chez madame votre femme, à Séville, pour la servir, monsieur le conseiller.

BRID'OISON : Dan-ans quel temps ?

FIGARO : Un peu moins d'un an avant la naissance de monsieur votre fils, le cadet, qui est un bien joli enfant, je m'en vante.

BRID'OISON : Oui, c'est le plus jo-oli de tous[1]. On dit que tu-u fais ici des tiennes ?

FIGARO : Monsieur est bien bon. Ce n'est là qu'une misère.

BRID'OISON : Une promesse de mariage ! A-ah ! le pauvre benêt !

FIGARO : Monsieur[d]...

BRID'OISON : A-t-il vu mon-on secrétaire, ce bon garçon ?

FIGARO : N'est-ce pas Double-Main, le greffier ?

BRID'OISON : Oui, c'est qu'il mange à deux râteliers.

FIGARO : Manger ! je suis garant qu'il dévore. Oh ! que oui, je l'ai vu, pour l'extrait[2] et pour le supplément d'extrait ; comme cela se pratique, au reste.

BRID'OISON : On-on doit remplir les formes.

FIGARO : Assurément, monsieur : si le fond des procès appartient aux plaideurs, on sait bien que la forme est le patrimoine des tribunaux.

BRID'OISON : Ce[e] garçon-là n'è-est pas si niais que je l'avais cru d'abord. Eh bien, l'ami, puisque tu en sais tant, nou-ous aurons soin de ton affaire.

FIGARO : Monsieur, je m'en rapporte à votre équité, quoique vous soyez de notre justice.

BRID'OISON : Hein?... Oui, je suis de la-a justice. Mais si tu dois et que tu-u ne payes pas?...

FIGARO : Alors Monsieur voit bien que c'est comme si je ne devais pas.

BRID'OISON : San-ans doute. Hé mais! qu'est-ce donc qu'il dit?

SCÈNE XIV

BARTHOLO, MARCELINE, LE COMTE, BRID'OISON, FIGARO, UN HUISSIER

L'HUISSIER, *précédant le comte, crie* : Monseigneur[a], messieurs.

LE COMTE : En robe ici, seigneur Brid'oison! ce n'est qu'une affaire domestique. L'habit de ville était[b] trop bon.

BRID'OISON : C'è-est vous qui l'êtes, monsieur le comte. Mais je ne vais jamais san-ans elle; parce que la forme, voyez-vous, la forme! Tel rit d'un juge en habit court, qui-i tremble au seul aspect d'un procureur en robe. La forme, la-a forme!

LE COMTE, *à l'huissier* : Faites entrer l'audience[1].

L'HUISSIER *va ouvrir en glapissant* : L'audience!

SCÈNE XV

LES ACTEURS PRÉCÉDENTS, ANTONIO,
LES VALETS DU CHÂTEAU, LES PAYSANS ET PAYSANNES
en habits de fête; LE COMTE *s'assied sur le grand fauteuil*,
BRID'OISON *sur une chaise à côté*; LE GREFFIER *sur le tabouret*
derrière sa table; LES JUGES, LES AVOCATS *sur les banquettes*;
MARCELINE *à côté de* BARTHOLO; FIGARO *sur l'autre banquette*;
LES PAYSANS ET VALETS *debout derrière.*

BRID'OISON, *à Double-Main* : Double-Main, a-appelez les causes.

DOUBLE-MAIN *lit un papier* : Noble, très noble, infiniment noble, *Dom Pedro George, Hidalgo, baron de Los Altos, y Montes Fieros, y otros montes*[2]; contre *Alonzo Calderon*, jeune auteur dramatique. Il est question d'une comédie mort-née, que chacun désavoue et rejette sur l'autre.

LE COMTE : Ils ont raison tous deux. Hors de Cour[3]. S'ils font ensemble un autre ouvrage, pour qu'il marque un peu dans le grand monde, ordonné que le noble y mettra son nom, le poète son talent[4].

DOUBLE-MAIN[a] *lit un autre papier* : *André Petrutchio*, laboureur; contre le receveur de la province. Il s'agit d'un forcement arbitraire[1].

LE COMTE : L'affaire n'est pas de mon ressort. Je servirai mieux mes vassaux en les protégeant près du Roi. Passez.

DOUBLE-MAIN *en prend un troisième. (Bartholo et Figaro se lèvent.)* : *Barbe-Agar-Raab-Madeleine-Nicole-Marceline de Verte-Allure*[2], fille majeure *(Marceline se lève et salue)*; contre *Figaro*... nom de baptême en blanc?

FIGARO : Anonyme.

BRID'OISON : A-anonyme! Què-el patron est-ce là?

FIGARO : C'est le mien.

DOUBLE-MAIN *écrit* : Contre anonyme *Figaro*. Qualités?

FIGARO : Gentilhomme.

LE COMTE : Vous êtes gentilhomme? *(Le greffier écrit.)*

FIGARO : Si le Ciel l'eût voulu, je serais fils d'un prince.

LE COMTE, *au greffier* : Allez.

L'HUISSIER, *glapissant* : Silence, messieurs.

DOUBLE-MAIN *lit* : ...Pour cause d'opposition faite au mariage dudit *Figaro* par ladite *de Verte-Allure*. Le docteur *Bartholo* plaidant pour la demanderesse, et ledit *Figaro* pour lui-même; si la Cour le permet, contre le vœu de l'usage et la jurisprudence du siège.

FIGARO : L'usage, maître Double-Main, est souvent un abus; le client un peu instruit sait toujours mieux sa cause que certains avocats qui, suant à froid, criant à tue-tête, et connaissant tout, hors le fait, s'embarrassent aussi peu de ruiner le plaideur que d'ennuyer l'auditoire, et d'endormir Messieurs; plus boursouflés après que s'ils eussent composé l'*Oratio pro Murena*[3]; moi[b] je dirai le fait en peu de mots. Messieurs...

DOUBLE-MAIN : En voilà beaucoup d'inutiles, car vous n'êtes pas demandeur et n'avez que la défense. Avancez, docteur, et lisez la promesse.

FIGARO : Oui, promesse!

BARTHOLO, *mettant ses lunettes* : Elle est précise.

BRID'OISON : I-il faut la voir.

DOUBLE-MAIN : Silence donc, messieurs.

L'HUISSIER, *glapissant* : Silence.

BARTHOLO *lit* : « Je soussigné reconnais avoir reçu de damoiselle, etc., Marceline de Verte-Allure, dans le château d'Aguas-Frescas, la somme de deux mille piastres fortes cordonnées[4]; laquelle somme je lui rendrai à sa réquisition, dans ce château, et je l'épouserai, par forme de reconnaissance, etc. » Signé *Figaro*, tout court. Mes conclusions sont au payement du billet, et à l'exécution de la promesse, avec dépens. *(Il plaide.)* Messieurs... jamais cause plus intéressante ne fut soumise au jugement de la Cour! et depuis Alexandre le Grand, qui promit mariage à la belle Thalestris[1]...

LE COMTE, *interrompant* : Avant d'aller plus loin, avocat... convient-on de la validité du titre?

BRID'OISON, *à Figaro* : Qu'oppo... qu'oppo-osez-vous à cette lecture?

FIGARO : Qu'il y a, messieurs, malice, erreur, ou distraction dans la manière dont on a lu la pièce; car il n'est pas dit dans l'écrit : « laquelle somme je lui rendrai *et* je l'épouserai »; mais : « laquelle somme je lui rendrai *ou* je l'épouserai »; ce qui est bien différent.

LE COMTE : Y a-t-il *et* dans l'acte, ou bien *ou*?

BARTHOLO : Il y a *et*.

FIGARO : Il y a *ou*.

BRID'OISON : Dou-ouble-Main, lisez vous-même.

DOUBLE-MAIN, *prenant le papier* : Et c'est le plus sûr; car souvent les parties déguisent en lisant. *(Il lit.)* « E. e. e. damoiselle e. e. e. de Verte-Allure e. e. e. Ah! laquelle somme je lui rendrai à sa réquisition, dans ce château... *et*... *ou*... *et*... *ou*... » Le mot est si mal écrit... il y a un pâté.

BRID'OISON : Un pâ-âté? je sais ce que c'est.

BARTHOLO, *plaidant* : Je[a] soutiens, moi, que c'est la conjonction copulative *et* qui lie les membres corrélatifs de la phrase; je payerai la demoiselle *et* je l'épouserai.

FIGARO, *plaidant* : Je soutiens, moi, que c'est la conjonction alternative *ou*, qui sépare lesdits membres; je payerai la donzelle *ou* je l'épouserai : à pédant, pédant et demi; qu'il s'avise de parler latin, j'y suis grec[2]; je l'extermine.

LE COMTE[b] : Comment juger pareille question?

BARTHOLO : Pour la trancher, messieurs, et ne plus chicaner sur un mot, nous passons qu'il y ait *ou*.

FIGARO : J'en demande acte.

BARTHOLO : Et nous y adhérons[3]. Un[c] si mauvais refuge ne sauvera pas le coupable[4] : examinons le titre en ce sens. *(Il lit.)* « Laquelle somme je lui rendrai dans ce château *où* je l'épouserai. » C'est ainsi qu'on dirait, messieurs : « vous vous ferez saigner dans ce lit *où* vous resterez chaudement »; c'est « dans lequel ». « Il prendra deux gros[5] de rhubarbe *où* vous mêlerez un peu de tamarin »; dans lesquels on mêlera...

Ainsi « château *où* je l'épouserai », messieurs, c'est « château dans lequel »...

FIGARO : Point du tout : la phrase est dans le sens de celle-ci : « *ou* la maladie vous tuera, *ou* ce sera le médecin ; *ou bien* le médecin » ; c'est incontestable. Autre exemple : « *ou* vous n'écrirez rien qui plaise, *ou* les sots vous dénigreront ; *ou bien* les sots » ; le sens est clair ; car, audit cas, « *sots* ou *méchants*[1] » sont le substantif qui gouverne. Maître Bartholo croit-il donc que j'aie oublié ma syntaxe ? Ainsi, je la payerai dans ce château, *virgule*[2] ; ou je l'épouserai...

BARTHOLO, *vite* : Sans virgule.

FIGARO, *vite* : Elle y est. C'est *virgule*, messieurs, ou bien je l'épouserai.

BARTHOLO, *regardant le papier ; vite* : Sans virgule, messieurs.

FIGARO, *vite* : Elle y était, messieurs. D'ailleurs, l'homme qui épouse est-il tenu de rembourser ?

BARTHOLO, *vite* : Oui[a] ; nous nous marions[3] séparés de biens.

FIGARO, *vite* : Et nous de corps, dès que mariage n'est pas quittance.

Les juges se lèvent et opinent tout bas.

BARTHOLO : Plaisant acquittement[4] !

DOUBLE-MAIN : Silence[b], messieurs.

L'HUISSIER, *glapissant* : Silence.

BARTHOLO : Un pareil fripon appelle cela payer ses dettes !

FIGARO : Est-ce votre cause, avocat, que vous plaidez ?

BARTHOLO : Je défends cette demoiselle.

FIGARO : Continuez à déraisonner ; mais cessez d'injurier. Lorsque, craignant l'emportement des plaideurs, les tribunaux ont toléré qu'on appelât des tiers, ils n'ont pas entendu que ces défenseurs modérés deviendraient impunément des insolents privilégiés. C'est dégrader le plus noble institut[5].

Les juges continuent d'opiner bas.

ANTONIO, *à Marceline, montrant les juges* : Qu'ont-ils tant à balbucifier[6] ?

MARCELINE : On a corrompu le grand juge, il corrompt l'autre[7], et je perds mon procès.

BARTHOLO, *bas, d'un ton sombre* : J'en ai peur.

FIGARO, *gaiement* : Courage, Marceline !

DOUBLE-MAIN[c] *se lève ; à Marceline* : Ah, c'est trop fort ! je vous dénonce ; et pour l'honneur du tribunal, je demande qu'avant faire droit sur l'autre affaire, il soit prononcé sur celle-ci[1].

LE COMTE *s'assied* : Non, greffier, je ne prononcerai point sur mon injure personnelle[2] : un juge espagnol n'aura point à rougir d'un excès digne au plus des tribunaux asiatiques[3] : c'est assez des autres abus ! J'en vais corriger un second en vous motivant mon arrêt : tout juge qui s'y refuse est un grand ennemi des lois ! Que peut requérir la demanderesse ? mariage à défaut de paiement ; les deux ensemble impliqueraient[4].

DOUBLE-MAIN : Silence, messieurs !

L'HUISSIER, *glapissant* : Silence !

LE COMTE : Que nous répond le défendeur ? qu'il veut garder sa personne ; à lui permis.

FIGARO, *avec joie* : J'ai gagné.

LE COMTE : Mais comme le texte dit : « laquelle somme je payerai à la première réquisition, ou bien j'épouserai, etc. », la Cour condamne le défendeur à payer deux mille piastres fortes à la demanderesse, ou bien à l'épouser dans le jour[a].

Il se lève.

FIGARO, *stupéfait* : J'ai perdu.

ANTONIO, *avec joie* : Superbe arrêt.

FIGARO : En[b] quoi superbe ?

ANTONIO : En ce que tu n'es plus mon neveu. Grand merci, Monseigneur.

L'HUISSIER, *glapissant* : Passez, messieurs.

Le peuple sort.

ANTONIO : Je m'en vas tout conter à ma nièce.

Il sort.

SCÈNE XVI[c]

LE COMTE, *allant de côté et d'autre* ; MARCELINE, BARTHOLO, FIGARO, BRID'OISON

MARCELINE *s'assied* : Ah ! je respire.

FIGARO : Et moi, j'étouffe.

LE COMTE, *à part* : Au moins je suis vengé, cela soulage.

FIGARO, *à part* : Et ce Bazile qui devait s'opposer au mariage de Marceline; voyez comme il revient! *(Au comte qui sort.)* Monseigneur, vous nous quittez?

LE COMTE[a] : Tout est jugé.

FIGARO, *à Brid'oison* : C'est ce gros enflé de conseiller...

BRID'OISON : Moi, gro-os enflé!

FIGARO : Sans doute. Et je ne l'épouserai pas : je suis gentilhomme une fois[1].

Le comte s'arrête.

BARTHOLO : Vous l'épouserez.

FIGARO : Sans l'aveu[2] de mes nobles parents?

BARTHOLO : Nommez-les, montrez-les.

FIGARO : Qu'on me donne un peu de temps : je suis bien près de les revoir; il y a quinze ans que je les cherche.

BARTHOLO : Le fat! c'est quelque enfant trouvé[3]!

FIGARO : Enfant perdu, docteur; ou plutôt enfant volé.

LE COMTE *revient* : « Volé, perdu », la preuve? il crierait qu'on lui fait injure[b4]!

FIGARO : Monseigneur, quand les langes à dentelles, tapis brodés et joyaux d'or trouvés sur moi par les brigands n'indiqueraient pas ma haute naissance, la précaution qu'on avait prise de me faire des marques distinctives témoignerait assez combien j'étais un fils précieux; et cet hiéroglyphe à mon bras...

Il veut se dépouiller le bras droit.

MARCELINE, *se levant vivement* : Une spatule[5] à ton bras droit?

FIGARO : D'où savez-vous que je dois l'avoir?

MARCELINE : Dieux[c]! c'est lui!

FIGARO : Oui, c'est moi.

BARTHOLO, *à Marceline* : Et qui? lui!

MARCELINE, *vivement* : C'est Emmanuel[6].

BARTHOLO, *à Figaro* : Tu fus enlevé par des bohémiens?

FIGARO, *exalté* : Tout près d'un château. Bon docteur, si vous me rendez à ma noble famille, mettez un prix à ce service; des monceaux d'or n'arrêteront pas mes illustres parents.

BARTHOLO, *montrant Marceline* : Voilà ta mère.

FIGARO : ...Nourrice?

BARTHOLO : Ta propre mère.

LE COMTE : Sa mère!

FIGARO : Expliquez-vous.

MARCELINE, *montrant Bartholo* : Voilà ton père.

FIGARO, *désolé* : O o oh ! aïe de moi !

MARCELINE : Est-ce que la nature ne te l'a pas dit mille fois ?

FIGARO : Jamais.

LE COMTE, *à part* : Sa mère !

BRID'OISON : C'est clair[a], i-il ne l'épousera pas.

☞ BARTHOLO* : Ni moi non plus.

MARCELINE : Ni vous ! et votre fils ? vous m'aviez juré...

BARTHOLO : J'étais fou. Si pareils souvenirs engageaient, on serait tenu d'épouser tout le monde.

BRID'OISON : E-et si l'on y regardait de si près, per-ersonne n'épouserait personne.

BARTHOLO : Des fautes si connues ! une jeunesse déplorable !

MARCELINE, *s'échauffant par degrés* : Oui, déplorable, et plus qu'on ne croit ! Je n'entends pas nier mes fautes, ce jour les a trop bien prouvées ! mais qu'il est dur de les expier après trente ans d'une vie modeste ! J'étais née, moi, pour être sage, et je la suis devenue sitôt qu'on m'a permis d'user de ma raison. Mais dans l'âge des illusions, de l'inexpérience et des besoins, où les séducteurs nous assiègent, pendant que la misère nous poignarde[2], que peut opposer une enfant à tant d'ennemis rassemblés ? Tel nous juge ici sévèrement, qui, peut-être, en sa vie a perdu dix infortunées !

FIGARO : Les plus coupables sont les moins généreux ; c'est la règle.

MARCELINE, *vivement* : Hommes plus qu'ingrats, qui flétrissez par le mépris les jouets de vos passions, vos victimes ! c'est vous qu'il faut punir des erreurs de notre jeunesse ; vous et vos magistrats, si vains du droit de nous juger, et qui nous laissent enlever, par leur coupable négligence, tout honnête moyen de subsister. Est-il un seul état pour les malheureuses filles ? Elles avaient un droit naturel à toute la parure des femmes : on y laisse former mille ouvriers de l'autre sexe.

FIGARO, *en colère* : Ils font broder jusqu'aux soldats !

MARCELINE, *exaltée* : Dans les rangs même plus élevés, les femmes n'obtiennent de vous qu'une considération dérisoire ; leurrées de respects apparents, dans une servitude réelle ; traitées en mineures pour nos biens, punies en

* Ce qui suit, enfermé entre ces deux index, a été retranché par les Comédiens-Français aux représentations de Paris[1].

majeures pour nos fautes! ah, sous tous les aspects, votre conduite avec nous fait horreur ou pitié!

FIGARO : Elle a raison!

LE COMTE, *à part* : Que trop raison!

BRID'OISON : Elle a, mon-on Dieu! raison.

MARCELINE : Mais que nous font, mon fils, les refus d'un homme injuste? ne regarde pas d'où tu viens, vois où tu vas; cela seul importe à chacun. Dans quelques mois, ta fiancée ne dépendra plus que d'elle-même; elle t'acceptera, j'en réponds : vis entre une épouse, une mère tendres qui te chériront à qui mieux mieux. Sois indulgent pour elles, heureux pour toi, mon fils; gai, libre et bon pour tout le monde : il ne manquera rien à ta mère.

FIGARO : Tu parles d'or, maman, et je me tiens à ton avis. Qu'on est sot, en effet! il y a des mille, mille ans que le monde roule, et dans cet océan de durée où j'ai par hasard attrapé quelques chétifs trente ans qui ne reviendront plus, j'irais me tourmenter pour savoir à qui je les dois! tant pis pour qui s'en inquiète! Passer ainsi la vie à chamailler, c'est peser sur le collier sans relâche, comme les malheureux chevaux de la remonte des fleuves qui ne reposent pas, même quand ils s'arrêtent, et qui tirent toujours quoiqu'ils cessent de marcher. Nous attendrons[a]. ☞

LE COMTE : Sot événement qui me dérange!

BRID'OISON, *à Figaro* : Et la noblesse[b] et le château? vous impo-osez à la justice[1].

FIGARO : Elle allait me faire faire une belle sottise, la justice! après que j'ai manqué, pour ces maudits cent écus[2], d'assommer vingt fois Monsieur, qui se trouve aujourd'hui mon père! Mais[c], puisque le Ciel a sauvé ma vertu de ces dangers, mon père, agréez mes excuses... Et vous, ma mère, embrassez-moi... le plus maternellement que vous pourrez.

Marceline lui saute au cou.

SCÈNE XVII

BARTHOLO, FIGARO, MARCELINE, BRID'OISON, SUZANNE, ANTONIO, LE COMTE

SUZANNE[d], *accourant, une bourse à la main* : Monseigneur, arrêtez; qu'on ne les marie pas : je viens payer Madame avec la dot que ma maîtresse me donne.

LE COMTE, *à part* : Au diable la maîtresse ! Il semble que tout conspire...

Il sort.

SCÈNE XVIII[a]

BARTHOLO, ANTONIO, SUZANNE, FIGARO, MARCELINE, BRID'OISON

ANTONIO, *voyant Figaro embrasser sa mère, dit à Suzanne* : Ah ! oui, payer ! Tiens, tiens.

SUZANNE *se retourne* : J'en vois assez : sortons, mon oncle.

FIGARO, *l'arrêtant* : Non, s'il vous plaît. Que vois-tu donc ?

SUZANNE : Ma bêtise et ta lâcheté.

FIGARO : Pas plus de l'une que de l'autre.

SUZANNE, *en colère* : Et que tu l'épouses à gré, puisque tu la caresses.

FIGARO, *gaiement* : Je la caresse, mais je ne l'épouse pas.

Suzanne veut sortir, Figaro la retient.

SUZANNE[b] *lui donne un soufflet* : Vous êtes bien insolent d'oser me retenir !

FIGARO, *à la compagnie* : C'est-il çà de l'amour ? Avant de nous quitter, je t'en supplie, envisage bien cette chère femme-là.

SUZANNE : Je la regarde.

FIGARO : Et tu la trouves ?

SUZANNE : Affreuse.

FIGARO : Et vive la jalousie ! elle ne vous marchande pas[1].

MARCELINE[d], *les bras ouverts* : Embrasse ta mère, ma jolie Suzannette. Le méchant qui te tourmente est mon fils.

SUZANNE *court à elle* : Vous, sa mère !

Elles restent dans les bras l'une de l'autre.

ANTONIO : C'est donc de tout à l'heure ?

FIGARO : ...Que je le sais.

MARCELINE, *exaltée* : Non, mon cœur[d] entraîné vers lui ne se trompait que de motif ; c'était le sang qui me parlait.

FIGARO : Et moi le bon sens[2], ma mère, qui me servait d'instinct quand je vous refusais, car j'étais loin de vous haïr ; témoin l'argent...

MARCELINE *lui remet un papier* : Il est à toi : reprends ton billet[1], c'est ta dot.

SUZANNE *lui jette la bourse* : Prends encore celle-ci.

FIGARO : Grand merci.

MARCELINE, *exaltée* : Fille assez malheureuse, j'allais devenir la plus misérable des femmes et je suis la plus fortunée des mères! Embrassez-moi, mes deux enfants; j'unis dans vous toutes mes tendresses. Heureuse[a] autant que je puis l'être, ah! mes enfants, combien je vais aimer!

FIGARO, *attendri, avec vivacité* : Arrête donc, chère mère! arrête donc! voudrais-tu voir se fondre en eau mes yeux noyés des premières larmes que je connaisse? elles sont de joie, au moins. Mais quelle stupidité! j'ai manqué d'en être honteux : je les sentais couler entre mes doigts, regarde; *(il montre ses doigts écartés)* et je les retenais bêtement! va te promener, la honte! je veux rire et pleurer en même temps; on ne sent pas deux fois ce que j'éprouve.

Il embrasse sa mère d'un côté, Suzanne de l'autre.

MARCELINE : Ô mon ami!

SUZANNE* : Mon cher ami!

BRID'OISON, *s'essuyant les yeux d'un mouchoir* : Eh bien! moi! je suis donc bê-ête aussi!

FIGARO[b], *exalté* : Chagrin, c'est maintenant que je puis te défier : atteins-moi, si tu l'oses, entre ces deux femmes chéries[c].

ANTONIO[d], *à Figaro* : Pas tant de cajoleries, s'il vous plaît. En fait de mariage dans les familles, celui des parents va devant, savez. Les vôtres se baillent-ils la main[2]?

BARTHOLO : Ma main! puisse-t-elle se dessécher et tomber, si jamais je la donne à la mère d'un tel drôle!

ANTONIO, *à Bartholo* : Vous n'êtes donc qu'un père marâtre? *(À Figaro :)* En ce cas, not'galant, plus de parole.

SUZANNE : Ah! mon oncle...

ANTONIO : Irai-je donner l'enfant de not' sœur à sti[3] qui n'est l'enfant de personne?

BRID'OISON : Est-ce que cela-a se peut, imbécile? on est toujours l'enfant de quelqu'un.

ANTONIO : Tarare[4]!... Il ne l'aura jamais.

Il sort.

* Bartholo. Antonio. Suzanne. Figaro. Marceline. Brid'oison.

SCÈNE XIX[a]

BARTHOLO, SUZANNE, FIGARO, MARCELINE, BRID'OISON

BARTHOLO, *à Figaro* : Et cherche à présent qui t'adopte.

Il veut sortir.

MARCELINE, *courant prendre Bartholo à bras-le-corps, le ramène* : Arrêtez, docteur, ne sortez pas !

FIGARO, *à part* : Non, tous les sots d'Andalousie sont, je crois, déchaînés contre mon pauvre mariage !

SUZANNE[b], *à Bartholo* : Bon petit papa, c'est votre fils*[c].

MARCELINE, *à Bartholo* : De l'esprit, des talents, de la figure.

FIGARO, *à Bartholo* : Et qui ne vous a pas coûté une obole.

BARTHOLO : Et les cent écus qu'il m'a pris ?

MARCELINE, *le caressant*[d] : Nous aurons tant de soin de vous, papa !

SUZANNE, *le caressant* : Nous vous aimerons tant, petit papa !

BARTHOLO, *attendri* : Papa[e] ! bon papa ! petit papa ! voilà que je suis plus bête encore que Monsieur, moi. *(Montrant Brid'oison.)* Je me laisse aller comme un enfant. *(Marceline et Suzanne l'embrassent.)* Oh ! non, je n'ai pas dit oui. *(Il se retourne.)* Qu'est donc devenu Monseigneur ?

FIGARO : Courons[f] le joindre ; arrachons-lui son dernier mot. S'il machinait quelque autre intrigue, il faudrait tout recommencer.

TOUS ENSEMBLE : Courons, courons !

Ils entraînent Bartholo dehors.

* Suzanne. Bartholo. Marceline. Figaro. Brid'oison.

SCÈNE XX

BRID'OISON *seul.*

Plus bê-ête[a] encore que Monsieur! On peut se dire à soi-même ces-es sortes de choses-là, mais... I-ils ne sont pas polis du tout dan-ans cet endroit-ci.

Il sort.

FIN DU TROISIÈME ACTE[b]

ACTE IV

Le théâtre représente une galerie ornée de candélabres, de lustres allumés, de fleurs, de guirlandes, en un mot préparée pour donner une fête. Sur le devant à droite est une table avec une écritoire, un fauteuil derrière[1].

SCÈNE PREMIÈRE[c]

FIGARO, SUZANNE

FIGARO, *la tenant à bras-le-corps* : Eh bien! amour, es-tu contente? elle a converti son docteur, cette fine langue dorée de ma mère! malgré sa répugnance il l'épouse, et ton bourru d'oncle est bridé; il n'y a que Monseigneur qui rage, car enfin notre hymen va devenir le prix du leur. Ris donc un peu de ce bon résultat.

SUZANNE[d] : As-tu rien vu de plus étrange?

FIGARO : Ou plutôt d'aussi gai. Nous ne voulions qu'une dot arrachée à l'Excellence; en voilà deux dans nos mains, qui ne sortent pas des siennes. Une rivale acharnée te poursuivait; j'étais tourmenté par une furie; tout cela s'est changé, pour nous, dans « la plus bonne[2] » des mères. Hier j'étais comme seul au monde; et voilà que j'ai tous mes parents; pas si magnifiques, il eſt vrai, que je me les étais galonnés; mais assez bien pour nous, qui n'avons pas la vanité des riches.

SUZANNE : Aucune des choses que tu avais disposées, que nous attendions, mon ami, n'eſt pourtant arrivée!

FIGARO : Le hasard a mieux fait que nous tous, ma petite : ainsi va le monde; on travaille, on projette, on arrange d'un côté; la fortune accomplit de l'autre : et depuis l'affamé conquérant qui voudrait avaler la terre, jusqu'au paisible aveugle qui se laisse mener par son chien, tous sont le jouet de ses caprices; encore l'aveugle au chien eſt-il souvent mieux conduit, moins trompé dans ses vues, que l'autre aveugle avec son entourage. — Pour cet aimable aveugle qu'on nomme Amour...

Il la reprend tendrement à bras-le-corps.

SUZANNE : Ah! c'eſt le seul qui m'intéresse!

FIGARO : Permets donc que, prenant l'emploi de la folie[1], je sois le bon chien qui le mène à ta jolie mignonne porte; et[a] nous voilà logés pour la vie.

SUZANNE, *riant* : L'Amour et toi?

FIGARO : Moi et l'Amour.

SUZANNE : Et vous ne chercherez pas d'autre gîte?

FIGARO : Si tu m'y prends, je veux bien que mille millions de galants...

SUZANNE : Tu vas exagérer : dis ta bonne vérité.

FIGARO : Ma vérité la plus vraie!

SUZANNE : Fi donc, vilain! en a-t-on plusieurs?

FIGARO : Oh! que oui. Depuis qu'on a remarqué qu'avec le temps vieilles folies deviennent sagesse, et qu'anciens petits mensonges, assez mal plantés, ont produit de grosses, grosses vérités, on en a de mille espèces! Et celles qu'on sait, sans oser les divulguer : car toute vérité n'eſt pas bonne à dire; et celles qu'on vante, sans y ajouter foi : car toute vérité n'eſt pas bonne à croire; et les serments passionnés, les menaces des mères, les proteſtations des buveurs, les promesses des gens en place, le dernier mot de nos marchands; cela ne finit pas. Il n'y a que mon amour pour Suzon qui soit une vérité de bon aloi.

SUZANNE : J'aime ta joie, parce qu'elle eſt folle; elle annonce que tu es heureux. Parlons du rendez-vous du comte.

FIGARO : Ou plutôt n'en parlons jamais ; il a failli me coûter Suzanne.

SUZANNE : Tu ne veux donc plus qu'il ait lieu ?

FIGARO : Si vous m'aimez, Suzon, votre parole d'honneur sur ce point : qu'il s'y morfonde ; et c'est sa punition.

SUZANNE : Il m'en a plus coûté de l'accorder que je n'ai de peine à le rompre ; il n'en sera plus question.

FIGARO : Ta bonne vérité ?

SUZANNE : Je ne suis pas comme vous autres savants ; moi, je n'en ai qu'une.

FIGARO : Et tu m'aimeras un peu ?

SUZANNE : Beaucoup.

FIGARO : Ce n'est guère.

SUZANNE : Et comment ?

FIGARO[a] : En fait d'amour, vois-tu, trop n'est pas même assez[1].

SUZANNE : Je n'entends pas toutes ces finesses ; mais je n'aimerai que mon mari.

FIGARO : Tiens parole, et tu feras une belle exception à l'usage[2].

Il veut l'embrasser[b].

SCÈNE II

FIGARO, SUZANNE, LA COMTESSE

LA COMTESSE : Ah ! j'avais raison de le dire : en quelque endroit qu'ils soient, croyez qu'ils sont ensemble. Allons donc, Figaro, c'est voler l'avenir, le mariage et vous-même, que d'usurper un tête-à-tête. On vous attend, on s'impatiente.

FIGARO : Il est vrai, madame, je m'oublie. Je vais[c] leur montrer mon excuse.

Il veut emmener Suzanne.

LA COMTESSE *la retient* : Elle vous suit.

SCÈNE III

SUZANNE, LA COMTESSE

LA COMTESSE : As-tu ce qu'il nous faut pour troquer de vêtement?

SUZANNE : Il ne faut rien, madame; le rendez-vous ne tiendra pas.

LA COMTESSE : Ah! vous changez d'avis?

SUZANNE : C'eſt Figaro.

LA COMTESSE : Vous me trompez.

SUZANNE : Bonté divine!

LA COMTESSE : Figaro n'eſt pas homme à laisser échapper une dot.

SUZANNE : Madame! eh! que croyez-vous donc?

LA COMTESSE : Qu'enfin, d'accord avec le comte, il vous fâche à présent de m'avoir confié ses projets. Je vous sais par cœur. Laissez-moi.

Elle veut sortir.

SUZANNE *se jette à genoux*[a] : Au nom du Ciel, espoir de tous! vous ne savez pas, madame, le mal que vous faites à Suzanne! après vos bontés continuelles et la dot que vous me donnez!...

LA COMTESSE *la relève* : Hé mais... je ne sais ce que je dis! En me cédant ta place au jardin, tu n'y vas pas, mon cœur; tu tiens parole à ton mari; tu m'aides à ramener le mien.

SUZANNE : Comme vous m'avez affligée!

LA COMTESSE : C'eſt que je ne suis qu'une étourdie. *(Elle la baise au front*[b]*.)* Où eſt ton rendez-vous?

SUZANNE *lui baise la main* : Le mot[c] de jardin m'a seul frappée.

LA COMTESSE, *montrant la table* : Prends cette plume, et fixons un endroit.

SUZANNE : Lui écrire!

LA COMTESSE : Il le faut.

SUZANNE : Madame! au moins, c'eſt vous...

LA COMTESSE : Je mets tout sur mon compte. *(Suzanne s'assied, la comtesse diƈte.) « Chanson nouvelle, sur l'air : ...Qu'il fera beau ce soir sous les grands marronniers... Qu'il fera beau, ce soir... »*

SUZANNE *écrit* : « *Sous les grands marronniers...* » Après?

LA COMTESSE : Crains-tu qu'il ne t'entende pas?

SUZANNE *relit* : C'est juste. *(Elle plie le billet.)* Avec quoi cacheter?

LA COMTESSE : Une épingle, dépêche : elle servira de réponse. Écris sur le revers : « Renvoyez-moi le cachet. »

SUZANNE *écrit en riant* : Ah! « le cachet »!... Celui-ci, madame, est plus gai que celui du brevet[1].

LA COMTESSE, *avec un souvenir douloureux* : Ah!

SUZANNE *cherche sur elle* : Je[a] n'ai pas d'épingle à présent!

LA COMTESSE *détache sa lévite* : Prends celle-ci. *(Le ruban du page tombe de son sein à terre.)* Ah! mon ruban!

SUZANNE *le ramasse* : C'est celui du petit voleur! vous avez eu la cruauté?...

LA COMTESSE : Fallait-il le laisser à son bras? c'eût été joli! Donnez donc!

SUZANNE : Madame ne le portera plus, taché du sang de ce jeune homme.

LA COMTESSE *le reprend* : Excellent[b] pour Fanchette... Le premier bouquet qu'elle m'apportera...

SCÈNE IV[c]

UNE JEUNE BERGÈRE, CHÉRUBIN *en fille*, FANCHETTE, *et beaucoup de jeunes filles habillées comme elle et tenant des bouquets.* LA COMTESSE, SUZANNE

FANCHETTE : Madame, ce sont les filles du bourg qui viennent vous présenter des fleurs.

LA COMTESSE, *serrant vite son ruban* : Elles sont charmantes : je me reproche, mes belles petites, de ne pas vous connaître toutes. *(Montrant Chérubin.)* Quelle est cette aimable enfant qui a l'air si modeste?

UNE BERGÈRE : C'est une cousine à moi, madame, qui n'est ici que pour la noce.

LA COMTESSE : Elle est jolie. Ne pouvant porter vingt bouquets, faisons honneur à l'étrangère. *(Elle prend le bouquet de Chérubin et le baise au front.)* Elle en rougit! *(À Suzanne :)* Ne trouves-tu pas, Suzon... qu'elle ressemble à quelqu'un?

SUZANNE : À s'y méprendre, en vérité.

CHÉRUBIN, *à part, les mains sur son cœur* : Ah! Ce baiser-là m'a été bien loin[d]!

SCÈNE V

LES JEUNES FILLES, CHÉRUBIN *au milieu d'elles*; FANCHETTE, ANTONIO, LE COMTE, LA COMTESSE, SUZANNE

ANTONIO : Moi je vous dis, Monseigneur, qu'il y est; elles l'ont habillé chez ma fille; toutes ses hardes y sont encore, et voilà son chapeau d'ordonnance que j'ai retiré du paquet. *(Il s'avance, et regardant toutes les filles, il reconnaît Chérubin, lui enlève son bonnet de femme, ce qui fait retomber ses longs cheveux en cadenette*[1]*. Il lui met sur la tête le chapeau d'ordonnance et dit :)* Eh ! parguenne, v'là notre officier.

LA COMTESSE *recule* : Ah ! Ciel !

SUZANNE : Ce friponneau[2] !

ANTONIO : Quand je disais là-haut[3] que c'était lui !...

LE COMTE, *en colère* : Eh bien, madame ?

LA COMTESSE : Eh bien, monsieur ! vous me voyez plus surprise que vous, et, pour le moins, aussi fâchée.

LE COMTE : Oui ; mais tantôt, ce matin ?

LA COMTESSE : Je serais coupable en effet, si je dissimulais encore. Il était descendu chez moi. Nous entamions le badinage que ces enfants viennent d'achever ; vous nous avez surprises l'habillant ; votre premier mouvement est si vif ! il s'est sauvé, je me suis troublée, l'effroi général a fait le reste.

LE COMTE, *avec dépit, à Chérubin* : Pourquoi n'êtes-vous pas parti ?

CHÉRUBIN, *ôtant son chapeau brusquement*[a] : Monseigneur...

LE COMTE : Je punirai ta désobéissance.

FANCHETTE, *étourdiment* : Ah ! Monseigneur, entendez-moi ! Toutes les fois que vous venez m'embrasser, vous savez bien que vous dites toujours : « Si tu veux m'aimer, petite Fanchette, je te donnerai ce que tu voudras. »

LE COMTE, *rougissant* : Moi ! j'ai dit cela ?

FANCHETTE : Oui, Monseigneur. Au lieu de punir Chérubin, donnez-le-moi en mariage, et je vous aimerai à la folie.

LE COMTE, *à part* : Être ensorcelé par un page !

LA COMTESSE[b] : Eh bien, monsieur, à votre tour ; l'aveu de cette enfant, aussi naïf que le mien, atteste enfin deux vérités : que c'est toujours sans le vouloir si je vous cause des inquiétudes, pendant que vous épuisez tout pour augmenter et justifier les miennes.

ANTONIO : Vous aussi, Monseigneur? Dame[a]! je vous la redresserai comme feu sa mère[1], qui est morte... Ce n'est pas pour la conséquence; mais c'est que Madame sait bien que les petites filles, quand elles sont grandes...

LE COMTE, *déconcerté, à part* : Il y a un mauvais génie qui tourne tout ici contre moi!

SCÈNE VI

LES JEUNES FILLES, CHÉRUBIN, ANTONIO, FIGARO, LE COMTE, LA COMTESSE, SUZANNE

FIGARO : Monseigneur, si vous retenez nos filles, on ne pourra commencer ni la fête ni la danse.

LE COMTE : Vous, danser! vous n'y pensez pas. Après votre chute de ce matin, qui vous a foulé le pied droit[2]!

FIGARO, *remuant la jambe* : Je souffre encore un peu; ce n'est rien. *(Aux jeunes filles :)* Allons, mes belles, allons!

LE COMTE *le retourne* : Vous avez été fort heureux que ces couches ne fussent que du terreau bien doux!

FIGARO : Très heureux, sans doute; autrement...

ANTONIO[b] *le retourne* : Puis il s'est pelotonné en tombant jusqu'en bas.

FIGARO : Un plus adroit, n'est-ce pas, serait resté en l'air! *(Aux jeunes filles :)* Venez-vous, mesdemoiselles?

ANTONIO *le retourne* : Et pendant ce temps, le petit page galopait sur son cheval à Séville?

FIGARO : Galopait ou marchait au pas!...

LE COMTE *le retourne* : Et vous aviez son brevet dans la poche?

FIGARO, *un peu étonné* : Assurément, mais quelle enquête? *(Aux jeunes filles :)* Allons donc, jeunes filles!

ANTONIO, *attirant Chérubin par le bras* : En voici une qui prétend que mon neveu futur n'est qu'un menteur.

FIGARO, *surpris* : Chérubin!... *(À part.)* Peste du petit fat[3]!

ANTONIO : Y es-tu maintenant?

FIGARO, *cherchant* : J'y suis... j'y suis... Hé! qu'est-ce qu'il chante?

LE COMTE, *sèchement* : Il ne chante pas; il dit que c'est lui qui a sauté sur les giroflées.

FIGARO, *rêvant* : Ah! s'il le dit... cela se peut; je ne dispute pas de ce que j'ignore.

LE COMTE : Ainsi vous et lui?...

FIGARO : Pourquoi non? la rage de sauter peut gagner : voyez les moutons de Panurge[1] ; et quand vous êtes en colère, il n'y a personne qui n'aime mieux risquer...

LE COMTE : Comment, deux à la fois!...

FIGARO : On aurait sauté deux douzaines; et qu'est-ce que cela fait, Monseigneur, dès qu'il[2] n'y a personne de blessé? *(Aux jeunes filles :)* Ah çà, voulez-vous venir, ou non?

LE COMTE, *outré* : Jouons-nous une comédie?

On entend un prélude de fanfare[a].

FIGARO : Voilà le signal de la marche. À vos postes, les belles, à vos postes! Allons, Suzanne, donne-moi le bras.

Tous s'enfuient, Chérubin reste seul, la tête baissée.

SCÈNE VII

CHÉRUBIN, LE COMTE, LA COMTESSE

LE COMTE, *regardant aller Figaro* : En voit-on de plus audacieux? *(Au page :)* Pour vous, monsieur le sournois, qui faites le honteux, allez vous rhabiller bien vite; et que je ne vous rencontre nulle part de la soirée.

LA COMTESSE : Il va bien s'ennuyer.

CHÉRUBIN, *étourdiment* : M'ennuyer! j'emporte à mon front du bonheur pour plus de cent années de prison.

Il met son chapeau et s'enfuit.

SCÈNE VIII

LE COMTE, LA COMTESSE

(La comtesse s'évente fortement sans parler.)

LE COMTE : Qu'a-t-il au front de si heureux?

LA COMTESSE, *avec embarras* : Son... premier chapeau d'officier, sans doute; aux enfants tout sert de hochet.

Elle veut sortir.

LE COMTE : Vous ne nous restez pas, comtesse ?

LA COMTESSE : Vous savez que je ne me porte pas bien.

LE COMTE : Un instant pour votre protégée, ou je vous croirais en colère.

LA COMTESSE : Voici[a] les deux noces, asseyons-nous donc pour les recevoir.

LE COMTE, *à part* : La noce ! il faut souffrir ce qu'on ne peut empêcher.

Le comte et la comtesse s'assoient vers un des côtés de la galerie[b].

SCÈNE IX

LE COMTE, LA COMTESSE, *assis* ;
l'on joue les « Folies d'Espagne » d'un mouvement de marche. (Symphonie notée.)

MARCHE

LES GARDES-CHASSE, *fusil sur l'épaule.*

L'ALGUAZIL, LES PRUD'HOMMES, BRID'OISON.

LES PAYSANS ET PAYSANNES, *en habits de fête.*

DEUX JEUNES FILLES *portant la toque virginale à plumes blanches* ;

DEUX AUTRES, *le voile blanc* ;

DEUX AUTRES, *les gants et le bouquet de côté.*

ANTONIO *donne la main à* SUZANNE, *comme étant celui qui la marie à* FIGARO[c].

D'AUTRES JEUNES FILLES *portent une autre toque, un autre voile, un autre bouquet blanc, semblables aux premiers, pour* MARCELINE[d].

Figaro donne la main à Marceline, comme celui qui doit la remettre au docteur, lequel ferme la marche, un gros bouquet au côté. Les jeunes filles, en passant devant le comte, remettent à ses valets tous les ajustements destinés à Suzanne et à Marceline.

Les Paysans et Paysannes s'étant rangés sur deux colonnes à chaque côté du salon, on danse une reprise du fandango[1] *(air noté) avec des castagnettes ; puis on joue la ritournelle du duo, pendant laquelle Antonio conduit Suzanne au comte ; elle se met à genoux devant lui.*

Pendant que le comte lui pose la toque, le voile, et lui donne le bouquet, deux jeunes filles chantent le duo suivant (air noté) :

Jeune épouse[a], chantez les bienfaits et la gloire
D'un maître qui renonce aux droits qu'il eut sur vous :
Préférant au plaisir la plus noble victoire,
Il vous rend chaste et pure aux mains de votre époux.

Suzanne est à genoux, et, pendant les derniers vers du duo, elle tire le comte par son manteau et lui montre le billet qu'elle tient; puis elle porte la main qu'elle a du côté des spectateurs à sa tête, où le comte a l'air d'ajuster sa toque; elle lui donne le billet.

Le comte le met furtivement dans son sein[b]; on achève de chanter le duo[c]; la fiancée se relève et lui fait une grande révérence.

Figaro vient la recevoir des mains du comte et se retire avec elle, à l'autre côté du salon, près de Marceline.

(On danse une autre reprise du fandango, pendant ce temps.)

Le comte, pressé de lire ce qu'il a reçu, s'avance au bord du théâtre et tire[d] le papier de son sein; mais en le sortant il fait le geste d'un homme qui s'est cruellement piqué le doigt; il le secoue, le presse, le suce, et regardant le papier cacheté d'une épingle, il dit :

LE COMTE *(Pendant qu'il parle, ainsi que Figaro, l'orchestre joue pianissimo.)* : Diantre soit des femmes, qui fourrent des épingles partout! *(Il la jette à terre, puis il lit le billet et le baise.)*

FIGARO, *qui a tout vu, dit à sa mère et à Suzanne* : C'est un billet doux, qu'une fillette aura glissé dans sa main en passant. Il était cacheté d'une épingle, qui l'a outrageusement[1] piqué. *(La danse[e] reprend : le comte qui a lu le billet le retourne; il y voit l'invitation de renvoyer le cachet pour réponse. Il cherche à terre et retrouve enfin l'épingle qu'il attache à sa manche.)*

FIGARO, *à Suzanne et à Marceline* : D'un objet aimé tout est cher. Le voilà qui ramasse l'épingle. Ah, c'est une drôle de tête! *(Pendant ce temps, Suzanne a des signes d'intelligence avec la comtesse. La danse finit, la ritournelle du duo recommence[f].)*

FIGARO *conduit Marceline au comte, ainsi qu'on a conduit Suzanne; à l'instant où le comte prend la toque et où l'on va chanter le duo, on est interrompu par les cris suivants :*

L'HUISSIER, *criant à la porte* : Arrêtez donc, messieurs! vous ne pouvez entrer tous... Ici les gardes, les gardes!

Les gardes vont vite à cette porte.

LE COMTE, *se levant* : Qu'est-ce qu'il y a?

L'HUISSIER : Monseigneur, c'est monsieur Bazile, entouré d'un village entier, parce qu'il chante en marchant.

LE COMTE : Qu'il entre seul.

LA COMTESSE : Ordonnez-moi de me retirer.

LE COMTE : Je n'oublie pas votre complaisance.

LA COMTESSE : Suzanne!... elle reviendra. *(À part, à Suzanne :)* Allons changer d'habits.

Elle sort avec Suzanne.

MARCELINE : Il n'arrive jamais que pour nuire.

FIGARO : Ah! je m'en vais vous le faire déchanter!

SCÈNE X

TOUS LES ACTEURS PRÉCÉDENTS, *excepté* LA COMTESSE *et* SUZANNE; BAZILE *tenant sa guitare*; GRIPPE-SOLEIL

BAZILE *entre en chantant sur l'air du vaudeville de la fin (air noté)* :

Cœurs sensibles, cœurs fidèles,
Qui blâmez l'amour léger,
Cessez vos plaintes cruelles :
Est-ce un crime de changer?
Si l'Amour[a] porte des ailes,
N'est-ce pas pour voltiger?
N'est-ce pas pour voltiger?
N'est-ce pas pour voltiger?

FIGARO *s'avance à lui* : Oui, c'est pour cela justement qu'il a des ailes au dos; notre ami, qu'entendez-vous par cette musique?

BAZILE, *montrant Grippe-Soleil* : Qu'après avoir prouvé mon obéissance à Monseigneur en amusant Monsieur, qui est de sa compagnie[1], je pourrai, à mon tour, réclamer sa justice.

GRIPPE-SOLEIL : Bah! Monsigneu, il ne m'a pas amusé du tout : avec leux guenilles d'ariettes...

LE COMTE[b] : Enfin que demandez-vous, Bazile?

BAZILE : Ce qui m'appartient, Monseigneur, la main de Marceline; et je viens m'opposer...

FIGARO *s'approche* : Y a-t-il[c] longtemps que Monsieur n'a vu la figure d'un fou?

BAZILE : Monsieur, en ce moment même.

FIGARO : Puisque mes yeux vous servent si bien de miroir, étudiez-y l'effet de ma prédiction. Si vous faites mine seulement d'approximer[2] Madame...

BARTHOLO, *en riant* : Eh[d] pourquoi? laisse-le parler.

BRID'OISON *s'avance entre deux*[a] : Fau-aut-il que deux amis?...

FIGARO : Nous, amis!

BAZILE : Quelle erreur!

FIGARO, *vite* : Parce qu'il fait de plats airs de chapelle?

BAZILE, *vite* : Et lui, des vers comme un journal?

FIGARO, *vite* : Un musicien de guinguette!

BAZILE, *vite* : Un postillon de gazette!

FIGARO, *vite* : Cuistre d'oratorio!

BAZILE, *vite* : Jockey diplomatique[1]!

LE COMTE, *assis* : Insolents tous les deux!

BAZILE : Il me manque en toute occasion.

FIGARO : C'est bien dit, si cela se pouvait[2]!

BAZILE : Disant partout que je ne suis qu'un sot.

FIGARO : Vous me prenez donc pour un écho?

BAZILE : Tandis qu'il n'est pas un chanteur que mon talent n'ait fait briller.

FIGARO : Brailler.

BAZILE : Il le répète!

FIGARO : Et pourquoi non, si cela est vrai? es-tu un prince, pour qu'on te flagorne? souffre la vérité, coquin! puisque tu n'as pas de quoi gratifier un menteur; ou si tu la crains de notre part, pourquoi viens-tu troubler nos noces?

BAZILE , *à Marceline* : M'avez-vous[b] promis, oui ou non, si dans quatre ans vous n'étiez pas pourvue, de me donner la préférence?

MARCELINE : À quelle condition l'ai-je promis?

BAZILE[c] : Que si vous retrouviez un certain fils perdu, je l'adopterais par complaisance.

TOUS ENSEMBLE : Il est trouvé.

BAZILE : Qu'à cela ne tienne!

TOUS ENSEMBLE, *montrant Figaro* : Et le voici.

BAZILE, *reculant de frayeur* : J'ai vu le diable!

BRID'OISON, *à Bazile* : Et vou-ous renoncez à sa chère mère!

BAZILE : Qu'y aurait-il de plus fâcheux que d'être cru le père d'un garnement?

FIGARO : D'en être cru le fils; tu te moques de moi!

BAZILE, *montrant Figaro* : Dès que Monsieur est de quelque chose ici, je déclare, moi, que je n'y suis plus de rien.

Il sort[d].

SCÈNE XI

LES ACTEURS PRÉCÉDENTS, *excepté* BAZILE

BARTHOLO, *riant* : Ah! ah! ah! ah!
FIGARO, *sautant de joie* : Donc à la fin j'aurai ma femme!
LE COMTE, *à part* : Moi, ma maîtresse.

Il se lève.

BRID'OISON, *à Marceline* : Et tou-out le monde est satisfait.
LE COMTE : Qu'on dresse les deux contrats; j'y signerai.
TOUS ENSEMBLE : Vivat!

Ils sortent.

LE COMTE : J'ai besoin d'une heure de retraite.

Il veut sortir avec les autres.

SCÈNE XII[a]

GRIPPE-SOLEIL, FIGARO, MARCELINE, LE COMTE

GRIPPE-SOLEIL[b], *à Figaro* : Et moi, je vas aider[c] à ranger le feu d'artifice[1] sous les grands marronniers, comme on l'a dit.

LE COMTE *revient en courant* : Quel sot a donné un tel ordre?

FIGARO : Où est le mal?

LE COMTE, *vivement* : Et la comtesse qui est incommodée, d'où le verra-t-elle, l'artifice? C'est sur la terrasse qu'il le faut, vis-à-vis son appartement.

FIGARO : Tu l'entends, Grippe-Soleil? la terrasse.

LE COMTE : Sous les grands marronniers! belle idée! *(En s'en allant, à part.)* Ils allaient incendier mon rendez-vous[2]!

SCÈNE XIII

FIGARO, MARCELINE

FIGARO : Quel excès d'attention pour sa femme!

Il veut sortir.

MARCELINE *l'arrête* : Deux mots, mon fils. Je veux[d]

m'acquitter avec toi[1] : un sentiment mal dirigé m'avait rendue injuste envers ta charmante femme : je[a] la supposais d'accord avec le comte, quoique j'eusse appris de Bazile qu'elle l'avait toujours rebuté.

FIGARO : Vous connaissiez mal votre fils[b], de le croire ébranlé par ces impulsions[2] féminines. Je[c] puis défier la plus rusée de m'en faire accroire.

MARCELINE : Il est toujours heureux de le penser, mon fils; la jalousie...

FIGARO : ...N'est qu'un sot enfant de l'orgueil, ou c'est la maladie d'un fou. Oh! j'ai là-dessus, ma mère, une philosophie... imperturbable; et si Suzanne doit me tromper un jour, je lui pardonne d'avance; elle aura longtemps travaillé...

Il se retourne et aperçoit Fanchette qui cherche de côté et d'autre.

SCÈNE XIV

FIGARO, FANCHETTE, MARCELINE

FIGARO : Eeeh..., ma petite cousine qui nous écoute!

FANCHETTE : Oh! pour ça, non : on dit que c'est malhonnête.

FIGARO : Il est vrai; mais comme cela est utile, on fait aller souvent l'un pour l'autre.

FANCHETTE : Je regardais si quelqu'un était là.

FIGARO : Déjà dissimulée, friponne! Vous savez bien qu'il n'y peut être.

FANCHETTE : Et qui donc?

FIGARO : Chérubin.

FANCHETTE : Ce n'est pas lui que je cherche, car[d] je sais fort bien où il est; c'est ma cousine Suzanne.

FIGARO : Et que lui veut ma petite cousine?

FANCHETTE : À vous, petit cousin, je le dirai. C'est... ce n'est qu'une épingle que je veux lui remettre.

FIGARO, *vivement* : Une épingle! une épingle!... et de quelle part, coquine? à votre âge, vous faites déjà un mét... *(Il se reprend, et dit d'un ton doux.)* Vous faites déjà très bien tout ce que vous entreprenez, Fanchette; et ma jolie cousine est si obligeante...

FANCHETTE[a] : À qui donc en a-t-il de se fâcher? Je m'en vais.

FIGARO, *l'arrêtant* : Non, non, je badine; tiens[b], ta petite épingle est celle que Monseigneur t'a dit de remettre à Suzanne, et qui servait à cacheter un petit papier qu'il tenait; tu vois que je suis au fait.

FANCHETTE : Pourquoi donc le demander, quand vous le savez si bien?

FIGARO, *cherchant* : C'est qu'il est assez gai de savoir comment Monseigneur s'y est pris pour te donner la commission.

FANCHETTE, *naïvement* : Pas autrement que vous ne dites : « Tiens, petite Fanchette, rends cette épingle à ta belle cousine, et dis-lui seulement que c'est le cachet des grands marronniers. »

FIGARO : « Des grands... »?

FANCHETTE : « Marronniers. » Il est vrai qu'il a ajouté : « Prends garde que personne ne te voie. »

FIGARO : Il faut obéir, ma cousine : heureusement personne ne vous a vue. Faites donc joliment votre commission; et n'en dites pas plus à Suzanne que Monseigneur n'a ordonné.

FANCHETTE : Et pourquoi lui en dirais-je? il me prend pour un enfant[1], mon cousin.

Elle sort en sautant.

SCÈNE XV

FIGARO, MARCELINE

FIGARO : Eh bien, ma mère?

MARCELINE : Eh bien, mon fils?

FIGARO, *comme étouffé* : Pour celui-ci[2]!... il y a réellement des choses...!

MARCELINE : Il y a des choses! hé, qu'est-ce qu'il y a?

FIGARO, *les mains sur la poitrine* : Ce que je viens d'entendre, ma mère, je l'ai là comme un plomb.

MARCELINE, *riant* : Ce cœur plein d'assurance n'était donc qu'un ballon gonflé? une épingle a tout fait partir!

FIGARO, *furieux* : Mais cette épingle, ma mère, est celle qu'il a ramassée!...

MARCELINE[c], *rappelant ce qu'il a dit* : « La jalousie! oh! j'ai là-dessus, ma mère, une philosophie... imperturbable; et si Suzanne m'attrape un jour, je le lui pardonne... »

FIGARO, *vivement* : Oh! ma mère! on parle comme on sent : mettez le plus glacé des juges à plaider dans sa propre cause, et voyez-le expliquer la loi! Je ne m'étonne plus s'il avait tant d'humeur sur ce feu[1]! Pour[a] la mignonne aux fines épingles, elle n'en eſt pas où elle le croit, ma mère, avec ses marronniers! Si mon mariage eſt assez fait pour légitimer ma colère, en revanche, il ne l'eſt pas assez pour que je n'en puisse épouser une autre, et l'abandonner[2]...

MARCELINE : Bien conclu! abîmons tout sur un soupçon. Qui[b] t'a prouvé, dis-moi, que c'eſt toi qu'elle joue, et non le comte? L'as-tu étudiée de nouveau, pour la condamner sans appel? Sais-tu si elle se rendra sous les arbres? à quelle intention elle y va? ce qu'elle y dira, ce qu'elle y fera? Je te croyais plus fort en jugement!

FIGARO, *lui baisant la main avec respect* : Elle[c] a raison, ma mère, elle a raison, raison, toujours raison! Mais accordons, maman, quelque chose à la nature; on en vaut mieux après. Examinons[d] en effet avant d'accuser et d'agir. Je sais où eſt le rendez-vous. Adieu, ma mère.

Il sort.

SCÈNE XVI

MARCELINE, *seule.*

Adieu; et moi aussi, je le sais. Après l'avoir arrêté, veillons sur les voies[3] de Suzanne; ou plutôt avertissons-la; elle eſt si jolie créature! Ah! quand l'intérêt personnel ne nous arme pas les unes contre les autres, nous sommes toutes portées à soutenir notre pauvre sexe opprimé, contre ce fier, ce terrible... *(en riant)* et pourtant un peu nigaud de sexe masculin.

Elle sort.

FIN DU QUATRIÈME ACTE

ACTE V

Le théâtre représente une salle[1] de marronniers, dans un parc; deux pavillons, kiosques, ou temples de jardin, sont à droite et à gauche; le fond est une clarière[2] ornée; un siège de gazon sur le devant. Le théâtre est obscur[3].

SCÈNE PREMIÈRE

FANCHETTE, *seule, tenant d'une main deux biscuits et une orange, et de l'autre une lanterne de papier allumée.*

Dans le pavillon à gauche, a-t-il dit. C'est celui-ci. S'il allait ne pas venir à présent! mon petit rôle[4]... Ces vilaines gens de l'office qui ne voulaient pas seulement me donner une orange et deux biscuits! « Pour qui, mademoiselle? – Eh bien, monsieur, c'est pour quelqu'un. – Oh! nous savons. » Et quand ça serait? parce que Monseigneur ne veut pas le voir, faut-il qu'il meure de faim? Tout ça pourtant m'a coûté un fier baiser sur la joue!... Que sait-on? il me le rendra peut-être. *(Elle voit Figaro qui vient l'examiner; elle fait un cri.)* Ah!...

Elle s'enfuit, et elle entre dans le pavillon à sa gauche.

SCÈNE II

FIGARO[a], *un grand manteau sur les épaules[5], un large chapeau rabattu*; BAZILE, ANTONIO, BARTHOLO, BRID'OISON, GRIPPE-SOLEIL, TROUPE DE VALETS ET DE TRAVAILLEURS

FIGARO, *d'abord seul* : C'est Fanchette! *(Il parcourt des yeux les autres à mesure qu'ils arrivent, et dit d'un ton farouche.)* Bonjour[b], messieurs; bonsoir; êtes-vous tous ici?

BAZILE : Ceux que tu as pressés d'y venir.

FIGARO : Quelle heure est-il bien à peu près?

ANTONIO *regarde en l'air* : La lune devrait être levée.

BARTHOLO : Eh ! quels noirs apprêts fais-tu donc ? Il a l'air d'un conspirateur !

FIGARO, *s'agitant* : N'est-ce pas pour une noce, je vous prie, que vous êtes rassemblés au château ?

BRID'OISON : Cè-ertainement.

ANTONIO[a] : Nous allions là-bas, dans le parc, attendre un signal pour ta fête.

FIGARO : Vous n'irez pas plus loin, messieurs ; c'est ici, sous ces marronniers, que nous devons tous célébrer l'honnête fiancée que j'épouse, et le loyal seigneur qui se l'est destinée.

BAZILE, *se rappelant la journée* : Ah ! vraiment, je sais ce que c'est. Retirons-nous, si vous m'en croyez : il est question d'un rendez-vous ; je vous conterai cela près d'ici.

BRID'OISON, *à Figaro* : Nou-ous reviendrons.

FIGARO : Quand vous m'entendrez appeler, ne manquez pas d'accourir tous, et dites du mal de Figaro s'il ne vous fait voir une belle chose.

BARTHOLO : Souviens-toi qu'un homme sage ne se fait point d'affaires avec les grands.

FIGARO : Je m'en souviens.

BARTHOLO : Qu'ils ont quinze et bisque sur nous[1], par leur état.

FIGARO : Sans leur industrie[2], que vous oubliez. Mais souvenez-vous aussi que l'homme qu'on sait timide[3] est dans la dépendance de tous les fripons.

BARTHOLO : Fort bien.

FIGARO : Et que j'ai nom de Verte-Allure, du chef honoré de ma mère[4].

BARTHOLO : Il a le diable au corps.

BRID'OISON : I-il l'a.

BAZILE, *à part* : Le comte et sa Suzanne se sont arrangés sans moi[b] ? Je ne suis pas fâché de l'algarade[5].

FIGARO, *aux valets* : Pour vous autres, coquins, à qui j'ai donné l'ordre, illuminez-moi ces entours ; ou, par la mort que je voudrais tenir aux dents, si j'en saisis un par le bras...

Il[c] secoue le bras de Grippe-Soleil.

GRIPPE-SOLEIL *s'en va en criant et pleurant* : A, a, o, oh ! Damné brutal !

BAZILE, *en s'en allant* : Le Ciel vous tienne en joie, monsieur du marié !

Ils sortent.

SCÈNE III

FIGARO *seul, se promenant dans l'obscurité, dit du ton le plus sombre* :

Ô Femme[a] ! femme ! femme ! créature faible et décevante !... nul animal[1] créé ne peut manquer à son instinct ; le tien est-il donc de tromper ?... Après m'avoir obstinément refusé quand je l'en pressais devant sa maîtresse[2] ; à l'instant qu'elle me donne sa parole ; au milieu même de la cérémonie... Il riait en lisant, le perfide ! et moi comme un benêt[3] !... Non, monsieur le comte, vous ne l'aurez pas... vous ne l'aurez pas. Parce que vous êtes un grand seigneur, vous vous croyez un grand génie !... noblesse, fortune, un rang, des places ; tout cela rend si fier ! Qu'avez-vous fait pour tant de biens ? vous vous êtes donné la peine de naître, et rien de plus. Du reste, homme assez ordinaire ! tandis que moi, morbleu ! perdu dans la foule obscure, il m'a fallu déployer plus de science et de calculs pour subsister seulement, qu'on n'en a mis depuis cent ans à gouverner toutes les Espagnes ; et vous voulez jouter[4]... On vient... c'est elle... ce n'est personne. La nuit est noire en diable, et me voilà faisant le sot métier de mari, quoique je ne le sois qu'à moitié ! *(Il s'assied sur un banc[5].)* Est-il rien de plus bizarre que ma destinée ! fils de je ne sais pas qui ; volé par des bandits[6], élevé dans leurs mœurs, je m'en dégoûte et veux courir une carrière honnête ; et partout je suis repoussé ! J'apprends la chimie, la pharmacie, la chirurgie, et[b] tout le crédit d'un grand seigneur peut à peine me mettre à la main une lancette vétérinaire[c7] ! Las d'attrister des bêtes malades, et pour faire un métier contraire, je me jette à corps perdu dans le théâtre ; me fussé-je mis une pierre au cou ! Je broche une comédie dans les mœurs du sérail ; auteur espagnol, je crois pouvoir y fronder Mahomet sans scrupule : à l'instant un envoyé... de je ne sais où se plaint que j'offense dans mes vers la Sublime Porte[8], la Perse, une partie de la presqu'île de l'Inde, toute l'Égypte, les royaumes de Barca, de Tripoli, de Tunis, d'Alger et de Maroc : et voilà ma comédie flambée, pour plaire aux princes mahométans, dont pas un, je crois, ne sait lire, et qui nous meurtrissent l'omoplate, en nous disant : « chiens de chrétiens » ! Ne pouvant avilir l'esprit, on se venge en le maltraitant. Mes joues creusaient[1]; mon[a] terme était échu; je voyais de loin arriver l'affreux recors[2], la plume fichée dans sa perruque; en frémissant je m'évertue. Il s'élève une question sur la nature des richesses; et comme il n'est pas nécessaire de tenir les choses pour en raisonner, n'ayant pas un sou, j'écris sur la valeur de l'argent et sur son produit net[3]; sitôt je vois, du fond d'un fiacre, baisser pour moi le pont d'un château fort, à l'entrée duquel je laissai l'espérance[4] et[b] la liberté. *(Il se lève.)* Que je voudrais bien tenir un de ces puissants de quatre jours, si légers sur le mal qu'ils ordonnent, quand une bonne disgrâce a cuvé son orgueil! je lui dirais... que les sottises imprimées n'ont d'importance qu'aux lieux où l'on en gêne le cours; que sans la liberté de blâmer, il n'est point d'éloge flatteur; et qu'il n'y a que les petits hommes qui redoutent les petits écrits[5]. *(Il se rassied.)* Las de nourrir un obscur pensionnaire, on me met un jour dans la rue; et comme il faut dîner, quoiqu'on ne soit plus en prison, je taille encore ma plume et demande à chacun de quoi il est question : on me dit que pendant ma retraite économique, il s'est établi dans Madrid un système de liberté sur la vente des productions[6], qui s'étend même à celles de la presse; et que, pourvu que je ne parle en mes écrits, ni de l'autorité, ni du culte, ni de la politique, ni de la morale, ni des gens en place, ni des corps en crédit, ni de l'opéra, ni des autres spectacles, ni de personne qui tienne à quelque chose, je puis tout imprimer librement, sous l'inspection de deux ou trois censeurs. Pour profiter de cette douce liberté, j'annonce un écrit périodique, et croyant n'aller sur les brisées d'aucun autre, je le nomme *Journal inutile*. Pou-ou! je vois s'élever contre moi mille pauvres diables à la feuille[7]; on me supprime; et me voilà derechef sans emploi! Le[c] désespoir m'allait saisir; on pense à moi pour une place, mais par malheur j'y étais propre : il fallait un calculateur, ce fut un danseur qui l'obtint[8]. Il ne me restait plus qu'à voler; je me fais banquier de pharaon : alors, bonnes gens! je soupe en ville, et les personnes dites « comme il faut » m'ouvrent poliment leur maison, en retenant pour elles les trois quarts du profit. J'aurais bien pu me remonter[d]; je commençais même à comprendre que pour gagner du bien, le savoir-faire vaut mieux que le savoir. Mais comme chacun pillait autour de moi, en exigeant que je fusse honnête, il fallut bien périr encore. Pour le coup je quittais le monde, et vingt brasses[9] d'eau m'en allaient séparer, lorsqu'un dieu bienfaisant m'appelle à mon premier état. Je reprends ma trousse[1] et mon cuir anglais; puis, laissant la fumée aux sots qui s'en nourrissent, et la honte au milieu du chemin comme trop lourde à un piéton, je vais rasant de ville en ville, et je vis enfin sans souci. Un grand seigneur passe à Séville; il me reconnaît, je le marie; et pour prix d'avoir eu par mes soins son épouse, il veut intercepter la mienne! intrigue, orage à ce sujet[a]. Prêt à tomber dans un abîme, au moment d'épouser ma mère, mes parents[b] m'arrivent à la file. *(Il se lève en s'échauffant.)* On se débat; c'est vous, c'est lui, c'est moi, c'est toi; non, ce n'est pas nous; eh! mais qui donc? *(Il retombe assis.)* Ô bizarre suite d'événements! Comment cela m'est-il arrivé? Pourquoi ces choses et non pas d'autres? Qui les a fixées sur ma tête? Forcé de parcourir la route où je suis entré sans le savoir, comme j'en sortirai sans le vouloir[2], je l'ai jonchée d'autant de fleurs que ma gaieté me l'a permis; encore je dis ma gaieté, sans savoir si elle est à moi plus que le reste, ni même quel est ce Moi dont je m'occupe : un[c] assemblage informe de parties inconnues; puis un chétif être imbécile[3]; un petit animal folâtre; un jeune homme ardent au plaisir, ayant tous les goûts pour jouir, faisant tous les métiers pour vivre; maître ici, valet là, selon qu'il plaît à la fortune! ambitieux par vanité, laborieux par nécessité; mais paresseux... avec délices! orateur selon le danger; poète par délassement; musicien par occasion; amoureux par folles bouffées; j'ai tout vu, tout fait, tout usé. Puis l'illusion s'est détruite, et, trop désabusé... Désabusé!... Suzon, Suzon, Suzon! que tu me donnes de tourments[4]!... J'entends[d] marcher... on vient. Voici l'instant de la crise[e 5].

Il se retire près de la première coulisse à sa droite.

SCÈNE IV[f]

FIGARO, LA COMTESSE *avec les habits de Suzon*;
SUZANNE *avec ceux de la comtesse*; MARCELINE

SUZANNE, *bas à la comtesse* : Oui, Marceline m'a dit que Figaro y serait.

MARCELINE : Il y est aussi; baisse la voix.

SUZANNE : Ainsi[g] l'un nous écoute et l'autre va venir me chercher; commençons.

MARCELINE : Pour n'en pas perdre un mot, je vais me cacher dans le pavillon.

Elle entre dans le pavillon où est entrée Fanchette.

SCÈNE V

FIGARO, LA COMTESSE, SUZANNE

SUZANNE, *haut*[a] : Madame tremble ! est-ce qu'elle aurait froid ?

LA COMTESSE, *haut* : La soirée est humide, je vais me retirer.

SUZANNE, *haut* : Si Madame n'avait pas besoin de moi, je prendrais l'air un moment, sous ces arbres.

LA COMTESSE, *haut* : C'est le serein que tu prendras.

SUZANNE, *haut* : J'y suis toute faite.

FIGARO, *à part* : Ah ! oui, le serein !

Suzanne se retire près de la coulisse, du côté opposé à Figaro[b].

SCÈNE VI[c]

FIGARO, CHÉRUBIN, LE COMTE, LA COMTESSE, SUZANNE

Figaro et Suzanne retirés de chaque côté sur le devant.

CHÉRUBIN, *en habit d'officier, arrive en chantant gaiement la reprise de l'air de la romance* : La, la, la, etc.

J'avais une marraine,
Que toujours adorai[1].

LA COMTESSE, *à part* : Le petit page !

CHÉRUBIN *s'arrête* : On se promène ici ; gagnons vite mon asile, où la petite Fanchette... C'est une femme !

LA COMTESSE *écoute* : Ah grands dieux !

CHÉRUBIN *se baisse en regardant de loin* : Me trompé-je ? à cette coiffure en plumes qui se dessine au loin dans le crépuscule, il me semble que c'est Suzon.

LA COMTESSE, *à part* : Si le comte arrivait !...

Le comte paraît dans le fond.

CHÉRUBIN *s'approche et prend la main de la comtesse, qui se défend* : Oui, c'est la charmante fille qu'on nomme Suzanne : eh ! pourrais-je m'y méprendre à la douceur de cette main, à ce petit tremblement qui l'a saisie, surtout au battement de son cœur !

Il veut y appuyer le dos de la main de la comtesse ; elle la retire.

LA COMTESSE, *bas* : Allez-vous-en.

CHÉRUBIN : Si la compassion t'avait conduite exprès dans cet endroit du parc où je suis caché depuis tantôt ?...

LA COMTESSE : Figaro va venir.

LE COMTE, *s'avançant, dit à part* : N'est-ce pas Suzanne que j'aperçois ?

CHÉRUBIN, *à la comtesse* : Je ne crains point du tout Figaro, car ce n'est pas lui que tu attends.

LA COMTESSE : Qui donc ?

LE COMTE, *à part* : Elle est avec quelqu'un.

CHÉRUBIN : C'est Monseigneur, friponne, qui t'a demandé ce rendez-vous ce matin, quand j'étais derrière le fauteuil[1].

LE COMTE, *à part, avec fureur* : C'est encore le page infernal !

FIGARO, *à part* : On dit qu'il ne faut pas écouter !

SUZANNE, *à part* : Petit bavard !

LA COMTESSE, *au page* : Obligez-moi de vous retirer.

CHÉRUBIN : Ce ne sera pas au moins sans avoir reçu le prix de mon obéissance.

LA COMTESSE, *effrayée* : Vous prétendez ?...

CHÉRUBIN, *avec feu* : D'abord vingt baisers, pour ton compte, et puis cent pour ta belle maîtresse.

LA COMTESSE : Vous oseriez ?

CHÉRUBIN : Oh ! que oui, j'oserai ; tu prends sa place auprès de Monseigneur ; moi celle du comte auprès de toi ; le plus attrapé, c'est Figaro.

FIGARO, *à part* : Ce brigandeau !

SUZANNE, *à part* : Hardi comme un page.

Chérubin veut embrasser la comtesse ; le comte se met entre deux et reçoit le baiser.

LA COMTESSE, *se retirant* : Ah ! Ciel !

FIGARO, *à part, entendant le baiser* : J'épousais une jolie mignonne!

Il écoute.

CHÉRUBIN, *tâtant les habits du comte; à part* : C'eſt Monseigneur!

Il s'enfuit dans le pavillon où sont entrées Fanchette et Marceline.

SCÈNE VII

FIGARO, LE COMTE, LA COMTESSE, SUZANNE

FIGARO *s'approche* : Je vais...

LE COMTE, *croyant parler au page*[a] : Puisque vous ne redoublez pas le baiser...

Il croit lui donner un soufflet.

FIGARO, *qui eſt à portée, le reçoit* : Ah!

LE COMTE : ...Voilà toujours le premier payé.

FIGARO *s'éloigne en se frottant la joue; à part* : Tout n'eſt pas gain non plus en écoutant.

SUZANNE, *riant tout haut de l'autre côté* : Ah! ah! ah! ah!

LE COMTE, *à la comtesse qu'il prend pour Suzanne* : Entend-on quelque chose à ce page? il reçoit le plus rude soufflet et s'enfuit en éclatant de rire.

FIGARO, *à part* : S'il s'affligeait de celui-ci!...

LE COMTE : Comment! je ne pourrai faire un pas... *(À la comtesse.)* Mais[b] laissons cette bizarrerie; elle empoisonnerait le plaisir que j'ai de te trouver dans cette salle.

LA COMTESSE, *imitant le parler de Suzanne* : L'espériez-vous?

LE COMTE : Après ton ingénieux billet! *(Il lui prend la main.)* Tu trembles?

LA COMTESSE : J'ai eu peur.

LE COMTE : Ce n'eſt pas pour te priver du baiser que je l'ai pris.

Il la baise au front.

LA COMTESSE : Des libertés!

FIGARO, *à part* : Coquine!

SUZANNE, *à part* : Charmante!

LE COMTE *prend la main de sa femme* : Mais quelle peau fine et douce, et qu'il s'en faut que la comtesse ait la main aussi belle !

LA COMTESSE, *à part* : Oh ! la prévention !

LE COMTE : A-t-elle ce bras ferme et rondelet ? ces jolis doigts pleins de grâce et d'espièglerie ?

LA COMTESSE, *de la voix de Suzanne* : Ainsi l'amour ?...

LE COMTE : L'amour... n'est que le roman du cœur : c'est le plaisir qui en est l'histoire ; il m'amène à tes genoux.

LA COMTESSE : Vous ne l'aimez plus ?

LE COMTE : Je l'aime beaucoup ; mais trois ans d'union rendent l'hymen si respectable !

LA COMTESSE[a] : Que vouliez-vous en elle ?

LE COMTE, *la caressant* : Ce que je trouve en toi, ma beauté...

LA COMTESSE : Mais dites donc.

LE COMTE : ...Je ne sais : moins d'uniformité peut-être, plus de piquant dans les manières ; un je ne sais quoi qui fait le charme ; quelquefois un refus, que sais-je ? Nos femmes croient tout accomplir en nous aimant : cela dit une fois, elles nous aiment, nous aiment ! (quand elles nous aiment), et sont si complaisantes et si constamment obligeantes, et toujours, et sans relâche, qu'on est tout surpris un beau soir de trouver la satiété où l'on recherchait le bonheur !

LA COMTESSE, *à part* : Ah ! quelle leçon !

LE COMTE : En vérité, Suzon, j'ai pensé mille fois que si nous poursuivons ailleurs ce plaisir qui nous fuit chez elles, c'est qu'elles n'étudient pas assez l'art de soutenir notre goût, de se renouveler à l'amour, de ranimer, pour ainsi dire, le charme de leur possession par celui de la variété.

LA COMTESSE, *piquée* : Donc elles doivent tout ?...

LE COMTE, *riant* : Et l'homme rien ? Changerons-nous la marche de la nature ? notre tâche à nous fut de les obtenir : la leur...

LA COMTESSE : La leur ?...

LE COMTE : Est de nous retenir : on l'oublie trop.

LA COMTESSE : Ce ne sera pas moi.

LE COMTE : Ni moi.

FIGARO, *à part* : Ni moi.

SUZANNE, *à part* : Ni moi.

LE COMTE *prend la main de sa femme* : Il y a de l'écho ici ; parlons plus bas. Tu n'as nul besoin d'y songer, toi que l'amour a faite et si vive et si jolie ! avec un grain de caprice tu seras la plus agaçante maîtresse ! *(Il la baise au front.)* Ma Suzanne, un

Castillan n'a que sa parole. Voici tout l'or promis pour le rachat du droit que je n'ai plus sur le délicieux moment que tu m'accordes. Mais comme la grâce que tu daignes y mettre est sans prix, j'y joindrai ce brillant, que tu porteras pour l'amour de moi.

LA COMTESSE, *une révérence*[a] : Suzanne accepte tout.

FIGARO, *à part* : On n'est pas plus coquine que cela.

SUZANNE, *à part* : Voilà du bon bien qui nous arrive.

LE COMTE, *à part* : Elle est intéressée ; tant mieux.

LA COMTESSE *regarde au fond*[b] : Je vois des flambeaux.

LE COMTE : Ce sont les apprêts de ta noce : entrons-nous un moment dans l'un de ces pavillons pour les laisser passer ?

LA COMTESSE : Sans lumière ?

LE COMTE[c] *l'entraîne doucement* : À quoi bon ? nous n'avons rien à lire.

FIGARO, *à part* : Elle y va, ma foi ! Je m'en doutais.

Il s'avance.

LE COMTE *grossit sa voix en se retournant* : Qui passe ici ?

FIGARO, *en colère* : Passer ! on vient exprès.

LE COMTE, *bas, à la comtesse* : C'est Figaro !...

Il s'enfuit.

LA COMTESSE : Je vous suis.

Elle entre dans le pavillon à sa droite, pendant que le comte se perd dans le bois, au fond.

SCÈNE VIII

FIGARO, SUZANNE, *dans l'obscurité.*

FIGARO *cherche à voir où vont le comte et la comtesse, qu'il prend pour Suzanne* : Je[d] n'entends plus rien ; ils sont entrés ; m'y voilà. *(D'un ton altéré.)* Vous autres époux maladroits, qui tenez des espions à gages, et tournez des mois entiers autour d'un soupçon sans l'asseoir, que ne m'imitez-vous ? Dès le premier jour je suis ma femme, et je l'écoute ; en un tour de main on est au fait : c'est charmant, plus de doutes ; on sait à quoi s'en tenir. *(Marchant vivement.)* Heureusement que je ne m'en soucie guère, et que sa trahison ne me fait plus rien du tout. Je les tiens donc enfin !

SUZANNE, *qui s'est avancée doucement dans l'obscurité. (À part.)* Tu vas payer tes beaux soupçons. *(Du ton de voix de la comtesse.)* Qui va là?

FIGARO, *extravagant* : Qui va là? Celui qui voudrait de bon cœur que la peste eût étouffé en naissant...

SUZANNE[a], *du ton de la comtesse* : Eh! mais, c'est Figaro!

FIGARO *regarde, et dit vivement* : Madame la comtesse!

SUZANNE : Parlez bas.

FIGARO, *vite* : Ah! Madame, que le Ciel vous amène à propos! Où croyez-vous qu'est Monseigneur?

SUZANNE : Que m'importe un ingrat? Dis-moi...

FIGARO, *plus vite* : Et Suzanne mon épousée, où croyez-vous qu'elle soit?

SUZANNE : Mais parlez bas!

FIGARO, *très vite* : Cette Suzon qu'on croyait si vertueuse, qui faisait la réservée[b]! Ils sont enfermés là-dedans. Je vais appeler.

SUZANNE, *lui fermant la bouche avec sa main, oublie de déguiser sa voix*[c] : N'appelez pas.

FIGARO, *à part* : Eh c'est Suzon! *God-dam!*

SUZANNE, *du ton de la comtesse* : Vous[d] paraissez inquiet.

FIGARO, *à part* : Traîtresse! qui veut me surprendre!

SUZANNE[e] : Il faut nous venger, Figaro.

FIGARO : En sentez-vous le vif désir?

SUZANNE : Je ne serais donc pas de mon sexe! Mais les hommes en ont cent moyens.

FIGARO, *confidemment*[f] : Madame, il n'y a personne ici de trop. Celui des femmes... les vaut tous.

SUZANNE, *à part* : Comme je le soufflèterais!

FIGARO, *à part* : Il serait bien gai qu'avant la noce!...

SUZANNE : Mais qu'est-ce qu'une telle vengeance, qu'un peu d'amour n'assaisonne pas?

FIGARO : Partout où vous n'en voyez point, croyez que le respect dissimule.

SUZANNE, *piquée*[g] : Je ne sais si vous le pensez de bonne foi, mais vous ne le dites pas de bonne grâce.

FIGARO, *avec une chaleur comique, à genoux* : Ah! Madame, je vous adore. Examinez le temps, le lieu, les circonstances, et que le dépit supplée en vous aux grâces qui manquent à ma prière.

SUZANNE, *à part* : La main me brûle!

FIGARO, *à part* : Le cœur me bat.

SUZANNE : Mais, Monsieur, avez-vous songé?...

FIGARO : Oui, Madame, oui, j'ai songé.

SUZANNE : ...Que pour la colère et l'amour...

FIGARO : ...Tout ce qui se diffère est perdu. Votre main, Madame ?

SUZANNE, *de sa voix naturelle et lui donnant un soufflet* : La voilà.

FIGARO : Ah! *demonio*[1]! quel soufflet!

SUZANNE *lui en donne un second* : Quel soufflet! Et celui-ci?

FIGARO : Eh *qu'es aquo*[2]! de par le diable! est-ce ici la journée des tapes?

SUZANNE *le bat à chaque phrase* : Ah! *qu'es aquo?* Suzanne : voilà pour tes soupçons; voilà pour tes vengeances et pour tes trahisons, tes expédients, tes injures et tes projets. C'est-il çà de l'amour? dis donc comme ce matin[3]?

FIGARO *rit*[a] *en se relevant* : *Santa Barbara!* oui c'est de l'amour. Ô bonheur! ô délices! ô cent fois heureux Figaro! Frappe, ma bien-aimée, sans te lasser. Mais quand tu m'auras diapré tout le corps de meurtrissures, regarde avec bonté, Suzon, l'homme le plus fortuné qui fut jamais battu par une femme.

SUZANNE : « Le plus fortuné! » Bon fripon, vous n'en séduisiez pas moins la comtesse, avec un si trompeur babil que m'oubliant moi-même, en vérité, c'était pour elle que je cédais.

FIGARO : Ai-je pu me méprendre, au son de ta jolie voix[b]?

SUZANNE, *en riant* : Tu m'as reconnue? Ah! comme je m'en vengerai!

FIGARO : Bien rosser et garder rancune est aussi par trop féminin! Mais dis-moi donc par quel bonheur je te vois là, quand je te croyais avec lui; et comment cet habit, qui m'abusait, te montre enfin innocente...

SUZANNE : Eh! c'est toi qui es un innocent, de venir te prendre au piège apprêté pour un autre! Est-ce notre faute à nous, si voulant museler un renard, nous en attrapons deux?

FIGARO : Qui donc prend l'autre?

SUZANNE : Sa femme.

FIGARO : Sa femme?

SUZANNE : Sa femme.

FIGARO, *follement* : Ah! Figaro! pends-toi; tu n'as pas deviné celui-là! Sa femme? Ô douze ou quinze mille fois spirituelles femelles! Ainsi les baisers de cette salle...?

SUZANNE : Ont été donnés à Madame.

FIGARO : Et celui du page?

SUZANNE, *riant* : À Monsieur.

FIGARO : Et tantôt, derrière le fauteuil ?

SUZANNE : À personne.

FIGARO : En êtes-vous sûre ?

SUZANNE, *riant* : Il pleut des soufflets, Figaro.

FIGARO *lui baise la main* : Ce sont des bijoux que les tiens. Mais celui du comte était de bonne guerre[a].

SUZANNE : Allons, superbe ! humilie-toi.

FIGARO *fait tout ce qu'il annonce* : Cela est juste ; à genoux, bien courbé, prosterné, ventre à terre.

SUZANNE, *en riant* : Ah ! ce pauvre comte ! quelle peine il s'est donnée...

FIGARO *se relève sur ses genoux* : ...Pour faire la conquête de sa femme !

SCÈNE IX[b]

LE COMTE *entre par le fond du théâtre et va droit au pavillon à sa droite*[c]. FIGARO, SUZANNE

LE COMTE, *à lui-même* : Je la cherche en vain dans le bois, elle est peut-être entrée ici.

SUZANNE, *à Figaro, parlant bas* : C'est lui.

LE COMTE, *ouvrant le pavillon* : Suzon, es-tu là-dedans ?

FIGARO, *bas* : Il la cherche, et moi je croyais...

SUZANNE, *bas* : Il ne l'a pas reconnue.

FIGARO : Achevons-le, veux-tu ?

Il lui baise la main.

LE COMTE *se retourne* : Un homme aux pieds de la comtesse !... Ah ! je suis sans armes.

Il s'avance.

FIGARO *se relève tout à fait en déguisant*[d] *sa voix* : Pardon, madame, si je n'ai pas réfléchi que ce rendez-vous ordinaire était destiné pour la noce.

LE COMTE, *à part* : C'est l'homme du cabinet de ce matin.

Il se frappe le front.

FIGARO *continue* : Mais il ne sera pas dit qu'un obstacle aussi sot aura retardé nos plaisirs.

LE COMTE, *à part* : Massacre, mort, enfer[e] !

FIGARO, *la conduisant au cabinet : (Bas.)* Il jure. *(Haut.)* Pressons-nous donc, madame, et réparons le tort qu'on nous a fait tantôt, quand j'ai sauté par la fenêtre.

LE COMTE, *à part* : Ah! tout se découvre enfin.

SUZANNE, *près du pavillon à sa gauche* : Avant d'entrer, voyez si personne n'a suivi.

Il la baise au front.

LE COMTE[a] *s'écrie* : Vengeance!

Suzanne s'enfuit dans le pavillon où sont entrés Fanchette, Marceline et Chérubin.

SCÈNE X[b]

LE COMTE, FIGARO
(Le comte saisit le bras de Figaro.)

FIGARO, *jouant la frayeur excessive* : C'est mon maître!

LE COMTE *le reconnaît* : Ah! scélérat, c'est toi! Holà! quelqu'un, quelqu'un!

SCÈNE XI

PÉDRILLE, LE COMTE, FIGARO

PÉDRILLE, *botté* : Monseigneur, je vous trouve enfin.

LE COMTE : Bon, c'est Pédrille. Es-tu tout seul?

PÉDRILLE : Arrivant de Séville à étripe-cheval.

LE COMTE : Approche-toi de moi, et crie bien fort.

PÉDRILLE, *criant à tue-tête* : Pas plus de page que sur ma main. Voilà le paquet[1].

LE COMTE *le repousse* : Eh! l'animal.

PÉDRILLE : Monseigneur me dit de crier.

LE COMTE, *tenant toujours Figaro* : Pour appeler. Holà! quelqu'un! si l'on m'entend, accourez tous!

PÉDRILLE : Figaro et moi, nous voilà deux; que peut-il donc vous arriver?

SCÈNE XII

LES ACTEURS PRÉCÉDENTS, BRID'OISON, BARTHOLO, BAZILE, ANTONIO, GRIPPE-SOLEIL, *toute la noce accourt avec des flambeaux.*

BARTHOLO, *à Figaro* : Tu vois qu'à ton premier signal...

LE COMTE, *montrant le pavillon à sa gauche* : Pédrille, empare-toi de cette porte.

Pédrille y va.

BAZILE, *bas à Figaro* : Tu l'as surpris avec Suzanne ?

LE COMTE, *montrant Figaro* : Et vous, tous mes vassaux, entourez-moi cet homme et m'en répondez sur la vie.

BAZILE : Ha ! ha !

LE COMTE[a], *furieux* : Taisez-vous donc. *(À Figaro, d'un ton glacé :)* Mon cavalier, répondez-vous à mes questions ?

FIGARO, *froidement* : Eh ! qui pourrait m'en exempter, Monseigneur ? Vous commandez à tout ici, hors à vous-même.

LE COMTE, *se contenant* : Hors à moi-même !

ANTONIO : C'est ça parler.

LE COMTE *reprend sa colère*[b] : Non, si quelque chose pouvait augmenter ma fureur ! ce serait l'air calme qu'il affecte !

FIGARO : Sommes-nous des soldats qui tuent et se font tuer pour des intérêts qu'ils ignorent ? Je veux savoir, moi, pourquoi je me fâche[1].

LE COMTE, *hors de lui* : Ô rage ! *(Se contenant.)* Homme de bien qui feignez d'ignorer ! nous ferez-vous au moins la faveur de nous dire quelle est la dame actuellement par vous amenée dans ce pavillon ?

FIGARO[c], *montrant l'autre avec malice* : Dans celui-là ?

LE COMTE, *vite* : Dans celui-ci.

FIGARO, *froidement* : C'est différent[d]. Une jeune personne qui m'honore de ses bontés particulières.

BAZILE, *étonné* : Ha ! ha !

LE COMTE, *vite* : Vous l'entendez, messieurs ?

BARTHOLO, *étonné* : Nous l'entendons ?

LE COMTE, *à Figaro* : Et cette jeune personne a-t-elle un autre engagement que vous sachiez ?

FIGARO, *froidement* : Je sais qu'un grand seigneur s'en est occupé quelque temps : mais, soit qu'il l'ait négligée ou que je lui plaise mieux qu'un plus aimable, elle me donne aujourd'hui la préférence.

LE COMTE, *vivement* : La préf... *(Se contenant.)* Au moins il eśt naïf! car ce qu'il avoue, messieurs, je l'ai ouï, je vous jure, de la bouche même de sa complice.

BRID'OISON, *ſtupéfait* : Sa-a complice!

LE COMTE, *avec fureur* : Or, quand le déshonneur eśt public, il faut que la vengeance le soit aussi.

Il entre dans le pavillon.

SCÈNE XIII[a]

TOUS LES ACTEURS PRÉCÉDENTS, *hors* LE COMTE

ANTONIO : C'eśt juśte.

BRID'OISON, *à Figaro* : Qui-i donc a pris la femme de l'autre?

FIGARO, *en riant* : Aucun n'a eu cette joie-là.

SCÈNE XIV[b]

LES ACTEURS PRÉCÉDENTS, LE COMTE, CHÉRUBIN

LE COMTE, *parlant dans le pavillon, et attirant quelqu'un qu'on ne voit pas encore* : Tous vos efforts sont inutiles; vous êtes perdue, madame, et votre heure eśt bien arrivée! *(Il sort sans regarder.)* Quel bonheur qu'aucun gage d'une union aussi déteśtée...

FIGARO *s'écrie* : Chérubin!

LE COMTE : Mon page?

BAZILE : Ha! ha!

LE COMTE[c], *hors de lui, à part* : Et toujours le page endiablé! *(À Chérubin :)* Que faisiez-vous dans ce salon?

CHÉRUBIN, *timidement* : Je me cachais, comme vous l'avez ordonné.

PÉDRILLE : Bien la peine de crever un cheval!

LE COMTE : Entres-y, toi, Antonio; conduis devant son juge l'infâme qui m'a déshonoré.

BRID'OISON : C'eśt Madame que vous y-y cherchez?

ANTONIO : L'y a, parguenne, une bonne Providence ! Vous en avez tant fait dans le pays...

LE COMTE[a], *furieux* : Entre donc !

Antonio entre.

SCÈNE XV

LES ACTEURS PRÉCÉDENTS, *excepté* ANTONIO

LE COMTE[b] : Vous allez voir, messieurs, que le page n'y était pas seul.

CHÉRUBIN, *timidement* : Mon sort eût été trop cruel, si quelque âme sensible n'en eût adouci l'amertume.

SCÈNE XVI[c]

LES ACTEURS PRÉCÉDENTS, ANTONIO, FANCHETTE

ANTONIO, *attirant par le bras quelqu'un qu'on ne voit pas encore* : Allons, madame, il ne faut pas vous faire prier pour en sortir, puisqu'on sait que vous y êtes entrée.

FIGARO *s'écrie* : La petite cousine !

BAZILE : Ha ! ha !

LE COMTE : Fanchette !

ANTONIO *se retourne et s'écrie* : Ah ! palsambleu, Monseigneur, il est gaillard de me choisir pour montrer à la compagnie que c'est ma fille qui cause tout ce train-là !

LE COMTE, *outré* : Qui la savait là-dedans ?

Il veut rentrer.

BARTHOLO, *au-devant* : Permettez, monsieur le comte, ceci n'est pas plus clair. Je suis de sang-froid, moi.

Il entre.

BRID'OISON : Voilà une affaire au-aussi trop embrouillée.

SCÈNE XVII[a]

Les acteurs précédents, Marceline

BARTHOLO, *parlant en dedans, et sortant* : Ne craignez rien, madame, il ne vous sera fait aucun mal. J'en réponds. *(Il se retourne et s'écrie :)* Marceline !...

BAZILE : Ha, ha !

FIGARO, *riant* : Eh ! quelle folie ! ma mère en eſt ?

ANTONIO : À qui pis fera.

LE COMTE, *outré* : Que m'importe à moi ? La comtesse...

SCÈNE XVIII

Les acteurs précédents, Suzanne
(Suzanne, son éventail sur le visage.)

LE COMTE : ... Ah ! la voici qui sort. *(Il la prend violemment par le bras.)* Que croyez-vous, messieurs, que mérite une odieuse... ?

Suzanne se jette à genoux, la tête baissée.

LE COMTE, *fort*[b] : Non, non. *(Figaro se jette à genoux de l'autre côté.)*

LE COMTE, *plus fort* : Non, non ! *(Marceline se jette à genoux devant lui.)*

LE COMTE, *plus fort* : Non, non ! *(Tous se mettent à genoux, excepté* Brid'oison.*)*

LE COMTE, *hors de lui* : Y fussiez-vous un cent !

SCÈNE XIX ET DERNIÈRE

Tous les acteurs précédents ; la Comtesse
sort de l'autre pavillon.

LA COMTESSE *se jette à genoux* : Au moins je ferai nombre.

LE COMTE, *regardant la comtesse et Suzanne* : Ah ! qu'eſt-ce que je vois !

BRID'OISON, *riant* : Et pardi, c'è-eſt Madame.

LE COMTE *veut relever la comtesse* : Quoi[a], c'était vous, comtesse? *(D'un ton suppliant.)* Il n'y a qu'un pardon bien généreux...

LA COMTESSE, *en riant* : Vous diriez « Non, non », à ma place; et moi, pour la troisième fois d'aujourd'hui, je l'accorde sans condition.

Elle se relève.

SUZANNE *se relève* : Moi aussi.

MARCELINE *se relève* : Moi aussi.

FIGARO *se relève* : Moi aussi; il y a de l'écho ici!

Tous se relèvent.

LE COMTE : De l'écho! J'ai voulu ruser avec eux; ils m'ont traité comme un enfant!

LA COMTESSE, *en riant* : Ne le regrettez pas, monsieur le comte.

FIGARO, *s'essuyant les genoux avec son chapeau* : Une petite journée comme celle-ci forme bien un ambassadeur!

LE COMTE, *à Suzanne* : Ce billet fermé d'une épingle?...

SUZANNE : C'est Madame qui l'avait dicté.

LE COMTE : La réponse lui en est bien due.

Il baise la main de la comtesse[b].

LA COMTESSE : Chacun aura ce qui lui appartient.

Elle donne la bourse à Figaro et le diamant à Suzanne.

SUZANNE, *à Figaro* : Encore une dot[c].

FIGARO, *frappant la bourse dans sa main* : Et de trois[1]. Celle-ci fut rude à arracher!

SUZANNE : Comme notre mariage.

GRIPPE-SOLEIL[d] : Et la jarretière de la mariée, l'aurons-je?

LA COMTESSE *arrache le ruban qu'elle a tant gardé dans son sein*[2], *et le jette à terre* : La jarretière? Elle était avec ses habits; la voilà.

Les garçons de la noce veulent la ramasser.

CHÉRUBIN, *plus alerte, court la prendre, et dit* : Que celui qui la veut vienne me la disputer.

LE COMTE, *en riant, au page* : Pour un monsieur si chatouilleux, qu'avez-vous trouvé de gai à certain soufflet de tantôt?

CHÉRUBIN *recule en tirant à moitié son épée* : À moi, mon colonel[a1] ?

FIGARO, *avec une colère comique* : C'est sur ma joue qu'il l'a reçu : voilà comme les grands font justice.

LE COMTE, *riant* : C'est sur sa joue? Ah, ah, ah, qu'en dites-vous donc, ma chère comtesse?

LA COMTESSE, *absorbée, revient à elle, et dit avec sensibilité* : Ah! oui, cher comte, et pour la vie, sans distraction, je vous le jure.

LE COMTE[b], *frappant sur l'épaule du juge* : Et vous, don Brid'oison, votre avis maintenant?

BRID'OISON : Su-ur tout ce que je vois, monsieur le comte?... Ma-a foi, pour moi, je-e ne sais que vous dire : voilà ma façon de penser.

TOUS, *ensemble* : Bien jugé!

FIGARO : J'étais pauvre, on me méprisait. J'ai montré quelque esprit, la haine est accourue. Une jolie femme et de la fortune...

BARTHOLO, *en riant* : Les cœurs vont te revenir en foule.

FIGARO : Est-il possible?

BARTHOLO : Je les connais.

FIGARO, *saluant les spectateurs* : Ma femme et mon bien mis à part, tous me feront honneur et plaisir.

On joue la ritournelle du vaudeville. Air noté.

VAUDEVILLE

BAZILE

Premier couplet

Triple dot[c], femme superbe;
Que de biens pour un époux!
D'un seigneur, d'un page imberbe,
Quelque sot serait jaloux.
Du latin d'un vieux proverbe
L'homme adroit fait son parti.

FIGARO : Je le sais... *(Il chante.) Gaudeant bene nati.*

BAZILE : Non... *(Il chante.) Gaudeant bene nanti*[2].

SUZANNE

Deuxième couplet

Qu'un mari sa foi trahisse,
Il s'en vante, et chacun rit;
Que sa femme ait un caprice,
S'il l'accuse on la punit.
De cette absurde injustice
Faut-il dire le pourquoi?
Les plus forts ont fait la loi... *Bis.*

FIGARO[a]

Troisième couplet

Jean Jeannot[1], jaloux risible,
Veut unir femme et repos;
Il achète un chien terrible,
Et le lâche en son enclos.
La nuit, quel vacarme horrible!
Le chien court, tout est mordu,
Hors l'amant qui l'a vendu... *Bis.*

LA COMTESSE

Quatrième couplet

Telle est fière et répond d'elle,
Qui n'aime plus son mari;
Telle autre, presque infidèle,
Jure de n'aimer que lui.
La moins folle, hélas! est celle
Qui se veille en son lien[2],
Sans oser jurer de rien... *Bis.*

LE COMTE

Cinquième couplet

D'une femme de province
À qui ses devoirs sont chers,
Le succès est assez mince;
Vive la femme aux bons airs[b]!

Semblable à l'écu du Prince,
Sous le coin[1] d'un seul époux,
Elle sert au bien de tous... *Bis.*

MARCELINE

Sixième couplet

Chacun sait la tendre mère,
Dont il a reçu le jour;
Tout le reste est un mystère,
C'est le secret de l'amour.

FIGARO *continue l'air.*

Ce secret met en lumière
Comment le fils d'un butor
Vaut souvent son pesant d'or... *Bis.*

Septième couplet[a]

Par le sort de la naissance,
L'un est roi, l'autre est berger;
Le hasard fit leur distance;
L'esprit seul peut tout changer.
De vingt rois que l'on encense,
Le trépas brise l'autel;
Et Voltaire est immortel[b]... *Bis.*

CHÉRUBIN

Huitième couplet

Sexe aimé, sexe volage,
Qui tourmentez nos beaux jours,
Si de vous chacun dit rage[2],
Chacun vous revient toujours.
Le parterre est votre image;
Tel paraît le dédaigner,
Qui fait tout pour le gagner... *Bis.*

SUZANNE

Neuvième couplet

Si ce gai, ce fol ouvrage,
Renfermait quelque leçon,
En faveur du badinage,
Faites grâce à la raison[1].
Ainsi la nature sage
Nous conduit, dans nos désirs,
À son but, par les plaisirs... *Bis.*

BRID'OISON

Dixième couplet[a]

Or, messieurs, la co-omédie
Que l'on juge en cè-et instant,
Sauf erreur, nous pein-eint la vie
Du bon peuple qui l'entend.
Qu'on l'opprime, il peste, il crie;
Il s'agite en cent fa-açons;
Tout fini-it par des chansons... *Bis.*

BALLET GÉNÉRAL[b]

FIN DU CINQUIÈME ET DERNIER ACTE

S'adresser, pour la musique de l'ouvrage, à M. BAUDRON, chef d'orchestre du Théâtre-Français.

TARARE

Opéra[a] *en cinq actes*

Barbarus at ego sum[1]*...*

AVERTISSEMENT DE L'AUTEUR

Le poème de *Tarare* était fini depuis longtemps, sa musique était achevée, ma doctrine sur l'opéra même était imprimée[1] ; j'allais la publier pendant qu'on répétait la pièce, car je voulais qu'on arrivât instruit de l'intention qui me l'avait fait faire, lorsque deux méchants obscurs[2] ont exprès jeté dans le public un libelle atroce, où vingt personnes sont déchirées, où je suis injurié sans nul ménagement.

Forcé de répondre à l'instant, craignant de ne pouvoir suffire à tout, et que mes ennemis ne saisissent un moment de crise pour troubler l'effet du spectacle qui, plein de nouveautés dramatiques, avait besoin d'être écouté sans prévention, j'ai suspendu les répétitions de *Tarare*[3], pour rendre plainte et suivre au criminel[4] le prompt châtiment des coupables.

Mes efforts pour obtenir la suspension de l'ouvrage ont été inutiles, et, quoique j'aie porté ma supplique au point d'offrir le remboursement des dépenses, le ministre a cru devoir préférer les intérêts d'un grand spectacle aux miens, et l'impatience du public à mes justes répugnances[5]. Il m'a fallu céder à l'autorité souveraine qui, dans cette occasion, n'a mis qu'une volonté forte, mais rien qui ne fût très honorable au citoyen, et flatteur pour l'homme de lettres. Je n'ai donc pu que m'affliger, sans avoir le droit de me plaindre.

L'obligation de présenter le poème à la famille royale, le jour de la première représentation, a fait passer deux nuits à l'imprimeur, et rend la première édition très fautive.

Le voici tel qu'il fut adopté par l'Académie de musique, il y a trois ans[6], et mon discours préliminaire, un peu badin, je l'avoue, pour la gravité du moment. Quand je le fis j'étais nonchalamment heureux; je n'avais pas encore l'oreille rebattue des cris de mille forcenés[1]. Ce discours serait d'un autre ton s'il était à faire aujourd'hui.

Apprenez seulement, étrangers qui n'habitez pas cette ville, qu'en ce moment d'un très léger succès, et sans doute pour m'en punir, cent dégoûtants libelles manuscrits, imprimés, courent la capitale, et font vivre mille affamés du triste produit de leur vente, en attendant que leurs auteurs aient la retraite qu'ils méritent[a].

À MONSIEUR SALIERI

Mon ami,

Je vous dédie mon ouvrage, parce qu'il eﬅ devenu le vôtre[a]. Je n'avais fait que l'enfanter; vous l'avez élevé jusqu'à la hauteur du théâtre.

Mon plus grand mérite en ceci eﬅ d'avoir deviné l'opéra de *Tarare* dans *Les Danaïdes* et *Les Horaces*[1], malgré la prévention qui nuisit à ce dernier, lequel eﬅ un fort bel ouvrage, mais un peu sévère pour Paris.

Vous m'avez aidé, mon ami, à donner aux Français une idée du speƈtacle des Grecs, tel que je l'ai toujours conçu. Si notre ouvrage a du succès, je vous le devrai presque entier. Et quand votre modeﬅie vous fait dire partout que vous n'êtes que mon musicien, je m'honore, moi, d'être votre poète, votre serviteur et votre ami.

CARON DE BEAUMARCHAIS.

AUX[a] ABONNÉS DE L'OPÉRA QUI VOUDRAIENT AIMER L'OPÉRA

Ce n'est point de l'art de chanter, du talent de bien moduler, ni de la combinaison des sons; ce n'est point de la musique en elle-même, que je veux vous entretenir : c'est l'action de la poésie sur la musique, et la réaction de celle-ci sur la poésie au théâtre, qu'il m'importe d'examiner, relativement aux ouvrages où ces deux arts se réunissent. Il s'agit moins pour moi d'un nouvel opéra que d'un nouveau moyen d'intéresser à l'opéra[1].

Pour vous disposer à m'entendre, à m'écouter avec un peu de faveur, je vous dirai, mes chers contemporains[b], que je ne connais point de siècle où j'eusse préféré de naître, point de nation à qui j'eusse aimé mieux appartenir. Indépendamment de tout ce que la société française a d'aimable, je vois en nous, depuis vingt ou trente ans, une émulation vigoureuse, un désir général d'agrandir nos idées par d'utiles recherches et le bonheur de tous par l'usage de la raison.

On cite le siècle dernier comme un beau siècle littéraire; mais qu'est-ce que la littérature dans la masse des objets utiles? Un noble amusement de l'esprit. On citera le nôtre comme un siècle profond de science, de philosophie, fécond en découvertes, et plein de force et de raison. L'esprit de la nation semble être dans une crise[2] heureuse; une lumière vive et répandue fait sentir à chacun que tout peut être mieux. On s'inquiète, on s'agite, on invente, on réforme; et depuis la science profonde qui régit les gouvernements jusqu'au talent frivole de faire une chanson, depuis cette élévation de génie qui fait admirer Voltaire et Buffon[3] jusqu'au métier facile et lucratif de critiquer ce qu'on n'aurait pu faire, je vois dans toutes les classes un désir de valoir, de prévaloir, d'étendre ses idées, ses connaissances, ses jouissances, qui ne peut que tourner à l'avantage universel; et c'est ainsi que tout s'accroît, prospère et s'améliore. Essayons, s'il se peut, d'améliorer un grand spectacle.

Tous les hommes, vous le savez, ne sont pas avantageusement placés pour exécuter de grandes choses : chacun de nous est ce qu'il naquit, et devient après ce qu'il peut. Tous les instants de la vie du même homme, quelque patriote qu'il soit, ne sont pas non plus destinés à des objets d'égale utilité; mais, si nul ne préside au choix de ses travaux, tous au moins[1] choisissent leurs plaisirs, et c'est peut-être dans ce choix qu'un observateur doit chercher le vrai secret des caractères. Il faut du relâche[2] à l'esprit. Après le travail forcé des affaires, chacun suit son attrait[3] dans ses amusements : l'un chasse, l'autre boit; celui-ci joue, un autre intrigue; et moi, qui n'ai point tous ces goûts, je fais un modeste opéra.

Je conviendrai naïvement, pour qu'on ne me dispute rien, que de toutes les frivolités littéraires, une des plus frivoles est peut-être un poème de ce genre. Je conviens encore que[a], si l'auteur d'un tel ouvrage allait s'offenser du peu de cas qu'on en fait, malheureux par ce ridicule et ridicule par ce malheur, il serait le plus sot de tous ses ennemis.

Mais d'où naît ce dédain pour le poème d'un opéra? Car enfin ce travail a sa difficulté. Serait-ce que la nation française, plus chansonnière que musicienne, préfère aux madrigaux de sa musique l'épigramme et ses vaudevilles? Quelqu'un a dit[4] que les Français aimaient véritablement les chansons, mais n'avaient que la vanité d'un prétendu goût de musique. Ne pressons point[5] cette opinion, de peur de la consolider.

Le froid dédain d'un opéra ne vient-il pas plutôt de ce qu'à ce spectacle, la réunion mal ourdie de tant d'arts nécessaires à sa formation a fini par jeter un peu de confusion dans l'esprit sur le rang qu'ils doivent y tenir, sur le plaisir qu'on a droit d'en attendre?

La véritable hiérarchie de ces arts devrait, ce me semble, ainsi marcher dans l'estime des spectateurs. Premièrement, la pièce ou l'invention du sujet, qui embrasse et comporte la masse de l'intérêt; puis la beauté du poème ou la manière aisée d'en narrer les événements; puis le charme de la musique, qui n'est qu'une expression nouvelle ajoutée au charme des vers; enfin, l'agrément de la danse, dont la gaieté, la gentillesse, embellit quelques froides situations. Tel est, dans l'ordre du plaisir, le rang marqué pour tous ces arts.

Mais par une inversion bizarre, particulière à l'opéra, il semble que la pièce n'y soit rien qu'un moyen banal, un prétexte pour faire briller tout ce qui n'est pas elle. Ici les accessoires[1] ont usurpé le premier rang, pendant que le fond du sujet n'est plus qu'un très mince accessoire : c'est le canevas des brodeurs[2] que chacun couvre à volonté.

Comment donc est-on parvenu à nous donner ainsi le change? Nos Français, que l'on sait si vifs sur ce qui tient à leurs plaisirs, seraient-ils froids sur celui-ci?

Essayons d'expliquer pourquoi les amateurs les plus zélés (moi le premier) s'ennuient toujours à l'opéra. Voyons pourquoi dans ce spectacle, on compte le poème pour rien, et comment la musique, tout insignifiante qu'elle est lorsqu'elle marche sans appui, nous attache plus que les paroles et la danse plus que la musique. Ce problème, depuis longtemps, avait besoin qu'on l'expliquât : je vais le faire à ma manière.

D'abord, je me suis convaincu que, de la part du public, il n'y a point d'erreur dans ses jugements au spectacle, et qu'il ne peut y en avoir. Déterminé par le plaisir, il le cherche, il le suit[3] partout. S'il lui échappe d'un côté, il tente à le saisir de l'autre. Lassé, dans l'opéra, de n'entendre point les paroles, il se tourne vers la musique : celle-ci, dénuée de l'intérêt du poème, amusant à peine l'oreille, le cède bientôt à la danse, qui de plus amuse les yeux. Dans cette subversion[4] funeste à l'effet théâtral, c'est toujours, comme on voit, le plaisir que l'on cherche : tout le reste est indifférent. Au lieu de m'inspirer un puissant intérêt, si l'opéra ne m'offre qu'un puéril amusement, quel droit a-t-il à mon estime? Le spectateur a donc raison; c'est le spectacle qui a tort.

Boileau écrivait à Racine[5] : « On ne fera jamais un bon opéra. La musique ne sait pas narrer. » Il avait raison pour son temps. Il aurait pu même ajouter : « La musique ne sait pas dialoguer. » On ne se doutait pas alors qu'elle en devînt jamais susceptible.

Dans une lettre de cet homme qui a tout pensé, tout écrit, dans une lettre de Voltaire à Cideville, en 1732[6], on lit ces mots bien remarquables : « L'Opéra n'est qu'un rendez-vous public, où l'on s'assemble à certains jours, sans trop savoir pourquoi; c'est une maison où tout le monde va, quoiqu'on pense mal du maître, et qu'il soit assez ennuyeux. »

Avant lui, La Bruyère avait dit[1] : « On voit bien que l'opéra eſt l'ébauche d'un grand spectacle : il en donne l'idée, mais je ne sais pas comment l'opéra, avec une musique si parfaite et une dépense toute royale, a pu réussir à m'ennuyer. »

Ils disaient librement ce que chacun éprouvait, malgré[a] je ne sais quelle vanité nationale qui portait tout le monde à dissimuler. Quoi ! de la vanité jusque dans l'ennui d'un spectacle ! Je dirais volontiers comme l'abbé Bazile : « Qu'eſt-ce donc qu'on trompe ici ? Tout le monde eſt dans le secret[2] ! »

Quant à moi, qui suis né très sensible aux charmes de la bonne musique, j'ai bien longtemps cherché pourquoi l'opéra m'ennuyait, malgré tant de soins et de frais employés[b] à l'effet contraire, et pourquoi tel morceau détaché qui me charmait au clavecin, reporté du pupitre au grand cadre[3], était près de me fatiguer s'il ne m'ennuyait pas d'abord. Et voici ce que j'ai cru voir.

Il y a trop de musique dans la musique du théâtre, elle en eſt toujours surchargée ; et pour employer l'expression naïve d'un homme juſtement célèbre, du célèbre chevalier Gluck, notre opéra pue[4] de musique : *puzza di musica*.

Je pense donc que la musique d'un opéra n'eſt, comme sa poésie, qu'un nouvel art d'embellir la parole, dont il ne faut point abuser.

Nos poètes dramatiques ont senti que la magnificence des mots, que tout ce luxe poétique dont l'ode se pare avec succès, était un ton trop exalté pour la scène : ils ont tous vu que[c], pour intéresser au théâtre, il fallait adoucir, apaiser cette poésie éblouissante, la rapprocher de la nature, l'intérêt du spectacle exigeant une vérité simple et naïve, incompatible avec ce luxe.

Cette réforme faite, heureusement pour nous, dans la poésie dramatique, nous reſtait à tenter sur la musique du théâtre. Or, s'il eſt vrai, comme on n'en peut douter, que la musique soit à l'opéra ce que les vers sont à la tragédie, une expression plus figurée, une manière seulement plus forte de présenter le sentiment ou la pensée, gardons-nous d'abuser de ce genre d'affectation, de mettre trop de luxe dans cette manière de peindre. Une abondance vicieuse étouffe, éteint la vérité : l'oreille eſt rassasiée et le cœur reſte vide. Sur ce point, j'en appelle à l'expérience de tous.

Mais que sera-ce donc si le musicien orgueilleux, sans goût ou sans génie, veut dominer le poète ou faire de sa musique une œuvre séparée? Le sujet devient ce qu'il peut; on n'y sent plus qu'incohérence d'idées, division d'effets et nullité d'ensemble : car deux effets distincts et séparés ne peuvent concourir à cette unité qu'on désire, et sans laquelle il n'est point de charme au spectacle.

De même qu'un auteur français dit à son traducteur : « Monsieur, êtes-vous d'Italie? Traduisez-moi cette œuvre en italien; mais n'y mettez rien d'étranger », poète d'un opéra, je dirais à mon partenaire[1] : « Ami, vous êtes musicien : traduisez ce poème en musique; mais n'allez pas, comme Pindare, vous égarer dans vos images et chanter Castor et Pollux sur le triomphe[2] d'un athlète; car ce n'est pas d'eux qu'il s'agit. »

Et si mon musicien possède un vrai talent, s'il réfléchit avant d'écrire, il sentira que son devoir, que son succès, consiste à rendre mes pensées dans une langue seulement plus harmonieuse; à leur donner une expression plus forte, et non à faire une œuvre à part. L'imprudent qui veut briller seul n'est qu'un phosphore, un feu follet. Cherche-t-il à vivre sans moi, il ne fait plus que végéter; un orgueil si mal entendu tue son existence et la mienne; il meurt au dernier coup d'archet, et nous précipite à grand bruit du théâtre au fond de l'Érèbe.

Je ne puis assez le redire et je prie qu'on y réfléchisse : trop[a] de musique dans la musique est le défaut de nos grands opéras.

Voilà pourquoi tout y languit. Sitôt que l'acteur chante, la scène se repose (je dis s'il chante pour chanter), et partout où la scène se repose, l'intérêt est anéanti. « Mais, direz-vous, si[3] faut-il bien qu'il chante, puisqu'il n'a pas d'autre idiome? — Oui, mais tâchez que je l'oublie. L'art du compositeur serait d'y parvenir. Qu'il chante le sujet comme on le versifie, uniquement pour le parer; que j'y trouve un charme de plus, non un sujet de distraction.

« Moi[4] qui toujours ai chéri la musique sans inconstance et même sans infidélité, souvent, aux pièces qui m'attachent le plus, je me surprends à pousser de l'épaule, à dire tout bas avec humeur : " Va donc, musique! Pourquoi tant répéter? N'es-tu pas assez lente? Au lieu de narrer vivement, tu rabâches; au lieu de peindre la passion, tu t'accroches oiseusement aux mots! " »

Qu'arrive-t-il de tout cela? Pendant qu'avare de paroles, le poète s'évertue à serrer son style, à bien concentrer sa pensée, si le musicien, au rebours, délaie, allonge les syllabes et les noie dans des fredons[1], leur ôte la force ou le sens, l'un tire à droite, l'autre à gauche, on se sait plus auquel entendre[2] : le triste bâillement[a] me saisit, l'ennui me chasse de la salle.

Que demandons-nous au théâtre ? Qu'il nous procure du plaisir. La réunion de tous les arts charmants devrait certes nous en offrir un des plus vifs à l'opéra ! N'est-ce pas de leur union même que ce spectacle a pris son nom[3] ? Leur déplacement, leur abus, en a fait un séjour d'ennui.

Essayons d'y ramener le plaisir, en les rétablissant dans l'ordre naturel, et sans priver ce grand théâtre d'aucun des avantages qu'il offre ; c'est une belle tâche à remplir. Aux efforts qu'on a faits depuis *Iphigénie*, *Alceste* et le chevalier Gluck[4] pour améliorer ce spectacle, ajoutons quelques observations sur le poème et son amalgame. Posons une saine doctrine ; joignons un exemple au précepte, et tâchons d'entraîner les suffrages par l'heureux concours de tous deux.

Souvenons-nous d'abord qu'un opéra n'est point une tragédie, qu'il n'est point une comédie, qu'il participe de chacune et peut embrasser tous les genres.

Je ne prendrai donc point un sujet qui soit absolument tragique : le ton deviendrait si sévère que les fêtes y tombant des nues en détruiraient tout l'intérêt. Éloignons-nous également d'une intrigue purement comique, où les passions n'ont nul ressort, dont les grands effets sont exclus : l'expression musicale y serait souvent sans noblesse.

Il m'a semblé qu'à l'opéra les sujets historiques devaient moins réussir que les imaginaires.

Faudra-t-il donc traiter des sujets de pure féerie, de ces sujets où le merveilleux, se montrant toujours impossible, nous paraît absurde et choquant ? Mais l'expérience a prouvé que tout ce qu'on dénoue par un coup de baguette ou par l'intervention des dieux nous laisse toujours le cœur vide, et les sujets mythologiques ont tous un peu ce défaut-là. Or, dans mon système d'*opéra*, je ne puis être avare de musique qu'en y prodiguant l'intérêt.

N'oublions pas surtout que la marche lente de la musique s'opposant aux développements, il faut que l'intérêt porte entièrement sur les masses, qu'elles y soient énergiques et claires. Car, si la première éloquence au théâtre est celle de situation[5], c'est surtout dans le drame chanté qu'elle devient indispensable par le besoin pressant d'y suppléer aux mouvements de l'autre éloquence dont on est trop souvent forcé de se priver.

Je penserais donc qu'on doit prendre un milieu entre le merveilleux et le genre historique. J'ai cru m'apercevoir aussi que les mœurs très civilisées étaient trop méthodiques pour y paraître théâtrales. Les mœurs orientales, plus disparates et moins connues, laissent à l'esprit un champ plus libre et me semblent très propres à remplir cet objet.

Partout où règne le despotisme, on conçoit des mœurs bien tranchantes[1]. Là, l'esclavage est près de la grandeur ; l'amour y touche à la férocité, les passions des grands sont sans frein. On peut y voir unie dans le même homme la plus imbécile ignorance à la puissance illimitée, une indigne et lâche faiblesse à la plus dédaigneuse hauteur. Là je vois l'abus du pouvoir se jouer de la vie des hommes, de la pudicité des femmes ; la révolte marcher de front avec l'atroce tyrannie : le despote y fait tout trembler jusqu'à ce qu'il tremble lui-même, et souvent tous les deux se voient en même temps. Ce désordre convient au sujet ; il monte l'imagination du poète, il imprime un trouble à l'esprit qui dispose aux « étrangetés » (selon l'expression de Montagne[2]). Voilà les mœurs qu'il faut à l'opéra, elles nous permettent tous les tons. Le sérail offre aussi tous les genres d'événements ; je puis m'y montrer tour à tour vif, imposant, gai, sérieux, enjoué, terrible ou badin. Les cultes, même orientaux, ont je ne sais quel air magique, je ne sais quoi de *merveilleux*, très propre à subjuguer l'esprit, à nourrir l'intérêt de la scène.

Ah ! si l'on pouvait couronner l'ouvrage d'une grande idée philosophique, même en faire naître le sujet ! je dis qu'un tel amusement ne serait pas sans fruit, que tous les bons esprits nous sauraient gré de ce travail. Pendant que l'esprit de parti, l'ignorance ou l'envie de nuire armeraient la meute aboyante, le public n'en sentirait pas moins qu'un tel essai n'est point une œuvre méprisable. Peut-être irait-il même jusqu'à encourager des hommes d'un plus fort génie à se jeter dans la carrière et à lui présenter un nouveau genre de plaisir digne de la première nation du monde.

Quoi qu'il en puisse être des autres, voici ce qu'il en est de moi. *Tarare* est le nom de mon opéra, mais il n'en est pas le motif. Cette maxime, à la fois consolante et sévère, est le sujet de mon ouvrage :

> *Homme[a] ! ta grandeur, sur la terre,*
> *N'appartient point à ton état :*
> *Elle est toute à ton caractère[3] !*

La dignité de l'homme est donc le point moral que j'ai voulu traiter, le thème que je me suis donné.

Pour mettre en action ce précepte, j'ai imaginé dans Ormus[1], à l'entrée du golfe Persique, deux hommes de l'état le plus opposé, dont l'un comblé, surchargé de puissance, un despote absolu d'Asie, a contre lui seulement un effroyable caractère. *Il est né méchant*, ai-je dit, *voyons s'il sera malheureux.* L'autre, tiré des derniers rangs, dénué de tout, pauvre soldat, n'a reçu qu'un seul bien du ciel, un caractère vertueux. *Peut-il être heureux ici-bas?*

Cherchons seulement un moyen de rapprocher deux hommes si peu faits pour se rencontrer.

Pour animer leurs caractères, soumettons-les au même amour; donnons-leur à tous deux le plus ardent désir de posséder la même femme. Ici le cœur humain est dans son énergie; il doit se montrer sans détour. Opposons passion à passion, mais le vice puissant à la vertu privée de tout, le despotisme sans pudeur à l'influence de l'opinion publique, et voyons ce qui peut sortir d'une telle combinaison d'incidents et de caractères.

Les[a] Français chercheront le motif qui m'a fait donner à mon héros un nom proverbial[2]. Il faut avouer qu'il entre un peu de coquetterie d'auteur dans ceci. J'ai voulu voir si, lui donnant un nom usé qui jetterait dans quelque erreur, qui ferait dire à tous nos bons plaisants que je suis un garçon jovial, et que l'on va bien rire ou de mon opéra ou de moi, quand j'aurai mis sur le théâtre Tarare-Pompon en musique, j'ai voulu, dis-je, voir si, lui donnant un nom insignifiant, je parviendrais à l'élever à un très haut degré d'estime avant la fin de mon ouvrage. Quant au choix du nom de Tarare, il me suffit de dire aux étrangers qu'une tradition assez gaie, le souvenir d'un certain conte, nous rappelle en riant que le nom de Tarare excitait un étonnement dans les auditeurs, qui le faisait répéter à tout le monde aussitôt qu'on le prononçait. Hamilton, auteur de ce conte[3], a tiré très peu de parti d'une bizarrerie qu'il aurait pu rendre plus gaie[4].

Voici, moi, ce que j'en ai fait. De cela seul que la personne de Tarare, en vénération chez le peuple, est odieuse à mon despote, on ne prononce point son nom devant lui sans le mettre en fureur et sans qu'il arrive un grand changement dans la situation des personnages. Ce nom fait toutes mes transitions : avantage précieux pour un genre de spectacle où l'on n'a point de temps à perdre en situations transitoires, où tout doit être chaud d'action, brûlant de marche et d'intérêt.

La musique, cet[a] invincible obstacle aux développements des caractères, ne me permettant point de faire connaître assez mes personnages dans un sujet si loin de nous (connaissance pourtant sans laquelle on ne prend intérêt à rien), m'a fait imaginer un prologue d'un nouveau genre, où tout ce qu'il importe qu'on sache de mon plan et de mes acteurs est tellement présenté que le spectateur entre sans fatigue, par le milieu, dans l'action, avec l'instruction convenable. Ce prologue est l'exposition. Composé d'êtres aériens, d'illusions[1], d'ombres légères, il est la partie merveilleuse du poème, et j'ai prévenu que je ne voulais priver l'opéra d'aucun des avantages qu'il offre. Le merveilleux même est très bon si l'on veut n'en point abuser.

J'ai fait en sorte que l'ouvrage eût la variété qui pouvait le rendre piquant, qu'un acte y reposât de l'autre acte, que chacun eût son caractère. Ainsi le ton élevé, le ton gai, le style tragique ou comique, des fêtes, une musique noble et simple, un grand spectacle et des situations fortes, soutiendront tour à tour, j'espère, et l'intérêt et la curiosité. Le danger toujours imminent de mon principal personnage, sa vertu, sa douce confiance aux divinités du pays, mise en opposition avec la férocité d'un despote et la politique d'un brame, offriront, je crois, des contrastes et beaucoup de moralité.

Malgré tous ces soins, j'aurai tort si j'établis mal dans l'action le précepte qui fait le fond de mon sujet :

Homme[b], ta grandeur, sur la terre,
N'appartient point à ton état :
Elle est toute à ton caractère.

Depuis que l'ouvrage est fini, j'ai trouvé dans un conte arabe quelques situations qui se rapprochent de *Tarare* ; elles m'ont rappelé qu'autrefois j'avais entendu lire ce conte à la campagne. Heureux, disais-je en le feuilletant de nouveau, d'avoir eu si faible mémoire ! Ce qui m'est resté du conte a son prix ; le reste était impraticable. Si le lecteur fait comme moi, s'il a la patience de lire le volume III des *Génies*[2], il verra ce qui m'appartient, ce que je dois au conte arabe, comment le souvenir confus d'un objet qui nous a frappés se fertilise dans l'esprit, peut fermenter dans la mémoire sans qu'on en soit même averti.

Mais ce[c] qui m'appartient moins encore est la belle

musique de mon ami Salieri. Ce grand compositeur, l'honneur de l'école de Gluck, ayant le style du grand maître, avait reçu de la nature un sens exquis, un esprit juste, le talent le plus dramatique avec une fécondité presque unique. Il a eu la vertu de renoncer, pour me complaire, à une foule de beautés musicales dont son opéra scintillait, uniquement parce qu'elles allongeaient la scène, qu'elles « alanguissaient[1] » l'action; mais la couleur mâle, énergique, le ton rapide et fier de l'ouvrage le dédommageront bien de tant de sacrifices.

Cet homme de génie, si méconnu, si dédaigné pour son bel opéra des *Horaces*, a répondu d'avance dans *Tarare* à cette objection qu'on fera que mon poème est peu lyrique. Aussi n'est-ce pas là l'objet que nous cherchions, mais seulement à faire une musique dramatique. « Mon ami, lui disais-je, amollir des pensées, efféminer des phrases pour les rendre plus musicales est la vraie source des abus qui nous ont gâté l'opéra. Osons élever la musique à la hauteur d'un poème nerveux et très fortement intrigué, nous lui rendrons toute sa noblesse, nous atteindrons peut-être à ces grands effets tant vantés des anciens spectacles des Grecs[2]. » Voilà les travaux ambitieux qui nous ont pris plus d'années[a 3]. Et je le dis sincèrement, je ne me serais soumis pour aucune considération à sortir de mon cabinet pour faire avec un homme ordinaire un travail qui est devenu[b], par M. Salieri, le délassement de mes soirées, souvent un plaisir délectable.

Nos discussions, je crois, auraient formé une très bonne poétique à l'usage de l'opéra, car M. Salieri est né poète, et je suis un peu musicien. Jamais peut-être on ne réussira sans le concours de toutes ces choses.

Si la partie qu'on nomme récitante[4], si la scène, en un mot, n'est pas aussi simple à *Tarare* que mon système l'exigeait, la raison qu'il m'en donne est si juste que je veux la transmettre ici.

Sans doute on ne peut trop simplifier la scène, a-t-il dit, mais la voix humaine, en parlant, procède par des gradations de tons presque impossibles à saisir, par quart, sixième ou huitième de tons, et, dans le système harmonique, on n'écrit pour la voix que sur l'intervalle en rigueur des tons entiers et des demi-tons; le reste dépend des acteurs : obtenez d'eux qu'ils vous secondent. Ma phrase musicale est posée dans la règle austère de l'art; mais vous me dites sans cesse que dans la comédie le plus grand talent d'un acteur est de faire oublier les vers en en conservant la mesure. Eh bien! nos bons chanteurs seront des comédiens quand ils auront vaincu cette difficulté.

Simplifier le chant du récit sans contrarier l'harmonie, le rapprocher de la parole, est[a] donc le vrai travail de nos répétitions, et je me loue publiquement des efforts de tous nos chanteurs. À moins de parler tout à fait, le musicien n'a pu mieux faire ; et parler tout à fait eût[b] privé la scène des renforcements énergiques que ce compositeur habile a soin de jeter dans l'orchestre à tous les intervalles possibles.

Orchestre de notre opéra ! noble acteur dans le système de Gluck, de Salieri, dans le mien ! vous n'exprimeriez que du bruit si vous étouffiez la parole, et c'est du sentiment que votre gloire est d'exprimer.

Vous l'avez senti comme moi. Mais, si j'ai obtenu de mon compositeur que, par une variété constante, il partageât notre œuvre en deux, que la musique reposât du poème, et le poème de la musique, l'orchestre et le chanteur, sous peine d'ennuyer, doivent signer entre eux la même capitulation[1]. Si l'âme du musicien est entrée dans l'âme du poète, l'a en quelque sorte épousée, toutes les parties exécutantes doivent s'entendre et s'attendre de même, sans se croiser, sans s'étouffer. De leur union sortira le plaisir : l'ennui vient de leur prétention.

Le meilleur orchestre possible, eût-il à rendre les plus grands effets, dès qu'il couvre la voix, détruit tout le plaisir. Il en est alors du spectacle comme d'un beau visage éteint par des monceaux de diamants : c'est éblouir, et non intéresser. D'où l'on voit que le projet qui nous a constamment occupés a été d'essayer de rendre au plus grand spectacle du monde les seules beautés qui lui manquent : une marche rapide, un intérêt vif et pressant, surtout l'honneur d'être entendu.

Deux maximes fort courtes ont composé, dans nos répétitions, ma doctrine pour ce théâtre. À nos acteurs pleins de bonne volonté je n'ai proposé qu'un précepte : PRONONCEZ BIEN. Au premier orchestre du monde j'ai dit seulement ces deux mots : APAISEZ-VOUS. Ceci bien compris, bien saisi, nous rendra dignes, ai-je ajouté, de toute l'attention publique. Mais, me dira quelqu'un, si nous n'entendons rien, que voulez-vous donc qu'on écoute ? Messieurs, on entend tout au spectacle où l'on parle, et l'on n'entendrait rien au spectacle où l'on chante ! Oubliez-vous qu'ici chanter n'est que parler plus fort, plus harmonieusement ? Qui[2] donc vous assourdit l'oreille ? est-ce l'empâtement des voix ou le trop grand bruit de l'orchestre? *Prononcez bien*, *apaisez-vous*, sont pour l'orchestre et les acteurs le premier remède à ce mal.

Mais j'ai découvert un secret que je dois vous communiquer. J'ai trouvé la grande raison qui fait qu'on n'entend rien à l'Opéra. La dirai-je, messieurs? *C'est qu'on n'écoute pas*. Le peu d'intérêt, je le veux, a causé cette inattention. Mais dans plusieurs ouvrages modernes, tous remplis d'excellentes choses, j'ai très bien remarqué[a] que des moments heureux subjuguaient l'attention publique. Et moi, que j'en sois digne ou non, je la demande tout entière pour le premier jour de *Tarare*; et qu'un bruit infernal venge après le public, si je m'en suis rendu indigne.

Me jugerez-vous sans m'entendre? Ah! laissez ce triste avantage aux affiches[1] du lendemain, qui souvent sont faites la veille[b].

Est-ce trop exiger de vous, pour un travail de trois années, que trois heures d'une franche attention? Accordez-les-moi, je vous prie. Je prie surtout mes ennemis de prendre cet avantage sur moi, et c'est pour eux seuls que j'en parle. S'ils me laissent la moindre excuse à la première séance, ils peuvent bien compter que j'en abuserai pour me relever dans les autres. Leur intérêt est que je tombe, et non de me faire tomber.

On dit que les journaux ont l'injonction de[c] ménager l'opéra dans leurs feuilles[d] ; j'aurais une bien triste opinion de leur crédit s'ils n'obtenaient pas tous des[e] dispenses contre *Tarare*!

En tout cas, reste[f] la ressource intarissable des lettres anonymes, des épigrammes, des libelles; celle des invectives imprimées, jetées par milliers dans nos salles[2]. Qui sait même si, dans le temple des Muses, des lettres et du goût, au centre de la politesse[3], un orateur bien éloquent, regardant de travers *Tarare*, ne trouvera pas un moyen ingénieux d'écraser l'auteur et l'ouvrage, à ne s'en jamais relever, comme il est advenu de l'infortuné *Figaro*[g], qui depuis un tel anathème[4], n'a eu que des jours malheureux, une vieillesse languissante!

Tous ces moyens de nuire sont bons, efficaces, usités. La haine affamée s'en nourrit, la malignité les réclame, notre urbanité les tolère, l'auteur en rit ou s'en afflige, la pièce chemine ou s'arrête, et tout rentre à la fin dans l'ordre accoutumé de l'oubli : c'est là le dernier des malheurs.

Puissent le goût public[h] et l'acharnement de la haine nous en préserver quelque temps! Puissent les bons esprits de la littérature adopter mes principes et faire mieux que moi! Mes amis savent bien si j'en serai jaloux ou si j'irai les embrasser. Oui, je le ferai de grand cœur, heureux, ô mes contemporains, d'avoir, au champ de vos plaisirs, pu tracer un léger sillon que d'autres vont fertiliser[1]!

Voilà ma doctrine sur l'opéra, telle que je la lisais et l'avais écrite pour être publiée avant qu'on jouât *Tarare*. La situation très austère où l'on m'a subitement jeté[2] me l'aurait fait supprimer tout à fait, si une cinquantaine d'exemplaires, distribués entre mes amis, n'en rendaient pas la suppression inutile.

J'apprends qu'une de ces plumes mercenaires qui défigurent tout ce qu'elles touchent, s'apprête à en donner la plus infidèle analyse[3], ce qui m'oblige de la joindre à la seconde édition de *Tarare*.

À travers les mille et une injures[a] que cet ouvrage m'a values, j'ai reçu quelques vers qui me consoleraient si j'étais affligé. Entre autres morceaux tous remplis de talents, l'apologue qui suit est si vrai, si philosophique et si juste, que je n'ai pu m'empêcher de lui donner place en ce lieu.

APOLOGUE

À L'AUTEUR DE « TARARE »

Un bon homme un soir cheminant,
Passait à côté d'un village;
Un chien aboie, un autre en fait autant :
Tous les mâtins du bourg hurlent au même instant.
« Pourquoi, leur dit quelqu'un, pourquoi tout ce tapage? »
Nul d'eux n'en savait rien; tous criaient cependant.
Des publiques clameurs c'est la fidèle image;
On répète au hasard les discours qu'on entend.
Au hasard on s'agite, on blâme, on injurie;
On ne sait pas pourquoi l'on crie.
Le sage, direz-vous, méprise ces propos,
Tenus par des méchants, répétés par des sots;
Le sage quelquefois les paya de sa vie.
Socrate fut empoisonné,
Aristide à l'exil fut par eux condamné;
Ils ont forcé Voltaire à sortir de la France,
Ils ont réduit Racine à quinze ans de silence[4].

On leur résiste quelque temps;
Leur fureur à la fin détruit tous les talents.
Demandez[a] à la Grèce, à Rome, à l'Italie :
Ils ont dans ces climats, jadis si florissants,
Fait renaître la barbarie.

Par M***[b].

TARARE[a]

Opéra en cinq actes

ACTEURS ET ACTRICES CHANTANT DANS LES CHŒURS[1]

CÔTÉ DU ROI

Coryphées

Mlles

Girardin
Em. Gavaudan

Dessus

Mlles

Dubuisson
Rouxelin
Garus
Charmoy
Le Clerc
St-Jame
Delaigle
Defrenneville
Marinville
Méziere c[adette]
Delacroix

Basses-tailles

MM.

Péré
Martin
Le Grand
Poussez
Tourvoys
Cochoix
Huby

Hautes-contre

MM.

Cavallier
Jouve
Jalaguier
Moulin
Duchamp
Delboy
Débeirk
Bourbier
Ramey

CÔTÉ DE LA REINE

Coryphées

Mlles

Taunat
Joséphine

Dessus

Mlles

Derozières
D'Hautrive
Launer
Macker
Sanctus
Beaumont
Davide
Aurore
Breffort
Clozet

Basses-tailles

MM.

Larlat
Rey
Le Coq
Duplessier
Martineau
Chapelot

Tailles

MM.

Cléret
Tacusset
Delory
Fagnan
Bouvard
Joinville
Le Roux l['aîné]
Le Roux c[adet]
Guithard
Rouen

PERSONNAGES DANSANT

PROLOGUE

VENTS

MM. Coulon, Gainetez, Le Bœuf, Flin, Milon,
Dupin, Poinon, Jacotot.

OMBRES

M. Huart, Mlle Deligny.
MM. Deshayes c[adet], Fanfan. Mlles Augustine, Béguin c[adette].
MM. Caster, Clerget, Blanche, Béguin, Deschamps, Richard.
Mlles Courtois, Dancourt, Meziere, Barré, Barbier, Bourgouin.

PETITS ZÉPHYRS

MM. Petit, Aimée, Despager, Dossion.

ACTE TROISIÈME

SEIGNEURS FRANÇAIS

M. Gardel, Mlle Saulnier.
MM. Poinon, Jacotot, Saulnier, L'Huillier.
Mlles Bigotini, Courtois, Dancourt, Puisieux.

BERGERS GALANTS

M. Vestris, Mlle Guimard.

BERGERS DE QUALITÉ

M. Nivelon, Mlle Miller.
MM. Delahaye, Deschamps, Henry, Bozon.
Mlles Meziere, La Coste, Lécrivain, Jacotot.

PÂTRES

M. Laurent, Mlle Langlois.
MM. Coulon, Barré, Largiere, Boyer.
Mlles Siville, Denise, Laborie, Prault.

VIEILLARDS DE QUALITÉ

MM. Simonet, Le Bel, Milon, Dupin.

VIEILLES COQUETTES

Mlles Masson, Le Clerc, Vanloo, Esther.

JEUNES GENS DE LA COUR, *très fatigués.*
MM. Siville, Gainetez, Le Bœuf, Flin.

JEUNES FILLES *timides.*
Mlles Bernard, Dorival, Beaujon, Bourgouin.

ACTEURS DU PROLOGUE

LE GÉNIE de la reproduction des êtres, ou LA NATURE	Mlle Joinville.
LE GÉNIE DU FEU, qui préside au Soleil, amant de la Nature	M. Chardini.
L'OMBRE D'ATAR, roi d'Ormus	M. Chéron.
L'OMBRE DE TARARE, soldat	M. Lainez.
L'OMBRE D'ALTAMORT, général d'armée	M. Châteaufort.
L'OMBRE D'ARTHENÉE, grand-prêtre de Brama	M. Adrien.
L'OMBRE D'URSON, capitaine des gardes d'Atar	M. Moreau.
L'OMBRE D'ASTASIE, femme de Tarare	Mlle Maillard.
L'OMBRE DE SPINETTE, esclave du sérail	Mlle Gavaudan, c[adette].
L'OMBRE DE CALPIGI	M. Rousseau.
UNE OMBRE FEMELLE	Mlle Gavaudan, l['aînée].

FOULE D'OMBRES des deux sexes, composée de tout ce qui paraîtra dans la pièce.

PROLOGUE[1] DE « TARARE »

SCÈNE PREMIÈRE

LA NATURE ET LES VENTS DÉCHAÎNÉS

L'ouverture fait entendre un bruit violent dans les airs, un choc terrible de tous les éléments. La toile, en se levant, ne montre que des nuages qui roulent, se déchirent et laissent voir les vents déchaînés; ils forment, en tourbillonnant, des danses de la plus violente agitation.

LA NATURE *s'avance au milieu d'eux, une baguette à la main, ornée de tous les attributs qui la caractérisent, et leur dit impérieusement :*

C'est assez troubler l'univers;
Vents furieux, cessez d'agiter l'air et l'onde.
C'est assez, reprenez vos fers :
Que le seul zéphyr règne au monde.

L'ouverture, le bruit et le mouvement continuent.

CHŒUR DES VENTS *déchaînés.*

Ne tourmentons plus l'univers;
Cessons d'agiter l'air et l'onde.
Malheureux! reprenons nos fers;
L'heureux zéphyr seul règne au monde.

Ils se précipitent dans les nuages inférieurs. Le zéphyr s'élève dans les airs. L'ouverture et le bruit s'apaisent par degrés, les nuages se dissipent; tout devient harmonieux et calme. On voit une campagne superbe, et le Génie du Feu descend dans un nuage brillant, du côté de l'orient.

SCÈNE II

LE GÉNIE DU FEU, LA NATURE

LE GÉNIE DU FEU

De l'orbe éclatant du soleil,
Admirant des cieux la structure,
Je vous ai vue, belle Nature,
Disposer sur la terre un superbe appareil.

LA NATURE

Génie ardent de la sphère enflammée,
Par qui la mienne est animée,
À mes travaux donnez quelques moments.
Des générations passées[a],
Dans l'immensité dispersées,
Je rassemble les éléments,
Pour en former une race prochaine[1]
De la risible espèce humaine[b],
Aux dépens des êtres vivants.

LE GÉNIE DU FEU

Ce pouvoir absolu que vous avez sur elle[a],
L'exercez-vous aussi sur les individus?

LA NATURE

Oui, si je descendais à quelques soins perdus[1]!
Mais, pour moi, qu'est une parcelle,
À travers ces foules d'humains
Que je répands à pleines mains
Sur cette terre, pour y naître,
Briller un instant, disparaître,
Laissant à des hommes nouveaux
Pressés comme eux, dans la carrière,
De main en main, les courts flambeaux
De leur existence éphémère?

LE GÉNIE DU FEU

Au moins, vous employez des éléments plus purs
Pour former les puissants et les grands d'un empire?

LA NATURE

C'est leur langage, il faut bien en sourire :
Un noble orgueil les en rend presque sûrs.
Mais voyez comme la Nature[b]
Les verse par milliers, sans choix et sans mesure.

Elle fait une espèce de conjuration :

Froids humains, non encor vivants[c],
Atomes perdus dans l'espace,
Que chacun de vos éléments
Se rapproche et prenne sa place,
Suivant l'ordre, la pesanteur
Et toutes les lois immuables
Que l'éternel dispensateur
Impose aux êtres vos semblables.
Humains non encore existants,
À mes yeux paraissez vivants.

Une foule d'ombres des deux sexes s'élève de toutes parts, vêtue uniformément en blanc, au bruit d'une symphonie très douce, et forme des danses lentes et froides, en marquant la plus vive émotion de ce qu'elles sentent, voient et entendent; puis un chœur à demi-voix sort du milieu d'elles.

SCÈNE III

LE GÉNIE DU FEU, LA NATURE, FOULE D'OMBRES DES DEUX SEXES

CHŒUR D'OMBRES;
d'autres ombres dansent sur l'air du chœur.

Quel charme inconnu nous attire?
Nos cœurs en sont épanouis.
D'un plaisir vague je soupire;
Je veux l'exprimer, je ne puis.
En jouissant, je sens que je désire;
En désirant, je sens que je jouis.
Quel charme inconnu nous attire?
Nos cœurs en sont épanouis.

LE GÉNIE DU FEU, *à la Nature.*

Privés des doux liens que donne la naissance,
Quels seront leurs rangs et leurs soins[1] ?
Et comment pourvoir aux besoins
D'une aussi soudaine croissance?

LA NATURE

J'amuse vos yeux un moment
De leur forme prématurée;
S'ils pouvaient aimer seulement,
Vous reverriez le règne heureux d'Astrée[2].

LE GÉNIE DU FEU

Quel intérêt peut les occuper tous?

LA NATURE

Nul, je crois.

LE GÉNIE DU FEU[a], *s'adressant aux ombres.*

Qu'êtes-vous et que demandez-vous?

L'OMBRE D'ALTAMORT

Nous ne demandons pas : nous sommes.

LE GÉNIE DU FEU

Qui vous a mis au rang des hommes?

L'OMBRE D'URSON

Qui l'a voulu; que nous importe à nous?

LE GÉNIE DU FEU

Comme ils sont froids, sans passions, sans goûts!
Que leur ignorance est profonde!

LA NATURE

Ah! je les ai formés sans vous.
Brillant Soleil, en vain la Nature est féconde;
Sans un rayon de votre feu sacré,
Mon œuvre est morte, et son but égaré.

LE GÉNIE DU FEU

Gloire à l'éternelle Sagesse,
Qui, créant l'immortel amour,
Voulut que, par sa seule ivresse,
L'être sensible obtînt le jour.
Ah! si ma flamme ardente et pure
N'eût pas embrasé votre sein,
Stérile amant de la Nature,
J'eusse été formé sans dessein.

En duo :

Gloire à l'éternelle Sagesse, *etc.*

LE GÉNIE DU FEU

Un mot encor; c'est une ombre femelle.

À l'ombre :

Aimable enfant, voulez-vous être belle?

L'OMBRE

Belle!

LE GÉNIE DU FEU

Vous rougissez!

L'OMBRE

Suis-je donc sans appas?

LE GÉNIE DU FEU

Son instinct la trahit mais ne la trompe pas.

LA NATURE, *souriant.*

Il peut au moins la compromettre.

LE GÉNIE DU FEU, *à l'ombre de Spinette.*

Et vous dont les regards causeront cent débats?

L'OMBRE, *avec feu.*

Je voudrais... Je voudrais... Je voudrais tout soumettre.

LE GÉNIE DU FEU

Ô Nature!

LA NATURE, *souriant.*

J'ai tort; devant vous j'ai trahi
Sur ses plus doux secrets mon sexe favori.

LE GÉNIE DU FEU, *à l'ombre d'Astasie.*

Mais vous, jeune beauté, qui semblez animée,
Voudriez-vous à tous donner aussi la loi?

L'OMBRE

Que je sois seulement aimée!
Il n'est que ce bonheur pour moi.

LA NATURE

Tu le seras, sous le nom d'Astasie,
Et Tarare obtiendra ta foi.

L'OMBRE, *émue, la main sur son cœur.*

Tarare!

LA NATURE

Je te fais un sort digne d'envie.

L'OMBRE

Je n'en sais rien.

LA NATURE

Moi, je le sais pour toi.

LE GÉNIE DU FEU

Voyez quelle rougeur à ce nom l'a saisie!

LA NATURE, *au Génie*[a].

Qu'un jeune cœur malaisément
Voile son trouble au doux moment
Où l'amour va s'en rendre maître!
Moi-même, après de longs hivers,
Quand vous ranimez l'univers,
Mes premiers soupirs font renaître
Les fleurs qui parfument les airs.

LE GÉNIE DU FEU,
montrant les deux ombres d'Atar et de Tarare.

Que sont ces deux superbes ombres[b],
Qui semblent menacer, taciturnes et sombres?

LA NATURE

Rien; mais dites un mot; assignant[1] leur état,
Je fais un roi de l'une, et de l'autre un soldat.

LE GÉNIE DU FEU

Permettez; ce grand choix les touchera peut-être.

LA NATURE

J'en doute.

LE GÉNIE DU FEU, *aux deux ombres.*

Un de vous deux est roi : lequel veut l'être?

L'OMBRE D'ATAR

Roi?

L'OMBRE DE TARARE

Roi?

TOUS DEUX

Je ne m'y sens aucun empressement.

LA NATURE

Enfants, il vous manque de naître,
Pour penser bien différemment.

LE GÉNIE DU FEU *les examine.*

Mon œil, entre eux, cherche un roi préférable ;
Mais que je crains mon jugement !
Nature, l'erreur d'un moment
Peut rendre un siècle misérable !

LA NATURE, *aux deux ombres.*

Futurs mortels, prosternez-vous :
Avec respect attendez en silence
Le rang qu'avant votre naissance
Vous allez recevoir de nous.

Les deux ombres se prosternent, et, pendant que le Génie hésite dans son choix, toutes les ombres curieuses chantent le chœur suivant, en les enveloppant.

CHŒUR DES OMBRES

Quittons nos jeux, accourons tous :
Deux de nos frères à genoux
Reçoivent l'arrêt de leur vie.

LE GÉNIE DU FEU *impose les mains à l'une des deux ombres.*

Sois l'empereur Atar ; despote de l'Asie,
Règne à ton gré dans le palais d'Ormus.

À l'autre ombre :

Et toi, soldat, formé de parents inconnus,
Gémis longtemps de notre fantaisie.

LA NATURE

Vous l'avez fait soldat ; mais n'allez pas plus loin ;
C'est Tarare. Bientôt vous serez le témoin
De leur dissemblance future.

Aux deux ombres :

Enfants, embrassez-vous : égaux par la nature,
Que vous en serez loin dans la société !
De la grandeur altière à l'humble pauvreté,
Cet intervalle immense est désormais le vôtre ;
À moins que de Brama la puissante bonté,
Par un décret prémédité,
Ne vous rapproche l'un de l'autre,
Pour l'exemple des rois et de l'humanité.

QUATRE OMBRES PRINCIPALES EN CHŒUR

Ô bienfaisante Déité[1] !
Ne souffrez pas que rien altère
Notre touchante égalité,
Qu'un homme commande à son frère !

TOUTES LES OMBRES EN CHŒUR

Ô bienfaisante Déité !
Ne souffrez pas que rien altère
Notre touchante égalité,
Qu'un homme commande à son frère !

L'ombre d'Atar seule ne chante pas, et s'éloigne avec hauteur; le Génie du Feu la fait remarquer à la Nature.

LA NATURE, *au Génie du Feu.*

C'est assez. Éteignons en eux
Ce germe d'une grande idée,
Faite pour des climats et des temps plus heureux.

À toutes les ombres :

Tels qu'une vapeur élancée,
Par le froid en eau condensée,
Tombe et se perd dans l'océan,
Futurs mortels, rentrez dans le néant.
Disparaissez.

Au Génie[a] du Feu :

Et nous, dont l'essence profonde
Dévore l'espace et le temps,
Laissons en un clin d'œil écouler quarante ans;
Et voyons-les agir sur la scène du monde.

La Nature et le Génie du Feu s'élèvent dans les nuages dont la masse redescend et couvre toute la scène.

CHŒUR D'ESPRITS AÉRIENS

Gloire à l'éternelle Sagesse,
Qui, créant l'immortel amour,
Voulut que, par sa seule ivresse,
L'être sensible obtînt le jour !

FIN DU PROLOGUE

ACTEURS

LE GÉNIE qui préside à la Reproduction des êtres, ou LA NATURE	Mlle Joinville.
LE GÉNIE DU FEU, qui préside au Soleil, amant de la Nature	M. Chardini.
ATAR, roi d'Ormus, homme féroce et sans frein	M. Chéron.
TARARE, soldat à son service, révéré pour ses grandes vertus	M. Lainez.
ASTASIE, femme de Tarare, épouse aussi tendre que pieuse	Mlle Maillard.
ARTHENÉE, grand-prêtre de Brama, mécréant[1] dévoré d'orgueil et d'ambition	M. Chardini.
ALTAMORT, général d'armée, fils du grand-prêtre, jeune homme imprudent et fougueux	M. Châteaufort.
URSON, capitaine des gardes d'Atar, homme brave et plein d'honneur	M. Moreau.
CALPIGI[2], chef des eunuques, esclave européen, chanteur sorti des chapelles d'Italie	M. Rousseau.
SPINETTE, esclave européanne[3], femme de Calpigi, cantatrice napolitaine, intrigante et coquette	Mlle Gavaudan, c[adette].
ÉLAMIR, jeune enfant des Augures, naïf et très dévoué	M. Carbonnel[4].
PRÊTRE DE BRAMA UN ESCLAVE UN EUNUQUE	M. Le Roux, c[adet].
UNE BERGÈRE	Mlle Gavaudan, l['aînée].
UN PAYSAN	M. Dessaules.

VIZIRS.
ÉMIRS.
PRÊTRES DE LA VIE, en blanc.
PRÊTRES DE LA MORT, en noir.
ESCLAVES des deux sexes du sérail.
MILICE de la garde d'Atar.
SOLDATS.
PEUPLE NOMBREUX.

La scène est dans le palais d'Atar, dans le temple de Brama, sur la place de la ville d'Ormus, en Asie, près du golfe Persique[5].

ACTE PREMIER[a]

Nouvelle ouverture, d'un genre absolument différent de la première. Les nuages qui couvrent le théâtre s'élèvent; on voit une salle du palais d'Atar.

SCÈNE PREMIÈRE

ATAR[b], CALPIGI

ATAR, *en entrant, violemment.*

Laisse-moi, Calpigi!

CALPIGI

La fureur vous égare.
Mon maître! ô roi d'Ormus! grâce, grâce à Tarare!

ATAR[c]

Tarare! encor Tarare! Un nom abject et bas
Pour ton organe impur a donc bien des appas?

CALPIGI

Quand sa troupe nous prit, au fond d'un antre sombre,
Je défendais mes jours contre ces inhumains.
Blessé, prêt à périr[1], accablé par le nombre,
Cet homme généreux m'arracha de leurs mains.
Je lui dois d'être à vous : Seigneur, faites-lui grâce.

ATAR

Qui? moi? je souffrirais qu'un soldat eût l'audace
D'être toujours heureux, quand son roi ne l'est pas!

CALPIGI

À travers le torrent d'Arsace[2],
Il vous a sauvé du trépas,
Et vous l'avez nommé chef de votre milice.

ATAR[a]

Ah! combien je l'ai regretté!
Son orgueilleuse humilité,
Le respect d'un peuple hébété,
Son air, jusqu'à son nom... Cet homme est mon supplice.
Où trouve-t-il, dis-moi, cette félicité?
Est-ce dans le travail, ou dans la pauvreté?

CALPIGI

Dans son devoir. Il sert avec simplicité
Le ciel, les malheureux, la patrie, et son maître.

ATAR[b]

Lui? c'est un humble fastueux,
Dont l'orgueil est de le paraître :
L'honneur d'être cru vertueux
Lui tient lieu du bonheur de l'être.
Il n'a jamais trompé mes yeux!

CALPIGI

Vous tromper, lui, Tarare?

ATAR

Ici la loi des brames
Permet à tous un grand nombre de femmes;
Il n'en a qu'une et s'en croit plus heureux.
Mais nous l'aurons, cet objet de ses vœux;
En la perdant il gémira peut-être.

CALPIGI

Il en mourra!

ATAR

Tant mieux. Oui, le fils du grand-prêtre,
Altamort, a reçu mon ordre cette nuit.
Il vole à la rive opposée,
Avec sa troupe déguisée :
En son absence, il va dévaster son réduit[1].
Il ravira surtout son Astasie,
Ce miracle, dit-on, des beautés de l'Asie.

CALPIGI

Eh! quel est donc son crime, hélas?

ATAR

D'être heureux, Calpigi, quand son roi ne l'est pas;
De faire partout ses conquêtes
Des cœurs que j'avais autrefois...

CALPIGI

Ah! pour tourner toutes les têtes,
Il faut si peu de chose aux rois!

ATAR

D'avoir, par un manège habile,
Entraîné le peuple imbécile.

CALPIGI

Il est vrai, son nom adoré,
Dans la bouche de tout le monde,
Est un proverbe révéré.
Parle-t-on des fureurs de l'onde,
Ou du fléau le plus fatal,
Tarare! est l'écho général :
Comme si ce nom secourable
Éloignait, rendait incroyable
Le mal, hélas! le plus certain...

ATAR, *en colère.*

Finiras-tu, méprisable chrétien?
Eunuque vil et détestable,
La mort devrait...

CALPIGI

La mort, la mort, toujours la mort!
Ce mot éternel me désole :
Terminez une fois mon sort,
Et puis cherchez qui vous console
Du triste ennui de la satiété,
De l'oisiveté,
De la royauté.

Il s'éloigne.

ATAR

Je punirai cet excès d'arrogance.

SCÈNE II

LES PRÉCÉDENTS, ALTAMORT

ATAR

Mais qu'annonce Altamort à mon impatience?

ALTAMORT

Mon maître eſt obéi; tout eſt fait, rien n'eſt su.

ATAR

Aſtasie?

ALTAMORT

Eſt à toi, sans qu'on m'ait aperçu,
Sans qu'elle ait deviné qui la veut, qui l'enlève.

ATAR

Au rang de mes vizirs, Altamort, je t'élève.

À Calpigi :

Pour la bien recevoir sont-ils tous préparés?
Le sérail eſt-il prêt, les jardins décorés,
Calpigi?

CALPIGI

Tout, Seigneur.

ATAR

Qu'une superbe fête,
Demain, de ma grandeur enivre ma conquête.

CALPIGI

Demain? Le terme eſt court.

ATAR, *en colère.*

Malheureux!

CALPIGI, *vite.*

Vous l'aurez.

ATAR

J'ai parlé : tu m'entends ? S'il manque quelque chose...

CALPIGI

Manquer ! chacun sait trop à quel mal il s'expose.

SCÈNE III

TOUS LES ACTEURS PRÉCÉDENTS, SPINETTE, ODALISQUES, ESCLAVES DU SÉRAIL DES DEUX SEXES

Tout le sérail entre et se range en haie ; quatre esclaves noirs portent Astasie couverte d'un grand voile noir, de la tête aux pieds. On la dépose au milieu de la salle.

CHŒUR D'ESCLAVES DU SÉRAIL
On danse pendant le chœur.

Dans les plus beaux lieux de l'Asie,
Avec la suprême grandeur
L'amour met aux pieds d'Astasie
Tout ce qui donne le bonheur.
Ce n'est point dans l'humble retraite
Qu'un cœur généreux le ressent ;
Et la beauté la plus parfaite
Doit régner sur le plus puissant.

On la dévoile.

ATAR

Que tout s'abaisse devant elle.

On se prosterne.

ASTASIE

Ô sort affreux, dont l'horreur me poursuit !
Du sein d'une profonde nuit,
Quelle clarté triste et nouvelle !...
Où suis-je ? Tout mon corps chancelle.

SPINETTE

Dans le palais d'Atar.

ATAR

Calpigi, qu'elle eﬅ belle !

ASTASIE, *se levant.*

Dans le palais d'Atar ! Ah ! quelle indignité !

ATAR *s'approche.*

D'Atar qui vous adore.

ASTASIE

Et c'eﬅ la récompense,
Ô mon époux ! de ta fidélité !

ATAR

Mes bienfaits laveront cette légère offense.

ASTASIE

Quoi, cruel ! par cet attentat,
Vous payez la foi d'un soldat
Qui vous a conservé la vie !
Vous lui ravissez Aﬅasie !

Levant les mains au ciel.

Grand Dieu ! ton pouvoir infini
Laissera-t-il donc impuni
Ce crime atroce d'un parjure
Et la plus odieuse injure !
Ô Brama ! Dieu vengeur !...

Elle s'évanouit. Des femmes la soutiennent. On l'assied.

CALPIGI

Quel effrayant transport !

UN ESCLAVE, *accourant.*

Le voile de la mort a couvert sa paupière.

ATAR, *tirant son poignard.*

Quoi ! malheureux, tu m'annonces sa mort !
Meurs toi-même.

Il le poignarde. Courant vers Aﬅasie.*

* Lisez Chardin[1] et les autres voyageurs[a].

Et vous tous, rendez à la lumière
L'objet de mon funeste amour.
À sa douleur tremblez qu'il ne succombe;
Répondez-moi de son retour,
Ou je lui fais de tous une horrible hécatombe.

ASTASIE, *revenant à elle, aperçoit l'esclave renversé, qu'on enlève.*

Dieux! quel spectacle a glacé mes esprits!

ATAR

Je suis heureux, vous êtes ranimée.
Un lâche esclave par ses cris
M'alarmait sur ma bien-aimée;
De son vil sang la terre est arrosée :
Un coup de poignard est le prix
De la frayeur qu'il m'a causée.

ASTASIE, *joignant les mains.*

Ô Tarare! ô Brama! Brama!

Elle retombe; on l'assied.

ATAR

Dans le sérail qu'on la transporte;
Que cent eunuques, à sa porte,
Attendent les ordres d'Irza*.
C'est le doux nom qu'à ma belle j'impose;
C'est mon Irza, plus fraîche que la rose
Que je tenais lorsqu'elle m'embrasa.

Les esclaves noirs portent Astasie dans le sérail; tous la suivent.

* Le nom d'*Irza* signifie : *La plus belle fleur des plus belles fleurs écloses aux premiers soleils de l'Orient et de l'Asie*, tant les langues orientales ont d'avantages sur les nôtres. Lisez *Les Mille et Une Nuits*[1] et tous les contes arabes.

SCÈNE IV

ATAR, CALPIGI, ALTAMORT, SPINETTE

CALPIGI, *au sultan.*

Qui voulez-vous, Seigneur, auprès d'elle qu'on mette?

ATAR

L'Européanne; allez.

CALPIGI

L'intrigante Spinette?

ATAR[a]

Elle-même.

CALPIGI

En effet, nulle ici ne sait mieux
Comment il faut réduire un cœur né scrupuleux.

SPINETTE, *au roi.*

Oui, Seigneur, je veux la réduire,
Vous livrer son cœur et l'instruire
Du respect, du retour, qu'elle doit à vos feux.

Montrant Calpigi :

Et... si ce grand succès consterne
Le chef... puissant qui nous gouverne,
Mon maître appréciera le zèle de tous deux.

ATAR

Je l'enchaîne à tes pieds si tu remplis mes vœux.

Spinette et Calpigi sortent en se menaçant.

SCÈNE V

URSON, ATAR, ALTAMORT, ESCLAVES

URSON

Seigneur, c'est ce guerrier, du peuple la merveille.

ATAR[b]

Garde-toi que son nom offense mon oreille!

URSON

Il pleure ; autour de lui tout le peuple empressé
Dit tout haut qu'en ses vœux il doit être exaucé.

ATAR

Tu dis qu'il pleure, qu'il soupire ?

URSON

Ses traits en sont presque effacés.

ATAR

Urson, qu'il entre, c'est assez.

À Altamort :

Il est malheureux... Je respire !

Urson sort.

SCÈNE VI

TARARE, ALTAMORT, ATAR

ATAR

Que me veux-tu, brave soldat ?

TARARE, *avec un grand trouble.*

Ô mon roi ! prends pitié de mon affreux état.
En pleine paix, un avare[1] corsaire
Comble sur moi[2] les horreurs de la guerre.
Tous mes jardins sont ravagés,
Mes esclaves sont égorgés,
L'humble toit de mon Astasie
Est consumé par l'incendie...

ATAR

Grâce au ciel, mes serments vont être dégagés[3] !
Soldat qui m'as sauvé la vie,
Reçois en pur don ce palais
Que dix mille esclaves malais
Ont construit d'ivoire et d'ébène ;

Ce palais, dont l'aspect riant
Domine la fertile plaine
Et la vaste mer d'Orient.
Là, cent femmes de Circassie,
Pleines d'attraits et de pudeur,
Attendront l'ordre de ton cœur,
Pour t'enivrer des trésors de l'Asie.
Puisse de ton bonheur l'envieux s'irriter!
Puisse l'infâme calomnie,
Pour te perdre en vain s'agiter*...!

ALTAMORT, *bas.*

Mais, Seigneur, ta hautesse oublie...

ATAR, *bas.*

Je l'élève, Altamort, pour le précipiter.

Haut :

Allez, vizir, que l'on publie...

TARARE

Ô mon roi! ta bonté doit se faire adorer.
Des maux du sort mon âme est peu saisie,
Mais celui de mon cœur ne peut se réparer;
Le barbare emmène Astasie.

ATAR, *avec un signe d'intelligence.*

Quelle est cette femme, Altamort?

ALTAMORT

Seigneur, si j'en crois son transport,
Quelque esclave jeune et jolie.

TARARE, *indigné.*

Une esclave! Une esclave! Excuse, ô roi d'Ormus!
À ce nom odieux tous mes sens sont émus.
Astasie est une déesse.
Dans mon cœur souvent combattu,
Sa voix sensible, enchanteresse,
Faisait triompher la vertu.

* Ces deux vers ont été ajoutés après coup.

D'une ardeur toujours renaissante,
J'offrais sans cesse à sa beauté,
Sans cesse à sa beauté touchante,
L'encens pur de la volupté.

Elle tenait mon âme active
Jusque dans le sein du repos :
Ah! faut-il que ma voix plaintive
En vain la demande aux échos?

ATAR

Quoi! soldat! pleurer une femme!
Ton roi ne te reconnaît pas.
Si tu perds l'objet de ta flamme,
Tout un sérail t'ouvre ses bras.
Faut-il regretter quelques charmes,
Quand on retrouve mille attraits?
Mais l'honneur qu'on perd dans les larmes,
On ne le retrouve jamais.

TARARE, *suppliant.*

Seigneur!

ATAR

Qu'as-tu donc fait de ton mâle courage?
Toi qu'on voyait rugir dans les combats;
Toi qui forças un torrent à la nage,
En transportant ton maître dans tes bras!
Le fer, le feu, le sang et le carnage
N'ont jamais pu t'arracher un soupir;
Et l'abandon d'une esclave volage
Abat ton âme et la force à gémir!

TARARE, *vivement.*

Seigneur, si j'ai sauvé ta vie,
Si tu daignes t'en souvenir,
Laisse-moi venger Astasie
Du traître qui l'osa ravir.
Permets que, déployant ses ailes,
Un léger vaisseau de transport
Me mène, vers ces infidèles,
Chercher Astasie ou la mort.

SCÈNE VII

CALPIGI, ATAR, ALTAMORT, TARARE

ATAR

Que veux-tu, Calpigi? *(Bas.)* Sois inintelligible.

CALPIGI

Mon maître, cette Irza, si chère à ton amour...

ATAR, *vivement.*

Eh bien?

CALPIGI

Elle est rendue à la clarté du jour.

TARARE, *exalté.*

Atar, ta grande âme est sensible;
La joie a brillé dans tes yeux.

Un genou en terre.

Par cette Irza, sultan, sois généreux;
À mes maux deviens accessible.

ATAR[a]

Dis-moi, Tarare, es-tu bien malheureux?

TARARE

Si je le suis! Ah! peut-être elle expire!

ATAR

Souhaite devant moi qu'Irza cède à mes vœux,
Je fais ce que ton cœur désire.

CALPIGI, *à part.*

Grands dieux! je sers un homme affreux!

TARARE, *se levant, dit avec feu.*

Charmante Irza, qu'est-ce donc qui t'arrête?
Le fils des dieux n'est-il pas ta conquête?

Puisse-t-il trouver dans tes yeux
Ce pur feu dont il étincelle !
Rends, Irza, rends mon maître heureux...

Calpigi lui fait un signe négatif pour qu'il n'achève pas son vœu.

... Si[a] tu le peux sans être criminelle.

ATAR

Brave Altamort, avant le point du jour,
Demain qu'une escadre soit prête
À partir du pied de la tour.
Suis mon soldat, sers son amour
Dans les combats, dans la tempête.

Bas à Altamort :

S'il revoit jamais ce séjour,
Tu m'en répondras sur ta tête.

À Tarare :

Et toi, jusqu'à cette conquête,
De tout service envers ton roi,
Soldat, je dégage ta foi :
J'en jure par Brama.

TARARE, *la main au sabre.*

Je jure, en sa présence,
De ne poser ce fer sanglant
Qu'après avoir du plus lâche brigand
Puni le crime et vengé mon offense.

ATAR, *à Altamort*[b].

Tu viens d'entendre son serment :
Il touche à plus d'une existence.
Vole, Altamort, et, plus prompt que le vent,
Reviens jouir de ma reconnaissance.

ALTAMORT

Noble roi, reçois le serment
De ma plus prompte obéissance.
Commande, Atar ; je cours aveuglément
Servir l'amour, la haine ou la vengeance.

CALPIGI, *à part.*

De son danger, secrètement,
Il faut lui donner connaissance.

Atar le regarde. Calpigi dit d'un ton courtisan :

Qui sert mon maître, et le sert prudemment,
Peut bien compter sur sa munificence.

Il sortent tous[a].

SCÈNE VIII

ATAR, *seul.*

Vertu farouche et fière,
Qui jetais trop d'éclat,
Rentre dans la poussière
Faite pour un soldat.
Du crime d'Altamort[b] je vois la mer chargée
Rendre à ton corps sanglant les funèbres honneurs.
Et nous, heureux Atar, de ma belle affligée,
Dans la joie et l'amour nous sécherons les pleurs.

Il sort.

FIN DU PREMIER ACTE

ACTE II

Le théâtre représente la place publique. Le palais d'Atar est sur le côté. Le temple de Brama, dans le fond. Atar sort de son palais avec toute sa suite. Urson sort du temple, suivi d'Arthenée en habits pontificaux.

SCÈNE PREMIÈRE

URSON, ATAR

URSON

Seigneur, le grand-prêtre Arthenée
Demande un entretien secret.

ATAR, *à sa suite.*

Éloignez-vous... Qu'il vienne. Urson, que nul sujet,
Dans cette agréable journée,
D'un seul refus d'Atar n'emporte le regret.

SCÈNE II

ARTHENÉE, ATAR. *Tout le monde s'éloigne du roi.*

ARTHENÉE *s'avance.*

Les sauvages d'un autre monde
Menacent d'envahir ces lieux;
Au loin déjà la foudre gronde :
Ton peuple superstitieux,
Pressé comme les flots, inonde
Le parvis sacré de nos dieux.

ATAR

De vils brigands une poignée,
Sortant d'une terre éloignée,
Pourrait-elle envahir ces lieux?
Pontife, votre âme étonnée[1]...
Cependant, parlez, Arthenée;
Que dit l'interprète des dieux?

ARTHENÉE, *vivement.*

Qu'il faut combattre,
Qu'il faut abattre
Un ennemi présomptueux;
Le sol aride
De la Torride[2]
A soif de son sang odieux.
Par des mesures
Promptes et sûres,
Que l'armée ait un commandant
Vaillant, fidèle,
Rempli de zèle;
Mais, sur ce devoir important,
Que le caprice
De ta milice

Ne règle point le choix d'Atar ;
Que le murmure,
Comme une injure,
Soit puni d'un coup de poignard.

ATAR

Apprends-moi donc, ô chef des Brames !
Ce qu'Atar doit penser de toi,
Ardent zélateur de la foi
Du passage éternel des âmes[1] ?
Le plus vil animal eſt nourri de ta main ;
Tu craindrais d'en purger la terre,
Et cependant tu brûles, dans la guerre,
De voir couler des flots de sang humain !

ARTHENÉE

Ah ! d'une antique absurdité
Laissons à l'hindou les chimères.
Brame et Soudan[2] doivent en frères
Soutenir leur autorité.
Tant qu'ils s'accordent bien ensemble,
Que l'esclave ainsi garrotté
Souffre, obéit, et croit, et tremble,
Le pouvoir eſt en sûreté[3].

ATAR

Dans ta politique nouvelle,
Comment mes intérêts sont-ils unis aux tiens ?

ARTHENÉE

Ah ! si ta couronne chancelle,
Mon temple, à moi, tombe avec elle.
Atar, ces farouches chrétiens
Auront des dieux jaloux des miens :
Ainsi qu'au trône, tout partage
En fait de culte eſt un outrage.
Pour les dompter, fais que nos Indiens
Pensent que le ciel même a conduit nos mesures :
Le nom du chef, dont nous serons d'accord,
Je l'insinue aux enfants des Augures.
Qui veux-tu nommer ?

ATAR

Altamort.

ARTHENÉE

Mon fils!

ATAR

J'acquitte un grand service.

ARTHENÉE

Que devient Tarare?

ATAR

Il est mort.

ARTHENÉE

Il est mort?

ATAR

Oui, demain, j'ordonne qu'il périsse.

ARTHENÉE

Juste ciel! Crains, Atar…

ATAR[a]

Quoi craindre? mes remords?

ARTHENÉE

Crains de payer de ta couronne
Un attentat sur sa personne!
Ses soldats seraient les plus forts.
Si, sur un prétexte frivole,
Tu les prives de leur idole,
Cette milice, en sa fureur,
Peut, oubliant ton rang et ta naissance…

ATAR

J'ai tout prévu; Tarare dans l'erreur,
Court à sa perte en cherchant la vengeance.

Qu'une grande solennité
Rassemble ce peuple agité;
De ses cris et de ses murmures
Montre-lui le ciel irrité.
Prépare ensuite les augures,
Et par d'utiles impostures
Consacrons notre autorité.

Il sort.

SCÈNE III

ARTHENÉE, *seul.*

Ô politique consommée !
Je tiens le secret de l'État,
Je fais mon fils chef de l'armée ;
À mon temple je rends l'éclat,
Aux augures leur renommée.
Pontifes, pontifes adroits,
Remuez le cœur de vos rois.
Quand les rois craignent,
Les brames[1] règnent ;
La tiare agrandit ses droits.
Eh ! qui sait si mon fils, un jour maître du monde !...

Il voit arriver Tarare ; il rentre dans le temple.

SCÈNE IV

TARARE, *seul. (Il rêve.)*

De quel nouveau malheur suis-je encor menacé ?
Ô Brama ! tire-moi de cette nuit profonde.
Ce matin, quand j'ai prononcé :
« Qu'à son amour Irza réponde »,
Un signe effrayant m'a glacé[2]...
De quel nouveau malheur suis-je encor menacé ?
Ô Brama ! tire-moi de cette nuit profonde.

SCÈNE V

CALPIGI, TARARE

CALPIGI, *déguisé, couvert d'une cape, l'ouvre.*

Tarare, connais-moi.

TARARE[a]

Calpigi !

CALPIGI, *vivement.*

Mon héros!
Je te dois mon bonheur, ma fortune et ma vie.
Que ne puis-je à mon tour te rendre le repos!
Cette belle et tendre Astasie,
Que tu vas chercher au hasard
Sur le vaste océan d'Asie,
Elle est dans le sérail d'Atar,
Sous le faux nom d'Irza...

TARARE

Qui l'a ravie?

CALPIGI

C'est Altamort.

TARARE

Ô lâche perfidie!

CALPIGI

Le golfe où nos plongeurs vont chercher le corail
Baigne les jardins du sérail;
Si, dans la nuit, ton courage inflexible
Ose de cette route affronter le danger,
De soie une échelle invisible,
Tendue à l'angle du verger...

TARARE[a]

Ami généreux, secourable...

CALPIGI

Le temple s'ouvre, adieu.

Il s'enveloppe et s'enfuit.

SCÈNE VI

TARARE, *seul*[b].

J'irai!
Oui, j'oserai;
Pour la revoir je franchirai
Cette barrière impénétrable

De ton repaire, affreux vautour!
J'irai l'arracher morte ou vive.
Et si je succombe au retour,
Ne me plains pas, tyran, quoi qu'il m'arrive :
Celui qui te sauva le jour
A bien mérité qu'on l'en prive!

SCÈNE VII

Le fond du théâtre, qui représentait le portail du temple de Brama, se retire et laisse voir l'intérieur du temple, qui se forme jusqu'au devant du théâtre.

ARTHENÉE, LES PRÊTRES DE BRAMA, ÉLAMIR ET LES AUTRES ENFANTS DES AUGURES

ARTHENÉE, *aux prêtres*[a].

Sur un choix important le ciel eſt consulté.
Vous, préparez l'autel; vous, nos saintes armures;
Vous, choisissez parmi les enfants des augures
Celui pour qui Brama s'eſt plus[1] manifeſté,
En le douant d'un cœur plein de simplicité.

UN PRÊTRE

C'eſt le jeune Élamir. Il vient à vous.

ÉLAMIR, *accourant.*

Mon père!

ARTHENÉE *s'assied.*

Approchez-vous, mon fils; un grand jour vous éclaire.
Croyez-vous que Brama vous parle par ma voix,
Et qu'il parle à moi seul?

ÉLAMIR

Mon père, oui, je le crois.

ARTHENÉE, *sévèrement.*

Le ciel choisit par vous un vengeur à l'empire :
Ne dites rien, mon fils, que ce qu'il vous inspire.

D'un ton caressant :

Ah! s'il vous inspirait de nommer Altamort,
L'État serait vainqueur, il vous devrait son sort!

ÉLAMIR, *les mains croisées sur sa poitrine.*

Je l'en supplierai tant, mon père,
Qu'il me l'inspirera, j'espère.

ARTHENÉE

Moi, je l'espère aussi : priez-le[1] avec transport.

Élamir se prosterne[a].

Ainsi qu'une abeille,
Qu'un beau jour éveille,
De la fleur vermeille
Attire le miel,
Un enfant fidèle,
Quand Brama l'appelle,
S'il prie avez zèle,
Obtient tout du ciel.

Il relève l'enfant.

Tout le peuple, mon fils, sous nos voûtes arrive.
Avant de nommer son vengeur,
Vous le ferez rougir de sa vaine terreur.
Il croit les chrétiens sur la rive;
Assurez-le qu'ils sont bien loin;
Et du reste, mon fils, Brama prendra le soin.

SCÈNE VIII

GRANDE MARCHE

ATAR, ALTAMORT, TARARE, URSON, ARTHENÉE, ÉLAMIR, PRÊTRES, ENFANTS, VIZIRS, ÉMIRS, SUITE, PEUPLE, SOLDATS, ESCLAVES

Atar monte sur un trône élevé dans le temple.

ARTHENÉE, *majestueusement.*

Prêtres du Grand Brama! Roi du golfe Persique!
Grands de l'empire! Peuple inondant le portique[2]!
La nation, l'armée attend un général.

CHŒUR UNIVERSEL

Pour nous préserver d'un grand mal,
Que le choix de Brama s'explique !

ARTHENÉE

Vous promettez tous d'obéir
Au chef que Brama va choisir ?

CHŒUR UNIVERSEL

Nous le jurons sur cet autel antique.

ARTHENÉE, *d'un ton inspiré.*

Dieu sublime dans le repos,
Magnifique dans la tempête,
Soit que ton souffle élève aux cieux les flots,
Soit que ton regard les arrête,
Permets que le nom d'un héros,
Sortant d'une bouche innocente,
Devienne cher à ses rivaux
Et porte à l'ennemi le trouble et l'épouvante !

À Élamir :

Et vous, enfant, par le ciel inspiré,
Nommez, nommez sans crainte un héros préféré.

On élève Élamir sur des pavois.

ÉLAMIR, *avec enthousiasme*[1].

Peuple, que la terreur égare,
Qui[2] vous fait redouter ces sauvages chrétiens ?
L'État manque-t-il de soutiens ?
Comptez, aux pieds du roi, vos défenseurs : Tarare...

CHŒUR SUBIT DU PEUPLE ET DES SOLDATS

Tarare ! Tarare ! Tarare !
Ah ! pour nous Brama se déclare :
L'enfant vient de nommer Tarare.
Tarare ! Tarare ! Tarare !

ALTAMORT, *en colère.*

Arrêtez ce fougueux transport.

ARTHENÉE

Peuple, c'est une erreur !

À Élamir :

Mon fils, que Dieu vous touche !

ÉLAMIR

Le ciel m'inspirait Altamort ;
Tarare est sorti de ma bouche.

DEUX CORYPHÉES DE SOLDATS

Par l'enfant Tarare indiqué
N'est point un hasard sans mystère.
Plus son choix est involontaire,
Plus le vœu du ciel est marqué.
Oui, pour nous Brama se déclare :
L'enfant vient de nommer Tarare.

CHŒUR DU PEUPLE ET DES SOLDATS

Tarare ! Tarare ! Tarare !

On redescend Élamir.

ATAR *se lève.*

Tarare est retenu par un premier serment :
Son grand cœur s'est lié d'avance
À suivre une juste vengeance[1].

TARARE, *la main sur la poitrine.*

Seigneur, je remplirai le double engagement
De la vengeance et du commandement.

(Au peuple :)

Qui veut la gloire
À la victoire
Vole avec moi !

TOUS

C'est moi, c'est moi !

TARARE

Sujets, esclaves,
Que les plus braves
Donnent leur foi !

TOUS

C'eſt moi, c'eſt moi!

TARARE

Ni paix ni trêve!
L'horreur du glaive
Fera la loi.

TOUS

C'eſt moi, c'eſt moi!

TARARE

Qui veut la gloire
À la victoire
Vole avec moi!

TOUS

C'eſt moi, c'eſt moi!

ATAR, *à part.*

Je ne puis soutenir la clameur importune
D'un peuple entier sourd à ma voix.

Il veut descendre.

ALTAMORT *l'arrête.*

Ce choix eſt une injure à tous tes chefs commune[1];
Il attaque nos premiers droits.
L'arrogant soldat de fortune[2]
Doit-il aux grands dicter des lois?

TARARE, *fièrement.*

Apprends, fils orgueilleux des prêtres,
Qu'élevé parmi les soldats,
Tarare avait, au lieu d'ancêtres,
Déjà vaincu dans cent combats,

Avec un grand dédain.

Qu'Altamort enfant, dans la plaine,
Poursuivait les fleurs des chardons
Que les Zéphyrs, de leur haleine,
Font voler au sommet des monts.

ALTAMORT, *la main au sabre.*

Sans le respect d'Atar, vil objet de ma haine...

TARARE, *bien dédaigneux.*

Du destin de l'État tu prétends décider !
Fougueux adolescent, qui veux nous commander,
Pour titre, ici, n'as-tu que des injures ?
Quels ennemis t'a-t-on vu terrasser ?
Quels torrents osas-tu passer ?
Où sont tes exploits, tes blessures ?

ALTAMORT, *en fureur.*

Toi, qui de ce haut rang brûles de t'approcher,
Apprends que sur mon corps il te faudra marcher.

Il tire son sabre.

ARTHENÉE, *troublé.*

Ô désespoir ! ô frénésie[1] !
Mon fils !...

ALTAMORT, *plus furieux.*

À ce brigand j'arracherai la vie !

TARARE, *froidement.*

Calme ta fureur, Altamort.
Ce sombre feu, quand il s'allume,
Détruit les forces, nous consume :
Le guerrier en colère est mort.

Il tire son sabre.

ARTHENÉE *s'écrie.*

Le temple de nos dieux est-il donc une arène ?

ATAR *se lève.*

Arrêtez !

TARARE

J'obéis...

À Altamort, lui prenant la main.

Toi, ce soir, à la plaine.

À Calpigi, à part, pendant qu'Atar descend de son trône.

Et toi, fidèle ami, sans fanal et sans bruit,
Au verger du sérail attends-moi cette nuit.

Atar lui remet le bâton de commandant, au bruit d'une fanfare.

GRANDE MARCHE POUR SORTIR

CHŒUR GÉNÉRAL, *sur le chant de la marche.*

Brama! Si la vertu t'est chère,
Si la voix du peuple est ta voix,
Par des succès soutiens le choix
Que le peuple entier vient de faire!
Que sur ses pas
Tous nos soldats
Marchent d'une audace plus fière!
Que l'ennemi, triste, abattu,
Par son aspect déjà vaincu,
Sous nos coups morde la poussière!

FIN DU SECOND ACTE

ACTE III

Le théâtre représente les jardins du sérail; l'appartement d'Irza est à droite; à gauche, et sur le devant, est un grand sofa, sous un dais superbe, au milieu d'un parterre illuminé. Il est nuit.

SCÈNE PREMIÈRE

CALPIGI *entre d'un côté*; ATAR, URSON *entrent de l'autre*; DES JARDINIERS OU BOSTANGIS[1] *qui allument.*

CALPIGI, *sans voir Atar*[a].

Les jardins éclairés! des bostangis! pourquoi?
Quel autre ose au sérail donner des ordres?...

ATAR, *lui frappant sur l'épaule.*

Moi.

CALPIGI, *troublé.*

Seigneur..., puis-je savoir?...

ATAR

Ma fête à ce que j'aime?

CALPIGI

Est fixée à demain, Seigneur, c'est votre loi.

ATAR, *brusquement.*

Moi, je la veux à l'instant même.

CALPIGI

Tous mes acteurs sont dispersés.

ATAR, *plus brusquement.*

Du bruit autour d'Irza; qu'on danse, et c'est assez!

CALPIGI, *à part, avec douleur.*

Ô l'affreux contretemps! De cet ordre bizarre
Il n'est aucun moyen de prévenir Tarare!

ATAR, *l'examinant.*

Quel est donc ce murmure inquiet et profond?

CALPIGI *affecte un air gai.*

Je dis... qu'on croira voir ces spectacles de France
Où tout va bien, pourvu qu'on danse[1].

ATAR, *en colère.*

Vil chrétien! obéis, ou ta tête en répond!

CALPIGI, *à part, en s'en allant.*

Tyran féroce!

Les bostangis se retirent.

SCÈNE II

ATAR, URSON

ATAR

Avant que ma fête commence,
Urson, conte-moi promptement
Le détail et l'événement
De leur combat à toute outrance.

URSON

Tarare le premier arrive au rendez-vous.
Par quelques passes[1] dans la plaine,
Il met son cheval en haleine
Et vient converser avec nous.
Sa contenance eſt noble et fière.
Un long nuage de poussière
S'avance du côté du Nord ;
On croit voir une armée entière :
C'eſt l'impétueux Altamort.
D'esclaves armés un grand nombre
Au galop à peine le suit[2].
Son aspeƈt eſt farouche et sombre
Comme les speƈtres de la nuit.
D'un œil ardent mesurant l'adversaire :
« Du vaincu décidons le sort.
– Ma loi, dit Tarare, eſt la mort. »
L'un sur l'autre à l'inſtant fond comme le tonnerre.
Altamort pare le premier.
Un coup affreux de cimeterre
Fait voler au loin son cimier.
L'acier étincelle,
Le casque eſt brisé,
Un noir sang ruisselle.
« Dieux ! je suis blessé ! »
Plus furieux que la tempête,
À plomb sur la tête
Le coup eſt rendu.
Le bras tendu,
Tarare
Pare...,
Et tient en l'air le trépas suspendu.

ATAR

Je vois qu'Altamort est perdu.

URSON

Aveuglé par le sang, il s'agite, il chancelle.
Tarare, courbé sur la selle,
Pique en avant. Son fier coursier,
Sentant l'aiguillon qui le perce,
S'élance, et du poitrail renverse
Et le cheval et le guerrier.
Tarare à l'instant saute à terre,
Court à l'ennemi terrassé :
Chacun frémit, le cœur glacé,
Du terrible droit de la guerre...
Ô d'un noble ennemi saint et sublime effort !

ATAR, *en colère.*

Achève donc !

URSON

« Ne crains rien, superbe Altamort :
Entre nous la guerre est finie.
Si le droit de donner la mort
Est celui d'accorder la vie,
Je te la laisse de grand cœur.
Pleure longtemps ta perfidie. »

ATAR

Sa perfidie ?

URSON

Il s'en éloigne avec douleur.

ATAR[a]

Il est instruit[1].

URSON

Inutile et vaine faveur !
Celui dont les armes trop sûres
Ne firent jamais deux blessures
À peine, hélas ! se retirait,
Que son adversaire expirait.

ATAR

Partout il a donc l'avantage !
Ah ! mon cœur en frémit de rage !
Quand, par le combat, Altamort
Voulut hier régler leur sort,
Urson, je sentais bien d'avance
Qu'il allait de sa mort
Payer cette imprudence.
Sans les clameurs d'un père épouvanté,
Le temple était ensanglanté ;
Mais son pouvoir força le nôtre
D'arrêter un crime opportun
Qui m'offrait, dans la mort de l'un,
Un prétexte pour perdre l'autre.

Il voit entrer les esclaves.

Tout le sérail ici porte ses pas.
Retire-toi ; que cette affreuse image,
Se dissipant comme un nuage,
Fasse place aux plaisirs et ne les trouble pas[1].

Urson sort.

SCÈNE III

ATAR, ASTASIE *en habit de sultane, soutenue par des esclaves, son mouchoir sur les yeux* ; SPINETTE, CALPIGI, EUNUQUES, ESCLAVES DES DEUX SEXES

ATAR *fait asseoir Astasie sur le grand sofa, près de lui, et dit au chef des eunuques :*

Calpigi, quel spectacle ai-je pour ma sultane ?

CALPIGI

C'est une fête européanne.
Ainsi, quand l'un des rois de ces puissants États
Ordonne qu'on amuse une reine adorée,
Des jeux brillants, des mœurs de vos climats,
Sa noble fête à l'instant est parée.

À part.

Tarare[a] n'est point prévenu :
S'il arrivait, il est perdu.

SCÈNE IV[a]

LES ACTEURS PRÉCÉDENTS, BERGERS EUROPÉANS DE COUR, *vêtus galamment en habits de taffetas, avec des plumes, ainsi que leurs* BERGÈRES, *ayant des houlettes dorées.* PAYSANS GROSSIERS, *vêtus à l'européanne, ainsi que leurs* PAYSANNES, *mais très simplement, tenant des instruments aratoires. Marche, dont le dessus léger peint le caractère des bergers de cour qui la dansent, et dont la basse peint la lourde gaieté des paysans qui la sautent*[1].

CHŒUR D'EUROPÉANS

Peuple léger, mais généreux,
Nous blâmons les mœurs de l'Asie :
Jamais, dans nos climats heureux,
La beauté ne tremble asservie.

Chez nos maris, presque à leurs yeux,
Un galant en fait son amie,
La prend, la rend, rit avec eux,
Et porte ailleurs sa douce envie.

Peuple léger, mais généreux, *etc.*

Deux jeunes seigneur et dame de la cour commencent une danse assez vive ; deux jeunes berger et bergère de la campagne commencent en même temps un pas assez simple. Leur danse est interrompue par une bergère coquette et une bergère sensible.

DUO DIALOGUÉ

SPINETTE, *en bergère coquette, aux danseurs.*

Galants qui courtisez les belles,
Sachez brusquer un doux moment.

LA BERGÈRE SENSIBLE

Amants qui soupirez pour elles,
Espérez tout du sentiment.

LA BERGÈRE COQUETTE

Toute occasion non saisie
S'échappe et se perd sans retour.

LA BERGÈRE SENSIBLE

Sans retour pour la fantaisie;
Mais elle renaît pour l'amour.

Le pas des quatre danseurs reprend et s'achève.

De vieux seigneurs dansent vivement devant des bergères modestes, en leur présentant des bouquets; des jeunes gens fatigués[1]*, appuyés sur leurs houlettes, se meuvent à peine devant de vieilles coquettes qui dansent à perdre haleine. Atar se lève et erre parmi les danseurs.*

SPINETTE, *en bergère de cour.*

Dans nos vergers délicieux,
Le mal, le mieux,
Tout se balance;
Et si nos jeunes gens sont vieux,
Tous nos vieillards sont dans l'enfance.

PAYSAN, *grossier.*

Chez nous point d'imposture;
Enfants de la nature,
Nos tendres soins
Sont pour les foins,
Et notre amour pour la pâture.

On danse.

SPINETTE, *en bergère de cour.*

Quand l'époux devient indolent,
Contre un galant
L'amour l'échange;
Et de ses volages désirs,
Par des plaisirs
L'hymen se venge.

PAYSAN, *grossier.*

Chez nous, jamais légère,
L'active ménagère
Pour favori
N'a qu'un mari;
Mais de ses fils chacun est père.

On danse.

SPINETTE, *en bergère de cour.*

Chez nous, sans bruit
On se détruit;
On brigue, on nuit,
Mais sans scandale.

PAYSAN, *grossier, achevant le couplet.*

Ma foi, chez nous, tout ce qu'autrui
Te fait, fais-lui :
C'est la morale.

On danse.

ASTASIE, *pendant la danse.*

Ô mon Tarare ! ô mon époux !
Dans quel désespoir êtes-vous ?

Elle remet son mouchoir sur ses yeux : la danse continue.

CHŒUR D'EUROPÉANS

Aux travaux mêlons la gaieté ;
Tout mal guérit par ses contraires :
Nos lois ont de l'austérité,
Mais nos mœurs sont douces, légères.
Si le dur hymen est chez nous
Bien absolu, bien despotique,
L'amour, en secret, fait de tous
Une charmante république[a].

On danse.

ASTASIE, *les bras élevés pendant la danse.*

Grands dieux ! que la mort d'Astasie
L'arrache au tyran de l'Asie !

La danse continue.

ATAR *revient à Astasie et dit*[b] *à tout le sérail.*

Saluez tous la belle Irza.
Je la couronne : elle est sultane !

Il lui attache au front un diadème de diamants[c].

CHŒUR UNIVERSEL

Saluons tous la belle Irza,
Qu'Amour, du fond d'une cabane,
Au trône d'Ormus éleva.
Du grand Atar elle est sultane.

On danse.

ASTASIE, *pendant la danse.*

Ô mon Tarare ! ô mon époux !
Dans quel désespoir êtes-vous ?

Spinette la masque de sa personne pour que l'empereur ne la voie pas.

BALLET GÉNÉRAL, *où les deux genres de danse se mêlent sans se confondre. Atar revient s'asseoir auprès d'Astasie. Le ballet[a] fini, des esclaves apportent des vases de sorbet, des liqueurs et des fruits devant Atar et la sultane. Spinette reste auprès de sa maîtresse, prête à la servir.*

ATAR, *avec joie.*

Calpigi, ta fête est charmante !
Ton esprit fertile m'enchante :
J'aime un talent vainqueur à qui tout obéit.
Mais dis-nous quel hasard[b] dans Ormus t'a conduit[c].
Et pour amuser mon amante,
Anime ton récit d'une gaieté piquante.

CALPIGI, *à part, d'un ton sombre.*

J'y veux mêler un nom qui nous rendra la nuit.

Il prend une mandoline et chante sur le ton de la barcariole[1]. La danse figurée cesse ; tous les danseurs et danseuses se prennent par la main pour danser le refrain de sa chanson.

CALPIGI

Premier couplet

Je suis né natif de Ferrare ;
Là, par les soins d'un père avare

Mon chant s'étant fort embelli[1],
Ahi ! povero Calpigi !
Je passai du conservatoire,
Premier chanteur à l'oratoire
Du souverain di Napoli.
Ah ! bravo, caro Calpigi !

Le chœur répète le dernier vers. On danse la ritournelle. À la fin de chaque couplet, Calpigi se retourne et regarde avec inquiétude du côté par où il craint que Tarare n'arrive.

Deuxième couplet

La plus célèbre cantatrice,
De moi fit bientôt, par caprice,
Un simulacre de mari :
Ahi ! povero Calpigi !
Mes fureurs ni mes jalousies
N'arrêtant point ses fantaisies,
J'étais chez moi comme un zéro.
Ahi ! Calpigi povero !

Le chœur répète le dernier vers. On danse la ritournelle.

Troisième couplet

Je résolus, pour m'en défaire,
De la vendre à certain corsaire,
Exprès passé de Tripoli :
Ah ! bravo, caro Calpigi !
Le jour venu, mon traître d'homme,
Au lieu de me compter la somme,
M'enchaîne au pied de leur châlit :
Ahi ! povero Calpigi !

Le chœur répète le dernier vers. On danse la ritournelle.

Quatrième couplet

Le forban en fit sa maîtresse,
De moi, l'argus[2] de sa sagesse,
Et j'étais là tout comme ici :
Ahi ! povero Calpigi !

Spinette, en cet endroit, fait un grand éclat de rire.

ATAR

Qu'avez-vous à rire, Spinette ?

CALPIGI

Vous voyez ma fausse coquette.

ATAR

Dit-il vrai ?

SPINETTE

Signor, è vero[1].

CALPIGI *achève l'air.*

Ahi ! Calpigi povero !

Le chœur répète le dernier vers. On danse la ritournelle. Ici l'on voit dans le fond Tarare descendre par une échelle de soie ; Calpigi l'aperçoit.

CALPIGI, *à part.*

C'eſt Tarare !

Cinquième couplet, plus vite.

Bientôt, à travers la Libye,
L'Égypte, l'Iſthme et l'Arabie,
Il allait nous vendre au Sophi[2] :
Ahi ! povero Calpigi !
Nous sommes pris, dit le Barbare.
Qui nous prenait ? Ce fut Tarare...

ASTASIE, *faisant un cri.*

Tarare !

TOUT LE SÉRAIL *s'écrie.*

Tarare !

ATAR, *furieux*[3].

Tarare !

Il renverse la table d'un coup de pied. Aſtasie se lève troublée. Spinette la soutient. Au bruit qui se fait, Tarare, à moitié descendu, se jette dans l'obscurité.

SPINETTE, *à Astasie.*

Dieux ! que ce nom l'a courroucé !

ATAR

Que la mort, que l'enfer s'empare
Du traître qui l'a prononcé !

Il tire son poignard ; tout le monde s'enfuit.

SPINETTE, *soutenant Astasie.*

Elle expire !

Atar, rappelé à lui par ce cri, laisse aller Calpigi et les autres esclaves, et revient vers Astasie, que des femmes emportent chez elle. Atar y entre, en jetant à la porte sa simarre[1] *et ses brodequins, à la manière des Orientaux.*

SCÈNE V

Le théâtre est très obscur.

CALPIGI, TARARE, *un poignard à la main, prêt à frapper Calpigi qu'il entraîne.*

CALPIGI *s'écrie.*

Ô Tarare !

TARARE, *avec un grand trouble.*

Ô fureur que j'abhorre !
Mon ami... s'il n'eût pas parlé,
De ma main était immolé !

CALPIGI

Tu le devais, Tarare ! il le faudrait encore
Si quelque esclave curieux...

TARARE, *troublé.*

Mille cris de mon nom font retentir ces lieux !
Je me crois découvert, et que la jalousie...
Mourir sans la revoir, et si près d'Astasie !...

CALPIGI

Ô mon héros! tes vêtements mouillés,
D'algues[1] impurs et de limon souillés!...
Un grand péril a menacé ta vie!

TARARE

Au sein de la profonde mer[2],
Seul, dans une barque fragile,
Aucun souffle n'agitant l'air,
Je sillonnais l'onde tranquille.
Des avirons le monotone bruit,
Au loin distingué dans la nuit,
Soudain a fait sonner l'alarme;
J'avais ce poignard pour toute arme.
Deux cents rameurs partent du même lieu :
On m'enveloppe, on se croise, on rappelle...
J'étais pris!... D'un grand coup d'épieu,
Je m'abîme avec ma nacelle,
Et me frayant sous les vaisseaux
Une route nouvelle et sûre,
J'arrive à terre entre les eaux,
Dérobé par la nuit obscure.
J'entends la cloche du beffroi[3];
L'appel bruyant de la trompette,
Que le fond du golfe répète,
Augmente le trouble et l'effroi.
On court, on crie aux sentinelles :
« Arrête! arrête! » On fond sur moi :
Mais, s'ils couraient, j'avais des ailes.
J'atteins le mur comme un éclair,
On cherche au pied : j'étais dans l'air,
Sur l'échelle souple et tendue
Que ton zèle avait suspendue.
Je suis sauvé, grâce à ton cœur,
Et, pour payer tant de faveur,
Ô douleur! ô crime exécrable!
Trompé par une aveugle erreur,
J'allais, d'une main misérable,
Assassiner mon bienfaiteur!
Pardonne, ami, ce crime involontaire.

CALPIGI[a]

Ô mon héros ! que me dois-tu ?
Sans force, hélas ! sans caractère,
Le faible Calpigi, de tous les vents battu,
Serait moins que rien sur la terre
S'il n'était pas épris de ta mâle vertu[1] !
Ne perdons point un instant salutaire :
Au sérail la tranquillité
Renaît avec l'obscurité.

Il prend un paquet dans une touffe d'arbres.

Sous cet habit d'un noir esclave,
Cachons des guerriers le plus brave.
D'homme éloquent, deviens un vil muet[2].

Il l'habille en muet.

Que mon héros, surtout, jamais n'oublie
Que sous ce masque un mot est un forfait,

Il lui met un masque noir.

Et qu'en ce lieu de jalousie
Le moindre est payé de la vie !

Ils s'avancent vers l'appartement d'Astasie.

CALPIGI *l'arrête et recule.*

N'avançons[b] pas ! j'aperçois la simarre,
Les brodequins de l'empereur.

TARARE, *égaré, criant.*

Atar chez elle ! Ah ! malheureux Tarare !
Rien ne retiendra ma fureur.
Brama ! Brama !

CALPIGI, *lui fermant la bouche.*

Renferme donc ta peine !

TARARE, *criant plus fort.*

Brama ! Brama !

Il tombe sur le sein de Calpigi.

CALPIGI

Notre mort est certaine.

SCÈNE VI

ATAR *sort de chez Astasie*, TARARE, CALPIGI

CALPIGI *crie, effrayé.*

On vient; c'est le sultan!

Tarare tombe la face contre terre.

ATAR, *d'un ton terrible.*

Quel insolent ici?...

CALPIGI, *troublé.*

Un insolent!... C'est Calpigi!

ATAR

D'où vient cette voix déplorable?

CALPIGI, *troublé.*

Seigneur, c'est... c'est ce misérable.
Croyant entendre quelque bruit,
Nous faisions la ronde de nuit.
D'une soudaine frénésie
Cette brute, à l'instant saisie...
Peut-être a-t-il perdu l'esprit!
Mais il pleure, il crie, il s'agite,
Parle, parle, parle si vite
Qu'on n'entend rien de ce qu'il dit.

ATAR, *d'un ton terrible.*

Il parle, ce muet?

CALPIGI, *plus troublé.*

Que dis-je?
Parler serait un beau prodige!
D'affreux sons inarticulés....

ATAR *lui prend le bras. Tarare est sans mouvement, prosterné.*

Ô bizarre sort de ton maître!
Tu maudis quelquefois ton être...
Je venais, les sens agités,
L'honorer de quelques bontés,

Soupirer l'amour auprès d'elle.
À peine étais-je à ses côtés,
Elle s'échappe, la rebelle !
Je l'arrête et saisis sa main :
Tu n'as vu chez nulle mortelle
L'exemple d'un pareil dédain !
« Farouche Atar ! quelle est donc ton envie ?
Avant de me ravir l'honneur,
Il faudra m'arracher la vie !... »
Ses yeux pétillaient de fureur.
Farouche Atar !... son honneur !... la sauvage,
Appelant la mort à grands cris...
Atar, enfin, a connu le mépris.

Il tire son poignard.

Vingt fois, j'ai voulu, dans ma rage,
Épargner moi-même à son bras[1]...
Allons, Calpigi, suis mes pas !

CALPIGI *lui présente sa simarre.*

Seigneur, prenez votre simarre.

ATAR

Rattache, avant, mon brodequin
Sur le corps de cet Africain...

Il met son pied sur le corps de Tarare.

Je sens que la fureur m'égare !...

Il regarde Tarare.

Malheureux nègre, abject et nu,
Au lieu d'un reptile inconnu
Que du néant rien ne sépare,
Que n'es-tu l'odieux Tarare !
Avec quel plaisir de ce flanc
Ma main épuiserait le sang !...
Si l'insolent pouvait jamais connaître
Quels dédains il vaut à son maître !
Et c'est pour cet indigne objet,
C'est pour lui seul qu'elle me brave !...
Calpigi, je forme un projet :
Coupons la tête à cet esclave.
Défigure-la tout à fait.

Porte-la de ma part toi-même.
Dis-lui qu'en mes transports jaloux,
Surprenant ici son époux...

Il tire le sabre de Calpigi.

CALPIGI *l'arrête et l'éloigne de son ami.*

De cet horrible stratagème,
Ah! mon maître, qu'espérez-vous?
Quand elle pourrait s'y méprendre,
En deviendrait-elle plus tendre?
En l'inquiétant sur ses jours,
Vous la ramènerez[1] toujours.

ATAR, *furieux.*

La ramener!... j'adopte une autre idée :
Elle me croit l'âme enchantée;
Montrons-lui bien le peu de cas
Que je fais de ses vains appas.
Cette orgueilleuse a dédaigné son maître!
Ô le plus charmant des projets!
Je punis l'audace d'un traître
Qui m'enleva le cœur de mes sujets,
Et j'avilis la superbe à jamais.
Calpigi?...

CALPIGI, *troublé.*

Quoi! Seigneur!

ATAR

Jure-moi sur ton âme
D'obéir.

CALPIGI, *plus troublé.*

Oui, Seigneur.

ATAR

Point de zèle indiscret;
Tout à l'heure.

CALPIGI, *presque égaré.*

À l'instant.

ATAR

Prends-moi ce vil muet,
Conduis-le chez elle en secret :
Apprends-lui que ma tendre flamme
La donne à ce monstre pour femme.
Dis-lui bien que j'ai fait serment
Qu'elle n'aura jamais d'autre époux, d'autre amant.
Je veux que l'hymen s'accomplisse;
Et si l'orgueilleuse prétend
S'y dérober, prompte justice!
Qu'à son lit à l'instant conduit,
Avec elle il passe la nuit;
Et qu'à tous les yeux exposée,
Demain, de mon sérail elle soit la risée!
À présent, Calpigi, de moi je suis content.
Toi, par tes signes, fais que cette brute apprenne
Le sort fortuné qui l'attend[1].

CALPIGI, *tranquillisé.*

Ah! Seigneur, ce n'est pas la peine :
S'il ne parle pas, il entend.

ATAR

Accompagne ton maître à la garde prochaine[2].

Il se retourne pour sortir.

CALPIGI, *en se baissant pour ramasser la simarre de l'empereur, dit tout bas à Tarare.*

Quel heureux dénouement!

Il suit Atar.

TARARE *se relève à genoux.*

Mais quelle horrible scène!

Il ôte son masque, qui tombe à terre loin de lui.

Ah! respirons.

ATAR *revient à l'appartement d'Astasie d'un air menaçant et dit avec une joie féroce :*

Je pense au plaisir que j'aurai,
Superbe! quand je te verrai

Au sort d'un vieux nègre liée
Et par cent cris humiliée !

Il imite le chant trivial des esclaves.

Saluons tous la fière Irza,
Qui, regrettant une cabane,
Aux vœux d'un roi se refusa :
D'un vil muet elle eſt sultane[1].
Hein ! Calpigi ?

Il va, il vient. Calpigi, sous prétexte de lui donner sa simarre, se met toujours entre lui et Tarare, pour qu'il ne le voie pas sans masque.

CALPIGI, *effrayé, feint la joie.*

Ah ! quel plaisir mon maître aura !

ATAR

Hein ! Calpigi ?

CALPIGI

Quand le sérail retentira...

ATAR *et* CALPIGI, *en duo.*

Saluons tous la fière Irza,
Qui, regrettant une cabane,
Aux vœux d'un roi se refusa :
D'un vil muet elle eſt sultane.

Le même jeu de scène continue ; ils sortent.

SCÈNE VII

TARARE, *seul, levant les mains au ciel.*

Dieu tout-puissant, tu ne trompas jamais
L'infortuné qui croit à tes bienfaits.

Il remet son masque et suit de loin l'empereur.

FIN DU TROISIÈME ACTE

ACTE IV

Le théâtre représente l'intérieur de l'appartement d'Astasie. C'est un salon superbe, garni de sofas et autres meubles orientaux.

SCÈNE PREMIÈRE

ASTASIE, SPINETTE

ASTASIE *entre, en grand désordre.*

Spinette, comment fuir de cette horrible enceinte ?

SPINETTE

Calmez le désespoir dont votre âme est atteinte.

ASTASIE, *égarée, les bras élevés.*

Ô mort ! termine mes douleurs :
Le crime se prépare.
Arrache au plus grand des malheurs
L'épouse de Tarare !

Il semblait que je pressentais
Leur entreprise infâme !
Quand il partit, je répétais,
Hélas ! l'effroi dans l'âme :

« Cruel ! pour qui j'ai tant souffert,
C'est trop que ton absence[a]
Laisse Astasie en un désert,
Sans joie et sans défense ! »

L'imprudent n'a pas écouté
Sa compagne éplorée :
Aux mains d'un brigand détesté,
Des brigands l'ont livrée.

Ô mort ! termine mes douleurs :
Le crime se prépare.
Arrache au plus grand des malheurs
L'épouse de Tarare !

SPINETTE

Un grand roi vous invite à faire son bonheur;
L'amour met à vos pieds le maître de la terre.
Que de beautés ici brigueraient cet honneur!
Loin de s'en alarmer, on peut en être fière.

ASTASIE, *pleurant.*

Ah! vous n'avez pas eu Tarare pour amant!

SPINETTE

Je ne le connais point; j'aime sa renommée;
Mais, pour lui, comme vous, si j'étais enflammée,
Avec le dur Atar je feindrais un moment;
J'instruirais mon époux au moins de ma souffrance.

ASTASIE

À la plus légère espérance
Le cœur des malheureux s'ouvre facilement.
J'aime ton noble attachement :
Eh bien! fais-lui savoir qu'en cette enceinte horrible...

SPINETTE

Cachez vos pleurs, s'il est possible.
Des secrets plaisirs du sultan
Je vois le ministre insolent[a].

Astasie essuie ses yeux et se remet de son mieux.

SCÈNE II

CALPIGI, SPINETTE, ASTASIE

CALPIGI, *d'un ton dur.*

Belle Irza, l'empereur ordonne
Qu'en ce moment vous receviez la foi
D'un nouvel époux qu'il vous donne.

ASTASIE

Un époux! un époux à moi?

SPINETTE *le contrefait.*

Commandant d'un corps ridicule,
Abrège-nous ton grave préambule.
Ce nouvel époux, quel eſt-il ?

CALPIGI

C'eſt du sérail le muet le plus vil.

ASTASIE

Un muet !

SPINETTE

Un muet !

ASTASIE

J'expire.

CALPIGI

L'ordre eſt que chacun se retire.

SPINETTE

Moi ?

CALPIGI

Vous.

SPINETTE

Moi ?

CALPIGI

Vous ; vous, Spinette : il y va des jours
De qui troublerait leurs amours.

ASTASIE

Ô juſte ciel !

SPINETTE, *raillant.*

Dis à ton maître
Que le grand-prêtre
Sera sans doute assez surpris
Qu'à la pluralité des femmes
On ose ajouter, chez les brames,
La pluralité des maris.

CALPIGI, *ironiquement.*

Votre conseil au roi paraîtra d'un grand prix.
J'en ferai votre cour.

SPINETTE, *du même ton.*

Vous l'oublierez peut-être ?

CALPIGI

Non.

SPINETTE

Vous le rendrez mieux, l'ayant deux fois appris.

Elle répète.

Dis à ton maître
Que le grand-prêtre
Sera sans doute assez surpris
Qu'à la pluralité des femmes
On ose ajouter, chez les brames,
La pluralité des maris.

Calpigi sort[a].

SCÈNE III

ASTASIE, SPINETTE

ASTASIE, *au désespoir.*

Ô ma compagne ! ô mon amie !
Sauve-moi de cette infamie !

SPINETTE

Hé ! comment vous prouver ma foi ?

ASTASIE

Prends mes diamants, ma parure ;
Je te les donne, ils sont à toi.

Elle les détache.

Ah ! dans cette horrible aventure,
Sois Irza, représente-moi ;
Tu le réprimeras sans peine[b].

SPINETTE

Si c'est Calpigi qui l'amène,
Madame, il me reconnaîtra.

Astasie ôte son manteau royal.

Ce long manteau te couvrira.
Souviens-toi de Tarare et nomme-le sans cesse :
Son nom seul te garantira.

SPINETTE, *pendant qu'on l'habille*[a].

Je partage votre détresse.
Hélas! que ne ferais-je pas,
Pour sauver d'un dangereux pas
Mon incomparable maîtresse!

Astasie sort[b].

SCÈNE IV

SPINETTE, *seule.*

Spinette, allons, point de faiblesse!
Le roi dans peu te saura gré
D'avoir adroitement paré
Le coup qu'il porte à sa maîtresse.

Elle s'assied sur un sofa.

Surcroît d'honneur et de richesse!

SCÈNE V

CALPIGI, TARARE, *en muet*, SPINETTE *assise, voilée, son mouchoir sur les yeux.*

CALPIGI, *à Tarare, d'un ton sévère.*

Cette femme est à toi, muet!

Il sort.

SCÈNE VI

Tarare, Spinette

SPINETTE, *à part, voilée.*

Comme il est laid !...
Cependant il n'est point mal fait.

Tarare se met à genoux à six pas d'elle.

Il se prosterne ! il n'a point l'air farouche
Des autres monstres de ces lieux.

À Tarare, d'un air de dignité.

Muet, votre respect me touche,
Je lis votre amour dans vos yeux :
Un tendre aveu de votre bouche
Ne pourrait me l'exprimer mieux.

TARARE, *à part, se relevant.*

Grands dieux ! Ce n'est point Astasie,
Et mon cœur allait s'exhaler !
De m'être abstenu de parler,
Ô Brama ! je te remercie.

SPINETTE, *à part.*

On croirait qu'il se parle bas :
Chaque animal[1] a son langage.

Elle se dévoile ; Tarare la regarde.

De loin, je le veux bien, contemplez mes appas.
Je voudrais pouvoir davantage,
Mais un monarque, un calife, un sultan,
Le plus parfait comme le plus puissant,
Ne peut rien sur mon cœur : il est tout à Tarare.

TARARE *s'écrie.*

À Tarare !...

SPINETTE, *se levant.*

Il me parle !

TARARE

Ô transport qui m'égare !
Étonnement trop indiscret !

SPINETTE

Un mot a trahi ton secret !
Tu n'es pas muet ! Téméraire !

Elle lui enlève son masque.

TARARE, *à ses pieds.*

Madame, hélas ! calmez une juste colère !

SPINETTE, *d'un ton plus doux.*

Imprudent ! quel espoir a pu te faire oser ?...

TARARE, *timidement.*

Ah ! c'est en m'accusant que je dois m'excuser.
Étranger dans Ormus, hier on me vint dire
Que le maître de cet empire
Donnait à son amante une fête au sérail...
J'ai cru, sous ce vil attirail...

DUO DIALOGUÉ[a]

SPINETTE, *légèrement.*

Ami, ton courage m'éclaire.
Si Tarare aimait à me plaire,
Il eût tout bravé comme toi.
J'oublierai qu'il obtint ma foi ;
C'en est fait, mon cœur te préfère ;
Tu seras Tarare pour moi.

TARARE, *troublé.*

Quoi ! Tarare obtint votre foi !

SPINETTE

C'en est fait, mon cœur te préfère.

TARARE

C'est moi que votre cœur préfère ?

SPINETTE

Tu seras Tarare pour moi.

TARARE, *plus troublé.*

Est-ce un songe, ô Brama ! veillé-je ?
Tout ce que j'entends me confond.
Atar, toi que la haine assiège,
M'as-tu conduit, de piège en piège
Dans un abîme aussi profond ?

SPINETTE

Ce n'est point un piège, non, non :
De son pardon
Je te réponds.

Elle voit entrer des soldats.

Ciel ! on vient l'arrêter !

TARARE

Tout espoir m'abandonne.

Elle se voile et rentre précipitamment.

SCÈNE VII

TARARE, *démasqué* ; URSON, SOLDATS *armés de massues* ; CALPIGI, EUNUQUES *entrant de l'autre côté.*

URSON

Marchez, soldats,
Doublez le pas !

CALPIGI

Quoi ! des soldats !
N'avancez pas.

URSON, *aux soldats.*

Suivez l'ordre que je vous donne.

CALPIGI, *aux eunuques.*

Ne laissez avancer personne.

CHŒUR DE SOLDATS

Doublons le pas !

CHŒUR D'EUNUQUES

N'avancez pas.
Pour tous cette enceinte est sacrée.

CHŒUR DE SOLDATS

Notre ordre est d'en forcer l'entrée.

CALPIGI

Urson, expliquez-vous.

URSON

Le sultan, agité
Sur l'effet d'un courroux qu'il a trop écouté,
Veut que l'affreux muet soit massolé[1], jeté
Dans la mer, et, pour sépulture,
Y serve aux monstres de pâture.

CALPIGI *se met entre eux et Tarare.*

Le voici : de sa mort, Urson, je prends le soin.
Les jardins du sérail sont commis à ma garde ;
Mes eunuques sont prêts.

URSON

Pour que rien ne retarde,
Son ordre est que j'en sois témoin.
Marchez, soldats ; qu'on s'en empare.

Les soldats lèvent la massue.

CALPIGI

Ce n'est point un muet.

URSON

Quel qu'il soit.

CALPIGI *crie.*

C'est Tarare[a] !...

URSON

Tarare !...

Les soldats et les eunuques reculent par respect.

CHŒUR DE SOLDATS ET D'EUNUQUES

Tarare ! Tarare !

CALPIGI

Un tel coupable, Urson, devient trop important,
Pour qu'on l'ose frapper sans l'ordre du sultan.

À Tarare, à part :

En suspendant leurs coups, je te sauve peut-être.

URSON, *avec douleur.*

Tarare infortuné ! Qui peut le[1] désarmer ?
Nos larmes contre toi vont encor l'animer !

CHŒUR DOULOUREUX DE SOLDATS

Tarare infortuné ! Qui peut le désarmer ?
Nos larmes contre toi vont encor l'animer !

TARARE

Ne plaignez point mon sort, respectez votre maître :
Puissiez-vous un jour l'estimer !

On emmène Tarare.

URSON, *bas, à Calpigi.*

Calpigi, songe à toi : la foudre est sur deux têtes.

Il sort.

SCÈNE VIII

CALPIGI, *seul, d'un ton décidé.*

Sur deux têtes la foudre, et l'on m'ose nommer !
Elle en menace trois, Atar, et ces tempêtes,
Que ta haine alluma, pourront te consumer.
Va ! l'abus du pouvoir suprême
Finit toujours par l'ébranler :
Le méchant, qui fait tout trembler,
Est bien près de trembler lui-même[2].
Cette nuit, despote inhumain,
Tarare excitait ta furie ;
Ta haine menaçait sa vie,
Quand la tienne était dans sa main !

Va ! l'abus du pouvoir suprême
Finit toujours par l'ébranler :
Le méchant, qui fait tout trembler,
Est bien près de trembler lui-même.

Il sort.

FIN DU QUATRIÈME ACTE

ACTE V

Le théâtre représente une cour intérieure du palais d'Atar. Au milieu est un bûcher ; au pied du bûcher, un billot, des chaînes, des haches, des massues et autres instruments d'un supplice.

SCÈNE PREMIÈRE

ATAR, EUNUQUES, SUITE

ATAR *examine avec avidité le bûcher et tous les apprêts du supplice de Tarare*[a].

Fantôme vain ! Idole populaire
Dont le nom seul excitait ma colère,
Tarare !... Enfin tu mourras cette fois !
Ah ! pour Atar, quel bien céleste
D'immoler l'objet qu'il déteste
Avec le fer souple des lois !

Aux eunuques :

Trouve-t-on Calpigi ?

UN EUNUQUE

Seigneur, on suit sa trace.

ATAR

À qui l'arrêtera je donnerai sa place.

Les eunuques sortent en courant.

SCÈNE II

ATAR, ARTHENÉE

Deux files de prêtres le suivent; l'une en blanc, dont le premier prêtre porte un drapeau blanc où sont écrits, en lettres d'or, ces mots : LA VIE. *L'autre file de prêtres est en noir, couverte de crêpes, dont le premier prêtre porte un drapeau noir où sont écrits ces mots, en lettres d'argent :* LA MORT.

ARTHENÉE *s'avance, bien sombre.*

Que veux-tu, roi d'Ormus, et quel nouveau malheur
Te force d'arracher un père à sa douleur?

ATAR

Ah! si l'espoir d'une prompte vengeance
Peut l'adoucir, reçois-en l'assurance.
Dans mon sérail on a surpris
L'affreux meurtrier de ton fils.
Je tiens la victime enchaînée,
Et veux que par toi-même elle soit condamnée.
Dis un mot, le trépas l'attend.

ARTHENÉE

Atar, c'était en l'arrêtant...
Sans avoir l'air de le connaître,
Il fallait poignarder le traître.
Je tremble qu'il ne soit trop tard!
Chaque instant, le moindre retard,
Sur ton bras peut fermer le piège.

ATAR

Quel démon, quel Dieu le protège?
Tout me confond de cette part!

ARTHENÉE[a]

Son démon, c'est une âme forte,
Un cœur sensible et généreux,
Que tout émeut, que rien n'emporte[1].
Un tel homme est bien dangereux!

SCÈNE III

ATAR, ARTHENÉE, TARARE *enchaîné*; SOLDATS, ESCLAVES, SUITE, PRÊTRES DE LA VIE ET DE LA MORT

ATAR

Approche, malheureux! viens subir le supplice
Qu'un crime irrémissible arrache à ma justice.

TARARE

Qu'elle soit juste ou non, je demande la mort.
De tes plaisirs j'ai violé l'asile
Sans y trouver l'objet d'une audace inutile,
Mon Astasie!... Ô ce fourbe Altamort!
Il l'a ravie à mon séjour champêtre,
Sans la présenter à son maître!
Trahissant tout, honneur, devoir...
Il a payé sa double perfidie;
Mais ton Irza n'est point mon Astasie.

ATAR, *avec fureur.*

Elle n'est pas en mon pouvoir?

Aux eunuques.

Que l'on m'amène Irza. Si ta bouche en impose,
Je la poignarde devant toi.

TARARE

La voir mourir est peu de chose;
Tu te puniras, non pas moi.

ATAR

De sa mort la tienne suivie...

TARARE, *fièrement.*

Je ne puis mourir qu'une fois.
Quand je m'engageai sous tes lois,
Atar, je te donnai ma vie.
Elle est tout entière à mon roi :
Au lieu de la perdre pour toi,
C'est par toi qu'elle m'est ravie.

J'ai rempli mon sort, suis ton choix;
Je ne puis mourir qu'une fois.
Mais souhaite qu'un jour ton peuple te pardonne.

ATAR

Une menace?

TARARE

Il s'en étonne!
Roi féroce! as-tu donc compté
Parmi les droits de ta couronne
Celui du crime et de l'impunité?
Ta fureur ne peut se contraindre,
Et tu veux n'être pas haï!
Tremble d'ordonner...

ATAR

Qu'ai-je à craindre?

TARARE

De te voir toujours obéi,
Jusqu'à l'instant où l'effrayante somme
De tes forfaits déchaînant leur courroux...
Tu pouvais tout contre un seul homme;
Tu ne pourras rien contre tous[1].

ATAR

Qu'on l'entoure!

Les esclaves l'entourent. Tarare va s'asseoir sur le billot, au pied du bûcher, la tête appuyée sur ses mains, et ne regarde plus rien.

SCÈNE IV

ASTASIE, *voilée*, ATAR, ARTHENÉE, TARARE.
SPINETTE, ESCLAVES DES DEUX SEXES, SOLDATS

ATAR, *à Astasie.*

Ainsi donc, abusant de vos charmes,
Fausse Irza, par de feintes larmes,
Vous triomphiez de me tromper?
Je prétends, avant de frapper,
Savoir comment ma puissance jouée...

SPINETTE

Une esclave fidèle, hélas! substituée,
Innocemment causa le désordre et l'erreur.

TARARE, *à part, tenant sa tête dans ses mains.*

Ah! cette voix me fait horreur!

ATAR

Il est donc vrai, cet échange funeste!
J'adorais sous le nom d'Irza...

À Astasie.

Va, malheureuse, je déteste
L'indigne amour qui pour toi m'embrasa.
À la rigueur des lois, avec lui sois livrée!

Au grand-prêtre.

Pontife, décidez leur sort.

ARTHENÉE

Ils sont jugés : levez l'étendard de la Mort.
De leurs jours criminels la trame est déchirée.

Le grand-prêtre déchire la bannière de la Vie. Le prêtre en deuil élève la bannière de la Mort. On entend un bruit funèbre d'instruments déguisés[1].

CHŒUR FUNÈBRE DES ESCLAVES

Astasie se jette à genoux et prie pendant le chœur. On apporte au grand-prêtre le livre des arrêts, couvert d'un crêpe. Il signe l'arrêt de mort. Deux enfants en deuil lui remettent chacun un flambeau. Quatre prêtres en deuil lui présentent deux grands vases pleins d'eau lustrale. Il éteint dans ces vases les deux flambeaux, en les renversant.

Pendant[a] *ce temps, les prêtres de la Vie se retirent en silence. Le drapeau de la Vie, déchiré, traîne à terre.*

Avec[b] tes décrets infinis,
Grand Dieu, si ta bonté s'accorde,
Ouvre à ces coupables punis
Le sein de ta miséricorde!

ARTHENÉE *prie.*

Brama ! de ce bûcher, par la mort réunis,
Ils montent vers le ciel ; qu'ils n'en soient point bannis !

LE CHŒUR FUNÈBRE *répond.*

Avec tes décrets infinis, *etc.*

Astasie se relève et s'avance au bûcher, où Tarare est abîmé de douleur.

ASTASIE, *à Tarare.*

Ne m'impute pas, étranger,
Ta mort que je vais partager.

TARARE *se relève avec feu.*

Qu'entends-je ? Astasie !

ASTASIE

Ah ! Tarare !

Ils se jettent dans les bras l'un de l'autre.

ARTHENÉE, *au roi.*

Je te l'avais prédit.

ATAR, *furieux.*

Qu'on les sépare !
Qu'un seul coup les fasse périr !

Les soldats s'avancent.

Non... C'est trop tôt briser leurs chaînes :
Ils seraient heureux de mourir.
Ah ! je me sens altéré de leurs peines,
Et j'ai soif de les voir souffrir.

ASTASIE, *avec dédain, au roi.*

Ô tigre ! mes dédains ont trompé ton attente,
Et, malgré toi, je goûte un instant de bonheur.
J'ai bravé ta faim dévorante,
Le rugissement de ton cœur.
Pour prix de ta lâche entreprise,
Vois, Atar, je l'adore, et mon cœur te méprise.

Elle embrasse Tarare.

ATAR, *vivement, aux soldats.*

Arrachez-la tous de ses bras!
Courez. Qu'il meure, et qu'elle vive!

ASTASIE *tire un poignard, qu'elle approche de son sein.*

Si quelqu'un vers lui fait un pas,
Je suis morte avant qu'il arrive.

ATAR, *aux soldats.*

Arrêtez-vous!

TRIO

ASTASIE, TARARE *et* ATAR

TARARE *et* ASTASIE *ensemble.*

Le trépas nous attend :
Encore une minute,
Et notre amour constant
Ne sera plus en butte
Aux coups d'un noir sultan.

Les soldats font un mouvement.

ATAR *s'écrie.*

Arrêtez un moment!

ASTASIE, *seule.*

Je me frappe à l'instant
Que sa loi s'exécute.
Sur ton cœur palpitant
Tu sentiras ma chute
Et tu mourras content.

ATAR

Ô rage! affreux tourment!
C'est moi, c'est moi qui lutte,
Et leur cœur est content!

ASTASIE

Sur ton cœur palpitant
Tu sentiras ma chute
Et tu mourras content.

TARARE

Sur mon cœur palpitant
Je sentirai ta chute,
Et je mourrai content.

SCÈNE V

ACTEURS PRÉCÉDENTS
Une foule d'esclaves des deux sexes accourt avec frayeur et se serre à genoux autour d'Atar.

CHŒUR D'ESCLAVES *effrayés.*

Atar, défends-nous, sauve-nous!
Du palais la garde est forcée,
Du sérail la porte enfoncée.
Notre asile est à tes genoux.
Ta milice en fureur redemande Tarare.

SCÈNE VI

LES PRÉCÉDENTS, TOUTE LA MILICE, *le sabre à la main,* CALPIGI *à leur tête*; URSON
Les prêtres de la Mort se retirent.

CHŒUR DE SOLDATS *furieux. Ils renversent le bûcher.*

Tarare, Tarare, Tarare!
Rendez-nous notre général.
Son trépas, dit-on, se prépare :
Ah! s'il reçoit le coup fatal,
Nous en punirons ce barbare[a].

Ils s'avancent vers Atar.

TARARE, *enchaîné, écarte les esclaves.*

Arrêtez! soldats, arrêtez!
Quel ordre ici vous a portés?
Ô l'abominable victoire!
On sauverait mes jours en flétrissant ma gloire!

Un tas de rebelles mutins
De l'État ferait les destins !
Est-ce à vous de juger vos maîtres ?
N'ont-ils soudoyé[1] que des traîtres ?
Oubliez-vous, soldats, usurpant le pouvoir,
Que le respect des rois est le premier devoir ?
Armes bas, furieux ! Votre empereur vous casse.

Ils se jettent tous à genoux. Il s'y jette lui-même et dit au roi :

Seigneur, ils sont soumis ; je demande leur grâce.

ATAR, *hors de lui.*

Quoi ! toujours ce fantôme entre mon peuple et moi !

Aux soldats :

Défenseurs du sérail, suis-je encor votre roi ?

UN EUNUQUE

Oui !

CALPIGI *le menace du sabre.*

Non !

TOUS LES SOLDATS *se lèvent.*

Non !

TOUT LE PEUPLE

Non !

CALPIGI, *montrant Tarare.*

C'est lui.

TARARE

Jamais !

LES SOLDATS

C'est toi !

TOUT LE PEUPLE

C'est toi !

ATAR, *avec désespoir, à Tarare.*

Monstre!... Ils te sont vendus... Règne donc à ma place!

Il se poignarde et tombe.

TARARE, *avec douleur.*

Ah! malheureux!

ATAR *se relève dans les angoisses*[1].

La mort est moins dure à mes yeux...
Que de régner par toi... sur ce peuple odieux.

Il tombe mort dans les bras des eunuques, qui l'emportent. Urson les suit.

SCÈNE VII

LES ACTEURS PRÉCÉDENTS, *excepté Atar et Urson.*

CALPIGI *crie au peuple.*

Tous les torts de son règne, un seul mot les répare :
Il laisse le trône à Tarare.

TARARE, *vivement.*

Et moi, je ne l'accepte pas.

CHŒUR GÉNÉRAL, *exalté.*

Tous les torts de son règne, un seul mot les répare :
Il laisse le trône à Tarare.

TARARE[2], *avec dignité.*

Le trône est pour moi sans appas :
Je ne suis point né votre maître.
Vouloir être ce qu'on n'est pas,
C'est renoncer à tout ce qu'on peut être.
Je vous servirai de mon bras,
Mais laissez-moi finir en paix ma vie,
Dans la retraite, avec mon Astasie.

Il lui tend les bras; elle s'y jette.

SCÈNE VIII

LES ACTEURS PRÉCÉDENTS ; URSON *tenant dans sa main la couronne d'Atar.*

URSON *prend la chaîne de Tarare.*

Non. Par mes mains le peuple entier
Te fait son noble prisonnier :
Il veut que de l'État tu saisisses les rênes.
Si tu rejetais notre foi,
Nous abuserions de tes chaînes
Pour te couronner malgré toi.

Au grand-prêtre[a].

Pontife, à ce grand homme Atar lègue l'Asie.
Consacrez le seul bien qu'il ait fait de sa vie :
Prenez le diadème, et réparez l'affront
Que le bandeau des rois a reçu de son front.

ARTHENÉE, *prenant le diadème des mains d'Urson.*

Tarare, il faut céder...

TOUT LE PEUPLE *s'écrie* :

Tarare, il faut céder !

ARTHENÉE

Leurs désirs sont extrêmes.

TOUT LE PEUPLE

Nos désirs sont extrêmes.

ARTHENÉE

Sois donc le roi d'Ormus.

TOUT LE PEUPLE

Sois, sois le roi d'Ormus !

Arthenée lui met la couronne sur la tête, au bruit d'une fanfare.

ARTHENÉE, *à part*[b].

Il est des dieux suprêmes[1].

Il sort.

SCÈNE IX

TOUS LES PRÉCÉDENTS, *excepté le grand-prêtre. Calpigi et Urson se jettent à genoux et ôtent dans cette posture les chaînes de Tarare.*

TARARE, *pendant qu'on le déchaîne.*

Enfants, vous m'y forcez, je garderai ces fers :
Ils seront à jamais ma royale ceinture.
De tous mes ornements devenus les plus chers,
Puissent-ils attester à la race future
Que, du grand nom de roi si j'acceptai l'éclat,
Ce fut pour m'enchaîner au bonheur de l'État !

Il s'enveloppe le corps de ses chaînes.

CHŒUR GÉNÉRAL, *avec ivresse.*

Quel plaisir de nos cœurs s'empare !
Vive notre grand roi Tarare !
Tarare, Tarare, Tarare !
La belle Astasie et Tarare !
Nous avons le meilleur des rois :
Jurons de mourir sous ses lois[a].

Des mouvements d'une joie effrénée sort une danse tumultueuse, pendant que le chœur reprend à grands cris les vers ci-dessus. Ils entourent, ils entraînent Astasie et le roi. La musique diminue de bruit, change d'effet et reprend un caractère aérien. Des nuages couvrent le spectacle; on en voit sortir, dans les airs, la Nature productrice et le Génie qui préside au soleil.

SCÈNE DERNIÈRE

LES PRÉCÉDENTS, LA NATURE ET LE GÉNIE DU FEU *sur les nuages.*

LE GÉNIE DU FEU

Nature ! quel exemple imposant et funeste !
Le soldat monte au trône, et le tyran est mort !

LA NATURE

Les dieux ont fait leur premier sort,
Leur caractère a fait le reste.

LE GÉNIE DU FEU

Encor un généreux effort.
Dans le cœur des humains, d'un trait inaltérable,
Gravons ce précepte admirable.

Des nuages transparents les couvrent à demi. Un fort tonnerre se fait entendre. Quatre génies, dans les airs, sonnent d'une trompette bruyante qui se mêle aux éclats de la foudre. Tarare et tout le peuple tombent à genoux au fond du théâtre.

CHŒUR GÉNÉRAL, *très éloigné.*

De ce grand bruit, de cet éclat,
Ô ciel ! apprends-nous le mystère[a] !

LA NATURE ET LE GÉNIE DU FEU
Dans les nuages, à l'unisson, et parlant fortement.

Mortel, qui que tu sois, prince, brame ou soldat,
HOMME ! ta grandeur sur la terre
N'appartient point à ton état :
Elle est toute à ton caractère.

À mesure que la Nature et le Génie prononcent les vers ci-dessus, ils se peignent en caractères de feu dans les nuages.
Les trompettes sonnent, le tonnerre reprend ; les nuages les couvrent ; ils disparaissent. La toile tombe.

Dans un siècle[1] et dans un pays où l'on regarderait comme un manque de respect pour l'opéra de le finir autrement que par une fête, je proposerais cette fin, quoique je préfère la première :

Après le CHŒUR[b] :

Quel plaisir de nos cœurs s'empare !
Vive notre grand roi Tarare, *etc.*

URSON *viendrait dire* :

Les fiers Européans marchent vers ces États ;
Inaugurons Tarare et courons aux combats.

Les soldats et le peuple placeraient Tarare et Astasie sous le dais où Atar était assis pendant la prière publique. On danserait militairement devant eux. Puis Urson et Calpigi, entourés du peuple, chanteraient ce duo :

URSON ET CALPIGI

Roi, nous mettons la liberté
Aux pieds de ta vertu suprême ;
Règne sur ce peuple qui t'aime,
Par les lois et par l'équité.

DEUX FEMMES, *en duo.*

Et vous, reine, épouse sensible,
Qui connûtes l'adversité,
Du devoir souvent inflexible
Adoucissez l'austérité :
Tenez son grand cœur accessible
Aux soupirs de l'humanité.

CHŒUR GÉNÉRAL

Roi, nous mettons la liberté
Aux pieds de ta vertu suprême ;
Règne sur ce peuple qui t'aime,
Par les lois et par l'équité[a].

Danse générale, et la toile tomberait.

Cette fin est mise en musique par M. Salieri ; mais je préfère la première, qui est bien plus philosophique et encadre mieux le sujet. Choisissez ; ma tâche est finie[1].

COURONNEMENT DE TARARE[a]

SCÈNE PREMIÈRE

MARCHE NATIONALE, SOLDATS *en bon ordre*

Quatre membres de l'assemblée du peuple : l'un, militaire; le second, du collège des brames; le troisième, un citoyen[1]*; le quatrième, un cultivateur, portent un autel sur lequel il est écrit :* AUTEL DE LA PATRIE.

Quatre autres membres, ainsi mêlés, portent un grand livre, avec cette inscription sur la couverture : LIVRE DE LA LOI*; une grande couronne d'or est posée sur ce livre.*

Deux autres portent le manteau royal pourpre à étoiles d'or; deux autres, le sceptre et la main de justice.

Tout le reste marche ainsi confondu.

Tarare et Astasie montent sur le trône d'Atar, à droite.

URSON ET CALPIGI, *au nom du peuple, duo.*

Roi, nous mettons la liberté
Aux pieds de ta vertu suprême.
Gouverne ce peuple qui t'aime,
Par les lois et par l'équité.
Il dépose en tes mains lui-même
Sa redoutable autorité.

On lui donne le sceptre et on lui met le manteau royal sur les épaules. Deux femmes s'avancent vers Astasie.

Et vous, reine, épouse sensible,
Qui connûtes l'adversité,
Du devoir souvent inflexible
Adoucissez l'austérité :
Tenez son grand cœur accessible
Aux soupirs de l'humanité.

TOUS LES ORDRES DE L'ÉTAT *se prennent sous le bras, et, s'avançant en cercle ainsi confondus, répètent en chœur avec enthousiasme.*

Roi, nous mettons la liberté
Aux pieds de ta vertu suprême, *etc.*[2].

Des danseurs de ces différents ordres composent une danse mêlée où chacun conserve le caractère de son état, en versant alternativement de l'encens sur le feu de l'autel de la Liberté.

Deux bonzes suivis de quelques vierges bramines s'avancent et disent :

Du culte de Brama prêtres infortunés,
À vivre sans bonheur sommes-nous condamnés ?

TARARE, *se levant.*

De tant de retraites forcées
Que les barrières soient brisées[1] !
Que l'hymen, par ses doux liens,
Leur donne à tous des jours prospères !
Peuple heureux ! les vrais citoyens,
Ce sont les époux et les pères.

Toute l'assemblée lève les mains en signe d'approbation.

Ici des danses mêlées, au choix et bon goût du maître des ballets, se formeront suivant les caractères.

SPINETTE *et* CALPIGI *s'avancent.*

SPINETTE, *se courbant.*

Seigneurs !

CALPIGI, *se courbant.*

Seigneurs !

[SPINETTE ET CALPIGI,] *en duo.*

Cette loi si douce et si sage,
Qui fait tant d'heureux parmi vous,
Du divorce l'antique usage,
Daignez l'étendre jusqu'à nous[2].

SPINETTE, *vivement.*

Rompez des nœuds insupportables.

CALPIGI

Ah ! plus imprudents que coupables.

[SPINETTE *et* CALPIGI,] *en duo.*

L'amour nous avait égarés.

SPINETTE

Nous brûlons d'être séparés.

CALPIGI

Nous devons être séparés.

TARARE, *se levant.*

Vous le voulez tous deux ? Eh bien, vous le serez.

Danse pittoresque, peignant le sentiment d'un divorce, ou de gens qui se fuient et prennent d'autres engagements.

SCÈNE II

UN DÉPUTÉ DU ZANGUÉBAR[1], *suivi d'une troupe de* NÈGRES *et de* NÉGRESSES *enchaînés, qui ont l'air consterné.* TOUS LES PRÉCÉDENTS

LE DÉPUTÉ, *se courbant.*

Vos noirs sujets d'Afrique, aussi soumis que braves,
Vous offrent leur tribut d'esclaves.

Tous les nègres se prosternent ; il continue.

Enchaînés par nos mains et domptés par nos coups,
Flétris sous le poids des entraves,
Quoi qu'on ordonne d'eux, ils vous béniront tous.

TARARE, *avec majesté.*

Plus d'infortunés parmi nous.
Le despotisme affreux outrageait la nature ;
Nos lois vengeront cette injure.
Soyez tous heureux, levez-vous.

TOUS LES NÈGRES *se lèvent et crient.*

Holà ! holà ! holà ! holà !

UN NÈGRE, *exalté.*

Holà[1] ! doux esclavage
Pour Congo, noir visage.
Bon blanc, pour nègre il eﬆ humain ;
Nous, bon nègre, a cœur sur la main.
Nous, pour blanc
Sacrifie,
Donner sang,
Donner vie,
Priant grand fétiche Ourbala !
Pour bon grand peuple qu'il eﬆ là.
Ourbala ! l'y voilà.
Ourbala ! l'y voilà.

Montrant les speﬆateurs.

Là, là, là, là, là, là, là, là, là.

Danse pittoresque des nègres et négresses exaltés.

SCÈNE III

UN PEUPLE *en désordre, effréné, court et remplit la place.* UN HÉRAUT D'ARMES, *suivi d'*UN MAGISTRAT, *s'oppose à sa course et dit :*

Au nom de la Patrie
Qui vous presse et vous prie,
Rentrez dans le devoir aux accents de ma voix.
Peuple, séparez-vous... pour la troisième fois...

CHŒUR DE PEUPLE, *en désordre.*

Tout eﬆ changé ; quoi qu'on ordonne,
Nous n'obéirons à personne.

Le magiﬆrat fait un signal.

Marche de soldats armés, serrés en bataillon, avec une bannière portant ce vers en or sur un fond rouge :

LA LIBERTÉ N'EST PAS D'ABUSER DE SES DROITS.

Seconde marche d'un groupe de citoyens paisibles. Bannière bleue avec ce vers en blanc :

LA LIBERTÉ CONSISTE À N'OBÉIR QU'AUX LOIS.

Troisième marche d'un groupe de jeunes cultivateurs des deux sexes, couronnés de fleurs et portant des gerbes et des fruits. Bannière rose avec ce distique de couleur verte :

DE LA LIBERTÉ SANS LICENCE
NAÎT LE BONHEUR, NAÎT L'ABONDANCE.

Quatrième marche d'un groupe de prêtres de la Mort, précédé d'un TAM-TAM[1] *ou cloche de l'Inde suspendue et portée par deux prêtres, formant une espèce de tocsin. Bannière noire, avec des lettres d'argent, et pour légende :*

LICENCE, ABUS DE LIBERTÉ,
SONT LES SOURCES DU CRIME ET DE LA PAUVRETÉ.

Urson s'est mis à la tête des soldats quand ils ont passé.

Tarare à celle du groupe des citoyens paisibles.

Astasie s'est mêlée aux jeunes cultivateurs des deux sexes.

Cette marche imposante fait doucement reculer le peuple. Il reparaît modeste, à la fin de la marche générale.

Pendant qu'elle passe sur le devant du théâtre, on élève un trône au fond, sous un riche baldaquin. Le livre de la Loi est mis au sommet sous une grande couronne d'or. Tarare et Astasie sont au-dessous. L'assemblée mêlée est assise autour d'eux, le peuple en bas ; l'autel de la Liberté est flamboyant sur le devant.

Danse des premiers sujets dans tous les genres.

Au milieu de la fête, un coup de tonnerre se fait entendre. Le théâtre se couvre de nuages, on voit paraître au ciel, sur le char du soleil, la Nature et le Génie du Feu.

SCÈNE DERNIÈRE

LE GÉNIE DU FEU, LA NATURE,
TOUS LES ACTEURS PRÉCÉDENTS

LE GÉNIE DU FEU *à la Nature.*

Nature ! quel spectacle imposant et funeste !
Le soldat monte au trône et le tyran est mort !

LA NATURE

Les dieux ont fait leur premier sort,
Leur caractère a fait le reste.

Le tonnerre recommence, les nuages s'élèvent, on voit dans le fond TOUTE LA NATION *à genoux, son roi à la tête, disant tous* :

De ce grand bruit, de cet éclat,
Ô ciel ! apprends-nous le mystère !

LE GÉNIE DU FEU ET LA NATURE, *majestueusement.*

Mortel, qui que tu sois, prince, prêtre ou soldat,
Homme ! ta grandeur sur la terre
N'appartient point à ton état :
Elle est toute à ton caractère.

Ces vers se peignent en feu dans les nuées pendant qu'on les prononce. La nation est prosternée. Les trompettes et le tonnerre terminent tout. La toile tombe[1].

FIN

L'AUTRE TARTUFFE
OU
LA MÈRE COUPABLE

Drame[a] *en cinq actes en prose*

On gagne assez dans les familles quand on en expulse un méchant.

(Dernière phrase de la pièce[b].)

UN MOT SUR « LA MÈRE COUPABLE[1] »

Pendant ma longue proscription, quelques amis zélés avaient imprimé cette pièce, uniquement pour prévenir l'abus d'une contrefaçon infidèle, furtive, et prise à la volée pendant les représentations*[2]. Mais ces amis eux-mêmes, pour éviter d'être froissés[3] par les agents de la Terreur, s'ils eussent laissé leurs vrais titres aux personnages espagnols (car alors tout était péril), se crurent obligés de les défigurer, d'altérer même leur langage et de mutiler plusieurs scènes[4].

Honorablement rappelé dans ma patrie, après quatre années d'infortune, et la pièce étant désirée par les anciens acteurs du Théâtre-Français[5] dont on connaît les grands talents, je la restitue en entier dans son premier état. Cette édition est celle que j'avoue.

Parmi les vues de ces artistes, j'approuve celle de présenter, en trois séances consécutives, tout le roman de la famille Almaviva, dont les deux premières époques ne semblent pas, dans leur gaieté légère, offrir de rapport bien sensible avec la profonde et touchante moralité de la dernière; mais elles ont, dans le plan de l'auteur, une connexion intime, propre à verser le plus vif intérêt sur les représentations de *La Mère coupable*.

J'ai donc pensé avec les comédiens que nous pouvions dire au public : « Après avoir bien ri, le premier jour, au *Barbier de Séville*, de la turbulente jeunesse du comte Almaviva, laquelle est à peu près celle de tous les hommes;

* Elle fut représentée pour la première fois au Théâtre du Marais, le 26 juin 1792.

« Après avoir, le second jour, gaiement considéré, dans *La Folle Journée*, les fautes de son âge viril, et qui sont trop souvent les nôtres;

« Par le tableau de sa vieillesse, et voyant *La Mère coupable*, venez vous convaincre avec nous que tout homme qui n'est pas né un épouvantable méchant finit toujours par être bon, quand l'âge des passions s'éloigne, et surtout quand il a goûté le bonheur si doux d'être père! C'est le but moral de la pièce. Elle en renferme plusieurs autres que ses détails feront ressortir. »

Et moi, l'auteur, j'ajoute ici : « Venez juger *La Mère coupable*, avec le bon esprit qui l'a fait composer pour vous. Si vous trouvez quelque plaisir à mêler vos larmes aux douleurs, au pieux repentir de cette femme infortunée, si ses pleurs commandent les vôtres, laissez-les couler doucement. Les larmes qu'on verse au théâtre, sur des maux simulés qui ne font pas le mal de la réalité cruelle, sont bien douces. On est meilleur quand on se sent pleurer. On se trouve si bon après la compassion[1] ! »

Auprès de ce tableau touchant, si j'ai mis sous vos yeux le machinateur[2], l'homme affreux qui tourmente aujourd'hui cette malheureuse famille, ah! je vous jure que je l'ai vu agir[3] ; je n'aurais pas pu l'inventer. Le Tartuffe de Molière était celui de la religion : aussi, de toute la famille d'Orgon, ne trompa-t-il que le chef imbécile[4]. Celui-ci, bien plus dangereux, Tartuffe de la probité, possède l'art profond de s'attirer la respectueuse confiance de la famille entière qu'il dépouille. C'est celui-là qu'il fallait démasquer. C'est pour vous garantir des pièges de ces monstres (et il en existe partout) que j'ai traduit sévèrement celui-ci sur la scène française. Pardonnez-le-moi en faveur de sa punition[5], qui fait la clôture de la pièce. Ce cinquième acte m'a coûté; mais je me serais cru plus méchant que Bégearss si je l'avais laissé jouir du moindre fruit de ses atrocités, si je ne vous eusse calmés après des alarmes si vives.

Peut-être ai-je attendu trop tard pour achever cet ouvrage terrible qui me consumait la poitrine et devait être écrit dans la force de l'âge. Il m'a tourmenté bien longtemps[6] ! Mes deux comédies espagnoles ne furent faites que pour le préparer. Depuis, en vieillissant, j'hésitais de m'en occuper : je craignais de manquer de force; et peut-être n'en avais-je plus à l'époque où je l'ai tenté! Mais enfin, je l'ai composé dans une intention droite et pure : avec la tête froide d'un homme et le cœur brûlant d'une femme, comme on l'a pensé de Rousseau. J'ai remarqué que cet ensemble, cet « hermaphrodisme » moral, eſt moins rare qu'on ne le croit.

Au reſte, sans tenir à nul parti, à nulle secte, *La Mère coupable* eſt un tableau des peines intérieures qui divisent bien des familles; peines auxquelles malheureusement le divorce, très bon d'ailleurs[1], ne remédie point. Quoi qu'on fasse, ces plaies secrètes, il les déchire au lieu de les cicatriser. Le sentiment de la paternité, la bonté du cœur, l'indulgence en sont les uniques remèdes. Voilà ce que j'ai voulu peindre et graver dans tous les esprits.

Les hommes de lettres qui se sont voués au théâtre, en examinant cette pièce, pourront y démêler une intrigue de comédie, fondue dans le pathétique d'un drame[2]. Ce dernier genre, trop dédaigné de quelques juges prévenus, ne leur paraissait pas de force à comporter ces deux éléments réunis. « L'*intrigue*, disaient-ils, eſt le propre des sujets gais, c'eſt le nerf de la comédie; on adapte le *pathétique* à la marche simple du drame, pour en soutenir la faiblesse. » Mais ces principes hasardés[3] s'évanouissent à l'application, comme on peut s'en convaincre en s'exerçant dans les deux genres. L'exécution plus ou moins bonne assigne à chacun son mérite; et le mélange heureux de ces deux moyens dramatiques, employés avec art, peut produire un très grand effet; voici comment je l'ai tenté.

Sur des événements antécédents connus (et c'eſt un fort grand avantage) j'ai fait en sorte qu'un drame intéressant exiſtât aujourd'hui entre le comte Almaviva, la comtesse et les deux enfants. Si j'avais reporté la pièce à l'âge inconsiſtant[4] où les fautes se sont commises, voici ce qui fût arrivé.

D'abord le drame eût dû s'appeler, non *La Mère coupable*, mais *L'Épouse infidèle*, ou *Les Époux coupables* : ce n'était déjà plus le même genre d'intérêt; il eût fallu y faire entrer des intrigues d'amour, des jalousies, du désordre, que sais-je? de tout autres événements : et la moralité que je voulais faire sortir d'un manquement si grave aux devoirs de l'épouse honnête, cette moralité, perdue, enveloppée dans les fougues de l'âge, n'aurait pas été aperçue. Mais c'eſt vingt ans après que les fautes sont consommées, quand les passions sont usées, que leurs objets n'exiſtent plus[5], à l'inſtant où les conséquences d'un désordre presque oublié viennent peser sur l'établissement, sur le sort de deux enfants malheureux qui les ont toutes ignorées et qui n'en sont pas moins les victimes, c'est de ces circonstances graves que la moralité tire toute sa force et devient le préservatif des jeunes personnes bien nées, qui, lisant peu dans l'avenir, sont beaucoup plus près du danger de se voir égarées que de celui d'être vicieuses. Voilà sur quoi porte mon drame.

Puis, opposant au scélérat notre pénétrant Figaro, vieux serviteur très attaché, le seul être que le fripon n'a pu tromper dans la maison, l'intrigue qui se noue entre eux s'établit sous cet autre aspect.

Le scélérat, inquiet, se dit : « En vain j'ai le secret de tout le monde ici, en vain je me vois près de le tourner à mon profit; si je ne parviens pas à faire chasser ce valet, il pourra m'arriver malheur. »

D'autre côté, j'entends le Figaro se dire : « Si je ne réussis à dépister ce monstre, à lui faire tomber le masque, la fortune, l'honneur, le bonheur de cette maison, tout est perdu. » La Suzanne, jetée entre ces deux lutteurs, n'est ici qu'un souple instrument dont chacun entend se servir pour hâter la chute de l'autre.

Ainsi, la *comédie d'intrigue*, soutenant la curiosité, marche tout au travers du *drame*, dont elle renforce l'action sans en diviser l'intérêt qui se porte entier sur la mère. Les deux enfants, aux yeux du spectateur, ne courent aucun danger réel. On voit bien qu'ils s'épouseront si le scélérat est chassé, car ce qu'il y a de mieux établi dans l'ouvrage, c'est qu'ils ne sont parents à nul degré[1], qu'ils sont étrangers l'un à l'autre, ce que savent fort bien, dans le secret du cœur, le comte, la comtesse, le scélérat, Suzanne et Figaro, tous instruits des événements, sans compter le public qui assiste à la pièce et à qui nous n'avons rien caché.

Tout l'art de l'hypocrite, en déchirant le cœur du père et de la mère, consiste à effrayer les jeunes gens, à les arracher l'un à l'autre, en leur faisant croire à chacun qu'ils sont enfants du même père! c'est là le fond de son intrigue. Ainsi marche le double plan, que l'on peut appeler *complexe*.

Une telle action dramatique peut s'appliquer à tous les temps, à tous les lieux où les grands traits de la nature et tous ceux qui caractérisent le cœur de l'homme et ses secrets ne seront pas trop méconnus.

Diderot, comparant les ouvrages de Richardson avec tous ces romans que nous nommons « l'histoire », s'écrie, dans son enthousiasme pour cet auteur juste et profond : « Peintre du cœur humain! c'est toi seul qui ne mens jamais[2]! » Quel mot sublime ! Et moi aussi, j'essaye encore d'être peintre du cœur humain ; mais ma palette est desséchée par l'âge et les contradictions. *La Mère coupable* a dû s'en ressentir !

Que si ma faible exécution nuit à l'intérêt de mon plan, le principe que j'ai posé n'en a pas moins toute sa justesse. Un tel essai peut inspirer le dessein d'en offrir de plus fortement concertés. Qu'un homme de feu l'entreprenne, y mêlant, d'un crayon hardi, l'*intrigue* avec le *pathétique*. Qu'il broie et fonde savamment les vives couleurs de chacun ; qu'il nous peigne à grands traits l'homme vivant en société, son état, ses passions, ses vices, ses vertus, ses fautes et ses malheurs, avec la vérité frappante que l'exagération même, qui fait briller les autres genres, ne permet pas toujours de rendre aussi fidèlement. Touchés, intéressés, instruits, nous ne dirons plus que le *drame* est un genre décoloré, né de l'impuissance de produire une tragédie ou une comédie. L'art aura pris un noble essor ; il aura fait encore un pas.

Ô mes concitoyens ! vous à qui j'offre cet essai ! s'il vous paraît faible ou manqué, critiquez-le, mais sans m'injurier. Lorsque je fis mes autres pièces, on m'outragea longtemps pour avoir osé mettre au théâtre ce jeune Figaro, que vous avez aimé depuis. J'étais jeune aussi, j'en riais. En vieillissant, l'esprit s'attriste, le caractère se rembrunit. J'ai beau faire, je ne ris plus quand un méchant ou un fripon insulte à ma personne, à l'occasion de mes ouvrages : on n'est pas maître de cela.

Critiquez la pièce : fort bien. Si l'auteur est trop vieux pour en tirer du fruit[1], votre leçon peut profiter à d'autres. L'injure ne profite à personne, et même elle n'est pas de bon goût. On peut offrir cette remarque à une nation renommée par son ancienne politesse[2], qui la faisait servir de modèle en ce point, comme elle est encore aujourd'hui celui de la haute vaillance[3].

L'AUTRE TARTUFFE
OU
LA MÈRE COUPABLE

Drame en cinq actes en prose

PERSONNAGES[a]

LE COMTE ALMAVIVA, grand seigneur espagnol, d'une fierté noble, et sans orgueil.

LA COMTESSE ALMAVIVA, très malheureuse, et d'une angélique piété.

LE CHEVALIER LÉON, leur fils; jeune homme épris de la liberté, comme toutes les âmes ardentes et neuves.

FLORESTINE, pupille et filleule du comte Almaviva; jeune personne d'une grande sensibilité.

M. BÉGEARSS, Irlandais, major d'infanterie espagnole, ancien secrétaire des ambassades du comte; homme très profond et grand machinateur d'intrigues, fomentant le trouble avec art.

FIGARO, valet de chambre, chirurgien[1] et homme de confiance du comte; homme formé par l'expérience du monde et des événements.

SUZANNE, première camariste[2] de la comtesse; épouse de Figaro; excellente femme, attachée à sa maîtresse et revenue des illusions du jeune âge.

M. FAL, notaire du comte; homme exact et très honnête.

GUILLAUME, valet allemand de M. Bégearss; homme trop simple pour un tel maître.

La scène est à Paris, dans l'hôtel occupé par la famille du comte, et se passe à la fin de 1790[b3].

ACTE PREMIER

Le théâtre représente un salon fort orné.

SCÈNE PREMIÈRE

SUZANNE, *seule, tenant des fleurs obscures*[1] *dont elle fait un bouquet.*

Que Madame s'éveille et sonne, mon triste ouvrage est achevé. *(Elle s'assied avec abandon.)* À peine il est neuf heures, et je me sens déjà d'une fatigue... Son dernier ordre, en la couchant, m'a gâté ma nuit tout entière... « Demain, Suzanne, au point du jour, fais apporter beaucoup de fleurs, et garnis-en mes cabinets. » Au portier : « Que, de la journée, il n'entre personne pour moi. » « Tu me formeras un bouquet de fleurs noires et rouge foncé, un seul œillet blanc au milieu... » Le voilà. Pauvre maîtresse! elle pleurait!... Pour qui ce mélange d'apprêts?... Eeeh! si nous étions en Espagne, ce serait aujourd'hui la fête de son fils Léon... *(avec mystère)* et d'un autre homme qui n'est plus! *(Elle regarde les fleurs.)* Les couleurs du sang et du deuil! *(Elle soupire.)* Ce cœur blessé ne guérira jamais! Attachons-le d'un crêpe noir, puisque c'est là sa triste fantaisie.

Elle attache le bouquet.

SCÈNE II

SUZANNE, FIGARO *regardant avec mystère.*
Cette scène doit marcher chaudement[a].

SUZANNE : Entre donc, Figaro! tu prends l'air d'un amant en bonne fortune chez ta femme!

FIGARO : Peut-on vous parler librement?

SUZANNE : Oui, si la porte reste ouverte.

FIGARO : Et pourquoi cette précaution?

SUZANNE : C'est que l'homme dont il s'agit peut entrer d'un moment à l'autre.

FIGARO, *appuyant* : Honoré-Tartuffe-Bégearss[a] ?

SUZANNE : Et c'est un rendez-vous donné. Ne t'accoutume donc pas à charger son nom d'épithètes; cela peut se redire et nuire à tes projets.

FIGARO : Il s'appelle Honoré!

SUZANNE : Mais non pas Tartuffe.

FIGARO : Morbleu!

SUZANNE : Tu as le ton bien soucieux!

FIGARO : Furieux. *(Elle se lève.)* Est-ce là notre convention? M'aidez-vous[1] franchement, Suzanne, à prévenir un grand désordre? Serais-tu dupe encore de ce très méchant homme?

SUZANNE : Non; mais je crois qu'il se méfie de moi : il ne me dit plus rien. J'ai peur, en vérité, qu'il ne nous croie raccommodés.

FIGARO : Feignons toujours d'être brouillés.

SUZANNE : Mais qu'as-tu donc appris qui te donne une telle humeur?

FIGARO : Recordons-nous d'abord sur[2] les principes. Depuis que nous sommes à Paris, et que M. Almaviva... (Il faut bien lui donner son nom, puisqu'il ne souffre plus qu'on l'appelle *Monseigneur*...)

SUZANNE, *avec humeur* : C'est beau! et Madame sort sans livrée[3] ! nous avons l'air de tout le monde!

FIGARO : Depuis[b], dis-je, qu'il a perdu, par une querelle de jeu, son libertin de fils aîné, tu sais comment tout a changé pour nous! comme l'humeur du comte est devenue sombre et terrible!

SUZANNE : Tu n'es pas mal bourru non plus!

FIGARO : Comme son autre fils paraît lui devenir odieux!

SUZANNE : Que trop!

FIGARO : Comme Madame est malheureuse!

SUZANNE : C'est un grand crime qu'il commet!

FIGARO : Comme il redouble de tendresse pour sa pupille Florestine! Comme il fait surtout des efforts pour dénaturer sa fortune[4] !

SUZANNE : Sais-tu, mon pauvre Figaro, que tu commences à radoter? Si je sais tout cela, qu'est-il besoin de me le dire?

FIGARO : Encore faut-il bien s'expliquer pour s'assurer que l'on s'entend. N'est-il pas avéré pour nous que cet astucieux

Irlandais, le fléau de cette famille, après avoir chiffré, comme secrétaire, quelques ambassades[1] auprès du comte, s'est emparé de leurs secrets à tous? que ce profond machinateur a su les entraîner de l'indolente Espagne en ce pays remué de fond en comble, espérant y mieux profiter de la désunion où ils vivent pour séparer le mari de la femme, épouser la pupille, et envahir les biens d'une maison qui se délabre?

SUZANNE[a] : Enfin, moi! que puis-je à cela?

FIGARO : Ne jamais le perdre de vue; me mettre au cours de ses démarches...

SUZANNE : Mais je te rends[2] tout ce qu'il dit.

FIGARO : Oh! ce qu'il dit... n'est que ce qu'il veut dire! Mais saisir, en parlant, les mots qui lui échappent, le moindre geste, un mouvement : c'est là qu'est le secret de l'âme! Il se trame ici quelque horreur! Il faut qu'il s'en croie assuré[3], car je lui trouve un air... plus faux, plus perfide et plus fat; cet air des sots de ce pays, triomphant avant le succès! Ne peux-tu être aussi perfide que lui? l'amadouer, le bercer d'espoir? quoi qu'il demande, ne pas le refuser?...

SUZANNE : C'est beaucoup!

FIGARO : Tout est bien et tout marche au but, si j'en suis promptement instruit.

SUZANNE : Et si j'en instruis ma maîtresse?

FIGARO : Il n'est pas temps encore; ils sont tous subjugués par lui. On ne te croirait pas : tu nous perdrais sans les sauver. Suis-le partout, comme son ombre... et moi, je l'épie au-dehors...

SUZANNE : Mon ami, je t'ai dit qu'il se défie de moi; et s'il nous surprenait ensemble... Le voilà qui descend... Ferme!... Ayons l'air de quereller bien fort.

Elle pose le bouquet sur la table.

FIGARO, *élevant la voix* : Moi, je ne le veux pas! Que je t'y prenne une autre fois!...

SUZANNE, *élevant la voix* : Certes!... Oui, je te crains beaucoup!

FIGARO, *feignant de lui donner un soufflet* : Ah! tu me crains!... Tiens, insolente!

SUZANNE, *feignant de l'avoir reçu* : Des coups à moi... chez ma maîtresse!

SCÈNE III

LE MAJOR BÉGEARSS, FIGARO, SUZANNE

BÉGEARSS, *en uniforme, un crêpe noir au bras*[a] : Eh! mais quel bruit! Depuis une heure j'entends disputer de chez moi...

FIGARO, *à part* : Depuis une heure!

BÉGEARSS : Je sors, je trouve une femme éplorée...

SUZANNE, *feignant de pleurer* : Le malheureux lève la main sur moi!

BÉGEARSS : Ah! l'horreur! Monsieur Figaro! Un galant homme a-t-il jamais frappé une personne de l'autre sexe?

FIGARO, *brusquement* : Eh! morbleu! monsieur, laissez-nous! je ne suis point un « galant homme »; et cette femme n'est point une « personne de l'autre sexe » : elle est ma femme; une insolente qui se mêle dans des intrigues, et qui croit pouvoir me braver parce qu'elle a ici des gens qui la soutiennent. Ah! j'entends la morigéner...

BÉGEARSS : Est-on brutal à cet excès?

FIGARO : Monsieur, si je prends un arbitre de mes procédés envers elle, ce sera moins vous que tout autre; et vous savez trop bien pourquoi!

BÉGEARSS : Vous me manquez, monsieur; je vais m'en plaindre à votre maître.

FIGARO, *raillant* : Vous manquer! moi? c'est impossible.

Il sort.

SCÈNE IV

BÉGEARSS, SUZANNE

BÉGEARSS : Mon enfant[1], je n'en reviens point. Quel est donc le sujet de son emportement?

SUZANNE : Il m'est venu chercher querelle; il m'a dit cent horreurs de vous. Il me défendait de vous voir, de jamais oser vous parler. J'ai pris votre parti; la dispute s'est échauffée; elle a fini par un soufflet... Voilà le premier de sa vie; mais moi, je veux me séparer. Vous l'avez vu...

BÉGEARSS : Laissons cela. Quelque léger nuage altérait ma confiance en toi; mais ce débat l'a dissipé.

SUZANNE : Sont-ce là vos consolations?

BÉGEARSS : Va! c'est moi qui t'en vengerai! Il est bien temps que je m'acquitte envers toi, ma pauvre Suzanne! Pour commencer, apprends un grand secret... Mais sommes-nous bien sûrs que la porte est fermée? *(Suzanne y va voir. Il dit à part.)* Ah! si je puis avoir seulement trois minutes l'écrin au double fond que j'ai fait faire à la comtesse, où sont ces importantes lettres...

SUZANNE *revient* : Eh bien! ce grand secret?

BÉGEARSS : Sers ton ami, ton sort devient superbe. J'épouse Florestine; c'est un point arrêté; son père le veut absolument.

SUZANNE : Qui, son père?

BÉGEARSS, *en riant* : Eh! d'où sors-tu donc? Règle certaine, mon enfant : lorsque telle orpheline arrive chez quelqu'un, comme pupille ou bien comme filleule[1], elle est toujours la fille du mari. *(D'un ton sérieux.)* Bref[a], je puis l'épouser... si tu me la rends favorable.

SUZANNE : Oh! mais Léon en est très amoureux.

BÉGEARSS : Leur fils? *(Froidement.)* Je l'en détacherai.

SUZANNE, *étonnée* : Ah!... Elle aussi, elle est fort éprise.

BÉGEARSS : De lui?...

SUZANNE : Oui.

BÉGEARSS, *froidement* : Je l'en guérirai.

SUZANNE, *plus surprise* : Ah! ah!... Madame, qui le sait, donne les mains à leur union.

BÉGEARSS, *froidement* : Nous la ferons changer d'avis.

SUZANNE, *stupéfaite* : Aussi?... Mais Figaro, si je vois bien, est le confident du jeune homme.

BÉGEARSS : C'est le moindre de mes soucis. Ne serais-tu pas aise d'en être délivrée?

SUZANNE : S'il ne lui arrive aucun mal.

BÉGEARSS : Fi donc! la seule idée flétrit l'austère probité[2]. Mieux instruits sur leurs intérêts, ce sont eux-mêmes qui changeront d'avis.

SUZANNE, *incrédule* : Si vous faites cela, monsieur...

BÉGEARSS, *appuyant* : Je le ferai. Tu sens que l'amour n'est pour rien dans un pareil arrangement. *(L'air caressant.)* Je n'ai jamais vraiment aimé que toi.

SUZANNE : Ah! si Madame avait voulu...

BÉGEARSS : Je l'aurais consolée sans doute; mais elle a dédaigné mes vœux... Suivant[b] le plan que le comte a formé, la comtesse va au couvent.

SUZANNE, *vivement* : Je ne me prête à rien contre elle !

BÉGEARSS : Que diable ! il la sert dans ses goûts ! Je t'entends toujours dire : « Ah ! c'est un ange sur la terre ! »

SUZANNE, *en colère* : Eh bien ! faut-il la tourmenter ?

BÉGEARSS, *riant* : Non ; mais du moins la rapprocher de ce ciel, la patrie des anges, dont elle est un moment tombée !... Et puisque dans ces nouvelles et merveilleuses lois, le divorce s'est établi[1]...

SUZANNE, *vivement* : Le comte veut s'en séparer ?

BÉGEARSS[a] : S'il peut.

SUZANNE, *en colère* : Ah ! les scélérats d'hommes ! quand on les étranglerait tous !...

BÉGEARSS, *riant* : J'aime à croire que tu m'en exceptes.

SUZANNE : Ma foi !... pas trop.

BÉGEARSS, *riant* : J'adore ta franche colère : elle met à jour ton bon cœur ! Quant à l'amoureux chevalier, il le destine à voyager... longtemps. Le Figaro, homme expérimenté, sera son discret conducteur. *(Il lui prend la main.)* Et voici ce qui nous concerne : le comte, Florestine et moi, habiterons le même hôtel ; et la chère Suzanne à nous, chargée de toute la confiance, sera notre surintendant[2], commandera la domesticité, aura la grande main sur tout. Plus de mari, plus de soufflets, plus de brutal contradicteur ; des jours filés d'or et de soie, et la vie la plus fortunée !...

SUZANNE : À vos cajoleries, je vois que vous voulez que je vous serve auprès de Florestine ?

BÉGEARSS, *caressant* : À dire vrai, j'ai compté sur tes soins. Tu fus toujours une excellente femme ! J'ai tout le reste dans ma main ; ce point seul est entre les tiennes. *(Vivement.)* Par exemple, aujourd'hui tu peux nous rendre un signalé[b3]... *(Suzanne l'examine. Bégearss se reprend.)* Je dis « un signalé », par l'importance qu'il y met. *(Froidement.)* Car, ma foi ! c'est bien peu de chose ! Le comte aurait la fantaisie... de donner à sa fille, en signant le contrat, une parure absolument semblable aux diamants de la comtesse. Il ne voudrait pas qu'on le sût.

SUZANNE, *surprise* : Ah ! ah !...

BÉGEARSS : Ce n'est pas trop mal vu ! De beaux diamants terminent bien des choses ! Peut-être il va te demander d'apporter l'écrin de sa femme, pour en confronter les dessins avec ceux de son joaillier...

SUZANNE : Pourquoi, comme ceux de Madame ? C'est une idée assez bizarre !

BÉGEARSS : Il prétend qu'ils soient aussi beaux... Tu sens, pour moi, combien c'était égal ! Tiens, vois-tu ? le voici[a] qui vient.

SCÈNE V

LE COMTE, SUZANNE, BÉGEARSS

LE COMTE : Monsieur Bégearss, je vous cherchais.

BÉGEARSS : Avant d'entrer chez vous, monsieur, je venais prévenir Suzanne que vous avez dessein de lui demander cet écrin...

SUZANNE[b] : Au moins, Monseigneur, vous sentez...

LE COMTE : Eh ! laisse là ton « Monseigneur » ! N'ai-je pas ordonné, en passant dans ce pays-ci... ?

SUZANNE : Je trouve, Monseigneur, que cela nous amoindrit.

LE COMTE : C'est que tu t'entends mieux en vanité qu'en vraie fierté. Quand on veut vivre dans un pays, il n'en faut point heurter les préjugés.

SUZANNE[c] : Eh bien ! monsieur, du moins vous me donnez votre parole...

LE COMTE, *fièrement* : Depuis quand suis-je méconnu[1] ?

SUZANNE : Je vais donc vous l'aller chercher. *(À part.)* Dame ! Figaro m'a dit de ne rien refuser !...

SCÈNE VI

LE COMTE, BÉGEARSS

LE COMTE : J'ai tranché sur le point qui paraissait l'inquiéter.

BÉGEARSS : Il en est un, monsieur, qui m'inquiète beaucoup plus ; je vous trouve un air accablé...

LE COMTE : Te le dirai-je, ami ? la perte de mon fils me semblait le plus grand malheur. Un chagrin plus poignant fait saigner ma blessure et rend ma vie insupportable.

BÉGEARSS : Si vous ne m'aviez pas interdit de vous contrarier là-dessus, je vous dirais que votre second fils...

LE COMTE, *vivement* : Mon second fils ! je n'en ai point.

BÉGEARSS : Calmez-vous, monsieur ; raisonnons. La perte

d'un enfant chéri peut vous rendre injuste envers l'autre, envers votre épouse, envers vous. Est-ce donc sur des conjectures qu'il faut juger de pareils faits?

LE COMTE : Des conjectures? Ah! j'en suis trop certain! Mon grand chagrin est de manquer de preuves. Tant que mon pauvre fils vécut, j'y mettais fort peu d'importance. Héritier de mon nom, de mes places, de ma fortune... que me faisait cet autre individu? Mon froid dédain, un nom de terre, une croix de Malte[a][1], une pension, m'auraient vengé de sa mère et de lui! Mais conçois-tu mon désespoir, en perdant un fils adoré, de voir un étranger succéder à ce rang, à ces titres, et, pour irriter ma douleur, venir tous les jours me donner le nom odieux de « son père »?

BÉGEARSS : Monsieur, je crains de vous aigrir en cherchant à vous apaiser; mais la vertu de votre épouse...

LE COMTE, *avec colère* : Ah! ce n'est qu'un crime de plus. Couvrir d'une vie exemplaire un affront tel que celui-là! Commander vingt ans, par ses mœurs et la piété la plus sévère, l'estime et le respect du monde; et verser sur moi seul, par cette conduite affectée, tous les torts qu'entraîne après soi ma prétendue bizarrerie!... Ma haine pour eux s'en augmente.

BÉGEARSS : Que vouliez-vous donc qu'elle fît, même en la supposant coupable? Est-il au monde quelque faute qu'un repentir de vingt années ne doive effacer à la fin? Fûtes-vous sans reproche vous-même? Et cette jeune Florestine, que vous nommez votre pupille, et qui vous touche de plus près...

LE COMTE[b] : Qu'elle assure donc ma vengeance! Je dénaturerai mes biens, et les lui ferai tous passer. Déjà trois millions d'or, arrivés de la Veracruz[2], vont lui servir de dot; et c'est à toi que je les donne. Aide-moi seulement à jeter sur ce don un voile impénétrable. En acceptant mon portefeuille et te présentant comme époux, suppose un héritage, un legs de quelque parent éloigné...

BÉGEARSS, *montrant le crêpe de son bras* : Voyez que, pour vous obéir, je me suis déjà mis en deuil.

LE COMTE : Quand j'aurai l'agrément du roi[c] pour l'échange entamé de toutes mes terres d'Espagne contre des biens dans ce pays, je trouverai moyen de vous en assurer la possession à tous deux.

BÉGEARSS, *vivement* : Et moi, je n'en veux point. Croyez-vous que sur des soupçons... peut-être encore très peu fondés, j'irai me rendre le complice de la spoliation entière de l'héritier de votre nom, d'un jeune homme plein de mérite? car il faut avouer qu'il en a...

LE COMTE, *impatienté* : Plus que mon fils, voulez-vous dire?... Chacun le pense comme vous; cela m'irrite contre lui!...

BÉGEARSS : Si votre pupille m'accepte, et si sur vos grands biens vous prélevez, pour la doter, ces trois millions d'or du Mexique, je ne supporte point l'idée d'en devenir propriétaire, et ne les recevrai qu'autant que le contrat en contiendra la donation que mon amour sera censé lui faire.

LE COMTE *le serre dans ses bras* : Loyal et franc ami! quel époux je donne à ma fille!...

SCÈNE VII

SUZANNE, LE COMTE, BÉGEARSS

SUZANNE : Monsieur, voilà le coffre aux diamants; ne le gardez pas trop longtemps; que je puisse le remettre en place avant qu'il soit jour chez Madame.

LE COMTE : Suzanne, en t'en allant, défends qu'on entre à moins que je ne sonne.

SUZANNE, *à part* : Avertissons Figaro de ceci.

Elle sort.

SCÈNE VIII

LE COMTE, BÉGEARSS

BÉGEARSS : Quel eſt votre projet sur l'examen de cet écrin?

LE COMTE *tire de sa poche un bracelet entouré de brillants*[a] : Je ne veux plus te déguiser tous les détails de mon affront; écoute : un certain Léon d'Aſtorga, qui fut jadis mon page et que l'on nommait Chérubin...

BÉGEARSS : Je l'ai connu; nous servions dans le régiment dont je vous dois d'être major. Mais il y a vingt ans qu'il n'eſt plus.

LE COMTE : C'eſt ce qui fonde mon soupçon. Il eut l'audace de l'aimer. Je la crus éprise de lui; je l'éloignai d'Andalousie, par un emploi dans ma légion[1]. Un an après la naissance du fils... qu'un combat détesté m'enlève *(il met la main à ses yeux)*, lorsque je m'embarquai vice-roi du Mexique[a], au lieu de rester à Madrid, ou dans mon palais à Séville, ou d'habiter Aguas-Frescas[1] qui est un superbe séjour, quelle retraite, ami, crois-tu que ma femme choisit? le vilain château d'Astorga[2], chef-lieu d'une méchante terre que j'avais achetée des parents de ce page. C'est là qu'elle a voulu passer les trois années de mon absence; qu'elle y a mis au monde... (après neuf ou dix mois, que sais-je?) ce misérable enfant qui porte les traits d'un perfide! Jadis, lorsqu'on m'avait peint pour le bracelet de la comtesse, le peintre[b], ayant trouvé ce page fort joli, désira d'en faire une étude; c'est un des beaux tableaux de mon cabinet.

BÉGEARSS : Oui... *(Il baisse les yeux.)* À telles enseignes que votre épouse...

LE COMTE, *vivement* : Ne veut jamais le regarder? Eh bien! sur ce portrait, j'ai fait faire celui-ci, dans ce bracelet, pareil en tout au sien, fait par le même joaillier qui monta tous ses diamants; je vais le substituer à la place du mien. Si elle en garde le silence, vous sentez que ma preuve est faite. Sous quelque forme qu'elle en parle, une explication sévère éclaircit ma honte à l'instant.

BÉGEARSS : Si vous me demandez mon avis, monsieur, je blâme un tel projet.

LE COMTE : Pourquoi?

BÉGEARSS : L'honneur répugne à de pareils moyens. Si quelque hasard, heureux ou malheureux, vous eût présenté certains faits, je vous excuserais de les approfondir. Mais tendre un piège! des surprises! Eh! quel homme, un peu délicat, voudrait prendre un tel avantage sur son plus mortel ennemi?

LE COMTE : Il est trop tard pour reculer; le bracelet est fait, le portrait du page est dedans...

BÉGEARSS *prend l'écrin* : Monsieur, au nom du véritable honneur...

LE COMTE *a enlevé le bracelet de l'écrin* : Ah! mon cher portrait, je te tiens! J'aurai du moins la joie d'en orner le bras de ma fille, cent fois plus digne de le porter!...

Il y substitue l'autre.

BÉGEARSS *feint de s'y opposer. Ils tirent chacun l'écrin de leur côté; Bégearss fait ouvrir adroitement le double fond et dit avec colère* : Ah! voilà la boîte brisée!

LE COMTE *regarde* : Non ; ce n'eſt qu'un secret que le débat[1] a fait ouvrir. Ce double fond renferme des papiers !

BÉGEARSS, *s'y opposant* : Je me flatte, monsieur, que vous n'abuserez point...

LE COMTE, *impatient* : « Si quelque heureux hasard vous eût présenté certains faits, me disais-tu dans le moment[2], je vous excuserais de les approfondir... » Le hasard me les offre, et je vais suivre ton conseil.

Il arrache les papiers.

BÉGEARSS, *avec chaleur* : Pour l'espoir de ma vie entière, je ne voudrais pas devenir complice d'un tel attentat ! Remettez ces papiers, monsieur, ou souffrez que je me retire.

Il s'éloigne. Le comte tient des papiers et lit. Bégearss[a] le regarde en dessous, et s'applaudit secrètement.

LE COMTE, *avec fureur* : Je n'en veux pas apprendre davantage ; renferme tous les autres, et moi je garde celui-ci.

BÉGEARSS : Non ; quel qu'il soit, vous avez trop d'honneur pour commettre une...

LE COMTE, *fièrement* : Une ?... Achevez ! tranchez le mot, je puis l'entendre.

BÉGEARSS, *se courbant* : Pardon, monsieur, mon bienfaiteur ! et n'imputez qu'à ma douleur l'indécence de mon reproche.

LE COMTE : Loin de t'en savoir mauvais gré, je t'en eſtime davantage. *(Il se jette sur un fauteuil.)* Ah ! perfide Rosine !... Car malgré mes légèretés, elle eſt la seule pour qui j'aie éprouvé... J'ai subjugué les autres femmes ! Ah ! je sens à ma rage combien cette indigne passion !... Je me déteſte de l'aimer !

BÉGEARSS : Au nom de Dieu, monsieur, remettez ce fatal papier.

SCÈNE IX

FIGARO, LE COMTE, BÉGEARSS

LE COMTE *se lève* : Homme importun ! que voulez-vous ?

FIGARO : J'entre, parce qu'on a sonné.

LE COMTE, *en colère* : J'ai sonné ? Valet curieux !...

FIGARO : Interrogez le joaillier qui l'a entendu comme moi.

LE COMTE : Mon joaillier ? que me veut-il ?

FIGARO : Il dit qu'il a un rendez-vous, pour un bracelet qu'il a fait.

Bégearss, s'apercevant qu'il cherche à voir l'écrin qui est sur la table[a], *fait ce qu'il peut pour le masquer.*

LE COMTE[b] : Ah !... qu'il revienne un autre jour.

FIGARO, *avec malice* : Mais pendant que Monsieur a l'écrin de Madame ouvert, il serait peut-être à propos...

LE COMTE, *en colère* : Monsieur l'inquisiteur ! partez ; et s'il vous échappe un seul mot...

FIGARO : Un seul mot ? J'aurais trop à dire ; je ne veux rien faire à demi.

Il examine l'écrin, le papier que tient le comte, lance un fier coup d'œil à Bégearss et sort.

SCÈNE X

LE COMTE, BÉGEARSS

LE COMTE : Refermons ce perfide écrin. J'ai la preuve que je cherchais. Je la tiens, j'en suis désolé ; pourquoi l'ai-je trouvée ? Ah Dieu ! lisez, lisez, monsieur Bégearss.

BÉGEARSS, *repoussant le papier* : Entrer dans de pareils secrets ! Dieu préserve qu'on m'en accuse !

LE COMTE : Quelle est donc la sèche amitié qui repousse mes confidences ? Je vois qu'on n'est compatissant que pour les maux qu'on éprouva[c] soi-même.

BÉGEARSS : Quoi ! pour refuser ce papier !... *(Vivement.)* Serrez-le donc : voici Suzanne.

Il referme vite le secret de l'écrin. Le comte met la lettre dans sa veste, sur sa poitrine.

SCÈNE XI

SUZANNE, LE COMTE, BÉGEARSS
Le comte est accablé.

SUZANNE *accourt* : L'écrin, l'écrin ! Madame sonne.

BÉGEARSS *le lui donne* : Suzanne, vous voyez que tout y est en bon état.

SUZANNE : Qu'a donc Monsieur ? Il est troublé !

BÉGEARSS : Ce n'est rien qu'un peu de colère contre votre indiscret mari, qui est entré malgré ses ordres.

SUZANNE, *finement* : Je l'avais dit pourtant de manière à être entendue[1].

Elle sort.

SCÈNE XII

LÉON, LE COMTE, BÉGEARSS

LE COMTE *veut sortir, il voit entrer Léon* : Voici l'autre !

LÉON, *timidement, veut embrasser le comte* : Mon père, agréez mon respect ; avez-vous bien passé la nuit ?

LE COMTE, *sèchement, le repousse* : Où fûtes-vous, monsieur, hier au soir ?

LÉON : Mon père, on me mena dans une assemblée estimable...

LE COMTE[a] : Où vous fîtes une lecture ?

LÉON : On m'invita d'y lire un essai que j'ai fait sur l'abus des vœux monastiques et le droit de s'en relever[2].

LE COMTE, *amèrement* : Les vœux des chevaliers en sont ?

BÉGEARSS : Qui fut, dit-on, très applaudi ?

LÉON : Monsieur, on a montré quelque indulgence pour mon âge.

LE COMTE : Donc, au lieu de vous préparer à partir pour vos caravanes, à bien mériter de votre ordre[3], vous vous faites des ennemis ? Vous allez composant, écrivant sur le ton du jour ?... Bientôt[b] on ne distinguera plus un gentilhomme d'un savant !

LÉON, *timidement* : Mon père, on en distinguera mieux un ignorant d'un homme instruit; et l'homme libre de l'esclave.

LE COMTE : Discours d'enthousiaste[1] ! On voit où vous voulez en venir.

Il veut[a] sortir.

LÉON : Mon père !...

LE COMTE, *dédaigneux* : Laissez à l'artisan des villes ces locutions triviales. Les gens de notre état ont un langage plus élevé. Qui est-ce qui dit « mon père », à la Cour, monsieur ? Appelez-moi « monsieur » ! vous sentez l'homme du commun[b] ! Son père !... *(Il sort; Léon le suit en regardant Bégearss qui lui fait un geste de compassion.)* Allons, monsieur Bégearss, allons !

ACTE II[c]

Le théâtre représente la bibliothèque du comte.

SCÈNE PREMIÈRE

LE COMTE

Puisque enfin je suis seul, lisons cet étonnant écrit, qu'un hasard presque inconcevable a fait tomber entre mes mains. *(Il tire de son sein la lettre de l'écrin et la lit en pesant sur tous les mots.)* « Malheureux insensé ! notre sort est rempli. La surprise nocturne que vous avez osé me faire, dans un château où vous fûtes élevé, dont vous connaissiez les détours; la violence qui s'en est suivie; enfin votre crime — le mien... *(il s'arrête[d])* le mien, reçoit sa juste punition. Aujourd'hui, jour de saint Léon, patron de ce lieu et le vôtre, je viens de mettre au monde un fils, mon opprobre et mon désespoir. Grâce à de tristes précautions, l'honneur est sauf; mais la vertu n'est plus. Condamnée désormais à des larmes intarissables, je sens qu'elles n'effaceront point un crime... dont l'effet reste subsistant. Ne me voyez jamais... c'est l'ordre irrévocable de la misérable Rosine... qui n'ose plus signer un autre nom. » *(Il porte ses mains avec la lettre à son front, et se promène.)*... Qui n'ose plus signer un autre nom!... Ah! Rosine! où eſt le temps?... Mais tu t'es avilie!... *(Il s'agite.)* Ce n'eſt point là l'écrit d'une méchante femme! Un misérable corrupteur... Mais voyons la réponse écrite sur la même lettre. *(Il lit.)* « Puisque je ne dois plus vous voir, la vie m'eſt odieuse, et je vais la perdre avec joie dans la vive attaque d'un fort, où je ne suis point commandé.

« Je vous renvoie tous vos reproches; le portrait que j'ai fait de vous, et la boucle de cheveux que je vous dérobai. L'ami qui vous rendra ceci quand je ne serai plus eſt sûr. Il a vu tout mon désespoir. Si la mort d'un infortuné vous inspirait un reſte de pitié, parmi les noms qu'on va donner à l'héritier... d'un autre plus heureux!... puis-je espérer que le nom de Léon vous rappellera quelquefois le souvenir du malheureux... qui expire[a] en vous adorant, et signe pour la dernière fois, Chérubin Léon d'Aſtorga? »

... Puis, en caractères sanglants... : « Blessé à mort, je rouvre cette lettre, et vous écris avec mon sang, ce douloureux, cet éternel adieu. Souvenez-vous... »

Le reſte eſt effacé par des larmes... *(Il s'agite.)* Ce n'eſt point là non plus l'écrit d'un méchant homme! Un malheureux égarement... *(Il s'assied et reſte absorbé.)* Je me sens déchiré!

SCÈNE II

BÉGEARSS, LE COMTE

Bégearss, en entrant, s'arrête, le regarde et se mord le doigt avec myſtère.

LE COMTE : Ah! mon cher ami, venez donc!... vous me voyez dans un accablement...

BÉGEARSS : Très effrayant, monsieur; je n'osais avancer.

LE COMTE : Je viens de lire cet écrit. Non! ce n'étaient point là des ingrats ni des monſtres, mais de malheureux insensés, comme ils se le disent eux-mêmes...

BÉGEARSS : Je l'ai présumé comme vous.

LE COMTE *se lève et se promène* : Les misérables femmes, en se laissant séduire, ne savent guère les maux qu'elles apprêtent!... Elles vont, elles vont... les affronts s'accumulent... et le monde injuſte et léger accuse un père qui se tait, qui dévore en secret ses peines!... On le taxe de dureté, pour les sentiments qu'il refuse au fruit d'un coupable adultère!... Nos désordres, à nous, ne leur enlèvent presque rien; ne peuvent

retourne deux fois pour examiner Figaro qui le regarde de même. Ils ont l'air de se menacer sans parler.

SCÈNE V[a]

FIGARO, *seul, rangeant la table et les tasses pour le déjeuner.*

Serpent, ou basilic[1] ! tu peux me mesurer, me lancer des regards affreux ! Ce sont les miens qui te tueront !... Mais où reçoit-il ses paquets ? Il ne vient rien pour lui, de la poste à l'hôtel ! Est-il[b] monté seul de l'enfer ?... Quelque autre diable correspond... et moi, je ne puis découvrir...

SCÈNE VI

FIGARO, SUZANNE

SUZANNE *accourt, regarde, et dit très vivement à l'oreille de Figaro* : C'est lui que la pupille épouse. Il a la promesse du comte. Il guérira Léon de son amour. Il détachera Florestine. Il fera consentir Madame. Il te chasse de la maison. Il cloître ma maîtresse en attendant que l'on divorce. Fait déshériter le jeune homme et me rend maîtresse de tout. Voilà les nouvelles du jour.

Elle s'enfuit.

SCÈNE VII

FIGARO, *seul.*

Non, s'il vous plaît, monsieur le major ! nous compterons ensemble auparavant[2]. Vous apprendrez de moi qu'il n'y a que les sots qui triomphent. Grâce à l'Ariane-Suzon, je tiens le fil du labyrinthe et le Minotaure est cerné[3]... Je t'envelopperai dans tes pièges et te démasquerai si bien... Mais quel intérêt assez pressant lui fait faire une telle école[4], desserre les dents d'un tel homme? S'en croirait-il assez sûr pour... La sottise et la vanité sont compagnes inséparables! Mon politique babille et se confie! Il a perdu le coup. *Y a faute*[1].

SCÈNE VIII

GUILLAUME, FIGARO

GUILLAUME, *avec une lettre* : Meissieïr Bégearss! Ché vois qu'il eſt pas pour ici!

FIGARO, *rangeant le déjeuner* : Tu peux l'attendre, il va rentrer.

GUILLAUME, *reculant* : *Meingoth!* ch'attendrai pas Meissieïr, en gombagnie té vous! Mon maître il voudrait point, jé chure.

FIGARO : Il te le défend? eh bien! donne la lettre; je vais la lui remettre en[a] rentrant.

GUILLAUME, *reculant* : Pas plis à vous té lettres! Ô tiaple! il voudra pientôt me jasser.

FIGARO, *à part* : Il faut pomper le sot[2]. Tu... viens de la poſte, je crois?

GUILLAUME : Tiaple! non, ché viens pas.

FIGARO : C'eſt sans doute quelque missive du gentleman... du parent irlandais dont il vient d'hériter[3]? Tu sais cela, toi, bon Guillaume?

GUILLAUME, *riant niaisement* : Lettre d'un qu'il eſt mort, meissieïr! Non, ché vous prie! Celui-là, ché crois pas, partié! ce sera pien plitôt d'un autre. Peut-être il viendrait d'un qu'ils sont là... pas contents, dehors.

FIGARO : D'un de nos mécontents, dis-tu?

GUILLAUME : Oui, mais ch'assure pas...

FIGARO, *à part* : Cela se peut; il eſt fourré dans tout. *(À Guillaume :)* On pourrait voir au timbre, et s'assurer...

GUILLAUME : Ch'assure pas; pourquoi? les lettres il vient chez M. O'Connor; et puis, je sais pas quoi c'eſt timpré, moi.

FIGARO, *vivement* : O'Connor! banquier irlandais?

GUILLAUME : Mon foi!

FIGARO *revient à lui, froidement* : Ici près, derrière l'hôtel?

GUILLAUME : Ein fort choli maison, partié! tes chens très... beaucoup gracieux, si j'osse dire.

Il se retire à l'écart.

FIGARO, *à lui-même* : Ô fortune ! Ô bonheur !

GUILLAUME, *revenant* : Parle pas, fous, de s'té banquier, pour personne ; entende-fous ? ch'aurais pas dû... *Tertaïfle*[1] !

Il frappe du pied.

FIGARO : Va ! je n'ai garde ; ne crains rien.

GUILLAUME : Mon maître, il dit, meissieïr, vous âfre tout l'esprit, et moi pas... Alors, c'est chuste... Mais, peut-être ché suis mécontent d'avoir dit à fous...

FIGARO : Et pourquoi ?

GUILLAUME : Ché sais pas. La valet trahir, voye-fous... L'être un péché qu'il est parpare, vil, et même... puéril.

FIGARO : Il est vrai ; mais tu n'as rien dit.

GUILLAUME, *désolé* : Mon[a] Thié ! Mon Thié ! ché sais pas, là... quoi tire... ou non... *(Il se retire en soupirant*[2]*.)* Ah !

Il regarde niaisement les livres de la bibliothèque[b].

FIGARO, *à part* : Quelle découverte ! Hasard ! je te salue. *(Il cherche ses tablettes.)* Il faut pourtant que je démêle comment un homme si caverneux[3] s'arrange d'un tel imbécile... De même que les brigands redoutent les réverbères... Oui, mais un sot est un falot ; la lumière passe à travers. *(Il dit en écrivant sur ses tablettes :)* « O'Connor, banquier irlandais. » C'est là qu'il faut que j'établisse mon noir comité de recherches. Ce moyen-là n'est pas trop constitutionnel[4] ; *ma*[c] *! perdio*[5] *!* l'utilité ! Et puis, j'ai mes exemples ! *(Il écrit.)* Quatre ou cinq louis d'or[d] au valet chargé du détail de la poste, pour ouvrir dans un cabaret chaque lettre de l'écriture d'Honoré-Tartuffe Bégearss... Monsieur le tartuffe honoré ! vous cesserez enfin de l'être ! Un dieu m'a mis sur votre piste. *(Il serre ses tablettes.)* Hasard ! dieu méconnu ! les Anciens t'appelaient destin ! nos gens te donnent un autre nom...

SCÈNE IX

LA COMTESSE, LE COMTE, FLORESTINE, BÉGEARSS, FIGARO, GUILLAUME

BÉGEARSS *aperçoit Guillaume et lui dit avec humeur, en prenant la lettre* : Ne peux-tu pas me les garder chez moi ?

GUILLAUME : Ché crois, celui-ci, c'est tout comme...

Il sort.

LA COMTESSE, *au comte* : Monsieur, ce buste est un très beau morceau[1] : votre fils l'a-t-il vu ?

BÉGEARSS, *la lettre ouverte* : Ah ! Lettre de Madrid ! du secrétaire du ministre ! Il y a un mot qui vous regarde. *(Il lit.)* « Dites au comte Almaviva[a], que le courrier qui part demain lui porte l'agrément du roi[b] pour l'échange de toutes ses terres[2]. »

Figaro écoute, et se fait, sans parler, un signe d'intelligence.

LA COMTESSE : Figaro, dis donc à mon fils que nous déjeunons tous ici.

FIGARO : Madame, je vais l'avertir.

Il sort.

SCÈNE X

LA COMTESSE, LE COMTE, FLORESTINE, BÉGEARSS

LE COMTE, *à Bégearss* : J'en veux donner avis sur-le-champ à mon acquéreur. Envoyez-moi du thé dans mon arrière-cabinet.

FLORESTINE : Bon papa, c'est moi qui vous le porterai.

LE COMTE, *bas, à Florestine* : Pense beaucoup au peu que je t'ai dit.

Il la baise au front et sort.

SCÈNE XI

LÉON, LA COMTESSE, FLORESTINE, BÉGEARSS

LÉON, *avec chagrin* : Mon père s'en va quand j'arrive ! il m'a traité avec une rigueur...

LA COMTESSE, *sévèrement* : Mon fils, quels discours tenez-vous ? dois-je me voir toujours froissée par l'injustice de chacun ? Votre père a besoin d'écrire à la personne qui échange ses terres.

FLORESTINE[c], *gaiement* : Vous regrettez votre papa ? nous aussi nous le regrettons. Cependant, comme il sait que c'est aujourd'hui votre fête, il m'a chargée, monsieur, de vous présenter ce bouquet.

Elle lui fait une grande révérence.

LÉON, *pendant qu'elle l'ajuste à sa boutonnière* : Il n'en pouvait prier quelqu'un qui me rendît ses bontés aussi chères...

Il l'embrasse.

FLORESTINE, *se débattant* : Voyez, madame, si on peut jamais badiner avec lui, sans qu'il abuse au même instant...

LA COMTESSE, *souriant* : Mon enfant, le jour de sa fête, on peut lui passer quelque chose.

FLORESTINE, *baissant les yeux* : Pour l'en punir, madame, faites-lui lire le discours qui fut, dit-on, tant applaudi hier à l'assemblée[a1].

LÉON : Si maman juge que j'ai tort, j'irai chercher ma pénitence.

FLORESTINE : Ah! madame, ordonnez-le-lui.

LA COMTESSE : Apportez-nous, mon fils, votre discours : moi, je vais prendre quelque ouvrage, pour l'écouter avec plus d'attention.

FLORESTINE, *gaiement* : Obstiné! c'est bien fait; et je l'entendrai malgré vous.

LÉON, *tendrement* : Malgré moi, quand vous l'ordonnez? Ah! Florestine, j'en défie[2]!

La comtesse et Léon sortent chacun de leur côté.

SCÈNE XII

FLORESTINE, BÉGEARSS

BÉGEARSS, *bas* : Eh bien! mademoiselle, avez-vous deviné l'époux qu'on vous destine?

FLORESTINE, *avec joie* : Mon cher monsieur Bégearss! vous êtes à tel point notre ami que je me permettrai de penser tout haut avec vous. Sur qui puis-je porter les yeux? Mon parrain m'a bien dit : « Regarde autour de toi; choisis. » Je vois[b] l'excès de sa bonté : ce ne peut être que Léon. Mais moi, sans biens, dois-je abuser...?

BÉGEARSS, *d'un ton terrible* : Qui? Léon! son fils? votre frère?

FLORESTINE, *avec un cri douloureux* : Ah! monsieur!...

BÉGEARSS : Ne vous a-t-il pas dit : appelle-moi ton père? Réveillez-vous[a], ma chère enfant! écartez un songe trompeur qui pouvait devenir funeste.

FLORESTINE : Ah! oui; funeste pour tous deux!

BÉGEARSS : Vous sentez qu'un pareil secret doit rester caché dans votre âme.

Il sort en la regardant.

SCÈNE XIII

FLORESTINE, *seule et pleurant.*

Ô ciel[b]! il est mon frère, et j'ose avoir pour lui...! Quel coup d'une lumière affreuse! et dans un tel sommeil, qu'il est cruel de s'éveiller!

Elle tombe accablée sur un siège.

SCÈNE XIV

LÉON, *un papier à la main*, FLORESTINE

LÉON, *joyeux, à part* : Maman n'est pas rentrée et M. Bégearss est sorti : profitons d'un moment heureux. Florestine! vous êtes ce matin, et toujours, d'une beauté parfaite; mais vous avez un air de joie, un ton aimable de gaieté, qui ranime mes espérances.

FLORESTINE, *au désespoir* : Ah Léon!

Elle retombe.

LÉON : Ciel! vos yeux sont noyés de larmes et votre visage défait m'annonce quelque grand malheur!

FLORESTINE : Des malheurs? Ah! Léon, il n'y en a plus que pour moi.

LÉON : Floresta, ne m'aimez-vous plus? Lorsque mes sentiments pour vous...

FLORESTINE, *d'un ton absolu* : Vos sentiments? ne m'en parlez jamais.

LÉON : Quoi ! l'amour le plus pur...

FLORESTINE, *au désespoir* : Finissez ces cruels discours ou je vais vous fuir à l'instant.

LÉON : Grand Dieu ! qu'est-il donc arrivé ! M. Bégearss vous a parlé, mademoiselle ; je veux savoir ce que vous a dit ce Bégearss !

SCÈNE XV

LA COMTESSE, FLORESTINE, LÉON

LÉON : Maman, venez à mon secours. Vous me voyez au désespoir : Florestine ne m'aime plus !

FLORESTINE, *pleurant* : Moi, madame, ne plus l'aimer ! Mon parrain, vous et lui, c'est le cri de ma vie entière.

LA COMTESSE : Mon enfant, je n'en doute pas. Ton cœur excellent m'en répond. Mais de quoi donc s'afflige-t-il ?

LÉON : Maman, vous approuvez l'ardent amour que j'ai pour elle ?

FLORESTINE, *se jetant dans les bras de la comtesse* : Ordonnez-lui donc de se taire ! *(En pleurant.)* Il me fait mourir de douleur !

LA COMTESSE : Mon enfant, je ne t'entends point. Ma surprise égale la sienne... Elle frissonne entre mes bras ! Qu'a-t-il donc fait qui puisse te déplaire ?

FLORESTINE, *se renversant sur elle* : Madame, il ne me déplaît point. Je l'aime et le respecte à l'égal de mon frère ; mais qu'il n'exige rien de plus !

LÉON : Vous l'entendez, maman ! Cruelle fille, expliquez-vous !

FLORESTINE : Laissez-moi, laissez-moi ! ou vous me causerez la mort !

SCÈNE XVI

LA COMTESSE, FLORESTINE, LÉON ; FIGARO *arrivant avec l'équipage*[1] *du thé*, SUZANNE, *de l'autre côté, avec un métier de tapisserie.*

LA COMTESSE : Remporte tout, Suzanne : il n'est pas plus question de déjeuner que de lecture. Vous, Figaro, servez du thé à votre maître ; il écrit dans son cabinet. Et toi, ma Florestine, viens dans le mien, rassurer ton amie. Mes chers enfants, je vous porte en mon cœur ! Pourquoi l'affligez-vous l'un après l'autre sans pitié ? Il y a ici des choses qu'il m'est important d'éclaircir.

Elles sortent.

SCÈNE XVII

SUZANNE, FIGARO, LÉON

SUZANNE, *à Figaro* : Je ne sais pas de quoi il est question ; mais je parierais bien que c'est là du Bégearss tout pur. Je veux absolument prémunir[1] ma maîtresse.

FIGARO : Attends que je sois plus instruit : nous nous concerterons ce soir. Oh ! j'ai fait une découverte...

SUZANNE : Et tu me la diras ?

Elle sort.

SCÈNE XVIII

FIGARO, LÉON

LÉON, *désolé* : Ah ! Dieux !

FIGARO : De quoi s'agit-il donc, monsieur ?

LÉON : Hélas ! je l'ignore moi-même. Jamais je n'avais vu Floresta de si belle humeur, et je savais qu'elle avait eu un entretien avec mon père. Je la laisse un instant avec M. Bégearss ; je la trouve seule, en rentrant[a], les yeux remplis de larmes, et m'ordonnant de la fuir pour toujours. Que peut-il donc lui avoir dit ?

FIGARO : Si je ne craignais pas votre vivacité, je vous instruirais sur des points qu'il vous importe de savoir. Mais lorsque nous avons besoin d'une grande prudence, il ne faudrait qu'un mot de vous, trop vif, pour me faire perdre le fruit de dix années d'observations.

LÉON : Ah ! s'il ne faut qu'être prudent !... Que crois-tu donc qu'il lui ait dit ?

FIGARO : Qu'elle doit accepter Honoré Bégearss pour

époux; que c'est une affaire arrangée entre monsieur votre père et lui.

LÉON : Entre mon père et lui? Le traître aura ma vie.

FIGARO : Avec ces façons-là, monsieur, le traître n'aura pas votre vie; mais il aura votre maîtresse[1], et votre fortune avec elle.

LÉON : Eh bien! ami, pardon : apprends-moi ce que je dois faire?

FIGARO : Deviner l'énigme du Sphinx ou bien en être dévoré[2]. En d'autres termes, il faut vous modérer, le laisser dire, et dissimuler avec lui.

LÉON, *avec fureur* : Me modérer!... Oui, je me modérerai. Mais j'ai la rage dans le cœur! M'enlever Florestine! Ah! le voici qui vient : je vais m'expliquer... froidement.

FIGARO : Tout est perdu si vous vous échappez[3].

SCÈNE XIX

BÉGEARSS, FIGARO, LÉON

LÉON, *se contenant mal* : Monsieur, monsieur, un mot. Il importe à votre repos que vous répondiez sans détour. Florestine est au désespoir; qu'avez-vous dit à Florestine?

BÉGEARSS, *d'un ton glacé* : Et qui vous dit que je lui ai parlé? Ne peut-elle avoir des chagrins sans que j'y sois pour quelque chose?

LÉON, *vivement* : Point d'évasions, monsieur. Elle était d'une humeur charmante; en sortant d'avec vous on la voit fondre en larmes. De quelque part qu'elle en reçoive, mon cœur partage ses chagrins. Vous m'en direz la cause, ou bien vous m'en ferez raison.

BÉGEARSS : Avec un ton moins absolu on peut tout obtenir de moi; je ne sais point céder à des menaces.

LÉON, *furieux* : Eh bien! perfide, défends-toi! J'aurai ta vie ou tu auras la mienne!

Il met la main à son épée.

FIGARO *les arrête* : Monsieur Bégearss! au fils de votre ami? dans sa maison? où vous logez?

BÉGEARSS, *se contenant* : Je sais trop ce que je me dois... Je vais m'expliquer avec lui; mais je n'y veux point de témoins. Sortez et laissez-nous ensemble.

LÉON : Va, mon cher Figaro : tu vois qu'il ne peut m'échapper. Ne lui laissons aucune excuse.

FIGARO, *à part* : Moi, je cours avertir son père.

Il sort.

SCÈNE XX

LÉON, BÉGEARSS

LÉON, *lui barrant la porte* : Il vous convient peut-être mieux de vous battre que de parler. Vous êtes le maître du choix ; mais je n'admettrai rien d'étranger à ces deux moyens.

BÉGEARSS, *froidement* : Léon ! un homme d'honneur n'égorge pas le fils de son ami. Devais-je m'expliquer devant un malheureux valet, insolent d'être parvenu à presque gouverner son maître ?

LÉON, *s'asseyant* : Au fait, monsieur, je vous attends.

BÉGEARSS : Oh ! que vous allez regretter une fureur déraisonnable !

LÉON : C'est ce que nous verrons bientôt.

BÉGEARSS, *affectant une dignité froide* : Léon ! vous aimez Florestine ; il y a longtemps que je le vois... Tant que votre frère a vécu, je n'ai pas cru devoir servir un amour malheureux qui ne vous conduisait à rien. Mais depuis qu'un funeste duel, disposant de sa vie, vous a mis en sa place, j'ai eu l'orgueil de croire mon influence capable de disposer monsieur votre père à vous unir à celle que vous aimez. Je l'attaquais de toutes les manières ; une résistance invincible a repoussé tous mes efforts. Désolé de le voir rejeter un projet qui me paraissait fait pour le bonheur de tous... Pardon, mon jeune ami, je vais vous affliger ; mais il le faut, en ce moment, pour vous sauver d'un malheur éternel. Rappelez bien votre raison, vous allez en avoir besoin. J'ai forcé votre père à rompre le silence, à me confier son secret. « Ô mon ami ! m'a dit enfin le comte, je connais l'amour de mon fils ; mais puis-je lui donner Florestine pour femme ? Celle que l'on croit ma pupille... elle est ma fille ; elle est sa sœur. »

LÉON, *reculant vivement* : Florestine !... ma sœur ?...

BÉGEARSS : Voilà le mot qu'un sévère devoir... Ah ! je vous le dois à tous les deux : mon silence pouvait vous perdre. Eh bien ! Léon, voulez-vous vous battre avec moi ?

LÉON : Mon généreux ami! je ne suis qu'un ingrat, un monstre! oubliez ma rage insensée...

BÉGEARSS, *bien tartuffe* : Mais c'est à condition que ce fatal secret ne sortira jamais... Dévoiler la honte d'un père, ce serait un crime...

LÉON[a], *se jetant dans ses bras* : Ah! jamais!

SCÈNE XXI

Le Comte, Figaro, Léon, Bégearss

FIGARO, *accourant* : Les voilà, les voilà!

LE COMTE : Dans les bras l'un de l'autre! Eh! vous perdez l'esprit?

FIGARO, *stupéfait* : Ma foi! Monsieur... on le perdrait à moins.

LE COMTE, *à Figaro* : M'expliquerez-vous cette énigme?

LÉON, *tremblant* : Ah! c'est à moi, mon père, à l'expliquer. Pardon! je dois mourir de honte! Sur un sujet assez frivole, je m'étais... beaucoup oublié. Son caractère généreux, non seulement me rend à la raison, mais il a la bonté d'excuser ma folie en me la pardonnant. Je lui en rendais grâce lorsque vous nous avez surpris.

LE COMTE : Ce n'est pas la centième fois que vous lui devez de la reconnaissance. Au fait, nous lui en devons tous.

Figaro, sans parler, se donne un coup de poing au front. Bégearss l'examine et sourit.

LE COMTE, *à son fils* : Retirez-vous, monsieur. Votre aveu seul enchaîne ma colère.

BÉGEARSS : Ah! monsieur, tout est oublié.

LE COMTE, *à Léon* : Allez vous repentir d'avoir manqué à mon ami, au vôtre, à l'homme le plus vertueux...

LÉON, *s'en allant* : Je suis au désespoir!

FIGARO, *à part, avec colère* : C'est une légion de diables enfermés dans un seul pourpoint.

SCÈNE XXII

LE COMTE, BÉGEARSS, FIGARO

LE COMTE, *à Bégearss, à part* : Mon ami[a], finissons ce que nous avons commencé. *(À Figaro :)* Vous, monsieur l'étourdi, avec vos belles conjectures, donnez-moi les trois millions d'or que vous m'avez vous-même apportés de Cadix[1], en soixante effets au porteur. Je[b] vous avais chargé de les numéroter.

FIGARO : Je l'ai fait.

LE COMTE : Remettez-m'en le portefeuille.

FIGARO : De quoi? de ces trois millions d'or?

LE COMTE : Sans doute. Eh bien! qui[2] vous arrête?

FIGARO, *humblement* : Moi, monsieur?... Je ne les ai plus.

BÉGEARSS : Comment, vous ne les avez plus?

FIGARO, *fièrement* : Non, monsieur.

BÉGEARSS, *vivement* : Qu'en avez-vous fait?

FIGARO : Lorsque mon maître m'interroge, je lui dois compte de mes actions; mais à vous, je ne vous dois rien.

LE COMTE, *en colère* : Insolent! qu'en avez-vous fait?

FIGARO, *froidement* : Je les ai portés en dépôt chez M. Fal, votre notaire.

BÉGEARSS : Mais de l'avis de qui?

FIGARO, *fièrement* : Du mien; et j'avoue que j'en suis toujours.

BÉGEARSS : Je vais gager qu'il n'en est rien.

FIGARO : Comme j'ai sa reconnaissance[3], vous courez risque de perdre la gageure.

BÉGEARSS : Ou s'il les a reçus, c'est[c] pour agioter[4]. Ces gens-là partagent ensemble.

FIGARO : Vous pourriez un peu mieux parler d'un homme qui vous a obligé.

BÉGEARSS[d] : Je ne lui dois rien.

FIGARO : Je le crois; quand on a hérité de *quarante mille doublons de huit*[5]...

LE COMTE, *se fâchant* : Avez-vous donc quelque remarque à nous faire aussi là-dessus?

FIGARO : Qui, moi, monsieur? J'en doute d'autant moins que j'ai beaucoup connu le parent dont Monsieur hérite. Un jeune homme assez libertin; joueur, prodigue et querelleur;

sans frein, sans mœurs, sans caractère; et n'ayant rien à lui, pas même les vices qui l'ont tué; qu'un combat des plus malheureux[1]...

Le comte frappe du pied.

BÉGEARSS, *en colère* : Enfin, nous direz-vous pourquoi vous avez déposé cet or?

FIGARO : Ma foi, monsieur, c'est pour n'en être plus chargé : ne pouvait-on pas le voler? que sait-on? il s'introduit souvent de grands fripons dans les maisons!

BÉGEARSS, *en colère* : Pourtant, Monsieur veut qu'on le rende.

FIGARO : Monsieur peut l'envoyer chercher.

BÉGEARSS[a] : Mais ce notaire s'en dessaisira-t-il, s'il ne voit son récépissé?

FIGARO : Je vais le remettre à Monsieur; et quand j'aurai fait mon devoir, s'il en arrive quelque mal, il ne pourra s'en prendre à moi.

LE COMTE : Je l'attends dans mon cabinet.

FIGARO, *au comte* : Je vous préviens que M. Fal ne les rendra que sur votre reçu; je le lui ai recommandé.

Il sort.

SCÈNE XXIII

LE COMTE, BÉGEARSS

BÉGEARSS, *en colère* : Comblez cette canaille[2], et voyez ce qu'elle devient! En vérité[b], monsieur, mon amitié me force à vous le dire : vous devenez trop confiant; il a deviné nos secrets. De valet, barbier, chirurgien, vous l'avez établi trésorier, secrétaire; une espèce de factotum[3]. Il est notoire que ce monsieur fait bien ses affaires avec vous.

LE COMTE : Sur la fidélité[4], je n'ai rien à lui reprocher; mais il est vrai qu'il est d'une arrogance...

BÉGEARSS : Vous avez un moyen de vous en délivrer en le récompensant.

LE COMTE : Je le voudrais souvent.

BÉGEARSS, *confidentiellement* : En envoyant le chevalier à Malte, sans doute[c] vous voulez qu'un homme affidé[5] le surveille? Celui-ci, trop flatté d'un aussi honorable emploi, ne peut manquer de l'accepter ; vous en voilà défait pour bien du temps.

LE COMTE : Vous avez raison, mon ami. Aussi bien m'a-t-on dit qu'il vit très mal avec sa femme.

Il sort.

SCÈNE XXIV

BÉGEARSS, *seul.*

Encore un pas de fait !... Ah ! noble espion ! la fleur des drôles ! qui faites ici le bon valet et voulez nous souffler la dot, en nous donnant des noms de comédie ! Grâce aux soins d'Honoré Tartuffe[1], vous irez partager le malaise des caravanes et finirez vos inspections sur nous.

ACTE III

Le théâtre représente le cabinet de la comtesse, orné de fleurs de toutes parts.

SCÈNE PREMIÈRE

LA COMTESSE, SUZANNE

LA COMTESSE : Je n'ai pu rien tirer de cette enfant. Ce sont des pleurs, des étouffements !... Elle se croit des torts envers moi, m'a demandé cent fois pardon ; elle veut aller au couvent. Si je rapproche tout ceci de sa conduite envers mon fils, je présume qu'elle se reproche d'avoir écouté son amour, entretenu ses espérances, ne se croyant pas un parti assez considérable pour lui. Charmante délicatesse ! excès d'une aimable vertu ! M. Bégearss apparemment lui en a touché quelques mots qui l'auront amenée à s'affliger sur elle ! Car c'est un homme si scrupuleux et si délicat sur l'honneur qu'il s'exagère quelquefois et se fait des fantômes où les autres ne voient rien.

SUZANNE : J'ignore d'où provient le mal; mais il se passe ici des choses bien étranges! Quelque démon y souffle un feu secret. Notre maître est sombre à périr; il nous éloigne tous de lui. Vous êtes sans cesse à pleurer. Mademoiselle est suffoquée; monsieur votre fils, désolé! M. Bégearss, lui seul, imperturbable comme un dieu, semble n'être affecté de rien, voit tous vos chagrins d'un œil sec...

LA COMTESSE : Mon enfant, son cœur les partage. Hélas! sans ce consolateur, qui verse un baume sur nos plaies, dont la sagesse nous soutient, adoucit toutes les aigreurs, calme mon irascible époux, nous serions bien plus malheureux!

SUZANNE : Je souhaite, madame, que vous ne vous abusiez pas!

LA COMTESSE : Je t'ai vue autrefois lui rendre plus de justice! *(Suzanne baisse les yeux.)* Au reste, il peut seul me tirer du trouble où cette enfant m'a mise. Fais-le prier de descendre chez moi.

SUZANNE : Le voici qui vient à propos; vous vous ferez coiffer plus tard.

Elle sort.

SCÈNE II

LA COMTESSE, BÉGEARSS

LA COMTESSE, *douloureusement* : Ah! mon pauvre major, que se passe-t-il donc ici? Touchons-nous enfin à la crise que j'ai si longtemps redoutée, que j'ai vue de loin se former? L'éloignement du comte pour mon malheureux fils semble augmenter de jour en jour. Quelque lumière fatale aura pénétré jusqu'à lui!

BÉGEARSS : Madame, je ne le crois pas.

LA COMTESSE : Depuis que le ciel m'a punie par la mort de mon fils aîné, je vois le comte absolument changé : au lieu de travailler avec l'ambassadeur à Rome, pour rompre les vœux de Léon, je le vois s'obstiner à l'envoyer à Malte. Je sais de plus, monsieur Bégearss, qu'il dénature sa fortune[1] et veut abandonner l'Espagne pour s'établir dans ce pays. L'autre jour à dîner, devant trente personnes, il raisonna sur le divorce d'une façon à me faire frémir.

BÉGEARSS : J'y étais; je m'en souviens trop!

LA COMTESSE, *en larmes* : Pardon, mon digne ami ; je ne puis pleurer qu'avec vous !

BÉGEARSS : Déposez vos douleurs dans le sein d'un homme sensible.

LA COMTESSE : Enfin, est-ce lui, est-ce vous, qui avez déchiré le cœur de Florestine ? Je la destinais à mon fils. Née sans biens, il est vrai ; mais noble, belle et vertueuse ; élevée au milieu de nous : mon fils, devenu héritier, n'en a-t-il pas assez pour deux ?

BÉGEARSS : Que trop, peut-être ; et c'est d'où vient le mal !

LA COMTESSE : Mais, comme si le ciel n'eût attendu aussi longtemps que pour me mieux punir d'une imprudence tant pleurée, tout semble s'unir à la fois pour renverser mes espérances. Mon époux déteste mon fils... Florestine renonce à lui. Aigrie par je ne sais quel motif, elle veut le fuir pour toujours. Il en mourra, le malheureux ! voilà ce qui est bien certain. *(Elle joint les mains.)* Ciel vengeur ! après vingt années de larmes et de repentir, me réservez-vous à l'horreur de voir ma faute découverte ? Ah ! que je sois seule misérable ! mon Dieu, je ne m'en plaindrai pas ! mais que mon fils ne porte point la peine d'un crime qu'il n'a pas commis ! Connaissez-vous, monsieur Bégearss, quelque remède à tant de maux ?

BÉGEARSS[a] : Oui, femme respectable ! et[b] je venais exprès dissiper vos terreurs. Quand on craint une chose, tous nos regards se portent vers cet objet trop alarmant : quoi qu'on dise ou qu'on fasse, la frayeur empoisonne tout ! Enfin, je tiens la clef de ces énigmes. Vous pouvez encore être heureuse.

LA COMTESSE : L'est-on avec une âme déchirée de remords ?

BÉGEARSS : Votre époux ne fuit point Léon ; il ne soupçonne rien sur le secret de sa naissance.

LA COMTESSE, *vivement* : Monsieur Bégearss !

BÉGEARSS : Et tous ces mouvements que vous prenez pour de la haine, ne sont que l'effet d'un scrupule. Oh ! que je vais vous soulager !

LA COMTESSE, *ardemment* : Mon cher monsieur Bégearss !

BÉGEARSS : Mais enterrez dans ce cœur allégé le grand mot que je vais vous dire. Votre secret à vous, c'est la naissance de Léon ! Le sien est celle de Florestine ; *(plus bas)* il est son tuteur... et son père...

LA COMTESSE, *joignant les mains*[c] : Dieu tout-puissant qui me prends en pitié !

BÉGEARSS : Jugez de sa frayeur en voyant ces enfants amoureux l'un de l'autre! Ne pouvant dire son secret, ni supporter qu'un tel attachement devînt le fruit de son silence, il est resté sombre, bizarre; et s'il veut éloigner son fils, c'est pour éteindre, s'il se peut, par cette absence et par ces vœux, un malheureux amour qu'il croit ne pouvoir tolérer.

LA COMTESSE, *priant avec ardeur*[a] : Source éternelle des bienfaits, ô mon Dieu! tu permets qu'en partie je répare la faute involontaire qu'un insensé me fit commettre; que j'aie, de mon côté, quelque chose à remettre à cet époux que j'offensai! Ô comte Almaviva! mon cœur flétri, fermé par vingt années de peines, va se rouvrir enfin pour toi! Florestine est ta fille; elle me devient chère comme si mon sein l'eût portée. Faisons, sans nous parler, l'échange de notre indulgence! Ô monsieur Bégearss, achevez!

BÉGEARSS : Mon amie, je n'arrête point ces premiers élans d'un bon cœur : les émotions de la joie ne sont point dangereuses comme celles de la tristesse; mais, au nom de votre repos, écoutez-moi jusqu'à la fin.

LA COMTESSE : Parlez, mon généreux ami : vous à qui je dois tout, parlez.

BÉGEARSS : Votre époux, cherchant un moyen de garantir sa Florestine de cet amour qu'il croit incestueux, m'a proposé de l'épouser; mais, indépendamment du sentiment profond et malheureux que mon respect pour vos douleurs...

LA COMTESSE, *douloureusement* : Ah! mon ami! par compassion pour moi...

BÉGEARSS : N'en parlons plus. Quelques mots[b] d'établissement, tournés d'une forme équivoque, ont fait penser à Florestine qu'il était question de Léon. Son jeune cœur s'en épanouissait, quand un valet vous annonça. Sans m'expliquer depuis sur les vues de son père, un mot de moi, la ramenant aux sévères idées de la fraternité[1], a produit cet orage, et la religieuse horreur dont votre fils ni vous ne pénétriez le motif.

LA COMTESSE : Il en était bien loin, le pauvre enfant!

BÉGEARSS : Maintenant[c] qu'il vous est connu, devons-nous suivre ce projet d'une union qui répare tout?...

LA COMTESSE, *vivement* : Il faut s'y tenir, mon ami; mon cœur et mon esprit sont d'accord sur ce point, et c'est à moi de la déterminer. Par là, nos secrets sont couverts; nul étranger ne les pénétrera. Après vingt années de souffrances, nous passerons des jours heureux, et c'est à vous, mon digne ami, que ma famille les devra.

BÉGEARSS, *élevant la voix*[a] : Pour que rien ne les trouble plus, il faut encore un sacrifice, et mon amie est digne de le faire.

LA COMTESSE : Hélas ! je veux les faire tous.

BÉGEARSS, *l'air imposant* : Ces lettres, ces papiers d'un infortuné qui n'est plus, il faudra les réduire en cendres.

LA COMTESSE, *avec douleur* : Ah ! Dieu !

BÉGEARSS : Quand cet ami mourant me chargea de vous les remettre, son dernier ordre fut qu'il fallait sauver votre honneur, en ne laissant aucune trace de ce qui pourrait l'altérer.

LA COMTESSE : Dieu ! Dieu !

BÉGEARSS : Vingt ans se sont passés sans que j'aie pu obtenir que ce triste aliment de votre éternelle douleur s'éloignât de vos yeux. Mais, indépendamment du mal que tout cela vous fait, voyez quel danger vous courez.

LA COMTESSE : Eh ! que peut-on avoir à craindre ?

BÉGEARSS, *regardant si on peut l'entendre, parlant bas* : Je ne soupçonne point Suzanne ; mais une femme de chambre, instruite que vous conservez ces papiers, ne pourrait-elle pas un jour s'en faire un moyen de fortune ? un seul remis à votre époux, que peut-être il payerait bien cher, vous plongerait dans des malheurs...

LA COMTESSE : Non, Suzanne a le cœur trop bon...

BÉGEARSS, *d'un ton plus élevé, très ferme* : Ma respectable amie ! vous avez payé votre dette à la tendresse, à la douleur, à vos devoirs de tous les genres ; et si vous êtes satisfaite de la conduite d'un ami, j'en veux avoir la récompense. Il faut brûler tous ces papiers, éteindre tous ces souvenirs d'une faute autant expiée ! mais, pour ne jamais revenir sur un sujet si douloureux, j'exige que le sacrifice en soit fait dans ce même instant.

LA COMTESSE, *tremblante* : Je crois entendre Dieu qui parle ! il m'ordonne de l'oublier, de déchirer le crêpe obscur dont sa mort a couvert ma vie. Oui, mon Dieu ! je vais obéir à cet ami que vous m'avez donné. *(Elle sonne.)* Ce qu'il exige en votre nom, mon repentir le conseillait ; mais ma faiblesse a combattu.

SCÈNE III

SUZANNE, LA COMTESSE, BÉGEARSS

LA COMTESSE : Suzanne ! apporte-moi le coffret de mes diamants. Non, je vais le prendre moi-même, il[a] te faudrait chercher la clef...

SCÈNE IV

SUZANNE, BÉGEARSS

SUZANNE, *un peu troublée* : Monsieur Bégearss, de quoi s'agit-il donc ? Toutes les têtes sont renversées ! Cette maison ressemble à l'hôpital des fous ! Madame pleure ; Mademoiselle étouffe. Le chevalier Léon parle de se noyer ; Monsieur est enfermé et ne veut voir personne. Pourquoi ce coffre aux diamants inspire-t-il en ce moment tant d'intérêt à tout le monde ?

BÉGEARSS, *mettant son doigt sur sa bouche, en signe de mystère* : Chut ! Ne montre ici nulle curiosité ! Tu le sauras dans peu... Tout va bien ; tout est bien... Cette journée vaut... Chut[b] !...

SCÈNE V

LA COMTESSE, BÉGEARSS, SUZANNE

LA COMTESSE, *tenant le coffre aux diamants* : Suzanne, apporte-nous du feu dans le brasero du boudoir.

SUZANNE : Si c'est pour brûler des papiers, la lampe de nuit allumée est encore là dans l'athénienne[1].

Elle l'avance.

LA COMTESSE : Veille à la porte et que personne n'entre.

SUZANNE, *en sortant, à part* : Courons avant avertir Figaro.

SCÈNE VI

La Comtesse, Bégearss

BÉGEARSS : Combien j'ai souhaité pour vous le moment auquel nous touchons !

LA COMTESSE, *étouffée* : Ô mon ami ! quel jour nous choisissons pour consommer ce sacrifice ! celui de la naissance de mon malheureux fils ! À cette époque, tous les ans, leur consacrant cette journée, je demandais pardon au ciel, et je m'abreuvais de mes larmes en relisant ces tristes lettres. Je me rendais au moins le témoignage qu'il y eut entre nous plus d'erreur que de crime. Ah ! faut-il donc brûler tout ce qui me reste de lui ?

BÉGEARSS : Quoi ! madame, détruisez-vous[a] ce fils qui vous le représente ? Ne lui devez-vous pas un sacrifice qui le préserve de mille affreux dangers ? Vous vous le devez à vous-même ! Et la sécurité de votre vie entière est attachée peut-être à cet acte imposant !

Il ouvre le secret de l'écrin et en tire les lettres.

LA COMTESSE, *surprise* : Monsieur Bégearss, vous l'ouvrez mieux que moi !... Que je les lise encore !

BÉGEARSS, *sévèrement* : Non, je ne le permettrai pas.

LA COMTESSE : Seulement la dernière, où, traçant ses tristes adieux du sang qu'il répandit pour moi, il m'a donné la leçon du courage dont j'ai tant besoin aujourd'hui.

BÉGEARSS, *s'y opposant* : Si vous lisez un mot, nous ne brûlerons rien[1]. Offrez au ciel un sacrifice entier, courageux, volontaire, exempt des faiblesses humaines ! ou si vous n'osez l'accomplir, c'est à moi d'être fort pour vous. Les voilà toutes dans le feu.

Il y jette le paquet.

LA COMTESSE, *vivement* : Monsieur Bégearss ! cruel ami ! C'est ma vie que vous consumez ! qu'il m'en reste au moins un lambeau !

Elle veut se précipiter sur les lettres enflammées. Bégearss la retient à bras-le-corps[b].

BÉGEARSS : J'en jetterai la cendre au vent.

SCÈNE VII

SUZANNE, LE COMTE, FIGARO, LA COMTESSE, BÉGEARSS

SUZANNE *accourt* : C'est Monsieur, il me suit ; mais amené par Figaro.

LE COMTE, *les surprenant en cette posture* : Qu'est-ce donc que je vois, madame ? D'où vient ce désordre ? Quel est ce feu, ce coffre, ces papiers ? Pourquoi ce débat et ces pleurs ?

Bégearss et la comtesse restent confondus.

LE COMTE : Vous ne répondez point ?

BÉGEARSS *se remet, et dit d'un ton pénible* : J'espère, monsieur, que vous n'exigez pas qu'on s'explique devant vos gens. J'ignore quel dessein vous fait surprendre ainsi Madame ! Quant à moi, je suis résolu de soutenir mon caractère en rendant un hommage pur à la vérité, quelle qu'elle soit.

LE COMTE, *à Figaro et à Suzanne* : Sortez tous deux.

FIGARO : Mais, monsieur, rendez-moi du moins la justice de déclarer que je vous ai remis le récépissé du notaire sur le grand objet de tantôt[1] !

LE COMTE : Je le fais volontiers, puisque c'est réparer un tort. *(À Bégearss :)* Soyez certain, monsieur, que voilà le récépissé.

Il le remet dans sa poche. Figaro et Suzanne sortent chacun de leur côté.

FIGARO, *bas à Suzanne, en s'en allant* : S'il échappe à l'explication !...

SUZANNE, *bas* : Il est bien subtil !

FIGARO, *bas* : Je l'ai tué !

SCÈNE VIII

LA COMTESSE, LE COMTE, BÉGEARSS

LE COMTE, *d'un ton sérieux*[a] : Madame, nous sommes seuls.

BÉGEARSS, *encore ému* : C'est moi qui parlerai. Je subirai cet interrogatoire. M'avez-vous vu, monsieur, trahir la vérité dans quelque occasion que ce fût ?

LE COMTE, *sèchement* : Monsieur... Je ne dis pas cela.

BÉGEARSS, *tout à fait remis* : Quoique je sois loin d'approuver cette inquisition peu décente, l'honneur m'oblige à répéter ce que je disais à Madame, en répondant à sa consultation : « Tout dépositaire de secrets ne doit jamais conserver de papiers, s'ils peuvent compromettre un ami qui n'est plus et qui les mit sous notre garde. Quelque chagrin qu'on ait à s'en défaire, et quelque intérêt même qu'on eût à les garder, le saint respect des morts doit avoir le pas devant tout. » *(Il montre le comte.)* Un accident inopiné ne peut-il pas en rendre un adversaire possesseur? *(Le comte le tire par la manche, pour qu'il ne pousse pas l'explication plus loin.)* Auriez-vous dit, monsieur, autre chose en ma position? Qui cherche des conseils timides, ou le soutien d'une faiblesse honteuse ne doit point s'adresser à moi! vous en avez des preuves l'un et l'autre, et vous surtout, monsieur le comte! *(Le comte lui fait un signe.)* Voilà, sur la demande que m'a faite Madame, et sans chercher à pénétrer ce que contenaient ces papiers, ce qui m'a fait lui donner un conseil pour la sévère exécution duquel je l'ai vue manquer de courage; je n'ai pas hésité d'y substituer le mien, en combattant ses délais imprudents. Voilà quels étaient nos débats; mais, quelque chose qu'on en pense, je ne regretterai point ce que j'ai dit, ce que j'ai fait. *(Il lève les bras.)* Sainte amitié! tu n'es rien qu'un vain titre si l'on ne remplit pas tes austères devoirs. Permettez que je me retire.

LE COMTE, *exalté* : Ô le meilleur des hommes! Non, vous ne nous quitterez pas. Madame, il va nous appartenir de plus près; je lui donne ma Florestine.

LA COMTESSE, *avec vivacité* : Monsieur, vous ne pouviez pas faire un plus digne emploi du pouvoir que la loi vous donne sur elle. Ce choix a mon assentiment, si vous le jugez nécessaire, et le plus tôt vaudra le mieux.

LE COMTE, *hésitant* : Eh bien!... ce soir... sans bruit... votre aumônier[a]...

LA COMTESSE, *avec ardeur* : Eh bien! moi qui lui sers de mère, je vais la préparer à l'auguste cérémonie : mais laisserez-vous votre ami seul généreux envers ce digne enfant[1]? J'ai du plaisir à penser le contraire.

LE COMTE, *embarrassé* : Ah! madame... croyez...

LA COMTESSE, *avec joie* : Oui, monsieur, je le crois. C'est aujourd'hui la fête de mon fils; ces deux événements réunis me rendent cette journée bien chère!

Elle sort[b].

SCÈNE IX

LE COMTE, BÉGEARSS

LE COMTE, *la regardant aller*[a] : Je ne reviens pas de mon étonnement. Je m'attendais à des débats, à des objections sans nombre ; et je la trouve juste, bonne, généreuse envers mon enfant ! « Moi qui lui sers de mère », dit-elle... Non, ce n'est point une méchante femme ! elle a dans ses actions une dignité qui m'impose... un ton qui brise les reproches, quand on voudrait l'en accabler. Mais mon ami, je m'en dois à moi-même, pour la surprise que j'ai montrée en voyant brûler ces papiers.

BÉGEARSS : Quant à moi, je n'en ai point eu, voyant avec qui vous veniez. Ce reptile vous a sifflé que j'étais là pour trahir vos secrets ? de si basses imputations n'atteignent point un homme de ma hauteur ; je les vois ramper loin de moi. Mais, après tout, monsieur, que vous importaient ces papiers ? N'aviez-vous pas pris malgré moi tous ceux que vous vouliez garder ? Ah ! plût au ciel qu'elle m'eût consulté plus tôt ! vous n'auriez pas contre elle des preuves sans réplique !...

LE COMTE, *avec douleur* : Oui, sans réplique ! *(Avec ardeur.)* Ôtons-les de mon sein : elles me brûlent la poitrine.

Il tire[b] *la lettre de son sein et la met dans sa poche.*

BÉGEARSS *continue avec douceur* : Je combattrais avec plus d'avantage en faveur du fils de la loi ! Car enfin il n'est pas comptable du triste sort qui l'a mis dans vos bras !

LE COMTE *reprend sa fureur* : Lui dans mes bras ? Jamais !

BÉGEARSS : Il n'est point coupable non plus dans son amour pour Florestine ; et cependant, tant qu'il reste près d'elle, puis-je m'unir à cette enfant, qui, peut-être éprise elle-même, ne cédera qu'à son respect pour vous ? La délicatesse blessée...

LE COMTE : Mon ami, je t'entends ! Et ta réflexion me décide à le faire partir sur-le-champ. Oui, je serai moins malheureux, quand ce fatal objet ne blessera plus mes regards. Mais comment entamer ce sujet avec elle ? Voudra-t-elle s'en séparer ? Il faudra donc faire un éclat ?

BÉGEARSS : Un éclat!... non... mais le divorce, accrédité[1] chez cette nation hasardeuse, vous permettra d'user de ce moyen.

LE COMTE[a] : Moi, publier ma honte! Quelques lâches l'ont fait! C'est le dernier degré de l'avilissement du siècle. Que l'opprobre soit le partage de qui donne un pareil scandale et des fripons qui le provoquent!

BÉGEARSS : J'ai fait envers elle, envers vous, ce que l'honneur me prescrivait. Je ne suis point pour les moyens violents, surtout quand il s'agit d'un fils...

LE COMTE : Dites « d'un étranger », dont je vais hâter le départ.

BÉGEARSS : N'oubliez pas cet insolent valet.

LE COMTE : J'en suis trop las pour le garder. Toi, cours, ami, chez mon notaire; retire, avec mon reçu que voilà, mes trois millions d'or déposés. Alors tu peux à juste titre être généreux au contrat qu'il nous faut brusquer aujourd'hui... car te voilà bien possesseur... *(Il lui remet le reçu, le prend sous le bras, et ils sortent.)* Et ce soir à minuit, sans bruit, dans la chapelle de Madame...

On n'entend pas le reste.

ACTE IV

Le théâtre représente le même cabinet de la comtesse.

SCÈNE PREMIÈRE

FIGARO, *seul, agité, regardant de côté et d'autre.*

Elle me dit : « Viens à six heures au cabinet; c'est le plus sûr pour nous parler... » Je brusque tout dehors, et je rentre en sueur! Où est-elle? *(Il se promène en s'essuyant.)* Ah! parbleu, je ne suis pas fou! je les ai vus sortir d'ici, Monsieur le tenant sous le bras!... Eh bien! pour un échec, abandonnons-nous la partie?... Un orateur fuit-il lâchement la tribune, pour un argument tué sous lui? Mais[b], quel détestable endormeur[2]! *(Vivement.)* Parvenir à brûler les lettres de Madame, pour qu'elle ne voie pas qu'il en manque! et se tirer d'un éclaircissement[1]!... C'est l'enfer concentré, tel que Milton nous l'a dépeint[2]! *(D'un ton badin.)* J'avais raison tantôt, dans ma colère : Honoré Bégearss est le diable que les Hébreux nommaient Légion[3]; et si l'on y regardait bien, on verrait le lutin[4] avoir le pied fourchu, seule partie, disait ma mère, que les démons ne peuvent déguiser. *(Il rit.)* Ah! ah! ah! ma gaieté me revient; d'abord parce que j'ai mis l'or du Mexique en sûreté chez Fal, ce qui nous donnera du temps; *(il frappe d'un billet sur sa main)* et puis... docteur en toute hypocrisie! vrai major d'[a] infernal Tartuffe! grâce au hasard qui régit tout, à ma tactique, à quelques louis semés, voici qui me promet une lettre de toi, où, dit-on, tu poses le masque, à ne rien laisser désirer! *(Il ouvre le billet et dit :)* Le coquin qui l'a lue en veut cinquante louis?... eh bien! il les aura, si la lettre les vaut; une année de mes gages sera bien employée, si je parviens à détromper un maître à qui nous devons tant... Mais où es-tu, Suzanne, pour en rire? *O che piacere*[5]*!...* À demain[b] donc! car je ne vois pas que rien périclite ce soir... Et pourquoi perdre un temps? Je m'en suis toujours repenti... *(Très vivement.)* Point de délai; courons attacher le pétard; dormons dessus; la nuit porte conseil, et demain matin nous verrons qui des deux fera sauter l'autre.

SCÈNE II

BÉGEARSS, FIGARO

BÉGEARSS, *raillant* : Eeeh! c'est mons[6] Figaro! La place est agréable, puisqu'on y retrouve Monsieur.

FIGARO, *du même ton* : Ne fût-ce que pour avoir la joie de l'en chasser une autre fois[7].

BÉGEARSS : De la rancune pour si peu? Vous êtes bien bon d'y songer! Chacun n'a-t-il pas sa manie?

FIGARO : Et celle de Monsieur est de ne plaider qu'à huis clos?

BÉGEARSS, *lui frappant sur l'épaule* : Il n'est pas essentiel qu'un sage entende tout, quand il sait si bien deviner.

FIGARO : Chacun se sert des petits talents que le ciel lui a départis.

BÉGEARSS : Et « l'intrigant » compte-t-il gagner beaucoup avec ceux qu'il nous montre ici?

FIGARO : Ne mettant rien à la partie, j'ai tout gagné... si je fais perdre « l'autre ».

BÉGEARSS[a], *piqué* : On verra le jeu de Monsieur.

FIGARO : Ce n'est pas de ces coups brillants qui éblouissent la galerie. *(Il prend un air niais.)* Mais « chacun pour soi, Dieu pour tous », comme a dit le roi Salomon.

BÉGEARSS, *souriant* : Belle sentence! N'a-t-il pas dit aussi : « Le soleil luit pour tout le monde? »

FIGARO, *fièrement* : Oui, en dardant[1] sur le serpent prêt à mordre la main de son imprudent bienfaiteur!

Il sort.

SCÈNE III

BÉGEARSS, *seul, le regardant aller.*

Il ne farde plus ses desseins! Notre homme est fier? Bon signe, il ne sait rien des miens; il aurait la mine bien longue s'il était instruit qu'à minuit... *(Il cherche dans ses poches vivement.)* Eh bien! qu'ai-je fait du papier? Le voici. *(Il lit.)* « Reçu de M. Fal, notaire, les trois millions d'or spécifiés dans le bordereau ci-dessus. À Paris, le... ALMAVIVA. » C'est bon; je tiens la pupille et l'argent! Mais ce n'est point assez; cet homme est faible, il ne finira rien pour le reste de sa fortune. La comtesse lui impose[b]; il la craint, l'aime encore... Elle n'ira point au couvent, si je ne les mets aux prises et ne les force à s'expliquer... brutalement. *(Il se promène[c].)* Diable! ne risquons pas ce soir un dénouement[d] aussi scabreux! En précipitant trop les choses, on se précipite avec elles[2]! Il sera temps demain, quand j'aurai bien serré le doux lien sacramentel[e3] qui va les enchaîner à moi! *(Il appuie ses deux mains sur sa poitrine.)* Eh bien! maudite joie, qui me gonfles le cœur! ne peux-tu donc te contenir?... Elle m'étouffera, la fougueuse, ou me livrera comme un sot, si je ne la laisse un peu s'évaporer pendant que je suis seul ici. Sainte et douce crédulité! l'époux te doit la magnifique dot! Pâle déesse de la nuit, il te devra bientôt sa froide épouse[4]. *(Il frotte ses mains de joie.)* Bégearss[f]! heureux Bégearss!... Pourquoi l'appelez-vous Bégearss? n'est-il donc pas plus d'à moitié le seigneur comte Almaviva? *(D'un ton terrible.)* Encore un pas, Bégearss! et tu l'es tout à fait. Mais il te faut auparavant... Ce

Figaro pèse sur ma poitrine! car c'est lui qui l'a fait venir!... Le moindre trouble me perdrait... Ce valet-là me portera malheur... c'est le plus clairvoyant coquin!... Allons, allons, qu'il parte avec son chevalier errant[a] !

SCÈNE IV

BÉGEARSS, SUZANNE

SUZANNE, *accourant, fait un cri d'étonnement de voir un autre que Figaro* : Ah! *(À part.)* Ce n'est pas lui!

BÉGEARSS : Quelle surprise! et qu'attendais-tu donc?

SUZANNE, *se remettant* : Personne. On se croit seule ici...

BÉGEARSS : Puisque je t'y rencontre, un mot avant le comité.

SUZANNE : Que parlez-vous de comité[1]? Réellement, depuis deux ans on n'entend plus du tout la langue[b] de ce pays!

BÉGEARSS, *riant sardoniquement* : Hé! hé! *(Il pétrit dans sa boîte une prise de tabac, d'un air content de lui.)* Ce comité, ma chère, est une conférence entre la comtesse, son fils, notre jeune pupille et moi, sur le grand objet que tu sais.

SUZANNE : Après la scène que j'ai vue[2], osez-vous encore l'espérer?

BÉGEARSS, *bien fat* : Oser l'espérer!... Non. Mais seulement... Je l'épouse ce soir.

SUZANNE, *vivement* : Malgré son amour pour Léon?

BÉGEARSS : Bonne femme! qui me disais[3] : « Si vous faites cela, monsieur... »

SUZANNE : Eh! qui eût pu l'imaginer?

BÉGEARSS, *prenant son tabac en plusieurs fois* : Enfin que dit-on? Parle-t-on? Toi qui vis dans l'intérieur, qui as l'honneur des confidences, y pense-t-on du bien de moi? Car c'est là le point important.

SUZANNE : L'important serait de savoir quel talisman vous employez pour dominer tous les esprits. Monsieur ne parle de vous qu'avec enthousiasme, ma maîtresse vous porte aux nues, son fils n'a d'espoir qu'en vous seul, notre pupille vous révère...

BÉGEARSS, *d'un ton bien fat, secouant le tabac de son jabot* : Et toi, Suzanne, qu'en dis-tu?

SUZANNE : Ma foi, monsieur, je vous admire ! Au milieu du désordre affreux que vous entretenez ici, vous seul êtes calme et tranquille ; il me semble entendre un génie qui fait tout mouvoir à son gré.

BÉGEARSS, *bien fat* : Mon enfant, rien n'est plus aisé. D'abord, il n'est que deux pivots sur qui roule tout dans le monde, la morale et la politique[1]. La morale, tant soit peu mesquine, consiste à être juste et vrai ; elle est, dit-on, la clef de quelques vertus routinières.

SUZANNE : Quant à la politique ?...

BÉGEARSS, *avec chaleur* : Ah[a] ! c'est l'art de créer des faits, de dominer, en se jouant, les événements et les hommes ; l'intérêt est son but ; l'intrigue son moyen : toujours sobre de vérités, ses vastes et riches conceptions sont un prisme qui éblouit. Aussi profonde que l'Etna, elle brûle et gronde longtemps avant d'éclater au-dehors ; mais alors rien ne lui résiste ; elle exige[b] de hauts talents : le scrupule seul peut lui nuire ; *(en riant)* c'est le secret des négociateurs.

SUZANNE : Si la morale ne vous échauffe pas, l'autre, en revanche, excite en vous un assez vif enthousiasme !

BÉGEARSS, *averti, revient à lui* : Eh !... ce n'est pas elle ; c'est toi. Ta comparaison d'un génie... Le chevalier[c] vient ; laisse-nous.

SCÈNE V

LÉON, BÉGEARSS

LÉON : Monsieur Bégearss, je suis au désespoir !

BÉGEARSS, *d'un ton protecteur* : Qu'est-il arrivé, jeune ami ?

LÉON : Mon père vient de me signifier, avec une dureté !... que j'eusse à faire, sous deux jours, tous les apprêts de mon départ pour Malte[d] : point d'autre train, dit-il, que Figaro, qui m'accompagne, et un valet qui courra devant nous.

BÉGEARSS : Cette conduite est en effet bizarre pour qui ne sait pas son secret ; mais nous qui l'avons pénétré, notre devoir est de le plaindre. Ce voyage est le fruit d'une frayeur bien excusable ! Malte et vos vœux ne sont que le prétexte ; un amour qu'il redoute est son véritable motif.

LÉON, *avec douleur* : Mais, mon ami, puisque vous l'épousez ?

BÉGEARSS, *confidentiellement* : Si son frère le croit utile à suspendre un fâcheux départ... je ne verrais qu'un seul moyen...

LÉON : Ô mon ami! dites-le-moi!

BÉGEARSS : Ce serait que madame votre mère vainquît cette timidité qui l'empêche, avec lui, d'avoir une opinion à elle; car sa douceur vous nuit bien plus que ne ferait un caractère trop ferme. Supposons qu'on lui ait donné quelque prévention injuste[1] : qui a le droit, comme une mère, de rappeler un père à la raison? Engagez-la à le tenter... non pas aujourd'hui, mais... demain[2], et sans y mettre de faiblesse.

LÉON : Mon ami, vous avez raison : cette crainte est son vrai motif. Sans doute il n'y a que ma mère qui puisse le faire changer. La voici qui vient avec celle... que je n'ose plus adorer. *(Avec douleur.)* Ô mon ami! rendez-la bien heureuse!

BÉGEARSS, *caressant* : En lui parlant tous les jours de son frère.

SCÈNE VI

LA COMTESSE, FLORESTINE, BÉGEARSS, SUZANNE, LÉON

LA COMTESSE, *coiffée, parée, portant une robe rouge et noire, et son bouquet de même couleur* : Suzanne, donne mes diamants.

Suzanne va les chercher.

BÉGEARSS, *affectant de la dignité* : Madame, et vous mademoiselle, je vous laisse avec cet ami; je confirme d'avance tout ce qu'il va vous dire. Hélas! ne pensez point au bonheur que j'aurais de vous appartenir à tous ; votre repos doit seul vous occuper. Je n'y veux concourir que sous la forme que vous adopterez : mais, soit que Mademoiselle accepte ou non mes offres, recevez ma déclaration que toute la fortune dont je viens d'hériter lui est destinée de ma part, dans un contrat, ou par un testament; je vais en faire dresser les actes : Mademoiselle choisira. Après ce que je viens de dire, il ne conviendrait pas que ma présence ici gênât un parti qu'elle doit prendre en toute liberté; mais, quel qu'il soit, ô mes amis, sachez qu'il est sacré pour moi : je l'adopte sans restrictions.

Il salue profondément et sort.

SCÈNE VII

LA COMTESSE, LÉON, FLORESTINE

LA COMTESSE *le regarde aller* : C'est un ange envoyé du ciel pour réparer tous nos malheurs.

LÉON, *avec une douleur ardente* : Ô Florestine[a] ! il faut céder : ne pouvant être l'un à l'autre, nos premiers élans de douleur nous avaient fait jurer de n'être jamais à personne ; j'accomplirai ce serment pour nous deux. Ce n'est pas tout à fait vous perdre, puisque[b] je retrouve une sœur où j'espérais posséder une épouse. Nous pourrons encore nous aimer.

SCÈNE VIII

LA COMTESSE, LÉON, FLORESTINE, SUZANNE
Suzanne apporte l'écrin.

LA COMTESSE, *en parlant, met ses boucles d'oreilles, ses bagues, son bracelet, sans rien regarder* : Florestine ! épouse Bégearss ; ses procédés l'en rendent digne ; et puisque cet hymen fait le bonheur de ton parrain, il faut l'achever aujourd'hui.

Suzanne sort et emporte l'écrin[c].

SCÈNE IX

LA COMTESSE, LÉON, FLORESTINE

LA COMTESSE, *à Léon* : Nous, mon fils, ne sachons jamais ce que nous devons ignorer. Tu pleures, Florestine ?

FLORESTINE, *pleurant* : Ayez pitié de moi, madame ! Eh ! comment soutenir autant d'assauts dans un seul jour ? À peine j'apprends qui je suis, qu'il faut renoncer à moi-même, et me livrer... Je meurs de douleur et d'effroi. Dénuée d'objections contre M. Bégearss, je sens mon cœur à l'agonie en pensant qu'il peut devenir... Cependant il le faut ; il faut me sacrifier au bien de ce frère chéri ; à son bonheur, que je ne puis plus faire. Vous dites que je pleure ! Ah ! je fais plus pour lui que si je lui donnais ma vie! Maman, ayez pitié de nous! bénissez vos enfants! ils sont bien malheureux!

Elle se jette à genoux; Léon en fait autant.

LA COMTESSE, *leur imposant les mains* : Je vous bénis, mes chers enfants. Ma Florestine, je t'adopte. Si tu savais à quel point tu m'es chère! Tu seras heureuse, ma fille, et du bonheur de la vertu; celui-là peut dédommager des autres.

Ils se relèvent[a].

FLORESTINE : Mais croyez-vous, madame, que mon dévouement le ramène à Léon, à son fils? Car il ne faut pas se flatter : son injuste prévention va quelquefois jusqu'à la haine.

LA COMTESSE : Chère fille, j'en ai l'espoir.

LÉON : C'est l'avis de M. Bégearss : il me l'a dit; mais il m'a dit aussi qu'il n'y a que maman qui puisse opérer ce miracle. Aurez-vous donc la force de lui parler en ma faveur?

LA COMTESSE : Je l'ai tenté souvent, mon fils, mais sans aucun fruit apparent.

LÉON : Ô ma digne mère! c'est[b] votre douceur qui m'a nui. La crainte de le contrarier vous a trop empêchée d'user de la juste influence que vous donnent votre vertu et le respect profond dont vous êtes entourée. Si vous lui parliez avec force, il ne vous résisterait pas.

LA COMTESSE : Vous le croyez, mon fils? Je vais l'essayer devant vous. Vos reproches m'affligent presque autant que son injustice. Mais, pour que vous ne gêniez pas le bien que je dirai de vous, mettez-vous dans mon cabinet; vous m'entendrez, de là, plaider une cause si juste; vous n'accuserez plus une mère de manquer d'énergie, quand il faut défendre son fils! *(Elle sonne.)* Florestine, la décence ne te permet pas de rester : va t'enfermer; demande au ciel qu'il m'accorde quelques succès et rende enfin la paix à ma famille désolée.

Florestine sort.

SCÈNE X

SUZANNE, LA COMTESSE, LÉON

SUZANNE : Que veut Madame ? Elle a sonné.

LA COMTESSE : Prie Monsieur, de ma part, de passer un moment ici.

SUZANNE, *effrayée* : Madame ! vous me faites trembler ! Ciel ! que va-t-il donc se passer ? Quoi ! Monsieur qui ne vient jamais... sans...

LA COMTESSE : Fais ce que je te dis, Suzanne, et ne prends nul souci du reste.

Suzanne sort, en levant les bras au ciel, de terreur.

SCÈNE XI

LA COMTESSE, LÉON

LA COMTESSE : Vous allez voir, mon fils, si votre mère est faible en défendant vos intérêts ! Mais laissez-moi me recueillir, me préparer, par la prière, à cet important plaidoyer.

Léon entre au cabinet de sa mère[a].

SCÈNE XII

LA COMTESSE, *seule, un genou sur son fauteuil.*

Ce moment me semble terrible comme le jugement dernier ! Mon sang est prêt à s'arrêter[1]... Ô mon Dieu ! donnez-moi la force de frapper au cœur d'un époux ! *(Plus bas.)* Vous seul connaissez les motifs qui m'ont toujours fermé la bouche ! Ah ! s'il ne s'agissait du bonheur de mon fils, vous savez, ô mon Dieu, si j'oserais dire un seul mot pour moi ! Mais enfin, s'il est vrai qu'une faute pleurée vingt ans ait obtenu de vous un pardon généreux, comme un sage ami m'en assure, ô mon Dieu, donnez-moi la force de frapper au cœur d'un époux !

SCÈNE XIII[1]

LA COMTESSE, LE COMTE, LÉON, *caché.*

LE COMTE, *sèchement* : Madame, on dit que vous me demandez?

LA COMTESSE, *timidement* : J'ai cru, monsieur, que nous serions plus libres dans ce cabinet que chez vous.

LE COMTE : M'y voilà, madame; parlez.

LA COMTESSE, *tremblante* : Asseyons-nous, monsieur, je vous en conjure, et prêtez-moi votre attention.

LE COMTE, *impatient* : Non, j'entendrai debout; vous savez qu'en parlant je ne saurais tenir en place.

LA COMTESSE, *s'asseyant, avec un soupir, et parlant bas* : Il s'agit de mon fils..., monsieur.

LE COMTE, *brusquement* : De votre fils, madame?

LA COMTESSE : Et quel autre intérêt pourrait vaincre ma répugnance à engager un entretien que vous ne recherchez jamais? Mais je viens de le voir dans un état à faire compassion : l'esprit troublé, le cœur serré de l'ordre que vous lui donnez de partir sur-le-champ; surtout du ton de dureté qui accompagne cet exil. Eh! comment a-t-il encouru la disgrâce d'un p... d'un homme si juste? Depuis[a] qu'un exécrable duel nous a ravi notre autre fils...

LE COMTE, *les mains sur le visage, avec un air de douleur* : Ah!...

LA COMTESSE : Celui-ci, qui jamais ne dût[2] connaître le chagrin, a redoublé de soins et d'attentions pour adoucir l'amertume des nôtres!

LE COMTE, *se promenant doucement* : Ah!...

LA COMTESSE : Le caractère emporté de son frère, son désordre, ses goûts et sa conduite déréglée nous en donnaient souvent de bien cruels. Le ciel sévère, mais sage en ses décrets, en nous privant de cet enfant, nous en a peut-être épargné de plus cuisants pour l'avenir.

LE COMTE, *avec douleur* : Ah[b]!... ah!...

LA COMTESSE : Mais, enfin, celui qui nous reste a-t-il jamais manqué à ses devoirs? Jamais le plus léger reproche fut-il mérité de sa part? Exemple des hommes de son âge, il a l'estime universelle : il est aimé, recherché, consulté. Son p... protecteur naturel, mon époux[c] seul, paraît avoir les yeux fermés sur un mérite transcendant dont l'éclat frappe tout le monde. (*Le comte se promène plus vite sans parler. La comtesse, prenant courage de son silence, continue d'un ton plus ferme et l'élève par degrés.*) En tout autre sujet, monsieur, je tiendrais à fort grand honneur de vous soumettre mon avis[1], de modeler mes sentiments, ma faible opinion sur la vôtre ; mais il s'agit... d'un fils... (*Le comte s'agite en marchant.*) Quand il avait un frère aîné, l'orgueil d'un très grand nom le condamnant au célibat, l'ordre de Malte était son sort. Le préjugé semblait alors couvrir l'injustice de ce partage entre deux fils (*timidement*[a]) égaux en droits.

LE COMTE *s'agite plus fort. À part, d'un ton étouffé* : Égaux en droits !...

LA COMTESSE, *un peu plus fort* : Mais[b] depuis deux années qu'un accident affreux... les lui a tous transmis, n'est-il pas étonnant que vous n'ayez rien entrepris pour le relever de ses vœux ? Il est de notoriété que vous n'avez quitté l'Espagne que pour dénaturer vos biens, par la vente ou par des échanges. Si c'est pour l'en priver, monsieur, la haine ne va pas plus loin ! Puis, vous le chassez de chez vous, et semblez lui fermer la maison p... par vous habitée ! Permettez-moi[c] de vous le dire, un traitement aussi étrange est sans excuse aux yeux de la raison. Qu'a-t-il fait pour le mériter ?

LE COMTE *s'arrête ; d'un ton terrible* : Ce qu'il a fait ?

LA COMTESSE, *effrayée* : Je voudrais bien, monsieur, ne pas vous offenser !

LE COMTE, *plus fort* : Ce qu'il a fait, madame ! Et c'est vous qui le demandez ?

LA COMTESSE, *en désordre* : Monsieur, monsieur ! vous m'effrayez beaucoup !

LE COMTE, *avec fureur* : Puisque vous avez provoqué l'explosion du ressentiment qu'un respect humain enchaînait, vous entendrez son arrêt et le vôtre.

LA COMTESSE, *plus troublée* : Ah, monsieur ! Ah, monsieur !...

LE COMTE : Vous demandez ce qu'il a fait ?

LA COMTESSE, *levant les bras* : Non, monsieur, ne me dites rien !

LE COMTE, *hors de lui* : Rappelez-vous, femme perfide, ce que vous avez fait vous-même ! et comment, recevant un adultère[2] dans vos bras, vous avez mis dans ma maison cet enfant étranger, que vous osez nommer mon fils !

LA COMTESSE, *au désespoir, veut se lever* : Laissez-moi m'enfuir, je vous prie.

LE COMTE, *la clouant sur son fauteuil* : Non, vous ne fuirez pas; vous n'échapperez point à la conviction qui vous presse. *(Lui montrant sa lettre*[a]*.)* Connaissez-vous cette écriture? Elle est tracée de votre main coupable! et ces caractères sanglants qui lui servent[b] de réponse...

LA COMTESSE, *anéantie* : Je vais mourir! Je vais mourir.

LE COMTE, *avec force* : Non, non; vous entendrez les traits que j'en ai soulignés[1] ! *(Il lit avec égarement :)* « Malheureux insensé! notre sort est rempli; votre crime, le mien, reçoit sa punition. Aujourd'hui, jour de saint Léon, patron de ce lieu et le vôtre, je viens de mettre au monde un fils, mon opprobre et mon désespoir... » *(Il parle :)* Et cet enfant est né le jour de Saint-Léon, plus de dix mois après mon départ pour la Vera-cruz!

Pendant qu'il lit très fort, on entend la comtesse, égarée, dire des mots coupés qui partent du délire.

LA COMTESSE, *priant, les mains jointes* : Grand Dieu! tu ne permets donc pas que le crime le plus caché demeure toujours impuni!

LE COMTE : ...Et de la main du corrupteur : *(il lit)* « L'ami qui vous rendra ceci, quand je ne serai plus, est sûr. »

LA COMTESSE, *priant* : Frappe, mon Dieu! Car je l'ai mérité!

LE COMTE *lit* : « Si la mort d'un infortuné vous inspirait un reste de pitié, parmi les noms qu'on va donner à ce fils, héritier d'un autre... »

LA COMTESSE, *priant* : Accepte l'horreur que j'éprouve, en expiation de ma faute!

LE COMTE *lit* : « Puis-je espérer que le nom de Léon... » *(Il parle.)* Et ce fils s'appelle Léon!

LA COMTESSE, *égarée, les yeux fermés* : Mon Dieu! mon crime fut bien grand, s'il égala ma punition! Que ta volonté s'accomplisse!

LE COMTE, *plus fort* : Et, couverte de cet opprobre, vous osez me demander compte de mon éloignement pour lui?

LA COMTESSE, *priant toujours* : Qui suis-je, pour m'y opposer, lorsque ton bras s'appesantit?

LE COMTE : Et lorsque vous plaidez pour l'enfant de ce malheureux, vous avez au bras mon portrait[2] !

LA COMTESSE, *en le détachant, le regarde* : Monsieur, monsieur, je le rendrai; je sais que je n'en suis pas digne. *(Dans le plus grand égarement.)* Ciel ! que m'arrive-t-il ? Ah ! je perds la raison ! Ma conscience troublée fait naître des fantômes ! Réprobation anticipée[1] !... Je vois ce qui n'existe pas... Ce n'est plus vous, c'est lui qui me fait signe de le suivre, d'aller le rejoindre au tombeau !

LE COMTE, *effrayé* : Comment ? Eh bien ! non, ce n'est pas...

LA COMTESSE, *en délire* : Ombre terrible ! éloigne-toi !

LE COMTE *crie avec douleur* : Ce n'est pas ce que vous croyez !

LA COMTESSE *jette le bracelet par terre* : Attends... Oui, je t'obéirai...

LE COMTE, *plus troublé* : Madame, écoutez-moi...

LA COMTESSE : J'irai... Je t'obéis... Je meurs...

Elle reste évanouie.

LE COMTE, *effrayé, ramasse le bracelet* : J'ai passé[a] la mesure... Elle se trouve mal... Ah ! Dieu[b] ! Courons lui chercher du secours.

Il sort, il s'enfuit[c]. Les convulsions de la douleur font glisser la comtesse à terre.

SCÈNE XIV

LÉON *accourant*, LA COMTESSE *évanouie.*

LÉON, *avec force* : Ô ma mère !... ma mère ! c'est moi qui te donne la mort ! *(Il l'enlève et la remet sur son fauteuil, évanouie.)* Que ne suis-je parti, sans rien exiger de personne ! J'aurais prévenu ces horreurs !

SCÈNE XV

LE COMTE, SUZANNE, LÉON, LA COMTESSE *évanouie.*

LE COMTE, *en rentrant, s'écrie* : Et son fils !

LÉON, *égaré* : Elle est morte ! Ah ! je ne lui survivrai pas !

Il l'embrasse en criant.

LE COMTE, *effrayé* : Des sels ! des sels ! Suzanne ! un million si vous la sauvez !

LÉON : Ô malheureuse mère !

SUZANNE : Madame, aspirez ce flacon. Soutenez-la, monsieur ; je vais tâcher de la desserrer.

LE COMTE, *égaré* : Romps tout, arrache tout ! Ah ! j'aurais dû la ménager !

LÉON, *criant avec délire*[a] : Elle est morte ! Elle est morte !

SCÈNE XVI

Le Comte, Suzanne, Léon, la Comtesse *évanouie*, Figaro *accourant.*

FIGARO : Et qui, morte ? Madame ? Apaisez donc ces cris ! c'est vous qui la ferez mourir ! *(Il lui prend le bras.)* Non, elle ne l'est pas ; ce n'est qu'une suffocation, le sang qui monte avec violence. Sans perdre de temps il faut la soulager. Je vais chercher ce qu'il lui faut[b].

LE COMTE, *hors de lui* : Des ailes, Figaro ! ma fortune est à toi.

FIGARO, *vivement* : J'ai bien besoin de vos promesses lorsque Madame est en péril !

Il sort en courant.

SCÈNE XVII

Le Comte, Léon, la Comtesse *évanouie*, Suzanne

LÉON, *lui tenant le flacon sous le nez* : Si l'on pouvait la faire respirer ! Ô Dieu ! rends-moi ma malheureuse mère !... La voici qui revient...

SUZANNE, *pleurant* : Madame ! allons, madame !...

LA COMTESSE, *revenant à elle* : Ah ! qu'on a de peine à mourir !

LÉON, *égaré* : Non[c], maman ; vous ne mourrez pas !

LA COMTESSE, *égarée* : Ô ciel ! entre mes juges ! entre mon époux et mon fils ! tout est connu... et criminelle envers tous deux... *(Elle se jette à terre et se prosterne.)* Vengez-vous l'un et l'autre ! Il n'est plus de pardon pour moi ! *(Avec horreur.)* Mère coupable ! épouse indigne ! Un instant nous a tous perdus. J'ai mis l'horreur dans ma famille ! J'allumai la guerre intestine entre le père et les enfants ! Ciel juste ! il fallait bien que ce crime fût découvert ! Puisse ma mort expier mon forfait !

LE COMTE, *au désespoir* : Non, revenez à vous ! Votre douleur a déchiré mon âme ! Asseyons-la. Léon !... Mon fils ! *(Léon fait un grand mouvement.)* Suzanne, asseyons-la.

Ils la remettent sur le fauteuil.

SCÈNE XVIII

LES PRÉCÉDENTS, FIGARO

FIGARO, *accourant* : Elle a repris sa connaissance ?

SUZANNE : Ah Dieu ! j'étouffe aussi.

Elle se desserre.

LE COMTE *crie* : Figaro ! vos secours !

FIGARO, *étouffé*[1] : Un moment ! Calmez-vous. Son état n'est plus si pressant. Moi qui étais dehors, grand Dieu ! je suis rentré bien à propos !... Elle m'avait fort effrayé ! Allons, madame, du courage !

LA COMTESSE, *priant, renversée* : Dieu de bonté ! fais que je meure !

LÉON, *en l'asseyant mieux*[a] : Non, maman, vous ne mourrez pas, et nous réparerons nos torts. Monsieur ! vous que je n'outragerai plus en vous donnant un autre nom, reprenez vos titres, vos biens ; je n'y avais nul droit ; hélas ! je l'ignorais. Mais, par pitié, n'écrasez point d'un déshonneur public cette infortunée qui fut vôtre... Une erreur expiée par vingt années de larmes est-elle encore un crime, alors qu'on fait justice ? Ma mère et moi, nous nous bannissons de chez vous.

LE COMTE, *exalté* : Jamais ! Vous n'en sortirez point.

LÉON : Un couvent sera sa retraite ; et moi, sous mon nom de Léon, sous le simple habit d'un soldat, je défendrai la liberté de notre nouvelle patrie. Inconnu, je mourrai pour elle ou je la servirai en zélé citoyen.

Suzanne pleure dans un coin ; Figaro est absorbé dans l'autre.

LA COMTESSE, *péniblement* : Léon ! mon cher enfant ! ton courage me rend la vie ! Je puis encore la supporter, puisque mon fils a la vertu de ne pas détester sa mère. Cette fierté dans le malheur sera ton noble patrimoine. Il m'épousa sans biens[1] ; n'exigeons rien de lui. Le travail de mes mains soutiendra ma faible existence ; et toi, tu serviras l'État.

LE COMTE, *avec désespoir* : Non, Rosine ! jamais. C'est moi qui suis le vrai coupable ! De combien de vertus je privais ma triste vieillesse !...

LA COMTESSE : Vous en serez enveloppé. Florestine et Bégearss vous restent. Floresta, votre fille, l'enfant chéri de votre cœur !...

LE COMTE, *étonné* : Comment ?... D'où savez-vous ?... Qui vous l'a dit ?...

LA COMTESSE : Monsieur, donnez-lui tous vos biens, mon fils et moi n'y mettons[a] point d'obstacle ; son bonheur nous consolera. Mais, avant de nous séparer, que j'obtienne au moins une grâce ! Apprenez-moi comment vous êtes possesseur d'une terrible lettre que je croyais brûlée avec les autres. Quelqu'un m'a-t-il trahie ?

FIGARO, *s'écriant* : Oui ! l'infâme Bégearss : je l'ai surpris tantôt qui la remettait à Monsieur.

LE COMTE, *parlant vite* : Non, je la dois au seul hasard. Ce matin[2], lui et moi, pour un tout autre objet, nous examinions votre écrin, sans nous douter qu'il eût un double fond. Dans le débat et sous ses doigts, le secret s'est ouvert soudain, à son très grand étonnement. Il a cru le coffre[b] brisé !

FIGARO, *criant plus fort* : Son étonnement d'un secret ? Monstre ! C'est lui qui l'a fait faire !

LE COMTE : Est-il possible ?

LA COMTESSE : Il est trop vrai !

LE COMTE : Des papiers[c] frappent nos regards ; il en ignorait l'existence, et quand j'ai voulu les lui lire, il a refusé de les voir.

SUZANNE, *s'écriant* : Il les a lus cent fois avec Madame !

LE COMTE : Est-il vrai ? Les connaissait-il ?

LA COMTESSE : Ce fut lui qui me les remit, qui les apporta de l'armée, lorsqu'un infortuné mourut.

LE COMTE : Cet ami sûr, instruit de tout[3] ?

FIGARO, LA COMTESSE, SUZANNE, *ensemble, criant* : C'est lui !

LE COMTE : Ô scélératesse infernale ! Avec quel art il m'avait engagé ! À présent, je sais tout.

FIGARO : Vous le croyez !

LE COMTE : Je connais son affreux projet. Mais, pour en être plus certain, déchirons le voile en entier. Par qui savez-vous donc ce qui touche ma Florestine ?

LA COMTESSE, *vite* : Lui seul m'en a fait confidence.

LÉON, *vite* : Il me l'a dit sous le secret.

SUZANNE, *vite* : Il me l'a dit aussi[1].

LE COMTE, *avec horreur* : Ô monstre! Et moi j'allais la lui donner! Mettre ma fortune en ses mains!

FIGARO, *vivement* : Plus d'un tiers y serait déjà, si je n'avais porté, sans vous le dire, vos trois millions d'or en dépôt chez M. Fal : vous alliez l'en rendre le maître, heureusement je m'en suis douté. Je vous ai donné son reçu...

LE COMTE, *vivement* : Le scélérat vient de me l'enlever[a], pour en aller toucher la somme.

FIGARO, *désolé* : Ô proscription[2] sur moi! Si l'argent est remis, tout ce que j'ai fait est perdu! Je cours chez M. Fal. Dieu veuille qu'il ne soit pas trop tard!

LE COMTE, *à Figaro* : Le traître n'y peut être encore.

FIGARO : S'il a perdu un temps, nous le tenons. J'y cours.

Il veut sortir.

LE COMTE, *vivement, l'arrête* : Mais, Figaro! que le fatal secret dont ce moment vient de t'instruire reste enseveli dans ton sein!

FIGARO, *avec une grande sensibilité* : Mon maître! Il y a[b] vingt ans qu'il est dans ce sein-là, et dix que je travaille à empêcher qu'un monstre n'en abuse! Attendez surtout mon retour, avant de prendre aucun parti.

LE COMTE, *vivement* : Penserait-il se disculper?

FIGARO : Il fera tout pour le tenter; *(il tire une lettre de sa poche)* mais voici le préservatif. Lisez le contenu de cette épouvantable lettre; le secret de l'enfer est là. Vous me saurez bon gré d'avoir tout fait pour me la procurer. *(Il lui remet la lettre de Bégearss.)* Suzanne! des gouttes à ta maîtresse. Tu sais comment je les prépare. *(Il lui donne un flacon.)* Passez-la sur sa chaise longue[c]; et le plus grand calme autour d'elle. Monsieur, au moins ne recommencez pas; elle s'éteindrait dans nos mains!

LE COMTE, *exalté* : Recommencer! Je me ferais horreur!

FIGARO, *à la comtesse* : Vous l'entendez, madame? le voilà dans son caractère! Et c'est mon maître que j'entends[d]. Ah! je l'ai toujours dit de lui : la colère, chez les bons cœurs, n'est qu'un besoin pressant de pardonner!

Il s'enfuit[3]. Le comte et Léon la prennent sous les bras; ils sortent tous.

ACTE V

Le théâtre représente le grand salon du premier acte.

SCÈNE PREMIÈRE

LE COMTE, LA COMTESSE, LÉON, SUZANNE
La comtesse, sans rouge, dans le plus grand désordre de parure[a].

LÉON, *soutenant sa mère* : Il fait trop chaud, maman, dans l'appartement intérieur. Suzanne, avance une bergère!

On l'assied[b].

LE COMTE, *attendri, arrangeant les coussins* : Êtes-vous bien assise? Eh quoi! pleurer encore?

LA COMTESSE, *accablée* : Ah! laissez-moi verser des larmes de soulagement! Ces récits affreux m'ont brisée! Cette infâme lettre[1], surtout...

LE COMTE, *délirant*[2] : Marié en Irlande, il épousait ma fille! Et tout mon bien placé sur la banque de Londres eût fait vivre un repaire[3] affreux, jusqu'à la mort du dernier de nous tous!... Et qui sait, grand Dieu! quels moyens...

LA COMTESSE : Homme infortuné! calmez-vous! Mais[c] il est temps de faire descendre Florestine; elle avait le cœur si serré de ce qui devait lui arriver! Va la chercher, Suzanne, et ne l'instruis de rien.

LE COMTE, *avec dignité* : Ce que j'ai dit à Figaro[4], Suzanne, était pour vous comme pour lui.

SUZANNE : Monsieur, celle qui vit Madame pleurer, prier pendant vingt ans, a trop gémi de ses douleurs pour rien faire qui les accroisse!

Elle sort.

SCÈNE II

LE COMTE, LA COMTESSE, LÉON

LE COMTE, *avec un vif sentiment* : Ah! Rosine! séchez vos pleurs; et maudit soit qui vous affligera!

LA COMTESSE : Mon fils! embrasse les genoux de ton généreux protecteur; et rends-lui grâce pour ta mère.

Il veut se mettre à genoux[a].

LE COMTE *le relève* : Oublions le passé, Léon. Gardons-en le silence, et n'émouvons plus votre mère. Figaro demande un grand calme[b1]. Ah! respectons surtout la jeunesse de Florestine, en lui cachant soigneusement les causes de cet accident!

SCÈNE III

FLORESTINE, SUZANNE, LES PRÉCÉDENTS

FLORESTINE, *accourant* : Mon Dieu[c]! maman, qu'avez-vous donc?

LA COMTESSE : Rien que d'agréable à t'apprendre; et ton parrain va t'en instruire.

LE COMTE : Hélas! ma Florestine! je frémis du péril où j'allais plonger ta jeunesse. Grâce au ciel, qui dévoile tout, tu n'épouseras point Bégearss! Non; tu ne seras point la femme du plus épouvantable ingrat!...

FLORESTINE : Ah! ciel! Léon!...

LÉON : Ma sœur, il nous a tous joués!

FLORESTINE, *au comte* : Sa sœur!

LE COMTE : Il nous trompait. Il trompait les uns par les autres; et tu étais le prix de ses horribles perfidies. Je vais le chasser de chez moi.

LA COMTESSE : L'instinct de ta frayeur te servait mieux que nos lumières. Aimable enfant! rends grâces au ciel, qui te sauve d'un tel danger!

LÉON : Ma sœur, il nous a tous joués[d]!

FLORESTINE, *au comte* : Monsieur, il m'appelle[e] sa sœur!

LA COMTESSE, *exaltée* : Oui, Floresta, tu es à nous ! C'est là notre secret chéri. Voilà ton père ; voilà ton frère ; et moi, je suis ta mère pour la vie. Ah ! garde-toi de l'oublier jamais ! *(Elle tend la main au comte.)* Almaviva ! pas vrai qu'elle[a] est ma fille ?

LE COMTE, *exalté* : Et lui, mon fils ! voilà nos deux enfants.

Tous se serrent dans les bras l'un de l'autre.

SCÈNE IV

FIGARO, M. FAL, *notaire* ; LES PRÉCÉDENTS

FIGARO, *accourant et jetant son manteau* : Malédiction ! Il a le portefeuille. J'ai vu le traître l'emporter, quand je suis entré chez Monsieur.

LE COMTE : Ô monsieur Fal ! vous vous êtes pressé !

M. FAL, *vivement* : Non, monsieur, au contraire. Il est resté plus d'une heure avec moi, m'a fait achever le contrat, y insérer la donation qu'il fait. Puis il m'a remis mon reçu, au bas duquel était le vôtre, en me disant que la somme est à lui, qu'elle est un fruit d'hérédité, qu'il vous l'a remise en confiance...

LE COMTE : Ô scélérat ! Il n'oublie rien !

FIGARO : Que de trembler sur l'avenir !

M. FAL[b] : Avec ces éclaircissements, ai-je pu refuser le portefeuille qu'il exigeait ? Ce sont trois millions au porteur[c]. Si vous rompez le mariage et qu'il veuille garder l'argent, c'est un mal presque sans remède.

LE COMTE, *avec véhémence* : Que tout l'or du monde périsse, et que je sois débarrassé de lui !

FIGARO, *jetant son chapeau sur un fauteuil* : Dussé-je être pendu, il n'en gardera pas une obole ! *(À Suzanne :)* Veille au-dehors, Suzanne.

Elle sort.

M. FAL : Avez-vous un moyen de lui faire avouer, devant de bons témoins, qu'il tient ce trésor de Monsieur ? Sans cela, je défie qu'on puisse le lui arracher !

FIGARO : S'il apprend par son Allemand ce qui se passe dans l'hôtel, il n'y rentrera plus.

LE COMTE, *vivement* : Tant mieux ! c'est tout ce que je veux ! Ah ! qu'il garde le reste !

FIGARO, *vivement* : Lui laisser par dépit l'héritage de vos enfants? Ce n'eſt pas vertu, c'eſt faiblesse.

LÉON, *fâché* : Figaro!

FIGARO, *plus fort* : Je ne m'en dédis point. (*Au comte :*) Qu'obtiendra donc de vous l'attachement, si vous payez ainsi la perfidie?

LE COMTE, *se fâchant* : Mais l'entreprendre sans succès, c'eſt lui ménager un triomphe.

SCÈNE V[a]

LES PRÉCÉDENTS, SUZANNE

SUZANNE, *à la porte, et criant* : M. Bégearss qui rentre!

Elle sort.

SCÈNE VI

LES PRÉCÉDENTS, *excepté* SUZANNE
Ils font tous un grand mouvement.

LE COMTE, *hors de lui* : Oh! traître!

FIGARO, *très vite* : On ne peut plus se concerter; mais si vous m'écoutez et me secondez tous pour lui donner une sécurité profonde, j'engage ma tête au succès[1].

M. FAL : Vous allez lui parler du portefeuille et du contrat?

FIGARO, *très vite* : Non pas; il en sait trop pour l'entamer[2] si brusquement! il faut l'amener de plus loin à faire un aveu volontaire. (*Au comte :*) Feignez de vouloir me chasser.

LE COMTE, *troublé* : Mais, mais, sur quoi?

SCÈNE VII

LES PRÉCÉDENTS, SUZANNE, BÉGEARSS

SUZANNE, *accourant* : Monsieur Bégeaaaaaaarss!

Elle se range près de la comtesse.
Bégearss montre une grande surprise.

FIGARO *s'écrie en le voyant* : Monsieur Bégearss! (*Humblement.*) Eh bien! ce n'eſt qu'une humiliation de plus. Puisque vous attachez à l'aveu de mes torts le pardon que je sollicite, j'espère que Monsieur ne sera pas moins généreux.

BÉGEARSS, *étonné* : Qu'y a-t-il donc? Je vous trouve assemblés!

LE COMTE, *brusquement* : Pour chasser un sujet indigne.

BÉGEARSS, *plus surpris encore, voyant le notaire* : Et monsieur Fal[a]?

M. FAL, *lui montrant le contrat* : Voyez qu'on ne perd point de temps, tout ici concourt avec vous.

BÉGEARSS, *surpris* : Ha[b]! ha!...

LE COMTE, *impatient, à Figaro* : Pressez-vous; ceci me fatigue.

Pendant cette scène, Bégearss les examine l'un après l'autre, avec la plus grande attention.

FIGARO, *l'air suppliant, adressant la parole au comte* : Puisque la feinte est inutile, achevons mes tristes aveux. Oui, pour nuire à M. Bégearss, je répète avec confusion que je me suis mis à l'épier, le suivre, et le troubler partout *(au comte)*, car Monsieur n'avait pas sonné[1] lorsque je suis entré chez lui, pour savoir ce qu'on y faisait du coffre aux brillants de Madame, que j'ai trouvé là tout ouvert.

BÉGEARSS : Certes! ouvert à mon grand regret!

LE COMTE *fait un mouvement inquiétant. À part* : Quelle audace!

FIGARO, *se courbant, le tire par l'habit pour l'avertir*[c] : Ah! mon maître!

M. FAL, *effrayé* : Monsieur[d]!

BÉGEARSS, *au comte, à part* : Modérez-vous, ou nous ne saurons rien.

Le comte frappe du pied; Bégearss l'examine.

FIGARO, *soupirant, dit au comte* : C'est ainsi que sachant Madame enfermée avec lui pour brûler de certains papiers dont je connaissais l'importance, je vous ai fait venir subitement[2].

BÉGEARSS, *au comte* : Vous l'ai-je dit?

Le comte mord son mouchoir de fureur.

SUZANNE, *bas à Figaro, par-derrière*[e] : Achève, achève!

FIGARO : Enfin, vous voyant tous d'accord, j'avoue que j'ai

fait l'impossible pour provoquer entre Madame et vous la vive explication[1]... qui n'a pas eu la fin que j'espérais...

LE COMTE, *à Figaro, avec colère* : Finissez-vous ce plaidoyer?

FIGARO, *bien humble* : Hélas! je n'ai plus rien à dire, puisque c'est cette explication qui a fait chercher M. Fal pour finir ici le contrat. L'heureuse étoile de Monsieur a triomphé de tous mes artifices... Mon maître! en faveur de trente ans...

LE COMTE, *avec humeur* : Ce n'est pas à moi de juger.

Il marche vite.

FIGARO : Monsieur Bégearss!

BÉGEARSS, *qui a repris sa sécurité, dit ironiquement* : Qui? Moi? Cher ami, je ne comptais guère vous avoir tant d'obligations! *(Élévant son ton.)* Voir mon bonheur accéléré par le coupable effort destiné à me le ravir! *(À Léon et Florestine :)* Ô jeunes gens! quelle leçon! Marchons avec candeur dans le sentier de la vertu. Voyez que tôt ou tard l'intrigue est la perte de son auteur.

FIGARO, *prosterné* : Ah! oui!

BÉGEARSS, *au comte* : Monsieur, pour cette fois encore[2], et qu'il parte[a]!

LE COMTE, *à Bégearss, durement* : C'est là votre arrêt? j'y souscris.

FIGARO, *ardemment* : Monsieur Bégearss! je vous le dois. Mais je vois M. Fal pressé d'achever un contrat...

LE COMTE, *brusquement* : Les articles m'en sont connus.

M. FAL : Hors celui-ci. Je vais vous lire la donation que Monsieur fait... *(Cherchant l'endroit.)* Hon... hon... hon..., Messire[3] James-Honoré Bégearss... Ah! *(Il lit.)* « Et pour donner à la demoiselle future épouse une preuve non équivoque de son attachement pour elle, ledit seigneur futur époux lui fait donation entière de tous les grands biens qu'il possède; consistant aujourd'hui *(il appuie en lisant)*, ainsi qu'il le déclare et les a exhibés à nous notaires soussignés, en trois millions d'or ici joints, en très bons effets au porteur. »

Il tend la main en lisant.

BÉGEARSS : Les voilà dans ce portefeuille. *(Il donne le portefeuille à Fal.)* Il manque deux milliers de louis que je viens d'en ôter pour fournir aux apprêts des noces.

FIGARO, *montrant le comte, et vivement* : Monsieur a décidé qu'il payerait tout; j'ai l'ordre.

BÉGEARSS, *tirant les effets de sa poche et les remettant au notaire* : En ce cas, enregistrez-les; que la donation soit entière!

Figaro, retourné, se tient la bouche pour ne pas rire[a]. *M. Fal ouvre le portefeuille, y remet les effets.*

M. FAL, *montrant Figaro* : Monsieur va tout additionner, pendant que nous achèverons.

Il donne le portefeuille ouvert à Figaro, qui, voyant les effets, dit :

FIGARO, *l'air exalté* : Et moi j'éprouve qu'un bon repentir est comme toute bonne action : qu'il porte aussi sa récompense.

BÉGEARSS : En quoi?

FIGARO : J'ai le bonheur de m'assurer qu'il est ici plus d'un généreux homme. Oh! que le ciel comble les vœux de deux amis aussi parfaits! Nous n'avons nul besoin d'écrire. *(Au comte :)* Ce sont vos effets au porteur : oui, monsieur, je les reconnais. Entre M. Bégearss et vous, c'est un combat de générosité : l'un donne ses biens à l'époux; l'autre les rend à sa future! *(Aux jeunes gens*[b] *:)* Monsieur, mademoiselle! Ah! quel bienfaisant protecteur, et que vous allez le chérir!... Mais que dis-je? L'enthousiasme m'aurait-il fait commettre une indiscrétion offensante?

Tout le monde garde le silence.

BÉGEARSS, *un peu surpris, se remet; prend son parti, et dit* : Elle ne peut l'être pour personne, si mon ami ne la désavoue pas; s'il met mon âme à l'aise, en me permettant d'avouer que je tiens de lui ces effets. Celui-là n'a pas un bon cœur, que la gratitude fatigue; et cet aveu manquait à ma satisfaction. *(Montrant le comte.)* Je lui dois bonheur et fortune; et quand je les partage avec sa digne fille, je ne fais que lui rendre ce qui lui appartient de droit. Remettez-moi le portefeuille; je ne veux avoir que l'honneur de le mettre à ses pieds moi-même, en signant notre heureux contrat.

Il veut le reprendre.

FIGARO, *sautant de joie* : Messieurs, vous l'avez entendu? Vous témoignerez s'il le faut. Mon maître, voilà vos effets, donnez-les à leur détenteur[c], si votre cœur l'en juge digne.

Il lui remet le portefeuille.

LE COMTE, *se levant, à Bégearss* : Grand Dieu ! les lui donner ! Homme cruel, sortez de ma maison ; l'enfer n'eſt pas aussi profond que vous ! Grâce à ce bon vieux serviteur, mon imprudence eſt réparée : sortez à l'inſtant de chez moi.

BÉGEARSS : Ô mon ami ! vous êtes encore trompé !

LE COMTE, *hors de lui, le bride*[1] *de sa lettre ouverte* : Et cette lettre, monſtre ! M'abuse-t-elle aussi ?

BÉGEARSS *la voit; furieux*[a], *il arrache au comte la lettre et se montre tel qu'il eſt* : Ah !... Je suis joué ! Mais j'en aurai raison.

LÉON : Laissez en paix une famille que vous avez remplie d'horreur.

BÉGEARSS, *furieux* : Jeune insensé ! c'eſt toi qui vas payer pour tous ; je t'appelle au combat.

LÉON, *vite* : J'y cours.

LE COMTE, *vite* : Léon !

LA COMTESSE, *vite* : Mon fils !

FLORESTINE, *vite* : Mon frère !

LE COMTE : Léon ! je vous défends... *(À Bégearss :)* Vous vous êtes rendu indigne de l'honneur que vous demandez. Ce n'eſt point par cette voie-là qu'un homme comme vous doit terminer sa vie.

Bégearss fait un geſte affreux, sans parler.

FIGARO, *arrêtant Léon, vivement* : Non, jeune homme ! vous n'irez point ; monsieur votre père a raison, et l'opinion eſt réformée sur cette horrible frénésie[2] : on ne combattra plus ici que les ennemis de l'État. Laissez-le en proie à sa fureur ; et s'il ose vous attaquer, défendez-vous comme d'un assassin ; personne ne trouve mauvais qu'on tue une bête enragée ! Mais il se gardera de l'oser ! L'homme capable de tant d'horreurs doit être aussi lâche que vil !

BÉGEARSS, *hors de lui* : Malheureux !

LE COMTE, *frappant du pied* : Nous laissez-vous enfin ? C'eſt un supplice de vous voir.

La comtesse eſt effrayée sur son siège ; Floreſtine et Suzanne la soutiennent ; Léon se réunit à elles.

BÉGEARSS, *les dents serrées* : Oui[b], morbleu ! je vous laisse ; mais j'ai la preuve en main de votre infâme trahison ! Vous n'avez demandé l'agrément de Sa Majeſté, pour[c] échanger vos biens d'Espagne[1], que pour être à portée de troubler sans péril l'autre côté des Pyrénées.

LE COMTE : Ô monstre! que dit-il?

BÉGEARSS : Ce que je vais dénoncer à Madrid. N'y eût-il que le buste en grand d'un Washington dans votre cabinet[2], j'y fais confisquer tous vos biens.

FIGARO, *criant* : Certainement : le tiers au dénonciateur.

BÉGEARSS : Mais pour que vous n'échangiez rien, je cours chez notre ambassadeur, arrêter dans ses mains l'agrément de Sa Majesté, que l'on attend par ce courrier.

FIGARO, *tirant un paquet de sa poche, s'écrie vivement* : L'agrément du roi? Le voici. J'avais prévu le coup[3] : je viens, de votre part, d'enlever le paquet au secrétariat d'ambassade; le courrier d'Espagne arrivait!

Le comte, avec vivacité, prend le paquet[a].

BÉGEARSS, *furieux, frappe sur son front, fait deux pas pour sortir et se retourne* : Adieu, famille abandonnée! maison sans mœurs et sans honneur! Vous aurez l'impudeur de conclure un mariage abominable, en unissant le frère avec la sœur : mais l'univers saura votre infamie!

Il sort.

SCÈNE VIII ET DERNIÈRE

LES PRÉCÉDENTS, *excepté* BÉGEARSS

FIGARO, *follement* : Qu'il fasse des libelles, dernière ressource des lâches! il n'est plus dangereux : bien démasqué, à bout de voie[b4], et pas vingt-cinq louis dans le monde! Ah! monsieur Fal! Je me serais poignardé s'il eût gardé les deux mille louis qu'il avait soustraits du paquet! *(Il reprend un ton grave.)* D'ailleurs nul ne sait mieux que lui, que par la nature et la loi, ces jeunes gens ne se sont rien, qu'ils sont étrangers l'un à l'autre[5].

LE COMTE *l'embrasse et crie* : Ô Figaro!... Madame, il a raison.

LÉON, *très vite* : Dieux! maman! quel espoir!

FLORESTINE, *au comte* : Eh quoi! monsieur, n'êtes-vous plus...

LE COMTE, *ivre de joie* : Mes enfants, nous y reviendrons; et nous consulterons, sous des noms supposés, des gens de loi discrets, éclairés, pleins d'honneur. Ô mes enfants! il vient un âge où les honnêtes gens se pardonnent leurs torts, leurs anciennes faiblesses! font succéder un doux attachement aux passions orageuses qui les avaient trop désunis! Rosine! (c'eſt le nom que votre époux vous rend), allons nous reposer des fatigues de la journée. Monsieur Fal! reſtez avec nous. Venez, mes deux enfants! Suzanne, embrasse ton mari! Et que nos sujets de querelles soient ensevelis pour toujours! *(À Figaro :)* Les deux mille louis qu'il avait souſtraits, je te les donne, en attendant la récompense qui t'eſt bien due!...

FIGARO, *vivement* : À moi, monsieur? Non, s'il vous plaît; moi, gâter par un vil salaire le bon service que j'ai fait? Ma récompense eſt de mourir chez vous. Jeune, si j'ai failli souvent, que ce jour acquitte ma vie! Ô ma vieillesse! pardonne à ma jeunesse; elle s'honorera de toi[1]. Un jour[a] a changé notre état! plus d'oppresseur, d'hypocrite insolent! Chacun a bien fait son devoir; ne plaignons point quelques moments de trouble : on gagne assez dans les familles quand on en expulse un méchant.

MÉMOIRES
CONTRE GOËZMAN[1]

MÉMOIRE À CONSULTER

POUR PIERRE-AUGUSTIN CARON DE BEAUMARCHAIS

écuyer, conseiller-secrétaire du Roi,
et lieutenant général des chasses au bailliage
et capitainerie de la Varenne du Louvre,
Grande Vénerie et Fauconnerie de France,
accusé.

Pendant que le public s'entretient d'un procès dont le fond et les détails excitent sa curiosité ; pendant que des gazetiers*, vendus aux intérêts de différents partis, le défigurent de toutes les manières ; pendant que les méchants accumulent sur moi les plus absurdes calomnies, et ne disputent que sur le choix des atrocités ; enfin pendant que les honnêtes gens consternés gémissent sur la foule de maux dont un seul homme peut être à la fois assailli ; laissons jaser l'oisiveté, dédaignons les libelles, plaignons les méchants, rendons grâce aux gens honnêtes, et présentons ce mémoire à mes juges, comme un hommage public de mon respect pour leurs lumières, et de ma confiance en leur intégrité.

Si c'est un malheur d'être engagé dans un procès dont le plus grand bien possible est qu'il n'en résulte aucun mal, au moins est-ce un avantage de justifier ses actions devant un tribunal[4], jaloux de l'estime de la nation qui a les yeux ouverts sur son jugement ; devant des magistrats trop généreux pour prendre parti contre un citoyen, parce que son adversaire est leur confrère ; et trop éclairés sur leur véritable dignité pour confondre une querelle particulière dont ils sont juges, avec ces grands démêlés où le corps entier de la magistrature aurait ses droits à soutenir ou son honneur à venger[5].

La question qui occupe aujourd'hui les chambres

* Les gazettes[1] étrangères. Toutes les méchancetés qu'elles contiennent se fabriquent à Paris. Celui qui va payer un paragraphe à certain bureau[2] de cette ville, est toujours sûr d'y faire dénigrer qui bon lui semble à juste prix[3].

assemblées[1], eſt de savoir si la nécessité de répandre l'or autour d'un juge pour en obtenir une audience indispensable, et qu'on n'a pu se procurer autrement, eſt un genre de corruption punissable, ou seulement un malheur digne de compassion.

Forcé d'employer ma faible plume, au défaut de toute autre, dans une affaire où la terreur écarte loin de moi tous les défenseurs, où il faut des injonctions réitérées des magiſtrats pour qu'on me signe au Palais la plus juſte requête[2]; détruisons toute idée de corruption par le simple exposé des faits; et ne craignons point qu'on m'accuse de tomber dans le défaut trop commun de les altérer devant la juſtice. Ils sont déjà connus des magiſtrats par le vu des charges et informations; je ne fais ici que les rétablir dans l'ordre chronologique que des dépositions partielles et la forme des interrogatoires leur ont nécessairement ôté.

Uniquement deſtiné à soulager l'attention de mes juges, ce mémoire sera l'hiſtorique exact et pur de tout ce qui tient à la queſtion agitée. Je n'y dirai rien qui ne soit conſtant[3] au procès. Les faits qui me sont personnels y seront affirmés positivement. Ce que j'ai su par le témoignage d'autrui portera l'empreinte de la circonspection; et si ce mémoire n'a pas toute la méthode qui caractérise les ouvrages de nos orateurs du barreau, au moins il réunira le double avantage de ne contenir que des faits véritables, et de fixer l'opinion flottante du public sur le fond d'une affaire dont le secret de la procédure empêchera qu'il soit jamais bien inſtruit par une autre voie.

FAITS PRÉLIMINAIRES

Le 1er avril 1770, j'ai réglé définitivement avec M. Pâris-Duverney un compte appuyé sur des titres[4], et sur une liaison de douze ans d'intérêts, de confiance et d'amitié.

Par le résultat de ce compte, fait double entre nous, M. Duverney reſta mon débiteur, et mourut quatre mois après, sans s'être acquitté[a] envers moi.

Son légataire universel prit des lettres de rescision[5] contre l'acte du 1er avril, en poursuivit l'entérinement aux requêtes de l'Hôtel, et fut débouté de sa demande par deux sentences consécutives.

Il en appela au Parlement; et profitant du moment qu'une lettre de cachet me tenait sous la clef, à réfléchir sur le danger des liaisons disproportionnées[1], il poursuivit sans relâche le jugement de son appel. Il faisait plaider, il sollicitait, il gagnait les esprits; et moi j'étais en prison.

Enfin le 1er avril 1773, sur les conclusions de M. l'avocat général[2] de Vaucresson, la Cour mit l'affaire en délibéré, au rapport de M. Goëzman.

Ô monsieur Duverney! lorsque vous signâtes cet arrêté de compte par lequel vous vous reconnaissiez mon débiteur, le 1er avril 1770, vous étiez bien loin de prévoir que trois ans après, à pareil jour, sur le refus d'acquitter votre engagement par un légataire à qui vous laissiez plus d'un million, M. Goëzman de Colmar[3] serait nommé rapporteur; que je perdrais en quatre jours[4] mon procès et cinquante mille écus[5]; et que ce magistrat me dénoncerait ensuite au Parlement[6] comme ayant calomnié sa personne, après avoir tenté de corrompre sa justice.

FAITS POSITIFS

Peu de jours avant le prononcé du délibéré[7] j'avais enfin obtenu du ministre[8] la permission de solliciter mon procès, sous les conditions expresses et rigoureuses de ne sortir qu'accompagné du sieur Santerre[9], nommé à cet effet; de n'aller nulle autre part que chez mes juges; et de rentrer prendre mes repas et coucher en prison : ce qui gênait excessivement mes démarches, et raccourcissait beaucoup le peu de temps accordé pour mes sollicitations.

Dans ce court intervalle je m'étais présenté au moins dix fois[10] chez M. Goëzman sans pouvoir le rejoindre : le hasard seulement me l'avait fait rencontrer une fois chez un autre conseiller de grand-chambre[11], mais à une heure tellement incommode que ces magistrats, pressés de sortir, ne m'accordaient qu'une légère attention. Je n'en fus pas très affecté : M. Goëzman ne faisant alors que nombre avec mes juges, cette relation intime d'un rapporteur à son client, qui rend l'un aussi attentif que l'autre est disert; cet intérêt pressant qui fait tout expliquer, tout entendre, et tout approfondir, n'existaient pas encore entre nous.

Mais le 1er avril, aussitôt qu'il fut chargé du rapport de mon procès, il devint un homme essentiel pour moi; je n'eus plus de repos que je ne l'eusse entretenu. Je me présentai chez lui trois fois dans cette après-midi, et toujours la formule écrite : « Beaumarchais supplie Monsieur de vouloir bien lui accorder la faveur d'une audience, et de laisser ses ordres à son portier pour l'heure et le jour. » Ce fut vainement; la portière, car c'en était une, fatiguée de moi, m'assura le lendemain matin à ma quatrième visite que Monsieur ne voulait voir personne, et qu'il était inutile que je me présentasse davantage. J'y revins[a] l'après-midi; même réponse.

Si l'on réfléchit que, du 1er avril au 5 avril, jour auquel M. Goëzman devait rapporter l'affaire, il n'y avait que quatre jours pleins, et que, de ces quatre jours si précieux, j'en avais déjà usé un et demi en démarches perdues; si l'on sait qu'un ami de M. Goëzman* avait été deux fois chez lui sans succès pour m'obtenir l'audience, on concevra toute mon inquiétude.

J'appuie sur ces légers détails, parce qu'on me reproche au Palais, aujourd'hui, de n'avoir pas écrit alors à M. Goëzman pour le voir. Eh! grands dieux, écrire! Une lettre ne pouvait-elle pas rester un jour entier sans réponse, et me faire perdre encore vingt-quatre heures, à moi qui comptais les minutes? Et mes cinq courses en aussi peu de temps ne valaient-elles pas bien une lettre? Et ce que j'écrivais chez la portière, n'était-ce donc pas écrire? Et croyez-vous qu'on ignorât mon empressement, lorsqu'à l'une de ces courses nous vîmes de mon carrosse M. Goëzman ouvrir le rideau de son cabinet au premier, qui donne sur le quai[1], et regarder à travers les vitres le malheureux qui restait à sa porte? Ce fait, ainsi que tous les autres, est attesté par le sieur Santerre, qui m'accompagnait, et dont le témoignage ne saurait être suspect : et il faut le dire et le répéter; car il n'y a pas ici de petites circonstances.

Comme on ne peut tordre mes intentions, et donner à mes sacrifices d'argent la tournure de la corruption, qu'en argumentant de ma négligence à rechercher M. Goëzman, et qu'on le fait réellement aujourd'hui, il m'est de la plus grande importance que la multiplicité, la vivacité, l'obstination même de mes démarches pour le voir, soient aussi constatées que leur inutilité. Nous compterons à la fin combien de fois j'ai assiégé sa porte pendant les quatre jours pleins qu'il a été mon rapporteur. Cette façon d'argumenter à mon tour, me lavera peut-être une bonne fois du reproche de négligence.

* Le sieur Marin, auteur de la *Gazette de France*.

On cessera d'en extraire celui de corruption; d'où l'on conclut que croyant ma cause mauvaise, je l'étayais par toutes sortes de manœuvres. Avec cet enchaînement d'inductions[1] vicieuses, on arrive aux horreurs, aux diffamations, et à toutes les indignités qui ont suivi la perte de mon procès. Telle est la marche de l'animosité : nous y reviendrons.

Ne sachant plus à quel parti m'arrêter, j'entrai en revenant chez une de mes sœurs[2] pour y prendre conseil, et calmer un peu mes sens. Alors le sieur d'Airolles, logé dans la maison de ma sœur, se ressouvint qu'un nommé Lejay, libraire[3], avait des habitudes intimes chez M. Goëzman, et pourrait peut-être me procurer les audiences que je désirais. Il fit venir le sieur Lejay, l'entretint, en reçut l'assurance, que moyennant un sacrifice d'argent l'audience me serait promptement accordée. Étonné qu'il s'ouvrît une pareille voie, et curieux de savoir quelle espèce de relation pouvait exister entre ce libraire et M. Goëzman, j'appris du sieur d'Airolles que le libraire débitait les ouvrages de ce magistrat[4]; que Mme Goëzman venait assez souvent chez lui pour recevoir la rétribution d'auteur; ce qui avait mis assez de liaison entre elle et la dame Lejay. « Mais le vrai motif qui engage le sieur Lejay à répondre des audiences, ajouta-t-il, est que Mme Goëzman l'a plusieurs fois assuré, que, s'il se présentait un client généreux, dont la cause fût juste, et qui ne demandât que des choses honnêtes, elle ne croirait pas offenser sa délicatesse en recevant un présent*. » Cela me fut dit chez ma sœur, devant plusieurs de mes parents et amis.

La demande étant portée à deux cents louis, je me récriai sur la somme, autant que sur la dure nécessité de payer des audiences. Quand on m'a jugé aux Requêtes de l'Hôtel, disais-je, où j'ai gagné ce procès en première instance[6], loin qu'il m'en ait coûté pour voir mon rapporteur, je n'ai pas même su[a] quel était son secrétaire; et M. Dufour, magistrat

* Lorsque Mme Goëzman, interrogée sur la nature de ses liaisons avec Lejay, répond qu'elle ne le connaît point, et l'a seulement vu venir quelquefois solliciter son mari, elle oublie qu'il existe au portefeuille du sieur Lejay quelques billets d'elle écrits de sa main, par lesquels elle se reconnaît sa débitrice de plusieurs sommes, comme 18 livres, 30 livres, etc., qui prouvent encore plus les grandes intimités que les petits besoins. Elle oublie que dans ces grandes intimités, elle a dit, devant plusieurs témoins, « que, quand son mari serait rapporteur, elle saurait bien plumer la poule sans la faire crier[5] ». Expressions moins nobles à la vérité que celles rapportées dans ce mémoire, sur le même sujet; mais en cela plus propres à donner une véritable idée de la liaison niée par Mme Goëzman, à son interrogatoire.

aussi accessible que juge éclairé, a poussé la patience et l'honnêteté, jusqu'à souffrir mes importunités verbales et par écrit, pendant six semaines au moins. Pourquoi faut-il aujourd'hui payer ? etc., etc., etc.

Je résistais, je bataillais; mais l'importance de voir M. Goëzman était telle, et le temps pressait si fort, que mes amis inquiets me conseillaient tous de ne pas hésiter : « Quand vous aurez perdu cinquante mille écus, me disaient-ils, faute d'avoir instruit votre rapporteur, quelle différence mettront dans votre aisance deux cents louis de plus ou moins[a1] ? Si l'on vous en demandait cinq cents, il n'y aurait pas plus à balancer. » Pour trancher la question, l'un d'eux[2] obligeamment courut chez lui, et remit à ma sœur cent louis que je n'avais pas.

Plus économe de ma bourse, ma sœur voulut essayer d'arracher cette audience pour cinquante louis; et, de son chef, elle remit un rouleau seul au sieur Lejay, lui disant qu'elle n'avait pas encore pu changer en or les deux mille quatre cents livres apportées par son frère[3], et qu'elle le priait en grâce de voir si ces cinquante louis ne suffiraient pas pour m'ouvrir cette fatale porte. Mais bientôt le sieur d'Airolles vint chercher le second rouleau. « Quand on fait un sacrifice, madame, lui dit-il, il faut le faire honnête; autrement il perd son mérite; et monsieur votre frère désapprouverait beaucoup, s'il le savait, qu'on eût perdu seulement quatre heures pour épargner un peu d'argent. » Alors, ma sœur, ne pouvant plus reculer, abandonna tristement les autres cinquante louis; et ces messieurs[4] retournèrent chez Mme Goëzman.

Mais, dira-t-on, comment dans une affaire aussi majeure, étiez-vous si indolent, si passif, que toutes les démarches se fissent entre vos parents et amis, sans vous; et comment disposait-on ainsi de votre argent, et d'un temps si précieux, sans que votre acquiescement y parût même nécessaire ? Eh ! messieurs, vous oubliez la foule de maux dont j'étais accablé, vous oubliez que j'étais en prison; vous oubliez que forcé d'y attendre le matin qu'on vînt me chercher pour sortir, d'y revenir prendre mes repas, et d'y rentrer le soir de bonne heure, je ne pouvais suivre exactement des opérations aussi mêlées. Voilà pourquoi le zèle de mes amis y suppléait; voilà pourquoi je n'ai su beaucoup de ces détails qu'après coup; voilà pourquoi *je n'ai jamais encore vu le sieur Lejay au moment où j'écris ce mémoire*, etc., etc. Renouons le fil de ma narration, que cet éclaircissement a coupé.

Quelques heures après, le sieur d'Airolles assura ma sœur que Mme Goëzman, après avoir serré les cent louis dans son armoire, avait enfin promis l'audience pour le soir même. Et voici l'instruction qu'il me donna quand il me vit : « Présentez-vous ce soir à la porte de M. Goëzman. On vous dira encore qu'il est sorti; insistez beaucoup; demandez le laquais de Madame; remettez-lui cette lettre, qui n'est qu'une sommation polie à la dame de vous procurer l'audience, suivant la convention faite entre elle et Lejay; et soyez certain d'être introduit. »

Docile à la leçon, je fus le soir chez M. Goëzman, accompagné de Me Falconet, avocat, et du sieur Santerre. Tout ce qu'on nous avait prédit arriva : la porte nous fut obstinément refusée; je fis demander le laquais de Madame, à qui je proposai de rendre[1] ma lettre à sa maîtresse; il me répondit niaisement qu'il ne le pouvait alors, « parce que Monsieur était dans le cabinet de Madame avec elle ». C'est une raison de plus, lui dis-je, en souriant de sa naïveté, de porter la lettre à l'instant. Je vous promets qu'on ne vous en saura pas mauvais gré. Le laquais revint bientôt, et nous dit « que nous pouvions monter dans le cabinet de Monsieur; qu'il allait s'y rendre lui-même, *par l'escalier intérieur* qui descend chez Madame ». En effet, M. Goëzman ne tarda pas à nous y venir trouver. Qu'on me passe encore un détail minutieux; on sentira bientôt comment ils deviennent tous importants. Il était neuf heures du soir lorsqu'on nous fit monter au cabinet; nous trouvâmes le couvert mis dans l'antichambre, et la table servie; d'où nous conclûmes que l'audience retardait le souper.

La voilà donc ouverte à la fin cette porte; et c'est au moment indiqué par Lejay : l'agent n'écrit qu'un mot[2], j'en suis le porteur, la dame le reçoit, et le juge paraît. Cette audience, si longtemps courue, si vainement sollicitée, on la donne à neuf heures, à l'instant incommode, où l'on va se mettre à table. Sans insulter personne, on pouvait, je crois, aller jusqu'à soupçonner que les cent louis avaient mis tout le monde d'accord sur l'audience; et qu'elle était le fruit de la lettre que Madame venait de recevoir en présence de Monsieur. Aujourd'hui que l'on plaide, il se trouve que personne ne savait rien de rien; et que l'audience, au milieu de tant d'obstacles, se trouve octroyée par hasard en ce moment unique. J'en demande bien pardon; il était sans doute excusable de s'y tromper.

L'audience de M. Goëzman s'entama par la discussion de quelques pièces produites au procès. J'avoue que je fus étonné de la futilité de ses objections, et du ton avec lequel il les faisait : je le fus même au point que je pris la liberté de lui dire que je ne le croyais pas assez instruit de l'affaire pour être en état de la rapporter sous deux jours. Il me répondit qu'il la connaissait assez dès à présent pour la juger; qu'elle était toute simple; et qu'il espérait en rendre un compte exact à la Cour, le lundi suivant[1]. En l'écoutant, je crus apercevoir sur son visage les traces d'un rire équivoque, dont je fus très alarmé. De retour, je fis part de mes observations à mes amis.

Le sieur d'Airolles les fit parvenir à Mme Goëzman, en sollicitant une seconde audience. La réponse fut que, si M. Goëzman ne m'avait fait que des objections frivoles, c'est qu'apparemment il n'en avait point d'autres à faire contre mon droit; et qu'à l'égard du rire qui m'avait alarmé, c'était le caractère de sa physionomie[2]; qu'au reste, si je voulais lui envoyer mes réponses aux objections de son mari[3], elle se chargeait volontiers de les lui remettre : ce que je fis, en accompagnant le paquet d'une lettre polie pour la dame.

Nous étions au dimanche, 4 avril : il ne restait plus qu'un jour pour solliciter; mon affaire devait être rapportée le lendemain. Je priai le sieur d'Airolles de savoir au vrai si je ne devais plus espérer d'être entendu; trouvant qu'on m'avait vendu bien cher l'unique faveur d'une courte audience.

On négocia de nouveau; mais les difficultés qu'on nous opposa, firent deviner à tout le monde qu'il n'y avait qu'un seul moyen de les résoudre; autres débats; humeur de ma part; représentation[a4] de celle de mes amis. L'avis qui prévalut, fut que l'on saurait positivement de Mme Goëzman si la seconde audience tenait à un second sacrifice; et qu'alors, au défaut de cent autres louis qui me manquaient, on lui laisserait une montre à répétition enrichie de diamants[5]. Elle fut aussitôt remise à Lejay par le sieur d'Airolles.

Enfin, je reçus la promesse la plus positive d'une audience pour le soir même : mais le sieur d'Airolles, en m'apprenant que la dame avait été encore plus flattée de ce bijou que des cent louis qu'elle avait reçus, ajouta *qu'elle exigeait* en outre quinze louis pour le secrétaire de son mari, à qui elle se chargeait de les remettre. « Cela est d'autant plus singulier, monsieur, lui dis-je, que vous savez qu'un de mes amis[6] eut hier toutes les peines du monde à faire accepter à ce secrétaire une somme de dix louis qu'il lui présentait d'office[7]. Cet homme modeste s'obstinait à la refuser, disant qu'il était absolument inutile à mon affaire qui se traitait dans le cabinet du rapporteur et sans lui. – Que voulez-vous? me dit le sieur d'Airolles. Toutes ces observations ont été faites à Mme Goëzman; elle n'en a pas moins insisté sur la remise de quinze louis : elle doit ignorer, dit-elle, ce que le secrétaire a reçu d'ailleurs; enfin ces quinze louis sont indispensables. »

Ils furent remis[1], de mauvaise grâce à la vérité; puis portés à Mme Goëzman; puis l'audience assurée de nouveau pour sept heures. Mais ce fut encore vainement que je me présentai : n'ayant pas cette fois de passeport auprès de Madame, il fallut revenir sans avoir vu Monsieur.

Le lecteur, qui se fatigue à la fin de lire autant de promesses vaines, autant de démarches[a] inutiles, jugera combien je devais être outré moi-même de recevoir les unes et de faire les autres.

Je revins chez moi, la rage dans le cœur. Nouvelle course des intermédiaires. Pour cette fois, il ne faut pas omettre la curieuse réponse qu'on me rapporta. « Ce n'est point la faute de la dame, si vous n'avez pas été reçu. Vous pouvez vous présenter demain encore chez son mari. Mais elle est si honnête qu'en cas que vous ne puissiez avoir d'audience avant le jugement, elle vous fait assurer que tout ce qu'elle a reçu vous sera fidèlement[2] remis. »

J'augurai mal de cette nouvelle annonce. Pourquoi la dame s'engageait-elle alors à rendre l'argent? Je ne l'avais pas exigé. Quelle raison la faisait tergiverser sur une audience tant de fois promise? Je fis à ce sujet les plus funestes réflexions. Mais quoique le ton et les procédés me parussent absolument changés, je n'en résolus pas moins de tenter un dernier effort pour voir mon rapporteur, le lendemain matin; seul instant dont je pusse profiter avant le jugement du procès.

Pendant que je déplorais mon sort, un homme d'une probité reconnue[3], ayant été témoin, et quelquefois confident des affaires particulières entre M. Duverney et moi, s'intéressait à ma cause, dont il connaissait la justice. Ce motif lui fit trouver moyen de s'introduire chez M. Goëzman, en faisant dire à ce rapporteur qu'il avait des éclaircissements importants à lui donner sur l'affaire de la succession Duverney, et se gardant bien, surtout, d'articuler qu'il penchât pour moi. Il fut aussi surpris que je l'avais été, des objections de M. Goëzman : comme elles sont entrées dans son rapport à la

Cour, qu'il lui lut en partie, je vais les rappeler en note : elles serviront à montrer dans quel esprit M. Goëzman traitait une affaire aussi grave : elles motiveront mes efforts pour en obtenir des audiences; et justifieront les sacrifices que j'ai faits pour y parvenir*.

Mon ami eut beaucoup de peine à se faire écouter dans ses réponses; mais il ne quitta point M. Goëzman qu'il n'en eût au moins arraché la promesse positive de m'ouvrir sa porte et de m'entendre le lendemain matin : il obtint de plus la permission de me communiquer ses objections; et s'engagea pour moi que je les résoudrais à la satisfaction du rapporteur.

Si jamais audience a paru certaine, ce fut, sans doute, cette dernière, que le rapporteur promettait d'un côté, pendant que sa femme en recevait le prix de l'autre. Cependant malgré les assurances du mari et de la femme, nous ne fûmes pas plus heureux le lundi matin que les autres jours : mon ami m'accompagnait; le sieur Santerre était en tiers : ils furent aussi outrés que moi, de me voir durement refuser la porte, quoiqu'on ne dissimulât pas que Madame et Monsieur étaient au logis. J'avoue que ce dernier trait mit à bout ma patience. Nous éclatâmes en murmures; et pendant que mon

* M. Goëzman lui dit, entre autres choses, que M. Duverney confiait facilement de ses blancs-seings; que lui-même en avait vu et tenu entre ses mains; que je pouvais avoir abusé d'un de ces blancs-seings pour y adapter[a] un arrêté de compte. Mon ami, surpris d'une pareille allégation, lui répondit que l'exactitude de M. Duverney avait été trop connue pour qu'on pût le taxer d'une pareille négligence sur sa signature; mais que, quand cette allégation aurait même quelque vraisemblance, ce ne pouvait jamais être relativement à une signature et une date fixe de la main de M. Duverney, apposées au bas du folio verso d'une grande feuille de papier à la Tellière[1]; et qu'en tout état de cause, un pareil soupçon, étant ce qu'on pouvait avancer de plus odieux contre quelqu'un, ne devait jamais être articulé sans preuve.

M. Goëzman lui dit ensuite que l'arrêté de compte entre M. Duverney et moi ne pouvait pas être regardé comme un acte sérieux, puisque toutes les sommes y étaient écrites en chiffres : en effet, il lui montrait plusieurs sommes en chiffres sur la page verso de cet arrêté de compte. Mon ami, étonné que j'eusse commis une pareille faute dans une pièce aussi importante, était prêt à passer condamnation[2], lorsque, quittant M. Goëzman avec lequel il se promenait dans son cabinet, il vint subitement retourner l'arrêté de compte et en examiner la première page, dans laquelle il ne lui fut pas difficile de prouver à M. Goëzman que les sommes écrites en chiffres sur le verso, n'étaient que relatées de pareilles sommes écrites plusieurs fois en toutes lettres antécédemment de l'autre part.

M. Goëzman lui objecta encore que la déclaration de 1733[3] exigeait que l'écriture d'un pareil acte fût approuvée de la main de celui qui n'avait fait que le dater et le signer. Mon ami, qui ne connaissait point les termes de cette déclaration, ne put lui répondre que l'acte et les deux contractants étaient précisément dans le cas de l'exception portée par cette même loi.

Il y eut encore d'autres objections aussi frivoles.

ami, épuisant toutes les ressources, allait chercher le secrétaire au Palais, pour essayer de nous faire introduire, je priai la portière de me permettre au moins d'écrire dans sa loge les réponses que j'avais espéré faire verbalement à son maître. Nous y restâmes une heure et demie, le sieur Santerre et moi. Mon ami revint avec un nouvel introducteur; mais les ordres étaient positifs : nous ne pûmes passer le seuil de la porte; ce ne fut qu'à force d'instances, et même en donnant six francs à un laquais, que nous parvînmes à faire remettre à M. Goëzman mes réponses, et l'extrait d'un acte important[1] pour la recherche duquel un notaire avait passé la nuit.

Le même jour[2] je perdis ma cause; et M. Goëzman, en sortant du conseil, dit tout haut à mon avocat, devant plusieurs personnes, « qu'on avait opiné du bonnet d'après son avis ». Le fait est cependant que plusieurs conseillers sont restés d'un sentiment contraire au sien.

Quelle cruauté! N'est-ce pas tourner le poignard dans le cœur d'un homme après l'y avoir enfoncé? Moins le propos était fondé, plus il montrait de partialité dans le juge, et... laissons les réflexions : elles aigrissent mon chagrin et retardent mon ouvrage.

Il est temps de tenir parole : opposons la récapitulation de mes courses chez M. Goëzman, au reproche de n'en avoir pas fait assez pour le voir, pendant les quatre jours pleins qu'il a été mon rapporteur; d'où l'on induit que j'ai pu avoir intention de le corrompre.

1er avril

Le jour qu'il a été nommé rapporteur, dans l'après-midi et soirée, trois courses inutiles.................. 3

2 avril

Vendredi matin, une course inutile.................. 1
Vendredi, après-midi, course inutile.................. 1
Vendredi au soir, course inutile.................. 1

3 avril

Samedi matin, course inutile.................. 1
Samedi au soir, audience promise par Mme Goëzman, et obtenue, *course utile*.................. 1

4 avril

Dimanche au soir, audience promise par Mme Goëzman, et non obtenue, course inutile.................. 1

5 avril

Lundi matin, jour du rapport, audience promise d'un côté par M. Goëzman, payée de l'autre à Madame, et non obtenue, course inutile.	1
Total des courses en quatre jours pleins.	10
Si l'on ajoute les deux qu'un ami de M. Goëzman a faites en même temps pour moi sur le même objet. . . .	2
Et mes dix courses avant sa nomination[1].	10
Total des courses pour avoir audience.	22

UNE SEULE AUDIENCE OBTENUE.

En me lavant ainsi du reproche de négligence, je pense avoir beaucoup ébranlé le système[2] de corruption : achevons de l'anéantir par un autre calcul et quelques réflexions fort simples.

Il m'en a coûté cent louis pour obtenir une audience de M. Goëzman. Qu'on suive cet argent à la trace; et qu'on juge si, de la distance où je suis resté du rapporteur, il était possible que j'eusse formé le projet insensé de le corrompre.

En cédant à la nécessité de sacrifier cent louis, je ne les avais pas; *(une personne :)* un ami me les a offerts; *(deux :)* ma sœur les a reçus de ses mains; *(trois :)* elle les a confiés au sieur d'Airolles; *(quatre :)* qui les a remis au sieur Lejay; *(cinq :)* pour être donnés à Mme Goëzman, qui les a gardés; *(six :)* enfin M. Goëzman, que je n'ai vu qu'à ce prix, et qui a tout ignoré; *(sept*[3]*.)*

Voilà donc, de M. Goëzman à moi, une chaîne de sept personnes, dont il prétend que je tiens le premier chaînon comme corrupteur, et lui le dernier comme incorruptible. D'accord. Mais s'il est juge incorruptible, comment prouvera-t-il que je suis un client corrupteur? À travers tant de personnes on se trompe aisément sur l'intention d'un homme : d'ailleurs un juge corrompu n'a plus besoin d'instructions[4]; et l'éloignement où se tient de lui son corrupteur est le premier égard qu'il lui doit, et le plus sûr moyen d'écarter tout soupçon de leur intelligence. Or, il est prouvé qu'après avoir payé, j'ai montré encore plus d'empressement de voir M. Goëzman qu'avant de donner les cent louis : donc je n'ai pas cru avoir gagné son suffrage en payant; donc ce n'était pas son suffrage qu'on avait marchandé pour moi; donc je ne voulais que des audiences; donc je ne suis pas un corrupteur; donc il a calomnié mon intention; donc le procès est mal intenté contre moi : donc... ce qu'il fallait démontrer.

J'avais perdu ma cause; le mal était consommé. Le soir même du jugement le sieur d'Airolles rendit à ma sœur les deux rouleaux de louis, et la montre enrichie de diamants. « À l'égard des quinze louis, dit-il, comme ils avaient été exigés par Mme Goëzman pour être remis au secrétaire de son mari, elle s'est crue à bon droit dispensée de les rendre au sieur Lejay. »

La conduite de ce secrétaire étant une énigme pour moi, je voulus l'éclaircir. Étonné qu'après avoir refusé modestement dix louis, il en retînt vingt-cinq, je priai l'ami qui lui avait fait accepter ces dix louis[1], d'aller lui demander si quelqu'un lui avait depuis remis quinze autres louis. Non seulement le secrétaire nia qu'on les lui eût offerts; et il les aurait, dit-il, certainement refusés; mais il offrit à mon ami de lui rendre les dix louis qu'il en avait reçus; en l'assurant de nouveau qu'il n'avait fait aucun travail à ce malheureux procès, qui me coûtait trop d'argent pour qu'on augmentât encore mes pertes par des sacrifices volontaires.

Mon ami, sûr de mes intentions, le pria de les garder, moins comme un honoraire dû à ses peines, que comme un léger hommage rendu à son honnêteté.

Alors, piqué du moyen malhonnête qu'on employait pour retenir mes quinze louis, croyant même que le sieur Lejay, *que je ne connaissais point du tout*, avait voulu les garder, je lui fis dire par le sieur d'Airolles que je voulais savoir ce qu'étaient devenus ces quinze louis.

Le libraire affirma pendant plusieurs jours les avoir en vain demandés à Mme Goëzman, qui lui répondait constamment être convenue avec lui que dans tous les cas ces quinze louis seraient perdus pour moi. Il ajouta qu'il ne pouvait souffrir qu'on le soupçonnât de les avoir gardés; que la dame se faisait celer[2]; et que je pouvais lui en écrire directement.

Le 21 avril, c'est-à-dire dix-sept jours après le jugement du procès, j'écrivis la lettre suivante à Mme Goëzman.

Je n'ai point l'honneur, Madame, d'être personnellement connu de vous, et je me garderais de vous importuner, si, après la perte de mon procès, lorsque vous avez bien voulu me faire remettre mes deux rouleaux de louis, et la répétition enrichie de diamants qui y était jointe, on m'avait aussi rendu de votre part, quinze louis d'or, que l'ami commun qui a négocié, vous a laissés de surérogation[1].

J'ai été si horriblement traité dans le rapport de monsieur votre époux, et mes défenses ont été tellement foulées aux pieds par celui qui devait, selon vous, y avoir un légitime égard, qu'il n'est pas juste qu'on ajoute aux pertes immenses que ce rapport me coûte, celle de quinze louis d'or, qui n'ont pas dû s'égarer dans vos mains. Si l'injustice doit se payer, ce n'est pas par celui qui en souffre aussi cruellement. J'espère que vous voudrez bien avoir égard à ma demande, et que vous ajouterez à la justice de me rendre ces quinze louis, celle de me croire, avec la respectueuse considération qui vous est due,

Madame, votre, etc.

Ce 21 avril 1773.

Je n'en reçus point de réponse; mais le lendemain ma sœur vint m'apprendre que le sieur Lejay était dans sa maison égaré comme un insensé : Mme Goëzman, disait-il, l'avait envoyé chercher pour se plaindre amèrement de ce que je lui demandais une somme de cent louis et une montre enrichie de diamants, qu'elle m'avait fait rendre. Il ajoutait que cette dame, outrée de colère, l'avait menacé de le perdre, ainsi que moi, en employant le crédit de M. le duc d'***[2].

Ma sœur me dit que tous ces propos se tenaient chez elle, devant son médecin[3]; qu'elle avait inutilement essayé de remettre la tête de ce pauvre Lejay, à qui l'on ne pouvait faire comprendre qu'il ne s'agissait que de quinze louis égarés entre lui et cette dame, et non de ce qui m'avait été rendu; que cet homme était si troublé qu'il assurait avoir lu en propres termes dans ma lettre, que la dame lui avait montrée, la demande des cent louis et du bijou; qu'enfin, il menaçait de nier la part qu'il avait eue à cette affaire, si elle prenait une mauvaise tournure.

Heureusement j'avais gardé copie de ma lettre : je l'envoyai par ma sœur au sieur Lejay, qui fut, à ce qu'il dit, sur-le-champ chez Mme Goëzman lui faire à son tour ses reproches. Je ne sais s'il tint parole; mais enfin les quinze louis ne revinrent point. J'ai depuis écrit deux lettres[4] au libraire à ce sujet, qui sont restées sans réponse. Elles ont été jointes au procès.

J'appris alors dans le public, que M. Goëzman, muni d'une

déclaration du sieur Lejay*, dans laquelle j'étais violemment inculpé[2], avait été chez M. le duc de La Vrillière, et chez M. de Sartines[3], se plaindre hautement que je calomniais sa personne, après avoir tenté de corrompre sa justice. Je n'en croyais pas un mot : tant de précautions extrajudiciaires, avant qu'il y eût aucune procédure entamée[4], me paraissaient au-dessous même du moins instruit des criminalistes. Je ne pouvais me figurer qu'un conseiller au Parlement, sur des objets[5] relatifs à un procès jugé au Parlement, invoquât une autre autorité que celle du Parlement pour avoir raison de qui que ce fût : en tout cas, je me promis bien qu'il ne me serait pas reproché, si je pouvais l'éviter, d'avoir provoqué par mes discours ou mes écrits un combat aussi indécent entre M. Goëzman et moi. Résolu que j'étais de me renfermer dans des défenses juridiques si l'on allait jusqu'à m'attaquer en forme, j'eus l'honneur d'adresser la lettre suivante à l'un des hommes en place qui jouit à plus juste titre de l'estime et de la confiance universelles[6].

Monsieur,

Sur les plaintes qu'on prétend que M. Goëzman, conseiller au Parlement, fait de moi, disant que j'ai tenté de corrompre sa justice, en séduisant Mme Goëzman par des propositions d'argent qu'elle a rejetées, je déclare que l'exposé fait ainsi est faux, de quelque part qu'il vienne. Je déclare que je n'ai point tenté de corrompre la justice de M. Goëzman pour gagner un procès que j'ai toujours cru qu'on ne pouvait me faire perdre sans erreur ou sans injustice.

À l'égard de l'argent proposé par moi, et rejeté, dit-on, par Mme Goëzman; si c'est un bruit public, M. Goëzman ne sait pas si je l'accrédite ou non; et je pense qu'un homme dont l'état est de juger les autres sur des formes établies, ne devrait pas m'inculper aussi légèrement, moins encore armer l'autorité contre moi. S'il croit avoir à se plaindre, c'est devant un tribunal qu'il doit m'attaquer. Je ne redoute la lumière sur aucune de mes actions. Je déclare que je respecte

* Cette déclaration porte en substance que le sieur Lejay, cédant aux sollicitations d'un de mes amis, a reçu cent louis et une montre enrichie de diamants; qu'il a eu la faiblesse de les offrir à Mme Goëzman pour corrompre la justice de son mari; mais qu'elle a tout rejeté *hautement et avec indignation*. Que depuis la perte du procès, il a tout remis à mon ami, etc. Cette déclaration, qu'on a su depuis avoir été minutée[1] de la main de M. Goëzman, ne parle pas *des quinze louis exigés de surplus, et qui sont encore entre les mains de Mme Goëzman*. Et moi je prie le lecteur de ne les pas perdre de vue. J'ai quelque notion que ces quinze louis influeront beaucoup sur le jugement du procès.

tous les juges établis par le Roi. Mais aujourd'hui M. Goëzman n'est point mon juge. Il se rend, dit-on, partie contre moi : sur cette affaire, il rentre dans la classe des citoyens[1]*; et j'espère que le ministère voudra bien rester neutre entre nous deux. Je n'attaquerai personne; mais je déclare que je me défendrai ouvertement sur quelque point qu'on me provoque, sans sortir de la modération, de la modestie et des égards dont je fais profession envers tout le monde.*

Je suis, Monsieur, avec le plus profond respect, etc.

Paris, ce 5 juin.

Bientôt il courut un autre bruit, que M. Goëzman avait été chez M. le Chancelier et chez M. le Premier président[2], armé de cette terrible déclaration de Lejay, porter de nouvelles plaintes contre moi : enfin, j'appris qu'il m'avait dénoncé au Parlement comme calomniateur et corrupteur de juge[3]. Cette attaque étant plus méthodique que la première, j'eus moins de peine à me la persuader. Mais je n'en restai pas moins tranquille sur l'événement; j'engageai même le sieur Marin, auteur de la *Gazette de France*, et ami de M. Goëzman, de représenter à ce magistrat combien un pareil acte d'hostilité tournerait désagréablement pour lui. « Je crains peu ses menaces, lui dis-je; il m'a fait tout le mal qui était en sa puissance. Vous pouvez l'assurer que je n'userai point en lâche ennemi de l'avantage des circonstances, pour lui causer un désagrément public : mais qu'il ait la bonté de me laisser tranquille. » L'ami de M. Goëzman m'assura qu'il lui en avait écrit et parlé déjà plusieurs fois, en lui faisant sentir toutes les conséquences de ses démarches, et qu'il lui en parlerait encore. Sa négociation fut infructueuse.

Peu de jours après, M. le Premier président m'envoya chercher pour savoir la vérité des bruits qui couraient. Je m'en tins au refus le plus respectueux de rien déclarer, à moins qu'on ne m'y forçât juridiquement... « Que mes ennemis m'attaquent s'ils l'osent; alors je parlerai : l'on ne parviendra pas à me faire craindre qu'un corps aussi respectable que le Parlement devienne injuste et partial pour servir la haine de quelques particuliers. Quant à la déclaration de Lejay, elle tournera bientôt contre ceux qui l'ont fabriquée. Je n'ai jamais vu le sieur Lejay; mais on dit que c'est un honnête homme, qui n'a contre lui que le défaut des âmes faibles, de se laisser effrayer facilement, et de céder sans résistance à l'impulsion d'autrui : la fausse déclaration qu'on lui a extorquée dans un cabinet, il ne la soutiendra jamais dans un greffe; et la vérité lui sortira par tous les pores à la première interrogation juridique qui lui sera faite. Ainsi sans inquiétude à cet égard, et plein de confiance en l'équité de mes juges, je perdrais difficilement ma tranquillité. »

J'appris alors que M. le Procureur général[1] était chargé d'informer : je me hâtai d'aller lui présenter le nom et la demeure de tous ceux qui avaient eu quelque part à cette affaire[2]. Ils ont été entendus; et je ne crains pas qu'aucun d'eux démente la plus légère circonstance de cette longue narration.

À peine les témoins sont-ils assignés, que Lejay commence à trembler sur les conséquences de sa fausse déclaration. Dans le trouble de sa conscience, il va consulter Me Gerbier[3], expose les faits tels qu'ils se sont passés, en reçoit le conseil de revenir à la vérité dans sa déposition, vient faire la même confession à M. le Premier président; il la fait à quiconque a la patience de l'écouter. M. Goëzman en entend parler. On envoie chercher le libraire et sa femme; on commence par leur soutirer la minute[4] de la fausse déclaration, parce qu'elle est de la main de ce magistrat; on leur reproche ensuite aigrement leur inconstance. La dame Lejay, plus courageuse que son mari, proteste qu'aucun respect humain ne les empêchera plus de dire la vérité. Grands débats entre eux : enfin on en revient à négocier; on veut engager le libraire à passer en Hollande, avec promesse de le défrayer de tout, et d'arranger l'affaire pendant son absence. La dame Lejay refuse et soutient son mari dans sa résolution. Instruit des démarches de la maison Goëzman, et craignant que Lejay ne se laisse encore entraîner, je vais chez M. le Premier président lui rendre compte de ce qui se passe. « Vous êtes instruit maintenant, lui dis-je, monseigneur : Lejay vous a tout avoué. J'étais bien sûr que cet homme, qui n'a menti que par faiblesse et par séduction[5], ne tarderait pas à rendre hommage à la vérité. Mais ce que vous ignorez, c'est qu'on veut le suborner encore et lui faire quitter la France. De peur qu'on ne dise que c'est moi qui l'ai fait sauver, je me hâte d'en donner avis aux premiers magistrats. » En effet, je fus chez M. le Procureur général et chez M. de Combaut, commissaire-rapporteur, articuler les mêmes faits, en les priant de vouloir bien s'en souvenir en temps et lieu. Je cite avec assurance, et ne crains pas aujourd'hui d'invoquer des témoignages aussi respectables.

Bientôt le sieur Lejay, assigné comme témoin, dépose au greffe cette vérité redoutable à ses suborneurs, et contraire en tout à la déclaration qu'ils lui avaient extorquée. Sa femme et son commis entendus, déposent ainsi que lui, que *la minute de la déclaration a été écrite de la main de M. Goëzman*; que le commis de Lejay en a tiré plusieurs copies; que le maître n'a fait que la signer; mais que depuis peu de jours on leur a retiré adroitement l'original. Mme Goëzman, entendue à son tour, dit fort peu de choses, et voudrait écarter par un air d'ignorance l'idée qu'elle ait eu la moindre part à l'affaire. Je suis le seul qu'on n'assigne point comme témoin, ce qui fait déjà présumer que je suis dénoncé comme coupable. En effet j'étais dénoncé. L'information achevée et les témoins entendus, M. Doé de Combaut fait son rapport aux chambres assemblées. Intervient[a] un arrêt[1], qui décrète le sieur Lejay de prise de corps, le sieur d'Airolles et moi d'ajournement personnel[2], et Mme Goëzman seulement d'assignée pour être ouïe. Je ne me plains point d'une différence qui ne peut venir sans doute que d'un égard pour son sexe. Cependant le bruit courait que son mari, la traitant moins bien que le Parlement, avait obtenu une lettre de cachet contre elle, l'avait fait enlever et mettre au couvent. Mais la vérité est que M. Goëzman ne fit pas usage de la lettre de cachet; et que Mme Goëzman n'a été au couvent que depuis; ce qui réalise aujourd'hui le propos qu'on tenait alors. « Si M. Goëzman, disait-on, fait renfermer sa femme, il la sait donc coupable; et s'il la sait coupable, comment cherche-t-il à la justifier aux dépens d'autrui? Si c'est le Parlement qui poursuit, et si Mme Goëzman n'est renfermée qu'en vertu du soupçon répandu sur elle; jusqu'au jugement du procès, le soupçon s'étend également sur la femme et sur le mari. Par quel hasard dans une affaire aussi peu éclaircie, voit-on Beaumarchais décrété d'ajournement personnel, Lejay de prise de corps, Mme Goëzman renfermée, et M. Goëzman sur les fleurs de lis[3]? »

Ces contradictions apparentes excitaient de plus en plus l'attention du public sur l'événement de ce procès. Le sieur Lejay, retenu au secret[b] pendant plus de huit jours, a été interrogé plusieurs fois; le sieur d'Airolles ensuite; enfin moi le dernier[4], qui ai tâché de tracer dans mon interrogatoire l'historique exact de tous les faits, tels qu'on les a lus dans ce mémoire : et certes, j'oserais bien assurer que, de toutes les dépositions des différents témoins, il n'y en a pas une seule qui ne s'accorde exactement avec cet interrogatoire.

Depuis ce temps un arrêt a rendu la liberté provisoire à Lejay; un autre a réglé l'affaire à l'extraordinaire; et tel est l'état des choses à l'instant où j'écris[1].

Avant de passer aux réflexions que cet exposé peut faire naître à tout le monde, il faut placer ici deux épisodes intimement liés au fond du procès, et que nous n'avons détachés du reste des faits qu'afin que rien ne nuisît à l'attention particulière qu'ils méritent. Le premier lève un coin du voile obscur qui masque encore l'auteur de cette noire intrigue; le second le déchire tout à fait.

ÉPISODE DU SIEUR D'ARNAUD DE BACULARD[2]

Tandis que tous ceux que le malheur engage dans cette affaire, gémissaient de la nécessité de repousser la calomnie par des défenses légitimes, qui croira qu'un homme absolument étranger au procès, ait été assez ennemi de son repos pour venir se jeter imprudemment dans la mêlée; y jouer d'abord le rôle de conciliateur; puis prendre parti contre les accusés par une lettre signée de sa main[3]; flotter ensuite dans une incertitude pusillanime; rétracter cet imprudent écrit, que des contradictions choquantes avaient déjà fait suspecter; et se donner par tant d'inconséquences en spectacle au public empressé à juger les acteurs de cette étrange scène? Un tel homme existe pourtant; et c'est le sieur d'Arnaud de Baculard. Puisqu'il lui a plu de prendre part à la querelle, il faut développer sa conduite aux yeux de la Cour; elle n'est pas sans importance au procès.

Vers l'époque où les premiers travaux de la procédure s'entamaient[4], le hasard me fit rencontrer dans la rue de Condé, où je demeure, le sieur d'Arnaud. Je prévins toute question de sa part en lui disant : « Monsieur, vous êtes ami du sieur Lejay; il a donné à M. Goëzman une fausse déclaration; s'il persiste à en soutenir les termes, un moment arrivera, et c'est celui de la confrontation, où toutes les personnes avec qui il a correspondu lui reprocheront son mensonge; il se verra froissé[5] entre son faux témoignage et la vérité, qui fondra sur lui de toute part; elle sortira de sa bouche alors; mais il ne sera plus temps : l'iniquité, la calomnie, la mauvaise foi lui seront imputées; et la plus juste punition sera le prix de sa lâche complaisance. Je vous conseille donc, monsieur, par l'intérêt que vous prenez à lui, de le voir, et de l'engager à dire la vérité : c'est le seul parti qui lui reste, dans l'embarras où il s'est plongé lui-même. Les magistrats ne font point le procès à la faiblesse, c'est la mauvaise foi seule qu'on poursuit. » Le sieur d'Arnaud m'écoutait d'un air sombre, et ne rompit le silence que pour me reprocher aigrement l'indiscrétion avec laquelle j'avais, dit-il, engagé cette affaire au Palais; l'acharnement que je mettais à sa poursuite, et qui me rendait l'auteur de tous les chagrins prêts à fondre[1] sur la tête de ce pauvre Lejay.

Je conclus de cette sortie du sieur d'Arnaud qu'il n'était pas instruit de mon affaire; et je lui appris que ce n'était pas moi, mais M. Goëzman qui avait intenté le procès et le poursuivait; que jusqu'alors je n'avais voulu rien faire, rien dire, ni rien écrire à ce sujet : je l'engageai de nouveau à déterminer son ami à revenir à la simple vérité dans sa déposition.

Le sieur d'Arnaud excusa sa vivacité sur son ignorance; blâma la faiblesse de Lejay; condamna la conduite de M. Goëzman; s'étendit un peu sur la méchanceté des hommes; et m'assura qu'il allait faire part de mes observations au sieur Lejay. Qu'est-il arrivé? que le sieur d'Arnaud a visité M. Goëzman; que M. Goëzman a visité le sieur d'Arnaud; et qu'enfin ce dernier a écrit une lettre apologétique au magistrat, dans laquelle, après un éloge de ses vertus, il ajoute qu'il se croit obligé, pour l'honneur de la vérité, de lui apprendre d'office[2], qu'*un soir, étant chez le sieur Lejay*, ce dernier lui fit voir une montre enrichie de diamants, très belle, avec cent louis, *qu'il allait rendre*, lui dit-il, à un ami de M. de Beaumarchais, *qui les lui avait remis* pour les présenter à Madame, *qui les avait rejetés avec indignation*. Le sieur d'Arnaud ajoute qu'il ne doute point que le sieur Lejay ne les ait rendus sur-le-champ, etc., etc., etc.

M. Goëzman a déposé au greffe de la Cour cette lettre du sieur d'Arnaud, avec la déclaration du sieur Lejay. Quelles pièces et quelles précautions pour un magistrat! *nimia praecautio dolus*[3]. Soufflons sur ce nouveau fantôme; et détruisons ce frêle appui du système de la corruption. Quand les visites réciproques ne prouveraient pas que ce témoignage est une pièce mendiée; quand le désaveu qu'a fait depuis au greffe le sieur Lejay, de sa fausse déclaration, ne démontrerait pas que Mme Goëzman n'a jamais rejeté, avec *indignation*, les cent louis et la montre; quand le refus opiniâtre que cette dame a fait de rendre les quinze louis qu'elle avait exigés, et qu'elle a encore entre les mains, ne fournirait pas la preuve la plus complète qu'elle a reçu tout le reste avec plaisir; et quand le sieur d'Arnaud ne serait pas depuis convenu lui-même, que c'était uniquement pour l'obliger qu'il avait écrit à M. Goëzman; un court examen de sa lettre et la comparaison[a] de ces mots : *un soir... qu'il allait rendre*, etc., avec ce qui s'est passé le 5 avril, jour auquel les effets[1] m'ont été remis, suffiraient pour anéantir le témoignage qu'elle contient. Épargnons cette discussion au lecteur : la rétractation du sieur d'Arnaud la rend inutile. Je voulais me justifier de son accusation, et non le poursuivre. Je l'ai fait; et me borne à le plaindre, si d'autres motifs qu'une complaisance aveugle ont affecté son cœur et dirigé sa plume.

AUTRE ÉPISODE TRÈS IMPORTANT TOUCHANT LE SIEUR MARIN, AUTEUR DE LA « GAZETTE DE FRANCE »

Le sieur d'Airolles était assigné pour déposer; la veille de sa déposition, vers une heure après midi, je passai chez ma sœur, que je trouvai avec son mari, son médecin, le sieur Deschamps, négociant de Toulouse, et plusieurs autres personnes. À l'instant arrive le sieur Marin, auteur de la *Gazette de France*, et ami de M. Goëzman. Il nous dit que ce magistrat l'avait accompagné jusqu'à la porte, pour chercher le sieur d'Airolles, et l'engager à ne faire le lendemain qu'une déposition très courte, et qui ne compromît Mme Goëzman ni personne; qu'il nous engageait tous à nous conduire sur ce plan dans nos dépositions; et que lui, Marin, se faisait fort d'arranger l'affaire sous peu de jours; qu'il avait des moyens sûrs pour y réussir; mais qu'il fallait bien se garder, surtout, de parler *de ces misérables quinze louis* qui ne faisaient qu'embrouiller l'affaire, et me donner un air de mesquinerie qui me faisait tort dans le monde. « Au contraire, monsieur, lui dis-je avec chaleur, il en faut beaucoup parler : ce n'est pas que ces quinze louis m'intéressent en eux-mêmes; mais ils sont la clef de toute l'affaire, et le seul moyen d'en résoudre tous les problèmes. Car Mme Goëzman, qui nie aujourd'hui d'avoir jamais reçu le prix qu'elle a mis elle-même aux audiences de son mari, reste absolument sans réponse, quand on lui demande comment *ces misérables quinze louis* sont encore entre ses mains, s'il est vrai qu'elle ait rejeté tout le reste *hautement et avec indignation*. Il en faut beaucoup parler, parce que M. Goëzman les a volontairement oubliés, dans la déclaration qu'il a minutée de sa main, et que Lejay n'a fait que copier et signer. Mais, permettez que je ne prenne point le change à cet égard. On conclurait de ce silence général que Lejay n'a point remis les quinze louis à Mme Goëzman; qu'il l'a calomniée, en disant qu'elle les avait exigés et retenus; qu'il a bien pu garder ainsi tout le reste : et l'on perdrait un malheureux pour sauver les seuls auteurs de l'exaction et de l'odieux procès qui en résulte. — Eh! que vous importe, répondit le sieur Marin, que ce fripon de Lejay soit sacrifié? Ce n'est pas un grand malheur, si vous êtes tous hors d'une affaire qui intéresse aujourd'hui les ministres, et où il n'y a que des coups à gagner. » Chacun s'éleva fortement contre cette barbarie de sacrifier Lejay; et l'on se sépara. En nous quittant, le sieur Marin pria instamment le sieur Lépine de *lui envoyer d'Airolles à quelque heure qu'il rentrât, pour qu'il pût lui parler avant d'aller au Palais*[1].

Le sieur Marin et M. Goëzman passèrent l'après-midi du même jour à chercher le sieur d'Airolles dans toutes les maisons où l'on espérait le rencontrer : ce fut en vain. L'auteur de la *Gazette de France* inquiet, renvoie[2], le lundi à sept heures du matin, dire au sieur d'Airolles qu'il est de la dernière importance qu'il vienne lui parler avant d'aller au Palais. Le sieur d'Airolles se rend au greffe, et ne va chez l'auteur de la *Gazette* qu'en sortant de déposer. Je m'y rencontre avec lui : la mémoire fraîche encore de tout ce qu'il venait de dicter, le sieur d'Airolles nous le rend dans le plus grand détail. Le sieur Marin blâma fort une déposition aussi étendue. « Je vous ai cherché, dit-il, partout hier avec Goëzman*, pour vous empêcher de faire cette sottise-là.

« Depuis je vous ai fait dire de me venir parler ce matin; il suffisait de quatre mots au greffe, et j'arrangeais l'affaire en deux jours, comme je l'ai dit hier à M. de Beaumarchais chez madame sa sœur. Mais il est encore temps; vous en serez quitte pour aller faire une autre déposition plus courte et sans détail : on biffera la première; il n'en sera plus question, et l'affaire s'éteindra toute seule. »

Je fis sentir à mon tour au sieur d'Airolles la conséquence d'une pareille conduite. « Si vous allez faire une seconde déposition, ne croyez pas qu'on annule la première; on les opposera l'une à l'autre, et toutes les deux à vous, qui tomberez précisément dans le cas de Lejay, d'être contraire à vous-même : voilà mon avis. » Le sieur Marin nous apprit

* Je prie que l'on pardonne la liberté de ce langage, à l'obligation où je suis de citer juste.

ensuite qu'il allait dîner[1] chez M. le Premier président avec M. et Mme Goëzman, laquelle devait en sortant de table aller faire sa déposition au greffe.

Le même jour, vers les six heures du soir, je retrouvai[a] le sieur Marin sur le Pont-Neuf. « J'ai dîné avec notre monde, me dit-il; et pendant que la femme eſt allée au greffe, je suis convenu avec Goëzman que j'engagerais d'Airolles à l'aller voir ce soir. Il sera fort bien reçu; et lorsque d'Airolles lui aura conté les choses comme elles se sont passées, son intention eſt d'avoir une lettre de cachet pour enfermer sa femme, et tout sera fini. J'ai vu d'Airolles en sortant de chez le Premier président, et j'en ai tiré promesse qu'il irait ce soir chez Goëzman; mais j'ai peur qu'il ne nous manque encore. Joignez-vous à moi pour l'y engager. — Pourquoi donc faut-il que ce soit d'Airolles, lui dis-je? S'il était possible de supposer que M. Goëzman ignorât ce qui se passe chez lui, et s'il faut croire pieusement qu'il ait besoin de nouvelles inſtructions à cet égard pour faire enfermer sa femme, que n'envoie-t-il chercher Lejay, à qui il a fait faire une fausse déclaration, et qui vient de se rétracter? Que ne demandait-il à M. le Premier président cette vérité que tout Paris sait que Lejay lui a confessée depuis peu? Que ne s'adresse-t-il à vous-même, qui savez aussi bien que nous à quoi vous en tenir sur le fond de l'affaire? Au reſte, je vais voir M. d'Airolles et sonder ses intentions. »

Je me rendis à l'inſtant chez ma sœur, que je trouvai en conversation animée avec une autre de mes sœurs[2]. « Le sieur Marin, me dirent-elles, a parlé de nouveau à d'Airolles, cet après-midi; ils ont été longtemps ensemble; le dernier eſt venu tout échauffé nous dire : “ Comment trouvez-vous donc Marin, qui veut absolument que j'aille changer ma déposition? Et sur ma résiſtance opiniâtre : ‘ Vous direz, m'a-t-il ajouté, que c'eſt toute cette famille Beaumarchais qui vous a suggéré la première*. Quel bien espérez-vous de tous ces gens-là? Abandonnez leurs intérêts; ne songez qu'aux vôtres. Par votre déposition de ce matin, vous perdez[b] quatre ans de travaux accumulés pour obtenir les bonnes grâces de M. le duc d'***[3] au moment peut-être où vous étiez prêt

* Il eſt bon de remarquer ici, qu'en parlant au sieur d'Airolles en particulier, l'auteur de la *Gazette* ne se contente plus de dire qu'il faut changer sa première déposition; il veut que d'Airolles la tourne contre moi, en déposant qu'elle lui a été suggérée par toute ma famille. Ce trait a totalement dessillé mes yeux sur la conduite du sieur Marin dans toute cette affaire.

d'en recueillir le fruit. Allez, mon cher compatriote[1], allez-vous-en parler à Goëzman ce soir, et surtout promettez-le-moi. ' " Voilà, m'ajoutèrent mes sœurs, ce que d'Airolles vient de nous apprendre : il a dans son premier mouvement raconté les mêmes choses à un de ses amis. Nous lui avons fait connaître le piège dans lequel on veut l'attirer. Il n'ira pas ce soir chez M. Goëzman, quoiqu'il y soit attendu. — Et moi, leur dis-je, je vais à l'instant instruire M. le Premier président de cette nouvelle intrigue. » En effet, ce magistrat respectable eut la bonté, la patience d'écouter tout le détail qu'on vient de lire, et finit par me dire : « Comptez que le Parlement ne fera d'injustice à personne, et qu'en temps et lieu je me souviendrai de tout ce que vous m'avez dit. »

On avait déjà répandu au Palais que le sieur d'Airolles, au désespoir de sa déposition du même jour, *qui lui avait été suggérée*[2], était dans l'intention de se rétracter de tout ce qu'il avait dit. Frappé du rapport de ce bruit avec les insinuations du sieur Marin, il courut le lendemain au greffe assurer que, non seulement il démentait le fait calomnieux de sa rétractation, mais qu'il demandait la permission de confirmer ce qu'il avait dit la veille, et même d'y ajouter quelque chose.

De mon côté, je fus chez le sieur Marin, le prier de vouloir bien ne plus correspondre avec le sieur d'Airolles, au sujet de mes affaires; ce qu'il me promit.

Voilà les faits rendus dans la plus scrupuleuse exactitude. Raisonnons maintenant sur la question qu'ils ont fait naître au Parlement.

RÉFLEXIONS

Y a-t-il, dans tout ce qu'on vient de lire, la moindre trace du crime de corruption de juge? Y voit-on que j'aie voulu gagner le suffrage de mon rapporteur par des voies malhonnêtes? Qui osera m'en prêter la coupable intention, lorsque tous les faits parlent en ma faveur, lorsque toutes les dépositions appuient ma dénégation formelle, et lorsque l'instruction du procès ne fournit aucune preuve du contraire?

Mille raisons éloignaient de moi la pensée de manquer de respect au Parlement, en offensant un de ses membres.

1° J'avais, avec tous les jurisconsultes, si bonne opinion de ma cause que j'aurais cru faire tort aux lumières de mes juges, en doutant un moment de son succès.

2° Je n'ignorais pas qu'un juge intègre ne se laisse point corrompre par de l'argent; et que c'est le supposer corrompu d'avance et vendu à l'iniquité que de lui en proposer.

3° J'avais déjà gagné sur délibéré cette cause en première instance aux Requêtes de l'Hôtel[1] : et certes on ne supposera pas que ce fût par corruption. Y avait-il donc quelque chose en mon second rapporteur qui dût me le faire soupçonner plus corruptible et moins délicat que le premier? Je ne connaissais pas M. Goëzman; et lorsqu'il me dénonce comme son corrupteur, n'est-ce pas lui seul qui fait à sa personne un outrage auquel je n'ai pas songé? Quel juge honnête a jamais pensé de lui, qu'un client le soupçonnât d'être corruptible? Si quelqu'un eût dit à Caton : un tel homme espère acheter votre voix aux prochains comices, n'eût-il pas à l'instant répondu : vous mentez, cela est impossible?

4° Quoi! l'on irait jusqu'à supposer que l'on a mis pour moi le suffrage de M. Goëzman au misérable prix de cinquante louis[2]? En calomniant le plaideur, on verse à pleines mains l'avilissement sur le juge. Si j'avais eu la coupable intention de corrompre mon rapporteur dans une affaire dont la perte me coûte au moins cinquante mille écus[3], loin de fatiguer mes amis de mes résistances, loin de marchander le prix des audiences, dont je ne pouvais me passer, n'aurais-je pas tout simplement dit à quelqu'un : allez assurer M. Goëzman qu'il y a cinq cents louis, mille louis à son commandement, déposés chez tel notaire, s'il me fait gagner ma cause? Personne n'ignore que de telles négociations s'entament toujours par une proposition vigoureuse et sonnante. Le corrupteur ne veut qu'une chose, n'emploie qu'un instant, ne dit qu'un mot, est jeté par la fenêtre ou conclut son traité : voilà sa marche.

Mais quel rapport tout cela peut-il avoir avec ce qui m'arrive; et que voit-on ici? Un plaideur désolé de ne pouvoir approcher de son rapporteur, joignant ses efforts aux soins ardents de ses amis, et s'agitant inutilement pour arriver à l'inaccessible cabinet. On y voit des audiences courues[a], sollicitées ; leur prix débattu; cent louis partagés en deux fois; une seule audience obtenue, une autre inutilement espérée; dix louis versés d'un côté, quinze louis exigés de l'autre; un bijou consommant tous ces sacrifices; beaucoup de courses inutiles, point d'accès chez le juge; et le procès perdu. On voit que des demandes successives ont entraîné des sacrifices successifs; que, plus le besoin est devenu pressant, moins on a pu se rendre économe de sa bourse; et qu'enfin on n'a fait que céder à la nécessité de payer ce qu'il était indispensable d'obtenir. Il y a bien loin de cette marche à celle d'un corrupteur de juge.

Mais, dira-t-on, c'est payer bien cher une audience que d'en donner cent louis. Certainement, c'est bien cher; et mes débats et les tentatives de ma sœur prouvent assez que nous l'avons pensé comme vous : mais réfléchissez que cinquante louis n'ont pas suffi pour m'obtenir la première audience, et qu'un bijou de mille écus surmonté de quinze louis, n'a pu me procurer la seconde, et vous conviendrez que ce qui vous semble aujourd'hui trop acheté, ne le parut pas encore assez alors. Quel homme, engagé dans les sables d'Afrique, ne paierait pas un verre d'eau cent mille ducats[1] dans un pressant besoin!

« Mais en faisant successivement tous ces sacrifices, il est très probable que vos demandes d'audience n'ont été qu'un prétexte avec lequel vous avez masqué l'intention de corrompre votre juge. »

Il est très probable!... Au reste, qu'on ne croie pas que j'invente ici des objections oiseuses pour m'amuser à les résoudre : elles m'ont toutes été faites à l'interrogatoire.

Il est très probable! Heureusement il ne s'agit pas ici de me décider coupable sur des probabilités; mais seulement de juger sur des preuves si je le suis ou non. Que dirait de moi M. Goëzman, si, repoussant sur lui le bloc dont il veut m'écraser, je m'égarais aussi dans les conjectures, en disant : lorsque Mme Goëzman vendait l'audience de son mari, *il est très probable* qu'il était de moitié dans le traité; l'impossibilité d'entrer chez lui avant la délivrance des deniers, et le parfait accord du moment indiqué par l'agent de Madame pour l'audience avec celui où Monsieur l'accorda, donnent beaucoup de poids à ma conjecture. Si j'ajoutais : celui qui reçoit de la main droite, étant à bon droit soupçonné de n'avoir pas la main gauche plus pure, *il est très probable* qu'après qu'on a eu touché mes cent quinze louis de Lejay, l'enchère s'est trouvée couverte par un autre[2]; d'où sans doute est venue l'impossibilité d'obtenir une seconde audience, malgré les promesses du mari et de la femme; d'où est partie l'offre tardive de rendre l'argent à celui qui avait le moins donné; parce qu'en pareille affaire on ne peut tout garder sans qu'un des deux payants ne jette les hauts cris. Si, rapprochant sous un même point de vue la frivolité des objections que M. Goëzman a faites tant à moi qu'à mon ami sur mon affaire; l'odieux soupçon qu'il a répandu, que j'avais pu abuser d'une date et d'une signature en blanc, pour y apposer un arrêté de compte; sa remarque insidieuse que les sommes de mon acte étaient en chiffres sur le verso (tandis qu'elles sont avant, dix fois écrites en toutes lettres sur le recto); le désir qu'il a montré, en sortant du jugement, de faire croire qu'il avait seul décidé la perte de mon procès, lorsqu'il dit tout haut qu'on avait opiné *du bonnet, d'après son avis*; la précaution de se faire faire une déclaration par Lejay avant la procédure; la lettre du sieur d'Arnaud, la mission du sieur Marin, etc., etc. Si, dis-je, embrassant tous ces faits[1], j'en concluais qu'*il est très probable...* ne m'arrêteriez-vous pas tout court, en me disant qu'en une affaire aussi grave, il n'est pas permis de donner des vraisemblances pour des vérités; que le Parlement est juge des faits, et non des intentions; que ce n'est pas à moi à diriger ses idées, ni les conséquences qu'il doit tirer; et qu'enfin il est calomnieux d'avancer ce qu'on ne peut légalement prouver? Faites-moi donc au moins la justice que vous exigeriez de moi; et ne supposez pas que j'aie eu l'intention de corrompre un juge, lorsque tout concourt à porter jusqu'à l'évidence, que je n'ai fait que céder à la dure nécessité de payer des audiences indispensables*.

« Mais, donner de l'argent à la femme de son rapporteur pour arriver jusqu'à lui, est une espèce de corruption détournée, très digne aussi des regards sévères de la justice. »

Eh! monsieur, un homme qui ne peut se reconnaître en un dédale obscur, qu'en semant l'or de tout côté sur son chemin, n'est-il pas assez malheureux d'y être engagé, sans qu'il ait encore le chagrin d'en essuyer le reproche? Eh quoi! toujours de la corruption? Une victime est-elle donc si nécessaire ici qu'il faille la désigner à quelque prix que ce soit?

* Si par hasard on doutait que M. Goëzman eût fait à mon ami l'étrange objection que j'avais pu abuser d'un blanc-seing de M. Duverney, qu'on lise l'interpellation suivante : elle est tirée de mon interrogatoire.

Interpellé de nous dire si l'on ne lui a pas rendu de la part de Mme Goëzman qu'il perdrait son procès, parce que son mari le soupçonnait d'avoir rempli un blanc-seing de M. Duverney,

A répondu que personne ne lui a rendu[2] un propos aussi absurde qu'il est outrageant; que la mission de M. Goëzman n'ayant pas été de se rendre vérificateur d'écritures, mais seulement d'examiner si un acte fait double et librement entre deux majeurs, pouvait s'annuler autrement que par lettres de rescision[3] ou inscription de faux, seuls moyens que la loi autorise; un si odieux soupçon, supportable au plus dans une instruction criminelle, aurait indiqué la plus grande partialité de la part du juge en une cause civile.

Si le suisse de mon juge[1] m'a barré dix fois sa porte, pressé que je suis d'entrer, m'accuserez-vous d'être un corrupteur pour avoir amadoué le cerbère avec deux gros écus?

Arrivé dans l'intérieur, si deux louis d'or glissés dans la main du valet de chambre me font pénétrer au cabinet de son maître, aurai-je donc commis un crime de lèse-équité *magistrale*, en les lui abandonnant?

Forcez la progression jusqu'au secrétaire; allez même jusqu'à quelqu'un plus intimement attaché à mon juge; ne conviendrez-vous pas que la somme ne fait plus rien à la chose, parce que les sacrifices sont toujours en raison de l'état[2] de celui qui nous sert?

Sans doute il eſt malheureux pour un plaideur d'être obligé de parcourir, l'or à la main, le cercle entier de tant de vexations subalternes, avant que d'arriver au juge qui en occupe le centre, et le plus souvent les ignore. Mais, qu'on puisse être inculpé pour avoir cédé à la plus tyrannique nécessité, c'eſt, je crois, ce qu'on peut hardiment nier avec tous les casuiſtes et jurisconsultes de l'univers.

Observez encore que l'on tomberait dans une contradiction puérile en attaquant un plaideur en corruption, pour avoir été forcé d'acheter de la femme de son juge des audiences à prix d'or, lorsqu'il eſt reçu, reconnu, avoué, qu'on doit en offrir à tous les secrétaires des rapporteurs, dont le revenu serait trop borné sans la générosité des clients.

En vain me direz-vous que le travail des secrétaires eſt au moins un prétexte aux largesses des plaideurs : et voilà précisément d'où naît l'abus. Les deux contendants[3] n'étant pas plus exempts de payer l'un que l'autre ce travail au secrétaire, il n'en eſt que plus exposé à la tentation de subordonner la besogne au prix qu'il en reçoit. Alors il faut convenir que les dix, vingt-cinq, quarante ou cinquante louis qu'on lui ferait accepter, deviendraient un genre de corruption bien plus dangereux autour d'un rapporteur, que celui d'intéresser sa femme. Il frapperait également sur l'homme et sur la chose, sur le juge et sur son travail. Car enfin, sa femme peut au plus lui recommander l'affaire; mais celui qui en fait l'extrait[4] eſt souvent le maître de la lui présenter à son gré; de faire valoir ou d'atténuer les moyens, selon qu'il veut favoriser ou nuire. L'équité d'un juge peut bien le tenir en garde contre la séduction de sa femme; les choses qu'elle recommande étant étrangères à son état, en demandant, elle avertit de se méfier d'elle, et son projet doit échouer, par les moyens mêmes qu'elle prend pour le faire réussir ; au lieu que tout paraît se réunir pour attirer un juge très occupé dans le piège que lui tendrait un secrétaire infidèle[1], et vendu à l'une des parties.

Nous ne voyons pourtant pas de nos jours qu'on accuse personne de vouloir corrompre les rapporteurs, quoique chaque plaideur soit toujours disposé près des secrétaires, à couvrir l'enchère de son concurrent.

C'est donc sur la main qui reçoit que la justice doit avoir l'œil ouvert, et non sur la main qui donne. La faute de celle-ci n'est qu'un accident éphémère et peu dangereux ; au lieu que l'avidité toujours subsistante de celle-là peut multiplier le mal à l'infini.

Je me fais d'autant moins de scrupule d'indiquer ici l'abus qui peut résulter de laisser aux plaideurs à payer le travail des secrétaires, que j'ai prouvé par le témoignage honorable rendu à l'un d'eux en ce mémoire[2], avec quel plaisir je rends justice à des hommes très honnêtes, aussi studieux qu'éclairés. Abstractivement parlant, un reproche général peut être bien fondé contre telle manière d'exister d'un corps, sans qu'on entende en faire d'application personnelle à aucuns[a] de ses membres actuels.

Maintenant, qu'un gazetier* joigne à la plus insidieuse annonce[3] sa ridicule réflexion qu'un plaideur est *très punissable* de chercher à corrompre son juge, et le juge *répréhensible* de se prêter à ses menées ; on perd patience à redresser de pareilles bévues : aussi n'est-ce pas pour le gazetier qu'on répond qu'il fallait dire précisément le contraire.

L'action *répréhensible* d'offrir de l'or peut au moins s'excuser dans un plaideur emporté par un violent intérêt. Comme il ne plaide que pour gagner sa cause, et qu'on lui crie de toute part : « Payez, payez, ne vous lassez pas » ; peut-il savoir au juste, à quel point, à quelle personne il doit s'arrêter ? Qui posera la barrière, et lui montrera la borne finale ? Et si la nécessité le force à passer les limites, quel homme assez pur osera lui jeter la première pierre ?

Mais le juge, organe de la loi silencieuse, le juge impassible et froid comme elle, pour les intérêts sur lesquels il doit prononcer, fera-t-il, sans crime, de la balance de Thémis un vil trébuchet de Plutus[4] ? L'intention du plaideur qui donne est au moins sujette à discussion, et peut s'interpréter de mille manières ; mais le juge qui reçoit est sans excuse aux yeux de la

* *Gazette de La Haye*, du vendredi 23 juillet 1773, n° 88.

loi. Si le premier doit acheter mille choses en plaidant, le second n'a rien à vendre en jugeant; il est donc le vrai coupable, le seul *punissable*; l'autre est tout au plus *répréhensible*.

Mais ce n'est pas de cela qu'il s'agit ici. Où la corruption n'existe point, il n'y a point de coupable à démêler, point de corrupteur à punir. En vain irait-on chercher dans Papon, dans Néron[1], ou tel autre compilateur d'ordonnances, quelque ancien arrêt du treizième ou quatorzième siècle, pour l'appliquer à la question présente; aucun ne peut certainement lui convenir. Les temps sont changés, les mœurs sont différentes, et l'espèce[2] ne saurait être aujourd'hui la même sur rien. Tout se faisait alors plus simplement : les plaideurs n'avaient point d'avocats; les juges point de secrétaires : tel jugement dont les frais épuisent une bourse de louis, ne coûtait alors qu'un cornet d'épices; et telle autre chose était un crime aux yeux de l'équité, qui s'est tournée depuis en usage aux yeux de la justice.

Et quand toutes ces raisons n'existeraient pas, aucun arrêt n'a certainement prévu le cas où je me trouve; aucune loi n'a défendu de payer des audiences indispensables, quand on ne peut les obtenir autrement. S'il est peu généreux de les vendre, il y a bien loin du malheur de les acheter aux délits sur lesquels la loi prononce des peines; et si elle n'en a point prononcé, fera-t-on une jurisprudence rétroactive, exprès pour appliquer une punition à tel fait, dont l'usage et le silence de la loi semblaient autoriser l'abus, nuisible aux seuls plaideurs?

Si l'on parvenait même à rencontrer quelque ancienne ordonnance à peu près applicable à la question présente, faudrait-il donc en tordre le sens, en étendre les dispositions, pour la faire cadrer à cet événement? Il est une maxime de jurisprudence criminelle dont on ne peut s'écarter; c'est qu'en toute loi pénale, les cas de rigueur[3] ne reçoivent jamais d'extension[4], à cause du danger extrême des conséquences.

Mais indépendamment d'un danger applicable à tous les cas, les juges ont certainement prévu celui qui résulterait en particulier d'un arrêt, lequel, au lieu de décharger de l'accusation un plaideur qui n'a fait que céder, en payant, à la plus tyrannique nécessité, sévirait contre lui dans un prononcé foudroyant. Serait-ce comme corrupteur? Nous avons prouvé qu'il ne l'est ni n'a voulu l'être; comme payeur d'audience? Dans le fait et dans le droit il n'y a pas de sa part l'ombre d'un délit.

On sent que le désir de mettre un frein, par un exemple, à la corruption, pourrait seul dicter un pareil arrêt; mais les magistrats sont bien convaincus que cet arrêt prouverait mieux leur sévérité qu'il n'honorerait leur prévoyance : ils savent qu'en en faisant porter la rigueur sur la partie déjà souffrante, et qu'en se trompant ainsi sur le choix de la victime, au lieu de couper le mal dans sa racine, on courrait le danger de l'accroître à l'infini.

Osons le dire avec liberté : si jamais il existait un juge avide et prévaricateur, chargé de l'examen d'un procès, ne deviendrait-il pas le maître à l'instant d'abuser d'un pareil arrêt, comme d'une permission enregistrée, pour dépouiller impunément les plaideurs? L'arrêt à la main : « Donne-moi cent louis, pourrait-il dire à son client, si tu veux avoir audience; mais, quand tu l'auras payée, soit que je te l'accorde ou non, lis cet arrêt, et tremble de parler. »

CARON DE BEAUMARCHAIS.
M. DOÉ DE COMBAUT, *rapporteur.*
Me MALBESTE, *avocat*[1].

SUPPLÉMENT

AU MÉMOIRE À CONSULTER POUR PIERRE-AUGUSTIN CARON DE BEAUMARCHAIS

écuyer, conseiller-secrétaire du Roi,
et lieutenant général des chasses au bailliage et capitainerie de la Varenne du Louvre,
Grande Vénerie et Fauconnerie de France,
accusé en corruption de juge et calomnie[1].

Pressé d'établir mon innocence par l'exposé des faits, j'ai hasardé mon premier mémoire. Mais avoir dit la vérité dans un commencement d'affaire est un engagement pris envers les juges et le public de continuer à la leur offrir sans relâche et sans déguisement jusqu'à sa conclusion.

J'ai trop appris, aux dépens de mon repos, combien il est dangereux d'avoir un ennemi qualifié[2]; j'ai pensé[3] payer d'une partie de ma fortune le malheur de combattre un adversaire en crédit. Aujourd'hui ce qui devrait me faire trembler me rassure.

Moins obligé d'avoir du talent, parce que j'ai du courage, la nécessité d'écrire contre un homme puissant est mon passeport auprès des lecteurs. Je ne m'abuse point : il s'agit moins pour le public de ma justification, que de voir comment un homme isolé s'y prend pour soutenir une aussi grande attaque et la repousser tout seul.

Quant à mes juges, être bien persuadé que je n'aurai pas moins de faveur à leurs pieds que mon adversaire assis au milieu d'eux; m'y présenter avec la plus grande confiance, est rendre au Parlement ce que je lui dois. Ce principe adopté, l'on sent que tout ménagement qui m'eût empêché de me défendre contre un juge, ne m'eût paru qu'une insulte au corps entier des magistrats.

Et tel était mon argument auprès des gens de loi, quand j'y cherchais un défenseur. Mais je parlais à des sourds; ils fuyaient tous en me criant de loin : « C'est un de *Messieurs*[4], ne m'approchez pas. » D'où vient donc tant d'effroi? Je ne demande que justice. *Dieu et mon droit* n'est-il plus le cri de réclamation qui rend tous les sujets d'un roi juste également recommandables aux yeux de la loi ? ou mon adversaire est-il l'arche du Seigneur[1], et sacré au point qu'on ne puisse y toucher sans être frappé de mort ? Mes ennemis sont nombreux, et je suis seul ; mais au tribunal de l'équité, le plus ferme appui de l'innocence est de n'en avoir aucun. Vos terreurs ne m'arrêteront donc point ; je me défendrai moi-même. Vous ne voyez que des hommes où je parle à des juges. Vous craignez leurs ressentiments ; moi, j'espère en leur intégrité. Qui de nous deux les honore mieux[2] à votre avis ? Mais y eût-il du danger pour moi, je préférerais de m'y exposer par un excès de confiance, à la bassesse de les outrager par une défiance malhonnête. Et s'il faut me montrer enfin tel que je suis, j'aimerais mieux trébucher même en ce combat avec leur estime et celle des honnêtes gens, que de chercher, en le fuyant, ma sûreté dans un mépris universel*.

Mon premier mémoire a laissé le procès seulement réglé à l'extraordinaire[4]. C'était poser la plume à l'instant où il devenait intéressant de la prendre. Ce nouvel aspect des choses annonçant que le Parlement voulait traiter l'affaire au plus grave[5], abattait le courage de mes amis ; il a relevé le mien. Si l'on avait voulu juger légèrement, disais-je, étouffer le fond en étranglant la forme, et ne pas peser chaque chose au poids de la plus exacte équité, tout n'est-il pas connu sur ce qui me regarde ? Ce qui ne l'est pas de même est la branche du procès qui touche M. et Mme Goëzman. Le règlement à l'extraordinaire peut seul éclaircir cette importante partie de ma justification ; il est donc beaucoup plus en ma faveur que contre moi.

Si j'ai bien ou mal raisonné, c'est ce que la suite va nous apprendre. Je supplie le lecteur de m'accorder autant d'attention que d'indulgence. Quand je n'avais à raconter qu'une suite de faits non disputés, j'ai pu soutenir un moment sa

* Ma confiance en l'équité de mes juges paraîtra bien plus courageuse encore, quand on saura que, par une bizarrerie remarquable dans tous les événements de ma vie, à l'instant même où je suis aux pieds du Parlement pour lui demander justice contre M. Goëzman, je suis forcé de solliciter au Conseil du Roi la cassation de l'arrêt du Parlement rendu sur le rapport *et d'après l'avis de M. Goëzman*, qui m'a fait perdre cinquante mille écus ; quand on saura que ma requête est admise et que j'ai déjà obtenu au Conseil un arrêt de *soit communiqué*[3]. Mais c'est ainsi que des juges doivent être honorés. Si la loi permet de se pourvoir en cassation d'arrêt, ce n'est pas que les tribunaux soient iniques ; c'est que les affaires ont deux faces et que les juges sont des hommes.

curiosité par mon empressement à la satisfaire, et sauver l'aridité du sujet par la rapidité de la marche; mais aujourd'hui qu'il me faut discuter lentement les moyens de mes adversaires, les éplucher phrase à phrase, et me traîner après eux dans le caveau de la mine où ils ont cru m'ensevelir, on sent que ma marche en deviendra pesante, et qu'il me faut ici plus de méthode que d'esprit, plus de sagacité que d'éloquence.

Ce n'est pas le fond du procès que je vais examiner; il est connu par mon premier mémoire. J'examinerai seulement la manière dont mes adversaires ont engagé l'affaire et l'ont soutenue contre moi jusqu'à ce jour. C'est une espèce de second procès dans le premier, comme l'épisode du sieur Marin et toutes ses nouvelles menées en donneront bientôt un troisième[1] dans le second.

Surtout appliquons-nous à bien effacer la tache de corruption qu'on a voulu m'imprimer; forçons Mme Goëzman à se rétracter. Car si M. Goëzman est mon véritable adversaire, il ne faut pas oublier que sa femme est mon unique contradicteur. C'est sur la foi de ce seul témoin qu'il m'a dénoncé comme ayant voulu *le corrompre et gagner son suffrage.*

Quant à ce dernier nœud, le plus difficile de tous, Mme Goëzman l'a coupé au moment qu'on s'y attendait le moins, en dictant dans son récolement[2], auquel elle s'est toujours tenue depuis, cette phrase remarquable et qui juge le procès : « Je déclare que jamais Lejay ne m'a présenté d'argent pour gagner le suffrage de mon mari, qu'on sait bien être incorruptible, mais qu'il *sollicitait* seulement des *audiences* pour le sieur de Beaumarchais. »

On en connaît assez déjà, pour être certain que mes ennemis ne s'étaient pressés de s'emparer de l'attaque, que par la frayeur d'être chargés du poids de la défense; mais ils ont beau faire, il faudra toujours y venir[a], parce qu'en acceptant le défi j'ai pris pour devise : *Courage et vérité.*

Se plaindront-ils que je me sois trop pressé de parler? Leurs déclarations étaient fabriquées, la lettre de d'Arnaud[3] les appuyait; les soins de Marin en promettaient le succès; j'étais dénoncé au Parlement; les témoins entendus; les chambres assemblées; l'arrêt intervenu[4]; Lejay emprisonné; moi décrété; les interrogatoires accumulés; les bruits les plus funestes répandus; les diffamations les plus indécentes admises; et moi j'étais muet et tranquille. Qu'ils s'agitent, qu'ils cabalent et me dénigrent sans relâche : ils ont tort, disais-je, c'est à eux de se tourmenter; si la vigilance est utile à la vertu, elle eſt bien plus nécessaire au vice. Un moment viendra où j'éclaircirai[a] tout. Il eſt arrivé. Parler plus tôt eût été fomenter un débat inutile; attendre plus tard aurait compromis mon droit : je le fais et continuerai à le faire, avec le respeɛt et la confiance dus à mes juges. Heureux si mes défenses obtiennent la sanɛtion du suffrage public.

Je passe sous silence mes confrontations[1] avec les témoins, avec le sieur Baculard d'Arnaud, conseiller d'ambassade; avec le sieur Marin, gazetier de France; en un mot, ce qu'on pourrait appeler la petite guerre, que je réserve pour un mémoire particulier; pour arriver bien vite aux objets intéressants, qui sont mes confrontations avec Mme Goëzman, l'examen des déclarations attribuées à Lejay, et la dénonciation de M. Goëzman au Parlement*.

La première partie de ce mémoire, en montrant de quel ridicule le conseil[4] de Mme Goëzman l'a forcée de se couvrir dans ses défenses, va porter ma juſtification au plus haut degré d'évidence.

La seconde, en éclairant le fond de la scène, nous met sur la trace du principal aɛteur, et découvre[b] enfin la main qui fait jouer[c] tous les ressorts de cette noire intrigue.

PREMIÈRE PARTIE

MADAME GOËZMAN

Avant d'entamer les confrontations de Mme Goëzman avec moi, il eſt bon de dire un mot de son plan de défense, le meilleur de tous, s'il était aussi sûr qu'il eſt commode.

À mesure qu'il se présentait un témoin, Mme Goëzman commençait par le reprocher[5], le récuser, l'injurier avant même qu'il eût parlé; puis le laissait dire.

C'eſt ainsi que le sieur Santerre, chargé de m'accompagner partout, en fut très maltraité, parce qu'il s'était trouvé présent à l'audience que j'avais obtenue de son mari, et m'avait

* J'attends en ce moment quatre ou cinq mémoires contre moi annoncés dans les papiers publics. Il en a déjà paru deux, l'un du sieur Baculard d'Arnaud; l'autre du gazetier de France[2]. Dans ce dernier, après quelques plaintes sur *la fausseté des calomnies* et *l'indécence des outrages* répandus dans un libelle signé, dit-on, *Beaumarchais Malbête*[3], le gazetier de France entreprend de se juſtifier par un petit manifeſte, signé Marin, qui n'eſt pas Malbeſte. M. Goëzman les diſtribue tous deux; c'eſt chez lui que j'ai fait prendre les exemplaires que j'en ai.

vu remettre à son laquais la lettre qui me l'avait procurée. Il eut beau représenter que, s'il n'eût pas été avec moi, il ne pourrait certifier ce qu'il n'aurait pas vu, et qu'en aucune affaire il n'y aurait de témoins écoutés, si on les récusait en vertu même de l'action qui les admet à témoigner; la dame assura qu'il était *de la clique infâme qui voulait flétrir sa réputation et celle du magistrat le plus vertueux*, et s'en tint à sa récusation. C'était son thème; il lui était défendu de s'en écarter; rien ne put l'en faire sortir.

Me Falconet vint ensuite, et fut traité comme le sieur Santerre. « Mais, madame, entendez donc que je suis l'avocat, et que j'ai dû accompagner mon client chez son juge. Assigné depuis pour déposer ce que j'ai vu, puis-je refuser à la vérité le témoignage qu'on me force de lui rendre? » C'était un parti pris; il fut récusé comme les autres : enfin tout autant qu'il s'en présenta se virent reprochés, récusés, injuriés sans pitié; chacun disait en sortant : « Quelle femme! je plains Beaumarchais; s'il n'est que souffleté dans sa confrontation, il pourra se vanter d'en être quitte à bon marché. »

Un seul témoin parut redoutable à Mme Goëzman; autant elle avait été fière avec tous les hommes, autant elle fut modeste[1] avec la dame Lejay; soit qu'elle comptât moins sur les égards d'une personne de son sexe, ou que leur ancienne liaison[2] lui donnât quelque inquiétude; et cette différence est d'autant plus remarquable, que la dame Lejay la charge expressément dans sa déposition, d'avoir reçu cent louis pour une audience, d'en avoir exigé et retenu quinze autres, d'avoir sollicité Lejay, en sa présence, de nier tout ce qui s'était fait entre eux, et de l'avoir voulu faire passer chez l'étranger[3] pendant qu'on accommoderait l'affaire à Paris; d'avoir dit, en parlant de M. Goëzman devant plusieurs personnes : « Il serait impossible de se soutenir honnêtement avec ce qu'on nous donne; mais nous avons l'art de plumer la poule sans la faire crier*. » La dame Lejay même ajoutait verbalement que Mme Goëzman leur avait dit au sujet des quinze louis qu'elle se promettait bien de ne pas rendre : « Tout ce que je regrette, c'est de n'avoir pas aussi gardé la montre et les cent louis; il n'en serait aujourd'hui ni plus ni moins »; mais que ne pouvant engager Lejay à vaincre son horreur pour un faux serment, elle lui avait dit enfin : « Je

* Je rétablis ici le propos dans toute sa pureté. Je ne le savais que par ouï-dire lors de mon premier mémoire[4]. Aujourd'hui j'ai lu. Il faut citer juste.

trouve un remède à vos répugnances; nous nierons hardiment; puis le lendemain nous ferons dire une messe au Saint-Esprit, et tout sera réparé. »

Un pareil témoin méritait bien le démenti, la récusation, l'injure et le reproche. Au lieu de l'apostrophe ordinaire, Mme Goëzman rougit, se tait, rêve[1] longtemps, se fait lire une seconde fois la déposition : on croit qu'elle veut la mieux comprendre, afin de la mieux combattre : elle rougit de nouveau, se trouble, demande un verre d'eau, et finit par dire en tremblant : « Madame, nous sommes ici pour avouer la vérité; dites si je me suis jamais comportée indécemment dans votre boutique en badinant avec les gens qui y étaient lorsque je vous ai visitée? — Non, madame; aussi n'ai-je pas dit un mot de cela dans ma déposition. — Dites, je vous prie, madame, si j'ai jamais monté seule[a] avec M. Lejay dans sa chambre, et si j'y suis restée enfermée avec lui de manière à donner à rire et faire jaser sur mon compte? — Eh! mon Dieu! madame, vous m'étonnez beaucoup avec vos étranges questions! Tout ce que vous demandez a-t-il aucun rapport à l'affaire qui nous rassemble? Il s'agit de cent louis que vous avez reçus, de quinze louis que vous avez dans vos mains, et non de vos tête-à-tête avec mon mari, dont personne ne se plaint. — Madame, je proteste devant qui il appartiendra que j'ai rendu les cent louis et la montre. À l'égard des quinze louis, cela ne regarde personne; c'est une affaire entre M. Lejay et moi. » Et cette étonnante explication est entièrement consignée au procès.

Remarquez bien que l'accusée ne nie pas au témoin les quinze louis, et qu'elle se contente d'écarter avec soin tout ce qui peut en amener la discussion : « À l'égard des quinze louis, c'est une affaire entre M. Lejay et moi. » Pas un mot sur les faits de la déposition; nulle autre interpellation[2] : des larmes furtives seulement qui font présumer que le témoignage qu'elle invoque sur sa conduite avec le sieur Lejay, se rapporte à quelques chagrins domestiques, dont elle ne juge pas à propos de rendre compte à la Cour. Le greffier attend ses interpellations sur le fond de l'affaire; mais Mme Goëzman, au grand étonnement des spectateurs, borne là toutes ses questions; proteste qu'elle n'a rien de plus à dire, et ferme la séance.

Je me réserve à faire mes observations sur cette conduite, quand j'aurai montré Mme Goëzman dans toute sa force avec moi. On va la voir en me parlant prendre un ton bien différent; mais ce rapprochement, loin de nuire à la vérité que nous cherchons, la montrera peut-être mieux à des yeux non prévenus, que tous les arguments que j'emploierais pour la mettre au grand jour.

CONFRONTATION DE MOI À MME GOËZMAN[1]

On n'imaginerait pas combien nous avons eu de peine à nous rencontrer, Mme Goëzman et moi; soit qu'elle fût réellement incommodée autant de fois qu'elle l'a fait dire au greffe, soit qu'elle eût plus besoin d'être préparée pour soutenir le choc d'une confrontation aussi sérieuse que la mienne. Enfin nous sommes en présence.

Après les serments reçus et les préambules ordinaires sur nos noms et qualités, on nous demanda si nous nous connaissions. « Pour cela non, dit Mme Goëzman, je ne le connais ni ne veux jamais le connaître. » Et l'on écrivit. « Je n'ai pas l'honneur non plus de connaître Madame; mais en la voyant je ne puis m'empêcher de former un vœu tout différent du sien. » Et l'on écrivit.

Mme Goëzman sommée ensuite d'articuler ses reproches, si elle en avait à fournir contre moi, répondit : « Écrivez que je reproche et récuse Monsieur, parce qu'il eſt mon ennemi capital[2], et parce qu'il a une âme atroce connue pour telle dans tout Paris, *etc.* »

Je trouvai la phrase un peu masculine pour une dame; mais en la voyant s'affermir sur son siège, sortir d'elle-même, enfler sa voix pour me dire ces premières injures, je jugeai qu'elle avait senti le besoin de commencer l'attaque par une période vigoureuse pour se mettre en force; et je ne lui en sus pas mauvais gré.

Sa réponse écrite en entier, on m'interroge à mon tour. Voici la mienne. « Je n'ai aucun reproche à faire à Madame, pas même sur la petite humeur qui la domine en ce moment; mais bien des regrets à lui montrer de ne devoir qu'à un procès criminel l'occasion de lui offrir mes premiers hommages. Quant à l'atrocité de mon âme, j'espère lui prouver par la modération de mes réponses, et par ma conduite respectueuse, que son conseil l'a mal informée sur mon compte. » Et l'on écrivit. Tel eſt en général le ton qui a régné entre cette dame et moi pendant huit heures que nous avons passées ensemble en deux fois.

Le greffier lit mes interrogatoires et récolements, après

lesquels on demande à Mme Goëzman si elle a quelques observations à faire sur ce qu'elle vient d'entendre. « Ma foi non, monsieur (répond-elle en souriant au magistrat); que voulez-vous que je dise à tout ce fatras de bêtises? Il faut que Monsieur ait bien du temps à perdre pour avoir fait écrire autant de platitudes. » Je ne fus pas fâché de la voir un peu adoucie sur mon compte : car enfin des bêtises ne sont pas des atrocités[1].

« Faites vos interpellations, madame, lui dit le conseiller-commissaire[2]. Je suis obligé de vous prévenir qu'après ce moment, il ne sera plus temps. – Eh mais sur quoi, monsieur? Je ne vois pas moi... Ah!... écrivez qu'en général toutes les réponses de Monsieur sont fausses et suggérées. »

Je souriais. Elle voulut en savoir la raison : « C'est, madame, qu'à votre exclamation, j'ai bien jugé que vous vous rappeliez subitement cette partie de votre leçon; mais vous auriez pu l'appliquer plus heureusement. Sur une foule d'objets qui vous sont étrangers dans mes interrogatoires, vous ne pouvez savoir si mes réponses sont *fausses* ou vraies. À l'égard de *la suggestion*, vous avez certainement confondu; parce qu'étant regardé par votre conseil comme le chef *d'une clique* (pour user de vos termes[3]), on vous aura dit que je suggérais les réponses aux autres; et non que les miennes m'étaient *suggérées*. Mais n'auriez-vous rien à dire de particulier sur la lettre que j'ai eu l'honneur de vous écrire, et qui m'a procuré l'audience de M. Goëzman[4]? – Certainement, monsieur... attendez... écrivez... quant à l'égard de la soi-disante audience... de la soi-disante... audience... »

Tandis qu'elle cherche ce qu'elle veut dire, j'ai le temps d'observer au lecteur que le tableau de ces confrontations n'est point un vain amusement que je lui présente : il m'est très important qu'on y voie l'embarras de la dame, pour lier à des idées très communes les grands mots de Palais dont son conseil avait eu la gaucherie de les habiller. « La soi-disante audience... envers et contre tous... ainsi qu'elle avisera... un commencement de preuve par écrit... » et autres phrases où l'on sent la présence du dieu qui inspire la prêtresse, et lui fait rendre ses oracles en une langue étrangère qu'elle-même n'entend point.

Enfin Mme Goëzman fut si longtemps à chercher, répétant toujours « la soi-disant audience... », le greffier la plume en l'air, et nos six yeux fixés sur elle, que M. de Chazal, commissaire, lui dit avec douceur : « Eh bien! madame, qu'entendez-vous par " la soi-disante audience " ? Laissons les mots : assurez vos idées : expliquez-vous, et je rédigerai fidèlement votre interpellation. — Je veux dire, monsieur, que je ne me mêle point des affaires ni des audiences de mon mari, mais seulement de mon ménage; et que si Monsieur a remis une lettre à mon laquais, ce n'a été que par excès de méchanceté : ce que je soutiendrai envers et contre tous. » Le greffier écrivait. « Daignez nous expliquer, madame, quelle méchanceté vous entendez trouver dans l'action toute simple de remettre une lettre à un valet? » Nouvel embarras sur ma méchanceté; cela devenait long... et si long... que nous laissâmes là ma méchanceté; mais, en revanche, elle nous dit : « S'il est vrai que Monsieur ait apporté chez moi une lettre, auquel de nos gens l'a-t-il remise? — À un jeune laquais blondin[1], qui nous dit être à vous, madame. — Ah! voilà une bonne contradiction! Écrivez que Monsieur a remis la lettre à un blondin; mon laquais n'est pas blond, mais châtain clair. » (Je fus atterré de cette réplique.) « Et si c'était mon laquais, comment est ma livrée? » Me voilà pris; cependant, me remettant un peu, je répondis de mon mieux : « Je ne savais pas[a] que Madame eût une livrée[2] particulière. — Écrivez, écrivez, je vous prie, que Monsieur, qui a parlé à mon laquais, ne sait pas que j'ai une livrée particulière, moi qui en ai deux, celle d'hiver et celle d'été. — Madame, j'entends si peu vous contester les deux livrées d'hiver et d'été qu'il me semble même que ce laquais était en veste de printemps du matin, parce que nous étions au 3 avril. Pardon, si je me suis mal expliqué. Comme en vous mariant il est naturel que vos gens aient quitté votre livrée pour ne plus porter que celle de la maison Goëzman, je n'aurais pu distinguer à l'habit si le laquais était à Monsieur ou à Madame. Il a donc bien fallu sur ce point délicat m'en rapporter à sa périlleuse parole : au reste, qu'il soit blond ou châtain clair; qu'il portât la livrée Goëzman ou la livrée Jamart*, toujours est-il vrai que devant deux témoins irréprochables, Me Falconet et le sieur Santerre, un laquais *soi-disant*[4] à vous, a été chargé par moi, sur le perron de votre escalier, d'une lettre qu'il ne voulait pas porter alors, parce que Monsieur, disait-il, était avec Madame; qu'il porta cependant quand je l'eus rassuré, et

* Mme Goëzman, étant fille, s'appelait Mlle Jamart; mais il n'est pas vrai qu'elle fût comédienne à Strasbourg, quand M. Goëzman l'épousa[3], comme le dit faussement le gazetier de La Haye, qui n'épargne pas plus les juges que les plaideurs[b].

dont il nous rendit bientôt cette réponse verbale : “ Vous pouvez monter au cabinet de Monsieur; il va s’y rendre à l’instant par un escalier intérieur. ” En effet, M. Goëzman nous y joignit peu de temps après. »

« Tout ce bavardage ne fait rien, reprit Mme Goëzman. Vous n’avez pas suivi mon laquais sur l’escalier, par-devant témoins, ainsi vous ne pouvez attester qu’il m’ait remis la lettre en mains propres : et moi, *je déclare que je n’ai jamais reçu aucune lettre de Monsieur, ni de sa part; et que je ne me suis mêlée nullement de lui faire avoir cette audience.* Écrivez exactement. »

« Eh! dieux! madame, à quel soupçon nous livrez-vous? C’est bien pis, si vous n’avez pas reçu la lettre des mains du laquais : comme il est prouvé au procès que cet homme l’a prise des miennes, et que l’apparition de M. Goëzman s’accorde en tout avec la réponse verbale du châtain clair, il en faudrait conclure que ce perfide laquais de femme aurait remis la lettre à votre mari; cette lettre, madame, par laquelle vous étiez sommée, *suivant votre accord avec Lejay, de me procurer l’audience*; il en faudrait conclure que cet époux, non moins honnête que curieux, se serait cru, en galant homme, obligé de tenir les engagements de sa femme, et... achevez la phrase, madame; en honneur, je n’ai pas le courage de la pousser plus loin : décidez lequel des deux époux ouvrit la lettre qui produisit l’audience; mais si vous persistez à soutenir que ce n’est pas vous, ne dites plus au moins que je compromets M. Goëzman dans cette affaire; il est bien prouvé pour le coup que c’est vous-même qui le compromettez. »

« Laissez-moi tranquille, monsieur, reprit-elle avec colère : s’il fallait répondre à tant d’impertinences, on resterait sur cette sotte lettre jusqu’à demain matin : *Je m’en tiens à ce que j’ai dit, et n’y veux pas ajouter un mot davantage.* »

Comme c’était sur mon interrogatoire qu’on argumentait, et que Mme Goëzman ne poussa pas plus loin ses observations, ma confrontation avec elle fut close à l’instant. Alors il fut question de la sienne avec moi; car pour l’instruction de ceux qui sont assez heureux pour n’avoir pas encore été dénoncés par M. Goëzman sur des audiences payées à sa femme, il est bon d’observer que, quand deux accusés sont confrontés l’un à l’autre, celui dont on a lu l’interrogatoire n’a pas le droit d’interpeller; il ne fait que répliquer, observer; mais il prend sa revanche, il interpelle à son tour, à la lecture des pièces de son coaccusé.

Il en résulte que, lorsqu'un accusé a fait le tour entier des confrontations actives et passives, il connaît le procès à peu près aussi bien que ceux qui doivent le juger.

Je puis donc attester de nouveau que tout ce que j'ai avancé dans mon premier mémoire, sur la seule conviction de mon innocence, est exactement conforme aux pièces du procès : je m'en suis convaincu à leur lecture; et ce n'est pas sans raison que je pèse[1] là-dessus. Il se répand dans le public, que la seule réponse due à mon mémoire est d'assurer que c'est un tissu de faussetés naïvement débitées.

Laissons cette faible ressource à l'iniquité : ne lui disputons pas ce triomphe d'un moment. Elle n'en aura point d'autre.

Ô mes juges! c'est à vous que j'ai l'honneur d'adresser ce que j'écris. Vous lirez, vous comparerez tout; et vous me vengerez de ces nouvelles calomnies. C'est votre jugement qui m'en fera raison. Voudrais-je en imposer sous vos yeux au public! on entend partout mes ennemis crier contre moi, s'agiter, menacer. En me ménageant plus, ils me serviraient moins. Aux yeux de l'équité, le mal qu'on veut à l'innocence, est la mesure du bien qu'on lui fait. Ils voudraient m'effrayer sur le procès et sur les juges, m'amener à redouter l'injustice de ceux à qui je viens demander raison de la leur; et me faire puiser la terreur dans le sein même où je viens chercher la paix. Ô mes juges! ma confiance en vous se ranime et s'accroît par les efforts accumulés pour l'éteindre. Échauffés sur la sainteté de votre ministère, vous saisirez cette occasion de vous honorer aux yeux de la nation qui vous attend : elle se souviendra surtout qu'en vengeant un faible citoyen, vous n'avez pas oublié que son adversaire était conseiller au Parlement.

CONFRONTATION DE MME GOËZMAN À MOI

Il était tard; à peine eut-on le temps ce jour-là de lire les interrogatoires et récolements de Mme Goëzman. Ah! grands dieux! quels écrits! figurez-vous un chef-d'œuvre de contradictions, de maladresse et de turpitude, et vous n'en aurez pas encore une véritable idée. Je ne pus m'empêcher de m'écrier : « Quoi! madame, il y a quelqu'un au monde assez ennemi de lui-même, pour vous confier son honneur et le secret d'une intrigue aussi sérieuse à défendre! pardon; mon étonnement ici porte moins sur vous que sur le conseil qui vous met en œuvre. — Eh! qu'y a-t-il donc, monsieur, s'il vous plaît, dans tout ce qu'on vient de lire? — Que vous êtes, madame, une femme très aimable[1], mais que vous manquez absolument de mémoire : et c'est ce que j'aurai l'honneur de vous prouver demain matin. »

Je demande pardon au lecteur, si mon ton est un peu moins grave ici qu'un tel procès ne semble le comporter. Je ne sais comment il arrive qu'aussitôt qu'une femme est mêlée dans une affaire, l'âme la plus farouche s'amollit et devient moins austère; un vernis d'égards et de procédés se répand sur les discussions les plus épineuses; le ton devient moins tranchant; l'aigreur s'atténue; les démentis s'effacent, et, tel est l'attrait de ce sexe qu'il semblerait qu'on dispute moins avec lui pour éclaircir des faits, que pour avoir occasion de s'en rapprocher.

Eh! quel homme assez dur se défendrait de la douce compassion qu'inspire un trop faible ennemi, poussé dans l'arène par la cruauté de ceux qui n'ont pas le courage de s'y présenter eux-mêmes? qui peut voir sans s'adoucir une jeune femme jetée entre des hommes, et forcée par l'acharnement des uns de se mettre aux prises avec la fermeté des autres; s'égarer dans ses fuites[a2]; s'embarrasser dans ses réponses; sentir qu'elle en rougit, et rougir encore plus, de dépit de ne pouvoir s'en empêcher?

Ces greffes, ces confrontations, tous ces débats virils ne sont point faits pour les femmes : on sent qu'elles y sont déplacées : le terrain anguleux et dur de la chicane blesse leurs pieds délicats : appuyées sur la vérité même, elles auraient peine à s'y porter : jugez quand on les force à y soutenir le mensonge! Aussi malheur à qui les y poussa! Celui qui s'appuie sur un faible roseau, ne doit pas s'étonner qu'il se brise et lui perce la main.

Que, dans le principe[3], on ait fait nier à Mme Goëzman qu'elle a mis à profit son influence sur le cabinet de son mari, il n'y avait pas encore un grand mal; mais lorsque les décrets lancés ont suspendu l'état et coupé la fortune des citoyens; lorsque les cachots sont remplis, et que des malheureux y gémissent; qu'on ait le honteux courage d'exposer une femme, aussi troublée par le cri de sa conscience qu'effrayée sur les suites de sa démarche, à se défendre en champ clos contre la force et la vérité réunies... c'est presque moins une atrocité qu'une maladresse insoutenable[4].

Aussi Mme Goëzman, au lieu de se trouver au greffe le lendemain à dix heures du matin comme elle l'avait promis, eut-elle bien de la peine à s'y rendre sur les quatre heures après midi. Je m'aperçus néanmoins que de nouveaux confortatifs[1] avaient remonté son âme à peu près au même point de jactance et d'aigreur où je l'avais vue en commençant la veille avec moi. Mais j'avais lu ses défenses. Les rires, les propos forcés, les éclairs de fureur, les tonnerres d'injures étaient devenus sans effet.

Pour prévenir un nouvel orage, je pris la liberté de lui dire : « Aujourd'hui, madame, c'est moi qui tiens l'attaque[2], et voici mon plan. Nous allons repasser vos interrogatoires et récolements; je ferai mes observations; mais chaque injure que vous me direz, permettez que je m'en venge à l'instant, en vous faisant tomber dans de nouvelles contradictions. — De nouvelles, monsieur? Est-ce qu'il y en a dans tout ce que j'ai dit? — Ah! bon Dieu, madame, elles y fourmillent; mais j'avoue qu'il est encore plus étonnant de ne pas les apercevoir en relisant que de les avoir faites en dictant. »

Je pris les papiers pour les parcourir. « Comment donc! est-ce que Monsieur a la liberté de lire ainsi tout ce qu'on m'a fait écrire? — C'est un droit, madame, dont je ne veux user qu'avec toutes sortes d'égards. Dans votre premier interrogatoire, par exemple, à seize questions de suite sur un même objet c'est à savoir *si vous avez reçu cent louis de Lejay, pour procurer une audience au sieur de Beaumarchais*, je vois, au grand honneur de votre discrétion, que les seize réponses ne sont chargées d'aucun ornement superflu.

« Interrogée si elle a reçu cent louis en deux rouleaux? A répondu : "*Cela est faux.*" Si elle les a serrés dans un carton de fleurs? "*Cela n'est pas vrai.*" Si elle les a gardés jusqu'après le procès? "*Mensonge atroce.*" Si elle n'a pas promis une audience à Lejay pour le soir même? "*Calomnie abominable.*" Si elle n'a pas dit à Lejay : l'or n'était pas nécessaire, et votre parole m'eût suffi? "*Invention diabolique*", etc., etc. Seize négations de suite au sujet des cent louis.

« Et cependant au second interrogatoire, pressée sur le même objet, on voit que Mme Goëzman a répondu librement : qu'il est vrai que Lejay lui a présenté cent louis; *qu'il est vrai qu'elle les a serrés et gardés dans son armoire un jour et une nuit*; mais uniquement par complaisance pour ce pauvre Lejay, parce que c'est un bon homme, qui n'en sentait pas la conséquence, qui d'ailleurs lui est utile pour la vente des livres de son mari; et parce que cet argent pouvait le fatiguer dans des courses qu'il allait faire. » (Quelle bonté! la somme était en or.)

« Comme ces réponses sont absolument contraires aux premières, je vous supplie, madame, de vouloir bien nous dire auquel des deux interrogatoires vous entendez vous tenir, sur cet objet important. — À l'un ni à l'autre, monsieur; tout ce que j'ai dit là ne signifie rien; et je m'en tiens à mon récolement qui est la seule pièce contenant vérité. » Tout cela s'écrivait.

« Il faut convenir, lui dis-je, madame, que la méthode de récuser ainsi son propre témoignage après avoir récusé celui de tout le monde, serait la plus commode de toutes, si elle pouvait réussir. En attendant que le Parlement l'adopte, examinons ce qui est dit sur ces cent louis dans votre récolement. Mme Goëzman y assure qu'elle était à sa toilette lorsque Lejay lui a présenté les cent louis; elle assure qu'elle l'a prié de les remporter (mais sans indignation pourtant), et *que, lorsqu'il a été parti, elle a été tout étonnée de les retrouver dans un carton de fleurs au coin de sa cheminée*[a] ; et qu'elle a envoyé *trois fois* dans la journée dire à ce pauvre Lejay de venir reprendre son argent; ce qu'il n'a fait que le lendemain.

« Observez, madame, que d'un côté vous avez rejeté les cent louis avec indignation; que de l'autre, vous les avez serrés avec complaisance; et que de l'autre enfin, c'est à votre insu que l'or est resté chez vous. Voilà trois narrations du même fait, assez dissemblables : quelle est la bonne, je vous prie? — Je vous l'ai déjà dit, monsieur, je m'en tiens à mon récolement. — Oserais-je vous demander, madame, pourquoi vous rejetez les réponses de votre second interrogatoire, qui me paraît s'approcher davantage de la véritable vérité? — Je n'ai rien à répondre : mes raisons sont dans mon récolement : vous pouvez les y lire. »

En effet j'y lus, non sans étonnement : « Mme Goëzman interpellée de nous déclarer si son second interrogatoire contient vérité, si elle entend s'y tenir, et si elle n'y veut rien changer, ajouter ni retrancher, a répondu que son second interrogatoire contient vérité; qu'elle entend s'y tenir et n'y veut rien changer, ajouter ni retrancher; fors seulement que tout ce qu'elle y a dit est faux d'un bout à l'autre. » On y lit ensuite ces propres mots : « Parce que, ce jour-là, Mme Goëzman prétend qu'elle ne savait ce qu'elle disait et n'avait pas sa tête à elle, *étant dans un temps critique.* » « Critique à part, madame, lui dis-je en baissant les yeux pour elle, cette raison de vous démentir me paraît un peu bien singulière[a], et...* — Vous me croirez si vous voulez, monsieur; mais en vérité il y a des temps où je ne sais ce que je dis, où je ne me souviens de rien : encore l'autre jour... » et elle nous enfila[1] une de ces petites histoires dont tout le mérite est de rassurer[2] la contenance de celui qui les fait.

Pour l'honneur de la vérité, il faut avouer qu'en parlant ainsi, l'éclair des yeux ne brillait plus, la physionomie était modeste, le ton doux, plus de jactance, plus d'injures : pour le coup je reconnus le langage aimable d'une jeune femme.

« Eh bien, madame, je n'insisterai pas sur ce point, qui paraît vous mettre à la gêne[3] et vous oppresser. Ce que vous ne débattrez pas aigrement vous sera toujours accordé par moi. La plus forte arme de votre sexe, madame, est la douceur; et son plus beau triomphe est d'avouer sa défaite. Mais daignez au moins nous expliquer pourquoi vous avez nié dans votre premier interrogatoire, seize fois de suite, le séjour que les cent louis ont fait chez vous, et dont vous convenez dans votre récolement. Pardon si j'entre ici dans des détails un peu libres pour un adversaire; mais les intimes confidences que vous venez de faire au Parlement semblent m'y autoriser : à en juger par la date de ce premier interrogatoire, il ne paraît pas que vous eussiez alors la tête troublée par les embarras d'un aussi pénible aveu que le jour du second[4]; et cependant vous n'y êtes pas moins contraire en tout à votre récolement. — Si j'ai nié, monsieur, ce jour-là, que j'eusse reçu et gardé l'argent, c'est qu'apparemment je l'ai voulu ainsi; mais, comme je l'ai déjà dit et le répète pour la dernière fois, je n'entends m'en tenir, sur ce fait, qu'à mon récolement; je suis fâchée que cela vous déplaise. — À moi, madame? Au contraire; on ne peut pas mieux répondre, et je vous jure que cela me plaît à tel point qu'en l'écrivant, je serais désolé qu'on y changeât un mot. »

Le ton, comme on voit, était déjà remonté d'un degré. « Puisque votre dernier mot, madame, est de vous en tenir sur ces cent louis à votre récolement, me permettez-vous de proposer encore une observation? — Ah! pardi, monsieur, avec vos questions, vous m'impatientez, vous êtes bavard comme une femme. — Sans adopter les qualités pour les dames ni pour moi, ne vous offensez pas si j'insiste, madame,

* Sans l'extrême importance de cette citation, j'aurais omis par décence l'étrange moyen de Mme Goëzman, et je me garderais bien de peser[b] sur des détails que mon respect pour les dames désavoue.

à vous prier de nous dire quelle personne vous avez envoyée trois fois dans la journée chez ce pauvre Lejay, pour qu'il vînt reprendre les cent louis; ces perfides cent louis qu'il avait furtivement glissés parmi vos fleurs d'Italie, pendant que vous aviez le dos tourné, et que vous ne pouviez au plus voir ce qu'il faisait que dans votre miroir de toilette. – Je n'ai pas de compte à vous rendre : écrivez que je n'ai pas de compte à rendre à Monsieur, et qu'il ne me pousse ainsi de questions que pour me faire tomber dans quelques contradictions. – Écrivez, monsieur, dis-je au greffier : la réponse de Madame est trop ingénue pour qu'on doive la passer sous silence. »

Cependant, pressée de nouveau par le conseiller-commissaire de répondre plus catégoriquement sur l'homme qui avait fait les trois commissions, elle lui dit, avec un petit dépit concentré : « Eh bien, monsieur, puisqu'il faut absolument le nommer; c'est mon laquais que j'y ai envoyé : il n'y a qu'à le faire entrer. »

Pendant qu'on écrivait sa réponse, M. de Chazal reprit très sérieusement : « Observez, madame, que si votre laquais, interrogé sur ce fait, allait dire qu'il n'a pas été chez Lejay, cela tirerait à conséquence pour vous : voyez, rappelez-vous bien. – Monsieur, je n'en sais rien; écrivez, si vous voulez, que ce n'est pas mon laquais, mais un Savoyard. Il y a cent crocheteurs[1] sur le quai Saint-Paul[a] où je demeure; Monsieur peut y aller aux enquêtes[2], si le jeu l'amuse. » (Ce qui fut écrit aussi.) « Je n'irai point, madame, et je vous rends grâces de la manière dont vous avez éclairci les cent louis : j'espère que la Cour ne sera pas plus embarrassée que moi, pour décider si vous les avez *rejetés hautement et avec indignation*, ou si vous les avez serrés discrètement et avec satisfaction.

« Passons à un autre article non moins intéressant, celui des quinze louis. – N'allez-vous pas dire encore, monsieur, que je conviens de les avoir reçus? – Pour des aveux formels, madame, je n'ai pas la présomption de m'en flatter : je sais qu'on n'en obtient de vous qu'en certains temps[b], à certains jours marqués... Mais j'avoue que je compte assez sur de petites contradictions pour espérer qu'avec l'aide de Dieu et du greffier, nous dissiperons le léger brouillard qui offusque[3] encore la vérité. »

Alors je la priai de vouloir bien nous dire nettement et sans équivoque, si elle n'avait pas exigé de Lejay quinze louis pour le secrétaire, et si elle ne les avait pas serrés dans son bureau, quand Lejay les lui remit en argent. « Je réponds, nettement et sans équivoque, que jamais Lejay ne m'a parlé de ces quinze louis, ni ne me les a présentés[a]. »

« Observez, madame, qu'il y aurait bien plus de mérite à dire : " Je les ai refusés ", qu'à soutenir que vous n'en avez eu aucune connaissance. – Je soutiens, monsieur, qu'on ne m'en a jamais parlé : y aurait-il eu le sens commun d'offrir quinze louis à une femme de ma qualité! à moi, qui en avais refusé cent la veille! – De quelle veille parlez-vous donc, madame? – Eh! pardi, monsieur, de la veille du jour... » (Elle s'arrêta tout court en se mordant la lèvre.) « De la veille du jour, lui dis-je, où l'on ne vous a jamais parlé de ces quinze louis, n'eſt-ce pas? »

« Finissez, dit-elle en se levant furieuse, ou je vous donnerai une paire de soufflets... J'avais bien affaire de ces quinze louis! Avec toutes vos mauvaises petites phrases détournées, vous ne cherchez qu'à m'embrouiller et me faire couper; mais je jure, en vérité, que je ne répondrai plus un seul mot. » Et l'éventail apaisait, à coups redoublés, le feu qui lui était monté au visage.

Le greffier voulut dire quelque chose; il fut rembarré d'importance. Elle était comme un lion de sentir qu'elle avait manqué d'être prise.

Le sage conseiller, pour apaiser le débat, me dit alors : « Ce que vous demandez là vous paraît-il bien essentiel? Madame a déjà fait écrire tant de fois qu'elle n'a pas reçu ces quinze louis! Qu'importe qu'on les lui ait offerts ou non, dès qu'elle[1] s'en offense? »

« Je ne sais, monsieur, pourquoi Madame en eſt blessée; ces mots " exigés pour le secrétaire ", que j'ai eu soin d'ajouter à ma phrase, devraient lui prouver que je n'entends point l'obliger à rougir ici sur une demande de quinze louis, qu'elle n'était pas censée alors faire pour elle-même. À la bonne heure : ne parlons plus des cent louis *rejetés la veille du jour... où on ne lui a jamais parlé de ces quinze louis*, puisque cela trouble la paix de notre conférence : mais je demande pardon et faveur pour ma queſtion; on ne connaît souvent la valeur des principes que quand les conséquences sont tirées. Je vous prie donc de vouloir bien au moins faire écrire exactement *que Mme Goëzman assure qu'on ne lui a jamais parlé des quinze louis, ni proposé de les accepter.* » (Ce qui fut écrit; et elle se remit sur son siège.)

Alors certain de mon affaire, je priai le greffier de représenter à Mme Goëzman la copie de la lettre que je lui avais écrite le 21 avril, telle qu'on l'a pu lire[1], pages 16 et 17 de mon premier mémoire, et qui a été annexée au procès par Lejay, où l'on voit cette phrase entre autres :

« Je me garderais de vous importuner, si, après la perte de mon procès, lorsque vous avez bien voulu me faire remettre mes deux rouleaux de louis et la répétition enrichie de diamants qui y était jointe, *on m'avait aussi rendu de votre part quinze louis que l'ami commun, qui a négocié, vous a laissés de surérogation.* »

« N'est-ce pas là, madame, lui dis-je, la copie de ma lettre qui vous fut apportée par Lejay, le 21 avril[2], et que vous confrontâtes ensemble avec l'original dont vous étiez si fort irritée ? » Mme Goëzman, après l'avoir lue, la rejette avec colère et dit : « Je ne connais point du tout ce chiffon de papier, qu'on ne m'a jamais montré : je soutiens, au contraire, que la lettre que je reçus alors de Monsieur n'avait aucun rapport à cette copie, et qu'elle n'était qu'un autre chiffon qui ne signifiait rien, et que j'ai jeté au vent. » (Ce que je fis écrire très exactement.)

« Avant d'aller plus loin, j'ai l'honneur d'observer à Madame, que je lui tiens fidèlement ma parole de ne me venger de ses injures qu'en la forçant à se contredire. *Elle convient aujourd'hui qu'elle a reçu une lettre de moi;* et je vois dans son premier interrogatoire, qu'*elle y a nié onze fois de suite qu'elle eût reçu une lettre de moi*. »

Mme Goëzman, après avoir longtemps rêvé, répond enfin que, *si elle a d'abord nié cette lettre, c'est qu'elle ne se souvenait plus alors d'un chiffon de papier qui ne signifiait rien, n'était de nulle importance, et qu'elle a jeté au vent.*

Sa réponse écrite, je lui observe qu'il s'en faut de beaucoup que cette lettre lui ait paru d'aussi peu d'importance qu'elle veut le faire entendre, et qu'elle l'ait jetée au vent comme un chiffon inutile, puisque, dans son second interrogatoire, que j'ai sous les yeux, elle s'en explique à peu près en ces termes :

« Tout ce dont Mme Goëzman se souvient, c'est qu'elle a reçu une lettre du sieur de Beaumarchais, et qu'en la lisant, *elle s'est mise dans une si grande colère*, croyant y voir qu'il répétait les cent louis et la montre *avec les quinze louis*[3], qu'elle a envoyé chercher Lejay sur-le-champ, pour savoir de lui s'il n'avait pas rendu la montre et les cent louis qu'on lui redemandait *avec les quinze louis*; que Lejay, de retour chez elle, en lui montrant la copie de la lettre du sieur de Beaumarchais, l'avait assurée qu'elle se trompait à la lecture; qu'il ne s'agissait dans cette lettre *que des quinze louis*, et non de tout le reste qu'il avait rendu devant de bons témoins; qu'alors en y confrontant la présente copie, *qu'elle reconnaît bien pour être celle de la lettre du sieur de Beaumarchais*, elle avait vu qu'elle était littérale, et avait déchiré la lettre après*. »

« Sommes-nous quittes, madame? Comptons, vous et moi; je vois ici deux, trois, quatre bonnes contradictions.

« D'abord vous n'avez jamais reçu de lettre de moi; ensuite vous en avez reçu une, mais qui n'était de nulle importance, un chiffon qui ne signifiait rien; puis tout à coup voilà ce chiffon transformé en une lettre fort irritante, et qui produit une scène entre vous et Lejay, et cette lettre était, selon vous, alors conforme à la copie qu'on en présentait; cependant aujourd'hui vous assurez que vous ne connaissez point cette copie, ce chiffon de papier, et qu'il n'a nul rapport à la lettre que vous avez reçue de moi. Cela vous paraît-il assez clair, assez positif, assez contradictoire?

« Mais n'en parlons plus; aussi bien n'était-ce pas de cela qu'il s'agissait, quand la querelle s'est élevée entre nous. – Et de quoi donc s'agissait-il, monsieur? » (Me regardant avec inquiétude.) « Vous nous avez bien certifié tout à l'heure, madame, que *jamais Lejay ne vous avait parlé de ces quinze louis, ni ne vous les avait présentés le lendemain de cette veille...* sur laquelle notre débat a commencé; ainsi vous ignoriez parfaitement, quand ma lettre vous est parvenue le 21 avril, qu'il y eût eu quinze louis déboursés par moi, pour le secrétaire, en sus des cent louis donnés pour l'audience? – Certainement, monsieur. – Cela va bien, madame. Mais comment arrive-t-il que ces quinze louis ne fussent pas du tout de votre connaissance, et qu'ils en fussent en même temps si bien qu'on vous les voit rappeler deux ou trois fois, comme chose très familière, dans l'aveu de tout ce qui se passa le 21 avril, que nous venons de lire, et qui est entièrement de vous? On y voit que, dans ma lettre, ce n'est pas la demande des *quinze louis* qui vous étonne, et vous met en fureur; mais seulement celle que vous croyez que je vous fais des cent louis et de la montre que vous aviez rendus; on y voit que Lejay ne dit pas pour vous calmer : " Ce sont des fri-

* Toutes ces citations sont des efforts de mémoire, et le fruit des notes que j'ai faites en sortant de chaque confrontation où toutes les pièces m'ont passé sous les yeux. Peut-être y a-t-il quelques légères différences entre les paroles; mais je certifie que le sens y est conservé avec la plus grande fidélité.

pons à qui je ferai bien voir qu'ils n'ont jamais donné *ces quinze louis qu'ils redemandent* "; mais qu'il vous apaise en vous disant, au contraire : " Vous vous êtes trompée, madame, en lisant cette lettre qui vous irrite si fort; voyez donc qu'on ne vous y demande point les cent louis et la montre, que j'ai bien rendus devant témoins, *mais seulement les quinze louis* dont M. de Beaumarchais veut être éclairci, parce qu'il sait que le secrétaire ne les a pas reçus "; qu'alors confrontant la copie avec la lettre, et reconnaissant qu'il n'y est, en effet, question que des quinze louis, votre fureur s'apaise et que tout finit là.

« Si ce détail que je n'aurais pu raccourcir sans le rendre obscur; si vos réponses, vos fuites, vos aveux, vos contradictions, combinées avec les dires de Lejay, ne prouvent pas clair comme le jour que vous avez les quinze louis, il faut jeter la plume au feu, et renoncer à rien prouver aux hommes.

« J'entends fort bien pourquoi vous niez aujourd'hui que Lejay vous ait jamais parlé de ces quinze louis; c'est afin de couper court, par un seul mot, à toute question embarrassante; mais la dénégation sèche d'avoir eu connaissance d'un fait sur lequel vous êtes entrée antérieurement dans d'aussi grands détails, madame, n'est qu'une preuve de plus pour moi, que ce fait est aussi vrai que son examen vous paraît redoutable : et voilà mon dilemme achevé. Qu'avez-vous à répondre?

– Rien de si simple à expliquer que tout cela, monsieur. Ne vous ai-je pas dit que, le jour de mon second interrogatoire, où je suis convenue d'avoir reçu et serré les cent louis, et où j'ai fait étourdiment cette histoire de la lettre et des quinze louis, je n'avais pas ma tête à moi, et que j'étais dans un état?...

– Eh! daignez, madame, en sortir quelquefois; si ce n'est par égard pour nous, que ce soit au moins par respect pour vous-même! n'avez-vous pas de moyen plus modeste et moins bizarre de colorer vos défaites[1] ? »

Mme Goëzman un peu confuse, soutint néanmoins que, sa réponse étant dans les règles de la procédure, je n'avais pas droit d'en exiger une autre.

« Détrompez-vous, madame; avant que le Parlement accepte vos confidences et s'arrête à vos étranges déclarations, il faut qu'un nouvel article ajouté au Code criminel ait rendu l'examen des matrones[2] un prélude nécessaire à chaque interrogatoire des femmes accusées : jusque-là vous implorez en vain, pour la mauvaise foi, l'indulgence qui n'est due qu'à la mauvaise santé.

« D'ailleurs on sait que ces fumées[1], ces vapeurs et tous ces petits désordres de tête, qui rendent les jeunes personnes plus malheureuses et non moins intéressantes, ne les affectent qu'en des temps de fermentation et de plénitude[2], et jamais dans ceux où la nature bienfaisante leur vend, au prix d'une légère indisposition, la beauté, la fraîcheur et tous les agréments qui nous charment en elles : les doctes vous diront que la tête en est plus saine, que les idées en sont plus nettes ; et vous concevez que je ne joins ici ma consultation à la leur que pour couvrir d'avance d'un ridicule ineffaçable le parti qu'on entend vous faire tirer d'un si puéril motif de rétractation. »

Quoi qu'il en soit, il n'est pas hors de propos d'observer que la seule fois sur quatre où Mme Goëzman ait parlé *sans savoir ce qu'elle disait*, elle a fait *par inspiration*, sur la lettre et les quinze louis, un historique exactement conforme à celui déjà consigné au procès, dans les dépositions et interrogatoires dont on se rappellera qu'elle ne pouvait avoir alors connaissance. Ô pouvoir de la vérité sur une belle âme !

« Mais puisque vous prétendez, madame, à l'honneur de perdre, assez souvent, la tête et la mémoire, ne vaudrait-il pas mieux user de cette innocente ressource pour rentrer dans le sentier de la vérité, que de la rendre criminelle en l'employant à vous écarter de plus en plus ? »

« À sotte demande point de réponse », répliqua sèchement Mme Goëzman. Cela ne fut pas écrit. Mais suppliée de nous dire quelque chose de plus conséquent à mes observations[3], elle répondit que, *quand tout ce qu'elle avait avoué dans son second interrogatoire serait vrai, cela ne prouverait pas encore qu'elle eût reçu les quinze louis.* (Ce qui fut écrit.)

« Beaucoup plus que vous ne pensez, madame ; car on voit très bien que vous ne fuyez l'éclaircissement sur la lettre et les quinze louis que pour écarter le soupçon que vous les ayez jamais exigés, reçus et gardés. Mais comme il est plus aisé de nier ces quinze louis que d'échapper à la foule de preuves qui vous convainquent de les avoir reçus, je quitterai le ton léger que vos injures m'avaient fait prendre un moment, pour vous assurer que votre défense, plus déplorable encore que risible sur cet objet, vous met ici dans le jour le plus odieux. Garder quinze louis, madame, est peu de chose ; mais en verser le blâme sur ce malheureux Lejay, dont vous avez tant à vous louer (car il ne vous a manqué qu'un peu plus d'adresse pour le perdre entièrement), c'est un crime, une atrocité qui n'étonnerait point dans certains hommes, mais qui effrayera toujours, sortant de la bouche d'une femme, à qui l'on suppose, avec raison, qu'une méchanceté réfléchie devrait être étrangère.

« Et si par hasard tout ce qu'on vient de lire fournissait la preuve complète que vous avez encore ces quinze louis dans vos mains... Je vous livre en tremblant, madame, aux plus terribles réflexions : voilà ce qui doit vous troubler ; voilà ce que ne replâtrera point le ciment[1] puéril et déshonnête dont vous avez voulu lier tant de contradictions.

« Mais, à quoi bon, je vous prie, ces déclarations de Lejay, ces dénonciations au Parlement, ces attaques en corruption de juge, dont on faisait tant de bruit, si votre conseil devait finir par vous faire articuler dans votre récolement, ces mots sacramentels qu'on ne doit jamais oublier : " Je déclare que Lejay ne m'a point présenté d'argent pour gagner le suffrage de mon mari, qu'on sait bien être incorruptible ; mais seulement *qu'il sollicitait* auprès de moi *des audiences* pour le sieur de Beaumarchais " ?

« Voilà comme un mot souvent décide un grand procès. Qu'aurait dit de plus mon défenseur ? Mais dans cet excès de bonté, madame, il y a du luxe ; et je vous aurais tenue quitte à moins. Voyons d'où peut naître un procédé si généreux, *timeo Danaos*[2]... Quoique je ne sois pas de votre conseil, je sens sa marche à travers vos discours, comme un machiniste, au jeu des décorations[3], devine les leviers et les contrepoids qui les font mouvoir.

« Quand ils ont su que, livrée à vous-même, vous aviez tout avoué à votre second interrogatoire, et les cent louis reçus, et la lettre aux quinze louis, etc., ils ont bien senti que l'on conclurait de ces aveux tardifs, que les déclarations, dénonciations, dépositions, interrogations antérieures ne contenaient pas vérité. Si nous n'abandonnons pas l'attaque en corruption, le peu d'adresse d'une femme la fera tourner contre nous-mêmes, il vaut mieux nous relâcher de notre vengeance que d'y être enveloppés, renoncer à prendre l'ennemi, que de voir le piège se fermer sur le bras qui le tend. En un mot, il faut s'exécuter et faire avouer à cette femme *qu'on ne lui a demandé que des audiences* ; puisqu'il paraît aujourd'hui prouvé au procès que le prix en a été convenu et reçu par elle.

« Et ceci, madame, n'est pas une conjecture légère : il n'y a personne qui ne juge au style de vos défenses, à quelques soudures[1] près, que ce sont des pièces étudiées par vous, comme les fables de votre enfance, et débitées de même. Par exemple, est-ce bien vous qui avez dicté : *Il faut voir d'abord s'il est prouvé que l'on ait remis les quinze louis à Lejay, et jusque-là il n'y a point de corps de délit*? (Corps de délit, grands dieux!) Est-ce vous qui avez dicté : *Nous avons déjà un commencement de preuves par écrit*; et tant d'autres belles choses qu'on n'apprend point au couvent? N'est-il pas clair que je suis trahi? l'on m'annonce une femme ingénue; et l'on m'oppose un *Publiciste allemand** [7] ! »

Mais c'est assez combattre des ridicules; occupons-nous

* Il est bon de savoir qu'aussitôt que le décret a été lancé contre Mme Goëzman[2], son mari a cru qu'il ne pouvait plus honnêtement communiquer avec une femme accusée (car, comme dit le sieur Marin[3], d'après ce magistrat : « Il ne faut pas que la femme de César soit soupçonnée[4] »), et il a jugé qu'il était de sa délicatesse qu'elle fût reléguée au couvent.

Quant aux repas que la *femme de César* va prendre chez son mari trois ou quatre fois la semaine, ces réunions légitimes ne prouvent qu'une tendresse conjugale supérieure aux obstacles et qui sait tout aplanir. Et quant aux belles phrases du récolement, elles ne sont que le fruit d'un commerce habituel avec un savant homme, sans qu'on doive induire ni des visites de la femme, ni des apophtegmes du mari, qu'ils aient eu ensemble aucune communication, arrangement, conseil, ni préparations relativement au procès : car il ne faut pas oublier que la *femme de César* n'a été renfermée au couvent par son mari, à l'instant de son décret, que pour qu'on ne pût jamais soupçonner *César* de se concerter avec elle.

Autre trait de délicatesse, qui ne dépare pas le premier. M. et Mme Goëzman ayant lu dans mon mémoire que j'avais donné six livres à un domestique dans une des vingt-deux stations[5] que j'ai faites à leur porte, ont fait monter le mari de leur portière, et lui ont dit : « Si c'est votre femme ou vous qui avez reçu ces six livres, nous vous ordonnons de les reporter[a] à M. de Beaumarchais, ou d'en aller exiger une attestation que vous n'avez rien reçu. Nous ne voulons pas qu'il se fasse de *petites* vilenies dans notre maison. » Tel est le compte fidèle que cet homme est venu me rendre. Touché d'un procédé si noble, et ne voulant pas surtout en ravir l'honneur à qui il appartient, j'ai commencé par exiger de cet homme une déclaration par écrit, qu'il venait de la part de ses maîtres. Alors ne doutant plus que mon attestation ne fût d'une grande utilité à M. Goëzman, en ennemi généreux, la voici telle que je l'ai donnée.

*Je déclare que le nommé Le Riche, soi-disant portier de M. et de Mme Goëzman, s'est présenté chez moi, avec ordre de ses maîtres, de me rendre ce qu'il avait reçu de moi, dans le nombre de fois que j'ai assiégé la porte de M. Goëzman, lorsqu'il était mon rapporteur, ou de me demander l'attestation qu'il n'en a rien reçu. Je la lui remets volontiers, parce que j'ai seulement dit dans mon mémoire, que j'avais donné six francs à un domestique, etc. Comme ce fut M. de*** qui les remit, je ne pourrais pas reconnaître celui qui les a reçus, et à qui je les laisse. Observant qu'il est bien singulier que Mme Goëzman mette une affectation puérile de délicatesse à me faire rendre* six francs *par un domestique, à qui je ne les demande pas; elle qui en nie* trois cent soixante[6] *qu'elle a exigés et reçus de Lejay, et que je lui demande sans pouvoir les obtenir.*

À Paris, ce 1er octobre 1773.
Signé, CARON DE BEAUMARCHAIS.

d'objets plus importants. Pendant que l'auteur estime son ouvrage sur la peine qu'il lui coûte, le lecteur sur le plaisir qu'il y prend, le juge impartial ne le prise que sur les preuves et les vérités qu'il contient, et c'est lui surtout qu'il importe de convaincre : avançons.

SECONDE PARTIE

MONSIEUR GOËZMAN

Les gens instruits se rappellent avec plaisir par quel heureux artifice, un savant antiquaire[1] de Nîmes a retrouvé l'inscription du monument appelé Maison Carrée, sur la seule indication des trous laissés au frontispice par les pointes qui attachaient jadis les lettres de bronze dont cette inscription fut formée. On conçoit quelle sagacité, quelle connaissance de l'histoire, quel esprit de calcul, quelle méthode, et surtout quelle patience il a fallu pour nous donner le vrai sens de cet obscur hiéroglyphe qu'un silence de dix-sept siècles avait rendu impénétrable. Telle est la tâche que je m'impose aujourd'hui.

Tout ce que je vois jusqu'à présent, c'est une noire intrigue dont l'auteur m'est inconnu. Forcé de rassembler quelques faits épars, de les lier par des conjectures raisonnables, de comparer ce qui est écrit avec ce qu'on a dit, de m'aider même de ce qu'on a tu, et de débrouiller ainsi peu à peu le chaos de tant de choses incohérentes, en m'aidant de quelque connaissance du cœur humain; ces faits isolés sont pour moi comme autant de lettres que je dois rassembler avec soin pour en former, sous les yeux du public et de mes juges, le nom du véritable auteur de cette intrigue. Essayons.

Mais avant d'entamer ce pénible ouvrage, est-il tellement nécessaire à ma justification d'inculper[2] M. Goëzman que l'on ne puisse impunément séparer ces deux objets, ni supprimer le second sans nuire au premier? Je n'en sais rien. Aussi n'est-ce pas cela que je dis. Ce que je sais et dis seulement, c'est qu'il faut que tout soit connu pour que tout soit jugé.

Pour que ma justification soit aussi prompte qu'elle est certaine, il faut que les preuves tirées de ma conduite soient renforcées par les preuves que me fournit celle de mon accusateur ou dénonciateur; car ces deux mots sont ici justement confondus. Dans les mains de la justice nous sommes à l'égard l'un de l'autre comme les plateaux de la balance, dont l'un doit remonter doublement vite allégé de son poids, si l'on en surcharge encore son voisin.

Qu'on ne me taxe donc de vengeance ni de haine, si je me vois forcé de scruter M. Goëzman : la nécessité d'une défense légitime, et sa qualité d'accusateur me donnent le droit d'éclairer sa conduite. Je n'accuse point; je me défends et j'examine. Que[a] si mon inquisition[1] venait à verser quelque défaveur sur ce magistrat, il ne faudrait pas me l'imputer : ce serait un mal pour lui, non un tort à moi; la faute des événements, et non la mienne. Pourquoi descend-il de la tribune, et vient-il se mêler dans l'arène aux athlètes qui combattent? lui! que son bonheur avait élevé jusqu'au rang de ceux qui jugent des coups qu'ils se portent!

Voyons toutefois si sa qualité de juge est un obstacle à ma recherche, et si je dois me taire et ménager, par respect pour son état, celui qui me poursuit sans respect pour l'équité. Certes, si la disproportion des grades est de quelque poids dans les querelles, c'est seulement quand le moindre des contendants s'y rend agresseur, mais jamais lorsqu'il se défend. Je me range ici dans la classe inférieure, afin qu'on ne me conteste rien : car si je suis forcé de m'armer contre M. Goëzman, je veux vivre en paix avec le reste du monde. Mais ce n'est pas de cela qu'il s'agit.

Supposons donc qu'un homme se trouvât traduit au Parlement comme corrupteur de juge, par le juge même qui déclare n'avoir pas été corrompu : la première chose qu'il y aurait à faire, sur cette singulière accusation, ne serait-ce pas d'examiner la pièce qui lui sert de point d'appui?

Et si cette pièce était une déclaration extrajudiciaire, faite au juge par l'agent de la prétendue corruption[2], ne devrait-on pas commencer par entendre cet agent sur les vrais motifs de sa déclaration?

Et si l'agent, effrayé des suites sérieuses d'un acte dont on lui aurait masqué les conséquences en le lui arrachant, se rétractait publiquement et déposait au greffe que sa déclaration est fausse et suggérée par le magistrat, dans l'incertitude où l'on serait de savoir laquelle des pièces contient vérité, ne devrait-on pas s'assurer de la personne de l'agent, surtout si le juge avait joint à la déclaration la lettre d'un tiers[3] non encore suspecté, qui lui servît d'appui?

Renfermé au secret, bien verrouillé, soustrait à tout

conseil, et dans l'effroi d'un avenir funeste, si cet agent interrogé sous toutes les faces en six temps différents[1], soutenait constamment que, non seulement sa fausse déclaration a été demandée, sollicitée, suggérée, mais qu'elle a été entièrement minutée[2] de la main du juge, et qu'il n'a fait que la copier telle qu'il avait plu au juge de la fabriquer; faudrait-il manquer à s'éclaircir de ces faits importants, sous prétexte qu'il serait désagréable qu'un homme honoré d'un grave emploi vînt à se trouver, par l'événement de la recherche, auteur d'un délit mal imputé, d'un scandale public, et surtout de l'accusation et du décret[3] d'un innocent? et toute la question ne se réduirait-elle pas alors à découvrir si la déclaration est fausse ou véritable, naturelle ou suggérée; surtout s'il est vrai qu'elle ait été minutée de la main de celui à qui seul il importait qu'elle fût faite ainsi?

Et si l'attestation du prisonnier ne suffisait pas pour prouver qu'il a emporté la minute du magistrat, et l'a gardée dix-sept jours[4] pour en faire des copies, ne faudrait-il pas assigner en témoignage tous ceux qu'il déclarerait avoir lu, tenu et copié cette précieuse minute?

Et si trois témoins entendus[5] ne paraissaient pas encore suffisants pour achever de convaincre les magistrats, l'accusé n'aurait-il pas le droit d'en indiquer d'autres, et de demander qu'on les entendît, pour renforcer la preuve du fait par l'amoncellement des témoignages?

Enfin si l'on avait bien constaté au procès quel est le véritable auteur de cette déclaration, ne serait-il pas permis à l'accusé, si durement décrété, de raisonner tout haut devant les juges et le public sur les motifs et les conséquences de la fabrication d'un pareil titre[6]?

Maintenant vous savez l'affaire aussi bien que moi. Tout ce que vous venez de lire est l'histoire du procès. Je suis victime de la déclaration dont Lejay fut le copiste et M. Goëzman l'auteur. « L'auteur? – Oui l'auteur. Le mot est lâché : ce n'est pas sans réflexion que je l'ai dit : je m'y tiens. – Mais lorsque M. Goëzman nie d'avoir fait cette minute, êtes-vous bien certain de pouvoir le prouver? – Loin que son désaveu nuise à ma preuve, il la rendra plus importante : et c'est ce que j'ai déjà dit plus haut à Mme Goëzman au sujet des quinze louis[7] : la dénégation sèche d'un fait prouvé d'ailleurs[8] au procès, non seulement sert à mieux l'établir, mais encore à montrer combien on redoutait de le voir discuter. C'est pourtant ce que je vais faire. »

Je pourrais mettre au rang de mes preuves la déposition et les interrogatoires de Lejay, où il affirme que M. Goëzman lui a présenté la déclaration minutée de sa main à copier, et que, pour aller plus vite, Mme Goëzman, tenant la minute de son mari, dictait pendant qu'il écrivait. Je veux bien ne m'en pas servir.

Je pourrais y réunir la déposition de Donjon[a], commis de Lejay, qui déclare avoir copié la déclaration sur une minute d'une écriture que ce dernier lui a dit être celle de M. Goëzman; ce qu'il reconnaîtra bien, si on lui montre de l'écriture de ce magistrat. Je consens à ne pas l'employer.

Je pourrais tirer encore un grand avantage du mot excellent de la dame Lejay à sa confrontation, quand on lui a montré la déclaration de son mari : « C'est bien là l'écriture de mon mari; mais je suis très certaine que ce n'est pas son style : mon mari n'a pas assez d'esprit pour faire toutes ces belles phrases-là. » Et l'on voit ici que la vérité s'exprime avec l'honnête simplicité des bons vieux temps; c'est la main d'Ésaü, mais j'entends la voix de Jacob[1]. Et quand nous donnerons la copie littérale de cette déclaration, on en sentira bien mieux la force de l'observation de la dame Lejay. Mais je laisse encore cela de côté.

Enfin voici mes preuves : elles sont muettes et en cela plus éloquentes; elles sont au procès; et c'est M. Goëzman lui-même qui les fournit : il est vrai que j'ai eu la peine de les y démêler; mais je ne regretterai pas le soin que j'ai pris, si je prouve à ce magistrat que ce qu'il a de mieux à faire aujourd'hui est de convenir tout uniment qu'il a présenté à Lejay sa propre minute à copier. Prouvons donc.

PREUVES MORALES

M. Goëzman s'est présenté avec un papier au Parlement, et a dit : « Voici une déclaration que Lejay m'a écrite[2]; elle n'est pas sortie de mes mains; je la remets au greffe avec l'original de ma dénonciation[3] dont elle prouve la véracité. » Rien de plus clair assurément.

Mme Goëzman est venue ensuite avec un autre papier au Parlement, et a dit : « Voilà une déclaration de Lejay que je remets au greffe. Quoiqu'elle soit de l'écriture d'un commis de Lejay[4], j'atteste qu'elle est signée de lui, et parfaitement conforme à l'original que Lejay a écrit en ma présence, et que mon mari a déposé; et j'atteste qu'il n'y a jamais eu d'autre minute écrite de la main de mon mari. » On ne peut pas mieux s'énoncer.

« Mais, monsieur et madame, avant de vous répondre, qu'était-il besoin de déposer chacun une déclaration, puisqu'elles disent toutes deux la même chose ? – C'est que nous sommes des gens véridiques[1], et que nous ne voulons rien d'équivoque : l'original est de la main de Lejay ; la copie est de celle de son commis. Ce qui abonde ne vicie pas. – Peut-être. »

Mais s'il n'y a eu qu'une seule déclaration écrite par Lejay chez M. Goëzman, restée entre les mains de M. Goëzman, soigneusement gardée par M. Goëzman, et déposée au greffe par M. Goëzman, sur quelle minute le commis de Lejay a-t-il donc copié la déclaration que Mme Goëzman nous représente[2] aujourd'hui ? Car encore faut-il que ce commis ait fait sa copie sur une minute quelconque ; et ce ne peut pas être sur celle de Lejay, puisque, selon vous-même, elle est restée à M. Goëzman, et que ce commis n'a jamais eu l'honneur d'entrer chez vous.

Direz-vous que, de retour, Lejay a eu la mémoire assez bonne pour rendre exactement chez lui ce qu'on lui avait dicté ailleurs ? Ceux qui connaissent l'honnête, le bon[a] sieur[3] Edme-Jean Lejay, savent bien que M. Goëzman ne pourrait donner une aussi pauvre défaite[4], sans déshonorer entièrement ses défenses.

Et puis, quel intérêt aurait eu Lejay, de remettre aux mêmes personnes une copie signée de la déclaration qu'il leur avait laissée en original, s'ils ne l'avaient pas expressément exigée ? Et s'ils l'ont exigée, ils n'ont pas dû s'en fier à sa mémoire. Lorsqu'on veut une copie, on la veut exacte. Ils ont dû lui confier une minute : et cette minute qu'il emporte ne peut pas être en même temps la sienne qu'il laisse à M. Goëzman ; et je demande, encore une fois, sur quoi donc ce commis a-t-il fait la copie que Mme Goëzman représente ?

Si l'on m'objecte que M. Goëzman n'avait pas plus besoin d'exiger une copie signée dont il avait l'original que Lejay n'avait intérêt de la lui envoyer, je réponds que du fait à la possibilité, la conséquence est toujours bonne. Mme Goëzman dépose la copie du commis ; donc elle existe ; donc elle a été envoyée ; donc elle a été exigée ; donc surtout elle a été faite sur une minute ; et ma première question revient toujours : sur quelle minute ce commis de Lejay a-t-il donc tiré la copie que Mme Goëzman représente ?

Mais Mme Goëzman a peut-être subtilement dérobé la minute de Lejay à son mari, et l'a remise à son libraire en cachette, pour qu'il la fît copier, voulant en avoir une expédition? Non pas, s'il vous plaît; quand elle n'aurait pas déclaré positivement que la minute de Lejay n'est point sortie des mains de son mari, voici ma réplique : c'est que la copie écrite par Lejay, sous la dictée de Mme Goëzman tenant la minute de son mari, est aussi inexacte qu'on devait l'attendre de pareils secrétaires. Que n'ai-je pu la copier[1] ! Des mots oubliés qui détruisent le sens; d'autres mots oubliés qui ne font que gâter le style; d'autres enfin oubliés qui ne font rien au style ni au sens, mais qui se trouvent parfaitement rétablis dans celle du commis.

Or, si la copie du commis eût été faite sur celle de Lejay, on y verrait les mêmes fautes; ou si elle ne les portait pas, elle serait au moins libellée de même : la copie de Lejay a une date; elle en aurait une aussi : loin de cela, cette copie du commis est claire et suivie; on voit qu'elle a été faite par un homme exact, sur la minute d'un homme instruit, sur celle de l'auteur, enfin, qui ne l'avait pas datée parce que ce n'était pas son affaire; ce qui fait que le commis n'a pas daté non plus sa copie. Elle n'a donc pas été écrite sur une minute de Lejay. Et quand vous devriez vous mettre en colère, jusqu'à ce que vous m'ayez répondu je demanderai toujours, sur quelle minute le commis de Lejay a-t-il donc tiré sa copie?

D'ailleurs, le libraire et son commis ont déclaré qu'ils avaient gardé cette minute énigmatique dix-sept jours chez eux. Ce nombre de jours, indifférent quand ils l'attestaient, ne l'est pas aujourd'hui que nous discutons. Observez qu'on lit, au dos de la déclaration de Lejay, une seconde déclaration (dont nous parlerons en son lieu[2]) écrite aussi par Lejay, dix jours après la première, dans la chambre de Mme Goëzman, sous la dictée de son mari. Or, ce papier, qui n'est pas sorti des mains de M. Goëzman, qui se trouvait chez lui dix jours après la première déclaration, lorsqu'on écrivait la seconde sur son *verso*, ne peut pas être en même temps la minute inconnue qui est restée dix-sept jours chez Lejay; et nous avons beau tourner pour fuir; semblables à Enguerrand, que toutes les routes ramenaient au palais de Strigilline[3], nous retombons toujours dans ma première question : sur quelle minute ce commis de Lejay a-t-il copié la déclaration que Mme Goëzman représente?

Mais ne serait-ce pas une sur certaine minute emportée par

Lejay de chez M. Goëzman? minute qu'il déclare être de la main de M. Goëzman, minute que son commis déclare être d'une écriture étrangère[1], qu'on lui a dit être celle de M. Goëzman; minute enfin qu'ils déclarent tous deux leur avoir été leſtement soutirée au bout de dix-sept jours par M. Goëzman. Il y a quelqu'un de pris ici : pour le coup, le piège s'eſt subitement fermé, comme on l'avait craint, sur le bras qui le tendait pour me prendre. Nous y laisserons l'imprudent jusqu'à ce qu'il lui plaise de nous apprendre qui a fait la minute de cette déclaration; ou qu'il nous explique autrement l'énigme de la copie du commis de Lejay.

Mais pendant que je fatigue et mon lecteur et moi pour prouver quel eſt l'auteur de la déclaration, on prétend que M. Goëzman ne nie point du tout qu'il en ait fait la minute; je n'en sais rien : qu'il le nie ou l'avoue aujourd'hui, cela eſt indifférent à la queſtion que je traite; car s'il nie, sa dénégation même prête une nouvelle force à ma preuve tirée de la copie du commis; en s'obſtinant à nier un fait prouvé au procès, il n'en montre que mieux qu'il était inſtruit, et sentait toute l'iniquité de la pièce qu'il composait; et s'il avoue, il devient contraire à lui-même[2] et à Mme Goëzman qui a conſtamment nié, au nom des deux, que son mari eût jamais fait de minute : il ne peut donc éviter un mal sans tomber dans un pire; et c'eſt le juſte partage[3] réservé à la mauvaise foi.

J'entends quelqu'un se récrier sur l'amertume de mon plaidoyer, en accuser la forme à défaut de moyens contre le fond : *Le partage réservé à la mauvaise foi!* Ce n'eſt pas ainsi, dit-il, qu'on plaide au barreau, surtout contre un magiſtrat. Cela se peut. L'œil qui voit tout ne se voit pas lui-même, et je suis trop près de moi pour être frappé de mes défauts; mais prenez garde aussi de vous placer trop loin pour les bien juger. Considérez que je suis injuſtement accusé, rigoureusement décrété, sans secours, sans appui, seul, percé à jour, aigri par le malheur, et chargé du pénible emploi de me défendre moi-même.

Il lui eſt bien aisé de se modérer à cet orateur paisible, qui, ne forgeant qu'à froid, et compassant[4] ses périodes à loisir, exhale un courroux qui n'eſt pas le sien, et montre une chaleur empruntée dont le foyer, loin de lui, réside au cœur de son client. Ses idées s'arrangent froidement dans sa tête, quand mille ressentiments brûlent ma poitrine et voudraient s'échapper à la fois. Il se bat les flancs pour s'échauffer en composant, quand j'applique à mon front un bandeau glacé pour me tempérer en écrivant. Mais vous qui me relevez ainsi, ne seriez-vous pas M. Goëzman? Je crois vous reconnaître à la nature, au ton de ce reproche. Eh! monsieur, à quoi vous arrêtez-vous? Un mémoire au criminel se juge-t-il sur les principes d'un discours académique? À la parade on regarde au vain éclat des armes; on les prise au combat sur la bonté de leur trempe. Accordez-moi les choses, et j'abandonne les phrases. Il s'agit pour moi de vaincre et non de briller; ou plutôt, monsieur, il me suffit de n'être pas vaincu : car malgré votre acharnement, je confesse avec vérité que je cherche moins à préparer votre perte qu'à vous empêcher de consommer la mienne.

PREUVES PHYSIQUES[1]

Après avoir porté les preuves de raisonnement jusqu'à l'évidence, acquérons la même certitude sur les preuves de fait; et que leur ensemble soit la démonstration parfaite que non seulement la minute était bien de la main de M. Goëzman, mais que ce magistrat a fait la déclaration comme il avait intérêt qu'elle fût, exprès pour me nuire, et sans que Lejay y ait eu la moindre part. C'est le sieur Lejay qui va nous l'apprendre; écoutons parler dans tous ses interrogatoires cet homme honnête et simple[a].

Enfermé au secret, sans communication, et n'ayant pour conseillers que la mémoire qui rappelle les faits, le bon sens qui les met en ordre et la candeur qui les produit au jour, c'est ici que la simplesse[2] d'un homme ordinaire est plus pressante que toute l'habileté du plus subtil rhéteur. Ses réponses sont d'une vérité qui saisit; nulle précaution; nulle prévoyance des suites; les faits les plus graves y sont articulés aussi naïvement que les choses les plus inutiles. Je préviens qu'il va porter de furieux coups à mes adversaires, et répandre un terrible jour sur leur conduite; et je les en préviens, afin qu'ils regardent de plus près à ce que je vais dire; car je déclare que je n'entends mettre de surprise à rien. Je me défends à force ouverte[3].

Lejay, interrogé s'il a été de lui-même chez M. Goëzman pour y faire une déclaration, a répondu qu'on l'avait envoyé chercher de la part de ce magistrat le 30 mai dernier.

Interrogé quelle question lui a faite M. Goëzman, relativement à la déclaration qu'il a écrite, a répondu que M. Goëzman ne lui a pas fait d'autre question que celle-ci :

« N'est-il pas vrai, monsieur Lejay, que Madame a refusé les cent louis et la montre que vous lui avez présentés? » Qu'ayant été vivement sollicité par Mme Goëzman de répondre affirmativement, il a dit pour toute réponse : « Oui, monsieur »; qu'alors le magistrat a écrit à son bureau la déclaration tout d'un trait; que Mme Goëzman l'a prise et dictée à lui répondant[1], pendant qu'il l'écrivait, pour que cela marchât plus rondement; qu'il a mis ensuite la minute de M. Goëzman dans sa poche pour la faire copier par son commis; et que sans perdre de temps[a], Mme Goëzman l'a conduit chez M. de Sartines; qu'en montant en fiacre il a dit à la dame : « Nous sommes bien heureux que votre mari ne m'ait pas parlé des quinze louis; je n'aurais pas pu dire que je les ai rendus, puisque vous les avez encore »; et que la dame a répondu (avec le plus gaillard adjectif) : « Vous seriez bien une... tête à perruque[2] d'aller parler de ces quinze louis : puisqu'il était convenu que je ne devais pas les rendre, on peut bien assurer que je ne les ai pas reçus. »

Première déclaration attribuée à Lejay

Pourquoi première? parce qu'on en a fait écrire une seconde au libraire, également curieuse : nous montrerons chacune en son lieu; ainsi donc :

Première déclaration* : « Je soussigné Edme-Jean Lejay, pour rendre hommage à la vérité, déclare que le sieur Caron de Beaumarchais, ayant un procès considérable devant M. Goëzman, conseiller de grand-chambre, m'a fait très instamment prier par le sieur Bertrand** son ami, de parler à Mme Goëzman en sa faveur, et même de lui offrir cent louis et une montre *garnie* en diamants pour l'engager à intercéder auprès de monsieur son mari, pour le sieur de Beaumarchais; ce que j'ai eu la faiblesse de faire, uniquement pour obliger le sieur Bertrand. Mais je déclare que cette dame a rejeté hautement et avec indignation ma proposition, en disant que, non

* Tous les mots écrits en italiques dans cette déclaration figurée[3] sur la copie du commis sont ceux qui manquent à celle de Lejay; ce qui sera discuté dans un moment.

** Le sieur Bertrand, dont il s'agit ici, est le même qui n'a consenti à être désigné dans mon premier mémoire que sous le nom de d'Airolles. En répondant au sieur Marin, nous aurons occasion de nous expliquer[4] sur cette fantaisie du sieur Bertrand d'Airolles, qui a précédé de quelques jours le service qu'il a rendu au sieur Marin, de lui accorder une lettre dont celui-ci espère tirer le plus grand avantage contre moi; ce qu'il faudra voir.

seulement elle offensait sa délicatesse, mais qu'elle était de nature à *lui* attirer les plus fâcheuses disgrâces de la part de son mari, s'il en apprenait quelque chose : *en conséquence*, j'ai gardé la montre et les rouleaux jusqu'au moment où je les ai rendus. Je déclare, en outre, qu'après la perte du procès, le sieur de Beaumarchais, piqué de son mauvais succès, m'a écrit une lettre fort impertinente, comme si *j'avais* négligé ou *trahi* ses intérêts dans cette affaire; attestant *que* tout ce qui pourrait être dit de contraire à la présente déclaration est faux et calomnieux : ce que je soutiendrai envers et contre tous. En foi de quoi j'ai signé, approuvé l'écriture. Lejay, ce 30 mai 1773. »

Si je pouvais montrer à la suite de cette déclaration la copie que Lejay en a faite[1] sous la dictée de Mme Goëzman, tenant la minute de son mari, indépendamment du style et d'une foule de grands mots qui ne sont point à l'usage du sieur Lejay, la manière inexacte dont elle est libellée, et les fautes d'orthographe dont elle fourmille, convaincraient bientôt que celui qui l'a écrite n'a jamais pu la composer. Au défaut de cette première preuve, qui, en frappant les yeux, porterait à l'esprit la conviction irrésistible de ce que j'avance, j'observe :

1° Que si Lejay eût fait cette déclaration, il n'aurait pas manqué d'y parler des quinze louis; parce que c'était ce qui avait engagé la querelle, le seul objet en litige; et parce qu'il avait un grand intérêt d'en parler : car il craignait dès lors qu'on ne le taxât de les avoir réservés pour lui. Mais comme M. Goëzman avait un plus grand intérêt encore à les taire, la déclaration n'en dit pas un mot.

2° Si Lejay eût composé cette déclaration, il n'y aurait pas dit : « Piqué de la perte de son procès, le sieur de Beaumarchais m'a écrit une lettre impertinente[2], comme si j'avais négligé ou trahi ses intérêts dans cette affaire »; parce que Lejay savait bien que ma lettre, qu'il a déposée au greffe, loin d'être *impertinente*, est non seulement polie, mais obligeante; parce qu'il savait bien qu'elle ne porte nullement sur des reproches de négligence ou d'abandon de mes intérêts dans l'affaire, mais uniquement sur les quinze louis, dont M. Goëzman avait tant d'intérêt de ne pas parler. Aussi la déclaration n'en dit-elle pas un mot.

3° Si l'on se rappelle que la seule question que M. Goëzman ait faite à[a] Lejay, avant que d'écrire la minute de la déclaration, est celle-ci : « N'est-il pas vrai, monsieur Lejay, que Madame a refusé les cent louis et la montre que vous lui avez présentés? — Oui, monsieur. » Et si l'on compare ce texte si simple avec le commentaire insidieux qui en est résulté, l'on sera convaincu que M. Goëzman avait combiné d'avance avec sa femme toutes les phrases de cette déclaration, pour qu'elle pût servir de base à la dénonciation qu'il voulait faire au Parlement contre moi, et dont nous allons bientôt parler.

4° Observez que M. Goëzman, en relisant depuis la phrase où il avait fait ainsi parler Lejay dans la déclaration : « Cette dame a rejeté hautement et avec indignation ma proposition, en me disant[1], que non seulement elle offensait sa délicatesse, mais qu'elle était de nature à *lui* attirer les plus fâcheuses disgrâces de la part de son mari, s'il en apprenait quelque chose »; observez, dis-je, que M. Goëzman s'est aperçu qu'il n'avait pas dû[2] faire dire à sa femme, que « refuser de l'argent était propre à *lui* attirer sa disgrâce, s'il l'apprenait[3] »; parce que c'était se faire son procès à soi-même.

Comment changer cela? sa minute était chez Lejay, il n'avait en main que la copie de ce libraire : il voulait la déposer tout à l'heure au Parlement. Mais rien n'embarrasse une bonne tête : et voici comment il a usé sans façon des droits d'un auteur sur son propre ouvrage.

Il a tout uniment rayé le mot *lui*, et a fait précéder le mot *attirer* par la lettre *m*, intercalée de sa main[4]; de sorte que, par cet innocent artifice, le sens de la phrase, qui présentait d'abord Mme Goëzman comme exposée au ressentiment de son mari pour avoir refusé de l'argent, fait porter le ressentiment aujourd'hui sur Lejay pour avoir osé l'offrir.

Voici le sens, suivant la première leçon : « Mme Goëzman m'a dit que mes propositions rejetées étaient propres à *lui* attirer la disgrâce de son mari, s'il en apprenait quelque chose, *etc.* » Et voilà le sens, suivant la seconde : « Mme Goëzman m'a dit que mes propositions rejetées étaient propres à *m*'attirer la disgrâce de son mari, s'il en apprenait quelque chose. » Ce qui est bien différent.

Or, si la copie de la main de Lejay eût été la vraie minute de la déclaration, on sent qu'un criminaliste éclairé comme M. Goëzman n'aurait jamais voulu commettre le faux d'y changer le sens, en effaçant un mot, et y substituant une lettre de sa main.

Que si M. Goëzman prétend nier la liberté qu'il s'est donnée sur une déclaration à laquelle il dit n'avoir aucune part, nous lui opposerons une réponse à deux tranchants que nous le supplions de vouloir bien examiner avant de nous blâmer de l'avoir écrite : c'eſt que l'addition de la lettre *m*, subſtituée au mot *lui*, eſt faite avec si peu de précaution que Lejay, sa femme, le rapporteur, le greffier et moi, nous avons tous facilement reconnu cette correction d'auteur, lorsque j'ai fait l'examen de la pièce en leur présence aux confrontations.

Dira-t-il que, s'étant aperçu sur-le-champ de cette imprudence qui le jugulait, il a changé la phrase au moment où elle venait d'être écrite? Voici le second tranchant de ma réponse : s'il eût fait ce changement à la copie de Lejay tout de suite et en sa présence, il n'eût pas manqué de le faire de même à la minute, que Lejay emportait pour que son commis en tirât copie; mais dans cette copie aussi authentique que celle déposée par M. Goëzman, puisque c'eſt Madame qui la dépose, la méprise eſt reſtée tout entière; on y lit la phrase écrite ainsi suivant la première leçon : « Mme Goëzman m'a dit que ma proposition rejetée était de nature à *lui* attirer la disgrâce de son mari, *etc.* » Cette correction, qui met une telle différence entre le sens des deux copies, prouve que celle de Lejay eſt demeurée au magiſtrat, pendant que la copie du commis se faisait chez Lejay, sur la minute non corrigée de M. Goëzman; ce qui renforce de plus en plus les preuves que j'ai données qu'il exiſtait une minute de la main du magiſtrat.

Et mes remarques sur cette correction d'auteur s'appliquent également à toutes les différences qui se trouvent entre la déclaration dictée à Lejay par Mme Goëzman, et celle de la main de M. Goëzman copiée par le commis de Lejay.

C'eſt ainsi qu'en les confrontant on voit (dans celle de Lejay) « une montre *garnie* en diamants[1] », (dans celle du commis) « une montre à diamants », (dans celle de Lejay) « les plus fâcheuses disgrâces de la part de son mari s'il en apprenait quelque chose, j'ai gardé la montre, *etc.* », ce qui présente un sens fort niais, (dans celle du commis) « les plus fâcheuses disgrâces de la part de son mari, s'il en apprenait quelque chose. *En conséquence*, j'ai gardé la montre, *etc.* »; « en conséquence » eſt une liaison très nécessaire entre les deux phrases; (dans celle de Lejay) « le sieur de B. m'a écrit une lettre impertinente comme si négligé, ou tri ses intérêts », ce qui n'a nul sens; mais à quoi M. Goëzman en a donné un, en écrivant de sa main sans myſtère en interligne au-dessus des mots *si* et *négligé*, le mot *j'eus*[2], et en chargeant[a] le mot[1] *tri* dont il a fait à peu près *trahi*, et la phrase marche ainsi corrigée, « le sieur de B. m'a écrit une lettre impertinente, comme si j'eus négligé ou trahi ses intérêts, *etc.* » ce qui devient au moins intelligible : *j'eusse négligé* eût été plus correct[2]; mais enfin on l'a corrigé comme cela. (La copie du commis porte) : « le sieur de B. m'a écrit une lettre impertinente, comme si *j'avais* négligé ou trahi ses intérêts, *etc.* ». Le mot *j'eus*, interligné par M. Goëzman, complète la preuve que ce magistrat n'a corrigé la copie de Lejay que pendant l'absence de sa propre minute; au lieu d'écrire *j'eus*, il n'aurait pas manqué d'écrire *j'avais*, comme le porte la copie du commis fidèlement transcrite sur sa minute; (Lejay) « soutenant tout ce qui pourrait être dit... est calomnieux, *etc.* »; (le commis) « soutenant *que*[3] tout ce qui pourrait être dit... est calomnieux, *etc.* ».

Voilà donc sept endroits[4] qui diffèrent essentiellement dans les deux déclarations, dont un mot ajouté, un mot effacé, un mot substitué, un mot interligné et un mot chargé[b], dans celle de Lejay, par une main étrangère; et c'est sur une pareille pièce, mendiée, sollicitée, suggérée, minutée, dictée, corrigée, surchargée et niée par ce magistrat, qu'il établit une dénonciation en corruption de juge et en calomnie contre un homme innocent!

Quelle étrange opinion aviez-vous donc de votre pouvoir, monsieur, si vous avez pensé qu'il vous suffit pour me faire condamner au Parlement, de m'y dénoncer sur la foi d'un tel titre[5]? Avez-vous présumé que ce tribunal m'empêcherait d'opposer à la fausseté de votre attaque la vérité de mes défenses; la force de mes preuves à la ruse de vos moyens? Détrompez-vous, monsieur; la vivacité de ses recherches prouve l'austérité de ses principes, et non sa complaisance pour vos ressentiments. C'est à vous de vous justifier, homme cruel! qui, après avoir opiné si durement à ce qu'on m'enlevât ma fortune, m'avez ensuite injurieusement dénoncé; car je vous préviens que cet argument ne convaincra personne : je suis conseiller au Parlement, donc j'ai raison.

Mais n'anticipons rien : avant de parler de la dénonciation de M. Goëzman, nous avons une seconde déclaration aussi importante que la première à examiner.

J'écarte en vain une foule de moyens[6], pour me renfermer dans les principaux; leur abondance m'accable. Ô M. Goëzman[c]! que de mal vous me donnez! mais je veux m'en venger en vous démasquant si bien aux yeux du public que désormais vous deviendrez plus réservé dans vos attaques. Avançons.

Lejay, toujours au secret, interrogé de nouveau, répond qu'environ dix jours après sa première déclaration, M. Goëzman l'a encore envoyé chercher, et lui a dit uniquement : « N'eſt-il pas vrai, monsieur Lejay, que vous avez rendu la montre et l'argent devant témoins, et qu'on n'avait rien souſtrait des deux rouleaux? — Cela eſt vrai, monsieur. — Écrivez donc au dos de votre première déclaration, ce que je vais vous dicter. » Et il assure que le magiſtrat lui dicta, sans en faire de minute, la déclaration suivante.

Seconde déclaration attribuée à Lejay

« Je déclare en outre que jamais Bertrand ni Beaumarchais ne m'ont accompagné chez Mme Goëzman, et qu'ils ne la connaissent point du tout. Je déclare que j'ai rendu la montre et les rouleaux devant » (telles et telles personnes, etc., qu'il nomme). « Et si Beaumarchais osait dire qu'on a souſtrait quelque chose des rouleaux pour des secrétaires ou autrement, je lui soutiendrais qu'il eſt un menteur et un calomniateur, et que les rouleaux étaient bien entiers; ce que le sieur Bertrand lui soutiendra comme moi, *etc., etc.*, sans date. Siné : Lejay[a 1]. »

Pour l'honneur du sieur Lejay remarquons d'abord que, dans ses interrogatoires, il dit également ce qui sert et ce qui peut nuire. Nous l'avons vu assurer intrépidement que M. Goëzman lui avait confié la minute de la première déclaration écrite de sa main. À cette seconde il avoue ingénument que M. Goëzman n'a point fait de minute, et qu'il a seulement dicté. Prouvons que la seconde n'eſt pas plus l'ouvrage du sieur Lejay que la première.

Indépendamment des preuves morales et de discussion, la pièce en présente elle-même une de fait (le dirai-je?), la plus comique. Tout le monde connaît la scène des *Plaideurs*, où le souffleur lassé de l'ineptie de l'avocat Petit-Jean, lui dit : « Oh! le butor! » et où Petit-Jean qui se croit soufflé et non injurié, répète : « Le butor[2]! » Ici M. Goëzman, finissant de dicter, a dit apparemment telle et telle chose, etc., « Signé : Lejay ». Et le bon Lejay, trop occupé du mot qui eſt sous sa plume pour se fatiguer à en lier le sens dans sa tête avec les précédents, a écrit exactement comme on le lui disait, à l'orthographe près[3] : « Siné : Lejay ».

Malgré cette naïveté, qui montre assez que l'écrivain n'eſt

ici que le commis à la plume, voyons par l'examen impartial et sérieux de la pièce, s'il eſt possible que Lejay l'ait composée lui-même. Je voudrais bien pouvoir épargner à quelqu'un cette fâcheuse discussion; parce que je sens que ce quelqu'un[1] eſt ici sur des charbons. Mais quelque respect que j'aie pour lui, je respecte encore plus la vérité : tout ce que je puis, eſt de le tenir le moins de temps possible dans une aussi cruelle situation.

J'observe d'abord que Lejay, ayant toujours dit, quand il a parlé des quinze louis, qu'il les avait laissés, *en argent blanc*[2], dans un sac à Mme Goëzman, s'il eût fait la déclaration, n'aurait jamais imaginé de l'aller alambiquer de sorte qu'on pût en induire, que la demande des quinze louis portait sur la fausse supposition que Mme Goëzman avait souſtrait quelque chose des rouleaux.

L'obscurité de cet entortillage[3] prouve déjà qu'il n'appartient point au sieur Lejay : si cet homme simple eût voulu ou mentir ou dire la vérité, en un mot s'expliquer sur les quinze louis, il l'eût fait à sa manière, c'eſt-à-dire, tout simplement et d'une façon qui se rapportât au moins à ce qui s'était passé devant lui. Dès qu'il ne s'agissait dans cette déclaration que d'y parler des quinze louis, dont la première n'avait rien dit, aurait-il pris la plume une seconde fois, exprès sur ces quinze louis, pour finir encore par n'en rien dire du tout? Cela n'eſt ni vrai, ni naturel, ni possible.

Mais quel eſt donc le fin[4] de cette déclaration? Le voici.

M. et Mme Goëzman, qui avaient évité de dire un seul mot des quinze louis dans la première, voyant que les regards du public étaient fixés sur ces quinze louis, seul objet apparent de la querelle, ont calculé qu'il paraîtrait bien étonnant qu'ils eussent une déclaration de Lejay contre moi, et qu'elle ne traitât en aucune façon de ces quinze louis; ils ont senti que ce silence absolu pourrait à la fin devenir suspect.

Mais l'embarras était de le rompre sans se compromettre, et de parler des quinze louis sans en rien dire. Ce Lejay leur donnait encore une autre sueur froide; il eſt si simple, si simple! que s'il entend seulement prononcer en dictant le mot de quinze louis, il ne manquera pas d'entrer à l'inſtant dans des explications fort embarrassantes pour le candide magiſtrat, qui ne veut pas, vis-à-vis du libraire, avoir l'air d'être du secret. Il faut donc courir là-dessus comme chat sur braise[5]; imaginer une phrase obscure et courte, sur laquelle le public puisse prendre le change. Il faut surtout que cette phrase soit telle, que le mot de quinze louis n'aille pas frapper l'oreille de Lejay. On se rappelle[1] que cet homme, aussi droit que simple, a dit à Mme Goëzman en allant chez M. de Sartines : « Il est bien heureux que votre mari n'ait pas parlé des quinze louis; je n'aurais pas pu dire que je les ai rendus, puisque vous les avez encore »; et la réponse de la dame, et tête à perruque, et l'adjectif, etc., etc.

Toutes ces réflexions rendaient ce point délicat, très difficile à traiter; mais enfin la déclaration, telle qu'on vient de la lire, fut le fruit du conseil auquel je viens de faire assister mon lecteur.

Et croyez-vous que ce soit sans y avoir bien réfléchi, que la déclaration commence par cette phrase : « Je déclare que Bertrand ni Beaumarchais... » En voyant ainsi ces deux noms dénués du plus mince égard, en songeant à cette façon de s'exprimer : « Bertrand, Beaumarchais, Lafleur, Larose[2] », je reconnais le style aisé d'un homme supérieur aux gens qu'il veut bien honorer de ses mauvais traitements. Je sens que la main du très familier libraire n'est ici que la patte du chat[3]; et son écrit, que le manteau[4] du conseiller. Jamais le sieur Lejay, le plus modeste des hommes, n'eût traité avec cette légèreté le sieur Bertrand d'Airolles, qui l'a quelquefois aidé de son crédit[5]; moins encore moi, chétif, qui n'avais point l'honneur d'en être connu.

Mais laissons les grâces du style; allons au fait : « Je déclare que Bertrand ni Beaumarchais ne m'ont jamais accompagné chez Mme Goëzman, et qu'ils ne la connaissent point du tout. » À quoi tend cette phrase isolée, absolument hors d'œuvre, et sans nul rapport aux quinze louis, ni même à rien de ce qui la suit; sinon à se retourner en cas d'accident et de désaveu de la part de Lejay? *Testis unus, testis nullus*[6], dit la loi : ce qu'on a sans doute expliqué à Mme Goëzman; mais qu'elle ne s'est pas souvenue de placer avec « il n'y a pas de corps de délit... nous avons déjà un commencement de preuve par écrit[7] », etc., etc.

Cette sage précaution prise à tout événement, on a grand soin de faire écrire à Lejay, dans la déclaration, les noms, surnoms[8], qualités des personnes devant qui les deux rouleaux ont été remis : autant on glissera sur le principal, autant on va s'appesantir sur les accessoires. C'est la dame Lefranc; elle est sœur du sieur de Lins, premier échevin; c'est la demoiselle sa fille; ce sont des dames de Lyon; c'est un jeune homme que l'on croit fils du sieur de Lins, etc., etc. Car on se flatte que ces honnêtes gens assignés[1], certifieront en temps et lieu, que les deux rouleaux étaient bien entiers quand on les a rendus en leur présence.

Cela va bien. Reste toujours la phrase épineuse à composer sur ces quinze louis dont il faut avoir l'air de parler, quoique bien résolu de n'en pas dire un mot. Enfin la voici du mieux qu'on a pu : « Et si Beaumarchais osait dire qu'on a soustrait quelque chose des rouleaux pour des secrétaires ou autrement, je lui soutiendrais qu'il est un menteur et un calomniateur », etc., etc... Nous en voilà tirés, Dieu merci.

Mais que ces mots : « soustrait quelque chose[a] des rouleaux », pour ne pas nommer quinze louis en argent blanc, sont bien imaginés! et ceux-ci « pour des secrétaires ou autrement », pour ne pas dire que Mme Goëzman a exigé quinze louis pour le secrétaire, et les a gardés pour elle; comme cela est ingénieux! À l'égard des injures, on sent ici qu'elles ne sont que le saut de joie qui termine un ouvrage pénible; c'est la bravoure de Panurge, qui se met en vigueur quand le danger est passé[2] : ainsi finit la déclaration, sans date, etc. « Siné Lejay », comme nous l'avons dit.

Et c'est ainsi qu'un magistrat se joue de la vérité, pour donner le change; c'est ainsi qu'il arme un malheureux contre une chimère, et lui fait combattre insidieusement ce que personne n'avait dit, pour éluder de lui faire écrire ce qu'il craignait de voir déclarer; et c'est ainsi que la faiblesse est toujours un instrument souple et dangereux entre les mains de la malignité.

Que de gens faibles elle a su tourner contre moi dans cette affaire! N'est-ce pas par faiblesse que la flottante Mme Goëzman dissimule la vérité, pour se prêter aux vues de son mari qui voulait m'attaquer en corruption de juge? N'est-ce pas par faiblesse que ce pauvre Lejay copie, sur des minutes de magistrat, des déclarations dont il n'entend ni les mots, ni la force des phrases? N'est-ce pas par faiblesse que ce pauvre conseiller d'ambassade, Arnaud Baculard, qui ne dit jamais ce qu'il veut dire, et ne fait jamais ce qu'il veut faire, accorde une misérable lettre mendiée, pour appuyer une plus misérable déclaration mendiée[3]? N'est-ce pas par faiblesse que ce pauvre d'Airolles, qui ne veut pas être nommé Bertrand[4], après avoir dit la vérité[5], perd tout à coup la mémoire, et donne à son compatriote le gazetier de France, une lettre qui ne peut faire aujourd'hui de tort qu'à lui-même[6]? N'est-ce pas par faiblesse que ce pauvre M. Marin... Mais non, la chaleur m'emporte, et j'allais faire le tort au sieur Marin de le ranger dans la classe des simples. Il faut être juste*.

D'autre part, j'entends M. Goëzman qui me dit : « Pourquoi me taxez-vous de malignité, si je ne suis coupable que d'ignorance ? Quand j'ai dicté à Lejay, dans la déclaration, qu'on n'avait pas *soustrait quelque chose des rouleaux, pour des secrétaires ou autrement*, je croyais que ce bruit de quinze louis n'était fondé que sur la fausse supposition que ma femme les eût retranchés d'un rouleau, et je voyais que les rouleaux avaient été rendus bien entiers. Je ne pouvais donc dicter à Lejay que ce que je savais moi-même. »

Je vous arrête, monsieur. Avez-vous si peu de mémoire, ou me croyez-vous si mal instruit ? Vous oubliez que, quelques jours avant l'époque de cette déclaration[4], M. le Premier président avait envoyé chercher Lejay, et que devant vous il l'avait interrogé sans ménagement sur ces quinze louis, en lui disant : « Avouez-nous, monsieur Lejay, tout ce qui s'est passé. Bertrand prétend qu'il vous a remis, dans un fiacre à la porte de Mme Goëzman, quinze louis en argent blanc qui ont même été comptés dans le chapeau de votre fils alors présent ; que vous êtes monté chez Mme Goëzman avec cet argent dans un sac, et qu'en descendant, vous n'aviez plus ni sac ni argent ; et qu'enfin vous avez dit à lui, Bertrand, qu'elle avait pris et serré les quinze louis dans son secrétaire. Tout cela est-il véritable ? »

Vous oubliez, monsieur, que Lejay, tremblant, effrayé par votre fier aspect, n'osa convenir de rien chez M. le Premier président, mais qu'à peine il pouvait parler.

Quittons la feinte ; elle est inutile ; et convenez enfin que c'est bien sciemment et non par ignorance, que, quelques jours après cet interrogat[5], vous confondez, en dictant à Lejay, quinze louis d'argent blanc gardés avec les deux rouleaux rendus, auxquels ils n'ont aucun rapport.

C'est encore par une suite d'espoir d'embrouiller les idées de plus en plus sur les quinze louis, et de fixer l'attention du public sur des rouleaux entiers, et non sur de l'argent blanc, qu'on a fait assigner en témoignage les personnes devant qui

* La réponse la plus désolante à la *déploration*[1] du sieur Baculard d'Arnaud, conseiller d'ambassade, est d'y opposer sa confrontation avec moi : j'attends pour le faire[2] que le sieur Marin, gazetier de France, ait publié son mémoire[3] et la lettre qu'il s'est fait écrire par le sieur Bertrand d'Airolles, négociant marseillais, afin qu'ils aient chacun ce qui leur est dû, dans un seul mémoire qui ne se fera pas attendre, on peut y compter.

ces rouleaux ont été rendus; on espérait que leur déposition sur la netteté des deux rouleaux, augmenterait la persuasion que toute espèce de demande des quinze louis n'était qu'une histoire controuvée, une infamie : d'autre part on comptait que le sieur Marin nous déterminant à ne rien articuler sur *ces misérables quinze louis*[1], dans nos dépositions, l'opinion du faux bruit se fortifierait à tel point par notre silence que nos efforts tardifs ne pourraient plus après la détruire.

Mais on ne peut avoir en tout un égal succès. Les choses allaient assez bien : Lejay avait écrit sans faire d'explication, Marin travaillait en dessous, et se flattait de réussir, lorsque tout à coup ces honnêtes gens, sur la déposition de qui l'on avait fait un si grand fond pour embrouiller l'histoire des quinze louis, après avoir déposé que la montre et les rouleaux ont été rendus très entiers devant eux, s'avisent d'ajouter, sans qu'on les en prie, qu'à l'égard des quinze louis, on a certifié que la dame avait refusé de les rendre, en disant que, les ayant demandés pour le secrétaire, elle n'était pas tenue d'en faire compte au sieur de Beaumarchais.

La soie une fois rompue, toutes les perles se défilent. Marin, qui devait réussir, me rencontre par malheur, à l'instant où il vient endoctriner les faibles; me parle de *ces misérables quinze louis*; veut m'engager devant cinq personnes[2] à ne pas en ouvrir la bouche : je lui prouve que c'est le seul article sur lequel on doit appuyer dans les dépositions; chacun y appuie; Lejay qu'on voulait sacrifier se rétracte; et voilà toutes les peines perdues. Il n'en reste d'autre fruit qu'une triste déclaration, qui par malheur encore, se trouvant attachée au dos de la première, ne peut plus que nuire désormais; surtout si un démon d'accusé parvient un jour à en avoir connaissance, et s'avise de la discuter aux yeux des juges et du public.

J'ai promis de faire le dépouillement de toute cette noire intrigue : il est bien avancé; les deux déclarations de Lejay sont maintenant connues; il ne reste plus que la dénonciation de M. Goëzman au Parlement à examiner. Encore un moment, ô mes juges! vous touchez à la fin de votre ennui et moi à celle de mes peines. Encore un moment, lecteur, et mon adversaire est enfin démasqué.

Que ne puis-je en dire autant de vous tous, ennemis non moins absurdes que méchants, qui me déchirez sans relâche! Sur la foi de votre inimitié, beaucoup d'honnêtes gens me font injure et ne m'ont jamais vu.

Mais vous, qui comblez la mesure de l'atrocité, vous qui l'avez portée... il faut le dire, jusqu'à faire insérer dans des gazettes étrangères* qu'on s'apprête à me rechercher enfin sur la mort un peu précipitée de trois femmes, dont j'ai, dites-vous, successivement hérité! Lâches ennemis! ne savez-vous qu'injurier bassement, machiner en secret et frapper dans les ténèbres? Montrez-vous donc une fois; ne fût-ce que pour me dire en face, qu'il ne convient à nul homme de faire son apologie. Mais les honnêtes gens savent bien que votre acharnement m'a rangé dans une classe absolument privilégiée : ils m'excuseront d'avoir saisi cette occasion de vous confondre, où forcé de défendre un instant de ma vie, je vais répandre un jour lumineux sur tout le reste. Osez donc me démentir. Voici ma vie, en peu de mots. Depuis quinze ans[2] je m'honore d'être le père et l'unique appui d'une famille nombreuse; et loin que mes parents s'offensent de cet aveu qui m'est arraché, tous se font un plaisir de publier que j'ai toujours partagé ma modique fortune avec eux, sans ostentation et sans reproche. Ô vous qui me calomniez sans me connaître! venez entendre autour de moi le concert de bénédictions d'une foule de bons cœurs; et vous sortirez détrompés. Quant à mes femmes, j'en ai eu deux, et non trois, comme le dit le perfide gazetier. Faute d'avoir fait insinuer[3] mon contrat de mariage, la mort de la première[4] me laissa nu, dans la rigueur du terme, accablé de dettes, avec des prétentions dont je n'ai voulu suivre aucune, pour éviter de plaider contre ses parents, de qui jusque-là[5], je n'avais eu qu'à me louer. Ma seconde femme, en mourant, depuis peu d'années[6], a emporté plus des trois quarts[a] de sa fortune, consistant en usufruits et viager; de sorte que mon fils, s'il eût vécu[7], se fût trouvé beaucoup plus riche du bien de son père que de celui de sa mère. Maintenant voulez-vous savoir comment je les perdis?

Sur la mort de ma première femme, indépendamment des sieurs Bouvart, Pousse et Renard qui la voyaient en consultation dans la fièvre putride[8] qui l'enleva, interrogez le sieur Bourdelin, son médecin ordinaire, le plus estimable des

* Ces horreurs furent envoyées au gazetier de La Haye, pendant le fort des plaidoiries du légataire de M. Duverney contre moi. On dit que toutes ces gazettes sont soumises à l'inspection du sieur Marin, auteur de celle de France. Puisque l'équité même d'un tel censeur[1] ne peut purger ces écrits de pareilles infamies, il ne reste de ressources aux gens outragés que de déférer les méchants à l'indignation publique.

hommes, et qui (je le dis à son éloge) refusa constamment le légitime honoraire que je lui offrais, en me disant : « Vous êtes ruiné par cette perte; le paiement des soins que j'ai rendus à votre femme m'est dû non par vous, mais par ses héritiers. »

Sur la mort de la seconde, interrogez les sieurs Tronchin et Lorry médecins, Péan son accoucheur, Goursault son chirurgien et son ami[1], Becqueret un des plus honnêtes pharmaciens, qui par zèle ne la quittait ni jour ni nuit, tous mes parents et la foule d'amis qui venaient habituellement dans ma maison; qui l'ont tous vue s'avancer lentement à la mort des poitrinaires, par une dégradation de santé de plus d'une année de souffrance également douloureuse à l'un et à l'autre.

Interrogez les honnêtes gens que sa mort a fait rentrer en possession de tout le bien qui est sorti de mes mains à cette époque.

Interrogez Mes Momet, Le Pot-d'Auteuil, Rouen, notaires, Chevalier, procureur, gens de loi, gens d'affaires, et conciliateurs, qui tous m'ont vu procéder en ces occasions avec un désintéressement supérieur à la simple équité.

Et si tant de témoignages ne balancent pas en vous les plus absurdes calomnies, gens honnêtes! interrogez enfin mon intérêt, qui voulait que je conservasse avec soin mes femmes, si l'amour d'une plus grande aisance était le motif qui me les avait fait choisir. Eh! comment celui-là serait-il un ingrat époux, ou plutôt un monstre, qui fait son bonheur constant d'être le nourricier de son respectable père, et s'honore d'être le bienfaiteur et l'appui de tous ses collatéraux!

Et vous qui m'avez connu, vous qui m'avez suivi sans cesse, ô mes amis! Dites si vous avez jamais vu autre chose en moi qu'un homme constamment gai; aimant avec une égale passion l'étude et le plaisir; enclin à la raillerie, mais sans amertume; et l'accueillant dans autrui contre soi quand elle est assaisonnée; soutenant peut-être avec trop d'ardeur son opinion quand il la croit juste, mais honorant hautement et sans envie tous les gens qu'il reconnaît supérieurs; confiant sur ses intérêts jusqu'à la négligence; actif quand il est aiguillonné, paresseux et stagnant après l'orage; insouciant dans le bonheur, mais poussant la constance et la sérénité dans l'infortune jusqu'à l'étonnement de ses plus familiers amis.

Si j'ai jamais barré quelqu'un en son chemin de faveur, de fortune ou de considération, qu'il me le reproche. Si j'ai fait tort à quelqu'un, qu'il se présente et m'accuse hautement, je suis prêt à lui faire justice. Que si la haine qui me poursuit a quelquefois altéré mon caractère, que celui que j'ai pu offenser sans le vouloir, dise de moi que je suis un homme malhonnête, j'y consens; mais qu'il ne dise pas que je suis un malhonnête homme[1] : car je jure que je le prendrai à partie, si je puis le découvrir, et le forcerai, par la voie la plus courte[2], à prouver son dire, ou à se rétracter publiquement.

Comment donc arrive-t-il qu'avec une vie et des intentions toujours honorables, un citoyen se voie aussi violemment déchiré? qu'un homme gai, sociable hors de chez lui, solide et bienfaisant dans ses foyers, se trouve en butte à mille traits envenimés? C'est le problème de ma vie; je voudrais en vain le résoudre. Je sais que les plus augustes protections[3] m'ont jadis attiré les plus dangereux ennemis qui me poursuivent encore, et cela est dans l'ordre; que quelques essais dramatiques[4] et plusieurs querelles d'éclat[5] m'ont trop fait servir d'aliment à la curiosité publique, et c'est souvent un mal; que mon profond mépris pour les noirceurs a pu acharner les méchants, qui ne veulent pas qu'on les croie ainsi sans conséquence, en effet ils ne le sont pas; qu'une vaine réputation de très petits talents a peut-être offensé de très petits rivaux qui sont partis de là pour me contester les qualités solides. Peut-être, un juste ressentiment augmentant ma fierté naturelle, ai-je été dur et tranchant dans la dispute, quand je croyais n'être que nerveux et concis. En société, quand je pensais être libre et disert, peut-être avait-on droit de me croire avantageux[6]. Tout ce qu'il vous plaira, messieurs : mais si j'étais un fat, s'ensuit-il que j'étais un ogre? Et quand je me serais enrubanné de la tête aux pieds; quand je me serais affublé, bardé de tous les ridicules ensemble; faut-il pour cela me supposer la voracité d'un vampire? Eh! mes chers ennemis, vous entendez mal votre affaire; passez-moi[7] ce léger avis : si vous voulez me nuire absolument, faites au moins qu'on puisse vous croire.

Au reste, il est peut-être moins étonnant que des ennemis cachés poursuivent sourdement un honnête homme, que de voir un grave magistrat lui intenter un procès aussi bizarre que celui-ci, et l'appuyer sur des déclarations comme celles que je viens d'examiner, et sur une dénonciation comme celle dont je vais rendre compte.

« Mais, direz-vous, je vois bien des déclarations suggérées, une conduite, en général, fort extraordinaire dans un magistrat; pour ses motifs, ils m'échappent absolument. — Donnez-moi la main, je vais vous y conduire; nous sommes sur la voie : car en matière criminelle, c'est par les faits qu'on doit remonter aux intentions, et non en devinant les intentions qu'il est permis d'aggraver les faits. Ainsi, l'on raisonnerait fort mal, et l'on ferait la plus vicieuse pétition de principe, en disant, comme mon adversaire : " Le sieur de Beaumarchais se croyait une mauvaise cause, il a donné de l'argent à la femme de son juge; donc il a voulu le corrompre. "

« Nous tâcherons d'être plus conséquents. Il est bien prouvé, dirai-je, que voilà deux déclarations extorquées à Lejay par M. Goëzman, dont l'une est fausse, l'autre insidieuse, et toutes deux fabriquées en connaissance de cause : quel en est le principe? le voici.

« M. Goëzman savait fort bien avec quelle clef sa femme m'avait ouvert son cabinet; et sur ce fait, il me croyait auteur de quelques propos fâcheux pour lui, qui couraient le monde. Si je l'étais ou non, ce n'est pas ce que j'examine ici; mais comme il le croyait, il a voulu s'en venger cruellement. Pour s'en venger, il fallait commencer par s'en plaindre. Pour avoir ce droit, il fallait pouvoir les donner pour calomnieux. Pour y parvenir, il fallait me conduire à nier que j'eusse fait un sacrifice d'argent. Pour m'y amener, il fallait m'effrayer par une plainte en corruption de juge. Pour la former, il fallait me dénoncer au Parlement. Pour me dénoncer, il importait d'avoir une déclaration qui m'inculpât. Enfin, pour l'obtenir, il était nécessaire de tromper Mme Goëzman sur les conséquences de sa dénégation, et Lejay, sur celle de ses déclarations. C'est ce qu'on a fait; et nous voilà, vous et moi, parvenus au point d'où l'on est parti pour me dénoncer au Parlement comme *corrupteur de juge et calomniateur*. »

Et le dilemme dont on espérait que je ne pourrais jamais sortir, est celui-ci. S'il nie d'avoir donné de l'argent, on lui dira : vous avez donc calomnié en répandant qu'on l'a reçu? S'il avoue les sacrifices : vous avez donc voulu corrompre en les faisant? Ainsi enveloppé d'un double filet, il ne pourra s'échapper de la corruption qu'en tombant dans la calomnie, et réciproquement; et nous le tenons, et nous le ferons punir.

Et puis ils se dépitent, ils piétinent comme des enfants de ce que je ne me tiens pas pour battu par ce mauvais raisonnement; et de ce que j'ai l'audace d'en faire un meilleur devant mes juges, où, sans nier l'argent ni les propos, je vais droit à ma justification, par le chemin le plus court, celui de la vérité.

Vous étiez mon rapporteur, il me fallait absolument des audiences; on les mettait à prix chez vous. J'ai ouvert ma bourse; on a tendu les mains. Les audiences ont manqué; l'argent a été rendu. Quinze louis sont restés égarés, on s'est chamaillé; cela s'est su, parce qu'il n'y a point de mouvement sans un peu de bruit; on en a ri, parce que la perte de mon procès n'intéressait personne; et là-dessus vous avez fait tout ce que je viens de prouver que vous avez fait.

Et parce que je discute publiquement une affaire que vous espériez faire juger secrètement, vous me donnez partout pour un homme odieux, turbulent, à qui l'autorité devrait interdire, sinon le feu et l'eau[1]... du moins l'encre et la presse. Certes, monsieur, nous nous faisons, vous et moi, des reproches bien contraires, à la vérité dans des cas très différents. L'exemple que je vous donne ici, je l'aurais reçu de vous avec reconnaissance; et quand vous fûtes mon rapporteur, si vous eussiez étudié mon procès comme vous me reprochez d'éplucher votre conduite, je n'aurais pas perdu cinquante mille écus *d'après votre avis*[2], et vous ne seriez pas aujourd'hui dans l'embarras de me répondre. Que faire donc? M'arrêter parce que j'ai raison? ceci n'est pas une affaire d'autorité; supprimer mon mémoire, parce qu'il est conséquent? il faudrait toujours en venir à discuter ce qu'il contient, puisque nous sommes en justice réglée[3]; et, comme dit un grave auteur : « Brûler n'est pas répondre[4] »; quoi donc? recourir à l'autorité, pour me réduire au silence? Allez, monsieur, je suis trop votre ennemi pour ne pas vous conseiller de le tenter. Après vous avoir bien démasqué, j'aurais le plaisir d'entendre dire de vous, à tous les honnêtes gens : « Il a trouvé l'adversaire meilleur à écarter qu'à combattre, et ses objections plus faciles à étouffer qu'à résoudre. »

En attendant, passons à l'examen de votre dénonciation contre moi.

Je ne donnerai la pièce qu'en substance, parce que je n'ai pu que la parcourir, rapidement encore, pendant que le greffier écrivait mes dires sur vos déclarations attachées à la même liasse, que j'avais l'air d'examiner uniquement.

Mais le sens m'en a trop frappé pour que je craigne de l'altérer en la rapportant[5]. La voici.

DÉNONCIATION DE M. GOËZMAN AU PARLEMENT

Après un préambule inutile à mon affaire, il continue ainsi : « ...Je me vois forcé de dénoncer à la Cour une de ces voies de séduction que la mauvaise foi des plaideurs met en usage pour corrompre les juges ou ceux qui les entourent, *etc.*, *etc.*

« Ayant appris que le sieur Caron de Beaumarchais répandait des bruits calomnieux sur mon compte, et voulant m'en éclaircir par moi-même, j'ai reconnu en interrogeant ma femme, que ledit Caron, après avoir essayé de la séduire par une offre de présents considérables, pour *parvenir à gagner mon suffrage* dans le procès dont j'étais rapporteur et qu'il a perdu *d'après mon avis*, a empoisonné dans le public le mépris et l'indignation avec lesquels ma femme a rejeté ses offres malhonnêtes. J'ai fait venir ensuite l'agent qui avait eu la faiblesse de se rendre négociateur de ces présents, et qui, peut-être moins armé contre la séduction que ma femme, a tout déclaré devant moi et devant d'autres personnes respectables, *etc.*, *etc.*

« Comme je sais que le pardon des offenses est une des premières vertus des magistrats, *je ne me rends point l'accusateur* du sieur de Beaumarchais, pour qu'on ne me taxe pas d'avoir fait cette dénonciation par esprit de vengeance ou de ressentiment; mais si la Cour se trouvait offensée qu'un plaideur eût tenté de *corrompre* un de ses membres *pour gagner son suffrage* et l'eût ensuite *calomnié*, elle serait la maîtresse, *etc.*, *etc.* *Signé* : Goëzman. »

Ainsi donc vous ne m'accusez pas, monsieur; vous me dénoncez seulement à la Cour, comme *corrupteur et calomniateur* : c'était bien le moins que pût faire un homme généreux comme vous l'êtes, mais aussi grièvement[1] offensé.

En vous rendant grâces de cet excès d'honnêteté, je vais procéder avec vous d'une façon plus noble encore; car je ne vous dénoncerai ni ne vous accuserai; et cependant vous allez voir s'il y a lieu à l'un et à l'autre.

Quoi, monsieur, *j'ai voulu vous corrompre* !

Est-ce bien sérieusement que vous l'avez dit? Eh! mais, l'intervalle de sept personnes entre vous et moi que j'ai établi dans mon premier mémoire[2], et le raisonnement qui le suit, ne vous ont donc pas convaincu que je n'ai pu ni dû, d'aussi loin, former l'absurde projet de vous corrompre?

J'ai voulu gagner votre suffrage! Moi?

Ceci vaut la peine d'être examiné. Lorsque vous avez *voulu* savoir si j'avais cherché à vous corrompre ou non, qui avez-vous *interrogé*? Mme Goëzman : *voulant m'en éclaircir par moi-même, j'ai reconnu, en interrogeant ma femme*, etc. C'est donc uniquement sur la foi de Mme Goëzman que vous m'avez dénoncé *pour avoir voulu gagner votre suffrage*? Mais cette même dame, dans son récolement que vous lui avez dicté, auquel elle entend se tenir, comme ayant eu, ce jour-là de prédilection, l'esprit aussi net que le corps, la tête aussi libre que la démarche, a fait écrire cette phrase remarquable : « Je déclare que Lejay ne m'a pas présenté d'argent pour gagner le suffrage de mon mari qu'on sait bien être incorruptible, mais qu'il sollicitait seulement des audiences pour le sieur de Beaumarchais[1]. »

Or, si elle a dit vrai dans le récolement, vous avez donc dit faux dans la dénonciation? Si elle avait sa tête à elle en dictant au greffier *que Lejay ne sollicitait que des audiences*, elle ne l'avait donc pas en vous assurant *qu'il cherchait à vous corrompre* en mon nom, par son canal? Mais vous êtes le mari de cette dame : eh! qui doit savoir aussi bien que vous quand on peut compter ou non sur ses paroles? Dans l'hypothèse raisonnable d'un ménage aussi bien uni que le vôtre, un mari peut-il s'y tromper? Que n'attendiez-vous quelques jours pour minuter[2] cette fatale dénonciation? Vous n'auriez pas compromis votre équité devant la Cour. Il est dur aujourd'hui de ne pouvoir vous sauver de la mauvaise foi qu'en avouant une imprudence également impardonnable à l'époux et au magistrat!

Vous dites qu'*elle a rejeté l'or avec indignation et mépris*?

Il ne vous souvient donc plus qu'il est prouvé au procès que, loin d'avoir montré mépris, ni indignation pour les rouleaux, elle est convenue les avoir reçus, serrés et gardés au moins un jour et une nuit? Cette dénonciation-là ne brille pas par l'exactitude; et cependant c'est d'après elle que je suis décrété!

Et Lejay vous a, dites-vous, certifié les mêmes choses que Mme Goëzman?

Mais lui en se rétractant, et moi en vous discutant, nous avons assez bien établi, ce me semble, que vous aviez instigué[3] ce malheureux à publier, à son escient et au vôtre, une horrible fausseté verbalement et par écrit? Cependant vous êtes libre et je suis décrété!

Ensuite *vous prétendez que je vous ai calomnié*?

Quand j'aurais dit à tout le monde ce qui s'était passé entre

Mme Goëzman et Lejay, n'est-il pas prouvé maintenant que je n'aurais calomnié personne? Mais lorsque vous m'avez dénoncé, vous ne pouviez savoir si j'en avais parlé, puisque aujourd'hui que l'instruction est finie, *ce fait n'a pas même été articulé*[a] *une seule fois au procès*; ainsi, soit que j'en eusse parlé ou non, en me dénonçant comme calomniateur, il est bien prouvé que *c'est vous qui m'avez calomnié.* Oh! la misérable dénonciation!

Enfin, avec une ostentation de générosité qui n'en impose à personne, vous faites remarquer à la Cour que vous ne voulez pas vous rendre mon accusateur, lorsque sur-le-champ vous m'accusez devant elle, en disant : « Mais si la Cour se trouvait offensée qu'un plaideur eût tenté de corrompre un de ses membres pour gagner son suffrage, elle serait maîtresse, *etc.*, *etc.* » Pour le corrompre! pour gagner son suffrage! cette phrase a bien de l'attrait pour vous! Je croyais vous en avoir dégoûté. Mais qu'est-ce que je dis? votre dénonciation était faite avant la procédure, et je vous rends bien la justice de croire que si elle était à faire aujourd'hui, vous vous en abstiendriez; vous rougiriez au moins d'y faire parade de cette première vertu des magistrats, le pardon des offenses; vous! qui, pour perdre un homme innocent, osez lui supposer des crimes. Avant d'être généreux, monsieur, il faut être juste.

Eh! depuis quand le droit de juger les autres dispenserait-il d'être juste soi-même (disait Cicéron[1], plaidant contre Verrès devant le peuple romain)? Si vous ne réprimiez pas de pareils abus, sénateurs, le puissant ne se mettant au-dessus des lois que pour traiter les faibles comme s'ils étaient au-dessous, il n'y aurait plus de loi pour personne. On verrait le pouvoir substitué au droit, l'arbitraire à la règle; ou si l'on retenait encore un vain simulacre de justice, ce serait pour en abuser plus sûrement à la faveur des formes. Les procès se termineraient encore; mais on ne jugerait plus, on déciderait. Ce désordre né de la corruption l'engendrant bientôt à son tour, on verrait l'avidité pressurer la crainte, et l'argent tenir lieu de tous moyens; on verrait les suffrages vendus au plus offrant, et les raisons de chacun évaluées au poids de son or; on ne compterait plus les voix, mais les sesterces* ; le péculat[2] effronté siégerait sans pudeur, et la frayeur de perdre ou l'espoir de dépouiller y soumettant également les bons et les

* Monnaie romaine.

méchants, on serait enfin parvenu au dernier degré de la corruption universelle, et l'État serait dissous.

Le Sénat entendit l'orateur. Il condamna Verrès, et tout le peuple applaudit. Mais Verrès n'attendit pas son jugement[1]. Que manque-t-il à ma cause? Un défenseur plus éloquent : elle eſt juſte et semblable à celle des Siciliens; le Parlement écoute mon plaidoyer, et les Français ont des mains pour applaudir comme le peuple de Rome.

Puisque le Sénat, le Parlement, Cicéron, Verrès, vous et moi, nous convenons tous qu'il faut être juſte, nous expliquerez-vous enfin, monsieur, la conduite que Lejay, dans ses interrogatoires, assure que vous avez tenue envers lui, depuis qu'il vous a fait ces deux monſtrueuses déclarations? Écoutons-le encore parler lui-même. Sa naïveté a une grâce qui me charme toujours. Hélas! c'eſt elle qui a touché le Parlement. Aussi éclairés qu'équitables, les juges ont reconnu, même avant les preuves, au ton simple et vrai qui règne dans ses réponses, qu'elles étaient dépouillées d'artifice, et ils l'ont remis[a] en liberté[2].

Lejay interrogé s'il n'a pas été, depuis la seconde déclaration, chez M. Goëzman, a répondu : que ce magiſtrat l'a envoyé chercher une troisième fois[3]; que le lendemain matin, il rencontra le magiſtrat au coin de la rue de l'Étoile[4], à pied, venant au Palais, suivi d'un seul domeſtique, et qu'il lui dit : « Monsieur, je venais à vos ordres »; qu'à cela M. Goëzman, toujours marchant, répondit, d'un ton amical : « Mon cher monsieur Lejay, je vous ai envoyé chercher, pour vous dire que vous soyez sans inquiétude. *J'ai arrangé les choses de manière que vous ne serez entendu au procès que comme témoin, et non comme accusé* »; que lui accusé, répliqua : « *Monsieur, je vous suis obligé*; mais je venais aussi pour vous dire la vérité comme elle eſt. La vérité eſt que je n'ai consenti à mentir dans les deux déclarations que pressé par les vives sollicitations de Madame, en l'assurant bien que si l'on me faisait aller en juſtice, je ne soutiendrais jamais le mensonge qu'on me faisait faire; et qu'elle m'a toujours répondu : " N'ayez pas peur; ce que nous exigeons de vous n'eſt que pour faire taire cette canaille sur les quinze louis; cela n'ira pas plus loin "; et vous savez bien, monsieur, que quand M. le Premier président m'en a parlé l'autre jour devant vous, j'étais tout tremblant[5], à cause de votre présence qui m'empêchait de lui dire la vérité »; et qu'alors il remit devant les yeux de M. Goëzman les choses telles qu'elles s'étaient passées, sur les cent louis, la montre et les quinze louis, et telles qu'il nous les a dites dans le présent interrogatoire; que M. Goëzman l'écoutait impatiemment, et finit par lui dire : « J'en suis fâché pour vous, mais il n'est plus temps. » (Il n'est plus temps!) « Vous avez fait deux déclarations, et *ma femme vous en soutiendra le contenu jusqu'à la fin* : si vous variez, *ce sera tant pis pour vous*. »

Qu'en ce moment étant arrivés au Pont-Rouge[1], M. Goëzman lui dit : « Monsieur Lejay, il n'est pas nécessaire qu'on nous voie plus loin ensemble : quittez-moi ici »; et qu'ils se quittèrent. Et le bon Lejay ajoute : « Nous parlions[a] si haut que le domestique a dû tout entendre; il dira bien si je dis vrai, ou non. » Comme ce seul trait peint un homme naïf! il prend à témoin le valet de M. Goëzman! Ô bon Lejay!

Ceci me rappelle qu'à sa confrontation avec Mme Goëzman, ne trouvant plus de ressources dans son éloquence contre les dénégations obstinées de la dame sur les quinze louis, il lui dit, avec la chaleur ingénue d'un écolier : « Si vous ne voulez pas convenir, madame, que vous avez les quinze louis, *je suis donc un fripon, moi qui vous les ai remis*! » Mais quoiqu'il répétât cette phrase trois ou quatre fois, jamais Mme Goëzman n'eut le courage de lui répondre autre chose, sinon : « Je ne dis pas que vous soyez un fripon, mais vous êtes une grosse bête, une franche tête à perruque[2] » et grâce à l'équité de M. de Chazal, ce trait important fut couché par écrit. Plus outré encore, il lui disait un moment après, et toujours sur ces quinze louis : « Eh bien! madame, prenons-nous à brasse-corps[3] et jetons-nous par la fenêtre, on verra bien en bas qui de nous deux est le menteur. Ou la main dans le feu, madame; comme il vous plaira, choisissez. » Je ne sais si cela fut écrit. Il serait malheureux qu'on y eût manqué. En tout cas, je ne doute point que[b] M. de Chazal, commissaire-rapporteur, qui était présent ainsi que le greffier, ne rende compte à la Cour de l'effet qu'ont dû produire sur lui ces circonstances, qui me paraissent, à moi, de la plus grande force pour discerner la vérité du mensonge. On se doute bien que Mme Goëzman n'acceptait rien, parce qu'en effet rien n'était acceptable. Mais! que le refus ici est loin d'ôter le prix à ces provocations naïves et fougueuses!

Après avoir parlé des naïvetés du sieur Lejay, faut-il en taire une excellente de Mme Goëzman, que le rapporteur eut aussi l'équité de faire écrire? Lejay, reprochant à la dame qu'elle était cause de tout le mal, lui disait : « Cela ne fût pas arrivé, madame, si vous eussiez voulu croire M. de Sartines, lorsque vous lui montrâtes devant moi la première déclaration[1], et qu'en la parcourant légèrement, il vous dit : " À votre place, madame, je laisserais tout cela; ce sont de mauvais propos qui, n'ayant pas de fondement, tomberont d'eux-mêmes. " » Mme Goëzman, entraînée par la chaleur de Lejay, répond sans y songer : « Et vous! bête que vous êtes! si vous aviez soutenu que cela n'était pas vrai, comme je vous l'avais dit, nous ne serions pas ici. » Ce trait ne fut pas plus tôt échappé qu'elle fit tous ses efforts pour empêcher au moins qu'on ne l'écrivît, mais Lejay le demanda avec tant d'instances que celles de Mme Goëzman furent inutiles; et tout fut écrit exactement. En général la plus scrupuleuse exactitude a présidé à l'instruction de ce procès bizarre; ce faible hommage que je rends à l'intégrité des rapporteurs, est d'autant moins équivoque de ma part qu'on ne me soupçonnera pas de le prodiguer légèrement et sans choix.

Finissons. La sueur me découle du front, et je suis essoufflé d'avoir parcouru d'un trait une carrière aussi fatigante. Attaqué dans la nuit, usant du droit d'une défense légitime, je viens de m'élancer sur celui qui me frappait, le saisir au collet, m'y cramponner, l'entraîner malgré sa résistance au plus prochain fanal[2], et ne l'abandonner au bras qui veille à la sûreté commune qu'après l'avoir bien reconnu et fait connaître aux autres. Arrêtons-nous donc, et posons la plume[a] en attendant qu'on nous réponde. Bien remonté pour souffrir, et prêt à recommencer, je ne dirai pas, comme M. Goëzman : « Il n'est plus temps. » Il sera toujours temps pour moi.

Il n'est plus temps! cette horrible phrase a ranimé mes forces. *Il n'est plus temps!* Quoi! monsieur, il arrive un moment où *il n'est plus temps* de dire la vérité! Un homme a signé, par faiblesse pour vous, une fausse déclaration qui peut perdre à jamais plusieurs honnêtes gens; et parce que son repentir nuirait à vos ressentiments, *il n'est plus temps* d'en montrer! Voilà de ces idées qui font bouillir ma cervelle et me soulèvent le crâne. *Il n'est plus temps!* Et vous êtes magistrat! Où sommes-nous donc, grand Dieu? Oui, je le dis, et cela est juste; il faudrait pendre Lejay s'il eût été capable d'inventer à son interrogatoire *il n'est plus temps*. Mais puisque ces terribles mots ont frappé plusieurs fois l'oreille des juges, et que Lejay, loin de descendre au cachot, a été remis en liberté le même jour, on a donc senti qu'il ne les avait pas inventés. « On a fait plus, on a réglé l'affaire à l'extraordinaire[3]. – Je vous entends, et j'en rends grâces au Parlement. Mais voilà, sans mentir, de terribles phrases attribuées à M. Goëzman. »

Et celle-ci : « Mon cher monsieur Lejay, soyez sans inquiétudes, *j'ai arrangé les choses* de façon que vous ne serez entendu que *comme témoin* au procès, et non *comme accusé*. » Vous avez arrangé les choses, monsieur? Dépositaire de la balance et du glaive, vous avez donc pour l'une deux poids et deux mesures, et vous retenez l'autre ou l'enfoncez à votre choix? de façon qu'on est témoin si l'on dit comme vous, accusé si l'on s'en écarte; innocent ou coupable ainsi qu'il vous convient? Pour ce trait-là, par exemple, comme il ne peut tomber dans la tête de personne, je défie à Lejay de l'inventer en cent ans. Vous nous l'avez bien dit, madame Lejay, avec une naïveté digne du temps patriarcal : « Mon mari n'a pas assez d'esprit pour faire toutes ces belles phrases-là[1]. » Félicitez-vous certes de ce qu'il n'a pas l'esprit d'en faire de pareilles.

Et cette autre : « Vous avez fait deux déclarations : *ma femme vous en soutiendra le contenu jusqu'à la fin*. » Non, non, Lejay, bon courage, elle ne les soutiendra pas; ou si elle les soutient, elle se coupera, dira noir, dira blanc, avouera tout, se rétractera, n'aura qu'une conduite déplorable; elle et son conseil perdront la tête : heureux encore si l'effet pouvait en être nul! Enfin, ne trouvant plus de ressources dans leur art, ils finiront par mettre la nature au procès[2] pour se tirer d'affaire.

Et cette autre phrase : « Si vous variez, ce sera *tant pis pour vous*. » Ne le croyez pas, bon Lejay. Écoutez l'aigle du barreau. Que vous dit Me Gerbier? « Ce que vous avez de mieux à faire, monsieur, est de revenir à la vérité[3]. » Si ce célèbre avocat n'a fait que son devoir en conseillant ainsi Lejay, dans quelle classe rangerons-nous donc l'avis du magistrat? « Si vous variez, ce sera tant pis pour vous. » Quoi donc! il sera décrété? Vous l'accablerez de votre crédit? Marin opinera pour qu'il soit sacrifié[4]? N'importe; il aura dit la vérité. La gazette n'est pas l'Évangile : et grâce au ciel M. Goëzman n'est pas le Parlement.

Et cette autre phrase enfin qui achève le tableau : « Monsieur Lejay, il n'est pas nécessaire qu'on nous voie plus loin ensemble; *quittez-moi ici*[5]. » On saurait que vous m'avez parlé; d'après ce que vous m'avouez, si contraire à ma dénonciation, il faudrait que j'agisse de façon ou d'autre; *quittez-moi ici*. Si l'on pouvait soupçonner cette nouvelle explication entre nous, cela me donnerait de nouveaux torts ; il n'est pas nécessaire qu'on nous voie plus loin ensemble ; *quittez-moi ici*. Je vous ai volontiers écouté dans l'île Saint-Louis, où il passe peu de monde ; mais après le Pont-Rouge, sur la route du Palais, cela tire à conséquence pour moi, le pays est trop peuplé ; *quittez-moi ici.* Lejay le quitta. Je le quitte aussi.

CARON DE BEAUMARCHAIS.

MM. { DOÉ DE COMBAUT, DE CHAZAL, } *rapporteurs.*

D'après l'exposé de mon premier mémoire, et les preuves annoncées dans le présent supplément, que j'ai acquises par la lecture de la procédure lors des confrontations, je demande si la plainte rendue contre moi est fondée ; si je n'ai pas droit d'espérer une décharge entière ; et quelle voie je dois prendre pour obtenir des dommages-intérêts contre mon dénonciateur.

Signé, CARON DE BEAUMARCHAIS[1].

ADDITION

AU SUPPLÉMENT DU MÉMOIRE À CONSULTER POUR PIERRE-AUGUSTIN CARON DE BEAUMARCHAIS

écuyer, conseiller-secrétaire du Roi, et lieutenant général des chasses au bailliage et capitainerie de la Varenne du Louvre, Grande Vénerie et Fauconnerie de France, accusé; servant de réponse à Mme Goëzman, accusée; au sieur Bertrand d'Airolles, accusé; aux sieurs Marin, gazetier de France, et d'Arnaud Baculard, conseiller d'ambassade, assignés comme témoins.

> Écrivez, monsieur, que je ne me mêle ni des audiences de mon mari, ni des affaires de son cabinet ; mais seulement de mon ménage, etc.
>
> *Confrontation entre Mme Goëzman et moi.*

Eh bien, madame! il est donc décidé que je vous trouverai toujours en contradiction? Vous ne vous mêlez, dites-vous, ni du cabinet, ni des audiences de monsieur votre mari; et sur les audiences de ce même cabinet, vous nous donnez un mémoire bien long[1], bien hérissé de textes d'ordonnances[a], de passages latins, de citations savantes; le tout renforcé des plus mâles injures; vous nous argumentez dans cinquante-quatre mortelles pages, comme un docteur ès lois, sans vous soucier pas plus de répondre à mes mémoires que s'ils n'existaient point ou ne traitaient pas l'affaire à fond.

Mais à qui parlé-je aujourd'hui? Est-ce à Madame? Est-ce à Monsieur? Qui des deux a plaidé? Ce ne peut être vous, madame : vous ne vous piquez certainement pas d'entendre un mot des choses qu'on y traite. Ce ne peut pas être Monsieur non plus[b] : l'ouvrage serait plus conséquent[2], il irait au fait; on n'y rebattrait[3] pas des objets combattus d'avance par mon supplément, qui était entre ses mains[c] plus de douze jours avant la publication de ce mémoire.

Quoi qu'il en soit, il me convient mieux, madame, de vous adresser la parole. Indépendamment du respect et des égards qui vous sont dus personnellement, le souvenir que je parle à une femme contiendra la juste indignation que j'aurais peine à maîtriser autrement. Ce n'est pas que tous ceux qui m'ont fait l'honneur d'écrire contre moi, ne doivent trouver ici le juste salaire de leurs soins obligeants. En m'éloignant le moins possible du fond de la question dont chacun cherche à me distraire, je ne laisserai pas, chemin faisant, que de répondre à tout le monde : et l'on doit me savoir gré de ma civilité.

Car tant que vous ne détruirez pas les faits articulés dans mon supplément ; tant que vous ne prouverez pas que j'ai dit faux sur les débats de notre confrontation, sur vos aveux forcés, sur les contradictions de vos interrogatoires ; tant que vous ne laverez pas M. Goëzman de l'infamie d'avoir suborné Lejay, d'avoir minuté la déclaration chez lui, dans sa maison, à son bureau, avant qu'il y eût de procédure entamée, et d'avoir fait et nié les faux remarqués dans ces déclarations ; tant que vous ne me prouverez que[a] je suis un imposteur que par des injures, des lettres mendiées et des récriminations étrangères à la cause, je ne suis pas tenu d'user mon temps à vous répondre.

Six mémoires[1] à la fois contre moi ! c'était assez d'un seul pour mes forces ; et je me vois accablé sous les boucliers des Samnites[2]. Mais c'est une plaisante ruse de guerre que de dire, comme le comte de La Blache : cette affaire dérangera sa fortune ; il faut gagner sur le temps, plaider longuement, surtout le consumer en menus frais, et le désoler[3] comme un essaim de frelons ; six réponses lui coûteront dix à douze mille francs d'impression, dans le temps que tous ses biens sont saisis[4], et qu'il n'a pas dix à douze écus de libres au monde. Est-ce là votre projet, messieurs ? Il est sans doute très bon contre moi ; mais croyez qu'il ne vaut rien pour vos défenses ; et j'écrirai que vous ne vous défendez seulement pas ; et je le répéterai jusqu'au tronçon de ma dernière plume ; j'y mettrai l'encrier à sec ; et quand je n'aurai plus de papier, j'irai jusqu'à disputer vos mémoires aux chiffonnières[b], et j'en griffonnerai les meilleurs endroits, qui sont les marges ; j'emploierai le crédit de mon libraire pour en obtenir de l'imprimeur ; et si je n'en trouve aucun traitable[c] sur mes mémoires, je vendrai les premiers pour payer les derniers.

Enfin, vous n'aurez ni trêve ni repos de moi, que vous

n'ayez répondu *catégoriquement* à tous les faits graves dont je vous charge devant le Parlement et la nation, ou que vous n'ayez passé condamnation[1] sur tous les chefs; car de vous amuser à critiquer la légèreté de mon style, et donner ma gaieté pour un manque de respect à nos juges, c'est se moquer du monde : il est bien question de cela!

Lorsque Pascal, dans un siècle bien différent du nôtre, puisqu'on y disputait encore sur des points de controverse[2], écrivait du ton le plus léger, le plus piquant, d'un ton enfin, où ni vous, ni le comte de La Blache, ni Me Caillard[3], ni Marin, ni Bertrand, ni Baculard, ni moi, n'arriverons jamais; lorsque Pascal, dis-je, reprochait à ses adversaires, du style le plus plaisant, l'étrange morale d'Escobar, Bauni, Sanchès et Tambourin[4], les gens sensés l'accusèrent-ils de manquer de respect à la religion? S'offensèrent-ils pour elle, qu'il répandît à pleines mains le sel de la gaieté sur les discussions les plus sérieuses? Après avoir plané légèrement sur les personnes, il élevait son vol sur les choses, et tonnait enfin à coups redoublés, quand sa pieuse indignation avait surmonté la gaieté de son caractère.

Quant à moi, messieurs, si je ris un peu de vos défenses, parce qu'en effet vos défenses sont très risibles, par quelle logique me prouverez-vous que de vous plaisanter soit manquer de respect au Parlement? Quand il m'arrive d'adresser la parole à nos juges, ne mesuré-je pas à l'instant mon ton sur la dignité de mon sujet? Et mon profond respect, alors, est-il au-dessous de ma parfaite confiance?

Faut-il, pour vous plaire, que je sois comme Marin, toujours grave en un sujet ridicule, et ridicule en un sujet grave? Lui! qui, au lieu de *donner son riz à manger au serpent*[5], en prend la peau, s'en enveloppe, et rampe avec autant d'aisance que s'il n'eût fait autre métier de sa vie.

Voulez-vous que d'une voix de sacristain, comme ce grand indécis de Bertrand, j'aille vous commenter l'*Introibo*, et prendre avec lui le ton du Psalmiste[6], pour finir par chanter les louanges de Marin, après avoir discerné ses intérêts de ceux du gazetier[7] dans son épigraphe : *Judica me, Deus, et discerne causam meam... ab homine iniquo, etc.* ?...

Irai-je montrer une avidité, une haine aveugle et révoltante, en imitant le comte de La Blache qui vous suit partout, vous monsieur Goëzman, vous défend dans tous les cas, vous écrit dans tous les coins, et qu'on peut appeler, à juste titre, votre homme de lettres?

Serait-il bien séant que, d'un ton boursouflé, j'allasse escalader les cieux, sonder les *profondeurs de l'enfer*, enjamber *le Tartare*[1], pour finir comme le sieur d'Arnaud par ne savoir ce que je dis, ni ce que je fais, ni surtout ce que je veux? Eh! messieurs, laissez mon style, et tâchez seulement de réformer le vôtre. Je n'ai qu'à vous imiter et me mettre à dire, comme vous, des injures pour toutes raisons; personne ne sera lu, et l'affaire n'en marchera pas mieux.

Il faut pourtant une fin, messieurs; car toutes vos intrigues, vos cabales, vos criailleries, vos mémoires, vos efforts pour me rendre odieux aux puissances, aux ministres, au Parlement, au public, ne sont pas le fond de l'affaire. Je vous vois, je vous suis dans vos marches ténébreuses.

Je sais que vous me donnez partout pour un émissaire des mécontents, chargé de ridiculiser le système[2] actuel; mais cela ne prendra pas, je vous en avertis; je sais aussi que c'est le sieur Marin qui a suggéré au sieur Bertrand de dire que je favorisais la... qui lui fait prêter à ma sœur[3] le propos que *mes mémoires serviront de suite à la*... Je sais même que vous travaillez tous à me faire passer pour l'auteur de la[4]... J'indiquerais, si je voulais, le lieu où l'on s'assemble pour conspirer ma perte, où l'on tient ce sabbat, ce tribunal de haine; je dirais quel est le président de cette noire assemblée, quel en est l'orateur, quels en sont les conseillers, quel en serait, au besoin, le bourreau...

Allez, messieurs, entassez noirceurs sur noirceurs, dénigrez, calomniez, déchirez. Tourmenté sous le fouet des Furies[5], Oreste embrassait la statue de Minerve, et moi j'embrasse celle de Thémis; il demandait à la Sagesse d'expier ses crimes, et moi à la Justice de me venger des vôtres.

Calmons nos sens; quittons la figure[6]; et débattons froidement, si je puis, tous les écrits livrés à mon examen.

Pour commencer, remettons sous les yeux de mes juges un tableau succinct de tout ce que contiennent mes mémoires; et rendons à mes défenses, par la brièveté d'un résumé, la force que leur étendue a peut-être énervée[7]. Mais lorsqu'on réfléchira que je suis dénoncé sans être coupable, décrété sans corps de délit, poursuivi à l'extraordinaire dans un procès où j'avais droit de me rendre accusateur, on me pardonnera d'avoir enchaîné par la multiplicité des détails, la vérité furtive et toujours prête à s'égarer, dans une affaire aussi chargée d'incidents étrangers.

Dans ces mémoires j'ai dit en substance :

Désolé de ne pouvoir obtenir d'audience de mon rapporteur, j'ai dû au seul hasard l'intervention du sieur Lejay, que je n'ai jamais vu; pour arriver à Mme Goëzman, que je n'ai jamais vue; et pénétrer enfin jusqu'à M. Goëzman que je n'ai fait qu'entrevoir.

Prisonnier et souffrant, deux objets seuls m'intéressaient, la promesse des audiences et le prix qu'on y attachait; le zèle de mes amis a fait le reste.

J'ai dit et prouvé, qu'il n'y aurait pas eu moins d'absurdité à moi d'espérer corrompre un rapporteur incorruptible, à travers sept intermédiaires, qu'il n'y a eu de cruauté à lui de le supposer en me dénonçant.

J'ai dit et prouvé, qu'après avoir sacrifié cent louis pour obtenir une audience, je n'avais que plus vivement recherché celui à qui je la demandais : démarches, comme on sait, très superflues pour qui se fût flatté d'avoir corrompu le juge en payant sa femme.

J'ai dit et prouvé, que, quand j'aurais voulu le corrompre, dès qu'il soutient être resté incorruptible, le mal n'ayant pas eu son effet, l'intention non prouvée ne serait jamais un délit punissable dans les tribunaux.

J'ai dit et prouvé, que je n'avais eu qu'une seule et unique audience de M. Goëzman : et je reviendrai encore sur la preuve de ce fait qui m'est de nouveau contesté.

J'ai dit et prouvé, que Mme Goëzman avait reçu cent quinze louis; qu'elle en avait rendu depuis cent; mais en avait réservé quinze.

J'ai dit et prouvé, que M. Goëzman était l'auteur des déclarations de Lejay : qu'il avait minuté la première et dicté la seconde; enfin qu'il avait fait un faux, puis une dénonciation calomnieuse au Parlement contre moi.

J'ai dit ensuite, sans le prouver, que mon exposé était en tout conforme aux dépositions des témoins et interrogatoires des accusés; mais la preuve est au procès.

Ensuite j'ai prouvé, sans avoir besoin de le dire, que le sieur Marin avait tenu une conduite peu honnête en toute cette querelle, où il s'était immiscé sans y être appelé; que le sieur d'Arnaud vivement sollicité, avait trop légèrement accordé une lettre à M. Goëzman, dont il n'avait pas senti les conséquences alors, et qu'il a démentie depuis.

Que me reste-t-il à faire? Bien prouver ce que je n'ai fait qu'avancer; me taire sur ce que je crois avoir bien prouvé; surtout répliquer en bref à une foule de mémoires dont aucun ne répond aux miens.

Je commencerai par le vôtre, madame, dont j'aurai bientôt fait l'analyse. Si j'en retranche les injures, les mots *atroce*, *infâme*, *misérable*, *monstre horrible*, etc., etc., etc., je l'aurai déjà resserré d'une bonne douzaine de pages. En faisant évanouir par une seule remarque cette fameuse liste de votre portière, et ces preuves victorieuses qu'elle fournit contre moi, j'en aurai gagné au moins encore une vingtaine d'autres; cinq ou six à passer pour l'honnête éclaircissement des honnêtes motifs de l'honnête rapport que M. Goëzman a fait au Parlement de mon procès contre M. de La Blache, absolument étranger à votre défense; sept ou huit autres pour votre naissance, votre éducation, vos mœurs, et la notice de toutes les places qu'a manquées M. Goëzman, de toutes les recommandations qui n'ont pas pu avoir de succès pour lui, les baptêmes, les billets d'enterrements de sa famille, les ouï-dire sur sa noblesse, etc.; neuf ou dix encore pour les pièces justificatives, qui ne sont justificatives que de faits inutiles à la question, ou même absolument contraires aux choses qu'il entend prouver[1], etc.

Alors il nous restera quelques pages, au plus, sur l'affaire, et qui, loin de résoudre mes pressantes objections, ne mériteraient pas plus de réponse que le reste, si elles ne contenaient pas deux ou trois graves imputations que je ne puis feindre d'oublier sans me déshonorer entièrement, quoique la plus grave de toutes soit même étrangère à ce procès.

Mais peut-être aussi n'est-ce pas là le grand, le véritable mémoire que vous promettiez? Quelques gens ont pensé que M. Goëzman en ferait un autre, où vous et lui seriez plus sérieusement défendus; car, c'est se moquer! mais que ne voulant pas perdre l'honneur que celui-ci devait vous faire à tous deux, vous le donniez toujours en attendant, pour tenir le public en haleine, et de peur qu'il n'en chomât, quoiqu'on puisse le regarder, d'après mon supplément, comme un almanach de l'an passé[2].

Vous entamez ce chef-d'œuvre par me reprocher l'état de mes ancêtres[3]. Hélas, madame, il est trop vrai que le dernier de tous réunissait, à plusieurs branches de commerce, une assez grande célébrité dans l'art de l'horlogerie. Forcé de passer condamnation sur cet article, j'avoue avec douleur que rien ne peut me laver du juste reproche que vous me faites d'être le fils de mon père... Mais je m'arrête; car je le sens derrière moi qui regarde ce que j'écris, et rit en m'embrassant.

Ô vous qui me reprochez mon père, vous n'avez pas d'idée de son généreux cœur : en vérité, horlogerie à part, je n'en vois aucun contre qui je voulusse le troquer. Mais je connais trop bien le prix du temps, qu'il m'apprit à mesurer, pour le perdre à relever de pareilles fadaises. Tout le monde aussi ne peut pas dire[a], comme M. Goëzman :

Je suis fils d'un bailli : oui[1]
Je ne suis pas Caron : non.

Cependant avant de prendre un dernier parti sur cet objet, je me réserve de consulter, pour savoir si je ne dois pas m'offenser de vous voir ainsi fouiller dans les archives de ma famille, et me rappeler à mon antique origine qu'on avait presque oubliée. Savez-vous bien, madame, que je prouve déjà près de vingt ans de noblesse[2], que cette noblesse est bien à moi, en bon parchemin, scellé du grand sceau de cire jaune; qu'elle n'est pas, comme celle de beaucoup de gens, incertaine et sur parole, et que personne n'oserait me la disputer, car j'en ai la quittance?

Quant à l'arrêt du Parlement, rendu sur l'avis de M. Goëzman, madame, usant des voies de droit ouvertes à tout citoyen, je m'étais pourvu au Conseil du Roi; et mon profond respect pour la Cour me tenait dans un silence modeste sur le juste espoir que j'avais de faire adopter au Conseil les moyens de cassation que cet arrêt semblait offrir. Mais il suffit que vous nous ayez enfin donné les véritables motifs de l'avis de M. Goëzman, pour que tous les jurisconsultes soient actuellement persuadés, comme moi, que le Conseil me rétablira bientôt dans tous mes droits. Mon seul regret alors sera de n'être pas renvoyé en révision de cause[3] devant ces mêmes juges, que M. Goëzman induisit en erreur; car s'il faut l'avouer ingénument, mes frayeurs, dans cette affaire, n'ont jamais tombé que sur le rapporteur; avec tout autre, je crois fermement que j'aurais gagné ma cause d'emblée.

On sait bien qu'aux rapports[b] des procès un peu chargés d'incidents, tous les juges ne peuvent pas apporter le même degré d'attention; que tous ne sont pas également frappés de la liaison des faits justificatifs, surtout quand elle[4] est coupée[c] sans cesse par le plaidoyer d'un rapporteur fort de poitrine, et préoccupé de tête[5]; de sorte qu'avec toute l'intégrité et les lumières possibles, lorsqu'un rapporteur à la voix de stentor soutient opiniâtrement son avis, il peut arriver que les juges, fatigués d'une trop longue contention d'esprit, s'accordent moins qu'ils ne lui cèdent, et que la pluralité des suffrages se forme plus alors de l'ennui de disputer que d'une véritable conviction de la bonté de l'avis qui prévaut sur tous les autres.

Voilà, madame, ce que j'avais à vous dire sur l'affectation très cruelle avec laquelle M. Goëzman étale en public les prétendus motifs de l'arrêt, qui ne sont avoués par aucun de ses confrères. Selon lui, le Parlement renversant tous les principes exprès pour me nuire, au lieu d'ordonner de faire le procès à la pièce[1], et de dire ensuite, s'il y avait eu lieu, « l'acte qu'on nous présente est reconnu faux, donc l'homme doit perdre son procès », aurait ainsi raisonné : « Le comte de La Blache, et M. Goëzman d'après lui, nous répètent sans cesse que l'homme est suspect ; sans autre examen, il n'y a pas d'inconvénient de décider que l'acte dont il demande l'exécution est faux. »

Et c'est, monsieur, sous le manteau de Madame que vous vous enveloppez pour nous apprendre de si belles choses ! Digne défenseur du comte de La Blache, qui se rend à son tour le vôtre ! Je ne suis pas si grand jurisconsulte que vous, mais je répondrai au plus faux, au plus odieux des arguments, par une pièce qui ne vous était pas destinée, et que je brochai[2] rapidement à Fontainebleau, la veille de l'admission de ma requête[3], pour joindre une courte instruction sur le fond du procès aux lumières que le rapporteur allait répandre sur le défaut de formes de l'arrêt. Voici ce que j'osai présenter en peu de mots au Conseil du Roi[4].

Deux questions embrassent entièrement le fond de l'affaire.

Première question

L'acte du 1er avril 1770 est-il un arrêté de compte, une transaction, ou un simple acte préparatoire ?

Seconde question

L'arrêté de compte est-il faux ou véritable ?

Réponse

L'acte du 1er avril est un arrêté de compte[5].

Il est intitulé : *Compte définitif entre MM. Duverney et de Beaumarchais.*

Il est fait double entre les parties.

Il renferme un examen, une remise et une reconnaissance de la remise des pièces justificatives de cet arrêté.

Il porte une discussion exacte de l'actif et du passif de chacun; et finit par constater irrévocablement l'état réciproque des parties, en en fixant la balance[1] par un résultat.

Si l'acte n'eût pas été un arrêté définitif, il ne contiendrait pas une transaction; car la transaction même ne porte que sur un des articles fixés par l'arrêté de compte.

Aux yeux de la loi, c'est la disposition la plus générale d'un acte qui en détermine l'essence. L'arrêté de compte est général, et la transaction seulement partielle. Donc cet acte est un arrêté de compte; donc c'est sous ce point de vue qu'on a dû[2] le juger; donc la déclaration de 1733[3] n'y est nullement applicable; donc l'arrêt qui l'a déclaré nul, sans qu'il fût besoin de lettres de rescision[4], doit être réformé.

D'après ce qui vient d'être dit, la seconde question : « L'arrêté de compte est-il faux ou véritable? » n'est plus dans l'espèce présente qu'un tissu d'absurdités dont voici le tableau.

Si l'arrêté n'est pas de M. Duverney, à propos de quoi présentiez-vous au Parlement à juger si cet acte est un arrêté, une transaction, un compte définitif, ou seulement un acte préparatoire? Pourquoi demandiez-vous un entérinement de lettres de rescision? Il fallait contre un acte faux vous pourvoir par la voie de l'inscription de faux. Je vous y ai provoqué[a] de toutes les manières; vous vous en êtes bien gardé.

Et si l'arrêté est de M. Duverney, nous voilà rentrés dans la première question, laquelle exclut absolument la seconde.

Or, il s'agit ici de l'arrêt du Parlement; la Cour n'a pas pu regarder l'acte comme faux, puisqu'on lui présentait à juger la proposition précisément contraire; c'est à savoir *si un arrêté de compte définitif entre majeurs doit être exécuté.*

Donc le Parlement n'a pas pu le rejeter en entier ni l'annuler sans qu'il fût besoin de lettres de rescision : donc l'arrêt doit être réformé.

Mon adversaire, tournant sans cesse dans le cercle le plus vicieux, cumulait à la fois les lettres de rescision, la voie de nullité, et le débat des différents articles du compte.

Sur le premier article[5], il disait : la remise de cent soixante mille livres de billets, exprimée dans l'arrêté, n'est qu'une illusion. Il jugeait donc *faux* l'acte par lequel M. Duverney reconnaissait les avoir reçus de moi.

Sur le quatrième article, il disait : il y a ici un double

emploi de vingt mille livres. Cette somme n'eſt pas entrée dans l'actif de M. Duverney, porté à cent trente-neuf mille livres. Il reconnaissait donc *véritable* l'acte où il relevait une erreur prétendue ; car il n'y a pas de double emploi où il n'y a pas d'acte.

Sur le cinquième article, il disait, sans aucune autre preuve que[a] son allégation : le contrat de rente viagère au capital de soixante mille livres n'a jamais exiſté. Il regardait donc de nouveau comme *faux* l'acte qui en portait le remboursement.

Il prétendait ensuite prouver son assertion sur la nullité de cette rente par les termes de l'acte même : n'était-ce pas avouer de nouveau que l'acte était *véritable* ?

Sur le sixième article du compte, il disait : il n'y a jamais eu de société entre M. Duverney et le sieur de Beaumarchais pour les bois de Touraine. Il revenait donc à soutenir que l'acte qui la résiliait était *faux*.

Sur le septième article contenant une indemnité, il disait : c'eſt en trompant M. Duverney, qu'on se fait adjuger l'indemnité sur une affaire qu'on lui présentait comme onéreuse, quand il eſt prouvé qu'elle eſt très bonne. Il regardait donc derechef l'acte comme *véritable*, car, pour abuser de l'esprit d'un acte, il faut que le fond en exiſte entre les parties.

Plus loin, il disait : payez-moi pour cinquante-six mille livres de contrats, car vous les deviez à M. Duverney. L'acte qui les passe en compte était donc *faux*, selon lui ?

Plus loin encore il disait : je ne vous prêterai point soixante-quinze mille livres, car, selon l'acte même, j'ai le droit de rentrer en société. L'acte dont il excipait alors était donc redevenu *véritable* ?

C'eſt ainsi que, pirouettant sur une absurdité, il trouvait l'acte *faux* ou *véritable*, selon qu'il convenait à ses intérêts.

N'alla-t-il pas jusqu'à dire et faire imprimer : si je préfère de discuter l'acte comme *véritable*, à l'attaquer comme *faux*, c'eſt parce que j'y trouve plus mon profit. Il eſt honnête, le comte de La Blache !

Enfin, sans qu'on ait jamais pu savoir au vrai ce que mon adversaire voulait ou[b] ne voulait pas sur cet acte, on a tranché la queſtion d'après l'avis de M. Goëzman, en *annulant l'arrêté de compte, sans qu'il fût besoin de lettres de rescision*.

Était-ce décider que l'acte eſt *faux* ? C'eût été juger ce qui n'était pas en queſtion ; on ne s'était pas inscrit en faux ; donc il faudrait réformer l'arrêt.

Était-ce juger que l'acte eſt *véritable*, mais qu'il y a erreur ou dol[1], double emploi, ou faux emploi ? Mais dans ce cas, on ne pouvait *l'annuler sans qu'il fût besoin de lettres de rescision*. Donc, de quelque côté qu'on l'envisage, l'arrêt du Parlement ne peut se soutenir et doit être réformé.

Je n'ai traité dans ce court exposé que la partie du fond de mon affaire qui a rapport à la cassation que je sollicitais ; j'ai laissé de côté mon droit incontestable, parce qu'il ne s'agit pas aujourd'hui de savoir si j'ai tort ou raison sur le fond de mes demandes, mais seulement si le Parlement a jugé, selon les lois, l'entérinement des lettres de rescision, la seule question qui lui était soumise.

J'aurais cru, monsieur, vous faire la plus mortelle injure, en osant publier l'odieux propos qu'on vous attribuait alors. M. Goëzman, disait-on, répond à tous ceux qui lui objectent l'irrégularité du prononcé : « On a jugé l'homme et non la chose. » Mais vous avait-on donné un homme à juger ? Rapporteur d'un procès civil, deviez-vous faire acception de personnes ; et parce qu'un des clients vous semblait accrédité[2], dénier la justice à l'autre ? Et vous avez la confiance aujourd'hui d'imprimer pour motifs d'un arrêt attaqué au Conseil *qu'on décide maintenant quel homme le Parlement a jugé*[3] !

Est-elle assez justifiée l'opinion que j'avais prise et donnée de votre partialité, quand j'avançai dans mon premier mémoire[4] que vous aviez dit en sortant de la Chambre : « Le comte de La Blache a gagné sa cause, et l'on a opiné du bonnet d'après mon avis » ?

En parlant à Lejay, monsieur, *vous aviez arrangé les choses pour qu'il ne fût pas entendu comme accusé*[5]. En rapportant mon procès, vous les avez arrangées pour que je fusse traité comme coupable.

Mais ce n'est jamais impunément qu'un magistrat s'écarte de son devoir. Il s'élève un cri public ; et s'il est un moment où les juges prononcent sur chaque citoyen, dans tous les temps la masse des citoyens prononce sur chaque juge. Le jugement des premiers est légal, celui des seconds n'est que moral ; mais il est encore à décider lequel est d'un plus grand poids pour retenir chacun dans le devoir. Tout citoyen sans doute est soumis aux magistrats ; mais quel magistrat peut se passer de l'estime des citoyens ? Dans l'ordre civil, l'action des juges sur les particuliers et la réaction de ces derniers sur les juges forment entre la nation et les magistrats, un équilibre de respect et d'équité, qui fait l'honneur des uns, la sûreté des autres, et le bonheur de tous.

Mais le souvenir de ce que j'ai souffert depuis ce fatal arrêt, abat mes forces et trouble ma sérénité. Changeons d'objet; j'ai besoin des unes pour achever ces défenses, et l'autre m'eſt nécessaire pour soutenir tant de malheurs.

Suit après la discussion inutile des ſtations inutiles que j'ai faites à votre porte, madame, et les preuves tirées de la liſte de votre portière[1]. Ce long article de votre mémoire semble y avoir été mis exprès pour le tourment de qui voudra le discuter.

Mais comme il n'y a pas d'absurdité si forte qui ne trouve encore des partisans, j'ai vu de bons et honnêtes gens émus par votre air d'assurance, qui, n'ayant rien compris à ce que vous avez écrit à ce sujet, n'en vont pas moins disant partout : « La liſte de la portière eſt une preuve invincible »; d'autres qui, entraînés par l'autorité de ceux-ci, répètent, sans y mieux voir : « Je crois, en effet, qu'il y a peu de chose à répondre à cette liſte »; et d'autres enfin, qui n'ayant pas même lu votre mémoire, à force d'entendre citer cette fameuse liſte, ne laissent pas que d'aller aussi répétant, pour figurer[2] : « Beaumarchais ne se tirera jamais de la liſte de la portière. » Et c'eſt ainsi que se sont établies toutes les absurdités du monde; jetées en avant par l'audace, répandues par l'oisiveté, adoptées par la paresse, accréditées par la redite, fortifiées par l'enthousiasme; mais rendues au néant par le premier penseur qui se donne la peine de les examiner.

Voyons donc celle-ci. Qu'avez-vous entendu prouver par cette liſte, madame? Que je n'étais pas venu autant de fois chez vous que je le prétendais? Et pourquoi voulez-vous prouver que j'y suis venu moins de fois que je ne le dis? N'eſt-ce pas dans la vue d'établir qu'en faisant un sacrifice d'argent, je voulais moins acheter des audiences que le suffrage inachetable d'un rapporteur? Il faut assez d'adresse pour démêler un écheveau que vous avez si artiſtement[3] embrouillé; mais avec un peu de patience on parvient à le remettre en bon état au dévidoir. Enfin, n'eſt-ce pas là, madame, tout ce que vous avez voulu dire?

Voyons maintenant ce que vous avez dit.

Présentant aux juges sa liſte d'une main, et faisant la révérence de l'autre, Mme Goëzman a dit : « Messieurs, le sieur de Beaumarchais ou plutôt le sieur Caron (car tout me choque en lui, jusqu'au nom qu'il porte), le sieur Caron, dis-je, vous en impose lorsqu'il prétend être venu neuf fois chez nous[4] pendant les quatre jours pleins que mon époux a été son rapporteur.

« À la vérité je ne puis savoir s'il y est venu ou non, *puisqu'il n'y est pas entré*, et que l'ignorance d'un fait ne suffit pas pour le combattre et l'annihiler; mais j'ai ma liste, et j'ai l'honneur de vous observer, messieurs, que ma liste doit en être crue sur son silence; car par une bizarrerie qui n'existe que chez nous, *la portière a ordre de n'écrire le nom de personne* : de sorte que si le laquais qui frappe ne sait tracer le nom de son maître, ce nom reste en blanc sur la liste; ce qui la rend du[a] plus grand poids, comme vous voyez, contre ceux qui prétendent être venus à l'hôtel.

« Or, messieurs, d'après ce que je vous dis, si au lieu de neuf visites que le sieur Caron articule, ma liste n'en présentait aucune, si " ce vilain Caron, ce monstre, ce serpent venimeux qui ronge des limes[1] ", pour parler comme son adversaire, le comte de La Blache; " ce misérable qu'il faudrait marquer d'un fer chaud sur la joue[2] ", comme dit son bienfaiteur Marin; " cet abîme d'enfer que Jupiter a tort de ne pas foudroyer[3] ", suivant l'expression poétique du sieur d'Arnaud; ce mauvais riche " qui ne paye ni les luminaires[4], ni les autres mémoires du sieur Bertrand ", d'après le sieur d'Airolles qui est la même personne, ce reptile insolent, dont le seul nom déshonore une liste comme celle de ma portière, si, dis-je, " ce vilain Caron " n'y était pas écrit une seule fois pendant ces quatre jours si intéressants pour lui, me refuseriez-vous la grâce d'admettre le silence de ma liste de préférence au témoignage du gardien sermenté d'une pareille espèce ? »

Les commissaires du Parlement reçoivent la liste de sa main tremblante, et la feuillètent exactement[5]; mais n'y trouvant pas mon nom écrit une seule fois pendant ces terribles quatre jours[6] où il m'avait si fort importé de me présenter chez mon rapporteur, ils m'ordonnent de répondre, et je dis :

« Messieurs, le sieur Santerre, mon gardien, interpellé par M. de Chazal, à sa confrontation, de déclarer si j'avais été autant de fois que je le disais et l'avais imprimé chez M. Goëzman, a répondu : " Monsieur dit vingt fois; nous y avons peut-être été plus de trente; mais surtout pendant les quatre ou cinq jours du délibéré, matin et soir, avant et après dîner, nous n'en bougions : de ma vie je n'ai éprouvé autant d'ennui; et rien ne peut y être comparé, si ce n'est l'impatience immodérée de mon prisonnier. " »

Mais comment une chose aussi nette peut-elle exciter tant

de débats? Uniquement parce qu'on a mal posé la question sur laquelle on dispute. Un premier point légèrement accordé mène souvent assez loin les gens inattentifs. Rétablissons les principes.

Dans quel cas, messieurs, cette liste pourrait-elle être justement opposée au témoignage d'un homme public, d'un homme sermenté, chargé par le gouvernement de me suivre partout, et de rendre compte, jour par jour, de toutes mes actions et paroles, lequel me prenait tous les matins en prison et m'y remettait tous les soirs, et qui se démantelait la mâchoire, à force de bâiller, du cruel métier que M. Goëzman et moi lui faisions faire? Dans quel cas, dis-je, cette liste pourrait-elle être justement opposée à son témoignage? Dans celui seulement où, me trouvant écrit de ma main sur la liste un certain nombre de fois, je soutiendrais, et mon gardien certifierait, que nous avons été moins de fois à la porte, ou même que nous n'y avons pas été du tout; car alors la liste offrant la preuve positive tant du fait que du nombre des visites, il n'y a aucun témoignage humain qui pût détruire celui de la liste. Mais ici, par le plus vicieux renversement d'idées, on appuie la négation de neuf visites avérées, attestées par la déposition d'un homme public et sermenté, sur le seul silence d'une misérable liste que mille choses devaient rendre suspecte, dont la première est l'ordre bizarre à la portière *de ne jamais écrire personne*.

Est-il étonnant qu'un laquais ne sache pas écrire, et que son maître, qui ne peut deviner qu'un portier *n'écrit personne*, reste avec sécurité dans sa voiture, au lieu d'en sortir pour s'inscrire lui-même? À mon égard, voici comment les choses se sont passées.

Las de descendre inutilement, trente fois le jour, de voiture, pour écrire mon nom et ma supplique, je fis sur la fin du procès un billet circulaire[1], que mon laquais remettait à chaque porte des conseillers qui se trouvaient absents. Cette circonstance attestée par mon gardien, et ajoutée à tous les caractères d'infidélité[2] que peut présenter une liste, doit faire rejeter avec mépris la preuve tirée contre moi du silence de celle-ci; à moins qu'on ne suppose que, pendant ces quatre jours où je fis des sacrifices de toute espèce pour parvenir à être introduit chez cet invisible rapporteur, je ne me sois pas présenté à sa porte une seule fois. La patience échappe de voir un grave magistrat se défendre avec de tels moyens.

Et pourquoi tant d'absurdité, je vous prie? Pour amener un autre sophisme encore plus vicieux que le premier.

Pour établir que j'ai eu l'intention de gagner le suffrage du rapporteur, en faisant le sacrifice auquel on m'a forcé, l'on ose opposer le silence de cette liste à la déposition de la dame Lépine, de la demoiselle de Beaumarchais[1], des sieurs Santerre, de La Chataigneraie[2], de Miron, Bertrand, Lejay, qui tous ont attesté que jamais je n'ai sollicité que des audiences; on l'ose opposer au récolement même de Mme Goëzman, qui pouvait seule contredire tant de témoignages, et qui, sans le vouloir, unit son attestation à celle de tout le monde. « Je déclare que jamais le sieur Lejay ne m'a présenté d'argent pour gagner le suffrage de mon mari, qu'on sait bien être incorruptible; mais qu'il sollicitait seulement des audiences pour le sieur de Beaumarchais »; attestation confirmée dans un supplément imprimé de Mme Goëzman, où elle s'énonce en ces termes : « J'ai dit, j'en conviens, que le sieur Lejay en m'offrant des présents de la part du sieur Caron, avait masqué ses intentions criminelles par une *demande d'audiences* »; et où elle ajoute encore, de peur qu'on ne l'oublie : « Ne voit-on pas que je ne fais que *rapporter les discours du sieur Lejay*[3] ? »

Eh mais, madame! si les discours de Lejay furent tels que vous le dites, comment donc espérez-vous, par le seul silence de votre liste, prouver qu'un argent reçu par vous *pour des audiences*, des mains de Lejay; qui l'avait reçu *pour des audiences*, de Bertrand; qui l'avait reçu *pour des audiences*, de la dame Lépine; qui l'avait reçu *pour des audiences*, du sieur de La Chataigneraie; qui me l'avait prêté *pour des audiences*; que cet argent, dis-je, ait été destiné par moi, *pour gagner le suffrage de monsieur votre mari, qu'on sait être incorruptible*?

Voilà pourtant, madame, comment vous raisonnez. Voilà comment, du seul silence d'une liste qui n'est, comme tout autre silence, qu'une négation, une absence de bruit, d'écriture, de mouvement ou d'action, le néant, en un mot rien du tout, vous inférez une intention, laquelle n'est par sa nature qu'un autre être de raison[4], et cela pour m'inculper[5], moi, qui ne vous ai rien dit, que vous n'avez pas même vu, qui n'ai eu de relation avec vous qu'à travers un monde de personnes dont tous les témoignages, ainsi que vos aveux, s'unissent en ma faveur.

Il est donc bien démontré par les dépositions des témoins, par les interrogatoires des accusés, par les mémoires de tout le monde, par votre récolement, votre supplément, tous vos raisonnements enfin, que je n'ai jamais désiré ni demandé autre chose de vous que des audiences; il eſt bien démontré que la conséquence tirée de la liſte n'eſt qu'une platitude mal inventée, plus mal soutenue, encore plus mal prouvée; et surtout il eſt bien démontré qu'on m'a fait perdre quatre ou six pages à me battre à outrance et à ferrailler contre un moulin à vent *d'intention, de corruption et de liſte*, qui ne m'a été opposé que pour faire bâiller le lecteur, embrouiller l'affaire, et me rendre, en y répondant, aussi ennuyeux que le mémoire où l'on m'a tendu ce piège ridicule.

À la grave autorité de cette liſte, madame, vous joignez celle du billet que le comte de La Blache vous a, dites-vous, écrit alors, et *qui lui a suffi pour être admis chez vous* : lequel billet vous avez gardé précieusement[1]. Ô bon Lejay! réclamez vos droits, mon ami; l'on vous pille ici : cette naïveté eſt de votre force! La liſte du portier, le billet du comte de La Blache en preuves! Ce n'eſt pas que ce gentilhomme, descendu des Alpes exprès pour devenir à Paris un riche légataire, ne soit bien fait pour obtenir de M. Goëzman des préférences de toute nature.

Mais permettez, madame, n'auriez-vous pas un peu manqué de goût ici? Pour que son billet eût quelque force, il me semble qu'il n'eût pas fallu imprimer ensuite la lettre à ma louange qu'il vous a écrite *de Grenoble*[2]*, dont les expressions*, dites-vous, *évidemment dictées par l'honneur révolté, sont de nouvelles preuves de l'atrocité de mes imputations*.

Il me semble qu'il eût mieux valu présenter quelque autre preuve de mes atrocités qu'une lettre du comte de La Blache, qui, depuis dix ans[3], fait profession ouverte de me haïr avec passion; où l'on lit : « Il manquait peut-être à sa réputation celle du calomniateur le plus atroce[4] » (c'eſt de moi dont l'auteur entend parler), « pour en faire un monſtre achevé » (qu'ils sont doux, nos adversaires! lettres, mémoires, tout eſt fondu dans le même creuset!); « la vôtre eſt trop au-dessus de pareilles atteintes pour en être alarmée. » (Une réputation alarmée des atteintes qu'on lui porte! quelle phrase alsacienne[5] !) « C'eſt le serpent qui ronge la lime » (il fallait dire, c'eſt la lime qui ronge le serpent; il y aurait eu deux ou trois images rassemblées, et surtout une allusion à l'état de mon père; et cela eût été superbe; on y songera une autre fois). « La juſtice qu'on vous doit servira à purger la société d'une espèce aussi venimeuse. » Cette lettre, madame, eſt d'un bout à l'autre un échantillon de la manière dont le comte de La Blache plaidait sa cause dans tous les cabinets des juges, pendant que j'étais en prison. Et je la crois plus propre à desservir le comte de La Blache qu'à vous servir vous-même. « C'est dans les lois que les Beaumarchais doivent trouver la punition de leur audace. » Oui, lorsque, dans l'abus de ces mêmes lois, les La Blache trouvent le moyen de dépouiller les héritiers directs d'un millionnaire, à l'aide d'un testament; et son créancier, à la faveur d'un arrêt[1] : car, à la fin, tant d'indignités m'arrachent à la modération que je me suis imposée.

Et la lettre est écrite *de Grenoble*! où le comte de La Blache était allé voir son père! *Bone Deus*[2] *!* et le comte de Tuffières[3] aussi allait voir le sien...

Mais pourquoi cette lettre n'est-elle pas cotée au rang d'une foule de pièces justificatives[4] qui ne sont pas plus justificatives que cette lettre? Est-ce qu'elle ne serait pas timbrée de Grenoble? Je vous demande bien pardon, M. le comte de La Blache, M. le conseiller Goëzman, madame, et vous aussi, messieurs Marin, gazetier, Bertrand d'Avignon, Baculard d'Ambassade, et autres qui voulez tous avoir part à l'excellente œuvre de ma perte, si je regarde à si peu de chose : mais vous êtes si adroits! si adroits! qu'il faut bien me passer un peu de vigilance. D'ailleurs, voyez combien de gens vous êtes après moi, gens d'épée, gens de robe, gens de lettres, gens d'affaires, gens d'Avignon, gens de nouvelles; cela ne finit pas. Aussi mes ennemis n'auront-ils plus rien à y voir, quand je serai sorti de cette coupelle[5] où M. Goëzman m'a mis au creuset, où le sieur Marin fournit le charbon, et où Bertrand, Baculard et autres garçons affineurs, soufflent le feu du fourneau.

Passons à l'examen de l'audience qui me fut, dit-on[6], accordée le samedi 3 avril au matin, par M. Goëzman; et à celui des preuves sur lesquelles on l'établit.

Premièrement, je fais ici ma déclaration publique et formelle que je nie cette audience à mes risques, périls et fortune. Je déclare que je n'ai eu d'autre audience dans la maison de M. Goëzman pendant les quatre jours du délibéré, que celle du samedi 3, à neuf heures du soir, en présence de Mᵉ Falconet et du sieur Santerre mon gardien[7].

Je déclare que c'est chez M. de La Calprenède[8], conseiller de grand-chambre, que je montrai à M. Goëzman, avant le délibéré, l'article de la *Gazette de La Haye* où je suis si maltraité[9]; laquelle *Gazette* je ne laissai point à M. Goëzman, ni en aucun autre temps comme il le dit; car je l'ai chez moi enliassée avec les autres pièces extrajudiciaires relatives au même procès, soulignée aux mots importants, et avec ces notes en marge écrites de ma main : « S'informer chez Marin où l'on peut avoir raison de ces infamies. » Et plus bas : « Voir M. de Sartines. » Et plus bas : « Écrire à Mme de... d'en parler à M. le duc de... » Je déclare que depuis ce jour, je n'ai vu qu'une seule fois M. Goëzman, le samedi 3 avril à neuf heures du soir, accompagné, comme je l'ai dit, de Me Falconet et du sieur Santerre.

On me dispensera bien, je crois, de discuter la première preuve de cette audience du samedi matin, que M. Goëzman tire de son propre témoignage.

On me dispensera sans doute encore d'user mes forces contre la preuve tirée d'une lettre du comte de La Blache, datée de Paris le 18 septembre, c'est-à-dire, plus de cinq mois après le 3 avril[1], du même style que celle *de Grenoble*, où il raconte à M. Goëzman que M. Goëzman lui a dit, le 3 avril au matin : « Votre adversaire sort d'ici » quoiqu'il soit prouvé que l'adversaire du comte de La Blache n'en sortît pas; et où il annonce que tout ce qui est écrit dans mon mémoire est « faux, méchant, atroce, *etc.* » quoique le comte de La Blache, absolument étranger à la querelle, ne puisse pas être plus instruit que le roi de Maroc ou le bacha[2] d'Égypte si ce que j'ai dit est faux ou vrai, doux ou méchant, atroce ou modéré. Comme c'est sur des ouï-dire de M. Goëzman qu'écrit le très reconnaissant comte de La Blache, cette preuve rentre et se fond dans la première; et jusqu'ici, comme on le voit, la vérité n'a pas encore fait un pas.

La troisième preuve de M. Goëzman se tire d'un mémoire de moi, non daté, que M. Goëzman *a*, dit-il[3], *heureusement conservé* sous le titre d'*argument en faveur de l'acte du premier avril, et réfutation du système*, etc., lequel manuscrit n'a nul rapport à la question présente, et ne peut servir à fixer l'époque d'aucune audience.

La quatrième est fondée sur un autre manuscrit de moi, sans date, et que M. Goëzman *a*, dit-il, *encore heureusement conservé*, sous le titre de *réponse à quelques objections*, etc. Et moi aussi, je dis *heureusement*; car ce manuscrit contient une note précieuse qui le fait tourner en preuve contre l'audience du 3 avril au matin[4].

Si j'ai bien lu, voilà tout, je crois.

Après avoir montré la futilité des preuves que M. Goëzman rapporte de cette audience, je pourrais m'en tenir à ma déclaration formelle que l'audience est fausse et ne m'a pas été donnée, parce que c'est à celui qui articule un fait à le bien prouver ; celui qui nie n'ayant qu'à se tenir les bras croisés jusqu'à ce qu'on lui taille de la besogne en lui fournissant des preuves à combattre. Cependant, comme mon usage en cette affaire est d'aller au-devant de tout, après avoir prouvé négativement que les preuves mêmes de M. Goëzman détruisent son édifice, je vais prouver positivement que cette audience n'a jamais existé.

Il est prouvé au procès, par les dépositions des sieurs Lejay, d'Airolles, de la dame Lépine, etc., que, ce même samedi 3 avril au matin, Bertrand et Lejay furent chez Mme Goëzman porter les cent louis ; que Lejay reçut de cette dame à cette occasion la promesse formelle que j'aurais une audience de son mari, *le soir même*.

Mémoire de Bertrand, page 5

« J'envoyai chercher un fiacre ; nous y montâmes, Lejay et moi ; il fit arrêter au coin du quai Saint-Paul... Je le vis entrer dans une maison qu'il me dit être celle de Mme Goëzman... Il me raconta dans la route la manière dont il avait été reçu... J'instruisis la sœur du sieur de Beaumarchais de tout ce que Lejay m'avait dit ; je vis le soir même le sieur de Beaumarchais qu'on avait instruit du message du sieur Lejay ; *il se prépara à sa visite.* »

Dans mon mémoire à consulter, page 8[1]

« Le sieur d'Airolles assura ma sœur que Mme Goëzman, après avoir serré les cent louis dans son armoire, avait *enfin* promis l'audience *pour le soir même* ; et voici l'instruction qu'il me donna quand il me vit : " Présentez-vous ce *soir* à la porte de M. Goëzman ; *on vous dira encore qu'il est sorti* ; insistez beaucoup ; demandez le laquais de Madame ; remettez-lui cette lettre qui n'est qu'une sommation polie à la dame de vous procurer l'audience, suivant la convention faite entre elle et Lejay. " »

Et la lettre était écrite de la main du sieur d'Airolles, au nom de Lejay, comme cela est prouvé au procès.

Ajoutons à tout ceci la déposition du sieur Santerre, qui contient qu'après des refus de porte aussi constants qu'ennuyeux, en vertu d'une lettre dont j'étais porteur[a] et que je remis devant lui au laquais blondin de Mme Goëzman, le samedi 3 avril, à neuf heures du soir, nous fûmes introduits cette seule fois chez M. Goëzman. Ajoutons celle de Me Falconet, avocat, qui contient absolument la même chose. Que dit à tout cela M. Goëzman caché sous le manteau de Madame?

« De quel front[1] le sieur Caron ose-t-il faire imprimer que, jusqu'au samedi, neuf heures du soir, la porte de son rapporteur lui avait été obstinément fermée? – Du front d'un homme qui n'avance rien qui ne soit bien prouvé au procès. – Si à cette heure, qui était celle du souper, on ne l'eût pas reçu, lui qui était déjà entré le matin, comment aurait-il pu se plaindre? – Comme un homme à qui l'on n'avait accordé aucune audience le matin, et qui venait de payer celle-ci d'avance la somme de cent louis. – Cependant, comme il a insisté sur le fondement[2] qu'il n'avait qu'un mémoire manuscrit à remettre... – Pardon, madame, il est prouvé au procès que je suis entré avec une lettre écrite à Mme Goëzman, remise à son châtain-clair; et nullement pour remettre un mémoire dont il ne fut pas seulement question. – Mon mari eut la bonté de le recevoir encore; la visite fut courte sans doute[3]. – Raison de plus, madame, pour être outré de n'en avoir pu obtenir d'autres, surtout quand on les a payées si cher, et qu'elles ont porté aussi peu de fruit. – Il ne demandait qu'à remettre un mémoire. – Au contraire, madame, il n'en existait alors aucun de moi. »

Le premier manuscrit[4] indiqué sous le numéro 4, dans vos pièces justificatives, ne fut fait que d'après l'audience du samedi 3 au soir, pendant la nuit du samedi au dimanche, et vous fut envoyé le dimanche matin avec le précis imprimé de Me Bidault, mon avocat, encore mouillé de la presse; le tout accompagné d'une lettre polie pour vous, comme je l'ai dit à mon interrogatoire, et comme il est prouvé au procès que le sieur Bertrand me l'avait conseillé de votre part.

Le second manuscrit, sous le numéro 5 de vos pièces justificatives, n'a été composé que dans la soirée du dimanche 4 avril, sur les observations que M. Goëzman avait faites le matin au sieur de La Chataigneraie; ce qui détruira l'imputation qui m'est faite que je calomnie les magistrats. Je n'ai jamais dit *qu'aucun membre du Parlement m'eût fait des confidences*[5]; mais j'ai dit, imprimé, consigné au greffe, que M. Goëzman avait lu des lambeaux de son rapport au sieur de La Chataigneraie, et lui avait même permis de me communiquer ses objections[6]; ce que ce dernier fit en m'annonçant l'audience promise.

Il reste donc pour constant[1], par les dépositions des témoins, par les interrogatoires des accusés, par les mémoires de tout le monde, par la procédure, par les preuves mêmes de M. Goëzman, que la séance du samedi matin 3 avril n'est qu'une chimère; et c'est ici le lieu de répondre au nouveau plan de défenses établi par M. Goëzman dans le supplément de Madame[2].

« Je n'ai été que trois jours rapporteur du procès du sieur de Beaumarchais (vous l'avez été près de cinq); j'étais donc fort pressé; je ne pouvais donc user mon temps à donner des audiences; et cependant, sans compter celui que le comte de La Blache a pu me faire perdre, j'ai donné pour le seul Beaumarchais, dans ces trois jours, quatre grandes audiences : le vendredi, 2 avril, une à Me Falconet, son avocat; le samedi matin, 3, une au sieur de Beaumarchais; le samedi au soir, une autre au même; et le dimanche 4, une au sieur de La Chataigneraie, son ami; voilà donc quatre audiences en trois jours. Il est donc clair qu'en donnant de l'argent à ma femme, ce n'était pas des audiences qu'il voulait, mais seulement de me corrompre et gagner mon suffrage. »

De vous corrompre! *Praenobilis et consultissime* Goëzman[3] : on ne joindra pas désormais à vos qualités l'adjectif *veracissimus*; vous venez de le perdre à jamais; et j'ai bien peur qu'on n'y substitue même le superlatif contraire.

Que diront *tous les baillifs*[a] *vos ancêtres*? Que diront les princes dont vous n'avez pas été l'envoyé? Que diront *les Pithou, les Mabillon, les Baluze, et les du Cange*, qui, jusqu'à présent, s'il faut vous en croire, vous auraient avoué pour le digne héritier de leurs talents et de leurs vertus? Mais que dira surtout le parlement de Paris qui nous juge aujourd'hui, en lisant ce que je réponds aux quatre audiences?

Loin d'avoir eu quatre audiences de M. Goëzman, tant par moi que par mes amis, je déclare hautement que Me Falconet, avocat, arrivé, depuis quelques jours, d'un voyage de trois mois, donne le démenti le plus formel à quiconque ose avancer que M. Goëzman lui a donné, le vendredi 2 avril, aucune audience chez lui pour moi, ou que cet avocat ait jamais mis le pied chez M. Goëzman en aucun autre instant que le samedi 3, au soir, avec le sieur Santerre et moi. Cela est-il clair?

Je déclare encore que M. de La Chataigneraie, loin d'avoir reçu, le dimanche 4 avril, aucune audience pour moi, n'a été chez M. Goëzman que pour essayer de m'en obtenir une, que ce rapporteur lui promit pour le lundi matin, 5 avril, et qui n'a pas été donnée quoique M. de La Chataigneraie, sur la foi de cette promesse, ait vainement essayé le lundi de me servir d'introducteur. Je déclare que M. de La Chataigneraie, loin de chercher à résoudre les objections de M. Goëzman, tira au contraire de son silence l'occasion de solliciter ce rapporteur, pour qu'il voulût bien me les faire à moi-même[1].

Je déclare en outre que je consens et me soumets à toutes les peines méritées pour celui des deux qui en impose[2] au Parlement et au public, M. Goëzman ou moi, si l'homme sermenté qui m'accompagnait, si le sieur Santerre n'atteste pas[a] encore à la Cour que je ne suis entré le samedi, 3 avril, qu'une seule fois, à neuf heures du soir, chez M. Goëzman, accompagné de Me Falconet et de lui.

Ainsi, loin d'avoir obtenu de ce très peu véridique rapporteur les quatre audiences qu'il articule, je déclare que je n'en ai reçu qu'une, et que cette une encore, je ne l'aurais pas obtenue si je ne l'eusse payée d'avance cent louis d'or.

Je déclare que je n'ai jamais chargé personne de faire aucun pacte avec Mme Goëzman au sujet de cet or, et que, quand on vint me dire le dimanche au soir 4 que Mme Goëzman, en promettant une seconde audience, avait dit : « et si je ne puis la lui faire avoir, je rendrai tout ce que j'ai reçu »; je m'écriai devant tous mes amis, en me frappant le front : « C'en est fait, j'ai perdu mon procès! Cette offre inopinée de tout rendre en est le funeste présage[3]. »

Voilà mes réponses, mes discussions, mes déclarations : et je signe exprès mon mémoire en cet endroit, parce que j'entends que tout le contenu de cet article tourne à ma honte, attire sur ma tête la juste punition, l'anathème et la proscription qui m'est due, si l'information que la Cour ne me refusera pas à ce sujet, y apporte le plus léger changement; et j'en dépose un exemplaire au greffe, avec ces mots de ma main :

« CARON DE BEAUMARCHAIS.
Ne varietur[4]. »

Regagnons à présent le temps perdu, madame.

Parcourant rapidement les objets auxquels vous avez vous-même donné moins d'importance (page 22 de votre mémoire), je vois un coup de crayon à la marge. Il s'agit de Me de Junquières[5], que vous faites s'écrier à l'occasion des propos qu'on tenait sur votre compte : « C'est une infamie de

Beaumarchais. » Pour ce Junquières-là, comme son métier est de défendre les autres, et qu'il a bec et ongles, entre vous le débat, messieurs; mais je vous avertis qu'il donne le plus formel et public démenti à votre phrase; et qu'il prend à témoin de la fausseté de votre citation M. le Procureur général, devant lequel il parlait alors. À mon égard[1], il est certain que je confiai dans le temps à Me de Junquières tout ce qui s'était passé entre Mme Goëzman et Lejay; je n'ai point trouvé mauvais qu'il vous l'eût rendu[2] : je le lui ai dit depuis; voilà le fait dont la discussion ne vaut pas une ligne de plus.

En revanche, en voici un qui mérite attention. Votre objet ici, madame, est d'essayer de disculper M. Goëzman d'avoir été l'instigateur, le compositeur et l'écrivain de la minute de la première déclaration attribuée à Lejay; c'est vous qui parlez (p. 23). « Lejay monta dans le cabinet de M. Goëzman, se mit à son bureau » (fort bien jusque-là), « et comme il est fort peu lettré, quoique libraire, il pria mon mari *de lui arranger dans la forme d'une déclaration* les faits dont il venait de lui rendre compte. » (Lejay a protesté dans ses interrogatoires, qu'on ne lui avait fait qu'une seule question et qu'il n'avait répondu qu'un mot.) « En conséquence *il fut fait* un brouillon » (n'oublions pas *il fut fait*), « *il fut fait un brouillon* que mon mari *corrigea* en plusieurs endroits » (à moins de convenir de tout, on ne peut mieux parler) « et il quitta ensuite le sieur Lejay » (il fallait le quitter avant), « qui écrivit et signa en ma présence la déclaration suivante, *etc.*, *etc.* »

Ainsi vous convenez, madame, que *votre mari arrangea les faits en forme de déclaration*; vous convenez que *votre mari corrigea le brouillon en plusieurs endroits*; vous convenez que Lejay *écrivit en suite du départ*[3] *de votre mari*; ce qui indique assez qu'il n'avait pas écrit avant son départ. En tout cela il n'y a que ces mots, *il fut fait*, d'équivoque[a]; tout le reste marche assez bien. *Il fut fait*! charmante tournure, pour laisser le monde incertain si ce brouillon *fut fait* par M. Goëzman ou par Lejay! Mais de cela seul, madame, que vous ne dites pas à pleine bouche[4] : Lejay se mit au bureau de mon mari, où il écrivit librement et de son chef la déclaration, on en peut conclure hardiment que ce fut M. Goëzman qui fit la minute. Vous n'êtes pas gens à ménager l'adversaire, quand vous croyez avoir de l'avantage sur lui. Mais comme une négation formelle vous eût trop exposés l'un et l'autre, aujourd'hui que j'ai prouvé par mon supplément[5] que M. Goëzman a fait

la minute; vous employez la bonne, fine, double phrase *il fut fait*, la seule qui pût être utile à deux fins; propre à vous servir si on la prend bien, et à ne vous pas nuire si on la prend mal.

Si la liberté de ma critique rend mes éloges de quelque prix à mes yeux, madame, recevez mes félicitations sur cette tournure; salut aux maîtres; en honneur[1] on ne fait pas mieux que cela.

Vous transcrivez ensuite la déclaration; après quoi vous ajoutez (p. 24) : « Quiconque aura sous les yeux » (c'eſt toujours vous qui parlez) « l'original de cette déclaration, reconnaîtra bientôt, à la manière dont elle eſt orthographiée, que le sieur Lejay n'a fait que se copier lui-même »; pourquoi ne pas convenir tout uniment, comme il l'a déclaré à ses interrogatoires, que vous dictiez sur la minute de votre mari pendant qu'il écrivait? Cela explique bien mieux ses fautes d'orthographe. « Et il m'a priée de corriger moi-même quelques mots qu'il avait mal formés, et d'en ajouter un ou deux qu'il avait omis. » Excellente réponse à tous les faux reprochés à M. Goëzman dans mon supplément! Grâce à son adresse, c'eſt Madame aujourd'hui qui se charge de l'iniquité.

Nous voilà tous deux dans le puits, dit le renard à son compagnon[2] : tends tes jarrets, dresse tes cornes, allonge ton corps, je grimperai par-dessus toi; et sorti de la citerne, je t'en tirerai à mon tour. L'animal peu rusé fait ce qu'on lui dit; et le renard, hors de danger, le paye par une phrase à peu près semblable à celle de M. Goëzman dans sa note imprimée, diſtribuée à ses confrères par M. le président de Nicolaï : « Si, malgré la raison que j'ai de croire ma femme innocente, j'avais été moi-même induit en erreur, je demanderais que la juſtice prononçât, et l'on verrait que l'honneur sera toujours le lien le plus fort qui m'attache à la société, et le seul guide de ma conduite[3]. »

Pauvre madame Goëzman! Vous prenez sur votre compte un faux juſtement reproché à votre mari; et pour récompense, *cet époux, qui a toujours mérité votre respect autant que votre amour*[4], détachant ses intérêts des vôtres, offre de composer à vos dépens; peu lui importe que vous reſtiez dans la citerne, pourvu qu'il n'y demeure pas avec vous. Pauvre! pauvre madame Goëzman!

Pour revenir à cette déclaration, on voit, par leur propre mémoire, que M. Goëzman *a corrigé la minute*, et que Madame *a corrigé la copie.* Quels correcteurs! Ce devait être un

bon[a] spectacle que Mme Goëzman érigée en *magister*[1] de Lejay, corrigeant sa leçon d'écriture! la plume échappe, et tombe de dégoût d'être obligée de répondre à de pareilles défenses*.

Suit après la seconde déclaration de Lejay : « Je déclare en outre que jamais, ni le sieur de Beaumarchais, ni le sieur Bertrand, *etc.* »

Et moi Beaumarchais, je déclare qu'il y a sur l'original de cette deuxième déclaration attribuée à Lejay : *je déclare que jamais Bertrand ni Beaumarchais*, ou *Beaumarchais ni Bertrand*, comme on voudra; mais sans aucun mot de *sieurs*[3]; car cela m'a singulièrement frappé, en lisant au greffe cette déclaration :

Je déclare encore qu'il y a à la fin « siné Lejay », et non : signé Lejay[4], ce que je fis alors remarquer au rapporteur et au greffier, qui ne purent s'empêcher de rire de ma plaisante découverte.

Suit après la lettre du sieur d'Arnaud.

À vous donc, M. Baculard.

Ce serait bien ici le cas de me venger de toutes les injures dont l'exorde de votre mémoire est rempli; mais comme elles ne s'adressent pas directement à moi[5], et qu'à la rigueur je puis douter si vous me regardez de travers, ou si vous louchez seulement en défilant votre tirade, je veux bien ne pas me l'appliquer, et vous traiter doucement en conséquence, car vous savez qu'il ne tiendrait qu'à moi de vous montrer tel que vous fûtes dans votre confrontation, c'est-à-dire, tout à côté de Mme Goëzman; si votre embarras, et le peu d'habitude à vous déguiser, ne vous mit pas même au-dessous. Mais je suis doux, moi; et je veux bien convenir que vous n'avez jamais senti la conséquence d'avoir accordé à Lejay une lettre mendiée[6] qui m'inculpait aussi gravement, sur un fait que vous ignoriez et qui se trouve faux aujourd'hui; je veux bien convenir encore que vous n'avez pas senti la conséquence d'avoir recommencé la lettre, *parce que Lejay ne trouvait pas cet*

* Pendant qu'on imprime, j'apprends que le commis de Lejay vient d'être confronté à Mme Goëzman, et qu'entre plusieurs écritures qu'on lui a présentées, il a très bien reconnu celle dont fut tracée la minute de la première déclaration qu'il a copiée. Mais, au grand étonnement de tout le monde et au mien (car j'avoue que je ne m'y attendais presque pas), cette écriture s'est trouvée être celle de *Praenobilis et Consultissimus Ludovicus Valentinus Goëzman*. Et voilà comment tout ce que je débats devient inutile, à mesure qu'on suit[2] l'instruction.

écrit assez fort[1]; comme si un fait, quand vous en eussiez été témoin, pouvait avoir deux faces sous la plume de celui qui vous le rend; ou comme si votre complaisance pour Lejay, qui agissait de son côté par complaisance pour Mme Goëzman, laquelle voulait complaire en ce point à son mari, pouvait vous excuser sur une démarche aussi inconsidérée. Mais « j'ai cru », dites-vous, « que Lejay méritait toute ma confiance, et j'ai cédé à cette conviction »; ainsi, d'erreur en erreur, de complaisance en complaisance, vous avez causé sans le savoir l'emprisonnement de Lejay et mon décret d'ajournement personnel : et voilà comment *le transport qui saisit* un pauvre homme de bien *sur l'avantage de faire une bonne action*, le conduit souvent à en faire une très blâmable.

Il faut ajouter ici que vous aviez alors un procès criminel important à la Tournelle[2], où vous espériez quelques bons offices de la reconnaissance de M. Goëzman; ce qui n'a pas laissé que de rendre votre distraction un peu plus profonde.

Mais le plus curieux, que je n'entends pas encore, c'est qu'après être convenu à votre confrontation de tous vos torts, on ait pu depuis vous déterminer à donner un mémoire..., où, sans vous en douter, vous complétez la conviction que vous ne sentez jamais la force de ce que vous dites ni de ce que vous faites. J'ai donc eu raison quand j'ai dit de vous dans mon supplément[3] : « N'est-ce pas par faiblesse que ce pauvre Arnaud Baculard, qui ne dit jamais ce qu'il veut dire, et ne fait jamais ce qu'il veut faire, *etc.* »

Je n'en veux qu'un exemple : « Oui, j'étais à pied ! et je rencontrai dans la rue de Condé le sieur Caron, en carrosse. Dans son carrosse ! » (répétez-vous avec un gros point d'admiration[4]). Qui ne croirait, d'après ce triste « oui, j'étais à pied », et ce gros point d'admiration qui court après mon carrosse, que vous êtes l'envie même personnifiée ? Mais moi, qui vous connais pour un bon humain, je sais bien que cette phrase[5], « dans son carrosse ! » ne signifie pas que vous fussiez fâché de me voir *dans mon carrosse*; mais seulement de ce que je ne vous voyais pas dans le vôtre; et c'est, comme j'avais l'honneur de vous l'observer, parce que vous ne dites jamais ce que vous voulez dire, qu'on se trompe toujours à votre intention[6].

Mais consolez-vous, monsieur; ce carrosse dans lequel je courais n'était déjà plus à moi, quand vous me vîtes dedans; le comte de La Blache l'avait fait saisir, ainsi que tous mes biens : des hommes appelés *à hautes armes*[1], habit bleu, bandoulières et fusils menaçants, le gardaient à vue chez moi, ainsi que tous mes meubles, en buvant mon vin ; et pour vous causer, malgré moi, le chagrin de me montrer à vous *dans mon carrosse*, il avait fallu, ce jour-là même, que j'eusse celui de demander, le chapeau dans une main, le gros écu dans l'autre, permission de m'en servir à ces compagnons huissiers[2] ; ce que je faisais, ne vous déplaise, tous les matins. Et pendant que je vous parle avec tant de tranquillité, la même détresse subsiste encore dans ma maison.

Qu'on est injuste ! on jalouse et l'on hait tel homme qu'on croit heureux, qui donnerait souvent du retour[3] pour être à la place du piéton qui le déteste à cause de son carrosse. Moi, par exemple, y a-t-il rien de si propice que ma situation actuelle pour me désoler ? Mais je suis un peu comme la cousine d'Héloïse[4] ; j'ai beau pleurer, il faut toujours que le rire s'échappe par quelque coin. Voilà ce qui me rend doux à votre égard. Ma philosophie est d'être, si je puis, content de moi, et de laisser aller le reste comme il plaît à Dieu.

D'ailleurs, monsieur, votre mémoire m'oblige[5] en un point dont vous ne vous doutez guère ; c'est qu'après avoir cité l'endroit du mien[6] où je raconte que je vous dis : « Vous êtes l'ami du sieur Lejay ; je vous invite, monsieur, par l'intérêt que vous prenez à lui, de le voir et de l'engager à dire la vérité ; c'est le seul parti qui lui reste, dans l'embarras où il s'est plongé lui-même ; les magistrats ne font point le procès à la faiblesse, c'est la mauvaise foi seule qu'on poursuit », vous ajoutez : « Le sieur Caron me tint à peu près les mêmes discours qu'il rapporte ici[7] » ; ce qui me suffit pour renverser je ne sais quel échafaudage de subornation de Lejay, que la maison Goëzman a voulu élever contre moi, dans le mémoire de Madame pour Monsieur[8] ; échafaudage qui prouve seulement que cette maxime est de leur connaissance, qu'en un cas embarrassant, il vaut mieux dire des riens que de ne rien dire.

Pardon, monsieur, si je n'ai pas répondu dans un écrit, exprès pour vous seul, à toutes les injures de votre mémoire ; pardon, si, voyant que vous m'y faites *marcher à l'éruption de ma mine*[9], si, vous voyant *mesurer dans mon cœur les sombres profondeurs de l'Enfer*, et vous écrier : « Tu dors, Jupiter ! À quoi te sert donc ta foudre ? » j'ai répondu légèrement à tant de bouffissures. Pardon ; vous fûtes écolier sans doute, et vous savez qu'au ballon le mieux soufflé, il ne faut qu'un coup d'épingle.

Vient ensuite la dénonciation de M. Goëzman que j'ai analysée dans mon supplément[1].

Deux remarques à y faire. La première, c'est que M. Goëzman rejette sur la chambre des enquêtes, la nécessité où il s'est trouvé de me dénoncer[2]. Sophiste dangereux qui déguisez tout, la chambre des enquêtes exigeait-elle de vous la justification d'un magistrat soupçonné, ou la dénonciation d'un innocent opprimé? La seconde, c'est que les ménagements que l'auteur garde envers le sieur Lejay, dont il parle en termes si doux, si paternels : « Cette personne interposée, pénétrée de douleur d'avoir commis une faute dont elle ne sentait pas la conséquence, moins armée peut-être contre la séduction[3], *etc.* », ces ménagements, dis-je, rentrent tout à fait dans les choses amicales que M. Goëzman, allant au Palais, disait dans le même temps au sieur Lejay, et que ce dernier rapporte dans ses interrogatoires : « Mon cher monsieur Lejay, soyez sans inquiétudes, j'ai arrangé les choses de façon que vous ne serez entendu que comme témoin au procès, et non comme accusé[4]. » En rapprochant ainsi diverses actions d'un homme, on parvient à pénétrer dans les replis de son cœur; comme les géomètres, à l'aide de quelques points correspondants, mesurent des hauteurs ou sondent des profondeurs inaccessibles.

Une autre phrase assez curieuse à rapprocher de ces deux-ci, est celle du mémoire de Mme Goëzman, page 30, où M. Goëzman la fait parler ainsi : « Lejay fut assigné lui-même pour déposer; chose qui a paru étonnante à bien *des personnes instruites*... Pouvait-il être autre chose qu'accusé[5], *etc.*? » Voyez la ruse! M. et Mme Goëzman, dans le cours de ce mémoire, parlent toujours comme s'ils n'avaient pas lu mon supplément (qui était dans leurs mains depuis dix jours quand ils ont imprimé[6]); et de temps en temps ils glissent des phrases adroites, des demi-réponses à ce que j'y ai dit; comme si, de leur chef, ils avaient prévenu toutes mes objections avant de les connaître; réellement il y a du plaisir à voir cela.

À l'égard du reproche que M. Goëzman fait à la Cour, de la conduite qu'elle a tenue envers Lejay, *et qui*, dit-il, *a paru étonnante à bien des personnes instruites*, la Cour est bonne et sage pour juger quel cas elle doit faire de la mercuriale[7] de M. Goëzman. Mais la vérité est que cette phrase n'est jetée en avant que pour éluder indirectement, par une réflexion sévère, le reproche d'avoir dit à Lejay : « Mon cher ami, j'ai arrangé les choses de façon que vous ne serez entendu que comme témoin. » Dans un autre mémoire, il dira : « Comment aurais-je tenu de pareils propos à Lejay, moi qu'on a vu blâmer publiquement la conduite modérée de la Cour à son égard ? » Et les gens inattentifs, qui ne se rappelleront pas que la réflexion n'est venue que depuis le reproche, diront : « Voyez la méchanceté de ce Beaumarchais ! »

Je passe les neuf ou dix pages qui suivent, parce qu'elles ne contiennent qu'un remplissage rebutant sur ma prétendue subornation de Lejay, que j'ai vu, pour la première fois, le 8 septembre[1], c'est-à-dire près de quatre mois après tous ces misérables détails de subornation. J'en saute encore deux ou trois autres, parce que le respect que tout Français a pour le grand Sully ferme la bouche d'indignation de voir à quelle comparaison lui et Mme de Rosny sont ravalés dans ce mémoire[2]. Mme de Rosny rendit à Robin ses huit mille écus ; et vous, madame, non seulement vous gardez les quinze louis, mais vous avez l'intrépidité d'accuser Lejay de ne vous les avoir pas remis, quoique ce fait soit prouvé au procès jusqu'à l'évidence. Aussi, madame, on a beau vous comparer tantôt à la femme de César[3], tantôt à la femme de Sully, avec de pareils procédés, vous ne serez jamais que la femme de M. Goëzman.

Page 41. « Le sieur Caron se plaint... que la première audience que le sieur Lejay lui avait promise, lui a été accordée à une heure qui la rendait inutile. » Pas un mot de cela. J'ai dit[4] : « L'agent n'écrit qu'un mot ; j'en suis le porteur ; la dame le reçoit ; et le juge paraît. Cette audience si longtemps courue, si vainement sollicitée, on la donne à neuf heures, *à l'instant incommode* où l'on va se mettre à table. »

Incommode pour vous, ne veut pas dire inutile pour moi : l'incommodité de l'heure n'est citée là que pour prouver qu'il avait fallu des motifs *d'un grand poids*[5] pour vous faire ouvrir cette porte à l'heure *incommode* du souper.

« Mais, dites-vous, puisque la table était servie, l'on n'attendait donc pas à cette heure-là le sieur Caron. » Et la lettre, madame ! la lettre remise au châtain-clair[6] ! Vous oubliez cette lettre magique, à laquelle la meilleure serrure ne résiste point. Les plus grands efforts n'avaient pu jusqu'alors en ébranler le pêne ; la plus simple cédule[7] au nom de Lejay, fait rouler la porte à l'instant sur ses gonds : cela n'est-il pas admirable ?

Vous faites ensuite[8] un mortel calcul des messages des

sieurs Bertrand et Lejay chez vous, samedi et dimanche[1]. Voici ma réponse ; je la crois péremptoire : c'eſt qu'il m'a été compté en ces deux jours pour douze francs de fiacres par le sieur Bertrand ; et que le sieur Lejay en réclame encore autant aujourd'hui pour les mêmes courses.

Passons à des objets plus sérieux.

À vous, Monsieur Marin[2].

Ce n'était donc pas assez pour vous, monsieur, de vouloir accommoder l'affaire de M. Goëzman ; il vous manquait encore de la plaider. À quoi se réduit votre mémoire ? À dire que vous n'étiez pas l'ami de M. Goëzman, et que vous étiez le mien ; voilà bien les assertions ; reſte à débattre les preuves.

Vous n'étiez pas son ami ! Si vous ne l'étiez pas, pourquoi donc, lorsque je vous visitai, le 2 avril[3], avec mon gardien, le sieur Santerre, me dîtes-vous que M. Goëzman vous devait sa fortune (car vous êtes un grand bienfaiteur) ; que c'était vous seul qui l'aviez fait connaître à M. le chevalier d'A..., lequel l'avait présenté à M. le duc d'A***[4]..., ce qui l'avait mené à s'asseoir enfin au grand banc du Palais ? Pourquoi donc me dîtes-vous que sa femme venait vous voir assez souvent le matin ; que vous lui aviez donné un libraire et des débouchés pour la vente de je ne sais quelles brochures de son mari ?

Si vous n'étiez pas son ami, pourquoi donc, quand je vous appris qu'il était mon rapporteur, et que j'avais été en vain trois fois chez lui la veille[5], me répondîtes-vous : « Oui, il eſt comme cela » ? Quand je vous dis qu'on en parlait très diversement, et que je vous demandai quel homme c'était, pourquoi me prîtes-vous par la main, en faisant des excuses à mon gardien, et m'emmenâtes-vous dans un cabinet intérieur, où vous m'apprîtes tout ce qu'il y avait à m'apprendre sur l'objet de ma consulte[6] ?

Si vous n'étiez pas son ami, pourquoi, lorsque je vous fis sentir combien il était important pour moi d'obtenir une ou deux audiences de lui, me dîtes-vous : « J'arrangerai ça, je verrai ça : laissez-moi faire, je vous ouvrirai toutes ces portes-là, etc., etc., etc. » ?

Dans la même journée, lorsqu'on m'eut procuré l'intervention de Lejay[7], et qu'un homme de bon sens m'eut dit : « Je vous conseille de vous en tenir au libraire, qui sera sûrement moins cher que Marin, car on dit que ce Lejay eſt un bon homme qui ne prend rien », je vous écrivis pour vous prier de suspendre vos bons offices; un ami se chargea de vous porter la lettre, et s'y prêta d'autant plus volontiers qu'il n'en ignorait pas le contenu. Il ne vous trouva pas; il la remit à votre valet-de-chambre-portier : on peut assigner mon ami sur ce fait, indépendamment des gens qui me virent écrire la lettre. Or, si vous n'étiez pas l'ami de M. Goëzman, pourquoi donc fîtes-vous une seconde démarche auprès de lui, postérieure à la réception de ma lettre, à moins que, voulant absolument faire une affaire de mon procès, vous ne vous soyez retourné[1], je ne sais comment, dans cette seconde visite? car toutes les affaires ont deux faces, comme tous les agioteurs ont deux mains.

Si vous n'étiez pas l'ami de M. Goëzman, pourquoi, suivant votre propre mémoire, votre entrevue des Tuileries commença-t-elle *avec une espèce d'aigreur* de sa part, et finit-elle par le conseil que vous lui donnâtes de faire faire une déclaration par Lejay? pourquoi vint-il vous remercier le surlendemain *chez vous*, de ce que vous appelez vous-même *le succès de votre conseil, et vous montra-t-il la déclaration de Lejay*[2]?

Si vous n'étiez pas son ami, pourquoi me fîtes-vous sur-le-champ l'invitation la plus pressante de me rendre chez vous, par une lettre datée du 2 juin, que je déposerai au greffe? et pourquoi, lorsque je vous vis sur cette invitation, *voulûtes-vous m'engager à lui écrire* (page 3 de votre mémoire), ce que je refusai avec dédain?

S'il n'était pas votre ami, pourquoi, vous rencontrant au Palais-Royal (car il vous rencontrait partout), après avoir dit (page 3) : « Il évitait de me voir; je l'abordai, il me fit un accueil très froid », la séance finit-elle par mettre les deux indifférents dans le même carrosse, où le glacé M. Goëzman vous lut sa dénonciation au Parlement, en vous accompagnant jusqu'à la porte de ma sœur?

S'il n'était pas votre ami, pourquoi voulûtes-vous me tromper, chez ma sœur, devant six personnes[3], à l'instant où vous veniez de lire l'outrageuse dénonciation? Pourquoi voulûtes-vous me faire croire qu'elle était en ma faveur, *et non dirigée contre moi*, pour nous tendre à tous un piège affreux, et nous empêcher de parler *de ces misérables quinze louis*, sans lesquels pourtant, tout le poids de votre iniquité retombait sur ma tête?

Si vous n'étiez pas son ami, pourquoi cherchâtes-vous avec lui le sieur Bertrand pour l'engager à faire une déposition courte et qui ne compromît personne, espérant user en cela de l'influence naturelle de MM. Turcarets sur leurs MM. Rafles[1] ? Pourquoi le lendemain, outré de n'avoir pu le trouver et l'empêcher de faire une déposition étendue, voulûtes-vous lui en faire faire une autre (car il n'y a rien de difficile pour vous)? Pourquoi allâtes-vous dîner ce jour-là chez M. le Premier président, avec M. et Mme Goëzman, et arrangeâtes-vous avec ce dernier, *qui n'était pas votre ami*, que Bertrand irait chez lui le soir même? Pourquoi l'instant d'après ne quittâtes-vous pas ce Bertrand, sans avoir obtenu sa parole expresse de la visite que vous veniez d'arranger? Pourquoi m'arrêtâtes-vous le jour même sur le Pont-Neuf, et me pressâtes-vous de nous réunir, pour envoyer Bertrand *chez M. Goëzman*? Et vous ne pouvez plus contester tous ces faits qui sont avoués dans vos mémoires, ou prouvés au procès par des témoins que vous essayez en vain de rendre suspects. Et, comme il n'y a qu'un pas de la série des intrigues à celle des noirceurs, si vous n'étiez pas l'ami de ce magistrat, pourquoi donc avez-vous constamment échauffé la tête de ce pauvre Bertrand, et n'avez-vous pas eu de repos que vous ne l'ayez amené par une dégradation d'honnêteté sensible à tout le monde, et dont vos entrevues étaient le thermomètre[a], à nier enfin que vous lui eussiez conseillé de changer sa déposition[2] ?

Si vous n'étiez pas l'ami de M. Goëzman, pourquoi, sentant que les dépositions de deux étrangers étaient de la plus grande force contre vous, avez-vous dénigré bassement l'un des deux, le docteur Gardanne[3], et voulu jeter du louche sur l'honnêteté de l'autre, le sieur Deschamps de Toulouse[4] ? Comme si les faits dont ils ont déposé n'étaient pas connus d'autres personnes, et comme si ce Bertrand, dans un temps où il n'avait pas encore reçu l'ordre exprès de mentir sous peine de ne plus tripoter vos fonds, n'avait pas été le lendemain dire à trois ou quatre personnes : « Ils veulent me faire changer ma déposition; ils me tourmentent à ce sujet; mais j'ai été ce matin au greffe, protester que loin de changer ou diminuer, je suis prêt à y ajouter de nouveau si l'on veut m'entendre[5] »? Comme si ces gens étaient muets ou morts, et comme si le ministère public n'avait pas des moyens sûrs de les forcer de parler?

Si vous n'étiez pas l'ami de ce magistrat, pourquoi toutes ces assemblées secrètes? toutes ces entrevues chez des commissaires? Pourquoi M. Goëzman distribue-t-il les mémoires de Marin, Bertrand, Baculard[6], pendant que Bertrand, Baculard et Marin colportent les siens? Pourquoi ces lettres pitoyables de vous et de vos commis au sieur Bertrand[1]? Pourquoi des juifs qui vont et viennent de chez vous chez lui, de chez lui chez vous? Pourquoi la réponse que vous avez exigée du sieur Bertrand, qui, toujours contraire à lui-même, ne l'a pas eu plus tôt envoyée et su que vous entendiez vous en servir, qu'il a été conter partout qu'il sortait de chez vous, et vous avait dit : « Si vous êtes assez osé pour imprimer la lettre que j'ai eu la complaisance de vous donner, je vous brûlerai la cervelle, et à moi ensuite », ce qui sera constaté au procès par l'addition d'information[2]?

Si vous n'étiez pas l'ami de M. Goëzman, pourquoi l'excellente plaisanterie du nom *de Beaumarchais* que j'ai pris, dites-vous, d'une de mes femmes et rendu[3] à une de mes sœurs, se trouve-t-elle dans le mémoire de Mme Goëzman, lorsqu'elle était d'abord en tête du vôtre? vous voyez que je dis tout, monsieur Marin, et qu'il n'y a ni réticences, ni points[4], ni phrases en l'air, ni ridicules ménagements, ni plate économie dans mon style; je suis comme Boileau,

Je ne puis rien nommer si ce n'est par son nom.

J'appelle un chat un chat, et Marin *un fripier*[5] de mémoires, de littérature, de censure, de nouvelles, d'affaires, de colportage, d'espionnage, d'usure, d'intrigue, etc., etc., etc., etc. Quatre pages d'*et caetera*.

À vous à parler, mon bienfaiteur, le bienfaiteur de tout le monde, et que tout le monde accuse de n'avoir jamais bien fait sur rien. Je viens de montrer comment vous m'avez servi, comment je l'ai reconnu, comment vous l'avez prouvé, comment je vous ai répondu; amenez vos témoins, fournissez vos preuves, creusez votre mine, arrangez votre artillerie. Je dis tout haut que je ne suis ni assez riche ni assez pauvre pour vous avoir jamais emprunté de l'argent. Cela est-il clair? m'entendez-vous? répondez à cela.

Je vous félicite d'être *honoré de votre propre estime*[6], c'est une jouissance qui ne sera troublée par aucune rivalité. Mais vous allez trop loin en invoquant le suffrage des honnêtes gens, et même ceux de la police.

Oseriez-vous compter sur le témoignage des inspecteurs ou officiers de police qui vous ont éclairé dans vos voies ténébreuses?

Oseriez-vous compter sur celui des chefs qui ont été chargés de vérifier les informations faites contre vous?

Oseriez-vous compter sur celui de Me C… de C… à qui ont été renvoyés les examens de diverses plaintes sur des capitaux renforcés par les intérêts?

Oseriez-vous compter sur celui de M. Saint-P…, qui, depuis cinq ans, gémit du malheur de vous avoir confié ses pouvoirs pour un arbitrage, et qui ne cesse de demander vengeance au ministère contre vous? et l'affaire Roussel? et l'affaire Paco? et l'affaire, etc., etc., etc., etc. Encore quatre pages d'*et caetera*[1].

Et vous mettez des points dans votre style, pour vous donner l'air de me ménager! allons, mon bienfaiteur, que ma franchise vous encourage; dites, dites, voilà de beaux mystères! *À présent on dit tout*. Encore un ennemi, encore quelques mémoires, et je suis blanc comme la neige. Je vous invite à ne me *ménager* sur rien. À votre tour osez me porter le même défi.

Maintenant que nous sommes entre quatre yeux, eh bien! vous avez donc vos petits témoins tout prêts, pour m'accuser d'avoir dit que le comte de La Blache avait donné cinq cents louis à M. Goëzman? eh mais! vos pieuses intentions à ce sujet sont déjà consignées au greffe par mon récolement. Je savais votre dessein : ce pauvre Bertrand m'en avait menacé un jour devant dix personnes, qui certifieront le fait. Un abbé, des amis de Marin, l'avait, disait-il, chargé de m'avertir que si je prononçais un seul mot contre lui, son projet était de me mettre à dos le comte de La Blache, etc. Je vous attends, mon bienfaiteur. Vos bontés ne m'ont pas empêché de parler; vos menaces ne me réduiront pas au silence.

Ce n'est pas que l'on ne me dise et ne m'écrive tous les jours, que vous êtes l'ennemi le plus dangereux, que vous avez un crédit étonnant pour faire du mal, un grand pouvoir pour nuire. Je cherche en vain comment la gazette peut mener à tant de belles choses, car toutes ces belles choses ne vous ont sûrement pas mené à la gazette.

On dit aussi que vous avez juré ma perte. Si c'est faire du mal à un homme que d'en dire beaucoup de lui, personne, à la vérité, n'est plus en état de faire ce mal-là que vous.

Mais lorsqu'on vous confia la trompette de la Renommée, était-ce pour corner[2] qu'on vous la mit à la bouche? était-ce pour ramper dans le plus aisé de tous les genres d'écrire qu'on vous en attacha les ailes? Encore ne pouvant vous livrer à toute l'âpreté de vos petites vengeances sous les yeux d'un ministre éclairé qui vous veille de près[3], vous briguez sourdement un paragraphe dans chaque gazette étrangère, où je suis déchiré à dire d'experts[1]. Ainsi de brigue en brigue, et briguant partout assidûment contre moi, vous trouvez le secret de me dénigrer toutes les semaines, et d'ennuyer l'Europe entière de ma personne et de mon procès.

Pour finir, mon bienfaiteur, nommez-nous donc les personnes à qui j'ai dit : « Je dois trop à Marin pour abuser encore de ses bontés. » C'est, dites-vous[2], chez un grand seigneur qui m'admettait *alors* à sa table. À cet *alors* insultant, voici ma réponse.

Le grand seigneur chez lequel je vous ai rencontré est M. le duc de La Vallière, auquel depuis douze ans[3] je suis attaché par devoir, comme lieutenant général de sa capitainerie; par respect, c'est un homme de qualité qui a l'esprit solide et le cœur généreux; par reconnaissance, il m'a toujours comblé d'une bonté qu'il pouvait me refuser; par justice, il m'a honoré d'une estime que j'ai méritée; car si l'amitié s'accorde, l'estime s'exige, et si l'une est un don, l'autre est une dette; il n'y a point d'*alors* sur ces choses-là : et si, pour repousser une injure aussi misérable, j'avais besoin d'un témoignage de probité, d'honneur, de désintéressement, d'exactitude et de loyauté, c'est à ce grand seigneur surtout que je m'adresserais, et dont je l'obtiendrais à l'instant. Osez-vous en dire autant d'un seul des gens en place qui se sont servis de vous[4] comme on se sert à l'armée, en certains cas, de certaines gens... très bien payés? Mais il est une délicatesse, une pudeur, qu'un homme d'honneur sent mieux qu'il ne l'exprime, et qui, depuis que je suis attaqué par des méchants, m'a fait me renfermer dans le cercle étroit de mes plus chers amis. C'est moi qui refusant toute espèce d'avances ou d'invitations, ai dit à tout le monde : je suis accusé, je ne recevrai point à titre de grâce les témoignages publics d'une estime qui m'est due à titre de justice; et tel qu'un noble breton dépose son épée, jusqu'à ce qu'un commerce utile[5] l'ait remis en état de s'en parer de nouveau, je ne prétends à l'estime de personne, jusqu'à ce que j'aie prouvé à tout le monde que personne ne doit rougir de m'avoir estimé.

C'est par une suite de cette délicatesse que, dès que j'ai été attaqué, je n'ai pas cru devoir remplir aucune fonction de judicature ou d'autres charges. Un homme attaqué, quand il a l'honneur d'appartenir à un corps, doit se justifier ou se retirer. Quel magistrat oserait monter au tribunal pendant qu'on est en suspens s'il est digne d'y siéger? de quel front irait-il prononcer sur la fortune, l'honneur ou la vie des autres, quand il est lui-même courbé sous le glaive de la justice; et s'asseoir au rang des juges, quand l'attente d'un arrêt l'a presque jeté parmi les coupables? Il faut être reconnu intact et pur, avant d'oser paraître sous la robe ou le mortier[1]; et l'audace de revêtir ces marques de dignité, si révérées dans l'homme honorable, ne sert qu'à mieux faire éclater l'avilissement d'un sujet dégradé dans l'opinion publique. Le premier malheur sans doute est de rougir de soi; mais le second est d'en voir rougir les autres. Je ne sais pourquoi je vous dis toutes ces choses, que vous n'entendez seulement pas. Je me retire, moi, parce que j'ai quelque chose à perdre... Vous... vous pouvez aller partout.

À vous, M. Bertrand.

Avez-vous lu, monsieur, le long mémoire[2] tout saupoudré d'*opium* et d'*assa fœtida*[3], qui court sous votre nom? Je ne vous parle point de sa diction[4], parce que c'est ce qui doit nous importer le moins, à vous et à moi qui ne l'avons pas écrit : je n'ai fait que l'entre-lire[5], parce qu'on y sent je ne sais quoi de fade, de saumâtre et de mariné[6], qui le rend tout à fait désagréable au goût; mais comme il a paru sous votre nom, je vais y répondre comme s'il était de vous; il n'est pas toujours facile, messieurs, dans vos fournitures provençales, de distinguer la facture[7] du vendeur de celle qu'on présente à l'acheteur : allons au fait, je suis pressé, car dans ce moment-ci la foule est aux mémoires[8]. Que dit le vôtre?

Mme Goëzman a donc toujours juré ses grands dieux qu'elle ne rendrait pas les quinze louis. En vérité, vous le dites tant de fois, qu'on serait tenté de croire que c'est pour moi contre elle que vous écrivez; du moins jusqu'à la vingt-sixième page[9], y a-t-il peu de chose qui contrarie cette idée; et sans la fin du mémoire, sans le fond du sac, où la marchandise étant plus avariée, le goût marin se sent davantage, en vérité, je n'aurais que des grâces à vous rendre.

Au reste, si Mme Goëzman a tant dit qu'elle ne rendrait jamais *ces misérables quinze louis*, elle les a donc reçus; car, en termes de commerce, la banqueroute suppose toujours la recette, comme vous savez; je tâche de parler à chacun sa langue familière, pour être entendu de tout le monde. Le fait des quinze louis une fois bien avéré, et la certitude renouvelée par vous que jamais on n'a sollicité pour moi que des audiences auprès de Mme Goëzman, le reste va tout seul.

En vingt-six mots, j'ai déjà répondu aux vingt-six premières pages du mémoire du sieur d'Airolles Bertrand, ou Bertrand d'Airolles[1]; car il n'importe guère comment les noms s'arrangent sous ma plume, pourvu qu'on sache de qui je veux parler.

Mais qu'ils ont donc l'épiderme chatouilleux, ces messieurs! en voici un à qui je n'ai donné qu'un petit singlon[2] dans une note de mon supplément, et à qui ce petit singlon fait verser des flots de bile, et répondre par quarante-quatre pages d'injures[3].

Le sieur Marin, comme je l'ai établi dans son article[4], connaissant assez son Bertrand pour savoir que c'est un homme sans caractère, qui a peu de suite dans les idées, toujours aux extrêmes, enthousiaste, exalté comme un grenadier à l'assaut, ou faible comme un pleurard milicien[5] qui voit le premier feu; le sieur Marin, dis-je, s'était flatté qu'en l'effrayant d'un décret[6] certain, d'une condamnation possible, il l'empêcherait de dire la vérité avec une extension qui pût compromettre M. et Mme Goëzman; et c'est ce que le sieur Marin avoua devant six témoins chez ma sœur, le jour que M. Goëzman l'accompagna jusqu'à la porte, et qu'il lui lut sa dénonciation, à peu près comme on donne une ample instruction à son plénipotentiaire.

« Il faut que Bertrand et vous ne fassiez tous, nous disait-il, que des dépositions courtes, sans parler *de ces misérables quinze louis*; et avant peu j'arrangerai l'affaire[7]. »

Mais comment l'arrangera-t-il, M. Marin? personne n'ayant parlé des quinze louis, la fausse déclaration de Lejay, qui n'en parle pas non plus, restera dans toute sa force; et les faits y contenus n'étant contrariés juridiquement par personne, la dénonciation faite au Parlement en acquerra[a] un nouveau prix; et cette manœuvre était (comme dit Panurge, ou plutôt frère Jean) le joli petit *coutelet*, avec lequel l'ami Marin entendait *tout doucettement m'égorgiller*. Mais le soin qu'il prit pour me décevoir[8] sur la dénonciation qu'il prétendait être en ma faveur, pendant que j'étais sûr du contraire, m'inspira de la défiance; et l'horreur de lui voir conseiller de sacrifier Lejay[9], m'ouvrit les yeux sur le secret de sa mission.

« Il n'y a rien de sacré pour ces gens-ci, me dis-je; il faut redoubler d'attention sur leur conduite, et me trouver demain[10] à l'entrevue des deux compatriotes, Marin et Bertrand. »

Enfin, pour ne pas rebattre ennuyeusement tout ce qu'on a

lu dans l'article *Marin* (car ces messieurs sont tellement identifiés que parler à l'un, c'est répondre à l'autre), tout le fond de la conduite du sieur d'Airolles est appuyé sur deux points capitaux, la mémoire parfaite et l'oubli total.

Par exemple, il se souvient bien qu'il lui est échappé de dire beaucoup de choses, dont il ne se souvient pas le jour de sa déposition.

Mais il se souvient bien que le sieur Marin ne lui a pas conseillé ce jour-là de changer sa déposition.

Il ne se souvient pas des choses que le sieur Marin m'a dites, ni de celles que je lui ai répondues dans son cabinet ce même jour.

Mais il se souvient bien qu'il y a raconté, lui, dans le plus grand détail, ce qu'il avait dit et fait au Palais.

Il ne se souvient pas si les commis de Marin étaient, ou non, dans son cabinet quand nous y dissertions.

Mais il se souvient bien que nous y restâmes seuls quand le sieur Marin nous quitta pour se raser.

Il ne se souvient pas des choses qu'il a pu dire en quittant le sieur Marin l'après-midi, à la dame Lépine, à sa sœur, au docteur Gardanne[1].

Mais il se souvient bien que Marin lui dit en propres termes, qu'il fallait qu'il allât chez M. Goëzman[2]; que ce dernier, sachant la vérité de sa bouche, ferait enfermer sa femme, et dirait ensuite au Parlement : « Je me suis fait justice; car il ne faut pas que la femme de César, *etc.*, *etc.*[3]. »

Il ne se souvient pas qu'il ait dit à quatre personnes chez Lejay, le lendemain : « Ils veulent me faire changer ma déposition, ils me vexent[4] à ce sujet; pour qui me prend-on? je suis vrai dans tout ce que je dis et fais, je persisterai, j'en ai porté ce matin l'assurance au greffe. »

Mais il se souvient bien qu'il a été au Palais ce jour-là dire quelque chose dont il ne se souvient plus.

Voilà certes un beau sujet pour le prix de l'Académie de chirurgie en 1774. Gagner la médaille en expliquant comment la cervelle du pauvre Bertrand a pu, tout à coup, se fendre en deux, juste par la moitié, et produire dans sa tête une mémoire si heureuse sur certains faits, si malheureuse sur certains autres; comment le grand cousin Bertrand[5] a pu devenir tout à coup paralytique d'un côté de l'esprit, et d'une façon si curieuse pour les amateurs que la partie de sa mémoire qui charge Marin est paralysée sans ressource, pendant que toute la partie qui le décharge est saine, entière, et d'un brillant si cristallin[1] que les plus petits détails s'y peignent comme dans un fidèle miroir.

Ce sont là, mon cher Bertrand, les petites remarques qui m'ont fait dire dans mon supplément : « N'est-ce pas par faiblesse que ce pauvre d'Airolles, qui ne veut pas être nommé Bertrand », etc. Vous avez donné une assez bonne explication du motif qui vous avait fait désirer de n'être appelé que d'Airolles, et non Bertrand, dans mon mémoire. C'était, dites-vous, pour que nos deux noms ne fussent accolés nulle part, car, *dis-moi qui tu hantes*, etc.[2]. Tout cela est joli, mais pas assez simple.

J'avais pensé, moi, que jouer un rôle à deux visages dans cette affaire sous le nom de d'Airolles seulement, cela ne ferait pas de tort au Bertrand qui signe les[a] lettres de change, et qui doit être connu sous ce nom dans le commerce pour un homme vrai, s'il veut conserver quelque crédit.

Mais comment vous et Marin, qui avez de l'esprit comme quatre et du sens commun, avez-vous pu vous tromper à cette expression de *pauvre un tel*, qui ne se dit jamais sans qu'un geste d'épaule en fixe le vrai sens. Quoi ! vous avez cru que je parlais de vos facultés numéraires[3] ? lorsqu'on dit d'un homme, ce pauvre un tel, ce n'est jamais dans le sens d'*Esurientes implevit bonis*, etc. ; mais toujours dans celui de *Beati pauperes spiritu*[4]. Voilà, mon cher psalmiste, ce que vous ne pouvez pas honnêtement ignorer, vous qui parlez latin comme Mme Goëzman[5]. Mais vous croyez peut-être que je vous trompe sur la pitié que votre mémoire inspire ; tenez, lisez avec moi.

(Page 15.) « En effet, je ne parle pas au sieur Gardanne, mais à des juges respectables, qui n'ont pas de peine à supposer des sentiments honnêtes à d'honnêtes citoyens. » Ainsi vous apportez en preuve de votre probité la supposition que les juges doivent faire que vous êtes honnête, parce qu'ils sont respectables. Est-ce là raisonner ? Je m'en rapporte[6]. « Et ils avoueront » (les juges) « de bonne foi, que si le sieur Marin m'avait tenu ce discours » (de changer la déposition), « j'en aurais été indigné ; toute considération aurait cessé ; j'aurais consigné dans mes interrogatoires cette proposition ; et dans ma confrontation avec lui, je l'aurais certainement interpellé sur le fait en question ; or, cela n'est pas arrivé, ce fait est donc un mensonge avéré de la part du sieur Gardanne ». Qu'est-ce que tout cela veut dire ? Mettons-le en français. « Les juges » (qui ont décrété Bertrand) « avoueront de bonne foi que, si

Marin avait tenu ce propos » (à Bertrand son agioteur), « Bertrand, indigné, l'aurait consigné au procès » (ce qui aurait nui à Marin) ; « or, Bertrand n'a pas consigné ce fait contre Marin » (qui tient la bourse de tous deux) ; « donc Gardanne est un imposteur de l'avoir dit ». Et l'on appelle cela des défenses ! C'est du bel et bon galimatias double[1], où l'auteur ne s'entend pas plus qu'il ne se fait entendre aux autres. Réellement je vous croyais plus avancé dans la composition[2]. Mais ceci me paraît être du Marin tout pur.

C'est encore une chose assez curieuse que de voir comment ces messieurs s'accordent sur les faits. Je prends au hasard le premier trait qui me tombe sous la main ; et il est d'autant plus grave, qu'il s'agit ici de la première impression que firent sur tout le monde la colère et les menaces de M. Goëzman ; et que cette impression, qui a dirigé les premières démarches de chacun, a dû au moins laisser d'elle un souvenir très net. Écoutons raconter ces messieurs. « Sitôt que je l'appris[3], dit Bertrand (page 8 de ce mémoire), j'allai chez le sieur Marin, et je le priai instamment de voir M. Goëzman, et d'engager ce magistrat à se trouver chez lui, où je me rendrais, et tâcherais de l'engager à ne faire aucun éclat. » « Sitôt que je l'appris, dit Marin (page 3 de son mémoire), je m'efforçai de persuader au sieur Bertrand de voir M. Goëzman, et de lui dire tout ce qu'il savait. »

Je ne vous le fais pas dire, messieurs, je vous copie fidèlement : mais quelle volupté pour moi de montrer à la Cour le doux ami Marin et le grand cousin Bertrand, à genoux l'un devant l'autre, sur le fait le plus important du procès ! Marin, les bras étendus, *s'efforçant de persuader à Bertrand* (qui résistait apparemment) *de voir M. Goëzman pour l'apaiser* ; et Bertrand, les mains jointes, *suppliant instamment Marin* (qui sans doute n'en voulait rien faire), *de lui procurer l'occasion de voir ce magistrat pour l'apaiser*.

Et pourquoi tant de maladresse, je vous prie ? Pour tâcher de persuader au public que j'avais grand-peur ; et que Marin et Bertrand me rendaient à l'envi le signalé service d'intercéder pour moi auprès de M. Goëzman.

Mais cette contradiction entre les deux compatriotes jette un grand jour sur ce qu'ils ont tant intérêt de cacher à la Cour, le conseil donné par Marin de changer la déposition. On a vu Bertrand (page 8 de son mémoire), prier le sieur Marin *de l'aboucher avec M. Goëzman, pour l'apaiser*[4]. Mais voici bien autre chose (page 10) : « Le sieur Marin me conseilla d'aller voir M. Goëzman, qui me recevrait bien; il ajouta que ce magistrat, instruit par moi-même de tous les faits, prendrait sans doute des moyens pour arrêter les suites de cette affaire; qu'il ne fallait pas que l'amitié que je portais à la maison du sieur de Beaumarchais me fît manquer aux égards qu'on devait à un magistrat honnête, intègre et vertueux. Je rentrai chez moi; *j'étais troublé de tout ce qui se passait*, absorbé dans mes idées; on s'aperçut de cette altération. On me questionne[a] beaucoup; je rendis compte de la situation de mon âme; *je dis que j'étais occupé du conseil que le sieur Marin m'avait donné, d'aller voir ce soir M. Goëzman. Que dirai-je? comment me recevra-t-il? ma déposition est faite*[1], *que résultera-t-il de cette visite?* J'aime mieux ne point aller chez lui. »

Ainsi donc, le sieur Bertrand, si empressé de voir M. Goëzman, et qui demandait si instamment au sieur Marin l'entrevue avec ce magistrat, est troublé, et n'ose plus se présenter chez lui sitôt qu'il a déposé : *que lui dirai-je, comment me recevra-t-il? ma déposition est faite.* Mais puisque cette déposition faite troublait le sieur Bertrand et l'éloignait de M. Goëzman, pourquoi le sieur Marin, qui n'ignorait pas la déposition, insistait-il à l'y envoyer? Pourquoi l'encourageait-il à faire cette démarche? et lorsqu'il dit (selon Bertrand) *qu'il ne fallait pas que l'amitié qu'il portait à la maison du sieur de Beaumarchais lui fît manquer aux égards dus à un magistrat honnête, intègre, et vertueux*, ne supposait-il pas que la famille de Beaumarchais avait suggéré la déposition du sieur Bertrand? ne préjugeait-il pas en faveur de M. Goëzman? n'engageait-il pas le sieur Bertrand à aller voir ce magistrat, pour convenir des moyens qu'il y aurait à prendre, afin de faire une déposition différente de celle que le sieur Bertrand avait faite, et que le sieur Marin supposait *dictée par la famille de Beaumarchais* contre un magistrat respectable et vertueux?

Voilà donc en substance le conseil de changer la déposition donné par Marin et l'injure faite à la famille de Beaumarchais constatés par les mémoires de ces messieurs : injure que le sieur Marin, comme on le voit, préméditait d'avance et qu'il a prodiguée depuis dans son mémoire.

Reste à jeter, monsieur Bertrand, un coup d'œil sur votre confrontation avec le docteur Gardanne, dont vous nous donnez une version à votre manière, c'est-à-dire, bonne pour ce qui vous profite, et louche sur ce qui l'intéresse.

Vous avez là une singulière maladie! mais ce docteur dont

le cerveau eſt bien entier, ses deux lobes également sains, vient de présenter une requête au Parlement[1], afin d'obtenir une réparation d'honneur, avec affiche de l'arrêt, pour toutes les horreurs dont vous avez voulu le souiller; cela ne fait rien à notre affaire.

Mais ce qui y fait beaucoup eſt la partie de cette confrontation où ce médecin vous reproche d'être venu pâle et l'air égaré chez la dame Lépine un jour, devant neuf personnes, lui dire : « Mon ami, tâtez-moi le pouls, je dois avoir la fièvre. Ah! messieurs, je viens de les prendre les mains dans le sac : c'eſt une horreur, je suis perdu; vous l'êtes aussi, monsieur de Beaumarchais. Je viens de dîner chez une dame avec quatre conseillers de grand-chambre, qui ne me connaissant pas, se sont expliqués sans ménagement sur l'affaire, et ont fini par assurer que l'intention du Parlement était de traiter sans pitié Lejay, Bertrand et Beaumarchais, pour avoir osé toucher à la réputation du magiſtrat le plus intègre, *etc.* »

Je me rappelle fort bien tous ces faits, et comment vous refusâtes obſtinément de me dire le nom des quatre conseillers; comment je me mis en colère; et comment enfin, je résolus de n'avoir plus aucun commerce avec un homme aussi faux et aussi faible.

L'anecdote du cartel intercepté[2], dont parle la confrontation, eſt apparemment la suite de cette colère.

Mais que vouliez-vous donc dire, monsieur, en m'invitant à prendre une épée d'or? eſt-ce que vous aviez posé pour loi de ce combat que la dépouille du vaincu reſterait au vainqueur? les gens de votre état ont beau être en colère, ils ne perdent jamais la tête.

Mais quelle eſt enfin cette affreuse hiſtoire des quatre conseillers! était-ce encore un piège de Marin? car on m'en a tendu mille en trois mois, pour m'engager à faire une fausse démarche. Était-ce un leurre ou une vérité? comme ce fait intéresse l'honneur de la magiſtrature, et qu'il importe autant au Parlement qu'à moi qu'il soit éclairci, avant de juger l'affaire, je supplie la Cour d'ordonner qu'il soit informé scrupuleusement sur ce fait; que les neuf témoins soient entendus; que le sieur Bertrand soit interrogé sur le nom de la dame, sur celui des convives du dîner, sur leurs discours, etc., etc.

Dans une affaire aussi importante, un tel examen n'eſt pas à négliger. Ou le sieur Bertrand eſt un fourbe, qui doit être puni pour avoir calomnié quatre magiſtrats sur le point le plus délicat de leur devoir, dans la seule vue de nous effrayer; ou les quatre conseillers reconnus doivent être suppliés de vouloir bien se dispenser de juger dans une affaire sur laquelle ils ont montré tant de partialité.

Jusqu'à ce moment nous avions tous aimé ce Bertrand, quoiqu'il soit entaché du petit défaut d'altérer toujours la vérité; mais il y a beaucoup de gens en qui l'habitude de mentir eſt plutôt un vice d'éducation, une faiblesse, un embarras de savoir que dire qu'un dessein prémédité de mal faire. Et dans le fond, cela revient au même. Une fois connus, ce n'eſt plus qu'une règle d'équation très aisée, et qui ne gêne personne : *Il a dit cela, donc c'eſt le contraire*; et les choses n'en vont pas moins leur train.

Mais, pour cette aventure, elle eſt trop sérieuse, il n'y a pas moyen d'y appliquer notre équation. Qui sait si l'éclaircissement de ce fait ne nous montrera pas le nœud caché de toute l'intrigue entre Bertrand, Marin et consorts?

Tel, qui croyait n'avoir harponné qu'un marsouin,
Amène quelquefois un lourd hippopotame.

R.S.-4[1].

En courant une chose on en rencontre une autre; et c'eſt ainsi qu'un cénobite allemand[2], en cherchant le grand œuvre dans la mixtion de divers ingrédients méprisables, n'y trouva pas à la vérité la poudre d'or qui devait enrichir le genre humain, mais découvrit, chemin faisant, la poudre à canon qui le détruit si ingénieusement. Ce n'eſt pas tout perdre; et comme on voit, en toute affaire il eſt bon de chercher, informer, scruter; aussi espéré-je que la Cour voudra bien ordonner qu'il soit informé sur le fait des quatre magiſtrats, avant de s'occuper de l'examen des pièces du procès.

La fin de votre mémoire, monsieur, n'a aucun rapport à l'affaire présente; mais il n'eſt pas moins juſte de vous donner satisfaction sur tous les articles.

À l'occasion d'une lettre que le sieur Marin vous a forcé de lui écrire, et que j'ai osé prévoir n'être jamais préjudiciable qu'à vous[3], vous me reprochez les services que vous avez bien voulu me rendre, et dont j'ai toujours été très reconnaissant : cela eſt dur.

Je vous dois, dites-vous, le luminaire du convoi de ma femme[4] que vous avez fourni. À la rigueur, cela se peut : j'ai même quelque idée que, depuis cet affreux événement qui a renversé ma fortune encore une fois, l'épicier de la maison s'est plaint qu'un autre eût fait le bénéfice de cette triste fourniture; je lui dis alors ce que je vous répète aujourd'hui : abîmé dans la douleur de la perte d'une femme chérie, vous sentez que tous les détails funéraires, confiés à quelque ami, m'ont été absolument étrangers. Mais à cette époque, il a été payé chez moi pour trente-neuf mille francs de dettes, mémoires ou fournitures; comment avez-vous négligé de parler de la vôtre alors? Était-ce pour me rappeler un jour au plus affreux souvenir, en me demandant, par la voie scandaleuse d'un mémoire imprimé, cent cinquante ou deux cents livres, qui vous auraient tout aussi bien été payées que d'autres mémoires, de vous, du même temps, que je trouve acquittés pour huile, anchois, etc.?...

Vous avez depuis été chargé, par moi, d'un billet de deux mille livres que j'ai été obligé de rembourser par l'insolvabilité du vrai débiteur, et que j'ai chez moi ; s'il vous est dû des frais de poursuite, de courtage, escompte, etc., ou même quelque appoint, je suis bien éloigné de vous refuser le juste salaire de vos soins en toute occasion.

Le jour[1] qu'il a plu au Roi de me rendre à ma famille, à mes affaires, mes parents accoururent m'apporter cette bonne nouvelle en prison. On est toujours pressé de quitter de pareils domiciles : mais le loyer, le traiteur, le greffe, les porte-clefs, tout est hors de prix dans ces maisons royales; je me rappelle bien que je vidai ma bourse, et que ma sœur, pour compléter la somme et m'emmener bien vite, tira douze louis de sa poche, et que je ne l'embrassai seulement pas pour la remercier de ce service.

Comment donc arrive-t-il aujourd'hui que vous, qui aviez, à la vérité, d'excellentes raisons pour ne pas me visiter en prison[2], et qui, le seul de tous les gens de ma connaissance, n'avez jamais osé y mettre le pied, vous vous trouviez mon créancier de douze louis que vous ne m'avez pas prêtés pour le fait de ma sortie[3] ? Pour cet article, monsieur, comme je l'ai remboursé à ma sœur, qui me l'avait avancé, permettez qu'il soit rayé de votre mémoire; et puisque les bons comptes font les bons amis, pour le petit restant que je puis vous devoir, vous avez à moi, depuis un an, deux effets de cent louis chacun, dont j'ai espéré que vous voudriez bien me procurer le paiement (en reconnaissant vos peines, bien entendu); vous m'obligerez de m'acquitter envers vous, par vos mains[4]; ou s'ils sont d'une trop longue rentrée, le sieur Lépine, mon beau-frère, dont vous connaissez les talents, la fortune indépendante, le grand commerce et le crédit, et dont vous paraissez autant révérer l'honnêteté que j'aime sa personne, a dans ses mains un effet de quatorze mille francs à moi, sur le Roi, dont il s'eſt chargé de solliciter le paiement; il voudra bien vous tenir compte de trois ou quatre cents livres, si je vous les dois, et nous serons quittes.

À toutes les amères tirades dont votre mémoire eſt plein à ce sujet, j'avais d'abord ainsi répondu :

« On sait qu'il y a beaucoup de gens du Sud à Paris, dont l'unique métier eſt d'obliger tout le monde. Y a-t-il un mariage dans une famille? ils ont des gants, des cocardes et des odeurs. Un repas? des olives, du thon, du marasquin. Des besoins? de l'argent, et un dépôt tout prêt pour vos effets. Un voyage? des courroies[a], des malles, des selles et des bottes; et puis, à propos de bottes[1], ils prétendent à la reconnaissance en présentant le mémoire. »

Tout considéré, j'ai eu peur que cette réponse ne vous offensât : je l'ai retranchée pour y subſtituer le détail plus sérieux que vous venez de lire, et j'espère que vous m'en saurez gré.

Mais pendant que je relève ici les erreurs d'un autre, je m'aperçois que j'ai pensé en faire une à l'article *Marin*[2]. « Pourquoi ces juifs » (y ai-je dit) « qui vont et viennent de vous chez lui, et de chez lui chez vous? » J'avais soupçonné que ces juifs qui venaient chez Bertrand, de la part de Marin, étaient chargés d'espionner ce que disaient ou faisaient les honnêtes gens de la maison de ma sœur[3]. Mais j'ai appris depuis que ces juifs y venaient pour des affaires absolument étrangères aux honnêtes gens de la maison de ma sœur. Je fais juſtice à moi comme aux autres, et suis toujours prêt à m'accuser quand je me prends en faute ou en erreur.

Je me rappelle encore que, dans ma première chaleur en vous lisant, j'avais résolu, mon cher Bertrand, de répondre assez durement à votre mémoire; mais le sieur Marin ayant émoussé d'avance la pointe de mon plus sanglant reproche, par l'aveu qu'il fait de vous avoir donné ses fonds à tourmenter, je n'en dirai rien; ce ne serait plus qu'une insipide injure; et cela ne me va point : les honnêtes gens me savent gré de vous répondre, les gens de goût me blâmeraient de vous piller.

Quant aux lettres du sieur Marin et de vous, relatées dans son mémoire ou dans le vôtre, je ne sais lequel (eh!... c'eſt beaucoup mieux que je ne pensais, elles sont, ma foi, dans tous les deux[1] ; tant mieux, on ne saurait trop multiplier les belles choses), permettez que je les range pour l'importance à côté de celles du comte de La Blache, qui écrit ainsi que vous, messieurs, très délicatement. Toutes ces lettres étaient réellement des ouvrages à imprimer. Mais le dégoût que vous cause, comme à moi, messieurs, une autre lettre imprimée par Marin et signée *Mercier*[2], doit-il nous empêcher de lui donner aussi un rang dans la collection? Si elle est affreusement dictée, au moins a-t-elle quelque mérite au fond[3].

On se rappelle assez qu'un des objets du sieur Marin est de prouver[a] que j'avais grand-peur de M. Goëzman; et sur ce fait, on n'a pas sans doute oublié ma lettre à M. de Sartines sur M. Goëzman, imprimée page 29 de mon mémoire à consulter; on n'a pas oublié mes réponses à M. le Premier président, ni mon dédain pour les offres de Marin d'arranger l'affaire; on n'a pas oublié que je fus chez ce dernier le jour de la déposition de Bertrand[4]. Or, c'est de cette visite où je portais la défiance de l'avenir et le mécontentement du passé, surtout un reste d'aigreur de la scène de la veille chez ma sœur[5], que messieurs les témoins aux gages de mon bienfaiteur Marin écrivent d'avance au sieur Bertrand, et lui offrent d'affirmer avec lui que j'arrivai en étendant les bras; mais il faut écouter ces messieurs eux-mêmes : « Je me souviens (dit l'un d'eux parlant de moi), qu'en étendant les bras vers M. Marin, il lui avait dit, avec une chaleur que j'ai prise pour un sentiment vrai, pour un élan du cœur : " Ah! mon ami, je vous dois tout, l'honneur et la vie. " » Et dans cette lettre qui pétille de bêtises, le clerc du gazetier, oubliant qu'il écrit à Bertrand plus instruit que lui-même de toute la conduite de Marin à mon égard, a la gaucherie d'ajouter, en style de *témoin* qui répète sa leçon du greffe : « Il est bon de remarquer que cet aveu était le prix des démarches faites par M. Marin pour lui sauver l'un et l'autre. »

Témoin mon ami, je vous suis obligé de votre remarque. Il est bon de remarquer à mon tour, que cette lettre porte d'un bout à l'autre le caractère d'un maladroit qui en instruit un autre : *Vous souvient-il, Monsieur?... Ne vous rappelez-vous pas?... Vous souvient-il encore?...* et qu'elle finit par la douce invitation que fait le maladroit à l'autre maladroit de se joindre à lui pour me dénigrer. « Il me suffit d'avoir démasqué l'imposture, c'est un mérite que je serais jaloux[6] *de partager avec vous.* » Enfin, pour couronner l'œuvre, un troisième maladroit[7], aux mêmes gages que les deux autres, écrit au premier : « Si mon témoignage eſt nécessaire à l'appui de ces faits, je ne m'y refuserai point. » Et voyez Marin s'extasier de son adresse et s'écrier : « Assurément, on ne dira pas que ces lettres soient mendiées, qu'elles soient concertées[1] »; et pour qu'on ne puisse jamais douter que ces lettres sont de lui, nous dire ensuite spirituellement : « Les sieurs Mercier et Adam » (ses commis), « indignés de l'audace du sieur de Beaumarchais, ont *eux-mêmes* écrit également les deux lettres suivantes[2] ». Ces commis, qui ont *écrit eux-mêmes*! Et Marin qui certifie que c'eſt bien *eux-mêmes* qui ont écrit! Lorsque le maître de classe au collège avait fait nos épîtres de bonne année, il ne manquait jamais de certifier à tous les parents, au bas de la copie, que c'étaient les enfants *eux-mêmes* qui les avaient écrites; et, par le mot *écrire*, il entendait, comme le précepteur Marin, *composer*, *dicter*; et les bons parents larmoyaient de plaisir de voir leurs enfants de petits prodiges, comme vous et moi pleurons de joie de voir les défenses de M. Goëzman, et la *Gazette de France*, en des mains aussi pures, et livrées à des gens aussi véridiques.

Ceci me ramène tout naturellement, comme on voit, à M. Goëzman; car le sieur Marin n'a jamais été pour moi qu'un pont volant jeté légèrement sur le ravin pour atteindre l'ennemi à la rive opposée. Que si l'on trouve par hasard un rapport intime entre la conduite du sieur Marin envers Bertrand et celle que tenait en même temps M. Goëzman envers Lejay, ce ne sera pas ma faute; moins encore si, ne tirant de ma part aucunes conséquences de tous ces rapports contre ce magiſtrat, le Parlement bien éclairci se trouve en état de les tirer lui-même.

Mais que de monde occupé à vous soutenir, monsieur! *Tot circa unum caput tumultuantes Deos*[3] *!* Tant d'amis qui parlent si haut pour vous, quand vous vous défendez si mal! on voit bien qu'il vous eſt plus aisé de trouver de grands défenseurs que de bonnes défenses. Cependant, en contemplant votre édifice soutenu par Mme Goëzman, les sieurs Marin, Bertrand, Baculard et autres, on eſt tenté de retourner sa phrase, et de convenir que vos défenseurs ne valent pas mieux que vos défenses; puis comparant ce que vous écrivez vous-même avec les mémoires ou lettres de tous ces messieurs, on eſt forcé de refaire encore son thème[4], et d'avouer que, toutes mauvaises que sont vos défenses, elles valent encore mieux que vos défenseurs. Quant à moi, pour ne vous laisser rien à désirer sur mon opinion à cet égard, je vous dirai franchement qu'à votre place, et pour mon usage, je ne voudrais pas plus de vos défenseurs que de vos défenses.

Mais je ne confonds pas avec ces défenses les services essentiels que vous rend publiquement M. le président de Nicolaï. Mon profond respect pour le nom de Nicolaï, qui a toujours tenu un rang distingué dans la robe et dans l'épée, celui que je porte à tous MM. les présidents à mortier, surtout celui que M. le président de Nicolaï sait bien que j'ai pour sa personne, aurait peut-être dû me faire trouver grâce à ses yeux dans une querelle qui lui était si étrangère.

Cependant j'apprenais de tous côtés que M. le président de Nicolaï, non content de solliciter en faveur de M. Goëzman, parlait dans le monde très désavantageusement de moi. Il me revenait aussi que MM. Gin et Nau de Saint-Marc[1] semaient, au sujet du procès auquel la plainte de M. le Procureur général avait donné lieu, les discours les plus indiscrets, soit en montrant toute leur partialité pour M. Goëzman, soit en m'injuriant sans aucune retenue.

Mais quoiqu'il me fût très essentiel de prendre les voies de droit, pour écarter de pareils juges[2], j'eus la respectueuse délicatesse de dire, par ma requête du mois d'août dernier, que je m'en rapportais à leur déclaration, sur la vérité des faits qui y étaient exposés. Par l'arrêt qui intervint la Cour leur donna acte des déclarations par eux faites, et en conséquence elle mit néant sur ma requête[3].

Depuis ce temps, je suis resté tranquille, quoique M. le président de Nicolaï, non seulement ait continué à me déchirer sans ménagement, mais encore ait ouvertement sollicité pour M. Goëzman, qu'il conduit chez tous nos juges, et dont il distribue et fait distribuer publiquement les mémoires chez lui. Ce n'est plus même un secret qu'il a conseillé M. Goëzman dans cette affaire. M. Goëzman nous l'apprend dans sa note imprimée, page 6, où il s'exprime ainsi : « Ce fut d'après *le conseil* d'un des présidents de la Cour » (M. de Nicolaï; il est trop généreux pour me démentir) « que j'ai exigé du sieur Lejay, qu'il déclarât par écrit... *etc.* » M. le président de Nicolaï a donc conseillé M. Goëzman; c'est par son conseil que M. Goëzman a fait faire une déclaration au sieur Lejay. Or, l'article 6 du titre 24 de l'ordonnance de 1667, porte que « le juge pourra être récusé s'il a donné conseil, s'il a sollicité ou recommandé ». M. de Nicolaï est doublement dans le cas de cet article, puisqu'il a donné conseil, et qu'il sollicite[4] ouvertement. D'après cela je me suis cru en droit de profiter de la disposition de la loi, et de donner en conséquence, le 16 décembre 1773, ma requête en récusation contre M. de Nicolaï : et comme il m'eſt aussi important d'écarter ses sollicitations que son suffrage, j'ai observé à la Cour, par cette requête, que l'article 14 de l'ordonnance de François Ier de 1539 défend expressément à tous présidents et conseillers de solliciter dans les cours où ils sont officiers. Voici les termes :

« Nous défendons à tous présidents et conseillers de nos Cours souveraines de solliciter pour autrui les procès pendants ès cours où ils sont officiers, et n'en parler aux juges directement ni indirectement, sous peine de privation de l'entrée de la Cour et de leurs gages pour un an, et d'autres plus grandes peines s'ils y retournent, dont Nous voulons être avertis, et en chargeons notre procureur général sur les peines que dessus. »

L'ordonnance de 1667 a renouvelé la même disposition sur l'article 6 du titre 24 des récusations. « Sans qu'ils (les présidents ou conseillers) puissent solliciter pour autres personnes, sous peine d'être privés de l'entrée de la Cour et de leurs gages pour un an, ce qui ne pourrait être remis ni modéré pour quelque cause ou occasion que ce soit; chargeons nos procureurs généraux de nous en donner avis, à peine d'en répondre par eux, chacun à leur égard, en leur nom. »

Fondé sur des textes aussi précis, j'ai conclu par ma requête à ce que, attendu qu'il eſt prouvé par écrit que M. le président de Nicolaï a donné conseil à M. Goëzman, et qu'il eſt de notoriété qu'il sollicite ouvertement et journellement pour lui, il fût ordonné qu'il serait tenu de s'abſtenir du jugement du procès, sauf à M. le Procureur général à prendre tel parti qu'il avisera conformément aux ordonnances ci-dessus citées.

Pour présenter cette requête, il fallait qu'elle fût signée d'un avocat titulaire; la crainte de déplaire à un président à mortier les a tous éloignés. Forcé de m'adresser à M. le Premier président[1] pour m'en commettre un, j'ai eu l'honneur de le voir; ce magiſtrat m'a donné sa parole que M. de Nicolaï ne serait pas de mes juges; et sur cette parole respectable j'ai consenti à ne pas user du droit que j'avais de donner ma requête. En effet, M. le président de Nicolaï s'eſt abſtenu de se trouver aux chambres depuis que le rapport de ce procès eſt commencé.

Mais MM. Gin et Nau de Saint-Marc ont craint apparemment que je ne manquasse de juges; malgré mes prières, ils ont constamment refusé de se récuser.

Je me contenterai de leur rappeler ici le trait d'Auguste cité par Suétone. Lorsque Nonius fut accusé d'un crime atroce au sénat de Rome, Auguste, qui l'aimait tendrement, voulut se lever et sortir du Capitole, de peur de gêner les délibérations; et malgré les prières des sénateurs, il n'y resta que très peu de temps, *sedit per aliquot horas in subselliis*; mais sans dire un mot; sans recommander la cause de son ami, et sans jamais la solliciter pour lui : *tacitus ac ne laudatione quidem judiciali data*[1].

Quel exemple pour MM. Gin et Nau de Saint-Marc, sans celui qu'ils ont reçu de plusieurs de leurs confrères en cette affaire même! Mes inquiétudes sur leurs liaisons avec M. Goëzman, et les discours qu'ils ont tenus sur mon compte, ne devraient-ils pas être un assez puissant motif pour les engager à s'abstenir du jugement? Je ne prononce point sur leur conduite, je m'en plains seulement à eux-mêmes sans sortir du respect dû à des conseillers de la Cour. Mais pourquoi s'obstinent-ils à être mes juges[2]?

À l'égard du conseil que M. de Nicolaï a donné de faire faire les déclarations[a 3], mon profond respect pour lui m'empêchera d'agiter la grande question de savoir si l'aveu qu'on fait à la Cour de ce conseil, est propre à disculper un homme ou à en inculper deux.

Dois-je répondre au nouveau mémoire de Mme Goëzman[4], divisé en trois sections, sous le titre de première, seconde et troisième *atrocité*, où l'auteur ne pouvant plus contester tous les faits rapportés dans mon supplément, se réduit à les tordre, à les tourmenter pour se les rendre moins défavorables; mais où il fait l'aveu public de la fidélité de ma mémoire et de mes citations, en supposant que le procès en entier m'a été communiqué*? Le but de cet ouvrage est de

* J'ai fait vœu de répondre à tout. Dans une des gazettes d'Hollande[b], dont on vient de m'envoyer l'extrait, le scrupuleux nouvelliste s'explique en ces termes, à la date du 7 décembre 1773 :

« Ce n'est point sans surprise que l'auteur de cette gazette s'est vu citer dans une note à la page 64 du supplément au mémoire à consulter du sieur Caron de Beaumarchais[5], pour un fait dont il n'a jamais parlé. Il *somme* le sieur de Beaumarchais de désigner le numéro où il prétend que s'est trouvée la fausse anecdote que lui-même peut-être eût souhaité y voir insérée. Ce plaideur inquiet, qui semble avoir l'art funeste d'envelopper tout le monde dans ses tracasseries, n'aurait-il pas dû craindre qu'une citation, si aisée à convaincre elle-même de prouver que j'ai voulu corrompre M. Goëzman et gagner son suffrage; mais tandis que M. Goëzman soutient que son suffrage était *ingagnable*[1], je soutiens, moi, que mon procès était imperdable. Entre deux hommes aussi éloignés de se rechercher dans aucune vue de corruption, quel autre motif pouvait interposer de l'or, que le pressant besoin d'audiences, d'une part, et le refus constant d'en donner, de l'autre?

L'obstination de mes ennemis à m'opposer un fantôme de corruption que l'évidence des faits et la multitude des preuves ont mille fois anéanti, me force à m'arrêter encore un moment sur cette question trop rebattue.

Oui, j'ai donné de l'or pour obtenir des audiences qu'on me refusait obstinément; et je n'ai pas fait plus de mystère de mes sacrifices que de la fatalité qui les rendit indispensables.

Sur ce fait posons quelques principes.

Si l'on ne corrompt point un juge intègre avec de l'or, on n'arrive point sans or à se faire écouter d'un juge corrompu.

Mais à quelles marques un particulier peut-il reconnaître dans quelle classe est son juge? Est-ce aux bruits publics? aux avis secrets? aux difficultés qu'on fait de l'admettre tant qu'il n'a pas employé l'or, ou aux facilités qu'il trouve à s'introduire aussitôt que les sacrifices sont consommés?

J'avoue qu'un plaideur peut être abusé par de faux bruits, par des avis infidèles, se tromper même à la nature des obstacles qui lui barrent le chemin; mais du moins en est-il sûr lorsque, forcé d'ouvrir sa bourse, il se voit introduit à l'instant où son or est parvenu.

Quel est alors l'auteur de la corruption? quelle en est la malheureuse victime? Dépouillé par un Algérien, un voyageur promet encore une rançon pour échapper à l'esclavage : direz-vous qu'il a corrompu le corsaire?

C'est ainsi que les Syracusains portaient leur or à ce Verrès

fausseté, ne fît très mal augurer du reste des assertions contenues dans son mémoire? »

Il est juste de donner satisfaction au gazetier qui me fait l'honneur de me sommer. Le trait qui paraît le blesser a été puisé dans la *Gazette de La Haye*, du vendredi 23 juillet 1773, n° 88. Je le copie, la gazette à la main :

« M. de Beaumarchais a été décrété d'ajournement personnel; *Bertrand d'Airolles, Provençal, faisant toutes sortes d'affaires*, a été décrété d'assigné pour être ouï, et Lejay décrété[c] de prise de corps : on ne sait point ce que tout cela deviendra. *Ce qu'il y a de très sûr, c'est que Mme Goëzman, ancienne actrice à Strasbourg, où M. de Goëzman l'a épousée, dans le temps qu'il était au conseil supérieur de Colmar, vient d'être enfermée dans un couvent.* »

qu'on ne pouvait aborder par aucune autre voie. C'est ainsi que ce vizir, dont la peau couvrit depuis le fauteuil du divan[1], refusait l'audience à tous les Byzantins qui ne se faisaient pas précéder par un présent. C'est ainsi que ce Henri Capperel, prévôt de Paris, condamné à mort pour avoir sauvé un riche coupable et fait périr un innocent indigent, vendait la justice aux infortunés qui la lui demandaient. C'est ainsi qu'un Hugues Guisi, puni par le même supplice, exerçait de semblables concussions sur les Parisiens d'alors. C'est ainsi qu'un Tardieu, de qui Boileau a célébré l'infâme avarice[2], en usait avec les plaideurs de son temps. C'est ainsi qu'un Veideau de Grammont, conseiller au Parlement de Paris, auquel on arracha la robe et qu'on bannit au commencement du siècle pour avoir fait un faux sur un registre public, traitait les malheureux dont il rapportait les procès. Enfin, c'est ainsi..., car tous les siècles et tous les pays ont produit, au milieu des tribunaux les plus intègres, des juges avares et prévaricateurs.

Mais les Siciliens, les Byzantins et toutes les autres victimes de la cupidité des brigands que je viens de nommer, furent-ils taxés d'avoir voulu les corrompre, parce qu'ils avaient cédé à la dure nécessité de les payer ?

Il n'était réservé qu'à moi d'être accusé pour avoir donné de l'or à un juge, par le juge même que je n'ai pu aborder qu'au prix de cet or. Je n'avais donc que le choix des maux avec un tel rapporteur ; si je ne payais pas, de perdre mon procès faute d'instruction ; et si je payais, d'être attaqué par lui-même en corruption.

Est-ce tout ? non. Comme si ce rapporteur eût cru me trop bien traiter en me laissant au moins choisir entre les maux qu'il offrait à mon courage, l'or dont j'ai payé son audience est devenu dans ses mains le moyen d'une double vexation. Il m'intente un procès au criminel pour en avoir, dit-il, trop offert, quand je traîne avec moi le cruel soupçon qu'il m'en fit perdre un au civil pour n'en avoir pas assez donné.

Changeons de style. Depuis que j'écris, la main me tremble toutes les fois que je réfléchis qu'il faut ou mourir déshonoré, ou franchir les bornes étroites que le plus profond respect avait imposées à mon ressentiment. Il me semble voir chaque lecteur parcourant avec inquiétude ce mémoire, et me disant : « Monsieur de Beaumarchais, vous plaisantez vos petits adversaires, vous accablez les grands, tous les faits sous votre plume s'éclaircissent, et votre justification s'avance à pas de géant ; mais un seul article afflige tous vos amis. Ces lettres de protection de Mesdames, supposées pour gagner votre procès; ce désaveu foudroyant des Princesses; cette note d'un de vos mémoires supprimée par sentence[1]; la dénonciation que le comte de La Blache et M. Goëzman en font contre vous à la nation; tout cela reste en arrière, et vous gardez le silence. Ce fait étranger à la cause n'est pas sans doute aujourd'hui du ressort du Parlement, mais on le présente au public comme au seul tribunal où le déshonneur qu'on vous imprime doit vous couvrir à jamais d'opprobre ou retomber sur le front de vos ennemis. »

Je vous entends, lecteur : je relis avec amertume les noms d'*audacieux*, de *téméraire*, d'*imposteur*, que M. Goëzman me donne, et l'imputation qu'il me fait d'*avoir abusé des noms les plus sacrés à l'appui de mon intérêt et de mes vues iniques*. Et mon courage renaît.

Quelque dessein que j'eusse formé d'abord de ne pas répondre à ces affligeantes citations, j'ai réfléchi depuis qu'il valait mieux me faire honneur de ma bonne foi en avouant publiquement mes torts, quels qu'ils fussent, que de les laisser soupçonner plus grands; ce qui ne manquerait pas d'arriver, si je me renfermais dans un silence respectueux que tout le monde n'attribuerait pas à une cause aussi modeste.

En effet, si je m'étais rendu coupable d'imposture et de témérité, en publiant que Mesdames accordaient à mon affaire une protection décidée, si j'avais eu la faiblesse de supposer qu'elles m'avaient donné par écrit la permission d'honorer publiquement ma personne et mon procès d'une aussi auguste protection, ne serait-on pas tenté de m'excuser quand on saurait que le comte de La Blache, mon ennemi, par une imposture plus odieuse encore, cherchait à me nuire chez tous nos juges, en leur disant que Mesdames qui m'avaient autrefois accordé leur protection, ayant reconnu que je m'en étais rendu indigne par mille traits déshonorants, disaient ouvertement qu'elles m'avaient chassé de leur présence?

Sans prétendre excuser ici, sur l'importance de l'occasion, la faiblesse qui m'est reprochée d'avoir abusé du nom des Princesses[2], sans rappeler combien il était dangereux pour moi que les propos du comte de La Blache n'obtinssent créance sur l'esprit de nos juges, qu'aurais-je fait autre chose, en cette occasion, que battre mon ennemi de sa propre arme, et payer son horrible mensonge par un mensonge beaucoup moins coupable? Et vous qui ne rapportez cette note et ce désaveu des Princesses que pour détourner, par une récrimination indiscrète et peu respectueuse, l'attention du public un moment de dessus vous, la honte dont vous cherchez à me couvrir, vous lavera-t-elle de celle qui vous est si justement reprochée dans une affaire à laquelle cette note et ce désaveu sont absolument étrangers ?

Mais si je n'avais pas supposé de fausses lettres pour appuyer un mensonge, si je ne m'étais pas rendu coupable d'imposture en publiant que les Princesses honoraient ma personne et mon procès d'une protection particulière, si j'avais mérité seulement le reproche d'avoir donné trop de publicité à une grâce accordée pour en faire usage auprès de mes juges, le comte de La Blache, qui n'aurait pu l'ignorer et qui vous fait parler à présent, ne serait-il pas, ainsi que vous, doublement odieux, d'employer un si honteux moyen pour me déshonorer, sous l'espoir que mon profond respect pour les Princesses, dont il vous fait imprimer le désaveu, retiendra ma plume aujourd'hui, comme il m'a fermé la bouche depuis deux ans ?

Mais si rien de tout cela n'existait, si, loin d'avoir supposé de fausses lettres de protection pour parvenir à gagner mon procès, je n'avais pas même commis l'indiscrétion de me vanter d'aucune protection de Mesdames accordée à cette affaire, si, loin de *compromettre des noms sacrés à l'appui de mon intérêt et de mes vues iniques*, je n'avais même jamais songé à solliciter les Princesses au sujet de ce procès, et si je n'avais jamais publié verbalement, ni par écrit, ni par aucune note imprimée, que Mesdames accordaient leur protection à mon procès, de quelle indignation les honnêtes gens ne seraient-ils pas saisis, de voir le comte de La Blache et M. et Mme Goëzman me traiter publiquement d'audacieux, de téméraire, d'imposteur, et tenter de verser sur moi la honte qui appartient tout entière au comte de La Blache, dans un événement où je n'ai montré que respect, discrétion, modération et patience !

Mon profond respect pour des personnes sacrées, la frayeur d'être accusé de les compromettre en me justifiant, m'a fermé la bouche depuis deux ans[1] que le comte de La Blache a renouvelé, sous toutes les faces, l'accusation calomnieuse à laquelle il donne aujourd'hui sous votre plume le dernier degré d'indécence et de publicité. Mais ces respectables Princesses, dont le cœur est toujours ouvert aux malheureux par esprit de religion, et par une bonté d'âme dont ceux qui n'ont jamais eu le bonheur de les approcher ne peuvent se former aucune idée, ces généreuses Princesses dont le revenu se consume à soulager les pauvres, et dont la vie entière eſt un cercle de bienfaisance aussi conſtante que cachée, ne s'offenseront pas qu'un homme qui les a toujours servies avec zèle et désintéressement, qui n'a jamais démérité[a] auprès d'elles, repousse, par le plus modeſte exposé de la vérité, l'affreuse et nouvelle injure qui lui eſt faite en leur nom, à la face de toute la nation.

Lorsqu'un paysan fut blessé par un cerf, on vit toute cette auguſte famille oublier l'horreur d'un tel spectacle, et ne sentir que l'intérêt qu'il inspirait; on les vit voler à lui, l'entourer, fondre en larmes, et retourner la bourse de tout le monde, en verser l'or dans le tablier de sa femme éplorée, prodiguer des soins paternels à cet heureux infortuné, lui envoyer des secours abondants, consoler sa famille, enfin lui assurer un sort. Si le mal passager que fit un cerf à un inconnu trouva ces Princesses aussi sensibles, la rage d'un troupeau de tigres acharnés sur un de leurs plus zélés, de leurs plus malheureux serviteurs[b], n'en obtiendra pas moins de compassion; elles ne regarderont point comme un manque de respect, qu'un homme d'honneur, lâchement accusé d'impoſture et de faux, brûle de secouer la honte d'avoir *abusé de leur nom sacré, pour servir son intérêt et ses vues iniques*; et si le hasard fait tomber ce mémoire entre leurs mains, loin de blâmer la fermeté de mes défenses et l'ardeur de ma juſtification, elles sentiront qu'au péril de ma vie, je ne pouvais reſter le chef courbé sous un tel déshonneur; et malgré les efforts que l'on fera pour empoisonner cette action auprès d'elles, elles diſtingueront aisément d'une vanité indiscrète, la fierté noble et courageuse avec laquelle j'ose publier un témoignage qui honore également leur juſtice et ma probité. Voici le fait :

Pendant que le comte de La Blache me faisait injurier avec autant d'indécence que d'éclat, aux audiences des requêtes de l'Hôtel par un avocat[1] à qui la nature avait donné assez de talent pour qu'il eût pu se passer d'adopter le plus aisé mais le moins honorable des genres de plaidoiries, mon adversaire, sentant bien que le fond du procès ne présentait aucune ressource à son avidité, employait celle de jeter de la défaveur sur ma personne, pour tâcher d'en verser sur ma cause. En conséquence, il allait chez tous les maîtres des requêtes, nos communs juges, leur dire que j'étais un malhonnête homme; il leur donnait en preuves que Mesdames, qui m'avaient autrefois honoré de leurs bontés, ayant reconnu depuis que j'étais un sujet exécrable, m'avaient fait chasser de leur présence, et rendaient ce témoignage de moi. Ces propos, qui frappaient tout le monde et mettaient des nuages dans toutes les têtes, me furent rendus par quelqu'un qui me dit : « Il est de la plus grande importance pour vous de les détruire; ils vous font un tort affreux dans l'esprit de vos juges; il n'y aurait même pas de mal, ajoutait-on, que vous vous fissiez étayer auprès d'eux d'une aussi puissante protection que celle des Princesses, contre un adversaire avide, adroit et peu délicat, à qui tout est bon pourvu qu'il vous ruine et vous déshonore. »

« Je ne solliciterai, répondis-je, aucune protection pour un procès qui n'en a pas besoin : Mesdames auraient lieu d'être très offensées, que j'allasse me rappeler à leur souvenir aujourd'hui, pour obtenir leur appui[a] dans une affaire où elles ignorent si j'ai tort ou raison. Mais ce dont elles ne peuvent pas s'offenser, c'est que je les prie de m'accorder un témoignage public que je me suis toujours comporté avec honneur tant que j'ai eu l'avantage de les approcher. On a l'indécence de leur prêter des discours qu'elles n'ont jamais tenus; ces discours peuvent entraîner ma ruine, en indisposant, en égarant mes juges. Un serviteur soupçonné montre avec joie les certificats de tous ses maîtres. Un militaire attaqué sur sa bravoure, atteste les généraux sous lesquels il a eu l'honneur de servir : de tout inférieur à son supérieur, le certificat mérité qu'il sollicite est de droit rigoureux. J'oserai donc, non implorer la protection des Princesses, mais invoquer leur justice; et je m'expliquerai si clairement dans ma demande qu'elles ne puissent pas me supposer l'intention de faire un criminel abus de leurs anciennes bontés, ni de les solliciter en faveur d'une cause qu'elles ne connaissent peut-être que par le compte insidieux et faux que mon adversaire en a fait rendre autour d'elles »; et j'écrivis sur-le-champ la lettre suivante à Mme la comtesse de P[1]..., leur dame d'honneur.

Du 9 février 1772.

Madame la Comtesse,

Dans une affaire d'argent qui se plaide à Paris, et sur laquelle mon adversaire n'a fourni que des défenses malhonnêtes, il a osé sourdement avancer chez nos juges que Mesdames, qui m'avaient honoré de la plus grande protection autrefois, ont depuis reconnu que je m'en étais rendu indigne par mille traits déshonorants, et m'ont à jamais banni de leur présence. Un mensonge aussi outrageant, quoique portant sur un objet étranger à mon affaire, pourrait me faire le plus grand tort dans l'esprit de mes juges. J'ai craint que quelque ennemi caché n'eût cherché à me nuire auprès de Mesdames. J'ai passé quatre ans à mériter leur bienveillance, par les soins les plus assidus et les plus désintéressés sur divers objets de leurs amusements. Ces amusements ayant cessé de plaire aux Princesses[1]*, je ne me suis pas rendu importun auprès d'elles, à solliciter des grâces sur lesquelles je sais qu'elles sont toujours trop tourmentées. Aujourd'hui je demande, pour toute récompense d'un zèle ardent qui ne finira point, non que Madame Victoire accorde aucune protection à mon procès, mais qu'elle daigne attester par votre plume que, tant que j'ai été employé pour son service, elle m'a reconnu pour homme d'honneur et incapable de rien faire qui pût m'attirer une disgrâce aussi flétrissante que celle dont on veut me tacher. J'ai assuré mes juges que toutes les noirceurs de mon adversaire ne m'empêcheraient pas d'obtenir ce témoignage de la justice de Mesdames. Je suis à leurs pieds et aux vôtres, pénétré d'avance de la reconnaissance la plus respectueuse avec laquelle je suis, Madame la Comtesse,* etc.

Signé, CARON DE BEAUMARCHAIS.

Y a-t-il dans tout ce qu'on vient de lire un seul mot qui tende à demander protection et faveur pour mon procès? Y sollicité-je autre chose qu'un témoignage de bonne conduite et d'honneur, pendant que j'avais approché des Princesses? Voici la réponse que je reçus de la dame d'honneur.

Versailles[a]*, ce 12 février 1772.*

J'ai fait part, Monsieur, de votre lettre à Madame Victoire, qui m'a assuré qu'elle n'avait jamais dit un mot à personne qui pût nuire à votre réputation, ne sachant rien de vous qui pût la mettre dans ce cas-là. *Elle m'a autorisée à vous le mander. La Princesse même a ajouté qu'elle savait bien que vous aviez un procès; mais que ses discours sur votre compte ne pourraient jamais vous faire aucun tort dans aucun cas, et particulièrement dans un procès, et que vous pouvez être tranquille à cet égard.*

Je suis charmée que cette occasion, etc.

Signée, T. COMTESSE DE P...

Il n'est donc pas vrai, monsieur le comte de La Blache, que je sois l'homme malhonnête et couvert d'opprobre que Mesdames, selon vous, ont dit avoir chassé de leur présence, à cause de mille traits déshonorants dont il s'était rendu coupable?

Voyons maintenant si j'ai abusé de ce témoignage; voyons si j'ai voulu m'en servir pour me rendre mes juges favorables, en leur allant dire ou en écrivant que Mesdames m'avaient permis de m'appuyer de leur protection auprès d'eux, et qu'elles prenaient un vif intérêt à mon affaire.

Je ne vis aucun de mes juges, et je me contentai d'insérer dans un mémoire que je fis imprimer, la note dont le commencement se rapporte à la conduite de mon adversaire connue[a] de tout le monde, et la fin, que je vais transcrire ici, se rapporte à la lettre que j'avais reçue de la dame d'honneur des Princesses[1].

« Heureusement pour ce dernier (moi), il en a été assez tôt instruit (des propos du comte de La Blache), pour pouvoir réclamer la justice de Madame Victoire avant le jugement du procès. Cette généreuse Princesse veut bien l'autoriser à publier que tous les discours qu'on lui fait tenir dans l'affaire présente sont absolument faux, et qu'elle n'a jamais rien connu qui fût capable de nuire à sa réputation, pendant tout le temps qu'il a eu l'honneur d'être à son service. »

Eh bien, monsieur le comte! Eh bien, monsieur Goëzman! Eh bien, madame! où est l'audace, la témérité, l'imposture dont vous m'accusez publiquement? L'homme qui ose compromettre les noms les plus sacrés à l'appui de son intérêt et de ses vues iniques, où est-il? La fin de mon récit va le montrer à toute la France.

À l'instant où cette note paraît, le comte de La Blache, instruit par ma note que j'avais éventé sa mine, court à Versailles; il y prévient l'arrivée de mon mémoire[2]. Il m'y présente comme ayant fait un usage pernicieux pour lui de la protection que Madame Victoire avait daigné, disait-il, m'accorder; il suppose que l'intérêt que Mesdames sont annoncées par moi prendre à mon affaire, est seul capable d'entraîner tous les esprits et de lui faire perdre son procès. Mesdames qui ne se persuadent pas qu'on puisse leur en imposer à ce point, justement indignées de l'insolent abus que je suis accusé d'avoir fait d'un simple témoignage accordé seulement pour m'empêcher de perdre l'honneur et non pour me faire gagner un procès d'argent, croient faire justice en remettant à mon adversaire un désaveu de mon audacieuse conduite, en ces termes :

Nous déclarons ne prendre aucun intérêt à M. Caron de Beaumarchais et à son affaire, et ne lui avons pas permis d'insérer dans un mémoire imprimé et public des assurances de notre protection.

À Versailles, le 15 février 1772.
Signées,
MARIE-ADÉLAÏDE.
VICTOIRE-LOUISE.
SOPHIE-PHILIPPINE-ÉLISABETH-JUSTINE.

Mais avais-je dit que Mesdames prenaient intérêt à mon affaire ? Avais-je imprimé que les Princesses m'avaient donné des assurances de leur protection à ce sujet ?

Ne m'étais-je pas contenté de dire, parlant de Madame Victoire : « Cette généreuse Princesse veut bien m'autoriser à publier que tous les discours qu'on lui fait tenir dans l'affaire présente sont absolument faux, et qu'elle n'a jamais rien connu qui fût capable de nuire à ma réputation pendant tout le temps que j'ai eu l'honneur d'être à son service ? »

Avais-je pu me renfermer plus littéralement, plus respectueusement dans le témoignage que contient la lettre de la dame d'honneur ? « J'ai fait part, Monsieur, de votre lettre à Madame Victoire, qui m'a assuré qu'*elle n'avait jamais dit un mot à personne qui pût nuire à votre réputation, ne sachant rien de vous qui pût la mettre dans ce cas-là.* Elle m'a autorisée à vous le mander. »

À l'occasion d'un procès d'argent, on avait voulu me donner pour un homme perdu d'honneur ; ce que les Princesses (ajoutait-on) disaient hautement. J'avais sollicité auprès d'elles la plus simple attestation de mon honnêteté. L'instant où je la demandais, la circonstance de mon procès, avait rendu ce témoignage austère de la part de la Princesse. Pas un mot dont je pusse abuser pour m'en faire un titre auprès de mes juges. De ma part, scrupuleux transcripteur de ce témoignage austère[1], je ne m'étais pas permis d'y rien ajouter qui pût annoncer le plus léger abus de la justice rigoureuse qui m'était rendue ; et j'étais si convaincu de mon exactitude à cet égard que, pour m'en faire un mérite auprès de Mesdames, pendant que mon adversaire allait renverser mon édifice à Versailles par un faux exposé, j'y envoyais de Paris à Mme la comtesse de P... le mémoire et la note imprimés, et je lui écrivais la lettre suivante en action de grâces.

Du 14 février 1772.

Madame la Comtesse,

Je n'avais nul titre à vos bontés; cette considération augmente infiniment le prix du service que vous m'avez rendu, et celui du procédé obligeant qui l'accompagne.

J'ai l'honneur de vous faire passer un de mes mémoires, dans lequel j'ai fait l'usage respectueux que Madame Victoire a permis, de la justice qu'elle daigne me rendre et de la lettre dont vous m'avez honoré. Il me reste à vous prier de mettre le comble à vos bienfaits, en assurant la Princesse que je suis vivement touché de l'honorable témoignage qu'elle n'a pas refusé à un serviteur zélé mais devenu inutile. Il est des moments où la plus simple justice devient une grâce éclatante; c'est lorsqu'elle arrive au secours de l'honneur outragé. Aussitôt que le jugement de ce procès m'aura permis de respirer, mon premier devoir sera de vous aller assurer de la respectueuse reconnaissance avec laquelle je suis, Madame la Comtesse, etc.

Toutes les pièces justificatives du procès sont maintenant connues. En voici les suites.

Mon adversaire, croisant mon envoi, revient de Versailles aussi vite qu'il en était parti, fait tirer trente copies du billet des Princesses, et les porte ou les envoie le soir même à tous les juges. Je l'apprends : je cours chez M. Dufour, notre rapporteur, qui me fait les plus vifs reproches de ma mauvaise foi. Mon adversaire avait dit partout que j'en imposais par de fausses lettres de protection; que c'était ainsi que j'en usais toujours : et il en faisait tirer des conséquences à perte de vue, relativement à l'acte qui était l'objet de notre querelle. Pour toute réponse, je montre à M. Dufour les lettres originales dont j'étais porteur. Il reste stupéfait. Dans son étonnement, il va jusqu'à douter de ce qu'il voit. Il confronte, il examine les écritures et me dit enfin : « Expliquez-moi donc, monsieur, ce que veut dire le billet de Mesdames que M. de La Blache montre partout. » Je lui fais, en tremblant d'indignation, le détail qu'on vient de lire.

En rentrant chez moi, je trouve une lettre de M. de Sartines. J'y vole : mêmes reproches; même justification. « Je suis pourtant chargé, me dit-il, de demander au procureur général des requêtes de l'Hôtel, qu'il fasse supprimer la note du mémoire; je ne puis pas ne le pas faire. Et pour vous, je vous conseille d'aller promptement vous en expliquer avec Mme la comtesse de P... »

Pendant que les explications se faisaient à Versailles, l'affaire se jugeait à Paris, on y supprimait ma note[1]. Et moi, par respect, je gardai le silence sur ce bizarre événement, qui eût pu me faire le plus grand tort, si mes juges n'avaient pas senti que cela n'était qu'un jeu ténébreux de l'intrigue de mon adversaire.

On conçoit bien qu'il ne s'en tint pas là. Tout Paris fut trompé. Tout Paris crut que j'avais supposé de fausses lettres de Mesdames : au point que mes plus zélés défenseurs, pliant l'épaule, se bornaient à dire que cet incident n'avait aucun rapport au fond de notre procès.

Et moi, déchiré, déshonoré publiquement par le plus perfide ennemi, mais retenu par mon respect pour Mesdames, et par la circonspection qu'impose un procès entamé, je dévorais mes ressentiments; je m'en pénétrais en silence; chaque jour je les comptais par mes doigts; j'en repassais les titres; et je le fais encore aujourd'hui, dans l'espérance que tout ceci ne sera pas éternel.

Mon adversaire une fois connu, je laisse à penser de quelle manière il usa depuis au Parlement contre moi de ce prétendu désaveu des Princesses. J'étais alors en prison par ordre du Roi, à l'occasion d'une querelle[2] sur laquelle l'autorité m'a depuis imposé le plus profond silence.

Le comte de La Blache, défigurant tout, me donnait pour un homme absolument perdu d'honneur et au-dessous du moindre égard; il citait en preuve mon emprisonnement; il citait la note supprimée par les requêtes de l'Hôtel; il montrait à tous les conseillers du Parlement le billet des Princesses; il allait jusqu'à citer les causes prétendues de mon renvoi honteux de Versailles. Plus les imputations étaient absurdes, moins il m'était permis de m'en justifier. Ce point de discussion était vraiment pour moi l'arche du Seigneur : je n'osais y toucher.

Pendant ce temps, on faisait circuler les infamies dans toute l'Europe, par le moyen de ces judicieuses gazettes dont Mme Goëzman rapporte un si doux fragment[3] : il n'y en avait pas une où je ne fusse immolé, diffamé. Dans le public j'étais un monstre, un serpent venimeux qui s'était joué de tous les principes : j'avais tout empoisonné, tout moissonné autour de moi; j'étais un enragé qu'il fallait enchaîner à son grabat, ou plutôt étouffer entre deux matelas; ce que la justice allait ordonner, disait-on, avant peu.

Cependant on plaidait au Palais, et le porte-voix du comte de La Blache[1], pour servir la haine de mon ennemi, chargeait ses plaidoyers des plus grossières injures, les ornait de misérables allusions sur ma captivité. « Le sieur de Beaumarchais (disait-il), qui suivait les audiences des requêtes de l'Hôtel, n'est pas ici, messieurs. » L'avocat fut hué, son client méprisé; mais je n'en perdis pas moins mon procès. Malgré les lois qui n'admettent point de nullités de droit, au grand étonnement de tous les jurisconsultes et négociants du monde, *un arrêté de compte fait double entre majeurs*, contre lequel on n'avait jamais osé s'inscrire en faux, sur l'avis de M. Goëzman le conseiller, en quatre jours de temps, *est annulé sans qu'il soit besoin*, dit-on, *de lettres de rescision*; comme si celui qui ne tient son ministère que de la Loi, pouvait s'élever au-dessus d'elle, et s'érigeant en législateur, annuler, casser d'autorité un engagement civil et sacré.

Ce jugement n'est pas plus tôt prononcé qu'on saisit mes meubles, à la ville et à la campagne[2]; huissiers, gardiens, recors, fusiliers[3], s'emparent de mes maisons, pillent mes celliers; mes immeubles sont saisis réellement; le feu se met dans toutes mes possessions; et pour payer trente mille livres exigibles aux termes de ce fatal arrêt, qui m'en fit perdre cent cinquante mille, par un misérable jeu d'huissiers nommé *poursuites combinées*, revenus, meubles, immeubles, tout est arrêté; l'on met sous la terrible main de justice, pour plus de cent mille écus de mes biens; on me fait en trois semaines pour trois, quatre, cinq cents livres de frais abusifs, par jour; il semble que le bonheur de me ruiner soit le seul attrait qui anime mon adversaire; il le pousse même si loin qu'on lui fait craindre que son acharnement ne devienne enfin aussi nuisible à ses intérêts qu'aux miens; on le voyait chaque jour au Palais, suivant partout les huissiers, comme un piqueur est à la queue des chiens, les gourmandant pour les exciter au pillage; ses amis mêmes disaient de lui qu'il s'était fait avocat, procureur et recors, exprès pour me tourmenter.

Outragé dans ma personne, privé de ma liberté, ayant perdu cinquante mille écus, emprisonné, calomnié, ruiné, sans revenus libres, sans argent, sans crédit, ma famille désolée, ma fortune au pillage, et n'ayant pour soutien dans ma prison que ma douleur et ma misère, en deux mois de temps, du plus agréable état dont pût jouir un particulier j'étais tombé dans l'abjection et le malheur; je me faisais honte et pitié à moi-même.

Ces murs dépouillés, ces triples barreaux, ces clameurs, ces chants, cette ivresse de l'espèce humaine dégradée dont toutes les prisons retentissent et qui font frémir l'honnête homme me frappant sans cesse, augmentaient l'horreur de ce séjour infect; mes amis venaient pleurer en prison auprès de moi la perte de ma fortune et de ma liberté. La piété, la résignation même de mon vénérable père, aggravaient encore mes peines : en me disant avec onction de recourir à Dieu, seul dispensateur des biens et des maux, il me faisait sentir plus vivement le peu de justice et de secours que je devais désormais espérer des hommes.

J'avais tout perdu; mais mon courage me restait. J'essuyais les larmes de tout le monde, en disant : « Mes amis, cachez-moi votre douleur; ne détendez pas mon âme dont l'indignation soutient encore le ressort. Si je perds la mâle fierté qui lutte en moi contre l'humiliation, si le découragement me saisit une fois, si je pleure avec vous, c'est alors que je suis perdu. Eh quoi, mes amis! si le degré de lumière qui devait éclairer mes droits a manqué à mes juges; si l'adresse de mes ennemis a surpassé mes forces, rougirez-vous de moi, parce qu'on m'a calomnié? Dois-je périr en prison, parce qu'on s'est trompé au Palais? Triste jouet de la cupidité, de l'orgueil ou de l'erreur d'autrui, mon infortune ou mon bonheur seront-ils enchaînés à des événements étrangers? Je n'aurais donc qu'une existence relative[1]! Ah! qu'ils comblent mon infortune; mais qu'ils ne se vantent pas d'avoir troublé ma sérénité! J'ai beaucoup perdu pour les autres, et peu de choses pour moi; mais quand ils m'auront bien accablé, la pitié succédant à la fureur, peut-être ils diront un jour : " Ce n'était pas une âme méprisable que celle qui sut, en tout temps, se modérer, dédaigner l'outrage, affronter le péril, et soutenir le malheur. " »

Mes amis se taisaient, mes sœurs pleuraient, mon père priait, et moi, les dents serrées, les yeux fixés sur le plancher de mon horrible prison, j'en parcourais rapidement le court espace en recueillant mes forces et me préparant à de nouvelles disgrâces : elles sont arrivées et ne m'ont point étonné. Je sais les supporter; d'autres viendront après celles-ci; je les supporterai encore, assuré que rien ne m'appartient véritablement au monde que la pensée que je forme et le moment où j'en jouis.

Le plus incroyable procès criminel a couronné tant d'infortunes; et parce que M. Goëzman eſt un homme peu délicat, je me suis vu dénoncé par lui comme corrupteur et calomniateur; et parce que c'eſt un homme peu réfléchi, il n'a pas prévu les conséquences d'une fausse déclaration, et d'une dénonciation calomnieuse.

Vous m'avez encore dénoncé depuis, monsieur, comme un faussaire, par le compte insidieux que vous rendez à la nation dans votre mémoire, des motifs de votre rapport au Parlement. Vous m'avez dénoncé devant la nation comme un faussaire et un impoſteur, dans ce même mémoire, en disant que j'avais supposé de fausses lettres de proteɛtion de Mesdames, etc. Tous ces faits étaient étrangers à vos défenses : mais emporté par la haine qui vous aveugle, vous n'avez pas réfléchi que, si poussant votre adversaire à bout, vous lui donniez l'exemple de sortir du fond de l'affaire pour examiner votre conduite, il vous écraserait à la première parole. Eh bien! cette parole que je retenais depuis longtemps, et que vous avez provoquée à grands cris par tant d'horreurs, elle eſt[a] enfin sortie de ma bouche.

Vous m'avez dénoncé comme faussaire; je viens de me juſtifier. Moi, je vous dénonce à mon tour comme faussaire aux chambres assemblées, avec cette différence que vous n'aviez nullement besoin de m'accuser faussement pour vous juſtifier; et qu'il m'importe à moi de prouver les faux que vous avez faits dans la déclaration de Lejay, tant par le positif de ces déclarations que par l'analogie de votre peu de délicatesse en d'autres circonſtances.

Le défaut d'intérêt et la clandeſtinité sont les seuls vices qui rendent un dénonciateur odieux. Mon honneur offensé par vous sur tous les chefs me garantit du premier reproche; et la publicité que je donne à mon attaque va me mettre à couvert du second.

DÉNONCIATION QUE PIERRE-AUGUSTIN CARON DE BEAUMARCHAIS A FAITE PAR ÉCRIT À M. LE PROCUREUR GÉNÉRAL, CONTRE MONSIEUR GOËZMAN, LE MERCREDI 15 DÉCEMBRE 1773

Je suis poursuivi criminellement, par-devant nos seigneurs du Parlement, les chambres assemblées, sur une dénonciation que M. Goëzman a faite contre moi en corruption de juge. J'ai donné mes défenses, et les preuves les plus fortes de mon innocence existent dans l'instruction du procès qui s'en est suivi : la Cour décidera si M. Goëzman est aussi fondé qu'il le présume. L'honneur est aujourd'hui pour moi le principal objet de ce procès. Dans les défenses de mes adversaires, je suis qualifié des plus infâmes titres; on y emploie contre moi les épithètes les plus abominables. Mon honneur grièvement blessé m'autorise donc à employer tous mes moyens pour repousser l'outrage par une défense légitime; et je dois à mes juges de les éclairer sur le compte de mon dénonciateur. Il me combat avec des mots, je vais y opposer des[a] faits, et mes juges décideront de la valeur de nos défenses.

Antoine-Pierre Dubillon, et Marie-Magdeleine Janson sa femme, ont imploré les bontés de M. l'archevêque de Paris, par le mémoire ci-joint (signé d'eux, et les faits y contenus attestés au bas par Mme Dufour, maîtresse sage-femme, qui a accouché ladite femme Dubillon), dans lequel ils le supplient de subvenir aux frais de cinq mois de nourriture qu'ils doivent à la nourrice de Marie-Sophie leur fille, disant qu'ils n'ont recours à la charité de ce prélat que parce que M. Goëzman, parrain de leur fille, n'a eu aucun égard à leur situation, malgré la promesse formelle qu'il leur avait faite de pourvoir à l'entretien de cette enfant.

J'ai voulu savoir s'il était vrai que ce magistrat, qui refusait ses secours à ces infortunés, eût une raison aussi forte pour devoir leur être utile; j'ai été à la paroisse de Saint-Jacques-de-la-Boucherie[1], j'y ai levé l'extrait baptistaire ci-joint. On sera sans doute aussi étonné que je l'ai été moi-même d'y voir *Louis Dugravier, bourgeois de Paris, y demeurant rue des Lions*[2], *paroisse Saint-Paul, parrain de Marie-Sophie*. Serait-il possible que M. Goëzman, qui se pare de tant de vertu, se fût joué du temple de Dieu, de la religion, et de l'acte le plus sérieux, sur lequel est appuyé l'état du citoyen, en signant *Louis Dugravier*, au lieu de *Louis Goëzman*, et y ajoutant un *faux domicile* à un faux nom?

Je joins ici les pièces* justificatives, et je n'étends point mes réflexions, pour qu'on ne taxe pas de haine et de vengeance une dénonciation qui est pour moi un point essentiel de défense. J'ai été moi-même injustement dénoncé, accablé d'injures les plus grossières, et de reproches aussi mal fondés

* L'extrait baptistaire de Marie-Sophie, et le placet de Pierre Dubillon et sa femme, père et mère de Marie-Sophie, attesté par la dame Dufour, maîtresse sage-femme, dont le double a été présenté à M. l'Archevêque.

qu'étrangers au fait pour lequel on m'a dénoncé. J'use de tous mes moyens pour me défendre. Je découvre un fait qu'il importe à mes juges et au public de savoir. Je le dénonce à M. le Procureur général, pour me servir en tant que de besoin dans le procès intenté contre moi, par-devant les chambres assemblées : il en fera l'usage que sa prudence et son exactitude connues lui dicteront. À Paris, ce 15 décembre 1773.

CARON DE BEAUMARCHAIS.

Je supplie mes juges de me pardonner si j'ai été obligé de leur envoyer à tous ma requête d'atténuation, sans qu'elle fût signée d'un avocat titulaire. À l'heure que je distribue ces mémoires, je n'ai pas encore de signature, malgré mes prières, mes efforts, et les ordres signés et réitérés de M. le Premier président. J'aime mieux commettre une légère irrégularité que de courir le risque d'être jugé sans que tous mes juges aient lu ma requête d'atténuation[1].

REQUÊTE D'ATTÉNUATION[1]

POUR LE SIEUR CARON DE BEAUMARCHAIS À NOS SEIGNEURS DE PARLEMENT LES CHAMBRES ASSEMBLÉES

Supplie humblement[2] *Pierre-Augustin Caron de Beaumarchais*, écuyer, conseiller-secrétaire du Roi et lieutenant général des chasses au bailliage et capitainerie de la Varenne du Louvre, Grande Vénerie et Fauconnerie de France.

Disant que M. Goëzman l'a dénoncé à la Cour, comme ayant tenté de gagner son suffrage, par des présents faits à sa femme, et l'ayant ensuite[a] diffamé par des propos offensants et calomnieux.

Ces délits ont paru graves; la Cour a ordonné qu'il en serait informé à la requête de M. le Procureur général; l'information a été faite, elle a été suivie de tout l'appareil de la procédure extraordinaire; le suppliant n'en a jamais redouté la rigueur, bien persuadé qu'elle fournirait des preuves de son innocence.

Dans ses mémoires, le suppliant a rendu un compte exact des faits; il ne fera que retracer ici les plus essentiels.

FAIT[b3]

Le 1er avril 1773, M. Goëzman fut nommé rapporteur du procès entre le suppliant et le comte de La Blache. Le suppliant n'en fut pas plus tôt informé qu'il désira de voir ce magistrat et de l'entretenir de son affaire.

Dans cette vue, il se présenta jusqu'à trois fois en son hôtel, ce même jour 1er avril, et n'ayant pu parvenir jusqu'à lui, il laissa chaque fois à sa porte un billet conçu en ces termes : « Beaumarchais supplie Monsieur de vouloir bien lui accorder la faveur d'une audience, et de laisser ses ordres à son portier, pour le jour et l'heure. »

Le lendemain 2 avril, le suppliant se rendit encore trois fois chez M. Goëzman, et chaque fois, la portière lui disait qu'il était sorti ; cependant, dans une de ces visites, le suppliant et le sieur Santerre qui l'accompagnait, lui virent ouvrir les rideaux de son cabinet, au premier, qui donne sur le quai, et regarder, à travers les vitres, ceux dont le carrosse venait de s'arrêter à sa porte.

Voilà donc en deux jours six courses infructueuses.

M. Goëzman dit, dans le mémoire qu'il a distribué au nom de sa femme, et il répète dans sa note intitulée *Note remise par M. Goëzman à MM. ses confrères*[1], que le 2 avril, il donna audience dans la matinée à Me Falconet, l'un des conseils du suppliant, et que le 3, dans la matinée, il en accorda une autre au suppliant qui lui apporta un mémoire manuscrit.

Le suppliant ne peut trop se récrier contre cette allégation ; Me Falconet nie absolument le premier de ces deux faits qui lui est personnel ; à l'égard du second, la fausseté en est attestée par le sieur Santerre, garde sermenté, que le gouvernement avait alors placé auprès du suppliant dans le temps qu'il était encore en prison. Ce garde venait prendre le matin le suppliant au For-l'Évêque, et ne le quittait que pour le reconduire au même lieu. Or le sieur Santerre certifie qu'avant le samedi 3 avril au soir il n'est point entré chez M. Goëzman avec le suppliant ; le fait de l'audience du matin est donc supposé[2].

Cependant il importait au suppliant de voir son rapporteur. Après la dernière course du 2 avril il se rendit chez la dame de Lépine, sa sœur ; il lui fit part de ses inquiétudes sur ce que M. Goëzman se faisait celer, et lui refusait toute audience. Le sieur Bertrand d'Airolles, qui se trouva chez la dame de Lépine, dit que le sieur Lejay, libraire, avait des habitudes chez M. Goëzman, et qu'on pourrait, par son moyen, obtenir audience de ce magistrat. Il vit le sieur Lejay qui de son côté alla trouver Mme Goëzman, et qui vint dire au sieur d'Airolles que l'audience serait accordée moyennant un sacrifice d'argent.

Le suppliant se récria sur la proposition qu'il trouva malhonnête et sur la somme qui était exigée. Ses parents et ses amis le déterminèrent à consentir au sacrifice ; l'un d'eux courut chez lui prendre cent louis d'or, et les remit à la sœur du suppliant, qui n'en donna d'abord que cinquante au sieur

Lejay, en lui disant que cette somme lui paraissait bien forte pour la faveur de quelques audiences que l'on demandait. Le lendemain 3 avril, le sieur d'Airolles vint chez la dame de Lépine prendre les cinquante autres louis. « Quand on fait un sacrifice, lui dit-il, il faut le faire honnête » : il fit deux rouleaux des cent louis, les cacheta par les deux bouts, et monta dans un carrosse de place[1] avec le sieur Lejay pour aller chez Mme Goëzman.

De retour, il assura que cette dame avait promis de faire accorder au suppliant toutes les audiences dont il aurait besoin. Il remit en même temps au suppliant une lettre de Mme Goëzman, en lui disant de se rendre chez elle, qu'on lui dirait que M. Goëzman était sorti, mais qu'en remettant la lettre au laquais de Madame, il pourrait être certain d'être introduit chez Monsieur.

Le suppliant se transporta le soir chez M. Goëzman, avec M. Falconet et le sieur Santerre, son garde, qui ne le quittait pas. Tout ce qu'on lui avait prédit arriva : la lettre fut remise au laquais de Mme Goëzman, qui la rendit à sa maîtresse, et vint dire au suppliant qu'il pouvait monter dans le cabinet du magistrat qui allait s'y rendre par l'escalier qui donne dans l'intérieur de l'appartement de Madame.

En effet, M. Goëzman ne tarda pas à paraître dans son cabinet; le suppliant l'y vit pour la première fois, il conféra avec lui sur son affaire; le magistrat lui fit des objections, ou si l'on veut des observations, que le suppliant recueillit attentivement pour se mettre en état d'y faire une réponse par écrit et la lui remettre.

Il rédigea en effet cette réponse et pria le sieur d'Airolles de lui faire obtenir une seconde audience pour la présenter. Le croira-t-on? On lui parla d'un second sacrifice pour avoir cette seconde audience; une montre à répétition enrichie de diamants fut remise au sieur d'Airolles, celui-ci la remit au sieur Lejay, qui la porta à Mme Goëzman; mais, chose étrange, on vint dire au suppliant que cette dame demandait quinze louis pour le secrétaire de son mari, auquel elle se chargeait de les remettre; le suppliant fut d'autant plus surpris de la proposition qu'un de ses amis avait remis la veille dix louis à ce secrétaire qui les avait d'abord refusés, disant qu'il n'avait aucun travail à faire sur le procès du suppliant, dont toutes les pièces étaient dans le cabinet de M. Goëzman. Cependant comme on persista sur les quinze louis, le suppliant les remit en argent blanc[2]; le tout fut porté à

Mme Goëzman par le sieur Lejay, auquel elle promit l'audience pour sept heures du soir du dimanche 4 avril.

Le suppliant se présenta à l'heure indiquée avec son mémoire chez M. Goëzman, mais il ne put le voir, et fut obligé de laisser ce mémoire à sa portière.

Il s'en plaignit à ceux qui avaient négocié cette audience; la réponse de Mme Goëzman fut que le suppliant pouvait se présenter le lendemain, lundi matin, et que s'il ne pouvait obtenir audience de son mari avant le jugement du procès, tout ce qu'elle avait reçu serait rendu.

Cette réponse était d'un mauvais présage; cependant le suppliant alla le lendemain matin chez M. Goëzman avec un de ses amis et le sieur Santerre : la portière lui dit qu'elle avait des ordres de ne laisser entrer personne; le suppliant persista avec d'autant plus de force que, d'un côté, les moments pressaient, puisque l'affaire devait être rapportée l'après-midi, et que, de l'autre, il lui était essentiel d'avoir une conférence avec son rapporteur, sur de nouvelles objections qu'il avait faites la veille à l'ami[1] dont le suppliant était accompagné. Toutes les instances du suppliant furent inutiles. Ne pouvant se faire ouvrir la porte de son juge, il pria la portière de lui permettre d'écrire, dans sa loge, les réponses qu'il s'était flatté de faire verbalement, et il donna six livres à un laquais, pour faire parvenir ces réponses à M. Goëzman.

Le même jour, le délibéré fut rapporté sur les sept heures du soir, le suppliant perdit sa cause.

Le même soir, les deux rouleaux de louis et la montre furent rendus à la sœur du suppliant, mais Mme Goëzman garda les quinze louis qu'elle avait exigés pour le secrétaire.

Le suppliant s'informa de ce secrétaire si ces quinze louis lui avaient été remis; celui-ci répondit qu'on ne les lui avait pas même offerts, et qu'il ne les aurait pas acceptés.

Le suppliant soupçonnant le sieur Lejay, qu'il ne connaissait pas encore, d'avoir voulu s'approprier ces quinze louis, pria le sieur d'Airolles de lui demander ce qu'ils étaient devenus.

Le sieur Lejay les demanda à Mme Goëzman, qui, pour toute réponse, dit que ces quinze louis devaient lui rester.

Cette réponse fut rapportée au suppliant; le sieur Lejay lui fit même dire que, pour se rendre certain du fait, il pouvait en écrire à Mme Goëzman.

Le suppliant lui écrivit en effet, le 21 avril[2], une lettre dont il a rapporté les termes dans son mémoire à consulter, pages 25 et 26; il lui marque en substance qu'on a rendu de sa part les deux rouleaux de louis et la montre à répétition, mais qu'on n'a point rendu les quinze louis; qu'il n'est pas juste qu'il les perde; que ces quinze louis n'ont pas dû s'égarer dans ses mains, et qu'il espère qu'elle les lui fera remettre.

Mme Goëzman feignant de ne pas entendre cette lettre, quoique très claire, envoya chercher le sieur Lejay, et lui dit que le suppliant lui demandait les cent louis et la montre.

Le sieur Lejay protesta qu'il les avait rendus; il vint trouver la sœur du suppliant et lui fit part des plaintes de Mme Goëzman. La dame de Lépine voulut le rassurer en lui disant que, dans la lettre de son frère, il n'était question ni des cent louis ni de la montre, mais seulement des quinze louis exigés pour le secrétaire, auquel ils n'avaient pas été donnés : le sieur Lejay était si troublé des plaintes amères que Mme Goëzman lui avait faites qu'il n'en voulut rien croire. Heureusement le suppliant avait gardé copie de sa lettre, il l'envoya à sa sœur pour la montrer[a] au sieur Lejay, qui la porta sur-le-champ à Mme Goëzman, et qui lui fit voir par la confrontation qu'elle fit elle-même de la copie avec l'original, qu'il ne s'agissait, dans l'un comme dans l'autre, que des quinze louis, qu'elle s'obstina à ne pas vouloir rendre[1].

Comme la négociation, pour obtenir des audiences de M. Goëzman, s'était faite par différentes personnes, que les cent louis et la montre avaient été rendus devant plusieurs témoins et que le fait des quinze louis indûment retenus faisait du bruit; M. Goëzman, qui craignit avec raison des reproches de sa compagnie, imagina, pour s'en garantir, un moyen qui aurait répugné à toute âme un peu délicate : il envoya chercher le sieur Lejay et lui dicta une déclaration que cet homme faible, et peut-être interdit par des menaces, écrivit et signa, et dont il emporta la minute entièrement écrite de la main du magistrat. Ç'a été sur cette minute que le commis du sieur Lejay en a fait une copie, qui a été remise à M. Goëzman qui l'a déposée depuis au greffe de la Cour.

Muni de cette déclaration signée du sieur Lejay, M. Goëzman, dont elle était l'ouvrage, fit une dénonciation aux chambres[2]. Il dit dans sa note imprimée, page 4, *qu'il y a été forcé par le vœu de la chambre des enquêtes*; ce n'était point une dénonciation que Messieurs des enquêtes exigeaient de lui, mais une justification.

Quoi qu'il en soit, il dit dans cette dénonciation qu'on avait eu la témérité, de la part du suppliant, de faire proposer à sa femme un présent considérable, pour l'engager à *solliciter son suffrage*, et qu'à cause de la perte du procès, on avait osé empoisonner la manière même avec laquelle cette offre honteuse avait été rejetée; il dit ensuite qu'il a interrogé sa femme, qui est convenue des présents offerts mais qui lui a soutenu les avoir refusés; que ç'a été par délicatesse qu'elle n'a point voulu compromettre la personne interposée; que cette personne, pénétrée de douleur d'avoir commis une faute dont elle ne sentait point les conséquences, a déclaré à lui, M. Goëzman, les circonstances qui ont accompagné et suivi l'offre et le refus; qu'il est en état d'administrer la preuve du délit dont se sont rendus coupables ceux qui, après avoir tenté de séduire sa femme, ont empoisonné par des discours offensants les refus qu'ils ont essuyés.

Tel est le contenu[1] dans la dénonciation par laquelle M. Goëzman défère le suppliant à la justice, comme coupable d'avoir voulu le corrompre et de l'avoir ensuite calomnié. M. Goëzman y dénonce aussi le sieur Lejay[2], dont il avait surpris[3] la signature au bas de la déclaration qu'il lui avait dictée. Ainsi cette déclaration par lui suggérée est devenue dans ses mains un instrument pour perdre le sieur Lejay lui-même. Quel procédé de la part d'un magistrat!

Sur cette dénonciation, il a été arrêté que M. le Procureur général rendrait plainte et ferait information[4]. La plainte contient les mêmes faits de la prétendue séduction mise en usage auprès de Mme Goëzman pour *solliciter* en faveur du suppliant le *suffrage* de son mari, et de la publicité qu'on avait donnée aux moyens pris pour y parvenir.

Le sieur Lejay a été entendu comme témoin. Il a déposé formellement que la déclaration que M. Goëzman avait représentée, et qui était déposée au greffe, n'était point son ouvrage mais celui de M. Goëzman; que la minute était écrite de la main de M. Goëzman; que cette minute était restée en la possession de lui, sieur Lejay, pendant plusieurs jours; que sur cette minute son commis en avait fait[a] une copie; que M. Goëzman, peu de temps avant sa dénonciation, lui avait retiré[b] cette minute; qu'au surplus, les faits contenus dans la déclaration n'étaient point véritables, en ce que les présents offerts n'avaient eu[c] d'autre but que d'obtenir des audiences et non de solliciter ni de gagner le suffrage de M. Goëzman.

Le sieur Bertrand d'Airolles a déposé aussi, dans les termes les plus exprès, qu'il n'avait été chargé que de demander des audiences.

Mme Goëzman et plusieurs autres témoins ont aussi été entendus.

Sur le rapport fait des informations aux chambres, il est intervenu arrêt qui a décrété le sieur Lejay de prise de corps; le sieur Bertrand d'Airolles et le suppliant, d'ajournement personnel; et Mme Goëzman, d'assignée pour être ouïe.

Les accusés ont été interrogés; le sieur Lejay, après son interrogatoire, a été élargi. Le procès a été ensuite réglé à l'extraordinaire[1].

Il s'agit, aujourd'hui que l'instruction est faite, de statuer sur le fond de l'accusation.

MOYENS

Toute la question se réduit à un seul point. Les présents offerts à Mme Goëzman ont-ils eu pour motif de gagner le suffrage de son mari, ou seulement d'obtenir des[a] audiences qu'il refusait, et que le suppliant regardait comme très nécessaires et très importantes? Au premier cas, le suppliant qui aurait consenti à faire ces présents et les agents intermédiaires par les mains desquels ils ont été faits, pourraient être regardés comme répréhensibles. Au second cas, il n'y a pas même de corps de délit, parce qu'aucune loi ne défend à un plaideur de voir son juge, et de solliciter des audiences par tous les moyens possibles.

Avant d'entrer dans la discussion des preuves que présente l'instruction, il y a un fait capital à éclaircir. Le suppliant a perpétuellement dit qu'il n'avait consenti aux présents qui ont été exigés pour lui faire obtenir des audiences de M. Goëzman, que parce que ce magistrat les lui avait persévéramment refusées. M. Goëzman dit au contraire, dans le mémoire de sa femme et dans sa note imprimée, que le 2 avril, il donna audience à Me Falconet, l'un des conseils du suppliant, et que le lendemain 3 avril, dans la matinée, il en donna une seconde au suppliant en personne. Il ajoute qu'il est faux que le suppliant ait été jusqu'à six fois chez lui les 1er et 2 avril; et, pour prouver ce fait, il cite la liste de son portier, sur laquelle, dit-il, le nom du suppliant n'est point inscrit ces jours-là.

Le suppliant soutient au contraire qu'il a fait, les 1er et 2 avril, les six courses inutiles dont il a parlé dans sa déposition et dans ses mémoires; qu'il est faux que le 2 avril Me Falconet ait eu audience de M. Goëzman, et qu'il est également faux que, le 3 au matin, ce magistrat ait donné audience au suppliant. Le fait concernant l'audience prétendue accordée à Me Falconet est étranger au suppliant; mais Me Falconet le dénie[1] formellement; et ce qui rend très suspecte l'allégation de M. Goëzman sur cette audience, c'est son infidélité sur[2] celle qu'il dit avoir donnée le lendemain 3 dans la matinée au suppliant. Il est de notoriété qu'alors le suppliant était au For-l'Évêque pour sa malheureuse affaire avec M. le duc de Chaulnes, et que le ministre ne lui avait permis de sortir pour solliciter son affaire qu'avec un garde qui lui fut donné pour l'accompagner partout où il irait, et le reconduire le soir en prison. Ce garde est le sieur Santerre, dont la probité est connue et qui a serment en justice. Si le suppliant avait été admis, le 3 avril dans la matinée, à l'audience de M. Goëzman, le sieur Santerre l'y aurait accompagné; mais le sieur Santerre a déclaré et soutient affirmativement que ni lui ni le suppliant, qu'il ne quittait pas, n'ont point eu, le 3 avril, dans la matinée, d'audience de M. Goëzman. Le fait de l'audience donnée le 3 avril au matin est donc de toute fausseté; et si M. Goëzman a été capable d'en imposer sur cette audience, comment peut-on l'en croire sur celle qu'il dit avoir accordée la veille à Me Falconet; *Mendax in uno, mendax in omnibus*[3] : ce sont les expressions de la loi.

Quant à la liste du portier, il est bien étonnant qu'on ose présenter à la justice une pièce aussi méprisable. Si le nom du suppliant ne se trouve pas sur cette liste aux jours indiqués par M. Goëzman, c'est que, pour mieux faire connaître à ce magistrat tout l'empressement qu'il avait de le voir, il avait eu soin d'écrire de petits billets[4] qu'il laissait à sa porte, et par lesquels il demandait jour et heure pour une audience. Présumera-t-on d'ailleurs que le suppliant qui, suivant la liste[5], avait été trois fois chez M. Goëzman lors des plaidoiries de la cause, et dans le temps qu'il n'était point son rapporteur*, eût négligé de lui rendre visite après que l'affaire eut été mise à son rapport? Enfin, ce qui tranche toute difficulté à cet égard et ce qui renverse les inductions qu'on s'est efforcé de tirer de la liste du portier, c'est la déclaration de Mme Goëzman dans son récolement, où elle dit que le sieur Lejay la sollicitait pour obtenir des audiences de son mari pour le suppliant. Si M. Goëzman eût accordé si facilement ces audiences, le sup-

* 23, 26 et 27 mars.

pliant n'aurait pas eu recours à des intermédiaires, et ces intermédiaires ne se seraient pas adressés à Mme Goëzman pour les obtenir. Le langage tenu par Mme Goëzman dans son récolement dément celui qu'on lui a fait tenir dans le mémoire distribué en son nom.

Mais, dit M. Goëzman dans le mémoire de sa femme et dans sa note[1], les anciennes ordonnances interdisent aux juges toute communication avec les parties plaidantes; le juge ne doit donc point les entendre ailleurs que dans son auditoire[2].

Le suppliant ne se serait jamais attendu qu'un magistrat qui se vante* de marcher sur les traces des Pithou, des Mabillon, des Bignon, des Baluze et des du Cange[3], fît une application si fausse et si déplacée de nos ordonnances. Il n'est pas vrai qu'elles interdisent aux juges toute communication avec les parties, mais seulement des fréquentations *dont pourront être causées vraisemblables présomptions et suspicions de mal*[4] : tel est leur langage. Ce ne sont donc que les fréquentations et habitudes familières avec les parties qui sont interdites aux juges; c'est sur ce principe que l'ordonnance de 1446, qui est une de celles citées par M. Goëzman, défend, par l'article 6, aux juges de boire et de manger avec les parties plaidantes devant eux; mais il est absurde de conclure de là que le juge, et surtout celui qui est rapporteur, doive refuser au plaideur la satisfaction de le voir et de lui expliquer son affaire; il est plus absurde encore de dire que le rapporteur ne doit point entendre les parties ailleurs que dans son auditoire; il n'y a point d'auditoire pour les procès appointés[5] et les causes mises en délibéré; les parties, ne pouvant alors être entendues dans l'auditoire, sont obligées d'aller trouver le juge dans sa maison pour l'instruire. Cela s'est pratiqué de tout temps, dans tous les pays, dans tous les tribunaux, et cela se pratique journellement dans les causes mêmes qui se plaident à l'audience par le ministère d'avocats. Malgré la discussion qui s'en fait dans le lieu de l'auditoire, les juges ne refusent point aux parties la satisfaction de les recevoir chez eux et de les entendre; le suppliant a pour garant de cette vérité une partie des magistrats qui doivent juger le procès actuel; ils ont eu la bonté de lui donner audience chez eux et de l'entendre lors même des plaidoiries de sa cause, et ils lui ont accordé la même grâce dans le temps qu'elle a été en délibéré.

* Page 54 du mémoire de Mme Goëzman.

Les lois romaines ne défendaient point aux juges d'entendre les parties, mais seulement de vendre les audiences, *non visio ipsa praesidis cum pretio** ... *ne quis praesidum munus donumve caperet.* Loi ff. *De officio praesidis*; mais ces lois, loin d'interdire aux juges d'entendre les parties, leur en prescrivaient l'obligation; elles voulaient que l'oreille du juge fût ouverte aux pauvres comme aux riches : *aeque aures judicantis pauperrimis ac divitibus reserentur*[1].

Comment, après des textes aussi précis, M. Goëzman peut-il invoquer la disposition des lois pour autoriser le refus par lui fait obstinément d'accorder audience au suppliant?

Mais, dit-on, la cause ayant été amplement discutée lors des plaidoiries, M. Goëzman n'avait pas besoin d'instructions nouvelles.

Le suppliant répond qu'il s'agissait dans la cause, non seulement de sa fortune, mais de son honneur; que son adversaire avait fait plaider aux audiences auxquelles, à cause de sa détention, il n'avait pu assister, une foule de faits aussi faux qu'injurieux, et entre autres sur des lettres écrites par le suppliant au sieur Duverney, et sur les réponses de celui-ci qui prouvaient que ce respectable citoyen, cet homme si éclairé, si judicieux, avait discuté le compte et n'en avait signé l'arrêté que dans la plus grande connaissance de cause[2]; il importait au suppliant de faire connaître à son rapporteur toute la noirceur des calomnies qui avaient été débitées contre lui; il lui importait de lui faire voir ces[a] lettres, de les lui faire lire les unes après les autres, de lui montrer que tout ce qu'on avait dit sur le format, sur le pli, était un tissu d'absurdités, et même que s'il y en avait une qui fût altérée, l'altération n'avait été faite que pendant que les pièces avaient été dans les mains de son adversaire, par la communication qui lui en avait été donnée de bonne foi. Le suppliant avait eu, au sujet de ces lettres, plusieurs conférences avec M. Dufour, son rapporteur aux requêtes de l'Hôtel; il se flatte de l'avoir convaincu de leur sincérité; il voulait, il désirait ardemment avoir aussi des conférences avec M. Goëzman, devenu son rapporteur en la grand-chambre, pour lui démontrer, les lettres à la main, jusqu'à quel point son adversaire en avait abusé à l'audience; et cependant M. Goëzman lui refusait tout entretien, tout rendez-vous.

Mais, dit-on encore, le suppliant ne s'est pas contenté de

* Lois vénales, Cod.

solliciter des audiences : il a donné de l'argent, il a fait des présents pour les obtenir, et les ordonnances le défendent expressément.

La réponse est simple et péremptoire. Ce sont les dons *corrompables*[1], les traités faits avec les juges sur le fait du procès, que les lois défendent aux parties. Mais nulle loi ne leur interdit de demander audience aux juges, et de solliciter ces audiences quand elles leur sont refusées. Le suppliant vient de faire voir combien il lui était important de voir son juge et de l'instruire sur les imputations personnelles qui lui étaient faites; il désirait avoir un entretien avec lui; ce désir était légitime, il serait injuste de lui en faire un crime. Le crime ne consiste que dans l'infraction de la loi; or, quelle est la loi qui défende aux parties de voir leurs juges et de les solliciter? Il n'y en a aucune. Si telle loi existait, elle serait sauvage et devrait être abolie, parce qu'encore une fois le juge, pour sa propre instruction, doit voir les parties et les entendre; or il est prouvé que M. Goëzman avait refusé toute audience au suppliant, les 1er et 2 avril.

Ce refus a fait recourir à toutes les voies possibles pour se procurer cette audience désirée et que le suppliant regardait comme indispensable. Le résultat de toutes les démarches qui ont été faites a été que, sans argent, on n'aurait point d'audience. Des agents intermédiaires ont apprécié le sacrifice d'abord à cent louis; ils ont ensuite demandé un bijou; le suppliant n'a point vu Mme Goëzman; il n'a fait ni fait faire de pacte avec elle; il ignore personnellement si elle a accepté l'or et le bijou; mais il sait, et les intermédiaires savent comme lui, qu'il ne demandait que des audiences, parce que tout son objet était d'instruire son rapporteur; ils l'ont tous déposé; Mme Goëzman l'a elle-même attesté à la justice dans son récolement; elle l'a répété dans son supplément de mémoire. Si les intermédiaires ont rapporté, le jour de la perte du procès, les cent louis et la montre, ils en ont donné la raison, en déclarant que Mme Goëzman avait dit que si le suppliant ne pouvait, avant le jugement, obtenir les audiences par elle promises, tout serait restitué. Le suppliant n'a point été partie directe dans la négociation; on ne peut, pour lui faire un crime, lui supposer une intention qu'il n'a jamais eue, celle de corrompre son juge; on le peut d'autant moins, que la femme de ce juge déclare elle-même que le suppliant ne lui avait fait demander que des audiences. Où est donc le crime? Où est même le blâme? Est-ce du côté du suppliant qui, contraint par une dure nécessité, a fait un sacrifice pour obtenir une chose juste qu'il demandait? Non, certes; mais il est entièrement du côté de ceux qui ont exigé des présents et qui ont mis un prix exorbitant à l'audience qui a été accordée. Le juge qui fait payer une audience au plaideur est punissable; mais le plaideur qui la paye, parce qu'il ne peut pas l'obtenir par une autre voie, ne l'est point, parce que, encore une fois, la demande par lui faite d'une audience est juste, et que jamais on n'est répréhensible lorsqu'on ne fait que des demandes justes. Malheur à ceux qui, pour les accorder, emploient de mauvaises voies! eux seuls méritent le blâme et la punition.

Aussi rien n'égale la sévérité de nos ordonnances sur ce point.

Celle de Philippe IV, de 1302, article 13*, défend aux juges de rien prendre, même s'il leur était offert.

Celle de Charles VII, du 28 octobre 1445, article 6, fait défenses aux présidents et conseillers de prendre et recevoir par eux, *leurs agents et familiers*, aucun don et présent, sous quelque espèce que ce soit, de viande[1], vin ou autre chose.

Une seconde ordonnance du même roi, de 1453, renouvelle la même disposition dans les termes les plus forts, article 118 : « Voulant obvier *à l'indignation de Dieu, et aux grandes esclandres*[2] *et inconvénients qui pour telle iniquité ou pervertissement de justice*, aviennent souvent, défendons et prohibons à tous nos juges et officiers, tant en notre Cour de Parlement, qu'en toutes autres Cours de notre royaume, que nul ne prenne et ne reçoive, *par soi ou par autre directement ou indirectement*, dons corrompables... sur peine de privation de leurs offices; et en outre voulons iceux être punis suivant l'exigence des cas et la qualité des personnes, et tellement que ce soit exemple à tous. »

Et l'article 120 enjoint aux présidents des Cours *de faire diligente inquisition desdits cas, pour y donner provision convenable*[3], *et en faire punition sans dissimulation ou délai, et sans faveur ou exception de personne, sur peine d'encourir notre indignation, et d'en être punis.*

Ces règlements faits par les législateurs pour prévenir les abus de l'administration de la justice, ont été renouvelés par toutes les ordonnances postérieures**. Ainsi les magistrats ne

* Conférence du Guesnois[a].

** Article 16 de l'ordonnance de Charles VIII, de 1493. Article 36 de celle de peuvent les ignorer. Les lois ne leur défendent pas seulement de rien recevoir des parties par eux-mêmes, mais encore par des personnes interposées, *leurs gens ou familiers, directement ou indirectement*. Le suppliant ne va pas jusqu'à supposer que M. Goëzman ait eu connaissance des présents exigés par sa femme pour faire donner audience; elle est néanmoins la personne interposée dont parlent les ordonnances, *leurs gens ou familiers*. D'ailleurs il y a ici contre M. Goëzman la présomption de la loi qui porte *inter proximas personas fraus facile praesumitur*[1]. Si la fraude se présume facilement entre des personnes proches, combien à plus forte raison, doit-elle se présumer entre deux personnes étroitement unies par un lien sacré, qui vivent ensemble dans la plus grande intimité, qui ont la même habitation, la même table, le même lit, et qui ne doivent rien avoir de secret l'une pour l'autre! N'est-ce pas ici le cas de dire *inter conjunctas personas fraus multo faciliùs praesumitur*[2]. Mais, encore une fois, le suppliant n'entend point inculper[3] M. Goëzman; tout son objet est de se défendre de l'accusation à laquelle sa dénonciation a donné lieu.

Maintenant que les faits ont été discutés, et les principes établis, il ne reste plus au suppliant qu'à mettre sous les yeux de la Cour les preuves que fournit l'instruction : s'il en résulte qu'il n'a demandé et sollicité que des audiences, l'accusation en corruption de juge intentée contre lui sur la dénonciation de M. Goëzman sera démontrée fausse et calomnieuse.

Or, que disent les témoins?

La dame Lejay a déposé que Mme Goëzman avait reçu cent louis pour une audience, et qu'elle en avait exigé et retenu quinze autres.

Le sieur Bertrand d'Airolles n'a cessé de dire et de répéter, dans sa déposition et dans ses interrogatoires, que lorsqu'il s'adressa à la dame Lejay pour l'engager à parler à M. Goëzman, il lui observa que ceux qui s'intéressaient pour le suppliant, *ne lui avaient parlé que d'audiences*, que ses sollicitations personnelles ne s'étendaient pas au-delà; que lorsqu'il eut fait deux rouleaux des cent louis, il les remit au sieur Lejay, en lui disant encore *qu'on ne lui avait parlé que d'entrevues et d'audiences*; qu'il ne se serait pas chargé de la commission, s'il y soupçonnait de la malhonnêteté.

Louis XII, de 1507. Article 35 de celle de François Ier, de 1535. Article 19 de l'ordonnance de Moulins, de 1556. Article 43 de celle d'Orléans, de 1560. Article 114 de celle de Blois, de 1579.

Le sieur Lejay, par la main duquel les cent louis et la montre ont été donnés, dit pareillement qu'il n'avait demandé autre chose à Mme Goëzman *que des audiences* pour le suppliant.

Mais écoutons Mme Goëzman elle-même : voici ce qu'elle a dit dans son récolement, dans lequel elle a toujours persisté comme contenant vérité. « Jamais le sieur Lejay ne m'a présenté d'argent pour gagner le suffrage de mon mari que l'on sait être incorruptible; mais il sollicitait seulement des audiences auprès de moi pour le sieur de Beaumarchais. »

Deux faits sont constatés par cette déclaration que Mme Goëzman a réitérée dans le supplément de mémoire qu'elle vient de distribuer[1]. Le premier, que *jamais* le sieur Lejay ne lui a présenté de l'argent pour gagner le suffrage de son mari; écartons donc ici toute idée de corruption. Le second, que toutes les sollicitations du sieur Lejay se sont bornées à demander des audiences pour le suppliant. Il n'était donc question que d'audiences et non de séduction[2]. Le suppliant n'entendait point gêner le suffrage de M. Goëzman, mais seulement le voir, et lui expliquer son affaire : en lui demandant une audience, le suppliant ne lui demandait qu'un acte de justice.

Concluons donc que le suppliant n'a jamais demandé que des audiences; que tout son objet était de voir son juge, pour l'instruire et discuter avec lui l'arrêté[a] de compte, les lettres et toutes les autres pièces, et repousser à ses yeux les traits envenimés de la calomnie. Voilà le motif qui lui a fait désirer si ardemment de voir son rapporteur, motif aussi juste qu'honnête.

Mais ce qui n'est pas honnête, c'est tout ce qui s'est passé à l'occasion de la déclaration du sieur Lejay. Il est prouvé au procès que M. Goëzman est l'auteur de cette déclaration; qu'il a mandé le sieur Lejay chez lui; qu'en sa présence il en a rédigé le projet, et qu'il la lui a ensuite dictée sur la minute qu'il en avait dressée. Mme Goëzman en convient elle-même dans son mémoire, page 23, en ces termes : « Le sieur Lejay pria mon mari de lui arranger dans la forme d'une déclaration les faits dont il venait de lui rendre compte; il fut, en conséquence, fait un brouillon que mon mari corrigea en plusieurs endroits. » Ce brouillon a donc été l'ouvrage de M. Goëzman et de sa femme qui assistait à l'opération. Mais pourquoi tant de précautions? Pourquoi exiger du sieur Lejay un acte fabriqué dans les ténèbres? Pourquoi du moins ne le pas laisser maître de rédiger la déclaration d'après ses propres connaissances? Pourquoi enfin corriger en plusieurs endroits le brouillon qui venait d'être écrit? *Nimia praecautio dolus*[1]; c'est encore le langage de la loi. N'est-il pas évident que M. Goëzman n'a fabriqué cette déclaration clandestine que pour disculper sa femme, en inculpant le suppliant par l'imputation de faits absolument faux, et en inculpant même le sieur Lejay qui avait eu la faiblesse de se fier à lui? Mais qu'est-il arrivé? Sur la dénonciation de M. Goëzman aux chambres, M. le Procureur général a rendu plainte : le sieur Lejay a été entendu comme témoin, la vérité a repris tout son empire sur cet homme simple mais honnête; il a déclaré sous la religion du serment les faits tels qu'ils s'étaient passés; il a dit que les présents n'avaient été faits que pour obtenir des audiences; que la déclaration par lui signée chez M. Goëzman lui avait été suggérée et dictée par ce magistrat. Décrété de prise de corps et mis au secret, il a persisté à soutenir dans son interrogatoire les faits tels qu'il les avait déclarés dans sa déposition; il n'a varié ni aux récolements, ni aux confrontations. Que devient après cela la déclaration qui lui a été surprise? M. Goëzman ne l'a fabriquée que pour perdre le suppliant; mais elle le perdra lui-même, puisqu'elle prouve de sa part une manœuvre indigne non seulement de tout magistrat, mais même de tout homme à qui il reste un peu de sentiment. N'est-ce pas en effet une perfidie de sa part, de tirer du sieur Lejay cette fatale déclaration qu'il lui a dictée, pour ensuite le dénoncer à la justice et l'impliquer dans un procès criminel? Car s'il y avait du crime dans les démarches faites auprès de Mme Goëzman, le sieur Lejay serait le premier coupable; M. Goëzman aurait donc abusé de la faiblesse de cet homme simple, en lui surprenant à titre de confiance cette déclaration, et en s'en servant ensuite contre lui. Les expressions manquent pour caractériser un pareil procédé.

Heureusement la vérité s'est fait jour dans l'instruction extraordinaire. Il est aujourd'hui démontré que le suppliant ni le sieur Lejay n'ont fait aucunes tentatives[2] pour gagner le suffrage de M. Goëzman, mais seulement pour obtenir des audiences de lui. Demander des audiences à son juge, les solliciter même par des présents faits à la femme pour les obtenir du mari quand il n'est pas possible de les avoir autrement, n'est point un crime.

Le premier chef d'accusation détruit, le second tombe de

lui-même. Il n'eſt pas vrai que le suppliant ait injurié ni calomnié la personne de M. Goëzman; il a seulement demandé à sa femme les quinze louis qu'elle a exigés pour le secrétaire, et qu'elle a retenus indûment au lieu de les lui remettre. Ces quinze louis ne pouvaient à aucun titre appartenir à Mme Goëzman; elle devait donc les rendre. Ce n'eſt pas la faute du suppliant si la rétention de ces quinze louis a donné lieu à des lettres qui ont été écrites, et à des propos qui ont été tenus. Un peu moins d'avidité dans Mme Goëzman aurait prévenu tous les propos qu'elle ne doit imputer qu'à elle-même.

Ce considéré, Nos Seigneurs, il vous plaise décharger le suppliant de l'accusation intentée contre lui, ordonner que l'arrêt qui interviendra sera imprimé et affiché, sous la réserve que fait le suppliant de tous ses droits et actions contre M. Goëzman comme son dénonciateur; et vous ferez juſtice.

Signé, CARON DE BEAUMARCHAIS[1].

QUATRIÈME MÉMOIRE

À CONSULTER

POUR PIERRE-AUGUSTIN CARON DE BEAUMARCHAIS

écuyer, conseiller-secrétaire du Roi,
lieutenant général des chasses, etc.,
accusé de corruption de juge; contre M. Goëzman, juge,
accusé de subornation et de faux;
Mme Goëzman et le sieur Bertrand, accusés;
les sieurs Marin, gazetier;
d'Arnaud Baculard, conseiller d'ambassade; et consorts.

> La justice qu'on vous doit servira à purger la société d'une espèce aussi venimeuse.
>
> *Lettre du comte de La Blache,*
> *datée de Grenoble*[1].

ET RÉPONSE INGÉNUE À LEURS MÉMOIRES,
GAZETTES, LETTRES COURANTES, CARTELS[2], INJURES
ET MILLE ET UNE DIFFAMATIONS[3].

> *Sunt quoque gaudia luctus.* (Et les chagrins aussi sont mêlés de plaisirs.)
>
> OVIDE[4].

Suivant la marche ordinaire des procès, un homme accusé se défend sur les objets qui lui sont reprochés, et s'en tient là : pourvu qu'il sorte d'intrigue[5], qu'il ait bien ou mal dit, ses amis ne s'en soucient guère, ni lui non plus.

Il n'en est pas ainsi de ma cause, bizarre à l'excès dans toutes ses parties. Non seulement je suis forcé de plaider sur le fond des accusations, mais encore de défendre la nature même de mes défenses.

Beaucoup de gens graves, en s'expliquant sur mes écrits, ont trouvé que dans une affaire où il allait du bonheur ou du malheur de ma vie, le sang-froid de ma conduite, la sérénité de mon âme, et la gaieté de mon ton, annonçaient un défaut de sensibilité peu propre à leur en inspirer pour mes malheurs. Tout sévère qu'est ce reproche, il a je ne sais quoi d'obligeant qui me touche et m'engage à me justifier.

Mais, qui a dit à ces personnes qu'il allait ici du bonheur ou du malheur de ma vie? Comment sait-on si je suis faible au point de confier mon bonheur à la fortune; ou sage assez pour le faire dépendre uniquement de moi-même? Parce qu'ils sont souvent tristes au sein de la joie, ils me reprochent d'être froid et tranquille au milieu du malheur! Pourquoi mettre sur le compte de l'insensibilité ce qui peut être en moi le résultat d'une philosophie aussi noble dans ses efforts que douce en ses effets? Pour des gens très graves le reproche n'est-il pas un peu léger? Je veux bien qu'ils sachent que le courage qui fait tout braver, l'activité qui fait parer à tout, et la patience qui fait tout supporter, ne rendent pas les outrages moins sensibles, ni les chagrins moins cuisants. Mais je me fais un plaisir de leur rappeler que l'habitude du mal suffit seule pour y résigner les créatures même les plus faibles en apparence.

Les femmes, dont le commerce est si charmant qu'elles semblent n'avoir été destinées qu'à répandre des fleurs sur notre vie, les femmes mêmes, nous donnent sans cesse la douce leçon de ce courage d'instinct, de cette philosophie pratique : formées par la nature moins fortes que les hommes, et souffrant presque sans cesse, elles ont une patience, une douceur, une sérénité dans les maux qui m'a toujours fait rougir de honte, moi créature indocile, irascible, et qui prétends à l'honneur de savoir me vaincre. Moins occupées de se plaindre que de nous plaire, on les voit oublier leurs souffrances pour ne songer qu'à nos plaisirs. Il semble que notre estime et notre amour les dédommagent de tous leurs sacrifices.

Objet de mon culte en tout temps, ce sexe aimable est ici mon modèle. Il est impossible d'être plus malheureux que moi sous toutes sortes d'aspects[1]; mais en écrivant, je me sauve de moi-même pour m'occuper de ceux qui pourront m'estimer et me plaindre, si je parviens à les instruire de mes maux sans les ennuyer de leur récit.

Dès lors je suis comme Sosie; ce n'est plus le *moi* souffrant et malheureux qui prend la plume; c'est un autre *moi*[2] courageux, ardent à réparer les pertes que la méchanceté m'a causées dans l'opinion de mes concitoyens, qui brûle d'intéresser les âmes sensibles en peignant à grands traits l'iniquité de mes ennemis; qui s'efforce d'exciter la curiosité des indifférents en égayant un sujet aride. J'aspire à m'envelopper de la bienveillance publique, à en opposer la protection tutélaire à la haine de ceux qui me persécutent. Enfin j'oublie mes maux en écrivant, et suis comme un esclave qui ne sent plus le poids de ses chaînes, à l'instant qu'il voit compter l'argent de sa rançon.

D'ailleurs je me donne les airs d'avoir aussi ma philosophie; et comme ce mémoire est moins l'examen sec et décharné d'une question rebattue qu'une suite de réflexions sur mon état d'accusé, peut-être ne me saura-t-on pas mauvais gré de montrer ici sur quel autre fondement j'établis la paix intérieure d'un homme si cruellement tourmenté que cette paix paraît factice aux uns et du moins fort extraordinaire aux autres.

Si l'Être bienfaisant qui veille à tout, m'eût honoré de sa présence un jour, et m'eût dit : je suis celui par qui tout est; sans moi tu n'existerais point; je te douai d'un corps sain et robuste; j'y plaçai l'âme la plus active; tu sais avec quelle profusion je versai la sensibilité dans ton cœur, et la gaieté sur ton caractère; mais pénétré que je te vois du bonheur de penser, de sentir, tu serais aussi trop heureux, si quelques chagrins ne balançaient pas cet état fortuné : ainsi tu vas être accablé sous des calamités sans nombre; déchiré par mille ennemis; privé de ta liberté, de tes biens; accusé de rapines, de faux, d'imposture, de corruption, de calomnie; gémissant sous l'opprobre d'un procès criminel; garrotté dans les liens d'un décret; attaqué sur tous les points de ton existence par les plus absurdes *on-dit*, et ballotté longtemps au scrutin[1] de l'opinion publique, pour décider si tu n'es que le plus vil des hommes, ou seulement un honnête citoyen.

Je me serais prosterné, et j'aurais répondu : Être des êtres, je te dois tout, le bonheur d'exister, de penser et de sentir; je crois que tu nous as donné les biens et les maux en mesure égale; je crois que ta justice a tout sagement compensé pour nous; et que la variété des peines et des plaisirs, des craintes et des espérances, est le vent frais qui met le navire en branle et le fait avancer gaiement dans sa route.

S'il est écrit que je doive être exercé[2] par toutes les traverses que ta rigueur m'annonce, tu ne veux pas apparemment que je succombe à ces chagrins; donne-moi la force de les repousser, d'en soutenir l'excès par des compensations, et, malgré tant de maux, je ne cesserai de chanter tes louanges *in cithara et decachordo*[3].

Si mes malheurs doivent commencer par l'attaque imprévue d'un légataire avide sur une créance légitime, sur un acte appuyé de l'estime réciproque et de l'équité des deux contractants, accorde-moi pour adversaire un homme avare, injuste et reconnu pour tel; de sorte que les honnêtes gens puissent s'indigner que celui qui, sans droit naturel[1], vient d'hériter de quinze cent mille francs, m'intente un horrible procès et veuille me dépouiller de cinquante mille écus, pour éviter de me payer quinze mille francs au nom et sur la foi de l'engagement de son bienfaiteur.

Fais qu'aveuglé par la haine il s'égare assez pour me supposer tous les crimes; et que m'accusant faussement au tribunal du public *d'avoir osé compromettre les noms les plus sacrés*[2], il soit enfin couvert de honte, quand la nécessité de me justifier m'arrachera au silence le plus respectueux.

Fais qu'il soit assez maladroit pour prouver sa liaison secrète avec mes ennemis, en écrivant contre moi dans Paris des lettres *de Grenoble*[3] à celui qui l'aura aidé à me dépouiller de mes biens; de façon que je n'aie qu'à poser les faits dans leur ordre naturel pour être vengé de ce riche légataire par lui-même.

S'il est écrit qu'au milieu de cet orage je doive être outragé dans ma personne, emprisonné pour une querelle particulière..., s'il est écrit que l'usurpateur de mon bien profite de ma détention pour faire juger notre procès au Parlement, et si je suis destiné de toute éternité à tomber à cette époque entre les mains d'un rapporteur inabordable, j'oserais désirer que l'autorité, qui n'est jamais formaliste sur rien, le devînt assez contre moi pour qu'il me fût interdit de sortir de prison, pour solliciter ce rapporteur, sans être suivi d'un homme public et sermenté, dont le témoignage pût servir un jour à me sauver des misérables embûches de mes ennemis, et de la fameuse liste du portier de l'hôtel Goëzman.

Si, pour les suites de ce procès, je dois être dénoncé au Parlement comme ayant voulu corrompre un juge incorruptible et calomnier un homme incalomniable, Suprême Providence, ton serviteur est prosterné devant toi; je me soumets; fais que mon dénonciateur soit un homme de peu de cervelle; qu'il soit faux et faussaire[4]; et puisque ce procès criminel doit être de toute iniquité comme le procès civil qui y a donné lieu, fais, ô mon Maître, que celui qui veut me perdre se trompe sur moi, me croie un homme sans force, et s'abuse dans ses moyens.

S'il se donne une[a] complice, que ce soit une femme de peu de sens; si elle est interrogée, qu'elle se coupe, avoue, nie ce qu'elle a avoué, y revienne encore; et, pour augmenter sa confusion, fais qu'elle rejette enfin sur des signes ordinaires de jeunesse et de santé[1], tous les égarements de son esprit malade.

Si mon dénonciateur suborne un témoin, que ce soit un homme simple et droit, que l'horreur des cachots n'empêche pas de revenir à la vérité dont on l'aura un moment écarté.

Si l'*incorruptible*[2] fait faire une déclaration à ce pauvre honnête homme, qu'il en fabrique la minute, qu'il la confie à ce témoin, qu'il change le sens de la copie qui lui reste, en y commettant des faux très grossiers; qu'il n'y ait ni suite, ni plan dans sa conduite; afin que tout puisse un jour servir à le confondre dans ses vues iniques, comme mon ennemi *son homme de lettres*[3], et qui écrit d'une façon si modérée.

Telle eût été ma prière ardente; et si tous ces points m'avaient été accordés, encouragé par tant de condescendance, j'aurais ajouté : Suprême Bonté, s'il est encore écrit que quelque intrus doive s'immiscer dans cette horrible affaire et prétendre à l'honneur de l'arranger, en sacrifiant un innocent et me jetant moi-même dans des embarras inextricables, je désirerais que cet homme fût un esprit gauche et lourd, que sa méchanceté maladroite l'eût depuis longtemps chargé de deux choses incompatibles jusqu'à lui, la haine et le mépris public. Je demanderais, surtout, qu'infidèle à ses amis, ingrat envers ses protecteurs, odieux aux auteurs dans ses censures, nauséabonde[4] aux lecteurs dans ses écritures, terrible aux emprunteurs dans ses usures, colportant les livres défendus, espionnant les gens qui l'*admettent*[5], écorchant les étrangers dont il fait les affaires, désolant pour s'enrichir les malheureux libraires, il fût tel enfin dans l'opinion des hommes qu'il suffit d'être accusé par lui pour être présumé honnête, son protégé, pour être à bon droit suspecté : *donne-moi Marin*.

Que si cet intrus doit former le projet d'affaiblir un jour ma cause en subornant un témoin dans cette affaire, j'oserais demander que cet autre *algouzin*[b6] fût un cerveau fumeux[c], un capitan sans caractère, girouette à tous les vents de la cupidité, pauvre hère, qui voulant jouer dix rôles à la fois, dénué de sens pour en soutenir un seul, allât, dans la nuit d'une intrigue obscure, se brûler à toutes les chandelles, croyant s'approcher du soleil; et qui livré, sur l'escarpolette de l'intérêt, à un balancement perpétuel, en eût la tête et le cœur étourdis au point de ne savoir ce qu'il affirme, ni ce qu'il a dessein de nier : *donne-moi Bertrand.*

Et si quelque auteur infortuné doit servir un jour de conseiller à cette belle ambassade, j'oserais supplier ta divine Providence de permettre qu'il y remplît un rôle si pitoyable que, bouffi de colère et tout rouge de honte, il fût réduit à se faire à lui-même tous les reproches que la[a] pitié me ferait supprimer. Heureux encore, quand une expérience de soixante-quatre ans et demi[1] ne lui aurait pas appris à parler, que cet événement lui apprît au moins à se taire : *donne-moi Baculard.*

Que si, pour achever d'exercer ma patience et me mieux tourmenter, quelque magistrat, d'un beau nom[2], doit se déclarer le protecteur, le conseil et le soutien de mon ennemi, j'oserais demander qu'il fût choisi entre mille, d'un caractère léger, et tel que ses imputations n'obtinssent pas plus créance contre moi que ses outrages publics ne doivent m'ébranler, ni me nuire. Je sais que mon désir est difficile à satisfaire, mais rien n'est impossible à ta puissance...

Enfin, si dans la foule des maux prêts à m'accabler, si dans la nécessité d'un procès aussi bizarre, cet Être bienfaisant m'eût laissé le choix du tribunal, je l'aurais supplié qu'il fût tel que, tout près encore de la naissance de ses augustes fonctions[3], il pût sentir que l'expulsion d'un membre vicié l'honorerait plus aux yeux de la nation que cent jugements particuliers où les murmures des malheureux balancent toujours l'éloge que les heureux sont tentés de donner. Je l'aurais demandé ainsi, parce que j'aurais cru n'être point exposé à voir sortir de ce tribunal un jugement équivoque, sous les yeux d'un peuple éclairé, plein de sagacité, d'esprit et de feu, et qui toujours plus prompt à blâmer qu'à prodiguer la louange, rendrait chaque magistrat attentif et sévère sur sa façon de prononcer.

Eh bien! dans mon malheur, tout ce que j'aurais ardemment désiré, ne l'ai-je pas obtenu? L'acharnement de mes ennemis les a rendus peu redoutables; leur nombre les a livrés au défaut de liaison si nécessaire en tout projet; la haine les a conduits à l'aveuglement : chacun de leurs efforts pour m'arrêter n'a fait qu'accélérer ma marche et hâter ma justification.

Combien de fois m'étais-je dit, pendant ces temps de trouble : je n'aurai pas la faiblesse de me faire un besoin de l'estime universelle plus que je n'ai l'orgueil de croire la mienne utile à tout le monde. Avouons-le de bonne foi, force n'est pas bonheur ; il faut une vertu plus qu'humaine pour être heureux étant mésestimé ; mais je n'en ai que mieux goûté depuis combien l'estime publique est douce à recueillir. Aujourd'hui je sens toute la fermeté de mon cœur s'amollir, se fondre de reconnaissance et de plaisir, au plus léger éloge que j'entends faire de mon courage ou de mon honnêteté.

Si j'ajoute à cela les offres multipliées de secours et de services d'une foule d'honnêtes gens, et les consolations particulières de l'amitié, vous conviendrez que l'exemple vivant d'une heureuse compensation du mal par le bien, est ici joint aux enseignements de la plus douce philosophie.

Sunt quoque gaudia luctus.
(Et les chagrins aussi sont mêlés de plaisirs.)

OVIDE.

Quant au procès que je défends, indépendamment de la justice de ma cause sur laquelle se fonde ma sécurité, je ne vois ici qu'un événement qui, tout bizarre qu'il est, mériterait peu d'arrêter les regards, sans la qualité, la quantité de mes ennemis, et sans mon courage à repousser leurs traits. Mais pour obtenir la justice que j'attends, je ne dois pas me lasser de discuter, en présence de mes juges, la seule question qui me soit vraiment personnelle dans le procès soumis au jugement de la Cour.

Suis-je un corrupteur ou ne le suis-je pas ?

Dans sa dénonciation, M. Goëzman a dit formellement que j'étais un corrupteur. Cette pièce est la seule contre laquelle j'aie à m'élever aujourd'hui, puisque c'est sur elle seule que le procès est établi ; mais le dénonciateur y déclare positivement qu'il n'est instruit du fait dont il m'accuse que par le témoignage de sa femme[1].

Laissons donc la dénonciation de côté pour ne plus nous occuper que de ce témoignage, unique et frêle appui d'un procès beaucoup trop fameux.

Mais la dame interrogée déclare à son tour *que jamais Lejay ne lui a laissé d'argent pour corrompre son mari, qu'on sait bien être incorruptible, et qu'il ne lui marchandait que des audiences.* C'est ainsi qu'en donnant dans son récolement le démenti le plus ferme à sa déclaration concertée, et à la dénonciation qui en est le fruit, cette dame anéantit encore une fois l'accusation de corruption portée contre moi ; et tout est dit à cet égard, à moins qu'on ne trouve à la ranimer par les charges mêmes du procès.

Mais les interrogatoires de Lejay démentent la dénonciation du mari, et renforcent le récolement de la femme.

Mais les interrogatoires de Bertrand, mais ses mémoires, qu'il faut mettre en ligne de compte aujourd'hui, parce que, sortant d'une plume ennemie, ils doivent en être crus toutes les fois qu'ils s'expliquent en ma faveur, ces interrogatoires, ces mémoires, en un mot tout ce qui nous est venu de la part du sacristain[1], confirme que jamais je n'ai voulu corrompre M. Goëzman, l'incorruptible; et qu'on n'a jamais parlé, à lui, sacristain, *que d'entrevues et d'audiences.*

Enfin, toutes les dépositions renforcent ces aveux non suspects; tous les témoins conviennent que c'est avec la plus grande répugnance que je me suis prêté à payer des audiences, dans le temps de ma vie où j'avais le plus besoin d'argent et le moins de facultés pécuniaires.

Que reste-t-il donc au soutien de cette corruption[2] dont on a fait tant de bruit? Plus rien qu'un adminicule[3] de présomption, fondé sur l'énorme prix de deux mille écus pour une audience; mais le plus simple exposé va faire évanouir de nouveau ce fantôme.

Je demandais à grands cris des audiences, et n'avais, comme je l'ai dit, pas plus d'espoir de les obtenir que d'argent pour les acheter. Un ami m'offre cent louis, et les confie à la prudence de ma sœur qui, parcimonieuse pour mes intérêts, parle d'abord de vingt-cinq louis[4], finit par en livrer cinquante, et s'en fût tenue là, si le sieur Bertrand, très magnifique agent d'audience[5], à qui rien ne coûtait en fouillant dans ma bourse, pour me donner une preuve de zèle, n'eût été de son chef reprendre à Lejay les cinquante louis, ne fût revenu dire à ma sœur : « Quand on fait un présent, il faut le faire honnête[6] », et ne lui eût, par cette phrase, arraché les autres cinquante louis. D'où l'on voit que, sans Bertrand, le *porte-parole*, et son zèle magnifique, le libraire eût peut-être obtenu l'audience au prix des premiers cinquante louis, et que les autres cinquante m'eussent servi à en solliciter une seconde en cas de besoin.

Mais la première audience acquise au prix de cent louis, il devint impossible d'aller au rabais pour la seconde. On n'offre pas une aigrette de verre à qui l'on a donné des boucles de brillants. Le prix des premières bontés d'une femme est au moins le taux de celles qui les suivent : c'est l'usage. Ainsi, le défaut d'argent m'ayant forcé de recourir aux bijoux, comme c'eſt encore l'usage, le lendemain de l'audience, je remis au capitan[1] une montre valant cent autres louis pour arracher une seconde audience.

Quant aux quinze louis exigés pour le secrétaire, ils ne sont en cette qualité sur le compte d'aucune audience[2]; et l'on voit maintenant par quelle gradation d'incidents la seule audience que j'aie obtenue, eſtimée d'abord par mes amis moins de cinquante louis, peut avoir l'air, en embrouillant les choses, d'avoir été payée deux mille écus.

L'audience du rapporteur ainsi rappelée[3] à sa première eſtimation, le soupçon de la corruption fondé sur l'énormité de son prix tombe de soi-même; et remarquez que ce n'était encore là qu'une présomption qui, en affaire criminelle, eſt sans force : il serait superflu de s'y arrêter plus longtemps.

Mais a-t-on fait de ma part une convention avec Mme Goëzman de me rendre mes cent louis, si je ne gagnais pas ma cause? Personne au procès n'a déposé d'un pareil fait; l'unique Mme Goëzman, en qualité de seul contradicteur, eût pu fonder ce reproche. Mais loin d'articuler qu'elle ait fait aucun pacte à cet égard avec Lejay, le seul aussi qui lui ait parlé, toutes ses défenses se réduisent à nier qu'elle ait reçu l'argent, et à dire qu'on l'a glissé furtivement dans son carton de fleurs[4] ; ainsi le soupçon qu'en donnant de l'or j'ai pu avoir l'intention de corrompre mon rapporteur, n'eſt ici qu'une vaine fumée, dissipée, comme on voit, par tous les vents de l'horizon : et c'eſt ainsi que des détails insipidement nécessaires, deviennent malgré mes soins nécessairement insipides, au grand dommage de l'indulgent lecteur.

Reſte enfin pour dernière ressource à la haine, en faveur de la corruption, la misérable et fausse allégation de M. Goëzman, qui prétend m'avoir donné deux audiences en un jour, et deux autres à deux de mes amis; et qui s'essouffle à faire entendre que quatre audiences accordées sans intérêt en trois jours doivent faire soupçonner que mes sacrifices d'argent avaient un autre objet. En attendant qu'il prouve les quatre audiences, je lui soutiens, moi, que je n'en ai reçu qu'une. Mais, malgré le témoignage d'un homme public et sermenté, du sieur Santerre, mon gardien, qui ne me quittait pas, la contradiction sur un fait aussi grave étant positive entre M. Goëzman et moi, la Cour n'a pas négligé d'acquérir les lumières qu'une confrontation indiquée par la loi devait répandre sur l'affaire en général et sur ce point en particulier.

Elle apprendra bientôt comment, à cette occasion, mon digne rapporteur eſt sorti des mains de son humble client[1].

Les faits ainsi posés, discutés, approfondis, et les témoins, les accusés, les contradicteurs même détruisant à l'envi le syſtème absurde de la corruption établi contre moi par M. Goëzman, il faut en revenir à cette autre queſtion.

Lorsque le malheur des affaires jette un infortuné sous la dépendance d'un pareil juge, que doit-il faire? Refuser de l'or[2]? On ne l'aborde pas autrement. En donner, et se plaindre de la vexation[3]? On peut se voir à l'inſtant accusé, décrété, prêt à périr[4]. Entre ces deux extrémités quel parti prendre? Voilà le vrai problème; mais, en bonne juſtice, je ne me crois pas plus obligé de le résoudre que de relever sérieusement le reproche singulier de séduction que me fait Mme Goëzman, dans son supplément divisé par première, seconde et troisième atrocité[5], et le reproche, plus singulier encore, que beaucoup de gens me font de n'y avoir pas répondu dans mon dernier mémoire.

« Vous avez osé (c'eſt Mme Goëzman qui parle, p. 10), en présence du commissaire, du greffier, *etc.*, me dire que je vous aurais, si je voulais, l'obligation de n'être point enfermée par mon mari[6]. Vous avez poussé l'impudence plus loin encore, vous avez osé ajouter (pourquoi suis-je forcée de rapporter des propos aussi insolents qu'ils sont humiliants pour moi?), vous avez osé ajouter, dis-je, que vous finiriez par vous faire écouter; que vos soins ne me déplairaient pas un jour; que... je n'ose achever, je n'ose vous qualifier. »

Fi donc des points[7]... Il fallait oser, madame; il fallait achever; il fallait me qualifier. Que voulez-vous donc dire avec vos points?... vous mettez là de jolies réticences dans vos mémoires... Je répondais à toutes vos injures par des compliments généreux, qu'il paraît qu'un amour-propre éveillé vous a fait prendre du bon ou du mauvais côté, comme il vous plaira l'entendre; mais des points... vous me feriez une belle réputation! quelle femme honnête voudrait jamais m'admettre, si je ne détruisais pas l'impression que vous donnez ici de mon cavalier reſpect pour les dames? Quelle femme oserait se croire en sûreté chez elle avec moi, quand elle penserait que la femme de mon ennemi même, agitée, furibonde, et, *critique à part*, dénuée de ces grâces touchantes, de cette douceur qui fait le charme de son sexe, en plein greffe et devant le juge et le greffier, a couru des risques avec moi d'un genre à exiger des points... et qu'elle se croit en droit de me traduire aujourd'hui en justice comme un audacieux effronté, moi qui n'étais devant elle alors qu'un très, très, très modeste confronté, je m'en souviens bien.

« Il est atroce (dites-vous, page 1) que ce séducteur préparé au combat (le joli choix d'expressions!) jette un coup d'œil de compassion sur une femme timide (la peste! quelle timidité!); qu'il triomphe de l'avoir fait rougir, lui qui ne rougit jamais[1]. » Oh! pour cela, madame, c'est bien pure malice[2] à vous de dire que je ne rougis jamais, moi qui, sans reproche, ai eu la bonté de baisser les yeux pour vous deux ou trois fois[3] pendant que le greffier lisait les décentes raisons que vous aviez données de votre défaut de mémoire. À la vérité je ne rougissais pas; mais je faisais plus; je voulais rougir pour vous en donner l'exemple; et je ne doute pas que M. de Chazal[4] n'ait rendu compte à la Cour du ton doux et poli dont j'ai répondu aux mâles injures *d'une femme faible et peu faite, par son inexpérience, pour entrer en lice avec un séducteur adroit*[5].

En vérité, madame, vous avez de si singulières expressions qu'on dirait que vous y entendez finesse. *Une femme faible et peu faite par son inexpérience pour entrer en lice avec un séducteur adroit!* Mais c'est que, loin d'être *une femme faible*, vous étiez, madame, à ces confrontations, la femme forte, la véritable femme forte, provoquant, injuriant, maudissant et parlant, parlant, parlant... Quant à votre *inexpérience pour entrer en lice*, voilà sur quoi, par exemple, il m'est impossible de prononcer; moi qui me suis toujours tenu dans le plus respectueux éloignement de la lice. *Avec un séducteur adroit!* Il ne tiendrait qu'à moi de prendre encore cela pour un compliment, et de le rapporter à ce qu'on appelle proprement la séduction d'une femme : car si vous l'entendez du côté de l'argent, que moi *séducteur adroit* vous ai envoyé par *l'adroit séducteur* Bertrand, qui l'a remis à *l'adroit séducteur* Lejay, qui l'a remis, comme on sait, *très adroitement* dans votre carton de fleurs, vous m'avouerez qu'il n'y a pas là de quoi se vanter d'une merveilleuse *adresse* en fait de séduction.

Quoi qu'il en soit, un seul exemple va mettre la Cour en état de juger lequel des deux contendants est sorti de son caractère à ces confrontations. Il était dix heures du soir, nous touchions à la fin de la première séance : « Homme atroce, me dîtes-vous (et j'en tremble encore), on vient de faire la lecture de mes interrogatoires, et vous remettez à demain à y répondre, pour avoir apparemment le temps de disposer vos méchancetés; mais je vous déclare, misérable! que si vous ne faites pas sur-le-champ et sans y être préparé, une interpellation, vous n'y serez plus admis demain matin. »

Aussi surpris de cette fière provocation que du ton brave qui l'accompagnait : « Eh! d'où savez-vous, madame, que je suis un homme atroce, un misérable? Je n'ai jamais eu l'honneur avant ce moment-ci de me rencontrer avec vous. – Je le sais d'où je le sais; je l'ai entendu dire. – À M. de La Blache sans doute? – À tout le monde; cet hiver, au bal de l'Opéra. – Il était donc bien mal composé : en vous voyant, madame, je sens qu'il y avait mille choses plus agréables à dire; et vous avouerez qu'on vous a tenu là de tristes propos de bal. Quoi qu'il en soit, vous voulez absolument une interpellation avant de nous quitter? Il faut vous satisfaire. Je vous interpelle donc, madame, de nous dire à l'instant, sans réfléchir et sans y être préparée, pourquoi vous accusez dans tous vos interrogatoires être âgée de trente ans, quand votre visage qui vous contredit n'en montre que dix-huit? » Je vous fis alors une profonde révérence pour sortir.

Malgré la colère que vous en montrez aujourd'hui, avouez-le, madame, cette *atrocité* vous offensa si peu que, prenant votre éventail et votre manteau, vous me priâtes de vous donner la main pour rejoindre votre voiture; sans y chercher d'autre conséquence, je vous la présentais poliment, lorsque M. Fremyn, le meilleur des hommes mais le plus inexorable des greffiers, nous fit apercevoir que nous ne devions pas descendre du Palais ensemble avec cet air d'intelligence peu décent pour l'occasion. Alors vous saluant de nouveau, je vous dis : « Eh bien! madame, suis-je aussi *atroce* qu'on a voulu vous le faire entendre? – Eh mais! vous êtes au moins bien malin. – Laissez donc, madame, les injures grossières aux hommes, elles gâtent toujours la jolie bouche des femmes. » Un doux sourire, à ce compliment, rendit à la vôtre sa forme agréable que l'humeur avait un peu altérée : et nous nous quittâmes.

Il faut pourtant convenir que tout cela n'est ni si meurtrier, ni si *atroce* que Mme Goëzman voudrait le faire entendre; et sur la vérité de ces faits, sur la frivolité des reproches de cette dame, j'invoque le témoignage du grave M. Fremyn; et sans le peu d'importance du sujet, j'oserais bien invoquer celui de M. de Chazal lui-même.

Et comme il faut que la bizarrerie éclate dans toutes les parties de ce fameux procès, après avoir eu besoin de très grands efforts en me défendant, pour détruire l'importance d'une *corruption* qui n'a jamais existé, pour atténuer celle d'une *séduction* à laquelle je n'ai jamais songé, je me vois forcé d'en employer de plus grands encore pour établir l'importance du crime de faux dans l'acte de baptême, sur lequel j'ai dénoncé publiquement M. Goëzman[1], et pour montrer la liaison intime de cette dénonciation avec mes défenses.

À entendre quelques personnes, je suis un méchant homme, instrument servile de je ne sais quelle haine, qui veut, dit-on, perdre M. Goëzman : et pour accréditer ces bruits, on feint d'oublier que ce n'est pas moi qui ai fomenté la querelle, que je n'ai point attaqué M. Goëzman; on feint d'oublier que je suis accusé de corruption, de calomnie, et décrété depuis huit mois[2] sur le dénoncé de ce magistrat; que c'est lui qui m'a forcé de me défendre, quoique j'eusse dit à M. de Sartines, à M. le Premier président, et plus nettement encore au *vertueux* conciliateur Marin[3], que j'invitais mon rapporteur à me laisser tranquille, parce que s'il s'obstinait à m'attaquer, je lui opposerais un courage sur lequel il ne comptait guère; on feint d'oublier que le propos de M. Goëzman, très public alors, était qu'il me poursuivrait jusqu'aux enfers; à quoi je répliquai : puisqu'il le veut absolument, voyons donc lequel des deux y laissera l'autre.

Maintenant que, l'action bien engagée, on me voit porter en parant, serrer la mesure[4] et gagner du terrain sur l'adversaire, pour m'inculper on invoque à son secours la commisération publique; *vexat censura columbas*[5]*;* tout ce qu'il a fait n'est, dit-on, que peccadilles; subornation de témoins, minutation[6] d'écrits, faux dans les déclarations, dénonciation calomnieuse au Parlement, tout cela n'est rien : *dat veniam corvis*.

Forcé de prouver à mon tour les faux de ses déclarations ou de succomber, je montre que tel est son usage.

Eh! comment l'aurait-il négligé pour perdre un ennemi, lui qui n'a pas craint de commettre un faux au premier chef, contre un malheureux enfant dont il s'était rendu le protecteur déclaré? Telle est l'analogie, la liaison intime et nécessaire entre le faux de mon rapporteur dans l'acte baptistaire[7], et le faux de mon rapporteur dans notre procès.

Mais ce faux du baptême est, dit-on, purement matériel, une misère qui ne mérite pas qu'on s'y arrête un moment; *dat veniam corvis*.

Laissons de côté ces jugements légers, ces absolutions

cavalières, et montrons aux citoyens, justement alarmés de voir au Parlement un pareil magistrat, que le faux du baptême est un des plus graves qui puissent se commettre contre la société*.

Quoique je le sente vivement, ma plume inégale et profane est peu propre à peindre l'irrévérence de celui qui, dans le saint lieu, se joue du premier et du plus grand des sacrements : j'aurai le respect de m'en taire ; mais la double austérité d'une partie de mes juges, prêtres et magistrats[2], n'a pas besoin d'être inspirée pour s'armer contre une pareille profanation. Et le délit de M. Goëzman n'attaquant point le salut de l'enfant mais son état civil, c'est ce dernier point seulement que je me permettrai de discuter.

Pour rendre le baptême aussi utile à l'homme qu'il est indispensable au chrétien, la politique a joint à l'acte religieux le plus nécessaire au salut de tous, l'acte civil le plus important à l'existence de chacun ; le point de législation qui a confié au dépôt public le nom, l'âge et l'état des citoyens, est si utile et si grand qu'il eût sans doute mérité d'appartenir au christianisme ; mais il faut être vrai, nous en devons la reconnaissance au plus sage des païens, au grand Marc-Aurèle qui le premier ordonna que le nom, l'âge et l'état des citoyens, attestés par des témoins auxquels répondent nos parrains et marraines, fussent inscrits à l'heure de la naissance sur un registre public[3] ; qui fit déposer ce livre de vie dans le temple de Saturne, et qui en confia la garde aux prêtres du père de tous les dieux, du dieu du temps et de la durée, du dieu enfin dont l'idée se rapproche le plus de la majesté que nous reconnaissons à l'Être suprême.

J'ignore en quel siècle l'Église chrétienne adopta cet usage précieux à l'humanité ; mais il faut croire que ce fut assez tard, puisque le baptême ne se donna longtemps qu'aux adultes, suivant l'avis de Tertullien et de quelques Pères de l'Église, et souvent même à l'heure de la mort, par la persuasion que ce sacrement, effaçant le péché originel, devait aussi laver de tous les autres péchés. Avant la réunion du procès-verbal au sacrement, chacun de ces actes séparés était également respectable aux hommes ; la politique et la religion gagnèrent à les réunir, l'une de la sûreté pour les citoyens,

* Croirait-on qu'on a poussé la démence jusqu'à faire l'apologie de ce faux dans une misérable gazette à la main, en date du 30 janvier dernier[1] ? Aucune peine ne peut être prononcée contre un pareil nouvelliste ; le bain froid et la saignée est le traitement qui lui convient.

l'autre de la considération pour ses ministres. Il paraît même[1] que la double utilité dont ces derniers se sont rendus aux hommes par cette réunion est le vrai fondement de la distance que l'opinion met encore entre les prêtres séculiers, chargés du dépôt de tous les actes importants de la vie, et les réguliers qui ne sont chargés de rien.

Si donc l'utilité fait tout le mérite des hommes et des choses, qu'on juge de quelle majesté devint le baptême, lorsque les deux points fondamentaux de tout bonheur furent rassemblés en un seul et même acte; sans le baptême, on resta nul en ce monde, et l'on fut perdu pour jamais dans l'autre; et c'est de cet acte si saint, si grand, si révéré, si nécessaire, que M. Goëzman, homme éclairé, jurisconsulte, criminaliste, conseiller de grand-chambre du premier parlement de la nation, fait un badinage perfide et sacrilège; il s'avance au temple de Dieu pour présenter au christianisme un nouveau-né, à la société un nouveau citoyen; il s'agit, pour ce magistrat, de constater légalement qu'un tel est fils d'un tel; le père ne sait pas écrire, il ne peut rien pour assurer l'état civil de son enfant; la marraine est fille mineure, sa signature est sans force aux yeux de la loi; reste pour unique ressource au malheureux enfant l'attestation de son parrain; lui seul peut donner la sanction à son état; et ce faux protecteur ne rougit pas d'y signer un faux nom; au double faux d'un faux domicile, il joint le triple faux d'un faux état[2]; et par cet acte également barbare et peu sensé, celui qui devait assurer l'existence d'un citoyen se fait un jeu de la compromettre. Dans l'état où il met les choses, si cet enfant veut un jour appartenir à quelqu'un, il faut qu'un arrêt de la Cour, invoquant la notoriété[3], le réhabilite dans ses droits : sans cela, comment héritera-t-il? comment contractera-t-il? comment signera-t-il en sûreté, *un tel, fils d'un tel* puisque, grâce à l'honnêteté de Louis-Valentin Goëzman, conseiller au Parlement, quai Saint-Paul, *Louis Dugravier*, bourgeois de Paris, rue des Lions, n'est qu'un être idéal et fantastique[4], qui ne peut constater l'état civil d'aucun être existant et réel?

Voilà le délit, voilà le crime, voilà l'état de celui qui l'a commis. L'importance du cas, du lieu et de la personne est établie : en dénonçant le faux, j'en ai prouvé la liaison, l'intimité, l'identité, l'inhérence à la cause que je défends. J'ai montré de plus qu'il n'a pas tenu à ce funeste magistrat que je ne fusse écrasé sous le poids d'une accusation criminelle. J'ai démontré que la suggestion, la subornation, le faux, la cabale et l'intrigue ont été, sans scrupule, employés contre moi. Et dans ce combat à outrance, où il faut qu'un des deux périsse, des gens légers me blâment d'oser unir la dague à l'épée, contre un ennemi sans pudeur qui me poursuit avec la flamme et le fer!

Jugeurs aussi légers que tranchants! je voudrais vous voir au point de[1] balancer le plus pressant intérêt par de petites considérations; je voudrais vous voir en tête un adversaire aussi violemment soutenu que le mien; à sa puissance formidable opposant votre dénuement, et votre isolation[2] à ses entours; n'ayant pour tout soutien que la bonté de votre cause et votre courage à la défendre; et ranimant votre cœur par le seul espoir que le Parlement prononcera sur les choses et non sur les personnes; qu'il jugera leur délit sans avoir égard à leur crédit.

Aucun autre homme ne pouvait dénoncer M. Goëzman pour ce fait, sans peut-être encourir le mépris qu'on garde aux vils délateurs; mais, moi! jeté loin de mon rang par la violence, n'ai-je pas dû le regagner à tout prix, même en expulsant du sien mon injuste adversaire? Tel de vous ose me blâmer qui frémirait d'être obligé de se défendre à ma place, et qui, pour perdre l'ennemi, peut-être accueillerait mille moyens offerts que ma délicatesse m'a fait rejeter jusqu'à ce jour.

Mais quel intérêt ce magistrat avait-il à commettre un pareil délit? Qui a pu le pousser à cet acte insensé? Faut-il l'avouer, messieurs? sottise et défaut d'âme[3], deux vices également opposés à la dignité d'un magistrat.

La sottise nous jette en des embarras dont le défaut d'âme ne sait nous dégager que par des voies malhonnêtes.

Dans l'affaire qui me regarde, M. Goëzman, instruit de la faiblesse de sa femme, n'avait qu'à remettre au libraire ou même garder les quinze louis, à son choix, mais se taire sur cet événement; peut-être aurait-on tenu quelques propos; il n'en eût été ni plus ni moins pour sa réputation; mais il ne sait, pour se tirer d'affaire, que suborner Lejay, fabriquer des déclarations, me dénoncer au Parlement, entamer un procès ridicule, et le soutenir par des moyens infâmes : *sottise et défaut d'âme.*

Ce qui lui est arrivé là, pour quinze louis, lui fût également arrivé pour quinze francs. C'est justement l'histoire du baptême; il pouvait dire à cette petite fille Capelle, qu'il entretenait à huit louis par mois : tu conçois bien, mon enfant, qu'il ne convient pas à un grave magistrat qui, pour te plaire, a *mis un mur de séparation entre sa femme et lui** [1], mais dont la liaison avec toi doit être ignorée, d'aller courir le risque de voir publier un pareil compérage[2] à la fin de 1772; fais tenir cet enfant par qui tu voudras : j'en serai, pour t'obliger, le parrain honoraire : voilà deux louis pour les *frais de gésine*[3] et de baptême, et je prendrai soin du *fillot*[4]. Tel est le manteau dont la prudence, au moins, devait[5] couvrir sa faiblesse.

Au lieu de cela (voici la *sottise*), mon rapporteur ne sait autre chose que d'aller *in fiocchi*[6], habit noir boutonné, cheveux longs bien poudrés, gants blancs et bouquet à la main, menant sur le poing sa commère à l'église, et là, pour accorder la décence et le plaisir (voici le *défaut d'âme*), mon rapporteur signe un faux nom, prend un faux état, donne un faux domicile, ôte l'existence à son filleul, et s'en revient gaiement bourrer de bonbons sa commère, s'attabler au souper de famille, et faire à l'accouchée des promesses pour l'enfant, dont il est bien sûr d'éluder l'effet à son gré quand sa *fringale*[7] amoureuse sera passée; et vous, ses bons amis, l'on est assez curieux de voir comment vous vous y prendrez pour excuser ses honnêtes plaisirs.

Sera-ce sur sa jeunesse? il a quarante-quatre ans passés[8]; sur son ignorance? il se dit le du Cange du siècle[9]; sur la frivolité de son état? il est conseiller de grand-chambre; sur la considération due à sa place? il l'a dégradée publiquement; sur la légèreté d'un pareil faux? je viens de prouver qu'il n'en est point de plus grave; sera-ce sur son crédit? il s'est trop mal conduit pour en conserver; sur le scandale de sa condamnation? il l'a provoquée lui-même à grands cris; enfin sur l'honneur de la magistrature? il est bien prouvé que cet honneur consiste à se défaire d'un homme qui l'a déshonorée.

Vous serez sans doute assez embarrassés à le tirer de là, à moins que le comte de La Blache n'ait encore une lettre *de Grenoble*[10] toute prête au service de son rapporteur; car ce n'est pas assez de parler ici; la parole se perd avec l'haleine et se dissipe dans l'air; mais la plume! la plume légère du comte de La Blache serait, je l'avoue, d'un très grand poids dans cette affaire. Ce juge, dirait-on, a fort bien jugé pour ce plaideur; à son tour, ce plaideur a fort bien plaidé pour ce juge; tout cela

* Voyez la note imprimée de M. Goëzman.

eſt dans l'ordre; entre les gens vertueux, la vie n'eſt qu'un commerce de bienfaits et de gratitude, le plus touchant du monde.

Mais si vous êtes embarrassés, voici quelqu'un qui ne l'eſt pas moins que vous. C'eſt le grand Bertrand qui, depuis une heure, eſt là, le cou tendu, l'œil en arrêt, la bouche ouverte, attendant son article[1], inquiet s'il arrivera bientôt; et ce n'eſt pas sans sujet : en bonne guerre il eſt dû réponse ferme et franche à son dernier mémoire[2]; il ne l'attendra plus.

J'ai beau vouloir garder mon sérieux, en parcourant ses écrits; le rire me prend dès la première page, et voilà ma gravité partie. N'eſt-ce pas aussi la plus plaisante chose du monde que ce grand sacriſtain, qui ne prend jamais ses épigraphes que dans son bréviaire à deux colonnes, parce que le français eſt à côté du latin, n'eſt-il pas, dis-je, bien plaisant qu'oubliant sa qualité de défenseur de M. Goëzman, le jour même que ce magiſtrat éprouve un second décret d'ajournement personnel[3], il s'avise de choisir pour épigraphe à son supplément un verset de psaume finissant par ces mots : *Comprehensus eſt peccator*[4]*;* ENFIN LE COUPABLE EST PRIS!

Puisqu'il n'y a pas moyen de travailler sérieusement en prenant ce mémoire par le commencement, essayons de nous remonter au grave en commençant à le lire par la fin. Le voilà retourné. Le premier objet qui me frappe à sa dernière page eſt un cartel[5] bien imprimé, bien public, bien ridicule et bien lâche; mais le plus risible eſt que le grand cousin, craignant que son nom ne m'imprimât pas assez de terreur, a fait choix d'un compagnon d'armes qui prend le nom de Donnadieu. L'envoi d'un cartel signé Donnadieu! il y a de quoi faire expirer d'angoisse.

Mais consolez-vous, mes amis, ce n'eſt pas le véritable Donnadieu tenant une académie d'armes à Paris, homme eſtimable qui a trop de sens pour signer une bêtise et trop d'honneur pour être le second d'une lâcheté. Cet autre Donnadieu, mes amis, eſt une espèce d'avocat, sauf l'honneur de la profession.

Deux chiens, dit-on, naquirent d'une même lice, et furent nommés César. En grandissant, l'un devint chasseur valeureux, élancé, giboyant, guerroyant, et retint le nom de César par excellence. L'autre, écourté, trapu, fidèle au garde-manger, toujours sale, aboyant, écorniflant, avalant; et notre maître La Fontaine nous apprend[6] que ce César de chien fut surnommé Laridon par les cuisiniers. Ainsi le second de Bertrand le duelliste, s'appelle Donnadieu de Nopprat, pour le distinguer du Donnadieu par excellence.

Mais ce cartel m'a moins étonné qu'il ne m'a réjoui ; je m'y attendais. Mme Goëzman, dans la première page de son supplément, chaussant l'éperon[1], passant le baudrier de son suisse au sacristain et lui donnant l'accolade, en avait fait son chevalier Bertrand. « Un bras vigoureux, disait-elle en me menaçant, vient d'arracher son masque, un homme vient de déchirer le voile. Je me repose sur son courage[2]... » et enfin elle nous apprend que ce chevalier de bal qui *arrache des masques et déchire des voiles, est le sieur d'Airolles*. Étonnez-vous après cela de le voir, le jour du décret du mari, prendre pour devise *Comprehensus est peccator*, porter les couleurs de sa dame, imprimer le placard et jeter la mitaine[3] !

Si tout cartel imprimé n'était pas une lâche forfanterie, et si lâche que le Parlement qui a lu comme moi celui du cousin n'a pas seulement daigné charger le ministère public d'en informer[4], si lâche que M. le Procureur général a bien voulu me faire la grâce de ne mettre aucune importance à cette *bertrandade* renforcée, si ce cartel, dis-je, eût mérité quelque réponse, voici quelle eût été la mienne : quand un guerrier a le courage de sauter seul à bord d'une galère pleine de chevaliers, ce n'est pas pour s'amuser à y faire le coup de poing avec les lépreux de la chiourme[5]. De même ici, me trouvant en tête une foule d'ennemis croisés, fourrés, dignitaires, ayant le choix des combattants, irais-je exprès me commettre avec les algousins[6] de la troupe, ou brûler une amorce de préférence avec le sacristain de la compagnie, tant en son nom que comme trompette de Marin-la-Gazette et chevalier de la dame aux quinze louis ?

Mais de quoi s'agit-il enfin ? car il faut faire justice à tout le monde.

Dans mon troisième mémoire j'avais répondu (page 209[7]) à la demande de quelques avances que le sieur Bertrand avait malhonnêtement réclamées : « Vous avez depuis un an à moi deux effets de cent louis chacun, vous vous paierez dessus, *etc.* »

Le sieur Bertrand, faisant de l'indigné dans son supplément, commence par nier mes deux effets de cent louis, en répondant (page 18) : « Peut-on pousser l'impudence plus loin, le cœur serré par l'inspection de ces lignes, *etc.* » Sa réponse est fort longue, on y reviendra ; puis, soutenant sa dénégation de la provocation la plus généreuse, il rappelle la page 50[1] de mon second mémoire où j'ai dit :

« Si la haine qui me poursuit a quelquefois altéré mon caractère, que celui que j'ai pu offenser dise de moi que je suis un homme malhonnête, j'y consens, mais qu'il ne dise pas que je suis un malhonnête homme; car je jure que je le prendrai à partie si je puis le découvrir, et le forcerai par la voie la plus courte à prouver son dire ou à se rétracter publiquement » : à quoi il répond sans hésiter, page dernière : « Eh bien! monsieur de Beaumarchais, vous êtes un homme malhonnête et un malhonnête homme, et certainement vous ne prendrez pas la voie la plus courte. » Eh! pourquoi donc, cousin, ne la prendrai-je pas? c'est pourtant ce que je vais faire à l'instant.

Il est vrai que pour forcer Bertrand l'*honnête homme* à se rétracter, je n'ai pas fait battre la caisse à sa porte pour effets égarés, comme un gaillard ressentiment eût pu me l'inspirer. Il est vrai que je n'ai pas dénoncé le cartel de Bertrand *le généreux* au ministère public, comme beaucoup d'honnêtes gens, qui ne voient pas si clair que moi dans mes affaires, s'empressaient de me le conseiller. Il est encore vrai que je n'ai pas sanglé[2] un coup d'épée dans la cuisse à Bertrand *le vaillant*, faute d'avoir trouvé chez lui du cœur à percer, comme quelques plaisants l'ont répandu dans le monde. Mais il n'en a pas marché plus roide un instant pour cela; car dès le lendemain, prenant pour héraut d'armes le brave huissier qui défend mes meubles, j'ai fait sommer à mon tour le capitan, par un cartel timbré, de se rendre en champ clos dans la salle des consuls[3] de Paris, où Me Benoît, mon procureur, et le sieur Mention[4], qui lui avait remis mes deux effets de cent louis il y a plus d'un an, l'ont vainement attendu deux jours de suite.

En ennemi prudent, le chevalier Bertrand a laissé prendre deux défauts contre lui; mais au troisième cartel, sentant bien que faute de répondre on allait le condamner à me payer la somme de deux cents louis, il est venu enfin aux consuls en haute personne[5]; et là, le sieur Mention ayant réclamé les deux effets de cent louis qu'il lui avait remis de ma part, en tel temps, pour en poursuivre le payement, et Me Benoît l'ayant sommé de déclarer s'il convenait avoir reçu lesdits effets ou s'il persistait à les nier comme il l'avait fait dans son mémoire, alors de ce ton de confrérie avec lequel en mentant le jour de son interrogatoire aux pieds de la Cour, il avait pris le *ciel et le crucifix à témoin de la vérité de ses discours*, emporté par l'enthousiasme de sa dernière production, il dit (page première de son supplément) : « Ennemi du mensonge et de l'artifice... puissent ma candeur et ma sincérité me faire des protecteurs de mes juges (page 8) ! Qu'un homme de bien est malheureux d'être livré à la fureur d'un pervers ! » Mais les deux cents louis de M. de Beaumarchais ? (Page 9) : « Un homme audacieux marche à la lueur d'un flambeau qui l'égare, il court après une chimère et veut entraîner un (grand) innocent dans l'abîme où sa haine va le plonger[1]. » Entendez-vous par là que le sieur de Beaumarchais ne vous ait pas remis les deux effets qu'il redemande ? (Page 10) : « Il n'a connu ni la honte, ni les périls des moyens dont il se servait, et sa méchanceté a ressemblé au tonnerre qui ne cesse d'être à craindre que lorsqu'il est tombé. » Oui, mais tout cela ne nous apprend pas si vous avez, ou non, les deux effets de cent louis ? (Page 13) : « Le plus lâche des hommes ose, avec un front d'airain, attaquer et mon cœur et mon esprit et mon âme... Il assure avec impudence des faits faux et défigurés. » Quoi ! monsieur, vous niez que vous ayez les deux effets de cent louis ? (Page 11) : « Comment juge-t-on des motifs des hommes ? par leurs actions. » (Page 17) : « Prenez le flambeau de la haine, et portez-le dans tous les replis de ma vie, je vous défie de me trouver en défaut. » Il n'est ici besoin de haine, ni de flambeau, pour prouver que vous retenez deux effets de cent louis qui ne vous appartiennent pas. (Page 9) : « Est-ce là la marche de l'innocence ? agit-elle ainsi par des souterrains et des détours, et se permet-elle d'aussi bas artifices ? » (et page 15) : « la vérité n'a-t-elle pas toujours présidé à tout ce que j'ai dit ; la probité, à tout ce que j'ai fait ? » Mais il n'y a pas plus de vérité à nier des billets au porteur, quand on les a reçus, qu'il n'y a de probité à les garder. (Page 17) : « Ainsi les méchants rejettent sur le compte d'un homme de bien les perfidies dont ils se rendent coupables. » Vous voudriez faire croire à ces messieurs que je ne les ai pas remis ? Quel homme êtes-vous donc ? (Page 17) : « Me voici en peu de mots tel que je suis. Je m'abandonne à la pente naturelle de mon caractère, la droiture en est la base..., et je sais que la candeur de mon âme est incorruptible. »

Alors le sieur Mention, se fâchant tout de bon, rappelant tous les faits et discours relatifs à la remise des deux effets, lui dit : « C'est moi-même qui vous les ai portés chez vous, et si vous les niez, je vous accuse en mon nom d'en imposer à la justice[2]. » (Page 13) : « Les magistrats que vous outragez par l'audace avec laquelle vous comptez sur leur indulgence, respectent les lois, les mœurs, l'intérêt public; ils puniront le calomniateur. » Calomniateur vous-même; et je sais bien le moyen de vous forcer à nous rendre nos deux effets de cent louis. (Page 16) : « Écoutez, monsieur... votre façon de penser est celle d'un homme qui ne connaît pas le prix de la candeur, de l'honnêteté et de la pudeur; de cette pureté, de cette innocence, de cette droiture d'intention enfin, qui toutes réunies forment un si bel ensemble qu'il ne peut s'exprimer que par le mot de vertu; ainsi ce que vous dites ne me fait aucune sensation. »

Alors Me Gornaut, procureur du sieur Bertrand, prenant la parole, dit tout haut : « Messieurs, mon client embrouille les choses fort mal à propos; j'ai les deux billets au porteur, appartenant au sieur de Beaumarchais, qui m'ont été remis par ledit sieur Bertrand; et j'offre de les rendre à l'instant, si l'on me paye les frais de poursuites que j'ai faites sur ces billets contre leur débiteur, au nom et par ordre dudit sieur Bertrand. — Mais pourquoi donc, dit le sieur Mention, les a-t-il niés si crûment, si malhonnêtement dans son dernier mémoire? — Messieurs, reprit Bertrand, je ne les ai pas niés tout à fait dans ce mémoire; il est vrai que je me suis écrié sur leur demande[1] (page 18) : " Peut-on pousser l'impudence plus loin? " Mais ce n'est pas là une négation formelle; et si vous vous donnez la peine de lire vous-mêmes, messieurs, vous verrez que non seulement ma réponse est équivoque, mais encore amphigourique[2]. »

Voici l'équivoque : « Peut-on pousser l'impudence plus loin! le cœur serré par la seule inspection de ces lignes, je suis forcé à en détourner les yeux pour conserver la présence d'esprit nécessaire à la continuation de mon récit. »

Voici l'amphigouri : « Ô vérité! tout se tait à ton nom; je n'entends que ta voix : c'est une satisfaction, une sérénité dont l'âme jouit après t'avoir prononcée. Sauve-moi, pendant le cours de ma vie, les occasions de feindre et de dissimuler... Il me semble qu'on ne peut pas être malheureux lorsqu'on a toujours été vrai. » Vous avez raison, cela est très amphigourique; mais tout le monde n'en a pas moins cru qu'une pareille logomachie était un démenti formel donné par un esprit tortu[3] mais compagnon d'un cœur droit et indigné[a]. Pourquoi donc avez-vous induit le public en erreur sur ce fait important? (Page 17) : « Messieurs, j'ai cru que tous les hommes aimaient le bien, qu'ils ne se défiaient point du mal, et qu'ils ne soupçonneraient jamais le vice. » Mais si la demande juridique n'eût pas été appuyée de[a] preuves testimoniales aussi fortes, le sieur de Beaumarchais n'ayant pas de reconnaissance de vous, non seulement on croirait encore que je ne vous avais[b] pas remis les deux effets de cent louis, mais il y a grande apparence que vous les auriez gardés, puisque vous avez laissé prendre deux défauts[1] avant de répondre à la demande qu'il vous en faisait juridiquement. (Page 17) : « Je sais, messieurs, que je ne suis pas exempt de faiblesses; mais jamais je ne serai ni fourbe, ni faux, ni vicieux[2]; et puisque je suis convaincu devant la justice, par mon procureur même, d'avoir reçu les deux billets au porteur, je vais les rendre, en faisant mes petites réserves pour les petites sommes, petits frais, petits courtages, et autres menus gains qui peuvent m'être dus par le sieur de Beaumarchais. » Et à l'instant est sorti le jugement dont voici l'extrait :

« Les Juges et Consuls, etc., Salut... savoir faisons qu'entre le sieur Caron de Beaumarchais, etc., demandeur et comparant par Benoît, fondé de procuration, et assisté de Jacques-Pierre Mention, d'une part; et le sieur Bertrand d'Airolles, etc., défendeur et comparant en personne, de l'autre. Par le demandeur (Beaumarchais) a été dit qu'il aurait fait assigner le défendeur à comparoir, etc., pour se voir condamner, et par corps, à rendre et remettre au demandeur deux effets de deux mille trois cent trente-trois livres chacun, à lui confiés par le demandeur pour lui en procurer le payement... sinon, etc. Et par le défendeur (Bertrand) a été dit... qu'il nous représente lesdits billets, etc. À quoi, par ledit demandeur a été répliqué qu'il requiert acte, *de ce qu'encore que le défendeur ayant*, dans le supplément de son mémoire (page 18), *répondu, en éludant le point de fait de la remise et de la possession desdits billets, il convient actuellement devant nous que lesdits billets lui ont été remis*; en conséquence, il requiert que lesdits billets lui soient rendus, etc. *Nous*, parties ouïes, lecture faite, avons donné et donnons acte... de la remise à l'instant faite au demandeur, ès mains du sieur Mention, son secrétaire, des deux billets dont est question, etc. Mandons à nos huissiers-audienciers, etc. Donné à Paris, le mercredi 12e jour de janvier 1774. Signé, scellé, etc. »

Voilà comment, *prenant à partie celui qui m'avait dit que j'étais un malhonnête homme, je l'ai forcé par la voie la plus courte à se rétracter publiquement*[3]; voilà comment, sans coup férir, j'ai mis à fin, par ma sagesse et prud'homie, la fameuse aventure du cartel du grand Bertrand, trompette de Marin-la-Gazette, et soi-disant chevalier de la dame aux quinze louis. *Parturient montes, nascetur ridiculus mus*[1].

Ces deux maudits effets de cent louis étaient précisément fourrés[a] dans la moitié paralysée de la cervelle du grand cousin; il ne s'en souvenait plus. Je ne parlerai pas ici de quelques autres oublis du même genre, parce qu'ils me sont étrangers et ne sont encore livrés qu'à l'œil vigilant de la police.

Il eſt certain que toutes les affaires d'éclat commencent par être dites à l'oreille de M. de Sartines, juge et conseil de paix dans la *capitale*; mais lorsque l'espèce de dictature qu'il exerce toujours avec succès sur les objets pressants a cessé; lorsque le miniſtère de confiance[2] a fait place à la rigueur des formes juridiques, bien des gens vont citant à tort et à travers ce que M. de Sartines a dit et fait pour arrêter les progrès du mal, certains de n'être pas démentis par ce magiſtrat que des considérations majeures, ou l'intérêt des familles, empêchent toujours de s'expliquer, et dont la discrétion reconnue serait la première vertu, si son zèle pour le bien public ne méritait pas un éloge encore plus diſtingué; ce qui rend toutes ces citations indécentes et malhonnêtes. Et c'eſt moins l'oubli de Bertrand qui me suggère cette observation que l'interrogatoire de M. Goëzman, où cet autre accusé, pour se couvrir d'un nom respecté, cite sans cesse M. de Sartines. Mais quel rapport peut-il y avoir entre le magiſtrat vigilant dont le cabinet eſt ouvert à toute la France, et M. Goëzman qui renfermait la clef du sien au fond de la bourse de sa femme? J'aurai lieu de relever vertement cette licence de citer, lorsque je rendrai compte de ma confrontation avec M. Goëzman[3].

Quant au sieur Bertrand, je n'ai plus à le poursuivre que comme faux témoin, alimenté, suborné, soudoyé par Marin *et autres personnes respectables*[4], pour oublier la vérité; car s'il ne se souvenait pas qu'il eût à moi deux billets très réels, en revanche il se souvient fort bien que j'ai reçu de M. Goëzman, le samedi 3 avril au matin, une audience qui n'a jamais exiſté, sur laquelle il a offert son faux témoignage à ce magiſtrat, chez lui, chez Marin, et chez M. le président de Nicolaï, s'il en faut croire M. Goëzman à son interrogatoire. Ce qui prouve de plus en plus que la conduite du cousin tient à l'état singulier de son cerveau, miroir fidèle de tout ce qui lui sert, faux ou vrai, mais absorbant parfait de tout ce qui peut lui nuire.

L'interrogatoire de M. Goëzman prouve encore ce que j'ai dit plusieurs fois, que ces messieurs s'assemblent très souvent pour aviser aux moyens de me perdre. Pour le seul faux témoignage de Bertrand, je vois déjà trois assemblées : chez M. Goëzman, où étaient Bertrand *et autres personnes respectables*; chez Marin, où se trouvèrent M. Goëzman, Bertrand *et autres personnes respectables*; chez M. de Nicolaï, où se trouvèrent Bertrand, M. Goëzman *et autres personnes respectables*; tous lesquels ont fait preuve de leur bonne intention pour moi.

Le jour même que le supplément du sieur Bertrand parut[1], le hasard nous rassembla au greffe criminel, lui, moi, Lejay et Mme Goëzman que j'aurais dû nommer la première : mais en ce moment aucun de nous ne songeait à rire de la mine de son voisin : occupés tous de l'interrogatoire que nous allions subir aux pieds de la Cour, chacun pensait à son affaire; et ce n'était pas sans raison.

Quelques personnes regardent cet acte important comme une chose de forme, uniquement autorisée par l'usage; mais donner l'usage pour motif d'une action est bien expliquer comment on a continué, mais non pourquoi l'on a commencé à l'adopter.

Ce seul mot, l'*usage*, annonce que le motif qui fait interroger le millième accusé devant la Cour, est le même par lequel on interrogea le premier qui le fut ainsi : reste donc toujours pour base de cet interrogatoire l'importance dont il est dans une instruction criminelle et son influence majeure sur le jugement qui le suit de près; et cette importance est telle qu'un des premiers magistrats du Parlement m'a confié que, dans une affaire aussi grave que difficile, son opinion ne s'était décidée qu'à cette époque du procès.

Si donc la publicité d'un tel interrogatoire devant tous les juges est un bien, en quel sens une plus grande publicité pourrait-elle être un mal? N'est-il pas égal aux magistrats, qui sont froids sur la question à juger, qu'on ignore ou connaisse ce qu'ils ont demandé? L'accusé seul est intéressé qu'on sache ou ne sache pas ce qu'il a répondu. Mais comme il n'y a que la sottise ou l'hypocrisie qui aient intérêt à cacher leurs démarches, et que je tâche d'éviter l'une autant que je déteste l'autre, je dirai comment on m'a interrogé, comment j'ai répondu, tout ce que j'ai dit, bien ou mal, ne voulant pas plus déguiser mes torts dans ce procès que ce qui peut paraître louable dans ma conduite.

Le gazetier d'Utrecht, qui se donne des libertés en tout genre sur cette affaire, et qui tient ses articles *Paris* de Marin, suppose, dans sa gazette du 17 janvier, une conversation entre M. le Premier président et moi, et croit me donner pour un audacieux personnage en publiant une de mes prétendues réponses à ce magistrat.

Certainement si quelque homme en place m'honorant de ses conseils m'avait dit (ce que le gazetier met dans la bouche de M. le Premier président) : « Quel besoin avez-vous d'instruire le public en cette affaire? est-il votre juge? et quel autre intérêt met-il à tout ceci que celui d'une vaine curiosité? » je n'aurais pas cru m'écarter de mon devoir en lui répondant avec modestie : « Cette affaire, monsieur, intéresse un membre du Parlement, et je ne ferai point à mon siècle l'injure de le croire assez avili pour être indifférent sur ce qui touche ses magistrats. La nation, à la vérité, n'est pas assise sur les bancs de ceux qui prononceront, mais son œil majestueux plane sur l'assemblée. C'est donc toujours un très grand bien de l'instruire. Car si elle n'est jamais le juge des particuliers, elle est en tout temps le juge des juges; et loin que cette assertion, que j'ai déjà osé imprimer en d'autres termes, soit un manque de respect à la magistrature, je sens vivement qu'elle doit être aussi chère aux bons magistrats que redoutable aux mauvais.

« Eh! quel homme aisé voudrait, pour le plus modique honoraire, faire le métier cruel de se lever à cinq heures pour aller au Palais tous les jours s'occuper, sous des formes prescrites, d'intérêts qui ne sont jamais les siens, d'éprouver sans cesse l'ennui de l'importunité, le dégoût des sollicitations, le bavardage des plaideurs, la monotonie des audiences, la fatigue des délibérations, et la contention d'esprit nécessaire aux prononcés des arrêts, s'il ne se croyait pas payé de cette vie laborieuse et pénible par l'estime et la considération publique? Et cette estime, monsieur, est-elle autre chose qu'un jugement, qui n'est même aussi flatteur pour les bons magistrats qu'en raison de sa rigueur excessive contre les mauvais[1]?

« Peut-être serait-il à désirer que la jurisprudence criminelle de France eût adopté l'usage anglais d'instruire publiquement les procès criminels.

« Le seul mal qui pût en résulter serait de soustraire quelquefois un coupable au châtiment mérité. Mais combien d'innocents l'usage contraire a-t-il fait périr! Dans l'ordre civil, sauver un coupable est un léger inconvénient; supplicier un innocent fait frémir la nature : c'est le plus effrayant des malheurs.

« Je ne pousserai pas plus loin ce parallèle : il n'est pas de mon ressort. Peut-être un jour oserai-je exposer avec respect le fruit de mes réflexions à cet égard, persuadé que chaque citoyen doit à l'État le tribut de ses vues patriotiques, en échange de la protection que le Prince lui accorde et des agréments dont la société le fait jouir. »

Voilà quelle eût été ma réponse. Le gazetier Marin peut bien envenimer, engourdir tout ce qu'il touche; c'est une torpille[1]. Mon devoir, à moi, c'est de rendre à mes idées le vrai sens, quand l'ignorance ou la malignité les ont défigurées.

Posant donc pour principe que le plus ou moins de publicité de l'interrogatoire aux pieds de la Cour importe à l'accusé seulement, deux autres considérations, d'un grand poids à mes yeux, me déterminent à suivre mon projet à cet égard.

1° Je dois aux officiers[2] qui ont assisté à l'instruction de ce procès d'anéantir l'imputation que mes adversaires leur ont faite dans leurs défenses, de m'en avoir communiqué les pièces pour écrire les miennes. Et rien n'y est plus propre que de donner au Parlement qui m'a interrogé cette preuve de la fidélité de ma mémoire.

2° J'aime à rendre à la Cour l'hommage public de l'étonnement où cet interrogatoire m'a jeté. Mille bruits scandaleux et relatifs à des affaires antérieures m'avaient fait croire que ces interrogatoires se faisaient avec un éclat, un tumulte, un désordre capables d'effrayer l'innocent le plus intrépide. Si l'on en croyait ces bruits, il semblait que la cabale et l'intrigue attendissent ce moment pour triompher de la froide équité des bons juges et du trouble d'esprit des malheureux opprimés. Jamais, je dois le dire, la religion, toute auguste qu'elle est dans ses cérémonies, ne m'a rien présenté de plus noble, mais en même temps de plus consolant, que le ton, la forme et l'ensemble de ce majestueux interrogatoire.

Le 22 décembre donc, vers les sept heures du soir, toutes les chambres assemblées, je fus appelé pour être interrogé à la barre de la Cour. En ce moment je travaillais au greffe à un précis de l'affaire, que je voulais présenter le lendemain à tous les magistrats, lorsqu'ils entreraient au Palais pour me juger. Mon travail avait encore un objet plus intérieur[a], celui d'examiner le soir chez moi ce que j'avais écrit au greffe, pour juger si, dans une position si nouvelle, j'avais conservé le sang-froid nécessaire à un résumé aussi sérieux. Une des choses que j'ai le plus constamment étudiées est de maîtriser mon âme dans les occasions fortes : le courage de se rompre[1] ainsi m'a toujours paru l'un des plus nobles efforts dont un homme de sens pût se glorifier à ses yeux.

Mais qu'il y a loin encore d'attendre un événement à se voir forcé d'en soutenir le spectacle ou d'y figurer soi-même ! En approchant du lieu de la séance, un grand bruit de voix confuses me frappait sans m'émouvoir ; mais j'avoue qu'en y entrant, un mot latin prononcé plusieurs fois à haute voix par le greffier qui me devançait, et le profond silence qui suivit ce mot m'en imposa excessivement : *Adest, adest*. Il est présent, voici l'accusé, renfermez vos sentiments sur son compte ; *Adest*. Ce mot me sonnera longtemps à l'oreille. À l'instant je fus conduit à la barre de la Cour.

À l'aspect d'une salle qui ressemble à un temple, au peu de lumières qui la rendaient auguste et sombre, à la majesté d'une assemblée de soixante magistrats, uniformément vêtus et tous les yeux fixés sur moi, je fus saisi du plus profond respect ; et (faut-il avouer une faiblesse ?) la seule bougie qui fût sur une table où s'appuyait M. Doé de Combaut, rapporteur, éclairant le visage d'un conseiller au Parlement accoté sur la même table, de M. Gin en un mot, je le crus, par la place où je le voyais, chargé spécialement de m'interroger, et je me sentis le cœur subitement resserré, comme si une goutte de sang figé fût tombée dessus et en eût arrêté le mouvement. Je me rappelle bien que surmontant cette faiblesse par une secousse interne assez violente, je crus n'avoir porté mon âme qu'au degré de l'équilibre ; mais j'ai eu lieu de juger depuis, en m'examinant mieux, qu'elle avait été jetée fort loin au-delà du but. Mais je m'étais trompé sur M. Gin ; ce fut M. le Premier président qui m'interrogea sur mon nom, sur mon âge et mes qualités ; son air de bonté, le son d'une voix qui jusqu'alors ne m'avait fait entendre que des choses obligeantes, me rendit une partie de ma sérénité.

« N'avez-vous pas eu, continua-t-il, un procès contre le comte de La Blache sur le délibéré duquel M. Goëzman étant nommé votre rapporteur, vous avez cherché à le voir chez lui par plusieurs courses réitérées ? »

Ma réponse ayant un peu d'étendue, M. le Premier président me dit : « Soyez concis, monsieur, répondez oui ou non à tout ce qu'on vous demande. » Alors il me fit deux ou trois questions fort simples, qui n'exigeaient de moi aucune explication, et je me renfermai dans l'ordre qu'il m'avait prescrit ; mais ce magistrat m'ayant interrogé d'une manière plus composée, et l'ardeur de répondre m'écartant du profond respect dû à M. le Premier président, et plus occupé du fond de mes idées que de la manière de les rendre, j'articulai vivement : « Monsieur, la question n'est pas bien posée pour que je réponde oui ou non. »

À l'instant il s'éleva un murmure de défaveur contre moi qui me punit de mon indiscrétion[1] ; je sentis ma faute, et voulant m'en relever sur-le-champ : « Si mon expression, messieurs, paraît déplacée à la Cour, je la supplie de considérer que je ne puis avoir ici l'intention de manquer de respect à M. le Premier président ; je la supplie d'avoir la bonté de s'arrêter uniquement au sens que je donne à mon idée peut-être mal rendue. Je ne puis répondre par *oui* ou *non*, comme on me l'a ordonné, qu'à une question fort simple, et non lorsqu'elle est complexe comme celle-ci. M. le Premier président me demande :

« " N'avez-vous pas remis ou fait remettre à Lejay une somme de cent louis, pour être présentée à Mme Goëzman, dans la vue de gagner le suffrage de son mari ? "

« Si je dis oui, j'avoue la corruption ; si je dis non, je nie le sacrifice. Or je supplie la Cour de me pardonner si j'observe que sur des interrogats[2] de cette nature, il m'est impossible de me renfermer dans la concision qui m'est recommandée, une réponse obscure tournerait contre moi, et la Cour n'a pas intention de me tendre des pièges. »

Il est certain qu'en ce moment je n'eus que des grâces à rendre à la Cour, et surtout à M. le Premier président de la bonté d'oublier l'espèce de roideur que contenait ma première réponse ; et je saisis cette nouvelle occasion d'en témoigner aujourd'hui ma reconnaissance à tous les magistrats qui m'écoutaient alors.

Je divisai donc la demande, et ramenant la question[a] à son principe : l'accusation de corruption sur laquelle je défends, messieurs, n'est fondée que sur la dénonciation de M. Goëzman qui n'est elle-même appuyée que sur un ouï-dire de sa femme ; mais cette accusée n'a-t-elle pas déclaré dans ses récolement et supplément que Lejay ne lui avait jamais demandé que des *audiences* ? Lejay n'a-t-il pas toujours dit à ses interrogatoires que Bertrand ne l'avait chargé que de solliciter des *audiences* ? Celui-ci n'est-il pas convenu partout que ma sœur ne lui avait parlé que d'*entrevues et d'audiences*? Mes deux sœurs, les sieurs de La Chataigneraie, de Miron et Santerre n'ont-ils pas tous déposé que l'impatience qui m'avait porté malgré mes répugnances à faire un sacrifice d'argent ne venait que de l'impossibilité d'avoir autrement des *audiences*? Or, quand je me fonde avec droit sur la dénonciation de M. de Goëzman pour l'accuser de m'avoir calomnié en me taxant de corruption, pourrait-on user de cette même pièce contre moi pour établir que j'ai voulu le corrompre?

Les deux propositions contraires ne pouvant être vraies en même temps, prouver par toutes les pièces du procès que M. Goëzman a suborné Lejay, en suggérant, minutant et dictant ses déclarations, et m'a calomnié dans sa dénonciation, n'est-ce pas détruire le fantôme absurde, insoutenable, d'une intention de corrompre qui, quand elle eût existé, devient nulle au procès, puisque rien au monde n'en peut fournir de preuve légale, et qu'en affaire criminelle, tout est de fait et rien de présomption? Ramenant ensuite ce plaidoyer à la question qui m'a été faite par M. le Premier président, je réponds : « *Oui*, j'ai donné de l'argent pour obtenir des audiences de M. Goëzman », et : « *Non*, je n'en ai pas donné pour le corrompre; c'est aussi trop l'avilir que de supposer que j'aie cru ce magistrat corruptible, et corruptible au misérable prix de vingt-cinq ou cinquante louis que ma sœur avait jugés suffisants pour le soin dont elle était chargée[1]. Je supplie la Cour de ne point perdre de vue cette réflexion en jugeant le procès. »

Lorsque je finissais ma réponse, je me sentis violemment tiraillé par une crampe à la jambe, qui ne me permit pas de poursuivre. Je suppliai la Cour de vouloir bien suspendre un moment la séance, forcé de convenir que je souffrais incroyablement. À l'instant, le ton de l'humanité, de la bonté, de l'intérêt succéda, dans la bouche de tout le monde, à l'austère majesté d'un interrogatoire; et je fus vivement touché de l'indulgence avec laquelle Messieurs m'ordonnèrent unanimement de m'asseoir sur un banc des avocats, et me permirent d'étendre ma jambe douloureuse sur un autre banc. Je ne rapporte ici cette légère circonstance que pour détruire, par l'exposé le plus vrai, les bruits qui se répandirent le soir même dans Paris, qu'on m'avait fait au Palais des questions si foudroyantes que je m'en étais trouvé mal et avais été longtemps sans connaissance. Après un peu d'intervalle, M. le Premier président reprit la parole et me dit :

« Vous convenez donc que vous avez donné cent louis pour avoir audience ?

— Oui, monseigneur.

— Vous convenez qu'une audience vous a été accordée ?

— Oui, monseigneur.

— Vous convenez que Mme Goëzman vous a fait remettre volontairement les cent louis ?

— Oui, monseigneur. » À toutes ces questions, comme on voit, les réponses les plus simples de ma part.

« Mais si Mme Goëzman ne vous eût pas fait rendre vos cent louis, les eussiez-vous exigés d'elle ?

— Pardon, monseigneur, si j'observe que ce que j'aurais fait est étranger à la cause, et que c'est seulement de ce que j'ai fait qu'il s'agit. Cependant voici ma réponse. Je crois fermement que j'aurais eu le droit de me plaindre ; car je n'avais pas demandé une audience, mais des audiences ; et j'espère que la Cour, en rendant M. Goëzman partie au procès[1], voudra bien me donner l'occasion de le confondre sur la fausseté des audiences qu'il prétend que mes amis ou moi avons reçues de lui. Je n'avais donc pas demandé une seule audience, mais des audiences ; et le prix de cent louis, dans mon idée, ayant plus de rapport à l'état de la personne qui m'obligeait qu'à la nature du service qui m'était rendu, je me serais sans doute plaint à la dame du peu de délicatesse de son procédé ; mais je crois pourtant que j'aurais fini par lui laisser les cent louis.

— Puisque vous lui auriez laissé les cent louis, pourquoi donc lui avez-vous redemandé les quinze louis ? Il y a ici contradiction dans votre conduite ?

— Il n'y en a point, monseigneur ; j'aurais pu laisser les cent louis à Mme Goëzman, quoiqu'elle les eût mal acquis, parce que j'avais consenti qu'on les lui remît pour elle-même ; et j'ai cru devoir lui redemander les quinze louis, parce qu'elle les avait exigés pour un secrétaire auquel ils n'ont pas été remis. L'argent manquant sa destination doit être rendu à celui qui ne l'a donné que pour un usage indiqué. Hors de cet usage prescrit, toute autre destination à lui inconnue est un vol, une escroquerie ; aussi la malhonnêteté du moyen que cette dame avait employé pour s'approprier mes quinze louis me parut-elle mériter la petite leçon que je lui donnai par ma lettre du 21 avril[2], mais lettre secrète et tournée de façon à ôter à la dame l'envie de la publier ; aussi n'est-ce pas ma faute si, par l'imprudence de mes ennemis, la leçon est devenue publique. En un mot, tel homme veut bien donner cent louis qui ne veut pas être dupé de quinze; et j'avoue à la Cour que je suis cet homme-là. »

Après ma réponse, M. le Premier président réfléchit un moment; puis il me demanda :

« Comment ce Bertrand d'Airolles, qui était votre ami, est-il devenu subitement votre ennemi?

— Monseigneur, il me semble que ceci ne touche pas le fond de la question sur laquelle je subis interrogatoire.

— J'ai droit, monsieur, de vous interroger sur la fin, sur le commencement, le fond ou les accessoires du procès, à ma volonté.

— Ce n'est pas, monseigneur, pour contester un droit très respecté que j'observe; mais seulement pour faire remarquer à la Cour que, dans la partie de l'interrogatoire qui se rapporte à la corruption, je suis accusé; et qu'en tout le reste je suis accusateur; ce qui doit mettre une très grande différence dans ma façon de répondre, et me faire sortir, pour éclaircir les faits, de la concision qui m'a été prescrite, sans que la Cour s'en trouve offensée.

— Répondez comme vous l'entendrez; mais soyez bref.

— Messieurs, je n'étais point l'ami de ce Bertrand d'Airolles, mais seulement sa connaissance; aujourd'hui je ne suis point son ennemi, mais seulement son accusateur. L'amitié et l'inimitié supposent dans leur objet une importance qu'on ne peut pas attacher à l'homme dont il s'agit; créature faible et toujours entraînée par le plus misérable intérêt; froid à mon égard tant qu'il n'a pas cédé à l'impulsion de Marin; ayant fait depuis le mal sans scrupule, quand cette impulsion s'est fortifiée par je ne sais quel espoir de fortune. Avec les esprits de cette trempe on n'y fait pas tant de façon; l'appât le plus grossier les fait mordre et les tire de leur élément. Je prouverais bien, si je voulais, comment en très peu de temps ce Bertrand est devenu un fort malhonnête homme; mais je déclare que je n'ai pas contre lui la moindre animosité. Il n'y a dans tout cela que Marin qui en mérite.

— Pourquoi donc êtes-vous devenu l'ennemi de Marin, dont vous aviez été l'ami jusqu'alors?

— Monseigneur, tant que Marin ne m'a pas fait de mal, je me suis tenu à son égard dans les termes de la politesse ordinaire. Il censurait mes pièces de théâtre; il prétend aujourd'hui qu'il les corrigeait, qu'il les faisait même; il n'y a que mes mémoires sur lesquels il ne prétend rien[1]. Mais il n'y a pas là de quoi se brouiller; cela prouve seulement que le censeur Marin veut avoir en tout l'air d'une importance au-delà de ses pouvoirs : son bonheur eſt de paraître tout savoir, tout faire et tout arranger. Il conseille la magiſtrature, il dirige les opérations du miniſtère, il refait les ouvrages des auteurs, il eſt de tous les conseils, entre dans tous les cabinets ; sa fureur eſt d'être pour quelque chose dans tout ce qui se fait : c'eſt l'*omnis homo*, la mouche du coche[1], il bourdonne et tourne et sue pour les chevaux qui tirent, et se donne la gloire de tous les événements où il n'eſt pas prouvé qu'on l'a forcé de se taire. Dans cette querelle il a jugé qu'il y aurait pour lui plus de profit à servir le magiſtrat qu'à défendre le particulier. Le parti pris par un tel homme, on sent que les moyens sont comptés pour rien. L'habitude de mal faire lui a peut-être même ôté la conscience du mal qu'il me faisait. Je ne le hais pas non plus, et si tout le monde l'eſtimait aussi juſte que moi[2], il y a longtemps que pour toute peine on l'aurait réduit à l'inaction et au silence, seul vrai tourment des gens de son caractère. »

Il s'éleva dans l'assemblée un murmure qui me parut être celui d'un sourire universel.

M. le Premier président, s'adressant alors à la Cour, demanda si quelqu'un avait des queſtions à me faire, et M. Doé de Combaut, rapporteur, prit la parole :

« Quel jour avez-vous remis à Lejay la montre enrichie de diamants ?

— Monsieur, c'eſt le dimanche 4 avril, lendemain du jour où j'ai obtenu la seule audience qui m'ait été donnée.

— Prenez garde, monsieur, si ce n'eſt pas plutôt le samedi 3, avant l'audience obtenue, rappelez-vous bien.

— Je sens, monsieur, toute l'importance de votre queſtion ; si j'ai donné la montre avant l'audience, on peut croire que j'ai plutôt eu dessein, en accumulant les présents, d'exciter la cupidité de ceux dont je voulais gagner le suffrage que de payer successivement des audiences ; mais j'ai la mémoire très fraîche sur ce fait ; la montre n'a été par moi remise à Bertrand, pour être remise à Lejay, pour être remise à Mme Goëzman, que le dimanche 4 avril, à défaut de cent louis autres que je n'avais pas, et sur les difficultés que mes amis et moi aperçûmes d'obtenir une autre audience sans de nouveaux sacrifices[3].

— Mais le libraire déclare qu'il a reçu la montre le samedi et qu'elle[a] a passé une nuit chez lui.

— Monsieur, le libraire a tort. Si cette montre eſt reſtée

chez lui, ce que j'ignore, ce ne peut être à la rigueur que la nuit du dimanche au lundi. Je ne sais pas ce qui s'est dit de la part d'autrui; mais de la mienne, messieurs, vous ne trouverez jamais d'obscurité dans mes réponses, ni de contradiction dans ma conduite. Je déclare que je n'ai remis la montre à Bertrand que le dimanche au matin. »

Alors, il se fit un bruit dans l'assemblée; chacun disait : « Oui, oui, c'est le dimanche, et telle est la dernière déclaration de Lejay. »

La séance paraissait finie, lorsqu'un des messieurs des enquêtes, élevant la voix, me dit de la manière du monde la plus polie :

« Monsieur de Beaumarchais, répondez à ce que je vais vous dire : vous êtes un homme instruit, et vous connaissez les lois de la morale.

— Monsieur, la morale est le principe de toutes les actions de l'homme en société; il n'est permis à personne de les ignorer.

— Répondez donc exactement. Dans la persuasion où vous paraissez être que votre rapporteur était d'accord avec sa femme sur les sommes qui devaient vous acquérir son suffrage, si son rapport en votre faveur eût fait sortir un arrêt à votre avantage, auriez-vous cru en homme délicat pouvoir profiter du bénéfice de cet arrêt?

— Je vous demande pardon, monsieur, si j'observe que votre question, étrangère à la cause, me paraît seulement un cas de conscience. Ce n'est pas pour éluder d'y répondre que je fais cette remarque, mais seulement pour que la Cour ne soit pas étonnée si je divise la question, et ne la fais rentrer dans l'espèce de celles auxquelles je dois répondre comme accusé qu'après y avoir répondu comme moraliste.

« Si j'avais eu, monsieur, l'intention de corrompre M. Goëzman en faisant un sacrifice d'argent, il est certain que son suffrage acheté m'ayant rendu l'arrêt favorable, je n'aurais pas pu délicatement profiter du bénéfice d'un arrêt qui n'eût été, dans ce cas-là, que le fruit de ma propre séduction.

« Mais voici pourquoi la question me paraît hors de la cause; c'est qu'un homme assez délicat pour refuser le bénéfice d'un arrêt obtenu par des voies malhonnêtes n'aurait pu l'être en même temps assez peu pour tenter de corrompre un rapporteur; et que celui qui aurait acheté le samedi le suffrage du rapporteur ne serait pas devenu subitement assez scrupuleux pour restituer le lundi le produit de cet arrêt; mais si vous me demandez : “ Monsieur, lorsque vous avez payé des audiences de votre rapporteur, si vous aviez su que le mari fût du secret, auriez-vous cru le gain du procès légitime? ” en qualité d'accusé, je réponds à cette question toute simple, et qui a un rapport direct au procès, que n'ayant en effet jamais entendu payer que des audiences, quand j'aurais été convaincu que M. Goëzman était d'accord avec sa femme, et quand ces audiences m'auraient coûté trois, quatre, cinq cents louis, j'aurais sans scrupule profité du bénéfice d'un arrêt qui ne m'eût adjugé que le prix du plus légitime arrêté de compte, et ne m'eût fait gagner qu'un procès imperdable. J'aurais seulement trouvé les audiences du rapporteur un peu chères.

— Mais puisque vous croyez votre cause si simple qu'elle était absolument imperdable, quel besoin pensiez-vous donc tant avoir d'instruire votre rapporteur?

— Le voici, monsieur : si j'avais pu me flatter que l'on s'occupât uniquement au Palais du fond de la question, qui, dégagée de tous les accessoires dont mon adversaire la chargeait, n'eût jamais mérité d'en former une, je n'aurais pas fait au Parlement et à mon rapporteur l'injure de croire qu'on s'arrêtât[1] une minute aux misérables défenses de mon adversaire; mais j'avais trop éprouvé[2] qu'en feignant de plaider au civil la discussion d'un arrêté de compte, son avocat ne plaidait en effet[3] que des moyens d'inscription de faux; de sorte que, par cette ruse odieuse, mon ennemi gagnait de me rendre odieux, sans courir le risque des terribles condamnations à quoi s'exposent ceux qui usent de l'inscription de faux contre un acte légitime. Aussi n'était-ce pas le fond du procès que je voulais instruire chez le rapporteur; c'étaient les horribles impressions du comte de La Blache et de Me Caillard que je voulais détruire*. Car que faisait à ma cause qu'il parût étonnant à M. Goëzman, comme il me le dit, que M. Duverney m'eût prêté deux cent mille livres en ses billets au porteur, puisque dans l'acte qui les atteste, je n'en demande pas le paiement, et qu'ils ont été rendus et reçus en nature? Ce n'était donc que pour en tirer des inductions défavorables contre moi qu'on faisait ces objections. Et pourquoi répondis-je à M. Goëzman : “ Vous serez bien plus surpris, monsieur, si je vous prouve légalement que M. Duverney m'a prêté en un

* Me Caillard, avocat, qu'il faut bien se garder de confondre avec M. Gaillard de l'Académie française[4], de qui nous avons des morceaux de littérature très éloquents.

seul jour cinq cent soixante mille livres[1] : de pareils services supposent un attachement sans bornes ou de grands intérêts à ménager ; et l'homme qui en oblige un autre avec de tels moyens croit sans doute avoir d'excellentes raisons pour le faire » ? Je n'avais pas besoin non plus de prouver au procès ce prêt de cinq cent soixante mille livres, puisqu'il n'en est pas question dans notre acte et qu'ils ont été rendus[a] longtemps avant qu'il fût rédigé.

« De quoi donc s'agissait-il pour moi chez le rapporteur ? De prouver qu'il y avait eu des liaisons d'intérêt et d'amitié aussi longues qu'intimes entre M. Duverney et moi, et que l'arrêté de compte le plus exact avait le fondement le plus légitime ; il me fallait plaider l'historique de ces liaisons que mon ennemi s'efforçait de faire passer pour des chimères ; il m'importait de les établir par des instructions que mon respect pour la mémoire du plus honorable citoyen ne m'avait pas permis de mettre dans la bouche de mon avocat ; non qu'elles ne fussent à la gloire de mon ami, mais parce qu'elles tenaient à des considérations majeures, et qui exigeaient de ma part la plus grande circonspection ; de sorte que, sans inquiétude sur la vraie question à juger *(la validité d'un acte entre majeurs)*, je ne l'étais pas sur l'opinion que mon adversaire avait donnée de moi qui présentais cet acte ; et voilà pourquoi, monsieur, il m'était aussi impossible d'instruire mon rapporteur qu'inutile de le corrompre ; voilà pourquoi j'ai payé des audiences qu'on me refusait et n'ai pas acheté un suffrage qui m'était dû à toute sorte de titres ; tel a été le principe de ma conduite en cette affaire. »

Il semblait alors que la Cour n'eût plus rien à me demander, lorsqu'un autre de messieurs des enquêtes me dit du ton le plus grave et même un peu austère :

« Monsieur de Beaumarchais, êtes-vous l'auteur d'un écrit intitulé : *Supplément au Mémoire à consulter, etc.* ?

— Je pense, monsieur, que mon aveu ne fait rien du tout pour ou contre le parti que la Cour entend prendre relativement à ces mémoires.

— Répondez-moi, monsieur de Beaumarchais, d'une façon nette et sans biaiser.

— Messieurs, la Cour sait bien la peine que j'ai journellement à faire signer la plus simple requête : forcé d'abord de présenter à M. le Premier président une requête extrajudiciaire, pour obtenir un ordre exprès à un avocat titulaire de m'en signer une juridique, tous me refusant leur ministère contre un conseiller de la Cour, l'on m'a vu souvent revenir jusqu'à quatre fois à la charge sans rien obtenir ; et cela eſt au point que ma requête d'atténuation a été envoyée à tous Messieurs, sans qu'elle fût signée, ce dont je leur ai demandé pardon, dans une note à la fin de mon dernier mémoire[1]. Cette difficulté de trouver des défenseurs, sur laquelle il serait à désirer que la Cour prît un parti certain, car enfin je ne suis pas ce qu'on appelle en Angleterre *ex-lex*, hors la loi[2], cette difficulté, je l'ai éprouvée de même sur mes écrits, de sorte qu'à défaut de conseils, de consultants, et surtout d'une bonne plume pour me défendre, je me suis trouvé forcé d'en employer une mauvaise, qui eſt la mienne.

— Monsieur de Beaumarchais, êtes-vous l'auteur d'un écrit intitulé : *Addition au Supplément du Mémoire à consulter, etc.* ?

— Monsieur, si c'eſt un nouveau crime, vous voyez le coupable : il n'y a pas trente heures que j'y travaillais encore[3]. »

Le magiſtrat cessa de parler et M. le Premier président m'ordonna de me retirer ; je demandai la permission de faire une observation à la Cour.

« Vous êtes ici pour répondre et non pour observer, me dit le Premier président.

— Monseigneur, je crois avoir rempli le vœu de la Cour à cet égard, puisqu'elle cesse de m'interroger ; mais cet interrogatoire lui-même étant deſtiné à éclaircir quelques faits du procès sur lesquels la Cour était incertaine, ne puis-je en profiter pour porter la lumière sur un fait des plus graves ? C'eſt en quoi consiſte l'observation que je demande la liberté de faire à la Cour.

— Je vous ai déjà dit qu'un accusé n'avait pas le droit d'observer.

— Aussi, monseigneur, n'eſt-ce pas comme accusé, que je désire observer, mais en qualité d'accusateur ; et j'ose assurer la Cour que mon observation eſt d'une telle importance que, si l'on passait au jugement définitif de l'affaire avant de m'avoir entendu, l'arrêt ne serait peut-être pas injuſte au fond, mais au moins[4] serait-il irrégulier dans la forme. »

La Cour eut la bonté de me permettre de parler.

Mon observation avait pour objet l'hiſtoire d'un dîner[5], pendant lequel, selon le sieur Bertrand, quatre conseillers avaient trahi devant lui le secret du Parlement, en s'expliquant sur le parti violent que la Cour entendait prendre contre Lejay, ledit Bertrand, et moi, qui avions, ajoutait-on, voulu flétrir la vertu du plus intègre magiſtrat, M. Goëzman.

J'essayai d'établir qu'il importait à l'honneur de la magistrature, autant qu'à ma propre sûreté, que ce fait fût éclairci, chaque magistrat pouvant craindre à bon droit qu'on ne le soupçonnât d'être un des quatre ennemis qui s'étaient expliqués aussi indiscrètement sur mon compte, et dont les voix pouvaient faire pencher contre moi la balance d'un jugement formidable[1]. « Et cet indigne soupçon, messieurs, qui doit blesser tous les membres de cette auguste assemblée, ne peut cesser que par une addition d'information, dans laquelle le sieur Bertrand, interrogé de nouveau, sera forcé de s'expliquer : car si tout ce procès m'a été intenté sur le seul soupçon qu'un magistrat était compromis par des bruits vagues et publics, avec combien plus de raison la Cour doit-elle ordonner d'informer sur une grave imputation faite devant dix témoins contre quatre de ses membres qu'on refuse de nommer ! Dans le cas où cette imputation serait calomnieuse de la part de ce Bertrand, ce qui me paraît à moi très probable, il est essentiel que la Cour apprenne par l'instigation de quel fourbe adroit, un fourbe maladroit est venu calomnier devant moi quatre magistrats, uniquement pour tâcher de m'effrayer, et me porter à quelques fausses démarches. »

Mon plaidoyer s'étendit à d'autres branches de l'affaire, et je conclus, tant sur le fait de l'audience que M. Goëzman prétend m'avoir donnée le samedi matin 3 avril, que sur celui du dîner des quatre conseillers, à ce qu'il plût à la Cour me permettre de lui présenter requête tendant à obtenir une addition d'information.

M. le Premier président me demanda *pourquoi je n'avais pas parlé de ces objets dans ma requête d'atténuation*.

« Par la raison, monseigneur, que, dans cette requête, j'agissais comme accusé, dont je dépouille en ce moment le caractère pour revêtir à la barre de la Cour celui d'accusateur. »

M. le Premier président me dit alors avec la plus grande bonté que la Cour verrait le cas qu'elle devait faire de mes observations, et qu'elle me permettait de lui présenter requête à ce sujet. Je témoignai ma reconnaissance, et je me retirai, soutenu par le digne Me Fremyn, l'un des greffiers criminels ; car ma jambe me faisait un mal excessif.

Bien persuadé que la Cour ne rendrait le lendemain qu'un arrêt interlocutoire[2] qui mettrait M. Goëzman en cause, j'abandonnai le précis que j'avais fait au greffe[3], pour m'occuper toute la nuit de ma nouvelle requête ; et j'attendis le jour avec autant de sécurité que d'impatience. Continuons mon récit; il n'y a rien de petit dans cette affaire.

Dès le matin[1] je fus au parquet solliciter M. le Procureur général de me nommer un avocat titulaire; tant d'importunités me paraissent fatiguer excessivement ce magistrat; mais je lui demande pardon si je ne me lasse point d'invoquer sa louable exactitude[2], en une affaire où tout le monde me parle beaucoup de prudence et semble n'avancer que malgré soi. Enfin je le suppliai si instamment d'enjoindre à un titulaire de signer cette nouvelle requête que je réussis à la faire présenter aux chambres assemblées pendant qu'on était aux opinions[3].

Bien des gens me trouvaient[a] imprudent de rester au Palais le jour qu'il devait sortir un jugement dans mon affaire; mais j'en appelle à tous les bons esprits, la confiance avec laquelle j'attendais ce jugement n'est-elle pas la plus haute marque de respect que je pusse[b] donner à la Cour? et plus les gens peu éclairés supposaient de cabale et d'intrigue en ce moment au Palais, plus ma confiance dans le tribunal qui me jugeait démontrait quelle opinion j'avais de son intégrité.

L'événement n'a pas tardé à justifier mes espérances. Mon adversaire, M. Goëzman qui, la veille, avait été décrété d'ajournement personnel, pour le faux commis par lui sur les registres de baptême, a été une seconde fois décrété d'ajournement personnel relativement à notre procès; et j'ai pu goûter d'avance la joie que j'aurais un jour de confondre à la confrontation celui qui n'a[c] pas craint d'imprimer qu'il m'avait donné quatre audiences, lorsqu'il est prouvé que je n'en aurais pas même obtenu une seule, sans l'or que j'y sacrifiai. Et quelle audience encore!

Mon premier soin fut de suivre M. le Premier président pour lui rendre mes actions de grâces. Je revenais, plein de mon objet, chercher mon avocat, lorsqu'à la croisière des quatre galeries du Palais, je vis venir de loin une file de magistrats entourés de gardes; je me rangeais[d] sur le côté, laissant entre ces messieurs et moi assez d'espace pour qu'il fût à l'instant rempli de gens de toute espèce, attirés par la curiosité du spectacle. J'étais confondu dans la foule et sur les derniers rangs, mon chapeau à la main, très modestement, et tellement occupé de l'arrêt qui venait d'être rendu que je ne vis aucun des magistrats qui passaient; aussi fus-je très surpris lorsque M. le président de Nicolaï qui marchait à la tête, et déjà en avant de plus de dix pas, se retournant, dit à quelqu'un de sa suite, en me montrant du doigt, et me désignant par mon nom : « Exempt[1], faites sortir cet homme, Beaumarchais, là; faites-le retirer; il n'est ici que pour me braver. » On sait avec quelle ardeur les subalternes exécutent de pareils ordres. « Retirez-vous; sortez; point de raisons; M. le Président l'ordonne. » Un second accourt à l'appui du premier; je me vois durement poussé, pressé de sortir, du geste et de la voix, et toujours au nom de M. le Président. Le public m'entourait : « Je ne sortirai point (dis-je aux hommes bleus[2]), je suis ici dans une salle appartenant au Roi, destinée à servir de refuge aux plaideurs : j'y suis à ma place le jour de mon jugement, et M. le Président sort de la sienne pour m'en chasser; mais je prends la nation à témoin de l'outrage qui m'est fait devant elle, et dont je vais à l'instant porter ma plainte au ministère public. »

Au lieu de me retirer, je remonte au parquet, où suivi par la foule et tout chaud d'indignation, je dis à M. le Procureur général : « Je vous supplie, monsieur, de recevoir ma plainte; M. le président de Nicolaï, oubliant le respect qu'il doit au Roi, à son propre état, au droit des citoyens, à l'auguste compagnie à la tête de laquelle il avait l'honneur de marcher, sans égard pour le temps, le lieu, ni les personnes, vient de me faire outrager par les gardes de sa suite, au milieu du public que son action scandalise. » Mon plaidoyer fut aussi bouillant que rapide; et M. le Procureur général ne pouvant refuser de m'entendre, me dit après avoir un peu rêvé : « Avez-vous des témoins d'un fait aussi extraordinaire? – Mille, monsieur. – Je ne puis vous empêcher de présenter votre requête à la Cour; mais surtout soyez prudent. – Monsieur, il y a[a] huit mois que je le suis; il y a huit mois que je dévore par respect les insultes publiques que me fait en toute occasion M. le président de Nicolaï; mais mon silence le fait enfin aller si loin à mon égard, qu'il n'y a plus moyen de m'en taire. »

À l'instant je rentre dans la grand-salle, où, m'adressant à toutes les personnes qui m'environnaient, je dis : « Messieurs, il n'y a pas un de vous qui n'ait vu ce qui vient de m'arriver; j'espère que vous ne me refuserez pas d'en déposer lorsqu'il en sera question. » Plusieurs voix s'élevèrent à la fois : « Allez, allez chez vous, monsieur, vous y trouverez une liste de cent témoins. » Dès le même jour, en effet, je reçus le nom d'une foule d'honnêtes gens.

Mais M. le président de Nicolaï, pour rejeter sur moi le

blâme de sa vivacité, répand, dit-on, que je lui ai *tiré la langue en lui faisant la grimace*.

Eh! monsieur le Président, il me semble que, dans mes défenses, je n'ai pas trop l'air d'un grimacier, et que leur dure franchise annonce plutôt un caractère trop ferme que celui d'un plat saltimbanque. Est-ce donc entre nous une guerre de collège où des grimaces se payent par des coups de poing? Et des intérêts si graves se traitent-ils avec d'aussi puérils moyens que ceux que vous me prêtez?

Dites, dites, monsieur, qu'outré de l'arrêt du Parlement qui venait de décréter une seconde fois votre ami M. Goëzman, et vous en prenant à moi de n'avoir pu rester dans l'assemblée pour vous y opposer[1], vous avez fait tomber sur un innocent toute la colère que vous causait le décret d'un coupable; et s'il faut tout avouer, monsieur, lorsque vous avez donné l'ordre à l'exempt de me chasser du Palais, où je voudrais n'être jamais entré, votre physionomie, assez douce pour l'ordinaire, était en feu; les yeux hors la tête, et les cheveux hérissés comme Calchas[2], vous aviez plutôt l'air d'un prêtre emporté qui ordonne un sacrifice que du chef d'une compagnie respectable allant faire un acte de bienfaisance en faveur des prisonniers.

Depuis ce moment, comptant pour peu cet outrage non mérité, je ne me pressais point de réclamer mon droit de citoyen offensé, lorsque j'ai appris pour quel insolent et grimacier personnage vous voulez encore me faire passer.

Et parce que le hasard m'a fait peu de temps après me rencontrer à quelques places de vous au parquet[3] de la Comédie-Italienne, vous avez dit tout haut, à la buvette du Palais, que je vous avais de nouveau provoqué de *clignotements* et de *grimaces*, et que vous en aviez demandé justice au Roi. Mais il sera prouvé par le témoignage de tous ceux qui m'ont vu ce jour même au spectacle, que je n'y ai pas levé les yeux sur vous; et qu'à l'instant du ballet, où les bancs de devant se sont dégarnis de monde, j'ai passé sur l'un d'eux, dans la crainte que mon voisinage ne vous déplût ou ne mît[a] quelque embarras à votre sortie.

Et comme si un homme en valait moins parce que vous l'avez beaucoup outragé, j'apprends que vous comblez par vos discours la multitude d'insultes publiques que vous m'avez faites depuis un an. Tant de partialité, de procédés si offensants, me forcent de revenir à la charge, et de supplier encore une fois le Parlement qu'il me commette un avocat titulaire pour signer ma requête en forme de plainte contre vous.

On m'assure que je ne l'obtiendrai pas; mais cela ne peut être. En posant ainsi des bornes arbitraires à tout, en étendant ou resserrant les droits de chacun au gré des considérations particulières, que resterait-il de certain? Les tribunaux ne connaîtraient plus l'étendue de leur ressort, ni les citoyens celle de leur liberté. Le désordre et la confusion servant de base à tout, le despotisme[a] oriental serait moins dangereux qu'une pareille anarchie. Si, au lieu d'être froids sur les contestations, comme la loi dont ils sont les organes, les magistrats, plus animés de l'esprit de corps que de celui de justice qu'ils nous doivent, foulaient aux pieds le droit des citoyens, ou le système d'une telle législation serait mauvais, ou il faudrait un tribunal supérieur aux Cours souveraines auquel chaque citoyen eût droit de porter sa juste plainte.

Je mets ici de côté mon ressentiment particulier. Toute cette affaire est devenue trop grave pour la renfermer dans les bornes individuelles. Mais est-il donc indifférent à la nation que, sous le règne d'un prince équitable, il puisse tomber dans l'esprit d'un magistrat qu'un pouvoir sans bornes est le premier droit de sa place? qu'il a celui de cabaler[1], d'intriguer, de solliciter ouvertement pour un de ses confrères, au mépris des ordonnances, et d'abuser du respect qu'on porte à sa simarre[2] pour déchirer partout l'adversaire de son ami? et parce que le plus juste arrêt viendrait de décréter une seconde fois cet ami, qu'il peut abuser du moment de la plus auguste fonction pour faire outrager publiquement un citoyen par ses gardes? et surtout comment ce magistrat à qui l'on doit supposer un cœur doux, un esprit pacifique (puisqu'il a déposé l'étendard de la guerre, qui tire son droit de la force, pour arborer le drapeau de la justice, qui ne tient son pouvoir que des lois), se trompe au point de croire qu'il peut traiter les sujets du Roi, étant président, comme il dût[b3] traiter ses ennemis, étant colonel, porter l'esprit militaire au barreau, les abus du commandement jusque dans l'administration de la justice, enfin abuser, pour troubler l'ordre public, des moyens mêmes établis par la loi pour la faire respecter?

Mais posons la thèse en sens contraire, et supposons un moment qu'un citoyen eût été assez fou pour insulter ce magistrat dans ses fonctions. À l'instant une punition rigoureuse eût fait un exemple éclatant du malheureux insensé. Cependant son action isolée importait-elle à la chose publique comme la conduite d'un magistrat, entre les mains duquel sont tous les jours, l'honneur, la fortune, ou la vie des citoyens? Eh! comment espérer du respect pour les droits d'autrui, de celui qui ne saurait pas respecter l'auguste emploi dont il serait lui-même honoré?

L'outrage du citoyen au magistrat puni sur-le-champ ne peut donc tirer à conséquence pour personne, au lieu que l'outrage public du magistrat au citoyen importe à toute la nation : car, ou cette licence est l'effet de la corruption générale, ou rien n'est plus propre à l'engendrer bientôt; et si l'offense faite à un particulier paraît un petit mal en soi, l'oubli de l'ordre et de la justice de la part d'un magistrat peut devenir la source de mille abus effrayants. La nation n'est pas juge en cette affaire; mais elle s'y rend partie dans ma personne; et ma cause est celle de tous les citoyens.

Je prends avec autant de justice que de plaisir le nom de citoyen partout où je parle de moi dans cette affaire : ce nom est doux à ma bouche et flatteur à mon oreille. Hommes simples dans la société, sujets heureux d'un excellent monarque, chacun de nous, Français, a l'honneur d'être citoyen dans les tribunaux; c'est là seulement où nous pouvons soutenir les droits de l'égalité. Ils y sont même tellement respectés que le souverain ne croit pas au-dessous de lui d'y soumettre les siens contre nous, et de s'y laisser condamner à notre avantage sur tous les points qui lui seraient justement contestés. Ainsi le Dieu terrible, enveloppé d'un nuage et tempérant son éclat, ne dédaigna pas autrefois de disputer contre Moïse et de céder même à son serviteur[1].

Et lorsque mon souverain, mon seul maître, mon Roi, permet qu'on plaide contre lui dans les tribunaux établis par lui-même, je ne pourrais obtenir, contre un officier de ces mêmes tribunaux, la permission d'informer et d'y poursuivre la juste réparation d'un outrage public et non mérité? Oui, je l'obtiendrai par la seule force de mon droit et de mes raisons. Nous ne sommes plus dans ce siècle où l'on fit un crime à la maréchale d'Ancre d'avoir bien raisonné, dans ces temps superstitieux où l'empire de Galigaï conduisait une âme forte au bûcher[2]. Je suis soumis aux lois de mon pays; je paye avec joie le tribut de mes facultés[3] à mon Prince; en revanche, il ne refusera pas[a] sa protection pour ma personne, et sa justice pour mes droits offensés.

En tout ceci, monsieur, je suis bien loin d'attaquer la noblesse et les dignités qui sont en vous l'enseigne[4] des vertus de vos ancêtres; j'ose, au contraire, vous demander compte de cette vertu qui doit être en vous l'enseigne de la noblesse et des dignités qu'ils vous ont transmises.

Mais je m'aperçois que tant d'ardeur à vous poursuivre affligerait tout un corps respectable, et désobligerait les chefs du Parlement. Est-ce égard pour votre famille et noble et toujours chère à la nation? Je partage avec eux cette honorable considération. Est-ce attachement pour votre personne? Je déclare volontiers que mon respect pour vous marche à côté de ce tendre intérêt. Est-ce inquiétude pour le désagrément qui peut résulter de ma poursuite? Eh bien! monsieur, j'y renonce, persuadé que la haine, qui vous égare en ce moment, fera place à des sentiments plus justes, quand l'événement vous aura convaincu que je ne fais ici que soutenir les droits d'une défense légitime.

À la vérité, si j'avais l'honneur d'être M. de Nicolaï, je serais bien mécontent de ne devoir ma tranquillité qu'aux respectueux égards d'un offensé pour ma famille ou pour le vœu de ma compagnie; et j'aurais la hauteur de vouloir réparer un tel outrage, ne fût-ce que pour enlever à mon inférieur l'honneur de l'oublier ou de me le pardonner : chacun a de l'amour-propre à sa manière, et pour moi, telle eût été ma fierté.

Pour conserver l'avantage que vous voulez bien m'abandonner, monsieur, je renonce donc avec plaisir à ma poursuite, en vous assurant qu'il n'a jamais entré[a] un seul mouvement de haine ou de vengeance dans tout ce que j'ai fait contre vous.

Je vais plus loin à votre égard : je trouve dans un excès que vous blâmez sûrement vous-même, sinon sa propre excuse, au moins l'apologie[1] du sentiment qui vous y a conduit; et si j'ai désiré que vous ne fussiez pas mon juge, c'est qu'un ami ardent et passionné est rarement un juge impartial, et que votre amitié pour M. Goëzman pouvait tourner[2] contre moi, dans l'acte important d'un jugement où toute abnégation de soi-même est la première loi qu'un magistrat doit s'imposer.

Si la fermeté de cet article[3] est prise en mauvaise part, et si mes ennemis donnent ce courage de publier mes sentiments sur des points aussi délicats pour un dessein formé de dépriser pied à pied le[4] tribunal qui doit me juger, j'opposerai ma confiance et mon respect reconnus à l'odieuse intention qui m'est ici prêtée.

J'opposerai l'éloge public que j'ai constamment fait de

MM. Doé de Combaut et de Chazal, commissaires-rapporteurs de ce procès, que je ne connais que par la marche exacte et pure de leur instruction, au blâme public que je n'ai pas craint de répandre sur M. Goëzman en une occasion semblable.

À la nécessité de relever un trait peu réfléchi de M. le président de Nicolaï, j'opposerai l'action magnanime et généreuse de M. le président de La Briffe qui, sans autre motif que l'amour du bien, sacrifie, sans faste, à la délivrance des prisonniers, les douze mille francs dont la grandeur du Roi couvre les dépenses du président qui tient la Chambre des vacations. On me crierait cent fois : « M. de La Briffe est l'ami de M. Goëzman », que je le supplierais encore de rester au rang de mes juges : l'amour des hommes, celui de l'ordre et celui de la justice ont tous la même base dans le cœur d'un homme vertueux.

À l'obstination que je ne puis approuver dans quelques magistrats[1], de vouloir absolument rester parmi mes juges, avec un cœur trop plein d'attachement pour mon adversaire et de haine pour moi, j'opposerai la pureté délicate avec laquelle MM. Quirot, Désirat et plusieurs autres conseillers se sont récusés volontairement, sur le léger soupçon que l'opinion qu'ils ont de M. Goëzman avait pu percer dans le public.

Enfin, à la chaleur avec laquelle on dit que quelques membres du Parlement voudraient disculper M. Goëzman, j'opposerai le nombre infini de magistrats généreux qui, ne faisant point consister la gloire d'un corps illustre dans le soutien d'un membre gangrené, préféreront d'en purger leur compagnie sous le risque de quelque inconvénient passager, à la faiblesse de le supporter au milieu d'eux, s'il n'est pas jugé digne d'y rester.

Voilà ma profession de foi relativement à mes juges, et je ne fais point parade ici de sentiments équivoques : j'ai pesé tout avant de m'expliquer. Tout magistrat, dit-on, doit être jugé par ses pairs. Mais les officiers d'un autre Parlement[2] sont également les pairs de M. Goëzman; mais ses amis n'auraient pas la douleur de le condamner, et les miens peut-être auraient quelques inquiétudes de moins; loin de moi toute frayeur insultante : je fais profession ouverte de la plus grande confiance dans le parlement de Paris; jamais respect ne fut plus entier ni plus sainement motivé : les opinions pour et contre ici ne font rien. Voilà des faits : je leur dois la sécurité de mon attente et le courage d'un travail aussi pénible que celui que j'ai entrepris; je leur dois la force de vaincre mes dégoûts en passant d'un objet dont la discussion élevait mon cœur à de misérables tracasseries qui le font soulever. De tous les travaux d'Hercule, celui de nettoyer les étables d'Augias était le plus aisé sans doute, et n'en fut pas moins celui qui l'irrita davantage. Ramenons les choses à des comparaisons plus justes, plus voisines de ma faiblesse.

Après avoir détourné la tête et les yeux d'une médecine, repoussé vingt fois la main qui la présente, un enfant, malgré sa répugnance, finit pourtant par l'avaler, et même à grands flots pour en être plus tôt quitte; et moi aussi, je suis un grand enfant : voilà je ne sais combien de fois que je prends la plume pour faire l'article *Marin* et la remets dans l'encrier. À quoi bon ces délais? Malgré la nausée, il faut toujours y venir. Allons donc, une bonne résolution, et finissons, quitte à se rincer la bouche après en avoir parlé.

« Mais à quoi donc répliquez-vous? Il n'a pas répondu à votre addition[1]. — À quoi je réplique? N'est-ce donc rien que ses requêtes au Parlement[2], et ses gazettes à la main, et ses gazettes à la bouche[3], et les lettres infâmes qu'il fait trotter par la ville, et les articles *Paris* de la *Gazette d'Utrecht*? — Mais ces nouvelles à la main[4], cette gazette étrangère ne sont pas de lui. — Elles en sont, et voici mes preuves.

« Premièrement, l'article de ce procès y est toujours mal fait, lourdement ruminé, pesamment écrit : vous conviendrez que c'est là déjà une forte présomption contre Marin. Deuxièmement, cet article dit toujours beaucoup de mal de moi : ma preuve se renforce contre Marin. Troisièmement, l'article dit toujours du bien de Marin, vante à l'excès la noblesse et la beauté de son style, la distinction avec laquelle il remplit les places qui lui ont été confiées : la preuve est complète; il n'y a plus moyen d'en douter; c'est Marin qui fait l'article, puisque l'article dit du bien de Marin. »

Ressassons donc un peu celui de la *Gazette d'Utrecht* du 4 janvier, puisqu'il sert de supplément aux mémoires de Marin.

« Le sieur de Beaumarchais, en attendant la sentence que le Parlement lui prépare... » une sentence du Parlement! c'est Marin, vous dis-je. Si notre affaire eût été consulaire, comme celle du grand cousin, il n'eût pas manqué d'écrire : « En attendant l'Arrêt que les Consuls[5] », etc. C'est Marin, c'est Marin, comme ce n'est pas moi.

Mais qui a dit au sieur Marin que le Parlement me préparait une *sentence*, pendant qu'il est de notoriété que je poursuis un jugement contre M. et Mme Goëzman, concussionnaires et calomniateurs, contre Marin-la-Bourse, et Bertrand-la-Main-d'œuvre, l'un suborneur, et l'autre suborné? « Le sieur de B... vient de publier un troisième mémoire qui, par le fiel qui y est mêlé, mérite le nom de libelle. » Remarquez en passant que ce n'est point du tout sur les reproches mérités que je fais à M. et Mme Goëzman, au comte de La Blache, à Bertrand, Baculard et consorts, que Marin se fâche contre mes mémoires : regardant le mal d'autrui comme un songe, et ne s'occupant dans la gazette que de l'intérêt du gazetier, voyez comment il s'explique ici : « Ses mémoires méritent le nom de libelle, puisqu'il s'efforce d'y diffamer un homme de lettres (M. Marin). » Marin le gazetier, homme de lettres!... comme un facteur de la petite poste[1], « qui a toujours rempli *avec distinction* les places qui lui ont été confiées par le gouvernement ». Avec distinction! cette *distinction* de Marin me rappelle un propos que le jacobin Affinati, dans son bouquin[2] intitulé : *Le Monde sens sus dessous par les menées du diable*, fait tenir à Dieu parlant au pécheur Adam : « De toutes mes créatures, vous seul avez forfait. Avancez, maraud, que je vous timbre au front, que je vous *distingue*. »

Avancez, Marin; suivons votre article. « Quoique l'on puisse lire les mémoires du sieur de Beaumarchais qu'avec mépris, il s'en est cependant vendu plus de dix mille exemplaires en deux jours. » Je n'entends pas cette phrase; elle sera toujours louche, à moins d'y restituer quelques mots oubliés à l'impression. Pour qu'elle ait le sens commun, voici comment elle a dû être faite : « Quoique l'on *(ne)* puisse lire les mémoires du sieur de Beaumarchais qu'avec mépris *(pour Marin)*, il s'en est cependant vendu plus de dix mille exemplaires en deux jours. » Cela est clair, voilà qui s'entend : car le mépris que mes mémoires auraient inspiré pour moi les eût laissés moisir au grenier du libraire, au lieu que le mépris dont ils ont couvert Marin a rendu tout le monde avide de les lire; *il s'en est vendu plus de dix mille en deux jours*; ou bien : malgré le dégoût qu'on avait d'entendre parler de Marin dans ces mémoires, *il s'en est cependant vendu*, etc. Cette version est bonne aussi, mais les gens de lettres préfèrent la première, comme plus sûre et plus naturelle : *Quoiqu'on ne puisse lire les mémoires du sieur de Beaumarchais qu'avec mépris pour Marin, il s'en est cependant vendu dix mille exemplaires en deux jours*. On y rêverait cent ans que voilà le vrai sens de la phrase ou elle n'en a aucun. Mais pourquoi répètent-ils tous sans cesse que je fais vendre mes mémoires, et m'entends à ce sujet avec Ruault, libraire, rue de la Harpe, pour débiter mes sottises? Les ingrats qu'ils sont! ils décrient mon affaire de finance, comme s'ils n'y avaient pas un bon intérêt. Et, si je ne faisais pas vendre mes mémoires, qui donc ferait vendre les leurs? « Mais le sieur Marin étant irréprochable... » (vous voyez bien, lecteur, qu'il n'y a que Marin au monde qui puisse écrire de pareils contes sur Marin), « il va le poursuivre au criminel pour obtenir une réparation éclatante de toutes les calomnies du sieur de Beaumarchais. »

Cela va bien. Marin avait déjà dit dans sa requête imprimée, qu'en le montrant au doigt, j'avais insulté la majesté du trône, berné le gouvernement, injurié la magistrature, bravé les tribunaux, outragé les citoyens; car

Qui méprise Marin, n'estime point son Roi,
Et n'a, selon Marin, ni Dieu, ni foi ni loi[1].

Mais, gardez-vous bien d'en croire ce monsieur-là; à son compte il n'y aurait pas un seul bon Français dans la capitale.

Puis ayant rappelé, d'après moi[2], toutes ses friperies[a] *de mémoires, de littérature, de censure, de nouvelles, d'affaires, de courtage*[3] (condamnation passée sur *l'espionnage*, puisqu'il n'en dit mot), *d'usure, d'intrigue, etc., quatre pages d'et caetera*, il avait prié la Cour de lui permettre de faire informer des faits énoncés dans mes mémoires. Mais trouvant bientôt qu'il était trop dangereux pour lui de laisser informer, il s'était retranché à demander à la Cour que, sans autre examen, et attendu, disait-il, que ce ne sont que des *calomnies atroces*, elle ordonnât que mes mémoires fussent déclarés faux et *calomnieux*, défenses de récidiver, et dommages-intérêts applicables à œuvres pies, etc.

Mais moi, qui prétends à l'honneur de soutenir tout ce que j'ai avancé, de ces deux manières de conclure imaginées par Marin, j'ai adopté la première; et par ma requête en réponse à la sienne[4], j'ai supplié la Cour, avec lui ou sans lui, d'ordonner qu'il fût informé sur les faits et les imputations contenues dans mon mémoire contre ledit Marin.

Pour réclamer à cet égard la vigilance du ministère public, il me suffirait de mon intérêt personnel; mais ici l'intérêt de l'État et de la société doivent[a1] fixer encore plus l'attention de MM. les gens du Roi. La police, aussi exacte que patriotique en cette grave occasion, n'aura certainement point de secrets pour la Cour, elle ouvrira ses registres ; et c'est à la faveur des renseignements qu'on y puisera, que le Parlement et la nation seront en état de prononcer si l'intérêt public et particulier ne sont pas ici combinés le plus heureusement du monde pour démasquer le précepteur Marin[2], et pour renvoyer ledit précepteur à l'orgue de La Ciotat*, d'où il est descendu si mal à propos.

Et si dans les informations qu'on ferait contre l'ami Marin, qui m'a voulu faire passer pour l'auteur de la[3]..., on découvrait par hasard que l'ami était un zélé distributeur de la... ! Au reste, ce n'aurait été qu'une des branches ordinaires de son commerce ; car il faut savoir que l'ami, confisquant par état[4] tous les livres défendus, ne les en a toujours vendus que plus cher aux amateurs.

Quelqu'un m'arrête ici, qui me dit : « Prenez garde ; ce n'est pas Marin, c'est Bertrand qui, dans son mémoire[5], a voulu vous faire passer pour l'auteur de la... » Eh ! messieurs, ne savez-vous pas que les mémoires du grand cousin ne sont que des enveloppes de gazettes, et qu'ici le sacristain et l'organiste s'entendent comme larrons pour sauver le publiciste ?

Ah ! monsieur Marin, que vous êtes loin aujourd'hui de cet heureux temps où, la tête rase et nue, en long habit de lin[6], symbole de votre innocence, vous enchantiez toute La Ciotat par la gentillesse de vos fredons sur l'orgue, ou la claire mélodie de vos chants au lutrin ! Si quelque prophète arabe abordant sur la côte, et vous voyant un si joli enfant... de chœur, vous eût dit : « Petit abbé, prenez bien garde à vous, mon ami ; ayez toujours la crainte de Dieu devant les yeux, mon enfant ; sinon vous deviendrez un jour... » tout ce que vous êtes devenu enfin[7], ne vous seriez-vous pas écrié, dans votre tunique de lin, comme un autre Joas :

Dieu, qui voyez mon trouble et mon affliction,
Détournez loin de moi sa malédiction
Et ne souffrez jamais qu'elle soit accomplie :
Faites que Marin meure avant qu'il vous oublie[8].

* La Ciotat, petite ville de Provence où le petit Marin fredonnait, pour de petits gages, sur un petit orgue, dans une petite paroisse.

Il a bien changé, le Marin ! Et voyez comme le mal gagne et se propage quand on néglige de l'arrêter dans son principe : ce Marin qui d'abord, pour toute volupté,

Quelquefois à l'Autel,
Présentait au vicaire ou l'offrande ou le sel[1],

quitte la jaquette[2] et les galoches; ne fait qu'un saut de l'orgue au préceptorat, à la censure, au secrétariat, enfin à la gazette; et voilà mon Marin les bras retroussés jusqu'au coude et pêchant le mal en eau trouble; il en dit hautement tant qu'il veut; il en fait sourdement tant qu'il peut; il arrête d'un côté les réputations qu'il déchire de l'autre : censures, gazettes étrangères, nouvelles à la main, à la bouche, à la presse; journaux, petites feuilles, lettres courantes, fabriquées, supposées, distribuées, etc., etc., encore quatre pages d'*et caetera*; tout est à son usage. Écrivain éloquent, censeur habile, gazetier véridique, journalier[3] de pamphlets; s'il marche, il rampe comme un serpent; s'il s'élève, il tombe comme un crapaud. Enfin, se traînant, gravissant, et par sauts et par bonds, toujours le ventre à terre, il a tant fait par ses journées qu'enfin nous avons vu de nos jours le corsaire allant à Versailles, tiré à quatre chevaux sur la route; portant pour armoiries aux panneaux de son carrosse, dans un cartel[4] en forme de buffet d'orgues, une Renommée en champ de gueule, les ailes coupées, la tête en bas, raclant de la trompette *marine*[5]; et pour support une figure dégoûtée, représentant l'Europe; le tout embrassé d'une soutanelle doublée de gazettes, et surmontée d'un bonnet carré, avec cette légende à la houppe[6] : *Ques-a-co? Marin*[7].

Mais entraîné par mon sujet, je m'aperçois que j'oublie cette *Gazette d'Utrecht* que je commentais : puis en y songeant mieux, je m'aperçois que j'ai fort bien fait de l'oublier; tout cela est si mal pensé, si mal écrit qu'on me saura gré de l'avoir laissé là. J'ai quelque chose de mieux sous la main : toute espèce de gazette n'est que du Marin ordinaire, au lieu que voici du Marin superfin[8] pour les amateurs de noirceurs.

Depuis douze ou quinze jours, Marin fait courir par la ville une lettre d'un soi-disant ambassadeur adressée à lui, dans laquelle on suppose que j'ai commis, en pays étranger, des crimes dignes du dernier supplice. Les uns mettent la scène en Italie, d'autres la portent en Angleterre; les commis de Marin, les sieurs Adam et Mercier, en racontant ce prétendu délit, ont attesté devant neuf ou dix témoins, qui le certifieront, qu'à son occasion mon procès m'avait été commencé; que si je n'eusse pris promptement la fuite, j'aurais été *pendu*.

Le fameux Bertrand, en faisant circuler la lettre, prétend qu'elle est signée d'un ambassadeur d'Espagne et de cinq ou six personnes de considération; c'est un triomphe, une joie, une liesse parmi ces messieurs, qui ne se conçoit pas. Chacun court, s'évertue, se rend chez Marin qui régale tout l'enfer[1], taille des plumes empoisonnées, remplit les cornets de fiel, échauffe les esprits par un verre de bitume[2], et met les démons au travail : et de tout cela doit sortir un long et superbe article pour le mémoire de Marin qui, à ce sujet, a déjà pris, dit-on, cent rames de papier chez Bougy, et les a envoyées à son imprimeur.

Et voilà encore les pauvres honnêtes gens de la ville qui disent, comme à la liste de la portière[3] : « Jamais, jamais Beaumarchais ne se tirera de la lettre d'Espagne. Cela est sans réplique; voilà des faits, des témoignages, des signatures; on a écrit pour avoir les pièces justificatives; et cette anecdote est son coup de grâce. »

Mes amis s'inquiètent pour moi, s'agitent, cherchent la lettre de toute part. Enfin hier au soir, 12 janvier 1774, on m'en a remis une copie, et je tiens dans mes mains ce chef-d'œuvre. Avant de l'imprimer, j'ai commencé par déposer au greffe de la Cour cette copie telle qu'on me l'a remise; et par ma requête au Parlement en réponse à celle de Marin, je supplie la Cour d'ordonner qu'il soit informé[4] sur la lettre, ainsi que sur autres faits et gestes du gazetier.

Copie exacte de l'écrit soi-disant envoyé à Marin,
et qui m'a été remis de la part d'un de ses amis,
qui le certifiera s'il est entendu sur ce fait

Après toutes les horreurs que le sieur Caron a vomies contre vous, Monsieur, et contre tout le monde, je crois que vous voulez le faire repentir; il a l'insolence de vous défier de parler; il faut qu'il soit, comme on dit, fou; cela m'a plus révolté que tout le reste; et comme en vous vengeant, vous nous vengerez aussi, et autant pour punir un scélérat que pour faire plaisir à tant d'offensés, il faut le prendre par où il ne s'attend pas; il croit être en sûreté, parce qu'il a pu dans ce pays-ici[5] cacher sa méchanceté sous des apparences qui le tireraient toujours de nos reproches, il dit partout qu'il fera repentir le premier qui l'attaquera dans sa conduite; peut-être a-t-il raison pour ce qui regarde la France, mais le misérable, il ne croit pas qu'il y a des gens instruits de ses coquineries en Espagne. Mais moi j'y étais, tous mes amis et mes parents y sont encore, et la preuve est au bout ici. Il avait sa sœur, maîtresse du seigneur Joseph Clavio[1]*, à Madrid, garde des archives de la couronne, mon parent, qui s'en dégoûta par mauvaise conduite. Son frère vint dans l'espérance de faire épouser malgré lui sa sœur à mon parent qui, le 24 mai 1764, rendit une plainte que le sieur Caron, dit Beaumarchais, était venu à six heures du matin, s'était fait introduire sous un faux nom chez M. Portugais*[2]*, chef des bureaux d'État où il logeait, et qu'ayant fermé la porte et présenté un pistolet, lui avait fait signer une promesse de mariage dans son lit, sous peine de le tuer s'il bronchait; c'est bien pis que ce qu'il dit de M. Goëzman. Et, comme chez nous les présents sont une preuve qu'on veut épouser, il s'était fait en même temps donner des bijoux, des pièces d'or étrangères, enfin pour près de huit mille livres comme présents de noces, faits de bon gré; là-dessus il y eut ordre sur la plainte de mon parent à M. le marquis de Robiou, commandant de Madrid, de faire mettre le fripon au cachot, qui se sauva chez l'ambassadeur de France*[3]*; mais quand il fallut rendre les bijoux, il dit que son laquais les avait volés, et garda tout comme un gueux, déshonoré par cette friponnerie, et puis après pour rendre au seigneur Clavio le tour qu'il lui avait joué, il fut chercher une femme de chambre, que Clavio avait entretenue avant sa sœur, il donne de l'argent à cette fille pour présenter à la justice des lettres de mon parent; il prétendit que c'était des promesses de mariage; et comme on est très rigoureux chez nous sur ce cas, en attendant que tout fût clair, on arrêta mon parent qui eut bientôt prouvé et fait avouer à la fille que le fripon avait remué cette corde*[a]*. Enfin, pour couronner tout, il finit par tenir la banque un soir chez l'ambassadeur de Russie*[4]* avec des cartes arrangées, et gagna près de cent mille livres la nuit : l'ambassadeur le fit chasser; on se plaignit à M. d'Ossun, qui lui ordonna de sortir d'Espagne vite, où il laissa tout, habit, linge, pour s'en aller bien vite à cheval; il aurait été pourrir en cachot, et ce n'est pas là des contes. J'ai écrit pour avoir la preuve, et lever la plainte*[5]* de mon parent qui est publique pour faits de violence et friponnerie; il a fait un conte différent du vrai en France; mais vous aurez plus de témoins qu'il n'en faut, parce qu'ayant chez lui le vrai*[6]*, dans le temps qu'on a fait inventaire chez lui, il a voulu arracher les papiers à la justice, qui les a lus malgré lui, et tous l'ont connu pour ce qu'il est; faites-en ce qu'il vous plaira, vous ou M. Goëzman. Voilà pour le payer du baptême*[7]* qui est une chose très innocente. Une femme qui était son amie*[8]*, vous entendez, là-bas, veut bien conter les choses comme lui, quand ils en parlent, mais nous avons, Dieu merci, toutes les preuves, les lettres et tout. Il vous défie; eh bien! défiez-le de se justifier sur sa coquinerie d'Espagne,* *sur sa sœur, et s'il ose parler, comme il ne dira que des mensonges, il sera pris, nous fondrons tous sur lui, comme pour instruire de tout contre un si grand imposteur, et une fois bien démasqué là-dessus, il faut qu'il s'enfuie tout le reste de sa vie. Il n'y a rien qui vaille ça, et M. Portugais et M. Lianos et M. Pachico*[a] *et autres personnes du conseil du Roi, à Madrid, tous amis de mon parent, donneront leur attestation, et on fournira tout au Parlement, on peut en être sûr : s'il n'avait pas été protégé par M. d'Ossun avant que l'ambassadeur sût la vérité, jamais il n'aurait revu le jour. M. d'Ossun s'en est bien repenti après l'affaire du jeu. Il l'a écrit* aux Dames[1], *c'est la vraie cause secrète qu'elles n'ont plus voulu que le fripon approchât d'elles à Versailles; mais voilà ce qu'on ne dit pas tout haut : encore un petit moment, je suis avec bien de l'empressement et à votre service et celui de tous les honnêtes gens qui sont les ennemis de ce fripon-là,*

Monsieur,

Votre très humble et obéissant serviteur.

Voulez-vous m'envoyer votre mémoire et autres par mon laquais; je les ferai passer à Madrid par le premier courrier, ça fera plaisir à tout le monde.

Cette misérable lettre n'est point signée, ou parce que l'original lui-même est anonyme, ou parce qu'on n'a pas voulu en me l'envoyant mettre le nom de celui qui l'avait écrite, dans la crainte de mes recherches. Les uns disent qu'elle est d'un ambassadeur, les autres d'un homme venu d'Espagne avec M. le comte d'Aranda[2]; d'autres, qu'elle est signée d'un gentilhomme arrivé depuis peu. Jamais gentilhomme n'a écrit de ce style. Quoi qu'il en soit, en attendant que ce gentilhomme de cuisine ou de gazette fasse venir ses preuves d'Espagne et les fournisse à Marin pour en guirlander[3] son mémoire, voici ma réponse à la lettre échappée du tripot.

Quelques notions confuses d'une querelle d'éclat que j'eus en 1764, à Madrid, ont fait sans doute espérer à mes ennemis qu'ils pourraient établir une nouvelle diffamation sur cette aventure ignorée en France, et sur laquelle il resterait au moins des soupçons affreux contre moi, de quelque façon que j'entreprisse de m'en justifier après dix ans de silence et à quatre cents lieues de l'endroit de la scène.

Et moi, pressé de relever des faits aussi graves, je vais tout uniment ouvrir les mémoires de mon voyage d'Espagne en

1764[1], et donner en 1774, à ce fragment de ma vie, une publicité qu'il ne devait[2] jamais avoir.

Dans un événement aussi extraordinaire que celui dont je vais rendre compte, tout ne peut être à mon avantage ; et quoi que je fasse, il me sera toujours reproché par les uns d'avoir mis trop de fierté dans ma conduite ; par les autres cette fierté sera peut-être appelée *arrogance* ; mais un jour mieux connu[3], et toutes mes actions se servant d'appui, l'on finira par trouver que je n'ai mis à celle-ci ni dureté ni arrogance, mais seulement une fermeté d'âme que l'orgueil de bien faire a quelquefois exaltée.

S'il se mêle un peu d'amour-propre à faire le bien, cet amour-propre est de la plus noble espèce. Loin de le regarder comme un mal, et sans nous donner pour meilleurs que nous ne sommes en effet[4], il faut avouer que le bonheur d'être estimable tient beaucoup à l'honneur d'être estimé. Rois, sujets, grands et petits, tous sont affamés de la considération publique. Heureux celui qui ne l'a jamais perdue ! plus heureux mille fois celui qui n'ayant pas mérité de la perdre, a pu enfin la recouvrer ! C'est à quoi je travaille nuit et jour.

Je remercie mes ennemis de la sévère inquisition qu'ils établissent sur ma vie. Cette liberté dans les procès a au moins cela de bon, que la crainte d'être diffamé à la première querelle peut retenir dans le devoir nombre de gens dont les principes ne sont pas assez certains. Je rends grâce à ces messieurs des occasions qu'ils me fournissent sans cesse de me justifier ; mais je prie le lecteur de se souvenir que quelque extraordinaire que lui paraisse ce qu'il va lire, ma précédente réponse au comte de La Blache, sur l'incroyable fait des lettres supposées de Mesdames[5], n'offre rien de plus évident ni de plus respectable que les preuves dont j'appuierai cette étonnante narration.

ANNÉE 1764
FRAGMENT DE MON VOYAGE D'ESPAGNE[6]

Depuis quelques années[7] j'avais eu le bonheur de m'envelopper de toute ma famille. L'union, la joie, la reconnaissance étaient la récompense continuelle des sacrifices que cet entour exigeait, et me consolaient de l'injure extérieure que des méchants faisaient dès lors à mes sentiments.

De cinq sœurs que j'avais, deux confiées dès leur jeunesse[8] par mon père à l'un de ses correspondants d'Espagne, ne m'avaient laissé d'elles qu'un souvenir faible et doux, quelquefois ranimé par leur correspondance.

En février 1764, mon père reçoit de sa fille aînée une lettre pleine d'amertume, dont voici la substance :

« Ma sœur vient d'être outragée par un homme aussi accrédité que dangereux. Deux fois, à l'instant de l'épouser, il a manqué de parole et s'est brusquement retiré sans daigner même excuser sa conduite ; la sensibilité de ma sœur offensée l'a jetée dans un état de mort dont il y a beaucoup d'apparence que nous ne la sauverons pas ; tous ses nerfs se sont retirés[1] ; et depuis six jours elle ne parle plus.

« Le déshonneur que cet événement verse sur elle, nous a plongés dans une retraite profonde où je pleure nuit et jour, en prodiguant à cette infortunée des consolations que je ne suis pas en état de prendre pour moi-même.

« Tout Madrid sait que ma sœur n'a rien à se reprocher[2].

« Si mon frère avait assez de crédit pour nous faire recommander à M. l'ambassadeur de France, Son Excellence mettrait à nous protéger une bonté de prédilection qui arrêterait tout le mal qu'un perfide nous fait, et par sa conduite et par ses menaces, *etc.* »

Mon père vient me trouver à Versailles et me remet, en pleurant, la lettre de sa fille. « Voyez, mon fils, ce que vous pouvez pour ces deux infortunées, *elles ne sont pas moins vos sœurs que les autres.* »

Je me sentis aussi ému que lui au récit de la terrible situation de ma sœur. « Hélas ! mon père, lui dis-je, quelle espèce de recommandation puis-je obtenir pour elles ? qu'irai-je demander ? qui sait si elles n'ont pas donné lieu par quelques fautes qu'elles nous cachent à la honte qui les couvre aujourd'hui ? – J'oubliais, reprit mon père, de vous montrer plusieurs lettres de notre ambassadeur à votre sœur aînée[3], qui annoncent la plus haute estime pour l'une et pour l'autre. »

Je lisais ces lettres, elles me rassuraient ; et la phrase *elles ne sont pas moins vos sœurs que les autres*, me frappant jusqu'au fond du cœur : « Ne pleurez point, dis-je à mon père, je prends un parti qui peut vous étonner, mais qui me paraît le plus certain, comme le plus sage.

« Ma sœur aînée indique plusieurs personnes respectables, qui déposeront, dit-elle, à son frère à Paris de la bonne conduite et de la vertu de sa sœur. Je veux les voir, et si leur témoignage est aussi honorable que celui de M. l'ambassadeur de France, je demande un congé, je pars, et ne prenant conseil que de la prudence et de ma sensibilité, je les vengerai d'un traître, ou je les ramène à Paris partager avec vous ma modique fortune. »

Le succès de mes informations m'échauffe le cœur; alors sans autre délai je reviens à Versailles, apprendre à mes augustes protectrices qu'une affaire aussi douloureuse que pressée exige ma présence à Madrid et me force de suspendre toute espèce de service auprès d'elles.

Étonnées d'un départ aussi brusque, leur bonté respectable va jusqu'à vouloir être instruites de la nature de ce nouveau malheur. Je montre la lettre de ma sœur aînée : « Partez, et soyez sage » fut l'honorable encouragement que je reçus des Princesses; « ce que vous entreprenez est bien, et vous ne manquerez pas d'appui en Espagne si votre conduite[a] est raisonnable. »

Mes apprêts furent bientôt faits. Je craignais de ne pas arriver assez tôt pour sauver la vie à ma pauvre sœur. Les plus fortes recommandations auprès de notre ambassadeur me furent prodiguées et devinrent l'inestimable prix de quatre ans de soins employés à l'amusement de Mesdames[1].

À l'instant de mon départ, je reçois la commission de négocier en Espagne une affaire très intéressante au commerce de France[2]. M. Duverney, touché du motif de mon voyage, m'embrasse et me dit : « Allez, mon fils, sauvez la vie à votre sœur. Quant à l'affaire dont vous êtes chargé, quelque intérêt que vous y preniez, souvenez-vous que je suis votre appui : je l'ai promis publiquement à la famille royale, et je ne manquerai jamais à un engagement aussi sacré. Je m'en rapporte à vos lumières; voilà pour deux cent mille francs de billets au porteur que je vous remets pour augmenter votre consistance personnelle par un crédit de cette étendue sur moi[3]. »

Je pars et vais nuit et jour[4] de Paris à Madrid. Un négociant français[5] feignant d'avoir affaire à Bayonne, mais engagé secrètement par ma famille de m'accompagner et de veiller à ma sûreté, m'avait demandé une place dans ma chaise[6].

J'arrive à Madrid le 18 mai 1764, à onze heures du matin. J'étais attendu depuis quelques jours; je trouvai mes sœurs entourées de leurs amis à qui la chaleur de ma résolution avait donné le désir de me connaître.

À peine les premières larmes sont-elles épanchées, que m'adressant à mes sœurs : « Ne soyez pas étonnées, leur dis-je, si j'emploie ce premier moment pour apprendre l'exacte vérité de votre malheureuse aventure; je prie les honnêtes gens qui m'environnent, et que je regarde comme mes amis, puisqu'ils sont les vôtres, de ne pas vous passer la plus légère inexactitude. Pour vous servir avec succès, il faut que je sois fidèlement instruit. »

Le conte[a] fut exact et long. À ce récit, la sensibilité de tout le monde justifiant la mienne, j'embrassai ma jeune sœur[1] et lui dis : « À présent que je sais tout, mon enfant, sois en repos; je vois avec plaisir que tu n'aimes plus cet homme-là; ma conduite en devient plus aisée; dites-moi seulement où je puis le trouver à Madrid. » Chacun élève sa voix et me conseille de commencer par aller à Aranjuèz, voir M. l'Ambassadeur dont la prudence consommée devait diriger mes démarches dans une affaire aussi épineuse, notre ennemi étant excessivement[b] soutenu par les relations que sa place lui donnait avec des gens fort puissants; je ne devais rien hasarder à Madrid avant d'avoir eu l'honneur d'entretenir Son Excellence à Aranjuèz[2].

« Cela va bien, mes amis, car je vous regarde tous comme tels; procurez-moi seulement une voiture de route, et demain, je vais saluer M. l'Ambassadeur à la Cour. Mais ne trouvez pas mauvais que je prenne, avant de le voir, quelques instructions essentielles à mon projet; la seule chose en laquelle vous puissiez tous me servir, est de garder le secret sur mon arrivée jusqu'à mon retour d'Aranjuèz. »

Je fais tirer promptement un habit de mes malles, et m'ajustant à la hâte, je me fais indiquer la demeure de dom Joseph Clavico*, garde des archives de la couronne, et j'y cours; il était sorti; l'on m'apprend l'endroit où je puis le rencontrer, et dans le salon même d'une dame chez laquelle il était, je lui dis, sans me faire connaître, qu'arrivé de France le jour même, et chargé de quelques commissions pour lui, je lui demandais la permission de l'entretenir le plus tôt possible. Il me remit au lendemain matin à neuf heures en m'invitant au chocolat que j'acceptai pour moi et pour le négociant français qui m'accompagnait.

Le lendemain 19 mai, j'étais chez lui à huit heures et demie; je le trouvai dans une maison splendide, qu'il me dit appartenir à dom Antonio Portuguès[3], l'un des chefs les plus estimés des bureaux du ministère, et tellement son ami qu'en

* Ce mot, qui s'écrit Clavijo, se prononce à peu près Clavico : je le fais imprimer ainsi pour la facilité de la lecture.

son absence il usait librement de sa maison comme de la sienne propre.

« Je suis chargé, monsieur, lui dis-je, par une société de gens de lettres, d'établir, dans toutes les villes où je passerai, une correspondance littéraire avec les hommes les plus savants du pays. Comme aucun Espagnol n'écrit mieux que l'auteur des feuilles appelées le *Pensador** à qui j'ai l'honneur de parler, et que son mérite littéraire a fait même assez distinguer du Roi pour qu'il lui confiât la garde d'une de ses archives, j'ai cru ne pouvoir mieux servir mes amis qu'en les liant avec un homme de votre mérite. »

Je le vis enchanté de ma proposition. Pour mieux connaître à quel homme j'avais affaire, je le laissai longtemps discourir sur les avantages que les diverses nations pouvaient tirer de pareilles correspondances. Il me caressait de l'œil ; il avait le ton affectueux ; il parlait comme un ange, et rayonnait de gloire et de plaisir.

Au milieu de sa joie, il me demande à mon tour quelle affaire me conduisait en Espagne ; heureux, disait-il, s'il pouvait m'y être de quelque utilité. « J'accepte avec reconnaissance des offres aussi flatteuses, et n'aurai point, monsieur, de secrets pour vous. »

Alors voulant le jeter dans un embarras dont la fin seule de mon discours devait le tirer, je lui présentai de nouveau mon ami. « Monsieur, lui dis-je, n'est pas tout à fait étranger à ce que je vais vous dire, et ne sera pas de trop à notre conversation. » Cet exorde le fit regarder mon ami avec beaucoup de curiosité.

« Un négociant français, chargé de famille et d'une fortune assez bornée, avait beaucoup de correspondants en Espagne. Un des plus riches, passant à Paris il y a neuf ou dix ans[1], lui fit cette proposition : " Donnez-moi deux de vos filles, que je les emmène à Madrid ; elles s'établiront chez moi, garçon âgé, sans famille, elles feront le bonheur de mes vieux jours et succéderont[2] au plus riche établissement de l'Espagne. "

« L'aînée déjà mariée[3] et une de ses sœurs lui furent confiées. En faveur de cet établissement, leur père se chargea d'entretenir cette nouvelle maison de Madrid de toutes les marchandises de France qu'on lui demanderait.

« Deux ans après, le correspondant mourut et laissa les Françaises sans aucun bienfait, dans l'embarras de soutenir

* En français, le *Penseur*.

toutes seules une maison de commerce. Malgré ce peu d'aisance, une bonne conduite et les grâces de leur esprit leur conservèrent une foule d'amis qui s'empressèrent à augmenter leur crédit et leurs affaires. (Ici je vis Clavico redoubler d'attention.)

« À peu près dans ce même temps, un jeune homme, natif des îles Canaries, s'était fait présenter dans la maison (toute sa gaieté s'évanouit à ces mots qui le désignaient). Malgré son peu de fortune, les dames, lui voyant une grande ardeur pour l'étude de la langue française et des sciences, lui avaient facilité les moyens d'y faire des progrès rapides.

« Plein du désir de se faire connaître, il forme enfin le projet de donner à la ville de Madrid le plaisir tout nouveau pour la nation, de lire une feuille périodique dans le genre du *Spectateur anglais*[1] ; il reçoit de ses amis des encouragements et des secours de toute nature. On ne doute point qu'une pareille entreprise n'ait le plus grand succès; alors animé par l'espérance de réussir à se faire un nom, il ose se proposer ouvertement pour épouser la plus jeune des Françaises.

« " Commencez, lui dit l'aînée, par réussir; et lorsque quelque emploi, faveur de la Cour ou tel autre moyen de subsister honorablement, vous aura donné le droit de songer à ma sœur, si elle vous préfère à d'autres prétendants, je ne vous refuserai pas mon consentement. " (Il s'agitait étrangement sur son siège en m'écoutant; et moi, sans faire semblant de m'en apercevoir, je poursuivis ainsi.)

« La plus jeune, touchée du mérite de l'homme qui la recherchait, refuse divers partis avantageux qui s'offraient pour elle, et préférant d'attendre que celui qui l'aimait depuis quatre ans eût rempli les vues de fortune que tous ses amis osaient espérer pour lui, l'encourage à donner sa première feuille philosophique sous le titre imposant du *Pensador*. (Ici je vis mon homme prêt à se trouver mal.)

« L'ouvrage (continuai-je avec un froid glacé) eut un succès prodigieux; le roi même, amusé de cette charmante production, donna des marques publiques de bienveillance à l'auteur. On lui promit le premier emploi honorable qui vaquerait. Alors il écarta tous les prétendants à sa maîtresse par une recherche absolument publique. Le mariage ne se retardait que par l'attente de l'emploi qu'on avait promis à l'auteur des feuilles. Enfin au bout de six ans d'attente d'une part, de soins et d'assiduités de l'autre, l'emploi[2] parut et l'homme s'enfuit. (Ici l'homme fit un soupir involontaire, et s'en apercevant lui-même, il en rougit de confusion; je remarquais tout sans cesser de parler.)

« L'affaire avait trop éclaté pour qu'on pût en voir le dénouement avec indifférence. Les dames avaient pris une maison capable de contenir deux ménages; les bans[a] étaient publiés. L'outrage indignait tous les amis communs qui s'employèrent efficacement à venger cette insulte; M. l'ambassadeur de France s'en mêla; mais lorsque cet homme apprit que les Françaises employaient les protections majeures contre lui, craignant un crédit qui pouvait renverser le sien et détruire en un moment sa fortune naissante, il vint se jeter aux pieds de sa maîtresse irritée. À son tour il employa tous ses amis pour la ramener, et comme la colère d'une femme trahie n'est presque jamais que de l'amour déguisé, tout se raccommoda; les préparatifs d'hymen recommencèrent, les bans se publièrent de nouveau, l'on devait s'épouser dans trois jours. La réconciliation avait fait autant de bruit que la rupture. En partant pour Saint-Hildephonse où il allait demander à son ministre la permission de se marier : " Mes amis, dit-il, conservez-moi le cœur chancelant de ma maîtresse jusqu'à ce que je revienne du Sitio real[1], et disposez toutes choses de façon qu'en arrivant je puisse aller au temple[2] avec elle. " »

Malgré l'horrible état où mon récit le mettait, incertain encore si je racontais une histoire étrangère à moi, ce Clavico regardait de temps en temps mon ami dont le sang-froid ne l'instruisait pas plus que le mien. Ici je renforçai ma voix en le fixant, et je continuai :

« Il revient en effet de la Cour le surlendemain; mais au lieu de conduire sa victime à l'autel, il fait dire à l'infortunée qu'il change d'avis une seconde fois et ne l'épousera point; les amis indignés courent à l'instant chez lui; l'insolent ne garde plus aucun ménagement et les défie tous de lui nuire, en leur disant que si les Françaises cherchaient à le tourmenter, elles prissent garde à leur tour qu'il ne les perdît pour toujours dans un pays où elles étaient sans appui.

« À cette nouvelle, la jeune Française tomba dans un état de convulsions qui fit craindre pour sa vie. Au fort de leur désolation, l'aînée écrivit en France l'outrage public qui leur avait été fait; ce récit émut le cœur de leur frère au point que, demandant aussitôt un congé pour venir éclaircir une affaire aussi embrouillée, il n'a fait qu'un saut de Paris à Madrid; et ce frère, *c'est moi* qui ai tout quitté, patrie, devoirs, famille, état, plaisirs, pour venir venger en Espagne une sœur innocente et malheureuse ; c'est moi qui viens armé du bon droit et de la fermeté, démasquer un traître, écrire en traits de sang son âme sur son visage ; et ce traître, *c'est vous*. »

Qu'on se forme le tableau de cet homme étonné, stupéfait de ma harangue, à qui la surprise ouvre la bouche et y fait expirer la parole glacée ; qu'on voie cette physionomie radieuse, épanouie sous mes éloges, se rembrunir par degrés, ses yeux s'éteindre, ses traits s'allonger, son teint se plomber.

Il voulut balbutier quelques justifications. « Ne m'interrompez pas, monsieur, vous n'avez rien à me dire et beaucoup à entendre de moi. Pour commencer, ayez la bonté de déclarer devant Monsieur qui est exprès venu de France avec moi, si, par quelque manque de foi, légèreté, faiblesse, aigreur, ou quelque autre vice que ce soit, ma sœur a mérité le double outrage que vous avez eu la cruauté de lui faire publiquement. – Non, monsieur, je reconnais doña Maria, votre sœur, pour une demoiselle pleine d'esprit, de grâces et de vertus. – Vous a-t-elle donné quelque sujet de vous plaindre d'elle depuis que vous la connaissez ? – *Jamais, jamais.* – Eh ! pourquoi donc, monstre que vous êtes (lui dis-je en me levant), avez-vous eu la barbarie de la traîner à la mort, uniquement parce que son cœur vous préférait à dix autres plus honnêtes et plus riches que vous ? – Ah ! monsieur, ce sont des instigations, des conseils ; si vous saviez... – Cela suffit. »

Alors me retournant vers mon ami : « Vous avez entendu la justification de ma sœur, allez la publier. Ce qui me reste à dire à Monsieur n'exige plus de témoins. » Mon ami sort. Clavico bien plus étonné se lève à son tour, je le fais rasseoir. « À présent, monsieur, que nous sommes seuls, voici quel est mon projet, et j'espère que vous l'approuverez.

« Il convient également à vos arrangements et aux miens que vous n'épousiez pas ma sœur ; et vous sentez que je ne viens pas ici faire le personnage d'un frère de comédie qui veut que sa sœur se marie ; mais vous avez outragé à plaisir une femme d'honneur, parce que vous l'avez crue sans soutien en pays étranger ; ce procédé est celui d'un malhonnête homme et d'un lâche. Vous allez donc commencer par reconnaître, de votre main, en pleine liberté[1], toutes vos portes ouvertes et vos gens dans cette salle, qui ne nous entendront point, parce que nous parlerons français, que vous êtes un homme abominable qui avez trompé, trahi, outragé ma sœur, sans aucun sujet, et votre déclaration dans mes mains je pars pour Aranjuèz où est mon ambassadeur, je lui montre l'écrit, je le fais ensuite imprimer; après-demain la Cour et la ville en seront inondées; j'ai des appuis considérables ici, du temps et de l'argent : tout sera employé à vous faire perdre votre place, à vous poursuivre de toute manière et sans relâche, jusqu'à ce que le ressentiment de ma sœur apaisé m'arrête et me dise holà.

— Je ne ferai point une telle déclaration, me dit Clavico d'une voix altérée. — Je le crois, car peut-être, à votre place, ne la ferais-je pas non plus. Mais voici le revers de la médaille. Écrivez ou n'écrivez pas; de ce moment je reste avec vous; je ne vous quitte plus; je vais partout où vous irez, jusqu'à ce qu'impatienté d'un pareil voisinage, vous soyez venu vous délivrer de moi derrière Buen Retiro*[1]. Si je suis plus heureux que vous, monsieur, sans voir mon ambassadeur, sans parler à personne ici, je prends ma sœur mourante entre mes bras, je la mets dans ma voiture et je m'en retourne en France avec elle. Si au contraire le sort vous favorise, tout est dit pour moi; j'ai fait mon testament avant de partir; vous aurez eu tous les avantages sur nous, permis à vous alors de rire à nos dépens. Faites monter le déjeuner. »

Je sonne librement : un laquais entre, apporte le chocolat. Pendant que je prends ma tasse, mon homme absorbé se promène en silence, rêve profondément, prend son parti tout de suite, et me dit :

« Monsieur de Beaumarchais, écoutez-moi. Rien au monde ne peut excuser ma conduite envers mademoiselle votre sœur. L'ambition m'a perdu; mais si j'eusse prévu que doña Maria eût un frère comme vous, loin de la regarder comme une étrangère isolée, j'aurais conclu que les plus grands avantages devaient suivre notre union. Vous venez de me pénétrer de la plus haute estime, et je me mets à vos pieds pour vous supplier de travailler à réparer, s'il est possible, tous les maux que j'ai faits à votre sœur. Rendez-la-moi, monsieur; et je me croirai trop heureux de tenir de vous ma femme et le pardon de tous mes crimes. — Il n'est plus temps; ma sœur ne vous aime plus : faites seulement la déclaration, c'est tout ce que j'exige de vous; et trouvez bon après qu'en ennemi déclaré je venge ma sœur au gré de son ressentiment. »

Il fit beaucoup de façons, et sur le style dont je l'exigeais, et

* L'ancien palais des rois d'Espagne à Madrid.

sur ce que je voulais qu'elle fût toute de sa main ; et sur ce que j'insistais à ce que les domestiques fussent présents pendant qu'il écrirait; mais comme l'alternative était pressante, et qu'il lui restait encore je ne sais quel espoir de ramener une femme qui l'avait aimé, sa fierté se soumit à écrire la déclaration suivante, que je lui dictais en me promenant dans l'espèce de galerie où nous étions.

Déclaration dont j'ai l'original

Je soussigné Joseph Clavijo, garde d'une des archives de la couronne, reconnais qu'après avoir été reçu avec bonté dans la maison de Madame Guilbert, j'ai trompé Mademoiselle Caron, sa sœur, par la promesse d'honneur mille fois réitérée de l'épouser, à laquelle j'ai manqué, sans qu'aucune faute ou faiblesse de sa part ait pu servir de prétexte ou d'excuse à mon manque de foi ; qu'au contraire la sagesse de cette demoiselle, pour qui j'ai le plus profond respect, a toujours été pure et sans tache. Je reconnais que, par ma conduite, la légèreté de mes discours, et par l'interprétation qu'on a pu y donner, j'ai ouvertement outragé cette vertueuse demoiselle, à laquelle je demande pardon par cet écrit fait librement et de ma pleine volonté, quoique je me reconnaisse tout à fait indigne de l'obtenir ; lui promettant toute autre espèce de réparation qu'elle pourra désirer, si celle-ci ne lui convient pas. Fait à Madrid, et écrit tout de ma main, en présence de son frère, le 19 mai 1764[1].

Signé, JOSEPH CLAVIJO.

Je prends le papier, et lui dis en le quittant : « Je ne suis point un lâche ennemi, monsieur ; c'est sans ménagement que je vais venger ma sœur. Je vous en ai prévenu. Tenez-vous bien pour averti de l'usage cruel que je vais faire de l'arme que vous m'avez fournie. – Monsieur, je crois parler au plus offensé mais au plus généreux des hommes : avant de me diffamer, accordez-moi le moment de tenter un effort pour ramener encore une fois doña Maria : c'est dans cet unique espoir que j'ai écrit la réparation que vous emportez ; mais avant de me présenter, j'ai résolu de charger quelqu'un de plaider ma cause auprès d'elle ; et ce quelqu'un, c'est vous. – Je n'en ferai rien. – Au moins vous lui direz le repentir amer que vous avez aperçu en moi. Je borne à cela toutes mes sollicitations. À votre refus je chargerai quelque autre de me mettre à ses pieds. » Je le lui promis.

Le retour de mon ami chez ma sœur avait porté l'alarme dans tous les esprits. En arrivant je trouvai les femmes éplorées et les hommes très inquiets; mais au compte que je rendis de ma séance, à la vue de la déclaration, les cris de joie, les embrassements succédèrent aux larmes; chacun ouvrait un avis différent; les uns opinaient à perdre Clavico, les autres penchaient à lui pardonner; d'autres s'en rapportaient à ma prudence, et tout le monde parlait à la fois. Mais ma sœur de s'écrier : « Non, jamais, jamais je n'en entendrai parler; courez, mon frère, à Aranjuèz; allez voir M. l'Ambassadeur, et dans tout ceci, gouvernez-vous par ses conseils. »

Avant de partir pour la Cour, j'écrivis à Clavico que ma sœur n'avait pas voulu entendre un seul mot en sa faveur, et que je m'en tenais au projet de la venger et de le perdre. Il me fit prier de le voir avant mon départ; et je me rendis librement chez lui. Après mille imprécations contre lui-même, toutes ses prières se bornèrent à obtenir de moi qu'il allât pendant mon absence, avec un ami commun, parler à ma sœur aînée, et que je ne rendisse son déshonneur public qu'à mon retour, s'il n'avait pas obtenu son pardon. Je partis pour Aranjuèz.

M. le marquis d'Ossun, notre ambassadeur, aussi respectable qu'obligeant, après m'avoir marqué tout l'intérêt qu'il prenait à moi en faveur des augustes recommandations qui lui étaient parvenues de France, me dit : « La première preuve de mon amitié, monsieur, est de vous prévenir que votre voyage en Espagne est de la dernière inutilité quant à l'objet de venger votre sœur; l'homme qui l'a insultée deux fois par sa retraite inopinée, n'eût jamais osé se rendre aussi coupable, s'il ne se fût pas cru puissamment soutenu. Quel est votre dessein? Espérez-vous lui faire épouser votre sœur? — Non, monsieur, je ne le veux pas : mais je prétends le déshonorer. — Et comment? » Je lui fis le récit de mon entrevue avec Clavico, qu'il ne crut qu'en lisant son écrit que je lui présentais.

« Eh bien! monsieur, me dit cet homme respectable, un peu étonné de mon action, je change d'avis à l'instant. Celui qui a tellement avancé les affaires en deux heures est fait pour les terminer[a] heureusement. L'ambition avait éloigné Clavico de mademoiselle votre sœur; l'ambition, la terreur ou l'amour le lui ramènent. Mais à quelque titre qu'il revienne, le moins d'éclat qu'on puisse faire en pareille occasion est toujours le mieux. Je ne vous cache pas que cet homme est fait pour aller loin; et sous ce point de vue, c'est peut-être un parti très avantageux. À votre place, je vaincrais ma sœur sur ses répugnances, et, profitant du repentir de Clavico, je les marierais promptement. – Comment, monsieur, un lâche? – Il n'est un lâche que s'il ne revient pas de bonne foi. Mais ce point accordé, ce n'est qu'un amant repentant. Au reste, voilà mon avis, je vous invite à le suivre, et même je vous en saurai gré, par des considérations que je ne puis vous expliquer. »

Je revins à Madrid un peu troublé des conseils de M. le marquis d'Ossun. À mon arrivée j'appris que Clavico était venu, accompagné de quelques amis communs, se jeter aux pieds de mes sœurs; que la plus jeune, à son arrivée, s'était enfuie dans sa chambre, et n'avait plus voulu reparaître; et l'on me dit qu'il avait conçu beaucoup d'espérance de cette colère fugitive. J'en conclus à mon tour qu'il connaissait bien les femmes, douces et sensibles créatures, qu'un peu d'audace mêlée de repentir trouble à coup sûr étrangement, mais dont le cœur ému n'en reste pas moins disposé en faveur de l'humble audacieux qui gémit à leurs pieds, d'autorité.

Depuis mon retour d'Aranjuèz ce Clavico désira me voir tous les jours, me rechercha, m'enchanta par son esprit, ses connaissances, et surtout par la noble confiance qu'il paraissait avoir en ma médiation. Je le servais de bonne foi; nos amis se joignaient à moi; mais le profond respect que ma pauvre sœur paraissait avoir pour mes décisions me rendait très circonspect à son égard; c'était son bonheur et non sa fortune que je désirais; c'était son cœur et non sa main que je voulais forcer.

Le 25 mai, Clavico se retira brusquement du logis de M. Portuguès, et fut se réfugier au quartier des Invalides, chez un officier de sa connaissance. Cette retraite précipitée ne m'inspira d'abord aucun ombrage, quoiqu'elle me parût singulière. Je courus au quartier; il allégua pour motif de cette retraite que M. Portuguès étant un des plus opposés à son mariage, il comptait me donner la plus haute preuve de la sincérité de son retour, en quittant la maison d'un si puissant ennemi de ma sœur. Cela me parut si probable et si délicat que je lui sus un gré infini de sa retraite aux Invalides. Le 26 mai, j'en reçus la lettre suivante :

Copie de la lettre de Clavico dont j'ai l'original

Je me suis expliqué, Monsieur, d'une manière très précise, sur la ferme intention où je suis de réparer les chagrins que j'ai causés involontairement à Mademoiselle Caron; je lui offre de nouveau de l'épouser, si les malentendus passés ne lui ont pas donné trop d'éloignement pour moi. Mes propositions sont très sincères. Toute ma conduite et mes démarches tendent uniquement à regagner son cœur; et mon bonheur dépendra du succès de mes soins; je prends donc la liberté de vous sommer de la parole que vous m'avez donnée de vous rendre le médiateur de cette heureuse réconciliation. Je sais qu'un galant homme s'honore en s'humiliant devant une femme qu'il a offensée; et que tel qui croit s'avilir en demandant excuse à un homme, a bonne grâce de reconnaître ses torts aux yeux d'une personne de l'autre sexe. C'est donc en connaissance de cause que j'agis dans toute cette affaire. L'assurance libre et franche que je vous ai donnée, Monsieur, et la démarche que j'ai faite pendant votre voyage d'Aranjuèz auprès de mademoiselle votre sœur, peuvent me faire un certain tort dans l'esprit de personnes qui ignorent la pureté de mes intentions : mais j'espère que par un exposé fidèle de la vérité, vous me ferez la grâce d'instruire convenablement tous ceux que l'ignorance ou la malignité ont fait tomber dans l'erreur à mon égard. S'il m'était possible de quitter Madrid sans un ordre exprès de mon chef[1]*, je partirais sur-le-champ, pour aller à Aranjuèz lui demander son approbation; mais j'attends encore de votre amitié que vous prendrez le soin vous-même de lui faire part des vues légitimes et honnêtes que j'ai sur mademoiselle votre sœur, et dont cette lettre vous réitère l'assurance; la promptitude de cette démarche est, selon mon cœur, la plus grande marque que vous puissiez me donner du retour que je vous demande pour l'estime parfaite, et le véritable attachement avec lequel j'ai l'honneur d'être, Monsieur, votre,* etc.

Signé, CLAVIJO,
26 mai 1764.

À la lecture de cette lettre, que je faisais devant mes sœurs, la plus jeune fondit en larmes. Je l'embrassai de toute mon âme. « Eh bien! mon enfant! tu l'aimes encore, et tu en es bien honteuse, n'est-ce pas? je le vois. Mais va! tu n'en es pas moins une honnête, une excellente fille, et puisque ton ressentiment tire à sa fin, laisse-le s'éteindre dans les larmes du pardon; elles sont bien douces après celles de la colère. C'est un monstre (ajoutai-je en riant) que ce Clavico, comme la plupart des hommes; mais, mon enfant, tel qu'il est, je me joins à M. le marquis d'Ossun pour te conseiller de lui pardonner. J'aimerais mieux pour lui qu'il se fût battu, j'aime mieux pour toi qu'il ne l'ait pas fait. »

Mon bavardage la fit sourire au milieu de ses larmes : et je pris ce charmant conflit pour un consentement tacite aux vues de M. l'Ambassadeur; je courus chercher mon homme, à qui je dis bien qu'il était cent fois plus heureux qu'il ne le méritait; il en convint avec une bonne foi qui finit par nous charmer tous : il arriva tremblant chez ma sœur. On enveloppa la pauvre troublée, qui, rougissant, moitié honte et moitié plaisir, laissa échapper enfin, avec un soupir, son consentement à tout ce que nous allions faire pour l'enchaîner de nouveau.

Dans son enchantement, Clavico prit la clef de mon secrétaire et fut écrire le papier suivant, qu'il signa et qu'il apporta le genou en terre à signer à sa maîtresse, devant MM. Laugier, secrétaire d'ambassade de Pologne, Gazan, consul d'Espagne à Bayonne, Devignes, chanoine de Perpignan, Durocher, premier chirurgien de la reine mère; Durand et Périer, négociants français; Don Firmin de Salsedo, contador[1] de la trésorerie du Roi; de Bievardi, gentilhomme italien; Boca, officier des gardes flamandes, et autres; chacun joignit ses instances aux miennes, et l'on arracha, pardessus le consentement verbal, la signature de ma pauvre sœur, qui, ne sachant plus où mettre sa tête, de confusion, vint se jeter dans mes bras en pleurant et m'assurant tout bas qu'en vérité j'étais un homme dur et sans pitié pour elle.

Copie exacte de l'écrit de la main de Clavico,
signé de lui et de ma sœur, dont j'ai l'original

Nous soussignés Joseph Clavijo, et Marie-Louise Caron, avons renouvelé par ce présent écrit, les promesses mille et mille fois réitérées que nous nous sommes faites de n'être jamais l'un qu'à l'autre; et nous nous engageons de sanctifier ces promesses par le sacrement de mariage le plus tôt qu'il sera possible : en foi de quoi nous avons fait et signé cet écrit entre nous.

À Madrid, ce 26 mai 1764.
Signé,
MARIE-LOUISE CARON et JOSEPH CLAVIJO.

Tout le monde passa la soirée avec nous, dans la joie d'un si heureux changement; et je partis pour Aranjuèz à onze heures du soir; car dans un pays aussi chaud la nuit est le temps le plus agréable pour voyager.

Je supplie le lecteur de suspendre encore son jugement sur la futilité de ces détails; il verra bientôt s'ils étaient importants.

En arrivant à Aranjuèz, je rendis un compte exact à

M. l'Ambassadeur, qui eut la bonté de donner plus d'éloges à toutes les parties de ma conduite qu'elles n'en méritaient, mais qui me conseilla de ne rien dire à M. de Grimaldi de ce qui s'était passé, de peur de nuire à mon futur beau-frère.

Je me rendis chez ce ministre; il me reçut avec bonté, lut la lettre de Clavico, donna son consentement au mariage, et souhaita toute sorte de bonheur à ma sœur; en remarquant seulement que dom Joseph Clavico eût pu m'épargner le voyage, la forme usitée en pareil cas étant d'écrire au ministre. Je rejetai tout sur l'empressement que j'avais montré moi-même de venir lui faire ma cour, avant le temps où je le prierais de m'honorer de quelques audiences pour l'entretenir d'objets très importants.

À mon retour à Madrid, je trouvai chez moi la lettre suivante du seigneur Clavico.

Copie de la lettre dont j'ai l'original

Voici, Monsieur, l'indigne billet qui s'est répandu dans le public, tant à la Cour qu'à la ville : mon honneur y est outragé de la manière la plus sanglante, et je n'ose pas voir même la lumière, tandis qu'[1] *on aura de si basses idées de mon caractère et de mon honneur. Je vous prie, Monsieur, très instamment de faire voir le billet que j'ai signé et d'en donner des copies. En attendant que le monde se désabuse,* pendant quelques jours, il n'est pas convenable de nous voir *: au contraire cela pourrait produire un mauvais effet; et l'on croirait que ce malheureux papier est le véritable, et que celui qui paraîtrait à sa place n'était qu'une composition faite après coup. Imaginez, Monsieur, dans quelle désolation doit me mettre un pareil outrage, et croyez-moi, Monsieur, votre,* etc.

Signé, CLAVIJO.

Il avait joint à sa lettre une déclaration fausse, gigantesque, abominable, et qui était tout entière de son écriture.

Je pris un peu d'humeur de la conclusion que tirait Clavico de cet indigne papier! je courus lui en faire les plus tendres reproches; je le trouvai couché. Partie de ses effets étant restée chez M. Portuguès, je lui envoyai sur-le-champ du linge de toute espèce à changer; et pour le consoler du chagrin où cet écrit fabriqué paraissait le plonger, je lui promis qu'à son rétablissement je le mènerais partout avec moi comme mon frère et comme un homme honorable, en l'assurant que je voyais dans les dispositions de tout le monde qu'on se plairait à m'en croire à ma parole.

Nous convînmes de tous les préparatifs du mariage de ma sœur; et le lendemain plusieurs de ses amis me menèrent, à son invitation, chez le grand vicaire, chez le notaire apostolique[1], etc. Cela fait, je revins chez lui très content : « Mon ami (lui dis-je en l'embrassant), l'état où nous sommes à l'égard l'un de l'autre me permet de prendre quelques libertés avec vous; si vous n'êtes pas en argent comptant, vous ferez fort bien d'accepter ma bourse dans laquelle j'ai mis cent quadruples cordonnés[2] et autres pièces d'or, le tout valant environ neuf mille livres argent de France, sur quoi vous enverrez vingt-cinq quadruples à ma sœur pour avoir des rubans; et voici des bijoux et des dentelles de France; si vous voulez lui en faire présent, elle les recevra de votre main, plus agréablement encore que de la mienne. »

Mon ami accepta les bijoux et dentelles, ayant de la peine à croire, dit-il, qu'on en trouvât d'aussi bon goût à Madrid; mais quelques instances que je lui fisse, il refusa l'argent que je remportai.

Le lendemain, jour de l'Ascension, un valet métis ou quart d'espagnol indien que j'avais pris à Bayonne, et qui la veille avait été me chercher de l'or cordonné chez mon banquier, me vola mes cent quadruples, ma bourse, toutes les pièces d'argenterie de mon nécessaire qui n'étaient pas apparentes, un carton de dentelles à mon usage, tous mes bas de soie, et quelques vestes d'étoffe d'or, le tout valant à peu près quinze mille francs, et prit la fuite.

Je fus sur-le-champ chez le commandant de Madrid[3] faire ma plainte; et je demeurai un peu surpris de l'air glacé dont elle fut accueillie. On sera moins étonné dans un moment que je ne le fus alors moi-même; l'énigme va bientôt se débrouiller.

Cet accident ne m'empêcha pas de donner tous mes soins à mon ami malade; je lui reprochai doucement ma perte, en lui disant que s'il eût accepté mes offres la veille au soir, il m'eût fait grand plaisir, et m'eût empêché d'être volé. Mon ami m'assura que ce petit malheur était irréparable, parce que ce valet qui avait sûrement pris la route de Cadix, serait parti avec la flotte avant qu'on l'eût attrapé. J'en écrivis à M. l'Ambassadeur et ne m'en occupai plus.

Les jours suivants se passèrent en soins assidus de ma part, et en témoignages de la plus tendre reconnaissance de celle de Clavico. Mais le 5 juin, étant venu pour le voir à l'ordinaire au quartier des Invalides, j'appris avec surprise que mon ami avait encore brusquement délogé.

Changer de gîte une seconde fois, sans m'en donner avis, me parut, je l'avoue, très extraordinaire. Je le fis chercher dans tous les hôtels garnis de Madrid; et l'ayant enfin trouvé rue Saint-Louis, je lui témoignai mon étonnement avec un peu moins de douceur que la première fois; mais il m'avoua qu'ayant été instruit qu'on avait reproché à son ami de partager, avec un étranger, un logement de quartier[1] que le Roi ne lui donnait que pour lui seul, sans consulter l'embarras, ni sa santé, ni l'heure indue, il avait cru devoir quitter à l'instant l'appartement de son ami. Il fallut bien approuver sa délicatesse; mais je le grondai obligeamment de n'être pas venu prendre un logement dans la maison de ma sœur; je voulais même l'y conduire à l'instant. Il me serra les mains avec reconnaissance, et m'objecta que venant de prendre médecine, il ne s'exposerait pas à sortir de chez lui, cet usage étant celui de tous les Espagnols.

Le lendemain il refusa, sous le même prétexte, mes offres réitérées de venir chez ma sœur. Alors nos amis commencèrent à secouer la tête, à concevoir des soupçons; mais ils me paraissaient encore plus absurdes que malhonnêtes. À quoi bon des feintes avec moi? Le contrat était fait; il ne put être signé de plusieurs jours à cause de ces impatientantes *purgeries*[2]; en Espagne, me disait-on, tout acte est nul lorsqu'il se trouve daté du jour qu'un des contractants a pris médecine : chaque pays, chaque usage.

Ma sœur tremblait de nouveau : c'était par de semblables délais que cet homme les avait déjà deux fois conduites à des dénouements affreux. Je lui imposais silence avec amertume; cependant le soupçon se glissait dans mon cœur. Pour m'en délivrer tout à fait, le 7 juin, jour pris enfin pour signer le contrat, j'envoyai chercher d'autorité le notaire apostolique.

Mais quelle fut ma surprise, lorsque cet homme me dit qu'il allait faire signer au seigneur Clavico une déclaration bien contraire à mes vues; qu'il avait reçu la veille une opposition au mariage de ma sœur, par une jeune personne qui prétendait avoir une promesse de Clavico, datée de 1755; de neuf années avant l'époque où nous étions, 1764.

Je m'informe vite du nom de l'opposante. Le notaire m'apprend que c'était *una dueña* (fille de chambre[3]). Humilié, furieux, je cours chez l'indigne Clavico.

« Cette promesse de mariage vient de vous, lui dis-je ; elle a été fabriquée hier. Vous êtes un homme abominable auquel je ne voudrais pas donner ma sœur pour tous les trésors de l'Inde. Mais ce soir je pars pour Aranjuèz : je rends compte à M. de Grimaldi de votre infamie ; et loin de m'opposer pour ma sœur à la prétention de votre *dueña*, je demande pour unique vengeance qu'on vous la fasse épouser sur-le-champ. Je lui servirai de père, je lui payerai sa dot, et lui prodiguerai tous mes secours, pour qu'elle vous poursuive jusqu'à l'autel. Alors, pris dans votre propre piège, vous serez déshonoré, et je serai vengé.

— Mon cher frère, mon ami, me dit-il, suspendez vos ressentiments et votre voyage jusqu'à demain ; je n'ai nulle part à cette noirceur. À la vérité, dans un délire amoureux, je fis cette promesse autrefois à la *dueña* de Mme Portuguès, qui était jolie, mais qui depuis notre rupture ne m'en a jamais reparlé. Ce sont les ennemis de doña Maria, votre sœur, qui font agir cette fille : mais croyez, mon ami, que le désistement de la malheureuse est l'affaire de quelques pistoles d'or. Je vous conduirai ce soir chez un célèbre avocat, que j'engagerai même à vous accompagner à Aranjuèz ; et nous aviserons ensemble, avant que vous partiez, aux moyens de parer à ce nouvel obstacle, beaucoup moins important que votre vivacité ne vous le fait craindre. Mettez-moi aux pieds de doña Maria votre sœur, que je fais vœu d'aimer toute ma vie, ainsi que vous ; et ne manquez pas de vous rendre ici ce soir à huit heures précises. »

L'amertume était dans mon cœur, et l'indécision dans ma tête. Je n'écoutais pourtant pas encore les pronostics affreux que l'on répandait : il était possible que j'eusse été joué par un fripon ; mais quel était son but ? Ne pouvant le deviner, n'en voyant même aucun qui fût raisonnable, je suspendais mon jugement, quoique l'effroi eût déjà gagné tout ce qui m'environnait. Je me rends à huit heures chez cet étrange mortel, accompagné des sieurs Périer et Durand[1]. À peine étions-nous descendus de voiture que la maîtresse de la maison vint au-devant de nous et me dit : « Le seigneur Clavico est délogé depuis une heure, on ignore où il est allé. »

Frappé de cette nouvelle et voulant en douter encore, je monte à la chambre qu'il avait occupée ; je ne trouve plus aucun[a] de ses effets ; mon cœur se serra de nouveau. De retour chez moi, j'envoyai six personnes courir toute la ville pour me découvrir[b] le traître, à quelque prix que ce fût ; mais convaincu de sa trahison, je m'écriais encore : « À quoi bon ces noirceurs? » Je n'y concevais rien, lorsqu'un courrier de M. l'Ambassadeur, arrivant d'Aranjuèz, me remit une lettre de Son Excellence, en me disant qu'elle était très pressée. Je l'ai conservée et vais la transcrire ici.

Lettre de M. l'ambassadeur de France,
dont j'ai l'original

À Aranjuèz, le 7 juin 1764.

M. de Robiou, Monsieur, commandant de Madrid, vient de passer chez moi pour m'apprendre que le sieur Clavico s'était retiré dans un quartier des Invalides, et avait déclaré qu'il y prenait asile contre les violences qu'il craignait de votre part, attendu que vous l'aviez forcé dans sa propre maison, il y a quelques jours, le pistolet sur la gorge, à signer un billet, par lequel il s'était engagé à épouser mademoiselle votre sœur. Il serait inutile que je vous communiquasse ici ce que je pense sur un aussi mauvais procédé[1]*. Mais vous concevrez aisément que, quelque honnête et droite qu'ait été votre conduite dans cette affaire, on pourrait y donner une tournure dont les conséquences seraient aussi désagréables que fâcheuses pour vous. Ainsi je vous conseille de demeurer entièrement tranquille, en paroles, en écrits*[a] *et en actions, jusqu'à ce que je vous aie vu; ou ici, si vous y venez promptement, ou à Madrid, où je retournerai le 12.*

J'ai l'honneur d'être avec une parfaite considération, Monsieur, votre, etc.

Signé, OSSUN.

Cette nouvelle fut un coup de foudre pour moi. Quoi! cet homme qui depuis quinze jours me pressait dans ses bras! ce monstre qui m'avait écrit dix lettres pleines de tendresse, m'avait sollicité publiquement de lui donner ma sœur, était venu dix fois manger chez elle à la face de tout Madrid! il avait fait une plainte au criminel contre moi pour cause de violence, et me poursuivait sourdement! je ne me connaissais plus.

Un officier des gardes wallonnes entre à l'instant et me dit : « Monsieur de Beaumarchais, vous n'avez pas un moment à perdre; sauvez-vous, ou demain matin vous serez arrêté dans votre lit; l'ordre est donné, je viens vous en prévenir; votre homme est un monstre, il a soulevé contre vous tous les esprits, et vous a conduit de promesses en promesses pour se rendre votre accusateur public. Fuyez, fuyez à l'instant, ou renfermé dans un cachot, vous n'avez plus ni protection ni défense. »

Moi, fuir ! me sauver ! plutôt périr. Ne me parlez plus, mes amis ; ayez-moi seulement une voiture de route à six mules, pour demain quatre heures du matin, et laissez-moi me recueillir jusqu'à mon départ pour Aranjuèz.

Je me renfermai ; j'avais l'esprit troublé, le cœur dans un étau ; rien ne pouvait calmer cette agitation. Je me jetai dans un fauteuil où je restai près de deux heures, dans un vide absolu d'idées et de résolutions.

Ce repos fatigant m'ayant enfin rendu à moi-même, je me rappelai que cet homme, depuis la date de sa plainte pour fait de violence, s'était promené publiquement avec moi dans mon carrosse, m'avait écrit dix lettres tendres, m'avait chargé spécialement de sa demande auprès du ministre devant vingt personnes[1]. Je me jette à mon bureau ; j'y broche, avec toute la rapidité d'un homme en pleine fièvre, le journal exact de ma conduite depuis mon arrivée à Madrid : noms, dates, discours, tout se peint à ma mémoire, tout est fixé sous ma plume. J'écrivais encore à cinq heures du matin, lorsqu'on m'avertit que ma voiture m'attend, et que l'inquiétude de mes amis ne leur permet pas de me laisser plus longtemps à moi-même. Je monte en carrosse sans m'informer si quelqu'un me suit, sans savoir si j'étais présentable : une espèce d'ivresse me rendait sourd à tout ce qui n'était pas mon objet ; mais on avait pourvu sans me le dire au nécessaire de mon voyage. Quelques amis m'offrent de m'accompagner. « Je veux être seul, leur dis-je ; je n'ai pas trop de douze heures de solitude pour calmer mes sens » ; et je partis pour Aranjuèz.

M. l'Ambassadeur était au palais quand j'arrivai au *Sitio real* ; je ne le vis qu'à onze heures du soir à son retour. « Vous avez bien fait de venir sur-le-champ, me dit-il ; je n'étais rien moins que tranquille sur vous ; depuis quinze jours votre homme a gagné toutes les avenues du palais. Sans moi vous étiez perdu, arrêté, et peut-être conduit au *Presidio**. J'ai couru chez M. de Grimaldi : " Je réponds (lui ai-je dit) de la sagesse et de la bonne conduite de M. de Beaumarchais en toute cette affaire, comme de la mienne propre. C'est un homme d'honneur, qui n'a fait que ce que vous et moi eussions fait à sa place ; je l'ai suivi depuis son arrivée ; faites retirer l'ordre de

* Prison perpétuelle à Oran ou Ceuta sur les côtes d'Afrique.

l'arrêter, je vous prie : ceci est le comble de l'atrocité de la part de son adversaire. – Je vous crois, m'a répondu M. de Grimaldi; mais je ne suis le maître que de suspendre un moment : tout le monde est armé contre lui : qu'il parte à l'instant pour la France; on fermera les yeux sur sa fuite. »

« Ainsi, monsieur, partez, il n'y a pas un moment à perdre; on vous enverra vos effets en France; vous avez six mules à vos ordres. À tout prix, dès demain matin reprenez la route de France : je ne pourrais vous servir contre le soulèvement général, contre des ordres si précis, et je serais désolé qu'il vous arrivât malheur en ce pays : partez. »

En l'écoutant je ne pleurais pas; mais par intervalles il me tombait des yeux de grosses gouttes d'eau[a] que le resserrement universel[1] y amassait. J'étais stupide et muet. M. l'Ambassadeur, attendri, plein de bonté, prévenant toutes mes objections par l'aveu libre et franc que j'avais raison, ne m'en disait pas moins qu'il fallait céder à la nécessité, et fuir un malheur certain.

« Et de quoi me punirait-on, monsieur, puisque vous-même convenez que j'ai raison sur tous les points? Le Roi fera-t-il arrêter un homme innocent et grièvement outragé? Comment imaginer que celui qui peut tout, préférera le mal quand il connaît le bien? – Eh! monsieur, l'ordre du Roi s'obtient, s'exécute, et le mal est fait avant qu'on soit détrompé. Les rois sont justes; mais on intrigue autour d'eux sans qu'ils le sachent; et de vils intérêts, des ressentiments qu'on n'ose avouer, n'en sont pas moins souvent la source de tout le mal qui se fait. Partez, monsieur; une fois arrêté, personne ici ne prenant intérêt à vous, on finirait par conclure que, puisqu'on vous punit, il se peut que vous ayez tort; et bientôt d'autres événements feraient oublier le vôtre; car la légèreté du public est partout un des plus fermes appuis de l'injustice. Partez, vous dis-je, partez. – Mais, monsieur, dans l'état où je suis, où voulez-vous que j'aille? – Votre tête se trouble à l'excès, monsieur de Beaumarchais; évitez un mal présent, et songez que vous ne rencontrerez peut-être pas deux fois en votre vie l'occasion de placer des réflexions si douloureuses pour l'humanité; vous ne serez peut-être jamais indignement outragé par un homme plus puissant que vous; vous ne courrez peut-être jamais une seconde fois le risque d'aller en prison pour avoir été, contre un fou, prudent, ferme et raisonnable : ou si un pareil malheur vous arrivait en France, un homme au milieu de sa patrie a mille moyens de faire valoir son droit, qui lui manquent ailleurs. On traite moins bien un étranger sans appui qu'un citoyen domicilié, qu'un père de famille, comme vous l'êtes, au milieu de tous ses parents. – Eh, monsieur! que diront les miens? Que penseront en France mes augustes protectrices, qui, m'ayant vu constamment persécuté autour d'elles, ont pu juger au moins que je ne méritais pas le mal qu'on disait de moi. Elles croiront que mon honnêteté n'était qu'un masque tombé à la première occasion que j'ai cru trouver de mal faire impunément. – Allez, monsieur; j'écrirai en France; et l'on m'en croira sur ma parole. – Et ma sœur, monsieur! ma malheureuse sœur! ma sœur qui n'est pas plus coupable que moi! – Songez à vous, l'on pourvoira au reste. » Ah dieux! dieux! Ce serait là le fruit de mon voyage en Espagne! Mais *partez, partez*, était le mot dont M. d'Ossun ne sortait plus. Si j'avais besoin d'argent, il m'en offrait avec toute la générosité de son caractère. « Monsieur, j'en ai : mille louis dans ma bourse, et deux cent mille francs dans mon portefeuille me donneront le moyen de poursuivre un si sanglant outrage. – Non, monsieur, je n'y consens pas; vous m'êtes recommandé; partez, je vous en prie; je vous le conseille; et j'irai plus loin même, s'il le faut. – Je ne vous entends plus, monsieur, pardon, je ne vous entends plus. » Et dans le trouble où j'étais, je courus m'enfoncer dans les allées sombres du parc d'Aranjuèz. J'y passai la nuit dans une agitation inexprimable.

Le lendemain matin, bien raffermi, bien obstiné, bien résolu de périr ou d'être vengé, je vais au lever de M. de Grimaldi, ministre d'État. J'attendais dans son salon, lorsque j'entendis prononcer plusieurs fois le nom de M. Whal. Cet homme respectable, qui n'avait quitté le ministère que pour mettre un intervalle de repos entre la vie et la mort, était logé dans la maison de M. de Grimaldi. Je l'apprends, et sur-le-champ je me fais annoncer chez lui, comme un étranger qui a les choses les plus importantes à lui communiquer. Il me fait entrer; et la plus noble figure rassurant mon cœur agité : « Monsieur, lui dis-je, je n'ai point d'autre titre à vos bienfaits que celui d'être Français et outragé; vous êtes né vous-même en France où vous eûtes du service; depuis vous avez passé dans ce pays par tous les grades de l'illustration militaire et politique; mais tous ces titres me donnent moins la confiance de recourir à vous que la véritable grandeur avec laquelle vous avez remis volontairement au roi le dangereux ministère des Indes, dont vous êtes sorti les mains pures lorsqu'un autre eût pu y entasser des milliards. Avec l'estime de la nation, vous êtes resté l'ami du Roi : c'est le nom dont il vous honore sans cesse. Eh bien! monsieur, il vous reste une belle action à faire; elle est digne de vous; et c'est un Français au désespoir qui compte sur le secours d'un homme aussi vertueux.

— Vous êtes Français, monsieur, me dit-il; c'est un beau titre auprès de moi; j'ai toujours chéri la France, et voudrais pouvoir reconnaître en vous les bons traitements que j'y ai reçus. Mais vous tremblez, votre âme est hors d'elle, asseyez-vous et dites-moi vos peines; elles sont affreuses, sans doute, si elles égalent le trouble où je vous vois. » Il défend à l'instant sa porte; et moi, dans un état inexprimable de crainte et d'espérance, je lui demande la permission de lire le journal exact de ma conduite depuis le jour de mon arrivée à Madrid : « Vous y suivrez mieux, monsieur, le fil des événements, que dans une narration désordonnée que j'entreprendrais vainement de vous faire. »

Je lus mon mémoire. M. Whal me calmait de temps en temps en me recommandant de lire moins vite pour qu'il m'entendît mieux, et m'assurant qu'il prenait le plus vif intérêt à ma narration. À mesure que les événements passaient, je lui mettais à la main les écrits, les lettres, toutes les pièces justificatives. Mais lorsque je vins à la plainte criminelle, à l'ordre de me mettre au cachot, suspendu seulement par M. de Grimaldi, à la prière de notre ambassadeur, au conseil qu'il m'avait donné de partir, auquel je ne lui cachais pas que je résistais, déterminé à périr ou à obtenir justice du Roi, il fait un cri, se lève, et m'embrassant tendrement : « Sans doute[1] le Roi vous fera justice, et vous avez raison d'y compter. M. l'Ambassadeur, malgré sa bonté pour vous, est forcé de consulter ici la prudence de son état; mais moi je vais servir votre vengeance de toute l'influence du mien : non, monsieur, il ne sera pas dit qu'un brave Français ait quitté sa patrie, ses protecteurs, ses affaires, ses plaisirs, qu'il ait fait quatre cents lieues pour secourir une sœur honnête et malheureuse, et qu'en fuyant de ce pays il remporte dans son cœur, de la généreuse nation espagnole, l'abominable idée que les étrangers n'obtiennent chez elle aucune justice. Je vous servirai de père en cette occasion comme vous en avez servi à votre sœur. C'est moi qui ai donné au roi ce Clavico. Je suis coupable de tous ses crimes; eh! dieux, que les gens en place sont malheureux de ne pouvoir scruter avec assez de soin tous les hommes qu'ils emploient, et de s'entourer sans le savoir de fripons, dont les infamies leur sont trop souvent imputées ! Ceci, monsieur, est d'autant plus important pour moi que ce Clavico ayant commencé par faire une espèce de feuille ou gazette, et se trouvant, par ses fonctions, rapproché du ministère, eût pu parvenir un jour à des emplois plus considérables, et moi je n'aurais fait présent à mon Roi que d'un scélérat. On excuse un ministre de s'être trompé sur le choix d'un indigne sujet ; mais sitôt qu'il le voit marqué du sceau de la réprobation publique, il se doit à lui-même de le chasser à l'instant. J'en vais donner l'exemple à tous les ministres qui me suivront. »

Il sonne. Il fait mettre des chevaux, il me conduit au palais ; en attendant M. de Grimaldi qu'il avait fait prévenir, ce généreux protecteur entre chez le roi[1], s'accuse du crime de mon lâche adversaire, a la générosité d'en demander pardon. Il avait sollicité son avancement avec ardeur, il met plus d'ardeur encore à solliciter sa chute. M. de Grimaldi arrive, les deux ministres me font entrer, je me prosterne : « Lisez votre mémoire, me dit M. Whal avec chaleur, il n'y a pas d'âme honnête qui n'en doive être touchée comme je l'ai été moi-même. » J'avais le cœur élevé à sa plus haute région ; je le sentais battre avec force dans ma poitrine, et me livrant à ce qu'on pourrait appeler l'éloquence du moment, je rendis avec force et rapidité tout ce qu'on vient de lire. Alors le roi, suffisamment instruit, ordonna que Clavico perdît son emploi et fût à jamais chassé de ses bureaux.

Âmes honnêtes et sensibles ! croyez-vous qu'il y eût des expressions pour l'état où je me trouvais ? Je balbutiais les mots de respect, de reconnaissance, et cette âme entraînée naguère presque au degré de la férocité contre son ennemi, passant à l'extrémité opposée, alla jusqu'à bénir le malheureux dont la noirceur lui avait procuré le noble et précieux avantage qu'il venait d'obtenir aux pieds du trône.

Pour comble de bontés, le monarque envoya chez M. l'ambassadeur de France où je dînais, donner l'ordre au Français à qui il venait de rendre une justice si éclatante, de lui faire parvenir le journal exact de ce qui avait été lu et jugé au palais. M. l'Ambassadeur, aussi touché que moi, me donna trois de ses secrétaires qui, de leur part, y mettant une bienveillance patriotique, copièrent en peu d'heures mon journal avec les pièces justificatives, et le tout fut porté par

M. l'Ambassadeur au roi, qui ne dédaigna pas de dire qu'il garderait cet ouvrage, et même de s'informer avec bonté si le Français était satisfait.

Telle est la justice que j'ai obtenue en Espagne dans une querelle où j'étais en quelque façon l'agresseur. Mon cœur se serre en pensant que depuis en France étant offensé... Telles sont les preuves authentiques et respectables sur lesquelles s'appuie le compte exact que l'animosité vient de me forcer de rendre de ma conduite en cette occasion, l'une des plus importantes de ma vie. J'ai osé nommer, sans leur aveu, le Prince magnanime qui s'est plu à me faire justice, les généreux ministres qui y ont coopéré, le très respecté marquis d'Ossun, notre ambassadeur, mon inestimable protecteur M. Whal[1], et toutes les personnes qui ont contribué à ma justification.

Au milieu d'une nation étrangère, je n'ai rencontré que grandeur, générosité, noble intérêt, service ardent, justice éclatante, et je n'aurais pas attendu dix ans à publier la reconnaissance que je garderai toute ma vie à la généreuse nation espagnole, si j'avais pu la faire éclater sans y mêler le récit d'un événement personnel qui ne pouvait intéresser que mes parents et moi.

Je revins à Madrid où tous les Français s'empressèrent de renouveler à ma pauvre sœur les témoignages de leur ancienne amitié. À la nouvelle de la perte de son emploi qui se répandit partout, mon lâche ennemi, certain d'être arrêté, se sauva chez les capucins, d'où il m'écrivit une longue lettre pour implorer ma commisération. Il avait raison d'y compter, je ne le haïssais plus, je n'ai même jamais haï personne. Mais dans cette lettre, ce qui m'étonna davantage fut l'assurance avec laquelle il se tait sur sa plainte criminelle contre moi, se flattant apparemment que je l'ignorais encore. Il s'y défend seulement d'avoir provoqué l'opposition de la *dueña* à laquelle il attribue mon ressentiment. Voici sa lettre avec ma réponse en marge, telle que je la lui envoyai.

Copie de la lettre de Clavico	*Copie de ma réponse en marge*
Depuis mercredi que j'ai reçu, Monsieur, la nouvelle de la privation de mon emploi (a), j'ai été dans des accès de fièvre les plus violents jusqu'à ce moment où, malgré ma faiblesse et mon abattement, je prends la plume	(a) *C'est un malheur que vous vous êtes attiré.*

pour vous remercier des bontés que vous avez eues pour moi. Non, je n'aurais jamais cru cela de vous. Vous aviez raison de ne pas répondre à mes lettres, on n'a rien à dire aux gens que l'on veut perdre sans ressource (b). Eh bien! Monsieur, êtes-vous satisfait? Ces dames le sont-elles? Jouissez, jouissez tous de votre vengeance. Mais sur qui tombe-t-elle, cette vengeance? Sur un homme que vous aimiez, qui a suivi en tout aveuglément vos volontés, sur un homme enfin qui vous aime encore malgré tout ce qui s'est passé (c). Ah! Monsieur, j'en appelle à votre cœur; ou il m'a trompé, ou il est incapable d'un procédé pareil. Mais comment pouvez-vous avoir sévi contre moi sans constater mon crime? Et quel est-il ce crime (d)? Une fille par elle-même ou à la persuasion de quelque furieux et à mon insu, se présente contre moi. Je n'ai pas la moindre part à cette affaire et l'on me croit l'auteur de cette nouvelle scène (e)! On paraît en fureur contre moi, on m'accable d'injures malgré ma faiblesse et ma maladie, et quand le chagrin de cet événement laisse à mon cerveau déjà affaibli par plus de trente jours de fièvre et de diète, à peine la faculté de penser, on me tourmente, on ne croit pas à ma justification, on ne veut pas même m'écouter, ni convenir des moyens que je propose pour arranger cette cruelle affaire. Au contraire on part pour Aranjuèz, pour aller déshonorer un homme que l'on dit aimer avec passion (f), coupable ou non, n'importe. Eh! se donne-t-on la peine de l'examiner avec loisir?

Cependant cet homme accablé sous le poids de sa maladie et de ses violents chagrins, abandonné à lui-même, dans ce cruel état vous écrit à Aranjuèz, et pour vous prouver son innocence (g), fait faire des démarches auprès de l'opposante[2] pour la faire désister de sa prétention. Il n'y avait que ce moyen pour finir tout d'un coup; il vous répète à ce sujet ce qu'il vous avait dit ici lui-même; il vous prie surtout de suspendre les démarches que pouvait vous dicter le ressentiment qui vous conduisait[a] (h). Chaque pas que vous alliez faire était un poignard que vous lui enfonciez dans le cœur, et chaque blessure était incurable (i).

(b) *De quelles lettres parlez-vous?*

(c) *Vous m'aimez! monstre que vous êtes! Et vos lâches impostures! et votre plainte furtive et calomnieuse?*

(d) *Une plainte d'assassinat.*

(e) *Il s'agit bien de cette fille! quand il existe une plainte atroce depuis trois semaines*[1].

(f) *Oui, malheureux, je vous aimais, et c'est ma honte.*

(g) *Et la plainte! la plainte!*

(h) *Oui, le plus juste ressentiment.*

(i) *Le poignard qui*

vous perce est le désespoir de ne m'avoir pas fait périr.

Moi, victime des caprices du sort et comptant sur votre prudence et sur la bonté de votre cœur, quoique sans réponse de votre part je n'attribuai votre silence qu'au hasard, et je m'empressai par une seconde lettre de vous rendre compte des espérances dont on me flattait au sujet de l'opposante, lesquelles sont justes (j).

(j) *Des lettres à Aranjuèz? À moi? Imposteur maladroit!*

Malgré votre silence, j'allais, Monsieur, vous récrire, quand la nouvelle de la privation de mon emploi me replongea tout de suite dans les accès de fièvre dont je ne sors qu'à présent (k).

(k) *Je le crois. Mais c'est de honte qu'il faut mourir.*

Ah, Monsieur! qu'avez-vous fait? N'aurez-vous pas à vous reprocher éternellement d'avoir sacrifié légèrement un homme qui vous appartenait, et dans le temps même qu'il allait devenir votre frère (l)? Quelques égarements passés pouvaient-ils vous faire croire aussi légèrement et sur des apparences? Mais dans quelles circonstances encore se présentait-il, ce prétendu crime? Oui, Monsieur, je le répète et je le dirai à la face de l'univers : je n'ai aucune part à la démarche de l'opposante, et depuis ma réconciliation avec vos dames, je n'ai point changé (m), et je défie qui que ce soit au monde de me prouver que depuis cette époque j'aie rien dit ni écrit de contraire à l'intention où j'étais et où je suis encore, malgré tout ce qui m'est arrivé, de terminer mon mariage avec mademoiselle votre sœur (n).

(l) *Vous! mon frère! je la tuerais plutôt.*

(m) *Peut-on pousser la fourberie plus loin! Et mes violences! et ce pistolet que je vous ai présenté! et cette plainte que vous oubliez!*

(n) *Que je vous ai forcé de contracter le pistolet à la main.*

La privation de mon emploi n'y fait rien. Le roi et le ministre, mieux informés, me rendront la justice qui m'est due[1] (o). Personne au monde n'a rien à me reprocher. Si j'ai eu des torts vis-à-vis mademoiselle Caron, je les ai réparés par mon retour (p); hors de là je n'ai à rougir d'aucune action de ma vie. Or j'espère de la clémence de mon souverain qu'il daignera me faire rendre mon emploi quand il saura mon innocence (q). Puis-je espérer de vous, Monsieur, à qui elle constera[2] parfaitement quand vous le voudrez, que vous ne vous opposerez point à ma justification? Elle doit vous intéresser autant que moi-même (r).

(o) *Ils vous l'ont rendue en vous chassant.*

(p) *En la mettant à la mort une troisième fois.*

(q) *Son innocence! L'innocence de Clavico!*

(r) *Lâche adversaire! Et c'est à moi*

Je vous remets ci-joint copie des deux

lettres que je vous écrivis à Aranjuèz. Je commence même à douter que vous les ayez reçues (s). Oui, je crois connaître votre cœur, il ne m'aurait pas sacrifié si cruellement s'il avait pu seulement se douter de mon innocence. Je sens encore de la satisfaction à vous justifier dans mon cœur (t). Et dans la fatalité de mon sort je ne murmure point contre la main qui l'a conduit. Non, je ne renoncerai jamais au bonheur d'appartenir à votre chère famille (u). Hélas! depuis la dernière promesse mutuelle entre mademoiselle Caron et moi, j'ai bien souffert! Je compte assez sur la générosité de vos âmes pour croire que vous voudriez bien m'aider à me relever (v). Mes supérieurs et mes protecteurs instruits de mon innocence me tendront aussi une main secourable; je l'espère avec d'autant plus d'empressement que je n'ai point mérité leur colère (w).

J'ai l'honneur d'être aussi véritablement que jamais,

Monsieur,

Votre très humble et très obéissant serviteur,

Signé, CLAVIJO,
Madrid, 17 juin 1764.

P.-S. On vient de me dire que Mlle Caron doit se marier (x), je ne puis pas le croire. D'ailleurs voudrait-on donner à Madrid une nouvelle scène à nos dépens, et m'obliger à m'opposer à ce mariage pour authentiquer la droiture de mes intentions? Non : cela ne peut pas être[1] (y).

À M. de Beaumarchais, *etc., etc.*

que vous vous adressez!

(s) *Je le crois bien, elles n'ont jamais été écrites.*

(t) *J'étais perdu par vous, homme indigne! sans la grandeur, sans la justice du Roi.*

(u) *M'appartenir! Misérable!*

(v) *Je suis vengé. Je ne vous hais plus : j'irai même implorer M. de Grimaldi pour vous obtenir du pain, si je puis, dans un coin du monde, mais jamais à Madrid.*

(w) *Aussi n'a-t-on mis que de la justice à votre punition. M. Whal seul a eu la générosité d'y mettre de la colère.*

(x) *Que vous importe?*

(y) *Qu'elle se marie ou non, vous n'avez plus rien à y voir. Votre femme à vous ce sera la dueña. Je borne à cela ma vengeance.*

Je fus en effet demander grâce à M. le marquis de Grimaldi pour ce misérable homme; mais ce ministre mit à ses refus une indignation si obligeante pour moi que je n'osai pas insister. J'écrivis le même jour à plusieurs protecteurs de Clavico, pour les prier de joindre leurs instances aux miennes. « M. le marquis de Grimaldi n'a pas voulu m'entendre, leur disais-je; il est révolté de l'indignité du sujet. Mais un homme malheureux par sa faute l'est doublement; et d'après cette terrible vérité, Clavico doit être bien près du désespoir.

Voir mon ennemi même dans cet affreux état trouble la pureté de ma joie, dans l'heureux dénouement de mon aventure avec lui, *etc.* »

Rien ne put fléchir l'équitable et rigoureux ministre.

La suite de mon voyage d'Espagne est étrangère à ma justification[1]. Quant à l'infamie qu'on m'impute, d'avoir frauduleusement gagné cent mille francs[2] en une nuit chez l'ambassadeur de Russie, et pour laquelle le sieur Marin fait dire à son écrivain que j'ai été *chassé de partout et forcé de fuir d'Espagne avec déshonneur*, je me contenterai de répondre que ce même ambassadeur de Russie, milord Rochefort, alors ambassadeur d'Angleterre en Espagne[3], M. le comte de Creitz, actuellement ambassadeur de Suède en France, MM. les duc et comte de Crillon, et beaucoup d'autres personnes qualifiées, avec lesquelles je jouais tous les jours et qui m'honoraient d'une bienveillance particulière à Madrid, me l'ont conservée en France; j'ajouterai même que dans le séjour que ces divers ambassadeurs ont fait depuis à Paris, ils m'ont tous fait l'honneur de manger chez moi, et d'y agréer les témoignages de ma reconnaissance.

Enfin, après un an passé en Espagne à suivre les plus importantes affaires, lorsque les miennes me rappelèrent en France, et qu'après avoir pris congé verbalement de M. le marquis de Grimaldi, j'eus l'honneur de lui demander, par écrit, ses derniers ordres, voici la lettre qu'il m'écrivit du Pardo[4], où était la Cour, la veille de mon départ.

Copie de la lettre de M. le marquis de Grimaldi,
dont j'ai l'original

Au Pardo, le 14 mars 1765.

Monsieur,

Quelle que soit la réussite des propositions que vous m'avez faites pour l'établissement d'une compagnie de la Louisiane[5]*, elles font infiniment d'honneur à vos talents et ne sauraient qu'affermir la bonne opinion que j'en ai conçue. J'ai été, Monsieur, fort aise de vous connaître, et je le suis de pouvoir rendre ce témoignage à votre capacité. Si vos projets eussent été compatibles avec la constitution de l'Amérique Espagnole, je pense que leur succès vous en eût encore mieux convaincu; mais on a dû céder à des difficultés insurmontables qui s'opposaient à leur exécution.*

Je serai charmé de pouvoir vous rendre service en toute occasion; en attendant j'ai le plaisir de vous souhaiter un bon voyage, et de vous prier de me croire très parfaitement, Monsieur, votre très humble et très obéissant serviteur.

Signé, LE MARQUIS DE GRIMALDI.

Et plus bas est écrit : *À Monsieur de Beaumarchais*[1].

J'en ai trop dit pour moi, et je crois en avoir dit assez pour mes lecteurs. Encore un mot, et je me tais. On assure que MM. Goëzman, Marin, Bertrand, Baculard, *et autres personnes respectables*, ont chacun un beau mémoire tout prêt contre moi, qu'ils réservent pour la veille du jugement de ce procès. S'ils en usent ainsi pour que je n'aie pas le temps d'y répliquer, cela n'est pas de bonne guerre, et j'agis plus franchement avec eux. Mais sur quelque point de ma vie, sous quelque forme, en quelque temps que ces messieurs me fassent l'honneur de me dénigrer ensemble ou séparément, j'ai celui de les prévenir que je réserve à chacun d'eux un grand cornet plein de bonne encre *indélébile*, et que la génération présente ne passera point avant qu'il soit épuisé à leur service.

En attendant je vais, pour me reposer, écrire un extrait fidèle de mes confrontations avec M. Goëzman, et l'opposer à l'infidèle extrait que ce magistrat présente dans la ridicule plainte qu'il vient de faire au Parlement contre moi[2]. On sent bien que tout cela n'est qu'un jeu pour reculer le jugement du procès que mes nobles adversaires voudraient éterniser. Mais ne craignent-ils pas que la nation ne les rende enfin comptables du temps précieux qu'ils dérobent à la Cour ? Le service public souffre du retard que cette odieuse affaire apporte à toutes les autres. Et moi qui perds ici mes forces à leur répondre, j'oublie que j'ai à finir et à présenter au conseil du Roi l'important mémoire de mes défenses contre le comte de La Blache[3], premier auteur de tous mes maux.

Signé, CARON DE BEAUMARCHAIS.

M. DOÉ DE COMBAUT, *rapporteur.*

MM. { DE CHAZAL, REYMOND, } *commissaires*[4].

MÉMOIRES
SUR L'AFFAIRE
DES FUSILS DE HOLLANDE

PÉTITION[1]

DE PIERRE-AUGUSTIN CARON BEAUMARCHAIS À LA CONVENTION NATIONALE RELATIVE AU DÉCRET D'ACCUSATION RENDU CONTRE LUI DANS LA SÉANCE DU 28 NOVEMBRE 1792

Londres, ce 16 décembre 1792,
l'an Ier de la République[2].

Citoyen Président,

Quand le législateur Chabot[3], dans l'Assemblée nationale, et devant beaucoup de ses membres qui depuis ont passé dans cette Convention, me dénonça[4] comme ayant dans mes caves *soixante mille fusils cachés dont la municipalité*, dit-il, *avait parfaite connaissance*, il commit un délit public qui serait devenu d'une terrible conséquence si l'Assemblée, sur la foi de ce membre, et sans preuve, se fût hâtée de me décréter d'accusation, comme vous l'avez fait sur la foi du législateur Lecointre[5] et sans que l'on m'ait entendu.

Les conséquences, dis-je, en eussent été terribles, car j'étais alors à Paris[6] ; et soixante mille fusils supposés[7] dans mes caves me faisaient plus que soupçonner de trahison contre la France. Le peuple, épouvanté par tous les genres de terreurs, m'aurait massacré sans pitié ; car il n'eût pas douté qu'on ne vous eût fourni les preuves de cette déclaration atroce, puisque vous aviez prononcé sur-le-champ contre moi le décret d'accusation ; heureusement vous ne l'avez pas fait *alors*.

Qui me sauva de cet affreux péril, qu'un mensonge avait enfanté ? Un autre mensonge innocent, à l'instant proféré par un membre de l'Assemblée[8] aussi mal instruit que le législateur Chabot. « Je sais ce que c'est, vous dit-il : c'est un traité conclu avec le ministère ; *il y a trois mois que ces fusils nous sont livrés*. »

Le fait de cette livraison était tout aussi faux que l'autre, et je me dis en l'apprenant : « Grand Dieu ! si toutes nos affaires sont traitées avec ce désordre, avec cette légèreté, où es-tu donc, ô pauvre France! La vie du plus pur citoyen lui peut être arrachée par la fureur, la malveillance, ou seulement la précipitation. Mais si la vie d'un homme et le malheur d'une famille se perdent dans l'immensité des maux qui nous accablent, quel pays libre, ou même assujetti, peut rester la demeure d'un être raisonnable, quand des crimes pareils s'y commettent impunément? » Voilà ce que je dis alors ; pourtant je restais dans Paris.

Sauvé d'un aussi grand danger, je n'aurais pas même relevé la faute du législateur, si plusieurs menteurs littéraires (ce n'est point *littéraires*, c'est *journaliers* que je veux dire[1]) n'eussent pas à l'instant, comme ils font aujourd'hui, dénaturé le fait, en envenimant bien la délation du législateur Chabot et taisant au peuple abusé le correctif qu'un autre y avait mis, quoiqu'il se fût trompé lui-même.

Déjà l'on avait placardé sur tous les murs de mon jardin que non seulement j'avais les soixante mille fusils cachés, mais que c'était moi seul qui faisais forger les poignards avec lesquels on devait assassiner le peuple. « Sauvez-vous, disaient mes amis, vous y périrez à la fin. » Moi qui ne me sauve jamais tant qu'il me reste une défense, je fis afficher dans Paris ma réponse[2] au législateur Chabot, beaucoup moins grave, en apparence, que le fait ne le comportait; mais je parlais au peuple; et l'on avait fait parmi nous un tel abus du style injuriel[3], qu'il en avait perdu sa force. Je crus donc que la vérité, que la raison, assaisonnée d'un peu de douce moquerie, était ce qui convenait le mieux pour bien classer mon dénonciateur. Le peuple lut et rit, et fut désabusé[4]; et moi je fus sauvé encore cette fois-là.

Mais ceux qui avaient mis le législateur Chabot en œuvre[5] ne rirent point de mon dilemme[6] ; ils me gardèrent toutes les horreurs dont ils se rassasient encore : et celle-ci n'est pas une des moins piquantes pour eux.

Posons maintenant la question.

Ai-je été traître à ma patrie? ai-je cherché à la piller comme les gens qui la fournissent... ou la font fournir, *c'est tout un*? C'est ce que je m'apprête à bien éclaircir devant vous, ô citoyens législateurs! car je ne vous fais pas l'injure de supposer qu'après m'avoir décrété sans m'entendre, c'est-à-dire qu'après avoir mis ma personne en danger, ma famille dans les pleurs, mon crédit en déroute, et mis mes biens en saisie, sur quatre phrases indigestes d'un dénonciateur *trompé*, vous repousserez mes défenses dont cette pétition est la première pièce. Elles sont les défenses d'un très bon citoyen, qui ne le prouverait pas moins à la face de l'univers, *quand vous ne l'écouteriez pas*; ce que je ne présume point, car la justice est d'intérêt commun. Et, croyez-moi, législateurs, dans l'état où sont nos affaires, il n'en est pas un parmi vous dont la tête, aujourd'hui garantie, ne puisse un jour courir l'horrible chance que la scélératesse a posée sur la mienne. Jugez-moi sans faveur, c'est tout ce que je vous demande.

Le citoyen Lecointre, excellent patriote et point méchant homme, dit-on, mais sans doute un peu trop facile à échauffer sur les objets qui blessent l'intérêt du peuple, trompé lui-même étrangement, vient de tromper la Convention par une si triste dénonciation que, dans la partie qui me touche, *il n'est pas une seule phrase qui ne soit une fausseté.*

Après avoir parlé de certain marché de fusils qui s'était fait, dit-il, « sur le pied de huit francs », avec de certains acheteurs qui, n'ayant point payé leurs traites, furent évincés très justement, le citoyen Lecointre, sans même vous apprendre si ces huit francs étaient en assignats, argent de France, ou florins de Hollande[1], la première chose cependant qu'un homme exact eût dû vous dire, arrive brusquement à moi :

« Beaumarchais, vous dit-il, *s'empara de ce marché* (jamais, Lecointre, jamais je ne m'en suis emparé). Il acheta ces fusils à raison de *six livres* (jamais); il fit partir deux vaisseaux *du port de La Haye*, chargés de ces fusils (jamais). Mais ils furent arrêtés dans le port de Tervère *par ordre de Provins et compagnie*, premier acheteur (jamais), et qui n'a pas voulu *céder son marché* à Beaumarchais (jamais). Celui-ci *a reconnu son droit* (jamais). Et cependant *il a feint que ses deux vaisseaux avaient été arrêtés* par ordre du gouvernement hollandais (jamais). Et, en conséquence, *a réclamé une indemnité de cinq cent mille francs* (jamais, au grand jamais), indemnité qu'*il a obtenue* (jamais, jamais, jamais; pas un mot de vrai à tout cela).

« Lecointre lit ensuite la teneur du marché passé entre Beaumarchais et les ministres Lajard et Chambonas[2]; il conclut à l'*annihilation du marché* et au *décret d'accusation contre Beaumarchais*.

« Après une *légère* discussion (*Grand Dieu! légère! et il s'agit de la vie d'un bon citoyen!*) l'annihilation du marché et le décret d'accusation sont prononcés. »

Ô citoyens législateurs! je viens de copier mot à mot *Le Moniteur* du jeudi 29 novembre[3] (car je n'ai de public, sur ces faits, que ce *Moniteur* que je cite et une sottise de Gorsas[1] qui trouvera sa place ailleurs[2]). Je le copie à Londres, où des avis certains de l'infamie qui se tramait m'ont fait accourir de La Haye pour en apprendre les détails que l'on n'osait m'envoyer en Hollande où l'on dit que la liberté des personnes dont on veut payer la capture n'est pas si sûre qu'en Angleterre.

Je viens de lire à Londres tout le tissu d'horreurs qu'on m'y a fait passer de France. Mais cet objet est réservé pour le mémoire dont je m'occupe[3] et qui vous est destiné, législateurs si cruellement abusés par l'un de vous qui l'a été lui-même, et qui regrettera bien, quand il aura lu mes défenses, de s'être fait le crédule instrument de la méchanceté d'une horde que mon devoir est de bien démasquer.

Aujourd'hui je ne dois répondre qu'au paragraphe du *Moniteur*.

Prenant l'article phrase à phrase, je déclare : 1° que *je ne me suis emparé du marché de personne*, relativement aux fusils de Hollande; que je résistais par prudence aux prières qui m'étaient faites de procurer ce bien à mon pays, et que la certitude acquise que ces soixante mille fusils pouvaient bientôt passer *dans les mains de nos ennemis*, seule éveilla mon inquiétude et mon patriotisme; que cette inquiétude me fit arrher[4], *sans les acheter*, tous ces fusils, en couvrant les nouveaux marchés entamés, soumettant aux plus fortes peines le vendeur, si l'on en écartait un seul pour le service d'aucune puissance avant d'avoir reçu mes dernières paroles, ce qui arrêta ces marchés jusqu'à ce que j'eusse conféré, sur le plus ou moins de besoin que ces armes pouvaient nous faire, avec le ministre de Graves, à qui je rendrai hautement la justice qui lui est due; car depuis la Révolution, tout entier à la chose publique, je n'épouse aucune faction.

2° Je déclare que je n'ai point acheté ces armes *à raison de six livres le fusil*. La seule vue du traité, *très civique*[5], par lequel je suis resté maître de disposer des armes en faveur de la France, vous montrera, ô citoyens! ou l'erreur ou l'horreur de cette funeste imputation.

3° Je déclare que *je n'ai point fait partir deux vaisseaux du port de La Haye*, 1° parce qu'il n'y a point de port à La Haye[6], ce qui n'est de leur part qu'une ignorance géographique; 2° parce que ces fusils ont passé directement des citadelles de Malines et Namur dans les magasins du vendeur, qui depuis sont les miens, à Tervère[7] en Zélande, par charrois et sur des bélandres[1], et non *sur des vaisseaux à moi*. Cette annonce eſt aussi ridicule que si l'on vous disait, législateurs, que j'ai fait venir ces fusils de Versailles à Paris *sur des vaisseaux* de la rivière de Somme en passant par Bordeaux. La Zélande eſt plus près de Bruxelles que de La Haye *où il n'y a point de port*, comme tout le monde sait, excepté ces messieurs.

4° Je déclare que jamais ces fusils *n'ont été ni pu être* arrêtés *dans des vaisseaux à moi* (où ils n'ont jamais été), ni dans mes magasins, où ils ont toujours demeuré, *par un nommé Provins*, ni par aucun autre homme qui prétendît avoir droit sur ces armes; car personne n'a droit sur aucune marchandise (comme M. Lecointre le sait) que celui qui, l'achetant, la paie; et c'eſt ce que j'ai fait moi seul, exclusivement à tous autres.

5° Je déclare que jamais *ni un nommé Provins*, ni aucun autre acheteur de ces armes, *sans les payer* antérieurement à mon traité (car ils sont au moins cinq ou six), je déclare, dis-je, qu'aucun n'a été dans le cas de *me céder le droit* qu'il n'avait pas *sur aucune demande que je lui en aie faite*.

Il eſt aussi trop ridicule de me faire acheter, à moi, haut négociant français, des armes d'un étranger, à qui je les ai bien payées, pour me faire jouer ensuite, à la Convention nationale, le ſtupide rôle du solliciteur des prétendus droits d'un failli.

Je déclare à mes juges, et je le prouverai, qu'après avoir loyalement traité avec le seul et vrai propriétaire de l'acquisition des fusils, aux conditions civiques et honorables *que je mettrai sous vos yeux, citoyens*, qu'après les avoir bien payés il n'eſt reſté d'autres difficultés, sur l'extradition de ces armes du port de Tervère pour Le Havre, que celles, 1° que le gouvernement de Hollande, vivement sollicité par celui de Bruxelles, m'a suscitées, non par haine pour ma personne, mais dans l'espoir de nuire à *notre France* au service de laquelle ils présumaient que ces armes étaient consacrées.

2° Je vous déclare, et je le prouverai encore, que des difficultés bien plus insurmontables, provenant de Paris, du fond de ces intrigues que l'on appelle en France les *vilenies bureaucratiennes*[2], n'ont cessé d'arrêter cette importante cargaison d'armes, depuis le 3 avril[3] jusqu'au 16 décembre où j'écris, dans mes magasins en Zélande, par toutes les voies odieuses que j'expliquerai fort au long; et que, plus malveillants que la Hollande et que l'Autriche, ils ont forgé tous les obſtacles qui ont arrêté vos fusils. Car, de quelque patriotisme qu'un citoyen soit animé pour l'intérêt de notre France, sachez, législateurs, que la grande, l'unique et l'irréfragable maxime est, dans ces bureaux-là : *Nul ne fournira rien, hors nous et nos amis*[1].

Si je ne prouve point toutes ces vérités au gré du lecteur étonné, je consens de bon cœur à perdre les fusils; et j'en fais présent à la France, quoiqu'un tel don me conduise à ma ruine.

Je déclare que *je n'ai jamais feint que deux vaisseaux à moi* eussent été arrêtés par ordre du gouvernement hollandais; que *je n'ai jamais réclamé en conséquence une indemnité de cinq cent mille francs*; que *je n'ai jamais obtenu une telle indemnité*, de sorte qu'ici la mauvaise foi passe toutes les bornes permises.

Je déclare, au contraire, que, loin d'avoir d'argent à la nation, ce sont les hauts seigneurs du département de la Guerre qui depuis le 5 avril dernier ont à moi deux cent cinquante mille livres très réelles, desquelles sans pudeur, malgré vingt paroles données, ils ne m'ont pas permis d'user pour vous faire arriver de Hollande tous ces fusils retenus à Tervère.

Car lorsque le ministre de Graves, à qui je ne reproche rien, me fit remettre pour cinq cent mille francs d'assignats, *mais nullement pour une indemnité*, lesquels, réduits en bons florins de banque, ne me rendirent pas trois cent mille livres, moi, je lui déposai, en sûreté de cette somme, pour sept cent cinquante mille francs *de vos propres contrats*, que je vous ai payés en beaux louis d'or, sur lesquels nulle part il n'y avait rien à perdre, et *que vous avez garantis de la nation à la nation*.

Or, mes deux cent cinquante mille francs réels, et au-delà de ce qu'il fallait pour couvrir leurs cinq cent mille francs d'une valeur aussi précaire, *ils*[2] *les ont encore dans leurs mains.* Qu'on m'apprenne donc pourquoi les scellés sont chez moi[3]. La garantie de nos propriétés, n'est-elle plus qu'un jeu barbare pour les piller plus sûrement? Fusils livrés ou non, soit par ma faute ou par la leur, suis-je donc votre débiteur pour saisir ainsi tous mes biens? ou plutôt n'est-ce donc pas vous qui êtes le mien dans cette affaire?

Et quand on vous fait faire l'énorme faute de renoncer à de fort bons fusils, qui sont pour vous la chose la plus nécessaire, si l'on croit vous faire punir le citoyen qui vous les destina, quand les Anglais défendent qu'on vous porte aucunes munitions de guerre, on vous trompe, citoyens :

c'est vous-mêmes que vous punissez. Car en sacrifiant toutes les pertes, neuf mois de retard, des courses, des dépenses que leur brigandage me cause, ne vaudrait-il pas mieux pour moi, si je cesse un instant d'être un bon citoyen pour me tenir dans mon état de négociant, d'avoir soixante mille fusils que toute l'Europe, et même certaine partie de l'archipel américain[1] qu'on vient encore de vous aliéner, me paieraient en bon or, que de me surcharger d'assignats, lesquels ne pourraient que tomber sous peu dans le plus affreux discrédit[2], si l'on continuait à dilapider autour de vous près de deux cents millions par mois comme vous l'avez avoué vous-mêmes? Mais ce ne sont point ces dépenses mêmes qui les discréditeront le plus; ce sont les fautes impardonnables, si ce n'est pis, des gens qui nous gouvernent : mon grand mémoire[3] vous l'expliquera bien*.

Au reste, citoyens, quand ils vous font rejeter ces fusils, dans l'espoir insensé de m'obliger à les leur livrer à vil prix pour vous les revendre bien cher, ce n'est point à dessein d'en priver ma patrie, à qui je les ai destinés, que je viens de montrer l'avantage commercial qu'il y aurait à préférer les paiements en or des étrangers à ceux que vous ne faites qu'avec des assignats; car je vous déclare hautement que je n'en disposerai pour aucune puissance qu'après que mon pays m'aura bien entendu sur les indignes obstacles qui les ont empêchés de passer dans ses ports, depuis le temps que je les ai payés.

Quoi qu'il puisse arriver, ils vous appartiendront; car si je ne prouve point que c'est par le fait même de mes accusateurs que vous ne les avez pas reçus, je consens à les perdre, et à votre profit; j'en signerai l'engagement. Et si je prouve bien que l'on vous a trompés dans les rapports qu'on vous a faits, vous êtes trop équitables pour ne pas me faire justice; ainsi, dans tous les cas, les fusils sont à vous. Je poursuis mon raisonnement.

Quoi qu'il en soit, ayant entre vos mains, à moi, deux cent cinquante mille francs réels au-delà du seul argent que j'aie reçu de vous[4], n'êtes-vous pas bien à couvert? Tous les sophismes des méchants ne peuvent prévaloir contre ces vérités.

Ils ont eu la sottise de vous faire dire par Lecointre qu'ils m'avaient accordé *cinq cent mille francs d'indemnité*, quand, loin

* Voyez le long discours du citoyen Cambon, dans *Le Moniteur* du 7 décembre, qui porte à quatre cent soixante-huit millions la seule dépense des trois armées dans les trois mois qui précédaient.

que j'aie un liard à eux, ils ont à moi plus de *dix mille louis*[1] ! Ce mensonge grossier n'est-il donc pas trop ridicule ? Et à moins qu'on n'ait espéré de me faire tuer avant tout éclaircissement, les trouvez-vous assez stupides ?

Et c'est, ô citoyens, sur de pareilles allégations que vous me décrétez, que votre scellé est chez moi, que ma famille est dans les larmes, pendant que moi j'étais dehors[2], et tout entier à vos affaires, sur l'article de *vos* fusils, et j'en aurai de bons garants ! Et vous l'avez prononcé, ce décret affligeant, sans avoir même soupçonné qu'il était prudent de m'entendre ! Suis-je donc à vos yeux la lie des citoyens ? Me croyez-vous un de ces pauvres gens que la terreur fit émigrer, pour vous emparer aussi de mes biens ? Non, cette injustice envers moi révolte tous les gens sensés. Si c'est tout mon bien qu'il leur faut, pourquoi jouer à mon égard la fable du Loup et de l'Agneau ? Rappelons-nous ce mot de Frédéric à un homme qui lui proposait pour deux cents louis un manifeste sur la Silésie qu'il prenait[3] : « Quand on commande à cent mille hommes, lui dit Frédéric, on ne donnerait pas un farding[4] d'un prétexte. » Ce mot sanctionne toutes les usurpations. Ils sont les plus forts avec moi ; qu'ils prennent ma fortune et me laissent mourir en paix.

Mais je pense pourtant qu'il en est de pareils décrets comme de ces arrêts du *conseil des parties*[5] qu'on obtenait sans preuves et sur requête, et sauf l'opposition de celui que l'arrêt grevait. Sans cela, il faudrait s'enfuir en criant avec désespoir : « Ô pauvre France ! ô pauvre France ! »

Dans cette occasion-ci, l'on ne sait véritablement ce qu'on doit le plus admirer de l'ignorance crasse où les vils machinistes[6] qui font mouvoir Lecointre sont de la vérité des faits, ou de la rare audace avec laquelle ils lui font débiter leurs mensonges.

Ô vous, Lecointre, qui par zèle avez si ardemment demandé en Hollande quelques notions certaines sur tous les achats qui s'y font, que ne m'avez-vous dit un mot ? C'est moi qui vous les eusse données, ces notions si utiles dont vous êtes curieux. Je vous aurais appris confidemment[7] ce que je vais vous confier en face de toute la France : attendez mon mémoire, il ne languira pas[8].

Mais avant de vous bien montrer quels sont les traîtres à la patrie, de ceux qui m'accusent ou de moi, sur l'affaire de ces fusils, je dois mourir ou me laver d'une autre grave accusation de *correspondance coupable avec Louis XVI*, dont *Le Moni-*

teur ne dit mot mais dont les gazettes hollandaises m'ont instruit avant mon départ*.

Je vous déclare, ô citoyens, que le fait de ces lettres est absolument faux; qu'il n'a été imaginé que pour jeter sur moi, pendant qu'on dénonçait les armes, une telle défaveur qu'on pût croire *sans examen* qu'un aussi grand conspirateur qu'on suppose que je le suis, s'il trahissait la France sur un point, était bien capable sans doute de la desservir dans un autre. Voilà tout le secret de cette nouvelle horreur.

Je demande que mes prétendues lettres soient déposées sur le bureau, *parafées de la main de l'honnête homme qui les présente.* Car il faut, citoyens, *qu'un des deux y périsse.* Ce mensonge est d'une lâcheté dont je ne connais point d'exemple. Certes ce n'est faire ni un bien ni un mal que d'écrire à un roi héréditaire ou constitutionnel, même en temps de révolution; l'objet seul de la lettre, ou la façon de le traiter, pourrait former la matière d'un délit, s'il se trouvait contraire aux intérêts du peuple.

Mais cette discussion même est ici superflue, car je n'ai point écrit à Louis XVI.

Quoi qu'il en soit, législateurs, je vous supplie de distinguer l'accusation portée contre moi devant vous *pour mes prétendues lettres écrites à Louis XVI* (si cette accusation existe), de l'affaire des fusils de Hollande, dans laquelle j'entends bien me rendre accusateur; car il est temps que toutes ces scélératesses finissent.

Elles sont telles, et le décret qu'elles ont amené sur ma tête semble si improbable aux bons esprits anglais, que l'opinion qu'ils en ont prise est que *tout cela n'est qu'un jeu entre les jacobins*[2] *et moi pour avoir un prétexte de demeurer en Angleterre et d'y troubler la paix dont cet heureux peuple jouit* : tant il leur paraît impossible qu'un homme qui s'est bien montré depuis qu'on songe à constituer la France[3], qui, à travers tant de dangers, est le seul homme aisé qui ait eu le courage de rester à Paris et d'y faire du bien, quand tous les autres s'enfuyaient, éprouve sérieusement des vexations aussi multipliées! Ils ont raison, tous ces penseurs anglais; mais c'est qu'ils ne réfléchissent pas que ce n'est point notre nation qui commet toutes ces

* Voyez dans la *Gazette de la Cour*, à La Haye, du 1er décembre, la dénonciation des fusils, par Dubois-Crancé, aux jacobins; puis, dans cette annonce de même date : « On a été aussi occupé, hier matin, à mettre le scellé partout dans la maison de Beaumarchais, qui figure aussi parmi les grands conjurés et a écrit plusieurs lettres à Louis XVI[1]. »

horreurs, que le peuple lui-même ne connaît pas un mot de ce qu'on lui fait faire, que dans les temps qu'on nomme révolutionnaires cinq ou six méchants réunis font plus de mal à toute une nation que dix mille honnêtes gens ne peuvent lui faire de bien, et que dans les faits qui me touchent j'ai toujours demeuré vainqueur dès que j'ai pu me faire entendre. Essayons-le encore une fois.

Je vous demande comme une grâce, ô citoyens législateurs, la justice de me permettre de choisir parmi vous mon sévère examinateur; cela n'est point indifférent à mon succès dans cette cause. *Accordez-moi le citoyen Lecointre*, mon propre dénonciateur. Nul n'a plus d'intérêt que lui à me reconnaître coupable, si effectivement je le suis; mais il est, dit-on, honnête homme, et c'est un grand plaisir pour moi de ramener ce citoyen à convenir qu'on l'a trompé. Vous le condamnerez ensuite à mieux y voir une autre fois, pour peine de s'être laissé si cruellement abuser.

Et quant à moi, à qui, sans le savoir, il fait tant d'injure aujourd'hui, je le condamne, pour toute vengeance, à devenir mon avocat, sitôt que lui et d'autres citoyens m'auront entendu dans mes dires.

Bien est-il vrai que je ne puis les garantir de voir M. Gorsas écrire que *je les ai tous achetés*.

Lorsque je les fis condamner en 1789, lui, Bergasse, Kornman et toute leur honteuse clique[1], comme d'infâmes *calomniateurs* dans l'affaire de la dame Kornman (car ce fier substantif était bien dans l'arrêt[2]), il s'écria, dans sa feuille si bien écrite, que *j'avais acheté le parlement de Paris*. Il en est si certain qu'il ne saurait s'en taire; il le dit encore aujourd'hui. Mais il y avait là des hommes qu'on n'achète point : un Lepelletier de Saint-Fargeau[3], qui présidait la Chambre, magistrat pur et dont vous faites tous le plus grand cas; un Dambray, avocat général[4], homme aussi vertueux qu'éloquent, et beaucoup d'autres que je citerais, si je pouvais me rappeler leur nom.

Ce Gorsas dit encore aujourd'hui que *j'ai acheté, le mois d'août dernier, le terrible comité de surveillance de la mairie*[5], pour en obtenir, nous dit-il, *une attestation honorable*, et pour qu'on me tirât sans doute de l'Abbaye[6], où l'on ne m'avait mis que pour être égorgé avec les autres prisonniers.

Je ne vous en dénoncerai pas moins cette infamie, à vous, Manuel, qui vîntes, au nom de la Commune, dont vous étiez le procureur-syndic[7], me tirer de prison dans les horreurs du

2 septembre, six heures avant que toutes les voies fussent fermées pour en sortir. C'est à cet acte généreux que je dois d'être encore au monde. Une erreur de votre part, sur mes contributions civiques, avait élevé un débat public entre nous[1], qui me laissait attendre, au plus, une justice rigoureuse; mais vous avez mis de la grâce à la justice qui m'était faite, en venant me tirer vous-même de ce séjour d'horreur, où je devais bientôt périr, en m'y disant avec noblesse que *c'était pour me faire oublier le débat que nous avions eu*. Ce trait de vous m'a pénétré; je me plais à le publier : vous pouviez avoir à vous plaindre, vous fûtes juste et généreux[2]; et ce Gorsas, qu'heureusement pour moi je n'ai jamais envisagé[3], me déchire et nous dit que *je vous ai achetés, vous, la commune de Paris* et son *comité*, que l'on nommait *de surveillance*, et qui, bien franchement, n'était alors que de désordre.

J'ai donc *acheté* aussi, dans cette affaire des fusils, les trois comités si sévères, *diplomatique*, *militaire* et *des douze* réunis[4], lorsqu'en juillet dernier, consultés par les deux ministres Lajard et Chambonas, sur la conduite qu'ils devaient tenir avec moi, ces trois comités répondirent, après un très mûr examen : « On ne saurait traiter trop honorablement M. de Beaumarchais, qui donne en cette affaire les plus grandes preuves de civisme et de pur désintéressement. » Et je vous dirai, citoyens, je ferai plus, j'en donnerai la preuve, qu'excepté les ministres de Graves et Dumouriez, que j'en excepte aussi (car il a fait[5] ce qu'il a pu pour nous procurer ces fusils), aucuns autres depuis qui soient restés en place, sinon Lajard et Chambonas, n'ont fait dans cette affaire leur devoir de Français, et j'ose dire de citoyens. Les preuves ne nous manqueront pas : mais M. Gorsas, le feuilliste[6], vous tranchera cette question. De Graves, dira-t-il, Dumouriez, Lajard et Chambonas, il est clair que Beaumarchais les a tous *achetés* comptant.

J'ai sans doute *acheté* depuis deux comités plus sévères que les premiers, *militaire* et *des armes* réunis, lorsqu'en septembre dernier, outré de ce qui m'arrivait chez le pouvoir exécutif, je présentai une pétition *pressante* à l'Assemblée nationale[7], *lui demandant en grâce de faire examiner* très sévèrement *ma conduite dans l'affaire de ces fusils, offrant et ma tête et mes biens, si ma conduite était seulement équivoque*. J'en ai donc *acheté* tous les membres, quand, renvoyé par l'Assemblée à ces comités réunis pour être jugé sévèrement, après m'avoir bien entendu, pièces sur le bureau, pendant près de quatre heures, *ils déclarèrent, et le signèrent tous*, que non seulement j'étais très pur dans cette interminable affaire, pour laquelle j'avais fait des efforts d'un patriotisme incroyable, *mais que je méritais la reconnaissance de la nation*. Cette attestation-là m'a dû coûter un peu d'argent !

Me voilà bientôt à la fin ; il ne me reste plus qu'à *acheter* mon dénonciateur Lecointre et la Convention nationale, et c'est à quoi je me prépare. Malgré qu'ils aient saisi mes biens, je puis encore former cette puissante corruption : deux comités sévères de l'Assemblée nationale, composés de cinq autres, *achetés en différents temps* ; puis la Commune, la mairie, leur comité de surveillance, *achetés* ; puis quatre ou cinq ministres en avril, en juillet dernier, *achetés* ; puis le parlement de Paris, en 1789, *acheté*[1], lequel ne m'aimait pas du tout, ce qui le rendait cher et pesant pour ma bourse ; n'importe, *acheté, acheté* ; puis enfin presque tous les corps de la magistrature française, qui ont jugé sévèrement tous les incidents de ma vie et ont tous condamné mes lâches adversaires comme vils *calomniateurs* (car ce substantif est partout), *achetés* ! Si tout cela ne m'a pas ruiné, quel magnifique acheteur je suis ! Le lord Clive n'y ferait œuvre[2] !

Mais ma monnaie, à moi, pour *acheter* autant de juges, et celle avec laquelle je prétends *acheter* aussi Lecointre et toute la Convention, sera de bien prouver, les pièces sur table, comme je l'ai déjà fait vingt fois dans vingt tribunaux différents, que je suis un homme juste, bon père, bon mari, bon ami, bon parent, très bon Français, excellent citoyen, et loyal négociant, fort désintéressé. Lecointre, et vous législateurs, telle est ma monnaie corruptrice ; pour parvenir à vous l'offrir à tous, voici ce que je vous propose.

Tous les gens suspectés de non-civisme[3] ou de traîtrise, ou même qui craignent de l'être, frappés d'une juste terreur sur la manière dont beaucoup d'innocents ont été sacrifiés, car la loi veut qu'on répute innocent l'homme qu'un jugement légal, après avoir entendu lui ou les défenseurs *qu'il choisit*, n'aura pas déclaré coupable, tous ces citoyens suspectés se sont sauvés hors de la France, et je ne puis les blâmer, car qui veut braver le péril d'être tué sans être jugé ?

Quant à moi, citoyens, à qui une vie si troublée est devenue enfin à charge ; moi qui, en vertu de la liberté que j'ai acquise par la Révolution, me suis vu près, vingt fois, d'être incendié, lanterné[4], massacré ; qui ai subi en quatre années quatorze accusations plus absurdes qu'atroces, plus atroces qu'absurdes; qui me suis vu traîner dans vos prisons deux fois pour y être égorgé sans aucun jugement; qui ai reçu dans ma maison la visite de quarante mille hommes du peuple souverain[1] et qui n'ai commis d'autre crime que d'avoir un joli jardin; moi, décrété d'accusation par vous pour deux faits différents regardés comme *trahitoires*[2], dans la maison duquel tous vos scellés sont apposés pour la troisième fois de l'année[3] sans qu'on ait pu dire pourquoi, et que l'on va chercher à faire arrêter en Hollande pour m'égorger peut-être sur la route de France, pendant que je me trouve en sûreté à Londres, je vous propose, ô citoyens! de me rendre à l'instant librement à Paris, et prisonnier sur ma parole tant que je plaiderai mes causes, ou bien d'y recevoir *la ville pour prison*[4], ou *ma maison*, si cela convient mieux.

Cette précaution prise, et ma vie assurée, je pars à l'instant pour Paris[5]. J'ai même quelque espoir d'y être encore utile à ma patrie.

CARON BEAUMARCHAIS.

Mes preuves suivront de près.

BEAUMARCHAIS
À LECOINTRE, SON DÉNONCIATEUR
OU
COMPTE RENDU DES NEUF MOIS LES PLUS PÉNIBLES DE MA VIE

PREMIÈRE ÉPOQUE

Le vieux Lamothe-Houdart[1], sortant un soir de l'Opéra, soutenu par un domestique, marcha, sans le vouloir, sur le pied d'un jeune homme, qui lui asséna un soufflet. Lamothe-Houdart lui dit avec modération devant les spectateurs surpris : « Ah! monsieur, que vous allez être fâché quand vous saurez que je suis aveugle! » Notre jeune homme, au désespoir de sa brutale étourderie, se jeta aux pieds du vieillard, lui demanda pardon en présence de tout le monde, et le reconduisit chez lui. Depuis lors il lui voua la plus respectueuse amitié.

Or maintenant, Lecointre, écoutez-moi. Pendant que j'étais en Hollande[2] à servir la patrie, sans que je vous aie blessé, vous m'avez fait un outrage public aussi sensible au moins que celui de Lamothe-Houdart. Je veux imiter sa conduite; et sans m'irriter contre vous d'une si grande légèreté, que je suppose involontaire, je vais me contenter de vous montrer, et à toute la France, combien je suis irréprochable, et quel vieillard vous avez outragé[3]! La Convention nationale, après nous avoir entendus, jugera qui des deux a mieux fait son devoir : moi, de bien justifier un citoyen calomnié; vous, de lui offrir les regrets d'un accusateur imprudent.

Je vous préviens d'une autre chose. Depuis quatre ans je vois avec chagrin faire un si grand abus de phrases déclamatoires, les substituer partout, dans les plus grandes causes, aux preuves nettes, à la saine logique, qui éclairent seules les juges et satisfont les bons esprits, que je renonce exprès à tous les ornements du style, à toute espèce de parure, qui ne servent qu'à éblouir, et trop souvent à nous tromper. Simple, clair et précis, voilà ce que je désire être. Je détruirai par les seuls faits les mensonges de certaines gens dont ma conduite, un peu trop fière, a déjoué la cupidité.

Le fond de cette affaire étant de haut commerce, d'une part, et d'administration, de l'autre, si j'y ai mêlé de la mienne un grand fonds de patriotisme, et si tous les gens qui m'accusent ont fait céder le leur à de sordides intérêts, c'est ce que les faits montreront.

Et ne commençons point, comme on fait trop souvent, par juger quatorze ministres, dans les mains de qui j'ai passé si douloureusement depuis le mois de mars dernier; moi qui avais juré de n'en jamais voir aucun! Gardons-nous bien de les juger sur ce que les uns furent choisis *par le Roi*, et les autres, *par l'Assemblée*[1]! Cette manière est très fautive! C'est sur ce qu'ils ont fait que nous les jugerons, comme nous voulons qu'on nous juge. Ces deux pouvoirs alors[2] composaient la constitution. Forcé d'avoir affaire à tous ceux qu'on nommait aux places à mesure qu'ils s'y présentaient, j'ai pu juger, non à leurs opinions qu'aucun ne m'a communiquées, mais seulement à leur conduite, lesquels, dans l'affaire des fusils, ont servi la chose publique ou n'ont travaillé qu'à lui nuire. Je leur ferai justice à tous.

Ces quatorze ministres, simultanés ou successifs, sont MM. de Graves, Lacoste, Dumouriez, Servan, Clavière, Lajard, Chambonas, d'Abancourt, Dubouchage, Sainte-Croix; puis Servan et Clavière, une seconde fois; puis Lebrun : ah! Lebrun! et Pache le dernier.

Quand tous auraient été très équitables, on peut juger combien une lanterne magique à personnages si rapides eût été fatigante à suivre, obligé que j'étais de les instruire, à mesure qu'ils passaient, des objets entamés, puis laissés en arrière : *ce que très peu même écoutaient*. Jugez, lorsque la malveillance, sans vouloir même nous entendre, les a fait tourner contre moi! Alors il s'est formé un choc d'idées insupportables; un débat éternel, sans connaissances et sans principes; des bêtises contradictoires, funestes à la chose publique; des injustices accumulées, bien au-delà de ce qu'un homme peut supporter ou qu'un citoyen doit souffrir dans un pays de liberté; l'impatience et l'indignation me surmontant à tout moment, et la plus importante affaire abîmée[3] par ceux mêmes qui devaient le plus la soutenir! Voilà le tableau dégoûtant que je dois mettre au plus grand jour. Fermons les yeux sur le dégoût, et dévorons la médecine.

Depuis longtemps retiré des affaires, et voulant mettre un intervalle entre le travail et la mort, je les repoussais toutes, importantes ou légères; car, par un long usage, toutes aboutissaient encore à mon désœuvré cabinet. Au commencement de mars dernier, un étranger[1] m'écrit et me demande un rendez-vous, *au nom de mon patriotisme*, pour une affaire, me disait-il, *très importante pour la France*; il insista, se présenta chez moi et me dit :

« Je suis propriétaire de soixante mille fusils, et je puis, avant six mois, vous en procurer deux cent mille. Je sais que ce pays en a très grand besoin. – Expliquez-moi, lui dis-je, comment un particulier comme vous peut être possesseur d'une telle quantité d'armes. – Monsieur, dit-il, dans les derniers orages du Brabant[2], attaché au parti de l'empereur, j'ai eu de mes biens incendiés et fait des pertes considérables; l'empereur Léopold, après la réunion[3], pour me dédommager, m'a concédé l'octroi et le droit exclusif d'acheter toutes les armes des Brabançons, soumis à la seule condition de les sortir toutes du pays[4], où elles portaient de l'ombrage. J'ai commencé par recueillir tout ce qui en était sorti des arsenaux de Malines et Namur, vendues par l'empereur à un négociant hollandais[5], qui, les ayant déjà vendues à d'autres, *sans qu'elles lui eussent été payées*, a consenti, pour sa partie, à ce que cession m'en fût faite; et moi je ne les ai acquises que pour en faire une grande affaire, ayant l'octroi de tout le reste de ce qui existe en Brabant.

« Pour pouvoir acquérir celles-là, n'étant point assez avancé, j'ai pensé que je devais vendre une partie de celles que j'ai, pour établir une navette[6]. Mais des brigands français, qui m'en ont acheté de trente-cinq à quarante mille, m'ont trompé; ils m'ont donné leurs traites, *et ne les ont point acquittées*. Après bien des tourments, je suis rentré en possession du tout; et l'on m'a conseillé de m'adresser à vous, en vous offrant les deux cent mille au moins que j'ai, ou que j'aurai bientôt. Si vous voulez prendre le tout, en me mettant à même de les payer successivement[7], sous la seule condition que vous ne direz point que ces armes sont pour la France, ce qui me ferait ôter sur-le-champ l'octroi que j'ai pour les acheter, et, dans les bruits de guerre[8] qui courent entre la France et l'empereur, me ferait disgracier et même courir des risques personnels, dans un temps où l'on sait qu'il ne tient qu'à moi d'en céder, à bon prix, une forte partie aux émigrés français qui en demandent. »

Je résiſtai, je refusai. En s'en allant il dit qu'il m'en ferait presser par des gens très considérables, parce qu'on lui avait dit que j'étais le seul homme qui pût traiter l'affaire en grand, et qui fût assez patriote pour la faire marcher rondement.

Trois jours après je reçus une petite lettre amicale du miniſtre Narbonne, que je n'avais point vu depuis qu'il était *à la Guerre*[1], par laquelle il me priait de passer chez lui, ayant, me disait-il, quelque chose à me communiquer.

M'imaginant qu'il s'agissait de ces deux cent mille fusils, je refusai tout net d'aller à l'hôtel de la Guerre, quoique je n'aie pas eu depuis l'occasion de savoir s'il s'agissait ou non de ces fusils. Je demande pardon à M. de Narbonne si j'imprime nos deux lettres[2]; elles ne peuvent lui faire tort; et elles servent à montrer dans quel esprit je m'éloignais de tous les bureaux de la Guerre.

M. de Narbonne fut remercié; M. de Graves lui succéda[3]. Les vives sollicitations de mon Flamand recommencèrent. Un homme de mes amis, qui connaissait ce Bruxellois, m'assurant qu'il était un parfaitement honnête homme, m'invita d'autant plus à ne pas l'éconduire, que si cette forte cargaison d'armes glissait à mon refus aux ennemis de la patrie, et que l'on vînt à le savoir, on me ferait passer pour un très mauvais citoyen. Cette réflexion m'ébranla. Il m'amena le Brabançon, à qui je dis :

« Avant de prendre aucun parti, puis-je obtenir de vous deux choses avec franchise? La preuve, au gré d'un homme de loi, que les armes sont bien à vous; et l'engagement solennel, sous les peines pécuniaires les plus considérables, *qu'aucune de ces armes ne sera jamais détournée au profit de nos ennemis, quelque prix que l'on vous en offre*? — Oui, monsieur, dit-il à l'inſtant, si vous vous engagez à me les prendre toutes pour la France? »

Je dois la juſtice à cet homme, qui eſt un libraire de Bruxelles, avec qui, dans l'immense affaire du Voltaire, mon imprimerie de Kehl avait eu des relations, qu'il me donna sans hésiter la preuve que je lui demandais et l'assurance que j'exigeais.

« Eh bien! lui dis-je, renoncez donc à toutes les propositions qu'émigrés, ennemis peuvent faire; et moi, en attendant que j'en puisse conférer avec M. de Graves, je les arrête *sans les acheter*, vous promettant un dédommagement si quelque obstacle empêche de conclure. Combien voulez-vous de vos armes?

— Si vous les prenez toutes en bloc, dit-il, et telles que je les ai achetées, vous chargeant de payer les réparations, tous les frais de magasinage, de fret, de droits, de tous voyages, etc., vous les aurez pour cinq florins. — Je ne veux pas, lui dis-je, acheter vos fusils en bloc, parce que je ne puis les vendre ou les placer en bloc moi-même. Il nous faut, au contraire, un choix de bonnes armes. — En ce cas, me dit-il, vous les paierez donc plus cher? Car il faut que celles que je vends me paient celles qui me resteront, avec mon bénéfice sur toutes; car j'ai beaucoup perdu, monsieur.

— Je ne veux les payer ni plus cher ni moins cher, lui dis-je; en affaires, autant que je puis, j'amalgame toujours avec mon intérêt l'intérêt de ceux que j'emploie. Voici quelle pourra être ma proposition : si j'achète, je couvrirai noblement et très net toutes les dépenses déjà faites, les primes dues ou bien payées, ce qu'il faut même pour désintéresser les personnes qui vous font offre, s'il y a quelque chose d'entamé, tous les frais à venir éventuels ou fixés, de quelque nature qu'ils soient, ou publics ou secrets, pour marcher à la réussite. Puis divisant les bénéfices en trois parties, deux seront partagées entre nous par égale portion : l'une paiera vos soins dans l'étranger, et l'autre, mes travaux en France; la troisième part tiendra lieu des avances, des risques, de l'argent gaspillé, des justes récompenses que je devrai donner à tous ceux qui concourront au plus grand succès d'une affaire qui me touche beaucoup plus par son utilité patriotique que par le bénéfice qu'elle peut procurer, et dont je n'ai aucun besoin. »

Alors je lui montrai le projet d'acte, qu'il accepta dans son entier, *et qui depuis fut notarié*, sans qu'on y changeât un seul mot.

Lisez-le donc, Lecointre, avant d'entrer dans les détails qui concernent M. de Graves, et que sa lecture détruise toutes ces lâches imputations que j'aie jamais voulu disposer de ces armes, *ni moi ni mon vendeur*, pour les ennemis de l'État; et lorsque vous l'aurez bien lu, nous traiterons en nobles négociants la question de savoir si j'ai pillé ou voulu piller mon pays. Voyez l'acte notarié[1].

Maintenant, Lecointre, si vous l'avez bien étudié, n'êtes-vous pas un peu surpris d'y voir qu'au lieu d'avoir payé ces fusils-là *six francs* (comme vous l'avez *affirmé* sans le savoir et sur la foi d'autrui), je m'oblige au contraire de *payer* à mon vendeur, *ou en son acquit*[1], *tous les fusils aux prix d'acquisitions, et de l'acquitter de toutes choses : de lui payer en outre* (art. 3) *tous les frais de transports et tous les autres frais;* (art. 8) *tous les frais de réparations, magasinage, caissons et autres*, etc., de quelque nature qu'ils soient, sauf à trouver après, comme je pourrai, sur la *partie triée vendue*, le bénéfice légitime à faire sur le bloc *acheté*, dont une partie inconnue peut rester et être perdue?

N'y a-t-il pas aussi quelque légère contradiction entre votre rapport *si dénonciateur*! et ces mots-là de mon traité d'acquisition des armes : « M. de Beaumarchais (art. 4), qui se charge de ne vendre et céder lesdites armes qu'au gouvernement français, et pour le service de la nation *dans le maintien de sa liberté*, aura seul le droit de conclure, *etc.* »? De sorte que si j'avais été assez malavisé pour vouloir vendre ces armes à d'autres qu'aux Français, en relevant chez le notaire cet acte si patriotique, et surtout si obligatoire, on aurait pu se croire en droit de me donner pour traître à la patrie, et de me faire subir en conséquence tous les tourments que j'ai soufferts pour avoir été, *malgré tous* (comme on ne le verra que trop), presque le seul bon patriote de l'affaire de ces fusils.

Et dans l'article 5, Lecointre, n'êtes-vous pas encore un peu fâché contre vous-même quand vous voyez ces mots (c'est le sieur [De]lahaye[2], mon vendeur, que j'y fais parler) : « Et il s'interdit, sous la peine de perdre son intérêt entier dans les bénéfices de l'affaire, de vendre et livrer un seul fusil ou autres armes pour le service d'aucune autre puissance *que pour celui de la nation française, à laquelle M. de Beaumarchais entend consacrer la totalité de ces fournitures* »?

Consolez-vous, Lecointre, des chagrins que vous me causez, car ils vous ont trompé comme dans une forêt[3].

Et sur la qualité des armes! (art. 7) : « M. Delahaye se soumet et prend, envers M. de Beaumarchais, l'engagement de n'acquérir que des armes de bonne qualité et propres au service militaire, sous peine[4]... » Oh! la plus forte, etc.

Pouvais-je faire mieux, ne pouvant aller, moi Français patriote, en Brabant me faire hacher, que de soumettre mon vendeur à la perte totale des choses mal choisies?

Croyez donc, Lecointre, que le zèle le plus pur peut nous causer souvent bien des regrets, surtout dans des fonctions aussi augustes que les vôtres, quand on ne se met point en garde contre les suggestions des fripons! Le bon jeune homme du vieux Lamothe-Houdart fut, comme vous, désespéré du soufflet qu'il avait donné à ce vieillard si peu coupable ! et le vieillard lui pardonna.

Maintenant que l'acquisition me paraît assez éclaircie, passons à mon traité avec le ministre de Graves.

Le contrat qui formait l'achat n'était encore que minuté[1], quand je fus voir M. de Graves ; car si notre nation n'avait pas besoin d'armes, il était inutile que je me donnasse des soins pour lui en procurer autant, et, surtout que je prisse un engagement positif avant d'avoir reçu la parole du ministre ; et comme il était clair qu'un si grand parti[2] de fusils ne pouvait convenir qu'à la France ou à ses mortels ennemis, il fallait bien que le ministre me dît très positivement *J'en veux* ou *Je n'en veux pas*, avant de notarier l'acte de mon acquisition ; et qu'il me le dît par écrit, afin qu'en cas de son refus, rompant à l'instant le marché dont je ne voulais que pour nous, et nullement pour le revendre à d'autres, ce qui (pour le dire en passant) est bien plus patriote que négociant cupide ; afin, dis-je, qu'au cas du refus du ministre, je pusse un jour prouver aux malveillants *(et l'on voit s'il m'en a manqué)* que j'avais fait l'acte d'un zèle pur ; et non, comme on l'a clabaudé cent fois, que je n'avais acquis ces armes que pour en enrichir nos ennemis à nos dépens, et trahir ainsi mon pays en ayant l'air de vouloir le servir. C'est ici que les preuves de mon patriotisme abonderont jusqu'à satiété.

M. de Graves (il faut le dire) reçut mon offre en bon citoyen qu'il était : « Ah ! dit-il, vous me demandez s'il nous fait faute de ces armes ? Tenez, monsieur, lisez ; voilà pour vingt et un millions de soumissions de fusils, sans que, depuis un an, nous ayons pu en obtenir un seul, soit par la faute des événements, soit par la brouillonnerie[3] ou la mauvaise foi de tous ceux qui traitent avec nous : et quant à vous, si vous m'en promettez, je compte beaucoup sur les vôtres. Mais seront-ils bons, vos fusils ? — Je ne les ai pas vus, lui dis-je ; j'ai exigé du vendeur, sous des conditions rigoureuses, qu'ils pussent faire un bon service. Ce ne sont point des armes de vos derniers modèles, puisqu'elles ont servi dans les troubles des Pays-Bas ; aussi ne vous coûteront-elles pas ce que vous payez pour les neuves. — Combien vous coûtent-elles ? dit-il. — Je vous jure que je l'ignore, parce qu'étant achetées *en bloc*, et vous les livrant *au triage*, il faudra leur donner un prix, non pas *en masse*, mais *à la pièce*, et cela n'est pas facile à faire. Je les ai seulement arrhées[4]. On en demandait cinq florins, si je prenais tout le marché en bloc, me chargeant des frais ultérieurs.

Mais moi, je ne veux point de bloc ; je voudrais, au contraire, faire entrer l'intérêt du vendeur dans le nôtre, et qu'il trouvât son plus grand gain dans sa meilleure fourniture. Mais si j'entends faire un triage, il veut les vendre bien plus cher.

« Voilà les modèles, à peu près tels qu'il me les a présentés : soixante mille sont prêts; en trois ou quatre mois après cette livraison, les deux cent mille arriveront. Et ce n'est point ici une affaire de maquignonnage, c'est un traité de haut commerce que je veux vous faire adopter; vous prévenant, monsieur, que si je dois passer par *vos bureaux*, je me retire dans l'instant. D'abord vous les paieriez trop cher, car il faudrait des *paragoinfes*[1], et ce serait un tripotage à n'en pouvoir jamais sortir. – Eh bien! me dit M. de Graves, il ne s'agit plus que du prix. J'en donnerai vingt-deux livres en assignats.

– Monsieur, lui répondis-je, ne me parlez point d'assignats, nous ne pourrions pas nous entendre. S'il s'agissait d'une marchandise de France, l'assignat y ayant un cours forcé comme monnaie, nous saurions ce que nous ferions; mais cette monnaie n'a pas de cours en Hollande pour des fusils. Ce sont des florins qu'il y faut. On ne saurait même établir un cours, de vos assignats aux florins, puisque, ne devant me payer ces fusils que dans deux ou trois mois après leurs livraisons, ni vous ni moi ne pouvons deviner ce que les assignats, qui perdent aujourd'hui trente-cinq pour cent contre nos écus, lesquels supportent encore la défaveur du change contre florins; on ne sait, dis-je, ce que les assignats pourront perdre contre florins, le jour que vous me paierez les fusils.

« Vous ne voudriez pas non plus, si dans trois mois les assignats perdaient quatre-vingt-dix pour cent, me payer quarante mille louis avec quarante mille francs de valeur effective[2]. – Non, sans doute, me dit-il. – Hé bien! monsieur, laissons les assignats, traitons en florins, je vous prie; et comme je sais bien que vous n'aurez en fin de compte que des assignats à m'offrir, qu'il soit bien spécifié que je ne suis tenu de les recevoir en paiement qu'au cours contre florins du jour où vous paierez les armes. » Voyez, pièce justificative n° 3, ma lettre du 31 mars au ministre[3].

« Oh! mais je n'entends rien, me dit M. de Graves en riant, à tous ces comptes de change et de florins. – Je vous l'apprendrais bien, lui dis-je; mais vous ne devez pas m'en croire, moi qui puis être soupçonné d'avoir un intérêt très différent du vôtre. Connaissez-vous quelque banquier en qui vous ayez confiance? priez-le de passer chez vous, je poserai la question devant lui. »

Le ministre manda M. Perregaux[1], qui vint. J'établis devant lui la question des florins telle que je viens de la décrire, en lui disant qu'il ne s'agissait point encore du plus ou moins d'argent à donner pour le prix des fusils, mais seulement de la meilleure manière de faire à telle époque fixe un paiement exact, à quelque prix que nous nous accordions. « Je voudrais bien, lui dis-je, faire entendre au ministre que, quel que soit alors gain ou perte des assignats, cela ne doit point me toucher : que c'est ce qu'on peut appeler *la part au diable*[2] de l'affaire, car du vendeur ni de l'acheteur, personne ne profitant de cette perte-là, l'affaire seule doit en porter le poids. Il est bien clair que moi je dois payer chez l'étranger au plus fort change, en bons florins de banque, dont la valeur est reconnue partout; au lieu que l'assignat que le ministre m'offre n'a chez les étrangers qu'une valeur fictive, soumise à la variation de tous les vents fougueux des événements politiques. »

M. Perregaux convint que j'avais parfaitement raison de m'assurer le change, et nous conseilla fort de terminer, à quelque prix que nous convinssions pour les armes.

Lui retiré, le ministre me dit qu'il ne pouvait prendre sur lui de changer ainsi les usages, mais qu'*il en conférerait avec le comité militaire de l'Assemblée nationale*. « En ce cas-là, monsieur, faisons le thème en deux façons[3] : je vous propose un prix net en florins, payable au cours en assignats; ou, si vous l'aimez mieux, prenez sur vous tous les risques, les frais futurs qu'on doit payer encore, avec ceux que j'acquitte aujourd'hui. Donnez le gain qu'il faut à mon vendeur, et qu'il exige; et donnez-moi, à moi, une honorable commission : je vous en laisse absolument le maître*. »

Il alla consulter le comité militaire. (Et voilà donc déjà des comités consultés sur ces armes. Aucune circonstance de cette grande affaire n'ira sans ces consultations.) Puis il m'envoya chercher pour me dire que *le comité était d'avis* qu'il ajoutât plutôt quelque chose au prix des fusils que de rester chargé de l'éventualité des dépenses à faire, ni même de payer en florins; qu'enfin *il ne pouvait traiter qu'en assignats*. « Eh bien! monsieur, lui dis-je, à la bonne heure, *en assi-*

* Je remis un mémoire secret au ministre pour les comités[4]. Je le donnerai à M. Lecointre.

gnats; mais fixons au moins leur valeur pour toujours, au cours qu'ils ont aujourd'hui : nous ne pouvons qu'ainsi savoir ce que nous ferons; sans cela vous me feriez jouer, en vous les vendant, ces fusils, *à la grosse aventure*[1], et Dieu sait à quelle valeur un pareil risque de paiement, une telle éventualité devrait faire monter ces armes; et joignez-y encore la différence d'avoir acheté *forcément*[2] soixante mille fusils *en bloc*, et de les revendre *au triage*, sans savoir ce qu'on rejettera. Il m'est impossible, monsieur, de courir à la fois tant de hasards, de pertes, si le prix que vous en donnez ne couvre tous ces risques, qu'on ne sait comment évaluer. Je vous ai proposé les risques à votre charge, et de me contenter d'une commission, les gains de mon vendeur compris; vous ne voulez entendre qu'à votre façon de compter. Cherchons encore une autre forme.

« Vous avez augmenté avant-hier les marchés de vos fusils neufs de vingt-quatre livres où ils étaient arrêtés *en écus* à vingt-six livres *argent*, pour qu'on n'y perdît point. Mettons une juste proportion entre les fusils neufs et les miens, quoiqu'il y en ait, m'a-t-on dit, une partie de la belle fabrique de *Culembourg*[3], tout neufs, qui valent autant que vos meilleures armes. »

Le ministre se consulta *avec le comité, sans doute*, me fit revenir plusieurs fois, et puis me proposa enfin *trente livres fixes en assignats*, à tous mes risques. Je fis mon calcul en florins, et je vis qu'au cours de ce jour cela mettait chaque fusil au prix de huit florins huit sous, si ce prix-là eût été fixe en quelque temps que l'on payât, prévoyant bien que tous frais acquittés, toutes éventualités prévues, pourraient, à vue de pays, faire monter l'acquisition de ces fusils, rendus en France, de six florins à six florins et demi : mon homme alors avait son bénéfice, et moi de quoi couvrir les retards et les risques; enfin, c'était un marché net. Mais on voulait que je prisse en paiement les assignats pour toute leur valeur identique[4], quelque perte qu'ils essuyassent à l'époque où l'on me paierait; alors il n'y avait pas moyen de courir un tel risque et de jouer un si gros jeu. Je me retirai donc, en disant au ministre que je reprenais ma parole, et mettrais par écrit tout cet historique entre nous, et que je le prierais de vouloir le signer, afin qu'il fût prouvé dans tous les temps que ce n'était point par faute de patriotisme de ma part si notre France était privée, et nos ennemis possesseurs, de cette immense partie d'armes.

« J'en suis d'autant plus désolé, lui dis-je, que ce marché

manqué nous cause non seulement une privation *positive*, mais aussi une *relative*; car ces fusils, monsieur, ne pouvant n'être pas vendus, si vous ne les avez pas, et mon traité d'achat rompu, comme je vais le rompre, il faut que mon vendeur en traite avec nos ennemis, car il n'achète que pour vendre. En ce cas, c'est pour nous *soixante mille armes de moins*; pour eux, *soixante mille de plus* : différence en perte pour nous, cent vingt mille fusils de soldats, sans ceux qu'on me fait espérer; cela vaut bien la peine qu'on y regarde. »

Je revins avec l'historique que le ministre alors ne voulut point signer, en me disant que si je redoutais le peuple sur le seul soupçon de n'avoir pas mis autant de zèle que j'aurais pu à nous faire avoir ces fusils, à plus forte raison pouvait-on lui chercher querelle pour avoir laissé échapper un parti d'armes regardé comme un objet si important. Mais il eut l'honnêteté de me demander s'il n'y avait à ce traité d'autre obstacle que celui-là.

« Monsieur, lui dis-je, si je le terminais, je me verrais forcé d'emprunter environ cinq cent mille francs en assignats, pour en tirer bien moins de cent mille écus en florins, dont j'ai encore besoin ici; et comme c'est sur des contrats des trente têtes genevoises[1] que je puis fonder cet emprunt, le seul enregistrement de la double expropriation (car je ne les veux qu'engager[2]) me coûterait trente mille francs : opération qui, sous l'ancien régime, n'aurait coûté au plus que six cents livres[3].

« D'ailleurs, si les bruits de guerre qui courent venaient à se réaliser[4], la condition purement commerciale d'un cautionnement exigé par le vendeur pouvant devenir une condition politique et fâcheuse, il en résulterait que je ne pourrais plus peut-être user du bénéfice du *transit*[5] sous lequel ces fusils sont passés du Brabant en Hollande. Me trouvant alors obligé de les en faire sortir par la voie sourde du commerce[6], ils deviendraient soumis *à un florin et demi de droits* de sortie par fusil, comme marchandise du pays. Alors, au lieu de retrouver du bénéfice dans l'affaire, toutes choses d'ailleurs égales, il pourrait y avoir de la perte. » Le ministre me répondit : « Quant au prêt de cinq cent mille francs, donnez-nous vos contrats, dit-il, et nous vous les avancerons; le gouvernement ne veut pas tirailler avec vous[7] sur des frais. » Même il y mit la grâce d'ajouter : « Si c'était pour moi que je traitasse, je vous trouverais très bon pour vous avancer sans dépôt; mais je traite pour la nation; et comme je l'engage envers vous, il me faut des sûretés physiques[1]. Et quant aux bruits de guerre, tous les fusils seront entrés bien avant qu'ils se réalisent; et puisque c'est M. de La Hogue qui va en Hollande pour terminer l'affaire des fusils, qu'il y mette du zèle et l'activité. Il demande la décoration militaire, comme récompense de ses services passés; s'il conduit bien cette affaire majeure, à son retour il l'obtiendra; et finissons au prix que je vous dis, *à trente francs en assignats*. Il ne peut arriver, d'aujourd'hui à deux ou trois mois, d'assez grands changements pour que leur prix varie beaucoup; *d'ailleurs souvenez-vous que nous ne sommes pas injustes et que nous avons grand besoin d'armes*. »

Qu'avais-je à reprocher au ministre de Graves? Un peu trop de timidité à travers toutes sortes de grâces. Je me rendis; j'espérais comme lui que les soixante mille fusils seraient en France avant le terme de deux mois, et qu'en allant très vite on pouvait prévenir les risques, les balancer, même les atténuer.

Or, puisque je cédais à des convenances qui n'étaient pas les miennes, les gens sensés voient très bien que je ne pouvais m'en tirer, diminuer, atténuer mes risques, qu'en allant vite comme au feu; *que c'était mon seul intérêt*. Et ceci me sert de réponse à tous les étourneaux qui, n'entendant rien, jugeant tout, crient dans les bureaux, dans les places, que *j'ai fait tout ce que j'ai pu pour empêcher les armes d'arriver*. Ô monsieur Lecointre! monsieur Lecointre! sur quels affreux mémoires avez-vous travaillé?

Nous fîmes le traité, M. de Graves et moi; mais à l'instant de le signer il me prévint qu'il ne le pouvait plus, parce qu'on lui offrait pour *vingt-huit francs assignats* ces mêmes soixante mille fusils dont il me donnait trente francs. « Monsieur, je m'aperçois, lui dis-je, que vos bureaux sont bien instruits, et ceci n'est qu'un leurre pour faire manquer le traité; mais il est un moyen aisé de vous en éclaircir. Au lieu de rompre ce traité pour en conclure un autre qui ne produirait rien, puisque, *depuis nos derniers mots*, les fusils sont à moi irrévocablement *par cet acte*[2] *devant notaire*, passez les deux marchés, celui des bureaux et le mien, mais soumettez les deux offrants à *cinquante mille francs de dédit* s'ils n'en tiennent pas les conditions. Vous sentez bien qu'il faut que l'un des deux y manque, car ces fusils ne peuvent être fournis par les deux vendeurs à la fois : vous gagnerez alors l'un de nos deux dédits; ou bien plutôt vous allez voir ces honnêtes gens fuir à votre offre comme des feuilles sèches devant les aquilons d'hiver. »

Le ministre sourit, accepta ma proposition. Je refais l'acte et j'y insère le dédit de cinquante mille francs que je venais de proposer[1]. Ce que j'avais prévu arriva. Le jour même, au premier mot de ce dédit, mes honnêtes gens courent encore; on ne les a jamais revus, et nous passâmes le traité[2] trop long pour être mis dans le corps du mémoire (voyez-le tout entier numéro 4 des pièces justificatives).

Mais je vais faire ici une observation assez majeure, et qui fixe à toujours l'opinion qu'on doit prendre de la franchise et de la loyauté avec lesquelles ce traité-là fut fait. Pesez bien cette circonstance, Lecointre mon examinateur! elle vous donnera la clef de ma conduite en cette affaire. Quoique je ne reçusse du ministre que cinq cent mille francs *d'assignats*, croyant avoir chez moi en un paquet pour six cent mille francs de contrats, je dis au ministre, en signant, qu'au lieu de déposer cinq cent mille livres[3] je lui en déposerais six cent mille, ne voulant point faire de rompu[4] et m'étant très égal, puisque tous ces contrats me devaient revenir, qu'il y en eût chez lui pour cinq ou pour six cent mille francs. Notre acte fut signé; mais, lorsque je voulus apporter mes contrats pour toucher les cinq cent mille francs, il se trouva qu'au lieu d'un paquet de six cent mille livres je n'en avais qu'un chez moi de sept cent cinquante mille[5]. Pour ne rien morceler et par la raison que j'ai dite qu'il m'était fort égal que la sûreté que je donnais pour cinq cent mille francs d'assignats fût de cinq cent ou de six cent mille francs, ma confiance était telle en l'honnêteté du ministre que, ne me trouvant qu'un paquet de sept cent cinquante mille francs de contrats, je les lui portai tous sans hésiter pour sûreté de ses cinq cent mille francs. M. de Graves eut alors la loyauté de me dire : « Comme tous ces contrats ne sont ni exigés ni stipulés dans le traité de nos fusils, si vous aviez besoin de quelques nouveaux fonds pour accélérer cette affaire, vous êtes sûr de les trouver ici. – J'espère bien, lui dis-je, n'en avoir pas besoin. » Je ne l'en remerciai pas moins; mais il est clair que lui ni moi n'avons jamais compté que cette remise libre, de confiance et non exigée, de deux cent cinquante mille francs de ma part au-delà de la somme qu'on m'avançait pût m'être contestée si je la demandais, surtout pour employer à l'affaire des fusils. Nous verrons en son temps avec quelle injustice d'autres ministres, dont il ne s'agit point encore, se sont fait un horrible jeu de ruiner l'affaire des fusils, en me refusant mon propre argent que je voulais y employer.

Le ministre (Dumouriez) des Affaires étrangères chargea M. de La Hogue de dépêches très importantes, et il partit le lendemain. J'avais bien pressé son départ, craignant que *les bureaux* (qui, je le voyais trop, étaient instruits de ce traité, par l'offre qu'ils avaient fait faire et que j'avais trouvé moyen de réduire à sa vraie valeur) ne me jouassent le mauvais tour, si je perdais un seul courrier, de faire devancer le mien et de me brasser quelque intrigue pour embarrasser notre marche.

Mais j'avais eu beau le presser; et quoiqu'il courût jour et nuit, ayant en portefeuille de sept à huit cent mille francs en lettres de change, à son arrivée à Bruxelles, tombant chez un de mes amis, à peine avait-il pu lui dire l'objet pressant de son voyage, qu'un homme de qualité du parti ennemi[1] entre chez cet ami, et lui demande s'il ne connaissait point *un certain M. de La Hogue, qui venait chez lui de Paris, s'il n'était pas encore arrivé.* Mon ami joua l'étonné, dit qu'il n'en avait point d'avis. « C'est un homme qui nous est suspect, dit l'orateur un peu bavard, il passera fort mal son temps ici. »

Sitôt qu'il fut sorti, M. de La Hogue convint de partir sur-le-champ pour Rotterdam, emmenant avec lui mon ami de Bruxelles, qui m'écrivit ce détail inquiétant de Malines, le 9 avril. *(Ainsi voilà déjà les ennemis au fait.)* Mais quelque diligence que fissent mes amis, ils trouvèrent à Rotterdam le gouvernement hollandais aussi bien instruit que nous-mêmes de notre traité de Paris, ainsi que celui du Brabant. On me l'écrivit sur-le-champ. « Bravo! me dis-je alors, honnêtes bureaux de Paris; ah! j'avais trop raison quand j'insistais à ce que vous ne fussiez pas instruits. » Je répondis à mes amis : « Pressez-vous, allez comme au feu, car voilà l'intrigue à nos trousses. »

Qu'arriva-t-il? C'est que la guerre, au lieu d'être éloignée, comme M. de Graves le pensait, de trois ou quatre mois du traité des fusils, fut déclarée le 20 avril, c'est-à-dire dix-sept jours après la signature de ce traité. *Là les obstacles commencèrent.*

Qu'arriva-t-il encore? C'est que le gouvernement de Bruxelles[2], sachant qu'un patriote aussi zélé que moi était le maître de ces fusils, engagea le gouvernement hollandais à semer d'entraves, s'il pouvait, leur expropriation ou leur extradition; et vous allez voir à l'instant comment les Hollandais y ont bravement procédé.

Qu'arriva-t-il encore? C'est que mon pauvre vendeur bruxellois perdit l'octroi à lui donné par l'empereur[1] pour tout le reste des fusils brabançons; qu'on lui en reprit même une partie de sept ou huit mille qu'il avait déjà rassemblés, et qu'il m'écrivit douloureusement que tout le bénéfice qu'il avait compté faire sur les deux cent mille fusils (*pour cela seul qu'il avait traité avec moi, id est* pour le service de la France) se réduisait à ce qui pourrait résulter des soixante mille dont j'étais possesseur. Alors je vis combien il regrettait d'avoir consenti au *triage des armes* que j'avais exigé de lui, au lieu de me les vendre *en bloc*[2]. Je le consolai de mon mieux, en le grondant et lui disant que c'était un motif de plus pour presser de toute manière l'arrivée des fusils en France, puisque chaque jour de retard augmentait le danger de la perte sur les assignats, sans celle des intérêts d'argent[3] accumulés sur de si fortes sommes. Quel intérêt pouvais-je avoir à ralentir l'opération? Il m'est, je crois, permis de faire cette question à mon dénonciateur. Qu'il y réponde, s'il le peut!

C'est ici que vont commencer des scènes d'obstacles en Hollande, lesquelles ont amené des scènes d'horreur dans Paris, que je vais sortir des ténèbres pour en effrayer les Français! Mais résumons d'abord ce que j'ai dit.

Ai-je prouvé, au gré de mes lecteurs, que, loin d'avoir acheté des armes *pour les vendre à nos ennemis et tâcher d'en priver la France*, au contraire, dès le principe, j'ai fait un traité rigoureux qui les lui assurait sans partage, sous les plus fortes peines pour mon vendeur s'il en détournait une seule, quoique beaucoup pussent ne pas servir?

Ai-je bien démontré que, loin d'avoir cherché à donner à la France des *fusils de mauvaise qualité*, forcé de les choisir dans la seule masse où je pouvais les prendre, j'ai au contraire, par mes traités d'achat et de revente, soumis ces armes *à un triage*, lequel a dû, comme l'on voit, les renchérir de la part d'un vendeur qui, les ayant achetées en masse, voulait avec raison les revendre de même? Tel est l'esprit de ce marché, que des ignorants n'ont pas même la justesse de calculer!

Enfin ai-je bien démontré que le ministre de Graves, qui, timide à l'excès sur sa responsabilité, *avait tant consulté le comité militaire de l'Assemblée législative avant de conclure avec moi*, après avoir porté la veille de vingt-quatre à vingt-six livres en écus le prix des armes neuves qu'il avait commandées en France ou en Allemagne, ce qui en montait le paiement à quarante-deux livres *assignats au moins*; que ce ministre, dis-je, n'a pu ni dû m'offrir, sous peine d'être injuste, moins de huit florins *(dix-sept francs*[1]*)* de mes fusils, à moi, quand je lui ai prouvé d'abord que la France n'avait acquis encore aucune bonne arme à si bas prix, puisque les cent cinquante mille fusils commandés en Angleterre nous coûtaient (dans le pays) trente schellings[2] en or, ou, avec la défaveur du change, de *soixante à soixante-douze livres en assignats la pièce*; que les fusils de hasard[3] du même pays nous revenaient alors à vingt schellings en or, ou, en assignats, de *quarante-deux à quarante-huit livres la pièce* (maintenant nous les payons vingt-six schellings, ou de *soixante à soixante-quatre livres, en assignats, la pièce*); quand je lui ai prouvé ensuite qu'avec le *danger d'un triage*, toujours soumis aux fantaisies d'un examinateur plus ou moins bénévole, *danger de perte incalculable pour quiconque achète en bloc*, il pouvait arriver telle circonstance *(laquelle est trop tôt arrivée*[4] *pour justifier ma prévoyance)*, où, forcé de tirer ces armes de Hollande, par la sourde voie du commerce, un droit nouveau d'*un florin et demi* mettrait les deux vendeurs en perte; et quand il était bien à craindre, si tout cela n'arrivait point, que la seule chute des assignats, pendant que les changes hausseraient contre nous, ne fît de ce marché, pour nous, qu'un jeu très ruineux, *à la grosse*[5], pour avoir cédé au ministre?

Eh bien! tout cela est arrivé. M'entendez-vous, monsieur Lecointre? Oui, tout cela est arrivé. N'obstruez pas votre intellect pour servir de vils scélérats! et si vous m'entendez enfin, oublions, vous et moi, que vous m'avez dénoncé, injurié, outragé. Répondez à ceci en vrai négociant, si vous l'êtes :

1° Sur un marché de soixante mille fusils, achetés *forcément* en bloc; *forcément*, vous m'entendez bien *(car si je ne les eusse pas pris tous, la France n'en aurait pas un seul)*, sur ce marché, *si dangereux en bloc*, en commençant par m'interdire la liberté de choisir mes acheteurs, concurrence qui eût établi l'espoir d'un plus grand bénéfice (mais mon civisme l'interdisait), *ai-je mal servi mon pays*?

2° En m'obligeant, par mes traités, de trier *à la pièce* ce qui était acquis *en masse*, lequel triage laisse au hasard une grande latitude de pertes, *ai-je mal servi mon pays*?

3° En me soumettant à ne toucher le prix de la partie qu'on choisirait qu'en valeurs *non fixées*, à époque *incertaine*, de façon à courir, par cette étrange complaisance, le hasard dangereux de recevoir un jour, *pour des florins donnés au plus haut change*, des assignats qu'un seul revers, ou du désordre dans Paris, pouvait faire choir, au temps où je les toucherais, de quatre-vingt-dix pour cent chez l'étranger *(ils perdent aujourd'hui cinquante-deux en Angleterre), ai-je mal servi mon pays*?

4° En ajoutant à tous ces risques celui de courir telle chance que, ne pouvant plus profiter du bénéfice d'un *transit*, il fallût faire, comme je l'ai dit[1], sortir ces armes de Hollande par la voie sourde du commerce, et payer dans ce cas *un florin et demi de droits par fusil bon ou mauvais*, comme marchandise du pays, quoiqu'elle y fût venue d'ailleurs, *ai-je mal servi mon pays*? Et pourriez-vous déterminer, vous, Lecointre, à qui je m'adresse, et que l'on dit être un homme juste, à quel prix ces fusils devaient être vendus *la pièce* pour être sûr de n'y pas perdre? Voilà ce que vous deviez étudier et savoir, avant de dénoncer et d'outrager un très bon citoyen *qui a bien servi son pays*!

Et quand sur tant d'incertitudes *un ministre, et un comité, et un négociant patriote*, ont pris le parti modéré de mettre entre les fusils neufs d'Allemagne ou de France et ceux-ci la différence du prix de *vingt-six francs à dix-sept livres*, quoiqu'il y ait dans cette masse un fort parti d'armes *toutes neuves*, de la fabrique de Culembourg, que vous n'auriez pas aujourd'hui *pour six couronnes* ou *trente-six francs* la pièce, payés[2] *en beaux écus comptés*, avons-nous spolié la France?

Après surtout que vous avez payé, comme je l'ai dit, *tous les neufs* qu'on a pu avoir des armuriers de l'Angleterre, il y a un an, à trente schellings en or *la pièce*, ou *soixante-douze livres assignats*; et que d'autres *vieux*, pris depuis dans le fond de la Tour de Londres[3], ont été sans difficulté payés par vous d'abord *vingt schellings* en bel or, ou *quarante-huit livres assignats*; et aujourd'hui les mêmes, *vingt-six schellings* ou *soixante-deux livres assignats*; ne peut-on pas vous appliquer l'adage ancien : *Dat veniam corvis*[4]?

Et lorsque les Constantini, Masson, les Sann... et autres protégés de nos *citoyens les ministres*, vous en font passer par le bec[5] d'absolument hors de service et à des prix... (mais n'anticipons rien; tout trouvera sa place... répétons pour eux, seulement : *Dat veniam corvissimis*[6])! mes fusils bien *triés* au prix de *dix-sept francs* ou *trente livres assignats*, et qui sont les moins chers que vous ayez acquis, rendent-ils à vos yeux le ministre *coupable*, le comité *complice*, et le vendeur *concussionnaire*? Je vous donne du temps, Lecointre, pour y rêver.

Eh bien! encore une fois, *tous les hasards en perte, prévus, je les ai essuyés*; et il y a de plus neuf grands mois[1] que mes tristes fonds sont dehors et que je souffre le martyre!

Vous ne m'avez donc pas dénoncé, monsieur Lecointre, *sur aucun dessein supposé d'avoir acheté des armes pour en priver la France et les livrer à l'ennemi?* Vous seriez un homme trop injuste si vous osiez l'articuler : le contraire est si bien prouvé!

Vous ne m'avez sans doute pas dénoncé non plus *sur aucun plan imaginé de vouloir fournir à la France des armes équivoques (comme les amis que j'ai nommés)*; les précautions que j'ai prises pour bien assurer le contraire rendraient la dénonciation atroce; et vous êtes un honnête homme.

Certes, vous ne m'avez pas dénoncé en m'accusant non plus *d'avoir vendu trop cher ou voulu trop gagner sur ces armes, quand je les vendis, malgré moi, pour huit florins, à tant de risques et de hasards de pertes*! Vous eussiez fait grand tort à vos lumières; car lorsque vous m'avez dénoncé, vous saviez tout aussi bien que moi ce que je viens d'apprendre aux autres.

Cependant je suis dénoncé, quoique je sois pur jusqu'ici; peut-être ma conduite ultérieure a-t-elle donné prise à *dénonciation* : c'est ce qu'il faut examiner entre nous deux, monsieur Lecointre. *Cependant je suis dénoncé!* quoique tous les hasards prévus, je les aie tous éprouvés, grâce à la perfidie des gens qui devaient[2] le plus me soutenir dans cette honorable entreprise!

Voyons si mon patriotisme et mon zèle ardent en ont été glacés! Suivez-moi donc, Lecointre, et bien sévèrement; *car c'est vous que je veux convaincre.*

Si tout ceci n'est pas fort éloquent, au moins cela est-il rigoureusement nécessaire pour faire voir à nos concitoyens les dangers que des scélérats nous feraient courir tous les jours, si quelque homme bien courageux ne les dénonçait à son tour à l'opinion publique! C'est ce que je vais faire, moi, dans la seconde partie de ce mémoire.

DEUXIÈME ÉPOQUE

J'ai commencé ce mémoire en disant que je ne jugerais point les ministres à qui j'ai eu affaire en homme de parti, qui blâme tout, sans examen, dans les gens qui diffèrent d'opinion avec lui, et couvre d'un manteau bénin les fautes de tous ceux qu'il croit de son avis. C'est par les faits que l'on doit les juger, comme je désire qu'on me juge. Eux et moi nous allons passer sous les yeux de la Convention nationale, et même de la France entière. Et ce n'est pas le temps de rien dissimuler. *Qui trahit son pays doit payer de sa tête une action aussi déloyale!*

Mais lorsque j'examine l'énorme quantité de travaux, de souffrances dont je dois rendre compte, la sueur froide me monte au front. Sans avoir écouté mon dénonciateur, vous avez applaudi, citoyens des tribunes, au décret insultant[1] qui me conduisait à la mort si mes lâches ennemis n'avaient manqué leur coup sur moi; atrocité dont vous frémirez tous. On est si chaud pour accuser! aura-t-on seulement la patience de me lire? Et cependant, amis, ennemis, tous le doivent : les uns pour s'applaudir de l'estime qu'ils m'ont vouée; et les autres pour y trouver de quoi confondre un traître, et me condamner si j'ai tort, si tous les faits ne me justifient point.

Douze jours à peine étaient passés depuis le départ de La Hogue pour la Hollande[2], qu'effrayé des difficultés qu'on lui opposait en Zélande, sur une première requête présentée, il m'expédie un courrier jour et nuit, par la dépêche duquel j'apprends qu'avant même la déclaration de guerre entre la France et la maison d'Autriche, l'amirauté de Middelbourg[3] *(mes fusils étaient en Zélande)* entendait exiger de moi[4] un cautionnement de *trois fois la valeur de ma cargaison d'armes*, pour la laisser embarquer à Tervère; et s'assurer, nous disait-on, que ces fusils iraient en Amérique et ne serviraient point pour les armées de France. Et c'était la réponse que l'amirauté avait faite *à notre première requête pour obtenir l'extradition*!

Mais qu'est-ce donc que la Hollande avait à voir à des caisses de marchandises qui ne passaient chez elle que sous la forme du *transit, et qui avaient payé les droits*? Certes, ils n'avaient aucune inspection politique dessus[5], pour quelque endroit du monde que je les destinasse, moi, *citoyen français* : et la Hollande étant une puissance amie[6], cette exigence, ridicule si elle n'eût pas été odieuse, ne pouvait être et n'était en effet (comme la suite l'a prouvé) qu'une mauvaise difficulté suscitée pour servir l'Autriche, laquelle n'avait pas plus de droits que la Hollande sur ces armes; car l'acquéreur hollandais[7], qui les tenait de l'empereur, *les lui avait payées comptant*. L'on avait exigé de lui une caution de *cinquante mille florins d'Allemagne* que les fusils iraient en Amérique. *Il avait fourni la caution*; et s'il ne prouvait pas, par des *connaissements* ou acquits déchargés[1], que les armes y avaient touché, la peine était au bout : *il perdait cinquante mille florins*. Là *finissait le droit de l'empereur*.

Cet acquéreur avait vendu les armes, *en retenant son bénéfice*, à des acquéreurs étrangers[2], qui, sans les lui avoir payées, les avaient revendues, *avec leur bénéfice*, à mon libraire de Bruxelles, lequel aussi, *sans les avoir payées*, me les avait vendues sous espoir d'un bon bénéfice; et moi qui n'en voulais que pour armer nos citoyens d'Amérique ou d'ailleurs, au gré de nos besoins pressants, en subvenant moi seul à toutes ces primes de concessions[3], et payant le premier acquéreur qui seul avait délié sa bourse, j'étais aux droits de tout le monde[4], *surtout à ceux du Hollandais*. C'était lui seul aussi que je devais couvrir du cautionnement fourni par lui. Seul il avait le droit de l'exiger de moi, comme engagement commercial du marché qu'il avait rempli. Mais la Hollande et moins encore l'Autriche dont tous les droits étaient éteints, n'avaient aucun droit sur ces armes; celle-ci néanmoins avait son *influence*; et celle-là, *sa complaisance*. Voilà, monsieur Lecointre, la question bien posée. Et c'est maintenant là-dessus que vont rouler tous les débats; et non sur les prétendus droits ni d'un Provins ni d'aucun autre, comme vous l'avez dit dans votre dénonciation où il n'y a pas un mot qui ne soit une erreur *de fait*. Quant à celles de raisonnement, je ne dois mettre ici nulle pédagogie[5].

Ce malheureux Provins, qui n'a jamais payé ses traites, n'a mis et n'a pu mettre aucune entrave à l'extradition de nos armes; on se serait trop moqué de lui! aussi s'en est-il bien gardé. Mais je vous apprendrai[6] ce qu'on lui a fait faire à Paris *(et non en Hollande)*, pour nuire à l'arrivée des fusils dans nos ports; et vous serez un peu honteux de votre bonne et pieuse crédulité!

Lisez d'abord, pour vous en assurer, la première requête[7] donnée à cette amirauté de Middelbourg par Delahaye, agissant pour nous deux, afin qu'ils fussent encore un peu plus dans leur tort; vous y verrez s'il est question de tous les honnêtes gens dont vous avez parlé!

Le 20 avril, au reçu du courrier qui m'annonçait les intentions perfides que la Hollande avait de nous nuire, je me hâtai d'écrire au ministre des Affaires étrangères, Dumouriez, la lettre suivante en forme de mémoire.

À M. DUMOURIEZ, MINISTRE
DES AFFAIRES ÉTRANGÈRES

Paris, ce 21 avril 1792[1].

Monsieur,

Un courrier qui m'arrive de La Haye me force d'avoir recours à vous. Voici le fait :

J'ai acheté en Hollande de cinquante à soixante mille fusils et pistolets. Je les ai bien payés : mon vendeur me les livre à Tervère en Zélande, où deux navires sont prêts à les recevoir; mais à l'instant de partir, l'amirauté veut exiger de moi une caution de trois fois la valeur de ces armes, *pour s'assurer, dit-elle, qu'elles sont par moi destinées pour l'Amérique et non pour l'Europe.*

Cette difficulté faite à un négociant français par une nation amie de la France, a forcé mon correspondant de me dépêcher un exprès. Personne ne sachant mieux que vous, Monsieur, que partie de ces fusils est destinée pour nos îles du golfe[2], *puisque j'en ai instruit l'administration française comme d'une chose qui pouvait lui être agréable, ces armes y tenant lieu de celles qu'on leur expédierait de France, et le reste étant destiné pour le continent d'Amérique qui arme contre les sauvages, je vous supplie, Monsieur, de vouloir bien écrire à votre chargé d'affaires auprès des États Généraux*[3] *de faire cesser une difficulté qui me retient deux navires à la planche*[4] *et des fonds considérables en suspens.*

La nation hollandaise n'est pas avec nous dans les termes où la justice que je demande sur cette mienne propriété puisse faire quelque difficulté, si vous avez la bonté de la lui demander pour un négociant français dont la loyauté est connue. Vous obligerez celui qui est avec respect,

Monsieur,

Votre très humble et très obéissant serviteur,

Signé CARON BEAUMARCHAIS.

Dumouriez mit à sa réponse toute la grâce de l'ancienne et franche amitié; la voici :

Paris, ce 21 avril 1792.

Je suis bien invisible, au moins autant que vous êtes sourd, mon cher Beaumarchais. Cependant j'aime à vous entendre, surtout quand vous avez des choses intéressantes à me dire. Soyez donc demain à dix heures chez moi, puisque des deux c'est moi qui ai le malheur d'être le ministre. Je vous embrasse.

Signé DUMOURIEZ.

J'y fus le lendemain matin. La chose bien expliquée, il me demanda *un mémoire officiel* pour qu'il en conférât avec les autres ministres. J'en fis un, j'en fis deux, enfin j'en fis cinq différents dans le cours de cette journée, nul n'étant, selon ces messieurs, dans la forme qu'il fallait. Cela me semblait bien étrange!

Le lendemain matin, 23 avril, j'envoyai au ministre Dumouriez le cinquième mémoire fait la veille. Le voici :

Paris, ce 23 avril 1792.

Monsieur,

J'ai l'honneur de vous adresser, non plus comme à un homme bienveillant, mais comme au ministre de la nation et du Roi, au département des Affaires étrangères, le cinquième mémoire dont j'ai changé la forme depuis hier matin, pour vous prier, Monsieur, de vouloir bien faire cesser en Hollande la vexation de m'y retenir, au port de Tervère, soixante mille fusils que j'y ai achetés, et dont l'amirauté arrête le départ, sous le prétexte honteux d'une caution inusitée de trois fois la valeur des armes, *uniquement pour servir d'assurance, dit-on, que je vais les expédier pour l'Amérique.*

Je suis bien désolé de vous importuner encore; mais, sous quelque forme, Monsieur, que vous demandiez cette justice pour un négociant français que l'on vexe, il est à désirer que cette forme soit si pressante que vous puissiez vous flatter de lever l'embargo : sans cela, moi, particulier, qui suis bien loin d'avoir la force nécessaire pour vaincre des obstacles de cette nature, je ne pourrai plus livrer ces armes au ministre de la Guerre, dans le temps prescrit par mon traité avec lui[1].

Daignez réfléchir aussi, Monsieur, que non seulement la nation en serait privée dans un temps où elles sont devenues si nécessaires, mais que je me verrais obligé de me justifier hautement de l'accusation de mauvaise volonté qu'on ne manquerait pas d'élever contre moi sur cette non-livraison d'armes, qui ne viendrait pas de mon fait *mais de la malveillance d'une nation étrangère, dont le ministre seul de celle à qui j'ai l'honneur d'appartenir a le droit et l'autorité de demander raison pour moi.*

Ce n'est donc point une grâce personnelle que je sollicite, Monsieur, mais une justice importante[1] *à la France, sous le double aspect du droit des gens blessé et de l'urgence du besoin de ces armes qui sont à elle, et qu'on retient injustement à Tervère.*

Je suis avec respect,

Monsieur,

Votre très humble et très obéissant serviteur,

Signé CARON BEAUMARCHAIS.

Rien ne se terminait. J'allais deux fois par jour *aux Affaires étrangères*, et il y a une lieue de chez moi[2]; d'autres objets entraînaient le ministre. Des mots arrachés en courant ne me satisfaisaient sur rien. Et mon courrier[3] se désolait du temps que je lui faisais perdre. D'autres lettres de Hollande arrivaient, bien pressantes; le ministre me prie de lui remémorier[4] l'affaire. Le 6 mai, en lui envoyant un nouveau mémoire très instant, je lui écris ce mot :

6 mai 1792. Pour vous seul.

Trois choses importantes à observer : la malveillance de nos ennemis intérieurs se flatte que vous ne réussirez pas à lever l'embargo des armes; elle espère vous en faire un tort auprès de la nation française :

1° Le mal en Hollande venant des marauderies[5] de Paris *dont nous avons la preuve, il importe que l'objet de mes instances ne soit pas connu, s'il se peut,* dans les bureaux de la Guerre*; on le saurait bientôt à La Haye.*

2° Il importe que mon courrier parte si vite (après la résolution prise) *qu'on n'ait pas le temps d'en donner avis par la poste :* les bureaux n'y manqueraient pas[6].

3° Vous sentirez la justice et la justesse du contenu de mon mémoire, en réfléchissant que si un obstacle national, qu'aucun particulier ne peut lever, empêche que je ne vous livre les fusils au Havre, je vous les livrerai à Tervère*; alors toutes les précautions qui assurent leur arrivée deviendront personnelles au gouvernement français; je me charge seulement de lever les obstacles des agents subalternes* avec des poignées de ducats.

Macte animo[7]. *Je vous ai trouvé triste hier, et j'en suis affligé. Du courage, mon ancien ami*[8] *! Usez de moi pour le bien public. Rien ne me coûtera pour sauver la patrie. Les divisions sont détestables : le fond des choses est excellent.*

Signé BEAUMARCHAIS[9].

Point de réponse. Trois jours après, 9 mai, j'insiste, et j'envoie un nouveau mémoire à MM. de Graves, Lacoste, et Dumouriez, sous le titre de *Question importante et secrète à délibérer et fixer, entre MM. les trois ministres de la Guerre, de la Marine et des Affaires étrangères.* (Remis aux trois ministres[1] le 9 mai 1792.) Il est dans les trois archives; je vous le montrerai, Lecointre, il ne doit pas être imprimé[2].

Point de réponse; et mon courrier ne partait pas. Je crus m'apercevoir qu'on arrêtait, je ne sais comment, l'active bienveillance de M. Dumouriez pour le succès de cette affaire. La colère me surmonte; je lui écris quatre jours après, le 13 mai, la lettre suivante, un peu sévère, pour être lue au comité.

BEAUMARCHAIS À M. DUMOURIEZ

Ce 13 mai 1792.

Monsieur,

Daignez vous rappeler combien vous et moi, et tant d'autres, avons souvent gémi de voir misérablement à Versailles les anciens ministres du Roi, se flattant d'avoir tout gagné quand ils avaient perdu huit jours : Il est trop tôt. Il est trop tard, *était leur mot sur presque tout; donnant à conserver leur place les cinq sixièmes du temps qu'ils devaient au bien des affaires. Hélas! la maladie qu'on nomme* temps perdu *me semble de nouveau atteindre nos ministres. C'était pure* incurie *de la part des anciens; c'est sûrement* surcharge *de la vôtre, mais le mal n'existe pas moins.*

Depuis trois mois, Monsieur, sur une affaire regardée comme excessivement majeure, je me vois accroché, branché, à tous les genres d'indécision qui rendent nuls les agents les plus vifs. Pour cette interminable affaire, j'use le troisième ministre[3] qui se soit chargé de la Guerre.

Monsieur, nous manquons de fusils; de toutes parts on en demande à cor et à cri.

Soixante mille, acquis par moi, sont au pouvoir du ministre : tant d'or, tant d'or déplacé de chez moi; deux vaisseaux en panne[4] en Hollande, et qui y sont depuis trois mois; quatre ou cinq hommes en voyage; une foule de mémoires par moi présentés coup sur coup; un très court rendez-vous, inutilement demandé, pour y prouver combien les obstacles sont misérables; *un courrier qui mange son sang depuis vingt jours[5] dans mes foyers, du chagrin d'un séjour forcé; et moi qui sens brûler le mien, faute d'obtenir une réponse sans laquelle il ne peut repartir; d'autre part, les menaces que je reçois de tous côtés,* d'accusation de trahison; comme si, par méchanceté, je retenais en Hollande des armes que je brûle de faire entrer en France *: tant de frais, de contradictions, altèrent à la fois et ma fortune et ma santé.*

Si c'était un client qui vous demandât une grâce, je vous dirais : Envoyez-le promener! *mais c'est un citoyen zélé qui voit périr une affaire importante, faute, depuis dix jours, d'obtenir un quart d'heure pour la couler à fond*[1] *avec les trois ministres* de la Guerre, de la Marine *et* de nos Affaires étrangères. *C'est un grand négociant qui fait d'immenses sacrifices pour aplanir tous les obstacles commerciaux,* sans recevoir aucun appui sur les obstacles politiques, qui ne peuvent être levés que par le concours des ministres*!*

Mais, quelle que soit pourtant votre résolution, ne faut-il pas, Messieurs, que je la sache, pour travailler en conséquence? et, soit que vous vous décidiez pour ou contre la réussite, des choses aussi capitales peuvent-elles rester en suspens? Dans un temps comme celui-ci, plus on tarde à prendre un parti, plus les embarras s'accumulent. Il faut pourtant que je me justifie aux yeux de la nation entière sur mes efforts infructueux, si je ne veux pas voir bientôt mettre le feu à ma maison. Notre peuple entend-il raison quand des brigands lui échauffent la tête? et voilà ce qui me menace.

Au nom de ma sûreté (de la vôtre peut-être)*, assignez-moi, Monsieur, le rendez-vous que je demande; dix minutes bien employées peuvent empêcher bien des malheurs! Elles peuvent surtout mettre tous nos ministres en état de satisfaire à des demandes d'armes qu'il ne tient qu'à eux,* oui, qu'à eux, *de faire venir en quatre jours au Havre.*

Signé CARON BEAUMARCHAIS.

M. de Graves était remercié; M. Servan[2] avait sa place. D'une part, il fallait instruire ce nouveau ministre; de l'autre, la malveillance intérieure commençait à souffler dans le comité des ministres[3]. J'écris, le 14, à M. Servan la lettre qui suit. Je priai instamment M. Gau de la lui remettre; et je saisis cette occasion d'attester qu'en toute cette affaire je n'ai eu qu'à me louer de la loyale franchise et des soins obligeants de M. Gau[4]. Il n'y est plus, et nul intérêt ne m'engage à le distinguer de ce que je nomme *les bureaux*.

À M. SERVAN, MINISTRE DES AFFAIRES ÉTRANGÈRES[1]

Monsieur,

Le fardeau très pesant du ministère de la Guerre, dont votre patriotisme a chargé votre tête, vous expose souvent à des importunités fatigantes. Je voudrais bien ne pas accroître le nombre de ceux qui vous tourmentent; mais l'urgence d'une décision de votre part sur la retenue de soixante mille fusils qui vous appartiennent en Zélande, *et que les Hollandais empêchent de sortir du port, où deux vaisseaux attendent depuis trois mois, me force de vous demander l'honneur et la faveur d'une audience de dix minutes; il n'en faut pas une de plus pour couler cette affaire à fond. Mais l'état où la malveillance commence à la représenter exige une grande attention de votre part.*

Depuis vingt jours, Monsieur, un courrier venu de La Haye, *et qui se désole à Paris, faute d'un mot qu'il puisse emporter et partir, augmente encore mes embarras. Depuis dix jours je sollicite en vain d'être entendu par vous et deux autres ministres : car moi seul peux vous faire connaître le danger d'un plus long silence sur la décision d'une affaire* que les ennemis de l'État dénaturent et veulent tourner contre moi et contre le ministre actuel. *Je vous demande donc avec l'instance d'un citoyen inquiet une audience courte et prochaine. Peut-être puis-je tout aplanir : mais certes! je ne le puis, Monsieur, sans vous avoir communiqué mes vues. Daignez me faire passer votre mot par M. Gau, que j'ai prié de vous remettre ma supplique. Agréez le dévouement très respectueux de*

BEAUMARCHAIS.

Point de réponse. Je renvoie le 17 un double de ma lettre; j'obtiens enfin un rendez-vous pour le 18 au soir. Mais je n'y gagnai rien. M. Servan me dit tout net *que, cette affaire n'étant point de son bail*[2], *il n'écrirait pas un seul mot qui pût y apporter le moindre changement*; qu'au surplus il en parlerait à M. Dumouriez et me ferait dire la réponse.

Point de réponse. Je retourne plusieurs fois à l'hôtel de la Guerre; toujours porte fermée. J'apprends enfin, le 22 mai, que les ministres sont assemblés chez le ministre de l'Intérieur[3]. J'y cours, je demande à entrer. Je me plains amèrement de l'espèce de dédain avec lequel on me repousse depuis un mois, sans que je puisse apprendre de personne ce que je dois répondre en Hollande sur les difficultés que font les Hollandais de laisser partir les fusils. Il s'élève un débat entre

M. Clavière[1] et moi; mais poussé si loin de sa part, à l'occasion du cautionnement, que, me sentant hors de mesure[2], je pris le parti de sortir.

Ne me possédant plus après quarante jours perdus[3], mon courrier encore sur les bras, j'écris le 30 mai la suivante à M. Servan, et j'en envoie copie à M. Dumouriez.

(Je vous supplie au nom de l'équité, Lecointre, de la lire avec attention. J'étais au désespoir, et mon chagrin s'y exhalait sans fard; je vous dirai après l'effet qu'elle produisit.)

LETTRE À M. SERVAN

Ce 30 mai 1792.

Monsieur,

S'il me restait un jour de plus pour garder le silence avec sûreté, je ne vous importunerais pas sur l'affaire des soixante mille fusils arrêtés en Hollande, dont je n'ai pas encore réussi à vous faire saisir le véritable esprit. *On vous a bien trompé, Monsieur, si l'on vous a fait croire* qu'elle pouvait être négligée sans risque, parce qu'elle m'était personnelle*!*

Elle m'est tellement étrangère que si j'y tiens, Monsieur, c'est par les sacrifices que je lui ai faits, et par l'amour de mon pays qui m'a seul porté à les faire : elle est absolument nationale, *et me le paraît à tel point que sans mon zèle ardent pour la cause que nous servons chacun à notre manière,* j'aurais déjà vendu ces armes à l'étranger avec un bénéfice immense qu'aucun négociant ne méprise. *Mais j'ai mis mon patriotisme à braver les dégoûts dont on ne cesse d'abreuver la soif que j'ai montrée d'aider mon pays de ces armes,* lequel en manque absolument*; voilà tout ce qui me concerne.*

C'est aujourd'hui le 30 mai, dernier jour du terme que j'ai choisi volontairement[4] *pour livrer au Havre, à la France, les soixante mille fusils que j'ai achetés pour elle, que j'ai payés avec de l'or,* dont l'échange contre assignats *rend l'affaire mauvaise sous l'aspect qui tient au commerce.*

En outre, depuis trois mois et demi, deux navires sont à la planche pour transporter ces fusils quand les obstacles seront levés.

Depuis encore, j'ai proposé (et c'est à vous, Monsieur, que je l'ai fait) *de dépenser jusqu'à* cent mille francs[5] *pour tenter de lever ces obstacles sans user du moyen politique d'un cautionnement réel que la guerre rend nécessaire, et dont, avec toute ma logique, je n'ai pu encore établir aux yeux de notre ministère l'*indispensable utilité sans risques.

J'ai donc comblé les sacrifices et ne puis les porter plus loin. *Forcé de me justifier sur l'horreur qui m'est imputée de forger moi-même l'obstacle que j'ai l'air, dit-on, de combattre ici pour trahir mon pays, en livrant à nos ennemis des armes devenues si nécessaires à la France, je dois montrer sous peu de jours ce que j'ai fait, ce que j'ai dit, tout l'argent que j'ai avancé pour nous en rendre possesseurs,* sans avoir reçu de personne l'aide, hélas! si facile que j'ai partout sollicitée.

Outragé par la malveillance des uns (M. Clavière), *rebuté par l'inaction des autres* (M. Dumouriez), *découragé enfin par la répugnance que vous m'avez montrée d'entrer pour rien dans une affaire entamée et conclue par votre prédécesseur* (voilà le mot), *comme s'il était question d'un brigandage ou d'un patricotage*[1], *je dois, en désespoir de réussite auprès de vous et du ministre des Affaires étrangères, justifier hautement, Monsieur, mes intentions et mes actions.* Alors la nation jugera qui a des torts à son égard (l'instant est enfin arrivé, je le fais).

Non, il n'est pas croyable qu'une affaire aussi importante soit traitée par un ministère avec cet abandon, cette légèreté! *J'en ai reparlé depuis vous à votre collègue Dumouriez, qui m'a paru enfin pénétré du* danger de laisser publier une justification sur cet étrange empêchement; *à qui j'ai fait toucher au doigt l'*extrême facilité de sortir d'un si puéril embarras, pour des ministres un peu instruits.

Mais, quelle que soit sa bonne volonté, il ne le peut, Monsieur, que d'accord avec vous; et c'est bien avec vous que j'ai traité de cette affaire, puisque c'est vous qui êtes ministre de la Guerre. Les grâces seules accordées par votre prédécesseur peuvent être détruites par vous, si vous ne les trouvez pas justes : mais les affaires de l'État doivent-elles souffrir un moment du changement d'aucun ministre, à moins que l'on ne prouve qu'il y a intrigue ou lésion[2]? À l'éclaircissement de celle-ci, je puis souffrir des pertes en qualité de négociant; mais j'aurai cent pieds de hauteur[3], comme citoyen et comme patriote.

Pour éviter un mal qu'il est si aisé d'empêcher, je vous supplie de m'accorder un rendez-vous en tiers avec M. Dumouriez. Ce que la malveillance peut faire patauger six mois, la bonne intelligence peut le solder[4] *en six minutes.*

Les clameurs, pour avoir des armes, vont partout jusqu'à la fureur. Jugez, Monsieur, où elle se portera quand on saura quel misérable obstacle nous a privés de soixante mille armes qu'on pouvait avoir sous dix jours. *Tous mes amis, par inquiétude pour moi, exigent que je rejette à qui il doit aller le bloc dont on veut m'accabler*[1] *; mais c'est le bien que je veux faire;* et le jour que j'aurai parlé, il sera devenu impossible.

Je vous demande donc, au nom de la patrie, du vrai besoin de mon pays, du danger de cette inaction, de vaincre toutes vos répugnances, en m'assignant un rendez-vous d'accord avec M. Dumouriez.

Agréez les assurances de la très respectueuse estime qui vous est due.

Signé CARON BEAUMARCHAIS.

Je suis trois jours sans avoir de réponse. Le 2 juin je reçois cette lettre de M. Servan *(écriture de bureau).*

Paris, le 2 juin 1792, l'an IVe *de la liberté.*

Vous sentez, Monsieur, que votre affaire ayant été mûrement examinée au conseil du Roi, *comme je vous en ai prévenu* (prévenu?... de quoi? qu'elle le serait apparemment), *il m'est impossible* d'y rien changer. *Vous demandez à m'entretenir avec M. Dumouriez sur le même objet : je me trouverai volontiers au rendez-vous que voudra bien vous accorder ce ministre.*

Le ministre de la Guerre,
Signé SERVAN.

Que voulait dire M. Servan? prétendait-il me faire entendre par ces mots, *le conseil du Roi*, que c'était *le Roi en personne* qui s'opposait à ce qu'on fît rien pour accélérer ces fusils? Un nouveau genre d'inquiétude me saisit. Dans le désordre de ma tête, je renvoie mon courrier en Hollande, en écrivant à mon ami que la malveillance est au comble, et qu'il faut que ce soit lui-même qui me donne un conseil pour tâcher de faire arriver nos fusils, en consultant l'ambassadeur, *soit en faisant des ventes simulées à des négociants hollandais, soit en les faisant aller à Saint-Domingue*[2], d'où j'en ferais ensuite l'usage qu'un meilleur temps me prescrirait. Ma lettre se ressentait de ma fâcheuse situation : mon ami en fut effrayé.

Je m'efforçais de me tranquilliser, lorsque, le 4 juin, François Chabot[3], pour comble de malheur, poussé par je ne sais qui, s'avise de me dénoncer à l'Assemblée nationale comme ayant fait venir du Brabant dans mes caves cinquante mille fusils, *dont la municipalité*, dit-il, *avait parfaite connaissance.* « L'enfer est donc déchaîné, dis-je, contre ces malheureux fusils? Y a-t-il jamais eu sottise ou traîtrise pareille? Et je puis être massacré! »

Sur-le-champ je reprends la plume, et j'écris à M. Servan la lettre dont voici la copie.

Paris, lundi soir, 4 juin 1792.

Monsieur,

J'ai l'honneur de vous prévenir que je viens d'être enfin[1] dénoncé aujourd'hui à l'Assemblée nationale *comme ayant fait venir du Brabant à Paris cinquante mille fusils que je retiens, dit-on, cachés dans un lieu très suspect.*

Vous pensez bien, Monsieur, que cette accusation, qui me fait membre du comité autrichien[2], intéresse beaucoup le Roi, que l'on en suppose le chef, et qu'il ne vous convient pas plus qu'à moi de laisser fermenter des soupçons de cette nature?

Après les efforts de tout genre que j'ai faits, tant auprès de vous que des autres ministres, *pour procurer ces armes à mon pays, après leur inutilité, et j'ajoute, avec peine,* après l'inconcevable indifférence dont tant d'efforts patriotiques ont été repoussés par le ministère actuel, je devrais au Roi et à moi de me justifier hautement, *si mon patriotisme ne m'arrêtait encore par la certitude que j'ai que, du moment où*[3] *je m'expliquerai publiquement,* la porte de la France est fermée à ces armes.

Cette seule considération prévaut encore sur celle de ma sûreté menacée et des mouvements populaires que l'on remarque autour de ma maison. *Mais, Monsieur, cet état ne peut subsister vingt-quatre heures; et c'est de vous,* comme ministre, *que j'attends* la réponse qu'il me convient de faire à cette inculpation[4] (de Chabot). *Je vous demande encore une fois, Monsieur, un rendez-vous dans la journée avec M. Dumouriez, s'il est encore ministre*[5]. *Vous êtes trop éclairé pour ne pas pressentir les conséquences d'un retard.*

Mon domestique a l'ordre d'attendre celui par écrit que vous voudrez bien lui remettre pour moi. Il y a quelque vertu, Monsieur, dans la conduite que je tiens malgré l'effroi de ma famille entière*; mais le bien public avant tout.*

Je suis avec respect,

Monsieur,

Votre très humble et très obéissant serviteur,

Signé CARON BEAUMARCHAIS.

En copiant ceci, j'ai besoin de me modérer, la colère m'emporte encore, et je sue à grosses gouttes, le 6 janvier, dans un pays très froid[6].

Le lendemain enfin, M. Servan répond pour la première fois de *sa main*.

Mardi, 5 juin.

J'ignore, Monsieur, à quelle heure M. Dumouriez sera libre pour vous voir; mais je vous répète que dès que vous serez chez lui, et qu'il me fera avertir, je m'empresserai de m'y rendre, ce matin, jusqu'à trois heures; après midi, depuis sept heures jusqu'à neuf heures[1].

Je serais très fâché qu'il vous mésarrivât pour des fusils que des ordres impérieux retiennent à Terweren.

Le ministre de la Guerre,
Signé JOSEPH SERVAN.

Ce n'étaient donc pas, ô Lecointre! ni un brocanteur en faillite, ni ma mauvaise volonté, qui retenaient ces armes à Terweren? Ni ce Provins que vous préconisez[2], ni aucuns autres particuliers, ne pouvaient pas représenter dans l'esprit de M. Servan *ces ordres impérieux* qui arrêtaient nos armes. Eh! sur quels diaboliques mémoires m'avez-vous donc stigmatisé?

« Voilà, dis-je en lisant le billet Servan, le premier mot un peu supportable que je reçois sur cette étrange affaire, depuis que ce ministre est en place! Je vois trop qu'il cédait à des impulsions étrangères[3].

« Puisqu'il consent à conférer avec moi et son collègue Dumouriez, *sans un certain autre ministre*[4], je commence à penser qu'il entendra raison. »

Mais cette conférence tant demandée le 4, je ne pus l'obtenir que le 8, à neuf heures du soir, et chez M. Servan: quatre journées de perdues. J'y repris l'affaire *ab ovo*[5]; peut-être, en la traitant avec chagrin, avec chaleur pour mon pays, eus-je ce qu'on pourrait nommer l'éloquence de la chose ou celle du moment? Ce qu'il y a de certain, c'est que les ministres, touchés de toutes les peines qu'on m'avait fait souffrir, convinrent l'un et l'autre, lui, Dumouriez, qu'il écrirait à MM. Hoguer et Grand, banquiers d'Amsterdam, de me cautionner à tort ou à droit[6] auprès des États de Hollande, jusqu'à la somme, non pas de *trois fois la valeur de la cargaison* qu'ils voulaient, mais d'*une fois cette valeur*; ce qui n'était pas moins injuste mais était pourtant nécessaire.

Pendant qu'il en prenait la note, je lui dis : « *Une fois ou trois fois la valeur, c'est tout un*; puisqu'en fin de compte, en rapportant *l'acquit à caution déchargé*[1], cela ne coûtera qu'une commission de banque, et nos fusils vont arriver. »

M. Servan convint de me faire remettre *cent cinquante mille livres* sur les *deux cent cinquante mille* que son département avait à moi au-delà des *cinq cent mille francs d'assignats qui m'avaient été avancés*[2].

Car *un certain ministre*[3] ne disait pas encore que *sept cent cinquante mille livres de contrats de l'État*, portant *neuf pour cent d'intérêt*, sont un dépôt qui ne saurait représenter pour *cinq cent mille francs d'assignats qui ne portent nul intérêt, et perdent cinquante pour cent chez l'étranger*. Mais nous y reviendrons; la chose en vaut la peine.

Pendant que M. Servan prenait aussi sa note, je lui dis : « Avec ce secours-là, monsieur, s'il faut trois ou quatre mille louis pour lever tous les autres obstacles en Hollande, je les sacrifie de bon cœur. » Et nous nous séparâmes tous fort contents les uns des autres.

Mais le 12 juin, c'est-à-dire quatre jours après, n'ayant de nouvelles de personne, j'écrivis (bien fâché) la lettre suivante à M. Servan le ministre.

12 juin 1792.

Monsieur,

Le jour de la dernière conférence que vous et M. Dumouriez m'avez accordée pour le complément des moyens propres à retirer nos soixante mille fusils de Hollande, j'eus l'honneur de vous répéter que l'argent nécessaire pour gagner tout ce qui enveloppe le haut sénat de ce pays pouvait se porter de trois mille à quatre mille louis, et que cette somme m'était indispensable.

Disposé au grand sacrifice de cette avance, je vous ai prié de nouveau de me faire remettre de quoi me faire cent mille livres en florins de Hollande sur les deux cent cinquante mille francs que vous avez à moi, *et qui n'ont été déposés, au lieu de* six cent mille livres *portées dans notre marché, au-delà de l'avance que M. de Graves m'a faite, que parce que nous convînmes à l'amiable*[4] *que si j'avais besoin de quelques fonds (ce que je ne prévoyais pas), ils me seraient remis et sans difficulté. Vous m'avez dit, Monsieur, que vous vous consulteriez* (sur la forme), *et me feriez parvenir promptement votre réponse; vous convient-il que j'aille la recevoir ou voulez-vous me la faire passer? Le succès des plus grandes affaires, quoi qu'on fasse en tous les pays, tient à ces misérables moyens;* et malgré la contradiction, vous voyez que pendant qu'on décrète ici des peines contre ceux qui s'y laissent corrompre, on décrète six millions à M. Dumouriez[1] pour en faire corrompre ailleurs!

Ne me laissez pas, je vous prie, quand vous avez des fonds à moi, *faire d'immenses sacrifices pour me les procurer d'ailleurs; mais, quelle que soit votre décision à cet égard, je vous demande surtout de ne me la point faire attendre. Il faut que tout marche à la fois, les démarches de notre ministre à La Haye auprès de ce gouvernement, le cautionnement, les gratifications à tous ceux qui influent; c'est là la marche des affaires, et celle-ci a beaucoup trop langui!*

Je suis avec respect,

Monsieur,

Votre très humble et très obéissant serviteur,

Signé CARON BEAUMARCHAIS.

J'employais, comme vous voyez, Lecointre, tous les styles. Si c'était pour trahir l'État, *je dois avoir le cou coupé*; mais je vois déjà mes lecteurs s'écrier : « Ce n'est pas le ton d'un traître! » Ô mes lecteurs! ayez quelque patience : vous ne la perdrez que trop tôt, quand vous saurez tout ce que j'ai souffert! car alors ce n'est pas pour moi que vous tremblerez, c'est pour vous!

Le même jour, 12 juin, je reçus ce billet poli *de la main de M. Servan.*

Joseph Servan prie M. Beaumarchais de vouloir bien s'aboucher avec M. Pache[2]*, qui tient pour le moment la place de M. Gau : il le mettra au fait de cette affaire, avant que M. Beaumarchais le voie.*

12 juin.

« Enfin, me dis-je, grâce au Ciel! me voilà au bout de mes peines! M. Dumouriez certainement aura écrit à MM. Hoguer et Grand; je vais toucher cinquante mille écus, dont j'enverrai cent mille francs à La Hogue pour parer à tous les obstacles, et les fusils vont arriver; et M. Chabot les verra; et le peuple me bénira après m'avoir bien injurié! » J'étais joyeux comme un enfant.

J'écris le soir même en Hollande pour y consoler mes amis et leur faire partager ma joie.

Le lendemain matin, 13 juin, je vais à l'hôtel de la Guerre parler à M. Pache, et tenir de lui l'ordonnance *comme M. Gau les délivrait*[3]. Je passe dans son cabinet, je crois le mettre au fait de toutes les résolutions prises; l'homme m'écoute froidement, et me dit : « Je ne suis point M. Pache, je tiens sa place par intérim; mais votre affaire ne peut se terminer : M. Servan a quitté le ministère ce matin; je ne sais où sont vos papiers; je m'informerai de cela. »

Frappé comme d'un coup de foudre, je monte dans les bureaux de l'artillerie; tout le monde me dit que M. Servan a emporté tous ses papiers et qu'on ne trouve pas les miens.

Je passe aux Affaires étrangères; je n'y trouve point notre ministre Dumouriez, qui avait pris la Guerre par intérim. Je reviens chez moi lui écrire; je pense alors qu'il me suffit de lever un extrait de l'acte de mon dépôt de *sept cent cinquante mille francs* chez le notaire du département de la Guerre, pour bien prouver à M. Dumouriez qu'il est vrai que ce département a *deux cent cinquante mille livres à moi*, sur lesquelles il sait bien que M. Servan est convenu, devant lui, de me remettre *cinquante mille écus*.

Le 14 juin M. Dumouriez, accablé sous la multitude d'affaires, me fait répondre par M. de Laumur, son aide de camp, qu'il va me faire remettre les *cinquante mille écus* convenus avec M. Servan; qu'il s'en souvient très bien; que j'y passe le surlendemain. « Dieu soit béni! me dis-je encore, ce contretemps n'est qu'un retard. »

Joyeux, j'y vais le 16 juin à midi; c'était là l'heure où Dumouriez donnait ses audiences à l'hôtel de la Guerre : il était sorti; je l'attends. Au lieu de lui, on vient dire à tout le monde, au grand salon, *que M. Dumouriez vient de quitter la Guerre*[1] *et qu'on ignore celui qui le remplace*. L'effet que cela fit sur moi, c'est que je fus atteint d'un sourire de dédain et de profond mépris sur la bien triste originalité de tous ces contretemps qui m'arrivaient. Je veux monter dans les bureaux; ils étaient tous ouverts, et personne dedans. Je m'écriai involontairement, dans un état que je ne saurais rendre : « Ô pauvre France! ô pauvre France! » et je me retirai chez moi le cœur serré à m'étouffer.

Pour m'achever, le 23 juin, je reçus une lettre de La Hogue qui m'apprenait que MM. Hoguer et Grand[2] avaient refusé de cautionner, sous prétexte que le ministre, qui avait envoyé l'ordre à M. de Maulde, notre ambassadeur à La Haye, de faire cautionner par eux, *ne leur en avait point écrit*. (Ô désordres affreux des bureaux! car ces choses-là sont de pures formules.) Mais tout ceci n'était qu'un vain prétexte. Ces messieurs, qui ont tant gagné d'argent à servir notre France, servaient alors, contre elle, la Hollande et l'Autriche. Tout était donc au diable ! et c'était à recommencer quand il y aurait d'autres ministres. Je me mangeais les bras de désespoir.

Mais au milieu de mon chagrin soyons juste, et rendons grâce à l'attention de Dumouriez qui, en sortant du ministère, instruisit M. Lajard, son successeur pour la Guerre, des contretemps qui m'étaient arrivés ; ce qui le disposa sans doute à bien écouter l'historique et le compte que je lui rendis, *pièces probantes sur la table*, des entraves de toute espèce que l'enfer avait semblé mettre à l'arrivée de ces fusils. « Cela est d'autant plus fâcheux, dit tristement M. Lajard, *que nos besoins sont excessifs et que nous ne savons comment faire* ! Il faudra, me dit-il, aller voir M. Chambonas (qui avait les Affaires étrangères[1]) pour voir à remédier au refus plus que malhonnête des deux banquiers Hoguer et Grand. En attendant, je vais m'instruire de l'état juste où est l'affaire des *cinquante mille écus à vous*, qui vous sont échappés tant de fois ! » Le ton doux de M. Lajard me sembla de très bon augure.

Il fit venir M. Vauchelle, chef de bureau de l'artillerie, qui lui dit qu'en effet il avait été convenu entre les deux ministres de me remettre cette somme *sur les fonds qu'on avait à moi*.

M. Lajard eut l'honnêteté de répondre le lendemain, 19 juin, à la demande que je lui en faisais par écrit *pour la bonne règle*, et de m'envoyer la lettre suivante avec un mandat à la trésorerie nationale pour me payer les *cent cinquante mille livres*.

19 juin 1792, l'an IVe de la liberté.

Monsieur Beaumarchais,

Vous me demandez, Monsieur, que pour vous mettre en état de faire sortir de la Zélande les soixante mille fusils de soldat que vous vous y êtes procurés en vertu du traité que vous avez fait avec le gouvernement, je vous fasse délivrer une nouvelle avance de cent cinquante mille livres *pour, avec cinq cent mille francs que vous avez déjà touchés, faire six cent cinquante mille livres à compte du prix de cette fourniture. Je vois d'autant moins d'inconvénient à vous donner cette facilité, que, comme vous l'observez, vous avez déposé des valeurs supérieures à cette avance. Vous trouverez en conséquence ci-joint l'ordre pour recevoir ces cent cinquante mille livres à la trésorerie nationale.*

Le ministre de la Guerre,
Signé A. LAJARD.

J'envoie mon caissier recevoir cette somme qui s'était fait terriblement attendre! Un chétif et bizarre accroc en retarda encore le paiement.

Un commis du bureau de la Guerre, dit-on à mon caissier, était venu prévenir *que l'on n'oubliât point que l'usage, pour les fournisseurs, était d'avoir une patente avant de recevoir leurs fonds.* « Monsieur, dit mon caissier, M. de Beaumarchais n'est point un fournisseur; c'est un citoyen qui oblige, et certes bien à ses dépens. Il représente un Brabançon qui n'a point de patente en France; il a reçu déjà cinq cent mille francs sans qu'on ait rien exigé. – Monsieur, lui répond-on, nous avons ordre de ne pas le payer sans cela. »

Sur le compte qui m'en fut rendu, je dis : « *Ce sont là les derniers soupirs de la malveillance expirante.* Ne perdons pas dix jours à batailler sur un argent si contesté et devenu si nécessaire; ils veulent me faire marchand de fournitures, lorsque j'ai cru rendre un très grand service! combien faut-il pour cette patente? » On me demanda quinze cents livres. « Si les messieurs de ce bureau, lui dis-je, se sont tous butés là pour me bien dégoûter d'aller jamais sur leurs brisées, disons notre *mea culpa*, et portez les quinze cents livres! »

Cela nous dévora deux jours. Je suis bien sûr que la malignité en riait : enfin on leur porta *ma patente d'arquebusier.* Mais, à l'instant que l'on allait payer, vint un autre commis régaler mon caissier d'une opposition inconnue. On referme la caisse; il s'en revint chez moi, me rapportant la lettre du ministre. *Pour le mandat de me payer, on l'avait très bien retenu.* Il s'en revint chez moi[1], me demandant, bien effaré, si je connaissais un Provins qui avait mis opposition sur tout ce qui pouvait *m'être dû à la Guerre*; en sorte qu'on n'avait point payé. « Je le connais, lui dis-je, assez pour ne vouloir point le connaître. »

C'est donc *ici le cas de s'expliquer sur ce Provins*, dont vous avez, Lecointre, fait un si noble bruit dans votre dénonciation; quelle que soit la nausée que me cause cet émétique[2], il faut s'en soulager et ne laisser rien en arrière. Quand on se sent piquer la nuit par un insecte, encore faut-il bien le noyer si l'on veut prendre du repos.

Quelques jours après mon traité signé avec M. de Graves, un sieur Romainvilliers, commandant de légion de la garde nationale, jadis exempt[3] des gardes du corps, de tout temps obéré, joueur et faiseur d'affaires, vint un matin me dire d'un pauvre homme[4] qu'on avait bien trompé, à qui un sieur Lahaye, qui, disait-on, m'avait vendu des armes pour le gouvernement français, devait quatre-vingt mille francs *pour caissons et réparations de partie de ces mêmes armes*; et qu'il venait[1] me supplier, quel que fût le marché que j'eusse fait avec ce Lahaye, de trouver bon qu'il mît opposition entre mes mains. C'est, dit-il, un nommé Provins, bon ouvrier, et même brocanteur[2], qui a beaucoup d'enfants, et qu'une pareille perte conduirait à sa ruine entière.

« Monsieur, lui dis-je, il ne faut point de prière pour cela; je ne puis refuser une opposition qu'on m'apporte. M. Delahaye ne m'a rien dit de cette créance un peu forte : je lui en ferai des reproches; car je n'ai point fait un marché sec[3], où rien n'aurait pu me guider, n'ayant point vu ces armes-là. Mais je l'ai bien intéressé à faire une affaire honorable; et si de grands malheurs ne fondent pas sur l'entreprise, votre homme sera loin de perdre ce qu'on lui doit. Mais quel intérêt prenez-vous à ce créancier Delahaye? — Je ne vous cacherai pas, dit-il, qu'étant moi-même assez dérangé de fortune, je l'avais protégé *aux bureaux de la Guerre*, pour lui faire avoir un marché pour une partie de ces armes, du temps de M. Duportail[4]. Les assignats alors perdaient très peu de chose. Il avait fait son compte pour vingt livres, même moins; mais n'ayant pas trouvé ses fonds, les assignats sont tombés tout à coup, et son marché n'a pu se soutenir, parce qu'enfin *il a donné trop d'intérêts dans cette affaire* et que ses bailleurs de fonds ont fait une lourde faillite. J'avais moi-même intérêt dedans *avec quelques-uns de ces messieurs*. Ah! c'est un grand malheur pour lui de n'avoir pas songé à vous! — Ne le regrettez pas, monsieur, lui dis-je; quelque Français qui me l'eût proposée, je ne l'eusse pas acceptée : je connais trop leurs tripotages! J'ai même cru l'affaire nette et je suis très fâché de lui trouver des embarras de cette nature. Au reste, je vous remercie de l'égard qui vous fait me prévenir sur cette opposition; je la reçois, et vous donne ma parole d'en écrire à M. [De]lahaye. S'il leur[5] faut un conciliateur, je le serai avec plaisir. »

L'opposition me vint; je la reçus. J'écrivis à [De]lahaye, qui pour réponse me dit *qu'il ne devait rien à cet homme : et que, quant aux objets dont il réclamait le salaire, je n'avais qu'à écrire à M. de La Hogue; qu'il m'enverrait par sa réponse les quittances de ces objets, que l'on avait payés pour moi à l'acquit de la masse entière.* Alors je me tins sur mes gardes.

Enfin, lorsque j'ai vu qu'outre l'opposition en mes mains,

on avait fait mettre à cet homme une opposition sur moi à l'hôtel de la Guerre (sur moi, qui ne l'avais vu ni connu dans aucune espèce d'affaire), *j'ai reconnu la sourde intrigue qui me faisait expier le tort d'être sorti de mon repos pour troubler leur maquignonnage.* Alors avec un homme de loi je vis ce marchand brocanteur, supposant que quelque homme avide d'accumuler des frais à ses dépens lui avait fait faire cette faute. Mais comme ce Provins n'est qu'un brise-raison[1], nous n'en pûmes rien obtenir. Il fut assigné[2] sur-le-champ, a épuisé tous les délais, a été condamné partout; mais *sous les auspices du désordre* il a si bien filé le temps, de condamnation en condamnation, qu'il a usé plus de cinq mois. Sur opposition frauduleuse, il m'a empêché de toucher *mes propres cinquante mille écus.* J'ai proposé au département de la Guerre de retenir tout ce que demandait cet homme et de me délivrer le reste[3] jusqu'à dernière condamnation. Le sévère M. Vauchelle n'a pas *alors* voulu y consentir, et moi j'ai commencé à *voir plus clair dans cette affaire*; et laissant là les *cinquante mille écus* jusqu'après les trente délais par lesquels, grâce au Ciel, le plus dénué scélérat peut arrêter pendant six mois une affaire nationale en vertu des nouvelles lois[4], j'ai rendu cet homme garant[5] de toutes mes pertes successives et j'ai fait un emprunt onéreux. Mais qu'importe à un insolvable de subir des condamnations! Son déshonneur est son acquittement[6].

Mon avoué vous portera, Lecointre, les cinq ou six condamnations que cet homme a déjà subies; il en est maintenant, au tribunal du premier arrondissement, sur son appel du jugement définitif du tribunal présidé par l'intègre d'Ormesson, lequel *l'a condamné trois fois.* Tel est Provins et compagnie.

Quittons ces plates intrigues; vous en verrez bien d'autres d'un genre un peu plus relevé! Mais tout a semblé bon pour nuire à cette affaire par le motif que vous savez : *Nul ne fournira rien, hors nous et nos amis*[7].

TROISIÈME ÉPOQUE

Je me suis engagé, Lecointre, à vous bien éclairer sur tous les points de ma conduite; j'ai promis de tirer ma justification publique de la série entière des choses dites, écrites et faites par moi chaque journée des pénibles neuf mois dont je rends compte à la nation; en sorte qu'on pût voir dans mes actions, mes conférences, mes lettres et mes déclarations, un rapport si exact qu'elles frappassent les bons esprits par leur accord, leur suite et leur identité.

Le dénonciateur trompé, qui s'exaspère à la tribune, peut s'exempter de suivre une méthode aussi sévère. Soutenu par l'idée qu'on a de son patriotisme, il peut s'égarer dans le vague et tout dire sans rien prouver. Ses auditeurs, s'en rapportant à lui, suivent peu ses raisonnements, ne relèvent point ses erreurs, ne combattent point ses injures; et l'on finit souvent par prononcer ou de pure confiance en son zèle, ou de lassitude d'entendre accuser sans contradicteur.

Mais l'homme qui se défend ne peut sortir un moment de sa thèse : il faut qu'il ait raison six fois avant qu'on le lui accorde une; car il a contre lui la prévention involontaire qui pèse sur un accusé, la répugnance que tout juge a de revenir sur lui-même après avoir émis son opinion et contre un décret prononcé. C'est pour vous armer contre moi que je vous fais toutes ces remarques. Suivez-moi bien sévèrement, et surtout ne me passez rien. Mon espoir est de ramener, à force de preuves évidentes, l'équité de la Convention sur un décret lancé contre un homme innocent, un citoyen irréprochable. Et de plus, j'ai juré de faire mon avocat de vous *mon dénonciateur*! Veillez donc bien sur ce que je vais dire. C'est votre affaire et non la mienne. Je continue mon exposé.

Nos ennemis du dehors de la France, après avoir suivi M. de La Hogue[1] dans le dessein de nuire à l'affaire des fusils, en lui jouant un mauvais tour, après avoir usé tout leur crédit à nous faire dégoûter de ces armes en Hollande, voyant qu'ils ne pouvaient ni me lasser ni me surprendre, ont pensé que ce qui leur restait de mieux à faire était de traiter à l'amiable, de m'en offrir un prix fort attrayant.

Par toutes sortes d'agents, et sous toutes les formes, ils ont tenté de stimuler ma cupidité mercantile. La Hogue me l'avait écrit dix fois, pour me prouver que nous étions bien pourchassés par les vendeurs et les acheteurs. Au moins ceux du dehors se montraient-ils conséquents à leurs intérêts! Mais les obstacles de nos gens, de nos bureaux, de nos ministres!... cela me mettait en fureur. C'est ce que j'écrivais à La Hogue en réponse.

Le 29 juin, je suis fort étonné de le voir arriver chez moi. « Vous devez croire, me dit-il, que c'est l'affaire des fusils qui m'amène? Certes, il en sera bien question, mais elle ne marche ici qu'en seconde ligne. Je suis courrier extraordinaire, et chargé par M. de Maulde, notre ambassadeur à La Haye, de dépêches si importantes qu'il n'a voulu les confier qu'à ma foi, qu'à ma probité.

« À force de recherches, il a eu des notions certaines qu'il y avait *dans Amsterdam une fabrique d'assignats*. Il a pu tout faire arrêter, avec l'espoir d'avoir les ustensiles et les hommes; et peut-être, en les surprenant, de trouver dans leur nid d'autres pièces fort importantes; mais, le dirai-je à notre honte? pendant que les ambassadeurs nagent dans l'abondance à La Haye, qu'ils ont tous les plus grands moyens pour faire de la politique, j'ai vu M. de Maulde ne pas avoir de quoi fournir aux frais de ces arrestations; et les faussaires lui échappaient, si je ne lui eusse pas *prêté six mille florins en votre nom*! »

L'épisode de ces dépêches, dont mon ami fut le porteur, répandrait un beau jour sur l'affaire des fusils, honorerait notre civisme, et ferait connaître l'esprit qui animait tous ceux qui s'en mêlèrent; mais cela jetterait quelque langueur sur mon narré; j'aime mieux me priver de l'avantage que j'en pourrais tirer. Je le réserve pour un autre moment*.

Je racontai à M. de La Hogue les mille et une angoisses que j'avais éprouvées sans avoir avancé d'un pas l'extradition de nos fusils.

« Ah! me dit-il, je viens, avec bien du regret, vous répéter que c'est partout de même; qu'il faut tâcher de vous tirer de cette épouvantable affaire. La malveillance est telle en Hollande, comme ici, que votre fortune y passera devant que vous obteniez l'extradition des armes de Tervère. *La France vous dessert, et la Hollande sert l'Autriche!* Comment voulez-vous, seul, sortir de ce filet? Je vous apporte la grande requête que j'ai faite pour vous en réponse à une note du ministre de l'empereur[2] et fait remettre par M. de Maulde au greffier des États de Hollande, et la ridicule réponse qu'on nous a faite au nom de ces États; quand les ministres l'auront lue, ils connaîtront les vrais obstacles qui retiennent la cargaison.

— Mon ami, ils ne lisent rien, ne répondent à rien; ne font

* Pendant qu'on imprime ceci, j'apprends que je viens d'être dénoncé aux Jacobins comme ayant travaillé à Londres, avec M. Calonne[1] (lequel est à Madrid), à faire de faux assignats. Vous voyez, citoyens, avec quelle rapidité toutes les infamies se succèdent! Ne perdez pas de vue que j'ai prêté l'argent *qui fit arrêter les faussaires de Hollande*; priez Lecointre de vous dire quel service je vous rendis, et portez votre jugement sur l'honnête homme qui me dénonce.

rien que d'intriguer dans leur parti qui n'est point la chose publique. C'est un désordre ici qui fait frémir ! et l'on veut, à travers cela, marcher à une constitution[1] ! Je jure qu'ils ne le veulent pas ! Mais qu'est-ce que les États de Hollande ont répondu à la requête ? – Des choses vagues, insignifiantes, fausses ! Et tout est bon, *pourvu qu'on gagne du temps contre vous*. J'apporte leur réponse[2]. Si vous aviez voulu céder ces armes au plus haut prix, là-bas, vos embarras seraient finis. Votre argent vous serait rentré avec un bénéfice immense ; et le plus grand de tous c'est qu'on les enlevait *en bloc*, comme vous les avez achetées, sans *triage* et sans embarras. M. de Maulde est bien instruit des offres que l'on nous a faites, car rien n'échappe en ce pays à ses vigilantes recherches.

– Je sais, lui dis-je, ce qu'il a écrit là-dessus, et *le peu qu'on a répondu*. J'ai trouvé le moyen ici d'avoir des notices exactes[3] : cela n'est pas à bon marché ; mais comme c'est pour le bien de l'affaire, il faut que l'affaire porte tout. Car ce n'est plus une entreprise de commerce, c'est une affaire d'honneur et de patriotisme ; je vais plus loin, d'*obstination*. Ils ont juré que les fusils n'arriveraient pas, moi j'ai juré qu'autre puissance que la nation ne les aurait. Mon premier motif est le besoin que nous en avons.

« Or voici de nouveaux ministres[4] ; nous allons voir comme ils procéderont ; mais quelque mal qu'ils puissent faire contre l'arrivée des fusils, je les défie de faire pis que ceux qui leur cèdent la place ! »

Sur ma simple demande, M. Chambonas nous fit dire que, le soir même, M. Lajard et lui nous recevraient chez eux. J'y allai, bien déterminé à montrer à ces deux ministres toute la fermeté qui m'avait attiré la disgrâce de M. Clavière.

J'avais le portefeuille de mes correspondances : j'instruisis fort au long les ministres ; ils nous donnèrent audience complète et telle qu'aucun prédécesseur ne m'en avait jamais donné. « Enfin, monsieur, me dirent-ils, résumez-vous. Que voulez-vous et que demandez-vous ?

– Je ne demande plus, messieurs, leur dis-je, qu'on m'aide à faire arriver ces fusils, je sens trop qu'on ne le veut pas. Je demande seulement qu'on me dise qu'*on n'en a pas besoin* ; qu'*ils sont trop épineux, trop chers, ou trop embarrassés, enfin tout ce qu'on voudra* ; mais qu'on le dise par écrit, afin que cet écrit fasse ma justification. Je n'ai cessé de le demander aux ministres vos prédécesseurs. Non que je voie sans douleur la France privée de ces armes ; mais je sais trop que le fond de ceci est qu'on veut m'abreuver de tant de dégoûts à la fois que, dépité, je vende les armes en Hollande, afin de crier dans Paris que *mon patriotisme était une chimère*, et que *j'ai créé les obstacles qui ont enfin porté ces armes chez nos ennemis*.

« Quand vous m'aurez rendu, messieurs, et mes paroles et mes fusils, j'irai à l'Assemblée nationale, j'élèverai l'écrit que vous m'aurez donné, je prendrai l'Assemblée à témoin de tout ce que j'ai fait pour nous procurer ce secours; et si elle dit, *comme les autres*, ou que *la nation n'en veut pas*, ou qu'*elle n'en a pas besoin*, je prendrai conseil de moi-même pour savoir ce que j'en dois faire.

— Nous savons bien ce que vous en ferez, dit en riant l'un des ministres. Vous les vendrez à beaux deniers comptants. M. de Maulde nous écrit qu'on vous en fait des offres magnifiques. — S'il écrit tout, messieurs, il doit vous dire aussi de quel dédain j'ai refusé ces offres! — Aussi, me dit M. de Chambonas, le mande-t-il très positivement.

— Oui, monsieur, on les fait depuis plus de deux mois. Je n'avais point cherché à m'en faire un mérite; mais puisque M. de Maulde l'écrit, elles sont telles, ces offres, que tout autre que moi les aurait dix fois acceptées; mon argent me serait rentré avec un très fort bénéfice, mais je suis *Français avant tout*. Et cependant je ne puis soutenir l'état fâcheux où l'on me tient, qui détruit mon repos et ma fortune et ma santé, quand je puis d'un seul mot voir tout cela bien rétabli! »

M. Lajard me répondit : « Nous ne pouvons, de notre fait, rompre un traité d'*armes si nécessaires*, au moment où nous en manquons, sans consulter auparavant les trois comités réunis, diplomatique, militaire et des douze[1]; nous les consulterons et nous vous donnerons réponse. »

Le lendemain, M. de Chambonas nous dit qu'ils avaient entamé l'affaire avec *des membres des comités* : que, par les difficultés survenues en Hollande, on regardait assez le traité de M. de Graves comme *rompu de fait*; mais qu'on était loin *de me dire* qu'on ne voulait plus de ces armes, et moins encore *de le signer*[2], dans l'extrême besoin que l'on avait de mes fusils. « Monsieur, monsieur, répondis-je au ministre, ou vous voulez des armes ou vous n'en voulez point. Je ne saurais prendre un parti sur les offres que l'on me fait qu'après une décision précise; cette décision, quelle qu'elle soit, je l'attends de votre honnêteté; *mais il me la faut par écrit*.

— C'est qu'on craint, dit M. Lajard *(en me regardant dans les yeux)*, que vous ne vouliez en user pour nous monter le prix des armes au taux, avantageux pour vous, des offres qu'on vous fait là-bas ?

— Monsieur, lui dis-je avec chaleur, si l'on m'aide de bonne foi à lever l'injuste embargo que les Hollandais nous ont mis *(en fournissant le cautionnement que mon vendeur exige avec justice)*, je donne ma parole d'honneur que dans ce cas nul acheteur n'aura les armes que la France à qui je les ai destinées, *quelque prix qu'on m'en offre ailleurs*. Je donne ma parole d'honneur que je n'augmenterai point le prix de mon premier marché, quoique je pusse en avoir à l'instant plus de *douze florins* en or, au lieu de huit que je tiendrai de vous en assignats ! *Voulez-vous ma déclaration pour la montrer aux trois comités réunis ?* Je ne demande autre justice que de me trouver délivré de la fâcheuse incertitude qui m'a tant tourmenté depuis trois mois sur l'*éventualité du prix des assignats à époque incertaine* ; au point que j'ai souvent pensé, en suivant la conduite *impolitique, impatriote*[1], *injuste* des ministres passés, que l'on voulait traîner les choses jusqu'au moment où, l'*assignat* tombant à une perte excessive, on me ferait offre réelle en exigeant de moi la livraison subite ; et j'en ai vu assez pour m'attendre à ce beau procès. Et tout cela pour n'avoir pas pu gagner sur la timidité de M. de Graves la justice de traiter *en florins* avec moi, parce que ce n'était point l'usage *dans les fiers bureaux de la Guerre* ; mais ils ont cent moyens de se dédommager, quand moi je n'en veux pas un seul !

— Mais qui nous assurera, me dit l'un des ministres, que, fatigué par les obstacles qui retiennent ces armes en Zélande, vous ne les vendrez pas à d'autres, quoique nous ayons vos paroles ? car enfin vous êtes négociant et ne faites de grandes affaires que pour gagner beaucoup d'argent ?

— J'entends votre objection, monsieur ; elle pourrait être un peu plus obligeante ; quoi qu'il en soit, je vais vous délivrer de toute inquiétude à cet égard. Pour vous bien assurer qu'aucune autre offre ne pourra me séduire, faites recevoir à l'instant *mon expropriation et la livraison à Tervère* par qui vous jugerez à propos[2] : la chose étant devenue *vôtre*, vous aurez seuls le droit d'en disposer. Puis-je aller plus loin avec vous ? daignez me l'indiquer, messieurs. Pour purger mon patriotisme des soupçons dont on l'a couvert, il n'est rien, *rien à quoi je ne me soumette* ! »

À l'air étonné des ministres, je vis qu'ils étaient prévenus.

« Quoi ! monsieur Beaumarchais, vous parlez sérieusement ? Quoi ! si nous vous prenions au mot, vous auriez le courage de ne pas reculer ? — Le courage, messieurs ! c'est de ma pleine volonté que j'en fais l'offre et la déclaration. — Eh bien ! me dit M. Lajard, mettez-nous cela par écrit : nous consulterons sérieusement les trois comités réunis. »

Le lendemain 9 juillet, les ministres reçurent de moi le net résumé que voici :

BEAUMARCHAIS
À MM. DE LAJARD ET CHAMBONAS,
MINISTRES DE LA GUERRE ET DES AFFAIRES ÉTRANGÈRES

9 juillet 1792.

Messieurs,

Vous le savez, il faut en toute affaire simplifier pour éclaircir. Permettez-moi de rappeler les principes que j'ai posés dans la conférence d'hier et que vous parûtes adopter. Comme négociant, ai-je dit, je n'aurais nul besoin que le gouvernement français se substituât à moi dans l'affaire des fusils de Hollande, si je rompais mon traité avec lui (à Dieu ne plaise !). *Et vous avez, Messieurs, la preuve dans vos mains, que la meilleure et la plus courte façon pour moi de terminer l'affaire à mon grand avantage est, certes, bien en mon pouvoir, si je veux me borner aux vues commerciales, puisqu'on ne cesse de m'offrir (avec promesse et même avec menace) de me rembourser sur-le-champ,* en ducats cordonnés et sous le bénéfice qu'il me conviendra d'imposer, *les soixante mille fusils que j'ai achetés en Hollande;* votre ambassadeur vous l'écrit.

Ce n'est donc point comme négociant, ce n'est point comme spéculateur que j'ai traité cette question avec MM. Lajard et Chambonas, mais en patriote français qui veut le bien de son pays avant tout et le préfère à son propre avantage. Faites-moi la justice de vous en souvenir.

Je vous ai proposé, Messieurs, de vous substituer à moi, en recevant la livraison de toutes mes armes à Tervère, la subite déclaration de la guerre ayant apporté un obstacle invincible pour moi à les livrer en France, et le ministère français ayant des moyens qui me manquent de faire lever l'injuste embargo hollandais et d'amener ces fusils à Dunkerque. Je vous ai fait sentir, Messieurs, que votre premier avantage était, en ceci, d'empêcher nos ennemis de s'en emparer par la force, comme on m'en menace aujourd'hui, les Hollandais ne pouvant hasarder de laisser faire contre un gouvernement ce qu'ils protégeront peut-être contre un simple particulier.

En vous expliquant bien ceci, Messieurs, je n'ai fait que renouveler ce que j'ai dit vingt fois aux ministres vos prédécesseurs.

Ne pouvant amener au Havre une cargaison d'armes que l'on me retient en Zélande, contre justice et droit des gens, *je vous pose ainsi la question.*

Quand le ministère m'a pressé d'acheter ces fusils pour le service de la France, les sacrifices d'argent ne m'ont pas arrêté *: depuis trois mois je tiens ces armes en magasin, mais je ne les tiens qu'en Zélande; et vous savez que le gouvernement d'Autriche engage celui de Hollande à les empêcher d'en sortir, sans aucun prétexte plausible, uniquement parce qu'ils sont les plus forts et peuvent être impunément injustes à l'égard d'un particulier. Ces fusils sont donc à Tervère. Ils y sont pour votre service, et voici mon dilemme unique*[1].

La France a-t-elle besoin des armes? et surtout vous importe-t-il qu'elles ne passent point dans les mains de vos ennemis qui les demandent à tout prix, ce qui doublerait le dommage*? Recevez-en la livraison à Tervère, en place du Havre où je ne puis plus vous la faire. C'est le seul changement que je propose à mon traité; car je ne vous dis point : Messieurs, rompez le traité de ces armes entre M. de Graves et moi; au contraire, je vous propose d'accélérer sa conclusion,* pour vous assurer qu'il l'aura[2], *en faisant faire la réception des armes dans ce port, où elles sont encore. Alors, vous agirez de couronne à couronne*[3]*; et l'on aura bientôt raison, parce qu'on vous respectera, quand on n'a nul égard pour moi!*

Ne voulez-vous pas à l'instant vous mettre en possession des fusils? moyen qui peut seul empêcher peut-être qu'on s'en empare par la force, si je m'obstine à ne pas les leur vendre; alors (et je le dis avec un grand regret) déclarez-moi, Messieurs, que vous ne voulez plus des armes et que vous renoncez à les avoir à vous par ma livraison à Tervère, m'autorisant à m'en défaire à moins de perte et de risques possibles.

Obligé de céder à l'empire des circonstances, je porterai sur le bureau de l'Assemblée nationale tous mes marchés et correspondances, enfin les détails bien prouvés de mes efforts patriotiques pour procurer ces armes à la France. Alors, bien affligé, mais dégagé de prendre une peine inutile pour servir mon pays en ce point quand je n'y suis aidé par aucun des pouvoirs, *et quand depuis trois mois mes capitaux sont loin de moi, engagés, arrêtés avec des pertes incalculables, j'écrirai en Hollande :* laissez aller ces malheureux fusils aux conditions qu'on vous en offre, plutôt que de les voir enlever par la force, et de n'avoir après pour tout espoir que l'aperçu d'un éternel procès dont je ne sortirais jamais, contre mon vendeur et l'État, pour cause de violence, d'une part, et de non-livraison, de l'autre !

Ne croyez pas, Messieurs, qu'un transport fictif[1] *envers vous pût me tirer de l'embarras où je me trouve! au contraire, il me ferait perdre* le seul temps qui me reste *pour retirer mes capitaux engagés si longtemps pour le service de la patrie. Il m'enlèverait tout pouvoir d'échanger contre des ducats ces armes dont vos ennemis ont bien autant besoin que vous et qu'ils ne cessent de demander en s'offensant de mes refus constants.*

Quel serait notre sort, Messieurs, si, par un traité simulé, vous plaidiez ma cause en Hollande au lieu d'y débattre la vôtre, et ne réussissiez pas à conduire les armes à Dunkerque dans un temps utile pour vous? Il vous resterait l'avantage d'avoir au moins empêché l'ennemi de s'en servir contre vous-mêmes, pendant toute la guerre actuelle; et moi, privé de tous mes fonds, je n'obtiendrais pour récompense d'avoir bien servi mon pays, que le désespoir de me voir une horrible quantité d'armes que je ne vendrais à personne, personne n'en ayant plus besoin*! je serais ruiné, abîmé; sans doute, vous ne le voulez pas!*

On m'objecte, Messieurs, que votre responsabilité s'expose, si vous annulez le traité de M. de Graves avec moi! Oui, Messieurs, elle est exposée si vous annulez ce marché pour laisser vendre aux ennemis les fusils achetés pour vous; mais non pas, si vous l'échangez contre un traité définitif qui vous assure que l'ennemi ne s'emparera point des armes; puisque, étant reconnues propriété nationale, *les Hollandais ne peuvent plus, à moins de déclarer la guerre, souffrir ouvertement chez eux que l'on viole leur territoire pour vous faire une grave insulte dont ils deviendraient les complices! Voilà la question bien posée sur ce qui tient, Messieurs,* à la responsabilité des ministres *dans cette affaire.*

Quant à la conférence d'hier, en voici le court résumé. Je vous ai proposé, Messieurs, de vous faire la livraison des armes réellement, *et non* fictivement, *à Tervère en place du Havre, sur les motifs que vous venez de lire; ou que vous déclariez, en annulant le traité de M. de Graves, que* vous ne voulez plus des armes pour la France et me rendez l'entière liberté de faire recouvrer mes fonds où, quand et comme je pourrai, sauf les justes indemnités*! Je vous supplie, Messieurs, de m'accorder la faveur d'une prompte réponse;* car je cours d'imminents dangers[2], que mon ardent patriotisme est bien loin d'avoir mérités*! vous-mêmes avez eu la bonté de me le dire hier matin.*

Recevez, Messieurs, les respects d'un bon citoyen affligé.

Signé CARON BEAUMARCHAIS.

Je fus trois jours sans avoir de nouvelles. Je priai M. de La Hogue de passer aux Affaires étrangères. Il me rapporta pour réponse qu'il avait rendez-vous le soir même aux trois comités réunis, diplomatique, militaire et des douze. « Eh bien! nous allons voir, lui dis-je, si les ministres sont de bonne foi! car enfin les trois comités ont, comme moi, les yeux ouverts sur eux. » La Hogue fut aux comités; il y plaida (au grand étonnement de tous) la nature des obstacles *français et hollandais* qui arrêtaient ces fusils à Tervère. Le fond de son discours, tiré de ma lettre aux ministres, de ma requête aux États de Hollande, de leur pitoyable réponse, qui étaient là sur le bureau et jetaient sur toute l'affaire un jour lumineux et pressant; son discours, sa conclusion, furent : *qu'il y avait un avantage immense pour moi* (comme négociant) *que l'on me rendît maître de disposer de mes fusils*; que sous huit jours alors je remettrais les cinq cent mille francs d'assignats *comme je les avais reçus*, parce que je recevrais dans quatre jours, au prix de plus de douze florins, les ducats bien comptés *de la masse entière des fusils*. Il ajouta qu'on lui avait offert, à lui, mille louis et plus pour qu'il tentât de m'y déterminer. Mais il assura bien messieurs des comités que (comme patriote) je les laissais les maîtres de juger, *non dans mon intérêt, mais dans celui de la nation, si ce parti convenait à la France.*

Pouvait-il s'expliquer plus généreusement en mon nom?

Là M. de La Hogue entendit la lecture de la lettre honorable de notre ministre à La Haye, que M. Chambonas avait eu l'équité d'envoyer aux trois comités. Oui, *honorable à mon patriotisme*! et qui me valut de leur part *les grands éloges dont j'ai parlé* dans ma pétition de défense[1]. Or, cette lettre, la voici; je m'en suis fait donner une bonne expédition par les Affaires étrangères, quand elles n'étaient pas si *étranges* à mon égard qu'elles le sont devenues depuis que M. Lebrun en fait son patrimoine[2]!

M. DE MAULDE À M. DUMOURIEZ,
MINISTRE DES AFFAIRES ÉTRANGÈRES

À La Haye, le 2 juin 1792[3], l'an IVe de la liberté.

Monsieur,

La présente vous sera remise par M. de La Hogue, associé de M. Beaumarchais pour l'acquisition des armes qui sont à Tervère. Les tentatives qu'il a faites jusqu'à présent, n'ayant pu en obtenir l'exportation, ont été infructueuses malgré tout le zèle qu'il a pu y mettre. Mais je dois rendre justice à son patriotisme ainsi qu'à celui de M. Beaumarchais, en disant qu'ils ont refusé des offres infiniment avantageuses et au moyen desquelles ils auraient recouvré, même avec un fort bénéfice, tous leurs capitaux, par la seule raison que c'étaient des ennemis de l'État *qui leur faisaient ces propositions.*

Je m'empresse, Monsieur, de leur rendre cette justice, ne doutant pas que vous la prendrez en d'autant plus grande considération qu'en éprouvant un retard pour la rentrée de leurs fonds, ils ont, par leur refus constant, rendu à la nation un service essentiel, en empêchant au moins ces armes d'être dans les mains des ennemis.

Le ministre plénipotentiaire de France à La Haye,

Signé EMM. DE MAULDE.

J'ai demandé aussi aux Affaires étrangères expédition de la lettre que le ministre Chambonas avait écrite au président des comités en leur envoyant mon mémoire ; et je la joins ici pour établir mon corps de preuve, à votre gré, Lecointre, et sans lacune, *la voici* :

LE MINISTRE DES AFFAIRES ÉTRANGÈRES
AUX TROIS COMITÉS RÉUNIS

Du 11 juillet 1792.

Monsieur le Président,

Le moment où les trois comités, militaire, diplomatique et des douze, sont réunis pour aviser à tous les moyens d'augmenter les forces intérieures et extérieures de l'empire, me paraît propre à leur soumettre une question aussi difficile qu'essentielle, et sur laquelle le ministère prononcerait avec plus de confiance s'il connaissait l'avis des membres qui composent ces comités.

En vous adressant, Monsieur le Président, le clair et court mémoire qui a été remis à M. Lajard et à moi par M. Beaumarchais, négociant et propriétaire des soixante mille fusils qui font l'objet de ce mémoire et dont l'extradition est devenue très difficile depuis la déclaration de guerre, je crois pouvoir me dispenser d'entrer dans tout autre détail que celui de vous assurer que tous les efforts patriotiques du négociant, à ce sujet, sont, depuis trois grands mois, absolument infructueux, et qu'il les a portés aussi loin qu'un particulier peut le faire par le sacrifice de ses propres intérêts. *Il demande avec raison une prompte décision; la lecture du mémoire suffira ; et tous les éclaircissements que l'officier*[1] *par qui j'ai l'honneur de vous l'envoyer est seul en état de donner, ne laisseront rien à désirer aux trois comités réunis sur cette importante affaire. Cet officier a traité lui-même cette affaire en Hollande, au nom de M. Beaumarchais, son ami, tant avec le vendeur, le gouvernement et l'amirauté, qu'avec* notre ministre à La Haye, lequel a été spécialement chargé par mon prédécesseur de réclamer ces armes comme la propriété d'un négociant français, injustement retenue en Hollande, grief dont il demandait à grands cris le redressement à la France. *L'objet est capital, sous le double point de vue de faire entrer enfin ces armes* en les réclamant comme une propriété devenue nationale[1], *et d'empêcher surtout que nos ennemis ne parviennent à s'en emparer avec force, si elles restent plus longtemps celle d'un simple négociant, comme il en paraît menacé.*

Je crois qu'il y aurait du danger que cette question fût agitée dans le sein de l'Assemblée nationale, à cause de la publicité; mais si vous voulez bien, Monsieur le Président, me faire connaître l'avis des comités, *je ferai repartir sur-le-champ M. de La Hogue, qui a été porteur des dépêches de notre ministre à La Haye, pour que ce dernier fasse à l'instant ce qui sera nécessaire pour faire cesser une injustice* qui nous est si préjudiciable*!*

Signé CHAMBONAS.

Il était impossible que des ministres, quels qu'ils fussent, se comportassent plus honorablement.

Le soir j'appris, par M. de La Hogue, qu'en général on convenait aux comités qu'il fallait accepter ce qu'on nommait *mes offres généreuses* qui, de ma part, n'étaient que l'expression d'un vrai patriotisme, sûrement dans le cœur de tous! On dit à M. de La Hogue qu'on enverrait aux deux ministres *l'avis des trois comités réunis*. En l'écoutant, je fis un soupir de soulagement. « *Dieu soit béni!* me dis-je, *tous les hommes ne sont ni injustes ni atroces! et la France aura les fusils.* »

Dans la crainte qu'on n'oubliât l'affaire, j'écrivis sur-le-champ cette lettre en forme de mémoire :

À Messieurs des trois comités réunis, diplomatique, militaire et des douze, en assemblée avec les deux ministres de la Guerre et des Affaires étrangères.

16 juillet 1792.

Messieurs,

Si, dans l'affaire des fusils détenus en Hollande, ma conduite vous a paru telle que chacun de vous se fût honoré d'en tenir une semblable en bons patriotes que vous êtes, je vous demande, pour toute récompense, de ne pas me laisser exposé à l'affreuse nécessité de céder aux demandes des ennemis de l'État*!*

Je mourrais de chagrin, après ce que j'ai fait pour les priver de ces ressources, si votre décision me forçait à la honte de les laisser se mettre en possession des armes destinées à nos braves soldats*!*

J'irai, pour les en empêcher, au dernier terme de mon pouvoir; c'est à vous à faire le reste.

Agréez, etc.

Signé BEAUMARCHAIS.

Le lendemain au soir, les ministres me dirent que mes offres étaient acceptées par les comités réunis, *avec beaucoup de gratitude*. Ils eurent même l'honnêteté, sur ma demande instante, de me communiquer *l'avis particulier des trois comités réunis*, dont je les suppliai de me faire donner copie, pour l'étudier et tâcher de m'y conformer, *touché de voir que l'on commençait à m'entendre*! La voici :

16 juillet 1792.

L'avis de la commission des douze et des comités réunis,

1° pour conserver à la nation tous ses avantages et les moyens de retirer les fusils;

2° pour rendre toute justice *au négociant*, dont le marché doit être considéré comme *rompu par force majeure*, et *qui cependant*, pour conserver à la nation la possibilité d'avoir ces armes, *n'use pas de ses droits et refuse un fort bénéfice*,

a été

1° qu'il ne faut pas acquérir, recevoir à Tervère et réclamer ces armes comme une propriété nationale[1]; et qu'il est préférable d'agir fortement au nom de la nation, *mais pour le négociant*, et d'exiger le redressement du tort qui lui est fait par cette violation du droit des gens; mettre à cette affaire *la plus grande force et le plus grand éclat*;

2° *reconnaître légalement et faire attester en bonne forme par les ministres de la Guerre et des Affaires étrangères*, que l'exécution du marché conclu avec M. de Graves et la remise des armes au Havre ayant été empêchées *par force majeure*, par la déclaration de guerre inopinée et la violation du droit des gens, ce marché doit être considéré *comme résilié de fait*; mais que, puisqu'il est avantageux à la nation *que le négociant, dont le patriotisme a préféré de rester dans une position dangereuse et qui compromet sa fortune, ne profite pas de ses avantages*, les fonds de ce négociant, qui restent engagés, et ne peuvent rester tels *que de son libre consentement*, doivent lui être garantis, *quel que soit l'événement*, afin qu'il demeure indemne;

3° que cet acte nouveau doit être conclu sur-le-champ, renfermer *tous les moyens de dédommagement pour le négociant, quelles que pussent être les circonstances*; car sans cela, il serait forcé de livrer ces armes aux ennemis et ne pourrait d'aucune manière être contraint à l'exécution du marché avec M. de Graves;

4° que de quelque manière que *les fonds du négociant restent engagés, il a le droit d'exiger*, contre la garantie suffisante de ses fonds, *l'intérêt commercial* ou *industriel*, depuis l'époque où *par force majeure* le marché s'est trouvé impossible à exécuter *et par conséquent nul*;

5° c'est un nouveau marché à conclure : il faut regarder le premier comme non avenu, *remettre le cautionnement*, et traiter le négociant comme possédant à Tervère des armes qu'il s'engage à ne livrer qu'à la nation; à condition que *dans tous les temps elles seront reçues par la nation*; à condition que si l'on fait la guerre à notre commerce *en s'emparant de cette propriété* sur le territoire hollandais, *le dommage en sera supporté par la nation*; ce qui est la seule garantie suffisante des fonds engagés.

Telle est, ô citoyen Lecointre! la base sur laquelle porta le traité calomnié que les ministres consommèrent[1].

« Il ne s'agit, me dirent-ils, que de bien donner à ces vues les formes d'un nouveau traité. Mais on désirerait savoir, dans la supposition qu'en vous expropriant aujourd'hui vous allez nous ôter la crainte de voir ces armes passer aux ennemis, si vous consentirez, par le même traité, de n'en être payé qu'au temps où l'on pourra les faire venir en France; *prenant pour le plus long délai la fin de cette guerre, la cessation de toute hostilité*.

— Messieurs, leur dis-je, excusez-moi : ce que vous me proposez là est une autre éventualité pire que celle des assignats! car si la guerre dure dix ans, je serai donc dix ans privé de mes fonds commerciaux? Je ne puis accepter cette offre : aucun négociant ne le peut.

— Mais on vous allouera, me dirent les ministres, *aux termes de l'avis des trois comités réunis*, pour la nullité de vos fonds[2], l'intérêt *commercial* ou *industriel* que vous exigerez, et qu'on sait bien vous être dû. C'est l'avis de tous ces messieurs, et c'est à vous à l'indiquer.

— Il n'y a point, messieurs, d'intérêt acceptable qui puisse dédommager un négociant de l'absence de ses fonds *pour un temps indéterminé*. Quel droit me reste à ces fusils, quand je vous les aurai livrés au seul endroit du monde où la chose est possible? alors ils sont à vous; *et pourquoi préférer pour moi un intérêt industriel que je ne vous demande pas à mon paiement effectif qui est juste et que je demande?*

— Ah! c'est qu'on pense, me dit-on, que l'attrait d'avoir votre argent plus tôt vous engagera à continuer de faire autant d'efforts pour les tirer de là que si ces armes, que nous réclamerons comme vôtres, étaient encore effectivement à vous.

— Messieurs, mes efforts ne sont rien, si vous n'y joignez pas les vôtres. Si c'est pour échauffer mon zèle (dont on ne peut pourtant douter, après mes sacrifices immenses) que vous voulez garder mes fonds, quand je me suis exproprié des armes, je ferai encore celui-là[1] : mais je n'indiquerai point *l'intérêt commercial* d'une aussi bizarre mesure, *qui me répugne étrangement*! Vous ou les comités, appréciez-le vous-mêmes. Je n'y mets qu'une condition. J'ai tellement été vexé[2] que si d'autres ministres, *et tels que j'en connais*, vous succédaient un jour et me déniaient justice, je me verrais à leur merci; et je sais ce qu'en vaut l'épreuve : j'ai passé par une fort dure!

« Je demande qu'en vous donnant, par ma livraison à Tervère, toute la sûreté *d'une expropriation parfaite* qui remet les armes en vos mains et vous ôte l'inquiétude que jamais je les vende à d'autres, les fonds destinés au paiement *soient déposés chez mon notaire*, afin que la sûreté soit réciproque des deux parts; et que toutes les vilenies des *oppositions*, des *patentes*[3], surtout de me faire valeter[4] des mois entiers pour obtenir mon dû, ne puissent plus m'atteindre. Je demande, de plus, que votre propriété remonte au temps de mon traité avec M. de Graves[5], puisque les intérêts, magasinage et frais de toute nature sont depuis ce temps à ma perte. À ce prix je n'objecte plus. »

Les comités furent consultés de nouveau. *Le dépôt des fonds parut juste, alors que je m'expropriais*, et l'acte ainsi fut minuté dans les bureaux de ces ministres. J'en ai les minutes, *chargées en marge* des observations du ministre de la Guerre et d'un chef de bureau, à l'encre et au crayon. Lecointre, je vous les remettrai; elles sont dans mon portefeuille. C'est avec ce portefeuille-là, qui renferme toutes mes preuves, que je veux vous corrompre et *vous acheter*, vous et la Convention, afin qu'un grand *feuilliste*[1], que vous connaissez tous, ait encore une fois raison !

L'on proposa M. de Maulde, en qualité de maréchal de camp instruit, pour faire la réception des armes à Tervère, lui qui était chargé d'en acheter tant d'autres ! Je l'acceptai avec plaisir, quoique je ne le connusse que sur sa réputation d'habile homme.

Et quant à la question de l'intérêt *commercial industriel de mes fonds, dont on me privait*, elle avait été, me dit-on, bien débattue aux comités. « Enfin, puisque vous refusez, par déférence à leur avis, de vous expliquer là-dessus, *l'on vous propose*, me dit un des ministres, *un intérêt de quinze pour cent; répondez net : l'acceptez-vous* ?

— Messieurs, leur dis-je, si c'est comme dédommagement du sacrifice d'argent que je fais à la France en vous laissant mes armes au premier prix que je les ai vendues, quand j'en pourrais toucher un bien plus fort, *je ne l'accepte pas*; parce qu'il n'y a nulle proportion entre le sacrifice et le dédommagement offert, et que je ne mets point à prix tout ce que mon civisme exige. Si c'est comme *intérêt commercial* de mes fonds que vous retenez malgré moi, *sans que je devine pourquoi*, vous m'obligerez beaucoup plus de me payer, messieurs, en recevant ma livraison, et de garder *votre intérêt* qui n'est qu'une ruine pour moi. L'on ne fait rien qu'avec des capitaux; *les intérêts* sont bons pour les oisifs.

« Pour n'être remboursé qu'à la fin de la guerre[2], *je n'en puis accepter non plus*, si vous ne me mettez à même, en me remettant quelques fonds, de suivre des objets majeurs que j'ai entamés malgré moi. Ou plutôt permettez que mon paiement[3] tienne lieu de l'intérêt que vous m'offrez comme un dédommagement; car aucun emprunt que j'aie fait pour cette malheureuse affaire ne m'a coûté, tous frais payés, un intérêt plus médiocre que celui que vous proposez pour me garder mes fonds *un temps illimité*. Une semblable perte ne saurait s'apprécier : interrogez tout le commerce. »

M. Vauchelle, de l'artillerie, qui nous servait comme de rapporteur, prit la parole et dit que si j'acceptais l'intérêt qu'on m'offrait, au lieu du capital *que l'on voulait garder*, on me paierait *cent mille florins comptant* en déduction du prix des armes, pourvu que j'acceptasse des mandats à plusieurs époques.

Après quelques débats je me rendis avec regret. Les blancs de l'acte furent remplis et nous nous retirâmes pour qu'on en fît quatre expéditions semblables : une *pour le département de la Guerre*, l'autre *pour celui des Affaires étrangères*, la troisième *pour le dépôt des trois comités réunis*, et la quatrième *pour moi*.

Le lendemain au soir nous nous rassemblâmes à l'hôtel de la Guerre, les ministres, MM. Vauchelle, La Hogue et moi, pour terminer.

Tels furent, Lecointre, les détails de cette négociation. Avais-je beaucoup influé sur tout ce qu'on venait de faire, contrariant en tout mes vues, me laissant pour tout avantage l'honneur des sacrifices que j'avais consommés? *Avec cette authenticité*[1], *si les ministres étaient coupables*, il faut pourtant prononcer net que *les trois comités n'étaient guère plus innocents*.

Voilà donc le traité conclu après de longues discussions. Vous allez voir, ô citoyens! de quels moyens on s'est servi pour en éluder toutes les clauses, et me plonger dans de pires embarras que ceux dont j'avais tant souffert!

Après lecture faite du traité, à l'instant qu'on allait signer, M. Vauchelle (un des plus puissants objecteurs que j'aie rencontrés de ma vie) *s'avisa* que si mon notaire, ayant quelque besoin d'une aussi forte somme[2], *s'avisait*, lui, de l'emporter, il s'agissait de décider qui de la nation ou de moi en supporterait le dommage.

Je sentis que cette objection pouvait nous faire user un mois en vains débats, au grand dommage de l'affaire. Je tranchai la difficulté en disant à M. Vauchelle que personne ne le supporterait, parce qu'au lieu de déposer les florins *que nous n'avions pas*, ni même des assignats au cours du change pour florins, on prendrait, *en présence des ministres*, de bonnes lettres de change pour la somme, *au plus fort*[3] (comme dans les lois anglaises); puis passées à mon ordre et déposées ainsi chez le notaire, *traites*, comme on le voit, *dont il ne pourrait abuser*; et qu'à leur échéance on les renouvellerait, sous les mêmes formalités, jusqu'au terme du paiement, à quelque époque qu'il pût se prolonger; qu'on réglerait alors les différences *en plus, en moins*. Je courais, comme on le voit, au-devant de tous les obstacles.

Cela parut raisonnable à tout le monde. Enfin M. Vauchelle, se voyant si pressé, se tourne vers les deux ministres : « Il faut bien dire à M. Beaumarchais le vrai motif de la difficulté. *Le département de la Guerre n'est pas assez en fonds pour se dessaisir si longtemps d'une aussi forte somme avant de la payer.*

— Par quel renversement d'idées, répondis-je comme un éclair, voulez-vous me soumettre, moi, à vous laisser mes fonds, au hasard de la malveillance et d'une longue nullité, quand le *gouvernement français* ne se croit pas assez riche pour l'oser? messieurs, ceci rompt court. Permettez que je me retire. »

Je m'en allais. Vauchelle m'arrêta, disant que je prenais le change sur l'intention qui l'avait fait parler; qu'on ne prétendait point l'arracher de moi[1] par violence, *puisque le dépôt de la somme[2] était réglé avec les comités*; mais qu'après avoir fait tant d'honorables sacrifices, *une marque de confiance dans le gouvernement français ne devait pas m'en sembler un*; qu'on ne voulait point me tromper; qu'on m'en saurait le plus grand gré; que pour mieux m'y déterminer, au lieu de *cent mille florins* que j'allais toucher tout à l'heure, si, pour faire aller mes affaires, j'en voulais *toucher deux cent mille*, on me les donnerait, pourvu que je consentisse que les ordonnances fussent à poste[3], aux dates dont on conviendrait, ce qui diminuerait d'autant *cet intérêt commercial* qui paraissait me contrarier. La tête me brûlait! Je me promenais sans rien dire dans le cabinet du ministre, où l'on entrait à tout moment : je cherchais vainement le mot de cette énigme. J'étais horriblement troublé!

Était-ce un piège, une réalité? Les deux ministres, à qui je dois la justice de dire qu'ils étaient pour néant dans ces difficultés, tout aussi étonnés que moi, m'assurèrent qu'on en rendrait le meilleur compte à l'assemblée des comités, et que j'en recevrais l'honneur dû à un si bon citoyen.

M. Vauchelle, regardant la chose comme arrêtée, quoique personne n'eût rien dit, emporta les minutes pour les faire refaire dans la journée du lendemain, après avoir ôté de l'acte *le dépôt mis chez mon notaire*, en ajoutant, COMME REÇUS PAR MOI, *deux cent mille florins au lieu de cent.*

Quant à moi, je me retirai dans une confusion d'idées insupportable. Je voulais écrire aux ministres que je les suppliais de trouver bon qu'il n'y eût rien de fait, leur redemandant mes paroles. Mais ils s'étaient conduits si honorablement! L'on pouvait tourner contre moi mon invincible répugnance, en me supposant l'intention de vouloir revenir sur l'acte, pour préférer l'argent des ennemis à l'avantage de la patrie.

Enfin, très indécis, le lendemain au soir nous fûmes chez M. Lajard. M. Vauchelle y lut le nouvel acte cependant que chacun collationnait un des quadruples. Moi, comme un déterré, j'envisageais[1] M. Vauchelle pour voir si tout était fini! Ce rapporteur fit signer les ministres; mon tour vint : j'hésitais : on me pressa; je signai sans parler. M. Vauchelle serra un de mes quadruples dans sa poche; et comme je demandais les *ordonnances de mes fonds*, M. Vauchelle, s'attablant pour les faire, *se ressouvint subitement* qu'il avait dans ses mains l'opposition d'un sieur Provins, sans la mainlevée de laquelle aucun ministre, disait-il, ne pouvait me remettre une ordonnance de fonds.

« Mais, monsieur, dis-je avec chaleur, vous m'avez fait reconnaître dans l'acte que *je les ai reçus comptant*. — Cela est bien égal, dit-il. Il n'y a qu'à mettre une addition à l'acte, qui dira qu'*attendu cette opposition, vous ne toucherez rien qu'elle ne soit levée*.

— Messieurs, leur dis-je, ce Provins a été condamné deux fois; il est sans titre contre moi[2], je n'ai nulle affaire avec lui : ce n'est qu'un instrument qu'on fait agir à défaut d'autre pour m'arrêter de toutes les façons. Il demande quatre-vingt mille francs à mon vendeur le Brabançon, qui m'écrit *ne lui rien devoir*[3]. Eh! quel rapport cela peut-il avoir avec une affaire si majeure qui regarde l'État et moi? Gardez, si vous voulez, cent mille francs ou cent cinquante mille[4]; mais ne détruisez point un objet capital pour vous, en nous faisant user les mille et un délais que la loi accorde à cet homme pour que l'arrêt qui le condamne ait son entière exécution.

— Monsieur, me dit M. Vauchelle, cela est impossible au ministre; mais faites en sorte que l'opposant s'explique au tribunal sur le maximum de sa prétention fausse ou vraie sur votre vendeur; prenez-en acte : alors on pourra faire ce que vous demandez. — Non, non, monsieur, lui dis-je; déchirons plutôt les traités et qu'il n'en soit jamais question! Dans huit jours au plus tard vous aurez vos *cinq cent mille livres*[5] et vous me rendrez mes contrats. — *On ne déchire point d'acte*, me dit M. Vauchelle, *quand un ministre l'a signé*. Ces délais de condamnation solutive[6] sont une affaire de quinze jours; voulez-vous annuler un acte qui nous a coûté tant de soins, pour le retard d'une quinzaine? »

Pendant ce temps il faisait froidement l'addition à l'acte signé par nous tous, par laquelle il était bien dit que *je ne touchais point d'argent*. Vous verrez, citoyens, quel usage on a fait depuis de *mes reçus*[1] *dans cet acte maudit*, sans parler de la *restriction* qui en annulait tout l'effet. Vous en frémirez avec moi.

On me fit signer malgré moi l'addition ; et je m'en revins en fureur délibérer *(trop tard)* sur ce qu'il fallait faire, emportant avec moi les minutes du premier acte, *chargées de la main du ministre*, où le dépôt chez mon notaire est spécifié comme chose arrêtée ! Je vous les remettrai, Lecointre.

C'était le 18 juillet. Provins avait été déjà jugé et condamné ; *mon avoué me consolait, en me disant comme Vauchelle : C'est l'affaire de quinze jours !* Ô citoyens ! voyez vos belles lois ! six mois après l'opposition, au 1er décembre suivant, tous les délais de l'ordonnance n'étaient pas encore expirés ; et quand ils l'ont enfin été, lorsque ce Provins s'est trouvé condamné envers moi *en tous dommages et intérêts*, on l'a fait se pourvoir par appel contre cet arrêt. Il y a neuf mois que cela dure, et Dieu seul sait quand cela finira !

Nous avons depuis essayé, *comme Vauchelle le conseillait*, toutes les manières possibles de faire déclarer à cet homme devant le juge, à l'audience, à quoi, *pour le plus fort*[2], il portait ses fausses demandes contre le Brabançon mon vendeur, pour profiter de sa déclaration, en laisser le montant à la trésorerie nationale jusqu'à sa condamnation ultérieure et me faire délivrer le reste. Mais on l'avait trop bien endoctriné ! cet homme est resté dans le vague d'une *opposition sans motif*. Voilà ce que mon dénonciateur appelle ma reconnaissance de son droit.

Était-ce reconnaître un droit que de chercher tous les moyens d'engager le gouvernement à me payer malgré cette opposition illusoire ? et pouvais-je ne pas céder, lorsqu'on refusait de le faire *après les signatures données* sur l'acte portant *mon reçu de sommes* QUE JE N'AI POINT REÇUES ? Me restait-il d'autre ressource, dans l'état où l'on m'avait mis, que de constater tout au moins, en signant cette restriction[3], que l'opposition de cet homme, dont on n'avait parlé qu'après *les signatures qu'on ne voulait plus annuler*, avait suspendu des paiements qu'on soutiendrait peut-être aujourd'hui m'avoir faits, *notre acte en portant mon reçu*, si l'addition signée ne démontrait pas le contraire ? Que n'ai-je pu ravoir cet acte et le déchirer en mille pièces à l'instant où j'ouvris les yeux ! Tout est horrible en cette affaire...

Arrêtons-nous ! je sens que mon lecteur se lasse. Mon indignation qui renaît me rend moi-même hors d'état de continuer avec modération !

Qu'avais-je donc gagné, Lecointre, *en sacrifiant mon intérêt de vendre à l'étranger à l'intérêt bien plus puissant de servir la patrie*? Rien, sinon d'avoir reconnu que les ministres royalistes[1] ni les comités réunis n'avaient cherché à nuire à cette affaire nationale; qu'*un fort parti dans les bureaux d'alors et les ministres populaires* avaient *seuls* mis tous les obstacles qui nous empêchaient d'avancer.

Mais moi, quel était mon état? J'avais perdu ma vraie propriété et fait à mon pays le sacrifice des avantages *que l'on m'offrait ailleurs*, sans avoir même acquis la sûreté de mon paiement, puisqu'on m'avait forcé la main *sur le dépôt chez mon notaire*, sous le vain dédommagement d'un intérêt *dont je ne voulais pas*, dont *je n'ai pas touché un sol*, quoiqu'on ait fait assurer à Lecointre que l'on m'avait payé *pour l'intérêt échu* la somme de soixante-cinq mille livres, tandis qu'on a trouvé moyen d'arrêter, *sans me rien payer*, les intérêts, les capitaux, enfin jusqu'à mon propre argent, par d'indignes oppositions!

Mais ceci n'était rien auprès de tout ce qui suivit. Malgré l'horreur que j'en ressens, j'ai commencé, il faut finir. Vous allez voir, ô citoyens! *par les époques qui vont suivre*, jusqu'où, dans un temps de désordre, la scélératesse en crédit a osé porter son audace pour tâcher de faire périr un citoyen irréprochable, et parvenir enfin à voler la nation sans qu'on pût s'en apercevoir, comme on le fait de tous côtés. Mais malheur à qui m'a forcé d'entrer dans ces affreux détails! Ils ont tous espéré me faire égorger par le peuple trompé ; cinq fois l'affreux poignard a menacé ma vie. S'ils le font aujourd'hui, *c'est un crime perdu*[2] ; LEUR INFAMIE EST IMPRIMÉE!

QUATRIÈME ÉPOQUE

Malgré l'angoisse que j'éprouve, il faut poursuivre mon récit. Ô Lecointre! si vous n'êtes pas un instrument banal de toutes les vengeances secrètes; ô Convention nationale, qui m'avez jugé sans m'entendre[3], mais sur l'équité de laquelle repose encore tout mon espoir! ô Français, à qui je m'adresse! écoutez un bon citoyen qui dévoile une vérité que l'intérêt national, contre son intérêt, le forçait seul de retenir.

Vous le devez. Souvenez-vous de ce dilemme sans réplique, *inséré dans ma pétition*[4] : Si je ne prouve pas à votre gré que les traîtres à la patrie sont ceux qui me font accuser, *je vous fais présent des fusils* ! Si ma preuve vous paraît bonne, je m'en rapporte à vous sur la justice qui m'est due.

Dévorez donc, ô citoyens ! l'ennui de cette discussion ! Ce n'est point pour vous amuser que j'écris, c'est pour vous convaincre ; et vous y avez, j'ose dire, un plus grand intérêt que moi. Irréprochable en ma conduite, je puis perdre sur ces fusils ; mais vous, quand vous y renoncez, vous faites à la fois une grande perte et une plus grande injustice.

Écoutez-moi aussi, vous qui applaudissiez quand on lança sur moi ce faux décret d'accusation ; comme si l'on eût annoncé un triomphe pour la patrie, comme si un motif secret eût fait saisir à tout le monde un prétexte pour m'écraser !

Ô mes concitoyens ! cette cause, entre nous, se divise en deux parts. Je dois prouver que j'ai raison, mais je ne puis aller plus loin. Vous qu'un faux exposé trompa, vous devez revenir sur vous et me faire bonne justice ; car la France et l'Europe, ayant le procès sous les yeux, pèseront à leur tour dans leur balance redoutable l'accusateur, l'accusé et les juges.

Aucune des pièces que je vous ai fait lire ne saurait être récusable ; toutes sont authentiques, comme *actes notariés*, *requêtes judiciaires* et *pièces de correspondance*, dont les originaux *sont dans les bureaux des ministres*. C'est l'ouvrage de chaque jour, chaque jour amenait sa peine ; et plus je vais monter en faits[1], plus j'espère vous attacher de ce grand intérêt qui touche à la chose publique. Prêtez-moi donc votre attention.

Le lendemain de ce contrat, tant de fois brusquement changé, contrat qui m'ôtait tout et ne me donnait rien, mon notaire me dit : « Vous êtes abusé ; cette addition après les signatures qui vous soumet à des délais pour toucher votre propre argent, qu'on peut prolonger tant qu'on veut, ni le traité qui la précède, ne disent pas un mot du sacrifice que l'on vous a fait faire *du dépôt de vos fonds*[2] *chez moi, réglé par les trois comités*, dépôt qu'on a eu l'art de retrancher de l'acte, sans qu'il reste la moindre trace d'un dévouement aussi parfait. – Je ne puis croire, lui dis-je, que l'on ait eu cette intention cruelle.

– Je ne vois pas non plus dans ce traité, dit-il, sur quel motif vous aurez droit de solliciter d'autres fonds, s'ils vous devenaient nécessaires, ni même de toucher vos *deux cent mille florins*[3], si des ministres malveillants prenaient la place de ceux-ci ! Je vois que l'on vous a mené, de circonstance en circonstance, à signer un acte onéreux[1]; plus onéreux qu'on n'ose dire, puisqu'on n'y met pas pour motifs les sacrifices qui l'ont dénaturé! »

Je revins chez moi confondu de la faute que j'avais faite. « Je me suis vu trois fois, disais-je, pris sur le temps[2] par les changements successifs du premier commis rapporteur! Mais les ministres ont été si honnêtes! Refuseront-ils de reconnaître que je fus patriote et désintéressé en sacrifiant mes sûretés aux besoins du département? oublieront-ils qu'*ils m'ont promis de m'en faire un très grand honneur auprès des comités de l'Assemblée nationale*[3]?

« Je vais leur écrire à l'instant. Leur conduite me montrera s'ils sont entrés pour quelque chose dans les atteintes qu'on me porte et s'ils ont cru servir le parti qu'on nomme autrichien et nuire à l'arrivée des armes, en faisant retenir mes fonds, sans lesquels je ne puis marcher[4], et sans qu'il me reste une preuve du mérite que j'eus de leur laisser mes capitaux à la prière qu'ils m'en firent! » Mon cœur était serré dans un étau! Je pris la plume et j'écrivis la lettre timide qui suit.

À MM. LAJARD ET CHAMBONAS,
MINISTRES DE LA GUERRE ET DES AFFAIRES ÉTRANGÈRES

20 juillet 1792.

Messieurs,

Le traité qui vient d'être passé entre vous et moi sur les soixante mille fusils retenus si injustement en Hollande vous a donné de nouvelles preuves de l'abnégation continuelle que je fais de mes intérêts pour le service de la patrie.

Vous avez insisté, Messieurs, sur ce que je fisse aux besoins actuels du département de la Guerre le sacrifice du dépôt convenu entre nous, chez mon notaire, *de toute la somme qui m'est due, en vertu de ce même traité, jusqu'à son entier paiement.*

Messieurs, des armes achetées et payées par moi, au comptant, depuis quatre grands mois, les frais extraordinaires occasionnés par l'odieuse retenue que les Hollandais font des armes, les emprunts à titre onéreux que l'absence de mes capitaux m'a forcé de conclure, pour alimenter mes affaires, me rendaient la sûreté de la rentrée de mes fonds absolument indispensable. La préférence à très bas prix et à crédit que mon patriotisme donne à la France, sur les offres au comptant d'un prix presque double du vôtre que nos ennemis n'ont cessé de me faire, et dont vous avez toutes preuves, me donnait, je pense, le droit d'exiger le dépôt arrêté entre nous de l'argent qui me reste dû, d'après le traité d'avant-hier, ainsi que M. de Graves crut devoir exiger de moi celui de mes contrats viagers, lorsqu'il me fit une première avance[1]*; mais vous avez désiré, Messieurs, que j'en fisse le sacrifice,* en me promettant tous les deux que le département de la Guerre viendrait à mon secours, si, avant l'époque du dernier paiement arrêté, j'avais besoin de nouveaux fonds pour le soutien de mes affaires*; et je l'ai fait.*

En relisant froidement le traité, je n'y trouve aucune trace de mon désistement du dépôt, ni de vos promesses à son sujet. *Comment les prouverai-je aux ministres qui peuvent un jour vous succéder, Messieurs, si je n'ai pas de vous* un titre qui, rappelant mon sacrifice, me recommande à leur justice*? Je vous prie donc, Messieurs, de vouloir bien régler et fixer entre vous, et même avec le chef du bureau de l'artillerie qui a servi de rapporteur en cette affaire* et aux observations duquel[2], sur les besoins actuels du département de la Guerre, est dû mon désistement du dépôt convenu*; voulez-vous bien, dis-je, régler sous quelle forme il convient de me donner un titre qui me fasse obtenir, dans un cas de besoin, les secours pécuniers*[3] que vous m'avez promis*?*

Je profite de cette occasion, Messieurs, pour vous rendre de nouvelles grâces, ainsi qu'à tous les honorables membres des trois comités, diplomatique, militaire et des douze réunis, du témoignage très flatteur que vous avez tous daigné rendre à mon civisme désintéressé, lequel pourtant n'est, selon moi, qu'un devoir justement rempli; comme vous le feriez vous-mêmes, si vous vous trouviez à mon poste.

Agréez, je vous prie, Messieurs, le dévouement respectueux d'un bon citoyen.

Signé CARON BEAUMARCHAIS.

J'avoue que je restai dans une anxiété fâcheuse jusqu'au moment où leur réponse me parvint.

La voici telle que je la reçus le lendemain vers le midi :

À M. DE BEAUMARCHAIS

Paris, ce 20 juillet 1792.

Pour vous ôter, Monsieur, toute inquiétude relativement au changement que nous avons demandé *au nouveau traité des armes,* en exigeant de vous que le dépôt du capital *des fusils en florins courants de Hollande,* qui devrait être fait par le gouvernement chez votre notaire *(comme vous avez fait celui* de vos sept cent cinquante mille livres de contrats viagers, *lors de l'avance de cinq cent mille francs, chez le notaire du département de la Guerre),* n'eût pas lieu, et que l'argent restât de confiance dans les mains du gouvernement, *nous vous répétons avec plaisir, Monsieur, que* l'opinion unanime des comités et des ministres *ayant été* que le patriotisme et le grand désintéressement dont vous avez fait preuve *en refusant des ennemis de l'État* de douze à treize florins comptants *des fusils que vous nous cédez à terme sur le pied* de huit florins huit sols, *et la modique indemnité à laquelle vous vous restreignez pour tant de sacrifices,* mérite[1] les plus grands éloges et qu'on vous traite fort honorablement sur cette affaire, *nous vous assurons de nouveau, Monsieur, qu'après que l'état de la quantité des armes dont vous vous expropriez, reçues, vérifiées, ficelées et cachetées par M. de Maulde, nous sera parvenu, signé de ce ministre plénipotentiaire, ainsi que le compte de vos frais, au remboursement desquels le traité oblige envers vous le département de la Guerre,* si vous avez besoin de nouveaux fonds pour l'arrangement de vos affaires, sur le reliquat qui vous sera dû, *le département de la Guerre ne refusera pas de vous les faire compter,* ainsi que nous en sommes convenus, *pour vous tenir lieu du dépôt, chez votre notaire, dont vous vous désistez.*

Recevez-en notre assurance, Monsieur.

Signé
le ministre de la Guerre, A. LAJARD*;*
le ministre des Affaires étrangères, SCIPION CHAMBONAS.

En lisant cette lettre, je me disais : « Ils ont senti mon affliction et n'ont pas cru devoir m'y laisser un moment de plus. Grâces leur soient rendues! » Alors sortit de ma poitrine un soupir de soulagement. « Je n'ai pas tout perdu, me dis-je; si d'autres embarras arrêtaient encore cette affaire, au moins serais-je justifié par les grands efforts que j'ai faits : *les éloges que j'en reçois seront ma douce récompense.* Mais je dois, dans mon cœur, des excuses à tout le monde : on m'a fait soupçonner tout le conseil de malveillance, j'ai soupçonné les deux ministres de vouloir nuire à l'arrivée des armes, pour servir un parti contraire; et tout cela n'existe point! Heureusement que je ne suis coupable que dans le secret de mon cœur; je n'ai nul tort public à réparer; il suffit que je m'en repente et que j'aille demain remercier les ministres.

« La prudence humaine est bien fausse! Loin que tout le conseil ni ces ministres m'eussent nui, ah! c'est le seul moment où cette affaire intéressante a été vraiment protégée! Je me méfierai désormais de tous les bruits que l'on répand.

Arrêter ces fusils est une trop grande félonie pour accuser légèrement d'un tel crime envers la nation! Ceci n'est, je le vois, qu'une *vengeance des bureaux*, affaire de cupidité; une grande leçon qu'ils me donnent de *ne jamais tenter de bien qui trouble leurs arrangements et qui nuise à la marche ordinaire du pillage.* »

J'allai dîner à la campagne[1]; une indisposition m'y retint. Deux jours après, on m'y vint dire que *les ministres s'étaient retirés*; qu'un M. d'Abancourt avait la Guerre, et M. Dubouchage les Affaires étrangères[2]. « Ah Ciel! me dis-je, celui qui perd un seul instant peut en perdre un irréparable. Si j'eusse différé d'un jour, je n'obtenais aucune preuve des sacrifices que j'ai faits! »

Ma position changeant avec les choses, au lieu d'envoyer des reproches au chef des bureaux d'artillerie pour tous les changements qu'il avait exigés *dans l'acte* refait à trois fois, je crus devoir y substituer des remerciements sur les soins qu'il s'était donnés pour finir; le reste[3] pouvait nuire et n'était bon à rien. Puis, le 25 juillet, je lui adressai cette lettre :

À M. VAUCHELLE

Ce 25 juillet 1792.

J'ai l'honneur, Monsieur, de vous envoyer, de la campagne où je suis, l'un des quadruples du dernier traité que j'ai conclu avec les ministres de la Guerre et des Affaires étrangères (c'était l'expédition pour les comités réunis). *J'y joins celle de la lettre que j'ai eu l'honneur de leur écrire, après la signature, et qui se rapporte aux nouvelles sommes qu'en cas de besoin dans mes affaires j'aurai droit d'obtenir,* pour me tenir lieu du dépôt total chez mon notaire, dont vous savez que je me suis désisté sur vos remarques judicieuses. *Mais mon notaire m'a fait observer que mon traité porte quittance de* deux cent et tant de mille florins, comme reçus par moi*; et que j'ai consenti à ne les pas toucher que je n'eusse fait ordonner la mainlevée d'une absurde opposition mise sur moi entre les mains du ministre de la Guerre. Les deux ministres n'étant plus en fonctions, faites-moi, je vous prie, Monsieur, le plaisir de me mander en réponse quelle forme il faudra que j'emploie envers notre nouveau ministre* pour toucher ces deux cent mille florins. *M. Lajard, comme vous savez, ne m'ayant point expédié d'ordonnance pour ces sommes, il m'en faut peut-être une du nouveau ministre* qui atteste que je n'ai rien touché. *Recevez les salutations de*

BEAUMARCHAIS.

Je sondais le terrain, car je voulais tenter d'accumuler mes preuves ; M. Vauchelle me fit cette réponse honnête :

À M. DE BEAUMARCHAIS

Paris, le 27 juillet 1792.

J'ai reçu, Monsieur, la lettre que vous m'avez fait l'honneur de m'écrire, à laquelle étaient jointes une expédition de votre nouveau traité et une autre de votre lettre à M. Lajard, etc.

Il est vrai que votre traité porte quittance de deux cent et tant de mille florins, comme reçus par vous ; mais rien ne prouve mieux que ce paiement n'a pas été effectué, *que le consentement que vous avez mis au bas que tout paiement vous fût suspendu jusqu'à la mainlevée de l'opposition.*

Quant à l'exécution de votre traité, elle ne me paraît pas devoir être douteuse, quoique les deux ministres qui l'ont signé ne soient plus en place. Néanmoins il convient que vous en donniez connaissance vous-même au nouveau ministre de la Guerre, en le prévenant qu'une expédition en forme de votre transaction existe au bureau de l'artillerie, qui par conséquent sera en état de lui en rendre compte et de l'informer qu'il ne pourra vous être expédié d'ordonnance de paiements que quand vous produirez la mainlevée (ici l'objecteur se montrait). *Vous aurez encore, Monsieur, une autre formalité à remplir avant de recevoir ; ce sera de faire chez votre notaire une déclaration par laquelle vous affecterez vos biens présents et à venir pour sûreté et garantie de la somme que vous recevrez, par le prochain acompte, au-delà des sept cent cinquante mille livres de contrats que vous avez déposés pour les cinq cent mille francs que vous avez déjà touchés.*

Le chef du quatrième bureau de la Guerre,

Signé VAUCHELLE.

Il avait raison en ce point : car le cinquième article de mon dernier traité portait que je donnerais hypothèque sur mes biens[1], pour l'argent que je recevrais, jusqu'à l'expropriation entre les mains de M. de Maulde ; laquelle, faisant la livraison, libérait alors tous mes biens. Voyez le traité tout entier[2].

Tel était l'état de l'affaire quand ces deux ministres quittèrent. Le cautionnement commercial justement exigé par le premier vendeur[3] (puisqu'il l'avait donné lui-même), et que le ministère allait fournir, aux termes de l'article 8, *une fois envoyé en Hollande*, rien au monde n'arrêtait plus la livraison des armes à Tervère. Quelque chose qu'on fît sous main *pour empêcher l'extradition*, quand même on trouverait le moyen d'éluder toutes les conditions de l'acte, *celle du cautionnement remplie, je pourrais accomplir le reste avec des emprunts onéreux*. Je devais donc tromper la malveillance en m'en tenant à bien *solliciter le cautionnement de cinquante mille florins*, et patienter sur tout le reste; car le besoin de ces fusils devenait chaque jour plus pressant pour nos volontaires sans armes.

Profitant de l'avis de la lettre de M. Vauchelle, je fis deux détails de l'affaire; l'un destiné à M. d'Abancourt, l'autre pour M. Dubouchage; détails dont je fais grâce ici; *ils sont dans toutes leurs archives*. En voici le court résumé :

Que le cautionnement doit être fourni tout à l'heure[1], attendu qu'il importe que la réclamation des armes se fasse promptement par le ministre de France auprès des États de Hollande, aux termes de l'article 8 du traité du 18 juillet[2].

Que l'instruction adressée à M. de Maulde soit très promptement expédiée et remise à M. de La Hogue qui n'attend que ces pièces et son passeport pour partir, ayant à Dunkerque, depuis le 24 juin, et aux frais du gouvernement, le bateau qui l'a amené, par lequel il doit reporter à M. de Maulde la réponse attendue depuis plus d'un mois des importantes dépêches dont il a été le courrier.

J'attends en vain. *Point de réponse* de M. d'Abancourt. *Point de réponse* non plus de M. Dubouchage; mais leur ministère fut si court[3] qu'il n'y a point de reproche à leur faire. Je vis pendant ce temps, jusqu'à l'en impatienter, Bonne-Carrère, chargé du haut travail des Affaires étrangères[4], *pour avoir le cautionnement* et le passeport de La Hogue, si le désordre affreux où l'on vivait empêchait qu'on ne s'occupât des dépêches de M. de Maulde sur les *fabricateurs d'assignats* faussaires qu'il tenait en prison en Hollande et qu'on voulait arracher de ses mains, *ce qui était un grand désastre*.

Fatigué de ne voir que moi, Bonne-Carrère un matin quitta son cabinet pour descendre chez le ministre régler avec lui les sûretés que M. Durvey[5] demandait pour fournir le cautionnement, lorsque, tirant sa porte, un mal si violent, si subit le saisit devant moi qu'il fallut bien tout oublier pour voler à son secours et ne plus s'occuper que de cet accident qui le retint dix jours au lit, au grand retard du *cautionnement désiré*.

En revenant chez moi, je me disais : « C'est une vraie malédiction! Les hommes, les événements, la nature même, tout est contre. »

Cependant j'obtins, le 31 juillet, le passeport de M. de La

Hogue, avec une courte lettre adressée à M. de Maulde : mais *pas un vestige de cautionnement*. L'on fut même plus de quatre heures à chercher vainement les dépêches de M. de Maulde, tant le désordre était affreux; à retrouver, dans le bureau du sieur Lebrun[1], les titres des six mille florins avancés en mon nom à cet ambassadeur lorsqu'il fit arrêter les faussaires de Hollande[2], pour me faire rendre au moins cet argent-là, devenu nécessaire au départ de M. de La Hogue, tout le reste étant arrêté!

Si cet argent m'eût été dû au département de la Guerre, je ne fais aucun doute que le sévère M. Vauchelle n'eût objecté, sur ma demande[3], l'*opposition du sieur Provins*!

J'avais dit à tout le monde que M. de La Hogue partait pour faire arriver les fusils. Le voyant rester à Paris, où il attendait avec moi *cet éternel cautionnement*, on commençait à murmurer que j'arrêtais M. de La Hogue et ne voulais point sûrement que ces armes nous vinssent pendant que l'ennemi pénétrait dans la France et que de tous côtés nos soldats manquaient de fusils! De fréquents avis m'arrivaient.

Je priai mon ami d'aller attendre au Havre[4] que j'eusse vaincu les obstacles qu'un profond désordre mettait dans l'expédition des ministres, afin que, *le croyant parti*, les cris du peuple s'apaisassent. Il quitta tristement Paris, me suppliant de ne pas lâcher prise *que je n'eusse le cautionnement, sans lequel il perdait ses pas*[5].

Enfin, le 7 août, premier jour où M. de Sainte-Croix se montre aux Affaires étrangères, je lui écris la lettre suivante, qu'il faut bien joindre ici pour montrer la série de toutes mes démarches, *pendant qu'on m'accusait d'incivisme et de trahison.*

À M. DE SAINTE-CROIX,
MINISTRE DES AFFAIRES ÉTRANGÈRES

Paris, le 7 août 1792.

Monsieur,

En vous adressant le mémorial instructif déjà remis à M. Dubouchage[6] *sur l'état d'une affaire aussi pressée que celle des armes de Hollande, j'ai l'honneur de vous assurer que, depuis quatre mois et demi*[7]*, la plus légère circonstance qui se rapporte à ces fusils m'a toujours coûté quinze jours de sollicitation et au moins vingt courses perdues; c'est une vraie malédiction. En voici le dernier exemple :*

Le 18 juillet, les deux ministres, de la Guerre et des Affaires étrangères, ont enfin signé l'acte par lequel ils obligent le gouvernement à fournir tout à l'heure un cautionnement de cinquante mille florins d'Allemagne *à mon vendeur hollandais, qui s'y est engagé lui-même envers feu l'empereur Léopold, en assurance que ces fusils iraient en Amérique,* et sans lequel on ne peut rien finir. *Eh bien! la misérable circonstance de savoir quelle sûreté on doit donner à M. Durvey,* qui se charge du cautionnement, nous a coûté déjà dix-neuf jours de retard et trente courses inutiles, *sans que M. de La Hogue, qui doit en être le porteur, ait pu quitter la France pour une affaire où les heures perdues* coûtent si cher à la patrie, qui demande à grands cris des armes*! De plus, je suis menacé tous les jours d'être dénoncé sur le retard de ce départ (seul moyen, prétend-on, de me faire dénoncer moi-même ceux qui en sont les vrais fauteurs)! Ainsi, froissé entre les embarras ou l'oubli d'un côté, et la malveillance de l'autre,* j'ai fait sortir M. de La Hogue de Paris, *afin qu'au moins on ne l'y trouvât plus. Il attend dans le port du Havre; et moi, je vous supplie, Monsieur, de consacrer un seul quart d'heure à terminer* la sûreté que M. Durvey vous demande. *C'est par honneur que je vous importune, par amour seul de ma patrie, puisque l'affaire des fusils est devenue personnelle au gouvernement.*

Pendant que tout prétexte est bon pour trouver les ministres en faute, ne fournissons pas des motifs aussi importants que ceux-ci à la brûlante malveillance.

Agissons, je vous en conjure. J'attends vos ordres avec une impatience qui fait bouillir mon sang comme celui de saint Janvier[1] *!*

Recevez les salutations respectueuses de

Signé BEAUMARCHAIS.

Du 7 au 16 août *je n'eus réponse de personne* : nul ministre n'avait écrit; mais en revanche le peuple avait parlé. À la terrible journée du 10 août[2], les habitants du faubourg Saint-Antoine criaient dans les rues en marchant : « Comment veut-on que nous nous défendions? nous n'avons que des piques, et pas un seul fusil! » Des agitateurs leur disaient : « C'est cet infâme Beaumarchais, cet ennemi de la patrie, qui en retient soixante mille en Hollande et ne veut pas les faire venir. » D'autres, par écho, répondaient : « Bah! c'est bien pis! *il a ces armes dans ses caves* et c'est pour nous massacrer tous! » Et les femmes, en hurlant, criaient : « Il faut mettre le feu chez lui! »

Le samedi 11 août on vient me dire le matin que des ennemis infernaux échauffaient la tête des femmes, sur le port

Saint-Paul[1], contre moi; et que si cela continuait, il se pourrait bien faire que le peuple des ports vînt piller ma maison!

« Je ne puis l'empêcher, leur dis-je, et c'eſt ce que mes ennemis demandent! mais qu'on en sorte au moins *ce portefeuille qui contient toute ma juſtification*; si je péris, on le retrouvera. »

Ô citoyens français! ce portefeuille renfermait les pièces que je viens d'offrir à vos regards et toutes celles qui vont suivre.

Qu'ai-je besoin de répéter sur cet événement ce qu'on a imprimé le mois d'août dernier? J'avais fait *à ma fille*, pour son inſtruction, l'affreux détail de ce qui m'arriva : je le lui envoyai au Havre, où elle était avec sa mère; on a gardé ma lettre onze jours à la poſte; elle a été ouverte en vertu de la loi, qui regarde comme exécrable le premier qui les violera[2]; elle a été copiée, imprimée, elle court le monde; en vain voudrais-je la changer; elle exiſte, et l'on me dirait que j'ai voulu depuis la rendre meilleure qu'elle n'eſt.

Citoyens! je la jette ici *dans mes pièces juſtificatives*. Si d'autres vous ont ennuyés par leur fâcheuse sécheresse, celle-ci n'a pas ce défaut. Mon âme y était tout entière : c'eſt à ma fille que j'écrivais! Ma fille, en ce moment si malheureuse à mon sujet! Cette lecture peut n'être pas inutile à l'hiſtoire de la Révolution[3]!

Reprenons celle des fusils. M. de Sainte-Croix avait quitté le miniſtère, M. Lebrun avait sa place.

Au désespoir de l'inutilité de mes soins et de mes démarches et voyant mes dangers s'accroître, j'écris à M. de La Hogue au Havre de partir à l'inſtant pour La Haye, *sans le fatal cautionnement*. On jugera de ma situation en lisant ma lettre à La Hogue.

Paris, le 16 août 1792.

J'ai attendu, mon cher La Hogue, jusqu'à ce jour pour vous engager de partir. Hélas! tout mon patriotisme et mes efforts accumulés ne peuvent rien sur les événements ni sur les hommes! Malgré mes immenses sacrifices et les éloges que les trois comités réunis en ont faits devant vous, je ne suis aidé par personne*; et la malheureuse France, qui périt faute d'armes, n'a, en honneur! que moi qui veuille sincèrement qu'elle ait celles de Hollande. J'ai écrit à M. de Sainte-Croix, à Bonne-Carrère, à Vauchelle, à MM. d'Abancourt, Dubouchage; je n'ai réponse de personne* sur ce maudit cautionnement, *que M. Durvey veut bien faire moyennant bonne sûreté. Il semble, en vérité, que les affaires de la patrie n'intéressent plus* *personne ici! À qui m'adresser aujourd'hui? Les ministres se succèdent comme dans une lanterne magique. Depuis les grands événements*[1], *M. Lajard a, dit-on, été tué; M. d'Abancourt, arrêté; MM. Berthier, Vauchelle et autres sont en prison; je ne sais plus où prendre ni M. Dubouchage ni M. de Sainte-Croix! M. Lebrun, nouveau ministre des Affaires étrangères, est à peine installé; Bonne-Carrère est arrêté, le scellé sur tous ses papiers! M. Servan, hélas! qui revient à la Guerre, n'est pas encore de retour de Soissons*[2] *: et l'intérim en est tenu, devinez par qui? par Clavière, qui en outre a les contributions. Et la plus importante affaire de la France, celle des soixante mille fusils, reste là! J'en suis suffoqué de douleur.*

Enfin, mon cher ami, partez, faisons notre devoir de citoyens! Je suis la voix qui crie dans le désert : Français! vous avez soixante mille fusils en Zélande, vous en manquez dans l'intérieur! Seul je me tue pour vous les procurer. *Il semble que je parle chansons, lorsque je presse tout le monde; ou plutôt les événements qui se pressent absorbent l'attention de tous! Partez, mon cher La Hogue, et remettez la lettre du ministre à notre ambassadeur : qu'il fasse, en attendant, la réception des armes!* Le misérable cautionnement partira quand j'aurai pu le faire faire! *Mais que l'ambassadeur ne fasse nulle démarche politique auprès des Hollandais* que le cautionnement ne soit arrivé à La Haye, *afin que, les grands coups frappés, tout soit terminé dans un jour; on forgerait là-bas d'autres difficultés, s'il y avait de l'intervalle entre l'embargo levé et le départ des armes;* elles ne peuvent partir sans le cautionnement. Ah! pauvre France! *Comme tes intérêts les plus chers touchent peu tous ceux qui s'en mêlent! Si cela continue, j'aurai perdu cinq florins par fusil pour consacrer ces armes à la France. Les ministres, les comités m'auront fait de vains compliments sur mon désintéressement civique; et, misérables que nous sommes! nous n'aurons pas tous ces fusils,* pendant qu'on forge ici des piques[3] *! parce que personne, hélas! ne fait réellement son devoir; nous ne les aurons pas à temps, pendant que tant de corps*[4] *se forment!*

Laissons toutes ces doléances; partez, mon ami; et si ma présence est utile au départ des armes, que M. de Maulde l'écrive. Je n'examine point les dangers que je puis courir, si cela est utile à mon pays. Oui, je ferai encore le sacrifice de me déplacer, quoique je sois vieux et malade! Nos tribunaux sont suspendus, et je ne puis faire lever l'opposition de ce Provins pour toucher des fonds à la Guerre. Vous ne me dites pas si vous avez reçu la lettre de crédit de vingt mille florins que je vous ai envoyée le surlendemain de votre départ de Paris.

Bonjour, bonjour.

Signé BEAUMARCHAIS.

Je m'étais présenté (mais en vain) chez M. Lebrun, comme chez un ministre instruit, *puisqu'en sa qualité de premier commis des Affaires étrangères toute l'affaire des fusils lui avait passé par les mains! Nul ne la savait mieux que lui.*

Je prends le parti le plus sûr, de solliciter par écrit. Je lui adresse un mot pressant.

16 août 1792.

M. de Beaumarchais a l'honneur de saluer M. Lebrun. Il le prie de vouloir bien lui accorder la faveur d'une courte audience pour conférer avec lui sur une affaire très pressée et très importante que MM. Dumouriez, Chambonas, Dubouchage et Sainte-Croix ont dû[1] *terminer l'un après l'autre et que le mal des événements laisse encore dans l'incertitude et la suspension malgré le concours et l'avis des trois comités réunis, diplomatique, militaire et des douze. Il ne s'agit pas moins que des soixante mille fusils de Hollande. Il semble en ce pays qu'il y ait un aveuglement incurable sur ce qui se rapporte au bien de la patrie! Eh! n'est-il pas temps qu'il finisse? Beaumarchais attendra les ordres de M. Lebrun.*

M. Lebrun me fait répondre :

Les scellés apposés sur les papiers de M. de Sainte-Croix n'ayant été levés que d'hier, le ministre des Affaires étrangères n'avait pas connaissance de la lettre de M. Beaumarchais (apparemment celle que j'avais écrite à M. de Sainte-Croix en lui envoyant mon mémoire). Il est fort étonné *du retard de l'affaire des fusils; il croyait M. La Hogue parti. Il désire en conférer avec M. Beaumarchais, et le prie de venir le voir demain vers le midi.*

Ce 16 août 1792, l'an IVe *de la liberté.*

« Dieu soit loué! me dis-je. Un homme au fait de cette affaire me dit qu'*il est étonné* des obstacles (qui ont empêché M. La Hogue de partir) : ce ministre est un bon citoyen qui a connu toutes mes peines et qui s'y montre fort sensible. Voilà comme il faut des ministres. Il finira l'objet du *cautionnement*, c'est l'affaire d'une heure entre lui et M. Durvey. Il va pousser mon La Hogue à la mer, et la France aura les fusils; Dieu soit loué! Dieu soit béni! »

Mais, quoique j'eusse été deux fois par jour chez ce ministre (et j'en demeure à près d'une lieue), je ne pus le rejoindre que le 18 après midi.

Il me reçut fort poliment, me répéta ce qu'il m'avait écrit, me dit qu'il allait au conseil régler l'affaire du cautionnement, et faire partir M. de La Hogue au plus tôt : que je revinsse le lendemain, qu'il m'expédierait promptement.

Satisfait d'avoir rencontré un ministre aussi *bienveillant*, j'y retournai le lendemain à dix heures; *il était sorti*, je m'en revins chez moi. Un courrier, arrivant du Havre, me remit un paquet très pressant de La Hogue; c'était une réponse à ma lettre du 16 qu'on vient de lire, contenant l'extrait du procès-verbal de la commune du Havre, sur le visa de son passeport, du 18 août 1792. Le voici :

Le conseil général, prenant en considération la demande faite par le sieur J.-G. de La Hogue, décoré de la croix de Saint-Louis, chargé d'une commission extraordinaire de l'Assemblée nationale en Hollande, tendante[1] *à obtenir un visa sur son passeport,*

A délibéré, ouï le procureur de la commune, qu'attendu que ledit passeport est daté du 31 juillet dernier[2]*, il sera envoyé à l'Assemblée nationale pour prendre ses ordres sur le parti que doit tenir la municipalité vis-à-vis dudit sieur La Hogue, et que, jusqu'à ce, le paquet dont il est porteur pour M. de Maulde, ministre plénipotentiaire de France à La Haye, restera déposé au secrétariat de la municipalité.*

Certifié conforme au registre, etc.

Signé TAVEAU.

« Les méchants sont bien bons, me dis-je, de se donner tant de fatigue pour empêcher que ces fusils n'arrivent! que ne laissent-ils aller les événements seulement? Je défierais au diable de faire marcher aucune affaire en cet affreux temps de désordre, et qu'on nomme de liberté! »

Le courrier du Havre m'apprit qu'avant de m'apporter ma lettre il en avait remis une autre dans l'Assemblée nationale, à M. Christinat, un député du Havre, de la part du maire de cette ville. Je sens à l'instant le danger, pour *la chose*, qu'elle soit discutée publiquement à l'Assemblée. Certes, pour moi, il y eût eu de l'avantage, cela faisait ma justification; mais *le bien public avant tout*.

J'écris à M. Christinat (que je ne connaissais nullement) :

S'il en est temps encore, Monsieur, demandez, je vous prie, de porter vos dépêches aux trois comités réunis. Eux seuls, discrètement, doivent connaître de l'affaire : elle est perdue si elle devient publique.

Je promets au courrier *trois billets de cent sols* s'il fait vite ma commission. Il court; il était temps, M. Christinat allait lire.

Sur ma lettre, il demande à traiter cette affaire avec les

comités; ON LE DÉCRÈTE. Il me fait dire d'être tranquille, et voilà ma souleur[1] passée. Je paie mon actif courrier et lui dis de venir recevoir mon paquet, quand il aura celui des comités. J'écris, je console La Hogue sur ce retard de peu de jours que M. Lebrun m'a promis de réparer très promptement; je le supplie de regagner alors le temps perdu en allant comme au feu tirer d'inquiétude M. de Maulde qui l'attendait depuis près de deux mois.

Je retourne à trois heures chez M. Lebrun le ministre. Il rentrait. Je descends de voiture. Il s'arrête sur son perron, m'y dit trois mots fort secs, et, profitant de ma surprise, il me quitte assez brusquement.

Ces trois mots me frappèrent comme d'un coup de foudre. Je jugeai qu'il savait déjà *l'affaire du courrier du Havre*. Je revins chez moi fort ému lui écrire mon sentiment *sur les trois mots qu'il m'avait dits, pour empêcher qu'ils n'eussent leur effet diabolique*.

Je vous supplie, ô citoyens! de lire ma lettre à ce ministre[2] avec toute l'attention que je demandais à lui-même; cette lettre est le pronostic de l'horrible persécution qui va commencer dans l'instant.

Ce dimanche au soir 19 août 1792.

Monsieur,

Lisez ceci, je vous en prie, avec toute l'attention dont vous êtes capable.

Quand vous m'avez dit ce matin que M. La Hogue était moins propre en ce moment qu'un autre à terminer l'affaire des fusils de Hollande, à cause de la publicité que tous les malveillants lui donnent, et que c'était l'avis de MM. les ministres; qu'en conséquence on allait faire remettre, au Havre, M. La Hogue en liberté d'en partir, non pour la Hollande, mais pour le dedans du royaume, j'ai bien jugé, Monsieur, qu'il y avait encore quelque malentendu sur lequel vous aviez besoin de recevoir de moi une explication nette qui vous tirât de deux ou trois erreurs où vous paraissez être sur le fond d'une affaire qui ne peut plus nous être utile qu'autant qu'elle est bien éclaircie et menée très habilement.

Mais comme je suis le seul homme qui puisse la traiter avec méthode, exactitude et fruit, puisque depuis cinq mois elle est ma grande affaire comme négociant et comme patriote, j'ai préféré, Monsieur, l'honneur de vous écrire à celui de répondre verbalement à ce que vous disiez, parce que dans les temps difficiles un homme sage ne doit rien articuler ni proposer sur un objet aussi majeur, dont il ne reste au moins des traces par écrit et des notes fidèles qui puissent servir à le justifier.

J'ai préféré de vous écrire aussi, afin que vous puissiez, Monsieur, en conférer avec tous les ministres sur des renseignements bien clairs et m'accorder ensuite le moment de la traiter à fond politiquement devant eux. Cela est d'une grande importance pour la patrie, et pour eux, et pour moi. *J'insisterai donc là-dessus, si vous daignez me le permettre. Voici le précis de la chose :*

Premièrement, Monsieur, M. de La Hogue n'est point en arrestation au Havre, comme vous paraissez le penser. Il y est, depuis trois semaines, logé chez MM. Le Couvreur et Curmer, mes correspondants de cette ville, où il attend mes derniers renseignements pour s'embarquer pour la Hollande. Car je lui ai écrit le 16 que, rien ne finissant à Paris dans le trouble où sont les affaires, je lui conseillais de partir afin qu'il fît au moins la guerre à l'œil[1] *en attendant et ne laissât point entamer des démarches fortes à notre ministre à La Haye jusqu'à ce que le cautionnement qu'il attend lui fût arrivé, pour que tout s'achevât ensemble. C'est parce que son passeport est vieux qu'on envoie un courrier pour le faire renouveler;* et non pour faire prononcer sur son arrestation, laquelle n'existe pas.

Secondement, Monsieur, par quelle subversion d'idées empêcherait-on de partir le seul homme *qui peut vous livrer les fusils?*

Quel autre peut, Monsieur, terminer cette affaire que M. La Hogue en mon nom, à moins que ce ne soit moi-même? *puisque ces fusils sont ma chose, et que M. La Hogue, mon ami, mon agent, mon chargé de pouvoir, ayant toutes mes instructions, tous mes fonds, mon crédit, ayant seul commencé mes négociations, soit de l'achat, soit de la vente, il peut seul,* si ce n'est pas moi, *sortir des magasins les fusils pour vous les remettre,* en subvenant à tous les frais d'embarquement, de comptes, et à tous règlements où le traité m'oblige envers la France à l'occasion de ces fusils? *car si M. de La Hogue ne vous les livre pas,* personne au monde ne peut vous les livrer là-bas, *parce que nul n'y a droit à ma chose que mon agent ou* moi, *Monsieur.*

Troisièmement, lorsqu'on dit dans le traité (art. 7) :

« Nous nommons[2] *M. de La Hogue pour aller terminer l'affaire, comme étant l'homme le plus capable, par son zèle et par son talent, de la bien achever »; c'est en mon nom, Monsieur, qu'on l'a nommé, puisque c'est en mon nom que l'on doit continuer à réclamer les armes.* Je n'aurais pas souffert qu'on en nommât un autre! *Ce n'était que pour lui donner plus de sûreté dans sa route qu'on a imaginé de traiter sa mission comme office ministériel, afin qu'il pût passer*

sans trouble dans toutes les villes du royaume et sans se trouver arrêté. Il n'est ici que mon agent, sans lequel rien ne peut finir. Voilà son titre pour partir.

Vous enverriez, Messieurs, *dix autres personnes à La Haye qu'il faudrait toujours qu'il y fût; car ce n'est point pour recevoir les armes qu'il va en Zélande, à Tervère, mais* pour en faire la livraison. *M. de Maulde ici représente l'acheteur; M. de La Hogue, le vendeur : donc rien ne peut se faire sans M. de La Hogue, lequel seul a la clef de toutes les difficultés à vaincre, et mon crédit pour les lever.*

Quand je ne serais pas résolu de rester ici à mon poste pour ne laisser sur moi aucune prise aux malveillants, *quand j'irais moi-même en Hollande, encore me verrais-je obligé de mener avec moi mon ami M. de La Hogue; car lui seul connaît mon affaire, ayant passé déjà quatre mois à La Haye pour tâcher d'en venir à bout.* Il est moi dans cette occasion; *et il faut que j'aille à Tervère, ou cet homme fort en ma place, car (je dois vous le répéter) personne que* lui *ou* moi *n'a le droit ni le pouvoir de remettre en vos mains ces armes. D'où vous voyez, Monsieur, que toute la publicité* que la sottise donne ici à cette affaire *ne peut rien déranger au voyage de M. de La Hogue,* puisque depuis cinq mois il est public dans la Hollande qu'il y stipule mes intérêts pour l'achat, le paiement et la sortie de ces fusils.

En voilà bien assez, Monsieur, pour vous faire sentir l'urgence qu'il y a que, les pièces en main, le ministère m'entende sur le voyage de mon ami*; car, en le retenant en France, on s'ôte l'unique moyen d'avancer d'un pas en Zélande. Tout le pouvoir du monde ne peut rien changer à cela sans être d'accord avec moi.* Voilà sur quoi porte l'erreur que moi seul je puis relever : ce que je fais en ce moment.

Cette affaire, Monsieur, a pris un tour si grave que personne ne doit (à commencer par moi) *rien faire dont il ne puisse rendre un compte sévère* à la nation française qui est toute prête à nous interroger.

Après vous avoir expliqué ce qu'un nouveau ministre ne saurait deviner, *si l'on va en avant en contrecarrant ces données, je suis forcé de déclarer, Monsieur,* qu'ici ma responsabilité finit; que j'en dépose le fardeau sur le pouvoir exécutif (que j'ai l'honneur d'en prévenir). *Depuis cinq mois, pour servir mon pays, je me désole, je me ruine,* sans que personne m'entende et me soulage*! J'ai été dix fois accusé :* n'est-il pas temps que je me justifie? *Je sais que ce n'est pas la faute des ministres qui entrent en place; mais au moins, quand il est question d'une affaire aussi* *difficile, où mon patriotisme et ma fortune sont compromis et dont j'ai seul la connaissance, ne doivent-ils rien ordonner sans être d'accord avec moi;* ou bien répondre seuls de tout l'événement à la patrie, dont les intérêts sont blessés.

J'attends vos ordres là-dessus, et suis avec respect,

Monsieur,

Votre, etc.

Signé CARON BEAUMARCHAIS.

Je fus ce même dimanche au soir, 19 août, chez M. Lebrun pour la troisième fois du jour. Je voulais lui laisser ma lettre, *après l'avoir discutée avec lui*, afin qu'il la communiquât aux autres ministres ses collègues. *Il ne me reçut pas* et me remit au lendemain. J'y vins à neuf heures du matin; *il ne me reçut pas. Même réponse :* remis au soir.

En arrivant chez moi, j'y trouve un inconnu qui écrivait chez mon portier *(lecteur, redoublez d'attention).* « Je suis chargé, me dit-il en riant, de la part d'une compagnie autrichienne, de vous faire des propositions sur l'arrivée de vos fusils, et je vous écrivais pour vous demander rendez-vous. » En nous promenant il ajoute : « Connaissez-vous, monsieur, M. Constantini? – Je n'ai pas cet honneur, monsieur. – Comme il est lié d'affaires avec une compagnie de Bruxelles[1], *qu'il sait que c'est de là que vient l'embargo mis sur vos fusils en Hollande*, il vous fait proposer par moi que si vous voulez lui donner moitié de bénéfice dans votre affaire, *il a* UN MOYEN SÛR *pour les faire arriver dans huit jours*. – Il faut qu'il soit donc bien puissant, votre M. Constantini? Mais, monsieur, je ne puis écouter, même sans tromper ce monsieur, une proposition si vague; parce que je ne sais plus, à la manière dont nous marchons, s'il y aura bénéfice ou perte! Faites-moi donc une offre nette. *Que me demandez-vous d'argent pour faire arriver nos fusils?* – Eh bien, monsieur, dit-il, UN FLORIN PAR FUSIL; *mais l'affaire paiera les frais*. – Monsieur, il faut savoir quels frais. Si votre M. Constantini employait la voie du commerce, les droits alors seraient, pour la sortie, d'*un florin et demi par fusil*[2]; avec le florin que vous demandez pour ses soins, voilà les fusils augmentés de *deux florins et demi* la pièce, bons ou mauvais, sans être sûr si tous seront acceptés *au triage*; l'affaire est loin, monsieur, de pouvoir porter ce fardeau. – Combien donc voulez-vous nous donner? me dit-il. – *Vingt sous par fusil, quel qu'il soit*. Mais votre homme offrira caution, qui puisse me garantir que les moyens qu'il emploiera pour tirer les fusils de Hollande ne les y cloueront pas. Je songerai quelle assurance je devrai exiger de lui. *Soixante mille francs sont mon offre.* »

Il me dit : « Je vais vous laisser sa proposition par écrit. Je m'appelle Larcher, recevez mon adresse ; et faites-moi passer votre réponse dans le jour, car je vous avertis *(en me regardant bien)* que cela presse un peu pour vous ! – Comment cela, monsieur ? » lui dis-je. Il me quitta sans me répondre. Je ne savais quel sens donner à ce propos bizarre ! J'ouvris les offres du sieur Constantini, et, à mon grand étonnement, je lus l'écrit que je copie :

« Conditions proposées à M. Beaumarchais dans l'affaire des fusils déposés à Tervère, en Zélande.

« M. Constantini, associé des maisons de Bruxelles, propose à M. Beaumarchais de partager les bénéfices de cette opération, par moitié en faveur de M. Beaumarchais, et moitié en faveur de M. Constantini et ses associés.

« M. Beaumarchais justifiera sur-le-champ de son contrat d'acquisition.

« M. Beaumarchais ayant fait les avances de l'achat des armes, dont on a lieu de croire qu'il a été remboursé en partie par le gouvernement français, M. Constantini, de son côté, s'engagera à faire effectuer l'expédition de Tervère à Dunkerque de la manière la plus prompte et la plus convenable.

« Les frais seront supportés par l'opération. Comme *on* est persuadé que l'expédition de Tervère n'a été entravée jusqu'ici que *par l'influence de l'ancien ministère*, ON a la confiance de croire que M. Beaumarchais peut la faire cesser.

« On doit prévenir M. Beaumarchais que les mesures prises et effectuées pour l'arrivée de ces armes *peuvent seules suspendre la résolution* D'ÉCLAIRCIR LA CONDUITE *de M. Beaumarchais dans cette affaire*, etc. (Le reste était d'arrangement.) »

Ha ! ha ! monsieur Constantini ! Nouvelle intrigue et des menaces ? Suivant ma constante méthode d'analyser tout ce que je reçois : « Je vois ici, me dis-je, un Autrichien français[1] qui prétend avoir les moyens de faire arriver les fusils. Cet Autrichien français a aussi le pouvoir, DIT-IL, d'arrêter, *moyennant argent*, l'éclairement[2] *qu'on est tout prêt à faire de ma conduite en cette affaire* ?

« Bravo, monsieur Constantini ! Ce n'est plus sourdement ni avec des sous-ordres que l'on procède contre moi ! Vous êtes l'associé, monsieur Constantini, d'un homme assez puissant pour pouvoir lever l'embargo de Tervère en trois jours *s'il veut*? Et *me faire trembler*, si je refuse d'entrer dans ce beau *triumlatronat*[1] ? La seule façon dont cet homme puissant sache lever l'obstacle de notre extradition est apparemment de donner à vous seul *le cautionnement qu'il s'obstine à me refuser*? J'entends, monsieur Constantini! VOTRE ASSOCIÉ EST UN NOUVEAU MINISTRE. *Il reste à découvrir lequel. C'est à quoi je vais travailler*. En attendant, je vais répondre à M. Larcher, votre agent. »

À l'instant partit ma réponse.

À M. LARCHER

Ce 20 août 1792.

J'ai lu, Monsieur, les conditions que vous me proposez pour me faire arriver à Dunkerque ou au Havre mes fusils, de la part d'une compagnie autrichienne.

En outre de ce qui est écrit par vous, vous m'avez proposé verbalement de me faire entrer ces mêmes armes au prix d'un florin par fusil.

À cela voici ma réponse :

Je donnerai vingt sous de France[2] *à la personne, quelle qu'elle soit, par fusil qu'elle se chargera de me faire entrer à Dunkerque, pris dans mon magasin à Tervère.*

Sous la condition rigoureuse *qu'elle donnera* caution valable *de me payer la valeur des fusils, si elle ne les fait pas entrer, parce que ses moyens peuvent être tels que l'ébruitement*[3], *les faisant saisir en Hollande, m'ôte tous les moyens de les ravoir jamais!*

*Et quant à la bonté qu'*ON *a de me prévenir que les mesures prises et effectuées pour l'arrivée de ces armes* peuvent seules suspendre la résolution d'éclaircir la conduite de M. Beaumarchais dans cette affaire *:*

Je réponds franchement à la personne que vous appelez ON *ce que je vais signer ici :*

Je méprise beaucoup les gens qui me menacent et mets la malveillance au pis[4]. *La seule chose contre laquelle je ne puisse être en garde ici,* c'est le poignard d'un assassin*; et quant au compte que j'ai à rendre de ma conduite en cette affaire, le jour que je pourrai la traduire au grand jour,* sans nuire à l'entrée des fusils*, ce sera ma gloire publique.*

C'est à l'Assemblée nationale que j'en rendrai le compte à haute voix, pièces probantes sur le bureau. *Alors on pourra distinguer le vrai citoyen patriote des vils intrigants qui l'assaillent.*

Signé CARON BEAUMARCHAIS.
Boulevard Saint-Antoine,
d'où il ne bougera pas.

Maintenant, dis-je, pour procéder avec ma méthode ordinaire, il faut que j'envoie à M. Lebrun le ministre ma réponse à Constantini, et voir de son côté comment il procédera envers moi; je connaîtrai par là *si M. Lebrun est leur homme.*

Le soir je fus chez M. Lebrun... INVISIBLE, *et moi refusé.* Je prends du papier chez son suisse et j'écris :

Lundi 20 août 1792, écrite chez votre suisse.

Hélas! Monsieur, c'est ainsi que depuis cinq mois, de remise en remise, les événements ont gâté l'affaire la plus importante à la France! Ne pouvant donc vous remettre, à mon troisième voyage inutile chez vous, *le mémoire instructif que j'ai fait hier en vous quittant, je vous prie de le lire avec d'autant plus d'attention que l'horrible malveillance, qui se remue dans tous les sens, me force tout à l'heure à une justification publique,* si le ministère s'obstine à ne pas s'entendre avec moi*!*

Vous en allez trouver la preuve dans la réponse que j'ai faite à un homme qui est venu chez moi me faire des offres menaçantes verbalement et par écrit.

*S'il vous est possible de me donner rendez-vous aujourd'hui, vous préviendrez peut-être le mal d'*une publicité fâcheuse *par laquelle on veut couper court à l'arrivée de nos fusils.* C'est très sérieusement *que vous en êtes prié, Monsieur, par votre dévoué serviteur,*

Signé BEAUMARCHAIS.

À ma lettre étaient jointes la grande lettre[1] qu'on a lue sur l'affaire de M. La Hogue et ma fière réponse au proposant Constantini.

Point de réponse.

J'y vins deux fois par jour, le 19, le 20, le 21 et le 22 où je lui écrivis cet autre billet chez son suisse, après huit courses en quatre jours, qui, pour aller et venir, composaient près de deux lieues chacune; et je disais dans le chemin : « Si les ministres se croient heureux de leur *invisibilité*, les gens qui galopent après eux sont certes bien infortunés! »

À M. LEBRUN

22 août 1792.

Beaumarchais est venu dimanche, avant-hier, hier et aujourd'hui pour saluer M. Lebrun et lui rappeler que le cautionnement assuré par M. Durvey est toujours en retard *et que lui* Beaumarchais ignore ce qui concerne M. de La Hogue*; qu'il est comme les héros d'Homère, combattant dans l'obscurité et priant tous les dieux de lui rendre la lumière, pour savoir ce qui reste à faire pour la portion de bien qu'il est chargé, depuis cinq mois, de procurer à la patrie, et que tout tend à reculer.*

Il présente son respect à M. Lebrun.

Point de réponse.

Je cesse d'y aller. Ne pouvant deviner ce qu'après ma lettre si ferme les ministres avaient décidé sur le sort de M. de La Hogue, je dévorais mon sang dans une espèce de rage mue[1]. Plus de nouvelles de ce Constantini, sinon une lettre d'injures[2] à laquelle j'avais fait une réponse de pitié.

Une lettre de M. Christinat, le député du Havre, m'avait appris que son courrier était reparti pour ce port et que l'affaire du départ de M. de La Hogue avait été jugée par le pouvoir exécutif sans qu'il pût me dire comment; et je me disais, en fureur : « Ils ne s'en sont point occupés; ils auront envoyé une lettre d'attente, quelque réponse insignifiante; et c'est encore du temps perdu. » Pardonnez-moi, lecteurs! ils s'en étaient fort occupés; en voici la preuve très claire, qu'on ne supposait guère que je pusse acquérir jamais!

Le 22 août, je reçois ce mot désastreux de La Hogue :

Vous avez, Monsieur, sous le repli de la présente, une copie de la réponse du ministre de l'Intérieur au sujet de mon passeport.

Je ne puis que m'en rapporter à vous sur la conduite que vous croyez devoir tenir à cet égard; en attendant, je prends patience et reste ici à poste fixe.

Signé LA HOGUE.

Je passe au verso de sa lettre et j'y lis enfin ce qui suit :

COPIE DE LA LETTRE DU MINISTRE DE L'INTÉRIEUR
À LA MUNICIPALITÉ DU HAVRE

Ce 19 août 1792.

L'Assemblée nationale, Messieurs, me renvoie la lettre que vous écrivîtes hier à son président en lui envoyant le passeport du sieur de La Hogue. Elle me charge *de vous mander de laisser en pleine liberté ce particulier et de lui donner un passeport, s'il le désire...* (devinez lequel, ô lecteurs!) un passeport pour l'intérieur, *mais de ne lui en point donner* pour l'étranger. *À l'égard du paquet pour M. de Maulde,* l'Assemblée vous charge *de me l'adresser.*

Signé ROLAND,
ministre de l'Intérieur.

Je fis le bond d'un lièvre atteint de plomb dans la cervelle, en voyant l'Assemblée nationale envoyer l'ordre affreux d'empêcher La Hogue de partir. Puis, me remettant tout à coup, je dis avec un rire amer : « Eh! parbleu! j'oubliais que nos amis sont revenus en place! Ce n'est point l'Assemblée, ce sont eux. En voilà le premier effet. *Plus de fusils pour notre France!* »

Maintenant, mes lecteurs, rafraîchissez-vous bien le sang, en démêlant, avec le pauvre diable, le mot de cette nouvelle énigme. Comment se peut-il, me disais-je, que l'Assemblée nationale à qui l'on soustrait par prudence la discussion publique de ce qui touche cette affaire, pour ne pas augmenter la malveillance des Hollandais, s'ils apprenaient l'intérêt qu'elle y prend, comment cette Assemblée a-t-elle pu *ordonner* au ministre de l'Intérieur *(comme il l'écrit à la municipalité du Havre) d'interdire à M. de La Hogue d'aller exécuter sa mission en Hollande*? Tout cela n'est qu'une perfidie!

Heureusement pour ma recherche qu'ayant reçu de M. Christinat une réponse très polie à mes deux lettres du 19[1], je m'avisai de la relire! J'y surpris avec joie le mot que je cherchais (car, lorsqu'on s'acharne à trouver le mot d'une énigme, fût-ce un malheur qu'il nous apprend, on éprouve un certain plaisir à le dérober à l'auteur); j'y vis, lecteur, ce que vous allez voir aussi.

Paris, le 22 août 1792.

Il m'a été impossible, Monsieur, de pouvoir répondre hier à vos deux billets que m'a remis le courrier. Votre second m'informait que vous saviez la réponse qui m'avait été faite au premier. (Cette réponse était l'ordre de l'Assemblée d'aller en conférer avec les comités.) *Chargé par le comité de surveillance et la commission des douze de me retirer vers M. Roland pour avoir une réponse positive de lui* à la lettre de la municipalité du Havre[2], *écrite à M. le président de l'Assemblée...*

Vous l'entendez, lecteurs : l'Assemblée n'envoie pas M. Christinat au pouvoir exécutif provisoire, pour lui donner de sa part l'ordre d'écrire au Havre qu'on arrête M. La Hogue en France. Elle envoie M. Christinat aux comités pour délibérer là-dessus discrètement comme je le désirais; lesquels comités ne font pas autre chose que d'envoyer M. Christinat à M. Roland pour avoir de lui une réponse *des ministres*, non à aucune demande de l'Assemblée nationale mais *à la lettre de la municipalité du Havre*; ce qui devient bien différent, l'Assemblée et les comités s'en rapportant à ces ministres; car M. Roland n'est ici (comme je l'ai toujours vu depuis) que la plume passive de MM. Clavière et Lebrun, seuls ministres que cela regardait. Or que font ces messieurs, qui, de retour en place depuis très peu de jours, n'étaient instruits que par M. Lebrun, ci-devant premier commis, de ce qui s'est passé là-dessus pendant leur éclipse solaire[1] ? Dans leur réponse à la municipalité ils se disent forcés, *par un ordre de l'Assemblée*, d'empêcher d'aller en Hollande le seul homme qu'elle avait grand intérêt d'y envoyer, et l'homme désigné par les comités réunis !... Avec ce tour de passe-passe, ils cassent encore une fois le cou à l'arrivée de nos fusils ! et Constantini les aura.

La lettre de M. Christinat se termine fort simplement :

Ayant reçu les paquets, dit-il (les paquets de M. Roland[2]), *il ne dépendait pas de moi de retarder le courrier.* (Les paquets étaient donc fermés.) *En les lui remettant vers les huit heures, je l'ai engagé à prendre une voiture et de courir vous demander les vôtres. Je ne doute pas qu'il ne l'ait fait* et que vous n'ayez pressé son départ. *Recevez l'assurance du dévouement sincère de*

Signé J.-J. CHRISTINAT.

La phrase de l'obligeant M. Christinat : « Je ne doute pas que vous n'ayez pressé le départ du courrier », achèverait la preuve, si j'en avais besoin, qu'il était persuadé que le courrier portait au Havre une nouvelle qui m'était agréable. Donc lui, qui fut le seul intermédiaire de l'Assemblée aux comités, des deux comités aux ministres, et des ministres au courrier, ne savait pas que ces derniers *empêchassent mon ami de suivre sa mission* ! À plus forte raison l'Assemblée nationale l'ignorait-elle[3] ! *Elle que ces ministres accusent d'en avoir donné l'ordre funeste à l'intérêt public !*

Citoyens, c'est par cette méthode que la part qu'ils ont eue aux horreurs qui vont suivre sera prouvée pour vous comme pour moi.

Ainsi M. Constantini me demandait *avec menace* cent trente mille livres (ou soixante mille florins) pour faire arriver mes fusils, comme étant le seul homme qui eût le grand moyen *de les arracher de Tervère.* Et les nouveaux ministres, en arrêtant La Hogue en France et *refusant le cautionnement*, favorisaient le plan du sieur Constantini : ils me mettaient au désespoir, pour me mieux disposer à faire ce qu'on voulait ! Mais ce que je devinais là, *il fallait en avoir la preuve avant de pouvoir en parler. Je l'ai obtenue en Hollande.*

Je fis un grand mémoire pour l'Assemblée nationale *à qui je demandai des juges*; et l'on était à le copier, *lorsqu'on vint m'arrêter*, le 23 août à cinq heures du matin, avec un grand scandale, et *mettre le scellé chez moi* ! L'on me traîna dans la mairie où je restai debout dans un couloir obscur, depuis sept heures du matin jusqu'à quatre heures après midi, sans que personne m'y parlât, sinon les gens qui m'avaient arrêté. Ils vinrent me dire à huit heures : « Restez là, nous nous en allons; voilà un bon reçu que l'on nous a donné de vous. »

Fort bien, me dis-je, me voilà comme le pied-fourché[1] sur la place : les conducteurs ont leur reçu, ils partent; et moi j'attends, bien garrotté, le boucher qui m'achètera !

Après neuf heures d'attente sur mes jambes, on vint me prendre et me conduire dans un bureau, nommé de surveillance, présidé par M. Panis, qui se mit à m'interroger. Étonné qu'on n'écrivît rien, j'en fis la remarque; il me dit que *ceci n'était que sommaire et qu'on y mettrait plus de formes quand mes scellés seraient levés.* Ce que j'y sus de plus certain, c'est qu'il y avait sur moi des clameurs au Palais-Royal, *sur la traîtrise avec laquelle je refusais d'amener en France soixante mille fusils que l'on m'avait payés d'avance; et que j'avais des dénonciateurs.* « Nommez-les, monsieur, je vous prie; sinon moi, je les nommerai. — Mais, dit-il, un M. Colmar[2], membre de la municipalité; un M. Larcher, et tant d'autres ! — Larcher ? lui dis-je; ah ! n'allez pas plus loin ! Envoyez seulement chercher un portefeuille que j'ai fait mettre à part, sous un scellé particulier; vous y verrez la noire intrigue de ce Larcher, et d'un Constantini, avec *tant d'autres*, ainsi que vous le dites, mais qu'il n'est pas temps de nommer.

— On lèvera demain vos scellés, nous verrons, dit M. Panis; en attendant, *allez coucher à l'Abbaye*[3]. » J'y fus, et je fus en chambrée avec les malheureux... qui bientôt furent égorgés!

Le lendemain 24, après midi, deux officiers municipaux vinrent me prendre à l'Abbaye pour assister à la levée de mes scellés et description de mes papiers. L'opération dura toute la nuit jusqu'au lendemain 25 à neuf heures du matin; puis l'on me conduisit à la mairie où mon couloir obscur me reçut une seconde fois, jusqu'à trois heures après midi qu'on me fit entrer de nouveau *dans le bureau de surveillance présidé par* M. Panis[1].

« On nous a, dit-il, rendu compte de l'examen de vos papiers. Il n'y a là-dessus que des éloges à vous donner; mais vous avez parlé *d'un portefeuille sur l'affaire de ces fusils que vous êtes accusé de retenir méchamment en Hollande*, et, ce portefeuille-là, ces deux messieurs l'ont déjà vu; ils nous ont même dit que *nous en serions étonnés* (c'étaient les deux municipaux qui avaient levé les scellés). — Monsieur, je brûle de vous l'ouvrir; et le voici. » Je prends, l'une après l'autre, toutes les pièces qu'on vient de lire. Je n'étais pas à la moitié que M. Panis s'écria : « Messieurs, *c'est pur! c'est pur*! Ne vous semble-t-il pas ainsi? » Tout le bureau s'écria : « *C'est pur!* Allons, monsieur, c'est bien assez : il y a quelque horreur là-dessous. Il faut donner à M. Beaumarchais une *attestation honorable de son civisme et de sa pureté* et lui faire des excuses des chagrins qu'on lui a causés, dont la faute est au temps qui court. » Un M. Berchères, secrétaire, dont les regards bienveillants me consolaient et me touchaient, écrivait cette attestation, lorsqu'un petit homme aux cheveux noirs, au nez busqué, à la mine effroyable, vint, parla bas au président... Vous le dirai-je, ô mes lecteurs! c'était *le grand*, *le juste*, en un mot, *le clément* MARAT[2].

Il sort. M. Panis, en se frottant la tête avec quelque embarras, me dit : « J'en suis bien désolé, monsieur, mais je ne puis vous mettre en liberté. Il y a une nouvelle dénonciation contre vous. — Dites-la-moi, monsieur, je l'éclaircirai à l'instant. — Je ne le puis; il ne faudrait qu'un mot, un seul geste de vous à quelques-uns de vos amis qui vous attendent là dehors, pour détruire l'effet de la recherche qu'on va faire. — *Monsieur le Président, qu'on renvoie mes amis :* je me constitue prisonnier dans votre bureau, jusqu'à la recherche finie; peut-être donnerai-je les moyens de la raccourcir. Dites-moi de quoi il s'agit. »

Il prit l'avis de ces messieurs, et, après avoir exigé ma

parole d'honneur que je resterais au bureau et n'y parlerais à personne jusqu'à ce qu'ils revinssent tous, il me dit : « Vous avez envoyé *cinq malles de papiers suspects* chez une présidente, rue Saint-Louis[1], au Marais, n° 15 ; l'ordre est donné de les aller chercher. — Messieurs, leur dis-je, écoutez ma réponse :

« Je donne aux pauvres avec plaisir tout ce qu'on trouvera dans les cinq malles que l'on indique, *et ma tête répond de ce qu'on y verra de suspect*; ou plutôt recevez ma déclaration qu'il n'y a aucune malle à moi dans la maison que vous citez. Seulement un ballot existe dans la maison d'un de mes amis, rue des Trois-Pavillons[2] : ce sont des titres de propriétés que j'avais fait sauver sur l'avis d'un pillage qui devait se faire chez moi, *la nuit du 9 au 10 août*, et dont j'ai donné connaissance par une lettre à M. Péthion[3]. Pendant qu'on cherche les cinq malles, faites chercher aussi mon ballot sur cet ordre que je donne au domestique de mon ami de le livrer ; vous l'examinerez aussi ; une autre malle de papiers et de vieux registres m'a été volée le jour même que ce ballot sortit de ma maison ; faites-la tambouriner, messieurs ; je ne saurais aller plus loin. »

Tout cela fut exécuté. *L'attestation me fut donnée*[4] *et signée de tous ces messieurs, sauf l'examen des malles et du ballot.*

Ces messieurs s'en furent dîner pour revenir à l'arrivée des malles, et moi je restai prisonnier dans le bureau, avec un seul commis à qui la garde était confiée.

Comme ils allaient sortir, un homme très échauffé, portant écharpe, entra et dit qu'il avait dans sa main des preuves de ma trahison, de l'affreux dessein où j'étais de livrer soixante mille fusils, *qu'on m'avait bien payés*, aux ennemis de la patrie.

Il était comme un forcené sur ce qu'on me donnait une attestation du contraire. C'était M. Colmar, l'affilié de mes Autrichiens, de plus mon dénonciateur. « Vous voyez bien, messieurs, leur dis-je froidement, que *Monsieur ne sait pas un mot de l'affaire dont il vous parle. Il est l'écho de Larcher et de Constantini.* » Il m'injuria, me disant que mon cou y passerait. « Je le veux bien, lui dis-je, pourvu que vous ne soyez pas mon juge ! »

Ils sortirent. Je restai là, réfléchissant bien tristement sur la bizarrerie de mon sort. Mon ballot arriva, mais nulle nouvelle des cinq malles ! Que vous dirai-je enfin, Français qui me lisez ! *Je restai là trente-deux heures, et sans que personne y revînt.* Le garçon de bureau, en allant se coucher, me dit qu'il ne pouvait me laisser seul dans le bureau la nuit. Il me remit debout dans mon obscur couloir. Sans la pitié d'un domestique qui me jeta un matelas par terre, *j'y serais mort de fatigue et d'horreur*.

Au bout de *trente-deux heures, personne n'étant revenu*, des officiers municipaux, touchés de compassion, s'assemblèrent et me dirent : « M. Panis ne revient point, peut-être est-il incommodé. En visitant les malles chez cette présidente, où l'on en a trouvé huit ou neuf, on a vu que c'étaient les guenilles de religieuses à qui elle a donné retraite. Nous savons que vous êtes innocent de toutes les choses qu'on vous impute. En attendant que le bureau revienne, nous allons, par pitié, vous envoyer coucher chez vous. Demain matin on visitera votre ballot, *et vous aurez une attestation bien complète*. »

Et moi, je dis à mon domestique qui pleurait : « Va me faire apprêter un bain; il y a cinq nuits que je ne repose point. » Il court. On me renvoie, mais *avec deux gendarmes qui devaient me garder la nuit*[1].

Le lendemain, je renvoyai l'un d'eux savoir si le *bureau* venait enfin de s'assembler *pour me donner l'attestation promise*. Il revint avec d'autres gardes et l'ordre rigoureux *de me conduire à l'Abbaye, au secret, avec défense expresse de m'y laisser parler à personne du dehors, sans un ordre par écrit de la municipalité*. J'eus de la peine à retenir le désespoir de tout mon monde. Je les consolai de mon mieux; et *je fus conduit en prison* où je me retrouvai avec MM. d'Affry, Thierry, les Montmorin, Sombreuil et sa vertueuse fille qui s'était enfermée avec son père dans ce cloaque, et qui, dit-on, lui a sauvé la vie! l'abbé de Boisgelin, MM. Lally-Tollendal, Lenoir, trésorier des aumônes, vieillard de quatre-vingt-deux ans[2]; M. Gibé, notaire; enfin, cent quatre-vingt-douze personnes encaquées[3] dans dix-huit petites chambres.

Une heure après mon arrivée, on vint me dire que l'on me demandait *avec un ordre écrit de la municipalité*. Je me rendis chez le concierge où je trouvai... devinez qui, lecteur? M. Larcher, l'associé de Constantini, et celui de tant d'autres, que je ne nomme pas encore. Il venait me renouveler les douces propositions qu'il m'avait déjà faites chez moi, et même de leur vendre tous mes fusils de Hollande *à sept florins huit sous la pièce; ce n'était qu'un florin de moins de ce que l'État les payait*[4], *et je prendrais en paiement les huit cent mille francs que je venais, dit-il, de toucher à la trésorerie. À cette condition je sortirais de l'Abbaye, et j'aurais mon attestation* ! Je prie mon lecteur, qui me suit depuis que je fais ce mémoire, de se former l'idée de ma figure car je ne puis la lui dépeindre. Après un moment de silence, je dis froidement à cet homme : « Je ne fais point d'affaires en prison ; allez-vous-en dire cela aux ministres qui vous envoient, et qui savent aussi bien que moi que je n'ai pas touché un sou des huit cent mille francs dont vous parlez ! sottise qu'on n'a répandue que pour me faire piller chez moi, la triste nuit du 10 août !

— Vous n'avez pas touché, dit-il en se levant, huit cent mille francs depuis quinze jours ? — Non », dis-je en lui tournant le dos ; il prit la porte et court encore. Je ne l'ai pas revu depuis.

Quand ces messieurs, disais-je à son départ, viennent m'en offrir sept florins, c'est pour les revendre sans doute à l'État onze ou douze, *car ils ont tout pouvoir*. J'entends maintenant leur affaire ; *mais ils m'égorgeront avant de l'accomplir*, ajoutai-je les dents serrées.

Revenu dans la chambre avec les autres prisonniers, *je leur contai à tous ce qui venait de m'arriver*, et je vis que moi seul en étais étonné.

L'un de ces messieurs nous disait : « Les ennemis ont pris Longwy[1]. S'ils peuvent entrer dans Verdun, la terreur gagnera le peuple et l'on en profitera pour nous faire égorger ici. — Je n'y vois que trop d'apparence », lui répondis-je en gémissant.

Le lendemain, on me fit passer en prison le billet que je vais copier.

BILLET

Colmar, officier municipal, et celui qui a dit en votre présence avoir des preuves contre vous, est cause du nouvel ordre (celui qui m'avait remis au secret). *Le comité n'a pas voulu prendre sur lui de le décerner*[2] *; il a exigé* une réquisition écrite du sieur Colmar. Je l'ai vue. *Elle est* sans désignation de motifs. *On nous promet de s'occuper de vous sans délai.* Votre portefeuille est scellé comme vous l'avez désiré. *Écrivez avec force au comité, que je ne quitte pas.*

Ce billet de mon neveu[3] me fut remis par le concierge, à l'honneur duquel je dois dire qu'il adoucissait de son mieux le sort de tous ses prisonniers.

Je demande à mes compagnons d'infortune la liberté d'écrire, dans un coin et sur mes genoux, un fort mémoire au comité de surveillance de la mairie. M. Thierry me prêta du papier; M. d'Affry, son portefeuille pour me tenir lieu de bureau. Le jeune Montmorin, assis par terre, le soutenait pendant que j'écrivais. M. de Tollendal disputait avec l'abbé de Boisgelin; M. Gibé me regardait écrire; M. Lenoir, à genoux, priait avec ferveur; et moi j'écrivais ma requête, *plus fière, hélas! peut-être que ce temps ne le comportait*. Je ne fais cette réflexion qu'en faveur de Lecointre, qui vous a dit, ô citoyens! que j'écrivais avec bassesse sur cette épouvantable affaire! La voici, ma bassesse, à ceux qui me tenaient le couteau sur le sein:

À MESSIEURS DU COMITÉ DE SURVEILLANCE DE LA MAIRIE

Ce 28 août 1792.

Messieurs,

Si je rassemble au fond de ma prison le peu de mots que j'ai pu recueillir sur l'objet trop public de mon étrange arrestation, *je juge qu'un ardent désir de voir entrer en France les soixante mille fusils achetés par moi en Hollande et cédés au gouvernement vous fait ajouter foi aux viles accusations de quelques calomniateurs* aussi lâches que mal instruits du très grand intérêt que j'ai à vous procurer ces secours.

Mais laissant là mes intérêts comme négociant et comme patriote, et d'après leurs imputations, permettez-moi, Messieurs, de vous observer de nouveau que la conduite qu'on tient envers moi est diamétralement opposée, qu'elle nuit en tous sens au bien que vous prétendez faire. *Ce qu'il y a de plus pressé n'est-il pas d'éclaircir les faits? de poser des bases solides qui puissent régler votre conduite et vous faire juger la mienne?*

Au lieu de cela, Messieurs, depuis cinq jours je traîne alternativement du corridor obscur de la mairie à la prison infecte de l'Abbaye, *sans que l'on m'ait encore interrogé sévèrement sur des faits d'une telle importance, quoique je n'aie cessé de vous le demander, quoique j'aie apporté et* laissé dans votre bureau le portefeuille *qui contient ma justification entière, fait ma gloire de citoyen, et peut seul vous montrer le succès après les travaux!*

Cependant ma maison, mes papiers, ont été visités, et la plus sévère recherche n'a fourni à vos commissaires que des attestations honorables pour moi! Mes scellés ont été levés; *moi seul je suis sous le scellé d'une prison incommode et malsaine par l'affluence trop excessive des prisonniers qu'on y envoie.*

Forcé, Messieurs, de rendre à la nation le compte le plus rigoureux de ma conduite en cette affaire, qui ne devient fâcheuse que par les torts d'autrui, *j'ai l'honneur de vous prévenir que si vous refusez la justice de m'entendre en mes défenses et mes moyens d'agir,* je me verrai forcé, à mon très grand regret, d'adresser un mémoire public à l'Assemblée nationale, où, détaillant les faits tous appuyés de pièces inexpugnables et victorieuses, je ne serai que trop bien justifié ; mais la publicité même de mes défenses sera le coup de mort pour le succès de cette immense affaire. *Et m'emprisonner au secret ne pourra garantir personne de mes réclamations pressantes, puisque mon mémoire est déjà dans les mains de quelques amis.*

Comment, Messieurs, nous manquons d'armes! Soixante mille fusils seraient depuis longtemps en France si chacun eût fait son devoir*! Moi seul je l'ai fait vainement; et* vous ne hâtez pas l'instant de connaître les vrais coupables*! Je vous ai répété, Messieurs, que* j'offrais ma tête en otage des soins que je me suis donnés, des sacrifices que j'ai faits pour amener ces grands secours*; je vous ai dit que* je mettais l'horrible malveillance au pis*; et parce que j'ai demandé le nom de mes vils délateurs et le bonheur de les confondre, au lieu de continuer mon interrogatoire à peine commencé, vous m'avez fait rester* trente-deux heures complètes sans voir revenir au bureau ceux qui devaient m'interroger*! Et sans la douce compassion qui a pris quelque soin de moi, j'aurais passé deux jours et une nuit* sans savoir où poser ma tête*! Et l'affaire des fusils est là sans aucun éclaircissement! et le seul homme qui puisse vous éclairer,* vous l'envoyez, Messieurs, au secret dans une prison, quand l'ennemi est à vos portes. *Que feraient de plus, pour nous nuire, nos implacables ennemis? un comité prussien ou autrichien?*

Pardonnez la juste douleur d'un homme qui attribue ces torts plutôt à de grands embarras qu'à la mauvaise volonté. Mais c'est qu'on ne fait rien sans ordre, *et que pendant ces cinq malheureux jours* j'ai été effrayé du désordre qui règne dans l'administration de cette ville*!*

Signé CARON BEAUMARCHAIS[1].

Le lendemain 29 août, sur les cinq heures du soir, nous philosophions tristement. M. d'Affry, ce vieillard vénérable, était sorti, la veille, de l'Abbaye. Un guichetier vient m'appeler ! « Monsieur Beaumarchais, on vous demande ! – Qui me demande, mon ami ? – M. Manuel, *avec quelques municipaux.* » Il s'en va. Nous nous regardons. M. Thierry me dit : « N'est-il pas de vos ennemis ? – Hélas ! leur dis-je, nous ne nous sommes jamais vus; il eſt bien triſte de commencer ainsi; cela eſt d'un terrible augure! *Mon inſtant eſt-il arrivé?* » Chacun baisse les yeux, se tait; je passe chez le concierge et je dis en entrant : « Qui de vous tous, messieurs, se nomme M. Manuel? – C'eſt moi, me dit un d'eux en s'avançant. – Monsieur, lui dis-je, nous avons eu, sans nous connaître, un démêlé public sur mes contributions[1]. Non seulement, monsieur, je les payais exactement, mais même celles de beaucoup d'autres *qui n'en avaient pas le moyen*. Il faut que mon affaire soit devenue bien grave pour que le procureur-syndic de la commune de Paris, laissant les affaires publiques, vienne ici s'occuper de moi?

– Monsieur, dit-il, loin de les laisser là, c'eſt pour m'en occuper que je suis dans ce lieu; et le premier devoir d'un officier public n'eſt-il pas de venir arracher de prison *un innocent qu'on persécute*? Votre dénonciateur, Colmar, eſt reconnu un gueux! sa section lui a arraché l'écharpe dont il eſt indigne; il eſt chassé de la Commune, et je crois même en prison! L'on vous donne le droit *de les suivre tous en juſtice*[2]. *C'eſt pour vous faire oublier notre débat public que j'ai demandé à la Commune de m'absenter une heure pour venir vous tirer d'ici. Sortez à l'inſtant de ce lieu!* »

Je lui jetai mes bras au corps sans pouvoir lui dire un seul mot; mes yeux seuls lui peignaient mon âme; je crois qu'ils étaient énergiques, s'ils lui peignaient tout ce que je pensais! Je suis d'acier contre les injuſtices; et mon cœur s'amollit, mes yeux fondent en eau sur le moindre trait de bonté! Je n'oublierai jamais cet homme ni ce moment-là. Je sortis.

Deux officiers municipaux (les deux qui avaient levé mes scellés) m'emmenèrent dans un fiacre. Devinez où? Lecteur!... Non : il faut vous le dire; vous le chercheriez vainement!... *Chez M. Lebrun, miniſtre des Affaires étrangères*, qui sortit de son cabinet et me vit...

Arrêtons-nous encore une fois. Ma cinquième et dernière partie ne laissera rien, citoyens, à désirer sur ma juſtification promise, et, j'ose espérer, *attendue*.

CINQUIÈME ÉPOQUE

Ô citoyens législateurs! Est-il donc vrai qu'en invoquant votre justice je doive dissimuler une partie des faits qui me disculpent? M'amoindrir en plaidant ma cause, à peine d'offenser des hommes qui influent[1]?... Il faut que quatre mois d'absence[2] aient bien faussé mon jugement sur l'acception connue du grand mot Liberté, puisque je suis si peu d'accord avec mes amis de Paris sur les points importants de la conduite que je dois tenir dans une affaire qui détruit mon existence de citoyen et porte une atteinte mortelle à cette *liberté*, à cette *égalité de droits que nos lois m'avaient garanties*!

Chacun m'écrit : « Prenez bien garde à ce qui sort de votre plume! Défendez-vous et n'accusez personne! n'offensez aucun amour-propre, pas même celui de ceux qui vous ont le plus outragé! Vous n'êtes plus au cours des choses!

« Songez qu'on a voulu vous perdre; et qu'eussiez-vous cent fois raison, vous ne pouvez rien obtenir si vous n'êtes très circonspect!

« Songez que vous avez le poignard sur la gorge et que tous vos biens sont saisis[3]!

« Songez qu'à défaut d'autre crime, on veut vous faire passer pour émigré! que vous ne dites pas un mot qui ne soit tourné contre vous! que vous ne faites rien de bien qui n'irrite vos ennemis! qu'ils sont puissants... et sans pudeur! Songez que vous avez une fille que vous aimez! Songez... »

Oui, j'ai une fille que j'aime. Mais en la chérissant, je cesserais de l'estimer, si je la supposais capable de supporter l'avilissement de son père et de vouloir que je lui conservasse une fortune qu'on m'envie, *et qui fait mon unique tort*, au prix d'affaiblir mes défenses en taisant la moitié de ce qui les compose, et de compromettre mon honneur en ménageant des ennemis *qui n'ont pas osé m'attaquer tant que je suis resté en France, quoiqu'ils eussent entre leurs mains, depuis six mois*[4]*, toutes les pièces sur lesquelles ils ont l'impudence de m'accuser lorsque je suis absent*!

Quoi! d'injustes ministres ont abusé de mon zèle pour la patrie et m'ont fait sortir de France avec un passeport perfide[5]... espérant si bien manœuvrer que je n'y rentrasse jamais! ou que si j'y rentrais, ce fût chargé de chaînes et couvert de l'opprobre d'avoir desservi mon pays; accusé de l'avoir trahi! Et j'affaiblirais mes défenses!

Quoi donc! d'un pays libre où ils ont du crédit, ils auront envoyé chez un peuple étranger, qui se dit libre aussi, un courrier extraordinaire pour m'en ramener garrotté, espérant pouvoir à La Haye ce qu'ils n'osent tenter à Londres! quand ils ont eu la lâche négligence d'*y laisser échapper des faussaires, des fabricateurs d'assignats qu'un homme vigilant*[1] *y tenait en prison*, faute de lui répondre ou d'y envoyer des courriers pendant sept ou huit mois! Moi je garderais le silence!

Quoi! sur des crimes supposés ils ont voulu me faire entraîner de Hollande pour être égorgé dans la route[2], ou par des gens payés par eux, ou par notre peuple abusé, avant d'arriver aux prisons où l'on feindrait de m'amener pour y produire mes défenses! Et je tairais, moi, citoyen, tous ces grands abus du pouvoir!

« Oui, mon cher! il le faut, ou vous êtes perdu. »

Mes amis! on n'est point perdu quand on prouve qu'on a raison! Être perdu, ce n'est pas d'être tué; c'est de mourir déshonoré! Pourtant, amis, soyez contents! Je ne les accuserai point sur cette affaire méconnue mais qu'il est temps de mettre au jour; car je dois sauver mon honneur, si je ne puis les empêcher de consommer la ruine de mon enfant, même d'assassiner son père!

Je ne les accuserai point. Je dirai seulement les faits, les appuyant de pièces inexpugnables, comme je ne cesse de le faire. La Convention nationale[3], bien supérieure aux petits intérêts de ces individus d'un jour, car elle n'est qu'un grand écho de la volonté générale qui est d'être juste envers tous, la Convention discernera sans moi les coupables de l'innocent! ceux qui ont trahi la nation de celui qui l'a bien servie! Alors elle prononcera lesquels, d'eux ou de moi, méritent le décret qu'ils ont fait prononcer sur un faux exposé!

Dans quelle affreuse liberté, pire qu'un réel esclavage, serions-nous tombés, mes amis, si l'homme irréprochable devait baisser les yeux devant des coupables puissants, parce qu'ils peuvent l'accabler? Quoi donc! tous les abus des vieilles républiques, nous les éprouverions à la naissance de la nôtre? Périssent tous mes biens, périsse ma personne plutôt que de ramper sous ce despotisme insolent! Une nation n'est vraiment libre que lorsqu'on n'obéit qu'aux lois!

Ô citoyens législateurs! ce mémoire lu par vous tous, j'irai me mettre en vos prisons! Tu m'y consoleras, ma fille, comme la jeune et vertueuse Sombreuil[1], devant laquelle mon âme se prosternait à l'Abbaye, aux approches du 2 septembre!

J'en suis resté, lecteurs, à la stupéfaction du ministre Lebrun de me voir dans son beau salon, avec mon air de prisonnier, ma barbe de cinq jours, mes cheveux en désordre, en linge sale, en redingote, entre deux hommes en écharpe[2]... « Oui, monsieur, lui dis-je, c'est moi. Victime dévouée[3], je sors de l'Abbaye où certains délateurs *que vous connaissez* m'ont fait mettre en criant partout que c'est moi qui méchamment m'oppose à l'arrivée de nos fusils. *Vous savez trop, monsieur, ce qui en est!* »

Un municipal m'interrompt, dit au ministre : « Nous sommes envoyés, monsieur, par la municipalité, vous demander, d'après les explications de M. Beaumarchais, *dont on est satisfait*, si vous voulez ou non faire partir à l'instant son courrier pour la Hollande, avec tout ce qu'il faut *pour que les fusils nous arrivent*. — Il ne faut, dis-je, *aux termes du traité, qu'un cautionnement arrêté trente fois*, malgré trente promesses; il me faut *un passeport*, il me faut *quelques fonds*. »

Je trouvais à M. Lebrun les yeux un peu fuyards, la parole allongée et la voix incertaine. Il dit à ces messieurs que... rien ne... retenait...; qu'en... ce moment il... n'en pouvait finir... : mais que si nous voulions... venir demain matin..., ce serait l'affaire... d'une heure.

Qui donc étonnait M. Lebrun? Était-ce mon emprisonnement ou ma sortie inopinée? je ne le savais pas encore.

Nous nous retirâmes avec parole pour le lendemain à neuf heures. Nous nous rendons au comité de surveillance de la mairie, où l'on me donne, avec beaucoup de grâce, une attestation de civisme dont je dus être satisfait. J'en avais eu déjà une première. Je convins avec ces messieurs que je la rapporterais, et que des deux on en ferait une seule que je pourrais faire afficher[4].

Le lendemain un des municipaux vient me prendre chez moi, me mène chez M. Lebrun à neuf heures. Il était sorti, nous dit-on.

Nous revînmes à midi; *il n'était pas rentré*. Nous revînmes à trois heures; enfin il nous reçut. J'avais appris par mes intelligences qu'il avait écrit à M. de Maulde de venir bien vite à Paris, mais il ne m'en avait rien dit. Peut-être pensent-ils, disais-je, qu'ils tireront de lui quelques notions propres à me nuire, et que c'est là l'objet de son voyage!

En m'expliquant avec M. Lebrun devant notre municipal, je dis avec un peu de ruse que dans mon mémoire à l'Assemblée nationale je la priais de mander M. de Maulde pour rendre témoignage de mes puissants efforts, aidés des siens, sur l'extradition des fusils. Il me répondit un peu vite : « Épargnez-vous cette peine, il sera ici dans deux jours.

– Quoi! monsieur, lui dis-je, il revient? Cette nouvelle me comble de joie. Il rendra bon compte de nous à l'Assemblée nationale, et remmènera mon La Hogue. » Son air ministériel lui revint à ces mots; et coupant sur l'explication, il nous quitta, puis nous fit dire qu'*on l'enlevait* pour terminer un objet très pressé.

Le municipal, étonné, me dit : « Je ne reviendrai plus ici perdre le temps en courses vaines; on enverra qui l'on voudra. – Voilà, depuis cinq mois, lui dis-je, la vie que l'on me fait mener : je dévore tout sans me plaindre, parce que c'est une affaire qui intéresse la nation. »

Le soir même, 29 août, j'écrivis à M. Lebrun :

Au nom de la patrie en danger, de tout ce que je vois et entends, je supplie M. Lebrun de presser le moment où nous terminerons l'affaire des fusils de Hollande.

Ma justification? je la suspends. Ma sûreté? je la dédaigne. Les calomnies? je les méprise. Mais au nom du salut public, ne perdons pas un moment de plus! L'ennemi est à nos portes, *et mon cœur saigne, non des horreurs que l'on m'a faites, mais de celles qui nous menacent!*

La nuit, le jour, mes travaux et mon temps, mes facultés, toutes mes forces, je les présente à la patrie : j'attends les ordres de M. Lebrun, et lui offre l'hommage d'un bon citoyen.

Signé BEAUMARCHAIS.

Point de réponse. La nuit suivante, à deux heures du matin, mes gens vinrent tout effrayés me dire que des hommes armés demandaient l'ouverture des grilles. « Ah! laissez-les entrer, leur dis-je. Je suis dévoué, je ne résiste à rien. »

Nous n'en eûmes que la frayeur. C'étaient tous mes fusils de chasse que l'on venait me demander. « Messieurs, leur dis-je, quelle volupté trouvez-vous à choisir ces heures nocturnes pour vous rendre ainsi redoutables? Quand il faut servir la nation, quelqu'un veut-il s'y refuser? »

Je leur fis donner sept fusils précieux, à un et à deux coups, que j'avais; ils m'assurèrent qu'on en aurait grand soin, qu'ils allaient sur-le-champ les déposer à la section. Le lendemain au soir j'y envoyai : l'on n'en avait aucune nouvelle. C'est peu de chose, me dis-je, que cette perte ; c'est une centaine de louis. *Mais ceux de Hollande ! ceux de Hollande !*

J'écrivis à M. Lebrun, le soir même, cet autre mot pressant :

Paris, ce 30 août 1792.

Ô Monsieur ! ô Monsieur ! si l'incurable aveuglement jeté par le Ciel sur les Juifs n'a pas frappé Paris, cette nouvelle Jérusalem ! comment ne peut-on rien finir sur les objets les plus intéressants pour le salut de la patrie ? Les jours composent des semaines, et les semaines font des mois, sans que nous avancions d'un pas !

Pour le seul passeport de M. de La Hogue à renouveler au Havre pour la Hollande, treize jours se sont passés sans que j'aie encore pu ouvrir les yeux à aucun homme sur le mal qu'on fait à la France *! Un courrier est venu du Havre ; et il est reparti en portant à M. de La Hogue l'ordre le plus étrange qui pût se donner dans ce cas*[1]. Le voilà retenu en France ! *et l'on me demande pourquoi les soixante mille armes de Hollande ne nous arrivent pas ! et je suis forcé de répondre que* si le diable s'en mêlait, il ne pourrait pas faire pis pour les empêcher d'arriver *!*

J'ai été prisonnier six jours à l'Abbaye, et au secret, pour ces misérables fusils ! Et je suis prisonnier chez moi, parce que j'y attends le rendez-vous que vous m'avez promis pour en finir ! Je connais tous vos embarras ; mais si nous n'y travaillons point, l'affaire n'a pas de jambes pour avancer toute seule !

On est venu cette nuit chez moi à main armée m'arracher mes fusils de chasse ; et je disais en soupirant : « Hélas ! nous en avons soixante mille en Hollande ; personne ne veut rien faire pour m'aider, moi chétif, à les en arracher ! et l'on vient troubler mon repos ! »

Je suis un triste oiseau ; car je n'ai qu'un ramage, qui est de dire depuis cinq mois à tous les ministres qui se succèdent : « Monsieur, finissez donc l'affaire des armes qui sont en Hollande ! » Un vertige s'est emparé de la tête de tout le monde ! chacun dit un mot et s'en va, me laissant là sans nulle solution. Ô pauvre France ! ô pauvre France !

Pardonnez-moi mes doléances et donnez-moi un rendez-vous, Monsieur ; car, par ma foi ! je suis au désespoir.

Signé BEAUMARCHAIS.

Point de réponse.

On voit avec quelle patience j'oubliais mes maux personnels pour me livrer entier à ceux de la chose publique. Pourtant le lendemain de ma sortie de la prison, j'avais été au comité de surveillance de la mairie chercher l'attestation promise[1].

Jugez de mon étonnement, lecteurs! Tous les bureaux étaient fermés, les scellés sur toutes les portes et ces portes barrées de fer. « Qu'est-il arrivé? dis-je aux gardes. — Hélas! monsieur, tous ces messieurs sont enlevés de leurs fonctions[2]. — Et cent cinquante prisonniers qui attendaient là-haut, dans des greniers, sur de la paille, qu'on leur apprît pourquoi ils étaient là? — On les a conduits en prison, on en a bourré les cachots. — Ô Dieu! me dis-je; et plus personne de ceux qui les ont arrêtés! Comment cela finira-t-il? qui les retirera de là? »

Je m'en revins chez moi le cœur serré, disant : « *Ô Manuel! ô Manuel!* quand vous me disiez : " Sortez vite ", j'étais loin de m'imaginer qu'un jour plus tard il ne serait plus temps! Grâces, grâces vous soient rendues, mon très généreux ennemi! aucun ami ne m'a servi si bien! »

Je réunis les deux attestations du comité de surveillance en une, *puisque personne ne pouvait plus le faire*, et je la fis promptement afficher.

La voici :

Attestation donnée à P.-A. Caron Beaumarchais, par le comité de surveillance et de salut public,

Servant de réponse à toutes les dénonciations calomnieuses, à toutes les listes de proscription, notamment à celle imprimée des électeurs de 1791, qui ont été au club de la Sainte-Chapelle où il *est méchamment inséré*[3] :

Ces vingt-huit et trente août mille sept cent quatre-vingt-douze, l'an IVe *de la liberté, et le I*^er^ *de l'égalité, nous, administrateurs de police, membres du comité de surveillance et de salut public, séant à la mairie, avons examiné avec la plus scrupuleuse attention tous les papiers du sieur Caron Beaumarchais. Il résulte de cet examen qu'*il ne s'y est trouvé aucune pièce *manuscrite ou imprimée* qui puisse autoriser le plus léger soupçon contre lui ou faire suspecter son civisme.

*Nous attestons en outre que plus nous examinons l'affaire de l'arrestation dudit sieur Caron Beaumarchais, plus nous voyons qu'*il n'est nullement coupable des faits à lui imputés, et n'est pas même suspect *: pour quoi nous l'avons renvoyé en liberté.*

Nous reconnaissons avec plaisir que la dénonciation faite

contre lui, *et qui a motivé l'apposition des scellés chez lui et l'emprisonnement de sa personne à l'Abbaye,* n'avait point de fondement.

Nous nous empressons de mettre sa justification dans tout son jour, et de lui procurer la satisfaction qu'il a droit d'attendre des mandataires du peuple.

*Nous croyons qu'*il a droit de poursuivre son dénonciateur dans les tribunaux, *et avons remis audit sieur Caron ses registres et papiers.*

Fait à la mairie les jour et an susdits; les administrateurs de police, membres du comité de surveillance et de salut public.

Signé PANIS, LECLERC, DUCHESNE, DUFFORT, MARTIN, *etc.*

Le dimanche 2 septembre, *n'ayant aucune réponse* du ministre Lebrun, j'apprends que la sortie de Paris est permise; fatigué de corps et d'esprit, je vais dîner à la campagne, à trois lieues de la ville, espérant revenir le soir. À quatre heures l'on vient nous dire que la ville était refermée, qu'on sonnait le tocsin, battait la générale, et que le peuple se portait avec fureur vers les prisons pour massacrer les prisonniers. C'est bien alors que je criai dans ma gratitude exaltée : *Ô Manuel! ô Manuel!* Mon cerveau martelait comme une forge ardente. Je crus que j'en deviendrais fou!

Mon ami m'invita d'accepter un gîte chez lui. Le lendemain, six heures du soir, un commandant des gardes nationales des environs vint lui dire tout bas : « On sait que vous avez chez vous M. de Beaumarchais; les tueurs l'ont manqué cette nuit dans Paris; ils doivent venir la nuit prochaine ici l'enlever de chez vous, et peut-être m'obligera-t-on de m'y rendre avec toute ma troupe. J'enverrai dans une heure chercher votre réponse : dites-lui bien qu'on sait qu'*il a des fusils dans ses caves, et soixante mille en Hollande qu'il ne veut pas que nous ayons quoiqu'on les lui ait bien payés. Aussi, c'est bien horrible à lui!* – Il n'y a pas, dit mon ami, un mot de vrai à tous ces contes. Je vais lui parler au jardin. »

Je le vois arriver à moi, la figure pâle et défaite. Il me fait son triste récit : « Mon pauvre ami, dit-il, qu'allez-vous faire? – D'abord, ce que je dois à l'ami qui me donne hospice; *quitter votre maison pour qu'elle ne soit pas pillée.* Si l'on vient chercher la réponse, dites que l'on est venu me prendre, que je suis parti pour Paris. Adieu. Gardez mes gens et ma voiture, et moi je vais aller à ma mauvaise fortune. Ne disons pas un mot de plus; retournez au salon, n'y parlez plus de moi. »

Il m'ouvre une petite grille, et me voilà marchant dans les terres labourées, fuyant tous les chemins. Enfin, dans la nuit, par la pluie, ayant fait trois lieues de traverse, je trouvai un asile chez de bonnes gens de campagne à qui je ne déguisai rien et dont je fus accueilli avec une hospitalité si touchante et si douce que j'en étais ému aux larmes. Par eux, à travers vingt détours[1] et sans que l'on sût où j'étais, j'eus des nouvelles de Paris. Les massacres duraient encore, mais les Prussiens pénétraient en Champagne[2]. J'oubliai mes dangers et j'écrivis à M. Lebrun.

De ma retraite, le 4 septembre 1792.

Monsieur,

Après avoir passé six jours en prison, soupçonné par le peuple de ne pas vouloir que les soixante mille fusils que j'ai achetés et payés pour lui *depuis six mois en Hollande arrivent en France,* n'est-il pas temps que je me justifie en repoussant le tort sur tous ceux qui en sont coupables? *C'est ce que je fais, en ce moment, par un grand mémoire destiné à l'Assemblée nationale, à qui je veux encore une fois faire choir les écailles des yeux.*

En l'attendant, je vous adresse ma requête aux États de Hollande[3], du mois de juin, sur les fusils, sur leur déloyale conduite envers un négociant français[4]. *(Elle s'était égarée aux Affaires étrangères, comme tout ce qu'on y renvoie.) J'ai écrit à M. La Hogue de revenir à l'instant à Paris,* puisque l'enfer, qui s'oppose à ce qu'aucun bien ne se fasse pour ce malheureux pays-ci, *l'a encore empêché de s'embarquer pour la Hollande!*

Ah! si les ministres savaient quel mal un seul quart d'heure d'inattention, de négligence, peut faire en ces temps malheureux, ils regretteraient bien le mois qu'ils viennent de nous faire perdre *sur l'affaire de ces fusils!*

Et quant à moi, Monsieur, après avoir reçu du comité de surveillance les plus fortes attestations sur mon civisme et sur ma pureté, d'après la lecture réfléchie des pièces accumulées dans mon portefeuille sur ces armes, *je me vois de nouveau poursuivi par la fureur du peuple et obligé de me cacher pour ne pas en être victime, tandis que ceux qui n'ont rien fait,* que nuire à ces opérations, *sont tranquilles chez eux, souriant de mes peines et peut-être cherchant à les porter au comble! Ce n'est pas vous, Monsieur;* mais je les nommerai.

Vous m'avez demandé quels moyens je croyais meilleurs pour terminer cette interminable entreprise. Il n'y en a point d'autres, Monsieur, que de suivre les errements tracés dans le traité fait avec MM. Lajard, Chambonas et les trois comités réunis[1]; de ne point enchaîner en France le vendeur qui doit vous les livrer, *car cela est par trop étrange! Puis consulter M. de Maulde, conjointement avec M. La Hogue, sur les moyens de ruse que peut employer le commerce,* puisque notre cabinet est trop faible pour prendre un parti ferme contre les États de Hollande; enfin de ne plus perdre des mois à essayer de me trouver en faute, quand les preuves crèvent les yeux sur mes travaux et sur mes sacrifices. *On dirait, à voir la conduite que l'on tient en France envers moi, que la seule affaire importante soit de me ruiner, de me perdre, en se moquant que soixante mille armes arrivent ou n'arrivent point. Je vais demander des commissaires pour bien éplucher ma conduite,* et celle des autres par contrecoup. Il est temps, et bien temps, que cet horrible jeu finisse!

Je vous conjure, au nom de la patrie, de songer au cautionnement, au misérable cautionnement, *si minime en affaire si grave! Si l'on ne m'a pas égorgé avant que M. de Maulde arrive, je me ferai un sévère devoir de venir à tous risques, au rendez-vous que vous m'aurez donné.*

Daignez lire ma requête aux États de Hollande, et devenez mon avocat contre les malveillants *d'une affaire aussi capitale.*

Je suis avec respect,

Monsieur,

Votre très humble et très affligé serviteur,

Signé BEAUMARCHAIS.

Dans ce moment où le pillage peut se porter sur ma maison, j'ai fait mettre en dépôt, chez un homme public[2], le portefeuille de cette affaire. Je puis périr, et ma maison; mes preuves ne périront point.

Je ne sais si ce furent les grands mots que je répétais dans ma lettre de *mémoire à l'Assemblée nationale où je repousserais les torts sur ceux qui s'en rendaient coupables*, qui me valurent enfin, le 6 septembre, ce billet des bureaux, au nom de M. Lebrun.

Paris, le 6 septembre 1792, l'an IVe de la liberté.

Le ministre des Affaires étrangères a l'honneur de prier M. de Beaumarchais de venir demain vendredi, le matin à neuf heures, *à l'hôtel de ce département,* pour terminer l'affaire des fusils. *Le ministre désire que le tout soit réglé avant dix heures du matin* (vous l'entendez, lecteurs ! il ne fallait qu'une heure), *afin d'avoir le temps d'en* prévenir M. de Maulde qui a reçu ordre de ne point partir de La Haye. *C'est demain jour de courrier pour la Hollande.*

Par les détours qu'il fallait prendre pour arriver à moi sans que je fusse dépisté, ce billet ne m'y vint *que le lendemain à neuf heures* ; c'était celle du rendez-vous que M. Lebrun me donnait, ce qui le rendait impossible, étant à cinq lieues de Paris, ne pouvant m'y rendre qu'à pied, seul, à travers les plaines labourées, pour n'y arriver que la nuit.

Deux choses, comme on juge, me frappèrent dans ce billet. La première, qu'il se pouvait qu'on se fût bien douté qu'étant caché hors de Paris je ne viendrais pas en plein jour m'exposer à me faire tuer, et qu'alors on dirait que *c'était bien ma faute si l'affaire n'était pas finie, ayant manqué le rendez-vous qu'on me donnait pour terminer.*

La seconde est qu'on m'y disait que l'*on avait contremandé*[1] *le voyage de M. de Maulde*, lequel avait été appelé sans que l'on m'en eût averti. Si mon lecteur n'a pas perdu de vue la petite ruse dont j'usai pour découvrir le véritable objet du retour de l'ambassadeur[2], il sera frappé comme moi de l'annonce qu'on me faisait du *contrordre qu'il avait reçu*.

Sur la joie que j'avais montrée à la nouvelle de son retour, on paraissait avoir conclu que ce retour pourrait me faire beaucoup plus de bien que de mal ; et on l'avait *contremandé.*

Je répondis sur-le-champ à M. Lebrun.

De ma retraite, à une lieue de Paris (j'étais à cinq, je le cachais), *le 7 septembre 1792.*

Monsieur,

De la retraite qui me renferme, je réponds à votre lettre comme je peux et quand je peux ; elle a fait vingt détours pour arriver à moi, je ne la reçois qu'aujourd'hui vendredi à neuf heures du matin. Il est donc impossible que je me rende chez vous avant dix heures. *Mais, quand je le pourrais, c'est ce que je me garderais bien de faire, car on me mande de chez moi qu'après le massacre des prisons, le peuple veut aller chez les marchands, chez les gens riches. Il y a une liste de proscriptions immense ; et, grâce aux scélérats qui crient dans les places publiques que* c'est moi qui m'oppose à l'arrivée de nos fusils, *je suis noté pour être massacré ! Laissons donc partir cette poste de vendredi : comme il faut que les lettres aillent par l'Angleterre ou par un bateau frété à Dunkerque pour La Haye, puisque le Brabant est fermé, nous regagnerons bien les deux journées que nous perdons*[1].

Je vous prie donc, Monsieur, de changer l'heure de la conférence, de dix heures du matin en dix heures du soir, pour que je puisse arriver chez vous avec moins de danger de perdre la vie qu'en plein jour.

Mon zèle pour la chose publique est grand, mais sans ma vie mon zèle ne sert de rien. Je me rendrai donc, si je puis, ce soir à dix heures *chez vous; si je ne puis avoir une voiture et des sûretés pour revenir dans ma retraite, ce ne sera que pour demain au soir. Mais nul temps ne sera perdu, car ce n'est pas une lettre à M. de Maulde qui peut seule finir l'affaire; c'est la présence de M. La Hogue ou de* moi, *avec des mesures bien prises;* c'est le cautionnement de cinquante mille florins par M. Durvey, *en mon nom, et des fonds pour solder tous les comptes que ces retards ont occasionnés; ce sont* des passeports *tels que l'on ne soit point arrêté sur la route; et une intelligence suprême en adresse,* puisque les moyens de fierté ne peuvent plus être employés, eux qui seyaient si bien à notre nation offensée par l'affreuse conduite des Hollandais envers moi, négociant français! *Le temps qu'on a perdu est bien irréparable, mais partons du point où nous sommes. Je gémis depuis bien longtemps de voir crier partout* Des armes! *et d'en savoir soixante mille arrêtées en pays étranger par la sottise ou par la malveillance;* c'est l'une ou l'autre, ou toutes deux.

Pardon, Monsieur, si mes réflexions sont sévères; je me les passe d'autant plus librement avec vous que ce n'est pas vous qu'elles atteignent. Mais j'ai le cœur navré de tout ce que je vois.

Recevez les salutations respectueuses d'un citoyen bien affligé, et qui le signe.

Signé BEAUMARCHAIS.

P.-S. : *Ne dédaignez pas, Monsieur, de donner un mot de réponse au porteur, par lequel j'apprendrai que vous acceptez mes offres et approuvez mes précautions.*

Moi, le plus courageux des hommes, je ne sais pas lutter contre des dangers de ce genre, et la prudence est la seule force qu'il me soit permis d'employer.

Signé BEAUMARCHAIS.

Ma lettre fut remise; et le ministre fit répondre verbalement par son suisse qu'*il m'attendrait demain samedi, à neuf heures précises du soir.*

Je calculai qu'il me fallait quatre heures pour me rendre à Paris, à travers les terres labourées. Je partis le 8 de septembre à cinq heures du soir, à pied, de chez mes bonnes gens qui voulaient me conduire; ce que je refusai, crainte qu'on ne nous remarquât.

J'arrivai *seul*, mes forces épuisées, traversé de sueur, avec ma barbe de cinq jours, mon linge sale, en redingote (comme à ma sortie de prison); j'étais à neuf heures précises à la porte de M. Lebrun. Le suisse me dit que le ministre, *ayant affaire en ce moment*, me remettait à onze heures ce soir, ou demain matin, à mon choix. Je priai le suisse de lui dire que je reviendrais à onze heures, n'osant pas me montrer le jour.

Je ne pouvais attendre chez le ministre. Quelqu'un pouvait m'y voir, puis ébruiter mon retour; j'en sortis.

Mais où aller, que faire, en attendant ce rendez-vous? La crainte d'être rencontré par quelque patrouille incendiaire me fit résoudre à me cacher sur le boulevard[1], entre des tas de pierres et de moellons où je m'assis par terre. Je m'admirais dans cet asile, où la fatigue m'endormit; et sans un tapage qui se fit assez près de moi, vers onze heures, on m'y aurait trouvé le lendemain matin.

J'entendis sonner l'heure et je m'acheminai aux Affaires étrangères... Ô Dieu! jugez de ma douleur quand le suisse me dit que le ministre *était couché*; qu'*il m'attendrait le lendemain, à neuf heures du matin*! « Vous ne lui avez donc pas dit?... — Pardonnez-moi, monsieur, je lui ai dit... — Donnez-moi vite du papier. » J'écrivis cette courte lettre, en dévorant ma frénésie.

POUR M. LEBRUN, À SON RÉVEIL

Samedi soir 8 de septembre, à onze heures,
chez votre suisse.

Monsieur,

J'ai fait cinq lieues à pied par les terres labourées pour venir compromettre ma vie à Paris, en cherchant l'heure du rendez-vous qu'il vous a plu de me donner. Je suis arrivé à votre porte à neuf heures du soir. On m'a dit que vous vouliez bien me donner le choix de ce soir à onze heures ou demain à neuf heures du matin.

D'après ma dernière lettre, où je vous ai appris tous les dangers que je cours dans cette ville, j'ai jugé que vous daigneriez préférer pour moi le rendez-vous du soir. Il est onze heures; vos fatigues excessives font que vous êtes couché, dit-on. Mais moi, je ne puis revenir que demain après brune[1], *et j'attendrai chez moi l'ordre qu'il vous plaira me donner.*

Ah! renoncez, Monsieur, à me recevoir dans le jour. Je courrais le danger de ne vous arriver qu'en lambeaux!

J'enverrai demain savoir quelle heure vous me consacrerez le soir. La poste de Hollande ne part que lundi matin. Le sacrifice du danger de ma vie était le seul qui me restât à faire pour ces fusils : le voilà fait. *Mais n'exposons point, je vous prie, un homme essentiel à la chose, en lui faisant courir les rues le jour!*

Je vous présente l'hommage d'un bon citoyen.

Signé BEAUMARCHAIS.

Le temps de me copier donna celui de m'amener un fiacre. J'arrivai chez moi à minuit. Je renvoyai le fiacre à six cents pas, pour qu'il ne sût point qui j'étais. En rentrant, j'eus bien de la peine à modérer chez moi la joie de me revoir encore vivant; je recommandai le secret.

Le lendemain matin j'écrivis à M. Lebrun.

Ce dimanche 9 septembre 1792.

Monsieur,

À la courageuse franchise de mes démarches d'hier au soir, jugez de celle de mon zèle. Rien ne saurait le refroidir : mais ils m'ont fourré dans toutes les listes de clubs suspects, moi qui n'ai de ma vie mis le pied dans aucun; qui n'ai même jamais été à l'Assemblée nationale, ni à Versailles, ni à Paris.

C'est ainsi que la haine agit! Tout ce qui peut livrer un homme à la fureur d'un peuple égaré, ils le font dire contre moi. *C'est le sage motif qui m'empêche de vous voir le jour. Ma mort n'est bonne à rien, ma vie peut être encore utile. À quelle heure voulez-vous donc me recevoir ce soir ? Toutes me sont égales, depuis la brune de sept heures jusqu'au crépuscule de demain*[2].

J'attends vos ordres, et suis avec respect,

Monsieur,

Votre, etc.

Signé BEAUMARCHAIS.

Le ministre me fit dire encore par son suisse de venir *le soir même à dix heures*. Je m'y rendis. Mais le suisse, baissant les yeux, me remit, de sa part, *au lendemain lundi à la même heure.*

Dévoré d'un chagrin mortel, j'y revins le lundi *à dix heures du soir*. On voit que quand la chose importe, je jette sous mes pieds les dégoûts qu'on me donne. Mais, au lieu de me recevoir, il fit remettre chez son suisse le billet de laquais que je transcris ici.

10 septembre 1792.

Monsieur,

Comme il n'y a pas aujourd'hui de conseil, Monsieur Lebrun prie M. de Beaumarche de vouloir bien repasser demain au soir à neuf heures trois cards il ne peut avoir lhonneur de le voir ce soir par raison de travailles[1].

Je répondis sur-le-champ au billet... « Quoi! encore une lettre? » Je vois l'impatience du lecteur... « Monsieur de Beaumarchais se moque-t-il de nous avec son fastidieux commerce? » Non, non, lecteur, je ne m'en moque point. Mais votre fureur me soulage : elle s'amalgame avec la mienne; et je ne serai pas content que vous n'ayez foulé aux pieds, de colère, tous ces récits! Ah! si beaucoup de gens le font, j'ai gagné cet odieux procès! *J'invoque votre indignation!*

En effet, citoyens, voyez cet homme courageux, au prétendu bonheur duquel beaucoup de gens portaient envie! *Le trouvez-vous assez humilié?* Si vous voulez savoir comment, savoir pourquoi il le souffrait? Ah! je consens à vous l'apprendre.

J'avais voulu d'abord bien servir mon pays. Ma fortune était compromise : ces vexations accumulées avaient tourné mon zèle en obstination sur l'arrivée de ces fusils... « Tu ne veux pas que la nation les ait *parce que tu ne les fournis pas* ? disais-je; *elle les aura malgré toi!* »

Les dangers que j'avais courus, et ceux, hélas! que je courais encore, changeaient mon courage en fureur. Ah! la pauvre nature humaine! Mon amour-propre et l'orgueil s'en mêlaient! Et puis je me disais : « Si ces messieurs, avec les avantages d'un grand pouvoir, une grande cupidité, les moyens de tout envahir... S'ils gagnent sur moi le dessus, je ne suis que brutal[2] : eux, ils sont très adroits. Le peuple est abusé; ils auront mes fusils, qu'ils veulent, et moi je serai poignardé! »

L'affaire alors changeant encore de face, je me cramponnai au succès. J'oubliai tout, amour-propre et fortune, et ne voulus que réussir. Je rappelai à mon secours tout ce que la prudence a de subtil et de délicat! Je dis : « Il faut fouler aux pieds la vanité; c'eﬆ une cargaison d'armes que j'ai promise à mon pays ! voilà *le but*, il faut l'atteindre, tout le reﬆe n'eﬆ que *moyens*. Quand ils ne sont pas malhonnêtes, on peut les user tous pour arriver *au but*. Nous jetterons l'échafaud bas, quand le palais sera conﬆruit. Ménageons encore ces messieurs! »

Je répondis par la lettre suivante au beau billet de cuisinière, lequel m'avait transmis le nouveau délai du miniﬆre.

À LEBRUN, MINISTRE

Paris, le 11 septembre 1792.

Monsieur,

Chaque journée perdue rend le péril plus imminent. Je vous ai dit, Monsieur, que ma tête était en danger tant que l'affaire ne marche pas. *Personne ne veut me croire lorsque je dis que je passe près des miniﬆres les heures, les jours, les semaines et les mois en sollicitations inutiles. Dénoncé comme un malveillant, je vois mes amis effrayés me reprocher de reﬆer exposé dans cette ville aux fureurs d'un peuple égaré.*

Pour faire avancer l'entreprise, je suis sorti de ma retraite, et nous avons perdu trois semaines à attendre M. de Maulde, que l'on faisait, disiez-vous, revenir, et qui enfin ne revient point! Dans les menaces qu'on me fait, je vois qu'on n'épargne personne : les scélérats s'exercent, et la surveillance me dit : « Mais pourquoi ne finit-on point? » En effet, on n'y comprend rien. Je me crève inutilement; je cours les plus affreux périls; mes sacrifices sont au comble, et l'affaire des fusils eﬆ là!

Je me présenterai chez vous ce soir, à neuf heures trois quarts, comme votre billet d'hier me l'indique.

Recevez les respeﬆs d'un homme affligé.

Signé BEAUMARCHAIS.

Je joignis à cette lettre un court traité à faire signer à MM. Servan et Lebrun, confirmatif de celui du 18 juillet : non que je crusse qu'ils le signeraient, mais je voulais que l'effort exiﬆât de ma part.

Loin de m'introduire le soir, comme il l'avait promis, M. Lebrun n'eut pas honte de me remettre encore, *par la bouche du suisse, au lendemain au soir*, mercredi 12 de septembre, à huit heures, chez M. Servan[1], où le conseil s'assemblerait.

« Quoi ! je dis avec fureur, il veut donc me faire égorger ? Après m'avoir forcé de quitter ma retraite et m'avoir fait perdre cinq jours en me repoussant tous les soirs, contre ses paroles précises, la fin de tout eſt de compromettre ma vie en me forçant de me montrer au milieu de mes ennemis ? »

Devant aller le lendemain *publiquement à l'hôtel de la Guerre* guerroyer *contre le pouvoir* et risquer le tout pour le tout, je pris mon parti sur-le-champ. Dédaignant toute sûreté, je m'en fus *en plein jour* à l'audience de ce miniſtre[1]. J'avais mon portefeuille ; je me fis annoncer. Il me parut un peu surpris.

« Je n'ai pu, lui dis-je en entrant, obtenir de votre bonté un rendez-vous moins dangereux qu'une audience du conseil ; je viens vous demander, monsieur, jusqu'à quel point vous trouvez bon que j'y porte mes explications. — Moi je n'ai rien à vous prescrire, me dit-il, on vous entendra. »

On annonça M. Clavière. Il entre et je lui dis : « Puisque je dois, monsieur, traiter demain, dans le conseil, l'affaire des fusils de Hollande, permettez-moi de vous faire une prière ; c'eſt d'oublier nos anciens altercas[2]. Des ressentiments particuliers doivent-ils influer sur une affaire aussi nationale ? — Ces ressentiments, me dit-il, sont trop anciens pour être ici de quelque chose ; mais on prétend que vous vous entendez avec votre vendeur pour que ces fusils n'arrivent pas.

— Monsieur, lui dis-je en souriant, si quelqu'un y travaille, il eſt bien clair que ce n'eſt pas moi ! J'allais lire à Monsieur ma dernière lettre à ce vendeur, M. Osy, de Rotterdam, et la réplique du négociant : cela répond à tout, je vous prie de les écouter. »

Ici je demande pardon au correspondant hollandais, si l'un de nos débats sort de nos cabinets et de mon portefeuille. La circonſtance m'y oblige ; mais c'eſt surtout pour inſtruire Lecointre que je copie la lettre tout entière.

MM. OSY ET FILS, DE ROTTERDAM,
DE PRÉSENT[3] À BRUXELLES

Paris, le 2 auguſte[4] 1792.

Je reçois, Monsieur, une lettre de mon ami qui eſt à Rotterdam, par laquelle j'apprends que vous avez eu des inquiétudes que je ne vous renvoyasse, pour le léger solde des armes, à M. [De]lahaye de Bruxelles, ou que je ne cessasse de vous payer à son acquit[5]. Si j'eusse eu des raisons pour changer de conduite, Monsieur, la première chose que j'aurais faite eût été de vous en prévenir, en vous motivant, sans détour, ma nouvelle résolution; car c'est ainsi que les gens probes se conduisent.

Loin de cela, Monsieur, et malgré mes mécontentements contre Labaye et contre vous, j'ai donné l'ordre à mon ami de vous solder entièrement[1]*, sans attendre même l'arrivée de M. de La Hogue, lequel repart pour la Hollande; car il faut bien que je fasse,* en homme blessé de l'injustice du gouvernement hollandais, *ce que vous eussiez dû faire vous-même pour un honnête négociant qui s'est substitué si loyalement à vous, et qui vous couvre entièrement de vos risques, en ajoutant le cautionnement auquel vous vous êtes engagé envers feu l'empereur Léopold à ses paiements de tout genre.*

Certes, Monsieur, quand vous avez vendu ces armes, vous n'avez pas dû vouloir tendre un piège à votre acquéreur, en lui rejetant sur le corps tout le fardeau des embarras dont vous vous seriez facilement tiré si l'affaire eût continué à vous être personnelle, vu le crédit que je vous sais auprès des deux puissances autrichienne et hollandaise, qui blessent sans prétexte, et pour servir leur politique, *le droit des gens et du commerce en la personne d'un négociant français, et d'une manière si outrageuse!*

Mais avant de porter mes plaintes éclatantes au tribunal de l'Europe entière contre ceux dont j'ai à me plaindre, j'ai voulu que tous intérêts d'argent de qui a traité avec moi fussent absolument soldés, afin qu'on n'eût aucun prétexte à m'opposer qui pût excuser tant d'horreurs.

En conséquence, Monsieur (et ceci vous est étranger), j'ai commencé par payer toutes les primes que chacun s'est permis de s'adjuger sur un marché où personne que vous et moi n'a sorti de sa poche un florin, pas un sol.

Je vous ai fait payer à vous non seulement le capital des armes, mais tous les frais de caisses, de raccommodages de fusils, ceux même de justice dont vous ne m'avez fait donner le compte qu'après coup. Restent ceux très considérables du cautionnement exigé*; enfin tout ce qu'il vous a plu m'imposer pour vous débarrasser vous-même.*

Mais après tant de sacrifices faits pour me mettre en état de tenir mes engagements envers nos îles du golfe qui attendent ces armes[2]*, et à qui notre gouvernement n'eût pas manqué d'en envoyer des siennes s'il n'eût pas cru devoir compter sur mon honneur et sur la foi de mes paroles, je me crois en droit de crier hautement à la vexation,* et de me plaindre ouvertement du gouvernement hollandais, *puis de M. Labaye et de vous, dont pas un n'a daigné dire un mot ni faire une démarche pour obtenir la levée de l'indigne embargo qu'on a mis sur mes cargaisons, dans un pays qui ne fleurit que par la liberté du* *commerce et qui ne rougit pas de gêner dans ses ports celui des autres nations.*

Non, vous n'agissez pas avec moi en honorable négociant, Monsieur, en ne faisant aucun effort pour me faire rendre une justice que je n'aurais cessé de réclamer ici pour vous, si notre gouvernement eût été assez lâche pour vous en faire une pareille et que vous m'en eussiez prié! Les négociants, Monsieur, ont des principes plus nobles que les faiseurs de politique. Eux seuls enrichissent les États, réparent, lorsqu'ils sont loyaux, tout le mal que font les puissances[1]*, qui ne savent rien qu'asservir, tout gêner et tout engloutir.* Que l'on s'étonne donc après si les peuples indignés de se voir sous un pareil joug font des efforts aussi terribles pour essayer de s'y soustraire!

Mais laissons là tous les maux des nations, pour nous renfermer vous et moi dans ceux qui vous sont personnels. Vous êtes payé par moi, Monsieur, et vous ne m'aidez point à faire partir les marchandises que j'ai loyalement soldées! Voilà tous mes griefs et mes sujets de plainte. Vous êtes trop fin négociant, homme trop éclairé, Monsieur, pour ne pas être frappé de la justice de mes reproches.

Recevez les salutations d'un homme blessé jusqu'au vif, et qui le signe ouvertement.

Signé CARON BEAUMARCHAIS.

« M. Osy, messieurs, dis-je à nos deux ministres, après m'avoir écrit que nous marchons d'accord sur le reste et les frais que nous devons régler, finit sa lettre par ces mots, aussi insignifiants que s'il était *grand politique* » :

Je crois le mieux, Monsieur, de ne pas répondre sur les traits lancés contre moi dans votre lettre. Je me bornerai à vous dire que si je peux vous être utile, que[2] je serai toujours charmé de vous prouver la considération parfaite avec laquelle j'ai l'honneur de me dire, Monsieur, votre, etc., etc.

OSY DE ZÉQUEWART.

Rotterdam, 23 août 1792.

M. Clavière se leva et sortit sans dire un seul mot. M. Lebrun me dit : « M. Clavière a des soupçons, et c'est à vous, monsieur, à les détruire. Comment, depuis cinq mois, ces fusils n'arrivent-ils pas? — Et c'est vous, monsieur Lebrun, qui me le demandez? *quand vous faites tout le contraire de ce qu'il faut pour qu'ils arrivent* ; quand, *retenant notre cautionnement*, vous n'accordez aucun appui à M. de Maulde en ses efforts? Vous connaissez son écriture? Voyez ce qu'il m'écrit! » Je fouille dans mon portefeuille. « *C'est bien elle* », dit-il; il lit :

Vous ne doutez pas, Monsieur, de toute mon activité, de tout mon zèle, etc. Eh bien! Monsieur, je vais vous parler le seul langage digne de vous et de moi, la vérité.

Ce gouvernement ennemi est décidé d'être injuste envers nous, tant qu'il pourra l'être impunément, *et les circonstances ne prêtent que trop à sa duplicité. En conséquence,* ILS SONT DÉCIDÉS À NE PAS ACCORDER L'EXPORTATION DE VOS ARMES. (Entendez-vous, monsieur Lebrun, qui feignez de tout ignorer sur la nature des obstacles qui nous retenaient ces fusils, et qui avez lu cette lettre et vingt autres de M. de Maulde à vous, sans jamais y avoir répondu!) *Je ne vois qu'un parti à prendre, celui de diviser l'objet entre plusieurs négociants et de prendre avec eux des lettres de garantie, etc., etc. Alors vous pourrez être sûr de l'expédition, puisque les négociants hollandais ne cessent d'en obtenir pour leur compte. Voilà le moyen indiqué par les circonstances. M. Durand voudra bien me suppléer pour l'analyse, mais permettez-moi de vous ajouter que vous ne devez pas compromettre plus longtemps vos intérêts. Vous voudrez bien raisonner de ceci avec M. de La Hogue,* DONT L'ABSENCE DEVIENT BIEN LONGUE*! etc., etc.*

(M. de Maulde avait bien raison de s'en plaindre. Pendant cinq mois La Hogue ne lui rapporta aucune réponse, ni personne. *Les fabricateurs d'assignats*[1] *furent remis en liberté et leur empoisonnement a recommencé de plus belle!* Voilà toute l'obligation que nous avons à nos ministres; interrogez M. de Maulde.)

« Eh bien! dis-je à M. Lebrun, est-ce encore moi qui arrête les fusils? Tant que vous retiendrez le *cautionnement commercial* exigé par M. Osy, puis-je entamer un vain débat contre la politique hollandaise, débat auquel vous n'accordez aucun concours, aucun appui?

« Peux-je[2] même employer le moyen du commerce *sans ce maudit cautionnement*, lequel, en fin de compte, ne doit coûter à notre France qu'une commission de banque? M. Clavière et vous, vous feignez de ne pas m'entendre!

« Non, ce n'est pas cette commission, ni même ce *cautionnement*, qui arrête l'affaire! Non, c'est la sale intrigue d'un sieur Constantini et de ses associés, pour lesquels on dirait qu'on me donne tous ces chagrins, sur lesquels je vous ai écrit, qui m'ont fait traîner en prison, espérant que l'on m'y tuerait et que ma famille aux abois leur donnerait les armes pour rien, après que je ne serais plus, pour les revendre à la France bien cher!... »

M. Lebrun me dit qu'il ne pouvait m'écouter plus longtemps, *son audience l'attendant*. Je le quittai fort mécontent...

Et vous, Lecointre, qui avez lu mon épître à M. Osy, sa réponse, la lettre de M. de Maulde, il me semble qu'en tout ceci Provins, le brocanteur, ne fait pas très grande figure! Comment prouverez-vous cette phrase qu'on vous fit mettre dans votre dénonciation, que *j'ai feint à Paris que le gouvernement hollandais s'opposait à l'extradition des armes; tandis que, selon vous, c'était Provins tout seul et ses sublimes prétentions qui nous arrêtaient ces fusils*[1]? lorsqu'il n'était question de lui que dans l'*intrigue des bureaux*, pour me tuer à coups d'épingles!

Mais non, Lecointre, ce n'est pas vous qui avez dit ces faussetés! trompé par des brigands, vous avez abusé la Convention nationale... Vous reviendrez de votre erreur, car on vous dit très honnête homme!

Remis au lendemain 12 septembre au soir, devant le conseil assemblé, je m'y rendis avec mon portefeuille, celui même qui subjugua la surveillance de la mairie[2] contre les dénonciations vagues et les clameurs des Colmar, des Larcher, des Marat, et des autres. Je dis : « Voilà enfin l'ultimatum[3] de mes explications! je dois les rendre convaincantes. »

Deux de mes bons amis, sentant tout mon danger, voulurent au moins[4] m'accompagner. Moi, je dis à mon domestique : « Prends mon portefeuille noir dessous ta redingote, reste dans l'antichambre; et s'il m'arrivait un malheur, sans dire que tu es à moi fuis vite avec le portefeuille. *C'est mon honneur et ma vengeance que tu portes là sous ton bras!* »

Nous arrivons; tout le conseil s'assemble. À la fin on me fait entrer. J'avance en saluant, sans rien dire à personne, et me mets près M. Lebrun. Voyant qu'on ne me parlait pas, j'explique en peu de mots le grand objet qui m'amenait. M. Danton était assis de l'autre côté de la table; il commence la discussion; mais comme je suis presque sourd, je me lève et demande pardon si je passe auprès du ministre (parce que j'entends mal de loin), en faisant, selon mon usage, un petit cornet de ma main. M. Clavière fait un mouvement. Je regarde, et je vois que le rire de Tisiphone[5] gâtait ce visage céleste. Il trouvait très plaisant que j'entendisse mal. Il entraîna tout l'auditoire; on rit; j'avais juré que je me contiendrais...

Nous commençâmes la discussion; elle roula *sur le cautionnement*. M. Danton me dit : « Je veux plaider la chose *comme procureur*. – Moi, la gagner *comme avocat* », lui dis-je. M. Clavière prit la parole et dit : « *Ce cautionnement n'était pas dans l'acte de M. de Graves*, donc cet acte n'est pas le même. – S'il avait dû être semblable, répondis-je à M. Clavière, pourquoi l'eût-on recommencé? Les circonstances étaient changées : je demandais sans nul détour que l'on me rendît mes fusils *(puisqu'on m'avait prouvé qu'on ne s'en souciait pas)*, ou que l'on se soumît à des conditions raisonnables. *Les trois comités réunis avec les deux ministres* ont choisi le dernier parti. Ce sont ces conditions qui forment le second traité[1] : *donc il dut être différent*. » M. Clavière ne dit plus rien.

M. Danton me demanda si, *donnant le cautionnement*, le gouvernement serait sûr d'avoir à la fin les fusils. « Oui, lui dis-je avec force, si l'on ne gâte pas vingt fois l'affaire, comme on l'a fait jusqu'à présent! »

M. Danton me dit encore : « Quand nous aurons donné le cautionnement, si les Hollandais s'obstinaient à ne pas rendre les fusils, qui nous rendra l'argent du cautionnement? – Personne, lui répondis-je, parce que ce n'est point de l'argent qu'on doit donner de votre part, mais seulement un engagement de payer certaine valeur, si vous n'envoyez pas *à l'époque déterminée l'acquit à caution déchargé*, tel que le traité le comporte[2]; qu'en second lieu, si les États de Hollande retenaient les fusils chez eux, comme il n'y aurait point d'exportation, le cautionnement tomberait de lui-même; nulle équivoque là-dessus. D'ailleurs, M. de Maulde et moi ne remettrons cet acte qu'en nous délivrant l'ordre[3] d'embarquer nos fusils. – Mais puisque cela est si simple, reprit encore M. Danton, pourquoi ne le donnez-vous pas? – Par la raison, lui dis-je, que c'est à vous que je livre les armes, et qu'après les avoir distribuées dans nos possessions d'outre-mer, si l'on ne me rapportait pas *l'acquit à caution déchargé*, par négligence *ou bien par malveillance*, n'ayant aucun moyen pour vous y obliger, je paierais la valeur de ce cautionnement et l'on se moquerait de moi. Celui qui seul a intérêt aux armes, qui en fait l'usage qu'il lui plaît, et qui seul a la faculté de faire décharger à ses îles l'*acquit de ce cautionnement*, est celui-là aussi qui doit seul le donner : son intérêt alors le sollicite d'être exact sur la *décharge de l'acquit*. »

Je vis très bien que ce ministre ne savait rien de ce qui se passait; je le lui dis; on se fâcha. Je répondis : « Messieurs, si c'est un compte à rendre de ma conduite en cette affaire que vous exigez tous de moi, ah! je ne demande pas mieux, mon portefeuille est ici pour cela; nous la reprendrons *ab ovo*, et non partiellement, comme vous faites. » M. Clavière se mit encore à rire : à mon tour, je me fâchai. Il se leva et dit en s'en allant : « Je chargerai quelqu'un de suivre le tout en Hollande et de nous en rendre bon compte. » Et moi je répondis : « C'est me faire honneur et plaisir. » Il sortit et M. Roland.

M. Lebrun soutint encore qu'un autre que M. La Hogue était plus propre à terminer l'affaire des fusils en Hollande, à cause de la publicité. « Ah! volontiers, messieurs, si c'est en votre nom, pour recevoir les armes avec M. de Maulde. *Mais pour les livrer?* Non, messieurs : autre que lui ne le fera! Rappelez-vous ma grande lettre du 19 août dernier[1], où la question est traitée très à fond. *Peut-on exiger qu'un vendeur vous fasse livrer par un autre que par l'agent de ses affaires?* Il stipule mes intérêts[2]; veillez sur les vôtres, messieurs! je veillerai, moi, sur la malveillance! Chacun de nous aura fait ce qu'il doit. » M. Lebrun me répondit : « Nous en raisonnerons demain; ces messieurs vous ont entendu.

— *Entendu?* monsieur, répliquai-je; oui, sur la moindre des questions : mais, je le jure devant vous, ils ne savent rien de l'affaire; ce n'est pas ainsi qu'on s'instruit! Jamais vous ne m'avez permis d'entrer avec détail au fond de la question! Il faudra donc que je l'explique à l'Assemblée nationale. J'y trouverai plus de faveur, car il ne me faut que justice. » Nous sortîmes tous du conseil.

Je prie M. Danton, de même que M. Roland, qui ne sont pour rien dans l'affaire, je prie aussi M. Grouvelle, le secrétaire du conseil, de vouloir attester que notre séance fut telle. D'ailleurs, ma lettre du lendemain, écrite à M. Lebrun, va vous certifier, citoyens, tous les détails de la soirée. Je me mets à vos pieds pour obtenir de vous que vous la discutiez avec la plus grande attention. J'y retravaillerais dix ans que je ne pourrais mieux y poser la question. De si terribles choses ont suivi cette lettre qu'on ne peut trop la bien connaître.

BEAUMARCHAIS À M. LEBRUN

Monsieur,

La séance du conseil d'hier au soir, où je fus appelé, me semblait destinée à déterminer les moyens de donner la plus prompte exécution au traité du 18 juillet sur les armes retenues en Hollande. Vous n'en avez touché que le point le moins capital (le cautionnement), et rien ne s'est fini, parce que la question n'a pas été posée de façon à faire avancer l'affaire, comme j'eus l'honneur de l'observer.

Au lieu d'agiter uniquement la question des moyens d'exécuter cet acte, on a passé le temps à examiner si l'on devait ou non en admettre une des clauses, celle du cautionnement. En sorte que je subissais une espèce d'interrogatoire sur les motifs qui avaient fait changer un traité précédent en celui-ci, ce dont il me semblait qu'on ne devait pas s'occuper, à moins qu'il ne s'agît d'éclairer ma conduite et de porter un jugement. Alors ce n'était point partiellement, Monsieur, que l'on devait m'interroger, mais bien sur la totalité, comme je l'ai offert, *et j'avais là toutes les pièces qui fondent ma justification et font éclater mon civisme.*

Mais s'il ne s'agit réellement que des moyens d'exécuter les clauses d'un traité de commerce fait librement entre les parties contractantes, *tous les autres rapports, Monsieur, sont étrangers à cette discussion. Les seuls qui nous rapprochent et qui intéressent la chose sont ceux de* vendeur *et d'*acheteur.

Comme acheteur, *si le département de la Guerre se croyait* en droit d'écarter une seule des clauses de l'acte, *comme* vendeur, *je ne pourrais* être tenu d'en faire exécuter aucune. *Car ce traité* nous lie également. *Donc, pour notre sûreté commune, et raisonner commercialement, nous devons nous borner à nous soumettre aux lois que l'acte nous impose, et rien de plus.*

Donc ce n'est pas, Monsieur, parce qu'il est plus ou moins avantageux à l'acheteur de donner le cautionnement qu'il le doit, mais parce que l'acte l'y oblige. *Lorsqu'il s'agira de prouver le très grand intérêt qui le fit adopter par les ministres et par les comités, je le ferai* victorieusement*;* mais cela touche la partie civique de l'affaire, *et non son aspect commercial,* qui est l'exécution de l'acte. *Je remplirai, Messieurs, loyalement mes obligations; ne tiraillez point sur les vôtres, et je vous promets bien que notre affaire marchera enfin.*

Quel cœur français peut être froid sur un objet si important? Ce n'est pas le mien, je le jure! Mes preuves ne sont que trop bien faites!

Mais, pendant que nous discutions, il se passait dans l'anti-

chambre la scène la plus scandaleuse sur moi. En sortant du conseil, M. Roland y a dit à quelqu'un tout haut, en répondant à une demande : « Je suis là occupé d'une affaire qui nous tient depuis avant-hier, et qui ne finira point avant la fin de la guerre, celle des fusils de M. Beaumarchais. » À peine, hélas! fut-il sorti, après avoir donné, sans dessein, cette nouvelle publicité à une affaire si délicate... qu'il se forma, comme au Palais-Royal[1]*, un cri de proscription sur moi : j'y fus traité comme un malveillant à punir. L'un d'eux disait : « Je pars demain pour la Hollande et je la ferai bien finir! » Un autre : « Il ne veut pas que ces fusils-là entrent, depuis cinq mois lui seul les retient en Hollande. » Et toutes les horreurs ont suivi. Deux de mes amis qui m'attendaient agitèrent entre eux s'ils ne devaient point entrer, vous prier de me faire sortir par une autre issue que celle-là.*

Sur-le-champ j'ai écrit au président de la commission des armes, pour le prier de vouloir bien nommer des commissaires, négociants, gens de loi, pour éplucher sévèrement ma conduite, offrant ma tête pour otage, *et prononcer enfin* qui mérite le blâme ou l'éloge dans l'affaire de ces fusils*; car je puis être déchiré par les bacchantes, comme Orphée*[2]*, avant que les armes arrivent,* et elles n'arriveraient jamais*!*

Terminons donc, Monsieur, je vous en supplie, la partie commerciale de l'acte, pendant que j'en justifierai, devant un comité sévère, l'esprit, pour la troisième fois depuis qu'il a été conçu ; je ne puis plus soutenir l'état où cette affaire me met.

Je suis avec respect,

Monsieur,

Votre, etc., etc.

Signé CARON BEAUMARCHAIS.

Ce 13 septembre 1792.

J'écrivis le soir même au comité des armes; je sentais à l'éclat qui s'était fait sur moi, à l'hôtel de la Guerre, pendant que j'étais au conseil, que mon danger était très imminent : j'avais le poignard sur la gorge. Mon mémoire fut remis le lendemain matin 14 septembre.

BEAUMARCHAIS À LA COMMISSION DES ARMES

Monsieur le Président,

Le nom du comité auquel vous présidez m'annonce que mon affaire des fusils de Hollande est spécialement de son ressort. Depuis cinq mois, à peine puis-je me faire écouter de quelqu'un pour mettre à fin l'affaire la plus intéressante au salut de notre patrie. De ce que ces armes n'arrivent point, les ignorants du fait, surtout mes ennemis, *concluent que c'est moi seul qui les arrête, tandis que j'ai la preuve en main que peut-être moi seul, j'ai fait mon devoir de patriote actif et de grand citoyen dans cette interminable affaire.*

Pendant que les nouveaux ministres sont occupés, Monsieur, de sa partie commerciale, et ne peuvent donner leur temps à l'examen sévère de ma conduite, dont ils ne voient que des points sans être à même d'en parcourir, d'en juger la série entière, j'ai l'honneur de vous prévenir qu'il importe également au salut public et au mien que ma conduite soit épluchée par des commissaires éclairés, des négociants, des gens de loi, à moins qu'il ne vous convienne, Monsieur, et au comité, de m'entendre; ce qui marcherait plus au but, qui est l'arrivée des fusils.

Je demande une attestation de civisme et de pureté qui assure mon existence, et j'offre ma tête en otage si je ne prouve pas que je l'ai méritée par les plus grands efforts qui puissent honorer un Français.

Si vous me refusez, Monsieur, je puis être égorgé, comme j'ai déjà manqué de l'être trois fois pour cette affaire. *Ma mort n'est bonne à rien; ma vie peut être encore utile, puisque sans elle vous n'obtiendrez jamais les soixante mille armes que l'on nous retient en Hollande.*

Je suis avec un grand respect,
Monsieur,
Votre, etc.

Signé CARON BEAUMARCHAIS.

Paris, ce 13 septembre 1792.

Voilà ce que, dans son rapport, mon dénonciateur appelle *écrire bassement sur l'affaire.* Citoyens! j'avais cru que la rigueur contre soi-même était *fierté* et point *bassesse*! Mais on l'avait tellement égaré que je ne veux plus me fâcher d'aucune chose qu'il ait dite.

La commission des armes me répondit catégoriquement le 14 sur ma demande et sans perdre un seul jour. « Ha! ha! me dis-je, ces messieurs procèdent autrement que le pouvoir exécutif! Ils ont la bonté de répondre; enfin, l'on sait comment on marche! » Voici la lettre que j'en reçus :

*Paris, le 14 septembre 1792, l'an IVe*
de la liberté et le Ier de l'égalité.

La commission des armes, qui a reçu votre lettre du 13 courant, désirerait, Monsieur, pouvoir vous entendre ce soir sur votre affaire des fusils de Hollande; mais il convient préliminairement que vous présentiez une pétition à l'Assemblée nationale, qui la renverra à

celui de ses comités qu'elle jugera convenable, et probablement ce sera à la commission des armes; alors, Monsieur, vous pouvez compter qu'elle conférera d'autant plus volontiers avec vous sur l'opération dont vous l'entretenez qu'elle espère trouver dans le résultat des éclaircissements, et que vous pourrez lui donner l'occasion de rendre un nouvel hommage à votre patriotisme.

Les membres de la commission des armes,

Signé MAIGNETE, BO, etc.

J'envoyai sur-le-champ la pétition suivante à l'Assemblée nationale.

Monsieur le Président,

Une affaire immense entamée pour offrir à la France un grand secours d'armes étrangères, en souffrance depuis longtemps, exige en ce moment une discussion aussi sévère que discrète. La publicité lui nuirait. *Le pétitionnaire vous supplie, Monsieur le Président, de vouloir bien renvoyer cette discussion au comité, aussi juste qu'éclairé, nommé la commission des armes.*

Il vous prie d'agréer l'hommage de son profond respect.

Signé CARON BEAUMARCHAIS.

Ce 14 septembre 1792.

RENVOI N° 38

Renvoyé à la commission des armes et au comité militaire réunis, pour en faire l'examen et le rapport incessamment.

Signé LOUVET[1].

Ce renvoi à la commission, lequel ne se fit point attendre, me combla de plaisir. Je le reçus le 15, et le 15 j'écrivis aux comités militaire et des armes réunis.

Ce 15 septembre 1792.

Messieurs,

L'Assemblée nationale m'ayant fait la faveur de renvoyer ma pétition à votre équitable examen, j'attends vos ordres pour me rendre où il vous plaira me mander. Si j'osais former quelque vœu, ce serait, ô mes juges! que votre Assemblée fût nombreuse et que le ministre des Affaires étrangères daignât s'y rendre aussi comme contradicteur.

Agréez les respects du vieux inutile.

Signé BEAUMARCHAIS.

Deux heures après, la commission des armes me fit la réponse suivante :

Paris, le 15 septembre 1792, l'an IVe de la liberté et le Ier de l'égalité.

La commission des armes me charge de vous prévenir, Monsieur, que, d'après le renvoi qui lui est fait de votre pétition, par décret de l'Assemblée nationale, *elle entendra avec plaisir ce soir à huit heures les objections que vous vous proposez de lui soumettre sur l'affaire des fusils que vous avez négociée en Hollande.*

Le secrétaire-commis
de la commission des armes,
Signé TEUGÈRE.

Voilà, me dis-je en la lisant, comme on fait marcher les affaires! et non à la façon de messieurs nos ministres qui, pour chaque incident, vous font perdre quinze jours et courir trente lieues sans jamais rien finir sur rien!

Je me rendis le soir *avec mon portefeuille* aux deux comités réunis. Mais le ministre n'y vint pas *pour être mon contradicteur*, comme je l'avais *instamment demandé*.

Mon seul exorde fut prononcé. Du reste[1], je ne fis que lire tout ce que j'ai mis sous vos yeux. Je lus, parlai pendant trois heures; le lendemain, pendant une heure et demie. Lecointre, vous seul y manquiez (j'en excepte M. Lebrun); vous étiez alors aux frontières[2]; et je vous regrettai beaucoup!

Quoi qu'il en soit, moi retiré, ces messieurs composèrent l'attestation très honorable que je vais insérer ici, après qu'ils eurent reçu le compte rendu par deux de leurs membres qu'ils députèrent au ministre Lebrun, lesquels exigèrent ses promesses *de me remettre, le lendemain au soir*, tout ce qu'il me fallait pour aller délivrer les armes.

Je m'y étais rendu de mon côté. Les commissaires dirent au ministre « que les deux comités, chargés par un décret de l'Assemblée nationale d'examiner très sévèrement ma conduite dans cette affaire, *l'avaient trouvée irréprochable et sur la forme et sur le fond*; qu'en conséquence ils étaient chargés par les deux comités, *au nom de l'Assemblée*, de lui dire que leur mission était d'obtenir sa parole de me mettre au plus tôt en état de partir, puisque je consentais à faire le sacrifice d'un tel déplacement, *à mon âge*, et malade »!

J'expliquai au ministre que ce qu'il me fallait était *un ordre à M. de Maulde* d'exécuter le traité du 18 juillet, dans la partie

qui le concerne; *la remise du cautionnement*, sans lequel tout le reste était bien inutile; *un passeport pour moi, un pour M. La Hogue, et les fonds que la Guerre pourrait me remettre* sans gêner le département.

M. Lebrun *promit à ces messieurs qu'au plus tard pour demain au soir j'aurais ce qu'il faut pour partir.* (Ne perdez pas de vue, lecteur, cette promesse. Vous allez voir comment on l'accomplit.) C'était le 16 de septembre. Je fus le soir aux comités; mais ce ne fut que le 19 que le secrétaire me remit l'attestation signée que l'on va lire :

Les membres composant le comité militaire et la commission des armes attestent que, sur le renvoi qui leur a été fait, par l'Assemblée nationale, le 14 du courant, de la pétition du sieur Caron Beaumarchais, relative à un achat de soixante mille fusils fait par lui en Hollande, au mois de mars dernier, il en résulte que ledit sieur Beaumarchais, qui nous a exhibé toute sa correspondance, a montré, sous les divers ministres qui se sont succédé, le plus grand zèle et le plus grand désir de procurer à la nation les armes retenues en Hollande *par les entraves dues à la négligence ou à la mauvaise volonté du pouvoir exécutif régnant sous Louis XVI; et que, d'après les conférences qu'il a eues avec le ministère actuel,* en présence de deux commissaires pris dans le sein des deux comités réunis, le sieur Beaumarchais est dégagé de tout embarras et mis dans la position heureuse *de fournir à la nation les soixante mille fusils.*

Sur quoi les soussignés déclarent que ledit sieur Beaumarchais doit être protégé dans l'entreprise du voyage qu'il se propose de faire pour ledit objet des armes, comme étant dirigé par le seul motif de servir la chose publique et méritant à cet égard la reconnaissance de la nation.

Fait auxdits comités réunis, l'an IVe de la liberté,
le Ier de l'égalité, 19 septembre 1792.
Suivent toutes les signatures.
GARRAN, L'ORIVIER, L. CARNOT, etc., etc.

Craignant encore que la mémoire de M. Lebrun le ministre ne trahît sa bonne volonté, le lendemain 17 septembre[1] je lui adressai, pour rappeler ses souvenirs, une lettre qui ne fait que rappeler ce qui a été dit plus haut. Car j'avais soin de constater[2] par écrit le détail des conversations, afin qu'on ne pût les nier quand le temps d'éclairer la nation arriverait.

Le soir, je fus frapper aux Affaires étrangères pour recevoir de M. Lebrun *ce qu'il me fallait pour partir*, selon ses paroles données. Le suisse me dit que j'étais invité de monter au bureau où l'on donne les passeports. Un monsieur, alors très poli, mais qui a bien changé depuis, me dit que, faute de mon signalement et de celui de M. La Hogue, nos passeports n'étaient pas faits. Je donnai les deux signalements. Le monsieur poli me promit qu'ils seraient prêts le lendemain. Je voulus passer chez le ministre pour recevoir *sa lettre à M. de Maulde, le cautionnement et mes fonds*; on me dit qu'*il était sorti*!

Le lendemain 17, j'y retournai : le chef du bureau des passeports me dit, encore très poliment, que les nôtres devant être signés par tous les ministres ensemble, il fallait qu'il y eût conseil, mais que cela ne tarderait pas. Après l'avoir bien remercié, je voulus parler au ministre; *par malheur, il était sorti!*

Le lendemain 18, j'y fus de si bonne heure qu'il n'y avait point d'affaire pour laquelle il pût être absent. Enfin il me reçut et me dit qu'il ne pouvait pas régler seul les objets qui me regardaient; qu'*on s'en entretiendrait le soir dans le conseil*. Je demandai la permission d'y être; il eut la bonté de me dire que *cela pourrait y gêner la liberté des opinions*. Il voulut bien m'entretenir sur les sûretés que je donnerais pour les avances qu'on devait me faire *jusqu'à la livraison des armes à M. de Maulde*. Je lui remis un acte par lequel j'engageais tous mes biens, comme le traité m'y obligeait.

Il me dit que M. Clavière voulait qu'on envoyât quelqu'un pour examiner ma conduite en Hollande. « Je sais, lui dis-je, monsieur, *quel est ce quelqu'un-là*[1]; c'est moi qui scruterai la sienne, car je n'y ferai rien qu'appuyé de bons actes. Pendant que je les lirai d'un œil, je ferai bien le guet de l'autre. »

Il me remit au lendemain 19, *pour le cautionnement, les fonds et la lettre à M. de Maulde.* En rentrant chez moi, j'écrivis à M. Lebrun[2] pour lui rappeler ses promesses, tant je craignais ses distractions, lui demandant ses soins et ses bontés.

J'appris, le 19 soir, par quelqu'un de fort sûr, que le conseil avait décidé qu'*on ne me donnerait pas un sol, pas même sur mes deux cent cinquante mille livres*[3]. Qu'eût-il servi de me mettre en colère? Je le voyais : c'était un parti pris. L'homme qu'on envoyait en Hollande était M. Constantini. Je savais qu'il venait de passer un traité avec tous nos ministres, pour leur livrer *soixante mille fusils* qu'il allait chercher en Hollande; *je savais que c'étaient les miens;* que, profitant des embarras où le ministère me mettait, il me devait renouveler ses offres faites par son ami Larcher[1], en liberté chez moi, puis *au secret à l'Abbaye*. Je savais qu'il devait me montrer son marché conclu avec tous nos ministres; que, me prouvant par là *que mon mal était sans remède*, je lui céderais mes fusils *à sept florins huit sols*, pour les revendre[2] *douze à la nation*, sous le bon plaisir des ministres, lesquels, ne me donnant pas une obole, me *refusant le cautionnement*, me sachant bien discrédité par mes six journées de prison et la malveillance connue, espéraient bien que je ne trouverais rien dans les bourses dont je disposais et serais trop heureux d'accepter les offres du Corse. Et je savais bien que par contre on l'avait surchargé de[3] six cent mille francs en avances *sur mes soixante mille fusils* à livrer au gouvernement sous la caution, me dit-on, *d'un abbé*! Je savais que leur noble agent, Constantini et compagnie, allait avoir *la fourniture exclusive de toutes les marchandises, armes et munitions qu'on devait tirer de Hollande.* Je savais, je savais... Que ne savais-je pas?

Je fus le lendemain, avant neuf heures, chez le ministre. *Par malheur, il était sorti.* Résolu de me contenir, je lui écrivis chez son suisse qui me dit, de sa part, *de revenir à une heure*.

Ce jeudi 20 septembre 1792,
à 9 heures du matin, chez votre suisse.

Monsieur,

Je ne viens point vous importuner plus longtemps, mais seulement prendre congé de vous. Je reviendrai à une heure, comme vous me l'ordonnez, prendre vos lettres pour M. de Maulde, si vous croyez devoir m'en remettre.

Ce que j'appris hier au soir *me confirme que je ne dois rien attendre de ce ministère,* excepté vous, Monsieur*; et que je ne puis trop me hâter de partir, si je veux servir mon pays. Je fais un emprunt onéreux pour les objets de mon voyage.* Je le constate juridiquement; et quand je reviendrai de Hollande, je ferai tout ce qui convient à un bon Français outragé!

Recevez l'assurance du respect de

BEAUMARCHAIS.

Je retournai vers une heure chez M. Lebrun. Il me reçut d'un air... qui semblait annoncer du chagrin de tout celui qu'on me donnait... à peu près l'air... du premier jour que je le vis. Cela me rendit attentif, car c'était un grand changement.

« Prenez vos passeports, me dit-il, et partez. Allez trouver M. de Maulde *de ma part et faites ensemble pour le mieux de la chose.* — Et sur quel fondement, monsieur, voulez-vous qu'il m'en croie *pour exécuter les devoirs que le traité du 18 juillet lui impose*, si vous, *ministre, qui le mettez en œuvre*, ne joignez pas une adhésion entière à ce traité, passé par vos prédécesseurs, en lui donnant *l'ordre ministériel de l'exécuter en tout point*? Je n'en ai nul besoin pour moi, mais lui ne marche que *sur votre ordre*!

— *Il faut bien qu'il le fasse*, me dit vivement le ministre; *car ma lettre le lui enjoint : c'est le titre lui-même que je lui adresse par vous. Je vais le certifier, en l'insérant dans mon paquet.* »

Il écrivit en ma présence, *au bas de l'acte du 18 juillet*, ces mots :

Pour copie conforme à l'original. Paris, ce 20 septembre 1792.

Le ministre des Affaires étrangères,

Signé LEBRUN.

Il rouvrit son paquet à M. de Maulde, pour ajouter un post-scriptum relatif *à la reconnaissance, à l'adhésion et à l'envoi qu'il lui faisait du traité du 18 juillet.*

« Et le cautionnement, lui dis-je, ne me le remettez-vous pas? C'est là le préalable à tout; et je ne puis partir, si je ne l'emporte avec moi.

— *Il vaut mieux pour vous et pour moi* (me dit-il sans me regarder) *que je l'envoie à M. de Maulde; puisque, l'affaire étant à nous*[1], *c'est pour nous qu'il doit le donner! Soyez sûr qu'il le recevra avant votre arrivée à La Haye.*

« Quant aux fonds que l'on vous refuse, ajouta-t-il obligeamment, *vous avez raison de vous plaindre*. Mais si vous avez, pour finir, besoin de deux cent mille francs, ou même de cent mille écus[2], *je donnerai l'ordre à M. de Maulde de vous les compter sur vos demandes*. Il a sept cent mille francs à moi, et je les prends sur ma responsabilité.

« Vous me ferez même plaisir, si vous voulez, vous, négociant, *sur des notes que je vous remettrai*, vous informer du prix des qualités des toiles, et d'autres objets importants sur lesquels je serai fort aise d'avoir les avis d'un homme sage. Laissez-moi *l'acte et le paquet, et revenez demain matin*; je vous les remettrai *avec toutes mes notes.* — *C'est sur la foi, monsieur, de vos paroles que je pars*, lui dis-je en le fixant beaucoup. — *Vous pouvez y compter* », dit-il en détournant les yeux.

J'y retournai le lendemain, 21 septembre ; on m'annonça ; le domestique revint et me remit une simple lettre à l'adresse de M. de Maulde.

« Le ministre ne peut vous voir. Il vous fait dire, monsieur, de monter au bureau prendre vos passeports et de partir pour la Hollande. » Étonné de la réception : « Mon cher, lui dis-je, demandez-lui si le traité d'hier est dans la lettre qu'il m'envoie, *et s'il a oublié ses notes.* » Il entra et revint, me disant que *M. Lebrun n'avait pas autre chose à me dire* ; que le traité était inséré dans la lettre et que je partisse au plus tôt.

Bravo! me dis-je, *aussi vais-je partir!* après autant de jours perdus, sans aucun secours de personne, sans savoir si j'emporte *et l'acte certifié et l'ordre de l'exécuter*, ou quelque lettre insignifiante[1] comme toutes celles qu'ils écrivent ! Je pris tristement mes passeports et fus trouver une personne qui devait me faire prêter l'argent qui m'était nécessaire, car je ne comptais plus sur celui de M. Lebrun.

L'homme me dit : « Monsieur, votre emprunt est manqué ; l'on vous regarde comme un homme *proscrit* que le gouvernement veut perdre, et les bourses vous sont fermées. »

Je revins chez moi, où je pris le peu d'or que tout homme sage met en réserve pour les cas imprévus. Les écus que je destinais pour le trésor national[2], *quand on m'aurait remis mes fonds*, je les portai chez un banquier, pour avoir un crédit de pareille somme sur la Hollande, et je partis *avec trente mille francs*, au lieu des fortes sommes qui m'étaient nécessaires *et qu'ils m'ont si traîtreusement gardées* ! Je partis donc, mais non sans avoir fait une *protestation* contre toutes les horreurs que j'avais éprouvées de nos ministres, et que je voulais déposer cachetée *chez mon notaire*, pour être ouverte *en temps et lieu*, en cas de mort ou de malheur. Mais la crainte qu'un acte de dépôt de ce paquet cacheté ne leur donnât, avant le temps, l'éveil sur ma protestation, qui ne devait paraître que dans le cas où le ministre Lebrun manquerait à toutes ses paroles, m'a fait changer d'avis. Je l'ai laissée, cachetée, sur la table de mon secrétaire fermé, où elle sera trouvée quand on lèvera les scellés qui ont été mis chez moi lors du décret d'accusation[3]. Je demande qu'elle soit ouverte et lue en présence des commissaires qui feront l'inventaire de mes papiers, afin qu'elle devienne authentique.

En attendant je la transcris ici, sur copie que j'en ai gardée. À Londres, ce 8 février 1793*.

MA PROTESTATION CONTRE LES MINISTRES, DÉPOSÉE CACHETÉE CHEZ M. DUFOULEUR, NOTAIRE, RUE MONTMARTRE**

Ne sachant plus ce que le sort me garde, ni si je réussirai à vaincre les obstacles que des méchants, des traîtres accumulent chaque jour contre l'arrivée en France des fusils dont la nation a tant besoin et que les Hollandais nous retiennent à Tervère,

Je déclare que les manœuvres qui partirent d'abord de l'intérieur des bureaux de la Guerre d'alors *sont devenues depuis* celles des ministres actuels.

Je déclare que ces ministres ont fait ce qu'ils ont pu (et n'ont que trop réussi) pour arrêter M. de La Hogue en France et l'empêcher d'aller en Hollande exécuter la mission que les ministres précédents et trois comités réunis lui avaient donnée, conjointement avec moi, d'aller m'exproprier *des fusils à Tervère et de les livrer pour la nation à M. de Maulde, notre ministre à La Haye, et maréchal de camp, instruit, selon le vœu du huitième article*[3] *du traité du 18 juillet 1792.*

Je déclare que ces ministres ont supposé un ordre de l'Assemblée nationale, lequel n'a jamais existé*; que, sur cet ordre supposé, ils ont retenu en France M. La Hogue, mon agent.*

Je déclare que le ministre Lebrun, répondant le 16 septembre aux députés des comités militaire et des armes que l'Assemblée lui envoyait pour le presser de me remettre le cautionnement obligé *et* les fonds nécessaires à la libération des fusils, *leur a* solennellement promis *que, sous vingt-quatre heures, il me remettrait* tout ce qu'il fallait *pour aller libérer et livrer à la nation ces armes à Tervère et me donnerait* le cautionnement promis *et* les fonds stipulés dans l'acte du 18 juillet*; que, d'accord ensuite avec les autres ministres, il m'a déclaré que* le conseil exécutif me refusait argent et cautionnement*: me promettant, pour m'engager à partir, que lui, Lebrun, y suppléerait des fonds de son département.*

Je déclare qu'en vertu de ces menées et de ces refus, je pars sans

* La publicité de cette cinquième époque de mon mémoire, envoyé d'Angleterre en février, ayant été retardée jusqu'à ce jour 21 mars par la difficulté d'avoir des imprimeurs, et mes scellés ayant été levés[1] sans examen ni description de mes papiers, j'ai retrouvé dans mon bureau l'original de ma protestation, dont je ferai l'usage qui y est indiqué.

** On voit à l'autre page[2] pourquoi elle ne l'a pas été.

aucuns moyens pécuniaires, et presque sans espoir de m'en procurer chez l'étranger, mon arrestation à Paris et mon emprisonnement à l'Abbaye ayant altéré mon crédit tant en ce pays-ci qu'ailleurs.

Je déclare que je proteste de tout mon pouvoir contre la trahison du ministère actuel, que je le rends responsable envers la nation *de tout le mal qu'elle peut entraîner, et qu'en ceci je ne fais qu'exécuter ce dont je les ai sévèrement prévenus dans ma lettre en forme de mémoire remise à* M. Lebrun *le 19 août*[1]*, cette année, où je lui dis sans ménagement ces mots : « Après vous avoir expliqué ce qu'un nouveau ministre peut ne pas deviner, si le ministère va en avant en contrecarrant ces données,* je suis forcé de déclarer, *Monsieur,* qu'ici ma responsabilité finit*;* que j'en dépose le fardeau sur le pouvoir exécutif, *que j'ai l'honneur d'en prévenir.*

« ... J'ai été dix fois accusé : n'est-il pas temps que je me justifie ?... *Les ministres ne doivent rien ordonner sans être d'accord avec moi ; ou bien* répondre seuls de tout l'événement à la patrie dont les intérêts sont blessés. »

Je déclare, en outre, que j'entends me pourvoir en justice contre ledit ministère, dans la personne de M. Lebrun, pour tous les dommages que leur odieuse conduite peut faire souffrir à mes affaires ou à ma personne. En foi de quoi j'ai déposé cette protestation chez M. Dufouleur, *notaire, sous mon cachet, pour être ouverte, et pour que tout usage en soit fait, en temps et lieu, si le cas y échet.*

À Paris, ce 21 septembre 1792.
Signé CARON BEAUMARCHAIS.

La sixième et *dernière époque* de mes travaux, de mes souffrances, contenant mon voyage en Hollande et mon passage à Londres où j'écris ce très long mémoire, sous le double lien d'un décret d'accusation en France et d'un emprisonnement pour dette en Angleterre, à l'occasion de ces fusils (le tout grâce aux bontés de notre sage ministère), cette sixième époque, dis-je, sera expédiée pour Paris dans quatre jours ; et sitôt que j'aurai l'avis qu'elle est donnée à l'impression, ma justification ne pouvant plus être étouffée, tous mes sacrifices sont faits pour mon acquittement à Londres ; j'en pars et vais me mettre *en prison à Paris*. Si j'y suis égorgé, CONVENTION NATIONALE[2] ! faites justice à mon enfant ; qu'au moins elle glane, après moi, où elle devait moissonner !

SIXIÈME ET DERNIÈRE ÉPOQUE

Législateurs, et vous, ô citoyens! que l'amour seul de la justice rend assez courageux pour suivre pied à pied ces horribles détails, votre indignation généreuse s'est mêlée à la mienne, en voyant l'astuce perfide avec laquelle le ministère a su *m'éloigner de Paris*, où ma présence embarrassait le plan qu'on formait de me perdre.

Encore un moment, citoyens, vous l'allez voir poser le masque; mais permettez auparavant que je vous mette au fait de mes démarches en Hollande auprès de notre ambassadeur.

Je m'en allais, perplexe et désolé : *désolé* de penser que tout cela n'était qu'un piège, qu'on me laissait partir *sans cautionnement et sans fonds* pour que je ne pusse rien faire; *perplexe*, hélas! sur un seul point, qui était de bien deviner pour l'intérêt de quel ministre se faisaient toutes ces manœuvres!

Je connaissais déjà les agents dont on se servait. La conduite des chefs était tout aussi claire, mais ils semblaient agir en masse! Étaient-ils tous dans le secret, ou l'un d'eux trompait-il les autres?

En cheminant, je me disais : « Il est prouvé pour moi qu'on veut me mettre au point de quitter la partie, en cédant les soixante mille armes à ceux qui doivent ensuite, *de concert avec eux*, les revendre à la France au prix qu'ils voudront, et sans dire à personne que c'est ma cargaison! Mais Lebrun! mais Lebrun! en est-il ou n'en est-il pas? Sa conduite est inexplicable. »

J'avais fait une observation : c'est que dans tout ceci on ne m'avait jamais renvoyé à M. Servan[1]! Dans la séance du conseil, la seule où je l'eusse aperçu, il n'avait pas ouvert la bouche. MM. Lebrun, Clavière, étaient les seuls à la brèche... Mais les variations du ministre Lebrun! cet air bonhomme avec lequel il avait hâté mon départ, si opposé à sa conduite de la veille et du lendemain!... Allons, me dis-je, patientons!... l'avenir m'apprendra le reste.

Arrivé le 30 à Portsmouth[2], j'étais le 2 octobre à Londres. Je n'y restai que vingt-quatre heures. Mes amis et correspondants, MM. Lecointe frères, à qui je dis mes embarras, me donnèrent un crédit de *dix mille livres sterling*, me disant : « Il faut en finir au plus tôt, *ne perdez pas une minute*! »

Enchanté de leur procédé, je m'embarquai pour la Hollande, où, après le passage le plus pénible qu'on eût fait depuis quarante ans, après six jours de traversée, j'arrivai malade à mourir. Je remis le paquet du ministre à M. de Maulde.

Il le reçut avec beaucoup de grâce, en me disant : « *Cet ordre est positif, je m'y conformerai avec exactitude;* mais vous allez trouver ce pays bien semé d'entraves. »

Je lui demandai *s'il avait reçu le cautionnement par M. Lebrun.* « Non, pas encore. – Monsieur, lui dis-je, achevant le détail de ce que j'avais éprouvé, *le ministre m'a dit qu'il vous donnerait l'ordre de me compter deux ou trois cent mille francs, s'ils m'étaient nécessaires, sur tous les fonds que vous avez à lui.* – Je n'en ai point, dit-il; ils sont employés au-delà. Sans doute, il m'en fera passer. »

Je le priai de me faire donner copie de ce que les divers ministres lui avaient écrit sur cette affaire des fusils. Il me le promit *et l'a fait*, car c'est un homme de probité.

En attendant que je m'en serve, voici la lettre de M. Lebrun renfermant *le traité du 18 juillet certifié.*

À M. DE MAULDE

Paris, ce 20 septembre 1792.

M. Beaumarchais, Monsieur, qui vous remettra ma lettre, se détermine à aller en Hollande pour mettre fin à l'affaire des fusils arrêtés à Tervère. Comme vous êtes parfaitement instruit[1] *de tous les incidents qui ont jusqu'ici retardé l'envoi de ces armes* à leur vraie destination, *je vous prie de vous entendre avec M. Beaumarchais* pour nous les procurer le plus promptement possible. *Je désire que cet envoi se fasse avec* autant de sûreté que d'économie. *Je compte beaucoup sur votre zèle et vos soins pour bien remplir ces deux objets, et je suis persuadé d'avance* que M. Beaumarchais voudra bien vous y aider dans l'occasion.

Le ministre des Affaires étrangères, LEBRUN.

P.-S. *Vous trouverez ci-joint, Monsieur, une copie collationnée du marché fait entre M. Lajard, ci-devant ministre de la Guerre, et M. Beaumarchais.*

La franchise de cette lettre me ramenait à croire que M. Lebrun pouvait bien n'avoir servi que d'instrument à la haine ou bien à la cupidité des autres !

On ne pouvait pas faire des *actes d'adoption et de propriété plus nets*! Il n'y a pas un mot, disais-je, qui nous présente un autre sens. (« Comme vous êtes instruit, dit-il, de ce qui a retardé l'envoi de ces armes *à leur vraie destination*, je vous prie de vous entendre avec M. Beaumarchais *pour nous les procurer le plus promptement possible.* ») Quel autre qu'un propriétaire emploierait ces expressions? (« Je désire que cet envoi se fasse avec *autant de sûreté que d'économie.* ») S'il ne regardait pas les armes comme à eux, que lui importerait l'*économie*? Mais c'est que le traité les charge de tous les frais! (« Je compte beaucoup sur votre zèle et vos soins *pour bien remplir ces deux objets.* ») Après des phrases si pressantes, c'est insulter M. Lebrun que de douter de sa bonne foi (« et je suis persuadé d'avance que M. Beaumarchais *voudra bien vous y aider dans l'occasion* »)!

Voilà tout mon rôle changé! Au lieu d'être aidé dans ma chose, *c'est moi qu'on prie d'aider l'ambassadeur dans la chose du gouvernement*! Certes, dis-je, je le ferai; soyez-en sûr, monsieur Lebrun; j'y mettrai ma chaleur et mon patriotisme, comme si les armes étaient encore à moi!

Cela est très clair maintenant : tant que M. Lebrun agissait en nom collectif, j'étais bien maltraité par lui! Quand il parle en son nom, il est *équitable, obligeant*! J'y veux mettre tous mes moyens pour déjouer la malveillance des autres. Le ministre *a certifié l'acte, il ordonne qu'on l'exécute; il me prie même d'y aider; il promet tous les fonds de son département; il va envoyer le cautionnement promis.* Pardon, pardon, monsieur Lebrun! peut-être que M. Clavière était enfermé avec vous le jour que vous avez refusé de me voir! Tout cela est bien tortueux! Mais, hélas! c'est la politique, et c'est ainsi que tout marche aujourd'hui. N'y pouvant rien changer, soumettons-nous; et voyons arriver M. Constantini, le mignon et l'élu *de nos ministres patriotes*!

Je fus trouver M. de Maulde et lui dis : « En attendant, monsieur, que *le cautionnement arrive*, je m'en vais exiger par acte notarié, du vendeur hollandais, qu'il me fasse *une expropriation légale*, et une livraison pareille, à Tervère même. Mais, comme j'ai affaire à des gens cauteleux à Paris, je veux qu'il soit bien constaté *que, pour la première fois que je verrai ces armes* (encaissées, emmagasinées, deux mois avant qu'on me les proposât[1]), *vous les voyez en même temps que moi.*

« Vous recevrez ma livraison le même jour que je prendrai celle du vendeur hollandais, afin qu'on ne puisse jamais soupçonner que j'en aie changé ou détourné une seule pour le service des ennemis! Car c'eſt là le grand argument avec lequel ils rendent à Paris le peuple furieux contre moi! Je veux que l'*armurier brabançon* qui les a bien huilées, encaissées, emmagasinées à Tervère, il y a un an, vienne les y reconnaître devant vous sur l'état qu'il en fit alors, et que l'on m'a remis depuis, *certifié par le vendeur en neuf cent vingt-deux caisses et vingt-sept tonneaux ou barils.* »

M. de Maulde me répondit : « Vous pouvez, si vous le voulez, vous épargner tous ces embarras-là : un sieur Conſtantini, qui m'apporte une lettre du miniſtre Lebrun le recommandant à mes soins, m'a prié de vous proposer de lui céder la cargaison entière *à sept florins huit sous la pièce*[1], *payée en or et sur-le-champ.* Ce n'eſt qu'un florin de moins que le prix du gouvernement : *et vous le regagnerez bien par tous les soins que vous vous épargnez!* Cet homme paraît fort avant dans la confiance des miniſtres. Il en a obtenu le *privilège exclusif de fournir au gouvernement tout ce qu'on tire de Hollande.* Et les difficultés qu'on peut vous faire en France, il paraît bien qu'on ne les lui fera pas; du moins si j'en crois ses paroles. »

J'ouvris mon cœur à M. de Maulde (un des hommes les plus francs, les plus inſtruits, les plus honnêtes que j'aie rencontrés de ma vie). Je lui confiai mes vifs regrets sur l'imprudence que j'avais eue de sortir de la nullité *dans laquelle je m'enfermais pour ne faire ombrage à personne*, en cédant à beaucoup d'inſtances pour rendre à mon pays un service aussi dangereux!

Je lui rendis[2] tout ce qu'on vient de lire et les dangers que j'ai courus à l'approche du 2 septembre, lorsque j'eus refusé les offres et bien dédaigné les menaces de ce M. Conſtantini.

« Voilà, dis-je, pourquoi l'on m'a dénié tout concours, tout secours et toute juſtice, *à ce pouvoir exécutif*. Ils ont voulu me mettre à la merci de leur Conſtantini, sans appui et sans nuls moyens : mais M. Lebrun m'en tirera! il me l'a bien promis et nous aurons servi la France malgré eux; c'eſt toute ma consolation!

« Mais je vous supplie de me dire sous quelle forme Conſtantini vous a prié de me faire ses offres, afin de bien juger des choses que je connais par celles que vous aurez la bonté de m'apprendre.

— Oh! mais, dit-il, la forme eſt peu de chose quand le fond eſt bien avéré. Il m'a dit fort légèrement, après m'avoir beaucoup vanté son crédit auprès des miniſtres : " Engagez donc ce Beaumarchais à me céder sa cargaison à un florin de moins que l'achat du gouvernement. S'il marchande avec moi, il s'en trouvera mal ! S'il y consent, il touchera son argent sur-le-champ chez la veuve Lombaert d'Anvers, chez qui j'ai déposé mes fonds. ”

« Et sur ce que je lui ai dit que si vous cédiez les fusils, je n'étais plus tenu d'en recevoir l'expropriation à Tervère : “ Je n'en ai pas besoin, dit-il, et je prends tout sur ma responsabilité. J'ai du crédit auprès de Lebrun. Je ne crains pas qu'il me refuse quelque chose. ” Il m'a même ajouté d'un air un peu protectoral[1] : “ Vous recevez chez vous ce Beaumarchais ! mais je vous avertis que cela peut vous nuire auprès de notre gouvernement. Pensez-y un peu, je vous prie. ” » (Vous le voyez, lecteur, si cet homme *était fort avant dans la confiance des ministres* !)

« Et il faut, au surplus, qu'il soit assez sûr de son fait, a continué M. de Maulde, car, ayant acheté un parti de *quatre mille fusils*, dont M. Lebrun m'écrit qu'il a déjà livré *six mille*[2]... M. de Saint-Padou, officier d'artillerie (envoyé par M. Servan pour visiter les armes que ces grands fournisseurs enlèvent de ce pays), ayant voulu visiter *ces quatre mille* à leur départ, Constantini m'a dit légèrement : “ Je ne veux point de sa visite, je n'ai besoin de lui ni de personne pour les faire accepter là-bas ; je me charge de tout. J'ai du crédit. J'ai dit à Saint-Padou qu'il pouvait s'en retourner. ”

« Quand j'ai rendu ces mots à M. Saint-Padou, me dit M. de Maulde, il m'a prié de solliciter son rappel près du ministre de la Guerre, puisqu'il est inutile ici, ces messieurs prétendant se passer de contradicteurs[3] ; *ce que j'ai fait*.

— Eh bien ! monsieur, lui répondis-je, dites à M. Constantini que je rejette avec mépris ses offres, comme je les ai rejetées sous le poignard à l'Abbaye[4], et qu'il n'aura pas mes fusils. Il y a longtemps que cette affaire n'est plus commerciale pour moi ! Certes, mon pays les aura ; mais il les tiendra de moi seul au premier prix que je les ai vendus, et *pas un florin au-delà*. Nul brigandage ne se fera dessus. »

Je tourmentais M. de Maulde pour se transporter à Tervère, et j'invoque son témoignage sur l'empressement que j'y mis. Il me répondait : « Attendons *que le cautionnement soit arrivé*, suivant votre propre principe qu'il faut tout mener à la fois. J'en viens d'écrire à M. Lebrun, lui disant que nous l'attendons. »

Depuis le 20 septembre jusqu'au 16 d'octobre, point de

nouvelles du ministre ! Ma confiance s'ébranlait. J'écris moi-même, le 16, à M. Lebrun[1]. Ma lettre rappelle ses promesses et tout ce que vous avez lu. Après lui avoir annoncé les embûches qu'on me tendait, j'y mis ce petit P.-S.

À la première nouvelle de nos succès[2] (de ceux de Dumouriez) notre cent vingt-cinq millions *a monté de quinze pour cent. Le change est à trente-six et demi. Il faut être en pays étranger pour se faire une vraie idée du plaisir excessif qu'une bonne nouvelle de France nous cause. La joie y va jusqu'à l'exaltation : elle se compose de notre plaisir et du chagrin qu'il cause aux autres.*

J'attends jusqu'au 6 de novembre. N'ayant point encore de nouvelles, j'adresse à M. Lebrun une seconde lettre plus forte et plus circonstanciée, mais toujours sur le même objet. Je vais l'insérer dans le texte, uniquement pour contraster avec toutes celles qui vont suivre.

La Haye, ce 6 novembre 1792[3].

Citoyen ministre estimé,

Si ma lettre du 16 octobre vous a été remise par mon premier commis[4], *vous y avez vu qu'aussitôt mon arrivée ici, je me suis mis en devoir d'acquitter toutes mes paroles sur l'épineuse affaire des soixante mille fusils. Aujourd'hui j'ai l'honneur de vous annoncer, Monsieur, que j'ai forcé mon vendeur,* très Autrichien quoique Hollandais, *ou bien parce qu'il est Hollandais, à me livrer* légalement *cette semaine, au plus tard la prochaine, la cargaison entière des armes* payées depuis si longtemps, *et je le rends garant des obstacles que la politique hollandaise a mis à leur enlèvement, voulant ne reconnaître (à mon titre de négociant)* que l'homme qui m'a vendu, *et non Leurs Hautes Puissances*[5], *à qui, lui dis-je, je n'ai rien à demander, mais bien lui-même, qui est* tenu de me livrer pour exporter, non autrement. *Il me répond avec un embarras plaisant que ma logique est aussi juste que pressante, et qu'en me livrant effectivement, comme il s'y prépare, il va faire les plus grands efforts pour m'aider à obtenir promptement l'extradition à laquelle l'état actuel de nos affaires politiques ne nuira pas, dit-il ; et moi je réponds : « Je l'espère. »*

Soyez certain, Monsieur, que je ne compromettrai point M. de Maulde, qui n'a déjà que trop de désagréments à La Haye (ce dont je me propose de vous parler dans un instant). Mon intention est de n'employer que ma force de négociant, de citoyen d'un pays libre. Le ministre[1] *n'y paraîtra que pour appuyer mes demandes comme en étant chargé par le gouvernement de France. Mais j'ai l'honneur de vous prévenir, Monsieur, que je reste à mon tour sans réponse quand mon vendeur me dit que je n'ai nulle action civile contre lui*[2] *jusqu'à ce que j'aie rempli la condition rigoureuse du* cautionnement de cinquante mille florins d'Allemagne, *auquel il m'a soumis* l'étant lui-même envers l'empereur. *Et M. de Maulde sent si bien la force de cet argument qu'il n'appuierait aucun de mes efforts, si ce préalable important n'était pas rempli de ma part, à cause de la réponse et nette et rigoureuse que Leurs Hautes Puissances feraient au nom de mon vendeur, comme ce vendeur me l'a faite.*

Je suppose, Monsieur, que vous l'avez expédié à M. de Maulde ou à moi, ce cautionnement tant différé, *mais sans lequel il est inutile de rien entamer d'énergique, car, pour que je puisse mettre un autre en son tort, je ne dois pas commencer par y être moi-même. Nous sommes d'accord du principe, M. de Maulde et moi; et vous sans doute aussi, Monsieur? Nous attendons cette pièce importante,* que vous m'avez assuré, à mon départ de France, ne plus souffrir aucun retard, *sans quoi je n'aurais pas cru devoir partir.*

Je reviens à M. de Maulde, en vous priant de m'excuser si je sors un moment des bornes individuelles de mon affaire de commerce pour vous parler de politique! Mais, Monsieur, je suis citoyen avant tout, et rien de ce qui intéresse la France ne saurait m'être indifférent. Je ne désire pourtant pas que M. de Maulde ait jamais connaissance des réflexions que je vous offre; je craindrais qu'il n'imaginât que je suis ici son espion, ou que j'y fais de la politique à ses dépens, sans nulle mission de personne.

Si jamais quelque chose eût pu me dégoûter de ce métier de politique, *c'est le supplice réel auquel le ministre de France est condamné dans ce pays, l'éternelle cruciation*[3] *qu'il y souffre, mais fièrement et sans se plaindre. De tous les genres de dégoûts, on l'en abreuve à la journée! Il lui faut vertu plus qu'humaine, un patriotisme robuste, pour ne pas prendre à chaque instant des bottes de sept lieues et s'enfuir! Je vois qu'il se console de cette affligeante existence en travaillant comme un forçat, faisant sa besogne lui-même; et elle n'est pas petite, sa besogne, obligé de la faire* sans un caractère avoué[4], *avec le train le plus chétif qu'envoyé d'aucune puissance ait jamais eu dans ce pays où tout le Nord vient aboutir, et qui est, selon moi, le centre de la diplomatie intéressante de l'Europe, pays où toutes les intrigues des diverses coalitions viennent se nouer et se dénouer. Les autres ambassadeurs brillent, corrompent, dépensent et se montrent : lui seul réduit au plus chétif état, qu'il ennoblit pourtant par un maintien républicain, deviendrait la risée de tous, si, avec beaucoup de talent, sa fierté ne le soutenait. D'honneur! il me fait compassion, et j'ai peine à me persuader que nos affaires n'en souffrent pas!*

Avant-hier trois ou quatre riches négociants d'Amsterdam me disaient qu'il allait avoir d'autres couleuvres à dévorer, s'il était vrai, comme on l'écrivait de Berlin, que... (ici je racontais le fait, étranger à l'affaire des fusils).

Ne sachant comment entamer un point si délicat avec M. de Maulde, je me suis proposé de vous en écrire avant tout. Cela peut attirer des maux incalculables. Cet avis finit la mission que je me suis donnée moi-même. Vous êtes sage et mesuré, Monsieur, vous ne me compromettrez point avec notre ex-ambassadeur[1]*...*

Je reviens à moi maintenant. Mes lettres de Paris m'apprennent qu'enfin l'indigne opposition *que des brigandeaux*[2] *avaient mise sur toutes les sommes que j'aurais à toucher au département de la Guerre venait d'être* déclarée par les tribunaux de Paris et sans motif et vexatoire, les fripons condamnés en tous dommages en ma faveur. *C'est cette sale intrigue, c'est cette indigne* opposition *dirigée par d'autres brigands qui seule m'empêcha de toucher en juillet les deux cent mille florins que j'ai reconnu dans mon acte m'avoir été payés par le ministre, et dont la retenue a fait un si grand mal à mon affaire des armes et à toutes mes autres affaires. J'ai ordonné chez moi qu'on vous signifiât, Monsieur, cette mainlevée, en votre qualité de* ministre par intérim[3] du département de la Guerre*; car je ne puis rester dans la détresse où l'on m'a mis, et qui m'a forcé en partant*[4] *de faire porter chez mon banquier, pour avoir de quoi vivre ici, le peu d'argent que je conservais en cas d'un malheur très pressant.*

La belle équipée qu'on a faite de m'envoyer à Paris, en prison, au secret, pour éclaircir l'affaire des fusils, et celle de la publier ensuite dans des journaux bien scandaleux, ont fait retirer de Hollande les lettres de crédit que mes banquiers m'avaient données, me regardant comme un homme égorgé ou tout au moins forcé de fuir. Mon crédit s'y trouve altéré; et j'avoue que sur les détails de ce que j'ai souffert en France, beaucoup de gens dans ce pays me prennent pour un émigré, ce qui n'y rétablit point mon crédit. Tout ce que je dis n'y fait rien. Jamais acte patriotique n'a causé tant de mal à aucun citoyen français!

Quand les détails en seront publiés, on ne comprendra pas plus que les comités qui m'ont donné tant d'attestations honorables ne l'ont fait, *comment j'ai pu subir cette persécution constante.*

L'opposition étant levée, je vous supplie, Monsieur, de me mettre en état d'achever honorablement l'ouvrage que j'ai commencé. Quand vous ne m'enverriez d'abord que cinquante mille florins par M. de

Maulde, comme vous me l'avez dit en partant, *je me tiendrais fier en Hollande : n'y ayant plus besoin des secours de personne, on y verra si je suis citoyen.*

Si vous jugez à propos, Monsieur, de remettre votre réponse à mon premier commis qui vous rend cette lettre, elle me parviendra plus sûrement que par toute autre voie connue.

Agréez le respect d'un citoyen qui vous honore et qui ne prodigue point ses éloges.

Signé BEAUMARCHAIS.

P.-S. *J'ai eu l'honneur de vous mander dans ma dernière que beaucoup d'indiscrets Français venaient ici mettre le feu dans les affaires qui regardent la France,* voulant tout haut des fusils à tout prix. *Ce qui, en nous discréditant, fait monter jusqu'à des prix fous tout ce qu'on demande pour la France. Qui croirait que de pareilles gens sont accrédités par l'État! et qu'une de ces compagnies errantes, sur la caution de***[1], dispose de cinq cent mille livres pour soixante mille fusils aussi[2], dont vous n'obtiendrez pas un seul,* ce qui est bien sûr aujourd'hui *que je sais que ce sont les miens; et quant à vos cinq cent mille francs, vous les retrouverez où et quand il plaira au dieu qu'on nomme Hasard,* etc., etc.[3].

Le 9 novembre, ne voyant rien venir[4], je lui envoie ce peu de mots pour ne point trop l'impatienter :

À M. LEBRUN

La Haye, ce 9 novembre 1792.

Monsieur,

Lorsque la France a d'aussi grands succès[5], c'est un terrible exil que d'avoir affaire en Hollande.

Je le serai pourtant, exilé de la France, jusqu'au jour où une lettre catégorique de vous m'apprendra si le cautionnement nous arrive, *ou s'il ne me reste plus qu'à partir* pour aller justifier ma conduite patriotique dans mon pays!

Recevez les respects du citoyen.

Signé BEAUMARCHAIS.

Le trésor et les archives de Bruxelles sont arrivés à Rotterdam; les nouvelles de l'armée de Clairfayt mettent ici tout le monde au désespoir, excepté moi.

Je commençais à perdre patience, accusant tous les embarras ou la lenteur de ce ministre ; et, le courrier suivant, je lui récrivis de nouveau[1]. Il n'était pas possible, après avoir plaidé ma cause au conseil, *comme il me l'avait assuré* ; après m'avoir enjoint de partir au plus vite ; après avoir *reconnu, certifié l'acte du 18 juillet* ; après avoir donné l'ordre à M. de Maulde de l'exécuter avec zèle et promptitude, *en me priant de l'y aider* ; après m'avoir solennellement promis *que le cautionnement éternel serait avant moi à La Haye* ; après m'avoir offert, *sans que je le lui demandasse, deux ou trois cent mille francs sur son département*, me priant même de lui envoyer mes avis *sur la manière d'acheter les toiles et autres marchandises sèches*[2] *de Hollande* ; je ne pouvais, sans l'insulter, lui montrer aucun doute sur sa bonne volonté. Prenant patience, en enrageant, j'allais me rappeler encore à sa mémoire, lorsque l'on me remit une grande lettre contresignée Lebrun.

« Ah ! me dis-je avec un soupir, qui sait attendre voit souvent la fin de ses tribulations. » J'ouvris cette lettre et j'y lus :

Paris, le 9 novembre 1792,
l'an Ier de la République.

J'ai reçu, citoyen, la lettre que vous m'avez écrite de La Haye, et je n'ai différé d'y répondre que parce que je me suis procuré de nouveaux renseignements sur la cargaison de fusils arrêtés par ordre de l'amirauté à Tervère. Sans entrer dans aucun détail sur la spéculation que vous avez faite, ni sur son objet, je vais vous instruire tout simplement de ce qui m'est revenu sur la qualité de ces armes. Elles ont d'abord servi aux corps francs à l'époque de la dernière révolution tentée par les patriotes hollandais ; ensuite vendues aux Belges qui en ont aussi fait usage dans le temps de leur révolution*[3]*, elles ont enfin été achetées par des négociants hollandais de qui vous les tenez.*

Je conviens qu'un cautionnement de cinquante mille florins, demandé pour lever l'embargo mis sur de vieux fusils, vous dégagerait sans doute d'un embarras bien grand de savoir où les placer. Je conviens que le traité passé entre vous et l'ex-ministre Lajard est fort avantageux[4] *; mais soyez de bonne foi, citoyen, et convenez à votre tour que nous serions bien dupes d'approuver un pareil traité et d'y donner notre adhésion. Nos vues et nos principes ne s'accordent point avec ceux de nos prédécesseurs. Ils ont eu l'air de vouloir ce qu'ils ne voulaient pas ; et nous,* bons patriotes, *bons citoyens, désirant sincè-*

* Je lui en avais écrit quatre. J'insère dans le texte sa lettre et ma réponse, parce qu'enfin c'est là ce qui éclaircit tout.

*rement faire le bien et le voulant, nous remplissons les devoirs de notre place avec autant de loyauté, de probité, que de franchise**.

Depuis quelque temps je ne me mêle plus d'achats d'armes. Ces opérations mercantiles ne s'accordent guère avec le genre de travail et de connaissances qu'exige mon département. Dans un moment pressant où il fallait de toute nécessité des fusils, on s'est jeté avidement sur tout ce que l'on a trouvé. Actuellement que les mêmes besoins n'existent plus, le ministre de la Guerre s'attache principalement à la bonté des fusils et au prix modéré. Ce n'est donc plus mon affaire et j'ai cessé de m'en occuper. Retournez-vous du côté du citoyen Pache et adressez-lui vos réclamations ; c'est à lui à prononcer et à vous dire si elles sont justes et fondées.

Quant à moi, je ne suis plus en mesure ni en position de rien faire et décider sur un objet, comme vous savez, hors du ressort de mon département.

Le ministre des Affaires étrangères,
LEBRUN.

P.-S. *J'ai envoyé copie de votre lettre au ministre de la Guerre ; je recevrai incessamment sa réponse, dont je vous ferai parvenir la copie.*

« Ah ! grand Dieu ! m'écriai-je après ma lecture achevée, vit-on jamais rien de semblable ? Et c'était pour finir ainsi que l'on m'envoyait en Hollande ! ô détestable perfidie ! »

Dans le premier mouvement de mon indignation j'avais lutté, *par ma colère*, contre l'ironie du ministre. J'opposais à l'hypocrisie de son fatal patriotisme *ses basses requêtes et ses perfides lettres à l'empereur Joseph contre la liberté brabançonne* en 1787 et 1788, et je mettais *le gazetier à jour*[1]. Mes amis n'ayant pas souffert que ce premier élan trop amer m'échappât, je pris le pénible parti de raisonner avec qui m'insultait. Quand mes sens furent apaisés, je lui écrivis ce qui suit.

Ah ! je prie mes lecteurs d'en dévorer l'ennui. C'est le secret de cette comédie terrible !

La Haye, ce 16 novembre 1792[2].

Citoyen ministre trompé,

En réponse à l'unique lettre que j'aie jamais reçue de vous, *en date du 9 novembre, je vous préviens que les difficultés qui clouaient à Tervère les fusils de Hollande sont levées, grâce à Dumouriez*[3], *à*

* Lebrun bon patriote ! aimant la liberté ! Il a donc bien changé depuis 1788 ?

l'instant où l'intrigue de la bureaucratie française en fait renaître de nouvelles pour les y river si elle peut.

Vous êtes un homme trop honnête pour avoir lu, en la signant, la perfide ironie que l'on m'envoie en votre nom.

*Vous auriez réfléchi qu'il ne s'agit ici d'*aucun embarras de ma part de vendre ces armes à personne, *puisque depuis huit mois mon premier traité* les attache à la France, *que depuis quatre mois le second traité vous démontre que* deux ministres et trois comités réunis *ont refusé* de les en détacher *lorsque, las des repoussoirs de nos ministres patriotes, je demandai* très net qu'on me permît d'en disposer, *pouvant le faire alors avec grand avantage, s'il était vrai que la France* n'en voulût plus*!*

Vous auriez réfléchi que, ne pouvant être à la fois propriétaire et dépouillé par l'acte du 18 juillet, *je n'ai plus d'autre soin que de livrer ces armes, que, dans la position contraire, j'en serais maintenant d'autant moins empêtré que votre élu Constantini m'en a fait offrir de nouveau par M. de Maulde les sept florins huit sols que ses grands associés* me proposèrent à l'Abbaye, avec promesse de m'en tirer si j'accédais à ce marché[1].

Vous auriez réfléchi encore, vous qui connaissez tant l'affaire comme commis[2], *comme ministre, que, loin d'avoir jamais donné ces armes à personne pour neuves, je n'ai cessé de dire et d'écrire à vous et à tous vos collègues* qu'elles venaient des Brabançons. Ce cautionnement exigé par l'empereur du Hollandais que je dois en couvrir, *n'est-il donc pas la preuve matérielle d'un fait* qui vous battit les oreilles cent fois*? Vos commis vous respectent peu, de vous faire dire dans cette lettre que vous apprenez à l'instant ce que vous savez bien que* vous savez depuis six mois*! (Je vous nommerai celui que vous devez gronder.)*

Vous auriez réfléchi en outre que, si ces armes eussent été neuves, je n'aurais pu vous les laisser au prix de huit florins banco[3], *ou de quatorze schellings en or, ou de dix-sept francs en écus, ou de trente livres en assignats (c'est tout un), quand vous aviez la bonhomie (que vous avez encore, Messieurs) d'acheter pour trente schellings en or, à Londres, qui font trente-six livres en écus et plus de soixante livres en assignats, des fusils neufs très médiocres; lorsque, dans la même ville, vous avez depuis acheté de vingt jusqu'à vingt-cinq livres-schellings en or, ou trente livres en écus, ou plus de cinquante en assignats*[4], *de vieux fusils qui presque tous avaient servi de lest dans des vaisseaux allant aux Indes, dont on était forcé,* pour parvenir à vous les vendre, *de détremper toutes les platines pour pouvoir dévorer la rouille, n'y retrempant que la batterie*[5].

Vous les recevez néanmoins sans vous plaindre ni du haut

prix ni de la basse qualité, *parce que ce sont, nous dit-on, vos affiliés qui les fournissent (oui, mais* per partachir, *comme dit le Ragusain*[1] *!), ce qui est un peu loin du prix modéré de mes armes vendues à huit florins ou quatorze schellings en or, ou dix-sept francs écus de France, ou trente livres en assignats! Mes armes dans lesquelles il se trouve une forte partie de neuves, que vous n'auriez pas aujourd'hui pour six couronnes à Liège, ou trente-six livres en écus, ou soixante livres en assignats; mes armes que je soumettais au triage, les ayant achetées en bloc!*

Vous auriez enfin réfléchi qu'un cautionnement commercial de cinquante mille florins n'est point un déboursé de cette somme*; et que tout se réduit, en rapportant l'*acquit à caution déchargé[2], *à une commission de banque qui ne va pas à deux mille francs, comme je vous l'ai dit vingt fois, tant chez vous qu'au conseil des ministres; mais l'ignorance et la malignité marchent de pair autour de vous, Monsieur; c'est le malheur des mauvais choix!*

Et notez, ministre trompé! que ceux qui vous écrivent ou qui vous donnent ces belles notions sur mes armes *ne les ont jamais,* jamais vues, *car elles sont* encaissées depuis près d'une année.

Notez que ces donneurs d'avis ont fait près de moi l'impossible pour me les arracher en bloc, tant à Paris que depuis à La Haye, à un florin de moins que vous ne les payez.

Notez que je vous l'écrivis le 19 août à Paris[3] *; que mon refus de les céder me fit emprisonner, trois jours après, à l'Abbaye, où, sous vos bons auspices, ils vinrent renouveler leurs offres, où je manquai enfin d'être égorgé; ce que la* société *voulait.*

Notez encore, ô ministre trompé! que ces acheteurs exclusifs (privilégiés *par vous) de toutes fournitures hollandaises, et que vous gorgez d'assignats (comme l'on fait pour ses amis), ne peuvent pas m'offrir sept florins huit sols, sans les frais, au premier mot qui leur échappe, s'ils ne sont pas certains de les vendre dix, onze ou douze florins à la nation, par l'entremise bénévole de nos ministres patriotes; surtout s'ils donnent, comme ils disent, vingt-cinq pour cent de toutes leurs fournitures au protecteur du privilège, sans tous les intérêts qu'on réserve aux amis* (per partachir, *bien entendu)!*

Votre secrétaire vous fait dire, dans la lettre que je commente, que depuis quelque temps vous ne vous mêlez plus d'achats d'armes. Ah! plût au Ciel, pour la nation, que vous ne vous en fussiez jamais mêlé! Mais tâtez-vous sérieusement, j'ai peur qu'on ne vous trompe encore; témoin l'élu Constantini qui en achète par vos ordres.

Il vous fait dire aussi que vos prédécesseurs, en traitant avec moi, feignaient tous de vouloir ce qu'ils ne voulaient pas. *(C'est sans doute servir la patrie que vous entendez par ces mots.) Mais il oublie que vos prédécesseurs Lajard, Chambonas et de Graves eurent la modestie,* que vous n'avez pas eue, *de consulter les comités de l'Assemblée nationale; qu'aucun d'eux n'a rien fait sans leur avis au préalable; d'où il résulte, selon vous, quoiqu'on n'ose pas vous le faire dire, que tous ces comités étaient leurs complices et les miens! Tandis que vous, ministre soi-disant patriote, m'avez tout refusé pour le service de la patrie, quand je partis pour la Hollande,* malgré l'avis des comités, quoiqu'ils l'exigeassent de vous, au nom de l'Assemblée, et que vous le leur promissiez*!*

Ministre! il est bien clair que vous n'êtes en ceci ni mon complice ni le leur. Personne ne vous en accuse. Si vous aviez besoin d'un joli témoin sur ce fait, l'ami Constantini pourrait très bien vous en servir.

*Je finis. Si au lieu d'apprendre ces choses ou de vos commis ou de moi, par hasard, ministre trompé, vous en étiez instruit d'avance, je me verrais réduit à supputer que vous aviez bien envie de ces armes, pourvu que l'élu les fournît et non moi; que comme il est certain qu'*il ne les obtiendra jamais, *cette brutalité gauloise, bien annoncée par lui à ses amis, peut avoir fait changer les anciennes mesures en de nouvelles plus sévères,* qu'on ne m'annonce encore que vaguement*! Alors je serais bien tenté de vous écrire, en finissant ma lettre avec respect, que je suis en grande surprise de votre conduite impolitique,*

Citoyen ministre trompé... dans vos vues.

Votre, etc.

Signé CARON BEAUMARCHAIS.

À Dieu ne plaise que je le pense! *Mais puisque vous avez, dites-vous, communiqué la lettre au nouveau ministre Pache, communiquez-lui la réponse :* c'est un commencement d'instruction *dont il vous saura très bon gré.*

Quand ma lettre fut à la poste, je me sentis bien soulagé. Ma foi! pour celle-ci, elle partit à son adresse, craignant pour mon chef de bureaux qu'on ne lui fît un mauvais tour si je l'en rendais le porteur! Attendons, dis-je, maintenant *les avis que l'on me promet*. Voyons surtout ce que dira notre nouveau ministre Pache.

Je m'en allai à Rotterdam faire dresser les actes que je voulais avoir du négociant Osy, premier vendeur. Il parut étonné de ce genre de précautions. Je l'assurai que ma position l'exigeait. Cela le rendit tâtonneur[1]. Je m'apercevais bien qu'il servait son pays ! mais qu'avais-je à lui dire, moi qui servais le mien ?

Enfin nous terminâmes tout, moyennant les quatre actes notariés que l'on peut voir[1]. Le premier, par lequel *il me reconnaît légalement propriétaire des fusils*, moyennant toutes les sommes à lui payées par moi, dont la quittance finale est de la modique somme de *mille vingt-six florins deux sols huit deniers* pour solde.

Le second, par lequel *je m'engage de ne point faire sortir les armes de Tervère sans lui avoir fourni le cautionnement de cinquante mille florins d'Allemagne*.

Le troisième, par lequel je m'engage *à lui rembourser tous les frais de magasinage et autres* qui ne sont pas compris dans le paiement des armes et doivent être arbitrés.

Le quatrième enfin, par lequel je promets *de ne le point poursuivre personnellement pour les obstacles politiques que* LL. HH. *PP.*[2] *ont mis à l'extradition de mes armes.*

Plus une lettre à James Turing fils[3], de Tervère, avec ordre de *me livrer tous les fusils qu'il a reçus*, mais d'empêcher l'embarquement jusqu'à *remise par moi du cautionnement engagé* ! Plus une lettre à son *armurier de Bruxelles*, pour qu'il se transporte à Tervère à ma réquisition y reconnaître que *les fusils n'ont été vus ni touchés par personne* depuis qu'il les a encaissés au mois de février dernier, et que tout est conforme à l'état qu'il en a donné[4].

L'on voit que je suis bien en règle. Mais dans ceci je ne vois pas que personne y fasse mention ni des *prétentions d'un Provins que Lecointre m'a opposées*, ni des arrêts que ce *Provins* a mis auprès du négociant Osy pour qu'il ne livrât point ces armes à Pierre-Augustin Beaumarchais, qui est moi[5].

Dans tout ceci je ne vois pas non plus qu'il soit question d'*aucuns débats sur ma propriété des armes*, par aucun autre propriétaire *qui les ait arrêtées à Tervère*, comme le ministre Lebrun a dit expressément au dénonciateur Lecointre qu'il venait d'en faire à l'instant la très heureuse découverte[6].

Monsieur Lebrun ! Monsieur Lecointre ! ces quatre actes sont imprimés. Les originaux, je les ai. Lisez-les bien, chacun dans votre esprit. Lebrun suit la marche des taupes[7] ; on a rendu Lecointre injuriant[8] pour moi ; deux genres d'escrime où je ne suis pas fort. Voyons si la raison et la modération sont des armes d'assez bonne trempe pour faire plier celles-là !

Un mot d'explication est nécessaire ici pour lever toute obscurité sur la conduite des Hollandais.

Loin que ces États puissent dire (comme le prétend M. Lebrun) *qu'ils n'ont jamais empêché ces armes de sortir, qu'il y a eu seulement des oppositions de personnes se disant propriétaires*, etc., la vérité, prouvée par pièces juridiques (ma requête du 12 juin et la réponse des États Généraux du 26 juin 1792[1]), la vérité, dis-je, est que le seul réclamant qui se fût opposé au départ de ces armes était un sieur Buohl, ministre, agent de l'empereur, qui prétendait que son auguste maître avait encore des droits sur ces fusils, quoique M. Osy (de qui seul je les tiens) les lui eût bien *payés comptant*; quoique ce même Osy, avant de les faire enlever des citadelles de Malines et Namur ou d'Anvers, pour satisfaire aux lois de son traité, eût fait fournir à l'empereur, par MM. Valkiers, Gamaraches de Bruxelles, un cautionnement de *cinquante mille florins*, lequel est libellé dans l'acte, duquel cautionnement, *qui éteint tous droits de l'empereur*, je me suis fait donner, comme on l'a vu, cette attestation notariée par le même banquier Osy, ainsi que quittance finale de mes paiements faits à lui par-devant le même notaire[2], pour répondre à M. Buohl, et plus encore à MM. Clavière et Lebrun qui feignaient d'élever des doutes non seulement sur ma propriété, mais sur l'existence même des armes dans le port de Tervère.

La note de M. Buohl remise aux États de Hollande, au nom du roi de Hongrie, devient tellement importante pour reconnaître à tout jamais la vérité, le vrai motif de l'embargo des Hollandais sur nos fusils et la véracité du ministre Lebrun, que je vais l'insérer ici.

NOTE DE M. LE BARON DE BUOHL,
CHARGÉ DES AFFAIRES DE LA COUR DE VIENNE,
remise le 5 juin 1792 à LL. HH. PP.;
et le 8, par M. le greffier Fagel,
à M. de Maulde, ministre plénipotentiaire de France à La Haye,
qui en a remis copie à M. de La Hogue le 9,
lequel a répondu le 12, et auquel LL. HH. PP.
ont répondu le 26 juin.

Le soussigné, chargé d'affaires de S. M. le Roi apostolique de Hongrie et de Bohême, a l'honneur de s'adresser à M. le greffier Fagel, le priant de vouloir bien porter à la connaissance de LL. HH. PP. que les armes qui se trouvent actuellement au port de Tervère en Zélande sont celles qui ont été vendues par le département de l'artillerie du roi aux Pays-Bas, à la maison Jean Osy et fils de Rotterdam, sous la condition expresse que lesdites armes seraient transportées aux Indes, et qu'il en consterait[1] *au gouvernement. Cette condition, bien loin d'avoir été remplie,* ne pourrait que trop facilement être éludée, *au préjudice du service de S. M.,* par l'effet d'un contrat de rétrocession fait en faveur de divers acquéreurs.

Le droit manifeste qui en résulte *pour le roi apostolique* de réclamer sa propriété*, *par le non-accomplissement de la condition mentionnée, a motivé les ordres très précis en vertu desquels le soussigné est chargé de demander l'interposition et l'autorité de* LL. HH. PP., afin que leur exportation ne puisse s'obtenir sous aucun prétexte quelconque.

(Entendez-vous ces mots, mon dénonciateur? sous aucun prétexte quelconque! *tout vous paraît-il expliqué?)*

Les États Généraux se prêteront sans doute avec d'autant plus d'empressement à cette mesure de justice qu'ils ne sauraient manquer d'apprécier dans leur sagesse *les raisons combinées qui ont porté le gouvernement général à s'attacher à la condition exprimée,* dont les circonstances survenues depuis justifient trop l'objet pour s'en désister.

(Entendez-vous encore ceux-ci, Lecointre? sentez-vous maintenant jusqu'à quel point vous fûtes abusé par le publiciste Lebrun?)

Fait à La Haye, le 5 juin 1792.
Signé le baron de BUOHL-SCHAVENSTEIN.

Or ce M. Buohl, au nom de l'empereur, avait porté sur ces fusils les prétentions que vous venez de lire, et dont le ministre Lebrun, qui feint toujours de l'ignorer, a la preuve depuis six mois dans cette même note de M. Buohl du 5 juin 1792, dans notre requête du 12, présentée par M. de Maulde aux États généraux, en réponse à M. Buohl, avec une note pressante de notre ambassadeur, enfin dans la réponse de LL. HH. PP., du 26 même mois : toutes lesquelles pièces *ont été remises à Lebrun, étant premier commis*, par M. Chambonas; et depuis par moi-même, *en sa qualité de ministre*.

Et les complaisants Hollandais (grâce à leur molle poli-

* Il est joli *le droit*, quand il n'y a nulle époque fixée dans lesdits actes et qu'Osy a fourni une caution de *cinquante mille florins*; et quand les tribunaux de *l'empereur même* ont fait adjuger ces armes au sieur Delahaye, sur la rétrocession d'Osy! Il est vrai que c'était avant qu'ils sussent que Delahaye me les céderait pour la France. Les manœuvres n'ont commencé contre l'extradition des armes que lorsqu'ils ont été instruits, *par la loyauté de nos bureaux de la Guerre d'alors, que j'étais l'acheteur des fusils et qu'ils étaient pour nos soldats.* Voilà ce que Lebrun n'a jamais ignoré. Ainsi *le droit de l'empereur* était aussi *fondé* que *l'ignorance de Lebrun* sur ce fait était *vraie*!

tique) trouvaient les prétentions du sieur Buohl si justes *qu'ils en arrêtaient nos fusils*! comme si la Hollande, où ces armes sont par *transit* et dont *j'ai payé tous les droits*, devait à ce Buohl la complaisance de *vexer un Français* pour plaire à sa gracieuse majesté, *très impériale sans doute*, mais *nullement propriétaire*!

Vous avez vu comment LL. HH. PP., en répondant à notre requête du 12 juin *où nous demandions l'extradition des armes à grands cris*, disaient, dans leur réponse du 26, que les propriétaires *(qui sont* MOI*) avaient eux-mêmes renoncé à l'exportation de ces armes*. Puis, quand ces *vrais propriétaires* leur soutenaient avec respect qu'ils n'avaient dit nulle part *cette lourde bêtise* verbalement ni par écrit, *nos seigneurs* ne disaient plus rien, fumaient gracieusement leurs pipes, *et gardaient encore mes fusils*.

Bien est-il vrai qu'ils ajoutèrent dans leur réponse du 26 juin *(ce qui est plus intéressant)* que ces négociants *(toujours* MOI*)* étaient les maîtres de disposer, *d'après leur bon plaisir*, des neuf cent vingt-deux caisses, vingt-sept barils *(tonneaux)* de fusils et de baïonnettes, *dans l'intérieur de la République*, attendu que *l'importation de ces armes est permise sans restriction*, moyennant *le paiement des droits, qui ont été acquittés*. (Acquittés *par moi*, monsieur Lecointre! acquittés *par moi*, monsieur Lebrun!) Ne perdons pas le fil du raisonnement des Hollandais : il est parfait.

Ils me donnent le droit de vendre mes armes *dans l'intérieur, parce que j'ai payé les droits*; mais quels droits leur ai-je payés? *ceux de transit*. Admirez la justesse! parce que j'ai payé les droits qu'on nomme de passage, *celui d'entrée et de sortie*, ils gardent mes fusils sous clef! (Dieu bénisse les politiques avec leurs fatals raisonnements!) Et c'est de cette nourriture qu'on alimente ma raison depuis neuf tristes mois, tant en Hollande qu'à Paris! Hollandais, Buohl et Lebrun! vous êtes tous de la même force!

Notez encore que ces États, *amis de l'empereur François*, me donnaient une permission *(que je ne leur demandais point)* de vendre ces fusils *en Europe à nos ennemis qui les recherchaient à tout prix* (SI C'EST MON BON PLAISIR, disent-ils!) malgré que *l'empereur, leur ami*, eût exigé d'un Hollandais que ces armes iraient à Saint-Domingue[1] sous peine de *cinquante mille florins*, et malgré que LL. HH. PP., *à l'appui de cette sûreté*, eussent exigé de nous en avril *trois fois la valeur de ces armes*. Jeu puéril! tout était oublié! Soldats français! tout était bon, pourvu que vous ne les eussiez jamais! Et nos perfides ministres, en abusant Lecointre et faisant publier *la chose*, viennent de faire gagner la partie à vos ennemis, par votre décret de novembre[1].

Hélas! nos seigneurs de Hollande nous traitaient comme gens qui ne méritaient pas qu'on se donnât la peine d'avoir raison en leur parlant! Moquerie outrageuse que Lebrun connaissait! Et c'était votre ambassadeur, ô Français! qu'on bafouait ainsi! Car il appuya ma requête d'un *très fort mémoire de sa main, au nom de la nation française*. Mais pourquoi m'en étonnerais-je, lorsqu'il était bien plus bafoué par le ministre de Paris que par le bureau de La Haye!

En demandant pardon à cet ambassadeur maltraité, vexé, rappelé, quoiqu'il soit bien dans la diplomatie un des hommes les plus forts que j'aie jamais rencontrés, un travailleur infatigable, à qui je donnerais très hautement ma voix pour en faire un ministre des Affaires étrangères, si on les choisissait sur leur capacité. Hélas! j'en dis tout le bien que j'en sais, pour qu'il daigne me pardonner la contrariété que je me vois forcé de lui faire éprouver.

Pour revenir à mon affaire, je somme donc M. de Maulde de déclarer, sans nul détour, si tout ce que j'ai dit tenir de lui sur le Constantini est faux.

Je le somme de présenter la lettre qu'il a reçue à ce sujet de la veuve Lombaert, d'Anvers[2], sur la cession de mes fusils.

Et comme le Corse est *vantard*, avec son parler un peu niais, je somme aussi M. de Maulde de déclarer à la nation si ce que le Corse a dit en d'autres lieux, savoir : *qu'il donne un intérêt de vingt-cinq pour cent sur tous ses achats de Hollande à certain protecteur de son privilège exclusif et lui en a remis sa* SOUMISSION[3], il ne le lui aurait pas dit aussi dans ses vanteries accoutumées.

Je le somme encore de nous dire s'il ne lui a pas fait *quelque offre semblable, à lui-même*, pour fermer les yeux sur le tout, même y aider dans l'occasion.

Ce qui m'engage à peser sur ces faits, c'est le rappel, si brusque et sans motif[4], de cet ambassadeur, au moment où c'était un crime d'enlever de La Haye un homme aussi instruit des intérêts du Nord, aussi aimé des Hollandais, très estimé de leur gouvernement, quoiqu'on lui fît des avanies *par haine de notre nation*; au moment, dis-je, où tous les cabinets venaient se mêler et se peindre *au cabinet stathoudérien*[5] comme tout l'horizon se peint sur la rétine de notre œil, grande comme un œuf de serin!

Et si, contraire au *triumrapinat*[6], l'honneur de M. de

Maulde l'a obligé de rejeter leur offre, je ne m'étonnerai plus de son brutal rappel, quoiqu'il fût l'homme le plus propre à nous bien servir en Hollande!

Des regards aussi vigilants auraient pu gêner bien des choses! Eh! qu'est le bien de la patrie près de[1] M. Constantini? Il a bien mieux valu y envoyer Thainville! qui, tout aussi *vantard* que l'autre, leur disait noblement au Havre, en racontant *qu'il allait relever de Maulde : « Je m'en vais à La Haye balayer toute la boutique! »*

Cette diplomatie peut sembler un peu bien étrange à ceux qui savent combien il faut de vrai talent, de grâces, de ruse et de souplesse pour faire supporter ces missions inquisitoriales!

Tels sont les gens qui mènent nos affaires, en faisant du gouvernement un réceptacle de vengeance, un cloaque d'intrigues, un tissu de sottises, une ferme de cupidité!

Après avoir fini avec Osy de Rotterdam, et sans aucun égard aux menées de Lebrun, mais attendant ce qu'il me ferait dire par son nouveau collègue Pache, j'écrivis à M. de Maulde une lettre officielle[2], le 21 novembre, ayant rapport à la réception de mes armes qu'il était obligé de faire en qualité de maréchal de camp. J'y joins la lettre de ce ministre[3], en réponse à la mienne, du 22.

Cette réponse de M. de Maulde, exacte et fort honnête, comme tout ce qu'il écrit, est remarquable par trois points :

1° Par la conviction où il est que tous ces *revendeurs protégés de marchandises hollandaises, Constantini* et *compagnie*, ne me pardonneront pas de les avoir privés d'agioter sur mes fusils. *Je crois*, dit-il, *que pour parer encore à quelque diablerie, car tous ces factieux d'agioteurs ne vous les économiseront pas*, etc.

2° Elle est remarquable par sa très franche volonté d'exécuter sur ces fusils les devoirs que lui imposait le traité du 18 juillet, d'après les ordres de Lebrun, *qu'il ne croyait point illusoires*.

3° *Par la fatigue qu'il avait des vexations sans nombre que mon affaire n'avait cessé de lui faire éprouver depuis huit mois qu'il la traitait et la suivait auprès des États de Hollande.* (Voyez sa lettre.)

Il y en avait donc réellement *de longues et fatigantes vexations de la part des États de Hollande sur cette affaire* que l'ambassadeur vigilant ne perdait pas de vue depuis huit mois, dont il avait lassé les ministres de France; et dont Lebrun, qui se donne l'air aujourd'hui de s'instruire des faits par un nouvel agent, avait eu les oreilles battues et les deux yeux frappés cent fois comme premier commis, ensuite comme ministre, par vingt dépêches de M. de Maulde et par mes vives réclamations.

M. de Maulde m'envoyait avec sa réponse une lettre réquisitoriale au commandant français à Bruxelles. La voici :

La Haye, ce 22 novembre 1792,
l'an premier de la République française.

Citoyen,

La présence de M. Tomson de Bruxelles étant absolument nécessaire dans ce pays pour terminer un achat d'armes fait par le citoyen Beaumarchais pour le gouvernement de notre République, je vous prie, citoyen général, de faire obtenir à M. Tomson le passeport nécessaire pour ce voyage. Servir la patrie, voilà notre devoir et notre plaisir. L'aimer uniquement, voilà le culte digne de nous, vrais Français républicains.

Signé EMM. DE MAULDE HOSDAN.

Le 24 novembre, je demandai à ce ministre plénipotentiaire de France, mais officiellement, copie des lettres que les différents ministres lui avaient écrites sur l'affaire des fusils. Il répondit qu'*il n'était pas d'usage qu'on donnât, en diplomatie, copie des lettres qui pouvaient parler d'autres choses, mais seulement de bons extraits*. Il voulut bien me les envoyer[1].

On peut remarquer cette phrase dans ma lettre : « Je ne vous parle plus de ce fatal cautionnement, etc., qui n'arrive jamais, etc., parce que la malveillance... qui l'arrête ne vient nullement de votre part, et que vous en avez écrit plusieurs fois au ministre, comme je l'ai fait moi-même, etc. »

On peut remarquer celle-ci dans la réponse de M. de Maulde : « Il faut donc être en mesure de prêter ce cautionnement ou nous ne tenons rien. Vous ne doutez pas *que je ne retrace souvent* cette observation *au ministre*, à qui je présume que le citoyen Beaumarchais écrit chaque courrier. »

Hélas! oui, je lui écrivais! M. de Maulde lui écrivait. Constantini sans doute aussi lui écrivait. L'usage qu'il a fait des trois correspondances est l'exécrable et dernier acte de ce drame ministériel! Mais comme c'est la fin de tout, avant de vous le présenter je dois vous mettre sous les yeux ma lettre pressante du 30 et la réponse de M. de Maulde sur la livraison de mes armes. Elles sont trop importantes pour ne les pas insérer dans le texte. Voici ma lettre :

La Haye, ce 30 novembre 1792,
l'an Ier de la République.

Citoyen ministre plénipotentiaire de France,

J'ai l'honneur de vous prévenir que l'armurier de Bruxelles, que mon vendeur hollandais et moi avons été d'accord de faire venir à Tervère pour y reconnaître en ma présence et dans la vôtre la quantité des armes en caisses qui y sont détenues depuis plus de sept mois, est enfin arrivé à La Haye *sur l'expédition du passeport que le général français qui commande à* Bruxelles *lui a donné, d'après la demande que vous lui en avez faite vous-même.*

Je vous ai prévenu dans le temps, citoyen ministre et ministre citoyen, que si nous préférions cet armurier brabançon à tout autre, c'est parce que depuis le commencement de l'affaire, cet homme a été chargé d'abord de faire passer les armes des citadelles de Malines et de Namur en Zélande, ensuite de réparer la partie des fusils qui en avait le plus besoin, qu'il a huilé et encaissé ces armes, et qu'il en a remis alors l'état certifié à mon vendeur, lequel me l'a remis depuis en le certifiant lui-même.

La malveillance ministérielle qui jusqu'à ce jour a retenu en France le cautionnement exigible tant demandé et tant de fois promis *ayant servi de prétexte à la malveillance hollandaise pour empêcher l'embarquement et l'extradition de ces armes, vous savez aussi bien que moi que le moment de résipiscence hollandaise que nous devons aux grands succès de Dumouriez est à peu près déjà passé, d'après le décret de la Convention nationale sur l'ouverture de la Meuse et de l'Escaut*[1]. *J'ai donc l'honneur de vous requérir, et même de vous sommer (pardonnez la rigueur du terme à la rigueur des circonstances), j'ai l'honneur, dis-je, de vous requérir et sommer de vous transporter avec moi à Tervère, pour y recevoir, en votre qualité de maréchal de camp, mon expropriation légale et la livraison réelle de ces armes, payées depuis si longtemps par moi, au même instant où elle me sera faite à moi-même, au terme du traité passé le 18 juillet dernier entre le ministre de la Guerre Lajard et des Affaires étrangères Chambonas d'après l'avis très motivé des trois comités, Diplomatique, Militaire et des Douze, réunis; traité dont la teneur expressément reconnue par le ministre Lebrun, en date du 20 septembre, qui vous l'a envoyé par moi, vous y oblige, ainsi que l'ordre exprès que ce ministre vous a donné pour la partie qui vous concerne dans ce traité, par sa lettre du 20 septembre*[2] *que je vous ai remise à mon arrivée à La Haye.*

Pardonnez si je vous préviens, citoyen ministre plénipotentiaire, qu'à votre refus de le faire à ma réquisition, si une guerre, qui paraît malheureusement trop prochaine entre la France et la Hollande aidée de l'Angleterre[1], *privait la patrie de ces armes qui lui appartiennent, soit par quelque pillage ou l'usurpation que les Hollandais en feraient,* je me verrais forcé dès à présent d'en reverser toute la responsabilité sur vous, comme je l'ai déjà fait à Paris sur le ministère de France pour le refus de fait, qui existe de sa part, d'envoyer en Hollande le cautionnement exigé par le traité du 18 juillet et d'en exécuter les conditions; vous rendant garant envers la nation de toute la perte qui résulterait pour elle de votre refus de partir.

J'ai dit et j'ai écrit au ministre Lebrun, pour être mis[2] sous les yeux du conseil exécutif provisoire, *que je ne ferais pas une démarche en Hollande sans lui donner toute la rigueur des formes*, connaissant bien les motifs des oppositions et mon intention étant de dénoncer à la nation toutes les lâches intrigues *dont nos ministres sont malheureusement investis et enveloppés pour empêcher ces armes d'entrer en France.*

Agréez, citoyen ministre plénipotentiaire de France, les salutations respectueuses du vieux citoyen.

Signé BEAUMARCHAIS.

J'étais malade; ma lettre lui fut envoyée par un de mes amis, auquel il répondit :

La Haye, ce 30 novembre 1792.

Citoyen,

Je ne puis que transmettre au citoyen Caron Beaumarchais l'ordre impératif du ministre de la Guerre. Il ne m'appartient pas de le commenter. Notre ministère nous astreint aux notifications qui nous sont imposées. Je les fais officiellement; c'est remplir mes obligations. Je sais, comme particulier, ce que l'honneur et la justice me prescrivent, *et je n'aurai jamais besoin à cet égard de consulter personne. Mais comme garçon ministre*[3], *subordonné dès lors, je ne puis qu'obéir. Vous sentez qu'il ne m'est plus possible de me rendre à Tervère. Il est vraisemblable que les causes d'un* ordre qui m'étonne *seront bientôt manifestées; peut-être même en serez-vous plus tôt instruit que moi,* car les nouvelles m'arrivent bien lentement.

Votre concitoyen,
le ministre plénipotentiaire de France,
EMM. DE MAULDE HOSDAN.

Sa lettre contenait la copie officielle d'une autre lettre du ministre Pache, très importante à lire pour juger du désordre et de la profonde ignorance où vivaient tous les malveillants qui ont fourni les matériaux de ma dénonciation ; lettre que Lebrun envoyait *tout ouverte* au citoyen Maulde ; *avec un mot de lui* (ce qui la rend plus digne de remarque) à Maulde, qu'il nommait encore ministre plénipotentiaire à La Haye, quoiqu'il y eût un mois que Thainville, *qui le balayait*, était parti en poste, *avec son balai, de Paris.*

Ô désordre ! ô contradiction ! Je jure que tout marche ainsi dans ce fatal département.

LETTRE DU MINISTRE LEBRUN

Paris, le 20 novembre 1792,
l'an Ier de la République.

Le ministre des Affaires étrangères envoie la lettre ci-jointe au citoyen Maulde, que vient de lui remettre le citoyen ministre de la Guerre.

LETTRE DU MINISTRE PACHE (ARTILLERIE)

Je vous prie, citoyen, de mettre le plus de célérité qu'il vous sera possible à m'informer si, en conséquence de l'invitation qui a pu vous être faite à la fin d'avril ou au commencement de mai dernier, vous avez, conjointement avec le maréchal de camp La Hogue, fait vérifier et constater l'état et la quantité des fusils et autres armes à feu déposés au port de Tervère au compte de Caron Beaumarchais : et si vous avez fait ficeler et cacheter les caisses qui les contiennent, afin qu'elles restassent dans leur intégrité.

Si vous avez eu mission, citoyen, pour faire cette opération et que vous l'ayez remplie, je vous prie de ne pas différer un instant à m'en faire part, et de surseoir, en attendant, à toute vérification ultérieure à cet égard.

Si, au contraire, vous n'avez eu ni mission à ce sujet ni opération à faire, il convient que, sous quelque prétexte que ce soit, vous n'en commenciez aucune, jusqu'à ce que, d'après les renseignements que je vous prie de me donner à cet égard, je vous fasse connaître le parti à prendre ultérieurement.

Signé le ministre de la Guerre, PACHE.

Au-dessous est écrit :

Pour copie demandée par le citoyen Beaumarchais, le premier décembre au matin.

Signé LEROI D'HERVAL, *secrétaire.*

Réellement, on ne sait par où prendre ce chef-d'œuvre ministériel pour en faire le commentaire! Certes, ce n'est point là l'ouvrage de M. Pache. Un ministre sensé n'écrit point de telles sottises sur une affaire qu'il ignore; et quand il se doute, surtout, qu'il pourra être relevé. Mais le hasard, joint à mes réflexions, m'a fait trouver encore le mot de cette absurde énigme.

La lettre est d'un commis, fabricateur des fausses instructions qui ont trompé le citoyen Lecointre!

Avant de parler de cet homme, commençons d'abord par commenter sa lettre, signée Pache.

La lettre : *Je vous prie* (dit le ministre mal instruit à l'ambassadeur bien instruit) *de m'informer si, en conséquence de l'invitation qui a pu vous être faite à la fin d'*avril *ou au commencement de* mai *dernier,* etc.

Que parle M. Pache des *mois d'avril et mai*? Est-il possible qu'il ignore que les ordres donnés par le ministre Lebrun[1] au citoyen ministre Maulde sont du 20 septembre dernier? lesquels ordres, portant de recevoir mon expropriation à Tervère aux termes de l'*article 8*[2] *du traité du 18 juillet*, ne peuvent avoir aucun rapport à ce qui existait avant, *en fin d'avril*, temps auquel cette livraison devait, par moi, se faire au Havre, et sur laquelle M. de Maulde n'avait eu ni invitation ni aucun ordre de personne, *car il n'était pas en Hollande*?

La lettre : *Si, en conséquence de l'invitation d'avril... vous avez, conjointement* avec le maréchal de camp La Hogue...

Grand merci, monsieur Pache, pour mon ami La Hogue! Le voilà, grâce à vos commis, *maréchal de camp en avril*, lui qui n'y a jamais songé; et vous lui faites ce ridicule honneur sur ce que, le *18 juillet*, un traité fait par deux ministres, sur l'avis des trois comités, enjoint au citoyen de Maulde, *en qualité de maréchal de camp, de recevoir la livraison des armes* de mon ami M. de La Hogue, *nullement maréchal de camp*, mais chargé de faire *pour moi* la livraison à cet ambassadeur, *en vertu du traité* passé le 18 de juillet.

Si de pareilles lettres sortaient d'un des cabinets ennemis, que de rires nous en ferions! comme nos gazetiers de Liège[3] s'en extasieraient de plaisir! Je vois ici le commis rédacteur se pavanant de sa sagacité. Il me rappelle un chasseur gentilhomme qui, voulant se donner un air savant sur la mythologie, avait nommé son chien Thisbé et sa chienne Pyrame[4], et *s'en pavanait devant nous*! Je vous dirai dans un moment quel est ce sage commis-là.

La lettre : *Si vous avez, conjointement avec le maréchal de camp La Hogue, fait vérifier... et fait ficeler et cacheter les caisses (et toujours en avril).*

Suivant l'ordre donné, comme je l'ai dit plus haut, le 20 septembre suivant, remis le 12 octobre au citoyen Maulde par moi, missionnaire de M. Lebrun.

La lettre : *Et si vous l'avez faite* (cette vérification), *je vous prie de surseoir à toute vérification ultérieure.*

Surseoir à la vérification d'une vérification faite et consommée! Tout cela est d'une justesse, et je dirais, d'un sens exquis!

La lettre : *Si, au contraire, vous n'avez eu ni mission à ce sujet ni opération à faire, il convient que vous n'en commenciez aucune.*

À quel titre M. de Maulde en commencerait-il, s'il n'en a eu la mission de personne? lui, ministre de France, qui ne fait rien sans ordre! et de plus maréchal de camp! Titre que je lui restitue : il y a trop longtemps que l'on en pare *mon ami*, qui n'y a jamais prétendu!

Restituons aussi l'honneur d'avoir fait cette lettre à qui il appartient, car M. Pache l'a seulement signée. M. Lebrun, qui sait le fond des choses, la lit et nous l'envoie ouverte, sans se soucier le moins du monde qu'elle ait le sens commun ou non; et nous disions en la lisant : la tête a-t-elle tourné à tous les chefs et à tous les commis?

Je me mets à vos pieds, ô citoyens législateurs! pour obtenir votre indulgence sur le ridicule détail où je me vois forcé d'entrer! mais il est si fort inhérent *à cette dénonciation* qui vous a fait lancer *un décret contre moi* que je les crois de même main!

Et vous, mon dénonciateur! pardonnez-moi; ou plutôt sachez-moi bon gré de prouver à la Convention que ces imposteurs matériaux[1] ne sont nullement votre ouvrage; que vous avez été trompé, vilainement trompé par ceux qui ne m'ont éloigné de France que pour m'assassiner avec impunité. Voici le fait :

J'avais chargé spécialement le chef de mes bureaux, mon fondé de pouvoir, de tourmenter M. Lebrun pour m'obtenir une réponse *à quatre lettres successives*. Il m'écrit qu'il n'a pu parvenir à rien tirer de ce ministre, ni sur ses réponses en retard, *ni sur le cautionnement promis*; qu'il lui a constamment trouvé tout l'embarras que je lui avais vu! Ce fut au point que, pour se tirer de mon homme sans laisser échapper le noir projet qu'il méditait, il renvoya le pressant questionneur à un sieur Du Breton, des bureaux de la Guerre; lequel, après l'avoir poliment renvoyé dans des bureaux trop peu instruits, finit par l'adresser à un sieur Hassenfratz[1]... Mais laissons raconter à mon fondé de pouvoir, qui l'a subie, la ridicule scène qu'il eut avec cet Hassenfratz. C'est sa lettre que je copie.

Ce M. Du Breton, dit-il, *a fini par m'adresser à M. Hassenffratz, dans les premiers bureaux duquel j'ai trouvé une foule de gens qu'il a fallu laisser expédier avant que mon tour arrivât. Enfin j'ai pénétré jusqu'à son cabinet.*

Un peu surpris de l'air égaré de cet homme, pour m'assurer si c'était lui, j'ai débuté lui demandant si j'avais l'honneur de parler à M. Hassenffratz, qui, l'œil hagard, le teint enflammé, le poing fermé, m'a dit d'une voix de tonnerre, et avec l'expression de la fureur : « Tu n'as point l'honneur..., je ne suis point monsieur..., je m'appelle Hassenffratz. »

Interdit d'une telle réception, j'étais prêt à m'enfuir; mais considérant que le personnage n'était point imposant et voulant remplir ma mission, je lui ai répondu avec sang-froid : « Pardon, citoyen, si j'ai mal débuté avec toi; mais considère que les gens du commencement du siècle ne s'habituent pas en une seconde au grotesque langage de sa fin[2]*. Au surplus, c'est donc ta manie de te faire tutoyer? Pourrais-je te parler seul? Je suis renvoyé à toi par un ministre qui se nomme Lebrun pour savoir où en est l'affaire du cautionnement tant promis à M. Beaumarchais, sur lequel on lui a donné tant de paroles qui toutes ont été sans fruit! Voilà ma question : tu peux répondre. — À qui parlé-je? — À Gudin*[3]*, fondé de pouvoir de l'homme que j'ai nommé, et qui te demande une parole positive.*

— L'affaire dont tu me parles, me répond Hassenffratz, est une affaire sur laquelle je suis occupé à jeter un coup d'œil sévère. Beaumarchais a trompé Lajard qui, comme un sot, s'est mis à la place de Beaumarchais par un marché que je prétends détruire* *; je vais le faire imprimer avec le premier*[4]*, pour que le public puisse juger lui-même et l'affaire et l'homme*[5]*. — Vous le pouvez, monsieur, lui dis-je; et je ne doute pas que, sur votre réponse que je vais lui faire passer, il ne prévienne vos intentions hostiles et n'instruise ce public que vous interpellez* des torts des ministres à son égard, et de la manière utile *dont il a cherché à servir la nation à laquelle la publicité que vous voulez donner à cette affaire arrache cinquante-trois mille armes*[6] *dont elle a le plus grand besoin! —* Nous n'avons point

* Ici le bout d'oreille du délateur se montre.

besoin d'armes, *répond Hassenfratz en courroux ;* nous en avons plus qu'il ne nous en faut : qu'il fasse des siennes ce que bon lui semblera ! – *C'est là votre réponse ? – Je n'en ai point d'autre à te faire !* »

J'aurais bien reparti que vous n'aviez trompé personne, ni traité avec Lajard seul ; que c'était avec trois comités réunis de l'Assemblée législative et deux ministres que vous aviez traité. Mais j'ai pensé que s'il avait l'audace d'imprimer, il fallait vous laisser la gloire de la victorieuse réponse que vous avez à faire en produisant l'avis des comités et les éloges qu'ils ont donnés à votre civisme connu.

Tel est, Monsieur, le résultat de mes démarches auprès de M. Lebrun. Il est visible que cette fin d'affaire est un piège affreux qu'on vous tend : il est prouvé qu'on voit avec plaisir que vous y ayez compromis une partie importante de votre fortune. Il ne s'agit plus pour vous de solliciter ni faveur ni justice. Ce n'est plus cela qu'il faut obtenir, c'est vengeance ! c'est adresse à la Convention et la punition des coupables.

J'ai l'honneur de vous répéter que l'on ne veut point de vos armes *:* ils veulent votre ruine entière ; vous compromettre, si on le peut, aux yeux de toute la nation, pour vous perdre avec plus d'audace !

Je viens d'écrire à Hassenfratz que je n'ai pas bien compris ce qu'il m'a dit ; que, pour ne pas hasarder près de vous une lettre insignifiante sur une affaire aussi importante, il convient qu'il me trace de sa main ce que j'ai mal entendu.

Voici ma lettre à Hassenfratz, absolument dans son beau style :

« Je t'avais demandé un entretien particulier, et ton cabinet se remplissait à mesure que je te parlais. Je ne t'ai pas bien entendu ; écris-moi ta réponse, parce que je dois la transmettre à mon commettant. Voici ma question : Donnera-t-on le cautionnement tant de fois promis et non obtenu ? *Tu vois que j'ai profité de ta leçon ; que la politesse est bannie de notre société ! Sois vrai, c'est tout ce que je te demande. Adieu, Hassenfratz : j'attends ta réponse. Avec un homme de ton caractère on ne doit point attendre. Signé* GUDIN, *républicain tout aussi fier que toi.* »

Il nous revient une réponse de ce burlesque homme d'État, nommé, dit-on, Le Lièvre, qui *allemagnisant* son nom pour qu'il fût moins commun et presque aussi original que lui, s'est fait appeler Hassenfratz, comme qui dirait *aimant le lièvre*[1]. Mais, avant de la présenter, rappelons-nous sa réponse verbale, si sage et si digne de lui : « Nous n'avons aucun besoin d'armes, *nous en avons plus qu'il ne nous en faut*; et qu'il fasse des siennes tout ce que bon lui semblera! »

Quoi! monsieur, c'est sérieusement que vous nous dites ces folies? quand il s'en faut de plus de deux cent mille fusils que nous n'en possédions le nombre nécessaire? Votre ministre Pache, bien mieux instruit que vous, surtout plus véridique, répond en ce mois de janvier *au conseil général de la commune de Paris* d'un autre ton que son chef de bureau :

J'ai reçu la lettre que vous m'avez écrite, par laquelle vous demandez le remplacement des armes que les citoyens de Paris ont données. Malgré l'envie que j'ai d'armer promptement les citoyens de Paris, il m'est impossible d'effectuer, quant à présent, *le remplacement d'armes que vous demandez;* la République se trouve dans une telle pénurie d'armes *que je puis à peine suffire à l'armement des bataillons de volontaires qui demandent à voler à l'ennemi...*

Signé PACHE.

Certes, il y a quelqu'un qui ment entre le maître et le commis! Ce n'est point le ministre; et j'en trouve la preuve dans la réponse du commis à Gudin, mon chef de bureau :

HASSENFFRATZ À GUDIN

Détruisons l'obscurité!

La question que tu poses : Donnera-t-on le cautionnement tant de fois promis et non obtenu? *n'est point du tout celle à laquelle je puisse et je doive répondre.*

Il faut, avant tout, que j'aie une réponse décisive à cette question : A-t-on rempli les engagements du premier et du deuxième marché? *Rien ne le dit dans la correspondance et dans les pièces qui sont dans les bureaux.*

Mes lecteurs doivent être instruits que le sage Hassenffratz (garçon de fourneau d'un chimiste[1] avant d'être premier commis), au lieu de souligner les phrases qui le sont dans cette copie, les a écrites en encre noire, le reste de l'épître étant à l'encre rouge. Les savants ont beau faire, ils ne sauraient se déguiser! Gudin lui réplique à l'instant :

Tu réponds à ma question par une autre : cela n'est plus répondre. Et cependant tu dis : détruisons l'obscurité! *Ce que je demande est le* mot *de l'affaire? Sans cette satisfaction, elle est perdue.* Est-ce à ceux qui mettent les entraves à demander si les engagements sont remplis? *Si ce que tu as de la correspondance est insuffisant pour t'éclairer,* on ne t'a pas tout remis.

L'homme dont je stipule les intérêts n'en a rien perdu ni égaré. *Elle lui a déjà servi à lui sauver la vie, à lui mériter les certificats du civisme le plus pur. J'aime à me persuader qu'elle lui servira encore dans cette occasion.*

Tout homme qui voudra l'examiner sans prévention n'y verra que gloire pour lui!

Au surplus, si tu cherches la vérité, dis-moi sans nul détour en quoi consistent les engagements du premier marché, ainsi que ceux du second, dont tu aurais à reprocher l'inexécution.

Le Huron n'a plus répondu; mais il a fait la belle lettre signée Pache, à M. de Maulde, sur le maréchal de camp La Hogue et sur moi, où l'on voit le gâchis que j'ai analysé[1] et que j'ai appelé *chef-d'œuvre d'ignorance.* J'en demande pardon à Pache. Qui l'obligeait à signer cette lettre d'un insensé? Et c'est ce M. Hassenfratz, ce fournaliste[2] de chimie, qu'on charge des dépouillements d'une affaire aussi capitale, qui n'a pas la moitié des pièces, qui ne sait ce qu'il lit, pas plus que ce qu'il trace; lequel, bien ignorant des faits, mais n'en voulant pas moins détruire (ainsi qu'on le voit s'en vanter) un traité dont il ne sait rien, pas même les clauses qu'il contient, a fait tout le travail *de mon accusation*, travail dont l'ineptie m'avait tant étonné avant d'être averti qu'il était du Lièvre Hassenfratz!

Ô Dieu! que la défense est épineuse et longue sur l'attaque la plus absurde, quand on veut ne rien oublier! Hâtons-nous, finissons. Le défaut d'intérêt tue la curiosité.

Je reprends mon triste narré.

Le 1er décembre on m'apporte la *Gazette de La Haye* et j'y lis l'article qui suit :

Paris, le 23 novembre 1792.

Hier, cent vingt mandats d'arrêt étaient déjà décrétés. Aussi était-on hier occupé à poser le scellé sur tout, dans la maison de Beaumarchais qui est membre et appartient à la clique des conspirateurs *et a écrit diverses lettres à Louis XVI.*

Ensuite elle donnait un compte rendu sur l'affaire des fusils, fait de main de maître... Gonin. Cet extrait de gazette[3], traduit par un notaire juré de Londres et légalisé par M. Chauvelin, ministre plénipotentiaire de France, vous sera remis.

En lisant, je souriais et je disais : c'est avec ces fausses nouvelles que les gazetiers étrangers désaltèrent la soif qu'on a partout des événements de Paris, lorsque divers avis d'amis très bienveillants m'arrivent et me préviennent que *si je veux apprendre le comble des horreurs à mon sujet, je n'ai pas un instant à perdre pour les aller chercher à Londres, mes amis n'ayant pas osé me les envoyer à La Haye*, etc.

Je cours chez M. de Maulde le prévenir que je pars à l'instant, mais que je reviendrai sous peu. J'étais invité à souper, j'attends dans son salon. Sur la remise d'un paquet, il venait de passer chez le grand pensionnaire[1]. Je partis, et le lendemain je lui écrivis ce qui suit :

Du paquebot qui me passe à Londres,
ce 2 décembre 1792, l'an Ier de la République française.

Citoyen ministre plénipotentiaire,

Une nouvelle fort étrange, que je trouvai hier dans la gazette hollandaise à mon sujet, m'avait déterminé à partir pour Amsterdam; mais la confirmation de cette nouvelle, qui m'a été apportée de deux endroits différents avec avis d'une de ces deux parts que si je voulais avoir les plus grands détails sur l'infamie qu'on veut me faire en France auprès de la Convention nationale, je les trouverais en Angleterre, *m'a sur-le-champ déterminé à partir pour Londres au lieu d'aller à Amsterdam. Je voulais avoir l'honneur de vous faire part de cette résolution, mais on m'a dit que vous étiez chez M. le Grand Pensionnaire. On m'accuse d'avoir écrit plusieurs lettres à Louis XVI*[2]. C'est une scélératesse qu'on me fait pour parvenir à une friponnerie. *Je n'ai de ma vie eu l'occasion d'écrire à ce prince, sinon la première année de son règne, il y a plus de dix-huit ans. Sitôt que j'aurai vu à Londres de quoi il est question au fond, je pars à l'instant pour Paris, car il est temps que la Convention nationale soit instruite de tout, ou je reviendrai à La Haye terminer avec vous l'interminable affaire des fusils de Tervère.*

Recevez, ministre citoyen, les assurances les plus sincères de la gratitude du vieux citoyen persécuté.

Signé BEAUMARCHAIS.

Arrivé par miracle à Londres, après avoir manqué périr comme le bâtiment qui nous suivit de près et qui portait des émigrés français, la première phrase que j'y lus, en ouvrant mon paquet, fut celle-ci : « Si vous lisez ceci en Angleterre, rendez grâces à genoux; car un Dieu vous a préservé! »

Suivaient les détails bien exacts des manœuvres de nos ministres; et ce sur quoi l'on m'invitait surtout à rendre grâces au Ciel était *que si l'on m'eût arrêté en Hollande*, où l'on avait dépêché un courrier extraordinaire pour m'amener pieds et poings liés, *on comptait bien que je n'arriverais pas vivant à Paris*; car ce qu'on y craignait le plus, c'était ma justification, *dont j'avais trop*, dit-on, *menacé les ministres*!

J'écrivis sur-le-champ au citoyen de Maulde la lettre suivante; je supplie qu'on la lise avec quelque attention, à cause de la réponse qui me fut faite, non par lui, mais par un de mes amis de La Haye[1].

À M. DE MAULDE

Londres, ce 7 décembre 1792,
l'an Ier de la République française.

Citoyen ministre plénipotentiaire,

Les instructions que mes derniers avis me disaient de venir chercher promptement à Londres, *parce qu'on n'avait pas cru bien sûr de me les renvoyer à* La Haye, *étaient très importantes. Elles me détaillent fort au long le plan de mes ennemis contre moi. On m'assure même qu'aussitôt qu'ils auront obtenu le fruit de leur trame odieuse, ils doivent vous envoyer* l'ordre de me faire arrêter en Hollande.

Ce serait une chose piquante, si ce ministre étrange des Affaires étrangères *allait vous expédier un courrier*[2] *pour cela!* lui qui ne vous en a jamais envoyé un seul pendant tout le temps de votre ambassade! lui qui a laissé relâcher, et n'a rien fait pour l'empêcher, les fabricateurs d'assignats; *si, pour servir de cupides intérêts, il allait se montrer, pour la première fois, vigilant au point de vous charger,* par un exprès, *de la plus ridicule commission auprès des États Généraux, en me donnant la préférence d'une inquisition si atroce quand la Hollande est pleine d'ennemis déclarés qu'on y laisse tranquilles et à qui elle accorde une très paisible retraite; il serait tout aussi étrange que* cette haute puissance, *soumise aux fantaisies de toutes les autres, crût qu'elle doit obtempérer à la honteuse demande de Lebrun!*

Mais, pardon de mon bavardage, mon voyage d'Angleterre vous dégagera de tout embarras à cet égard, si par hasard on vous le donne. Je n'ai besoin ni d'exempts ni d'archers pour me rendre en cette capitale infortunée où tous les genres de désordre attendent que la Convention s'occupe enfin de nous donner des lois. *On l'en empêche autant qu'on peut et moi, je lui demande,* par une pétition *très forte, de garantir* ma tête *du poignard de mes assassins; puis je pars sur-le-champ pour la soumettre au fer des lois, auquel seul je la dois, si j'ai les torts qu'on me reproche.*

Recevez les salutations respectueuses du citoyen le plus persécuté.

Signé CARON BEAUMARCHAIS.

Certain alors, à n'en pouvoir douter, de l'horrible farce jouée, je rendis grâces au Ciel de m'avoir encore préservé.

Mais ne sachant plus où écrire à ma famille errante et désolée, je mis dans les journaux anglais la *lettre à ma famille*[1], qu'on a tant critiquée et qu'on peut relire à présent[2]. Les Français, si prompts à juger, ne la regarderont plus comme une évasion de ma part. On cessera de trouver indécent que j'y aie versé le mépris sur *cette misérable affaire des fusils* (ainsi que je la nomme), et que je me sois cru seulement décrété *sur le dénoncé, aussi faux que terrible, d'une correspondance coupable*, dit-on, *avec Louis XVI.*

Sans cette explication que je donnais moi-même à l'*empressement d'un courrier envoyé jour et nuit par Lebrun pour me garrotter en Hollande et m'amener en France* avec scandale, de brigade en gendarmerie, jusqu'à la catastrophe horrible qui m'eût enterré je ne sais où, quel homme aurait pu croire à l'aveugle rage des ministres? Eh bien! c'était là leur projet! *On me le mandait de Paris.*

Le ministre Lebrun, qui sait mieux que personne combien les gazetiers sont bavards, craignant avec raison qu'ils n'eussent divulgué le fait de mon arrestation, se hâta d'envoyer son courrier à La Haye pour jouir de la volupté d'être le premier à me l'apprendre. Mais, heureusement pour les hommes, l'art de deviner les méchants fait autant de progrès que leur art de se déguiser.

Je veillais pendant qu'il veillait; et mes amis veillaient autour de lui sans qu'il pût s'en douter, malgré ses hauts talents pour nuire.

Voyant que j'avais la vie sauve, tout prétexte a semblé si bon pour m'écraser dans ma fortune qu'au jour où ma *Lettre à ma femme* parut dans les journaux anglais, changeant et de thèse et de plan sur cela seul que je datais de Londres, on a crié partout : *Émigré! émigré!* Comme si un homme libre, ou auquel on le fait accroire, sorti de France avec un passeport tel que celui que l'on peut lire[3], sorti *chargé d'une mission du gouvernement de la France (car c'est là le style du mien)*, quoiqu'au fait il n'en ait aucune, devenait émigré parce qu'il passe, pour affaires, de La Haye, pays étranger, à Londres, pays étranger.

Vous venez, citoyens, de la voir dans tous ses détails, cette superbe mission que le ministre Lebrun, usant de mes lumières, de mes talents, de mon expérience, m'avait donnée chez l'étranger. Vous savez maintenant que cette mission était celle d'y aller attendre *qu'on profitât de mon absence* pour élever un orage à Paris contre moi dont la présence avait déjoué pendant six mois tous leurs projets, moi qu'ils nommaient dans leur fureur *un vrai volcan d'activité*!

Et le grand balayeur Thainville, nouvel envoyé à La Haye, où il fait d'excellent ouvrage! qui avait *balayé* (pour me servir de sa noble expression) *toute la boutique de Maulde*, de cela seul que je ne m'étais pas aussi laissé *balayer* de son fait, dans un passeport qu'il donnait à mon pauvre valet malade, m'appelait, de sa grâce, *fugitif émigré*! Mais fugitif, de quoi? fugitif de Thainville? Le beau motif pour sortir de La Haye! Émigré, d'où? de la Hollande? Mais ce pays, monsieur, n'appartenait pas à la France! *Émigrer* (dans notre acception), n'est-ce pas s'échapper *de l'intérieur à l'extérieur*, en coupable ou en fugitif, et non passer très librement *de l'extérieur à l'extérieur*?

Et sur ce cri fatal, *émigré! émigré!* voilà qu'on met chez moi scellé, double scellé, double gardien, triple gardien, et qu'avec un raffinement de cruauté de cannibale, *un homme préposé au maintien du bon ordre* choisit exprès l'horrible nuit pour venir avec des soldats croiser des scellés déjà mis[1], et faire expirer de terreur la femme et la fille de celui qu'on n'a pas pu assassiner, et qu'il insultait lâchement, comme tous les hommes vils le font quand ils se croient les plus forts! Qu'importe si j'ai tort ou non sur l'atroce affaire des fusils? n'est-il pas clair que je suis *émigré*, puisque sur des avis pressants je suis allé de la Hollande à Londres y recueillir des instructions sur la seule, l'unique affaire qui m'eût fait quitter notre France avec un passeport et une prétendue mission signés du ministre Lebrun et *griffés* par tous ses collègues?

Voilà, dans tout pays, comment agit l'aveugle haine, et surtout comme elle raisonne! Mais je distingue ma patrie de tous ces artisans de meurtres! J'étais si sûr de leurs motifs que j'écrivis à ce sujet au ministre de la Justice[2], le 28 décembre, ce qui suit :

De la prison du Ban du Roi[1] *à Londres,*
le 28 décembre 1792, l'an Ier de la République.
Partie le 28 à onze heures du soir.

Citoyen ministre de la Justice de France,

J'apprends dans cette solitude, par des nouvelles de Paris du 20 décembre, que, mettant en oubli toute autre attaque contre moi que ma lettre imprimée dans les journaux étrangers du 9 décembre[2]*, on en conclut en France que je suis émigré; qu'en conséquence, et sans s'occuper davantage de la très ridicule affaire des fusils de Hollande, où j'ai cent fois raison, on va, dit-on, vendre mes biens comme ceux d'un pauvre émigré, soit que j'aie tort ou raison, sur l'exécrable calomnie qui a fondé* mon décret d'accusation[3].

Je vous déclare donc, ministre citoyen, comme au chef de notre justice, que loin d'être émigré ni de vouloir le devenir, je suis bien plus pressé de me justifier hautement devant la Convention nationale qu'aucun de mes ennemis n'est curieux de m'y voir; et que sans l'affreuse traversée que j'ai faite en ce temps déplorable, où j'ai manqué de périr et qui m'a enlevé mes forces et ma santé, surtout, que sans un accident[4]*, suite de toutes les injustices que j'éprouve dans mon pays, je me rendrais à l'instant à sa barre.*

Mais un de mes correspondants de Londres[5]*, qui, dans cette affaire des fusils, après tout déni de justice de votre pouvoir exécutif, lequel m'a mis au dépourvu, m'avait aidé de dix mille louis d'or, apprenant aujourd'hui que mes biens sont saisis en France sous prétexte d'émigration, et que j'y voulais retourner pour prouver le contraire, m'a demandé caution pour cette somme; et, sur l'impossibilité de la lui donner sur-le-champ, m'a fait mettre en arrestation dans la prison du Ban du Roi, où je languis du besoin de partir, en attendant que des amis, à qui j'écris, me rendent le service de me cautionner pour les dix mille louis que je dois; ce que j'espère obtenir pour réponse.*

Je vous préviens, ministre de Justice, que pendant que mon corps est privé de toutes ses forces, mon esprit soutenu par une juste indignation en a conservé assez pour dresser une pétition à la Convention nationale, dans laquelle je la prie, pour unique faveur, de me garantir du coup de poignard qu'on me destine (et j'ai trop de fois raison pour qu'on ne me le destine point); de m'en garantir, dis-je, par une sauvegarde qui me permette d'aller me justifier hautement devant elle. Je m'engage dans cette pétition de consommer ma ruine en donnant à la France mon immense cargaison d'armes, sans aucun paiement de sa part, si je ne prouve pas, au gré de ma patrie, de tous les honnêtes gens, qu'il n'y a pas un seul mot dans toutes ces dénonciations qui ne soit une absurde fausseté, une fausseté absurdissime!

J'y engage non seulement mes armes, mais toute ma fortune et ma vie; et la Convention nationale aurait ma pétition depuis plus de huit jours[1]*, si les ouvrages français s'imprimaient aussi vite à Londres qu'à Paris.*

Ne pouvant me traîner, je me serais fait porter à sa suite, eussé-je dû mourir arrivant à Paris; mais je suis en prison jusqu'aux réponses d'outre-mer; d'ailleurs j'avais pensé que dans l'horrible fermentation qu'ils ont excitée contre moi pendant mon absence de France, uniquement pour que je n'y pusse arriver, je devais me faire précéder au moins par un commencement de justification; car j'ai la conviction en main qu'on a voulu me faire assassiner pour m'empêcher de faire avec éclat une justification pleine et satisfaisante. Les écailles tomberont des yeux sitôt qu'on m'aura entendu, et je courrai me faire entendre sitôt que mes amis m'auront envoyé une caution.

Cette affaire des fusils est si atrocement absurde que je n'eusse jamais cru à un décret d'accusation sur elle, si la gazette de la cour de La Haye, du 1er décembre, n'eût articulé très positivement ces mots, après la dénonciation des fusils :

On a été occupé hier, 22 novembre, à mettre les scellés partout dans la maison de Beaumarchais, qui figure aussi parmi les grands conjurés et a écrit plusieurs lettres à Louis XVI[2].

Je ne mets que la traduction, mais j'écris à La Haye pour qu'on m'envoie une demi-douzaine d'exemplaires de cette gazette du 1er décembre à Paris; c'est la seule accusation qui m'ait uniquement occupé. L'autre est aussi trop maladroite, et je ne tarderai pas à le prouver d'une façon qui ne laissera rien à désirer.

À l'instant où je fais partir cette lettre, ministre citoyen, j'envoie chercher mon médecin pour savoir dans quel temps il croit que je puisse soutenir la voiture de terre et de mer. Ma caution arrivée, je pars sur-le-champ pour Paris; car ce n'est pas la frayeur de la mort qui peut m'empêcher de partir, c'est la crainte au contraire de mourir sans être justifié, et par conséquent sans vengeance d'une aussi longue série d'atrocités, qui me fera braver tous les dangers.

Je déposerai au greffe de Londres la copie certifiée de cette lettre, si je suis assez heureux pour qu'on me permette d'en partir, afin qu'il soit au moins prouvé que je n'étais ni émigré ni peureux, que j'ai prévu tout ce qui m'attendait; et que si un poignard m'atteint avant que le jugement de la Convention nationale soit porté, d'après mes défenses imprimées il puisse être certain que mes ennemis n'ont pu souffrir que je me justifiasse de mon vivant à la honte absolue de mes accusateurs.

Mais je voue à l'indignation publique mes suivants et mes

héritiers, si, ayant mes papiers en main, ils ne le font pas après moi.

Ministre de la Justice, je vous déclare aussi qu'il importe beaucoup à la nation que je me justifie; car mon voyage de Hollande est très intéressant pour elle; et si, en m'attendant, l'on vend mes biens sous prétexte d'émigration avant que je me justifie, je préviens l'Assemblée qu'elle aura la triste justice de les faire racheter sitôt qu'elle m'aura entendu, comme ceux d'un très bon citoyen vendus sur des mensonges horribles.

Je suis avec respect,
Citoyen ministre de la Justice de France,
Le plus confiant des citoyens en votre équité.

Signé BEAUMARCHAIS.

La seule lettre raisonnable que j'aie reçue des hommes en place de mon pays dans cette abominable affaire est la réponse de ce ministre. Elle m'a donné le courage d'écrire promptement mes défenses et de les envoyer. Puis, après avoir fait les plus grands sacrifices pour m'acquitter en Angleterre, j'accourais me mettre en prison, aux risques que l'on court dans les prisons de France, lorsque la Convention a daigné lever mon décret[1], en suspendre l'effet pendant soixante jours, pour me donner le temps de venir me défendre. Mais je n'en abuserai point; il ne me faut pas soixante heures. Actions de grâces soient rendues au ministre de la Justice! actions de grâces soient rendues à la Convention nationale, qui a senti qu'un citoyen ne doit jamais être jugé sans avoir été entendu.

Voici la lettre du citoyen Garat, bon ministre de la Justice; et je l'imprime exprès pour consoler les gens que l'injustice opprime, et fermer par un acte pur le cercle odieux des vexations que j'éprouve depuis dix mois pour avoir servi mon pays contre le vœu de tous ceux qui le pillent :

Paris, ce 3 janvier 1793,
l'an II de la République.

J'ai reçu, citoyen, votre lettre du 28 décembre 1792, datée de la prison du Ban du Roi à Londres. Je ne puis qu'applaudir à l'empressement que vous me témoignez de venir vous justifier devant la Convention nationale; et je pense qu'aussitôt que vous serez libre et que votre santé vous le permettra, rien ne doit retarder une démarche si naturelle à un accusé sûr de son innocence. L'exécution de ce projet, si digne d'une âme forte et qui n'a rien à se reprocher, ne doit pas même être retardée par des craintes que des ennemis de votre tranquillité, ou des esprits trop prompts à s'alarmer, peuvent seuls vous avoir suggérées. Non, citoyen, quoi qu'en disent les détracteurs de la révolution du 10 août, les événements désastreux qui l'ont suivie[1] *et que pleurent tous les vrais amis de la liberté ne se renouvelleront pas.*

Vous demandez une sauvegarde à la Convention nationale[2] *pour pouvoir avec sûreté lui présenter votre justification ; j'ignore quelle sera sa réponse et je ne dois pas la prévenir*[3]*; mais lorsque l'accusation même portée contre vous vous remet entre les mains de la justice, elle vous place spécialement sous la sauvegarde des lois. Le décret qui me charge de leur exécution m'offre les moyens de vous rassurer contre toutes les terreurs qu'on s'est plu à vous inspirer. Marquez-moi dans quel port vous comptez vous rendre et à peu près l'époque de votre débarquement. Aussitôt je donnerai des ordres pour que la gendarmerie nationale vous fournisse une escorte suffisante pour calmer vos inquiétudes et assurer votre translation à Paris. Et même, sans avoir besoin de ces ordres, vous pouvez vous-même réclamer cette escorte de l'officier qui commande la gendarmerie dans le port où vous descendrez.*

*Votre arrivée ici suffira pour empêcher que l'on ne puisse vous confondre avec les émigrés; et les citoyens qui ont cru devoir vous mettre en état d'accusation entendront eux-mêmes avec plaisir votre justification et seront flattés de voir qu'un homme employé par la République n'a pas mérité un instant de perdre sa confiance**.

Le ministre de la Justice,
signé GARAT.

Il me reste à fixer l'attention des bons citoyens dont l'exaltation de parti n'a pas égaré les lumières *sur le décret d'accusation que l'on a lancé contre moi*; je vais l'examiner avec la même sévérité que j'ai mise à scruter mes œuvres et celles de mes accusateurs, puis résumer ce long mémoire, me reposer sur mes travaux : enfin, attendre avec confiance le prononcé de la Convention.

* Ce qui suit a été composé depuis mon retour à Paris.

DÉCRET D'ACCUSATION

EXTRAIT DU PROCÈS-VERBAL DE LA CONVENTION NATIONALE DU 28 NOVEMBRE 1792, L'AN Ier DE LA RÉPUBLIQUE FRANÇAISE

La Convention nationale, après avoir entendu son comité de la Guerre, considérant que le traité du 18 juillet dernier est le fruit de la collusion et de la fraude, *que ce traité, en anéantissant celui du 3 avril précédent*[1], *a enlevé au gouvernement français toutes les sûretés qui pourraient répondre de l'achat et de l'arrivée des armes, qu'il se manifeste bien clairement par ce traité l'intention de ne point procurer d'armes, mais seulement de se servir de ce prétexte pour faire des bénéfices* considérables et illicites, *avec la certitude que ces armes ne parviendront pas, que les stipulations ruineuses qui constituent la totalité de l'acte du 18 juillet dernier doivent être réprimées avec sévérité :*

ART. PREMIER : *Le marché passé le 3 avril dernier à Beaumarchais par Pierre Graves, ex-ministre de la Guerre, et la transaction faite le 18 juillet suivant entre Beaumarchais, Lajard et Chambonas, sont annulés ; en conséquence, les sommes avancées par le gouvernement à Beaumarchais, en exécution desdits traités, seront par lui restituées.*

ART. 2 : *Attendu* la fraude et la connivence criminelle *qui règnent, tant dans le marché du 3 avril que dans la transaction du 18 juillet dernier, entre Beaumarchais, Lajard et Chambonas, Pierre-Augustin Caron dit Beaumarchais sera mis en état d'accusation.*

ART. 3 : *Pierre-Auguste Lajard, ex-ministre de la Guerre, et Scipion Chambonas, ex-ministre des Affaires étrangères, sont et demeurent, avec Beaumarchais,* solidairement responsables, et par corps, des dilapidations résultantes desdits traités*; et ils seront tenus de répondre sur ces articles, ainsi que sur ceux pour lesquels ils ont été décrétés d'accusation*[2] *: en conséquence le pouvoir exécutif est et demeure chargé d'en faire le renvoi par-devant les tribunaux.*

Certifié conforme à l'original.

OBSERVATIONS DE L'ACCUSÉ

Certes, la Convention, partant d'un rapport[3] travaillé sur des notions si frauduleuses et les prenant toutes pour vraies, ne pouvait juger autrement ! sinon qu'elle aurait pu me mander à sa barre et m'entendre dans mes défenses; surtout ne pouvant ignorer que les comités militaire et des armes, après m'avoir sévèrement écouté sur la même affaire en septembre, *par l'ordre exprès de l'Assemblée*, m'avaient donné *tout d'une voix* une attestation de civisme la plus honorable possible, finissant par ces mots : *que j'avais mérité la reconnaissance de la nation*[1].

Et si la Convention eût daigné me mander, j'aurais pressé l'accusateur; le débat eût tout éclairci; l'on eût jugé l'homme et la chose; tous nos fusils seraient en France; nos ennemis ne riraient pas de nous, des tromperies que l'on vous fait, de la façon dont on vous mène; on n'eût point ruiné le crédit d'une bonne maison de commerce et mis au désespoir une famille entière dont nulle justice aujourd'hui ne peut réparer le malheur! Voilà ce qui fût arrivé.

Discutons le décret dicté au citoyen Lecointre : c'est ainsi qu'on éclaire la religion de ses juges.

Le décret (préambule) : *La Convention, considérant que le traité du 18 juillet est le fruit de la collusion et de la fraude...*

L'accusé : La collusion *de quoi*? et la fraude *de qui*? des trois comités réunis, diplomatique, militaire et des douze, dont j'ai cité *l'avis entier* dans *la troisième époque de ce compte rendu*? *lequel avis*[2] seul a guidé deux timides ministres qui n'osaient rien prendre sur eux? traité dont pas une clause ne s'écarte de *cet avis*, sinon *à mon désavantage*, puisque les comités prescrivent *qu'on me donne toutes sûretés pour la rentrée de mes deniers*, et même exigent *que les armes me soient payées sans nul délai si les ennemis les enlèvent dans une guerre contre notre commerce*! Or ces sûretés convenues étaient bien *le dépôt de la somme chez mon notaire*. Le traité fait, ma sûreté a été retranchée de l'acte *par une collusion* bien prouvée contre moi *(c'est ici que ce mot s'applique), sous prétexte de pénurie au département de la Guerre*. (Lisez la fin de ma troisième époque.)

Le décret (préambule) : *Que ce traité, en anéantissant celui du 3 avril précédent, a enlevé au gouvernement français toutes les sûretés qui pourraient répondre de l'achat et de l'arrivée des armes...*

L'accusé : Il y a ici une profonde ignorance des faits; ce fut le contraire qui arriva; car le premier traité ne m'imposait qu'un dédit de cinquante mille francs, *si, par obstacles de mon fait*, partie des armes n'arrivait pas au temps prescrit par le traité. Et toute ma seconde époque est employée à bien prouver *(par pièces que les ministres ont dû remettre au dénonciateur)* que le ministère d'alors, et Clavière et Servan, excepté

Dumouriez, ont toujours refusé le plus léger concours pour faire lever l'embargo mis par les États de Hollande sur l'extradition des fusils, me laissant dédaigneusement maître absolu de disposer des armes! Et ma troisième époque entière prouve, *jusqu'à satiété, que*, loin que le second traité ait enlevé à la nation les sûretés qui pouvaient répondre *que les armes seraient achetées et arriveraient dans ses ports* :

Il fut, au contraire, prouvé aux trois comités réunis qu'elles étaient, depuis plus de trois mois, achetées et payées par moi *pour la France exclusivement.*

Il fut prouvé aux comités que j'aurais eu, comme négociant, un avantage à rompre le traité d'avril, pour vendre ces armes ailleurs; que, loin de le vouloir, en bon citoyen que je suis, je donnais au contraire *tous les moyens de le consolider*, sans augmenter le prix des armes, en accroissant les sûretés.

Il fut prouvé aux comités qu'au lieu d'un seul dédit de cinquante mille francs, que contenait l'acte du 3 avril, lequel dédit n'était plus d'aucun poids dans des marchés d'une telle importance, quand même on n'eût eu nul égard aux preuves accumulées *que les obstacles n'étaient point de mon fait*, les avantages immenses que je refusais en Hollande et mes offres finales de consolider ces refus en m'expropriant sur-le-champ *(ce sur quoi je fus pris au mot)* donnaient à notre gouvernement toutes les sûretés raisonnables que l'honneur, le patriotisme et un grand désintéressement pouvaient offrir à la nation!

Cependant, aujourd'hui, je suis *dénoncé, outragé, décrété, discrédité, ruiné, positivement pour le fait qui me valut alors les plus honorables éloges de la part des trois comités.* Non, vous n'avez pas composé *ce rapport*, citoyen Lecointre, car vous êtes un honnête homme.

Le décret (préambule) : *Qu'il se manifeste bien clairement par ce traité l'intention de ne point procurer d'armes, mais seulement de se servir de ce prétexte pour faire des bénéfices considérables et illicites, avec la certitude que ces armes ne nous parviendront pas*, etc.

L'accusé : Certes, je l'aurais eue, *la certitude entière que les fusils ne vous parviendraient pas*, si j'avais pu prévoir alors que les ministres d'aujourd'hui, funestes à la chose publique, rentreraient dans leurs places avant le traité consommé! Mais dans ce cas, *pour un million de plus*, je n'aurais pas signé le fatal traité de juillet!

Non, ils ne l'ont pas lu, ce traité qu'ils font accuser! Comment feraient-ils dire *que le traité nous manifeste l'intention de ne point procurer d'armes*, lorsqu'il est clair que je m'y exproprie, offrant de livrer à l'instant les fusils achetés et payés! lorsque je n'y demande, *pour son net accomplissement*, *que le cautionnement* déjà donné par Dumouriez, refusé d'acquitter *pour la nation française* par Hoguer et Grand, nos banquiers d'Amsterdam[1] (tous les genres d'insultes, nous les avons reçus dans ce pays); *lequel fatal cautionnement, constamment retenu depuis* par tous nos ministres actuels, a été *le fourbe moyen* dont ils se sont servis pour essayer de me ravir ces armes, par leur Constantini, par mon emprisonnement, par mon inutile voyage, afin de vous les vendre au prix qu'ils le voudraient!... *Si je n'ai pas prouvé cela, rien n'est prouvé dans mon mémoire!*

Et quant aux *bénéfices* que Lecointre appelle *illicites* et qu'il m'accuse d'avoir *faits*, ma troisième époque n'a que trop bien prouvé : 1° *que je n'en voulus point*, étant trop méprisables auprès de ceux que je vous sacrifiais; je ne vendais point mon civisme! 2° que rien n'empêchait d'annuler même l'intérêt commercial, en me payant comptant, quand je m'expropriais, quand je ne cessais de le dire et de le demander; au lieu de me remettre *à la fin de la guerre*, qui aurait pu durer dix ans et ruiner toutes mes affaires; et quand, *pour comble d'ineptie*, les rédacteurs du citoyen Lecointre m'attribuent tous ces bénéfices *dont je n'ai pas touché un sol*, que je méprise presque autant que leur inepte méchanceté!

Le décret (ART. PREMIER) : *Le marché passé le 3 avril dernier par Pierre Graves... et la transaction faite le 18 juillet suivant entre Beaumarchais, Lajard et Chambonas, sont annulés,* etc.

L'accusé : Quoi! *tous les deux?* Il résulte pourtant du préambule et du premier article *cette contradiction manifeste* que vous annulez le traité du 18 juillet parce qu'il ôte, dites-vous, *toutes les sûretés, contenues dans le premier acte, que les armes seraient achetées et livrées*! sûretés apparemment dont vous faisiez grand cas! Mais le traité du 3 avril, qui vous donnait ces sûretés, *pourquoi donc le détruisez-vous*? Pourquoi vous le fait-on détruire? Vous n'en savez rien, citoyen! je m'en vais vous apprendre, moi, le secret qu'ils vous ont caché. C'est qu'il leur reste un fol espoir de m'amener encore, à force d'embarras, à leur *céder ces armes à vil prix*; car, maintenant que je suis décrété (bien pis si je suis égorgé!), ils ne donneront plus *sept florins huit sols* de mes armes. Mais, fussé-je réduit à les jeter dans l'Océan, ils n'en auront pas une seule! Sans doute on va tâcher de vous faire nettoyer *cette battologie*[2] dans votre second article, car on ne comprend rien à celui-ci.

Le décret (ART. 2) : *Attendu la fraude et la connivence criminelle qui règnent, tant dans le marché du 3 avril que dans la transaction du 18 juillet dernier..., P.-A. C. dit Beaumarchais sera mis en état d'accusation.*

L'accusé : Donc, s'il n'y a ni fraude ni connivence, *il faut rapporter le décret*! Ici je n'ai qu'un mot à dire. *Dans cette connivence* entre trois ministres et moi (*triste fait qu'ils ont inventé, ou que l'on vous a fait méchamment présumer, dont vous n'avez aucune preuve et ne savez pas un seul mot*), pourquoi oubliez-vous les trois comités réunis, diplomatique, militaire et des douze? Ne vous ai-je pas déclaré, ne vous ai-je pas bien prouvé, par ma *troisième époque*, qu'ils furent *nos complices* dans l'acte du 18 juillet? et non seulement nos complices, *mais nos maîtres*, et plus criminels que nous tous, si quelqu'un de nous l'a été! Pourquoi donc les oubliez-vous? Avez-vous deux poids, deux mesures?

Pourquoi oubliez-vous, dans votre proscription sur le traité du 3 avril, *le comité militaire d'alors*? Vous avez eu la preuve qu'il fut complice de Pierre Graves (*si même vous n'en étiez pas!*) et cette preuve, la voici : lorsque Chabot me dénonça[1], avec autant de justice que de justesse, *comme ayant*, disait-il, *cinquante mille fusils dans mes caves*, vous vous rappelez bien que Lacroix répondit : « Nous savons ce que sont ces armes; on nous en a communiqué le traité dans le temps; il y a trois mois qu'elles sont livrées au gouvernement. » Et ce fut ce qui me sauva du pillage et du massacre!

Tout fut donc déféré alors à ce comité militaire! Ce comité fut donc aussi complice et de la connivence du ministre Graves et de moi? Et cependant *vous l'oubliez en dictant mon accusation*! cela n'est conséquent, ni exact, ni juste! Donc un autre a fait le décret! vous êtes plus fort que cela, dans tout ce que j'ai vu de vous! ou vous avez, Lecointre, deux poids et deux mesures!

Le décret (ART. 3) : *Pierre-Auguste Lajard et Scipion Chambonas sont et demeurent, avec Beaumarchais,* solidairement *responsables,* et par corps, *des* dilapidations résultantes *desdits traités, et ils seront tenus de répondre sur ces articles,* etc.

L'accusé : J'ai déjà répondu pour eux, moi qu'on nomme partout l'avocat des absents! et je souhaite que vos ministres se tirent de la connivence, de la fraude constantinienne, aussi bien que MM. de Graves, Lajard et Chambonas se sont disculpés de la mienne! je l'apprendrai avec plaisir.

Or, sur ce point de *dilapidations commises* que vous établissez, Lecointre, avec tant de sévérité, et sur lequel vous nous rendez *solidairement responsables, et par corps*, les deux ministres et moi ne demandons point de quartier; mais vous daignerez nous apprendre quelles sont *ces dilapidations*. Car, puisque vous les attestez à la Convention nationale, vous devez au moins les connaître, et vous y êtes condamné!

1° Mais je vous ai prouvé que je n'ai jamais rien touché du département de la Guerre, que *cinq cent mille francs d'assignats, en avril*, qui perdaient quarante-deux pour cent, réduits en florins de Hollande, seule monnaie dont je pusse me servir, et qui ne rendirent pas deux cent quatre-vingt-dix mille livres; pour la valeur desquels j'ai déposé, *même me suis exproprié de sept cent quarante-cinq mille livres* de contrats du gouvernement, *et garantis, par vous, de la nation à la nation, dont vous avez encore à moi les deux cent quarante-cinq mille livres excédant les cinq cent mille livres reçues.* Jusqu'à présent je ne vois pas que vous soyez *dilapidé*, ayant plus de dix mille louis à moi, sur lesquels je n'ai rien à vous! Ce n'est donc point sur ce fait-là que vous m'avez fait décréter comme un *vil dilapidateur*?

2° Je vous ai bien prouvé, par mes trois dernières *époques*, que de toutes les clauses qui liaient envers moi le département de la Guerre, dans l'acte du 18 juillet... *aucune n'a été exécutée*! Quelle *dilapidation* pourrait s'en être suivie de la part de qui n'a rien reçu? Ce n'est donc point encore, mon dénonciateur, sur ce fait que vous m'accusez?

3° Dans ce traité, pour m'engager à souffrir qu'on ne me payât *qu'à la fin de la guerre* (vraie proposition léonine[1]!) des fusils que j'avais bien payés comptant, que j'allais livrer à l'instant à M. de Maulde qu'on avait choisi pour en faire la réception, l'on s'engage de me payer *cent mille florins à compte de la dette*. On me tourmente, je résiste. *Vauchelle* insiste, les ministres me pressent, je me rends; on m'accable de compliments[2]!... *On n'a pas payé un florin!* Qui de vous ou de moi, je vous prie, est *dilapidé* dans ce traitement de corsaire? ce n'est donc pas non plus ce fait-là qui me rend coupable? peut-être enfin le trouverons-nous!

4° Pour obtenir de moi que je renonce *au dépôt*, arrêté *par les comités mes complices*, de la somme entière des armes, *qui devait être fait* sur leur avis *chez mon notaire*, on m'offre dans ce même traité *deux cent mille florins comptant au lieu de cent.* On me presse, on me trouble, on me prend sur le temps; on l'exécute malgré moi *en faisant recommencer l'acte*!... *On ne m'a rien payé des deux cent mille florins!* La *dilapidation* tombe-t-elle sur vous ou sur moi qui perdis mes sûretés sans aucun dédommagement? Qu'en dites-vous, ô citoyen Lecointre? Ce n'eſt donc pas encore de ce fait-là que vous parlez dans votre attaque? Cependant je suis décrété! Avançons dans la caverne où je porte le flambeau.

5° Cet acte assure que l'on va me compter quatre mois échus d'un intérêt commercial que l'on subſtitue, *malgré moi*, à mon paiement *que je demande*! On me fait un fort grand mérite de vaincre ici mes répugnances. Je me laisse aller, je consens... *Jamais on n'en a rien payé*, quoique vous ayez atteſté dans votre dénonciation que j'ai reçu soixante-cinq mille livres pour l'objet de ces intérêts! Je cherche en vain la *dilapidation* dont vous nous rendez responsables *par corps*, et pour laquelle, dites-vous, je dois être *à l'inſtant mis en état d'accusation. Je vois au contraire que c'eſt moi qui suis trompé, berné, dilapidé*, n'ayant rien reçu de personne! Peut-être entendez-vous parler d'un autre fait dans le décret? Nous allons les parcourir tous.

6° Cet acte me promet le remboursement de mes frais depuis l'inſtant où la nation se reconnaît propriétaire... *Jamais je n'en ai eu un sol!* Sur cet objet, comme sur tous les autres, *la dilapidation eſt mince, et pourtant je suis décrété* pour vous avoir *dilapidé*! Mais sans doute à la fin quelqu'un nous apprendra *sur quelle dilapidation* on a fait porter le *décret* dont je demande le rapport!

7° Cet acte oblige expressément, *sur le vœu positif des trois comités réunis*, le département des Affaires étrangères à me remettre sur-le-champ *un cautionnement nécessaire de cinquante mille florins d'Empire*, et sans lequel je déclarais que le reſte était inutile. On en convient, on s'y engage... *Jamais on ne l'a effectué*, pour vous mieux ravir ces fusils! Quand on aurait des yeux de lynx, je défie que l'on voie ici d'autre *dilapidation qu'une insultante moquerie des miniſtres à mon égard, que j'ai soufferte trop longtemps et dont ce décret eſt la fin*! Ce n'eſt donc point encore sur ce fait-là, monsieur, que porte *mon accusation*?

8° Vous avez vu, ô citoyens! l'acharnement prouvé que le conseil exécutif actuel a mis *à retenir conſtamment ce cautionnement*, pour m'empêcher de rien finir! Vous avez vu que, par cette manœuvre, ils ont espéré me lasser, et que *leur homme* aurait mes armes! Mes fonds sont là depuis dix mois, mes revenus sont arrêtés, trois gardiens sont dans ma maison, tous les genres d'insultes m'ont été prodigués par l'exécuteur de ces ordres; mes amis me croient perdu. Tout cela fait mourir de honte, *et seul je suis dilapidé*! Heureusement *pour le décret* que tout n'est pas examiné! Il faudra pourtant à la fin que j'aie *dilapidé* la nation sur quelque chose, puisqu'on me condamne, *et par corps*, à rapporter ce que j'ai pris?

9° Cet acte oblige encore M. La Hogue, mon ami, qui n'est point maréchal de camp, malgré Pache le ministre, Hassenfratz, le commis, d'aller pour moi livrer à M. de Maulde, lequel est maréchal de camp, tous les fusils qui, par cet acte, appartiennent à la nation, *que j'ai payés pour elle et qu'elle ne m'a point payés*, quoiqu'on fût très pressé de les avoir alors.

Vous avez vu avec quelle infernale astuce, pendant ma quatrième époque[1], ce ministère actuel a empêché La Hogue de partir pour La Haye, en supposant *un ordre de l'Assemblée nationale, lequel n'a jamais existé*!

Vous avez vu comment ce ministère, malgré mes cris et mes menaces, a forcé mon ami de demeurer en France, *de son autorité privée*, depuis le 24 juin qu'il est sorti de la Hollande jusqu'au 12 octobre qu'il y est rentré avec moi (*quatre mois de perdus*), sans argent de la France, *et sans cautionnement*, forcé de fondre pour partir jusqu'à mes dernières ressources!

Vous avez vu comment ils profitent de mon absence pour me faire décréter d'accusation *sur des dilapidations inventées dont il n'y a pas de vestiges, si ce n'est moi qui suis dilapidé*! comment ils envoient un courrier pour qu'on m'amène garrotté, pour que je sois tué en route et ne puisse les accuser! Ce ne peut être enfin sur tout ce mal que l'on m'a fait que Lecointre me croit coupable! Disons ce qui est bien prouvé, *on l'a trompé indignement*; voilà le vrai mot de l'énigme.

10° Cet acte me donnait enfin, au nom des trois comités réunis, *de grands éloges sur mon civisme et sur mon désintéressement*[2]! Deux autres comités, depuis émerveillés de ma patience, m'en ont décerné de plus grands, déclarant, signant tous, *que j'ai mérité dans ceci la reconnaissance de la nation*; ils ont même exigé du ministre Lebrun, *qui a vu leur attestation, qu'il me mît en état de partir sur-le-champ pour faire arriver les fusils*[3]. Ce ministre le leur promet, m'abuse... *ou ne m'abuse point* par son langage obscur, par ses fausses promesses; est six semaines sans m'écrire; enfin il joint à l'ironie de sa moqueuse lettre en Hollande[4] la lâche atrocité de me faire dénoncer en France; et pour qu'il ne reste aucune trace des éloges qu'on m'a donnés, il fait transformer ces éloges en injures les plus grossières! *Ainsi l'on m'a dilapidé même sur la partie morale de l'affaire!* et pourtant je suis décrété, pendant que ce ministre est libre!

J'ai épuisé les incidents et toutes les clauses du traité. Daignez donc maintenant nous instruire, ô Lecointre! de quelles dilapidations deux ministres et moi nous devons *répondre par corps? pour quelles dilapidations* je suis accusé, décrété? pourquoi les scellés sont chez moi, mes possessions saisies, ma personne en danger et ma famille au désespoir? Et si vous ne pouvez le faire, soyez assez juste, *et j'y compte*, pour solliciter avec moi le *rapport*[1] *de l'affreux décret*! Est-ce trop exiger de vous? Reconnaissez-vous à ce trait le vieillard que j'ai comparé au bon homme La Mothe-Houdart[2]? Il pardonna une brutale insulte, et moi j'oublie une funeste erreur. Mais son jeune homme la répara... *Vous la réparerez aussi.*

Le vrai résultat de ceci, *c'est que la nation a depuis un an sept cent cinquante mille francs à moi, avec les intérêts qu'ils portent; que je n'ai pas un sol à elle; que je n'ai jamais demandé, exigé ni reçu de personne cinq cent mille francs d'indemnité*, comme on a eu l'audace de vous le faire avancer *dans votre dénonciation, pas plus qu'une autre indemnité sur la perte des assignats*, comme on vous l'a fait dire aussi pour mieux indigner contre moi et la Convention et le peuple sur le nouvel égarement duquel on comptait bien pour me faire périr! Et cependant, monsieur, *pour ces dilapidations* que nos ministres ont rêvées, *dont aucune n'a existé si ce n'est celle que je souffre*, pendant plus de trois mois les scellés ont été chez moi, mon crédit est *dilapidé*, ma famille est dans les sanglots, j'ai dû[3] être égorgé cinq fois, ma fortune est allée au diable et j'étais prisonnier à Londres, parce qu'après avoir fait renoncer la Convention à mes fusils et lui avoir fait dire *qu'elle ne voulait plus en entendre parler*, ce qui a, tristement pour nous, réjoui les ennemis de la France, *les sages et conséquents ministres* qui les arrêtaient en Hollande et vous en privaient *sciemment, tant que ces armes vous appartinrent*, ô citoyens législateurs! les y envoient militairement réclamer, et *qui pis est*, en votre nom, sitôt qu'elles ne sont plus à vous, *à l'instant même où l'on vous y fait renoncer*! Dans l'histoire du monde et des fatals ministres, on ne voit nul exemple d'un désordre de cette audace, d'une aussi grande dérision, d'un si moqueur abus de la puissance ministérielle! D'où mes créanciers effrayés m'ont regardé comme perdu, comme sacrifié sans pudeur, et m'ont arrêté pour leur gage!

Je passe sous silence, ô citoyen Lecointre! la façon plus qu'étrange dont on vous a fait m'outrager, vous qu'on dit un homme très humain, parce que personne n'ignore qu'*en plaidant, de fortes injures ne sont que de faibles raisons*!

Je laisse de côté les *dilapidations des acheteurs favoris de nos ministres en Hollande*, qui n'ont pas un rapport direct à l'affaire de mes fusils, ainsi que ce qui tient aux *fabricateurs d'assignats* que ces mêmes ministres ont laissés échapper des prisons d'Amsterdam, où M. de Maulde les tenait, et pour l'arrestation desquels j'avais prêté des fonds[1] à cet ambassadeur qu'on y laissait manquer de tout; lesquels faussaires si dangereux n'ont pas cessé depuis d'exercer contre nous ce genre d'empoisonnement, le plus grand mal qu'on pût faire à la France! faute par ces ministres d'avoir jamais à ce sujet répondu aux dépêches de notre ambassadeur, faute de lui avoir jamais envoyé un courrier, ni sur cette affaire importante, ni sur aucune autre de celles dont sa correspondance est pleine, excepté néanmoins l'important courrier de Lebrun, qui eut ordre de crever tous les chevaux sur la route pour me faire arrêter à La Haye! moi qui les avais prévenus que j'allais partir pour Paris, et porter enfin la lumière à la barre de la Convention sur leur ténébreuse conduite! Et je n'en dis pas plus ici, parce qu'il sera temps, quand on m'interrogera, de poser sur ces faits des choses plus avérées que toutes les horreurs dont ils m'ont accablé.

Je résume ce long mémoire et vais serrer en peu de mots ma justification maintenant bien connue.

Ma *première époque* a prouvé *que, loin d'avoir acheté des armes pour les vendre à nos ennemis et tâcher d'en priver la France, comme j'en étais accusé*, j'ai soumis au contraire le vendeur aux plus fortes peines si l'on en détournait une seule pour quelque usage que ce fût;

Que, *loin d'avoir voulu donner à ma patrie des armes de mauvaise qualité*, j'ai pris toutes les précautions pour qu'elles fussent de bon service, les ayant achetées en bloc et les soumettant *au triage*;

Que vous n'en avez jamais eu d'aucun pays *à si bas prix*; que le traité fut fait par M. de Graves, de concert et d'après l'*avis du comité militaire d'alors*; *et que j'ai déposé sept cent quarante-cinq mille livres en contrats viagers qui me rapportaient neuf pour cent d'intérêts, que vous avez gardés aussi*, contre *cinq cent mille francs d'assignats qui perdaient quarante-deux pour cent, ne donnaient aucun intérêt, et ne m'ont pas rendu cent mille écus nets en florins.*

Ma *seconde époque* a prouvé que tous nos ennemis, instruits *par la perfidie des bureaux*, ont fait mettre en Hollande un insultant embargo sur ces armes; que j'ai fait mille efforts auprès de nos ministres *(qui se disaient tous patriotes)* pour parvenir à le faire lever; que mes efforts ont été vains!

Ma *troisième époque* a prouvé que, demandant enfin une solution quelconque *aux deux ministres et aux trois comités* qui me permît de vendre mes fusils, *s'il était vrai que l'on n'en voulût plus*, les trois comités réunis ont rejeté *l'offre que je faisais de reprendre mes armes*.

Qu'ils ont fixé eux-mêmes les clauses du marché qui les assurait à la France; qu'ils m'ont su un gré infini du grand sacrifice d'argent que j'ai fait de si bonne grâce pour que ces armes vous parvinssent, me soumettant, contre mes intérêts, à tout ce qu'ils ont cru avantageux à la nation!

Qu'à l'exécution du traité *toutes les clauses en ont été éludées contre moi*; que j'ai tout souffert sans me plaindre, parce qu'il s'agissait du *service de la nation*, à qui je dois le pas sur moi.

Ma *quatrième époque* n'a que trop bien prouvé qu'après avoir perdu cinq mois et usé huit à neuf ministres sans obtenir aucune justice, *au grand dommage de mon pays*, j'ai vu que le mot de l'énigme était que *les nouveaux ministres voulaient que mes armes passassent dans les mains de leurs affiliés pour les revendre à la nation à bien plus haut prix que le mien*; et que sur mon refus de les céder à *leurs messieurs*, pour sept florins huit sols la pièce, *on m'a fait mettre à l'Abbaye*, où l'on m'a renouvelé ces offres avec promesse de m'en faire sortir, muni d'une belle attestation, si j'entendais à leurs propositions[1]! à l'Abbaye où, sur mes refus obstinés, j'eusse été massacré dans la journée du 2 septembre, sans un secours *étranger aux ministres* qui m'arracha de cet affreux séjour et me ravit à leurs projets de mort.

Ma *cinquième époque* a prouvé que Lebrun, Clavière et autres avaient fait arrêter en France[2] M. de La Hogue, mon agent (chargé par le traité d'aller livrer les fusils à M. de Maulde), pour que rien ne pût s'achever *si je ne cédais pas les armes* à leur ami privilégié; qu'irrité de ces viles intrigues, j'en ai porté mes plaintes à l'Assemblée nationale, qui a fait ordonner au ministre Lebrun de me mettre en état de partir sous les vingt-quatre heures avec tout ce que le traité exigeait, pour nous faire arriver les armes.

Que ce ministre *l'a promis, et s'y est engagé*; qu'il m'a fait perdre encore huit jours, m'a fait partir sans me remettre *ni fonds ni cautionnement*, sous des promesses insidieuses qui n'avaient d'autre but que de m'écarter de la France pour amener la catastrophe, si je m'obstinais au refus des offres de leur acheteur qu'ils envoyèrent en Hollande me les faire renouveler encore par l'organe de notre ambassadeur dont j'invoque le témoignage.

Ma *sixième époque* a prouvé qu'ayant prié M. de Maulde de leur montrer tout le mépris que j'avais pour leurs offres, certains qu'ils ne gagneraient rien ni sur moi ni sur mes fusils, ils m'ont fait accuser, décréter par Lecointre à la Convention nationale, ont dépêché le seul courrier qu'ils eussent envoyé en Hollande depuis que M. de Maulde y était, pour m'y faire arrêter, espérant bien qu'avec les torts qu'ils m'avaient prêtés à Paris, *d'être en commerce avec Louis XVI*, je n'arriverais pas vivant, et que leur exécrable intrigue n'y serait jamais découverte; et qu'enfin, après moi, ils obtiendraient pour rien, de tous ceux qui me survivraient, mes fusils, pour vous les revendre à onze ou douze florins, comme ils ont fait ou voulu faire des détestables fusils de rempart[1] de Hambourg, que M. de Maulde avait rejetés au prix de cinq florins et que j'ai rejetés de même. Interrogez M. de Maulde.

Heureusement un Dieu m'a préservé! j'ai pu me faire précéder par ces défenses, que j'ai suivies. Mes sacrifices ont été faits[2] pour obtenir la liberté de quitter ma prison de Londres, quoique depuis un mois je ne fusse plus au Ban du Roi. J'en suis parti à l'instant pour Paris, je m'y suis rendu à tous risques! Ma justification étant mon précurseur, j'ai dit : « Je ne cours plus celui d'être déshonoré, je suis content. Si je péris par trahison, ce n'est qu'un accident de plus; la lâche intrigue est démasquée : *c'est encore un crime perdu*. »

Ô citoyens législateurs! je tiens ma parole envers vous. Après cet historique lu, jugez-vous que je sois un *traître*, un *faux citoyen*, un *pillard*? Prenez mes armes *pour néant*, je vais vous en passer le don ruineux.

Trouvez-vous, au contraire, que j'aie bien établi la preuve de mes longs travaux pour vous procurer ces fusils, *au prix d'un loyal négociant*, avec tous les efforts d'un très bon citoyen? Trouvez-vous que les vrais coupables sont mes lâches accusateurs, comme je vous l'ai attesté? Faites-moi donc justice, et faites-moi-la prompte; il y a un an que je souffre et mène une vie déplorable!

Je vous demande, citoyens, le rapport du décret que l'on vous a surpris; une troisième attestation de civisme et de pureté : vos comités m'ont donné les deux autres; mon renvoi dans les tribunaux, pour les dommages et intérêts qui me sont dus par mes persécuteurs.

Je ne demande rien contre le citoyen Lecointre. Ah! je l'ai vu assez depuis mon arrivée en France pour être bien certain que le fond imposteur, la forme virulente de ce rapport ne furent jamais son ouvrage. En me voyant, il a bientôt senti qu'il ne faut point peindre les hommes avant de les avoir connus; que l'on s'expose à les défigurer, en se laissant conduire la main. J'ai vu sa profonde douleur sur le désordre affreux qui règne et sur les dilapidations que nos ministres ont laissé faire dans les fournitures des troupes que l'hiver vient d'accumuler. J'ai lu le terrible rapport qu'il vient d'écrire et d'imprimer sur ces dévastations capables de dévorer la République; et je suis beaucoup moins surpris qu'aigrissant son patriotisme et l'abusant par des horreurs qu'il n'a pas pu approfondir, on l'ait facilement porté à se rendre un crédule écho des mensonges ministériels sur l'affaire de ces fusils. C'est son amour pour la patrie qui égara son jugement. Il a servi sans le savoir la vengeance des scélérats qui n'ont jamais pensé que, sauvé de leur piège, échappant au fer meurtrier, je viendrais courageusement leur arracher le masque *à votre barre*.

Je fus vexé[1] sous notre ancien régime! les ministres me tourmentaient; mais les vexations de ceux-là n'étaient que des espiègleries auprès des horreurs de ceux-ci!

Posons la plume enfin; j'ai besoin de repos et le lecteur en a besoin aussi. Je l'ai tourmenté, fatigué... ennuyé, c'est le pis de tout. Mais s'il réfléchit, à part lui, que le malheur d'un citoyen, que ce poignard qui m'assassine est suspendu sur toutes les têtes et le menace autant que moi, il me saura gré du courage que j'emploie à l'en garantir, lorsque j'en suis percé à jour!

Ô ma patrie en larmes! ô malheureux Français! que vous aura servi d'avoir renversé des bastilles, si des brigands viennent danser dessus, nous égorgent sur leurs débris? *Vrais amis de la liberté!* sachez que ses premiers bourreaux sont la licence et l'anarchie. Joignez-vous à mes cris, et demandons des LOIS aux députés qui nous les doivent, qui n'ont été nommés par nous *nos mandataires* qu'à ce prix! Faisons la paix avec l'Europe; le plus beau jour de notre gloire ne fut-il pas celui où nous la déclarâmes au monde[2]? Affermissons notre intérieur. Constituons-nous[3] enfin sans débats, sans orages, et surtout, s'il se peut, sans crimes. Vos maximes s'établiront, elles se propageront bien mieux que par la guerre, le meurtre et les dévastations, *si l'on vous voit heureux par elles.* L'êtes-vous? Soyons vrais. N'est-ce pas du sang des Français que notre terre est abreuvée? Parlez! est-il un seul de nous qui n'ait des larmes à verser? La *paix*, des *lois*, une *constitution*! Sans ces biens-là, point de patrie, et surtout point de liberté!

Français! si nous ne prenons pas ce parti ferme dans l'instant... j'ai soixante ans passés, quelque expérience des hommes; en me tenant dans mes foyers, je vous ai bien prouvé que je n'avais plus d'ambition; nul homme, sur ce continent, n'a plus contribué que moi à rendre libre l'Amérique : *jugez si j'adorais la liberté de notre France!* j'ai laissé parler tout le monde et me tairai encore après ce peu de mots... Mais si vous hésitez à prendre un parti généreux, je vous le dis avec douleur, Français, nous n'avons plus qu'un moment à exister libres; et le premier peuple du monde, enchaîné, deviendra la honte, le vil opprobre de ce siècle et l'épouvante des nations!

Ô mes concitoyens! En place de ces cris féroces qui rendent nos femmes si hideuses, voici le *Salvam fac gentem*[1] que j'ai composé pour ma fille, dont la voix douce et mélodieuse calme nos douleurs tous les soirs en récitant cette courte prière :

Détourne, ô Dieu! les maux extrêmes
Que sur nous l'enfer a vomis!
Préserve les Français d'eux-mêmes,
Ils ne craindront plus d'ennemis.

Le citoyen toujours persécuté,
CARON BEAUMARCHAIS.

Achevé pour mes juges, à Paris, ce 6 mars 1793, l'an second de la République[2].

APPENDICES

I

LAURETTE

Comédie en un acte, en vers,
mêlée d'ariettes

NOMS DES ACTEURS

LUZI, *seigneur du village.*
BAZILE, *père de Laurette.*
LAURETTE, *fille de Bazile.*

SCÈNE PREMIÈRE

LAURETTE, *seule.*

Ariette

Comme un songe qu'efface
La vapeur du matin,
La paix fuit de mon sein,
Le trouble la remplace.
Doux plaisirs de mes jeunes ans,
Vous me quittez avant le temps :
Quelle est cette tristesse,
Qui peut de ma jeunesse
Empoisonner le cours?
Je soupire toujours!
Je folâtrais sans cesse.
Doux plaisirs de mes jeunes ans,
Vous me quittez avant le temps.

De toutes celles du village, Luzi n'a vu que moi! Quitter les dames du château pour ne s'occuper que d'une simple villageoise*!... Il semblait* même *que je lui faisais* une faveur, lorsqu'il venait me prier à danser, de le préférer aux autres*!* Que ses yeux étaient tendres!... touchants!... *Dans son langage, quelle aimable douceur!... heureusement j'étais assez bien mise; mais aujourd'hui s'il me voyait!...* Ah! dieux! le voici!...

SCÈNE II

LUZI, LAURETTE

LUZI : Belle Laurette, tout, près de vous me rappelle ! Depuis que je vous ai vue, un attrait bien puissant m'attire où vous êtes ; ah ! tous les jours sont des fêtes pour celui qui jouit de ce bonheur... Mais, belle enfant, *quel âge avez-vous ?*

LAURETTE : *J'ai eu quinze ans le mois passé.*

LUZI : *L'on va bientôt vous marier sans doute !*

LAURETTE : *Mon père dit que rien ne presse.*

LUZI : *Et vous ?* pensez-vous de même ? *N'avez-vous pas quelques amours dans le cœur ?*

LAURETTE : *Je ne sais ce que c'est que* l'Amour.

LUZI : Le désir de plaire et d'être aimé. *Quoi !* Laurette, *pas un garçon* de ce hameau *ne vous a fait désirer que l'on vous le donne pour mari ?*

LAURETTE : *Je ne me mêle point de cela, c'est mon père que ce soin regarde.*

LUZI : *Que fait votre père ?*

LAURETTE : *Il cultive* la vigne.

LUZI : *Est-il riche ?*

LAURETTE : Hélas ! *non ; mais il dit qu'il est heureux si je suis sage.*

LUZI : *À quoi vous occupez-vous ?*

LAURETTE : *J'aide mon père, je travaille avec lui.*

LUZI : *Avec lui ! vous cultivez la terre ?*

LAURETTE : *Oui : les soins que la vigne demande ne sont pour moi qu'un amusement : planter les échalas, y attacher le pampre, en* étaler *les feuilles pour faire mûrir les raisins, les recueillir quand ils sont mûrs, tout cela n'est pas bien* fatigant.

LUZI : Trop pour vous, sans doute ; il faut préparer la terre, la soigner...

LAURETTE : Il est vrai.

Ariette

Comme nos cœurs, la vigne en son enfance
    Exige des soins, des travaux ;
Mais quel plaisir quand les pampres nouveaux
Au vigneron annoncent l'abondance !

LUZI : Si vous vouliez, Laurette, je ne vous quitterais jamais, je serais sans cesse près de vous, et pour vous épargner le travail, l'on me verrait devancer le jour.

LAURETTE : C'est bien de l'honneur que vous me faites ; *mais cela fâcherait mes compagnes, et dans le village on est jaloux.*

LUZI : *On doit l'être de vous voir si jolie, et à la ville on le serait de même. C'est un malheur qui vous suivra partout.* Ah ! *si dans Paris au milieu de ces femmes si vaines d'une beauté qui n'est qu'artifice, l'on vous voyait paraître avec ces* grâces *naturelles dont vous ne vous doutez pas...*

LAURETTE, *étonnée* : *À Paris*, moi, monsieur! Et *qu'y ferais-je?*

LUZI : *Les délices de tous les yeux, la conquête de tous les cœurs.* Si vous connaissiez les charmes d'une vie délicieuse et tranquille, nul autre soin que celui de vos plaisirs... Laurette, je puis vous procurer ce bonheur; si mon amour vous touche, si vous voulez me rendre heureux, *je ne vous demande que le secret, mais le secret le plus inviolable* : *gardez-le bien,* car *s'il vous échappait*, tout le bien que je veux vous faire *s'évanouirait comme un songe.*

LAURETTE : Vous cesseriez donc de m'aimer si quelqu'un le savait? Eſt-ce une honte de l'avouer? quel eſt donc ce bonheur que l'on ne goûte qu'à Paris, et dont vous dites que je serais enchantée?

LUZI : Tout ce qui peut flatter, séduire sera offert à vos yeux : les vêtements les plus riches, le palais le plus superbement orné, et cette certitude de remporter l'avantage sur toutes les femmes; mériter la préférence en les faisant rougir d'être effacées par vous : à Paris, chaque inſtant eſt une fête nouvelle, bien plus brillante que celle que vous avez vue hier.

Ariette

À chaque inſtant à la ville,
Plus empressé, plus fertile,
Pour les belles l'Amour invente des plaisirs.
Au fond du cœur de celle qu'il adore,
Un tendre amour a l'art de faire éclore,
D'aller chercher, de combler les désirs.
De notre sort vous êtes souveraine,
Par un regard vous captivez nos cœurs,
Et si l'Amour vous retient dans ses chaînes
Ses chaînes sont de fleurs.

LAURETTE : Nos campagnes devraient être désertes? pourquoi tout le monde n'habite-t-il pas les villes?

LUZI : Il faut aimer et l'être pour connaître et jouir de la félicité. Les plaisirs sont un hommage que l'amour offre à la beauté. Ah! Si vous m'aimiez, Laurette, je vous verrais quitter votre père, me suivre et partager tout ce que je possède.

LAURETTE : Quitter mon père!... Ah! gardez vos richesses, et si vous ne pouvez m'aimer qu'à ce prix, je renonce pour jamais à votre amitié.

LUZI : Mon sort et le vôtre dépendent de vous; mais songez qu'un seul mot peut me perdre, daignez garder le silence.

SCÈNE III

LAURETTE, *seule.*

Il me quitte! S'il se moquait de moi? il n'a pourtant pas l'air d'un trompeur! Pourquoi ce myſtère qu'il m'a tant recommandé? En me rendant heureuse, en me comblant de biens, il veut que je l'aime ; rien n'eſt plus juſte ; mais quitter mon père, ne point partager avec lui ces bienfaits... le voici, contraignons-nous.

SCÈNE IV

LAURETTE, BAZILE

BAZILE : Ah ! te voilà, ma fille ; as-tu eu hier bien du plaisir ?

LAURETTE : Oui, mon père.

BAZILE : La fatigue lui a succédé ; le vrai bonheur eſt celui qui, lorsqu'il eſt passé, ne laisse ni regrets ni remords ; heureux celui qui trouve en lui-même cette félicité qu'en vain on cherche ailleurs.

Ariette

Mais quand pour trouver le bonheur,
On se fatigue, on se tourmente,
Tout sert à tromper notre attente
Et l'ennui reſte au fond du cœur.
La bienfaisante nature
Met toujours les plaisirs à côté des besoins ;
Et plus la terre exige une longue culture
Mieux elle sait récompenser nos soins.
Elle offre encor un avantage :
Par le travail on connaît la gaieté,
De nos désirs il sait régler l'usage,
Et par-dessus, nous avons la santé.

Le jour eſt beau, employons-le à réparer ce qu'hier nous n'avons pu faire. Laurette, va sur le coteau, le vent a abattu quelques ceps ; moi, je vais au chemin, au-delà du village, planter des échalas pour la jeune vigne.

SCÈNE V

LUZI, *sans voir Laurette qui s'en va.*

LUZI : Que tu tardes à paraître ! Hélas ! l'amour peut-il m'excuser de trahir la vertu ?

Ariette

Légers zéphirs
Qui doucement agitez ce feuillage,
De mes soupirs,
À ma Laurette allez porter l'hommage.
Oiseaux charmants,
Que dans vos chants
Elle trouve l'image
Des feux que je sens.

Pour nous peindre l'objet qu'on aime,
Les fleurs des champs, l'ombre des bois,
Tout, jusqu'au silence même
De l'amour emprunte la voix.
Légers zéphirs, *etc.*

Jusqu'au calme qui règne dans la nature augmente le trouble où je suis! Laurette, adorable Laurette...

SCÈNE VI

LUZI, LAURETTE

LAURETTE : Ne m'avez-vous pas appelée?

LUZI : Hélas, *je suis bien impatient de savoir ce que vous avez résolu.*

LAURETTE : *De ne point faire un pas sans l'aveu de mon père, et de suivre en tout ses avis; si vous me faites du bien, je veux qu'il le partage; si je vous suis, je veux qu'il y consente.*

LUZI : *Ah! gardez-vous de le consulter, c'est lui surtout que je dois craindre. Il y a parmi vous pour s'aimer, pour s'unir, des formalités que mon nom, mon état, me défendent de suivre : votre père voudrait m'y assujettir, il exigerait l'impossible, et sur mon refus, il m'accuserait d'avoir voulu vous abuser; il ne sait pas combien je vous aime; mais vous, Laurette, me croyez-vous capable de vous tromper?*

LAURETTE : Non, non : *je vous crois la bonté même, vous seriez bien trompeur si vous étiez méchant.*

LUZI : *Osez donc vous fier à moi.*

LAURETTE : *Ce n'est pas que je m'en méfie;* mais me conseilleriez-vous de me cacher de mon père? *Je lui appartiens, je dépends de lui, si ce que vous me proposez me convient, il y consentira.*

LUZI : *Il n'y consentira jamais! Vous m'aurez perdu, vous en serez fâchée, il n'en sera plus temps, et pour toute la vie vous serez condamnée à ces vils travaux que vous aimez sans doute puisque vous n'osez les quitter.*

Ariette

Chère amante que j'adore,
Quittez les champs pour goûter le bonheur;
Faut-il que le hâle dévore
Ce teint charmant qu'embellit la candeur?
Donner des lois à tout ce qui respire,
C'est le droit de la beauté;
Heureux qui perd sa liberté
Lorsque l'amour le met sous son empire!

Voilà ce que vous préférez aux délices de l'abondance et du loisir que je vous promets. À quoi tient votre refus? *à la peur de causer quelques moments d'inquiétude à votre père. Votre fuite l'affligera; mais après quelle sera sa joie en vous voyant riche par mes bienfaits dont il sera comblé lui-même! quelle douce violence ne lui ferez-vous pas en l'obligeant à quitter cette* pauvre *cabane, à se donner du repos! car dès lors, je n'ai plus ses refus à craindre, mon bonheur, le vôtre, le sien sont assurés pour jamais.*

LAURETTE :

Ariette

Je ne puis garder le silence,
Et je dois publier vos bienfaits en ce jour;
C'eſt un tribut dont ma reconnaissance
Doit s'acquitter envers l'amour.
Le bien qu'on fait, on peut le taire,
Mais celui qu'on reçoit doit toujours éclater :
Je ne vois que le mal qu'il faille se hâter
D'abandonner à l'ombre du myſtère.

LUZI : Laurette, le mérite d'une action perd toute sa valeur lorsqu'elle eſt connue; je serais humilié si vous le faisiez connaître; ah! je serais au désespoir, si vous en parliez.

LAURETTE : Souffrez, du moins, que mon père en soit inſtruit; je lui donnerai sous le plus grand secret; il le gardera, et cette perspective le consolera de sa misère actuelle. Oh! mon cher protecteur, quelle joie je vais répandre dans son âme!

LUZI, *à part* : Quelle ingénuité! faut-il!... *(haut :)* Non, belle Laurette, je ne puis y consentir, le myſtère eſt nécessaire.

LAURETTE : Oh! Ciel! j'entends mon père, il me croit au travail, je vais me cacher, ne lui dites pas au moins que j'étais ici.

LUZI : Ne craignez rien.

SCÈNE VII

LUZI, BAZILE

LUZI : Approchez, Bazile. Pourquoi m'avez-vous caché vos besoins? Hélas! si la fortune eſt plus favorable à une partie des hommes qu'à l'autre, c'eſt pour leur donner le bonheur de la partager. Que vois-je? vos yeux se remplissent de larmes? ce secours offert par mes mains vous ferait rougir? Ah! Bazile, celui qui ne prévient pas cette obligation imposée par la nature doit être bien plus humilié que celui qui eſt forcé de la recevoir.

BAZILE : *Eſt-ce à moi qui ai servi vingt ans ma patrie, qui s'eſt retiré couvert de blessures, et qui n'a cessé*[1] *de travailler sans relâche, eſt-ce à moi à tendre la main? la terre arrosée de ma sueur ne devrait-elle pas me donner de quoi vivre?*

LUZI : En quels temps *avez-vous servi?*

BAZILE : *J'ai pris les armes sous Berwick*[2]*, j'ai fait les campagnes de Maurice*[3]*; mon père avant qu'un procès funeſte l'eût dépouillé de son bien, avait de quoi me soutenir dans le grade où j'étais parvenu, mais en même temps que je fus réformé*[4], il fut ruiné sans ressource; nous vînmes ici nous cacher;

hélas! cette terre ingrate produit à peine notre existence; mais à force de culture je parviens à nourrir ma chère Laurette, je lui cache soigneusement et ma peine et le peu qu'elle me produit : son âme est trop sensible, elle en mourrait de chagrin.

LUZI : Par votre tendresse pour elle, acceptez ce faible don; votre maître le veut, mais c'est votre ami qui vous en prie.

SCÈNE VIII

BAZILE, *seul.*

Il se dérobe à mes remerciements! Vertueux Luzi, ma reconnaissance surpasse, s'il se peut, vos bienfaits.

SCÈNE IX

BAZILE, LAURETTE

Laurette se débarrasse des outils qu'elle apporte.

BAZILE : Viens ma fille, regarde celui qui s'éloigne, ce n'est pas un homme; trop d'humanité, trop de noblesse règne dans son âme; vois cet or que sa main généreuse nous donne. Tu soupires, Laurette! il a mis tant d'empressement que je n'ai pu le refuser.

LAURETTE : Mon père, en redoublant nos peines, n'aurions-nous pas pu nous en passer?

BAZILE : Non : l'année ne promet point de récolte, le besoin est le plus affreux des maux, je le sentirais bien davantage si tu le partageais. Je pense à te marier; Jérôme, fermier de ce canton, aime son fils, je l'aime aussi, quel sera mon bonheur de te voir heureuse!

LAURETTE : Mon père je n'ose vous dire...

BAZILE : Pourquoi crains-tu de me faire un aveu? et j'approuve ton choix! Eh bien! ma chère enfant, c'est tout simple : en vain est-on rebelle à la voix de la nature, elle a des droits; quand tu ne me l'aurais pas dit, je l'eusse deviné[1], ton embarras te décèle; c'est à peu près à ton âge que ta mère me choisit.

LAURETTE : Vous vous trompez.

Ariette

Les embarras et les soins du ménage
    Me font craindre un engagement;
    Trop souvent dans le mariage
    Le maître succède à l'amant.

    À vivre auprès de vous mon père,
À vous servir j'ai fixé mon bonheur,
        Si je vous étais chère
M'envieriez-vous un destin si flatteur?

BAZILE *(pendant l'ariette il compte son or)* : Non, je ne puis le croire, *il n'est pas possible que Luzi m'ait voulu donner tout cela*. Va, Laurette, cours après lui, *fais-lui voir qu'il s'est trompé*.

LAURETTE : En vain voudrai-je lui rendre, mon père, mais je vais vous obéir.

BAZILE : Embrasse-moi mon enfant, je te rejoindrai bientôt.

SCÈNE X

LAURETTE, *seule.*

Ariette

Respect, devoir, obéissance,
Surmontez de folles amours.
Je ne te dois, Luzi, que ma reconnaissance,
Je dois bien plus encor à l'auteur de mes jours.
Avec quel soin il forma mon enfance,
Respect, devoir, obéissance,
Surmontez de folles amours.

De ces fruits cueillis par mes mains,
Luzi, je vais te faire hommage.
Je te les offre comme un gage
Des regrets que je sens à briser nos liens.

SCÈNE XI

LAURETTE, LUZI

LAURETTE : J'allais vous chercher, *mon père ne peut* pas *croire* que sans distraction vous lui ayez donné ce trésor, il m'a dit de vous le remettre.

LUZI : Et c'est vous qui me le rendez? Ah! Laurette, je suis donc haï de celle que j'adore?

LAURETTE : Monsieur, je n'ai jamais haï personne, et... puis-je vous offrir ce petit présent? je vous assure que j'ai eu grand soin de choisir les plus beaux dans le dessein de vous les présenter.

LUZI : Je l'accepte et je vous dis adieu.

LAURETTE, *attendrie* : Vous partez, vous partez, monsieur?

LUZI : Oui, je m'en vais le plus malheureux des hommes... Que vois-je!... vous êtes sensible à ma douleur!... Vous me regretteriez? mon départ peut-il vous affliger?

LAURETTE : *Je suis désolée; et je donnerais tout le bien que vous nous faites pour ne vous avoir jamais vu.*

LUZI : *Et moi Laurette je donnerais tout celui que je possède pour ne vous quitter de ma vie.*

LAURETTE : *Tenez, depuis que je vous ai vu, tout ce qui n'est pas vous ne m'est rien. D'abord mon esprit s'occupait des belles choses que vous m'aviez promises, et puis tout cela s'est évanoui, je n'y ai plus pensé, je n'ai pensé qu'à vous. Ah! si mon père le voulait!*

LUZI : *Qu'avez-vous besoin qu'il le veuille, attendez-vous son aveu pour m'aimer? notre bonheur n'est-il pas en nous-mêmes? L'amour, la bonne foi, voilà vos titres et mes garants!* Ah! *quand le cœur s'est donné, la main n'a plus qu'à le suivre! livrez-moi cette main, que je la baise mille fois, que je l'arrose de mes larmes.*

LAURETTE : Luzi, ne pleurez pas.

Duo dialogué

LUZI

Rends-toi, Laurette, à ce dieu qui m'enflamme.

LAURETTE

Luzi, tes pleurs ont déchiré mon âme.

LUZI

Vois-moi mourir ou couronne mes vœux.

LAURETTE

Ah! je frémis en cédant à tes feux.

LUZI

Que tardes-tu? Suis l'amant qui t'adore.

LAURETTE

En vain je veux te résister encore.

LUZI

Amour, Laurette, écoutez mes serments;
Vous les dictez, vous les rendrez constants.

ENSEMBLE

Amour, amour, écoute nos serments,
Tu les dictas, tu les rendras constants.

LUZI : Répétez-le donc, cet aveu qui met le comble à ma félicité.

LAURETTE : J'ai bien du plaisir à vous voir... Que j'aurais de peine à vous quitter!... *(À part.)* Amour, tu l'emportes!... *(Haut.)* Allons, Luzi.

LUZI : Se peut-il que je sois si heureux! Ne tardons plus, je vais hâter le moment qui doit m'unir à vous pour jamais.

LAURETTE : Et moi, je vais dans notre cabane déposer ces bienfaits que vous faites à mon père; lorsque vous reviendrez, vous me trouverez ici.

SCÈNE XII

LUZI, BAZILE *apercevant Luzi et l'arrêtant.*

BAZILE : Que viens-je d'apprendre!... ma fille!... Luzi... Ô père malheureux... Quoi tous les deux me plongent un poignard dans le sein... Ah! Laurette... puis-je le croire?... je m'égare... *(courant à Luzi qui veut sortir)* Cruel!... barbare!... Viens recevoir le châtiment que mérite ton forfait.

Ariette

Oui, suborneur, je crains peu ta colère,
Le Ciel est juste, il sera mon vengeur :
Tu ne sais pas tout ce que peut un père
Qui veut sauver sa fille et son honneur.
Tu comptais trop sur les glaces de l'âge,
Je puis encore affronter le trépas;
Si dans son sang je n'assouvis ma rage,
Pour éviter un trop sensible outrage
Je puis frapper ma fille entre tes bras.

(Luzi sort.)

SCÈNE XIII

BAZILE, *seul.*

Je vais attendre ici ma fille, elle n'a point d'autre chemin à prendre pour exécuter son odieux projet... J'entends du bruit... c'est elle.

SCÈNE XIV

BAZILE, LAURETTE

BAZILE : Où allez-vous Laurette?... *Luzi... voilà donc cet honnête homme... voilà donc la vertu des grands : le lâche, en donnant son or, croyait-il me payer ma fille? Ils s'imaginent, ces riches superbes, que l'honneur des pauvres gens est une chose vile, et que la misère met à prix; il se flattait de me consoler, il te l'avait promis* peut-être?... *homme dénaturé... qu'il connaît peu l'âme d'un père!*

LAURETTE : C'est moi qui suis coupable; ne l'accusez pas, mon père! Si vous saviez combien il m'en coûtait de vous abandonner! Ah! mon père, pardonnez ma faiblesse, vos reproches me pénètrent de douleur et me rappellent à mon devoir. Les larmes que vous me voyez répandre sont autant les marques de mon repentir que de la tendresse que j'ai pour vous.

BAZILE : *Quand l'honneur est perdu, il reste encore un bien inestimable, c'est la vertu, qui ne périt jamais;* rentre en toi-même, fuyons de ces funestes lieux, et *laisse* à ton ravisseur *ces dons empoisonnés.*

LAURETTE :

Ariette

Ah! désarmez votre colère,
Je suis prête à vous obéir;
Souvenez-vous que vous êtes mon père,

(À part.)

Je l'aime encor... Eh! comment le haïr?

(Haut.)

Prendre la fuite en son absence,
Sans le voir, sans le prévenir!
Quand il viendrait, flatté par l'espérance,
Il penserait que j'ai pu le trahir.

BAZILE : Eh! *que t'importe l'opinion* d'un homme qui veut te perdre, *qu'attends-tu de lui? qu'il te défende? qu'il te dérobe à l'autorité paternelle? Ah! qu'il vienne, je suis seul, sans armes*, mais je le braverai.

LAURETTE : *Vous connaissez peu celui que vous outragez, personne n'est plus sensible que lui, vous lui* deviendrez *respectable.*

BAZILE : Tu veux que j'attende du respect de celui qui veut me déshonorer? *Espères-tu qu'il me séduira par sa perfide douceur?...* Non, non, *je ne veux pas le voir.*

LAURETTE : Eh bien! *ne le voyez pas* mais souffrez...

BAZILE : *Qu'exiges-tu?* Ah! *dût-il m'arracher la vie...* Non, suis-moi...

SCÈNE XV ET DERNIÈRE

BAZILE, LAURETTE, LUZI

LUZI, *sans apercevoir Bazile* : Allons, Laurette.

BAZILE : *Qui êtes-vous? Que demandez-vous? (En se reculant :) Malheureux... éloignez-vous, ôtez-vous de mes yeux.*

LUZI *(se jetant aux genoux de Bazile)* : *Je suis criminel, je l'avoue, (lui montrant son épée :) et voilà de quoi me punir; mais si vous daignez m'écouter,* vous ne me regarderez pas avec tant d'horreur.

BAZILE : *Ah! si j'étais aussi lâche, aussi cruel que vous... Vois, Laurette, combien le vice est bas, et quelle en est la honte, puisqu'il oblige l'homme à ramper aux pieds de son semblable et à supporter ses mépris.*

LUZI : *Si je n'étais que vicieux, loin de vous implorer je vous braverais; n'attribuez mon humiliation qu'à ce qu'il y a de plus honnête dans la nature;* pouvez-vous me faire un crime d'aimer ce qu'elle a formé de plus parfait?

BAZILE : *On vous dit noble, et vous croyez l'être? Voici les traits de cette noblesse dont vous vous glorifiez. Dans un moment de désolation, où le plus méchant des hommes aurait eu pitié de moi, vous m'abordez, vous feignez de me plaindre, et vous dites dans votre cœur : « ce malheureux n'a de consolation que sa fille, je veux la lui enlever. » Et moi, crédule, je vous admirais, je vous comblais de bénédictions; je demandais au Ciel qu'il accomplisse tous vos vœux, et tous vos vœux tendaient à suborner ma fille, je vous la livrais, je l'engageais à courir après vous, pour vous rendre, à la vérité, cet or, ce poison, avec lequel vous croyiez me corrompre :* un pressentiment secret me disait que vous vouliez me tromper, j'y ai résisté et *je me suis obstiné à vous croire compatissant*! *Vous n'étiez que perfide; et la main que j'aurais baisée, que j'aurais arrosée de mes larmes, se préparait à m'arracher le cœur. Voyez quel homme vous vouliez déshonorer! J'ai versé pour l'État plus de sang que vous n'en avez dans les veines, et vous, homme inutile, tous vos exploits se bornent à désoler un père; mais ce qui me désespère..., ce que je ne vous pardonnerai jamais, c'est que vous avez éteint dans l'âme de ma fille les sentiments de la nature; vous lui avez fait un supplice de la société de son père, peut-être, hélas! je n'ose achever... peut-être lui suis-je odieux!*

LAURETTE, *avec vivacité* : Vous mon père! *je mérite tout, hors le reproche d'avoir cessé de vous aimer.*

LUZI : *Pardonnez-moi,* et *si le ravisseur de Laurette n'est pas indigne du nom de son époux, je vous conjure de me l'accorder.*

Ariette

Votre vertu fait mon supplice;
Je reconnais mon injustice,
La candeur de Laurette augmente mes remords.
Soyez juste, soyez sévère;
Mais ressouvenez-vous que vous êtes son père
Et que l'amour a causé mes transports.

BAZILE, *après avoir rêvé* : *S'il y avait un autre moyen de me rendre l'honneur, et de vous rendre à tous deux l'innocence, je le refuserais; mais il est le seul, je l'accepte,* soyez heureux, et laissez-moi finir mes jours paisiblement.

LAURETTE, LUZI *ensemble* : Ô mon père, ne nous quittez pas, nous ne serons parfaitement heureux qu'avec vous.

Duo dialogué

LUZI *à Bazile.*

Laissez-vous toucher par nos larmes.

LAURETTE *à Bazile.*

Mon père, embrassez vos enfants.

LUZI *à Bazile.*

L'amour n'aura pour nous de charmes
Qu'unis par vos embrassements.

ENSEMBLE

Laissez-vous toucher par nos larmes,
Mon père, embrassez vos enfants.

LUZI *à Bazile.*

Que notre sort sera digne d'envie,
Quand près de vous tous deux
Vous ne saurez par le nœud qui nous lie,
Quel est celui qui vous aime le mieux.

ENSEMBLE

Laissez-vous toucher par nos larmes,
Mon père embrassez vos enfants,
L'amour n'aura pour nous de charmes,
Qu'unis par vos embrassements.

BAZILE : Ma tendresse l'emporte, vous triomphez, mes chers enfants, de ma résolution; je resterai avec vous, puisque vous le souhaitez; mais que ce jour vous apprenne que la jeunesse est imprudente, que d'une seule action dépend le bonheur de la vie, et que la Nature n'a mis dans le cœur des pères l'expérience et la tendresse que pour les guider.

LUZI : *C'est à faire le mal qu'est la honte, et jamais à le réparer.*

FIN

II

[ŒIL POUR ŒIL, DENT POUR DENT]

Un homme surprit sa femme en flagrant délit; au lieu de se désespérer, il joignit la prudence au ressentiment; il enferme les coupables et va trouver la femme du suborneur de la sienne. Là mon homme lui développe la situation de son cœur et finit par lui demander satisfaction de son mari. Il lui expose son juste ressentiment et le droit que la dame a de se venger d'un infidèle autant que lui-même en a contre un suborneur.

LA DAME : Je ne règle pas ma conduite sur les dérèglements de mon époux.

L'HOMME, *interdit* : Êtes-vous bien sûre, madame, que ce soit le meilleur parti que celui auquel vous vous arrêtez?

LA DAME : Monsieur, c'est celui qui me convient.

L'HOMME : Permettez-moi de m'étendre un peu et de vous interroger à ce sujet. Est-ce, madame, ma témérité qui vous indispose? Serait-ce la fidélité que vous croyez devoir à votre mari, ou, enfin, est-ce la chasteté qui vous rend contraire à mes vœux?

LA DAME : Oui, monsieur, c'est tout ce que vous venez de dire.

L'HOMME : On ne peut répondre avec plus de bienséance; toutefois, à l'égard de la fidélité que vous gardez à votre époux, permettez-moi de vous représenter qu'en vous vengeant, vous ne pourriez vous croire infidèle qu'en vous croyant aimée.

Il faut se croire aimé pour se croire infidèle[1] *!*

À l'égard de la chasteté, ce devoir est beau en soi et vous rend aussi plus belle à mes yeux. Mais, dans le cas où je suis, mon devoir à moi ne m'oblige pas de me soumettre au vôtre. Et puisque votre époux n'a pas respecté le devoir de ma femme, son action me donne le même droit sur vous.

LA DAME : Quoi, monsieur! vous croyez avoir acquis, par sa faute contre vous, le droit d'en commettre une autre contre moi?

L'HOMME : Oui, madame, c'est lui qui m'autorise selon la loi du talion : œil pour œil, dent pour dent. J'eus toujours lieu de croire avant ce jour que ma femme était chaste comme vous l'êtes, et je présume que votre époux s'est servi des moyens les plus violents ou les plus adroits pour la séduire, et ces derniers me semblent encore plus révoltants, parce qu'ils sont plus infaillibles; la nature de mon chagrin n'est pas de la nature du vôtre; ne trouvez pas mauvais que je ne me gouverne pas sur vos principes. Néanmoins je trouve étrange qu'une femme aussi délicate soit aussi indulgente pour un perfide époux, et que sa délicatesse même ne lui dicte pas quelque chose pour moi.

LA DAME : Moi, monsieur?

L'HOMME : Vous-même, madame, qui m'êtes aussi redevable.

LA DAME : En quoi donc, monsieur, je vous prie?

L'HOMME : De ma considération envers votre époux. N'est-il pas vrai, madame, que vous seriez veuve à présent si, au lieu de vous venir trouver, je me fusse livré à mon emportement; si, trouvant votre époux consommant mon déshonneur, je lui eusse arraché la vie? ma grâce était sûre aux pieds du prince. Imaginez-vous arrivant au moment où, l'épée sur son sein, j'allais assouvir une vengeance légitime. Alors, vous oubliant vous-même, vous vous fussiez précipitée au-devant de mes coups. Eh bien, madame! ils sont enfermés par mes soins, le même danger le menace; vous seule pouvez apaiser ma colère, et vos dédains ne peuvent qu'irriter mon désespoir.

LA DAME : Ah! monsieur, que dites-vous? vous oseriez?

L'HOMME : Oui, madame, je vais le tuer et vous en serez la cause. Êtes-vous donc certaine qu'un époux qui vous méprise assez pour vous outrager, en nous insultant également, sera plus satisfait que vous lui gardiez fidélité que de lui avoir conservé ses jours? Pensez-y bien, madame; que savez-vous même si, apprenant qu'il n'a tenu qu'à vous de détourner mon courroux, il ne vous accusera pas en mourant d'avoir préféré la vengeance au pardon? Enfin, madame, tout ce que je dis est possible; ne rendons pas nos malheurs plus grands; faites le généreux sacrifice que je vous demande et qui m'est dû à si juste titre.

LA DAME : Voilà un singulier procédé. Vous me mettez, monsieur, dans une étreinte affreuse; je donnerais sans doute ma vie pour sauver celle de mon époux, mais ce que vous exigez est plus affreux encore.

L'HOMME : Non, madame, c'est l'acte le plus doux de la vie, lorsqu'on peut s'y livrer sans remords.

LA DAME : Sans remords, oui, monsieur, mais selon votre idée.

L'HOMME : Selon celle de tout le monde, madame, faites attention que, dans tous les cas, c'est le motif qui justifie, c'est lui qui décide du bien ou du mal de nos actions. Et qu'aurez-vous à vous reprocher en celui-ci, puisque vous ne le faites que pour sauver votre époux?

LA DAME : Monsieur, je vous ai écouté avec docilité, voulez-vous bien m'entendre à votre tour?

L'HOMME : Volontiers, madame, parlez, mais sans espoir de me faire changer d'avis.

LA DAME : Oui, monsieur, je conviens que vos raisons ont de la force, mais elles ne l'emportent sur les miennes que parce que le trouble où vous m'avez jetée et mon incapacité naturelle ont enlevé à ma cause un défenseur comme elle le méritait. J'avoue même que je me dois faire un reproche de n'avoir pas senti d'abord que je dois de la reconnaissance à votre modération qui m'a conservé mon époux, et c'est du meilleur de mon cœur que je vous en remercie. Mais pour que vous soyez certain que ma gratitude est complète, il faut vous déclarer que ma pudeur est inébranlable, c'est le désir de la conserver qui m'anime et m'inspire en ce moment, c'est elle qui me dispose à toutes sortes de soumission pour vous toucher. Voulez-vous me voir à vos pieds? M'y voilà. L'humiliation même me sera douce, pourvu que je vous fléchisse. Ayez pitié de mon état, considérez ma douleur et jugez-en par les choses qu'elle me fait faire, puisque vous vous piquez de justice. Pensez, monsieur, que ma soumission vous ôte le droit d'entreprendre sur moi; vous ne pouvez plus m'attaquer, sans vous donner des remords. *(Elle se lève.)* Je viens de faire mon devoir, faites à présent le vôtre.

L'HOMME, *furieux* : Mon devoir, méchante femme! Mon devoir serait de vous détester toutes. Ô noirceur inouïe! Pièges d'enfer! Engeance pernicieuse, établie pour nous persécuter! Vous êtes toutes des furies; comment pourrais-je y tenir? L'une m'assassine par son infidélité, l'autre me nargue avec sa pudeur. J'avais par ma droiture mérité une épouse fidèle, je n'ai qu'une femme sans foi. Depuis j'avais par mes chagrins et par ma modération acquis le droit de faire partager la plus douce des vengeances à une épouse outragée autant que moi; je me nourrissais le cœur de cette unique espérance : point du tout, je la trouve sensible pour un traître et inflexible pour moi. Oh! les traîtresses! le bien comme le mal entre dans leur malice; tout chez elles n'est fait que pour nous trahir. Oui, vous et ma femme vous êtes deux furies déchaînées contre mon faible cœur, c'est en vain que ma raison combat contre vos trahisons. Oui, perfide, ton humilité altière, mêlée d'une douceur impitoyable, est beaucoup plus cruelle que je ne le serais, moi, si je me fusse livré à la première violence de mon terrible état. Va, retire-toi, femme barbare, je ne répondrais plus de ce que je puis faire, je pardonne à ton mari, il est moins coupable que toi. Je t'adorais, je te déteste. Fuis, te dis-je, fuis loin de moi, laisse-moi seul à ma douleur.

LA DAME : Arrête! arrête! oh! le plus séduisant des hommes, venez à moi, viens me pardonner, j'avais de la force pour résister à tes raisonnements, je n'en ai plus pour repousser l'ardeur d'un sentiment si vif. Viens, te dis-je, je cède à ta douleur, ou plutôt je cède à mon propre cœur, je suis lasse de combattre, c'est assez pour ma vertu qu'elle ait fait des efforts extrêmes. Et si ma pudeur n'a pu te résister, du moins j'aurai dans mon cœur la conscience de l'avoir longtemps voulu. Tes raisons imposaient à mon esprit sans échauffer mon amour; ton désespoir m'attendrit et me livre à toi. Mais pense au moins, mon ami, qu'en te cédant, j'ai droit d'exiger que tu fasses grâce à ta femme, à mon époux et à tous ceux qui sont aussi faibles que moi.

. . . .

L'HOMME : Les malheureux ont le cœur plus sensible, ils sentent ce que les autres ne comprennent seulement pas, on compatit bien davantage aux maux qu'on éprouve soi-même : or, puisque nos disgrâces sont pareilles, la nécessité de nous consoler réciproquement rendra notre union plus vive, nous chercherons ensemble un commun soulagement.

LA DAME : Monsieur, la vengeance répand toujours une amertume dans l'âme de celui qui l'exerce. Il est dangereux de toucher le poison qu'on veut mettre en œuvre.

L'HOMME : Madame, je vous ai déduit les raisons pour lesquelles je crois que je puis vous convenir, mais je suis bien loin de croire qu'elles suffisent pour vous subjuguer ; la force des raisons ne fait pas les droits de l'amour. Et je sens si bien la vérité de ce que je vous dis, que, si toutes les raisons que j'ai de vous aimer venaient à s'évanouir, je ne laisserais pas de vous aimer encore... (*Au rideau*[1] !)

III

LE SACRISTAIN

Intermède imité de l'espagnol

SCÈNE I

Le théâtre représente une chambre. Une chaise longue est d'un côté. Pauline, dessus, est livrée au sommeil. Elle se réveille et chante.

PAULINE, *à demi-voix.*

Ah! grands dieux! Est-ce un songe?
Dans quel trouble il me plonge!
Quelle ivresse je sens!
Elle embrase mes sens.
Délicieux plaisir où mon âme s'égare,
Si tu n'es qu'une erreur que le sommeil prépare,
Amour, prolonge cette erreur :
Elle vaut le plus grand bonheur.
Non, jamais, cher amant, ton plus heureux délire
N'eut[a] sur moi tant d'empire.
Mais, grands dieux, est-ce un songe?
Dans quel trouble il me plonge!
Ah! d'un si doux mensonge,
Amour, embellis mon sort.
Pour rêver à mon Lindor,
Fais-moi sommeiller encor.

Elle se remet sur l'oreiller, s'agite et chante. (Récitatif.)

Je ne dors plus. J'ai cessé de jouir.
Je n'embrassais qu'une ombre vaine,
Et mon réveil l'a fait évanouir.
Dans un songe qui nous entraîne,
Faut-il que l'excès du plaisir
Soit un commencement de peine?

(Air mesuré.)

Sommeil[1], pourquoi me fuyez-vous? *(bis)*
Je regrette un moment si tendre :
Lindor était à mes genoux.
Je croyais le voir et l'entendre.
Sommeil, pourquoi me fuyez-vous? *(bis)*
Sommeil, rendez-moi mon vainqueur :
Trompez-moi deux fois au lieu d'une.
Un rêve est sans doute une erreur,
Mais le bonheur n'en est point une.
Sommeil, pourquoi me fuyez-vous? *(bis)*

(Elle parle.)

Ah! Lindor, mon cher Lindor, si je ne puis te voir, au moins suis-je[a] occupée de toi sans cesse. Éveillée, endormie, je ne songe[b] qu'à mon Lindor. Faut-il[c] que l'avarice de mes parents leur ait fait sacrifier mon bonheur à l'appât de quelques richesses, en me livrant à ce vieux Bartholo qui m'enferme toute la journée, et ne m'a encore montré du mariage que les horreurs d'un odieux asservissement! Pardonne, cher Lindor, je fus forcée d'obéir : je t'en ai dédommagé depuis. Et si les occasions de nous voir ont été rares, c'est que je vis sous les yeux d'un jaloux qui rôde et veille sans cesse autour de moi [comme ces chiens à qui l'on confie la nuit la garde des jardins... Vrai chien du jardinier[2], en effet... Il faut pourtant convenir que si l'on peut comparer un argus à un chien, le mien n'est qu'un pauvre chien, une bonne bête de chien]... Il faut pourtant convenir qu'il n'est pas trop malaisé de l'attraper. *(Elle rit.)* Ah! ah! ah! Je ne puis m'empêcher de rire en me rappelant le dernier stratagème que mon amant imagina pour me voir. L'idée de loger dans sa chambre un grenadier qui passait et de venir en sa place présenter à mon jaloux le billet de logement du soldat[3] est une des plus plaisantes choses... Ah! ah! ah! ah! [Sous cet habit grivois[4], avec ces moustaches d'emprunt, ce sabre, ce bonnet en mauvais garçon[5], je ne reconnaissais pas d'abord mon bachelier. L'air ivre mort qu'il se donna mit la défiance de Bartholo en défaut. Ah! ah! ah! Je l'entendais qui disait en le conduisant à son lit : « Pour celui-ci, je ne le crains pas, il n'a besoin que de dormir. » Et moi, jamais je ne l'ai trouvé tant éveillé! Ah! ha! ha!] Ha! Qu'est-ce que j'entends? Le bruit des clefs! C'est mon geôlier[d] qui revient. [Son seul aspect glacerait la joie la plus immodérée.]

SCÈNE II

PAULINE, BARTHOLO

BARTHOLO : Bonsoir, ma chère Pauline, ma petite femme, mon cœur. Je rentre un peu tard, bien las, bien fatigué. Ne va pas me reprocher une course indispensable : tu sais que je te quitte le moins qu'il m'est possible.

PAULINE, *en bâillant* : Ah mon Dieu oui, je le sais.

BARTHOLO : Tu me fais bâiller, mon enfant. Sentirais-tu déjà les approches du sommeil?

PAULINE : Je dormais quand vous êtes arrivé.

BARTHOLO : Nous nous retirerons ce soir de bonne heure. Il y a plusieurs nuits que je n'ai fermé l'œil : j'ai entendu des bruits sourds, comme des gémissements, et puis un ferraillement, un tapage de chaînes, des voix terribles[a] qui me glaçaient d'effroi.

PAULINE : Je n'ai rien entendu.

BARTHOLO : Malgré mes frayeurs j'ai respecté ton sommeil. Mais pourtant si c'étaient des esprits, des revenants? Cette maison appartenait avant moi à un corregidor ou chef de justice[1], et tu sais que ceux qui abusent de leur vivant de ce ministère ont plus besoin que d'autres de prières après leur mort.

PAULINE, *à part* : C'est peut-être quelque tour de Lindor.

BARTHOLO : Hem?

PAULINE : Oui... de prières après leur mort. Cette pensée n'est pas dénuée de fondement; si vous voulez, nous irons ensemble au devin.

BARTHOLO : Oh non, non... Premièrement je ne me soucie pas que tu sortes. Et puis ce sont de si grands fourbes que ces devins!

PAULINE : J'en ai rencontré, je vous assure...

BARTHOLO : Écoute, mon enfant.

(Il chante sur l'air du confiteor.)

Quand ma mère fillette était,
Un devin menteur et profane
Lui prédit qu'elle épouserait
Un assassin à tête d'âne.
Vois comme il faut croire au devin :
Mon père fut un médecin,

Le fameux Bartholo, si renommé à Valladolid.

PAULINE : Ce n'est pas là ce qui m'empêcherait d'ajouter foi à leurs prédictions.

BARTHOLO : Autre preuve de leur ignorance : c'est encore ma mère qui m'a conté cela, car elle avait eu comme toi la faiblesse d'y croire.

(Même air.)

Quand elle épousa Bartholo,
Une autre sorcière amenée
Lui prédit qu'elle aurait un veau
Pour tout fruit de cet hyménée.
À leur art ajoutez donc foi!
Ma mère n'eut d'enfant que moi[2].

PAULINE : Tout cela ne me fait pas changer d'opinion. De mon côté, j'ai des preuves non suspectes de leur profond savoir.

(Même air.)

À Madrid quand je demeurais,
Un fameux devin de Castille
Me prédit que je deviendrais
Femme sans cesser d'être fille.
Jusqu'à présent, mon cher époux,
Ment-il? je m'en rapporte à vous.

BARTHOLO : À cet égard, ma petite, ça viendra. Madrid n'a pas été fait dans un jour. Songe donc qu'il y a à peine sept mois que nous sommes mariés, mon fanfan.

PAULINE : Moi, monsieur, je réponds à vos arguments contre les devins, voilà tout. Ce n'est pas que la vie que je mène soit bien gaie...

BARTHOLO : Elle est honnête et c'est le principal. Le révérend[a] Père Dom Bazile est-il venu te donner ta leçon de musique?

PAULINE : Quand il se serait présenté, ne m'avez-vous pas enfermée en sortant?

BARTHOLO : Tu as raison, mon minet. Je suis pourtant fâché de t'avoir fait perdre une leçon.

PAULINE : Vous pouvez vous dispenser de la regretter, monsieur. Quand vous auriez été ici, je ne l'aurais pas prise.

BARTHOLO : Et pourquoi, ma bergère?

PAULINE : Qu'ai-je besoin de talents? Pour quoi les acquérir? Devant qui les exercer? Je suis condamnée à ne voir personne, et je n'ai jamais si bien senti que ce que vous donnez à Dom Bazile est de l'argent perdu. *(On entend[b] heurter à la porte.)* On frappe. Si c'est Dom Bazile, je vous prie de le renvoyer tout à fait : je ne veux plus entendre parler de rien. Un de ces matins je briserai ma harpe et je jetterai toute ma musique au feu.

SCÈNE III

BARTHOLO, *seul.*

Quelle humeur! Quelle humeur! Faites tout au monde pour plaire aux femmes! Si vous omettez un seul petit point, je dis un seul, soyez bien sûr qu'elles ne vous savent aucun gré de tout le reste. *(On heurte une seconde fois.)* Voyons qui c'est[1] ! *(Il va ouvrir.)*

SCÈNE IV

BARTHOLO, LINDOR *en moine.*

LINDOR : Que la paix et la joie habitent toujours céans!

BARTHOLO : Jamais souhait ne vint plus à propos. Y a-t-il quelque chose pour votre service ici, monsieur Père?

LINDOR : Monsieur, je m'appelle Dom Roch. J'ai l'honneur d'être sacristain du couvent de monseigneur saint Antoine. Le révérend Père, l'organiste Dom Bazile qui montre la musique à doña Pauline votre respectable épouse étant incommodé depuis hier, m'a prié de continuer toutes ses écolières et de donner surtout mes soins particuliers à la signora Bartholo...

BARTHOLO : Je crains[a] bien que vous n'ayez pris une peine inutile. Ma femme[b] est d'une humeur, ce soir... Quand vous avez frappé, elle me chargeait de renvoyer pour toujours Dom Bazile et menaçait de jeter au feu tous ses instruments. J'ai bien à souffrir, mon révérend Père, j'ai bien à souffrir.

LINDOR : Ces petites divisions intestines ne sont malheureusement que trop communes chez les plus honnêtes gens. Mais, monsieur, quand les maris ne peuvent réussir à ramener le cœur ou l'esprit de leurs femmes, ils ont recours à nous. Tous nos Pères se font un plaisir de venir à leur secours et de les suppléer. Je suis persuadé[c] que Madame est pleine de sens et de raison. Vous devriez essayer de l'amener ici. Mais la musique a cela de bon qu'elle rend le calme à une âme agitée, la dispose à recevoir des impressions plus douces, et la met dans une situation dont l'époux peut ensuite profiter pour ramener chez lui la paix et les plaisirs ineffables qui font le bonheur du mariage.

BARTHOLO : Vous me consolez un peu, Père sacristain. Je vais essayer de lui faire entendre raison. Si cela est possible toutefois : disposez ce qu'il faut pour la leçon.

SCÈNE V[a]

LINDOR, *seul.*

[Enfin je vais la revoir. Ce nouveau déguisement m'ouvre une entrée libre ici le jour, et peut-être tirerai-je un aussi grand parti de mes vacarmes nocturnes.] Heureux Lindor! C'est pourtant un bon diable que ce Bazile qui pour quelques pistoles d'or me prête son froc et m'envoie donner la leçon à sa place. Je vais voir ma Pauline! Contiens-toi, mon cœur. Mais songeons à préparer la leçon. *(Il chante avec la harpe*[1]*.)* Je ne sais ce que j'ai ce soir. Je sens en moi non plus d'amour, cela est impossible, mais une ardeur, un feu... Cet habit est-il donc fait de la robe du centaure? Je me sens embrasé comme Hercule[2]. Tâchons cependant de nous modérer. *(Il chante avec la harpe.)* On dispute, là-dedans. Si elle allait refuser de venir! Ô Ciel! Écoutons. *(Pendant la ritournelle, il prête l'oreille au fond du théâtre. Il chante.)*

Elle ne vient pas,
Elle refuse.
Je perds, hélas!
Le fruit de ma ruse[3].
Je perds, hélas!...
Elle refuse!

Ingrate Pauline!
L'amour imagine
Un sûr moyen...
Et ton cœur ne te dit rien!

Je l'entends. Craignons de lui causer trop de surprise en nous montrant d'abord.

FRAGMENT I[1]

LINDOR, BARTHOLO, PAULINE

LINDOR : Seigneur Bartholo, je ne suis plus surpris si votre ménage est aussi souvent divisé. Avec des lubies pareilles à celles dont le hasard m'a rendu témoin, il est bien difficile qu'une jeune femme[2]...

BARTHOLO, *hors de lui* : Vit-on jamais pareille impudence!

LINDOR : À mon égard vous avez poussé les choses...

Trio

BARTHOLO

Oui, ravisseur infâme,
Tu subornais ma femme!

PAULINE

Ciel! Pouvez-vous penser
Qu'on voulût vous offenser!
Prendrait-on le moment
Où mon époux est présent!

LINDOR

Votre indiscrète colère
Insulte à mon caractère.

BARTHOLO

Va, mauvais garnement,
Fuis mon ressentiment!

PAULINE

Un si saint personnage!

LINDOR

Une femme aussi sage!

PAULINE *et* LINDOR, *ensemble.*

Le Ciel nous vengera!
Il vous punira
De cet outrage-là!

BARTHOLO

Leraleralera,
Je me moque de cela.

FRAGMENT II

LINDOR, *seul.*

Pèlerin un autre *(sic)*, moine le soir, ombre cette nuit, n'ai-je rien égaré parmi les flots orageux[1] ? *(Pendant la ritournelle, il examine tout ce qu'il a apporté. Il chante.)*

Comme un vrai moine
De saint Antoine,
Sans patrimoine
Je vis content.
À la sourdine
Pendant matine
Chez ma Pauline
Je viens souvent.
Quand l'heure approche,
Prenons ma cloche :
Si le bonhomme
Est dans son somme,
Din din din din,
Je fais le train
Comme un lutin[2],
Jusqu'au matin.
Le misérable,
Qui croit au diable,
D'effroi pâlit
Et se sauve du lit.
Le bruit augmente,
Il se tourmente,
Et laisse enfin
Pauline au sacristain.

FRAGMENT III

BARTHOLO *seul.*

Affreuse nuit !
Quand je sommeille,
Le moindre bruit
Qui me réveille
Me fait frémir
Et transir !

Avec lenteur
La nuit s'avance.
Tout me glace le cœur,
Jusqu'au silence.
Ne vois-je pas
Sortir là-bas ?
Ah ! je tremble. Que faire hélas ?
De la terreur qui me possède
Mon âme cède.

IV

COMPLIMENT DE CLÔTURE[a]

SCÈNE PREMIÈRE

BARTHOLO, *seul, se promenant un papier à la main.*

... Diable d'homme qui promet un compliment pour la clôture, qui vous amuse jusqu'au dernier jour et, à l'instant de le prononcer, il faut que je le fasse, moi... *Messieurs, si votre indulgence ne rassurait pas un peu*... je ne ferai jamais ce compliment-là... *Messieurs, votre critique et vos applaudissements nous sont également utiles en ce que*... la peste soit de l'homme... *Messieurs*... Pour bien faire il faudrait que ce compliment eût quelque rapport à l'habit dans lequel je dois le débiter... *Messieurs... De même que les médecins entreprennent tous les malades mais ne guérissent pas toutes les maladies*... qu'une bonne fièvre putride eût pu te saisir au collet, auteur de chien, perfide auteur!... *ne guérissent pas toutes les maladies... de même les comédiens hasardent toutes les pièces nouvelles sans être sûrs que la réussite*... ah! je sue à grosses gouttes et je ne fais rien qui vaille... *Messieurs... Messieurs*[b] *!*

SCÈNE II

BARTHOLO, LE COMTE, FIGARO

FIGARO, *riant* : Ah! ah! ah! ah! ah! messieurs... Eh bien, messieurs?

BARTHOLO : Ah, çà, venez-vous encore m'impatienter, vous autres?

LE COMTE : Nous venons vous offrir nos conseils.

BARTHOLO[c] : Je n'ai pas besoin de précepteurs aussi goguenards. Je vous connais à présent.

LE COMTE : Nous ne plaisantons point, je vous jure, et nous sommes aussi intéressés que vous à ce que votre compliment soit agréé du public.

BARTHOLO : Oui?... C'est[d] que j'ai une singularité fort... singulière, moi! quand je n'ai rien à faire, mon esprit va, va, va, comme le diable, et dès que je veux travailler...

FIGARO[a] : Il prend ce temps-là pour se reposer. Je sais ce que c'est, il ne faut pas que cela vous étonne, docteur. Cela arrive[b] aussi à beaucoup d'honnêtes gens qui travaillent comme vous. Mais[c] savez-vous ce qu'il faut faire? Au lieu de rester en place en composant, ce qui engourdit la conception et rend l'accouchement pénible à une jeune personne de votre corpulence[1], il faut vous remuer, docteur, aller et venir, vous donner de grands mouvements[d]...

BARTHOLO : C'est ce que je fais aussi.

FIGARO[e]: Et prendre la plume dès que vous sentirez que les esprits animaux vous montent à la tête.

BARTHOLO : Eh!... les esprits[f] animaux...

LE COMTE : Finis donc, Figaro! Il est bien temps de plaisanter.

BARTHOLO : Ingrat barbier! pour qui j'eus mille bontés! tu ris de mon embarras au lieu de m'en tirer.

LE COMTE : De quoi s'agit-il, docteur?

BARTHOLO : Il s'agit d'imaginer, pour la clôture, quelque chose qui me fasse déployer[g] un beau talent devant le public.

FIGARO : Déployer un beau talent! Eh! mais ne cherchez pas, docteur, rappelez-vous seulement le plaisir extrême que vous lui avez fait quand vous avez déployé à ses yeux le beau talent de chanter en claquant[h] vos pouces :

Veux-tu, ma Rosinette,
Faire emplette
Du roi des maris[2]?

BARTHOLO : Ce drôle se pendrait plutôt que de manquer de désobliger ceux à qui il peut faire plaisir.

LE COMTE : Réellement, Figaro, tu le désoles et le temps se passe. Ah, çà, dites-moi, docteur! Savez-vous au moins[i] les choses dont un compliment de clôture doit être composé?

BARTHOLO : Ah! si je savais aussi bien les faire comme je sais les dire[j]...

FIGARO : Si je savais courir comme je sais boire, je ferais[k] soixante lieues par heure.

BARTHOLO : Je sais qu'il faut invoquer l'indulgence du public, parler modestement de nous, et dire un mot de tous[l] les ouvrages nouveaux représentés dans l'année.

FIGARO : Voilà le plus difficile. Au gré des auteurs, on n'en dit jamais assez. Au gré du public, on en dit souvent trop. Le tout est de prendre un juste milieu.

LE COMTE : Il suffit de rappeler les ouvrages, de les indiquer. Ce n'est plus à nous à prononcer sur leur mérite. L'adoption que nous en avions faite est la preuve du bien que nous en pensions; et l'œil perçant du public nous dispense ici d'en scruter les défauts. Mais sur les succès, même les plus combattus, les plus douteux[m], nous devons aux auteurs le juste éloge d'un désir ardent de plaire au public, que nous partageons avec eux.

BARTHOLO : Eh! morbleu! bachelier, que ne me disiez-vous que vous alliez dire cela? J'aurais pris la plume et mon ouvrage serait fait... Vous[a] dites donc?

LE COMTE : Ma foi, je ne me souviens plus.

BARTHOLO : Quel dommage! Et toi, Figaro?

FIGARO : Moi, cela m'a paru fort plat.

BARTHOLO : Je le crois. Dès qu'il n'y a pas de calembours...

FIGARO : Il est vrai. Je ne sais autre chose[b].

BARTHOLO : Dis-moi seulement quelles pièces on a données cette année.

FIGARO : On a donné, on a donné...

LE COMTE : *Adélaïde d'Hongrie*, *Le Vindicatif*, *Les Amants généreux*, *La Chasse d'Henri IV*..., *La*...

BARTHOLO : Eh! vous allez si vite que je ne puis suivre en écrivant. Recommencez!

LE COMTE : *Adélaïde d'Hongrie*[1].

FIGARO, *à lui-même* : L'amour paternel. Bon fond de tragique et rempli de très beaux vers!

LE COMTE : *Le Vindicatif*[2].

FIGARO : Ouvrage estimable d'un homme de beaucoup d'esprit et d'une grande sensibilité.

LE COMTE : *Les Amants généreux*[3].

FIGARO : Du mouvement, du caractère et des détails très piquants.

BARTHOLO : ... *généreux*.

LE COMTE : *La Chasse d'Henri IV*[4]...

FIGARO : Pour ce sujet-là, c'est l'ami du cœur. Un trait de sa vie privée en comédie, crac! on met ses batailles en opéra-comique. Il ne reste plus qu'à faire un ballet de l'abjuration...

BARTHOLO[c] : ...*d'Henri IV*. Après?

LE COMTE : Une comédie en un acte intitulée?...

FIGARO : Elle est de l'auteur d'une pièce fugitive intitulée *Le Jugement de Pâris*[5]. Morceau charmant!

LE COMTE : Et quoi encore?

FIGARO : *Les Bienfaits d'Albert le Grand*[6], en vers. Et le petit *Barbier*, votre serviteur, en prose.

BARTHOLO : Encore un calembour?

FIGARO : Oui, c'est le mot.

BARTHOLO : Cela fait pourtant sept nouveautés en dix mois, et l'on prétend que nous sommes paresseux[d].

FIGARO : Nous en abattrions bien d'autres, si l'on pouvait allier des intérêts inconciliables. Mais, pendant que l'homme de lettres qui attend nous dit sans cesse : « Eh aïe donc! la comédie, c'est mon tour[e] à engrener », l'auteur qui est sur le chantier nous crie de son côté : « Piano, la comédie, piano! Faites-moi durer encore. » Tout cela est bien difficile...

SCÈNE III

LES ACTEURS PRÉCÉDENTS, MLLE LUZY[a] [1]

MLLE LUZY : Messieurs, tant que vous occuperez le théâtre on ne commencera pas la petite pièce. Est-ce que le compliment n'est pas dit?

FIGARO : Et comment voulez-vous qu'il soit dit? Il n'est seulement pas fait[b].

MLLE LUZY : Ce compliment?

BARTHOLO : Vraiment non. L'auteur du *Barbier* m'en[c] avait promis un. À l'instant de le prononcer, il nous fait dire de nous pourvoir ailleurs.

MLLE LUZY : Il est peut-être piqué de ce qu'on a retranché de sa pièce l'air du printemps.

BARTHOLO : On a bien fait, mademoiselle[d] : le public n'aime pas qu'on chante à la Comédie-Française.

MLLE LUZY : Dans les tragédies. Mais depuis quand ferait-il ôter d'un sujet gai ce qui peut en augmenter l'agrément? Allez[e], monsieur! le public aime tout ce qui l'amuse.

BARTHOLO : Est-ce notre faute, à nous, si Rosine a manqué de courage?

MLLE LUZY : Est-il joli, le morceau?

LE COMTE[f] : Voulez-vous l'essayer?

BARTHOLO : Vous allez la faire chanter. Comment diable voulez-vous que je finisse mon compliment[g]?

LE COMTE : Allez toujours, docteur.

FIGARO : Dans un petit coin, à demi-voix.

MLLE LUZY : Mais je suis comme Rosine, moi! Je vais trembler.

FIGARO : Fi donc, trembler! Mauvais calcul, mademoiselle...

MLLE LUZY : Eh bien, vous n'achevez pas votre petit calembour? la peur du mal et le mal de la peur[2]?

FIGARO : Ah! vous appelez cela un calembour?

MLLE LUZY : Il est vrai que moi qui ai peur de mal chanter, je ressens déjà beaucoup le mal que me fait cette peur-là.

LE COMTE : Sur un talent qui lui est peu familier, Rosine est vraiment timide. Mais vous[h] qui chantez souvent, friponne, avouez que vous n'avez que l'hypocrisie de la timidité.

MLLE LUZY : Au moins, messieurs, c'est vous qui le voulez.

LE COMTE : Nous jugerons si l'air eût fait plaisir.

MLLE LUZY *chante* :

Quand dans la plaine
L'amour ramène... *etc.*

LE COMTE : Fort joli!

FIGARO : C'est un morceau charmant[3].

BARTHOLO : Eh, allez au diable avec votre morceau charmant! Je ne sais ce que je fais. Voilà que j'ai lardé mon compliment d'agneaux et de chalumeaux... Don Bazile, à cette heure!

SCÈNE IV[a]

TOUS LES ACTEURS PRÉCÉDENTS, DON BAZILE

LE COMTE : Eh! que nous veut l'ami Bazile?

BARTHOLO : Voyez s'il y a moyen de faire deux phrases de suite. Eh bien, qu'eﬅ-ce que c'eﬅ, Bazile?

BAZILE : Je ne vous veux rien. Je viens pour annoncer[b]...

BARTHOLO : Annoncer quoi?

FIGARO : Eﬅ-ce qu'il eﬅ imbécile?

LE COMTE : Il faut l'entendre.

BAZILE : Il vous semble à tous qu'on vous arrache un toupet de cheveux quand on vous dérobe un seul coup de main[1] parce qu'on vous applaudit toujours à l'annonce... Je veux annoncer aussi.

LE COMTE[c] : Mon Dieu, laissez-le faire; c'eﬅ le seul moyen de nous en débarrasser. Voyons un peu, Bazile, comment vous vous y prendrez pour faire une annonce aujourd'hui.

BAZILE : Eh parbleu! en disant : « Messieurs, nous aurons l'honneur de vous donner demain... demain... »; qu'eﬅ-ce qu'on donne demain?

LE COMTE : Demain[d], Bazile, on ne donne rien.

BAZILE : Ah, ah!... Ça ne fait rien. « Demain donc, messieurs, relâche au théâtre. Lundi, messieurs... » Eh bien! ne v'là-t-il pas que j'ai oublié ce qu'on donne lundi? aussi vous me troublez l'esprit avec vos hiﬅoires...

BARTHOLO : Eﬅ-ce que vous ne voyez pas, Bazile, qu'on se moque de vous? Lundi on ne donne rien.

BAZILE : Ah! ah!... Pour le service de la Cour sans doute[e]?

BARTHOLO *en colère* : Eh non!

FIGARO : Juﬅement.

BAZILE : Ça ne fait rien. « En ce cas-là mardi... »

FIGARO[f] : Rien. Mercredi, jeudi, vendredi, samedi, rien. Toute la semaine qui vient, rien, rien. Toute la semaine d'ensuite rien, rien, rien, allez vous coucher.

MLLE LUZY : Ce pauvre Bazile! tout le monde l'envoie coucher.

BARTHOLO : Le pis de tout c'eﬅ[g] qu'il n'y va pas et que mon compliment...

FIGARO : Il n'y a qu'un moyen au monde de se faire entendre de lui. Laissez-moi faire. Tenez, Bazile, tous mes camarades et moi vous prions d'accepter ce petit dédommagement au chagrin que vous allez ressentir de l'absence du public.

BAZILE : Ah, ah!... une bourse... Eh! mais il n'y a rien dedans, vous moquez-vous!

FIGARO : Quoi! vous n'êtes pas content quand la comédie vous fait présent de sa recette entière pendant les trois semaines qui vont s'écouler d'ici à la Quasimodo?

BAZILE[a] : Ah! je comprends.

MLLE LUZY : Y êtes-vous, à la fin?

BAZILE : C'eſt que c'eſt aujourd'hui la clôture. J'entends.

LE COMTE : Ah, çà[b], puisque vous comprenez enfin, Bazile, laissez-nous donc achever le compliment que vous avez interrompu. Allez vous coucher[1] une bonne fois.

BAZILE : Je peux donc m'aller coucher?

TOUS ENSEMBLE : Eh! sans doute!

BAZILE : Jusqu'à la Quasimodo[2]?

TOUS : Comme il vous plaira.

BAZILE[c] : En effet, messieurs, puisque c'eſt aujourd'hui la clôture, je crois que ce que nous avons tous de mieux à faire eſt de nous aller coucher. Pour moi je m'y en vais. Le public ne doutera pas du chagrin que j'ai de son absence puisque nous allons être trois semaines[d] sans faire de recettes avec lui.

BARTHOLO : Eh, laissez-nous donc en repos, Bazile. Vous ne songez qu'à la recette. Je me soucie bien de la recette, moi! À la bonne heure, je la regrette. Mais croyez-vous que ce soit le motif[3] qui me rende l'absence du public aussi déplaisante, et mon compliment...

BAZILE : Faites votre compliment à votre fantaisie. Pour le mien, vous venez de l'entendre.

LE COMTE : Eh bien[e], bonsoir, Bazile, bonsoir!

BAZILE : Ah, çà, bonsoir, bonsoir!

BARTHOLO : Le voilà parti. Détourné ainsi par le tiers et le quart, bachelier, jamais je ne finirai ce malheureux compliment de clôture.

FIGARO : Si vous ne pouvez pas faire le compliment de la clôture, faites au moins[f] la clôture du compliment, car il faut finir une fois.

BARTHOLO : Enfin vous voilà[g]! Si vous étiez que de moi, tous les deux, qu'eſt-ce que vous diriez?

FIGARO[h] : Si nous étions que de vous, doƈteur, il eſt clair que nous ne saurions que dire.

BARTHOLO : Eh non. Si vous étiez moi, c'eſt-à-dire chargés du compliment.

LE COMTE : Il me semble[i] que je dirais à peu près : « Eſt-il besoin, messieurs, que je fasse ici l'apologie de notre empressement, quand je parle au nom de toute la Comédie? Et notre exiſtence théâtrale n'appartient-elle pas tout entière à chacun de vous, quoique chacun de vous ne se prive pour en jouir que de la moindre partie d'un superflu qu'il deſtine à ses amusements? Pour[j] être convaincus donc, messieurs, qu'un motif plus noble que l'intérêt nous fait souhaiter conſtamment de vous plaire, considérez qu'il n'y a pour nous aucun rapport entre le produit de chaque place au speƈtacle et l'extrême plaisir que nous cause le plus léger applaudissement de celui qui la remplit. À ce prix qui nous eſt si cher, messieurs, nous supportons les dégoûts de l'étude, la surcharge de la mémoire, l'incertitude du succès, les ennuis de la redite et toutes les fatigues du plus pénible état. Notre seule affaire eſt de vous donner du plaisir. Toujours transportés[a] quand nous y réussissons, nous ne changeons jamais à votre égard, quoique vous changiez quelquefois[b] au nôtre. Et quand, malgré ses soins, quelqu'un de nous a le malheur de vous déplaire, voyez avec quel modeſte silence il dévore le chagrin de vos reproches[c]. Et vous ne l'attribuerez pas à défaut de sensibilité, nous dont l'unique étude eſt de vous en inspirer ou d'exercer la vôtre. En toute autre querelle, l'agresseur inquiet doit s'attendre au ressentiment qu'il provoque. Ici, l'offensé baisse les yeux avec une timidité respectueuse, et la seule arme qu'il oppose au plus dur traitement eſt un nouvel effort pour vous plaire et reconquérir vos suffrages. Ah! messieurs, pour notre gloire et pour vos plaisirs, croyez que nous désirons tous être[d] des acteurs parfaits. Mais nous sommes forcés de l'avouer : la seule chose que nous voudrions ne jamais invoquer eſt malheureusement celle dont nous avons le plus souvent besoin : votre indulgence. »

BARTHOLO[e] : Bon, bon, bon, excellent!

FIGARO : Gardez-vous, docteur, d'écrire tout ce qu'il vient de débiter.

BARTHOLO : Eh, pourquoi?

FIGARO : C'eſt que cela ne vaut pas le diable.

MLLE LUZY : Son discours? Il m'a paru si bien.

BARTHOLO : Je parie, moi, qu'il serait fort applaudi.

FIGARO : Oui, cela a l'air d'être beau. Pas[f] une pensée qui ne soit fausse.

BARTHOLO : Jalousie d'auteur.

LE COMTE : Voyons.

FIGARO : Vous préférez les applaudissements du public au profit des places qu'il occupe au spectacle?

LE COMTE : Certainement.

FIGARO : Fort bien; mais si chacun s'abſtenait de vous apporter ici le profit de sa place, où iriez-vous chercher le plaisir de ses applaudissements? À l'hôpital[1]? Passe encore pour déraisonner; mais ravaler l'utile recette, et faire ainsi le dédaigneux d'une chose aussi loyalement profitable! Où fait-on rien pour rien? Vous ne méritez pas de prospérer. Je suis un garçon bien élevé, moi. Je ne méprise pas ma mère nourrice; et si, comme disait feu mon père, il eſt écrit que les ingrats deviendront poussifs, en voici déjà un[2] qui n'eſt pas trop loin de la punition, Dieu merci! Cliquetis de paroles que tous vos beaux discours! Et puis[g], qu'eſt-ce que l'offensé qui baisse les yeux timidement quand le public a de l'humeur? Quand le public s'élève contre un comédien, n'eſt-ce pas celui-ci qui eſt l'agresseur? C'eſt du plaisir que le public vient chercher, et il mérite bien d'en prendre : il l'a payé d'avance. Eſt-ce sa faute si on ne lui en donne pas? Les comédiens n'auront droit de s'offenser des murmures que lorsqu'ils rendront l'argent aux mécontents. Mais c'eſt ce qu'il ne faut jamais faire, à cause du danger des conséquences. Jusque-là, si leur art est de plaire au public, leur métier est de souffrir en attendant qu'ils lui plaisent. Ainsi[a], galimatias que tout votre compliment! Que de sottises on fait passer avec des tournures! Enfin vous le ferez comme vous voudrez; mais[b], pour moi, je n'emploierais pas toutes ces grandes phrases de respect et de dévouement dont on abuse à la journée; je dirais : « Messieurs[c], vous venez tous ici payer le plaisir d'entendre un bon ouvrage, et c'est bien fait à vous. Quand l'auteur tient parole et que l'acteur s'évertue, vous applaudissez par-dessus le marché; bien généreux de votre part. La toile tombée, vous emportez le plaisir, nous, l'éloge[d] et l'argent. Chacun s'en va souper gaiement, et tout le monde est satisfait. Charmant commerce en vérité! Ainsi je n'ai qu'un mot, messieurs, notre intérêt répond de notre zèle. Pesez-le à cette balance[1], messieurs, et vous verrez s'il peut jamais être équivoque. » Docteur, comment trouvez-vous mon petit calembour?

UN ACTEUR[e] DE LA PETITE PIÈCE : Avez-vous donc juré de nous faire coucher ici avec votre compliment, que vous ne ferez point à force de le faire? Le public s'impatiente.

BARTHOLO : Dame! un moment... C'est pour lui que nous travaillons.

L'ACTEUR : Eh, mais allez travailler dans une loge, au foyer, où vous voudrez. Pendant ce temps on commencera la petite pièce.

BARTHOLO : Quel homme! laissez-nous donc tranquilles!

L'ACTEUR[f] : Vous ne voulez pas sortir? Jouez, jouez bien fort, messieurs[g] de l'orchestre; quand ils verront qu'on ne les écoute pas, je vous jure qu'il n'y en a pas un qui soit tenté de rester à bavarder sur le théâtre.

FIGARO : Il a, ma foi, dévoilé dans un seul mot tout le secret de la comédie.

L'orchestre joue et ils sortent tous[h].

V

AUTOUR DU « MARIAGE DE FIGARO »

LETTRES

I. AU LIEUTENANT DE POLICE[1]

M. Le Noir est supplié de vouloir bien communiquer cette observation aux personnes qui n'aiment point Le Mariage de Figaro *parce qu'il est trop gai*[2].

Il y a quatre ans[3] que *Le Mariage de Figaro* repose en paix dans le portefeuille de l'auteur; il n'était point du tout pressé de le montrer en public; il n'a fait que céder aux plus vives instances des Comédiens du roi, à celles de tous les théâtres des princes ou de société qui désiraient jouer la pièce, aux demandes réitérées de tous les directeurs de province et des spectacles étrangers, lorsqu'il a consenti que les Comédiens-Français en prissent enfin connaissance. Il n'est pas inutile d'ajouter ici que l'impératrice de Russie même, de qui les autres productions de l'auteur ont quelquefois déridé le front auguste, n'a pas dédaigné de lui faire demander exprès *Le Mariage de Figaro* pour son théâtre de Saint-Pétersbourg[4], par M. le comte de Bibikoff, son chambellan et directeur général de ses spectacles.

Mais, cette pièce gaie, *que l'on trouve trop gaie*, parce qu'elle est quelquefois sérieuse, ayant été faite uniquement pour amuser le roi et la reine de France, dans une grande réjouissance comme celle de l'événement heureux qu'on vient de célébrer si tristement[5], l'auteur n'a voulu en faire l'hommage à personne avant que Leurs Majestés en eussent eu le premier divertissement. L'on peut juger par cet exposé, si, ayant manqué son objet, il doit se soucier beaucoup qu'on joue sa pièce au Théâtre-Français, ou qu'on l'y proscrive : certain que son ouvrage n'aura sans cela que trop de publicité, le jour qu'il consentira que d'autres théâtres s'en emparent.

Mais s'il regarde comme un très petit mal que les Comédiens-Français ne jouent point *Le Mariage*, il n'a pas la même insensibilité sur la sourde persécution que cet ouvrage essuie depuis que l'auteur, toujours fort invité et beaucoup trop honnête, a consenti d'en faire quelques lectures devant certains importants dont la mine en effet s'est fort allongée à certains traits de gaieté, sur lesquels messieurs les importants n'aiment pas qu'on s'exerce.

Mais, au talent près, l'auteur est un peu comme Molière, qui disait en faisant *Le Tartuffe*, *Les Femmes savantes* et surtout *Les Fâcheux* : « Je sais bien que ma pièce ne plaira pas à tout le monde, mais que m'importe à moi, pourvu que le roi s'en amuse ? »

Il est bon que M. Le Noir soit instruit que, longtemps avant qu'il nommât un censeur, un homme de la Cour, et qui a l'honneur d'être de la société de la Reine, avait appris à l'auteur que l'on faisait croire à Sa Majesté que la pièce était rejetée par les censeurs de la police et qu'elle ne serait jamais jouée. On ajoutait même à la Reine que cette pièce était scandaleuse et faite exprès contre la religion, le gouvernement, les bonnes mœurs, les parlements, tous les états de la vie, et que la vertu, comme on pouvait bien s'en douter, était opprimée dans cet ouvrage exprès pour y faire triompher le vice.

Allons... mes bons amis de Cour[1]*...*

Il est bon aussi d'instruire M. Le Noir que, plus de deux mois avant que l'auteur lui eût remis sa pièce, on proposait à Paris, dans les soupers, de gager cent et deux cents louis qu'on empêcherait bien de jouer l'ouvrage. Il y a donc depuis longtemps un armement formé pour faire croire à ceux qui ne connaissent pas cette pièce, qu'elle est une œuvre informe et digne de la réprobation du gouvernement. Mais comme la seule chose qui importe à l'auteur est de bien prouver au public que sa pièce, quoique infiniment gaie, est loin d'être immorale, il a l'honneur de prévenir les personnes timorées à qui cet ouvrage a le malheur de déplaire, que son intention est d'en défendre publiquement la moralité, dans une préface qu'il va mettre à la tête ; soit qu'on l'imprime en France avec une guirlande de censures, soit que la Russie ou quelque autre État du Nord[2] lui donne publiquement l'honneur de l'impression ; et dans cette préface, qui ne sera pas un libelle punissable, car l'auteur y mettra son nom en toutes lettres, il discutera froidement tous les morceaux qui ont effarouché nos graves importants, en donnera le véritable sens, en tirera la moralité naïve, et fera connaître à tous les lecteurs de l'Europe les vrais motifs qui ont armé beaucoup de gens contre une pièce que l'auteur n'a faite comme elle est qu'après y avoir beaucoup réfléchi. Car, ainsi que Rabelais, il a cherché un tel mélange, qu'on peut lui pardonner la raison en faveur de la folie, et la folie en faveur de la raison que sa pièce renferme : et qu'elle obtînt par là une indulgence universelle.

M. Le Noir peut donc être certain que la pièce était condamnée par l'intrigue longtemps avant qu'elle lui fût soumise pour la faire censurer, ce qui doit surtout le mettre en garde contre les critiques qu'elle excite, et le jugement raisonnable et modéré qu'en a porté le censeur à qui il l'a confiée[3]. Il avoue qu'il ne voit aucun danger d'en permettre la représentation, en retranchant seulement, dit-il, le mot *ministre* de ma plaisanterie, et adoucissant un jugement qui a l'air de ceux de Salomon (il devrait ajouter : *ou de Sancho Pança*) : qu'au reste la pièce lui a paru pleine de gaieté, très bien écrite, que les personnages y parlent comme ils doivent, selon leur état, et qu'il la croit très propre à attirer à la Comédie, qui en a grand besoin, beaucoup de spectateurs et par conséquent de recette.

D'après ce jugement auquel l'auteur se tient, son intention est de commencer par mettre aux pieds du Roi une petite dissertation sur l'historique et la vraie moralité de la pièce. Et il sait très bien par qui la faire parvenir sûrement et promptement à Sa Majesté, qui n'a pas dédaigné quelquefois de lire sa prose manuscrite.

Si Sadite Majesté, mal prévenue contre l'ouvrage, l'a interprété en le lisant d'une façon défavorable, l'auteur ne désespère pas de réussir à ramener l'opinion d'un jeune Roi, à l'amusement duquel cet ouvrage a été singulièrement destiné.

Si Sa Majesté s'en est rapportée, pour proscrire l'ouvrage, à l'opinion d'autrui, sans l'avoir lu, l'auteur se croira bien vengé de l'intrigue qu'on fait jouer contre lui, en expliquant dans sa petite dissertation tout ce qu'il sait de cette légère intrigue, avec la citation des endroits qui déplaisent et que les critiques n'osent pas citer; le tout accompagné des noms, surnoms, qualités desdits critiques : ce qui ne laissera pas que d'être un peu plus gai que *Le Mariage de Figaro*. Le roi saura aussi que M. de Maurepas[1], l'homme le plus sage, mais le plus aimable de sa Cour, connaissait et aimait beaucoup tout ce qui déplaît à nos messieurs dans cette pièce, qu'il se faisait un bonheur d'en entendre une lecture entière, parce qu'il n'en avait lu que les morceaux saillants, et qu'il croyait l'ouvrage très propre à faire passer au roi et à la reine une soirée fort agréable.

Enfin, l'auteur, en comparant tous les morceaux analogues aux siens, tirés des pièces de théâtre qu'on joue librement depuis un siècle, établira devant Sa Majesté que, dans ses critiques légères, qui ne sont point des satires, mais sans lesquelles la comédie n'est qu'un amusement d'enfants, il a été le plus modéré des auteurs dramatiques, puisque ce n'est qu'à travers des flots de gaieté qu'il s'est permis de faire *jaillir* un peu de morale et de raison, qu'on a bien de la peine à faire avaler autrement aux hommes. Si le roi ne s'est pas rendu le censeur d'une pièce de théâtre, exprès pour affliger l'auteur qui voulait le réjouir, et c'est l'opinion la plus probable, il faut conclure qu'il est du *Mariage de Figaro* comme de certain arrêt du Conseil surpris par les Comédiens-Français contre les auteurs dramatiques, et dont un maréchal de France disait toujours : « Le roi l'a voulu, le roi l'a ordonné, le roi l'a décidé. » Puis il se trouva que c'était *le roi* Gerbier[2] qui avait composé l'arrêt, et que *le roi* Louis XVI n'en savait pas un mot. On le refit d'un bout à l'autre.

Or, il y a beaucoup de *rois* Gerbier en France, qui ont leur intérêt pour faire admettre ou proscrire les ouvrages; heureusement que *le roi* Louis XVI est accessible et juste.

C'est donc à lui que l'auteur va s'adresser, en lui demandant la permission de faire une lecture de l'ouvrage devant Leurs Majestés, avec le commentaire[3].

Et l'auteur se propose de tenir cette conduite singulière, parce qu'étant un homme libre, honnête et ferme, qui ne veut rien tenir de personne, et qui ne fait de mal à personne, il se trouve être malheureusement du caractère de son chat, le plus doux animal du monde, mais qui ne peut s'empêcher d'égratigner lorsqu'on lui marche sur la patte avec un dessein prémédité de lui faire du mal.

2. À M. DE LA PORTE[1]

Paris, ce 22 mai 1782.

Je vous remercie, Monsieur, de l'avis que vous me donnez sur *Le Mariage de Figaro*. Entraîné dans ce moment par les objets les plus sérieux, j'avais fermé la boutique de simples amusements, mais quand le terme est venu d'accoucher d'une pièce devant le public, il faut, ma foi, ranger cette opération parmi les affaires graves, car il y va de la vie ou de la mort de l'enfant conçu dans le plaisir. Les Comédiens, mes accoucheurs, sont donc tous prêts? Un censeur qui m'a tâté le ventre à Paris a dit que ma grossesse allait bien. Quelques praticiens de Versailles ont prétendu depuis que l'enfant se présentait mal : on l'a retourné. Mais, puisque nous sentons enfin les premières mouches, occupons-nous donc de mettre au monde mon second enfant comique. Ma première censure rend la seconde infiniment aisée[2], puisqu'il ne s'agit que de faire approuver ou improuver les changements.

Je vais donner huit ou dix jours aux plus pressées affaires de mon cabinet, et puis je m'occupe à peu près tout entier des rêveries de mon bonnet de nuit.

J'apprends dans le moment que M. le comte du Nord[3] fait l'honneur à mon ouvrage de désirer d'en voir la représentation. Si tout cela est vrai, malgré les dégoûts que j'ai dévorés sur cette gaieté, je suis prêt à vaincre les autres, et il ne tiendra pas à moi que l'espérance de la Comédie sur cet ouvrage ne soit pas tout à fait trompée.

J'ai l'honneur d'être, avec les sentiments que vous me connaissez, Monsieur, votre très humble et très obéissant serviteur.

3. AU BARON DE BRETEUIL[4]

[1784.]

Si vous n'étiez pas juge suprême, comme ministre de Paris, des objets qui composent la décence théâtrale, vous seriez encore, en votre qualité d'homme plein de lumières et de goût, le premier censeur que j'aurais désiré d'obtenir pour la comédie du *Mariage de Figaro* que M. Le Noir veut bien présenter en mon nom.

Avant que de lire *les quatre censures* que la pièce a déjà subies, et que je prie M. Le Noir de mettre sous vos yeux, et dont trois la réclament pour le théâtre, je vous supplie de peser les respectueuses observations que j'ai l'honneur de vous soumettre ici.

Mon amour pour le Théâtre-Français m'a toujours fait chercher les causes de la langueur où il s'endort depuis longtemps. D'une part, j'ai vu la paresseuse cupidité des Comédiens; de l'autre, les entraves de fer dont on garrotte à présent le génie. Un second théâtre français est l'unique remède au premier mal (toute la littérature demande ce théâtre); et le coup d'œil d'un ministre ami des arts sur les productions théâtrales est seul capable de réparer le second en rendant au génie dégoûté l'émulation qu'il n'a plus, et qui le fait fuir un genre de conceptions qui n'enfante pour lui que des couleuvres.

À force de devenir délicats et fins connaisseurs, et d'affecter l'hypocrisie de la décence auprès du relâchement des mœurs, nous sommes devenus des bégueules rassasiées qui ne savent plus ni ce qu'elles veulent ni ce qu'elles aiment. Les mots *bon ton, bonne compagnie*, dont la latitude est si grande qu'on ne sait où ils commencent et finissent, ont détruit la franche et bonne gaieté qui distinguait de tout autre le comique de notre nation. Ensuite les mots *décence* et *bonnes mœurs*, qui donnent un air si important et si digne à nos jugeurs de comédie qu'ils seraient désolés de n'avoir pas à les prononcer sur toutes les pièces, ont porté le dernier coup à la vigueur de l'intrigue dramatique, sans laquelle il n'y a jamais que de l'esprit à la glace et des comédies de quatre jours[1].

Enfin tous les états de la société sont parvenus à se soustraire à la censure dramatique. On ne pourrait offrir au théâtre *Les Plaideurs* de Racine, sans entendre aujourd'hui tout ce qui porte une robe s'écrier qu'il n'y a plus de respect pour les lois et les magistrats.

On ne ferait point le *Turcaret* de Le Sage, sans avoir à l'instant sur les bras le corps entier de la finance; les *Marquis* de Molière, sans révolter toute la noblesse. Aussi l'auteur qui se compromet avec le public pour l'amuser ou pour l'instruire, au lieu d'intriguer son ouvrage à son choix, est obligé de travailler entre des incidents impossibles, de persifler au lieu de rire, et de prendre ses modèles hors de la société, crainte de se trouver mille ennemis dont il ne connaissait aucun en faisant son travail.

J'ai donc pensé que si quelque auteur courageux ne secouait pas toute cette poussière, bientôt l'ennui des pièces françaises jetterait tout le monde à l'Opéra-Comique et même aux boulevards, où, par un singulier contraste, la liberté bannie du Théâtre-Français s'y change en une licence effrénée, où nos jeunes gens vont réellement perdre et leur goût et leurs mœurs. J'ai tenté d'être cet auteur. Si je n'ai pas mis plus de talent à mes ouvrages, au moins mon intention s'est-elle manifestée dans tous.

J'ai toujours pensé qu'on n'obtenait au théâtre ni grand pathétique, ni moralité, ni bon comique, sans des situations fortes qui ne peuvent naître que de quelque disconvenance sociale dans le sujet qu'on traite. La tragédie se les permet souvent jusqu'aux crimes atroces : les conspirations, les usurpations de trône, le meurtre, l'empoisonnement, l'inceste comme dans *Œdipe*, le fratricide dans *Vendôme*, le parricide dans *Mahomet*, le régicide dans *Macbeth*, etc., etc. La comédie est plus modérée sur les disconvenances, parce que les sujets en sont tirés de nos mœurs. Mais comment frapper sur l'avarice, si l'on ne met en action un vicieux avare? sur l'hypocrisie, sans montrer, comme dit Orgon dans *Le Tartuffe*, *un lâche hypocrite épousant sa fille et convoitant sa femme*[1] ? un homme à bonnes fortunes, sans le faire parcourir un cercle de galantes femelles? un joueur effréné, sans l'envelopper de fripons, s'il ne l'est pas déjà lui-même?

Ce n'est donc pas le vice, ni les événements qu'il entraîne, qui font l'évidence théâtrale, c'est la critique ou la moralité qu'un auteur faible ou timide ne sait ou n'ose tirer de son sujet, qui rendent sa pièce équivoque ou vicieuse.

Lorsque je mis *Eugénie* au théâtre, tous nos jurés crieurs à la décence jetèrent des flammes dans les foyers, sur ce que j'avais osé montrer un seigneur libertin, habillant ses valets en ministres, et feignant d'épouser une jeune personne qui paraît enceinte au théâtre, sans avoir été mariée.

Malgré ces criailleries, la pièce a depuis été jugée la plus morale de tous les drames, constamment jouée sur tous les théâtres de l'Europe, et traduite dans toutes les langues, parce que les bons esprits ont senti que la moralité, que l'intérêt naissaient entièrement de la disconvenance d'un homme puissant et vicieux, qui persécute une faible fille trompée, vertueuse et délaissée.

Depuis, j'ai mis au théâtre *Les Deux Amis*, dans laquelle un père avoue à sa prétendue nièce qu'elle est sa fille illégitime, et la pièce est encore du plus grand intérêt, parce que l'auteur s'attache à montrer les devoirs qu'impose la nature, sur les fruits mêmes d'un ancien égarement que la rigoureuse dureté des convenances sociales, ou plutôt leur abus, laisse trop souvent sans aucun appui.

Me livrant ensuite à mon vrai caractère, j'ai tenté, dans *Le Barbier de Séville*, de ramener au théâtre l'ancienne et franche gaieté, en l'alliant avec le ton léger, fin et délicat de notre plaisanterie actuelle. Mais comme cela même était une espèce de nouveauté, la pièce fut vivement poursuivie. À les entendre, il semblait que j'eusse ébranlé l'État; l'excès des précautions qu'on prit et des cris que l'on fit contre moi m'étonna. La pièce fut censurée quatre fois, cartonnée trois fois sur l'affiche à l'instant de la jouer, dénoncée même au Parlement d'alors. Et moi, frappé de ce tumulte, je persistais à demander que le public fût juge de ce que j'avais destiné à l'amusement public. Je l'obtins enfin. Après les clameurs, sont venus les éloges, et l'on me disait partout : « Faites-nous donc beaucoup de pièces de ce genre. Il n'y a plus que vous qui sachiez rire. »

Un auteur échiné[2] par les criards, mais qui se voit enfin un peu de laurier sur le front, reprend courage, et c'est ce que j'ai fait. M. le prince de Conti[3] me défia publiquement de mettre au théâtre ma préface du *Barbier*, beaucoup plus gaie, disait-il, que la pièce, c'est-à-dire d'y montrer au public la famille de Figaro, que j'indiquais dans cette préface. Acceptant le défi, je composai sur-le-champ la pièce qui cause aujourd'hui la rumeur. Elle est restée cinq ans dans mon portefeuille. Eh! plût au ciel qu'elle n'en fût jamais sortie!

Les Comédiens ont su que je l'avais, ils me l'ont arrachée. Mais à l'éloge outré qu'ils en firent après l'avoir lue, toutes les sociétés de Paris voulurent la connaître. Et dès lors, il fallut me faire des ennemis de tout genre, ou céder aux instances universelles. Dès lors aussi, les criailleurs éveillés ne manquèrent pas de répandre que je blessais de plein gré, dans cet ouvrage, la religion, le gouvernement, tous les états de la société, les bonnes mœurs; et qu'enfin la vertu y était opprimée et le vice triomphant, *comme de raison*, ajoutait-on. Courage, mes bons amis! Dans *Le Barbier de Séville*, je n'avais qu'ébranlé l'État, mais dans ce nouvel essai plus séditieux, je le renverse de fond en comble.

Et pourtant, messieurs, de quoi s'agit-il? D'un grand seigneur espagnol amoureux d'une jeune fille qu'il veut séduire, et des efforts que la jeune fiancée, celui qu'elle épouse, et la femme du seigneur, unissent ensemble pour faire échouer dans son dessein un maître que son rang, sa fortune et sa prodigalité rendent tout-puissant pour l'accomplir.

Si j'avais voulu faire une tragédie de ce sujet, mettant un poignard à la main de l'époux, que je n'aurais pas nommé Figaro, dans sa jalouse fureur je l'aurais fait noblement poignarder le puissant vicieux; et comme il aurait ainsi vengé son honneur dans des vers bien ronflants, et que ce jaloux, tout au moins général d'armée, aurait eu en son rival quelque tyran bien horrible et régnant tout au plus mal, on aurait crié *bravo*! bien moral! J'étais sauvé, moi et mon Figaro sauvage.

Mais ne voulant qu'amuser nos Français et non faire ruisseler les larmes de leurs épouses, de mon convenable amant j'ai fait un jeune seigneur à peu près comme les autres : brave, généreux, galant, un peu libertin. Mais qu'oserait-on dire au théâtre d'un seigneur, sans les effaroucher tous, sinon de lui reprocher légèrement un peu de galanterie? n'est-ce pas là le défaut le moins contesté par eux-mêmes? Voulant faire le mien coupable, j'aurais craint de lui prêter un seul des vices du peuple : je le pouvais pourtant, et je ne l'ai pas fait. Son léger défaut n'aurait amené aucun effet comique dans ma pièce, si je ne lui avais opposé l'homme le plus dégourdi de sa nation, *le véritable Figaro*, qui non seulement se moque des projets de son maître, mais s'indigne le plus plaisamment du monde qu'il ose jouter de ruse avec lui, maître passé dans ce genre d'escrime.

Ainsi, d'une lutte assez vive entre la puissance, la prodigalité, tout ce que la séduction offre de plus entraînant, et le feu, l'esprit, les ressources que l'infériorité piquée au jeu peut opposer à cette attaque, il naît un jeu plaisant d'intrigue, où le vicieux époux, contrarié, lassé, harassé, trompé dans ses vues et toujours *joué sous jambes*, comme dit Figaro[1], est obligé trois fois dans cette journée de tomber aux pieds de son épouse, qui, bonne, indulgente et sensible, finit par lui pardonner ses fredaines. C'est ce qu'elles font toujours, les douces créatures! Et voilà tout, oui, tout, mais absolument tout. Qu'a donc cette moralité d'indécent, je vous prie?

Mais votre Figaro est une espèce de soleil tournant qui brûle en jaillissant les manchettes de tout le monde ! Cela est vrai, messieurs. Mais sachez-moi gré de ce qu'il ne vous brûle pas aussi les doigts. Au temps qui court, on a beau jeu sur cette matière. M'est-il permis, dites-moi, de composer la comédie en homme de vingt ans? toujours de vous faire rire, sans jamais rien dire? et ne devez-vous pas me passer un peu de raison en faveur de ma folie, comme on passe aux Français un peu de folie en faveur de la raison? Si j'ai jeté sur les sottises du siècle, en riant, ce qu'une légère fleur de gaieté permet de critique badine, ce n'est pas que je ne sache en former de plus sévères; mais je les garde pour un des sujets les plus moraux du théâtre, aujourd'hui sur mon chantier, *La Mère coupable*; et si l'horrible dégoût que j'éprouve ici permet jamais de l'achever, mon projet étant d'y faire verser des larmes à toutes les femmes sensibles, j'y répandrai les traits de la plus austère morale, et j'y tonnerai fortement sur les vices de mes contemporains. Attendez-moi.

Telle est, Monsieur le Baron, mon opinion que je vous soumets, sur la décence au théâtre, et sur ce qu'on y doit permettre ou défendre.

Je reprends ma narration. Aussitôt que les Comédiens ont eu reçu par acclamation ce pauvre *Mariage* qui depuis eut tant d'opposants, je priai M. Le Noir de me nommer un censeur, en lui demandant, comme une grâce particulière, que la pièce ne fût lue par aucune autre personne; ce qu'il voulut bien me promettre, en m'assurant que, secrétaires ou commis, aucun ne toucherait le manuscrit, et que la pièce serait censurée dans son cabinet. Elle le fut par M. Coqueley, avocat; et je supplie M. Le Noir de vous mettre sous les yeux ses retranchements, sa censure et *son approbation*.

Six semaines après, j'appris dans le monde que ma pièce avait été lue dans toutes les soirées de Versailles, et je fus au désespoir de la complaisance peut-être forcée du magistrat, sur un ouvrage qui m'appartenait encore : parce que ce n'est point là la marche austère et fidèle de la grave censure.

Bien ou mal lue, ou commentée, on trouva la pièce détestable; les uns la disaient immorale, les autres la jugeaient un tissu de bêtises. Et sans que je susse par où je péchais, parce qu'on n'exprimait rien, selon l'usage, je me vis à l'inquisition, obligé de deviner mes crimes, et me jugeant tacitement proscrit. Mais, comme cette proscription de la Cour n'avait fait qu'irriter la curiosité de la ville, je fus condamné de nouveau à des lectures sans nombre.

Toutes les fois qu'on voit un parti, bientôt il s'en forme un second, et l'ouvrage ainsi débute, reste équivoque, jusqu'à ce qu'il soit totalement jugé au théâtre. C'est ce qui m'est arrivé : autant de partisans que de détracteurs. *Verba et voces*, et puis rien. Je n'en ai pas moins remis tristement l'ouvrage au portefeuille, avec l'approbation d'un censeur en arrière, le blâme de la cour en avant, et le vœu du public impatienté de voir son attente abusée.

Un an après, des personnes dont je respecte les demandes, ayant désiré donner une fête à l'un des frères du roi, voulurent absolument qu'on y jouât *Le Mariage de Figaro*[1]. Pour toute condition à ma déférence, je priai qu'on ne confiât la pièce, très difficile à jouer, qu'aux seuls Comédiens-Français; du reste, je laissais tout à la volonté des demandeurs.

Je ne sais vraiment quelle intrigue de cour alors sollicitée obtint, enfin amena la défense expresse du roi de jouer la pièce aux Menus-Plaisirs; ou plutôt si je le sais, je crois inutile de le dire à qui le sait beaucoup mieux que moi. Encore une fois, je remis patiemment la pièce en portefeuille, attendant qu'un autre événement l'en tirât : celui-ci n'a pas tardé. L'an dernier j'étais en Angleterre occupé d'affaires graves. Il me vient et lettre et courrier. *Il faut* Le Mariage de Figaro. *Point de salut sans* Figaro. *C'est encore une fête pour le frère du roi. Si vous n'arrivez pas promptement, on jouera la pièce sans vous, les Comédiens ayant leurs rôles.* Je reviens à Paris, et, tout en rendant grâces de la préférence, j'objecte les défenses du roi; l'on se charge obligeamment d'en obtenir la levée. Je demande alors pour toute condition qu'on me permette de faire censurer de nouveau l'ouvrage; on me trouve un peu bégueule à mon tour, et l'on va jusqu'à dire que je fais le difficile, uniquement parce qu'on me désire. Mais comme je voulais absolument fixer l'opinion publique par ce nouvel examen, je tins bon, et le sévère historien M. Gaillard, de l'Académie française, me fut nommé pour censeur par le magistrat de la police.

La pièce approuvée de nouveau, je portai la précaution jusqu'à prévenir qu'elle ne devait pas être jouée pour la fête, sans que j'eusse avant la parole expresse du magistrat, que les Comédiens-Français pouvaient la regarder comme appartenant à leur théâtre; et j'ose ici certifier que cette assurance me fut donnée par M. Le Noir, qui certainement croyait tout fini, comme je dus le croire moi-même.

À mon grand étonnement, et pour prix de ma complaisance, de nouvelles et sourdes objections sortirent contre l'ouvrage, du plaisir mesuré qu'il avait fait à Gennevilliers. Résolu de les atterrer[2], je demandai de nouveaux censeurs à M. Le Noir qui voulut bien me répondre alors, *que la pièce ayant été censurée et approuvée* DEUX *fois, M. le Garde des Sceaux pensait que le tribunal de censure et l'auteur étaient tous parfaitement en règle, qu'il ne restait plus qu'à lever la défense de jouer donnée par le roi, le jour des Menus-Plaisirs, et que lui, M. Le Noir avait eu l'honneur d'en écrire à Sa Majesté.*

Deux mois après, ce magistrat m'instruisit que le roi avait daigné répondre *qu'il y avait (disait-on) encore des choses qui ne devaient pas rester dans l'ouvrage; qu'il fallait nommer un ou deux nouveaux censeurs, et que l'auteur le corrigerait d'autant plus facilement, qu'on disait que la pièce était longue. M. Le Noir eut la bonté d'ajouter qu'il regardait cette lettre du roi comme une levée de la défense de jouer la pièce, aussitôt après l'examen des nouveaux censeurs*, et je fus consolé.

Mais tout ce bruit, toutes ces variantes, ces ordres, ces contre-ordres, et l'adoption, et la proscription avaient tellement effarouché les censeurs que beaucoup n'ont pas voulu seulement ouvrir le manuscrit : car en ce pays, comme dans les autres, loin de tendre la main au malheureux disgracié, tout le monde le fuit dans la crainte de glisser avec lui dans la fosse, etc., etc.

Enfin, à force d'instances réitérées de M. Le Noir, et de supplications de ma part, M. Guidi s'est pourtant laissé aller jusqu'à promettre qu'il lirait le manuscrit, non pas comme censeur, uniquement comme un homme importuné de la demande, qui depuis trente ans n'avait pas mis le pied au spectacle, et que son genre de vie et d'opinion rendait, disait-il, moins propre que tout autre à cet examen dramatique. Quand on ne peut pas avoir ce qu'on aime, il faut bien tâcher d'aimer ce qu'on a. Mais comment y parvenir, avec un censeur qui refusait sèchement de communiquer avec moi sur son travail ?

Un quatrième censeur a été nommé par M. Le Noir, et par moi vivement sollicité d'en accepter l'ennui : M. Desfontaines, auteur dramatique lui-même, et plus poli que le troisième censeur, a bien voulu me faire part de son approbation, de sa censure et de ses retranchements auxquels je me suis soumis sur tous les points : mais comme il en a remis quelques-uns à la décision du ministre, je vous supplie, Monsieur le Baron, de m'accorder l'honneur et la faveur d'une courte audience à ce sujet.

De quatre censeurs qui m'ont recherché, bien épluché, bien taillé de leur lithotome[1], trois ont exigé des changements, que j'ai faits ; *leur approbation était à ce prix*. Le quatrième[2] n'a pas voulu me dire un mot de son opinion, et l'on dit qu'elle m'est contraire.

En cet état, ne sachant plus s'il reste ou non des obstacles à la représentation d'une *gaieté* devenue pour moi si triste et si contrariante, j'attends vos derniers ordres en vous assurant qu'aucune affaire aussi grave qu'elle fût ne m'a coûté autant de peines et de travaux que le plus léger ouvrage qui soit jamais sorti de ma plume.

Et s'il est vrai qu'il ne se fait nul bon *mariage* en ce pays sans de grandes oppositions, en lisant ce détail vous avouerez que si l'on juge de la bonté d'un *mariage* par ses obstacles, aucun n'en a tant éprouvé que *Le Mariage de Figaro*.

Je suis, *etc.*

4. AU ROI[3]

[1784.]

L'auteur du *Mariage de Figaro*, désolé des impressions qu'on a cherché à donner à Votre Majesté contre un ouvrage qu'il avait destiné à l'amusement de la Reine et au vôtre, Sire, a demandé toujours de nouveaux censeurs à M. Le Noir, chaque fois qu'il s'est agi de mettre cet ouvrage au théâtre, afin d'opposer plusieurs approbations successives à toutes les imputations calomnieuses qu'on faisait à sa pièce : trois censeurs l'ont approuvée, et la réclament pour le théâtre.

Voulant justifier de plus en plus un ouvrage aussi injustement attaqué, l'auteur a supplié M. le baron de Breteuil de vouloir bien former une espèce de tribunal composé d'académiciens français, de censeurs, de gens de lettres, d'hommes du monde, et de personnes de la cour aussi justes qu'éclairées, qui discuteraient en présence de ce ministre le principe, le fond, la forme et la diction[1] de cette pièce, scène par scène, phrase par phrase, et mot par mot. M. le baron de Breteuil, qui a daigné assister à ce dernier examen rigoureux, peut rendre compte à Votre Majesté de la docilité avec laquelle l'auteur, après avoir subi, sans se plaindre, toutes les corrections qu'il avait plu aux trois censeurs de faire à sa pièce avant de l'approuver, a retranché de nouveau jusqu'aux moindres mots dont ce tribunal de décence et de goût a cru devoir exiger la suppression.

L'auteur a, de plus, prouvé à l'assemblée que sa pièce était tellement dans les grands et vrais principes du théâtre comique, qu'il faudrait aujourd'hui proscrire du spectacle plus de soixante pièces qui en font la gloire et le plaisir, si l'on s'opposait aux représentations de la sienne, plus remplie de saine critique et de vraie moralité qu'aucune de celles de ce genre qui se jouent au Français.

L'ouvrage étant en cet état, l'auteur se joint aux acteurs pour supplier Votre Majesté d'en permettre la représentation.

Depuis longtemps, les Comédiens-Français sont privés d'ouvrages qui leur donnent de grandes recettes; ils souffrent; et l'excessive curiosité du public sur *Le Mariage de Figaro* semble leur promettre un heureux succès. Cependant l'auteur désire que la première représentation de cet ouvrage, qui attirera un grand concours, soit donnée au profit des pauvres de la capitale.

De Votre Majesté, le, *etc.*

5. AUX AUTEURS DU « JOURNAL DE PARIS[2] »

[Mai 1784.]

Messieurs,

Tout en vous remerciant de l'honnêteté que vous avez mise dans l'examen du *Mariage de Figaro*, je dois vous reprocher une négligence impardonnable au journal institué pour apprendre à tout Paris, chaque matin, ce qui, la veille, est arrivé de piquant dans son enceinte. Si quelque accident avait frappé le plus inconnu des bourgeois appelés citoyens, vous l'indiqueriez à l'article *événement*; et la foudre a tombé jeudi dernier[3] dans la salle du spectacle, ou cinq cents carreaux ou carrés de papier, lancés du cintre, et contenant la plus écrasante épigramme imprimée contre la pièce et son auteur, sans que vous daigniez en faire la plus légère mention ! Tout ce qui fait époque, Messieurs, n'est-il pas de votre district ? À quel temps de la monarchie rapportera-t-on un jour cette ingénieuse nouveauté, si les journalistes en gardent le silence ? Il faut donc que je vous supplée, en rendant au public le chef-d'œuvre destiné à son instruction. Ce n'est point ici le cas de nommer le valet complaisant qui l'a fait[4], le maître engoué qui l'a commandé, le colporteur honoré qui nous l'a transmis : ils trouveront leurs noms et mes remerciements dans la préface de mon ouvrage.

Il suffit de montrer ici comment cette épigramme en est le foudroyant arrêt.

Sur « Le Mariage de Figaro »

Je vis hier, du fond d'une coulisse,
L'extravagante nouveauté
Qui, triomphant de la police,
Profane des Français le spectacle enchanté.
Dans ce drame effronté chaque acteur est un vice :
Bartholo nous peint l'avarice ;
Almaviva, le suborneur ;
Sa tendre moitié, l'adultère ;
Et Double-Main, un plat voleur.
Marceline est une mégère ;
Bazile, un calomniateur ;
Fanchette, l'innocente, est bien apprivoisée ;
Et la Suzon, plus que rusée,
A bien l'air de goûter du page favori,
Greluchon de Madame et mignon du mari.
Quel bon ton, quelles mœurs cette intrigue rassemble
Pour l'esprit de l'ouvrage, il est chez Brid'Oison.
Mais Figaro !... le drôle à son patron
Si scandaleusement ressemble,
Il est si frappant qu'il fait peur.
Et pour voir à la fin tous les vices ensemble,
Des badauds achetés ont demandé l'auteur[1].

On ne peut nier que cette épigramme, la plus ingénieuse de toutes celles qu'on a prodiguées à ma pièce, ne donne une analyse infiniment juste de mon ouvrage et de moi. Il eût été seulement à désirer que l'auteur, moins pressé de jouir des applaudissements du public, en eût plus soigné le français et la poésie. On ne dit guère, en effet, qu'un acteur *est un vice*, parce qu'un acteur est un homme et qu'un vice est une habitude criminelle.

Il n'est pas exact non plus de nommer l'adultère un vice. Si l'impudicité mérite ce nom, l'adultère qui n'en est qu'un simple acte, une modification, est seulement un péché. Nous disons : il a commis le péché d'adultère, et non le vice d'adultère. On eût peut-être encore montré plus de goût, en conservant le ton de la comédie, si l'on eût fait grâce aux lecteurs français des mots un peu hasardés de *goûter du page favori*, etc., etc.

Mais ce sont là de faibles taches dans un ouvrage aussi rempli d'esprit que de justesse ; et je ne fais ces remarques légères qu'en faveur des jeunes gens qui s'exercent beaucoup dans ce genre estimable.

Au reste, si l'épigramme arrivant au cintre du spectacle a été reçue à grands coups de sifflets, l'auteur n'en doit pas conserver une moins bonne opinion de son ouvrage et de sa personne. Les nouveautés même les plus piquantes ont de la peine à prendre, et je ne doute pas qu'enfin on ne réussisse à faire adopter cette façon ingénieuse de s'emparer de l'opinion publique, et de la diriger sur les ouvrages dramatiques.

6. AU ROI[1]

[Mars ou avril 1785.]

Sire,

La seule chose qui fût en mon pouvoir avant mon malheur était de ne le point mériter; la seule qui me reste après m'être soumis avec respect au coup affreux qui m'a frappé, est de mettre humblement aux pieds de Votre Majesté les accents de ma douleur, et les preuves de mon innocence.

Grièvement insulté dans *Le Journal de Paris* par un anonyme, sous le nom d'un prêtre[2], j'ai cru devoir reprocher aux journalistes l'abus qu'ils faisaient de leur permission d'imprimer; puis, voulant comparer les grands obstacles que j'ai dû vaincre, pour faire jouer une comédie, aux attaques multipliées qu'on dédaigne après le succès, de même que j'aurais dit : *Après avoir combattu des géants, dois-je marcher sur des pygmées?* ou bien : *Après avoir lutté quatre ans contre une armée à découvert, dois-je user ma force aujourd'hui contre un écrivain qui se cache?* si j'ai préféré d'imiter la métaphore du Psalmiste : *Super aspidem et basiliscum ambulabis, et conculcabis leonem et draconem*[3], c'est que, répondant à un prêtre, elle s'est présentée la première à mon esprit; dans le rapprochement figuré de ces deux genres d'ennemis, j'ai nommé ceux-là *lions* et *tigres*, parce qu'ils m'ont fait beaucoup de mal; ceux-ci *insectes de la nuit*[4], parce qu'en effet c'est l'abus des presses nocturnes qui fait naître tous les matins ces viles insultes anonymes qu'il serait bien à désirer qu'un sage règlement réprimât.

Par quelle horrible méchanceté s'est-on permis, Sire, de tordre le sens d'une phrase indifférente écrite au sujet d'une comédie, de façon à irriter Votre Majesté contre moi? par quelle fatalité plus grande encore sont-ils parvenus à y réussir? Voilà, Sire, ce qui confond ma raison, et me pénètre de douleur.

Le témoignage que je vais invoquer, pour montrer au Roi combien en écrivant j'étais loin de l'exécrable démence de vouloir offenser mes maîtres, ne saurait leur être suspect : c'est celui du plus noble surveillant des actions de tous leurs sujets, celui du ministre de Paris, de M. le baron de Breteuil; je supplie ce sage administrateur de l'autorité souveraine, de se rappeler toutes les démarches que j'ai faites auprès de lui, même avant qu'on ne jouât ma pièce, pour que Leurs Majestés fussent détrompées sur le mal qu'on disait de l'ouvrage.

Je le supplie de se rappeler que, depuis son succès, surtout depuis que je l'ai commenté, dans un discours préliminaire[1], désirant mettre cet ouvrage sous la protection de Leurs Majestés, j'ai tenté de le leur dédier sous la forme la plus circonspecte, et sans même oser les nommer[2]; que dans ma dédicace imprimée, laquelle est jointe à ce mémoire, j'en appelais à leurs lumières de la tromperie qu'on leur avait faite. Sire, il y a loin de cette conduite respectueuse au crime affreux qu'on m'a prêté.

Je supplie M. le baron de Breteuil de se rappeler encore que, sur ses objections contre le projet d'une dédicace, je l'ai prié de mettre au moins la pièce et la préface sous les yeux de Votre Majesté, quinze jours avant que le public les eût, afin qu'Elle fût prévenue d'avance contre tout le mal qu'on dirait, ce qu'il m'a promis avec bonté.

Tant de soins, de respects et de précautions, pour m'assurer au moins le suffrage tardif de mes maîtres, pouvaient-ils donc me laisser craindre qu'on abuserait indignement d'une phrase indifférente, et dirigée sur mes ennemis, pour irriter contre moi les augustes protecteurs que je ne cessais d'invoquer?

Qu'il me soit permis, Sire, de joindre à ces preuves de mon innocence une démonstration tirée de mon intérêt personnel.

En supposant qu'il puisse exister dans la France un homme assez capitalement fou pour vouloir offenser le Roi dans une lettre censurée et publiée dans un journal, ai-je donné jusqu'à présent des marques d'une telle démence, que l'on pût hasarder sans preuve cette accusation contre moi? Dans quel temps encore l'ose-t-on?

Dans le moment où vos ministres, Sire, ont tous des mémoires entre leurs mains, par lesquels je réclame la justice de Votre Majesté, sur les demandes qui touchent le plus ma fortune et mon existence.

Dans l'instant où M. le Contrôleur général allait mettre sous les yeux du Roi le résultat d'un travail de quinze mois des commissaires nommés par Votre Majesté pour déterminer la quotité d'une créance très étendue sur l'État, que mes sacrifices et mon zèle ont formée il y a plus de sept ans, et pour laquelle je souffre sans me plaindre depuis 1778[3].

Dans le moment où M. le comte de Vergennes était supplié par moi de rappeler à Votre Majesté avec quel soin j'ai rempli, sur l'invitation pressante de M. le comte de Maurepas, il y a cinq ans, une mission secrète et pénible, dont M. Le Noir lui rendra compte et pour laquelle le Roi me doit plus de deux cent mille francs[4], que j'attends patiemment dans le silence et le respect depuis cinq années révolues.

Dans le moment où j'ai remis à M. le baron de Breteuil un mémoire très important sur la propriété des gens de lettres, dont le succès dépend de la justice et de la bonté du Roi que j'invoque dans ce mémoire. Cherche-t-on à blesser le Souverain qu'on sollicite? Outrage-t-on son maître à l'instant même qu'on l'implore? Je supplie Votre Majesté d'arrêter ses regards sur cette réflexion douloureuse, en se rappelant que je sors d'une prison dont le nom seul détruit toute considération personnelle[5].

Et c'est dans ce temps même où tous les intérêts qui peuvent échauffer une tête bien saine me prosternent aux pieds du Roi; dans le temps où mon amour-propre, ma fortune, mon existence, l'intérêt de la littérature, et l'intérêt plus grand de prouver à nos maîtres qu'on les a trompés sur moi, sur mon ouvrage, me font une loi impérieuse de me les rendre favorables; c'est ce moment qu'on choisit pour les persuader qu'une phrase très innocente, sur une question littéraire, soumise à la censure, approuvée, imprimée, répandue sous l'égide même de la loi, n'est que l'absurde et l'insolent projet de les blesser publiquement.

Heureusement, la préface de ma pièce existait longtemps avant ma lettre au *Journal*, et j'y ai fortement désigné quels étaient les *lions* et les *tigres* qui déchiraient mon œuvre et ma personne.

Ce sont eux dont j'ai dit (page 14, édition de Paris) :

Dès lors, les grands ennemis de l'auteur ne manquèrent pas de répandre à la cour qu'il blessait dans cet ouvrage, d'ailleurs un tissu de bêtises, la religion, le gouvernement, tous les états de la société, les bonnes mœurs, et qu'enfin la vertu y était opprimée, et le vice triomphant, comme de raison, ajoutait-on.

Ce sont eux dont j'ai dit (même page) qu'ils *abusaient l'autorité par les plus insidieux rapports*, qu'ils *cabalaient auprès des corps puissants*, qu'ils *alarmaient les âmes timorées*, et dont j'ai *repoussé l'intrigue pendant un combat de quatre ans*.

Ce sont eux dont j'ai dit (page 46) : *ils ont même épuisé jusqu'à la calomnie pour tâcher de me perdre dans l'esprit de tout ce qui influe en France sur le repos d'un citoyen*[1].

Ce sont eux qui, après un premier essai de l'ouvrage, ont répété partout qu'il était d'une indécence à ne pouvoir être supporté, ce qui fit ordonner par Votre Majesté qu'on me nommât d'autres censeurs, mais dont le suffrage a démenti tout le mal qu'ils en avaient dit.

Ce sont eux dont le crédit, sourd à la cinquième représentation de la pièce, a fait imprimer et jeter dans nos salles de spectacle une épigramme affreuse où j'étais traité comme un scélérat, parce que l'ouvrage qu'ils voulaient proscrire avait un assez grand succès.

Ce sont eux qui depuis ont osé altérer la forme et le fond d'un billet familier de moi, écrit à un de mes amis, pour persuader au Roi que j'avais insulté un duc et pair[2] à qui je n'ai jamais eu l'honneur de parler ni de rien écrire.

Ce sont eux qui, ne sachant plus comment s'y prendre pour me nuire, ont fait courir le bruit que j'étais à la Bastille pour une plate chanson, qu'ils avaient probablement faite[3].

Ce sont eux enfin qui, dans la feuille de Paris, ont employé quatre fois la plume d'un anonyme, pour tâcher de me mettre en colère, et qui, ne pouvant y réussir, ont abusé d'une phrase de ma réponse, étrangère à Leurs Majestés, et qui ne pouvait désigner qu'eux, pour parvenir à indisposer le Roi. Tels sont les *lions* et les *tigres* contre lesquels j'ai combattu, comme *l'insecte vil de la nuit* est le lâche écrivain qui leur a vendu sa plume pour m'outrager dans le journal.

Si Votre Majesté, après m'avoir frappé dans son courroux, revenant bientôt à son généreux caractère, a porté l'indulgence jusqu'à me faire grâce, quoiqu'Elle me crût encore coupable, à plus forte raison espéré-je qu'Elle ne me refusera pas justice, en me retrouvant innocent; et si le Roi daigne jeter les yeux sur l'horrible anathème dont son courroux frappe un particulier, il ne pourra qu'être touché de la vivacité de ma prière.

Dans ma douleur profonde, je sens bien vivement qu'après avoir été si souvent averti de veiller, parce qu'on me tendait mille pièges, si je n'ai pu m'en garantir, un monarque entouré de mes ennemis, sans défiance de leurs projets, ne pouvait être en garde contre tant d'insinuations redoublées, ni repousser la prévention, seul crime des âmes honnêtes, comme a dit le grand d'Aguesseau; mais j'avoue aussi, qu'élevé dans la douce habitude de croire que, laissant la rigueur aux tribunaux, l'auguste main de nos maîtres ne traçait jamais que des grâces, je n'ai pu voir sans désespoir que Votre Majesté dérogeât, pour moi seul malheureux! à la plus touchante, à la plus sublime des prérogatives royales.

Je me suis examiné, Sire, avec plus de sévérité que ne le pourraient faire vos magistrats les plus exercés; dans ces jours de douleur, mais non d'avilissement (qui ne peut naître que du sentiment du crime), auxquels m'a livré l'ordre de Votre Majesté, j'ose dire avec vérité que je n'ai rien trouvé en moi qui m'ait attiré ma disgrâce. Mais comme il n'est point de coupable qui ne pût tenir ce langage, le Roi a un moyen de s'assurer si je le suis ou non. Qu'il daigne, et je l'en supplie ardemment, m'accorder l'accusateur établi par la loi, et des juges très rigoureux pour examiner ma conduite, et me punir si j'ai commis un crime : je bénirai toute ma vie cet acte de justice, sans lequel je suis comme rayé de la liste des citoyens.

Non que je veuille me plaindre, Sire, du lieu qu'on m'a choisi pour prison, et que j'ajoute dans mon malheur un sentiment de honte à la privation de la liberté! On souillerait, on détruirait les vraies notions de l'honneur si l'on supposait qu'un acte émané de l'autorité pût y porter la moindre atteinte. L'honneur ne peut être affaibli que par un jugement des tribunaux, parce qu'alors on est censé avoir pu et dû se défendre, ce que l'autorité ne permet pas. Si ces vérités tutélaires pouvaient être oubliées ou méconnues de quelques-uns de vos sujets, elles se retrouveraient dans le cœur de Votre Majesté, dont la gloire est de régner par les lois sur le premier peuple du monde.

Mais il est, Sire, des convenances sociales qui graduent en France les actes rigoureux du pouvoir, relativement à l'état, aux fonctions, à la fortune, aux emplois, aux travaux de chacun de vos sujets; et ces nuances sont chères à une nation soumise, aimante, mais libre et généreuse.

Si, dans les mouvements d'une vie agitée, je n'ai jamais manqué aux devoirs de sujet fidèle et profondément respectueux; si j'ai rempli ceux de citoyen attaché à la patrie et aux lois, ceux d'homme bienfaisant, juste et religieux dans l'exécution de ses engagements; si, après d'horribles débats, j'ai triomphé devant la loi de tous mes lâches ennemis; ce vain bruit, qu'on nomme renommée, ce mouvement où je suis comme lancé par la force des circonstances, ne fut jamais ni ne peut être un crime.

J'oserais dire même qu'il a produit d'heureux effets, et j'invoquerais avec confiance, sur quelque bien que j'ai pu faire au-dedans, au-dehors du royaume, le témoignage de personnes très considérables, honorées en différents temps de la confiance immédiate de Votre Majesté, si je n'étais certain que la calomnie acharnée depuis si longtemps contre moi s'efforcerait encore de changer en un sentiment d'orgueil ou de vanité le témoignage que tout homme qui a fait le bien a droit de demander aux autres, ou de se rendre enfin lui-même.

J'ai de plus, Sire, l'honneur de rendre, comme chef de tribunal[1], la justice à une portion de vos sujets, au sein de votre capitale, et dans votre propre palais.

Ma fortune et celle de mes amis, dispersée en soutenant sous vos yeux une grande et noble cause, a besoin pour être recueillie, que mon nom, traité partout avec honneur, ne soit pas avili dans ma patrie. Elle enchaîne à son sort celle de plus de cinquante familles de commerce qui ne doivent pas souffrir de la malveillance de mes adversaires, ni de mes fautes, si j'en avais commis. Dans ce moment même, créancier de l'État pour des sommes considérables dont la liquidation et le paiement prochain intéressent essentiellement un grand nombre de vos sujets, cette qualité de créancier me plaçait plus particulièrement sous la protection immédiate de Votre Majesté. Un instant m'a ravi cette récompense honorable des travaux de ma vie entière. Peut-être en ce moment, n'est-il pas même un seul ministre qui, pour me sauver de ma ruine, osât vous prononcer mon nom, quoique les suites de ma détention rendent plus pressant mon besoin de leur justice et de la vôtre.

Puissé-je, Sire, être le dernier exemple d'une détention si malheureuse! mais telle a été sa nature, qu'on m'accuserait partout d'une lâche insensibilité, si je ne faisais les plus grands et les plus respectueux efforts auprès de Votre Majesté pour essayer d'en obtenir ce qui peut seul dissiper aux yeux de la nation, de l'Europe, et de l'Amérique, le nuage dont cette détention a couvert et ma personne, et mon crédit.

Un ordre de votre propre mouvement, en m'enlevant de ma maison, m'a tout ôté. Un ordre de votre propre mouvement, en m'y faisant rentrer, ne m'a rien rendu. Mon respect et ma soumission m'ont fait obéir aux deux ordres, quoiqu'un profond sentiment de l'honneur m'ait forcé de résister d'abord à l'exécution du second[2]. Mais si je suis coupable du crime irrémissible à tout Français d'avoir manqué de respect au Roi, je ne suis pas assez puni par une prison fâcheuse, et la perte de mon crédit : la mort légalement prononcée était ma juste punition. Si je suis innocent, mon silence, ma douleur, une retraite volontaire à laquelle je dois me condamner dans ma propre maison, invoqueront constamment votre justice. Elle est la propriété de vos sujets; et le Roi de France est trop grand pour jamais descendre à la moindre injustice. Un mot de sa volonté a suffi pour écraser le plus soumis de ses sujets, sans rien ajouter à l'idée de sa toute-puissance ; mais il en donnerait une sublime de sa justice, et qui le ferait bénir à jamais, s'il daignait ordonner à un tribunal sévère de juger l'accusé dans toute la rigueur de la loi. Cet accusé l'en supplie à genoux. Il ose croire que Votre Majesté, toujours grande et généreuse, daignera regarder le parti qu'il a pris d'attendre et de souffrir en silence, comme une supplique muette et touchante d'être mis en jugement, tant qu'un mouvement de bienveillance ne portera pas Votre Majesté à montrer d'elle-même qu'Elle est persuadée de son innocence.

Je suis avec le plus profond respect,

Sire,

de Votre Majesté,

le très humble, très obéissant et très respectueux serviteur et sujet[1].

VI

RÉPONSE DE L'AUTEUR AU COMITÉ DE L'OPÉRA

Paris, 10 auguste[1] 1790.

Le bruit, Messieurs, qu'on a fait hier au spectacle[2], pendant le couronnement de *Tarare*, semble exiger sans doute une explication de ma part et je consens à la donner : mais je ne puis user du moyen que vous proposez; trop malheureusement tombé dans la disgrâce des journaux, il faut que j'imprime moi-même! Moi, auquel ils faisaient mener une si agréable vie dans mes amusements dramatiques! Moi, dont les œuvres de théâtre avaient toujours glissé si doucement entre leurs mains, sans suffocations pour l'auteur! Moi, chéri de l'abbé Aubert[3], le premier afficheur du monde, me voir sifflé sur mes vieux jours[4], et sifflé au spectacle où l'on bâillait si tranquillement[5]! C'est un malheur insupportable! Et que dire de *La Chronique*, journal toujours si judicieux, qui sollicite contre moi la malveillance des siffleurs?

Selon l'obligeant chroniqueur, je travaille, au spectacle, à substituer le *royalisme* à l'amour de la liberté, de la Constitution nouvelle[6]. Le chroniqueur feint d'oublier que le vers de *Tarare* qu'il altère et qu'il gâte en le citant à sa manière, est fait depuis plus de dix ans, et qu'alors aucun chroniqueur ne songeait à me contester

Que le respect des rois est le premier devoir[7].

Tandis que, trop souvent vexé par des abus d'autorité, j'imprimais des vérités fortes, les chroniqueurs de ce temps-là flagornaient sans pudeur les plus minces suppôts de l'autorité arbitraire, chaque fois qu'il fallait couvrir une bêtise ou célébrer une injustice.

Moi, j'ai dit ce que je pensais, ce que je pense encore *sur le respect dû à nos rois*, et j'y ai beaucoup réfléchi. Permis aux chroniqueurs de me prêter de lâches intentions, en reportant au jour d'hier une maxime très ancienne, consacrée de tout temps dans le cœur des Français.

Le chroniqueur moderne ne se contente pas de me gâter mon pauvre vers (car je n'ai jamais dit *le respect pour les rois*), d'en transposer les temps par un coupable anachronisme pour le plaisir de me susciter des siffleurs ; il oublie que, dans l'esprit même de la nouvelle Constitution, loin de prêcher le *royalisme*[1], l'endroit où j'ai placé ce vers le rend d'une extrême justesse. C'est un guerrier qui parle à des soldats, et la Constitution a nommé *notre roi* le chef suprême de l'armée[2]. Or, si le respect des soldats pour cet auguste chef n'est pas le premier des devoirs, il n'y a plus de subordination ; et sans subordination, plus d'armée ; sans armée, plus de sûreté ; donc, indépendamment de mon sentiment personnel sur le profond respect qu'on doit *à notre roi* (sentiment sur lequel je ne varierai point, quoi qu'en pense le chroniqueur), Tarare ne dit aux soldats que ce qu'un homme d'honneur doit leur dire, dans la circonstance donnée.

Quelle différence entre ce journaliste et moi ! Tandis qu'il nous faisait, sur l'applaudissement général de mon vers[3], une observation aussi fausse, la larme à l'œil et le doux sourire à la bouche je m'écriais : *Ah ! le bon peuple ! Comme il porte son roi dans le fond*[4] *de son cœur !* et je m'applaudissais d'avoir si vivement senti, et si fortement exprimé la vérité de ma maxime.

Mais je ne sais à qui j'écris, ni si je réponds à quelqu'un. Je prie de me le pardonner quoi qu'imprime *La Chronique* ; j'ai demandé partout quel en était l'auteur. Les uns m'ont dit : *Je n'en sais rien.* D'autres m'ont dit : *Ce n'est personne.* En tout cas, moi qui suis poli, j'ai cru que je devais répondre.

Passons aux étourneaux d'hier, lesquels, après avoir sifflé le vers *raccommodé* par *La Chronique*, se sont épuisés à l'envi contre l'épisode des nègres.

Ceci mérite un peu plus d'attention, car il ne s'agit plus de l'observation d'un seul homme. Faute d'écouter ce qu'on chante, ou d'épeler ce que j'écris, quelques très jeunes Américains, croyant que je prêchais la liberté des nègres, ont résolu, dans le Palais-Royal[5], de venir siffler cette scène.

Eh ! Messieurs les jeunes planteurs ! ne savez-vous rien écouter ? Ou, pour vous forcer à nous lire, faut-il tout imprimer sur du papier à sucre et l'envoyer au raffineur ? Si des considérations politiques ont arrêté les délibérations de l'Assemblée nationale, sur cet article des *Droits de l'homme*, de quelque couleur qu'il soit né[6], au moins est-on universellement d'accord que l'on doit alléger les chaînes de son esclavage, quand même il a le poil crépu ; et c'est là tout ce que j'ai dit. Le mot de *liberté* n'y est même pas prononcé, tant j'eus peur d'offenser la politique et la cupidité. Mais plus vous les traiterez bien, moins ils voudront sortir d'un esclavage qu'on croit si important au commerce des colonies.

Celui qui vient offrir des nègres en tribut, parti du Zanguébar, et non du *Tranquébart*, comme le dit savamment *La Chronique* (car il n'est point de nègre à laine dans le pays dit *Tranquébart*[7]), celui qui les offre en tribut, dit seulement au roi, pour se faire valoir, en vrai style de négrier : *Nous les avons tant maltraités que si l'on adoucit leur sort, ils se trouveront trop heureux.*

Enchaînés par nos mains et domptés par nos coups,
Flétris sous le poids des entraves,
Quoi qu'on ordonne d'eux, ils vous béniront tous.

Que fait Tarare? Ainsi que l'Assemblée nationale, il ne prononce pas sur eux; il veut seulement comme nous qu'ils soient moins maltraités chez lui :

Plus d'infortunés parmi nous.
Le despotisme affreux outrageait la nature,
Nos lois vengeront cette injure.
Soyez tous heureux : levez-vous.

Il ne dit point : *vous êtes libres*, comme il eût pu le prononcer, si tel eût été mon avis, car je suis du conseil de ce bon roi d'Ormus! il leur dit seulement : *soyez moins malheureux*.

Que répondent nos nègres à cette bonté de Tarare?

Holà! doux *esclavage*
Pour Congo noir visage!
Bon Blanc, pour Nègre il est humain!
Nous, bon Nègre a cœur sur la main... etc., etc.

J'en demande pardon à tout planteur de cannes; il n'y a que des cannibales qui puissent improuver[1] cette scène d'humanité; et ces messieurs ne le sont point. Le public très humain nous a fait raison des sifflets; mais qui nous fera raison des journaux? Quelques gens du peuple entraînés sont bientôt revenus à eux, sur cette leçon de Tarare que je lui avais inspirée :

Mes amis, plaignons leur erreur.
Victime de quelque barbare,
Quand ce bon peuple est en rumeur,
C'est toujours quelqu'un qui l'égare.
Ramenons-le par la douceur[2].

Aussi cette réplique *à nos jeunes mangeurs de nègres*, a-t-elle été vivement applaudie, et je disais comme mes Africains :

Ah! bon grand peuple! bon grand peuple[3] *!*
Donc tout ce train n'a été fait
Que faute de s'être entendus.

Humains! humains! soyez doux et cléments;
*Nous sommes tous plus faibles que méchants**.

Quant au divorce de Spinette, en un climat où tous se divorcient[4], on sent bien qu'il n'y a qu'un ennemi juré de cette chanteuse italienne qui puisse trouver mauvais qu'elle demande à rompre avec son Calpigi (ce *simulacre de mari*, comme il nous l'a dit plaisamment[5]) quand

* Deux vers charmants d'un poème de Gudin.

lui-même il est si las d'elle! Je conçois que dans notre France, où les époux, en général, sont si satisfaits l'un de l'autre, une pareille idée cause un peu de scandale. Ah! pardonnez-le-moi cette fois; je promets de n'y plus revenir; et qu'il en soit de même du mariage de mes bonzes ainsi que des vierges bramines[1]! Je n'ai pas cru qu'à l'Opéra cela tirât à conséquence; mais je connaissais mal la chasteté de mon pays.

Pour plus de singularité, c'était un abbé qui sifflait. Qui, diable, l'aurait jamais cru? Peut-être le concubinage lui semble-t-il moins fatigant que les peines inséparables d'un engagement légitime! On ne peut disputer des goûts; mais cela valait-il la peine de troubler la paix du spectacle en nuisant au plaisir des autres, et surtout de passer une heure sans plaisir au corps de garde nationale[2]? Je m'en rapporte à vous, Messieurs, qui voudriez toujours, chez vous, que tout le monde fût content.

J'ai l'honneur d'être, *etc.*

Votre obéissant serviteur,

L'AUTEUR MAL CONNU DE « TARARE ».

VII

À M. MARTINEAU

Ce 14 messidor an V [2 juillet 1797].

Il y a quelque chose, Monsieur, de si net et de si obligeant dans votre façon de critiquer *La Mère coupable*, que je vous mets avec plaisir au rang des hommes éclairés dont je me fais honneur de conquérir l'opinion. Mais, après les éloges que vous prodiguez généreusement à l'ouvrage, si tout ce que vous avez cru voir de défauts, dans le cinquième acte, y existait réellement, la pièce, selon moi, serait insoutenable, il faudrait la jeter au feu. Au nom de l'indulgence que vous avez montrée sur l'intérêt qu'elle comporte, rassurez-vous, Monsieur, il n'y a pas un seul des faits que vous blâmez si justement (en admettant votre hypothèse), dans le cinquième acte du drame intitulé : *L'Autre Tartuffe ou la Mère coupable*; n'oubliez pas ce double titre que l'auteur a voulu remplir : il importe à ma discussion.

La plus impardonnable faute qui dégraderait cet ouvrage, ce serait sans doute celle à laquelle je vais répondre avant les autres. Les jeunes gens que vous craignez de voir *époux incestueux* ne sont pas plus parents que vous et moi, Monsieur; c'est à l'homme de loi que vous êtes, que j'adresse cette remarque : la preuve existe dans le drame.

Selon la loi *Pater est quem*, etc., Léon est le fils du comte et de la comtesse, puisqu'il est né pendant leur mariage. Florestine est la fille, selon la même loi, du marquis et de la marquise del Pizzaro, amis du comte, quoiqu'ils ne soient pas nommés dans la pièce. Ces jeunes gens peuvent donc s'épouser! Et ils le peuvent tellement que je veux faire une autre pièce, si je me trouve du loisir et s'il me reste encore des forces, intitulée *La Vengeance de Bégearss ou le Mariage de Léon*, dans laquelle la question qui vous agite sera traitée avec le plus grand intérêt; elle n'aurait été dans *La Mère coupable* qu'un sec et peu décent plaidoyer. Dans cette nouvelle pièce, le scélérat recevra sa vraie punition; il n'a perdu que son succès dans celle que nous discutons. Déjà donc, par la loi, les jeunes gens sont bien étrangers l'un à l'autre.

Selon la nature[1], Monsieur, ces enfants n'ont aucune consanguinité. Léon eſt fils adultérin de la comtesse Almaviva et de l'ancien page du comte, pendant l'absence du dernier dans son voyage d'outre-mer. D'autre part, Floreſtine eſt la fille adultérine de la marquise Pizzaro avec le comte Almaviva, pendant que son mari, bon officier mais dérangé (comme dit le comte au second acte[2]), était à l'armée d'Italie; car ces grands seigneurs espagnols étaient d'assez grands libertins, différant en cela de feu tous nos seigneurs français! Ainsi, parlant à Floreſtine de l'époux connu de sa mère, le comte prononce-t-il ces mots si expressifs pour qui entend bien notre langue : « Le mari de ta mère était fort dérangé. » Il a mis un enfant étranger dans la famille Pizzaro. L'on en a mis un dans la sienne, voilà le secret de la pièce dont prétend abuser Bégearss. Voyez aussi, dans le quatrième acte[3], comment la timide comtesse s'arrête court, toutes les fois qu'en parlant de son fils au comte, elle va prononcer le mot de *père*, si terrible à ses yeux, à sa conscience bourrelée! Homme de loi! je m'en rapporte à vous, ces jeunes gens sont-ils parents?

« La critique eſt aisée, et l'art eſt difficile! » a dit le sage, mais froid Deſtouches[4]. J'ai travaillé vingt ans à composer la situation épineuse que vous me reprochez comme un inceſte, lequel serait horrible à montrer au théâtre! et qui n'eſt, dans ce drame, qu'un double adultère avéré, qui rend les deux enfants étrangers l'un à l'autre, comme vous et moi nous le sommes. Étudiez bien cette queſtion, elle en vaut la peine, Monsieur. Sans la moralité qui en résulte, l'adultère lui-même serait déjà trop fort! Le reſte eſt une bagatelle à côté de ce grand défaut, mais n'exiſte pas plus que la parenté des enfants. Le comte Almaviva n'eſt point coupable de trahison envers l'Espagne : il ne s'indigne que de l'audace de l'homme affreux qui ose l'en accuser. Le comte Almaviva n'a recommandé à personne le secret d'un inceſte, qu'il sait bien ne pas exiſter. Mais seulement, par le respect bien dû à la jeunesse de sa fille, il a recommandé à Suzanne et à Figaro[5] de garder le secret sur la naissance de Léon, fils adultérin de sa femme; secret dont la divulgation ferait connaître à Floreſtine le genre de faute qu'a commise la comtesse qu'elle respecte, et à laquelle il vient lui-même de pardonner.

Le comte n'a, Monsieur, rien dans la pièce à redouter de la délation en Espagne de l'abominable Bégearss, qui ne lui fait cette menace qu'en désespoir de sa cause odieuse et dans un grand trouble d'esprit. Le comte n'a donc nul besoin de ménager ce scélérat qu'il chasse; aussi ne le fait-il sur rien! Aussi Figaro, qui sait tout, répond-il à cette menace par une sanglante ironie : « Qu'il fasse des libelles, dernière ressource des lâches! Il n'eſt plus dangereux[6]! » etc., etc.

Quant à ce que vous reprochez à la marche de l'intérêt, dans la diſtribution des actes, mon opinion eſt qu'il était impossible de couper, de scinder la situation du quatrième acte, une fois entamée, après avoir été préparée dans trois actes, quoiqu'elle pesât sans relâche sur l'âme oppressée de l'auteur qui la repoussait avec soin par la frayeur de demeurer obscur, ou d'amener trop tôt ce terrible arrêt après lequel il n'en est plus. L'âme des spectateurs ne peut entrer deux fois de suite dans une exaltation si forte qui met la douleur à son comble, et la pièce, en effet, serait finie à la fin du quatrième acte, si elle était faite, Monsieur, comme vous la sentez, non pas moi; si l'auteur eût été assez méchant pour ne pas consommer la punition qu'il a destinée au Tartuffe; mais il n'y avait pas moyen de s'en dispenser : je devais consoler, Monsieur (sous peine de ressembler à l'infâme Bégearss), les spectateurs sensibles que j'avais tourmentés comme à plaisir, pendant quatre actes! Et Figaro, le héros de la pièce, n'aurait tenté que des efforts bien puissants, il est vrai, mais toujours rendus inutiles par l'adresse du scélérat, lui, pauvre valet, obligé à beaucoup de ménagements; tandis que l'autre est un ami respecté dans cette famille, et qui pouvait le perdre d'un seul mot! Tous ses efforts eussent donc été vains s'il n'eût pas à la fin trouvé le moyen difficile d'arracher l'aveu de Bégearss (sans lequel l'or était perdu), devant le notaire et son clerc; s'il ne lui eût arraché, dis-je, qu'il tient les trois millions de la générosité du comte! C'est là, Monsieur, que Figaro devient supérieur au fripon, et l'enveloppe dans son piège, comme il se l'est promis au second acte de la pièce[1] dont ce grand succès est l'objet.

Pour faire étouffer de sanglots avec les mêmes personnages qui vous firent rire aux éclats, j'ai voulu que ce vieux valet eût l'insigne honneur de sauver, à travers une action terrible, toute la fortune de son maître, et de délivrer la famille d'un monstre qui la dépouillait. S'il l'avait fait dès le commencement, la pièce aurait fini au second acte, et s'il ne l'eût pas fait au dernier, tout se fût passé en apprêts, en ce qu'on nomme des fils tendus à faux. Le scélérat eût tout volé, le vieux valet restait vaincu : la pièce finissait mal, et le spectateur, fatigué, s'en retournait très mécontent et de l'ouvrage et de l'auteur. Moi, je m'étais donné pour tâche, après l'avoir bien tourmenté, de le renvoyer satisfait, dans l'état de sérénité où je l'avais pris en entrant; car je n'ai point voulu, Monsieur, faire une tragédie bourgeoise, ni une simple comédie, mais un drame bien intrigué, pour montrer ce que vaut ce genre si de plus habiles s'en emparent. Reste à savoir si je l'ai fait.

Pour répandre de l'intérêt sur ce cinquième acte, après le quatrième, non pas de l'intérêt violent, l'entreprise était impossible, mais de cet intérêt si doux qui reporte l'âme à sa vraie place après des angoisses terribles, et quand le danger est passé, j'avoue que je l'ai refondu trois fois, ce cinquième acte, car c'est celui qui m'a le plus coûté. Quand vous aurez lu la préface et ensuite la pièce que je vous envoie imprimée, s'il vous reste encore des scrupules, venez en jaser avec moi; car je ne pense pas que vous teniez sérieusement au moyen de laisser commettre au plus grand seigneur des Espagnes l'avilissante cupidité de faire signer au fripon le contrat de mariage avec sa fille, pour avoir seulement en main de quoi le faire pendre, ou lui fermer la bouche, vous qui portez l'extrême délicatesse jusqu'à blâmer le comte d'avoir souffert, quoiqu'avec tant de répugnance, que Figaro lui fit rentrer trois millions d'or, par une ruse de son état, que l'importance de l'objet rendait au moins bien excusable! « Lui laisser par dépit l'héritage de vos enfants, ce n'est pas vertu, c'est faiblesse[1]. » Voilà le mot de Figaro qui a déterminé le comte.

Je n'ai plus qu'un mot à vous dire. Le paquet cacheté que Figaro a retiré du secrétariat de l'ambassade d'Espagne ne pouvait se trouver entre les mains du comte. On envoie chercher ses lettres à la poste et si le Figaro y est allé sans l'ordre de son maître, parce qu'il a été instruit, au second acte, par Bégearss, de l'arrivée prochaine du courrier, qui apportait l'agrément du roi pour l'échange des terres, c'est justement un des mérites que j'ai prétendu lui donner. Ce qui met, selon moi, de l'intérêt jusqu'au dernier mot, dans une pièce, est l'accumulement[2] successif de tous les genres d'inquiétude que l'auteur sait verser dans l'âme du spectateur, pour l'en sortir après d'une manière inattendue! Cette anxiété perpétuelle est un moyen de s'emparer de lui.

Ah! je suis bien coupable ou plutôt bien inepte[3], si toutes les absurdités qui vous ont frappé dans l'ouvrage, y existent, car je me suis donné comme la plus grande tâche dramatique à remplir, ce double plan que j'ai lié par l'intrigue et par l'intérêt. Je me suis imposé, Monsieur, ce grand travail comme une des conceptions les plus fortes qui puissent sortir de ma tête, et qui donnât l'idée d'une route nouvelle à parcourir à nos auteurs. Ai-je rempli ce but? C'est la question qui reste à décider; mais l'intention du moins, n'en peut être équivoque.

Quand vous aurez bien étudié l'ouvrage, en le lisant sévèrement, si vous trouvez quelque moyen de mieux remplir l'objet que j'eus en vue, je l'apprendrai de vous avec plaisir; je vous invite, Monsieur, à y regarder à deux fois sur ce que vous m'avez dit. Et si je ne parvenais pas à vous faire adopter les motifs qui m'ont fait rédiger ainsi la marche de la pièce que vous voulez bien censurer, je vous avouerais volontiers que je suis très inexcusable, car c'est après y avoir réfléchi bien longtemps que je l'ai composée comme on la représente.

Salut, estime et gratitude.

CARON DE BEAUMARCHAIS.

Je voulais répondre en deux mots, accablé que je suis d'affaires affligeantes! Mais quand on défend son enfant, on fait comme notre comtesse, on va plus loin qu'on ne le veut. Heureux lorsqu'on s'en tire avec autant de bonheur qu'elle! Peu d'auteurs doivent s'en flatter!

VIII

LETTRE À MA FILLE EUGÉNIE ALORS AU HAVRE

Paris, le 12 août 1792.

Puisque j'ai promis de t'écrire, c'est à toi, ma chère fille, que je veux adresser les détails des événements qui m'ont personnellement frappé dans ces trois journées désastreuses; et je le fais pour que tu t'en occupes : car il m'importe également que tout ce qui m'arrive en mal ainsi qu'en bien tourne au profit de mon enfant.

Mercredi matin 8 août j'ai reçu une lettre par laquelle un monsieur, qui se nommait sans nul mystère, me mandait qu'il était passé pour m'avertir d'une chose qui me touchait, *aussi importante que pressée* : il demandait un rendez-vous. Je l'ai reçu. Là j'ai appris de lui qu'une bande de trente brigands avait fait le projet de venir piller ma maison la nuit du jeudi au vendredi; que six hommes, en habits de garde national ou de fédéré, je ne sais, devaient venir me demander, au nom de la municipalité, l'ouverture de mes portes, sous prétexte de chercher si je n'avais pas d'armes cachées. La bande devait suivre, armée de piques avec des bonnets rouges, comme des citoyens acolytes[1], et ils devaient fermer les grilles sur eux, en emportant les clefs pour empêcher, auraient-ils dit, que la foule ne s'introduisît. Ils devaient enfermer mes gens dans une des pièces souterraines, ou la cuisine, ou le commun[2], en menaçant d'égorger sans pitié quiconque dirait un seul mot. Puis ils devaient me demander, la baïonnette aux reins, le poignard à la gorge, où étaient les huit cent mille francs qu'ils croient, disait ce monsieur, que j'ai reçus du Trésor national. Tu juges, mon enfant, ce que je serais devenu dans les mains de pareils brigands, quand je leur aurais dit que je n'avais pas un écu *et n'avais pas reçu un seul assignat du Trésor*. Enfin, m'ajouta ce bon homme, ils m'ont mis du complot, monsieur, en jurant d'égorger celui qui les décèlerait; voilà mon nom, mon état, ma demeure; prenez vos précautions, n'exposez pas ma vie pour prix de cet avis pressant que mon estime pour vous m'engage à vous donner.

Après l'avoir bien remercié, j'ai écrit à M. Pétion, comme premier magistrat de la ville[1], pour lui demander une sauvegarde. J'ai remis ma lettre à son suisse, et n'en avais pas de réponse quand les troubles ont commencé; ce qui redoublait mes inquiétudes.

Je ne te dirai rien de la terrible journée du vendredi, les nouvelles en parlent assez; mais voyant revenir, le soir, les soldats et le peuple déchargeant leurs fusils et tirant des pétards, j'ai jugé que tout était calme, et j'ai passé la nuit chez moi.

Samedi 11, vers huit heures du matin, un homme est venu m'avertir que les femmes du port Saint-Paul[2] allaient amener tout le peuple, animé par un faux avis qu'il y avait des armes chez moi, *dans les prétendus souterrains* qu'on a supposés tant de fois, et dont trois ou quatre visites n'ont encore pu détruire les soupçons; et voilà, mon enfant, l'un des fruits de la calomnie : les faussetés les mieux prouvées laissent d'obscurs souvenirs que les vils ennemis réveillent dans les temps de troubles; car ce sont les moments, ma fille, où toutes les lâches vengeances s'exercent avec impunité.

Sur cet avis, j'ai tout ouvert chez moi, secrétaires, armoires, chambres et cabinets, enfin tout, résolu de livrer et ma personne et ma maison à l'inquisition sévère de tous les gens qu'on m'annonçait. Mais quand la foule est arrivée, le bruit, les cris étaient si forts, que mes amis troublés ne m'ont pas permis de descendre, et m'ont conseillé tous de sauver au moins ma personne.

Pendant qu'on bataillait pour l'ouverture de mes grilles, ils m'ont forcé de m'éloigner par le haut bout de mon jardin; mais on y avait mis un homme en sentinelle, qui a crié : *Le voilà qui se sauve!* et cependant je marchais lentement. Il a couru par le boulevard, avertir tout le peuple assemblé à ma grille d'entrée : j'ai seulement doublé le pas; mais les femmes, cent fois plus cruelles que les hommes dans leurs horribles abandons, se sont toutes mises à ma poursuite.

Il est certain, mon Eugénie, que ton malheureux père eût été déchiré par elles, s'il n'avait pas eu de l'avance; car la perquisition n'étant pas encore faite, rien n'aurait pu leur ôter de l'esprit que je m'étais échappé en coupable. Et voilà où m'avait conduit la faiblesse d'avoir suivi le conseil donné par la peur, au lieu de rester froidement comme je l'avais résolu! J'ai, mon enfant, un instinct de raison juste et net qui me saisit dans le danger, me fait former un pronostic rapide sur l'événement qui m'assaille, et m'a toujours conduit au meilleur parti qu'il faut prendre. C'est là, ma bonne et chère enfant, une des facultés de l'esprit que l'on doit le plus exercer, pour la retrouver au besoin; et c'est peut-être à cette étude que j'ai dû, sans m'en être douté, le talent d'arranger des plans de comédies qui ont servi à mes amusements, pendant qu'une application plus directe faisait concourir cette étude à ma conservation dans les occasions dangereuses qui se sont tant renouvelées pour moi.

J'étais entré chez un ami dont la porte était refermée, dans une rue qui, faisant angle avec celle où les cruelles femmes couraient, leur a fait perdre enfin ma trace, et d'où j'ai entendu leurs cris. Ah! pardon, mon aimable enfant, si, dans ce moment de péril, j'ai pris en horreur tout ton sexe, en réfléchissant, malgré moi, que, lorsqu'il peut mal faire avec impunité, il semble saisir avec joie une occasion de se venger de sa faiblesse, qui le tient dans la dépendance du fort : et c'est à ce motif secret qu'il faut, je crois, attribuer le désordre en tout genre, les exécrables cruautés où ce faible sexe se livre dans tous les mouvements du peuple, et dont ces jours derniers nous montrent d'horribles exemples, dont je te sauve le récit.

Mais heureusement, mon enfant, qu'il n'y a dans ceci aucune application à faire aux créatures de ton sexe, dont l'éducation, la sagesse, ont conservé les douces mœurs, qui font leur plus bel apanage. La nature humaine est facile à s'égarer; mais les individus sont bons, surtout ceux qui se sont veillés[1] ; car ceux-là ont dû reconnaître que le meilleur calcul, pour le repos ou le bonheur, est d'être toujours juste et bon : utile pensée, mon enfant, qui m'a fait dire bien des fois, comme un bon résultat de mes plus mûres réflexions, que *si la nature, en naissant, ne m'avait pas fait un bon homme, je le serais devenu par un calcul approfondi; je m'en suis toujours bien trouvé.*

Pendant que j'étais enfermé dans un asile impénétrable, trente mille âmes étaient dans ma maison, où, des greniers aux caves, des serruriers ouvraient toutes les armoires, où des maçons fouillaient les souterrains, sondaient partout, levaient les pierres jusque sur les fosses d'aisance, et faisaient des trous dans les murs pendant que d'autres piochaient le jardin jusqu'à trouver la terre vierge, repassant tous vingt fois dans les appartements; mais quelques-uns disant, au très grand regret des brigands qui se trouvaient là par centaines : *Si l'on ne trouve rien ici qui se rapporte à nos recherches, le premier qui détournera le moindre des meubles, une boucle, sera pendu sans rémission, puis haché en morceaux par nous.*

Ah! c'est quand on m'a dit cela que j'ai bien regretté de n'être pas resté, dans le silence, à contempler ce peuple en proie à ses fureurs, à étudier en lui ce mélange d'égarement et de justice naturelle qui perce à travers le désordre! Tu te souviens de ces deux vers que je mis dans la bouche de *Tarare*, et qui furent tant applaudis :

Quand ce bon peuple est en rumeur,
C'est toujours quelqu'un qui l'égare[2].

Ils recevaient ici leur véritable application : la lâche méchanceté l'avait égaré sur mon compte. Pendant que les ministres et les comités réunis prodiguent les éloges au désintéressement et au civisme de ton père sur l'affaire des fusils de Hollande, dont ils ont les preuves en main[3], on envoie le peuple chez lui, comme chez un traître ennemi qui tient beaucoup d'armes cachées, espérant qu'on le pillera!

Ils doivent être bien furieux : le peuple ne m'a point pillé; il a trompé leur rage, qu'aucun n'ose mettre au grand jour sous son nom : seulement un d'eux écrivait à une femme qui me l'a mandé sur-le-champ, le jour que l'on croyait ma maison incendiée :

Enfin donc votre Beaumarchais
Vient d'expier tous ses succès.

Expier des succès! Ah l'abominable homme! dirait ici l'Orgon de Molière[1]. Eh! quoi donc? aux yeux de l'envie, les succès deviennent des crimes! Quels pauvres succès que les miens, rachetés par tous les dégoûts qu'elle verse à pleines mains sur moi! Des succès de pur agrément; car les fruits du travail, des travaux de toute la vie, noyés dans des mers de chagrins, perdus et rattrapés vingt fois par mes veilles accumulées; ces fruits qu'on appelle *fortune*, ce ne sont point là des *succès*. Le mot *succès* ne doit être appliqué qu'à nos récompenses morales; et la fortune, mon enfant, bien éloignée d'en mériter le nom, n'eſt qu'un résultat pécuniaire, nécessaire, mais triſte et sec, et qui ne parle point au cœur.

Je te débite, en courant, les maximes qui se rencontrent sous ma plume.

Enfin, après sept heures de la plus sévère recherche, la foule s'eſt écoulée, aux ordres de je ne sais quel chef : mes gens ont balayé près d'un pouce et demi de poussière; *mais pas un binet*[2] *de perdu*. Les enfants ont pillé les fruits verts; j'aurais voulu qu'ils eussent été plus mûrs : leur âge eſt sans méchanceté. Une femme au jardin a cueilli une giroflée; elle l'a payée de vingt soufflets : on voulait la baigner dans le bassin des peupliers.

Je suis rentré chez moi. Ils avaient porté l'attention jusqu'à dresser un procès-verbal guirlandé de cent signatures qui atteſtaient qu'ils n'avaient rien trouvé de suspeƈt dans ma possession. Et moi je l'ai fait imprimer[3] avec tous mes remerciements de trouver ma maison intaƈte; et je le publie, mon enfant, d'abord parce que l'éloge encourage le bien, et parce que c'eſt une chose digne de l'attention des bons esprits, que ce mélange, dans le peuple, d'aveuglement et de juſtice, d'oubli total et de fierté; car il y en a beaucoup en lui, pendant qu'il se livre au désordre, d'être humilié s'il croit qu'on pense qu'il eſt capable de voler. Si je vis encore quelque temps, je veux beaucoup réfléchir là-dessus.

Mon enfant, j'ai dîné chez moi comme s'il ne fût rien arrivé. Mes gens, qui se sont tous comportés à merveille et en serviteurs attachés, me racontaient tous leurs détails. L'un : *Monsieur, ils ont été trente fois dans les caves, et pas un verre de vin n'a été sifflé.* Un autre : *Ils ont vidé la fontaine de la cuisine, et je leur rinçais des gobelets.* Celle-ci : *Ils ont fouillé toutes les armoires au linge, il ne manque pas un torchon.* Celui-là : *Un d'eux eſt venu m'avertir que votre montre était à votre lit; la voilà, monsieur, la voilà! Vos lunettes, vos crayons étaient sur la table à écrire, et rien n'a été détourné!*

Enfin me voilà parvenu à la terrible nuit dont je vous ai déjà parlé; en voici les affreux détails :

En nous promenant au jardin sur la brune, le samedi, l'on me disait : *Ma foi, monsieur, après ce qui eſt arrivé, il n'y a aucun inconvénient que vous passiez la nuit ici.* Et moi je répondais : Sans doute, mais il n'y en a pas non plus que j'aille la passer ailleurs; et ce n'eſt pas le peuple que je crains, le voilà bien désabusé; mais cet avis que j'ai reçu, d'une association de brigands pour me piller une de ces nuits, me fait craindre que, dans la foule qui s'est introduite chez moi, ils n'aient étudié les moyens d'entrer la nuit dans ma maison; car on a entendu de terribles menaces : peut-être y en a-t-il quelques-uns de cachés ici; enfin, j'ai grande envie d'aller passer une bonne nuit chez notre bon ami de la rue des Trois-Pavillons[1] : c'est bien la rue la plus tranquille qui soit au tranquille Marais. Pendant qu'il est à sa campagne, *va, François*, va mettre à son lit une paire de draps pour moi.

J'ai soupé, ma fille : heureusement j'ai peu mangé, puis je suis parti sans lumière pour la rue des Trois-Pavillons, m'assurant bien de temps en temps que personne ne me suivait.

Mon François retourné chez moi, la porte de la rue barrée et bien fermée, un domestique de mon ami enfermé tout seul avec moi, je me suis livré au sommeil. À minuit, le valet, en chemise, effrayé, entre dans la chambre où j'étais : *Monsieur,* me dit-il*, levez-vous; tout le peuple vient vous chercher, ils frappent à enfoncer la porte. On vous a trahi de chez vous; la maison va être pillée.* En effet, on frappait d'une façon terrible. À peine réveillé, la terreur de cet homme m'en donnait à moi-même. Un moment, dis-je; *mon ami, la frayeur nuit au jugement.* Je mets ma redingote, en oubliant ma veste, et, mes pantoufles aux pieds, je lui dis : « Y a-t-il quelque issue par où l'on puisse sortir d'ici? — Aucune, monsieur; mais pressez-vous, car ils vont enfoncer la porte. Ah! qu'est-ce que va dire mon maître? — Il ne dira rien, mon ami, car je vais livrer ma personne pour qu'on respecte sa maison. Va leur ouvrir, je descends avec toi. »

Nous étions troublés tous les deux. Pendant qu'il descendait, j'ai ouvert au premier étage une fenêtre qui donnait sur la rue du Parc-Royal; il y avait sur le balcon une terrine allumée qui m'a fait voir, au travers de la jalousie, que la rue était pleine de monde : alors le désir insensé de sauter par la fenêtre s'est éteint à l'instant où j'allais m'y jeter. Je suis descendu en tremblant dans la cuisine au fond de la cour; et regardant par le vitrage, j'ai vu la porte enfin s'ouvrir. Des habits bleus[2], des piques, des gens en veste sont entrés; des femmes criaient dans la rue. Le domestique est revenu vers moi pour chercher beaucoup de chandelles, et m'a dit d'une voix éteinte : « Ah! c'est bien à vous qu'on en veut! — Eh bien! ils me trouveront ici. »

Il y a près de la cuisine une espèce d'office avec une grande armoire où l'on met les porcelaines, dont les portes étaient ouvertes. Pour tout asile et pour dernier refuge, ton pauvre père, mon enfant, s'est mis derrière un des vantaux, debout, appuyé sur sa canne, la porte de ce bouge uniquement poussée, dans un état impossible à décrire; et la recherche a commencé.

Par les jours de souffrance qui donnaient sur la cour, j'ai vu les chandelles trotter, monter, descendre, enfiler les appartements. On marchait au-dessus de ma tête; la cour était gardée, la porte de la rue ouverte; et moi, tendu sur mes orteils, retenant ma respiration, je me suis occupé à obtenir de moi une résignation parfaite, et j'ai recouvré mon sang-froid. J'avais deux pistolets en poche, j'ai débattu longtemps si je devais ou ne devais pas m'en servir. Mon résultat a été que si je m'en servais, je serais haché sur-le-champ, et j'avancerais ma mort d'une heure, en m'ôtant la dernière chance de crier au secours, d'en obtenir peut-être, en me nommant, dans ma route à l'hôtel de ville[1]. Déterminé à tout souffrir, sans pouvoir deviner d'où provenait cet excès d'horreur après la visite chez moi, je calculais les possibilités, quand, la lumière faisant le tour en bas, j'ai entendu que l'on tirait ma porte, et j'ai jugé que c'était le bon domestique qui, peut-être en passant, avait imaginé d'éloigner encore un moment le danger qui me menaçait. Le plus grand silence régnait; je voyais, à travers les vitres du premier étage, qu'on ouvrait toutes les armoires : alors je crus avoir trouvé le sens de toutes ces énigmes. Les brigands, me dis-je, se sont portés chez moi; ils ont forcé mes gens, sous peine d'être égorgés, de leur déclarer où j'étais; la terreur les a fait parler : ils sont arrivés jusqu'ici, et, trouvant la maison aussi bonne à piller que la mienne, ils me réservent pour le dernier, sûrs que je ne puis échapper.

Puis mes douloureuses pensées se sont tournées sur ta mère et sur toi et sur mes pauvres sœurs. Je disais avec un soupir : Mon enfant est en sûreté; mon âge est avancé; c'est peu de chose que ma vie, et ceci n'accélère la mort de la nature que de bien peu d'années : mais ma fille, sa mère! elles sont en sûreté. Des larmes coulaient de mes yeux. Consolé par cet examen, je me suis occupé du dernier terme de la vie, le croyant aussi près de moi. Puis, sentant ma tête vidée par tant de contention d'esprit, j'ai essayé de m'abrutir et de ne plus penser à rien. Je regardais machinalement les lumières aller et venir; je disais : *Le moment s'approche*; mais je m'en occupais comme un homme épuisé, dont les idées commencent à divaguer : car il y avait quatre heures que j'étais debout dans cet état violent, changé depuis dans un état de mort. Alors, sentant de la faiblesse, je me suis assis sur un banc, et là j'ai attendu mon sort sans m'en effrayer autrement.

Dans ce sommeil d'horrible rêverie, j'ai entendu un plus grand bruit; il s'approchait, je me suis levé, et, machinalement, je me suis mis derrière le vantail de l'armoire, comme s'il eût pu me garantir. La porte s'est ouverte; une sueur froide m'a tombé du visage, et m'a tout à fait épuisé.

J'ai vu venir le domestique à moi, nu en chemise, une chandelle à la main, qui m'a dit d'un ton assez ferme : « Venez, monsieur, on vous demande. — Quoi! vous voulez donc me livrer? J'irai sans vous. Qui me demande? — M. Gudin, votre caissier[2]. — Que dites-vous de mon caissier? — Il est là avec ces messieurs. » Alors j'ai cru que je rêvais ou que ma raison altérée me trompait sur tous les objets : mes cheveux ruisselaient, mon visage était comme un fleuve. « Montez, m'a dit le domestique, montez; ce n'est pas vous qu'on cherche : M. Gudin va vous expliquer tout. »

Ne pouvant attacher nul sens à ce qui frappait mon oreille égarée, j'ai suivi au premier étage le domestique qui m'éclairait : là j'ai trouvé

M. Gudin en habit de garde national, armé de son fusil, avec d'autres personnes. Stupéfait de cette vision : « Par quel hasard, lui ai-je dit, vous rencontrez-vous donc ici? — Par un hasard, monsieur, aussi étrange que celui qui vous y a conduit vous-même le propre jour que l'on a donné l'ordre de visiter cette maison, où l'on a dénoncé des armes. — Ah! j'ai dit, pauvre campagnard[1]! vous avez donc aussi de lâches ennemis! » N'ayant plus besoin de mes forces, je les ai senties fuir, elles m'ont manqué tout à fait. Je me suis assis sur le lit où j'avais sommeillé deux heures avant que le bruit commençât; et Gudin m'a dit ce qui suit :

« Inquiet, à onze heures du soir, de savoir si notre quartier était gardé par les patrouilles, j'ai pris mon habit de soldat, mon sabre et mon fusil, et suis descendu dans les rues malgré les conseils de mon fils. J'ai rencontré une patrouille qui, m'ayant reconnu, m'a dit : " Monsieur Gudin, voulez-vous venir avec nous? vous y serez mieux que tout seul. " Je l'ai d'autant mieux accepté, que Monsieur, que vous voyez là en habit de garde national, est le limonadier qui reste[2] en face de vos fenêtres : en un mot, c'est M. Gibé. »

D'honneur, ma pauvre enfant, je me tâtais le front pour m'assurer que je ne dormais pas. « Mais comment, ai-je dit à M. Gudin, si c'est bien vous qui me parlez, m'avez-vous laissé là quatre heures dans les angoisses de la mort, sans m'être venu consoler?

— Je vais bien plus vous étonner, me dit Gudin, par mon récit, que ma présence ne l'a fait... J'ai vu doubler le pas, et j'ai dit à tous ces messieurs : " Ce n'est pas ainsi qu'on patrouille. — Aussi ne patrouillons-nous pas, nous allons à une capture. " Je les vois arriver à la rue du Parc-Royal; et là mon cœur commence à battre, nous sentant aussi près de vous.

« En détournant la rue des Trois-Pavillons, à l'habitation où vous êtes, on nous crie : *Halte ici! enveloppez la maison*; et je me dis : Grand Dieu! par quelle fatalité me trouvé-je avec ceux qui viennent pour arrêter M. de Beaumarchais? Moi aussi, je croyais rêver. Je me suis contenu de mon mieux, pour voir où tout aboutirait.

« Le domestique ouvre la porte et pense tomber à la renverse, me trouvant parmi ces messieurs; il a cru que la trahison qu'il avait soupçonnée dans vos gens s'était étendue jusqu'à moi : il balbutiait. Alors on a lu à haute voix l'ordre donné par la section de venir visiter ici, soupçonnant qu'il y a des armes. — Eh bien! alors, lui dis-je, comment n'êtes-vous pas accouru? comment n'avez-vous eu nulle pitié de moi? — Ma terreur n'a fait qu'augmenter, dit Gudin; à cette lecture j'ai eu la bouche encore plus close, et n'étais que plus effrayé, ne sachant pas, monsieur, s'il y avait ou non des armes; mais présumant avec effroi que, s'il s'en trouvait par malheur, vous alliez être victime de vous être enfermé ici, j'ai vu tous les rapports affreux de cette nuit à la visite qu'on venait de faire chez vous.

« Pendant le cours de la recherche, enfin j'ai trouvé le moment de dire tout bas au domestique : " L'ami de votre maître est-il dans la maison? — Il y est ", m'a-t-il dit. Dans un autre moment je lui ai demandé : " Mais où est-il? — Je n'en sais rien. " Il ne pouvait pas s'éloigner; il éclairait les rechercheurs; on ne le perdait pas de vue. Je me suis glissé sans lumière, a continué M. Gudin, jusqu'à la chambre de votre lit : je vous ai cherché à tâtons, dessus, dessous, vous appelant tout bas; mais vous étiez ailleurs, et je ne pouvais deviner où je devais vous aller prendre.

« Enfin, la recherche achevée, assuré que la calomnie avait encore manqué son coup, et qu'on ne trouvait rien ici, j'ai confié à tous ces messieurs par quel hasard vous vous trouviez caché dans la chambre du maître, et leur étonnement a au moins égalé le nôtre. Dieu merci, le mal est passé : recouchez-vous, monsieur, et tâchez de dormir; vous devez en avoir besoin. »

Alors, toute la patrouille étant entrée dans cette chambre, j'ai dit au commissaire de section : « Monsieur, vous me voyez ici sous la sauvegarde de l'amitié; je ne puis mieux payer l'asile qu'elle me donnait qu'en vous priant, au nom de mon ami, qui est excellent citoyen, de rendre votre visite aussi sévère que le peuple l'a faite hier chez moi, et d'en dresser procès-verbal, pour que sa sûreté ne soit plus compromise par d'infâmes calomnies. — Monsieur, m'a dit le commissaire, notre procès-verbal est clos; votre ami est en sûreté[1]. »

Ces messieurs sont partis et ont dit au peuple, aux femmes dans la rue, que cette maison était pure. Les femmes, enragées que l'on n'eût rien trouvé, ont prétendu qu'on avait mal cherché, ont dit qu'en huit minutes elles allaient trouver la cachette : elles voulaient que l'on rentrât; on s'y est opposé : le commissaire a fait brusquement refermer la porte. Ainsi ont fini mes douleurs; mais la sueur, la lassitude et la faiblesse me brisaient.

Pendant que je réfléchissais à toutes les incroyables fortuités[2] qui s'étaient simultanément rassemblées pour composer cette *mille et deuxième* nuit du roman de *Schéhérazade*, et dans laquelle je venais d'être témoin, acteur et spectateur glacé, je me disais : « Je l'écrirai, vingt personnes l'attesteront, personne ne voudra me croire, et tout le monde aura raison. » Tous les traits majeurs de ma vie ont eu un coin de singularité, mais celui-ci les couvre tous. Ici l'horrible vérité n'offre qu'un songe invraisemblable : si quelque chose y fait ajouter foi, c'est bien l'impossibilité de croire que quelqu'un ait imaginé un roman aussi improbable.

Mais j'ai appris le lendemain matin que des hommes âgés, affectionnés à ce quartier, que jamais rien n'avait troublé, entendant ce tapage affreux, saisis d'une terreur nocturne, ont sauté par-dessus les murs, et que, de jardin en jardin, ils ont été troubler des dames de la rue de la Perle[3], en leur demandant, en chemise, de les garantir de la mort : l'un d'eux s'était cassé la jambe.

L'effroi s'était communiqué, et, de tout ce quartier, ton père, qui avait eu le plus sujet de craindre, peut-être a été le seul qui ait achevé dans son lit une nuit aussi tourmentée.

Voilà, mon Eugénie, les détails que je t'ai promis dans ma dernière lettre à ta mère[1]. Un homme moins fort, moins exercé que moi sur tous les genres d'infortune, serait mort vingt fois de frayeur. Mon sang-froid, ma prudence, et souvent le hasard, m'ont sauvé de bien des dangers : ici le hasard a tout fait. Mais combien de fois ai-je dit en m'endormant sur le matin : « Oh ! que j'embrasserai mon enfant avec joie, si des événements plus terribles et plus désastreux ne la privent pas de son père et me permettent de la revoir ! »

NOTICES,
NOTES ET VARIANTES

THÉÂTRE DE SOCIÉTÉ

NOTICE

On trouvera ici rassemblées six pièces en un acte qui appartiennent toutes à ce théâtre de société si florissant au XVIIIe siècle[1]. Les cinq premières font expressément allusion à ceux en l'honneur de qui elles ont été jouées[2]; la dernière, *Zizabelle mannequin*, parle beaucoup plus vaguement de « la compagnie[3] », mais il ne fait nul doute qu'elle était réservée, elle aussi, à un public restreint et que si elle fut représentée, ce ne fut qu'à titre privé.

Chacune de ces pièces pose des problèmes particuliers; néanmoins nous savons que toutes, ou presque toutes, ont été jouées chez un ami de Beaumarchais, Charles Guillaume Borromée Le Normand, dans son château d'Étiolles, à la lisière sud de la forêt de Sénart, à moins d'une lieue de Corbeil. Charles Le Normand, né en 1717 — il avait quinze ans de plus que Beaumarchais —, avait épousé en 1741 celle qui devait devenir Mme de Pompadour, et, malgré la naissance de deux enfants, avait été obligé quatre ans après de se séparer d'elle et de s'effacer devant le roi. La mort de la favorite, en 1765, lui permit de se remarier et il épousa l'année suivante Marie-Anne Matha, dame de Baillon[4], dont il eut trois enfants. Il devait mourir, comme Beaumarchais, en 1799.

Les relations entre les deux hommes furent longtemps très étroites. Il est difficile de fixer la date exacte de leur première rencontre, mais elle eut lieu avant 1760, en 1757 ou 1758 probablement; tous deux appartenaient au même milieu de financiers et d'affairistes — c'est peut-être à Étiolles que Beaumarchais rencontra Pâris-Duverney — et avaient bien des goûts communs : même

1. Sur ce théâtre, voir P. Larthomas, *Le Théâtre en France au XVIIIe siècle*, Paris, PUF, coll. « Que sais-je », 1980, p. 22-24.
2. Voir p. 5-6, 8, 10, 13, 34, 56, 93-100.
3. Dans le dernier couplet de Gilles, p. 116.
4. Désignée par Manon la Blonde à la fin des scènes ajoutées à *Jean-Bête à la foire* ; voir p. 100.

absence de scrupules en amour, même bonté, même fidélité à l'amitié. En 1773, après la ridicule altercation avec le duc de Chaulnes, le jeune Constant Le Normand, alors âgé de six ans, écrivit une charmante lettre au prisonnier du For-l'Évêque pour le consoler[1]. Les liens paraissent ensuite avoir été moins étroits, sans s'être jamais rompus.

Il est presque impossible de donner les dates précises des représentations pour chacune des pièces. On peut simplement retenir que les quatre premières ont été jouées probablement entre 1760 et 1763 et qu'il y a eu au moins deux représentations de *Jean-Bête à la foire*, la seconde se situant en 1772. L'essentiel est de constater que ces œuvres sont les premiers essais dramatiques de Beaumarchais.

Nous sommes un peu mieux renseignés sur les conditions dans lesquelles elles furent mises en scène. Le château de Le Normand à Étiolles a été détruit, mais nous savons que son théâtre était, selon le témoignage du président Hénault, « aussi beau que celui de l'Opéra », avec « des machines et des changements[2] ». La future marquise de Pompadour y avait joué devant Crébillon, Fontenelle, Montesquieu et Voltaire. Depuis 1745, le public avait quelque peu changé, en même temps que le répertoire. Les comédies et les drames avaient cédé la place aux parades, à des pièces brèves de genres variés, mais les représentations restaient de qualité. Le théâtre de société à Étiolles n'était en rien comparable à ce que nous appelons, avec une ironie légèrement méprisante, un théâtre d'amateurs. Les distributions des deux représentations de *Jean-Bête à la foire* mêlent les noms d'acteurs professionnels et de particuliers[3]. Les premiers s'appellent Dugazon, Préville et Feuilly, tous trois sociétaires de la Comédie-Française, et interprètes remarquables; les seconds sont l'auteur lui-même, une de ses sœurs et la comtesse de Turpin dont nous savons qu'elle jouait les parades à la perfection. Pour ce genre dramatique très particulier, les amateurs ne devaient pas manquer de métier : rappelons que la famille Beaumarchais avait son théâtre; que pendant le séjour du frère en Espagne[4], on y jouait du Molière, du Regnard, du Voltaire, l'on y chantait *La Servante maîtresse* de Pergolèse[5]. Et Préville, qui était un des amis de la famille, devait être de bon conseil.

1. À propos d'une actrice, Mlle Ménard, dont les deux hommes se partageaient les faveurs. Ils furent tous les deux emprisonnés. Sur cet épisode, voir René Pomeau, *Beaumarchais ou la bizarre destinée*, Paris, PUF, 1987, p. 52-54, et surtout le récit de Beaumarchais lui-même, partiellement reproduit par Loménie (*Beaumarchais et son temps*, Paris, M. Lévy, 1856, t. I, p. 261-263). Sur la lettre, voir la *Correspondance* de Beaumarchais, éditée par Brian N. Morton, Paris, Nizet, 1969 [...], t. II, p. 20-21.

2. Lettre du 18 juillet 1742 à Mme du Deffand ; citée par Sainte-Beuve dans son article sur Mme de Pompadour (*Causeries du lundi*, Paris, Garnier, s.d., t. II, p. 487).

3. Voir n. 3, p. 1197 ; voir aussi notre édition des *Parades* de Beaumarchais, Paris, SEDES, 1977, p. 188-189.

4. Sur ce séjour, voir la Chronologie (1764 et 1765), p. XXVI.

5. Voir la lettre de Julie à une amie, citée par Loménie, *Beaumarchais et son temps*, Paris, Michel Lévy, 2e éd., 1858, t. I, p. 40-41.

Destinées à un public restreint, ces œuvres n'ont pas été connues en dehors d'un cercle d'amis et sont restées longtemps ignorées des spécialistes du théâtre de cette époque; leur caractère licencieux en a retardé la publication. Il fallut attendre 1876 pour qu'Édouard Fournier publie quatre d'entre elles[1], en les « mutilant », selon son propre terme, pour des raisons de moralité. Dans les éditions suivantes du théâtre de Beaumarchais[2], on a groupé ces pièces en un acte sous le titre traditionnel de *parades*. En réalité, quatre sur six — *Les Bottes de sept lieues*, *Léandre marchand d'agnus, médecin et bouquetière*, *Jean-Bête à la foire* et *Zizabelle mannequin* — sont véritablement des parades.

Colin et Colette n'est qu'une *scène*, dit le manuscrit[3], un lever de rideau, dirions-nous, prélude à la fête du seigneur dans son château. Le texte ne le dit pas, mais il s'agit sans nul doute de Le Normand, de la Saint-Charles, le 4 novembre, à Étiolles. Cette courte scène de dépit amoureux avait pour fonction d'exprimer au seigneur dont la bonté était réelle, la reconnaissance de ses paysans et, comme l'indiquent les dernières répliques[4], le bouquet offert par Colette le sera au nom de tous les villageois. Écrite sur un thème conventionnel, et en un style qui ne l'est pas moins, cette *saynète*[5], que de vrais paysans étaient censés représenter, assurait adroitement, au début de la soirée, la transition entre deux mondes, celui de la réalité et celui de la fiction dramatique.

Les Députés de la Halle et du Gros-Caillou sont, comme l'indique l'auteur lui-même[6], une *« Scène de poissardes et de maîtres pêcheux »*, c'est-à-dire une *comédie poissarde* au sens le plus traditionnel du terme. Elle l'est par les personnages, *poissardes* désignant « des femmes de la lie du peuple et de la Halle[7] »; par le style, qui « imite le langage et les mœurs du plus bas peuple[8] »; et par le thème traité, celui d'une dispute qui légitime l'échange d'injures et de coups. Ce style, précieux pour nous dans la mesure où, compte tenu des outrances, il restitue fidèlement un certain parler parisien, était

1. *Jean-Bête à la foire*, *Colin et Colette*, *Les Bottes de sept lieues*, *Les Députés de la Halle et du Gros-Caillou* ; dans Beaumarchais, *Œuvres complètes*, nouv. éd. augmentée de quatre pièces de théâtre [...], Paris, Laplace, Sanchez et Cie, 1876, p. 703-732.

2. Voir notamment les éditions de René d'Hermies, *Théâtre complet*, Paris, éd. Magnard, « Les Classiques verts », 1952, premier texte intégral ; de Pascal Pia, *Théâtre complet*, Paris, Club français du livre, 1956, première édition de *Léandre marchand d'agnus [...]* ; de Maurice Allem et Paul Courant, *Théâtre complet, parades, Lettres relatives à son théâtre*, Bibl. de la Pléiade, Paris, 1957 ; et de nous-même, *Parades*, première édition de *Zizabelle mannequin*.

3. Pour les sources des six pièces, voir la Note sur le texte, p. 1200.

4. Voir p. 6.

5. Beaumarchais n'emploie encore que la forme espagnole *saïnetes* (au pluriel) ; voir la *Correspondance*, éd. citée, t. I, p. 129. Le mot ne se francisera qu'au siècle suivant.

6. Voir p. 7.

7. Voir n. 2, p. 7.

8. *Académie*, art. « Poissard ».

devenu à la mode vers les années 1730, et avait envahi à partir de 1760 les théâtres de société[1]. Beaumarchais obéit à la mode, les noms de ses personnages sont déjà traditionnels ou empruntés à Vadé et à ses *Racoleurs*, comédie poissarde jouée à la foire Saint-Germain en 1756[2]. Mais il s'agit ici, comme dans *Colin et Colette*, de rendre hommage au seigneur en son château. Le texte même nous permet d'affirmer très nettement qu'il s'agit de célébrer la fête — toujours la Saint-Charles et le quatre novembre — de Le Normand[3]; et le premier couplet de la chanson qui termine la pièce — et dont la musique est certainement de Beaumarchais — salue sa mère, qui mourut en juin 1765. L'auteur étant en Espagne en 1764, cette scène poissarde a très vraisemblablement été écrite une des années 1760-1763.

Les quatre autres pièces sont véritablement des parades. Elles sont ainsi qualifiées dans les manuscrits, la quatrième, *Zizabelle mannequin*, étant dite *comédie-parade*. Elles respectent les règles de ce sous-genre dramatique très particulier, que l'abbé Prévost définit : « [...] sorte de comédie fort à la mode dans ces derniers temps, où le plaisant est poussé jusqu'au ridicule, par des caractères forcés, de fausses allusions, de mauvaises pointes, et des peintures sans vraisemblance[4] [...] ». La définition est un peu vague, et il importe de la préciser. La parade, au sens le plus général du terme, désignant une courte scène jouée à la porte des baraques pour retenir le public et l'inciter à entrer, est passée, vers les années 1730, de la foire aux théâtres de société; des Comédiens-Français aussi connus que Préville, Dugazon ou Feuilly prennent plaisir à jouer des parades dans les châteaux. Des auteurs comme le comte de Maurepas, Sallé son secrétaire, Fagan, Collé en écrivent; et Gueullette réunit les siennes, en 1756, dans les trois volumes de son *Théâtre des boulevards*[5]. Le genre évolue au cours du siècle, mais certains caractères restent constants, que l'on retrouve dans les quatre parades de Beaumarchais : les personnages, empruntés à la Comédie-Italienne, sont plus ou moins francisés; ce sont Cassandre, le père noble, ses filles Isabelle et Colombine, Léandre le prétendant et les valets Gilles[6] et Arlequin. Avec quelques variations, le thème traité est constant : Léandre veut épouser Isabelle, demoiselle de très petite vertu, et Cassandre s'y oppose; de là des stratagèmes, des disputes,

1. Sur cette évolution, voir le livre d'A. P. Moore, *The « genre poissard » and the French stage of the XVIIIe century*, New York, 1935.

2. Voir n. 3, p. 7, et n. 11, p. 8.

3. Désigné dans les chansons (p. 12, 99) par le diminutif *Charlot*. Sur la Saint-Charles, voir n. 7, p. 94.

4. *Manuel lexique ou Dictionnaire portatif des mots français*, Paris, Didot, nouv. éd. 1755, art. « Parade ».

5. À Mahon, de l'imprimerie de Gilles Langlois, 1756, 3 vol. En réalité, les œuvres ne sont pas toutes de Gueullette. Sur ce recueil et ce problème d'attribution, voir *Théâtre du XVIIIe siècle*, Bibl. de la Pléiade, t. I, p. 1480.

6. Gilles n'est pas, en réalité, d'origine italienne, mais dans le genre de la parade, il est parfaitement intégré à l'ensemble des personnages.

des batailles, des déguisements, mais à la fin le père est berné et le mariage célébré « devant z'ou derrière le chœur de l'église[1] ». C'est encore une loi du genre que le dialogue soit toujours pimenté de plaisanteries érotiques et scatologiques que soulignent des jeux de scène suggestifs. Le style, enfin, est pseudo-populaire, finalement très artificiel. Les déformations y sont constantes : proverbes plaisamment modifiés, liaisons vicieuses ou « cuirs », éléments parasites, jeux de mots volontairement misérables, expressions déformées ou créées par contamination, pléonasmes, etc. — tous procédés qui permettent, lorsque l'auteur est aussi adroit que Beaumarchais, de dire les pires énormités en feignant d'exprimer autre chose. Le langage est ambigu, l'écriture double : ainsi se révèlent la fantaisie et la virtuosité verbales.

Il est certain — un vers du vaudeville en témoigne[2] — que *Les Bottes de sept lieues, parade en un acte*, a été écrite en l'honneur de Le Normand. Il est seulement probable — le texte indique simplement qu'on joue en société[3] — qu'elle a été jouée le jour de la Saint-Charles à Étiolles. Le rappel de la prise de Port-Mahon en 1756[4] fournit un *terminus a quo*; et l'allusion aux écarrisseux de Montfaucon[5] permet de penser que la pièce a été écrite après la démolition du gibet en 1760, sans doute entre 1760 et 1763. Quant à la musique, notée avec soin, elle est sans nul doute de Beaumarchais. En dépit d'un emprunt à Gueullette[6], l'œuvre est originale et cohérente. La parade n'y renie pas ses caractères italiens : Arlequin porte un masque noir, Gilles est enfariné, et une part est faite à l'improvisation gestuelle dans la plus pure tradition de la *commedia dell'arte*[7]. Mais la première scène est précédée d'*annonces* faites par les deux valets dans le style des *aboyeux* de foire et le thème, comme le titre l'indique, est emprunté au conte de Perrault. Enfin, autre caractère bien français, la pièce se termine par un vaudeville tout à fait comparable, et par son thème et par son style, à ceux qui terminent les comédies de cette époque.

Léandre marchand d'agnus, médecin et bouquetière et *Jean-Bête à la foire* constituent un groupe à part. L'auteur a emprunté pour la seconde de ces deux parades des scènes entières de la première[8] — de sorte que celle-ci, considérée comme un brouillon, a été longtemps négligée. Bien à tort : malgré les emprunts, les deux œuvres sont assez différentes de forme et d'esprit et chacune mérite une étude particulière. Dans le manuscrit, *Léandre marchand d'agnus [...]* nous est présenté comme une *« Parade en 6 Scennes, avec chants et Sim-*

1. Voir *Jean-Bête à la foire*, p. 93.
2. « Mais à Charlot quand on veut plaire [...] » ; voir p. 34.
3. Voir p. 16 et n. 6.
4. Voir p. 18 et n. 4.
5. Voir p. 24 et n. 2.
6. Voir n. 5, p. 28.
7. Voir p. 28 et n. 1, 26 et n. 1, 55 et n. 6.
8. Voir n. 2, p. 59, n. 1, p. 62, n. 1, p. 76, n. 1, p. 84, n. 1, p. 86.

phonie par Beaumarchais (minutte[1]*)* ». Il y a en réalité dix scènes (6 est une inadvertance), mais il s'agit bien d'une *minute*, c'est-à-dire d'un premier jet, qui porte des corrections intéressantes sinon toujours explicables. La part faite à la musique est importante : quatre airs, deux duos et un chœur final accompagné par des violons, dont la présence est signalée dans la liste des acteurs et qui interviennent en tant que *« joueurs d'aubades*[2] *»* pour soutenir les chanteurs. Cinq de ces morceaux sont chantés sur des timbres[3] empruntés à des opéras-comiques joués récemment, deux sur des airs originaux composés probablement par Beaumarchais[4]. Si l'on tient compte de la date des timbres, des emprunts faits au recueil de Gueullette, paru en 1756, de la reprise évidente d'une expression de *Candide* de Voltaire, paru en 1759[5], des allusions à la guerre de Sept Ans, il semble qu'on puisse dater la représentation de cette parade de 1762. Il est beaucoup plus difficile de préciser où et pour qui elle a été écrite. Une réplique de Gilles, qui reste équivoque[6], ne permet pas de dire si la représentation a lieu à la ville ou à la campagne. Et le chœur est chanté en l'honneur d'une « aimable Nanette, / Dame de céans[7] », dont les charmes nous sont décrits avec trop d'imprécision : *Nanette* étant le diminutif de Anne, s'agit-il de Marie-Anne Matha, dame de Baillon et la future épouse de Le Normand ? Ou « l'aimable Nanette » et « dame Nanette » ne sont-elles que des expressions galantes et amicales pour désigner, comme c'est souvent le cas à cette époque, une femme dont le véritable nom est caché ? Il est impossible de trancher.

Comme l'indique le titre, l'œuvre offrait à l'acteur principal un de ces rôles à transformations rapides[8] qu'aimait le public de la foire et des Italiens : Léandre ne se déguise pas moins de trois fois et, pour finir, en bouquetière, dont les bouquets tombés dans la mêlée générale sont présentés au public, par une transition aisée entre l'art et la vie. Autre particularité de cette pièce : des quatre parades, elle est la seule où l'on voit apparaître Colombine, la sœur d'Isabelle; mais son rôle, qui reste modeste, pourrait être supprimé sans difficulté; il le sera dans *Jean-Bête à la foire*. L'œuvre manque un peu d'unité : non tant parce que Beaumarchais a devant lui, lorsqu'il écrit, le *Théâtre des boulevards* de Gueullette[9], auquel il emprunte des

1. Voir la Note sur le texte, p. 1200 ; et notre édition critique, ouvr. cité, p. 127-128.
2. Voir p. 56.
3. *Timbre* : « Premier vers d'un vaudeville connu, qu'on écrit au-dessus d'un vaudeville parodié pour indiquer sur quel air ce dernier doit être chanté » *(Littré)*.
4. Voir p. 39, 44, 45, 47, 51, 53, 56 et les notes correspondantes. Les musiques originales ne nous sont pas parvenues.
5. Voir p. 41 et n. 6.
6. « J'avons quitté les chiens et les troupiaux [...] », p. 57.
7. Voir p. 57.
8. Voir les scènes IX et X, p. 53 et suiv., en particulier l'enchaînement des deux scènes, p. 54-55.
9. Voir p. 1194 et n. 5 en bas de page.

expressions et quelquefois des répliques; mais parce que la fin a été écrite trop vite et que le dénouement n'est guère préparé. Défauts certainement moins sensibles à la scène qu'à la lecture, car l'ensemble ne manque ni de force ni de mouvement.

Jean-Bête à la foire est la parade la plus complexe et, de ce fait, la plus riche, celle qui sans aucun doute a été la plus travaillée. Il en existe, outre le brouillon d'un assez long passage[1], trois manuscrits : l'un se trouve à la Comédie-Française, les deux autres dans les papiers de la famille de Beaumarchais. Compte tenu des répliques, des passages et parfois des scènes entières empruntés à *Léandre marchand d'agnus [...]*[2], nous avons trois et même quatre états du texte. Leur étude permet de constater que, de la première à la seconde parade, l'œuvre s'est modifiée et enrichie; que le manuscrit de la Comédie-Française, qualifié de « minute », est le plus ancien. Le texte qu'on peut considérer comme définitif a été très soigneusement recopié par Mme de Beaumarchais, selon le témoignage de sa fille. C'est celui que nous reproduisons. Le manuscrit contient de précieuses indications sur le lieu et les dates des représentations, sur les noms des acteurs, indications données par Mlle de Beaumarchais au recto et au verso de la première feuille, et qui complètent celles données par sa mère à la fin de l'œuvre[3]. Certains passages confirment que la parade a été représentée à la campagne, à Étiolles, au château de Le Normand, en sa présence et pour sa fête, le jour de la Saint-Charles, c'est-à-dire le 4 novembre. Mais ce fut au moins à deux reprises, puisqu'il nous est donné par Mlle de Beaumarchais deux distributions différentes. La date de la deuxième — et dernière ? — représentation est incertaine : « 1770 ou 1772 », *« 1770 ou 11, à ce que je crois »*, nous est-il dit. Certainement pas après 1772, puisque Mme de Miron meurt en 1773 et l'acteur Feuilly l'année suivante. Contrairement à ce qu'affirme Mme de Beaumarchais, nous pensons que les couplets n'ont pas été chantés *« le même jour*[4] *»*, mais en 1774, l'allusion au procès Goëzman dans le cinquième couplet étant très nette[5].

Si comme on peut le conclure de l'examen des manuscrits, le texte de la Comédie-Française est le plus ancien, la parade a d'abord été écrite en l'honneur de Le Normand, puis modifiée pour pouvoir être jouée dans n'importe quelles circonstances. Deux dénouements

1. Voir la Note sur le texte, p. 1200, et n. 4, p. 78 ; ce brouillon est reproduit dans notre édition critique, ouvr. cité, p. 287-297.

2. Voir p. 1195 et n. 8 en bas de page.

3. Voir p. 93. Sur la première feuille du manuscrit, on lit notamment : « *[recto]* Composée par mon père pour une fête de M. Le Normand d'Étiolles [...] et jouée par lui, une de ses sœurs [...] et Dugazon [...]. Cette parade a été copiée par ma mère. [...] *[verso]* Représentée [...] en 1770 ou 1772. Acteurs : / CASSANDRE Préville / JEAN-BÊTE Dugazon / ARLEQUIN Feuilly / Actrices : / ISABELLE Mme la comtesse de Turpin / GILLES Mme de Miron. » Voir notre édition critique, ouvr. cité, p. 188-189.

4. Voir p. 98.

5. Voir n. 2, p. 100. Sur le détail des problèmes de datation, voir notre édition critique, ouvr. cité, p. 191-196.

en effet se présentent, nettement séparés dans le texte définitif, le second permettant, par l'addition de deux scènes, de célébrer le châtelain d'Étiolles. Nous ne savons pas si la parade a été jouée ailleurs, sans ces deux dernières scènes.

Le tome V des manuscrits de Beaumarchais à la Comédie-Française nous donne une première liste de personnages. Ils sont tous français[1], empruntant d'ailleurs leurs noms à des œuvres d'autres auteurs, de Gueullette en particulier. Dans les trois textes qui nous sont restés, ils sont redevenus italiens — Cassandre, Isabelle, Arlequin et Gilles —, à l'exception du personnage principal, Jean-Bête; de là le caractère hybride de l'œuvre, très nettement marqué, et le désir d'en jouer avec virtuosité. D'une part, Arlequin reste celui de la tradition, armé de sa batte et le visage recouvert de son masque noir; d'autre part, la mère d'Isabelle était née Troufignon et la généalogie de Jean-Bête est la plus française qui soit[2]. Jean-Bête remplace Léandre, mais finalement se confond avec lui, et en même temps s'en distingue. Il déclare à Cassandre : « [...] vous rencontrez en moi, z'outre un médecin très éclatant, le beau Léandre [...] »; mais il ajoute un peu plus loin : « [...] je ne suis pas t'un véritable beau Liandre comme vous le croyez. Je m'appelle Jean-Bête, auteur de parades[3] [...] ». Cassandre lui-même se qualifie de *père noble*[4] et résume en une phrase la donnée essentielle de toute parade : « [...] on sait que messieurs les beaux Léandre ont de tout temps été les ennemis jurés des bonhommes Cassandre[5] [...]. » Ce jeu subtil sur les emplois et l'identité réelle du personnage qui donne son titre à la pièce témoigne d'une réflexion nouvelle sur le genre traité, comme sur l'art dramatique en général. En outre, des remarques d'ordre politique et social donnent aux personnages, à la fin de la pièce, une épaisseur qu'ils n'avaient pas. Jean-Bête constate qu' « il y a des bonhommes Cassandre dans tous les états », qu'ils sont « parents en droite ligne des Gobe-mouches en politique[6] »; et une variante évoque tous les Jean-Bête qui « aiment mieux se faire passer pour conseillers gobemouches, insipides savants, ignorants sorboniqueurs, fades poétereaux, forfantiers militaires, financiers lourdets et faquinets courtisans[7] [...] ». Sans doute ne faut-il pas exagérer la portée de cette satire des gens en place; mais on sent chez l'auteur le désir de s'évader d'un genre

1. Voir le tome V des papiers de Beaumarchais à la bibliothèque de la Comédie-Française, f° 21 r° ; ce sont Jean-Bête, Jean-Broche père et mère parents de Jean-Bête, Mme Oignon gargotière, Mlle Tiremonde sage-femme, Mlle Tripette maîtresse de Jean-Bête, Troufignon apothicaire. *Troufignon* désignait l'anus en argot. Noter que le manuscrit redonne cette liste (f° 28) et que le texte y commence sans donner d'autres indications — mais, bien entendu, avec les personnages définitifs.

2. Voir p. 91-92.

3. Voir p. 90-91.

4. Voir p. 68, dernière réplique.

5. Voir p. 91.

6. Voir p. 90.

7. Voir var. *c*, p. 92.

trop étroit, l'ambition d'être plus qu'un ami reconnaissant qui écrit des œuvres de circonstance pour amuser un public restreint par des plaisanteries traditionnelles.

Zizabelle[1] *mannequin* n'a pas les ambitions de *Jean-Bête à la foire*. Plus courte, cette pièce est, dit le manuscrit, une *Comédie-parade mêlée d'ariettes*. Le terme de *comédie-parade* indique que l'œuvre appartient à un genre hybride : elle est parade par les trois personnages, Isabelle, Léandre et Gilles, et par l'utilisation d'une tête à perruque[2] qui justifie le titre; elle est *comédie*, parce que l'érotisme y est plus discret, et dans les jeux de scène, et dans le style. L'expression *mêlée d'ariettes* souligne l'importance de la musique : même en laissant de côté la très brève chanson d'Isabelle, au début de la scène III[3], on ne trouve pas moins de quatorze morceaux dans cette œuvre courte : quatre se chantent sur des timbres qui sont indiqués; la musique des dix autres — sept ariettes, un duo, un trio et un vaudeville —, composée probablement par Beaumarchais lui-même, ne nous est pas donnée. *Zizabelle mannequin* est plus un opéra-comique, au sens premier du terme, qu'une comédie agrémentée de chants.

Où, quand, comment la pièce a-t-elle été représentée, si elle l'a été ? Le texte ne fournit aucun élément de réponse à ces questions. Le timbre provenant d'*Annette et Lubin* de Mme Favart, représentée en 1762, indique toutefois que l'œuvre est postérieure à cette date[4]. On pourrait même hésiter sur le nom de l'auteur, si Zizabelle ne chantait pas le même couplet que dans *Jean-Bête à la foire*[5]. C'est surtout l'importance plus grande donnée à la musique et le fait que l'œuvre se rapproche de la comédie qui nous permettent de penser que *Zizabelle mannequin* est la dernière œuvre de Beaumarchais écrite dans le style de la parade.

Reste, dans les papiers de la famille Beaumarchais, une pièce en un acte, *Laurette*, pièce qui n'avait jamais été publiée. On la trouvera dans ce volume[6]. On verra pourquoi nous lui avons réservé cette place et les problèmes particuliers qu'elle pose.

NOTE SUR LE TEXTE

Nous avons vu, dans la Notice[7], que les pièces de théâtre de société n'ont été publiées que tardivement, partiellement, avec des mutilations dues à de mauvaises lectures ou à la censure d'un texte qui bravait l'honnêteté.

1. On trouvera au long de la pièce — comme déjà dans les parades précédentes — les formes *Zizabelle*, *Z'Irzabelle*, *Zirzabelle*, *Isabelle*, etc.
2. Voir p. 115 et n. 1.
3. Voir p. 104 ; sans doute une chanson populaire.
4. Voir p. 112 et n. 3.
5. Voir p. 106 et n. 2 ; sur des échos de texte à texte, voir p. 102 et n. 2, 107 et n. 7, 115 et n. 1, et n. 3, p. 114.
6. Appendice I, p. 1121.
7. Voir p. 1193.

Le recours aux manuscrits s'imposait donc. *Jean-Bête à la foire* exclu, nous n'en avons qu'un pour chaque pièce. Ils se trouvent à la bibliothèque de la Comédie-Française depuis 1863, date de leur achat à Londres[1], à l'exception de celui de *Zizabelle mannequin*, qui appartient à la famille de Beaumarchais.

Le tome I des papiers de Beaumarchais à la Comédie-Française contient : *Colin et Colette*, aux folios 86 r°-90 v° d'un cahier de petit format; à la suite et de la même main, *Les Bottes de sept lieues*, aux folios 90 v°-109 v°; après une feuille blanche (f° 110), *Les Députés de la Halle et du Gros-Caillou*, ff^os 111 r°-117 v°, d'une encre plus noire mais par le même copiste. La musique de ces deux dernières pièces, soigneusement notée, figure à même le texte. Le tome V comprend, après les titres de *Léandre marchand d'agnus, médecin et bouquetière*, *Jean-Bête à la foire* et *Les Députés du village*, opéra-comique, sur un premier feuillet[2] : ff^os 3 r°-19 v°, *Léandre marchand d'agnus [...]*; une feuille blanche; f° 21 r°, la liste des personnages que nous avons donnée dans la Notice[3]; ff^os 22 r°-24 v°, le brouillon des scènes v (milieu) à vii de *Jean-Bête à la foire*[4]; f° 25 r°, le titre « Jean-Bête, à la foire / Parade / par B » ; après deux feuilles blanches, f° 28 v°, reprise textuelle de la liste des acteurs; autre feuille blanche; ff^os 30 r°-90 v°, le texte de *Jean-Bête à la foire*, assez soigné, avec de rares corrections et des blancs ménagés entre les scènes iii et iv, iv et v, et dans la scène ix à l'endroit de l'air d'Isabelle, lequel manque.

La famille de Beaumarchais possède deux autres manuscrits de *Jean-Bête à la foire*. Le premier consiste en huit liasses de petit format reliées par des faveurs; c'est un manuscrit de travail, très corrigé, où plusieurs passages ont été biffés par Beaumarchais et parfois rétablis par une mention « Bon » en marge. Le second manuscrit, formé de trois liasses plus grandes, est une copie de 80 pages très soignée, sans une rature, de la main de Mme de Beaumarchais[5]; les scènes ajoutées sont séparées de la parade proprement dite par une feuille blanche; sur les indications données en tête du manuscrit par Mlle de Beaumarchais, voir la Notice, note 3 en bas de la page 1197. C'est ce manuscrit que nous reproduisons.

Enfin, le manuscrit de *Zizabelle mannequin* est une copie de 19 pages, soignée, sauf en ce qui concerne la ponctuation — comme les autres manuscrits.

SIGLES UTILISÉS

C Papiers de Beaumarchais conservés à la Comédie-Française.
F Premier manuscrit de *Jean-Bête à la foire* appartenant à la famille de Beaumarchais.

1. Voir, sur cet achat, d'Heylli et de Marescot, *Théâtre complet de Beaumarchais*, Paris, Académie des Bibliophiles, 1869-1871, t. II, p. 205 et suiv.
2. Pour plus de détails, on se reportera à notre édition critique, ouvr. cité, p. 127 et suiv., et 185 et suiv.
3. Voir la note 1 en bas de la page 1198.
4. Sur ce brouillon, voir la Notice, p. 1197 et n. 1 en bas de page ; voir aussi n. 4, p. 78.
5. Voir la Notice, p. 1197 ; voir aussi p. 93.

NOTES ET VARIANTES

Page 3.

COLIN ET COLETTE

1. Au XVIIIe siècle, le mot *acteur* désigne, comme au siècle précédent, indifféremment les personnages ou les interprètes.

2. Ces noms de paysans sont fréquents au théâtre : on trouve, chez Molière, une Mathurine dans *Dom Juan ou le Festin de Pierre*, un Thibaut dans *Le Médecin malgré lui*, un Colin dans *George Dandin*. Le couple Colin-Colette paraît avoir été traditionnel. On le trouve dans *Le Devin du village*, opéra-comique de Jean-Jacques Rousseau représenté en 1752.

3. Beaumarchais emploie toujours ce mot pour désigner la scène. Voir par exemple *La Mère coupable*, p. 606.

Page 4.

a. Le manuscrit porte : Attendés que je vous le prenne pour me l'offrir *qui n'est pas satisfaisant. Le copiste a oublié le pronom et omis, comme souvent, le point d'interrogation.*

1. Le style manque d'unité et, à la différence du jeune couple, Thibaut et Mathurine « parlent paysan ».

Page 5.

1. « Maître d'école de village. Il ne se dit que par raillerie. Quand on ne veut pas se moquer on dit *Maître d'école* » (Féraud, *Dictionnaire critique de la langue française*, Marseille, chez Jean Mossy, 1787).

2. Cette contamination de *palefrenier* et de *fermier* est le seul trait caractéristique du style de la parade dans la pièce.

Page 7.

LES DÉPUTÉS DE LA HALLE ET DU GROS-CAILLOU

1. La halle de Paris se trouvait à l'emplacement des Halles récemment détruites (actuel Forum des Halles). Le bourg du Gros-Caillou, situé à l'ouest des Invalides, dans la plaine de Grenelle, était en plein développement, du fait de la création de l'École militaire, construite entre 1751 et 1769.

2. « Il se dit des femmes de la lie du peuple, de la Halle » (Féraud, ouvr. cité).

3. Ces noms sont habituels dans le genre poissard, dont le *Catéchisme* par Vadé avait paru en 1758. Dans les *Lettres de la Grenouillère* (1749), du même, Cadet Heustache est le rival de Jérosme Dubois, pêcheux du Gros-Caillou.

4. Il s'agit probablement de l'âne qui a porté les poissons de la Seine au château d'Étiolles.

5. *Verté* est une forme populaire pour *vérité*. L'expression entière sera reprise à la fin de la pièce (p. 11). Voir aussi la troisième des *Lettres de la Grenouillère*.

6. Étiolles est à peu près à cette distance de Paris, à la lisière sud de la forêt de Sénart, sur une hauteur dominant la Seine, tout près de Corbeil.

7. Le mot est probablement pris au sens de *marin*; mais il désignait aussi « celui qui sert à la conduite de quelque petit bâtiment sur les grandes rivières » (*Dictionnaire de l'Académie*, 1762).

8. Forme populaire pour *compagnie*. Bien attesté en ancien français, le mot est dans les *Agréables conférences de deux paysans de Saint-Ouen et de Montmorency* (éd. critique de Fr. Deloffre, Paris, Les Belles Lettres, 1961, p. 85). Il existe toujours dans quelques dialectes.

9. Voir Molière, *Le Médecin malgré lui*, acte II, sc. 1 : « Je vous dis et vous douze que tous ces médecins n'y feront rian que de l'iau claire [...] » (*Œuvres complètes*, Bibl. de la Pléiade, t. II, p. 239). L'expression était courante; *dix* se prononçait alors *di*, d'où le jeu de mots.

10. Voir n. 1, p. 8.

11. Plus belle que Vénus. Cette déformation du nom de Cupidon est fréquente dans la langue poissarde; voir par exemple, de Vadé, *Jérôme et Fanchonnette* (1755), sc. III : « Quoi qui vous en empêche ? — C'est Curpidon » (*Œuvres complètes*, Lyon, Le Roy, 1787, t. II, p. 91).

Page 8.

1. Déformation de *sexe* qui justifie la réplique suivante. Ce mot est souvent déformé dans les parades; voir *sesque* dans la réplique précédente.

2. Juron pour *sacré Dieu*.

3. *Magne* : pour *manie*. Voir la didascalie de la réplique précédente.

4. Forme picarde pour *peau*, fréquente au XVIIIe siècle dans la langue populaire.

5. Le rapprochement est plaisant, entre *baiser*, et *cadet*, qui signifie aussi « derrière ». Voir *Jean-Bête à la foire*, var. *b*, p. 80 : « [...] et moi tu vois que la terre baise Cadet, mon ami. »

6. *Comparagier* existait en ancien français et s'était conservé dans la langue populaire. Sur le préfixe *re-*, voir Nisard, *De quelques parisianismes populaires*, Paris, 1876 : « Nombre de verbes ont reçu [...] cette particule sans nécessité, c'est-à-dire sans perdre pour cela leur signification simple. Ils l'ont reçue du langage populaire. » Nisard cite *recomparer* et *reconclure*; et l'on a, dans cette pièce, *relichée* et *remouche* (voir p. 9 et n. 5 et 13).

7. Le texte est peu lisible, mais le sens ne fait pas de doute : *pique* est mis pour *puisque* et il faut un point après *obstination*.

8. *Chanter pouilles* : « [...] pour gronder, gourmander, dire des injures, chanter la gamme » (Leroux, *Dictionnaire comique, satirique, critique, burlesque, libre et proverbial*, nouv. éd., Pampelune, 1786). L'expression était déjà condamnée comme basse par Richelet (*Dictionnaire de la langue française ancienne et moderne*, Lyon, chez M. Duplain, éd. 1728).

9. *Débagouler* est fréquent dans la langue populaire, au sens propre de « vomir », au sens figuré de « parler sans ménagement ». Il y a ici contamination probable et toute gratuite avec *débarbouiller* ou *dégobiller*.

10. Le libraire Colombat avait donné son nom aux almanachs

qu'il éditait. Voir J.-J. Rousseau : « Son Excellence vous prie [...] de vouloir bien lui envoyer [...] une demie douzaine de Colombats proprement reliés » (*Correspondance*, lettre du 23 septembre 1743, éd. Leigh, 1965, t. I, p. 213).

11. Le nom vient des *Racoleurs* (1756) de Vadé, où figure, dans la liste des personnages, « Madame Saumon, marchande de poissons ».

Page 9.

1. Jeu de mots obscène : la mère Chaplu ne s'y trompe pas.
2. L'empeigne est proprement la partie de dessus d'un soulier. *Gueule d'empeigne*, « laideur repoussante [...] dans le jargon des dames de la halle au XVIIIe siècle » (Rigaud, *Dictionnaire d'argot moderne*, éd. 1881, p. 207).
3. *Par Notre-Dame* : « Jurement des femmes, surtout des femmes de Paris aux halles et d'autre menu peuple » (Leroux, ouvr. cité). Molière met ce juron dans la bouche de Mme Jourdain : « Trédame, monsieur, est-ce que Madame Jourdain est décrépite, et la tête lui grouille-t-elle déjà ? » (*Le Bourgeois gentilhomme*, *Œuvres complètes*, éd. citée, t. II, p. 744).
4. Mauvais jeu de mots sur *lait* et *laid*.
5. Une physionomie bien léchée. *Licher* pour *lécher* est resté en argot avec le sens de « boire ». Sur le préfixe *re-*, voir n. 6, p. 8. Le mot reviendra dans *Jean-Bête à la foire*, p. 63 et n. 9.
6. *Bouis* pour *buis* : « Quelques-uns prononcent *bouis*, mais il ne se prononce plus guère ainsi que dans quelques phrases basses et proverbiales, comme dans [...] *un menton de bouis* pour dire, un menton relevé et qui avance » (*Académie 1798*, art. « Buis »). « Ce menton ressemble au bouis dont se servent les cordonniers pour lisser les talons » (Leroux, ouvr. cité).
7. Une chignole est un dévidoir de passementier.
8. L'âne. Leroux (ouvr. cité) donne aussi *l'aze me quille*, et d'Hautel (*Dictionnaire du bas langage*, Paris, 1808), « *l'aze me fiche si je t'ai compris*, sorte de juron dont on se sert dans le sens de le diable m'emporte ».
9. Les dictionnaires ignorent ce mot; mais les néologismes en *-ance* sont fréquents dans les œuvres poissardes.
10. *Litron* : « Mesure contenant la seizième partie d'un boisseau de Paris » (*Académie*). F. pour *foutre*, « mot sale et indécent qui n'est proféré d'ordinaire que par des personnes mal élevées » (Leroux, ouvr. cité). On écrivait ordinairement F. et *on passait outre*.
11. Une bordée; de même, *marci* pour *merci* au début de cette réplique.
12. « Terme vieilli [...] C'est, dit Voltaire, *Rem. sur l'Ép. dédic. de Médée*, un mot suranné, et c'est dommage » (*Littré*). *Portraiture* était resté dans la langue populaire.
13. Sur *re-*, voir n. 6, p. 8. « *Moucher quelqu'un* pour battre n'est pas français » (Michel, *Dictionnaire des expressions vicieuses*, Nancy, 1807).
14. Le mot *nymphe* était souvent pris en mauvaise part au XVIIIe siècle : « [...] mot ironique dont on qualifie souvent les filles publiques » (d'Hautel, ouvr. cité). Une partie de la Salpêtrière était réservée aux prostituées. On se souvient que c'est là qu'est enfermée

Manon Lescaut dans le roman de l'abbé Prévost. Voir *Romanciers du XVIIIe siècle*, Bibl. de la Pléiade, t. I, p. 1278 et n. 2.

15. *Soubrette* a très souvent, à cette époque, une valeur péjorative. La rue Fromenteau, qui n'existe plus, longeait le fossé formant l'enceinte ouest du Louvre et était très mal fréquentée.

16. *Boucle*, selon la prononciation populaire : il s'agit ici, évidemment, du nœud de chanvre.

17. Le jeu de mots est double : l'expression est calquée sur *diseuse de bonne aventure*; et « on appelle *mal d'aventure* un mal qui vient ordinairement au bout des doigts, avec inflammation et abcès » (Féraud, ouvr. cité).

Page 10.

1. *Peccata* : « [...] terme populaire par lequel on désigne un âne dans les combats publics d'animaux » *(Académie 1798)*. « En Normandie on nomme la bourrique *peccata mundi* parce que l'âne reçoit les coups et porte les péchés comme l'agneau de Dieu » *(Littré)*. Campardon signale « un bacchanal récréatif de plusieurs peccata caparaçonnés d'artifices » (*Les Spectacles de la foire*, Paris, 1877, t. II, p. 57). *Sève* note la prononciation populaire de *Sèvres* au XVIIIe siècle (voir S. Mercier, *Tableau de Paris*, 1781, *passim*). La barrière de Sèvres se trouvait à l'intersection de la rue de Sèvres et du mur des Fermiers-Généraux (entre la rue Saint-Romain et l'actuelle place Léon-Paul-Fargue). L'emplacement des combats d'animaux est indiqué sur le plan de Turgot.

2. Le mot *microscope* revient souvent dans les parades, toujours déformé. Voir Vadé, *Jérôme et Fanchonnette* (1755), sc. X : « Oui morgué, j'vois ben, sans mistrocope / Que v'là ma maîtresse en saintecope » (*Œuvres*, t. II, p. 20).

3. Le quai Neuf, près du Pont-Neuf, était mal fréquenté.

Page 11.

1. Il s'agit du charnier du cimetière des Saints-Innocents, près du Châtelet, dont l'actuelle fontaine des Innocents rappelle l'emplacement. C'est là que se tenaient les écrivains publics.

2. Le Normand est noble, mais « les ouvriers en parlant des gens pour qui ils travaillent ont accoutumé de dire *le bourgeois* de quelque qualité que soient les personnes qui les emploient » *(Académie)*.

3. *Rogomme* : « Eau-de-vie ou autre liqueur forte [...] Il est populaire » *(Académie 1835)*.

4. *À tou* : avec; le mot est peu lisible. *Bachot*, pour bateau : forme usitée, à Paris notamment, par les passeurs d'eau. C'est un diminutif de *bache*, mot lyonnais féminin de bac.

5. *Amiqué* : forme dialectale pour *amitié*. Voir *Agréables conférences*, ouvr. cité, p. 92.

Page 12.

1. Forme dialectale pour *fils*.
2. Il vous fallut.

Page 13.

1. La jambe; terme recueilli par Granval dans son dictionnaire

d'argot (*Le Vice puni ou Cartouche*, Anvers, chez Nicolas Grandveau, 1725). On trouve aussi *guibe* et, dans l'argot actuel, *guibole*.

2. C'est-à-dire à lâcher un vent.

Page 15.

LES BOTTES DE SEPT LIEUES

1. Les contes de Charles Perrault, publiés en 1697 et plusieurs fois réédités, étaient au XVIIIe siècle encore plus connus que de nos jours. Ce titre ne pouvait donc surprendre les spectateurs.

2. Ce sont là les personnages traditionnels de la parade. Cassandre est toujours le père d'Isabelle que Léandre veut toujours épouser. Mais Gilles n'est pas toujours le valet de Cassandre, ni Arlequin celui de Léandre.

3. Nous dirions plutôt *boniment*; mais ce mot n'apparaît qu'au XIXe siècle.

4. *Drès toute à cte heure* : tout de suite. *Drès* est une contamination de *dès* et de *dret*, droit. L'expression est fréquente dans la langue paysanne de théâtre.

5. Beaumarchais suit de très près le texte de Perrault : « Les bottes étaient fort grandes et fort larges, mais comme elles étaient fées, elles avaient le don de s'agrandir et de s'apetisser selon la jambe de celui qui les chaussait » (*Contes de Perrault*, *Le Petit Poucet*, Paris, Garnier, 1967, p. 196).

Page 16.

1. *Sac* : « On appelle *sac de procès*, et absolument *sac*, un sac où l'on met les pièces d'un procès. » *Étiquette* : « Petit écriteau qu'on met, qu'on attache sur un sac de procès [...]. On dit figurément et proverbialement *juger, condamner sur l'étiquette du sac* » (*Académie*). *Étriquette* fait un rapprochement plaisant avec *étriqué*.

2. Jeu sur l'expression *à propos de bottes*, « sans sujet, à propos de rien » (Féraud, *Dictionnaire critique de la langue française*, Marseille, chez Jean Mossy, 1787).

3. *Tâtez-y* : « Nom que les jeunes gens donnent à une croix ou à un cœur pendant sur la gorge d'une fille pour ornement » (*Dictionnaire de Trévoux*, Paris, éd. 1743). Le mot était passé, du langage à la mode, au langage populaire, avec une valeur plus générale.

4. « Quand on a devant soi quelque bon morceau, on dit que *la viande prie les gens* » (Panckoucke, *Dictionnaire des proverbes français*, Paris, 1758).

5. Rapprochement obscène avec l'expression *mettre du vin en perce*. Quatre lignes plus loin, on trouvera l'équivoque sur le mot *mettre*, dont Leroux souligne la valeur grossière (*Dictionnaire comique, satirique, critique, burlesque, libre et proverbial*, nouv. éd., Pampelune, 1786).

6. Ce passage confirme que les présentes parades appartiennent bien au théâtre de société.

7. *Ch'* : « Toutes les pièces de théâtre de 1755 environ à 1789 sont infestées de cette apocope ridicule mais très populaire » (Nisard, *De quelques parisianismes populaires*, Paris, 1876, art. « Ch' »). On la trouvait ordinairement devant les noms de parenté, pour *cher*.

8. Vous verrez. Les deux formes coexistent au XVIIIe siècle, mais la forme moderne est de beaucoup la plus fréquente.

Page 17.

1. « *Ne promettre pas poires molles* [...] menacer quelqu'un avec raison, faire des menaces sévères et qui auront leurs effets » (Leroux, ouvr. cité).

2. Le mot est peu lisible; probablement *fit*, en donnant à *se faire* le sens de « se mettre à ».

3. « *Çà* désigne quelquefois le temps : depuis deux ans en çà » (Féraud, ouvr. cité).

4. « *Dégeler* : mourir, expirer. Cette locution se prend en mauvaise part et ne se dit que d'une personne pour laquelle on n'avait ni respect, ni estime, ni considération » (d'Hautel, *Dictionnaire du bas langage*, Paris, 1808).

5. La locution *tant seulement*, considérée au XVIIIe siècle comme archaïque par les lexicographes, était restée dans la langue populaire. Elle est fréquente dans les parades de Beaumarchais.

6. On peut comprendre « ai-je résolu, pour afin, de », le verbe étant employé absolument [j'ai pris une résolution]; ou bien, « ai-je résolu [pour afin] de », par redondance. La deuxième interprétation nous semble préférable.

Page 18.

1. Emploi figuré, fréquent déjà au XVIIe siècle, d'une expression juridique. À l'origine, le droit de bourgeoisie accordait aux étrangers la capacité de jouir en France des mêmes privilèges que les autres bourgeois et citoyens.

2. Les dictionnaires de l'époque donnent, non ce terme — qui peut être une création plaisante —, mais l'expression *garder les manteaux*, « n'être pas d'une partie de plaisir; ou plutôt être témoin des plaisirs d'autrui sans les partager » (Féraud, ouvr. cité).

3. Les milices étaient composées de bourgeois et de paysans, que l'on n'armait qu'en certaines occasions. Les miliciens étaient de ce fait très inexpérimentés. De là l'effet comique.

4. Le maréchal de Richelieu avait pris Port-Mahon, dans l'île de Minorque, en 1756. Ce fait d'armes avait provoqué à Paris un grand enthousiasme.

5. Après la construction des Invalides (1670-1676), Bicêtre était devenu, en même temps qu'un hôpital, une prison. Les révoltes y étaient fréquentes. Sans doute est-il fait allusion ici à la répression de ces révoltes. Mais voir aussi p. 41 et n. 5.

Page 19.

1. Voir Villiers, *Manuel du voyageur aux environs de Paris* (Paris, éd. Favre, 1804) : « Les prisonniers renfermés dans la partie de Bicêtre appelée les galbanons s'occupent à de petits ouvrages. » On disait aussi *cabanons* : « Il a passé une partie de sa jeunesse dans les cabanons de Bicêtre » (*Dictionnaire de Trévoux*, Supplément de 1752).

2. « *Mettre le feu sous le ventre à quelqu'un* signifie lui faire prendre courage, l'inciter à faire quelque action vigoureuse » (Leroux, ouvr. cité, art. « Ventre »). Mais ici le sens est double.

3. L'expression ici n'a pas la même valeur que de nos jours : « Pour dire ne pas vouloir s'expliquer tout à fait sur quelque chose » (*Académie 1762*; *Académie 1798* donne le sens actuel).

4. Le terme n'est dans aucun dictionnaire. Ce peut être une contamination de *prévention*, *prétention* et même *prévarication*, terme qui avait au XVIIIe siècle un sens plus large que de nos jours; voir l'abbé Prévost, *Manuel lexique [...]* (éd. 1755) : « [...] toute action mauvaise par laquelle on viole un devoir connu. »

5. Rappel probable de l'expression donnée par Leroux, ouvr. cité : « *Couler à fond*, c'est figurément fermer la bouche à quelqu'un dans une dispute. »

6. Pourvu que; locution donnée comme vieillie dans les dictionnaires de l'époque.

7. Quelque procédé. Cet emploi substantivé de *comment* est rare.

8. « Enlever un fardeau *tout brandi*, c'est-à-dire tout d'un coup, sans aucune espèce d'effort, sans aucun secours » (d'Hautel, ouvr. cité). L'expression était très fréquente dans la langue populaire. Voir aussi p. 105 et n. 2.

9. « Nom propre d'un grand État de la Basse-Éthiopie » (*Dictionnaire de Trévoux*, Paris, éd. 1743). Léandre prend donc Le Pirée pour un homme, par analogie avec le Grand Mogol (voir p. 25). Souvenir probable de la fable de La Fontaine, « Les Deux Amis » : « Deux vrais amis vivaient au Monomotapa [...] » (*Fables*, VIII, XI, v. 1).

Page 20.

1. « Un vieillard rusé » (Leroux, ouvr. cité). Voici un des rares termes d'argot que l'on trouve dans les parades.

Page 21.

1. Le mot est peu lisible, et l'on peut hésiter entre *puisse* et *pusse*. La seconde leçon est plus conforme au style traditionnel des parades. Au reste, on commençait, à l'époque, à tirer des effets comiques de l'emploi de l'imparfait du subjonctif.

2. Contamination de deux expressions : *revenir à ses moutons* est fréquent dans la langue populaire depuis *La Farce de maître Pierre Pathelin*; *il souvient toujours à Robin de ses flûtes* se dit « d'un homme qui fait toujours retomber le discours sur ce qui le touche » (*Académie*).

3. *Vuidangeux* pour *vidangeur* : *vuide*, *vuider* sont des formes anciennes pour *vide*, *vider*. La finale *-eux* était fréquente dans la langue populaire : voir *pêcheux* pour *pêcheur*. *Gobillard* est à rattacher vraisemblablement à *dégobiller*.

4. L'*argent mort* est « de l'argent qui ne porte aucun profit, aucun intérêt » (*Académie*).

Page 22.

a. Mot omis dans le manuscrit. L'édition d'Hermies[1] *propose* gardien .

1. La rue existe encore, près du Châtelet. C'était, au XVIIIe siècle, la rue des confiseurs. De là l'expression *doux comme la rue des Lombards*.

2. « *Se goberger*, pour se moquer [...] se fagotter de quelqu'un [...].

1. *Théâtre complet de Beaumarchais*, Paris, Magnard, rééd. 1964, p. 364.

Mot de paysan » (Leroux, ouvr. cité). *Goburger* doit résulter d'une contamination avec *gruger*.

3. Cet homme-là; emploi fréquent, à cette époque, dans la langue populaire.

4. *Battre aux routes*, c'est « partir précipitamment, décamper » (Nisard, ouvr. cité). On disait plus ordinairement *battre aux champs*, que donnent Leroux et d'Hautel, ouvr. cités.

Page 23.

1. Proverbe renversé : « On dit à un glorieux qui se fâche qu'on le regarde trop fixement : un chien regarde bien un évêque » (Leroux, ouvr. cité). Les proverbes modifiés sont fréquents dans le genre de la parade et Beaumarchais se disait lui-même « grand refaiseur de proverbes » (voir *Le Mariage de Figaro*, acte I, sc. XI, p. 401, pour un autre exemple).

2. Ce mot, que citent certains dictionnaires (voir *Furetière* et *Trévoux*, art. « Goguelu »), est très probablement un croisement de *goguelu*, « qui a du bien, qui est à son aise », et de *godelureau*, « jeune fanfaron [...] qui se pique de bonne fortune auprès des femmes » *(ibid.)*. C'est le sens qu'a ici *goguelureau*.

Page 24.

1. Le mot *femelle* pour *femme* se trouve chez Molière; l'emploi en est, par Richelet et Furetière, qualifié de burlesque. La forme *fumelle* est populaire.

2. Le sens est nouveau, sinon le mot : « On appelle *équarrisseurs* les gens qui tuent les chevaux » (S. Mercier, *Tableau de Paris*, 1781, t. I, chap. XLIV, p. 136). Mercier a repris le mot dans sa *Néologie* en 1801, mot qui n'apparaît dans le *Dictionnaire de l'Académie* qu'en 1835. Le gibet de Montfaucon avait été démoli en 1760; il y avait, à son emplacement, des dépôts d'immondices et des ateliers d'équarrissage.

3. « Le peuple de Paris nomme de la sorte ceux qui vident les lieux » (Richelet, *Dictionnaire de la langue française ancienne et moderne*, Lyon, chez Marcellin Duplain, éd. 1728).

4. *Tortiller de l'œil* : « [...] pour dire payer le tribut à la nature, expirer, mourir » (d'Hautel, ouvr. cité).

Page 25.

1. « Il se disait autrefois pour tout visage. Aujourd'hui il ne se dit plus guère que du visage d'une jeune personne plus jolie que belle » *(Académie)*.

2. Comme un dindonneau; ce dernier mot était encore peu usité à l'époque de notre parade.

3. On hésitait, au XVIIIe siècle, entre *bacha* et *pacha*. S'il y avait des pachas à trois queues, à deux queues et à une queue (suivant le nombre de queues de cheval que l'on portait devant eux), les premiers étaient au sommet de la hiérarchie.

Page 26.

1. *Lazzi* : « Action, mouvement, jeu muet du théâtre dans la représentation des comédies » *(Académie)*. L'expression *il fait des lazzi* est fréquente dans le *Théâtre italien* de Gherardi (1696).

Page 27.

a. le Petit... / ARLEQUIN : Juſtement. *C. Nous reſtituons la réplique omise.*

1. Officier de la garde-robe, dont on devine le rôle.

2. Juron de la langue paysanne de théâtre, comme, une page plus loin, *ventrebille.*

3. « Portefaix, ainsi nommé parce qu'il porte des crochets sur le dos, pour porter plus aisément les fardeaux » (Féraud, ouvr. cité). Voir, de Voltaire, le conte du *Crocheteur borgne* (vers 1715).

4. On enlevait parfois la rate aux chiens et aux chevaux, qui devaient ainsi, croyait-on, courir plus vite. De là, l'expression *courir comme un dératé.*

5. Comme au début de la parade (p. 15 et n. 5), Beaumarchais suit ici d'assez près le texte de Perrault : « Il était une fois un bûcheron et une bûcheronne qui avaient sept enfants, tous garçons [...]. Il était fort petit et, quand il vint au monde, il n'était guère plus gros que le pouce, ce qui fit qu'on l'appela le petit Poucet [...] » (ouvr. cité, p. 187).

Page 28.

1. Arlequin portait traditionnellement un masque noir. Il y sera fait allusion aussi dans *Jean-Bête à la foire*, sc. VI (p. 80 et n. 1). Gilles en revanche était enfariné. D'où le début de la réplique suivante.

2. « La rosée de mai blanchit bien la toile et la cire » (*Dictionnaire de Trévoux*, éd. 1743).

3. Le nom eſt emprunté aux parades de Gueullette. Voir, dans le *Théâtre des boulevards*, *Le Chapeau de Fortunatus*, sc. IV : « Je m'appelle Gilles Bambinois » (Mahon, Gilles Langlois, 1756, t. III, p. 329).

4. Le nom *Bridoie* eſt dans Rabelais, où il désigne un juge ſtupide; voir *Le Tiers Livre*, chap. XXXIX. Bridoison sera le juge du *Mariage de Figaro.*

5. Beaumarchais imite ici le début d'une parade de Gueullette, *Le Muet aveugle, sourd et manchot* (ouvr. cité, t. III, p. 267).

6. « Cheval ou cavale de médiocre taille » *(Académie)*; l'édition de 1798 ajoute : « On dit d'une grande femme mal faite que c'eſt une grande haquenée. »

7. Créatures; populaire dans ce sens : « Il se dit parmi les nourrices » *(Dictionnaire de Trévoux).*

Page 29.

1. « Ce mot eſt, selon l'usage ordinaire, du féminin quoique les médecins le fassent du masculin » *(Dictionnaire de Trévoux).* « On dit figurément et familièrement *mettre un emplâtre à une affaire* » *(Académie).*

2. On disait aussi *face d'homme porte vertu*, « pour dire que la présence d'un homme sert bien ses affaires » (*Académie*, art. « Vertu »).

3. Nogent-sur-Seine eſt à une centaine de kilomètres à l'eſt de Paris.

4. Cette mention s'explique peut-être par le fait que Le Normand avait appartenu à la Compagnie d'adminiſtration des poſtes de 1754 à 1762.

Page 30.

1. C'est l'affaire d'un instant.

Page 31.

1. S'agit-il d'un nom inventé, ou qui se trouve dans quelque conte ?

2. *Crocs* : « [...] grandes moustaches recourbées en forme de crochets » (Féraud, ouvr. cité); *mentonnière* : « [...] cette partie de masque que portaient autrefois les dames et qui couvrait le menton » *(ibid.)*. La mentonnière faisait aussi partie du masque d'Arlequin.

Page 34.

1. La locution « signifie que ce n'est pas perdre tout à fait son temps que de faire petit gain » (Leroux, ouvr. cité).

2. C'est-à-dire au bout de la corde.

Page 35.

1. L'expression *prêcher misère* ne semble pas, au XVIIIe siècle, avoir tout à fait le même sens que pour nous : « On dit dans le style familier, qu'un homme ne fait que *prêcher malheur*, que *prêcher misère* pour dire qu'il ne parle que pour annoncer quelque chose de fâcheux » *(Académie)*. Quel que soit le sens, l'ensemble du couplet est peu cohérent.

Page 36.

1. Le style et le ton de ce vaudeville sont tout à fait caractéristiques du genre. Voir, par exemple, le vaudeville de *L'École des mères* de Marivaux (1732) et, surtout, celui du *Poirier* de Vadé (1752).

Page 37.

LÉANDRE MARCHAND D'AGNUS,
MÉDECIN ET BOUQUETIÈRE

1. « *Agnus* [...] mouiller le *g* [...]. Cire bénite par le pape, sur laquelle est imprimée la figure d'un agneau. Petite image de piété, ornée de broderie et faite pour les enfants » (Féraud, *Dictionnaire critique de la langue française*, Marseille, chez Jean Mossy, 1787).

2. Le terme, considéré comme bas dès la première moitié du XVIIe siècle, s'était conservé dans la langue populaire, qui hésitait encore entre *revanche* et *revange*. Voir aussi n. 6, p. 8 (préfixe *re-*).

Page 38.

a. Tout [ce *corrigé en* ça] [que tu dis *biffé*] n'approche pas [de *ajouté*] [... Si tu savais quel grand coup d'éclat *biffé*] l'éclatant *C* ↔ *b.* famille [fils d'un officier de nuit z'à pied *biffé*] tel *C*

1. Nous dirions *fichu*. Cet emploi de *ficher* est recueilli par Granval dans son dictionnaire d'argot (*Le Vice puni ou Cartouche*, Anvers, chez N. Grandveau, 1725) : « [...] *ficher* ou *déficher* : bailler »; voir aussi n. 6, p. 48.

2. « Pour cœur, âme, poitrine » (Leroux, ouvr. cité). Ce terme de boucherie appliqué à l'homme eſt fréquemment utilisé dans le ſtyle burlesque et farceur.

3. Le même à-peu-près figure dans la scène IV de *Léandre hongre*, de Gueullette (*Théâtre des boulevards*, éd. citée, t. I, p. 209).

4. La formule, ancienne et fréquente dans les parades, y légitime l'obscénité. Voir *Jean-Bête à la foire*, p. 61, et p. 81 et n. 1.

5. « Lorsque avant la célébration du mariage en face d'église [voir n. 14, p. 43], le marié et la mariée avaient eu des enfants l'un de l'autre, on mettait les enfants sous le poêle pendant la cérémonie du mariage, pour marquer qu'ils les reconnaissaient » (*Académie*). Il y a ici confusion orthographique, fréquente dans les textes et voulue peut-être par l'auteur, entre *poil* et *poêle*.

6. Le terme doit être une création de Beaumarchais d'après *fesse-mathieu*.

Page 39.

a. la [drôle de chanson *biffé*] [romance *corr.*] de *C* ↔ *b.* Sang des [miches *biffé*] [cuisses *corr. notée d'une encre plus pâle*], si *C*

1. La correction (var. *a*) eſt intéressante : on a là un des premiers emplois du mot *romance* dans son sens moderne. Féraud (ouvr. cité) écrit encore : « C'eſt comme qui dirait petit roman. C'eſt une hiſtoire fabuleuse mise en vers. » Mais Chérubin chante une romance (*Le Mariage de Figaro*, acte II, sc. IV, p. 406), au sens que donnera *Académie 1798* : « Une petite pièce de vers faite pour être chantée et dont le sujet eſt triſte ou élégiaque [...] on appelle aussi par extension *Romance*, une chanson tendre. »

2. *Un tantet* : tant soit peu. — Nous ne connaissons pas l'origine de ce timbre.

3. Il n'y a aucun rapport entre Nanette, hypocoriſtique d'Anne, et Isabelle; mais dans les parades ces inconséquences sont de règle, et celle-ci eſt dédiée à une « aimable Nanette » (voir p. 47 et n. 1, p. 56-57, et la Notice, p. 1196).

4. *Canon* : « [...] petit tuyau qu'on met au bout des seringues pour donner des clyſtères » (*Dictionnaire de Trévoux*, Paris, 1743).

5. Voir var. *b*. L'obscénité a été un peu adoucie.

Page 40.

a. jour [qu'un vaisseau anglais z'arriva pour nous ronger les côtes *biffé*] je *C*

1. La guerre dite de Sept Ans (1756-1763).

2. Le mot eſt une contamination de *grossier* et de *grassin*, « milice de nouvelle création qui s'eſt acquis beaucoup de gloire dans la dernière guerre. Ce corps fut formé pendant l'hiver de 1743 par M. de Grassin » (*Dictionnaire de Trévoux*).

3. Le Havre. Voir *La Véritable Hiſtoire du chevalier des Grieux et de Manon Lescaut*, de l'abbé Prévoſt (1731). C'eſt au Havre que Manon eſt conduite avant d'être déportée en Amérique (voir *Romanciers du XVIIIe siècle*, Bibl. de la Pléiade, t. I, p. 1228 et 1359).

4. Voir, de Voltaire, *L'Ingénu*, chap. IX : « L'Ingénu débarque en pot de chambre dans la cour des cuisines. » Voltaire met une note : « C'eſt une voiture de Paris à Versailles, laquelle ressemble à

un petit tombereau couvert » (*Romans et contes*, Bibl. de la Pléiade, p. 309).

5. « C'eſt un long bateau couvert dont on se sert pour voyager sur des rivières » (*Dictionnaire de Trévoux*). Ici, Beaumarchais se souvient peut-être des *Précieuses ridicules* de Molière, sc. XI : « [...] il commandait un régiment de cavalerie sur les galères de Malte » (*Œuvres complètes*, Bibl. de la Pléiade, t. I, p. 281).

6. Le *chasse-marée* eſt le « voiturier qui apporte la marée » (Féraud, ouvr. cité); le mot désignait aussi la voiture.

7. Outre le jeu de mots sur le double sens de *cingler* — « aller à toutes voiles » et « fouetter avec une corde » —, il y a contamination avec l'expression *piquer des deux*.

8. Dans ce passage, Beaumarchais emprunte à Gueullette : « Je quitte Le Havre [...] je viens avec le chasse-marée, sur mes fesses, dès que j'ai mis pied z'à terre à Paris, je monte derrière un fiacre, afin d'arriver plus tôt, vous savez d'ailleurs que j'ai un dévoiement qui m'incommode beaucoup; et malgré tous ces obſtacles qui me sont envoyés par la déesse Fortune [...] » (*Isabelle grosse par vertu*, scène dernière; *Théâtre des boulevards*, éd. citée, t. II, p. 82).

9. *Ridevaux* : par contamination de *rivaux* et de *ris de veau*, selon un trait de ſtyle fréquent dans toutes les parades.

10. Le gosier. *Chiflet* note une prononciation populaire pour *sifflet* qui, selon le *Dictionnaire de l'Académie*, n'eſt utilisé, dans le sens de trachée-artère, que dans l'expression *couper le sifflet à quelqu'un* (c'eſt-à-dire l'égorger ou le faire taire).

Page 41.

a. cantiques [de sainte Geneviève *add. marg.*]; j'ai [...] t'à ça [z'à merveille *add. marg.*], et nous irons [...] pour [savoir *biffé*] [espionner *corr.*] ce qui *C* ↔ *b.* chien [ben *biffé*] malheureux *C*

1. « Filou, coquin, vaurien, coureur, fripon, homme de rien et sans aveu » (Leroux, ouvr. cité).

2. Contamination des expressions *malheureux comme un chien* et *malheureux comme les pierres*.

3. *Se donner un casse-cul*, c'eſt « tomber sur le derrière » (*Académie*). *Casse-cul* eſt employé plaisamment à la place de *casse-tête*, « terme qui se dit dans le discours familier de tout ce qui demande une grande application » (*Académie*).

4. Contamination des expressions *marcher sur une mauvaise herbe* et *être né sous une bonne planète*. Pour la première expression, A. François (*H.L.F.*, t. VI, 2e partie, p. 1213) cite Mme de Genlis et son *Théâtre d'éducation*, *Le Portrait*, acte III, sc. II : « Je ne sais sur quelle herbe il a marché aujourd'hui. » La seconde expression eſt donnée par Leroux et Féraud (ouvr. cités).

5. On y soignait les vénériens.

6. L'allusion à *Candide* (1759) eſt évidente : « Comme Mlle Cunégonde avait beaucoup de dispositions pour les sciences [...] elle vit clairement la raison suffisante du docteur, les effets et les causes [...] » (chap. 1er; *Romans et contes*, éd. citée, p. 147). Beaumarchais avait la plus grande admiration pour Voltaire, dont il édita les œuvres (Édition de Kehl).

7. Mon bâton; fréquent dans la langue populaire, de même que *tricot*; de là *tricoter quelqu'un*, « lui donner la baſtonnade » (d'Hautel, *Dictionnaire du bas langage*, Paris, 1808).

8. *Dindonner* : c'est, sauf erreur, la première occurrence connue de ce mot.

9. L'essentiel de cette réplique est encore emprunté à Gueullette : « Il faut que vous ayez marché sur une planète bien maligne : vous avez z'été autrefois au pilori, vous avez fait il y a deux ans amende honorable, votre première femme vous a fait cornard, la seconde vous a fait cocu, vous avez la mine d'un singe, vous êtes fait comme un scorpion, vous êtes bête comme un cochon, votre fille accouche l'année dernière en pleine compagnie et la voilà qui est encore grosse aujourd'hui » (*Isabelle grosse par vertu*, sc. II; éd. citée, t. II, p. 71). Le reste de la scène suit d'assez près et parfois recopie le texte de Gueullette.

10. *Mots à double entente* : l'expression est donnée par Féraud, ouvr. cité, qui glose *entente* : « [...] interprétation qu'on donne à un mot qui a plus d'un sens. »

11. Contamination des expressions *de quel bois je me chauffe* et *ne pas se moucher du pied.*

12. *Vieux bouquin* : « En style proverbial, [...] débauché, homme adonné aux femmes » (Féraud, ouvr. cité). L'expression se retrouvera dans une variante du *Barbier de Séville* (var. *a*, p. 298).

Page 42.

1. *Graillonneur* « se dit d'un homme [...] qui crachote. *Graillonner*, faire des efforts pour cracher » (d'Hautel, ouvr. cité).

2. Le *cotteret* ou *cotret* était un petit fagot. « On appelle *huile de cotret* les coups de bâton » (Panckoucke, *Dictionnaire des proverbes français*, Paris, 1758).

3. « On dit qu'*on mettrait un homme dans sa chemise* pour dire qu'on emploirait tous ses soins pour le mettre en sûreté » *(Académie)*.

4. « C'est, en style familier, maltraiter quelqu'un de paroles avec aigreur ou avec hauteur » (Féraud, ouvr. cité).

Page 43.

a. de [te marier *biffé*] [forligner z'en mariage *corr. interl.*], ben *C*

1. « *Prendre son cul pour ses chausses*, se tromper » (Féraud, ouvr. cité). Nous mettons trois points après *chausses*. *Dès que* : puisque.

2. Le mot est chez Molière, avec ce sens; voir *Le Malade imaginaire*, acte II, sc. IV : « Voici Monsieur Diafoirus le père, et Monsieur Diafoirus le fils, qui viennent vous rendre visite. Que vous serez bien engendré ! » (*Œuvres complètes*, Bibl. de la Pléiade, t. II, p. 1130 et n. 1.)

3. « *Il n'en croquera que d'une dent* pour dire qu'il n'obtiendra pas ce qu'il prétend » (Leroux, ouvr. cité).

4. « Faire quelque chose sous la cheminée, c'est faire quelque chose en cachette et sans observer les formes » *(ibid.)*. *Académie* cite l'expression *se marier sous la cheminée*.

5. *Guet* peut signifier « celui qui fait le guet », mais le mot a sans doute ici son sens collectif. Dans *Jean-Bête à la foire* (p. 78, et n. 1) Isabelle se dira de même « fille du régiment [...] ».

6. « On a dit autrefois *corporal* pour *caporal* et le peuple le dit encore aujourd'hui » (Féraud, ouvr. cité).

7. Les saints fantaisistes abondent dans les parades, comme chez Rabelais.

8. Sexe; voir n. 1, p. 8.

9. « Gronder et murmurer auprès de quelqu'un [...]. Ce terme est fort bas et populaire » (*Dictionnaire de Trévoux*).

10. *Turelure* : « Refrain de chanson dont on a fait un substantif féminin qui ne s'emploie que dans cette phrase familière : *c'est toujours la même turelure*, pour dire c'est toujours la même chose » (*Académie*).

11. « Oui, ma fille, comme il y a dix-huit ans que ta mère est morte et que tu entres dans ta seizième année [...] » (Gueullette, *Le Doigt mouillé*, sc. I; ouvr. cité, t. I, p. 77).

12. *Forligner*, au sens de « déroger », « dégénérer », est chez Molière : « [...] je l'étranglerais de mes propres mains, s'il fallait qu'elle forlignât de l'honnêteté de sa mère » (*George Dandin*, acte I, sc. IV; éd. citée, t. II, p. 472 et n. 1).

13. Loin de là. *Lieur* note une prononciation populaire pour lieu.

14. « Les mariages sont clandestins quand ils ne sont pas célébrés en face d'église » (*Dictionnaire de Trévoux*, art. « Face »). La plaisanterie est déjà chez Gueullette [?] : « Quoi, mon père, vous voulez me marier z'en farce d'église ? » (*L'Amant poussif*, sc. II; ouvr. cité, t. II, p. 30.)

15. Le couvent des Cordeliers était sur l'emplacement de l'École de médecine (actuellement rue de l'École-de-Médecine). Ses moines avaient depuis longtemps une réputation de bons vivants.

16. « On dit proverbialement *tant que l'âme me battra dans le corps* pour dire tant que je vivrai » (*Académie 1762*).

17. Le mot est déformé sous l'influence de *mature*. Voir aussi *Jean-Bête à la foire*, p. 68 et n. 7.

Page 44.

a. celui-là ! [Est-ce là tous vos miracles ? *biffé*] Est-ce *C*

1. Le saint suaire de Turin a été d'abord à Besançon.

2. Féraud (ouvr. cité) distingue *faire la mine*, témoigner qu'on est mécontent; et *faire des mines*, faire des grimaces. C'est ici évidemment le second sens, mais la première expression permet la plaisanterie de la réplique suivante.

Page 45.

a. Lecture douteuse dans C. On peut lire indifféremment tout *ou* tous.

1. Assez souvent, dans les parades, les cantiques très connus servent de timbres; voir aussi n. 2, p. 47, et, dans *Jérôme et Fanchonnette* de Vadé, sc. IV et V (ouvr. cité, t. II, p. 9), les couplets chantés sur l'air du cantique de saint Hubert.

Page 46.

a. priant [monsieur *biffé*] [notre grand *corr. interl.*] saint *C. Le vers est faux (11 syllabes).* ↔ *b.* chambre, *C. « Lapsus calami » évident.*

1. « On appelle aussi en termes de dévotion le *cordon Saint-François*, un certain cordon garni de nœuds que portent les confrères de la Confrérie instituée en l'honneur de ce saint » (*Dictionnaire de Trévoux*, art. « Cordon »).

Page 47.

a. cht... / [Je suis chanteur d'amour, / Plus la nuit que le jour. *biffé*] [Je sais *[...]* un tendron. *corr. interl.*] / S'il *C. La correction a été écrite d'une encre très pâle, comme le cantique qui précède (p. 45-47).* ↔ *b.* chansonnette / [Qui la livre sans retour. *biffé*] [Z'en lui prenant le menton. *corr. interl.*] / Mais *C. La correction a été écrite d'une encre très pâle ; elle a été rendue nécessaire par la correction signalée à la variante a de cette page.*

1. Allusion évidente à celle pour qui était donnée cette fête; voir p. 39 et n. 3; la scène finale, p. 56-57; et la Notice, p. 1196.
2. Les parodies de cantiques étaient fréquentes dans les parades. Voir n. 1, p. 45; et *Les Écosseuses*, 1739, de Caylus.
3. *Le Maréchal-ferrant*, opéra-comique en deux actes, musique de Philidor, paroles de Quétant et Anseaume (1761). L'air du cocher Labride, « Brillant dans mon emploi [...] », avait tout de suite été populaire à cause de ses vocalises.
4. « L'argent peut être de bon ou de bas aloi » (Féraud, ouvr. cité).

Page 48.

1. « C'est le nom et d'un carrosse de place et de celui qui le conduit » (Féraud, ouvr. cité).
2. C'est-à-dire reprendre depuis le début.
3. Souvenir évident de Molière : « [...] allons, promptement, mon épée, ma rondache, ma hallebarde, mes pistolets, mes mousquetons, mes fusils [...] » (*Le Sicilien ou l'Amour peintre*, sc. IV; éd. citée, t. II, p. 330). La *rondache* est une « espèce de bouclier rond qui est encore en usage parmi les Espagnols » (Abbé Prévost, *Manuel lexique [...]*, éd. citée, 1755). La *pertuisane* précéda la pique dans les compagnies d'infanterie jusqu'à l'ordonnance de 1670.
4. Il faut entendre : à moi ceux qui portent ma livrée, qui sont de mon parti.
5. Ce mouvement encore est emprunté à Gueullette *[?]* : « [...] cette insolente Isabelle [...] que j'aime et que j'aimerai toute ma vie » (*L'Amant poussif*, sc. IX; ouvr. cité, t. II, p. 49).
6. *Ficher le tour*, c'est administrer une correction; voir aussi n. 1, p. 38.

Page 49.

a. Zisabelle. [Ah ! vous êtes *[...]* Paris, et *add. marg.*] quand *C* ↔ *b.* faire [le pied d⟨e grue⟩ *biffé*] le *C* ↔ *c.* fornication, [le viol *biffé*] [l'adultère *correction écrite d'une encre très pâle*], et *C* ↔ *d.* z'un zeste [dans vot' absence *biffé*] [quand je ne vous vois pas *corr.*] / ISABELLE : *C*

1. *Ste déesse* : Aphrodite.
2. Graphie fantaisiste pour *coquecigrue*, mot alors fort en usage à Paris : « *C'est un plaisant coquecigrue* pour un plaisant original, un sot être » (d'Hautel, ouvr. cité).
3. Voir p. 18 et n. 2. La phrase suivante est un aparté.
4. « Vous nous donnez là de plaisants caleçons d'été et il semble que tout soit perdu; n'avons-nous pas encore des ressources ? »

(Gueullette *[?], L'Amant poussif*, sc. v; ouvr. cité, t. II, p. 37). *Caleçons d'été* signifie sans doute inquiétudes, mais d'où vient l'expression ?

5. « Anciennement [...] on disait *la poison*. On le dit encore dans quelques provinces » (Féraud, ouvr. cité).

6. Confusion plaisante entre *graver* et *engraver* qui signifie « engager un bateau dans le sable » *(Académie)*. De plus, *engraver* signifiait *graver* au XVIe siècle; ce sens, archaïque au siècle suivant, était sans doute resté dans la langue populaire.

7. « On dit [...] qu'*un homme file sa corde* pour dire qu'il fait des actions qui iront à le faire pendre » *(Académie)*.

8. *Raquillonner* est probablement mis pour *carillonner*, au sens de « faire du bruit, quereller » : « [...] votre père, ce vieux raquillonneur [...] » (Gueullette *[?], L'Amant poussif*, sc. v; ouvr. cité, t. II, p. 37).

Page 50.

1. Pour *écrabouiller*. *Escarbouiller* est chez Rabelais et se dit encore dans certaines provinces. Les Dictionnaires de l'Académie, au XVIIIe siècle, donnent *écarbouiller* qualifié de populaire. La forme actuelle est plus récente.

2. Ce monument est le tombeau : « Il est allé sans doute prendre son arme à feu, et peut d'un seul trait vous précipiter dans l'infidèle nuit du tombeau » (Gueullette *[?], L'Amant poussif*, sc. IX; ouvr. cité, t. II, p. 50).

3. Les Dictionnaires de l'Académie donnent les deux formes *museler* et *emmuseler* et définissent le forçat comme « l'esclave qui sert sur les galères ». L'obligeait-on parfois à porter une muselière ?

4. Cette phrase est empruntée textuellement à Gueullette *[?] L'Amant poussif*, sc. v; ouvr. cité, t. II, p. 35, ainsi que la réplique suivante, à partir de « je veux [...] ». Y a-t-il un jeu de mots entre *l'âme* et *lame* ?

5. *Quand à qu'est-ce* pour *quant à moi*, et *quetzun* pour *quelqu'un.*

Page 51.

a. Ces trois dernières répliques sont rayées sur C à partir de les ans . *La suppression a dû être faite au moment de l'utilisation du manuscrit pour « Jean-Bête à la foire » (voir la Notice, p. 1195-1197). Le prouve, le fait que dans la liste des personnages de la scène suivante* LÉANDRE *a été rayé et remplacé par* JEAN-BÊTE . ↔ *b. Il y a dans C* CASSANDRE *au lieu de* COLOMBINE , *lapsus évident : Colombine reste en scène et Cassandre n'apparaît qu'à la scène suivante avec Isabelle. Nous corrigeons.* ↔ *c.* médecin, [je *biffé*] [on *corr.*] vous *C*

1. Contamination de l'expression *chercher une aiguille dans une botte de foin*, et d'une autre que l'on trouve dans Molière : « Croit-il, le traître, que mille cinq cents livres se trouvent dans le pas d'un cheval ? » (*Les Fourberies de Scapin*, acte II, sc. VII; éd. citée, t. II, p. 927).

2. *Le Peintre amoureux de son modèle* (1757), paroles d'Anseaume et musique de Duni.

Page 52.

a. La fin de la scène est rayée après ces mots sur C, ainsi que la première réplique de la scène suivante, toujours vraisemblablement lors de l'utilisation du manuscrit pour « Jean-Bête à la foire », car la coupure rend impossible l'enchaînement du texte.

Page 53.

a. la [Religieuse *biffé*] [Béguine *corr.*] en *C* ↔ *b. Voir var. a, p. 51.* ↔ *c.* v'là ma fille [qui faut ben quelle ait zavalé un clou car elle est si roide qual ne peut pas se plier *corrigé en* qu'est toute *[...]* z'à ma volonté.] / LÉANDRE, *C*

1. Tout ce passage est emprunté à Gueullette *[?]* : « Quand elle chante, y semble qu'elle ait z'avalé des rossignols. Si ça ne fichait point malheur z'aux oreilles de monsieur votre père [...]. Ce n'est morguienne encore rien que sa voix, elle a l'esprit z'orné : elle a lu la Bécace, la Loyola, l'Arétin, Le Pédagogue chrétien et La Religieuse en chemise » (*L'Amant poussif*, sc. VIII ; ouvr. cité, t. II, p. 45). Bécasse est pour Boccace, Loyola est pris pour une femme. Il s'agit ensuite probablement du *Pédagogue des familles chrétiennes* de Cerné, paru en 1662 et souvent réédité, et d'un ouvrage licencieux, souvent repris lui aussi, *Vénus dans le cloître ou la Religieuse en chemise, entretiens curieux, par l'abbé Duprat* (1683 ; on ne sait quel est le véritable auteur). Une *béguine* est une « fausse dévote, une mangeuse de saints en apparence; est fort usité dans les vaudevilles » (Leroux, ouvr. cité). Il peut n'être pas inutile de rappeler que Beaumarchais avait surnommé sa sœur Julie *la Bécasse* et son beau-frère Miron *le Pédagogue chrétien* (voir la *Correspondance*, éd. Brian N. Morton, Paris, Nizet, 1969 [...], t. I, p. 90).

2. *Blaise le Savetier* (1759), opéra-comique, paroles de Sedaine, musique de Philidor.

Page 54.

a. À partir de là, il y a dans C un trait sur toute la fin de la scène et les deux premières répliques de la scène suivante. Là encore, du fait de la coupure, il y a solution de continuité.

Page 55.

1. *Rebouiser* : « Pour filouter, redresser, déniaiser quelqu'un [...] faire une fourberie à une personne » (Leroux, ouvr. cité).

2. « Pour vieillard grison, homme âgé, cassé, goutteux » *(ibid.)*. Le terme se trouve souvent chez Gueullette. Mauvillon, dans son *Traité général du style* (Amsterdam, P. Mortier, 1751, p. 19) donne au mot le sens de « vieillard voluptueux ». Le sens actuel du mot, écrit *peinard* ou *pénard*, apparaît à la fin du XVIIIe siècle.

3. C'était un cri de Paris : « Même en chemin, s'il vous plaît, je m'arrête / Chaque fois que j'entends crier / Des bouquets pour Nanon Nanette » (Vadé, « Second bouquet poissard », ouvr. cité, t. III, p. 283).

4. « Les roses de Provins sont des roses fort rouges et dont on se sert pour les cataplasmes et les fomentations » *(Dictionnaire de Trévoux)*.

5. Composé ingénieux d'*apothicaire*, *cul* et *flaire*.

6. Le développement n'est que suggéré, tout à fait dans la tradition du théâtre italien.

7. *Pièce* au sens de *personne* : « Quand on parle d'une personne rusée ou maligne, on dit que c'est une bonne, une méchante pièce »

(Leroux, ouvr. cité). Lorédan Larchey (*Dictionnaire de l'argot parisien*, Paris, Polo, 1872) donne *en couler*, « conter des mensonges », et cite le *Catéchisme poissard* (voir n. 3, p. 7) : « Tu nous en coules, ma mignonne. »

Page 56.

a. La fin de la phrase, à partir de pour l'aubade *, a été ajoutée, d'une encre très pâle.*

1. Le mot est mis plutôt pour *hypocrite* que pour *escogriffe*.
2. Isabelle sort de la maison, c'est-à-dire qu'elle rentre en scène.
3. « *Que le diable t'estringole* : que le diable t'emporte » (d'Hautel, ouvr. cité). Le mot vient probablement du gascon *estrangoula*, étrangler.
4. Nous disons maintenant *derrière la mairie*.
5. Sur cette « aimable Nanette », voir la Notice, p. 1196.
6. Forme dialectale pour *Dieu*, fréquente au XVIIIe siècle en Île-de-France; de même, *mainquenne* pour *maintienne*.

Page 57.

1. Création plaisante à côté de *poupée*, *poupine* et *pouponne*.

Page 59.

JEAN-BÊTE À LA FOIRE

a. un chien brûlé... *C* ++ *b.* un rat z'empoisonné... *C* ++ *c.* comme un z'échappé du purgatoire... / ARLEQUIN *C*

1. Nous mettons entre crochets la liste des personnages, qui ne figure pas sur le manuscrit; voir la Notice, p. 1197-1198.
2. Dans les trois premières scènes, Beaumarchais suit de très près les trois premières scènes de *Léandre marchand d'agnus, médecin et bouquetière* (p. 37-43), aux notes desquelles nous renvoyons.
3. « On appelle aussi *batte* un sabre de bois dont Arlequin se sert » *(Académie)*. Il en fera usage à plusieurs reprises au cours de la pièce; voir p. 80 et 82.

Page 60.

a. coup : Eh ! me v'là, tête de cruche... / JEAN-BÊTE : *C* ++ *b. Ces deux dernières répliques manquent dans C.*

1. L'injure est très fréquemment employée aux XVIIe et XVIIIe siècles; voir *Les Plaideurs* de Racine, acte III, sc. III : « LE SOUFFLEUR : Que la métem... PETIT JEAN : Que la métem... LE SOUFFLEUR : psycose... / PETIT JEAN : Psycose... LE SOUFFLEUR : Hé ! le cheval ! [...] » (*Œuvres complètes*, Bibl. de la Pléiade, t. I, p. 358).
2. Voir p. 38 et n. 2.
3. Voir p. 38 et n. 3.
4. « Quand plusieurs enfants sautent l'un après l'autre sur le dos d'un d'entre eux qui se tient courbé en forme de cheval, cela s'appelle jouer au *cheval fondu* » (Michel, *Dictionnaire des expressions vicieuses*, art. « Cheval », Nancy, 1807). « Le *trou-madame* est un jeu où on laisse couler des boules dans des trous » (*Dictionnaire de Trévoux*, éd. 1743). « Pet-en-gueule : sorte de jeu de soldats et de gamins où deux individus, se tenant à bras-le-corps, mais dans une position renversée, de manière que chacun ait la tête entre les

cuisses de l'autre, se renversent alternativement » *(Littré)*. On se souvient que dans la *Vie inestimable du grand Gargantua* de Rabelais, le héros « jouait au cheveau fondu [...] à pet-en-gueulle » (chap. XXII).

Page 61.

a. cries avant qu'on t'écorche comme *C* ++ *b.* z'un fessemanant comme *C* ++ *c.* par z'un civil citoyen, *F*

1. Tripette est maîtresse de Jean-Bête dans la première liste des personnages (voir la Notice, p. 1198). Depuis le roman de Caylus *Les Écosseuses* (1739), ces ouvrières, qui écossaient pois et fèves, étaient souvent mises à la scène. *Toilette* : « C'est aussi une sorte de grand morceau de toile de couleur, dont quelques artisans se servent pour porter leur besogne » (de Wailly, *Dictionnaire ou Manuel de la langue française*, nouv. éd., Liège, de Bouhers, 1776).

2. Autre personnage de la première liste d'acteurs (voir note précédente). « *Tiremonde* : mot baroque et singulièrement burlesque qui signifie sage-femme » (d'Hautel, *Dictionnaire du bas langage*, Paris, 1808). On disait aussi *tire-poupard.*

3. Voir p. 43 et n. 15.

4. C'est ici la seule citation littérale d'une tragédie (Racine, *Phèdre*, acte I, sc. III; éd. citée, t. I, p. 758) dans les parades de Beaumarchais.

5. Voir p. 38 et n. 4.

6. Voir p. 38 et n. 5.

7. Contamination de deux expressions que donne Leroux (*Dictionnaire comique, satirique, critique, burlesque, libre et proverbial*, nouv. éd., Pampelune, 1786) : *crier comme un aveugle qui a perdu son bâton*, et *faire comme les anguilles de Melun qui crient avant qu'on les écorche*.

8. *Vot'vent* : votre souffle.

Page 62.

1. La chanson est reprise de *Léandre marchand d'agnus [...]*, p. 39. Au deuxième couplet, « sainte Babet » a remplacé « sainte Nanette », seule variante remarquable.

2. Voir n. 4, p. 39.

3. De *Léandre marchand d'agnus [...]* à *Jean-Bête à la foire*, l'attaque se fait plus précise. Beaumarchais trouvait l'opéra traditionnel ennuyeux. Voir la Préface de *Tarare*, p. 499.

4. « Terme de médecine : qui cause la maladie » *(Académie)*.

Page 63.

a. tôt chez mon Isabelle et *C, F* ++ *b.* ARLEQUIN *riant* : Ah ! *F* ++ *c.* ARLEQUIN *lui tâte son épée* : Ah ! *F* ++ *d.* sûrement z'en secret au pucelage de *C*

1. Noter le janotisme. Sur ces phrases mal construites pour prêter à une équivoque ridicule et sur l'origine du mot *janotisme*, voir G. von Proschwitz, *Introduction à l'étude du vocabulaire de Beaumarchais*, Stockholm et Paris, Nizet, 1956, p. 310 et 337.

2. Voir n. 1, p. 10.

3. « Qui connaît le majestueux carrabas attelé de huit chevaux, lesquels font quatre petites lieues en six heures et demie de temps ? [...] Ce carrabas, deux fois par jour, voiture lentement, mais non doucement, les valets des valets de Versailles » (S. Mercier, *Tableau de Paris*, éd. 1781, t. VIII, chap. DCXXIII, p. 114-115).

4. Voir p. 40 et n. 4.

5. Voir n. 1, p. 48.

6. Voir n. 8, p. 40.

7. Le manche à balai, comme l'indiquent les deux répliques suivantes.

8. Voir le jeu de scène dans *F* (var. *c*) : ARLEQUIN *lui tâte son épée*. Ce mot d'argot se trouve dans une lettre écrite par Beaumarchais en 1762 : « En renvoyant l'épée de M. de La Briche, je lui écrivis la plaisanterie suivante : / Je vous renvoie la gondrille / Et personne n'a gondrillé, / Parce que j'ai trouvé mon drille / Dans son lit tout recoquillé... / La gondrille n'ayant ce soir / Rien fait que d'enfiler des perles / Je vous la rends jusqu'au revoir. / Adieu le plus gentil des merles » (voir, d'Heylli et Marescot, *Théâtre complet de Beaumarchais*, Paris, Académie des bibliophiles, 1869-1871, t. II, p. 215).

9. Voir n. 5, p. 9.

Page 64.

a. du sexe fluminin. *C, F* ↔ *b.* des crocs et *F*

1. Le sifflet, c'est-à-dire le gosier; voir p. 40 et n. 10.

2. Le sexe; voir n. 1, p. 8.

3. Le sens obscène du mot est donné par Leroux (ouvr. cité) : « Mot libre qui signifie les parties honteuses d'un homme ou d'une femme. »

4. *Calville* : « Sorte de pomme assez grosse [...]. Il y en a de rouges et de blanches » *(Dictionnaire de Trévoux)*. « On appelle pomme de rambour une espèce de pomme qui grossit beaucoup et qui est un peu acide » *(Académie)*.

5. Pour *très véridique*, évidemment.

Page 65.

a. bête comme un cochon, sale comme un picpuce, puant *C* : bête comme un porc, sale comme un picpuce, puant *F* ↔ *b. tombe.* / Vous v'là donc za terre, monsieur Cassandre ? / CASSANDRE : *C, F* ↔ *c.* porté, c'est ce que vous avez de plus dur. N'avez-vous *C*

1. Contamination de *maléfique*, ou de *maléficié* courant au XVIIIe siècle; ou emploi du substantif comme adjectif.

2. Voir n. 5, p. 41.

3. Voir le passage correspondant de *Léandre marchand d'agnus [...]* (p. 41). Beaumarchais a supprimé « votre seconde vous a encorné comme un bœuf », et l'allusion à Colombine, qui n'apparaît pas dans la présente pièce.

4. *Sale comme un picpuce* dans les états antérieurs (var. *a*). Un *piquepuce* ou *picpus* était à l'origine un religieux dont le monastère était dans le petit village de Picpus, près du faubourg Saint-Antoine, à l'emplacement des actuels boulevard et rue de Picpus. Le mot,

surtout dans la langue poissarde, avait le sens de *tailleur*, *ravaudeur*, *chiffonnier*.

5. Voir n. 7, p. 41.
6. Voir n. 12, p. 41.
7. Voir n. 2, p. 42.

Page 66.

a. moi [z'il m'a semblé que j'étais tombé le nez sur un baquet de vidangeur. / GILLES : Ah ! de vidangeur sans odeur ! / CASSANDRE : Non, le véritable baquet, celui de Cadet, ton derrière. *biffé*], j'ai *F* ↔ *b.* quant *C* : queut *F* ↔ *c.* par la fenêtre. / ISABELLE : *C, F*

1. Sur *poison* féminin, voir n. 5, p. 49.
2. *Queux* est une forme dialectale; l'auteur a hésité entre cette forme et *quant* ou *queut* (var. *b*).
3. Pour *crocodile*, évidemment. Le mot revient souvent dans les parades. *Cocodrille* est une forme ancienne du mot.
4. Sur l'apocope *ch'*, voir n. 7, p. 16.
5. Voir n. 1, p. 50.

Page 67.

a. almanach royal de Le Breton; mais, *C* : almanach royal; mais, *F* ↔ *b.* naturel d'un corporal dans le guet z'à pied *C* ↔ *c.* a queuque chose *C, F*

1. Voir p. 43 et n. 1.
2. Voir p. 43 et n. 2.
3. Beaumarchais a hésité entre l'Almanach de Liège et l'Almanach royal de Le Breton (var. *a*). Le Breton fut le seul éditeur de l'Almanach royal de 1750 à 1779. La plaisanterie ici tient au fait que l'Almanach royal était une sorte d'annuaire officiel. L'Almanach dit de Liège était un almanach populaire qui contenait, entre autres choses, des prédictions.
4. *Delle* pour *demoiselle* est une négligence du copiste, ou une abréviation (voir p. 68; et p. 114 et n. 7).
5. L'hôpital des Enfants-Trouvés, construit en 1748, faisait face à Notre-Dame sur le côté ouest du parvis. Il a été démoli en 1877.
6. Voir p. 43 et n. 4.
7. Voir n. 5, p. 43; sur *corporal* (var. *b*), n. 6 de la même page.
8. La plaisanterie est courante dans les parades. Voir Gueullette, *Le Contrat de mariage*, sc. I : « LE NOTAIRE : Et qu'est-ce que la future a devant elle ? / GILLES : Elle a ce que toutes les autres y ont » (*Parades inédites*, Paris, Librairie des bibliophiles, 1885, p. 221).

Page 68.

a. Oui, je me soucie ben de vos souhaits, souhaitez [...] laquelle il en restera le plus; ça m'épousera-t-il, ça ? / CASSANDRE, *C* ↔ *b. en colère* : Et pardines, puisque je ne peux pas te faire ce petit plaisir-là moi-même, faut bien que je t'en souhaite. À qui qu'elle en a donc z'aujourd'hui, cette acariâtre ? Suis-je ton père enfin ? / ISABELLE : Quand vous ne seriez pas mon ch'père, est-ce que je voudrais de vous ? t'une Zirzabelle épouser t'un bonhomme Cassandre ça serait z'un bel attelage. / CASSANDRE : Oh ! nous savons ben que c'eſt des beaux messieurs Léandres qu'il faut aux demoiselles Zizabelles. Mais *C, F* ↔ *c.* eſt la mère ou la tante de *C* : eſt le père, la mère ou la tante de *F*

1. Voir n. 3, p. 24.

2. Dans le village de Belleville. C'eſt là que le peuple de Paris venait s'amuser; d'où la place que tient La Courtille dans la littérature poissarde : « Voir Paris sans voir La Courtille / Où le peuple joyeux fourmille, / Sans fréquenter les Porcherons, / Le rendez-vous des bons lurons, / C'eſt voir Rome sans voir le pape » (Vadé, *La Pipe cassée*, chant II; ouvr. cité, t. III, p. 15). Les Porcherons, où les cabarets abondaient, correspondaient au carrefour des rues du Faubourg-Montmartre et Saint-Lazare.

3. Entendre le mot probablement au sens de « sotte bête » (Leroux, ouvr. cité). Mais à l'époque de cette parade, le sens passe à celui de « prude ».

4. « En ſtyle familier et plaisant : galant auprès des dames, recherché dans sa parure » *(ibid.)*. Le mot commence alors à vieillir.

5. On ne peut mieux souligner qu'en cette réplique le caractère traditionnel des personnages; Jean-Bête semble oublié. Voir, quatre répliques plus loin, l'allusion à l'emploi de *père noble*.

6. Voir n. 10, p. 43.

7. Voir n. 17, p. 43.

Page 69.

a. ceinture comme un z'hochet avec *C, F* ↔ *b.* couverts devant un quetzun comme le public, je *F*

1. Le personnage de Gilles avait, on s'en souvient, la face enfarinée; voir *Les Bottes de sept lieues*, p. 28 et n. 1.

2. « Pour gronder, grommeler, parler entre les dents » (Leroux, ouvr. cité). « C'eſt un mot du peuple » (Féraud, *Dictionnaire critique de la langue française*, Marseille, chez Jean Mossy, 1787).

3. « J'aime mieux mon écuelle vide que rien dedans, c'eſt-à-dire j'aime mieux n'avoir rien que d'avoir quelque chose en apparence et rien en réalité » *(Littré)*.

4. Le mot turc a été transcrit de plusieurs manières en français : voir *bacha*, n. 3, p. 25. *Bachard* eſt inhabituel, mais se retrouve dans une chanson de Beaumarchais : « [...] vizir, bachar, spahis et janissaires » (Manuscrits de la Comédie-Française, t. I, p. 30).

5. « Pour soufflet, coup de poing ou coup appliqué sur le visage du plat de la main » (Leroux, ouvr. cité). On remarquera dans *F* (var. *b*) l'allusion au public.

6. Voir p. 41 et n. 4.

7. On peut se demander s'il y a là une allusion à Julie (voir n. 1, p. 53). Peut-être tenait-elle le rôle d'Isabelle ?

8. « Petit morceau de pain long et menu préparé pour tremper dans des œufs à la coque » *(Dictionnaire de Trévoux)*.

9. « *Eau de veau* : de l'eau dans laquelle on a fait bouillir quelque temps et sans sel un morceau de veau. *On lui a ordonné de prendre de l'eau de veau pour se rafraîchir* » *(Académie)*.

10. « *Autant de trous que de chevilles* ou *autant de chevilles que de trous*, se dit de celui qui trouve à toutes les objections des échappatoires » (Leroux, ouvr. cité).

11. Voir, p. 19 et n. 9, « le Grand Monomotapa ».

Page 70.

1. Ce mot latin est utilisé pour les besoins de la rime : faut-il comprendre « glacées [par les *noirs climats*] », ou « insensibles à l'amour » ?

2. Le mot, peu usité au féminin, était considéré à l'époque de cette parade comme vieux et provincial. « Se prend en plus pour celui qui se divertit d'une manière libertine avec des femmes qui aiment ce négoce » (Leroux, ouvr. cité).

3. La cantharide a des vertus aphrodisiaques.

Page 71.

a. Pour [exalter *biffé*] exhausser *F* : Pour faire exhausser *C*

1. Comme il faut y mettre un busc : « Petit bâton d'ivoire, de bois, de baleine, etc., plat et étroit, et arrondi par les deux bouts, dont les femmes se servent pour tenir leur corps de jupe en état » *(Académie)*. *Corset* désigne ici le « corps de cotte », c'est-à-dire de jupe.

2. *Faire* a été supprimé (voir var. *a*), mais le vers est faux.

3. Pour *douche* : « On m'a assuré que la bonne moitié des gens aux bains disent la *douge* » (Desgrouais, *Les Gasconismes corrigés*, Toulouse, Vve Douladoure, nouv. éd. 1801, p. 197).

4. On disait ordinairement *battant neuf*, surtout dans l'expression *un habit battant neuf*. Il était « bas et populaire » *(Trévoux)* d'appliquer comme ici l'adjectif aux personnes.

5. *Leste* : « [...] qui est fort proprement vêtu [...] » *(Académie 1762)*. Le mot, longtemps à la mode, commençait alors à vieillir en ce sens (voir *Académie 1798*).

6. « Par *extrait*, c'est placer une somme quelconque sur un seul numéro, par *ambe* sur deux numéros, par *terne* sur trois numéros » (Grand-Carteret, *Les Almanachs français*, Paris, J. Alisié, 1896, p. 74).

Page 72.

a. Notre manuscrit porte : fill'femme et mère. *, faute évidente de la copiste. Nous adoptons la leçon de C et de F.*

1. Landau est en réalité dans le Palatinat. Mais la ville était française depuis le traité de Ryswick (1697).

2. Le bourreau. Le mot n'est pas dans les dictionnaires. Le bourreau, au XVIIIe siècle, est, dans la langue populaire, le *charlot*. Mais sans doute eût-il été malséant d'employer ce terme devant Charles Le Normand.

3. Au sens figuré : « [...] *faire banqueroute* pour dire manquer à ce qu'on a promis » *(Académie)*.

Page 73.

a. nos tours, / Ces fameux tours de passe-passe, / Ce fameux pigeon qui trépasse / Et retourne chez les vivants, / Et cent autres tours excellents. / Pour *C* ↔ *b*. Le gain peut être combiné. *C* ↔ *c. Après cette réplique, viennent dans C les trois suivantes (voir n. 1 ; et var. a, p. 74) :* JEAN-BÊTE : De là nous passâmes à Rome, / La reine du monde on la nomme, / À très juste condition, / Centre de la religion. / J'y fis une belle action. / Avec mon opiat suprême, /

Je tirai du danger extrême / D'imprudente conception, / Una Signora Marion, / La propre nièce du saint Pape, / À qui dans la sainte Sion, / Le peuple, par dérision, / Avait donné nom la Soupape. / Ma cure digne d'Esculape... / CASSANDRE : Et toujours avec s'te potion / Des trois Procureuses d'l'Étape ? / JEAN-BÊTE : Vous l'avez dit, bel histrion. / Ma cure digne d'Esculape / M'obtint la bénédiction / Du saint Père pour récompense; / Et pour défrayer ma dépense, / La plus superbe révérence / De la Signora Marion, / Avec un très beau privilège / Émané du Sacré Collège, / Autrement dit permission / (Ce trait-là vaut bien qu'on y pense) / De retourner de pied en France.

1. Gilles ignore évidemment qu'il s'adresse à Jean-Bête; *Jean Gros-né* était un terme de dérision. Sur *Jean-*, voir p. 91 et n. 5. Les trois répliques suivantes ont été modifiées de *C* à *F* (var. *c*) : la verve antireligieuse de Beaumarchais s'y donnait libre cours; les trois *procureuses* y sont les trois filles du procureur (voir p. 72).

Page 74.

a. Voir var. c, p. 73.

Page 75.

1. Étant donné le contexte, Beaumarchais fait sans doute allusion aux trois frères Guilleri, fameux voleurs qui sévissaient sous le règne d'Henri IV et étaient restés célèbres — à moins qu'il ne s'agisse du *compère Guilleri* des chansons populaires, c'est-à-dire du moineau; mais c'est peu probable.

2. C'est donc en ourse qu'est déguisé Arlequin (voir p. 70).

Page 76.

a. œuf. / Soit que j'aille ou que je repose, / Soit que j'agisse *C, F*

1. Dans cette scène, Beaumarchais suit encore de très près le texte de *Léandre marchand d'agnus [...]*; voir sc. v, p. 48-50.

2. Voir n. 6, p. 48.

Page 77.

a. permettez-moi de vous le faire encore une fois à genoux et de vous le renouveler mille fois... / ISABELLE : *C* ↔ *b.* z'avec vous, *[4 lignes]* que je n'ai pu défendre mon cœur, que vous me l'avez pris, z'il prétend qu'avec le même entrejean, beaucoup d'autres peuvent me le prendre aussi; ce qui me console, c'est qu'on ne me mariera pas sans que je dise oui. Mon père fera tout comme il l'entendra, ça m'est indubitable, mais z'en fait de mariage, *(en déclamant)* / Quand je devrais m'en repentir, / Jamais autre que vous n'aura mon consentir. / JEAN-BÊTE : *C* ↔ *c.* z'avec Gilles, quelque chemin que vous prissiez, z'ils vous le couperaient tout net. Qu'est-ce que je deviendrais ? Vous m'alarmez, vous me déchirez les entrailles, retirez-vous, retirez-vous par Dieu, retirez-vous... / JEAN-BÊTE : *C* ↔ *d.* faire. Cependant, monsieur Jean-Bête, en votre absence les siècles me paraissent des jours, et si de colère je fais mes quatre repas, en revanche ma douleur est cause que je ne peux pas fermer l'œil de la journée. / JEAN-BÊTE : Et moi qui ne saurais boire ni manger les trois quarts de la nuit ! j'aurai *C, F*

1. *Pour à celle fin* : redoublement fréquent dans les parades. *Celle* est la forme ancienne pour *cette*. L'expression *à celle fin de* est devenue, par altération, *à seule fin de*.

2. « Parler vite, avec feu, et beaucoup » (Leroux, ouvr. cité).

3. Voir n. 2, p. 49.

4. *Faire la patrouille* est l'expression courante au XVIIIe siècle, *patrouiller* n'ayant pas encore son sens militaire.

5. « Rat » note la prononciation exacte de *rapt* : « [...] on fait sonner le *t* final, le *p* ne se prononce pas » (Féraud, ouvr. cité).

Page 78.

a. Royal-Canon *C* ↔ *b.* j'ai de la z'humanité. / ISABELLE *C, F*

1. Cette appellation et celle de Royal-Canon (var. *a*) sont probablement fictives; mais les régiments s'appelaient souvent, sous l'Ancien Régime, *Royal-Bavière*, *Royal-Gascogne*, etc. Il y aura un régiment de *Royal-Infant* dans *Le Barbier de Séville*, acte I, sc. IV (p. 299).

2. Contamination de l'expression *à bras-le-corps* et du verbe *brasser*.

3. Voir n. 7, p. 49.

4. Pour cette fin de scène et les deux scènes suivantes, il existe un brouillon antérieur aux trois manuscrits; voir la Notice, p. 1197.

5. *Componction* a finalement remplacé *z'humanité* (brouillon, et var. *b*), qui convenait mieux; mais le premier mot a finalement été préféré, parce qu'il se prête à une équivoque obscène et semble être un lapsus pour *compassion*.

6. *Put* au lieu de *peut* : *put* est une forme de présent de l'indicatif du verbe *puir* qu'a remplacé *puer*. Voir *Les Femmes savantes*, acte II, sc. VII, v. 552-553 : « [...] Ah ! *sollicitude* à mon oreille est rude : / Il put étrangement son ancienneté » (Molière, *Œuvres complètes*, éd. citée, t. II, p. 1011).

7. Voir n. 8, p. 49.

Page 79.

a. porte ! Il ressemble à ce possédé d'ours comme deux gouttes d'eau. Monsieur *C, F* ↔ *b.* CASSANDRE : Tu n'as que ton ours dans la tête; ne vois-tu *C, F*

1. On lit, dans le brouillon (voir n. 4, p. 78), l'indication suivante : ARLEQUIN *qui a mis son masque le devant derrière et à qui il ne reste que la mentonnière et qui a ôté sa veste sur laquelle il s'assied.*

2. C'est une « tête en bois, sur laquelle on place une perruque pour l'accommoder » *(Littré)*, et, au sens figuré, un « vieillard de peu d'esprit et opiniâtre en ses préjugés » *(ibid.)*. La *tête à perruque* est un des accessoires de la parade. Voir *Zizabelle mannequin*, p. 115, n. 1 et 3, où l'on a successivement les deux sens; et la pièce de Collé qui a pour titre *La Tête à perruque ou le Bailli* (voir *Théâtre du XVIIIe siècle*, Bibl. de la Pléiade, t. II, p. 711-727).

3. Ce vers n'a guère de sens et le texte est peu sûr. Peut-être faut-il corriger *me* en *le* [afin qu'elle l'estime] ?

4. La locution *tableau à la silhouette* a été créée en 1759-1760,

après la disgrâce rapide du contrôleur général Silhouette. Le mot *silhouette* seul ne sera employé qu'au début du XIXe siècle. On remarquera que le brouillon porte, à la place de cette phrase : « Qu'est-ce que c'est donc que ste figure baroque ? »

5. Les Savoyards exerçaient dans la capitale toutes sortes de métiers plus ou moins ingrats. Ils étaient le plus souvent ramoneurs. Arlequin va se dire « réparateur de cheminées » (p. 80).

6. Par hasard, d'aventure.

7. On se souvient que Jean-Bête est déguisé en Anglais avec un habit de Turc; voir p. 70.

Page 80.

a. devenu le Turc et son diable d'ours. Ah ! jerni, qu'il lui ressemble ! / ARLEQUIN, *C* : devenu le marchand d'ours. Ah ! mon Dieu, qu'il lui ressemble ! / ARLEQUIN, *F* ↔ *b.* fort bien fait, z'ami, mais... / GILLES : Y a-t-il déjà quelque temps que tu es assis devant ste porte ? / ARLEQUIN : Comme je me porte ? Mieux qu'un oignon toujours, car il se porte la tête en bas, et moi tu vois que la terre baise Cadet, mon ami. / CASSANDRE : Dis-nous *C* ↔ *c.* qui le dites. / GILLES : Nous ne t'en avons pas encore parlé, figure de poêle à marrons. / ARLEQUIN : Non ? Eh, bien, je l'ai donc rêvé. / GILLES : *C*

1. Allusion au masque noir d'Arlequin; l'on trouvera aussi « barbouillé », « poêlon », etc.

2. *Rebouiser*, c'est « nettoyer, lustrer à l'eau simple [...]. Filouter. Déniaiser » (*Académie 1762*, Supplément). Dans le premier sens, c'est surtout un terme de chapelier. Au sens de *filouter*, voir p. 55 et n. 1.

3. Le brouillon donne « menton grillé ». Voir aussi var. *c.*

Page 81.

a. âne et qui brait hi hon, hi hon. / GILLES : *C* ↔ *b.* fleurs — paroles *C* ↔ *c.* c'est le faubourg... le faubourg... / GILLES : Eh ! que vous êtes donc bête, monsieur Cassandre, c'est le faubourg Saint-Marceau, n'y a que celui-là z'à Paris. / ARLEQUIN : Oh ! que ce n'est pas ça ! Je l'ai sur le bout de la langue... le faubourg... *C* ↔ *d.* comme ma nourrice. / GILLES *à Cassandre* : Je crois que le citoyen de Chambéry se moque de vous, monsieur le bonhomme Cassandre. / CASSANDRE *à Gilles* : Je ne suis pas t'à m'en apercevoir. *(À Arlequin.)* Et il avait z'un âne, dis-tu ? / GILLES : C'est sûrement z'un ours qu'il veut dire. / ARLEQUIN : Comme vous voudrez, un âne, un ours, tout ça m'est égal. Mais pour son âne ou pour son ours, il avait tant couru, tant couru, il était si fatigué, si z'éreinté qu'il doit être à présent... crevé, messieurs. / GILLES *C* ↔ *e.* ARLEQUIN : Je ne sais comment ça se fait, n'y *C*

1. L'expression, déjà rencontrée (p. 38 et n. 4, et p. 61), est ici employée par antiphrase, puisque les choses sont dites discrètement. — *Mâches* a été ajouté dans *F* (var. *b*) : « Dans le peuple, quand on dit *merde* à quelqu'un, on répond *mâche* » (Virmaître, *Dictionnaire d'argot fin de siècle*, Paris, éd. A. Charles, 1894). La formule était courante, et utilisée depuis longtemps.

2. Le mot *orthographe* est souvent malmené dans les parades. L'allusion à Voltaire est intéressante : elle ne figure pas dans le

brouillon (n. 4, p. 78); elle a été ajoutée en marge dans *F*. En ce qui concerne Voltaire, voir surtout l'article « Orthographe » du *Dictionnaire philosophique* (1764).

3. Pour *alibi forain* : « *Chercher des alibis forains* pour dire chercher de mauvaises excuses, de mauvaises défaites » (*Académie 1762*, *défaite* étant glosé « excuse artificieuse »). *Académie* signale pour *alibi* qu' « il n'a point d'*s* au pluriel ». L'édition de 1798 écrit *alibi-forain* en un seul mot.

4. Le *Nouveau dictionnaire proverbial, satirique et burlesque* de Caillot, Paris, chez Dauvin, 1826, donne *gallipiau*, « mot burlesque en usage à Lyon : il signifie vaurien, fripon, homme pétri de vices ». Le mot est à rapprocher, évidemment, de *galopin* et *galapiat*.

5. « Ce mot se dit dans le style burlesque et badin du museau de tous les animaux et par mépris du visage de l'homme » *(Dictionnaire de Trévoux)*.

Page 82.

a. roule [à perruque dans la rue *add. interl.*]. / *Tous* *C*

1. *Maroquin* était la forme alors courante pour *marocain*. *Chasse-coquin*, dans la langue populaire, désignait le gendarme. *Vilbrequin* désignait souvent le membre viril (voir Leroux, ouvr. cité).

2. La sortie d'Arlequin n'est pas indiquée.

3. La confusion entre *inventaire* et *éventaire* était encore fréquente à l'époque de cette parade.

4. Ce janotisme, qui ne se trouve pas dans le brouillon (n. 4, p. 78), est une addition dans *C* (var. *a*).

Page 83.

a. mon gros doigt de la main zen suppuration ! mais *C* ++
b. pas Alexandre, Jules César, Gilles, *C*

1. « Lorsque le peuple entendit la trompette il poussa de grands cris et la muraille s'écroula » (Josué, VI, 20); de là l'expression que nous trouvons ici.

2. Contamination, qui se trouve déjà chez Marivaux (*La Vie de Marianne*, huitième partie, éd. de Fr. Deloffre, Paris, Garnier, 1957, p. 384), d'*amical* et d'*aimablement*; ensuite, *à tripe-abattue*, pour *à bride abattue* évidemment.

3. *Fy*, pour *fils*, note la prononciation réelle : « [...] l'*l* ne se prononce jamais et quand le mot ne termine pas la phrase, on ne fait pas sentir l'*s* » (Féraud, ouvr. cité).

4. L'édition d'Hermies traduit cette expression par « langue bruyante et confuse » et y voit, avec raison semble-t-il, une allusion au texte des Évangiles (Marc, II, 2) où la foule s'entasse dans une maison de Capharnaüm; voir Beaumarchais, *Théâtre complet*, Magnard, « Les Classiques verts », 1952, p. 390.

Page 84.

1. Dans cette scène, Beaumarchais suit de très près le texte de *Léandre marchand d'agnus [...]* (sc. VIII, p. 51 et suiv.). En particulier, le duo de Jean-Bête et de Gilles passe sans modifications d'une pièce à l'autre.

2. Voir n. 2, p. 51.

Page 85.

a. z'auprès des plus grands seigneurs pour pouvoir songer à vous, mon ami. Mais *C*

1. *Gratis* : « [...] droit de ne pas payer. Ceux qui l'ont » (Boiste, *Dictionnaire universel de la langue française*, Paris, chez l'auteur, éd. 1808), en particulier au théâtre (voir *Littré*). On peut voir ici une allusion au public : dans ce théâtre de société, les spectateurs n'étaient-ils pas des *gratis* ?

2. « Purgation douce [...] qui agit sans tranchées » (*Littré*; les *tranchées* étant des « douleurs aiguës qu'on ressent dans les entrailles »).

Page 86.

a. Dans F, sont rayées ici les répliques suivantes : ARLEQUIN : Avez-vous de l'argent, mon ami ? / GILLES : Je vous donnerai z'un mois de mes gages qui sont bel et bien douze sols et demi. / ARLEQUIN, *lui tiraillant le doigt le fait crier* : Tu garderas plutôt ton panaris douze ans, vilain ! ↔ *b.* enfant, du nombre de s'te famille *C* ↔ *c.* Moribond ! V'là un médecin qui porte *C*

1. Comme le précédent (p. 84), et à partir de la sixième réplique, ce duo est emprunté quasi sans modifications à *Léandre marchand d'agnus [...]* (p. 53-54).

Page 88.

a. douloureux. *[4 lignes]* Ne soyez pas t'inquiète, mameselle, ce sera moi-même qui vous le mettrai. / ISABELLE, *faisant la révérence* : Ah ! je vous en prie, monsieur. / JEAN-BÊTE : Je m'en vais d'abord vous le faire faire par M. Piston, l'apothicaire. / ISABELLE : Est-ce que vous ne pouvez pas le faire ? / JEAN-BÊTE : C'est que M. Piston z'est pour la main-d'œuvre. / ISABELLE : Mais quand z'il faudra lever l'appareil, monsieur ? / JEAN-BÊTE : *C* ↔ *b.* verrez une façon de dépanser. / ISABELLE : *C*

1. Pour *topique* : « C'est, en parlant des remèdes, celui qui n'opère qu'étant appliqué sur la partie malade » (Féraud, ouvr. cité).

2. Voir, dans la Notice (n. 1 en bas de la page 1198), la liste des personnages du manuscrit de la Comédie-Française. Le double sens obscène est précisé par *cadet*, quatre répliques plus loin.

Page 89.

1. Sans doute faut-il mettre une virgule et comprendre : *en Flandres, en Allemagne*; à moins qu'il ne s'agisse d'une plaisanterie géographique comme on en trouve souvent dans les parades.

2. Voir n. 5, p. 8.

3. Pour cette réplique et la suivante, voir *Léandre marchand d'agnus [...]*, p. 53 et n. 1.

4. Allusion probable aux *Contes moraux* de Marmontel, parus en 1761 et plusieurs fois réédités.

5. « Rabrouer [...] quereller quelqu'un d'une belle manière » (d'Hautel, ouvr. cité).

Page 90.

a. je vous épouse *[8 lignes]* là z'en vrai mariage. J'ai [...] bonshommes Cassandre, qui sont une famille au moins aussi étendue que les Troufignons. Il y a des bonshommes Cassandre [...] états, j'en ai vu dans l'épée, dans la robe, dans le sacerdoce, le ministère, la finance; et partout [...] ligne de messieurs Gobemouche qui *C* ++ *b*. fille. J'ai fort l'honneur de connaître aussi MM. Moribond qui sont sûrement z'une famille très comme un faut. / JEAN-BÊTE : *C*

1. *Acabit* : « Il ne se dit guère que des fruits » *(Académie)*; appliqué aux gens, « cela n'est bon que dans le style marotique ou comique » (Féraud, ouvr. cité). « Il se dit quelquefois, figurément et familièrement, en parlant des personnes » *(Académie 1835)*.

2. *Chifler* : « Siffler, mais il n'est plus en usage dans ce sens. Mot burlesque pour dire : boire d'autant » *(Dictionnaire de Trévoux)*; voir *chiflet* au sens de « gosier », n. 10, p. 40.

3. L'origine de ce timbre nous est inconnue.

4. « *Je suis gros de vous voir* [...] pour dire j'en ai une envie passionnée » (Leroux, ouvr. cité). Mais, comme fréquemment dans les parades, on joue ici sur le double sens du premier vers, selon qu'il est isolé ou lié au reste de la phrase.

5. Voir n. 14, p. 43.

6. *Gobe-mouche* : « Style burlesque, badaud » (Féraud, ouvr. cité). Les sens figurés se développent dans la seconde moitié du XVIIIe siècle : « [...] celui qui n'a pas d'avis à lui [...] celui qui croit sans examen toutes les nouvelles qu'on lui débite » *(Académie 1835)*.

Page 91.

a. pour vous, quoique vous l'ayez débauchée. / GILLES, *sautant* : Bon ça, v'là qui parle pour nous. Personne n'en voudra plus, elle va rester fille, c'est pour mes menus plaisirs, attrape. / ARLEQUIN *lui donne un coup de pied au cul et se remet gravement* : Vous interrompez toujours, vous interrompez toujours ! / GILLES, *se frottant la fesse* : Comme on voit bientôt de quel métier sont les gens : regardez s'il me vise ailleurs. / JEAN-BÊTE : *C* : vous, puisque vous l'avez débouchée. / LÉANDRE[1] : Il le fallait bien : c'était à moi, le bouchon. / CASSANDRE : Je ne dis pas débouchée; c'est débauchée que j'entends. / JEAN-BÊTE : *F* ++ *b*. grand-père maternel, fraternel, tanternel, sempiternel, et *C*

1. Voir n. 5, p. 55.

2. Pour *débauché*; voir var. *a*.

3. Ou encore *pour le faire court*. Les deux expressions se prêtaient aux plaisanteries obscènes (voir Sorel, *Histoire comique de Francion*, dans *Romanciers du XVIIe siècle*, Bibl. de la Pléiade, p. 196).

4. *Liandre* est une forme fréquente dans les parades; voir, par exemple, *Les Bottes de sept lieues* (sc. 1, p. 17); elle figure chez Jean-Jacques Rousseau (*Les Confessions*, livre VI; Bibl. de la Pléiade, t. I, p. 261) : « C'était un grand fade blondin assez bien fait, le visage plat, l'esprit de même, parlant comme le beau Liandre [...]. »

5. Sur ces différents noms, voir G. Doutrepont, *Les Prénoms français à sens péjoratif*, Bruxelles, Académie royale de Belgique, 1929, p. 20 et suiv.; et notre édition des *Parades* de Beaumarchais, n. 184, p. 282.

[1] Lapsus pour JEAN-BÊTE.

6. « [...] son autorité paternelle [...] fraternelle, tanternelle et sempiternelle » (Gueullette, *Le Bonhomme Cassandre aux Indes*, sc. III; *Théâtre des boulevards*, éd. citée, t. III, p. 13). La plaisanterie sera reprise dans *Le Barbier de Séville*, acte II, sc. XIV (p. 317).

7. Il s'agit peut-être de l'hiver 1708-1709, qui fut extrêmement rigoureux.

8. « Officier établi par le roi dans les marchés pour visiter les cochons et empêcher qu'il ne s'en débite qui soient ladres » *(Dictionnaire de Trévoux)*; la ladrerie est une maladie parasitaire propre au porc, et que l'on observe par un examen de la langue.

Page 92.

a. Terassecon, *F* ++ *b.* jambes. Permettez que j'entre aussi dans la famille des Jean-Broche. Je ne savais pas *C* ++ *c.* reconnaître partout, ils aiment mieux se faire passer pour conseillers gobe-mouches, insipides savants, ignorants sorboniqueurs, fades poétereaux, forfantiers militaires, financiers lourdets et faquinets courtisans, que de dire tout *C* ++ *d.* d'autant plus que, l'ayant dévirginée plus *C*

1. Pour Italie. « Ancône, ville d'Italie [...] que nous appelons aujourd'hui marche d'Ancône » *(Dictionnaire de Trévoux)*. Le mot a été choisi à cause du verbe *enconner*, « mot libre », dit Leroux (ouvr. cité), qui en donne le sens. Voir de même Tarascon (var. *a*).

2. Pour *catafalque*, évidemment. *Cataplasse* note une prononciation populaire de *cataplasme*, qui existe encore dans la région parisienne.

3. *Catalogue*, pour *analogue*.

4. On notera la leçon de *C* (var. *c*) : on y trouve un des premiers emplois, sinon le premier, de sorboniqueur. *Forfantier* doit être un néologisme. *Lourdet* et *faquinet* ne sont pas dans les dictionnaires; mais *Faquinet* est le nom d'un personnage dans le *Théâtre italien* (1696) de Gherardi.

Page 93.

a. l'eau du puits *[5 lignes en bas de la page 92]* Ma fille, voilà M. Jean-Bête que je vous mets [...] des choux de votre jardin; [...] femme naturelle ? *(Jean-Bête met un genouil à terre* *C* ++ *b.* église [, comme vous voudrez *biffé*]. *Au verso se trouve le texte suivant :* Mais, mon gendre, il ne faut pas cacher z'à ces messieurs que toutes ces petites menuiseries accompagnées de godriolles que nous venons de débiter à la foire étaient zun moyen innocent d'amuser le seigneur du canton dont on célèbre ici la fête. / ISABELLE : Ah ! mon Jean-Bête est plein d'esprit, il nous fera des couplets pour lui. *F*

1. D'un manuscrit à l'autre, les navets ont remplacé les choux (var. *a*). Il est fait allusion ici à l'expression *en faire des choux et des raves*, « pour dire faire ce que l'on voudra, disposer d'une chose à sa volonté [...] » (Leroux, ouvr. cité).

2. *Genouil* est une forme vieillie; *Académie 1762* ne donne que *genou*. Voir Féraud (ouvr. cité) : « *Genou* ou *genouil*; pendant longtemps on a dit l'un et l'autre [...]. On ne dit plus que le premier. » *Genou* est une forme refaite, dès le Moyen Âge, sur le pluriel *genoux*.

3. Noter le proverbe retourné.
4. Vous marier. L'emploi, fréquent dans la langue populaire, est considéré par Féraud (ouvr. cité) comme un gasconnisme.
5. Voir n. 4, p. 56.
6. *Académie 1762* écrit *quadrer*; *Académie 1798*, de *quadrer*, renvoie à *cadrer*.
7. Sur ce commentaire, voir la Notice, p. 1197.
8. Voir var. *b*.

Page 94.

a. vous m'en coulez un peu. Et ce [...] mon ch'père d'abuser z'avec des contes moraux l'innocence d'une jeunesse nubile comme je puis t'être. Oùsqu'il *C, F*

1. La confusion est volontaire. « On invoque saint Roch contre la peste [...] ce peuple croit que les descendants de saint Hubert guérissent ceux qui ont été mordus par un chien enragé » (*Trévoux*; voir articles « Roch » et « Hubert »). En ce qui concerne le cordon de saint François, voir n. 1, p. 46.
2. *Stici*, *stila* : pour *celui-ci*, *celui-là*. Les formes du parler populaire sont nombreuses dans cette réplique : *j'équions* pour *j'étions*, *souquien* pour *soutien*, *tertous* pour *tous*.
3. La générosité de Le Normand était réelle : « On assure à Étiolles qu'ils [les indigents] ont reçu la somme de trois cents louis dans l'hiver de 1788 » (P. Villiers, *Manuel du voyageur*, Paris, éd. Favre, 1804, p. 392).
4. *Théorique*, pour *rhétorique*.
5. La plaisanterie devait être habituelle depuis la chanson de Piron, après l'échec de sa tragédie *Callisthène* et le triomphe de l'*Œdipe* de Voltaire : « Pardon, Messieurs du parterre, / Si je prends un vol trop haut. / Ce n'est qu'un vol terre à terre / Qu'il vous faut » (1730; Piron, *Œuvres complètes*, Paris, Quillot, 1938, t. IX, p. 269).
6. L'expression *chômer un saint* était courante : « *C'est un saint qu'on ne chôme plus*, en parlant d'un homme disgracié qui n'a plus crédit ni autorité » (Leroux, ouvr. cité).
7. Il s'agit de Charles Borromée, qui vivait au XVIe siècle. La Saint-Charles se fêtait — et se fête encore — le 4 novembre.

Page 95.

1. La plaisanterie est classique; et dans les parades, l'apothicaire s'appelle souvent *Visautrou*.
2. Je t'aurais déjà cassé les reins. C'est le seul sens que donnent les dictionnaires de l'époque.
3. Pour *Encyclopédie*. La publication de l'*Encyclopédie* (1751-1772) avait mis ce terme à la mode.
4. *La Ramée* est au XVIIIe siècle un des noms traditionnels du simple soldat.

Page 96.

1. Les jeux de mots sur les notes de musique étaient depuis longtemps populaires; à ce sujet voir notre édition des *Parades* de Beaumarchais, n. 210, p. 284. La plaisanterie doublement musicale et obscène, ici, indique assez combien ce théâtre de société était libre.

2. Même mouvement chez Gueullette : « Queux bêtises ! Queux platitudes ! » (*Léandre hongre*, sc. VIII; *Théâtre des boulevards*, éd. citée, t. I, p. 217).

3. Quelle joie ! Le mot peut être orthographié aussi *gaud* ou *gô* : « Le violon dit comm' ça, baisez, baisez. Queu gaud ! » (Vadé, *Jérôme et Fanchonnette* [1755], sc. XII; *Chefs-d'œuvre dramatiques de Vadé*, t. II, p. 115).

4. La fin du couplet est empruntée à Collé : « C'est bien gracieux, très gracieux, fort gracieux » (*Éloge du beau Léandre*, *Œuvres*, t. III, p. 71).

5. *Chorus*, mot emprunté du latin, n'a d'usage que dans cette phrase, *faire chorus*. Mais on trouve dans *Le Vice puni ou Cartouche* de Granval (Anvers, Nicolas Grandveau, 1725, p. 80) : *« Tous les convives répètent en chorus. »*

Page 97.

a. En marge de F, avant ce couplet : « Écriture de mon père. Mlle de Beaumarchais. »

1. « *Baiser en godinette* : amoureusement comme font les amants. Il est vieux » (*Académie 1762*, Supplément). « *Baiser à la pincette*, c'est pincer avec les doigts les deux joues de la personne que l'on veut embrasser sur la bouche : ce que les enfants appellent *baiser à la godinette* » (d'Hautel, ouvr. cité).

2. On reconnaît l' « aimable Nanette », dédicataire de *Léandre marchand d'agnus [...]*; voir n. 3, p. 39.

Page 98.

a. Les manuscrits C et F se terminent sur cette réplique. Dans le texte que nous reproduisons, les couplets suivent sans solution de continuité.

1. Peut-être s'agit-il du *Sacristain*. Voir p. 1295 et l'Appendice III, p. 1138.

2. *Étoupille* : « Se dit d'une espèce de mèche, composée de trois fils de coton, bien imbibés d'eau-de-vie ou de poudre écrasée » (Féraud, ouvr. cité, Supplément).

3. *En pleine trompe* : nous dirions joués à pleins poumons.

4. On en trouvera la musique dans Capelle, *La Clef du caveau*, Paris, chez l'auteur, 2e édition, 1816, p. 292.

Page 99.

1. On trouve, dans ces couplets, beaucoup de formes caractéristiques du parler paysan, en particulier des jurons : *jarni*, *pargué*, *morgué*, etc.

2. « Parmi le peuple, un mari appelle sa femme *notre ménagère* » (*Académie*).

3. Les pousse à agir ou, plus probablement, leur donne de l'argent : « *Jouer du pouce*, compter de l'argent pour payer » (*Littré*).

4. *Engrainer*, ou peut-être *engraigner*, « augmenter », que donne Leroux, ouvr. cité.

Page 100.

1. « *Donner de la tablature à quelqu'un*, pour dire lui donner de l'embarras, lui susciter quelque affaire fâcheuse. Il est du style familier dans les deux sens » (*Académie*).

2. Ces quatre vers sont une allusion au procès contre Goëzman (1773-1774). La « nouvelle magistrature » est le parlement Maupeou, créé en 1771, qui va être chassé en 1774. Voir, p. 673 et suiv., les *Mémoires contre Goëzman.*

3. « Il faut aller à Pâques écurer son chaudron. C'est-à-dire nettoyer sa conscience, aller à confesse » (Leroux, ouvr. cité).

4. « Celui qui a le soin de tout ce qui regarde la fabrique et l'œuvre d'une paroisse » *(Académie)*.

5. Sur « Manon la Blonde », voir la Notice, p. 1191.

Page 101.

ZIZABELLE MANNEQUIN

1. Le titre n'avait rien de surprenant. « Outre plusieurs comédies italiennes qui portent le titre d'*Isabelle*, il y a deux anciennes pièces françaises sous cette dénomination : *Isabelle arlequin*, opéra-comique de Panard (1731), *Isabelle médecin*, comédie en trois actes par Fatouville » (de Léris, *Dictionnaire portatif des théâtres*, Paris, Jombert, 2e édition, 1763, p. 258). Citons encore *Isabelle précepteur* de Collé (1753). Sera représenté en 1793 un vaudeville de Barré, Radet et Desfontaines, intitulé *Colombine mannequin*, qui offre des ressemblances frappantes avec la pièce de Beaumarchais.

2. « On appelle *comédie-parade* une farce, une comédie au gros sel » (Féraud, *Dictionnaire critique de la langue française*, Marseille, chez Jean Mossy, 1787); « mêlée d'ariettes » indique que les couplets seront chantés sur des airs nouveaux. En réalité, *Zizabelle mannequin* est une pièce hybride, les couplets étant chantés, tantôt sur des airs connus, tantôt sur une musique originale.

3. La musique de la plupart des ariettes de cette pièce nous est inconnue; voir la Notice, p. 1199.

Page 102.

1. *Oùs que* : pour *où*; contraction de *où est-ce que.*

2. Gilles était déjà anobli dans *Jean-Bête à la foire*; voir p. 66, deuxième réplique.

Page 103.

1. L'expression *s'en battre l'œil* revient fréquemment dans la littérature poissarde. *S'amuser à la moutarde* : « [...] pour perdre son temps en vain, s'occuper à des bagatelles » (Leroux, *Dictionnaire comique, satirique, critique, burlesque, libre et proverbial*, nouv. éd., Pampelune, 1786, art. « Moutarde »).

2. Déformation plaisante de l'expression courante *faire des querelles sur la pointe d'une aiguille*, « pour dire faire des querelles [...] sur des choses de rien » *(Académie 1762)*.

3. Cette prononciation dialectale pour *droit* appartient au parler populaire parisien.

4. L'expression *faire des trous à la lune* signifie ordinairement « disparaître sans payer ses dettes » *(Académie 1762)*. Elle est prise ici dans un sens plus particulier !

Page 104.

1. *Fiche* désigne une marque de jeu; la *fiche de consolation* était la fiche qu'on ajoutait à celles qu'un joueur avait gagnées pour lui

assurer un certain bénéfice. L'expression prend au XVIIIe siècle le sens figuré de « petit dédommagement de quelque perte, adoucissement à une disgrâce » (*Littré*, qui cite Bachaumont, *Mémoires secrets*, année 1786).

2. Pour *anguille*, évidemment; *qu'eut* : quelque (n. 2, p. 66).

3. L'ancienne langue connaissait *finable* et *finablement*. On trouve souvent dans les parades *en fin finale*.

Page 105.

1. Le mot doit probablement s'entendre encore au sens d' « élégant » (n. 5, p. 71); peut-être aussi, à cause de *fringant*, au sens de « hardi ».

2. *Tout brandi* : « [...] mot usité dans les campagnes et qui signifie sans embarras, tout d'emblée » (d'Hautel, *Dictionnaire du bas langage*, Paris, 1808). Voir aussi p. 19 et n. 8.

3. Cette forme ancienne pour *foudroyer* permet un jeu de mots avec *foutre*.

4. « *Mettre quelque chose en cannelle*, le briser, le mettre en morceaux » (d'Hautel, ouvr. cité).

5. C'est en effet le compte : le sou valait quatre liards.

Page 106.

1. Pour *Liandre*, voir p. 91 et n. 4.

2. Toute cette chanson a été empruntée sans modification à *Jean-Bête à la foire*, sc. IX, p. 90 et n. 3.

Page 107.

1. *Mardi* : juron paysan.

2. Ces charges ne valaient pas cher et ne rapportaient pas grand-chose.

3. Pour *à propos de bottes*, voir n. 2, p. 16.

4. Il était exclu qu'un commandeur de Malte (ou Malthe) portât un pantalon; et ce mot évoquait encore, à l'époque probable où fut jouée cette pièce, le personnage de la farce ainsi nommé.

5. « On dit aussi d'un habit qui est fort juste à celui qui le porte qu'*il lui va comme de cire* » (*Académie*).

6. Voir n. 9, p. 7.

7. Souvenir probable de *Jean-Bête à la foire*; voir p. 69.

Page 108.

1. « Petite pièce de fer dont on se sert pour tirer du feu d'un caillou » (*Académie*).

2. « C'est parler de manière que des personnes étrangères à votre entretien ne vous entendent pas, du moins assez pour distinguer ce que vous dites » (Féraud, ouvr. cité).

Page 109.

1. Le copiste a omis *vous*, par inadvertance.

2. *Cornette* : « [...] sorte de coiffure dont les femmes se servent dans leur déshabillé » (*Académie*). *Désespoir* : « [...] c'est le nom d'un ruban que les dames portent à leur tête lorsqu'elles sont coiffées en négligé » (*Dictionnaire de Trévoux*, éd. 1743).

3. « Bande d'étoffes plissées et mises pour ornement sur les jupes et les écharpes de femmes » *(Académie)*.

Page 110.

1. « On dit de celui qui est imposteur ou visionnaire qu'il fait voir aux autres ou qu'il croit voir lui-même les étoiles en plein midi » (Féraud, ouvr. cité).

2. Pour *auparavant*, par jeu de mots avec *paravent*. Cette forme, fréquente au XVIe siècle, était déjà considérée comme vieillie ou burlesque au siècle suivant.

3. Galimatias pour : Je ne sais ce qui me retient de [...].

4. T'éventrer. Le mot est chez Vadé : « [...] la gueule du bachot [n. 4, p. 11], pan, s'écalventre contre la pile » (*Lettres de La Grenouillère*, éd. citée, t. III, p. 313). On trouve aussi la forme *s'escravanter*.

5. « On appelle *archer de l'écuelle*, un archer qui a la commission de prendre les mendiants et de les mener à l'hôpital » (Féraud, ouvr. cité). « J'ai été six ans archer de l'écuelle [...]. Il ne faut pas rire, c'est le plus vieux corps qui soit en France » (Gherardi, *Théâtre italien*, *La Fille de bon sens*, sc. VII; Paris, 1700, t. IV, p. 187). L'effet comique est ici accentué par l'emploi de *messieurs*.

Page 111.

1. *Blasphème* est une contamination de *blême* et de *blafard*. *Saturne* : « [...] pour de mauvaise humeur, bourru, jaloux [...] » (Leroux, ouvr. cité).

2. *En dedans* : dans la maison, c'est-à-dire en coulisse.

3. L'origine de ce timbre nous est inconnue.

4. « On dit proverbialement *Ce n'est pas pour vous que le four chauffe* pour dire : ce n'est pas pour vous qu'une telle chose est destinée » *(Académie)*.

Page 112.

1. Voir n. 1, p. 43.

2. *La Clef du caveau* de Capelle (Paris, chez l'auteur, 2e édition, 1816) renvoie à un autre vers de la chanson : « J'avais toujours gardé mon cœur. » On en trouve la musique au numéro 396, p. 173.

3. *La Clef du caveau* indique que cet air se chante sur celui de la Fustemberg; voir la musique, nº 684, p. 291.

4. Le mot se rencontre à plusieurs reprises dans les œuvres de Vadé. Il signifie ici *partenaire* et se rattache au vieux mot *parçon*, « partage ». Il est dans le *Dictionnaire de Trévoux* : « *Parsonnier* : associé avec d'autres pour tenir un ménage. Il signifie aussi cohéritier. Il se prend encore pour complice. »

5. Pour *tomber en défaillance*, expression donnée par Féraud, ouvr. cité.

Page 113.

1. Au sens de tromper. L'expression se trouve dans *Les Fourberies de Scapin*, acte III, sc. V : « Nous verrons cette affaire, pendard, [...] et je ne prétends pas qu'on me fasse passer la plume par le bec » (Molière, *Œuvres complètes*, Bibl. de la Pléiade, t. II, p. 939-940).

2. La phrase amalgame deux expressions que nous n'avons pas trouvées dans les dictionnaires. Disait-on *raisonner comme une seringue* ? *boire avec une fourchette* ?

3. *Avoir* a été oublié par le copiste.

4. Pour *agoniras* : *agonir* est encore un mot récent (on le trouve en 1756 chez Vadé). Sa conjugaison a été contaminée, dès le début, par celle d'*agoniser*, comme ici. La confusion entre les deux verbes est encore fréquente de nos jours.

Page 114.

1. Sur cette forme dialectale pour *gésier*, voir Desgrouais, *Les Gasconismes corrigés*, Toulouse, Vve Douladoure, nouv. éd. 1801, p. 206.

2. Tes cheveux d'emprunt ? ta perruque ? Léandre en effet porte une perruque; voir le jeu de scène p. 115. Mais pourquoi *empreuse* ?

3. Ce janotisme laisse à penser que notre pièce est plus tardive que les autres parades, mis à part peut-être *Jean-Bête à la foire*, où l'on en trouve p. 63 et n. 1, et p. 82 et n. 4.

4. Pour *protestations*, bien entendu.

5. Souvenir de l'expression « *vous viendrez cuire à mon four*, pour dire : vous aurez besoin de moi, j'aurai l'occasion de me venger » *(Académie)*. Sur *ne promettre pas poires molles*, voir n. 1, p. 17.

6. Autrement dit, sourde comme un aveugle. L'hospice des Quinze-Vingts, fondé par saint Louis en 1254, pouvait abriter trois cents aveugles. C'est l'actuel Centre national d'ophtalmologie des Quinze-Vingts, 28, rue de Charenton, dans le douzième arrondissement.

7. Le copiste a écrit delle; voir déjà p. 67 et n. 4.

Page 115.

1. Voir n. 2, p. 79.

2. *De Parque en Parque* était passé de *Léandre marchand d'agnus [...]* à *Jean-Bête à la foire*; voir p. 38 et n. 3, et 60 et n. 3. L'expression est mise pour *de part en part*, évidemment.

3. Sur *tête à perruque*, voir p. 738.

Page 116.

1. Amené seulement par la rime ! *Plumer*, au sens figuré, signifiait au XVIIIe siècle, comme de nos jours, « ruiner ».

2. *Envoyer au peautre* : « C'est envoyer promener d'une façon méprisante et injurieuse » *(Trévoux)*. *Piautre* est l'ancien mot français *peautre*, mauvais lit, grabat.

EUGÉNIE

NOTICE

Si l'on en croit l'auteur, *Eugénie* et l'*Essai sur le genre dramatique sérieux* qui l'accompagne ont été travaillés pendant huit ans, abandonnés parfois, puis repris avec enthousiasme après la lecture de Diderot[1]. L'*Essai sur le genre dramatique sérieux*, qui précède la pièce dès sa seconde édition, définit en quelques pages ce genre nouveau qu'est le drame avec une rigueur et une concision qui ne se retrouveront pas dans les autres écrits théoriques de Beaumarchais. Ce texte, dont on méconnaît encore trop souvent l'importance, est un véritable manifeste, qui reprend en les précisant les thèses de Diderot : à la division plus complexe des genres dramatiques qu'avait suggérée l'auteur des *Entretiens sur « Le Fils naturel »*, Beaumarchais substitue une opposition plus nette entre la comédie plaisante et la tragédie héroïque, d'une part, et le genre dramatique sérieux, d'autre part; quant à savoir si le drame doit être écrit en prose ou en vers, alors que Diderot hésitait à donner une réponse, Beaumarchais choisit délibérément la prose et donne avec précision ses raisons. Le disciple éprouve pour son maître une admiration qui s'exprime avec enthousiasme, mais il a trop de personnalité pour n'être pas à son tour le génie créateur dont il fait l'éloge[2].

De la partie critique de ce texte, qui analyse les défauts de la comédie et de la tragédie, et de la partie positive, qui définit par contraste les qualités du drame sérieux, se dégage une théorie solide qui dit l'essentiel : il s'agit de représenter les hommes non pas moindres ni plus grands qu'ils sont, mais tels que les fait agir devant nous un événement qui pourrait être véritable; de substituer, à des formes qui éloignent les personnages du public, « la peinture touchante d'un malheur domestique, d'autant plus puissante sur nos cœurs qu'il semble nous menacer de plus près[3] ». À la distanciation — usons de ce mot commode, malgré sa modernité — qu'établissaient, par des moyens différents, la tragédie et la comédie, se substitue un effet de sympathie qui rend l'action dramatique efficace. Efficace, parce que « touchante » et produisant une émo-

1. Sur l'influence de Diderot dans la genèse d'*Eugénie*, voir p. 119 et n. 1, 120 et n. 2, 132-133, 138 et n. 3. Sur les dates essentielles à retenir, voir cette Notice, p. 1241. Sur des états antérieurs du début de l'*Essai [...]* et de l'analyse du plan et des caractères, voir n. 5, p. 120, et n. 1, p. 139. Sur l'Avertissement de la 2e édition, voir n. 1, p. 140.

2. Voir p. 122-123.

3. Voir p. 123.

tion « charmante », un « attendrissement[1] » dont l'effet est puissant sur l'homme sensible. Car, bien plus que la tragédie ou la comédie, le drame est véritablement moral, d'une moralité « directe et profonde », propre à conduire le spectateur à la vertu par la peinture d'événements qui le touchent de près. Mais à genre nouveau, nouveau style : ce dernier sera simple, plus parlé qu'écrit, et, si possible, « aussi vrai que la nature même[2] ».

Telles sont les idées fondamentales de cet essai, qui utilise déjà des termes appelés à devenir essentiels dans la dramaturgie de Beaumarchais. D'abord sont refusées, pour désigner la nouvelle forme théâtrale, les expressions « tragédie bourgeoise » ou « comédie larmoyante »; le « genre dramatique sérieux » est tour à tour « honnête », « touchant », c'est un « drame noble et grave », une « tragédie domestique[3] ». Ensuite est formulée avec vigueur l'opposition entre l' « état » et le « caractère[4] » — et comment ne pas penser ici à *Tarare*[5] ? Enfin, apparaît un autre mot capital, le mot « crise », certains passages d'Eugénie n'ayant été efficaces que parce qu'ils étaient « l'expression simple et vraie de la nature, à l'instant d'une crise[6] [...] ». Le terme se retrouvera non seulement dans les autres écrits théoriques, mais encore dans la bouche de Figaro[7].

À la fin de l'*Essai [...]* sont longuement analysés les caractères des personnages. Ce faisant, Beaumarchais se révèle fidèle disciple de Diderot; en même temps il assure une transition commode entre son manifeste et sa pièce, dont on doit se demander si elle est l'illustration parfaite des théories qui la précèdent.

Eugénie fut représentée pour la première fois au Théâtre-Français le jeudi 29 janvier 1767. L'auteur avait donné sa pièce, c'est-à-dire sacrifié ses droits d'auteur. Les comédiens, en retour, la jouèrent bien, la distribution était brillante et Mlle Doligny fut une touchante Eugénie. L'auteur redoutait les effets d'une cabale[8], et on l'accusa en revanche d'avoir payé des claqueurs et fait jeter de l'argent dans la salle[9]. En réalité, le succès fut médiocre à la première représentation et ne s'affirma qu'après que l'auteur eut modifié et surtout allégé son texte. Dès lors le nombre des représentations fut plus qu'honorable, ainsi que le nombre des reprises jusqu'en 1863. La pièce fut éditée deux fois l'année de sa création, traduite en italien et en allemand l'année suivante. Elle fut bien accueillie en province. Dans sa lettre au baron de Breteuil de 1784, Beaumarchais constatera, avec un peu de complaisance, que sa pièce a été « constamment

1. Voir p. 127.
2. Voir p. 133.
3. Voir p. 121, 123, 129, 130, 131.
4. Voir p. 130 et n. 1.
5. Voir p. 505 et 596.
6. Voir p. 137-138.
7. *Le Mariage de Figaro*, acte V, sc. III, p. 471 et n. 5.
8. Voir sa lettre de [janvier] 1767 au duc d'Orléans (*Correspondance*, Paris, Nizet, 1969, t. I, p. 200).
9. Voir Collé, *Journal*, Paris, Didot, 1868, t. III, p. 125 et 138.

jouée sur tous les théâtres de l'Europe, et traduite dans toutes les langues[1] ». Mais les critiques furent moins favorables que les spectateurs : Palissot parle de la « romanesque et dolente Eugénie[2] », Fréron condamne les jeux d'entracte et souligne la faiblesse des deux derniers actes[3], Collé affirme que l'auteur « a prouvé, par son drame, à ne pouvoir en douter, qu'il n'a ni génie, ni talent, ni esprit[4] ». Qui pourrait en effet pressentir à cette date l'auteur du *Barbier de Séville* ?

Il nous est sans doute permis, puisque nous connaissons l'ensemble de l'œuvre de Beaumarchais, de porter un jugement plus équitable. Constatons d'abord que cette pièce a été longuement travaillée : en témoignent le nombre des manuscrits et de leurs corrections, l'hésitation en ce qui concerne le titre, le fait que l'action ait d'abord été située en France[5]. Beaumarchais emploie la méthode qui sera désormais la sienne : il lit la pièce à ses amis, sollicite leurs avis[6], modifie son texte après la première représentation, pour le rendre efficace. Il est attentif aux répétitions, et dans sa pièce décrit avec minutie le décor[7], note avec regret que ses interprètes « n'ont pas osé hasarder les Entractes[8] ».

Les critiques, en particulier Lintilhac, se sont efforcés de découvrir quelles étaient les sources de l'intrigue, et souvent sans retenue. Il n'est pas vrai que *Laurette* soit « un premier crayon d'*Eugénie*[9] »; il n'est pas vrai non plus que la pièce ait quelque rapport avec la *Laurette* de Marmontel[10]; il est bien douteux que Beaumarchais ait pensé à la triste aventure de sa sœur avec Clavijo[11]. En revanche, on penserait plutôt à un passage des *Mémoires du comte de Gramont* d'Hamilton[12], si le thème du faux mariage n'était fréquent dans la littérature romanesque à cette époque[13]; et, en ce qui concerne Sir Charles à la fois sauvé et outragé par le même homme, au *Dom Juan* de Molière[14], si cette situation ne se retrouvait dans *Le Diable boiteux* (1707) de Lesage, dont Beaumarchais dit s'inspirer, et s'inspire[15]. Tous les éléments de la pièce se retrouvent

1. Voir p. 1159.
2. Voir *La Dunciade*, Londres, 1771, p. 123.
3. *Année littéraire*, 1767, t. VIII, lettre XIII, p. 328.
4. Ouvr. cité, t. III, p. 123. Pour d'autres critiques, voir le *Théâtre complet de Beaumarchais*, éd. d'Heylli et Marescot, Paris, Académie des bibliophiles, 1869, t. I, p. 6-14.
5. Voir la Note sur le texte ; la suite de cette Notice, p. 1240 ; et n. 1, p. 139.
6. Voir en particulier les critiques du duc de Nivernois (*Correspondance*, éd. citée, t. I, p. 202-204) et, de Loménie, *Beaumarchais et son temps*, Paris, Lévy, 1856, t. I, p. 209-213.
7. Voir p. 142.
8. Voir p. 154 et n. 3.
9. Voir Lintilhac, *Beaumarchais et ses œuvres*, Paris, Hachette, 1887, p. 340.
10. Sur cette œuvre, voir p. 1121-1133.
11. Voir la Chronologie (1764), p. XXVI ; et le catalogue de l'Exposition Beaumarchais, B.N., Paris, 1966, n° 142.
12. Voir n. 2, p. 148.
13. Par exemple dans *Le Vicaire de Wakefield* (1766) de Goldsmith.
14. Voir n. 1, p. 180.
15. Voir p. 119 et n. 4 et n. 5, p. 120.

dans l'« Histoire des amours du comte de Belflor et de Léonor de Cespèdes[1] » : même inégalité de condition entre les deux amants, même évocation du roi, même situation du frère, et parfois mêmes jeux de scène[2]. Les modifications apportées à l'intrigue par l'auteur dramatique ne sont pas moins instructives : la duègne est remplacée par la tante, le mariage secret a vraiment été célébré, le comte va véritablement se marier, il n'y a plus de double mariage à la fin de la pièce; mais surtout ce qui n'était qu'aimable divertissement chez Lesage devient chez Beaumarchais un drame véritable, dont la tonalité est tout à fait différente.

De cette évolution témoignent les titres d'abord choisis[3] : *Eugénie ou la Vertu au désespoir, tragédie domestique*; *Eugénie ou la Vertu malheureuse*. Et l'auteur explique : « Le sujet de mon drame est le désespoir où l'imprudence et la méchanceté d'autrui peuvent conduire une jeune personne innocente et vertueuse, dans l'acte le plus important de la vie humaine[4]. » Il écrira plus tard, dans la lettre au baron de Breteuil : « [...] les bons esprits ont senti que la moralité, que l'intérêt naissaient entièrement de la disconvenance d'un homme puissant et vicieux, qui persécute une faible fille trompée, vertueuse et délaissée[5]. » Ces déclarations sont précieuses, non seulement parce qu'elles révèlent les intentions de l'auteur, mais encore parce qu'elles soulignent la profonde unité de toute l'œuvre dramatique : le thème de la naissance illégitime apparaît déjà, la pièce est déjà un plaidoyer pour la femme, créature faible et persécutée, certaines répliques ont déjà une portée sociale et politique, enfin moralité et vertu triomphent à la dernière scène : « [...] chacun de vous a fait son devoir aujourd'hui », s'écrie le baron *« avec joie »*; « Chacun a bien fait son devoir », s'écrie Figaro dans la dernière réplique de *La Mère coupable*[6]. Vingt-cinq ans séparent pourtant les représentations des deux œuvres.

Il est difficile, pour nous, d'apprécier la modernité de l'œuvre en 1767 et l'audace de l'auteur « osant montrer un seigneur libertin, habillant ses valets en ministres, et feignant d'épouser une jeune personne qui paraît enceinte au théâtre, sans avoir été mariée[7] »; de comprendre aussi la nouveauté des « jeux d'entracte ». Nous sommes plus sensibles à des défauts que les contemporains ont déjà soulignés : l'intrigue manque d'unité, ou plutôt il y a deux intrigues assez maladroitement reliées; les deux derniers actes sont loin de

1. *Le Diable boiteux*, chap. IV et V ; voir *Romanciers du XVIIIe siècle*, Bibl. de la Pléiade, t. I, p. 291 et suiv.

2. Par exemple : « Il se leva brusquement, s'avança vers la porte, qui s'ouvrit, et présenta la pointe de son épée à son père » (*ibid.*, p. 317) ; voir *Eugénie*, acte IV, sc. XIV, p. 185.

3. Pour le premier, voir Lintilhac, ouvr. cité, p. 420 ; pour le second, Édouard Fournier, *Œuvres complètes de Beaumarchais*, Paris, Laplace, Sanchez et Cie, 1876, p. XIV.

4. Voir p. 134-135.

5. Voir p. 1159.

6. Respectivement p. 197 et 672.

7. Voir p. 1159.

valoir les trois premiers, certaines scènes sont mal conduites parce qu'un procédé comme l'aparté y est utilisé avec excès[1]. Sur le plan psychologique, la transformation du comte de roué en époux vertueux est insuffisamment préparée. Enfin et surtout, le style, qui se voudrait « simple, sans fleurs ni guirlandes » et « aussi vrai que la nature même[2] », n'échappe pas toujours à la grandiloquence[3]. Mais il y a d'excellents passages, la peinture souvent adroite d'une société pittoresque, à la fois anglaise et française, et déjà un sens du comique que l'auteur refoule, parce qu'il n'a pas encore trouvé sa voie. La pièce n'a pas été jouée depuis 1863, mais, telle qu'elle est, mériterait peut-être d'être reprise. Nous ne pleurerions pas, comme le faisaient beaucoup de spectateurs au XVIIIe siècle. Mais une représentation soignée et attentive aux intentions de l'auteur ne manquerait pas d'intérêt. La Comédie-Française s'honorerait de remettre à la scène une œuvre qui lui avait été donnée et qu'elle a déjà si bien servie.

Chronologie d' « Eugénie ».

1759

Début de la rédaction de l'*Essai sur le genre dramatique sérieux* et de la pièce.

1766

Approbation du censeur Marin, datée du 30 décembre, et permis de représenter de Sartines, daté du 31.

1767

Première représentation, retardée par une maladie de Préville (qui joue le rôle du baron), le jeudi 29 janvier. Ce même jour, lettre de Marin, demandant de faire d'ultimes corrections. La deuxième représentation a lieu le 31, une fois la pièce remaniée après son demi-échec. Vingt-trois représentations sont données cette année-là.

La pièce est imprimée la même année; l'approbation de Marin est du 27 juin.

Une seconde édition (voir la Note sur le texte, p. 1242) fait suivre l'*Essai [...]* d'un « Avertissement servant aussi d'errata ».

1768

La pièce est traduite en italien et en allemand.

1769

Eugénie est adaptée en anglais et jouée sous le titre : *The School for rakes* [L'École des roués].

1. Par exemple, acte III, sc. VII, p. 173.
2. Voir p. 133.
3. Voir, entre autres, la réplique d'Eugénie : « Eh ! plût à Dieu [...] » (acte V, sc. III, p. 192).

Jusqu'en 1789, la pièce est régulièrement reprise et jouée devant la cour en 1775 à Fontainebleau, et en 1778 à Versailles.

1791 et 1792

La pièce est au répertoire du théâtre du Marais.

1798

Elle est jouée au Théâtre français de la République.

1811 et 1812

La pièce est reprise à la Comédie-Française.

1863

Dernière reprise, avec quatre représentations.

Eugénie a été jouée à la Comédie-Française cent quatre fois au XVIIIe siècle, et quatre-vingt-huit fois au XIXe siècle, soit un total de cent quatre-vingt-douze représentations.

NOTE SUR LE TEXTE

Le nombre d'esquisses, de brouillons, montre combien Beaumarchais a travaillé sa pièce. Selon le témoignage de Lintilhac[1], il n'existe pas moins de cinq manuscrits divers dans les papiers de famille. La Comédie-Française en possède deux. L'un (de 143 pages) porte l'approbation de Marin et le permis de représenter de Sartines, datés respectivement du 30 et du 31 décembre 1766. C'est probablement le texte qui fut joué à la première représentation, avant que l'auteur ait fait des coupures et assuré ainsi le succès. C'est à ce texte qu'appartiennent les variantes que nous donnons. Le second manuscrit (de 99 pages) est, à très peu de chose près, conforme à la pièce imprimée.

Une édition de 1767 ne contient pas l'*Essai sur le genre dramatique sérieux*. Nous avons choisi, comme les autres éditeurs, l'édition complète[2] dont la page de titre se présente ainsi :

EUGÉNIE, / Drame / en cinq actes en prose, / enrichi de figures en taille-douce; / avec / un ESSAI / SUR LE DRAME SÉRIEUX. / Par M. de Beaumarchais. / *[filet]* / Une seule démarche hasardée m'a mise à la merci de tout le monde. / *Eugén*[*ie*] Acte III. Scène IV. / *[filet]* / Prix, 3 liv[res] broché. / *[vignette]* / À Paris, / Chez Merlin, Libraire, rue de la Harpe, / à S[aint-]Joseph. / *[deux filets]* / M. DCC. LXVII. / Avec approbation et privilège du Roi.

Le volume contient l'*Essai [...]* aux pages I-XLIV et la pièce aux pages 1-113. Suit l'approbation du 27 juin 1767, signée Marin.

Le texte a été soigneusement revu par l'auteur, comme en témoigne l' « Avertissement servant aussi d'errata », inséré hors

1. *Beaumarchais et ses œuvres*, éd. citée, p. 37-40, 376-381, et surtout 420-421.
2. Sur cette édition, voir Henri Cordier, *Bibliographie des œuvres de Beaumarchais*, Bruxelles, Libro-science, s.d., p. 1.

pages entre l'*Essai [...]* et la pièce, dans lequel Beaumarchais corrige avec soin les fautes d'impression et indique la prononciation exacte des termes anglais[1].

SIGLE UTILISÉ

ms. Premier manuscrit de la Comédie-Française.

NOTES ET VARIANTES

Page 119.

ESSAI SUR LE GENRE DRAMATIQUE SÉRIEUX

1. Donc en 1759. Diderot a publié en 1757 les *Entretiens sur « Le Fils naturel »* et l'année suivante le *Discours sur la poésie dramatique* (voir n. 3, p. 138).

2. « Et Apollon ne tend pas toujours son arc » (Horace, *Odes*, II, x, v. 19-20).

3. Il s'agit de trois romans, parus en 1759 (*The Bracelet or the Fortunate Discovery, being the history of Miss Poly*, adaptation des *Mémoires de Cécile*, roman de Mme Guichard), en 1762 (*Histoire de Miss Jenny* de Mme Riccoboni) et en 1764 (*Fanni ou l'Heureux Repentir* de Baculard d'Arnaud).

4. Chap. IV et V. Voir, dans l'édition de la Bibliothèque de la Pléiade des *Romanciers du XVIII*e *siècle*, t. I, les pages 291-324. Le brouillon (voir n. 5, p. 120) parle d'une « nouvelle espagnole de don Cléophas », mais la contradiction n'est qu'apparente. Dans *Le Diable boiteux* (voir la Notice, p. 1239), c'est à don Cléophas qu'Asmodée raconte l'histoire espagnole. La référence est plus nette dans le texte définitif.

Page 120.

1. Thémire est un des noms conventionnels de la femme aimée au XVIIIe siècle. Voir dans la lettre de Beaumarchais à la comtesse de Tessé, à propos d'*Eugénie*, les deux vers : « Oh ! doux effet du baiser de Thémire / Je vous ai trop senti pour vous décrire » (*Correspondance*, éd. citée, t. I, p. 202).

2. Il s'agit ici de la représentation donnée à la Comédie-Française en 1761. La pièce avait été publiée en 1758 (voir n. 3, p. 138) et jouée une première fois à Marseille.

3. Au sens ancien et très large d'*auteur*, de *créateur*.

4. Auraient dû.

5. Il existe pour ces quatre premiers paragraphes un fragment de brouillon qu'a publié E. Lintilhac (*Beaumarchais et ses œuvres*, éd. citée, p. 37-38) et que voici :

« Il y a environ huit ans, qu'à travers des occupations plus graves je trouvai le temps d'entamer une dissertation sur le genre dramatique sérieux ou intermédiaire entre la comédie héroïque et la comédie plaisante. Ce sujet, qui m'intéressait, m'entraîna au point que je brouillai rapidement plus d'un cahier de papier; mais, malgré la chaleur où j'étais, je m'aperçus bientôt qu'une dissertation répondait imparfaitement aux idées dont j'étais rempli, je voulais

1. Voir n. 1, p. 140.

convaincre dans un genre où il ne faut que persuader. Ce qui m'amena à essayer de substituer l'exemple au précepte. Moyen infaillible quand il réussit, mais qui met son auteur bien au-dessous de lui-même lorsqu'il manque son objet. Trop échauffé pour être capable alors de cette réflexion et ne voyant que la nécessité de rendre plus sensibles les idées dont j'étais occupé, je fondis d'un seul jet le plan entier de la pièce que je donne aujourd'hui. Une nouvelle espagnole de don Cléophas m'en fournit les premières idées. Cette espèce de travail rapide, qui ne fait que jeter des masses et indiquer les situations, convenait très fort à l'empressement que j'avais d'appuyer ma dissertation. Mais lorsqu'il fallut mettre en œuvre cette ébauche informe, ma tête refroidie par les détails indispensables de l'exécution se dégoûta bientôt de son ouvrage; cet abandon entraîna celui de la dissertation et une chanson ou quelques vers à ma belle me firent oublier la peine inutile que je m'étais donnée, et c'en fut de mon projet comme de ces meubles de tapisserie que nous voyons tous les jours entreprendre aux femmes : les canevas s'achètent, les laines se choisissent, les dessins se forment, tout ce qui est facile et neuf est beau, l'ardeur emporte, on fait promptement un écran ou un fauteuil; bientôt les détails refroidissent; la longueur de l'ouvrage effraye; une nouvelle mode vient à la traverse, le dégoût saisit; l'on envoie les métiers au garde-meuble, pour broder au tambour quelque veste ou quelque nœud d'épée. Si, au bout de quelque temps, on voit la constance d'une autre femme couronnée par le succès, et les éloges prodigués à quelque magnifique ouvrage de ce genre, alors les regrets d'avoir manqué de courage ramènent au meuble entamé, l'émulation nouvelle dure environ la valeur de deux autres fauteuils, et les bras tombent de nouveau. Voilà ce qui m'arrive. Lorsque M. Diderot donna son *Père de famille*, je revis mon ouvrage avec joie, et mon ardeur dura à peu près autant de temps qu'il en fallut pour monter toutes mes scènes; alors d'autres occupations plus graves me firent remettre le projet à des temps plus tranquilles. Les dames, dont le meuble au petit point sert de comparaison, fatiguées d'être revenues plusieurs fois avec une chaleur éphémère à cet éternel meuble, se lassent enfin de le voir traîner, le font terminer par leurs femmes et n'en ont pas moins le mérite de l'avoir produit. Oh ! voilà ce que je ne fis du tout. Mon drame entamé, laissé, repris, abandonné, resta en portefeuille jusqu'au moment qu'étant à la campagne, libre de soins, le cœur content et vide d'occupation, j'y mis la dernière main. L'indulgence du public pour cet essai, le vif attendrissement qu'il a éprouvé au tableau tragique du désespoir où la méchanceté d'autrui peut plonger une jeune personne innocente et vertueuse, quoique traité d'une manière faible et imparfaite, m'a convaincu que si je n'avais pas rempli tout à fait l'idée que je m'étais formée du genre sérieux, j'avais sainement jugé, lorsque ce genre m'avait paru propre à se faire goûter et à mériter l'attention du public, ce qu'il ne manquera pas de faire aussitôt qu'il sera ouvragé par des mains plus habiles; pour cette fois-ci *inter strepit anser olores.* »

Don Cléophas est le partenaire du démon Asmodée dans le roman de Lesage. La citation latine, qu'on peut traduire : « L'oie braille au milieu des cygnes », est empruntée librement au vers 36 de la *IXe Églogue* de Virgile; Beaumarchais a remplacé *strepere* par *strepit.*

6. Les attaques personnelles. *Personnalité* : « Il se prend communément en mauvaise part, et signifie alors un trait piquant, injurieux et personnel contre quelqu'un » *(Académie)*.

7. « Désormais ma douleur est devenue habitude » (*Les Pontiques*, livre II, Élégie VII, v. 39).

8. Sur l'accueil fait à la pièce, voir la Notice, p. 1238.

Page 121.

1. Melpomène, comme on sait, était la muse de la tragédie; Thalie, celle de la comédie.

2. Monté sur des échasses. Sur ce mot, créé probablement par Beaumarchais, voir G. von Proschwitz, *Introduction à l'étude du vocabulaire de Beaumarchais*, Stockholm et Paris, Nizet, 1956, p. 102.

Page 122.

1. La différence n'est souvent pas faite, encore à cette date, entre « plutôt » et « plus tôt » orthographié *plutôt*. L'édition originale porte *plutôt*, qu'avec l'édition de Gudin (Beaumarchais, *Œuvres complètes*, 1809, t. I, p. 8) nous conservons, le sens ainsi nous paraissant préférable.

2. De qualité, de valeur.

3. Allusion probable à Voltaire dont Beaumarchais va citer les œuvres. D'abord favorable au drame bourgeois, Voltaire, dans sa satire du *Pauvre diable* (1758), s'était montré sévère à l'égard de ce genre hybride, faisant preuve, comme le note Beaumarchais dans la phrase suivante, d'inconséquence.

4. « On dit *prêter le collet à quelqu'un* pour dire se présenter pour lutter ou combattre corps à corps contre lui » *(Académie)*.

5. *Enfants perdus* : « [...] personnes qu'on met en avant dans une affaire hasardeuse » *(Littré)*. Voir von Proschwitz, ouvr. cité, p. 107-108.

6. Les colonnes d'Alcide sont les deux monts qui surplombent le détroit de Gibraltar. Selon la légende, Alcide — Hercule, descendant d'Alcée — y avait gravé l'inscription *nec plus ultra* (« non au-delà »), marquant ainsi les limites à ne pas franchir.

Page 123.

1. La phrase nous paraît obscure, mais elle est tout à fait conforme à la syntaxe du XVIIIe siècle : *événement* est à la fois complément de *intéresser* et *faire couler ses larmes*. C'est une erreur de supprimer la virgule après *peuple*, comme le font certaines éditions, et de comprendre *intéresser [...] au théâtre*.

2. Le rapprochement de termes ne pouvait manquer de scandaliser en 1767. Sainte-Beuve le trouvera « piquant » (*Causeries du Lundi*, Paris, Garnier, s.d., t. VI, p. 210).

3. La référence à Richardson (dont Diderot avait écrit l'*Éloge* en 1762) n'a rien de surprenant : on le lisait beaucoup dans la famille Caron. Beaumarchais était comparé par son père à Grandison (voir la *Correspondance*, éd. citée, t. I, p. 123). L'abbé Prévost avait traduit en 1755 l'*Histoire de Sir Charles Grandison*. Le héros du roman (paru en 1753) se révèle remarquable par sa vertu. On voit qu'il n'est pas tenu compte de la différence des genres et que le mot *drame*, dans la même phrase, a deux sens différents.

4. Trois de ces pièces sont de Voltaire : *L'Enfant prodigue* (1737), *Nanine* (1749) et *L'Écossaise* (1760); *Mélanide* (1741) est de La Chaussée; *Cénie* (1751), de Mme de Graffigny; *Le Père de famille* (1758), de Diderot; *Le Philosophe sans le savoir* (1765), de Sedaine.

Page 124.

1. Dans *Œdipe roi* et *Philoctète* de Sophocle, *Hippolyte* d'Euripide et *L'Orestie* d'Eschyle.
2. Au sens classique du terme, « voués aux dieux comme victimes expiatoires ».
3. Au sens rhétorique du terme : « [...] le dernier et principal événement d'une tragédie » *(Académie)*.
4. *On* désigne cette fois le public.
5. Entendre : aucune signification sur le plan moral.

Page 125.

1. Dans *Mérope* de Voltaire (1743), la reine, qui donne son nom à la pièce, court le risque de voir tuer son fils si elle n'épouse pas l'usurpateur Polyphonte.
2. Quelque malheur.
3. Dans la *Lettre à M. d'Alembert sur les spectacles*, en 1758 (éd. Garnier-Flammarion, 1967, p. 89), Rousseau avait écrit : « [...] la simple humanité souffrante [...]. »
4. Le tyran est Polyphonte, encore dans *Mérope* (n. 1 de cette page); la jeune princesse, l'héroïne d'*Iphigénie* de Racine.

Page 126.

1. Le tremblement de terre était tout récent (1764). Charles Ier avait été exécuté en 1649. Son meurtre était « juridique », parce que voté par le Parlement.
2. « *Réfléchir* [...] rejaillir, être renvoyé » *(Académie)*.
3. Au sens où l'entend La Rochefoucauld : l'amour de soi-même.

Page 127.

1. *Une imbécile* : une faible d'esprit. *Bamboche* : « Marionnette plus grande qu'à l'ordinaire ; se dit aussi d'une personne de petite taille » *(Académie)* ; c'est le second sens ici. Il s'agit là encore d'un *ridicule*, c'est-à-dire d'un personnage ridicule.
2. L'abattre, proprement le jeter à terre.
3. Nous voyons que c'est ce qui arrive [...].
4. Il nous oblige à nous recueillir : construction rare du verbe dans ce sens.

Page 128.

1. La petite pièce, qui terminait ordinairement le spectacle, était une pièce comique.
2. *Toile* est encore, à l'époque de la pièce, le terme usuel. Les spectateurs mécontents, au XVIIIe siècle, crient : « La toile ! La toile ! »

Page 129.

1. C'est un lieu commun à l'époque de ce texte que d'opposer, sur le plan moral, Paris et les provinces.

2. « Hélas ! qu'il est difficile de ne pas révéler son crime par son visage » (*Les Métamorphoses*, livre II, v. 447).

3. *En raison composée* : « Selon un rapport dont les termes se composent, c'est-à-dire se multiplient l'un par l'autre » (cité par d'Hermies).

4. Au sens figuré : ce *théâtre* est Paris, ville placée dans une situation éminente.

5. Il faut bien lire *le*, *vis comica* (littéralement « force comique ») équivalant au substantif *comique*.

Page 130.

1. Cette opposition entre l' « état » et le « caractère » fournira le thème de *Tarare* (voir p. 1238 et n. 5 en bas de page).

2. *La France chrétienne ou Clovis* de Desmarets de Saint-Sorlin avait paru en 1657; *La Pucelle* de Chapelain, dont Boileau s'est moqué, en 1656. Beaumarchais semble avoir une grande admiration pour celle de Voltaire, ainsi que pour sa *Henriade*.

Page 131.

1. L'*Œdipe* (1728) dont il va être question n'est pas en effet un drame sérieux, mais une tragédie.

2. Gudin a trouvé l'adjectif trop fort et l'a remplacé par « estimable » (éd. cité, t. I, p. 31).

3. « Je me suis demandé quelquefois si la tragédie domestique se pouvait écrire en vers; et, sans trop savoir pourquoi, je me suis répondu que non » (*De la poésie dramatique*, chap. x, dans *Œuvres esthétiques*, éd. Vernière, Garnier, 1959, p. 216). De la suite de ce texte, aucune doctrine ne se dégage nettement.

4. Sur le fond.

5. Tantale était un roi légendaire de Lydie; Atrée et Thyeste, les père et oncle d'Agamemnon. Seul Cadmus, fondateur de Thèbes, est l'ancêtre d'Œdipe. Mais Beaumarchais veut donner des exemples de Dieux et de Héros.

6. Le langage de l'histoire en prose.

7. *La Poétique*, chap. II. Beaumarchais traduit aussitôt après la citation; le texte dit exactement « meilleurs » et « pires », traduits par « plus grands » et « moindres ».

Page 132.

1. Entendre *costume* au sens que donne l'édition de 1762 du *Dictionnaire de l'Académie* : « Mot pris de l'italien et qui signifie les usages des différents temps, des différents lieux auxquels le peintre est obligé de se conformer. » Mais le mot est en train de prendre le sens moderne; l'édition de 1798 du même ouvrage ajoute : « Il se dit surtout des habillements. » Sur ce mot, voir von Proschwitz, *Introduction [...]*, éd. citée, *passim*.

Page 133.

1. « Au figuré, on dit la texture [...] d'une pièce de théâtre, pour dire la liaison des différentes parties qui constituent l'ouvrage » (*Académie*).

2. « Nœud de rubans qui se met au retroussi du chapeau et que

les soldats portent ordinairement » *(Académie)*. Les cocardes s'opposent donc aux plumes, ornement d'apparat.

3. Les maximes sont ici les propositions générales, nous dirions les idées générales. Les sentences sont des « dits mémorables, [...] des maximes qui renferment un grand sens, une belle moralité » *(Académie)*.

4. *Compas* : au sens de mesure régulière (voir *Littré*).

5. Entendre : le style personnel de l'acteur, qui fait qu'on s'aperçoit qu'il joue.

6. Dans *Le Philosophe sans le savoir* (voir n. 4, p. 123), Antoine est l'homme de confiance de M. Vanderk. Brisard jouait le rôle de ce dernier. Sur le choix de Préville pour le rôle d'Antoine, voir, p. 141, la liste des personnages d'*Eugénie* et la remarque de Beaumarchais.

Page 134.

1. D'une improvisation capricieuse : « Il n'en va pas de la Comédie [...] comme d'un Sonnet ou d'une Ode, qu'une chaleur extraordinaire peut pousser par boutade, et sans lever la plume » (Corneille, *Clitandre ou l'Innocence délivrée*, Préface, *Œuvres complètes*, Bibl. de la Pléiade, t. I, p. 96).

2. D'être découverts, connus : nous avons ces principes en nous.

Page 135.

1. C'est-à-dire le mariage.

2. Voir *De la poésie dramatique*, chap. XIII, éd. citée, p. 234-242.

3. Avec l'intrigue.

4. Aussi émouvante : *intéressant* a très souvent ce sens au XVIIIe siècle.

5. Vouée au malheur.

6. Des éclaircissements, des révélations.

Page 136.

1. « On dit aussi figurément *rompre les mesures d'un homme* pour dire traverser et rompre tous les desseins d'un homme » *(Académie)*.

Page 137.

1. Voir *De la poésie dramatique*, chap. XI, « De l'intérêt », éd. citée, p. 226-230.

2. Au sens favorable du terme, « qui dit sa pensée ingénument et sans détour » *(Académie)*.

Page 138.

1. L'édition de 1762 du *Dictionnaire de l'Académie* donne d'abord le sens médical de *crise*, mais ajoute : « On dit figurément qu'*une affaire est dans sa crise* pour dire qu'elle est sur le point d'être décidée d'une manière ou d'une autre. » Le terme est important chez Beaumarchais : on le retrouvera dans le grand monologue de Figaro (voir la Notice, p. 1238 et n. 7 en bas de page).

2. Voir *De la poésie dramatique*, chap. X, éd. citée, p. 219-220. Beaumarchais paraphrase le texte de Diderot : « Plus ces cas sont rares et singuliers, plus il lui faudra d'art, de temps, d'espace et de circonstances communes pour en compenser le merveilleux et fonder l'illusion. »

3. Le *Discours sur la poésie dramatique* avait paru en 1758 à la suite du *Père de famille* (éd. in-8°). Beaumarchais a utilisé l'édition de 1759, Paris, Duchesne, in-12.

4. Ni l'adjectif *préconçu*, ni le verbe *préconcevoir* ne sont donnés par les dictionnaires du XVIIIe siècle. Sur ce mot, voir von Proschwitz, *Introduction [...]*, éd. citée, p. 153.

Page 139.

1. À cette analyse minutieuse du plan, des caractères, il est intéressant de comparer une analyse faite antérieurement; Beaumarchais situait alors l'action en France. En voici le texte, connu par la publication qu'en fit pour la première fois E. Lintilhac, dans *Beaumarchais et ses œuvres*, éd. citée, p. 376-379 :

« Le baron de Kerlec, gentilhomme de Bretagne, pauvre, mais d'une très ancienne noblesse, avait deux enfants, Éraste et Eugénie. Le jeune homme servait depuis le commencement de la guerre sans être revenu chez lui; depuis son départ, sa mère était morte. Elle avait demandé comme une grâce, à sa dernière heure, que sa fille vécût désormais sous les yeux de la sœur de son mari, nommée Bélise, demeurant dans sa terre, ce qui avait été ponctuellement exécuté. Le père, déterminé chasseur, était resté chez lui entièrement livré à sa passion dominante, raison qui, jointe à une humeur brusque et presque intraitable, avait engagé la respectable mère de choisir un asile plus sûr et plus honnête pour sa fille. Depuis qu'elle est établie chez cette tante, un jeune homme de qualité, très riche, nommé le marquis de Rosempré, neveu du ministre favori du roi, en est devenu éperdument amoureux. La tante, ambitieuse autant qu'inconsidérée, a cru voir, dans cet attachement, un établissement si brillant pour sa nièce qu'elle a fomenté par ses complaisances la mutuelle inclination de ces jeunes gens. Le marquis de Rosempré, accoutumé depuis longtemps au commerce facile des femmes de la ville, s'est trouvé engagé si loin par la vertu de sa maîtresse, son amour s'est tellement accru, sa vanité s'est si fort irritée par les obstacles que cette vertu opposait à son attachement, qu'au désespoir d'être subjugué par une personne novice et sans art, il a eu recours à des moyens extrêmes pour la posséder. Il a donc fait entendre à la tante que son unique désir était de s'unir à sa nièce, mais que, dépendant absolument d'un oncle puissant et absolu, qui lui ménageait le plus grand parti du royaume, il était obligé de renoncer à elle ou de se marier secrètement, en remettant au temps à disposer du reste. Bélise, qui connaît le caractère de son frère, sait que rien au monde ne lui ferait donner la main à une union clandestine, qui semblerait jeter du blâme sur sa famille. Flattée d'ailleurs d'être toute seule l'instrument de la fortune de sa nièce, elle a non seulement consenti à donner secrètement cette nièce au marquis, mais abusant de l'ascendant que son autorité lui donnait sur la jeune personne, elle l'a déterminée, malgré ses répugnances, à épouser le marquis sans en rien dire à son père, espérant qu'après le mariage il n'oserait revenir sur ce qu'elle aurait fait, tant par le profond respect qu'il a pour ses décisions que par la crainte qu'elle ne le déshéritât lui et ses enfants. Le mariage a été célébré dans un des châteaux du marquis, voisin des terres de la tante. Mais le jeune scélérat, dont les passions ne connaissent rien de sacré pour se satisfaire, a eu l'indignité de faire déguiser des gens à lui, et de tromper l'ambitieuse tante et la nièce ingénue par un faux mariage. Après quelque séjour auprès d'elles, des engagements ou sa légèreté l'appelant à Paris, il a montré des ordres de son oncle, et a quitté sa femme avec promesse de revenir promptement. La négligence qu'il a eue bientôt à donner de ses nouvelles a justement alarmé la jeune personne; ne pouvant soutenir la vivacité de ses inquiétudes, elle est convenue avec sa tante d'aller engager son père de venir avec elles à Paris, sous le prétexte de solliciter un procès considérable. Le père, nullement d'humeur de quitter sa chasse et ses chiens, n'a pu cependant refuser d'être d'un voyage que sa sœur a décidé. D'ailleurs, on lui a fait extrêmement valoir le crédit du marquis de Rosempré, qu'il a vu plusieurs fois chez elle. La tante et la nièce ont écrit au marquis et lui ont envoyé les lettres par Frémont, son valet de chambre, homme dans son secret, et qu'il avait laissé à sa femme. Elles le prient de leur faire apprêter une maison et lui mandent qu'elles suivront le courrier d'assez près. Le marquis, au reçu de cette lettre, occupé d'un mariage très brillant que son oncle lui a ménagé à la cour, ne sait comment se tirer d'embarras. Il fait cependant meubler une de ses maisons, située à une extrémité de Paris, très éloignée de toutes nouvelles, mais il se flatte que son mariage sera achevé avant l'arrivée des provinciales; en conséquence, il part pour Versailles et laisse à Frémont le soin de tout disposer et d'attendre les dames, qui arrivent enfin, et apprennent de ce valet que son maître vient de partir dans l'instant, selon l'ordre qu'il a eu de le dire à quelque jour qu'elles dussent arriver. C'est ici que commence la pièce.

PERSONNAGES

« Eugénie, fille du baron de Kerlec, est une jeune personne très éclairée, très pieuse, d'un jugement sain, d'un respect particulier pour ses parents et d'un extrême attachement à ses devoirs. Elle doit être très malheureuse et graduellement tourmentée par les divers incidents de cette journée, jusqu'à l'excès de la douleur et du désespoir. Tourmentée d'abord par les soupçons et ensuite par la certitude de la scélératesse de son amant; tourmentée par l'humeur dogmatique de sa tante qui voudra tout mener à sa fantaisie; tourmentée par les saillies immodérées de la colère de son père qui n'entendra raison sur rien et portera tout à l'excès; tourmentée par les situations imprévues où la rencontre de son frère qu'elle aime tendrement et de son amant que rien ne modérera la feront *[sic]* passer, elle sera un modèle de douleur, de courage, de raison, de douceur, un ange s'il est possible.

« Le baron de Kerlec est un homme sans tête, toujours entraîné par l'impression du moment, idolâtrant sa fille et la tourmentant d'autant, entiché à l'excès de la noblesse de son rang, haïssant, mais craignant sa sœur qui le subjugue par ses grands tons; il prendra les résolutions les plus violentes sur tous les incidents, nuira à tout, en voulant tout faire, enfin sera un personnage très bruyant et très déraisonnable.

« Mme Bélise est une femme pleine de manières provinciales, qu'elle regarde comme le ton du beau monde; connaissant supérieurement les intérêts des princes..., méprisant son frère à l'excès, aimant sa nièce pour la dominer, s'admirant comme la plus importante personne de l'univers, elle se croira supérieure à tous les événements; toujours en contradiction avec son frère, elle tourmentera sa nièce tantôt pour, tantôt contre son amant, et fera naître par ses desseins violents l'incident le plus considérable de la pièce et la situation la plus affreuse pour Eugénie.

« LE MARQUIS DE ROSEMPRÉ est un jeune homme tout brillant d'esprit et de grâces, portant à l'excès tous les travers des jeunes gens de qualité, plein d'honneur avec les hommes, scélérat avec les femmes, mais fripon d'autant plus dangereux qu'il prendra facilement tous les tons qui conviennent pour séduire les caractères avec qui il a à traiter. Ce sera un Alcibiade.

« ÉRASTE, frère aîné d'Eugénie, est un bon officier, austère et délicat sur le point d'honneur, brave et généreux dans les situations les plus critiques. Il se tirera toujours *[sic]* à la satisfaction des spectateurs, mais il tourmentera sa sœur comme les autres, par les mêmes lois qui le mettront aux prises avec le marquis. Il sera d'un caractère sérieux et un peu renfermé.

« M. LE CHEVALIER DE SANKER est un personnage épisodique dont l'office est d'apprendre à tout le monde les plus mauvaises nouvelles; grand parleur, il saura tout, aura tout vu, connaîtra tout le monde, s'ingérera sur tout sans en être prié, et sera la cause de tout le trouble qui naîtra dans la pièce.

« FRÉMONT est un coquin vendu depuis longtemps aux bienfaits du marquis. Il a été un des témoins du mariage et un des agents de la scélératesse de son maître. Quelquefois ému par la beauté du caractère d'Eugénie, il voudra la servir, mais sera toujours ramené par l'argent et les menaces de son maître.

« JUSTINE, femme de chambre d'Eugénie et dans le secret du mariage.

« LA JEUNESSE, valet de Bélise.

« Valets armés, personnages muets. »

2. Cette distinction essentielle, Diderot ne l'avait pas exprimée.

Page 140.

1. Tout de suite après l'*Essai sur le genre dramatique sérieux*, la deuxième édition (1767) comporte un « Avertissement servant aussi d'errata », dans lequel Beaumarchais corrige neuf erreurs (deux dans l'*Essai [...]* et sept dans la pièce) et indique la prononciation exacte des mots anglais (voir n. 1, p. 144, 1, p. 156 et 1, p. 159).

Page 141.

EUGÉNIE

1. Sur les interprètes des œuvres de Beaumarchais, voir la Liste des acteurs; ainsi que, de Maurice Descotes, *Les Grands Rôles du théâtre de Beaumarchais*, Paris, PUF, 1974.

2. Capitaine d'un navire. « En termes de marine, on appelle vaisseau de haut bord, un navire, un vaisseau; et vaisseau de bas bord, les galères et autres bâtiments plats » *(Académie)*.

3. *Costume* est pris encore dans son sens premier; voir n. 1, p. 132. *État* désigne la condition sociale, au sens très large du terme. « [...] le genre sérieux [...] ne peut pas se permettre la plus légère liberté contre le langage, les mœurs ou le costume de ceux qu'il met en scène » (*Essai sur le genre dramatique sérieux*, p. 132). C'est en vertu de ce principe que la description qui suit va être si minutieuse.

4. « La perruque à la brigadière [...] se termine par deux grosses boucles de crin en tire-bouchon, accolées, que l'on noue ensemble avec une rosette de ruban noir. C'est proprement la coiffure des gens de cheval [...] » (M. de Garsault, *Art du perruquier*, Paris, 1767, p. 6).

Page 142.

1. Entendre probablement « un chapeau à la Rákóczi »; mais nous n'en savons pas plus sur ce couvre-chef.
2. Le mot est nouveau (anglais *frock*) : « Habit d'homme qui ne couvre par-devant que la poitrine et qui se termine par-derrière en deux longues basques plus ou moins étroites » *(Académie 1835)*.
3. Les manches descendent jusqu'au poignet (la *botte* est la partie voisine du poignet) et enserrent les bras; les *engageantes* étaient des manches pendantes qui les laissaient voir. Le *corps* est le corsage. La *barrette* est une sorte de petit bonnet *(Académie)*.
4. *Cadenettes* : « [...] longues tresses qui tombent plus bas que le reste des cheveux » *(Académie)*.
5. « Ces détails d'habillement ont paru peu nécessaires à bien des gens. Nous les conservons pour donner au XIXe siècle une idée des costumes du XVIIIe siècle. Ils deviendront plus curieux de jour en jour » (Gudin, dans son édition des *Œuvres complètes* de Beaumarchais, 1809, t. I, p. 59). Il n'est rien dit de l'habillement de Robert.
6. C'est la première fois en France qu'un auteur dramatique donne autant de détails sur les costumes et les décors; beaucoup mieux que ne le fait Diderot, dont Beaumarchais applique ici les théories.

Page 143.

1. Si l'anglomanie sévit en France dès 1740 jusqu'à la Révolution, la francomanie sévit en Angleterre au moment où Beaumarchais écrit sa pièce.
2. *Cabaret* : « [...] une espèce de petite table ou plateau, qui a les bords relevés, et sur lequel on met des tasses pour prendre du thé, du café, etc. [...] » *(Académie)*.
3. Un journal : anglicisme *(paper)*.
4. L'ensemble fait tableau; là encore l'influence de Diderot est très sensible. Voir en particulier *De la poésie dramatique*, chap. XXI, éd. citée, p. 268-279.
5. Au bon sens du terme : *Académie* distingue soigneusement les deux valeurs. En peinture, une figure bien recherchée est celle « dans laquelle on a eu soin d'observer jusqu'aux moindres choses ».

Page 144.

a. à qui elle appartient. *[p. 143, 2 lignes en bas de page]* / LE BARON : C'est bien fou ! mais vos chambres sont-elles comme la mienne ? On ne peut poser sa perruque, son mouchoir ou son chapeau sur rien, sans risquer de casser pour plus de cent guinées de porcelaines, et qui pis est, de porcelaines de France. / MME MURER : Ne fallait-il pas orner les consoles et les cheminées de superbes faïences d'Angleterre ? / LE BARON : Ma foi ! cela vaudrait mieux que de changer perpétuellement notre or contre toutes les fariboles de cette nation. MME MURER : Que ne parlez-vous ? On fermera nos ports à tous les étrangers. / LE BARON : Non, il faudrait toujours leur vendre et ne jamais acheter d'eux. *(Betsy sort en riant.)* Entendez-vous votre insolente ? / *Scène II* *ms.*

1. L'édition originale porte *Suffok Streik*. L'Avertissement de la seconde (voir n. 1, p. 140) corrige *Streik* en *Street* et indique la prononciation *Sofo Strit*. Le Bagno était un établissement de bains très fréquenté, sur l'emplacement de l'actuelle Roman bath Street.
2. De faire inscrire votre nom. Au XIXe siècle, on déposera sa carte.
3. *Vain* : « [...] orgueilleux, superbe et alors il ne se dit guère que des personnes » *(Académie)*.

Page 145.

1. Entendre : mon ami de longue date.
2. Tel qu'il mérite qu'on l'aime; voir les deux répliques précédentes.
3. *Dédit* : « [...] la peine dont on est convenu entre deux ou plusieurs personnes, contre celui qui se dédira » *(Académie)*.
4. L'Angleterre, l'Écosse et l'Irlande.

Page 146.

a. mes peines. Mais est-on maître de ne pas les sentir ? / MME MURER : Miss ! miss ! il y a si loin d'être Mme Cowerly à s'appeler milady Clarendon qu'on peut souffrir quelque chose en faveur de ces avantages. / EUGÉNIE : Je sais ce que je vous dois. Mais *ms.*

1. Aurions-nous dû [...].
2. Cette nouvelle propre à l'émouvoir; voir n. 4, p. 135.
3. « On dit [...] de celui qui retient ses larmes prêtes à s'échapper [...] qu'il dévore ses larmes » *(Académie)*.

Page 147.

1. Façon polie de marquer l'opposition ou l'objection; l'interjection est fréquente chez Molière avec cette valeur.
2. *Mons* : « [...] abréviation méprisante du mot Monsieur » (de Wailly, *Dictionnaire ou manuel de la langue française*, nouv. éd., Liège, de Bouhers, 1776).

Page 148.

1. Une jeune fille noble.
2. Dans les *Mémoires du comte de Gramont* d'Hamilton (1713), le comte d'Oxford utilise de la même manière ses domestiques : « Le mariage fut fait et parfait de cette sorte. Vous croyez peut-être que la nouvelle comtesse n'avait plus qu'à se présenter à la cour ? [...] Point du tout. Quand il en fut question, on trouva qu'elle n'était point mariée; c'est-à-dire on trouva que le prétendu ministre était un trompette du mylord, et le témoin, son timbalier » (*Romanciers du XVIIIe siècle*, éd. citée, t. I, p. 184).

Page 150.

1. « L'ascendant de la vertu accable quelquefois à un tel point un méchant qui en eſt témoin qu'il succombe sous cette vertu et eſt nécessité au bien » (Beaumarchais, *Notes et Réflexions*, Paris, Hachette, 1961, p. 92).

Page 152.

1. *Timide* : « [...] craintif, peureux » *(Académie)*. Entendre : les craintes de mon cœur étaient injuſtifiées.
2. *Schelling* : « Il vaut environ vingt-deux sous de France » *(Académie)*. L'abbé Prévoſt, dans son *Manuel lexique ou Dictionnaire portatif des mots français* (Paris, Didot, nouv. éd. 1755), fait remarquer, à l'article « Schelling », qu' « on écrit Shilling en anglais ».

Page 153.

1. *Précieux* : « Affecté ; et se dit principalement des manières et du langage » *(Académie)*.
2. Une fille de très haute noblesse. Eugénie, « fille de condition » (p. 148 et n. 1), n'appartient qu'à la petite noblesse provinciale. Voir *Le Diable boiteux* de Lesage : « Belflor eſt un grand seigneur, deſtiné sans doute pour une des plus riches héritières de la monarchie. N'attendons pas qu'il se borne à la fille de don Luis, qui n'a qu'une fortune médiocre à lui offrir » (*Romanciers du XVIII*e *siècle*, éd. citée, t. I, p. 298 ; voir aussi p. 302-303).

Page 154.

1. On appelait au XVIIIe siècle *jeu de théâtre* (voir *Académie*, art. « Jeu ») ce que nous appelons *jeu de scène* ; et *jeu théâtral* (voir p. 142) ce que nous appelons *mise en scène*. Mais à cette date, l'expression *jeu d'entracte* eſt aussi nouvelle que la chose.
2. « Il eſt aussi adjectif [...]. Divertissement pantomime » *(Académie)*.
3. On comprendra mieux le refus des Comédiens-Français en lisant la critique de l'époque. Fréron écrit, au tome VIII de son *Année littéraire*, 1767 : « M. de Beaumarchais croit-il sérieusement qu'on aurait beaucoup de plaisir à voir un laquais bâillant sur un sopha ? [...] Notre théâtre n'a pas besoin de toutes ces singeries dont les Italiens et les forains sont en possession depuis longtemps ; c'eſt replonger la scène française dans la bassesse et la popularité de ses premières années » (p. 328).

Page 155.

1. On écrivait volontiers, dans les adresses, *Monsieur, Monsieur [...], Madame, Madame [...]*. C'était une marque de civilité.
2. Souvenir du premier plan de la pièce, où le père était un « déterminé chasseur [...] livré à sa passion dominante [...] ». Voir n. 1, p. 139.
3. C'eſt-à-dire les lettres venues par mer. Les *paquet-bots* *(Académie)*, de l'anglais *packet-boat*, étaient les bateaux qui transportaient les lettres et les colis d'un pays à l'autre. L'orthographe *paquebots* eſt nouvelle. Le sens actuel n'apparaît qu'au XIXe siècle.

4. Beaumarchais a francisé *Lancaster*, selon l'usage de l'époque. (Voir l'article « Lancastre » dans le *Dictionnaire de Trévoux*, Paris, éd. 1743.)

Page 156.

1. Beaumarchais avait d'abord écrit *Aufalsen*. Il rectifie dans l'Avertissement de la deuxième édition (voir n. 1, p. 140) : « Lisez *Ofalsen* qui est un nom propre irlandais. »

Page 157.

a. Paix ! *[6 lignes]* Voici quelqu'un. Tu me l'apporteras demain en venant me rendre compte de tout. C'est Eugénie. Je ne puis la voir sans être ému jusqu'au fond de l'âme ! / *Scène III* / EUGÉNIE, DRINK *se retire d'un côté au fond du salon. Le comte s'avance par-derrière pour écouter.* / EUGÉNIE, *à elle-même* : Le cœur me bat encore... Il m'embrasse... Je suis sa chère enfant... Il dit mille biens de milord... Comme il me rend coupable ! Si ma tante n'eût pas été là ! Mais elle me regardait... Dix fois mon secret a pensé m'échapper... Qu'attend-elle donc ? Je veux parler au comte en particulier; je le déterminerai. Voilà Drink; une seule démarche hasardée m'a mise à la merci de tout le monde[1]... *(À Drink.)* Mon cher Drink, je connais ton zèle, il m'est important de revoir promptement ton maître. Je ne puis écrire; va, cours à l'hôtel de Clarendon, dis-lui... / LE COMTE : Le voici lui-même. / EUGÉNIE, *faisant un cri de surprise* : Ah ! / LE COMTE : Son bonheur l'amène à vos ordres. / *(Drink sort.)* / *Scène IV* *ms.*

Page 158.

a. que je fais ce sacrifice. / LE COMTE, *à part, en s'en allant* : Si le père fût entré, j'étais pris dans mon piège. / *Scène VI* *ms.*

1. « Rien de plus accablant pour une âme vertueuse [que] de recevoir des marques d'estime qu'elle ne croit pas mériter » (Beaumarchais, *Notes et réflexions*, éd. citée, p. 92).

2. Entendre : il devient de moins en moins bienséant d'en parler.

Page 159.

1. « *Sir Charles* se prononce *Ser Charles* » (note de l'Avertissement, 2e éd.; voir n. 1, p. 140).

2. « On dit aussi qu'un homme est composé pour dire qu'il a ou qu'il affecte d'avoir un air grave [...] » *(Académie)*.

Page 160.

a. Eugénie. *[6 lignes]* *(Il lit tout bas.)* / EUGÉNIE, *à sa tante, à part* : Oh ! madame, quelle occasion pour faire approuver le mariage à mon père ! / MME MURER : Les gens qui n'ont qu'une affaire sont bien assommants ! / EUGÉNIE, *à part, et soupirant* : Ah ! quel empire[2] ! /

1. Cette phrase, citée dans la page de titre, a été reportée acte III, sc. IV. Voir p. 168.

2. *Quel empire* : quelle rudesse ! « On dit *traiter quelqu'un avec empire* pour dire le traiter avec orgueil, avec hauteur, avec rudesse » *(Académie)*. Voir var. *a*, p. 162.

MME MURER : Quel empire ! Eh bien, miss ! puisque vous osez m'en donner le conseil, je vais essayer de parler pour vous en convaincre. Cet *ms.*

1. Le moyen auquel j'aurais recours en dernier lieu, faute de mieux.

2. Quand le colonel ne réussirait pas à le perdre auprès du ministre; voir la fin de la scène VIII.

Page 161.

a. n'est-ce pas ? Je verrais ma fille gémir dans un coin, pendant que mon gendre irait, glissant sur le parquet, faisant la navette des bureaux aux antichambres et demandant bravement l'aumône en parements dorés et en talons rouges. / MME MURER : Ah ! voilà bien le ton de vieille guerre, un propos de vieux soldat !... / LE BARON : Peut-on *ms. Une main inconnue a ajouté en marge :* « L'auteur oublie ici que la scène est en Angleterre où l'on ne glisse pas sur le parquet, où l'on ne fait pas la navette des bureaux, et où l'on ne porte pas de talons rouges. »

1. Le *Dictionnaire de l'Académie* signale que le mot ne s'emploie que dans cette expression, et le juge vieux.

2. Affichée, pratiquée ouvertement.

3. À la haute noblesse; voir n. 2, p. 153.

4. Le texte est peu clair, parce que le possessif *son* renvoie en réalité à *gendre* du passage supprimé (voir var. *a*). Il faut comprendre : « Mais je veux bien admettre encore qu'en importunant les gens il arrache ces grâces. » *Importunité* : « Action d'importuner soit par ses assiduités ou par ses discours, et par ses instances réitérées » *(Académie 1762).*

Page 162.

a. malheureuse ! *[p. 161, dernière ligne]* / MME MURER : Remerciez donc votre père, miss, de l'agréable sort qu'il vous destine, et répétez avec moi, je vous prie, que j'ai l'empire dur. / *Scène X* *ms.*

1. « On dit figurément *jouer aux barres* en parlant de ceux qui se cherchent l'un l'autre sans se trouver » *(Académie).* Les barres, jeu de course, engageaient alternativement les joueurs de deux camps, dont la limite était une barre tracée au sol, à la poursuite les uns des autres.

Page 163.

a. son bonheur. Il aurait à craindre autant de rivaux qu'il y aurait d'hommes en cette île : / *Mais vous ferez, dans une paix profonde, / Le bien d'un seul, et les désirs du monde !* / Deux vers du poète français[1]. / MME MURER : Je les connais; j'accepte pour ma nièce l'application qu'on lui en fait... Comme *ms.*

1. Allusion, qui n'est guère délicate, au dédit de deux mille guinées; voir acte I, sc. III, p. 145 et n. 3. Mme Murer va la relever en parlant d'affaires. Sa réplique est beaucoup plus énergique que dans la première version (var. *a*).

1. Nous n'avons pas trouvé l'origine de ces vers.

2. Le baron allait souligner le fait que son fils s'eſt battu en duel avec son supérieur. Voir l'exemple donné par le *Dictionnaire de l'Académie* : « La subordination maintient la discipline dans les armées. »

3. Au parc Saint-James, tout près d'ailleurs de la petite maison de Clarendon. Voir la 1re scène de cet acte, p. 155. *Sur la brune* : « Au déclin du jour » *(Littré)*.

Page 164.

1. « Beaumarchais, que rien n'intimidait, osa dès son premier ouvrage attaquer un usage très indécent, réservé autrefois aux seuls grands seigneurs, mais qui s'était singulièrement propagé en France, sous Louis XV : l'usage d'avoir une petite maison, lieu de plaisir, où les uns entretenaient des courtisanes, où les autres conduisaient les femmes et les filles de leurs amis, pour les séduire et les corrompre » (Gudin, éd. citée, t. VII, p. 220). On comprend que Mme Murer réagisse *fièrement*, c'eſt-à-dire « d'une manière hautaine » *(Académie 1762)*.

2. Puisque [...].

Page 165.

a. la conquête aux nombreux catalogues de ses espiègleries. Nous connaissons l'homme charmant, adorable, le plus séduisant auprès des femmes; mille hiſtoires piquantes en ont fait le héros de ce siècle; mais tout cela n'empêche pas qu'il se marie demain. / MME MURER, *à part* : Le maussade[1] personnage !... / EUGÉNIE, *à part* : Je meurs de douleur !... / LE CAPITAINE : Je *ms.* ↔ *b.* me réjouit. *[10 lignes]* / LE CAPITAINE : Rien n'eſt plus plaisant effectivement ! Mais c'eſt qu'on dit que sa dernière hiſtoire eſt délicieuse; Madame paraît le savoir ? / MME MURER : Je ne prendrai pas la peine de relever de pareils propos. / LE CAPITAINE : Je suis au désespoir d'en avoir parlé, puisqu'on semble y prendre intérêt ici... / MME MURER : Non, pas à ce que vous dites, assurément ! / EUGÉNIE, *à part* : Je ne puis plus soutenir le supplice où je suis ! / LE BARON : Eh bien ! ma sœur, votre cher ami ?... / MME MURER : Vous avez toujours des plaisanteries si plates, venues de sociétés si extraordinaires !... / LE CAPITAINE : Mademoiselle me paraît incommodée. / LE BARON : Ma fille ? / MME MURER : Votre ton bruyant eſt si peu fait pour les femmes que la voilà prête à s'évanouir. / LE BARON : Moi ? Je n'ai rien dit. / MME MURER : Croyez-vous qu'une jeune personne, fatiguée d'une longue route, indisposée d'ailleurs, puisse soutenir les clameurs de Monsieur et les éclats de votre grosse gaieté ? Je vous l'avais dit aussi, [...] merveilleuses anecdotes. / LE BARON *(à sa fille)* : Qu'as-tu donc, ma chère enfant ? / EUGÉNIE : Je ne me sens pas bien, mon père. / *Scène XIII* *ms.*

1. C'eſt-à-dire le contrat. Le *Dictionnaire de l'Académie* donne l'expression *dresser des articles de mariage*.

2. *Anecdote* : « Chose cachée, secrète, qu'on découvre » (de Wailly, ouvr. cité); « Particularité secrète d'une hiſtoire [...] » *(Académie)*.

1. *Maussade* est beaucoup plus fort que de nos jours : « Sale, malpropre, de mauvaise grâce [...]. Il est maussade en tout ce qu'il fait » *(Académie)*.

Page 166.

1. Selon l'usage, l'orchestre jouait entre les actes.

Page 168.

a. me rassurer *[p. 167, dernière ligne]* sur l'évidence, une sueur froide me saisit et me glace, comme si un abîme venait s'ouvrir sous mes pas; je me sens accablée. Personne dans le sein de qui répandre ma douleur; je suis dans un désert. Ô ma mère, pourquoi vous ai-je perdue ? *(Elle se lève.)* C'est trop souffrir... *(Elle s'assied.)* Ah ! malheureuse ! C'était alors qu'il fallait penser ainsi; mais s'il va désapprouver... Ciel, quels éclats ! qui me soutiendra ? Ma tante et lui, également offensés par cet aveu... Mon frère absent... mon époux... je n'ose prononcer ce nom si cher... Ô ma mère !... c'est bien maintenant que je dois vous pleurer ! *(Avec effroi.)* Dieu ! le voici ! *ms.* ++ *b.* LE BARON, *avec bonté* : Ta tante prétend que je t'ai affligée tantôt. La sotte femme, avec son esprit. *(Prenant le ton de sa sœur.)* « Seriez-vous bien aise qu'on en dît autant de votre fille ? » Morbleu ! ma sœur, point de comparaison, s'il vous plaît, de vos créatures à la fille du baron Hartley ! Oh ! elle était piquée; je la soupçonne un peu de savoir l'histoire dont parle Cowerley, mais le diable ne la lui arracherait pas... Au reste, *ms.*

1. Phrase essentielle, Beaumarchais l'a mise en épigraphe à la pièce (voir p. 117). Une *démarche hasardée* est une action téméraire et, de ce fait, pleine de périls. Voir la variante *a*, p. 157.
2. « Sorte d'exclamation païenne pour marquer la surprise » *(Académie)*.
3. Dans un grand état de trouble et d'agitation.

Page 170.

1. De ne l'avoir pas connu pour ce qu'il est.
2. L'emploi de *sur* au sens de « concernant », « à propos de », est extrêmement fréquent chez Beaumarchais.

Page 171.

a. des choses ! *[p. 170, 3 lignes en bas de page]* / LE BARON : Quoi ! vous ne savez pas qu'un brave libertin n'est qu'un homme injuste, toujours prêt à soutenir par la violence les crimes dont il se rend coupable par l'intrigue et la séduction; détruisant partout l'ordre établi, et fomentant, de gaieté de cœur, dans la famille d'autrui, des désordres qui feraient son désespoir dans la sienne... / MME MURER *interrompt* : Objection générale qui ne porte sur personne... / LE BARON : C'est un homme incapable [...] de ses dérèglements. / MME MURER : Oui, des femmes perdues. / LE BARON, *plus fort* : Et comment supposerait-il à quelques-unes de l'honnêteté ? L'abandonné[1] qu'il est ! chaque jour de sa vie, chaque victoire qu'il remporte, nourrit son fol orgueil en affermissant son incrédulité. / MME MURER : Mais *ms.*

1. Quelle garantie. *Garantie*, au XVIIIe siècle, « ne se dit guère qu'en matière de procès, d'affaires » *(Académie)*.

1. *Abandonné* : « Substantif. Se dit d'un homme perdu de libertinage et de débauche » *(Académie)*.

Page 172.

a. LE BARON, *adouci* : Que vous êtes bien une vraie femme ! Je le voudrais, je perdrais de bon cœur les deux mille guinées, mais... *ms.* ↔ *b.* adorées; aussi arrive-t-il bien souvent que l'autel de l'amour n'est que l'échafaud de la vertu. / MME MURER : *ms.*

Page 173.

a. Tu ne mens pas ? *[9 lignes]* Je m'y perds. / MME MURER : Tu l'oses soutenir, toi qui fus l'un des témoins ? / LE BARON : Oh ! ne crois pas me cacher... / DRINK, *à part* : Allons, tout est découvert. Quelqu'autre lettre sera venue à mon insu. Tout est au diable ! / LE BARON : Raconte-moi le fait tel qu'il est. / DRINK : Puisque vous le savez aussi bien que moi, que voulez-vous que je vous dise ? / LE BARON : Je veux l'entendre d'un bout à l'autre, de ta propre bouche. / DRINK, *indécis de ce qu'il doit dire* : Comment voulez-vous qu'un pauvre diable de valet ?... / LE BARON : Traître ! / DRINK : Eh bien, je vais tout avouer. Mais est-ce que j'y puis quelque chose, moi ? Ce n'est pas que je lui aie bien représenté que cela était abominable ! / MME MURER : Quoi donc ? / DRINK : Un maître dont les coups précèdent la menace !... / LE BARON : Je devrais me servir de sa recette avec toi, misérable !... / MME MURER : Mon frère ! *ms.*

Page 174.

a. de la lettre chiffonnée.) [16 lignes] / DRINK : Bon Dieu ! Quelle affreuse sottise je viens de faire ! / MME MURER : Il nous a joués indignement, ma nièce n'est pas sa femme ! / EUGÉNIE, *les bras levés* : Dieu tout-puissant ! *(Elle tombe dans un fauteuil.)* / MME MURER : Son intendant a servi de ministre, et toute la race infernale de complices !... / LE BARON, *frappant du pied* : Rage, fureur, malédiction sur vous tous !... / DRINK, *se sauvant* : Je n'ai plus qu'à quitter l'Angleterre, si je ne veux pas être haché en pièces !... / *Scène VIII* / LE BARON, MME MURER, EUGÉNIE / LE BARON : Ô femmes, qu'avez-vous fait ? / MME MURER : Mon frère, *ms.*

1. *Race* : « Se dit quelquefois d'une classe d'hommes [ici les complices] se ressemblant ou par la profession, ou par les habitudes ou par les inclinations. En ce sens il a quelque chose d'ironique ou même d'injurieux » *(Littré)*.

Page 175.

a. de vivre... *[p. 174, 3 lignes en bas de page]* Mon père, j'implore votre courroux avec plus de ferveur. / LE BARON, *faisant effort pour aller à elle* : Tu seras satisfaite. / MME MURER, *courant au-devant* : Oh ! malheureuse ! *(Eugénie, effrayée, tombe en reculant dans le fauteuil.)* / LE BARON *s'arrête* : Eh bien ! sortez-en comme vous pourrez; je ne m'en mêle plus, je vous abandonne à l'infamie. Allez, sexe perfide, femmes à jamais le trouble et le déshonneur des familles, je vous maudis toutes dans les personnes de ces deux-ci !... *(Il sort.)* / *Scène IX* / MME MURER, EUGÉNIE / MME MURER *(elle sonne)* : Nous voilà quittes de ce premier mouvement si terrible; comment êtes-vous, Eugénie ? / EUGÉNIE : Je voudrais être morte... Ah ! Madame, *ms. Sur la fin de l'acte, voir var. a, p. 176.*

1. Beaumarchais avait d'abord écrit *Femme*. Mais dans l'Avertissement de la seconde édition (voir n. 1, p. 140), il corrige et ajoute : « Cette faute eſt presque un contresens. »

Page 176.

a. Ah ! Madame, *[var. a, p. 175]* / *Scène X* / MME MURER, EUGÉNIE, BETSY / MME MURER, *à Betsy* : Betsy, votre maîtresse se trouve mal. / BETSY : Ah Ciel ! / MME MURER *(elle va se jeter dans un fauteuil, au bout du salon, et dit à part)* : J'étouffe aussi; jamais je n'eus un pareil saisissement. *(Elle desserre ses rubans.)* Ô rage ! Et je ne me vengerais pas ! Quel parti prendre ? / BETSY, *à Eugénie* : Milady serait mieux dans sa chambre. / EUGÉNIE, *avec un mouvement d'horreur* : Milady ! moi ? / MME MURER, *à part* : Si je pouvais l'attirer ici... / BETSY, *à Eugénie* : Milady tremble. / EUGÉNIE, *en s'appuyant sur Betsy* : Milady ! Milady ! oh ! Betsy, je ne suis rien !... / MME MURER, *à part* : Le Ciel m'inspire un projet... / BETSY, *à Eugénie* : Monsieur votre père aussi... / MME MURER, *à part* : Elle ne voudra jamais écrire. / BETSY, *à Eugénie* : ... eſt bien étrange. / MME MURER, *à part* : Comment la déterminer ? Dissimulons. Un mot de sa main eſt essentiel. Essayons... s'il vient ?... *(Elle se lève.)* Laissez-nous, Betsy. *(Betsy sort.)* / *Scène XI* / MME MURER, EUGÉNIE / EUGÉNIE, *l'air troublé* : Ah ! Madame, je vous en conjure, sortons de cette odieuse maison ! / MME MURER : Ma nièce, votre douleur eſt juſte, mais ne prenons pas de parti sans nous être bien consultées. / EUGÉNIE, *vivement, en se levant* : Que faisons-nous ici ? La demeure d'un perfide peut-elle nous convenir un inſtant ? Ah ! je m'y fais horreur. / MME MURER *s'assied* : Asseyez-vous, mon enfant, raisonnons ensemble. / EUGÉNIE : Non ! non ! / MME MURER : Écoutez-moi; il peut se repentir. / EUGÉNIE : Lui, se repentir ? / MME MURER : Pourquoi non ? L'innocence ne se recouvre pas, mais la vertu... / EUGÉNIE : Oui, l'homme faible ou léger qui a manqué à la vertu; mais celui qui n'y croit pas, qui les a toutes jouées, ah ! il eſt sans ressource ! Partons, je vous en conjure. / MME MURER : Nous partirons demain, puisque vous le voulez. Mais ne pourrait-on pas essayer avant ?... / EUGÉNIE : Où il n'y a plus d'honneur, que reſte-t-il à tenter ? / MME MURER : Il faut le voir. / EUGÉNIE, *avec horreur* : Qui lui ? moi, le voir ? / MME MURER : Votre répugnance eſt légitime, je le sais; mais moi qui vois les choses avec plus de sang-froid, je dis : « Cet homme n'eſt peut-être pas un monſtre; il ne passe pas pour être tout à fait sans honneur. S'il n'était qu'ambitieux on pourrait le ramener. » Il faut lui écrire; voilà mon avis. / EUGÉNIE *se jette à genoux et lève ses bras au ciel* : Ô ma mère, n'abandonnez pas votre malheureuse fille ! inspirez-lui du ciel ce qu'elle doit faire aujourd'hui ! / MME MURER, *à part* : Elle n'écrira pas. / EUGÉNIE : Hélas ! pour avoir négligé votre voix un moment, je me suis égarée, j'ai été séduite, trompée, déshonorée, et pour comble d'infamie, je suis venue accroître par mon désespoir le triomphe du parjure et de la trahison. / MME MURER : Nous perdons en paroles un temps précieux pour agir. Songez que demain rien ne pourra contenir la colère de votre père. L'éclat le plus nuisible eſt tout ce qu'il se propose. Il vous perdra... / EUGÉNIE, *élevant la voix* : Je le suis, je le suis déjà !... / MME MURER : Il perdra votre frère, dans l'inſtant où tous les ménagements du monde peuvent à peine le sauver. Il va lui susciter une foule d'ennemis puissants qui se vengeront sur le fils des cris du père et de la fille. / EUGÉNIE, *pleurant* : Non, on ne connaîtra jamais la moitié de mes tourments... L'insensé qu'il est ! S'il savait quel cœur il a déchiré ! / MME MURER, *à part* : Elle pleure, elle écrira. *(À sa nièce.)* Eugénie... / EUGÉNIE, *les dents serrées* : Ciel ! ciel ! ciel !... / MME MURER, *fortement* : Prenez garde qu'ici l'opprobre serait le fruit du découragement. Levez-vous... / EUGÉNIE, *outrée* : L'opprobre ?... M'en reste-t-il encore à redouter ? / MME MURER, *la relevant* : Écrivez au comte que vous voulez le voir absolument ce soir; mon frère se retire de bonne heure. Il viendra; vous l'accablerez de reproches sanglants; j'y joindrai les miens; il saura que nous allons mettre en œuvre contre lui les moyens les plus puissants... / EUGÉNIE : Non, non ; il sait trop que l'abandon et l'oubli sont le partage des malheureux. / MME MURER : Il apprendra que votre père veut implorer le secours des lois; il tremblera; la crainte peut vous le rendre. / EUGÉNIE, *avec indignation* : Et je serais assez lâche pour l'accepter à ce titre ? Je devrais respecter un jour celui que je ne peux plus estimer ? J'irais au pied des autels jurer la fidélité au parjure, la soumission à l'homme sans foi, et une tendresse éternelle au perfide qui m'a sacrifiée ? Ah !... plutôt mourir mille fois ! / MME MURER : Un père en fureur qui ne connaît plus rien, une fille au désespoir qui n'écoute personne, un fils prêt à périr quand on pourrait le sauver, quels tourments ! Ne voulez-vous donc rien faire, miss, pour votre frère que vous chérissez ? / EUGÉNIE, *interrompant* : Je connais mon frère, il refuserait avec dédain la vie qu'il ne devrait qu'au déshonneur de sa famille. / MME MURER, *d'un ton plus doux* : Eh bien, vous le rejetterez ! Votre refus ou votre pardon est égal à mon dessein; mais, au nom de votre famille, de votre frère, de vous-même, Eugénie, faites ce que j'exige de vous... Espérez, mon enfant ! / EUGÉNIE : Non, je n'espérerai plus. Je suis lasse de courir au-devant du malheur. Eh ! plût à Dieu que je fusse entrée dans la tombe le jour qu'au mépris du respect paternel, je me rendis à vos instances ! Votre cruelle tendresse a creusé l'abîme où l'on m'a entraînée[1]. / MME MURER, *étonnée* : Eugénie ! / EUGÉNIE : Dégradée par tant d'outrages, anéantie sous la malédiction de mon père, en horreur à moi-même, je n'ai plus qu'à mourir. *(Elle sort.)* / *Scène XII* / MME MURER, *seule, la regardant aller* : Elle me quitte... / JEU D'ENTRACTE *ms.*

Page 178.

a. ses enfants avec tant de plaisir qu'il semblerait un particulier... Cela m'encourage. / MME MURER : *ms.*

1. Sans se soucier de savoir à qui l'on s'adresse.

2. Si l'on suppose (ce que rien n'infirme ni ne confirme) que l'action est contemporaine de la représentation, ce roi est George III qui avait succédé à George II en 1760. Mais le public français, oubliant souvent que les personnages sont anglais, devait penser à Louis XV.

Page 179.

1. Allusion imprécise : soit à la guerre de Sept Ans (1756-1763), soit plus vraisemblablement, vu l'âge du baron, à la guerre de

1. Cette réplique est reportée acte V, sc. III, p. 192.

Succession d'Autriche, terminée en 1748. De l'Angleterre à la France la transposition était facile, puisque les deux nations, dans les deux guerres, s'opposaient sur le continent.

2. *Estomac* pour *poitrine* est un emploi postclassique.

3. Un homme de qualité, de très haute noblesse (n. 2, p. 153). Le baron va rappeler que, sans être « qualifié », il est « gentilhomme », c'est-à-dire noble de race.

4. Selon Loménie (*Beaumarchais et son temps*, éd. citée, t. I, p. 214), Beaumarchais avait d'abord écrit : « Le règne de la justice naturelle commence où celui de la justice civile ne peut s'étendre. » Le censeur protesta (voir la chronologie d'*Eugénie*, année 1767, p. 1241) et obtint que la phrase fût changée. Elle l'est peu, à la vérité.

5. Un ministre du culte, pour célébrer le mariage.

Page 180.

a. Il me tuera ? / MME MURER : Un homme de votre âge ! Apprenez de moi que les vieillards et les femmes se vengent et ne se battent pas; que leur point d'honneur est dans la sûreté de leurs mesures : chaque état a ses devoirs et ses privilèges. / LE BARON : Oh ! ces femmes, quelle morale ! Elle est comme leur prudence. Ma sœur, encore un coup, je m'oppose à tout ce qui s'écartera de ma résolution. / MME MURER : Eh bien, mon frère, vous le voulez absolument; allez vous reposer, je vous ferai avertir quand il sera ici. / *Scène IV* *ms.*

1. La situation dramatique qui va être exploitée se trouve déjà dans le récit du *Diable boiteux* : Belflor sauve Don Pèdre, le frère de celle qu'il a séduite (*Romanciers du* XVIII*e siècle*, éd. citée, t. I, p. 315-316). Mais en réalité Beaumarchais s'est probablement souvenu davantage du *Dom Juan* de Molière (acte III, sc. III) : Don Carlos a été sauvé par Don Juan qui a déshonoré sa sœur.

Page 181.

a. tous les soirs, *[4 lignes]* car je n'ose marcher que la nuit. Aujourd'hui, votre suisse m'a dit que vous étiez arrivé, mais que vous ne seriez chez vous que fort tard. Mon affaire ne pouvant souffrir de plus long délai, j'y suis retourné à onze heures. Vous sortiez à pied, l'on m'a indiqué votre route [...] depuis mon arrivée. J'avais si fort maltraité l'un d'eux avant-hier soir que je les croyais dégoûtés d'y jamais revenir; mais aujourd'hui, sans *ms.*

1. *Grisette* : « [...] jeune fille ou jeune femme de médiocre condition » *(Académie)*.

Page 182.

a. votre amitié. / SIR CHARLES : Allez, mon aimable défenseur ! brave et fait comme vous l'êtes, les hommes ni les femmes ne doivent jamais tenir contre vous. / *Le comte* *ms.* ↔ *b.* n'est donc qu'un faux bruit ? / LE COMTE, *d'un ton rassuré* : La nouvelle qui circule de bouche en bouche s'accroît, s'enfle et se dénature; mais c'est un brouillard qui s'éclaircit à mesure qu'on s'en approche. / MME MURER : Son audace me confond; ce n'est donc pas vrai ? / LE COMTE, *ms.*

Page 183.

a. déconcerté : L'air terrible dont on me parle, le feu qui étincelle dans tous les yeux, peut troubler l'innocence même. / EUGÉNIE *prend l'air d'une compassion écrasante* : Vous me faites pitié ! / MME MURER : Ce qui est sans foi devrait être aussi sans pudeur; mais c'est trop vous tourmenter, lisez ! *(Elle jette la lettre par terre ; le comte la ramasse. Mme Murer le regarde avec attention pendant qu'il lit. Eugénie s'assoit.)* / LE COMTE *ms.*

Page 184.

a. seul. / Elle m'appartient ! Elle se croit déshonorée, il suffit. Avec ou sans honneur, elle est à moi. Ô femme céleste, qu'ai-je *ms.*

Page 186.

a. nous l'envoie *[4 lignes]* pour nous seconder au moment de nous venger d'un scélérat qui a déshonoré la famille. / SIR CHARLES : Ô funeste rencontre ! affreux événement ! Que n'ai-je péri ! / LE BARON : Que dis-tu, mon fils ? / SIR CHARLES : Je n'ai plus que le choix d'être ingrat ou déshonoré. / MME MURER : Entendez-vous sa voix ? Il *ms.*

1. L'idée de cette scène de « reconnaissance » vient de Lesage. Voir, dans *Romanciers du XVIIIe siècle*, éd. citée, t. I, p. 317.

Page 188.

a. chez moi. *[10 lignes]* / MME MURER : Qu'on les arrête tous les deux ! *(Sir Charles se retourne fièrement vers les gens, ce qui leur impose.)* / LE BARON : Laissez faire à mon fils. *(Le comte s'arrête et regarde Eugénie douloureusement.)* / SIR CHARLES, *couvrant le comte de sa personne, dit avec inquiétude* : Sortez donc, milord ! *(Il sort avec le comte.)* / *Scène XVIII* / EUGÉNIE, LE BARON, MME MURER, LEURS GENS. *Eugénie est debout, les bras pendants, les yeux fixés en terre, sans aucun mouvement.* / MME MURER : Je n'y conçois rien; tout ce que je vois me passe. / *Scène XIX* / EUGÉNIE, LE BARON, MME MURER, LEURS GENS, SIR CHARLES / MME MURER, *furieuse, s'adressant à son neveu qui rentre* : C'était *ms.*

1. Chez Molière, Don Carlos prend le même parti : « [...] et vous ressouvenez que, hors d'ici, je ne dois plus qu'à mon honneur. » Et Don Juan, comme le comte, relève le défi (*Dom Juan ou le Festin de Pierre*, acte III, sc. IV; *Œuvres complètes*, Bibl. de la Pléiade, t. II, p. 65).

Page 189.

a. plaindrez tous, lorsque *[p. 188, 14 lignes en bas de page]* je vous aurai conté... J'avais les bras liés pour cet instant. Bientôt vous serez vengés... n'en doutez pas... Mais cette malheureuse fille, cette Eugénie dont toute la famille était si vaine, comment est-elle tombée ? *(Eugénie ne fait aucun mouvement.)* / MME MURER : Sir Charles, il fallait protéger votre sœur au lieu de l'accuser. Elle est l'innocente victime... Entrons chez elle, venez... Je vais vous faire frémir par mon récit. / SIR CHARLES : Elle n'est pas coupable ? *(Il lui prend les mains.)* Pardonnez mon erreur... Prends confiance en moi, chère sœur; reçois... Elle ne m'entend pas ? Recevez tous les serments que je fais... Oui ! si la rage que je possède ne m'a pas étouffé, [...] devancé sa mort. / LE BARON : Viens, mon cher fils, aide-nous à la conduire chez elle. *(Sir Charles la prend à bras-le-corps, par-derrière ; elle se renverse sur lui les yeux fermés, sans parler ; on la mène dans sa chambre, en donnant des marques d'une vive douleur.)* / FIN *ms.*

Page 190.

1. « On dit figurément qu'*un homme est en presse*, pour dire qu'il est dans un état fâcheux et dont il ne sait comment se retirer » *(Académie).*

Page 191.

a. sur la terre ? *[7 lignes] (D'une voix plus ferme.)* Que dis-je, effacé ? La vengeance de sa famille ne vivra-t-elle pour vous poursuivre et vous faire tomber à votre tour ? Vos parents, aussi fiers que les siens, laisseront-ils votre mort impunie ? Eh Dieu ! quel est donc le terme où le carnage devra s'arrêter ? Est-ce donc quand le sang des deux maisons sera tout à fait épuisé ?... Je vais mourir; la douleur a fait son office; encore un moment et tout est réparé. / MME MURER *ms.* ++ *b.* d'attachement voulez-vous offrir à votre sœur éperdue ? Le spectacle de votre épée sanglante arrachée du sein de celui qu'elle adorait hier comme son époux ? / SIR CHARLES, *à son père* : Ne l'abandonnez pas. *(Il sort.)* / *Scène III* *ms.*

1. Beaumarchais justifie cette réplique dans une lettre à la comtesse de Tessé (*Correspondance*, éd. citée, t. I, p. 201). En voici le passage essentiel : « [...] Tourmentée, déchirée par une passion qu'elle déteste, qu'est-ce qu'Eugénie m'apprend par son aveu ? Qu'il semble qu'elle renferme deux âmes : l'une faible, presque charnelle, attachée à son séducteur, entraînée vers lui par un mouvement d'entrailles dont on ne se défend guère contre un perfide aimable dont on est enceinte; et l'autre, âme sublime, élevée, tout esprit, toute vertu, méprisant et foulant aux pieds la première et surtout l'accusant en public et la couvrant de honte sans ménagement. L'effet de ce combat est certain : il faut qu'il tue Eugénie ou détraque entièrement la faible machine, théâtre de ce conflit de puissances. Eh bien, il le fera; elle sentira les angoisses de la mort; mais l'âme sublime ne cédera pas à l'âme sensible [...]. »

Page 192.

a. se troublent, *[p. 191, 6 lignes en bas de page]* mes esprits s'égarent, les objets tournent devant moi... je roule dans un abîme. *(Elle chancelle, Mme Murer la soutient et l'assoit ; elle reste comme assoupie.)* / MME MURER : Quel tableau touchant et terrible ! qui pourrait le soutenir ? / LE BARON *s'assoit en pleurant* : Elle dit vrai, il déchire le cœur. Homme exécrable ! Ô ma fille ! je suis aussi coupable envers elle d'un excès d'emportement. J'ai perdu mon enfant, rien ne pourra m'en consoler. Ah ! ma sœur ! / MME MURER, *s'essuyant les yeux avec son mouchoir* : Mon frère, chacun de nous a des reproches à se faire. Vos torts sont grands, mais les miens sont impardonnables. Il n'est plus de bonheur pour nous deux sur la terre, un monstre a détruit toutes nos espérances. / EUGÉNIE *(elle se réveille)* : Où suis-je ? / MME MURER : Elle revient. / EUGÉNIE, *sans se remuer, d'un ton lent* : Je ne distingue rien, je suis dans une nuit profonde. / LE BARON, *étouffé de sanglots, lui baise la main* : Ma fille, mon enfant ! / EUGÉNIE, *d'une voix brisée, se levant un peu* : Vous pleurez, mon père ? Ne pleurez pas; consolez-vous. *(Ici elle sourit.)* Je vais être heureuse. *(Elle se renverse.)* Il fallait bien mourir, après des malheurs comme les miens. À peine j'ai vingt ans : quelle carrière de douleurs à parcourir jusqu'à la vieillesse ! La mort était le seul bien que j'eusse à demander au ciel, je l'ai obtenue. / MME MURER, *d'une voix altérée* : Ma chère nièce, vous nous arrachez l'âme. Voyez l'excès de l'affliction de votre père, voyez la mienne. Consolez-nous, ma chère fille, consolez-vous. L'horrible histoire sera ensevelie dans un profond secret; vivez pour vous, vivez ! / EUGÉNIE, *d'une voix profonde et ténébreuse* : Où donc est sir Charles ? *(Elle regarde de côté et d'autre.)* Il ne m'a pas entendue. *(Elle se renverse en fermant les yeux.)* Honneur terrible ! barbare préjugé ! Le sang va couler... mon frère ou son ennemi frappé du glaive... tout sert à hâter ma perte ! / *Scène IV ms.*

Page 193.

a. SIR CHARLES, *un tronçon d'épée à la main. [p. 192, 3 lignes en bas de page]* / LE BARON : Si tôt de retour ? / MME MURER : Mon neveu ! / EUGÉNIE, *apercevant Sir Charles* : Que vois-je ? / SIR CHARLES, *la tête penchée, d'un air d'abandon général, dit bas et lentement, d'un ton funeste* : Ah ! malheureuse, que l'espoir de la vengeance vient de trahir ! J'ai trouvé près d'ici le comte dans sa voiture, allant sans doute terminer son mariage. Il a voulu me parler. Sans daigner l'écouter, je l'ai forcé de se défendre : « À la bonne heure, dit-il, j'ai tort avec votre sœur, il faut bien, avant tout, vous en faire raison. » Nos fers se sont croisés, mais lorsque je le chargeais le plus vigoureusement, ô rage, ma lame, hachée par les coups de sabre qu'elle reçut hier, a sauté en dix morceaux, dont l'un m'a blessé à la main. Il a remis froidement son épée et m'a dit, d'un ton que je ne saurais définir : « Je ne regarde pas cette affaire comme terminée, mais vous n'avez plus d'arme. J'estime votre courage, j'aime votre personne, j'approuve votre ressentiment, je connais comme vous les lois de l'honneur. Quand vous serez moins agité, la partie sera très égale entre nous. Je vais près d'ici faire étancher le sang qui sort de mon bras, nous nous verrons dans peu. » Il est monté dans sa chaise en me saluant, et il est parti comme un trait sans que mon étonnement m'ait permis de lui dire un seul mot. *(D'un ton pénétré.)* Je suis prêt à m'arracher la vie, ma sœur ! Ma chère Eugénie, je t'avais promis un défenseur, le sort a trompé mon attente; la vertu n'a plus d'appui et le crime triomphe ! / EUGÉNIE : ... Et la mort !... *(Elle tombe épuisée.)* / MME MURER : Je dois bien plutôt m'accuser de tout; ma coupable précipitation a ouvert l'abîme. / LE BARON : Je reprends mon projet, puisque celui-ci est manqué. / *Scène VI ms.*

Page 195.

a. dans ses esprits. *[4e ligne de la page]* Un mouvement de joie peut réparer le désordre causé par le désespoir. Je la connais. Sa sensibilité est extrême, mais son âme est forte; elle m'entendra, elle verra mon repentir et mes larmes. La vérité de sentiment a des traits que l'imposture n'imite pas. / MME MURER : Hélas, non ! n'espérons plus rien. Sa raison lutte encore contre la douleur, ses forces reviennent par accès, mais la mort l'a saisie. / LE COMTE : Quoi ! mes amis, craindriez-vous pour elle ? Ah ! laissez-moi me flatter que je ne suis pas si coupable ! *(D'un ton plus doux.)* Eugénie, ouvrez les yeux. Chère épouse, cette voix qui avait tant d'empire sur ton cœur ne peut-elle plus rien sur toi ? *(Fortement.)* Mais vous pleurez et vous oubliez de la secourir. Qui vous dit qu'elle n'est pas mourante ? Allez, chère Betsy, courez ! *(Betsy sort.)* Qu'on prenne mon carrosse; un prompt secours... / *Scène IX* / MME MURER, LE BARON, EUGÉNIE, SIR CHARLES, LE COMTE / LE COMTE : Malheureux que je suis ! Si je l'ai perdue, que la terre m'engloutisse tout vivant !... *(Eugénie se retourne.)* Ah ! elle revient ! *(Plus bas.)* Je vais la soutenir. *(Il passe son bras derrière elle, s'assied sur celui du fauteuil, et l'attire sur lui.)* Que rien ne la saisisse : ne faites aucun mouvement; elle ouvre les yeux. / SIR CHARLES, *à Eugénie, lui prenant la main* : Eh bien ! ma sœur ? eh bien, ma chère Eugénie ? / EUGÉNIE *revient à elle, la tête appuyée sur l'épaule du comte, qu'elle ne voit pas* : Pourquoi ces caresses me rendent-elles à la vie ? Vous devez me haïr tous pour les peines que je vous cause, et plus encore, pour l'indigne amour qui me domine malgré moi jusqu'aux portes de la mort. Je ne puis arracher ce barbare de mon cœur; il eut si bien l'art de s'en emparer quand je l'en croyais digne... Je me fais horreur ! *(Pendant qu'elle parle, le comte donne des marques d'un grand attendrissement.)* / *Scène X* / LES ACTEURS PRÉCÉDENTS, BETSY *accourant.* / BETSY : On est parti. / MME MURER : Paix donc ! / SIR CHARLES : Non, tu ne mourras pas, ton sort est changé ! / EUGÉNIE *regarde en silence, fait un mouvement d'horreur, se retourne et dit* : *ms.*

Page 196.

a. vous vous devez. *[13e ligne de la page]* / SIR CHARLES : Ma sœur, au nom de ta famille ! / LE BARON : Ma fille, nous t'en prions tous. / MME MURER : Nous lui pardonnons, imitez notre générosité. / EUGÉNIE : Ah ! c'est à mes dépens que vous voulez tous être généreux ! Ne pouvez-vous lui pardonner sans y ajouter une victime ? / LE COMTE : Ma chère Eugénie. / EUGÉNIE *veut se lever* : [...] j'ai le monde en horreur. / SIR CHARLES : Tu nous reprochais d'être inexorables. / LE COMTE, *se levant (il prend ici un ton de dignité et dit d'une voix forte et soutenue)* : Vous *ms.*

Page 197.

a. au cri de la nature ? *[p. 196, 5 lignes en bas de page]* L'enfant demande grâce pour son père, ne l'obtiendrait-il pas d'une mère irritée ? Barbare ! Si tu ne te rends pas à ces raisons, tu es, s'il se peut, plus inhumaine, plus féroce que le monstre qui a pu outrager ta vertu et qui se presse en larmes à tes pieds. *(Il tombe à genoux.)* / *Eugénie s'est recueillie, son mouchoir sur les yeux. Enfin elle laisse retomber sa main dans celle du comte et fait un geste pour parler.* / LE COMTE, *par exclamation* : Elle me pardonne ! / EUGÉNIE : Oui, tu as vaincu. Ta grâce est dans mon cœur *(mettant sa main sur son sein)* et le père d'un enfant si désiré ne peut jamais m'être odieux. / LE COMTE, *troublé* : Vous me pardonnez, Eugénie ! / EUGÉNIE : Va, je désire qu'un sentiment trop profond de ta faute ne t'empêche pas de te pardonner à toi-même. / LE COMTE : Tu me pardonnes ! / LE BARON : Parle librement, mon enfant. Est-ce de bon cœur que tu reviens à lui ? / EUGÉNIE : Ah ! mon père ! le plaisir de lui faire grâce m'en a ravi tout le mérite. Ah ! ma tante, ah ! mon frère ! la vue du contentement que je fais naître en vous tous me remplit de joie à mon tour. / LE COMTE : Ô toi, l'exemple de ton sexe et les délices du nôtre ! / EUGÉNIE : Garde ta reconnaissance pour les bienfaits de ton oncle. Ton cœur me suffit. Mon cher ami, que le réveil de la vertu efface un songe trop funeste, reprends la dignité qui convient à mon époux et que jamais je n'aperçoive dans tes complaisances la moindre trace d'un temps malheureux qui n'est déjà plus dans mon souvenir. / LE COMTE : Eugénie me pardonne; prenez tous part à ma joie. Elle est extrême, mais un bonheur si pur ne sera pas imparfait. Cet événement va nous rendre tous aussi heureux que vous êtes dignes de l'être et que j'ai pu mériter de le devenir. Mon père... / LE BARON, *lui prenant les mains* : Mon ami, je te la donne. Celui qui se repent de bonne foi est plus loin du mal que celui qui ne le connut jamais. / MME MURER : Mon cher neveu ! Ah ! que je suis contente ! / BETSY, *soupirant de joie* : Généreux ami, que d'éloges nous vous devons ! / LE COMTE : Je rougirais de moi, si je n'avais aspiré qu'à les obtenir : le bonheur d'Eugénie, la paix avec moi-même, et l'estime au-dehors, voilà le but auquel j'ose prétendre... Oh ! ma chère Eugénie... *ms.*

1. « Le mérite du repentir vaut souvent celui de l'innocence » (*Notes et réflexions*, ouvr. cité, p. 136).

2. Beaumarchais avait d'abord écrit : « Ta grâce est dans mon cœur [...] » (var. *a*). Mais selon les indications du manuscrit, Eugénie mettait la main sur son sein et l'auteur avait ajouté en marge : « Il faut bien prendre garde à ce geste. »

LES DEUX AMIS
OU
LE NÉGOCIANT DE LYON

NOTICE

Avec *Les Deux Amis*, Beaumarchais présentait au public de la Comédie-Française un deuxième drame qui n'eut pas la fortune du premier. Créé le samedi 13 janvier 1770, il n'eut cette année-là que onze représentations, et, malgré les demandes réitérées de l'auteur, ne fut repris qu'en 1783 et pour deux représentations seulement[1]. La pièce fut jouée avec plus de succès à l'étranger et surtout en province, à Lyon, Marseille et Rouen dès la première année. Depuis 1783, elle n'a pas été reprise et ne mérite certainement pas de l'être.

1. Voir p. 1271.

Mais sa lecture est nécessaire, si l'on veut comprendre l'évolution de l'œuvre entière.

La pièce a été autant travaillée qu'*Eugénie*, comme en témoignent le nombre des manuscrits et des variantes et les divers titres entre lesquels l'auteur a hésité[1] : *Le Bienfait rendu*, *La Tournée du fermier général*, *Les Vrais Amis*, *Le Négociant de Lyon ou les Vrais Amis*, pour aboutir au titre définitif mais sans originalité[2] : *Les Deux Amis ou le Négociant de Lyon*. Le sous-titre est ici plus révélateur que le titre, et marque mieux le dessein véritable de l'auteur.

Les Deux Amis, comme *Eugénie*, et mieux qu'*Eugénie*, illustrent les théories exposées dans l'*Essai sur le genre dramatique sérieux*[3]. Si les jeux d'entracte[4] ont disparu, le souci est le même d'indiquer, cette fois-ci dans la liste des personnages, leurs caractères et leurs qualités; de noter aussi la mise en scène, comme en témoigne l'Avertissement[5]. Dans les deux drames, le dénouement est heureux; dans les deux drames aussi, il y a deux intrigues, mais elles sont beaucoup mieux rattachées dans la seconde œuvre : dès le début de celle-ci, l'intrigue financière se double d'une intrigue amoureuse : Saint-Alban et Mélac fils aiment Pauline et veulent l'épouser. Saint-Alban, parce qu'il est un homme estimable, renoncera, bien qu'il tienne entre ses mains l'avenir et le bonheur des autres personnages; les deux jeunes gens qui s'aiment seront réunis. Pauline est pourtant une fille naturelle d'Aurelly qui se faisait passer pour son oncle : belle occasion pour l'auteur d'évoquer le thème du mariage secret, d'écrire une scène de reconnaissance[6], de prendre, par la bouche de Mélac fils, la défense des enfants naturels nullement responsables de la faute de leurs parents[7]. Ce thème obsédant, déjà esquissé dans *Eugénie*, on le retrouvera dans *Le Mariage de Figaro* et *La Mère coupable*. Avec une belle assurance, Loménie, suivi par d'autres, a soutenu[8] que, pour construire cette intrigue amoureuse, Beaumarchais s'est souvenu de ses projets de mariage avec Pauline Le Breton. La lecture des lettres échangées[9] et les faits eux-mêmes infirment cette hypothèse. Seul le prénom de Pauline rappelle peut-être la jeune Créole. Beaumarchais, dans sa pièce, est beaucoup moins soucieux de rappeler des souvenirs sentimentaux que d'évoquer une « disconvenance sociale[10] » qui le préoccupera toute sa vie.

1. Sur les manuscrits et les titres, voir la Note sur le texte, p. 1278.
2. Paraissent sous le titre *Les Deux Amis*, en 1770, un *Conte iroquois* de Saint-Lambert et un roman de Sellier de Moranville.
3. Voir p. 119 et suiv.
4. Voir p. 154 et n. 1.
5. Voir p. 201 et n. 1.
6. Voir acte III, sc. v, p. 236 et suiv.
7. Voir acte IV, sc. x, p. 248 et suiv.
8. Voir *Beaumarchais et son temps*, Paris, Michel-Lévy, 1856, t. I, p. 158 et 161.
9. Voir la *Correspondance*, éd. Brian N. Morton, Paris, Nizet, 1969 [...], t. I, p. 41-188, *passim* ; et la Chronologie (années 1763 et 1766), p. XXVI et XXVII.
10. Sur cette notion, essentielle pour Beaumarchais, de « disconvenance sociale », voir p. 355 et n. 2.

Au reste, l'essentiel de la pièce n'est pas là. Il est beaucoup plus dans la seconde intrigue qui met en scène un négociant de Lyon et traite des difficultés qui l'accablent le jour d'une échéance redoutable. Là encore, et mieux que dans *Eugénie*, Beaumarchais se révèle fidèle disciple de Diderot. Le premier drame se déroulait en pays étranger, entre gens de la noblesse et même, pour Clarendon, de la très haute noblesse. *Les Deux Amis* se passent en France et mettent en scène des gens riches certes, mais qui appartiennent, par leur origine, à l'humanité commune. De plus, il s'agit de dépeindre, non tant des caractères, qu'un milieu social, qu'une condition. Beaumarchais se souvient enfin, semble-t-il, d'un échange de répliques entre Dorval et Moi dans les *Entretiens sur « Le Fils naturel »* : « N'avons-nous pas de financiers dans nos pièces ? — Sans doute, il y en a. Mais le financier n'est pas fait[1]. » Beaumarchais fait donc le financier, en la personne d'Aurelly, « homme vif, honnête, franc et naïf[2] », qui n'a rien à voir avec le Turcaret de Lesage; non pas tant pour des raisons de censure[3], que parce qu'Aurelly est la vertu même. À ses qualités humaines, il joint l'amour de son métier dont il parle avec chaleur. Cet éloge du négociant plus utile que le philosophe, et qui fait rentrer en période de paix tout l'or que la guerre disperse, n'est en rien original à cette date. On le trouvait déjà chez Voltaire[4] et dans *Le Philosophe sans le savoir* de Sedaine[5], et c'est en 1770 une idée courante chez les économistes. Mais Beaumarchais parle ici de lui-même. N'est-il pas négociant, lui aussi ? et ne le restera-t-il pas toute sa vie ?

En outre, comme Aurelly, Beaumarchais n'est-il pas noble ? Car son héros, comme lui quelques années plus tôt, vient d'être anobli et a le droit de porter l'épée. Saint-Alban le félicite[6] de cette promotion qui décore un citoyen utile. Mais ces lettres de noblesse font des jaloux, et Aurelly se heurte à l'hostilité d'un nouveau noble[7], nouveau mais toutefois plus ancien que lui : Aurelly, quoique anobli, reste négociant. Là encore, il est supérieur à celui qui, parce qu'il est noble, trouve déshonorant de travailler. Et là encore, l'auteur pense à sa vie, à ses relations avec la noblesse, à son passage de la boutique paternelle aux salons de Mesdames, filles du roi, passage rapide que certains ne lui pardonnent pas. « Je souhaite, écrit Beaumarchais, qu'elle plaise aux négociants, cette pièce qui a été faite pour eux, et en général pour honorer les gens du tiers état[8]. » Soit. Mais d'Aurelly, comme son créateur, est en

1. De Diderot ; voir *Œuvres esthétiques*, éd. Vernière, Garnier, 1959, p. 153.
2. Voir p. 201. *Naïf*, pris ici en bonne part, désigne celui « qui dit sa pensée ingénument et sans détour » *(Académie)*.
3. Voir la Préface du *Mariage de Figaro*, p. 354.
4. En particulier dans la *X*ᵉ *lettre philosophique*, « Sur le commerce » ; voir *Mélanges*, Bibl. de la Pléiade, p. 27-28.
5. En 1765 ; voir acte II, sc. IV, *Théâtre du XVIII*ᵉ *siècle*, Bibl. de la Pléiade, t. *II*, p. 530-531.
6. Acte II, sc. X, p. 223.
7. Acte I, sc. XI, p. 211-212.
8. Voir la lettre à M. X***, p. 1273.

train de quitter ce tiers état, promotion que justifient et son travail et son honnêteté.

La pièce devait donc plaire à cette bourgeoisie active et prospère qui constituait l'essentiel du public. Il n'en fut rien, tout au moins à Paris, bien qu'elle fût mieux construite qu'*Eugénie*, et que son dialogue fût, dans l'ensemble, plus naturel. La Harpe le constate[1], et l'auteur lui-même, qui déclare en 1779 que, de ses trois essais, celui des *Deux Amis* est le plus fortement composé[2]. Il semble que le public ait été sensible à l'intrigue sentimentale. Mais il fut dérouté par les problèmes financiers évoqués : c'est un fait que, s'ils sont relativement simples, lorsque la lecture permet d'y réfléchir[3], le détail en est difficilement compréhensible à la scène. On le cria dans la salle avec vigueur, on l'imprima[4], et bon nombre de critiques firent chorus[5]. Là est la véritable raison de l'échec, beaucoup plus que dans l'évocation de faillites récentes, quoi qu'en dise l'auteur[6].

Le drame est trop lié à un état de société révolu pour nous paraître actuel. Mais, pour cette raison même, c'est un document précieux sur l'état d'esprit d'une certaine bourgeoisie. À ce titre, *Les Deux*

1. *Lycée ou Cours de littérature* (1799), Paris, Firmin-Didot, 1870, t. II, p. 550.

2. Voir la lettre du 22 novembre, p. 1274. Les deux autres essais sont *Eugénie* et *Le Barbier de Séville*.

3. Les voici résumés pour la commodité du lecteur : Aurelly a chez M. de Préfort, à Paris, convertis en effets, un million cent mille francs ; huit cent mille lui appartiennent, trois cent mille appartiennent à Pauline. Il aurait donc largement de quoi payer le lendemain les six cent mille francs de l'échéance, mais la mort de M. de Préfort rend le transfert impossible.

Pour le sauver à son insu, Mélac père dispose de l'argent des fermes, soit cinq cent mille francs (que va réclamer Saint-Alban), auxquels il doit ajouter cent mille francs qui lui appartiennent et qu'il destinait à l'établissement de son fils.

Aurelly, voyant son ami en difficulté, décide à son tour de l'aider. Une fois les six cent mille francs de l'échéance (qu'il croit pouvoir honorer) enlevés, il lui reste, chez M. de Préfort, les cinq cent mille francs nécessaires. Mais sur ces cinq cent mille francs, trois cent mille appartiennent à Pauline, qui accepte de les sacrifier. Aurelly peut donner à Saint-Alban un mandat payable à Paris chez M. de Préfort.

C'est alors que tout se découvre. Saint-Alban accepte le mandat et, avant de pouvoir le toucher, utilise sa fortune personnelle pour tout régler, au milieu de l'admiration générale.

4. D'après Bachaumont (*Mémoires secrets*, à la date du 20 janvier 1770), on cria dans la salle : « Le mot de l'énigme au prochain *Mercure* » ; et : « Il s'agit ici d'une banqueroute ; j'y suis pour mes vingt sous. » On écrivit sur les affiches : « *Les Deux Amis* par un auteur qui n'en a aucun », et : « Ici on joue au noble jeu de Billard » (voir la note 6 au bas de cette page). Courut enfin l'épigramme anonyme : « J'ai vu de Beaumarchais le drame ridicule / Et je vais en un mot vous dire ce que c'est : / C'est un change où l'argent circule / Sans produire aucun intérêt. »

5. On trouvera, commodément rassemblées dans l'édition de d'Heylli et Marescot du *Théâtre complet de Beaumarchais*, Paris, Académie des bibliophiles, 1869 (t. I, p. 202-206), les opinions de Fréron, Bachaumont et Grimm sur la pièce. La Harpe dénonce « la faiblesse des ressorts de l'intrigue » et « un sujet qui manque par le fond » où « le nœud consiste [...] dans un secret que rien n'oblige à garder » (ouvr. cité, t. II, p. 550).

6. Voir la lettre aux Comédiens-Français, p. 1275. Billard, caissier de la Poste, avait fait, avec la complicité de l'abbé Grizel, une banqueroute frauduleuse de plusieurs millions.

Amis méritent d'être relus. Un homme en tout cas, au XIXe siècle, l'a étudié avec beaucoup d'attention : Balzac, dont *Le Faiseur* doit beaucoup aux *Deux Amis*[1]; et une comparaison des deux pièces, telle qu'esquissée par Guise, reste passionnante.

Chronologie des « Deux Amis ».

1769

La pièce est terminée en avril, comme l'annonce une lettre publiée en octobre dans le *Mercure de France*.

18 avril : approbation du censeur Marin.

28 avril : permis de représenter de M. de Sartines, apposé comme l'approbation sur le manuscrit de la Comédie-Française.

27 novembre : lettre de Beaumarchais aux Sociétaires[2].

1770

Première représentation le samedi 13 janvier; la pièce devait être créée le 10.

Du 13 janvier au lundi 5 février : onze représentations.

30 avril : approbation du censeur Marin pour l'édition.

Avant octobre, la pièce est jouée avec succès à Lyon, Marseille et Rouen[3].

17 octobre : lettre à M. X***.

Lettres écrites par Beaumarchais aux Comédiens-Français pour demander une reprise de la pièce :

En 1771, le 21 décembre[4];

En 1775, le 24 avril[5];

En 1779, le 22 novembre[6];

En 1781, en juin, et le 24 août[7].

1783

Reprise pour deux représentations — les dernières —, les mercredi 12 et vendredi 14 février.

1. Voir Balzac, *Théâtre*, éd. Guise, Paris, Éditions du Delta, 1971, t. III, p. 475. *Le Faiseur* fut imprimé en 1848 et créé en 1851.
2. Cette lettre est reproduite à la suite de cette chronologie, p. 1272.
3. Voir, p. 1273, la lettre à M. X*** du 17 octobre 1770.
4. Voir p. 1273.
5. Voir la *Correspondance*, éd. citée, t. II, p. 127-128.
6. Voir p. 1274.
7. Voir p. 1277.

DOCUMENTS

Lettres

AUX SOCIÉTAIRES DE LA COMÉDIE-FRANÇAISE[1]

Paris, ce 27 novembre 1769.

Messieurs et Mesdames,

J'accepte l'engagement que vous voulez bien prendre avec moi de jouer ma pièce définitivement le 10 janvier prochain[2]. Aucun mécontentement que j'eusse reçu de vous ne me portait à retirer mon manuscrit. Mais vous savez que plus un ouvrage a été attendu, plus il eſt sévèrement jugé. Il semble alors que le public veuille punir l'auteur de la témérité qu'il a eue de se faire désirer si longtemps, et les plaisants ajoutent : *pour si peu de chose encore*. Je n'ai pas un amour-propre assez mal réglé pour croire que la privation de mon ouvrage fît un grand tort, cet hiver, à la Comédie-Française, et j'attribue à votre politesse tout ce que vous me dites d'obligeant à son sujet, comme je rendrai grâces à vos talents de son succès. En reconnaissance, je dois vous faire part d'une réflexion qui me soutient un peu contre les terreurs du premier jour, c'eſt que vous vous êtes rendus en quelque façon garants envers le public de la bonté de l'ouvrage par la nouvelle adoption que vous venez d'en faire et que vous partagerez désormais avec moi tous les soucis de la paternité.

Ce nouveau point de vue doit vous engager à me prodiguer vos avis aux répétitions[3], car la part que nous avons à cet enfant commun a cela de différent que je l'ai conçu avec plaisir dans le silence, et qu'il y a tout à craindre que vous ne l'enfantiez avec douleur parmi les cris et le tapage. Puisse-t-il, lorsqu'il sera au monde, nous dédommager de ce pénible inſtant, moi par un grand succès et vous par la plus abondante recette.

Ce sont les vœux sincères de celui qui s'honore d'être, avec la plus parfaite reconnaissance,

Messieurs et Mesdames,

Votre très humble et très obéissant serviteur.

1. Cette lettre que possédaient d'Heylli et de Marescot a été publiée pour la première fois dans leur édition citée du *Théâtre complet de Beaumarchais*, t. I, p. 202, n. 1.

2. La première représentation eut lieu le 13 du même mois. La lettre témoigne de l'impatience de l'auteur.

3. Détail important : Beaumarchais assiste (ou assistera) aux répétitions. Il en sera de même pour les autres pièces. Les acteurs peuvent donc, le cas échéant, obtenir que le texte soit modifié ; l'auteur, en revanche, donne son avis sur la mise en scène. Sur ce dernier point, voir P. Larthomas, « La Toise de Figaro ou Beaumarchais metteur en scène », dans *D'Eschyle à Genet*, Mélanges Francis Pruner, Dijon, Éditions universitaires, 1986, p. 219-224.

À M. X***[1]

À Pantin[2], ce 17 octobre 1770.

Je n'ai rien à ajouter, Monsieur, aux instructions qui sont imprimées avec la pièce[3] pour qu'elle soit jouée dans son vrai genre. J'ai pris le plus grand soin d'indiquer la pantomime, le caractère de chaque personnage et même la place qu'ils doivent occuper sur la scène. Elle a été jouée à Lyon, à Marseille et à Rouen avec le plus grand succès. J'aurais été bien trompé dans mes vues si le commerçant que j'ai cherché à montrer sous le plus beau jour dans cet ouvrage n'était pas satisfait du rôle digne et honnête que je fais jouer à un homme de son état. Je vous envoie un exemplaire par la voie de M. Bertrand, quoique la veuve Duchesne[4] m'ait assuré qu'elle en avait envoyé à Bordeaux.

La seule chose que les acteurs doivent examiner est qu'aucun des rôles n'est fait pour être changé, même celui d'André qui a eu le plus grand succès à Paris par la manière simple dont il a été rendu par M. Feulie[5].

Je souhaite qu'elle plaise aux négociants, cette pièce qui a été faite pour eux, et en général pour honorer les gens du tiers état. M. Desfènes, qui a manqué à toutes ses paroles, nous a enfin forcés de le poursuivre et on l'a accablé de frais sans qu'il donne aucun signe de vie. J'ai aussi de vifs reproches à vous faire, mais je les réserve pour un autre temps. Si la pièce a du succès, je serai très aise de l'apprendre. Il serait très possible que la veuve Duchesne, qui vend l'ouvrage pour mon compte, eût négligé beaucoup d'envois. Si quelques-uns de vos libraires en veulent, ils en recevront des exemplaires pareils à celui-ci au prix de vingt sols, comme je les ai laissés à la veuve Duchesne pour la province[6].

À M. D'AUBERVAL, COMÉDIEN DU ROI[7] ET SEMAINIER[8] EN FONCTION

Ce 21 décembre 1771[9].

Je vous prie, Monsieur, de faire agréer à tous Messieurs les Comédiens-Français mes remerciements de ce qu'ils veulent bien mettre quelquefois *Eugénie*, ma fille aînée, sur leur répertoire, et d'en présenter ensuite de très particuliers à ceux qui jouent dans la

1. Cette lettre, conservée au British Museum, a été publiée pour la première fois dans *L'Amateur d'autographes* en 1902 par Maurice Tourneux. Selon ce dernier, le destinataire pourrait être M. Bordeaux, dit Belmont, concessionnaire des spectacles de Bordeaux.

2. Beaumarchais y avait une maison de campagne.

3. Voir ces instructions p. 201-202.

4. La veuve Duchesne, dont le nom est sur la page de titre (voir p. 1278), vendait l'ouvrage pour le compte de Beaumarchais, comme l'indique la suite de la lettre.

5. Sur le rôle et son interprétation par M. Feulie (Beaumarchais écrit souvent Feuilly), voir la lettre du 22 novembre 1779, p. 1276.

6. L'absence de formule de politesse montre que la lettre n'est pas terminée.

7. D'Auberval ou Dauberval. Le titre officiel des Comédiens-Français était « Comédiens ordinaires du Roi ».

8. Chaque sociétaire faisait fonction de régisseur durant une semaine, veillant sur la vie intérieure du théâtre et la bonne marche des spectacles.

9. Cette lettre a été publiée pour la première fois dans la *Revue rétrospective*, t. VII, p. 434-435.

pièce, des soins qu'ils apportent à faire valoir les rôles dont ils ont bien voulu se charger. Il n'y a pas d'ouvrage si faible que des talents aussi supérieurs ne fassent enfin goûter au public.

À ce propos, bien des gens paraissent persuadés que si Messieurs les Comédiens faisaient un nouvel essai des *Deux Amis*, qui n'ont pas eu sur tous les autres théâtres de l'Europe un moindre succès qu'*Eugénie*, l'influence fâcheuse qu'un moment critique pour l'intérêt eut sur tous les esprits, étant dissipée depuis longtemps[1], cette pièce prendrait dans l'opinion publique le rang que la Comédie-Française lui avait assigné dans la sienne. Cet encouragement ne serait peut-être pas inutile à un homme qui lui avait voué tous les fruits de ses loisirs, mais dont une foule de contradictions de toute espèce ont presque entièrement étouffé le talent médiocre[2].

Vous connaissez tous les sentiments avec lesquels j'ai l'honneur d'être, Monsieur, votre très humble et très obéissant serviteur.

À MM. LES COMÉDIENS-FRANÇAIS À LEUR ASSEMBLÉE[3]

Paris, lundi 22 novembre 1779.

Messieurs,

De trois essais[4] de moi que la Comédie a bien voulu adopter, le plus fortement composé, celui des *Deux Amis*, est resté depuis huit ans accroché sans jeu ni reprise. On croira bientôt que vous voulez punir ce drame de ses succès sur tous les théâtres français de l'Europe en ne le représentant jamais sur le vôtre. La Reine, qui se plaît quelquefois à le voir, n'a pu l'obtenir encore que des comédiens de la ville. On me demande pourquoi vous ne le jouez pas, et moi, qui n'en sais rien, je suis obligé de vous passer la parole.

Au reste, il n'y a pas d'instant plus favorable que celui-ci, Messieurs, pour tâter le goût de la capitale sur cet ouvrage, la tragédie étant un peu en désordre, attendu ce que vous savez[5]. En attendant que le Ciel y mette la main, ne pourrait-on pas essayer ce que Paris pensera de la vertu dure et franche du bon Aurelly, de la noble et vive sensibilité du philosophe Mélac ?

Il est bien vrai que cette pièce est du genre bâtard et misérable qu'on cherche à proscrire aujourd'hui sous le nom de drame; mais le vrai public, qui ne proscrit que ce qui l'ennuie, n'a pas encore prononcé l'anathème sur ce genre intéressant. Si l'état affreux des

1. Allusion à la banqueroute de Billard : sur ce scandale financier, voir la lettre suivante.

2. Comme le montre la lettre qui suit, la demande de Beaumarchais ne fut pas exaucée.

3. Cette lettre a été publiée pour la première fois dans la *Revue rétrospective*, t. VII, p. 441-444.

4. Les deux drames, et *Le Barbier de Séville*, créé en 1775.

5. Allusion à la longue rivalité entre Mlle Saint-Val cadette (ou Sainval) et Mme Vestris, toutes deux tragédiennes. La première avait débuté en 1772 et était sociétaire depuis 1776. La seconde, belle-sœur du plus célèbre danseur de l'Opéra (voir la *Lettre modérée sur la chute et la critique du « Barbier de Séville »*, p. 286), était protégée par le duc de Duras, un des gentilshommes de la Chambre qui avaient droit de regard sur les affaires de la Comédie-Française.

finances du royaume sous feu l'abbé Terray[1], d'écrasante mémoire, et surtout si l'époque de la banqueroute frauduleuse du janséniste Billard[2], empêchèrent alors les jansénistes du parterre, les mécontents de la Bourse et les perdants de la banqueroute, de goûter, autant qu'on le devait, un intérêt dramatique fondé sur la faillite inopinée d'un honnête homme, c'est qu'on s'imagina que je traduisais le malheur public au théâtre et que j'y jouais l'honnête pénitent de M. Grizel.

Mais une situation opposée ayant amené ces sentiments contraires, et le parterre, aujourd'hui, paraissant moins porté vers le rigorisme de Jansénius, depuis qu'il est régenté par des molinistes en soutanelle bleue galonnée d'argent[3], je crois qu'on peut essayer de remettre cette pièce à l'étude et de lui faire gagner à son tour les honneurs du répertoire.

M. Préville[4], pour qui le rôle d'Aurelly fut fait, voudra bien sans doute y déployer de nouveau le plus superbe talent.

On dit que M. Brizard a quitté les rôles nobles des pièces du siècle pour se resserrer absolument dans le haut tragique; si cela est, il faut gémir de la paralysie qui attaque un grand acteur dans la plus belle moitié de ses succès, et plaindre le public et les auteurs de ce qu'une telle infirmité leur enlève un bon Comédien pièce par pièce, et vient ainsi couper en deux la brillante carrière de M. Brizard. Dans ce cas malheureux, il faudrait prier M. Vanhove de remplacer la moitié de M. Brizard qui ne vit plus, dans le rôle de Mélac père.

Il est possible aussi que le rôle de Mélac fils semble un peu jeunet à M. Molé[5], devenu premier tragique; alors j'engagerais M. Monvel, qui n'a pas dédaigné le plus grand succès dans ce rôle en province, à sa dernière tournée, de vouloir bien s'en promettre un semblable à Paris dans cette reprise.

J'ignore aussi, Messieurs, à qui appartient le rôle de Saint-Alban que jouait M. Bellecour; s'il n'obtenait pas non plus l'adoption de M. Molé, son successeur naturel, M. Fleury, qui joue très noblement tout ce qu'il joue, serait prié de vouloir bien l'étudier.

Pour ma petite Doligny, c'est toujours ma Pauline, ma Rosine, mon Eugénie, et quoique je sois, dit-elle, un vilain monstre qui n'aime point la Comédie-Française[6], et mille autres lamentables faussetés du même genre :

1. Il avait été nommé contrôleur général des Finances en décembre 1769. Très impopulaire, il avait été surnommé *Vide-Gousset*. Il fut remplacé par Turgot en 1774 et mourut en 1778.

2. Voir la Notice, p. 1270, et n. 6 en bas de page.

3. Allusion plaisante aux *Provinciales* de Pascal, que Beaumarchais connaissait bien (voir p. 765), et aux jésuites partisans du théologien espagnol Molina. Les « molinistes en soutanelle bleue galonnée d'argent » sont ici les soldats du régiment des gardes françaises chargés de la police à la Comédie-Française.

4. Selon l'article 2 du règlement, c'était l'auteur qui distribuait les rôles. Ce que va faire Beaumarchais, dans l'espoir d'une reprise, espoir qui finalement sera déçu. Sur les comédiens cités, voir la liste des acteurs.

5. Molé avait alors quarante-cinq ans.

6. Les relations entre Beaumarchais et les Comédiens-Français étaient loin d'être cordiales depuis décembre 1775, et surtout depuis la création, en juillet 1777, du Bureau de législation dramatique, qui défendait les droits des auteurs. En novembre 1779, la situation s'était un peu améliorée, comme en

Entre elle et moi, Messieurs, c'est dit :
Nous ne formons qu'une famille;
Je suis son père, elle est ma fille,
Et cela va jusqu'au dédit[1].

Quant à mon pauvre imbécile d'André, son souvenir me rappelle bien tristement[2] celui du charmant Comédien, de la douce créature, de l'aimable et honnête garçon de Feuilly, que j'aimais de cœur et d'esprit au théâtre et dans la société. Comme il y a peu d'apparence que M. Bourette[3], à qui Feuilly avait plaisamment dérobé ce petit rôle, qu'il aimait, disait-il, parce qu'il était rondement bête; comme il n'y a pas d'apparence, dis-je, que M. Bourette consente à rentrer dans une possession aussi mesquine que tardive, dans le cas de son refus, je suis bien certain que mon ami Dazincourt ne me refuserait pas ce petit remplissage.

Voilà tout, je crois. Hé ! bon Dieu ! j'oubliais le rôle de Dabins, qui fut joué, si vous vous le rappelez, Messieurs, par M. Pin avec une perruque si intolérablement ridicule que le public aheurté[4] crut ne voir qu'un commis d'usurier dans le rôle sensible d'un très honnête homme. Je voudrais bien l'offrir à un Monsieur, dont le nom ne m'est pas connu, mais que j'ai vu jouer dans le tragique avec autant de sens que de sensibilité, pourvu, toutefois, que l'offre d'un rôle en prose ne soit pas regardée à la Comédie comme une insulte faite à un acteur en vers, car je ne veux blesser personne. J'ai vu ce Monsieur jouer Théramène avec grand plaisir, et je ne sais s'il ne se nomme pas Dorval ou Dorival[5].

Maintenant, Messieurs, que vous avez entendu ma requête, vous m'obligerez infiniment, si vous daignez l'accueillir et me faire la grâce de me croire, avec toute la considération possible, Messieurs, votre très humble et très obéissant serviteur[6].

témoignent les réponses à cette lettre de Boutet de Monvel et de Mlle Doligny. Sur ce problème des droits d'auteur, voir, outre les écrits de Beaumarchais lui-même (éd. Fournier des *Œuvres complètes*, Paris, Laplace, Sanchez et Cie, 1876, p. 585-638), le livre de Jacques Boncompain, *Auteurs et comédiens au XVIIIe siècle*, Paris, Perrin, 1976, p. 215-217.

1. *Dédit* : « Il se prend aussi quelquefois pour la peine dont on est convenu entre deux ou plusieurs personnes contre celui qui se dédira » *(Académie)*. Devra donc être puni celui qui rompra ce pacte d'affection.

2. Feuilly, ou plutôt Feulie, sociétaire depuis 1766, était mort en 1774, à l'âge de trente-huit ans.

3. Il s'appelait en réalité Bouret.

4. *Aheurter* : « [...] obstiner quelqu'un, exciter son humeur [...]. Il est familier et de peu d'usage » *(Académie 1798)*.

5. Il se nommait Dorival.

6. Les deux réponses qui suivent ont été publiées par Loménie (ouvr. cité, t. I, p. 510-512). Elles sont aimables, mais la lettre de Boutet de Monvel exprime, à la fin du premier paragraphe, une certaine amertume. L'allusion de Mlle Doligny à la comtesse Almaviva montre qu'à cette date Beaumarchais songeait déjà à donner *Le Mariage de Figaro* aux Comédiens-Français. Quant aux *Deux Amis*, malgré les promesses faites, ils ne furent pas repris à cette date. Voici ces deux lettres.

« Monsieur,

« Nous avons reçu votre charmante lettre et l'on me charge de vous répondre que l'on n'épargnera rien pour remplir vos vues ; c'est une commission que j'accepte avec autant d'empressement que de joie. La Comédie va remettre à

AUX MÊMES

Paris, ce 24 août 1781.

J'ai l'honneur de vous prévenir, Messieurs, que j'aurai celui de me présenter lundi à l'assemblée de la Comédie-Française pour avoir sa réponse sur la reprise des *Deux Amis* et sur la non-reprise du *Barbier de Séville*. Des raisons majeures me font désirer de savoir à quoi m'en tenir sur ces deux objets avant de commencer un grand travail qui m'est demandé sur les spectacles.

l'étude votre pièce des *Deux Amis*. Elle désirerait avec ardeur que vous fussiez le sien, et fera tout pour mettre le tort de votre côté, si ses effets sont infructueux.

« L'espèce d'oubli (oubli local toutefois) où votre ouvrage est resté peut-être, est moins sa faute que celle des circonstances. Vous-même (à ce qu'on dit) avez négligé de l'en tirer ; on dit que vous n'avez jamais parlé de la reprise de ce drame attendrissant, joué partout avec un succès qui reproche à la capitale et ses jugements précipités et cet esprit de parti armé souvent contre les productions les plus estimables.

« S'il se trouve parmi nous, parmi les amateurs du *bon genre*, quelques détracteurs de ce genre intéressant que l'on condamne en pleurant, quelques ennemis de ces pièces si fort dans la nature, si morales, si touchantes, aux représentations desquelles le public *maladroit* se porte ordinairement en foule, j'espère que la recette apaisera leur bile, désarmera leur colère, et qu'ils pardonneront à l'auteur du *Barbier de Séville* et d'*Eugénie* d'avoir le double talent, ce talent si rare, de faire rire et d'arracher des larmes.

« Tous mes camarades souscrivent de grand cœur à la distribution que vous faites de vos rôles. Molé n'a point encore prononcé sur *Mélac fils* et sur *Saint-Albans*. Quoique je sache le premier, quoiqu'il m'ait fait quelque honneur, s'il en conserve la possession, l'honnête fermier général satisfera mon ambition ; je m'efforcerai de n'être point au-dessous de la noblesse de son âme. Puissé-je vous convaincre, Monsieur, par mon zèle et mon activité, que personne plus que moi ne rend justice aux talents variés et charmants dont vous avez donné tant de preuves, à cette touche originale et piquante qui vous caractérise, et au mérite réel des ouvrages divers dont vous avez enrichi notre littérature.

« J'ai l'honneur d'être, avec toute la considération possible, Monsieur, votre très humble et très obéissant serviteur,

« BOUTET DE MONVEL. »

« Ce 24 novembre 1779.

« Monsieur,

« Je ne saurais trop vous remercier de ce que vous avez dit de moi dans la lettre que vous avez écrite à la Comédie au sujet des *Deux Amis*. Tous mes camarades ont été enchantés de la gaieté et de l'esprit qui brillent dans votre lettre. J'ai été plus enchantée qu'eux tous, mais c'est de votre amitié et de vos bontés pour moi. M. de Grammont, dont vous connaissez les qualités et les talents, m'engage à vous demander une grâce, c'est de faire donner un ordre de début ou un engagement, par les actionnaires de Bordeaux, à Mme Linguet, qui se trouve à présent à Bordeaux ; elle a été deux ans à la Comédie-Italienne, et n'en est sortie que par rapport à son mari. M. de Grammont, qui vous donnera ma lettre, vous expliquera l'affaire plus en détail. Faites placer, je vous prie, Mme Linguet ; c'est votre *Eugénie*, votre *Rosine*, votre *Pauline*, c'est la *comtesse Almaviva* qui vous sollicitent : j'ose espérer que vous aurez quelque égard à leur recommandation.

« Recevez les témoignages de l'estime, de l'attachement et de la reconnaissance avec lesquels je suis pour la vie, Monsieur, votre très humble et très obéissante servante,

« DOLIGNY. »

J'ai l'honneur d'être, avec une estime parfaite, Messieurs, votre très humble et très obéissant serviteur[1].

NOTE SUR LE TEXTE

Cette pièce, comme la précédente, est le fruit d'un long travail. En témoignent les brouillons que l'on trouve dans les papiers de famille.

Nous avons, comme les autres éditeurs, reproduit le texte de l'édition originale : LES / DEUX AMIS, / OU / LE NÉGOCIANT / DE LYON, / Drame / en cinq actes en prose ; / par M. de Beaumarchais. / Représenté pour la première fois sur le Théâtre de / la Comédie-Française à Paris, le 13 / janvier 1770. / Qu'opposerez-vous aux faux jugements, à l'injure, / aux clameurs ? / Rien. / *Les Deux Amis*, acte IV, scène VII. / *[filet]* / Le prix est de 36 sols. / *[filet]* / *[vignette]* / À Paris, / Chez / la veuve Duchesne, rue S[aint-]Jacques, / au Temple du goût. / Merlin, rue de la Harpe, à S[aint-]Joseph. / *[filet]* / M.DCC.LXX. / Avec approbation et privilège du Roi.

Cette édition, de IV-163 pages, reproduit la musique de l'andante (p. 157-163). L'approbation, signée de Marin, est datée : « Paris, ce 30 avril 1770. »

Les variantes proposées sont celles du manuscrit de la Comédie-Française, manuscrit de 158 pages qui présente les caractéristiques suivantes :

1. On lit à la première page : « Manuscrit du souffleur. / Ratures et corrections de la main de Beaumarchais. / Trois pièces jointes, dont l'une est un tableau des droits / d'auteur. » Les pièces jointes indiquent que les droits d'auteur, en 1770 et à la reprise de 1783, ont été laissés au souffleur, M. Delaporte.

2. Le titre indiqué : *« Le Négociant de Lyon / ou / les Vrais Amis »*, a été rayé et remplacé en marge par : *« Les Deux Amis »*, de la main de Beaumarchais.

3. Ce manuscrit avait été soumis à la censure, comme en témoignent, à la dernière page, les signatures de Marin et de Sartines, en date du 28 avril 1769.

4. Saint-Alban est orthographié *St Albans*, Mélac père est désigné par *de Mélac*, et Mélac fils par *Mélac*.

Le texte du manuscrit est plus long que le texte définitif. Certaines coupures ont dû être demandées par les acteurs. L'œuvre y gagne en rapidité, mais, comme on le verra, les passages supprimés sont intéressants et précisent bien les intentions de l'auteur. Sigle : *ms*.

Nous n'avons pas cru utile de reproduire la musique de l'andante joué au début de la pièce. On le trouvera au tome I de l'édition, déjà citée, des œuvres de Beaumarchais par d'Heylli et Marescot, p. 369-375.

1. Cette lettre est plus polie que chaleureuse. Beaumarchais ne parviendra à faire rejouer *Les Deux Amis* qu'en février 1783. Ce seront les deux dernières représentations à la Comédie-Française.

NOTES ET VARIANTES

Page 201.

1. Ce texte important souligne la nécessité de noter la mise en scène et définit un procédé commode pour marquer la position des acteurs, procédé qui sera souvent employé au XIXe siècle, en particulier par Labiche.

2. C'est pour cette raison que les indications de mise en scène sont si rares dans les pièces du XVIIe siècle. L'abbé d'Aubignac trouvait que le mélange de prose et de vers rompait le charme (voir *La Pratique du théâtre*, 1657, chap. VIII). Corneille avait vainement proposé de placer ces indications en marge (*Discours des trois unités, d'action, de jour, et de lieu*, 1660, dans *Œuvres complètes*, Bibl. de la Pléiade, t. III, p. 182).

3. Mélac père est *receveur*, c'est-à-dire « un officier [nous dirions *fonctionnaire*] titulaire qui a droit de recevoir les deniers du Roi et de les distribuer suivant l'ordre ou l'état qui lui en est donné » (*Dictionnaire de Trévoux*, éd. 1743); *général*, parce qu'il a sous son autorité toute la province; *des fermes*, c'est-à-dire, ici, des droits du roi. Saint-Alban, en tant que fermier général, est son supérieur hiérarchique.

4. Dans une variante de la dernière scène (voir var. *a*, p. 264), Saint-Alban dira à Mélac : « Homme rare et sublime, en qui la philosophie n'a point éteint la sensibilité [...]. » Voir aussi le monologue du deuxième acte (p. 218). Le *Dictionnaire de l'Académie* définit en ces termes le *philosophe* : « [...] celui qui s'applique à l'étude des sciences et qui cherche à connaître les effets par leurs causes et par leurs principes. »

Page 202.

a. andante. Cette scène marche lentement. / Scène première ms.

1. Ce fut le seul acteur qui ne plut pas à Beaumarchais le jour de la création. L'auteur rappellera en 1779 (lettre du 22 novembre aux Comédiens-Français; voir p. 1276) : « [...] le rôle de Dabins [...] fut joué [...] par M. Pin avec une perruque si intolérablement ridicule que le public aheurté crut ne voir qu'un commis d'usurier dans le rôle sensible d'un très honnête homme. »

2. Dans sa lettre du 17 octobre 1770 (voir p. 1273), Beaumarchais rappelle que le rôle d'André « a eu le plus grand succès à Paris par la manière simple dont il a été rendu par M. Feulie ». La lettre aux Comédiens-Français du 22 novembre 1779 (voir p. 1276) précise : « Quant à mon pauvre imbécile d'André, son souvenir me rappelle bien tristement celui du charmant Comédien, de la douce créature, de l'aimable et honnête garçon de Feuilly, que j'aimais de cœur et d'esprit au théâtre et dans la société. » Beaumarchais ajoute : « [...] il aimait, disait-il, [ce petit rôle] parce qu'il était rondement bête [...]. »

3. La partition indique : *Andante gracioso con sordinis* (avec les sourdines) et *Con l'arco* (avec l'archet) pour les premiers violons; *Pizzicato* (en pinçant les cordes avec les doigts) pour les autres parties.

Page 203.

a. s'ouvre demain. / PAULINE : *ms.* ↔ *b.* PAULINE, *reculant son siège* : Eh *ms.* ↔ *c.* absence, nous passerons un domino; deux paravents, un tapis feront *ms.*

1. *Jaser*, au XVIIIe siècle, signifie simplement bavarder, causer.
2. « Droit, faculté de succéder à un homme dans sa charge après sa mort » *(Académie)*.
3. Nos professeurs (de danse, de musique, etc.).

Page 204.

a. toujours le radotage de Saint-Albans ! *ms.*

1. Dans cette réplique importante, Beaumarchais prend parti dans la querelle concernant la déclamation. Il proclame bien haut ici sa préférence pour une diction naturelle qui se rapproche du langage quotidien. En cela, il est bien le disciple de Diderot. Pour une première leçon de ce texte, voir Beaumarchais, *Notes et réflexions*, Paris, Hachette, 1961, p. 27-28.
2. Ne pas jouer à la suite dans le même livre.

Page 205.

1. *Mutin* : « Opiniâtre, querelleur, obstiné » *(Académie)*.

Page 206.

1. *Obstiner* : « Il est quelquefois actif dans le style familier et signifie rendre opiniâtre, être cause qu'on s'obstine. *Cela ne fait que l'obstiner* » *(Académie)*.
2. Il avait bien besoin.

Page 207.

1. Il y a bien, dans le texte, *un enfant*; c'est la graphie ordinaire à cette époque, même lorsqu'il s'agit d'une fille.

Page 208.

a. Celui qui vient... *[11 lignes]* qui est venu un jour que vous étiez... le jour de cette histoire... / DE MÉLAC : Est-ce qu'il n'a pas de nom ? / ANDRÉ : C'est celui qui... qui... qui compte toujours ici des nouvelles en chiffres. / DE MÉLAC : En chiffres ? / ANDRÉ : Je l'ai bien entendu peut-être... Paris, deux et deux; Marseille, Canada, trente-huit, que sais-je ? / DE MÉLAC, *riant de pitié* : Ah ! l'agent de change ? / ANDRÉ : C'est ça. / DE MÉLAC : Monsieur Lacombe ? / ANDRÉ : Justement. / DE MÉLAC : Mais *ms.*

1. Les hommes en portaient « pour faire tenir frisés les cheveux. *Il était encore en papillotes [...] lorsque j'entrai dans sa chambre* » *(Académie 1762)*.
2. L'édition originale écrit *ballet*, reproduit par les éditions postérieures, même celle de Gudin (*Œuvres complètes de Pierre-Augustin Caron de Beaumarchais*, Paris, Léopold Collin, 1809, t. I, p. 211); par inadvertance, sans doute, car les dictionnaires font bien la distinction entre les deux homonymes.

3. André se retourne et fait quelques pas en direction des coulisses pour parler à l'agent de change. La réplique suivante veut donc dire : « Monsieur Dabins n'y est pas. »

Page 209.

a. troublé. *(Il s'assied.)* / DABINS : *ms.*

1. Peut-être y a-t-il sur ce nom un jeu de mots (*Préfort* et *prêt fort* ?), souvenir du style des parades.
2. *Papier* : « Les lettres de change, les billets payables au porteur et autres effets de cette nature qui représentent l'argent comptant » *(Académie)*.

Page 210.

a. M'apprend *[7 lignes]* que, sur le bruit d'un projet avantageux, répandu depuis quatre jours, tout le monde attend. Rien n'est négocié sur la place. / DE MÉLAC : Ce qui ne se peut aujourd'hui se fera dans un autre temps ; c'est *ms.* ↔ *b.* et pas un sou... *[10 lignes]* / DE MÉLAC *ms.*

Page 211.

1. Aurelly a été anobli depuis peu, ce qui lui a donné le droit de porter l'épée. Voir la Notice, p. 1269.

Page 212.

1. « Moins il y a de distance entre l'état des hommes, plus ils pointillent pour le faire remarquer » (*Notes et réflexions*, ouvr. cité, p. 106-107).
2. *Fripon* : « Fourbe, qui n'a ni honneur, ni foi, ni probité » *(Académie 1762)*. Le fourbe trompe son monde, et s'oppose ici aux « malhonnêtes gens reconnus ».

Page 213.

1. « Les lois peuvent contenir les méchants, mais jamais les rendre bons. Ce sont les mœurs qui font les honnêtes gens » (*Notes et réflexions*, ouvr. cité, p. 70).

Page 214.

a. AURELLY / PAULINE : *ms.* ↔ *b.* Sa joie me *ms.* ↔ *c.* à un autre jour. *(À Mélac.)* Ah ! ah ! tu sors content après avoir escompté nos plaisirs en morale[1] ! / DE MÉLAC, *ms.*

1. Au sens large, non de « provocation en duel », mais de « duel ».

Page 215.

a. Il repasse bien tôt ! / ANDRÉ : Ça m'étonne toujours. / PAULINE, *avec curiosité* : Pour quelle raison, André ? / ANDRÉ : Ce n'est

1. Il faut comprendre sans doute : « [...] après avoir pris un escompte sur nos plaisirs sous forme de morale. »

pas que cela me déplaise; mais c'est qu'en partant il m'a donné un louis, comme s'il ne devait plus revenir, et puis le v'là qui revient tout de suite, comme s'il m'avait rien donné. / AURELLY : Qu'on fasse *ms.*

1. C'est-à-dire les fermiers généraux.

Page 216.

a. MÉLAC, *avec inquiétude* : *ms.*

1. Mélac fils, dans son dépit, exagère : Saint-Alban est resté trois semaines; voir p. 206.

Page 217.

a. PAULINE, *gaiement* : *ms.* ↔ *b.* MÉLAC, *tendrement* : *ms.* ↔ *c.* MÉLAC, *pénétré* : *ms.* ↔ *d.* PAULINE, *attendrie* : *ms.*

1. « L'homme qui vous connaît une fois n'a plus besoin que vous soyez belle pour vous aimer à la folie » (*Notes et réflexions*, éd. citée, p. 187).

Page 218.

1. En réfléchissant : « *Rêver* signifie aussi penser, méditer profondément sur quelque chose » *(Académie)*. Beaumarchais emploie très souvent le mot dans ce sens; voir, par exemple, p. 244.
2. Pour aller plus vite, Mélac père ne prend pas la diligence, mais une chaise de poste, c'est-à-dire une « voiture légère à deux roues, traînée par un ou deux chevaux ». Un carrosse, qui n'était pas forcément luxueux, était une voiture à quatre roues « pour aller commodément par la ville et à la campagne » *(Académie)*.
3. Concernant la compagnie des fermes, puisque Mélac est receveur général.
4. Peu importe qui ce peut être. Les éditions modernes remplacent le point par une virgule. Mais, selon nous, il faut garder le point des premières éditions, comme l'a fait Gudin, éd. citée, p. 238.

Page 219.

a. risque. N'est-il pas ma caution ? *(Il* *ms.* ↔ *b.* puissante !... Si c'est un mal qu'être né sensible, voudrais-je *ms.* ↔ *c.* par le jardin. *[5 lignes]* / DABINS *(il écrit avec un crayon sur son papier)* : Oui, Monsieur, en quatre voyages. / DE MÉLAC : Trois cent mille francs en argent blanc[1]. / DABINS : Trois cent vingt. / DE MÉLAC : Est-ce trois cent vingt ? / DABINS : Trois cent vingt. / DE MÉLAC : Trois cent vingt mille francs, que les porteurs étrangers ont sortis par la ruelle... / DABINS : Font cinq cent mille. / DE MÉLAC, *additionnant* : Zéro, zéro; trois et deux cinq. Bon ! Cent mille francs en lettres de change. / DABINS : C'est le compte. Six cent mille livres contenues en mon reçu. / DE MÉLAC *lit* : *ms.* ↔ *d.* vendre ses services. / DABINS : À perte le plus souvent, l'ingratitude est un vice général. / DE MÉLAC : Maxime affligeante. On se raccommode avec les hommes quand on réfléchit qu'il ne peut y avoir un ingrat sans qu'il y ait un bienfaiteur. / DABINS : Et qui prouve comme vous, Monsieur, qu'un

1. *En argent blanc* : en pièces d'argent.

Page 228.

1. Une plaisanterie de la part d'un homme qui veut être agréable et faire plaisir.

Page 229.

1. Une calomnie, « ce que l'on impute faussement à quelqu'un dans le dessein de lui nuire » *(Académie).*

Page 230.

a. PAULINE : Saint-Albans n'en a plus trouvé. *[p. 229, milieu]* / MÉLAC : Ah dieux ! / PAULINE : Il sort dans un dessein funeste. / MÉLAC : Et vous ne l'avez pas arrêté ? / PAULINE : Le pouvais-je ? Il m'aime : je crains qu'un amour rebuté ne le rende inflexible. Dans le trouble où j'étais, j'ignore ce que j'ai dit... Je crains qu'il ne soit jaloux... Je crains... / MÉLAC : Il vous aime, il va pousser les choses à toute rigueur. / PAULINE : Le sort de mon père me fait trembler. / MÉLAC : Il est affreux ! Et moi, je vous perds ! / PAULINE : Non; Mélac, écoutez-moi. Non, vous n'aurez jamais de rivaux dans le cœur de Pauline, si vous ne faites rien qui vous dégrade à ses yeux. / MÉLAC : Vous m'aimez ? / PAULINE : Puisse cet aveu soutenir votre courage ! Mais les moments sont précieux. Courez à votre père, allez le consoler. Mon oncle reviendra; vous connaissez sa brusque franchise, elle ne lui permet pas toujours de garder avec les malheureux les ménagements dont ils ont besoin. / MÉLAC : Ô désastre ! / PAULINE : Soyez présent aux explications. Que votre bon esprit en prévienne l'aigreur. / MÉLAC : Pauline ! / PAULINE : Si votre père est embarrassé, mon oncle est le seul dont on puisse espérer un prompt secours. Notre sort en dépend, Mélac; il ne vous reste plus qu'un moyen de me mériter, c'est de réussir à m'obtenir. / MÉLAC : Ô malheur ! Ô mélange inouï ! N'importe, vous serez obéie. Vous connaîtrez s'il *ms.*

1. « Y a-t-il des ordres aussi bien accomplis que ceux que l'amour exécute ? » (*Notes et réflexions*, éd. citée, p. 26).

Page 231.

a. s'alarme pour vous. *[9 lignes]* / DE MÉLAC, *avec joie* : Mon fils, tu voulais me servir; tu m'en ouvres toi-même la voie. / MÉLAC : Est-ce possible ? / DE MÉLAC : Saint-Albans te croit son rival, cours le désabuser. Assure-le que, loin d'avoir formé sur la jeune personne aucun projet qui puisse nuire à ses desseins, nous mettrons tous nos soins à faire entrer notre ami dans des vues aussi honorables qu'avantageuses pour sa nièce. / MÉLAC, *embarrassé* : Il ne m'en croira pas. Un homme amoureux et jaloux soupçonne aisément. / DE MÉLAC : L'effet suivra de près... / MÉLAC : Mon père !... / DE MÉLAC : Parlez. / MÉLAC, *tremblant* : Qu'exigez-vous de moi ? / DE MÉLAC : Rien, je vous entends. Je n'en ai que trop vu ce matin. J'y vais moi-même. / MÉLAC : Ah ! *ms.*

Page 233.

1. Une telle malhonnêteté; voir aussi p. 224 et n. 3.
2. Voir acte I, sc. XI, p. 213.

Page 237.

1. C'est-à-dire vendre « même avec perte dans un moment pressant » (*Littré*, art. « Fondre »).
2. Trois cent mille francs. L'écu est une « monnaie de compte de la valeur de trois livres » *(Académie)*.

Page 238.

1. Je fis tous les efforts nécessaires, pour la retirer, c'est-à-dire l'enlever de l'endroit où elle était élevée.

Page 239.

a. Parlez. / AURELLY : Je ne puis. / PAULINE : Je le veux. / AURELLY : *ms.*

1. Au sens étymologique du terme : « L'ordre, la règle qu'on apporte [...] dans la dépense d'une maison » *(Académie)*.

Page 240.

a. Suivent, dans ms., cinq scènes numérotées de VII *à* XI. *Voici le texte de la scène* VII : *Scène* VII / ANDRÉ, AURELLY / ANDRÉ, *au fond du salon* : Pas vrai, Monsieur, que vous n'y êtes pas du tout ? / AURELLY : Pour personne. / ANDRÉ, *s'en allant* : C'est dit; j'ai bien fait de m'en souvenir. / AURELLY : Pourquoi cette question ? / ANDRÉ, *s'en allant* : C'est que M. le grand fermier est là, dans une voiture. / AURELLY : Hé bien ! hé bien ! Où va-t-il ? As-tu donc oublié qu'il était présent quand j'ai donné cet ordre ? / ANDRÉ : C'est ce que je lui ai dit. Il l'a entendu comme moi. / AURELLY : Imbécile ! / ANDRÉ, *s'en allant* : Est-ce ma faute s'il voulait vous voir malgré cela ? / AURELLY : Viens ici. Quand on fait fermer sa porte pour tout le monde... / ANDRÉ, *s'en allant* : C'est afin que personne n'entre. / AURELLY : Et qu'on donne l'ordre en présence de quelqu'un... / ANDRÉ, *s'en allant* : Eh sans doute ! il est le premier averti. / AURELLY, *se fâchant* : Tu ne m'entends pas ? / ANDRÉ, *s'en allant* : Pardonnez-moi, Dieu merci ! si j'en laisse passer un. / AURELLY : C'est raisonner avec une bûche... Sans autre propos, benêt, allez prier M. de Saint-Albans de s'asseoir dans ce salon; je redescends à l'instant. *Les scènes* VIII, IX, X *et* XI *deviendront*[1], *dans le texte imprimé, les scènes* I, II, III *et* IV *de l'acte IV.*

1. *Il* : Mélac père; Pauline a été élevée par lui (voir la liste des personnages, p. 201).
2. Il faut, nous semble-t-il, comprendre ainsi ce dernier mouvement : « Si je soupire, ce n'est pas parce que je regrette l'argent; mais parce que je ne peux plus avoir d'estime pour Mélac. »
3. C'est ici le rappel de la fin du IIIe acte dans l'état manuscrit; voir var. *a.*

Page 241.

1. Le mot *bernique*, récent dans la langue, n'est pas dans le *Dictionnaire de l'Académie* de 1762; *Académie 1798* : « Expression adver-

1. À quelques variantes près (voir var. *a*, p. 246).

biale pour signifier que croyant tenir quelque chose, on ne tient rien. *Vous comptez sur lui ? Bernique.* Il eſt populaire et badin. » *Diantre* : « Mot très familier dont on se sert pour dire le diable » *(Académie)*. L'ensemble de l'expression équivaut à : « Rien à faire. »

Page 242.

1. J'aurais dû m'y attendre.

2. *Patelin* : « Homme souple et artificieux qui, par des manières flatteuses et insinuantes, fait venir les autres à ses fins » *(Académie)*. Mais il eſt évident qu'ici le mot eſt employé par André sans aucune valeur péjorative.

3. André, comme toujours, s'exprime maladroitement; mais les trois premières scènes de la pièce (p. 202-205) font bien comprendre ce qu'il veut dire.

Page 243.

1. « Dans les jeux où l'on joue de l'argent on dit *faire bon* pour dire s'engager à payer toute la somme qu'on pourra perdre [...]. Et on dit en termes de finances *faire les derniers bons* pour dire se rendre garant du payement de la somme dont il eſt queſtion » *(Académie)*.

Page 244.

1. Il eſt nécessaire que je m'explique.

Page 246.

a. comme on eſt ballotté !... *[p. 245, 7 lignes en bas de page]* Depuis huit ans je travaille à faire un sort à ma fille; je n'osais la deſtiner au jeune Mélac... Au moment qu'elle n'a plus rien, c'eſt celui-ci qui la veut... Le père et le fils sont perdus s'il se croit refusé... Et comment oser la lui accorder ?... L'argent ! L'argent ne les sauvera pas. Ce n'eſt plus ici une affaire d'argent... Et demandez-moi... pour un vil intérêt... Oh ! les hommes. Quelle pitié !... / FIN DU TROISIÈME ACTE / ACTE IV / *Scène première* / DABINS, DE MÉLAC / DE MÉLAC, *échauffé* : N'en faites rien, monsieur Dabins. / DABINS : L'inutilité des démarches dont je vous rends compte, prouve assez qu'il n'y a plus d'autres ressources. / DE MÉLAC, *avec feu* : N'en faites rien, s'il vous reſte un peu d'égard pour moi... pour vous-même. / DABINS : Monsieur, c'eſt avec douleur que je vous le dis : j'ai porté vos lettres, mais, soit que le paiement mette tout le monde à l'étroit, soit, et je frémis de le penser, que ce qui se passe ait déjà fait quelque bruit, j'ai trouvé toutes les bourses vides ou fermées. / DE MÉLAC : Et parce qu'ils sont durs envers moi, vous vous croyez dégagé ? / DABINS : Monsieur, il *ms.*

1. C'eſt cette réplique et le premier mot de la suivante qui ont été mis en épigraphe à la pièce; voir p. 199.

Page 247.

a. le secret confié ? *[5e ligne de la page]* / DABINS : Eh Monsieur ! c'eſt parce que j'ai toujours vos bontés devant les yeux que je ne puis sans effroi voir le péril... / DE MÉLAC : À qui de nous deux appartient le jugement de mes intérêts ? Venez-vous ici tenter ma vertu ? / DABINS : Nommer vertu ce qui détruit votre bonheur ! / DE MÉLAC : Non pas ce qui le détruit, mais ce qui m'apprend à m'en passer... Au moment où les gazettes annoncent à toute l'Europe que le roi vient de donner un encouragement au commerce en anoblissant le négociant le plus estimé... je n'aurais donc soutenu mon ami sur un abîme que pour l'y plonger avec plus de barbarie ! / DABINS : Je ne sais, Monsieur, jusqu'à quel point il est permis de sacrifier à l'enthousiasme de son ami; mais l'honneur, l'état d'un fils... / DE MÉLAC, *vivement* : Qui vous dit que je les veuille exposer ? Connaissez-vous mes intentions ? et dois-je surcharger d'un autre secret la discrétion d'un homme à qui le premier coûte tant à garder ? / DABINS : Si cette discrétion fait plus de maux qu'elle ne peut en prévenir ? / DE MÉLAC, *à part* : Il faut le tranquilliser. / DABINS : Pardon, Monsieur, je vous dois tout; cela justifie mon zèle. / DE MÉLAC : Croyez-vous, Monsieur, que les conséquences de tout ceci m'échappent ? Sachez donc (mais surtout sachez le taire) que, si les choses vont trop loin, mon dessein est d'aller ce soir apprendre à Saint-Albans, sous le sceau du secret, l'emploi momentané que j'ai fait de l'argent. Sous le sceau du secret, m'entendez-vous ? / DABINS : Monsieur, je me tairai. / DE MÉLAC : Si, contre mon attente, il voulait troubler le paiement d'Aurelly, je dois rester le maître de ma conduite. Sentez-vous maintenant l'importance ?... / DABINS : Je *ms.* ++ *b.* que je vous presse; il fait compassion, il est comme un homme endormi qu'un songe affreux tourmente; il m'aperçoit, il s'approche et me prend les mains. J'attendais qu'il parlât; il a répandu des larmes amères et m'a quitté avec une impatience, un sentiment si douloureux, si fort... / DE MÉLAC : Cette impatience qui vous paraît vigueur n'est qu'une faiblesse de jeune homme, une impuissance de supporter la peine. Vous deviez l'en faire rougir. / DABINS : Mais *ms.*

Page 248.

a. cette âme neuve et passionnée ?... *[5e ligne de la page]* Vous l'avez bien dépeint. Qu'a-t-il donc fait ? / *Scène II* / DE MÉLAC, DABINS *au fond*, MÉLAC / MÉLAC, *sur le devant (il marche lentement, d'un air absorbé, et s'échauffe par degrés en parlant)* : Saint-Albans ! Je l'ai cherché partout sans le rencontrer... Malheureux !... Le déshonneur de mon père est-il déjà public ?... On s'éloigne, on me fuit... Il faut quitter cette ville, où le mépris... Je perds en un instant la fortune, l'honneur, toutes mes espérances. On plaint le malheur, mais qui est-ce qui veut partager l'infamie ? Dieu ! Dieu ! / DE MÉLAC : Qu'avez-vous donc, mon fils ? / MÉLAC : Oh, mon père, comment expliquer cet abominable événement ? / DE MÉLAC : Mon fils, la conduite de toute ma vie ne vous a point appris à me connaître : je suis plus malheureux que je ne croyais. J'ai perdu mes soins, et l'exemple de votre père a glissé sur votre cœur. / MÉLAC, *tremblant* : Je n'ai ni la sagesse ni les motifs de tranquillité qui le soutiennent. / DE MÉLAC, *fortement* : Eh quoi ! mon fils, au premier doute, accuse son père de bassesse, le juge et l'abandonne. / MÉLAC : Oh ! ne le croyez pas. / DE MÉLAC, *fortement* : J'entendais vos murmures, vos plaintes, je vois votre découragement. Apprenez de moi que celui qui ne sait pas souffrir l'infortune ne mérite

pas d'être heureux; il abuserait de la prospérité. / MÉLAC, *tremblant* : Mon père, quel courage est à l'épreuve d'un pareil revers ? Comment penser sans mourir à l'avilissement ?... Après avoir été honorés jusqu'à ce jour ! *(Dabins fait un geste de compassion, regardant de Mélac, qui lui recommande le silence en mettant son doigt sur la bouche. Mélac s'en aperçoit et s'écrie :)* Dabins, vous savez le secret de mon père, et vous vous taisez; vous êtes plus cruel que lui. J'ai surpris un signe. Ah ! parlez ! parlez ! un seul mot peut calmer mon désespoir. / DE MÉLAC, *froidement* : Quel signe, mon fils ? Je l'empêchais de me rendre compte ici des démarches secrètes que je l'ai chargé de faire. J'épargnais à votre faiblesse de nouveaux sujets d'affliction. Venez avec moi, Dabins, tenter une autre voie. *(À Dabins, à part, en s'en allant :)* Sauvons-nous d'un attendrissement inutile. / *Scène III* / MÉLAC *seul.* / Tout Lyon est instruit de mon désastre. Je suis perdu. Il n'y a plus à balancer... On aura vu des mouvements... Ce Saint-Albans a fait conduire sa chaise à l'auberge... Les valets ont jasé... Partons ! Ah ! Pauline... Pauline. Elle m'évite... La chaleur *ms.* ++
b. Scène IV ms.

1. *Prestige* : « Illusion par sortilège, fascination » *(Académie).*

Page 250.

1. Un malheur qui n'existe que dans votre imagination.

Page 252.

a. Scène V ms.

1. Je n'ai pas été dans l'obligation d'aller lui confier [...] (et par conséquent je ne l'ai pas fait).

2. « On dit *sommer quelqu'un de sa parole* pour dire lui demander qu'il tienne sa parole » *(Académie).*

Page 253.

a. mon embarras pour lui répondre. *[p. 252, 10 lignes en bas de page]* / MÉLAC : Nous sommes perdus. / AURELLY : Comment cela ? / PAULINE : Ah ! Dieux ! Mais je réfléchis... On a fait une grande faute. / AURELLY : Quelle ? / PAULINE, *douloureusement* : Au lieu de lui parler de ces effets, il fallait les remettre à M. de Mélac, il eût payé lui-même. / AURELLY : Elle a raison. / PAULINE : Cela était plus délicat de notre part et quelle différence pour lui ! / AURELLY : Le mal est fait. / PAULINE : Il est irréparable. / AURELLY : Irréparable ! Non, je vois ce qui cause ton inquiétude. *(Plus bas.)* Je n'ai pas dû, non plus, sans te consulter, aller confier à Saint-Albans... *(Haut.)* Mais vois la frayeur de ce pauvre Mélac, il craint si fort que tu ne consentes pas... / MÉLAC : Moi ? le craindre... / AURELLY : Ce n'est pas qu'elle hésite, mais tu ne sais pas... / MÉLAC, *à Pauline* : Hésiteriez-vous, Pauline ? / AURELLY : Je t'avoue qu'elle y consent et plût au ciel que cela mît ton père hors de danger. Ma Pauline, dis-lui au moins que tu consens... *(Pauline rêve profondément.)* Ah ! la cruelle affaire, la maudite affaire ! Dire qu'un homme après cinquante ans d'honneur et de vertu !... / PAULINE, *d'un ton réfléchi* : Croyez-vous qu'il traitât rigoureusement M. de Mélac, s'il était refusé ? / AURELLY : Refusé ! De quel droit le sommerais-je de sa parole en manquant à la mienne ? C'est bien alors que tout serait perdu... Mais que lui dire : il attend ta réponse. / PAULINE *regarde Mélac et dit en soupirant* : C'eſt de moi qu'il la recevra... qu'il vienne. / MÉLAC, *effrayé* : Qu'il vienne ? / PAULINE : Il eſt important que je lui parle. / AURELLY : Il eſt ici dans un moment. / MÉLAC, *avec effroi* : Mademoiselle... / PAULINE : Le danger de votre père eſt pressant. Quel intérêt oserait se montrer auprès de celui-là ? / MÉLAC : Ah, mon père ! mon père !... Ainsi vous rappelez Saint-Albans ? / PAULINE : Je le verrai. / MÉLAC, *à part* : Quel supplice ! Je sens que je ne peux vivre sans votre eſtime; il me faut la mienne : il faut sauver mon père. / AURELLY, *à Mélac* : Laissons-la faire : on peut s'en rapporter à sa prudence. Viens, mon ami, et sois certain que s'il y a quelque obſtacle, Saint-Albans eſt impatient de les lever tous. / FIN DU QUATRIÈME ACTE *ms.*

Page 255.

a. l'en ai prié; j'espère que vous ne prendrez aucun avantage d'une démarche... assez libre, lorsque vous saurez que, jetée au milieu du monde presque sans appui, je dois, en cette triſte occasion, me tenir lieu des parents qui me manquent, et entrer dans les détails dont ma délicatesse peut être blessée... / SAINT-ALBANS : Quel langage ! / PAULINE, *péniblement* : Il eſt convenable. On apprend à devenir modeſte en souffrant de l'orgueil d'autrui. / SAINT-ALBANS : Vous m'étonnez, Mademoiselle. Je serais au désespoir... / PAULINE : Asseyez-vous, *ms.* ++ *b. Cette sortie d'André n'eſt pas indiquée dans le manuscrit. Il s'ensuit un décalage des scènes jusqu'à la fin de l'acte, où la scène* IX *de ms. correspond aux scènes* X *et* XI, *p. 262-264.*

1. *Altération* : « Émotion d'esprit [...]. *Il dit cela avec quelque altération* » *(Académie)*.

2. *Recherche* : « Il signifie aussi poursuite que l'on fait pour avoir une fille en mariage » *(Académie)*.

3. Obligé à [...].

Page 256.

1. La surprise de Pauline eſt pleinement juſtifiée : il avait été convenu (acte IV, sc. XI, p. 253) que Pauline dirait tout elle-même à Saint-Alban.

Page 257.

1. La grâce de son père. La phrase eſt peu claire, et Lintilhac en blâme la concision affectée; voir *Beaumarchais et ses œuvres*, Paris, Hachette, 1887, p. 158-159.

Page 258.

a. Si je l'oubliais, Pauline... Il a des grâces à lui rendre. / SAINT-ALBANS, *fièrement* : Monsieur, vous expliquerez cette phrase. / PAULINE, *à Saint-Albans* : Vous n'êtes pas généreux. / MÉLAC, *furieux* : L'expliquer !... Sans l'intérêt de mon père !... / PAULINE, *effrayée* : Mélac ! / SAINT-ALBANS, *avec dédain, à Mélac* : En parlant de son intérêt, vous songez au vôtre. / PAULINE, *ms.* ++ *b.* Mais soyez galant homme. *[20 lignes] (Il s'approche et lui présente la main.)* Osez tenir parole à mon père et vous verrez si mon intérêt... /

PAULINE, *se jetant entre-deux* : Monsieur de Saint-Albans !... / SAINT-ALBANS *prend sa main fièrement* : Oui, j'oserai ! / PAULINE, *éperdue* : Ah ! Grand Dieu ! / SAINT-ALBANS, *du même ton* : Toute nouvelle qu'eſt cette façon d'intercéder, elle ne nuira pas à votre père. / PAULINE, *à Saint-Albans* : Il va tomber à vos pieds. / SAINT-ALBANS : Oser !... Oser eſt fort, je l'avoue. / PAULINE, *à Mélac* : Cruel ennemi de vous-même ! Il s'engage au silence, lui seul peut vous conserver la place. / MÉLAC, *indigné* : Et moi, je la refuse. / PAULINE : Insensé ! / MÉLAC / Je la recevrais au prix de cent lâchetés ! J'en dépouillerais mon père ! Je la paierais de votre perte et j'en serais redevable à mon ennemi ! / PAULINE, *en colère* : Méritez-vous d'en obtenir quelque chose ? / MÉLAC : Je ne veux rien de lui. / PAULINE : Quel *ms.*

Page 259.

1. « Quelle félicité pour un honnête homme d'avoir une femme dont l'honneur et la générosité sont les fondements de son repos ! » (*Notes et réflexions*, éd. citée, p. 136.)

Page 260.

1. De l'argent immédiatement disponible.

Page 261.

a. envers vous, Monsieur. *[p. 260, 18e ligne] (Il tire un portefeuille.)* Voilà cent mille écus de ma fille en bons effets. / SAINT-ALBANS : En effets ? / AURELLY *lui remet les effets* : Voyez... Avec un ordre à mon banquier de Paris de vous remettre le reſte en pareils effets. / SAINT-ALBANS *le regarde plusieurs fois* : Ils sont bons. Mais sur quel pied puis-je les recevoir ? / AURELLY : Au cours de Paris. / SAINT-ALBANS : Depuis six jours, rien ne s'y eſt négocié. / AURELLY : Qui dit cela ? J'en ai reçu ce matin six cent mille francs échangés en cette semaine. / SAINT-ALBANS : Vous m'étonnez ! / AURELLY : Mon paiement ne roule pas sur autre chose. / SAINT-ALBANS : Je crois mes avis certains. / AURELLY : Attendez... Je vais faire venir un homme qui nous mettra d'accord. C'eſt mon caissier *(Il sonne, un laquais paraît.)* Qu'on cherche M. Dabins et qu'il vienne au plus tôt. / *Scène VII* / DE MÉLAC, PAULINE, AURELLY, SAINT-ALBANS / DE MÉLAC : Vous voulez me parler, Messieurs ; mais avant tout je vous préviens que, si votre dessein eſt de m'arracher mon secret, c'eſt vainement que vous l'entreprendrez. / AURELLY : Écoutez-nous au moins sans conditions. / SAINT-ALBANS : Une jeune personne qui a pour vous, Monsieur, beaucoup de vénération, me remet à votre acquit cent mille écus qui composent toute sa fortune. / AURELLY : Et une autre personne à qui votre faute a fait perdre beaucoup de l'eſtime qu'elle avait pour vous (car il faut être vrai !), qui blâme tout haut votre conduite, mais qui vous aime encore, a la faiblesse de vous offrir le reſte. / DE MÉLAC *les regarde tous* : L'une eſt troublée... l'autre eſt radieux... Ne me laissez pas en suspens. / SAINT-ALBANS : Le mot de l'énigme eſt d'embrasser vos deux bienfaiteurs. / DE MÉLAC, *retenant sa joie* : Mes amis... comment se peut-il ?... De qui tenez-vous, chère enfant, une aussi forte somme ? / PAULINE, *confuse* : De mon père... / DE MÉLAC : Cet argent était... / AURELLY : Dans un portefeuille. / DE MÉLAC, *à part* : Ô Vertu ! voilà ta récompense. *(Haut.)* Mes amis, mes généreux amis, j'accepte vos bienfaits, je les accepte avec joie ! Pauline ! Aurelly ! C'eſt vous qui payez pour moi. / AURELLY, *à part* : Oh ! oh ! voici qui me déplaît ! / DE MÉLAC : Ô jour, jour heureux ! Pardonnez-moi l'ivresse... / AURELLY, *avec un sourire dédaigneux* : Peut-être se modérera-t-elle quand vous saurez à quelles conditions Monsieur reçoit mes offres et s'engage au silence. / DE MÉLAC : Il n'en eſt point que je n'embrasse avec ardeur. / AURELLY, *fermement* : La démission de votre emploi. / DE MÉLAC, *après un moment de silence* : Avant votre départ, Monsieur, je vous la remets; mais souffrez qu'un jour aussi fortuné ne soit troublé par aucune réflexion fâcheuse. / AURELLY, *à part* : Tout cela eſt sans délicatesse. / SAINT-ALBANS, *à de Mélac* : La jeune personne, Monsieur, que vous voyez craintive et troublée, ne devrait pas l'être après une aćtion si généreuse, mais il y a dans le monde un jeune homme... / DE MÉLAC : Je suis garant qu'il l'adore, et ma plus forte envie serait de les unir, si mon ami ne s'y opposait pas. / AURELLY, *auſtèrement* : Savez-vous qui elle eſt ? / DE MÉLAC, *avec effusion* : C'eſt toi qui me l'apprends, mais j'aurais dû le deviner : le cœur d'un père se trahit mille fois le jour; elle eſt ta fille, ta généreuse fille, et c'eſt à ce titre que je te la demande pour mon fils. / AURELLY, *d'un ton amer* : Vous me la demandez ? / PAULINE, *à de Mélac* : Ah, Monsieur ! La reconnaissance égare votre noble cœur... Songez... / DE MÉLAC : Pauline ! Pauline ! on ne chicane pas avec ses bienfaiteurs. Quel titre vaut l'aćtion qui vous illuſtre ? et qu'importe la naissance à qui réunit tant de vertus ? Puisse mon fils m'acquitter en vous rendant heureuse. *(Il l'embrasse.)* / AURELLY, *à Saint-Albans, à part* : Ce philosophe si élevé, cet homme si noble, si fier, eſt devenu tout à coup bien accommodant : femme, argent, service, tout lui convient. / SAINT-ALBANS : Je vous l'ai dit, vous allez un peu vite. / AURELLY : Je commence à le croire. / *Scène VIII* / SAINT-ALBANS, *ms.*

Page 262.

a. DABINS, *[11 lignes] joyeux* : Cela eſt vrai. / MÉLAC : De quoi s'agit-il donc ? / DE MÉLAC, *attendri* : Pauline, Aurelly, finissez. / AURELLY : Je dois expier les indignes soupçons... / MÉLAC, *impatient* : Monsieur de Saint-Albans, Dabins, parlez donc ! / DE MÉLAC : Mon fils, aidez-moi à remettre ces amis dans mes bras. / MÉLAC, *relevant Pauline* : Il consent à notre union ? / PAULINE : C'eſt le moindre de ses bienfaits. / AURELLY : Il se perdait pour moi. / DE MÉLAC *le relève* : Mais toi ? / AURELLY : *ms.*

Page 263.

a. à ton coupable *[6 lignes]* protégé ? / MÉLAC, *à Dabins* : C'eſt donc à la caisse que les fonds ont été portés ? / DABINS : Vous l'entendez. / MÉLAC, *embrassant tout le monde* : Ah ! mon père ! / AURELLY, *douloureusement* : Vous *ms.* ↔ *b.* n'y rentrera pas. *[9 lignes]* / AURELLY : Qu'eſt-ce à dire, Mélac ? Me croyez-vous assez indigne ?... / DE MÉLAC, *à Saint-Albans* : Vous voyez que votre débiteur eſt solvable et plein d'honneur. Je vous ai demandé du temps ce matin; si vous n'êtes pas le maître d'en accorder, voilà le reçu de son caissier *(il le déchire)*, il n'y a plus de trace et je désavoue tout ce que je viens d'entendre. Achevez de me traiter comme un receveur infidèle. / AURELLY : Je ne crains pas qu'il prenne ce parti. / DE MÉLAC, *à Saint-Albans* : Monsieur, c'est le seul que l'honneur vous permette d'embrasser. / AURELLY, *à Saint-Albans* : Aujourd'hui l'argent sera chez vous. / DE MÉLAC, *au désespoir* : Aurelly ! malheureux Dabins ! / AURELLY, *à de Mélac* : Veux-tu me causer plus de chagrin que tu n'as espéré de m'en épargner ? / MÉLAC : Monsieur de Saint-Albans ! / PAULINE : Vous aimez la vertu ? / DE MÉLAC : Laisserez-vous périr son plus digne soutien ? / MÉLAC : Exigez tout de nous. / DE MÉLAC : Nos biens, nos places, notre vie. / MÉLAC : Un prix plus cher à votre cœur, la main de Pauline. / PAULINE, *prenant la main de Mélac* : Mélac, m'aimez-vous véritablement ? / AURELLY, *criant* : Que *ms.*

1. Sur ce mandat, voir la demande d'Aurelly, acte IV, sc. III, p. 243 : « [...] le tout en un mandat sur mon correspondant de Paris, payable à votre arrivée. » Mais Saint-Alban maintenant refuse d'utiliser des fonds qu'Aurelly lui propose mais qui ne sont pas à lui.

2. « Si vous m'avez rendu quelque service, disait un homme à celui qui les lui reprochait, ne me causez pas plus de chagrins que vous m'en avez épargné » (*Notes et réflexions*, éd. citée, p. 86).

3. Quelle excuse aurais-je si j'osais le retenir ?

4. La tromperie. *Séduire* : « Tromper, faire tomber dans l'erreur [...] » *(Académie)*.

Page 264.

a. un jugement !... *[p. 263, dernière ligne]* / TOUS ENSEMBLE : Nous jurons de l'accomplir. / SAINT-ALBANS : Le voici. *(À de Mélac.)* Homme rare et sublime, en qui la philosophie n'a point éteint la sensibilité, conservez votre place, honorez-la longtemps. J'obtiendrai pour votre fils l'adjonction à la mienne. *(À Aurelly).* Aurelly, vous n'avez plus de créancier que moi, gardez l'argent. Je pars. Vos effets seront reçus en paiement..., ou je supplée à tout. / AURELLY : De vos deniers ? / SAINT-ALBANS : Nous compterons à mon retour... *(Ils expriment tous leur admiration, chacun selon son caractère.)* / AURELLY, *ms.* ↔ *b.* vous comblez de *[6 lignes]* biens. Je jure que rien ne me coûtera pour que la fête soit charmante. / DE MÉLAC : Je sais un moyen de la rendre parfaite. Unissons-les, ce soir même, et versons sur les malheureux tout l'argent destiné à cette fête. / AURELLY : Bon cela ! / DE MÉLAC : Les généreux jouissent plus de leurs bienfaits que les fastueux de leurs dépenses. / SAINT-ALBANS : Messieurs, toute la France vient d'admirer, en deux de nos princes, un pareil trait au mariage de leurs enfants. Ils ont préféré, comme vous, les bénédictions de l'indigence à la joie bruyante des convives. / AURELLY : Excellent ! / DE MÉLAC : Nous l'ignorions ici. / AURELLY : Ma foi, vivent ces princes-là ! Plus un bon exemple part de haut, plus il éclate au loin; il en vaut mille pour l'effet. Mais, s'ils ont été assez heureux pour le donner, nous serons assez honnêtes gens pour le suivre. / FIN DU CINQUIÈME ET DERNIER ACTE *ms.*

LE BARBIER DE SÉVILLE

NOTICE

Cinq ans seulement séparent les représentations des *Deux Amis* et du *Barbier de Séville*, mais un lecteur qui n'aurait à sa disposition que le texte des deux œuvres ne penserait jamais qu'elles sont du même auteur. Beaumarchais ne veut plus émouvoir mais amuser; l'action ne se passe plus chez des négociants à Lyon, mais dans une Espagne de fantaisie où s'agitent des personnages dont il ne se séparera plus et qui vieilliront avec lui; et parmi eux, Figaro, en qui l'on a vu si souvent, trop souvent peut-être, l'auteur lui-même.

Faite, selon le témoignage de l'auteur, en 1772[1], la pièce ne fut représentée par les Comédiens-Français, aux Tuileries, dans la Salle des Machines[2], que le jeudi 23 février 1775. On sait que, d'abord mal reçue par le public, elle connut le dimanche 26 un triomphe, après que l'auteur se fut « mis en quatre[3] » pour plaire, c'est-à-dire eut réduit sa pièce d'un acte. Depuis, le succès ne s'est jamais démenti.

Cette pièce, dont l'action paraît si simple et qui semble avoir été écrite très vite, a en réalité une histoire compliquée et plusieurs étapes de sa genèse restent encore obscures. Après les travaux récents d'E.-J. Arnould, de R. Pomeau et de J.-P. de Beaumarchais[4], on peut tenir pour certains les éléments suivants :

Édouard Fournier fut le premier à supposer l'existence d'une « farce » à l'origine de la pièce[5]. Lintilhac après lui a parlé de « parade[6] ». E.-J. Arnould dénonce avec raison l'absence de preuves[7]. Dans l'état actuel de nos connaissances rien ne prouve l'existence de cette parade.

1. Dans la Note ajoutée en dernière minute à l'édition des *Mémoires contre Goëzman* (1774), Beaumarchais souligne que la parution du quatrième mémoire a entraîné le cartonnage des affiches de sa « comédie dans les mœurs espagnoles faite en 1772 [...] »). Voir p. 1591.

2. Pour le plan de cette salle, voir l'*Histoire des spectacles*, Encyclopédie de la Pléiade, p. 758.

3. Voir p. 281, et la Note sur le texte, p. 1302.

4. On retiendra surtout, du premier, *La Genèse du « Barbier de Séville »*, Dublin, University Press, Paris, Minard, 1965 ; du second, « *Le Barbier de Séville*, de l'intermède à la comédie », article paru dans la *Revue d'histoire littéraire de la France*, 74e année, novembre-décembre 1974, no 6, p. 963-975 ; du troisième, « Un inédit de Beaumarchais : *Le Sacristain* », *ibid.*, p. 976-999.

5. Voir l'édition Fournier des *Œuvres complètes de Beaumarchais*, Paris, Laplace, Sanchez et Cie, 1876, p. XIV.

6. Voir *Beaumarchais et ses œuvres*, Paris, Hachette, 1887, rééd. Slatkine, Genève, 1970, p. 219 et suiv.

7. Voir *La Genèse du « Barbier de Séville »*, éd. citée, p. 13 et 91-94.

En revanche, a été découvert dans les papiers de la famille Beaumarchais un *Intermède imité de l'espagnol* et intitulé *Le Sacristain*[1]. Cet intermède, qui n'a rien d'une parade, est probablement celui auquel il est fait allusion à la fin de *Jean-Bête à la foire*[2]. Nous n'en possédons que les cinq premières scènes, avec des variantes. Le reste a été perdu, à l'exception de deux passages transcrits sur la même feuille double[3]; et de certains des quatre-vingt-cinq fragments jetés par Beaumarchais sur plusieurs feuillets[4]. Figaro n'apparaît pas, tout au moins dans les fragments conservés; mais un vieillard imposant, le docteur Bartholo, a épousé la jeune Pauline, dont le nom est corrigé, puis transformé, en Rosine dans les fragments révisés ou tardifs, et qui rêve à Lindor; ce dernier s'est d'abord déguisé en soldat, puis apparaît en moine, élève de l'organiste Bazile. Comme on le voit, la parenté de l'intermède et de la comédie est évidente : ce que confirme le passage, d'une œuvre à l'autre, de quelques répliques plus ou moins modifiées[5].

Il est non moins certain qu'entre les deux œuvres s'intercale l'opéra-comique *Le Barbier de Séville*, refusé par les Comédiens-Italiens en 1772 — peut-être parce que la musique ne leur convenait guère[6], peut-être aussi parce que Clairval, l'acteur qui aurait joué Figaro, était un ancien barbier. Le texte de cet opéra-comique était déjà perdu au début du XIXe siècle; Gudin se souvenait d'un seul couplet, qu'il reproduit[7]. Sont conservés, à la Comédie-Française, une feuille volante portant les « Observations[8] » d'un lecteur inconnu et sévère — peut-être Gudin ? peut-être un acteur du Théâtre-Italien : il demande « plus de chant », note « pas un trait de musique » aux scènes II à VII de l'acte II — sur des passages de la pièce ou sur certaines répliques; et, dans les papiers de la famille Beaumarchais, un brouillon de scène[9] dont on peut se demander s'il a été écrit pour l'opéra-comique ou pour la comédie : pour la pièce chantée probablement, mais ces *membra disjecta* ne permettent guère de se faire une idée de ce qu'était l'œuvre entière. Il paraît cependant certain que, si Beaumarchais a gardé l'intrigue, il a récrit

1. Voir l'Appendice III, p. 1138-1143, et son appareil critique.
2. Voir p. 98 et n. 1.
3. Voir les fragments I, II et III, p. 1143-1145. Sur ces passages, voir l'article cité de R. Pomeau, p. 965-967.
4. Voir le texte de ces fragments dans Arnould, ouvr. cité, p. 105-113 ; sur leur place dans l'œuvre, voir Pomeau, art. cité, p. 968-971.
5. Voir notamment les deux chansons, var. *c*, p. 317, et *b*, p. 345.
6. D'après Gudin de La Brenellerie, *Œuvres complètes de Pierre-Augustin Caron de Beaumarchais*, Paris, Léopold Collin, 1809, t. VII, p. 229, l'opéra-comique, « fort gai, était orné de couplets sur des airs espagnols qu'il avait rapportés de Madrid et sur des airs italiens qu'il voulait naturaliser en France ».
7. *Ibid.*, p. 153. Voir var. *b*, p. 332 : « D'abord il a fallu la faire [...]. »
8. Elles furent retrouvées dans les papiers de Beaumarchais à Londres et publiées par d'Heylli, éd. citée. On les trouvera dans Arnould, *La Genèse [...]*, éd. citée, p. 96-98.
9. Cette ébauche est à comparer à la scène VI de l'acte IV, p. 345-346 ; aussi en reproduisons-nous l'état définitif n. 1, p. 345. Voir, pour l'élaboration du premier jet, Arnould, ouvr. cité, p. 102-105.

sa pièce pour les Comédiens-Français et ne s'est pas contenté de supprimer les couplets. L'étude des variantes montre la disparition, à la dernière révision, de passages significatifs[1].

Nous connaissons fort bien la genèse du *Barbier de Séville* comédie, puisque nous en possédons principalement trois manuscrits, que la remarquable édition d'E.-J. Arnould déjà évoquée permet de comparer scène par scène, en synoptique avec l'édition originale. Les deux premières versions, approuvées en 1773 et 1774, sont en quatre actes; la troisième est l'unique témoin du texte en cinq actes de la première représentation[2]. Sur les changements apportés entre la première et la deuxième représentation, le témoignage de Gudin est précieux[3] : « Cette comédie, qui nous avait enchantés à la lecture, nous parut longue au théâtre : une surabondance d'esprit amenait la satiété et fatiguait l'auditeur. Beaumarchais émonda son arbre trop touffu, supprima un acte, transporta une scène du premier au second[4], et donna ainsi à sa pièce une marche égale et vive, qui, soutenant l'attention, laissait goûter le charme des détails. » Cette excellente analyse est confirmée par l'étude de l'ensemble des variantes. Une fois imprimé, le texte n'a guère été modifié; ce n'est cependant qu'avec la troisième édition[5] qu'il prend sa forme définitive.

Les manuscrits et leurs repentirs montrent assez combien Beaumarchais a fait œuvre personnelle en écrivant la pièce. Mais les éditeurs et les critiques ne s'en sont pas moins souciés de trouver les sources de ce texte. Lintilhac cite parmi d'autres Molière, le Regnard des *Folies amoureuses*, les auteurs de la Comédie-Italienne[6]. Nous signalerons un certain nombre de rapprochements qui nous paraissent indéniables, mais il convient en ce domaine d'être prudent. Si dans quelques cas l'imitation semble évidente, dans d'autres il est bien difficile de distinguer thèmes empruntés et thèmes d'époque. Et si la leçon de musique se souvient du *Malade imaginaire*[7], était-il nécessaire de remonter jusqu'à une nouvelle de Scarron pour justifier le sous-titre, *La Précaution inutile*, plusieurs pièces portant ce titre quelques années avant *Le Barbier de Séville*[8] ? Beaumarchais a cité lui-même, pour se moquer du rapprochement, la pièce de Sedaine *On ne s'avise jamais de tout*[9]. Les situations sont les

1. Voir, par exemple, var. *b*, p. 294 ; *b*, p. 332.
2. Voir la chronologie du *Barbier de Séville*, p. 1301, et la Note sur le texte qui suit ; la correspondance avec les manuscrits est la suivante : 1re version *(C 1, F)*, 2e version *(F corr. 1, C 2)*, version en cinq actes *(F corr. 2)*.
3. Voir son édition citée, t. VII, p. 232.
4. La scène entre Bartholo et Bazile (acte II, sc. VIII, p. 309) ; ce fut, de la part de Beaumarchais et pour les comédiens, la seule réelle nouveauté. Voir la Note sur le texte, p. 1303, et les variantes citées en n. 1 de bas de page.
5. Sur les éditions, *ibid.*, p. 1303.
6. Voir son ouvrage cité, p. 225-231.
7. Voir p. 325 et n. 1.
8. Voir Lintilhac, ouvr. cité, n. 3, p. 225.
9. Voir la *Lettre modérée sur la chute et la critique du « Barbier de Séville »*, p. 282 et n. 4.

mêmes au lever du rideau, et les jeunes amoureux se déguisent; mais les deux œuvres restent bien différentes et de structure et de style. La similitude est plus grande avec *Le Maître en droit* de Lemonnier, joué à la foire Saint-Germain en 1760 : l'amoureux s'y appelle Lindor et certaines répliques annoncent *Le Barbier de Séville*; les deux vers que chante Rosine sont empruntés sans aucune modification[1]. Mais le thème du barbon amoureux de sa pupille est traditionnel à cette époque ; traditionnels aussi les déguisements du jeune amoureux. *Le Barbier de Séville* aurait pu tout autant s'intituler *Lindor bachelier, soldat et maître à chanter*, titre qui rappellerait ceux de maintes parades et comédies de la Foire et de la Comédie-Italienne[2]. On aurait tort pourtant de s'en tenir à ces sources parisiennes; Beaumarchais se souvient — *Le Sacristain* en témoigne — de son voyage en Espagne, et, probablement, Figaro est barbier parce que espagnol[3]. Que Beaumarchais, qui lisait beaucoup et avait déjà beaucoup vécu, se soit souvenu de quelques œuvres ne diminue en rien son mérite ni l'originalité de sa pièce. Resterait à expliquer comment, traitant d'un thème traditionnel, il est arrivé à construire et à écrire ce chef-d'œuvre à une époque où le théâtre français ne savait plus amuser.

L'étude de la genèse et des sources, si attentive qu'elle ait pu être, n'a pas permis jusqu'ici d'expliquer pourquoi le barbier s'appelle Figaro. Lindor était un nom d'amoureux déjà traditionnel dans les comédies et les chansons[4]; selon l'hypothèse peut-être trop ingénieuse de J. Scherer[5], le nom de Rosine résulterait de la contamination de Pauline — l'héroïne du *Sacristain* selon la première version[6] — et de Rosalie — dans *Le Fils naturel* de Diderot ; Bartholo, déjà dans l'intermède, aurait pour modèle le docteur de la comédie italienne Gratiano Baloardo[7]. Mais Figaro ? Entre autres hypothèses[8], on y a vu une déformation de *fils Caron*, *fils* étant prononcé *fi*, ou de l'espagnol *picaro*. Mais la seule chose sûre est que Beaumarchais a hésité d'abord entre les deux formes *Figuaro*, que l'on trouve dans les trois manuscrits, et *Figaro*, déjà dans les *Observations*[9].

1. Voir acte I, sc. VI, p. 301-302 ; et *Le Maître en droit*, opéra-comique en deux actes, Paris, 1760, in-8°, 56 p.
2. Le *Journal de Bouillon* (voir n. 5, p. 267) citait *Arlequin enfant, statue et perroquet* et *Arlequin voleur, juge et prévôt*. Rappelons aussi le titre *Léandre marchand d'agnus, médecin et bouquetière* (voir p. 37).
3. Sur ces influences espagnoles, voir J.-P. de Beaumarchais, « Un inédit de Beaumarchais : *Le Sacristain* », art. cité, p. 992-995 ; et J. Donvez, *La Politique de Beaumarchais*, Paris, 1981, chez l'auteur, p. 1450-1454.
4. Voir la chansonnette citée par Beaumarchais dans la lettre à son père du 28 janvier 1765 (*Correspondance*, éd. Morton, Paris, Nizet, 1969 [...], t. I, p. 146).
5. Voir *La Dramaturgie de Beaumarchais*, Paris, Nizet, éd. 1980, p. 210-211.
6. Voir p. 1295.
7. Voir p. 314 et n. 1.
8. Voir E.-J. Arnould, *La Genèse [...]*, note 2, p. 71.
9. Sur les *Observations*, voir p. 1295 et n. 8 en bas de page; et Arnould, ouvr. cité, p. 96. J. Fabre, *Histoire des littératures*, Encyclopédie de la Pléiade, t. III, p. 765, voit dans le nom une contamination, « le *picaro* " faisant la figue "

Autre problème peut-être plus important à résoudre : quel est l'auteur de la musique[1] ? La *Correspondance littéraire* cite Dezède, mais ce témoignage est indirect et c'est un peu hâtivement que E.-J. Arnould y ajoute foi[2]. L'*Almanach musical* de 1776 signale[3] la « Musique du *Barbier de Séville* et partition du morceau qui représente un orage, par M. Baudron, premier violon de la Comédie-Française ». La phrase, assez équivoque, est explicitée par deux inscriptions manuscrites sur une des deux partitions que possède la Bibliothèque nationale[4] : « Par M. de Beaumarchais, paroles et musique » sur la page de titre; et en tête du numéro 5 : « Ce morceau est de M. Baudron, voyez l'*Almanach musical.* » Il n'y a aucune raison de rejeter ce témoignage : il est peu vraisemblable en effet que l'auteur ait renoncé aux airs espagnols et italiens qu'il avait choisis pour son opéra-comique[5]. Il a dû demander simplement au violoniste d'orchestrer ces mélodies et de composer la musique de scène pour l'orage[6]. La modestie de cette collaboration explique que le nom de ce musicien soit passé sous silence dans toutes les publications postérieures[7].

Se rattachent à la pièce deux textes qui l'ont suivie : *Le Compliment de clôture*, dont nous avons deux versions[8], et la *Lettre modérée sur la chute et la critique du « Barbier de Séville ». Le Compliment de clôture* fut écrit pour être joué très probablement en mars 1775[9]. Le texte en a été modifié et mis au goût du jour pour le Théâtre du Marais, pendant la Révolution. Ce petit acte, qui met en scène les personnages de la pièce après une représentation, nous donne un bon exemple de ce qu'était un « compliment de clôture », qui devait, comme le déclare Bartholo, « invoquer l'indulgence du public, parler modestement de nous [acteurs], et dire un mot de tous les ouvrages nouveaux représentés dans l'année[10] ». De ce fait, ce

aux pouvoirs ». « On dit proverbialement *faire la figue*, pour dire mépriser quelqu'un, le braver, le défier, se moquer de lui [...]. Il est du style familier » (*Académie*).

1. Sur les morceaux musicaux, voir n. 7, p. 290, et n. 1, p. 291.

2. *Correspondance littéraire*, juin 1777, t. XI, p. 483 : « Il y a longtemps qu'aucun opéra-comique n'avait eu le succès des *Trois Fermiers* [...]. Les paroles sont de M. Monvel, [...] la musique, de son ami M. Dezède, qui a déjà fait [...] les airs du *Barbier de Séville* de M. de Beaumarchais. » Dezède (v. 1740-1792) écrivit principalement pour la Comédie-Italienne, entre 1772 et 1783.

3. P. 46.

4. B.N. Mus. Rés. F 1124.

5. Voir p. 1295 et n. 6 en bas de page.

6. Les airs, numérotés de 1 à 4, et chantés par Figaro (p. 291), le comte (p. 301), Rosine (p. 327) et Bartholo (p. 330), étaient, à l'exception du premier, accompagnés par l'orchestre. Pour le numéro 5 de la partition, voir p. 339. L'*Almanach musical* précise : « On n'a point exécuté au théâtre la grande ariette du rôle de Rosine. Le morceau qui représente un orage a été fort goûté. »

7. Voir le catalogue de l'Exposition Beaumarchais à la Bibliothèque nationale, Paris, 1966, n° 276, p. 68-69.

8. On en trouve les textes commentés dans E.-J. Arnould, ouvr. cité, p. 431-483. Voir, dans la présente édition, l'Appendice IV, p. 1146-1153, et son appareil critique.

9. Voir la chronologie du *Barbier de Séville*, p. 1301.

10. Voir p. 1147. On notera, p. 1151, la tirade de l'acteur qui joua le comte sur le métier de comédien.

texte intéresse davantage l'histoire du théâtre qu'il ne nous éclaire sur la comédie elle-même. Retenons seulement que les personnages y restent fidèles à leur caractère et surtout que Beaumarchais y fait chanter par une autre sociétaire l'air que la timide Rosine, Mlle Doligny, n'avait osé interpréter[1].

Il peut paraître étrange de ne parler qu'après la pièce de la *Lettre modérée [...]* qui lui sert de préface. Mais ce texte ne fut composé, de l'aveu même de l'auteur, qu'après la seizième représentation et ne fut publié qu'en juillet 1775[2]. Trois ans séparent donc la pièce du texte qui la présente, dit par « l'auteur, vêtu modestement et courbé[3] [...] ». Cette indication donne le ton mi-plaisant, mi-sérieux, d'une ironie parfois un peu forcée. Cette « lettre » n'est pas un manifeste, comme l'était l'*Essai sur le genre dramatique sérieux*[4] dont elle n'a ni l'unité, ni la profondeur. Relevons pourtant cette idée, essentielle pour qui veut comprendre la dramaturgie de Beaumarchais : « Le genre d'une pièce, comme celui de toute action, dépend moins du fond des choses que des caractères qui les mettent en œuvre[5]. » Le « fond des choses » est le même que dans *Mithridate* de Racine et *L'Avare* de Molière, et l'œuvre aurait pu tourner en « drame sérieux ». Agacé visiblement par les critiques et par les méchancetés du *Journal de Bouillon*[6], Beaumarchais commente sa pièce et en fait ressortir les mérites. Mais on sent que pour lui elle appartient déjà au passé. L'intéresse davantage ce qu'il va écrire, ce qu'il est peut-être déjà en train d'écrire : le sixième acte si plaisamment imaginé pour *Le Barbier de Séville* fournira dans *Le Mariage de Figaro* la scène de la reconnaissance[7] ; et les théories sur la monotonie du chant lyrique opposé à la variété de la danse annoncent les idées exposées dans la préface de *Tarare*[8]. Dès cette date, le désir est visible de renouveler l'opéra.

Toutefois au moment où il écrit sa pièce, Beaumarchais ne pense qu'à se distraire et à amuser. « [...] une comédie fort gaie, [...] une pièce amusante et sans fatigue, [...] une des plus gaies qui soient au théâtre [...] », tels sont les jugements qu'il porte sur son œuvre[9]. Plus tard, il la qualifiera de « vrai badinage » et dira qu' « elle est la moins importante des productions théâtrales [...] la plus légère des productions dramatiques[10] ». Il précisera quel a été son dessein dans

1. Voir la note de Beaumarchais à l'ariette nº 3, acte III, sc. IV, p. 327 ; et *Le Compliment de clôture*, p. 1149.
2. Voir n. 2, p. 272, et la chronologie de la pièce, p. 1301.
3. Voir p. 267.
4. Voir p. 119 et suiv.
5. Voir p. 274.
6. Voir notamment, sur le *Journal de Bouillon*, n. 5, p. 267.
7. Voir p. 274-275 ; et *Le Mariage de Figaro*, acte III, sc. XVI, p. 444.
8. Voir p. 285-287 ; et p. 497 et suiv.
9. Respectivement p. 269, 274, 278.
10. Respectivement dans une lettre aux auteurs dramatiques du 27 juin 1777 (*Correspondance*, éd. citée, t. III, p. 134) ; et dans le *Compte rendu de l'affaire des auteurs dramatiques*, *Œuvres complètes [...]*, éd. Fournier citée, p. 587 A.

la lettre de 1784[1] au baron de Breteuil : « Me livrant [...] à mon vrai caractère, j'ai tenté, dans *Le Barbier de Séville*, de ramener au théâtre l'ancienne et franche gaieté, en l'alliant avec le ton léger, fin et délicat de notre plaisanterie actuelle. » Cette alliance ne fut guère goûtée des critiques; il n'y a rien d'intéressant dans leurs analyses; mais le public, d'abord surpris par la nouveauté de cette œuvre, fut très vite sensible à son comique. Le succès ne s'est pas démenti depuis, et la scène des « Bonsoir, Bazile[2] » déchaîne les rires comme au second jour.

Chronologie du « Barbier de Séville ».

1772

La Comédie-Italienne refuse l'opéra-comique[3].
La pièce est composée.

1773

3 janvier : lue par Préville à la Comédie-Française, la pièce est reçue à l'unanimité et mise aussitôt en répétitions.

12 février : elle est approuvée par le censeur Marin; le lendemain, Sartines signe l'autorisation de représentation. La dispute avec le duc de Chaulnes et l'affaire Goëzman[4] mettent obstacle à la représentation cette année-là.

1774

Février : la pièce est approuvée le 5 par un deuxième censeur, Artaud. La représentation, de nouveau autorisée et annoncée pour le 12, est de nouveau interdite[5].

8 mars : Beaumarchais confie au prince de Conti un manuscrit de la pièce[6], laquelle n'est pas jouée cette année-là pour diverses raisons : condamnation de l'auteur qui ensuite voyage à l'étranger.

29 décembre : la pièce est approuvée par un troisième censeur, Crébillon [fils]. Beaumarchais l'amplifie et la truffe d'allusions.

1. Voir p. 1159.
2. Acte III, sc. XI, p. 335-337 ; l'étude des variantes montre qu'elle fut précisée au dernier manuscrit *(F corr. 2)*.
3. Voir la Notice, p. 1295.
4. Une rivalité au sujet de Mlle Ménard, actrice à la Comédie-Italienne depuis juin 1770, tourne alors au scandale. Sur l'affaire Goëzman, voir la Chronologie, p. XXVIII et suiv. ; les *Mémoires contre Goëzman*, p. 673, et leur appareil critique ; ici, p. 269 et n. 4.
5. Le quatrième mémoire contre Goëzman est achevé d'imprimer le 10 février 1774, et le jugement est rendu le 26 du même mois ; voir aussi p. 1294 et n. 1 en bas de page.
6. Il s'agit du manuscrit *C 2* (voir la Note sur le texte, p. 1302).

1775

31 janvier : permis d'imprimer du nouveau préfet de police, Le Noir.

23 février : première représentation, en cinq actes, avec *Les Vendanges de Suresnes* de Dancourt. Échec.

26 février : deuxième représentation, retour à la version approuvée. Succès éclatant.

14 mars : représentation à la Cour avec *Les Précieuses ridicules*, probablement suivie du *Compliment de clôture*[1].

1er avril : publication dans le *Journal encyclopédique [...]* de Bouillon[2] de la critique de la pièce.

30 mai : première impression achevée, sans la *Lettre modérée sur la chute et la critique du « Barbier de Séville »*[3].

Fin juillet : première édition, avec la *Lettre modérée [...]*.

Vingt-sept représentations publiques en 1775. *Le Barbier de Séville* est joué à Bruxelles.

1776

Cinq représentations publiques; deux à la Cour. La pièce est traduite en anglais, adaptée en allemand.

1782

Opéra de Paisiello, *Il Barbiere di Siviglia*, créé à Saint-Petersbourg. Il sera joué en français en 1784, dans une adaptation de Framery.

1786

Préville cède le rôle de Figaro à Dazincourt.

1816

L'opéra de Rossini est créé à Rome. Il sera joué trois ans après à Paris.

NOTE SUR LE TEXTE

Du *Barbier de Séville*, trois manuscrits nous sont parvenus, dont deux se trouvent à la bibliothèque de la Comédie-Française, et le troisième, qui donne l'état en cinq actes de la première représentation[4], dans les papiers de la famille Beaumarchais.

Le premier de ces manuscrits est un volume in-octavo de 25 × 16 centimètres comptant 165 pages non numérotées et daté

1. Voir la Notice, p. 1298 et n. 8 en bas de page.
2. Voir, sur ce journal, n. 5, p. 267.
3. Préoriginale ; l'édition suivante est l'originale ; voir la Note sur le texte qui suit.
4. Voir la chronologie qui précède.

de 1773. Il contient à la suite de notre pièce *L'Ami de la maison* — en fait, *L'Adultère*, pièce de F. Chalumeau représentée en 1791. Ce volume, qui se trouvait dans les papiers de Beaumarchais à Londres, fut acheté en 1863 par Édouard Fournier et Francisque Michel pour le compte de la Comédie-Française. Il n'y a pas de nom d'auteur, l'écriture est inconnue; mais les corrections, peu nombreuses, sont de la main de Beaumarchais[1]. Les croix dans la marge représentent probablement les interventions du censeur Marin. Son approbation portée sur le manuscrit est du 12 février 1773, suivie du permis de représenter de Sartines, du lendemain.

Le second de ces manuscrits, volume in-octavo de 22,5 × 17 cm, 200 pages non numérotées, ne contient que *Le Barbier de Séville*, d'une écriture soignée, quasi sans corrections. C'est la copie « conforme » que Beaumarchais, à la suite de la seconde interdiction de représenter, fit faire de son manuscrit révisé — le troisième décrit ci-après — pour la confier au prince de Conti. Elle a pour titre : « *Le Barbier de Séville [ou] la Précaution inutile* / Comédie en 4 actes / *[mention autographe :]* Manuscrit de l'auteur / sur lequel seul la pièce sera / jouée si elle doit jamais l'être. / *[signé :]* Caron de Beaumarchais. » Nous reproduisons en variantes les initiales et paraphes qui suivent les actes, ainsi que la déclaration finale.

Le troisième manuscrit est le plus intéressant, en ce qu'à lui seul il contient : le premier état de la pièce — il est en effet une copie littérale de *C 1*, de la même main d'ailleurs ; puis la révision qu'en fait Beaumarchais pour la représentation de février 1774, nantie de la seconde approbation, du censeur Artaud, mais sans permis de représenter — c'est ce deuxième état qui est reproduit en *C 2* ; enfin la grande révision — sans doute en janvier et février 1775, après l'approbation, en vue de l'impression, du censeur Crébillon [fils] le 29 décembre 1774 —, qui entraînera la division de la pièce en cinq actes et la chute de la première représentation. Le manuscrit se présente comme un grand in-octavo de 24 × 18 cm, comptant 148 pages non numérotées, brochées en 8 cahiers de 9 + 9 feuilles, 12 + 9 feuilles, 12 + 8 feuilles et 12 + 2 feuilles, correspondant respectivement aux quatre actes. On retrouve en marge les croix du censeur, l'initiale A[rtaud] en haut de page et le trait vertical accompagnant les pages agréées, ainsi que les corrections de Beaumarchais marquant l'étape, entre *C 1* et *C 2*, de la première révision. La seconde révision donne lieu à quelques additions au crayon à même le manuscrit; mais la plupart des ajouts sont faits sur des feuilles collées à la cire — avec le temps, les cachets rompus sont remplacés par des épingles — entre les passages concernés, ou à leur place, avec encadrement et biffure de ce qui disparaît. Les changements principaux introduits par la seconde révision sont les suivants : introduction de la tirade de la calomnie, initialement dans la scène VI de l'acte I; permutation de la ritournelle de Bartholo et de l'ariette de Rosine, par le découpage de quatre pages dans la scène VIII de l'acte III, ramenées à la scène VI; suppression des passages probablement conservés du *Barbier de Séville* opéra-comique, notamment à la scène VII de l'acte III; division en cinq actes, due en particulier à une longue

1. Les authentifie le fait que, comme Voltaire, Beaumarchais refusait l'usuelle finale des verbes en *-ois* et *-oit*.

addition au niveau de la scène v de l'acte III[1]. Une page du manuscrit a disparu, comme en témoigne une lacune par rapport aux textes de *C 1* et *C 2*[2].

Nous avons reproduit ici l'essentiel des variantes des trois manuscrits, sans toutefois donner tout le détail des corrections. Nous renvoyons le lecteur à l'ouvrage d'E.-J. Arnould, qui fait référence[3].

Outre ces trois manuscrits, a dû exister mais ne nous est pas parvenu le manuscrit revêtu de l'approbation de Crébillon et du permis d'imprimer de Le Noir qui servit à la première impression du texte. Ce manuscrit devait porter les modifications du découpage qui intervinrent alors[4].

L'année 1775 ne compte pas moins de quatre impressions de la pièce. Nous venons d'évoquer la première, achevé d'imprimer du 30 mai 1775, qui a pour page de titre : « LE BARBIER / DE SÉVILLE, / OU LA / PRÉCAUTION INUTILE, / Comédie / en quatre actes, / par M. de Beaumarchais : / Représentée sur le théâtre de la Comédie- / Française aux Tuileries, le 23 février 1775. / *[vignette]* / À Paris, / Chez Ruault, Libraire, rue de la Harpe. / *[2 filets ornés]* / M. DCC. LXXV. / Avec approbation et permission. » Elle n'a donc pas l'épigraphe en page de titre; elle fait retour au texte antérieur à *F corr. 2*, plus proche parfois des manuscrits que l'originale et les éditions qui suivront. Les fautes d'impression ne sont pas rares; Cordier n° 46. Nous la considérons comme la préoriginale et n'en donnons pas les variantes, au demeurant peu conséquentes par rapport au texte de l'originale.

Vient ensuite une deuxième impression, bibliographie Cordier n° 48, qu'avec les catalogues de la Bibliothèque nationale et de la bibliothèque de l'Arsenal[5] nous considérons comme l'originale. Titre : « LE BARBIER / DE SÉVILLE, / OU LA / PRÉCAUTION INUTILE, / Comédie en quatre actes; / par M. de Beaumarchais, / Représentée et tombée sur le théâtre de / la Comédie-Française aux Tuileries, le 23 / de février 1775. / *[filet]* / ... Et j'étais Père, et je ne pus mourir ! / (*Zaïre*, acte 2ᵉ.) / *[filet]* / *[vignette]* / À Paris, / chez Ruault, libraire, rue de la Harpe. / *[2 filets]* / M. DCC. LXXV. / Avec approbation et permission. » L'éditeur, l'imprimeur, l'achevé d'imprimer sont identiques — bien que la *Lettre modérée [...]* dont c'est la première impression soit forcément postérieure au 27 mai[6]. Manque, comme dans la précédente impression, la mention « loué par ceux-ci, blâmé par ceux-là[7] », qui sera ensuite rétablie. La publication est de l'extrême fin de juillet, puisque annoncée par les *Mémoires secrets* du 1ᵉʳ août 1775[8].

1. Voir notamment les variantes *b*, p. 300, *d*, p. 309, *a*, p. 311, *b*, p. 312 *a*, p. 327 ; *a*, p. 330 ; *b*, p. 331 ; *b*, p. 332.

2. Voir var. *c*, p. 348.

3. *La Genèse du « Barbier de Séville »*, ouvrage publié avec le concours du C.N.R.S., Dublin, University Press, Paris, Minard, 1965 ; les trois manuscrits y sont exhaustivement reproduits et confrontés à l'édition originale (p. 133-429) ; sur leurs caractéristiques, voir cet ouvrage, p. 116-128.

4. Sur les modifications, voir var. *b*, p. 312.

5. B.N. Rés. p.Yf.317 (une feuille de la *Lettre modérée [...]* manque) ; Arsenal Rf. 16 507.

6. Voir p. 272 et n. 2.

7. Voir var. *a*, p. 295.

8. Tome VIII, p. 151.

Une nouvelle édition[1] est en fait un second tirage de la précédente, à part la restitution du membre de phrase évoqué plus haut, le changement de l'expression « les enfants des hommes » qu'avait relevée la *Correspondance littéraire secrète* de septembre 1775[2] et la correction d'une bévue (*En* à la place de *Et*, acte III, sc. IV, p. 327, 21e ligne). Sont ajoutées une réplique de Bartholo, et une réclame pour les deux Airs[3].

Enfin une troisième édition, achevé d'imprimer du 25 septembre 1775, imprimeur Ph. D. Pierres, rue Saint-Jacques, Cordier n° 50, est celle dont nous reproduisons le texte[4].

L'édition de Gudin des *Œuvres complètes* date de 1809. Comme elle a servi le plus souvent de base aux éditions suivantes nous en signalons les variantes qui, en fort petit nombre, ne sont pas toujours heureuses[5].

SIGLES UTILISÉS

C 1	Premier manuscrit de la Comédie-Française, première version de la pièce (février 1773).
F	Copie de *C 1*.
F corr. 1	Révision de *F* (février 1774).
C 2	Copie « conforme » de *F corr. 1*, confiée au prince de Conti en mars 1774.
F corr. 2	Deuxième révision, amplifiée et redécoupée en cinq actes, de *F*, entre la troisième et dernière censure et la première représentation de la pièce le 23 février 1775.
orig.	Première édition avec la *Lettre modérée [...]*, fin de juillet 1775.
Gudin	Édition de Gudin de La Brenellerie, 1809.

NOTES ET VARIANTES

Page 265.

1. Sc. III, v. 580. La citation de ce vers, prononcé par Lusignan qui a perdu ses deux enfants dans l'incendie de Césarée, opère un rapprochement plaisant avec la douleur de Beaumarchais après l'insuccès de la première représentation.

Page 267.

LETTRE MODÉRÉE
SUR LA CHUTE ET LA CRITIQUE
DU « BARBIER DE SÉVILLE »

1. Le premier était l'*Essai sur le genre dramatique sérieux* (p. 119 et suiv.).

2. Dégagé de soucis : « *Soin* [...] signifie aussi inquiétude, peine d'esprit, souci » *(Académie)*.

1. Mêmes imprimeur, éditeur, achevé d'imprimer ; Arsenal Rf. 16 508.
2. Voir p. 272, var. *b* et n. 3.
3. Respectivement var. *c*, p. 309 ; et n. 7, p. 290.
4. B.N. 8° Yth 1698, 1699, 19 566 *ter* ; Arsenal Rf. 16 509.
5. Voir, par exemple, var. *a* et n. 3, p. 282.

3. Né en Suisse en 1728 — il mourra en 1797 —, Tissot, médecin très connu, avait publié, entre autres ouvrages, *De la santé des gens de lettres* (1769) et *Essai sur les maladies des gens du monde* (1770). Ces livres avaient beaucoup de succès.

4. *Diététique* : « [...] il se dit des choses relatives à la diète », la diète étant « le régime de vivre qui règle le boire et le manger » *(Académie 1798)*.

5. Beaumarchais avait toutes les raisons d'en vouloir au *Journal encyclopédique par une société de gens de lettres* qui, publié d'abord à Liège de 1756 à 1759, paraissait à Bouillon depuis 1760. Dans l'affaire Goëzman, ce journal s'était rangé du côté des adversaires de Beaumarchais. D'autre part, le jugement qu'il portait sur *Le Barbier de Séville* était très sévère; voir le texte de l'article, daté du 1er avril 1775, dans Arnould, *La Genèse [...]*, éd. citée, p. 484-485. Beaumarchais écrivait aux Comédiens-Français le 18 décembre 1775: « Si le public est content, si vous l'êtes, je le serai aussi. Je voudrais bien pouvoir en dire autant du *Journal de Bouillon*; mais vous aurez beau faire valoir la pièce, la jouer comme des anges, il faut vous détacher de ce suffrage; on ne peut pas plaire à tout le monde » (*Correspondance*, éd. citée, t. II, p. 160).

6. L'allusion est claire aux obstacles (les *traverses*) qu'a rencontrés Beaumarchais, en particulier au fait que les représentations avaient été longtemps interdites.

Page 268.

1. Cette comparaison est familière à Beaumarchais. On la trouve dans les *Notes et Réflexions*, éd. citée, p. 117 : « Un poète soupant dans une maison fut invité de montrer à des curieux un ouvrage dont on parlait beaucoup dans le monde. Et pour l'y engager on employait le langage flatteur de la cajolerie. Il résista. L'on se prit d'humeur et quelqu'un plus piqué que les autres lui dit : “ Il faut convenir, monsieur, que vous savez bien, comme la coquette, vous défendre et refuser ce que dans le fond vous brûlez d'accorder. ” » On la trouve aussi dans son Avant-propos de la lecture du *Mariage de Figaro*; voir l'édition Ratermanis de cette pièce, *Studies on Voltaire*, nº LXIII, 1968, Genève, p. 573-576.

2. *Fripon* a le sens précis de « voleur adroit » *(Académie)*.

3. *Gibecière* : « [...] vieux mot qui signifiait autrefois une bourse large qu'on mettait au-devant du ventre; maintenant elle n'est en usage que parmi les charlatans qui font plusieurs tours de passe-passe qu'on appelle tours de gibecière » (*Dictionnaire de Trévoux*, éd. 1743); d'où, dans le même paragraphe, l'allusion au « bâton de Jacob », qui désignait la baguette des prestidigitateurs, et le mot « escamotage ».

4. *Bénin* a le sens, habituel au XVIIIe siècle, de « doux, porté à l'indulgence ». *Benoît*, appelé par *bénin*, est considéré comme un « vieux mot » *(Dictionnaire de Trévoux)* et n'est utilisé que dans le style marotique.

5. Au sens péjoratif du terme : « On dit [...] toujours en mauvaise part, *prendre des airs, se donner des airs* » *(Académie)*.

6. Entendre *tristes* ici au double sens du terme. Est triste ce qui est « sans valeur, fort au-dessous de ce qu'on avait espéré » *(Académie)*; mais aussi les « drames sérieux » auxquels il est fait allusion :

Eugénie et *Les Deux Amis*. Le sens de *triste* ne variait pas encore selon la place de l'épithète.

7. L'expression est reprise de l'*Essai sur le genre dramatique sérieux*; voir p. 121.

8. Au moment où Beaumarchais écrit, le genre dramatique sérieux subit une éclipse. L'année 1771 lui avait été fatale, avec la chute du *Fils naturel* de Diderot. Sur l'histoire du genre, voir F. Gaiffe, *Le Drame en France au XVIIIe siècle*, Paris, A. Colin, 1910, p. 152-246.

9. Traduction de l'expression scolastique *Magister dixit*, où *Magister* désignait Aristote; voir l'*Essai [...]*, p. 122.

Page 269.

1. C'est-à-dire non seulement l'archipel grec, berceau de la tragédie, mais tous ceux qui ont été découverts depuis.

2. L'invraisemblance de l'intrigue.

3. Comme on le voit, Beaumarchais reprend, dans ces trois derniers paragraphes, sur le mode ironique, les idées exprimées dans l'*Essai [...]*, p. 123-129.

4. Les *Mémoires contre Goëzman* avaient paru à la fin de l'année 1773 et au début de 1774; voir p. 673 et suiv.

5. Bien que douze ans séparent la *Lettre modérée sur la chute et la critique du « Barbier de Séville »* de *Tarare*, pièce jouée en 1787 (voir p. 491), on peut se demander si Beaumarchais n'avait pas commencé à travailler au livret de son opéra. Voir Arnould, *La Genèse [...]*, éd. citée, p. 487, 493 et 499.

6. Voir n. 5, p. 267.

Page 270.

1. Le rédacteur de la *Correspondance littéraire secrète* (dite de Métra, Neuwied, 1775-1793) qui écrivait, deux jours après la première du *Barbier de Séville* (numéro du 25 février 1775) : « Voilà Beaumarchais bien déchu de sa réputation et les gens ont raison de croire que si on lui ôte les plumes du paon, on ne verra qu'un hideux corbeau auquel il ne restera que l'effronterie et la voracité. »

2. « On dit figurément, *faire l'horoscope d'une affaire, d'une entreprise* pour dire, prévoir, prédire quel en sera le succès » *(Académie)*; ici, donc, « pour réaliser toutes les prédictions ».

3. *Gens de feuilles* semble bien être une création de Beaumarchais à partir de *gens de lettres*. Voir von Proschwitz, *Introduction [...]*, éd. citée, p. 119.

4. Il est fatal, inévitable que [...].

5. « On appelle *gens de chicane*, les praticiens subalternes comme sergents, procureurs, juges de village » *(Académie)*.

Page 271.

1. L'article du *Journal encyclopédique* (n. 5, p. 267) était sévère pour les auditeurs de ces lectures : « Pendant plus d'une année il *[Le Barbier de Séville]* a été lu dans tout Paris; il a été fêté, préconisé; et pour ne pas le voir entièrement expirer sur le théâtre, il faut le mutiler, le changer, l'élaguer, le refondre. Quel auteur désormais se fera un titre des arrêts des petits tribunaux particuliers dont cette capitale fourmille et auxquels bien des gens sont tentés d'attribuer

la perte du goût ? » Voir Arnould, *La Genèse [...]*, éd. citée, p. 485.

2. *Publiciste* : « Celui qui écrit sur le droit public. *Il y a de grands publicistes en Allemagne* » *(Académie)*. Beaumarchais file sa métaphore sur les tribunaux. De plus, Bouillon, comme toute la province de Liège, était dans l'Empire germanique. Enfin, Goëzman avait publié en 1770 une brochure sous un pseudonyme « tudesque » : elle était précédée d'une sorte de préface intitulée « Lettre d'un publiciste allemand à un jurisconsulte français »; voir *Mémoires contre Goëzman*, n. 7, p. 729.

3. *Coqueluchon* : « [...] espèce de capuchon. Il ne se dit guère qu'en plaisanterie » *(Académie)*. *Panaches* désigne ici les ornements qui surplombaient la coiffure et, à l'époque de cette pièce, étaient fort hauts.

4. Au sens étymologique : un abandon total.

5. Ne semblaient plus me voir.

Page 272.

a. inconsistante[1] *orig.* ↔ *b.* hommes *orig.*

1. Dans *Candide* de Voltaire (1759), chap. VI, au cours d'un « bel auto-da-fé », le héros est « fessé en cadence » aux sons d'une « belle musique en faux-bourdon ». Au chapitre VII, « Candide ne prit point courage [...] » (*Romans et contes*, Bibl. de la Pléiade, p. 158-159).

2. En réalité, seize; mais Beaumarchais a compté la représentation à la Cour. La seizième représentation a lieu le samedi 27 mai, et lorsque la pièce est reprise, le 16 août, elle a été publiée, avec la *Lettre modérée [...]*, au mois de juillet.

3. Beaumarchais écrit *les enfants des hommes* (var. *b*) : la *Correspondance littéraire secrète* (n. 1, p. 270) s'étant gaussée de cette expression, Beaumarchais a remplacé *hommes* par *femmes* dans les éditions postérieures.

4. La métaphore filée permet un jeu de mots sur *enflure* et peut-être sur *censeurs* - sangsues. *Chartre* : « On dit figurément *Un enfant est en chartre* [...] pour dire qu'il est étique, qu'il ne profite point » *(Académie)*; dès l'apparition du mot en français, il avait le sens de *prison*.

5. *Extrait* : « [...] il signifie encore l'abrégé, le sommaire, l'analyse d'un procès, d'un livre » *(Académie)*. Les critiques se contentaient souvent de résumer l'œuvre, la réduisant à peu de chose.

6. Si, pour Sophocle, le fait est rapporté par la tradition, rien n'est moins sûr pour le tyran de Syracuse, Denys l'Ancien.

Page 273.

1. Dans un siècle où l'on a la manie d'ergoter. Le mot est chez Montaigne (*Essais*, livre I, chap. XXVI, Bibl. de la Pléiade, p. 194), mais les dictionnaires du XVIIIe siècle l'ignorent.

2. Il existe, dans les brouillons relatifs à *Tarare*, une esquisse de ce paragraphe. Voir Arnould, *La Genèse [...]*, éd. citée, p. 493, note 2.

3. *Ballotter* : « Peloter, se renvoyer la balle [ici le volant] sans

1. *Inconsistante* signifie « instable ». G. von Proschwitz (*Introduction [...]*, éd. citée, p. 253) voit dans ce mot un anglicisme.

jouer partie »; *peloter*, c'est « jouer à la paume sans que ce soit une partie réglée » *(Académie)*.

4. « Pureté d'âme » *(Académie)*. Le mot, au XVIIIe siècle, est pris ordinairement, comme ici, en bonne part.

Page 274.

a. il est résulté *orig.*

1. Le *Journal encyclopédique* (voir n. 5, p. 267) parlait d'une « farce de carnaval, jouée supérieurement ».

2. « Il sera difficile, sans doute, pour le journaliste même le plus exercé, de tracer le plan de cette comédie, parce qu'elle en a peu » *(Journal encyclopédique)*.

3. Celui de Racine, évidemment.

4. Voir p. 130 et n. 1.

5. Le mot hésite encore entre la forme italienne — qui finalement s'imposera — et la forme francisée. Le *Dictionnaire de l'Académie* donne *imbroille* en 1762, *imbroglio* en 1798, avec la même glose : « Embrouillement, confusion. » On peut ici donner ce sens au mot, ou bien déjà le sens à venir : « Pièce de théâtre dont l'intrigue est fort compliquée » *(Académie 1835)*.

6. Une *machine* est « une invention, une intrigue, une ruse dont on se sert dans quelque affaire » *(Académie)*, et le *machiniste* est donc celui qui ourdit des intrigues et mène l'action théâtrale. Ce sens n'est pas dans les dictionnaires, mais on le trouve chez Diderot, *De la poésie dramatique*, VIII (*Œuvres esthétiques*, éd. Vernière, Garnier, 1959, p. 208) : « Le beau-frère, qui est mon machiniste, [...] sera dur, faible, méchant. »

7. C'est-à-dire ceux qui intriguent contre le tuteur et qui, en même temps, mènent l'intrigue théâtrale.

8. Le mot est créé par Beaumarchais pour correspondre à *« drame sérieux »* et éviter l'équivoque de *dramatique*.

9. Voir acte II, sc. IV, p. 306 et n. 3; acte III, sc. V, p. 331; acte IV, scène dernière, p. 349.

10. Beaumarchais francise ici l'espagnol *redecilla*, mais il hésite et sur le genre et sur la forme. Le mot se retrouve dans la description de l'habit de Figaro (p. 290 et n. 2), sous la même forme, mais féminin. Pédrille, dans *Le Mariage de Figaro*, portera *une réçille sur la tête* (voir p. 380). Le mot est resté sous la forme *résille*, refaite sur *réseau*.

Page 275.

1. C'est-à-dire d'une domestique.

2. *Frater* : garçon chirurgien.

3. Luc Gauric (Luca Gaurico, 1476-1558) était un prélat italien féru d'astrologie. Catherine de Médicis eut souvent recours à lui.

4. C'est la plus pure tradition du roman picaresque. On se souvient que Gil Blas avait pour mère une femme de chambre et avait vécu avec des voleurs; voir l'*Histoire de Gil Blas de Santillane* (1715-1735) de Lesage, livre I.

5. Voir acte II, sc. IV, p. 306 : « [...] il saigne au pied Marceline [...] ». C'est la seule mention du personnage, qui n'apparaîtra que dans *Le Mariage de Figaro*.

6. Dans tout ce passage, Beaumarchais se souvient évidemment de la légende d'Œdipe.

7. Coup de théâtre qui sera utilisé dans *Le Mariage de Figaro*, acte III, sc. XVI, p. 445.

Page 276.

1. Dans le plus grand pathétique, de la manière la plus pathétique.

2. Voir acte I, sc. V et sc. VI (début), p. 300.

Page 277.

1. « Il me fallait un fantôme, mais il ne me fallait qu'un fantôme; et par bonheur pour moi, il se trouva que ce fantôme fut petit-fils d'Henri le Grand; qu'il parla comme on parle aux Halles, ce qui n'est pas ordinaire aux enfants d'Henri le Grand, et qu'il eut de grands cheveux bien longs et bien blonds » (*Mémoires*, Seconde partie, Bibl. de la Pléiade, p. 293). Beaumarchais paraphrase assez librement ce texte.

2. Création de Beaumarchais, le mot *fringueneur* avait suscité les railleries des critiques. Voir von Proschwitz, *Introduction [...]*, éd. citée, p. 118. Le mot est à rapprocher de *fringuer* (« sauter, se remuer, se trémousser ») et de *fringant*. *Secoueur* rendrait le mieux ici sa valeur.

3. *Phlébotome* : « [...] lancette de chirurgien » *(Académie 1835)*. E.-J. Arnould reproche à d'Heylli et Marescot d'avoir confondu (dans leur édition du *Théâtre complet de Beaumarchais*, Paris, Académie des bibliophiles, 1869-1871) *phlébotome* et *phlébotomiste* (voir *La Genèse [...]*, éd. citée, p. 495, note 1); mais la confusion est peut-être à mettre au compte de Beaumarchais.

4. « Une passion n'est qu'un désir augmenté par la contrariété » (*Notes et réflexions*, éd. citée, p. 102).

5. Pour *extrait*, voir n. 5, p. 272.

6. L'italique est trompeur; Beaumarchais ne cite pas textuellement l'article du *Journal encyclopédique* (n. 5, p. 267), où on lit simplement : « On ne conçoit guère comment le comte prend toute cette peine pour remettre une lettre. »

7. Cette fois-ci, la citation est textuelle. Sur la porte et sa fermeture, voir acte IV, sc. I, p. 341, et sc. VI, p. 346.

Page 278.

1. Voir le *Journal encyclopédique* (n. 5, p. 267) : « [...] le tuteur, qui d'abord pénétrait tout, se laisse attraper comme un imbécile. »

2. La scène XV, p. 318-322. *Comédie* s'oppose à *farce* utilisé par le *Journal encyclopédique* (voir n. 1, p. 274).

3. La scène XI, p. 335-337.

4. Voir acte IV, sc. III, p. 343 et le début de la scène finale, p. 348.

5. Les petites loges étaient grillées et permettaient de voir le spectacle sans être vu. En 1784, Beaumarchais écrit à M. Dupaty : « J'ai donné ma pièce au public pour l'amuser et pour l'instruire, non pour offrir à des bégueules mitigées le plaisir d'aller en penser du bien en petite loge, à condition d'en dire du mal en société » (Loménie, ouvr. cité, t. II, p. 581). Sur *bégueule*, voir n. 3, p. 68.

6. Acte I, sc. IV, p. 298 et n. 1.

Page 279.

a. Et *orig.*

1. Acte III, sc. v, p. 330.
2. Voir acte II, sc. vi, p. 308.
3. Acte III, sc. v, p. 331.

Page 280.

1. Beaumarchais réunit adroitement en une seule phrase deux passages de l'article du *Journal encyclopédique* (n. 5, p. 267). L'un se trouve au début : « Réduite en quatre actes et purgée d'un grand nombre de pasquinades, de calembours, de jeux de mots et de différents traits d'un comique un peu bas [...] »; l'autre, à la fin : « [...] pour ne pas le [cet ouvrage] voir entièrement expirer sur le théâtre, il faut le mutiler, le changer, l'élaguer, le refondre. » *Pasquinade* : « Raillerie satirique » *(Académie)*.

2. Celui qui a été remis dans ses papiers et y reste; voir la Note sur le texte, p. 1302 (manuscrit *F*).

3. Beaumarchais, cette fois, cite exactement.

4. « Il se dit en général d'un homme goutteux, en quelque partie du corps qu'il ait la goutte; et il n'est guère d'usage que dans le style familier » *(Académie)*.

5. On peut se demander si Beaumarchais, dès 1775, ne pensait pas à *La Mère coupable.*

Page 281.

1. Le jeu de mots, qui ne serait donc pas de l'auteur, est recueilli dans les *Mémoires secrets* (1er mars 1775, t. VII, p. 301) : « Il a réduit sa pièce en quatre actes [...] ce qui a fait dire qu'il se mettait en quatre pour plaire au public. On a dit encore mieux qu'il aurait plutôt dû mettre les quatre actes en pièce, jeu de mots qui [...] désigne le principal défaut de son ouvrage où il n'y a ni suite ni cohérence entre les différents actes ».

2. « Suivant la manière accoutumée » (*Académie*, art. « Ordinaire »).

3. Le livre de l'abbé d'Aubignac, *La Pratique du théâtre* (1657), faisait, depuis plus d'un siècle, encore autorité. La règle des cinq actes n'est pas chez Aristote, mais elle est déjà énoncée par Horace (*Art poétique*, v. 189).

Page 282.

a. s'étayât *Gudin*

1. Tirant parti de ce passage, un certain Lefuel de Méricourt publia, datée du 30 août 1775, une *Lettre du Diable à M. de Beaumarchais au sujet du « Barbier de Séville »*. Sur cette lettre, voir Arnould, *La Genèse [...]*, éd. citée, p. 78-79 et 497.

2. E.-J. Arnould donne deux de ces lettres, *ibid.*, p. 80-81.

3. Gudin a remplacé *s'égayât* par *s'étayât* (voir var. *a*) : correction fautive, si l'on tient compte du contexte et de l'emploi fréquent, chez Beaumarchais, de *sur* au sens de « au sujet de ».

4. Cet opéra-comique de Sedaine et Montigny fut joué à la foire Saint-Laurent en 1761; on y voit un médecin séquestrer sa pupille

qu'il veut épouser. Un jeune amant, Dorval, parvient à l'évincer. Malgré ces ressemblances, les deux pièces sont fort différentes.

Page 283.

1. « On appelle *bec de corbin* certaines cannes dont le bout qui se tient dans la main est recourbé au lieu d'être en pomme » (*Académie 1798*, art. « Corbin »).

Page 284.

a. nomment ordonnances, *orig.*

1. Tel est en effet le dernier couplet du vaudeville *La Galerie des femmes du siècle passé*; voir éd. Fournier des *Œuvres complètes de Beaumarchais*, Paris, Laplace, Sanchez et Cie, 1876, p. 699-701.

Page 285.

1. Raccourci pour l'expression, courante au XVIIIe siècle, *infatué de sa personne, de son mérite.*
2. « [...] qui est digne d'être aimé, qui mérite d'être estimé » (*Académie*). L'adjectif n'a pas encore son sens moderne.
3. *En maladie* : quand je serai malade; *en santé* : quand je suis bien portant.
4. Dans le vaudeville cité p. 284 et n. 1; c'est l'avant-dernier couplet.
5. Sur *Le Barbier de Séville* opéra-comique, voir la Notice, p. 1295.
6. Pour qu'on en attende [...]. Sur l'emploi adjectif de *chansonnier*, voir von Proschwitz, *Introduction [...]*, éd. citée, p. 76.
7. L'expression, déconcertante, sera précisée dans la préface de *Tarare*, *Aux abonnés de l'Opéra qui voudraient aimer l'opéra*; voir p. 500-501.
8. « On appelle improprement *Rondeaux* d'autres petites pièces de poésie qu'on met ordinairement en musique et dont le premier vers, ou les premiers vers, sont répétés à la fin » (*Académie*).

Page 286.

1. Ce début de paragraphe sera repris, légèrement modifié, dans *Aux abonnés de l'Opéra [...]*; voir p. 501.
2. « Espèce de roulement et de tremblement dans la voix » (*Académie*). Le mot est pris ici avec la valeur plus large d'*ornements* au sens musical de ce terme.
3. L'emploi du mot *narration* ici peut être jugé lui-même abusif. Opposé à *déclamation*, il désigne ce qui est narré, dit avec naturel, comme dans la vie. Voir *Les Deux Amis*, acte I, sc. 1, n. 1, p. 204.
4. C'est-à-dire celle des danseurs de l'Opéra. On opposait volontiers, au XVIIIe siècle, la *danse par bas*, « celle qui se fait modestement et terre à terre, comme celle des honnêtes gens », et la *danse par haut*, « celle des baladins, qui font des cabrioles et des gambades » (*Dictionnaire de Trévoux*, art. « Danse »).
5. Vestris, né à Florence en 1729 et mort à Paris en 1808, fut danseur à l'Opéra de 1748 à 1781. On l'appelait *le beau Vestris*. Jean Bercher, dit d'Auberval, était né à Montpellier en 1742 et mourut

en 1806. Il fut grand premier sujet à l'Opéra de 1761 à 1783. On l'avait surnommé *le Préville de la danse*. Il composera un ballet : *Le Page inconstant*, inspiré du *Mariage de Figaro*.

6. Création de Beaumarchais, ce verbe, qui eût été commode, n'est pas resté.

7. Encore un néologisme. Le *rigaudon*, danse rapide à deux temps, se dansait sans bouger de place. La musique, elle aussi, piétine.

8. Cet emploi pronominal du verbe ne se trouve dans aucun dictionnaire.

Page 287.

1. E.-J. Arnould (ouvr. cité, p. 499-500) donne des brouillons de ce passage, depuis « Notre musique dramatique [...] », p. 285.

2. Le mot est tout nouveau (voir von Proschwitz, *Introduction [...]*, p. 144) et désigne ici, comme l'indique l'étymologie, un drame musical, ce que s'efforcera d'être *Tarare* en 1784.

Page 289.

LE BARBIER DE SÉVILLE
OU
LA PRÉCAUTION INUTILE

a. Les manuscrits donnent la liste des personnages dans un ordre (Bartholo, Rosine, le Comte) et une qualification un peu différents. Nous reprenons, entre crochets, la substance de la liste détaillée qui suit, laquelle n'apparaît qu'avec les éditions. Dans les trois manuscrits, on aura tout au long de la pièce FIGUARO *; et* D. BAZILE *jusqu'à la deuxième révision (F corr. 2).*

1. Le sous-titre indique le thème, thème traditionnel s'il en est. Plusieurs pièces en témoignent, que Beaumarchais a pu connaître. Citons, entre autres, de Dorimont, *L'École des cocus ou la Précaution inutile* (1661), de Nolant de Fatouville, *La Précaution inutile* (1692), d'Achard et Anseaume, *Les Précautions inutiles* (1760).

2. Beaumarchais fait probablement allusion à la réforme du costume qui, en 1766, avait interdit les capes et les chapeaux tombants. Rappelons que le séjour de l'auteur à Madrid se place en 1764-1765. Dans une lettre adressée à son père et datée du 28 janvier 1765, Beaumarchais écrit (*Correspondance*, éd. Morton, t. I, p. 147) : « [...] je m'enveloppe dans mon manteau espagnol, avec un bon grand chapeau détroussé sur mon chef, ce qu'on appelle être en *capa y sombrero*, et quand l'homme, jetant le manteau sur l'épaule, se cache une partie du visage, on appelle cela être *embossado* [...]. » Voir la description des habits du comte et le début de la pièce.

3. Il faut encore entendre *amant* au sens étymologique : qui aime.

4. *Habit uniforme* : nous dirions simplement *uniforme de* [...]. *Cavalier* : « [...] homme de guerre dans une compagnie de gens à cheval » *(Académie)*.

5. *Bachelier* : étudiant (espagnol *bachiller*). Le personnage était familier au public du XVIIIe siècle, grand lecteur de *Don Quichotte* et des romans de Lesage.

Page 290.

a. major *Gudin ; voir n. 1.* ↔ *b.* organiste et musicien italien : chapeau *C 1, F, F corr. 1, C 2* ↔ *c. Rosine, dans le premier orig.*

1. *Majo* : homme élégant, et d'une élégance un peu affectée. C'est très probablement par inadvertance que l'édition Gudin (voir la Note sur le texte, p. 1304) a remplacé *majo* par *major* qui se trouve d'ailleurs dans la première impression.

2. Sur ce mot, voir n. 10, p. 274.

3. *Soutanelle* : « [...] soutane qui ne va que jusqu'à la jarretière » *(Académie)*. Bazile n'est pas prêtre, mais, en tant qu'organiste, c'est un homme d'église.

4. « Nom qu'on donne à un juge en Espagne » *(Académie)*.

5. Les premières éditions (voir la Note sur le texte, p. 1303) écrivent *algouazils*. Le *Dictionnaire de l'Académie* donne *alguazils*, ajoute « on prononce *algouazils* » et note « se dit par plaisanterie en français d'un exempt ou d'un archer ».

6. Les premières éditions ne donnent pas la distribution, que voici, d'après les registres de la Comédie-Française : Almaviva, Bellecourt; Bartholo, Desessarts; Rosine, Mlle Doligny; Figaro, Préville; Don Bazile, Auger; La Jeunesse, Dugazon; L'Éveillé, Belmont; le notaire, Bouret.

7. Les deuxième et troisième éditions de 1775 portent ensuite : « On trouve chez le même libraire la musique du *Barbier de Séville*, gravée in-folio. Prix, 3 liv. 12 s. » (voir des extraits musicaux dans Arnould, *La Genèse [...]*, éd. citée, planche XIV). Sur cette musique, voir la Notice, p. 1298.

Page 291.

a. que je fuis. Tous nos vallons sont pleins de myrthe. Chacun peut [s'y couronner sans peine *biffé*] [en cueillir aisément *corr. interl.*] *[trois débuts biffés]*. [Qui voudra s'y couronne. *corr. interl.*] Un seul croît au loin sur le penchant du roc. Il me plaît. [Seul *add. interl. biffée*] Non qu'il soit plus beau : mais moins de gens l'atteignent. Je *F corr. 2* ↔ *b. Il existe de cette partie du monologue, depuis* Pourquoi non ? Chacun court après le bonheur. *, quatre ébauches sur une feuille en possession de la famille Beaumarchais ; elles sont très travaillées, et proches du texte définitif*[1]. ↔ *c.* Jusque-là... ça va bien, mais il faut [finir, *add. interl. C 1*] écorcher la queue[2] et voilà le rude... Em, em, em, / ... Et *C 1, F* : Jusque-là [çà *biffé*] ceci ne va pas mal [mais *[comme dans F]* rude *biffé*] ... Em, em, em, / ... Et *F corr. 1*

1. Ce numéro et les suivants (p. 301, 327, 330, 339) renvoient aux morceaux de la partition; voir n. 7, p. 290.

2. Figaro ici est bien un Espagnol ! Voir la lettre écrite de Madrid par Beaumarchais à son père : « On dit ici, comme en Italie : " Les paroles ne sont rien, la musique est tout. " J'entre en fureur sur une pareille déraison » (*Correspondance*, éd. citée, t. I, p. 145).

1. Voir ces ébauches en synoptique avec les trois manuscrits et *orig.* dans Arnould, ouvr. cité, p. 114-115.

2. « *Il n'y a rien de plus difficile à écorcher que la queue* pour dire que ce qu'il y a de plus difficile dans une affaire est le point de la conclusion » *(Académie)*.

Page 293.

a. toujours honoré. / LE COMTE : Que fais-tu *C 1, F, F corr. 1, C 2* : toujours honoré. / LE COMTE : Je ne te reconnaissais pas, moi, te voilà si gros et gras... / FIGUARO : Que voulez-vous, monseigneur ? C'eſt la misère. / LE COMTE : Qui t'a fait cet embonpoint[-là *biffé*] ? / FIGUARO : Sans compter que [depuis l'an passé *biffé*] j'ai perdu tous les pères et mère, [vous me voyez *biffé*] [de l'an passé je suis *corr. interl.*] orphelin du dernier. / LE COMTE : Pauvre petit ! Mais que fais-tu *F corr. 2* ↔ *b.* Non, à l'école vétérinaire d'Alcala. / LE COMTE, *C 1, F, F corr. 1, C 2, F corr. 2* ↔ *c.* quelquefois [des Allemands, des Écossais *biffé C 1*] [de certaines gens *corr. interl. C 1*]. / LE COMTE : *C 1, F* : quelquefois des Galiciens, des Catalans. / LE COMTE : *F corr. 1, C 2* : quelquefois des [Allemands, des Écossais *biffé*] [Catalans, des Maures *corr. interl. biffée*] [Galiciens, des Catalans, des Auvergnats *corr. interl.*]. / LE COMTE : *F corr. 2* ↔ *d.* griffonnant sur ton genouil ?... / FIGUARO : Voilà précisément *C 1, F* : griffonnant sur ton genouil et chantant dès le matin. / FIGUARO : C'eſt que j'ai passé la nuit [gaiement *add. interl. F corr. 1*] avec trois ou quatre buveurs de mes voisines. / LE COMTE : Et tu partais du couplet ? / FIGUARO : Voilà précisément *F corr. 1, C 2* : griffonnant *[comme dans C 2]* mes voisines. / LE COMTE : [Et tu partais du couplet *biffé*] De vos voisines ! Et vous partiez du couplet en leur honneur ? / FIGUARO : Voilà précisément *F corr. 2*

1. Ce nom apparaissait fréquemment dans les livres ou au théâtre. Citons *Le Suffisant* (1753) de Vadé et surtout un des *Contes moraux* de Marmontel, *Le Scrupule* (1761); ainsi que *Heureusement* (1762) de Rochon de Chabannes. Voir p. 1297.

2. Sur *jaser*, voir n. 1, p. 203.

3. Souvenir d'un vers de *La Henriade* de Voltaire (1723) : « La sombre jalousie au teint pâle et livide » (chant IX, v. 45).

4. *Bouquet* : « Un compliment en vers ou en prose fait à quelqu'un le jour de sa fête » (de Wailly, *Dictionnaire ou manuel de la langue française*, nouv. éd., Liège, de Bouhers, 1776); plus largement, une poésie galante. Chloris, comme Thémire dans l'*Essai sur le genre dramatique sérieux* (p. 120 et n. 1), eſt un des noms traditionnels de la femme aimée.

Page 294.

a. l'esprit des affaires *[p. 293, 4 lignes en bas de page]* / LE COMTE : *C 1, F* ↔ *b.* Non pas tout *[12e ligne de la page]* de suite. [Avant que de m'éloigner de la capitale *biffé C 1*] *(Figuaro s'arrête et examine ce que fait le comte qui en regardant à la jalousie lui dit :)* / LE COMTE : Dis toujours. Je t'entends de reſte. / FIGUARO : [Avant de m'éloigner de la capitale *add. marg. C 1*] je voulus essayer mes talents littéraires. Et le théâtre de la Nation me parut un champ d'honneur... / LE COMTE : Miséricorde !... / FIGUARO : Ne pensez pas rire. / LE COMTE : Le théâtre de la Nation ? toi ? / FIGUARO : Oui moi ! J'ai fait deux opéras-comiques. / LE COMTE : Ah je vous entends. / FIGUARO *(pendant ce couplet le comte regarde avec attention du côté de la jalousie)* : En vérité *C 1, F* : Non pas tout de suite. [Avant de m'éloigner de la capitale *add. interl. F corr. 1*] *(Figuaro s'arrête [comme dans F]* / FIGUARO : [Avant de m'éloigner de la capitale *biffé F corr. 1*], je voulus *[comme dans F]* En vérité *F corr. 1, C 2. Lors de la deuxième révision de* F *(que nous désignons par le sigle F corr. 2), le passage qui va de* Non pas tout de suite *à du côté de la jalousie a été biffé et remplacé par un feuillet collé sur la page suivante du manuscrit. Nous donnons maintenant le texte de ce feuillet :* FIGUARO : Non pas tout de suite pour être mieux oublié d'un ministre injuste. / LE COMTE : Dis toujours. Je t'entends de reste. / FIGUARO : Je m'en allai de Madrid à Lisbonne, [don *biffé*] un seigneur portugais de ma connaissance [m'y prit et *add.*] m'emmena à Londres avec lui parce qu'il n'entendait pas la langue. / LE COMTE : Tu sais l'anglais ? Cela me serait d'une utilité... / FIGUARO : Oui je sais *goddem.* / LE COMTE : Comment tu sais *goddem* ? / FIGUARO : Oh diable c'est une belle langue que l'anglais. Il n'en faut guère pour aller loin. Avec *goddem* en Angleterre [tout le m⟨onde⟩ *biffé*] on ne manque de rien [nulle part *add. interl.*]. Voulez-vous du pain ? Vous faites comme cela *(le doigt dans la bouche). Goddem.* On vous sert un pied de bœuf salé. Désirez-vous du vin ? Rien autre chose que ceci *(imiter l'action de boire et de déboucher une bouteille). Goddem.* On vous apporte un pot de bière [forte *add. interl.*]. / Rencontrez-vous une jolie personne que vous voulez embrasser ? Mettez seulement tous les doigts unis sur la bouche. *Goddem.* Elle vous applique un soufflet. Preuve qu'elle entend. Les Anglais [à la vérité *biffé*] ajoutent à la vérité quelques autres mots par ci par là. Mais il est aisé de voir que *Goddem* est le fond de la langue. / LE COMTE : Avec une telle [science comment n'as-tu pas couru l'Europe *corrigé en* science tu pouvais courir l'Europe] entière. / FIGUARO : Aussi pour m'en revenir ai-je traversé la France avec beaucoup d'agréments car je sais aussi les mots principaux de ce pays-là. / LE COMTE : Fais-moi grâce de l'érudition. Achève ton histoire. / FIGUARO : De retour à Madrid je voulus essayer de nouveau mes talents littéraires. J'ai fait deux drames. / LE COMTE : Ah ! Miséricorde. / FIGUARO : Est-ce le genre ou l'auteur que Votre Excellence dédaigne ? / LE COMTE : J'entends dire trop de mal du genre pour qu'il n'y ait pas quelque bien à en penser. / FIGUARO *(Pendant ce couplet, le comte regarde avec attention du côté de la jalousie.) Ici se termine le texte du feuillet ajouté, lequel enchaîne avec la réplique de Figaro qu'on peut lire p. 294, 20ᵉ ligne (*En vérité [...]*). Cette réplique est cependant précédée sur F corr. 2 d'une addition interlinéaire, que voici :* Grand merci donc pour l'auteur, mais ↔ *c.* des loups, à tel point affamés et multipliés dans la capitale, qu'ils s'entredévoraient pour y vivre, et *C 1, F* : des loups à tel point affamés qu'ils s'entredévoraient pour vivre; et *F corr. 1, C 2*

1. Souvenir de Montaigne : « Les princes me donnent prou s'ils ne m'ôtent rien, et me font assez de bien quand ils ne me font point de mal; c'est tout ce que j'en demande » (*Essais*, III, 9, « De la vanité »).

2. Voir *Notes et réflexions*, éd. citée, p. 82-83 : « On exige du pauvre qu'il soit sans défaut », et un peu plus haut, « Le maître que cette réflexion ne rend pas doux et humain est un monstre qui ne mériterait pas même d'être valet ».

3. C'est-à-dire le café attenant au théâtre, où se réunissent spectateurs et critiques; tel le Procope, rue de l'Ancienne-Comédie, en face de la salle occupée par la Comédie-Française jusqu'en 1770.

4. Quelle vengeance je leur prépare ! L'expression courante était *je la leur garde bonne* (Leroux, *Dictionnaire comique, satirique, critique, burlesque et proverbial*, nouv. éd., Pampelune, 1786).

5. Allusion probable au délai pendant lequel on pouvait faire appel. Le censeur du manuscrit *F* a barré cette réplique et la suivante, puis les a rétablies d'un *Bon* en marge.

Page 295.

a. événements; me *C 1, F* : événements; [aidant au bon temps, supportant le mauvais *add. marg. F corr. 1*]; me *F corr. 1, C 2* : événements; [et *add. interl. biffée*] [loué par ceux-ci, blâmé par ceux-là *add. interl.*[1]], aidant au bon temps, supportant le mauvais, me *F corr. 2. L'édition originale donne le texte de C 2.*

1. *Maringouin* : « [...] sorte de moucheron qui ressemble au cousin et qui est fort commun dans l'Amérique » *(Académie)*. Le jeu de mots est évident sur le nom de Marin, de l'affaire Goëzman (voir la Notice des *Mémoires contre Goëzman*).

2. Voici encore une création de Beaumarchais pour désigner les journalistes. Le mot, qui a connu une certaine fortune sous la Révolution, n'est pas resté.

3. Au sens propre, et au sens figuré. « *Faire la barbe*, c'est être plus fier et plus rusé [...] » (Leroux, ouvr. cité]; « [...] *faire la barbe à quelqu'un*, pour dire exercer la supériorité sur lui » *(Académie 1798)*.

4. Beaumarchais se souviendra en 1778 de cette réplique : « En honneur, quand on voit de si plates finesses, une mauvaise foi si lourde et si bête, on est tenté, comme dit un de mes amis, de se passer d'en rire de peur d'être obligé d'en pleurer » (*Réponse ingénue [...] à la consultation injurieuse que le comte [...] de La Blache a répandue dans Aix*, éd. Fournier citée, p. 406).

Page 296.

a. l'électricité, le tolérantisme, l'inoculation, le quinquina, l'encyclopédie, et les drames... sans l'opéra-comique et les mille et un journaux qui relèvent un peu sa gloire... / ROSINE *C 1, F, F corr. 1, C 2* : l'électricité, [le tolérantisme *biffé*] [le tolérantisme *corr. interl.*], l'inoculation, le quinquina, l'encyclopédie, et les drames... [Sans l'opéra-comique et leurs mille et un journaux qui relèvent un peu la gloire du siècle... *biffé*] / ROSINE *F corr. 2*[2] ↔ *b.* du mur. / BARTHOLO : [Le Diable l'a-t-il emporté ? *biffé F corr. 1*] Vous *C 1, F, F corr. 1*

1. Bartholo n'est pas un esprit *progressif*, selon le terme usuel à l'époque. Les théories de Newton sur l'attraction n'ont été vulgarisées en France qu'au XVIIIe siècle, en particulier grâce à Voltaire et à sa *XVe lettre philosophique*. Les découvertes concernant l'électricité avaient été faites surtout dans la première moitié du siècle.

1. Sur cet ajout, qui fait référence à l'affaire Goëzman (voir aussi n. 1 de cette page), voir la Note sur le texte, p. 1303.

2. Le censeur avait marqué son opposition à la mention du tolérantisme et à l'allusion à la gloire du siècle en cochant de deux traits ces expressions. On notera que Beaumarchais, s'il fait disparaître cette dernière allusion, biffe puis récrit les mots « le tolérantisme ».

Le tolérantisme est le « système de ceux qui croient qu'on doit tolérer dans un État toutes sortes de religions » *(Académie)*. L'inoculation concernait la petite vérole : « [...] l'inoculation a passé de Constantinople à Londres en 1721 et à Paris en 1755 » *(ibid.)*. La mention du quinquina est plus étonnante, puisque La Fontaine avait déjà publié en 1682 un poème en son honneur (voir *Œuvres diverses*, Bibl. de la Pléiade, p. 62-77).

Page 297.

a. renfermé. / FIGUARO, *allant sous le balcon* : De ce côté-ci, pour que la vue ne puisse pas plonger sur nous. / LE COMTE : C'est un billet. / FIGUARO : Fort bien. Il demandait *C 1, F* : renfermé. [C'est un billet. *corr. F corr. 1*] / [FIGUARO, *allant [comme dans F]* un billet *biffé F corr. 1*] / FIGUARO : Fort bien. Il demandait *F corr. 1, C 2* : renfermé. C'est un billet. / FIGUARO : [Fort bien. *biffé*] Il demandait *F corr. 2* ↔ *b.* l'infortunée Rosine. » / FIGUARO : Ce tour-là manquait à ma collection, je m'en souviendrai. / LE COMTE *baise le papier* : Ma chère Rosine ! / FIGUARO, *levant son chapeau en l'air et contrefaisant la voix du docteur* : « Sans l'opéra-comique et les mille et un journaux qui relèvent un peu sa gloire... » [*(Il laisse tomber son chapeau)* / *C 1*] Paf ! le papier à bas. *(Contrefaisant la voix de Rosine.)* Ma chanson... ma chanson !... *(Il rit.)* Ah ! ah ! ah ! Voulez-vous donner de l'adresse à la plus ingénue ? Enfermez-la. / LE COMTE : Ma vie entière ne suffira pas... / FIGUARO : Monseigneur, je ne suis plus en peine des motifs de votre mascarade. / LE COMTE : Te voilà instruit, *C 1, F* : l'infortunée Rosine. » / FIGUARO : *[comme dans F avec lég. var.]* qui [relèvent un peu sa gloire... » *corrigé sur F corr. 1 en* relèvent la gloire du siècle. »] Paf ! *[comme dans F avec lég. var.]* mascarade. [Vous faites ici l'amour en perspective *add. F corr. 1*] / LE COMTE : Te voilà instruit, *F corr. 1, C 2* : l'infortunée Rosine. » / FIGUARO : Ce tour[-là *biffé*] manquait *[comme dans C 2 avec lég. var.] du docteur* : [« Sans l'opéra-comique et les mille et un journaux qui relèvent la gloire du siècle. » Paf ! le papier à bas *biffé*[1]] *(La voix de Rosine)* « Ma chanson, ma chanson est tombée; [Courez, courez donc *add. interl.*] » *(Il rit.)* *[comme dans C 2]* / LE COMTE : Te voilà instruit, *F corr. 2* ↔ *c.* Bartholo. / FIGUARO : Bien choisi à vous, la peste ! C'est un morceau de prince ! Joli *C 1, F, F corr. 1, C 2, F corr. 2. Il semble que cette phrase ait été supprimée sur F corr. 1, puis rétablie, sur ce même état, par deux* B⟨ons⟩ *marginaux, ce qui expliquerait sa présence sur C 2. Elle ne figure pas dans l'édition originale.*

1. Au XVIIIe siècle, le Prado était un lieu de promenade; y a été construit, au siècle suivant, le célèbre musée.

Page 298.

a. Comme ma mère. *[4e ligne]* / LE COMTE : [Brutal. *biffé C 1*] [Tant mieux. *corr. interl. biffée C 1*] Il paraît un peu brutal. / FIGUARO : Vous lui faites grâce du peu; il l'est excessivement. / LE COMTE : Tant mieux. Ses moyens de plaire ? / FIGUARO : Nuls. / LE COMTE : Sa probité ? / FIGUARO : Tout juste autant qu'il en faut pour n'être pas pendu. / LE COMTE : Toujours tant mieux. Punir un

1. Voir var. *a*, p. 296, leçon de *F. corr. 2*.

fripon en se rendant heureux... [C'eſt faire à la fois le bien public et particulier. / FIGUARO : Chef-d'œuvre de morale en vérité *corrigé dans C 1 en* FIGUARO : C'eſt faire à la fois le bien public et particulier. Chef-d'œuvre de morale en vérité, monseigneur]. / LE COMTE : On dit que la crainte des galants lui fait fermer sa porte ? / FIGUARO : À tout le monde. S'il pouvait la calfeutrer. / LE COMTE : Tant mieux, tant mieux. / FIGUARO : À tous ces tant mieux oserai-je demander à Votre Excellence ce qu'elle trouve de favorable dans ma description ? / LE COMTE : C'eſt que j'ai souvent remarqué que les moyens que les hommes emploient pour s'assurer d'un bien sont précisément ce qui leur fait perdre. / FIGUARO : Pour que la maxime ne tourne pas contre vous, avant d'agir laissez-moi sonder le terrain et tâcher de lire au cœur de la dame. / LE COMTE : Aurais-tu de l'accès chez elle ? / FIGUARO : *C 1, F* : Comme ma mère. / LE COMTE : Tant mieux *[comme dans F]* n'être point pendu. / LE COMTE : [Toujours tant mieux. *biffé F corr. 1*] Punir un [fripon *biffé F corr. 1*] [jaloux *corr. interl. biffée F corr. 1*] [fripon *corr. interl. F corr. 1*] en se rendant *[comme dans F]* en vérité, monseigneur. / [LE COMTE : On dit que la crainte *[comme dans F]* au cœur de la dame *biffé F corr. 1*] / LE COMTE : Aurais-tu de l'accès chez [elle *biffé F corr. 1*] [lui *corr. marg. F corr. 1*] / FIGUARO : *F corr. 1, C 2* : Comme ma mère. / [[LE COMTE : Tant mieux. [[Il paraît un peu brutal *corrigé en* On le dit un peu brutal *corrigé en* On le dit rusé *biffé]] [[*Quel homme eſt-ce *corr. interl.]]* / FIGUARO : Vous lui faites grâce du peu[1] *[[comme dans F]]* n'être point pendu *biffé]* / *[*LE COMTE : Quel homme eſt-ce ? / FIGUARO : Il eſt majeur. / LE COMTE : Il paraît un peu brutal. / FIGUARO : Excessivement. / LE COMTE : Ses moyens de plaire ? / FIGUARO : Nuls. / LE COMTE : Sa probité ? / FIGUARO : *[[*Tout juſte *biffé]]* Autant qu'il en faut pour n'être point pendu. *corr. marg.]* / LE COMTE : Punir un fripon en se rendant *[comme dans F]* en vérité, monseigneur. *biffé en définitive*] / [LE COMTE : *[*Tant mieux *add. interl.]* Quel homme eſt-ce ? / FIGUARO : C'eſt un beau, gros, court, jeune vieillard, gris pommelé, *[*rasé, *add. interl.]* rusé, blasé, majeur s'il en fut. Libre une seconde fois par veuvage et tout frais émoulu de cocuardise, encore en veut-il retâter, le galant. Mais bien l'animal le plus cauteleux[2]... / *[*LE COMTE : *[[*Tant pis *add. interl.]]* Et comment vivent-ils ensemble ? / FIGUARO : *[[*Comme minet et chien galeux renfermés au même sac; toujours en guerre *biffé]] [[*Toujours en guerre *corr. interl. biffée]] [[*Toujours en guerre *corr. interl.]] [[*En peut-il aller autrement *corrigé en* Se peut-il autrement*]]* ? Mignonne pucelette, *[[*et *add. interl.]]* jeune, *[[*et *add. interl.]]* tendre, accorte et fraîche, agaçant l'appétit. Peau satinée, bras dodus, main blanchette, la bouche rosée, *[[*la plus *add. interl.]]* douce haleine, et des joues, des yeux, des dents[3] !... *[[*que c'eſt un charme à voir ! *biffé]] [[*toujours *biffé]] [[*toujours *corr. interl.]]* vis à vis un vieux bouquin, *[[*rasé, frisqué et guerdonné comme amoureux en baptême à la vérité. Mais *biffé]] [[*à la vérité toujours boutonné *corr. interl.*

1. On remarquera que cette réplique n'enchaîne pas avec l'état corrigé de la réplique qui précède.

2. Ce passage, depuis *majeur s'il en fut*, bien que non biffé, n'a pas été repris, fût-ce en substance, dans les éditions.

3. Voir acte II, sc. II, p. 304.

biffée]], ridé, chassieux, jaloux, sottin, goutteux, marmiteux; *biffé en définitive]* qui tousse et crache et gronde et geint tour à tour. Gravelle aux reins, perclus d'un bras et déferré des jambes, le pauvre écuyer ! S'il verdoie encore par le chef, vous sentez que c'est comme la mousse, *[*l'aguaric ou le gui *biffé] [*ou le gui *corr. interl.]* sur un arbre mort. Quel attisement pour *[*un *add. interl.]* tel feu ! / LE COMTE : Ainsi ses moyens de plaire *[comme dans le texte définitif avec lég. var.]* S'il pouvait la calfeutrer *corr.*[1]] / LE COMTE : [Tant pis *biffé*] [Ah ! Diable, tant pis *corr. marg.*]. Aurais-tu de l'accès chez lui ? / FIGUARO : *F corr. 2* ↔ *b.* je l'adore, moi ? / LE COMTE : En lui parlant, Figuaro, [remarque bien tout *biffé C 1*]. Examine [si bien *add. interl. C 1*] ses yeux, ses joues, le mouvement de ses lèvres, de ses doigts, enfin toute sa personne, [que rien ne puisse t'échapper en elle *biffé C 1*] [qu'elle ne puisse t'échapper *corr. interl. C 1*]. / FIGUARO : [Le ciel la préserve d'échapper à mon examen *corrigé dans C 1 en* Le ciel l'en préserve] ! Elle serait trop rusée [pour être honnête *biffé C 1*]. / LE COMTE : Si elle te reçoit debout, prends garde à son maintien : [la curiosité, *biffé C 1*] l'impatience et l'amour, mon ami, se décèlent en écoutant par une inquiétude générale, un vacillement de corps. / FIGUARO : Oui, passant d'un pied sur l'autre [, j'entends *biffé C 1*]. / LE COMTE : [Pendant ses réponses *biffé C 1*] observe [bien *biffé C 1*] ce qu'elle dit et surtout ce qu'elle ne dit pas. [Vois *biffé C 1*] [Regarde *corr. interl. biffée C 1*] si sa respiration se précipite, si sa parole est brève, sa voix mal assurée, si elle retient ses phrases à moitié, si elle répète deux fois la chose en [hésitant *biffé C 1*] [répondant *corr. interl. C 1*] [en hésitant *biffé C 1*]... / FIGUARO : [L'exemple avec le précepte *biffé C 1*] Je la vois, je la vois. Comme vous peignez ! [Ô l'amour ! *biffé C 1*] Monseigneur vous méritez de réussir, [vous aimez *biffé C 1*] [et j'y vais travailler *corr. interl. C 1*]. Puissiez-vous prendre ma place ! *C 1, F. Ce passage, encadré sur F, a été biffé lors de la première révision (*F *corr. 1) et ne figure pas dans C 2. Plus tard il a été rétabli par un* Bon *en marge, mais il ne figure pas dans les éditions.*

1. Sur cette réplique, voir la *Lettre modérée [...]*, p. 278 et n. 6.

2. « Se dit des marques de gris et de blanc qui se forment [...] sur certains chevaux » *(Académie)*; l'adjectif, comme de nos jours, ne s'appliquait qu'aux chevaux.

3. Le compte rendu du *Journal encyclopédique* (n. 5, p. 267) fait perfidement remarquer : « Ce qui n'est guère plus aisé à comprendre, c'est que Bartholo, médecin, laisse purger tous ses domestiques par son barbier [...]; ce qui prouve qu'il n'est point jaloux des prérogatives de son état » (Arnould, ouvr. cité, p. 485).

Page 299.

a. tu te moques de moi. J'ai joué Montauciel[2] en société. *(Prenant un ton ivre.)* N'est-ce pas ici *C 1, F, F corr. 1, F corr. 2, lég. var. L'allusion à Montauciel ne figure pas sur C 2. Sur F corrigé, elle fait partie de répliques remplacées par un billet collé, lequel donne une version*

1. Cette correction a été portée sur une feuille séparée, collée sur une page du manuscrit.

2. Dans *Le Déserteur* de Sedaine (1769).

proche du texte définitif et que nous ne relevons pas. ↔ *b.* du plaisir. [*[*Ferez-vous le général en habit de soldat ? *corr. interl.]* Voilà bien nos gens de cour. Ils se croiraient compromis de se déguiser en pâtres s'ils n'avaient l'habit de satin, les cocardes et la houlette dorée. *[*N'allons pas faire le général en habit de soldat. *biffé] add. marg.*] / LE COMTE : *F corr. 2*

1. Je réfléchissais.
2. Sur cette appellation, voir n. 1, p. 78.

Page 300.

a. La porte s'ouvre. *[p. 299, dernière ligne]* / FIGUARO : Je vais me glisser dans la maison. Acceptez une mauvaise retraite chez moi. Vous y serez plus tôt instruit que dans une auberge, où l'on peut nous remarquer. / LE COMTE : Tu parles bien. / FIGUARO : Ce n'est rien que cela. Vous me verrez agir. *(Il voit sortir Bartholo, il rentre où est le comte.) / Scène V C 1, F* : La porte s'ouvre. / FIGUARO : [La porte s'ouvre ? *add. interl. F corr. 1*] Je vais me glisser dans la maison. [Acceptez *[comme dans F]* nous remarquer. *biffé F corr. 1*] / LE COMTE : Tu parles [bien *biffé F corr. 1*] [d'or *corr. marg. F corr. 1*] / FIGUARO : [Ce n'est rien que cela. *biffé F corr. 1*] [Bah ! Bah ! parler ! *corr. interl. F corr. 1*] Vous me verrez *[comme dans F]* est le comte. / *Scène V F corr. 1, C 2, F corr. 2.* ↔ *b.* je devais bien me douter... / *Scène VI C 1, F, F corr. 1, C 2, F corr. 2. La scène* VI *des éditions est, en fait, la scène* VII *des manuscrits. Lors de l'impression de la pièce, la scène* VI *des manuscrits a été transférée, avec des variantes dont nous rendons compte en leur lieu, à l'acte II, dont elle constitue la scène* VIII. *Voir p. 309-311.* ↔ *c.* la nécessité d'entreprendre. *[16e ligne de la page]* / LE COMTE : Allons, qu'un vil effroi ne rende point mes forces inutiles. L'audace de lutter contre les obstacles est la vertu qui les fait surmonter. / FIGUARO : Bravo, la maxime d'Horace[1]. / LE COMTE : Elle écoute [apparemment *biffé C 1*] [sûrement *corr. interl. C 1*] derrière sa jalousie. Puisque *C 1, F, F corr. 1, lég. var.* : la nécessité d'entreprendre. / LE COMTE : Allons, qu'un vil effroi ne rende point ma force inutile. / FIGUARO : Où l'amour et l'espoir sont, les obstacles ne sont rien. / LE COMTE : Elle écoute sûrement derrière la jalousie. Puisque *C 2* : la nécessité d'entreprendre. / LE COMTE : Il faut convenir que ce Bazile est un homme bien dangereux. / FIGUARO : Lui ! Ce n'est qu'un sot à jouer sous jambes. Plaisant maraud pour calomnier ! Il faut un air, un nom, un ton, de l'assurance, un train, chevaux, dentelles, habits de [toute *biffé*] saison, en un mot imposer pour faire sensation dans le monde en calomniant. Mais un Bazile ! Il médirait qu'on ne le croirait pas[2]. Voyez nos gazetiers... [on n'en fait que rire *biffé*]... la v'là, la v'là [...] Puisque *F corr. 2. Le texte de F corr. 2 est donné par une feuille collée sur une page du manuscrit.* ↔ *d.* le nom que *C 1, F, F corr. 1, C 2, F corr. 2* ↔ *e.* faire de vers, moi. / FIGUARO : [Qui dit cela ? / Depuis qu'on s'est ingénié pour l'Opéra de séparer la gloire de la victoire et d'unir la cruauté à la beauté, la poésie chantante est dans les mains de tout le monde. D'ailleurs *add.*] tout *F corr. 2. Cette addition a été portée au bas de la feuille qui donne le texte de F corr. 2 (voir var. c de cette page).*

1. *Audaces fortuna juvat* (« la fortune sourit aux audacieux »).
2. Cette phrase a été déplacée à l'acte II, sc. IX, p. 311.

1. Le *friponneau*, comme l'indique le diminutif, eſt un fripon sans envergure. *Besoineux* eſt une forme ancienne, qu'ignorent les éditions de 1762 et de 1798 du *Dictionnaire de l'Académie*; Gudin (éd. citée) écrit *besoigneux*, comme le *Dictionnaire de l'Académie* 1835, qui glose : « [...] qui eſt dans la gêne, dans le besoin. » C'eſt notre *besogneux*.

Page 301.

a. Eſt-ce que les gens de qualité ignorent quelque chose[1] ? *F corr. 2. Cette réplique n'exiſte pas dans les états antérieurs ; voir var. b de cette page.* ↔ *b.* les productions de l'esprit. / *(Figuaro se met sous le balcon, collé contre le mur.)* / LE COMTE *chante* : / *Premier couplet C 1, F, F corr. 1, C 2. Les additions portées sur F corr. 2 donnent, à quelques variantes près (voir, par exemple, var. a de cette page), le texte définitif.*

1. De cet opéra-comique de Lemonnier (1760), Beaumarchais emprunte l'air et les paroles.

Page 302.

a. Elle eſt prise, monseigneur. *[9e ligne de la page]* / LE COMTE : Depuis huit jours aussi [j'ai toujours eu *biffé*] [je n'ai pas cessé d'avoir *corr. interl.*] la vue sur elle. / FIGUARO : Ô ! Pouvoir des deux yeux ! C'eſt ainsi qu'un chat au pied d'un arbre, à force de regarder un malheureux oiseau, le trouble, éteint sa voix, l'enivre et le fait tomber tout pâmé dans ses pattes. / LE COMTE : Crois-tu qu'elle se donne [...] que d'y manquer. / LE COMTE : Elle se sert du moyen [...] que d'amour ! / LE COMTE : C'en eſt fait. Je suis à ma Rosine... pour la vie. / FIGUARO : Pour la vie, chère beauté ! C'eſt-à-dire tant que nous ne vous tenons pas. / LE COMTE : Non je fais le serment le plus sacré... / FIGUARO : Vous oubliez, [monseigneur *biffé*] [monseigneur *corr. interl.*] qu'elle ne vous entend point. / [LE COMTE : Sur quoi jugez-vous donc que je puisse cesser de l'aimer ? / FIGUARO : Sur ce qu'elle commence, *[*elle *biffé] [*elle *corr. interl.]*, à vous aimer *[*de bonne foi *add. interl.]* sur le train du monde. Ne suffit-il pas *[*souvent *biffé] [*souvent *corr. interl.]* qu'une femme soit à nous pour que nous cessions d'être à elle ? On ne sait comment cela va; mais *[*il eſt presque sûr *biffé]* aussitôt que nous les tenons, *[*pauvrettes *biffé] [*pécaïre ! *corr. interl.]* il eſt presque sûr qu'elles ne nous tiennent plus. / LE COMTE : Non, Figuaro, *[*je le sens, le trait eſt mortel, je suis percé. Je me... *biffé] [*le trait eſt mortel *corr. interl.]* / FIGUARO : *[*Monseigneur *biffé] [*Excellence *corr. interl.] [*il y a quantité *biffé] [*vous savez *corr. interl. biffée] [*il y a tant *corr. interl.]* d'animaux venimeux dont la blessure *[*mortelle *add. interl.]* se guérit en les écrasant sur la plaie[2]. *[*Et j'ai bien peur pour elle *biffé] [*Je crains bien pour la pauvrette *corr. interl.]* que l'amour ne soit qu'un de ces animaux-là. *biffé*] /

1. Souvenir évident de Molière : « Les gens de qualité savent tout sans jamais avoir rien appris » (*Les Précieuses ridicules*, sc. IX ; *Œuvres complètes*, Bibl. de la Pléiade, t. I, p. 277).

2. « La jouissance d'une femme nous guérit du mal que sa beauté nous fait. C'est un animal qu'il faut écraser sur la plaie » (*Notes et réflexions*, éd. citée, p. 103).

LE COMTE : *F corr. 2. Pour les états antérieurs, voir var. a, p. 303.* ++ *b.* FIGUARO : Ques aco ? / LE COMTE : *F corr. 2. Voir var. a, p. 303.*

Page 303.

a. constamment... *[p. 302, 2e ligne]* / *(Ici l'on entend une croisée qui se ferme avec force.)* / LE COMTE : Quelqu'un apparemment est entré. Elle se sert du moyen qu'elle m'a indiqué. / « Tout ce que me dit Lindor est charmant. » / C'en est fait ! Je suis à ma Rosine. *(Il baise la lettre.)* Retirons-nous, Figuaro, crainte de nous rendre suspects. / FIGUARO : Moi, j'entre ici, *[p. 302, 17 lignes en bas de page]* où, par la force [...] chez moi. L'habit de guerre et le billet de logement. Je vous rejoins dans peu. Ma boutique à quatre pas d'ici, peinte en bleu, trois palettes en l'air, [doigt *C 1, F*] [l'œil *F corr. 1, C 2*] dans la main. *Concilio [sic] manuque* [*Figuaro add. F corr. 1*]. / FIN DU PREMIER ACTE *C 1, F, F corr. 1, C 2. Mis à part quelques variantes (nous avons relevé en leur lieu les principales), F corr. 2 donne le texte définitif.* ++ *b.* La croisée [...] grillée. *Cette phrase n'est pas sur les manuscrits.* ++ *c.* Ah ! Lindor !... [*(Elle lit.)* « Depuis que vous m'avez appris votre nom et votre état... » *add. marg. F corr. 1*] [Cachetons *biffé F corr. 1*] [Fermons *corr. interl. F corr. 1*] toujours *C 1, F, F corr. 1, C 2, F corr. 2*

1. *Vitrage en plomb* : vitrage dont les châssis sont de plomb. Des *palettes* — « petite écuelle dans laquelle on reçoit le sang de ceux à qui on ouvre la veine » *(Académie)* — en enseigne indiquent que Figaro pratique des saignées. La devise latine (*Consilio manuque*, « [en aidant] des conseils et de la main ») surmontait les armes de l'Académie royale de chirurgie, qui portent trois boîtes d'onguent disposées autour d'une fleur de lis.

2. *Argus* : « Nom emprunté de la fable, et qui signifie un espion domestique très vigilant » *(Académie 1762)*. Le mot se trouve déjà dans *Le Sacristain* (voir p. 1139).

Page 304.

a. ROSINE, *étourdiment* : Il *orig., Gudin* ++ *b.* il m'intéresse infiniment. *[16 lignes en bas de page]* Dites donc *C 1, F, F corr. 1, C 2, F corr. 2*

1. Là en bas, dans la rue.

2. *Figure* désigne l'ensemble de l'être. Est *revenant* ce « qui plaît, qui revient » : « *Revenir* se prend quelquefois pour *plaire* » *(Académie)*.

3. Voir *La Précaution inutile* (1692) : « ARLEQUIN : C'est mardy le plus royal homme... il n'a qu'un défaut, c'est qu'il est amoureux. / COLOMBINE : Est-ce un défaut que d'aimer ? / ARLEQUIN : Non, mais c'est qu'il est fou d'une fille qu'il n'épousera jamais » (*Le Théâtre italien* de Gherardi, s.l.n.d., t. I, acte I, sc. VI, p. 562).

4. *Appartenir* : « Il signifie encore, être parent » *(Académie)*.

5. *Accorte* : « Qui est complaisant, qui s'accommode à l'humeur des autres » (*Académie 1762*; l'édition de 1798 ajoute « qui est adroit, souple [...] »).

6. Si petit qu'il passe presque inaperçu.

Page 305.

a. ROSINE *tombe sur un fauteuil* : Ah ! *C 1, F, F corr. 1, C 2, F corr. 2* ↔ *b.* venir *[7e ligne de la page]* vous apprendre lui-même. / ROSINE : Qu'il s'en garde bien ! [Il perdrait tout *biffé C 1*] / FIGUARO : Ne craignez rien. Je viens de vous débarrasser de tous vos surveillants jusqu'à demain; [et bientôt sous un déguisement *biffé C 1*] / ROSINE : Je ne lui défends pas de m'aimer. Mais qu'il ne fasse aucune imprudence. / FIGUARO : Si vous le lui [défendiez *biffé C 1*] [ordonniez *corr. interl. C 1*] par un mot de lettre ? / ROSINE *lui donnant une lettre* : Je n'ai pas le temps *C 1, F* : venir vous [apprendre *biffé F corr. 1*] [persuader *corr. interl. F corr. 1*] lui-même. / ROSINE : [Ah ! *biffé F corr. 1*] Qu'il s'en garde bien ! [Vous me faites trembler *biffé F corr. 1*] [J'aime mieux y croire *corr. interl. biffée F corr. 1*] / FIGUARO : Ne craignez rien. Je viens de vous débarrasser de tous vos surveillants jusqu'à demain. / [ROSINE : Je ne lui défends pas *[comme dans F]* lettre ? *biffé F corr. 1*] [ROSINE : *[*Mon Dieu *add. interl. biffée F corr. 1] [*Vous mes faites trembler... *corr. interl. F corr. 1]* S'il m'aime, il doit *[...]* si j'étais femme... *corr. F corr. 1*[1]] / ROSINE : Je ne lui défends pas *[comme dans F]* Je n'ai pas le temps *F corr. 1, C 2* : venir vous persuader lui-même. / ROSINE : Qu'il s'en garde bien [, M. Figuaro *add. interl.*] / FIGUARO : [Ne craignez rien. *biffé*] Je viens de vous débarrasser de tous vos surveillants jusqu'à demain. / ROSINE *(troublée)* : Vous me faites trembler. S'il m'aime, il doit [...] si j'étais femme... / ROSINE *(avec embarras)* : Il est certain qu'une jeune personne ne peut empêcher un honnête homme de l'estimer[2]. Mais s'il allait [...] / ROSINE *lui donnant une lettre* : Je n'ai pas le temps *F corr. 2*

1. Dans *Le Compliment de clôture*, cette formule sera qualifiée de « petit calembour » (voir p. 1149).

Page 306.

a. entendez-vous ? *[p. 305, 3 lignes en bas de page]* Allez mon cher Figuaro, et prenez bien garde en sortant. / *(Il s'enfuit.)* / *Scène III C 1, F* : entendez-vous ? Allez *[comme dans F]* en sortant. / FIGUARO : Voici qui vaut mieux que [toutes *F corr. 1*] mes observations. *(Il s'enfuit.)* / *Scène III F corr. 1, C 2* : entendez-vous ? Je crains seulement [...] ce brasier-là. / ROSINE : Allez *[comme dans C 2]* que toutes[3] mes observations. *(Il s'enfuit.)* / *Scène III F corr. 2* ↔ *b.* qu'il soit dehors. [Voyons *biffé C 1*] *(Elle va à la fenêtre.)* Il est passé. Ce bon Figuaro !... C'est un bien honnête homme ! un bon parent !... [Voyons ce qu'on m'écrit *biffé C 1*]... Ah ! [C'est *biffé C 1*] [J'entends *corr. interl. C 1*] mon tuteur. [Serrons la lettre et *biffé C 1*] reprenons mon ouvrage. [*(Elle s'assied et prend une broderie au tambour.) add. interl. C 1*] / *Scène IV C 1, F, F corr. 1, C 2, F corr. 2*

1. Cette correction a été portée sur une feuille séparée.
2. La réplique de Figaro qui prend place après ces mots dans le texte définitif (« Aussi mon parent vous estime-t-il infiniment. ») et qui ne figure dans aucun état manuscrit, manque également dans l'édition originale.
3. Ce mot, qui apparaît sur *F corr. 1* et ne figure cependant pas sur *C 2*, manque également dans l'édition originale.

1. Le mot, qu'ignorent les dictionnaires de l'époque, se trouve, au sens propre, chez Montaigne (voir *Littré*). Il a survécu.

2. La bougie a servi à cacheter la lettre; voir sc. I, p. 303.

3. Trois cents livres; voir n. 2, p. 237. Il s'agit du loyer de dix pistoles (cent livres) par an; voir acte I, sc. IV, p. 298. On peut en déduire que Figaro est le locataire de Bartholo depuis trois ans.

Page 307.

a. sur la rue ? Ce n'est peut-être pas si mal pensé. [J'y songerai. *biffé C 1*] / [ROSINE : Examinez encore si la cheminée n'a pas trop d'ouverture en haut ? / BARTHOLO : Vous avez raison, je l'avais oublié. *biffé F corr. 1*] / ROSINE : Voyez si l'on ne pourrait pas glisser un billet par-dessous la porte ? / BARTHOLO : Il n'y aurait point trop de mal qu'elles traînassent toutes sur les planchers; on cherche souvent d'où vient un rhumatisme... Vous riez ? / ROSINE : D'honneur ! Qui nous entendrait croirait que tout ceci n'est qu'un badinage ! / BARTHOLO : Ce barbier *C 1, F, F corr. 1, C 2, F corr. 2. La réplique biffée sur F corr. 1 est marquée d'une croix, laquelle signale peut-être une objection du censeur. Un* bon *en marge indique que le passage a été rétabli, avant d'être à nouveau abandonné.* ↔ *b.* à la bizarrerie des femmes ? / ROSINE, *en colère* : Mais, *orig. Pour les états antérieurs, voir var. a, p. 308.*

1. *Tout d'un coup* : en une seule fois, et donc par la même occasion.

Page 308.

a. chez vous, au moins ? *[p. 307, 21 lignes en bas de page]* / ROSINE : Je l'ai vu un moment. *(À part.)* Il l'apprendrait d'ailleurs. / BARTHOLO : Oh ! les Juifs ! les chiens de valets ! La Jeunesse ? L'Éveillé ? L'Éveillé maudit... Dorénavant madame, quand j'irai par la ville, ne trouvez pas mauvais que je vous enferme sous clef. / *Scène V* / ROSINE, BARTHOLO, L'ÉVEILLÉ *arrivant d'un air imbécile* : Aye aye aye. / BARTHOLO : Où étais-tu, *C 1, F* : chez vous, au moins ? / [ROSINE : Je l'ai vu un moment. *(À part.)* Il l'apprendrait d'ailleurs. *biffé F corr. 1*] [[ROSINE *avec dédain* : Étrange mal que la jalousie ! Tout l'alimente et rien ne le peut guérir. / BARTHOLO : Est-ce là votre réponse ? *biffé F corr. 1]* / ROSINE : *[*Ce barbier *biffé F corr. 1]* Vous donne-t-il aussi de l'inquiétude ? / BARTHOLO : Tout comme un autre : il est homme. / ROSINE : Avec de telles idées, vous n'en croiriez pas la sagesse même. / BARTHOLO : Pas plus qu'une autre, elle est femme. / ROSINE : Que vos répliques *[...]* pour les y aider. / ROSINE : *[*Ah ! c'est bien indigne. *biffé F corr. 1]* Mais, monsieur, s'il suffit *[...]* trouvé fort aimable. *corr.*[1] *F corr. 1*] / BARTHOLO : Oh ! les Juifs ! *[comme dans F avec lég. var.]* Aye aye aye. / BARTHOLO : Où étais-tu, *F corr. 1, C 2* : chez vous, au moins ? / ROSINE : Vous donne-t-il *[comme dans C 2]* pour les y aider. / ROSINE : Quoi, monsieur ! Vous n'accordez pas même qu'on ait des principes contre la séduction de monsieur Figuaro ? / BARTHOLO : Qui diable entend quelque chose à la bizarrerie [femelle *biffé*] [des femmes *corr. interl.*] ? [Vous croyez bien qu'un médecin entre assez dans leurs secrets pour les connaître à fond. *biffé*] Et

1. Cette correction a été portée sur une feuille séparée, collée sur une page du manuscrit.

combien [j' *biffé*] [j'en *corr. interl.*] ai vu de ces vertus à principes. [Toujours la griffe en l'air, les tigresses. *add. interl.*] Nul galant homme ne pouvait [les aborder *biffé*] [les séduire *corr. interl. biffée*] [en approcher *corr. interl.*]. Un rustre [avait le passe-partout *biffé*] [en faisait son dessert *corr. interl. biffée*] [avait opéré le miracle de leur séduction *corr. interl. biffée*] / ROSINE *en colère* : [Un odieux jaloux peut forger ce conte absurde pour excuser la frénésie d'enfermer et d'outrager ce qu'il prétend aimer. Heureusement qu'on ne le croira jamais. *corrigé en* Il n'y a qu'un jaloux qui peut forger ce conte absurde. On ne le croira jamais.] / BARTHOLO : Justement. [Voilà le point d'où elles partaient. *biffé*] « On ne le croira [jamais *biffé*] [pas *corr. interl.*] ». Que de femmes cette phrase a décidées ! / ROSINE *outrée* : Mais, monsieur, s'il suffit [...] trouvé fort aimable. Et puissiez-vous en mourir de dépit ! / BARTHOLO : Oh ! les Juifs ! *[comme dans F avec lég. var.] d'un air imbécile* [*en bâillant tout endormi add. interl.*] : [Aye aye aye *biffé*] [Ahi, ahi, ahi... *corr. interl.*] / BARTHOLO : Où étais-tu, *F corr. 2* ↔ *b.* malade, à ce qu'il dit... aye... aye... / BARTHOLO : Où donc est ce vaurien de La Jeunesse ? / L'ÉVEILLÉ *criant* : La Jeunesse ! La Jeunesse ! aye aye aye. / BARTHOLO : [Purger *C 1, F, F corr. 1, C 2*] [Droguer *corr. interl. F corr. 2*] ce *C 1, F, F corr. 1, C 2, F corr. 2* ↔ *c. Scène VI C 1, F, F corr. 1, C 2, F corr. 2*

1. *Espièglerie* : « Petite malice que fait un enfant vif et éveillé [...]. Il est du style familier » *(Académie)*. L'Éveillé est jeune : Bartholo le qualifie ensuite de « petit garçon ».

2. *Douloir* : « Il est vieux » *(Académie)*.

3. Littré cite cet exemple et commente : « Dimanche se dit quelquefois pour un temps à venir indéterminé surtout en parlant à celui qui fait actuellement ce qu'on ne lui demande pas [...]. » Peut-être vaut-il mieux comprendre « dimanche, qui sera ton jour de repos, où tu ne seras plus de service ».

4. Sur ces éternuements, voir la lettre du 30 septembre 1776 (*Correspondance*, éd. citée, t. II, p. 257) : « M. de Beaumarchais a l'honneur de mander à son ancien ami M. de la Porte qu'il a prié et qu'il prie la Comédie-Française ou de ne point donner le *Barbier* ou de retrancher la scène de l'éternuement, ou d'engager M. Dugazon de ne pas abandonner ce petit rôle qui est gai ou dégoûtant, selon qu'il est bien ou mal rendu. Et M. Dugazon est prié d'arranger les sublimes saillies de ce rôle qui sont les éternuements, de façon qu'on puisse entendre ce que dit le Docteur dans cette scène, parce que ce n'est pas les pires choses qu'on a mises dans sa bouche. »

Page 309.

a. L'ÉVEILLÉ [, *s'endormant add. F corr. 2*] : Est-ce que c'est quelqu'un donc monsieur Figuaro ? Aye, aye... / BARTHOLO, *le frappant* : Tiens [maraud *add. marg. F corr. 2*] avec ton monsieur Figuaro !... / L'ÉVEILLÉ, *faisant un saut de frayeur* : Ah ! bon Dieu ! / BARTHOLO : *C 1, F, F corr. 1, C 2, F corr. 2* ↔ *b.* pour avoir toujours raison. *[8 lignes]* / LA JEUNESSE, *C 1, F, F corr. 1, C 2, F corr. 2* ↔ *c. Cette réplique ne figure pas dans l'édition originale.* ↔ *d. La scène* VIII *des éditions de la pièce était dans les manuscrits la scène* VI *de l'acte I (voir var. b, p. 300). Les scènes* IX *et* X *des éditions ne figuraient pas sur les manuscrits. Elles ont été introduites ultérieurement. La scène* VII *des manuscrits correspond donc à la scène XI des éditions.* ↔ *e.* BARTHOLO, DON BAZILE / BARTHOLO : Ah ! *C 1, F, F corr. 1, C 2, F corr. 2* : BARTHOLO, DON BAZILE, FIGARO [...] / BARTHOLO : Ah ! *orig.* ↔ *f.* presse le moins. Apprenez *C 1, F, F corr. 1, C 2, F corr. 2*

Page 310.

1. *Particulier* : « Il se dit aussi par opposition à personne publique ou d'un rang très élevé » *(Académie)*. Le comte eſt grand d'Espagne.

2. *Bone Deus* : bon Dieu. L'expression *à dire d'experts* eſt glosée très juſtement par Littré : « Sans réserve; locution qui vient de ce que le dire des experts eſt définitif et sans réserve. » *Concedo* (j'admets) appartient au lexique des disputes d'école en latin; Thomas Diafoirus l'emploie avec *diſtinguo* (je fais la diſtinction) et *nego* (je refuse), dans *Le Malade imaginaire* de Molière, acte II, sc. VI.

3. Cette tirade ne se trouve pas dans les deux manuscrits de la Comédie-Française. Elle a été ajoutée, sur une feuille séparée, au manuscrit *F*; voir la Note sur le texte, p. 1302, et var. *a*, p. 311. D'après R. Jasinski (« Sur la tirade de la calomnie [...] », *Revue d'hiſtoire de la philosophie*, Lille, 15 avril 1936), Beaumarchais se souviendrait ici, et du procès Goëzman, et d'une controverse qui s'éleva entre l'avocat Linguet et l'abbé Morellet au début de 1775.

4. À un train d'enfer.

5. *Pianissimo, rinforzando, crescendo* : ces termes devaient surprendre les spectateurs en 1775; si l'on en croit les dictionnaires les plus récents, ils sont ici employés pour la première fois en français, tout au moins dans un texte littéraire. N'oublions pas qu'à l'origine (voir var. *b*, p. 290), Don Bazile eſt un *organiſte et musicien italien*.

Page 311.

a. Et que faire ? *[p. 310, 8ᵉ ligne]* / BAZILE : Vous marier en secret, avant que votre pupille apprenne son arrivée. / BARTHOLO : Eh à qui tient-il, *C 1, F, F corr. 1, C 2* : Et que faire ? / [BAZILE : Vous marier en secret, avant que votre pupille apprenne son arrivée. *biffé*] [BAZILE : Si c'était un particulier *[...]* qui diable y résiſterait ? / BARTHOLO : Vous avez raison. Mais tout cela n'a qu'un temps, Bazile, et la maudite vérité qui se fait jour... / BAZILE : La vérité, docteur ! En êtes-vous donc à savoir que, pour la multitude, la vérité n'eſt jamais ce qui eſt; mais ce qu'on a l'art de lui persuader[1]. / BARTHOLO : *[*Cela eſt bien vrai *biffé] [*Vraiment oui *corr. interl. biffée] [*Mais *corr. interl. biffée]* Cela n'eſt pas sans danger, *[*Bazile, *biffé]* on en revient *[*, Bazile *corr. interl.]* et les auteurs du désordre... / BAZILE : Où sont-ils ? Bonnes gens ? La douce, la profitable phrase, « je l'ai ouï dire », eſt-elle donc bannie de la syntaxe ? Accusez toujours d'avoir mauvais renom celui à qui vous voulez le donner[2] *[*, Docteur *add. interl.]*. C'eſt le plus sûr moyen de nuire et de gagner sans mettre au jeu. C'eſt le superfin de l'art. / BARTHOLO : *[*N'avez-vous jamais vu les gens scrupuleux s'indigner, la victime frappée se relever *corrigé en* Les gens scrupuleux s'in-

1. Ces deux répliques ont été entourées, mais non biffées.

2. « Calomnions d'abord, nous l'accuserons ensuite d'avoir la mauvaise réputation que nous lui aurons donnée » (*Notes et réflexions*, éd. citée, p. 102).

dignent, la victime frappée se relève]... / BAZILE : Eh ! bonhomme à quatre bémols ! Qu'importe, en attendant, si vous avez enlevé le procès, l'emploi, la femme, ou l'argent qu'on vous disputait ! N'est-ce pas là le point, la basse fondamentale de toute votre musique ? / BARTHOLO : Ce que vous me dites [là *biffé*] me décide. Mais gardons ce moyen pour la succession que vous savez. Le loisir nous manque ici. / BAZILE : [En ce cas, *biffé*] épousez donc votre pupille avant qu'elle apprenne l'arrivée du comte Almaviva... *corr.*[1]] / BARTHOLO : Eh à qui tient-il, *F corr. 2*

1. Ce mariage est doublement inégal, et par l'âge, et par la condition, puisque Rosine est de naissance noble.

Page 312.

a. pourtant ce *orig.* ↔ *b. Cette scène porte le numéro VII dans les manuscrits ; voir var. d, p. 309.* ↔ *c.* BARTHOLO, ROSINE / BARTHOLO : Sans doute, signora; protégez-les contre moi ! Ils ne sont pas assez insolents. Je voudrais bien savoir ce que ce barbier avait de si pressé à vous dire ? / ROSINE : [Faut-il parler sérieusement ? *add. interl. F corr. 1*] Il m'a rendu compte *C 1, F, F corr. 1, C 2, F corr. 2* ↔ *d.* m'en faire convenir. / BARTHOLO : C'est ce que nous verrons lorsque je vais vous confronter un témoin irréprochable et tout prêt à déposer contre vous. / ROSINE, *un peu troublée (à part)* : J'étais seule... [*(Haut.)* *C 2*] Qu'il paraisse donc, ce témoin; je suis curieuse de le voir. / BARTHOLO, *lui prenant la main* [*droite C 1, F*] : Le voici, rusée signora ! C'est votre doigt encore tout taché d'encre ! Une femme se croit bien en sûreté parce qu'elle est seule... / ROSINE, *à part* : Maudit homme... [*(Haut.)* *C 2*] Ah ! *C 1, F, F corr. 1, C 2, F corr. 2*

1. Ce terme italien, utilisé à plusieurs reprises, peut surprendre dans la bouche de Bartholo. Le terme espagnol correspondant serait *señora. Signora* correspond à *madame* employé par Figaro (voir acte II, sc. II, p. 303) en s'adressant à la jeune fille noble qu'est Rosine.

Page 313.

a. ROSINE, *à part* : (Oh ! imbécile !) La sixième... / BARTHOLO, *comptant* : Trois, quatre, cinq; je vois bien qu'elle n'y est pas, la sixième. *orig.* ↔ *b.* ROSINE *se retourne en se mordant le doigt (à part)* : *C 1, F, F corr. 1, C 2, F corr. 2* ↔ *c.* bonbons de la *orig.* ↔ *d. Scène VIII* *C 1, F, F corr. 1, C 2, F corr. 2* ↔ *e. et chantant.* / BARTHOLO : *C 1, F*

1. *Témoin* : « Marque, monument, ce qui sert à faire connaître » *(Académie)*.
2. Cet air à la mode ne nous est pas parvenu.

Page 314.

a. LE COMTE, *s'avançant vers Rosine* : Qui *C 1, F* ↔ *b. Scène IX* *C 1, F, F corr. 1, C 2, F corr. 2* ↔ *c.* d'abord à votre signalement. / BARTHOLO : Mon signalement ! *C 1, F. Les deux répliques inter-*

1. Cette correction a été portée sur une feuille séparée.

médiaires ont été ajoutées sur F *corr. 1, entre les lignes, après la censure.* ↔ *d.* faire que votre signalement ? *(Le comte chante.)* Le chef branlant, [...] d'un Algonquin... / La taille lourde et déjetée. / L'épaule droite surmontée, / Le teint grenu d'un marocain, / Le nez fait comme un baldaquin, / La jambe potte et circonflexe, / Le ton bourru, la voix perplexe, / Tous les appétits destructeurs, / Enfin la perle des Docteurs. / BARTHOLO : *C 1, F. Les huit vers qui ne figurent pas dans le texte définitif (depuis* La taille lourde *jusqu'à* la perle des Docteurs*) ont été entourés, mais non biffés, sur F corr. 1. Ils n'ont pas été recopiés sur C 2. Dans Gudin (voir la Note sur le texte, p. 1304), on peut lire les onze vers chantés par le comte, précédés de la mention :* Air : « Ici sont venus en personne » *. Gudin ajoute la note suivante :* Bartholo coupe le signalement à l'endroit qu'il lui plaît.

1. Le mot, en italien, signifie balourd. Voir, de Michel Chilliat, *Les Souffleurs*, acte I, sc. XV (Paris, Barbier, 1696, p. 18) : « Vous êtes un ingrat, un *ballordo*, un paresseux [...] »; Pougin, *Dictionnaire théâtral*, Paris, Firmin-Didot, 1885, art. « Comédie-Italienne », p. 208 : « [...] le docteur bolonais *il dottor Baloardo*. »
2. Le tout accompagné du geste traditionnel qui consiste à porter le doigt à sa bouche. Voir Molière, *Le Tartuffe ou l'Imposteur*, acte I, sc. V, v. 278-279 : « Et je verrais mourir frère, enfants, mère et femme, / Que je m'en soucierais autant que de cela » (*Œuvres complètes*, Bibl. de la Pléiade, t. I, p. 907).
3. Peureux.
4. Beaumarchais écrit *verrons* : « Il se dit proprement de l'œil d'un cheval dont la prunelle est entourée d'un cercle blanchâtre ou de celui qui a un œil d'une façon et un d'une autre. Il se dit aussi quelquefois en parlant des hommes » *(Académie)*.
5. « Les Algonquins habitent dans la Nouvelle-France, le long du fleuve de Saint-Laurent, jusqu'au grand lac des Hurons » *(Trévoux)*.

Page 315.

a. chez un confrère. / BARTHOLO, *s'échauffant* : Chez un confrère ? / LE COMTE : [De la douceur, docteur Porc à *[*l'eau *biffé C 1] [*l'auge *corr. interl. C 1] C 1, F*] [De la douceur, docteur *[*Porc à l'auge *biffé F corr. 1] [*, de la douceur *corr. interl. F corr. 1] F corr. 1, C 2*] [De la douceur, docteur *[*, de la douceur *biffé] [*Porc à l'eau *corr. interl.] F corr. 2*]. / BARTHOLO : *C 1, F, F corr. 1, C 2, F corr. 2* ↔ *b.* ce que je vous dis là ? / BARTHOLO : On voit bien, mon ami, que *C 1, F. Les répliques intermédiaires sont un ajout de F corr. 1 ; elles ont été portées sur un billet collé en marge du manuscrit.* ↔ *c.* qui l'avez dit... Eh bien avec les vôtres il n'y avait qu'à vous laisser encore traiter les nôtres, la cavalerie du roi aurait été bientôt troussée ! / BARTHOLO : *C 1, F, F corr. 1, C 2, F corr. 2. Cette réplique a été censurée, puis rétablie, peut-être par Beaumarchais en vue de la première représentation de la pièce.*

1. « Artisan dont le métier est de ferrer les chevaux et de les traiter quand ils sont malades » *(Académie)*. Vétérinaire n'est qu'adjectif, au XVIIIe siècle.
2. Ce timbre est emprunté au *Déserteur* (1769) de Sedaine.
3. Tous les mots de cette famille sont récents à l'époque de la

pièce : *manipulateur* de 1738, *manipulation* de 1762, *manipuler* de 1765 ; Beaumarchais crée *manipuleur*, qui n'est pas resté. Littré cite ce texte et glose : « [...] se dit avec une idée de mépris de celui qui fait quelque opération avec la main. »

4. Le trait est emprunté textuellement à une petite comédie de Brécourt, *L'Ombre de Molière* (Paris, Barbin, 1674).

Page 316.

a. Scène X C 1, F, F corr. 1, C 2, F corr. 2 ↔ b. un homme qui déraisonne... / LE COMTE : Oh pour cela, vous avez bien raison ; il déraisonne, lui, mais nous sommes bien raisonnables, nous ! C'est différent... Moi poli et vous jolie sont deux qualités qui vont fort bien... Suffit. La vérité, c'est que je ne veux avoir affaire qu'à vous dans *C 1, F* : un homme qui déraisonne... / LE COMTE : Oh pour cela, *[comme dans F]* c'est [que je ne veux avoir affaire qu'à vous *biffé F corr. 1*] [que ce n'est que vous que je reconnais pour ma maîtresse *corr. marg. F corr. 1*] dans *F corr. 1, C 2, F corr. 2 ↔ c.* mon enfant. Je crains seulement que vous ne m'entendiez pas bien ; je ne parle pas tout à fait comme je le voudrais. / BARTHOLO : On le voit de reste. / LE COMTE, *lui montrant une lettre* : Mais s'il y a *C 1, F, F corr. 1, C 2, F corr. 2 ↔ d.* maréchal des logis qu'il devrait savoir que, par ma place de médecin des Hôpitaux[1], je suis *C 1, F, F corr. 1, C 2* : maréchal des logis [qu'il devrait *[comme dans C 2]* Hôpitaux *biffé*] [que depuis mon voyage à Madrid *corr. interl.*], je suis *F corr. 2*

1. D'après le *Journal encyclopédique* (n. 5, p. 267), ce jeu de mots serait emprunté à une pièce jouée en 1716 au Théâtre-Italien : *Arlequin astrologue, enfant, statue et perroquet* ; voir Arnould, ouvr. cité, p. 485.

2. J'ai failli [...].

Page 317.

a. LE COMTE, *à part [p. 316, 2 lignes en bas de page]* : J'ai manqué de me trahir ! Tâchons au moins de l'éloigner. *(Haut.)* Décamper ! Ce mot[-là qui n'est qu' *biffé C 1*] exact à l'armée, docteur, se prend toujours en mauvaise part dans les villes, et si vous êtes exempt de gens de guerre, vous n'êtes pas exempt de politesse, peut-être ? [Décamper ! *add. interl. C 1*] Montrez-moi le brevet de votre place. Quoique *C 1, F* : LE COMTE, *à part* : J'ai [manqué de *biffé F corr. 1*] [pensé *corr. interl. F corr. 1*] me trahir. Tâchons au moins de l'éloigner. *(Haut.)* Décamper ! Ce mot [exact *biffé F corr. 1*] [tout simple *corr. interl. F corr. 1*] à l'armée, docteur, se prend *[comme dans F]* de votre place. Quoique *F corr. 1, C 2* : LE COMTE, *à part* : j'ai pensé me trahir. *[comme dans C 2]* Montrez-moi [le brevet de votre place[2] *corrigé en* votre brevet d'exemption]. Quoique *F corr. 2 ↔ b.* c'est vous ? / LE COMTE : Et nous quitter

1. Une croix en marge de cette réplique, croix répétée plus bas (voir var. *a* et *c*, p. 317), peut indiquer une vérification ayant entraîné la correction opérée sur *F corr. 2*.

2. Une croix, en marge de cette réplique, indique peut-être une nouvelle vérification ; voir var. *d*, p. 316.

[après tout ce que j'ai fait *biffé C 1*] / ROSINE : Il le faut. / LE COMTE : Recevez au moins ma réponse à votre lettre. / ROSINE : Prenez garde, il a les yeux sur nous. / [LE COMTE : *[*Vous *biffé]* sortez votre mouchoir *[*et *biffé]* je la laisserai tomber entre nous deux *add. interl. F corr. 2*] / BARTHOLO : Je savais bien que je l'avais ici. *(Le comte s'approche.)* Doucement *C 1, F, F corr. 1, C 2, F corr. 2* ↔ *c.* entre elle et vous. *(Le comte veut lui baiser la main, elle la retire.)* / BARTHOLO : Passez toujours de ce côté-ci. / LE COMTE : Ah !... vous êtes un peu... là... ce qu'on appelle... méfiant. [*(Il chante.)* / Air : M. l'archevêque de Paris est un grand solitaire. / Quand je rencontre en belle humeur, / Quelque dondon jolie; / J'li fais des es... / J'li fais des es... / J'li fais des espiègleries, / Docteur, / Sans en avoir envie, / Seulement pour rire un moment. *biffé C 1*[1]] / BARTHOLO *lit* : « Charles, par la grâce de Dieu, roi d'Espagne », em..., em... em... ah ! : « sur les bons et fidèles témoignages qui nous ont été rendus de la personne de Claude-Blaise [-Guignolet *add. interl. C 1, biffé F corr. 1*]-Bartholo, de ses sens, capacité... » *(Ils se font des signes pendant ce temps.)* Vous n'écoutez pas ?... / LE COMTE, *il donne un coup* [...] ce verbiage ? / BARTHOLO : Quelle insolence !... [Un brevet du roi[2] ! *add. interl. F corr. 2*] / LE COMTE : [Un brevet du roi ? *add. interl. F corr. 2*] Hé ! je m'en rapporte... On ne loge point de soldats ici ? Bonsoir. / BARTHOLO : *F, C 1, F corr. 1, C 2, F corr. 2, lég. var.* ↔ *d.* pourtant aussi gai. Figurez-vous [*(poussant le docteur)* *add. interl. C 1*] d'abord que l'ennemi est d'un côté [du ravin *add. interl. C 1*] et les amis de l'autre... [ça s'entend *biffé C 1*] [*(Il crache à terre.)* Voilà le ravin, ça s'entend. *(À Rosine.)* Sortez votre mouchoir. *corr. interl. C 1*] / BARTHOLO, *repassant près de Rosine* : Rosine et moi, [nous *C 1*] sommes les ennemis. Allez mettre ailleurs l'armée en présence. / *Rosine tire son mouchoir, C 1, F, F corr. 1, C 2* : pourtant aussi gai. Figurez-vous *[comme dans C 2]* et les amis de [l'autre. *(Il crache à terre.)* Voilà le ravin, ça s'entend. *(À Rosine.)* Sortez *biffé*] [l'autre. *(À Rosine, en lui montrant la lettre.)* Prenez la lettre. / ROSINE : Je n'ose pas. / LE COMTE : *(À Rosine, à part.)* *corr. interl. et marg.*] votre mouchoir. *(Il crache à terre.)* Voilà le ravin [, ça s'entend. *add. interl.*] / BARTHOLO, *repassant [comme dans C 2] Rosine tire son mouchoir, F corr. 2*

1. La plaisanterie est empruntée à *Jean-Bête à la foire*, sc. IX, p. 91 et n. 6.

Page 318.

a. laisse tomber de sa poche ? *[2e ligne de la page]* Vous mériteriez que je le remisse à votre mari pour vous punir de m'avoir refusé votre main à baiser. / BARTHOLO : Donnez, donnez. ... monsieur le soldat. / *Le comte lui baise la main et lui remet la lettre qu'elle cache aussitôt dans son sein*[3]. / BARTHOLO : Comment donc ! Vous lui

1. Bien que biffé sur *C 1*, ce passage figure sur *F*. Lors de la première révision de ce manuscrit *(F corr. 1)*, il a été encadré. Il ne se trouve pas dans *C 2*.
2. Une croix en marge ; voir var. *d*, p. 316 et n. 1 en bas de page 1329.
3. Sur *C 1*, après la lecture du censeur, dont une croix marginale marque l'objection, *qu'elle cache aussitôt dans son sein* a été corrigé en *qu'elle met aussitôt dans sa poche*. Mais la leçon première réapparaît à partir de *F*, pour disparaître définitivement lors de l'impression de la pièce.

baisez la main ! Sortez d'ici, et je vais à l'instant me plaindre à votre capitaine. / LE COMTE : À l'instant ? À mon capitaine ? Supérieurement bien vu, docteur ! Et aussitôt que mon capitaine l'apprendra, soyez sûr qu'il va me rabattre ce [petit *F corr. 2*] baiser-là sur ma paye. / BARTHOLO : Sortez-vous enfin ? / LE COMTE : Adieu, docteur. Sans rancune. Je vous souhaite toutes sortes de prospérités. Je m'en vais à la guerre, moi. Un petit compliment à votre tour, mon cœur. *C 1, F, F corr. 1, C 2, F corr. 2* ↔ *b.* sur la mort... / LE COMTE : N'êtes-vous pas médecin ? Vous *C 1, F, F corr. 1, C 2, F corr. 2* : sur la mort... / LE COMTE : Sur la mort ? N'êtes-vous pas docteur ? Vous *Gudin* ↔ *c. Scène XI C 1, F, F corr. 1, C 2, F corr. 2*

1. En latin, « doucement ».

2. La « petite poche de son tablier »; voir la fin de la scène précédente.

Page 320.

a. Du droit [le plus universellement reconnu, celui *biffé F corr. 1*] [le plus universellement reconnu, celui *add. interl. F corr. 2*[1]] du plus fort. / ROSINE : Vous ne me frapperez pas peut-être ? / BARTHOLO : Je l'aurai de force ou de gré. / ROSINE : On me tuera *C 1, F, F corr. 1, C 2, F corr. 2* ↔ *b.* se trouve mal. / ROSINE : Mon sang bouillonne... une chaleur horrible... *(Elle [[dénoue le ruban de sa pièce d'estomac biffé] [tire son mouchoir de sa poche corr. interl.] C 1] [dénoue le ruban de sa pièce d'estomac F, F corr. 1, C 2, F corr. 2]. La lettre tombe.)* / BARTHOLO : Dieux ! la lettre !... / ROSINE : Je m'affaiblis, *C 1, F, F corr. 1, C 2, F corr. 2* ↔ *c.* L'usage des odeurs... / ROSINE : Mourir victime d'un soupçon... / BARTHOLO : Produit *C 1, F, F corr. 1, C 2, F corr. 2*

1. Souvenir probable de Molière : « La faiblesse humaine est d'avoir / Des curiosités d'apprendre / Ce qu'on ne voudrait pas savoir » (*Amphitryon*, acte II, sc. III, v. 1083-1085; *Œuvres complètes*, éd. citée, t. II, p. 405).

2. L'usage des parfums. *Odeur* : « Quand ce mot est employé au pluriel, seul et sans épithète, il se dit toujours des bonnes odeurs » (Féraud, ouvr. cité).

Page 321.

a. remis la lettre, il sent son tort. Je le tiens à mon tour ! / BARTHOLO : Ma chère Rosine, [...] laissez-moi. / [BARTHOLO : Par amitié. / ROSINE : Vous ne méritez pas le moindre sentiment. *add. marg. C 1*] / BARTHOLO : *C 1, F, F corr. 1, C 2, F corr. 2* ↔ *b.* que cette lettre... / BARTHOLO : Épargne-moi. / ROSINE : ... Ne vient [pas *C 1, F*] [point *F corr. 1, C 2, F corr. 2*] de *C 1, F, F corr. 1, C 2, F corr. 2*

1. C'est ce que nous nommons un alcoolat; on s'en servait principalement contre les évanouissements. Voir *Candide*, chap. VII :

1. Ce passage, que Beaumarchais rétablit, avait sans doute été biffé à la requête du censeur. Voir, à la variante *b* de cette page, un autre exemple de jeu entre Beaumarchais et la censure.

« La vieille les accable d'eaux spiritueuses; ils reprennent leurs sens [...] » (*Romans et contes*, éd. citée, p. 160).

2. « " Aimez-moi, je vous prie ", disait un amant dédaigné [...] " J'y consens, dit la dame, mais plaisez-moi " » (*Notes et réflexions*, éd. citée, p. 31).

Page 322.

a. dans un moment. *[p. 321, 10 lignes en bas de page] / Scène XII /* ROSINE *seule. /* Le voilà parti bien convaincu qu'il s'est trompé. Sa sécurité me donnera peut-être un peu de repos. Lisons cette lettre qui a manqué de me causer tant de chagrin. *(Elle lit.)* [*(Après avoir lu.)* C 2] Ah ! j'ai lu trop tard, [...] laissée échapper. *(Elle lit.)* Em, m, m, « une querelle ouverte avec votre tuteur; et si quelque chose dérangeait le projet que vous venez de lire, je vous demande en grâce une conversation cette nuit à travers votre jalousie »... Hélas, j'y consens, mais comment le lui faire savoir ? En recevant *C 1, F, F corr. 1, C 2* : dans un moment. / [*Scène XII biffé*] / BARTHOLO : Puisque la paix est faite, ma brebis, donne ta [menotte au *biffé*] [pratelote à vieux *corr. interl.*] loulou. [Ah ! *biffé*] Si tu pouvais m'aimer. [Ah ! *add. interl.*] comme [nous serions heureux *biffé*] [tu serais heureuse *corr. interl.*] ! / ROSINE *baissant* [...] que je te plairai. / *Scène XII /* ROSINE [*seule, le regarde avec un soupir add. interl.*] : [Le voilà parti *[comme dans C 2]* un peu de repos *biffé*] [Il me plaira *corr. interl. biffée*] [Ah ! Lindor ! Il dit qu'il me plaira ! *corr. interl.*] Lisons cette lettre [...] laissée échapper ! [*(Elle lit.) [comme dans C 2]* le lui faire savoir *biffé*] En recevant *F corr. 2* : dans un moment. / BARTHOLO : Puisque la paix [...] que je te plairai ! *(Il sort.) / Scène XVI /* ROSINE *le regarde aller* : [...] En recevant *orig.* ↔ *b. Sur F corr. 1,* Bazile *a été corrigé en* Guzman Colmaro *, ici et à chaque fois qu'il était fait mention du personnage, jusqu'à la fin de la pièce. Le censeur a biffé* Guzman Colmaro *, l'allusion à Goëzman, originaire de Colmar, étant trop évidente. Le nom original du personnage,* Bazile *, a été rétabli. Nous ne signalerons plus cette variante.*

Page 323.

a. je vous suis... / LE COMTE : Monsieur, permettez. / BARTHOLO : Quoi permettre ? (Cet homme m'est suspect.) Si vous ne voulez pas absolument que j'y aille, que demandez-vous ici ? / LE COMTE : *C 1, F, F corr. 1, C 2 ; la réplique de Bartholo et celle qui suit sont entourées et biffées sur F corr. 2.* ↔ *b.* prenez les choses... / BARTHOLO : *C 1, F, F corr. 1, C 2 ; les répliques intermédiaires sont une addition marginale de F corr. 2.*

Page 324.

a. sur ce ton, monsieur *[p. 323, 3 lignes en bas de page]*, la voici. *(Il lui remet la lettre de Rosine.) /* BARTHOLO *lit* : [« Depuis que vous m'avez appris votre nom et votre état... » *add. marg. F corr. 1*] Ah ! la perfide ! C'est bien là sa main. Quelle obligation ! mon cher... / LE COMTE : Vous vous moquez ? J'espère, avant peu, vous convaincre que personne ne désire autant que moi le mariage de la Signora. / BARTHOLO : Comment vous marquer ma reconnaissance ? / LE COMTE : Quand tout *C 1, F, F corr. 1, C 2* ↔ *b.* pour demain. / BARTHOLO : C'est ce dont il m'avait flatté ce matin lui-

même. / LE COMTE : Vous voyez si j'impose. Le déménagement du comte nous dérobe sa marche, il faut se presser. / BARTHOLO : Vous avez raison. / LE COMTE : Mon avis eſt que nous venions demain bien accompagnés. Si elle résiſte... *C 1, F, F corr. 1, C 2* ↔ *c.* sur-le-champ... / BARTHOLO : Mon cher ami, que vous avez d'esprit !... Mais *C 1, F, F corr. 1, C 2* : sur-le-champ... / BARTHOLO : De la calomnie [...] la part de Bazile... Car c'eſt en tout son grand moyen. Mais *F corr. 2* ↔ *d.* qui reſte... / BARTHOLO : Attendez. Vous êtes son élève ? / LE COMTE : [C'eſt... *add. interl. C 1*] C'eſt... le nom que j'ai pris pour m'introduire ici. / BARTHOLO : Par conséquent musicien. Je *C 1, F* : qui reſte... / BARTHOLO : Attendez. Vous êtes son élève ? [Par conséquent musicien *add. interl. F corr. 1*] / LE COMTE : C'eſt... c'eſt le nom que j'ai pris pour m'introduire ici. / BARTHOLO : [Par conséquent musicien. *biffé F corr. 1*] Je *F corr. 1, C 2* : qui reſte... / [BARTHOLO : Attendez. *[comme dans C 2]* introduire ici. *biffé*] / BARTHOLO : Je *F corr. 2*

1. « *Être sur les dents* se dit des hommes et des animaux harassés et abattus de lassitude » *(Académie)*.

Page 325.

a. l'impossible pour l'amener. / *Scène III C 1, F, F corr. 1, C 2. Les répliques intermédiaires résultent d'une addition marginale sur F corr. 2.* ↔ *b.* comme un sot... Je vais enfin voir ma Rosine, contiens-toi mon cœur... On dispute [...] de ma ruse. Ah ! Rosine ! ton amant eſt près de toi et ton cœur ne te dit rien !... *(Il retourne écouter.)* La voici; craignons de lui causer trop de surprise en nous montrant d'abord. *C 1, F, F corr. 1, C 2, F corr. 2, lég. var.* ↔ *c.* de nos témoins. / ROSINE : Vous ne faites qu'ajouter à mon éloignement pour lui, tout ce qui me vient de cette part semble me présager mon malheur, et m'eſt odieux. / BARTHOLO : La musique *C 1, F, F corr. 1, C 2, F corr. 2*

1. Ils ont été utilisés déjà, en particulier, dans *Le Malade imaginaire* de Molière (voir acte II, sc. I et II), comme le fait remarquer le *Journal encyclopédique*; voir Arnould, ouvr. cité, p. 485.
2. Un ami serviable; voir n. 3, p. 225.

Page 326.

a. bien aperçu. / ROSINE, *montrant son cœur* [*à Lindor biffé C 1*] [*et regardant le comte corr. interl. C 1*] : Le coup m'a porté au cœur. / BARTHOLO : Je vais chercher un verre d'eau. *(Pendant qu'il va chercher le verre.)* / [ROSINE : Ah ! Lindor ! *add. interl. F corr. 2*] / LE COMTE : Ah ! Rosine ! / ROSINE : [Vous êtes venu fort à propos à mon secours; mais *add. interl. F corr. 2*] J'ai fait ce que vous m'avez prescrit [en réveillant la querelle assoupie *add. interl. F corr. 2*]. Comment revenir actuellement ? / LE COMTE : *C 1, F, F corr. 1, C 2, F corr. 2* ↔ *b.* contrarions *C 1, F, F corr. 1, C 2, F corr. 2, orig.*

Page 327.

a. que ce soir *[3e ligne de la page]* elle m'enchantera [...] de plus nouveau aujourd'hui. *On relève, à partir de ce passage, de profondes différences entre, d'une part, C 1, F, F corr. 1 et C 2, d'autre part, F corr. 2, et enfin, les éditions de la pièce. Beaumarchais a déplacé sur*

F corr. 2 les scènes VI, VII *et* VIII *des états antérieurs, et a ajouté de longs développements qui l'ont conduit à couper artificiellement l'acte III des états antérieurs (voir var. a, p. 330), faisant ainsi de la fin de cet acte un nouvel acte IV, l'acte IV primitif devenant acte V. C'est cette version en 5 actes qui fut suivie lors de la première représentation du « Barbier de Séville » (voir la Notice, p. 1296). Lors de l'impression de la pièce, et dans l'édition que nous reproduisons (voir la Note sur le texte, p. 1304), l'auteur suit le nouvel ordre résultant du déplacement des scènes* VI, VII *et* VIII *des états antérieurs à F corr. 2, et supprime certains passages existant dans ces états, ainsi que l'essentiel des développements ajoutés sur F corr. 2. Nous donnerons dans notre relevé de variantes, en leur lieu, la plupart des fragments supprimés. Nous donnons ici le texte de C 1, F, F corr. 1 et C 2 pour ce passage :* que ce soir elle m'enchantera. / ROSINE : Commençons donc. *(Au comte, à part.)* Je suis au supplice. *(À Bartholo.)* Ah, monsieur, donnez-moi le papier qui est là-dedans sur mon clavecin. *(Il s'en va et revient.)* / BARTHOLO : Seigneur Alonzo, vous êtes plus au fait de ces choses que moi. / *Scène V* / BARTHOLO, ROSINE / ROSINE : Mon Dieu ! Prenez bien garde que vos émissaires même ne restent une minute avec moi. / BARTHOLO : Où vas-tu chercher de pareilles idées ? Je t'assure, ma petite... / *Scène VI* / ROSINE, LE COMTE, BARTHOLO / LE COMTE : Il n'y avait que celui-là sur le pupitre. Est-ce celui que vous demandez, madame ? / ROSINE : Précisément, Seigneur don... / LE COMTE : Alonzo pour vous servir. / ROSINE : Oui, Alonzo; pardon, je ne l'oublierai plus. C'est un morceau très agréable [des *Précautions inutiles corrigé sur C 1 en* de *La Précaution inutile*]. / BARTHOLO : Toujours [*Les Précautions inutiles corrigé sur C 1 en La Précaution inutile*]. / LE COMTE : C'est ce qu'il y a de plus nouveau aujourd'hui[1]. *Nous donnons maintenant le texte de F corr. 2 pour ce passage :* que ce soir elle m'enchantera. / ROSINE : Commençons donc ! *(Au comte, à part.)* Je suis au supplice. [*(À Bartholo.)* Ah, monsieur *[comme dans C 2]* de ces choses que moi. *biffé*] / *Scène V* / BARTHOLO, ROSINE / *[comme dans C 2]* Précisément, Seigneur don... / LE COMTE : [Alonzo *biffé*] [Palézo *corr. interl.*], pour vous servir. / [BARTHOLO : Comment Palézo ! Ce n'est pas le nom que vous m'avez dit. / LE COMTE, *embarrassé* : *[(À part.)* Je suis pris. *(Haut.) add. interl.]* Cela est vrai, monsieur... Mais c'est que... lorsque vous m'avez reçu... vous m'avez reçu... si singulièrement que j'en avais oublié... / BARTHOLO : *[*Jusque *biffé] [*Jusqu'à *corr. interl.]* votre nom ? / LE COMTE : *[*Ah ! *add. interl. biffée]* Point du tout... Mais que... J'avais oublié... *(Rosine lui fait un signe en levant deux doigts)* de vous dire que *[*j'ai deux noms *corrigé en* j'en ai deux*]*. *[*Ce qui, au reste, n'est pas bien important à savoir. *biffé]* / BARTHOLO : Ainsi, vous vous appelez Palézo de... / LE COMTE : Palézo... et l'autre nom que je

1. *C 1, F, F corr. 1* et *C 2* continuent cette scène VI par la réplique de Bartholo « Mais, bachelier [...] » (voir var. *a*, p. 330) et sa ritournelle. Suit la scène VII, qui correspond à la scène V des éditions (p. 330-333) et met aux prises Bartholo et Figuaro ; celui-ci expose ses tribulations d'auteur d'opéras-comiques et chante l'air « J'aime mieux être un bon barbier [...] » (voir var. *b*, p. 332). Les scènes VI et VII des éditions correspondent à la fin de la scène VII des versions premières. La scène VIII de ces versions et la scène VIII des éditions coïncident. La réplique de Rosine « Il est bien poli, messieurs, de parler bas ! Et ma leçon ? » amène son ariette (voir p. 327). C'est sur le bruit de vaisselle cassée que l'ensemble des manuscrits et les éditions se rejoignent (voir var. *a*, p. 334).

vous ai dit. / ROSINE : Seigneur Alonzo, si c'est moi que ce beau mystère regarde, il fallait au moins recommander à mon tuteur [de ne pas me dire votre vrai nom devant moi *corrigé en* de ne pas vous nommer devant moi]. / LE COMTE : En vérité, mademoiselle... [On ne peut pas mieux acquitter une dette *biffé*] [Vous ne devez pas craindre *corr. interl.*]... / BARTHOLO : Ouais ! [Qu'est ceci ! *biffé*] Seigneur Alonzo ou Palézo, comme il vous plaira. Savez-vous bien que vous ne savez plus un mot de ce que vous dites, et que vous rougissez jusqu'aux oreilles [en nous parlant *add. interl.*]; car je m'y connais. / LE COMTE, *prenant le docteur à part* : Vous avez raison, seigneur. En vérité, je rougis. Car je ne puis soutenir un mensonge quelqu'innocent qu'il soit. Mais vous et Bazile en êtes un peu la cause. / BARTHOLO : Moi ? Vous m'expliquerez cela. / LE COMTE [*(À Rosine.)* Pardon, madame, il n'y a rien dans ce secret de contraire à vos intérêts. *biffé*] *(Au docteur.)* C'est que je vous dirai, seigneur, que je ne m'appelle ni Alonzo ni Palézo. / BARTHOLO : Est-ce que vous me prenez pour une [grue *biffé*] [buse *corr. interl.*] ? Je l'ai bien vu. / LE COMTE : Lorsque Bazile m'a prié de vous apporter la lettre en question... / BARTHOLO, *l'attirant plus loin* : Parlez bas. / LE COMTE : Il m'a dit : « Pour vous introduire en sûreté chez le docteur, prenez le nom d'Alonzo. » Je l'ai pris; mais comme on oublie aisément ce qui est supposé, j'ai dit [après *biffé*] [ensuite à la signora *corr. interl.*] le premier nom qui m'est venu à la bouche. Et votre remarque (judicieuse en un sens, mais, permettez-moi de vous le dire, indiscrète dans un autre) m'a tellement embarrassé... / BARTHOLO : J'entends, j'entends, c'est moi qui ai tort. / LE COMTE : Parce que j'ai cru notre secret éventé. / BARTHOLO : C'est moi qui ai tort. / LE COMTE : Car mon véritable nom est don Antonio, Casca de Los Rios, y Fuentes, y Maré [y Autras Aguas *biffé*]. / BARTHOLO : C'est moi qui ai tort. / LE COMTE : [De Casca de Los Rios *biffé*] [Dont *corr. interl.*] on a fait par abréviation Cascario. / BARTHOLO : Cascario ? C'est assez. C'est moi qui ai tort. / LE COMTE, *à part* : Je [ne l' *biffé*] n'oublierai pas celui-ci, c'est le nom de mon valet de chambre. / BARTHOLO, *à Rosine, haut* : En vérité, ma brebis, [c'est moi qui *biffé*] j'ai tort. Le plus grand tort. Des raisons importantes [ont *biffé*] [avaient *corr. interl.*] forcé le [seigneur *biffé*] [bachelier *corr. interl.*] de cacher ici son vrai nom et moi sottement... / ROSINE : Le nom de monsieur est indifférent, pourvu que ma leçon n'en souffre pas. / BARTHOLO : Sa réflexion est juste. Allons, bachelier. / ROSINE *(montrant son papier de musique) add.*[1]] Ceci est un morceau très agréable [...] de plus nouveau aujourd'hui.

1. L'ariette est en effet dans le style de la séguedille dont Beaumarchais envoie les paroles à son père dans sa lettre du 28 janvier 1765; voir la *Correspondance*, éd. citée, t. I, p. 145-147; Beaumarchais dit des séguedilles que ce sont « des vaudevilles très jolis mais dont les paroles ordinairement ne valent pas le diable ».

Page 329.

1. On disait indifféremment, au XVIIIe siècle, *je vais* ou *je vas*. *Toupiller*, c'est « tournoyer comme une toupie. Il n'est d'usage

1. Cette addition a été portée sur deux feuillets séparés.

qu'en parlant des personnes pour ne faire qu'aller et venir sans savoir pourquoi [...]. Il eѕt familier » *(Académie)*.

Page 330.

a. Filons le temps [adroitement *biffé*]. *(Haut.)* Et le beau récitatif [obligé *add. interl.*] qui [le *biffé*] suit, le dites-vous aussi, madame ? / ROSINE : Oui; mais c'est au clavecin qu'il faut l'exercer; à cause des [ritournelles fréquentes qui le coupent *corrigé en* fréquentes ritournelles]. / BARTHOLO : Ha ! Passons au clavecin; car il n'y a rien dans le monde d'aussi important que les ritournelles. / ROSINE *(se lève et va à lui [légèrement biffé] [d'un air caressant corr. interl.])* : Restez dans votre fauteuil, [monsieur *biffé*], vous êtes fatigué. / BARTHOLO : Oh que non. / ROSINE : Vous entendrez [aussi bien *biffé*] d'ici, la porte ouverte... / BARTHOLO : Quelle différence ! / ROSINE : Ce cabinet est si petit... / BARTHOLO : Qu'est-ce que cela fait ? / ROSINE : On ne peut y placer aucun siège. / BARTHOLO : Eh tant mieux. Je resterai debout. Ça fera que je ne dormirai point, et que je ne perdrai rien, ni du morceau charmant, ni des ritournelles. / *(Rosine porte son siège légèrement auprès de la table et revient en courant. Le comte lui présente la main.)* / BARTHOLO : La main à une jeune fille aussi alerte, [c'est un mauvais usage français. *biffé*] [c'est se moquer ! Ce ridicule usage nous vient encore de France. On donne la main aux jeunes et [les vieillards *biffé*] [la vieillesse *corr. interl.*] reste[nt *biffé*] là. *corr. interl.*] [Donnez, donnez-la-moi, votre main. *biffé*] [Mais puisque vous êtes si obligeant. *corr. interl.*] *(Il s'appuie sur le bras du comte et marche.)* / LE COMTE *(en le quittant brusquement)* : Eh, monsieur ! Nous oublions le pied de madame qui lui a tourné. *(Il donne la main à Rosine qui commence à marcher en boitant.)* / BARTHOLO *(les regarde aller et venir)* : Bah ! ah, ah ! Elle ne s'en souvenait plus [elle-même *biffé*]; elle courait, vous lui rappelez son mal, à l'instant elle boite. Ce que c'est que l'imagination ! Je l'ai toujours dit à mes confrères : guérissez l'imagination; les trois quarts de nos maux sont là. Ah ah ah ah ! J'ai manqué de tomber moi, avec son attention... / FIN DU TROISIÈME ACTE / *Acte IV* / *Scène première* / BARTHOLO, ROSINE, LE COMTE *(Ils rentrent comme ils sont sortis.)* / BARTHOLO : Je n'en ai pas perdu une syllabe; il est très beau; mais elle a raison. [Il fait une chaleur horrible *biffé*] [On étouffe *corr. interl.*] dans le cabinet. [Demain *corr. interl.*] je fais remettre [demain *biffé*] son clavecin dans ce salon. / ROSINE, *bas, au comte* : Et Figuaro ? / LE COMTE, *bas* : Le misérable ! / ROSINE : Qui peut donc le retenir ? / BARTHOLO : Ce qui peut le retenir ? / ROSINE, *bas, avec effroi* : Il m'a entendue. / BARTHOLO : Ce qui peut le retenir, c'est un effet de ma prévoyance ordinaire : ce sont de bonnes vis, mademoiselle, que j'ai fait [visser dans le dos et sceller dans le mur *biffé*] [passer à travers ses pieds et tarauder long de cela dans le parquet *corr. interl.*] pour empêcher qu'il ne puisse aller et venir [et se discorder *biffé*], car donner [un *biffé*] dix réaux toutes les semaines pour entendre un maudit facteur [accorder *biffé*] [remplumer *corr. interl. biffée*] [accorder *corr. interl.*] un clavecin et vous sonner trois heures de suite aux oreilles, glin, glan, glon, glon, c'est à en avaler sa langue d'ennui. / LE COMTE : Je respire. / BARTHOLO : Mais, bachelier, *F corr. 2. Pour les états antérieurs, voir la note 1 en bas de page 1334. Beaumarchais n'a pas modifié la numérotation des scènes suivantes, comme aurait dû l'exiger le découpage de l'ancien acte III.* ↔ *b.* savais autrefois... *[8e ligne de la page]* Par exemple... *(Pendant la ritournelle, il chante en se grattant la tête.)* / Veux-tu, ma Rosinette [...] Les plus beaux chats sont gris[1]. / *(Il répète la reprise en dansant. Le comte imite ses mouvements.)* / *Scène VII* / FIGUARO, LES ACTEURS PRÉCÉDENTS / BARTHOLO, *au comte, en riant* : Il y a Fanchonnette [...] Ah, ah, ah! Charmant! Charmant! / FIGUARO, *à part* : Qu'est ceci. L'amant danse et rit avec le tuteur ? Il en sait plus que je ne croyais !... / BARTHOLO, *apercevant* *C 1, F, F corr. 1, C 2, lég. var.* : savais autrefois... Par exemple *[comme dans C 2]* imite ses mouvements. / [*Scène VII* / FIGUARO, LES ACTEURS PRÉCÉDENTS / BARTHOLO, *au comte en riant* *biffé*] Il y a Fanchonnette [...] Ah, ah, ah! Tout au mieux. / [*Scène VII* / FIGUARO, LES ACTEURS PRÉCÉDENTS / BARTHOLO *recommence* : Veux-tu, ma Rosinette, etc. *corr. marg.*] / FIGUARO, *à part* : Qu'est ceci ? L'amant danse et rit avec le tuteur ? Il en sait plus que je ne croyais !... / BARTHOLO, *apercevant* *F corr. 2*

1. Gagnons du temps.

2. Tircis est le nom traditionnel du berger amoureux dans les églogues et les pastorales. Voir La Fontaine, *Fables*, VIII, XIII, « Tircis et Amarante »; et X, X, « Le Berger et le Roi ».

Page 331.

a. FIGUARO *salue* : Monsieur ? [Il est vrai que ma mère me l'a dit autrefois, mais je suis un peu changé depuis ce temps-là. *add. interl. F corr. 2*] *(À part au comte.)* Bravo, monseigneur. / BARTHOLO : *C 1, F, F corr. 1, C 2, F corr. 2* ↔ *b.* toute ma maison. *[9e ligne de la page]* / FIGUARO : Monsieur, il n'est pas tous les jours fête; mais Monsieur a pu voir que, lorsqu'ils en ont besoin, mon zèle n'attend pas qu'on lui commande. / BARTHOLO : Votre zèle n'attend pas ! Vous feriez mieux, monsieur le zélé, de me payer mes cent écus et les intérêts ! / FIGUARO : Doutez-vous *C 1, F, F corr. 1, C 2* : toute ma maison. / FIGUARO : [Monsieur, il n'est pas *[comme dans C 2]* et les intérêts ! *biffé*] [Monsieur, il n'est pas tous les jours fête. Mais Monsieur a pu voir *[...]* si je voulais *[19 lignes en bas de page]* y entendre. Et sans mon ordonnance ! / FIGUARO : Sans votre ?... Eh que non *[, monsieur* *biffé]*, je ne commets pas de ces fautes grossières. Je connais trop bien la subordination... / BARTHOLO : Vous avez *[, dites-vous,* *biffé]* mon ordonnance ? / FIGUARO : Et en bonne forme encore... *(Il lit.)* Il est ordonné au barbier Figuaro de faire prendre au nommé Antiochus, Herodes, Mathusalem, La Jeunesse... / BARTHOLO : Mathusalem, La Jeunesse ! J'ai mis cela ! moi ! / FIGUARO : Dès que c'est son nom. *(Il lit.)* *[*Mathusalem La Jeunesse un sternutatoire un peu ferme pour lui retimbrer l'oreille, déglutiner le nez, expulser du cerveau les eaux. / *[[*BARTHOLO : Quel style ! *add. marg.]]* *biffé]* / *[*BARTHOLO : Voyons, beau raisonneur. *corr. interl.]* / FIGUARO: Plus au chirurgien Figuaro est ordonné de phlébothomiser *[*pédestrement dextrement... / BARTHOLO : Qu'est-ce à dire ? / FIGUARO :

1. Tout ce passage, depuis *Par exemple*, a été biffé sur *C 1*, peut-être à la suite d'une observation du censeur, marquée par une croix marginale. Il figure néanmoins sur *F*.

Saigner du pied droit, cela s'entend. *(Il lit.) biffé]* la nommée [Barbe, Salomé, *biffé]* Ruth, Agar Marceline. / BARTHOLO : Est-ce qu'on [saigne *biffé]* [va saignant *corr. interl.]* ainsi, légèrement ?... / FIGUARO : Il est vrai que la mode en passe; mais les femmes ! monsieur ! Elles savent de reste combien la lancette est [favora<ble> *biffé]* l'amie de la peau. [Et que ce n'est pas la partie rouge du sang qui rend blanche, que c'est la lymphe. *biffé]* / [BARTHOLO *add. interl.] (Il lit.)* : Plus à l'apothicaire Figuaro est ordonné d'administrer avec zèle au nommé... [au nommé Jacob Jérémie Nicaise L'Éveillé des pilules somnifères. / BARTHOLO : *biffé]* / Avec zèle ! Est-ce par zèle aussi [...] l'empêchera d'y voir. La pauvre bête ! [Elle fait peine à voir, en vérité. *biffé]* [Elle fait peine. *corr. interl.]* Elle a la prunelle comme le blanc de vos yeux. Mais vous autres, médecins, [en vérité *biffé]* [en vérité *corr. interl.]*, vous n'avez non plus de pitié des animaux... que si c'était des hommes. / BARTHOLO *[(lui arrache l'ordonnance et lit)* : Plus au pharmacien vétérinaire Figuaro est ordonné d'appliquer un cataplasme émoliant à la nommée Castagna peteradda... / FIGUARO : C'est la mule de Monsieur. *biffé]* Ce drôle a l'art d'épuiser en vous parlant [un quart d'heure *add. interl.]* les mille et une injures qui peuvent offenser les gens qui l'entretiennent. *(Il lit.)* Plus au pharmacien vétérinaire Figuaro... [/ BARTHOLO : ainsi vulgairement nommée de sa couleur châtaigne et d'une affection venteuse... / FIGUARO : Au gros intestin. *biffé]* / BARTHOLO : M. le barbier, le chirurgien, l'apothicaire, le vétérinaire Figuaro ? / FIGUARO : Qu'y a-t-il pour le service de Monsieur ? / BARTHOLO : Vous êtes le plus [grand roué *biffé]* impudent pendard... / FIGUARO : Monsieur. / BARTHOLO : Le plus grand roué... / FIGUARO : Vous n'y pensez pas, monsieur. / BARTHOLO : J'y pense beaucoup, monsieur. Et ma signature [à cette ordonnance *biffé]*, où est-elle ? / FIGUARO : J'espère bien que Monsieur va la mettre au bas. *(Il tire son écritoire.)* [J'ai sur moi tout exprès la plume et l'encre. *biffé]* On n'a pas toujours Monsieur sous la main. Mais je n'en fais pas moins la besogne, et quand je puis [l' *biffé]* attraper [Monsieur *corr. interl.]*, il signe l'ordonnance. [Cela fait que *biffé]* les malades [pressés *biffé]* n'attendent point; que l'honoraire de Monsieur est également assuré; la subordination conservée... [Je m'en rapporte à votre confrère qui est là les bras croisés. *biffé]* [On fait comme on peut [[, dame *biffé]]*, mettez-vous à ma place. *corr. interl.]* / BARTHOLO : Me mettre à votre place, parbleu, je dirais de belles sottises. / FIGUARO : [Eh mais *biffé]* vous ne commencez pas mal. Je m'en rapporte à Monsieur votre confrère qui est là les bras croisés... / LE COMTE *(revenant à lui)* : Je... ne suis pas le confrère de Monsieur. / FIGUARO : [Ah ! Pardon. *biffé]* [Non ? *corr. interl.]* Vous voyant ici à consulter, j'ai pensé que vous poursuiviez le même objet[1]. / LE COMTE : Je suis musicien. / FIGUARO : Musicien ! [Eh bien *biffé]* Je n'en étais pas aussi loin [que vous dites *add. interl.]*. Poètes, musiciens, [jongleurs *biffé]* [jongleurs *corr. marg.]*, médecins et autres arts trompeurs; même utilité, mêmes gens, même famille; Esculape était fils d'Apollon. / BARTHOLO : La peste ! Que vous en savez long ! / FIGUARO : Vlà

1. Ces cinq répliques, depuis « On fait comme on peut », ont été utilisées dans l'édition (voir p. 332).

quelque chose de beau ! Monsieur, et Mars qui caressait Vénus sous les yeux de Vulcain; et Jupiter qui enleva la nymphe Io. *[*/ BARTHOLO : Il ne sait ce qu'il dit, bachelier. Jamais Jupiter n'enleva cette Io. / LE COMTE : Jamais. / FIGUARO : S'il ne l'enleva pas, monsieur l'abbé, au moins pensait-il à ses affaires, et *biffé]*, pendant que Mercure aveuglait Argus... *[*Oh *biffé] [*Mais *corr. interl.]* que les amants sont *[*sots ! *biffé]* gauches ! / BARTHOLO : De quels amants, s'il vous plaît, parlez-vous ? / FIGUARO : Eh... Parbleu monsieur... de ce benêt de Jupiter. Lorsqu'il eut changé sa nymphe en génisse, et que Junon pour se venger *[*lui faisait courir le monde à pattes *biffé] [*la fit trotter par le monde à pattes *corr. interl.]*, au lieu de rester dans l'Olympe à *[*se lamenter comme un dadais *biffé] [*pleurer comme un veau *corr. interl.]*, qui l'empêchait, lui, de se changer en taureau, et de courir après. N'était-ce pas plutôt là le cas *[*de ce déguisement *biffé]* que lorsqu'il enlevait Europe ? Il faut de la convenance en tout. Vous verrez dans peu, *[*Messieurs, *add. interl.]* mon petit commentaire *[*historique et critique *add. interl.]* sur Ovide. / BARTHOLO : Eh, mais qu'est-ce que tout cela me fait à moi ? Jupiter, *[*Junon *biffé] [*Esculape, Vénus *corr. interl.]*, la vache Io. Vous feriez bien mieux, monsieur le commentateur d'Ovide, de vous appliquer à faire de bonnes barbes que de méchants commentaires sur pareilles sottises; et surtout vous feriez fort bien de me payer mes cent écus et les intérêts *[*sans lanterner *add. interl.]*. Je vous en avertis, car je ne vous changerai pas en vache pour me venger, ni moi en taureau pour courir après mon argent; mais comme il faut de la convenance en tout, je vous envoie un beau matin au chant du coq un bel et bon huissier de Dieu, et ses recors, pour exploiter *[*votre lit encore chaud. *biffé] [*vos meubles, monsieur le savant. *corr. interl.]* Et vous verrez aussi dans peu mon petit commentaire *[*juridique et pratique *add. interl.]* à moi sur mes cent écus. *corr.*[1]] / FIGUARO : [Eh bien après ? *biffé*] [Pourquoi donc tant de menaces ? *corr. interl.* Doutez-vous *F corr. 2*

1. Sur cette réplique, voir la *Lettre modérée [...]*, p. 279 et n. 3.
2. *Entendre* : « Donner son consentement. Il n'y veut point entendre » *(Académie)*.
3. Sur ma note. On appelait d'ailleurs *mémoire d'apothicaire* « un mémoire dont les parties sont enflées » *(Académie 1798)*.
4. Voir Rabelais, *Tiers livre*, chap. II : « Qui scayt si le monde durera encores troys ans »; citation utilisée dans *Notes et réflexions*, éd. citée, p. 169, à la fin d'une réplique attribuée à Gilles.
5. Voir acte II, sc. IV, p. 306 et n. 3.
6. Voir acte II, sc. XI, p. 313.

Page 332.

a. il vous plaira, monsieur ! / [BARTHOLO : Vous vous mêlez de *[*bien des *biffé] [*trop de *corr. interl.]* choses, monsieur. / FIGUARO : Que vous en chaut, si je m'en démêle *[*, monsieur *biffé]*. / BARTHOLO : Et tout ceci pourrait *[*bien *biffé]* mal finir *[*, monsieur *biffé]*. / FIGUARO : Oui, pour ceux qui menacent *[*les autres *add. interl.] [*, monsieur *biffé]*. *add. marg. F corr. 2*] Vous le

1. Cette correction a été portée sur des feuillets séparés.

prenez de bien haut, [monsieur *C 1, F, F corr. 1, C 2*] [mons[1] Figuaro *F corr. 2*]. Mais quand *C 1, F, F corr. 1, C 2, F corr. 2 ++ b.* changer de profession. *[14 lignes en bas de page]* / FIGUARO *fait des signaux de la main par-derrière au comte* : Ah ! bien ! tenez, messieurs, puisque nous sommes sur ce chapitre, je vous dirai la réponse que je faisais à un homme de ma profession, sur pareille apostrophe, dans un opéra-comique de ma façon qui n'a eu qu'un quart de chute à Madrid. / LE COMTE : Qu'entendez-vous par un quart de chute ? / FIGUARO *faisant des signaux de la main au comte* : Monsieur, c'est que je n'ai tombé que devant le sénat comique du scénario[2], ils m'ont épargné la chute entière en refusant de me jouer. Ah ! si j'avais là mon musicien, mon chanteur, mon orchestre, mes cors de chasse, mon fifre et mes timbales; car je ne puis chanter à moins d'un train du diable à mes trousses ! N'importe, je vais vous lire le morceau. *(Il tire un grand papier au dos duquel sont écrits en gros caractères ces mots :* DEMANDEZ TOUT BAS OÙ IL SERRE LA CLEF DE LA JALOUSIE, *et, pendant qu'il débite l'ariette, il tient le papier de façon que le public et le comte peuvent lire le verso.)* C'est une ariette de bravoure, majestueusement[3] : / [*(Il récite.)* / *C 2*] « J'aime mieux être un bon barbier / Traînant ma poudreuse mandille[4] ! / Tout bon auteur de son métier / Est souvent forcé de piller, / Grapiller, / Houspiller ! » / Un grand coup d'orchestre, Brouuum. / « Il vous pille / Chez ses devanciers, les auteurs ! » / Turelu, turelu, les flûtes : Brouuum... / « Il grapille / Dans la bourse des amateurs ! » / Tirelan, tirelan, tam, tam, les hautbois. / « Il houspille / Hélas ! à regret, le public / Quand il le rassemble en picnic[5] / Pour écouter sa triste affaire. » / Ah ! que c'est bien dit : « sa triste affaire »; ici, vous entendez, messieurs, « public, picnic » ! pou, pou, pou, les bassons; reprise vivement... [gros violons, moyens violons, petits violons, cors, cornillons, cornets, tambours, tambourins, quintons, flutets, flageolets, galoubets et autres siffleurs de même farine. *C 1*] [grande ritournelle. / BARTHOLO : Les ritournelles ! / FIGUARO : Petits violons, moyens violons, gros violons. Quintes, quintons, cors, cornillons, cornets, clarins, clarinets. Basses, bassons, bassets, tambours, tabourins, tabourets[6], flatons, flutets, *[*fifres *biffé] [*flageolets *corr. interl.]*, galoubets, sifflets *[*et tout ce qu'il y a de plus aigu *add. interl. biffée]* et autres joueurs de même farine. *add. marg. F corr. 2*] / « Sa triste affaire[7] », nous avons dit. / Reprise / D'abord il a fallu la faire, / Souvent ensuite la défaire, / Au gré des acteurs la refaire, / En en

1. Voir n. 2, p. 147.
2. Le comité de lecture qui donne son avis sur l'intrigue des comédies.
3. On disait au XVIIIe siècle, comme de nos jours, air ou morceau de bravoure. *Ariette* contraste plaisamment avec *majestueusement*.
4. *Mandille* : « [...] sorte de casaque que les laquais portaient autrefois » *(Académie)*.
5. *Pique-nique* : « Repas de deux ou plusieurs personnes où chaque personne paye son écot » *(Académie)*.
6. L'énumération de ces instruments est burlesque. Si les *quintes* sont des « espèces de violon plus grands que les autres », *quintons, cornillons, clarins, clarinets, flatons, flutets* semblent bien être des mots inventés. Les mots *bassets* et *tabourets* ont le sens que nous leur donnons. *Tabourin* est une forme ancienne de *tambourin*. *Galoubet* est emprunté au provençal.
7. Dans *F, F corr. 1* et *C 2*, l'enchaînement est le suivant : *reprise vivement... / « Sa triste affaire »*.

parlant n'oser surfaire, / Presque toujours se contrefaire, / Et n'obtenir pour tout salaire / Que les brouhahas du parterre, / La critique du monde entier, / Enfin, pour coup de pied dernier, / La ruade folliculaire[1] ! / Ah ! quel triste, quel sot métier ! / J'aime mieux être un bon barbier / J'aime mieux être un bon barbier / Un bon barbier / bier / bier. / BARTHOLO : Assurément, voilà une belle poussée ! [bier, bier ! On n'est pas de cette extravagance-là. / FIGUARO : J'use du temps qui court pour m'amuser. Qui sait si le monde durera encore [six mois *biffé F corr. 1*] [trois semaines *corr. interl. F corr. 1*] ? Il peut venir une comète de la voie lactée... *F corr. 1, C 2, F corr. 2*] / LE COMTE, *bas, à Rosine* : Vous avez lu le papier ? / ROSINE, *bas* : [Oui, à sa ceinture. *C 1, F*] [Oui, la clef est à sa ceinture. *F corr. 1, C 2, F corr. 2*] / FIGUARO : Une telle ariette n'avoir pas été exécutée par le grand virtuose ! Y eut-il jamais un pareil revers ? *(Il montre au comte le dos du papier.)* / LE COMTE : Je conçois qu'on s'en occupe. Mais ne seriez-vous pas celui qu'on nomme ici le Barbier de Séville par excellence ? / FIGUARO : Monsieur [l'abbé *add. interl. F corr. 1*], Excellence vous-même. / LE COMTE : Auteur d'un couplet mis au bas du portrait d'une [très belle dame habillée en sœur tourière *corrigé sur F corr. 1 en* très belle dame en habit de tourière] ? / FIGUARO *(cherchant à comprendre)* : [Il se peut... monsieur... *C 1, F, F corr. 1, C 2*] [[Il se peut... monsieur... *biffé*] [Pour montrer qu'elle sait plus d'un tour ? *corr. interl. biffée*] [Il se peut bien, monsieur. *corr. interl.*] *F corr. 2*] / LE COMTE, *à Bartholo* : Les vers ne sont pas mal faits, quoique sur un air commun [*(À part.)* Moi qui allais chanter. *(Il débite.)* *C 1, F*] [*(Il chante.)* *(Air « Robin turelure ».)* *F corr. 1, C 2, F corr. 2*] / Pour irriter nos désirs, / [Sœur Vénus[2], dessous la bure *corrigé sur F corr. 1 en* Bartholina... sous la bure] / Tient la clef de nos plaisirs. / FIGUARO : Turelure. / LE COMTE : Attachée à sa ceinture. / FIGUARO : Robinturelurerelure ! / ROSINE : Il est très joli. / BARTHOLO : Plein de sel et de délicatesse... / FIGUARO : Il n'est pas de moi. Je connais l'auteur, charmant ! [Vénus *biffé F corr. 1*] [Bartholina *corr. interl. F corr. 1*] ! Sa ceinture ! La clef ! Moi, je vois le trousseau... Charmant ! Un pareil ouvrage n'est pas facile à faire. / BARTHOLO : Non, je vous assure. Voilà comme j'aime une chanson, où l'on détourne agréablement [l'esprit *add. interl. F corr. 2*]... *(À Figuaro qui tient le papier de son ariette à moitié roulé.)* Qu'est-ce qu'il y a donc imprimé derrière votre papier ? / LE COMTE, *à part* : Ô étourdi ! / ROSINE, *à part* : Tout est perdu ! / FIGUARO, *roulant vite le papier* : Monsieur, c'est... une affiche de spectacle sur le verso de laquelle nous autres pauvres poètes écrivons... souvent... / BARTHOLO : ... « De la jalousie », j'ai lu ? / FIGUARO : Oui, *Les Dangers de la jalousie*, voilà ce que c'est. / BARTHOLO *veut prendre le papier* : Les journaux n'en ont point parlé ! / FIGUARO, *serrant le papier* : N'en ont point parlé... ! Eh mon Dieu, monsieur, si les journaux n'étaient point une forte branche de commerce, et qui fait fleurir les manufactures

1. *Folliculaire* : « [...] qui publie des feuilles périodiques » (*Académie 1798* ; le mot n'est pas dans l'édition de 1762 et n'est plus dans celle de 1835). Voir von Proschwitz, *Introduction [...]*, éd. citée, p. 115-117.

2. Allusion évidente au livre galant *Vénus dans le cloître ou la Religieuse en chemise* ; voir *Léandre marchand d'agnus, médecin et bouquetière*, p. 53 et n. 1.

d'encre et de papier marbré, les journaliers feraient peut-être aussi bien... / BARTHOLO : Les journaliers ! Cet homme veut écrire, et ne sait pas seulement parler sa langue. Enfin, quel sujet vous amenait ici ? Journalier[1] ! Y a-t-il quelque chose à remettre *C 1, F, F corr. 1, C 2, F corr. 2, lég. var.*

1. « Quand je dispute avec un obstiné, je ne lui cède jamais. — Et moi je lui cède toujours. Adieu » (*Notes et réflexions*, éd. citée, p. 105).

Page 333.

a. que je me retire ? *[p. 332, 2 lignes en bas de page]* / FIGUARO : Eh ! parbleu, monsieur, [...] votre jour ? *(Au comte.)* Que les Brouhahas, brouhaha, ha ha ha ha a a a du parterre... un morceau superbe, en vérité, ce n'est pas pour me vanter. / BARTHOLO : En voilà assez. Vous *C 1, F, F corr. 1, C 2, F corr. 2* ↔ *b.* qu'on ne me rase ici ? / ROSINE : Pourquoi donc chez moi ? / BARTHOLO : Pour ne pas perdre un instant le plaisir de t'entendre, mon minet. / FIGUARO, *à part* : On ne l'en tirera pas... Allons, *C 1, F, F corr. 1, C 2, F corr. 2* ↔ *c.* Non, non, j'y vais moi-même. *[13 lignes en bas de page] (Il s'en va.)* [*(Au comte, bas.)* Ayez les yeux sur eux, je vous prie. *add. F corr. 2*] / FIGUARO : Ah ! Que nous l'avons manqué belle ! La clef de la jalousie n'est-elle pas dans le trousseau ? / ROSINE : C'est la plus neuve de toutes. / BARTHOLO *C 1, F, F corr. 1, C 2, F corr. 2 ; pour l'articulation des scènes, voir var. a, p. 327 et la note 1 en bas de page 1334.*

1. Qu'est-ce qui empêche [...] ?
2. Par votre faute et comme vous les avez rendus.

Page 334.

a. le plus fort est fait. / ROSINE : Il est bien poli, messieurs, de parler bas ! Et ma leçon ? / *(Ici l'on entend un bruit, comme de la vaisselle renversée.)* *C 1, F, F corr. 1, C 2* : le plus fort est fait. / BARTHOLO : Tout considéré, j'ai pensé [...] Et ma leçon ? / BARTHOLO : Est-ce que tu veux étudier tout le jour ? / *(Ici l'on entend un bruit, comme de la vaisselle renversée.)* *F corr. 2* ↔ *b.* alliez *Gudin*

1. La complicité.

Page 335.

a. l'esclavage où vous allez tomber. Je puis monter à votre jalousie. / ROSINE : Ah ! Lindor ! / *Scène X* / BARTHOLO, ROSINE, LE COMTE / BARTHOLO, *revenant* : Venez avec moi, seigneur Alonzo, si ce malheureux s'est blessé, je ne serai pas assez fort tout seul. / *Scène XI* / ROSINE, *seule* : Nous avons beau faire, il prévoit et devine tout; je n'ai jamais aussi vivement senti le malheur de ma situation. / *Scène XII* / BARTHOLO, FIGUARO, LE COMTE, ROSINE / BARTHOLO : Je ne m'étais pas trompé; mon coquemard[2] et mon beau bassin

1. Pour *journalistes ; journalier* ayant le même sens que de nos jours, Bartholo relève cette impropriété.

2. « *Coquemar* : [...] Espèce de pot de terre vernissé, ou de cuivre, ou d'étain, ou d'argent, ayant une anse, et servant ordinairement à faire bouillir ou chauffer de l'eau, de la tisane, et autres choses semblables » *(Académie)*.

d'argent sont dans un joli état ! / FIGUARO : Voyez le gros malheur pour tant de train. Que diriez-vous donc si l'on vous enlevait votre bien ou votre femme ? / BARTHOLO *se retourne* : Ma femme ! / FIGUARO : On *C 1, F, F corr. 1, C 2, F corr. 2. La scène XII des manuscrits correspond à la scène X des éditions, la scène XIII des manuscrits à la scène XI des éditions, et ainsi de suite jusqu'à la fin de l'acte.* ↔ *b.* Chienne de pratique ! / LE COMTE : Il a raison, ce barbier. Permettez, seigneur... / D. BAZILE *C 1, F, F corr. 1, C 2* : Chienne de pratique ! / LE COMTE : [Il a raison, ce barbier. Permettez, seigneur... *biffé*] [Il oublie *[*aussi *biffé]* *[*lui-même *corr. interl.]* le *[*faux *biffé]* nom qu'il m'a fait prendre. *corr. interl.*] / D. BAZILE, *F corr. 2*

Page 336.

a. Ah ! ah ! / LE COMTE, *haut* : Avez-vous craint que je ne misse pas assez de zèle pour votre écolière ? Certes, c'est en montrer beaucoup... / [BAZILE, *au dernier étonnement* : Oui, c'est en montrer... *add. interl. F corr. 1*] / BARTHOLO : En vérité, don Bazile, *C 1, F, F corr. 1, C 2, F corr. 2* ↔ *b.* vous l'a dit ? / [BARTHOLO : C'est lui, apparemment. *add. interl. F corr. 2*] / LE COMTE, *C 1, F, F corr. 1, C 2, F corr. 2* ↔ *c.* seulement. / [BAZILE : Que... j'écoute ? *add. interl. F corr. 1*] / ROSINE, *C 1, F, F corr. 1, C 2, F corr. 2* ↔ *d.* Vous avez raison... [Don Bazile *biffé F corr. 1*] [Guzman *corr. interl. biffée F corr. 1*] [Bazile *corr. interl. F corr. 1*[1]], je vous trouve ce soir un air tout à fait extraordinaire. / BAZILE : Quel *demonio*[2] ! On l'aurait à moins. / BARTHOLO : Quel mal vous a donc pris si subitement ? / BAZILE : Je ne vous entends *C 1, F, F corr. 1, C 2, F corr. 2* ↔ *e.* comme un mort. / BAZILE : Ah ! [J'entends *biffé F corr. 1*] [je comprends *corr. interl. F corr. 1*]... / LE COMTE : Si je ne me pique pas d'un aussi grand [talent pour montrer que vous *C 1, F*] [talent que vous *F corr. 1*] [talent que vous pour la musique *C 2*]; mes façons de me faire entendre au moins vous sont connues. Allez *C 1, F, F corr. 1, C 2* : comme un mort. / BAZILE : Ah ! je comprends... / [BARTHOLO, *bas, au comte* : Vous lui donnez de l'argent ? / LE COMTE, *bas* : Vous me le rendrez !... ou vous ne me le rendrez pas, deux ou trois piastres en *[*sous *biffé]* *[*monnaie *corr. interl.]*, une misère. Il faut bien le chasser. Il n'en a que trop dit. / BARTHOLO : Certainement. *add. marg.*] / LE COMTE : [Seigneur Bazile, *add. interl.*] si je ne me pique *[comme dans C 2]* sont connues. Allez *F corr. 2*

1. Cette réplique sera reprise dans *Aux abonnés de l'Opéra [...]*; voir p. 500.

Page 337.

a. la physionomie tout à fait renversée. *[p. 336, 4 lignes en bas de page]* [Allez vous coucher. / BARTHOLO : *[*D'honneur. *add. interl.]* Il sent la fièvre d'une lieue. Allez vous coucher. / ROSINE : Pourquoi donc sort-il ? *[*On dit que *add. interl.]* ça se gagne. Allez vous coucher. *add. marg. F corr. 2]* / DON BAZILE : Que

1. Voir var. *b*, p. 322.
2. Voir p. 478 et n. 1.

C 1, F, F corr. 1, C 2, F corr. 2 ↔ *b.* de très bonne heure. / [FIGUARO : Croyez-moi, *[...]* M. Bazile *add. marg. F corr. 2*] / DON BAZILE, *en s'en allant* : Diable emporte si j'y comprends rien; et sans cette bourse, je croirais qu'ils se sont tous donné le mot pour rire à mes dépens. Ma foi, qu'ils s'entendent s'ils peuvent, voici qui me met la conscience en repos sur tous les points. / *Scène XIV* / BARTHOLO, FIGUARO, LE COMTE, ROSINE / BARTHOLO : Cet *C 1, F, F corr. 1, C 2, F corr. 2* ↔ *c.* Ce que c'est que de nous. / [LE COMTE, *partant d'un éclat de rire involontaire* : Ah, ah, ah, ah, Bazile, ah, ah, ah. / BARTHOLO : Qui donc vous fait rire ? / LE COMTE, *bas à Bartholo en riant* : Ah, ah, ah, *[*son *biffé] [*l' *corr. interl.]* étonnement *[*de Bazile, ah, ah, ah. *corr. interl.]* Il n'est pas malade. Je vous avais dit cela dans l'abord, ah, ah, ah, ah. / BARTHOLO *riant aux éclats* : Il n'est pas malade, ah, ah, ah, ah, ah. / FIGUARO *part de son côté* : Ah, ah, ah, ah. / BARTHOLO, *à [Rosine biffé] [Figuaro corr. marg.]* : Est-ce que vous savez de quoi nous rions, vous ? ah, ah, ah. / FIGUARO : Eh mon Dieu, non. Mais je ris de vous voir rire, ah, ah, ah. / ROSINE : Est-ce qu'on peut s'en empêcher donc ? ah, ah, ah. / *Tous ensemble recommencent à rire.* / Ah, ah, ah, ah, ah. / FIGUARO *à Bartholo, lui ôtant sa perruque* : *[*Ah çà vous tenez-vous cette fois ? *biffé]* ah, ah, ah... / BARTHOLO : *[*Que prétendez-vous faire ? / FIGUARO : Vous raser, ha, ha, ha. / BARTHOLO : *add. marg.] [*Oui pour *biffé]* me raser dans les convulsions du rire *[*, n'est-ce pas *biffé] [*Est-ce *corr. interl.]* pour finir par me couper ? *[*Cet imbécile-là ! *biffé]* / FIGUARO : *[*Ah je ne ris plus *biffé] [*Je vous laisse dire tout ce qui vous plaît *corrigé en* Je laisse dire à Monsieur tout ce qui lui plaît *corrigé en* Je vous laisse dire tout ce qui vous plaît*]* parce que je ne suis que barbier en ce moment. Car si j'étais appelé *[*en fonction *corr. interl.]* comme apothicaire *[*en fonction *biffé]* ou chirurgien en consultation, ça ne se passerait pas ainsi; ah, çà, vous tenez-vous cette fois ? Je ne ris plus. *(Il lui présente le linge.) add. F corr. 2*[1]] / Ah ! çà, vous tenez-vous, cette fois ? *(Il lui présente le linge.)* / LE COMTE, *à Rosine* : Je n'ai plus qu'un mot à vous dire, madame, sur votre chant. Mais il est essentiel *C 1, F, F corr. 1, C 2, F corr. 2*

1. Sur le succès qu'eut cette scène, voir la *Lettre modérée [...]*, p. 278 et n. 3; et l'article de J. Scherer, « La " scène de stupéfaction " du *Barbier de Séville* », dans *La Dramaturgie de Beaumarchais*, Paris, Nizet, éd. 1980, p. 257-270.

Page 338.

a. m'empêcher de voir... *[p. 337, 3 lignes en bas de page]* FIGUARO *lui passe le linge au col* : Quoi *C 1, F, F corr. 1, C 2, F corr. 2* ↔ *b.* mais du chant ! *[2e ligne de la page]* [C'est qu'il m'est entré quelque chose dans l'œil. *(Il s'approche.)* / BARTHOLO : Dans lequel ? ne frottez donc *[...] par-dessus. Puis il le pousse violemment, se lève. add. marg. F corr. 2*] / BARTHOLO [*pousse Figuaro et biffé F corr. 2*] *surprend le comte tenant la main de Rosine et lui parlant à l'oreille.* / ROSINE, *C 1, F, F corr. 1, C 2, F corr. 2* ↔ *c.* Perfide Alonzo ! /

1. Cette addition a été portée sur une feuille détachée. On constate qu'elle n'enchaîne pas exactement avec le texte antérieur, les deux dernières lignes de l'addition faisant double emploi avec ledit texte.

ROSINE : Qui peut vous troubler à ce point ? / BARTHOLO : Avez-vous bien l'audace de me parler ? / LE COMTE : Monsieur, expliquez-vous. / BARTHOLO : Que je m'explique, traître ?... C'eſt donc pour ce bel emploi que tu t'es introduit dans ma maison ? / LE COMTE : *C 1, F, F corr. 1, C 2* : Perfide [Alonzo ! *biffé*] [Cascario ! / FIGUARO : Cascario ! *corr. interl.*] / [ROSINE : Qui peut vous troubler *[comme dans C 2]* dans ma maison ? *biffé*] / LE COMTE : *F corr. 2* ↔ *d.* contre toutes les lois divines et humaines. / *(Rosine sort.)* *C 1, F, F corr. 1, C 2, F corr. 2* : contre toute juſtice. / *(Rosine sort.)* *orig., Gudin*

Page 339.

a. Scène XV *C 1, F, F corr. 1, C 2, F corr. 2* ↔ *b.* d'un vieillard. / BARTHOLO : Lorsque *C 1, F, F corr. 1, C 2* : d'un vieillard. Vous voyez bien que je tiens la clef de sa jalousie. / BARTHOLO : La clef de ma jalousie ! Lorsque *F corr. 2* ↔ *c. Scène XVI* *C 1, F, F corr. 1, C 2, F corr. 2* ↔ *d. Le jeu d'entracte qui suit manque sur les trois manuscrits.*

1. Voir n. 7, p. 290.

Page 340.

a. Cette mention ne figure dans aucun des manuscrits. ↔ *b.* le comte lui-même. / [BARTHOLO : La magnificence ! *[*Une piaſtre *biffé]* *[*Deux ou trois piaſtres *corr. interl.]* en gros sols ! / BAZILE : Qui dit cela *[*, docteur *add. interl.]* ? Cent belles piſtoles d'or bien cordonnées. *add. marg. F corr. 2*] / BARTHOLO : [Quelle apparence ? *biffé*] [Il m'a donc trompé. *corr. interl.*] Mais *C 1, F, F corr. 1, C 2, F corr. 2*

1. Le *Dictionnaire de l'Académie* diſtingue les lanternes de corne, de verre, de toile et de papier.

2. « On dit proverbialement *Ce qui eſt bon à prendre eſt bon à rendre* pour dire qu'il vaut mieux se saisir d'une chose sur laquelle on croit avoir quelque droit que de la laisser prendre à un autre, parce qu'au pis-aller on eſt quitte pour la rendre » *(Académie)*.

3. « Ce n'eſt pas posséder, c'eſt jouir qui rend heureux » (*Notes et réflexions*, éd. citée, p. 102).

4. « Familier pour *je suis votre valet*, formule utilisée quand on se refuse à faire ou à croire quelque chose » *(Académie)*.

Page 341.

a. à quoi vous arrêtez-vous ? *[p. 340, 15 lignes en bas de page]* / BARTHOLO : Certes, à l'avis que vous m'avez ouvert : à l'épouser cette nuit. / DON BAZILE : Souvenez-vous, *C 1, F* : à quoi vous arrêtez-vous ? / [BARTHOLO : Certes, à l'avis que vous m'avez ouvert : à l'épouser cette nuit. *biffé F corr. 1*] [BARTHOLO : En ma place *[...]* Il y va de la vie ? Ah ! c'eſt une autre affaire. Il y a quantité d'animaux venimeux dont la blessure ne se guérit qu'en les écrasant sur la plaie. Et je vois que l'amour eſt un de ces animaux-là[1]. Épousez, docteur, épousez. / BARTHOLO : Vous êtes de bon conseil

1. Voir var. *a*, p. 302.

et je l'épouse cette nuit même. / DON BAZILE : Adieu... *corr. F corr. 1*[1]] Souvenez-vous, *F corr. 1, C 2* : à quoi vous arrêtez-vous ? [BARTHOLO : En ma place, Bazile, ne feriez-vous pas les derniers efforts pour la posséder ? / DON BAZILE : Ma foi non, docteur. Trop pauvre pour nourrir une femme et pas assez riche pour payer une maîtresse, je me suis [fait sage de mon métier *biffé*] [jeté dans le rigorisme. Mais *corr. interl.*] je n'en sais pas moins qu'en toute espèce de biens, posséder eſt peu de chose, [et que *add. interl.*] c'eſt jouir qui rend heureux. Mon avis eſt que possession sans amour n'eſt qu'une obsession misérable et sujette à des [accidents *biffé*] conséquences... / BARTHOLO : Vous craindriez les accidents ? / DON BAZILE : Hé, hé, monsieur... On en voit beaucoup cette année, m'a dit la vieille sibylle qui tire les cartes sur les maris et que j'ai consultée pour vous. / [BARTHOLO : Eh fi donc, Bazile, eſt-ce qu'il faut aussi en croire ces gens-là ? Ma mère étant fille eut aussi la foiblesse d'aller au devin. Ils lui prédirent qu'elle [[sera *biffé*]] épouserait un de ces hommes, avides de sang, qui ne vivent que du mal d'autrui, s'engraissent de la maigreur du peuple, et le font [[partout *add. interl.*]] mourir impunément. Ma mère sottement effrayée manqua sa fortune et la mienne en refusant un officier de renom, un financier fort riche et même un excellent procureur. Et pour faire mentir la prédiction fut obligée enfin de se donner à un pauvre médecin qui fût mon père. / DON BAZILE : Il n'y a pas trop de quoi se rassurer; mais en effet, [[ils *biffé*]] [[ces gens *corr. interl.*]] se trompent fort souvent. [[Ma mère à moi *biffé*]] [[La mienne *corr. interl.*]] enceinte de son premier enfant rêva qu'elle était poursuivie par un taureau qui la foulait aux pieds. On courut au devin pour savoir si son fruit n'en serait pas marqué. La vieille lourpidon[2] tire les cartes, garde le silence, se fait beaucoup prier et prédit enfin en tremblant que ma mère était menacée de mettre au monde un veau. / BARTHOLO : Eh bien, Bazile. / DON BAZILE : Eh bien, docteur, elle accoucha de moi. / BARTHOLO : Vous avez raison, Bazile. Il n'y a pas trop là de quoi se rassurer. *biffé*] Eh bien ! Que vous a dit la vieille [sur mon mariage *biffé*] ? Nous sommes seuls[3] ?... / DON BAZILE : Elle m'a répondu tout uniment par un certain fameux quatrain de Pibrac fort connu. / BARTHOLO : Qu'eſt-ce qu'il dit, ce quatrain ? / DON BAZILE : C'eſt [ma foi *add. interl.*] le plus beau de tous, aussi a-t-il cinq vers ! / BARTHOLO : Ce quatrain ? / DON BAZILE : Le voici. / Quiconque, à soixante ans passé, / Jeune poulette épousera, / S'il eſt galeux se grattera / Des ongles d'un vieux coq usé, / Et bientôt s'en repentira. / BARTHOLO : [Coq usé ! *add. interl.*] Quel rapport ce quatrain a-t-il avec [moi *biffé*] [nous *corr. interl.*] ? Eſt-ce que j'ai l'air d'un vieux coq usé ? Moi ? / DON BAZILE : [D'un vieux coq usé ? *biffé*] Non pas tout à

1. Au bas d'une page du manuscrit *F*, on trouve trace d'un cachet qui a dû servir à coller le feuillet sur lequel cette correction a sans doute été portée. Mais ce feuillet a disparu. Nous donnons le texte de la correction d'après *C 2*, qui, rappelons-le, est une mise au net de *F corr. 1*. La correction portée sur *F corr. 1* a été remplacée par une longue correction de *F corr. 2* dont nous donnons le texte dans la suite de cette variante.

2. *Lourpidon* : « [...] pour vieille sorcière, magicienne, fée, enchanteresse » (Leroux, *Dictionnaire comique [...]*, nouv. éd., Pampelune, 1786). Le mot est chez Rabelais.

3. C'est évidemment Bartholo qui prononce ces paroles.

fait; il s'en manque de quelque chose. / BARTHOLO : *[*Eh parbleu ! *add. interl.]* Il s'en manque de tout. / DON BAZILE : *[*Malgré cela *add. interl. biffée]* Je laisserais la poulette à votre place, et ne ferais point violence *[...]* de la vie ? Ah ? c'est une autre affaire. Épousez *[...]* cette nuit même *corr.*[1]] / DON BAZILE : Adieu donc. Souvenez-vous *F corr. 2* ↔ *b.* J'ai ma lanterne. [*(Il l'allume.)* *biffé C 1*] / BARTHOLO : Montez chez moi, je vous donnerai le passe-partout. Vienne qui voudra, je n'ouvre à personne. / DON BAZILE : Avec ces précautions, vous êtes sûr de votre fait. / *Scène II* *C 1, F, F corr. 1, C 2* : J'ai ma lanterne. / BARTHOLO : Montez chez moi, je vous donnerai le passe partout. [Je vous attends, je veille et *add. interl.*] vienne qui voudra, [vous et le notaire exceptés *add. interl.*] je n'ouvre à personne de la nuit. / [DON BAZILE : Avec ces précautions vous êtes sûr de votre fait. *biffé*] [BAZILE : *[*Il est certain qu' *biffé]* on n'a pas de meilleur surveillant que soi-même. / BARTHOLO : *[*Ah ! monsieur *biffé]* Il n'y a que cela. *[*Je *[[*pousse *biffé]]* porte *[[*surtout les précautions *biffé]]* *[[*la vigilance au point que *corr. interl.]]* *biffé]* *[*pour moi, depuis quelque temps *corr. interl.]* je ne confierais pas ma femme à mon père ni mes deniers... à mon notaire. / BAZILE : Ah ! *[*Docteur, aussi *biffé]* *[*c'est fort bien, mais *corr. interl. biffée]* *[*mais aussi *corr. interl.]* trop est trop. / BARTHOLO : En fait de femme et d'argent, Bazile, trop n'est jamais assez[2]. / BAZILE : Vous faites aussi des variations, docteur ? *[*Adieu *biffé]* *[*Fort bien, fort bien *corr. interl.]* Veillez donc *[*vous *biffé]* en nous attendant *[*et donnez-moi votre clef *add. interl.]*. Avec ces précautions vous êtes sûr de votre fait. *corr.*[3]] / *Scène II* *F corr. 2*

1. *Alerte* : « Qui est vigilant, qui se tient sur ses gardes » *(Académie)*.

Page 342.

a. Scène III / BARTHOLO, *seul, les grosses clefs à la main* : Voyons si tout est bien fermé dans l'intérieur. Pour la porte de la rue, j'en réponds actuellement. Quel temps ! Quel orage !... Elle est couchée... tous les gens malades, et je suis seul. Voilà la sueur froide qui me prend... Qui va là ? Ce n'est rien... il suffit d'une mauvaise conscience pour troubler la meilleure tête. Il faut pourtant l'éveiller; elle va s'effrayer de mon apparition. *(Il frappe.)* / *Scène IV* / ROSINE, BARTHOLO / ROSINE, *en dedans* : Qu'est-ce ? / BARTHOLO : Rosine, ouvrez; c'est moi. / ROSINE, *en dedans* : Je vais me coucher. / BARTHOLO : *C 1, F, F corr. 1, C 2* : *Scène III [comme dans C 2]* / ROSINE, BARTHOLO / [ROSINE, *en dedans* : Qu'est-ce ? *biffé*] / BARTHOLO : Ah ! Rosine, [ouvrez, c'est moi *biffé*] [c'est vous *corr. interl.*]. / ROSINE, *en dedans* : [Monsieur *add. interl.*] je vais me [coucher *biffé*] [retirer *corr. interl.*]. / BARTHOLO : *F corr. 2*

Page 343.

a. je suis à vous; mais pressez la cérémonie. / BARTHOLO : [Je vais *biffé F corr. 1*] [J'avais *corr. interl. F corr. 1*] tout disposé

1. Cette correction a été portée sur une feuille séparée. Elle remplace la correction portée sur *F corr. 1*. Voir n. 1 en bas de page 1346.
2. Voir *Le Mariage de Figaro*, p. 453 et n. 1.
3. Cette correction a été portée sur un billet détaché.

pour demain. / ROSINE, *effrayée* : Demain ? / BARTHOLO : Si tu le veux, on peut en avancer l'instant. / ROSINE *rêve et s'écrie* : ... Ah ! le plus tôt sera le mieux. / BARTHOLO : Eh bien, [ma brebis, *add. interl. F corr. 2*] le notaire *C 1, F, F corr. 1, C 2, F corr. 2* ↔ *b. Scène V* *C 1, F, F corr. 1, C 2, F corr. 2*

1. Le parti que prend Bartholo peut paraître curieux. Le *Journal encyclopédique* (n. 5, p. 267) note : « Bartholo sait les desseins de son rival pour s'introduire chez lui et il abandonne sa maison pour aller on ne sait où. »

Page 344.

a. Scène VI *C 1, F, F corr. 1, C 2, F corr. 2* ↔ *b.* et les éclairs. / LE COMTE *saute à son tour* : À nous *C 1, F, F corr. 1, C 2* : et les éclairs. / [LE COMTE : Donne-moi la main. / FIGUARO : Horace dit que l'audace de lutter contre les obstacles est la vertu qui les fait surmonter. *add. marg. biffée*] / LE COMTE *saute à son tour* : [Donne-moi la main. *add. interl.*] A nous *F corr. 2* ↔ *c.* les appelle cruelles. Avec ce mot qui flatte leur orgueil, un amant les mène toujours plus loin qu'elles ne veulent. / [LE COMTE : Crois-tu qu'elle m'aime assez pour me pardonner ? / FIGUARO : Lorsque je lui disais hier que vous la trouviez belle, elle feignait d'en douter, mais d'une petite fine rage de joie, elle en mordait son mouchoir en m'écoutant. *add. marg. F corr. 2*] / LE COMTE : Au surplus, *C 1, F, F corr. 1, C 2, F corr. 2*

1. Probablement faut-il entendre : ta silhouette énorme (à cause du manteau dont s'est enveloppé Figaro). *Atroce* : « [...] énorme, excessif. Il ne se dit guère que des crimes, des injures et des supplices » *(Académie)*. C'est donc une alliance de termes inattendue.

2. Voir *Notes et réflexions*, éd. citée, p. 137 : « Si la dame traite l'amant d'ingrat, d'homme peu généreux, il lui répond par le nom de cruelle. Ce mot plaît aux femmes et flatte leur orgueil au point de leur faire oublier, par le reproche de leur cruauté, souvent qu'on obtient tout d'elles. Il fait une diversion plaisante sur leur esprit, qui aide à couronner l'entreprise sans qu'elles croient mériter leur propre reproche. »

Page 345.

a. Scène VII *C 1, F, F corr. 1, C 2, F corr. 2* ↔ *b.* inquiétude !... / FIGUARO : En effet. Il s'en est fallu de peu que nous n'ayons été entraînés par l'inondation que la pluie et les ravins amènent de toutes parts. Mais, nouveau Léandre, il a conjuré les éléments. *(Récitant avec emphase :)* / Il dit aux torrents, à l'orage : / Je suis attendu par l'Amour; / S'il faut périr en ce passage, / Gardez la mort pour mon retour. / LE COMTE : Laissons là mes dangers, parlons de ceux que vous courez en ce logis. Rosine, il *C 1, F, F corr. 1, C 2, F corr. 2, lég. var.*

1. On trouve dans les papiers de la famille Beaumarchais le brouillon d'une scène à part, que nous avons évoquée dans la Notice, p. 1295. En voici le texte définitif, sans les remaniements à partir du premier jet (pour ces variantes, voir Arnould, ouvr. cité, p. 102-105). On verra que, s'il est encore probablement destiné à la version opéra-comique de notre pièce, il n'est pas sans parenté avec

la présente scène : « ROSINE : Comment ? vous déguiser ? / LE COMTE : Il ne m'a pas été possible de vous mettre au fait. Je ne vous demande plus si vous m'aimez, vous me l'avez prouvé. Je sais de plus que vous n'êtes point la femme de Bartholo. Apprenez-moi belle Rosine... Mais je suis sans bien, sans état, mon absence de Madrid a même détruit jusqu'à mes espérances. Il serait peu généreux à moi... / ROSINE : Arrêtez Lindor. Et si le don de ma main n'avait dû suivre celui de mon cœur, aurais-je consenti de vous recevoir ici ? Je suis à vous Lindor, et ne veux pour tout délai de notre union que le temps nécessaire à rassembler autant d'or, de brillants et d'effets qu'il nous en faut pour vivre dans une honnête médiocrité. Tout le reste de mon bien entre les mains du docteur n'excitera pas en moi le plus léger regret, et peut-être le consolera de ma perte. Si vous pensez différemment vous serez le maître d'employer après notre union les moyens reçus pour le lui faire rendre. L'époux que mon cœur a choisi ne trouvera jamais en moi la plus légère contradiction à ses volontés. / LE COMTE : Quoi Rosine ! Vous consentez à devenir la compagne d'un infortuné qui sans vos bienfaits d'aujourd'hui n'aurait pas même ici de quoi subsister plus longtemps ? / ROSINE : La naissance et la fortune sont des jeux du hasard. Cher Lindor pour prix d'une tendresse excessive consentez généreusement à me devoir aujourd'hui l'aisance que je me serais fait un bonheur de tenir de vous. / LE COMTE, *à ses pieds* : Ah ! Rosine. / FIGARO : Eh bien, Monseigneur, n'est-ce pas là le bonheur que vous désiriez ? / ROSINE : Que dit-il ? / LE COMTE : Oh ! la plus aimée des femmes et la plus digne de l'être. Recevez à votre tour la récompense d'un amour si pur et si désintéressé : l'heureux époux à qui vous sacrifiez tout n'est point Lindor. Je suis le comte Almaviva, qui vous adore et vous cherche en vain depuis six mois. *(Rosine tombe dans les bras du comte.)* / LE COMTE : Ah ! Dieux ! / FIGARO : Ce n'est rien que cela, Monseigneur. Point d'inquiétudes. L'émotion que cause la joie n'a jamais de suites fâcheuses. La voilà qui reprend ses sens. / ROSINE : Ah ! Lindor ! ah Monsieur, que m'avez-vous appris ? Non, ne croyez pas que j'abuse ici d'un moment d'enthousiasme. / LE COMTE : Rosine, une loi que vous avez faite est impérieuse et vous la subirez. Ah Rosine, si le plus généreux des deux est celui qui selon vous-même consent de tout devoir à l'autre, Rosine je conserverai cet avantage sur vous. Je vous dois un bonheur auquel j'avais désespéré de jamais atteindre. Quel sort, quel rang peut payer un pareil bienfait ? Jurez-moi la foi que vous m'avez promise. *(Rosine se jette dans ses bras.)* Oh ma chère épouse il s'agit maintenant de vous tirer d'esclavage et de punir l'odieux tyran qui vous destinait des jours si malheureux. / ROSINE : Oh mon cher époux, mon cœur est si plein que la vengeance ne peut plus y trouver de place. / LE COMTE : Il faut au moins nous réjouir un moment à ses dépens. D'ailleurs il n'est pas possible de vous tirer d'ici par la route que nous avons tenue pour y arriver. Il nous faut les clés de la porte. / ROSINE : Hélas elles sont toujours sous son oreiller. / LE COMTE : Prêtez-vous seulement à notre joyeux projet; l'ingénieux Figaro ne l'a imaginé que pour avoir ces clefs, comme il a dérobé celle de la jalousie. / ROSINE : Oh ! mon cher époux, je n'ai plus de volontés. Ton désir est mon unique loi. Je suis dans un délire de joie... / LE COMTE : Tout est préparé dans la plus prochaine de mes terres pour nous recevoir, et là je peux rendre notre union aussi authentique qu'elle est charmante.

Lis, ma Rosine, la copie des ordres que j'ai adressés ce soir à mon intendant. Toi Figaro, arrange nos déguisements. / FIGARO : Ah maudit jaloux, tu vas être étrillé à dire d'expert; tu en auras pour tes scènes de tantôt et le jour, et pour la veille, et pour toute la semaine. / *(Rosine lit pendant la ritournelle du duo.)* [*Nota bene :*] Cela ne durera qu'autant qu'une scène de comédie. »

2. « On dit qu'un homme eﬆ composé [...] pour dire qu'il a ou qu'il affeƈte d'avoir un air grave, un air sérieux et modeﬆe » *(Académie)*; voir n. 2, p. 159.

Page 346.

a. ma femme. Tous mes gens cachés autour de ce logis vont accourir au moindre signal. J'aurai *C 1, F, F corr. 1, C 2, F corr. 2, lég. var.* ↔ *b. Scène VIII* *C 1, F, F corr. 1, C 2, F corr. 2* ↔ *c.* j'aperçois ? [FIGUARO : Eh ! [...] accident ?... *add. marg. F corr. 2*] / LE NOTAIRE : *C 1, F, F corr. 1, C 2, F corr. 2*

1. « Le plus affreux supplice eﬆ de haïr quand on sent qu'on eﬆ fait pour aimer » (*Notes et réflexions*, ouvr. cité, p. 117).

Page 347.

a. monsieur *C 1, F, F corr. 1, C 2, F corr. 2, orig.* ↔ *b.* Signez donc vite. / DON BAZILE, *pesant la bourse* : Argument sans réplique. C'eﬆ que moi, *C 1, F, F corr. 1, C 2, F corr. 2* ↔ *c.* d'un grand poids... / [FIGUARO *pendant qu'on signe* : L'ami Bazile ! à votre manière de raisonner, à vos façons de conclure, si mon père eût fait le voyage d'Italie, je croirais, ma foi, que nous sommes un peu parents. / DON BAZILE : M. Figuaro, ce voyage d'Italie, il n'eﬆ point du tout nécessaire pour que cela soit; parce que mon père, il a fait plusieurs fois celui d'Espagne. / FIGUARO : Oui ? En ce cas, nous devons partager comme frères tout ce que vous avez reçu dans cette journée. / DON BAZILE : Je ne sais pas bien l'usage d'ici, mais chez nous, M. Figuaro, pour succéder ensemblement, il faut prouver la filiation maternelle, l'autre ne suffit pas chez nous, je dis chez nous. *(Il met la bourse dans sa poche.)* / LE COMTE : Crains-tu, Figuaro, que ma générosité ne reﬆe au-dessous d'un service de cette importance ? Laisse là ces misères, je te fais mon secrétaire, avec mille piaﬆres d'appointements. / DON BAZILE : Alors, mon frère, je suis très content d'agir avec vous, s'il vous convient, selon la coutume espagnole. / FIGUARO *l'embrasse en riant* : Ah friandas ! il ne faut que vous en montrer. *biffé C 1*[1]] / *Scène neuvième et dernière* / BARTHOLO, LES ARCHERS DU PEUPLE, *et* LES ACTEURS PRÉCÉDENTS *C 1, F* : d'un grand poids. / [FIGUARO *pendant qu'on signe [comme dans F]* selon la coutume espagnole *biffé F corr. 1*] / FIGUARO *l'embrasse en riant* : [Ah friandas, il ne faut que vous en montrer. *biffé F corr. 1*] [L'ami Bazile. Ah ! ah ! ah ! Bien comme cela, mon frère, ah, ah, ah. *corr. interl. F corr. 1*] / *Scène neuvième et dernière* / BARTHOLO, LES [ARCHERS DU PEUPLE *biffé F corr. 1*] [ALGUAZILS

1. Bien que biffé dans *C 1*, ce passage figure dans *F*. Lors de la première révision de ce manuscrit *(F corr. 1)*, il a été supprimé à nouveau, à l'exception de la dernière réplique de Figaro, qui a été corrigée ; voir, dans la suite de cette variante, la leçon de *F corr. 1* et de *C 2*.

corr. interl. F corr. 1], *et* LES ACTEURS PRÉCÉDENTS *F corr. 1, C 2* : d'un grand poids... / FIGUARO *l'embrasse en riant* : [L'ami Bazile. Ah ! ah ! ah ! Bien comme cela, mon frère, ah, ah, ah. *biffé*] [Ah friandasse, il ne faut que vous en montrer *corr. interl.*] / *Scène neuvième* [*et dernière biffé*] / BARTHOLO, [UN ALCADE *add. interl.*], LES ALGUAZILS ET LES ACTEURS PRÉCÉDENTS *F corr. 2*

1. Voir la scène III, p. 343 : « Arrêté comme voleur, nous aurons le plaisir d'en être à la fois vengés et délivrés ! » Bartholo applique donc son plan.

Page 348.

a. n'y êtes-vous pas ? *[3e ligne de la page]* [Tandis que le comte Almaviva *corr. interl. F corr. 1*]... / [LE COMTE : Seigneur Bartholo, tout ce bruit est désormais inutile. Le notaire vient de nous faire signer un contrat de mariage en bonne forme, à la signora Rosine et à moi, comte Almaviva. *biffé F corr. 1*] / BARTHOLO *stupéfait* : Almaviva !... Partout ailleurs, *C 1, F, F corr. 1, C 2* : n'y êtes-vous pas ? [Tandis que le comte Almaviva *biffé*] / [*Scène dixième et dernière* / UN ALGUAZIL, DES ARCHERS, LA JEUNESSE *(presque nu)*, L'ÉVEILLÉ *(tout endormi)*; ACTEURS PRÉCÉDENTS / *[*L'ALGUAZIL : Main forte à la justice, *[[*M. l'Alcade *add. interl.]]*. En voici deux qui s'enfuyaient ! / L'ALCADE : Qui s'enfuyaient ? Le délit est *[[*marqué *biffé]] [[*certain *corr. interl.]]*. / L'ALGUAZIL, *montrant L'Éveillé* : Celui-ci s'était fourré sous l'escalier. *[[*On a eu toutes les peines du monde à l'en arracher. *biffé]]* / L'ALCADE : Sous l'escalier ? La preuve se renforce. / BARTHOLO : Qu'est-ce que vous dites, monsieur l'alguazil ? / L'ALCADE : Un moment, docteur, que je les interroge. / BARTHOLO : *[[*Eh ! mais; *biffé]]* c'est La Jeunesse et L'Éveillé. / L'ALCADE : Ils se sont connus dans la maison ? Voleurs familiers. / BARTHOLO : *[[*Eh non ! *biffé]]* Ce sont mes domestiques. *[[*Êtes-vous sourd ? *add. interl.]]* / L'ALCADE : *[[*Des *biffé]] [[*Voleurs *corr. interl.]]* domestiques ? Leur cas est bien plus grave encore. Ne les lâchez pas. / BARTHOLO : Eh mais, monsieur, vous n'entendez pas... / L'ALCADE : Je n'entends pas ? Moi ! Je n'entends pas ! Vous êtes bien osé de me parler ainsi. / BARTHOLO : C'est que vous perdez un temps précieux. / L'ALCADE : De par le roi, monsieur, je vous impose silence. *[[*Qu'est-ce que c'est donc que ceci ? *biffé]] [[*Où sommes-nous donc ? *corr. interl.]]* Prétendez-vous m'apprendre mon devoir ? je suis en fonction, et je représente ici Sa Majesté. *[[*Vous n'avez pas un mot à dire. *add. interl.]]* Approchez, sergent. Lequel des deux est L'Éveillé ? Ce ne *[[*peut *omis]]* pas être celui-ci ? / L'ÉVEILLÉ, *bâillant* : Oui, c'est moi qui suis L'Éveillé. / L'ALCADE : Est-ce toi, malheureux, qui t'es caché sous l'escalier ? / BARTHOLO : J'enrage ! / L'ÉVEILLÉ : Oui, c'est moi qui couche sous l'escalier. / BARTHOLO : Quand je devrais être pendu, monsieur l'alcade, vous voyez bien qu'il dort en vous parlant. / L'ALCADE : Eh oui, *[[*ces gens-là s'endorment *biffé]] [[*sûrement il dort, je le vois de reste. *corr. interl.]]* Est-ce que je ne connais pas la ruse de tous ces coquins-là ? En prison ! *[[*L'autre a bien l'air d'un voleur. / FIGUARO : Il a plutôt l'air d'un volé : il est tout nu ! / L'ALCADE : Où étais-tu, maraud, lorsqu'on t'a saisi ? / LA JEUNESSE, *éternuant* : J'ai entendu crier « Au voleur ! ». Je montais, tout effrayé... / L'ALCADE : C'est cela même. On a crié, il s'est effrayé. Il montait pour se sauver par les gouttières. La preuve est complète. En prison ! *corrigé en* Voyons l'autre. Où étais-tu, maraud, lorsqu'on t'a saisi ? / LA JEUNESSE, *éternuant* : Monsieur, j'ai entendu crier « Au voleur ! ». Je montais, tout effrayé... / L'ALCADE : C'est cela même. On a crié, il s'est effrayé. Il montait pour se sauver par les gouttières. La preuve est complète. En prison ! On ne saurait s'y tromper : il a bien l'air d'un voleur. / FIGUARO : Il a plutôt l'air d'un volé : il est tout nu.*]]* / BARTHOLO : Hé ! c'est ceux-ci, monsieur, qu'il *[[*y faut mettre *corrigé en* faut arrêter.*]]* / L'ALCADE : Avez-vous peur qu'il en échappe *[[*un moment *biffé]] [[*un seul *corr. interl.]]* ? *[[*Ces deux sont fripons de la même bande *corrigé en* Pour ces deux, je suis certain qu'ils sont fripons de la même bande *corrigé en* Ces deux sont fripons de la même bande*]]*... *(Montrant Bazile et Figuaro.)* / BAZILE : Je n'ai jamais eu l'honneur de parler à Monsieur. / FIGUARO : En effet, monsieur, c'est la première fois *[[*aujourd'hui *biffé]]* que j'ai cet *[[*honneur *biffé]] [[*avantage *corr. interl.]]*. / L'ALCADE : Ils s'embrassaient quand je suis entré : ils sont amis. / *[[*BAZILE *biffé]] [[*FIGUARO *corr. interl.]]* : Amis ! *[[*Nous ? *biffé]]* Je *[[*sentirais *biffé]] [[*verrais *corr. interl.]]* Monsieur *[[*échaudé *biffé]] [[*échiné *corr. interl.]]* près de moi que je n'en pousserais pas un soupir ! / *[[*FIGUARO *biffé]] [[*BAZILE *corr. interl.]]* : *[[*Nous amis ! *biffé]]* Que Monsieur soit pendu *[[*seulement *biffé]] [[*quelque jour *corr. interl.]]*, vous verrez si je m'en afflige; / *[[*BAZILE *biffé]] [[*FIGUARO *corr. interl.]]* : J'espère que Monsieur ne s'en offense pas, c'est seulement pour montrer... / *[[*FIGUARO *biffé]] [[*BAZILE *corr. interl.]]* : Vous vous moquez de moi, monsieur; ça se prend comme ça se dit. *biffé]* / L'ALCADE *[montrant biffé] [regardant corr. interl.]* *Figuaro* : *[*Avez-vous peur qu'il s'en échappe ? *biffé]* Un moment. Je connais celui-ci. J'ai vu cet homme-là quelque part. / FIGUARO : Chez madame votre femme, monsieur. / L'ALCADE : *[*En quel temps ? Pourquoi ? *corrigé en* Comment ? Pourquoi ? Dans quel temps ?*]* / FIGUARO : Un peu moins d'un an avant la naissance de M. votre fils le *[*cadet *biffé] [*puîné *corr. interl.]*, qui est un *[*bien *add. interl.]* joli enfant, je m'en vante. / L'ALCADE : Oui il est fort joli[1]. Et *[*que venais-tu faire *biffé] [*qui t'appelait *corr. interl.]* chez ma femme ? / FIGUARO : *[*C'est que *biffé] [*Comme *corr. interl.]* je travaille assez *[*proprement *add. interl.]* dans les cheveux, *[*j'étais quelquefois mandé le matin par madame pour *biffé] [*pour *corr. interl.]* coiffer Monsieur. / L'ALCADE : Ton nom ? / FIGUARO : Figuaro le barbier; madame votre sœur me connaît aussi. / L'ALCADE *[à son clerc add. marg.]* : *[*Comment ! *add. interl.]* C'est *[*toi *biffé] [*cet imbécile *corr. interl.]* qui, pendant que j'étais à l'audience, venait ébouriffer chez moi ! Mais... / *[*FIGUARO : *[[*En honneur, monsieur *add. interl.]]* C'eût été un président que je n'aurais pu mieux faire ! / L'ALCADE : Je ne fus oncques si vilainement coiffé ! / FIGUARO : Pourtant, madame ne s'est jamais plainte de votre serviteur. / L'ALCADE : C'est parce qu'elle est trop *[[*facile *biffé]] [[*bonne *corr. interl.]]*. / FIGUARO : En vérité, monsieur, c'est une dame très gracieuse *[[*et,

1. Ces cinq dernières répliques ont été utilisées dans *Le Mariage de Figaro*, acte III, sc. XIII, p. 439.

j'ose le dire, facile à servir. / LE CLERC *répète en écrivant* : Fort facile à servir. / L'ALCADE : Il est inutile d'écrire ces sortes de choses *add. interl. et marg.]] biffé]* Eh, mais que viens-tu faire en cette maison à des heures indues ? / FIGUARO : Heures indues ? *[*Monsieur voit bien qu' *add. interl.]* il est aussi près du matin que du soir. *[*Et *biffé] [*D'ailleurs *corr. interl.]* je suis de la compagnie de Son Excellence monseigneur le comte Almaviva. / BARTHOLO : Almaviva !... C'est Cascario. / ROSINE : C'est Lindor. / BAZILE : Le bachelier. / FIGUARO : Le soldat. / L'ALCADE : Quel galimatias ! Parlez tous ensemble. / LE COMTE : Lindor, Alonzo, Palézo, Cascario, bachelier, soldat, moins encore s'il se peut ! Tout déguisement qui sert la tendresse est du ressort d'un amant bien épris. / FIGUARO : Et sans doute. La ruse est le patrimoine de l'amour. N'est-ce pas ce que je disais tantôt ? L'utilité des métamorphoses. Vous voyez un petit extrait de mon commentaire sur Ovide[1] dans monseigneur Almaviva... / *[*BARTHOLO : Almaviva ! *add. marg.]* / L'ALCADE : Ce ne sont pas des voleurs ? / *[*LE COMTE : Depuis un quart d'heure, monsieur l'alcade, j'admire avec quelle sagacité vous démêlez les faits... *biffé] corr.*[2]] / BARTHOLO : [Almaviva ! *biffé*] [Laissons cela *corr. interl.*]... Partout ailleurs, *F corr. 2* ↔ *b.* Que dit-il Rosine ? / ROSINE : Il dit vrai. / FIGUARO : Il dit vrai. / LE NOTAIRE : Il dit vrai. / BARTHOLO *furieux* : Il dit vrai, jeune insensée ? / ROSINE : D'où *C 1, F* : Que dit-il, Rosine ? / FIGUARO : Il dit vrai. / LE NOTAIRE : Il dit vrai. / ROSINE : Il dit vrai ! D'où *F corr. 1, C 2* ↔ *c.* Vous l'avez perdue [en en abusant *C 2*]. / [BARTHOLO : Comment cela, s'il vous plaît ? / LE COMTE : En vous appropriant un bien que les lois vous avaient seulement chargé de conserver. / BARTHOLO : Pour Votre Excellence, peut-être ? / LE COMTE : Non, mais pour que mademoiselle pût en disposer librement un jour. *C 1*] / BARTHOLO : [C'est bien dit « un jour »; mais il n'est pas arrivé. *biffé C 1*] La demoiselle est mineure. / FIGUARO : Elle vient de s'émanciper. / BARTHOLO : L'ordonnance est formelle, et nous verrons. / FIGUARO : Voyez l'ordonnance, et nous, emmenons la demoiselle. / BARTHOLO : On prouvera qu'elle est mal mariée. / FIGUARO : Bien épousée. / BARTHOLO : Que le mariage est nul. / FIGUARO : Que l'époux est de qualité. / BARTHOLO : Nul de toute nullité. / FIGUARO : [Il vous fera perdre encore ce procès-là ! *C 1*] [Excellent par excellence. *C 2*] / BARTHOLO : Et je vous ferai sabrer tous par M. Braillard, mon avocat. / FIGUARO : Quand ces messieurs ont passé toute une ville au fil de la langue, ils n'ont blessé que le tympan des juges. *biffé C 1*] / BARTHOLO : Qui te parle à toi, maître fripon ? / LE COMTE : Docteur, vous voyez que c'est un mal sans remède. / BARTHOLO : Excusez-moi, M. le comte, je ne vois pas cela. / LE COMTE : Mademoiselle *C 1, C 2. Nous ne disposons pas de* F *(et donc pas de* F *corr. 1 et* F *corr. 2) pour ce passage : une feuille du manuscrit a sans doute disparu accidentellement.*

Page 349.

a. me la disputer ? *[p. 348, 5 lignes en bas de page]* Allons, seigneur tuteur, faisons-nous justice honnêtement : consentez à tout

1. Voir var. *b*, p. 331, leçon de *F corr. 2*.
2. Cette correction a été portée sur quatre feuillets séparés.

et je ne vous demande rien de son bien. / [FIGUARO : Que la quittance de mes cent écus : ne perdons pas la tête. *add. interl. C 1*] / BARTHOLO : Eh ! Vous vous moquez de moi, M. le comte, avec vos dénouements de comédie ! Ne s'agit-il donc que de venir dans les maisons enlever les pupilles, et laisser le bien aux tuteurs ? Il semble que nous soyons [sur les planches *biffé F corr. 1*] [au théâtre *corr. interl. F corr. 1*] ! / DON BAZILE : Ne pouvant avoir la femme, calculez, docteur, que l'argent vous reste, et vous verrez que ce n'est pas toute perte. / FIGUARO : Au contraire, pour un homme de son âge, c'est tout gain. / BARTHOLO : Eh ! laissez-moi donc en repos, Bazile ! Vous ne songez qu'à l'argent... Je me soucie bien de l'argent, moi... À la bonne heure, je le garde... mais croyez-vous que ce soit le motif qui me détermine ? / FIGUARO, *à part, riant* [*tout bas biffé F corr. 1*] : Ah ! ah ! ah ! Monseigneur ! [Ils sont tous de la même famille *add. interl. F corr. 1*] / BARTHOLO : Il est clair qu'elle m'aurait trompé toute sa vie. / [FIGUARO : Et c'est ce qu'on vous dit depuis une heure *add. interl. F corr. 1*] / ROSINE : Non, monsieur, mais je vous aurai haï jusqu'à la mort. / BARTHOLO, *signant* : Qu'elle est neuve ! Comme si l'un n'était pas une suite de l'autre ! / LE NOTAIRE : Mais je n'y entends plus rien, messieurs. Est-ce qu'elles ne sont pas deux demoiselles qui portent le même nom ? / FIGUARO : Non, monsieur. Elles ne sont qu'une. / LE NOTAIRE : Et qui me payera donc le second contrat ? / FIGUARO : Le premier dépôt que nous vous mettrons entre les mains. / BARTHOLO : Quel événement ! Voilà qui est fini. Mais le mal vient toujours de ce qu'on ne peut faire tout soi-même. / FIGUARO : C'est précisément le contraire, docteur ! Car si vous n'aviez pas été chercher ces messieurs vous-même, on n'aurait pas marié mademoiselle pendant ce temps; jusque-là vous vous étiez assez bien conduit. / [BARTHOLO : Je me suis perdu faute de soin. / FIGUARO : Faute de sens. *add. marg. F corr. 1*] Mais soyons vrais. Quand la jeunesse *C 1, F, F corr. 1, C 2* : me la disputer ? / Allons, seigneur tuteur *[comme dans C 2]* au théâtre ! / [DON BAZILE : Ne pouvant avoir la femme *[comme dans C 2]* depuis une heure ! *biffé*] [[FIGUARO : Il faut pourtant que vous soyez un aveuglé docteur, pour ne pas sentir les grandes obligations que vous avez à son excellence. / BARTHOLO : Que veut donc dire ce fou, avec ses obligations ? / FIGUARO : Puisqu'il était écrit que la signora devait vous être enlevée, pouvez-vous n'être pas charmé que son excellence vous l'enlève plutôt avant qu'après votre mariage ? / BARTHOLO : Et pourquoi, misérable ! fallait-il que Son Excellence me l'enlevât ? / FIGUARO : Par cela seul qu'il vient de vous l'enlever. Du fait de la présomption la conséquence, docteur... / L'ALCADE : Voilà pourtant ce qui s'appelle raisonner principes. *biffé]* / DON BAZILE : Ne pouvant avoir la femme *[comme dans C 2 avec lég. var.]* depuis une heure ! *corr.* [1]] / ROSINE : Non, monsieur, *[comme dans C 2]* nous vous mettrons entre les mains. / [LE NOTAIRE : Oui, le premier dépôt. Est-ce qu'on dépose encore ? *add. interl.*] / BARTHOLO : Quel événement !

1. Cette correction a été portée sur une feuille ajoutée au manuscrit. On remarquera que Beaumarchais en a biffé toute la première partie, qui était nouvelle, alors qu'il en a maintenu la fin, qui reprend, à quelques variantes près, le texte de *C 2*. Ce qui reste de la correction de *F corr. 2* n'apporte donc rien de nouveau.

[comme dans C 2] assez bien conduit. / [BARTHOLO : Je me suis perdu faute de soin. / FIGUARO : Faute de sens. *biffé*] [BARTHOLO : Moi qui leur ai enlevé *[...]* Faute de sens. *corr. marg.*] Mais soyons vrais [, docteur *add. interl.*]. Quand la jeunesse *F corr. 2* ↔ *b.* FIN DU [QUATRIÈME *biffé*] [CINQUIÈME *corr. interl.*] ET DERNIER ACTE *F corr. 2. Voir var. a, p. 327.*

1. Ainsi est rappelé et justifié le sous-titre de la pièce, tout à fait dans la tradition des proverbes. Voir, de Carmontelle, les *Proverbes dramatiques* (1768-1781).

LA FOLLE JOURNÉE OU LE MARIAGE DE FIGARO

NOTICE

Dans la *Lettre modérée sur la chute et la critique du « Barbier de Séville*[1] *»*, Beaumarchais avait imaginé une suite à sa pièce. Le prince de Conti l'ayant mis au défi d'écrire cette nouvelle œuvre, il lui répondit, nous raconte-t-il[2] : « Monseigneur, si je mettais une seconde fois ce caractère[3] sur la scène, comme je le montrerais plus âgé, qu'il en saurait quelque peu davantage, ce serait bien un autre bruit, et qui sait s'il verrait le jour ! » La réflexion souligne que la seconde œuvre devait avoir une tout autre portée que la première et se faire beaucoup d'ennemis qui s'efforceraient de l'interdire.

L'auteur prophétisait vrai. De fait, six années séparent l'achèvement de la pièce de sa première représentation, qui fut triomphale, le 27 avril 1784. Il ne saurait s'agir ici de raconter par le menu, après tant d'autres[4], les aventures, et de l'auteur, et de son œuvre. Il y faudrait presque un volume. On se contentera, avant de donner la chronologie des faits[5], de fournir les éléments essentiels du dossier et d'insister sur les points importants.

Beaumarchais remarque, au début de 1782, dans une lettre adressée au lieutenant de police[6], qu'il y a « quatre ans que *Le Mariage de Figaro* repose en paix dans le portefeuille de l'auteur; il

1. Voir p. 274.
2. Préface du *Mariage de Figaro*, p. 359.
3. Figaro.
4. La meilleure analyse nous paraît être celle d'Heylli et Marescot (*Théâtre complet de Beaumarchais*, Paris, Académie des bibliophiles, 1869, t. III, p. III-LXII).
5. Voir la chronologie de la pièce p. 1364.
6. Voir, pour les documents évoqués dans cette Notice, l'Appendice v : « Autour du *Mariage de Figaro* », p. 1154-1171 ; ici, p. 1154.

n'était point du tout pressé de le montrer en public; il n'a fait que céder aux plus vives instances [...] ». En réalité, c'est en septembre 1781 que la pièce commence à être vraiment connue. Ce silence de trois années s'explique aisément : d'abord, les années 1778, 1779, 1780 sont pour Beaumarchais des années de surmenage; ensuite et surtout, la querelle des droits d'auteur[1] suit son cours — le *Compte rendu*[2] fait aux autres auteurs dramatiques est daté du 26 août 1780 — et les relations avec les Comédiens-Français ne sont pas bonnes. Elles s'améliorent en 1781, assez pour que le premier théâtre français réclame la pièce que l'auteur commençait à faire connaître par des lectures chez lui[3] ou chez des amis. Le 29 septembre, la pièce est reçue à l'unanimité par le comité et devrait être vite programmée, le rapport du premier censeur, Coqueley de Chaussepierre, étant favorable[4]. Mais elle se heurte tout de suite à l'hostilité de certains milieux et surtout, semble-t-il, à celle du roi. Nous ne savons à quelle date précise le couple royal s'est fait lire la pièce par Mme Campan, mais le récit de cette dernière[5] ne laisse aucun doute sur les réactions de Louis XVI qui va pendant trois ans s'opposer à la représentation. Beaumarchais semble s'être rendu compte de cette hostilité et sa lettre au lieutenant de police s'adresse en réalité au roi et à la reine[6] : c'est d'abord pour les divertir qu'il a écrit cette pièce; il annonce une préface qui montrera que la pièce est morale; le roi a-t-il lu la pièce ? s'en est-il rapporté à l'opinion d'autrui ? a-t-on interdit la pièce à son insu ? Quelle que soit la réalité, l'intention de l'auteur est de « mettre aux pieds du Roi une petite dissertation sur l'historique et la vraie moralité de la pièce » ou de faire « une lecture de l'ouvrage devant Leurs Majestés, avec le commentaire[7] ». L'appel reste sans réponse. Beaumarchais poursuit les lectures, notamment devant le grand-duc de Russie qui réclame la pièce, et chez la maréchale de Richelieu, devant une assemblée de prélats. Au mois de mai 1782, les circonstances paraissent plus favorables[8]. L'illusion est de courte durée : nouvelle lettre au lieutenant de police pour réclamer d'autres censeurs[9]. En

1. Voir, à ce sujet, la Chronologie , p. XXXI-XXXII.
2. On trouvera le texte de ce *Compte rendu* dans l'édition d'E. Fournier, *Œuvres complètes de Beaumarchais*, Paris, Laplace, Sanchez et Cie, 1876, p. 585-625.
3. Sedaine a assisté le 8 septembre 1781 à une de ces lectures. Il remercie le lendemain par une lettre qui fait référence à une première version de la pièce, version inconnue par ailleurs ; voir cette lettre, p. 1366. La lecture était précédée d'un Avant-propos (voir p. 1368).
4. Voir var. *b*, p. 489.
5. Dans ses *Mémoires*, Paris, Baudouin, 1822, t. I, p. 278 ; récit reproduit par d'Heylli et Marescot, *Théâtre complet* [...] éd. citée, t. III, p. x.
6. Début de 1783.
7. Voir p. 1154 et 1156. On notera aussi la menace de faire jouer la pièce en Russie.
8. Voir les lettres à M. de La Porte (22 mai 1782 ; voir p. 1157) et à Grimm, le 27 du même mois (voir d'Heylli et Marescot, ouvr. cité, t. III, p. xv ; et Loménie, *Beaumarchais et son temps*, Paris, Michel Lévy, 1856, t. II, p. 302).
9. Voir Loménie, *ibid.*, p. 304-306.

juillet, le censeur Suard est hostile à la pièce. Un an plus tard, brusquement, en juin 1783, les Comédiens-Français reçoivent l'ordre de répéter la pièce[1]; mais l'interdiction, juste avant la représentation aux Menus-Plaisirs, le vendredi 13 juin, ruine ces espérances[2]. Nouvelle attente et nouveaux espoirs : le rapport du troisième censeur, Gaillard, est favorable[3] et, le 26 septembre 1783, les Comédiens-Français jouent la pièce à Gennevilliers devant le frère du roi et une société nombreuse et choisie. Un si haut patronage se révèle inutile. L'auteur multiplie en vain lectures et démarches; sa lettre du 27 novembre au lieutenant de police, pour réclamer son manuscrit, le montre excédé[4]. Mais c'est la lettre au baron de Breteuil[5], en janvier ou février 1784, qui constitue le document essentiel, non seulement sur toutes ces péripéties, mais sur la pièce elle-même et toutes les œuvres précédentes. Beaumarchais a compris que l'on reprochait avant tout au *Mariage de Figaro* son immoralité : belle occasion pour lui de dénoncer l'hypocrisie, de définir son esthétique, de souligner l'unité de son théâtre en l'analysant pièce par pièce et en insistant sur sa dernière œuvre. Toute cette première partie de la lettre, qui constitue un véritable manifeste, va fournir, sans grandes modifications, l'essentiel de la Préface[6]. La seconde partie fait l'historique de la querelle, relève l'opposition entre la Cour qui blâme la pièce et la Ville qui la réclame et, en désespoir de cause, demande au baron de Breteuil de compléter le travail du dernier censeur, Desfontaines, qui s'est montré très favorable. En mars, c'est finalement devant une « espèce de tribunal[7] » présidé par le baron lui-même que l'auteur lit sa comédie et plaide sa cause. Fort du jugement rendu, il écrit immédiatement au roi[8]. Louis XVI dut être sensible et aux sentiments de déférence qui s'y expriment et aux raisons invoquées. Eût-il pu d'ailleurs résister encore à la pression d'une grande partie de la Cour et de l'opinion publique ? La

1. L'ordre fut donné, ou tout au moins transmis, par les quatre premiers gentilshommes de la Chambre du roi, le maréchal duc de Richelieu, le maréchal duc de Duras, le duc d'Aumont, le duc de Fleury. Ils étaient chargés de l'administration des théâtres.

2. Voici le texte de l'interdiction : « Le Roi étant informé qu'on dit jouer aujourd'hui sur le théâtre de l'hôtel des Menus-Plaisirs à Paris la pièce du sieur de Beaumarchais intitulée *Le Mariage de Figaro* et Sa Majesté voulant faire connaître ses intentions à cet égard, elle fait très expresses inhibitions et défenses aux comédiens soit français soit italiens de jouer ladite pièce sur ledit théâtre, et ce sous peine de désobéissance. Fait à Versailles ce 13 juin 1783. Signé Louis » (Archives de la Comédie-Française).

3. Voir la chronologie de la pièce, p. 1364.

4. Voir Loménie, ouvr. cité, t. II, p. 320-321.

5. Voir p. 1157-1163. Cette lettre est conservée à la bibliothèque de la Comédie-Française. Il en existe dans les papiers de famille une copie dont Loménie (ouvr. cité, t. II, *passim*) cite des fragments. Les différences entre les deux textes sont insignifiantes.

6. Voir p. 353-368, et l'annotation.

7. Voir p. 1164.

8. Voir p. 1163-1164.

lettre à Préville du 31 mars[1] eſt un cri de victoire : « J'ai, mon *bon* ami, le *bon* du Roi, le *bon* du miniſtre, le *bon* du lieutenant de police. » Moins d'un mois après, le 27 avril 1784, la première a enfin lieu.

On a tout dit sur cette folle soirée et sur les dizaines de représentations qui suivirent. Beaumarchais n'a pas le triomphe modeſte. Il écrit au *Journal de Paris*[2] pour reprocher à ses rédacteurs de n'avoir pas publié l'épigramme tombée du cintre[3] et qui n'eſt pourtant pas à son honneur. Il s'efforce aussi de hâter la publication de la pièce. Elle doit être publiée aux frais de l'auteur, imprimée, pour plus de précautions, à Paris et à Kehl, et précédée d'une épître dédicatoire manifeſtement adressée au roi et à la reine, épître que le baron de Breteuil parviendra à faire supprimer[4]. Le permis d'imprimer a été obtenu pour la pièce en mars 1784, pour la préface en janvier 1785[5]; et pièce et préface vont pouvoir paraître, lorsqu'une lettre malencontreuse de l'auteur va encore retarder les choses. Attaqué à la fin de février dans le *Journal de Paris* par Suard, Beaumarchais répond le 2 mars par une lettre[6] dont le passage suivant sera utilisé contre lui : « Pourtant, Messieurs, quel eſt votre objet en publiant de telles sottises ? Quand j'ai dû vaincre lions et tigres pour faire jouer une comédie, pensez-vous, après son succès, me réduire, ainsi qu'une servante hollandaise, à battre l'osier tous les matins sur l'insecte vil de la nuit ? » Le ſtyle métaphorique a ses dangers : « lions » et « tigres » sont mal interprétés et le roi irrité envoie l'auteur à Saint-Lazare. Il a voulu aussi lire lui-même la préface et tarde à la rendre[7]. Le 7 avril, enfin, l'interdit eſt levé et les deux éditions de la pièce peuvent paraître, un an après la première représentation : si tard que déjà circulent des contrefaçons[8], que l'auteur condamne sévèrement[9] avant de donner le seul texte qui puisse faire autorité. Sans doute Louis XVI jugeait-il la préface moins dangereuse que la pièce et avait-il été sensible au ton du Mémoire

1. Voir Loménie, ouvr. cité, t. II, p. 324.
2. Voir p. 1164-1166.
3. Il en reproduit le texte dans sa lettre ; voir p. 1165.
4. Beaumarchais ne fit tirer que six épreuves de cette Épître. On en trouvera le texte p. 1367.
5. Voir, dans l'édition de Paris (Note sur le texte, p. 1372), p. LVI et 237.
6. Pour le texte de cette lettre, voir l'édition Fournier citée des *Œuvres complètes de Beaumarchais*, p. 674-675.
7. Le libraire Ruault s'en désole. Il écrit à la date du 13 mars : « Le magistrat que j'ai vu [...] ne m'a parlé que de la préface du *Mariage de Figaro* que je fais imprimer et dont il m'a demandé une épreuve [...]. Louis XVI en sera le censeur » ; et le 23 mai : « [...] la préface est toujours dans les pattes royales » (*Gazette d'un Parisien sous la Révolution*, Paris, Perrin, 1976, p. 56 et 57).
8. « La pièce est contrefaite, écrit encore Ruault, avant qu'elle ait paru légalement ; elle a été copiée au théâtre, à la voix des acteurs par des gens qui ont ce secret ; elle est informe à la vérité ; mais elle existe telle et on la vend sous le manteau » (*ibid.*, p. 58). C'est l'édition d'Amsterdam (voir la Note sur le texte, p. 1372).
9. Voir n. 2, p. 381.

justificatif[1]. Message adroit, respectueux, ce dernier n'hésitait pas à rappeler les créances dues à Beaumarchais par le roi et l'État.

Dans la lettre au roi de Suède[2] qui accompagne l'envoi de ce mémoire et de la comédie, Beaumarchais fait à bon droit remarquer que la Préface qui prétend « justifier » l'œuvre « a donné plus d'humeur, s'il se peut, que la comédie elle-même ». Les ennemis ne désarmaient donc pas. Il faut reconnaître qu'il n'était pas tendre envers eux. Autant qu'une justification, cette préface est un pamphlet et un manifeste. Son grand mérite est de ne pas se limiter à défendre l'œuvre qu'elle introduit, comme l'avait fait la *Lettre modérée sur la chute et la critique du « Barbier de Séville »*. Ce n'est qu'à la fin (« Revenons à *La Folle Journée*[3] ») que sont justifiées trois répliques qui avaient paru, sur le plan politique et social, particulièrement scandaleuses. Il s'agit auparavant de prouver que l'œuvre n'est aucunement immorale; de là une analyse très fine des différents rôles, analyse peut-être un peu forcée pour les besoins de la démonstration, qui sera complétée dans les « Caractères et habillements de la pièce[4] ». Mais, auparavant encore, Beaumarchais a le mérite de soulever, de manière très générale, la question de la « décence théâtrale », de souligner l'importance de la « disconvenance sociale » comme ressort de l'intérêt dramatique, de définir la véritable moralité[5]. Le texte, essentiel pour comprendre l'unité de l'œuvre tout entière, complète et nuance l'*Essai sur le genre dramatique sérieux*[6]. *Le Mariage de Figaro* eût pu appartenir à ce genre et s'appeler *L'Époux suborneur*, « son véritable titre[7] », dit Beaumarchais qui recopie, pour qu'il ne soit pas perdu, un passage sans doute trop « sérieux » dont les Comédiens-Français n'ont pas voulu. L'auteur le regrette, peut-être parce qu'au moment où il écrit cette préface, il travaille à *La Mère coupable*[8]. Ce que finalement, pour nous modernes, met en valeur cette préface, c'est la complexité de la pièce et l'alliance, précieuse mais difficile, du « badinage » et de la « raison[9] ».

1. C'est ce qu'écrit Ruault, qui, d'autre part, nous dépeint l'auteur écrivant « dans son lit », « dans son fauteuil », « sur sa table », contre l'avis de ses amis qui jugeaient ce mémoire inutile et inopportun (ouvr. cité, p. 58). Pour le texte de ce mémoire, voir p. 1166-1171.

2. Pour le texte de cette lettre, voir p. 1368-1369, et surtout l'excellent livre de G. von Proschwitz, *Gustave III par ses lettres*, Stockholm, Norstedts Förlag, 1986, p. 278-280. Le roi écrit, le 30 août 1785, à son amie, la comtesse de Boufflers : « Beaumarchais m'a envoyé sa pièce avec son mémoire au Roi. Je suis un peu embarrassé de la réponse, vu la circonstance. Je suis trop protecteur de la liberté pour approuver ce qu'on a fait envers lui, je suis trop politique pour le dire, et trop sincère pour le taire [...] » (ouvr. cité, p. 283-284).

3. Voir p. 373.

4. Voir p. 378.

5. Voir p. 353-355.

6. P. 119 et suiv.

7. Voir p. 359.

8. Voir p. 368.

9. P. 351, 489.

Le nombre des épigrammes et des parodies[1] témoigne du succès de l'œuvre et de son retentissement; mais, comme pour *Le Barbier de Séville*, on est frappé du désaccord entre l'enthousiasme du public et les réticences jalouses des critiques[2]. On retiendra, de commentaires dans l'ensemble très pauvres, qu'aux yeux des contemporains, si le rôle du comte était immoral, celui de la comtesse ne l'était pas moins; nous voyons surtout en elle une épouse délaissée; les contemporains trouvèrent rien moins qu'innocents les jeux avec le page : « Il est trop certain, écrit La Harpe[3], que personne ne pense à s'apitoyer sur l'abandon de la comtesse, qui passe son temps à faire l'amour avec son page[4]. » Certaines scènes parurent trop osées, nous dirions trop érotiques.

Plus intéressante pour nous se révèle l'opinion de l'auteur sur sa pièce. Nous savons, grâce à Gudin de la Brenellerie[5], qu'il jugeait les deux derniers actes inférieurs aux trois premiers, que la longueur du grand monologue[6] l'avait effrayé et qu'il avait demandé conseil à Préville. Il nous a laissé son propre résumé de la comédie[7], qui n'est, selon lui, « qu'un badinage innocent et léger mêlé de saillies de critique et de moralité ». Dans tous les écrits qui présentent son

1. La liste la plus complète se trouve dans l'ouvrage de Rudolph Angermüller, *Figaro*, Munich, Bayerische Vereinsbank, 1986, p. 54-57.

2. On en trouvera l'essentiel commodément réuni par d'Heylli et de Marescot, ouvr. cité, t. III, p. LXII-LXXX.

3. Voir notre article « La Harpe critique de Beaumarchais et Gudin critique de La Harpe » dans les *Mélanges pour J. Scherer, Dramaturgies, Langages dramatiques*, Paris, Nizet, 1986, p. 543-549.

4. *Lycée ou Cours de littérature* (1799), Paris, Firmin-Didot, 1870, t. II, p. 553. On retiendra, dans le même sens, ce passage du compte rendu de *L'Almanach des Muses* de 1786 (Paris, chez Delalain, p. 288) : « Montrer que des hommes distingués par le rang et la naissance peuvent devenir le jouet de leurs valets, dès qu'ils s'écartent du chemin de la vertu : c'est le but moral de cette comédie, que l'auteur a bien fait de dévoiler dans sa Préface, car personne ne s'en serait douté : tandis qu'on avait vu clairement et du premier coup d'œil l'inclination naissante de la comtesse pour le petit page, les progrès de sa faiblesse, ainsi que tous les artifices mensongers qu'elle emploie avec son mari, et l'assurance qu'elle reprend subitement avec tant d'habileté, dès qu'elle sait qu'il ne peut plus la confondre. On en avait conclu que si elle ne le trompe pas encore tout à fait, ce n'est pas faute de disposition. »

5. *Œuvres complètes de Pierre-Augustin Caron de Beaumarchais*, Paris, Léopold Collin, 1809, t. VII, p. 253-255.

6. Voir acte V, sc. III, p. 469.

7. Ou plutôt, il nous en a laissé deux. Le premier, sous forme de brouillon, est cité d'abord par Lintilhac (*Beaumarchais et ses œuvres*, Paris, Hachette, 1887, p. 259-260), et plus complètement, avec les corrections, dans l'édition du *Mariage de Figaro* de J.-B. Ratermanis (*Studies on Voltaire and the eighteenth century*, nº LXIII, 1968, p. 571-573). Le second, légèrement différent, se trouve dans un article du *Courrier de l'Europe* du 9 juillet 1784. M. G. von Proschwitz, qui le cite (*Introduction à l'étude du vocabulaire de Beaumarchais*, Stockholm et Paris, Nizet, 1956, p. 354-356), estime avec raison que cet article est tout entier de la main de Beaumarchais. Il se termine ainsi : « Tout cet imbroglio théâtral est un badinage comique, mêlé de saillies et de critiques assorties au caractère de Figaro et aux mœurs du siècle. L'immoralité de l'intrigue n'est qu'en projets très bien punis et tout se termine ainsi que la décence la plus rigoureuse peut l'exiger. »

œuvre, l'auteur insiste sur sa moralité; il avait, on l'a vu, d'excellentes raisons pour le faire.

À deux siècles de distance, nous pouvons porter sur *Le Mariage de Figaro* un jugement moins passionné. La critique s'est ingéniée à trouver des sources livresques sans aboutir, dans cette recherche toujours un peu vaine, à des résultats bien probants[1]. Il est évident que certains thèmes étaient « dans l'air ». La pièce de Voltaire, *Le Droit du seigneur*, créée en 1762, avait été « remise » en 1778; en 1783, une œuvre de Desfontaines portait ce même titre. Le personnage de Chérubin n'est pas entièrement original. Il est sans doute inutile de remonter, comme le fait Lintilhac[2], jusqu'au XVe siècle et au *Petit Jehan de Saintré*. Le jeune garçon tient peut-être son nom du roman de Lesage, *Le Bachelier de Salamanque ou les Mémoires de don Chérubin de La Ronda*; et pour son caractère, il rappelle beaucoup le jeune militaire, nommé Lindor, d'un des *Contes moraux* de Marmontel, « Le Scrupule ». De ce conte, Rochon de Chabannes tire en 1762 une pièce, *Heureusement*[3], que cite Beaumarchais dans sa Préface[4]. Mais pourquoi cadre et personnages n'auraient-ils pas été pris dans la vie ? Selon une tradition restée vivante, la *« salle des marronniers »*, au cinquième acte, serait celle du château de Saint-Didier, entre Carpentras et Apt[5]; et la famille du comte Almaviva serait, pour une part, une image assez peu déformée du milieu Choiseul[6], Almaviva représenterait le duc, et Chérubin, Petit Louis, le jeune musicien de la duchesse. C'est possible, mais la fête au château peut aussi être un souvenir des soirées d'Étiolles[7]; Gudin explique les plaisanteries sur les ambassadeurs par la malveillance de lord Stormond; et il évoque le souvenir d'un grand seigneur qui les accueillait, lui et Beaumarchais, dans son château, sur la route de Bordeaux : seigneur haï, parce qu'il s'était mal conduit et que ses gens se conduisaient mal à l'égard des femmes[8]. Était-ce le duc de Choiseul ? Au reste, comme l'auteur le laisse entendre ironiquement à la fin de sa Préface[9], pour peindre un seigneur débauché les modèles ne manquaient pas.

Mais sans aucun doute vaut-il mieux admirer ce chef-d'œuvre tel qu'en lui-même les deux premières éditions nous l'ont changé.

1. Citons pourtant l'étude convaincante de F. Moureau, « Une source du *Mariage de Figaro : Le Jaloux honteux* de Dufresny », *Revue d'histoire littéraire de la France*, t. LXXXII, 1982, 82e année, p. 78-87.
2. Voir ouvr. cité, p. 262.
3. Voir *Théâtre du XVIIIe siècle*, Bibl. de la Pléiade, t. II, p. 417-443.
4. P. 364 et n. 1.
5. Voir p. 467. Ce château appartenait au marquis de Thézan-Vénasque, grand ami de Beaumarchais.
6. Sur cette thèse et sa genèse, voir Félix Gaiffe, *Le Mariage de Figaro*, Paris, Malfère, 1928, p. 40-41.
7. Voir les parades, en particulier la fin de *Jean-Bête à la foire*, p. 93 et suiv.
8. Gudin, *Œuvres de Beaumarchais*, éd. citée, t. VII, p. 249-250.
9. P. 378.

Cette pièce très longue[1] est avant tout un bel exemple de théâtre total : tout en effet y signifie. Décors, costumes, gestes, mouvements sont notés avec le plus grand soin; et Beaumarchais met en garde les futurs interprètes contre tout relâchement[2]. Ce théâtre est fait pour être vu et le cinquième acte en particulier, peu compréhensible à la lecture, ne prend toute sa valeur qu'à la scène. L'œuvre est absolument inclassable, étant à la fois comédie de mœurs, de situations, et de caractères. C'est la peinture d'une petite société, comme l'était en 1761 *La Nouvelle Héloïse*, d'une famille au sens large, incluant aussi les domestiques. Comme dans *La Nouvelle Héloïse*, les rapports entre les maîtres et leurs gens sont complexes et ambigus. Figaro est à la fois valet de chambre du comte et concierge du château, une sorte d'intendant qui dirige tout « le domestique », règle les affaires et peut traiter les valets de coquins[3]. Suzanne est d'origine paysanne, la nièce de cet ivrogne d'Antonio; mais elle a pris des leçons de musique, sait jouer de la guitare[4] et, avec le titre de première caméríste, est la dame de compagnie de la comtesse. Les deux couples vivent ensemble dans une société très hiérarchisée, du comte qui, grand corrégidor d'Andalousie, a pratiquement droit de vie et de mort sur ses sujets et même sur Figaro et Suzanne, jusqu'à Grippe-Soleil, le jeune pastoureau, tout heureux que le comte puisse dire de lui qu'il est de sa compagnie[5]. La « disconvenance sociale », source de tout intérêt dramatique pour Beaumarchais[6], est le fait du comte, « assez vicieux pour vouloir prostituer à ses caprices tout ce qui lui est subordonné [...] »[7] : d'où l'alliance, à trois contre un, de la comtesse, de Figaro et de Suzanne; à quoi s'ajoutent les prétentions de Marceline, bien près de se réaliser; et, au milieu de la pièce, la scène de la reconnaissance, mi-directe, mi-parodique[8], dont le compte rendu de *L'Almanach des Muses*[9], en 1786, dit très justement qu'elle est « moitié tendre, moitié bouffonne ».

Tendresse et bouffonnerie, badinage et raison, comme le disent les deux vers du vaudeville mis en exergue[10], la pièce vit de ces contrastes. Sous le titre de *L'Époux suborneur*, elle eût été un drame

1. Contrairement à l'usage, elle était jouée sans être suivie de la « petite pièce ». La première représentation, commencée à cinq heures et demie, dura jusqu'à dix heures. Sur le manuscrit de la Comédie-Française est indiquée la durée de chaque acte. Voir notre ouvrage, *Le Langage dramatique*, Paris, Colin, 1972, rééd. PUF 1980, p. 150.
2. Voir p. 380.
3. Voir acte V, sc. II, p. 468.
4. Voir acte II, sc. IV, p. 406.
5. Acte II, sc. XXII, p. 426.
6. Voir p. 355.
7. Voir p. 362.
8. Un passage de la *Lettre modérée [...]* (voir p. 274-276) montre que Beaumarchais n'était pas dupe de ce procédé dramaturgique dont a abusé le théâtre de son temps.
9. Voir n. 4 en bas de page 1360 ; la citation est p. 287.
10. Voir le couplet de Suzanne, p. 489 et n. 1, et p. 351.

bourgeois écrit du même style que le passage refusé avec raison par les Comédiens-Français et qu'a recueilli la Préface[1]. Telle qu'elle est, elle traite de la condition des femmes et met en valeur le thème du *fils naturel.* Si Beaumarchais a choisi de faire rire, si tout se termine par des chansons, une mélancolie très douce, à laquelle Péguy s'est montré sensible[2], perce souvent sous la gaieté, et le dénouement est peut-être moins gai qu'on nous le dit. Le comte abandonne son projet : en sera-t-il plus vertueux ? La comtesse, *« absorbée, revient à elle [...] »*. Mais à qui donc rêvait-elle ? à Chérubin sans doute, ce Chérubin qui plus tard la séduira[3]. Tout rentre dans l'ordre, provisoirement. Mozart ne s'y trompe pas qui, composant pour la pièce le meilleur commentaire qu'on aura jamais, teinte de mélancolie cette scène du pardon.

Faire cette remarque, c'est poser le problème des rapports des deux chefs-d'œuvre. La comédie de Beaumarchais fut, dès sa publication, traduite en allemand. Mozart savait d'ailleurs assez de français pour la lire dans le texte original et c'est lui qui demanda à Da Ponte de lui fournir un livret[4]. L'opéra fut créé à Vienne le 1er mai 1786. Mais il fallut attendre le 20 mars 1793 pour qu'il soit représenté à l'Opéra de Paris[5]. L'œuvre n'eut que cinq représentations. Elle était chantée en français. François Notaris avait adapté l'œuvre en remplaçant les récitatifs par le texte, parlé, de la comédie. De là une représentation trop longue et une forme nouvelle qui déconcerta les spectateurs. Sur la demande de l'administrateur de l'Opéra, Beaumarchais assista à la deuxième représentation et écrivit, le 3 avril, une lettre *Aux acteurs de l'Opéra assemblés*[6]. On pourrait s'étonner qu'il n'y soit fait aucune allusion à la musique de Mozart. Ce serait oublier qu'à cette date Beaumarchais est presque complètement sourd[7]. Les conseils qu'il donne sont ceux d'un homme qui a vu et non entendu. Autrement, comment penser qu'aimant autant la musique, il ait été insensible à l'enchantement mozartien[8] ?

1. P. 367-368.
2. Dans *Clio, dialogue de l'histoire et de l'âme païenne.*
3. Voir p. 486. Au moment où Beaumarchais écrit sa préface, *La Mère coupable* est en chantier.
4. Voir Jean et Brigitte Massin, *Wolfgang Amadeus Mozart*, Le Club français du livre, 1959, p. 440.
5. Sur les dates des autres représentations en Allemagne et en Europe, voir le *Figaro* de Rudolph Angermüller, p. 84-92.
6. On en trouvera le texte p. 1369-1371.
7. Voir Lintilhac, ouvr. cité, note 3, p. 102. La surdité deviendra peu à peu totale. Dans une lettre du 27 août 1797, on peut lire : « Je suis sourd, moi, *comme une urne sépulcrale* ; ce que les gens du peuple nomment *sourd comme un pot* [...] » (éd. Fournier citée, p. 688).
8. Traiter des rapports de la comédie et de l'opéra serait hors de notre propos. Sur cette question, on lira surtout, outre les deux ouvrages déjà cités de J. et Br. Massin et de R. Angermüller, l'article de Sherwood Dudley, « Les premières versions françaises du *Mariage de Figaro* de Mozart (*Revue de musicologie*, 1983, nº 1, p. 55-83).

Chronologie du « Mariage de Figaro ».

1775

Allusion, dans la *Lettre modérée [...]*, à une suite possible au *Barbier de Séville*[1].

1778

La Folle Journée ou le Mariage de Figaro est terminé.

1781

8 septembre : lecture de la pièce chez l'auteur. Sedaine y assiste et remercie le lendemain par une lettre[2].

Ce même mois, lettre aux Comédiens-Français[3].

29 septembre : la pièce est reçue à l'unanimité à la Comédie-Française.

1er octobre : lettre aux Comédiens-Français[4].

Le premier censeur, Coqueley de Chaussepierre, fait un rapport favorable et demande de légères modifications.

Lecture de la pièce faite au roi et à la reine par Mme Campan.

1782

Au début de l'année, lettre au lieutenant de police[5].

22 mai : lettre à M. de La Porte, secrétaire de la Comédie-Française[6].

Les lectures de la pièce se poursuivent : le 26 mai au grand-duc et à la grande-duchesse de Russie; le 30 chez la maréchale de Richelieu, devant une assemblée de prélats.

Probablement en juin, nouvelle lettre au lieutenant de police.

Juillet : nouvelle censure; J.-B. Suard est hostile à la pièce.

1783

Juin : les Comédiens-Français reçoivent l'ordre de répéter *Le Mariage de Figaro* pour le service de la cour.

13 juin : la représentation sur le théâtre des Menus-Plaisirs est interdite au dernier moment par le roi.

Entre juin et septembre, le troisième censeur, Gaillard, fait un rapport favorable.

26 septembre : représentation donnée par les Comédiens-Français à Gennevilliers chez le comte de Vaudreuil en l'honneur du comte d'Artois.

1. Voir p. 1355 et n. 1, et la suite de la Notice pour l'ensemble de cette chronologie.
2. Voir p. 1366.
3. Pour demander à Mlle Doligny et à M. Fleury d'être ses deux patrons et fixer la date de la lecture de la pièce devant les sociétaires.
4. Lettre sur la date possible de représentation. Beaumarchais peut attendre et ne veut léser personne. Cette lettre, comme la précédente, a été publiée pour la première fois dans la *Revue rétrospective*, t. VII, p. 457-458.
5. Voir p. 1154-1157.
6. Voir p. 1157.

27 novembre : nouvelle lettre au lieutenant de police pour recouvrer le manuscrit.

À la fin de l'année : rapport favorable du quatrième censeur, Guidi.

1784

15 janvier : rapport très favorable du cinquième censeur, Desfontaines.

Entre le 15 janvier et le 22 février, lettre au baron de Breteuil.

22 février : rapport très favorable du sixième censeur, Antoine Bret.

28 février : approbation de Coqueley de Chaussepierre pour l'impression et la représentation; celle de Bret suit, le 21 mars; celle de Le Noir, le 29.

Mars : tribunal des lettres sous la présidence du baron de Breteuil.

Lettre au roi[1].

31 mars : lettre de Beaumarchais à Préville.

27 avril : première représentation de « *La Folle Journée ou le Mariage de Figaro*, comédie en cinq actes, en prose, par M. de Beaumarchais ».

Mai : lettre aux auteurs du *Journal de Paris*.

19 mai : lettre à Mme de Montansier[2].

2 octobre : cinquantième représentation donnée en l'honneur des mères nourrices[3].

1785

25 janvier : approbation de la préface par le censeur Bret.

31 janvier : permis d'imprimer de Le Noir.

12 février : avis de la société de Kehl annonçant son édition.

28 février : achevé d'imprimer de la pièce.

2 mars : lettre aux auteurs du *Journal de Paris*[4]. À la suite de cette lettre, Beaumarchais est enfermé à Saint-Lazare.

Mars ou avril : lettre au roi[5].

7 avril : interdit de la publication levé.

17 août : soixante-quatorzième représentation. La précédente avait eu lieu le 11 février. Cette longue interruption s'explique par la grossesse d'une artiste et une maladie de Dazincourt.

1786

1er mai : première à Vienne des *Noces de Figaro* de Mozart.

1793

Mars : première représentation parisienne de l'opéra de Mozart, le texte parlé étant celui de Beaumarchais[6].

1. Voir p. 1163.
2. Voir éd. Fournier citée, p. 660.
3. Voir var. *c*, p. 486.
4. Voir p. 1164.
5. Voir p. 1166.
6. Voir la Notice, p. 1363.

3 avril : lettre aux acteurs de l'Opéra assemblés[1].

Nombre de représentations à la Comédie-Française : au XVIIIe siècle, 116; au XIXe siècle, 609; au XXe siècle, jusqu'à fin 1983, 524.

La pièce a été mise en scène par Jean Meyer en 1946, et en 1977 par Jacques Rosner.

DOCUMENTS

LETTRE DE SEDAINE À BEAUMARCHAIS[2]

Mon cher collègue en littérature et cher frère en Apollon, je vous remercie de tout le plaisir que vous m'avez fait hier; Charles VII ne pouvait pas perdre son royaume plus gaiement et vous faire vos affaires avec un fonds de gaieté plus inépuisable; votre Figaro m'a fait le plus grand plaisir, et vous vous êtes tellement et si bien rendu maître de ce caractère qu'on vous croirait un peu Figaro. Votre Almaviva a justifié ce que j'avais trouvé presque inexcusable dans les premières scènes du Barbier, c'est qu'il s'annonce comme un libertin d'après nos mœurs à observer. Il pense que Rosine est femme du docteur; ainsi le voilà bien adultère en herbe, et c'est Figaro qui lui a appris qu'elle n'était que pupille et future conjointe[3]. D'un autre côté, cette Rosine s'est prêtée avec tant de finesse à tromper le docteur qu'on ne peut s'empêcher d'imaginer qu'un jour elle trompera son mari, et je ne suis pas le seul qui en a fait la réflexion. Les corrections à faire, les longueurs à supprimer ne peuvent se faire qu'aux répétitions, et n'écoutez avant ce temps que vous-même. J'ai trouvé quelques mots, quelques phrases d'un ton hasardé[4] comme « franc maraud », « franc mari », « aux Ursulines », « au lieu de retraite forcée », etc., mais l'ouvrage est charmant, divertissant, plein de sel, de goût et d'une philosophie en Polichinelle à faire étouffer de rire, et depuis feu Rabelais, de joviale mémoire, rien qui puisse mieux distraire de leurs maux les pauvres vérolés[5].

Je crains qu'on ne puisse supporter sur la scène cette charmante et facile comtesse que l'imagination au sortir du cabinet voit encore toute barbouillée de f...[6]; mais il n'est rien qu'on ne fasse passer avec des distractions de l'objet principal.

1. Voir ce texte, p. 1369-1371.
2. Faisant partie des papiers de famille, cette lettre a été publiée pour la première fois par Lintilhac (ouvr. cité p. 82-83). Faite vingt jours avant que la pièce ne soit reçue à la Comédie-Française, elle est intéressante dans la mesure où elle se réfère à une version que nous ne possédons pas. Beaumarchais, qui avait beaucoup d'admiration pour Sedaine, a suivi sur certains points ses conseils.
3. *Le Barbier de Séville*, acte I, sc. IV, p. 297.
4. *Hasardé*, c'est-à-dire risquant de subir les foudres de la censure.
5. Allusion évidente au prologue de *Gargantua* où Rabelais s'adresse aux « vérolés très précieux » (*Œuvres complètes*, Bibl. de la Pléiade, p. 25).
6. Dans les états connus de nous la comtesse n'est jamais enfermée seule avec un homme.

Je n'aime point les quatre bourses de Figaro[1], quand elles ne seraient pas dans le dénouement des *Trois Frères rivaux*[2]; vous me demanderez pourquoi : je n'en sais rien, mais je ne les aime pas.

J'aime beaucoup que vous ayez élevé le ton de Marceline, cela était indispensablement nécessaire, un petit mot du docteur, dans les premières scènes où ils se parlent pour préparer, en reproche, la sublimité des idées qu'elle a acquises près de lui, et que la paix du ménage devrait approfondir s'il épousait. Enfin je finis, pour ne pas donner dans le ridicule d'enseigner à mon maître comment il doit s'y prendre.

Je pars mardi pour la campagne Saint-Prix, et je compte y rester deux mois; je serais bien fâché si je n'étais pas à la première représentation de cet ouvrage, et comme vous êtes très occupé, j'invite notre ami M. Gudin à m'en donner des nouvelles si je n'en sais pas moi-même à Saint-Prix par Franconville[3]. La fin de votre troisième acte est si pleine que je crains que le quatrième acte n'en souffre; ne pourriez-vous à la fin de ce troisième raviver la curiosité en jetant un mot du petit page qu'on a totalement oublié, et dont on désirera savoir le destin ?

Et sur ce, je vous embrasse de tout mon cœur, ainsi que votre lutin[4] et la porteuse du creuset où ce lingot d'or a pris sa forme.

Ce 9 septembre 1781.

ÉPÎTRE DÉDICATOIRE AUX PERSONNES TROMPÉES SUR MA PIÈCE ET QUI N'ONT PAS VOULU LA VOIR[5]

1784.

Ô vous, que je ne nommerai point, cœurs généreux, esprits justes, à qui l'on a donné des préventions contre un ouvrage réfléchi, beaucoup plus gai qu'il n'est frivole; soit que vous l'acceptiez ou non, je vous en fais l'hommage, et c'est tromper l'envie dans une de ses mesures. Si le hasard vous le fait lire, il la trompera dans une autre, en vous montrant quelle confiance est due à tant de rapports qu'on vous fait !

Un objet de pur agrément peut s'élever encore à l'honneur d'un plus grand mérite; c'est de vous rappeler cette vérité de tous les temps : qu'on connaît mal les hommes et les ouvrages, quand on les juge sur la foi d'autrui; que les personnes surtout dont l'opinion est d'un grand poids s'exposent à glacer, sans le vouloir, ce qu'il fallait encourager, lorsqu'elles négligent de prendre, pour base de leur jugement, le seul conseil qui soit bien pur, celui de leurs propres lumières.

Ma résignation égale mon profond respect.

L'AUTEUR.

1. Voir p. 447, 449, 485. Il n'y en a plus que trois dans le texte définitif.
2. Comédie de Joseph de Lafont, Paris, Ribou, 1713.
3. Saint-Prix est tout près de Franconville, qui est près de Pontoise sur la route de Paris.
4. Eugénie, le « lutin », avait quatre ans.
5. Les *personnes trompées* sont le roi et la reine. Sur cette épître dont Beaumarchais n'avait fait tirer que six exemplaires, voir p. 1167.

AVANT-PROPOS DE LA LECTURE[1]

Avant de commencer cette lecture, Mesdames, permettez que je vous raconte un fait qui s'est passé sous mes yeux. Un jeune auteur, soupant dans une maison, fut invité à lire un de ses ouvrages dont on parlait beaucoup dans le monde. On employa jusqu'à la cajolerie; il résistait. Quelqu'un prit de l'humeur et lui dit : « Vous ressemblez, monsieur, à la fière coquette, refusant à chacun ce qu'au fond vous brûlez d'accorder à tous. — Coquette à part, reprit l'auteur, votre comparaison est plus juste que vous ne pensez. Les belles et nous avons souvent le même sort d'être oubliés après le sacrifice. La curiosité pressante qu'inspire un ouvrage annoncé ressemble en quelque sorte aux désirs fougueux de l'amant. Mais à peine avez-vous obtenu des belles et de nous ce que vous souhaitez avec ardeur, que vous nous forcez à rougir d'avoir trop peu d'appas pour vous fixer. Nous devons donc repousser également le trompeur encens des flatteries et ces précoces douceurs qui se changent en critiques aussitôt que nous nous sommes livrés. Nous enfantons avec douleur, vous n'avez, vous, que les jouissances, et tout cela ne peut vous désarmer.

« Soyez plus justes ou ne demandez rien. Dans une injure consommée, partout le coupable est timide; ici, c'est l'offensé qui n'ose lever les yeux. Mais pour que rien ne manque au parallèle, après avoir prévu les suites de ma démarche, inconséquent, faible comme les belles, je vous lirai mon fol ouvrage. » Il le lut, on le critiqua. J'en vais faire autant et vous aussi.

À S. M. LE ROI DE SUÈDE[2]
EN LUI ENVOYANT LA BELLE ÉDITION DU « MARIAGE DE FIGARO » ET MON MÉMOIRE JUSTIFICATIF AU ROI

Sire,

Après avoir généreusement défendu, protégé cette *Folle Journée*, qui depuis m'en a causé de si tristes, daignerez-vous, Sire, en accepter un exemplaire plus digne de votre bibliothèque que celui que mon meilleur ami vous a présenté de ma part ? Accoutumée à juger sainement de tout, Votre Majesté ne sera pas surprise que je sois forcé de saisir l'instant le moins heureux de ma vie pour mettre à ses pieds l'ouvrage le plus enjoué de ma plume.

La douleur, Sire, est sortie de la joie, et la gaieté même a produit l'amertume. Si Votre Majesté se rappelle tout le mal qu'on avait dit de *La Folle Journée* à nos maîtres, elle se souviendra aussi que c'était presque un crime à la Cour que de justifier cette pièce; et ma préface, qui prétend à l'honneur dangereux de le faire, a donné plus d'humeur, s'il se peut, que la comédie elle-même.

1. Voir la Note sur le texte qui suit.

2. Cette lettre, datée du 12 avril 1785, est adressée à Gustave III, roi de Suède de 1771 à 1792. Elle provient des papiers de Beaumarchais achetés à Londres et a été publiée par Fournier dans son édition des *Œuvres complètes* de Beaumarchais (Paris, Laplace, Sanchez et Cie, 1876, p. 743). Elle est reproduite en fac-similé dans G. von Proschwitz, *Gustave III par ses lettres*, planche 22 (p. 272).

Sitôt qu'on l'a connue, Sire, mes ennemis ont calculé que, s'ils pouvaient seulement tromper le roi, l'irriter bien fort contre moi, en tordant l'expression d'une lettre insérée dans le *Journal de Paris*, ils obtiendraient l'anéantissement de la pièce et de la préface : ils se sont trompés, Sire, en un seul point. La proscription qu'ils appelaient sur mon ouvrage n'a foudroyé que ma personne; et, par une suite de la bizarrerie attachée à cette production, la pièce a continué d'avoir un libre cours, pendant qu'on arrêtait l'auteur. Mais comme ce n'était pas tout perdre pour la haine, ma disgrâce l'a consolée; je le serai moi-même infiniment, si le malheur qui m'a frappé ne vous laisse pas, Sire, l'impression fâcheuse que je l'ai mérité. Pour parvenir à l'éloigner, je vous supplie humblement, Sire, d'agréer l'hommage respectueux de mon *Mémoire au roi*, avant même qu'il l'ait reçu. Tous mes amis qui le connaissent espèrent avec moi que Sa Majesté, détrompée, me rendra enfin la justice qu'elle ne refuse à personne.

Il appartenait à Mme la comtesse de Boufflers de sentir, d'apprécier la résolution que j'ai prise, de me constituer prisonnier volontaire dans ma propre maison, jusqu'à ma justification démontrée.

Elle m'a fait l'honneur, Sire (et je me pare aux yeux de Votre Majesté de cette faveur honorable), de venir, avec Mme la comtesse Amélie, m'apprendre de vive voix combien elle approuvait ce parti. Un suffrage aussi respecté m'en garantit bien d'autres à Paris; et j'ose penser qu'il m'en promet d'inappréciables à Stockholm.

Je suis avec le plus profond respect,
de Votre Majesté,
Sire, etc.

AUX ACTEURS DE L'OPÉRA ASSEMBLÉS[1]

Ce 3 avril 1793.

Mes frères et sœurs, ou plutôt, c'est mieux dit, mes sœurs et frères — honneur au beau sexe.

C'est un très bon projet que le mélange des deux genres, pour accumuler des recettes : celui du grand *opéra*, et celui de l'opéra parlé et chanté.

Avec les superbes accessoires de votre spectacle, aucun autre ne pourra soutenir votre concurrence. Mais c'est un nouveau genre de talent que vous devez perfectionner en vous. L'habitude du chant continuel nuit au débit de la comédie, et la longueur en tue l'effet, surtout dans la comédie gaie.

L'unique désir d'être utile à votre spectacle m'a fait vaincre la répugnance que j'ai de m'occuper d'autre chose que d'étriller tous les chiens qui m'aboient. J'ai été voir à muche-pot[2] la deuxième représentation du *Mariage*. Et voici mes observations. Il faut à votre théâtre plus de mouvement et de variété. Jetant par la fenêtre l'amour-propre d'auteur, j'ai réuni le troisième avec le quatrième acte, il y aura moins de comédie et le chant sera rapproché; la pièce

1. Voir la notice p. 1363. Lettre publiée par Loménie, ouvr. cité, t. II, p. 585-587.
2. En cachette.

deviendra plus courte; et un beau ballet pour la noce terminera bien *Le Mariage*. Le genre de la pièce indique assez de quelle dégaine ce ballet doit trotter. Ce sont moins des danses françaises que le genre vif et grenadin des Maures, dont les Espagnols ont conservé le goût, une noce de Gamache à peu près. Vous privez votre spectacle d'un de ses plus grands attraits, si vous faites la scission entre le chant, les paroles et la danse; ne négligez pas cet avis.

J'ai trouvé vos autres actes vides. Comme tous les actes commencent par des paroles, il n'y a rien de si glacé que d'entrer sur la scène pour parler pendant que le public s'ennuie. Il faut de grands et beaux morceaux d'orchestre pour remplir ces longs intervalles et mettre de la variété; cette remarque est essentielle.

Je désirerais, entre le premier et le deuxième acte, la répétition désordonnée d'un ballet vif quelconque, et qui ressemblerait aux répétitions du foyer. Des mutineries d'actrices, la colère du maître de ballet, les rires de quelques jeunes danseurs, des morceaux entamés, point finis et une impatience générale qui amenât une espèce de farandole, etc., etc. Cette façon de traiter un ballet appartiendrait à cette folle journée, et aurait l'air de préparer la fête que Figaro a imaginée.

Si vous ne faites pas un effort pour réchauffer cette pièce, il vaudrait mieux l'abandonner.

Être piquant ou nul, c'est là notre devise.

Quant aux scènes parlées, je demande à Bartholo, qui a bien la prestance et le jeu de son rôle, de s'appesantir moins sur le débit, de fouetter davantage sa première scène avec Marceline, avec la brusquerie d'un vieillard toujours en colère.

Je demande à ma Spinette, qui joue Suzanne très gaiement, de contraster avec l'humeur de Marceline, dans la scène de leur débat au premier acte, par une ironie légère et fine. Une des grâces de cette scène est que l'une rit pendant que l'autre se fâche. Laissons l'aigreur à la vieillesse, puisque c'est l'âge des regrets.

J'ai trouvé le petit page un peu dégingandé; c'est ou naïf ou polisson qu'il doit être, cela est très aisé à réparer.

Le comte Almaviva jouera fort bien la comédie, je le prie seulement de distinguer la noblesse du caractère qu'il représente de l'*échassure*[1] qui gourme un peu l'acteur : son débit y gagnera de la vivacité, car ce qu'on désire le plus c'est que la pièce marche; du reste son rôle est fort bien.

Il n'y a dans celui de Figaro que quelques changements de position à faire à la scène, pour lui donner plus de finesse; c'est l'affaire d'un instant à la répétition. Je le prie de réfléchir, en homme d'esprit qu'il est, qu'un degré même léger de charge peut faire une farce de cette pièce, car Figaro est un mauvais sujet, mais fin, léger, éduqué et non pas farceur. Du reste, rien à dire sur la vivacité du débit.

Je prie Bazile de débiter et non d'appuyer sur toutes ses syllabes comme s'il chantait des vers. Il fait beaucoup languir cette scène du petit page dans le fauteuil, la comédie ne marche pas ainsi. Oubliez le théâtre, la scène se passe dans une chambre.

Si vous adoptez ces idées, la pièce reprendra vigueur et vous

1. Beaumarchais crée ce mot comme il avait créé *échassé* (voir p. 121 et n. 2).

encouragerez par là quelques hommes de mérite à travailler pour vous. Je ferais alors l'impossible pour aller à huis-clos vous entendre répéter tous, avec le vif désir de contribuer, si je le puis, à multiplier les succès du premier théâtre du monde.

BEAUMARCHAIS.

Je n'ai rien dit de la Comtesse, qui a la décence de son rôle; on désirerait quelquefois un jeu un peu plus animé.

NOTE SUR LE TEXTE

De son premier état à sa version définitive, le texte du *Mariage de Figaro* a subi des modifications considérables. Après l'avoir présenté dans une courte allocution[1], Beaumarchais le jouait autant qu'il le lisait devant des gens avertis dont il observait les réactions; il tenait souvent le plus grand compte de leurs critiques[2]. Si ces différents états du texte sont pour nous perdus, il nous reste trois manuscrits que nous citons dans l'ordre où l'on s'accorde à penser qu'ils ont été écrits.

Le premier — 174 feuillets numérotés et reliés en volume — se trouve à la Bibliothèque nationale et a pour titre « La Folle Journée / ou le Mariage de Figaro / Comédie en cinq actes ». Écrit de la main d'un copiste, il porte de très nombreuses corrections, qui semblent être, en général, de la main de l'auteur.

Le deuxième appartient à la famille et porte après le titre sur la couverture la mention « Opuscule comique ». Ses 85 feuillets ne sont ni reliés ni numérotés, l'écriture semble être celle de l'auteur; approbations et permission d'imprimer[3]. Sans doute ce manuscrit a-t-il servi à la lecture dans les salons.

Le troisième est à la bibliothèque de la Comédie-Française et a le même titre que les deux autres; les 127 pages sont numérotées et reliées en volume. Les corrections sont généralement de la main de Beaumarchais. On peut penser que ce texte a servi au souffleur pendant les répétitions[4].

Les variantes qu'offrent ces trois manuscrits sont intéressantes. Comme l'avait fait E.-J. Arnould pour *Le Barbier de Séville*, J.-B. Ratermanis les a reproduites en synoptique avec le texte de l'édition de Paris[5]. Nous en avons retenu l'essentiel.

Des deux éditions publiées en 1785, l'une à Paris[6], l'autre à

1. Voir le texte d'un de ses avant-propos de la lecture, p. 1368 (d'après le manuscrit de la Bibliothèque nationale), et le même texte avec ses variantes dans l'édition de J.-B. Ratermanis, ouvr. cité, p. 573-576.

2. Voir la lettre de Sedaine, p. 1366.

3. Voir var. *b*, p. 489.

4. Voir, par exemple, var. *b*, p. 447. Pour plus de détails sur ces manuscrits, voir l'édition Ratermanis, p. 577-578 (voir note suivante).

5. *Le Mariage de Figaro* publié par J.-B. Ratermanis, *Studies on Voltaire and he eighteenth century*, Genève, Institut et Musée Voltaire, 1968.

6t *La Folle Journée, / ou / le Mariage de Figaro, /* comédie en cinq actes, en. prose, / par M. de Beaumarchais. / Représentée pour la première fois par

Kehl[1], il eſt difficile de savoir quelle eſt l'originale. Nous suivons ici la tradition qui considère que c'eſt l'édition parisienne. Mais nous avons préféré donner le texte de la magnifique édition de Kehl à laquelle l'auteur avait accordé tous ses soins[2]; nous indiquons, dans les variantes, les différences, d'ailleurs minimes[3], entre les deux textes.

Deux autres éditions doivent être étudiées, quoique mauvaises. La première, imprimée, si l'on en croit la page de titre, à Amſterdam, a été vigoureusement condamnée par l'auteur[4]. C'eſt en effet une contrefaçon : le texte ayant été pris à la volée, au cours des représentations[5].

Le texte de l'édition d'Amſterdam eſt souvent inexact, mais certaines didascalies sont intéressantes car il eſt bien évident que les auteurs de cette contrefaçon n'ont pu noter que ce qu'ils voyaient. Nous avons repris dans les notes certains jeux de scène qu'il eſt utile de comparer avec ceux qui sont indiqués par l'auteur.

La deuxième contrefaçon[6] se présente « augmentée d'un détail de coſtume, d'une notice sur l'esprit et la caricature des personnages et de cinq planches pour faciliter l'aménagement de la scène et l'exécution de cette comédie ». Ces planches sont intéressantes et leur exactitude eſt confirmée par les descriptions que donne l'édition d'Amſterdam. Nous avons donc jugé utile de les reproduire dans notre annotation.

SIGLES UTILISÉS

BN	Manuscrit de la Bibliothèque nationale.
F	Manuscrit conservé par la famille Beaumarchais.
C	Manuscrit de la Comédie-Française.
orig.	Édition originale.

les Comédiens-/Français ordinaires du Roi, le mardi 27 avril 1784. / *[filet]* / « En faveur du badinage, / Faites grâce à la raison. » Vaud.[eville] de la pièce. / Au Palais-Royal, / chez Ruault, libraire, près le Théâtre, / nº 216. / *[filet]* / M. DCC. LXXXV (cote B.N. : Rés. Yf 4107).

1. *La / Folle Journée / ou / le Mariage de Figaro* / comédie / en cinq actes, en prose / par M. de Beaumarchais. / Représentée pour la première fois par les Comédiens-Français ordinaires du Roi, le mardi 27 avril 1784. / « En faveur du badinage / Faites grâce à la raison. » Vaud.[eville] de la pièce. / De l'Imprimerie de la Société littéraire / typographique ; / Et se trouve à Paris / Chez Ruault, libraire, au Palais-Royal, près / le théâtre, nº 216. / M. DCC. LXXXV (cote B.N. : Rés. Yf 59).

2. Édition en caractères de Baskerville, comme pour les *Œuvres complètes* de Voltaire. La ponctuation du XVIIIe siècle dépendant souvent beaucoup plus de la fantaisie des imprimeurs que de la volonté des auteurs et nous paraissant souvent aberrante, nous avons pris le parti de la moderniser ; ce qui facilite la compréhension d'un texte où les répliques sont courtes. Le problème se pose différemment pour les longues phrases des *Mémoires*, par exemple.

3. Voir var. *b*, p. 397 ; *c*, p. 398 ; *a*, p. 432 ; *b*, p. 477 ; *b*, p. 484.

4. Voir n. 2, p. 381.

5. Sur cette contrefaçon, voir nos deux articles : « *Le Mariage de Figaro* : quelques remarques sur l'établissement du texte et les contrefaçons », *Revue d'histoire littéraire de la France*, 1984, 84e année, nº 5, p. 734-740 ; et « Une contrefaçon du *Mariage de Figaro* : l'édition dite d'Amsterdam » (Actes du colloque de Dijon d'avril 1987 sur la contrefaçon du livre, p. 81-86).

6. Sur cette contrefaçon, voir la bibliographie de Cordier, nº 130, p. 34, et le catalogue de l'exposition Beaumarchais à la Bibliothèque nationale, Paris, 1966, nº 388, p. 96.

NOTES ET VARIANTES

Page 351.

1. Voir p. 489 et n. 1.

Page 353.

PRÉFACE

1. Inutilement. Cet adverbe, qui existait dans l'ancienne langue, a été recréé par Beaumarchais, mais n'est guère resté. Voir von Proschwitz, *Introduction à l'étude du vocabulaire de Beaumarchais*, éd. citée, p. 149.

2. Les sept paragraphes qui suivent sont repris de la lettre à M. de Breteuil avec quelques modifications. Voir la Notice, p. 1357; et p. 1158-1159.

3. Dans la *Lettre modérée sur la chute et la critique du « Barbier de Séville »*, p. 278.

Page 354.

1. *Bégueule* : « Terme injurieux qui se dit d'une femme prude avec hauteur, ou dédaigneuse avec impertinence. Il ne s'emploie qu'au familier » (*Académie*; voir n. 3, p. 68). *Rassasiées* : blasées.

2. Le terme de *bel esprit*, utilisé en un sens favorable encore par Marivaux, est le plus souvent péjoratif en cette seconde moitié du XVIIIe siècle. *À la glace* se disait plutôt des œuvres : « Oui, en vérité, notre théâtre est à la glace » (lettre de d'Alembert à Voltaire du 31 octobre 1761; cité par Littré).

3. Sur ce mot, voir p. 130 et n. 1; et n. 3, p. 141.

4. Dandin dans la pièce de Racine, Brid'oison déjà dans *Les Bottes de sept lieues* (voir p. 28 et n. 4); Rabelais avait déjà donné le nom de Dandin à un juge (voir *Le Tiers Livre*, chap. XLI; *Œuvres complètes*, Bibl. de la Pléiade, p. 474 et suiv.).

5. *Turcaret ou le Financier* (1709) de Lesage met en scène un laquais devenu *traitant*.

6. Pour les *fermes* et les *sous-fermes*, voir *Les Deux Amis*. Les *traites* touchaient les marchandises importées ou exportées. La *gabelle* était l'impôt sur le sel. Les *droits-réunis* désignaient la régie qui percevait la majeure partie des droits de consommation. La *taille* et le *taillon* étaient des impôts auxquels échappaient les nobles et les ecclésiastiques. Le *trop-bu* était un droit levé sur les boissons; *trop-plein* semble être mis là par plaisanterie. *Impositeurs* n'est pas dans les dictionnaires du XVIIIe siècle, mais l'Académie française, en 1842, le considère comme vieux.

7. Un *bureau d'esprit* était une société où l'on s'occupait de litté-

rature. L'expression était d'ordinaire péjorative. Littré cite Boileau *(Satire X)* : « Là du faux bel esprit se tiennent les bureaux. »

8. Une *pièce de théâtre bien intriguée*, est une pièce « remplie d'événements qui embarrassent les personnages intéressés » *(Académie 1798)*.

9. De tourner de côté et d'autre. Le mot, qui n'est pas dans les dictionnaires du XVIIIe siècle, avait déjà été utilisé par Beaumarchais dans une lettre de 1778 à Mme de Godeville; voir von Proschwitz, ouvr. cité, p. 162-163. Voir aussi *toupiller*, n. 1, p. 329.

10. « Mot nouveau et fort à la mode », dit Féraud dans son *Dictionnaire critique de la langue française*, Marseille, chez Jean Mossy, 1787; il reprend la définition curieuse de l'Académie : « Rendre quelqu'un victime de la plaisanterie par les choses qu'on lui fait dire ingénument. » Mais le sens n'est guère fixé; il semble qu'ici on ait déjà le sens moderne.

Page 355.

1. Cette condamnation éloquente des théâtres du boulevard et de leur répertoire est appelée par les circonstances : Beaumarchais fait jouer ses pièces à la Comédie-Française. Mais elle surprend chez l'auteur des parades.

2. Cette phrase capitale éclaire les intentions de Beaumarchais et les principes essentiels de sa dramaturgie. La suite du texte éclaire le mot en donnant des exemples empruntés à la comédie.

3. Beaumarchais écrit *Machbet*. Il s'agit, plus que du drame de Shakespeare, de l'adaptation de Ducis (1784). L'*Œdipe* est celui de Corneille, ou celui de Voltaire (1718), à qui appartiennent les autres œuvres : *Adélaïde du Guesclin* (où Vendôme tue son frère; 1734) et *Mahomet* (1741).

4. Rappel du vers 1546 (acte IV, sc. VII) : « Vous épousiez ma fille, et convoitiez ma femme ! » (Molière, *Œuvres complètes*, Bibl. de la Pléiade, t. I, p. 966).

5. D'après R. d'Hermies, *Théâtre complet de Beaumarchais*, Paris, Magnard, 1952, p. 175, l'idée du poison est de Lessing (*Fables*, 1759, II, XIV).

Page 356.

1. Sur l'emploi figuré de cette expression pour désigner les journalistes, voir von Proschwitz, ouvr. cité, p. 56.

2. Épître VII (*Œuvres complètes*, Bibl. de la Pléiade, p. 127). Au septième vers, Beaumarchais a remplacé *Bigots* par *dévots*. Les deux derniers vers font allusion à la scène de *La Critique de l'École des femmes*, où le « fougueux marquis » se plaint des réactions du parterre.

3. Le texte exact de Molière est : « [...] je suis un démon vêtu de chair et habillé en homme, un libertin, un impie digne d'un supplice exemplaire » (« Premier placet présenté au Roi sur la comédie du *Tartuffe* », *Œuvres complètes*, éd. citée, t. I, p. 890).

4. Selon la tradition, Démocrite riait de la folie humaine (Rubens a peint un *Démocrite riant*), Héraclite s'en affligeait.

Page 357.

1. « Sur cela comme sur tout le reste le bien et le mal sont également répartis. Peut-il y avoir un ingrat sans qu'il y ait en même temps un bienfaiteur ? » (*Notes et réflexions*, éd. citée, p. 179).

2. « Il se dit dans le style familier d'un homme qui a de l'humeur, avec lequel il est difficile de vivre » (*Académie*). Sur ce mot, voir von Proschwitz, ouvr. cité, p. 248-249.

3. Pour *feuillistes*, voir n. 2, p. 295. Les *bulletins* étaient des billets par lesquels « on rend[ait] compte chaque jour de l'état actuel d'une affaire intéressante » (*Académie*). Beaumarchais créera un peu plus tard *bulletiniste* (voir von Proschwitz, ouvr. cité, p. 70-71). *Afficheurs* désigne ici des hommes qui rédigent des placards et les placent en des endroits publics.

4. Ce paragraphe et d'autres qui suivent sont repris de la lettre à M. de Breteuil (voir p. 1159), avec quelques modifications.

5. Contamination plaisante de *jurés-crieurs* et de *jurer à la décence*. Les *jurés-crieurs* étaient des *officiers* qui publiaient des édits, au son des trompettes.

6. *Foyer* : « Lieu où les acteurs et actrices se rassemblent et se chauffent en hiver » (*Académie*).

7. *Au théâtre* : sur la scène.

Page 358.

1. Sur la traduction d'*Eugénie* en italien, anglais, suédois et russe, voir la bibliographie de Cordier, p. 4-7.

2. Voir *Les Deux Amis*, acte III, sc. v, p. 239.

3. « On dit que *c'est un important* pour dire qu'il fait l'homme de conséquence, qu'il se fait trop valoir, qu'il veut passer ou pour être de plus grande qualité qu'il n'est, ou pour avoir plus de capacité qu'il n'en a » (*Académie*).

4. Qu'il met sur la scène française; la métaphore est empruntée à la langue juridique.

5. Un *œil-de-bœuf* est une fenêtre ronde ou ovale. Par métonymie, on appelait ainsi « l'antichambre du grand appartement à Versailles éclairée par une pareille fenêtre » (*Académie 1798*). Les carrosses sont ici ceux de la cour.

6. Pour ce paragraphe et les deux suivants, voir la lettre à M. de Breteuil (p. 1159).

7. L'affiche de la pièce interdite était recouverte d'un carton vierge ou qui annonçait la représentation d'une autre œuvre. Voir la Notice, p. 1357.

8. Le Parlement Maupeou mis en place en 1771.

Page 359.

1. Le prince de Conti était mort au mois d'août 1776. Grand capitaine, il avait commandé en 1744 l'armée du Piémont et gagné la victoire de Coni.

2. Voir la *Lettre modérée [...]*, p. 274-276.

3. *La voir* : la lire, en prendre connaissance. Si l'on en croit l'auteur, la pièce aurait été terminée déjà en 1776 (voir n. 1 de cette page). Mais rien ne le prouve.

4. Parmi les papiers de l'auteur.

5. Les acteurs de la Comédie-Française.

Page 360.

1. Ce paragraphe eﬆ de nouveau repris de la lettre à M. de Breteuil (voir p. 1160).
2. Faire que l'on se dispute avec moi. Le *Diĉtionnaire de l'Académie* donne comme exemple : « Il s'eﬆ fait des querelles, qu'il les démêle tout seul. »
3. Cette phrase a été reprise dans la lettre au roi (voir p. 1168). *Comme de raison* signifie : comme il convient, comme il fallait s'y attendre [de la part d'un homme comme Beaumarchais].
4. Nouveau passage repris dans la lettre au roi sous une forme légèrement remaniée (voir p. 1168). On remarquera qu'*âmes* a remplacé *dames* et que le *prie-Dieu des oratoires* a disparu.
5. Il y en eut en réalité six (voir la Notice, p. 1356-1357).
6. La phrase eﬆ reprise de la lettre à M. de Breteuil (voir p. 1160).

Page 361.

1. Ces vers sont extraits d'un poème intitulé *Exhortation à tous les Zoïles d'Andalousie ou de Vandalousie*, paru dans le *Courrier de l'Europe* du 13 juillet 1784 et dans l'*Almanach des Muses* de 1785. Voir von Proschwitz, ouvr. cité, p. 41.
2. Ce paragraphe et les quatre suivants sont encore repris de la lettre à M. de Breteuil (voir p. 1160).
3. Voir aĉte I, sc. II, et surtout le début du grand monologue, aĉte V, sc. III (p. 385 et 469).

Page 362.

1. Aĉte II, sc. XIX; aĉte IV, sc. V; et la scène finale (p. 419, 456, 485).
2. *Cosi fan tutte*, écrira le librettiﬆe de Mozart, dans un des récitatifs des *Noces de Figaro*, avant de faire de cette expression un titre (en 1790).
3. Aĉte V, sc. XIV, p. 482-483. On remarquera que Beaumarchais cite ici le manuscrit de la Comédie-Française. La réplique dans l'édition s'arrête à « dans le pays... » Voir var. *a*, p. 483.

Page 363.

1. La métaphysique étant « la science qui traite des premiers principes de notre connaissance » *(Académie)*, le mot désigne ici l'analyse que fait l'auteur dramatique des principes qui juﬆifient la psychologie de ses personnages.
2. Elle eﬆ jugée sur ordre, par des gens *commis* pour ce faire.

Page 364.

1. Sur cette pièce, voir la Notice, p. 1361.
2. Beaumarchais utilise, comme on pouvait s'y attendre, la forme *camariﬆe* (espagnol *camariﬆa*). Le *Diĉtionnaire de l'Académie* (1762 et 1798) porte camériﬆe (italien *cameriﬆa*), qu'il glose : « [...] titre qu'on donne dans plusieurs cours aux femmes qui servent les princesses dans leurs chambres. »
3. Voir aĉte I, sc. I et aĉte II, sc. I (p. 383 et 401).

Page 365.

1. Sans en tirer des conclusions pernicieuses.
2. *Adepte* est ici métaphorique : Chérubin obéit à ses instincts naturels. Il est inutile de faire de lui un disciple de Rousseau !
3. Acte I, sc. VII, p. 391.
4. Voir la scène finale, p. 485-486.
5. Réfléchissez sur cette remarque faite sans insister. *Aperçu*, substantif, est récent dans la langue.

Page 366.

1. Les impressions de Chérubin, agité par tout ce qu'il voit. Ce qui suit étant ironique, Beaumarchais souligne finalement le caractère trouble du personnage.
2. L'ironie est amère : les filles nobles étaient souvent mariées très jeunes. Voir Ch. Kunstler, *La Vie quotidienne sous Louis XVI*, Paris, Hachette, 1950, p. 271-275.
3. C'est beaucoup dire : cette scène ralentissait l'action et les comédiens ont été bien inspirés d'en demander la suppression.
4. Dans la scène finale.
5. Acte III, sc. XVI, p. 444-447.

Page 368.

1. C'est une pièce de feu d'artifice, comme celles qui sont évoquées à la fin de *Jean-Bête à la foire* (p. 98). Ce paragraphe et le suivant sont repris de la lettre à M. de Breteuil (voir p. 1161).
2. C'est à peu de chose près, l'épigraphe de la pièce (voir p. 351).

Page 369.

1. Sur cette expression, voir von Proschwitz, *Introduction [...]*, éd. citée, *passim* et particulièrement p. 104.
2. Le liard, qui valait trois deniers, était le quart du sou (voir n. 5, p. 105).
3. *Le Barbier de Séville*, acte II, sc. IX, p. 311. Bazile n'était pas abbé; mais serait désigné ici l'abbé Aubert, censeur royal. Voir von Proschwitz, ouvr. cité, p. 117 et 184; « Beaumarchais et l'Angleterre », *Revue d'histoire littéraire de la France*, mai-août 1968, p. 506.
4. Voir la lettre aux auteurs du *Journal de Paris*, p. 1164.
5. *Ordres* désigne ici les colliers, les rubans ou autres marques d'un ordre de chevalerie; *cordons*, les rubans auxquels on attachait les décorations.
6. *Rembruni* est à l'origine un terme de peinture. Mais le *Dictionnaire de l'Académie* donne comme exemples à la fois *couleurs rembrunies* et *air rembruni*.
7. Voir *La Critique de l'École des femmes*, sc. V (*Œuvres complètes*, éd. citée, t. I, p. 653). Le texte exact est : « Ris donc, parterre, ris donc. »
8. Les dictionnaires du XVIIIe siècle ne donnent que le sens « romain » du mot. L'emploi comme substantif, avec ce sens plus large, est nouveau.

Page 370.

1. Autre forme d'*ébrener*, enlever le *bren*. « Ce mot est bas et il ne se dit qu'en parlant des petits enfants qu'on nettoie tandis qu'ils sont au maillot [...] » (Leroux, *Dictionnaire comique, satyrique, critique, burlesque, libre et proverbial*, nouv. éd., Pampelune, 1786).
2. Parler d'une manière moins vulgaire.
3. Acte III, sc. v, p. 434.

Page 371.

1. Le texte se trouve dans la *Réponse ingénue* (voir la Chronologie, p. xxxi) contre le comte de La Blache, au début de la première partie. Voir éd. Fournier citée, p. 374. Le texte a été légèrement modifié : Beaumarchais avait écrit : « [...] ce qu'on doit *dans le monde* aux rangs élevés [...]; que l'avantage de la naissance *y* soit le moins contesté [...] relatif aux exploits, *qualités ou vertus* des aïeux de *celui qui le reçoit* [...] parce que *si*, dans une monarchie, on *retranchait* les rangs intermédiaires *entre le peuple et le roi* [...] » (nous soulignons). Ces changements ne modifient en rien le sens, mais améliorent le style du passage, qui paraît fortement inspiré par Montesquieu; voir *De l'esprit des lois*, livre II, chap. iv.
2. Bartholo plaide à l'acte III, sc. xv, p. 440 et suiv. Mais Brid'oison en réalité ne juge pas. C'est le comte qui rend l'arrêt.
3. La plus noble institution (acte III, sc. xv, p. 443).
4. Voir p. 870. Beaumarchais a ici avancé d'une heure le lever des magistrats.

Page 372.

1. Acte V, sc. iii, p. 470; de même, la citation du paragraphe suivant.
2. « La gloire est un aiguillon, un puissant aiguillon à la vertu » (*Académie 1798*, art. « Aiguillon », exemple).
3. *En presse* : « Dans un état fâcheux et dont [on] ne sait comment se retirer » *(Académie)*.
4. *Affecter* : « Prendre quelque chose à tâche, faire quelque chose de dessein forcé » *(Académie)*.

Page 373.

1. L'Académie de Berlin venait de couronner, le 3 juin 1784, le discours *De l'universalité de la langue française* de Rivarol.
2. Acte V, sc. xii, p. 481.
3. *Nuage* a ici, semble-t-il, le sens de *soupçon*. Il s'agit, à l'égard de Beaumarchais, d'un soupçon qui n'a pas été clairement expliqué, *mis dans son jour* (voir *Académie*, art. « Nuage » et « Indigeste »).

Page 374.

1. Allusion au conte de Voltaire *Le Monde comme il va*, au début duquel ni le soldat, ni le capitaine ne savent pourquoi l'on se bat (*Romans et contes*, Bibl. de la Pléiade, p. 39-40).

Page 375.

1. « Je vais me retirer aux Ursulines [...] » (acte II, sc. XIX, p. 419). Cet ordre s'était beaucoup développé en France au cours du XVIIIe siècle. « On met la plupart des filles pensionnaires aux Ursulines » (*Dictionnaire de Trévoux*, éd. 1743).

2. Dans la situation qu'implique cette scène.

3. Les *Augustines* suivent la règle de saint Augustin et se consacrent aux malades; les *Célestines* suivent la règle de saint Bernard; les *Clairettes* sont sous la direction de l'abbé de la Trappe; les *Visitandines* sont de l'ordre de la Visitation de la Vierge, ordre institué par saint François de Sales; les *Cordelières* sont des religieuses de l'ordre de saint François d'Assise, dont elles portent le cordon.

4. « *Amateur* [...] se dit aussi de celui qui aime les beaux-arts sans les exercer » *(Académie)*. Mais le mot commence à désigner également celui qui cultive les beaux-arts sans en faire profession.

Page 376.

1. Beaumarchais donne, sur le manuscrit de la Comédie-Française, les indications suivantes : « 1er acte : 30 minutes / 2e acte : 44 minutes / 3e acte : 30 minutes / 4e acte : 25 minutes / 5e acte : 30 minutes »; et, au crayon, « trois heures et demie ». La représentation elle-même durant deux heures trente-neuf minutes, les entractes prolongeaient la soirée de cinquante minutes. Sur ce problème du temps de la représentation, voir notre livre *Le Langage dramatique*, Paris, PUF, 1980, p. 150.

2. Cette phrase a été reprise dans la lettre au roi (voir p. 1168).

3. La première représentation est du 27 avril 1784 et l'achevé d'imprimer du 28 février 1785 (voir p. 1365).

4. Acte II, sc. II, p. 404. Les deux premiers vers du quatrain ne paraissent pas autrement connus. Peut-être Beaumarchais les a-t-il écrits lui-même. Le quatrain fournit en tout cas une élégante transition.

Page 377.

1. L'expression, très riche, est à prendre à la fois au sens propre et au sens figuré.

2. *Joconde*; voir *Fables et contes*, Bibl. de la Pléiade, p. 357.

3. Sur l'emploi du mot *courtisan* voir p. 404.

4. Le mot est créé par Beaumarchais, qui trouve sans doute *protection* trop vague et trop large. Bescherelle signale qu'il a été employé par Beaumarchais et le glose : « Manie de protéger. » En réalité, le mot a ici une valeur politique : le courtisan veut protéger ses *partisans* comme le suzerain protégeait ses vassaux. On le trouvait déjà dans la *Réponse ingénue* (éd. citée, p. 405) : « Cela me rappelle de très aimables dames de la capitale qui, bien endoctrinées par lui [La Blache] poussaient la bonne foi du *protègement* jusqu'à dire [...]. »

5. Voir p. 376 et n. 4. Le mot *distique* ne se disait que d'un poème. Son emploi ici pour désigner ces deux octosyllabes montre combien délibérément la prose de Beaumarchais est rythmée.

6. Voir les premier et quatrième paragraphes de cette préface, p. 353.

7. Il s'agit de l'un des censeurs de la pièce, Jean-Baptiste Suard (1734-1817). La citation est tirée de son *Discours prononcé dans l'Académie française le mardi 15 juin 1784 à la réception de M. le marquis de Montesquiou*. Beaumarchais avait aussi traité Suard de *Frère chapeau littéraire*; mais ses amis lui demandèrent de sacrifier cette expression. Sur son sens et sur l'anecdote, voir von Proschwitz, ouvr. cité, p. 117-118.

Page 378.

1. C'est-à-dire mis en avant à des places que leur médiocrité devrait leur interdire d'occuper.

CARACTÈRES ET HABILLEMENTS DE LA PIÈCE

2. Sur *costume*, voir n. 2, p. 289.

3. C'était une longue robe d'intérieur semblable aux robes des enfants de la tribu consacrée à la garde de l'Arche. Sur ce mot, voir von Proschwitz, ouvr. cité, p. 339-340.

Page 379.

1. Beaumarchais ne veut pas, pour désigner Suzanne, de ce mot, qui est déjà glosé en 1762 : « On appelle ainsi par mépris une femme de chambre intrigante » *(Académie)*.

2. Voir p. 364.

3. Voir dans l'édition de Kehl les gravures de Saint-Quentin. *Juste*, glosé simplement « habillement de paysanne » *(Académie)*, désigne un corsage très étroit, ici à petites basques. *Basquine* est un mot ancien qui désigne une « sorte de robe fort ample qui par le moyen d'un cercle se tenait ouverte et étendue » *(Trévoux)*.

4. Sc. IX, p. 459.

5. Sc. XVI, p. 444.

6. Voir n. 4, p. 289.

Page 380.

1. *Gonille* : Beaumarchais francise inexactement et traduit le terme espagnol *golilla*. *Golile* : « Espèce de collet qu'on porte en Espagne » *(Académie 1762)*. La baguette blanche est l'insigne de la fonction des gens de justice.

2. Crispin, valet de la Comédie-Italienne, portait une grande rapière maintenue par un baudrier.

3. « On appelle *cheveux naissants* des cheveux frisés en long; et *perruque naissante*, une perruque qui imite les cheveux naissants » *(Académie 1798)*.

4. Voir n. 10, p. 274.

PLACEMENT DES ACTEURS

5. On les trouvera ici en notes au bas des pages.

6. Sur ces problèmes, voir notre article, « La Toise de Figaro ou Beaumarchais metteur en scène », *D'Eschyle à Genet*, Dijon, Imprimerie universitaire, 1986, p. 219-224.

Page 381.

LA FOLLE JOURNÉE
OU
LE MARIAGE DE FIGARO

a. Les indications sur les « Caractères et habillements de la pièce » et le « Placement des acteurs » n'apparaissent que dans orig. Les trois manuscrits donnent les personnages principaux (du comte à Bazile) ; puis Grippe-Soleil (BN seul, add.), Maître de Sainte-Usure (L'Usure dans F) notaire, une jeune bergère. De là, ils passent à l'acte I.

1. Tel est le véritable titre de la pièce, titre que conserve Gudin de la Brenellerie dans son édition de 1809.

2. En vis-à-vis de la page de titre de l'édition originale et de l'édition de Kehl, se trouve ce texte relatif aux contrefaçons : « *Avis de l'éditeur.* Par un abus punissable, on a envoyé à Amsterdam un prétendu manuscrit de cette pièce, tiré de mémoire et défiguré, plein de lacunes, de contresens et d'absurdités. On l'a imprimé et vendu en y mettant le nom de M. de Beaumarchais. Des Comédiens de province se sont permis de donner et représenter cette production comme l'ouvrage de l'auteur : il n'a manqué à tous ces gens de bien que d'être loués dans quelques feuilles périodiques. »

3. « Nom d'un officier de justice en Espagne [...]. C'est le premier officier de justice d'une ville ou d'une province » *(Trévoux)*.

4. « Celui ou celle qui a la garde d'un hôtel, d'un château, d'un palais ou d'une prison » *(Académie)*. Nous dirions *intendant*; notre mot *concierge* correspond à *portier* au XVIIIe siècle. Figaro est l'homme d'affaires du comte (voir var. *c*, p. 389).

5. Sur ce mot, voir n. 2, p. 364.

6. « Une femme qui est domestique dans une grande maison, et qui a soin ordinairement du linge, de la vaisselle d'argent, etc. » *(Académie)*.

Page 382.

a. Acte premier / Scène première / [FIGARO, BAZILE, CHÉRUBIN / *Figaro avec une toise mesure le plancher. Bazile et Chérubin tiennent un papier à musique. /* FIGARO *se relève* : Eh non ! ce n'est pas cela. Bazile, encore une fois, ce n'est pas cela ! Quelle musique enragée ! Il y a de quoi gâter toute une fête ! On lui demande un quatrain en chorus, et parce qu'il y trouve malheureusement les mots : *Gloire et Victoire*, voilà mon benêt qui vous part à faire à tous *[*hurler *?] [*pendant deux heures *biffé]* la Gloi, oi, oi, oire. Comme ces musiciens qui composent à faire rire et ont du goût à faire pleurer ! Et le couplet, Chérubin, pour ma fiancée ? / CHÉRUBIN : J'ai fait les paroles. / BAZILE : Et moi l'air. / FIGARO : Avec des oi, oi. Eh ! des vaudevilles, mes amis, des séguedilles. *(Il chante.)* / Je préfère à la richesse / La sagesse / De ma Suzon. / Zon, zon, zon, zon, zon, zon, / Zon, zon, zon, zon, zon, zon. / BAZILE : Nous avons pris un autre ton, et dit avec noblesse *(il veut chanter)* : Jeune beauté... *(Il parle à Chérubin.)* Chantez-le, vous, c'est dans votre rôle. / CHÉRUBIN *chante* : / Jeune beauté modeste et sage, / Qu'amour conduit au mariage, / Est à son époux glorieux / Un diamant si précieux, / D'une eau si pure / Que la nature / En produit très rarement : / Suzanne est ce diamant. / FIGARO : Quelle diable de platitude emmiellée viens-tu nous débiter ? / BAZILE : [Eh ! quel diable d'homme ! *biffé]* On la compare à ce qu'il y a de plus beau. / FIGARO : Comment Suzanne est-elle un diamant[1] ? Il est très dur, elle est fort tendre; il est inaltérable, elle peut changer demain. *(A Chérubin.)* N'es-tu donc aussi, toi, qu'un enfileur de mots rimés ? Quand on compare, on montre les rapports, on les développe, on les suit. Si tu disais : les belles femmes sont comme les pierres précieuses que la nature nous offre plus ou moins parfaites; l'éducation est le lapidaire qui les taille à notre goût; notre imagination est la feuille qui les brillante; l'amour est le metteur en œuvre qui les enchâsse au fond des cœurs; enfin l'hymen est le brocanteur qui les pousse dans le commerce et les vend le plus cher qu'il peut : on voit ce que c'est, cela marche et se gradue. À l'application si tu veux. *(Il récite :)* Mais de tous ces diamants qu'on nomme femmes ou de toutes ces femmes diamants, Suzanne est le seul à qui je permettrai d'orner ma tête, ou dont je me ferai une bague au doigt. Pif, paf, *[*toc, choc, *biffé]* rapidement on sent l'idée, on voit le but... Ah ! voici ma fiancée; allez-vous-en tous deux, j'ai quelque chose à lui dire qu'il ne faut pas que vous entendiez. *biffé*] / *Acte I / Scène II / Suzanne attache à sa tête le petit chapeau de la mariée.* / SUZANNE [*devant une glace add.*] : Tiens, *BN* : *Acte premier / Le théâtre représente [...] chapeau de la mariée devant une glace. / Scène première [comme dans BN]* Tiens, *F, C*

1. « Petit pasteur [...]. Il n'a guère d'usage que dans les chansonnettes » *(Académie)*.

2. Les emplois étaient ainsi répartis : Almaviva, 1er rôle; Figaro, 1er comique; Brid'oison, 2e comique; Bartholo, manteau; Antonio, paysan; Basile, 3e rôle; Double-Main, 3e comique; un huissier, Grippe-Soleil, Pédrille, accessoires; La Comtesse, 1er rôle; Chérubin, 2e rôle; Suzanne, 1re soubrette; Marceline, caractère; Fanchette, 3e rôle (voir J.-B. Colson, *Répertoire du Théâtre-Français*, Bordeaux, chez l'auteur, 1818). *Manteau*, pour *rôle à manteau*, « classe de rôles masculins comprenant des personnages d'un certain âge et exigeant une certaine représentation, qu'ils soient d'ailleurs comiques ou sérieux » (A. Pougin, *Dictionnaire du théâtre*, Paris, Firmin-Didot, 1885, t. II, p. 658).

3. Il est question, dans une lettre de Beaumarchais à son père et datée de Madrid, 8 octobre 1764 (*Correspondance*, éd. Morton, Paris, Nizet, 1969, t. I, p. 101), du palais de Riofrio. Beaumarchais a probablement transposé, comme le suggère Br. N. Morton, ce dernier nom.

4. Une baguette longue d'une toise. La toise valait six pieds, soit près de deux mètres.

5. *Orange* se disait pour *oranger*. *Chapeau de la mariée* : « [...] bouquet de fleurs qu'on met derrière la tête d'une fille le jour de ses noces » (Féraud, *Dictionnaire critique de la langue française*, Marseille, chez Jean Mossy, 1787).

La deuxième contrefaçon (voir la Note sur le texte, p. 1372)

1. Cette métaphore filée, qui se retrouve dans *Notes et Réflexions* (Paris, Hachette, 1961, p. 130-131), avait déjà été utilisée dans le *Compliment de clôture* du *Barbier de Séville*.

donne, pour chaque acte, un plan de la scène suivi d'une légende. Nous reproduisons ici le plan de la scène à l'acte premier et sa légende :

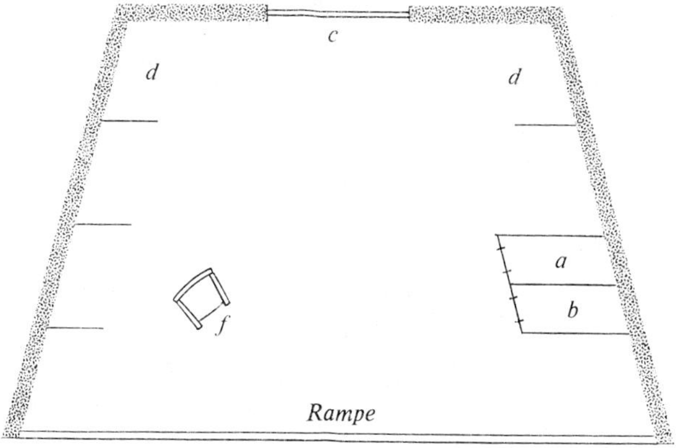

« *a.* Porte de l'appartement du comte. — *b.* Porte de l'appartement de la comtesse. — *c.* Porte du fond. — *d.* Entrées des divers personnages. — *f.* *[sic]* fauteuil où se cache le comte. *N.B.* Ce fauteuil doit être fort grand de la forme de ceux qu'on appelle " confessionnaux ". »

Page 383.

1. On écrivait aussi *zest.* Cette interjection marque ici la rapidité, valeur que n'indiquent pas les dictionnaires, mais qui était fréquente, comme en témoignent les citations rassemblées par Littré.

2. L'expression, employée au sens propre, avait aussi une valeur figurée : « *Vous n'avez qu'à tinter, nous sommes à vous*, pour dire, vous n'avez qu'à donner la moindre marque de votre volonté, et nous la suivrons » *(Académie)*.

3. Parodie plaisante du style précieux.

4. C'est la première allusion au *Barbier de Séville.*

5. Beaumarchais se souvient peut-être des *Liaisons dangereuses* (1782) : « Mon Dieu ! Que ces gens d'esprit sont bêtes ! » (Lettre XXXVIII; Laclos, *Œuvres complètes*, Bibl. de la Pléiade, p. 78). Mais, d'après F. Gaiffe, le mot courait les rues et on l'attribuait à Chamfort.

Page 384.

a. fertilisé [semble déjà germer *biffé C*]... / SUZANNE : *BN, F, C* ↔ *b.* Quel danger ? [...] Tu ris, friponne ! [SUZANNE : Au reste, mon ami, maintenant que vous savez tout, nous prendrons ce logement s'il vous agrée. / FIGARO : Il me déplaît fort. *[*Je vous jure. *biffé]* / SUZANNE : Et pourquoi ? / FIGARO : Je n'en veux point. / SUZANNE : On dit une raison ! / FIGARO : N'en parlons plus.

/ SUZANNE : Ce logement si commode ! Et zeste, en deux pas. / FIGARO : Tu n'es pas généreuse. *add. marg. biffée*] Ah ! *F* : Quel danger ? [SUZANNE : S'il y venait un petit bouton, des gens superstitieux... / FIGARO : Tu ris friponne. *biffé, avec* Bon *en marge*] Ah ! *C* ↔ *c.* en la menant à bien [: car *[...]* mille sots coquins l'ont fait. Mais... *biffé*]. / *On sonne F, C, lég. var.*

1. Ou *droit de cuissage* : à ce propos Voltaire avait écrit en 1762 une comédie intitulée *Le Droit du seigneur*; de même, Desfontaines, en 1783.

2. La formule est très concise. Entendre : « [...] mais ce qui est beau c'est d'échapper au péril [...]. »

3. À celui qui m'aime, à mon fiancé.

Page 385.

a. du matin au soir ? / *On sonne une seconde fois.* / [FIGARO : Tu me retrouveras ici, dépêche. *biffé*] SUZANNE, *BN* ↔ *b.* La charmante [enfant *corrigé en* fille]. [La jolie petite Suzanne... à dessuzanniser ! *biffé*] [Toujours riante, verdissante, *[*fleurissante, *biffé] corr.*] pleine *BN* ↔ *c.* de votre famille, et vous [*[*travaillant, paix et aise à l'accroissement *biffé] [*daignant concourir à l'agrandissement *corr.] F, C*] de *BN, F, C, lég. var.*

1. Sur la mode stylistique des adjectifs verbaux à cette époque, voir von Proschwitz, ouvr. cité, p. 80-82.

2. « Pour mentir, fourber [...] tromper, duper » *(Leroux)*. Voir *Le Bourgeois gentilhomme*, acte III, sc. X : « Ne m'en donnes-tu point à garder ? » (Molière, éd. citée, t. II, p. 753). Mais les points de suspension montrent que Figaro donne d'abord à « vous voulez m'en donner » un tout autre sens !

3. *Courrier* : « [...] celui qui court la poste pour porter les dépêches », celles-ci étant des « lettres concernant les affaires publiques » *(Académie)*.

4. Ambassadeur, le comte est ministre. *Compagnon*, par une alliance plaisante, indique qu'il débute dans la carrière diplomatique et n'est pas encore un *maître*.

5. « On appelle aussi *casse-cou* [...] les gens employés à monter les chevaux jeunes ou vicieux » *(Académie 1798)*. « Il se dit [...] familièrement d'un personnage peu important qui est chargé d'une négociation hasardeuse » (*ibid. 1835*). De la même façon, Figaro sera traité par Bazile de « jockey diplomatique » (acte IV, sc. X, p. 462).

6. Da Ponte, le librettiste de Mozart, traduira *« secreta ambasciatrice »*.

7. « Mon cadet » était très fréquent dans le style familier, comme expression ironique marquant la supériorité. Bazile, dans *Le Barbier de Séville*, a déjà été traité de « friponneau » (acte I, sc. VI, p. 300). L'expression est à rapprocher de « compagnon ministre ».

8. « *Clocher devant les boiteux*, pour dire qu'il ne faut pas faire le capable devant celui qui est plus habile » *(Leroux)*. Voir *Notes et réflexions* (éd. citée, p. 174) : « Ne clochez pas devant les boiteux. J'ai exercé la méchanceté avant vous et vous ne gagnerez rien de vous jouer à votre maître. »

Page 386.

a. cœur [, de mon âme et autres viscères *biffé F, C*]. Eſt-ce *BN, F, C* ↔ *b.* la vôtre ! / [BARTHOLO : Et vous me le rappelez ingénument. / FIGARO : Le motif a dû me juſtifier à vos yeux ? / BARTHOLO : Pourrait-on l'apprendre de vous ? / FIGARO : C'eſt pour mon intérêt que je le fis. / BARTHOLO : Que la *[*rouge gratelle *corrigé en* gratelle[1] double fièvre *F, C]* vous en paye ! / FIGARO : On reconnaît un bon cœur à ses souhaits. *biffé F, C*] BARTHOLO : *BN, F, C, lég. var.* ↔ *c.* votre mule ! [BARTHOLO : Eh ! mon Dieu, n'en ayez nul souci. / FIGARO : Eſt-ce toujours cette bonne Caſtagnada ? *biffé*] BARTHOLO : Bavard *BN* ↔ *d.* de reſte. [Ah, çà ! doćteur, pendant que je vais faire mettre l'autre mule à l'écurie, mettez-nous, je vous prie, celle-ci à la raison. Elle eſt d'un entêtement !... *biffé F, C*] / *Scène IV BN, F, C, lég. var.*

1. Figaro prenait soin d'elle, puisqu'il lui avait mis un cataplasme sur les yeux ! (*Le Barbier de Séville*, aćte II, sc. IV, p. 306.) Le futur antérieur marque la probabilité : probablement n'a-t-on pas pris soin [...] — ce qui explique, suggère faussement Figaro, la mauvaise humeur de Bartholo.

2. Le vers eſt de Voltaire (*Nanine*, aćte III, sc. VI, v. 1256; voir *Théâtre du XVIIIe siècle*, Bibl. de la Pléiade, t. I, p. 937).

3. Édition d'Amſterdam : *En s'en allant il donne une tape sur le ventre du doćteur.*

4. Qu'eſt-ce qui [...] (comme souvent encore à cette époque).

Page 387.

a. Dieu merci ? / [MARCELINE : Elle ne prend plus de nourriture. / BARTHOLO : Elle en servira donc bientôt. Point de milieu dans l'ordre universel. Telle eſt la loi : manger ou se résoudre à l'être. *[*Rien n'eſt ici-bas qu'à ce prix. *biffé]* / MARCELINE : *[*En servira ? *biffé]* Ils sont consolants ces médecins ! *biffé puis rétabli*] / BARTHOLO : Allons au fait. / MARCELINE : Elle languit [, elle s'attriſte *biffé*]. / BARTHOLO : *BN* ↔ *b.* par [*[*ragoût[2] *biffé] [*ennui *corr.] F, C*], jaloux *BN, F, C* ↔ *c.* ne le devez-vous pas ? / BARTHOLO : [J'irais, grison apoplećtique, agacer risiblement la mort, avec les jeux printaniers qui donnent la vie ! Vous me prenez pour un Français. / MARCELINE : *[*Je vous prends *biffé BN]* pour un homme injuſte et dur comme tous le sont : très circonspećts envers leur sexe, qui les punirait de lui manquer, et se faisant avec le nôtre un jeu bien lâche de leurs outrages. *biffé F, C*] Où eſt le souvenir de vos [anciens *BN*] engagements ? *BN, F, C, lég. var.* ↔ *d.* des noces ? / [BARTHOLO : Prenez un porte-voix. / MARCELINE : Il n'y a personne. *biffé BN*] [BARTHOLO, *plus bas* : Il ne fallait pas l'abandonner, votre Emmanuel. / MARCELINE : L'abandonner ? Oui, l'homme en eſt capable. Mais une mère ! Un fils ! Va, doćteur ignorant, la femme inexperte ou sensible peut quelquefois manquer aux lois de la *[*décence ou de la *biffé BN]* société, jamais à celles de la nature. *biffé F, C*] / BARTHOLO, *BN, F, C*

1. « *Grattelle* : menue gale » *(Académie)*.
2. « Il se dit figurément de ce qui excite, qui irrite les désirs » *(Académie)*.

1. L'emploi de l'article avec les noms propres, au XVIIIe siècle, ne marque pas toujours la familiarité.
2. Débauché; ce sens se développe au XVIIIe siècle.
3. Une caverne de brigands ou de voleurs : ce sens figuré n'est pas donné dans les dictionnaires; mais Beaumarchais se réfère ici à la tradition du roman picaresque.
4. Les deux premières éditions ont *débarrassé*, celle de Gudin (éd. citée) *débarrassée*, forme qu'ont ordinairement choisie les éditions postérieures.

Page 388.

a. sémillant, généreux ! généreux... [...] Comme un seigneur. *add. marg. BN* ↔ *b.* que j'ai de lui. / BARTHOLO : D'épouser ? / MARCELINE : En très bonne forme. / BARTHOLO : C'est-à-dire appuyé de quelques privautés. / MARCELINE : [Hélas ! *biffé*] je n'ai pas même eu le mérite d'un refus[1] ! Il ne m'a demandé que de l'argent. / BARTHOLO : Que tu lui as donné ? / MARCELINE : Prêté. / BARTHOLO : C'est la même chose avec ces messieurs. / MARCELINE : Malgré l'éloignement de celui-ci, je ne sais quel [fatal *biffé*] attrait m'obstine à l'enlever à sa Suzanne. / [BARTHOLO : L'esprit de contradiction. / MARCELINE : Soit, mais si vous m'aidez à triompher de cette mijaurée *[*je vous pardonnerai tout *biffé]*... *add.*] BARTHOLO : *BN* : que j'ai de lui. *[comme dans BN]* de quelques privautés. [MARCELINE : Malgré l'éloignement de celui-ci, *[comme dans BN]* à triompher de cette mijaurée *[*, nous aurons de notre parti son oncle Antonio qui ne consent que malgré lui et pour ne pas déplaire à Monseigneur *add.]* *biffé*] / BARTHOLO *F* : que j'ai de lui. [BARTHOLO : D'épouser ? *[comme dans BN]* à triompher d'elle, nous aurons de notre parti son oncle Antonio. *biffé*] / BARTHOLO : *C* ↔ *c.* BARTHOLO : [Ô lumineux esprit de Satan, je te salue ! C'est dans les cerveaux féminins que tu brilles; et jamais tu ne leur manques au besoin. *biffé F, C*] Elle *BN, F, C, lég. var.* ↔ *d.* mes espérances. / [BARTHOLO *[*, *vite* *BN, F]* : Et qui s'est mille fois moqué de moi depuis cette avanie. / MARCELINE *[*, *vite BN, F]* : Et qui sur l'appas de notre union, m'a escroqué tout mon argent. *biffé C*] BARTHOLO, *BN, F, C*

1. *Aimable* : digne en tout point d'être aimé.
2. La plus tentée par les aventures. L'emploi de ce mot appliqué à une personne est, à l'époque, tout à fait nouveau.
3. Au sens classique simplement de « femme aimée ».
4. Voir la dernière scène du *Barbier de Séville*, p. 349.

Page 389.

a. de l'épouser ! / [BARTHOLO : Et cet amour que tu me gardes ? / MARCELINE, *en riant* : Heureusement que l'amour n'est pas comme le secret; il est bien mieux gardé lorsqu'on est deux. / BARTHOLO : Fort bien, ma vieille passion; mais il y a du plaisir à l'entendre, et si le cœur a souffert par-ci par-là quelque brèche, au moins l'esprit est-il resté sain, agréable et bien entier. Je veux, parbleu, t'aider à l'épouser. *biffé*] *Scène V* *BN* ↔ *b.* qu'il a de vous obtenir. *BN,*

1. « Toutes fières que sont les femmes, elles n'ont que la liberté du refus » (*Notes et Réflexions*, éd. citée, p. 133).

F, C ↔ *c.* Oui Madame [et qu'en forçant les gages, il ait sous la même clef son homme d'affaires et sa dame de plaisirs *biffé F, C*]. / SUZANNE : *BN, F, C* ↔ *d.* à la façon de Madame. [Mais tels qu'ils sont... Entrons, docteur, votre pupille sera charmée de vous voir. *add. marg. biffée*] [SUZANNE : Oh ! cette façon, Madame, est celle des dames savantes. *corr.*] / MARCELINE : *BN* ↔ *e.* Qui vous méprise beaucoup, Madame. / MARCELINE, *avec une révérence* : Me fera-t-elle aussi le plaisir de me haïr un peu, *BN, F, corrigé sur C*

1. Cette formule de politesse marquait souvent, avec ironie, l'opposition.
2. Généreux, qui aime à donner.
3. *Dame* est une allusion à l'âge; *savante*, à l'instruction de Marceline (voir, p. 390 et n. 3, *vieille sibylle*). Mais ce second mot est à double sens : « On dit qu'une personne est trop savante, bien savante, pour dire qu'elle sait des choses qu'elle devrait ignorer » *(Académie)* ; d'où la réplique suivante.

Page 390.

a. car je la souffletterais. Bonjour, *BN, F, corrigé sur C* ↔ *b.* , si ma belle marraine *add. BN*

1. Ce jeu sur *Madame* rappelle celui sur *Monsieur* dans *Le Barbier de Séville* (acte III, sc. v, p. 332). Le même effet se trouve déjà chez Molière (voir *La Critique de l'École des femmes*, sc. III, *Œuvres complètes*, éd. citée, t. I, p. 650).
2. « Il ne se dit qu'en plaisantant et le plus souvent malignement » (Féraud, ouvr. cité).
3. « On dit figurément et familièrement d'une fille âgée qui fait parade d'esprit et de science que c'est une *vieille sibylle* » *(Académie)*.
4. Marceline était en effet gouvernante chez Bartholo. Voir la *Lettre modérée [...]*, p. 275, et *Le Barbier de Séville*, acte II, sc. IV, p. 306.

Page 391.

a. imposante [, aussi fière que le soleil, elle ne souffre point qu'on la regarde en face *biffé F, C*]. / SUZANNE : *BN, F, C, lég. var.* ↔ *b.* je te donnerai ma romance, *add. BN*

1. « On dit aussi en matière de galanterie qu'un homme est *sans conséquence* lorsqu'il est d'une réputation et d'un âge qui mettent à l'abri de soupçon les femmes avec lesquelles il est lié » *(Académie)*.
2. Si oppressant, si violent.

Page 392.

a. Quelle frayeur ? [*Le comte la prend à bras-le-corps. Elle fait un cri [de surprise* BN, F*] et se dégage. biffé C*] / *Scène VIII BN, F, C* ↔ *b. Cette didascalie n'est pas notée dans les manuscrits.* ↔ *c.* mon amour et mes intentions. Je n'ai qu'un instant pour te les confirmer; écoute *BN* : mon amour [et mes intentions *biffé F, C*]. Je n'ai qu'un instant pour [te les confirmer *biffé F, C*] t'expliquer mes vues; écoute. *F, C, orig.*

1. Ici, « émouvants », « excitants », sens fréquents au XVIIIe siècle. Sur ce mot, voir *Théâtre du XVIIIe siècle*, éd. citée, t. I, p. LI, la note de J. Truchet.

Page 393.

a. Ah Suzette ce droit charmant, s'il m'était permis de le racheter de toi. J'y mettrais un tel prix. / BAZILE : *BN* : Ah Suzette [Suzon *add. C*] [, s'il m'était permis de le racheter de toi ? *biffé*] si tu venais en jaser sur la brune au jardin, je mettrais un tel prix à cette légère faveur... / BAZILE : *F, C, lég. var.* ↔ *b.* n'entre pas. [Je m'en échapperai de mon mieux. *biffé*] / SUZANNE, *BN*

1. À la tombée de la nuit. Les dictionnaires du XVIIIe siècle donnent l'expression comme familière (voir aussi n. 3, p. 163).

2. C'est-à-dire : « Monseigneur n'est pas chez lui. »

Page 394.

a. après vous ? / BAZILE : *BN* ↔ *b.* prescrira demain. De *BN* ↔ *c.* cette romance [qu'on dit si jolie *biffé*] [dont il fait mystère ? *corr.*] / SUZANNE : *BN*

1. Voir *Notes et réflexions*, éd. citée, p. 112 : « Qu'y fait la cérémonie ? Ce qu'on t'interdisait hier, on te le prescrira demain, et vogue la galère. De toutes les choses sérieuses, le mariage est la plus bouffonne. »

2. « Ce titre se donne en Espagne aux séculiers. Il n'était autrefois en usage que pour la haute noblesse. Il est devenu presque aussi commun que celui de Monsieur en France » *(Académie)*.

3. Cette expression n'est pas surprenante chez un homme qui était à l'origine un organiste italien (voir var. *b*, p. 290).

Page 395.

a. LE COMTE, *se levant* : *BN* : LE COMTE, *quittant brusquement le derrière du fauteuil et s'approchant* : *C* ↔ *b.* SUZANNE, *le repoussant* : *BN, C* ↔ *c.* , mon ivrogne de jardinier, *add. F, C*

1. L'italique est probablement une indication donnée à l'acteur de détacher le mot. Ce dernier, à côté du sens affaibli de « mal élevé » (fréquent chez Molière), pouvait garder de son sens premier (« qui tient de la bête brute ») le sens fort de « féroce, emporté » *(Académie)*.

2. Sur ces indications, voir p. 380 et n. 5.

Page 396.

a. lever ce rideau, *(il lève la robe du fauteuil)* et je vois... Ah ! [*(Il laisse tomber la robe de surprise.)* / BAZILE, *riant* : Quoi donc ? / LE COMTE : Regarde ! *biffé C*] / BAZILE [*lève la robe tout à fait* *BN, F*] [*reconnaissant Chérubin tapi sur le fauteuil* *corr. C*] : Ha, ha ! *BN, F, C, lég. var.* ↔ *b.* avec vous, Bazile ? [BAZILE : Il me pousse au front des oreilles. *biffé F, C*] / SUZANNE : Il *BN, F, C* ↔ *c. Réplique biffée sur F.* ↔ *d.* on entre. *BN, F, corrigé sur C*

1. Voilà les préparatifs que vous faites [pour votre mariage], à peine fiancée ?

Page 397.

a. Le Comte, Bazile, Suzanne, Chérubin, Figaro, la Comtesse, Fanchette ; *BN, F ; ordre des personnages corrigé sur C.* ↔ *b. vêtus de blanc.* / figaro, *orig.* ↔ *c.* chanté en chœur en fixe à jamais l'idée... *BN, F, C*

1. Nous dirions l'acquittement.

2. Des amabilités amoureuses; ce sens galant du terme est vieilli. Le comte parle comme au Grand Siècle.

Page 398.

a. Sur C, La perfide *a été surchargée en* La traîtresse . ↔ *b.* qu'on la remît à tantôt. / [tous ensemble : Vivat. / le comte, *biffé F, C*] *à part* : *BN, F, C, lég. var.* ↔ *c.* je demande *BN, F, C, orig.* ↔ *d.* en épousant Madame. / [le comte, *embarrassé* : *[*Eh ! non, non *corrigé en* Eh lequel *biffé]* Le droit du seigneur ? *biffé en définitive*] / la comtesse : *BN*

Page 399.

a. Ce jeu de scène manque dans les manuscrits. ↔ *b.* coup de feu [ne te fasse prendre avec le corps, la mesure de ton dernier habit *biffé F, C*]... / suzanne : *BN, F, C* ↔ *c. Dans BN, cette réplique et la précédente n'en font qu'une, dite par Figaro.*

1. *Joindre* : rejoindre son poste, son régiment.

2. Édition d'Amsterdam : figaro, *se mettant entre Suzanne et Chérubin qui s'approche pour l'embrasser.*

Page 400.

a. Figaro, Chérubin, Bazile *BN, F, corrigé sur C ; nous ne relèverons plus ce type de variante.* ↔ *b.* si je le voudrais ! / figaro : Dans les cas épineux, mon galant, il faut imiter les cordiers. / chérubin : Que font-ils ? / figaro : C'est en reculant, qu'ils avancent[1]. Point *BN* : si je le voudrais ! [figaro : Dans les cas épineux, mon galant, imitons l'adroit filandier. / chérubin : Que fait-il ? *add. biffée*] / figaro : [Il faut ruser *add. biffée*] Point *C* : si je le voudrais ! [figaro : *[comme dans C]* qu'il avance. *biffé*] [Il faut ruser. *corr.*] Point *F*

1. *D'abord* : dès l'abord, dès son arrivée.

2. Voir sc. vii et ix, p. 390 et 395-396.

3. Édition d'Amsterdam : le comte, *lui prenant le menton, dit à demi-voix, comme pour lui dire « ne dis rien ».*

4. « Il se dit populairement dans le sens de tromper, enjôler » (*Académie*, Complément de 1842). Ce sens vient très probablement du vocabulaire du jeu. Voir le *Dictionnaire de Trévoux* : « On dit au jeu de trictrac qu'une personne est enfilée pour dire qu'on lui a bouché les passages [...]. »

5. L'apostrophe est ironique : Suzanne, plus avertie, sait que le comte est moins *enfilé* que ne le croit Figaro.

1. Les cordiers filaient leur corde en reculant ; de là : « On dit, en raillerie, que *les cordiers gagnent leur vie à reculons* » (Leroux, *Dictionnaire comique [...]*, nouv. éd., Pampelune, 1786).

6. *Bravement* : « Quelquefois il signifie habilement, adroitement [...]. Il eśt du śtyle familier »; *se recorder* : « se rappeler ce qu'on a à dire ou à faire » *(Académie)*, et, pour des aćteurs, bien régler le jeu théâtral.

Page 401.

a. ne la quittez pas ? [CHÉRUBIN : Elle a la conception si neuve, que c'eśt toujours à recommencer. *biffé*] / FIGARO : *BN* ↔ *b.* BAZILE *le retourne* : Elle s'emplit. / [FIGARO : Elle s'emplit ? / BAZILE, *en s'en allant* : Elle s'emplit. *biffé F, C*] FIGARO, *BN, F, C, lég. var.* ↔ *c. première BN, F, C* ↔ *d. la porte fermante à droite. BN* : *la porte fermante. F, C*

1. « Faisceau de plusieurs choses liées ensemble [...]. Il portait une grosse trousse sur la croupe de son cheval » *(Académie)*.

2. Au lieu de : *elle se casse* (Leroux, ouvr. cité). On voit que Bazile eśt reśté un *refaiseur de proverbes*, comme le disait de lui-même Beaumarchais. Voir *Le Barbier de Séville*, aćte IV, sc. 1, p. 340; et la lettre du 27 août 1797 : « Je m'aperçois depuis longtemps que je suis refaiseur de proverbes » (éd. Fournier citée, p. 688).

3. « On dit *femmes* au pluriel pour dire femmes de chambre » *(Académie)*.

4. Nous reproduisons le plan de la scène à l'aćte II et sa légende (voir n. 5, p. 382) :

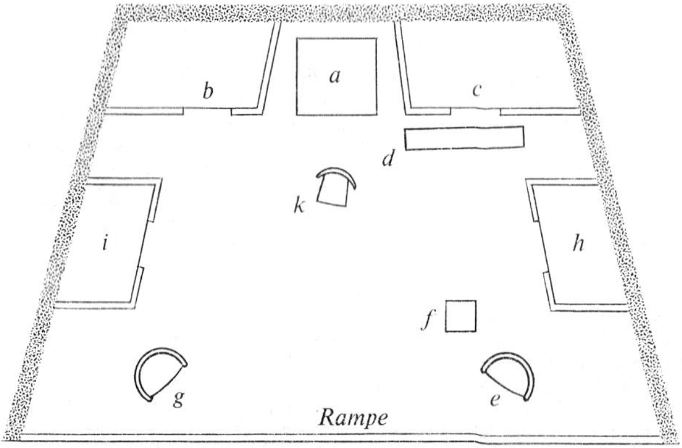

« *a.* Alcôve et lit de la comtesse. — *b.* Porte qui conduit à la chambre des femmes de la comtesse. — *c.* Fenêtre par où saute Chérubin. — *d.* Banc. — *e.* Fauteuil de la comtesse. — *f.* Tabouret sur lequel est posée une guitare. — *g.* Autre fauteuil. — *h.* Cabinet fermant à clef où Suzanne couche. — *i.* Porte de communication avec l'appartement du comte. — *k.* Chaise. »

Page 402.

a. le fauteuil [des malades *add.*]. Il *BN* : le [fauteuil du malade *corrigé dans F en* grand fauteuil]. Il *F, C* ↔ *b.* noble et belle; mais [aussi fière que le soleil, elle ne souffre pas qu'on la regarde en face ! *biffé C*] [qu'elle eſt imposante *corr. C*]. » / LA COMTESSE : *BN, F, C* ↔ *c.* brillaient [comme votre belle bague *biffé F, C*]... « Tu *BN, F, C* ↔ *d.* ce petit démon-là ? Madame par-ci, je voudrais bien par l'autre; et parce qu'il ne peut rien baiser à Madame, il veut toujours me baiser quelque chose. / LA COMTESSE, *BN, corrigé en F, C, lég. var.* ↔ *e.* ton honnêteté *BN, corrigé en F, C* ↔ *f.* LA COMTESSE *se lève, et se promène, se servant fortement de l'éventail* : *C* ↔ *g.* parle et marche [avec aƈtion *add. marg. BN*]. / LA COMTESSE, *en rêvant* [*toujours* *add. C*] : Sans cette conſtance à me fuir [mon cœur occupé de lui seul, et repoussant toute autre idée *biffé*]... Les hommes *BN, F, C*

1. *L'* représente Chérubin, selon une conſtruƈtion fréquente au XVIIIe siècle. « On dit qu'un homme refuse ses meilleurs amis pour dire qu'il ne fait rien de ce que ses meilleurs amis lui demandent » (*Académie*).
2. Voir aƈte I, sc. VII, p. 391.
3. « On appelle *enfance* une puérilité » (*Académie*).
4. *Aƈtion* « se dit aussi pour marquer la chaleur à dire ou à faire quelque chose » (*Académie*).

Page 403.

a. de la fenêtre : *add. orig.* ↔ *b.* LA COMTESSE, SUZANNE [*va ouvrir BN*], FIGARO *BN, F, corrigé sur C* ↔ *c.* SUZANNE : [Comment *biffé BN*] naturel ? / [FIGARO : Et pour en user plus librement à Londres, il laisse ici Madame sous la garde honnête de la duègne Marceline et du cuiſtre Bazile. / LA COMTESSE : Ah, le monſtre ! / FIGARO : Il ne pouvait moins faire [; mettons-nous à sa place *biffé BN, F*] / SUZANNE : Es-tu fou ? / FIGARO : Puis il m'a nommé [...] voilà tout pourtant *biffé F, C*]. / LA COMTESSE : *BN, F, C*

Page 404.

a. le Guadalquivir. [Or monseigneur le comte étant de sa nature [libertin *corrigé dans C en* inconſtant] comme un Français et jaloux comme un Espagnol, opposons le [furieux *BN, F*] [fumeux *C*] orgueil de l'époux aux feux guillerets de l'amant; *biffé F, C*] je *BN, F, C, lég. var.* ↔ *b.* ma foi ! [Tu couvriras l'enchère du bel esprit. / SUZANNE : En disant ? / FIGARO : Que destinée à moi depuis longtemps, et vaincue par mes inſtances, l'amour nous a menés si loin, si loin... / SUZANNE : Insolent ! / LA COMTESSE : Eh fi ! donc. / FIGARO : Ou bien *biffé F, C*] tu *BN, F, C* ↔ *c.* s'y rendît ? / FIGARO : [[Ma vie contre une orange, madame, que sur la seule promesse, il lui remet la dot et commande le feſtin. Au pis aller *biffé*] [Point du tout. *corr.*] *F, C*] Je *BN, F, C*

1. J'ai fait remettre un billet anonyme. *Vous* eſt simplement ici un « datif éthique ».
2. *Tailler* : « [...] on dit [...] familièrement *tailler les morceaux à quelqu'un* pour [...] lui prescrire ce qu'il doit faire » (*Académie 1798*, art. « tailler »).

3. Très vite, très rapidement. On disait *en courant la poste* ou *en poste*.
4. Sur cela, sur cette solution.
5. Sur cette réplique, voir la Préface, p. 376 et n. 4. En 1789, Beaumarchais citera cette définition du vil métier de courtisan pour montrer qu'il n'est pas lié aux oppresseurs; voir la *Requête à MM. les Représentants de la Commune de Paris*, éd. Fournier citée, p. 494.

Page 405.

a. en trois mots. [Aussi c'est un charme de voir comme tous nos messieurs y sont habiles. *biffé*] / LA COMTESSE : *BN* ↔ *b. Scène III* / LA COMTESSE, SUZANNE / [SUZANNE : *[*Dansez monseigneur *biffé]* Soit, mais pour qu'il n'y ait pas d'erreur là-dessus, j'aurai grand soin de les surprendre moi-même. *biffé*] / LA COMTESSE, *BN* : *Scène III* / SUZANNE, LA COMTESSE / [SUZANNE : Soit ! *[comme dans BN]* moi-même. *biffé C*] / LA COMTESSE, *F, C, lég. var.* ↔ *c.* je vais le gronder. [SUZANNE : Faisons-lui plutôt chanter sa romance. *add. marg. BN*] / LA COMTESSE : *BN, F, C, lég. var.* ↔ *d.* LA COMTESSE, SUZANNE, CHÉRUBIN, *l'air honteux*. *BN, C* : SUZANNE, LA COMTESSE, CHÉRUBIN *F*

1. Édition d'Amsterdam : LA COMTESSE, *se regardant dans un miroir de poche*. Il y avait un miroir à l'intérieur des boîtes à mouches.
2. « On dit d'un homme plus mal vêtu, plus négligé qu'à l'ordinaire ou qui n'a pas si bon visage qu'il a accoutumé d'avoir, *Comme te voilà fait !* » *(Académie)*.

Page 406.

a. Sur BN, ce qui précède, depuis une marraine si... bonne !... *(p. 405, 5 lignes en bas de page), est une addition sur un papier collé ; la romance qui suit est notée sur des feuilles détachées.* ↔ *b.* Auprès d'une fontaine, *C, début de la romance. Les vers précédents sont biffés, ainsi que les couplets 4, 5, 7, 8, et le couplet 6 à partir du 3e vers.*

1. Chérubin a un « léger manteau bleu sur l'épaule » (voir p. 379).
2. Puisque; ce sens est encore assez fréquent au XVIIIe siècle.
3. La scène fait tableau. Beaumarchais applique ici les théories de Diderot; voir *De la poésie dramatique*, chap. XXI, « De la pantomime ». L'estampe était de J. Beauvarlet (1769) d'après le tableau de Carle Van Loo (1755). Un exemplaire se trouve à la Bibliothèque nationale.
4. L'air était ancien, mais la chanson datait de la première moitié du siècle : Marlborough était mort en 1722. Voir von Proschwitz, *Introduction [...]*, éd. citée, p. 313.

Page 407.

a. Sa lettre sous la mienne; *C*

1. Au sens fort du terme : à la torture.

Page 408.

a. sur un fauteuil : Oh ! pour du sentiment [il *biffé*] [c'est un jeune homme qui *corr.*] en regorge. Ah çà ! *BN* : *sur un fauteuil* : [Oh ! *[comme dans BN]* regorge. *biffé*] Ah çà ! *F* : *sur un fauteuil* : Oh ! *[comme dans BN]* [regorge *biffé*] [eſt plein *corr.*]. Ah çà ! *C* ↔ *b. Scène V add. marg. C*

1. Comme on le voit, la chanson eſt écrite en ſtyle marotique, qui retient quelques mots du français ancien : *deſtrier*, *varlet*, *clergier*, *plorer*; et, sur le plan syntaxique, l'absence de pronom sujet.

2. Le vrai motif n'eſt pas révélé à Chérubin (voir sc. II, p. 405).

3. *Toilette* : ici, la table de toilette (voir n. 1, p. 61, autre sens). Une *baigneuse* était un bonnet aux bords rabattus.

4. *Expédier* : « Se dit aussi des lettres, [...] des brevets, etc., pour dire les revêtir de toutes les formes nécessaires pour les rendre valables » *(Académie)*.

Page 409.

a. Scène VI add. marg. C ↔ *b.* SUZANNE : Et la plus [neuve *biffé*] [belle *corr.*] de toutes. / Tournez-vous donc envers ici, / Jean de Lyra mon bel ami. / *Elle le coiffe.* / Madame, *BN* : SUZANNE : Madame, *F* : SUZANNE : *[comme dans BN]* Madame, *C* ↔ *c.* Arrange [son *BN*] [le *F*] collet, qu'on voie un peu [mieux *F*] le dégagement de l'épaule. / SUZANNE *BN, F, corrigé sur C* ↔ *d.* LA COMTESSE [, *l'ayant déroulé C*] : Il y a du sang ! / CHÉRUBIN : Ce matin, *BN, F, C* ↔ *e.* LA COMTESSE : C'eſt du taffetas d'Angleterre qu'on met, non un ruban. *BN, F, corrigé sur C* ↔ *f.* du cheval... [*(Elle détache le ruban.) biffé C*] Je *BN, F, C*

1. Nous retrouvons le ſtyle marotique; voir n. 1, p. 408.

2. Dans les premières éditions, ainsi que dans celle de Gudin, cette phrase fait partie du texte. On peut l'y laisser, ou adopter le parti de d'Heylli et de Marescot, qui écrivent (ouvr. cité, t. III, p. 317) : « Bien que dans l'édition princeps l'aspect typographique de cette phrase ne soit point conforme à celui de la désignation des jeux de scène, il faut certainement la lire comme telle »; ce que nous faisons. Mais on peut hésiter.

3. Voir Féraud, *Supplément au Dictionnaire critique [...]*, art. « Amadis » : « Bout de manche qui se boutonne sur le poignet. » *Prenne mieux* : serre mieux.

4. Suzanne n'y entend rien en effet. Elle utilise deux mots qui ont même consonance : mais *courbette* désigne, comme de nos jours, une figure de manège et *cornette* une sorte de coiffe.

Page 410.

a. La didascalie manque dans F, C. ↔ *b. Le découpage des scènes* VII *et* VIII *n'exiſte pas en BN, F ; il apparaît en addition marginale sur C.* ↔ *c. Cette indication manque dans les 3 manuscrits.* ↔ *d. Scène V BN, F, corrigé sur C* ↔ *e.* LA COMTESSE, CHÉRUBIN *BN*

1. Tes vêtements; le mot n'a pas encore pris au XVIIIe siècle le sens qu'il a de nos jours.

Page 411.

a. Scène VI BN, F, corrigé sur C ↔ *b.* sa jalousie !... [LE COMTE, *dehors* : Vous n'ouvrez pas ? / LA COMTESSE : C'eſt que je suis seule. *add. marg. C*] / LE COMTE, *BN, F, C* ↔ *c. Pas de découpage dans BN, F ; corr. marg. sur C.*

Page 412.

a. Scène VII / LA COMTESSE, LE COMTE / LE COMTE, *un peu* [*ému biffé*] [*sévère corr.*] : Vous *BN* : *Scène* [*VII corrigé en XII C*] / LE COMTE, LA COMTESSE / LE COMTE, *un peu ému* : Vous *F, C* ↔ *b. En marge de ces deux dernières répliques, sur BN, une croix et l'initiale* B[on].

Page 413.

a. Même hésitation pour ces deux répliques, sur C, que var. b, p. 412. ↔ *b.* les soupçons les moins fondés... / [*Scène XIII add. marg. C*] / LE COMTE : *BN, F, C* ↔ *c.* l'ordonne. / *Suzanne, qui rentrait avec des hardes par la porte du fond, s'arrête auprès de l'alcôve en entendant la dispute.* / LA COMTESSE : *BN, F, C, lég. var., de même que dans les indications qui suivent.* ↔ *d.* nue ou vêtue *corrigé en* vêtue ou non *C* ↔ *e.* mais c'est l'affaire d'une pince de *BN, F, corrigé sur C*

1. Dans un instant, très vite.

Page 414.

a. J'en vais prendre une à l'antichambre. *BN, F, corrigé sur C* ↔ *b.* de m'attendre [, ou qu'elle saute par cette fenêtre *(montrant celle du fond) biffé C*] et [c'est *biffé C*] le moindre *BN, F, C, lég. var.* ↔ *c. Scène VIII BN, F, corrigé sur C*

1. Puisque cela (le scandale et le bruit).

Page 415.

a. écraserait [comme un ver *biffé C*], et *BN, F, C* ↔ *b. Pas de découpage dans BN, F.* ↔ *c.* SUZANNE : Ah ! *(Elle tombe assise.)* Il *F* ↔ *d.* de maîtresse... *F* ↔ *e. Scène IX BN, F, corrigé sur C*

Page 416.

a. ou je vais avec cette pince... *BN, F, corrigé sur C* ↔ *b.* Ce jeune Chérubin [que vous croyez parti *biffé F, C*]... / LE COMTE : *BN, F, C* ↔ *c.* maintenant. *(Il jette la pince.)* Vous *BN, F, C*

Page 417.

a. LE COMTE, *prenant la clef* : Je n'écoute plus rien. *(Il la repousse)* / LA COMTESSE : *F* : LE COMTE, *prenant la clef du cabinet des mains de la comtesse* : Je n'écoute plus rien. / LA COMTESSE : *C* : LE COMTE *la repousse* : Je n'écoute plus rien. / LA COMTESSE : *orig.* ↔ *b. Scène X BN, F, corrigé sur C*

1. Quelle sottise, quelle gaffe [j'ai faite]. L'expression est empruntée au jeu de trictrac, le mot *école* y désignant une faute commise par un des joueurs (oublier de marquer, ou marquer en trop, les points qu'on a gagnés).

Page 418.

a. Pas de découpage scénique en BN et F pour cette scène et la suivante ; ce découpage apparaît en addition marginale sur C. ↔ *b. sur le visage BN, F* ↔ *c.* sans ménagement. / LA COMTESSE : J'en ai cent fois plus qu'il ne vous en est dû. / LE COMTE : Comment puis-je être plus maltraité ?

[LA COMTESSE : Je n'avais qu'à vous laisser appeler vos gens. *corrigé sur F en* SUZANNE : Madame n'avait qu'à laisser appeler les gens.] / LE COMTE : [Vous avez *corrigé sur F en* Tu as] raison, *BN, F* : sans ménagement. [LA COMTESSE *[comme dans F]* maltraité ? *biffé*] *[comme dans F]* raison, *C*

1. *Dévouer* : « [...] consacrer, donner sans réserve. Il a dévoué ses enfants au service de la patrie » *(Académie)*. Nous dirions *vouée*.

2. Le sens est peu clair. R. d'Hermies (ouvr. cité, n. 1, p. 209) comprend : « C'est sans calcul. » Nous comprenons plutôt : « Vous ne me ménagez pas [en parlant ainsi]. »

Page 419.

a. mes fautes, *BN, F, C* ↔ *b.* Je vais me retirer [aux Ursulines *biffé*] [dans un couvent *corr.*] et je vois trop [qu'il en est temps *biffé*]... *C, avec mention marg.* B[on] . ↔ *c.* LE COMTE, *à genoux* : *BN, C* ↔ *d.* LE COMTE, *se relevant* : *C* ↔ *e.* LE COMTE, *se relevant* : *BN*

1. « On dit *couvrir sa faute* pour dire *s'excuser* » *(Académie)*.

2. Voir la Préface, p. 375 et n. 1.

3. En considération de [...]. Voir l'exemple donné par Féraud, ouvr. cité : « On lui a pardonné en faveur des belles actions qu'il a faites »; et les deux vers : « En faveur du badinage, / Faites grâce à la raison. »

4. Le ressentiment que m'inspiraient vos soupçons me faisait rougir.

Page 420.

a. âme honnête [qui se sent *biffé C*] outragée, *BN, C* ↔ *b.* mon repentir. / LA COMTESSE : Soupçonner un homme dans mon cabinet ? / LE COMTE : Vous m'en avez si sévèrement puni ! / LA COMTESSE : Ne pas s'en fier à moi quand je dis que c'est ma camariste ! *BN, corrigé sur F, C, lég. var.* ↔ *c.* LA COMTESSE, *lui tendant la main* : *BN, C, où manque l'indication suivante.*

1. Voir *Notes et réflexions* : « Le noble ressentiment qui colore le visage d'une personne modeste à la seule pensée d'être jugée coupable du mal qu'on lui impute a trop souvent excité, dans une accusation injurieuse, le soupçon de ceux qui ne sont pas capables de distinguer entre la confusion qui suit le crime et l'indignation d'une âme généreuse qui se sent insultée » (éd. citée, p. 134).

Page 421.

a. *Scène XI* / LE COMTE, LA COMTESSE, SUZANNE, FIGARO *BN, F, corrigé sur C*

1. Plein d'attentions.

2. *Défaite* : « Excuse artificieuse. *Il m'a donné une défaite* » *(Académie)*.

Page 422.

a. entrons au grand salon pour la cérémonie. / LE COMTE : Je voudrais être... au moins [*[*paré *biffé]* *[*vêtu *corr.]* F]. / LA

COMTESSE : *BN, F* : entrons [au grand salon *biffé*] pour la cérémonie. / LE COMTE [, *à part* : Et Marceline... Marceline... *add.*], *haut* : Je voudrais *[comme dans F]* LA COMTESSE : *C* ↔ *b. Scène XII* / LE COMTE, LA COMTESSE, SUZANNE, FIGARO, ANTONIO *BN, F, corrigé sur C* ↔ *c.* LE COMTE : Qu'eſt-ce que c'eſt ? / ANTONIO : *BN* : LE COMTE : [Qu'eſt-ce que c'eſt ? *biffé*] [Que me veux-tu, Antonio ? *corr.*] / ANTONIO : *F, C* ↔ *d.* Monseigneur, *add. C*

1. Le mot a un sens plus large que de nos jours. « Meurtrir par une impression violente : *Il s'eſt froissé tout le corps en tombant* » *(Académie)*.

2. Ce mot provençal eſt probablement un souvenir du séjour à Aix. Voir acte V, sc. VIII, p. 478 *(qu'es aquo)* ; et la Chronologie p. XXXI.

3. Une fois pour toutes, une bonne fois.

4. On attendait évidemment *téméraires*.

Page 423.

a. qui nous diſtingue des autres bêtes. / FIGARO : Il dit des sottises maintenant. / ANTONIO : Il n'y a que les muets qui n'en disent pas, et si ça vous déchire le retimplan, vous savez par où que ce monsieur a passé. Crac ! / LE COMTE : Mais réponds donc, si tu peux; on a, dis-tu, jeté un homme par cette fenêtre ? / ANTONIO : Oui, tout à l'heure, en veſte blanche, et qui s'eſt enfui, jarni, courant comme les petits chevaux de ces messieurs qui escamotent l'argent des autres[1], à la plaine. / LE COMTE, *BN*[2] *; les corrections sont faites sur F et C par biffures et collages.* ↔ *b.* ...si je l'avais vu [pourtant *add. C*] [, car je sais bien d'abord que ce qu'on a de plus remarquable dans la physionomie c'eſt le visage; mais j'étais si loin *biffé F, C*] ! / SUZANNE, *BN, F, C*

1. Le *Dictionnaire de Trévoux* donne *effleurer* comme « terme de fleuriſte : enlever les fleurs »; dans ce contexte, sans doute y a-t-il jeu de mots.

2. *Notes et réflexions* : « Boire sans soif eſt le propre de l'homme. Cela seul le diſtingue des autres animaux » (éd. citée, p. 109). Cette pensée eſt un peu trop philosophique dans la bouche d'Antonio, et d'Antonio qui eſt ivre !

3. Il faudrait, comme de nos jours, *Excellence*.

4. Juron paysan (« je renie »). On trouve aussi des formes plus longues : *jarnibleu*, *jarnigué*, *jarniguenne*, etc.

5. Le mot n'eſt pas dans les dictionnaires de l'époque. Littré cite ce passage et glose : « Bosse résultant d'un coup. »

6. Ce verbe sera repris par Antonio (acte IV, sc. VI, p. 457). C'eſt un des premiers emplois que nous en ayons avec ce sens. Le mot se disait jusque-là d'une troupe de personnes qui se mettent « en peloton ». Ce sens nouveau a souvent été blâmé par les contemporains.

1. C'est là probablement une allusion aux collecteurs d'impôts.

2. Dans *BN*, les répliques du texte définitif se trouvent à l'acte IV ; voir var. *b*, p. 463.

Page 424.

a. Jeu de scène biffé sur C. ↔ *b.* répondre à tout. Tenez, voilà le mémoire du cacao qui nous vient de Caraque[1]. Ceci ? *BN* : répondre à tout. [Tenez, *[comme dans BN]* Caraque. *biffé*] [*(Il regarde un de ses papiers.)* *F*] Ceci ? *F, C* ↔ *c.* dans le nez ! [ANTONIO : Et vous n'entendez pas de c't'oreille-là ? Mais le papier ! *biffé C*] / LE COMTE : *BN, F, C*

1. « On dit aussi des choses solides qu'elles coulent pour dire qu'elles glissent, qu'elles s'échappent » *(Académie)*. Le mot n'est donc pas ici une impropriété. Saint-Simon l'emploie fréquemment.

2. Cette exclamation italienne se retrouvera dans *Tarare* (acte III, sc. IV, p. 557). Il faut comprendre ici : pauvre [de moi].

Page 425.

a. je ne saurai rien. / ANTONIO, *riant* : Ah ! ah ! ah ! ah ! ah ! / LE COMTE : De quoi ris-tu, coquin ? / ANTONIO : Je ris de ma bêtise de ne pas oser rire devant vous depuis une heure. Tout ça est si plaisant ! / [LE COMTE *sort avec dépit* : C'est Figaro qui les mène, et je ne m'en vengerais pas ? *add. bas de page*] / *Il sort avec dépit. BN* : je ne saurai rien. [ANTONIO, *riant* : *[comme dans BN]* si plaisant ! / LE COMTE : *biffé*] C'est ce Figaro *[comme dans BN] dépit.* *F, C, remanié avec lég. var.* ↔ *b. Scène XIII* / LES ACTEURS PRÉCÉDENTS, MARCELINE, BARTHOLO, BAZILE, [ROBIN *BN*] [GRIPPE-SOLEIL *F, C*], VALETS *BN, F, C qui ensuite corrige l'ordre des personnages, non le numéro de la scène.* ↔ *c.* malhonnête ! / FIGARO : Les choses n'étant pas entre nous sur un pied !... / MARCELINE : Sans doute, il t'eût fallu... l'oser. / FIGARO, *montrant Bartholo* : Je ne suis pas si docteur que cela. [Mais à qui diable en a-t-elle *(*, cette antique *add.)* ? Elle ne me doit rien, je ne lui dois rien; qu'elle se tienne en repos. *biffé*] / LE COMTE : *BN* : malhonnête. [FIGARO : *[comme dans BN]* si docteur que cela. *biffé*] / LE COMTE : *F, C* ↔ *d.* MARCELINE : [Deux mille piastres, monseigneur, à condition *corrigé en* Sous condition de m'épouser.] / FIGARO : Eh ! vous seriez ma mère ! / [MARCELINE : Plût au ciel que je la fusse ! au moins tu m'aimerais ! / FIGARO : Je ne vous hais pas, mais... Suzon. / MARCELINE, *au comte* : Vous êtes *add. marg.*] *BN* : MARCELINE [, *au comte* *add. F*] : Sous condition de m'épouser. [FIGARO : Eh, *[comme dans BN]* mais Suzon... *biffé*] / MARCELINE : Vous êtes *F, C*

1. « On dit *faire grâce à quelqu'un* pour dire, lui accorder [...] ce qu'il ne pouvait pas demander avec justice » *(Académie)*. L'expression a donc un sens plus large que de nos jours, mais le mot implique, comme de nos jours, que l'on va au-delà du droit; il s'oppose donc ici à « justice » et « engagements ».

Page 426.

a. mes droits sur [Mlle *biffé*] Marceline ? [Ils sont certains. / FIGARO : Autre fou ! *add.*] / LE COMTE, *en colère, à Bazile* : Vos

1. D'Heylli et Marescot (éd. citée, t. III, p. 324) lisent « *de Carac...* [début d'un nom de ville ?] ». Ou faut-il comprendre *en caraque*, c'est-à-dire en bateau, la caraque étant un gros navire de transport ?

droits ! *BN* : mes droits sur Marceline ? [Ils sont certains. *biffé*] [LE COMTE : Ah ! voilà mon fripon du billet. *add. marg. C*] / FIGARO : Autre fou de la même espèce ! / LE COMTE [, *en colère, à Bazile C*] : Vos droits ! *F, C* ↔ *b.* l'a pas raté du *BN* ↔ *c.* LE COMTE [, *à part* : Éloignons vite ce maraud; son opposition suspendrait *biffé C*] Marceline, *F, C, lég. var.* ↔ *d.* la grande salle *orig.* ↔ *e.* pour en être le galopin. / LE COMTE : *BN, F, corrigé sur C* ↔ *f.* il vous plaît me l'ordonner. / [LE COMTE : Ah ! d'amuser ma compagnie ! *C*] GRIPPE-SOLEIL : J'irai bien, *BN, F, C, lég. var. BN hésite entre* Robin , Un berger *et* Grippe-Soleil .

1. C'est-à-dire les gens de justice. *Siège* : « [...] se dit du corps et de la juridiction des juges subalternes » *(Académie)*.

Page 427.

a. Il est de ma compagnie. *[p. 426, 8 lignes en bas de page] [Note autographe : Bazile sort à la fin du 2e acte avec G.S. pour aller chercher les gens du siège et le paysan qui lui a remis le billet du comte. L'audience se donne au 3e acte. B. et G.S. reviennent à la fin du 4e acte, sans qu'il soit fait mention de l'objet important de la commission donnée à Bazile de retrouver le paysan.]* / *Scène XIII* / BAZILE : Ah, çà ! je *BN* : Il est de ma compagnie. / BAZILE, *surpris* : [...] *Il sort.* / BAZILE, *à lui-même* : Ah ! je *F* : Il est de ma compagnie. [GRIPPE-SOLEIL, *joyeux* : ...Oh moi, je suis de la... ? *add. en bas de page*] / BAZILE, *surpris* : [...] *Il sort. [Croquis marginal de la position des acteurs sur scène.]* / BAZILE : Ah ! je *C* ↔ *b.* Qu'une cruche. [ANTONIO : Ah ! c'est tout comme. *biffé F*] / BAZILE, *BN, F* ↔ *c. à reculons Mention manquante dans les 3 manuscrits.* ↔ *d. Toute cette fin est biffée sur F depuis* Tu n'as pas l'air en train de chanter [...] .

1. Tu n'as pas l'air en train, en bonnes dispositions pour chanter.

2. Cette expression équivaut à un ordre : « Musique ! » L'énoncé *la-mi-la*, qui désignait la tonalité de *la*, se prêtait aussi à toutes sortes de fantaisies verbales. Voir *Jean-Bête*, p. 96; et la lettre de Beaumarchais à son père du 20 octobre 1764 (*Correspondance*, éd. citée, t. I, p. 101).

Page 428.

a. tout [comme un diamant où l'on a jeté l'haleine *biffé C*]; mais *BN, F, C* ↔ *b. Ce jeu de scène manque dans les 3 manuscrits.*

1. L'issue heureuse d'une première aventure périlleuse. *Hasard* ici est pris au sens de « péril », « risque ».

2. Suzanne dira (p. 429) « votre loup ». « On appelait [*appelle*, éd. de 1762] loup, une espèce de masque de velours noir que portaient les dames pour se préserver du hâle et qui leur couvrait tout le visage » *(Académie 1798)*.

Page 429.

a. Ce jeu d'entracte manque dans les 3 manuscrits. C indique, mais après la mention Acte III (p. 430) : Long entracte ; habillement du comte .

1. Renferme tout. « Ce projet embrasse bien des choses » *(Académie 1798)*.

2. Il s'agit ici d'un jeu d'entracte, comme dans *Eugénie* (voir

p. 154 et n. 1). Mais si, dans le drame bourgeois, l'action se passait en un même lieu, il y a ici changement de décor.

Page 430.

a. impériale en dais. / *Scène première* / LE COMTE, PÉDRILLE, *en veste et botté.* / LE COMTE : *BN, F, C ; dans ce dernier manuscrit, le découpage des scènes II et III n'existe pas.*

1. *Impériale* se disait, au XVIIIe siècle, du dessus d'un carrosse ou d'un lit; ici, plus largement, du dais qui protège et sacralise le portrait du souverain. Le comte va juger au nom du roi.

2. Nous reproduisons le plan de la scène à l'acte III et sa légende (voir n. 5, p. 382) :

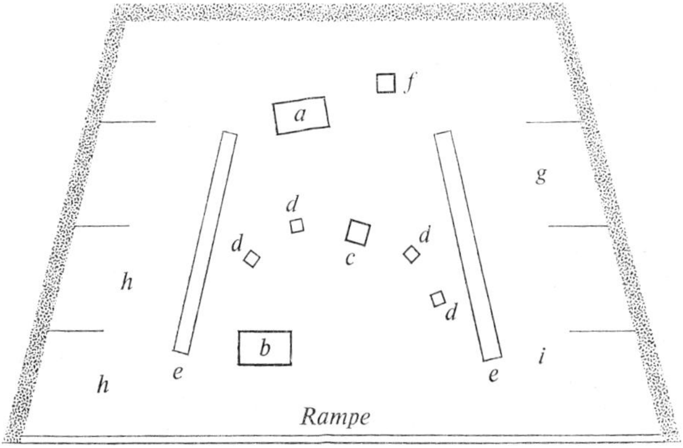

« *a.* Estrade où préside le comte. — *b.* Table du greffier Double-Main. — *c.* Siège de Brid'oison. — *d.* Sièges des conseillers. — *e.* Bancs des avocats. — *f.* Place de l'huissier. — *g.* Dais sous lequel il n'y a pas de fauteuil ; sans doute place du roi. — *h.* Bartholo - Marceline. — *i.* Place de Figaro. »

3. Pédrille ne part donc pas seul.

4. C'est-à-dire dans l'hôtel particulier du comte.

Page 431.

a. Scène II BN, F, C *qui porte la correction.* ↔ *b.* le sonder adroitement. / *Scène III* / LE COMTE, FIGARO / FIGARO, *qui a entendu la dernière phrase, à part* : *BN, F, lég. var. ; corrigé en C.*

1. Qu'est-ce donc qui [...] ?

Page 432.

a. Bazile ? *orig.* ↔ *b.* tout vivant [au cratère du Vésuve *biffé F,*

C]... / LE COMTE : *BN, F, C* ↔ *c.* et nuis à mon objet. / FIGARO, *BN, F, corrigé en C*

1. Voir acte II, sc. XXI, p. 424.

Page 433.

a. un peu [dans son genre. / LE COMTE : Figaro. / FIGARO : Excellence. *add. C*] / LE COMTE : *BN, F, C* ↔ *b.* que moi. [*(À part.)* Le voilà qui me pompe[1]. *biffé F*] / LE COMTE : *BN, F, C* ↔ *c.* du nécessaire ? [À sa place, moi, je ne dis pas ce que je ferais *biffé BN, F*] [LE COMTE : Je te le permets. / FIGARO : Quelque sot ! / LE COMTE : Je l'ordonne. / FIGARO : Instruite de vos faits et gestes, et prenant conseil de l'exemple, je vous solderais vos petits bâtards paysans d'un bon gros *[*noble *BN, F]* enfant légitime, et puis... cherche. / LE COMTE : Insolent ! / FIGARO : V'là-t-il pas !... *biffé C*] / LE COMTE : *BN, F, C, lég. var.*

1. Ce juron était connu depuis longtemps en France. C'est à cause de lui que les soldats de Jeanne d'Arc appelaient les Anglais les *Godons*.
2. *Clairet* « ne se dit proprement que du vin rouge » *(Académie)*. Ici, opposé à *bourgogne*, le mot désigne le vin de Bordeaux (voir anglais *claret*).
3. Pour exprimer l'admiration. *Mignardement*, comme *mignard*, est en train de prendre une valeur péjorative et exprime « un mélange de gentillesse et d'afféterie » *(Académie 1798)*.
4. De portefaix; les crocheteurs portaient les charges sur leur dos à l'aide d'un crochet. Une telle construction de *sangler* est ordinaire au XVIIIe siècle.
5. On se souvient que cette tirade a été écrite pour *Le Barbier de Séville*; voir acte I, sc. II, var. *b*, p. 294; et E.-J. Arnould, *La Genèse du Barbier de Séville*, éd. citée, p. 151. *Goddam* avait d'abord été orthographié *Goddem*.
6. Édition d'Amsterdam : *Le comte appelle Figaro du doigt. Figaro approche et le comte lui passe amicalement le bras autour du cou.*
7. Je préviens tous ses désirs.

Page 434.

a. de seigneurs *corrigé par surcharge en* d'hommes *C* ↔ *b.* à mon tour [à pomper *biffé C*]. *(Haut.)* *BN, F, C* ↔ *c.* Avec *[5 lignes]* l'esprit que tu as, tu pourrais un jour trouver place dans mes bureaux, il *BN, F* ↔ *d.* avait ici de quoi *orig.*

1. La variante *a* précise : « À mon tour à pomper. » Sur *pomper*, voir var. *b*, p. 433.
2. Le mot *étrenné* est peu clair. On peut entendre soit « rétribué », soit plutôt « qui a l'étrenne des nouvelles », qui les sait le premier.
3. Ou que je meure [s'il n'en est pas ainsi] !
4. L'idée est chère à Beaumarchais, qui l'exprimait déjà dans son Mémoire sur l'Espagne en 1764 (voir Arnould, *La Genèse [...]*, éd. citée, n. 4, p. 49).

1. « On dit figurément et familièrement *pomper quelqu'un* pour dire lui tirer avec adresse son secret, ses idées, etc. en lui faisant beaucoup de questions » (*Académie 1798* ; le mot n'est pas dans l'édition de 1762).

5. Voir *Le Misanthrope*, acte I, sc. II, v. 411. Comme chez Molière, on a dans le texte original *au gué*.

Page 435.

a. J'entends. On m'a *BN, corrigé sur C ; la fin de la scène est beaucoup travaillée sur ces deux manuscrits.* ↔ *b.* FIGARO : [Assurément vous prononcez. La justice est la dette du magistrat, et tout client qui la réclame est certes bien son créancier. *biffé C*] Me *BN, C* ↔ *c.* dure aux petits. [Voilà toujours ma chanson de soldat qui me revient. / LE COMTE : Quelle chanson de soldat ? / FIGARO : C'est qu'un jour je m'avisai de commenter l'ordonnance d'un général très sévère et tant soit peu pillard, sous les ordres duquel j'avais l'honneur de commander un fusil. / LE COMTE : Et la chanson disait ? / FIGARO *chante* : Air : « C'est l'ouvrage d'un moment. » / Soldat qui vole un bracelet / Est pendu sans rémission; / Mais pour la contribution / Qu'un général met en sa poche, / C'est une noble action. / Il se mit en colère ! / LE COMTE, *sèchement* : Il n'en fit pas assez, puisque vous voilà. / FIGARO : Monseigneur se fâche aussi ? *biffé*]... / LE COMTE : *BN, F* ↔ *d.* qui m'apprendra [bien *F*] qui je dois aimer ou haïr. / LE COMTE, *à part* : Je vois qu'on lui a tout dit; il épousera la duègne. / FIGARO : Quand on a un corps de verre, il ne faut jeter de cailloux à personne; il *BN, F* : qui me l'apprendra [qui me veut du mal ou du bien, qui je dois aimer ou haïr *biffé*]. / LE COMTE : [...] Il *C* ↔ *e. Scène IV BN, F, qui continuent la scène à la sortie du laquais.*

1. Comme acte I, sc. x, p. 400 et n. 4.
2. « Le temps est galant homme »; mais *galant'uomo* signifie « homme honnête ». Figaro donne ensuite le sens exact du proverbe : le temps finit toujours par révéler la vérité.
3. Est-il nécessaire de souligner la cocasserie du rapprochement de *Don Gusman*, nom très espagnol, avec *Brid'oison* qui a déjà été utilisé dans *Les Bottes de sept lieues* ? Voir aussi les hésitations de circonstance sur *don Bazile* et *don Guzman* dans *Le Barbier de Séville*, var. b, p. 322.
4. « Vieux mot [...] dont on ne se sert plus que dans certaines formules de pratique [de droit] pour signifier un homme expert et versé dans la connaissance de certaines choses » *(Académie)*; en somme, ici, un conseiller juridique.

Page 436.

a. Scène V BN, F, corrigé en C ; de même pour les deux scènes qui suivent. ↔ *b.* vous enveloppe [, et vous touche de partout comme un habit trop juste *biffé C*]... Ah ! *BN, F, C, lég. var.* ↔ *c.* ses vapeurs. [J'ai perdu la clef du coffret aux boules, on va me gronder. *biffé*] J'accourais *BN* ↔ *d. Sur BN, le comte tutoie Suzanne dans cette réplique et la suivante.*

1. Au cours de la discussion.
2. C'est-à-dire réservé aux femmes *de condition*, aux femmes de haute naissance.

Page 437.

a. et le petit page... *BN* ↔ *b.* le flacon... / SUZANNE *(elle le lui rend)* : Aurais-je pu vous parler sans un prétexte ? / LE COMTE, *la pressant dans ses bras* : Délicieuse *BN, corrigé sur C*

Page 438.

a. Il voit entrer les frotteurs, il ressort. / Scène VIII / Les frotteurs rangent les sièges de l'audience. / BARTHOLO, MARCELINE, DON GUSMAN[1] / DON GUSMAN, *en robe, BN, F, C, lég. var.*

1. C'est-à-dire Marceline, Bartholo et Brid'oison.

2. Selon E.-J. Arnould, ouvr. cité, n. 2, p. 25, ce bégaiement rappellerait le tic dont était affligé Goëzman; voir n. 3, p. 435.

Page 439.

a. pour rien. [Le mérite alors tiendrait lieu d'argent. / MARCELINE : Cela serait bien différent. / DON GUSMAN : *biffé*] Contre *BN* ↔ *b. Scène IX BN, F ; corrigé sur C en X puis XIV , et de même pour les scènes suivantes.* ↔ *c.* monsieur le conseiller. [*(Aux frotteurs.)* Dépêchez donc, vous autres. *(Ils sortent.) biffé C*] / DON GUSMAN : J'ai *BN, F, C* ↔ *d. À la reprise du Mariage de Figaro en 1792, Beaumarchais fait jouer de l'émigrette — sorte de yo-yo qui était en vogue chez les émigrés — à Figaro. Voici le texte tel que l'auteur le transcrit dans un papier du 22 janvier 1792[2] :* Monsieur... / BRID'OISON : On n'est pas plu-us idiot que ça. / FIGARO, *riant* : Idiot ! moi ? Je fais pourtant très bien descendre et monter l'émigrette ! *(Il roule.)* / BRID'OISON, *étonné* : À-à quoi c'est-il bon, l'émigrette ? / BARTHOLO, *brusquement* : C'est un noble jeu, qui dispense de la fatigue de penser. / BRID'OISON : Ba - ah ! moi, c'te fatigue-là ne me fatigue pas du tout. / FIGARO, *en riant* : Jeu favori d'un peuple libre ! qu'il mêle à tout avec succès ! / BARTHOLO, *brusquement* : Émigrette et constitution ! le beau mélange qu'ils font là ! / BRID'OISON, *à Figaro* : Je pourrais pen-endant les référés... / FIGARO : Référé, spectacle, assemblée, nos gens d'esprit ne la quittent nulle part. Et Monsieur a tout ce qu'il faut pour en jouer supérieurement. / *Il la lui présente.* / BRID'OISON, *l'acceptant* : Oui ? Eh-eh bien, j'essayerai. / BARTHOLO, *à Marceline* : D'une bêtise bien adressée, le fripon s'en fait un appui contre le droit de votre cause... *« Et la scène du procès continue » , ajoute Beaumarchais.* ↔ *e.* patrimoine des juges. / [DON GUSMAN : Pas mal, pa... as mal ! / FIGARO : Hé ! sans la bienheureuse forme, monsieur le conseiller, les mouchards, les huissiers auraient-ils crédit au cabaret ? les pillards procureurs, des campagnes[3] ? l'avocat braillard, des maîtresses ? le greffier parcheminier[4], des maisons ? l'épicier rapporteur[5], des rentes sur le sac, et le secrétaire à l'extrait, des monts d'or ? / DON GUSMAN : Il faut que tout le monde vive. / FIGARO : Robins et autres. *biffé*] / DON

1. Dans *BN*, *F*, *C*, on lit toujours *Don Gusman* à la place de *Brid'oison*.

2. Sur l'origine de ce texte, voir l'édition de la trilogie espagnole par J.-P. de Beaumarchais, Paris, Garnier, p. 468.

3. *Des campagnes* : des propriétés à la campagne.

4. *Greffier parcheminier* : ici, le greffier qui écrit sur du parchemin (et non, comme ordinairement, celui qui fabrique ledit parchemin et le vend).

5. *L'épicier rapporteur* : ici, le juge rapporteur qui touche des épices, c'est-à-dire « ce qui est dû aux juges pour le jugement d'un procès par écrit » *(Académie)*.

GUSMAN : Ce *BN* : patrimoine des [juges *biffé*] [tribunaux *corr.*]. / DON GUSMAN : Ce *F, C*

1. Le thème de ces dernières répliques se trouve déjà dans une variante du *Barbier de Séville* (var. *a*, p. 348).
2. L'abrégé, le sommaire, l'analyse d'un procès » *(Académie)*.

Page 440.

a. Hein ?... *[1re ligne]* / *Scène X* / FIGARO, DON GUSMAN, BARTHOLO, MARCELINE, LE COMTE, UN HUISSIER / HUISSIER, *criant* : Monseigneur, *BN* ↔ *b.* de campagne était *BN*

1. « L'assemblée de ceux à qui on donne audience. *Toute l'audience en fut scandalisée* » *(Académie)*.
2. Beaumarchais se moque de la longueur des noms espagnols; on peut traduire : « Baron des hauteurs et des monts altiers et d'autres monts. » Le vrai Calderón se prénommait Pedro.
3. C'est-à-dire déboutés.
4. Peut-être Beaumarchais se souvient-il d'un proverbe de Carmontelle : *Le Seigneur auteur* (1768).

Page 441.

a. LES PAYSANS ET VALETS *debout derrière. [p. 440]* / [DON GUSMAN, *à Double-Main* : Double-Main, appelez les causes. *add. F*] [DOUBLE-MAIN *se lève et lit parlant du nez* : On demande remise dans la cause de demoiselle de Seintendre. Un tuteur veut la marier au vieux baron Desayeux, son voisin. Sa mère entend qu'elle épouse le sieur de l'Or-en-sac, trésorier. On devait plaider aujourd'hui pour accorder sa mère et son tuteur, le sieur de l'Or-en-sac et le baron Desayeux. La demoiselle Seintendre vient de disparaître avec un chevalier Des Soupirs, son cousin. / FIGARO : Elle a dit en partant qu'elle allait voir son oncle. / LE COMTE : Attendons qu'elle en revienne. *biffé F*] / DOUBLE-MAIN *BN, F* ↔ *b.* hors le fait, s'égayent dans des écarts brillants ou savants qui font perdre de vue le fond de l'affaire. Moi *BN*

1. « Forcement de retraite, exercice du droit qui appartient à l'administration de faire payer par ses commis les impôts qu'ils ont négligé de percevoir. » Ce sens, donné par Littré, et après lui par les commentateurs, n'est pas satisfaisant. Il s'agit très probablement ici d'une augmentation de redevances, trop lourde et évaluée arbitrairement.
2. Dans une variante du *Barbier de Séville* (var. *b*, p. 331), Marceline se prénommait déjà « Ruth, Agar ».
3. Ce plaidoyer de Cicéron était toujours considéré comme un modèle.
4. *Piastre* : « Monnaie d'argent qui vaut environ cent sous de notre monnaie, et qui se fabrique en Espagne » *(Académie)*. On disait souvent *piastre forte*, pour la distinguer de la demi-piastre. Une pièce *cordonnée* était entourée d'un cordon, « petit bord façonné » *(ibid.)*. La livre valant vingt sous, Figaro doit dix mille livres, ce qui est pour lui une somme énorme.

Page 442.

a. il y a un pâté. / BARTHOLO : Je *BN* ↔ *b.* je l'extermine. /

[DON GUSMAN : I-il le sait peut-être aussi, le latin ! Un médecin ! *add. marg. F, biffé C*] LE COMTE : *F, C* ↔ *c.* y adhérons. [L'HUISSIER, *glapissant* : Silence *[*, messieurs *add. C]*. / BARTHOLO : *biffé C*] Un *BN, C*

1. Voir Quinte Curce, *Histoire d'Alexandre*, livre V, chap. v.

2. « On dit qu'un homme est *grec* en quelque chose pour dire qu'il y est fort habile » *(Académie)*.

3. Ce terme de droit, ici, confirme sur le plan juridique le *nous passons qu[e]* [nous concédons que].

4. Bartholo n'a pas fait de concession : il fait de *où* un relatif, le pâté ne permettant de voir s'il y a accent ou non.

5. Le *gros*, ou *drachme*, valait la huitième partie d'une once, soit trois grammes vingt-quatre centigrammes. On l'utilisait pour peser les plantes médicinales.

Page 443.

a. dans le sens de celle-ci : Vous chanterez telle ariette de Gluck OU telle autre de Piccini, OU BIEN telle autre. Je parerai de fleurs l'autel de votre hymen, OU vous prendrez ce soin vous-même. Toujours OU BIEN. Ainsi : je la payerai dans ce château, virgule, ou bien je l'épouserai; c'est virgule, messieurs, ou bien je l'épouserai [par reconnaissance *biffé*]. L'homme qui épouse, est-il tenu de rembourser ? / BARTHOLO : Oui; *BN* : dans le sens de celle-ci : ou la maladie vous tuera ou ce sera le médecin, ou bien la médecine; cela est encore incontestable. Je parerai de fleurs *[comme dans BN]* ou bien je l'épouserai. [BARTHOLO, *vite* : *[...]* tenu de rembourser ? *add. marg.*] [DON GUSMAN : ça-a devient différent. *biffé*] / BARTHOLO : Oui; *F* ↔ *b.* acquittement ! [FIGARO *se rassied* : Vous verrez qu'un homme qui se marie ne fait aucun déboursé. *biffé F, C*] / DOUBLE-MAIN [, *parlant du nez* *BN, C*] : Silence, *BN, F, C* ↔ *c.* Marceline ! / [MARCELINE : Ce qui me console, effronté, c'est que nous le perdons tous deux; car si je n'ai pas le garçon que je voulais, tu n'auras pas non plus la fille que tu croyais. Le juge y a mis bon ordre. *biffé*] DOUBLE-MAIN *BN*

1. Figaro rectifie son exemple en donnant le choix entre deux sujets, ce qui lui paraît exprimer mieux la jalousie à l'égard des écrivains de mérite.

2. Au XVIIIe siècle, l'usage était quasi constant de mettre une virgule devant l'outil de coordination.

3. C'est le *nous* d'avocat, Bartholo plaidant pour Marceline.

4. *Dès que mariage n'est pas quittance* : puisque le mariage ne supprime pas la dette. *Plaisant acquittement* : ce serait une plaisante façon de s'acquitter.

5. La plus noble institution. L'emploi d'*institut* à la place de ce dernier mot est rare. L'expression a été reprise dans la Préface (voir p. 371 et n. 3).

6. Pour *balbutier*, évidemment : contamination de ce mot avec les verbes en *-ifier* (type *crucifier*).

7. Le « grand juge » est le comte, et l'autre, Brid'oison; d'où la réaction de Double-Main.

Page 444.

a. l'épouser avant le retour du soleil. *BN, corrigé sur F, C* ↔

b. J'ai perdu. [ANTONIO, *riant aux éclats* : Ah ! ah ! / DOUBLE-MAIN : Superbe arrêt. *add. BN*] / FIGARO : [Qui te mène au gibet[1] ? *biffé F, C*] En *BN, F, C* ↔ *c. Scène XII BN, F, corrigé sur C en XIII puis XVI. À partir de cette scène, la fin de l'acte témoigne de beaucoup d'hésitations et de différences, en BN principalement.*

1. Il y aurait donc deux affaires; Marceline aurait à répondre d'outrage à magistrat.

2. Sur l'injure faite à ma personne.

3. À l'acte I, sc. X, p. 397, le comte opposait déjà la tyrannie d'un Vandale au droit avoué d'un Castillan.

4. La formule complète serait : *impliqueraient contradiction.* « En termes d'école, on dit simplement, *cela implique* » *(Académie).*

Page 445.

a. Et moi j'étouffe. *[p. 444, 3 lignes en bas de page]* / [MARCELINE : Enfin il sera donc à moi. / FIGARO : Si vous ne mourez que de ce mal ! / BARTHOLO, *riant* : Et tel est le jugement... / FIGARO : Oui. Sans jugement. *add. marg. biffée*] BARTHOLO : Tu chanteras ce soir l'hymne au bonheur avec elle. / FIGARO : Plutôt chanter le fausset[2] à la chapelle du roi. / DON GUSMAN : Vou... ous n'exécutez pas l'arrêt ? / FIGARO, *outré* : Je vous le donne en dix, à vous. / BARTHOLO : De bons huissiers t'y assisteront, tant que force demeure à justice. / FIGARO, *à part* : Et ce Bazile; voyez comme il revient. / LE COMTE, *à part* : Au moins je suis vengé, cela soulage. *(Il veut sortir.)* / FIGARO : Ah ! Monseigneur, vous nous quittez ? / LE COMTE, *ironiquement* : Le cœur percé de vos regrets ? / FIGARO : Écoutez-moi. / LE COMTE : *BN* : Et moi, j'étouffe. / [BARTHOLO, *riant* : Tu chanteras *[comme dans BN]* à la justice. *biffé*] [LE COMTE : Au moins je suis vengé, cela soulage. *(À part.) biffé*] FIGARO : Et ce Bazile; voyez comme il revient. Ah ! Monseigneur, vous nous quittez ? / LE COMTE, *ironiquement* : Le cœur percé de regrets. / FIGARO : Écoutez-moi. / LE COMTE : *F* ↔ *b.* injustice ! *C* ↔ *c.* MARCELINE : [Soutiens-moi, docteur. *(On l'assied.) biffé C*] Dieux ! *BN, F, C*

1. Que cela soit clair une fois pour toutes (voir p. 422 et n. 3).

2. Le consentement.

3. « On appelle *enfants trouvés* les enfants qu'on trouve exposés et dont le père et la mère ne se font pas connaître » *(Académie).* Figaro va rectifier.

4. Sous-entendu : si on ne lui permettait pas d'en fournir la preuve.

5. « Instrument de chirurgie et d'apothicairerie qui est rond par un bout et plat par l'autre » *(Académie).* Bartholo était à ce moment-là jeune frater (voir var. *b*, p. 447; et n. 2, p. 275). Le thème de la reconnaissance était traditionnel au théâtre : voir, par exemple, *Les Fourberies de Scapin*, acte III, sc. XI; et le commentaire de la *Lettre modérée [...]*, p. 274-275.

6. Voir acte I, sc. IV, p. 387.

1. La phrase ne se comprend qu'en donnant à *te* une valeur générale.

2. Comme les castrats.

Page 446.

a. Ta propre mère. *[p. 445, 3 lignes en bas de page]* / MARCELINE : Oui, mon cher fils. / FIGARO : Expliquez-vous. / MARCELINE, *montrant le docteur* : Voilà ton père. / FIGARO : Oh aye de moi ! / DON GUSMAN : C'est clair, *BN* : Ta propre mère. [...] aye de moi ! [LE COMTE : Sot événement qui me dérange[1]. *add.*] / DON GUSMAN : C'est clair, *F*

1. Sur ce passage, qui va jusqu'à la fin de la réplique de Figaro « Nous attendrons » (p. 447), voir la Préface, p. 367-368, et le commentaire de Gudin (t. VII, p. 273-274, des *Œuvres complètes*, éd. citée) : « [...] scène de moralité si sévère qu'on n'a jamais osé en hasarder la représentation, non dans la crainte qu'elle déplût au public : il y a tout à parier qu'il l'approuverait; mais dans l'appréhension de blesser trop vivement les corrupteurs contre lesquels on s'y élève. »
2. Beaumarchais décrit en peu de mots la condition de la grisette, jeune fille pauvre que la misère obligeait souvent à se prostituer. Voir *Eugénie*, acte IV, sc. VI, p. 181 et n. 1.

Page 447.

a. Nous donnons un long passage du plaidoyer de Marceline, partiellement repris en cette scène, mais qui, dans BN, se situait initialement à la scène XI de l'acte IV (voir var. b, p. 463*) :* per-ersonne n'épouserait personne. *[p. 446, 11e ligne]* / BARTHOLO : Franchement, ce n'est pas lui, Messieurs, qui m'éloigne le plus de ce mariage; il a de l'esprit, des talents, de la figure, et le respect d'un autre état peut quelque jour en faire un honnête homme; mais c'est la mère ! Une jeunesse si déplorable ! *(Elle n'ose ici lever les yeux, de peur de voir qu'on la regarde.)* / MARCELINE *se lève et parle avec dignité, s'échauffant par degrés* : *[comme dans le texte définitif avec lég. var.]* a perdu dix infortunées ! / LE COMTE, *vivement* : À moins d'être sans mémoire, on ne peut être sans indulgence pour leurs fautes. [DON GUSMAN : Chacun sait cela pour lui-même *add.*] MARCELINE : À qui les reprocher ces fautes ? À qui rapporter celles de tout mon sexe ? Hommes plus qu'ingrats, *[comme dans le texte définitif avec lég. var.]* on y laisse former des ouvriers de toute espèce. / FIGARO, *en colère* : Ils font broder jusqu'aux soldats ! / MARCELINE : Qu'est-ce qu'il reste pour vivre aux malheureuses nées sans fortune ? Ont-elles de l'énergie ? Les pénibles travaux du théâtre. En manquent-elles absolument ? L'esclavage des gens sans mœurs [, les planches qui nous séparent de la société, les hommes qui nous arrachent à l'honnêteté *biffé*]. Dans les états même les plus élevés [...] nous fait horreur ou pitié. / ANTONIO : Elle a raison. / FIGARO : Oui, oui, raison. / LE COMTE : Grandement raison. / DON GUSMAN : Elle a, mo-on Dieu raison ! / MARCELINE : Mais, ô mon fils, que te font leurs débats, les refus d'un homme injuste ? ne regarde pas d'où tu viens, vois où tu vas; cela seul importe à chacun. Tu as reçu pour première dot les dix

1. Cette phrase-clef pour l'enchaînement prend place en fin de scène ; voir les variantes suivantes.

mille francs que je t'avais prêtés; la plus généreuse maîtresse a remis à Suzanne une seconde dot de pareille somme; attends quelques mois pour l'épouser; ta fiancée ne dépendra plus que d'elle-même; [...] mille, mille ans que le monde roule; il a peut-être encore autant à rouler sur nos têtes et dans cet océan de durée [...] à qui je les dois ! en jouir est ce qui m'appartient; tant pis pour qui s'en inquiète ! [...] Nous attendrons. ↔ *b.* aïe de moi ! *[p. 446, 2e ligne]* / DON GUSMAN : C'est clair, il ne l'épousera pas. / LE COMTE, *à part* : Sot événement qui me dérange. / MARCELINE, *à Figaro* : Est-ce que la nature ne te l'a pas dit mille fois ? / FIGARO : Jamais. Comment une fille en condition ?... / MARCELINE, *péniblement* : J'étais fille en condition chez un gros chanoine andalou, lui, jeune frater et major chez un chirurgien bayonnais; je tombai malade, il me saigna; cela me rendit faible, il en abusa : je pleurai longtemps, il me consola. Tu vis le jour dans la maison; le prébendier me mit à la porte. On allait arrêter ton père, il te fit cette marque et se sauva. Ce qui m'avait perdue servit à me consoler; tu me restais, mon fils ! On te vola. Je courus en pleurs chez le juge; épris de ma figure, il m'emprisonna. Longtemps à l'école du malheur, mon esprit enfin se forma. Depuis ton père est devenu riche, il m'a fait sa servante, et me voilà. / LE COMTE, *à part, impatienté* : Il suffit que je désire une chose... / [FIGARO, *à part* : Il en tient à son tour, Monseigneur ! *biffé*] LE COMTE, *à part* : Sot événement qui me dérange[1] ! / DON GUSMAN, *à Figaro* : Et la noblesse *BN ; voir var. a.* : aïe de moi ! *[comme dans BN]* / LE COMTE : Sot événement *[ibid.]* fille en condition ?... / [BARTHOLO : Bah ! *biffé*] [BARTHOLO : Ni moi. / MARCELINE : Ni vous ? et votre fils ? / BARTHOLO : Certes ! j'ai tant à m'en louer ! / DON GUSMAN : I-il ne lui ressemble pas du tout. / MARCELINE : Si vous n'assurez pas son état, Antonio qui le refusait en voudra bien moins pour sa nièce. / BARTHOLO : C'est le dernier de mes soucis. / LE COMTE, *à part* : Et précisément mon calcul. / MARCELINE : Vous m'aviez juré... / BARTHOLO : J'étais fou. Si pareils souvenirs engageaient, on serait tenu d'épouser tout le monde. / LE COMTE, *à part* : Excellent. / DON GUSMAN : E-et si l'on y regardait de si près, personne n'épouserait personne. / LE COMTE : Il suffit que je désire une chose... *corr. sur feuille détachée*] / DON GUSMAN : Et la noblesse *F, très remanié* : aïe de moi ! [...] [C'est clair, i-il ne l'épousera pas. *[...]* Sot événement qui me dérange ! *passage manquant*] / DON GUSMAN, *à Figaro* : Et la noblesse *C ; voir la note en bas de page 446.* ↔ *c.* aujourd'hui mon père. Ainsi [donc *BN*] le plus vertueux qui s'ignore est toujours entre deux périls, s'il est aimé d'une dame un peu majeure et s'il rosse un honnête inconnu[2]. Mais, *BN, F* ↔ *d.* Scène [XIII *BN, F*] [XIV *C*] / ACTEURS PRÉCÉDENTS, ANTONIO, SUZANNE / SUZANNE, *BN, F, C*

1. « Pour dire tromper, abuser; il faut toujours dire *en imposer* et non pas *imposer* » *(Académie).*
2. Voir acte I, sc. IV, p. 388.

Page 448.

a. Scène XIV BN, add. marg. : LE COMTE *sort.* / *Scène XIV* /

1. *Sic*, répétition explicable par le nombre de corrections et collages.
2. Il y a là probablement une allusion au mythe d'Œdipe.

ACTEURS PRÉCÉDENTS, *excepté le comte.* F, *add. marg. biffée* : *Scène XV* C ↔ *b.* je ne l'épouse pas. / [SUZANNE : À quelle fin l'embrasser à mes yeux ? / FIGARO : Comme tu vas l'embrasser aux miens. / SUZANNE : C'est pousser trop loin la moquerie. / FIGARO / SUZANNE BN, F ↔ *c.* marchande pas. [Mais si ce baiser était le remerciement d'un sacrifice entier, comment la trouverais-tu ? / SUZANNE, *regardant tout le monde qui rit* : Je la trouverais !... Je la trouverais ! / DON GUSMAN : Vou-ous la tourmentez, que diable ! *biffé*] MARCELINE, BN ↔ *d.* ...Que je le sais. / [LE COMTE, *à part* : Voilà ma vengeance perdue. / FIGARO, *à Suzanne, affectant un air sévère* : Et la coupable main qui a couvert la face de l'homme ? / SUZANNE, *riant* : Tiens, je la livre à la justice. *(Il la baise.)* / LE COMTE, *à part* : Et tous mes projets sont détruits. *biffé*] MARCELINE : Malgré ses duretés, tu as vu, ma fille, comme il m'était cher. Ah, mon cœur BN : ... Que je le sais. / LE COMTE, *à part, bas à Antonio* : Je te félicite, Antonio. Ta nièce aura l'enfant de Monsieur. / ANTONIO : Il faut tout voir, Monseigneur. [LE COMTE : Entre chez moi en descendant. / *Il sort.* / *Fin de scène. add. marg.*] / MARCELINE, *à Suzanne* : Non, mon cœur F

1. « On dit [...] de quelqu'un qu'*on ne l'a pas marchandé* pour dire qu'on ne l'a point épargné » *(Académie)*.
2. Jeu de mots entre *sang* et *sens*, l'*s* final de ce dernier mot ne se prononçant pas au XVIIIe siècle (sauf devant une voyelle).

Page 449.

a. MARCELINE, *exaltée* : Que ta voix est puissante, ô nature ! À travers mon empressement, je ne sais quelle amertume empoisonnait tous mes efforts pour l'arracher à sa Suzanne. À présent je lis dans mon cœur. On croit aimer dans la jeunesse, on se tourmente sans objet... Fille assez malheureuse [...] toutes mes tendresses [; et si l'austérité de nos relations, ô mon fils, retient les épanchements de mon cœur, je les verserai dans le sien *biffé*]. Heureuse BN ↔ *b.* Mon cher ami ! / FIGARO, BN ↔ *c. Sur la fin de l'acte III dans BN, voir var. b, p. 451.* ↔ *d.* ces deux femmes chéries. [MARCELINE : Après avoir vu le docteur *[comme dans BN, var. b, p. 451]* il doit sa main. *biffé*] / ANTONIO : F

1. La promesse de mariage qui liait Figaro; voir la scène XV, p. 441.
2. *Savez* : forme populaire d'impératif plutôt que d'indicatif (sachez-le bien); *bailler* pour *donner*; *donner la main* est fréquent — par exemple chez Molière — pour *épouser*.
3. À celui-ci [...]. *Sti* est une forme fréquente à cette époque dans le langage populaire. Sur la réplique d'Antonio, voir la scène XI, p. 438.
4. « Espèce d'interjection dont on se sert pour marquer qu'on se moque de ce qu'on entend dire ou qu'on ne le croit pas » *(Académie)* ; elle se trouve plusieurs fois chez Molière.

Page 450.

a. Scène XV F : *Scène XVI* C. *Dans BN, cette scène ne figure pas dans la pièce (voir var. b, p.* 451*) ; mais l'essentiel en est donné, sous le* *titre Scène , sur un folio détaché (f° 167).* ↔ *b.* ne sortez pas. *[4 lignes]* / SUZANNE, *BN, F* ↔ *c.* c'est votre enfant. *F* ↔ *d.* MARCELINE : *BN ; de même, réplique suivante.* ↔ *e.* petit Papa ! [FIGARO : Dans un an ou deux nos marmots vous diront aussi grand-papa *biffé*] / BARTHOLO : Papa ! *BN, F* ↔ *f.* aller comme un enfant. *([Marceline et Suzanne BN] [Tous F] l'embrassent.)* [DON GUSMAN : On-on peut se dire à soi-même cè-es sortes de choses-là, mais... *F*] Oh non je n'ai pas dit oui. *(Il se retourne.)* Qu'est donc devenu Monseigneur ? [ANTONIO : Il est bien loin, s'il court toujours. *biffé*] / FIGARO *(il entraîne Antonio)* : Courons *BN, F, lég. var.*

Page 451.

a. il faudrait tout recommencer. *[p. 450, 4 lignes en bas de page] / Ils entraînent Bartholo dehors.* / DON GUSMAN [, *en sortant, se dit à lui-même F*] : Plus bê-ête *BN, F* : il faudrait tout recommencer. / *Ils entraînent Bartholo dehors.* / *Scène XVII* / DON GUSMAN, *seul* : Plus bê-ête *C* ↔ *b.* ces deux femmes chéries. *[var. d, p. 449]* Ah ! pardon, monseigneur, si ma joie !... / LE COMTE, *amèrement* : Elle est vive et bruyante. / MARCELINE, *à Figaro* : Elle est juste. Après avoir vu le docteur plaider pour moi contre toi-même, deviens mon avocat auprès de lui. À qui lui rend un fils de ton mérite, assurément il doit sa main. / BARTHOLO : Ma main ! puisse-t-elle se dessécher [en tâtant le pouls du premier riche malade *biffé*] [à l'instant *corr. biffée*] et tomber, si jamais je la donne à la mère d'un tel drôle ! / ANTONIO : Vous n'en ferez pas votre épouse ? / BARTHOLO, *en colère* : On me coupera plutôt les veines. *Après de nombreux essais, BN, ff*os *145-148, donne alors une version définitive, sans corrections, de la fin de l'acte III :* ANTONIO : Vous n'êtes donc qu'un père marâtre. / *Bartholo sort.* / *Scène XIV* / LES ACTEURS PRÉCÉDENTS, *excepté Bartholo.* / ANTONIO *continue* : En ce cas je retire ma parole. / D. GUSMAN : Fils d'un fameux médecin. / ANTONIO : Fût-il du grand Inquisiteur ! Et c'est ce qu'il y a de plus beau dans ces qualités-là. / SUZANNE : Ah ! mon oncle attendez ! / ANTONIO : Irais-je donner notre enfant à sti-là qui n'est enfant de personne ? / D. GUSMAN : Est-ce que cela se peut, imbécile ? on est toujours enfant de quelqu'un. / ANTONIO : Tarare. / LE COMTE, *à Antonio en riant* : Quoi sérieusement ? / SUZANNE, *priant* : Vous qui êtes mon oncle... / ANTONIO : Et du côté le plus sûr, car je suis le frère de ta mère, c'est pour ça que je nous révoltons. / LE COMTE, *à part* : Ceci pourrait fort bien ramener... / SUZANNE : Monseigneur, vous ne l'engagez-pas ? / LE COMTE : Je ne puis blâmer sa répugnance. Elle est celle d'un homme de bien. / FIGARO, *désolé* : Antonio ! / ANTONIO : Qu'est-ce qu'il a fait ? / FIGARO : Entends donc la raison, morbleu ! / ANTONIO : N'y en a pas, morbleu, dans tout cela, gentilhomme anonyme. / LE COMTE, *bas à Antonio* : Mais va-t'en donc ! / ANTONIO : Vous gên-je ? Eh bien, je m'en vas. / *Il sort.* / *Scène XV* / LES ACTEURS PRÉCÉDENTS, *excepté Antonio* / FIGARO, *désolé* : Non, tous les sots de l'univers sont déchaînés contre ce mariage ! / MARCELINE : Allons mon fils, trouver le docteur ! À moins qu'il n'ait banni tout sentiment honnête, je pense avoir un moyen de le ramener. / *Elle sort.* / SUZANNE : Ma mère, on ne le gagnera point. / *Elle sort.* / D. GUSMAN : Vous l'avez entendu ! / *Il sort.* / FIGARO, *au désespoir* : C'est un mulet. / *Il sort.* / *Scène XVI* / LE COMTE, *seul.* / LE COMTE : C'en est bien deux. Oh ! ce cher imbécile d'Antonio, avec son bienheureux obstacle, il me rend toutes mes espérances. Qui m'eût dit qu'un pareil appui ?... Allons fomenter son aigreur. Dans le vaste champ de l'intrigue, il faut savoir tout cultiver, jusqu'à la vanité d'un sot. / *Fin de l'acte III* BN ; *voir aussi var. a, p. 450.* ↔ *c. donner une fête.* / *Scène première* BN, F, C ↔ *d.* un peu de [cette folle journée *biffé*] [ce bon résultat *corr.*]. / SUZANNE : BN

1. Nous reproduisons le plan de la scène à l'acte IV et sa légende (voir n. 5, p. 382) :

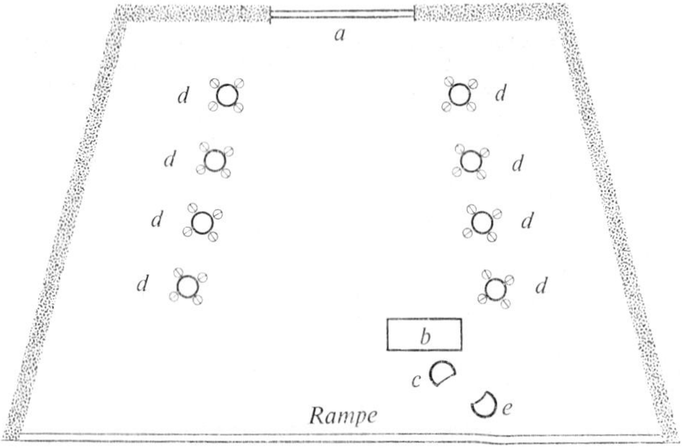

« *a.* Porte du fond. — *b.* Table où l'on écrit le billet de rendez-vous. — *c.* Fauteuil de la comtesse. — *d.* Lustres suspendus au plafond à trois pieds des frises. — *e.* Fauteuil du comte. »

2. Cette incorrection, fréquente dans la langue populaire, est mise en relief par l'italique dans les éditions.

Page 452.

a. le bon chien [frétillant BN, F] qui le mène à ta jolie mignonne porte [et dirons *(prenant un ton piteux)* : « Faites la charité, belle dame, au pauvre aveugle, et n'oubliez pas le bon chien » ; *(le ton féminin)* « Entrez bonhomme Amour ; entre aussi bon Toutou, entre *biffé* C] ; et BN, F, C

1. La folie est souvent représentée conduisant l'amour. Voir La Fontaine, *Fables*, XII, XIV, « L'Amour et la Folie ».

Page 453.

a. SUZANNE : En quel sens ? / FIGARO : BN, *corrigé sur* F, C ↔ *b.* tu seras une exception à tout ton sexe. / *Il l'embrasse.* BN : tu feras exception à presque tout ton sexe. / *Il l'embrasse.* *F* : tu seras une belle exception à l'usage. / *Il l'embrasse.* *C* ↔ *c.* je m'oublie [, mais pour alléger ma faute à leurs yeux *biffé F, C*] je vais *BN, F, C*

1. Cette réplique est reprise, avec une légère modification, d'une variante du *Barbier de Séville* : « En fait de femme et d'argent, Bazile, trop n'est jamais assez » (var. *b*, p. 341).

2. « Je n'aimerai que mon mari. — Tu seras une exception à tout ton sexe » (*Notes et réflexions*, éd. citée, p. 74).

Page 454.

a. *à ses genoux* : *BN* ↔ *b.* qu'une bête. *(Elle la baise.)* *BN* ↔ *c.* SUZANNE : Le mot *BN, C*

Page 455.

a. « Renvoyez-moi le cachet. » / SUZANNE : Fort bien. *(Elle cherche.)* Je *BN* ↔ *b.* LA COMTESSE : Excellent *BN* ↔ *c.* qu'elle m'apportera. [SUZANNE : Je lui donnerai. / LA COMTESSE, *impatientée* : Non, non ! / *Elle reprend le ruban et le tient à la main.* *biffé*] / *Scène IV* *BN* ↔ *d. Cette réplique manque dans F.*

1. Voir acte II, sc. XXI, p. 424.

Page 456.

a. *timidement* : *BN, F, C* ↔ *b.* à la folie. / *Le comte est atterré.* [ANTONIO : Oh ! que je le voie approcher de toi, ce bel embryon panaché. *biffé*] / LA COMTESSE : *BN* : à la folie. / LE COMTE *est atterré* : Être ensorcelé par un page ! / LA COMTESSE : *F, C*

1. Voir n. 4, p. 142.
2. Voir n. 1, p. 300.
3. Dans la chambre de la comtesse.

Page 457.

a. monseigneur [, vous voulez lui faire prendre un faux pli *biffé C*] ? Dame ! *BN, F, C* ↔ *b.* autrement... *(Aux jeunes filles.)* Allons donc ! / ANTONIO *BN*

1. « Comme j'ai redressé feu sa mère », plutôt que « comme feu sa mère la redressait ».
2. Pour ce début de scène, voir acte II, sc. XXI, p. 424.
3. *Fat* : « Impertinent, sans jugement » *(Académie)*.

Page 458.

a. *On entend une fanfare de timbales et trompettes.* *BN* : *On entend un prélude de timbales et fanfares.* *C*

1. Dans *Le Quart Livre* de Rabelais, chap. VIII.
2. Puisque.

Page 459.

a. en colère. [Réellement leurs apprêts ont un air de fête qui réjouit. Mais le plus plaisant est de voir ce gros, grave et lourd docteur, un bouquet au côté, le ruban au chapeau. À propos de chapeau, la nudité du mien ne vous semble-t-elle pas bien sévère pour la gaîté de l'occasion ? Le ruban que vous tenez l'aurait orné. / LA COMTESSE, *baissant les yeux* : Fort mal, il eſt taché de sang. / LE COMTE, *galamment* : Raison de plus, si c'eſt le vôtre. / LA COMTESSE, *avec embarras* : Oui... je m'étais piquée en l'ajuſtant; mais il eſt sale et tout fripé. Je vous en ai choisi un charmant dans mon plus beau carton anglais. *(Elle roule le ruban.)* *add. marg. biffée*] [LA COMTESSE : *omis*] Voici *BN* ↔ *b. La didascalie manque dans BN, F, C.* ↔ *c. qui la marie. BN* ↔ *d. semblables aux premiers. BN, C*

1. Beaumarchais, durant son séjour en Espagne, considérait cette danse, *dont la musique eſt d'une vivacité extrême*, comme *lascive*; voir la *Correspondance*, éd. citée, t. I, p. 129.

Page 460.

a. avec des caſtagnettes ; [p. 459, 4 lignes en bas de page] puis la marche reprend et on remet au comte en passant les ornements qu'il doit donner à la fiancée. Elle se met à genoux devant le comte, et pendant qu'il lui pose la toque, le voile et le bouquet, on chante en chorus[1] *:* / Jeune épouse, *BN, F, C* ↔ *b. Suzanne, à genoux, porte à la tête la main qu'elle a du côté des spectateurs et pendant que le comte y pose la toque, elle lui donne le billet qu'elle a écrit.* / *Le comte le met dans son sein ; BN, F, C* ↔ *c. le chorus BN, F, C* ↔ *d. du théâtre, en un coin et tire BN* ↔ *e.* outrageusement piqué. [Aussi l'a-t-il jetée avec colère. [Il lui faut toujours une double intrigue. En poursuivant Suzanne, il en avait quelque autre. *biffé F*] *biffé C*] *La danse BN, F, C* ↔ *f. La danse finit, la marche recommence. BN, F, C*

1. « Il signifie quelquefois *avec excès, à outrance* » *(Académie)*.

Page 461.

a. ou l'on va chanter le duo. [p. 460, 10 lignes en bas de page] / *Scène X* / TOUS LES ACTEURS PRÉCÉDENTS / *On entend une guitare et une voix. Bazile entre avec Grippe-Soleil, un notaire et quelques paysans. Bazile chante en s'accompagnant un couplet [sur l'air C] du vaudeville de la fin :* / Cœurs sensibles, cœurs fidèles / Qui blâmez l'amour léger, / Cessez vos plaintes cruelles, / Eſt-ce un crime de changer ? / [MARCELINE, *à Figaro* : Il n'arrive jamais que pour nuire. *(Elle va s'asseoir dans un coin.)* / FIGARO : Ah ! je m'en vais vous le faire déchanter. *biffé F*] BAZILE *finit le couplet* : / Si l'Amour *BN, F, C, lég. var.* ↔ *b.* avec leux guenilles d'ariettes. / LA COMTESSE [, *au comte en se levant BN*] : Ordonnez-moi de me retirer. / LE COMTE : Je n'oublie pas votre complaisance. / LA COMTESSE [, *en prenant le chapeau du comte BN*] : Suzanne ? elle reviendra. *(À part, à Suzanne.)* Allons changer d'habits. *(Elle sort avec Suzanne.)* [SUZANNE, *au comte en passant* : Je ne puis souffrir ce Bazile. *biffé BN*] / *Scène XI* / TOUS LES ACTEURS PRÉCÉDENTS, *excepté la comtesse et Suzanne.* / LE COMTE : *BN, F, C* ↔ *c.* et je viens m'opposer... / FIGARO : Il n'y a plus personne ici de ce nom. Réprimez vos [*hésitations entre* ardeurs nuptiales *et* fringales d'amour] et respectez une mère de famille

1. Sur *chorus*, voir n. 5, p. 96.

dont les descendants pourraient bien, un jour ou l'autre... / BAZILE : Ses descendants, s'il en eſt, ne devront de respect qu'à moi. / FIGARO *s'avance à lui* : Y a-t-il *BN, F, C* ↔ *d.* d'approximer Madame [, la première dent qui vous tombera sera la mâchoire, et voyez-vous mon poing fermé, voilà le dentiſte[1]. *biffé F, C*]... / BARTHOLO [, *en riant* *C*] : Eh *BN, F, C*

1. Bazile reprend les paroles mêmes du comte; voir acte II, sc. XXII, p. 426.

2. Ce verbe, dont le sens était « être très voisin », n'était d'ordinaire employé que dans le langage scientifique.

Page 462.

a. ANTONIO, *entre deux* : *BN* ↔ *b.* troubler nos noces ? / BAZILE : [J'ai de bons titres. / MARCELINE : Il n'en a point. / FIGARO : Non, dis-je, il n'en eut jamais. / DON GUSMAN : C'eſt ce qu'il faudra voir au Siège. / BAZILE : Comment diantre eſt-il devenu si subitement amoureux ? *biffé F*] M'avez-vous *BN, F* ↔ *c.* la préférence ? / [FIGARO : Allez donc vous coucher, Bazile. / BAZILE : Elle eſt pourvue ? / BARTHOLO : Elle ne l'eſt point. *biffé BN*] / MARCELINE [, *à Bazile, sans se lever* *BN*] : À quelle condition l'ai-je promis ? Parlez. / [BAZILE : Voudrais-je manquer aux considérations ? / MARCELINE : Les grandes ici font taire les petites. / BAZILE : Un mot de plus accuse votre jeunesse. / MARCELINE : Il honorera votre bonne foi; c'eſt tout ce qui m'importe aujourd'hui. Parlez donc. *biffé F*] BAZILE : *BN, F* ↔ *d. À la suite dans F et C, mais biffé :* TOUS ENSEMBLE : Bonsoir Bazile[2] ! *Pour la suite de la scène dans BN, voir var. b, p. 463.*

1. *Jockey*, récent dans la langue (1776), a soit le sens actuel, soit le sens de « jeune domeſtique ». C'eſt le premier sens ici, puisque Figaro doit être nommé « courrier des dépêches » (voir acte I, sc. II, p. 385).

2. Figaro joue bien évidemment sur le double sens de *manquer*.

Page 463.

a. Il sort avec les autres. [BARTHOLO : Ah ! ah ! *(Il rit.)* / TOUS : Bonsoir, Bazile. *add. marg.*] / *Scène XII* *F* ↔ *b.* BAZILE, *à Bartholo, montrant Figaro* : *[p. 462, 3 lignes en bas de page]* Partout où Monsieur eſt de quelque chose, observez que je ne suis plus de rien. / ANTONIO : Par saint Esculape ! et moi donc ? Mal sur mal eſt-il remède ? Messieurs, arrangez-vous : moi je l'ai dit, si l'un de vous ne la colloque pas, néant au mariage de ma nièce. / FIGARO, *frappant du pied* : Malédiction / LE COMTE, *à part* : Et mon rendez-vous ! / ANTONIO : Je me soucie bien de Malédiction. / LE COMTE : Laisse, mon bon Antonio, laisse marier ces deux jeunes gens. / ANTONIO : Vous vouliez tantôt le contraire. Et vous dites non, et vous dites

1. Sur cette réplique et son rejet par Dazincourt, voir notre édition des *Parades*, ouvr. cité, p. 35-36.

2. Réminiscences, en *c* et *d*, du *Barbier de Séville*, acte III, sc. XI, p. 336-337.

oui, virant avec le vent qui souffle. Il ne l'aura pas. / LE COMTE : Moi, je te chasserai. / ANTONIO : Ça le rendra-t-il plus légitime ? / LE COMTE : Non, mais cela te rendra plus traitable. / ANTONIO : Est-ce que je m'en irais ? / LE COMTE : Il est fort. / ANTONIO, *se touchant le front* : Si vous n'avez pas assez de ça pour garder un bon domestique, je ne suis pas assez bête, moi, pour renvoyer un si bon maître[1]. / LE COMTE *le presse dans ses bras en riant* : À travers toutes ses insolences, il est un pauvre excellent diable. Allons, rends-toi, l'ami, rends-toi. / [ANTONIO *biffé*] DON GUSMAN : Qu... qu'elle prenne s'tilà qu'elle croit le plus sûr. / ANTONIO : Ça m'est encore ben inférieur. / FIGARO : Libérale maman, parlez donc, me voilà de nouveau sur le pavé. / BAZILE : Cela ne me regarde point; je me retire aussi. / BARTHOLO : Qu'elle parle ou non, je me retire. / FIGARO, *les ramenant par-dessous le bras* : Non, s'il vous plaît, non pas. Savez-vous bien, messieurs, que la patience m'échappe à la fin ? Me prenez-vous pour un volant à cul de liège, de me ballotter ainsi sur vos raquettes, en faisant manquer mon mariage ? Si je ne puis obtenir ma femme, à moins d'un mari pour ma mère, entre vous deux le débat, ou qu'elle choisisse. Mais, morbleu, maman, sois tranquille : je jure devant Monseigneur, et par celui qui t'épousera, que j'assomme l'autre à l'instant pour purger toute incertitude. / LE COMTE : Hors des voies de fait, j'approuve tout. / DON GUSMAN : Sans assommer, on peut plaider. / BARTHOLO : Franchement, ce n'est pas lui, messieurs, *[passage transposé acte III, sc. XVI ; voir var. a, p. 447]* Nous attendrons. / BARTHOLO : Non, vous n'attendrez pas, j'ai trouvé Marceline si raisonnable, sa plainte si juste et ses réflexions si frappantes que je veux réparer, autant qu'il est en moi, le tort que j'ai fait à sa jeunesse. Oublions tout, ma vieille amie... Je vois qu'une jeune fille égarée peut devenir une femme essentielle. Consens à m'épouser, je fais mon héritier de ton fils. / BAZILE : Ah ! ah ! ah ! eh bien. J'en dis autant et lui fais la même offre. / MARCELINE : Vous m'avez refusée l'un et l'autre, et moi je vous refuse tous les deux. / [DON GUSMAN : Beau-eau trait pour une personne du sexe. *add.*] / ANTONIO : Par la vertubleu de ma mère ! vous en refuserez trois. Il n'y a qu'une brave femme qui puisse vous dire tout ça. Je n'ai ni toux, ni goutte, ni gravier[2], moi; ferme sur mes pieds comme un ânon, tant que j'ai soif, et ne me portant jamais si bien que quand je ne puis plus me porter du tout, je vous trouve ce soir appétissante à ravir. Avisez-en autant d'Antonio; j'y passe. / [FIGARO, *sautant de joie* : Pour le coup j'aurai ma femme. / LE COMTE, *à part* : Moi, ma maîtresse. / DON GUSMAN, *à Marceline* : Et tout le monde est satisfait. *add. marg.*] / MARCELINE, *vivement, à Antonio* : Serviras-tu de père à mon Figaro ? / ANTONIO : Il assommera donc les deux autres ? / FIGARO : Oncle, papa, c'est un peu dur !... On-on peut plaider. / ANTONIO : Puis-je la prendre pour veuve pendant qu'ils sont debout ? / FIGARO : Si l'on y regardait de si près, l'on n'épouserait personne. / LE COMTE : Vous en serez plus heureux, elle aussi. J'ai besoin d'une heure de retraite. Qu'on dresse les deux contrats, j'y signerai. / TOUS ENSEMBLE : Vivat ! *(Ils sortent tous.)* / FIGARO, *avec joie, à sa mère* : Maman, vous avez mis mon entreprise à fin. / *Scène XII* / MARCELINE, FIGARO, LE

1. Ces répliques prennent place acte II, sc. XXI, p. 423.
2. Lapsus d'Antonio pour *gravelle*.

COMTE, GRIPPE-SOLEIL / MARCELINE *retient Figaro* : Deux mots encore. / GRIPPE-SOLEIL, *BN* ↔ *c.* je vais aider *BN, F, C* ↔ *d.* sa femme ! [Eh bien, maman ! nous voilà seuls. Je vous regarde avec une surprise !... / MARCELINE : Tu le vois, mon ami, telle était rejetée peut-être avec justice, et qui l'instant d'après a pu refuser trois maris. / FIGARO : Apprendre à posséder son âme est le chemin d'en dominer bien d'autres, ma mère. *biffé F*] / MARCELINE : Je veux *BN, F*

1. À en disposer les pièces.
2. *Rendez-vous* : « Il se prend aussi pour le lieu où l'on doit se rendre » *(Académie)*.

Page 464.

a. ta charmante femme : [je lui ai prêté mille défauts qu'elle n'a point. *biffé F, C*] je *BN, F, C* ↔ *b.* toujours rebuté. [J'aurais trop à rougir de te laisser de tels soupçons. *biffé F*] [En général, mon fils, ne crois pas légèrement ce qu'une femme dit d'une autre, il n'y a pas un être aussi sévère à son semblable. Et pourtant ce n'est pas à vous de les punir de ce défaut. Si les hommes se déchirent pour la fortune ou les honneurs, c'est toujours, mon fils, pour le cœur d'un homme qu'une femme cesse d'être juste envers une autre femme. *biffé F, C*] / FIGARO : [Ah ! s'il en est une excellente au monde, je puis jurer que c'est maman. *biffé F, C*] [Mais elle connaissait mal son *corrigé sur F, C en* Vous connaissiez mal votre] fils *BN, F, C* ↔ *c.* féminines. [Sans être le Nestor[1] du siècle, *biffé C*] je *BN, F, C* ↔ *d.* Chérubin. / FANCHETTE : Je voudrais ne l'avoir jamais vu ! / FIGARO : Qu'a-t-il fait ? / FANCHETTE : On dit que nous ne pourrons nous marier. / FIGARO : Ma chère, un gentilhomme ! Il faudrait une grande fortune, des terres immenses, un beau château. / FANCHETTE : J'en achèterai. / FIGARO : C'est bien dit, mais tu n'as pas d'argent. / FANCHETTE : J'en achèterai. / FIGARO : Pour en acheter il faut avoir quelque chose à vendre. / FANCHETTE : Est-ce que je n'ai rien à vendre, mon cousin ? / FIGARO : Éloignez-le de vous, Fanchette; en grandissant, la barbe croît aux petits garçons. / FANCHETTE : Et aux petites filles ? / MARCELINE : La langue[2] ! Eh ! quelle morveuse, avec ces questions ! Qui cherchez-vous donc ici ? / FANCHETTE : Ce n'est pas lui [, madame, *BN*] [que je cherche *F*], car *BN, F*

1. Entendre : libérer ma conscience à ton égard de ses mauvaises pensées concernant Suzanne; voir var. *a.*
2. « Se dit figurément de l'instigation par laquelle on pousse quelqu'un à faire quelque chose » *(Académie)*. Figaro veut donc dire que les femmes n'influent en rien sur sa conduite.

1. Dans *L'Iliade*, Nestor est un vieillard plein d'expérience et de raison. Sur cet emploi, voir Littré.
2. Voir le dicton repris dans *Notes et réflexions*, éd. citée, p. 28 : « À mesure qu'on vieillit, la barbe croît aux hommes, et la langue aux femmes. »

Page 465.

a. si obligeante [p. 464, dernière ligne] [et d'une telle adresse, qu'il n'y a rien en effet qu'on ne puisse attendre d'elle *biffé F, C*]... / FANCHETTE : *BN, F, C* ↔ *b.* je badine [, on rit ensemble; et *biffé F, C*]; tiens, *BN, F, C* ↔ *c.* qu'il a ramassée [qui fermait ce perfide billet dont je riais sottement, le croyant de quelque autre fille, et qui n'était, comme vous le voyez, qu'un rendez-vous sous les marronniers *biffé F, C*]... ! / MARCELINE, *BN, F, C*

1. Au XVIIIe siècle, pour désigner une petite fille, on écrivait indifféremment *un* ou *une* enfant.
2. Pour ceci !...

Page 466.

a. expliquer la loi ! [Chacun raisonne comme il est affecté. *biffé F*] Je ne m'étonne plus qu'il avait tant d'humeur sur ce feu ! [Notre artifice allait déranger le sien. *biffé F, C*] Pour *BN, F, C* ↔ *b.* Bien conclu ! [Jetons la maison par les fenêtres, *biffé F, C*] abîmons tout sur un soupçon ! [Rien ne pouvait ébranler mon sage, et le voilà d'un saut à l'autre bout de l'horizon. *biffé F, C*] Qui *BN, F, C* ↔ *c.* en jugement. [Si tu n'as, comme les autres, qu'une philosophie insupportable en bavardage et sans principes ni lois pour te conduire au besoin, il vaudrait mieux, mon fils, être un sot avoué couramment que d'en imposer aux autres et à soi par une aussi ridicule existence. *biffé F, C*] / FIGARO, *frappant du pied* : Elle *BN, F, C* ↔ *d.* après. [Si le premier mot fut d'un fou, les autres seront d'un homme. *biffé F, C*] Examinons *BN, F, C*

1. Voir la scène XII, p. 463.
2. « Si mon mariage est assez fait pour que je doive être en colère, en revanche il ne l'est pas assez pour que je ne puisse me venger en prenant une autre femme » (*Notes et réflexions*, éd. citée, p. 111).
3. Les moyens, honnêtes ou malhonnêtes, dont on use.

Page 467.

a. le fond est une clarière ornée. / Scène première / FIGARO, *BN, F ; C donne la scène 1re définitive sur un collage.* ↔ *b.* FIGARO *les parcourt des yeux à mesure qu'ils arrivent, et dit d'un ton farouche* : Bonjour, *BN, F. Ce dernier manuscrit donne en marge le début de scène suivant :* ANTONIO *en courant se jette sur lui*[1]. / FIGARO : Ah ! le lourd ! / ANTONIO : Qui va là ? / FIGARO : Se jeter ainsi dans la nuit pour estropier le monde ! / ANTONIO : Ousque vous êtes estropié pour le dire ? / FIGARO : Serait-il temps de m'en plaindre quand je le serais tout à fait, oncle bavard ? / ANTONIO : Faut-il crier d'avance quand vous ne l'êtes pas du tout, neveu loup-garou ?... On vient à sa prière...

1. *Salle* : « Un lieu planté d'arbres qui forment une espèce de salle dans un jardin » *(Académie)*. Voir l' « Élysée » de *La Nouvelle Héloïse*, IVe partie, lettre XI.

1. Sur Figaro.

2. *Clarière* eſt une vieille forme, que l'on trouve aussi chez La Fontaine.

3. Nous reproduisons le plan de la scène à l'acte V et sa légende (voir n. 5, p. 382) :

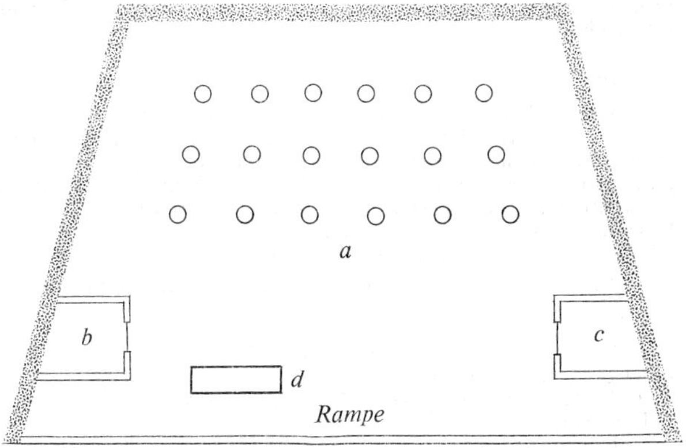

« *a*. Allée de marronniers. — *b*. Cabinet où le comte emmène la comtesse croyant parler à Suzanne. — *c*. Cabinet où se trouvent cachés Suzanne, Fanchette, Chérubin, etc. — *d*. Banc où Figaro est assis pendant le monologue du cinquième acte. »

4. Voir acte I, sc. VII, p. 390.

5. D'après l'édition d'Amſterdam, ce manteau eſt rouge.

Page 468.

a. Cè-ertainement ! / [FIGARO : La noce d'un Figaro, surnommé l'adroit, le spirituel, l'ingénieux, le triple habile homme. / ANTONIO : À la bonne heure ! / FIGARO, *exalté* : Eh bien, Messieurs, c'eſt moi ! / BAZILE : Ne vous trompez-vous pas ? / DON GUSMAN : À... à qui donc en veut-il ? / BAZILE : Il déraisonne avec emphase. *biffé F, C*] ANTONIO : *BN, F, C, lég. var.* ↔ *b*. BAZILE : Nos deux amants d'accord sans moi ? *BN, F, corrigé sur C* ↔ *c*. par le bras [, je le casse comme une pipe *biffé C*]... / *Il* *BN, F, C*

1. Expression empruntée au jeu de paume : le *quinze* eſt un des quatre coups dont un jeu eſt composé. La *bisque* eſt l'avantage qu'un des joueurs donne à l'autre. « *Avoir quinze et bisque sur la partie* : avoir un grand avantage [...] pour le succès d'une affaire » *(Académie)*.

2. Sans compter leur « dextérité », leur « adresse à faire quelque chose » *(Académie)*.

3. Craintif, peureux. « L'homme que l'on sait craintif eſt, de ce

moment, dans la dépendance de tous les fripons » (*Notes et réflexions*, éd. citée, p. 152).

4. Sur « de Verte-Allure », voir acte III, sc. XV, p. 441. *Du chef de* est une expression juridique : « Il a eu cette terre du chef de sa femme » (*Académie 1798*).

5. « Insulte faite avec bravade »; l'insulte étant un « mauvais traitement de fait ou de parole, avec dessein d'offenser » (Féraud, ouvr. cité).

Page 469.

a. Scène II / FIGARO, *seul, se promenant dans l'obscurité* : Ô femme ! *BN, F* ↔ *b.* repoussé. [J'étudie gratis à Salamanque. On vante mon esprit, mes talents, et je ne puis être percepteur au quart d'appointements d'un mauvais cuisinier *biffé F, C*] J'apprends [la chimie, la pharmacie, *biffé C*] la chirurgie, jusqu'à la barberie[1], et *BN, F, C* ↔ *c.* une seringue vétérinaire ! *BN, F, corrigé sur C. Sur une leçon manuscrite de la suite du monologue, voir var. e, p. 471.*

1. Nul être animé; le mot a le même sens à la fin du monologue (p. 471).

2. Voir acte II, sc. II, p. 404.

3. Voir acte IV, sc. IX; Figaro pense à sa réplique : « C'est un billet doux [...] » (p. 460).

4. Le sens propre de *jouter* est : « Combattre avec des lances » (*Académie*).

5. Édition d'Amsterdam : *Il s'assied sur un banc de gazon et ôte son manteau ainsi que son chapeau. Après avoir paru quelque temps plongé dans ses réflexions, il rompt le silence.*

6. Voir acte III, sc. XVI, p. 445.

7. Voir *Le Barbier de Séville*, acte I, sc. II, p. 295.

8. La Turquie; le royaume de Barca est l'actuelle Cyrénaïque.

Page 470.

a. creusaient, [mon habit plissait de partout, mes bas devenaient trop larges et *biffé C*] mon *BN, F, C* ↔ *b.* château fort [où pendant six mois, rien ne me manque, hors l'étroit nécessaire et *biffé F, C*] [à l'entrée duquel je laissai l'espérance *corr. F, C*] et *BN, F, C* ↔ *c.* emploi. [Combien de fois, alors je me suis promené le cure-dents à la bouche et les deux joues gonflées, comme un gourmand qui souffle la surabondance, avec mon estomac brûlant et mon pauvre ventre exténué ! Les gens qui dînent tous les jours ne savent guère ce que coûte au triste affamé l'honneur de paraître, en se promenant, avoir dîné tout comme un autre. Lassé d'écrire et de ne point dîner je recueille mes forces et j'invente une loterie bien plus ruineuse que toutes les autres. On l'examine, [on l'accueille, *add. F, C*] on l'aurait reçue; mon malheur veut qu'on vînt d'en adopter une autre plus damnable que la mienne. *encadré sur BN, biffé F, C*] Le *BN, F, C* ↔ *d.* me rempâter; *BN, F*

1. Cet emploi non pronominal du verbe est très rare.

2. *Recors* : « Celui qu'un sergent amène avec lui pour servir

1. *Barberie* : « [...] terme des statuts des perruquiers pour signifier l'art de raser et de faire les cheveux » (*Académie*).

de témoin [...] et pour lui prêter main-forte en cas de besoin » *(Académie)*.

3. La notion de *produit net* était familière aux économistes du XVIIIe siècle, et particulièrement à Quesnay et à tous les physiocrates.

4. Souvenir évident du vers de Dante dans *La Divine Comédie* : « *Lasciate ogni speranza, voi ch'entrate* » (« Laissez toute espérance, vous qui entrez »; *L'Enfer*, chant III, v. 9). Beaumarchais évoque, et la Bastille, qui est nommée dans la variante *e*, p. 471, et le For-l'Évêque, où il avait été emprisonné en 1773; voir la Chronologie, p. XXVIII.

5. Ce passage est repris dans la Préface et commenté; voir p. 372.

6. Allusion à la doctrine du *laissez-faire, laissez-passer* des partisans de l'économie libérale.

7. L'auteur évoque les *feuillistes*, qui publient des feuilles ou y travaillent; les feuilles étaient le plus souvent périodiques : le *Journal inutile* en était donc une.

8. « Et si je deviens ministre, qu'est-ce qu'on dira ? — Que vous êtes le plus beau danseur de tous les conseils du Roi » (*Notes et réflexions*, éd. citée, p. 76).

9. La brasse, qui valait cinq pieds, équivalait à un mètre soixante.

Page 471.

a. F, qui biffe au crayon le passage intrigue, orage à ce sujet. [...] le cœur dans un étau. *(voir var. d), porte ici en marge la mention :* Y consentir... ou bien (voilà ce qu'il faut éclaircir). ↔ *b.* ma mère, [d'affreux *biffé*] [tous mes *corr.*] parents *BN* ↔ *c.* m'occupe *(avec dédain)* : un *BN, F, C* ↔ *d.* trop désabusé... Vais-je enfin être un homme ? Un homme ? Il descend comme il est monté... se traînant où il a couru... puis les dégoûts, les maladies, une vieille et débile poupée... une froide momie... [un squelette... *biffé F, C*] une vile poussière, [et puis rien ! *biffé C*] [ah ! *corr. C*] *(Il laisse tomber sa tête sur sa poitrine. — Revenant à lui.)* Brrr ! En quel abîme de rêveries suis-je tombé [, comme dans un puits sans fond *biffé C*] ? J'en suis glacé... [J'ai froid. *biffé C*] *(Il se lève.)* Au diable l'animal ! Suzon, Suzon, que tu me donnes de tracas ! [J'ai, sans mentir, du noir un pied carré dans la poitrine. *biffé F, C*] [Ma tête est étourdie et j'ai le cœur dans un étau *corr. F, C*]. J'entends *BN, F, C, lég. var.* ↔ *e. Dans les archives de la famille Beaumarchais se trouve la variante suivante du monologue (voir var. c, p. 469), publiée pour la première fois par Lintilhac*[1] *et que nous reproduisons :* Une autre fois je fis une tragédie; la scène était au sérail. Comme bon chrétien, l'on sent bien que je ne pus m'empêcher de dire un peu de mal de la religion des Turcs. À l'instant, l'envoyé de Tripoli fut se plaindre au ministre des Affaires Étrangères que je me donnais dans mes écrits des libertés qui offensaient la Sublime-Porte, la Perse, une partie de la presqu'île de l'Inde, l'Égypte, les royaumes de Barca, Tripoli, Alger et Maroc, et toute la côte d'Afrique, et ma tragédie fut arrêtée à la police de Paris, par égard pour les princes mahométans, lesquels nous font esclaves, et, nous exhortant au travail, du geste et de la voix, nous meurtrissent l'omoplate en nous disant :

1. *Histoire générale du théâtre en France*, Paris, Flammarion, t. IV, 1909, p. 434-435.

chiens de chrétiens ! Et ma pièce ne fut pas jouée. Pour me consoler, et surtout pour vivre, je m'amusai à en composer une autre, où je dépeignis de mon mieux la destruction du culte des Bardes et Druides et de leurs vaines cérémonies. Il n'y a pas d'envoyés de ces nations, qui n'existent plus, me dis-je, et pour le coup ma pièce n'aura rien à démêler avec les ministères, et les comédiens la joueront, et j'aurai de l'argent, car le neuvième de la recette m'appartient; mais je n'avais pas aperçu le venin caché dans mon ouvrage, et les allusions qu'on pouvait faire des erreurs d'un culte faux aux vérités révélées d'une religion véritable. Un officier d'église, à hausse-col de linon[1], s'en aperçut fort bien pour moi, me dénonça comme impie, eut un prieuré, et ma pièce fut arrêtée à la troisième représentation, par le *bishop*[2] diocésain; et les comédiens, en faisant mon décompte, trouvèrent au résultat que, pour mon neuvième de profit, je redevais cent douze livres à la troupe[3], à prendre sur la première pièce que je donnerais et que le *bishop* laisserait jouer. Cependant je maigrissais à vue d'œil, car si les malades recouvrent la santé par le régime, les gens sains deviennent bientôt malades en faisant diète. Mes joues étaient devenues creuses, mes lèvres pâles, mon habit plissait de toutes parts, mes bas étaient trop larges et mon terme allait échoir. En même temps, il s'éleva une question fort savante sur la nature des richesses, et comme il n'est point nécessaire de tenir les choses pour en raisonner, n'ayant pas un sou je me mis à écrire sur la valeur réelle de l'argent. Les uns disaient : un écu est un écu, mille écus font mille écus et la cherté des denrées est la preuve des richesses; car plus il faut d'argent pour payer du pain, plus l'émulation augmente chez les peuples qui vivent avec du pain, et leurs travaux accumulés amènent l'abondance dans toutes les parties, et plus les denrées abondantes sont chères, plus le peuple est riche, car le produit net etc., etc. Et l'on écrivait beaucoup, et le peuple murmurait, car ce n'est point des livres, c'est des vivres qu'il lui faut et je me mis à écrire, non pour le peuple, mais pour moi qui sentais fort bien qu'un écu ne vaut réellement que ce qu'on peut se procurer en denrées avec lui, de façon que le peuple qui avait vingt millions il y a vingt ans et payait le pain deux sous, était aussi riche qu'il l'est avec quarante millions s'il paie le pain quatre sous. Il est vrai qu'il a deux écus dans sa poche au lieu d'un, mais il est aussi vrai que ses écus ne valent que trente sols[4], puisqu'il lui en faut deux pour avoir trente livres de pain qu'il pouvait se procurer avec un seul; donc la cherté n'est point

1. L'alliance de termes est inattendue. Le *hausse-col* est en réalité, à cette époque, « une petite plaque ordinairement de cuivre doré que les officiers d'infanterie portent au-dessous du cou [...] » (*Académie*).

2. Le terme anglais permet sans doute d'éviter le mot *évêque*, et de ce fait la censure.

3. Allusion très nette à la querelle des droits d'auteur (voir la Notice, p. 1356).

4. L'écu valait trois livres ou soixante sous. Beaumarchais souligne ainsi que, par l'inflation, l'écu a perdu la moitié de sa valeur. Voir *Notes et réflexions*, éd. citée, p. 162-163 : « Il n'est pas vrai qu'un écu soit un écu. Il l'est ou ne l'est pas dans la relation de la chose qu'il représente, de façon que s'il représente ici un boisseau de blé et qu'ailleurs il n'en représente qu'un demi-boisseau, il ne sera jamais pour cet autre endroit qu'un demi-écu ; donc la cherté n'est point une marque de richesse mais plutôt d'indigence. »

richesse, donc la doctrine du produit net etc. Reste en pure perte pour la nation la peine qu'elle s'est donnée à doubler ses fonds. Mon livre ne se vendit point, fut arrêté et, pendant qu'on fermait la porte de mon libraire, on m'ouvrit celle de la Bastille, où je fus fort bien reçu en faveur de la recommandation qui m'y attirait. J'y fus logé, nourri pendant six mois, sans payer auberge ni loyer, avec une grande épargne de mes habits, et, à le bien prendre, cette retraite économique est le produit le plus net que m'ait valu la littérature. Mais comme il n'y a ni bien ni mal éternel, j'en sortis à l'avènement d'un ministre qui s'était fait donner la liste et les causes de toutes les détentions, au nombre desquelles il trouva la mienne un tant soit peu légère. Je fus remis en liberté; je ne savais point faire de souliers, courus acheter de l'encre de La Petite Vertu[1]. Je taillai de nouveau ma plume et je demandai à chacun de quoi il était question maintenant : l'on m'assura qu'il s'était établi depuis mon absence un système de liberté générale sur la vente de toutes les productions, qui s'étendait jusqu'à celles de la plume, et que je pouvais désormais écrire tout ce qui me plairait, pourvu que je ne parlasse ni de la religion, ni du gouvernement, ni de la politique, ni du produit net, ni de l'Opéra, ni des Comédiens-Français; tout cela me parut fort juste et, profitant de cette douce liberté qu'on laissait à la presse, j'imaginai de faire un nouveau journal. Mais, quand je voulus lui donner un titre, il se trouva qu'ils étaient à peu près tous remplis par les mille et un journaux dont le siècle et la France se glorifient. Je me creusai la tête : enfin, las de chercher, je l'intitulai *« Journal inutile »*, et j'allais l'imprimer lorsqu'un de mes amis, effrayé, m'avertit que j'allais, sur mon titre seul, avoir tous les journalistes sur les bras, que l'inutilité faisant l'essence de tous ces ouvrages périodiques, ils ne souffriraient pas que, sous l'apparence d'un titre nouveau, je partageasse avec eux tous un droit d'inutilité qu'ils n'avaient acquis qu'avec des pots-de-vin énormes et des pensions multipliées sur les têtes de tous les protégés. ↔ *f. Scène III BN, F, C* ↔ *g.* Figaro y serait. Ainsi *BN, F ; le personnage de Marceline apparaît dans C, par addition marginale, entraînant le découpage de la scène suivante.*

1. *Trousse* : « [...] sorte d'étui où les barbiers mettent tout ce qui est nécessaire pour faire la barbe et les cheveux » *(Académie)*. Le *cuir* est la bande de cuir qui sert à donner le fil au rasoir.

2. « Je suis embarqué dans la vie sans avoir été consulté. Il faudra que je la quitte sans mon consentement » (*Notes et réflexions*, éd. citée, p. 71).

3. *Chétif* a le sens de vil, méprisable; *imbécile*, dont l'esprit est faible, qui n'a pas encore de raison.

4. Édition d'Amsterdam : *Il se laisse aller sur le banc et demeure enseveli dans la plus profonde douleur.* / MARCELINE : *C'est par ici.* / FIGARO : *On vient. (Il remet vite son chapeau et son manteau.)*

5. Le mot *crise* est fréquent et important chez Beaumarchais; voir n. 1, p. 138. « On dit figurément qu'une affaire est dans sa crise pour dire qu'elle est sur le point d'être décidée, de manière ou d'autre » *(Académie)*. C'est ici exactement la valeur du mot : on

1. On vendait rue des Arsis (de nos jours, la partie de la rue Saint-Martin qui est près de la Seine) la meilleure encre de Paris, dans une boutique à l'enseigne de La Petite Vertu.

approche du dénouement. Et c'est peut-être un emprunt au théâtre italien : « Voici le moment de la crise » (*Les Souhaits*, 1693, scène du Jugement de Pâris; dans *Le Théâtre italien de Gherardi*, Amsterdam, 1701, t. V, p. 36).

Page 472.

a. commençons. *[p. 471, dernière ligne] (Haut.)* BN, F ↔ *b. Le jeu de scène manque dans BN.* ↔ *c. Scène IV* BN, F, *corrigé sur C*

1. Voir acte II, sc. IV, p. 407.

Page 473.

1. Voir acte I, sc. VIII, p. 393.

Page 474.

a. Il s'enfuit. / [FIGARO *s'approche* : Je vais... *F*] / LE COMTE, *parlant au page :* BN, F : *Il s'enfuit dans le pavillon à sa gauche. [scène et acteurs en add. marg.] [comme dans F] au page* : C ↔ *b. (À la comtesse.)* [Il est sur moi comme un réverbère[1] ! Il me poursuit ! Il est mon Euménide[2]. *biffé C*] Mais *BN, F, C, lég. var.*

Page 475.

a. LE COMTE : Je l'aimerais beaucoup si elle n'était pas ma femme. [Mais... *add. F*] [LA COMTESSE : Mais peut-être ne vous aime-t-elle que parce que vous êtes son mari ? LE COMTE : *biffé BN, F*] Après trois ans d'union, l'hymen devient si respectable, et l'on a tant vu le soleil ! / LA COMTESSE : *BN, F, corrigé sur C*

Page 476.

a. LA COMTESSE : *BN, C* ↔ *b.* LA COMTESSE : *F* ↔ *c.* Sans lumière [avec vous *BN*] ? / LE COMTE : *BN, C* ↔ *d. Scène* [*V corrigé sur C en VI*] / FIGARO, SUZANNE, *cachée.* / FIGARO *jette son manteau dans les broussailles et cherche à voir où vont le comte et la comtesse* : Je *BN, F, C*

Page 477.

a. en naissant le père et la mère [du chafouin de tabellion qui fit le contrat de mariage *biffé F*] du matou cornu d'imbécile qui épousa la première chatte miauleuse de femme... / SUZANNE, *BN, F ; toute la suite de cette scène est très travaillée dans BN.* ↔ *b.* qui faisait de la réservée ! *orig.* ↔ *c. lui fermant la bouche avec sa main [dit étourdiment de sa voix naturelle F]* : *BN, F, C* ↔ *d.* SUZANNE : Vous *BN, F, C* ↔ *e. à part* : Coquinasse qui veut m'attraper ! / SUZANNE : *BN* ↔ *f.* FIGARO : *BN, F, C* ↔ *g.* SUZANNE : *BN, F, C*

1. *Réverbère* : « Il signifie aussi une machine qui est ordinairement de quelque métal et qu'on ajoute à une lampe, à un flambeau, pour en augmenter la lumière » *(Académie)*. La présence de Chérubin met en lumière les agissements du comte.

2. On attendrait plutôt *mon Érinye*, une des déesses qui poursuivaient Oreste, après le meurtre de Clytemnestre et d'Égisthe, avant de devenir *Euménide*, c'est-à-dire bienveillante.

Page 478.

a. comme ce matin ? / *Pendant ce temps on lève la rampe*[1]. / FIGARO [*sort de dessous son manteau dans lequel il s'était enveloppé comme César et* BN] *rit* BN, F, C ↔ *b.* me méprendre à ta jolie voix clarinette[2] ? BN, F, *corrigé sur* C

1. Juron italien : « Ah ! Diable », comme, plus loin, *Santa Barbara*, « Sainte Barbe ».
2. Cette interrogation en provençal était célèbre depuis le quatrième mémoire contre Goëzman (voir p. 894).
3. Eſt-ce là [...] ? Voir acte III, sc. XVIII, p. 448.

Page 479.

a. Ainsi les baisers de cette salle ?... *[p. 478, 3 lignes en bas de page]* [...] était de bonne guerre. *add. marg.* BN ↔ *b.* de sa femme. [Voilà nos étourneaux d'intrigue, croyant tous rouler en avant; ils sont taillés en boules de Siam[3] *biffé* BN, C] / *Scène* [*VI corrigé sur* C *en VII*] BN, F, C ↔ *c. gauche* BN, F ↔ *d. en haussant* BN ↔ *e.* enfer et damnation ! BN, F

Page 480.

a. au front. Elle ferme la porte sur elle en entrant. / LE COMTE BN, F, C ↔ *b. Scène VII* BN, F : *Scène VIII* C ; *de même pour la scène suivante.*

1. Celui qui contenait le brevet; voir acte III, sc. I, p. 430.

Page 481.

a. empare-toi de cette porte. *[6 lignes] (À un autre.)* Toi, veille à celle de l'autre côté. *(Le laquais y va.)* / FIGARO, *d'un ton glacé* : Moi aussi, Pédrille, je t'en prie. / BAZILE, *bas, à Figaro* : Tu l'as surpris avec Suzanne ? / LE COMTE [, *montrant Figaro* BN, F] : Et vous, tous mes vassaux, entourez-moi cet homme, et m'en répondez sur la vie. [*On l'entoure.* BN, C] [BAZILE : Ah ! ah ! *add.* C] [FIGARO *[, d'un ton glacé* F, C*]* : Comme il vous plaira, mes amis. Vous savez tous ce qui m'arrive. / LE COMTE, *furieux* : Répondez-m'en. *[*ANTONIO : Qu'a-t-il donc fait ? *biffé* F, C*]* *[*BAZILE : Vous voyez qu'il eſt raisonnable ! *corr.* F, C*]* / DON GUSMAN, *à demi-voix* : Monsieur le comte, un mot. Bazile nous a conté l'hiſtoire. Ren-entrez au château, je vous prie, nous allons tâcher d'arranger... / LE COMTE, *emporté* : Homme absurde ! arranger ! *[*à son maître, un valet ! F, C*]* *[*ANTONIO : Quelqu'un dont on lui prend la femme ! / LE COMTE : Une femme de ce rang !... un valet ! BN, F*]* / DON GUSMAN : On sai-ait bien que-e ce n'eſt qu'un valet; mais enfin tou-out homme eſt sensible. / BARTHOLO : Ils s'aiment. Ils

1. La rampe était mobile. On la levait pour éclairer le théâtre qui jusque-là était obscur.
2. L'emploi comme adjectif de ce mot n'est donné par aucun dictionnaire.
3. La métaphore est empruntée à un jeu de quilles (importé par un ambassadeur du roi de Siam) où la boule était remplacée par un disque de bois dur qui faisait le tour des quilles avant de les abattre. L'idée est que les *étourneaux*, comme la boule, *ne roulent pas en avant*, c'est-à-dire ne vont pas droit au but.

sont d'accord et vous venez déranger... / LE COMTE : Suis-je endormi ? On les excuse ! Ils périront tous deux. / BARTHOLO : Qui tous deux ? / BAZILE, *à part, se touchant le front* : Il n'y eſt plus. / DON GUSMAN, *au comte* : Si vous passiez à des violences... ma-algré le respect... [LE COMTE : Funeſte magiſtrat !... / DON GUSMAN : Cha-acun forcé de déposer... / BARTHOLO : Moi le premier. / ANTONIO : Nous tous aussi. / LE COMTE : Troupe d'insensés ! *(Il fait un tour sur lui-même pour se calmer.)* / DON GUSMAN : La forme alors, la fo-orme... *BN, F]* / FIGARO, *à part* : S'ils démêlent cet écheveau !... / LE COMTE, *les dents serrées, prenant Gusman à l'eſtomac* : Maudit bavard ès lois ! Ce n'eſt pas votre avis, que je veux, c'eſt votre concours. / DON GUSMAN : Tous deux vous sont a-acquis, mais encore faut-il éclaircir... *biffé F, C*] / LE COMTE, *BN, F, C, lég. var.; BN (f° 130) offre une autre version plus courte.* ↔ *b. sa fureur* : *BN, F* ↔ *c.* dans ce pavillon ? [BAZILE, *surpris* : Amenée par lui ? / LE COMTE, *frappant du pied avec feu* : Mais paix donc ! *biffé F*] / FIGARO, *BN, F* ↔ *d.* C'eſt différent. *add. F*

1. Sur cette phrase, voir la Préface, p. 373.

Page 482.

a. Scène X BN, F : Scène XI C ↔ *b.* cette joie-là. [BARTHOLO : Quel sot amphigouri nous a donc fait Bazile ? / BAZILE : Explique, ma foi, qui pourra ! Je vois que c'eſt de même partout; personne ne s'entend nulle part. Le monde, heureusement, va son train. *biffé C*] / *Scène [XI corrigé sur C en XII] BN, F, C* ↔ *c.* Ha ! ha ! [DON GUSMAN : Quoi ! c'eſt là le ten-endron que vous vous disputez ? / BAZILE, *à part* : Je vois clair [à la fin *BN]*. *biffé C*] / LE COMTE, *BN, F, C*

Page 483.

a. dans le pays [qu'il faut ben aussi qu'à votre tour *biffé*]... / LE COMTE, *BN, F, C* ↔ *b. Scène [XII corrigé sur C en XIII]* / LES ACTEURS PRÉCÉDENTS, *excepté Antonio.* [*Tous les paysans l'un après l'autre d'un ton bas, et comme un murmure général biffé C*] [: Il a raison, bien fait, c'eſt juſte, il a raison, etc. *biffé F, C*] / LE COMTE : *BN, F, C* ↔ *c.* l'amertume. [BAZILE, *à part* : Eh bien, je n'entends plus. *biffé C*] / *Scène [XIII corrigé sur C en XIV] BN, F, C, lég. var.*

Page 484.

a. trop embrouillée. *[p. 483, dernière ligne]* [ANTONIO, *à sa fille* : Mais qu'eſt-ce que tu faisais avec lui dans ce salon ? *biffé F, C*] / *Scène [XIV corrigé sur C en XV] BN, F, C ; de même pour les numéros des scènes suivantes* ↔ *b.* LE COMTE : *orig.*

Page 485.

a. c'è-eſt Madame. [LA COMTESSE, *en riant* : Qui n'eſt pas même assez généreuse pour se reprocher la supercherie qu'elle vous a faite. / LE COMTE, *à lui-même* : Ils étaient tous d'accord et je suis joué. *biffé F, C*] [FIGARO, *à part, [se relève* : *[[*Par-des *biffé]]* sous la jambe. *BN] sans se relever* : Sous jambe[1]. *biffé F, C*] / LE

1. *Par-dessous la jambe, sous [la] jambe* : les deux expressions étaient courantes à l'époque.

COMTE [, *après avoir hésité* *biffé* F, C] [*veut relever la comtesse* *corr.* F, C] : Quoi, *BN, F, C* ↔ *b. de sa femme.* *F* ↔ *c.* une dot ? *BN* ↔ *d.* Celle-ci fut rude à écorcher. *(À Marceline.)* [Mais vous maman par quel hasard ?... *biffé* C] / [MARCELINE : Ta jalousie m'avait conduite ici; Suzanne m'a tout confié; je suis entrée dans ce cabinet où le page... / ANTONIO, *à Fanchette* : Et toi, coquine ? / FANCHETTE : Papa, j'étais venue pour qu'il me fît remplir mon petit rôle d'innocente, puis Marceline est arrivée, puis ma cousine a ouvert le pavillon. / [BAZILE : Si Madame eût pris l'un pour l'autre, il y avait, ma foi, rafle entière. *biffé F*] [*(Chérubin, un peu retourné, se mord le doigt en riant. La comtesse, qui le regarde en écoutant Fanchette, brise avec colère son éventail, mais sans parler.)* *add. BN, biffé F, mais maintenu dans C*] / MARCELINE, *à* [*Antonio* *corrigé sur F en* *Bartholo*] : Est-ce que vous l'écoutez ? Appelez donc le notaire ! / [ANTONIO *corrigé sur F, C en* DON GUSMAN], *au notaire* : Avancez, monsieur de Sainte-Usure. *biffé* C] *(Figaro présente la plume et le contrat à Suzanne qui signe.)* / GRIPPE-SOLEIL : *BN, F, C, lég. var.*

1. Avec la dot donnée par la comtesse et la dette que Marceline a remise à Figaro; voir acte III, sc. XVII et XVIII, p. 447-449.
2. Voir acte II, sc. XXVI, p. 429, et acte IV, sc. III, p. 455.

Page 486.

a. Cette réplique est une addition marginale de BN. ↔ *b.* je vous le jure. / MARCELINE, *à Figaro, qui tient la plume* : Pourquoi donc ne signe-t-il pas ? / FIGARO, *hésitant* : Je regarde... la singulière plume... elle est fourchue comme un y grec[1]. / MARCELINE [: Déjà des *biffé* F] [*arrête la main de Figaro qui allait signer* : Avant de signer le contrat prétends-tu nous tourmenter avec les *corr.* F] visions maritales ? / BARTHOLO : C'est le mal du pays. / SUZANNE : Je l'en guérirai. / BARTHOLO : Et votre recette est ? / SUZANNE : De la sagesse, de la réserve, de la solitude et des soins. / FIGARO [, *lui pressant les mains avec amour* F] : Voilà ce qu'on peut appeler un vrai remède de bonne femme. / LE COMTE, *BN, F* : je vous le jure. [MARCELINE : Avant de signer le contrat, prétends-tu nous la tourmenter avec tes visions maritales ? [*comme dans F*] un vrai remède de bonne femme. *biffé*] / LE COMTE, *C* ↔ *c.* BAZILE *s'appuie sur l'épaule de Figaro et chante* : / *Premier couplet* / [*Texte définitif* *BN, F*] / Triple dot, *BN, F, C, lég. var. Dans BN pour cet endroit figure le texte suivant* : À la cinquantième représentation du *Mariage de Figaro*, qui fut donnée le 3 octobre 1784 au profit des pauvres mères nourrices, après que Bazile eut chanté le premier couplet du vaudeville et Figaro le sien : *Gaudeant bene nanti*, la scène continuait ainsi : / SUZANNE : À quoi penses-tu, Figaro ? Tu ne dis rien sur notre bonheur ? / FIGARO : Ah ! que je suis bête, moi ! Je l'oubliais... / SUZANNE : C'est bien obligeant. / BRID'OISON : E-est-ce que vous le croyez donc ? I-i-il fait semblant. / FIGARO : Charmant esprit ! Allons, ma Suzanne, chante la première. / SUZANNE *chante* : / Pour les jeux de notre scène / Ce beau jour n'est point fêté : / Le motif qui vous ramène / C'est la douce humanité; / Mais quand notre cinquantaine / Aux bienfaits sert de moyen, / Le plaisir n'y gâte rien. *(bis.)* /

1. Et par conséquent évoque des cornes. C'est (voir plus loin) une « vision maritale ».

FIGARO / Nous, heureux cinquantenaires / D'un hymen si fortuné, / Rapprochons du sein des mères / L'enfant presque abandonné; / Faut-il un exemple aux pères ? / Tout autant qu'il m'en naîtra, / Ma Suzon les nourrira. *(bis.)* / SUZANNE / Mon ami, je ne sais guère / Quel devoir sera plus doux; / Comme épouse et comme mère, / Mon cœur les remplira tous. / Entre l'enfant et le père / Je partagerai l'amour / Et chacun aura son tour... *(bis.)* / FIGARO : À vous, monsieur le juge. / BRID'OISON : E-eSt-ce qu'on peut chanter quand on eSt attendri ? D'a-ailleurs on ne m'a rien fait. / FIGARO : Vous avez tant de facilité. / BRID'OISON : C'eSt-eSt vrai, oui, pour qu'on vienne peut-être me dire après : « Plu-us bête encore que l'auteur. » / FIGARO : Pourquoi pas ? / BRID'OISON : Au-au bout du compte je m'en moque, moi, e-et je m'en vais vous dire sur tout ceci ma façon de penser... / *(Et il chante en se frottant la tête comme s'il composait.)* / Que d'plaisir on trouve à rire / Quand on n'voit du mal à rien ! / Que d'bonheur on trouve à s'dire : / L'on m'amuse et j'fais du bien ! / Que d'belles chos' on peut écrire / Contre tant d'joyeux ébats ! / Nos cri... tic's n'y manqueront pas.

1. Le comte a donné à Chérubin une compagnie dans sa légion; voir acte I, sc. x, p. 398.
2. Au lieu de : « Que se réjouissent les bien-nés », « Que se réjouissent les bien-nantis ». Bazile eSt toujours un bon refaiseur de proverbes.

Page 487.

a. ANTONIO *F* ↔ *b.* D'une femme de province, / Contente d'un seul amour, / Le succès eSt assez mince; / Vive la femme de cour. *BN, F*

1. Sur ce nom, voir *Jean-Bête à la foire*, sc. IX, p. 91 et n. 5.
2. Qui se surveille dans les liens du mariage. L'expression eSt peu heureuse.

Page 488.

a. BARTHOLO / *Septième couplet* / Quand le mal n'eSt pas extrême, / Fermons l'œil de la rigueur / Sur les torts de qui nous aime, / Et disons dans notre cœur : / Si chacun rentre en lui-même, / Nul mortel de bonne foi / N'eSt homme de bien pour soi... *(bis.)* / FANCHETTE / *Huitième couplet* / Robin [dit, Robin répète *BN, C*] [me dit en cachette *F*] : / « Si l'amour t'était connu, / Que ton sein, jeune Fanchette, / De désir serait ému ! » / Dans tous nos yeux il te guette. / Je l'ai donc vu, cher Robin, / Dans les yeux de Chérubin. *(bis.)* *BN (add. marg.), F (7e couplet biffé), C (8e couplet biffé). La numérotation eSt décalée jusqu'à la fin.* ↔ *b.* Et... et... / *Il parle au souffleur.* / Qui donc eSt immortel ? [LE SOUFFLEUR *se lève* : Corneille, Molière, Racine, Voltaire, à votre choix — il faut tout leur dire. *add. marg.*] / FIGARO *achève le couplet* : Ah ! Et Voltaire eSt immortel... *F*

1. « Se dit d'un morceau de fer trempé et gravé, dont on se sert pour marquer de la monnaie, des médailles » *(Académie)*. Le contexte donne au mot un sens érotique, tout à fait dans la tradition de la parade.
2. « *Dire rage, dire la rage de quelqu'un* pour signifier, en dire tout le mal imaginable » *(Académie)*.

Page 489.

a. Ici en F l'indication : On danse*. Ce manuscrit porte de plus la version « révolutionnaire » de ce dernier couplet :* Or Messieurs s'te comédie / Qui n'eſt plus qu'un passe-temps / Sauf respeƈt peignait la vie / De l'bon peuple en d'autres temps. / Pour tromper sa maladie, / Il chantait tout l'opéra / Dame !... / Il n'sait plus qu'ce p'tit air-là / Ça ira, ça ira ! / Il ne sait plus qu'ce p'tit air-là / Ça ira, ça ira ! / Soit que l'ennemi s'avance ou qu'il fuie / Oui ça ira, ça ira ! / Jamais ce beau feu n'se refroidira / De tout bon Français c'eſt le refrain. / Autrefois c'était un pauvre train, / Chacun avait sa confrérie / Point de Patrie. / Un jour il apprit ce p'tit air-là / Mais ça ira, ça ira ! / Soit que l'ennemi s'avance ou qu'il fuie, / Oui, ça ira, ça ira ! / Jamais ce beau feu n'se refroidira. / *(On danse une ronde sur cet air.)* ++ *b. En F, dernière page, se trouvent les approbations pour représentation et impression avec signatures des censeurs* Coqueley de Chaussepierre *(28 février 1784) et* Bret *(21 mars 1784), et la note du lieutenant général de police :* Vu les approbations, permis d'imprimer et représenter à Paris, ce 29 mars 1784. / Le Noir. *, ainsi que l'achevé d'imprimer pour la première fois, du 28 février 1785. C porte les mêmes mentions.*

1. Sur ces deux vers, placés en exergue à la pièce, voir la lettre au lieutenant de police : « [...] ainsi que Rabelais, il [l'auteur] a cherché un tel mélange, qu'on peut lui pardonner la raison en faveur de la folie, et la folie en faveur de la raison que sa pièce renferme [...] » (p. 1155).

TARARE

NOTICE

Le 10 mai 1784, Nicolas Ruault note dans une lettre adressée à son frère : « L'autre soir avant de souper il[1] nous a lu un opéra de sa façon en quatre aƈtes, précédé d'un prologue d'un genre extraordinaire et qui ne ressemble en rien à ceux de Quinault; cette tragi-comédie eſt intitulée *Tarare*. Salieri, élève de Gluck, en fera la musique, tout près de moi, car nous logeons à côté l'un de l'autre[2]. » Beaumarchais était en train de réaliser un projet qui lui tenait à cœur : renouveler l'opéra par une alliance nouvelle de la musique et des paroles. Il y pensait depuis longtemps : dans la *Lettre modérée sur la chute et la critique du « Barbier de Séville »*, une digression assez maladroitement amenée dénonçait déjà les « inutiles fredons[3] », et, dans la Préface du *Mariage de Figaro*, une allusion

1. Beaumarchais.
2. *Gazette d'un Parisien sous la Révolution*, Paris, Perrin, 1976, p. 43.
3. Voir p. 286 et n. 2.

lointaine était faite au thème de *Tarare*[1]. Mais il faut remonter plus haut que 1775, très probablement en 1774, date de la première représentation d'*Iphigénie en Aulide*. L'opéra de Gluck avait enthousiasmé Beaumarchais. Les deux hommes se rencontrèrent; « dès ce moment, nous dit Gudin, ils eurent le désir de faire ensemble un opéra[2] ». Le projet ne put se réaliser tout de suite et en 1784[3], lorsque le livret fut terminé, Gluck, se jugeant trop vieux — il avait soixante-dix ans —, s'effaça devant son cher disciple Salieri; il venait de composer avec lui *Les Danaïdes* qui, cette même année 1784, étaient représentées à l'Opéra, le 26 avril. Le lendemain, *Le Mariage de Figaro* triomphait à la Comédie-Française[4].

On ne saurait revenir ici sur toutes les péripéties qui précédèrent et suivirent la création de *Tarare*, le 8 juin 1787[5]. On insistera sur l'essentiel, c'est-à-dire sur l'intérêt que présente la préface, sur la valeur de l'œuvre, et sur les transformations imposées par les événements. Tout d'abord, il faut souligner l'importance des quelques pages destinées *Aux abonnés de l'Opéra qui voudraient aimer l'opéra* : elles constituent une sorte de manifeste dont il n'est pas si facile de mesurer l'originalité. Il ne s'agit ici pour Beaumarchais ni d'opposer, comme on le faisait encore souvent à cette époque, musiques française et italienne, ni de condamner la manière dont étaient exécutées les œuvres[6], mais de définir l'opéra en tant que genre musical et de trouver les moyens de le rénover. C'est pourquoi Beaumarchais se réfère, non à Grimm ou à Rousseau, mais à La Bruyère et à Voltaire[7], que le drame lyrique ennuyait. Référence est faite aussi à Gluck : Beaumarchais admirait sa musique et approuvait sa doctrine; mais on aurait tort de croire qu'il tient tout de lui[8]. Bien avant

1. Voir p. 361. Voir aussi var. *a*, p. 494 (4e §) ; et, p. 508, « un travail de trois années » : la rédaction définitive aurait commencé en 1781.

2. Gudin, *Œuvres complètes de Pierre-Augustin Caron de Beaumarchais*, Paris, Léopold Collin, 7 vol., 1809, t. VII, p. 282.

3. Entre-temps, en 1782, Beaumarchais avait réduit de cinq en trois actes le *Samson* de Voltaire. Sur cette œuvre, voir p. 1436 et suiv.

4. Voir la chronologie de cette pièce, p. 1365.

5. On trouvera p. 1434 l'essentiel des faits, dans l'ordre chronologique. On se référera surtout à la série d'articles consacrés à Salieri (IV. *Tarare*) par Adolphe Jullien dans la *Gazette Musicale*, 42e année, 1875, nos XIII, XV, XVI, XVII, XIX, XX. Voir aussi les papiers de Papillon de La Ferté et les comptes rendus du comité de l'Opéra (Archives nationales, dossiers O1 619, 620, 621).

6. Comme l'avaient fait, entre autres, Grimm dans *Le Petit Prophète de Boehmischroda* (1753) et Rousseau dans une lettre de *Julie ou la Nouvelle Héloïse* (IIe partie, lettre XXIII ; Bibl. de la Pléiade, p. 280-289). Il est reproché au chef d'orchestre de battre la mesure comme un bûcheron, aux violons de jouer mal et trop fort, aux chanteurs de hurler pour se faire entendre, au public de ne pas écouter.

7. Voir p. 499-500.

8. Sur les idées de Gluck, voir surtout la dédicace d'*Alceste* au grand-duc de Toscane, celle de *Paride ed Helena* au duc de Bragance, et la Lettre à La Harpe (*Journal de Paris*, 12 octobre 1777). On trouvera ces trois textes commodément rassemblés dans le livre d'Henri de Curzon, *La Musique*, qui prend place dans une série d'ouvrages consacrés à la vie artistique au XVIIIe siècle (Paris, éd. Plon-

sa rencontre avec le maître autrichien, l'auteur de *Tarare* avait réfléchi aux problèmes difficiles qu'ont toujours posés, dans le genre dramatique le plus complexe, les rapports de la poésie, de la musique, de la danse et des décors. Le mérite de Beaumarchais est de constater que le déséquilibre entre ces éléments rend l'opéra ennuyeux et d'établir une hiérarchie sans équivoque : avant tout le sujet, « nerveux et très fortement intrigué », puis la « beauté du poème », puis le « charme de la musique », l' « agrément de la danse » enfin[1]. Ce sont là vues d'auteur dramatique, d'homme qui sait que l'intérêt ne doit pas faiblir, si l'on veut que le public écoute. Pour obtenir cette concision qui est une caractéristique de tout son théâtre, Beaumarchais demande que la musique ne couvre pas les voix, que le récitatif se rapproche de la parole, que le texte ne soit pas noyé dans les fredons, que la musique soit non pas « chansonnière », mais véritablement « dramatique », c'est-à-dire qu'elle ne ralentisse pas l'action en se répétant[2]. Ces revendications ne sont pas toutes nouvelles; Beaumarchais sait les rassembler pour redonner au spectacle son unité et le rendre ainsi beau et efficace. Wagner aura les mêmes préoccupations, et le texte de Beaumarchais annonce les écrits théoriques du maître de Bayreuth. Ne serait-ce qu'à ce titre, ces quelques pages méritent d'êtres lues avec attention.

L'application de ces principes posait des problèmes redoutables : elle exigeait, à défaut d'un seul auteur, poète et musicien comme le sera Wagner, une collaboration étroite entre le librettiste et le compositeur. Étroite, la collaboration entre Beaumarchais et Salieri le fut. D'abord parce que l'Italien viennois était le disciple préféré de Gluck; ensuite parce que Beaumarchais le logea chez lui pour qu'ils pussent travailler ensemble. Dans une lettre charmante, datée de 1805, Salieri évoque sa vie parisienne : « [...] vers dix heures, M. de Beaumarchais vient chez moi, je lui chante ce que j'ai fait de notre grand opéra; il m'applaudit, il m'encourage, il m'instruit avec une manière paternelle. Tout semblait si tranquille[3] [...]. » On notera le « il m'instruit », qui révèle que Beaumarchais, excellent musicien[4], ne se contenta pas d'être librettiste. On ne peut dire exactement ce que lui doit la partition, mais deux

Nourrit et Cie, 1914, p. 264-272). Citons en particulier dans la première dédicace : « Je pensai à restreindre la musique à son véritable office, qui est de servir la poésie par l'expression et par les situations de la fable, sans interrompre l'action ou la refroidir avec des ornements inutiles [...] » (p. 264).

1. Voir p. 506 et 498-499.

2. Voir la *Lettre modérée [...]*, p. 285 : « Est-ce qu'il y a des reprises et des rondeaux dans un drame ? Ce cruel radotage est la mort de l'intérêt [...]. »

3. Voir Loménie, *Beaumarchais et son temps*, Paris, Michel-Lévy, 1856, t. II, note 1, p. 406.

4. Sur ce point, on lira avec profit l'article de Georges Roulleaux-Dugage, « Beaumarchais musicien » (*Revue hebdomadaire*, nº du 11 mars 1911, p. 234-266).

fragments manuscrits reproduits par Lintilhac[1] montrent comment ont collaboré les deux hommes, pour leur plus grand plaisir. Beaumarchais à son tour signale que ce travail « est devenu, par M. Salieri, le délassement de [s]es soirées, souvent un plaisir délectable[2] ». Le compositeur manquait peut-être de personnalité, il n'en était que plus docile. La préface *Aux abonnés [...]* loue les sacrifices d'un homme qui « a eu la vertu de renoncer, pour complaire [à Beaumarchais], à une foule de beautés musicales dont son opéra scintillait [...] ».

Il appartiendrait au musicologue de dire si Salieri n'a pas poussé trop loin l'esprit de sacrifice, mais on peut affirmer que le poème ne méritait pas tant d'abnégation. « Nerveux et très fortement intrigué », comme le souhaitait l'auteur[3], il n'est pas mal construit et vaut mieux que bien des livrets d'opéra. Dans sa préface, l'auteur l'a amplement justifié : le prologue est « d'un nouveau genre[4] »; de fait, il n'a rien de mythologique, mais n'abandonne pas pour autant le merveilleux. Construit sur une idée bien caractéristique du siècle des Lumières[5], il pose le double problème philosophique de la liberté humaine et politique, de la différence des conditions. L'auteur y présente adroitement les principaux personnages et laisse pressentir la morale « qui fait le fond de [s]on sujet » et que reviennent proclamer, dans la dernière scène de l'œuvre, la Nature et le Génie du feu[6] : la grandeur de l'homme est attachée à son caractère et non à son état — idée essentielle pour Beaumarchais et qu'illustrent non seulement *Tarare*, mais toutes ses autres pièces. À ce titre, ce prologue est, dans l'ensemble de l'œuvre, un des textes les plus importants. Quant au sujet, il est emprunté, comme

1. *Beaumarchais et ses œuvres*, Paris, Hachette, 1887, rééd. Slatkine, Genève, 1970, p. 281-284. Citons ces quelques vers (p. 282) :

Réponse d'Altam[ort]. chantée d'un ton brusque et colérique.	Peu m'importe un homme si vain, Dit Altamort avec dédain, Pourvu que l'autre me demeure. Du vaincu décidons le sort.
Ton terrible.	Ma loi, dit Tarare, est la mort.
Cliquetis d'armes imité par des cymbales.	L'un sur l'autre à l'instant fond comme le [tonnerre. Altamort pare le premier, Un coup affreux de cimeterre Fait voler au loin son cimier.
Chant très vif et syllabique sur le mouvement de 6/8.	L'acier étincelle, Le casque est brisé, Un noir sang ruisselle, Dieux ! Je suis blessé.

(Acte III, sc. II, p. 550.) Voir aussi n. 1, p. 552, et n. 1, p. 565.

2. Voir p. 506, de même que pour la citation suivante.
3. *Ibid.*
4. Voir p. 505.
5. Voir n. 1, p. 513.
6. *Ibid.*

le dit l'auteur lui-même, à un conte arabe[1]. La préface justifie[2] par des raisons dramaturgiques et psychologiques la description des mœurs orientales; mais il faut ajouter que la mode était encore aux *turqueries*[3] : cinq ans auparavant, Mozart avait fait représenter à Vienne *L'Enlèvement au sérail*. Si les deux œuvres jouent sur l'opposition des mœurs « européannes[4] » et orientales, elles sont toutefois fort différentes. À côté du livret mozartien, celui de Beaumarchais manque d'unité. La liste des personnages[5] est déjà significative : rappelant le drame bourgeois, Astasie est une épouse « aussi tendre que pieuse »; conformément aux idées reçues, Atar est un tyran « féroce et sans frein », le personnage le plus odieux restant — expression manifeste de l'anticléricalisme de Beaumarchais — Arthenée, le grand prêtre, « mécréant dévoré d'orgueil et d'ambition ». Le couple Spinette-Calpigi sort tout droit d'une comédie : elle, « cantatrice napolitaine, intrigante et coquette »; lui, « chef des eunuques » par vocation, puisque c'est un « chanteur sorti des chapelles d'Italie ». Gai, il chante plaisamment son infortune dans l'air le mieux venu de la partition[6]; en même temps, homme sensible, il seconde Tarare et le sauve. C'est à cause de lui surtout que la pièce hésite souvent entre la comédie et le drame. Si l'on ajoute qu'Élamir, « jeune enfant des Augures », rappelle un peu trop l'Éliacin de Racine[7], on comprend pourquoi l'œuvre est étrangement disparate. Le dénouement, après avoir fait craindre les pires supplices pour le couple vertueux, se termine par son triomphe grâce à une sédition opportune : Atar se suicide, meurt en deux vers, et, dernière concession à la censure, le grand prêtre se convertit[8].

S'il est impossible à un lecteur moderne de prendre ce livret au sérieux, il lui est bien difficile aussi de comprendre un succès qui fut très honorable. Les spectateurs trouvèrent-ils l'intrigue « intéressante », c'est-à-dire émouvante ? c'est probable. Ils durent de même être sensibles à l'abondance des péripéties, au réalisme des décors[9], à la rapidité d'une musique qui, pour une fois, n'offusquait pas le texte; pas assez peut-être : car les amis les plus chers de Beaumarchais durent eux-mêmes convenir qu'il était un piètre versificateur. Ruault écrit à son frère, à propos de *Tarare* : « [...] je puis vous dire

1. Voir p. 505 et n. 2. D'après les *Mémoires secrets* (17 août 1787) et la *Correspondance littéraire* de Grimm (Paris, Tourneux, 1877-1882, t. XV, p. 96 et 98), le « plagiat » aurait été découvert par Mme de Montesquiou, ce qui aurait obligé Beaumarchais à citer le conte. Il n'y a pas « plagiat », mais emprunts assez nombreux d'épisodes (sur ces emprunts, voir Lintilhac, ouvr. cité, p. 274).
2. Voir p. 502 et 503.
3. Nous donnons p. 1450-1452 des fragments d'une autre turquerie.
4. Voir p. 530.
5. Voir p. 522.
6. Voir p. 556-558.
7. Voir, par exemple, p. 543 et n. 2.
8. Voir p. 587 et n. 1.
9. On notera, au cinquième acte, la présence des instruments de supplice et du bûcher. En 1770, les spectateurs s'étaient précipités à *La Veuve de Malabar* de Lemierre pour voir, au dernier acte, allumer un bûcher sur la scène.

d'avance que s'il doit briller ou intéresser par l'invention de la fable, il ne brillera ni n'intéressera jamais par la poésie. Ces rimes-là m'ont paru en dessous du médiocre[1] »; et Gudin, malgré son amitié et son admiration pour l'auteur, est obligé de convenir que *Tarare* « est trop inégalement écrit[2] ». Il suffit de lire quelques scènes pour s'en convaincre.

L'opéra devait avoir un destin agité, inséparable des événements et, pour tout dire, de l'histoire. Bret, le censeur, n'avait demandé, en 1786, que de légers changements[3], légers si l'on songe à l'audace de certains passages qu'une musique volontairement discrète permettait d'entendre. En septembre 1789, dans sa *Requête à MM. les Représentants de la Commune de Paris*[4], Beaumarchais, menacé dans ses biens et dans sa vie, suspecté d' « être lié avec les oppresseurs », cite abondamment *Tarare*[5] pour montrer qu'il a été en réalité un promoteur des idées nouvelles. Défense efficace, puisque *Tarare* est repris l'année suivante, non sans que le maire de Paris, Bailly, en l'occurrence nouveau censeur, ait demandé d' « adoucir » deux vers[6]. Le « Couronnement de Tarare » qui se substitue sans solution de continuité aux deux dénouements antérieurement proposés[7] est mis en musique en toute hâte par Salieri, que ses fonctions retiennent à Vienne. Dans une lettre datée du 8 juillet 1790[8], Beaumarchais le remercie de son envoi et évoque avec enthousiasme les préparatifs de la fête de la Fédération. La reprise de la pièce, prévue pour le 14, n'a lieu que le 3 août, avec un succès dont témoigne une autre lettre à Salieri[9]. Mais cette lettre ne fait aucune allusion aux mouvements qu'avaient provoqués dans la salle certaines répliques dès la première soirée, mouvements dont le Comité de l'Opéra s'était ému[10]; de là, la lettre distribuée à l'entrée de la salle,

1. Ouvr. cité, p. 43.
2. Ouvr. cité, t. VII, p. 293.
3. Le manuscrit du livret avait été envoyé, le 26 mars 1786, avec une lettre de l'auteur, que nous donnons p. 1452. À propos du vers « Où tout est bien pourvu qu'on danse » (voir n. 1, p. 549), Bret écrivait : « Il n'y a pas moyen de le laisser. Je l'ai changé comme j'ai pu, mais changez-le comme vous voudrez, pourvu que vous ne vous permettiez pas un pareil sarcasme que je ne puis avouer. Je connais bien vos ennemis, ils empoisonneront bien tout cela, et il serait trop malheureux pour moi que, pour satisfaire leur besoin de nuire, ils troublassent la tranquillité des derniers jours de votre serviteur et de votre ami, Bret » (voir Lintilhac, ouvr. cité, p. 103).
4. Voir l'édition Fournier des *Œuvres complètes de Beaumarchais*, Paris, Laplace, Sanchez et Cie, 1876, p. 488-499.
5. Éd. citée, p. 494.
6. « Je ne vois pas d'inconvénient à permettre et à préparer la représentation de ce " Couronnement ", sauf deux vers que M. de Beaumarchais m'a promis de changer et d'adoucir. / Ce 22 juin 1790. / Bailly. » Ces deux vers sont : « Nous avons le meilleur des rois : / Jurons de mourir sous ses lois » (p. 588), cités par Loménie, ouvr. cité, t. II, p. 415. Ils n'ont pas été modifiés, dans le livret tout au moins.
7. Voir p. 591-596, et 588-590.
8. Voir le texte de cette lettre, p. 1453.
9. *Ibid.*
10. Voir l'Appendice VI, « Réponse de l'auteur au Comité de l'Opéra », p. 1172-1175, et les notes.

lettre que nous reproduisons parce qu'elle est le meilleur commentaire du « Couronnement de Tarare ». Ces deux textes sont très caractéristiques de la mentalité de Beaumarchais un an après la prise de la Bastille. D'une part, il participe à la joie populaire, donne à ce dénouement le caractère d'une fête civique, prône les récentes conquêtes de la Révolution : libération des religieuses et des religieux, institution du divorce, libération des Noirs ou du moins adoucissement de leur sort; d'autre part, il s'exprime en sentences sur la nécessité d'obéir aux lois et les dangers de l'anarchie. D'une part, le désir d'être au goût du jour, non peut-être sans quelque démagogie, et de flatter l'esprit nouveau; d'autre part, la crainte du désordre et des risques à venir. Deux sentiments aussi contradictoires ne pouvaient satisfaire un public lui-même très divisé — d'autant plus que, dans son désir de se montrer moderniste, Beaumarchais va trop loin. Les traditionalistes lui reprochent l'allusion à l'abolition des vœux monastiques, se choquent d'un divorce que pourtant l'Église, dans ce cas très particulier, permettait; mais surtout les « Américains[1] » ne lui pardonnent guère d'avoir prôné la libération des Noirs; le malheureux auteur est obligé de gloser son texte et d'affirmer, avec plus d'adresse que de conviction, qu'il s'agissait non de libérer ces malheureux, mais d'adoucir leur condition. Que de précautions, d'ailleurs inutiles, pour ne pas « offenser la politique et la cupidité[2] » ! Plus grave pour Beaumarchais, en 1790, l'accusation de royalisme[3]. Il se défend avec adresse et dignité : adresse, parce qu'il montre combien le vers incriminé est en situation; dignité, parce qu'il ne renie pas le « profond respect qu'on doit *à notre roi* » — en homme qui s'inquiète déjà des excès et en redoute les suites. La fin du « Couronnement [...] » est à cet égard révélatrice : aux soldats *« en bon ordre »* de la première scène s'oppose le peuple *« en désordre, effréné »*, de la troisième. L'ordre triomphe et ce peuple *« reparaît modeste, à la fin de la marche générale[4] »*. Auparavant, des bannières ont présenté aux yeux des spectateurs quatre sentences politiques. Beaucoup plus que l'auteur dramatique, c'est l'homme menacé dans ses biens et dans sa vie qui appelle à la modération.

Tarare fut rejoué du vivant de l'auteur en 1791, 1792 et en septembre 1795. Pour la reprise de 1795, la mort de Louis XVI et l'avènement de la République appelaient des modifications. Beaumarchais étant encore à Hambourg et considéré comme émigré[5], un de ses amis, Framery, se chargea de la besogne : il supprima le Prologue, au grand désespoir de l'auteur, et remania la fin[6] : Tarare

1. On appelait alors ainsi ceux qui habitaient ordinairement dans les colonies françaises d'Amérique et y avaient des possessions.
2. Voir p. 1173.
3. Voir n. 1, p. 1173.
4. Voir p. 591, 594, 595.
5. Voir la Chronologie, p. XXXIX.
6. Voir n. 2, p. 586.

prêche l'obéissance non au Roi, mais à la Loi. En 1802 et en 1819, le texte fut encore remanié. Ses avatars, de reprise en reprise, étaient donc tributaires de l'actualité.

Modifié ou non, avec le premier ou le second dénouement, prolongé ou non par le « Couronnement [...] », *Tarare* reste une œuvre médiocre, parce que Beaumarchais, comme beaucoup de grands prosateurs, est un mauvais poète. Mais ce livret d'opéra lui permet, bien mieux que ses autres pièces, d'exposer ses idées politiques, sociales, philosophiques et métaphysiques. Le Prologue est à ses yeux original et important; et des deux dénouements qu'il propose, il préfère le premier, « qui est bien plus philosophique et encadre mieux le sujet[1] ». La maxime, « à la fois consolante et sévère », qui « se pei[nt] en caractères de feu dans les nuages[2] » :

> *HOMME ! ta grandeur sur la terre*
> *N'appartient point à ton état :*
> *Elle est toute à ton caractère.*

est celle d'un homme d'action qui a lutté toute sa vie pour changer d' « état », d'un homme aussi qui pour maîtriser son destin, s'est donné une philosophie purement humaine — les dieux n'y sont invoqués que par prudence — de la volonté. De telle sorte que ce livret d'opéra, apparemment sans conséquence, doit être mis au centre de la vie et de l'œuvre.

Chronologie de « Tarare ».

1774

Création à Paris d'*Iphigénie en Aulide* et, à cette occasion, rencontre de Beaumarchais avec Gluck.

1775

Tarare est écrit en prose et à moitié versifié.

1784

Le livret est terminé, adopté par l'Académie de musique, et Beaumarchais en fait la lecture devant ses amis et dans les salons. Salieri, dont on a donné *Les Danaïdes* à l'Opéra, loge chez Beaumarchais et travaille à la musique.

1786

Le 26 mars, Beaumarchais envoie le manuscrit de sa pièce au censeur Bret qui l'approuve une première fois le 28, une seconde le 21 décembre. Salieri, de retour à Paris, termine la partition.

1. P. 590.
2. Voir p. 503 et p. 589.

1787

L'opéra terminé est présenté dans les salons par l'auteur et le compositeur. Il est mis en répétition; Beaumarchais, en butte aux attaques de Kornmann[1], essaie vainement de retarder la première représentation.

4 juin : répétition générale payante.

Vendredi 8 juin : première représentation, qui est un succès. En même temps paraît la première édition, « très fautive[2] ».

Août : publication séparée de la préface *Aux abonnés [...]*, republiée ensuite avec le livret[3].

26 représentations durant l'année, 33 à la clôture de la saison à Pâques 1788.

1789

Dans sa *Requête à MM. les Représentants de la Commune de Paris*, Beaumarchais cite *Tarare* pour prouver son indépendance à l'égard de la royauté.

1790

Beaumarchais a écrit le « Couronnement de Tarare » dont Salieri compose la musique.

3 août : reprise de l'œuvre ainsi complétée, suivie de douze représentations. Le Comité de l'Opéra s'inquiétant du tumulte provoqué les premiers jours, Beaumarchais publie et fait distribuer à la porte du théâtre sa lettre « au Comité de l'Opéra[4] ».

1791 et 1792

Reprises de *Tarare*.

1795

Reprise de l'œuvre modifiée par Framery[5], qui en particulier supprime le Prologue.

1802

Nouvelle reprise, avec d'autres modifications.

Dernières reprises : en 1819, 1824, 1825, 1826, et à Hambourg en 1841.

1. Voir n. 2, p. 493.
2. Voir p. 493.
3. Voir p. 509.
4. Voir p. 1172-1175.
5. Voir p. 1433.

DOCUMENTS

Samson[1]

AVANT-PROPOS

Le sujet de *Samson*, ainsi que celui d'*Athalie*, d'*Esther*, de *Jephté*, de *Joseph*, et tant d'autres tirés de l'histoire des Juifs, et représentés avec succès sur tous les théâtres de l'Europe, a l'avantage indispensable à tout drame lyrique, ou opéra, de présenter un sujet tellement connu qu'il n'est besoin ni d'exposition, ni de grands développements pour intéresser les spectateurs.

Lorsque M. de Voltaire a choisi la tragédie lyrique de *Samson* en cinq actes, on n'exigeait pas encore, à l'Opéra, la force dramatique et la marche suivie qu'un goût plus sûr a depuis imposé aux auteurs qui s'y consacrent, et dont le sujet de *Samson* était plus susceptible que tout autre.

Il ne s'est agi même, pour rendre la tragédie de M. de Voltaire infiniment intéressante et d'une marche très rapide, que d'en resserrer les situations, et de présenter la prêtresse de Vénus sous une forme moins odieuse, il n'a fallu que réduire à trois actes les cinq de M. de Voltaire, et faire de Dalila une jeune personne sensible et trompée qui partage le malheur de Samson dont elle est la cause innocente, et se punit par une mort volontaire d'avoir été l'instrument de la perfidie des prêtres de Mars et du roi philistin.

Nous osons dire que M. de Voltaire, qui avait approuvé tout le plan de ces changements et retranchements, verrait avec le plus grand plaisir un sujet qu'il affectionnait mis enfin au théâtre avec une musique aussi intéressante que ses paroles : et nous ajoutons que beaucoup de morceaux, déjà composés par M. Mayer, nous ont paru répondre absolument à la force et à la grâce des situations très variées de ce poème.

M. Mayer a un style musical absolument à lui : ce n'est point un fatras de lieux communs, fatigants par leur monotonie; c'est un chant neuf, simple et toujours intéressant : il a quelque chose d'antique, et, si l'on ose le dire, d'oriental.

Nous ne doutons point que l'opéra de *Samson*, traité par lui, ne fasse le plus grand plaisir au public. Ce que nous en avons entendu

1. Ce manuscrit est, selon toute vraisemblance, inédit. Il se trouve à la Bibliothèque nationale (Mus. TH B. 4692) où il a été découvert par Élisabeth C. Bartlet (voir la Note bibliographique). Il s'agit, à l'origine, d'un livret écrit par Voltaire en 1733 et édité en 1746. La musique était de Rameau mais l'opéra ne fut jamais représenté. Beaumarchais reprit le livret en 1782, le modifia et le confia, pour la musique, à un compositeur peu connu, Mayer, dont l'avant-propos fait inutilement l'éloge : le 17 juin 1782, l'auteur lut le livret devant le Comité de l'Opéra, et, après plusieurs mois d'attente, l'œuvre ne fut pas acceptée. Beaumarchais revint à *Tarare* qui était déjà sur le chantier.

Comme l'indique cet avant-propos, l'adaptateur a réduit les cinq actes à trois, modifié l'intrigue et le rôle de Dalila. Mais sur le plan formel, il a le plus souvent gardé les vers de Voltaire qui ont été simplement répartis d'une manière différente ; de ce fait, sur le plan de l'écriture, la part de Beaumarchais reste modeste.

nous répond du reste; et nous sommes bien trompés si M. Mayer ne devient pas un jour un des plus utiles coopérateurs du succès de la nouvelle administration de l'Opéra : surtout s'il est assez heureux pour ne s'emparer que de sujets aussi vraiment dramatiques et propres à ce spectacle que la tragédie de *Samson.*

Nous invitons donc Messieurs du Comité et les chefs de leur administration à donner au compositeur de la musique de *Samson,* un peu dégoûté par les contradictions qu'il a éprouvées, tout l'encouragement qu'il nous paraît mériter. L'amour seul des vrais talents, et le désir de contribuer aux progrès d'un art charmant qui éprouve aujourd'hui la plus grande révolution, nous ont donné l'audace de toucher à l'ouvrage du plus beau génie de notre siècle, et le courage de recommander son timide et musical partenaire à la bienveillance de Messieurs du Comité, persuadés que le plus grand succès les paiera de leurs avances et de tous leurs soins obligeants.

LES RÉDACTEURS DE L'OPÉRA DE « SAMSON ».

PERSONNAGES

SAMSON, chef des Hébreux.
DALILA, prêtresse de Vénus.
LE ROI DES PHILISTINS.
LE GRAND PRÊTRE DE MARS.
TROUPE DE SOLDATS HÉBREUX.
TROUPE DE SOLDATS PHILISTINS.
CHŒUR DE PRÊTRES ET DE PRÊTRESSES.
TROUPE DE PASTEURS ET DE BERGÈRES, dansant.

SAMSON

Tragédie-opéra

ACTE PREMIER

SCÈNE PREMIÈRE

Le théâtre représente un bois sombre : dans le fond est un bocage orné où l'on voit les temples de Mars et de Vénus, et des autres dieux de Syrie.

L'ouverture annonce un bruit de guerre et d'alarmes : on voit dans le fond des soldats en fuite.

LE ROI, LE GRAND PRÊTRE,
PRÊTRES DE MARS, PRÊTRESSES DE VÉNUS

CHŒUR DES SOLDATS *effrayés et courant.*

Fuyons la mort, échappons au carnage,
Samson nous immole à sa rage.

UN PHILISTIN

La mort est dans ses mains,
Vos soldats renversés ensanglantent la terre;
Il ressemble au Dieu de la guerre,
Il commande aux destins.

LE ROI

Que dites-vous ? Un seul homme, un barbare
Fait fuir mes indignes soldats !
Quel démon pour lui se déclare !

LE PHILISTIN

Le peuple fuit devant ses pas.

NOUVEAU CHŒUR DE SOLDATS *effrayés.*

Fuyons la mort, échappons au carnage,
Samson nous immole à sa rage.

CHŒUR DE PRÊTRES ET DE PRÊTRESSES *prosternés aux autels.*

Dieux de Syrie
Dieux immortels
Écoutez, protégez un peuple qui s'écrie
Aux pieds de vos autels.

LE GRAND PRÊTRE

Éveillez-vous, punissez la furie
De nos esclaves criminels;
Votre peuple vous prie;
Livrez en nos mains
Le plus fier des humains.

CHŒUR

Livrez en nos mains
Le plus fier des humains.

LE ROI ET LES PRÊTRES

Mars terrible,
Mars invincible,
Protège nos climats,
Prépare
À ce barbare
Les fers et le trépas.

SCÈNE II

DALILA, LES PERSONNAGES PRÉCÉDENTS

DALILA

Ô Vénus, déesse charmante,
Ne permets pas que ces beaux jours
Destinés aux amours
Soient profanés par la guerre sanglante.

CHŒUR

Livrez en nos mains
Le plus fier des humains.

L'ORACLE DES DIEUX DE SYRIE

Samson nous a domptés; ce glorieux empire
Touche à son dernier jour.
Fléchissez ce héros : qu'il aime, qu'il soupire;
Vous n'avez d'espoir qu'en l'amour.

DALILA, *à Vénus.*

Toi qui connais mon cœur
Vénus ! ô ma déesse !
Réserve ce vainqueur
Aux vœux de ta prêtresse.

L'ORACLE

Le secret de sa force obtenu de son cœur
Peut seul te prouver sa tendresse.

LE GRAND PRÊTRE, *à Dalila qui paraît rêveuse.*

Vous avez entendu la volonté des Dieux :
Sur vous le choix du ciel s'arrête.

LE ROI, *aux soldats, à part.*

Et vous, à le frapper que votre main soit prête
Dès qu'il va s'endormir au comble de ses vœux.

Marche et danse des soldats en sortant.

SCÈNE III

DALILA, LES PRÊTRESSES

CHŒUR DE PRÊTRESSES

Dieu des plaisirs, Amour ! daigne l'instruire
Dans l'art charmant de plaire et de séduire,
Prête à ses yeux tes traits toujours vainqueurs,
Apprends-nous à semer de fleurs
Le piège aimable où tu veux qu'on l'attire.

Entrée de pasteurs et de bergères qui paraissent au fond du théâtre.

UNE PRÊTRESSE

D'Adonis aujourd'hui c'est la fête,
Pour ses jeux la jeunesse s'apprête;
Amour, voici le temps heureux
Pour inspirer et pour sentir tes feux.

LE CHŒUR

Dieu des plaisirs, Amour ! daigne l'instruire
Dans l'art charmant de plaire et de séduire.

UN HOMME DU PEUPLE, *entrant sur la scène tout effrayé.*

Il vient plein de colère et la terreur le suit.

DALILA

Retirons-nous sous cet épais feuillage.

En se retirant avec les prêtresses.

Implorons le Dieu qui séduit
Le plus ferme courage.

SCÈNE IV

SAMSON, *ceint d'une épée.*

Le Dieu des combats m'a conduit
Au milieu du carnage.
Devant lui tout tremble, tout fuit.
Le tonnerre, l'affreux orage
Dans les champs font moins de ravage
Que son nom seul n'en a produit
Chez le Philistin plein de rage.
Tous ceux qui voulaient arrêter
Ce fier torrent sur son passage,
N'ont fait que l'irriter;
Ils sont tombés : la mort est leur partage.

On entend une harmonie douce.

Ces sons harmonieux, ces murmures des eaux,

Semblent amollir mon courage.
Asiles de la paix, lieux charmants, doux ombrage,
Vous m'invitez au repos.

Il s'assied sur un banc de gazon.

CHŒUR DE PRÊTRESSES, *derrière le théâtre.*

Fils de Vénus, sois favorable,
Viens présider à nos jeux;
Que ce héros trop redoutable
Soit attendri par tes feux.
Dieu charmant, répands dans son âme
Tes traits de flamme,
Sois son vainqueur,
D'un regard, d'un doux sourire,
Viens assurer ton empire.
Et régner sur son cœur.

De jeunes enfants représentant les jeux et les plaisirs précèdent Dalila et les prêtresses et s'approchent de Samson.

MUSETTE

Plaisirs flatteurs, amollissez son âme,
Naissez, désirs, pour attendrir son cœur.
Tendre Amour, désarme un vainqueur,
Mets dans ses yeux ton pouvoir et ta flamme.

SAMSON

Où suis-je ? En quel pays me vois-je transporté ?
Quels doux concerts se font entendre ?

Dalila s'approche, suivie des prêtresses.

Quels ravissants objets viennent de me surprendre ?
Est-ce ici le séjour de la félicité ?

Dalila s'avançant seule vers Samson (les prêtres se tiennent au fond du théâtre ; les danseurs se retirent et se dispersent).

DALILA

Du charmant Adonis c'est aujourd'hui la fête,
L'Amour en ordonne les jeux :
C'est l'Amour qui les apprête :
Puissent-ils mériter un regard de vos yeux !

SAMSON

Quel est cet Adonis dont votre voix aimable
Fait retentir ce beau séjour ?

DALILA

C'était un héros indomptable
Qui fut aimé de la mère d'Amour.

SAMSON

Que ses traits ont d'appas ! Que sa voix m'intéresse !
Que je suis étonné de sentir la tendresse !
De quel poison charmant je me sens possédé !

DALILA

Sans Vénus, sans l'Amour, qu'aurait-il pu prétendre ?

Dans nos bois il est adoré.
Quand il fut redoutable, il était ignoré,
Il devint dieu dès qu'il fut tendre.
Depuis cet heureux jour
Ces prés, cette onde, cet ombrage
Inspirent le plus tendre amour
Au cœur le plus sauvage.

SAMSON

Ô ciel ! Ô troubles inconnus !
J'étais ce cœur sauvage et je ne le suis plus...

Dalila s'assied à côté de lui. Le chœur précédent reprend avec tout l'orchestre ; danses de pasteurs et bergères pendant ce chœur.

SCÈNE V

LES PERSONNAGES PRÉCÉDENTS, LES HÉBREUX

LES HÉBREUX

Venez, venez, ne tardez pas :
Nos cruels ennemis sont prêts à nous surprendre.
Rien ne peut nous défendre
Que votre invincible bras.

SAMSON

Je vous suis, je le dois.

DALILA

Oubliez les combats,
Que la paix vous attire,
Vénus vient vous sourire,
L'Amour vous tend les bras.

LE CHŒUR

Fils de Vénus, sois favorable,
[...]
Et régner sur son cœur.

SAMSON

Je m'arrache à ces lieux... allons..., je suis vos pas.
Prêtresse de Vénus, vous sa brillante image,
Ce peuple malheureux a besoin de mon bras.
Je dois finir son esclavage :
Je vous quitte pour les combats.

Il sort, suivi des Hébreux.

SCÈNE VI

DALILA, *seule.*

Il s'éloigne, il me fuit, il emporte mon âme;
Partout il est vainqueur.
Le feu que j'allumais m'enflamme
J'ai voulu l'enchaîner, il enchaîne mon cœur.
Ô mère des amours, le cœur de ta prêtresse
Doit être plein de toi, doit toujours s'enflammer,
Ô Vénus ! ma seule déesse !
La tendresse est ma loi, mon devoir est d'aimer.

Il s'éloigne, il me fuit, [...] il enchaîne mon cœur.
Écho, voix errante,
Légère habitante
De ce beau séjour,
Écho, monument de l'amour,
Parle de ma faiblesse au héros qui m'enchante;
Favoris du printemps, de l'Amour et des airs,
Oiseaux dont j'entends les concerts,
Chers confidents de ma tendresse extrême,
Doux ramage des oiseaux
Voix fidèle des échos
Répétez à jamais : je l'aime, je l'aime.

FIN DU PREMIER ACTE

ACTE II

Le théâtre représente les jardins de Vénus. Le Temple qui eſt dans le fond eſt formé d'un seul pavillon, d'une architeƈture légère ; des collines, des grottes, des bosquets riants et des fontaines embellissent ce séjour.

SCÈNE PREMIÈRE

LE GRAND PRÊTRE, DALILA

LE GRAND PRÊTRE

Oui, le Roi vous accorde à cet homme invincible,
Si de vous son cœur eſt épris,
Mais l'oracle des dieux vous a dit à quel prix
On connaîtra qu'il eſt sensible.
Prêtresse ! un tendre hymen, un sort doux et paisible
Dépendent du secret que vous aurez surpris.

Il sort.

SCÈNE II

DALILA *seule, rappelant l'oracle.*

L'objet seul qui saura lui plaire
De sa force apprendra le myſtère aujourd'hui.
Ah ! je le crois... comment être tendre et se taire ?
Aurais-je des secrets pour lui ?
Que peut-il me cacher, s'il m'aime ?
Cet oracle fait mon appui.
Samson me parlera; j'en juge par moi-même.
Aurais-je des secrets pour lui ?
Secourez-moi, tendres amours,
Amenez la paix sur la terre.
Cessez, trompettes et tambours,
D'annoncer la funeſte guerre.
Brillez, jour glorieux, le plus beau de mes jours;
Hymen, Amour, que ton flambeau m'éclaire,
Qu'à jamais je puisse plaire.
Puisque je sens que j'aimerai toujours.
Secondez-moi, tendres amours,
Amenez la paix sur la terre.

SCÈNE III

SAMSON, DALILA

SAMSON

J'ai sauvé les Hébreux par l'appui de mon bras,
Et vous sauvez par vos appas,
Votre peuple et votre roi même;
C'eſt pour vous mériter que j'accorde la paix :
Je refuse le diadème;
Vous êtes le seul prix digne de mes bienfaits.

Ensemble.

N'écoutons plus le bruit des armes,
Myrte amoureux, croissez près des lauriers.
L'amour eſt le prix des guerriers,
Et la gloire en a plus de charmes.

SCÈNE IV

Le temple de Vénus paraît dans toute sa splendeur.

SAMSON, DALILA, PRÊTRESSES,
CHŒURS DES DIFFÉRENTS PEUPLES, GUERRIERS, PASTEURS, *etc.*

LES PRÊTRESSES

Amour ! Volupté pure,
Âme de la nature,
Maître des éléments,
L'Univers n'eſt formé, ne s'anime, ne dure
Que par tes regards bienfaiteurs.
Tendre Vénus, tout l'univers t'implore,
Tout n'eſt rien sans tes feux.
On craint les autres dieux, c'eſt Vénus qu'on adore :
Ils règnent sur le monde, et tu règnes sur eux.

Combat entre deux gladiateurs : une jeune fille apaise leur fureur et les couronne tous deux.

Chant des GUERRIERS

Vénus, notre fier courage
Dans le sang, dans le carnage
Vainement s'endurcit :
Tu nous désarmes
Nous rendons les armes,
L'horreur à ta voix s'adoucit.

UNE PRÊTRESSE

Chantez, oiseaux; chantez, votre ramage tendre
Eſt la voix des plaisirs.
Chantez : Vénus doit vous entendre,
Sur les ailes du vent, portez-lui nos soupirs.

On danse.

CHŒUR

Chantez, oiseaux; chantez, votre ramage tendre
Eſt la voix des plaisirs.

UNE AUTRE PRÊTRESSE

Les filles de Flore

S'empressent d'éclore
En ce séjour :
La fraîcheur brillante
De la fleur naissante
Se passe en un jour.
Mais une plus belle
Naît auprès d'elle,
Plaît à son tour.
Sensible image
Des plaisirs du bel âge.
Sensible image
Du charmant amour.

On danse.

SAMSON

L'hymen doit nous unir par des nœuds éternels :
Que tardez-vous encore ?
Venez, qu'un pur amour nous amène aux autels
Du Dieu des combats que j'adore.

DALILA

Ah ! formons ces doux nœuds au temple de Vénus.

SAMSON

Non, je ne puis entrer dans ce temple profane.

DALILA

Si vous m'aimez, il ne l'est plus.

SAMSON

Non : son culte est impur, et ma loi le condamne;
Non, je ne puis entrer dans ce temple profane.

DALILA

Que l'Amour soit le Dieu que nous servons tous deux.

SAMSON

Non, son culte est impie, et ma loi le condamne.

DALILA

À quel autre, cruel ! adresses-tu tes vœux ?

SAMSON

Au Dieu puissant qui m'a fait vaincre;
Et c'est à son autel que je vais le convaincre
Des feux dont je brûle pour toi.

DALILA

Si tu dis vrai, si ton cœur est sensible,
Je t'y suis; mais j'exige un gage de ta foi.

SAMSON

Quel est-il ?

DALILA

Le secret de ta force invincible.

SAMSON

Je ne le puis; c'est un secret terrible
Entre le ciel et moi.
Je vous aime, et je dois me taire.

DALILA

Vous voulez rallumer la guerre ;
Vos refus me glacent d'effroi.

SAMSON

C'est un secret terrible entre le ciel et moi.

DALILA

Quand l'amour qui m'engage
Ferait ma gloire et mon bonheur,
Je l'abjure sans ce gage
Qui m'assure de votre cœur.

SAMSON

Qu'exigez-vous, cruelle ! Ah ! bientôt des regrets...

DALILA

Auriez-vous pour moi des secrets
Si vous n'en vouliez pas faire un funeste usage ?
Si vous m'aimiez...

SAMSON

Je vous perdrais.

DALILA, *avec dépit.*

Non, vous dédaignez ma tendresse
En feignant de la partager.
Le fier Samson voit ma faiblesse;
Il en jouit pour m'outrager.
Mais plus fière que lui, quand l'ardeur qui m'enflamme
Consumerait mon triste cœur,
Quand je devrais en mourir de douleur,
Ô Vénus ! d'un ingrat qui méprise mon âme,
Je fuirai l'hommage imposteur *(bis).*

SAMSON

Je n'y résiste plus; le charme qui me presse
Tyrannise mon cœur, enivre tous mes sens.
Ô séduisante enchanteresse !
Ô Dalila ! tu le veux ! j'y consens.
Puisse le trouble que je sens
Justifier tant de faiblesse.
Mes cheveux à mon Dieu consacrés dès longtemps,
De ses bontés sont les sacrés garants :
Il voulut attacher ma force et mon courage
À de si faibles ornements.
Mais si ma gloire est son ouvrage,
Ma tendresse est le tien, et ces épanchements
En sont le plus sûr témoignage.

DALILA

Ne me trompez-vous point ? Quoi, Samson... vos cheveux !

SAMSON

Mes cheveux ?... Dalila ! qu'ai-je dit ? malheureux !

Le théâtre s'obscurcit : on entend le tonnerre.

Ma raison revient, je frissonne :
La terre mugit, le ciel tonne ?

L'aſtre du jour s'enfuit,
L'horreur épaisse de la nuit
De son voile affreux m'environne.

SAMSON

J'ai trahi de mon Dieu le secret formidable.
Amour ! fatale volupté !
C'eſt toi qui m'as précipité
Dans un piège effroyable,
Et je sens que Dieu m'a quitté.

DALILA

Qu'ai-je fait, malheureuse ! ô femme trop coupable,
Grand Dieu, soyez moins irrité :
C'eſt moi qui l'ai précipité
Dans ce piège effroyable,
Du jour rendez-lui la clarté !

[duo]

SCÈNE V

DALILA, SAMSON,
LE GRAND PRÊTRE *à la tête des* PHILISTINS *armés.*

LE GRAND PRÊTRE, *aux soldats.*

Venez ; ce bruit affreux, ces cris de la nature,
Ce tonnerre, tout nous assure
Que du Dieu des combats il eſt abandonné.

DALILA

Que faites-vous, peuple parjure ?

SAMSON

Quoi, de mes ennemis je suis environné ?

Il combat.

Tombez, tyrans !

LES PHILISTINS

Cédez, esclaves !
Frappons l'ennemi qui nous brave.

DALILA

Arrêtez, cruels, arrêtez !
Tournez sur moi vos cruautés.

SAMSON

Tombez, tyrans !

LES PHILISTINS

Cédez, esclaves !

SAMSON

Ah ! quelle mortelle langueur !
Ma main ne peut porter cette pesante épée.
Ah ! Dieu ! ma valeur eſt trompée ;
Dieu retire son bras vainqueur.

LES PHILISTINS

Frappons l'ennemi qui nous brave ;
Il eſt vaincu : cédez, esclave.

SAMSON, *entre leurs mains.*

Non, lâches, non ce bras n'eſt point vaincu par vous ;

C'eſt Dieu qui me livre à vos coups.

Ils l'emmènent.

SCÈNE VI

DALILA, *seule.*

Ô désespoir ! ô tourment ! ô tendresse !
Roi cruel ! Peuples inhumains !
Ô Vénus ! Trompeuse déesse,
Vous abusiez de ma faiblesse.
Vous avez préparé, par mes fatales mains,
L'abîme horrible où je l'entraîne.
Vous m'avez fait aimer le plus grand des humains
Pour hâter sa mort et la mienne.
Trône, tombez; brûlez, autel.
Soyez réduits en poudre.
Tyrans affreux, dieux cruels !
Puisse un dieu plus puissant écraser de la foudre
Vous et vos peuples criminels.

CHANT, *derrière le théâtre.*

Qu'il périsse :
Qu'il tombe en sacrifice
À nos dieux.

DALILA

Voix barbares ! cris affreux !
Allons partager son supplice.

FIN DU SECOND ACTE

ACTE III

Le théâtre représente l'intérieur du temple de Mars : Samson paraît enchaîné au pied de la colonne principale ; devant lui eſt l'autel où il doit être immolé.

SCÈNE PREMIÈRE

SAMSON

Profonds abîmes de la terre,
Enfer, ouvre-toi;
Frappez, tonnerre;
Écrasez-moi.
Mon bras a refusé de servir mon courage,
Je suis vaincu : je suis dans l'esclavage,
Enfer, ouvre-toi,
Frappez, tonnerre : écrasez-moi.
Amour, tyran que je déteſte
Tu détruis la vertu, tu traînes sur tes pas
L'erreur, le crime, le trépas;
Trop heureux qui ne connaît pas
Ton pouvoir aimable et funeſte.
Enfer, ouvre-toi,
Frappez, tonnerre : écrasez-moi.

SCÈNE II

TROUPE D'HÉBREUX *enchaînés*, PEUPLE ET SOLDATS PHILISTINS, PRÊTRES, PRÊTRESSES, *etc.*

CHŒUR DES PRÊTRES, *à demi-voix.*

Élevez vos accents vers nos dieux favorables,
Vengez leurs autels, vengez-nous.

LES PHILISTINS

Élevons nos accents vers nos dieux favorables,
Vengeons leurs autels, vengeons-nous.

LES HÉBREUX

Terminez nos jours déplorables.

SAMSON

Ô Dieu vengeur ! ils ne sont point coupables;
Tournez sur moi les coups.

LES PHILISTINS

Élevons nos accents vers nos dieux favorables,
Vengeons leurs autels, vengeons-nous.

LES HÉBREUX

Terminez nos jours déplorables.

On les emmène.

SAMSON

Ô Dieu vengeur ! ils ne sont point coupables.

SCÈNE III

LE ROI, LES PERSONNAGES PRÉCÉDENTS

LE ROI

Inventons, s'il se peut, un nouveau châtiment;
Que le trait de la mort suspendu sur sa tête
Le menace encor, et s'arrête;
Que Samson, dans sa rage, entende notre fête;
Que nos plaisirs soient ses tourments.

CHŒUR DE PRÊTRES ET DE PRÊTRESSES

Tous nos Dieux étonnés et cachés dans les cieux
Ne pouvaient sauver notre empire :
Vénus avec un sourire
Nous a rendus victorieux.

UNE PRÊTRESSE

Mars a volé, guidé par elle
Sur son char tout sanglant :
La victoire immortelle
Tirait son glaive étincelant
Contre tout un peuple infidèle;
Et la nuit éternelle
Va dévorer leur chef interdit et tremblant.

UNE AUTRE

C'est Vénus qui défend aux tempêtes
De gronder sur nos têtes;
Notre ennemi cruel
Entend encor nos fêtes,

Tremble de nos conquêtes
Et tombe à son autel.

Danse de guerriers armés de haches.

LE ROI

Eh bien ! Qu'est devenu ce Dieu si redoutable
Qui par tes mains devait nous foudroyer ?
Une femme a vaincu ce fantôme effroyable :
Et son bras ne peut se déployer.

SAMSON

Grand Dieu ! j'ai soutenu cet horrible langage
Quand il n'offensait qu'un mortel :
On insulte ton nom, ton culte, ton autel :
Lève-toi, venge ton outrage.

LES PRÊTRES

Tes cris, tes cris ne sont point entendus.
Malheureux, ton Dieu n'est plus.

SAMSON

Tu m'inspires, mon Dieu ! C'est sur toi que je fonde
Mes superbes desseins :
Tu m'inspires, ton bras seconde
Mes languissantes mains.

LE ROI

Vil esclave ! Qu'oses-tu dire ?
Prêt à mourir dans les tourments,
Peux-tu bien menacer ce formidable empire
À tes derniers moments ?
Qu'on l'immole, il est temps.

Les soldats s'approchent de Samson, les haches levées pour le frapper.

SCÈNE DERNIÈRE

LES PERSONNAGES PRÉCÉDENTS

DALILA, *arrivant échevelée, se jette au-devant des soldats.*

Arrêtez ! arrêtez ! quelle fureur vous guide ?

LE GRAND PRÊTRE

Le traître va subir la mort.

DALILA

Ô crime affreux, prêtre perfide !

LE ROI

Soldats, que l'on retienne un inutile effort.

Les soldats l'entourent.

DALILA

Ô tigres ! roi barbare,
J'ai connu trop tard vos fureurs.
Contents de vos forfaits, savourez vos malheurs :
La mort va réunir deux époux qu'on sépare.
Puissent, puissent les dieux vengeurs
Punir des monstres imposteurs
Dont la noire et perfide audace

Trompa mes crédules ardeurs.
Samson ! J'ai causé ta disgrâce...
Je t'ai perdu... je te venge... et je meurs...

Elle se poignarde.

CHŒUR DES PRÊTRESSES

Elle tombe ; elle expire !

SAMSON

Ô mortelles douleurs !

Embrassant la colonne.

Temple odieux ! que tes murs se renversent,
Que tes débris se dispersent
Sur moi, sur ce peuple en fureur.

Le temple s'écroule.

CHŒUR

Tout tombe, tout périt : ô ciel ! ô Dieu vengeur !

FIN DU TROISIÈME ET DERNIER ACTE

Fragments d'une turquerie[1]

L'EUNUQUE : Il a tout plein d'amitié pour moi parce que je suis goguenard.

HALI : Je le vois.

L'EUNUQUE : C'est un bon humain. Tu sens bien le premier qu'étant eunuque indigne, comme je le suis, à la tête de son sérail, je vous le mène par le nez.

HALI : Mais si vous vous éloignez un peu de votre ministère, ne craignez-vous pas ?...

SCÈNE

L'EUNUQUE, LE SULTAN

LE SULTAN : Quoi ? toujours en querelle avec mes femmes ?

L'EUNUQUE : Moi, je ne les aime pas, c'est bien naturel. Elles me font enrager toute la journée, et si pourtant je ne leur ai rien fait.

LE SULTAN : J'espère que tu ne te laisseras pas endormir par toutes ces rusées.

L'EUNUQUE : Ah ! bien oui, c'est moi qu'on attrape. Elles n'ont qu'à venir autour de moi. Ah ! je ne suis pas fait comme un autre. Je vois bien qu'elles ne me connaissent pas encore.

Le muphti est un bonhomme fort charitable.

HALI : Mais on dit que c'est un dissipateur qui mange tout.

L'EUNUQUE : C'est vrai, mais il donne le reste aux pauvres.

1. Voici des brouillons de Beaumarchais que Lintilhac a trouvés dans les papiers de famille. Nous reproduisons ces fragments tels qu'il les a recueillis (ouvr. cité, p. 98-100). C'est beaucoup s'avancer que de voir un premier état de *Tarare* dans ces répliques écrites en prose et très disparates. Elles n'ont qu'un très lointain rapport avec le livret de l'opéra.

Je voudrais qu'il eût le ventre plein d'orge et une couvée de rats dedans.

Vous avez plutôt l'air d'un fou que d'un moulin à vent. Pour être grand et gagner, il faut ruiner la vertu et le prochain.

Il eſt si savant qu'il en eſt tout bossu.
Le muphti abuse de tout.
Dans un si saint homme, il ne peut y avoir que de saints abus.
Il vous les embrasse toutes vives.

LE SULTAN : Mon pauvre ami, je ne suis pas plus heureux que toi.

L'EUNUQUE : Pas plus heureux que moi ? Eh ! mais qu'eſt-ce qui vous manque donc ?

LE SULTAN : Moi, possesseur de si vaſtes États, qui commande à l'Égypte, à la Syrie, etc.

L'EUNUQUE : Faut bien que le bonheur ne vienne pas partout de là.

LE SULTAN : Si je ne suis pas heureux, demain je vous fais couper la tête.

L'EUNUQUE : Eh bien, oui ! il ne manque plus que ça; coupe, coupe, quand il n'y aura plus rien à couper, vous ne couperez plus rien; pour ce que je fais au monde, je n'ai pas grand regret. (Bon serviteur, mauvais maître.)

LE SULTAN : Que les hommes sont heureux chez toi ! ils trouvent des difficultés en aimant.

L'EUNUQUE : Des difficultés ! on voit bien que vous n'y avez jamais été.

LE SULTAN : Ici, lorsqu'on a acheté une femme, elle eſt entièrement à vous.

L'EUNUQUE : Eh parbleu ! là aussi, c'eſt de même chez nous. Il eſt vrai qu'elle eſt aussi quelquefois à d'autres.

LE SULTAN : Jamais je ne puis m'échapper. Mes femmes autour de moi sont si aimantes, si aimantes... Elles m'aiment tant, tant ! ah !...

L'EUNUQUE : Je ne vois pas, Seigneur, ce qu'elles ont de mieux à faire que de vous aimer, dès qu'[1] elles ne peuvent vous tromper.

LE SULTAN : Je veux qu'avec mes femmes tu sois humble et souple.

L'EUNUQUE : Je ne le suis que trop, c'eſt ce qui les rend si hautaines avec moi.

L'EUNUQUE : S'il y avait seulement ici un Français, il aurait bientôt escaladé les murs du sérail, pour le seul plaisir de goûter d'un morceau de sultan.

LE SULTAN : Et moi je l'aurais bientôt fait pendre, fût-il homme de qualité[2].

L'EUNUQUE : Ils se soucient bien de ça ! ah ! ils ne sont pas fiers dans leurs amours.

LE SULTAN : Ce muet se plaignait, qu'eſt-ce qu'il a ?

1. *Dès que* : puisque.
2. C'est-à-dire de vieille noblesse. La pendaison était supplice de vilains.

L'EUNUQUE : Il a la colique ! que sais-je, moi ? Il parle si vite qu'on n'entend pas ce qu'il dit.

LE SULTAN : Comment, il parle ?

L'EUNUQUE : Eh oui, à la muette, baribala, a ca ou ya aya aya que c'eſt tout à fait plaisant.

Lettres

À BRET[1]

Je vous envoie, brave censeur, mon étrange opéra pour l'approuver. Je vous demande en grâce qu'il ne sorte pas de vos mains.

Si j'avais mis le véritable titre, il s'appellerait *Le Libre Arbitre*, ou *Le Pouvoir de la Vertu*[2]; mais on m'eût accusé d'une prétention ridicule.

Sous cet aspeƈt pourtant, j'espère que les choses fortes, sortant de caraƈtères tranchants, trouveront grâce devant vous.

Pour opposer la confiante piété de Tarare et d'Aſtasie aux fureurs du despote, à l'ambition du grand prêtre, et faire sortir de cet ensemble une profonde moralité, j'ai dû faire parler à chacun son langage; mais l'impie pontife eſt puni par la mort de son fils, le tyran par la sienne; et le grand mot que ce prêtre dit en couronnant Tarare : *Il eſt des dieux suprêmes*, etc., aveu qui lui eſt arraché par la force des événements, eſt le correƈtif puissant de son incrédulité[3]. Ainsi, quoique nous ne croyions point en Brama, il n'en résulte pas moins qu'à l'aspeƈt d'une juſtice inattendue sur de grands criminels, les hommes les plus impies sont ramenés malgré eux à reconnaître une Providence; et c'eſt ce que j'ai voulu dire. Il eſt consolant, mon ami, que la conclusion de mon drame soit si vraie :

Mortel, qui que tu sois, brame, prince ou soldat.
Homme ! *ta grandeur sur la terre*
N'appartient point à ton état :
Elle eſt toute à ton caraƈtère.

Au reſte, mon ami, j'aimerais mieux que cette pièce ne fût jamais jouée que si elle était aplatie.

Je vous salue, vous honore et vous aime.

LE RECLUS BEAUMARCHAIS.

Gardez mon manuscrit le moins que vous pourrez[4]; votre ami n'en a pas d'autre.

1. Cette lettre a été publiée pour la première fois par Gudin (ouvr. cité, t. VII, p. 56-57).

2. Un manuscrit conservé dans les papiers de famille porte comme titre : *Tarare ou le Libre Arbitre.*

3. Beaumarchais prend ses précautions : la hardiesse des répliques est compensée par le châtiment de ceux qui les prononcent. De là, la moralité de la pièce. Mais Bret exigera (voir les variantes) un certain nombre de modifications.

4. Bret ne le garda pas longtemps : la lettre est datée du 26 mars 1786, et la première approbation, du 28.

À SALIERI[1]

Paris, ce 8 juillet 1790.

Mon ami, j'ai reçu hier 7 votre paquet[2] tant attendu. J'ai couru sur-le-champ au Comité de l'Opéra, qui se désespérait. Mon arrivée a ranimé les cœurs et les esprits. Nous avons reporté au 8[3] la première représentation parce que les objets nationaux prendront les trois premiers jours. Votre second envoi nous viendra assez tôt, au moyen de cette remise. M. Rey[4] met à vos succès un amour vraiment fraternel, et nous croyons tous fermement que *Tarare* montera aux nues.

Ni vous ni personne, mon ami, ne pouvez vous imaginer l'enthousiasme qu'excite ici la grande fête du 14. Quinze mille ouvriers employés à élever la terre en talus, autour du Champ de Mars où se fera la cérémonie, ayant fait craindre, par leur négligence, que le travail ne fût pas achevé, tous les citoyens de Paris se sont portés au lieu où l'on travaille. Et depuis les Montmorency jusques aux charbonniers de nos ports, hommes, femmes, prêtres, militaires, tout le monde piochait la terre et tirait la brouette.

On me dit que le Roi y va ce soir avec l'Assemblée nationale pour encourager les travaux; ce sont des joies ! des chants ! des danses ! on n'a vu dans aucun pays une ivresse pareille; quatre cent mille personnes verront à leur aise, le 14, le plus magnifique spectacle que jamais la Terre ait offert au Ciel.

Bonjour, mon ami, je ne regrette que votre présence; mais vos succès sont assurés.

★

Paris, le 15 août 1790[5].

C'est maintenant, mon cher Salieri, que je vous dois le compte de votre grand succès : *Tarare* n'a été joué que le 3 de ce mois; l'Opéra l'a remis[6] avec un soin prodigieux; le public l'a goûté comme une œuvre sublime de la part du musicien. Vous voilà donc chez nous à la tête de votre état[7] ! L'Opéra, qui, depuis un an faisait cinq cents à six cents livres, a fait six mille cinq cent quarantes livres le premier jour de *Tarare*, cinq mille quatre cents le second, etc. Les acteurs, revenus sévèrement à mon principe, de regarder le chant comme accessoire du jeu, ont été, pour la première fois, rangés parmi les plus grands talents du théâtre[8]; et le public

1. Cette lettre a été publiée pour la première fois par Anton Bettelheim dans son ouvrage *Beaumarchais, eine Biographie* (Francfort-sur-le-Main, Rütten und Lœning, 1886).

2. Le paquet contient la partition du « Couronnement de Tarare », tout au moins une grande partie, puisqu'un second envoi est prévu.

3. Au 8 août ; en réalité, la première représentation eut lieu le 3.

4. Rey était alors chef d'orchestre de l'Opéra.

5. Cette lettre a été publiée pour la première fois par Gudin (ouvr. cité, t. VII, p. 67-68).

6. L'a repris. On employait alors dans ce sens *remettre* ou *reprendre*, et *remise* ou *reprise*. Voir la suite de cette lettre.

7. C'est-à-dire considéré comme le plus grand des compositeurs.

8. C'est dire qu'ils ont joué la pièce en même temps qu'ils la chantaient, ce qui ordinairement n'était pas le cas.

criait : *Voilà de la musique ! pas une note radotée ; tout marche aux grands effets de l'action dramatique !* Quel plaisir pour moi, mon ami, de voir que l'on vous rende enfin cette grande justice et que l'on vous nomme en chorus *le digne successeur de Gluck* !

J'ai fait remarquer au comité que le travail du couronnement exigeait qu'on ne regardât pas cette reprise de *Tarare* comme une seconde mise, mais comme la première continuée, et que vos deux cents livres par représentation vous fussent allouées, et non pas cent vingt livres, comme ils disent que c'est l'usage; je n'ai pas encore leur réponse.

Mon ami, est-ce que vous désespérez de revenir ici, travailler pour notre théâtre ? Parlez-moi net sur cet objet, car bien des gens m'interrogent là-dessus : chacun veut vous donner son poème. Si vous devez finir *Castor*, c'est chez moi qu'il faut le finir; et votre appartement vous attendra toujours[1]. Bonjour, mon bon ami; aimez toujours votre dévoué, etc...

Ma femme se recommande à votre bonne amitié, et ma fille à vos grandes leçons.

Avis de l'éditeur[2]

Le grand succès de l'opéra de *Tarare* nous a fait relire avec plus d'attention le discours préliminaire où l'auteur du poème a développé ses vues; où il établit surtout le principe de ne point abuser de la musique en faisant une œuvre à part et la prodiguant sans effet : mais de s'asservir au contraire au sens rigoureux des paroles, avec une telle sévérité qu'elle semble à l'auditeur n'en pouvoir être séparée.

L'heureux emploi que M. Salieri a fait de cette théorie, a beaucoup augmenté l'intérêt que l'ouvrage inspire, en rapprochant sa scène de la déclamation parlée, et en distinguant sur sa partition tous les morceaux de chant obligé, par le mot *chanté*, de ceux qu'il croit susceptibles d'une simple déclamation et qu'il désigne par celui de *parlé*. Il nous en a fait naître l'idée que toute la scène de Tarare pourrait se déclamer sans orchestre, sur les théâtres où l'on a peu de moyens d'exécuter un grand opéra, mais où ce mélange adopté de la parole et du chant que l'on nomme opéra-comique a toujours du succès. Nous invitons les directeurs des théâtres de province à tenter cet essai, en conservant les grandes ritournelles qui remplissent la pantomime; persuadés du plaisir que peut faire encore ce spectacle, bien qu'il soit dénué d'une partie de sa majesté.

1. Sur le séjour de Salieri chez Beaumarchais, voir la Notice, p. 1429.
2. Dans la partition de *Tarare* (voir la Note sur le texte, p. 1456), cet « Avis de l'éditeur » est placé au recto de la feuille qui suit la page de titre. Il est intéressant, dans la mesure où il s'inspire, comme il est dit au premier paragraphe, du discours préliminaire (*Aux abonnés de l'Opéra [...]*, p. 497 et suiv.), et confirme les vues du librettiste sur la notion de récitatif et la soumission du compositeur à ces vues. De fait, l'indication *parlé* apparaît à plusieurs reprises dans la partition. On peut se demander, en définitive, si ce soi-disant « éditeur » qui donne son « avis » n'est pas Beaumarchais lui-même.

NOTE SUR LE TEXTE

Il serait impossible de noter toutes les transformations que l'auteur a fait subir à ce livret d'opéra qu'est *Tarare* : comme pour les pièces précédentes, le texte a été modifié d'une lecture à l'autre[1], jusqu'à la première représentation. D'autre part, à la reprise de 1790, les circonstances historiques ont obligé Beaumarchais à donner de son œuvre une nouvelle version.

E. Lintilhac a établi le catalogue des manuscrits inédits de *Tarare*[2]. On y trouve, outre deux versions incomplètes, le manuscrit soumis au censeur Bret et approuvé par lui le 28 mars 1786. Lintilhac note aussi la présence d'une ébauche du prologue, d'une liste de personnages et de fragments d'une turquerie. Il a reproduit ces textes, que l'on trouvera dans cet appareil critique[3].

La première édition de la pièce[4], imprimée à la hâte pour être présentée à la famille royale le jour de la première représentation — le 8 juin 1787 —, et, de ce fait, *très fautive*[5], a été désavouée par l'auteur. Le discours préliminaire *Aux abonnés de l'Opéra qui voudraient aimer l'opéra* a été d'abord publié séparément dans le courant du mois d'août, puis repris dans la deuxième édition[6], beaucoup plus soignée, et que nous avons choisie, conformément à une tradition bien établie. Beaumarchais y propose non plus un seul, mais deux dénouements, et il exprime sa préférence pour le premier[7].

Les variantes proposées sont de trois sortes.

Tout d'abord, il nous a paru intéressant de comparer le texte du livret au texte de la partition[8]. Nous avons noté quelques diffé-

1. Ces lectures étaient fréquentes. Marcel Rouff (dans son étude « Un opéra politique de Beaumarchais », revue *La Révolution française*, t. LIX, 1910, p. 217) note deux témoignages. L'un est de Métra : « *Tarare* n'a point encore paru, mais il [Beaumarchais] le lit partout en société » ; l'autre est recueilli par Grimm : « Pendant trois ans, il a lu *Tarare* à la cour, à la ville. » Notons que *Tarare* fut lu devant le roi de Suède, Gustave III, en juillet 1784 (voir G. von Proschwitz, *Gustave III par ses lettres*, éd. citée, p. 275).

2. Ouvr. cité, pièce justificative nº 28, p. 410-412.

3. Respectivement n. 1, p. 513, n. 5, p. 522, et p. 1450.

4. Voir, dans la bibliographie de Cordier, le numéro 254, p. 62.

5. Voir l' « Avertissement de l'auteur », p. 493.

6. *Tarare,* / Opéra en cinq actes, / avec un prologue, / et un discours préliminaire, / représenté pour la première fois, / sur le théâtre / de l'Académie royale / de musique, / Le vendredi 8 juin 1787. / Seconde édition. / *Barbarus at ego sum...* / Prix 36 sols. / À Paris, / de l'imprimerie de P. de Lormel, imprimeur / de l'Académie royale de musique, rue du Foin-/Saint-Jacques, à l'Image Sainte-Geneviève. / M.D.CC.LXXXVII / Avec approbation et privilège du Roi (il y a deux approbations, signées Bret, l'une du 28 mars, l'autre du 21 décembre 1786).

7. P. 689.

8. *Tarare* / Opéra / en cinq actes / avec un prologue, / Représenté pour la première fois / sur le théâtre / de l'Académie royale de musique / Le vendredi 8 juin 1787 / Paroles de M. de Beaumarchais, Musique de M. Salieri, / maître de chapelle de la Chambre de Sa Majesté l'Empereur. / Seconde édition. / Chez Imbault, marchand de musique au Mont-d'Or rue Saint-Honoré à Paris, / entre l'hôtel d'Aligre et la rue des Poulies nº 200, / et péristyle du théâtre de l'Opéra-Comique rue Favart nº 461. / Prix : 100 fr. (462 p. ; cote de la Bibliothèque nationale : Mus. Vm2 539.)

rences, en particulier dans les didascalies, et reproduit un « Avis de l'éditeur[1] » inspiré sinon écrit par Beaumarchais, et qui précise ses idées sur le récitatif.

L'essentiel des variantes appartient à la troisième édition, celle qui fut publiée en 1790[2]. L'auteur a supprimé certains passages, modifié assez souvent son texte, ajouté le « Couronnement de Tarare » qui provoqua un beau désordre.

Enfin, si nous n'avons pas tenu compte de la version de 1795 que l'auteur a désavouée[3], nous avons fait en revanche référence à l'édition de Gudin[4]. Le « Couronnement de Tarare » ne s'y trouve pas et les deux dénouements proposés par la deuxième édition ont été adroitement fondus en un seul[5]. Nous ne savons si l'éditeur a pris lui-même ce parti ou s'il a agi sur les conseils que l'auteur lui avait donnés quelques années auparavant. Dans le doute, nous avons repris cette variante[6].

SIGLES UTILISÉS

partition	Partition avec la musique de Salieri.
1790	Édition de 1790 avec le « Couronnement de Tarare ».
Gudin	Édition de Gudin de La Brenellerie, 1809.

NOTES ET VARIANTES

Page 491.

a. Mélodrame 1790

1. La citation mise en épigraphe est d'Ovide (*Tristes*, livre V, élégie x, v. 37). Le texte exact est *Barbarus hic ego sum* : « Je suis ici un barbare. » *At* (mais) remplace *hic*. Beaumarchais se trompe en citant de mémoire, ou reproduit le texte d'une mauvaise édition. Sur le choix de cette citation, voir var. *a*, p. 494. Au verso de la page de titre, l'édition de 1790 porte la mention : « Poème de Pierre-Augustin Caron, ci-devant Beaumarchais, musique de M. Salieri, maître de musique de S[a] M[ajesté] le roi de Hongrie. »

Page 493.

AVERTISSEMENT DE L'AUTEUR

1. Il s'agit de la « cinquantaine d'exemplaires » dont il va être question p. 509.

2. Kornmann et son avocat Bergasse. Le mémoire de ces derniers, daté du 20 février, est republié le 12 mai 1787 ; Beaumarchais y répond « à l'instant », c'est-à-dire cinq jours après, le 17 (voir

1. Voir p. 1454.
2. Voir Cordier, ouvr. cité, n° 260, p. 64.
3. Voir la Notice, p. 1433.
4. Éd. citée, t. II, p. 487-615.
5. Ouvr. cité, t. II, p. 612-615.
6. Voir var. *a*, p. 589.

Bibliographie des œuvres de Beaumarchais, Cordier, Paris, A. Quantin, 1883, nos 378 et 381, p. 96).

3. Beaumarchais avisait de cette interruption le baron de Breteuil, ministre de la Maison du roi, par la lettre suivante (d'après Lintilhac, ouvr. cité, p. 104-106 [avec les lettres citées n. 5 de cette page]) : « Monsieur le Baron, je suis désolé que ma misérable étoile me contrarie aujourd'hui dans une chose qui semblait vous être agréable : la mise au théâtre de mon opéra, et mon plan d'amélioration de ce spectacle; mais il me tombe une tuile sur la tête; je suis blessé, je dois, je crois, me faire panser avant de m'amuser à faire danser les nymphes. / J'ai l'honneur de vous adresser ma lettre préliminaire écrite au public. Un Mémoire plus clair que le jour va pulvériser mes lâches adversaires. Mais puis-je, Monsieur le Baron, m'amuser d'amuser les autres, pendant qu'on dit du mal de moi ? / Ne dois-je pas commencer par me remettre sévèrement à ma place d'honnête homme, que des brigands veulent me ravir, avant de m'occuper des rêveries de mon bonnet ? / Je sens le mal que ceci fait à l'Opéra. Je voudrais bien tout arranger, mais l'objet d'une plainte en diffamation et des répétitions d'opéra sont des choses trop opposées pour espérer de les allier ensemble, je vous supplie de ne point me savoir mauvais gré, si je retire mon ouvrage en ce moment. Conservez vos précieuses bontés à celui qui est avec le plus profond respect, / Monsieur le Baron, / votre etc. / Beaumarchais. / Paris, ce 19 mai 1787. »

4. On disait indifféremment au XVIIIe siècle *rendre plainte* ou *porter plainte*. *Suivre au criminel* : poursuivre devant une juridiction criminelle.

5. Le baron de Breteuil répondit sur ce sujet à M. de La Ferté : « Ce 20 mai 1787. / J'ai reçu, Monsieur, votre lettre du 19 de ce mois, et celle de M. de Beaumarchais; je ne puis me persuader que les circonstances si imprévues dans lesquelles il se trouve doivent être un obstacle à ce qu'on donne l'opéra de *Tarare*. Le public l'attend avec impatience et son succès, que nous sommes fondés à regarder comme certain, ne peut qu'ajouter à l'éclat de sa réputation littéraire; ce sera un premier triomphe sur ses adversaires. D'ailleurs le Roi, voulant bien suppléer aux dépenses de l'opéra, lorsque les recettes sont insuffisantes, on ne pourrait, sans compromettre les intérêts de Sa Majesté, différer de jouer un ouvrage dont on s'occupe depuis longtemps, et pour lequel on a fait des frais très considérables qui seraient en pure perte. / Ce qui ajouterait encore au préjudice que l'Opéra en souffrirait, c'est qu'il serait impossible de servir le public. J'ai fait ce matin ces observations à M. de Beaumarchais. Je vous prie de le voir, de les lui faire de nouveau et même de lui communiquer ma lettre. Je ne doute point qu'après toutes ces réflexions et ce que vous pourrez y ajouter, il ne se détermine à penser lui-même qu'il est indispensable de laisser aller son ouvrage, et dans cette opinion vous voudrez bien continuer toutes les mesures pour qu'il soit donné le 5 juin, ainsi que le public s'y attend. / Je suis très parfaitement, Monsieur, etc. / Le Baron de Breteuil. »

Beaumarchais répliqua, mais sans succès : « Ce 21 mai 1787. / À M. de La Ferté. / J'ai eu l'honneur, Monsieur, d'entretenir hier matin M. le baron de Breteuil; mes réflexions de cette nuit m'ont rendu encore plus austère que je ne l'étais hier. Je n'ai pu tomber d'accord du principe avec ce ministre, quelque désir que j'eusse d'être de son avis. Il prétend que ma répugnance est puérile, et moi je dis que le public blâmera la violence qu'on veut me faire. Le ministre pense que non. Je prends, lui ai-je dit, le cri public pour juge. / Dans cet état de choses, je vous supplie, Monsieur, de décommander la répétition de demain; quand vous aurez des ordres et qu'ils me seront communiqués, je prendrai le parti que l'honneur peut avouer, sans blesser l'obéissance due aux ordres du Roi. Vous connaissez les sentiments inviolables de votre dévoué serviteur. / Caron de Beaumarchais. »

6. Donc en 1784, année relativement calme dans la vie de Beaumarchais. Dès cette année, les *Mémoires secrets* annonçaient l'opéra comme terminé (t. XXVI, à la date du 23 mai).

Page 494.

a. *En 1790, cet Avertissement a été remplacé par le texte suivant :* L'auteur à ses concitoyens / Quand tous les citoyens élèvent leurs idées aux plus augustes intérêts, dois-je occuper les miennes des frivoles jeux du théâtre ? Je m'en suis défendu longtemps. Il m'a fallu céder aux instances d'un grand spectacle dont le maintien importe à la Cité, et mettre *Tarare* au théâtre dans l'état où vous le voyez. / Peut-être on m'avouera[1] de l'avoir achevé, si l'on veut bien se rappeler qu'il y a plus de dix ans que cet ouvrage est composé. Ce qui n'est aujourd'hui qu'un simple amusement était alors un acte de courage. / Ô citoyens ! souvenez-vous du temps où vos penseurs inquiétés, forcés de voiler leurs idées, s'enveloppaient d'allégories et labouraient péniblement le champ de la Révolution. Après quelques autres essais, je jetai dans la terre, à mes risques et périls, ce germe d'un chêne civique au sol brûlé de l'Opéra. / Six ans se sont usés à lever les obstacles qui l'étouffaient et l'empêchaient d'éclore : il a sorti de terre en 1787. / Mon travail produisit de différents effets : il m'attira la défaveur des uns et fut peu goûté par les autres. Les moins malveuillants[2] s'écriaient : « De la philosophie presque dans l'opéra ! Cet auteur se moque de nous ! » On me riait au nez; et moi, je me disais : « Espérons. » Dans mon dépit, je pris cette épigraphe : *Barbarus at ego sum*... On rit encore plus fort. / Mais quel germe a jamais péri sur le sol heureux de la France ? À travers les chênes civiques plantés par tous les bons esprits du siècle, le mien faible et chétif, a produit aussi son feuillage. Heureux s'il n'est pas dédaigné lorsqu'on en fera des couronnes à nos illustres citoyens ! / L'œuvre a reçu son complément dans le « Couronnement de Tarare », l'an premier de la liberté; nous vous l'offrons pour son anniversaire. Ce 14 juillet 1790. / Il n'a pu être joué que le 3 d'auguste, même année.

1. Au plus fort de l'affaire Kornmann, Beaumarchais a l'opinion publique contre lui, comme le confirme le paragraphe suivant.

1. « On dit aussi *avouer un homme* pour dire, déclarer qu'on l'approuve en tout ce qu'il a fait ou qu'il fera. » *(Académie.)*

2. Forme archaïque pour *malveillant* ; on la trouve chez J.-J. Rousseau, comme le signale l'abbé Féraud, *Dictionnaire critique de la langue française*, Marseille, chez Jean Mossy, 1787.

Page 495.

À MONSIEUR SALIERI

a. devenu vôtre. *1790*

1. Le premier de ces opéras ou tragédies lyriques avait été représenté à l'Académie royale de musique en avril 1784, le second à Fontainebleau en décembre 1786. *Les Danaïdes* sont parfois considérées comme étant de Gluck, qui aurait dicté la partition à son disciple.

Page 497.

AUX ABONNÉS DE L'OPÉRA
QUI VOUDRAIENT AIMER L'OPÉRA

a. PRÉFACE DE 1787 / AUX *1790* ++ *b. Ici en note dans 1790 :* On n'osait pas trop dire alors *mes chers concitoyens.*

1. Va donc être repris et développé un sujet déjà abordé dans la *Lettre modérée sur la chute et la critique du « Barbier de Séville »* (voir p. 285).
2. Sur le mot *crise*, voir n. 1, p. 138, et n. 5, p. 471.
3. L'un représente ici les lettres, l'autre les sciences. Voltaire était mort en 1778, Buffon allait mourir en 1788.

Page 498.

a. Je conviens même que, *1790*

1. Tous du moins.
2. *Relâche* : « Il signifie aussi repos » *(Académie)*. Nous n'avons gardé ce sens que dans l'expression *sans relâche*. Sur le genre, Féraud, ouvr. cité, remarque : « *Relâche* est s.m. lorsqu'il signifie interruption de quelque travail, étude ou exercice; et s.fém. en termes de marine, quand il signifie lieu propre à y relâcher. »
3. Chacun poursuit, recherche ce qui l'attire.
4. Grimm ? Rousseau ? De toute manière, c'était une idée assez répandue à l'époque où est écrit l'opéra.
5. N'approfondissons point, n'examinons pas de trop près.

Page 499.

1. Les éléments secondaires de l'œuvre.
2. On attendrait *brodeuses*; mais au XVIIIe siècle, la broderie était souvent un métier d'homme : voir *Le Mariage de Figaro*, acte III, sc. XVI, p. 446.
3. Il le poursuit [...].
4. Dans ce *renversement* des valeurs et l'assujettissement à l'effet [...].
5. Non plus que R. d'Hermies (*Théâtre complet de Beaumarchais*, Paris, Magnard, 1952, p. 256, n. 1), nous n'avons trouvé ce passage dans la correspondance de Boileau; mais son aversion pour l'opéra s'exprime à plusieurs reprises dans son œuvre.
6. Le 15 novembre; Beaumarchais modifie légèrement le texte : « L'Opéra est un rendez-vous public où l'on s'assemble à de certains jours sans savoir pourquoi. C'est une maison où tout le monde va quoiqu'on dise du mal du maître et qu'il soit ennuyeux » (voir Voltaire, *Correspondance*, Bibl. de la Pléiade, t. I, p. 342-343).

Page 500.

a. à m'ennuyer. » Ceci me rappelle qu'au temps où l'on reconstruisait la salle de l'Opéra qu'un incendie avait détruite, quelqu'un me demanda une inscription à mettre au fronton du portique; je fis sur-le-champ celle-ci que je lui remis en riant : / *À l'Opéra tout est parfait... / Hors l'opéra qui n'est pas fait.* / Nous avions tous dit librement ce que chacun éprouvait comme nous, malgré *1790* ↔ *b.* prodigués *1790* ↔ *c.* ils ont vu que, *1790*

1. Voir *Des ouvrages de l'esprit*, 47. Beaumarchais réunit par un *mais* deux remarques séparées, ce qui explique la répétition du mot *opéra*.

2. *Le Barbier de Séville*, acte III, sc. XI, p. 336 et n. 1 : « Qui diable est-ce donc [...] ! »

3. C'est-à-dire de la musique de chambre à l'opéra.

4. Beaumarchais écrit *put*, qui est l'ancienne forme (verbe *puir*). Voir *Les Femmes savantes* de Molière, acte II, sc. VII, v. 553 : « Il put étrangement son ancienneté. »

Page 501.

a. Je ne puis le redire assez : trop *1790*

1. C'est peut-être le premier exemple que nous ayons du mot *partner* francisé. Voir von Proschwitz, *Introduction à l'étude du vocabulaire de Beaumarchais*, Paris, Nizet, 1956, p. 280. Le mot est orthographié *parthenaire* (*parthner* dans l'édition de 1790).

2. À propos de *triomphe*; voir *Pythiques*, ode XI, v. 91-96. L'idée que Pindare s'égare souvent est une idée reçue au XVIIIe siècle. Le *Dictionnaire de Trévoux* (Paris, éd. 1743) le juge « marchant souvent au hasard ».

3. Pourtant, encore.

4. Ce paragraphe est repris de la *Lettre modérée [...]* (voir p. 286 et n. 1), d'où les guillemets; deux changements : « Pourquoi tant répéter ? [...] tu t'accroches oiseusement aux mots ! »

Page 502.

a. entendre : un long bâillement *1790*

1. Voir n. 2, p. 286.

2. *Entendre* est pris au sens étymologique de « prêter attention ».

3. Beaumarchais pense au pluriel latin *opera*. Ce mot est passé en français par l'intermédiaire de l'italien au milieu du XVIIe siècle.

4. *Iphigénie en Aulide* avait été créé à Paris en 1774, *Alceste* en 1776.

5. Idée reprise de l'*Essai sur le genre dramatique sérieux*. Voir p. 133 : « Sa véritable éloquence est celle des situations [...]. »

Page 503.

a. de mon ouvrage : / Mortel, qui que tu sois, prince, prêtre ou soldat, / Homme ! *1790 ; de même, var. b, p. 505.*

1. Bien contrastées. La métaphore est empruntée au domaine de la peinture.

2. *Étrangetés* est entre guillemets, parce que, fréquent au XVIe siècle, en particulier chez Montaigne, il est absent des diction-

naires du XVIIIe siècle. Beaumarchais écrit *Montagne* : c'est l'orthographe conforme à l'ancienne et exacte prononciation. J.-J. Rousseau écrit aussi Montagne (voir *Le Verger de Mme de Warens*, *Œuvres complètes*, Bibl. de la Pléiade, t. II, p. 1124).

3. Ces trois vers terminent la pièce, tout au moins dans la version préférée par l'auteur (voir p. 589). Sur l' « état » et le « caractère », voir p. 130 et n. 1, et n. 3, p. 141.

Page 504.

a. Tout le paragraphe qui commence par ces mots a été supprimé dans 1790.

1. Actuellement *Ormuz* ou *Hormuz* : « *Ormus*, nom propre d'une petite île [...]. Il y avait dans cette île une ville fameuse pour le commerce des perles [...] » *(Trévoux)*. Beaumarchais s'est plu ailleurs à décrire Ormuz telle qu'il la rêvait (voir *Notes et réflexions*, Paris, Hachette, 1961, p. 41-42).

2. « *Tarare*, espèce d'interjection familière dont on se sert pour marquer qu'on se moque de ce qu'on entend dire ou qu'on ne le croit pas [...] » *(Académie 1762)*. « On dit aussi *tarare pon-pon* pour se moquer de la vanité que quelqu'un étale dans un récit, dans des projets » *(Académie 1798)*. Nous disons aujourd'hui *Taratata*.

3. Le conte est l'*Histoire de Fleur d'épine*, qui avait paru en édition séparée en 1730, et avec les autres œuvres d'Hamilton en 1731. Beaumarchais fait allusion au passage suivant : « " Et pourquoi vous appelez-vous Tarare ? — Parce que ce n'est pas mon nom... — Tarare ", répondit l'autre; " Tarare ", dit le calife; " Tarare ", dit le sénéchal avec tout le conseil; et " Tarare ", enfin, s'écrièrent tous les galopins qui jouaient dans la cour du palais... Mais d'où vient que jusqu'aux oiseaux tout répète Tarare dès qu'on l'entend prononcer ?... » En dehors du nom *Tarare*, il n'y a rien de commun entre le conte et l'opéra.

4. Dans une note trouvée par Lintilhac (ouvr. cité, p. 274, n. 1), Beaumarchais donne une autre raison au choix du nom et du titre : « J'ai appelé cet opéra *Tarare* parce que je vous connais, mes chers compatriotes : il ne faut qu'un mot pour vous décider. *La Chasse de Henri III* n'eût eu que son mérite, *La Chasse de Henri IV* a de plus celui de votre enthousiasme. Sans le nom de Tarare, mon opéra ne serait pas gai, ce mot seul égayera le ton souvent un peu sombre que l'intérêt m'a forcé d'employer. » *La Chasse de Henri IV*, de Collé, avait été créée en 1774. Elle était souvent rejouée; elle est citée dans le *Compliment de clôture*, p. 1148.

Page 505.

a. La musique surtout, cet *1790* ↔ *b. Voir var. a, p. 503.* ↔ *c.* averti. / Ce *1790*

1. *Illusions* « se dit [...] de certains songes, de certains fantômes qui flattent ou qui troublent l'imagination » *(Académie)*.

2. Le conte est *Sadak et Kalasrade*, dans *Les Contes des Génies ou les Charmantes Leçons d'Horam, fils d'Asmar, ouvrage traduit du persan en anglais par Sir Charles Morell, et en français sur la traduction anglaise*, Amsterdam, 1766, 3 vol. Pour les rapports entre les deux œuvres, voir la Notice, p. 1431 et n. 1 en bas de page.

Page 506.

a. plus d'une année. *1790* ↔ *b.* pour faire avec un autre homme un travail devenu, *1790*

1. Voici encore un mot absent des dictionnaires du XVIIIe siècle et emprunté vraisemblablement à Montaigne; d'où les guillemets.
2. Voir la Dédicace, p. 495.
3. Peut-être pour *le plus d'années*. Mais les éditeurs hésitent; l'édition de 1790 porte *plus d'une année*, leçon plus satisfaisante (var. *a*).
4. « Ordinairement [...] celle qui est chantée par une seule voix ou exécutée par un seul instrument, ou celle qui exécute le sujet principal » *(Académie 1798)*. Mais ici Beaumarchais semble désigner le récitatif qui fait avancer l'action (la scène).

Page 507.

a. fut *1790* ↔ *b.* aurait *1790*

1. *Capitulation* : « Se dit familièrement des moyens de rapprochement et de conciliation qu'on propose en affaires » *(Académie 1798)*.
2. Qu'est-ce donc qui [...] ?

Page 508.

a. j'ai déjà remarqué *1790* ↔ *b.* aux imprimés du lendemain, qui souvent sont écrits la veille. *1790* ↔ *c.* l'injonction ministérielle de *1790* ↔ *d. Ici en note dans 1790 :* Cela était très vrai alors; ce qui n'empêche pas que *Tarare* ne fût mis en pièces par les précepteurs du bon goût. ↔ *e.* si quelques-uns n'obtenaient pas des *1790* ↔ *f.* cas, il nous reste *1790* ↔ *g.* du centenaire[1] *Figaro*, *1790* ↔ *h.* goût du public *1790*

1. *Aux affiches* : aux placards, aux articles des critiques.
2. Comme à une représentation du *Mariage de Figaro*; voir p. 1164.
3. Cette longue périphrase désigne évidemment l'Académie française. *Politesse* a un sens plus large que de nos jours, et désigne ici le raffinement des mœurs.
4. Beaumarchais fait allusion au discours de Suard; voir la Préface du *Mariage de Figaro*, n. 7, p. 377. La fin du paragraphe est évidemment ironique.

Page 509.

a. les milliers d'injures *1790*

1. On peut citer ici ces trois fragments qu'a recueillis Lintilhac (*Beaumarchais et ses œuvres*, éd. citée, p. 97-98, 100) et qui, d'après lui, étaient destinés d'abord à la préface *Aux abonnés de l'Opéra [...]* :

I. « J'ai fait des vers fort courts, parce que la musique est toujours longue. J'ai serré les événements, parce que la musique, qui délaye tout, perd beaucoup de temps. J'ai rendu mon style fort

1. La pièce avait atteint sa centième représentation.

simple, parce que le rythme de la musique, qui n'est déjà que trop fleuri pour l'intérêt, vicie à force d'abonder en ornements superflus. J'ai appelé cet opéra *Tarare* [...] »

II. « Écrivains, gardez-vous bien de forger à froid. Tant que le fourneau du génie fait étinceler la matière, forgez sans relâche, entassez, ébauchez les masses, en dégageant des scories avec le soufflet des poumons qui se gonflent et le marteau du cœur qui bat toujours fortement quand le cerveau est allumé. Vous polirez les formes à la lime quand le temps nécessaire aura refroidi la composition. Laissez au ferblantier qui ne fait qu'étendre des surfaces sans profondeur, mais nous qui travaillons solidement en barres [...] »

III. « Celui qui ne pense pas en vers, ne fera jamais de la poésie. Il peut être bon orateur, jamais bon poète, s'il est obligé de penser en prose et de traduire après en vers... C'est le sculpteur dont la terre cuite est toujours de génie quoique moins achevée que le marbre fait d'après, et qui se ressent toujours du froid de la traduction. »

2. Voir le début de l' « Avertissement de l'auteur », et la note 2, p. 493. Mais peut-être est-ce une allusion à son emprisonnement à Saint-Lazare en 1785 (voir la Chronologie, p. XXXIV).

3. Peut-être s'agit-il de l'*Histoire de Tarare* de Carré de Belleville (« À Ormuz et se trouve à Paris chez Lefèvre », 1787); ou bien de l'*Analyse critique de Tarare*, publiée sans nom d'auteur (« À Ormuz et se trouve à Paris [...] », 1787).

4. Aristide avait été banni par les Athéniens, puis rappelé. Voltaire dut s'exiler en Angleterre puis habiter près de Genève; mais il est douteux que Racine ait été réduit au silence pendant douze ans (de *Phèdre*, 1677, à *Esther*, 1689), par les « publiques clameurs ».

Page 510.

a. Demandez-le[1] à la Grèce, *1790* ↔ *b.* Par M. Gudin. *1790*

Page 511.

TARARE

a. Sur 1790, voir var. a, p. 523.

1. Les listes qui suivent sont données dans les premières éditions. Comme on le voit, les choristes forment deux groupes, l'un côté cour (le côté du roi), l'autre côté jardin (le côté de la reine). Les sous-groupes sont désignés par les mots qui désignent les différentes voix qui sont, des plus aiguës aux plus graves : les dessus, les hautes-contre, les tailles, les basses-tailles. Les tessitures correspondent sensiblement à nos sopranos, altos, ténors et basses.

Page 513.

1. « Faire un prologue où la nature fait tirer au sort deux embryons ou deux atomes. Lequel sera roi et l'autre esclave ? Dissertation philosophique à ce sujet » (*Notes et réflexions*, éd. citée, p. 90). Si nous n'avons pas cette dissertation, Beaumarchais nous a laissé, dans ses papiers, ce canevas inachevé du Prologue (d'après Lintilhac, ouvr. cité, p. 97 et 410-411) :

1. Le *e* est élidé ; voir n. 1, p. 543.

« ÉBAUCHE DU PROLOGUE ENTRE LE GÉNIE DU FEU ET CELUI DE LA REPRODUCTION. / Dans ce prologue, le génie du feu s'informe avec curiosité des fonctions du génie de la reproduction, lequel lui apprend qu'il est destiné par le créateur à renouveler sans cesse les espèces par la destruction des individus; le génie du feu, curieux de voir opérer la nature, excite celui de la reproduction à lui donner une idée de son emploi à l'instant. Le génie productif ramasse tous les éléments qui peuvent composer une génération et leur ordonne de paraître. Le produit de son ordre est une foule de statues vêtues de blanc, à peu près comme des ombres. Il les anime et tous ces groupes forment des danses graves et tranquilles. " Mais comment distinguerez-vous leur état ? dit le génie curieux. — Je ne m'en occupe point, répond l'autre génie, toutes ces différences imperceptibles sont nulles à mes yeux, je m'occupe des espèces et non du sort des individus; cependant je puis, pour vous amuser, fixer ici le sort de quelques-uns. " Il appelle deux ombres, les interroge sur ce qu'elles font et ce qu'elles désirent d'être. Les deux ombres répondent avec autant d'ignorance de leur être que d'indifférence pour leurs états. " Choisissons pour eux, dit le génie du feu. — Je le veux, dit l'autre, mais d'un vain amusement d'une minute, va résulter une différence énorme dans l'état de ces deux créatures; l'une des deux sera roi d'Ormus et sultan de tout l'Orient, et l'autre sera un simple soldat : choisissez. — Qu'ils choisissent eux-mêmes ", répond le génie. Mais les ombres, interrogées sur le choix, ne peuvent ni ne veulent en former. " Tirons-les donc au sort, dit le génie curieux, car il me coûte infiniment de rendre l'un des deux aussi malheureux que l'autre sera surchargé de bonheur. — Non pas, répond la nature, ce n'est pas ainsi que je l'entends; leur bonheur ou leur malheur n'est à votre choix ni au mien. Absolument étrangère à l'état de l'homme, sa félicité dépend de lui seul et de l'usage qu'il fait de sa liberté. — Je ne puis vous croire, dit le génie; un empereur est sûrement plus heureux qu'un pauvre soldat. Tout cela est conditionnel; mais faites votre choix et nous verrons ensuite. " / Le génie choisit et dit à l'un : " Sois le superbe Atare, sultan d'Ormus. Et toi, pauvre malheureux, va gémir dans la foule oubliée des pauvres. — TARARE ! GÉMIR ! répond la nature, il ne gémira point. — Comment, Tarare ? répond le génie, c'est un drôle de nom que cela. — Eh bien, dit la nature, il est sans doute singulier et ce sera le sien. — Mais je réfléchis, dit le génie, que je vous ai engagée à produire toute une génération pour satisfaire ma curiosité. Mais qu'en allez-vous faire ? Nés subitement, les voilà sans aucun des liens qui forment les sociétés. Point d'idées acquises par l'éducation; aussi stupides par l'esprit qu'ils sont formés par le corps : comment allez-vous remédier à la foule d'inconvénients qui résultent de leur croissance fortuite ? — Je vais, répond la nature [...] " »

Page 514.

a. De toutes les races passées, *1790* ++ *b.* De la nombreuse espèce humaine, *1790*

1. Une race qui verra bientôt le jour; à moins, plutôt, que *prochaine* remplace *proche* pour les besoins de la rime.

Page 515.

a. absolu qui pèse et les enchaîne, *1790* ↔ *b.* Oui, si je descendais à quelques soins perdus ! *[17 lignes]* / Mais voyez comme la Nature *1790* ↔ *c.* Humains, non encore existants, *1790*

1. Si je condescendais à me livrer à quelques occupations inutiles.

Page 516.

a. à la Nature. [15 lignes] / Déesse, pardonnez, je brûle de m'instruire / De l'intérêt qui les occupe tous. / LA NATURE / Parlez-leur. / LE GÉNIE DU FEU, *1790*

1. Ici, le mot désigne à la fois les occupations et les soucis.
2. C'est-à-dire l'Âge d'or, où Astrée, fille de Zeus et de Thémis, était parmi les hommes.

Page 519.

a. La Nature, *tirant le Génie à part, lui dit tendrement* : *partition* ↔ *b.* J'eusse été formé sans dessein. *[p. 517, 21e ligne]* / LE GÉNIE DU FEU / Que sont ces deux superbes ombres, *1790*

1. *Assigner* « signifie aussi, indiquer, faire connaître » *(Académie)*.

Page 521.

a. Disparaissez. / *Les ombres s'enfoncent sous terre et disparaissent. Au Génie partition*

1. *Déité* : « Dieu ou déesse de la fable [...]. Il n'est guère d'usage que dans la poésie » *(Académie)*.

Page 522.

1. « Ce terme s'employait autrefois, en parlant de tous les peuples qui ne sont point de la religion chrétienne, et principalement des Mahométans. Il ne se dit plus guère qu'en dénigrement, et en parlant d'un chrétien qui ne croit point les dogmes de sa religion, et qu'on regarde comme un impie » *(Académie)*. Beaumarchais, dont l'anticléricalisme est violent, joue ici sur les deux valeurs du mot. Arthenée, parce que grand-prêtre, jouera le rôle du « traître ».
2. *Capigi* : Portier du sérail. (Féraud, *supplément au Dictionnaire critique*).
3. Cette forme est utilisée à plusieurs reprises dans la pièce, notamment à la rime. Le *Dictionnaire de l'Académie* la condamnait. Féraud, dans son *Dictionnaire critique [...]*, éd. citée, l'admet en poésie.
4. Ce jeune acteur fut remplacé en 1790 par Mlle Quemain. C'était, avec la suppression du rôle du paysan, le seul changement intervenu dans la distribution.
5. On trouve, dans les papiers de Beaumarchais (au dos de l'ébauche de Prologue citée n. 1, p. 513; d'après Lintilhac, ouvr. cité, p. 411), cette liste :

« ATARE, nommé le Superbe, sultan d'Ormus et de tout l'Orient. / OSAIM, son grand vizir. / MARALLY, son chef des eunuques. / TARARE, soldat janissaire. / AMÉLIE, maîtresse et femme de Tarare. / FATIME, esclave du sérail qui sert Amélie. / CHANDAGOR, grand-prêtre de Brama. / NOIZAM, jeune enfant pris entre les augures. / PRÊTRES DE BRAMA. / GRANDS DE LA NATION. / ESCLAVES OU ODALISQUES du sérail du sultan. / MUETS. / BOSTANGIS. / JANISSAIRES. / PEUPLE, *etc.* / *La scène est à Ormus, dans le sérail d'Atare, au bord de la mer.* »

Page 523.

a. Fin du Prologue [p. 521] | Acte premier partition : Fin du Prologue [...] *golfe Persique.* / TARARE OU LE DESPOTISME / *Acte premier 1790* ↔ *b. Scène première | Pendant que l'ouverture s'achève, des soldats nombreux sortent de chez l'empereur, portant des drapeaux persans déchirés et de riches dépouilles enlevées à l'ennemi.* | CHŒUR *brillant de soldats sur l'harmonie de l'ouverture.* / Chantons la nouvelle victoire / Dont Tarare a toute la gloire. / Puisqu'on nous laisse enfin ces drapeaux qu'il a pris / Qu'ils soient de sa valeur et la preuve et le prix. / *Scène II* / URSON, *venant au-devant des soldats, leur dit à demi-voix* : / Guerriers, si vous aimez Tarare, / Dans ce palais du moins cessez votre fanfare. / Vous avez trop vanté son courage éclatant. / L'empereur paraît mécontent. / LES SOLDATS *se pelotonnent*[1] *et chantent en chœur d'un ton sourd* : / Avez-vous vu sa contenance, / Et comme il restait en silence ? / Portons nos chants en d'autres lieux, / Le peuple nous entendra mieux. / *Ils sortent sans ordre et précipitamment.* / *Scène III* / ATAR, *1790, où la numérotation des scènes est décalée jusqu'à la fin de l'acte.* ↔ *c.* ATAR *lui secoue le bras avec fureur. 1790*

1. Près de périr. Les deux locutions sont, à cette date encore, confondues.

2. Ville de Médie (d'après le *Trévoux*, art. « Arsacides » qui écrit Arsaces, patrie des Arsacides, descendants d'Arsace, roi des Parthes).

Page 524.

a. ATAR *se jette sur un sopha. 1790* ↔ *b.* ATAR *se lève en fureur. 1790*

1. *Réduit* : « [...] retraite. *Réduit agréable, commode, tranquille* » *(Académie)*.

Page 528.

a. les autres voyageurs. Ces atrocités ne sont qu'un jeu du despotisme oriental. *1790*

1. C'est-à-dire le *Journal de voyage* du chevalier Chardin en Perse et aux Indes orientales, paru en 1686.

Page 529.

1. L'adaptation d'Antoine Galland, parue de 1704 à 1717, était très lue au XVIIIe siècle.

Page 530.

a. CALPIGI *[1re réplique de la scène]* / Qui nommez-vous, Seigneur, pour servir la sultane ? / ATAR / Notre Spinette; allez. / CALPIGI /

1. Voir n. 6, p. 423.

L'adroite Européanne ? / ATAR *1790* ↔ *b.* ATAR *l'interrompt. 1790*

Page 531.

1. Cupide.
2. Porte à son comble, en ce qui me concerne.
3. « *Dégager sa parole*, pour tenir sa parole, satisfaire à sa parole [...]. On dit aussi à peu près dans le même sens : *dégager sa foi, dégager sa promesse* » *(Académie)*.

Page 534.

a. ATAR, *sardoniquement. 1790*

Page 535.

a. son vœu. / TARARE, *d'un ton consterné.* / ... Si *1790* ↔ *b. à Altamort, avec des signes. 1790*

Page 536.

a. Ils sortent tous, excepté Atar. 1790 ↔ *b.* Faite pour un soldat. / *(Avec une joie féroce.)* / Du crime d'Altamort *1790*

Page 537.

1. Au sens fort et classique du terme, « comme frappée du tonnerre ».
2. De ce véritable jeu de mots se sont moqués certains critiques : l'adjectif substantivé fournit un nom de pays qui oralement se confond avec *Tauride*; voir l'*Iphigénie en Tauride* de Gluck, représentée à Paris en 1779.

Page 538.

1. De la métempsycose. Mais il s'agit aussi, dans l'esprit de Beaumarchais, de la croyance dans la survie de l'âme après la mort.
2. *Brame* : brahmane. On disait aussi, au XVIIIe siècle, *bramin* ou *bramine. Soudan* : « Prince mahométan [...]. Ce mot, en langue mauresque, signifie roi ou prince » *(Trévoux)*. On hésitait encore entre *sultan* et *soudan.*
3. Sur la demande du censeur Bret, cette réplique est le résultat d'un remaniement; voir, Lintilhac, ouvr. cité, p. 102-104, le texte primitif : « Ah ! d'une antique absurdité / Laissons au peuple les chimères. / Pontife et roi doivent en frères / Soutenir leur autorité : / Tant qu'ils s'accordent bien ensemble, / Que l'esclave ainsi garrotté / Croit, obéit et paye et tremble, / Le pouvoir est en sûreté. » Cette référence à l'alliance du trône et de l'autel avait paru trop évidente.

Page 539.

a. ATAR, *dédaigneusement. 1790*

Page 540.

a. TARARE, *étonné. 1790*

1. À la demande du censeur Bret (ouvr. cité, voir n. 3, p. 538), *brames* a remplacé *prêtres*.

2. Le signe fait par Calpigi; voir acte I, sc. VII, p. 535. Tarare avait exprimé son vœu en d'autres termes; mais le sens est le même.

Page 541.

a. TARARE *l'embrasse.* *1790* ↔ *b.* TARARE, *seul, au désespoir.* *1790*

Page 542.

a. ARTHENÉE, *d'un ton dogmatique.* *partition*

1. Le plus.

Page 543.

a. Élamir se prosterne. Arthenée continue. *1790*

1. Le *e* de *le* s'élide. Voir Voltaire : « *Plaignez-l[e], il vous offense, il a trahi son roi* » (*Adélaïde du Guesclin*, acte III, sc. III; et *Littré*, art. « Le », 6°).

2. Souvenir évident d'*Athalie* de Racine (acte I, sc. I, v. 7-8) : « Du temple, orné partout de festons magnifiques, / Le peuple saint en foule inondait les portiques. » Le jeune Élamir rappelle d'ailleurs beaucoup le personnage d'Éliacin.

Page 544.

1. Au sens religieux du terme : « Émotion extraordinaire de l'âme, causée par une inspiration qui est ou qui paraît divine. *Saül se trouvant parmi les prophètes fut saisi du même enthousiasme qu'eux* » (*Académie*).

2. Qu'est-ce qui [...] ?

Page 545.

1. Voir acte I, sc. VII, p. 534-535.

Page 546.

1. Une injure qui outrage tous ceux dont tu as fait des chefs.

2. « On appelle [...] *soldat de fortune*, un homme de guerre qui, sans naissance, et sans autre recommandation que son mérite, est parvenu des derniers aux grades les plus élevés » (*Académie 1798*).

Page 547.

1. Le mot est encore très fort au XVIIIe siècle : « Égarement d'esprit, aliénation d'esprit [...] » (*Académie*). Il va être repris par *fureur*.

Page 548.

a. sans voir Atar qui le suit. *1790*

1. « *Bostangi-bachi*, intendant des jardins du Grand seigneur. *Gi* en turc ajouté à un nom primitif fait un nom dérivé : *bostan*, jardin, *bostangi*, jardinier » (*Académie*).

Page 549.

1. Beaumarchais avait d'abord écrit : « Murmurer, moi ! Je dis qu'il me semble être en France / Où tout est bien pourvu qu'on danse. » Bret, le censeur, obligea l'auteur à modifier son texte (voir sa lettre, p. 1452, et n. 3 en bas de page 1432).

Page 550.

1. *Passes*, pour *passages*, qui est un terme de manège — et cela, pour les commodités du vers.
2. Le suit avec peine.

Page 551.

a. ATAR, *furieux.* *1790*

1. C'est un aparté : Atar constate que Tarare sait tout ce qui a été tramé contre lui, comme le révèle le mot *perfidie.*

Page 552.

a. et dit au chef des eunuques. / Eh bien ! vont-ils chanter le bonheur de leurs maîtres ? / CALPIGI / Dans le léger essai d'une fête champêtre / Ils ont tous le noble désir / De montrer l'excès de leur joie. / ATAR, *avec dédain.* / Eh ! que m'importe leur plaisir / Pourvu que leur art se déploie ! / CALPIGI, *à part.* / De quel monstre, grand Dieu, cette Asie est la proie ! / *(Il fait signe aux esclaves d'avancer et dit encore à part :)* / Tarare *1790*

1. Pour toute cette scène II, E. Lintilhac (ouvr. cité, p. 281-283) a reproduit un texte manuscrit comportant quelques variantes et surtout de précieuses annotations destinées à guider le compositeur en indiquant les tons (*ton simple et noble* [...] *Noble et chaud, légèrement ironique*, etc.); plus rarement, le tempo et le rythme (par exemple, *Chant très vif et syllabique sur le mouvement de 6/8*). Voir aussi la Notice, n. 1 en bas de page 1430.

Page 553.

a. Voir var. b, p. 555.

1. Mozart, plus audacieux dans son *Don Giovanni*, créé à Prague en octobre 1787, fait jouer ensemble trois orchestres différents pour faire danser les seigneurs et les paysans dans le finale du Ier acte (sc. XX, p. 295-301 de la partition d'orchestre, éd. Eulenburg).

Page 554.

1. Dans la liste des danseurs, ils étaient des « jeunes gens de la cour, très fatigués » (p. 513).

Page 555.

a. La réplique d'Astasie et le chœur d'Européans ont été supprimés dans partition. ↔ *b. Scène IV [p. 553]* / LES ACTEURS PRÉCÉDENTS. TOUS LES ESCLAVES, *en habits champêtres, ouvrent la fête par des danses.* / ATAR *dit* *1790* ↔ *c. de brillants.* *1790*

Page 556.

a. elle est sultane. / *On danse [9 lignes] Le ballet* *1790* ↔ *b.* Calpigi, ton zèle m'enchante ! / J'aime un esprit fertile à qui tout obéit. / Apprends-nous quel hasard *1790* ↔ *c.* Dis-nous quel heureux sort en ce lieu t'a conduit. *partition*

1. Le mot n'a été emprunté à l'italien qu'en 1767, et sa forme n'est pas encore fixée. L'Académie en 1798 donne déjà *barcarolle.*

Page 557.

1. Gudin, dans son commentaire de *Tarare* (ouvr. cité, t. VII, p. 283), écrit : « Les Italiens, ce peuple doué d'une oreille si sensible et d'un cœur si passionné pour la musique qu'il n'a pas honte d'y sacrifier la virilité d'une multitude d'enfants [...]. »

2. *Argus* : « [...] nom emprunté de la fable et qui signifie un espion domestique très clairvoyant » *(Académie 1762).*

Page 558.

1. Spinette est en effet donnée, dans la liste des personnages, comme la femme de Calpigi; voir p. 522.

2. *Sofi* ou *sophi* : « Nom que les Occidentaux donnent au roi de Perse » *(Académie 1798).* L'itinéraire qu'indique Calpigi est bien curieux !

3. On se souvient qu'Atar ne supporte pas d'entendre prononcer ce nom; voir le début de la pièce, p. 523.

Page 559.

1. Il s'agit ici du vêtement long que portent les Orientaux. Les dictionnaires du XVIIIe siècle ne font aucunement allusion aux mœurs orientales et glosent : « Habillement long et traînant dont les femmes se servaient autrefois » *(Académie).*

Page 560.

1. Le mot *algues* est ici masculin pour les besoins de la versification.

2. Voir acte II, sc. V, p. 541.

3. Détail bien peu oriental !

Page 561.

a. CALPIGI, *d'un ton pénétré.* *1790* ↔ *b. l'appartement d'Astasie. Il continue :)* / Tout est ici dans un repos parfait. / *(Il s'arrête et recule avec effroi.)* / N'avançons *1790*

1. Au sens classique de *courage* : la *vertu (virtus)* est l'ensemble des qualités qui font un homme (« de ta mâle vertu »).

2. Les muets sont de tradition dans une intrigue orientale. Voir Racine, *Bajazet*, acte V, sc. III, v. 1455 : « Orcan et les muets attendent leur victime. »

Page 563.

1. Sans doute faut-il suppléer : le soin de se donner la mort [en la tuant moi-même].

Page 564.

1. *Ramener* : « On dit aussi *ramener un homme* pour dire, le radoucir, le faire revenir de son emportement [...]. Il est du style familier [...] » *(Académie)*.

Page 565.

1. Sur tout ce début de scène, nous avons encore, comme pour la scène II (n. 1, p. 552), les annotations de l'auteur; voir la Notice, p. 1430 et n. 1 en bas de page, et Lintilhac, ouvr. cité, p. 283-284.
2. Au corps de garde tout proche, plutôt qu'à la garde suivante; mais *prochain* est équivoque (voir n. 1, p. 514).

Page 566.

1. Ce quatrain est partiellement repris, avec des paroles modifiées, de la scène IV de cet acte (voir p. 556).

Page 567.

a. C'est trop, c'est trop que ton absence *1790*

Page 568.

a. Je vois venir le ministre insolent. *partition*

Page 570.

a. Calpigi sort en lui faisant le signe impérieux de se retirer. 1790 ++
b. On réprime un muet sans peine. *partition*

Page 571.

a. pendant que sa maîtresse l'habille. 1790 ++ *b. Astasie sort précipitamment. 1790*

Page 572.

1. Chaque être animé.

Page 573.

a. J'ai cru, sous ce vil attirail, / Dans la nuit pouvoir m'introduire. / *Récité.* / SPINETTE, *à part.* / Ah ! quel bonheur ! / *Haut, ton décidé.* / Eh ! bien, courageux étranger, / Quand le désir de me connaître / T'engage en un si grand danger, / À mes yeux crains-tu de paraître ? / *Elle lui ôte son masque.* / Ce n'est point sous ce masque affreux / Qu'un imprudent peut être heureux. / *Récité.* / C'est un homme charmant ! / TARARE / Ah ! fuyons de ces lieux ! / *Duo dialogué. partition*

Page 575.

a. lèvent la massue. / UN SOLDAT, *s'avançant.* / Ce n'est point un muet. / URSON / Quel qu'il soit... / TARARE, *se tournant vers eux.* / C'est Tarare !... *1790*

1. Tué à coups de massue; le mot ne se trouve dans aucun dictionnaire; c'est une création de Beaumarchais à partir de l'italien *mazzolare*, « frapper avec une massue ».

Page 576.

1. *Le* représente le sultan.

2. Gudin, éd. citée, t. VII, p. 292, signale que ces quatre vers sont tirés de l'auteur grec Ménandre, dans sa comédie du *Bouclier*, et en donne la traduction latine par « Laberius, chevalier romain » : *« Necesse est enim multos timeat, quem multi timent »* (« Nécessairement craint beaucoup de gens, celui que beaucoup de gens craignent »).

Page 577.

a. de Tarare et dit : *1790*

Page 578.

a. ARTHENÉE, *d'un ton sombre et fort.* *partition*

1. *Emporter* : « Se dit figurément des passions et signifie, tirer l'âme de sa situation ordinaire, jeter dans quelque excès blâmable » *(Académie)*. Tarare lui-même avait fait l'éloge du sang-froid; voir p. 547.

Page 580.

1. « Heureusement, la tyrannie est toujours assez cruelle pour devoir expirer bientôt dans ses excès. Si tu as pu tout, impunément, contre chacun en particulier, tu ne pourras rien contre tous ensemble, et telle est la fin de tous les despotes : tu seras massacré » (*Notes et réflexions*, éd. citée, p. 45).

Page 581.

a. Il signe l'arrêt de mort. / Pendant *1790* ↔ *b. traîne à terre. On entend trois coups d'une cloche funéraire. /* Avec *1790*

1. D'instruments dont on a, par des artifices divers, changé le timbre.

Page 584.

a. se prépare : / S'il a reçu le coup fatal, / Vengeons sa mort sur ce barbare. *partition*

Page 585.

1. *Soudoyer* : « Entretenir des gens de guerre, leur payer une solde » *(Académie)*.

Page 586.

1. Dans la grande affliction d'esprit que provoque le sentiment de la mort proche. On disait : *être dans les dernières angoisses* (voir *Académie*).

2. À la reprise de *Tarare* en 1795 (voir la chronologie de la pièce, p. 1435), le héros devait refuser, non seulement le trône, mais encore le pouvoir royal. En l'absence de Beaumarchais, alors

à Hambourg (voir la Notice, p. 1433), Framery modifia ainsi le présent passage (d'après Loménie, ouvr. cité, t. II, p. 418, qui ne précise pas si Urson est resté en scène [fin de la scène précédente]) : « TARARE / Le trône, amis, qu'osez-vous dire ? / Quand, pour votre bonheur, la tyrannie expire, / Vous voudriez encore un roi ? / URSON / Et quel autre sur nous pourrait régner ? / TARARE / La loi ! / Sachez jouir d'un bien que le Ciel vous prépare; / Affranchis d'un joug détesté, / Conservez votre liberté. / CHŒUR / Vive à jamais, vive Tarare / Qui nous rend notre liberté ! »

Page 587.

a. *Au grand-prêtre, qui a l'air consterné.* 1790 ↔ b. *Arthenée, maestoso.* partition : *Arthenée, à part, accablé.* 1790

1. Voilà donc converti le grand-prêtre dont la liste des personnages faisait un mécréant. Beaumarchais le fait remarquer dans sa lettre au censeur (voir p. 1452).

Page 588.

a. *Voir var. a, p. 591.*

Page 589.

a. *Fin de l'opéra dans Gudin :* sous ses lois. *[var. a, p. 588]* / URSON / Les fiers Européans marchent vers ces États; / Inaugurons Tarare et courons aux combats. / *Les soldats et le peuple placent Tarare et Astasie sous le dais où Atar était assis pendant la prière publique. On danse militairement devant eux. Puis Urson et Calpigi [voir p. 590] chantent en duo :* / Roi, nous mettons [...] et par l'équité. / *Danse des premiers sujets dans tous les genres. Au milieu de la fête, un coup de tonnerre se fait entendre, le théâtre se couvre de nuages ; on voit paraître au ciel, sur le char du soleil, la Nature et le Génie du Feu.* / *Scène X et dernière* / LES ACTEURS PRÉCÉDENTS, LA NATURE ET LE GÉNIE DU FEU / LE GÉNIE DU FEU *[comme p. 588-589]* / Nature ! quel exemple [...] a fait le reste. / *Le tonnerre recommence. Les nuages s'élèvent. On voit dans le fond toute la nation à genoux, son roi à la tête.* / CHŒUR GÉNÉRAL, *très éloigné.* / De ce grand bruit, de cet éclat, / Ô ciel ! apprends-nous le mystère ! / *La toile tombe.* ↔ b. *La toile tombe.* / *Si l'on voulait finir l'opéra par une fête après le chœur* (Quel plaisir de nos cœurs s'empare...), *sur la dernière note de ce chœur on viendrait à cette variante :* / *Après le* CHŒUR : *partition*

1. À une époque [...].

Page 590.

a. *Fin de l'opéra dans partition :* et par l'équité. / *Ici, si l'on veut le mouvement de chaconne que l'on a fait pour la fête du troisième acte.*

1. La deuxième édition (voir la Note sur le texte, p. 1455), qui propose cette deuxième fin, porte à la page suivante les deux approbations de Bret, des 28 mars et 21 décembre 1786 (voir la chronologie de la pièce, p. 1434), et ce commentaire de Beaumarchais : « La forme la plus sévère étant en tout celle qui me convient le mieux, je n'ai pas fait le plus léger changement dans le poème,

exigé par la musique, que je ne l'aie envoyé chez le censeur pour qu'il fût approuvé. Outre ces deux censures consécutives, M. Bret a peut-être eu la peine et la bonté de me donner vingt nouveaux paraphes, car un opéra mis en musique ne s'achève pas comme une tragédie. Il y a toujours à refaire, à retoucher. »

Page 591.

a. sous ses lois. *[var. a, p. 588]* / URSON / Les fiers Européans marchent vers ces États; / Inaugurons Tarare et courons aux combats. / COURONNEMENT DE TARARE *1790*

1. Au sens d' « habitant d'une ville » *(Académie)*; le mot s'oppose à *cultivateur*.

2. Tout ce début est repris du second dénouement (voir p. 590). Le « Couronnement de Tarare » venant à la suite du premier dénouement, ces vers ne faisaient donc pas double emploi. Voir aussi la Notice, p. 1432-1433.

Page 592.

1. C'est une allusion aux ordres monastiques que la Constituante avait abolis le 16 février 1790.

2. Calpigi et Spinette, étant Italiens, ne peuvent divorcer, suivant les lois de leur pays. Voir la lettre au Comité de l'Opéra, p. 1174-1175. Le divorce n'a été possible en France qu'à partir du 20 décembre 1792.

Page 593.

1. « Nom propre d'une grande région de la Basse-Éthiopie [...]. Les Portugais y possèdent Monbaze et Mozambique » *(Trévoux)*. Le commerce des esclaves y était florissant. C'est actuellement le Tanganyika.

Page 594.

1. Beaumarchais écrivait à Salieri sur ces derniers vers : « Voici quelques idées pour l'ariette du nègre. Cette nation brûlée ne chante point comme les autres, elle a un chevrotement, une trépidation en chantant, qui exige que l'on s'en rapproche lorsqu'on veut la produire en scène »; et il envoyait un air noté par lui-même d'après un chant nègre (cité par Loménie, *Beaumarchais et son temps*, éd. citée, t. II, p. 413, n. 1).

Page 595.

1. Beaumarchais définit le mot parce que, venu d'Orient avec le type de gong — probablement d'origine chinoise — qu'il désigne, il est tout nouveau en français. Le tam-tam, martelé et à sons complexes, est à cette époque associé à des musiques funèbres. Il sera par la suite intégré à l'orchestre. Mais dès la fin du XIXe siècle, le mot désigne abusivement, pour le grand public, des tambours, africains ou antillais.

Page 596.

1. Comme on le voit, dans cette version de 1790, le couronne-

ment est inclus dans la pièce et cette dernière scène reprend en le modifiant le premier dénouement (voir p. 588-589). En particulier, « brame » a été remplacé par « prêtre ».

LA MÈRE COUPABLE

NOTICE

Nous ne pouvons dire de façon précise à quelle date Beaumarchais a pensé à donner une suite à ses deux pièces espagnoles[1], mais nous savons qu'en 1784 *La Mère coupable* était « sur [s]on chantier[2] ». Le manuscrit dut être abandonné, repris plusieurs fois, l'auteur menant toujours une vie agitée, et aussi modifié au gré des circonstances : Bégearss est l'anagramme de Bergasse, nom de l'avocat contre lequel Beaumarchais porte plainte en juin 1788 et qu'il parvient à faire condamner au mois d'avril de l'année suivante[3]. De plus, l'action se passe en France, « en ce pays remué de fond en comble[4] », et très exactement le 10 novembre 1790, jour de la Saint-Léon[5]. L'œuvre — deux lettres en témoignent[6] — a été terminée au début de 1791, lue probablement dans quelques salons[7], proposée en février aux Comédiens-Français qui l'acceptèrent. Elle leur fut retirée à la fin de l'année, car les relations de l'auteur et de l'illustre compagnie n'étaient pas bonnes. Le problème des droits d'auteur n'était pas encore réglé et le rapport fait aux auteurs dramatiques[8] le 12 août, imprimé et transmis à l'Assemblée nationale, n'était pas tendre pour les Comédiens. La pièce fut finalement jouée au théâtre du Marais[9], dans une salle neuve, ouverte au public pendant l'été de 1791, dirigée par un nommé Courcelles,

1. On trouvera les dates essentielles concernant *La Mère coupable* dans la chronologie de la pièce, p. 1481.

2. Voir la préface du *Mariage de Figaro*, p. 368. Peut-être Beaumarchais pensait-il à cette suite dès 1775 ; voir la *Lettre modérée [...]*, p. 280 et n. 5.

3. Voir la Chronologie, p. XXXVI.

4. Selon les termes de Figaro, acte I, sc. II, p. 608.

5. Voir acte I, sc. I, p. 606.

6. Voir les deux lettres écrites à M. T*** (éd. Fournier, *Œuvres complètes de Beaumarchais*, Paris, Laplace, Sanchez et Cie, 1876, p. 687). À la date du [6 juin 1797] : « Le Théâtre-Français vient de reprendre mon dernier essai dramatique, fait en 1791, *La Mère coupable* » (nous reproduisons en partie cette lettre, p. 1486) ; et du 27 août de la même année : « *La Mère coupable* ne verrait point le jour, si elle n'eût été finie en 1791. »

7. En témoigne une lettre à la comtesse Alfieri du 5 février 1791, dont nous donnons le texte p. 1482.

8. Voir, dans l'édition Fournier citée, p. 625-632.

9. Ce théâtre, de style néogothique, fut démoli en 1809. La façade a été en partie conservée et peut se voir au numéro 11 de l'actuelle rue de Sévigné. Sur

et où Beaumarchais avait des intérêts[1]. La première eut lieu le 26 juin 1792[2] et ne fut suivie que de quatorze représentations. Il est difficile de savoir si la pièce fut bien jouée[3], mais la critique ne fut guère bienveillante[4] et les spectateurs s'ennuyèrent. Au reste, l'actualité, plus et mieux que le théâtre, leur offrait le spectacle d'événements dramatiques. La quinzième représentation a lieu le 5 août; et le 10, après l'assaut des Tuileries, le roi est déchu de ses fonctions, Beaumarchais arrêté le 23[5]. Il échappe de peu aux massacres de septembre, mais sa vie est toujours menacée. De là des épreuves qui l'obligeront à voyager pour essayer de terminer la malheureuse affaire des fusils, puis finalement à s'exiler. En 1793, ses amis, soucieux de « prévenir l'abus d'une contrefaçon infidèle, furtive, et prise à la volée pendant les représentations[6] », publient la pièce, précédée d'un Avertissement adroit[7] qui, tout en faisant l'éloge de l'auteur, souligne la prudence des éditeurs : il n'y a plus de censure légale, mais la crainte oblige à se censurer soi-même et à retrancher « le peu de mots » qui « auraient pu effaroucher des oreilles nouvellement républicaines » : les mots *comte*, *comtesse*, *roi*, sont proscrits, certaines expressions adoucies et même plusieurs scènes « mutil[ées] », dira avec quelque exagération l'auteur lui-

son architecture et son histoire, voir surtout, d'A. Donnet, *Architectonographie des théâtres de Paris*, Paris, 1821 ; de F. de Marescot, « Le Théâtre du Marais au XVIIIe siècle », revue *Le Théâtre*, no du 1er décembre 1874 ; et de J. Larthomas, « Les Théâtres dans le quartier du Marais », revue *Paris historique*, no LVIII, 1er trimestre 1987, p. 11-15.

1. La part qu'a prise Beaumarchais dans l'exploitation du théâtre est difficile à définir. Il écrit dans une lettre à la *Chronique de Paris*, datée du 28 février 1792 et publiée le 2 mars : « On me demande pourquoi je laisse donner à *mon théâtre* (car c'est ainsi qu'on s'obstine à nommer notre spectacle du Marais), pourquoi je permets qu'on y joue une pièce allemande [...]. N'ayant nul intérêt d'argent dans l'entreprise de ce spectacle, je n'ai point droit de contrôler le choix des ouvrages qu'il donne [...]. Mais le théâtre du Marais auquel je prends un intérêt plus noble que celui d'un entrepreneur, parce qu'on s'y donne un soin extrême pour y bien jouer la haute comédie, parce qu'acteurs et directeurs sont de la plus grande honnêteté pour les auteurs qui les emploient, ce théâtre mérite que je fasse une autre réponse [...]. » Ce qui est certain, c'est qu'à plusieurs reprises il prêta de l'argent, argent qui ne lui fut pas toujours remboursé.

2. La « petite pièce » qui terminait la soirée était *Crispin rival de son maître* de Lesage.

3. Une note manuscrite de d'Heylli, dans son propre exemplaire de l'édition qu'il signe avec de Marescot du *Théâtre complet de Beaumarchais*, donne la distribution (Paris, Académie des bibliophiles, 1869, t. IV, p. 179) : « Baptiste (aîné) crée Almaviva ; Perroud (depuis à l'Odéon) crée Figaro ; Duparai (depuis au Français) crée Guillaume ; Damas (depuis au Français) crée Bégearss. (Renseignement donné par Régnier, de la Comédie-Française.) » En 1797, Mlle Contat devait jouer la comtesse, Molé le comte, et Fleury Bégearss (voir n. 3 en bas de p. 1486).

4. On trouvera l'essentiel des articles dans l'édition citée d'Heylli et Marescot, t. III, p. 179-190.

5. Sur cette période, voir les *Mémoires concernant l'affaire des fusils de Hollande*, p. 929-1119.

6. Voir *Un mot sur « La Mère coupable »*, p. 599. Cette contrefaçon paraîtra tout de même, en l'an II, chez Silvestre. Voir la bibliographie de Cordier (ouvr. cité, p. 66, no 273).

7. Voir le texte de cet Avertissement, var. *a*, p. 605.

même à son retour d'exil. En quatre ans, tout a changé, et Beaumarchais peut reprendre possession de ses biens et de ses œuvres. Dès la fin de 1796, *La Mère coupable* est confiée aux Comédiens-Français qui la réclament. Une lettre[1], qui joue laborieusement sur le mot « mère », témoigne de l'impatience de l'auteur qui voit enfin sa pièce représentée, telle qu'elle avait d'abord été écrite, le 5 mai 1797 : dernier triomphe pour cet homme de soixante-cinq ans que l'on oblige à monter sur la scène[2], mais succès éphémère puisque la pièce n'a que cinq représentations. Il ne reste plus qu'à en donner, la même année, une édition correcte, précédée d'une courte préface qui, constatant avec mélancolie que la « palette » de l'auteur est « desséchée par l'âge et les contradictions[3] », nous touche finalement plus que l'œuvre elle-même. C'est la conscience de ces contradictions et la mort qui ont empêché Beaumarchais de transformer sa trilogie espagnole en tétralogie. La quatrième pièce avait déjà son titre : *La Vengeance de Bégearss ou le Mariage de Léon*[4]. Celui-ci indique assez que l'œuvre nouvelle aurait été écrite dans les mêmes dispositions d'esprit que *La Mère coupable* : le coupable devait y trouver « sa vraie punition ». C'eût été un drame où, à l'exception du traître, « chacun » aurait « bien fait son devoir[5] ».

Doit-on regretter que cette œuvre n'ait pas vu le jour ? Non sans aucun doute, si l'on constate que *La Mère coupable* n'est plus jouée, ne le sera sans doute plus jamais et ne paraît nullement comparable, ni par ses ambitions ni par ses qualités, aux deux chefs-d'œuvre espagnols. La Harpe déjà est très sévère pour le drame, « également vicieux dans le plan, dans les caractères, dans les situations, dans les moyens, dans le dialogue[6] ». Son analyse, souvent pertinente, insiste sur l'incohérence des caractères et les « bigarrures » du style. La critique est trop négative pour être pleinement justifiée : *La Mère coupable*, sans être un chef-d'œuvre, ne mérite pas cette indignité. À cette hargne probablement suscitée par la jalousie[7], on opposera la sympathie dont témoigne Péguy et les pages admirables que lui inspire la pièce[8]. Il indique la voie pour qui veut, au-delà des défauts qui ne sont que trop faciles à déceler, découvrir l'intérêt de l'œuvre et porter sur elle un jugement équitable.

1. Voir le texte de cette lettre, du 3 avril 1797, p. 1485.
2. Voir la lettre à M. T***, p. 1486.
3. Voir p. 603.
4. Voir, p. 1176, la lettre à M. Martineau, en date du 2 juillet 1797.
5. Voir *ibid.*, et la réplique finale de *La Mère coupable*, p. 672.
6. Voir *Lycée ou Cours de littérature* (1799), Paris, Firmin-Didot, 1870, t. II, p. 545-549 ; cette citation se trouve p. 546.
7. Gudin de La Brenellerie est très dur pour La Harpe. Voir, au tome VII de son édition des *Œuvres complètes de Pierre-Augustin Caron de Beaumarchais* (Paris, Léopold Collin, 1809), *Des drames et des comédies de Beaumarchais*, *passim.*
8. Dans *Clio, dialogue de l'histoire et de l'âme païenne* ; voir *Œuvres en prose 1909-1914*, Bibl. de la Pléiade.

« [...] je garde une foule d'idées qui me pressent pour un des sujets les plus moraux du théâtre, aujourd'hui sur mon chantier : *La Mère coupable*; et si le dégoût dont on m'abreuve me permet jamais de l'achever, mon projet étant d'y faire verser des larmes à toutes les femmes sensibles, j'élèverai mon langage à la hauteur de mes situations, j'y prodiguerai les traits de la plus austère morale, et je tonnerai fortement sur les vices que j'ai trop ménagés. » Ainsi s'exprimait déjà Beaumarchais dans la préface du *Mariage de Figaro*[1], transposant presque mot pour mot un passage de la lettre au baron de Breteuil[2]. La lettre adressée à M. Martineau[3], le 2 juillet 1797, deux mois après la reprise, insiste aussi sur la moralité de l'œuvre et précise remarquablement les intentions de l'auteur. On peut en conclure tout d'abord que nous inversons à tort[4] les deux titres de la pièce. Comme le confirment les deux premières éditions, il faut lire *L'Autre Tartuffe ou la Mère coupable*. C'est avant tout de Bégearss qu'il est question et il en eût été de même dans la quatrième pièce, *La Vengeance de Bégearss ou le Mariage de Léon*. *L'Autre Tartuffe* — Gudin eût préféré *Le Tartuffe des mœurs*[5] — implique, sollicite même, la comparaison avec le chef-d'œuvre de Molière. La Harpe a beau jeu d'opposer les maladresses de Bégearss aux perfidies adroites de l' « imposteur », mais Beaumarchais lui-même, dans sa préface[6], a bien marqué la différence essentielle : au « Tartuffe [...] de la religion » se substitue le « Tartuffe de la probité », et les deux hommes n'ont en commun que l'hypocrisie et le désir combien intéressé de tromper. Ils sont tous deux démasqués à la fin, mais les œuvres sont fort différentes; et, là encore, Beaumarchais n'emprunte à Molière ni sa dramaturgie[7], ni son style. Au reste, ce n'est plus d'une comédie qu'il s'agit; mais d'un « drame moral », dit l'édition de 1793, d'un « drame », dit celle de 1797, d'un « drame intrigué », dit la contrefaçon[8], résumant en une formule l'intention exprimée dans la préface de construire une « intrigue de comédie, fondue dans le pathétique d'un drame[9] ». Beaumarchais, toujours *oseur*[10], cherche à créer un genre dramatique nouveau parce qu'hybride, mais, dans son œuvre, le drame l'emporte sur la comédie, comme en témoigne

1. Voir p. 368.
2. Voir p. 1161.
3. Voir p. 1176 et suiv.
4. Voir p. 1176.
5. Éd. citée, t. VII, p. 295.
6. *Un mot sur « La Mère coupable »*, p. 600.
7. Peut-être pourrait-on cependant comparer Léon dans le cabinet de sa mère et écoutant la conversation des deux époux (acte IV, sc. XI, XII, et XIII) à Damis écoutant Elmire et Tartuffe (acte III, sc. I à IV).
8. Voir la Note sur le texte, p. 1487.
9. *Un mot sur « La Mère coupable »*, p. 601. Voir à la page suivante : « Ainsi, la *comédie d'intrigue*, soutenant la curiosité, marche tout au travers du *drame* dont elle renforce l'action sans en diviser l'intérêt [...]. »
10. Selon son propre terme ; voir l'édition Gudin, t. VII, p. 253.

déjà le titre[1]. Ainsi s'explique un malentendu qui rend, pour nous modernes, cette pièce déconcertante. Les noms des personnages nous font attendre une pièce aussi gaie que *Le Barbier de Séville* ou tout au moins que *Le Mariage de Figaro*, mais il est impossible d'y « fai[re] grâce à la raison », « en faveur du badinage[2] ». Il n'y a plus aucun badinage; c'est la raison qui triomphe, ou plutôt le sentiment, comme dans les deux premiers drames, *Eugénie* et *Les Deux Amis*. « Je crois, comme La Harpe, écrit très justement Gudin, qu'il avait plus de talents encore pour la comédie que pour le drame; mais il avait un fonds de moralité qui le ramenait toujours à peindre des situations pathétiques[3]. »

C'est donc d'*Eugénie* et des *Deux Amis* qu'il faut rapprocher *La Mère coupable*, et surtout, des drames du cher Diderot auquel son disciple reste toujours fidèle. Les ressemblances ne manquent pas entre l'œuvre de Beaumarchais et *Le Fils naturel*[4], ni l'application des principes énoncés dans les *Entretiens sur « Le Fils naturel »*. Dans les deux œuvres, l'action commence avec le jour et la loi des unités est observée; la comtesse s'évanouit comme Rosalie et les deux pièces exploitent les thèmes de l'enfant naturel et du faux inceste, thèmes d'époque, il est vrai[5], traités de manières très différentes[6]. Le mariage de Florestine et de Léon, que le dénouement rend possible, a posé bien des problèmes à Beaumarchais. La lettre adressée à M. Martineau s'efforce de montrer[7] que, ni en droit ni en fait, les deux jeunes gens ne risquent d'être des « époux incestueux »; mais alors pourquoi le comte projette-t-il de consulter, « sous des noms supposés, des gens de loi discrets, éclairés, pleins d'honneur[8] » ? Et pourquoi *La Vengeance de Bégearss* devait-elle encore traiter de cette question « avec le plus grand intérêt[9] » ?

Et par l'inspiration, et par les thèmes, et par le style, *La Mère coupable* est donc un drame, « bien intrigué », mais un drame, et finalement un « modèle du genre[10] ». C'est pour obéir à ce genre dramatique que les personnages sont radicalement transformés et ne sont guère reconnaissables des deux premières pièces à la

1. Sur ce point encore, Gudin n'était pas satisfait. « Lorsque je lui disais : c'est *L'Épouse* et non *La Mère coupable* : " Cela est vrai, me répondait-il; mais il faut qu'on sache qu'elle est *mère*, afin qu'on ne s'imagine pas qu'on va voir une femme galante " » (éd. citée, t. VII, p. 295).
2. Voir p. 351, 489.
3. Éd. citée, p. 307.
4. Ressemblances parfois formelles ; Diderot écrit : « *Cette scène marche vite* » (*Le Fils naturel*, acte I, sc. II) ; et Beaumarchais (acte I, sc. II, p. 606) : « *Cette scène doit marcher chaudement.* »
5. Voir F. Gaiffe, *Le Drame en France au XVIII*e *siècle*, p. 317, note 2.
6. Chez Diderot, Dorval et Rosalie sont attirés l'un vers l'autre, parce qu'ils sont frère et sœur, ce qu'ils n'apprennent qu'à la fin de la pièce. Chez Beaumarchais, Bégearss persuade Florestine et Léon qu'ils sont frère et sœur, ce qu'ils ne sont pas.
7. Voir p. 1176-1177.
8. Scène finale, p. 672.
9. Voir la lettre à M. Martineau, p. 1176.
10. Voir la Note sur le texte, p. 1487.

troisième. On a eu beau jeu de marquer ces invraisemblances psychologiques et de souligner que Figaro, si intéressé dans *Le Mariage de Figaro*, refuse, avec un dédain superbe, les deux mille louis que lui offre son maître[1]. Dans une petite société où, comme dans *Eugénie*, « chacun » a bien fait « son devoir[2] », le voilà devenu homme de bien. On a moins remarqué la place que tient dans le drame la religion : Beaumarchais, bien qu'athée et anticlérical, prête à la comtesse les sentiments les plus chrétiens qui soient. L'adultère est le résultat d'une « surprise nocturne[3] » et Chérubin le grand responsable, mais Rosine, vingt ans après, se repent de sa propre faute, considère la mort de son fils comme une punition du Ciel, et à plusieurs reprises prie « avec ardeur » et « les mains jointes[4] ». La Harpe se moque avec esprit de cet abus d'oraisons, explique ainsi que la grande scène entre le comte et la comtesse n'a été accueillie qu'avec « de longues risées[5] »; il se moque aussi du style, « le mauvais goût dans toute sa pureté ». Son analyse est pertinente, et cruel son commentaire de quelques phrases[6], mais ce qu'il n'a pas remarqué, c'est l'emploi et l'abus des vers blancs. « En écrivant mes pièces, j'ai préféré une prose harmonieuse à la coupe et césure des vers », est-il écrit dans une note[7]. Cette recherche, qui fait merveille dans les deux chefs-d'œuvre, tourne au procédé dans *La Mère coupable* où certaines répliques ne sont que des suites d'octosyllabes[8]. Loin de rendre l'œuvre poétique, elles enlèvent au style son naturel. Mais peut-être aussi les musiciens ont-ils été sensibles à ces cadences régulières comme à la violence des sentiments exprimés. Lorsque Beaumarchais eut fait représenter sa pièce, Grétry offrit d'en mettre en musique certains passages[9].

1. Voir p. 672.
2. Voir les scènes finales des deux pièces, p. 197 et p. 672.
3. Acte II, sc. I, p. 619. On remarquera que dans la pièce il n'est jamais rappelé que la comtesse était la marraine de Chérubin ; sans doute parce que les relations sexuelles entre marraine et filleul (ou parrain et filleule) étaient considérées comme incestueuses ; ce qui prouve que si cette *mère* est *coupable*, Beaumarchais veut qu'elle le soit le moins possible.
4. Voir acte III, sc. II, p. 639 ; et acte IV, sc. XII, XIII (p. 657), XVIII.
5. Voir acte IV, sc. XIII, p. 655-658. La Harpe évoque la première représentation de juin 1792, à laquelle il assistait, et ajoute : « Beaumarchais ne se doutait pas que cette habitude de prières, qui peut être à sa place dans un roman tel que *Clarisse*, est insupportable au théâtre où l'on ne dialogue pas un quart d'heure de suite avec Dieu, quand il faut répondre à un mari » (*Lycée ou Cours de littérature*, éd. citée, t. II, p. 546). La hargne du critique rend suspect son témoignage sur l'insuccès de cette scène. Aussi suspectes, et pour des raisons inverses, les outrances de Gudin : « On ne joue point ce drame qu'il ne s'élève des cris au quatrième acte ; on est obligé d'emporter des femmes qui se trouvent mal, et d'autres ne se garantissent de l'évanouissement qu'en respirant de l'éther » (ouvr. cité, p. 296).
6. Ouvr. cité, p. 547.
7. *Notes et réflexions*, Paris, Hachette, 1961, p. 185.
8. Par exemple, toute la fin de la réplique du comte : « Le mari de ta mère était fort dérangé : en mourant il ne laissa rien » (acte II, sc. III, p. 621).
9. « Je ne rêve qu'à votre *Mère coupable*. J'ai remarqué que la musique n'est jamais si bien placée et ne fait jamais plus d'effet que lorsqu'elle est plus rare.

Le projet n'eut pas de suite, mais en 1965 Darius Milhaud fit du drame un opéra[1]. C'est sous cette forme qu'il lui reste quelque chance d'être rejoué.

Péguy s'étonne que l'on ne parle jamais de cette troisième pièce espagnole. Il attribue son échec au fait qu'en 1792 on n'avait pas le temps de l'écouter : peut-être, mais les raisons de l'insuccès sont certainement plus profondes. Il reste que, comme le dit encore Péguy, « elle vaut infiniment mieux que cette cendre[2] ». Elle met en scène des personnages déjà connus que l'on retrouve « vingt ans après[3] », et qui n'ont pas moins changé que le monde. Le comte se souvient à peine de celui qui l'a trahi : « [...] un certain Léon d'Astorga, qui fut jadis mon page et que l'on nommait Chérubin[4]... » Péguy souligne la mélancolie de cette réplique. Ce qu'il a admirablement vu, c'est qu'il y a un autre coupable dans la pièce : le temps, le temps qui a vieilli l'auteur et avec lui ses personnages. On relira ces pages brûlantes où l'auteur de *Clio* retrouve si bien, au-delà des différences d'inspiration et de style, l'unité profonde de cette trilogie espagnole.

Chronologie de « La Mère coupable ».

1784

Beaumarchais travaille déjà à sa pièce.

1791

La pièce, écrite surtout en 1790, est terminée au début de 1791.

13 janvier : décret de la Constituante sur la propriété littéraire.

Février. La pièce est acceptée à la Comédie-Française. Lecture chez la comtesse d'Alfieri[5] et probablement dans d'autres salons.

12 août : rapport aux auteurs dramatiques sur la Comédie-Française[6].

Décembre : Beaumarchais retire sa pièce aux Comédien-Français.

1792

16 juin : lettre au *Journal de Paris*[7].

26 juin : première représentation de *La Mère coupable*, au théâtre du Marais.

Voulez-vous que je choisisse douze places où vous rimerez votre prose, et voilà tout ? Je vous réponds qu'on parlera un jour, si vous consentez à ma demande, de la colère d'Almaviva autant qu'on a parlé de la colère d'Achille [...] » (sans date ; cité par Loménie, *Beaumarchais et son temps*, Paris, Michel-Lévy, 1856, t. II, p. 456).

1. *La Mère coupable*, opéra en trois actes, livret de Madeleine Milhaud. Partition pour chant et piano, Milan, Ricordi, 1966, in-4°, 293 p.
2. *Clio [...]*, éd. citée.
3. Voir p. 601.
4. Acte I, sc. VIII, p. 614.
5. Voir le texte, reproduit p. 1482, de la lettre du 5 février 1791.
6. Cité dans l'édition Fournier, p. 625-632.
7. Reproduite p. 1483-1484.

Du 26 juin au 5 août : quinze représentations.

1793 [an II]

Première édition — corrigée — faite par les « amis de l'auteur[1] ».

1796

À la fin de l'année, la pièce eſt de nouveau confiée aux Comédiens-Français.

1797

Le [3 avril], Beaumarchais écrit aux Comédiens-Français et leur reproche de retarder la reprise[2].

5 mai : reprise de *La Mère coupable* par la Comédie-Française, au théâtre de la rue Feydeau, pour cinq représentations.

La pièce eſt rééditée la même année dans sa forme définitive.

1799

27 novembre : la pièce eſt reprise à la Comédie-Française[3] pour six représentations, la sixième ayant eu lieu le 24 novembre 1800.

1965

Darius Milhaud compose, sur *La Mère coupable*, un opéra créé à Genève l'année suivante.

La pièce a été jouée à la Comédie-Française huit fois au XVIIIe siècle et cent six fois au XIXe siècle. Elle eſt reſtée au répertoire jusqu'en 1850 et n'a pas été reprise depuis.

DOCUMENTS

Lettres

À LA COMTESSE ALFIERI[4]

Paris, ce 5 février 1791.

Madame la Comtesse[5],

Puisque vous voulez entendre absolument mon très sévère ouvrage, je ne puis pas m'y opposer; mais faites une observation

1. Sur les corrections, voir la Notice, p. 1476 ; sur l'Avertissement, var. *a*, p. 605.
2. Voir le texte de cette lettre p. 1485.
3. La distribution était la suivante : Le comte, Molé ; Bégearss, Damas ; Figaro, Dazincourt ; Léon, Armand ; La comtesse, Mme Vanhove ; Suzanne, Émilie Contat ; Florestine, Mars cadette.
4. Cette lettre est reproduite dans Loménie, ouvr. cité, t. II, p. 456.
5. Louise, fille du prince Gustave-Adolphe de Stolberg-Gedern, née à Mons en 1752, avait épousé en 1772 le dernier des Stuarts, qui vivait sous le nom de comte d'Albany. Veuve en 1788, elle s'était remariée aussitôt avec le comte Vittorio Alfieri, le poète italien avec qui elle vivait depuis 1784. Fixée à Paris depuis 1787, elle avait demandé à Beaumarchais de lire son œuvre chez elle.

avec moi : quand je veux rire, c'eſt aux éclats; s'il faut pleurer, c'eſt aux sanglots. Je n'y connais de milieu que l'ennui.

Admettez donc qui vous voudrez à la lecture de mardi, mais écartez les cœurs usés, les âmes desséchées qui prennent en pitié ces douleurs que nous trouvons si délicieuses. Ces gens-là ne sont bons qu'à parler révolution. Ayez quelques femmes sensibles, des hommes pour qui le cœur n'eſt pas une chimère, et puis pleurons à plein canal. Je vous promets ce douloureux plaisir et suis avec respect, Madame la Comtesse, etc.

AUX AUTEURS DU JOURNAL[1]

Beaumarchais prie Messieurs les Rédacteurs de donner cours à cette lettre. Déjà bien des journaux peu honnêtes et mal inſtruits ont fait de *La Mère coupable* une caricature immorale et ſtupide propre à tromper les spectateurs et les armer contre l'ouvrage. C'eſt pour engager ces derniers à l'écouter jusqu'à la fin, avec une attention sévère, qu'il leur adresse cette lettre : sauf à le critiquer après.

Mes chers concitoyens et frères, c'eſt avec les plaisirs du cœur, de la nature et des beaux-arts que nous devons nous consoler des maux inséparables de notre état actuel. En attendant l'avenir heureux, cherchez-vous un nouvel essai de ces plaisirs consolateurs ? Venez voir ma *Mère coupable* et vous affliger avec elle.

Venez la voir avec le bon esprit qui me l'a fait faire pour vous; et jugez-la sans prévention. Si ses larmes commandent les vôtres, laissez-les couler doucement. On a du plaisir au théâtre à pleurer des maux simulés, qui ne font pas le mal poignant de la réalité cruelle.

Après avoir bien ri de la folle jeunesse du comte Almaviva, laquelle eſt à peu près celle de tous les hommes, après avoir gaiement considéré les fautes de son âge viril, et qui sont trop souvent les nôtres, venez vous convaincre avec moi par le tableau de la vieillesse, par l'ouvrage le plus moral qui ait pu sortir de ma plume, que tout homme qui n'eſt pas né un épouvantable méchant, finit toujours par être bon, quand l'âge des passions commence à s'éloigner et surtout quand il a goûté le bonheur si doux d'être père ! C'eſt là le but moral de la pièce que je vous offre.

Si j'ose y mettre sous vos yeux le machinateur, l'homme affreux qui tourmente aujourd'hui cette malheureuse famille, ah ! je vous jure que je l'ai vu agir : je n'aurais pas pu l'inventer. C'eſt pour vous garantir des pièges de ces monſtres (il en exiſte partout) que j'ai traduit sévèrement celui-ci sur la scène française.

Peut-être ai-je attendu trop tard pour achever cet ouvrage terrible qui me desséchait la poitrine et devait être écrit dans la force de l'âge; il m'a tourmenté bien longtemps; mes deux comédies espagnoles furent faites pour le préparer. J'hésitais à m'en occuper :

1. Cette lettre, dont le manuscrit se trouve à la Comédie-Française, était destinée au *Journal de Paris*. Elle est datée du 16 juin 1792, alors que la première de *La Mère coupable* a eu lieu dix jours après. Nous ne savons si elle a été envoyée, car elle n'a pas été publiée par le journal. Elle est intéressante, parce que Beaumarchais en a repris parfois le texte dans *Un mot sur « La Mère coupable »*, écrit en 1797 (il était rentré à Paris en juillet 1796).

je craignais de manquer de force et peut-être n'en ai-je plus, à l'époque où je l'ai tenté. Mais enfin je l'ai composé avec une intention pure, avec la tête d'un homme et le cœur d'une femme, comme on l'a pensé de Rousseau; j'ai remarqué que cet ensemble est plus commun qu'on ne le croit !

Au reste la pièce ne tient à nul parti, à nulle secte. Elle n'a même de rapport à nos événements présents que par le don patriotique de mes honoraires d'auteur aux bons soldats de nos armées. Ce n'est donc point une œuvre de parti; c'est un tableau touchant des peines intérieures qui divisent bien des familles.

Si cet ouvrage entame votre cœur, il pourra vous plaire toujours, car il a été destiné à tous les temps et à tous les lieux où les grands traits de la nature et tous ceux qui caractérisent le cœur de l'homme et ses secrets ne seront pas trop méconnus.

Diderot comparant les ouvrages de Richardson avec tous ces romans que nous nommons *l'histoire*, s'écrie dans son enthousiasme pour cet auteur juste et profond : « Peintre du cœur humain ! C'est toi seul qui ne mens jamais[1] ! » Et moi aussi j'essaye d'être un des peintres du cœur humain, mais ma palette est desséchée par l'âge et les contradictions.

Pourtant, mes chers concitoyens, si ma pièce ne vous plaît point, n'allez pas user vos poumons en invectives contre moi; moins encore si elle vous plaît, comme on l'a fait assez souvent sur mes ouvrages de théâtre; j'étais jeune alors, j'en riais; en vieillissant l'esprit s'attriste, le caractère se rembrunit; je ne ris plus quand un fripon m'insulte; on n'est pas maître de cela.

L'intention de l'auteur, quoique sévère ici, fut bonne. Critiquez-le sans l'injurier. S'il est trop vieux pour en tirer du fruit, votre leçon peut profiter à d'autres; l'injure ne profite à personne et même elle n'est pas de bon goût.

Daignez vous rappeler aussi que dans le temps où les journaux m'outrageaient si grossièrement pour avoir offert ce jeune Figaro que vous avez aimé depuis, j'imprimais alors sans humeur : « Pourquoi ces cris, ces calomnies ? Quelque inhabile, Messieurs, que puisse être un auteur, croyez qu'il veut toujours vous plaire.

D'ailleurs chacun de vous sait bien qu' " une mauvaise comédie n'est point une mauvaise action[2]. " Eh ! pardieu ! vous confondez tout ! » Non je n'ai pas écrit un mot pour votre amusement ou mes justes défenses, que je ne me sois vu en butte à tout ce que la société a de vil et de méprisable. C'est une rage bien étrange ! rien n'a jamais pu l'apaiser. Mais être calomnié n'est plus mon privilège depuis que nous sommes égaux, du sceptre à la houlette, chacun le partage avec moi.

Ô vous qui trouvez du plaisir à mêler vos pleurs aux douleurs, au pieux repentir d'une femme bien malheureuse, venez voir *La Mère coupable*. Peut-être vous me saurez gré de sa moralité profonde. Si vous n'aimez point à pleurer, ah ! cherchez un autre spectacle ! nous n'avons rien à celui-ci que des larmes à vous offrir.

Le 16 juin 1792.

BEAUMARCHAIS.

1. Voir n. 2, p. 602.
2. Voir p. 282.

AUX COMÉDIENS-FRANÇAIS[1]

Ce 14 germinal an V [3 avril 1797].

Mes chers Concitoyens,

Vous qui représentez tant de belles choses et si bien, vous en avez une médiocre sur le chantier de vos études, du faible estoc[2] de votre serviteur.

Sur cette médiocrité, vous l'avez vu, je n'ai montré nul indiscret empressement pour que *ma mère* obtînt la préférence; mais de ce que[3] vous avez paru en aimer quelque temps la jouissance exclusive, depuis six mois je la refuse à des galants qui la demandent : d'où il résulte que *ma mère* ne se sent épousée par personne, ce qui déplaît profondément aux femmes.

Mes bons amis, si l'épousaille[4] traîne autant que les fiançailles, vous m'exposez à la *désobligeance*[5] de continuer à refuser, sans motif apparent, *ma mère* à ceux qui voudraient en tâter; car, ne pouvant leur opposer qu'un hymen équivoque et sans publicité pour eux, comme sans effet pour *ma mère*, personne n'est content de moi.

Si, dans vos amours clandestines, quelque défaut vous avait lassés d'elle, au moins prononcez le divorce. Et veuve, hélas ! sans avoir eu d'époux[6], dédaignée des plus beaux amants, je la laisserais consoler par quelques amants secondaires, car *ma mère* me dit ingénument que, devenant presque aussi vieille que son fils, elle n'a pas de temps à perdre si je veux qu'on la claque encore. Et moi, noble enfant que je suis, je veux, mes chers amis, tout ce qui peut plaire à *ma mère*. Salut.

À RŒDERER[7]

22 floréal an V[8] [11 mai 1797].

Le suffrage d'un homme de votre mérite[9] est aussi encourageant que flatteur : mais j'ai six ans de plus que quand j'ai fait *La Mère*

1. Cette lettre est reproduite dans Loménie, ouvr. cité, t. II, p. 510-511.
2. « On dit familièrement *dites-vous cela de votre estoc* ? *Cela ne vient pas de son estoc* pour dire, dites-vous cela de vous-même ? Cela ne vient pas de lui » (*Académie*).
3. Du fait que [...].
4. Le mot est toujours donné au pluriel dans les dictionnaires.
5. Le mot est en italique, sans doute parce qu'il est tout nouveau. C'est, jusqu'à ce jour, le premier emploi connu. Les dictionnaires donnent comme datation l'année suivante. *Désobligeance* se trouve en effet dans le *Dictionnaire de l'Académie* de 1798.
6. Souvenir évident de Racine : « Et veuve maintenant sans avoir eu d'époux », dit d'elle-même Monime (*Mithridate*, acte I, sc. II, v. 137).
7. Le 10 mai 1797, Rœderer écrivait à Beaumarchais : « Au citoyen Beaumarchais, rue Paradis. / Je ne puis vous taire ni vous exprimer le plaisir que j'ai eu hier à *La Mère coupable*. Jamais je n'ai versé de si douces larmes. Voilà du pathétique. Quel quatrième acte ! Ma journée d'hier eût été complète si j'avais pu vous embrasser ; et votre tête que je voyais devant moi à l'orchestre ajoutait à mon désir. Recevez mes félicitations et mes remerciements. J'espère que vous nous ferez encore quelque chose. / Ce 21 floréal. / Rœderer. » Cette lettre est bien connue et Lintilhac l'a reproduite (ouvr. cité, n. 2, p. 107). La réponse de Beaumarchais que nous donnons ici est, sauf erreur, inédite. Nous l'avons trouvée aux Archives nationales (cote : 29 AP 10).
8. On voit que Beaumarchais répond immédiatement.
9. Pierre Louis, comte Rœderer, né en 1754 à Metz, était en 1797 professeur

coupable; et en gagnant de l'âge, j'ai perdu la douce tranquillité nécessaire à ce genre d'amusement. Je vous aurais prié dès la première représentation d'accepter un exemplaire de l'ouvrage pour vous soumettre les idées de mon discours préliminaire; mais j'ai craint qu'en votre qualité de journaliste[1] vous ne pensassiez que je voulais par là vous engager d'en dire quelque chose. Non, j'ai eu plus que je n'osais espérer. Je ne croyais pas le public d'aujourd'hui de force à prendre du plaisir à un ouvrage aussi sévère. Tout n'est donc pas perdu, puisqu'il commence à consentir qu'on lui parle comme à des hommes. Aujourd'hui que tous nos journaux ont chacun rendu compte à leur manière de sentir, de l'effet que l'ouvrage a produit sur eux, et que tout est dit là-dessus, je vous envoie un exemplaire et un pour Adrien Lezai, pour vous remercier tous les deux de l'extrême plaisir que me font vos excellentes productions. Je vous donne peu pour beaucoup, mais l'intention ici doit remplir l'intervalle.

Salut, estime, attachement.

BEAUMARCHAIS.

À M. T***[2]

Paris, ce 18 prairial an V [6 juin 1797].

[...] Le Théâtre-Français vient de reprendre mon dernier essai dramatique, fait en 1791, *La Mère coupable*. Soit que la perfection du jeu lui ait donné plus de mérite, soit que l'esprit public se tourne avec un goût plus sûr vers les sujets d'une grande moralité, cette pièce a eu un tel succès, que j'en suis étonné moi-même. On m'a violé comme une jeune fille à la première représentation; il a fallu paraître entre Molé, Fleury et Mlle Contat[3]. Mais le public qui demandait l'auteur, n'est plus cette assemblée moqueuse des talents qui la font pleurer malgré elle; ce n'est plus un homme dont le plus sot des nobles se croyait supérieur, que l'on veut voir pour en railler; ce sont des citoyens qui ne connaissent de supériorité que celle accordée au mérite ou aux talents, qui désirent voir l'auteur d'un ouvrage touchant, dont les acteurs, rendus à la citoyenneté, viennent de le faire jouir avec délice. Peut-être s'y est-il mêlé un peu de ce noble désir de dédommager un bon citoyen d'une proscription désastreuse ! Quoi qu'il en soit, moi, qui toute ma vie me suis refusé à cette demande du public[4], j'ai dû céder; et cet applaudissement prolongé m'a fait passer dans une situation toute neuve : j'étais loué par mes égaux; j'ai pu goûter la dignité de l'homme. [...]

BEAUMARCHAIS.

d'économie politique aux Écoles centrales. Il avait déjà joué et devait jouer plus tard un rôle politique important.

1. Rœderer collaborait au *Journal de Paris*.

2. Cette lettre a été recueillie par Gudin de La Brenellerie (éd. citée, t. VII, p. 110-113). Si l'on en croit Lintilhac (ouvr. cité, n. 3, p. 107), M. T*** serait Théveneau de Morande, mais ce n'est pas certain... Nous ne donnons, de cette lettre assez longue, que le passage qui concerne *La Mère coupable*.

3. Émilie Contat était la comtesse, Molé le comte, et Fleury Bégearss. Voir, à la fin de ce volume, la Liste des acteurs.

4. De fait, à la fin de la première représentation de *Tarare*, Beaumarchais, à l'inverse de Salieri, avait refusé de monter sur la scène (voir Adolphe Jullien, « Salieri », *Gazette musicale*, nº XVI, 18 avril 1875, p. 22).

NOTE SUR LE TEXTE

« Honorablement rappelé dans ma patrie, après quatre années d'infortune, et la pièce étant désirée par les anciens acteurs du Théâtre-Français dont on connaît les grands talents, je la restitue en entier dans son premier état. Cette édition est celle que j'avoue[1]. »

Cette déclaration sans équivoque impose un choix. C'est donc le texte de 1797 que nous avons reproduit, texte que la page de titre qualifie à tort d'originale[2].

Reste le problème du choix des variantes. Celles que nous avons retenues proviennent essentiellement de deux sources.

D'abord est retenu un manuscrit. Lintilhac en avait retrouvé trois[3]. Le plus ancien, qui porte la mention *drame intrigué*, est qualifié par l'auteur lui-même d' « ébauche informe de *La Mère coupable* ». Il est conservé, avec un autre dont le texte ressemble de très près à l'édition de 1793, dans les papiers de famille. Nous avons choisi le manuscrit qui se trouve à la Comédie-Française; ses pages ne sont pas numérotées et la page de titre porte : « *La Mère coupable* / Drame / En 5 actes / 1791 »; et, écrit d'une autre main : « avec corrections de Beaumarchais[4] ». On en trouvera ici la plupart des variantes.

Les autres variantes proviennent d'une édition, celle de 1793[5] : celle des « amis de l'auteur », qui ont voulu prévenir une « édition subreptice » qu'avaient annoncée de « misérables contrefacteurs[6] ». Au début de sa préface, Beaumarchais explique pourquoi ses amis furent obligés d' « altérer [...] [le] langage » des personnages et de « mutiler plusieurs scènes[7] ». De fait, et il suffit de le signaler une fois pour toutes, les titres nobiliaires ont disparu — « le comte » devient « Monsieur Almaviva » ; ainsi que les mots « maître », « louis » remplacé par « écus », « hôtel » remplacé par « maison ». Mais les autres variantes sont intéressantes. Nous les avons pour la plupart retenues.

1. *Un mot sur « La Mère coupable »*, p. 599.
2. « *L'Autre Tartuffe ou la Mère coupable*, drame en cinq actes, en prose ; par P.-A. Caron-Beaumarchais. Remis au Théâtre de la rue Feydeau, avec des changements, et joué le 16 floréal an V [5 mai 1797] par les anciens acteurs. On gagne assez dans les familles, quand on en expulse un méchant. Dernière phrase de la pièce. Édition originale. À Paris, chez Rondonneau et Cie, au Dépôt des lois, place du Carrousel, 1797. »
3. Sur ces manuscrits, voir Lintilhac, ouvr. cité, p. 106, 292 et note 1 ; et *Théâtre*, éd. J.-P. de Beaumarchais, Paris, Garnier, 1980, p. 472.
4. À la fin du volume, on lit sur la dernière feuille : « *La Mère coupable* / Drame / En 5 actes / En prose / 1791. / minutte. »
5. « *L'Autre Tartuffe / ou / la Mère coupable* / Drame moral / en cinq actes / représenté pour la première fois à Paris, le / 26 juin 1792. / À Paris / chez Maradan, libraire, rue du Cimetière- / André-des-Arts, nº 9. / L'an deuxième de la République française. » Cette édition a été choisie, contre toute attente, par d'Heylli et Marescot ; Voir *Théâtre complet*, éd. citée, t. IV, p. 173-373.
6. Voir var. *a*, p. 605. Cette contrefaçon a été publiée : « *L'Autre Tartuffe ou la Mère coupable*, drame intrigué, en cinq actes : de Beaumarchais. Prix 1 liv[re] 10 sols. / À Paris, chez Silvestre, rue Pavée, nº 219. L'an II. »
7. Voir p. 599.

SIGLES UTILISÉS

C Manuscrit de la Comédie-Française.
1793 Première édition, désavouée par l'auteur.

NOTES ET VARIANTES

Page 597.

a. Drame moral 1793 ↔ *b. Cette citation n'est pas donnée dans 1793.*

Page 599.

1. Pour un premier état de cette préface, voir p. 1483.
2. Sur cette contrefaçon et la première édition de *La Mère coupable*, voir la Notice, p. 1476, et la Note sur le texte, p. 1487.
3. Au sens fort et ancien : blessés, mis à mal; voir n. 1, p. 422.
4. Voir, var. *a*, p. 605, l'Avertissement que les amis de l'auteur ont placé au début de leur édition.
5. C'est-à-dire les acteurs qui, en 1791, au moment de la scission de la troupe, étaient restés d'abord dans l'ancienne salle, puis, en 1795, s'installèrent au théâtre de la rue Feydeau.

Page 600.

1. Sur la douceur de ces larmes, voir, p. 1483, la lettre que Beaumarchais adressait à la comtesse Alfieri le 5 février 1791.
2. « Celui qui fait un complot secret contre quelqu'un » *(Académie)*.
3. Il s'agit évidemment de l'avocat de Kornmann, Bergasse, dont le nom est à peine modifié en Bégearss; voir la Chronologie, p. XXXVI (1788).
4. Beaumarchais oublie madame Pernelle.
5. En tenant compte du fait qu'il est puni. Sur *en faveur de*, voir n. 3, p. 419.
6. Voir la lettre à M. Martineau : « J'ai travaillé vingt ans à composer la situation épineuse que vous me reprochez [...] » (p. 1177).

Page 601.

1. *D'ailleurs* : par ailleurs. Sur le divorce, voir n. 1, p. 611.
2. On remarquera qu'un des manuscrits et la contrefaçon (voir la Notice, p. 1478) font de la pièce un *drame intrigué.*
3. Énoncés avec légèreté et, de ce fait, contestables.
4. Sur *inconsistant*, voir la *Lettre modérée sur la chute et la critique du « Barbier de Séville »*, p. 272 et var. *a*. Il s'agit ici, chez les personnages, de l'âge de l'instabilité, des fougues de l'âge, comme va le préciser le texte.
5. La marquise del Pizzaro et Chérubin sont morts (voir les scènes I et III du deuxième acte, p. 620 et 621.)

Page 602.

1. Sur ce problème, voir la lettre à M. Martineau, p. 1176-1177.
2. Le texte exact est : « Ô peintre de la nature ! C'est toi qui ne mens jamais » (*Éloge de Richardson, Œuvres esthétiques*, Paris, Garnier, 1959, p. 40). Diderot vient d'écrire : « J'oserai dire que souvent l'histoire est un mauvais roman; et que le roman comme tu l'as fait, est une bonne histoire. »

Page 603.

1. Beaumarchais pensait pourtant à donner une suite à *La Mère coupable*. Voir la lettre à M. Martineau, p. 1176.
2. Ce mot a au XVIIIe siècle une valeur plus large que de nos jours; voir n. 3, p. 508.
3. Nous sommes en 1797, et la campagne d'Italie vient de se terminer en avril.

Page 605.

L'AUTRE TARTUFFE
OU
LA MÈRE COUPABLE

a. La liste des personnages est précédée dans 1793 du texte suivant : Avertissement / Cette pièce n'aurait pas été imprimée, au moins dans ce moment, si de misérables contrefacteurs n'en avaient pas annoncé une édition subreptice. Les amis de l'auteur ont cru devoir la prévenir; et pour épargner au public une édition vicieuse, faite d'après une copie informe, ils ont pris sur eux d'en donner une correcte, et de la publier avant l'époque déterminée par l'auteur lui-même. L'usage auquel il en destinait le produit[1] a été pour eux une considération de plus, et en serait une nouvelle de poursuivre les contrefacteurs avec la rigueur autorisée par la loi. / Il a fallu peu de travail pour mettre cette pièce entièrement à l'ordre du jour. La manière connue de l'auteur, trop hardie sous le règne du despotisme, respirait d'avance l'amour de la philosophie; il avait pressenti le règne de la liberté; cependant le peu de mots qui auraient pu effaroucher des oreilles nouvellement républicaines, en ont été soigneusement retranchés; et comme cet ouvrage contient une excellente leçon de mœurs, il ne pouvait être offert au public dans un moment plus favorable que celui où notre gouvernement s'établit sur les bases de la vertu. ↔ *b.* ALMAVIVA, d'une famille noble, mais sans orgueil. / MME ALMAVIVA [...] et d'une piété angélique. / LÉON, leur fils [...]. / SUZANNE [...] première camariste de Mme Almaviva [...] bien attachée, revenue des illusions du monde. / GUILLAUME, Allemand, valet de M. Bégearss [...]. / *La scène est à Paris, dans la maison occupée par la famille d'Almaviva, vers la fin de 1790.* *1793*

1. Figaro a donc toujours les mêmes talents; voir *Le Barbier de Séville*, acte I, sc. IV, p. 298. Il soignera la comtesse à la fin de la pièce; voir acte IV, sc. XVI, p. 659.

1. Produit destiné, dit la lettre au *Journal de Paris* (voir p. 1484), « aux bons soldats de nos armées ».

2. Pour *camariste*, voir la préface du *Mariage de Figaro*, n. 2, p. 364.
3. Exactement le 10 novembre, jour de la Saint-Léon; voir la première scène, p. 606.

Page 606.

a. marcher très chaudement. *1793*

1. De couleur sombre.

Page 607.

a. appuyant : Qui ? l'honnête M. Bégearss ? *C* ↔ *b.* FIGARO : Aimeriez-vous mieux n'avoir l'air de personne ? Depuis, *1793*

1. Figaro hésite curieusement, dans cette scène, entre le *tu* et le *vous*.
2. « *Se recorder* [...] se rappeler ce qu'on a à dire ou à faire. *Se recorder avec quelqu'un* pour se concerter ensemble » *(Académie)*; voir aussi n. 6, p. 400. *Sur* est au sens, si fréquent chez Beaumarchais, de « au sujet de ».
3. Sans laquais portant la livrée pour l'accompagner.
4. « *Dénaturer son bien*, pour dire, vendre ses propres pour faire des acquêts dont on ait la libre disposition » *(Académie)*. On va apprendre (sc. VI, p. 613-614) que le comte veut déshériter son fils au profit de sa « pupille ».

Page 608.

a. d'une maison qui se délabre ? / SUZANNE : J'en suis sûre à peu près, quoiqu'il ne me l'ait pas confié. / FIGARO : Tourmenté par ce noir soupçon, je vais chez le notaire du comte me débarrasser d'un portefeuille de un million cinq cent mille livres, arrivés de Cadix pour la vente qu'il a faite de ses biens à la Veracruz. En conversant, j'apprends par M. Fal qu'il est chargé par notre maître de faire en secret un contrat... / SUZANNE : ...de mariage ? / FIGARO : ...pour sa pupille, avec quelqu'un que l'on ne nomme pas, mais qu'on dit possesseur d'environ un million cinq cent mille livres : c'est le major Bégearss; le prétendu bien qu'il possède, c'est notre maître qui le donne, et voilà où va s'engouffrer notre argent de la Veracruz en attendant que tout le reste y passe. / SUZANNE : *C*

1. *Ambassades* : dépêches d'ambassadeur. « Ce mot se prend encore pour message, mais improprement » (de Wailly, *Dictionnaire ou manuel de la langue française*, nouv. éd., Liège, de Bouhers, 1776). *Chiffrer* : « [...] écrire en chiffre », le chiffre étant « une manière secrète d'écrire » *(Académie)*.
2. Je te rapporte [...].
3. Sans aucun doute il se croit à ce sujet assuré de son succès.

Page 609.

a. un crêpe noué au bras : *1793*

1. C'est ici, au XVIIIe siècle, un terme d'amitié, de supérieur à inférieur, sans qu'intervienne l'âge, comme on le voit ici.

Page 610.

a. la fille du mari. Celle-ci crut avoir un père; il ne l'était que pour la forme, et son parrain... Bref, *C* ↔ *b.* mes vœux... Ces choses-là ne s'oublient guère. / SUZANNE : En vous donnant sa plus tendre amitié. / BÉGEARSS : Oui, le besoin de s'épancher avec un confident instruit... *(En patelinant.)* Ma chère Suzanne y met plus de grâce. / SUZANNE : Il vous prend là, monsieur, d'obligeants souvenirs. / BÉGEARSS : L'ai-je donc jamais oubliée ?... Suivant *C*

1. Ou comme nièce, ainsi dans *Les Deux Amis* où Pauline est en réalité la fille d'Aurelly (voir acte III, sc. V, p. 239). On notera la similitude des situations.

2. La phrase, peu claire, signifie probablement : « Il suffit qu'eux tous réfléchissent pour que disparaisse leur austère probité. » Voir la phrase suivante.

Page 611.

a. un moment tombée !... Ou si, dans ces nouvelles et merveilleuses lois, le divorce s'établissait... Tous nos matériaux sont prêts sur certaine affaire que tu sais. / SUZANNE, *vivement* : Il divorcerait ? / BÉGEARSS : *C*

1. Anachronisme : l'action se passe à la fin de 1790 (voir p. 605), et la loi sur le divorce n'a été promulguée que le 20 septembre 1792. Voir la variante *a.*

2. Et non *surintendante*, mot qui ne désigne encore que la femme du surintendant.

3. « Il est aussi adjectif et signifie remarquable. Un service signalé » *(Académie)*. Bégearss allait dire *un signalé service* ; *signalé* a fait broncher Suzanne : d'où la suite de la réplique, qui atténue la force de l'adjectif.

Page 612.

a. de son joaillier... *[p. 611, 3 lignes en bas de page]* / SUZANNE : Mais j'y veux être. / BÉGEARSS : Il ne s'agit que d'un coup d'œil. / SUZANNE : À cause du double fond; vous en connaissez le secret ? / BÉGEARSS : C'est moi qui l'ai fait faire; mais il y a si longtemps ! / SUZANNE : Où sont serrées ces malheureuses lettres qui lui ont fait verser tant de larmes ? Ah ! pourquoi les lui remîtes-vous ? / BÉGEARSS : Pouvais-je les garder quand un ami mourant m'avait chargé de les lui rendre ? / SUZANNE : Vous sentez que ce double fond... / BÉGEARSS *la regarde dans les yeux* : Est impossible à deviner. Sais-tu l'ouvrir, toi ? / SUZANNE : Non. / BÉGEARSS : Tant pis. / SUZANNE : Pourquoi ? / BÉGEARSS : Je t'aurais dit d'ôter ces lettres, puisque tu crains... / SUZANNE : Je ne crains pas, mais j'ai peur seulement. / BÉGEARSS : Donc, il faut se garder d'éveiller un pareil soupçon... Paix ! paix ! le voici *C* ↔ *b.* de lui demander quelque chose. / LE COMTE : Ah ! C'est peu de chose en effet. Je voudrais, pour certain projet, faire voir à mon joaillier le bel écrin de ta maîtresse; mais je désirerais que la comtesse n'en sût rien. / SUZANNE : *C* ↔ *c.* qu'en vraie fierté. [...] heurter les préjugés ni y demeurer sans adopter les opinions nouvelles. / SUZANNE : *C* : qu'en vraie fierté. / SUZANNE : 1793

1. *Fièrement* signifie avec hauteur, sévèrement. Le comte est mécontent que Suzanne lui demande de donner sa parole et méconnaisse ainsi sa qualité de comte.

Page 613.

a. une croix de Malte, *omis 1793* ↔ *b.* de plus près, ne peut-elle vous rendre indulgent ou vous consoler d'un malheur commun à tant de gens honnêtes ? Suivez vos plans, fort bien, mais n'empoisonnez pas vos jours. Vous avez perdu votre fils ; songez qu'il vous reste une fille, et d'autant plus intéressante qu'elle n'a d'autre ami que vous. / LE COMTE : C ↔ *c.* l'agrément de ma Cour *1793*

1. Les cadets de famille noble étaient souvent chevaliers de l'ordre de Malte. Voir *Manon Lescaut* : « L'habit ecclésiastique prit la place de la croix de Malte et le nom d'abbé des Grieux, celle de chevalier » (*Romanciers du* XVIII*e* *siècle*, Bibl. de la Pléiade, t. I, p. 1251).

2. Le Mexique était alors une vice-royauté de l'Espagne. On va apprendre (sc. VIII, p. 615) que le comte en a été le vice-roi.

Page 614.

a. ALMAVIVA *tire un bracelet de sa poche* : *1793*

1. Voir *Le Mariage de Figaro*, acte I, sc. X, p. 399.

Page 615.

a. je m'embarquai pour aller commander au Mexique, *1793* ↔ *b.* le bracelet qu'elle porte, le peintre, *1793*

1. Là se joue l'action du *Mariage de Figaro* ; voir p. 382.

2. Dans la province de León et à l'ouest de cette ville.

Page 616.

a. s'éloigne. Almaviva tient les papiers et lit le premier qui se présente. Bégearss 1793

1. Le différend qui s'est traduit par des gestes ; voir le jeu de scène précédent.

2. À l'instant.

Page 617.

a. qui est sur la table, omis 1793 ↔ *b.* BÉGEARSS : *1793* ↔ *c.* éprouve *1793*

Page 618.

a. dans un lieu très accrédité. / LE COMTE : C : dans un club très fameux. / LE COMTE : *1793 ; le 1er manuscrit conservé par la famille Beaumarchais donne, pour ce passage, le texte suivant :* dans le club des Amis de la Constitution. / LE COMTE : Deviez-vous y aller sans avoir une permission ? / LÉON : Mon père, c'est un lieu public. LE COMTE : ↔ *b.* ton du jour, lisant des pamphlets dans les clubs. Bientôt *1793*

1. Selon l'ordre donné par le comte, sc. VII, p. 614. *Finement* souligne que le mot doit être pris dans le double sens d' « entendre » et de « comprendre ».

2. On se souvient que le chevalier Léon est un « jeune homme

épris de la liberté » (voir p. 605). Sur l'abolition des ordres monastiques, voir n. 1, p. 592.

3. L'ordre de Malte : ses chevaliers avaient pour mission d'évangéliser les pays orientaux, et leurs courses maritimes contre les Turcs s'appelaient des *caravanes*.

Page 619.

a. où vous en voulez venir, et pour quel parti vous penchez ! / *Il veut* *1793* ↔ *b.* vous sentez l'homme du commun ! *omis 1793* ↔ *c. un signe de compassion.*) / BÉGEARSS, *seul, les regarde aller et dit avec mystère* : Enfin, il a saisi la lettre sans qu'on puisse me soupçonner. Quand elle a passé dans ses mains, s'il eût bien regardé les miennes, il les eût vues tremblantes de ma joie. Il faut maintenant empêcher que la Comtesse ne voie qu'elle lui manque. Ma vieille passion rappelée, ces vieux pièges tendus à la crédule Suzanne *(avec le ton du regret)*, au risque de m'y prendre aussi... Mais la lettre est si nécessaire, disons le mot, si indispensable... *(Il sort.)* / *Acte II* *C* ↔ *d. Jeu de scène omis dans 1793.*

1. « Visionnaire, fanatique » *(Académie)*, le *visionnaire* étant « celui qui a des idées folles, des imaginations extravagantes, des desseins chimériques » *(ibid.)*. Mais Féraud dit d'*enthousiaste*, dans son *Dictionnaire critique [...]* (Marseille, chez Jean Mossy, 1787) : « Il est fort à la mode aujourd'hui, mais on lui donne un sens moins odieux. On le dit simplement de celui qui s'enthousiasme, qui s'affecte vivement de [...]. »

Page 620.

a. expira *1793*

Page 621.

a. goût, l'étourderie la plus légère, *1793* ↔ *b.* (car sans doute vous lui ferez prendre aujourd'hui ce parti), monsieur *1793*

1. Cette tirade est à rapprocher du passage supprimé à la représentation du *Mariage de Figaro* (acte III, sc. XVI, p. 446-447). Voir aussi *Notes et réflexions* (Paris, Hachette, 1961, p. 114-115), en particulier ce passage : « Le motif de [la] retenue [des femmes] est l'extrême différence qu'il y a entre le crime de la femme ou de l'homme adultère, relativement au droit des gens, à la justice et à l'ordre social. Comme époux, comme épouse, ils sont également répréhensibles. Comme père ou mère la différence est énorme, car l'adultère d'une femme enlève à son mari la douceur certaine d'être père, influe sur le père et les enfants, les sépare et fait le malheur de tous, au lieu que l'adultère d'un mari n'ôte pas à la femme la certitude de sa maternité [...]. »

2. Réplique inverse de la dernière du premier acte (voir p. 619).

Page 622.

a. que je remplirai avec joie. *[p. 621, 10 lignes en bas de page]* / BÉGEARSS : Elle est digne [...]. Il fut l'ami... l'ami secret de votre mère... *(elle le regarde avec surprise)* et pour tout dire en un seul mot, enfant ! vous lui appartenez. / FLORESTINE *se jette à genoux* : Ah !

je démêle maintenant la cause des élans si vifs qui portaient mon âme vers lui !... Monsieur !... / ALMAVIVA *la relève* : Laisse, laisse [...] ton père. Tu feras mon bonheur, et comme fille, et comme épouse d'un excellent sujet auquel je veux t'unir; qui possède déjà une assez grande fortune, que l'avenir doit agrandir encore. Lève les yeux autour de toi; ton époux est dans ma maison. / *Scène IV* *1793* ↔ *b*. *Didascalie omise dans 1793*. ↔ *c*. le faquin ! / FLORESTINE *se lève et se jette dans les bras de Mme Almaviva* : ...Ah ! Madame, vous me voyez dans une effusion de joie !... / *Bégearss la tire avec mystère par la manche de son habit ; Figaro l'examine*. / MME ALMAVIVA : Figaro *1793* ↔ *d*. Bégearss... En effet, Florestine; *1793*

1. C'est-à-dire en peignoir : « Linge fait en forme de petit manteau ou de casaque que l'on met sur ses épaules quand on se peigne, pour empêcher que la crasse, la poudre ne tombe sur les habits, sur la robe de chambre » *(Académie)*. Le mot, qui n'a encore que ce sens, est ici évité, sans doute parce que Beaumarchais le considère comme bas.

2. « *Serviable* [...]. Il s'emploie quelquefois dans un sens ironique et substantivement pour flatteur empressé » *(Académie 1798)*.

Page 623.

a. venez tous. / *Ils sortent*. / *Scène V* *1793* ↔ *b*. Il ne vient rien de la poste dans la maison. Est-il *1793*

1. *Basilic* : « [...] serpent fabuleux qui, selon l'opinion du peuple, tue de son regard » *(Académie)*.

2. Nous compterons l'un pour l'autre; ce qui équivaut au plus familier : « À nous deux. »

3. On se souvient que Thésée, grâce au fil que lui donna Ariane, put sortir du labyrinthe et ensuite tuer le monstre.

4. Lui fait commettre une pareille faute; sur *école*, voir n. 1, p. 417.

Page 624.

a. lui rendre en *1793*

1. L'italique se justifie sans doute par l'emploi d'une formule courante dans les jeux (voir la phrase précédente), mais d'un style familier, sinon bas.

2. « On dit figurément *pomper quelqu'un* pour dire, lui tirer avec adresse son secret, ses idées, etc., en lui faisant beaucoup de questions » *(Académie 1798)*. Le mot se trouvait déjà dans une variante du *Mariage de Figaro* (voir, p. 433, var. *b* et n. 1).

3. C'est l'héritage imaginaire, le « legs de quelque parent éloigné » dont il a été question acte I, sc. VI (p. 613).

Page 625.

a. GUILLAUME : Mon *1793* ↔ *b*. *Jeu de scène omis dans 1793*. ↔ *c*. que j'établisse mes recherches. Ce moyen-là n'est pas trop légal; *ma !* *1793* ↔ *d*. écus *1793*

1. Transcription du juron allemand *Der Teufel* [Diable !] !

2. Guillaume se retire au fond de la scène, ce qui va permettre à Figaro de prononcer son monologue.

3. Le sens ne fait pas difficulté mais l'emploi du mot pour qualifier un être humain est tout à fait original.

4. Noter l'emploi plaisant d'un mot récent emprunté au vocabulaire politique; voir G. von Proschwitz, *Introduction à l'étude du vocabulaire de Beaumarchais*, Stockholm et Paris, Nizet, 1956, rééd. Slatkine, 1981, *passim*. Ni « comité » ni « constitutionnel » ne figurent dans l'édition de 1793 (voir var. *c*).

5. « Mais ! pardieu ! » On sait que Figaro parle volontiers italien; voir *Le Mariage de Figaro*, *passim*.

Page 626.

a. « Dites à votre protecteur Almaviva, *1793* ↔ *b.* l'agrément de la Cour *1793* ↔ *c.* qui échange ses terres. / FLORESTINE, *gaiement* : Si vous étiez venu plus tôt, vous auriez vu chez lui le buste d'un de vos héros, d'un ami de la Liberté. / LÉON, *vivement* : Du général américain ? Il est à moi, c'est un pendant : j'ai l'autre. Je l'ai acquis de mes épargnes. L'artiste s'est mépris en le déposant chez mon père. / FLORESTINE, *C*

1. Le mot est très fréquent au XVIIIe siècle pour désigner une œuvre d'art.

2. Voir acte I, sc. VI, p. 613.

Page 627.

a. hier au club. *1793* ↔ *b.* porter les yeux ? L'époux qu'il me destine est, dit-il, dans cette maison. Je vois *1793*

1. Voir acte I, sc. XII, p. 618.

2. Je défie de prouver que mes désirs ne concordent pas avec vos ordres.

Page 628.

a. BÉGEARSS : Réveillez-vous, *1793* ↔ *b. pleurant.* / À quoi pensais-je donc ? Ô ciel ! *1793*

Page 629.

1. Ce mot pouvait désigner encore le mobilier domestique, un ensemble d'objets.

Page 630.

a. en entrant, *1793*

1. À la fois mettre en garde et protéger.

Page 631.

1. Entendre, au sens classique du terme, « celle que vous aimez [la maîtresse de votre cœur] ».

2. On se souvient que le Sphinx, sur la route de Thèbes, dévorait ceux qui ne devinaient pas ses énigmes.

3. *S'échapper* : « S'emporter inconsidérément à dire ou à faire quelque chose contre la raison ou la bienséance » *(Académie)*.

Page 633.

a. Ce serait un crime inouï. Ce fut l'affreux crime de Cham[1]; il encourut la malédiction. / LÉON, *C*

Page 634.

a. à part : Et nous, mon ami *C* ↔ *b.* conjectures, apportez-moi les quinze cent mille livres que nous avons eues de Cadix en billets de banque de Saint-Charles[2]. Je *C* ↔ *c.* s'il l'a remis, c'est *1793* ↔ *d.* vous a obligé. / [BÉGEARSS : M'obliger, lui ? Quel conte ! Ah ! la fourmi n'est pas prêteuse ! / FIGARO : Si la fourmi n'est plus prêteuse, c'est que la cigale n'est point rendeuse. *biffé*] BÉGEARSS : *C*

1. Voir acte I, sc. II, var. *a*, p. 608; et sc. VI, p. 613.
2. Qu'est-ce qui [...] ?
3. Ici, l'attestation par écrit du dépôt des effets; voir, p. 635, *récépissé*.
4. Pour spéculer. Le terme était d'un usage courant au XVIIIe siècle. *Spéculer* avait un sens plus abstrait : « Méditer attentivement sur quelque matière » *(Académie 1762)*; « [...] faire des projets, des raisonnements sur des matières de finance, de commerce, de politique » *(Académie 1798)*.
5. On se souvient que l'héritage est fictif, que le parent n'a jamais existé (voir acte I, sc. VI, p. 613). Figaro connaît la vérité depuis son entrevue avec Guillaume (voir acte II, sc. VIII, p. 624-625); il allait dire de huit écus. Il s'agit ici de monnaies espagnoles : l'écu valant dix livres; le doublon quatre-vingts livres; et les quarante mille doublons trois millions deux cent mille livres, c'est-à-dire un peu plus que les trois millions d'or promis par le comte.

Page 635.

a. qu'on le rende [, à peine d'être détempteur *biffé*]. / FIGARO : [DÉ-TEMP-TEUR[3]... Ah ! monsieur, le fier mot. Vous en savez autant qu'un procureur en cause. DÉTEMPTEUR. Quant à l'argent, *biffé*] Monsieur peut l'envoyer chercher [: personne n'en est DÉTEMPTEUR ! *biffé*]. / BÉGEARSS : *C* ↔ *b.* devient. Ils nomment cela la liberté ! Les honnêtes gens sont obligés... Il y a de l'agio là-dessous ! En vérité, *C* ↔ *c.* En envoyant votre fils voyager, sans doute *1793*

1. Figaro se permet ici une allusion au fils du comte tué dans un duel (voir acte I, sc. II, p. 607); allusion possible, car, en fait, c'est la mort de son fils qui a décidé le comte à dénaturer ses biens (voir acte I, sc. VI, p. 613).
2. Comblez des gens de cette espèce. Le mot a ici sa valeur collective.
3. « Il est du style familier et ne se dit guère qu'en dénigrement » *(Académie)*. Le mot est en italique, dans l'originale, parce qu'il

1. Cham, le second fils de Noé, avait tourné en dérision son père qui s'était dénudé dans son ivresse.
2. La banque de Saint-Charles était un organisme de crédit franco-espagnol.
3. *Détempteur* : « Voyez *détenteur*. C'est ainsi qu'il faut écrire » (*Dictionnaire de Trévoux*, éd. de 1743). Cette vieille forme n'est déjà plus donnée par Richelet, ni par Furetière.

s'agit à l'origine d'un mot latin (voir, plus haut, *récépissé*). On écrivait aussi *factoton*, en accord avec la prononciation.

4. L'honnêteté.

5. « À qui on se fie » *(Académie)*.

Page 636.

1. Voir acte I, sc. II, p. 607; et acte II, sc. VIII, p. 625.

Page 637.

1. Voir acte I, sc. II, p. 607, et sc. VI, p. 613.

Page 638.

a. tant de maux ? Accablée sous le poids d'une atmosphère qui m'étouffe, ne pouvant respirer ni parler, je suis comme au milieu de ces affreux sommeils où la bouche demeure ouverte en faisant d'impuissants efforts pour proférer quelques paroles, où la langue engourdie, l'agitation des lèvres, empêchent de former un son... / BÉGEARSS : *C* ↔ *b.* respectable ! Je sais un remède à vos maux et *C* ↔ *c.* MME ALMAVIVA *s'écrie* : *1793*

Page 639.

a. MME ALMAVIVA, *à genoux, priant* : *1793* ↔ *b.* N'en parlons plus. Officier sans fortune, et n'ayant de bien que l'honneur, je n'ai pas cru devoir accepter une aisance dont je dépouillerais l'héritier de la loi, votre fils. Mais depuis qu'un riche parent m'a fait un legs de soixante mille guinées, j'ai dit à mon ami que je payerais ses bienfaits en épousant sa pupille sans dot, à moins qu'instruite de son sort, elle n'eût de la répugnance à s'unir à moi. / LA COMTESSE : Que le ciel la préserve de commettre une telle faute ! / BÉGEARSS : Ce matin, lorsque vous entrâtes chez lui, son cœur venait, en ma présence, de s'épancher avec sa fille sur le secret de son état. / LA COMTESSE : Je l'ai trouvée radieuse. Ah ! j'étais loin de deviner qu'elle eût un aussi doux motif ! / BÉGEARSS : Quelques mots *C* ↔ *c.* BÉGEARSS : Il m'a pourtant fallu lui en toucher quelque chose ou bien accepter un cartel[1] que sa fureur me proposait. Maintenant *C* : BÉGEARSS, *souriant* : Maintenant *1793*

1. C'est-à-dire, ici, la parenté entre frère et sœur. L'entrevue entre Florestine et Bégearss a eu lieu acte II, sc. XII, p. 627-628. L'entrée de la comtesse n'y a été aucunement annoncée : elle venait au contraire de sortir.

Page 640.

a. élevant le ton : *1793*

Page 641.

a. je vais le [chercher *biffé*] [prendre *corr.*] moi-même, [car j'ai quelque chose à y joindre *biffé*] il *C* ↔ *b.* Cette journée vaut un million pour nous... Chut !... *C*

1. *Cartel* : « Défi par écrit pour un combat singulier » *(Académie)*. Ici, « par écrit » est de trop ; voir p. 632.

1. « Meuble servant de cassolette, de console, de vase à fleurs » (Boiste, *Dictionnaire universel de la langue française*, Paris, chez l'auteur, éd. 1808).

Page 642.

a. détruirez-vous *1793* ↔ *b. à brasse-corps*[1]. *1793*

1. La comtesse risque de s'apercevoir que cette dernière lettre a été enlevée; voir, à la fin du premier acte, var. *c*, p. 619.

Page 643.

a. d'un ton ferme : *1793*

1. Sur l'important sujet débattu tout à l'heure; voir acte II, sc. XXII, p. 634-635.

Page 644.

a. votre aumônier... *omis 1793* ↔ *b.* bien chère. Puisse-t-elle finir plus heureusement qu'elle n'a commencé ! / *Elle ferme l'écrin et l'emporte en sortant.* *C*

1. C'est-à-dire Léon.

Page 645.

a. LE COMTE : *1793* ↔ *b.* des preuves sans réplique !... / *Il tire* *C*

Page 646.

a. Un éclat !... non... Un temps viendra peut-être où le divorce, établi chez cette nation hasardeuse, vous permettra d'user de ce moyen. S'ils n'ont pas la vertu d'en porter le décret, leurs vieilles lois pénales, si absurdes contre les femmes... un avocat bien imprudent... / LE COMTE : *C* ↔ *b.* pour un échec abandonnerons-nous la partie ? *(D'un ton sévère.)* Mais, *1793*

1. *Accrédité* signifie ici en crédit. Sur le divorce, voir acte I, sc. IV, p. 611 et n. 1.

2. « Il n'est d'usage qu'au figuré. Flatteur, enjôleur » *(Académie)*.

Page 647.

a. vrai major d' *omis 1793* ↔ *b. che piacere (prononcez qué piatchère)*... À demain *1793*

1. *Éclaircissement* : « En matière de querelle, une explication que l'on demande à un homme » *(Académie)*.

2. Dans *Paradise Lost* (1667); on voit que les connaissances de Figaro en anglais ne se limitent plus à *goddam*.

3. Voir l'Évangile selon Luc, VIII, 30 : « Jésus lui demanda : "Quel est ton nom ? — Légion", répondit-il. Car plusieurs démons étaient entrés en lui. »

4. Le diable (sans considération de taille, au XVIIIe siècle).

1. Sur *à brasse-corps*, voir n. 2, p. 78.

5. « Ô quel plaisir ! » Voir var. *b*.
6. « On dit familièrement *Mons* par abréviation méprisante du mot *Monsieur* » *(Académie)*; voir n. 2, p. 147.
7. Une fois de plus. Bégearss a obligé Figaro déjà à sortir de ce cabinet; voir acte III, sc. VII, p. 643.

Page 648.

a. perdre « l'autre ». / BÉGEARSS, *fièrement* : L'autre; quoi, s'il vous plaît ? / FIGARO, *riant* : L'autre... eh parbleu ! Monsieur l'a dénommé lui-même. / BÉGEARSS, *1793* ↔ *b*. fortune. Sa femme lui en impose; *1793* ↔ *c*. *Jeu de scène omis dans 1793*. ↔ *d*. ne risquons rien ce soir; un dénouement *1793* ↔ *e*. sacramental *1793* ↔ *f*. sa froide épouse. Fortune ! hymen ! qui chantera l'épithalame ? qui ? le seul poète en état de le composer dignement ? *(Il frotte ses mains.)* Bégearss ! *1793*

1. *Darder* : « Quelquefois il se prend figurément. Le soleil dardait ses rayons » *(Académie)*. Mais le sens propre, « lancer une arme », est ici sous-jacent. *Fièrement* signifie « avec insolence » (voir *fier* à la réplique suivante).
2. Véritable jeu de mots; *se précipiter* signifie ici tomber dans un abîme.
3. Comme l'indique la variante *e*, Beaumarchais a hésité entre *sacramental* et *sacramentel*; l'Académie française donnait les deux formes.
4. En style simple : « Cette nuit, j'épouse Florestine malgré elle »; bel exemple de ce que va être un peu plus tard le style du mélodrame.

Page 649.

a. son pupille errant ! *1793* ↔ *b*. le langage *1793*

1. « *Comité* : Il se dit familièrement d'une société restreinte à un petit nombre » *(Académie 1798)*. Mais ce sens était récent : le *Dictionnaire de l'Académie* de 1762 ne donnait à ce terme « emprunté aux Anglais » que sa valeur politique.
2. Voir acte III, sc. VII, p. 643.
3. Voir acte I, sc. IV, p. 610.

Page 650.

a. *avec chaleur, à lui-même* : Ah ! *1793* ↔ *b*. ne lui résiste. Vrai levier cherché par Archimède, elle soulève, elle ébranle le monde. Pour atteindre à ses grands effets, ses ingrédients sont simples comme ceux de la nature : c'est la fiction, la séduction, la terreur, l'espoir, un peu d'or ! Ses instruments ? les gens criblés de dettes, les obérés, les grands, les besoigneux, les femmes, les cupides, dont elle fait ses trompettes, et les sots ! L'intérêt est son but, l'intrigue son moyen. Sortis de la foule commune, et pyramidant sur leur siècle, César, Mahomet, Richelieu, Cromwell, Potemkine[1] et tel autre, voilà ses héros et les miens ! Elle exige *C* ↔ *c*. d'un génie,

1. Grigori Potemkine (1739-1791), homme politique et maréchal, fut le favori de Catherine II.

cette image brillante a fait passer un peu de poésie badine dans la mienne. / SUZANNE : Enfin, entre elles deux, Monsieur, quel parti tenez-vous ici ? / BÉGEARSS, *lui prenant la main en souriant* : Toi et moi, mon enfant, nous faisons de la politique. / SUZANNE : En les armant les uns contre les autres ? / BÉGEARSS : Il faut diviser pour régner. / SUZANNE : Sur ce pied-là, Monsieur, vous gouverneriez un empire ! Il n'eſt ici que mon brutal de mari que vous n'ayez pas su gagner ! / BÉGEARSS : Ce monsieur fait aussi... de la politique avec nous. Il finasse, intrigaille et cherche à pénétrer nos projets pour y nuire. Mais misérable polisson, fureteur, proxénète, trois ans d'un bon exil vont nous faire raison de toi ! / SUZANNE : Il partira ? / BÉGEARSS : C'eſt un point décidé... Le chevalier *C* ↔ *d.* pour Malte *omis 1793*

1. *Politique* : « Signifie aussi la manière adroite dont on se conduit pour parvenir à ses fins » *(Académie)*. C'eſt dans ce sens qu'eſt employé le mot, dont Bégearss va préciser la valeur.

Page 651.

1. C'eſt juſtement ce qu'a fait Bégearss dans la scène de l'écrin (acte I, sc. VIII, p. 614-616).

2. C'eſt-à-dire après le mariage. Bégearss prépare l'explication brutale entre les deux époux (voir sc. III, p. 648).

Page 652.

a. LÉON : C'eſt un ange envoyé du ciel pour réparer tous nos malheurs. Ô Floreſtine ! *C* ↔ *b.* n'eſt pas vous perdre en entier, puisque *1793* ↔ *c. et emporte l'écrin omis 1793*

Page 653.

a. Jeu de scène omis dans 1793. ↔ *b.* LÉON : Ah ! maman ! c'eſt *1793*

Page 654.

a. Jeu de scène omis dans 1793.

1. Près de s'arrêter.

Page 655.

a. la disgrâce d'un si bon père ? Depuis *C* ↔ *b.* pour l'avenir. / ALMAVIVA *se promène plus vite* : Ah !... *1793* ↔ *c.* consulté. Mon époux *C*

1. C'eſt, soigneusement préparée, la grande scène de la pièce, comme l'ont remarqué les critiques de l'époque.

2. Qui n'aurait jamais dû [...].

Page 656.

a. Mot omis dans 1793. ↔ *b.* en droits !... / MME ALMAVIVA : Mais *1793* ↔ *c.* la maison paternelle ! Permettez-moi *C*

1. De soumettre mon avis au vôtre; voir la suite de la phrase.

2. « Se dit de celui ou de celle qui viole la foi conjugale » *(Académie)*.

Page 657.

a. Jeu de scène omis dans 1793. ↔ *b.* serviront *1793*

1. Le comte a déjà lu ces traits à haute voix dans son monologue du deuxième acte (sc. I, p. 619-620).

2. Sur cet épisode du bracelet, voir acte I, sc. VIII, p. 615. Il est peu vraisemblable que le spectateur s'en souvienne, à trois actes de distance.

Page 658.

a. Je t'obéis... je meurs. / *Elle glisse à terre et reste évanouie.* / LE COMTE, *égaré* : J'ai passé *C* ↔ *b.* Dieux ! *1793* ↔ *c.* du secours. / *Il s'enfuit. C*

1. *Réprobation* : « Il ne se dit qu'en parlant de ceux que Dieu a réprouvés » *(Académie)*. La comtesse se juge donc déjà condamnée à l'enfer.

Page 659.

a. avec délire omis 1793 ↔ *b.* ce qu'il me faut. *1793* ↔ *c.* LÉON, *sanglotant* : Non, *1793*

Page 660.

a. mieux omis 1793

1. D'une voix étouffée.

Page 661.

a. mettrons *1793* ↔ *b.* coffret *1793* ↔ *c.* qui l'a fait faire. / LA COMTESSE : Il est trop vrai. / LE COMTE : Que dites-vous ? Des papiers *C*

1. Voir la scène finale du *Barbier de Séville*, p. 349.

2. Voir acte I, sc. VIII, p. 614-616.

3. Voir le texte de la lettre, acte II, sc. I, p. 620.

Page 662.

a. vivement : Qu'un scélérat vient de m'enlever, *1793* ↔ *b.* Mon bienfaiteur ! Il y a *1793* ↔ *c.* avant de prendre aucun parti. Passez-la sur la chaise longue; *C* ↔ *d.* c'est votre époux que j'entends. *1793*

1. Bégearss l'a dit à Suzanne, acte I, sc. IV, p. 610; à Léon, acte II, sc. XX, p. 632; à la comtesse, acte III, sc. II, p. 638.

2. *Proscription* : « [...] condamnation à mort sans forme judiciaire » *(Académie)*.

3. Gudin (*Œuvres complètes de Pierre-Augustin Caron de Beaumarchais*, Paris, Léopold Collin, 1809, t. II, p. 463) a trouvé l'expression trop forte et a mis : *Il sort précipitamment.*

Page 663.

a. Phrase omise dans C et dans 1793. ↔ *b.* dans l'appartement intérieur. / *Suzanne avance une bergère. On l'assied. 1793* ↔ *c.* Ces récits affreux m'ont brisée ! Mais *C*

1. C'eſt la lettre que Figaro s'eſt procurée à prix d'or (voir acte IV, sc. I, p. 646-647) et qu'il a brandie à la fin du quatrième acte.

2. Ce mot, au XVIIIe siècle, eſt souvent moins fort que de nos jours : le comte fait preuve ici d'une grande exaltation. Voir le *follement* de la première réplique de la dernière scène, p. 671.

3. « Lieu où se retirent des bêtes malfaisantes et féroces [...]. On dit figurément *un repaire de voleurs* [...] *de scélérats* » *(Académie)*.

4. Voir acte IV, scène finale, p. 662; il s'agit du *fatal secret*.

Page 664.

a. Jeu de scène omis dans 1793. ↔ *b.* demande du calme. *C, 1793* ↔ *c.* FLORESTINE : Mon Dieu ! *1793* ↔ *d.* nous a joués ! *1793* ↔ *e.* FLORESTINE : Madame, il m'appelle *C*

1. Voir, p. 662, « le plus grand calme ».

Page 665.

a. Almaviva ! n'eſt-ce pas qu'elle *1793* ↔ *b.* Il n'oublie rien ! / M. FAL : *C* ↔ *c.* Ce sont des effets au porteur. *C*

Page 666.

a. Il y a dans C deux scènes IV. *L'une eſt celle qui a été retenue. L'autre se présente sous la forme suivante : Scène IV [p. 665]* / LES PRÉCÉDENTS, SUZANNE, FIGARO / SUZANNE, *accourant* : M. Bégearss, Figaro, M. Fal. / *Tout le monde fait un grand mouvement.* / FIGARO *entre le premier et dit au comte* : Malédiction ! il a le portefeuille. / LE COMTE : Eh ! bien ? / FIGARO : Contenez-vous et je le lui enlève. / LE COMTE : Me contenir ? / *Scène V* *Pour l'enchaînement, voir var. c, p. 669.*

1. Je parie ma tête sur le résultat.
2. Pour que j'entame le sujet [...].

Page 667.

a. Je vous trouve assemblés ! / LE COMTE, *brusquement* : Pour nous défaire d'un indigne sujet. Cet homme vous veut pour son juge. / BÉGEARSS : À quel titre ? / FIGARO *se proſterne* : Celui d'un homme très offensé. / BÉGEARSS : Et monsieur Fal ? *C* ↔ *b.* BÉGEARSS, *à part* : Ha ! *1793* ↔ *c. pour l'avertir omis 1793* ↔ *d.* M. FAL : Monsieur ! *1793* ↔ *e. , par-derrière omis 1793*

1. Acte I, sc. IX, p. 616.
2. Voir acte III, sc. VII, p. 643.

Page 668.

a. , et qu'il parte *omis 1793*

1. Voir acte IV, sc. XIII, p. 655-658.
2. Sous-entendu : pardonnez.

3. « Titre d'honneur qui dans les actes se donne ordinairement à des personnes distinguées » *(Académie)*.

Page 669.

a. pour ne pas rire omis *1793* ↔ *b. Indication omise dans 1793.* ↔ *c. Scène V [voir var. a, p. 666]* LES PRÉCÉDENTS, BÉGEARSS, M. FAL / BÉGEARSS *dit au comte, vivement* : Monsieur, je viens vous demander raison d'un insolent, valet. / FIGARO, *se tournant vers le comte* : Je prie Monsieur de m'écouter, et de me chasser si j'ai tort. *(Il tire le pan de son habit.)* / BÉGEARSS, *étonné de les voir assemblés, dit à la comtesse* : Ah ! madame, pardon de vous troubler ainsi. Monsieur, passons dans votre cabinet. / FIGARO : Je suis accusé devant tous, c'est devant tous aussi que je dois me justifier. / LE COMTE, *avec humeur* : De quoi s'agit-il donc ? / BÉGEARSS : Monsieur, passons chez vous, c'est un objet particulier. / FIGARO : Ce n'est qu'une erreur que j'ai faite en calculant le portefeuille. / LE COMTE, *à Bégearss* : Si c'est là l'objet du débat, vous pouvez parler librement; pendant que vous discutiez, tout ce qui trouble mon repos se dévoilait dans ce salon. / BÉGEARSS, *vivement* : Quoi, monsieur, malgré mes conseils, vous avez ouvert ces débats ? / LE COMTE : Grâce au ciel, tout est éclairci. / BÉGEARSS, *à part, avec joie* : J'ai mon succès entier. / FIGARO, *bas, à Suzanne* : Il est perdu. *(Au Comte.)* Voici le fait, monsieur. Saisissez-le bien, je vous prie. Je m'aperçois sur mon brouillon d'une erreur de mille guinées dans le bordereau de tantôt; je cours chez M. Fal à dessein de la relever, j'y rencontre Monsieur qui venait d'échanger... / BÉGEARSS : Laissez conter la chose à M. Fal, on saura mieux la vérité. / M. FAL : Je n'altérerai pas un mot. Après avoir achevé le contrat, y avoir inséré la donation de tous les biens que Monsieur fait à Mademoiselle, nous venons d'échanger entre Monsieur et moi les quinze cent mille francs qu'il m'a dit être à lui, contre mon reçu et le vôtre. Cette affaire était consommée. *(Montrant Figaro.)* Monsieur entre chez moi, l'apprend, paraît désespéré de n'avoir pas avant relevé, dit-il, son erreur. *(Montrant Bégearss.)* Monsieur veut le faire à l'instant, Monsieur s'y oppose en disant qu'il faut que ce soit devant vous, n'en démord pas, et nous voici tous trois... / LE COMTE, *à Figaro* : Eh bien ? / FIGARO : Je connais trop la malveillance de Monsieur pour douter qu'il ne vous eût dit que j'avais frauduleusement gardé les mille louis qui manquent au portefeuille et n'avais feint d'en relever l'erreur qu'à l'instant même où j'étais sûr qu'il allait s'en apercevoir. En altérant par ce soupçon la confiance d'un si bon maître, il m'aurait fait un mal irréparable. Ai-je tort d'avoir exigé qu'on s'en expliquât devant vous ? Je sais bien que Monsieur ne me gardera point quand il sera le maître ici, mais au moins, si j'en dois sortir, j'en veux sortir irréprochable. / BÉGEARSS, *au comte* : Quel insolent ! Vous l'entendez ! M. Fal, relevez l'erreur puisque cet homme en craint si fort les suites de ma part. / M. FAL : Voici le bordereau écrit en tête des reçus. / FIGARO *le prend* : Est-ce un mal de le comparer aux effets ? / BÉGEARSS, *remettant le portefeuille au notaire* : Les voilà; finissons-en en deux mots. / FIGARO : Pas plus. *(Au notaire.)* M. Fal, avec ces reçus, vous reconnaissez-vous bien véritablement déchargé ? *(Il lui rend le bordereau.)* / M. FAL : Certainement, mais montrez-nous l'erreur. / FIGARO, *lui prenant le portefeuille* : D'erreur, il n'y en a point d'autre que celle où mon maître est tombé. Mon maître, voici vos effets; donnez-les à leur détempteur, *C*

Page 670.

a. BÉGEARSS *a lu ; furieux,* *1793* ↔ *b.* BÉGEARSS : Oui, *1793* ↔ *c.* l'agrément de la Cour, pour *1793*

1. Le comte frappe Bégearss de la lettre au visage. L'expression la plus courante était, à l'époque de cette pièce, *brider le nez à quelqu'un.*

2. *Frénésie* était plus fort que de nos jours. Le duel en 1790 était mal vu : c'était là mœurs d'aristocrates.

Page 671.

a. au dénonciateur. *(Figaro tirant un paquet de sa poche s'écrie vivement :)* Mais voici l'agrément; j'avais prévu le coup : je viens de votre part d'enlever le paquet au courrier qui arrivait. / *Almaviva se relève avec vivacité et prend le paquet.* *1793* ↔ *b.* à bout de voie, *omis 1793*

1. Voir acte I, sc. II et VI, p. 608 et 613.

2. Sur ce buste, voir acte II, sc. IV, p. 622. Le roi d'Espagne, monarque de droit divin, n'appréciera pas les idées républicaines du comte.

3. Figaro savait que l'agrément allait arriver. Voir le jeu de scène, acte II, sc. IX, p. 626.

4. « On dit que quelqu'un est *à bout de voie* lorsqu'il a épuisé toutes ses ressources et n'a plus aucun moyen de réussir dans son entreprise » *(Académie 1798).* À l'origine, l'expression se dit de la bête traquée et à bout de course, la *voie* étant « en termes de chasse, le chemin par où la bête a passé » *(ibid.).*

5. Sur cette question, voir la lettre à M. Martineau, p. 1176-1177.

Page 672.

a. de toi. Quelle heureuse révolution ! Un jour *C, 1793*

1. Très adroitement, *révolution*, dans la variante *a*, peut s'appliquer soit à la situation politique, soit au renversement de situation dans la pièce.

MÉMOIRES CONTRE GOËZMAN

NOTICE

Les quatre mémoires concernant l'affaire Goëzman ont été écrits de septembre 1773 à février 1774. Un cinquième devait relater fidèlement les confrontations avec le conseiller[1], mais l'arrêt du 26 février 1774[2] le rendit inutile. Tels qu'ils sont, ces Mémoires exposent avec clarté une affaire relativement simple; nous avons,

1. Voir le titre des mémoires, et p. 927.
2. Voir la chronologie des faits principaux, p. 1517.

pour les compléter, les mémoires des adversaires et, aux Archives nationales[1], un grand nombre de documents : textes des interrogatoires, des confrontations, lettres diverses et même, pièce essentielle du procès, le carnet où les visiteurs des Goëzman inscrivaient leur nom dans la loge du portier. Le dossier est donc complet ou presque et il est intéressant de voir comment à cette époque se traitait, sur le plan juridique, un procès de cette sorte.

Il ne saurait être question ici d'en exposer toutes les péripéties : Beaumarchais l'a fait tantôt rapidement, comme dans sa *Requête d'atténuation [...]*[2], tantôt avec une minutie dont il souligne à plusieurs reprises la nécessité. On se contentera dans cette notice d'insister sur l'importance de l'enjeu pour l'accusé, de définir la personnalité et la conduite de chacun de ses adversaires, d'indiquer pourquoi ces mémoires, souvent injustement méconnus, sont une des œuvres majeures du XVIIIe siècle.

« Ce procès Goëzman, enfanté par le plus horrible *genuit* du procès La Blache », écrit Beaumarchais en 1778[3]... Les deux affaires sont en effet inséparables. Les difficultés commencent à la mort de Pâris-Duverney, en juillet 1770. On sait en quelle estime le vieux financier tenait Beaumarchais et l'importance des affaires qu'avaient traitées les deux hommes[4]. Un *Compte définitif*[5] signé le 1er avril 1770 réglait une situation passablement embrouillée, précisant que Duverney devait « payer à la volonté de M. de Beaumarchais la somme de quinze mille livres ». Le financier mourut moins de trois mois après, et Beaumarchais réclama son dû au petit-neveu, le comte de La Blache, qui héritait une somme cent fois plus élevée. Celui-ci refusa et après d'inutiles tractations intenta un procès en octobre 1771 pour obtenir l'annulation de l'arrêté de compte. C'est ainsi que débutèrent pour Beaumarchais des difficultés qui le ruinèrent momentanément et le menèrent presque à sa perte : « Depuis quatre ans, à la vérité, écrit-il en 1775[6], je me suis vu malaisé, mal traité, mal attaqué, mal dénigré, mal jugé, mal dénoncé, mal blâmé, mal assassiné; j'ai perdu ma fortune et ma santé; tous mes biens sont encore saisis et je plaide pour les ravoir [...]; et, plus loin, ce cri : « [...] n'est-il pas temps que le malheur finisse ? » Les ennuis nés de cette douloureuse affaire ne devaient prendre fin que trois ans plus tard.

Il suffit de lire l'arrêté de compte du 1er avril 1770 pour constater que sur ce point la bonne foi de Beaumarchais est entière. On com-

1. Sous la cote X 2^b^ 1338.
2. Voir p. 829-844.
3. *Le Tartare à la légion*, *Œuvres complètes de Beaumarchais*, éd. Fournier, Paris, Laplace, Sanchez et Cie, 1876, p. 410.
4. Voir la Chronologie, années 1759, 1760, 1761, 1762, 1764, 1769, 1770 (p. XXV-XXVII).
5. On trouve ce texte à la suite de la *Réponse au Mémoire signifié du comte de La Blache* (éd. Fournier citée, p. 370-372), que cette Réponse commente avec précision.
6. *Ibid.*, p. 366 et 370.

prend sans peine qu'il ait gagné son procès en première instance, le 22 février 1772. Mais on s'explique aussi que le comte de La Blache ait fait immédiatement appel, lui qui disait haïr son adversaire « comme un amant aime sa maîtresse[1] ». L'année suivante, l'affaire vient devant le parlement Maupeou[2]. Il est d'une importance capitale pour Beaumarchais de l'emporter : dans le cas contraire, non seulement il perd une somme considérable, mais encore on retient contre lui l'accusation de faux et usage de faux. Et il est gêné pour préparer sa défense : sa ridicule altercation, dont il n'est aucunement responsable, avec le duc de Chaulnes[3] l'a conduit le 26 février au For-l'Évêque d'où il ne peut sortir, après plusieurs démarches, qu'accompagné; il y restera jusqu'au 8 mai. Or, le 1er avril, Goëzman est nommé rapporteur. Le premier mémoire raconte avec force détails comment malgré tous ses efforts Beaumarchais ne peut voir son juge que le soir du 3. Le second jugement rendu le 6 et s'appuyant sur le rapport défavorable de Goëzman annule le jugement de première instance. Les conséquences sont redoutables : elles sont déplorées à la fin du troisième mémoire[4] : « [...] en deux mois de temps, du plus agréable état dont pût jouir un particulier j'étais tombé dans l'abjection et le malheur[5] [...]. » Mais on raconte partout, et probablement Beaumarchais et ses amis ne s'en font pas faute, l'histoire des cent louis et de la montre offerts à la femme du juge et rendus par elle, celle des quinze louis gardés, celle de la lettre extorquée à Lejay. Directement mis en cause, Goëzman décide en juin de porter plainte, vraisemblablement poussé par ses collègues[6]. L'affaire Goëzman commence. Le 21 juin l'enquête est ouverte et le 10 juillet Lejay est arrêté, Beaumarchais décrété d'ajournement personnel[7], ou, comme le dit plus clairement le titre du *Supplément*, « accusé en corruption de juge et calomnie[8] ». L'accusation est très grave : non seulement Beaumarchais doit subir des interrogatoires et des confrontations avec un homme encore en prison, le libraire Lejay, ou de simples témoins « assignés pour être ouïs[9] », comme Mme Goëzman, mais

1. Propos rapporté par Beaumarchais lui-même dans sa *Réponse au Mémoire signifié du comte de La Blache* (éd. Fournier citée, p. 352 A). Cette haine n'était pas due aux seules questions d'intérêt direct : Beaumarchais, qui estimait fort Pâris de Meyzieu, neveu de Duverney, avait tenté de réconcilier les deux hommes et le comte de La Blache, petit-neveu, le savait.

2. On se souvient qu'en 1771 le chancelier Maupeou avait fait exiler les membres du parlement de Paris et nommer les membres d'un nouveau parlement. L'ancien fut rétabli dans ses pouvoirs par Louis XVI en 1774.

3. Sur cet épisode tragi-comique, voir R. Pomeau, *Beaumarchais ou la bizarre destinée*, p. 52-55. Le For-l'Évêque, qui se trouvait quai de la Mégisserie, fut démoli en 1783. On lira avec profit, de Frantz Funck-Brentano, *La Bastille des comédiens, Le For-l'Évêque*, Paris, Hachette, 1910.

4. Voir p. 823 et suiv. ; en particulier l'évocation, p. 825, de la scène dans la prison.

5. P. 824-825.

6. C'est ce qui semble ressortir de sa lettre (voir n. 3, p. 690).

7. Voir n. 2, p. 692.

8. Voir p. 707.

9. Voir n. 2, p. 692.

encore il est suspendu de ses fonctions officielles[1]. Et il va vivre jusqu'au jugement, c'est-à-dire pendant plus de huit mois, dans l'anxiété la plus grande, menacé de perdre sa fortune et sa liberté : il risque les galères. Circonstance pour lui aggravante, il s'attaque à un membre du Parlement que ses pairs vont défendre et les autres gens de justice ménager; Beaumarchais est obligé de présenter sa requête d'atténuation sans la signature d'un avocat titulaire : aucun d'eux n'a voulu accomplir ce qui n'était qu'une formalité[2]. Il semble que l'accusé ait compris très vite qu'il n'avait qu'un recours : porter l'affaire devant l'opinion publique, et mettre cette dernière de son côté[3], en racontant tout, en violant le secret de l'instruction — et, sur ce point aussi, l'accusé devra se défendre. Bref, en utilisant une arme redoutable, et pour les adversaires, et le cas échéant pour lui-même. Il s'ensuivit une véritable guerre des mémoires dont on peut suivre les péripéties de mois en mois. Les armes ne furent pas toujours honnêtes, certaines inattendues, comme la dénonciation de Goëzman faux parrain à la fin du troisième mémoire[4]. On sent Beaumarchais gêné d'user d'un tel procédé : « Mon honneur grièvement blessé m'autorise donc à employer tous mes moyens pour repousser l'outrage par une défense légitime[5] [...]. » Ce moyen fut efficace, puisque la semaine suivante, le 23 décembre 1773, le juge était à son tour décrété d'ajournement personnel : second motif de satisfaction en ces jours d'angoisse, le premier étant le jugement de soit communiqué[6] obtenu au début d'octobre, jugement qui, pratiquement, permettait de reprendre le procès La Blache. Le quatrième mémoire, rédigé au début de février 1774, témoigne sinon d'une certaine sérénité, tout au moins d'une plus grande assurance : dans le titre d'abord, à la liste de ses adversaires, Beaumarchais peut ajouter « contre M. Goëzman, juge, accusé de subornation et de faux »; ensuite la citation d'Ovide mise en exergue : « Et les chagrins aussi sont mêlés de plaisirs[7] », prouve que l'accusé se sent plus fort, appuyé par l'opinion publique qu'il a su se rallier en l'amusant.

En ridiculisant aussi ses adversaires, et sans doute convient-il de préciser quels sont les antagonistes de Beaumarchais dans ce qu'il appellera plus tard « l'atroce et ridicule procès connu sous le nom de Goëzman et compagnie[8] ». Les acteurs de cette tragi-comédie sont peu nombreux : d'un côté le clan Beaumarchais, une famille tendrement unie, un vieux père et deux sœurs toujours dévouées,

1. Pour ces fonctions, voir les titres de chaque mémoire, par exemple du premier, p. 675.
2. Voir p. 828.
3. Les quatre mémoires eurent un succès considérable. Il s'en vendit des milliers d'exemplaires.
4. P. 826 et suiv.
5. P. 827.
6. Voir n. 3, p. 708.
7. Voir p. 845.
8. *Réponse au Mémoire [...] du comte de La Blache*, éd. Fournier citée, p. 344.

Julie et Mme Lépine — Fanchon —, qui habite place Dauphine, tout près du Palais; c'est chez elle que son frère se réfugie, lorsque les scellés sont mis sur la maison de la rue de Condé; chez elle que Bertrand d'Airolles, son locataire, s'entremet, introduit le sieur Lejay qui va porter les cent louis et la montre; chez elle que se trouve par hasard son médecin, Gardanne, qui va jouer comme témoin un rôle important, en attestant que Marin a demandé à Bertrand de changer sa déposition[1]. De là une plainte déposée contre lui le 3 septembre, des attaques virulentes dans les mémoires de Bertrand et de Marin[2]; et de même contre un autre témoin, le sieur Deschamps[3] « qu'on dit être chargé de dettes, avoir essuyé des condamnations à Toulouse [...] », insinue perfidement Marin[4].

En face, les Goëzman et, prêt à les soutenir, le comte de La Blache, qui enverra le 18 juin 1773 une lettre où Beaumarchais est traité de « monstre achevé », de « serpent qui ronge la lime[5] ». On est assez bien renseigné sur la personnalité du juge[6]. Né en Alsace en 1729, Louis-Valentin Goëzman est d'abord resté dans sa province : en 1755, il est substitut du procureur général à Colmar; dix ans plus tard il vend sa charge, s'installe à Paris et en 1770 devient l'agent plus ou moins secret du duc d'Aiguillon qu'il appuie dans la dispute entre les parlements de province et l'autorité royale. La même année, s'il n'obtient pas le poste souhaité aux Affaires étrangères, il est récompensé par une place au parlement Maupeou. C'est au titre de conseiller de grand-chambre qu'il est chargé de l'affaire La Blache. Sa femme, née Jamart, a trente ans, du moins elle le dit, en 1773. Elle ne manque pas de charme, si l'on en croit Beaumarchais toujours sensible au beau sexe[7]. Mais elle est vive, emportée, et trop souvent parle sans réfléchir. En témoignent non tant ses deux mémoires, le premier surtout, écrit par le mari, que les interrogatoires et les confrontations. En face d'un adver-

1. Voir le premier mémoire, p. 695-698. Sur Marin et Bertrand, voir p. 1509-1510.

2. Lire en particulier les *Observations [...] sur la réponse du sieur Gardanne* (six pages) de Bertrand d'Airolles et le deuxième mémoire de Marin (p. 21-26, « Sur le sieur Gardanne »). Ces textes n'infirment en rien le témoignage de leur adversaire. Marin et Bertrand étaient d'autant plus amers que Gardanne était, lui aussi, de La Ciotat ! Sur les pièces publiées par les adversaires de Beaumarchais, voir la Note sur le texte, p. 1519 et n. 4 en bas de page.

3. Deschamps habitait lui aussi chez les Lépine, lors de ses séjours à Paris. Beaumarchais le cite parmi ses témoins comme « négociant banquier », dans sa lettre au procureur général (*Correspondance*, éd. Brian N. Morton, Paris, Nizet, 1969 [...], t. II, p. 38).

4. Deuxième mémoire de Marin, p. 13.

5. Mémoire pour Mme Goëzman, p. 27. Beaumarchais commente cette lettre dans son troisième mémoire, p. 778-779.

6. Lire en particulier P. Huot, *Goëzmann et sa famille*, dans la *Revue d'Alsace*, Colmar, 1863.

7. Dans son second mémoire (p. 10), Mme Goëzman accuse même son adversaire d'avoir voulu la détourner de son mari : « Vous avez osé ajouter [...] que vos soins ne me déplairaient pas un jour, que... je n'ose achever, je n'ose vous qualifier [...]. » Beaumarchais était bien capable d'avoir tenu ces propos.

saire intelligent et sûr de lui, Mme Goëzman n'est pas de force[1]. Et elle en vient à dire que Beaumarchais, en faisant des présents considérables, ne sollicitait que des audiences : phrase imprudente qui fournira à l'accusé, pour sa défense, un argument essentiel[2]. Par ses maladresses, ses contradictions, la femme brisera la carrière du mari. Et dans l'arrêt de la Cour du 26 février 1774 qui met fin au procès, l'énoncé des peines nomme Mme Goëzman la première, condamnée « à être mandée à la Chambre pour, étant à genoux, y être blâmée ». Tout comme Beaumarchais lui-même[3].

Entre les deux parties, le ménage Lejay fait triste figure. Lui du moins, libraire presque illettré, qui écrit à grand-peine la lettre qu'on lui dicte et qui passe près d'un mois en prison sans trop comprendre que Goëzman, dont il publie les livres, est prêt à le sacrifier pour se sauver lui-même. Un brave homme, plus sot que méchant, aux dires de tous, même de sa femme[4]. Celle-ci, beaucoup plus intelligente que lui[5], saisit mieux les dessous de l'affaire et, très liée auparavant avec les Goëzman, se retourne contre eux. Son témoignage constitue, dans la défense de Beaumarchais, un élément non négligeable.

Restent les trois intermédiaires, Bertrand d'Airolles, Marin et Baculard d'Arnaud, le premier étant finalement accusé, les deux autres simplement assignés comme témoins. Comparses qui n'auraient aucune raison d'être mêlés à cette affaire, si Bertrand n'avait logé dans la maison de Mme Lépine[6] et proposé ses services. Au début de l'affaire tout au moins : car au cours du procès il passe dans l'autre camp et, dans son premier mémoire, nie que Marin lui ait demandé de changer sa déposition, ce qui contredit le récit de Beaumarchais sur un point essentiel[7]. D'un mémoire à l'autre les griefs s'accumulent contre lui : on nous le montre provoquant en duel, témoignant faussement que l'audience du samedi matin a eu lieu, faisant circuler la lettre d'Espagne[8]. Il reproche à son adversaire de n'avoir pas payé le luminaire du convoi de sa femme. Par deux fois, Beaumarchais nous le dépeint comme « un homme sans caractère », « un cerveau fumeux, [...] girouette à tous les vents de la cupidité », « Bertrand la main-d'œuvre »,

1. Voir, dans le *Supplément*, toute la partie consacrée à Mme Goëzman, p. 710-730.
2. « Voilà comme un mot souvent décide un grand procès » (*Supplément*, p. 728).
3. Voir l'Extrait du jugement, p. 1517.
4. Voir sa phrase : « [...] mon mari n'a pas assez d'esprit pour faire toutes ces belles phrases-là » (*Supplément*, p. 733).
5. De toute évidence, Mme Lejay était mésalliée. Elle sera plus tard la maîtresse de Mirabeau et terminera sa vie femme d'un pair de France.
6. Voir p. 679. Les *Mémoires secrets* (27 novembre 1773) font de lui un « négociant de Marseille, amant d'une sœur de Beaumarchais, logeant chez elle ». L'arrêt du 26 février 1774 le dit banquier à Paris.
7. Voir à ce propos, ici, p. 697-698, et le premier mémoire de Bertrand, p. 27-32.
8. Voir p. 895.

suborné par « Marin la bourse »[1]. Bref, il a trahi, et l'on comprend que le premier président ait posé à Beaumarchais la question suivante : « Comment ce Bertrand d'Airolles, qui était votre ami, est-il subitement devenu votre ennemi[2] ? » On sent le prévenu gêné pour répondre; finalement il ne répond pas avec précision. Si l'on essaie de le faire à sa place, on peut remarquer que Marin et Bertrand font depuis longtemps des affaires ensemble[3]. Mais la vraie raison du revirement de Bertrand est très certainement autre : c'est le désir de conserver « les bonnes grâces de M. le duc d'***[4] ». Quoi qu'il en soit, le rôle joué par Bertrand dans le déroulement du procès est minime. La Cour en tiendra compte : accusé, il est simplement condamné, avec Lejay, « à être mandés à la Chambre, pour, étant debout derrière le barreau, y être admonestés »; comme Mme Goëzman, Beaumarchais sera mandé « pour, étant à genoux, y être blâmé[5] ».

Marin[6] n'a été assigné que comme témoin, mais il ressort des différents mémoires que son rôle a été plus important. Beaumarchais ne le ménage pas, considérant que, s'il n'a guère agi directement, il a fait agir Bertrand et surtout a dit du mal de son adversaire dans tous les journaux à travers l'Europe. Dit *gazetier de France* ou *Marin la gazette*, il serait l'auteur de l'article de la *Gazette d'Utrecht*[7]. Il s'en défend dans son dernier mémoire, mais il est bien évident que son poste à la tête de la *Gazette de France* et sa fonction de censeur royal faisaient de lui un homme dangereux. Il avait donné un avis favorable en ce qui concerne *Eugénie*, *Les Deux Amis*, et *Le Barbier de Séville* qui attendait d'être représenté[8], mais dans son dernier mémoire[9], il suggérait que Beaumarchais n'avait écrit ni son premier drame bourgeois, ni ses Mémoires ! Auteur dramatique raté — il avait publié sans succès en 1765 ses pièces de théâtre —, peut-être était-il jaloux d'un homme dont la carrière dramatique s'annonçait brillante. Plus sûrement, son intérêt lui avait fait choisir le camp des Goëzman. Il prétend dans son premier mémoire connaître très peu le juge; nous savons que Marin avait été précepteur en Alsace assez près de Colmar où Goëzman exerçait ses fonctions et qu'il travaillait à Paris pour le duc d'Aiguillon... Beaumarchais consacre quelques pages[10] à prouver la complicité de ses deux adversaires. Il est féroce pour l'organiste de La Ciotat.

1. Voir p. 799 et 849.
2. *Quatrième mémoire*, p. 876.
3. « Le sieur Marin avec qui j'avais toujours eu des liaisons d'affaires relatives à ma banque » (premier mémoire de Bertrand, p. 9).
4. Le duc d'Aiguillon ; voir p. 697.
5. Voir l'Extrait du jugement, p. 1517.
6. Sur ce personnage, voir surtout A. Ricard, *Une victime de Beaumarchais*, Plon, 1885.
7. Voir p. 710, 746, 870.
8. Voir la Note qui suit la Consultation du quatrième mémoire, n. 4, p. 1591.
9. Addition, p. 8 (voir la Note sur le texte, n. 4 en bas de la page 1519).
10. P. 792-795.

Sa rancœur nous vaut deux portraits pleins de verve[1], le second, fait devant le Parlement, si réussi qu' « il s'éleva dans l'assemblée un murmure », et une évocation cruelle de la jeunesse de Marin, de ses activités de gazetier et de ses armoiries[2]. Son nom se prête malheureusement pour lui aux calembours et Beaumarchais en profite; pour finir, Marin devient *Marin-ques-a-co*. Il ne s'en relèvera pas[3].

Reste Baculard d'Arnaud, « conseiller d'ambassade de la Cour de Saxe, de l'Académie royale des sciences et belles-lettres, etc.[4] », comme il se présente lui-même au début de son unique mémoire écrit et publié en octobre 1773 en réponse au premier mémoire de Beaumarchais. C'est un personnage important qui a derrière lui une œuvre littéraire abondante mais détestable, un auteur dramatique lui aussi, spécialiste du *genre sombre*, un homme triste pour lequel Beaumarchais, qui le vieillit[5], n'éprouve aucun respect : il l'appelle Arnaud Baculard ou Baculard d'ambassade, se gausse des « bouffissures » du style de sa *« déploration[6] »*, et l'exécute en dix lignes au début du quatrième mémoire[7]. Il insinue que pour un procès Baculard d'Arnaud avait besoin de l'aide de Goëzman[8], et il ne lui pardonne pas d'avoir écrit une « lettre apologétique[9] » en l'honneur du juge à l'instigation de son ami et libraire Lejay, lettre qui a eu pour conséquence l'emprisonnement de Lejay et l'inculpation de Beaumarchais[10]. À la lecture de son mémoire, on se rend compte que cet intellectuel morose s'est égaré bien malgré lui dans un procès auquel il ne comprend rien.

La diversité des caractères, des conditions et des conduites indique assez qu'il ne s'agissait pas d'une simple affaire de corruption. Au-delà des antagonismes entre particuliers et des rivalités d'intérêts, de situations et de tempéraments, ce sont deux conceptions et deux familles politiques qui s'affrontent. De ce point de vue un passage du premier mémoire est essentiel; c'est celui où Marin déclare à Bertrand, d'après Beaumarchais qui rapporte ces propos : « Par votre déposition de ce matin, vous perdez quatre ans de travaux accumulés pour obtenir les bonnes grâces de M. le duc d'*** au moment peut-être où vous étiez prêt d'en recueillir le fruit[11]. » Beaumarchais est ici très adroit : il ne donne pas de nom, mais pour

1. P. 849 et 876-877.
2. P. 893-894.
3. Voir p. 894. En 1774, aussitôt après la chute du parlement Maupeou, on enlève à Marin la direction de la *Gazette de France*. En 1778, il revient à La Ciotat comme lieutenant général de l'Amirauté. Il sera député à l'Assemblée législative et mourra en 1809.
4. Voir la liste des mémoires, p. 1519-1520.
5. Voir n. 1, p. 850.
6. P. 789 et 747.
7. P. 850.
8. P. 788.
9. P. 694.
10. P. 789.
11. P. 697-698.

les lecteurs du mémoire il s'agit, sans aucun doute possible, du duc d'Aiguillon; la phrase souligne que les adversaires de Beaumarchais sont, au sens ancien du terme, les clients du duc; et que le moment est propice pour recueillir les fruits de la fidélité puisque le parlement Maupeou vient d'être mis en place conformément aux vœux du duc, ministre des Affaires étrangères tout-puissant depuis décembre 1770. Marin se vante, dit encore Beaumarchais, d'avoir mis en relation le duc et Goëzman, ce qui a mené ce dernier « à s'asseoir enfin au grand banc du Palais[1] ». Rapporter ces propos de ses adversaires, c'était ne pas les prendre à son compte, mais c'était en même temps signaler à l'opinion publique fortement prévenue contre le nouveau Parlement qu'on était de l'autre bord. La position de Beaumarchais se trouvait particulièrement délicate : le parlement Maupeou était son tribunal et tout le procès se déroulait devant lui[2]. Ce n'est qu'en 1775, dans le grand mémoire contre La Blache — le cinquième, dit-on parfois —, qu'il rend hommage à celui qui l'a toujours soutenu : « [...] ô vous, que je m'abstiens de désigner autrement, auguste protecteur[3] ! » Cette discrétion ne trompait personne : il s'agissait du prince de Conti, adversaire déclaré du duc d'Aiguillon. Ainsi, dans l'affaire Goëzman, les deux grands s'affrontaient par personnes interposées. L'année suivante, dans la *Requête du sieur de Beaumarchais pour être renvoyé dans ses fonctions*, Beaumarchais sera sévère pour le parlement Maupeou, flétrira « l'événement qui priva si douloureusement la France de ses vrais magistrats ». « Rendez-moi mon état de citoyen », ajoute-t-il à l'adresse de ces « vrais magistrats », « je rendrai gloire à l'auguste monarque qui rappella nos magistrats à leurs fonctions »; et parlant du Palais de justice, il évoquera « le parvis de ce temple alors profané ». Suit un éloge ému du prince de Conti qui vient de mourir[4].

Ces points étant précisés, on voudrait, après avoir étudié toutes les pièces du procès, définir les responsabilités et conclure à l'innocence ou à la culpabilité des accusés, de Beaumarchais en particulier. Mais il faut reconnaître que les choses ne sont pas simples. Il est tout à fait vraisemblable que, s'il n'avait tenu qu'à lui, Goëzman n'aurait pas porté l'affaire devant la justice : il ne l'a fait que contraint par ses collègues, qu'effrayait un scandale qui pouvait salir le nouveau Parlement. L'affaire se présentait mal et s'est effectivement mal terminée pour le ménage Goëzman. Leur conduite sur plusieurs points reste bien suspecte et leur adversaire a raison de le souligner. Que le mari ait été victime des maladresses et des paroles inconsidérées de sa femme, c'est bien évident. Il est sûr aussi que les quinze

1. P. 792.
2. Au moment où Goëzman porte plainte, le parlement Maupeou est installé depuis plus de deux ans (23 février 1771). Il est renvoyé en octobre 1774, quelques mois après avoir rendu son arrêt (le 26 février).
3. Éd. Fournier citée, p. 369 A.
4. *Ibid.*, p. 336-338.

louis ont été retenus, et que, cette faute ayant été commise, et dénoncée par la partie adverse, le couple a essayé d'arranger les choses. À cet égard, on peut donc donner raison à Beaumarchais : penser avec lui que l'absence de son nom sur le carnet de la portière ne prouve rien[1] et que l'audience du 3 avril au matin n'a pas eu lieu[2], comme en ont témoigné l'avocat de Beaumarchais et le sieur Santerre; remarquer avec lui que la conduite de Mme Goëzman a d'abord été équivoque : si elle a rendu finalement les cent louis et la montre — ce qui n'était contesté par personne —, on peut trouver bizarre que la somme à elle offerte ait été serrée « dans un carton à fleurs » puis *« dans son armoire*[3] *»*. Il est bien évident aussi — et la démonstration, dans le deuxième mémoire, est pleinement convaincante[4] — que les deux déclarations ont été dictées à Lejay par le couple Goëzman. Reste cependant une dernière question à résoudre : Beaumarchais étant accusé *« en corruption de juge et calomnie*[5] *»*, l'accusation est-elle valable ? Il est difficile d'en décider pour un lecteur moderne qui trouve déjà scandaleux de donner quinze louis à un secrétaire, même s'il a rendu de grands services. Au XVIIIe siècle, les usages sont plus souples. Le problème essentiel est de savoir si l'argent offert l'a été pour obtenir du juge des audiences ou un jugement favorable. Pour obtenir des audiences, s'efforce de prouver Beaumarchais en s'appuyant sur le témoignage de ses adversaires. « Mais, dira-t-on, c'est payer bien cher une audience que d'en donner cent louis », écrit lui-même l'accusé[6], avant de répondre à l'objection. Et d'en présenter une nouvelle : « [...] en faisant successivement tous ces sacrifices, il est très probable que vos demandes d'audience n'ont été qu'un prétexte avec lequel vous avez masqué l'intention de corrompre votre juge[7]. » La réponse qui suit et les autres passages des Mémoires sur ce point essentiel[8] restent peu convaincants et l'on sent Beaumarchais peu convaincu lui-même. Au reste, en agissant ainsi, il ne faisait qu'agir selon la coutume ordinaire, ce dont tous étaient persuadés. Mais tous, les parlementaires les premiers, avaient intérêt à sauver les apparences. L'arrêt rendu le 26 février 1774[9] est significatif à cet égard : Mme Goëzman, première nommée, était condamnée comme Beaumarchais à écouter à genoux la sentence de blâme; Bertrand et Lejay seraient simplement admonestés, debout derrière le barreau;

1. P. 774-776.
2. P. 779-781.
3. P. 719-720.
4. P. 737 et suiv.
5. Voir le titre du *Supplément*, p. 707.
6. P. 700. Il est difficile d'évaluer cette somme. Le louis vaut vingt francs ou livres. Il s'agit donc de deux mille livres. Si l'on peut penser que la livre vaut approximativement cinq de nos francs 1980, Beaumarchais sacrifiait donc dix mille francs pour une seule audience.
7. P. 700.
8. Voir en particulier p. 813-814 et 851-854.
9. On en trouve le texte complet dans l'édition à frontispice (voir la Note sur le texte, p. 1520), t. II, p. 158-188. Voir l'Extrait du jugement, p. 1517 et suiv.

tous les mémoires devaient être supprimés, ceux de Beaumarchais lacérés et brûlés sur les marches du Palais; en ce qui concerne l'accusation contre Goëzman, les parties étaient mises hors de Cour. Mais le Parlement fut sévère envers le juge. Moins d'un mois après, il le révoquait, ne lui pardonnant ni le faux acte de baptême ni sans doute d'avoir été celui par qui le scandale arrive[1].

Ainsi se terminait presque heureusement pour Beaumarchais un procès où il risquait son honneur, et, sinon sa vie, tout au moins sa liberté. On sait comment il fut félicité par son protecteur le prince de Conti et combien l'opinion lui fut favorable. Le pouvoir aussi, puisqu'un mois après sa condamnation il partait pour Londres en mission secrète. En août 1776 des lettres patentes du roi lui permirent de se pourvoir contre sa condamnation; le mois suivant le Parlement déclara nul l'arrêt du 26 février 1774.

Nous restent ces Mémoires qui, autant que les deux chefs-d'œuvre dramatiques, révèlent le génie de leur auteur. Il s'agissait pour lui de se concilier, et la bienveillance des parlementaires qui devaient le juger, et la faveur de l'opinion qui pouvait le soutenir. Le Parlement n'étant pas populaire, il pouvait paraître impossible de satisfaire à la fois deux publics très différents. Beaumarchais y parvient avec une virtuosité redoutable pour ses adversaires. D'une part, il proclame bien haut, tout au long des quatre mémoires, son respect pour la nouvelle assemblée, pour les présidents à mortier, loue la conscience professionnelle de ses juges[2], s'insurge contre ses adversaires qui l'accusent d'être « un émissaire des mécontents, chargé de ridiculiser le système actuel[3] »; d'autre part, il exprime très clairement son désir de faire connaître à tous les éléments du procès, d'avoir l'opinion pour lui[4], et rappelle aux parlementaires enclins sans doute à protéger l'un des leurs qu'ils sont responsables devant tous. Dès le début du premier mémoire, il est souligné que c'est « un avantage de justifier ses actions devant un tribunal, jaloux de l'estime de la nation qui a les yeux ouverts sur son jugement[5] ». Et dans le troisième mémoire, un paragraphe de portée générale développe l'idée que « ce n'est jamais impunément qu'un magistrat s'écarte de son devoir. Il s'élève un cri public[6] [...] ». « Les juges et le public », « le Parlement et le public », ces expressions reviennent sans cesse, remplacées parfois par « le Parlement et la nation[7] », Beaumarchais tenant beaucoup à son titre de *citoyen*.

1. Goëzman essaie quelque temps de vivre de sa plume, difficilement. On le retrouve ensuite agent secret du roi en Angleterre. Il sera guillotiné en 1794, en même temps qu'André Chénier.
2. Par exemple p. 707, 810, 870, 889-890.
3. P. 766.
4. « J'aspire à m'envelopper de la bienveillance publique [...] » (p. 847).
5. P. 675.
6. P. 773.
7. Par exemple p. 893.

Toujours préoccupé de justifier sa démarche, de ne point ennuyer, il parle souvent de son « lecteur[1] ». Mais ce singulier ne saurait cacher que les lecteurs sont de deux sortes : les uns parlementaires et magistrats, les autres sans formation juridique particulière, attentifs surtout au déroulement des faits et à l'étrangeté des situations. Il faut satisfaire les premiers par la vigueur de l'argumentation, en citant et en discutant au besoin les textes de lois, sans lasser les seconds auxquels Beaumarchais sait expliquer de façon simple une situation qui peut paraître passablement compliquée. Il faut aussi intéresser, tantôt émouvoir, tantôt amuser tout le monde : le portrait de Marin oblige les parlementaires à sourire[2], et les bons mots sur ce même Marin courent les rues. Rigueur de la dialectique, habileté polémique, art du portrait et du récit, virtuosité verbale, et toutes les formes d'esprit, du calembour le plus gros au trait le plus fin : on trouve tout dans ces Mémoires; et l'on ne sait ce que l'on doit admirer le plus, de la variété des tons ou des transitions qui permettent de passer de l'un à l'autre.

Pour bien juger du génie de Beaumarchais, il convient de lire les écrits de ses adversaires. Il les commente, et d'inimitable façon, déclare que les meilleurs endroits en sont les marges, raille le ton boursouflé du sieur d'Arnaud et les bouffissures de son style. Rien de plus misérable en effet que ces écrits qui ne sont jamais dans le ton. Convaincu de son infériorité, le clan Goëzman en est réduit à reprocher à l'adversaire la légèreté de son style et donne sa gaieté pour un manque de respect aux juges. Beaumarchais se défend en invoquant la mémoire de Pascal[3]. « Après avoir plané légèrement sur les personnes, il élevait son vol sur les choses, et tonnait enfin à coups redoublés, quand sa pieuse indignation avait surmonté la gaieté de son caractère. » L'allusion à la gaieté du caractère chez Pascal peut faire sourire; la sienne, très particulière, Beaumarchais l'analyse et la justifie au début du quatrième mémoire[4], mais l'allusion aux *Provinciales* n'est pas gratuite. On voit quel modèle il s'est donné et on ne saurait mieux définir les *Mémoires contre Goëzman* que comme des *Provinciales* profanes. Les secondes devraient avoir leur juste place auprès des premières : elles ne sont ni moins belles ni moins actuelles et témoignent d'autant de génie.

Chronologie des « Mémoires contre Goëzman ».

1770

1er avril : signature de l'acte avec Pâris-Duverney[5].

17 juillet : mort de Pâris-Duverney à l'âge de quatre-vingt-sept ans. Il lègue au comte de La Blache un million cinq cent mille livres.

1. Par exemple p. 708 et 714.
2. P. 877.
3. P. 765.
4. P. 845-847.
5. Sur tous ces faits et dates, voir la Notice qui précède.

1771

Octobre : après d'inutiles tractations, début du procès entre Beaumarchais et La Blache.

1772

Février : Beaumarchais publie un mémoire contre La Blache avec la note sur le témoignage de Mesdames[1]. Le 22, il gagne son procès en première instance, jugement confirmé le mois suivant. Son adversaire fait appel.

1773

Du 26 février au 8 mai, emprisonnement au For-l'Évêque après l'altercation avec le duc de Chaulnes.

1er avril : Goëzman est nommé rapporteur du procès La Blache devant le parlement Maupeou.

6 avril : Beaumarchais perd son procès en seconde instance.

21 avril : lettre de Beaumarchais à Mme Goëzman.

30 mai : fausse déclaration de Lejay.

Juin : après la dénonciation de Beaumarchais par Goëzman, un arrêt de la Cour, le 21, ordonne l'ouverture d'une enquête : l'affaire Goëzman commence sur le plan judiciaire.

10 juillet : arrêt de la Cour; Lejay est arrêté — il restera en prison jusqu'au 7 août —, Beaumarchais décrété d'ajournement personnel.

5 septembre : premier mémoire contre Goëzman, *Mémoire à consulter [...]*.

Octobre : le 7, Mémoire pour Marin[2]; le 9, Mémoire pour Baculard d'Arnaud.

Beaumarchais obtient, dans l'affaire La Blache, un arrêt de soit communiqué, ce qui pratiquement annule l'arrêt rendu le 6 avril.

Le 18 : deuxième mémoire contre Goëzman, *Supplément au Mémoire [...]*.

Fin d'octobre : Mémoire pour Mme Goëzman.

Novembre : Mémoires pour Bertrand d'Airolles, pour le sieur Marin — le deuxième —, Addition au Mémoire de Mme de Goëzman.

Décembre : le 15, troisième mémoire contre Goëzman, *Addition au Supplément [...]*.

Le 22, Supplément au Mémoire de Bertrand d'Airolles.

Le 23, Goëzman est décrété d'ajournement personnel; l'arrêt pour comparaître lui est signifié le lendemain.

1774

Janvier : interrogatoires de Goëzman et confrontations.

1. Voir p. 819.
2. Sur les textes des adversaires de Beaumarchais, voir la Note sur le texte, n. 4 en bas de la page 1519.

Février : au début du mois, *Quatrième mémoire [...]* contre Goëzman[1]. Addition au Mémoire de Marin.

Le 17, dénonciation à la Cour des quatre mémoires de Beaumarchais.

Le 26, arrêt de la Cour condamnant Beaumarchais et Mme Goëzman.

Mars : le 17, arrêt rendu contre Goëzman.

1775

16 janvier : publication du Mémoire contre La Blache.

4 février : arrêt du Conseil supprimant ce mémoire.

Fin de 1775 : l'arrêt du 6 avril 1773 dans le procès La Blache est cassé; les parties sont renvoyées devant le parlement d'Aix.

1776

12 août : lettres patentes du roi, enregistrées le 27, permettant à Beaumarchais de se pourvoir contre le jugement du 26 février 1774.

6 septembre : un arrêt du Parlement déclare nul ce jugement.

1778

Juin-juillet : reprise de l'affaire La Blache; le 21 juillet, Beaumarchais gagne son procès devant la cour d'Aix.

1779

Le 23 juillet, arrêt du Parlement cassant le décret d'ajournement personnel de juillet 1773; Beaumarchais retrouve sa charge de secrétaire du roi.

DOCUMENT

EXTRAIT DU JUGEMENT DU 26 FÉVRIER 1774[2]

La Cour toutes les Chambres assemblées, faisant droit sur le tout, pour les cas résultants du procès, condamne Gabrielle Julie Jamart, femme de Louis Valentin Goëzman, à être mandée à la Chambre, pour, étant à genoux, y être blâmée; la condamne en outre en trois livres d'amende envers le roi, à prendre sur ses biens; sans s'arrêter ni avoir égard à la requête de Pierre-Augustin Caron de Beaumarchais, et faisant droit sur les conclusions du procureur général du roi, ordonne que ladite Gabrielle Julie Jamart sera tenue, même par corps, de rendre et restituer la somme de trois cent soixante livres par elle reçue de Edme Jean Lejay, pour être ladite somme appliquée au pain des pauvres prisonniers de la conciergerie du Palais. Condamne pareillement Pierre-Augustin Caron de Beaumarchais à être mandé à la Chambre, pour, étant à genoux, y être blâmé; le

1. *Clavigo*, la pièce que Goethe a écrite d'après le *Quatrième mémoire [...]*, est de 1774.

2. On trouvera le texte intégral de l'arrêt au tome II de l'édition B (voir p. 1521), p. 158-188.

condamne en outre en trois livres d'amende envers le roi, à prendre sur ses biens; faisant droit sur la plainte du procureur général du roi, reçue et jointe au procès, par arrêt de la Cour du 18 février présent mois, ensemble sur ses conclusions, ordonne que les quatre mémoires imprimés en 1773 et 1774; le premier chez Claude Simon, ayant pour titre : *Mémoire à consulter pour Pierre-Augustin Caron de Beaumarchais*, commençant par ces mots : « Pendant que le public s'entretient d'un procès », et finissant par ceux-ci : « Soit que je te l'accorde ou non, lis cet arrêt et tremble de parler. *Signé* Caron de Beaumarchais », contenant trente-huit pages d'impression. Le second, imprimé chez Quillau, ayant pour titre : *Supplément au Mémoire à consulter pour Pierre-Augustin Caron de Beaumarchais*, commençant par ces mots : « Pressé d'établir mon innocence par l'exposé des faits », et finissant par ceux-ci : « Lejay le quitta, je le quitte aussi. *Signé* Caron de Beaumarchais », contenant soixante et une pages d'impression. Le troisième imprimé chez J. G. Clousier, ayant pour titre : *Addition au Supplément du Mémoire à consulter pour Pierre-Augustin Caron de Beaumarchais*, commençant par ces mots : « Eh bien ! madame, il est donc décidé que je vous trouverai toujours en contradiction ? » et finissant par ceux-ci : « *À Paris*, ce 15 décembre 1773, *signé* Caron de Beaumarchais », contenant soixante-quinze pages d'impression. Le quatrième et dernier imprimé chez ledit Jacques Gabriel Clousier, ayant pour titre : *Quatrième mémoire à consulter pour Pierre-Augustin Caron de Beaumarchais*, commençant par ces mots : « Suivant la marche ordinaire des procès », et finissant par ceux-ci : « premier auteur de tous mes maux, *signé* Caron de Beaumarchais », contenant quatre-vingt-dix-neuf pages d'impression, seront lacérés et brûlés au pied du grand escalier du Palais, par l'exécuteur de la Haute Justice, comme contenant des expressions et imputations téméraires, scandaleuses et injurieuses à la magistrature en général, à aucun de ses membres, et diffamatoires envers différents particuliers; fait défenses audit Caron de Beaumarchais de faire à l'avenir de pareils mémoires sous peine de punition corporelle, et pour les avoir faits, le condamne à aumôner au pain des prisonniers de la conciergerie du Palais, la somme de douze livres à prendre sur ses biens; comme aussi fait défenses à Bidault, Ader et Malebête, avocats, de plus à l'avenir autoriser de pareils mémoires par leurs consultations et signatures, sous telles peines qu'il appartiendra; fait pareillement défenses à tous imprimeurs, libraires et colporteurs de les imprimer, débiter ou colporter; enjoint à tous ceux qui en ont des exemplaires de les apporter au greffe criminel de la Cour pour y être supprimés. Condamne Edme Jean Lejay et Antoine Bertrand d'Airolles à être mandés à la Chambre, pour, étant debout derrière le barreau, y être admonestés; les condamne en outre à aumôner chacun la somme de trois livres au pain des pauvres prisonniers de la conciergerie du Palais, ladite somme à prendre sur leurs biens; sur l'accusation intentée contre Louis Valentin Goëzman, à la requête du procureur général du roi, met les parties hors de Cour et de procès. Sur les différentes plaintes, requêtes et demandes de Louis François Claude Marin, Louis Valentin Goëzman, Gabrielle Julie Jamart, sa femme, Pierre Augustin Caron de Beaumarchais, Edme Jean Lejay, Antoine Bertrand d'Airolles, et Joseph Jacques Gardanne, met pareillement les parties hors de Cour. Faisant pareillement droit sur les conclusions du procureur général du roi, ordonne que les mémoires, ensemble les notes imprimées d'Antoine Bertrand d'Airolles, Louis Valentin Goëzman, Gabrielle Julie Jamart sa femme, Louis François Claude Marin, et François Thomas Marie d'Arnaud, seront et demeureront supprimés. Ordonne qu'à la requête du procureur général du roi, le présent arrêt sera imprimé, publié et affiché dans cette ville de Paris, et partout où besoin sera. Fait en Parlement, toutes les Chambres assemblées, le vingt-six février mille sept cent soixante-quatorze. Collationné, PROT.

Signé, LEJAY.

Et le 5 mars audit an 1774, à la levée de la Cour, les quatre mémoires imprimés, mentionnés en l'arrêt ci-dessus ont été lacérés et brûlés dans la cour du Palais, au pied du grand escalier d'icelui, par l'exécuteur de la Haute Justice, en présence de nous Alexandre Nicolas François Le Breton, l'un des premiers et principaux commis au greffe criminel de la Cour, assisté de deux huissiers de ladite Cour.

Signé, LE BRETON.

NOTE SUR LE TEXTE

Sur la rédaction de ces Mémoires, les témoignages de Loménie et de Lintilhac concordent[1] : le texte a été très travaillé, récrit plusieurs fois pour le rendre pleinement efficace. Lintilhac a réuni plus de cinq cents feuilles qui sont restées dans les papiers de famille. « On pourrait faire tout un volume de ces variantes », conclut-il[2]. Beaumarchais a procédé comme pour ses pièces : il écrivait d'abord, lisait ensuite son texte à un auditoire choisi, tenait compte des réactions, corrigeait lorsqu'il le jugeait nécessaire. Comme ces textes devaient rester secrets jusqu'à leur publication, le cercle des auditeurs était restreint : essentiellement les membres de la famille — intervenaient surtout les deux sœurs, et M. de Miron, le beau-frère —, Me Falconet et Gardanne. Loménie donne d'excellents exemples de cette collaboration[3], dont il ne faudrait pas exagérer l'importance. C'est toujours Beaumarchais qui décide du texte définitif et, quoi qu'en dise Marin, les Mémoires sont bien de lui.

Ils ont paru d'abord, comme ceux des adversaires[4], sous forme

1. Voir surtout, pour Loménie, ouvr. cité, t. I, p. 351-356 ; et pour Lintilhac, ouvr. cité, p. 48-53, et, en hors-texte, en fac-similé, le brouillon d'un passage du *Quatrième mémoire* (dans notre édition, p. 855-856).

2. P. 49.

3. Ouvr. cité, t. I, p. 353-356.

4. En voici la liste.

Pour Mme de Goëzman : *Mémoire pour Mme de Goëzman*, impr. Michel Lambert, 1773, 54 p. ; *Addition au Mémoire de Mme de Goëzman*, impr. M. Lambert, 1773, 15 p. + 20 p. de pièces justificatives.

Pour M. de Goëzman : *Observations pour M. de Goëzman*, impr. M. Lambert, 1773, 38 p. ; *Note remise par M. de Goëzman*, conseiller de Grand'Chambre *à MM. ses confrères*, impr. M. Lambert, 1773, 7 p. ; *Plainte contre le sieur Caron de Beaumarchais*, impr. M. Lambert, 1774, 7 p. ; *Plainte contre la demoiselle Julie Caron de Beaumarchais*, impr. M. Lambert, 1774, 7 p.

Pour le sieur Bertrand d'Airolles : *Mémoire à consulter et consultation pour* de brochures in-4°, à des dates différentes : *Mémoire à consulter pour Pierre-Augustin Caron de Beaumarchais [...]*, Paris, 1773, 38 pages, suivi d'une consultation, p. 39-42; *Supplément au Mémoire à consulter [...]*, Paris, 1773, 61 pages, suivi d'une consultation, p. 62-64; *Addition au Supplément du Mémoire à consulter [...]*, Paris, 1773, 75 pages, suivi d'une consultation, p. 76-78; *Requête d'atténuation pour le sieur Caron de Beaumarchais [...]*, Paris, 1775, 28 pages; *Quatrième mémoire à consulter [...]*, Paris, achevé d'imprimer du 10 février 1774, 99 pages, suivi d'une consultation, p. 101-108, et d'une note, p. 109, concernant l'interdiction de représenter *Le Barbier de Séville*. Les textes avaient été confiés à divers imprimeurs : Claude Simon ou Valleyre l'aîné, pour le premier mémoire, Quillau pour le deuxième, J. G. Clousier ou Pierres pour le troisième, Knapen pour la requête, de nouveau Clousier pour le quatrième.

Deux éditions d'ensemble ont paru du vivant de Beaumarchais : *Mémoires de M. Caron de Beaumarchais*, Paris, sans nom de libraire, 1774, en un volume in-12, 499 pages[1]; et *Mémoires de M. Caron de Beaumarchais*, s.l.n.d., 2 volumes in-8°; le premier volume, 394 pages[2], contient les trois premiers mémoires et la Requête; le second, le quatrième mémoire, p. 1-208, le Mémoire contre La Blache, et l'arrêt du Parlement du 26 juin 1774[3]. Gudin de La Brenellerie donne les Mémoires — sans les consultations — de

Bertrand d'Airolles, impr. L. Cellot, 1773, 41 p. ; *Supplément au Mémoire du sieur Bertrand d'Airolles*, impr. M. Lambert, 1773, 24 p. ; *Addition au Mémoire à consulter pour Antoine Bertrand d'Airolles*, impr. M. Lambert, 1774, 23 p. ; *À Nos Seigneurs du Parlement [...] supplie humblement Antoine Bertrand d'Airolles*, impr. M. Lambert, 1773, 7 p. ; *Observations pour A. B. d'Airolles sur la réponse du sieur Gardanne*, impr. M. Lambert, 1774, 6 p.

Pour Baculard d'Arnaud : *Mémoire à consulter contre P. A. Caron*, impr. M. Lambert, 1773, 15 p.

Pour Marin : *Mémoire à consulter [...] contre le sieur Caron de Beaumarchais*, impr. D. C. Couturier, 1773, 7 p. ; *À Nos Seigneurs du Parlement supplie humblement [...] Louis François Claude Marin*, impr. M. Lambert, 1773, 4 p. ; *Mémoire à consulter pour le sieur Marin et addition à ce mémoire*, impr. D. C. Couturier, 1773, 36 p. ; *Mémoire pour le sieur Marin*, addition, extraits de lettres, plainte contre le sieur Caron de Beaumarchais, impr. D. C. Couturier, 1774, 24 p.

Ajoutons le Mémoire pour Gardanne : *Réponse pour le sieur J.-J. Gardanne*, impr. Veuve Ballard, 1774, 8 p.

1. Nous en donnons le titre complet n. 1, p. 673. Outre les quatre mémoires et les consultations, le volume contient (p. 491-499) la *Réponse pour le sieur J.-J. Gardanne [...]* aux libelles imprimés et publiés par les sieurs Marin et Bertrand d'Airolles.

2. Il est orné d'un frontispice, qui est expliqué : « Le frontispice représente un obélisque, symbole de l'immortalité, sur lequel est le buste de Thémis, entourée de ses attributs ; en bas est un cartel qui renferme le génie de l'éloquence foudroyant la ruse représentée par un renard, la trahison par une chatte, et la calomnie désignée par un cheval marin. Ce cartel est enrichi des lauriers de la victoire, et de fleurs qui indiquent l'agrément du style des Mémoires. / À côté de l'obélisque il y a quatre médaillons, où l'on voit les principaux personnages dont il est parlé dans les Mémoires ; le premier représente le libraire Lejay, tenant un rouleau de louis sous son bras ; le second Mme Goëzman renfermant avec précipitation le même rouleau dans une boîte ; dans le troisième on voit M. Goëzman en robe, ouvrant le rideau de son cabinet, et cherchant dans l'œil de son client s'il est chargé d'or ; dans le quatrième enfin, M. Marin tenant à la bouche une trompe à laquais, avec un bonnet sur la tête orné de *quès aco*. »

3. Voir p. 1517, n. 2.

l'affaire Goëzman au tome III, p. 1-482, des *Œuvres complètes de Pierre-Augustin Caron de Beaumarchais*, 1809.

Nous reproduisons le texte des éditions originales, c'est-à-dire des brochures, en respectant, autant que possible, la ponctuation. Peu nombreuses et pour la plupart peu significatives, les variantes font référence aux deux éditions d'ensemble et à celle de Gudin de La Brenellerie, sous les sigles respectifs *A*, *B*, *Gudin*.

Les Consultations font question. Elles sont signées par les avocats, Malebête pour le premier mémoire, Bidault et Ader pour les autres. Mais pour La Harpe, qui a bien connu Beaumarchais, il ne fait aucun doute que ces consultations ont été rédigées par lui[1]. Elles sont très certainement le fruit de la collaboration entre l'accusé et ses défenseurs. On les trouvera ici en notes[2].

SIGLES UTILISÉS

A Édition d'ensemble de 1774, en un volume.
B Édition d'ensemble s.l.n.d., en deux volumes.
Gudin Édition de Gudin de La Brenellerie.

NOTES ET VARIANTES

Page 673.

1. Titre de l'édition d'ensemble de 1774 en un volume (voir la Note sur le texte, p. 1520) : *Mémoires / de / M. Caron de Beaumarchais /* écuyer, conseiller-secrétaire du Roi, / lieutenant général des Chasses au / bailliage et capitainerie de la Va- / renne du Louvre, Grande vénerie / et fauconnerie de France, *accusé de / corruption de Juge. /* Contre / M. Goëzman, conseiller de Grand-Chambre au / parlement de Paris, *accusé de subornation et de faux. /* Mme Goëzman, et le sieur Bertrand, *accusés. /* Le sieur Marin, gazetier de France, et le sieur / Darnaud-Baculard, conseiller d'ambassade, / *assignés comme témoins. /* À Paris. / M. DCC. LXXIV.

Page 675.

MÉMOIRE À CONSULTER

1. *Gazette* : « Cahier, feuille volante qu'on donne au public à certains jours de la semaine et qui contient des nouvelles de divers pays » *(Académie)*. Marin est désigné (p. 695) comme « auteur de la *Gazette de France* ». Il a été en effet, d'octobre 1771 à septembre 1774, le directeur de cette gazette qui était un journal semi-officiel. Il était de plus le correspondant officieux de journaux publiés à l'étranger, en particulier de la *Gazette d'Utrecht*. C'est lui qui est visé dans cette note.

2. C'est, à cette époque, le lieu où sont rassemblées les nouvelles apportées par les particuliers, soit pour les gazettes, soit pour les nouvelles à la main.

1. *Lycée ou Cours de littérature ancienne et moderne* (1799), Paris, Firmin-Didot, 1870, t. II, p. 535.
2. Voir n. 1, p. 705 ; n. 1, p. 761 ; n. 1, p. 828 ; n. 1, p. 844 ; n. 4, p. 927.

3. Gudin de La Brenellerie ajoute dans son édition de 1809 (*Œuvres complètes [...] de Beaumarchais*, Paris, Léopold Collin, t. III), en italique : *« C'était vrai alors. »*

4. Ce mémoire est donc bien, comme l'indique son titre, un *mémoire à consulter*, au sens juridique du terme (voir *Académie*, art. « Consulter »). Pendant l'instruction, accusés après l'interrogatoire, ou témoins après leur déposition, pouvaient adresser aux juges tous les documents qu'ils jugeaient nécessaires.

5. Dès sa création, en avril 1771, le parlement Maupeou avait été combattu. Les « droits à soutenir » et l' « honneur à venger » ne sont pas de vaines formules.

Page 676.

a. sans être acquitté *B*

1. C'est-à-dire le Parlement tout entier. L'arrêt condamnant Beaumarchais sera rendu *« toutes les Chambres assemblées »* (voir p. 1517).

2. Beaumarchais est victime de la mauvaise volonté évidente des avocats et des procureurs, parce que son adversaire est un juge. Il s'excusera de même plus tard d'envoyer sa requête d'atténuation, sans qu'elle soit signée par un avocat titulaire (voir p. 828).

3. Certain, indubitable.

4. Voir le texte de ce compte dans l'édition Fournier citée des *Œuvres complètes [...]*, p. 370-372. Sur les liens qui unissaient les deux hommes depuis 1759, voir la Chronologie et les mémoires concernant le procès avec le comte de La Blache, petit-neveu de Pâris-Duverney et son légataire universel.

5. Les 22 février et 14 mars 1772. *Rescision* : « [...] cassation des actes, des contrats, contre lesquels on se pourvoit par lettres du Prince » *(Académie)*. Ces lettres sont adressées aux maîtres de l'hôtel des Requêtes, tribunal dépendant de la maison du roi, qui vérifient s'il y a « nullité » : nullité « absolue », acte évidemment faux; ou « de droit », acte authentique mais obtenu par dol, violence, etc. On fait appel de leur jugement devant le Parlement. C'est ce que fit le comte de La Blache après la première sentence qui le déboutait de sa demande en rescision.

Page 677.

1. Beaumarchais était en prison depuis le 26 février 1773 (il y restera jusqu'au début de mai) à la suite de ses démêlés avec le duc de Chaulnes. Sur cette affaire, voir la *Correspondance*, éd. citée, t. II, p. 1 et suiv.). *Liaisons* est au sens de « relations »; *disproportionnées*, parce que le duc de Chaulnes était duc et pair. La formule est certainement ironique.

2. « On appelle *avocat général* un magistrat qui plaide pour le Roi et pour l'intérêt public dans une cour supérieure » *(Académie)*.

3. Le Parisien qu'est Beaumarchais insistera à plusieurs reprises sur l'origine provinciale de ses adversaires, et en particulier de Goëzman, qui, né en Alsace, y avait été magistrat plusieurs années. Dans un manuscrit du *Barbier de Séville*, Bazile s'appelait primitivement *Colmaro* (voir var. *b*, p. 322).

4. Nommé rapporteur le 1er avril, Goëzman fournit le 5 un rapport défavorable. Le jugement intervint le 6.

5. Cent cinquante mille livres (l'écu valait trois livres ou francs). Dans une lettre, le chiffre donné sera moins fort : « [...] l'inique arrêt qui m'a fait perdre ce matin cent mille francs de ma chétive fortune » (*Correspondance*, éd. citée, t. II, p. 31, lettre à M. de Sartines du 6 avril 1773). Beaumarchais avait été condamné à payer cinquante-six mille livres, les frais du procès et les intérêts de trois ans.

6. Voir la Notice, p. 1506.

7. *Délibéré* : « [...] Dernière résolution que des juges doivent prendre sur l'examen des pièces » (*Académie*).

8. Il s'agit du duc de La Vrillière, ministre de la maison du roi. Sur la permission accordée à Beaumarchais par l'intermédiaire du préfet de police M. de Sartines, voir la *Correspondance*, éd. citée, t. II, p. 26-27.

9. Il sera souvent question de Santerre dans les Mémoires. Chargé d'accompagner partout Beaumarchais et d'établir des rapports sur ses démarches, il fut toujours loyal à l'égard de son prisonnier : « Il est de la plus grande honnêteté pour moi », écrit Beaumarchais dans une lettre du 23 mars à M. de Sartines (*ibid.*, t. II, p. 28).

10. Beaumarchais donnera, avec plus de précision, dans sa requête d'atténuation, trois dates : les 23, 26 et 27 mars (voir p. 836). Ces dates sont confirmées par la liste de la portière conservée aux Archives nationales (voir n. 1, p. 774).

11. La grand-chambre ou chambre des audiences exerçait au Parlement la fonction d'un tribunal. Le conseiller est M. de La Calprenède (voir p. 779); Goëzman était aussi conseiller de grand-chambre.

Page 678.

a. j'y reviens *B*

1. Le quai Saint-Paul (actuellement quai des Célestins).

Page 679.

a. pas su *B*

1. *Induction* : « Il se dit aussi d'une conséquence vraisemblable que l'on tire » (*Académie*). Nous dirions *déductions*, qui a des sens différents au XVIIIe siècle (*soustraction*, comme de nos jours, ou *narration, énumération en détail* [*ibid.*]).

2. Cette sœur, Mme Lépine — Fanchon pour sa famille —, habitait place Dauphine. Venant du quai Saint-Paul, Beaumarchais fait un petit détour avant de regagner sa prison du For-l'Évêque qui était quai de la Mégisserie.

3. Sur Bertrand d'Airolles et Lejay, voir la Notice, p. 1509. Les *Mémoires secrets* du 27 novembre 1773 insinueront que Bertrand, négociant de Marseille, était l'amant de la sœur de Beaumarchais, « logeant chez elle ».

4. Goëzman a publié plusieurs ouvrages de droit, en particulier en 1768, un *Traité de droit commun des fiefs*, sous son nom; mais il écrit aussi sous des pseudonymes, lorsqu'il s'agit de libelles pour le compte du duc d'Aiguillon.

5. L'expression était courante : « [...] prendre subtilement et

avec adresse [...] s'emparer d'une chose sans bruit, en cachette » (Leroux, *Dictionnaire comique [...]*, nouv. éd., Pampelune, 1786).

6. Voir la Notice, p. 1505-1506.

Page 680.

a. ou de moins ? *Gudin*

1. Cinquante mille écus faisaient cent cinquante mille livres, et deux cents louis, quatre mille huit cents seulement (le louis d'or neuf valait vingt-quatre livres).

2. M. de La Chataigneraie. Voir p. 777 et, dans l'*État de l'actif et du passif du sieur Caron de Beaumarchais* (catalogue de la Bibliothèque nationale, nº 182, p. 42), la phrase suivante, dans la liste des sommes empruntées : « Plus au même Monsieur de La Chataigneraie la somme de cent quinze louis qu'il m'a prêtés pendant le délibéré de mon procès. » Les quinze louis supplémentaires sont probablement ceux que réclamait Mme Goëzman pour le secrétaire.

3. Deux mille quatre cents livres valent effectivement cent louis. Mme Lépine n'en propose donc que mille deux cents.

4. C'est-à-dire Bertrand d'Airolles et Lejay; voir p. 831.

Page 681.

1. Remettre.

2. Il sera précisé (voir p. 781) que la lettre était écrite de la main du sieur d'Airolles, au nom de Lejay.

Page 682.

a. représentations *B*

1. Le 5 avril. On est le samedi 3.

2. Goëzman avait le tic de ricaner sans cesse. Selon Arnould (*La Genèse du « Barbier de Séville »*, note 2, p. 25), Beaumarchais s'en souvient lorsqu'il rend Brid'oison ridicule; voir *Le Mariage de Figaro*, acte III, sc. XII et suiv., et n. 2, p. 438.

3. Nous avons le texte de ces objections et des réponses de Beaumarchais dans les pièces justificatives jointes à l'*Addition au Mémoire de Mme de Goëzman* : c'est la pièce nº IV (p. 3-5); la pièce nº V (p. 5-10) contient les Nouvelles objections faites à M. de La Chataigneraie dont il sera question plus loin. Dans son mémoire, Mme Goëzman fait remarquer qu'il faut dire « observations du juge » et non « objections », ainsi que « partie » et non « client ».

4. Au sens de « manifestation », « extériorisation »; le mot est au pluriel dans l'édition *B* (var. *a*).

5. La montre fut fournie par l'horloger Lépine (beau-frère de Beaumarchais), qui ne voulut pas la reprendre. Voir la *Correspondance*, éd. citée, t. II, note 1, p. 28.

6. Il s'agit de La Chataigneraie (p. 680 et n. 2), qui connaissait personnellement le secrétaire de Goëzman. L'édition de Gudin porte « un de vos amis », ce qui est une erreur manifeste.

7. Cette pratique n'était à l'époque aucunement scandaleuse. Beaumarchais va expliquer pourquoi (p. 702-703). *D'office* : « [...] de son propre mouvement, sans en être requis » *(Académie)*.

Page 683.

a. lire tant de promesses vaines, tant de démarches *B*

1. Sur les circonstances de cette remise, voir p. 747. Les quinze louis avaient encore été prêtés par M. de La Chataigneraie (voir n. 2, p. 680).
2. Honnêtement.
3. Il s'agit toujours de M. de La Chataigneraie; voir p. 784.

Page 684.

a. adopter *B, coquille.*

1. Le *papier à la Tellière* est ainsi appelé parce que fabriqué sur l'ordre du ministre Le Tellier. C'était sur ce papier qu'on copiait les états (comme ici); d'où son autre nom de *papier d'état.*
2. « On dit figurément *passer condamnation* pour dire convenir qu'on a tort » *(Académie).*
3. La Consultation qui suit ce mémoire (voir son texte, n. 1, p. 705) explique que cette déclaration du roi du 22 septembre 1733 autorisait de pareils billets entre banquiers et gens d'affaires compris sous le titre de négociants, en dispensant de l'approbation de la main du débiteur.

Page 685.

1. C'est probablement le troisième document (avec les Objections et Nouvelles objections; voir n. 3, p. 682) signalé dans la *Note remise par M. de Goëzman, conseiller de Grand'Chambre, à MM. ses confrères* (7 pages manuscrites) : « Le lendemain 3 avril, le sieur Caron vint dans la matinée m'apporter ce mémoire manuscrit, sous le titre d'*Arguments en faveur de l'acte du Ier avril 1770, et réfutation du système aussi injuste qu'illégal, de laisser subsister tout mon passif dans l'acte, en détruisant tout mon actif* » (p. 2). Comme on le voit, les deux hommes ne sont pas d'accord sur les dates.
2. Dans la soirée; Goëzman rapporta l'affaire à sept heures. Voir p. 832.

Page 686.

1. Voir p. 677 et n. 10.
2. *Système* : « [...] la réunion des principes d'après lesquels une chose s'exécute » *(Académie)*; ici, l'ensemble des arguments qui permettent d'accuser Beaumarchais de corruption.
3. La ponctuation, surprenante pour nous, est celle des premières éditions. Gudin l'a conservée. Le chiffre de sept peut surprendre, mais Beaumarchais se compte dans le total, comme l'indique la phrase suivante.
4. *D'ailleurs* : d'autre part, par ailleurs. *D'instructions* : d'être instruit (à la fois au sens courant et au sens juridique du terme).

Page 687.

1. Voir p. 682 et n. 7.
2. « Lorsqu'on va voir un homme et qu'il fait dire qu'il n'est pas chez lui, on dit qu'*il se fait celer* » *(Académie).*

Page 688.

1. Par surcroît.

2. L'apostrophe rend le nom facile à deviner : il s'agit du duc d'Aiguillon, dont Goëzman était l'agent (voir la Notice, p. 1508).

3. M. Gardanne, médecin et censeur royal rue du Doyenné-Saint-Thomas-du-Louvre (voir la *Correspondance*, éd. citée, t. II, p. 38) et compatriote de Marin.

4. Datées des 5 et 7 mai, voici ces lettres :

« Paris, ce 5 mai 1773. / J'ai toujours attendu de vos nouvelles, Monsieur, depuis que j'ai écrit à Mme Goëzman pour ravoir mes quinze louis. La copie littérale de ma lettre à cette dame, que je vous ai envoyée, vous a sans doute convaincu de l'injustice de ses plaintes, puisque loin de lui redemander mes deux rouleaux de louis et la répétition en diamants, je convenais dans cette lettre même, qu'elle me les avait rendus le soir de la perte de mon procès. Enfin dites-moi franchement, je vous prie, s'il faut que je renonce à ces quinze louis ? ce que je ferai de bon cœur par rapport à vous; ou si Mme Goëzman vous a laissé quelque espérance de me les rendre un jour ? Je n'ai voulu faire aucun éclat et ne lui ai même pas écrit depuis le jour qu'elle vous a envoyé chercher. / C'est votre avis que je demande. Dois-je abandonner cette petite somme ? Ou croyez-vous, qu'en lui protestant, par une nouvelle lettre, que je n'ai pas entendu lui demander autre chose que les quinze louis, reconnaissant de nouveau qu'elle m'a remis mes deux rouleaux et la montre, elle sera touchée de ma politesse et me rendra cet argent ? ou voulez-vous vous charger de les lui redemander encore ? Vous sentez que je ne voudrais rien faire qui vous causât du déplaisir auprès de cette dame. Je ne lui aurais pas même écrit dans le temps si vous ne me l'aviez pas conseillé, fatigué de vous y présenter inutilement de ma part. Je suis avec toute l'estime et la considération possibles, votre très humble et très obéissant serviteur, / BEAUMARCHAIS. »

« Votre conduite avec moi, Monsieur, répond mal à l'idée que l'on m'avait donnée de votre honnêteté. Il est peu civil de me ballotter si longtemps sur le retour de mes quinze louis. Lorsque je vous écris une lettre polie, dans laquelle je vous préviens que je ne veux faire aucune nouvelle démarche auprès de Mme Goëzman sans en être convenu avec vous, vous dites à mon laquais que vous n'avez nulle réponse à faire à ma lettre ! Je me tiens offensé de ce peu d'égards. Je vous avertis que je prendrai votre silence pour un refus formel de vous en mêler davantage, et qu'en écrivant à Mme Goëzman, je la préviendrai que vous êtes une seconde fois la cause que je m'adresse directement à elle. Vous êtes venu faire à Mme Lépine et au docteur Gardanne une histoire vide de sens, des prétendues plaintes que Mme Goëzman formait contre ma malhonnêteté de lui redemander les cent louis et la répétition qu'elle m'avait fait rendre exactement le soir même du jugement; on vous a prouvé sur-le-champ, par la copie exacte de ma lettre à cette dame, qu'en supposant votre histoire vraie, vous aviez aussi mal lu l'un que l'autre : car je me souviens que vous souteniez qu'elle vous avait fait lire ma lettre dans laquelle cependant je ne lui demandais que ces quinze louis. Ce fait une fois bien éclairci, pourquoi ne sont-ils pas revenus ? À qui voulez-vous que je m'adresse pour les ravoir, sinon à elle qui ne veut pas les rendre ou à vous qui les lui avez portés ? Je suis bien moins sensible à la perte de ces quinze louis qu'au ton malhonnête qu'on prend pour les retenir. On dit que vous avez de fortes raisons pour vous conserver la bienveillance de Mme Goëzman. Pourquoi donc me mettez-vous dans le cas par un silence malhonnête de les lui redemander encore à elle-même ? En vérité, Monsieur, je serais au désespoir de faire quelque chose qui vous affligeât. Si elle vous les a remis et que quelque embarras vous empêche de me les faire passer, je vous assure que je me contenterai de cette raison et j'attendrai que vous puissiez le faire. Mais après cette preuve de mon honnêteté, je me croirai dégagé de tout si vous ne me répondez pas. J'ai l'honneur d'être très parfaitement, Monsieur, votre très humble et très obéissant serviteur, / BEAUMARCHAIS. / Ce 7 mai 1773. »

Les deux lettres se trouvent dans le dossier des Archives nationales.

Page 689.

1. *Minuter* : « [...] dresser le premier écrit de quelque chose qu'on veut mettre ensuite au net » *(Académie)*.

2. Cette déclaration datée du 30 mai sera citée dans le Supplément; voir p. 738-739. *Inculpé* : simplement accusé d'avoir mal agi; le mot n'a pas encore son sens juridique.

3. Sur ces deux personnages, voir n. 8, p. 677.

4. L'arrêt de la Cour ouvrant enquête n'est daté que du 21 juin. Goëzman s'était fait tirer l'oreille pour dénoncer Beaumarchais dans les formes : il aurait bien préféré obtenir contre lui une lettre de cachet.

5. Beaumarchais emploie sans cesse le mot *objet* là où nous écririons *sujet*.

6. Il s'agit de M. de Sartines, comme l'indiquera Beaumarchais lui-même dans l'*Addition au Supplément*; voir p. 808.

Page 690.

1. Et par conséquent il ne doit pas être tenu compte de son titre de conseiller au Parlement.

2. Respectivement René de Maupeou et Berthier de Sauvigny.

3. Voici en quels termes Goëzman justifiait sa plainte : « Monsieur, M. le président de La Marelle et M. Buynand m'ont fait l'honneur de passer chez moi pour m'informer que le vœu de la Chambre des Enquêtes était, que des propos que j'avais regardés comme méprisables, et un délit dont il n'est peut-être pas nécessaire de poursuivre la réparation, fussent dénoncés aux chambres. / Je me vois donc forcé de vous déférer une de ces voies de séduction que les plaideurs de mauvaise foi mettent quelquefois en usage pour corrompre sinon les juges, au moins ceux qui les environnent. Depuis le procès jugé à mon rapport entre le sieur Caron de Beaumarchais et le comte de La Blache, j'ai appris qu'on avait eu la témérité de la part dudit sieur Caron de faire proposer à ma femme un présent considérable, pour l'engager à solliciter mon suffrage, et qu'à cause de la perte de ce procès, conformément à mon avis, on avait osé empoisonner la manière même avec laquelle cette offre honteuse avait été rejetée; mon premier soin a été d'éclairer les

faits vis-à-vis de ma femme elle-même, qui en effet m'a déclaré que la proposition avait été faite, mais que comme elle avait été rejetée avec le dernier mépris, elle aurait cru manquer à la délicatesse de ses sentiments si elle eût compromis la personne interposée, qui avait eu l'imprudence de se charger de la mission : cette personne interposée elle-même pénétrée de douleur d'avoir commis une faute dont elle ne sentait pas assez les conséquences, moins armée peut-être contre la séduction, m'a elle-même déclaré avec ingénuité, ainsi qu'à d'autres personnes respectables, les circonstances qui ont accompagné et suivi l'offre et le refus. Je suis ainsi en état d'administrer la preuve du délit dont se sont rendus coupables ceux qui, après avoir tenté de séduire ma femme, ont empoisonné jusqu'aux refus qu'ils ont essuyés, par des propos plus absurdes, à la vérité, qu'offensants. / Mais intimement persuadé que le mépris ou plutôt le pardon des injures, est une des vertus les plus recommandables dans le magistrat, qu'il est peu digne de lui de combattre la mauvaise humeur ou la malignité des plaideurs, je ne me propose point de poursuivre la réparation de ce qu'il peut, dans ces propos, y avoir d'injurieux à ma femme, ce qui écarte de ma dénonciation toute idée de vengeance; mais incertain si la compagnie ne jugera pas que des tentatives faites pour séduire et corrompre la femme d'un de ses membres, dans la vue d'obtenir son suffrage, sont une injure faite à la compagnie elle-même, je n'ai pas pu me dispenser de l'instruire de ce qui s'est passé; c'est à elle à aviser au parti le plus digne de sa prudence et de sa modération. / GOËZMAN. » (Archives nationales).

Page 691.

1. Le procureur général était Joly de Fleury. L'information fut ouverte le 21 juin.

2. Voici cette liste, d'après la *Correspondance*, éd. citée, t. II, p. 38-39 : M. Gardanne, médecin et censeur royal; M. Falconet, avocat; M. de Miron; M. de La Chataigneraie, écuyer ordinaire de Mme la Dauphine; M. Santerre; M. de Lépine; Mme de Lépine; M. Bertrand, négociant banquier; Caron de Beaumarchais; M. Le Gai *[sic]*, libraire; Mme Le Gai; le commis du sieur Le Gai; le fils du sieur Le Gai.

3. Avocat alors célèbre; Beaumarchais l'appellera, dans un autre passage (voir p. 760), « l'aigle du barreau ».

4. « L'original et le brouillon de ce qu'on écrit d'abord pour en faire ensuite une copie » *(Académie)*. Voir n. 1, p. 689.

5. *Par séduction* : parce qu'il a été circonvenu.

Page 692.

a. assemblés. Il intervient *A* ++ *b.* retenu en secret *B, coquille.*

1. Le 10 juillet 1773.

2. *Ajournement personnel* : « [...] une assignation donnée à quelqu'un à comparaître en personne pour répondre sur les faits dont il est accusé » *(Académie)*. Mme Goëzman est mieux traitée : « C'est le premier décret et le plus doux que puissent rendre les juges en matière criminelle; mais si l'assigné ne comparaît dans le délai prescrit, le décret d'*Assigné pour être ouï* est converti en décret d'Ajournement personnel » *(Académie)*.

3. « On disait de ceux qui exerçaient quelque charge de judicature

royale, et surtout dans une cour supérieure, qu'ils étaient *assis sur les fleurs de lys* parce que leurs sièges étaient couverts de tapis [tapisseries] semés de fleurs de lys » *(Académie 1798)*.

4. Dates des interrogatoires : Lejay, les 11, 19 et 22 juillet; d'Airolles le 21; et Beaumarchais, le 27.

Page 693.

1. Au début de septembre. L'arrêt libérant Lejay est du 7 août; du 17, celui portant l'affaire à l'extraordinaire, c'est-à-dire sur le plan de la procédure criminelle (par opposition à la procédure civile). Voir p. 708. *Réglé* signifie « porté en justice suivant les formes ordinaires » *(Académie)*.

2. Sur Baculard d'Arnaud, voir la Notice, p. 1511. Il semble que ce soit par plaisanterie que Beaumarchais inverse son nom.

3. Datée du 9 juin. Beaumarchais va donner l'essentiel de cette lettre adressée à Goëzman, lettre dont voici le texte (Archives nationales) : « Ce 9 juin 1773 à Paris. / J'apprends, Monsieur, que la calomnie la plus outrageante et en même temps la plus absurde débite une histoire que l'honnêteté et la vérité doivent s'empresser d'anéantir. M. Lejay m'a fait part de vos plaintes à ce sujet. Voici, Monsieur, ce que je peux vous assurer, et ce que je suis prêt à certifier devant tout le monde : le sieur Lejay me montrant un soir une très belle montre, je lui demandai par quel hasard il avait un tel bijou entre les mains; comme il m'a accordé quelques droits sur sa confiance, il n'hésita pas à me dire que cette montre n'était point en sa possession, qu'il allait la rendre, il ajouta qu'il la tenait d'un des amis de M. de Beaumarchais ainsi qu'un rouleau de cent louis, il m'apprit à ce sujet que d'après les sollicitations pressantes de cet ami de M. de Beaumarchais il avait eu l'indiscrétion de présenter à madame votre épouse et le bijou et l'argent, qu'elle avait rejeté l'un et l'autre avec indignation en disant qu'elle n'était pas faite pour qu'on l'offensât à ce point, qu'on rendrait justice à la personne si elle le méritait et que les jugements n'étaient point soumis à la séduction, et même aux recommandations. Le sieur Lejay me dit aussi qu'il allait rendre cette montre et le rouleau de cent louis et je ne doute pas qu'il ne les ait rendus, parce qu'indépendamment de sa probité qui m'est connue il a remis la montre et l'argent en présence de témoins, comme je l'ai appris depuis. / Je vous prie, Monsieur, de regarder cette lettre comme un hommage authentique que je rends à la vérité, vous êtes le maître de la répandre, je n'ai aucun intérêt en ceci que de combattre et de détruire l'imposture, ces sentiments m'animeront jusqu'au dernier soupir et ce n'est pas d'aujourd'hui que j'ai immolé tout à cette façon de penser. / J'ai l'honneur d'être avec une estime respectueuse, Monsieur, votre très humble et très obéissant serviteur, / d'Arnaud. / D'Arnaud conseiller d'ambassade de la cour de Saxe, maison de M. de Guerchy rue des Postes près l'Estrapade. »

4. C'est-à-dire vers la fin juin.

5. *Froisser* : « Meurtrir par une impression violente. Ce carrosse l'a pressé contre la muraille et l'a tout froissé » *(Académie)*. Le terme est ici pleinement métaphorique.

Page 694.

1. De tous les ennuis près de fondre [...].

2. Pour *d'office*, voir n. 7, p. 682.
3. Adage de droit romain : « Trop de précautions révèlent la tromperie. »

Page 695.

a. un court examen de sa lettre et de la comparaison *A, inadvertance ;* suffiraient *est au pluriel.*

1. Les biens, c'est-à-dire l'argent et la montre (voir p. 687).

Page 696.

1. Comprendre : avant qu'il [d'Airolles] aille au Palais.
2. Envoie de nouveau.

Page 697.

a. je trouvai *B* ↔ *b.* vous perdrez *B*

1. Nous dirions *déjeuner*.
2. Marie-Julie, dite *la Bécasse*. L'autre sœur habitant Paris, Jeanne-Marguerite, dite *Tonton*, était morte en 1772.
3. Le duc d'Aiguillon.

Page 698.

1. Les deux hommes étaient « pays » (Marin, de La Ciotat, et Bertrand d'Airolles, de Marseille). Beaumarchais va en tirer par la suite un magnifique parti.
2. Ces mots sont en italique, parce que c'est l'explication qu'invente le clan Goëzman.

Page 699.

a. des audiences courtes, *B, leçon peu satisfaisante.*

1. Voir n. 5, p. 676.
2. C'est la somme qu'avait d'abord proposée la sœur de Beaumarchais (voir p. 680).
3. Voir n. 5, p. 677.

Page 700.

1. *Ducat* : « Monnaie d'or et d'argent [...] qui vaut environ un écu en argent et deux étant d'or » (*Dictionnaire de Trévoux*, Paris, éd. de 1743).
2. L'autre étant évidemment le comte de La Blache. Cette habile riposte aux « objections » « faites à l'interrogatoire » sera grossièrement utilisée par Goëzman dans une plainte postérieure à l'Addition au Supplément : le juge omet l'hypothèse et accuse Beaumarchais de calomnie pour avoir dit *« il est très probable [...] »*. (*Plainte contre le sieur Caron de Beaumarchais*, p. 2-3.)

Page 701.

1. Sur tous ces faits, voir p. 684-685, 688-689, 693, 695 et suiv.
2. Personne ne lui a rapporté les propos de Mme Goëzman, à savoir que [...].
3. Voir n. 5, p. 676.

Page 702.

1. Ce sont de simples exemples que va prendre ici Beaumarchais.
2. *État* désigne ici à la fois l'état civil, la classe sociale et la profession.
3. *Contendants* : « [...] concurrent, compétiteur, qui dispute quelque chose avec un autre » *(Académie)*.
4. *Extrait* : « [...] l'abrégé, le sommaire, l'analyse d'un procès » *(Académie)*.

Page 703.

a. aucun *B. Nous gardons le pluriel, que Gudin a aussi conservé.*

1. Malhonnête.
2. Voir p. 682-683 et 687.
3. Sur cet article, voir p. 812, note en bas de page.
4. *Trébuchet* : « Une petite balance pour peser des monnaies ou autres choses qui ne pèsent pas beaucoup » *(Académie)*. Plutus était le dieu de la richesse.

Page 704.

1. Juristes fameux, Papon du XVIe siècle, Néron du XVIIe.
2. *Espèce* : « En termes de jurisprudence, signifie le cas particulier sur lequel il faut opiner » *(Académie)*.
3. *Cas* a son sens juridique : « Un fait, une action; et en ce sens, il ne se dit guère que d'un fait, que d'une action en matière criminelle » *(Académie)*. Les *cas de rigueur* sont ceux qui sont du ressort des *juges de rigueur*, c'est-à-dire des « juges d'une justice réglée, à la différence des arbitres qui jugent d'ordinaire à l'amiable » (*ibid.*, art. « Rigueur »).
4. Voir la Consultation qui suit (n. 1, p. 705) : « [...] il n'est pas permis de donner à une intention pure et simple, une extension pour la rendre criminelle, puisqu'en matières pénales il est de maxime étroite de plutôt restreindre que d'amplifier. »

Page 705.

1. Suit ce texte : « CONSULTATION / Le soussigné qui a examiné avec la plus grande attention le mémoire ci-dessus, et des autres parts, estime que toute la question se réduit à savoir si M. de Beaumarchais a eu intention de corrompre le juge par l'argent qu'il a indirectement donné pour obtenir des audiences. Car, comme dit M. Muyart de Vouglans, dans son *Traité des matières criminelles*, chap. 1er, *le mot de crime renferme l'idée d'une détermination et d'un dessein formé de faire injure.* / La séduction ne se prouve pas par le seul fait d'avoir donné de l'argent à un ami, ou à quelqu'un de la dépendance d'un juge, surtout *lorsqu'il n'y a pas de pacte concernant le gain du procès* : en effet, il n'est pas permis de donner à une intention pure et simple, une extension pour la rendre criminelle, puisqu'en matières pénales il est de maxime étroite de plutôt restreindre que d'amplifier. / Il faut distinguer celui qui emploie les moyens de la séduction pour faire prévariquer le juge, d'avec un autre qui trouve une voie ouverte seulement pour obtenir l'audience. Le premier n'a recours à l'artifice que parce qu'il désespère de sa cause; mais le second qui ne doute pas de son bon droit, ne désire que les confé-

rences nécessaires avec son juge. Telle était la position innocente de M. de Beaumarchais; il avait en sa faveur un titre signé de M. Duverney, et dont la date était remplie de sa main : la réclamation de son adversaire, sous prétexte que le corps de l'acte était d'une main étrangère, et n'était point approuvé par lui, avait été rejetée aux Requêtes de l'Hôtel, suivant la déclaration du roi du 22 septembre 1733, qui autorise expressément de pareils billets entre banquiers et gens d'affaires compris sous le titre de négociants, en dispensant de l'approbation de la main du débiteur. Mais comme le sieur de Beaumarchais avait appris que l'on faisait ses efforts pour faire disparaître la qualité du sieur Duverney, et le placer dans la classe de ceux qui ne donnent dans aucune entreprise, il était très intéressant à M. de Beaumarchais de ne pas laisser prendre le change contre la vérité la plus constante. / M. de Beaumarchais avait donc un intérêt sensible de voir son rapporteur pour s'assurer s'il était instruit de son affaire, et éclaircir avec lui les difficultés que pouvaient élever les fausses suppositions de son adversaire. Ce désir dans un plaideur n'a certainement rien que de légitime; d'autant plus qu'il est du devoir du juge d'entendre les parties sur les objets soumis à sa décision. Il est possible qu'ils n'aient pas été suffisamment développés dans l'instruction; le défenseur peut n'avoir pas insisté sur les éclaircissements dont il n'a pas senti les conséquences; une réponse bien solide peut donner du jour sur toutes les autres; et plus l'affaire est importante, plus le juge doit être disposé à accorder des entretiens dont il est assuré qu'il ne sera jamais dans le cas de se repentir. On ne peut donc faire un crime à M. de Beaumarchais d'avoir voulu pénétrer dans le cabinet de son rapporteur; et s'il n'a pu y parvenir qu'en sacrifiant de fortes sommes, il est à plaindre; mais le blâme ne peut retomber que sur ceux qui ont abusé de sa juste impatience pour le mettre à contribution. / Vainement dirait-on qu'un plaideur qui fait le sacrifice de deux cent cinquante louis d'or ne s'y porte jamais dans la seule vue d'obtenir des audiences, mais qu'il se flatte que l'or corrompra son juge. / 1° Il faut prendre garde que ce raisonnement ne porte que sur une supposition : mais *le premier de tous les principes est que la fraude ne se présume pas.* À quoi ne s'exposerait-on pas, s'il était permis de s'en écarter ? / 2° L'objet de la cause était considérable; la perte ou le gain faisait une différence de cinquante mille écus; les moments pressaient : M. de Beaumarchais croyait la conversation nécessaire; le moindre retard pouvait la rendre inutile. / 3° Les sacrifices n'ont été faits que successivement. Une démarche aussi lente ne s'accorde avec la corruption; surtout lorsqu'il n'y avait pas un moment à perdre. En effet la corruption suppose *la confection d'une convention de ce genre*; au lieu que dans l'espèce présente, on ne peut concevoir une pareille idée, puisqu'il n'y a pas eu de convention *pour le gain du procès*. M. de Beaumarchais n'avait donc pour but que d'obtenir plusieurs audiences. / 4° L'or étant demandé pour la dame, M. de Beaumarchais a dû croire que le mari n'en aurait aucune connaissance; et alors son projet, en le supposant criminel, était manqué. Les sollicitations de la femme pouvaient obtenir l'audience, et n'opérer rien de plus. C'est donc à ce seul objet que l'on doit restreindre tous les sacrifices qui ont été faits par M. de Beaumarchais, avec d'autant plus de raison, que pour lui imputer le crime de séduction, il faudrait qu'il y eût les preuves les moins équivoques qu'il a composé directement ou indirectement avec le juge pour le gain du procès. C'est ce qui résulte de la loi *omnes... cod. ad leg. Jul. repetunt*, où le législateur s'est servi de l'expression *mercator*. Or il n'y a aucun marché pour ce sujet, puisqu'il ne s'agissait que d'avoir des audiences. / S'il y a quelques anciens arrêts qui aient condamné un plaideur pour avoir donné de l'argent, c'est qu'il était prouvé qu'il y avait entre lui et le juge un pacte d'iniquité; mais cela ne se rencontre pas ici; et on ne peut soupçonner que M. de Beaumarchais ait eu l'intention de séduire, puisque encore une fois, le mal ne se présume pas. La loi dissipe le soupçon, à moins que la preuve du mal ne soit complète; *malum non praesumitur, nisi probetur*. M. de Beaumarchais doit donc être déchargé d'une accusation qui, à son égard, n'a pas le plus léger fondement. / Me MALBESTE, AVOCAT. »

Page 707.

SUPPLÉMENT
AU MÉMOIRE À CONSULTER

1. Le titre du premier mémoire ne précisait pas les chefs d'accusation (voir p. 675).
2. La Blache : ennemi *qualifié*, c'est-à-dire *de qualité*, appartenant à la haute noblesse. Le *Dictionnaire de l'Académie* (1798) ajoute que cet emploi est vieilli.
3. J'ai failli [...] : allusion au procès avec La Blache. Beaumarchais avait été condamné en appel, mais l'ordonnance de *soit communiqué* (voir p. 708 et n. 3) remettait tout en question.
4. *Un de Messieurs* : expression consacrée pour désigner un membre du Parlement. On disait *Messieurs du Parlement* ou, par abréviation, *Messieurs*. Beaumarchais a déjà fait allusion (p. 676) au fait qu'il ne pouvait trouver un défenseur qui osât s'attaquer à Goëzman.

Page 708.

1. Sur l'arche du Seigneur, voir l'Exode, XXV et XXXVII.
2. Les honore le mieux.
3. Cet arrêt, qui permettait de rouvrir l'instruction, avait été obtenu au début d'octobre 1773.
4. Voir n. 1, p. 693.
5. Sur le plan de la procédure criminelle et non plus civile.

Page 709.

a. y revenir, *B, Gudin*

1. Dans l'*Addition au Supplément*; voir p. 763 et suiv.
2. *Récolement* : « C'est une procédure que l'on fait en un procès criminel, lorsqu'on relit à un témoin la déposition qu'il avait faite auparavant, pour voir s'il veut y persister, y ajouter ou diminuer [...]. Le récolement se fait avant la confrontation. Un témoin ne peut plus varier, depuis qu'on en a fait le récolement, autrement il est puni comme faux témoin » *(Trévoux)*.
3. Voir p. 693 et n. 3.
4. Le 10 juillet.

Page 710.

a. j'éclairerai *B* ↔ *b.* acteur, découvre *B* ↔ *c.* qui nous fait jouer *A*

1. En janvier 1774.

2. La consultation du premier mémoire de Marin est datée du 7 octobre 1773; celle du mémoire de Baculard d'Arnaud, du 9 octobre.

3. Allusion au début du premier mémoire de Marin : « On a distribué à toutes les portes de Paris, et l'on vend publiquement, un libelle signé Beaumarchais Malbeste. »

4. « En termes de Palais, l'avocat que la partie consulte s'appelle son *conseil* » *(Académie).*

5. Au sens juridique du terme : « On dit [...] *reprocher des témoins* quand une partie, un accusé allègue des raisons pour récuser des témoins comme n'étant ni croyables, ni recevables à déposer contre lui » *(Académie).*

Page 711.

1. Elle manifesta de la modération.

2. Voir p. 679.

3. À l'étranger, plus précisément en Hollande; voir p. 691.

4. Voir p. 679 et n. 5.

Page 712.

a. si je suis jamais montée seule *B*

1. Réfléchit [...]; voir n. 1, p. 218, et p. 244.

2. *Interpellation* : « Terme du Palais. Sommation de répondre sur un fait » *(Académie).*

Page 713.

1. Le 10 septembre 1773.

2. *Ennemi capital* : « Un ennemi juré, un ennemi mortel » *(Académie).*

Page 714.

1. Mme Goëzman vient de dire de Beaumarchais qu'il a « une âme atroce » (voir p. 713). Cet adjectif est fréquent chez les adversaires de Beaumarchais. Le mot *atrocité* se retrouve dans les Mémoires de Mme Goëzman; le second doit justifier l'épithète *atroce*, qui « a paru offenser » (p. 1) Beaumarchais, et se divise en trois parties : *première, deuxième et troisième atrocité* (p. 2, 3 et 10). Beaumarchais le relèvera dans *l'Addition [...]* (voir p. 812) et en tirera plus longuement parti dans le quatrième mémoire (voir p. 854, 856).

2. M. de Chazal, conseiller du Parlement, commis à l'instruction de l'affaire.

3. Voir p. 711.

4. Voir p. 681.

Page 715.

a. de mon mieux que je ne savais pas *B* ↔ *b. La note est omise dans B.*

1. Blond; le mot a peut-être aussi une autre valeur : « On appelle aussi *blondin* un jeune homme qui fait le beau. Style familier et railleur » (Féraud, *Dictionnaire critique de la langue française*, Marseille, chez Jean Mossy, 1787).

2. « Se dit aussi des habits de couleur dont on habille les pages, les laquais, les cochers [...] » *(Académie)*. Les deux livrées témoignent ici d'un train de vie important.

3. Mme Goëzman était en effet parisienne et c'est à Paris que le mariage eut lieu.

4. *Soi-disant* : « se disant ». Le mot est en italique, parce qu'à l'ordinaire c'est un « terme de palais qu'on emploie quand on ne veut pas reconnaître la qualité que prend quelqu'un. *Un tel soi-disant gentilhomme* » *(Académie)*.

Page 717.

1. J'insiste.

Page 718.

a. dans ses suites *A, B*

1. Tout à fait digne d'être aimée.

2. *Fuite* : « [...] Délai, échappatoire, retardement artificieux. *C'est un chicaneur qui use de fuites* » *(Académie)*.

3. Au début.

4. La phrase a une portée générale mais en réalité rappelle ici que son inculpation empêche Beaumarchais d'exercer sa charge et a pour lui des conséquences financières désastreuses.

Page 719.

1. De nouveaux fortifiants. La métaphore est ici médicale.

2. C'est à moi d'attaquer.

Page 720.

a. de la cheminée; *B*

Page 721.

a. un peu singulière, *A* ↔ *b.* poser *orig., A, coquille manifeste que nous corrigeons d'après B et Gudin.*

1. « On dit figurément et familièrement *enfiler un discours* pour dire, s'engager, s'embarquer dans un long discours » *(Académie)*.

2. « Raffermir, redonner de l'assurance à [...] » *(Académie)*.

3. À la torture.

4. Le premier interrogatoire avait eu lieu les 30 et 31 juillet, le second le 21 août. Il ne s'était donc écoulé que vingt et un jours.

Page 722.

a. quai de Saint-Paul *B* ↔ *b.* qu'en certain temps, *B*

1. Pour les Savoyards, voir n. 5, p. 79. *Crocheteur* : « Porte-faix qui porte des crochets ([...] ce que les porte-faix s'attachent sur le dos avec des bretelles pour porter plus aisément leurs fardeaux) » *(Académie)*; voir aussi n. 3, p. 27, et n. 4, p. 433. Sur le quai Saint-Paul, voir n. 1, p. 678.

2. Aller s'en enquérir.
3. Qui cache ; c'est le sens le plus fréquent. Le sens actuel d'*offusquer* est tout récent au XVIIIe siècle.

Page 723.

a. ni me les a présentés. » *A*

1. *Dès que* : puisque, à partir du moment où [...].

Page 724.

1. Voir p. 687-688.
2. Le 22 en réalité ; voir p. 688. Dans le premier mémoire, Beaumarchais se demandait si l'entrevue entre Mme Goëzman et Lejay avait eu lieu (« Je ne sais s'il tint parole [...] », p. 688). On voit que maintenant cette visite n'est plus mise en doute.
3. La déposition de Mme Goëzman est ici tout à fait conforme au récit de Beaumarchais dans le premier mémoire (voir p. 688).

Page 726.

1. Donner belle apparence à vos mauvaises excuses. *Colorer une injustice, un mensonge* sont des expressions fréquentes au XVIIIe siècle. *Défaite* : « Excuse artificieuse » *(Académie)*.
2. *Matrone* : « Sage-femme que les juges nomment dans certains procès pour visiter les femmes [...]. Il n'est d'usage qu'en termes de pratique » *(Académie)*.

Page 727.

1. « Au pluriel, [...] les vapeurs qu'on croit qui s'élèvent des entrailles au cerveau » *(Académie)*.
2. Termes médicaux : « [...] il s'agit des humeurs qui fermentent parce qu'elles se trouvent en *abondance excessive* » (*Académie*, art. « Plénitude »).
3. Quelque chose qui concerne davantage mes observations [...].

Page 728.

1. *Ciment* : « [...] brique ou tuile battue ou pilée dont on fait une espèce de mortier » *(Académie)*. *Replâtrer* était souvent employé au figuré, dans le style familier : « Chercher à réparer, à couvrir une faute, une sottise » *(Académie)*.
2. *« Timeo Danaos et dona ferentes »* (*L'Énéide*, livre II, v. 49) : « Je crains les Grecs, même lorsqu'ils font des dons. » Par ces paroles, Laocoon voulait dissuader les Troyens de faire entrer dans leurs murs le cheval laissé par les Grecs devant la ville.
3. Des décors.

Page 729.

a. rapporter *B*

1. À quelques transitions [...]. La métaphore n'est pas lexicalisée.
2. Le 10 juillet 1773.
3. Probablement au cours d'une conversation, car cette référence ne se trouve pas dans ses Mémoires.

4. Allusion à la célèbre réponse de César aux juges qui s'étonnaient de ce qu'il ait répudié sa femme alors qu'il épargnait Clodius, « sacrilège », qui s'était introduit sous un déguisement auprès de Pompéia au cours des Mystères de la Bonne Déesse : « C'est que la femme de César ne doit pas même être soupçonnée. » Voir Plutarque, *Vies parallèles des hommes illustres*, vie de Julius Caesar, chap. XI-XII, dans la traduction d'Amyot.
5. Pour les « vingt-deux stations » et le don des six francs, voir p. 685-686.
6. C'est-à-dire les quinze louis.
7. *Publiciste* : « Celui qui écrit ou qui donne des leçons sur le droit public. *Il y a de grands publicistes en Allemagne* » *(Académie)*. Cet exemple du dictionnaire explique que Goëzman lui-même se soit décerné le titre de « publiciste allemand ». L'emploi par Beaumarchais se trouve ainsi doublement justifié.

Page 730.

1. Un savant archéologue; ce dernier mot n'apparaît qu'au début du XIXe siècle. *Artifice* signifie ici « procédé ingénieux ». L'antiquaire est Séguier, dont le mémoire parut en 1759.
2. Voir n. 2, p. 689.

Page 731.

a. j'examine que *B*

1. « Recherche, enquête. Il n'est guère usité en ce sens » *(Académie)*.
2. Ici, le libraire Lejay.
3. Le tiers est Baculard d'Arnaud; voir p. 694.

Page 732.

1. Les 11, 19 et 22 juillet, le 20 août, les 7 et 16 septembre.
2. Écrite au brouillon. Pour la *minute*, voir n. 4, p. 691.
3. *Décret* : « [...] ordonnance de magistrat qui porte ordinairement prise de corps ou saisie des biens » *(Académie)*. L'innocent est ici Lejay.
4. Donc du 30 mai, date de la déclaration de Lejay, au 16 juin.
5. Les trois témoins sont Lejay, sa femme et son commis.
6. *Titre* : « [...] L'acte ou la pièce authentique qui sert à établir un droit, une qualité » *(Académie)*.
7. Voir p. 725-726.
8. Par ailleurs.

Page 733.

a. Dangeon, *B*

1. Voir la Genèse, XXVII, en particulier le verset 22.
2. Voir p. 689. Beaumarchais va reproduire cette déclaration; voir p. 738 et suiv.
3. Voir n. 3, p. 690.
4. Donjon; voir cinq paragraphes plus haut.

Page 734.

a. connaissent l'honnêteté, le bon *B, coquille évidente.*

1. Des gens disant la vérité.
2. Nous présente de nouveau.
3. *Bon sieur* a la même valeur péjorative que parfois notre *brave homme*. Lejay n'est pas très intelligent, a déjà fait remarquer sa femme (voir p. 733).
4. Sur le sens de ce mot, voir n. 1, p. 726.

Page 735.

1. Sur les conditions dans lesquelles Beaumarchais prend connaissance des pièces du procès, voir p. 739 et surtout p. 753. Malgré une excellente mémoire, il ne les cite qu'en substance : il utilise des synonymes, une forme souvent plus ramassée. Voir la lettre de Lejay, n. 1, p. 739.
2. Voir p. 743 et suiv.
3. Allusion à un épisode d'un poème de Cazotte, *Olivier, fable héroï-comique*, publié en 1763. Au chant II, Enguerrand, en quête d'aventures, quitte en cachette le château de Strigilline qui le retenait, mais se perd et sans cesse est ramené au château par un enchantement.

Page 736.

1. D'une écriture inconnue [...].
2. Il se contredit.
3. La juste part.
4. *Compasser* : « Mesurer avec le compas [...]. Bien proportionner une chose » *(Académie)*. Le mot n'a pas ici la valeur péjorative qu'avait déjà volontiers le participe *compassé*.

Page 737.

a. honnête, simple. *B*

1. C'est-à-dire preuves matérielles, de fait; par opposition aux *preuves morales* (voir p. 733). On opposait de même *certitude physique* (ou naturelle) et *certitude morale (Académie)*.
2. Le mot est vieux, appartient au langage familier et n'est guère employé que dans la formule : *Il ne demande qu'amour et simplesse*. Beaumarchais le préfère à *simplicité*, parce que s'accordant mieux à la nature « simple » de Lejay.
3. « *À force ouverte, de vive force* pour dire, avec violence, par une violence manifeste » *(Académie)*.

Page 738.

a. sans perdre du temps, *B*

1. C'est-à-dire répétant ce qu'on lui dictait.
2. Les trois points remplacent « le plus gaillard adjectif » *(bougre de, sacrée, foutue ?)* ; p. 758, il y aura « franche ». *Tête à perruque*, dans le sens, ici, d'homme stupide, n'est pas recueilli dans les dictionnaires du XVIIIe siècle. Mais on se souvient que la tête à perruque est un accessoire ridiculisé dans les parades; voir n. 2, p. 79.
3. « On dit de la copie qu'on a prise en la recopiant trait pour trait jusqu'aux ratures et jusqu'aux renvois que *c'est une copie figurée* » *(Académie)*. Il s'agit de la déclaration copiée par le commis.
4. Voir p. 799.

Page 739.

a. M. Goëzman fait à *B*

1. Aux Archives nationales sont conservées et la copie du commis, conforme à celle de Lejay, mais parfaitement correcte, et celle de Lejay que nous reproduisons très exactement : « je sosigné Edem [*mis pour* Edme] jean Lejay pour rendre hommage a la verité declare que le sieur Caron de Beaumarchais ayant une affaire conssiderable devant M. de Goezmann Conseiller de grand chambre m'afait prier très instament par le sieur Bertrand ami du dit sieur Beaumarchais de m'intéresser auprès de Mad. Goezmann dont jai l'honneur dêtre connu; même de lui presanter une montre a Repetition garnie de Diamans avec un Roulot de cent Louis afin de l'engager d'interceder auprès de Mr son mari en faveur du dit sieur Beaumarchais j'ai eu la facilité de mi préter et ce uniquement pour donner au dit Sr Bertrand une marque de mon zel pour ces interés. mais la verité est que que Mad^e^ Goezmann a regeté hotement avec indiniation ma proposion en m'ajoutan que non seulement elle offanset sa delicatesse mais quelle etoit de nature a *[gribouillage] m*'attirer toutes sortes de disgrace de la part de son mari. sil venoit en savoir quelle quechoses jai gardé la dite montre et le dit roulot jusque au momans où j'ai Rendu l'un et l'autre au dit sieur Bertrand; je declare en outre que le mauvais sucsais qua eut le dit sieur de Beaumarchais et La perte de son proces l a engagé à mécrire de puis une lettre fort impertinante comme si *[eus est rajouté dans l'interligne]* négligé ou *[gribouillage]* ces intéres affirment tous ce qui pouvoit etre dit de contraire à ma presante declaration seroit un infame imposture ce que je suis en etat de soutenir en ver et contre tous en fois de quoy j'ai siné a paris ce 30 mai 1773. / Le Jay. » On se rend compte que Lejay savait à peine écrire : le texte est difficile à déchiffrer, parfois illisible : mots omis, apostrophes sans coupures entre les mots... enfin, deux mots rajoutés par une autre main, soulignés ici (*m'* et *eus*). La copie du commis permet de rétablir le texte primitif. Mais Beaumarchais a donné un texte quelque peu différent quant à la forme et fait parfois, de ce fait, un commentaire erroné.

2. En réalité, il y a deux lettres. Le texte en a été donné n. 4, p. 688. Il n'a rien d' « impertinent ».

Page 740.

1. La lettre dit : *en m'ajoutan.*
2. Qu'il n'aurait pas dû [...].
3. La lettre dit : *sil venait en savoir quelle quechoses.*
4. Sur le manuscrit, il est évident que *m'* a été ajouté. Le mot rayé avant n'est pas lisible, mais c'est très vraisemblablement *lui*, hypothèse confirmée par la copie du commis.

Page 741.

1. Plus exactement : *une montre à répétition garnie de diamants* ; et dans la déclaration du commis *une montre à répétition et à diamants.*
2. Ce détail est rigoureusement exact.

Page 742.

a. changeant *B* ↔ *b.* changé, *B* ↔ *c.* Oh M. Goëzman ! *B*

1. *Charger un mot* : « Écrire un mot sur un autre, sans effacer celui-ci » *(Académie)*. Il est exact que le mot a été chargé : la copie du commis porte bien *comme si j'avais négligé ou trahi [...]*.

2. La confusion entre le passé antérieur et le plus-que-parfait du subjonctif était fréquente dans un tel cas au XVIIIe siècle.

3. Comme plus haut *en conséquence*, liaison logique, Lejay a omis ici *que* après *soutenant* (et non *attestant* comme il est écrit p. 739).

4. En fait, en dehors des fautes d'orthographe, il y a encore trois erreurs par rapport à la copie du commis : un *que* écrit deux fois, et deux omissions (un *et* et un *à*).

5. Sur *titre*, voir n. 6, p. 732.

6. Au sens juridique du terme : « Les raisons qu'on apporte pour obtenir ce qu'on demande » *(Académie)*.

Page 743.

a. Signez, Lejay. *B*

1. Voici le texte exact de cette seconde déclaration : « je declare en outre que jamais ni le sieur Beaumarchais ni le sieur Bertrand ne mont accompagné chez Madame de Goëzmann qui ne les connois auqunement. que j'ai rendu la montre et les Deux Roulau de cinquante Louis chacun chacheté tel quils mavoit été remis, au dit sieur Bertrand en presance de Mad. Le franc sœur de M de linze l'échevin deux autres Dames qui ce sont trouvées chez elle et un jeune homme que je crois etre le fils de Mr de linze protestant que si le sieur Beaumarchais ozet dire quil a eté detaché du Dit Roulau quel que chose pour des secrétaires ou autre ment je lui soutiendroit en toutes occasion que cet un imposteur et un calomniateur que le dit sieur Bertrand le lui soutiendra surment aussy puisqu'il a dit en presance des dites Dames en recevant le dit roulau voila deux Beau Roulau quon n'a refusés en foi dequoy jai / signé Le Jay. »

2. Racine, *Les Plaideurs*, acte III, sc. III, v. 702.

3. Beaumarchais commet ici une double erreur : d'abord les deux déclarations portent *en foi de quoy j'ai signé*; ensuite c'est dans la première que l'on a la graphie *siné*, qui note une prononciation du mot encore fréquente à cette époque. Dans la seconde, le mot *signé* se détache seul en retrait à la dernière ligne, avant la signature : d'où l'erreur de Beaumarchais qui voyait les pièces d'assez loin.

Page 744.

1. Évidemment Lejay lui-même.

2. *Argent blanc* : « [...] toute sorte de monnaie d'argent, par opposition aux monnaies ou de cuivre ou d'or » (*Académie*, art. « Blanc »). Il s'agit donc ici de louis d'argent. Dans les rouleaux, les pièces étaient d'or.

3. Seul *entortillement* est lexicalisé, au XVIIIe siècle, et il se dit de l'embarras du style. Pour *entortillage*, Littré cite un texte de Mirabeau.

4. « *Le fin d'une affaire* pour dire le point décisif et principal; il se dit aussi pour signifier ce qu'il y a dans une affaire de mystérieux, de caché » *(Académie)*.

5. « *Passer sur quelque chose comme chat sur braise*. C'est dans un discours, ou dans un écrit, passer légèrement sur une chose qu'on

ne veut pas approfondir » (Leroux, *Dictionnaire comique [...]*, nouv. éd., Pampelune, 1786, art. « Braise »).

Page 745.

1. Voir p. 738.
2. En réalité, il y a *le sieur Beaumarchais* et *le sieur Bertrand*; Beaumarchais se trompe, mais l'expression passait pour peu courtoise alors. Lafleur, Larose sont des noms de laquais.
3. Souvenir de la fable de La Fontaine, « Le Singe et le Chat » (IX, XVI), où le chat tire les marrons du feu pour le singe Bertrand qui les « croque ».
4. *Manteau* : « Apparence, prétexte dont on se couvre » *(Académie)*.
5. Au sens financier du terme : Bertrand d'Airolles était banquier.
6. « Un seul témoin, aucun témoin » : formule juridique indiquant qu'un seul témoin est insuffisant.
7. Voir p. 729.
8. En réalité, il n'y a dans cette liste — voir ce qui suit — que des *noms*.

Page 746.

a. ces mots : soustraire quelque chose *B*

1. Lorsqu'ils seront — ou s'ils sont — assignés — convoqués pour audition.
2. Voir Rabelais, *Le Quart Livre*, chap. XIX à XXIV. Panurge, mort de peur durant la tempête, fait le bon compagnon une fois le danger passé.
3. Pour la lettre, voir p. 693 et n. 3; la « plus misérable déclaration » est celle de Lejay.
4. Voir p. 738 et n. 4.
5. Voir p. 696-698.
6. À la suite des accusations de Beaumarchais (voir, p. 695 et suiv., l' « Autre épisode [...] touchant le sieur Marin [...] »), Marin écrivit à d'Airolles le 10 septembre pour solliciter cette lettre. Demande et réponse sont reproduites dans le deuxième mémoire de Marin (p. 16, 17, 18). D'Airolles (le 15 septembre) proteste avec grandiloquence de son attachement à la vérité, puis, suivant point par point Marin, « atteste » que celui-ci : 1° ne lui a jamais conseillé de changer sa déposition; 2° ne lui a pas davantage conseillé de justifier ce changement en accusant Beaumarchais d'avoir « suggéré » cette déposition; 3° ne lui a fait ni promesses ni menaces de la part du duc d'A***.

Page 747.

1. Le mot n'est pas dans les dictionnaires, d'où sans doute l'italique. Il désignait autrefois une poésie plaintive. C'est une allusion au ton geignard du mémoire de Baculard d'Arnaud et de beaucoup de ses œuvres.
2. En réalité, Beaumarchais ne le fera pas; voir p. 787.
3. Ce sera le deuxième. Pour le premier, voir p. 710 et n. 3. Il y en aura un troisième, qui sera une réponse à l'Addition au Supplément (voir *Bibliographie des œuvres de Beaumarchais*, H. Cordier, Paris, Quentin, 1883, n°s 351, 352, 353).

4. C'est-à-dire entre le 30 mai et le 9 juin, dates des deux déclarations de Lejay.
5. « Question, demande qu'on fait en justice et dont on attend réponse. *On lui a fait cent interrogats sur lesquels il n'est point préparé.* » (*Trévoux*).

Page 748.

1. Voir p. 695. L'expression est de Goëzman.
2. Voir p. 695.

Page 749.

a. plus de trois quarts *A*

1. Marin était, en même temps que censeur, le correspondant officieux de journaux publiés à l'étranger. « L'équité même » est évidemment ironique.
2. Depuis 1758, année de la mort de la mère de Beaumarchais.
3. D'avoir fait enregistrer au greffe; l'enregistrement donnait à l'acte authenticité.
4. Mme veuve Franquet (voir la Chronologie, p. XXV).
5. Ce « jusque-là » trahit l'amertume. Les Aubertin, héritiers de leur fille, intentent en 1773 un procès — qu'ils perdront — à Beaumarchais dont ils se disent les créanciers. Voir Loménie, *Beaumarchais et son temps*, Paris, Michel-Lévy, 1856, t. I, p. 92-93.
6. Elle était morte le 20 novembre 1770.
7. Mort en octobre 1771, il allait avoir quatre ans.
8. *Putride* : « [...] accompagné de pourriture » (*Académie*). La fièvre putride est probablement notre fièvre typhoïde.

Page 750.

1. La plupart des médecins que cite Beaumarchais sont connus, en particulier Tronchin; Bourdelin (1695-1777) était médecin de Mesdames.

Page 751.

1. Un homme *malhonnête* est un homme incivil. *Malhonnête homme* : « C'est l'opposé d'honnête homme, pris dans le sens d'homme de probité et d'honneur. Et en ce sens l'adjectif doit toujours précéder » (*Académie*).
2. Par le duel; l'expression, avec ce qui précède, sera reprise par Bertrand, dans la conclusion du mémoire du 22 décembre 1773 (*Supplément au Mémoire du sieur Bertrand d'Airolles*, p. 24) : « Eh bien ! M. de Beaumarchais, vous êtes un homme malhonnête et un malhonnête homme, et certainement vous ne prendrez pas la voie la plus courte [...]. » Beaumarchais répondra, p. 864.
3. En particulier celles de Mesdames.
4. *Eugénie*, *Les Deux Amis* et sans doute l'*Essai sur le genre dramatique sérieux*. Et *Le Barbier de Séville* est annoncé.
5. La dernière en date de ces querelles est le différend avec le duc de Chaulnes; voir la Chronologie, p. XXVIII.
6. *Avantageux* : « Signifie quelquefois confiant, présomptueux, qui cherche à prendre avantage sur les autres » (*Académie*).
7. Souffrez que je vous donne [...].

Page 753.

1. « *Interdire le feu et l'eau*, formule des Romains quand ils bannissaient » *(Académie)*.

2. Là encore Beaumarchais cite Goëzman ; voir p. 685.

3. « On dit qu'*une affaire est en justice réglée* pour dire qu'elle est portée en justice suivant les formes ordinaires et que les procédures sont déjà commencées » (*Académie*, art. « Régler »).

4. Cette phrase est de Calvin, dont les écrits avaient été condamnés au feu : « Brûler n'est pas répondre, et il est plus facile de trouver des dominicains que des raisons. »

5. Pour le texte de cette dénonciation, voir n. 3, p. 690. Il est bien évident que, faute de pouvoir en respecter la lettre, Beaumarchais en respecte l'esprit.

Page 754.

1. Gravement.

2. Voir p. 686.

Page 755.

1. Beaumarchais reprend une phrase essentielle pour sa défense; voir p. 709.

2. Voir n. 2, p. 732.

3. *Instiguer* : « Exciter, pousser quelqu'un à faire quelque action » *(Académie 1762)*. « Il est vieux » *(Académie 1798)*.

Page 756.

a. n'a pas été articulé *A*

1. Aucun passage littéral ne correspond dans les *Verrines* à ce morceau d'éloquence; mais il exprime des idées éparses dans l'œuvre de Cicéron, en particulier dans l'Exorde, idées que Beaumarchais a rassemblées ici vigoureusement. Ainsi est soulignée la similitude des circonstances : la mauvaise réputation des instances judiciaires à Rome en l'an 70 av. J.-C. a suscité la loi Aurélius Cotta (modifiant le recrutement des juges), dont l'action de Cicéron contre Verrès hâta la promulgation. Le public ne laissa pas échapper l'allusion : voir p. 766 de l'Addition au Supplément, où Beaumarchais se défend d'être l' « émissaire des mécontents ».

2. *Péculat* : « Vol des deniers publics fait par ceux qui en ont le maniement et l'administration » *(Académie)*.

Page 757.

a. ils l'ont sur-le-champ remis *B*

1. Verrès prit en effet la fuite et fut condamné par défaut.

2. Le 7 août 1773; Lejay était en prison depuis le 10 juillet.

3. Les deux hommes s'étaient déjà vus pour la rédaction des deux déclarations de Lejay, le 30 mai et le 9 ou 10 juin. Cette troisième entrevue se place donc entre le 10 juin et le 10 juillet, date de l'arrestation de Lejay.

4. La rue de l'Étoile donnait sur le quai Saint-Paul où habitait Goëzman. Lejay le rencontre donc tout près de son domicile.

5. Voir p. 747.

Page 758.

a. Nous nous parlions *B* ↔ *b.* je ne doute pas *B*

1. Le Pont-Rouge reliait l'île Saint-Louis à l'île de la Cité. C'était le trajet le plus court pour se rendre du quai Saint-Paul au Palais de Justice. Voir p. 761.
2. Voir n. 2, p. 738.
3. À bras-le-corps; *à brasse-corps* n'est donné par aucun dictionnaire, mais on trouve cette expression chez Diderot (lettre à Sophie Volland du 6 novembre 1760); voir aussi n. 2, p. 78.

Page 759.

a. Arrêtons-nous donc, posons la plume *B*

1. Le 30 mai 1773.
2. Cet emploi figuré est qualifié de *noble* par l'abbé Féraud, ouvr. cité. Le terme se trouvait déjà dans l'*Essai sur le genre dramatique sérieux*; voir p. 123.
3. Voir n. 1, p. 693.

Page 760.

1. Voir p. 733.
2. Allusion au « temps critique » de Mme Goëzman (voir p. 720 et suiv.).
3. Voir p. 691.
4. Voir p. 696.
5. Voir p. 758.

Page 761.

1. Suit ce texte : « CONSULTATION / Le conseil soussigné, qui a vu le premier mémoire et le supplément du mémoire à consulter, faits par le sieur de Beaumarchais, qui a certifié que tous les faits par lui exposés sont conformes à la vérité, et à l'instruction faite à la requête du ministère public, ESTIME que l'accusation intentée contre le sieur de Beaumarchais sera toujours un monument de scandale, soit qu'on regarde un citoyen comme coupable d'avoir tenté de corrompre un magistrat, soit que l'on considère qu'un juge ait pu se prêter à des voies illicites pour accorder ce que la justice ne lui permettait pas de refuser. Cette idée est affligeante pour l'humanité, et néanmoins c'est celle que présente ce procès trop célèbre, sur lequel nous sommes forcés de nous expliquer, par le devoir d'un ministère qui ne fait acception de personne, et que nous devons particulièrement aux faibles contre le puissant. / La dénonciation, la plainte qui l'a suivie, annoncent un délit grave, celui d'avoir voulu corrompre un juge; cette accusation est-elle fondée contre le sieur de Beaumarchais ? c'est ce que nous ne pensons pas, d'après les circonstances et les preuves exposées dans les mémoires. / Le sieur de Beaumarchais n'a fait aucune démarche tendant à se compromettre; M. Goëzman était rapporteur d'un procès qui intéressait sa fortune; il était de droit naturel que le sieur de Beaumarchais le vît. La sollicitude d'un plaideur sur son intérêt, ses craintes, ses alarmes, son empressement, tout le porte vers son juge qui, de son côté, lui doit l'encouragement, ses bontés et la

justice. / Le sieur de Beaumarchais paraît s'être rendu plusieurs fois chez M. Goëzman; n'ayant pu pénétrer jusqu'à lui, et pressé par la crainte d'être jugé sans être entendu, il consent, malgré sa répugnance, à faire un sacrifice qui paraissait indispensable à tous ses parents et amis, pour obtenir audience de son rapporteur : le sieur de Beaumarchais ne demandait donc que des audiences de son juge pour lui expliquer son affaire : n'ayant eu aucun dessein de lui faire injure, on ne doit pas lui imputer à crime les sacrifices qu'il a été forcé de faire : ce désir est naturel à tout plaideur, et toujours proportionné à l'importance de sa cause. Or dans la circonstance de l'audience promise, ou dans le prix qu'on y attachait, il paraît constant au procès que le sieur de Beaumarchais ne désirait que de voir M. Goëzman; cette entrevue était bien nécessaire dans une affaire où il s'agissait de plus de cinquante mille écus : ce n'est pas vouloir corrompre son rapporteur que de chercher à le voir, et conférer avec lui; si le sieur de Beaumarchais avait pu se procurer ces entretiens par une autre voie, il n'aurait pas cédé à la dure nécessité de payer si cher des audiences. Instruit par le sieur Bertrand d'Airolles que Mme Goëzman procurerait cette audience désirée moyennant cent louis, il a consenti de les donner. La preuve que cet argent n'a pas été abandonné pour corrompre est consignée dans la déclaration de Mme Goëzman lors de son récolement, où elle a dit expressément *que jamais Lejay ne lui a présenté d'argent pour gagner le suffrage de son mari, qu'on sait bien être incorruptible, mais qu'il sollicitait seulement des audiences pour le sieur de Beaumarchais.* / Il ne s'agissait donc, suivant Mme Goëzman, que d'obtenir des audiences; cet aveu écarte, détruit et renverse l'idée d'avoir voulu corrompre M. Goëzman; or, solliciter des audiences, tenter de les obtenir, n'importe par quelle voie, ce n'est pas un crime; aucune loi, aucune puissance sur la terre ne peuvent empêcher la sollicitude que tout plaideur a nécessairement quand il s'agit de prononcer sur sa fortune. La voie de séduction ne peut pas même se présumer par le fait qu'on aurait donné cent louis et une montre de pareille valeur pour avoir audience; il n'y aurait que le pacte du gain du procès qui serait un crime; mais nous n'en voyons aucune preuve, puisqu'indépendamment de la déclaration de Mme Goëzman, ci-dessus rapportée et qui est décisive, aucun témoin n'inculpe le sieur de Beaumarchais directement ni indirectement. On ne doit pas donner à une action simple et naturelle une extension criminelle, parce qu'en matière pénale et suivant tous les criminalistes, il est de maxime étroite de restreindre plutôt que d'amplifier. / Quel motif d'ailleurs aurait eu le sieur de Beaumarchais ? la sécurité devait être telle sur le gain de son affaire qu'il n'avait pas besoin de tenter de corrompre pour obtenir une condamnation de ce qui lui était légitimement dû. Il faut être aussi heureux que le comte de La Blache pour être parvenu à faire annuler un arrêté de compte fait par un majeur, un des hommes les plus éclairés qu'il y eût en France, et qui connaissait le mieux ce qu'il faisait. / M. Goëzman eût été plus prudent de commencer par éclaircir et approfondir le fait, avant de se porter à une dénonciation; il lui eût été si aisé de se convaincre que le sieur de Beaumarchais ne voulait de lui que des audiences. Nous voudrions pouvoir nous persuader que M. Goëzman a été trompé; qu'on lui a déguisé les circonstances. Mais après les preuves rapportées dans les mémoires à consulter, et consignées au procès, peut-on croire que M. Goëzman ait été induit en erreur sur les motifs qui ont fait faire les sacrifices des cent louis et de la montre à répétition : la déclaration de Lejay aurait pu seule le tromper; mais il paraît certain au procès que M. Goëzman en eﬆ l'auteur, et qu'elle eﬆ le fruit d'une trame ourdie et préparée pour perdre un homme innocent ? C'eﬆ à la juﬆice à mettre dans la balance cette déclaration, la rétractation de Lejay, les dispositions de sa femme et de son commis, et les circonﬆances qui ont précédé, accompagné et suivi cette déclaration; nous nous interdisons toutes réflexions à cet égard; mais nous ne pouvons nous dispenser d'observer qu'une discussion approfondie a répandu le plus grand jour sur les faits du procès; on ne voit contre le sieur de Beaumarchais aucune apparence, aucune idée de crime; sa juﬆification eﬆ pleine et entière, il doit espérer, avec confiance, une décharge éclatante, honorable et publique. / Mais ce n'eﬆ pas le seul objet auquel il ait droit de prétendre. M. Goëzman, par sa dénonciation, eﬆ l'auteur de l'accusation; or, suivant l'ordonnance criminelle, titre III, article 7, *tout dénonciateur et accusateur qui se trouveront mal fondés, doivent être condamnés aux dommages et intérêts envers les accusés, et plus grande peine s'il y échoit*. M. Goëzman a dénoncé le sieur de Beaumarchais à la juﬆice, comme ayant tenté de le corrompre. Suivant la disposition de la loi que nous venons de citer, le sieur de Beaumarchais a une action directe pour rendre M. Goëzman responsable de l'accusation et des dépens, dommages et intérêts auxquels elle doit donner lieu. / Nous eﬆimons donc que le sieur de Beaumarchais doit, par la requête d'atténuation qu'il présentera au Parlement, conclure à la décharge de l'accusation contre lui intentée en corruption de juge et calomnie, avec affiche du jugement; et demander personnellement contre M. Goëzman, des dommages et intérêts, comme étant civilement tenu de ceux auxquels la dénonciation donne lieu. / Délibéré à Paris, par nous avocats au Parlement, soussignés, le 17 novembre 1773. / *Signé*, BIDAULT, ADER. »

Page 763.

ADDITION
AU SUPPLÉMENT DU MÉMOIRE À CONSULTER

a. de textes, d'ordonnances, *B* ↔ *b*. Ce ne peut pas être vous, Monsieur, non plus : *B*. *Nous corrigeons la ponctuation des autres éditions :* Ce ne peut pas être, Monsieur, non plus : ↔ *c*. entre vos mains *B*

1. Cinquante-quatre pages, va préciser Beaumarchais. Le premier mémoire de Mme Goëzman (il y aura une Addition) avait paru à la fin d'octobre 1773, dix ou douze jours après la publication du *Supplément* (voir p. 764 et 790). En outre, des notes en marge renvoient à quinze pièces juﬆificatives très diverses qui occupent vingt autres pages de l'Addition. Beaumarchais y fera allusion.
2. Plus rationnel, conﬆruit avec plus de logique.
3. *Rebattre* : « Répéter inutilement et d'une manière ennuyeuse » (*Académie*).

Page 764.

a. prouverez pas que *B* ↔ *b*. chiffonneries, *B, coquille évidente.* ↔ *c*. trouve de traitable *B*

1. Beaumarchais en annonçait quatre ou cinq au début du Supplément (voir p. 710). Voici les six : le premier mémoire de Marin (7 octobre), celui de Baculard d'Arnaud (9 octobre), le premier mémoire de Mme Goëzman (fin octobre), le premier mémoire de Bertrand d'Airolles (23 novembre), le deuxième mémoire de Marin (30 novembre), enfin l'Addition de Mme Goëzman (probablement fin novembre).

2. Allusion au supplice de Tarpeia écrasée sous les boucliers des Samnites, arme défensive.

3. *Désoler* : « Ravager, ruiner, détruire » *(Académie)*.

4. À la suite de l'arrêt du Parlement du 6 avril (voir p. 824-825).

Page 765.

1. Sur *passer condamnation*, voir n. 2, p. 684.

2. Au sens étroit du terme : « Il se dit plus ordinairement de la dispute qui se fait sur des points de foi entre les catholiques et les hérétiques » *(Académie)*.

3. L'avocat du comte de La Blache; voir la note de Beaumarchais, p. 879.

4. Sur ces jésuites, voir en particulier les quatrième et cinquième *Provinciales*.

5. Allusion au texte mis par Marin en exergue à un de ses Mémoires : « Ne donne pas ton riz au serpent, parce que le serpent te piquera. Le bien qu'on fait aux méchants devient entre leurs mains un poignard avec lequel ils nous assassinent. Saadi. » (Voir la liste de ces mémoires, Note sur le texte, p. 1520; il s'agit du troisième mémoire cité.)

6. Le premier mémoire de Bertrand porte en exergue : *« Judica me, Deus, et discerne causam meam de gente non sancta et ab homine iniquo et doloso erue me »* (phrase de l'introït de la messe, empruntée au Psaume XLII — et non XXXII, comme il est indiqué à tort —, verset 1 : « Juge-moi, Seigneur, sépare ma cause de celle des impies, délivre-moi de l'homme injuste et trompeur »). Quant au terme *sacristain*, dont Beaumarchais se sert pour désigner Bertrand plusieurs fois (voir le quatrième mémoire, *passim*), il est justifié dans *Le Tartare à la légion* (éd. Fournier citée, p. 409 B) par le choix des citations de Bertrand. Mais Bertrand lui-même fournit une autre explication : il a avancé au sacristain le prix du luminaire du convoi de la seconde femme de Beaumarchais (mémoire du 23 novembre, p. 35) et, dans son troisième mémoire, Bertrand revient sur ses griefs, pour conclure : « [...] le sacristain aurait été payé et vous ne m'auriez pas qualifié de son nom » (p. 18 du mémoire du 22 février 1774).

7. Plaisanterie : dans l'épigraphe, *ab homine iniquo* désigne non Marin, mais Beaumarchais lui-même.

Page 766.

1. Dans son mémoire, Baculard ne cite pas le Tartare, mais il « sonde les cœurs » et il « y mesure toutes les profondeurs de l'enfer », p. 10.

2. Le mot désigne très vraisemblablement le parlement Maupeou, mais de façon volontairement peu claire.

3. Mlle de Beaumarchais, Julie (Mémoire de Bertrand, p. 31).

4. « Ces mots ou plutôt ces points désignent de petits pamphlets très piquants [...] qu'on répandait sous le nom de *La Correspondance*. Ce titre, qui ne spécifie rien, blessait si fortement les yeux et les oreilles des magistrats du nouveau parlement, que Beaumarchais se garde bien de les proférer [...] » (note de l'édition Garnier des *Mémoires*, 1859). En réalité il ne fait qu'imiter Bertrand qui, dans son mémoire (p. 31), fait dire à Mlle de Beaumarchais : « [...] le mémoire de mon frère a fait le plus grand effet dans le public; on l'a imprimé in-8°. Il servira de suite à la [...] », et met une note perfide pour justifier les points de suspension : « Il y a des choses qu'il ne faut pas révéler. Mlle de B. serait désespérée de mon indiscrétion. Je suis bien loin de l'offenser. »

5. Dans *Les Euménides* d'Eschyle, Oreste est poursuivi par les Érinyes.

6. L'image, la représentation d'un être légendaire.

7. Affaiblie (littéralement, « privée de nerfs »).

Page 768.

1. Beaumarchais s'amuse, mais son analyse est juste dans l'ensemble : injures, liste de la portière, motif du rapport de Goëzman (l'acte de 1770 est un faux), dissertations juridiques, et, s'il n'y a pas de billet d'enterrement, il y a bien un extrait de baptême, un contrat, un extrait de mariage (pièces VI, VIII, X), des lettres de recommandation sans effet (pièces VII et IX).

2. Parce qu'il ne répond pas aux arguments dudit Supplément, reproche déjà fait par Beaumarchais, p. 763.

3. Voici le texte : « Le sieur Caron, fils d'un horloger, et longtemps horloger lui-même, quoique devenu fameux, plus que célèbre, sous le nom de Beaumarchais *(a)* »; et la note *a* : « Le sieur Caron horloger tenait sa boutique rue Saint-Denis en 1754 et logeait avec son père également horloger [...]. Le sieur Caron ayant quitté l'horlogerie emprunta d'une de ses femmes le nom de Beaumarchais qu'il a prêté à une de ses sœurs » (1er mémoire, p. 2).

Page 769.

a. peut dire, *B* ↔ *b.* au rapport *A* ↔ *c.* occupée *B, lapsus évident.*

1. La pièce n° VI (p. 11) est une attestation de la noblesse des Goëzman, noblesse nécessaire précisément pour l'obtention du titre de *bailli.*

2. Douze ans, en réalité : le 9 novembre 1755, Beaumarchais acquiert le brevet de contrôleur-clerc qui l'introduit à la cour; en 1757, il se fait appeler Caron de Beaumarchais; et ce n'est qu'en 1761 que sa nouvelle charge l'anoblira — charge achetée fort cher, d'où le terme *quittance.*

3. Ce n'était juridiquement pas possible. Le conseil du roi, ou conseil privé, ou conseil des parties, ne jugeait pas au fond. Il agissait comme notre Cour de cassation, et pouvait « casser » en particulier les arrêts du Parlement : l'arrêt sera cassé à la fin de 1775 et les parties renvoyées devant le parlement d'Aix qui donnera raison à Beaumarchais.

4. *Elle* représente la liaison.

5. *Fort de poitrine* : à la voix forte; « on dit [...] *Il a une bonne*

poitrine pour dire qu'il a la voix extrêmement forte » *(Académie)*. *Préoccupé de tête* : qui a l'esprit prévenu *(« Il ne faut pas qu'un juge se laisse préoccuper », Académie)*.

Page 770.

1. L'acte du 1er avril 1770 passé entre Pâris-Duverney et Beaumarchais.

2. *Brocher* « signifie aussi exécuter à la hâte [...]. *Je n'ai mis que mon idée sur le papier, j'ai broché cela en deux heures* » *(Académie)*. Voir *Le Mariage de Figaro*, p. 469 (« Je broche une comédie [...] »).

3. En octobre 1773, Beaumarchais avait obtenu un arrêt de soit communiqué. Voir p. 708 et n. 3.

4. Le texte qui suit (jusqu'à « [...] la seule question qui lui était soumise. », p. 773) sera repris avec quelques variantes dans la Réponse au Mémoire du comte de La Blache (voir éd. Fournier citée, p. 346-347).

5. On trouve le texte de cet arrêté à la suite de la *Réponse au Mémoire signifié du comte de La Blache* (*ibid.*, p. 370-372). Beaumarchais va montrer que, comme l'indique son titre, il s'agit d'un arrêté de compte contenant une transaction, et aucunement, de ce fait, d'un acte préparatoire.

Page 771.

a. Je vous ai provoqué *A*

1. *Balance* : « En terme de commerçants signifie l'état final ou le solde du livre de compte » *(Académie)*. La balance était de quatre-vingt-dix-huit mille livres que Pâris-Duverney devait à Beaumarchais (éd. Fournier citée, p. 372). Les articles 3 et suivants définissent la transaction qui permettait à Duverney de se trouver quitte.

2. Qu'on aurait dû [...].

3. Sur cette déclaration, voir n. 3, p. 684. On se rappelle qu'elle porte une exception pour les *négociants*.

4. Sur le terme *lettres de rescision* et sur la double procédure possible pour obtenir la cassation d'un acte, voir p. 701 et n. 3, et n. 5, p. 676.

5. En réalité, il s'agit du deuxième article; l'erreur est corrigée dans la Réponse au comte de La Blache (voir éd. Fournier citée, p. 347 et, pour le texte de ce deuxième article, p. 371). De même quand Beaumarchais parle du septième article (p. 772), il s'agit du neuvième, erreur elle aussi rectifiée dans la Réponse.

Page 772.

a. de *B* ↔ *b.* et *A*

Page 773.

1. « Vieux mot qui n'est plus en usage qu'au Palais. Il signifie tromperie, fraude » *(Académie)*. Le mot est resté dans la langue juridique.

2. « Qui a du crédit, qui est estimé, qui a de l'autorité » (Féraud, ouvr. cité).

3. Mme Goëzman, p. 5 du Mémoire, affirme que l'acte du

1er avril 1770 est un faux, rapporte la protestation de Beaumarchais *(« je suis donc un imbécile ou un homme sans probité »)* et commente : « C'est la seconde de ces propositions que le Parlement a adoptée par son arrêt. Que l'on décide maintenant *quel homme il a jugé.* »

4. Voir p. 685.

5. Voir p. 757.

Page 774.

1. Cette liste (dans un carnet) se trouve aux Archives nationales : le carnet contient les noms des visiteurs qui désireraient voir M. Goëzman et n'étaient pas reçus immédiatement, du 11 mai 1772 au 9 septembre 1773.

2. « [...] faire figure [...] être dans une situation avantageuse, paraître beaucoup » *(Académie)*.

3. Avec tant d'habileté (et non avec tant d'art).

4. Voir p. 685-686.

Page 775.

a. de *A*

1. Référence évidente à La Fontaine, *Fables*, « Le Serpent et la Lime » (V, XVI). L'expression est dans la lettre du comte de La Blache, de Grenoble, 18 juin, reproduite p. 27 du *Mémoire pour Mme de Goëzman.* Après avoir appelé Beaumarchais « monstre achevé », La Blache écrit : « C'est le serpent qui ronge la lime, et j'espère que la justice que l'on vous doit servira à purger la société d'une espèce aussi venimeuse. »

2. Nous avons trouvé cette expression dans une plainte de Marin qui fait allusion aux trois premiers libelles de Beaumarchais et reproduit des passages du troisième. Il y signale quatre plaintes antérieures que nous n'avons pas toutes et où l'expression peut aussi se trouver.

3. Baculard ajoute : « [...] tu dors, Jupiter ! Et à quoi te sert donc ta foudre ? »

4. Voir n. 4, p. 805.

5. Complètement, du début à la fin.

6. Beaumarchais n'est en effet inscrit que les 23, 26, et 27 mars; le 26 sa sollicitation se fait très pressante. Marin est inscrit les 2 et 3 avril et La Chataigneraie le 3 avril.

Page 776.

1. « On appelle *lettre circulaire* une lettre faite pour informer diverses personnes d'une même chose » *(Académie)*.

2. D'inexactitude.

Page 777.

1. Marie-Julie, dite en famille *la Bécasse*, se faisait appeler Mlle de Beaumarchais.

2. C'est l'ami qui avait prêté les cent quinze louis (voir p. 680) et avait été reçu par Goëzman (p. 683).

3. Beaumarchais cite exactement ici un passage de l'Addition au Mémoire de Mme Goëzman, p. 13; celle-ci ajoute que le sieur Caron doit être jugé non « d'après les termes mais d'après son intention évidente ».

4. « On appelle *Être de raison*, par opposition à *Être réel*, ce qui n'existe que dans l'imagination de celui qui le forme » *(Académie)*.
5. Voir n. 2, p. 689.

Page 778.

1. Pièce justificative nº III (p. 2) du Mémoire de Mme Goëzman; mais la date est en blanc : *ce avril*.
2. Ces mots sont en italique, parce que Beaumarchais pense que la lettre a été écrite à Paris (voir *Réponse ingénue [...]*, éd. Fournier citée, p. 402 B : « Le comte de La Blache écrivit de Paris une lettre datée de Grenoble »). Ensuite Mme Goëzman est citée exactement (p. 28, 1er mémoire).
3. Depuis 1763 : au moment vraisemblablement où le comte s'aperçoit des relations d'affaires et de l'amitié qui unissent son oncle et Beaumarchais.
4. P. 27 ; citation de la lettre du comte, de même que les suivantes.
5. Remarque sévère pour le français parlé en Alsace... mais qui suggère surtout que cette phrase a été inspirée, sinon écrite, par Goëzman, qui, lui, est de Colmar.

Page 779.

1. Le comte de La Blache était un petit-neveu de Duverney : sa mère, Michèle de Roissy, descendait de la sœur des Pâris, Marthe, à laquelle Duverney avait été très attaché. Il y avait au moins alors trois neveux directs vivants : Pâris de Meyzieu et la comtesse de Choiseul-Meuse, enfants de Claude Pâris-La-Montagne, et le marquis de Brunoy, fils de Pâris-Montmartel; Duverney, après la mort de sa fille, logeait son gendre, outre La Blache et les enfants de Claude Pâris. Quant au créancier, c'est Beaumarchais lui-même, à qui, selon l'arrêté de compte, il était dû encore quinze mille livres. L'arrêt est celui du 6 avril.
2. Cette interjection se retrouve dans la bouche de Bazile (*Le Barbier de Séville*, acte II, sc. VIII, p. 310).
3. C'est le héros de la comédie de Destouches *Le Glorieux* (1732). Honteux d'avoir un père ruiné, le comte de Tuffières fait croire que celui-ci vit fastueusement sur ses terres loin de Paris, alors qu'il demeure assez près sous un faux nom et que tous deux se rencontrent en secret.
4. Ces pièces justificatives, au nombre de quinze, suivent le premier mémoire de Mme Goëzman; la lettre est incluse dans le mémoire lui-même (voir n. 1, p. 763).
5. « Petit vaisseau en forme de tasse [...]. On s'en sert pour purifier, par l'action du feu, l'or et l'argent des autres métaux avec lesquels ils sont alliés » *(Académie)*. Dans cette métaphore filée, Beaumarchais joue aussi sur le sens figuré du mot *creuset* : « On dit figurément que *La vertu d'un homme a été mise au creuset* pour dire qu'elle a passé par toutes sortes d'épreuves » *(ibid.)*.
6. P. 14-15 du premier mémoire de Mme Goëzman.
7. Voir p. 681-682.
8. Il a été fait allusion à cette entrevue p. 677 et n. 11. Goëzman soutient que la *Gazette de La Haye* fut remise chez lui. Elle n'est pas au dossier du procès aux Archives nationales.

9. Il s'agit du numéro 31 du vendredi 12 mars, où l'on évoque l'emprisonnement au For-l'Évêque, les deux affaires (avec le duc de Chaulnes et le comte de La Blache), enfin le « triple » veuvage de Beaumarchais, le tout avec des insinuations malveillantes.

Page 780.

1. Cette lettre, dont l'original eſt aux Archives nationales, a été reproduite par Goëzman dans sa *Note [...] à MM. ses confrères* (p. 3). En voici un paragraphe : « Je me rappelle parfaitement, Monsieur, et cette époque m'eſt présente, que le samedi matin 3 avril, entre le rapport de M. l'Avocat général et le jugement définitif pendant les trois jours du délibéré que la Cour ordonna, j'eus l'honneur de vous voir chez vous, cette unique fois que vous voulûtes bien m'y recevoir, avec M. Levassor, un de mes amis, et que la première chose que vous me dîtes, c'eſt que mon adversaire vous quittait. Mes gens, à qui les vôtres l'avaient sans doute appris, me répétèrent la même chose à votre porte, et je leur répondis que je le savais. Je suis persuadé, Monsieur, que vous n'avez point oublié cette circonſtance, que je ne puis cependant m'empêcher de vous rappeler. »

2. Forme fréquente au XVIIIe siècle pour *pacha*; voir n. 3, p. 25 (et n. 4, p. 69).

3. *Note [...] à MM. ses confrères*, p. 2.

4. *Ibid.*, p. 3. Cette réponse de Beaumarchais eſt reproduite, pièce juſtificative n° IV du Mémoire de Mme Goëzman, p. 3-5; elle se trouve aux Archives nationales. La « note précieuse » ajoutée en marge eſt celle-ci : « Cette réponse n'eſt pas aussi nette et concise que j'aurais pu la faire; mais le temps me dévore et le 3e article du Précis sur délibéré y répond si parfaitement, que je vous prie d'y lire ma véritable réponse. » Pour Beaumarchais, cette référence prouve que la pièce eſt remise après le Précis, ou avec lui. Voir p. 782.

Page 781.

a. j'étais le porteur *B*

1. Voir p. 681.

Page 782.

1. Les queſtions auxquelles Beaumarchais répond se trouvent, sans solution de continuité, p. 16 du Mémoire pour Mme Goëzman.

2. Le motif, le fait que [...].

3. Sans aucun doute.

4. Voir n. 3, p. 682. Le premier manuscrit eſt la Réponse à quelques objeċtions.

5. Mme Goëzman, p. 17 de son Mémoire, accuse Beaumarchais d'avoir « insulté » la Chambre, en citant des passages d'un rapport « secret ».

6. Voir p. 684.

Page 783.

a. baillis *B*

1. Pour certain, pour bien établi.
2. Beaumarchais se trompe : c'est dans le premier mémoire qu'il est question, p. 12, des trois jours, p. 13, de la visite de Falconet, etc.; mais tout ceci est précédé de l'expression « mensonges atroces ». On sait que l'Addition de Mme Goëzman est bâtie sur les « atrocités » de Beaumarchais; d'où l'erreur de ce dernier.
3. C'est la formule rituelle d'apostrophe usitée dans les actes juridiques. Voir, pièce justificative n° VI (p. 11) du Mémoire de Mme Goëzman, l'acte de baptême de Goëzman. *Veracissimus* est ajouté par Beaumarchais : « très véridique », au sens du XVIIIe siècle (« qui aime à dire la vérité » *[Académie]*). Pour les *« baillifs »*, voir p. 769. *Baillif* est une forme ancienne. « La formation du féminin *baillive* avait fait conserver l'*f* finale. Comme on ne la prononçait plus, on l'a retranchée » (Féraud, *Dictionnaire critique [...]*, Marseille, chez Jean Mossy, 1787). *Académie 1762* n'a que *bailli*. Quant aux juristes célèbres, ils sont évoqués p. 54 du Mémoire, à la fin; voir la note de Beaumarchais, p. 837.

Page 784.

a. n'attestent pas *B, faute évidente : l'homme sermenté et Santerre sont un seul et même homme.*

1. Sur les objections de M. Goëzman et l'attitude de M. de La Chataigneraie, voir p. 683-684.
2. « *En imposer à quelqu'un* pour dire mentir, tromper, abuser [...] » *(Académie)*.
3. Il a déjà été fait allusion à cette scène; voir p. 683.
4. « Qu'il ne soit rien changé » : expression utilisée au Palais pour indiquer qu'on appose sur un acte un paraphe empêchant une substitution de pièce.
5. D'après Mme Goëzman, cet avocat, ainsi mis en cause, avait appris à M. Goëzman les bruits qui couraient sur son compte, devant le procureur général (p. 21-22 du Mémoire).

Page 785.

a. équivoques *B*

1. En ce qui me concerne, quant à moi.
2. Qu'il vous l'eût répété.
3. Après le départ [...].
4. Ouvertement; « *À pleine bouche* est une expression surannée. Bossuet l'employait volontiers » (Féraud, ouvr. cité).
5. Voir en particulier p. 737-742.

Page 786.

1. « *En honneur, d'honneur, sur mon honneur*, espèces d'interjections et de serments » (Féraud, ouvr. cité).
2. La Fontaine, « Le Renard et le Bouc » (*Fables*, III, V). Beaumarchais paraphrase très librement et de mémoire.
3. *Note [...] à MM. ses confrères*, p. 7. Beaumarchais enlève trois membres de phrase, mais le reste de la citation est exact.
4. Mémoire pour Mme Goëzman, p. 52.

Page 787.

a. beau *B*

1. Sur *magister*, voir n. 1, p. 5.
2. Qu'on poursuit.
3. Voir p. 742-743, et n. 1, p. 743. Comme on le voit, c'est Beaumarchais qui se trompe et Mme Goëzman qui cite exactement.
4. Voir n. 1 et 3, p. 743. Là encore, Beaumarchais se trompe : la seconde déclaration porte « [...] en foi dequoy j'ai signé Le Jay ». C'est la première qui se termine par « en foi de quoy j'ai siné a paris ce 30 mai 1773 Le Jay ».
5. Le mémoire, de quatorze pages, daté du 9 octobre 1773, débute par une longue période pleine d'emphase qui oppose la vie obscure de l'auteur à celle des « hommes du jour » endurcis à la diffamation et au scandale.
6. Voir p. 693-694 et le texte de cette lettre (n. 3, p. 693); voir aussi p. 746.

Page 788.

1. « Cet écrit ne lui semble ni assez fort, ni assez détaillé; j'ai la complaisance d'en composer un second plus étendu [...] » *Mémoire... pour d'Arnaud* (p. 6).
2. « Chambre établie dans les parlements composée des Conseillers tirés de la Grand-Chambre [comme Goëzman] et des Enquêtes » *(Trévoux)*. La Tournelle jugeait des affaires criminelles.
3. Voir p. 746.
4. Nous dirions *point d'exclamation*. Le *Dictionnaire de l'Académie* (1798) et Féraud, ouvr. cité, parlent de *point admiratif*, « le point qui se met à la fin des phrases qui désignent l'étonnement, l'exclamation, etc.; il se marque ainsi *!* » *(Académie)*.
5. Cette expression; ce sens de *phrase* est fréquent au XVIIIe siècle.
6. Sur votre intention.

Page 789.

1. C'est-à-dire armés de la pique et du mousquet (par opposition à l'épée). L'expression est en italique parce que technique.
2. Formule plaisante parce qu'inattendue; Figaro se verra de même « compagnon ministre » (*Le Mariage de Figaro*, acte I, sc. II, p. 385).
3. « Ce qu'on ajoute à la chose qu'on troque, pour rendre le troc égal » (Féraud, ouvr. cité).
4. Claire, dans le roman de J.-J. Rousseau : « Tu sais bien que je ne saurais pleurer sans rire et que je n'en suis pas pour cela moins sensible » (Ire partie, lettre VII; *Œuvres complètes*, t. II, Bibl. de la Pléiade, p. 46).
5. Me rend service.
6. Voir p. 693.
7. P. 8 du Mémoire d'Arnaud.
8. Voir en particulier les pages 30-31 du Mémoire pour Mme Goëzman.
9. « On vous suit pas à pas dans votre mine; vous marchez à l'éruption » (p. 10, ainsi que les citations qui suivent).

Page 790.

1. Voir p. 754 et suiv.
2. Voir, n. 3, p. 690, le premier paragraphe de la dénonciation.
3. Beaumarchais cite ici très exactement, à l'exception de *elle-même* qui était inutile (voir n. 3, p. 690).

4. Sur l'entrevue où ces paroles furent prononcées, voir p. 757 et 760.

5. Beaumarchais cite l'essentiel du passage et met en italique *des personnes instruites*. Mme Goëzman s'étonne que Lejay, devenu d'« imprudent et séduit [...] menteur et calomniateur », n'ait été qu'« assigné comme témoin ».

6. Donc le 28 octobre, puisque le Supplément a paru le 18.

7. Beaumarchais ici joue vraisemblablement sur le sens figuré du mot (« Réprimande » [*Académie*]) et son sens propre : le mot désignait les discours que le premier président, le procureur général ou l'un des avocats généraux faisaient le jour de la Mercuriale, c'est-à-dire à l'assemblée du Parlement où étaient dénoncés les abus dans l'administration de la justice.

Page 791.

1. Le jour de la confrontation des témoins à Mme Goëzman.

2. Mme Goëzman cite (p. 39-40) un passage des *Mémoires* de Sully : Robin de Tours avait essayé de séduire, par l'intermédiaire de Mme de Rosny, le ministre et sa femme, en leur offrant des diamants d'une valeur globale de huit mille écus.

3. Voir la note de Beaumarchais, p. 729.

4. P. 681.

5. Bazile dira : « [...] quand j'ai donné ma parole une fois, il faut des motifs d'un grand poids... » (*Le Barbier de Séville*, acte IV, sc. VII, p. 347). Beaumarchais suggérait que « les cent louis avaient mis tout le monde d'accord sur l'audience » (voir p. 681).

6. Voir p. 681 et 715.

7. Au sens large de *billet* : « Billet sous seing privé par lequel on reconnaît devoir quelque somme. Dans le discours ordinaire, on dit plutôt *Billet* » (Féraud, ouvr. cité). Le terme est donc ici recherché.

8. P. 44-48.

Page 792.

1. Les 3 et 4 avril; voir le texte de Beaumarchais, p. 681-683 et 685-686.

2. Beaumarchais va répondre au premier Mémoire à consulter, paru le 7 octobre, où Marin répond lui-même au premier mémoire de Beaumarchais.

3. Cette visite avait pour but de faire obtenir une audience de M. Goëzman; voir p. 678.

4. Le duc d'Aiguillon; le chevalier est d'Abrieux, secrétaire du duc, qui recevait la correspondance de ce dernier. Voir p. 688.

5. Le 1er avril; voir p. 679.

6. Le mot *consulte* n'est pas dans le *Dictionnaire de l'Académie*; Féraud, ouvr. cité, le donne pour *consultation*, mais avec un sens autre que celui de notre texte.

7. Voir p. 679.

Page 793.

1. Vous n'ayez changé votre fusil d'épaule : « *Il s'est laissé retourner* : il s'est laissé persuader du contraire » (*Académie*).

2. Mémoire de Marin, p. 2.
3. Sur cette scène, voir p. 695-696.

Page 794.

a. les thermomètres, *B*

1. Dans la pièce de Lesage, Turcaret eſt *traitant* et M. Rafle eſt son commis (voir acte III, sc. VII).
2. Sur tous les faits rappelés ici, voir p. 696-698.
3. C'était le docteur de Mme Lépine. Sur son rôle et celui de Deschamps, voir p. 695. Le Mémoire de Marin (le deuxième, du 30 novembre) eſt suivi de six pages (p. 21-26) « sur le sieur Gardanne », longue plainte sur l'ingratitude du docteur, de La Ciotat comme lui, et qui lui devait sa situation. Gardanne publiera en 1774 une Réponse de huit pages.
4. « Le sieur Deschamps, qu'on dit être chargé de dettes, avoir essuyé des condamnations à Toulouse, et à la Bourse et au Sénéchal » (p. 13 du deuxième mémoire de Marin, 30 novembre).
5. Voir p. 697.
6. Voir p. 710.

Page 795.

1. Ces trois lettres sont transcrites dans le *Mémoire à consulter pour le sieur Marin [...]*, p. 16 à 20 (30 novembre). La première eſt de Marin, les deux autres de l'abbé Mercier et Adam (les commis). Elles tendent à réfuter les affirmations de Beaumarchais formulées p. 687. La réponse de Bertrand à la lettre de Marin eſt reproduite p. 18-19.
2. « On dit, en terme de pratique, *Informer par addition* pour ajouter une nouvelle information à la première » (*Académie 1798*, art. « Information »). On appelle *information*, en matière criminelle, ce qui s'appelle *enquête* en matière civile.
3. Mme Goëzman écrit (1er mémoire, p. 2, note) « prêté » et non « rendu ». Peut-être Bertrand avait-il transmis aussi ce détail.
4. Nous dirions : points de suspension. Beaumarchais va reprocher à Marin d'en abuser.
5. Boileau, *Satire I*, v. 52. *Marin* remplace *Rolet* et *fripier* remplace *fripon*. *Fripier* a le même sens que de nos jours; mais on appelait *fripier d'écrits* un « plagiaire qui pille et gâte les écrits ou les pensées des autres » *(Académie)*.
6. Marin écrivait (p. 13) : « Un homme honoré de sa propre eſtime [...] ne peut repousser de tels outrages que par un démenti. »

Page 796.

1. Dans son Addition (p. 2-4), Marin revient sur ce passage pour le réfuter. M. C*** de C*** eſt Coqueley de Chaussepierre. M. Saint-P*** eſt Bernardin de Saint-Pierre (voir sa lettre du 12 décembre 1773 à Beaumarchais, *Correspondance*, éd. citée, t. II, p. 40). Paco eſt en réalité Pacault.
2. Beaumarchais joue ici sur un double sens, grâce à *trompette* : « On dit par dérision d'un homme qui sonne mal du cor [...] qu'il ne fait que corner »; et : « On dit d'une personne qui publie avec importunité quelque chose, quelque nouvelle qu'*elle ne fait que corner cela partout* » *(Académie)*.

3. Qui vous surveille de près; il s'agit du duc de La Vrillière, ministre de la maison du roi. L'éloge que fait ici Beaumarchais n'est sans doute pas désintéressé à cette date.

Page 797.

1. L'expression se retrouve dans la bouche de Bazile, qui propose à Bartholo de « calomnier à dire d'experts » (*Le Barbier de Séville*, acte II, sc. VIII, p. 310).
2. P. 1 du deuxième mémoire (30 novembre).
3. C'est-à-dire depuis décembre 1761, date à laquelle Beaumarchais achète sa charge (voir la *Correspondance*, éd. citée, t. II, p. 30-31, lettre d'avril 1773).
4. Marin passait pour servir, comme Goëzman, le duc d'Aiguillon par des écrits clandestins. On désarmait parfois l'opposition en lançant des attaques factices contre le pouvoir.
5. L'expression est obscure. *Commerce* semble pris ici au sens de « manière de se comporter » *(Littré)*.

Page 798.

1. La *robe* désigne ici les juges, le *mortier*, les membres du Parlement. Le mortier était la coiffure que portaient les présidents des parlements aux jours de cérémonie. Tout ce passage vise évidemment Goëzman qui ne s'est pas démis de sa charge.
2. Le mémoire de quarante et une pages, du 23 novembre.
3. Deux remèdes : l'*opium* a une « vertu narcotique et soporative » *(Académie)*; l'*assa fœtida*, dont l'odeur forte se rapproche de celle de l'ail, était utilisée « pour les maladies des femmes » *(Trévoux)*.
4. De son style.
5. Le parcourir; le mot n'est pas dans les dictionnaires et semble bien être une création de Beaumarchais.
6. « Lorsque de certaines marchandises [...] ont été altérées et gâtées pour avoir été trop longtemps sur mer, on dit qu'elles sont *marinées* » *(Académie)*. Voir le « goût marin » (14 lignes plus bas). Le jeu de mots est évident : Marin est désigné comme l'auteur du mémoire, les deux Provençaux, Bertrand et Marin, par « messieurs ». Ajoutons que Bertrand fournissait des anchois, entre autres produits, à Marin.
7. Au sens commercial, et aussi de « façon dont une chose est faite » *(Académie 1798)*.
8. Il y a une foule de mémoires.
9. P. 6, première mention de la nécessité des quinze louis et de leur perte quelle que soit l'issue du procès; puis, p. 7 et p. 8, deux fois, et encore p. 25; ensuite, Bertrand, ayant reçu le *Supplément* de Beaumarchais, ajoute une discussion des accusations que contient celui-ci.

Page 799.

a. *Le texte original porte* acquèrera *, corrigé dans les éditions suivantes.*

1. Sur ce nom, voir p. 738, n. 4 en bas de page.
2. P. 738. Le mot *singlon*, qui n'est dans aucun dictionnaire, signifie ici très probablement « coup de sangle ». La confusion était

fréquente, au XVIIIe siècle, entre *sangler* et *cingler*, avec des variantes orthographiques.

3. Il s'agit de Bertrand d'Airolles (41 pages, en réalité; voir n. 2, p. 798).

4. Dans le passage le concernant; voir, dans le premier mémoire, p. 695-698.

5. Sur *milicien*, voir n. 3, p. 18.

6. Pour *décret*, voir n. 3, p. 732.

7. Sur cette scène, voir p. 695-696.

8. « Séduire, tromper quelqu'un par quelque chose de spécieux et d'engageant » *(Académie 1798)*.

9. Voir p. 696.

10. Voir p. 696 : « Je m'y rencontre avec lui [...]. » C'est cette entrevue des trois hommes, dans le cabinet de Marin, qui va être évoquée.

Page 800.

1. Voir p. 697; la « sœur » est Mlle de Beaumarchais.

2. Voir p. 697.

3. Voir p. 729 et la note de Beaumarchais.

4. *Vexer* : « [...] tourmenter, faire de la peine injustement à quelqu'un » *(Académie)*.

5. « *Cousin* se dit quelquefois figurément de ceux qui sont bons amis et en bonne intelligence » *(Académie)*. Le terme sera souvent employé dans le quatrième mémoire, toujours appliqué à Bertrand.

Page 801.

a. des *B*

1. « Qui est clair et transparent comme du cristal. Il ne se dit guère que des eaux » *(Académie)*.

2. P. 27 du premier mémoire de Bertrand.

3. Vos possibilités financières; voir le Mémoire de Marin du 30 novembre, p. 28, dans l'Addition qui le termine.

4. *« Esurientes implevit bonis »* : « Il a comblé de biens les affamés [...] » (*Magnificat*, Évangile selon Luc, I, 53). *« Beati pauperes spiritu »* : « Heureux les pauvres en esprit » (*Béatitudes*, Évangile selon Matthieu, V, 3). La suite montre que Beaumarchais s'en tient à la traduction fautive et courante, « Heureux les pauvres d'esprit » !

5. Bertrand utilise volontiers des citations des Psaumes comme épigraphes, en latin. Quant à Mme Goëzman, elle cite des adages de droit ou des titres d'ouvrages en latin, des références au Code et, dans la pièce justificative no VI, un long extrait de baptême.

6. « Dans le discours familier on dit *Je m'en rapporte à ce qui en est*, et quelquefois simplement *Je m'en rapporte* pour faire entendre qu'on n'est pas tout à fait persuadé de ce qu'on entend dire, mais qu'on ne veut ni contester ni l'examiner » *(Académie)*.

Page 802.

1. L'expression est courante au XVIIIe siècle. « Boileau [...] appelait *galimatias double* ce qui était également inintelligible et pour le lecteur et pour l'auteur lui-même » (Féraud, ouvr. cité). On voit que Beaumarchais, aussitôt après avoir employé l'expression, donne sa définition.

2. Dans l'art de composer un ouvrage.

3. Ce membre de phrase est de Beaumarchais, qui résume; la suite cite exactement. *L'* désigne le fait que Lejay a fait une fausse déclaration attestant que Mme Goëzman n'a rien reçu. Pour Marin, de même (le second « Sitôt que je l'appris » n'est pas de lui).

4. Bertrand emploie, p. 8, d'autres termes qui ont le même sens; pour la page 10, la citation est textuelle. Sur cette entrevue de Marin et de Bertrand, voir p. 696-697.

Page 803.

a. questionna *B*

1. Voir p. 697.

Page 804.

1. Le 14 décembre 1773.

2. *Cartel* : « Défi par écrit pour un combat singulier » *(Académie)*. La confrontation est rapportée par Bertrand lui-même, p. 20-22 du premier mémoire : selon Gardanne, le cartel adressé à Beaumarchais pour le convoquer « à l'Étoile » aurait été ouvert par Lépine, qui alla au rendez-vous et rendit sa lettre à Bertrand.

Page 805.

1. Que signifie la référence *R.S.-4* ? Lintilhac attribue à tort (ouvr. cité, p. 162) ces deux vers à Régnier; mais de qui sont-ils ? Quoi qu'il en soit, la citation s'éclaire quand on sait que Marin était surnommé *l'hippopotame*. Voltaire le désigne ainsi : voir, par exemple, dans sa *Correspondance*, Bibl. de la Pléiade, t. XI, une lettre au comte d'Argental : « [...] je ne connais point Caron Beaumarchais, quoiqu'il m'ait envoyé ses très comiques *Mémoires* dans lesquels il a fourré notre ami l'hippopotame et Baculard le conseiller d'ambassade » (p. 590). Pourquoi ce surnom ? Il s'explique si l'on veut bien se souvenir de la définition que donne le *Dictionnaire de l'Académie*, en 1762, du mot *hippopotame* : « Cheval marin ou de rivière, animal amphibie »; la définition est corrigée dans l'édition de 1798 : « Cheval de rivière [...] qui n'habite que les grands fleuves de l'Afrique et des Indes. »

2. Berthold Schwarz; l'invention de la poudre à canon lui est attribuée à tort.

3. Voir p. 747.

4. Voir p. 35 du Mémoire de Bertrand. En fait, c'est Lépine qui paya plus tard par un billet pour un an; il est vraisemblable que Beaumarchais ignore le détail des tractations : Bertrand n'avait pas eu affaire à lui.

Page 806.

1. Le 8 mai 1773.

2. « Vous étiez en prison; votre sœur me presse de vous aller voir; je vous connaissais pour un homme pernicieux : j'hésitai; on me pressa; je résistai, et pour ma défaite[1], je dis à votre sœur

1. « Excuse artificieuse » *(Académie)*.

que dans ma jeunesse, j'avais servi dans les dragons, que j'en avais déserté, et que je craignais d'être retenu, cette prison servant pour tous les dragons qui étaient en semestre [...] » (Supplément au Mémoire de Bertrand d'Airolles, p. 19). Les militaires assuraient souvent leur service par semestre. On voit que le « excellentes » de Beaumarchais est ironique.

3. L'affirmation de ce fait se trouve p. 36 du Mémoire de Bertrand.

4. C'est-à-dire en en assurant le paiement.

Page 807.

a. courriers *B, lapsus évident.*

1. « On dit proverbialement *à propos de bottes* de tout ce qui se dit ou se fait sans que rien y ait donné lieu » *(Académie)*. Voir n. 2, p. 16.

2. Voir p. 795.

3. On se souvient que la sœur de Beaumarchais et Bertrand habitent la même maison (voir p. 679).

Page 808.

a. de me prouver *B*

1. Mémoire de Marin, p. 16 à 19; Mémoire de Bertrand, p. 28 à 31.

2. Dans cette lettre, datée du 16 septembre 1773, l'abbé Mercier, commis de Marin (voir p. 809), confirme que Beaumarchais a bien dit à Marin : « Ah ! mon ami, je vous dois tout, la vie et l'honneur » (*Mémoire pour le sieur Marin*, p. 19-20). Sur cette scène, voir p. 695-696. Beaumarchais va citer des extraits de cette lettre.

3. Dans son contenu.

4. Sur tous ces faits, voir p. 695-698.

5. Voir p. 695, 696, 697.

6. Désireux.

7. Adam, l'autre commis, dont la très courte lettre suit immédiatement (p. 20) celle de Mercier (n. 2 de cette page).

Page 809.

1. En réalité, le texte de Marin (p. 19) est le suivant : « On ne dira pas que cette lettre soit mendiée, soit concertée », et fait allusion à une lettre du 15 septembre de Bertrand d'Airolles à Marin, lettre dont le texte vient d'être reproduit.

2. Voir *Mémoire [...] pour le sieur Marin*, p. 19. La citation est écourtée, mais exacte, et le « eux-mêmes » y est bien.

3. « Tant de dieux agités autour d'un seul homme ! » Beaumarchais, dans une lettre à Sartines (1er mars 1773), a déjà cité cette phrase et l'attribue à Sénèque (*Correspondance*, éd. citée, t. II, p. 17).

4. « *Faire son thème en deux façons*, signifie figurément dire la même chose de deux manières différentes » *(Académie)*.

Page 810.

1. Conseillers au Parlement.

2. En introduisant une requête pour leur exclusion du procès.

3. La requête de Beaumarchais pour l'exclusion du président Nicolaï et des conseillers Gin et Nau avait été rejetée le 12 août 1773.
4. Au sens juridique du terme : « On dit *solliciter un procès* pour dire faire les démarches et les instances nécessaires pour arriver à la décision, pour obtenir un jugement » *(Académie)*.

Page 811.

1. Berthier de Sauvigny.

Page 812.

a. de faire les déclarations *B* ↔ *b.* de Hollande *B* ↔ *c.* ouï, Lejay décrété *B*

1. Suétone, *Vie des Douze Césars*, « Divus Augustus », L, VI. Beaumarchais a traduit avant de transcrire, mais en coupant la phrase latine.
2. Après la lecture du *Quatrième mémoire*, M. Gin se récusera. Voir sa lettre du 15 février 1774 à Beaumarchais, lettre que celui-ci transmettra au premier président (Loménie, ouvr. cité, t. I, p. 363-364, et la *Correspondance* de Beaumarchais, éd. citée, t. II, p. 41-42).
3. Celles de Lejay; voir p. 810.
4. Cette Addition au Mémoire de Mme de Goëzman, qu'on peut dater de fin novembre ou début décembre, comporte quinze pages.
5. Cet article a déjà été cité, p. 703.

Page 813.

1. Nous n'avons rien trouvé de ce genre dans les écrits des Goëzman. Le mot semble propre à Beaumarchais, mais il fait allusion à la fameuse affirmation de Mme Goëzman dans sa confrontation à Beaumarchais, p. 728 : « [...] mon mari, qu'on sait bien être incorruptible [...]. »

Page 814.

1. Il s'agit ici du trône du grand seigneur de Turquie, où il s'asseyait quand il tenait son conseil ou *divan*.
2. Dans la Xe *Satire* (*Œuvres complètes*, Bibl. de la Pléiade, p. 69-71).

Page 815.

1. Voir n. 1, p. 820, et le premier mémoire de Mme Goëzman, p. 7-8.
2. Aux pages 7 et 8 de son premier mémoire, Mme Goëzman reproduit la note suivante du Mémoire contre La Blache (p. 62-63) : « Un seul trait indiquera ce qu'on doit penser de ce dangereux adversaire. (Il parle du comte de La Blache.) Pour se donner le cruel plaisir de nuire en même temps de toutes les manières au sieur de Beaumarchais, pendant qu'il le diffame à Paris par un libelle, il cherche à lui enlever l'honorable protection que Mesdames lui ont toujours accordée, en faisant répandre autour d'elles, qu'il soutient un procès déshonorant, et il se fait un glaive à deux tranchants de sa ruse, en accourant souffler à l'oreille de tous les juges, que les Princesses assurent que le sieur de Beaumarchais s'étant rendu indigne de leurs bontés, elles ne prennent plus à lui

aucune espèce d'intérêt. Heureusement pour ce dernier, il en a été assez tôt instruit, pour pouvoir réclamer la justice de Madame Victoire avant le jugement du procès. Cette généreuse princesse veut bien l'autoriser à publier que tous les discours qu'on lui fait tenir dans l'affaire présente, sont absolument faux, et qu'elle n'a jamais rien connu qui fût capable de nuire à sa réputation, pendant tout le temps qu'il a eu l'honneur d'être à son service. » La sentence du 22 février 1772 déboutant La Blache des lettres de rescision avait en même temps ordonné la suppression de cette note, sur la demande de Mesdames qui firent la déclaration que reproduit Mme Goëzman et que va reprendre Beaumarchais (voir p. 821). Mme Goëzman conclut : « Que l'on juge maintenant de l'audace du sieur Caron ! Que l'on juge de l'excès de témérité et de l'imposture d'un homme qui ose compromettre les noms les plus sacrés, à l'appui de son intérêt et de ses vues iniques » (p. 8).

Page 816.

1. Donc depuis 1771, c'est-à-dire antérieurement à la perte du procès avec La Blache.

Page 817.

a. déterminé *B, coquille évidente.* ↔ *b.* acharnés sur un de leurs plus malheureux serviteurs, *B*

1. Me Caillard, avocat assez réputé; voir p. 879.

Page 818.

a. obtenir un appui *A*

1. La comtesse de Périgord (Marie-Marguerite Françoise de Talleyrand).

Page 819.

a. À Versailles, B

1. Beaumarchais a été le familier des filles de Louis XV au moins de 1759 à 1764. Les relations sont devenues plus distantes ou ont cessé après le voyage en Espagne et la mort du Dauphin, soit après 1765. Voir cependant la lettre de janvier 1767 (*Correspondance*, éd. citée, t. I, p. 198-199). Beaumarchais donnait à Mesdames des leçons de musique et leur rendait des services (voir la lettre à Mme d'Hoppen, *ibid.*, p. 42). Plus tard, la vraie raison de l'éloignement de Beaumarchais est-elle vraiment celle qu'il donne ici ? D'après La Harpe, ce sont les princesses qui se seraient éloignées de leur protégé parce qu'il « en avait parlé mal à propos » (*Lycée ou Cours de littérature*, éd. citée, t. II, p. 532).

Page 820.

a. connu *A*

1. Va être repris un passage de la note citée par Mme Goëzman (voir n. 2, p. 815). On voit que, si les princesses assuraient que Beaumarchais n'avait rien à craindre d'elles, elles ne l' « autoris[aient] » pas à « publier » quoi que ce soit.

2. Beaumarchais envoie ce mémoire le 14 février, accompagné d'une lettre de remerciement à la comtesse de Périgord (voir p. 821-822).

Page 821.

1. Au sens de *réservé.* Il faut bien convenir que les assurances données à Beaumarchais par l'intermédiaire de la comtesse de Périgord manquent de chaleur.

Page 823.

1. Beaumarchais avait gagné son procès en première instance aux requêtes de l'Hôtel, mais l'arrêté de jugement du 22 février déboutant La Blache supprime la note du mémoire.
2. La querelle avec le duc de Chaulnes; Beaumarchais reste en prison du 26 février au 8 mai 1773.
3. Mme Goëzman reproduit, p. 15 de son premier mémoire, l'article de la *Gazette de La Haye* que Beaumarchais a déjà cité (voir p. 813).

Page 824.

1. Me Caillard. Beaumarchais a déjà déploré (p. 817) les propos insultants indignes d'un tel défenseur.
2. Beaumarchais avait une maison à Pantin : on y mit un portier, Broutier, avec lequel Beaumarchais, en mai, eut des démêlés.
3. *Recors* : « Celui qu'un sergent mène avec lui pour servir de témoin [...] et pour lui prêter main-forte en cas de besoin » *(Académie)*. Le recors sera évoqué dans le grand monologue de Figaro (*Le Mariage de Figaro*, acte V, sc. III, p. 470 et n. 2). Pour les *fusiliers*, voir p. 789 et n. 1.

Page 825.

1. C'est-à-dire dépendant d'autres éléments qu'elle-même.

Page 826.

a. d'horreurs, est *B*

Page 827.

a. les *B*

1. L'église n'existe plus; ne subsiste que la tour Saint-Jacques, à côté de l'actuelle place du Châtelet.
2. La rue des Lions, encore ainsi nommée, donne dans la rue Saint-Paul, tout près de l'ancien quai Saint-Paul, où habitaient les Goëzman !

Page 828.

1. Suit ce texte : « CONSULTATION / Le conseil soussigné, qui a vu l'addition au supplément du mémoire du sieur de Beaumarchais, et les mémoires et additions du mémoire de Mme Goëzman, la note imprimée de M. Goëzman, et les mémoires des sieurs Baculard d'Arnaud, Bertrand d'Airolles et Marin, estime qu'il aurait été à

désirer qu'on n'eût pas mis le sieur de Beaumarchais dans la nécessité de se justifier de l'imputation atroce d'avoir supposé de fausses lettres de protection de Mesdames, dont les noms sacrés ne doivent être prononcés qu'avec les plus respectueux ménagements, sans être jamais compromis dans les discussions entre particuliers. Si quelque chose peut excuser le sieur de Beaumarchais sur cet objet, c'est qu'il n'a cherché qu'à se défendre. En effet, Mme Goëzman, oubliant le respect dont tout bon Français est pénétré pour un roi chéri de ses sujets, honoré et respecté des nations étrangères, et pour son auguste famille, s'est non seulement permis de faire imprimer dans son mémoire, page 8, la déclaration de Mesdames, qu'elle a datée du 15 février 1773, quoiqu'elle soit de 1772; mais elle s'en est fait encore un titre pour accuser le sieur de Beaumarchais d'imposture. Le témoignage d'honnêteté et de bonne conduite par lui demandé à Mesdames, quand son honneur était attaqué à Paris sur cet objet; le respectueux silence qu'il a gardé depuis la suppression de la note qu'il avait insérée dans son mémoire sur délibéré aux requêtes de l'Hôtel, l'abus que ses adversaires en ont fait, et l'indécente publicité qu'ils viennent de lui renouveler dans le mémoire de Mme Goëzman, paraissent autant de motifs qui rendent excusable la liberté respectueuse de sa justification, puisque ce n'a été que par la nécessité d'une défense légitime qu'il s'est vu forcé de rendre compte des faits pour les rétablir dans la vérité et repousser les traits que la calomnie avait lancés contre lui : la défense est de droit naturel. / Il eût été également à désirer que le sieur de Beaumarchais se fût abstenu de toutes personnalités vis-à-vis de M. le comte de La Blache; mais son honneur offensé ne lui a pas permis de garder le silence. Pourquoi M. le comte de La Blache s'est-il mis sur la scène dans cette affaire qui lui est étrangère, en écrivant à M. Goëzman des lettres qui prouvent sa grande intimité avec lui et toute sa haine pour le sieur de Beaumarchais ? Pourquoi M. Goëzman a-t-il eu l'indiscrétion de faire imprimer ces lettres outrageantes ? Le sieur de Beaumarchais s'est vu dans la nécessité de répondre. Les injures sont si graves qu'il serait fondé d'en rendre plainte, et de conclure à des réparations. / À l'égard des sieurs d'Arnaud, Marin et Bertrand d'Airolles, ils ne peuvent s'excuser des imputations injurieuses qu'ils ont faites au sieur de Beaumarchais dans leurs mémoires. Ils sont même d'autant plus répréhensibles que ces imputations sont étrangères au procès. Une défense légitime n'admet point de personnalités; mais celui qui est attaqué doit se défendre. Le sieur de Beaumarchais s'est donc vu dans la nécessité de repousser les injures : il l'a fait avec force, avec chaleur, avec fermeté; et ses adversaires ne peuvent s'en plaindre avec justice, parce que le tort est toujours du côté des agresseurs. / Au fond[1], il paraît que la justification du sieur de Beaumarchais, loin d'être altérée par les mémoires de ses adversaires, vient d'acquérir un nouveau degré d'évidence et de clarté par les aveux qui y sont contenus. / 1° Il est prouvé par celui de Mme Goëzman, pages 22 et 23, que son mari envoya chercher le sieur Lejay pour lui faire faire la déclaration qu'il désirait; que ç'a été M. Goëzman qui a arrangé les faits portés dans cette déclaration dont il fit le brouillon, qu'il corrigea même en plusieurs endroits. Le fait une fois constant que la déclaration est l'ouvrage de M. Goëz-

1. Sur le fond.

man, elle ne peut plus être opposée au sieur de Beaumarchais : autrement M. Goëzman deviendrait juge dans sa propre cause; ce qui répugne à toute idée de justice. / 2° Mme Goëzman, qui avait dit dans son récolement que le sieur Lejay n'avait sollicité auprès d'elle que des audiences pour le sieur de Beaumarchais, a réitéré cet aveu dans son addition au mémoire. / 3° Le sieur Bertrand d'Airolles, page 4 de son mémoire, en parlant de ses conversations avec le sieur Lejay, et de la soumission qu'il lui a donnée, s'explique en ces termes : " Je lui ai observé qu'on m'avait parlé d'AUDIENCES, que mes sollicitations personnelles ne s'étendaient pas au-delà... Je fis deux rouleaux de cent louis d'or; je les remis au sieur Lejay, libraire, en lui disant encore qu'on m'avait parlé d'ENTREVUES, d'AUDIENCES, que je m'acquittais fidèlement de ma commission, que je ne m'en serais pas chargé si j'y soupçonnais de la malhonnêteté. " Ainsi le sieur d'Airolles convient formellement qu'il n'a été chargé par la famille et les amis du sieur de Beaumarchais que de demander *des audiences* : il déclare, dans les termes les plus précis, qu'il n'a lui-même chargé le sieur Lejay d'autre chose, sinon de demander des audiences. Le sieur Lejay, qui est celui qui s'est adressé à Mme Goëzman, et qui lui a remis l'or et la montre, fait la même déclaration, dont la vérité se trouve certifiée par Mme Goëzman elle-même. Il doit donc demeurer pour constant que ces présents n'ont été donnés que pour obtenir des audiences, qui jusque-là avaient été refusées par M. Goëzman, ainsi qu'il résulte de la déposition de plusieurs témoins, et entre autres du sieur Santerre, garde sermenté, qui ne quittait pas le sieur de Beaumarchais. Il n'a donc jamais été question d'acheter le suffrage du juge, de payer et de gagner son suffrage. L'instruction ne fournit, d'après les mémoires du sieur de Beaumarchais, aucune preuve de séduction, de corruption. L'accusation porte donc sur un fait absolument faux; dès là elle n'a plus de consistance, et doit tomber d'elle-même. / Délibéré à Paris, par nous avocats au Parlement, le 18 décembre 1773. / *Signés*, BIDAULT, ADER. »

Page 829.

REQUÊTE D'ATTÉNUATION

a. et de l'avoir ensuite *B ; la phrase est incorrecte.* ↔ *b.* FAITS *B*

1. Par la requête d'atténuation, l'accusé demandait une diminution des charges qui pesaient sur lui.

2. C'était la formule consacrée. Voir les différentes requêtes réunies dans le dossier de l'affaire Goëzman aux Archives nationales.

3. Sur le rappel de ces faits jusqu'à la page 833, voir le premier mémoire, p. 675-705.

Page 830.

1. Voir, dans le Mémoire de Mme Goëzman, p. 13 et 15, et dans la Note, p. 2.

2. Imaginé, et par conséquent faux.

Page 831.

1. Cette précision n'avait pas été donnée p. 680.

2. Sur cet « argent blanc », voir n. 2, p. 744, et p. 747.

Page 832.

1. M. de La Chataigneraie; sur son entrevue avec Goëzman, voir p. 683-685.

2. L'édition *A* porte le 11 avril. C'est une coquille que Gudin a corrigée. La lettre est du 21 (voir p. 687).

Page 833.

a. à sa sœur la montrer *B*

1. La version des faits donnée ici est légèrement différente de celle du premier mémoire (p. 688). Lejay affirmait qu'il était allé voir Mme Goëzman, ce que Beaumarchais mettait en doute (« Je ne sais s'il tint parole [...] »).

2. Sur cette dénonciation, voir p. 690, et la note 3, qui donne le texte de celle-ci. Au début, Goëzman insiste sur le fait qu'il a été « forcé »; et aussi dans ses Observations.

Page 834.

a. minute ses commis en avaient fait *B* ↔ *b.* récité *B, lapsus évident.* ↔ *c.* n'avaient point eu *B*

1. Beaumarchais a rapporté en effet presque mot pour mot le deuxième paragraphe de la dénonciation.

2. C'est la « personne interposée » dont parle la dénonciation. Beaumarchais force ici un peu les faits.

3. Obtenu frauduleusement : « On dit encore *surprendre* pour dire obtenir frauduleusement, par artifice, par des voies indues » (*Académie*).

4. Le procureur général exposerait les motifs de la plainte et ouvrirait une information.

Page 835.

a. les *B*

1. Voir p. 693.

Page 836.

1. Le nie; cet emploi de *dénier* était archaïque : on ne le trouvait guère que dans le style du Palais (voir *Académie*).

2. C'est son mensonge en ce qui concerne [...].

3. « Menteur sur un fait, menteur sur tous. »

4. Sur la liste du portier, voir p. 774-777, et sur les « petits billets », p. 776 et n. 1.

5. Voir n. 6, p. 775.

Page 837.

1. P. 10-11 du Mémoire et p. 1-2 de la Note.

2. « Lieu où l'on plaide » (Féraud, ouvr. cité).

3. Sur ces juristes, voir n. 3, p. 783. Beaumarchais ajoute ici Bignon (1589-1656), qui avait été surnommé le Varron français à cause de sa connaissance parfaite du droit français.

4. La citation est empruntée à des ordonnances que cite Mme Goëzman à la page 10 de son premier mémoire avec leur référence.

5. Les procès qui se règlent par un *appointement*, c'est-à-dire par des rapports écrits (et non à l'audience).

Page 838.

a. ses *B*

1. Beaumarchais a traduit les membres de phrases avant de les citer.
2. En toute lucidité. En 1770, Pâris-Duverney avait quatre-vingt-six ans. Très fatigué, il devait mourir trois mois après son arrangement avec Beaumarchais. On suggérait qu'il n'avait plus toute sa raison lorsque le compte avait été établi.

Page 839.

1. Susceptibles de corrompre. Le mot n'est que dans le Supplément du *Dictionnaire de Trévoux*, qui le qualifie de vieux. L'expression est empruntée à un texte juridique cité p. 840.

Page 840.

a. Conférence de Guesnois. *B*

1. Au sens ancien et général de *nourriture*.
2. Comme pour beaucoup de mots à initiale vocalique, le genre d'*esclandre* est resté longtemps incertain. On trouve encore le féminin chez Stendhal.
3. *Inquisition* signifie ici *observation*, et *provision*, *enquête*.

Page 841.

1. La phrase qui suit traduit le texte.
2. « Entre conjoints la fraude se présume beaucoup plus facilement. »
3. Voir n. 2, p. 689.

Page 842.

a. avec lui son arrêté *B*

1. C'est l'Addition au Mémoire de Mme Goëzman, de quinze pages. (Voir la liste des mémoires, Note sur le texte, p. 1519 et n. 4 en bas de page.)
2. Il convient de citer ici le Mémoire de Mme Goëzman (p. 13) : « J'ai dit, j'en conviens, que le sieur Lejay, en m'offrant des présents de la part du sieur Caron, avait masqué ses intentions criminelles par une demande d'audiences; il triomphe sur ce mot, il prétend qu'il juge le procès; mais ne voit-il pas que je ne fais que rapporter le discours du sieur Lejay ? Aurait-il osé me proposer en termes clairs d'acheter le suffrage de mon mari ?... Il tâche inutilement de masquer son véritable motif, personne ne prendra le change [...]. »

Page 843.

1. « Une précaution excessive prouve la fraude. » Le texte a déjà été cité; voir n. 3, p. 694.
2. Malgré l'avis de certains grammairiens, *aucun* s'employait encore assez souvent au pluriel, notamment dans la langue juridique.

Page 844.

1. Suit cette Délibération : « Le conseil soussigné, qui a vu la présente requête, ESTIME que le sieur de Beaumarchais y a parfaitement établi sa justification. Il paraît en effet constant au procès, 1°, que M. Goëzman lui avait refusé toute audience; 2°, que l'objet du sieur de Beaumarchais, dans ses sollicitations, n'était point de gêner ni gagner son suffrage, mais seulement d'obtenir de lui des audiences. Cette vérité résulte de la déposition des témoins et de la propre déclaration faite à la justice par Mme Goëzman dans son récolement, dans lequel elle dit précisément que le sieur Lejay la sollicitait seulement *pour obtenir des audiences pour le sieur de Beaumarchais.* / Cette vérité bien établie, il n'y a aucun crime à imputer au sieur de Beaumarchais, parce qu'un plaideur, qui demande à voir son juge, et à conférer avec lui pour l'instruire, ne demande rien que de juste. S'il a été donné de l'argent, ç'a été parce que Mme Goëzman n'a consenti à faire accorder les audiences qu'à ce prix. Le fait de l'argent donné ne peut faire supposer dans le sieur de Beaumarchais une autre intention que celle qu'il avait. L'objet de toutes les sollicitations qui ont été faites a été d'obtenir des audiences de M. Goëzman, ce qui n'est point répréhensible. Il faut pour condamner et prononcer des peines, des preuves plus claires que le jour, *luce clariores*. Ici on ne voit aucune preuve de tentative faite pour corrompre le juge, ni même d'intention de le corrompre. D'ailleurs on ne punit point l'intention, mais seulement le fait. Il y a au contraire des preuves multipliées au procès de la pureté d'intention du sieur de Beaumarchais, puisqu'il y a preuve qu'il ne demandait que des audiences, ce qui est légitime. Il a donc lieu d'espérer d'obtenir de la justice de la Cour une décharge de l'accusation. / Délibéré à Paris, par moi, ancien avocat au Parlement, ce 27 décembre 1773. / *Signé*, BIDAULT. »

Page 845.

QUATRIÈME MÉMOIRE
À CONSULTER

1. Sur cette lettre et cette citation, voir p. 778-779.
2. Voir p. 804 et n. 2.
3. Le titre de ce mémoire est donc double. *Réponse ingénue* est faite à tous les ennemis de Beaumarchais dans cette affaire. L'expression sera de nouveau utilisée comme titre d'un autre mémoire auquel nous aurons l'occasion de renvoyer : *Réponse ingénue de Pierre-Auguste Caron de Beaumarchais à la consultation injurieuse que le comte Joseph-Alexandre Falcoz de La Blache a répandue dans Aix* (1778); on trouvera ce texte au tome IV de l'édition Gudin, p. 153-311, ou dans l'édition Fournier, p. 372-408.
4. Nous n'avons pas trouvé trace de cette citation dans Ovide.
5. « Il signifie aussi un embarras : *Il s'est tiré d'intrigue* » *(Académie)*.

Page 846.

1. De quelque façon qu'on envisage les choses.
2. Pour ce jeu sur le *moi*, voir l'*Amphitryon* de Molière et en particulier l'acte I, sc. II.

Page 847.

1. « Élection par suffrages secrets » (Féraud, ouvr. cité). L'emploi métaphorique est ici tout nouveau.

2. Dressé, formé.

3. Souvenir des Psaumes et en particulier du XXXIIIe (verset 2) : « Célébrez l'Éternel avec la harpe, célébrez-le sur le luth à dix cordes. »

Page 848.

1. Pâris-Duverney avait une petite-fille et plusieurs neveux; La Blache n'était que son petit-neveu.

2. Les noms de Mesdames; ce texte est en italique, parce qu'il cite le premier mémoire de Mme Goëzman; voir n. 2, p. 815.

3. Voir p. 778-779 et la page de titre de ce quatrième mémoire. Dans le Mémoire contre La Blache (éd. Fournier citée, p. 369 A), l'attaque est plus précise : « [...] vous lui avez écrit [à Goëzman] de *Paris* (que vous nommiez *Grenoble*). »

4. *Faux*, sur le plan moral; *faussaire*, en faisant des faux : allusion à la fameuse minute dictée à Lejay.

Page 849.

a. un *B* ↔ *b. argousin B* ↔ *c.* fameux, *B, coquille.*

1. Allusion au « temps critique » de Mme Goëzman; voir p. 720 et suiv.

2. En italique : c'est le terme même employé par Mme Goëzman; voir p. 728.

3. Le comte de La Blache; c'est un rappel du jeu de mots de la page 765.

4. Le mot est tout nouveau (1761; l'*Académie* le reconnaîtra en 1835) et l'on hésite sur sa forme. Beaumarchais écrit *nauséabonde*, comme le fait l'abbé Féraud, premier lexicographe à enregistrer le mot (ouvr. cité, 1787) : « Mot employé dans le *Journal de Littérature*, les auteurs de ce journal étaient de grands néologues [...]. Ce mot est reçu en Médecine. Marin. » Marin avait conseillé l'abbé Féraud (voir la Préface du *Dictionnaire critique [...]*, p. XIV). M. von Proschwitz (*Introduction à l'étude du vocabulaire de Beaumarchais*, Stockholm et Paris, Nizet, 1956, p. 147) fait remarquer plaisamment qu'on comprend qu'il soit si bien renseigné sur ce mot !

5. Le mot est en italique par référence au second mémoire de Marin (30 novembre), p. 1; voir p. 797.

6. On hésite, pour ce mot, entre les formes *algouzin*, *algousin* et *argousin*; le *Dictionnaire de l'Académie* donne cette dernière forme et glose : « Bas officier de galère qui veille sur les forçats. »

Page 850.

a. sa *B*

1. Beaumarchais vieillit Baculard, qui, né en 1718, n'avait que cinquante-cinq ans en 1773.

2. Le président de Nicolaï : Beaumarchais a rendu hommage à son « nom », p. 810.

3. Le parlement Maupeou était entré en fonctions en 1771.

Page 851.

1. Voir le texte de la dénonciation, n. 3, p. 690.

Page 852.

1. Voir n. 6, p. 765.
2. Pour étayer cette accusation de corruption [...].
3. « Terme de pratique. Ce qui aide à faire preuve dans une affaire civile ou criminelle » *(Académie)*. Le mot est encore employé au sens de « commencement de preuve ».
4. Ce fait n'a pas été mentionné dans le premier mémoire (voir p. 680). Il en est de même du fait que Bertrand a repris à Lejay les cinquante louis; mais Bertrand l'avait signalé p. 4 de son premier mémoire.
5. *Magnifique* : au sens de « qui se plaît à faire de grandes et éclatantes dépenses » *(Académie)*. *Agent d'audience* : ici, celui qui procure une audience.
6. Voir le premier mémoire, p. 680.

Page 853.

1. C'est-à-dire à Bertrand : il a déjà été appelé ainsi p. 849. « Terme de mépris [...]. Un fanfaron qui se vante d'une bravoure qu'il n'a point » *(Académie)*. Sur les faits, voir p. 682-683.
2. Ils n'ont servi à payer aucune audience.
3. Ainsi ramenée [...].
4. Voir p. 719-720.

Page 854.

1. *Comment* veut probablement dire « en quel état » (ce que la cour apprendra lorsque Beaumarchais aura prouvé que le juge est un faussaire).
2. Refuser de donner de l'or.
3. Du tourment, du dommage subi; le mot est beaucoup plus fort que de nos jours.
4. Près de périr. La confusion entre *prêt à* et *près de* est relevée et dénoncée comme incorrecte en 1798 *(Académie)*.
5. Voir n. 1, p. 714.
6. Dans un couvent : voir p. 692. Beaumarchais abrège un peu cette phrase : « [...] en présence du commissaire, du greffier, et d'une autre personne, me proposer de me ranger de votre parti, chercher à rendre mon mari odieux à mes propres yeux, en m'insinuant qu'il était mon persécuteur comme le vôtre, et que je vous aurais [...]. » Le reste de la citation est exact.
7. Les points de suspension après « *que* [...] ». Sur les points, voir p. 795-796.

Page 855.

1. Beaumarchais introduit deux petits changements : il y a, dans le texte du mémoire, « il jette un œil de compassion » et « lui dont le front ne rougit jamais ».
2. Méchanceté.
3. Sur cette scène, voir p. 720-721.
4. Le commissaire-rapporteur ; voir p. 758.
5. Addition au Mémoire de Mme Goëzman, p. 1, 2e paragraphe.

Page 857.

1. Voir le troisième mémoire, p. 826-828.
2. Depuis juin 1773.
3. Sur ces trois démarches, voir p. 690-691.
4. Termes d'escrime : *porter en parant*, c'est « attaquer en se gardant »; *serrer la mesure*, « presser vivement son ennemi » *(Académie)*.
5. *« Dat veniam corvis, vexat censura columbas »* (Juvénal, *Satires*, II, 63) : « La censure pardonne aux corbeaux, s'acharne sur les colombes. »
6. Ce mot n'est pas dans les dictionnaires et semble bien être une création de Beaumarchais. Le sens ne fait pas problème : première rédaction, sous forme de brouillon, d'un écrit.
7. Beaumarchais écrit, comme de nos jours, *baptistaire*. Dans ce cas, l'*Académie* (1762) écrit *baptistère*; mais en 1798, elle fait la différence entre *baptistaire* adjectif et *baptistère* substantif.

Page 858.

1. *Nouvelles à la main*, *gazette à la main* sont des feuilles manuscrites souvent malveillantes. La date « du 30 janvier » montre que ce mémoire fut rédigé en moins de dix jours.
2. La grand-chambre comprenait entre autres douze conseillers clercs, et des dignitaires ecclésiastiques pouvaient y siéger.
3. La déclaration régulière des naissances et des décès à Rome semble remonter à Servius Tullius. Marc Aurèle fit inscrire chez les préfets du trésor de Saturne les noms des enfants nés libres.

Page 859.

1. Il est même évident que [...].
2. Voir p. 827.
3. Au sens juridique du terme : par les actes de notoriété, des témoins suppléent à des preuves par écrit (ici, à l'acte de baptême qui est un faux).
4. Est *idéal* ce qui n'existe qu'en imagination; et, de ce fait, mythique *(fantastique)*.

Page 860.

1. Au moment de, à l'instant de [...].
2. Nous dirions *isolement*; mais ce dernier mot, au XVIIIe siècle, est presque exclusivement un terme d'architecture. Sur les deux termes, voir von Proschwitz, ouvr. cité, p. 135-136.
3. « On dit absolument qu'un homme *n'a point d'âme* pour dire qu'il n'a ni cœur ni sentiment » *(Académie)*.

Page 861.

1. Voici le texte exact : « Après avoir fait à ma place le sacrifice le plus coûteux à mon cœur, après avoir élevé un mur entre ma femme et moi, *entre l'homme et le magistrat* [...] » (Note remise par M. de Goëzman, p. 1). Une note indique que Mme Goëzman est retirée au couvent du Saint-Sacrement de la rue Saint-Louis.
2. *Publier*, c'est porter à la connaissance de tous. *Compérage* se disait, soit de la relation qui unit le parrain et la marraine, soit, comme ici, de « la relation [...] entre le parrain ou la marraine d'un enfant et le père ou la mère de l'enfant » *(Académie)*.

3. En italique, parce que c'est l'expression juridique consacrée : « On dit en termes de Palais, *payer les frais de gésine* » *(Académie)*.

4. Ce mot ne se trouve que dans *Littré* : « Terme populaire et d'amitié. Fils », avec référence à *Pantagruel*, livre III, chap. XII.

5. Aurait dû [...].

6. Avec pompe, magnificence, en grande toilette.

7. C'est ici le premier emploi connu de ce mot du langage populaire.

8. Goëzman était né le 16 septembre 1729.

9. Allusion à la fin du premier mémoire de Mme Goëzman.

10. Voir n. 3, p. 848.

Page 862.

1. Attendant le passage le concernant.

2. Il s'agit du *Supplément au Mémoire du sieur Bertrand d'Airolles* (Cordier nº 346).

3. La délibération du Supplément est datée du 22, le décret d'ajournement de Goëzman est du 23 décembre 1773.

4. En exergue du Supplément, figure le verset 17 du Psaume IX : *« Cognoscetur Dominus judicia faciens, in operibus manuum suarum comprehensus est peccator »* : « Le Seigneur apparaîtra en juge; le pécheur se trouve pris dans ce qu'il a fait de ses propres mains. »

5. Le mot est employé ici par métaphore : il s'agit en réalité de l'avis de huit lignes donné par le conseil de Bertrand d'Airolles. Il est justifié d'une part par le nom de l'avocat (voir la suite du texte), de l'autre par le « cartel » (au sens propre du terme) que, selon les dires de Gardanne, Bertrand avait envoyé à Beaumarchais (voir p. 21 du premier mémoire de Bertrand). Lépine a été lui-même au rendez-vous, sans en prévenir son beau-frère.

6. Dans la fable « L'Éducation » (VIII, XXIV); cette même fable est évoquée dans les *Confessions* de Rousseau (éd. citée, t. I, p. 31) : « [...] et jamais César si précoce ne devint si promptement Laridon. »

Page 863.

1. « On dit *chausser les éperons à un gentilhomme* pour dire, lui mettre les éperons en le faisant chevalier » *(Académie)*.

2. Beaumarchais condense ici deux paragraphes de l'Addition de Mme Goëzman : « [...] une femme faible [...] a cependant soulevé le masque [...] un bras plus vigoureux vient de l'arracher. Un homme [...], le sieur Bertrand d'Airolles, vient de déchirer le voile qui couvrait des manœuvres odieuses. Je me repose sur son courage [...]. »

3. *Placard* : « Écrit injurieux qu'on rend public en l'appliquant au coin des rues ou en le semant parmi le peuple » *(Académie)*. « On dit *jeter le gant* pour dire défier quelqu'un au combat » *(ibid.)* : ici, *gant* est plaisamment remplacé par *mitaine*.

4. Le duel, en principe interdit, entraînait ordinairement des poursuites.

5. *Chiourme* : « Les forçats et autres qui rament sur une galère » *(Académie)*.

6. Sur ce mot, voir n. 6, p. 849.

7. Voir p. 806.

Page 864.

1. Voir p. 751.

2. *Sangler* est mis au sens d' « appliquer, donner avec force »; « du style familier » *(Académie)*.

3. On appelait *consuls*, à Paris, des « juges pris au nombre des marchands et négociants pour juger promptement des différends qui surviennent sur les matières des lettres et billets de change » *(Académie)*.

4. Un des secrétaires de Beaumarchais.

5. L'expression juridique est : *en sa personne*, *en sa propre personne*; *en haute personne* paraît être une création plaisante de Beaumarchais.

Page 865.

1. Dans le Mémoire de Bertrand d'Airolles, ce passage est à la deuxième personne : « Homme audacieux, vous marchez [...]. » De même, les deux citations suivantes; il s'agit des tractations avec Lejay, des rapports avec Marin, non des effets de banque.

2. Sur cette expression, voir n. 2, p. 784.

Page 866.

a. droit indigné. *A*

1. Quand on me les demandait. Il s'agit bien ici des effets de banque pour Beaumarchais comme pour Bertrand, car, à la page 17 de son Mémoire, ce dernier aborde ce litige; et c'est un fait que Bertrand, accusé de détenir les effets, ne répond ni oui ni non, mais fait les phrases grandiloquentes qui vont être citées, exactement.

2. *Amphigourique* est récent en 1774; l'*Académie*, en 1762, l'ignore, et en 1798 le donne pour « obscur, burlesque, qui ne présente aucun sens déterminé ». Sur ce mot, voir von Proschwitz, ouvr. cité, p. 60 et 315.

3. *Tortu* participe de *tordre*, était encore, au XVIIIe siècle, fréquemment employé en concurrence avec *tordu*.

Page 867.

a. des *A* ↔ *b.* ai *B*

1. Voir p. 864.

2. La citation littérale s'arrête là; la suite est de Beaumarchais.

3. Beaumarchais se cite lui-même : voir p. 751 (repris p. 864).

Page 868.

a. nichés *A*

1. Horace, *Art poétique*, v. 139 : « Des montagnes en gésine, naîtra un rat ridicule. »

2. Allusion au rôle officieux qu'avait Sartines dans certains cas, avant la « rigueur des formes ».

3. L'édition Garnier des *Mémoires de Beaumarchais dans l'affaire Goëzman* (Paris, 1859, p. 306) donne la note suivante : « Cette confrontation eût été le sujet d'un cinquième mémoire. Le jugement intervint trop tôt. Ce mémoire ne fut point fait. »

4. L'expression plaît à Marin (deuxième mémoire, p. 9) et à Bertrand (premier mémoire, p. 25 et 33; deuxième, p. 16 et 20), surtout pour parler des juges.

Page 869.

1. Le 22 décembre 1773.

Page 870.

1. Tout ce paragraphe sera repris dans la préface du *Mariage de Figaro*; voir p. 371.

Page 871.

a. antérieur, *B, coquille évidente.*

1. « Poisson qui a la propriété d'engourdir la main de celui qui le touche, soit à nu, soit même avec un bâton » *(Académie)*.

2. Le terme eſt pris dans un sens très général : « Dans les cours de judicature, on appelle *officiers* ceux qui sont revêtus de quelque charge » *(Académie)*.

Page 872.

1. *Se rompre*, c'eſt-à-dire s'exercer, reprend « étudiées »; on *se rompt* à maîtriser son âme, et ensuite on eſt *rompu*.

Page 873.

a. et ramenai la queſtion *B*

1. De mon manque de discernement, de taƈt.
2. Sur ce mot, voir n. 5, p. 747.

Page 874.

1. Voir p. 680.

Page 875.

1. La cour le fit le lendemain.
2. Le texte de cette lettre a été donné p. 687-688.

Page 876.

1. Mais, dans l'Addition à son Mémoire de 1774 (p. 8), Marin insinue que Beaumarchais n'a pas écrit ses Mémoires : « [...] si vous avez broyé les couleurs, ce n'eſt pas vous qui avez tenu le pinceau. »

Page 877.

a. le samedi, qu'elle *A*

1. *Omnis homo* peut se traduire « l'homme à tout faire ». La fable de La Fontaine « Le Coche et la Mouche » eſt la neuvième du livre VII.
2. Aussi juſtement que je le fais.
3. Voir p. 682-683.

Page 879.

1. Qu'on puisse éventuellement s'arrêter [...].
2. J'avais trop fait l'expérience [...].
3. En réalité.

4. Gabriel Henri Gaillard, auteur de nombreux écrits historiques, avait été élu à l'Académie française en 1771. L'ironie de Beaumarchais semble s'exercer à ses dépens comme aux dépens de l'avocat du comte de La Blache. Me Caillard sera traité dans la *Réponse ingénue [...]* de « porte-voix » et de « moulin à paroles » (éd. Fournier citée, p. 390 B et 400 B).

Page 880.

a. qu'elles ont été rendues *B*

1. Cette somme avait été avancée en 1762 pour acheter la charge de grand maître des Eaux, charge que Beaumarchais ne put obtenir (voir la Chronologie, p. XXVI).

Page 881.

1. Voir p. 828.
2. Beaumarchais traduit *ex-lex*; l'expression *hors-la-loi*, qui n'apparaît en français qu'au XIXe siècle, traduit l'anglais *outlaw*.
3. Ce passage permet de dater du 20 décembre (voir p. 871) la publication du troisième mémoire. La consultation est du 18 décembre.
4. *Au fond* : sur le fond; *au moins* : du moins.
5. Il a déjà été fait allusion à ce dîner; voir p. 804.

Page 882.

1. *Formidable* est à entendre au sens classique de *redoutable*.
2. Un jugement qui *interloque*, c'est-à-dire « ordonne une instruction préalable pour parvenir au jugement définitif » *(Académie)*.
3. Voir p. 871.

Page 883.

a. gens trouvaient *B* ↔ *b.* puisse *B* ↔ *c.* n'avait *B* ↔ *d.* rangeai *B*

1. Donc le 23 décembre.
2. « Attention ponctuelle, régulière à faire ce qu'on dit » *(Académie)*.
3. Pendant qu'on recueillait les suffrages; Littré donne un emploi de cette expression dans Mme de Sévigné.

Page 884.

a. à la Cour; surtout, soyez prudent. — Monsieur, mais il y a *B*

1. « Officier de certaines compagnies de gardes » *(Académie)*.
2. Aux gardes placés sous les ordres de l'exempt; sur l'habit bleu, voir aussi p. 789.

Page 885.

a. Le second ne *est omis dans A et B.*

1. Le 16 décembre — une semaine avant cette scène —, Beaumarchais avait voulu introduire une requête en récusation contre M. de Nicolaï. Sur les raisons qui interdirent au président d'assister au procès, voir p. 810 et suiv.

2. Beaumarchais se souvient de la dernière scène de l'*Iphigénie* de Racine : « Entre les deux partis Calchas s'est avancé, / L'œil farouche, l'air sombre, et le poil hérissé » (v. 1739-1740).
3. Le *parquet* était entre le parterre — où les spectateurs étaient debout — et la fosse d'orchestre. On y trouvait des stalles ou des bancs.

Page 886.

a. despotique *B, coquille évidente.* ++ *b.* dut *B*

1. « Il se prend toujours en mauvaise part » *(Académie)*.
2. « Une espèce de robe que les Présidents, les Prélats, etc., mettent quelquefois quand ils sont chez eux » *(ibid.)*.
3. Comme il aurait dû [...].

Page 887.

a. ne me refusera pas *B*

1. Voir l'Exode, en particulier chap. XXXIII.
2. Eleonora Galigaï était la femme de Concini, maréchal d'Ancre; la vigueur de son caractère, sa volonté lui assurèrent un grand ascendant sur Marie de Médicis; aussi, après l'assassinat de son mari en 1617, fut-elle poursuivie pour sorcellerie et décapitée.
3. Sur *facultés*, voir n. 3, p. 801.
4. La marque.

Page 888.

a. n'est jamais entré *B*

1. La justification.
2. Pouvait se tourner [...].
3. De ce passage.
4. Manifester progressivement et méthodiquement son mépris au [...].

Page 889.

1. Cette remarque vise essentiellement Gin et Nau de Saint-Marc; voir p. 812.
2. Beaumarchais constate ici que le parlement de Paris peut être déchargé de cette cause au profit d'un parlement de province. Mais très adroitement il va repousser cette hypothèse et affirmer sa confiance dans le parlement de Paris.

Page 890.

1. C'est-à-dire au troisième mémoire; Marin avait répondu au premier, puis au second par une Addition. Il répondra à la fois au troisième par un Mémoire de cinq pages, et au quatrième par une Addition de cinq pages également (p. 6-10), suivie de lettres justificatives et d'une plainte.
2. Il y en eut une, entre autres, le 22 décembre 1773, contre les trois mémoires de Beaumarchais et en particulier le troisième.
3. Ses gazettes écrites et orales; on appelait *gazette* un homme bavard.

4. « On appelle *Nouvelles à la main* des nouvelles manuscrites qu'on débite périodiquement » *(Académie)*.

5. Beaumarchais se moque donc ici d'une impropriété : le parlement rend des *arrêts*, les consuls des *sentences*.

Page 891.

1. La *petite poste* portait les lettres dans la ville et dans la banlieue; la *grande*, dans les provinces et les pays étrangers.

2. « Un vieux livre dont on fait peu de cas » *(Académie)*. *Jacobin* : « On ne se sert de ce mot que dans le style familier; dans le style grave on dit dominicain » *(Trévoux)*.

Page 892.

a. friponneries *B*

1. Les deux vers sont de Boileau (*Satire IX*, *Œuvres complètes*, éd. citée, p. 56). Beaumarchais a simplement remplacé *Cotin* par *Marin*.

2. Voir p. 795.

3. *Courtage* — qui a le même sens qu'aujourd'hui — remplace ici les deux mots *colportage* et *espionnage*. Sur *condamnation passée*, voir n. 2, p. 684.

4. La requête de Marin était du 22 décembre 1773; celle de Beaumarchais, du 23.

Page 893.

a. doit *B*

1. Le texte original et *A* ont bien *doivent*, l'accord se faisant d'après le sens : il y a deux sortes d'intérêts, ceux de l'État et ceux de la société.

2. Précepteur, Marin l'avait été (voir p. 894), et peut-être est-il ainsi qualifié parce qu'il voulait donner des leçons à tout le monde.

3. Sur « la... », voir p. 766.

4. Du fait de sa fonction (puisqu'il était censeur).

5. À la page 31, dans un propos prêté à Mlle de Beaumarchais, et à la page 21 du Supplément à ce Mémoire.

6. Souvenir d'*Athalie* (acte II, sc. II, v. 390) : « Comme moi le suivait en long habit de lin », qui prépare les citations suivantes.

7. Beaumarchais veut-il suggérer que Marin était « chevalier de la manchette », comme on disait au XVIIIe siècle ? allusion possible à l'enlèvement du jeune Marin par des Arabes au cours d'un voyage au Levant, selon son biographe Ricard.

8. *Athalie*, acte V, sc. VII, v. 1797-1800; *Marin* remplace ici *Joas*.

Page 894.

1. *Athalie*, acte II, sc. VII, v. 674. Le vers de Racine est : « Je présente au grand prêtre ou l'encens ou le sel. »

2. « [...] la robe que portent les petits garçons avant qu'on leur donne la culotte » *(Académie)*.

3. Entendre le mot au double sens d' « homme travaillant à la journée » *(Académie)* et de journaliste. Voir von Proschwitz ouvr. cité, p. 136-137.

4. Au sens héraldique du terme, cette fois-ci : *écu*.
5. On se souvient que cet instrument à une corde était cher à M. Jourdain.
6. *Houppe* : « Terme de blason. Touffe de soie qui termine un cordon de soie entrelacé et pendant du chapeau » *(Littré)* ; ici, le chapeau est le bonnet carré. Il y a *houpe* dans le texte. Le *Dictionnaire de l'Académie* donne *houppe*. Féraud, ouvr. cité, donne les deux formes.
7. En occitan, « qu'est-ce que c'est ? ». On trouve aussi cette forme dans une variante du *Barbier de Séville* (var *b*, p. 302). Cette expression plut à Marie-Antoinette et sa modiste créa pour elle une coiffure ornée de plumes qui porta ce nom et eut un grand succès. On retrouvera *qu'es aquo* dans *Le Mariage de Figaro*, acte V, sc. VIII, p. 478. Le véritable blason de Marin était « d'argent à un cheval marin sur des ondes, au chef d'azur chargé de trois étoiles d'argent, l'écu sommé d'une couronne de comte » (voir A. Ricard, *Une victime de Beaumarchais*, Paris, éd. Plon, 1885, p. 20).
8. « Terme surtout employé dans le commerce » *(Académie)*.

Page 895.

1. *Tout l'enfer* désigne les démons, suppôts de Marin.
2. « Matière liquide, noire et inflammable, qui se trouve dans le centre de la terre » *(Académie)* ; de là à penser que c'est la boisson de l'enfer !...
3. Voir p. 774.
4. Qu'il y ait information ouverte.
5. *Ce pays-ici* : vieille forme de démonstratif dont l'emploi est rare au XVIIIe siècle.

Page 896.

a. cet ordre. B, lapsus évident.

1. Cette curieuse orthographe déjà rend la lettre suspecte.
2. Là encore, orthographe douteuse : Beaumarchais écrira Portuguès (p. 901, 909).
3. Le marquis d'Ossun.
4. Le comte de Buturlin ou Boutourline. Sur l'origine des accusations de tricherie, voir le récit que fait Beaumarchais des séances de jeu à l'ambassade (*Correspondance*, éd. citée, t. I, p. 149-153).
5. Le sens est peu clair. *Lever* est très probablement mis pour *relever*, c'est-à-dire recueillir. Il semble que ce soit bien là la lettre d'un étranger.
6. Le récit exact des faits.
7. Celui où Goëzman était parrain et qui a fait l'objet de la dénonciation.
8. La marquise de La Croix, nièce de l'évêque d'Orléans, Mgr de Jarente; il est souvent question d'elle dans la *Correspondance* (éd. citée, t. I, *passim*). Elle était à Madrid la maîtresse de Beaumarchais (le *vous entendez* indique le sens à donner au mot *amie*), qui fit d'elle la maîtresse du roi. Il n'est pas question d'elle dans le récit qui va suivre.

Page 897.

a. Pacchio *B*

1. À Mesdames; encore une maladresse qui semble prouver que la lettre n'est pas d'un Français. Quant au fait que les relations ont cessé entre Mesdames et Beaumarchais, on se souvient que celui-ci en donnait une tout autre raison. Voir en particulier p. 819.

2. Le comte d'Aranda venait de prendre possession de son poste. Il a été ambassadeur d'Espagne à Paris de 1775 à 1784. Beaumarchais le verra souvent (voir la *Correspondance*, éd. citée, t. II et III, *passim*).

3. Sur ce vieux mot, que reprend Beaumarchais, voir G. von Proschwitz, ouvr. cité, p. 120-121.

Page 898.

1. S'agit-il d'un texte datant de dix ans, ou d'une simple métaphore ? Il est impossible d'en décider.

2. Qu'il n'aurait dû [...].

3. Quand je serai un jour mieux connu [...].

4. Que nous ne sommes réellement [...].

5. Voir p. 815 et suiv.

6. Ce récit a été écrit à partir d'un journal que tenait Beaumarchais durant son séjour en Espagne et dont l'existence est prouvée par des lettres (voir la *Correspondance*, éd. citée, t. I, p. 71, 74, 80). Ce journal a été perdu. À dix ans de distance, il a dû être considérablement modifié et son auteur se donne le beau rôle dans l'exposé des faits qu'on va lire. Les lettres envoyées d'Espagne rendent un son différent. Voir l'excellente mise au point de René Pomeau dans son *Beaumarchais ou la bizarre destinée*, Paris, PUF, 1987, p. 27-37.

7. En réalité, depuis l'année précédente, si le texte est écrit en 1764. C'est en 1763 que Beaumarchais s'installe 26, rue de Condé. Il habitait le premier étage, son père et ses sœurs les deux autres.

8. C'est en 1748 que les deux sœurs de Beaumarchais partirent pour l'Espagne. Marie-Josèphe, qui venait d'épouser Louis Guilbert, née en 1723, avait donc vingt-trois ans. Marie-Louise en avait dix-sept; et, en 1764, trente-trois.

Page 899.

1. Il sera question plus loin d'un « état de convulsions » (voir p. 904).

2. L'écrit (voir p. 896) dit au contraire que « Clavio » s'est dégoûté d'elle « par mauvaise conduite ».

3. Ces lettres ont-elles vraiment été écrites ?

Page 900.

a. en Espagne; votre conduite *B*

1. Sur les recommandations et la protection de Mesdames, voir la lettre de Beaumarchais au duc de Choiseul (*Correspondance*, éd. citée, t. I, p. 61-62). C'est en 1759 que Beaumarchais devint un des familiers de Mesdames.

2. La *Réponse ingénue [...]* (éd. Fournier, p. 405 B) indique qu'il s'agissait d'approvisionner, pour dix ans, d'esclaves noirs différentes provinces de l'Amérique.

3. Le Mémoire contre La Blache précise que Beaumarchais n'en ferait « aucun autre usage que de les déposer en cas de force majeure » (éd. Fournier citée, p. 359).

4. Ceci est très exagéré : on s'arrête à Orléans, Tours, Bordeaux et Bayonne.

5. M. Périer, de Bayonne.

6. « Une sorte de voiture légère à deux ou quatre roues, traînée par un ou deux chevaux [...] pour une ou deux personnes » *(Académie)*.

Page 901.

a. compte *orig., A. La confusion entre* conte *et* compte *est encore fréquente, bien que les dictionnaires ne la fassent plus.* ++ *b.* successivement *A*

1. Âgée de trente-trois ans (n. 8, p. 898), elle a un an de plus que son frère.

2. Aranjuèz est située au sud de Madrid, à une quarantaine de kilomètres. Là se trouvait une des résidences royales.

3. Ou Portugais; voir n. 2, p. 896.

Page 902.

1. En réalité seize ans : en 1748.

2. Obtiendront le [...]. « On dit *succéder à un royaume* pour dire parvenir à la dignité royale » *(Académie)*.

3. Voir n. 8, p. 898.

Page 903.

1. *The Spectator*, quotidien paru en Angleterre en 1711 et 1712, avait connu un gros succès. C'est sur son modèle que Marivaux avait créé *Le Spectateur français*.

2. Celui de gardien des archives; voir p. 901.

Page 904.

a. bancs *orig., A ; confusion que dénonce le « Dictionnaire critique [...] » de Féraud.*

1. Textuellement, le *Site royal*; le roi et la cour résidaient souvent à Saint-Hildephonse. Voir les lettres de Beaumarchais parties de cet endroit (*Correspondance*, éd. citée, t. I, p. 83 et suiv.).

2. C'est-à-dire à l'église.

Page 905.

1. C'était beaucoup dire ! L'écrit anonyme (voir p. 896) fixait cette entrevue à six heures du matin et armait Beaumarchais d'un pistolet.

Page 906.

1. Arrivé depuis moins de vingt-quatre heures à Madrid, Beaumarchais connaît déjà les mœurs madrilènes et l'endroit où les hommes de cœur vont se battre en duel.

Page 907.

1. On voit qu'il ne s'agit aucunement ici d'une promesse de mariage, comme le déclare l'écrit (voir p. 896).

Page 908.

a. pour terminer *B*

Page 910.

1. M. de Grimaldi; voir p. 912.

Page 911.

1. Comptable.

Page 912.

1. Aussi longtemps que [...].

Page 913.

1. « On appelle [...] *notaires apostoliques* les notaires qui sont autorisés dans chaque diocèse à rédiger les actes en matière ecclésiastique » *(Académie)*.

2. Le quadruple, monnaie espagnole, valait une double pistole espagnole, soit vingt francs. *Cordonnés* : aux bords plus épais que le reste de la pièce; voir n. 4, p. 441.

3. Le marquis de Robiou; voir l'écrit (p. 896), où les choses sont racontées bien différemment, Beaumarchais y étant voleur et non volé.

Page 914.

1. Ici, un logement donné par l'armée. L'ami est en effet un officier (voir p. 909), et Clavijo est bien pour lui un étranger, puisqu'il n'appartient pas à sa famille.

2. On attendrait *purgations* : *purgerie* ne se trouve en effet dans aucun dictionnaire. C'est, de toute évidence, le mot qu'a utilisé Clavijo.

3. Une « femme de chambre », dit le récit (p. 896) qui, cette fois encore, raconte les choses bien différemment. Beaumarchais préfère conserver le mot espagnol et le traduire, parce que *duègne*, introduit au siècle précédent, a le sens, fort différent, qui est encore le sien de nos jours.

Page 915.

a. aucuns *orig., A* ++ *b.* pour découvrir *B*

1. Ils ont été désignés (p. 911) comme des négociants français. Périer a accompagné Beaumarchais durant son voyage et lors de sa première visite à Clavijo. Durand habitait Madrid. Il avait été le fiancé de Lisette (voir la *Correspondance*, éd. citée, t. I, *passim*). Beaumarchais ne parle pas, dans son récit, de ces fiançailles.

Page 916.

a. tranquille, en écrits *B*

1. De la part de Clavijo : car l'ambassadeur connaît la lettre qu'il a écrite (voir p. 908-909).

Page 917.

1. Voir p. 910-912.

Page 918.

a. tombait des gouttes d'eau *B*

1. Voir p. 899 ce qui était dit de la sœur de Beaumarchais (« tous ses nerfs se sont retirés »).

Page 920.

1. Sans aucun doute, certainement.

Page 921.

1. Charles III.

Page 922.

1. Beaumarchais rendra de nouveau hommage à ce protecteur dans la *Requête à la Commune de Paris* : « Grâce au ministre M. Whal, le roi d'Espagne me rendit la justice la plus éclatante, chassa mon ennemi de ses places et le fit traîner en prison, malgré mes efforts généreux pour faire modérer sa peine » (éd. Fournier citée, p. 493 A).

Page 923.

a. conduirait *B*

1. La lettre étant datée du 17 juin, la plainte a donc été déposée à la fin de mai.
2. Il s'agit toujours de la *dueña*.

Page 924.

1. Dès l'année suivante, Clavijo rentrera en grâce.
2. Les éditions portent *constera*, sans doute un emploi abusif du verbe *conster*, qui signifie être évident, certain, et ne s'emploie qu'au Palais, impersonnellement : *« Il conste que [...] » (Académie). A qui elle constera* voudrait donc dire : pour qui elle sera évidente.

Page 925.

1. Doña Maria (Lisette) restera fille.

Page 926.

1. On remarquera que l'affaire Clavijo a duré tout juste un mois. Beaumarchais va rester encore neuf mois à Madrid.
2. Voir p. 896. L'accusation est invraisemblable, et Beaumarchais n'a aucun mal à la réfuter.
3. En 1774, lord Rochefort était ministre des Affaires étrangères; il va être beaucoup question de lui dans les lettres écrites d'Angleterre (voir la *Correspondance*, éd. citée, t. II). De 1763 à 1766, il avait été ambassadeur en Espagne.
4. Cette autre résidence royale est située sur le Manzanarès, dans la province de Madrid.

5. Il s'agissait d'armer la Louisiane pour la protéger contre les Anglais. En échange, les Français auraient eu le privilège de la vente des esclaves dans la colonie.

Page 927.

1. Cette lettre est en partie recopiée dans la *Réponse ingénue [...]*, datée du 15 et non du 14 mars 1765 (éd. Fournier citée, p. 405-406).
2. Ces confrontations avaient eu lieu les 5 et 6 février 1774. Goëzman porte plainte — bien tardivement, font remarquer les avocats de Beaumarchais — contre l'imputation d'avoir reçu du comte de La Blache cinq cents louis (voir le premier mémoire, p. 700, et la Consultation du *Quatrième mémoire*, n. 4 de cette page).
3. Ce sera, précédé d'un avertissement, ce que l'édition *B* (voir la Note sur le texte, p. 1520) appelle le cinquième mémoire (éd. Fournier citée, p. 338-372).
4. Suivent cette consultation et cette note :

CONSULTATION

Les soussignés qui ont lu le quatrième Mémoire à consulter, du sieur de Beaumarchais, estiment que les seuls objets de ce procès, devenu malheureusement trop célèbre, sont : 1°. de savoir si l'accusation en corruption de juge, intentée contre le sieur de Beaumarchais, sur la dénonciation de M. Goëzman, est fondée, ou si au contraire elle est fausse et calomnieuse.

2°. Si le sieur de Beaumarchais a droit de poursuivre M. Goëzman comme son dénonciateur, et de conclure contre lui à une réparation et à des dommages et intérêts.

3°. Si la déclaration du sieur Lejay peut faire preuve contre le sieur de Beaumarchais, ou si au contraire elle doit être rejetée comme l'ouvrage de M. Goëzman.

4°. Si les circonstances dans lesquelles le sieur de Beaumarchais a dénoncé à la justice, le crime de faux commis par M. Goëzman sur des registres publics, n'autorisent pas sa dénonciation et ne la rendent pas aussi légitime que nécessaire.

Comme le jurisconsulte ne doit traiter que les points de droit qui se présentent dans une affaire, et que son unique vue doit être de fournir au client qui réclame son ministère, les moyens qui peuvent le conduire à proposer à la justice une défense légitime, les soussignés vont se fixer à la discussion des quatre objets qu'ils viennent de rappeler et laisseront à l'écart cette foule de faits étrangers répandus dans les Mémoires des parties, ces épisodes que la malignité a fait naître, ces scènes qui n'ont fait que trop de bruit, ces propos outrageants, accompagnés de cartels téméraires donnés sous les yeux même de la Cour, licence jusqu'à présent inouïe dans les tribunaux.

Il n'y avait dans le principe qu'une seule plainte rendue par M. le Procureur général, sur la dénonciation de M. Goëzman. Le sieur de Beaumarchais y est accusé d'avoir tenté de corrompre ce juge, et de l'avoir ensuite calomnié.

Le sieur de Beaumarchais s'est défendu avec fermeté; et après s'être justifié, il a fait voir que M. Goëzman avait surpris de la faiblesse du sieur Lejay la fausse déclaration qui a fait la base de sa dénonciation; et ayant été instruit d'un faux que M. Goëzman a commis sur des registres publics, monuments précieux destinés à fixer et à conserver l'état des hommes, il l'a dénoncé à la justice, pour prouver que celui qui ne s'est pas fait de scrupule de commettre, à la face des autels, un faux sur des registres publics, a bien été capable d'avoir dicté dans son cabinet une fausse déclaration à un homme simple, tel que le sieur Lejay.

Deux délits aussi graves ont armé le bras de la justice; déjà elle a levé son glaive sur la tête de M. Goëzman, par les deux décrets rigoureux lancés successivement contre lui, les 22 et 23 décembre dernier.

Ces délits, qui intéressent autant l'ordre public que l'honneur des tribunaux, ont été instruits; ce sont les seuls qu'il y ait à punir; c'est à M. le Procureur général à en poursuivre la vengeance. La défense du sieur de Beaumarchais doit se borner aux quatre objets que nous venons d'annoncer et que nous allons discuter.

Sur[1] le premier, tout annonce le faux et même le ridicule de l'accusation en corruption de juge; la marche d'un séducteur est timide et cachée; il ne va pas divulguer dans un intermédiaire de sept personnes, le dessein qu'il a de corrompre son rapporteur; l'or était reçu par Mme Goëzman, avant que le sieur de Beaumarchais eût vu son mari; il ne le connaissait point alors, il n'avait encore reçu aucune anecdote sur son compte; il ignorait s'il était ou non susceptible de corruption : comment donc supposer que sans connaître ni ses mœurs, ni ses facultés, ni sa façon de penser, il ait conçu l'idée bizarre de le corrompre, et qu'il ait fait part de cette idée à plusieurs personnes ? Quel motif d'ailleurs aurait-il eu pour tenter de corrompre son juge ? il ne doutait pas du gain de sa cause, dont le titre régulier dans sa forme, et non attaqué par l'inscription de faux, semblait devoir l'assurer du succès.

Si le sieur de Beaumarchais a donné de l'or, s'il a fait remettre une montre à répétition, il en a déclaré en même temps la destination et le motif; il a dit aux intermédiaires qui se sont mêlés de faire parvenir l'or et la répétition à Mme Goëzman, que c'était pour avoir de son rapporteur des audiences que celui-ci lui refusait constamment, audiences nécessaires, moins pour expliquer son affaire qui ne résidait que dans un point de droit bien facile à décider, que pour être en état de lui démontrer, les pièces à la main, le faux des allégations du comte de La Blache, et pour détruire les soupçons injurieux qu'il avait osé élever à l'audience sur sa probité dans le temps qu'il était détenu au For-l'Évêque; et que, par cette raison, il n'avait pu lui-même se justifier aux yeux de ses juges. C'était là le véritable motif des audiences désirées avec tant d'ardeur de la part du client, et que Mme Goëzman, femme du juge, a fait payer si cher. Le blâme, s'il y en a, ne peut tomber que sur elle; mais le mari en est-il exempt ? Le sieur de Beaumarchais a observé dans sa requête d'atténuation qu'il est bien difficile de penser que ce mari, vivant, comme il le dit dans son mémoire, dans une union si étroite et une si grande intimité avec sa femme, n'ait pas été instruit de sa négociation avec le sieur Lejay, qu'il n'y ait pas même participé; et cette observation est importante.

1. Ici en marge dans l'édition (et de même pour les mentions suivantes) : « 1er OBJET. Preuves de la fausseté de l'accusation intentée contre le sieur de Beaumarchais. »

Mais voici un argument sans réplique en faveur du sieur de Beaumarchais.

Il y a au procès un fait connu, et une intention d'abord inconnue.

Le fait connu eſt qu'on a remis de l'or pour le sieur de Beaumarchais, à Mme Goëzman qui en convient.

L'intention d'abord inconnue a pu être criminelle ou légitime.

Criminelle, si le sieur de Beaumarchais a eu pour objet de corrompre son juge.

Légitime, s'il n'a voulu se procurer que des audiences.

D'après cela déclinons les règles : elles nous apprennent que personne ne peut supposer une intention criminelle à celui qui a pu en avoir une légitime : la présomption eſt donc en faveur du sieur de Beaumarchais; par cette raison sage et puisée dans la loi que la fraude ne se présume point : *fraus numquam praeſumitur*.

D'ailleurs il eſt prouvé au procès par des témoignages non suspects, que le sieur de Beaumarchais s'était présenté plusieurs fois à la porte de son juge, sans avoir pu pénétrer jusqu'à lui. Si donc il a payé des audiences, c'eſt qu'il n'a pu les obtenir qu'avec de l'or.

Enfin la légitimité de l'intention, c'eſt-à-dire, de se procurer des audiences du juge, eſt prouvée, d'une part par l'assertion formelle et persévérante du sieur de Beaumarchais, que rien ne contredit; et de l'autre par la déposition des sieurs Lejay et Bertrand d'Airolles, et plus que tout cela, par les déclarations et reconnaissances précises de Mme Goëzman elle-même, dans son récolement qu'elle a perpétuellement donné comme renfermant invariablement sa défense, et fixant la vérité qu'elle avait cru jusque-là pouvoir dissimuler impunément.

Le sieur de Beaumarchais réunit donc en sa faveur la présomption de droit et les preuves les plus positives de la légitimité de son intention; cet argument bien vu, bien saisi, suffit seul pour décider toute personne équitable et impartiale.

Qu'on ne dise pas pour détruire cet argument que peut-être le sieur de Beaumarchais s'était complu secrètement dans l'idée que M. Goëzman fût corruptible, et que c'eſt là ce qui l'a déterminé à tenter de le corrompre par l'or et la répétition qu'il a fait remettre à sa femme sur le prétexte de ne payer que des audiences.

La réponse eſt prompte et décisive : 1°. Une pareille idée ne peut se supposer, parce que ni la loi, ni la raison, ni la juſtice ne permettent pas de créer à personne un crime par des conjectures, sur ce qu'il aura pensé ou pu penser. 2°. Cette supposition échappe et tombe puisqu'il eſt certain que le sieur de Beaumarchais ne connaissait point alors M. Goëzman, qu'il ignorait s'il était homme scrupuleux ou peu délicat, inaccessible à la séduction ou prêt à succomber à l'appât de l'or, et qu'enfin n'étant point encore inſtruit du faux par lui commis sur les regiſtres publics de la paroisse de Saint-Jacques-de-la-Boucherie, il ne pouvait avoir dans son âme aucune idée de corruptibilité sur son compte.

Le fait prouvé au procès, que le sieur de Beaumarchais n'a demandé que des audiences, et n'a donné de l'or que pour les obtenir, parce qu'il n'a pu malgré un grand nombre de visites assidues se les procurer d'une autre manière, eſt décisif en sa faveur : il n'y a dans ce fait rien qui tende à corruption; la plainte rendue contre lui n'a donc pas de fondement; et par une suite nécessaire, il doit être déchargé de l'accusation.

Mais[1] pour qu'il obtienne toute la justice qui lui est due, il lui faut une réparation et des dommages et intérêts. Quand l'accusé se trouve convaincu du crime dont il a été prévenu, il doit subir la rigueur des peines prononcées par les lois; par une juste réciprocité, quand l'accusation est fausse, le calomniateur doit être puni, soit qu'il soit accusateur direct ou seulement dénonciateur; l'Ordonnance les met tous deux dans la même classe, parce qu'ils sont l'un comme l'autre auteurs de la persécution et de toutes les procédures extraordinaires dont l'accusé a subi la cruelle humiliation. *Les accusateurs et* dénonciateurs qui se trouveront mal fondés seront condamnés aux dépens, dommages et intérêts des accusés, et à plus grande peine s'il y échoit.* M. Goëzman a dénoncé le sieur de Beaumarchais à la justice comme coupable d'avoir tenté de le corrompre avec de l'or; cette dénonciation a donné lieu à une plainte qui a été suivie de toute la rigueur de l'instruction criminelle; le sieur de Beaumarchais revêtu de deux offices honorables a été décrété d'ajournement personnel, et comme tel il est depuis six mois suspendu de ses fonctions; il a donc été persécuté, dégradé, humilié par le fait d'une dénonciation qui a occasionné une fausse accusation; dès là le dénonciateur lui doit aux termes de la loi, une réparation : et comme au moyen du décret d'ajournement personnel du 23 décembre, M. Goëzman est partie au procès, le sieur de Beaumarchais doit par une requête précise, conclure dès à présent contre lui à des réparations.

Nous avons été étrangement surpris d'entendre Mme Goëzman dire dans une note étant au bas de son Mémoire, page 29 : *Qu'il serait* PLAISANT *de voir le sieur de Beaumarchais soutenir qu'il est fondé à prendre des conclusions contre M. Goëzman, comme contre son dénonciateur.* Ce langage est bien extraordinaire dans sa bouche. Mme Goëzman ignore-t-elle les dispositions des ordonnances, ou les prend-elle pour des plaisanteries ? Ce n'est pas en plaisantant qu'elles prononcent contre les faux dénonciateurs, les mêmes peines que contre les faux accusateurs. N'est-ce pas M. Goëzman qui a dénoncé le sieur de Beaumarchais ? La dénonciation ne contient-elle pas le crime imaginaire et supposé de corruption de juge ? N'est-ce pas sur cette dénonciation que M. le Procureur général a rendu plainte ? N'est-ce pas sur cette plainte que le sieur de Beaumarchais accusé, a été décrété, persécuté, injurié ? La loi ne donne-t-elle pas à l'accusé une action contre son dénonciateur ! Toutes ces vérités qui sont constantes, autorisent la demande du sieur de Beaumarchais contre M. Goëzman, en réparation et dommages et intérêts. Ces mêmes vérités apprendront aussi à Mme Goëzman, qu'on ne se joue pas impunément du texte sacré et précis de nos lois, et que ce n'est pas par une dérision fade et déplacée qu'elle en détournera la rigueur effrayante qui menace son mari.

Ce qui doit aggraver les peines encourues par M. Goëzman, comme dénonciateur, c'est le complot par lui formé pour parvenir à ses fins.

On lui rendra la justice de croire que ce n'est pas de son gré qu'il a dénoncé le sieur de Beaumarchais; on ne doute pas même qu'il

* Article 7, du titre 3, de l'Ordonnance criminelle.

1. « IIe OBJET. Il est dû, au sieur de Beaumarchais, une réparation et des dommages et intérêts, par M. Goëzman son dénonciateur. »

n'ait désiré que cette affaire n'éclatât point; mais forcé par sa Compagnie de se justifier au sujet des bruits qui se répandaient sur l'or porté chez sa femme, et par elle reçu (fait qu'il ne pouvait nier puisque plusieurs témoins étaient en état d'en déposer), il a imaginé le système ridicule de séduction, et pour l'étayer, il a fabriqué la déclaration du sieur Lejay.

Un[1] magistrat se doit sans doute à lui-même de détruire tout soupçon qui peut porter atteinte à sa réputation; mais il ne doit employer, pour se justifier, que des moyens honnêtes et des voies légitimes; si la conduite de M. Goëzman eût été sans reproche, il n'aurait pas eu besoin de certificats, pour anéantir des faits qui n'auraient été que des êtres de raison[2] à son égard. Sa marche combinée et réfléchie ne permet pas de douter qu'il n'ait voulu se faire un titre pour soutenir le prétendu crime de corruption dont il avait intention d'accuser le sieur de Beaumarchais, dans la vue de se disculper aux yeux de sa Compagnie; ce titre est la déclaration du sieur Lejay.

Mais il est l'auteur de cette déclaration; le sieur de Beaumarchais l'a démontré dans son Supplément de Mémoire, et cette démonstration a été par lui portée au plus haut degré d'évidence; le sieur Lejay et son commis l'ont déposé; Mme Goëzman après l'avoir nié dans le cours de l'instruction, en est convenue implicitement dans son Mémoire, page 23; et le sieur de Beaumarchais assure que M. Goëzman subjugué par des preuves de tout genre, en a fait l'aveu humiliant dans son interrogatoire. La déclaration n'est donc point l'ouvrage du sieur Lejay; elle est celui de M. Goëzman, dès lors, elle ne peut être opposée au sieur de Beaumarchais.

Mais dans quelles vues M. Goëzman l'a-t-il fabriquée ? il savait que le sieur de Beaumarchais n'avait jamais fait aucune démarche tendante à corruption; cependant il conçoit le projet de le dénoncer comme séducteur, et il consomme ce projet; il mande chez lui le sieur Lejay, il abuse de sa faiblesse et de la supériorité, disons même, de l'empire que lui donnait sur lui sa qualité de conseiller de la Cour; il lui dicte une déclaration par lui minutée; il lui fait entendre qu'elle est pour lui seul, et qu'elle ne tirera à aucune conséquence; il la lui fait signer sur cette parole, et à peine en est-il muni, qu'il la remet au ministère public avec sa dénonciation dont elle était l'unique fondement, et que par là il compromet celui même qu'il vient de séduire et qui s'était fié à sa bonne foi; il fait usage de la même déclaration contre le sieur de Beaumarchais, pour le dénoncer comme coupable du crime de corruption, lui susciter un procès criminel, et le perdre à jamais aux yeux de la nation. Ainsi M. Goëzman, de concert avec sa femme, médite cette déclaration; il abuse de son caractère de magistrat pour la surprendre au sieur Lejay; et s'en sert ensuite contre le sieur de Beaumarchais, et contre le sieur Lejay lui-même. C'est une machination odieuse, il y a ici ce que les lois appellent *Consilium et eventus*.

Autant le sieur de Beaumarchais est innocent du crime de corruption qui lui a été imputé, autant M. Goëzman est coupable de celui de subornation pratiquée envers le sieur Lejay. Dénoncer comme criminel un homme que l'on sait être innocent, appuyer la dénonciation sur une déclaration que l'on a fabriquée et que l'on

1. « IIIe OBJET. M. Goëzman est l'auteur de la déclaration du sieur Lejay. »
2. Sur cette expression, voir p. 777 et n. 4.

a remplie de faits faux, mettre la subornation en œuvre pour extorquer cette déclaration; ce sont des crimes dont on ne trouve point d'exemples dans les annales de la justice, crimes beaucoup plus graves dans un magistrat que dans tout autre.

Et, que M. Goëzman ne dise pas pour les pallier, qu'il n'a point composé la déclaration ni inventé les faits qu'elle contient, qu'il les a seulement rédigés d'après l'exposition que le sieur Lejay venait de lui en faire, et qu'il n'en a fait la rédaction, que parce que le sieur Lejay n'était pas en état de la faire lui-même.

Cette défaite serait misérable. M. Goëzman en a imposé au sieur Lejay qu'il tenait chez lui; il l'a séduit par ses insinuations insidieuses; et c'est par cette voie peu délicate qu'il est parvenu à lui faire copier la déclaration qu'il venait de fabriquer.

Il y a plus, non seulement comme magistrat il ne devait point rédiger la déclaration; mais il ne devait pas même l'exiger du sieur Lejay, surtout dans un moment où cet homme faible, sans secours, sans conseil, livré à un homme qu'il regardait comme puissant à cause de sa place, et chez lequel il était retenu, n'a pas pu sentir les conséquences de l'acte qu'on lui faisait souscrire; rien ne peut donc excuser M. Goëzman.

Pour nous résumer sur les objets que nous venons de discuter, concluons : 1°. Que l'innocence du sieur de Beaumarchais est parfaitement établie. Il est démontré qu'il n'a pas même songé à séduire son juge. 2°. Que M. Goëzman, comme son dénonciateur, lui doit des dommages et intérêts. C'est la disposition textuelle de l'Ordonnance. 3°. Que M. Goëzman est coupable de subornation envers le sieur Lejay, qu'il a surpris, en lui faisant signer une déclaration qu'il a fabriquée lui-même. Il en est convenu.

Il[1] reste à nous expliquer en peu de mots sur la dénonciation faite par le sieur de Beaumarchais, du faux commis par M. Goëzman sur les registres de la paroisse de Saint-Jacques-de-la-Boucherie, faux pour lequel ce conseiller de la Cour a été décrété d'ajournement personnel.

Le sieur de Beaumarchais ne doit pas être mis au nombre de ces délateurs odieux qui, sans aucun intérêt, et par méchanceté seulement, font des dénonciations à la justice. L'intérêt est la mesure des actions; toutes les fois qu'une action a pour principe un intérêt juste et bien fondé, elle est légitime et autorisée par la loi; le sieur de Beaumarchais accusé sur la dénonciation de M. Goëzman, de corruption de juge, a intérêt non seulement de se défendre, mais encore de faire connaître quel est l'homme qui l'a dénoncé; il entre nécessairement dans le plan de sa défense, de prouver que la déclaration du sieur Lejay, seule pièce présentée à la justice par M. Goëzman, pour soutenir sa dénonciation, est une pièce par lui fabriquée, suggérée et surprise. Or, quelle meilleure preuve le sieur de Beaumarchais peut-il donner que celle qui résulte d'un faux précédemment commis par M. Goëzman ? En effet, ce faux ne prouve-t-il pas que M. Goëzman, auteur de la déclaration du sieur Lejay, n'est pas novice dans ce qu'on appelle surprise, altération, déguisement de la vérité, et qu'il est si peu scrupuleux que nos registres, même les plus sacrés, ont été par lui profanés par une fausse signature : *Semel malus, semper malus in eodem genere mali.*

1. « IVe OBJET. C'est par le droit d'une défense légitime, que le sieur de Beaumarchais a dénoncé à la justice le crime de faux commis par M. Goëzman. »

Dans toute affaire criminelle et surtout dans une affaire de la nature de celle-ci, qui fixe toute la France, les actions, les mœurs, la conduite d'un accusateur doivent être mises dans la balance, et influer sur le jugement; le sieur de Beaumarchais ne doit donc pas être improuvé dans la dénonciation qu'il a faite du crime de faux; le droit naturel et une défense légitime permettent également de repousser la force par la force, et de démasquer celui qui a employé des manœuvres odieuses, pour perdre un homme qu'il savait être innocent.

Quoique ce crime de faux présente un délit grave sur ce que nous connaissons de plus sacré, l'état[1] des hommes, quelques personnes néanmoins, peu délicates sans doute, le traitent de bagatelle; mais doit-on regarder comme bagatelle tout ce qui peut tendre à rendre l'état d'un enfant incertain, à le priver des ressources qu'il aurait trouvées dans un parrain, qui se serait fait un devoir de le reconnaître, au lieu de se ménager par un faux, le moyen perfide de le désavouer. L'acte religieux de présenter un enfant au baptême, est un des plus importants de la société; il assure l'état de chaque citoyen; celui qui le fait, contracte un engagement envers l'enfant, il devient son père spirituel; il lui doit, à défaut de proches parents, assistance et surveillance; c'est tromper tout à la fois le ministre des autels, et la société entière, que de commettre un faux dans un pareil acte, en signant un autre nom que le sien. Comment M. Goëzman, alors conseiller en la Cour, n'a-t-il pas été pénétré de ces vérités ? quelle excuse peut-il donner sur l'oubli qu'il a fait de tous ses devoirs dans un acte qui imprimait à l'enfant le caractère de chrétien ? Il s'est joué du premier et du plus salutaire de nos sacrements à la face des autels, en empruntant un faux nom, une fausse qualité et un faux domicile; c'est un délit grave et des plus répréhensibles : il est déjà préjugé tel par le décret rigoureux dont la plainte de M. le Procureur général a été suivie.

Si M. Goëzman a été capable d'altérer la vérité dans un acte aussi important, aussi religieux, combien à plus forte raison doit-on penser qu'il l'a trahie dans une déclaration, qu'il n'a fait souscrire au sieur Lejay, que par la nécessité où il s'est vu de se forger un titre capable de le justifier d'imputations graves qui tendaient à lui faire perdre son état. Ce n'a été que pour mettre la Cour à portée de connaître quel est son dénonciateur, et combien elle doit être en garde sur les pièces qui sont de sa composition, que le sieur de Beaumarchais a dénoncé à la justice le crime de faux commis sur des registres publics; il ne l'a fait que par le droit que lui donne une défense légitime; et ainsi il n'y a aucun reproche à lui faire.

Comme nous finissions notre consultation, le sieur de Beaumarchais nous a remis un exemplaire d'une Requête, en forme de plainte, que M. Goëzman vient de rendre à la Cour; elle roule sur l'imputation qu'il prétend lui avoir été faite, par le sieur de Beaumarchais, dans son premier Mémoire, page 32[2], de cinq cents louis donnés par le comte de La Blache, imputation renouvelée, dit-il, à la confrontation.

Mais 1°. La délicatesse de M. Goëzman a bien tardé à se trouver blessée : c'est au mois de septembre 1773, que le premier Mémoire du sieur de Beaumarchais a paru, et ce n'est qu'au mois de février

1. Sur cette notion d'*état*, voir n. 1, p. 130 et n. 3, p. 141.
2. Ici p. 700.

1774, qu'il s'avise de rendre plainte; d'où peut venir cette léthargie de six mois ?

2°. Il n'eſt pas vrai que, par son premier Mémoire, le sieur de Beaumarchais ait reproché à M. Goëzman d'avoir reçu cinq cents louis du comte de La Blache; la page 32 de ce Mémoire ne contient que des raisonnements sur les probabilités et non des faits. On avait dit au sieur de Beaumarchais, dans son interrogatoire, *qu'il était très probable que les demandes d'audience n'eussent été qu'un prétexte, avec lequel il avait masqué l'intention de corrompre son juge*; c'eſt dans sa réponse, et après avoir fait voir qu'on ne peut décider personne coupable sur des probabilités, que le sieur de Beaumarchais s'eſt expliqué en ces termes : « Que dirait de moi M. Goëzman si, repoussant sur lui le bloc dont il veut m'écraser, je m'égarais aussi dans les conjectures, en disant : lorsque Mme Goëzman vendait l'audience de son mari, *il eſt très probable* qu'il était de moitié dans le traité [...]. Si j'ajoutais : celui qui reçoit de la main droite, étant à bon droit soupçonné de n'avoir pas la main gauche plus pure, *il eſt très probable*, qu'après qu'on a eu touché mes cent quinze louis de Lejay, l'enchère s'eſt trouvée couverte par un autre. » Il eſt évident qu'en tenant ce langage, le sieur de Beaumarchais n'a point fait d'imputation à M. Goëzman, mais qu'il a seulement voulu démontrer combien il était facile, et en même temps dangereux, de se livrer à des conjectures et à des probabilités.

3°. Nous ignorons ce qui s'eſt passé à la confrontation; mais à nous en tenir à ce qu'en rapporte M. Goëzman dans sa Requête en forme de plainte, le sieur de Beaumarchais n'a dit autre chose, sinon que, « lorsqu'on lui annonça, le dimanche 4 avril au soir, qu'on offrait de rendre, il en a auguré la perte de son procès, et s'eſt écrié devant ses amis : " Cette offre annonce qu'il se trame quelque chose de funeſte à mes intérêts, il eſt nécessaire que celui qui a accepté soit mû par un motif inconnu et particulier pour offrir de rendre. " » Ce raisonnement, qui ne consiſte encore qu'en probabilités, ne contient aucune imputation directe; d'autant plus que la probabilité ne concernait pas M. Goëzman, puisque ce n'était point lui, mais sa femme qui avait reçu, et qu'ainsi l'offre de rendre ne venait que de la femme. Il n'y a donc rien dans ce raisonnement qui soit injurieux à M. Goëzman, ni qui puisse donner lieu à une plainte de sa part.

4°. Le propos qui peut avoir été tenu au sujet des cinq cents louis prétendus donnés par le comte de La Blache, ne peut être imputé au sieur de Beaumarchais, qui certainement n'a eu à ce sujet aucune connaissance personnelle : si ce bruit s'eſt répandu dans Paris, doit-on s'en prendre à lui ? serait-il même coupable de l'avoir répété d'après des ouï-dire ? combien ne répète-t-on pas tous les jours de choses que l'on a entendu dire, sans y donner aucune créance ? La société entière serait répréhensible si l'on devenait coupable pour des propos entendus et répétés. Celui-là seul eſt coupable qui, dans la vue de diffamer, tient publiquement des discours injurieux.

5°. M. Goëzman, après avoir gardé pendant plus de six mois le silence sur le fait ou plutôt sur le propos des cinq cents louis, aurait peut-être agi plus prudemment de ne le pas rompre. L'événement de sa dénonciation prouve qu'il n'eſt pas heureux en matière d'accusation.

D'après cela les soussignés eſtiment que, n'y ayant aucun corps de délit de la part du sieur de Beaumarchais, il n'a rien à redouter de la plainte que vient de rendre contre lui M. Goëzman.

DÉLIBÉRÉ *à Paris, par nous avocats au Parlement, le 7 février 1774.*

Signé, BIDAULT, ADER.

NOTE

À l'instant où ce mémoire allait paraître, un ordre exprès du gouvernement a défendu aux Comédiens-Français de représenter une pièce nouvelle de moi : *La Précaution inutile ou le Barbier de Séville*, et vient d'en faire cartonner les affiches[1]. Quel que soit le motif de cet ordre, je le respecte et n'en murmure point.

Lorsque le public a demandé cette pièce aux Comédiens, et que ceux-ci ont désiré mon attache pour la représenter, occupé d'objets très sérieux, j'ai plutôt cédé que je n'ai consenti; mais si j'avais prévu que le gouvernement pût prendre le moindre intérêt à ce qu'une comédie dans les mœurs espagnoles *(faite en 1772, approuvée Marin, et permis de représenter, de Sartines)* ne fût pas jouée en 1774, je proteste que mon profond respect m'aurait rendu aussi ferme à refuser la pièce que j'ai été facile à laisser les Comédiens-Français maîtres de la représenter.

Au moment où l'ordre a paru, mes ennemis se sont empressés de répandre que le gouvernement n'arrêtait ma pièce que parce qu'elle était pleine d'allusions insultantes à la magistrature. Plus offensé que surpris de cette imputation, j'ai supplié M. de Sartines de me nommer un nouveau censeur, pour qu'un examen sévère en prouvât la fausseté.

Mais puisque la rigueur apparente de l'ordre du gouvernement sert de prétexte à la malignité pour essayer de me rendre le Parlement défavorable, je supplie la Cour de vouloir bien ordonner que le manuscrit de ma pièce, tel qu'il a été consigné au dépôt de la police, il y a plus d'un an, et tel qu'on allait la jouer, lui soit représenté; me soumettant à toute la rigueur des ordonnances, si dans la contexture ou dans le style de l'ouvrage, il se trouve rien qui ait le plus léger rapport au malheureux procès que M. Goëzman m'a suscité, et qui soit contraire au profond respect dont je fais profession pour le Parlement.

CARON DE BEAUMARCHAIS.

1. Sur cette interdiction, voir p. 1300 et la note 6.

MÉMOIRES SUR L'AFFAIRE DES FUSILS DE HOLLANDE

NOTICE

Les Mémoires dits *des fusils de Hollande* rassemblent trois textes assez différents : une *Pétition* envoyée à la Convention nationale, un mémoire divisé en six « Époques » que Beaumarchais adresse *à Lecointre, son dénonciateur*, mémoire suivi d'un commentaire du décret d'accusation[1]. Ces trois textes ont été écrits et publiés dans un temps relativement court : la *Pétition*, écrite à Londres, est datée du 16 décembre 1792, le commentaire, achevé à Paris, du 6 mars 1793. Les « Époques », rédigées en moins de trois mois, à Londres[2], s'insèrent entre les deux autres textes[3]. Elles ont trait aux événements survenus entre mars 1792 et le début de l'année 1793, dans les « neuf mois les plus pénibles de ma vie », dit l'auteur dans le titre même[4]. Ces textes ne concernent donc qu'une période assez brève — la plus importante, il est vrai — d'une affaire qui ne fut définitivement réglée qu'en 1802[5].

De cette affaire, un historien, à la fin du siècle dernier, a dit qu'elle était « fort compliquée et [...] presque inintelligible[6] ». Des érudits ont, depuis, dépouillé toutes les pièces du dossier, tant en Hollande qu'en France : leurs travaux[7] permettent désormais de comprendre le déroulement des faits et d'avoir une vue d'ensemble des péripéties. Il en ressort que, si celles-ci sont multiples et complexes, l'affaire est, tout compte fait, assez simple. Beaumarchais y joue le rôle d'un munitionnaire à qui des étrangers ont

1. Voir respectivement p. 931-943, 945-1105, 1106-1119.

2. Le 6 janvier 1793, Beaumarchais est en train d'écrire la « Deuxième époque » (voir p. 974) ; le 8 février, la « Cinquième » (voir p. 1066) ; la « Sixième », avant son retour à Paris à la fin de février (p. 1067). La « Cinquième » a été publiée à Paris le 21 mars (voir p. 1066).

3. Conformément à la tradition, nous donnons ces textes dans leur ordre chronologique. Mais le lecteur qui les aborde pour la première fois aura intérêt à lire les « Époques » avant la *Pétition*.

4. Voir p. 945.

5. Voir, p. 1598, une chronologie succincte qui permettra d'embrasser l'ensemble de l'affaire des fusils.

6. Frédéric Masson, *Le Département des Affaires étrangères pendant la Révolution*, Paris, Plon, 1877, p. 197, n. 1.

7. On lira en particulier, de Brian N. Morton, *L'Affaire des fusils de Hollande*, Paris, collection Archives des lettres modernes, 1970, n° 111 ; et surtout l'excellent livre de Mme Janette-C. Gatty, *Beaumarchais sous la Révolution*, Leyde, E. J. Brill, 1976.

proposé de vendre soixante mille fusils entreposés en Hollande, fusils dont la République française a le plus grand besoin. Il s'agit de récupérer ces armes avec l'aide de l'État, qui doit fournir argent et appui politique. La transaction est donc à la fois privée, puisque le munitionnaire espère en tirer un bénéfice; et publique, puisqu'il faut donner à la Nation les armes nécessaires. L'opération se soldera par un échec : échec financier pour l'acheteur-vendeur, qui, après beaucoup de voyages et d'épreuves, se trouvera, avec sa famille, fortement endetté; échec politique pour l'État, puisque les armes sont finalement confisquées et resteront aux mains des ennemis. Les Mémoires retracent la lutte de Beaumarchais avec les ministres, qui, dans cette période troublée, craignent, pour des raisons diverses, d'appuyer sa demande. De là le double intérêt de ces textes : ils permettent de mieux connaître la personnalité d'un Beaumarchais affronté aux épreuves et aux périls les plus redoutables; ils constituent, dans leur ensemble, un document irremplaçable sur les mois les plus sombres de la Révolution. Histoire d'un homme et histoire de France y sont intimement mêlées.

De là aussi, proviennent les profondes différences avec les mémoires contre Goëzman. Les écrits sur les fusils de Hollande constituent tout d'abord un dossier, dont toutes les pièces sont classées dans l'ordre chronologique, insérées dans le texte qui a pour fonction de les commenter, ou rassemblées à la fin de chaque période sous forme de pièces justificatives[1]. Il s'agit bien pour l'auteur de se justifier : auprès de Lecointre, le dénonciateur, dans les « Époques », auprès de la Convention dans la *Pétition*, et surtout auprès de l'opinion publique dans l'œuvre entière. De manière significative, la « Quatrième époque » commence par une triple apostrophe : « Ô Lecointre ! [...] ô Convention nationale [...] ! ô Français, à qui je m'adresse[2] ! » La sixième se termine par une belle envolée lyrique : « Ô ma patrie en larmes ! ô malheureux Français ! [...] Français ! [...] Ô mes concitoyens[3] » ! Et les pièces du dossier, destinées en principe à Lecointre, le *dénonciateur*, ou à la Convention, sont tirées à des milliers d'exemplaires, six mille pour les « Époques » : il s'agit de se défendre devant le peuple toujours menaçant, et, aux sens propre et figuré, de le désarmer. Beaumarchais défend sa vie et la vie des siens; son honneur aussi. Tâche difficile : les temps ont bien changé depuis l'affaire Goëzman. Dans celle-ci, l'accusé a l'opinion pour lui et triomphe, bien que condamné. En 1792, il est suspect aux yeux de tous : trop riche pour être honnête, pensent la plupart. Étalant un luxe de parvenu dans la maison aux deux cents fenêtres qu'il a fait construire tout près de la Bastille, il est accusé de complaisance à l'égard de l'Ancien Régime, soupçonné d'avoir entretenu avec le roi une correspon-

1. Voir la Note sur le texte, p. 1601, et l'annotation, *passim*.
2. P. 1002. Voir aussi : « *Ô citoyens législateurs !* » (p. 1034), « Législateurs, et vous, ô citoyens ! [...] (p. 1068).
3. P. 1118-1119.

dance coupable. Il lui faut donc lutter contre tous : contre la veulerie des ministres, contre l'inertie des bureaux et leur malhonnêteté, contre une opinion prévenue, contre la populace qui cerne sa demeure et un jour l'inspecte de fond en comble. De Londres, où il est emprisonné, isolé des siens et craignant pour eux, menacé — bien qu'envoyé en mission à l'étranger — d'être inscrit sur la liste des émigrés, il fait parvenir le récit d'événements tout récents. La sixième et dernière « Époque » se termine sur une note d'espoir. Garat, « bon ministre de la justice », a écrit une lettre rassurante. L'accusé peut rentrer pour se défendre, *« sous la sauvegarde des lois*[1] *»*. Il se défend bien, puisqu'il est chargé d'une nouvelle mission et quitte une fois encore la France en juin 1793. Ses efforts pour récupérer les armes n'aboutissent pas; et le pouvoir, un moment bienveillant à son égard, n'hésite pas à l'inscrire sur la liste des émigrés. Il le restera plus de deux ans[2]. Après d'innombrables démarches de sa famille et de ses amis, au terme d'un exil éprouvant, il pourra enfin rentrer en France.

Il appartient aux historiens de préciser les responsabilités, dans cette lutte d'un citoyen contre les pouvoirs; mais on peut se demander d'abord si l'affaire était traitable. Les fusils étaient bien entreposés à Tervère, en Zélande[3], en territoire neutre, étroitement gardés toutefois par des gouvernants dont les sympathies n'allaient guère à la Révolution et à ses excès. Au reste, une frégate anglaise surveillait l'entrée du port. Et comment faire croire, alors que la République avait tant besoin d'armes, que les armes étaient destinées aux Amériques ? Il eût fallu agir beaucoup plus vite, sacrifier ou tout au moins engager de très grosses sommes et se plier à des conditions draconiennes de cautionnement. C'est ce que n'a pu obtenir Beaumarchais des différents ministres, malgré deux traités établis en bonne et due forme, malgré aussi des démarches lassantes, quasi quotidiennes : il lui faut écrire sans cesse, sans cesse se déplacer pour faire antichambre des heures et souvent n'être point reçu. Les « Époques » expriment cette attente toujours trompée et l'idée que le temps perdu fait perdre, de ce fait même, tout espoir de réussite. Beaumarchais se heurte à l'incurie des bureaux, au désordre qui règne partout, à l'hostilité de certains — en particulier de Clavière —, à la méfiance des ministres qui restent peu de temps en place, à leur crainte de prendre des décisions qui pourraient très vite leur être reprochées. Quand on voit quelle a été la destinée de la plupart[4], on est plus indulgent à leur égard que ne l'a

1. Voir p. 1104, 1105.
2. Exactement, du 14 mars 1794 au 1er juin 1796.
3. Voir la chronologie, p. 1598, et n. 7, p. 934.
4. Des quatorze ministres que cite Beaumarchais au début de la « Première époque » (p. 946), trois eurent des destins tragiques : d'Abancourt fut une victime des massacres de septembre 1792, Lebrun monta sur l'échafaud le 7 septembre 1793, Clavière se poignarda en décembre, dans sa prison, la veille de sa comparution devant le tribunal révolutionnaire. Les autres ministres (à l'exception de Lacoste, Servan et Pache) ne durent leur salut qu'à leur fuite. Rappelons

été Beaumarchais. Que certains aient été négligents, mal informés ou malhonnêtes, c'est indéniable; mais tous sont emportés dans la tourmente, et les événements vont si vite que les hommes essaient vainement de les dominer. Il s'en faut de quelques heures que Beaumarchais lui-même ne soit massacré à l'Abbaye[1] et il est probable que, s'il n'avait quitté la France le 28 juin 1793, il serait monté à l'échafaud. Sa famille, arrêtée le 4 juillet 1794, ne doit son salut qu'à la chute de Robespierre le 27[2].

Le jugement que l'on peut porter, après un examen rigoureux du dossier, est de toute manière plus favorable à Beaumarchais qu'au personnel politique dont il souligne les insuffisances. Qu'il y ait eu à l'origine, chez ce grand brasseur d'affaires, le désir d'augmenter encore une fortune déjà considérable, c'est plus que probable[3]. Mais, comme il le souligne lui-même à plusieurs reprises, maintes occasions lui furent données de se débarrasser de ses armes en réalisant un bénéfice d'importance. Il refusa toujours : c'eût été les livrer à l'ennemi, en priver la Nation. Son patriotisme n'est jamais pris en défaut. *« C'est pur ! »* s'écrient les membres du bureau de surveillance à la lecture du dossier[4]; l'accusé obtient le 30 août 1792 une attestation de civisme et, le 19 septembre, les comités proclament qu'il mérite *« la reconnaissance de la nation*[5] *»*. En mai 1793, Beaumarchais n'a de nouveau aucun mal à se disculper devant le Comité de salut public. Mais, soit incurie, soit malveillance, sa probité et son désintéressement sont sans cesse remis en question par un personnel politique sans cesse renouvelé qui connaît mal les dossiers et se sait étroitement surveillé. À ces personnages entraînés par l'histoire qui se révèle trop grande pour eux, il convient d'opposer leur victime, son obstination, et son courage. Son obstination, car, s'étant promis de se disculper dans ces Mémoires, il le fait avec une rigueur qui chez lui ne se dément jamais[6], mais qu'il exige en vain de ses ennemis; avec un courage, dont témoignent et ses actes et ses écrits. Qu'on l'imagine, obligé de fuir, errant à travers champs, se cachant sur le boulevard, « entre des tas de pierres et de moellons[7] », et se rendant ensuite au ministère

que, parmi les ennemis de Beaumarchais, Goëzman, Chabot et Gorsas furent exécutés ; et Manuel, qui l'avait fait sortir de prison (voir p. 1032-1033), monta sur l'échafaud le 18 novembre 1793.

1. Voir p. 1029-1033, 1039.

2. Eugénie et sa mère sont libérées le 8 août 1794. Julie, « oubliée », attendra jusqu'en février 1795. Voir J.-C. Gatty, *Beaumarchais sous la Révolution*, éd. citée, p. 268-269.

3. Le témoignage de Nicolas Ruault est particulièrement intéressant : à la date du 16 mars 1793, il fait le point sur l'affaire : « Beaumarchais est revenu de Londres [...]. Il est revenu pour se justifier d'un décret d'accusation [...]. Il n'est vraiment coupable que d'étourderie et d'un peu de cupidité [...] » (*Gazette d'un Parisien sous la Révolution*, Paris, Perrin, 1976, p. 328-330).

4. Voir p. 1027.

5. Voir p. 1039 et 1061.

6. Voir le début de la « Troisième époque », p. 982-983.

7. P. 1045.

au risque d'être reconnu et massacré, comparaissant le lendemain devant le conseil assemblé sans trop savoir quel sort lui sera réservé[1]; mettant sa vie en péril pour faire réussir un projet qu'il croit juste et réalisable; et, par son entêtement, finissant par indisposer des ennemis prévenus et timorés. Il *en fait trop* peut-être, impose sa présence à des ministres surmenés et qui n'accordent pas à cette affaire de vente d'armes l'importance qu'elle mérite, écrit lettre sur lettre. Et quelles lettres ! sévères, soulignant les insuffisances, le manque de volonté, de rigueur, de courage des destinataires. Quant aux « Époques », la première, dès le début, donne le ton. Une fois établie la liste de quatorze ministres, « simultanés ou successifs », Beaumarchais ajoute : « Quand tous auraient été très équitables, on peut juger combien une lanterne magique à personnages si rapides eût été fatigante à suivre [...]. Jugez, lorsque la malveillance, sans vouloir même nous entendre, les a fait tourner contre moi ! Alors il s'est formé un choc d'idées insupportables; un débat éternel, sans connaissances et sans principes; des bêtises contradictoires, funestes à la chose publique; des injustices accumulées, bien au-delà de ce qu'un homme peut supporter ou qu'un citoyen doit souffrir dans un pays de liberté; l'impatience et l'indignation me surmontant à tout moment, et la plus importante affaire abîmée par ceux mêmes qui devaient le plus la soutenir ! Voilà le tableau dégoûtant que je dois mettre au plus grand jour[2] [...]. » Impatience, indignation, dégoût, tels sont les sentiments de l'auteur; à quoi s'ajoutent la crainte pour la vie des siens, pour sa propre vie, pour son pays en guerre menacé de partout, et le dépit d'être gouverné par des ministres malhonnêtes ou incapables qui ne le valent pas, lui qui aurait tant voulu et depuis longtemps être un grand politique. Réunis, les trois écrits constituent un réquisitoire implacable contre certains ministres et finalement contre le gouvernement, la Révolution et ses excès. Le regret de l'Ancien Régime perce à plusieurs reprises : il est sensible que la sympathie de Beaumarchais va aux ministres nommés par le roi[3]; il remarque aussi qu'autrefois l'enregistrement de la double expropriation eût coûté cinquante fois moins cher[4]; on le sent épouvanté par les excès de toutes sortes, par tant de violences et d'exécutions. Au moment où il revient à Paris et achève la rédaction du commentaire, il y a un mois que le roi a été exécuté — le 21 janvier 1793 —, ce roi à l'égard duquel il avait exprimé sa reconnaissance, quand il était encore possible de le faire[5]. La dernière page, émouvante

1. Voir p. 1053.
2. Voir p. 946.
3. Voir n. 1, p. 1002.
4. P. 955.
5. « Le Roi seul avait du courage, et moi je travaillais pour sa gloire en voulant le rendre l'appui d'un peuple fier qui brûlait d'être libre. Car j'avais une dette immense à remplir envers ce bon Roi, qui n'a pas dédaigné de remplir envers moi celle du feu Roi son aïeul, lequel m'avait promis avant sa mort de me restituer dans mon état de citoyen qu'un lâche tribunal m'avait ravi par un

dans son lyrisme, s'adresse à tous les Français et, véritable programme politique, réclame : « La *paix*, des *lois*, une *constitution*[1] ! », appel qui ne sera guère entendu. Par la suite, comme le révèlent ses lettres, Beaumarchais exilé, déçu, souvent malade, vivant pauvrement sans nouvelles des siens, n'aura plus qu'un désir : rejoindre aux États-Unis des amis sûrs et vivre en paix dans un pays pour lequel il a tant fait. Tout s'apaise enfin : rayé de la liste des émigrés, il pourra, comme l'écrit Gudin de La Brenellerie, « finir ses jours au sein de sa patrie et de sa famille, sous les yeux dessillés de ses accusateurs[2] ».

Un dossier, disions-nous de ces pages. Et irréfutable dans sa rigueur. Mais aussi plus qu'un dossier. Un témoignage de premier ordre sur cette période troublée. Joignant à sa « Quatrième époque » la lettre écrite à sa fille Eugénie, il ajoute : « Cette lecture peut n'être pas inutile à l'histoire de la Révolution[3]. » Il fait donc œuvre d'historien, mais d'écrivain aussi, bien qu'il déclare d'entrée de jeu renoncer « à tous les ornements du style, à toute espèce de parure, qui ne servent qu'à éblouir, et trop souvent à nous tromper[4] ». Sans doute est-il sincère : mais l'auteur des Mémoires contre Goëzman reparaît dans sa crainte d'ennuyer le lecteur, son désir de le convaincre, sinon de le séduire, dans son ironie qu'il sait efficace et qu'il s'empresse de justifier, dans son art de décrire une scène, de souligner un incident. Beaumarchais arrêté, retenu à la mairie, emprisonné à l'Abbaye, assistant à l'irruption de Marat, Beaumarchais délivré par Manuel, pénétrant dans Paris « traversé de sueur, avec [sa] barbe de cinq jours[5] », s'endormant entre des tas de pierres, Beaumarchais constatant que le conseil se moque de sa surdité, autant de tableaux saisissants. Le style ici fait merveille, parce qu'il est le reflet des passions les plus diverses : amour conjugal et filial, dévouement à la chose publique, mais aussi dégoût devant tant de sottise et d'incompétence, rage de lutter en vain contre les événements et l'histoire. De là, dans cette affaire de haut commerce et d'administration, ce témoignage vivant sans lequel l'image de Beaumarchais resterait pour nous incomplète.

inique arrêt. Oui, le roi Louis XVI, qui fit rendre la liberté à l'Amérique gémissante, qui vous rend la vôtre, Français, m'a fait rendre aussi mon état. Qu'il soit béni par tous les siècles ! [...] » (*Requête à MM. les Représentants de la Commune de Paris*, éd. Fournier citée des *Œuvres complètes*, p. 496). Cette requête est datée du 2 septembre 1789. L'« inique arrêt » est la condamnation prononcée à l'issue de l'affaire Goëzman, le 26 février 1774 ; c'est en 1776 qu'un arrêt du Parlement réhabilite Beaumarchais dans tous ses droits. Voir la Chronologie, p. XXX.

1. P. 1119. Voir aussi l'introduction à la « Cinquième époque » et la sentence : « Une nation n'est vraiment libre que lorsqu'on n'obéit qu'aux lois ! » (p. 1035).

2. Voir son édition des *Œuvres complètes de Pierre-Augustin Caron de Beaumarchais*, Paris, Léopold Collin, 1809, t. V, p. 447 ; voir aussi, dans la présente édition, n. 2, p. 1119.

3. Voir p. 1012 ; pour le texte de cette lettre, voir p. 1180-1188.

4. Voir p. 945-946.

5. Voir p. 1045.

Chronologie de l' « Affaire des fusils de Hollande ».

A. Avant l'intervention de Beaumarchais

16 mai 1791 : les armes prises aux insurgés brabançons et entreposées dans les arsenaux de Namur, Malines et Anvers sont vendues par les Pays-Bas autrichiens à la maison de commerce Osy et fils de Rotterdam. Osy les fait ensuite transporter à Tervère, en Zélande, et entreposer chez Turing.

21 juillet 1791 : les armes sont revendues aux Bruxellois Lonsberg et d'Ardenne, qui ne peuvent respecter leurs engagements. Les armes sont finalement adjugées à Delahaye, libraire à Bruxelles.

2 février 1792 : Delahaye expédie deux bâtiments à Tervère pour enlever les armes.

13 février : le Collège de l'amirauté de Zélande ne permet l'enlèvement des armes que s'il est versé une garantie exceptionnelle, s'élevant à trois fois leur valeur.

B. « Les neuf mois les plus pénibles de ma vie »

Première époque :
du début de mars au 4 avril 1792

Début de mars : offre des fusils faite par Delahaye à Beaumarchais et appuyée par le ministre de la Guerre Narbonne.

16 mars : marché conclu avec Delahaye.

3 avril : signature du traité avec de Graves.

4 avril : départ de La Hogue pour la Hollande.

Deuxième époque :
du 5 avril au 29 juin 1792

20 avril : Déclaration de guerre à l'Autriche.

22 avril : entrevue entre Beaumarchais et Dumouriez.

9 mai : mémoire adressé aux trois ministres de Graves, Lacoste et Dumouriez.

22 mai : conseil des ministres. Altercation avec Clavière.

2 juin : renvoi du courrier de Hollande.

4 juin : Beaumarchais est dénoncé à l'Assemblée par Chabot.

29 juin : retour à Paris de La Hogue.

Troisième époque :
du 30 juin au 18 juillet 1792

7 juillet : entrevue de Beaumarchais et La Hogue avec Lajard et Chambonas.

16 juillet : M. de La Hogue devant les trois comités.

18 juillet : signature du nouveau traité.

Quatrième époque :
du 19 juillet au 29 août 1792

31 juillet : La Hogue, ayant obtenu son passeport, part pour Le Havre.

12 août : la maison de Beaumarchais est fouillée.

18 août : La Hogue est retenu au Havre par le conseil municipal.

23 août : arrestation de Beaumarchais dans sa maison.

27 août : il est conduit à l'Abbaye.

29 août : libéré sur l'intervention de Manuel, il a une entrevue avec Lebrun.

Cinquième époque :
du 30 août au 21 septembre 1792

30 août : Beaumarchais fait afficher l'attestation de civisme qu'il a obtenue.

3 septembre : menacé d'être à nouveau arrêté, il s'enfuit chez des paysans.

12 septembre : revenu clandestinement à Paris, il comparaît devant le conseil assemblé à l'hôtel de la Guerre.

15 septembre : nouvelle comparution devant les deux comités.

18 septembre : nouvelle entrevue avec Lebrun; son passeport sera daté de ce jour.

19 septembre : il obtient une nouvelle attestation de civisme.

20 septembre : nouvelle entrevue avec Lebrun.

Sixième époque :
de la fin de septembre 1792 au début de mars 1793

22 septembre : arrivée de Beaumarchais au Havre. Il est à Londres le 2 octobre et en Hollande le 10.

12 octobre : entrevue avec M. de Maulde.

8 novembre : Beaumarchais règle les armes à Osy au compte de Delahaye. Contrat passé le 13 avec Osy.

28 novembre : Décret d'accusation contre Beaumarchais sur la dénonciation de Lecointre.

Début de décembre : sa vie étant menacée, Beaumarchais revient à Londres.

9 décembre : lettre à sa famille, publiée dans les journaux étrangers.

16 décembre : *Pétition* de Beaumarchais à la Convention.

28 décembre : lettre adressée, de la prison de Londres, à Garat, ministre de la Justice.

3 janvier : réponse de Garat, promettant toutes garanties pour le retour de Beaumarchais.

5 février : vente à réméré[1] des fusils à un ami anglais, Lecointe.

10 février : le décret d'accusation est suspendu pour deux mois; le 14, les scellés sont levés sur la maison de Beaumarchais.

26 février : retour de Beaumarchais à Paris avec sa famille.

6 mars : il achève à Paris la rédaction de son commentaire du décret d'accusation.

21 mars : publication de la « Cinquième époque », retardée « jusqu'à ce jour[2] ».

1. C'est-à-dire sous condition de rachat dans un délai déterminé.
2. Voir p. 1066.

C. D'avril 1793 à 1802

5 avril : expiration du réméré du 5 février. Les fusils sont désormais la propriété de Lecointe.

Mai : Beaumarchais comparaît devant le Comité de salut public. Il est disculpé le 7, chargé d'acheter les armes à Lecointe le 22, et obtient son passeport le 25.

28 juin : il quitte la France pour la Suisse, puis Londres, où il arrive le 4 août.

14 août : reconnu, il est prié par les autorités de quitter l'Angleterre et, le 16, s'embarque pour Ostende.

20 août : il reçoit quittance du rachat des armes à Lecointe.

7 septembre : vente fictive des armes faite par Lecointe à Schultz à Hambourg. Schultz demande vainement, le 14 octobre, la levée de l'embargo sur les armes, qui doivent être vendues à un Américain.

25 novembre : compte rendu secret de Beaumarchais au Comité de salut public, qui ne sera transmis qu'en janvier 1794.

15 décembre : le Comité de salut public reconnaît que Beaumarchais est en mission et ne saurait être considéré comme un émigré.

1794

14 mars : séjournant en ce début d'année à Francfort, Beaumarchais est mis par le Comité de sûreté générale sur la liste des émigrés.

Datés du 27 juillet et du 23 août, des rapports sont envoyés au Comité de salut public, qui ne répond pas.

6 octobre : les Anglais s'emparent des fusils à Tervère et obtiennent, le 18, de les transporter en Angleterre.

1795

30 avril : nouveau mémoire qui sera adressé au Comité de salut public, avec une note datée du 5 mai.

5 août : nouveau et dernier mémoire de Beaumarchais sur l'affaire des fusils, encore adressé au Comité de salut public.

8 octobre : les fusils sont vendus pour la somme de trente-deux mille trois cents livres sterling, que Beaumarchais récupérera.

1797

Janvier : création d'une commission pour examiner les comptes de Beaumarchais.

1798

Janvier : un arrêté de la commission de comptabilité déclare Beaumarchais créancier de l'État pour neuf cent quatre-vingt-dix sept mille huit cent soixante-quinze livres. La famille Beaumarchais refuse l'arrangement.

1799

Janvier : Beaumarchais est déclaré débiteur, le débit s'élevant à cinq cent cinquante-sept mille cent livres.

1802

Les héritiers de Beaumarchais ayant acquitté leur dette à l'État, l'affaire des fusils est définitivement close.

NOTE SUR LE TEXTE

Les Mémoires sur l'affaire des fusils de Hollande ont paru sous forme de brochures.

La *Pétition*[1], de 18 pages, in-8°, porte : À Paris, de l'Imprimerie nationale, 1792.

Les six « Époques[2] », tirées, nous dit l'auteur, à 6 000 exemplaires[3], ont été publiées sous forme de brochures in-4°, sans indication de lieu ni date. La première époque a 37 pages; la deuxième, 37 pages; la troisième, 50 pages; la quatrième, 67 pages; la cinquième, 56 pages; la sixième et dernière, 104 pages.

Cet ensemble des six « Époques » est accompagné de pièces justificatives dont nous donnons la liste, en indiquant en même temps les références aux pages de cette édition[4]. Nous en avons reproduit

1. Voir son titre complet p. 931. Cote de la Bibliothèque historique de la Ville de Paris : 12 275 n° 25 ; ici, p. 931-943.

2. Voir le titre complet p. 945. Cote *ibid.* : 104 731 ; ici, p. 945-962, 962-982, 982-1002, 1002-1033, 1034-1067, 1068-1105.

3. Indication donnée par Beaumarchais lui-même dans son mémoire du 30 avril 1795, adressé de Hambourg au Comité de salut public (sur ce mémoire, voir n. 2, en bas de p. 1602).

4. Liste des pièces justificatives :

I. Lettre de M. de Narbonne à M. de Beaumarchais et réponse de ce dernier (reproduites n. 2, p. 948) ;

II. Marché passé avec M. Delahaye (voir p. 949 et n. 1) ;

III. Lettre de Beaumarchais à M. de Graves (voir p. 952 et n. 3) ;

IV. Traité conclu avec M. de Graves (voir p. 957 et n. 2) ;

V. Mémoire pour M. le Fiscal de l'Amirauté de Zélande (voir p. 964 et n. 7) ;

VI. Mémoire à Dumouriez (voir p. 967 et n. 9) ;

VII. Mémoire de M. de La Hogue remis par M. de Maulde au greffier de la République de Hollande (p. 985) ;

VIII. Extrait des résolutions des États généraux de Hollande (p. 985) ;

IX. Traité du 18 juillet 1792 (voir p. 1008 et n. 2) ;

X. Lettre à ma fille (voir p. 1012 et n. 3, et p. 1180-1188) ;

XI. Copie de ma lettre du 16 septembre 1792 à M. Lebrun ministre des Affaires étrangères (reproduite n. 2, p. 1062) ;

XII. Copie de ma lettre (18 septembre 1792) à M. Lebrun (reproduite n. 2, p. 1062) ;

XIII. Copie de ma lettre (16 octobre 1792) à M. Lebrun (reproduite n. 1, p. 1073) ;

XIII *bis*. Quittance finale du paiement des fusils (voir n. 1, p. 1082) ;

XIV. Copie de ma lettre (6 novembre 1792) à M. Lebrun (voir n. 1, p. 1077) ;

XIV *bis*. Mon obligation de fournir le cautionnement (13 novembre 1792) [voir n. 1, p. 1082] ;

XV. Ma promesse de payer les frais arbitrés *(ibid.)* ;

XVI. Promesse de ne point poursuivre Osy, pour l'embargo des Hollandais *(ibid.)* ;

XVII. Lettre de M. Osy à M. James Turing et fils de Tervère (voir p. 1082) ;

XVIII. Lettre de M. Osy à M. Tomson, Bruxelles (voir p. 1082) ;

quelques-unes, qui nous ont paru essentielles. Mais nous nous contentons, le plus souvent, d'en résumer le contenu.

L'examen du décret d'accusation[1] a été publié à part, 32 pages in-8°, s.l., 1793[2].

On trouve ensuite, dans l'édition des *Œuvres complètes [...]* par Gudin de La Brenellerie déjà citée, t. V, p. 111-147, la *Pétition* et les six « Époques » sans l'examen. Les pièces justificatives n'y sont pas reproduites. Les autres éditeurs des *Œuvres complètes* — Moland en 1874, Fournier en 1876 — ont publié les trois textes, *Pétition*, « Époques » et examen, mais toujours sans les pièces justificatives.

Nous reproduisons le texte des éditions originales, en en respectant autant que possible la ponctuation. Il n'y a pas de variantes.

NOTES

Page 931.

PÉTITION [...]

1. « On appelle depuis quelques années du nom de *Pétition*, une demande adressée à une autorité supérieure pour obtenir ou une grâce, ou le redressement de quelque grief » *(Académie 1798)*.

2. Datée du 16 décembre, cette pétition ne sera connue à Paris qu'au début de janvier (voir p. 1103 et n. 1).

3. *Législateur* : membre d'une assemblée législative. François Chabot (1756-1794), ancien capucin à Rodez, puis vicaire de l'évêque constitutionnel de Blois, l'abbé Grégoire, devait être réélu à la Convention. Jacobin exalté, il dénonça de nombreux suspects. Finalement compromis dans le scandale de la Compagnie des Indes, il fut exécuté en même temps que Danton et Camille Desmoulins.

4. Le 4 juin 1792 (voir p. 974).

5. Laurent Lecointre (1742-1805), député de Versailles à la Législative et à la Convention, patriote sincère et courageux mais agité et versatile, était toujours en procès et dénonçait beaucoup de gens. À Beaumarchais, qu'il jugeait cupide et malhonnête, il a

XIX. Copie de ma lettre à M. de Maulde, ministre plénipotentiaire de France à La Haye (voir p. 1087) ;

XX. Copie de la réponse de M. de Maulde *(ibid.)* ;

XXI. Lettres et extraits de lettres des ministres de France au citoyen Maulde (voir p. 1088) ;

XXII. Extrait d'une traduction de l'hollandais d'un papier public, intitulé *Gazette de la Cour* à La Haye, samedi, le 1er décembre 1792 (voir n. 3, p. 1097) ;

XXIII. Le citoyen Durand au citoyen Beaumarchais persécuté (voir n. 1, p. 1099) ;

Il n'y a pas de numéro XXIV.

XXV. Beaumarchais à sa famille (lettre reproduite n. 2, p. 1100) ;

XXVI. Passeport délivré à Beaumarchais (reproduit n. 3, p. 1100).

1. Cote de la Bibliothèque historique de la Ville de Paris : 600 135 ; ici, p. 1106-1119.

2. Beaumarchais a écrit un autre mémoire daté du 30 avril 1795 et adressé, de Hambourg, au Comité de salut public. Ce texte a été publié par E. Lintilhac dans le quotidien *Le Journal* sous forme de feuilleton, dans les numéros des 12, 14, 16, 18, 19, 21 et 23 avril 1897. Ce mémoire eût fait double emploi avec les six « Époques », c'est pourquoi nous n'avons pas jugé utile de le reproduire.

permis toutefois de se défendre (voir l'article de Th. Lhuillier, « Le Conventionnel Lecointre », *La Révolution française*, t. XXVIII, année 1895; et P. Fromageot, *Laurent Lecointre, député de Seine-et-Oise [...]*, Paris, Champion, 1899).

6. Beaumarchais ne quittera Paris que le 10 août pour la Hollande, en vue de négocier le transfert des fusils.

7. Beaumarchais avait été déjà accusé en 1789 de cacher plus de douze mille fusils dans sa maison (voir *Requête à MM. les Représentants de la Commune de Paris [...]*, éd. Fournier citée, p. 489).

8. Lacroix (voir p. 1110); né en 1754, ce député à la Législative fut un des organisateurs du 10 août 1792. Accusé de s'être enrichi aux dépens des églises belges, il fut exécuté en 1794, la même année que Chabot.

Page 932.

1. Le mot, employé ici comme adjectif, est d'ordinaire substantif chez Beaumarchais. Il semble y avoir un jeu de mots : *journaliers* est mis ici pour *journalistes*, et signifie « journaliste qui travaille à la journée ». Sur ce mot, voir G. von Proschwitz, *Introduction à l'étude du vocabulaire de Beaumarchais*, Stockholm et Paris, Nizet, 1956, p. 136-137.

2. Sous forme d'une lettre, dont voici le texte : « À M. Chabot. / 7 juin 1792. / En lisant ce matin, Monsieur, dans *Le Logographe*[1] du jour, votre éloquent rapport sur le comité autrichien[2], dans lequel on m'avait appris que je me trouvais dénoncé, j'ai vu que mes amis traitaient trop légèrement ce rapport, qu'ils appelaient une capucinade[3]. Sa lecture m'a convaincu qu'il faut examiner soi-même et non pas juger sur parole un orateur de votre force, et surtout de votre justice. / Vous y dites, Monsieur, qu'un commissaire de la section du Louvre m'a dénoncé *pour avoir acheté soixante-dix mille fusils en Brabant*. Vous dites que l'on en a la *preuve au comité de surveillance*; que ces fusils sont déposés *dans un lieu suspect, à Paris*. Vous dites que *la municipalité a connaissance de l'un de ces dépôts*. Voilà des faits très positifs : il semblerait qu'il ne me faut que des chevaux pour Orléans[4]. Eh bien, dans un temps plus tranquille je mépriserais ces vains bruits : mais je vois des projets sérieux d'exercer de lâches vengeances, en échauffant le peuple, en l'égarant par des soupçons qu'on fait jeter sur tout le monde, et que l'on donne à commenter aux brigands des places publiques. / Je vous observe[5] donc, Monsieur, que, si vous avez eu l'annonce, *au comité de surveillance, que soixante-dix mille fusils sont cachés par moi dans Paris, qu'ils sont dans un lieu très suspect* (ce qui suppose que vous le connaissez), vous

1. *Le Logographe*, Journal national, n° CCXLIX du 6 juin 1792, qui relate la séance du lundi matin 4 juin.

2. Chabot avait dit : « [...] il existe au milieu de nous des hommes coalisés avec les rebelles d'outre-Rhin et par là même avec la maison d'Autriche [...] j'ai promis de démontrer l'existence d'un comité autrichien. »

3. Chabot était un ancien capucin, et *capucinade* désignait souvent un sermon trivial tel que les capucins avaient coutume d'en faire aux carrefours. Voir la fin du paragraphe suivant.

4. La Constitution de 1791 avait établi à Orléans une haute cour de justice pour juger les « crimes de lèse-nation ». Elle ne siégea que quelques mois, au couvent des Ursulines.

5. Je vous fais observer [...].

êtes plus suspect que ce lieu, de n'avoir pas fait à l'instant tout ce qu'il faut pour vous en emparer. Un vrai comité autrichien, payé pour nuire à la patrie, n'agirait pas d'autre manière. / J'ajoute à cette observation que je somme hautement la municipalité de Paris (M. *Manuel* même à la tête) de déclarer publiquement, à peine de haute trahison, où est le dépôt des fusils que je tiens cachés dans Paris. Il est bien temps que, dans un corps composé de bons citoyens, les lâches qui le déshonorent soient désignés et bien connus. / Dans le court exposé de la trahison qu'on m'impute, vous n'avez fait que trois erreurs, que je vais relever puisqu'il en est question. / Il est bien vrai, Monsieur, que j'ai acheté et payé, non pas *soixante-dix mille fusils en Brabant*, comme vous le dites, mais soixante mille en Hollande, où ils sont encore aujourd'hui retenus, contre le droit des gens, dans un des ports de la Zélande. Depuis deux mois je n'ai cessé de tourmenter *M. Dumouriez*[1] pour qu'il en demandât raison au gouvernement hollandais; ce qu'il a fait : et je le sais par notre ministre à La Haye. J'invoque ici son témoignage pour attester ces faits à tout le monde, excepté à M. *Chabot*. / Il est bien vrai aussi que j'ai fait venir à Paris, non pas *soixante-dix mille armes*, comme vous le dites sans rougir, ajoutant que *la preuve est faite* à votre *comité secret*, mais *deux* de ces fusils seulement, pour qu'on juge quelle est leur forme, et leur calibre, et leur bonté. Mais puisque vous avez l'honnête discrétion de ne pas indiquer le *lieu suspect* où je les tiens cachés, je vais, moi, par reconnaissance pour la grande bonté du rapporteur *Chabot*, pour l'honneur de mon délateur, le commissaire de la section du Louvre, pour la bienveillante inaction de la municipalité, qui parle bas au sieur *Chabot* de mon dépôt, *qu'elle connaît*, et ne fait rien pour s'en saisir, je vais nommer ce lieu *suspect*. / Je tiens ces deux fusils cachés... ô ciel ! que vais-je déclarer ?... dans le grand cabinet du ministre de la Guerre, près de la croisée à main gauche, d'où je sais que M. *Servan*[2] ne refusera point de les faire exhiber, toutes les fois qu'il s'agira de constater ce grand délit, par la dénonciation duquel vous avez si bien établi le vrai comité autrichien, et mes relations avec lui ! Je prie M. *Servan* de vouloir attester le fait des deux fusils à tout le monde, excepté vous : je dis *excepté vous*, Monsieur, parce qu'on n'espère point ramener l'homme qui dénonce une atrocité réfléchie contre sa conviction intime. / Mais pourquoi, direz-vous, si vous n'êtes pas coupable, ces achats et cette cachette chez le ministre de la Guerre ? Et moi, qui n'ai point de motifs pour envelopper ce que je dis sous des formes insidieuses, comme le fait M. *Chabot*, je parlerai sans réticence. / Lorsque j'ai proposé de substituer dans nos possessions d'outre-mer[3], à mesure de leurs besoins, mes fusils anglais, hollandais, à tous ceux du modèle de 1777[4], que l'on serait forcé d'y envoyer de France, où nous n'en avons pas assez pour armer tous les citoyens qui brûlent de la maintenir libre, j'ai cru devoir tranquilliser notre ministre de la Guerre sur la qualité des fusils que j'allais porter dans nos îles, tous pareils à ces deux modèles que j'ai fait déposer chez lui, en le priant

1. Voir la « Deuxième époque », en particulier p. 964-969.
2. Servan était ministre de la Guerre depuis le 8 mai et devait le rester jusqu'au 12 juin ; la lettre est du 7 juin.
3. C'est-à-dire aux Antilles. Voir p. 937 et n. 1.
4. C'est-à-dire aux fusils français du modèle le plus récent.

d'en garder un, d'envoyer l'autre en Amérique, pour qu'il y serve de contrôle à tous ceux que j'y porterai. Voilà ce que je prie encore M. *Servan* d'attester à tout le monde, excepté à M. *Chabot.* / Or, si vous, digne rapporteur de faits que vous connaissez faux, ou si mon dénonciateur, ou quelques-uns des membres de cette municipalité qui reste si tranquille, ayant la connaissance d'un *dépôt d'armes dans Paris*; si vous avez eu quelque espoir de faire piller ma maison, comme on l'a essayé vingt fois, en animant le peuple contre moi par les plus lâches calomnies, je vous apprends que vos projets ont déjà quelque exécution. Déjà vos secrets émissaires affichent des placards sur mes murs et dans mon quartier, où l'on charge[1], comme de raison, les beaux traits du rapport que vous avez fait contre moi : mais le peuple de mon quartier me connaît, Monsieur, et sait bien qu'aucun citoyen de l'empire n'aime son pays plus que moi; que sans appartenir à faction, ni à factieux, je surveille leurs *porte-voix*[2], leurs agents secrets, leurs menées; que j'en démasquerai plusieurs. Quand je parle de *porte-voix*, je n'entends point, Monsieur, vous désigner sous ce nom peu décent. Je sais, comme les gens instruits, que les éloquents monastères où vous fûtes capuchonné ont de tout temps fourni de grands prédicateurs à la religion chrétienne; mais j'étais bien loin d'espérer que l'Assemblée nationale aurait tant à se louer un jour des lumières et de la logique / *D'un orateur tiré de cet ordre de saints* / *Que le Grand séraphique*[3] *a nommés capucins.* / Plein d'une juste admiration pour vous, j'allais joindre, Monsieur, mon tribut d'applaudissements à ceux que vous avez reçus, lorsque je me suis vu tout à coup dénoncé par vous. Si c'est bien fait de dénoncer et d'envoyer à Orléans tout ce qui contrarie vos vues, je vous dirai comme Voltaire en parlant du père Girard[4] qui fut beau moine ainsi que vous : *Mais, mon ami, je ne m'attendais guère* / *A voir entrer mon nom dans cette affaire !* / Quoi qu'il en soit, Monsieur, votre éloquence n'a pas été perdue : la vive satisfaction de toute l'Assemblée, les louanges publiques dont on vous a couvert, le décret qui s'en est suivi sur ce qui touche aux généraux, vous ont sans doute consolé de n'avoir pas pu accomplir tout le bien que vous vouliez faire; je vous rends grâce pour ma part, et suis, avec tout le respect que vos talents nous inspirent, Monsieur, votre, etc. » (Gudin, éd. citée, t. VII, p. 75-80).

3. *Injuriel* ne se trouve dans aucun dictionnaire; sans doute est-ce une création de Beaumarchais.

4. Détrompé; le sens moderne n'existe pas encore. Noter le rythme d'alexandrin, avec peut-être le souvenir lointain de Corneille, *Polyeucte*, acte V, sc. v, v. 1727 : « Je vois, je sais, je crois, je suis désabusée. »

1. « *Charger un récit, une histoire* pour dire, y ajouter beaucoup de choses, en exagérer les circonstances » *(Académie)*.

2. *Porte-voix* est en italique, à cause de l'emploi métaphorique nouveau du terme.

3. Le Grand séraphique est saint François d'Assise, selon le *Dictionnaire de Trévoux*, Paris, éd. de 1743. Les capucins, dont l'ordre n'a été créé qu'au XVIe siècle, sont des franciscains. La provenance de ces deux vers nous est inconnue, de même que pour les suivants.

4. Le père Jean-Baptiste Girard, jésuite (1680-1733), avait été l'objet d'une accusation injuste et d'un procès à Aix. La préface quelque peu compromettante d'un libelle à propos de cette affaire avait été faussement attribuée à Voltaire, qui se défendit avec éclat (1731).

5. L'expression était courante : « Il est excellent ouvrier, c'est dommage qu'on ne le mette pas en œuvre » *(Académie)*.

6. Le *dilemme* qui se dégage du début de la lettre à Chabot (n. 2 de cette page) est le suivant : ou je n'ai rien caché et vous avez menti, ou je les ai cachés dans un lieu très suspect et vous êtes plus suspect que ce lieu de ne pas les avoir pris.

Page 933.

1. Les assignats avaient valeur de monnaie depuis les décrets du 8 octobre et du 18 novembre 1790. « *Florin* se prend aussi pour une monnaie de compte qui est de diverse valeur suivant les différents pays où elle a cours » *(Académie 1798)*. Les assignats se dépréciaient rapidement (voir p. 937).

2. Sur le texte de ce marché conclu le 18 juillet 1792, voir p. 994-1001.

3. Le décret d'accusation avait été prononcé la veille. *Le Moniteur* rendait compte, comme notre *Journal officiel*, des délibérations de l'Assemblée.

Page 934.

1. Antoine Joseph Gorsas (1752-1793) fonde en juillet 1789 *Le Courrier de Versailles*, où il attaque plusieurs fois Beaumarchais. Poussé par Lecointre, il devient député à la Convention; d'abord Montagnard, il se rapproche des Girondins, est entraîné dans leur défaite et est le premier conventionnel qui meurt sur l'échafaud.

2. Voir p. 940-941.

3. Beaumarchais était passé de Hollande en Angleterre le 2 décembre 1792. Le mémoire dont il s'occupe est la « Sixième époque » (p. 1068 et suiv.).

4. « *Arrher* : s'assurer de quelque chose en donnant des arrhes » *(Académie)*. Beaumarchais, de plus, *couvre* les nouveaux marchés, c'est-à-dire enchérit au-dessus des autres offres.

5. Ces mots sont en italique, parce que l'emploi de *civique* est récent.

6. Cette erreur grossière s'explique par le fait que le libraire de Bruxelles auquel Beaumarchais achetait les fusils s'appelait Delahaye (voir la Notice, p. 1598, et n. 2, p. 950).

7. En hollandais : Tervueren, Terweren, ou Terveer. Ce port autrefois très actif de l'île de Walcheren est aujourd'hui Veere, ville séparée de la mer depuis que l'île est devenue péninsule à la suite de la construction d'une digue.

Page 935.

1. « Petit bâtiment de transport, de port d'environ huit tonneaux dont on se sert sur les rivières, sur les canaux, et dans les rades » *(Académie)*.

2. En italique, parce que peut-être créé par Beaumarchais; *bureaucratique* est plus tardif (1796).

3. C'est le 3 avril 1792 que Beaumarchais signe avec M. de Graves le traité des fusils (voir p. 956).

Page 936.

1. Beaumarchais se souvient ici du vers des *Femmes savantes*

(acte III, sc. II, v. 924) : « Nul n'aura de l'esprit hors nous et nos amis [...] » (Molière, *Œuvres complètes*, Bibl. de la Pléiade, t. II, p. 1032).

2. *Ils* : les gens des bureaux.

3. Depuis le 22 novembre, au lendemain du décret d'accusation (voir p. 1097).

Page 937.

1. Les fusils étaient officiellement destinés aux Indes occidentales, c'est-à-dire aux Antilles. Beaumarchais se garde bien, comme dans la lettre à Chabot, de révéler que les fusils doivent être utilisés en Europe.

2. Au sens financier du terme, le seul que donne le *Dictionnaire de l'Académie*; il s'agit de la dévaluation de la monnaie.

3. Le mémoire à Lecointre qui va suivre.

4. *Au-delà d[e]* marque la différence entre les cinq cent mille francs d'assignats reçus et les sept cent cinquante mille francs donnés en garantie (voir p. 936).

Page 938.

1. C'est-à-dire plus de deux cent mille francs. Le liard, petite monnaie de cuivre, valait trois deniers, soit le quart d'un sou (voir n. 1, p. 219; n. 5, p. 105; et n. 2, p. 369).

2. À l'étranger, en Hollande (voir n. 6, p. 931). Beaumarchais veut montrer avant tout qu'il n'est pas un émigré.

3. Frédéric II envahit la Silésie et se la fit céder par le traité de Berlin, en 1742.

4. Beaumarchais francise ici *farthing*, qui désigne la monnaie anglaise valant un quart de penny. Voir von Proschwitz, ouvr. cité, p. 245.

5. Sous l'Ancien Régime, le *Conseil des parties* ou *Conseil privé* (justice du roi et non du Parlement) traitait d'affaires de ville à ville ou de particulier à particulier.

6. Voir n. 6, p. 274.

7. Confidentiellement : celui-ci, récent à cette date (depuis 1775) remplace peu à peu celui-là qui vieillit. Voir von Proschwitz, ouvr. cité, p. 227-228.

8. « Il ne se fera pas attendre », plutôt que « Il ne sera pas sans force ». Noter le rythme d'alexandrin.

Page 939.

1. Ce texte sera repris p. 1097. Le compte rendu de la séance du 21 novembre 1792 à la Société des jacobins rapporte que Dubois-Crancé « croit devoir donner communication d'un marché conclu entre Beaumarchais et l'ancien ministère ». Suit le récit des diverses tractations; c'est l' « extrait » des « engagements » du 3 avril et du 18 juillet, extrait joint par Larcher à sa lettre du 21 août 1792 à Beaumarchais (voir n. 2, p. 1023).

2. À cette date, le Club des jacobins était devenu l'organe directeur de la Montagne. On y préparait les séances de la Convention.

3. Un homme qui ne s'est pas caché depuis qu'on travaille à faire la nouvelle constitution de la France républicaine. Voir : « Constituons-nous [...] », p. 1118 et n. 3.

Page 940.

1. Voir les Mémoires sur l'affaire Kornman (éd. Fournier citée, p. 428-476).

2. Il y est en effet. Voir le texte de cet arrêt, *ibid.*, p. 476.

3. Président à mortier au parlement de Paris et député de la noblesse aux États Généraux, Lepelletier de Saint-Fargeau avait en juillet 1789 rallié le tiers état. Il sera assassiné le lendemain de la mort du roi — mort qu'il avait votée —, soit le 22 janvier 1793. Il est très adroit, de la part de Beaumarchais, de se mettre en quelque sorte sous sa protection.

4. Né en 1760, Dambray avait été avocat général au parlement de Paris en 1788. En 1792, il s'était retiré de la vie publique. Royaliste, il sera, sous la Restauration, président de la Chambre des Pairs.

5. Ce comité avait été constitué après le 10 août 1792. Marat et Panis, dont il sera question p. 1026-1029, en faisaient partie. Ce fut lui qui provoqua les massacres de septembre dont il va être parlé. On comprend qu'il soit qualifié ici de *terrible*.

6. De la prison de l'abbaye de Saint-Germain-des-Prés, prison qui a été démolie en 1857.

7. Manuel avait été élu l'année précédente. Sur son intervention lors de l'emprisonnement de Beaumarchais, voir p. 1032-1033.

Page 941.

1. Voir, sur ce point, la lettre de Beaumarchais à Manuel du 16 avril 1792 (éd. Fournier citée, p. 677-679). Manuel reprochait à Beaumarchais de n'avoir pas payé à l'État cent écus d'arriéré. Beaumarchais répond qu'en dix-huit mois il a déboursé environ cent mille francs « pour le service de la patrie ».

2. La remarque peut paraître comique, quand on sait que Manuel avait agi poussé par une ancienne maîtresse de Beaumarchais, Amélie Houret de La Marinaie. Mais Manuel est intervenu pour d'autres prisonniers aussi généreusement et a payé de sa vie sa condamnation des actes terroristes, d'une part; d'autre part, Beaumarchais savait-il ce qu'il en était, au moment où il écrivait ces lignes ? Sur Amélie Houret, voir, dans la revue *Dix-huitième siècle* (année 1975, p. 35-47), l'article de Renée Quinn, « Beaumarchais et Amélie Houret : une correspondance inédite ».

3. Dont je n'ai jamais vu le visage, que je ne connais pas.

4. Le Comité militaire, créé dès 1789 pour réformer l'armée, avait été reconduit par la Législative, et par la Convention le 21 septembre 1792. À partir de cette date, il comptait vingt-quatre membres, dont Lecointre. Le Comité diplomatique avait été créé en mars 1792 (dix-huit membres et six suppléants). La Commission des douze (plutôt que comité) avait été créée en juin de la même année, après le renvoi des ministres girondins. C'était une sorte de commission de salut public. Pour tous les faits ici résumés, voir les six « Époques » à Lecointre, qui suivent.

5. On attendrait : « ils ont fait [...]. » Le singulier semble ici une inadvertance, la fin du paragraphe montrant que de Graves et Dumouriez ont tous deux fait leur devoir.

6. Sur *feuilliste*, voir n. 3, p. 270, et n. 2, p. 295.

7. Le 14 septembre; voir p. 1059.

Page 942.

1. Allusion à la fin de l'affaire Kornman. L'arrêt en faveur de Beaumarchais avait été rendu le 2 avril 1789.

2. « Proverbialement pour dire qu'un homme qui excelle dans un genre est fort supérieur à l'un de ceux qui s'y sont distingués, on dit de ce dernier qu'il n'y fait œuvre [...]. Il fait des vers admirables, Despréaux n'y fait œuvre » *(Académie)*. Clive de Plassey, mort en 1774, était revenu des Indes en 1760 avec une immense fortune qui lui permit d'acheter des sièges électoraux. Il était considéré, à tort ou à raison, comme le type même de l'administrateur prévaricateur.

3. Le mot *incivisme*, tout récent, se trouvera dans la « Quatrième époque » (voir p. 1010). Sur *non-civisme*, voir von Proschwitz, ouvr. cité, p. 221-222.

4. *Lanterner* : « Faire subir le supplice de la lanterne » (*Académie 1798*, Supplément), qui consistait à pendre à la corde qui servait aux lanternes.

Page 943.

1. Le 11 août 1792. Sur ces événements, voir la longue lettre du 12 de Beaumarchais à sa fille, p. 1180 et suiv.

2. Impliquant trahison; le mot n'est dans aucun dictionnaire. Les deux faits sont l'affaire des fusils et la prétendue correspondance avec Louis XVI.

3. Le 12 août après l'invasion, le 23 du même mois après son arrestation, et le 22 novembre (voir p. 936 et 1097).

4. L'italique, peut-être parce qu'il y a là un souvenir lointain du *Cid* (acte II, sc. VII, v. 746) : « [...] Don Diègue aura ma Cour et sa foi pour prison » (Corneille, *Œuvres complètes*, Bibl. de la Pléiade, t. I, p. 738).

5. Il y reviendra en février 1793.

Page 945.

BEAUMARCHAIS
À LECOINTRE, SON DÉNONCIATEUR [...]

PREMIÈRE ÉPOQUE

1. Houdar de La Motte (1672-1731), traducteur de *L'Iliade* et auteur dramatique. Voir Paul Dupont, *Un poète-philosophe au commencement du* XVIII*e siècle, Houdar de La Motte*, Paris, 1898.

2. Beaumarchais était arrivé en Hollande au début d'octobre 1792. Le décret d'accusation est du 28 novembre. Il écrit cette « Première époque » à Londres.

3. Beaumarchais est âgé de soixante ans; et Lecointre, né en 1742, de cinquante.

Page 946.

1. Jusqu'au 10 août, les ministres étaient nommés par le roi; c'est le cas des dix premiers dans la liste que va dresser Beaumarchais; l'Assemblée reprit Servan et Clavière; Lebrun et Pache ne furent nommés que par elle.

2. Avant le 10 août.

3. Au sens fort; voir n. 2, p. 226.

Page 947.

1. Un Bruxellois, Delahaye (voir p. 950); voici sa lettre, datée du 2 mars 1792 : « Monsieur, / L'affaire pour laquelle nous avons pris la liberté de nous présenter chez vous hier peut être aussi avantageuse à vos intérêts qu'agréable au ministre dont vous avez la confiance : un demi-quart d'heure d'entretien vous prouvera l'un et l'autre; daignez, Monsieur, nous l'accorder le plus tôt possible, cette affaire exigeant la plus grande célérité. Nous avons l'honneur d'être avec la plus sincère considération, Monsieur, vos très humbles et très obéissants serviteurs. / Delahaye et Comp^e^ négociants de Bruxelles. / Logé à l'hôtel de l'Ami du Roi vis-à-vis le Carrousel n° 7. »

Voici la réponse de Beaumarchais, le lendemain : « Depuis longtemps, Messieurs, je ne fais plus d'affaires, et n'en veux entamer aucune. Vous me faites plus d'honneur que je n'en désire en me disant que j'ai la confiance d'un ministre. Je ne veux point de leur confiance, et me contente de leur estime, qu'aucun ne peut me refuser. Mais comme je ne veux pas qu'on puisse me croire impoli, parce que je suis loin des affaires, si vous me faites l'honneur de passer demain chez moi, je vous entendrai volontiers, si l'objet qui vous y amène peut intéresser notre France » (lettres citées par J.-C. Gatty, dans *Beaumarchais sous la Révolution*, éd. citée, p. 57).

2. En 1789, la Révolution brabançonne avait chassé les Autrichiens, qui revinrent en 1790 et furent à nouveau chassés par les Français en 1792, grâce à la victoire de Jemmapes (6 novembre). En mars 1792, le Brabant est donc encore autrichien. Léopold II meurt le 1er mars 1792; son fils François II lui succède.

3. Le retour du Brabant à l'Autriche, en 1790.

4. Le contrat stipulait qu'elles devaient être « livrées aux acquéreurs dans l'espace de quatre ou cinq mois au plus tard [...] et transportées dans des pays éloignés des Pays-Bas, et nommément dans les Indes », c'est-à-dire les Antilles.

5. Le négociant hollandais est Osy, de Rotterdam. Le marché est transmis aux sieurs d'Ardenne et Lonsberg qui, à leur tour, cèdent leurs armes à Delahaye et Cie.

6. Delahaye n'est point *assez avancé*, c'est-à-dire n'a pas assez d'argent d'avance. *Établir une navette*, c'est ici vendre des armes pour en acheter d'autres avec la somme obtenue.

7. Au fur et à mesure.

8. Nous sommes en mars 1792 et la guerre sera déclarée au « roi de Bohême et de Hongrie » — François II n'était pas encore élu empereur — le 20 avril par l'Assemblée législative.

Page 948.

1. Narbonne avait remplacé Duportail le 7 décembre 1791.

2. Elles constituent la pièce justificative n° 1 (voir la Note sur le texte, n. 4 en bas de page 1601). Lettre de M. de Narbonne à M. de Beaumarchais : « M. Narbonne désire extrêmement voir M. Beaumarchais; il a beaucoup de choses à lui dire et serait bien reconnaissant s'il voulait venir le voir demain à midi ou une heure. / Ce 8 mars 1792. » Réponse de Beaumarchais : « 8 mars 1792. / Si c'est l'aimable Narbonne qui désire me voir, pour son service personnel,

il connaît trop mon ancien attachement[1] pour douter que je n'accepte un rendez-vous dans sa maison particulière. / Si c'est le Ministre de la Guerre, qui me fait l'honneur de m'appeler à son hôtel, je le prie de m'excuser. Il y est trop mal entouré pour qu'un homme libre et sage présume pouvoir être de la moindre utilité à celui qui s'est mis en pareille tutelle. Et quand je le vois si bravement, si fièrement se débattre dans l'Assemblée, je me demande comment un homme si courageux n'a pas pu se débarrasser des brassières de ses bureaux. / Quant à moi, qui préfère à tout mon repos hors au service de l'amitié, j'en offre avec plaisir le sacrifice à Monsieur de Narbonne; mais je ne veux plus que les bureaux nous fassent insulter tous deux, dans les papiers qui leur sont vendus, comme ils l'ont fait pendant son voyage aux frontières[2]; et ils n'y manqueraient pas, s'ils me voyaient entrer dans l'hôtel de la Guerre. Et c'est du mal sans aucun bien. Agréez le dévouement de Beaumarchais. »

3. Le 11 mars 1792.

Page 949.

1. C'est la pièce justificative nº 11. Beaumarchais va en reprendre, dans son texte, les principaux articles.

Page 950.

1. À sa place. L'article 2 ajoute « aux personnes qu'il lui indiquera [...] ».

2. Beaumarchais écrit *La Haye*, *de La Haye*, *Delahaye*. Pour plus de clarté, nous mettrons uniquement *Delahaye*.

3. « *Vous étiez là dans une forêt*, vous étiez entouré de malhonnêtes gens, de fripons » *(Académie 1835)*. *Ils* désigne ici les ennemis de Beaumarchais.

4. *Sous peine* n'est pas dans l'article, qui stipule que la partie rejetée [des armes] resterait pour le compte dudit sieur Delahaye, et que le coût de leur achat serait retenu sur son tiers d'intérêt [...].

Page 951.

1. *Minuté* : à l'état de brouillon.

2. « *Parti* : il se dit aussi d'un traité que l'on fait pour des affaires de finance [...]. Le parti des vivres, le parti des poudres [...] » *(Académie 1798)*.

3. Le désordre; le mot n'est pas dans les dictionnaires.

4. Voir n. 4, p. 934.

Page 952.

1. Le mot n'existe pas sous cette forme dans les dictionnaires;

1. Il est à peu près prouvé que Narbonne était un fils naturel de Louis XV et, à ce titre, il avait été élevé par les filles du roi. C'est vraisemblablement chez Mesdames que Beaumarchais l'avait connu. Ce passage de la « Première époque » indique clairement que leurs relations s'étaient poursuivies.

2. Narbonne, ministre, entreprit avec un important état-major une inspection de toutes les places des frontières du Nord et de l'Est, du 21 décembre 1791 au 7 janvier 1792 ; il rendit compte de cette visite à l'Assemblée le 11 janvier. Dès le début de décembre, partisans et adversaires de la guerre s'opposent violemment.

mais Beaumarchais transforme ici probablement le terme *paragouante* ou *paraguante*, que Savary, dans son *Dictionnaire universel de commerce*, nouv. éd., Copenhague, chez les frères Philibert, 1759, glose « présent qu'on donne à une personne [...] pour se la rendre favorable dans les conjonctures d'affaires où son crédit peut servir ».

2. C'est-à-dire me les payer au vingtième de leur valeur, puisque le louis vaut vingt francs.

3. Dans cette lettre, Beaumarchais utilise les mêmes arguments que ci-dessus, et conclut : « C'est ce que j'ai cru devoir vous éclaircir encore, non en termes de commerce, mais en langage d'un homme du monde, qui doit être entendu de chacun. / Le fond de tout cela est que l'argent est une chose, une marchandise réelle, qui a une valeur intrinsèque pour l'étranger; au lieu que la lettre de change, la traite, le contrat, le dollar, le billet de banque et l'assignat, n'ont qu'une valeur représentative, soumise à toutes les variations des choses incertaines et sous l'empire de l'opinion, du crédit et des événements. / Nous serons ce soir à six heures à votre hôtel. Ce 31 mars 1792. / *Signé*, CARON BEAUMARCHAIS. / Je vous invite, Monsieur, à consulter un banquier sur ce que je vous dis. »

Page 953.

1. Né en 1750, Perregaux, protestant d'origine suisse, était un des gros banquiers de l'époque. Pendant le séjour de Beaumarchais à Hambourg (voir la Chronologie, p. XXXIX), il servira d'intermédiaire entre les époux.

2. Le *Dictionnaire de l'Académie* de 1798 ne donne pas cette expression, mais : « Au diable le profit que j'en ai tiré, pour dire qu'on n'a tiré aucun profit. »

3. « Faire son thème en deux façons signifie figurément dire la même chose de deux manières différentes » *(Académie)*. Beaumarchais propose deux solutions qui reviennent au même.

4. Ce mémoire s'intitulait *Mémorial secret remis au ministre de la Guerre pour le Comité militaire*, 31 mars 1792; voir J.-C. Gatty, ouvr. cité, p. 63.

Page 954.

1. « *Mettre à la grosse aventure* et quelquefois absolument *à la grosse* : prêter son argent à gros intérêt pour un commerce de mer, à condition de le perdre si le bateau ne revient pas » (*Académie*, art. « Gros »); ici, en un sens plus large, en risquant de tout perdre.

2. En y étant forcé, obligé.

3. Culembourg est une ville des Pays-Bas, sur le Lek, à l'est de Rotterdam.

4. Quelle que soit leur valeur de change réelle.

Page 955.

1. Il s'agit de rentes viagères, de valeur relativement stable à cette époque, dont Beaumarchais possédait les contrats.

2. L'opération est double : emprunt ayant pour garantie les contrats des trente têtes genevoises; et engagement de ces contrats (ils ne sont donnés que pour gages). « *Engager* : donner en gage » *(Académie)*.

3. Soit cinquante fois moins.
4. Voir n. 8, p. 947.
5. Du passage en franchise; le *Dictionnaire de l'Académie* renvoie à *passavant*, « billet portant ordre de laisser passer librement les marchandises qui ont déjà payé le droit ou qui en sont exemptes ».
6. Par des négociations commerciales secrètes.
7. Discuter mesquinement avec vous; la métaphore est probablement militaire.

Page 956.

1. L'article 6 du traité va en effet stipuler : « [...] le ministre est convenu de me payer en avance une somme de cinq cent mille livres, en déposant par moi chez un notaire au choix du ministre, la somme de six cent mille livres en contrats viagers sur les trente têtes de Genève, lesquels contrats me seront remis au fur et à mesure, et dans la proportion de la livraison d'armes; en sorte que leur totalité sera rentrée entre mes mains quand la somme avancée sera couverte par ladite livraison [...]. »
2. *Cet* indique que Beaumarchais montre l'acte passé avec Delahaye (pièce justificative nº 11). Cet entretien avec de Graves se place donc après le 16 mars 1792, date de la signature. On se souvient qu'auparavant l'acte n'était que minuté (voir p. 951).

Page 957.

1. C'est l'article 7 du traité, qui stipule : « Le Ministre ayant voulu s'assurer que cinquante mille de ces fusils au moins, arriveraient au Havre dans les époques fixées ci-dessus, a exigé que je me soumisse à déposer chez un notaire, pour sûreté de ces livraisons, pour cinquante mille livres d'effets en valeurs solides; le montant de ces valeurs sera acquis à l'État, dans le cas où chaque partie du marché ne serait pas exécutée aux époques indiquées par quelque cause qui vînt de mon fait personnel; mais il est convenu que ce dépôt me sera rendu aussitôt l'arrivée et la première livraison de ces armes qui serviront d'assurance pour les autres; et si, par contre, après l'arrivée desdites armes, l'exécution du présent marché, en tout ou en partie, était arrêtée, suspendue, ou altérée pour quelque cause provenant du fait du gouvernement, ou d'événements étrangers à moi, le tort que cela me ferait, constaté, me sera remboursé sur-le-champ par le Ministre, à l'arbitrage des personnes nommées par lui et par moi, pour en décider. » Sur le texte, voir notre Note sur le texte, n. 4 en bas de p. 1601.
2. Le 3 avril 1792; ce traité s'intitule : *Offre et engagement formel de moi Pierre-Augustin Caron Beaumarchais*. Il comprend, après un bref exposé des motifs, neuf articles. Par l'article 1er, Beaumarchais s'engageait à fournir au ministre de la Guerre cinquante à soixante mille fusils étrangers livrables d'ici au 15 mai prochain au plus tard, dans le port du Havre.
3. Voir l'article 6, n. 1, p. 956.
4. Pour ne rien morceler : voir sept lignes plus loin.
5. « C'était un titre en contrat viager sur l'emprunt dit des trente têtes de Genève, garanti par la ville de Paris. Ce titre de sept cent quarante-cinq mille francs donnait à Beaumarchais un revenu annuel de soixante douze mille livres; il avait été formelle-

ment stipulé avec le ministre qu'il [Beaumarchais] n'engagerait que le titre et qu'il continuerait à toucher les arrérages » (Loménie, *Beaumarchais et son temps*, Paris, Michel-Lévy, 1856, t. II, p. 460-461, note). Cette stipulation n'est pas indiquée formellement dans le traité.

Page 958.

1. Du parti des bureaux.
2. La Belgique fait alors partie de l'empire austro-hongrois.

Page 959.

1. Les craintes du vendeur bruxellois se réalisent (voir p. 947).
2. Sur ces transactions, voir p. 947-949.
3. Sans compter la perte des intérêts d'argent [...].

Page 960.

1. Selon le traité (art. 5), les fusils étaient achetés un peu plus cher : trente livres ou francs assignats, soit dix-sept livres en écus, et huit florins huit sous. Mais ce n'étaient pas tous des fusils neufs.
2. Voir n. 2, p. 152.
3. D'occasion, dont on ne savait trop s'ils étaient utilisables.
4. Il s'agit de la déclaration de guerre à l'Autriche.
5. Sur cette expression, voir n. 1, p. 954.

Page 961.

1. Voir p. 955.
2. On attendrait *payées*. Mais Beaumarchais pense aux fusils.
3. La Tour de Londres était un arsenal et le sera encore au XIXe siècle.
4. Voir p. 857 et n. 5.
5. Beaumarchais reprend ici, en la modifiant, la locution fréquente : *Passer la plume par le bec à quelqu'un*, qui signifie : le tromper, le frustrer adroitement; voir n. 1, p. 113.
6. *Corvissimis* remplace plaisamment *corvis*.

Page 962.

1. Depuis mars 1792, depuis le marché passé avec Delahaye.
2. Qui auraient dû [...].

Page 963.

DEUXIÈME ÉPOQUE

1. Le décret d'accusation du 28 novembre 1792, à l'instigation de Lecointre (voir le début de la *Pétition*, p. 931).
2. Voir p. 958. La Hogue était parti le 4 avril 1792. La lettre est donc du 16, et Beaumarchais la reçoit le jour de la déclaration de guerre, le 20 (voir p. 964).
3. Middelbourg, dans l'île de Walcheren, était la capitale de la Zélande.
4. Beaumarchais ignore que cette caution a été exigée de Turing, agent d'Osy, dès le 13 février 1792 par l'amirauté de Zélande. Delahaye ne le lui a pas signalé.

5. Aucun droit de regard sur le plan politique.

6. En fait, les Provinces-Unies sont divisées, comme les Pays-Bas autrichiens : la Prusse et l'Angleterre, en septembre 1787, ont rétabli militairement Guillaume V comme stathouder, mettant fin à la République créée un an plus tôt par les «patriotes». La France, déjà en pleine crise, n'a pu répondre à l'appel de ces derniers, mais elle a accueilli des réfugiés qui agissent parfois avec les révolutionnaires français : ils rentreront chez eux avec Pichegru en 1795.

7. Osy, de Rotterdam; voir p. 947 et n. 5.

Page 964.

1. Munis de la quittance indiquant que la transaction a été faite.

2. D'Ardenne et Lonsberg; voir p. 947 et n. 5.

3. À tous les bénéfices sur les concessions de fusils d'acheteur à acheteur.

4. Je devais assurer les bénéfices de tout le monde [...].

5. Ce n'est pas à moi à donner des leçons à ce sujet. L'emploi du mot *pédagogie* est inattendu ici. « On ne s'en sert qu'en style didactique » *(Académie 1798)*.

6. Voir p. 980-982.

7. Cette pièce justificative nº v, datée du 16 avril 1792, s'intitule *Mémoire pour M. le Fiscal de l'amirauté de Zélande*. Après avoir fait l'historique de son achat des armes, Delahaye demande au fiscal d'intervenir pour que le droit de transit ne soit pas payé une seconde fois et pour que le départ des armes ne soit pas retardé.

Page 965.

1. Beaumarchais vient de dire qu'il a écrit sa lettre le 20. On peut supposer que, commencée le 20, elle a été terminée et envoyée le lendemain. Il écrit le même jour et dans le même sens au ministre de la Marine, Lacoste : « Je pense que je ne puis donner de plus ferme assurance aux Amirautés étrangères qui arrêtent mon expédition, que de vous prier, Monsieur, de faire certifier aux États de Hollande, que vous avez accepté mes offres d'armes pour nos îles, et qu'elles doivent partir incessamment du Havre [...]. Quel pauvre négociant suis-je donc devenu ? Si après n'avoir réussi à vous faire agréer mes offres pour nos îles, que sous la triste condition que je ne verserais pas un seul de ces fusils en France, où, les croyant moins bons qu'ils ne sont en effet, on les rejette par la crainte de voir soulever les troupes à qui on les ferait accepter, je me vois forcé de prouver ensuite aux Hollandais qui les retiennent, que ma spéculation ne porte point sur l'Europe, mais sur nos colonies, moins difficiles que l'administration militaire de France, et sur mes amis du continent de l'Amérique, que le besoin excessif qu'ils ont d'armer contre les sauvages, rend plus faciles encore que nos colons des îles » (cité par J.-C. Gatty, ouvr. cité, p. 71).

2. En particulier pour Saint-Domingue — l'actuelle république dominicaine —, dont la France possédait une partie depuis le traité d'Aranjuez de 1777.

3. Auprès du gouvernement de Hollande.

4. À quai : la planche est la passerelle qui relie le navire au quai.

Page 966.

1. Le premier article du traité faisait obligation à Beaumarchais de livrer les armes au Havre entre le 15 mai et le 1er juin.

Page 967.

1. Nous écririons *important*. Féraud, dans son *Dictionnaire critique*, donne un autre exemple de l'adjectif au féminin « qui régit le datif ».
2. Le ministère, d'abord rue de l'Université, était alors rue d'Artois (actuelle rue Laffitte, 9e arrondissement), où de Lessart l'avait installé au début de 1792. En 1794, il sera boulevard Saint-Germain.
3. Celui qui avait apporté de Hollande la lettre de La Hogue (voir p. 963).
4. Le *Dictionnaire de l'Académie* ne donne que la forme *remémorer*.
5. Le mot n'est pas dans le *Dictionnaire de l'Académie*, mais Littré le cite dans une lettre de Racine.
6. D'en donner avis par la poste.
7. « Courage ! »
8. Mon ami de vieille date.
9. Beaumarchais renvoie ici à la VIe pièce justificative, qui est le texte du mémoire « très instant » (voir la Note sur le texte, n. 4 en bas de p. 1601), dont voici les conclusions : « Telle est la double protection que j'ose solliciter du Gouvernement de mon pays : / 1° L'ordre à notre banquier à La Haye, de cautionner pour moi, que les armes achetées par moi en Hollande, seront portées à Saint-Domingue, et que l'acquit à caution en sera rapporté à l'amirauté de Terweren, sous le temps convenu et jugé nécessaire au retour des vaisseaux en Europe. / 2° Qu'il me soit accordé une frégate de guerre, pour aller enlever ces armes au port de Terweren, et me les amener au Havre, pour les garantir de tous les pièges qu'on tendrait, sous l'espoir de les enlever dans la traversée de Terweren au Havre, quelque pavillon que je prisse pour les faire venir de Zélande. / Pas un moment à perdre, Monsieur; et il y a si grande urgence qu'aussitôt que j'aurai reçu votre réponse précise, sur ces deux objets de protection, je ferai partir mon courrier, qui ira jour et nuit en porter la nouvelle à mon ami à La Haye, que l'on cherche à lasser, impatienter d'une part, pendant que, de l'autre, *on lui fait un pont d'or pour qu'il m'engage, soit à rompre le marché, soit à le céder, avec gros bénéfice, au comptant, à un acquéreur à qui j'assure bien qu'on ne fera aucune des difficultés dont on m'accable et me désole.* / Je me croirais déshonoré à tout jamais, si je me prêtais à une telle infamie. J'attends, Monsieur, vos ordres et votre réponse, pour faire partir à l'instant mon courrier, et terminer la plus interminable affaire dont je me sois mêlé depuis longtemps. / *Signé*, CARON DE BEAUMARCHAIS. »

Page 968.

1. De Graves fut ministre de la Guerre du 9 mars au 8 mai 1792; Lacoste, ministre de la Marine du 16 mars au 10 juillet; Dumouriez, ministre des Affaires étrangères du 15 mars au 13 juin.
2. Il ne faut pas l'imprimer. Voici le texte de ce mémoire (exemplaire destiné à Dumouriez) :

« Remis à M. Dumouriez, / le 9 mai 1792. / Pour vous seul. / Question importante et secrète à délibérer et fixer entre MM. les trois ministres de la Guerre, de la Marine et des Affaires étrangères. / Je, Caron Beaumarchais, négociant citoyen français, me suis soumis envers M. de Graves, ministre de la Guerre, de lui fournir au Havre, au 1er juin prochain, de cinquante à soixante mille fusils, par moi achetés et payés en Hollande; sous la peine, proposée par moi-même, de payer une indemnité au ministre, de cinquante mille francs, lesquels sont déposés, si, par empêchement, de mon fait personnel, ladite livraison n'était pas effectuée audit terme. / Mais la guerre s'étant déclarée depuis lors, entre la France et la maison d'Autriche, et cette dernière ayant craint que la France ne profitât de ces fusils, qu'on sait en ma puissance, a engagé sous main le gouvernement hollandais de mettre à leur enlèvement le plus d'obstacles qu'il pourrait. / Celui-ci, fidèle au désir de l'Autriche, n'a pas cru trouver un meilleur moyen de nous nuire, que d'imposer à l'acquéreur français la dure loi de lui fournir, avant l'enlèvement du port, une caution de trois fois la valeur des armes, uniquement pour assurer au gouvernement hollandais, à qui cela doit être indifférent, que ces fusils iront du Havre à Saint-Domingue, sans aucun service pour la France; et qu'on en remettra sous le terme imposé, l'acquit de dépôt dans cette île, à l'amirauté de Terweren, d'où ils doivent partir de Zélande. / Sachant bien la difficulté qu'un négociant français aurait à rencontrer un tel cautionnement en Hollande, ils ont cru avoir arrêté l'expédition des armes pour Le Havre, et en priver notre nation. Ils n'ont pas trop mal raisonné. Mais c'est une grande lésion au droit des gens, quand on n'est pas en guerre. Aussi M. Dumouriez en a-t-il demandé raison au gouvernement hollandais, par M. de Maulde, notre ministre à La Haye. / Or, nous savons d'avance quelle sera leur réponse. Reste à l'avoir officiellement, pour agir sous une autre forme. Ils prétendront que les régnicoles[1] étant soumis eux-mêmes à cette loi, on ne peut exiger qu'un étranger en soit exempt. / Le chicaner est temps perdu. En le supposant avec eux, si la négociation de M. de Maulde ne donne aucun succès, restera pour obstacle le cautionnement obligé. Mais alors, posons la question que nos ministres doivent résoudre entre eux. / La fiction d'un transport des armes en Amérique n'est qu'un voile pour l'ennemi. Le négociant fournisseur et le ministre acquéreur savent bien tous les deux que les fusils sont pour la France. / Dans cette position, il n'y a que le ministre des Affaires étrangères qui puisse lever un tel obstacle, en se réunissant au ministre de la Marine. L'un pour faire le cautionnement; l'autre, pour l'acquitter au terme. La politique nationale peut seule tromper l'ennemi, en faisant signer dans nos îles une réception d'armes qu'elle n'y aura pas envoyées. Et le ministre seul, certain d'obtenir cet acquit fictif à caution, est le seul homme aussi qui puisse, dans l'empire, faire fournir sans risques aux Hollandais la dure caution qu'ils exigent : car nul particulier, sauf l'intérêt de la nation, ne peut trouver une caution pour un transport qui ne doit point se faire; le ministre seul a ce pouvoir. Non qu'il faille qu'il la leur fournisse lui-même, dans une affaire qui est censée ne le toucher qu'au titre de protecteur né du commerce français vexé.

1. *Régnicole :* « [...] se dit de tous les habitants naturels d'un royaume, par rapport aux privilèges dont ils sont en droit de jouir [...] » *(Académie)*.

Mais lui seul peut écrire confidentiellement à son banquier à La Haye : " Cautionnez M. Beaumarchais que ses fusils iront à Saint-Domingue. Il nous en a donné toutes les assurances. " Alors tout prétexte est ôté. C'est ainsi que nous en usions lorsque je servais l'Amérique. Et l'on ne marche bien qu'ainsi dans la tortueuse politique. / Quant à moi, négociant et particulier, je n'ai nul moyen personnel de faire faire à Saint-Domingue l'acquit fictif que notre politique exige; et, je le répète hardiment, un ministre seul a ce droit. De même aussi, n'ai-je droit, ni pouvoir, pour engager personne à cautionner qu'un fait qui ne doit jamais arriver s'effectuera sous un tel temps; et sous peine, à défaut de la preuve exigée, de payer trois fois la valeur des marchandises exportées. Toutes ces difficultés qui ne sont qu'un fétu pour les ministres des nations, ou des rois, sont des montagnes insurmontables pour tout citoyen ou sujet. / Les armes ne sont plus à moi; achetées par la nation seule aux termes de tous mes traités, je serais criminel d'en faire un autre usage. Ne pouvant les traduire au Havre, par l'empêchement malhonnête qu'y met le gouvernement hollandais, je supplie le ministre de la Guerre, en sa qualité de ministre, au nom de la patrie, de la nation française, d'en recevoir la livraison entière à Terweren, en Zélande, où elles sont prêtes à s'embarquer; en lui indiquant secrètement le seul moyen que je connaisse de les libérer pour Le Havre; et me soumettant sans débat, quand elles y seront arrivées, à toutes les conditions de mon traité fait avec lui; excepté de payer l'indemnité de cinquante mille livres pour leur non-arrivée à temps; y ayant bien deux mois qu'elles sont dans le port de Terweren, où mes deux vaisseaux les attendent, l'empêchement de leur départ ne provenant de mon fait, et n'y ayant nulle possibilité à un particulier, de le lever; quoiqu'il soit très facile à nos ministres de le faire, comme je viens de le prouver. Ici mes devoirs sont remplis. / CARON DE BEAUMARCHAIS. » (Sur l'origine de ce texte, voir J. C. Gatty, ouvr. cité, p. 81, n. 3.)

3. Narbonne avait été ministre du 7 décembre 1791 au 9 mars 1792; de Graves, du 9 mars 1792 au 8 mai; et Servan venait d'être nommé le 9 mai.

4. Immobilisés : « *Être en panne* se dit d'un vaisseau qui dispose ses voiles de manière à ne pas continuer à faire route » *(Académie)*.

5. Et même vingt-trois : le courrier était arrivé le 20 avril (voir p. 964). *Manger son sang* équivaut à notre expression populaire *se ronger les sangs*.

Page 969.

1. « *Couler une matière à fond*, dire sur un sujet tout ce qu'on peut dire, sans rien omettre » *(Académie)*.

2. Servan sera ministre de la Guerre du 9 mai au 12 juin et du 10 août au 3 octobre 1792.

3. Beaumarchais fait allusion à la brouille qui va intervenir entre Servan et Dumouriez, le premier ayant fait voter la formation d'un camp de vingt mille fédérés près de Paris, ce qui déplaisait au second.

4. Gau était l'un des directeurs au ministère de la Guerre. Il « se retire » sous le ministère de Servan; Dumouriez le rappelle quand il remplace Servan à la Guerre; mais c'est Pache qui réformera profondément les bureaux et chassera les anciens employés.

Page 970.

1. On attendrait *ministre de la Guerre*; « ministre des Affaires étrangères » semble être une inadvertance (voir la première phrase de la lettre, qui rétablit la vérité).

2. « *Cela n'est pas de mon bail* pour dire cela est arrivé dans un temps où rien ne m'obligeait à y prendre part » *(Académie)*.

3. Ce ministre est Roland, depuis le 24 mars et jusqu'au 12 juin.

Page 971.

1. Le ministre des Finances avait été l'adversaire de Beaumarchais dans l'affaire de la Compagnie des eaux, en 1785. Une vieille inimitié les séparait donc, et Clavière était vindicatif.

2. « *Être hors de mesure*, pour dire n'être plus à portée de faire une chose, n'en avoir plus les moyens » *(Académie)*.

3. Depuis le 20 avril, date de l'arrivée du courrier.

4. Voir n. 1, p. 966.

5. Ce sont les « poignées de ducats » dont il a été question dans la lettre du 6 mai à Dumouriez (p. 967).

Page 972.

1. Le mot n'est pas dans le *Dictionnaire de l'Académie*. Littré le glose « intrigues, petites menées », et cite une phrase des mémoires d'Argenson.

2. *Lésion* : « Tort, dommage qu'on souffre en quelque transaction, en quelque marché, en quelque contrat » *(Académie)*.

3. L'expression n'est pas dans le *Dictionnaire de l'Académie*, mais on lit à l'article « Hauteur » : « [...] se dit aussi dans les choses morales; et dans cette acception il signifie *fermeté* quand on ne passe point les bornes de la raison et du devoir. »

4. Le résoudre : « *Solder un compte*, [...] le régler » (Savary, ouvr. cité).

Page 973.

1. Beaumarchais menace donc déjà de publier sa justification.

2. Voir n. 2, p. 965.

3. Sur le personnage et sur cette dénonciation, voir n. 3, p. 931.

Page 974.

1. Pour finir — et c'est un comble !

2. C'est-à-dire le parti secret qui soutenait les émigrés, eux-mêmes soutenus par l'empereur d'Autriche et les princes allemands. *Intéresse* : concerne.

3. À partir du moment où [...], dès que [...].

4. *Inculpation* : « Terme de Palais. Attribution d'une faute à quelqu'un » *(Académie)*.

5. Des bruits couraient sur la division du ministère. Dumouriez restera ministre des Affaires étrangères jusqu'au renvoi des trois ministres girondins, dont Servan, qu'il remplacera quelques jours

à la Guerre, du 13 au 16 juin, date où il démissionnera, le roi refusant sa sanction aux décrets girondins.

6. Beaumarchais est à Londres. Il ne rentrera à Paris que le mois suivant.

Page 975.

1. On « dînait » (notre déjeuner) au XVIIIe siècle vers deux ou même trois heures, on « soupait » (notre dîner) vers neuf heures, ou plus tard.

2. *Préconiser* : « Louer extraordinairement, donner de grands éloges à quelqu'un [...]. Il se dit le plus souvent en mauvaise part » *(Académie)*.

3. Venues d'autrui, et non de ses convictions personnelles.

4. Il s'agit évidemment de Clavière, le ministre des Finances (voir p. 971 et n. 1).

5. *Ab ovo* : depuis le début. La locution est empruntée à Horace (*Art poétique*, v. 147).

6. Sans considérer le bien ou le mal fondé de ce cautionnement.

Page 976.

1. Voir n. 1, p. 964.
2. Voir p. 957.
3. Toujours Clavière.
4. Voir p. 957; « nous » représente de Graves et Beaumarchais.

Page 977.

1. Ces six millions avaient été accordés le 26 avril 1792 par l'Assemblée au ministère des Affaires étrangères, à la demande du roi, peu après la déclaration de guerre à l'Autriche, comme fonds secrets pour aider à la diplomatie occulte.

2. Le directeur du ministère de la Guerre; Pache sera nommé ministre de la Guerre le 19 octobre 1792.

3. Puisque M. Gau délivrait les ordonnances et que M. Pache remplaçait M. Gau. *Ordonnance* : ici, « un mandement à un trésorier de payer une certaine somme » *(Académie)*.

Page 978.

1. Voir n. 5, p. 974.
2. Voir p. 975.

Page 979.

1. Le 13 juin 1792, Dumouriez passant à la guerre, c'est de Naillac qui fut nommé aux Affaires étrangères, mais il ne fut jamais installé. Le 18, Chambonas prend les Affaires étrangères, Lajard, la Guerre.

Page 980.

1. La répétition de ce membre de phrase est bien dans le texte.

2. « Vomitif qui est une préparation d'antimoine » *(Académie)*.
3. Officier; *jadis*, c'est-à-dire sous l'Ancien Régime.
4. Me parler d'un pauvre homme [...].

Page 981.

1. [...] *et* [vint me dire] *qu*'il venait [...]. La construction de la phrase est hardie.
2. « Celui qui achète, qui vend et qui troque des curiosités », les curiosités étant définies (art. « Brocanter ») comme « tableaux, bronzes, médailles, bijoux, etc. [...] » *(Académie)*. Nous dirions donc plutôt *antiquaire*. De là, le *et même*.
3. Sans discuter, sans conventions.
4. Duportail avait été ministre de la Guerre du 16 novembre 1790 au 7 décembre 1791, juste avant Narbonne.
5. *Leur* : à Delahaye et Provins.

Page 982.

1. « Celui qui est dans l'habitude de parler sans suite et hors de propos » *(Académie)*.
2. Appelé à comparaître devant un juge.
3. Soit soixante-dix mille livres ou francs. Beaumarchais demande en effet que lui soient versés cinquante mille écus (soit cent cinquante mille livres) et Provins met opposition sur quatre-vingt mille francs.
4. Sans doute Beaumarchais fait-il allusion aux mesures qui suivirent la journée du 20 juin 1792 et dont certaines encourageaient à surveiller et même à dénoncer les citoyens non patriotes.
5. Responsable devant la justice.
6. Sa façon de s'acquitter.
7. Voir p. 936 et n. 1.

Page 983.

TROISIÈME ÉPOQUE

1. Voir p. 958.

Page 984.

1. L'ancien ministre des Finances fut considéré longtemps comme le chef de l'émigration. Il s'était occupé de la fabrication de faux assignats qu'il réservait surtout pour le retour en France. Beaumarchais était arrivé en Angleterre au début de décembre 1792 et Calonne s'était embarqué le 3 pour le Portugal; au début de janvier, il était effectivement à Madrid.
2. L'empereur d'Autriche, François II, qui venait de succéder à Léopold; la note du ministre sera reproduite dans la « Sixième époque », p. 1083-1084. Sur la requête et la réponse à cette requête, voir n. 2, p. 985.

Page 985.

1. L'Assemblée législative travaillait à l'élaboration d'une Constitution que Beaumarchais appelait de ses vœux (voir p. 1118 et n. 3).

2. Sont jointes deux pièces. La pièce justificative nº VII est le mémoire, daté du 12 juin, de M. de La Hogue remis par M. de Maulde au greffier de la république de Hollande. Ce mémoire rappelle les démarches des 16 et 24 avril 1792 auprès de l'amirauté de Zélande, les réponses confuses et équivoques de celle-ci et s'indigne de l'arbitraire et de la malveillance du gouvernement hollandais d'une part, de l'intervention scandaleuse de l'Autriche dans cette affaire, d'autre part. La pièce justificative nº VIII est l'extrait des résolutions des États généraux de Hollande, selon lequel, si l'exportation a été permise à certaines conditions, les négociants ont renoncé à cette exportation.

3. Des résumés, des notes à la fois précises et complètes.

4. Chambonas et Lajard; voir n. 1, p. 979. Sur les rapports de Beaumarchais et de Clavière, voir n. 1, p. 971.

Page 986.

1. Sur ces trois comités, voir p. 941 et n. 4.

2. De signer qu'on n'en veut plus : ce que venait demander Beaumarchais.

Page 987.

1. Ce ne sont pas des créations de Beaumarchais, mais des adjectifs « d'époque ».

2. Par quelqu'un en faveur de qui je serai exproprié et qui prendra livraison des armes; voir la lettre qui suit, p. 988.

Page 989.

1. Les deux termes du dilemme sont exposés sous forme d'interrogations au début des deux paragraphes suivants.

2. Qu'il aura sa conclusion. On a vu, p. 986, que les comités considèrent le traité avec de Graves comme *« rompu de fait »*. Mais Beaumarchais va demander plus loin le remplacement de ce traité par un autre.

3. D'état souverain à état souverain, c'est-à-dire selon le *droit des gens*.

Page 990.

1. Le *transport* est la « cession juridique d'un droit qu'on a sur quelque chose » *(Académie)*. Au lieu d'un transport fictif, d'un traité simulé (*traité* : « Convention des particuliers entre eux ou avec le souverain », *ibid.*), Beaumarchais veut un traité définitif qui fera des armes une propriété nationale. Voir les deux paragraphes suivants.

2. La pression populaire s'accentue contre Beaumarchais.

Page 991.

1. Voir p. 941-942.

2. Lebrun a été nommé ministre le 10 août 1792. Il le restera jusqu'au 21 juin 1793.

3. Cette lettre est en réalité datée du 19 juin (voir J.-C. Gatty, ouvr. cité, p. 108).

Page 992.

1. Cet officier est évidemment M. de La Hogue.

Page 993.

1. On voit que le ministre adopte pleinement le parti proposé par Beaumarchais.

Page 994.

1. La commission ne se rallie pas en définitive à la solution proposée par Beaumarchais et par Chambonas. Beaumarchais en est extrêmement déçu.

Page 995.

1. Parachevèrent, en acceptant les propositions des trois comités. Ce traité était « calomnié » par Lecointre, qui en réclamait l' *« annihilation »* (voir p. 933).
2. Pour que vos fonds ne soient pas *nuls*, c'est-à-dire bloqués sans rien rapporter.

Page 996.

1. Ce sacrifice.
2. *Vexer* : « Tourmenter, faire de la peine injustement à quelqu'un » *(Académie)*.
3. Allusion à l'opposition de Provins et à l'obligation pour Beaumarchais d'avoir une patente (voir p. 980).
4. *Valeter* : « Faire beaucoup de courses, de démarches qui donnent de la peine et demandent de la patience » *(Académie)*.
5. L'intérêt sera ainsi payé sur un plus long laps de temps, ce qui dédommagera Beaumarchais de ses frais.

Page 997.

1. Gorsas (voir p. 940) accusait Beaumarchais d'avoir acheté en 1789 le parlement de Paris, et en août 1792 le Comité de surveillance de la mairie...
2. Si je ne dois être remboursé qu'à la fin de la guerre.
3. Le fait de me payer les fusils; voir le paragraphe précédent. Le paiement permettra à Beaumarchais de rembourser des emprunts dont l'intérêt est plus fort que celui qu'on lui propose.

Page 998.

1. Étant donné le caractère officiel, administratif de cette négociation.
2. Les cent mille florins dont il a été question p. 997.

3. Pour la plus forte somme, qui serait ainsi entièrement couverte par les lettres de change.

Page 999.

1. Il s'agit du traité.
2. Le dépôt de la somme chez le notaire; voir p. 997. La *« marque de confiance »* consistera pour Beaumarchais à renoncer à ce dépôt.
3. Que les échéances fussent fixées « à certains termes différents dont on est convenu » (*Académie*, art. « Poste »). La somme versée étant plus forte, l'intérêt versé à Beaumarchais sera plus faible.

Page 1000.

1. Voir n. 3, p. 941.
2. Sans aucun droit à m'attaquer.
3. Voir p. 981.
4. Sur les deux cent mille florins qui vont en principe être remis à Beaumarchais.
5. Les cinq cent mille livres qui ont été prêtées à Beaumarchais par le gouvernement.
6. Les délais pour obtenir une condamnation de Provins, condamnation qui réduira à néant son opposition.

Page 1001.

1. Voir p. 999. Il s'agit dans l'acte des deux cent mille florins inscrits comme reçus par Beaumarchais.
2. À combien, au plus [, il portait ses fausses demandes].
3. L'addition par laquelle il était dit que Beaumarchais ne touchait pas d'argent.

Page 1002.

1. Les ministres nommés par le roi; plus loin, sont *populaires*, ceux qui ont été nommés par la Législative après le 10 août et forment le Conseil exécutif provisoire. Voir n. 1, p. 946.
2. Inutile, parce que trop tardif. On remarquera que cette « Troisième époque » se termine lyriquement par deux alexandrins suivis d'un octosyllabe.

QUATRIÈME ÉPOQUE

3. Allusion au décret d'accusation du 28 novembre; voir p. 1106 et suiv.
4. Voir p. 936.

Page 1003.

1. Accumuler les faits.
2. Les fonds qui vous sont dus; il s'agit des lettres de change que le département de la Guerre a refusé de déposer, devant donner à la place deux cent mille florins. Voir p. 998-999.
3. Puisque Beaumarchais reconnaît les avoir déjà touchés; il

est dit en effet, dans l'article 5 : « Pour faciliter audit sieur Beaumarchais la marche de ses affaires courantes, [...] il a été payé à mondit sieur Beaumarchais qui reconnaît également les avoir présentement reçus, deux cent mille florins courants de Hollande. »

Page 1004.

1. *Onéreux* : « Qui est à charge, qui est incommode »; et peut-être au sens de « qui risque de vous coûter cher » *(Académie)*.

2. « *Prendre quelqu'un sur le temps* pour dire saisir une occasion subite et favorable pour lui faire faire quelque chose ou ne pas lui laisser le temps de la réflexion » *(Académie)*. Le premier commis est Vauchelle.

3. Voir p. 999.

4. Faire marcher mes affaires.

Page 1005.

1. Voir p. 955 et 957.

2. Sur les objections de Vauchelle, voir p. 998-1001.

3. On attendrait plutôt *pécuniaires*, comme de nos jours. *Pécunier* n'est pas dans les dictionnaires du XVIIIe siècle.

Page 1006.

1. On attendrait le pluriel. De toute manière, la phrase est mal construite.

Page 1007.

1. Probablement à Pantin, où Beaumarchais avait une maison.

2. D'Abancourt va rester à la Guerre du 23 juillet au 10 août 1792; et Dubouchage, ministre de la Marine du 20 juillet jusqu'au 10 août, n'eut aux Affaires étrangères que l'intérim, du 23 juillet au 1er août.

3. Les reproches.

Page 1008.

1. « [...] et pour augmenter encore ladite sûreté, il y engage tous ses biens disponibles, c'est-à-dire sa solvabilité personnelle, en attendant que l'expropriation des armes [...] soit parvenue à Nous Ministres [...] » (art. 5).

2. Le traité joint constitue la pièce justificative n° IX; voir n. 1 de cette page, et n. 3, p. 1003; n. 2, p. 1009; etc.

3. C'est-à-dire par Osy (voir J.-C. Gatty, ouvr. cité, note 6, p. 70). Delahaye n'a jamais rien déboursé : c'était pour lui des dommages de guerre que ces armes. Voir l'article 8 : « [...] cautionnement de cinquante mille florins d'Allemagne auquel celui-ci s'est engagé envers le gouvernement autrichien, pour l'assurance que ces fusils seront portés en Amérique et que l'acquit à caution en serait remis à l'amirauté de Tervère sous le temps nécessaire tant au voyage qu'au retour des vaisseaux. »

Page 1009.

1. Immédiatement.
2. L'article 8 stipulait en effet que le cautionnement serait fourni « aussitôt la signature dudit traité ».
3. Voir n. 2, p. 1007. Les Affaires étrangères sont attribuées le 1er août à Bigot de Sainte-Croix.
4. Bonne-Carrère occupait le poste de directeur général aux Affaires étrangères depuis le 1er avril.
5. Depuis 1786, Durvey était le trésorier des Affaires étrangères; remercié par Dumouriez, il avait été réintégré le 22 juin 1792.

Page 1010.

1. Lebrun n'était encore que premier commis des Affaires étrangères.
2. Voir p. 984.
3. Concernant ma demande.
4. Alors que le bateau l'attend à Dunkerque; mais La Hogue va probablement d'abord porter des nouvelles de Beaumarchais à sa femme et à sa fille, qui résidaient au Havre à ce moment-là. Voir p. 1012.
5. « *Pas* : se dit aussi des allées et venues que l'on fait pour quelque affaire et des peines qu'on prend pour y réussir » (*Académie*).
6. Il y a été fait allusion p. 1009.
7. Depuis mars 1792, début des négociations de Beaumarchais avec les ministères à propos de cette affaire des fusils.

Page 1011.

1. À Naples, dans l'ampoule qui le contient.
2. En juillet 1792, les sections populaires s'organisent dans Paris; autorisées le 25 juillet par l'Assemblée à siéger en permanence, elles font pression sur celle-ci : le 10 août, la commune insurrectionnelle s'établit, les Tuileries sont attaquées; c'est enfin la « suspension » du roi et la création du Conseil exécutif provisoire : tous les ministres nommés par le roi sont remplacés par les ministres *populaires*, nommés par la Législative.

Page 1012.

1. À la hauteur de l'actuel quai des Célestins, non loin par conséquent de la maison de Beaumarchais. Voir p. XXXVI, n. 1.
2. Qui violera les lettres. Le 25 juillet 1789, la Constituante avait condamné comme un fait de tyrannie l'ouverture des lettres cachetées, même dans l'intérêt de l'État. Mais la proclamation que « la patrie est en danger » (11 juillet 1792) et l'autorité croissante de la Commune suscitent toute une série de mesures pour surveiller et dénoncer les signes d'*incivisme*. D'où l'ironie du passage.
3. Nous reproduisons cette lettre (pièce justificative nº X) dans les Appendices (p. 1180-1188).

Page 1013.

1. C'est-à-dire depuis le 10 août 1792; Lajard n'avait pas été tué : il émigra ainsi que Dubouchage et Bigot de Sainte-Croix. D'Abancourt, arrêté, devait être massacré à Versailles le 9 septembre, avec d'autres prisonniers.

2. C'est le retour des ministres girondins révoqués le 13 juin par Louis XVI : Clavière, Roland et Servan; mais après leur renvoi du 13 juin, Servan, maréchal de camp, avait rejoint l'armée au camp de Soissons. Lebrun (voir n. 1, p. 1010) est devenu ministre des Affaires étrangères.

3. Une loi du 3 août charge les municipalités de faire fabriquer sans aucun délai et aux frais du Trésor public un nombre de piques suffisant pour en distribuer à tous les citoyens en état de porter les armes.

4. Tant de corps d'armée.

Page 1014.

1. Auraient dû [...].

Page 1015.

1. Nous écririons *tendant*. Voir p. 967 et n. 1.
2. Donc antérieur au 10 août, date du changement de régime.

Page 1016.

1. « Frayeur subite, saisissement [...]. Il ne s'emploie guère que dans le discours familier » *(Académie)*.

2. Cette lettre a été précédée par un mot écrit le même jour à quatorze heures (voir le texte dans J.-C. Gatty, ouvr. cité, p. 129).

Page 1017.

1. *Faire la guerre à l'œil* : « Prendre garde attentivement à tout ce qui se passe, afin de profiter de l'occasion » *(Académie)*.

2. Beaumarchais ne cite pas exactement, comme pourraient le faire croire les guillemets, mais paraphrase l'article 7, qui déclare : « M. de La Hogue [...] ayant donné, dans cette occasion importante, des preuves réitérées de son activité, de son intelligence et de son courage [...] nous désirons que cet officier, comme très instruit de l'affaire, soit chargé, par préférence, de la consommer avec M. de Maulde [...]. »

Page 1019.

1. Par conséquent, d'Autrichiens, qui occupaient la Belgique.
2. Sur ce florin et demi de droits, voir p. 961.

Page 1020.

1. Un Français du parti autrichien.
2. Le mot, attesté au XVe siècle, mais absent des dictionnaires

du XVIIIe, paraît bien être ici une recréation de Beaumarchais. Voir de même, p. 1021, *ébruitement*.

Page 1021.

1. Belle trouvaille ! où Beaumarchais retrouve le ton de Figaro; voir *Le Mariage de Figaro*, acte I, sc. II, p. 385. Mirabeau avait désigné l'accord des trois députés de la Constituante — Duport, A. Lameth et Barnave — par le terme : *triumgueusat* (signalé par Laporte dans une lettre au roi du 21 mars 1791).
2. Soit une livre, ou un franc; « de France » signifie en monnaie-papier. Le florin valait à cette date plus de deux livres-assignats : Beaumarchais propose donc moins de la moitié de ce qui lui avait été précédemment demandé (voir n. 2, p. 1019).
3. Voir n. 2, p. 1020.
4. « *Mettre quelqu'un au pis* [...] cela se dit par manière de défi et pour marquer à un homme que, quelque mauvaise qualité qu'il ait, on ne le craint point » (*Académie*).

Page 1022.

1. C'est la lettre adressée à Lebrun (voir p. 1016-1019) et que Beaumarchais n'a pu encore lui faire parvenir.

Page 1023.

1. *Rage mue* : « La rage où l'animal atteint de cette maladie écume et ne mord point » (*Académie*, par opposition à la « rage blanche »).
2. Sur cette lettre, voir, dans le Catalogue de l'exposition Beaumarchais à la Bibliothèque nationale, le numéro 542. Beaumarchais avait, de colère, déchiré cette lettre, mais en conserva les morceaux, rassemblés sous le titre : « Tous les morceaux de la lettre d'injures des intrigants, compagnie autrichienne qui demande cent trente mille livres pour faire venir les fusils » (voir son texte dans J.-C. Gatty, ouvr. cité, p. 134-135).

Page 1024.

1. Il n'a été question jusqu'ici que de la première de ces lettres (voir p. 1015). Le contenu de la seconde va être précisé par Christinat lui-même.
2. Voir p. 1015.

Page 1025.

1. Voir n. 2, p. 1013. Servan, Roland et Clavière avaient repris leurs ministères, respectivement la Guerre, l'Intérieur, les Finances.
2. Les paquets contenant en particulier les instructions de Roland concernant La Hogue (voir p. 1024); Christinat très obligeamment fait prendre par le courrier les instructions de Beaumarchais au sujet de ce même La Hogue.
3. Il faut noter toutefois que Roland envoya, le 24 août, la note

suivante au président de l'Assemblée nationale : « Monsieur le Président, j'ai écrit à la municipalité du Havre le 19 de ce mois en suite du décret de l'Assemblée nationale, pour faire mettre en liberté le sieur de La Hogue, lui faire donner un passeport pour l'intérieur du royaume seulement. » (note citée par J.-C. Gatty, ouvr. cité, n. 18, p. 135.)

Page 1026.

1. Comme l'animal qui a le pied fendu et pour lequel on paie un droit d'entrée dans les villes, appelé *pied-fourché*.

2. Ce Colmar fera paraître le 17 avril 1793 un pamphlet contre Beaumarchais. Dans ce pamphlet de huit pages (Bibliothèque historique de la ville de Paris, cote 962 086), Colmar, qui fait l'éloge de Constantini, accuse « P. A. Caron, devenu [...] de simple garçon horloger un archimillionnaire, *gaudeant bene nantis*[1] », de voyager pour empêcher l'arrivée des fusils : « Belle et bonne caravane[2] contre-révolutionnaire. »

3. Sur l'Abbaye, voir p. 940 et n. 6. L'ordre d'arrestation, daté du 23 août, était signé par Lenfant, Duffort et Panis. On y recommandait le prisonnier à M. de La Vacquerie, concierge de la prison; on pouvait lui procurer de quoi écrire !...

Page 1027.

1. Sur le Comité de surveillance, voir p. 940 et n. 5.

2. Marat va être, à partir du 2 septembre, administrateur adjoint du Comité de surveillance — et à ce titre responsable des massacres de septembre. On voit, par cette scène saisissante, qu'il y est déjà influent. Peut-être y a-t-il ici un jeu de mots (Clément Marot).

Page 1028.

1. C'est l'actuelle rue de Turenne. *La présidente* se disait souvent de celle qui présidait une société de charité.

2. C'est l'actuelle rue Elzévir, aussi dans le Marais. C'est chez cet ami, Gomel, que Beaumarchais était allé coucher le soir où l'on avait envahi sa maison (voir sa lettre à sa fille du 12 août 1792, p. 1180 et suiv.).

3. En réalité, Pétion : il était maire de Paris et sera nommé le 20 septembre président de la Convention.

4. Attestation de son civisme et de sa pureté; *sauf* : sous réserve de [...].

Page 1029.

1. Beaumarchais avait signé le billet, daté du 28 août 1792, par lequel il s'engageait à se présenter devant le Comité de surveillance à toute demande.

2. Louis Auguste Augustin, comte d'Affry (1713-1793), comman-

1. Voir p. 486.
2. Voir p. 618 et n. 3.

dant la garde du roi, démissionna après Varenne; arrêté après le 10 août, reconnu innocent, il fut libéré.

Thierry, baron de Ville-d'Avray, valet de chambre de Louis XVI, fut massacré en septembre.

Montmorin avait été ministre des Affaires étrangères de 1787 à 1791. Accusé d'avoir fait partie du comité autrichien, il n'échappa pas aux massacres de septembre.

Sombreuil est le père de Charles Virot de Sombreuil qui émigra en 1792; il est exact que sa fille sauva le prisonnier des massacres de septembre, mais il fut exécuté en juin 1794.

L'abbé de Boisgelin, cousin du prélat de même nom qui avait émigré, périt au cours des massacres de septembre.

Lally-Tollendal, fils légitimé du vaincu de Pondichéry, émigré depuis 1790, rentra à Paris pour tenter de faire sortir le roi de France; ses amis réussirent à le faire libérer.

3. Le *Dictionnaire de l'Académie* note l'emploi figuré : *« [...] ils sont encaqués là comme des harengs. »*

4. L'article 1er du traité du 18 juillet (voir la Note sur le texte, n. 4 en bas de p. 1601) stipule que Beaumarchais vend les fusils au prix de huit florins huit sous.

Page 1030.

1. Le 23 août 1792; Verdun devait tomber le 2 septembre.

2. *Décerner* : « [...] ordonner juridiquement, ordonner par autorité politique » *(Académie)*.

3. Eugène de Miron.

Page 1032.

1. Était joint à cette requête un billet pour Panis (cité par J.-C. Gatty, ouvr. cité, p. 144) : « En demandant pardon à M. Panis, dont les principes d'ordre et d'humanité m'ont paru très propres à rassurer un bon citoyen opprimé, je le prie d'engager le Comité de surveillance à avoir plus d'égards à mes justes demandes. »

Page 1033.

1. Voir la lettre à Manuel (éd. Fournier citée, p. 677-679). Sur l'intervention de Manuel, voir n. 2, p. 941.

2. De les poursuivre tous en justice. *Les* désigne tous ceux qui, comme Constantini et Larcher, mettent des obstacles à l'entreprise.

Page 1034.

CINQUIÈME ÉPOQUE

1. Sous peine d'offenser des hommes influents. Ce dernier adjectif, tout récent (1791), est encore peu employé. *Influer*, intransitif, était peu à peu remplacé par *influencer*.

2. Beaumarchais écrit cette « Cinquième époque » à Londres, à la fin de janvier et au début de février 1793. Il avait quitté Paris à la fin de septembre 1792.

3. Les scellés avaient été mis sur la maison de Beaumarchais le 22 novembre. Il apprit à Londres le 20 décembre qu'on allait

vendre ses biens, parce qu'on lui reprochait d'avoir émigré (voir p. 1101).

4. Depuis le début d'avril, depuis la signature du traité des fusils avec de Graves.

5. Beaumarchais en évoque les termes plus loin; voir n. 3, p. 1100.

Page 1035.

1. Cet homme vigilant était M. de Maulde. On se souvient que Beaumarchais avait avancé six mille florins au moment de l'arrestation de ces faussaires (voir p. 984).

2. La menace était si réelle que Beaumarchais se réfugia en Angleterre (voir p. 1098).

3. La Convention nationale avait remplacé l'Assemblée législative le 21 septembre 1792.

Page 1036.

1. Voir p. 1029. C'est le 2 septembre que commencèrent les massacres.

2. Les deux officiers municipaux; voir p. 1033.

3. Au sens antique de « vouée au sacrifice »; de même p. 1037.

4. À cette époque, les affiches se multipliaient dans Paris. Voir J.-C. Gatty, ouvr. cité, note 1, p. 147.

Page 1038.

1. Voir p. 1024.

Page 1039.

1. Cette attestation devait remplacer les deux précédentes et avait été promise la veille, 29 août (voir p. 1036).

2. Épisode de la lutte entre l'Assemblée et la Commune.

3. *Il* représente Beaumarchais. Le club, qui tenait ses séances dans la Sainte-Chapelle, passait pour royaliste. Des listes de ses membres, plus ou moins exactes, circulaient sous le manteau. Beaumarchais va déclarer (p. 1046) qu'il n'a jamais fait partie d'un club.

Page 1041.

1. Le mot *détours* a ici à la fois le sens de « chemins détournés » et le sens de « ruses ».

2. La prise de Verdun, le 2 septembre, avait ouvert aux Prussiens la route de Paris. Ils seront arrêtés le 20 à Valmy.

3. Sur cette requête, du 12 juin, écrite en réalité au nom de Beaumarchais par M. de La Hogue, voir p. 984 et n. 2, p. 985 et n. 2.

4. Cette phrase ne se trouve pas dans la lettre adressée à Lebrun et a été ajoutée.

Page 1042.

1. C'est le traité du 18 juillet (voir p. 994 et suiv.). *Errements* :

« Erres. Il n'est d'usage qu'au figuré et en parlant d'affaires. *Reprendre les derniers erremens d'une affaire* [c'est-à-dire au point où on l'avait laissée] » *(Académie)*.

2. Probablement un notaire.

Page 1043.

1. *Contremander* : « Révoquer l'ordre qu'on a donné » *(Académie)*. *Décommander* est, à cette date, inusité.

2. Voir p. 1036-1037.

Page 1044.

1. La poste suivante était le lundi (voir p. 1046).

Page 1045.

1. Le boulevard est celui des Italiens, tout proche de la rue d'Artois (actuelle rue Laffitte) où se trouvait le ministère.

Page 1046.

1. Une fois la nuit tombée. Le *Dictionnaire de l'Académie* ne donne que *sur la brune*, « vers le commencement de la nuit » (voir n. 3, p. 163, et n. 1, p. 393).

2. Il s'agit ici, bien entendu, du crépuscule du matin : « Il signifie aussi le temps qui est depuis la fin de la nuit jusqu'au lever du soleil » *(Académie)*.

Page 1047.

1. Beaumarchais reproduit fidèlement les fautes d'orthographe de ce billet « de laquais », « de cuisinière ».

2. *Brutal*, ici opposé à *très adroits*, garde son sens ancien de « grossier ».

Page 1048.

1. C'est-à-dire au ministère de la Guerre.

Page 1049.

1. Lebrun.

2. « Il signifie la même chose qu'*altercation* et il n'est guère d'usage que dans le style marotique ou badin » *(Académie)*. Beaumarchais minimise ainsi la gravité de son différend avec le ministre. Sur ce différend, voir p. 970-971.

3. « Formule de notaire. Maintenant, à présent » *(Académie)*.

4. Beaumarchais se montre ici disciple de Voltaire qui voulut, sans aucun succès, remplacer *août* par *auguste*. (Voir n. 1, p. 1172.)

5. « On dit payer une chose à l'acquit d'un autre pour la payer à la décharge d'un autre » *(Académie)* ; ici, *à sa place*.

Page 1050.

1. D'après le mémoire d'Osy, le solde n'a été réglé que le 8 novembre 1792 (voir J.-C. Gatty, ouvr. cité, p. 349).

2. C'est de la part de Beaumarchais une feinte : voir p. 963, 965 et n. 2, et p. 973.

Page 1051.

1. L'idée est chère à Beaumarchais : on trouvait déjà l'éloge du négociant dans *Les Deux Amis*, acte II, sc. x, p. 223.
2. Sur cette répétition de *que*, fréquente dans la langue classique, voir A. Haase, *Syntaxe française du* XVII*e* *siècle*, Paris, Picard, 1898, p. 388.

Page 1052.

1. Sur ces faussaires et leurs méfaits, voir p. 984 et 1035.
2. Gudin de La Brenellerie a conservé cette forme, corrigée dans les éditions postérieures en *Puis-je* [...].

Page 1053.

1. Sur ce texte et sur Provins, voir p. 935, 936, 964.
2. Qui parvint à convaincre le Comité de surveillance de la mairie; voir p. 1027.
3. L'ultime chance offerte de fournir des explications.
4. Du moins; effectivement, ils vont accompagner Beaumarchais (voir p. 1057).
5. Tisiphone est l'une des Érinyes.

Page 1054.

1. Sur le premier traité, voir la « Première époque », p. 949-958; pour le second, voir la « Troisième époque », p. 994-1002.
2. À l'article 8 : voir n. 3, p. 1008.
3. Que lorsqu'on nous délivrera l'ordre [...].

Page 1055.

1. Voir cette « grande lettre », p. 1016-1019.
2. Il définit, précise et défend mes intérêts.

Page 1057.

1. Depuis 1789 surtout, le Palais-Royal connaissait une grande animation politique : harangues, propagation des nouvelles, mouvements de foule, etc.
2. Voir Virgile, *Géorgiques*, livre IV, v. 520-522.

Page 1059.

1. Le « Renvoi » est signé par Louvet en qualité de secrétaire de la Législative, rôle qu'il tenait précisément ce 14 septembre 1792.

Page 1060.

1. En ce qui concerne le reste.

2. En réalité, Lecointre était en mission en Normandie, où il resta tout le mois de septembre.

Page 1061.

1. Beaumarchais commet ici une erreur : il s'agit encore du 16 septembre, comme le prouve la date de la lettre à Lebrun (pièce justificative n° XI, que nous reproduisons), la lettre suivante (pièce justificative n° XII) étant datée du 18. Il n'y eut pas de lettre le 17. Beaumarchais dut passer toute la journée du 16 en démarches réitérées. Quant à l'attestation du 19, elle est insérée dans le récit au jour où elle fut promise, puis le récit reprend normalement à l'alinéa : « Le lendemain 17, j'y retournai [...] » (p. 1062).

Voici la lettre, n° XI (voir la Note sur le texte, n. 4 en bas de p. 1601) : « Ce 16 septembre 1792. / Monsieur, / Mon intention étant de vous instruire de toutes mes démarches, sur la grande affaire des fusils, j'ai l'honneur de vous adresser, avec mes demandes pour ce soir, l'exorde du plaidoyer que j'ai fait samedi, aux deux Comités réunis, *des armes* et *militaire*; le reste n'a été que l'examen sévère de toutes mes correspondances, depuis ma première lettre de refus de cette affaire, à M. de *Narbonne, du 8 mars dernier*, jusqu'à ma dernière lettre à vous, Monsieur, le lendemain de mon admission au Conseil, *du 13 septembre présent mois.* / Ces Messieurs, j'ose dire, après m'avoir montré la plus grande surprise de ma longue patience, et de mon courage inouï, contre tant de tribulations, après avoir donné les plus flatteurs éloges à mon indomptable civisme, se sont fort bien rappelé : *que c'était leur avis formel qui avait décidé les Ministres* (Lajard et Chambonas) *au traité du 18 juillet*; ils ont conclu à vous prier d'en hâter toute l'exécution, et ç'a été l'objet de la mission qu'ils ont donnée à deux d'entre eux, qui se sont transportés hier matin, chez vous, à cet effet. / Vous avez bien voulu leur promettre, Monsieur, *de me donner ce soir, après le Conseil, tout ce qu'il me faut pour partir.* / *Pour soulager votre attention*, j'ai l'honneur de vous libeller ici les objets qui me sont nécessaires : pour qu'on veuille les expédier. / *Mon passeport pour la Hollande*, avec mission du Ministère, pour une affaire pressée, mais non désignée au passeport, afin qu'il n'y ait point d'accrocs. *Le passeport de M. La Hogue*, sous la forme que vous voudrez. / *Vos dépêches pour M. de Maulde*, lui enjoignant d'exécuter tout ce qui le concerne *dans le traité du 18 juillet, duquel vous joindrez copie certifiée*, que je viens de faire pour lui, que je vous porterai ce soir; en le priant de nous aider de tout son pouvoir *à La Haye*, pour faire arriver les fusils. / Le cautionnement *de cinquante mille florins d'Allemagne, que M. Durvey* chargera la maison hollandaise de *La Haye*, ou de *Rotterdam*, qu'il voudra, de faire à mon vendeur, pour moi. / La lettre de M. *Servan*, portant ordonnance pour le Trésor public, de la somme convenue au traité, pour le complément de laquelle *(au-delà de deux cent quarante-cinq mille livres que le département de la Guerre a à moi)*, j'engagerai mes biens, *jusqu'à la livraison des armes*, par un acte auquel le traité m'oblige et que je porterai ce soir. / Cet acte, engageant tous mes biens au gouvernement, sera un motif de plus, pour qu'on m'accorde à mon départ *la sauvegarde que je demande pour mes possessions de Paris, tant du pouvoir exécutif que de la municipalité*, pour en éviter le pillage pendant mon absence de France. / Je demande une attestation de civisme, qui garantisse ma personne; mais c'est l'affaire des Comités, *qui me l'ont promise tous deux.* / Pressez tous ces objets, Monsieur, je vous en supplie instamment; nous touchons l'équinoxe, où la mer est terrible; et nul homme n'y est aussi malade que moi, même dans les temps les plus calmes. Il ne me faut pas moins qu'une considération aussi grave que les besoins d'armes de la France, et tout le temps qu'on m'a fait perdre, pour me faire vaincre l'horrible répugnance que je sens pour cet élément, surtout dans la saison la plus orageuse de l'année. / Recevez, Monsieur, les respects de l'infatigable homme, *qui n'aura plus que des grâces à vous rendre, quand tout ceci sera fini.* / *Signé* BEAUMARCHAIS. »

2. « *Constater*, établir la vérité d'un fait par des preuves certaines » *(Académie)* ; ici, par un écrit faisant foi.

Page 1062.

1. Constantini, comme cela va être dit.

2. Voici cette lettre (pièce justificative nº XII; voir la Note sur le texte, n. 4 en bas de p. 1601) : « Ce 18 septembre 1792. / Monsieur, / D'après la conférence que vous avez daigné m'accorder ce matin, je juge qu'en effet j'aurai l'espoir de voir terminer ce soir au Conseil, l'affaire qui retient mon départ. *Si les ministres m'avaient fait l'honneur de m'admettre à une séance où la décision du Conseil exige mon reçu des sommes qu'on doit me remettre, et l'engagement de mes biens pour la sûreté de ces sommes, jusqu'à l'instant où l'expropriation et la livraison des fusils sera faite par moi, au désir du traité, et au vu et au su des ministres.* / Mais comment puis-je espérer une fin *d'une séance où je ne serai pas* ? C'est encore quelques jours perdus, et il n'y a point de ma faute, si ma marche en est retardée, au grand dommage de la patrie; car j'ai eu soin, Monsieur, de traiter en tout temps cette épineuse affaire avec une si sévère méthode *(attendu toutes les malveillances)*, que je n'y demande jamais rien, qui ne soit constaté de la plus rigoureuse exigence. / Vous m'avez fait l'honneur de me parler, Monsieur, *des avances considérables à me faire, et qui commandent des sûretés contre moi.* À cela, je réponds qu'il y a bien longtemps que j'ai fait ces avances moi-même pour la nation, et n'ai point exigé de sûretés; au contraire, *j'ai abandonné toutes les miennes*; et j'ai tellement fait des avances, *que la nation m'en paye l'intérêt commercial*; et que l'argent qu'elle me donnera ce soir, *ne fait que la libérer envers moi d'une portion de ces intérêts.* / Si j'avais livré les fusils que j'ai achetés pour elle, au mois de mars dernier, elle me devrait ce soir, en acquittement, deux fois au moins la somme que le traité l'oblige à me délivrer en avance. *C'est parce que l'on m'a indignement retenu à Paris, que l'opération n'est pas faite*; et que j'engage tous mes biens envers elle, *jusqu'à ce que j'aie pu l'achever* : ce qui ne tardera point, Monsieur, *sitôt que j'aurai pu partir.* / Mais pour poser des bases bien solides sur l'argent qu'on va me donner, rappelez-vous, Monsieur, qu'avant que le département de la Guerre puisse exiger sûreté pour des avances qu'il m'aura faites, il faut qu'*il commence par me rendre deux cent quarante-cinq mille livres* QU'IL A À MOI DEPUIS LE 5 AVRIL DERNIER; ensuite qu'il me paie l'intérêt commercial échu, qui fait six mois complets au 3 octobre, des sommes portées au traité. Ce qu'il *me donnera au-delà aura tous mes biens pour garants, comme je m'y suis engagé.* C'est une affaire convenue; *je vous en ai remis l'acte en bonne forme ce matin*; il

ne nous reste qu'à le signer. / Quant à la personne de confiance, *que M. Clavière désire envoyer à La Haye, pour y surveiller ma conduite*, je n'ai droit ni pouvoir, Monsieur, d'empêcher *M. Clavière*, ni personne, d'envoyer qui il veut *à La Haye*. Un de mes premiers soins sera de constater tout ce que j'y ferai d'une manière irréfragable; surtout, je m'y assurerai *si les hommes qui m'y suivront servent ou nuisent à notre affaire, et j'en constaterai les preuves*. Cette conduite hostile à mon égard ne me blesse point, Monsieur; elle me prouve seulement que ce ministre soupçonneux n'a eu ni le loisir, *ni le désir*, d'étudier la marche de l'affaire; qu'*il ne la connaît nullement*. S'il eût daigné prendre la peine *que l'Assemblée nationale a fait prendre à ses Comités militaire et des armes*, SUR MA PRESSANTE PÉTITION, *de m'entendre la discuter pièces probantes sur le bureau*, ce ministre eût fini par déclarer, comme les Comités l'ont fait, que j'ai droit à la protection, aux secours et à la confiance *dans une affaire où je mérite, ajoutent-ils, la reconnaissance de la nation*. / Je suis avec respect, Monsieur, etc.[1]. / *Signé* CARON BEAUMARCHAIS. »

3. Beaumarchais avait reçu cinq cent mille livres d'assignats et avait remis un paquet de sept cent cinquante mille francs de contrats; voir p. 957.

Page 1063.

1. Sur ces deux visites de Larcher, voir p. 1019-1021 et p. 1029-1030.
2. Pour qu'il les revende; sur le prix de sept florins huit sous, voir p. 1029.
3. On lui avait remis en outre [...].

Page 1064.

1. À nous, membres du gouvernement.
2. De trois cent mille francs.

Page 1065.

1. La crainte de Beaumarchais était en réalité injustifiée; voir la copie de la lettre de Lebrun, p. 1069. Mais on remarquera qu'il n'y est aucunement question du cautionnement.
2. Beaumarchais prévient ici le reproche qu'on pourrait lui faire de thésauriser de l'or.
3. Les scellés avaient été posés le 28 novembre 1792.

Page 1066.

1. Le 14 février 1793.
2. P. 1065.
3. Beaumarchais ici se trompe : il s'agit de l'article 7.

Page 1067.

1. Voir p. 1016-1019.

1. Le manuscrit porte : « [...] votre très humble et très consterné serviteur. » L'*acte* dont il est question dans cette lettre, non encore signé, est une confirmation du traité du 18 juillet 1792 (voir J.-C. Gatty, ouvr. cité, note 18, p. 166).

2. Voir n. 3, p. 1035.

Page 1068.

SIXIÈME ET DERNIÈRE ÉPOQUE

1. Servan reste à la Guerre jusqu'au 30 septembre 1792, date à laquelle il est nommé général en chef de l'armée des Pyrénées. Lebrun prend l'intérim du 5 au 19 octobre.

2. Partis de Paris pour le Havre le 22 septembre, Beaumarchais et Gudin de La Brenellerie avaient été arrêtés quelques jours à Yvetot : Gudin n'avait pas le passeport qu'il avait demandé. Voir la lettre de Beaumarchais à Lebrun du 21 septembre, citée par J.-C. Gatty (ouvr. cité, p. 170). Beaumarchais avait retrouvé au Havre sa femme et sa fille, mais y était resté très peu de temps.

Page 1069.

1. De Maulde était si bien instruit que dans ses dépêches à Lebrun du 28 septembre et du 9 octobre il déclara que, par la faute d'Osy, Beaumarchais ne pouvait obtenir directement les armes et que des intermédiaires étaient nécessaires. Voir le texte de ces dépêches dans J.-C. Gatty, ouvr. cité, p. 172-173.

Page 1070.

1. En réalité, un mois, si l'on en croit deux autres passages : les armes ont été *encaissées* (mises en caisses) en février (voir p. 1082), et proposées au début de mars (voir p. 947).

Page 1071.

1. Sur ce prix, voir p. 1029 et 1063.
2. Je lui racontai [...].

Page 1072.

1. Ce mot n'est pas dans les dictionnaires du XVIIIe siècle et semble bien être une recréation de Beaumarchais par contamination de *protecteur* et *doctoral*. Littré donne un emploi dans d'Aubigné, mais avec un sens différent.

2. Sur *parti*, voir n. 2, p. 951. *Dont* reprend simplement *fusils*. Il faut comprendre que Constantini a déjà livré six mille fusils et vient d'en acheter quatre mille autres.

3. Au sens juridique du terme : le *légitime contradicteur* est celui qui a droit ou qualité pour contredire.

4. Voir p. 1029.

Page 1073.

1. Voici cette lettre (pièce justificative n° XIII; voir la Note sur le texte, n. 4 en bas de page 1601), dont J.-C. Gatty donne la

majeure partie (ouvr. cité, p. 173-174), d'après le manuscrit autographe; il y a de très légères variantes, sans importance pour le sens : « De La Haye, le 16 octobre 1792. / Monsieur, / Je suis enfin à La Haye depuis le 12 de ce mois, après une traversée de six jours d'Angleterre ici, la plus pénible qu'on ait eue depuis quarante ans. J'ai remis à mon arrivée votre lettre à M. de *Maulde*, mais non *vierge*, comme je l'ai reçue de vous; elle a été violée à *Yvetot* en Normandie; c'est la première fois, je crois, qu'on voit le *Roi d'Yvetot*[1] violer les dépêches d'un ministre de France. J'ai fait dresser, du tout, procès-verbal, et me suis mis en règle, comme je fais sur tout le reste. / J'ai trouvé M. de *Maulde* aussi zélé pour l'affaire des armes, que je l'ai toujours reconnu *ministre habile et très chaud patriote*. Avant d'user, pour le transport des armes, *des ruses commerciales*, je vais former ouvertement ma demande aux États de Hollande, avec toute l'énergie dont je suis capable, en mon nom, et comme citoyen d'un pays libre. Ce qui me nuira le plus ici, sont tous *les barbouillons de Français* qui courent ébruitant des recherches d'armes pour la France, qui sont parfaitement inutiles, et qui nuiront à la seule affaire existante. / Eh ! pourquoi n'y nuiraient-ils pas ? *Ils semblent n'y être que pour cela, ont reçu des avances énormes de Paris, le disent tout haut*; et je suis ici, comme en France, uniquement occupé des embûches que l'on m'y tend; *mais je vaincrai*. Je suppose, Monsieur, que vous avez adressé *à M. de Maulde, le cautionnement de cinquante mille florins*. Vous deviez me remettre à mon départ, *des notes de toileries et autres objets utiles à la Patrie*. Vous ne l'avez pas fait; si c'est oubli, c'est un malheur; si c'est défaut de confiance je n'ai pas le droit de m'en plaindre, *ne l'ayant point sollicitée* ! / *Vous avez bien voulu me dire que si j'avais besoin de deux ou trois cent mille livres ici pour enlever l'affaire, par toutes les voies à la fois, vous me les feriez remettre sur votre propre responsabilité, par M. de Maulde*. Si vous ne croyez devoir le faire, Monsieur, l'affaire en souffrira : mais je ne le regarderai pas comme une nouvelle infraction à mon traité *par le ministère français*; votre avance personnelle n'étant pour rien dans l'acte auquel *toutes les infractions ont été faites à mon départ de France*; car j'en suis parti *sans recevoir un sol, des sommes auxquelles le traité oblige envers moi le ministère*; tandis que des BROUILLONS qui nous gâteront tout et ne rendront rien à l'État, *ont été comblés de faveurs*. Je ne vous en accuse pas, Monsieur, et suis bien loin de croire que vous y ayez contribué : *je vous regarde comme un homme juste*, et c'est à ce titre seul que je vous prie d'agréer l'hommage respectueux avec lequel je suis, / Monsieur, / Votre, etc. / *Signé*, BEAUMARCHAIS. »

2. À la date du 16 octobre 1792, Dumouriez avait envahi les Pays-Bas autrichiens, et l'avance se poursuivait.

3. La lettre reproduite ici est en réalité datée du 26 octobre. Beaumarchais la recopie en lui apportant quelques modifications; nous signalerons les principales.

4. Original : *[...] par M. Gudin, mon premier commis [...]*.

5. Le gouvernement officiel : ainsi étaient désignés les gouvernants de Hollande, en abrégé *LL.HH.PP.*, comme on va le voir (p. 1082-1085).

1. Allusion à la chanson populaire. Le prince d'Yvetot, au XIVe siècle, était appelé *roi*, parce qu'il ne devait ni l'hommage ni la taille.

Page 1074.

1. Original : *Notre ex-ministre [...].* M. Genet avait été nommé ministre plénipotentiaire à La Haye le 10 octobre, et M. de Maulde, dont il est question ici, rappelé à Paris, le 19. Genet va être remplacé par Thainville.

2. Aucune possibilité de le poursuivre en justice sur le plan civil.

3. L'éternel supplice; le mot n'est dans aucun dictionnaire du XVIIIe siècle, pas plus d'ailleurs que *crucifixion.*

4. Presque en cachette : nous sommes en guerre avec l'Autriche et la Prusse qui dominent le gouvernement hollandais.

Page 1075.

1. Vous ne me mettrez pas dans l'embarras en rapportant à notre ex-ambassadeur ce que je viens de vous écrire... Dumouriez avait réduit le nombre des ambassadeurs, et de Maulde n'avait plus droit qu'au titre de ministre plénipotentiaire.

2. « On dit familièrement *Un brigandeau* pour un petit brigand » *(Académie).* Pour « l'indigne opposition », voir en particulier p. 998-1002.

3. L'intérim n'a duré que du 5 au 19 octobre (voir n. 1, p. 1068). Depuis le 19, Pache est le nouveau ministre de la Guerre.

4. Quand je suis parti; voir p. 1065. Lebrun avait proposé deux cent ou trois cent mille francs.

Page 1076.

1. Original : *[...] sur la caution de l'abbé d'Espagnac, l'homme le plus taré de France [...]*; chargée des transports, sa compagnie faisait d'énormes bénéfices illicites.

2. Soit un peu plus de huit livres par fusil, somme ridiculement insuffisante; voir p. 960-961.

3. Des paragraphes ont été supprimés, que voici : « Mais ils ne sont pas les seuls qui mettent le feu aux achats d'armes. Les persécutions à mon arrivée à La Haye ont recommencé sur les miennes. Je ne les aurai pas, dit-on, si je n'accepte pas les offres que l'on me fait de les acheter à un prix si avantageux. " *C'est ce qu'il faudra voir* " est toute ma réponse, qu'accompagne un brutal refus de les vendre. C'est ce qui fait croire aux États que je suis ici pour autre chose, et a fait faire, depuis mon arrivée, une proclamation contre les étrangers, qu'on m'assure porter sur moi, et dont M. de Maulde aura l'éclaboussure. / À travers tout cela, ma tenue circonspecte m'a mis à même de recevoir des offres d'un autre genre. Des fabricants d'armes d'ici m'offrent de me livrer deux mille fusils par mois tous neufs, des mêmes que la République[1] leur prend pour ses meilleures troupes. Aimant mieux, m'ont-ils dit, avoir affaire à moi qu'à tous ces coureurs si bavards. Mais leur prix est bien loin des huit florins auquel je vous ai laissé tous les miens. Leurs moindres prix sont de onze florins comptant, tant les coureurs ont mis le feu partout. Je les eusse obtenus peut-être à moins de dix, si j'eusse été le seul acheteur. / Quoi qu'il en soit, voulez-vous que j'en traite ?

1. La république des Provinces-Unies.

Ceci n'a nul rapport avec mes soixante mille. Ce sont des fusils neufs à commander, de vos bons modèles de France et que rien n'arrêtera. Vous en aurez dix mille à l'ouverture de la campagne. Je vous ferai parvenir un modèle dans le cas où vous diriez *oui*, auquel tous seraient bien conformes. Et le gouvernement d'ici ne pourrait y mettre obstacle, parce que je n'y paraîtrai pas. / Ceci est un acte de zèle auquel je n'ai d'autre intérêt que celui de vous être utile. »

4. Tout s'explique si l'on date exactement la lettre précédente (voir n. 3, p. 1073).

5. La victoire de Jemmapes, le 6 novembre 1792, avait ouvert à Dumouriez les portes de la Belgique. L'armée autrichienne était commandée par Clairfayt [ou Clerfayt].

Page 1077.

1. Dans cette lettre (pièce justificative nº XIV) d'une quinzaine de lignes, Beaumarchais rappelle que deux mois se sont écoulés et que le cautionnement n'est pas encore arrivé.

2. Voir p. 1064.

3. En Hollande, la tentative de révolution avait eu lieu de 1784 à 1787; en Belgique, en 1789. Les Autrichiens réoccupent ces territoires en juillet 1790. Voir p. 947 et n. 2.

4. Sur ce traité du 18 juillet 1792, voir p. 994-1002. Il n'était pas tellement avantageux pour Beaumarchais !

Page 1078.

1. Ou *au jour*; le *Dictionnaire de l'Académie* donne comme exemple : *« Mettre au jour la perfidie de quelqu'un. »* Le « gazetier » est, bien entendu, Lebrun.

2. Il existe, de cette lettre, une première version dont on trouvera le texte dans J.-C. Gatty, ouvr. cité, p. 183-184. Elle porte : *Minute non envoyée. J'en ai fait porter ensuite une plus modérée*; c'est celle qui va être reproduite.

3. Beaumarchais avait d'abord écrit : *[...] grâce à Jules César Gengis Kan Dumouriez [...]*; ce qui était un bel hommage !

Page 1079.

1. Sur ces propositions de Constantini, voir p. 1029-1030 et p. 1071-1072.

2. Voir n. 1, p. 1010.

3. *Banco* se disait des valeurs de banque indépendantes des variations du change.

4. Beaumarchais reprend ici des faits signalés p. 960-962.

5. La *platine* est « la pièce à laquelle sont attachées toutes celles qui servent au ressort d'une arme à feu » *(Académie)*. La *détremper* pour en enlever la rouille consiste à la faire rougir au feu en la laissant refroidir peu à peu. La *batterie* est « la pièce d'acier qui couvre le bassinet [" petite pièce creuse de la platine dans laquelle on met l'amorce "] et contre laquelle donne la pierre qui est au chien » *(ibid.)*. Beaumarchais souligne que les fusils dont les platines ont ainsi perdu leur trempe sont fragiles.

Page 1080.

1. *Per partachir* veut dire probablement « pour partager », mais nous n'avons rien trouvé sur cette expression ni sur son auteur.
2. Voir n. 1, p. 964.
3. Voir p. 1016-1019.

Page 1081.

1. Il y a une nuance avec *tatillon* : le *tatillon* « entre [...] inutilement dans toutes sortes de petits détails »; le *tâtonneur* « procède avec timidité ou incertitude, faute d'avoir les lumières nécessaires » (*Académie*).

Page 1082.

1. Nous ne donnons pas le texte de ces actes juridiques (pièces justificatives nos XIII *bis*, XIV *bis*, XV et XVI), dont Beaumarchais va indiquer la teneur. Le premier est daté du 8 novembre, les trois autres du 13.
2. Voir p. 1073 et n. 5; de même, dans les pages qui suivent.
3. C'est chez lui que les fusils étaient entreposés.
4. Beaumarchais vient de donner la teneur de ces deux lettres, qui constituent les pièces justificatives nos XVII et XVIII.
5. Sur ces prétendus faits, voir p. 933-936.
6. Voir p. 933.
7. Lebrun avance non pas en aveugle, mais « comme un sournois dangereux qui agit par des voies souterraines » (*Académie*).
8. Beaumarchais a préféré *injuriant* à *injurieux*. Pour l'emploi des adjectifs verbaux chez Beaumarchais, voir von Proschwitz, ouvr. cité, p. 80-82.

Page 1083.

1. Voir n. 2, p. 985.
2. Il s'agit des deux premiers actes notariés signalés p. 1082 et n. 1.

Page 1084.

1. *Conster* : « Être évident, être certain. Il ne s'emploie guère qu'au Palais où l'on dit *Il conste de cela, il conste que* [...] » (*Académie*). Il faut entendre sans doute : et qu'il en serait donné la certitude [au gouvernement]. Gudin, éd. citée, conserve cette forme; mais les éditeurs ensuite l'ont remplacée à tort par *constaterait*. Voir p. 924 et n. 2.

Page 1085.

1. C'était la solution présentée officiellement par Beaumarchais lui-même (voir p. 973).

Page 1086.

1. Le décret d'accusation du 28 novembre 1792 contre Beaumarchais; voir p. 1106.
2. C'est chez la veuve Lombaert que Constantini avait déposé ses fonds (voir p. 1072).
3. Au sens financier du terme : « *Faire sa soumission, donner sa soumission* pour dire offrir de payer une certaine somme » *(Académie)*.
4. De Maulde, rappelé en octobre, fut remplacé par Thainville; mais, à la fin de décembre 1792, il est encore en Hollande.
5. Au cabinet du stathouder, c'est-à-dire du chef du pouvoir exécutif dans les états de Hollande; l'adjectif semble bien être une création de Beaumarchais.
6. Voir p. 1021 et n. 1, où il était question du *triumlatronat*.

Page 1087.

1. En comparaison de [...], auprès de [...].
2. Dans cette lettre (pièce justificative nº XIX), Beaumarchais réclame un passeport français pour l'armurier M. Tomson et demande à de Maulde de venir à Tervère avec lui le plus tôt possible pour prendre livraison des armes.
3. Nous ne donnons pas cette lettre (pièce justificative nº XX), que Beaumarchais résume fort bien.

Page 1088.

1. On ne trouve pas, dans les pièces justificatives nº XXI, les deux lettres que Beaumarchais va citer dans les deux paragraphes qui suivent. Mais on trouve (p. 94-98; voir la Note sur le texte, n. 4 en bas de p. 1602) les extraits de trois lettres de Dumouriez (des 26 avril, 1er et 11 juin); d'une lettre de Chambonas du 13 juillet; de deux de Lebrun des 17 et 20 septembre. Toutes ces lettres demandent une solution rapide de l'affaire. La lettre de Lebrun du 20 septembre, qui accompagnait le texte du traité, a déjà été citée dans le texte, p. 1069.

Page 1089.

1. Une fois la Belgique occupée, la Convention décrète l'ouverture des deux fleuves : c'est l'abolition d'une servitude du traité de Münster (1648), où la Belgique vaincue dut subir la fermeture de l'Escaut. Ce fleuve une fois ouvert, les Hollandais craignaient la concurrence commerciale de la Belgique.
2. Voir p. 1069.

Page 1090.

1. La Convention, le 1er février 1793, votera un décret présenté par Brissot, déclarant la guerre au roi George III et au stathouder de Hollande.
2. Pour que ma lettre soit mise [...].
3. De Maulde était désormais sous les ordres de l'ambassadeur Thainville (voir p. 1086 et n. 4). On peut se demander si le mot

plaisamment amer « garçon ministre » n'a pas été mis pour rappeler le « compagnon ministre » du *Mariage de Figaro* (acte I, sc. II, p. 385 et n. 4).

Page 1092.

1. L'original porte par inadvertance *Brun*, faute que Gudin a laissée, mais qui a été corrigée par les éditeurs postérieurs.

2. Même confusion que précédemment (voir p. 1066 et n. 3) : c'est en réalité l'article 7.

3. C'est Lebrun qui est visé : séjournant à Liège de 1784 à 1786, il y dirigeait un journal en 1785; entre 1787 et 1790, il avait été rédacteur au *Journal général de l'Europe*, à Herve, en Belgique.

4. Ovide a raconté, dans les *Métamorphoses*, les amours d'un jeune Babylonien, Pyrame, et de sa maîtresse Thisbé. Cette légende a inspiré beaucoup de poètes et de dramaturges.

Page 1093.

1. Ces imposteurs que sont ces matériaux, c'est-à-dire ces lettres; emploi hardi et inusité du mot — à moins que Beaumarchais ne donne cette forme plurielle à l'adjectif *matériel* ?

Page 1094.

1. Les éditions suivantes, à la suite de celle de Gudin de La Brenellerie, mettront « H*** ».

2. Ce n'est que le 8 novembre 1793 que le tutoiement fut obligatoire dans les administrations; mais il avait été proposé dès décembre 1790 par *Le Mercure national*, au nom de l'égalité et de la fraternité. Quand la Commune de Paris imposa *Citoyen* et *Citoyenne* à la place de *Monsieur* et *Madame* (21 août 1792), le tutoiement se répandit très vite comme une marque de républicanisme.

3. Gudin, éd. citée, a ajouté en note (p. 399) : « Frère de l'homme de lettres » — c'est-à-dire de lui-même.

4. C'est-à-dire avec le traité conclu avec de Graves; voir la « Première époque », p. 951-957.

5. L' « homme » étant Beaumarchais, et non Lajard, qui avait émigré en Angleterre après le 10 août.

6. Voir p. 959 : Beaumarchais signale qu'en avril on reprit au vendeur bruxellois « une partie de sept ou huit mille [fusils] qu'il avait déjà rassemblés »; il n'en a donc plus soixante mille à revendre.

Page 1095.

1. On attendrait alors quelque chose comme *Hasenlieb[e]*, mais sûrement pas Hassenfratz !

Page 1096.

1. Hassenfratz avait en effet été chimiste.

Page 1097.

1. Voir p. 1091-1092.
2. « Celui qui fait des fourneaux de terre » *(Trévoux)*.
3. Beaumarchais a déjà cité (p. 939) le numéro du 1er décembre 1792 de la *Gazette de la Cour* à La Haye. L'article, qui constitue la pièce justificative nº XXII, comprend deux paragraphes. Beaumarchais vient de citer le premier; voici le second : « Avant-hier, M. *Dubois de Crancé* a donné connaissance à l'Assemblée des jacobins, d'un contrat entre le ci-devant ministre *Lajard* et *Beaumarchais*; le dernier desquels a reçu trois cent mille livres pour armes ou fusils, qu'il n'a pas livrés; *et en outre une gratification de deux cent mille livres*, et quinze pour cent en dédommagement *de la perte sur les assignats* : en attendant, il vendait chaque arme ou fusil à raison de trente livres. » Nous avons le compte rendu de la séance du 21 novembre aux Jacobins (Aulard, *La Société des Jacobins*, Paris, 1892, t. IV, p. 508-509). Le texte de l'intervention de Dubois-Crancé signale la transaction du 18 juillet, le dédit auquel se soumet Beaumarchais, mais non l'important dépôt des titres; et il souligne que ce dernier n'a que des avantages sans risques. Il y est toutefois question d'obstacles de la part du gouvernement hollandais.

Page 1098.

1. Le grand pensionnaire était le premier fonctionnaire des États Généraux. Il dirigeait la diplomatie et surveillait l'administration des finances.
2. Les documents contenus dans « l'armoire de fer » (armoire découverte le 20 novembre 1792 dans un corridor des Tuileries, derrière un panneau de lambris; l'ouvrier qui l'avait construite en avait dénoncé l'existence) avaient été portés à la Convention par Roland le 20 novembre 1792. On n'y trouve pas trace du nom de Beaumarchais; mais des listes de noms circulaient dans Paris. Sur les lettres antérieures écrites à Louis XVI, voir la *Correspondance*, éd. citée, t. II, *passim*.

Page 1099.

1. Cette réponse (pièce justificative nº XXIII; voir la Note sur le texte, n. 4, en bas de p. 1602), du citoyen Durand *au citoyen Beaumarchais persécuté*, est datée du 4 décembre. En voici deux paragraphes : « Le citoyen plénipotentiaire de France a sollicité votre emprisonnement auprès de LL. HH. PP. Mon ami m'a bien assuré que, dès dimanche matin*, il avait envoyé des exprès à Amsterdam, à Rotterdam, partout enfin, avec votre signalement, pour vous faire incarcérer et conduire en France : je ne sais pas encore si, malgré la vivacité des démarches de M. de Maulde, on a consenti à votre enlèvement, attendu que notre ministre plénipotentiaire n'est pas réaccrédité, comme le bruit en court auprès des États Généraux. On m'a bien certifié qu'il ne l'est pas encore, malgré l'opinion

* « C'est le samedi soir que je suis parti de La Haye. »

commune. / Mais cette persécution de la part de M. de Maulde me semble inexplicable s'il n'en a pas reçu l'ordre *de Paris*; car outre qu'il n'est pas accrédité en ce moment et ne peut par conséquent rien demander officiellement, votre civisme doit lui être connu, et très particulièrement, puisqu'il sait, depuis qu'il est ici, tout ce qui s'est fait par vous et vos mandataires : pourquoi donc cette persécution aussi vive que subite, au moment *où vous le requérez de vous exproprier* ? Aurait-il pris son texte dans ces gazettes menteuses qui parlent si impolitiquement de vous et de vos fusils ? Je ne le crois pas : ce serait une absurdité. Qu'est-ce donc qu'il y a ? Je m'y perds. »

2. Cette lettre est du 7 décembre; le courrier parti le 29 novembre était arrivé à La Haye le soir du 1er décembre.

Page 1100.

1. Cette lettre, écrite le 9 décembre, fut publiée dans le *Courrier de l'Europe* le 11. Ce journal, écrit en français, appartenait à un ami et voisin [à Londres] de Beaumarchais, Swinton.

2. En voici le texte (pièce justificative n° XXV; voir la Note sur le texte, n. 4 en bas de page 1602) : « À MA FAMILLE / Londres, 9 décembre 1792. / Ma pauvre femme, et toi, ma charmante fille, je ne sais où vous êtes, ni où vous écrire, ni même par qui vous donner de mes nouvelles, lorsque j'apprends, par les gazettes, que le scellé est mis une troisième fois depuis quatre mois sur ma maison de Paris, et que je suis décrété d'accusation pour cette misérable affaire des fusils de Hollande, à laquelle on a joint une abomination d'un genre plus sérieux pour aller plus vite avec moi. Je charge donc tous les honnêtes gens qui lisent les gazettes étrangères d'avoir l'humanité de vous dire, ô mes chères tendresses ! que c'est de Londres, de cette terre hospitalière et généreuse où tous les hommes persécutés dans leur patrie trouvent un abri consolateur, que je vous prie de ne point vous affliger sur moi. Je vois vos douleurs à toutes; les larmes de ma fille me tombent sur le cœur et le navrent[1] : mais c'est mon unique chagrin. / La Convention nationale, trompée par le plus cruel amphigouri qui soit jamais sorti de la bouche d'un dénonciateur, a conclu contre moi, *sur la foi de Lecointre*, à un décret d'accusation. Mais ceux qui ont trompé Lecointre, sentant bien qu'une pareille attaque ne soutiendrait pas huit minutes d'examen, ont imaginé de jeter une si grande défaveur sur moi, qu'elle fît couler rapidement sur tout le reste. Ils m'ont fait dénoncer comme ayant écrit à Louis XVI, et m'ont rangé parmi les grands conspirateurs unis contre la liberté française. / Mais cette accusation, plus grave que la première, a encore moins de fondement. Soyez tranquilles, ma femme et mes deux sœurs ! Sèche tes larmes, ma douce et tendre fille; elles troublent la sérénité dont ton père a besoin pour éclairer la Convention nationale sur de graves objets qu'il lui importe de connaître, et faire rentrer avec opprobre toutes ces lâches calomnies dans l'enfer qui les enfanta. / Je n'ai jamais écrit au roi Louis XVI, ni pour ni contre la révolution; et si je l'avais fait, je serais glorieux de le publier hautement : car nous ne sommes

1. Le mot est plus fort que de nos jours : « [...] *j'en suis navré*, pour dire, j'en suis extrêmement affligé » *(Académie)*.

plus au temps où les hommes de courage avaient besoin de s'amoindrir lorsqu'ils écrivaient aux puissances. À la hauteur des événements, j'aurais dit à ce prince de telles vérités qu'elles auraient pu détourner ses malheurs, et surtout prévenir les maux qui déchirent le sein de notre malheureuse France. / Les seules relations directes que j'aie jamais eues avec ce roi, par l'intervention de ses ministres, remontent à la première année de son règne, il y a dix-huit ans, au moment où il s'élevait à ce trône d'où un caractère trop faible, bien des fautes et la fortune, viennent de le faire choir si misérablement. / Je suis bien éloigné de trahir ma patrie, pour la liberté de laquelle j'ai fait longtemps des vœux, et, depuis, de grands sacrifices; et toutes ces viles accusations qui se succèdent contre moi à la Convention nationale seraient la plus terrible des abominations, si elles n'étaient en même temps la plus stupide des bêtises. / Mais le sénat qu'on a surpris est juste, et je n'ai pas été entendu. L'espoir de tous mes ennemis sans doute était que je ne le serais jamais : en m'arrêtant en pays étranger, ils se flattaient que, ramené dans ma patrie avec l'odieux renom d'avoir trahi sa cause, des assassins gagés auraient renouvelé sur moi les scènes du 2 septembre, ou que le peuple même, indigné de ma trahison supposée, m'aurait sacrifié en route avant qu'il fût possible de le désabuser. C'est la cinquième fois depuis quatre mois qu'ils ont tenté de me faire massacrer; et sans la générosité d'un magistrat de la Commune que je nommerai dans mon mémoire avec une vive reconnaissance, et qui vint me tirer de l'Abbaye six heures avant que toutes les voies en fussent fermées, j'y subissais le sort de tant de victimes innocentes. / Si je ne prouve pas sans réplique, au gré de ma patrie et de l'Europe entière, que toute cette affreuse trame n'est qu'une vile scélératesse pour tâcher d'arriver à une grande friponnerie, et s'il y a une ligne de moi écrite au roi Louis XVI depuis dix-huit années, je dis anathème sur moi, sur ma personne et sur mes biens, et je cours me livrer au glaive de notre justice. / Je fais ma pétition à la Convention nationale, pour la prier de distinguer la ridicule affaire des fusils de la très grave accusation d'une coupable correspondance : avant de me purger de la première, je dois être lavé ou mort sur mon travail de la seconde. Mais, au nom de Dieu, chère femme, si tu veux que je garde toute ma tête, défends à ta fille de pleurer ! »

3. Pièce justificative n° XXVI (voir la Note sur le texte, n. 4 en bas de p. 1602) : « LIBERTÉ, ÉGALITÉ / AU NOM DE LA NATION / À tous officiers civils et militaires chargés de maintenir l'ordre public dans les quatre-vingt-trois départements, et de faire respecter le nom français chez l'étranger : laissez passer librement *Pierre-Augustin Caron Beaumarchais*, âgé de soixante ans, figure pleine, yeux et sourcils bruns, né bien fait, cheveux châtains rares, bouche grande, menton ordinaire, double, taille de cinq pieds cinq pouces, *allant à La Haye en Hollande*, avec son domestique, *chargé d'une mission du gouvernement*. / À Paris, le 18 septembre 1792, l'an IV de la liberté, Ier de l'égalité. / Le Conseil exécutif provisoire, / *Signé* LEBRUN, DANTON, J. SERVAN, CLAVIÈRE. / Par le Conseil exécutif provisoire, / *Signé* GROUVELLE, *secrétaire*. / *Vu à la municipalité du Havre, le 26 septembre 1792, l'an premier de la République française*. / *Signé* RIALLE, *maire*. » Beaumarchais était donc assez grand (il y avait douze pouces dans le pied, qui représentait 0,324 m) : un mètre soixante-seize.

Page 1101.

1. *Croiser*, c'est mettre en croix, donc mettre de nouveaux scellés sur les anciens. L' « horrible nuit » est celle du 16 au 17 décembre. Mme de Beaumarchais défendit son mari dans une pétition, dont le texte nous est parvenu (voir J.-C. Gatty, ouvr. cité, note 7, p. 190).

2. Garat, en octobre, avait remplacé Danton.

Page 1102.

1. Beaumarchais y était emprisonné pour dettes : il va expliquer pourquoi.

2. C'est la lettre à sa famille : voir n. 2, p. 1100.

3. Ce décret daté du 28 novembre, Beaumarchais va en donner le texte, puis le discuter (voir p. 1106-1119).

4. L' « accident » est l'emprisonnement, dont il parle dans le paragraphe suivant.

5. Lecointe. Sur son prêt, de dix mille livres sterling, voir p. 1068. En réalité, les frères Lecointe, qui hébergeaient Beaumarchais, l'empêchaient ainsi de rentrer en France, où ils craignaient pour sa vie.

Page 1103.

1. Cette pétition est datée du 16 décembre (voir p. 931).

2. La traduction est légèrement différente de celle déjà citée (voir p. 1097).

Page 1104.

1. La décision de la Convention, suspendant le décret d'accusation, est du 10 février 1793. En conséquence, les scellés furent enlevés sur la maison de Beaumarchais le 14.

Page 1105.

1. Les massacres de septembre 1792.

2. À la fin de décembre, Beaumarchais avait adressé une supplique à la Convention : il demandait un sauf-conduit et la levée des scellés. Le décret du 10 février 1793 lui donnera satisfaction.

3. La devancer.

Page 1106.

DÉCRET D'ACCUSATION

1. Pour le traité du 3 avril, voir la « Première époque », p. 949-958; pour celui du 18 juillet, la « Troisième époque », p. 994-1002.

2. Si de Graves n'est pas cité, c'est qu'il avait déjà émigré et était hors d'atteinte; Chambonas et Lajard émigreront plus tard.

OBSERVATIONS DE L'ACCUSÉ

3. Il s'agit du rapport Lecointre, qui a déjà été analysé dans la *Pétition*.

Page 1107.

1. Voir p. 1061 le texte de cette attestation, datée du 19 septembre 1792.
2. Voir cet avis du 16 juillet, p. 994-995. On se rendra compte que l'italique, dans les phrases suivantes, n'indique pas une citation exacte du texte, mais met en relief l'interprétation qu'en donne Beaumarchais.

Page 1109.

1. Voir p. 975 et 978. *Nos* désigne les banquiers réglant les transactions commerciales avec la France.
2. « Répétition inutile d'une même chose » *(Académie)*.

Page 1110.

1. Sur l'accusation de Chabot et la réponse de Lacroix, voir le début de la *Pétition*, p. 931 et n. 3 et 8.

Page 1111.

1. *Proposition léonine* : « [...] où le plus fort tire tout l'avantage de son côté » *(Académie)*. C'est un souvenir de l'expression *quia nominor leo*.
2. Sur ces transactions et celles qui vont suivre, voir p. 994-1001.

Page 1113.

1. Voir p. 1022-1024.
2. Et cela, à plusieurs reprises; voir les remerciements de Beaumarchais, p. 1005.
3. Voir p. 1060-1061. Pour les atermoiements de Lebrun, voir la suite.
4. Voir p. 1077-1078.

Page 1114.

1. L'annulation : que le décret soit rapporté.
2. Voir p. 945.
3. J'aurais dû, j'ai failli [...].

Page 1115.

1. Voir p. 984. Ces fonds (six mille florins) avaient été rendus à Beaumarchais (voir p. 1010).

Page 1116.

1. Si j'acceptais leurs propositions. *Entendre à* : « Donner son consentement [...] » *(Académie)*.
2. Avaient empêché de quitter la France [...].

Page 1117.

1. « Sorte de fusil plus long que le fusil ordinaire et portant beaucoup plus loin » *(Littré)*.

2. Beaumarchais a donc été cautionné pour les dix mille louis qu'il devait (voir p. 1102). La phrase, peu claire, signifie que, libéré, il ne pouvait pourtant quitter Londres avant d'avoir payé la caution.

Page 1118.

1. Tourmenté, gêné, maltraité par abus de pouvoir; le sens moderne est plus tardif (1869).

2. Allusion probable à la fameuse déclaration faite le 5 août 1791 par la Constituante, reprenant le décret du 22 mai 1790. Jusque dans la déclaration de guerre du 20 avril 1792 au roi de Bohême et de Hongrie, la Législative rappelle « les principes consacrés par la Constitution de n'entreprendre aucune guerre dans la vue de faire des conquêtes et de n'employer jamais ses forces contre la liberté d'aucun peuple ».

3. La Convention avait nommé le 21 septembre 1792 un Comité de constitution, qui ne se mit au travail qu'après le 1er janvier 1793. Il rédigea la Constitution dite de 1793, qui ne fut jamais appliquée.

Page 1119.

1. On chante, dans le *Te Deum*, *« Salvum fac populum tuum »* (« Sauve ton peuple »), ce qui revient au même.

2. Voici le paragraphe que Gudin de La Brenellerie avait ajouté en note dans son édition de 1809, t. V, p. 447, après avoir constaté que son ami fut « entièrement disculpé » : « Un seul bonheur lui manqua, ce fut de voir sa patrie sortir de l'horrible anarchie où elle était plongée, et passer subitement de cet état d'abjection au plus haut état de gloire où jamais aucune nation soit parvenue. Il avait applaudi avec une joie pure aux premiers exploits du héros qui devait réparer tant de honte et de calamités; mais il ne put prévoir ce qui était sans exemple et ce que nous avons peine à croire, nous qui en sommes les témoins. »

APPENDICES

I

LAURETTE

NOTICE

Dans les archives conservées par la famille Beaumarchais se trouve cette pièce en un acte, dont Lintilhac le premier a signalé l'existence[1]. Brièvement, il en analyse l'action et la compare à d'autres œuvres qui traitent le même thème. Le texte est resté jusqu'à maintenant inédit. On le trouvera ici. Reste à en justifier la présence et la place dans cette édition. Cette œuvre pose en effet deux problèmes : quel en est l'auteur ? et, si elle est de Beaumarchais, quels sont ses rapports avec les autres pièces ?

Le premier problème est difficile à résoudre. Le fait que *Laurette* se trouve dans les papiers laissés par Beaumarchais ne prouve pas que cette pièce est de lui. On peut lire en effet, dans les archives familiales ou dans les cartons de la Comédie-Française, quelques œuvres qui de toute évidence ne sont pas de Beaumarchais[2]; soit qu'elles portent le nom de l'auteur, soit que leurs défauts les fassent juger à bon droit indignes du créateur du *Barbier de Séville* et du *Mariage de Figaro*. E. Lintilhac a raison d'écarter pour médiocrité *L'Impromptu de Bagneux*; il garde en revanche *Laurette* qui, écrit-il, « peut être, avec vraisemblance, attribuée à l'auteur d'*Eugénie*[3] ». Le manuscrit de vingt et une pages ne porte aucun nom d'auteur; l'écriture, très soignée, est manifestement celle d'un copiste qui, en dépit d'une inadvertance[4], s'est soucié de bien présenter le texte. Est-ce celui qui a copié le premier manuscrit d'*Eugénie*, comme le suggère Lintilhac[5] ? On peut en douter.

On ne peut en tout cas en conclure, comme il le fait imprudemment, que les rapports sont étroits entre cette œuvre courte et le

1. *Beaumarchais et ses œuvres*, Paris, Hachette, 1887, p. 337.
2. Sur ces problèmes d'attribution, voir l'édition de G. d'Heylli et F. de Marescot, Paris, Académie des bibliophiles, 1869, t. II, p. 220-241. Une mauvaise pièce, *L'Ami de la maison*, est attribuée à Beaumarchais ; E. Fournier (*ibid.*, p. 211) et les deux éditeurs y voient « une œuvre de jeunesse ». Il a été prouvé depuis que son auteur est Marie-François Chalumeau, qui a publié en 1791 sa pièce sous le titre *L'Adultère* (Paris, Belin).
3. Ouvr. cité, p. 337.
4. La pièce nous est donnée comme une comédie en un acte *en vers*, mêlée d'ariettes. Or, elle est en prose !
5. Ouvr. cité, p. 337.

premier drame de Beaumarchais. L'analyse de la pièce[1] s'en trouve faussée. *Laurette* n'eſt pas *Eugénie au village*[2]. Lintilhac a bien vu que l'œuvre était une adaptation d'un des *Contes moraux* de Marmontel — parus en 1761 —, qui porte le même titre[3]; mais il n'a pas précisé les caractères et les mérites de cette adaptation.

De la nouvelle, l'auteur de *Laurette* n'a gardé que les trois personnages principaux et a simplifié l'intrigue. Sont supprimés les comparses et le récit que fait Soligny de son aventure[4]; disparaît surtout un épisode essentiel : le séjour à Paris de Laurette, qui, enlevée par le seigneur du village, devient sa maîtresse et mène la vie faſtueuse de la femme séduite par un homme riche[5]. Dans la comédie, la jeune fille ne quitte pas le village, la tentative de séduction tourne court grâce au père. La dernière scène réunit les trois personnages; Luzi, après avoir écouté une longue réplique de Bazile, ne sera pas le ravisseur de Laurette, mais son époux. La fin eſt donc édifiante et l'on pourrait conclure, comme à la fin d'*Eugénie* et de *La Mère coupable*[6], que *chacun a bien fait son devoir*.

Ces modifications permettent à l'œuvre de respecter l'unité de lieu, mais altèrent quelque peu la tonalité de la nouvelle. La comédie eſt plus paſtorale, plus traditionnellement morale, moins vigoureuse aussi. Et pourtant, beaucoup de répliques reproduisent *textuellement* les dialogues de la nouvelle. Pour le montrer, nous avons pris le parti de mettre en italique le texte démarqué de celui de Marmontel. Mais la part du second auteur reſte importante : les vers des ariettes sont de lui, et les échanges de répliques qui très adroitement relient les emprunts.

Reſte à dire pourquoi nous pensons, comme Lintilhac, que cet auteur eſt Beaumarchais. Voici, rapidement résumés, nos arguments.

Tout d'abord, il n'eſt pas étonnant que Beaumarchais ait connu les *Contes moraux* de Marmontel qui, publiés en 1761, eurent un énorme succès et de nombreuses rééditions. Il y eſt probablement fait allusion dans *Jean-Bête à la foire*[7], et la préface du *Mariage de*

1. Ouvr. cité, p. 338-341.
2. *Ibid.*, p. 341.
3. Dans l'édition de 1829 (Paris, au bureau des éditeurs), t. III, p. 83-133.
4. Luzi voit dans le comte de Soligny un rival ; en quoi il se trompe : le comte est par ailleurs un amant malheureux et fait le récit rapide de son infortune (p. 121-123).
5. « L'espèce de délire où elle tomba en arrivant à Paris acheva d'égarer son âme. Sa maison était un palais de fée ; tout y avait l'air de l'enchantement [...] » (ouvr. cité, p. 103). Mais Bazile, venu à Paris pour ses affaires, voit sa fille « dans un char d'or et de glace » ; il obtient son adresse et va la voir dans son hôtel. Après une longue conversation où Laurette reconnaît ses torts, le père rejoint son pays amenant sa fille qui a repris son simple vêtement. Le comte, fou de douleur, revient au village, revoit son amante, obtient du père son pardon, en épousant celle qu'il n'a cessé d'aimer. Il tire lui-même la morale de son aventure : « C'est à faire le mal qu'est la honte, et non pas à le réparer » (ouvr. cité, respectivement p. 103, 108 et 133). Ce sera la dernière réplique de la pièce (p. 1133).
6. Voir p. 197 et 672.
7. Voir p. 89 et n. 4.

Figaro cite[1] une pièce de Rochon de Chabannes, *Heureusement*, qui est l'adaptation d'un conte moral, *Le Scrupule*.

Ensuite, ces contes ont été très souvent mis à la scène. Ils étaient souvent écrits pour cela[2] et l'auteur a donné lui-même l'exemple[3]. Les adaptations sont très nombreuses en cette seconde moitié du siècle et, pour la seule *Laurette*, Lintilhac n'en relève pas moins de cinq[4].

Il est donc naturel que Beaumarchais ait été tenté par un conte dont le thème et la philosophie correspondaient à ses préoccupations : « Les hommes, écrit Marmontel dans sa préface aux *Contes moraux*[5], si délicats entre eux sur les lois de l'honnêteté, semblent s'en être dispensés à l'égard des femmes. Le crime de la séduction est pour la plupart une gentillesse : loin d'en rougir, ils en font vanité. C'est à rendre odieux ce vice de nos mœurs qu'est destiné le conte intitulé *Laurette* » — et aussi, pour une grande part, *Le Mariage de Figaro*. Les idées exprimées étaient donc chères à Beaumarchais; et la longue réplique de Bazile sur la noblesse, reprise dans la scène finale[6], devait le combler d'aise. Il n'était besoin d'y rien changer.

Ainsi s'explique la fidélité au texte du conte. Il s'agit d'une adaptation, mais où la part de l'adaptation, contrairement aux apparences, reste importante — adaptation qui vaut, non par la qualité des vers, qui ne sont pas meilleurs que ceux de *Tarare*, mais par l'adresse avec laquelle le second auteur a su structurer sa pièce et réorganiser adroitement le dialogue en utilisant les répliques qui lui étaient données. La virtuosité et le sens dramatique que révèle cette œuvre nous inclinent à penser que son auteur est bien Beaumarchais.

Nous ne pouvons prouver ce que nous avançons à la rigueur; nous ne savons pas non plus quand la pièce a été écrite et si elle a été représentée. C'est pourquoi nous la plaçons en appendice. Mais, telle qu'elle est, elle témoigne de l'esprit d'une époque; et lorsqu'on connaît bien l'œuvre entière de Beaumarchais, il semble tout naturel de penser que *Laurette* peut prendre sa place à côté des autres pièces, et surtout, non pas d'*Eugénie*, mais du *Mariage de Figaro*.

1. Voir p. 364 et n. 1.
2. Lintilhac cite (ouvr. cité, note 3, p. 337) un passage de la préface des *Contes moraux :* « Je m'occuperai [...] à choisir des actions faciles à mettre sur la scène, pour épargner du travail aux auteurs. »
3. En collaboration avec le compositeur Grétry ; citons, entre autres, *Lucile* (1769) et *Sylvain* (1770).
4. Ouvr. cité, p. 429-431.
5. Éd. citée, t. I, p. 10.
6. P. 1131-1132.

NOTES

Page 1126.

1. On attendrait : *qui me suis retiré [...] et qui n'ai cessé [...]*. Mais cette reprise d'un pronom de la première personne par la troisième est encore possible au XVIIIe siècle. Le texte de Marmontel est le suivant : *Est-ce à un homme qui a servi [...] qui s'est retiré [...] et qui n'a cessé [...]?*

2. Le duc de Berwick (1671-1734), maréchal de France depuis 1706, avait victorieusement combattu en Espagne contre les Anglais, puis, en 1719, contre Philippe V.

3. Maurice, comte de Saxe, né en 1696, au service du roi depuis 1720, fut maréchal général des camps et armées en 1747, après la victoire de Fontenoy (1745).

4. Renvoyé de l'armée; voir p. 220 et n. 2.

Page 1127.

1. Le manuscrit porte : *je l'eus deviné*, par une confusion de temps fréquente au XVIIIe siècle.

II

[ŒIL POUR ŒIL, DENT POUR DENT]

NOTICE

Ce curieux texte était à l'origine, si l'on en croit Lintilhac[1], dans les papiers de la famille Beaumarchais. Il ne s'y trouve plus et nous sommes obligés, comme René d'Hermies[2], de le reproduire d'après la copie qu'en a donnée l'auteur de *Beaumarchais et ses œuvres*[3]. Ce dernier ne peut indiquer ni quand ni où ce fragment de scène a été rédigé, mais il le considère comme écrit de la main même de Beaumarchais. C'est pourquoi nous le plaçons ici sous un titre supposé[4],

1. « Voici un étrange dialogue, jeté par Beaumarchais sur des feuilles volantes, après la lecture de certain conte de Boccace, entre une esquisse du compliment qui précédait dans les salons la lecture du *Mariage* et une exaltation sur Caton » (*Beaumarchais et ses œuvres*, éd. citée, p. 341). On ne sait si Lintilhac décrit exactement où se trouvait ce texte, ou s'il veut simplement exprimer que Beaumarchais pratiquait les genres les plus divers.

2. *Théâtre complet de Beaumarchais*, Paris, Magnard, 1952, rééd. 1964, p. 350-353.

3. Pièce justificative n° 43, ouvr. cité, p. 431-434.

4. Le titre donné par Lintilhac : *Un proverbe dramatique « haut en couleur » qui aurait pour titre : « Œil pour œil, dent pour dent » (Autographe)*, nous paraît suspect. « Haut en couleur » nous paraît emprunté par Lintilhac, comme le

et sans pouvoir préciser si la coupure dans le texte marquée par des points[1] est de l'auteur lui-même ou de son critique.

Tel qu'il nous est présenté, avec un court paragraphe qui le met en situation, et l'indication finale *Au rideau*, ce fragment de scène ne manque pas d'intérêt. Appartenait-il à une pièce qui n'a pas été conservée ? c'est fort douteux. Il faut y voir plutôt un exercice, un essai de dialogue à partir d'une situation que l'auteur s'est donnée. L'a-t-il empruntée à Boccace[2], comme l'affirment Lintilhac et après lui R. d'Hermies ? Les rapprochements signalés[3] sont peu convaincants. En réalité, ce thème de l'échange des épouses était plus ou moins traditionnel, et Lintilhac a raison de souligner qu'on le trouve chez La Fontaine et après lui chez Vadé[4]. Beaumarchais l'a traité de façon fort différente : non sur le ton du conte plaisant, mais comme s'il s'agissait de résoudre avec sérieux un problème de casuistique amoureuse. « Du Crébillon fils bien plutôt que du Boccace », dit justement René d'Hermies[5]. Le style s'en ressent, très littéraire, comme en témoignent la citation de Racine[6] et la syntaxe; très proche d'*Eugénie* et surtout de *La Mère coupable* — de manière plus générale, du style ordinaire des drames bourgeois. De là l'impossibilité de dater, même approximativement, ce texte. Mais qui le lira avec attention y trouvera les idées obsédantes qui ont nourri, et la vie amoureuse, et l'œuvre dramatique de l'auteur.

NOTES

Page 1134.

1. Racine, *Andromaque*, acte IV, sc. v, v. 1350.

Page 1137.

1. Nous écririons simplement de nos jours : *Rideau.*

pense R. d'Hermies, à une lettre à Mme Panckouke de 1779 où Beaumarchais parle d'une de ses parades « haute en couleur » (éd. Fournier citée, p. 767). Le conditionnel semble indiquer que le titre est suggéré.

1. Voir p. 1137.
2. *Le Décaméron*, VIIIe journée, 8e nouvelle. Rappelons que les titres donnés aux nouvelles sont le fait de différents éditeurs et non de Boccace. On a proposé, entre autres titres pour la huitième nouvelle, « Cornes pour cornes » (éd. d'Hermies citée, p. 351) et, plus récemment (J. Bourciez, éd. Garnier, 1967, p. 551), « La Danse sur le coffre ».
3. Éd. d'Hermies citée, p. 352-353.
4. Chez La Fontaine, dans le conte *Les Troqueurs*, *Œuvres complètes*, Bibl. de la Pléiade, t. I, p. 554-558 ; Vadé avait tiré de ce conte, en 1753, un intermède en un acte qui porte le même titre.
5. Ouvr. cité, p. 351.
6. P. 1134.

III

LE SACRISTAIN

NOTICE

On trouvera ici ce qui nous reste de cette œuvre dont il a été déjà parlé dans la Notice du *Barbier de Séville*[1]. Les textes sont, comme il a été dit, de trois sortes : un texte suivi mais incomplet, deux très courts passages transcrits sur la même feuille, et certains fragments disséminés sur plusieurs feuillets. Les rapports de ces textes entre eux et avec la pièce que nous connaissons ont été précisés dans deux articles déjà cités[2], dont on rappellera les conclusions.

Du texte suivi mais incomplet, intitulé *Le Sacristain, intermède imité de l'espagnol*, il ne nous reste qu'un cahier de cinq doubles feuilles. Le reste est probablement perdu à jamais. Ce cahier a été présenté au public pour la première fois en 1966 — l'édition Arnould du *Barbier de Séville* est de l'année précédente — à l'exposition Beaumarchais de la Bibliothèque nationale[3]. Jean-Pierre de Beaumarchais en a publié le texte en 1974, dans son article[4]; ou plutôt les deux versions du texte, puisque Beaumarchais a d'abord écrit sur les pages de droite une première version, qu'il a ensuite modifiée en utilisant au besoin les pages de gauche. On trouvera dans l'article la reproduction photographique des pages 12 et 13 du manuscrit; et pour le reste, la transcription des deux états du texte par divers procédés typographiques qui permettent de comparer facilement les deux versions[5].

Il ne saurait être question de donner à partir de ce brouillon un texte définitif. Le texte que nous proposons, à partir de la transcription qu'en a faite J.-P. de Beaumarchais, s'efforce de reproduire exactement, une fois les corrections faites par l'auteur — corrections que nous n'avons pas notées —, le texte de la première version désignée par le critique comme étant *Le Sacristain I*. Les variantes

1. P. 1295.
2. Voir p. 1294 et n. 4.
3. N° 266 du Catalogue.
4. « Un inédit de Beaumarchais : *Le Sacristain* », par J.-P. de Beaumarchais, dans la *Revue d'histoire littéraire de la France*, 1974, n° VI, p. 976-999. À signaler, dans le même numéro, l'article de M. R. Pomeau : « *Le Barbier de Séville* : de l'intermède à la comédie », p. 963-975.
5. Nous mettrons entre crochets, dans notre édition, des passages qui ont été rayés mais qui sont intéressants.

reproduisent, là encore le mieux possible, le texte du *Sacristain II*. Il doit être ainsi facile de comparer les deux versions et de noter de l'une à l'autre l'évolution : évolution qui se caractérise, comme l'a très bien montré J.-P. de Beaumarchais, par une accentuation de l'aspect musical de l'œuvre, une moralisation de l'intrigue et une transformation du personnage de Lindor. *Le Sacristain II* confirme la parenté de l'intermède et de la comédie et assure la transition de l'un à l'autre.

Les trois fragments qui suivent appartenaient, et par leur contenu et par leur forme, à la même œuvre. Ils sont connus depuis longtemps. Les deux premiers, écrits sur la même feuille double, ont été recopiés dans sa thèse par Lintilhac[1]; et plus fidèlement reproduits avec leurs corrections par E.-J. Arnould et René Pomeau[2]. Le troisième texte est le dernier des fragments recueillis[3] dans un cahier de cinq doubles feuilles gardées dans les archives familiales. Il appartenait, comme les deux autres, à la partie perdue du *Sacristain*. Peut-être est-ce le cas de certains des autres fragments, mais il est difficile de dire lesquels. Ces *membra disjecta* nous font regretter que le reste de l'intermède ait été perdu.

SIGLE UTILISÉ

S II *Le Sacristain II*.

NOTES ET VARIANTES

Page 1138.

a. N'aura *S II*

Page 1139.

a. serai-je *S II* ↔ *b.* songerai *S II* ↔ *c.* mon Lindor. Il me recommande par sa lettre d'entretenir une querelle ouverte avec mon mari toute cette journée. Nous en avions une si bonne, si naturelle et je l'ai laissée échapper. Le remède est de saisir la première occasion... Faut-il[4] *S II* ↔ *d.* imagina pour me voir. *[11 lignes]* Mais il me promit hier de venir aujourd'hui et d'user d'un nouveau stratagème pour me voir. Les hommes d'aujourd'hui sont rebutés par les moindres difficultés. / Les serments / Des Amants / Sont légers comme les vents, *etc.* / C'est lui. Courons à la fenêtre. Oh ! Dieux ! C'est mon geôlier *S II*

1. M. J.-P. de Beaumarchais a noté (art. cité) qu'à partir d'ici, la chanson s'inspire de *La Manie des arts ou le Remède à la mode* (1763) de Rochon de Chabannes.

1. Ouvr. cité, p. 223-224.
2. Arnould, ouvr. cité, p. 100-101 ; R. Pomeau, art. cité, p. 965-966.
3. On les trouvera dans Arnould, ouvr. cité, p. 105-113.
4. Cette réplique, qui se lie très mal avec le texte, sera reprise presque textuellement dans *Le Barbier de Séville*, acte II, sc. xv, p. 322.

2. « Le chien du jardinier qui ne mange ni ne laisse manger », dit le proverbe espagnol. C'est sur ce thème que Lope de Vega avait écrit sa comédie *El Perro del hortolano* (1618), à laquelle pense peut-être Beaumarchais. Bartholo, qui n'a pu « consommer » son mariage, se conduit en mari jaloux. Sur *argus*, voir n. 2, p. 303.

3. Voir *Le Barbier de Séville*, acte II, sc. XII et XIV, p. 313-314 et 316.

4. « *Grivois* : terme qui se dit d'un drille, d'un soldat qui est éveillé et alerte » *(Académie)*.

5. Souvenir probable des *Fourberies de Scapin*, où Scapin dit à Sylvestre : *« Enfonce ton bonnet en méchant garçon »* (acte I, sc. V; Molière, *Œuvres complètes*, Bibl. de la Pléiade, t. II, p. 910 et n. 1). « On dit [qu'un jeune homme] fait le *méchant garçon* pour dire qu'il menace, qu'il frappe, qu'il est brave et dangereux » *(Furetière)*.

Page 1140.

a. un tapage de chaînes, un cliclaclaclacla comme si une baguette avait glissé violemment sur les barreaux de toutes les jalousies. Enfin des voix terribles *S II*

1. Beaumarchais a remplacé *contador mayor* par *corregidor ou chef de justice*, juxtaposant curieusement le terme espagnol et sa traduction. Dans *Le Mariage de Figaro*, le comte sera « grand corregidor d'Andalousie » (voir p. 381).

2. Ces octosyllabes ont le même rythme que ceux de *Jean-Bête à la foire* (voir p. 70 et suiv.). Beaumarchais y exploite le thème de la prédiction à double sens, comme dans la *Lettre modérée sur la chute et la critique du « Barbier de Séville »* (voir p. 275). Sur ce deuxième couplet, voir *Le Barbier de Séville*, var. *a*, p. 341.

Page 1141.

a. et c'est le principal. Et puis le mariage est un engagement sérieux, quelque chose de saint qui ne s'administre pas légèrement, comme une folie de jeunesse. Il ne faut pas s'impatienter, mon fanfan. Cela viendra... Le révérend *S II* ↔ *b.* est de l'argent perdu. / BARTHOLO : Je ne te reconnais plus. Lorsque tu revins du couvent chez ta mère, tu étais toujours si gaie, tu riais sans cesse. Qui donc a pu détruire un si charmant caractère ? / ROSINE : Épargnez, cruel, épargnez, / Celle que l'esclavage accable. / Du malheur dont vous vous plaignez / N'êtes-vous pas le seul coupable ? / Méchant, si vous avez trouvé / Que libre j'étais agréable, / Pourquoi m'avez-vous enlevé / Le bien qui me rendait aimable ? / Épargnez, cruel, etc. / *(On entend S II*

1. Pour ce monologue et le début de la scène suivante, voir *Le Barbier de Séville*, acte III, sc. I et II, p. 322-323.

Page 1142.

a. à la signora Bartholo... *(Il regarde si l'on n'écoute pas.)* C'est moi qui dois accompagner Dom Bazile, le jour qu'il viendra vous marier. / BARTHOLO : J'entends. Mais je crains *S II* ↔ *b. Tout ce début de scène a été récrit de la manière suivante :* LE COMTE : Monseigneur Saint-Antoine et madame la madone d'Atocha vous conservent et que la paix et la joie... / BARTHOLO : Jamais souhait ne vint plus à propos. Puisse-t-il se réaliser ! y a-t-il quelque chose ici pour votre service ? / LE COMTE : Monsieur, je m'appelle Dom Roch et suis élève du révérend Dom Bazile, organiste du couvent de monseigneur San Antonio, qui a l'honneur de donner des leçons à Madame... Un mal subit qui le force à garder le lit... / BARTHOLO : Garder le lit ! je vais l'aller voir sur-le-champ. / LE COMTE *(à part)* : Ce n'est pas là mon compte ! *(Haut.)* Aujourd'hui, monsieur, il est un peu tard, le cloître est fermé. / BARTHOLO : Y a-t-il des heures pour un médecin ? Attendez-moi, monsieur, nous partons ensemble. J'aime trop Dom Bazile... / LE COMTE : Le cas n'est pas assez pressant pour que vous vous dérangiez. / BARTHOLO : Comment, pressant ! Puisqu'il garde le lit... / LE COMTE : Quand je dis le lit, c'est la chambre que j'entends. / BARTHOLO : Oh ! Ne fût-il qu'incommodé, il m'est trop cher pour que je néglige un instant de le voir. Allons. Aussi bien ai-je à lui parler pour quelque chose qu'il sait... Ma femme[1] *S II* ↔ *c.* ou l'esprit de leurs femmes à les satisfaire, ils ont recours à nous. Notre ministère n'est-il pas de venir à leurs secours, de les suppléer. Tous nos Pères s'en font un plaisir. Ils ont soin de mettre dans leurs exhortations une douceur, une onction, un intérêt... Ils y emploient des moyens dont les maris trop négligents ou trop occupés de soins étrangers ne se servent pas toujours assez... Je suis persuadé *S II* ↔ *d.* qui font le bonheur du mariage. / BARTHOLO : [Vous prétendez ramener ma femme ! Vous n'êtes qu'un jeune homme sans usage, Père sacristain. Je dis Père, et je vois à votre propos que vous ne l'êtes pas encore : vous en sauriez davantage. Qu'en est-il ? Ai-je deviné ? Êtes-vous Père ? / LINDOR : Je ne puis pas, à vrai dire, assurer que je le suis, mais si quelque chose que je médite me réussit, je ne tarderai pas à le devenir. / BARTHOLO : Oh ! bien, nous verrons alors si vous pensez toujours de même. / LINDOR : Oh ! je crois avoir tout ce qu'il faut pour ramener Madame... / BARTHOLO : Je parie ce que vous voudrez que vous n'y parvenez pas. / LINDOR : Je ne parie point car je suis comme les indulgences, tout le monde me gagne. / BARTHOLO : Oh ! je ne voudrais pas vous ruiner : mais parions seulement le cachet que je dois vous donner aujourd'hui. / LINDOR : De tout mon cœur. / BARTHOLO : Bon. Je vais gagner le prix de la leçon à ce jeune frère : / Je lui ferai sentir les nœuds, / Oui, Seigneur, travaillons tous deux / Les chers nœuds du mariage / Eh bien / Tous deux au même ouvrage. / Vous m'entendez bien. *biffé*] Vous me consolez un peu, Père sacristain... Je vous dis Père et peut-être ne l'êtes-vous pas. / LE COMTE : Je ne puis pas, à vrai dire, assurer que je le sois encore, mais si quelque chose à quoi je travaille me réussit, j'espère ne pas tarder à le devenir. / BARTHOLO : J'entends. Je vais essayer de lui faire entendre raison. Disposez tout pour la leçon. *(Il sort.)* / *Scène V* *S II*

1. On se souvient que Beaumarchais avait perfectionné cet instrument et donnait des leçons de harpe à Mesdames; voir la Chronologie, p. XXV.

2. Allusion plaisante à la tunique empoisonnée du centaure Nessus : Hercule l'endossa et en mourut « embrasé ».

1. Comme on le voit, on est très près du texte du *Barbier de Séville*, acte III, sc. II, p. 322-323.

3. Voir *Le Barbier de Séville* : « Elle refuse de sortir de chez elle, et j'ai perdu le fruit de ma ruse » (acte III, sc. III, p. 325).

Page 1143.

1. Les deux premiers des fragments que nous donnons ici se trouvent sur une feuille double; le troisième se trouve à la suite des quatre-vingt-cinq fragments reproduits par E.-J. Arnould (ouvr. cité, p. 105-113). Tous ces documents appartiennent aux archives de la famille Beaumarchais. Voir aussi la Notice, p. 1656.

2. Voir la réplique du comte dans *Le Barbier de Séville* : « Seigneur Bartholo, si vous avez souvent des lubies [...] » (acte III, sc. XII, p. 338).

Page 1144.

1. Voir l'orage entre les actes III et IV du *Barbier de Séville* (p. 339). Lindor rassemble tous les ustensiles dont il se sert pour faire du bruit.

2. J.-P. de Beaumarchais (*Théâtre de Beaumarchais*, Paris, Garnier, 1980, p. 11 et note 13) signale que ces deux vers se trouvent dans *Les Précautions inutiles* (1760) d'Achard, sc. IV.

IV

COMPLIMENT DE CLÔTURE

NOTICE

La saison théâtrale se terminait traditionnellement la veille du dimanche de la Passion; pour cette dernière soirée, il était d'usage d'intercaler entre la grande et la petite pièce un *Compliment* dit *de clôture*. Un acteur y invoquait l'indulgence du public, parlait modestement des comédiens et disait un mot de tous les ouvrages nouveaux représentés dans l'année[1]. Nous avons gardé un certain nombre de ces compliments, et en particulier l'un d'eux écrit par Beaumarchais à l'occasion du *Barbier de Séville* et conservé dans les papiers de la famille Beaumarchais. Ce texte, ou plutôt ces deux textes — car nous avons deux minutes de ce compliment —, avaient été signalés d'abord par Loménie, ensuite par Lintilhac[2]. Ces derniers avaient cité — très imparfaitement d'ailleurs — quelques passages et souligné l'intérêt de cette courte pièce. E.-J. Arnould, le premier, a reproduit et étudié les deux textes, en les juxtaposant comme il l'avait fait pour la comédie. Il ressort de cette étude[3] un certain nombre de faits que nous rappelons ici.

1. Voir la réplique de Bartholo, sc. II, p. 1147.

2. Voir Loménie, *Beaumarchais et son temps*, éd. citée, t. I, p. 482-493 et Lintilhac, *Beaumarchais et ses œuvres*, éd. citée, p. 78 et 403-405.

3. E.-J. Arnould, *La Genèse [...]*, éd. citée, p. 431-483.

Tout d'abord, que Beaumarchais soit l'auteur de ce compliment ne fait aucun doute. Les deux manuscrits ont été écrits de sa main, le premier en 1775, le second en 1776. Ont été recopiés à ces dates, et d'une autre écriture, les rôles des différents acteurs. Mais ni en 1775, ni en 1776, ce compliment n'a été représenté, tout simplement parce que, ces années-là, une autre pièce que *Le Barbier de Séville* clôturait la saison. Ce n'est qu'en 1792 probablement que le compliment put être joué, au théâtre du Marais, à l'occasion d'une reprise de la comédie juste avant les fêtes de Pâques[1]. Comme l'indiquent le second manuscrit et ses variantes, Mme Baptiste avait remplacé Mlle Luzy et, concession au goût du jour, l'orchestre, pour finir, jouait le *Ça ira.*

Ce petit acte écrit d'abord à la hâte, sans avoir les qualités de la comédie, ne manque pas d'intérêt. On devait le jouer « dans [l]es habits[2] » du *Barbier de Séville,* les acteurs reprenant aussi certaines répliques de la pièce et restant fidèles jusqu'au bout au caractère de leur personnage : jouant en somme un double jeu, l'auteur lui-même tirant parti de cette ambiguïté; profitant aussi de l'occasion pour parler de théâtre, et de la condition des comédiens, sans que cet *impromptu* ait la portée ou la valeur de ceux *de Versailles* ou *de Paris*[3].

Nous donnons le texte de 1775 et les variantes du second manuscrit. Ces variantes ont été introduites en 1776 ou en 1792 et il n'est pas toujours possible de les distinguer nettement. Elles nous permettent de voir comment travaillait Beaumarchais, ce qui suffit à justifier qu'on les reproduise.

SIGLE UTILISÉ

ms. 2 Manuscrit de 1776.

NOTES ET VARIANTES

Page 1146.

a. Au-dessus du titre : Ceci doit être joué après *Le Barbier de Séville* et dans ses habits. *ms. 2* ↔ *b. Scène première* [*La toile se lève. Parlant à la coulisse :* Garçons de théâtre, ne levez donc pas la toile encore, mes amis, je ne suis pas prêt. *add. marg.*] Quel diable d'homme aussi, qui nous promet un compliment de clôture, nous tient le bec à l'eau jusqu'au dernier instant... Et quand on doit le prononcer, il faut que je le fasse, moi... *Messieurs, si votre indulgence ne rassurait pas un peu mon génie alarmé...* je ne le ferai jamais, ce compliment-là... *Messieurs...* Pour bien rendre ce que je sens, ah ! pour bien faire, il faudrait que ce compliment eût quelque rapport

1. Sur ces problèmes de dates, voir E.-J. Arnould, ouvr. cité, p. 433-435.
2. Voir var. *a*, p. 1146.
3. De Molière (1663) et de Giraudoux (1937).

à l'habit dans lequel je dois le débiter; Voyons : *Messieurs... De même que les médecins entreprennent tous les malades, mais ne guérissent pas toutes les maladies, de même les comédiens [...] Messieurs !* *ms. 2* ↔ *c.* nos conseils, bon docteur. / BARTHOLO : *ms. 2* ↔ *d.* votre compliment soit agréable au public. / FIGARO : Ou qu'il rie du complimenteur. En vérité, nous ne venons ici qu'à bonne intention. / BARTHOLO : Oui ? À la bonne heure !... C'est *ms. 2*

Page 1147.

a. quand je n'ai rien à travailler... et dès que je veux me mettre à composer... / FIGARO : *ms. 2* ↔ *b.* docteur. Cet accident arrive *ms. 2* ↔ *c.* d'honnêtes gens comme vous qui se mettent à l'œuvre sans idées. Mais *ms. 2* ↔ *d.* donner des mouvements... *ms. 2* ↔ *e.* je fais aussi depuis une heure. / FIGARO : *ms. 2* ↔ *f.* BARTHOLO : Comment ? Les esprits *ms. 2* ↔ *g.* LE COMTE : Où en êtes-vous, docteur ? / BARTHOLO : J'en suis à imaginer [...] qui me fasse au moins déployer *ms. 2* ↔ *h.* déployé à nos yeux le très beau talent de chanter en dansant comme un ours et claquant *ms. 2* ↔ *i.* dites-moi, docteur, connaissez-vous au moins *ms. 2* ↔ *j.* définir... *ms. 2* ↔ *k.* boire du vin, je ferais *ms. 2* ↔ *l.* un mot obligeant de tous *ms. 2* ↔ *m.* de prendre un juste milieu. *[6 lignes]* / BARTHOLO : Il faudrait trouver le juste milieu... / FIGARO : Ou n'en point parler du tout, ma foi ! C'est le plus sûr. L'un y gagne ce que l'autre y perd. Et si nous sommes attaqués là-dessus, nous ne manquerons pas de défenseurs. / LE COMTE : N'en point parler serait bien dur mais il suffit de rappeler les ouvrages sans les juger de nouveau. Ce n'est plus... sur les succès même les plus douteux, *ms. 2*

1. Des Essarts, l'acteur qui jouait Bartholo, était très gros.
2. Voir *Le Barbier de Séville*, acte III, sc. v, p. 330.

Page 1148.

a. serait bien avancé... Vous *ms. 2* ↔ *b.* Je ne fais pas autre chose. *ms. 2* ↔ *c.* Un trait de la vie privée d'un grand homme fait-il plaisir en comédie ? Crac ! on vous met ses batailles en opéra-comique. Il ne reste plus qu'à mettre en parade l'acte le plus sérieux. / BARTHOLO : *ms. 2* ↔ *d.* BARTHOLO : Six ou sept nouveautés en dix mois. Nous ne sommes pas des paresseux. *ms. 2* ↔ *e.* qui attend son tour nous dit sans cesse : « Va donc, la Comédie, finis en une bonne fois avec la pièce que tu nous joues; c'est à mon tour *ms. 2*

1. Tragédie en cinq actes de Dorat.
2. Drame en cinq actes et en vers libres de Dudoyer de Gastel, qui était le mari de Mlle Doligny.
3. Comédie en cinq actes en prose de Rochon de Chabannes.
4. Comédie en trois actes en prose de Collé.
5. L'auteur est Imbert, et la comédie en un acte, *Monsieur Pétau ou le Gâteau des Rois*. Figaro ne donne pas le titre de cette œuvre, qui n'avait eu qu'une représentation et avait valu à l'auteur d'être emprisonné pour trois mois au For-l'Évêque, à cause des allusions malencontreuses à Louis XV que contenait le vaudeville.
6. *Albert Ier*, comédie en vers de Le Blanc de Guillet. Pour l'analyse des œuvres citées dans les notes de cette page, voir

E.-J. Arnould, ouvr. cité, p. 437-445. Pour toutes ces œuvres, il s'agit de créations qui s'échelonnent de juillet 1774 à janvier 1775.

Page 1149.

a. LES ACTEURS PRÉCÉDENTS, MME BAPTISTE[1] *ms. 2* ↔ *b.* Eh ! bien, eh ! bien, messieurs, est-ce que le compliment n'est pas dit ? / FIGARO : Bah ! C'est bien pis : il n'est pas fait. *ms. 2* ↔ *c.* Vraiment non. Un mauvais auteur de quatre sous m'en *ms. 2* ↔ *d.* bien fait de n'en rien faire, mademoiselle : *ms. 2* ↔ *e.* Oui, docteur, dans les tragédies. Mais depuis quand refuserait-il ce qui ne peut que l'amuser ? Allez, *ms. 2* ↔ *f.* tout ce qui l'amuse. / FIGARO : Est-il joli, le couplet? / LE COMTE : *ms. 2* ↔ *g.* Comment diable veut-on que j'achève mon compliment ? *ms. 2* ↔ *h.* cette peur-là. / FIGARO, *riant* : Je le crois mais vous ne chanterez pas moins. Vous êtes si bonne, Luzi[2], qu'en toute affaire vous n'opposez jamais que des difficultés engageantes. / MME BAPTISTE : Il ne tiendrait qu'à moi de prendre cela pour un épigramme. / LE COMTE : Vous *ms. 2*

1. On pouvait attendre Mlle Doligny; mais il eût été gênant pour elle de faire allusion à l'air qu'elle avait renoncé à chanter devant un public hostile (voir la note de l'auteur dans *Le Barbier de Séville*, acte III, sc. IV, p. 327). Mlle Luzy, moins timide, va chanter l'air dans ce compliment.
2. Reprise d'une réplique de Figaro (*ibid.*, acte II, sc. II, p. 305 et n. 1).
3. *Ibid.*, acte III, sc. IV, p. 329, réplique du comte.

Page 1150.

a. l'hypocrisie de la timidité. *[p. 1149, 8 lignes en bas de page]* / Mme Baptiste prélude gaiement. / FIGARO : Elle ne changera point, chantant, jouant la comédie. En honneur, c'est un diamant. / BARTHOLO : Maudit bavard. / MME BAPTISTE, *riant* : Ah, ah, ah ! Laissez-le donc se tirer de là, docteur ! Et expliquer comment je suis un diamant[3]. / FIGARO, *gaiement* : Est-ce que toutes les jolies femmes ne ressemblent aux pierres précieuses ? La nature, en se jouant, ne féconde-t-elle pas la mine abondante où nous puisons ces diamants-là ? L'éducation est le lapidaire qui nous les taille à notre pied. La parure élégante est le chaton qui les enchâsse. Notre imagination, la feuille qui les brillante, l'alvéole qui va bientôt... *(mots illisibles)*. Enfin l'amour, madame, n'est-il pas le joaillier qui les met en œuvre, tous ces diamants-là ? / MME BAPTISTE : Et l'hymen que vous oubliez ? / FIGARO : Si vous voulez (encore un calembour !) est le marchand qui nous les fournit dans le commerce. / BARTHOLO : Que le diable emporte le metteur en scène et le diamant, et le marchand, là ! J'ai perdu la plus sublime idée... / LE COMTE *à Mme Baptiste* : J'espère que son courroux ne nous privera pas du plaisir de vous entendre. / MLLE LUZI : Au moins, messieurs, c'est vous qui voulez que je chante. / BARTHOLO : Ah ! Point du tout ! / FIGARO : Certainement. / LE COMTE : Nous jugerons s'il aurait fait plaisir. /

1. Ce nom remplace celui de Mlle Luzy dans les répliques suivantes.
2. On peut penser que *Luzi* a été laissé par inadvertance.
3. Sur la métaphore filée qui va suivre, voir la variante *a* de la première scène du *Mariage de Figaro*, p. 382.

Elle chante. / *Air :* « Vous l'ordonnez[1] » / Nous qui faisons notre bien de vous plaire / *(Figaro lève les épaules.)* / Vous perdre, hélas ! qu'allons-nous devenir... / FIGARO : Quelle triste jérémiade ! / MME BAPTISTE : Ah ! sans l'espoir de vous voir revenir... / FIGARO *achève l'air en raillant* : Nous irions tous nous j'ter dans la rivière. / BARTHOLO, *en colère* : Va ! Je voudrais t'y voir, boulets ramés[2] au chignon ! Mon pauvre compliment... / FIGARO : S'il est aussi pauvre que celui-là ! / MME BAPTISTE : Il n'est pas joli ? / FIGARO : Flagornage d'esclaves et fade lamentation ! C'était bon sous l'Ancien Régime. Des hommes libres parlent-ils ainsi à des hommes libres ? / MME BAPTISTE : Et comment donc ? / FIGARO : Vous allez voir, messieurs. / *(Il chante.)* / Quand nous vous perdons quelque temps, / Nous croyez-vous contents ? / Vous vous passez fort bien de nous, / Mais nous jamais de vous. / Ce qu'avez de mieux à faire, / C'est de revenir voir ceux / Qui font leur unique affaire / De vous tenir joyeux. / BARTHOLO, *furieux* : Non ! Je voudrais que la peste eût étouffé en naissant le père et la mère du prêtre qui bénit le mariage dont tu sortis, maudit langard[3] ! / FIGARO : Il n'y a peut-être pas un mot de cela dans mon histoire. / BARTHOLO : Voici Bazile à cette heure ! Allons ! Mon compliment... / *Scène* IV *ms. 2* ↔ *b.* BAZILE : Eh ! Mon Dieu, je ne vous veux rien. Je viens seulement pour annoncer... *ms. 2* ↔ *c.* coup de main. Et parce qu'on vous applaudit toujours à l'annonce... Je veux annoncer aussi, moi. / LE COMTE : *ms. 2* ↔ *d.* LE COMTE, *riant* : Demain, *ms. 2* ↔ *e.* Ah ! ah ! Pour quelque répétition sans doute ? *ms. 2* ↔ *f.* BAZILE : Oui ?... Ça ne fait rien... mardi, messieurs... / FIGARO : *ms. 2* ↔ *g.* BARTHOLO : Mais le pis, c'est *ms. 2*

1. Un seul applaudissement.

Page 1151.

a. de sa recette entière toute la semaine prochaine ? / BAZILE : *ms. 2* ↔ *b.* FIGARO : Tout de bon. Il est d'une sagacité, ce Bazile. Ah ! çà, *ms. 2* ↔ *c.* Jusqu'au lendemain de Pâques ? / TOUS : Sans doute ! / BAZILE : *ms. 2* ↔ *d.* huit jours *ms. 2* ↔ *e.* LE COMTE ET TOUS LES ACTEURS : Eh bien, *ms. 2* ↔ *f.* clôture, tâchez de faire au moins *ms. 2* ↔ *g.* bonsoir, bonsoir ! / BARTHOLO : J'ai la tête si pleine de tout ce que je viens d'entendre. En vérité, ma tête est comme une éponge... / FIGARO : Aride et sèche et vide de sa nature, à moins qu'elle ne soit gonflée avec les productions d'autrui. / BARTHOLO : Enfin puisque vous voilà ! *ms. 2* ↔ *h.* vous diriez au public ? / FIGARO : *ms. 2* ↔ *i.* LE COMTE : Je me recueillerais un moment et il me semble *ms. 2* ↔ *j.* la moindre partie de ce qu'il donne à ses plaisirs ? Pour *ms. 2*

1. Voir *Le Barbier de Séville*, acte III, sc. XI, p. 336-337.
2. Les théâtres officiels étaient fermés la veille du dimanche de la Passion et ne rouvraient que le lundi de Quasimodo (voir la Notice, p. 1659).

1. C'est-à-dire l'air du comte à l'acte I, scène VI du *Barbier de Séville* (voir p. 301).
2. *Boulets ramés :* « Des boulets composés de deux demi-globes de fer joints par une barre qui les assemble » *(Académie)*.
3. On trouve plus souvent *languard* : « Pour homme babillard [...] » (Leroux, *Dictionnaire comique [...]*, éd. citée).

3. Bartholo reprend une de ses dernières répliques; voir la scène finale du *Barbier de Séville*, p. 349.

Page 1152.

a. charmés *ms. 2* ↔ *b.* souvent *ms. 2* ↔ *c.* vos cruels reproches. *ms. 2* ↔ *d.* devenir *ms. 2* ↔ *e.* le plus besoin, c'eſt votre indulgence. » Messieurs. / *Il salue.* / BARTHOLO : *ms. 2* ↔ *f.* FIGARO : Oui ! Parce que cela claque à l'oreille et a l'air d'être un compliment... Pas *ms. 2* ↔ *g.* aussi *[7 lignes]* profitable ! Examinez tous les états, depuis le grave ambassadeur qui chiffre un morceau de papier jusqu'à l'auteur badin qui le barbouille, depuis l'homme ingénieux qui invente un nouvel impôt jusqu'à l'obscur filou qui nous fouille aussi dans les poches, où se fait-il rien qui ne soit au profit de la tant bien aimée recette ? Et le général couvert de gloire qui veut de plus une pension, le noble abîmé de dettes qui va rechercher une héritière; et le pieux, le gros saint abbé qui galope un bon évêché, et le magiſtrat qui pâlit sur les minutes d'un procès; et le légataire assidu qui intrigue autour de son oncle; et la mère soi-disant honnête qui livre sa fillette à la nullité nuptiale d'un vieillard riche et amoureux[1]; et celui qui navigue, celui qui prêche, celui qui danse, et moi dont je ne parle point, mais qui ne m'oublie pas plus qu'un autre; y a-t-il un seul homme au monde qui n'agisse pour augmenter la bonne, la très douce, la trois, quatre, six, dix fois agréable recette ? / Avec vos fades compliments, vous sollicitez le public comme on parle à un juge auſtère. Moi je l'aime comme ma mère nourrice. Elle me donnait quelquefois sur l'oreille; mais ses caresses étaient douces et son bon lait inépuisable. Logomachie, battologie, cliquetis de paroles que tous ces beaux discours ! Mépriser la recette ! Allez, vous ne méritez pas de prospérer. Mais si comme disait feu Roch Marc Paul les ingrats deviendront poussifs, en voici déjà un qui n'eſt pas trop loin de la punition. *(Il tape sur le ventre du docteur.)* Et puis, *ms. 2*

1. Là où l'on recueille les indigents.
2. Bartholo.

Page 1153.

a. ne lui en donne pas ? *[p. 1152, 3 lignes en bas de page]* [Les comédiens n'auront droit *[...]* qu'ils lui plaisent. *biffé*] Ainsi, *ms. 2* ↔ *b.* on fait passer de la tribune jusqu'au café avec des mots et des tournures ! Enfin vous le ferez comme vous voudrez, l'interminable compliment; mais, *ms. 2* ↔ *c.* à la journée et qui ne séduisent personne. Je dirais uniment : « Messieurs, *ms. 2* ↔ *d.* tombée, si vous avez le plaisir, nous avons l'éloge *ms. 2* ↔ *e.* calembour ? / BARTHOLO : Ce maraud-là fait si bien qu'il a toujours raison. / UN ACTEUR *ms. 2* ↔ *f.* la petite pièce. / L'ACTEUR : Oui ! La petite pièce ! Il eſt neuf heures. Il n'y aura ni pièce ni compliment. / MME BAPTISTE : Pas de compliment ? Quoi !... / BARTHOLO : Il ne fallait nous interrompre, madame... Laissez-nous donc tranquilles. / MME BAPTISTE : Oui, allez vous coucher, n'eſt-ce pas ? Viens, mon petit frère Figaro... / L'ACTEUR : *ms. 2* ↔ *g.* Jouez

1. Ce qui est le cas de Rosine dans *Le Sacristain* (voir p. 1139).

Ça ira, messieurs *ms. 2* ↔ *b. L'orchestre joue « Ça ira », il sortent tous et l'on baisse la toile. ms. 2*

1. Souvenir du *Barbier de Séville*, acte I, sc. IV, p. 297.

V

AUTOUR DU « MARIAGE DE FIGARO »

NOTICE

On trouvera ici une série de documents dont l'intérêt est triple : d'une part, ces lettres permettent de définir les étapes de la lutte que dut mener Beaumarchais pour faire représenter sa pièce; d'autre part, elles précisent les sentiments de l'auteur à l'égard du couple royal; enfin, on y voit un auteur porter un jugement, pour se défendre, sur l'ensemble de son œuvre en soulignant son évolution.

NOTES

Page 1154.

1. Cette lettre a été publiée pour la première fois par Édouard Fournier en 1876, dans son édition des *Œuvres complètes [...]* (p. 734-736). Il l'a trouvée, dit-il, dans ce qu'il appelle « le manuscrit du Théâtre-Français ».
2. Ces personnes sont le roi et la reine, et c'est à eux finalement que cette lettre est adressée.
3. C'est-à-dire depuis 1778; voir n. 5 de cette page.
4. La menace est à peine voilée : quel scandale si la pièce était représentée à Saint-Pétersbourg avant de l'être en France !
5. L' « événement heureux » est la naissance du dauphin, en octobre 1781. Les fêtes de la ville de Paris, les 22 et 24 janvier 1782, jugées trop coûteuses, avaient été gâtées par le temps. Voir, dans le *Chansonnier historique du XVIIIe siècle*, Paris, Quentin, 1884, t. X, p. 35-38, la chanson « Critique des fêtes de la ville de Paris ». Cette allusion permet de dater la lettre à quelques jours près.

Page 1155.

1. « Allons, ferme, poussez, mes bons amis de Cour [...] » (*Le Misanthrope*, acte II, sc. IV, v. 651; Molière, *Œuvres complètes*, éd. citée, t. II, p. 172).
2. La Suède évidemment : sur les relations de Beaumarchais avec Gustave III, voir la Notice de la pièce, p. 1359 et n. 2 en bas de page.

3. Le premier censeur, Coqueley de Chaussepierre. Voir la Chronologie de la pièce, p. 1364.

Page 1156.

1. Le comte de Maurepas avait été nommé par Louis XVI, en 1774, ministre d'État et chef du conseil royal des finances. Il venait de mourir (en 1781).

2. Sur ce personnage, qui défendait les intérêts des Comédiens-Français, voir le *Compte rendu de l'affaire des auteurs dramatiques* (*Œuvres complètes de Beaumarchais*, éd. Fournier, Paris, Laplace, Sanchez et Cie, 1876, p. 585-625). Le maréchal dont il est parlé est le duc de Duras.

3. Cette lecture n'aura jamais lieu. Leurs Majestés se feront lire la pièce par Mme Campan. Voir la Notice, p. 1356.

Page 1157.

1. Cette lettre a été publiée pour la première fois dans la *Revue rétrospective*, t. VII, p. 463, et reprise par d'Heylli et Marescot, ouvr. cité, t. III, p. XV. De La Porte était secrétaire de la Comédie-Française.

2. Ce ne fut pas si simple : le deuxième censeur, J.-B. Suard, fut, en juillet, hostile à la pièce.

3. C'est-à-dire le grand-duc de Russie, le futur Paul Ier; il venait d'arriver en France. Il assista le 26 mai 1782 à une lecture publique de la pièce.

4. Cette lettre autographe est conservée à la Comédie-Française. Lettre importante, car Beaumarchais y juge le théâtre de son époque et ses propres œuvres. Certains passages seront repris dans la préface du *Mariage de Figaro* : voir n. 2, p. 353; n. 4, p. 357; et n. 6, p. 358; n. 1 et 6, p. 360; n. 2, p. 361, et n. 1, p. 368; ainsi que l'annotation correspondant à ces passages. L'allusion aux quatre censures, dans le deuxième paragraphe, permet d'affirmer que la lettre a été écrite entre le 15 janvier et le 22 février 1784 (voir la Notice, p. 1357 et 1365).

Page 1158.

1. Des œuvres qui manquent de chaleur et des comédies qui n'ont que quatre représentations.

Page 1159.

1. « Vous épousiez ma fille, et convoitiez ma femme ! » (*Le Tartuffe ou l'Imposteur*, acte IV, sc. VII, v. 1546; Molière, éd. citée, t. I, p. 966).

2. *Échiner*, c'est au sens propre « rompre l'échine ». Le sens figuré que nous avons ici ne se trouve pas dans le *Dictionnaire de l'Académie*.

3. Sur le prince de Conti, voir p. 359 et n. 1.

Page 1160.

1. *Le Mariage de Figaro*, scène finale, dans la variante *a*, p. 485.

Les manuscrits hésitent entre *jouer sous jambe* (voir Leroux, *Dictionnaire comique [...]*, éd. citée) et *jouer par-dessous jambe* : « [...] dans le style familier déranger avec facilité les projets de quelqu'un » *(Académie)*.

Page 1162.

1. Voir la Notice de la pièce, p. 1356-1357.
2. « Il signifie figurément ruiner extrêmement » *(Académie)*.

Page 1163.

1. « Instrument de chirurgie propre à l'opération de la taille » *(Académie)*.
2. Guidi; en réalité, il y a eu déjà cinq censeurs. Beaumarchais feint d'ignorer Suard qui lui a été hostile.
3. Cette lettre fut publiée pour la première fois par Gudin de La Brenellerie, ouvr. cité, t. VI, p. 381-382. L'allusion au « tribunal » la date du mois de mars 1784.

Page 1164.

1. C'est-à-dire le style.
2. Cette lettre fut publiée par ce journal dans son numéro du 14 mai.
3. Le jeudi 8 mai, jour de la cinquième représentation.
4. On citait, comme auteur possible, le chevalier de Langeac (voir l'édition citée d'Heylli et Marescot, t. III, p. XXXVII et XXXIX).

Page 1165.

1. Il existe une variante pour ce dernier vers : « Le parterre en chorus a demandé l'auteur. » Voir n. 4, p. 1164.

Page 1166.

1. Cette lettre, conservée à la bibliothèque de la Comédie-Française, a été publiée pour la première fois par Édouard Fournier, éd. citée, p. 740-743.
2. Ce prêtre était l'abbé Suard, frère de l'académicien deuxième censeur du *Mariage de Figaro*. Son article avait paru le 2 mars 1785; Beaumarchais lui répond le 6, ce qui lui vaut d'être emprisonné à Saint-Lazare du 8 au 13. D'où ce mémoire au roi...
3. « Tu marcheras sur le lion et sur l'aspic, et tu fouleras le lionceau et le dragon » (Psaume XCI, v. 13).
4. Pour la phrase où se trouvent ces termes, voir la Notice, p. 1358.

Page 1167.

1. La préface de la pièce.
2. Allusion à l'*Épître dédicatoire* (voir la Notice, p. 1358 et n. 4 en bas de page).
3. Soit depuis l'alliance de la France avec les Insurgents.

4. Beaumarchais avait été chargé de racheter les pièces administratives qui, selon les plaintes des ministres, avaient disparu des archives. Cette mission lui avait coûté de grosses sommes.

5. On enfermait à Saint-Lazare les jeunes débauchés et en particulier les fils de famille qui déshonoraient leur nom.

Page 1168.

1. Ces passages sont aux pages 360 et 376 de la présente édition. Dans le deuxième, il y a *âmes* au lieu de *dames* (voir p. 360).

2. Le duc de Villequier; la lettre était adressée en réalité au président Dupaty : Loménie en donne le texte (*Beaumarchais et son temps*, Paris, Michel-Lévy, 1856, t. II, p. 581). Beaumarchais y refuse un billet de loge pour des « bégueules mitigées » qui voulaient voir la pièce sans être vues.

3. Il s'agit du *Cantique spirituel du très spirituel mandement du Carême de 1785*, chanson écrite contre l'archevêque de Paris, M. de Juigné, qui interdisait aux fidèles de lire Voltaire et de voir *Le Mariage de Figaro*, mais leur permettait de manger des œufs pendant le carême. Il ne fait nul doute que la chanson est bien de Beaumarchais (voir éd. Fournier citée, p. 701-702).

Page 1170.

1. Beaumarchais était toujours lieutenant des chasses au bailliage de la Varenne du Louvre.

2. Beaumarchais ne resta que cinq jours à Saint-Lazare. Son premier mouvement fut de refuser la liberté : « Je n'ai point mérité de la perdre, disait-il; je ne dois sortir d'ici que jugé et justifié » (Gudin de La Brenellerie, *Histoire de Beaumarchais*, éd. M. Tourneux, Paris, Plon, 1888, p. 360). Sorti de prison, il resta quelque temps enfermé chez lui. Les dernières pages de ce mémoire constituent un réquisitoire contre l'arbitraire des lettres de cachet.

Page 1171.

1. Le roi fut sensible au contenu et au ton de cette lettre et Beaumarchais rentra en grâce.

VI

RÉPONSE DE L'AUTEUR AU COMITÉ DE L'OPÉRA

NOTICE

Cette Réponse se trouve dans la brochure[1] distribuée gratuitement à l'entrée du théâtre lors des représentations de *Tarare*,

1. De huit pages, s.l.n.d., in-8° ; B.N. Impr. Yf. 8193.

laquelle reproduit d'abord la lettre du Comité de l'Opéra à l'auteur de Tarare : « Paris, ce 7 août 1790. / Monsieur, / Le Comité me charge de vous observer que le bruit qui s'est fait hier au spectacle ne peut venir que de l'erreur où sont tombées plusieurs personnes sur vos intentions. Ne pourriez-vous pas, Monsieur, mettre quelque chose dans les journaux, qui expliquât ce que l'on n'a ni lu ni écouté ? Vous obligeriez infiniment le Comité de l'Opéra, qui n'est point accoutumé à voir de pareilles rumeurs à son spectacle. / J'ai l'honneur d'être [...] / *Signé* LASALLE, / *Secrétaire de l'Académie royale de musique.* »

Suit immédiatement la réponse. Sur cette réponse, voir la Notice de *Tarare*, p. 1432-1433.

NOTES

Page 1172.

1. Comme le désirait Voltaire (voir *Le Siècle de Louis XIV*, chap. XXXVIII, éd. Bourgeois, s.l.n.d., p. 776), Beaumarchais substitue *auguste* à *août*.

2. Beaumarchais reprend les mots de la lettre du Comité, qui est datée du 7 août 1790. Mais, sa lettre étant du 10, il s'agit donc de la représentation du 9, la première de la *remise* ayant eu lieu le 3, également dans le tumulte (voir la lettre du 4 août écrite par un citoyen indigné, dans Loménie, *Beaumarchais et son temps*, éd. citée, t. II, p. 417).

3. Jean-Louis Aubert avait été directeur de la *Gazette de France* de 1773 à 1784 et allait le redevenir en 1791 et 1792. Il n'avait jamais été tendre pour Beaumarchais et avait des ennemis acharnés, Grimm, La Harpe et Marmontel entre autres. *Afficheur*, terme outrageant (comme *affichiste*) pour désigner un journaliste, se trouve déjà dans la préface du *Mariage de Figaro* (voir p. 357 et n. 3).

4. Beaumarchais est âgé de cinquante-huit ans.

5. Sur l'ennui des spectacles à l'Opéra, voir la *Lettre modérée [...]*, p. 285-286; et *Aux abonnés de l'Opéra [...]*, p. 501-502.

6. À la date du 6 août 1790, on lisait en effet dans *La Chronique de Paris* : « Nous revenons souvent sur les moyens que l'on prend pour substituer le royalisme à l'amour de la Constitution et de la liberté; [...] M. Caron [...] fait dire à son héros : / *Le respect pour les rois est le premier devoir.* / Ce vers a excité les plus vifs applaudissements, surtout dans les loges. La pensée est pourtant absolument fausse. Le respect pour les rois est sans doute un de nos devoirs, mais le premier de tous est celui des lois et de la Constitution. »

7. Acte V, sc. VI, p. 585 (voir aussi n. 3, p. 1173).

Page 1173.

1. Ce mot était aussi en italique dans l'article de *La Chronique de Paris*; peut-être parce que *royalisme* avait pris en 1790 un sens

plus précis : il désignait la doctrine de ceux qui prenaient le parti du roi.

2. Beaumarchais adopte une façon adroite de répondre à l'article qui distinguait le royalisme de l'amour de la Constitution.

3. L'applaudissement n'était pas si général, puisqu'on peut lire dans la *Correspondance littéraire* de Grimm d'août 1790 : « Il n'y a qu'un trait qui n'a jamais manqué d'exciter une lutte violente entre les partisans outrés de la démocratie et ceux de l'autorité royale, vulgairement dits aristocrates, c'est ce que dit Tarare dans l'avant-dernière scène : / *Oubliez-vous, soldats, usurpant le pouvoir,* / *Que le respect des rois est le premier devoir ?* »

4. Beaumarchais écrit *fonds*, les deux mots souvent n'étant pas distingués à cette époque. Féraud (*Dictionnaire critique de la langue française*, Marseille, chez Jean Mossy, 1787) s'insurge contre cette confusion.

5. Les jardins du Palais-Royal restaient, plus que jamais, le lieu où se colportaient et se discutaient les nouvelles.

6. L'Assemblée constituante avait délibéré de cet article, mais le décret du 8 mars 1790 avait maintenu le *statu quo*.

7. Ou Trangabar : « Petite ville de la presqu'île de l'Inde deçà le Gange » (*Dictionnaire de Trévoux*, Paris, éd. de 1743). Le Zanguébar, lui, est le « nom propre d'une grande région de la Basse-Éthiopie » *(ibid.)*.

Page 1174.

1. Désapprouver, blâmer.

2. Ces vers ne sont pas dans le « Couronnement de Tarare » tel qu'il nous est parvenu. Sans doute s'agit-il de vers insérés dans le texte pour quelques représentations. Ils se plaçaient, d'après Loménie, qui ne cite pas le dernier vers (*Beaumarchais et son temps*, éd. citée, t. II, p. 415), après : « Il [le peuple] reparaît modeste, à la fin de la marche générale » (voir p. 595). Beaumarchais les citera en partie dans la lettre à sa fille Eugénie du 12 août 1792 (voir p. 1182). En 1809, Gudin de La Brenellerie cite les quatre premiers vers (éd. citée, t. VII, p. 293-294), avec ce commentaire : « L'opéra fut repris avec succès en 1790. Beaumarchais avait ajouté au " Couronnement de Tarare " plusieurs morceaux qu'il croyait propres à calmer l'effervescence de ce temps, en ramenant à des idées saines ce peuple qui commençait à se laisser égarer par de funestes agitateurs. »

3. *Bon grand peuple* est dans la réplique du nègre; voir sc. II du « Couronnement de Tarare », p. 594.

4. *Ibid.*, sc. I, p. 592. Bien que le mot soit beaucoup plus ancien, *Académie 1798* ne donne *divorcer* que dans son Supplément contenant les mots nouveaux en usage depuis la Révolution. *Divorcier* n'est pas autrement attesté, mais *divorcer* est souvent, au début, pronominal.

5. Acte III, sc. IV, p. 557.

Page 1175.

1. Voir sc. I du « Couronnement de Tarare », p. 592.

2. Pour avoir provoqué du désordre au cours du spectacle.

VII

À M. MARTINEAU

NOTICE

Cette lettre sur *La Mère coupable* a été publiée pour la première fois par Lintilhac[1]. Le destinataire, un homme de loi nous est-il dit, n'est pas autrement connu. Mais la lettre est très intéressante, car elle répond à des objections nettement formulées concernant le problème de l'inceste, la construction de l'œuvre, l'intérêt des situations, et confirme que la pièce ne veut être ni « une tragédie bourgeoise, ni une simple comédie, mais un drame bien intrigué[2] [...] ». La courte préface de l'œuvre s'en trouve éclairée, et précisées les intentions de l'auteur.

NOTES

Page 1177.

1. « Selon la loi [...]. Selon la nature [...] » : la distinction était faite déjà par Figaro (« par la nature et la loi », dernière scène de *La Mère coupable*, p. 671). Le comte ajoutait : « [...] nous consulterons [...] des gens de loi discrets, éclairés, pleins d'honneur » (*ibid.*, p. 672), reconnaissant que le mariage des deux jeunes gens posait des problèmes.
2. Sc. III, p. 621.
3. À la scène XIII (p. 655 et suiv.).
4. Dans *Le Glorieux* (1732), acte II, sc. V.
5. À Figaro, acte IV, sc. XVIII (p. 662) ; et à Suzanne, acte V, sc. I (p. 663).
6. Au début de la scène finale, p. 671.

Page 1178.

1. Sc. VII, p. 623-624.

Page 1179.

1. Acte V, sc. IV, p. 666.
2. Les dictionnaires ne donnent qu'*accumulation*.
3. Bien incompétent.

1. *Beaumarchais et ses œuvres*, éd. citée, p. 423-427 ; c'est le texte que nous reproduisons.
2. Voir p. 1178.

VIII

LETTRE À MA FILLE EUGÉNIE ALORS AU HAVRE

NOTICE

Cette lettre a été publiée pour la première fois en 1809 par Gudin de La Brenellerie, dans son édition des *Œuvres complètes [...]*, t. VII, p. 81-100, texte que nous reproduisons. Sur les circonstances dans lesquelles elle a été écrite, on se reportera à la « Quatrième époque » des *Mémoires sur l'affaire des fusils de Hollande*[1].

NOTES

Page 1180.

1. « Il se dit familièrement et en plaisantant d'une personne qui en accompagne une autre » *(Académie 1835)*. Le mot n'a pas encore sa valeur péjorative.
2. « *Commun* se dit aussi des domestiques les moins considérables d'une maison [...]. *La table du commun. La salle du commun* [...] » *(Académie)*. Ici, par métonymie, cette salle.

Page 1181.

1. Pétion était maire de Paris depuis novembre 1791.
2. Devant le quai des Célestins; il était facile par la rue du Petit-Musc de rejoindre la rue Saint-Antoine et, de là, la maison de Beaumarchais, construite tout près de l'emplacement de la Bastille.

Page 1182.

1. Ceux qui ont su se dominer, prendre garde à leur conduite.
2. Voir n. 2, p. 1774.
3. Voir le début de la « Quatrième époque », p. 1002 et suiv.

Page 1183.

1. « Voilà, je vous l'avoue, un abominable homme ! » (*Le Tartuffe ou l'Imposteur*, acte IV, sc. VI, v. 1529; Molière, éd. citée, t. I, p. 965).
2. « On appelle ainsi le petit instrument d'argent ou de fer-blanc qu'on met dans le chandelier pour brûler une chandelle ou une bougie jusqu'au bout » *(Académie)*.

1. Voir p. 1011 et 1012.

3. Sur « deux mille affiches » qui coûtèrent quatre cent quatre-vingt-huit livres neuf sous, plus quinze livres pour l'affichage.

Page 1184.

1. Cet ami s'appelait Gomel. La rue des Trois-Pavillons est l'actuelle rue Elzévir. La maison (voir la suite du texte) était à l'angle de la rue du Parc-Royal.

2. Des soldats de la garde nationale.

Page 1185.

1. De la maison où se trouvait Beaumarchais à l'hôtel de ville, il y a à peine un kilomètre.

2. Pour éviter toute confusion, Gudin, éd. citée, met une note : « M. Gudin, l'homme de confiance de M. de Beaumarchais, est frère de l'homme de lettres. »

Page 1186.

1. Le « pauvre campagnard » est Gomel, dont il a été dit (p. 1184) qu'il était « à sa campagne ».

2. *Rester* est au sens de « demeurer, habiter ». Cet emploi est signalé par Féraud, dans son *Dictionnaire critique*, comme fréquent en Normandie et en Gascogne.

Page 1187.

1. Votre ami n'a rien à craindre.

2. Les événements fortuits; ce mot, que ne donnent pas les dictionnaires de l'époque, se trouve chez Restif de La Bretonne. Voir aussi G. von Proschwitz, ouvr. cité, p. 117, et la note 1 de la page 353.

3. Ces « dames » étaient probablement des religieuses. La rue de la Perle, encore ainsi nommée, prolonge la rue du Parc-Royal vers l'ouest.

Page 1188.

1. Beaumarchais écrivit aussi à Gomel et la lettre est datée du dimanche 12 août. De Marescot en donne le texte dans son *Théâtre de Beaumarchais*, Paris, Librairie illustrée, s.d., p. XXXV : « Ô mon ami ! Recevez ces deux mots, les plus vrais de tous ceux que vous recevrez, j'y étais. Cette nuit, votre maison, par ordre de la section, a été fouillée de la cave au grenier; c'était des armes qu'on cherchait. Et vous aussi, mon cher, vous avez de lâches ennemis. Tout a été ouvert avec des serruriers. La visite a duré quatre heures. Et quand j'ai vu les commissaires et la garde, je les ai invités à rendre leur visite si sévère qu'on les en crut sur leur procès-verbal. / Votre maison a été, au reste, respectée. Aucun dégât. Votre fidèle, plus mort que vif, leur tenait des chandelles. La rue pleine de femmes, et la maison enveloppée, j'aurais voulu vous porter les détails moi-même; mais on ne sort point de la ville. / Je vous embrasse. »

LISTE DES ACTEURS DE LA COMÉDIE-FRANÇAISE QUI ONT CRÉÉ LES PRINCIPAUX RÔLES DU THÉÂTRE DE BEAUMARCHAIS

Entre 1767 et 1797, la plupart des rôles des œuvres de Beaumarchais furent créés à la Comédie-Française par deux générations d'acteurs; voici quelques notes sur les plus importants.

ACTEURS

Augé François (1733-1783). Entré en 1763, il joue surtout les valets fripons, force volontiers les rôles, se retire en 1782. Il crée :
Drink dans *Eugénie*,
Basile dans *Le Barbier de Séville.*

Bellecour (Jean-Claude Coleson ou Colson, dit) [1725-1778]. Entre en 1750; d'allure distinguée et doué d'une excellente diction, il crée :
Clarendon dans *Eugénie*,
Saint-Alban dans *Les Deux Amis*,
Almaviva dans *Le Barbier de Séville.*

Bouret Antoine Claude (1732-1783). Joue les niais à la foire, entre en 1762; son jeu est assez gros; il ne crée qu'un notaire dans *Le Barbier de Séville.*

Brizard (Jean-Baptiste Britard, dit) [1721-1791]. Débute en 1757 dans la tragédie; il réussit dans le drame et crée :
Mélac père dans *Les Deux Amis.*

Dazincourt (Joseph J.-B. Albouy, dit) [1747-1809]. Entré en 1776, il joue les valets de bonne compagnie. Il crée :
Figaro du *Mariage de Figaro* (1784).

En outre, excellent professeur, il dirige les représentations du *Barbier de Séville* à Trianon en 1785.

Des Essarts (Denis Déchanet, dit) [1737-1793]. Passé du droit au théâtre; il entre en 1772. Très gros, il crée :
Bartholo dans *Le Barbier de Séville* et *Le Mariage de Figaro.*

Dugazon (J.-B. Henri Gourgaud, dit) [1746-1809]. Entré en 1771, il joue les valets bouffons; il crée :
La Jeunesse dans *Le Barbier de Séville.*
Il joua Figaro dans *Le Mariage de Figaro,* mais ne l'a pas créé.

Feulie Louis Henri (1736-1774). Entré en 1764, il joue les valets avec gaieté. Il crée :
Robert dans *Eugénie* (à la place de Bouret, trop outré),
André dans *Les Deux Amis.*

Fleury (Abraham Joseph Bénard, dit) [1750-1822]. Entré en 1774, sociétaire en 1778, il reprend Clarendon dans *Eugénie* en 1778; et Almaviva dans *Le Mariage de Figaro* en 1802, avec moins de succès que Molé.

Grandval François Charles Ragot de (1710-1784). Débute en 1729, et s'arrête en 1768, après avoir créé :
Cowerly dans *Eugénie.*

Molé François René (1734-1802). Débute en 1754, mais ne s'intègre à la Comédie-Française qu'en 1760. De l'aisance et un talent universel lui permettent de créer :
Mélac fils dans *Les Deux Amis,*
Almaviva dans *Le Mariage de Figaro.*
Il reprit Almaviva dans *La Mère coupable* (1797).

Préville (Pierre Louis Dubus, dit) [1721-1799]. Entré en 1753, il joue les valets. Ami de Beaumarchais, malgré ses préventions contre le drame il crée :
le baron Hartley dans *Eugénie,*
Aurelly dans *Les Deux Amis,*
Figaro dans *Le Barbier de Séville* surtout, avec un immense succès,
Brid'oison dans *Le Mariage de Figaro,* vu son âge.
Il quitte la Comédie-Française en 1786.

Vanhove l'aîné, Charles Joseph (1739-1803). Entré en 1777, il crée
Bazile dans *Le Mariage de Figaro.*

ACTRICES

Mme Bellecour (Rose Perrine Le Roy de La Corbinaye, dite Beauménard, puis) [1730-1799]. À la Comédie-Française de 1749 à 1756, puis de retour en 1761, elle joue les soubrettes. Elle crée :
Marceline dans *Le Mariage de Figaro.*

Contat Louise Françoise (1760-1813). Sociétaire de 1777 à 1809. Bien que « jeune première », elle fut choisie par l'auteur pour créer :

Suzanne dans *Le Mariage de Figaro.*

Elle y eut un immense succès ; en 1797, elle joue la comtesse dans la reprise de *La Mère coupable*, où elle est moins à l'aise.

Doligny (Louise Adélaïde Berton de Maisonneuve, dite) [1746-1823]. Élève de Molé, elle débute en 1763, comme ingénue ; elle crée :

Eugénie dans *Eugénie*,
Pauline dans *Les Deux Amis*,
Rosine dans *Le Barbier de Séville.*

Retirée en 1783, elle ne put créer la comtesse du *Mariage de Figaro*, comme le souhaitait Beaumarchais.

Mlle Olivier (1764-1787). Débute à la Comédie-Française en 1780, et crée :

Chérubin dans *Le Mariage de Figaro* avec « toute la grâce de la jeunesse ».

À Gennevilliers, c'est Mlle Rémond qu'on a fait venir du Théâtre-Italien.

Mme Préville Madeleine Angélique Drouin (1731-1794) débute en 1753. Elle crée :

Mme Murer dans *Eugénie.*

Mlle Saint-Val cadette (Marie-Blanche Alziari de Roquefort, dite) [1752-1836]. Entrée à la Comédie-Française en 1772, bien que tragédienne, elle crée :

la comtesse dans *Le Mariage de Figaro.*

NOTE BIBLIOGRAPHIQUE

Il ne saurait être question d'établir une bibliographie complète qui, sans être aussi importante que celle des grands auteurs dramatiques du XVIIe siècle, devrait citer des centaines d'ouvrages. Les indications données ici n'ont pour but que d'aider le lecteur à choisir les textes essentiels. Qu'il nous soit permis une fois pour toutes de renvoyer aux grandes bibliographies générales :

A. Cionarescu : *Bibliographie de la littérature française du XVIIIe siècle*, Paris, Éditions du C.N.R.S., 1969.
O. Klapp : *Bibliographie der Französischen Literaturwissenschaft*, Francfort-sur-le-Main, V. Klostermann.
R. Rancœur : *Bibliographie de la littérature française*, Paris, A. Colin.

et plus particulièrement à :

H. Cordier, *Bibliographie des œuvres de Beaumarchais*, Paris, Quentin, 1883.
E. Picot, « Supplément à la Bibliographie de Beaumarchais », *Revue critique d'histoire littéraire*, n° XLIX, 3 décembre 1883.

La vie et l'œuvre, dans leur complexité, sont malaisées à circonscrire. Pour permettre au lecteur d'en avoir une vue d'ensemble, on citera tout d'abord :

R. Pomeau, *Beaumarchais*, Paris, Hatier, 1956, rééd. 1967.
Ph. van Tieghem, *Beaumarchais par lui-même*, Paris, Éditions du Seuil, 1960.
Bibliothèque nationale, *Beaumarchais*, Paris, catalogue de l'exposition de 1966.
R. Pomeau, *Beaumarchais ou la Bizarre Destinée*, Paris, PUF, 1987.

On rappellera ensuite[1] que les deux ensembles de documents conservés, l'un par la famille, l'autre à la Comédie-Française, ont été utilisés avec plus ou moins de bonheur dans deux ouvrages qui restent fondamentaux :

L. DE LOMÉNIE, *Beaumarchais et son temps*, Paris, Michel-Lévy, 1856, 2 vol.
E. LINTILHAC, *Beaumarchais et ses œuvres*, Paris, Hachette, 1887, rééd. Slatkine, Genève, 1970.

LES ŒUVRES

I. LES ŒUVRES COMPLÈTES

Ce titre est trompeur[2]. Il a permis toutefois de rassembler dans un même volume les œuvres dramatiques, les mémoires les plus importants, un certain nombre de lettres et de poèmes. On citera surtout :

Œuvres complètes de Pierre-Augustin Caron de Beaumarchais, Paris, Léopold Collin, 1809, 7 vol. (édition de Gudin de La Brenellerie, l'ami fidèle de l'auteur).
Œuvres complètes de Beaumarchais, précédées d'une notice sur sa vie et ses ouvrages par La Harpe, Paris, Furne et Sautelet, 1826, 6 vol.
Œuvres complètes de Beaumarchais, Paris, Garnier, 1874, 1 vol. (précédées d'une notice biographique de L. Moland).
Œuvres complètes de Beaumarchais, Paris, Laplace, Sanchez et Cie, 1876, 1 vol. (avec une introduction d'Édouard Fournier[3]).

II. LES ŒUVRES DRAMATIQUES

Tout ce qui concerne les éditions des pièces est donné et décrit dans les Notes sur le texte, auxquelles nous renvoyons le lecteur. Nous n'indiquons ici que quelques éditions notables qui ne figurent pas dans l'appareil critique.

1. Éditions de l'ensemble

Là encore, le titre *Théâtre complet*, compte tenu de la date des éditions, est trompeur. On retiendra :

Œuvres dramatiques de Beaumarchais, Paris, Didot, 1822, 2 vol.
Théâtre complet de Beaumarchais, réimpressions des éditions princeps, avec les variantes des manuscrits originaux publiées pour la première fois par G. d'Heylli et F. de Marescot, Paris, Académie des bibliophiles, 1869, 4 vol.

1. Voir l'Introduction, p. X.
2. *Ibid.*, p. XI.
3. Les références aux œuvres qui ne sont pas reproduites dans notre édition renvoient, sauf indication contraire, à l'édition Fournier.

Théâtre complet de Beaumarchais, éd. R. d'Hermies, Paris, Magnard, 1952, rééd. 1964, 1 vol.
Théâtre complet, Lettres, éd. M. Allem, Paris, Bibl. de la Pléiade, 1949; *Théâtre complet, Parades, Lettres relatives à son théâtre*, éd. M. Allem et P. Courant, Paris, Bibl. de la Pléiade, 1957.

2. *La trilogie espagnole*

À retenir surtout :

Théâtre de Beaumarchais, précédé d'une notice sur sa vie et ses œuvres par Louis de Loménie, Paris, Michel Lévy frères, 1863.
Théâtre de Beaumarchais, accompagné d'une notice par F. de Marescot, Paris, Librairie illustrée, 1875.
Théâtre de Beaumarchais, éd. Maurice Rat, Paris, Garnier, 1950.
Théâtre, présenté par R. Pomeau, Paris, Garnier-Flammarion, 1965.
Théâtre, présenté par J.-P. de Beaumarchais, Paris, Garnier, 1980.

3. *Le théâtre de société*

Certaines pièces ont été publiées avec des coupures par Édouard Fournier en 1876 (voir p. 1193). Pour l'histoire de ces textes et les publications successives, nous renvoyons à notre édition : *Parades*, éd. critique, Paris, SEDES, 1977; un inédit : *Zizabelle mannequin*. Dans la présente édition, voir notre Notice, p. 1193, n. 2 en bas de page, et la Note sur le texte, p. 1199.

4. *Eugénie*

Voir la Note sur le texte, p. 1242-1243.

5. *Les Deux Amis*

Voir la Note sur le texte, p. 1278.

6. *Le Barbier de Séville*

Voir la Note sur le texte, p. 1301-1304.

Parmi les éditions récentes, outre celle d'E.-J. Arnould (voir n. 3, p. 1303), citons celles de :

Étienne Fuzellier, Paris, éd. Hachette, Nouveaux classiques illustrés, 1976.
Jacques Scherer, Paris, éd. Gallimard, coll. Folio, 1982.

7. *Le Mariage de Figaro*

Voir la Note sur le texte, p. 1371-1372.

Parmi les éditions récentes, outre celle de J.-B. Ratermanis[1], citons celles de :

E.-J. Arnould, Oxford, Blackwell, 1952.
Jean Meyer, mise en scène et commentaires, Paris, Éditions du Seuil, 1953.
A. Ubersfeld, Paris, Classiques du peuple, 1957.

1. Voir n. 5, p. 1371.

J. Scherer, éd. avec analyse dramaturgique, Paris, SEDES, 1966.
R. Pomeau, Paris, Hachette, Classiques du théâtre, 1967.
P. Larthomas, Paris, éd. Gallimard, coll. Folio, 1984 (avec *La Mère coupable*).

8. Tarare

Voir la Note sur le texte, p. 1455-1456.

9. La Mère coupable

Voir la Note sur le texte, p. 1487.

III. LES MÉMOIRES

1. Mémoires contre Goëzman

Voir la Note sur le texte, p. 1519-1521.
On citera en outre :

Mémoires de Beaumarchais dans l'affaire Goëzman, Paris, Garnier, 1859, 1 vol.; l'introduction reproduit un extrait des *Causeries du Lundi* de Sainte-Beuve.
Mémoires contre Goëzman, introd. de V. Lipatti, Paris, Nagel, 1974, 1 vol.

2. Mémoires sur l'affaire des fusils de Hollande

Voir la Note sur le texte, p. 1601-1602.

IV. LES AUTRES ŒUVRES

1. La correspondance

Une édition d'ensemble est en cours de publication :

Beaumarchais, Correspondance, éd. Brian N. Morton, Paris, Nizet, 1969 [...], 4 vol. parus à la fin de 1987, allant jusqu'en 1778.

On complétera par :

Lettres de jeunesse (1745-1775) publiées par L. Thomas, Paris, de Boccard, 1923.
Lettres inédites (1767-1792) présentées par G. Chinard, Baltimore, The Johns Hopkins Press, 1929.
Lettres de vieillesse (1797-1798) publiées par L. Thomas, *Revue de Belgique*, série 2, année 1937, vol. 45, p. 301-316, et vol. 46, p. 51-54;

et surtout par :

J. Donvez, *La Politique de Beaumarchais*[1]; nombreuses lettres inédites, adressées en particulier à Vergennes.

2. *Notes et réflexions*, introd. G. Baüer, Paris, Hachette, 1961.

1. Voir p. 1683.

ÉTUDES CRITIQUES

I. LES BIOGRAPHIES

A. BETTELHEIM, *Beaumarchais, eine Biographie*, Francfort-sur-le-Main, Rütten et Lœning, 1886.

P. BONNEFON, *Beaumarchais*, Paris, L'Artiste, 1887.

GUDIN DE LA BRENELLERIE, *Histoire de Beaumarchais*, éd. M. Tourneux, Paris, Plon, 1888 (édition tardive d'un texte écrit en 1809; voir l'Introduction, p. x).

A. HALLAYS, *Beaumarchais*, Paris, Hachette, coll. Les Grands Écrivains français, 1897.

R. DALSÈME, *La Vie de Beaumarchais*, Paris, N.R.F., coll. Vies des hommes illustres, 1928.

L. LATZARUS, *Beaumarchais*, Paris, Plon, coll. Le Roman des grandes existences, 1930.

P. RICHARD, *La Vie privée de Beaumarchais*, Paris, Hachette, coll. Les Vies privées, 1951.

M. POLLITZER, *Beaumarchais, le père de Figaro*, Paris, Éditions de La Colombe, 1957.

G. VON PROSCHWITZ, « Beaumarchais et l'Angleterre », *Revue d'histoire littéraire de la France*, 1968, n°s 3-4, p. 501-511.

A. et C. MANCERON, *Beaumarchais, Figaro vivant*, Paris, Dargaud, coll. Histoire vérité, 1968.

B. FAŸ, *Beaumarchais ou les Fredaines de Figaro*, Paris, Éditions Perrin, 1971.

DUC DE CASTRIES, *Figaro ou la Vie de Beaumarchais*, Paris, Hachette, 1972.

F. GRENDEL, *Beaumarchais ou la Calomnie*, Paris, Flammarion, 1973.

J. BONCOMPAIN, *Acteurs et comédiens au XVIIIe siècle*, Paris, Éditions Perrin, 1976.

J. DONVEZ, *La Politique de Beaumarchais*, Paris, 1981, chez l'auteur, IX-1947 pages en microfiches.

P. BOUSSEL, *Beaumarchais, le Parisien universel*, Paris, Berger-Levrault, 1983.

II. SUR L'AUTEUR ET L'ENSEMBLE DE SON ŒUVRE

LA HARPE, *Lycée ou Cours de littérature ancienne et moderne* (1799), Paris, Firmin-Didot, 1870, 3 tomes; sur Beaumarchais, voir t. II, p. 528-558.

SAINTE-BEUVE, *Causeries du lundi*. Paris, Garnier, 10 vol.; sur Beaumarchais, causeries des 14 et 21 juin 1852, t. VI.

Numéro spécial de la revue *Europe*, avril 1973.

III. SUR L'ENSEMBLE DU THÉÂTRE

E. LINTILHAC, *Histoire générale du théâtre en France*, t. IV, *la Comédie. XVIIIe siècle*, Paris, Flammarion, s. d. [1909].

J. Scherer, *La Dramaturgie de Beaumarchais*, Paris, Nizet, 1954, 3e éd., 1980.
M. Descotes, *Les Grands Rôles du théâtre de Beaumarchais*, Paris, PUF, 1974.

IV. SUR LA TRILOGIE ESPAGNOLE

J. Seebacher, « Autour de Figaro : Beaumarchais, la famille de Choiseul et le financier Clavière », *Revue d'histoire littéraire de la France*, t. LXII, 1962.
J. Seebacher, « Chérubin, le temps, la mort, l'échange », *Europe*, avril 1973.
P. Rétat, « La Mort de Chérubin », *Revue d'histoire littéraire de la France*, novembre-décembre 1974.
E. Klein, *Kontinuität und Diskontinuität in der sogenannten Trilogie von Beaumarchais*, Francfort-sur-le-Main, Peter Lang, 1978.
R. Angermüller, *Figaro*, Munich, Bayerische Vereinsbank, 1986.

V. SUR « LE BARBIER DE SÉVILLE »

E. Giudici, *Beaumarchais nel suo e nel nostro tempo: il Barbier de Séville*, Rome, Dell'Ateneo, 1964.
E.-J. Arnould, *La Genèse du Barbier de Séville*, Dublin, Paris, Minard, 1965.
R. Niklaus, *Studies in French literature: « Le Barbier de Séville »*, Londres, Arnold, 1968.
R. Pomeau, « *Le Barbier de Séville*, de l'intermède à la comédie », *Revue d'histoire littéraire de la France*, novembre-décembre 1974.
J. Scherer, « La Scène de stupéfaction du *Barbier de Séville* », *Studies in the French XVIIIth century presented to John Lough*, Univ. Durham, 1978 (reproduit dans la 3e édition de *La Dramaturgie de Beaumarchais*, Paris, Nizet, 1980).

VI. SUR « LE MARIAGE DE FIGARO »

F. Sarcey, *Quarante ans de théâtre*, t. II, Paris, Boisson, 1900-1902.
F. Gaiffe, *Le Mariage de Figaro*, Paris, Malfère, coll. Les Grands Événements littéraires, 1928, rééd. 1942.
F. Gaiffe, *Le Mariage de Figaro*, Paris, Centre de documentation universitaire, 1939.
G. Michaud, « L'Intrigue et les Ressorts du comique dans *Le Mariage de Figaro* », *Mélanges Souriau*, Paris, 1952.
J.-B. Ratermanis, « À travers les manuscrits du *Mariage de Figaro* », *Philological Quarterly*, vol. XLIV, nº 2, avril 1965.
W. D. Howarth, « The Recognition scene in *Le Mariage de Figaro* », *Modern Languages Review*, 1969.
J. Proust, « Beaumarchais et Mozart, une mise au point », *Studi Francesi*, janvier-avril 1972.
R. Landy, « *Le Mariage* et *Les Noces* », *Information littéraire*, nº XXVI, 1974.

J. Ehrard, « La Société du *Mariage de Figaro* », *Mélanges J. Fabre, Approches des Lumières*, Paris, Klincksieck, 1974.

F. Moureau, « Une source du *Mariage de Figaro* : *Le Jaloux honteux* de Dufresny », *Revue d'histoire littéraire de la France*, 1982.

S. Dudley, « Les Premières Versions françaises du *Mariage de Figaro* de Mozart », *Revue de musicologie*, 1983, n° 1.

P. Larthomas, « La Toise de Figaro ou Beaumarchais metteur en scène », les *Mélanges Fr. Pruner, D'Eschyle à Genet*, Dijon, 1986.

VII. SUR « TARARE » ET « SAMSON »

A. Jullien, « Salieri, sa carrière en France », *Revue et gazette musicale de Paris*, n°s 13, 15, 16, 17, 19, 20, mars-mai 1875.

F. C. Bartlet, « Beaumarchais and Voltaire's *Samson* », *Studies in eighteenth century culture*, Wisconsin Press, 1982.

B. Didier, *La Musique des Lumières*, Paris, PUF, 1985.

VIII. SUR « LA MÈRE COUPABLE »

Péguy, *Clio, dialogue de l'histoire et de l'âme païenne, Œuvres en prose, 1909-1914*, Bibl. de la Pléiade.

IX. SUR L'AFFAIRE GOËZMAN

A. Ricard, *Une victime de Beaumarchais* [Marin], Paris, Plon, 1885.

X. SUR L'AFFAIRE DES FUSILS DE HOLLANDE

L. Farges, « Beaumarchais et la Révolution », *La Nouvelle Revue*, novembre-décembre 1885.

A. Aulard, *Études et leçons sur la Révolution française*, Paris, Alcan, 1910.

K. de Hartogh, *Les Fusils de Beaumarchais d'après les archives hollandaises*, Nimègue, 1924.

Brian N. Morton, *La Dernière Aventure de Beaumarchais : l'affaire des fusils de Hollande*, Paris, Minard, « Archives », n° CXI, 1970.

J.-C. Gatty, *Beaumarchais sous la Révolution. L'Affaire des fusils de Hollande*, Leyde, E. J. Brill, 1976.

LANGUE ET STYLE

G. von Proschwitz, *Introduction à l'étude du vocabulaire de Beaumarchais*, Stockholm et Paris, Nizet, 1956, rééd. Slatkine 1981.

G. Gougenheim, « La Valeur psychologique des temps dans le monologue de Figaro », *Journal de psychologie*, juillet-septembre 1951.

J.-B. Ratermanis et W. R. Irwin, *The comic style of Beaumarchais*, Seattle, University of Washington Press, 1961.

P. Larthomas, *Le Langage dramatique*, Paris, Colin, 1972, rééd. PUF, 1980.

P. Larthomas, « La Fantaisie verbale dans les parades de Beaumarchais », *Mélanges Ch. Rostaing*, Liège, 1974.

P. Larthomas, « Le Style de Beaumarchais dans *Le Barbier de Séville* et *Le Mariage de Figaro* », *L'Information littéraire*, n° xxxiii, avril 1981, Paris.

G. Conesa, *La Trilogie de Beaumarchais*, Paris, PUF, 1985.

TABLES

TABLE ALPHABÉTIQUE DES TEXTES CONTENUS DANS CETTE ÉDITION

TABLE DES MATIÈRES

NOTICES, NOTES ET VARIANTES

Ce volume, constituant
une nouvelle édition
des Œuvres de Beaumarchais
et portant le numéro vingt-deux
de la « Bibliothèque de la Pléiade »
publiée aux Éditions Gallimard,
a été achevé d'imprimer
sur bible des Papeteries Braunstein
le 15 mars 1988
sur les presses
de l'imprimerie Darantiere
à Quetigny - Dijon,
et relié en pleine peau,
dorée à l'or fin 23 carats,
par Babouot à Lagny.

ISBN : 2-07-011137-7.
N° d'édition : 42623. Dépôt légal : avril 1988.
Imprimé en France.